ISBN 978-0-259-77067-1
PIBN 10633788

FB &c Ltd, Dalton House, 60 Windsor Avenue, London, SW19 2RR.
Company number 08720141. Registered in England and Wales.

For support please visit www.forgottenbooks.com

Allgemeine
Encyclopädie der Wissenschaften und Künste

von

J. S. Ersch und J. G. Gruber.

Allgemeine

Encyclopädie

der

Wissenschaften und Künste

in alphabetischer Folge

von genannten Schriftstellern bearbeitet

und herausgegeben von

J. S. Ersch und J. G. Gruber
Professoren zu Halle.

Zweiter Theil

mit Kupfern und Charten.

ÄGA — ALDUS.

Leipzig, im Verlage von Johann Friedrich Gleditsch 1819.

Verzeichniss
der Herren und Frauen Subscribenten.

Aachen.
Herr Regierungssecretair Heyse.
- Buchhandler Mayer & Franck 2 Ex.

Aarau.
Herr Buchhändler Sauerländer 9 Ex.

Åbo.
Herr Lector F. A. Meyer 3 Ex.
Die kaiserl. Universitätsbibliothek.
Herr Joh. Georg Hornburg, Secretair der Posten in Finnland.
- C. R. Lohmann in St. Petersburg.

Acken an der Saale.
Herr Stadtdirector Döring.
- Dr. Prediger Rommershausen.

Altenburg.
Die Schnuphasische Buchhandlung.
Herr Kirchen- und Schulrath Matthiä.

Altendorf im Regenkreis.
Herr Franz Joseph Freiherr von Saur.

Alsleben.
Herr Hardt, für Hrn. Oberamtmann Neubauer in Neubeesen.

Altena in der Grafschaft Mark.
Herr Prediger Dr. Rauschenbusch.

Altona.
Herr Buchhändler Hammerich 5 Ex.
Herr Pastor Eolsen in Langenhorn.
- Kammerrath Drewes in Reudsburg.
- Dr. Schumacher in Hadersleben.
- Justizrath Stemann in Husum.
- Advocat Wichmann in Bredstädt.
- Obergerichtsadvocat Jacobsen.

Amoeneburg.
Herr Justizamtmann Happel.

Amsterdam.
Herr Buchhändler Müller & Comp. 12 Ex.
Bibliothek der Universitat zu Utrecht.
Herr Dr. W. Büchner in Gouda.
- Goswin Christmann in Amsterdam.
- G. J. Frank.
- Regierungsrath E. W. K. Hoffmann in Haag
- Fr. W. Karthaus in Amsterdam.
- Professor Nieuwenhuis in Deventer.
- Heinr. Portener in Amsterdam.
- G. v. Schneevoogt in Harlem.
- Baron van Tuyll van Serooskerken auf dem Schloss van Heese und Leude in Nordbrabant.
- Buchhändler C. G. Sülpke.

Annaberg.
Die Freyersche Buchhandlung.

Ansbach.
Herr Graf von Drechsel.
- Kammer-Assistenzrath Fenkohl.
- Geheimer Rath und Oberpräsident von Feuerbach.
- Justizkommissar E. Hoffmann.
- Appellationsrath Rassmann.

Arnstadt.
Herr Hofrath Helbach.

Arolsen.
Herr Buchhändler Speyer 31 Ex.
Herr Domainenpachter Backhausen in Selbach.
- Freiherr Fr. von Brackel.
- Justizrath Brumhard in Arolsen.
- Amtmann Brumhard in Wildingen.
- Amtmann Brumhard in N. Wildungen.
- Bauinspector Dalwig in Pyrmont.
- Oberamtmann Gieseken in Corbach.
- Hauptmann von Hadel in Laudon.
- Amtmann J. E. D. Henrici in Gerden.
- Justizrath Klapp in Sachsenhausen.
- Geheime Rath Kreussler in Arolsen.
- Finanzrath H. W. Marc in Arolsen.
- Oberforstmeister von Rau in Arolsen.
- Landcommissarius Schulze in Waldek.
- Pfarrer Seele zu Tiviste.
- Amtmann Schreiber zu Wetterburg.
- Kammerrath P. Schreiber in Arolsen.
- Landrath Schreiber in Eilhausen.
- Domainenpächter Schreiber in Hüninghausen.
Schulbibliothek des Gymnasiums zu Nieder-Wildungen.
Herr Hofagent Jacob Stieglitz in Arolsen.
- L. Stoecker in Herbsen.
- Rittmeister von Stückrad auf Ober-Urff.
- Lieutenant W. Suden in Arolsen.
- Candidat Carl Varnhagen in Arolsen.
Fürstl. Waldeksche Landesregierung in Arolsen.
- - Domainenkammer in Arolsen.

Augsburg.
Herr Buchhändler von Jenisch & Stage 2 Ex.

Ballenstädt.
Herr Assistenzrath Gottschalk 7 Ex.
Herzogliche Bibliothek in Ballenstädt.
Herr Magazininspector Franke in Ballenstädt.
- Schullehrer Müncker in Coswig.
- Oberbergrath Schlüter auf dem Mägdesprung.
- Cassirer Simon auf dem Mägdesprung.

Bamberg.
Die Goebhardtsche Buchhandlung, für:
Herr Medizinalrath Outrepont in Würzburg
Herr Bibliothekar Jaek 5 Ex.
Herr Appellationsrath Bayl.
- Professor und geistl. Rath Frey.
- Franz Carl Freiherr von Münster.
- Stadtpfarrer und geistl. Rath A. Schellenberger.

Barchfeld.
Herr Pfarrer Häfner, für:
Herr Freyherr von Boyneburg-Lengsfeld, kurhess. Major zu Weiler.

Barmen.
Herr J. J. Ewich, Vorsteher einer Erziehungsanstalt.

Basel.
Herr Buchhändler Neukirch 3 Ex.
Die Universitätsbibliothek.
Herr Papierfabrikant Oser.
Die Schweighäusersche Buchhandlung, für:
Herr Pfarrer F. S. Hitzig in Egringen.

Bautzen.
Herr Buchhändler Schulze.

Bayreuth.

Herr Chr. Friedr. Leers in St. Georgen.

Berlin.

Die Academische Buchhandlung. 2 Ex.
Herr Buchhändler Albanus.
- Buchhändler Amelang 7 Ex.
- Professor Dr. Bellermann.
Die Bibliothek des Ministeriums des Innern 2 Ex.
Die Cöllnische Gymnasiumsbibliothek.
Herr Buchhändler Dümmler 9 Ex.
Herr General Graf von Tauenzien.
- Buchhändler Duncker & Humblot 18 Ex.
- - Flittner.
- - Gebr. Gädike, für:
Herr Geheimen Rath Pastorff in Buchholz.
- Buchhändler Hayn.
- Hofpostsecretair Gutschmidt 2 Ex.
- Buchhändler Haude & Spener 9 Ex.
Se. königl. Hoheit, den Kronprinzen von Preussen.
- - - den Prinzen Friedrich.
Herr Justizcommissarius Hennig in Marienwerder.
Se. Excellenz, Minister von Klewitz.
- - Generallieutenant Graf v. Schlieffen.
Die königl. Bergwerksbibliothek.
Herr Münzmeister Unger.
Ein Ungenannter sammelte 44 Ex.
Herr Aschenborn, Stadtrichter in Zilenzig.
- Baath königl. preuss. Oeconomiecommissarius, Erb- und Gerichtsherr auf Behlendorf bei Müncheberg.
- Dr. Bartels, Vorsteher einer Erziehungsanstalt in Berlin.
- Behrend, Geheimer Rath in Königsberg.
Bibliothek des Gymnasiums in Neuruppin.
Herr Bode, Justizcommissarius.
- Bublitz, General-Postamtscalculator in Berlin.
- Burchard, Justizrath in Lagon bei Zilenzig.
- Burchard, Hof-Postcommissarius in Königsberg.
- Busch, Ober-Landesgerichtsrath in Marienwerder.
- L. Conrad, Prediger in Berlin.
- Diederichs, Regierungsrath in Berlin.
- Erbkam, Regierungsrath in Berlin.
- Ferber, geheimer Oberfinanzrath in Berlin.
- von Flemming, königl. preuss. Ritterschaftsrath, Erb- und Gerichtsherr der Herrschaft Buckow etc.
- Friese, königl. preuss. Präsident im Ministerium und Staatssecretair.
- Geisler, Dr Med. in Pasewalk.
- Haugk, Haupt-Bancorentant in Berlin.
- Hildebrandt, Justizactuarius in Müncheberg.
- von Hippel, königl. preuss. Regierungs Chef Präsident in Marienwerder.
- Hundt, Haupt-Bancodirector in Berlin.
- Jochmus, Hofrath in Berlin.
- Joly, geh. expedirender Secretair in Berlin.
- Lindenau Justizrath und Ritter des eisernen Kreuzes in Insterburg.
- Lindstädt, Oberförster im Forsthaus bei Magdeburg.
- v. Loeper, General-Landschaftsrath auf Stramehl in Pommern.
- Lüdicke, Cassirer bei der königl. Hauptbank.
- Martius, geh. exped. Secretair in Berlin.
- Michalski, Kaufmann in Königsberg.
- Neumann, Ober-Landesgerichtsrath in Marienwerder.
- Noack, Superintendent in Müncheberg.
- Noeldchen in Stettin.
- Oelrichs, Ober-Landesgerichts-Chef-Praesident in Marienwerder.
- Stadtrath Poselger in Berlin, Ritter des roth. Adlerordens 3r Classe.
Königl. preuss. Regierungsbibliothek in Berlin.
Herr Reichert, Haupt-Bancodirector in Berlin.
- Schleuther, Lieutenant und Adjutant im 1sten Gumbin. Landwehrregiment in Insterburg.
- Schwartz, Justizrath in Müncheberg.
Herr von Staegemann, geheim. Staatsrath in Berlin.
- Sydow, Oeconomieinspector in Bukow.
- von Wegnern, Ober-Landesgerichts-Vice-Präsident in Marienwerder.
- Weyl, Hofpr. in Königsb. f. d. reform. hohe Schule.
- Wohlers, Professor in Berlin.
- Zitterland, Schulrath in Marienwerder.
Herr Buchhändler Laugier 6 Ex.
Herr S. C. Wagner, Superintendent in Altenplatho.
- Rentant von Manderode 15 Ex.
Herr Geh. Oberfinanzrath Beuth.
- Major von Delius.
- Hauptmann Dumas von Espinol.
- Arcanist Fricke.
- Oberstlieutenant von Kehler.
- Gebrüder von Manderode.
- Obrist von Pfuel.
- Kriegsrath Phemel.
- Hauptmann von Rudgisch.
- - von Rüdgisch im Ingenieurcorps
- - von Ruskowsky.
- Geheimer Calculator Seefisch.
- Premierlieutenant Stark.
- Buchhalter Süssmann.
Die Maurersche Buchhandlung 7 Ex.
Herr Buchhändler Fr. Maurer 5 Ex.
- - E. S. Mittler 3 Ex.
- - A. Mylius 5 Ex.
- - Nauck 5 Ex.
Se. Excellenz der Grosskanzler und geheim. Staatsminister von Beyme.
Königl. Gymnasiumsbibliothek in Marienwerder.
Herr Ober-Landesgerichts-Präsident von Hempel.
Königl. Preuss. Regierung in Marienwerder.
- Kais. russ. geheim. Staatsrath etc. von Weyrauch in Riga.
Die Realschulbuchhandlung 2 Ex.
Die Nicolaische Buchhandlung 26 Ex.
Die Sandersche Buchhandlung, für:
Herr Buchbinder Streithorst.
Die Schlesingersche Buchhandlung 2 Ex.
Herr Scheltz, königl. geh. exped. Secretair im Polizeiministerio 6 Ex.
- Professor Stein.
- Buchhändler Stuhr 6 Ex.
Herr Oberamtmann Koch in Rampitz.
- Geheimer Secretair A. Mätzke.
- W. Papesch in Cottbus.
Frau Jeanette von Rexin, geb. Gräfin von Krokow auf Wudike.
Herr C. F. Schmidt in Cottbus 2 Ex.
Die Vossische Buchhandlung 2 Ex.
Se. Excellenz, Generalfeldmarschall von Kalkreuth, Gouverneur von Berlin.
Herr Medicinalpräses Wolf in Warschau.
Herr Buchhändler Wittich.

Bern.

Herr Professor Döderlein.
Die Typographische Gesellschaft 3 Ex.

Bielefeld.

Herr Buchhändler Aug. Helmich 2 Ex.
Herr Landrath von Borries.
- Director Aug. Kronig.

Biere im Magdeburgischen.

Herr Prediger Berghauer.

Bonn.

Herr Oberbergrath Fulda 5 Ex.
Herr Oberbergamtssecretair Hensler.
- - -Assessor Koch.
Königl. Preuss. Rheinische Oberbergamt.
- Professor Hüllmann.
- - Kastner.

Herr Professor Mittermaier.
- Buchhändler Weber 3 Ex.

Bowenden bei Göttingen.

Herr Advocat P. A. Meyersburg.

Brandenburg.

Herr Buchhändler Wieseke für:
Herr Syndicus Thiede.

Braunsberg in Ostpreussen.

Herr Professor Busse.

Braunschweig.

Herr Kammerassessor von Bosse.
- Collegienrath und Professor Buhle.
- Geh. Justitzrath und Professor Eschenburg.
- Professor Gelpke.
- Buchhandler Lucius 5 Ex.
Herr Hauptmann Brethauer.
- Pastor F. L. A. Hoffmeister.
- Kaufmann H. Markwort.
- Geh. Canzleisecretair Gottf. Petri.
- Fr. Rehfeld.
- G. C. E. Meyer 4 Ex.
- Aler Pluchart.
- Schenk & Comp.
Die lobl. Schulbuchhandlung 11 Ex.
Se. Durchlaucht, der Herzog August von Braunschweig-Lüneburg.
Herr Professor Eichner.
- Major Graebe.
- Buchhändler Vieweg.
- Major und Ritter von Wachholz.
- Major und Ritter von Wolffradt.
Herr Oberjägermeister von Sierstorpff.
- Leibmedicus Zinken genannt Sommer.

Braunsdorf bei Merseburg.

Herr Pfarrer Heizer 6 Ex.
Frau Hauptmannin von Bose, geb. von Leyser, zu Frankleben.
Herr Heinr. von Helldorff auf Bädra.
- Kammerherr W. v. Helldorf auf Wolmirstädt.
- Graf von Hohenthal auf Dolkau.

Bremen.

Die Stadtbibliothek.
Herr Buchhändler Heyse 2 Ex.
- - Kaiser 9 Ex.
Herr M. J. von Bothius in Gröningen.
- Joh. Buismann, Kaufmann in Emden.
- J. B. Hermes in Emden.
- Justizcommissar Klose in Emden.
Die Lesegesellschaft des Deichrichter B. Noden in Wybelsum.
Herr Pastor J. W. Rotermund in Bremen.
- Amtmann J. D. Schwarz in Elsfleth.
Universitätsbibliothek in Gröningen.
Herr Graf P. A. von Wedel in Loga.
- J. D. Noltenius.

Breslau.

Herr Consistorialrath Professor Dr. Augusti.
- Professor Brandes.
- Buchhändler W. A. Holäufer 8 Ex.
Herr Cantor Beier in Jauer.
- Studiosus Bernd.
- - Eggeling.
- Cantor Rossel in Neumark.
- Pastor Scholz in Glatz.
- Buchhändler Joh. Fried. Korn 11 Ex.
Gräfin Friederike von Einsiedel.
Herr Major von Klatte in Fraustadt.
- Graf von Mettich.
Freifrau von Mutius.
Fr. C. H. von Rothkirch auf Langersdorf.
Herr E. A. Ruthard.
Herr Justizverweser J. L. X. Salzbrun.
- Papierfabrikant Jos. Weiss zu Zuckermantl.
- Premierlieut. von Zebeltitz in Fraustadt.
Herr Buchhändler W. G. Korn 26 Ex.
Herr Bartelmus, erster evangelischer Prediger in Pless.
- Candidat C. G. A. Butzky in Sulau.
- Acciseinnehmer Gottwald in Zulz.
- Humann in Neisse.
- Justizrath von Kranichstädt.
- Landgerichtsrath Laube in Fraustadt.
- Rathsherr P. H. A. Leo in Schweidnitz.
Hochlobl. Magistrat in Breslau.
Herr Apotheker Pachaly in Schweidnitz.
- Landrath von Prittwitz auf Kreisewitz.
- Rittmeister von Prittwitz in Breslau.
- Dr. Reimann in Rosenberg.
- Inspector Schäffer in Pless.
- Oberlandesgerichtsrath Schiller in Breslau.
- Buchbinder Scholz in Landshut.
- Kaufmann Schur in Breslau.
Frau von Spiegel zu Wendzen.
Herr Oberstlieutenant von Stockhausen in Breslau.
- Major und Ritter von Weger in Tarnowitz.
- F. E. C. Leuckart.
- Prorector und Prof. Menzel.
- Buchhändler E. G. Meyer 5 Ex.
Herr C. F. Becker in Rawicz.
Königl. preuss. Oberbergamt in Breslau.
Herr Regierungsrath Dr. G. P. Mogalla, Ritter des eisernen Kreuzes in Breslau.
- Rentmeister Soblich in Pless.
- Professor Passow.
- Oberpostdirector Schwürz 3 Ex.
- Kaufmann E. L. Selbsthert.
- Consistorialrath Dr. Wachler.

Brilon.

Herr Hofgerichtsadvocat J. S. Seibertz 10 Ex.
Herr Hofgerichtssecretair Ferd. Brisken in Arnsberg.
- Oberforstmeister Freiherr von Gaugreben zu Bruchhausen.
- Pfarrer Aloys Klocke zu Alme.
- Eisengewerker Dr. Casp. Kropf in Olsberg.
- Steuerempfänger Albert Krüper in Brilon.
- Lehrer Ph. Pulte in Winterberg.
- Pfarrer Ign. Rauch zu Thülen.
- Hofgerichtsadvocat J. F. J. Sommer zu Kirchhunden.
- August Freiherr von Wendt auf Gevelinghausen etc.

Bromberg.

Die königl. preuss. Regierung.
Herr Regierungsdirector von Leipziger.
- Schatzdirector von Chmielewsky.
- Professor Schulz 5 Ex.
Herr Graf Jos. von Czapski.
- Probst und Canonicus Krüger zu Culm.
- Conservator Lanowski in Bromberg.
- Probst Schulz in Lissewo.

Brünn.

Herr Wirthschaftsrath André.
- Buchhändler Gastl 17 Ex.
Herr Badstieber in Brünn.
- A. Bundsmann in Hungar. Brod.
- Dande, Amtsschreiber in Namiescht.
- Peling in Bernstein.
- Jos. Gottlieb in Iglau.
- K. K. Lyceumsbibliothek in Olmütz.
- von Raigern, Prälat.
- Rincke, Adjunct in Hradisch.
- Dr Schindler in Brünn.
- Schlemlein, Oberamtmann in Misliborschütz.
- Scholz, Oberamtmann in Kundstadt.
- J. L. Schwab in Eichhorn.
- Herr Thoma, Kaplan in Holleschau
- Wrana, Amtmann in Paczlowitsch.

Herr Buchhändler Trassler 6 Ex.
Herr Professor Ens in Troppau.
- Rud. Freiherr von Forgatsch in Brünn.
- E. Freiherr von Locella.
- Wolfg. Ritter von Manner in Brünn.
- K. K. Kämmerer, Fr. Jos. Graf von Zierotin in Brünn.
- Buchhändler Haller 4 Ex.

Camenz.

Herr Regier. und Oberamtsadvocat Fr. Aug. Horn.

Cassel.

Herr Buchhändler Griesbach 2 Ex.
Herr Oberkammerrath von Schmerfeld.
- Wenzel.
- von Schmerfeld, kurhess. geh. Staats- und Justitzminister.
- Inspector Dr. Carl Chr. Schmieder.

Celle.

Herr J. C. Blauel, für die Bibliothek des Oberappellationsgerichts.
- Hofrath Jacobi.
- Kaufmann C. G. Schulze.
- Hof- und Canzleirath Dr. Spangenberg 2 Ex.
- Justiz - Canzleiprocurator und Senator Spiel.
- Archediaconus Thorl, für die Kirchenbibliothek.

Chemnitz.

Herr Buchhändler Starke 3 Ex.
Herr Hoppner in Wiese.
- Fabrikant Fr. Aug. Naumann in Schlettau.
- Fabrikfactor Walter in Plauen.
- Diaconus Mag. J. C. Weikert.

Cleve.

Herr Postsecretair Kothen 4 Ex.
Herr Geh. Regierungsrath Bislinger.
- Postdirector Eversmann in Emmerich.
- zur Hosen in Cleve.
- Oberlandesgerichtsrath von Rappart das.

Coblenz.

Herr Consistorialrath Cunz.
- Consistorial- und Schulrath Dominicus.
- Buchhandler Hölscher.

Coburg.

Herr Geheimer Rath Gruner.
Die herzogliche Hofbibliothek.
Die Sinnersche Buchhandlung für:
Herr Pfarrer und Adjunctus J. Fr. Geldner in Sonnenfeld.

Cölln.

Herr Regierungsrath Butté.
Die königl. preuss. Regierung.
Herr Grosshändler J. H. Koch.
- Buchhandler Dumont - Bachem 10 Ex.
Herr Steuerempfänger de Berghes in Waldbroel.
- Oberappellationsrath Boelling.
- J. B. Haas in Cölln.
- Pastor Herrmann in Gemünd.
- Herstadt in Crevelt.
- Canzleidirector Kiesling.
- Neuhöfer in Deutz.
- Oberlandesgerichtspräsident von Sethe.
- Oberforstmeister von Stolzenberg.
- P. W. J. Strömer.
- Buchhandler J. G. Schmitz.

Cöthen.

Herr Buchhändler Aue 12 Ex.
Herr Kammerdirector Potsch.
- Kaufmann W. Holzmann.

Copenhagen.

Herr Buchhändler Bonnier.
- - Brummer 4 Ex.
- - Gyldendal 15 Ex
Herr Prediger H. Bastholm, Ritter etc. in Stagelse.
Die grosse königl. Bibliothek in Copenhagen.
Herr Gutsbesitzer Fr. Emil Frisch das.
- Candidat N. L. Hoyen das.
- Professor Dr. Kolderass - Rosenwinge das.
- Oberkammerjunker Lerche zu Lerchenberg.
- Grossirer Nathanson in Copenhagen.
- M. Nielsen, Vorsteher der Gelehrtenschule in Copenhagen.
- Buchhandler Schubothe 4 Ex.

Cottbus.

Herr Prediger Hapaz in Madlo.
- Conr. Sam. Lobedan 5 Ex.
Herr Stadtchirurgus Fuhrmann.
- J. G. Hoppe.
- Sam. Friedr. Lobedan.
- Kreisphysicus Dr. Rudolph.

Crefeld.

Herr Buchhändler P. Giesbers 4 Ex.
Herr Gerh. von der Herberg & Sohn.
- Dr. Joh. Heinr. Kauerz in Kempen.
- Gerh. Schumacher in Crefeld.

Dahme.

Herr Assessor Hartmann 5 Ex.

Danzig.

Herr Buchhändler Krause.
- Hauptmann von Borries.
- Professor Dr. Forstemann.

Darmstadt.

Herr Kirchen- und Schulrath Prof. Wagner.
- Buchhändler Heyer & Leske 3 Ex.
Herr Kammerrath Mitzenius in Schonberg.
- Hofgerichtsassessor Schleiermacher.

Delitz an der Saale.

Herr L. W. Graf von der Schulenburg.

Dessau.

Herr Buchhändler Ackermann 4 Ex.
Se. Durchlaucht der regierende Fürst von Dessau.
Ihro Durchlaucht die verwittwete Fürstin von Anhalt-Zerbst.
Ihro Durchlaucht die verwittwete Fürstin von Waldek und Pyrmont.
Herr Landrath von Kalitsch in Dobritz.

Dobergast.

Herr Pastor C. G. Wolf.

Dillenburg.

Herr Geheimer Rath von Arnoldi.

Dorpat.

Herr Hoffrath und Prof. von Giese.
- Collegienrath und Prof. von Morgenstern.

Drebkau.

Herr Oberstlieutenant von Arenstorff, Ritter des St. Annen- und Johanniterordens.

Dresden.

Die Arnoldische Buchhandlung 10 Ex.
Herr Carl Freiherr von Braudenstein in Tharand.
- Friedrich Graf Kalkreuth.
- Gutsbesitzer Lehmann in Klein - Naundorf.
Konigl. Sächs. Militaracademie in Dresden.
Herr Kammerherr César, Marquis Piatti.
Herr Hofrath Böttiger.
- Professor Hasse.
Die Hilschersche Buchhandlung 2 Ex.
Herr Dr. Fr. A. Koberwein, Sr. Maj. des Königs von Sachsen Leibwundarzt, Ritter etc.
- Carl Fr. von Schönberg - Niederreinsberg.
Herr Carl Heinrich Schfaghan.
- Plau - Kammerdirector von Schlieben 6 Ex.

Herr Legationsrath F. K. S. Fritzsche.
Das königl. sächs. geh. Finanzcolleg. II. Depart.
Herr von Nostitz-Drzewiecki.
- Kammerrath Alex. Freih. von Gutschmid.
- Stadtrichter Jacobi.
Herr Hofrath und Director Seiler.
- Herr Hofbuchhändler Walther 4 Ex.
Die königl. Bibliothek.
Herr C. A. von Zezschwitz, Hof- und Justitzrath und geheimer Referendarius.
- Hofrath K. Th. Winckler.

Dürrenberg.

Herr Salineninspector Bischoff.

Duisburg.

Herr Buchhändler Baedecker 3 Ex.
Herr Goffart in Meurs.
- Baron von Lynden, königl. Kammerherr und Ritter etc. Gouverneur der Provinz Geldern zu Arnheim.
- Lieutenant C. Matthey, Schellenberger Glashütte.

Durben in Curland.

Herr Prediger Dr. K. C. Schoen 5 Ex.

Düsseldorf.

Herr Buchhändler Dänzer.
Herr Regierungs-Calculator F. Th. Litterscheid.

Edinburgh.

Herr W. Hamilton, Baronet.
Die Advocates Library.
Herr J. H. Lockhardt.

Eger.

Herr J. Kobrtsch 5 Ex.

Elberfeld.

Herr Makler W. Brüning 4 Ex.
Das Museum.
Herr Kaufmann Benj. Simons.
- Buchhändler Büschler.
- Post-Expeditor L. Koeler 2 Ex.

Emden.

Herr Prediger Gittermann.

Erdeborn.

Herr Oberamtmann Rolof.

Erfurt.

Herr Buchhändler Beyer u. Maring 2 Ex.
- - Keyser 2 Ex.
Herr von Motz, königl. preuss. Regier. Chef-Präsident.
- Prof. Joh. Chr. Petri.
- Candidat C. C. W. Reinthaler 4 Ex.
Herr Joh. Mart. Koch, Candidat.
- Adolph Silber.
- Georg Silber.

Erlangen.

Herr Buchhändler Palm u. Enke 4 Ex.
Die gräfliche Bibliothek zu Castell.

Felsberg.

Herr Hauptprediger Dr. von Gehren 10 Ex.
Se. Durchl. der Landgraf Victor von Hessen-Rotenburg.
Die Clubbgesellschaft in Rotenburg.
Herr Canzleyprocurator Joh. Chr. Gleim.
- Amtmann O. Ch. Gleim zu Bowenden.
- Pfarrer Koch zu Immenhausen.
- Rector C. Lass.
- Geh. Rath und Regierungspräsident Dr. F. B. Ries in Marburg.
- Hofrath und Physikus Dr. Sondrock zu Hofgoismar.
- Stadtkämmerer Stumme in Cassel.

Flensburg.

Herr Buchhändler Korte-Jessen 8 Ex.

Frankfurt am Mayn.

Die Andreäische Buchhandlung 26 Ex.
Se. Excellenz der Minister Graf Chr. von Benzel-Sternau.
Herr Hofrath Dr. Boeckmann in Erbach.
- Schullehrer N. Classen in Graevenmachern.
- Hofrath Dr. Hartung in Mayen.
- Kriegscommissär Kluthmann in Coblenz.
- Reg. Rath Knorz in Fuld.
- Advokat Lieber in Engers.
- Auditeur Linz in Thal Ehrenbreitstein.
- Kriegssecretär Linz in Mayen.
- Amtsschreiber Linz in Engers.
- Dr. Meyer in Duilken.
- Gust. Prym, Besitzer eines Messingwerks in Stolberg bei Aachen.
- Rentmeister Schäfer in Königswinter.
- Probst Schmalenbach in Soyen.
- Pfarrer Schneider in Meissenheim.
- M. Seeger in Stolberg.
- Adelbert von Stregen in Frankfurt.
- Baron von der Tann in der Tann.
- Landrath Thuesing in Landsberg.
- Pfarrer Trausch in Graevenmachern.
- Apotheker Weber in Königswinter.
- Die Gesellschaft der Künste in Düsseldorf.
Die Brönnersche Buchhandlung 5 Ex.
Herr Buchhändler Eichenberg 4 Ex.
Herr Studiosus Gwinner.
- Dr. Carl Hofmann in Rödelsheim.
- Jaumann, Hochfürstl. Thurn und Tax. Postdirectionsrath.
- Christ. Trampler in Lahr.
- Buchhändler Gebhard u. Korber.
- Geheimer Rath von Gerning.
- Buchhändler Guilhauman 7 Ex.
Herr Distriktsarzt Dr. Grimmel in Creutznach.
- Kirchen- und Schulrath Wagner in Darmstadt.
- Director J. G. Zimmermann.
Die Herrmannsche Buchhandlung 5 Ex.
Herr Joh. Carl Andreae.
- Joh. Aug. Kuntz.
- H. G. Petsch.
- L. F. Seufferheldt.
- Carl Sues.
Die Jägersche Buchhandlung 7 Ex.
Herr Georg, Fürst von Löwenstein-Wertheim.
- F. W. Grube, Lehrer zu Kirchen bei Siegen.
- Oberappellationsrath und Gerichtsprocurator Sandberger in Wiesbaden.
Herr Joh. Aug. Kuntz 5 Ex.
- Gebr. Sauerländer.
- Buchhändler Schaefer 2 Ex.
Herr Inspector Seibt.
Die Stadtbibliothek das.
Herr Buchhändler Varrentrapp 12 Ex.
Herr Friedrich Graf Eyben, königl. dänischer Bundesgesandte für Holstein etc.
- Dr. J. G. Goentgen.
- Professor Grotefend.
- Freiherr von Günderode, Stadtschultheiss und Appellations-Gerichtspräsident.
- Rath Hadermann.
Die Lesegesellschaft das.
Herr J. M. Minner.
- Professor Varrentrapp.
- Carl Uhde.

Freiberg.

Herr Maschinendirector C. F. Brendel.
- Bergrath Freiesleben.

Freiburg.

Die Herdersche Buchhandlung 2 Ex.
Herr Geheimer Rath von Schmidt in Dunterstein.
Herr Hofrath und Professor von Rotteck 5 Ex.
Herr Ambs, Cooperator.
Die Museumsgesellschaft.

Die Uniersitätsbibliothek.
Herr Bron von Wittenbach.

Fulda.

Herr Medicnalrath Dr. Schneider.

Fürstenstein.

Herr Regimentsquartiermeister Fölkel 5 Ex.
Reichsgräfl. von Hochbergsche Bibliothek.
Herr Justizcommissarius und Bergrichter Steinbeck in Waldenburg.

St. Gallen.

Herr Buchhändler Huber & Comp. 7 Ex.
Herr Pfarrer Frey in Schöneugrund.
- C. Honnerlog Sohn in Troyen.
- Pfarrer Fr. X. Pfister in Bernang.
- Pfarrer Dan. Scherer in Moerstädten.
- Rudolph Stäuble in St. Gallen.
- Pfarrer P. Th. von Valär zu Matringe.
- R. Zollikofer in St. Gallen.
- Pfarrer Laquai 7 Ex.

Herr Joh. Conr. Banziger d. ält., Stud. Theol.
- - - - d. jüng. - -

Die Stadtbibliothek.
Herr Pfarrer Joh. Franz Kunkler.
- Joh. Conr. Reichsteiner, Candid. Theol.
- Joh. Heinr. Weber. - -

Gera.

Herr Prof. Rein für die Schulbibliothek.
- Apotheker K. Fr. G. Zabel.

Gernsheim im Darmstädtischen.

Herr Stadtpfarrer Dahl.

Giessen.

Herr Buchhändler Heyer 7 Ex.

Glogau.

Das evangelisch - Lutherische Gymnasium.
Die neue Güntersche Buchhandlung 2 Ex.
Herr Polizeidirector Gärtner.
- Justizrath Sattig.

Gnesen.

Herr Polizeidirector Gramse.
- Postmeister Musolf.

Goslar.

Herr Conrector Niemann.

Göttingen bei Ulm.

Herr Decan und Pfarrer Baur.

Göttingen.

Herr Professor Bergmann 3 Ex.
Herr Candidat C. W. Kern.
- Kammerconsulent Rautenberg.
- Hofrath und Prof. Bouterweck.
- Buchhändler Deuerlich 6 Ex.
- Administr. der Dietrichschen Buchhandlung 4 Ex.

Der Civilclubb.
Herr Stadtrichter Hirsch in Goslar.
Die königl. Universitätsbibliothek.
Herr Hof- und Kanzleirath Fr. von Werlhof.
- Stud. L. R. Schmidt 5 Ex.
- Vandenhöck & Ruprecht 8 Ex.

Pastor H. Zurstrafsen in Hunnesrück.

Gotha.

Die herzogl. Bibliothek.
Herr Hofrath und Prof. Jacobs.
- Buchhändler Steudel 4 Ex.

Die Bibliothek des Prinzen Friedrich Durchlaucht.
Herr Finanzrath J. W. Lotze.
- Kreiseinnehmer Nordmann in Mühlhausen.
- von Scheliha, Oberhofmeister der regier. Frau Herzogin.
- Buchhändler Ukert 2 Ex.

Grätz.

Herr Buchhändler Perstl.

Greifswalde.

Herr Buchhändler Mauritius 2 Ex.
Herr Graf von Bohlen auf Carlsburg.
Universitätsbibliothek.
- Prof. Kanngiesser.
- - Meude.

Greitz.

Herr Carl von Uechtritz.

Gröningen im Halberstädtischen.

Herr Consistorialrath, Superintendent Dr. Hoche.

Haag.

Herr Buchhändler H. C. Volcke 3 Ex.

Hadamar.

Die neue Gelehrten - Buchhandlung 2 Ex.
Herr Apotheker Amann in Runckel.
- Regierungsrath Nemnich.

Hagen.

Herr Kirchenrath Prediger Acshenberg.

Hagenau bei Lubtheén.

Herr Oberamtmann Weudt 8 Ex.
Herr Dr. Brandenburg der ältere in Rostock.
- Dr. und Senat. Brandenburg d. jüng. ebendas.
- Landsyndicus Dr. Dreves ebend.
- Kammerrath Steinfeld in Schwerin.
- A. von Suchow, Beamter zu Hagenau.
- Hofrath und Ritterschafts - Syndicus von Wachenhusen in Rostock.
- Hofgerichtsassessor von Wachenhusen in Güstrow.

Halberstadt.

Herr Dr. Voglers Buchhandlung 4 Ex.
- Oberprediger Märtens.
- Prediger J. Rese.

Halle.

Expedition der allgem. Literaturzeitung.
Herr Professor Germar.
- - Dr. Gesenius.
- Helling, Auscultator in Naumburg.
- Buchhändler Hemmerde u. Schwetschke 45 Ex.

Die kaiserl. königl. Academie der Wissenschaften in St. Petersburg.
Herr Regierungsrath Baentsch in Cöthen.
- Stadt - Justizrath Belger.

Die Oberbergamts - Bibliothek in Wettin.
- - - in Halle.

Herr Alexander Brunn in St. Petersburg.
- Fr. Char in Cleve.
- Pastor Collius in St. Petersburg.
- Die Commerzgesellschaft ebendas.
- Die gelehrte Comité beim Kriegsdepartement ebend.
- Das kaiserl. königl. erste Cadettencorps ebendas.
- - - - zweite - -
- Kaufmann Joh. Dyrssen ebend.
- Obrist von Gebhard ebend.

Se. Excellenz Generalmajor von Goguel ebend.
Königl. preuss. Gymnasium zu Leobschütz.
Herr Kaufmann F. C. Hanf in St. Petersburg.
- Staatsrath und Ritter von Hehn ebend.
- Pastor Hipping ebend.
- - Hirschfeld ebend.
- Rittmeister von Horn in Könnern.
- Senatspräsident von Hymmen in Düsseldorf.

Se. Excellenz Generallieutenant Graf Igelström in St. Petersburg.
Herr Baron von Imhof - Spielberg.
- Oberamtmann Köhler in Gnölbzig.
- Collegienassessor von Koll in St. Petersburg.
- H. J. Mellin ebend.
- Collegienrath von Milhausen ebend.
- Collegiensecretair Montaigu ebend.

Herr Prediger Joh. von Muralt in St. Petersburg.
Das k. k. Pagencorps ebend.
Herr Oberlehrer Petrenz in Gumbinnen.
- Nicol. Rall in St. Petersburg.
- Rector Dr. Schmieder in Brieg.
- Rector Dr. Solbrig in Salzwedel.
- von Steer, wirkl. Staatsrath in St. Petersburg.
- Carl von Vaudello ebend.
- Staatsrath und Ritter von Weise ebend.

Herr C. A. Kienert 4 Ex.
- Buchhändler Kummel 4 Ex.
- Fr. Kunitzsch, Stud.
- Canonicus Dr. Lafontaine.
- Lieutenant Lenders.
- Professor Meckel.
- Canzler, Niemeyer Consistorialrath, Ritter etc.
- Professor Nitzsch.
- Hofrath, Professor Pfaff.
- Apotheker Prochnow jun. in Storkow.

Die Rengersche Buchhandlung 3 Ex.
- Schullehrer Roloff in Selchow bei Storkow.
- Steuerkontrolleur Schmidt in Storkow.
- Prof. Dr. Schreger.
- Prof. Schütz der jüng.
- Gerichtsdirector Schwarz.
- Professor Sprengel.

Die Universitätsbibliothek.
Herr Consistorialrath und Superintendent Wagnitz.
Die Buchhandlung des Hallischen Waisenhauses 8 Ex.
Die Bibliothek des Pädagogiums.
- - - Gymnasiums in Hamm.
Herr Candidat C. G. Stöhr.
- Stud. W. F. Wensch.

Herr Dr. Weber 6 Ex.
Herr Inspector Dennhardt.
- Oberbergrath Dunker.
- Justizcommissair Jordan.
- Fabrikant M. Schmidt in Glaucha bei Halle.
- Rendant Schmohl.
- Doctor Weise 5 Ex.
Frau Prof. Bergener.
Herr von Hoffmann auf Dieskau.
- Kreissteuereinnehmer Rabe.
- Ritter Dr. Scheuffelhuth.
- Ritter Dr. Ulrich.

Hamburg.

Herr Hofrath und Oberpostdirector Buchner.
- Salomon Heine.
- Buchhändler Herold jun. 2 Ex.
- Buchhändler Hofmann u. Campe 30 Ex.
Herr Bürgermeister W. Amsingk.
- Dr. und Protonotarius Anderson.
- Henry Ballin.
- H. J. Cavallin, Apotheker in Gothenburg.
- Eberhardi.
- Joh. Ant. Mart. Eckermann, Prediger zu St. Nicolai.
- Hollberg, Oberfeldchirurgus und Ritter in Gothenburg.
- Kylander, Apotheker.
- Joh. Hein. Nagant.
- Senator Pehmoller.
- Schömer in Rostock.
- Oct. Rud. Schröder jun.
Stadtbibliothek in Hamburg.
Herr J. A. Steinkamp das.
- P. T. Willert.
- Joh. Aug. Meissner, Rathsbuchdrucker.
- Licentiat Nemnich.
- Perthes u. Besser 29 Ex.
Herr von Ahlefeld-Laurwig, Graf auf Frankier Schloss, auf Langeland.
- Bauconducteur Börm in Eutin
- Graf Bothmer auf Bothmer.
Herr J. H. Gossler in Hamburg.
- Advocat Jasper in Schleswig.
- Ladiges in Wasnesgaard.
- Advocat Lindenhan in Apenrode.
- Agent Mendel in Schlesswig.
- Dr. Muller in Buxtehude.
- Dr. Rosing in Hamburg.
- A. Westphalen ebend.
- E. G. Wiechers ebend.

Herr Gust. Uhde 5 Ex.
Herr Carl Lefort in London.
- C. A. Uhde ebend.
- Ferd. Uhde in Hamburg.
- J. Eschenburg ebend.
- Professor Dr. J. L. Zimmermann.
Die Commerzbibliothek.

Hamm.

Herr Elias Marks.
- Schulz & Wundermann.

Hannover.

Die Helwingsche Hofbuchhandlung 13 Ex.
Die königl. Bibliothek in Hannover.
Herr Herzog von Cambridge.
- Fr. Ernst, Dr. der Rechte zu Marienburg.
- Commerzienrath Hahn in Hannover.
- Major W. Heydenreich Hoyer ebend.
- Consistorialrath Kaufmann ebend.
- Baron von Knigge ebend.
- Hauptmann Kahle ebend.
- Dr. L. Matthiä in Verden.
- von Platen-Hallermund, Reichsgraf und Edler Herr, hannövers. Reichs-General-Erb-Postmeister, Grosskreuz des Guelfenordens, wirkl. geh. Rath etc.
- J. E. Seebaum in Hannover.
- Privatlehrer Siemsen ebend.
- J. E. von Stutzer, Capitain im königl. hannöv. Inf. Regim. Ostfriesland.

Die Hahnsche Hofbuchhandlung 56 Ex.
Herr B. R. Abeken für die Bibliothek des Rathsgymnasium in Osnabrük.
- Generalmajor, L. von dem Busche in Hannover.
- Obristlieutenant, Hans von dem Busche.
- Dr. Med. Coberg in Diepenau.
- Advocat und Notar Cramer in Aurich.
- Dr. Med. Düvel in Nörthen.
- Moritz, Graf von Goertz-Wriesberg, Kammerjunker in Hannover.
- General Freiherr von Hammerstein.
- Amtmann Heyne in Barsinghausen.
- Apotheker Hinck in Osterode.
- J. P. B. Hullesheim, kon. preuss. Consul in Emden.
- Kaufmann Ph. Lehmann in Hildesheim.
- Obristlieutenant und Flügeladjutant E. v. Linsingen in Hannover.
- Siegm. Löw in Steinfurth, Generallieutenant, Commandeur des Bath- und Guelfenordens.
- Amtmann Fr. Fr. Lüder in Nordheim.
- Major Fr. Meinecke in Hannover.
- Rath und Stadtsyndicus G. L. C. Meissner ebend.
- Graf von Mengersen in Rheder.
- Pastor Meyer in Wehrstädt.
- Medicinalrath Dr. von Moller in Minden.
- Dr. Mysing in Vechte.
- G. H. Nieper, Regier. Vicepräsident und geh. Rath, Excellenz, in Hannover.
- Oberstlieutenant von Petersdorf, Ritter mehrerer Orden.
- Pastor Pohse in Eitzendorf.
- Obristlieutenant Prott in Hannover.
- C. G. H. Rodewaldt zu Diepholz.
- Conrector Sander in Hildesheim.
- Dr. F. G. Schilling in Hannover.

Herr Superintendent C. G. Schuster in Lüne.
- Oberkriegscommissair Soest in Hannover.
- P. C. G. von Stietencron, Oberhauptmann in Neustadt am Rubenberge.
- Stud. E. Ten-Breugel in Bentheim.
- Bürgermeister C. Thorwirth in Lüchow.
- Dr. Wilmans in Buxtehude.

Heidelberg.

Herr Professor Dr. Leger.
- Geh. Rath von Leonhard.
- Buchhändler Mohr u. Winter 9 Ex.
Grossherzogliche Hofbibliothek in Karlsruhe.
Bibliothek und Lesegesellschaft in Bruchsal.
Herr Stadtschreiber Bruckmann in Heilbronn.
- Hofrath und Professor Dr. Creuzer in Heidelberg.
- Kreismedicinalrath u. Physicus Dr. Ludwig in Korck.
- Buchhändler Oswald 2 Ex.
Bibliothek des theol. Seminariums in Tübingen.
Herr Amtmann Hoffmann in Boxberg.
- Geh. Kirchenrath Dr. Paulus.
- Professor Schlosser.

Heiligenstadt.

Herr Director Lingemann.

Herrmannstadt.

Herr von Beuigni, Edler von Mildenberg, Feldkriegssecretair.

Herzberg am Harze.

Herr Superintendent Starke 3 Ex.
Herr Oberamtmann Lueder.
- Bergapotheker Lepin.
- Postsecretair C. V. Wiederhold 2 Ex.
Herr Landrath von Zeschau.

Hildburghausen.

Das Comptoir für Literatur 2 Ex.

Hildesheim.

Herr von Brackell, Freiherr, Domcapitularherr der Domstifter Hildesheim und Corvey.
- Buchhändler Gerstenberg 2 Ex.
Die Beverinische Bibliothek beim Dom.
Herr Botenmeister Fischer.
- Regierungsrath Kocken 10 Ex.
Herr H. F. Deichmann, für den grossen Clubb.
- Canzleisecretair Lüdgers.
- Gutsbesitzer E. G. Luntzel in Babenstädt.
- Dechant Osthaus.
- Justiz- und Consistorialrath Plockner.
Frau Therese Rubach, geb. Freyin von Bennigsen auf Gronau.
Herr Canonicus F. A. Schneidewind.
- Domprobst und Suffragan Bischof von Wendt.
- Lehnssecretair P. Wustefeld.
- von Lobek-Gudenau, Freiherr, Domcapitular des vormaligen Erzstifts Trier und Hildesheim.
- Joh. Edm. Lüdgers, Canonicus sanctae crucis.

Hirschberg.

Herr Friedr. Andreas Nagel, evangel. Prediger an der Gnadenkirche.
Die Thomasische Buchhandlung 5 Ex.
Die Bibliothek des Gymnasiums.
Herr Stadtkammerer Killmann in Löwenberg.
- Graf Schafgotsch, Erb-Land-Hofmeister, Erbherr auf Künast, Greiffenstein etc. Ritter des grossen rothen Adlerordens.
- Müllermeister Schreiber in Zobten.
- Carl Freiherr von Stillfried in Hirschberg.

Hof.

Herr Buchhändler Grau 12 Ex.
Herr Landmann Horn zu Drummdorf.
- Carl Freiherr von Metungh, königl. baierscher Revierförster in Thumbach.
- Fr. Baron v. Neuenstein-Rodek, k. bayers. Hauptm.
- Legationsrath J. P. F. Richter.

Herr Karl Baron von Künsberg in Nairitz.
- Heinr. Dav. von Koch in Hirschberg im Reuss.

Hofgeismar.

Herr C. Musi, Inspector, Steinhauer und Mauermeister.

Hohen-Assberg.

Herr M. Günzler, evangel. Garnisonsprediger.

Höxter.

Herr Hofapotheker E. Witting.

Jauer.

Herr Particulier Arlt.

Jena.

Herr Professor Handt.
- Hofrath Professor Luden.
- Buchhändler A. Schmidt.
- Hofrath Prof Dr. W. C. J. Suckow.
- Hofrath und Prof. Voigt.

Jever.

Herr Consist. Assess. Prof. Rector Hollmann.

Ilfeld.

Herr Amtmann Heumann.

Insterburg in Ostpreussen.

Herr Oberlandesgerichtsrath Fr. Wilh. Eichel 7 Ex.

Käsmark.

Herr Prof. Joh. Genersich.

Kalisch.

Herr Professor Flatt.

Karlowitz.

Herr Professor Dr. Rumy.
Herr Steph. v. Stratimirovics, Erzbischof und Metropolit.

Karlsruhe.

Herr Buchhändler Marx.
Die Braunsche Buchhandlung 6 Ex.
Herr Obrist Freiherr von Freidorff.
- Geh. Rath Hauber.
- Oberforstrath Laurop.
Grossherzogl. Badensche Militairschule in Karlsruhe.
Das Museum in Karlsruhe.
Herr August Schiebe, Director eines Handlungsinstituts in Strassburg.
- Theilungscommissair Siegel in Lahr.

Kaschau in Ungarn.

Herr Otto Wigand 2 Ex.

Kempen.

Herr Postdirector Behm 2 Ex.
Herr Secretair Gerhardt in Warschau.

Kiel.

Die Academische Buchhandlung 2 Ex.
Die Universitätsbibliothek.
Herr Graf von Baudissin auf Knoop etc.
Herr Professor Dr. Gensichen.
- - - Pfaff.

Klagenfurth.

Herr Buchhändler Siegmund 3 Ex.
Herr Rittmeister von Holzer.
- Baron von Keiserstein in Crastowitz.
- G. Spitzer in Wolfsberg.

Klein-Korbetha.

Herr Rittergutsbesitzer Möbius.

Königsberg.

Herr Professor von Baczko.
- Medicinalrath Prof. Dr. Burdach.
- Buchhändler Gebr. Bornträger.
- Consistorialrath Prof. Dr. Krause.
- Buchhändler Nicolovius.
- Dr. Sachs 2 Ex.
Herr Kaufmann B. Marcus.

Herr Dr. und Diaconus Ebel.
Herr Buchhändler Unzer 9 Ex.
Herr Rittmeister von Auer von Kirpehnen.
- Justizrath Hardt.
- Stud. Otto Muller.
- Hofhscal Raddaz.
- Exc. Freiherr von Schrötter, Canzler von Preussen.
- Stud. Worms.
- Professor Vater 3 Ex.
Herr Lieutenant Frenzel in Memel.
- Professor Voigt.

Kommotau.

Herr Bürgermeister Duberauer 6 Ex.
Herr Ritter Joh. von Dobrodlaw auf Kollosreut und Welenschloss.
- Professor Ph. Rohn.
- Joh. Schiefer, Herr auf Miloschütz.
Die Stadtgymnasiumsbibliothek.
Herr Benedict Venusi, Abt und Prälat zu Ossegg.

Kreuznach.

Herr Superintendent Eberts 17 Ex.
Herr Dr. Geiger auf der Saline Theodorshalle.
- Handelsmann Chr. Herf.
- Kaufmann Fr. Karcher.
- - B. Penserot.
- Notar Potthof.
- Dr. Prieger.

Kussen in Litthauen.

Herr Gutsbesitzer Schmalz 5 Ex.
Herr Oberlehrer Lenz in Tilsit.
- - List ebend.
- Stadtchirurg Dr. Morgen ebend.
- Pfarrer Zippel in Kussen.

Lahr im Breisgau.

Herr W. von Langsdorf.

Landshut.

Herr Buchhändler P. Krüll 36 Ex.
Herr Graf Joseph von Aertz aus Trient.
- Michael Aschenbrenner, Professor in Regensburg.
- Landrichter Bauer in Fussen.
Die Universitätsbibliothek in Landshut.
Herr Freiherr von Beckenzell in Pfaffstädten.
- Weginspector Burgarz.
Frau Baronesse von Donnersberg, geb. Ereiin von Mändl in Mühldorf.
Herr Landrichter Gram in Oberdorf.
- Rentbeamter Grebner in Schongau.
- Freiherr Jos. von Imhof-Spielberg, Fürstl. Thurn- und Taxischer Regierungsrath.
- Stiftungs-Administrator Kempter in Füssen.
- Freiherr von Kreitmayr in Hatzkofen.
- - Max von Lerchenfeld in Egelhofen.
- Liebel, königl. Advocat in Regensburg.
Frau Baronesse v. Mändl, geb. Gräfin von Aertz in Tissling.
Herr Pfarrer Pabst in Ebenhofen.
- Freiherr A. von Pechmann, Strassen- und Wasserbaudirector.
- Landgerichtsassessor Rösch in Füssen.
- Pfarrer Fr. Roth in Pullach.
- von Schanzenbach, königl. baiers. Rentbeamter in Oberdorf.
- Schill, königl. baiers. Landrichter.
- Pfarrer Schwarz in Prem.
- von Stubenrauch, konigl. baiers. Rentbeamter in Muhldorf.
- Graf Carl von Taufkirchen, königl. baiers. Landgerichtsassessor ebend.
- Dr. Weisbrod, königl. baiers. Landgerichtsarzt in Mühldorf.
- Dr. Conr. Wittwer, - - - in Oberdorf.

Herr Partik. Mart. Lenhard.
- Appellationsadvocat Meinel.
- Baron von Pfeil, Rittmeister im königl. baiers. 2ten Curassierregiment.
- Hofrath Professor Dr. Joh. Wening.

Laubach.

Herr Bibliothekar Richter 4 Ex.
Se. Erlaucht der regierende Graf Max zu Erlach-Schönberg.
Ihro Durchl. die Fürstin Vormünderin zu Solms-Lich, geb. Furstin zu Bentheim etc.
Herr Gustav Lölbecke zu Braunschweig.

Lauban.

Herr F. A. Finkh 4 Ex.
Herr Hieron. Klebelly, Erzpriester, Probst und Stadtpfarrer in Naumburg am Queis.
- Kaplan Reinisch ebend.
Ein Ungenannter.
Die Trautmannsche Lesebibliothek.

Lawalde bei Löbau.

Herr Kramer Joh. G. Richter 5 Ex.
Herr Fr. W. Degner, Erb-, Lehn- und Gerichtsherr auf Schonbach.
- Pfarrer J. C. Krüger in Gröditz.
- Oberpfarrer Rath in Stolpen.

Leipzig.

Herr Buchhändler Andrä.
Herr von Schindel auf Schönbrunn, Landesbestallter der Markgrafth. Oberlausitz.
- Kammerrath Anger.
- Apotheker Bärwinkel.
- Kupferstecher J. C. Böhme.
- Buchhändler Brockhaus 2 Ex.
- Professor Clarus.
- Buchhändler Cnobloch 2 Ex.
Herr Dr. Choulant.
- Dr. Chr. Fr. Cunitz.
- Buchhandler Engelmann 2 Ex.
- W. Fink.
- Buchhändler G. Fleischer 4 Ex.
Herr Präsident, Freiherr von Ferber.
- Archidiaconus Kähler in Cottbus.
Se. Durchl. Furst Otto Victor von Schönburg.
- W. A. Focke.
- Finanzprocurator Advocat Geyer.
- Ferdinand Gruner auf Breitenfeld.
Die Harmoniebibliothek.
Herr Buchhändler Hartmann 5 Ex.
Herr Amtmann Säuberlich in Dohnsdorf.
- Kaufmann Carl Heine.
- Professor Dr. Heinroth.
- Dr. Hillich.
Die Hinrichssche Buchhandlung.
Herr Fr. Hofmeister.
- Oberpostamtsrath und Oberpostverwalter Hüttner.
- Prof. Dr. C. A. G. Keil.
- Joh. Veit Kistner.
- Buchhändler Ernst Klein 2 Ex.
- Dr. Kluge.
- Finanzsensal C. A. Kob.
- Buchhändler Kummer 3 Ex.
Die Universitätsbibliothek in Dorpat.
- Heinr. Lacarriere.
- Buchhändler Liebeskind.
- M. Carl Linke.
Herr Amtsinspector Neitsch in Wendelstein.
- M. Märker.
- Buchhändler Mittler.
- J. E. Mühlig.
- Dr. Oetzmann.
- Professor Pohl.
- Quandt.

Herr Canzleirath Theodor von Schere.
- Drost von Schere zu Alt-Strelitz.
Ein Ungenannter.

Neuwied.

Herr Dr. Bernstein.

Niederpoieritz bei Dresden.

Herr Major Alexander von Oberheff.

Nürnberg.

Herr Buchhändler Fr. Campe.
- - Felsecker.
- - Monath u. Kussler 3 Ex.
- - Riegel u. Wiessner 4 Ex.
Herr Obersachungscommissair Papenberger in Schrobenhausen.
- Fouzel, königl. Rentbeamter in Burglerchenfeld.
Die Steinsche Buchhandlung 18 Ex.
Herr Freiherr von und zu Aufsees in Erlangen.
- Stadtgerichtsdirector von Casper.
- Advocat Paul Degmair in Augsburg.
- S. J. Ferdin ebend.
- Baudirector Häslin ebend.
- königl. baiers. Oberstudienrath Hobmann in München.
- Kaufmann P. W. Merkel in Nürnberg.
- Lithograph Joh. E. Metterleiter.
- Gutsbesitzer von Paris auf Gailenbach.
- Stadtgerichtsaccessist Dr. Radlkofer in München.
- Secretär Rösen ebend.
- Kämmerer Freiherr von Seckendorff.
Die königl. baiers. Stadtbibliothek in Lindau.
Herr Graf Jos. von Taufkirchen, königl. baiers. Obersilberkämmerer in München.
- von Utzschneider ebend.
- Partic. Walter in Erlangen.
- Polizeicommissair Woebruitz in Augsburg.
Herr Kupferstecher Jacob Sturm.

Oberwinden im Breisgau.

Herr Pfarrer Decan Winterhalder 2 Ex.

Oedenburg.

Herr Prediger Gamauf.
- Buchhändler Wigand 6 Ex.
Herr Kaufmann Carl Geber.
- Ferd. Lovasz, Apotheker in Canischa.
- Joh. Baron von Mesnil.
- Dr. S. von Zsolnay in Canischa.

Offenbach.

Herr Joh. André 2 Ex.
Herr Professor Cillé.
- Amtskeller Pockl.

Oldenburg.

Herr Professor Rect. Ricklefs 10 Ex.
Die Bibliothek des Gymnasiums.
Die Clubbibliothek.
Herr Dr. J. F. C. Bodenstein.
- Oberlanddrost und Regierungspräsident von Brandenstein.
- Major und Commandant von Hirschfeld.
- Generalsuperintendent und Consistorialrath Ant. G. Hollmann.
- Pastor J. G. Kuhlmann in Hammelwarden.
Se. herzogl. Durchlaucht, Herr Paul Friedrich August, Erbprinz von Holstein-Oldenburg.
Herr Oberappellationsrath E. F. H. Schlosser.
- Buchhändler Schulze.
Die herzogl. Bibliothek.
- Stud. Carl Zedelius 16 Ex.
Herr von Behr Negendank aus Torgenlow im Mcklenb.
- Reichsgraf Bentink, Souverän zu Inn und Kniphausen zu Varel an der Jahde.
- Pupillenschreiber Drees in Ovelgönnen.
- Kaufmann J. C. Hoyer.
- W. Märtens aus Delligsen.
- F. T. A. Meyer, Stud. aus Schoppenstadt.
- Auctionsverwalter Reincken in Ovelgönnen.

Herr Candidat Schreiber zu Braunschweig.
- Carl Stelling ebend.
- Advocat Weber in Ovelgönnen.
- Pastor Dr. H. W. J. Wolf in Braunschweig.
- Candidat Theod. Zedelius zu Dötlingen.

Osnabrück.

Herr Postsecretär L. von Geismar 7 Ex.
Herr Domherr von Bothmer.
- Postmeister Corsica.
- Mag. Gruner.
- Baron von Ledebur zu Arendshorst.
- Regimentsquartiermeister Mannes.
- Banquier R. Schwarze.

Paderborn.

Herr Buchhändler Wesener 2 Ex.
Herr Kaufmann Jacke.
- Oberlandesgerichtsrath von Rappart.

Pechau bei Magdeburg.

Herr Consistorialrath und Superintendent Rathmann.

Pesth.

Herr Buchhändler Hartleben 9 Ex.
Herr Bretschneider.
- Graf Joh. Nep. Mailath, k. k. Kämmerer.
- Domherr Carl Freiherr von Perin, Weihbischoff v. Gran etc.
- Prof. Dr. Joh. Schuster.
- Graf Franz Teleti, k. k. Kämmerer.
- Buchhändler G. Kilian 28 Ex.
Herr Jos. von Almasy, k. k. Hofrath in Pesth.
Frau Gräfin Audrassy, geb. Gräfin in Festetics Kesth.
Herr Ludwig von Festetics.
- Professor Fischer in Pesth.
- Dr. und Physicus Forgo ebend.
- Ignatz Jeszenszky.
Die Herren Grafen Karolyi de Nagy Karoly in Pesth.
Herr Sabbas Tököly de Kevermes, k. k. Rath in Arad.
- Georg Kowach von Dicske.
- Jos. von Pfriem in Ofen.
- Salomon Naphtaly Rosenthal in Pesth.
- Dr. Med. von Say in Stuhlweissenburg.
- Schmidt, Prof. der pract. Geometrie in Pesth.
- Ladislaus v. Szentkiraly, Vicegespann der Gespanschaften Pesth, Pilius und Solt.
- Professor Szneczniczky in Gyöngyös.
- Prof. Szüts in Pesth.
- Graf Jos. Teleky, k. k. Kämmerer in Ofen.
- - Sam. Teleky in Ofen.
- Graf Emanuel Waldstein von Wartenberg in Pesth.
- Baron Joseph Wessellényi, Herr von Hadad, k. k. Kämmerer etc.
- Baron Stephan Wessellényi, k. k. Kämmerer und Obrist etc.
- Winkler, Prof. der Statistik.
- Franz von Zichy in Zich.

Petersburg.

Herr Buchhändler W. Gräff 13 Ex.
Die kaiserliche Bibliothek.
Die Bibliothek des kais. Lyceums in Zarskoeselo.
Herr Viceconsul Hasselmann.
- C. F. Hippius.
- Collegienrath und Ritter von Hörschelmann.
- Graf Gregor Kuschelef.
- Alex. Mentzbis.
- Pastor Topelius in Kronstadt.
- Bernhard Walloth.
- Buchhändler Höwert 3 Ex.
Herr Stabsarzt von Doepp in Gutschina.
- Probst und Senior Graubaum in Synoritt.

Pforta bei Naumburg.

Herr Tanzlehrer Roller.

Pleschen in Polen.

Herr Steuereinnehmer Rankowitz.

Plock in Polen.

I · Postdirector Trotz 6 Ex.
Die Biblioth. der verein. poln. und teutsch. Freimaurerloge.
Herr Obrist und Rittergutsbesitzer v. Dembowsky.
- W. G. Fick, Präses der Handlungsschule.
- Consistorialrath und Oberprediger C. Hevelke.
- Stempelrendant von Kobylinsky.
- Baudirector L. Mahn.

Posen.

r Prof. Bernd 14 Ex.
Herr Regierungspräsident Baumann.
- Kaufmann G. Berger d. j.
- Oberappellationsgerichts - Präsident Bock.
- - - -Rath Boeck.
- Professor Czwalina.
- Landgerichtsdirector Düring in Fraustadt.
- Stadtsyndicus Guderian.
- Oberappellationsgerichtsrath Melzer.
Die Schulbibliothek.
Herr Fürst Sulkowsky.
- Regierungsrath Tittel.
- Justizcommissarius und Advocat Weisleder.
- Oberappellationsgerichtsrath von Zakrzewski.
Buchhändler Kühn 7 Ex.
Herr Benda.
- von Bieczinski auf Gramblew.
Herr Landrath von Bielinski zu Kosten.
- Anton von Dunin auf Ostrawite.
- Oberpostdirector l'Espagne.
- Eustach von Grabski auf Wieczin.
- Notarius Aug. Toporski in Schrimm.

Poserne.

rr C. F. von Raschau, Erb-, Lehn und Gerichtsherr.

Potsdam.

rr Regier. u. Medicinalrath Augustin.
rr Buchhändler Horvath 2 Ex.
Herr Hofapotheker Harsleben.
e königl. preuss. Regierungsbibliothek.

Prag.

e Calve'sche Buchhandlung 90 Ex.
Herr Georg von Ahsbas in Prag.
- Graf Max von Althan, k. k. wirkl. Kämmerer, Grand von Spanien, Herr der Herrschaft Grulich etc.
- J. Arnold, Pfarrer zu Slattin in Böhmen.
- Fr. Auge, Director der k. k. Stiftsherrschaft Carlstein in Böhmen.
- Em. Freyherr von Bartenstein in Brünn.
- J. Bergmann, Rentmeister zu Gitschinowes.
- Em. Bohm, k. k. Hofcaplan und Pfarrer zu Libochowitz.
- Emanuel Freyherr von Bretfeld, k. k. Obrister und Regiments-Commandant und des Leopolds Ordens Ritter.
- Anton Freyherr von Bretfeld, Böhmisch-Ständischer Verordneter in Prag.
- Graf Carl von Clam-Martinitz, k. k. wirkl. Geheim. Rath und Kämmerer, Excellenz.
- Fürst Chlumczansky, Ritter von Przstwalk u. Chlumczau, Erzbischof zu Prag etc.
- A. Dietrich, Verwalter auf der k. k. Staatsherrschaft Krzesetitz in Bohmen.
- Math. Differenzy, Ober-Amtscanzellist zu Semill.
- Doerell, Doctor zu Kettenberg in Böhmen.
- Joseph Engel, Stud. med. in Prag.
- Freyherr von Erben, k. k. Gubernialrath und Kreishauptmann zu Klattau in Bohmen.
- G. Fischer, k. k. Rath und Landes-Baudirector in Prag.
- L. Fischer, fürstl. Dietrichsteinscher Inspector in Przimislau in Böhmen.
- Fr. Fissner, Burggraf zu Altenburg in Böhmen.

Herr Freiburg, Magistratsrath zu Gitschin, ebend.
- C. Corner, Ober-Amtsschreiber zu Kopidlno in Bohmen.
- Freyherr von Haake, Grossherzogl. Badenscher Staats-Minister und ausserordentlicher Gesandter am k. k. Hofe zu Wien.
- Vincens Hartmann, Bürger zu Prag.
- Joh. Theob. Held, Dr. Med. Physicus und Decan.
- Heller, Wirhschafts-Buchhalter in Diettenitz in Böhmen.
- Franz Freyherr von Hildprandt in Prag.
- Jos. Conr. Edler von Holzendorff, Wirthschaftsdirector und Oberamtmann etc.
- Hausknecht, Bürger und Baumeister in Prag.
- Huzelmann, Doctor jur. und Landes-Advocat in Prag.
- Janack, Handelsmann zu Seinzitz in Bohmen.
- Eust. Janatka, Oberjäger d. Herrsch. Semill in Bohmen.
- Paul Just, Magistratsrath in Prag.
- Pet. Fr. Iwan, Doctor juris und Landesadvocat.
- V. Kettenbrugg, Director zu Kopidlno in Böhmen.
- Leopold von Kinsky, Graf zu Glumez, ebend.
Frau Furstin von Kinsky, geb. Reichsfreiin von Kerpen, in Prag.
Herr Kletzan, Doctor juris und Landesadvocat in Prag.
- Jos. Köhler, General-Grossmeister des Ritterordens der Kreuzherren in Bohmen, Mähren und Schlesien zu Prag.
- Klier, Oeconomie- und Schichtamts-Director zu Kamentz.
Die k. k. patriot. oecon. Gesellschaft in Prag.
Herr Konwiczka, Bürgermeister zu Gitschin in Bohmen.
- Fr. Kowanda, Oberamtsschreiber zu Gitschinowes, ebend.
- W. Kozeny, Oberamtsschreiber ebend.
- J. Krkawetz, Bauwerkmeister zu Kopidlno.
- Fr. Laufberger, Gerichtsverwalter in Wockschiz.
- Ign. Leitenberger, k. k. privil. Cattunfabrikant zu Reichstadt.
- Lendwich, Ober-Lieutenant u. Rechnungsführer etc.
- Wenzel Lorenz, Buchhalter in der k. k. privil. Cattunfabrik zu Reichstadt.
- Neubauer in Prag.
- K. Neumann, Forstmeister zu Altenburg in Böhmen.
- Graf Johann von Nostitz, k. k. Feldmarschall-Lieutenant zu Prag.
- Franz Haas von Oertingen zu Prag.
- Ign. Orlando, Theilhaber der k. k. Cattunfabrik zu Kosmanos in Böhmen.
- Carl Praschak, Forstmeister zu Gross-Rohosetz.
- K. Prost, Brauer zu Altenburg in Bohmen.
- Ign. Riedel, Burger und Kaufmann in Prag.
- Ritschel, Magistratsrath in Kuttenberg.
- J. Rotta, Burggraf zu Strewaz in Bohmen.
- A. Rumpler, Amtsdirector zu Gitschinowes in Böhmen.
- Hugo Altgraf von Salm Reifferscheidt, k. k. wirkl. Kämmerer und Director d. k. k. Mährisch-Schlesisch. Ackerbaugesellschaft in Brünn.
- Sam. Scheurer in Reichenberg in Böhmen.
- Freyherr Wilh. von Schmidtburg, k. k. Gubernialrath in Prag.
- Carl Friedr. Graf von Schönborn zu Prag.
- Grosshändler Philipp Schöpke.
- Ritter von Schönfeld zu Prag.
- Heinrich Schuster, Stud. Theol. in Prag.
- V. Seifensieder, Apotheker zu Gitschin.
- Wenzel Skola, Erzieher in Prag.
- Spangler, Director zu Grossrohosetz in Böhmen.
- Stransky, Pfarrer zu Wellisch, ebend.
- C. Strnadt, Brauer zu Wockschitz ebend.
- J. Suska, Kastner ebend.
- L. Tietze, Rentmeister zu Kopidlno ebend.
- Jos. Math. Graf von Thun in Prag.
- Maximilian, Fürst von Thurn und Taxis, k. k. österr. Generalmajor in Prag.
- Tomaschek, k. k. Cammeral-Forstmeister ebend.

Herr Canzleirath Theodor von Scheve.
- Drost von Scheve in Alt-Strelitz.
Ein Ungenannter.

Neuwied.

Herr Dr. Bernstein.

Niederpoieritz bei Dresden.

Herr Major Alexius von Olsufieff.

Nürnberg.

Herr Buchhändler Fr. Campe.
- - Felsecker.
- - Monath u. Kussler 3 Ex.
- - Riegel u. Wiesner 4 Ex.
Herr Oberrechnungscommissair Papenberger in Schrobenhausen.
- Röckel, königl. Rentbeamter in Burglerchenfeld.
Die Steinsche Buchhandlung 18 Ex.
Herr Freiherr von und zu Aufsees in Erlangen.
- Stadtgerichtsdirector von Casper.
- Advocat Paul Degmair in Augsburg.
- S. J. Fegelin ebend.
- Baudirector Häslin ebend.
- königl. baiers. Oberstudienrath Hobmann in München.
- Kaufmann P. W. Merkel in Nurnberg.
- Lithograph Joh. E. Mettenleiter.
- Gutsbesitzer von Paris auf Gailenbach.
- Stadtgerichtsaccessist Dr. Radlkofer in München.
- Secretär Rösen ebend.
- Kammerer Freiherr von Seckendorff.
Die königl. baiers. Stadtbibliothek in Lindau.
Herr Graf Jos. von Taufkirchen, königl. baiers. Obersilberkämmerer in München.
- von Utzschneider ebend.
- Partic. Walter in Erlangen.
- Polizeicommissair Woehrnitz in Augsburg.
Herr Kupferstecher Jacob Sturm.

Oberwinden im Breisgau.

Herr Pfarrer Decan Winterhalder 2 Ex.

Oedenburg.

Herr Prediger Gamauf.
- Buchhändler Wigand 6 Ex.
Herr Kaufmann Carl Geber.
- Fed. Lovacz, Apotheker in Canischa.
- Joh. Baron von Mesnil.
- Dr. S. von Zsolnay in Canischa.

Offenbach.

Herr Joh. André 2 Ex.
Herr Professor Gillé.
- Amtskeller Pockl.

Oldenburg.

Herr Professor Rect. Ricklefs 10 Ex.
Die Bibliothek des Gymnasiums.
Die Clubbibliothek.
Herr Dr. J. F. C. Bodenstein.
- Oberlanddrost und Regierungspräsident von Brandenstein.
- Major und Commandant von Hirschfeld.
- Generalsuperintendent und Consistorialrath Ant. G. Hollmann.
- Pastor J. G. Kuhlmann in Hammelwarden.
Se. herzogl. Durchlaucht, Herr Paul Friedrich August, Erbprinz von Holstein-Oldenburg.
Herr Oberappellationsrath E. F. H. Schlosser.
- Buchhändler Schulze.
Die herzogl. Bibliothek.
- Stud. Carl Zedelius 16 Ex.
Herr von Behr Negendank aus Torgenlow im Mcklenb.
- Reichsgraf Bentink, Souverän zu Inn und Kniphausen zu Varel an der Jahde.
- Pupillenschreiber Drees in Ovelgönnen.
- Kaufmann J. C. Hoyer.
- W. Märtens aus Delligsen.
- F. T. A. Meyer. Stud. aus Schöppenstädt.
- Auctionsverwalter Reincken in Ovelgönnen.
Herr Candidat Schreiber zu Braunschweig.
- Carl Stelling ebend.
- Advocat Weber in Ovelgönnen.
- Pastor Dr. H. W. J. Wolf in Braunschweig.
- Candidat Theod. Zedelius zu Dotlingen.

Osnabrück.

Herr Postsecretär L. von Geismar 7 Ex.
Herr Domherr von Bothmer.
- Postmeister Corsica.
- Mag. Gruner.
- Baron von Ledebur zu Arendshorst.
- Regimentsquartiermeister Mannes.
- Banquier R. Schwarze.

Paderborn.

Herr Buchhändler Wesener 2 Ex.
Herr Kaufmann Jacke.
- Oberlandesgerichtsrath von Rappart.

Pechau bei Magdeburg.

Herr Consistorialrath und Superintendent Rathmann.

Pesth.

Herr Buchhändler Hartleben 9 Ex.
Herr Bretschneider.
- Graf Joh. Nep. Mailath, k. k. Kämmerer.
- Domherr Carl Freiherr von Perin, Weihbischoff von Gran etc.
- Prof. Dr. Joh. Schuster.
- Graf Franz Teleti, k. k. Kämmerer.
- Buchhändler G. Kilian 28 Ex.
Herr Jos. von Almasy, k. k. Hofrath in Pesth.
Frau Gräfin Audrassy, geb. Gräfin in Festetics Excell.
Herr Ludwig von Festetics.
- Professor Fischer in Pesth.
- Dr. und Physicus Forgo ebend.
- Ignatz Jeszenszky.
Die Herren Grafen Karolyi de Nagy Karoly in Pesth.
Herr Sabbas Tököly de Kevermes, k. k. Rath in Arad.
- Georg Kowach von Dicske.
- Jos. von Pfriem in Ofen.
- Salomon Naphtaly Rosenthal in Pesth.
- Dr. Med. von Say in Stuhlweissenburg.
- Schmidt, Prof. der pract. Geometrie in Pesth.
- Ladislaus v. Szentkiraly, Vicegespann der Gespannschaften Pesth, Pilius und Solt.
- Professor Szneczanitzky in Gyöngyös.
- Prof. Szüts in Pesth.
- Graf Jos. Teleky, k. k. Kämmerer in Ofen.
- - Sam. Teleky in Ofen.
- Graf Emanuel Waldstein von Wartenberg in Pesth.
- Baron Joseph Wessellényi, Herr von Hadad, k. k. Kämmerer etc.
- Baron Stephan Wessellényi, k. k. Kämmerer und Obrist etc.
- Winkler, Prof. der Statistik.
- Franz von Zichy in Zich.

Petersburg.

Herr Buchhändler W. Graff 13 Ex.
Die kaiserliche Bibliothek.
Die Bibliothek des kais. Lyceums in Zarskoeselo.
Herr Viceconsul Hasselmann.
- C. F. Hippius.
- Collegienrath und Ritter von Hörschelmann.
- Graf Gregor Kuschelef.
- Alex. Mentzbis.
- Pastor Topelius in Kronstadt.
- Bernhard Walloth.
- Buchhändler Howeit 3 Ex.
Herr Stabsarzt von Doepp in Gutschina.
- Probst und Senior Graubaum in Synoritz.

Pforta bei Naumburg.

Herr Tanzlehrer Roller.

Pleschen in Polen.

Herr Steuereinnehmer Rankowitz.

Plock in Polen.

Herr Postdirector Trotz 6 Ex.
Die Biblioth. der verein. poln. und teutsch. Freimaurerloge.
Herr Obrist und Rittergutsbesitzer v. Dembowsky.
- W. G. Fick, Präses der Handlungsschule.
- Consistorialrath und Oberprediger C. Hevelke.
- Stempelrendant von Kobylinsky.
- Baudirector L. Mahn.

Posen.

Herr Prof. Bernd 14 Ex.
Herr Regierungspräsident Baumann.
- Kaufmann G. Berger d. j.
- Oberappellationsgerichts-Präsident Bock.
- - - -Rath Boeck.
- Professor Czwalina.
- Landgerichtsdirector Düring in Fraustadt.
- Stadtsyndicus Guderian.
- Oberappellationsgerichtsrath Melzer.
Die Schulbibliothek.
Herr Furst Sulkowsky.
- Regierundsrath Tittel.
- Justizcommissarius und Advocat Weisléder.
- Oberappellationsgerichtsrath von Zarzewski.
- Buchhändler Kühn 7 Ex.
Herr Benda.
- von Bieczinski auf Grambleww.
Herr Landrath von Bielinski zu Kosten.
- Anton von Dunin auf Ostrawite.
- Oberpostdirector l'Espagne.
- Eustach von Grabski auf Wieczin.
- Notarius Aug. Toporski in Schrimm.

Poserne.

Herr C. F. von Raschau, Erb-, Lehn und Gerichtsherr.

Potsdam.

Herr Regier. u. Medicinalrath Augustin.
Herr Buchhändler Horvath 2 Ex.
Herr Hofapotheker Harsleben.
Die konigl. preuss. Regierungsbibliothek.

Prag.

Die Calve'sche Buchhandlung 90 Ex.
Herr Georg von Ahsbas in Prag.
- Graf Max von Althan, k. k. wirkl. Kämmerer, Grand von Spanien, Herr der Herrschaft Grulich etc.
- J. Arnold, Pfarrer zu Slattin in Böhmen.
- Fr. Auge, Director der k. k. Stiftsherrschaft Carlstein in Böhmen.
- Em. Freyherr von Bartenstein in Brünn.
- J. Bergmann, Rentmeister zu Gitschinowes.
- Em. Bohm, k. k. Hofcaplan und Pfarrer zu Libochowitz.
- Emanuel Freyherr von Bretfeld, k. k. Obrister und Regiments-Commandant und des Leopolds Ordens Ritter.
- Anton Freyherr von Bretfeld, Böhmisch-Ständischer Verordneter in Prag.
- Graf Carl von Clam-Martinitz, k. k. wirkl. Geheim. Rath und Kämmerer, Excellenz.
- Fürst Chlumczansky, Ritter von Przstwalk u. Chlumczau, Erzbischof zu Prag etc.
- A. Dietrich, Verwalter auf der k. k. Staatsherrschaft Krzesetitz in Böhmen.
- Math. Differenzy, Ober-Amtscanzellist zu Semill.
- Doerell, Doctor zu Kettenberg in Bohmen.
- Joseph Engel, Stud. med. in Prag.
- Freyherr von Erben, k. k. Gubernialrath und Kreishauptmann zu Klattau in Bohmen.
- G. Fischer, k. k. Rath und Landes-Baudirector in Prag.
- L. Fischer, fürstl. Dietrichsteinscher Inspector in Przimislau in Böhmen.
- Fr. Fiesner, Burggraf zu Altenburg in Böhmen.

Herr Freiburg, Magistratsrath zu Gitschin, ebend.
- C. Corner, Ober-Amtsschreiber zu Kopidlno in Bohmen.
- Freyherr von Haake, Grossherzogl. Badenscher Staats-Minister und ausserordentlicher Gesandter am k. k. Hofe zu Wien.
- Vincens Hartmann, Bürger zu Prag.
- Joh. Theob. Held, Dr. Med. Physicus und Decan.
- Heller, Wirhschafts-Buchhalter in Dietteniz in Bohmen.
- Franz Freyherr von Hildprandt in Prag.
- Jos. Conr. Edler von Hotzendorff, Wirthschaftsdirector und Oberamtmann etc.
- Hausknecht, Bürger und Baumeister in Prag.
- Huzelmann, Doctor jur. und Landes-Advocat in Prag.
- Janack, Handelsmann zu Seinzitz in Bohmen.
- Eust. Janatka, Oberjäger d. Herrsch. Semill in Bohmen.
- Paul Just, Magistratsrath in Prag.
- Pet. Fr. Iwan, Doctor juris und Landesadvocat.
- V. Kettenbrugg, Director zu Kopidlno in Böhmen.
- Leopold von Kinsky, Graf zu Glumez, ebend.
Frau Fürstin von Kinsky, geb. Reichsfreiin von Kerpen, in Prag.
Herr Kletzan, Doctor juris und Landesadvocat in Prag.
- Jos. Kohler, General-Grossmeister des Ritterordens der Kreuzherren in Böhmen, Mahren und Schlesien zu Prag.
- Klier, Oeconomie- und Schichtamts-Director zu Kamentz.
Die k. k. patriot. oecon. Gesellschaft in Prag.
Herr Konwiczka, Bürgermeister zu Gitschin in Böhmen.
- Fr. Kowanda, Oberamtsschreiber zu Gitschinowes, ebend.
- W. Kozeny, Oberamtsschreiber ebend.
- J. Krkawetz, Bauwerkmeister zu Kopidlno.
- Fr. Laufberger, Gerichtsverwalter in Wockschiz.
- Ign. Leiteuberger, k. k. privil. Cattunfabrikant zu Reichstadt.
- Lendwich, Ober-Lieutenant u. Rechnungsführer etc.
- Wenzel Lorenz, Buchhalter in der k. k. privil. Cattunfabrik zu Reichstadt.
- Neubauer in Prag.
- K. Neumann, Forstmeister zu Altenburg in Böhmen.
- Graf Johann von Nostitz, k. k. Feldmarschall-Lieutenant zu Prag.
- Franz Haas von Oertingen zu Prag.
- Ign. Orlando, Theilhaber der k. k. Cattunfabrik zu Kosmanos in Böhmen.
- Carl Praschak, Forstmeister zu Gross-Rohosetz.
- K. Prost, Brauer zu Altenburg in Bohmen.
- Ign. Riedel, Burger und Kaufmann in Prag.
- Ritschel, Magistratsrath in Kuttenberg.
- J. Rotta, Burggraf zu Strewaz in Bohmen.
- A. Rumpler, Amtsdirector zu Gitschinowes in Böhmen.
- Hugo Altgraf von Salm Reifferscheidt, k. k. wirkl. Kämmerer und Director d. k. k. Mahrisch-Schlesisch. Ackerbaugesellschaft in Brünn.
- Sam. Scheurer in Reichenberg in Böhmen.
- Freyherr Wilh. von Schmidtburg, k. k. Gubernialrath in Prag.
- Carl Friedr. Graf von Schönborn zu Prag.
- Grosshändler Philipp Schopke.
- Ritter von Schonfeld zu Prag.
- Heinrich Schuster, Stud. Theol. in Prag.
- V. Seifensieder, Apotheker zu Gitschin.
- Wenzel Skola, Erzieher in Prag.
- Spangler, Director zu Grossrohosetz in Böhmen.
- Stransky, Pfarrer zu Wellisch, ebend.
- C. Strnadt, Brauer zu Wockschitz ebend.
- J. Suska, Kastner ebend.
- L. Tietze, Rentmeister zu Kopidlno ebend.
- Jos. Math. Graf von Thun in Prag.
- Maximilian, Fürst von Thurn und Taxis, k. k. österr. Generalmajor in Prag.
- Tomaschek, k. k. Cammeral-Forstmeister ebend.

Herr Franz Unterweger, Bürger und Töpfermeister in Prag.
- Anton Veith in Liboch in Böhmen.
- Wenzel Veit, Gutsbesitzer ebend.
- Anton Veit, Oberamtmann in Semil.
- W. Volkmann, Gerichtsactuar zu Citschinowes.
- Ignatz Wagner zu Prag.
- Martin Wagner, Guthsbesitzer in Böhmen.
- Graf von Waldstein in Prag.
- Franz Aloys Watzek, Pfarrer zu Kopidlno.
- Carl Ritter v. Weidenheim, zu Kuntrautz in Böhmen.
- Alfred Fürst von Windischgrätz in Prag.
- Graf Jos. von Wratislaw Excellenz, k. k. wirkl. Geheimer Rath und Cämmerer zu Prag.
- J. Zeidler, Gehegebereiter zu Baadhauss in Böhmen.

Herr Buchhändler W. Enders 26 Ex.
Herr Jos Albert.
- Dlask.
- Eggenberger.
- C. von Han.
- Hochberger.
- Krembser.
- Krommel.
- Obr. Lieutenant von Lerner.
- Spalek.
- Director Spaezek.
- Kfm. Tzchaper.
- Uhlirz.
- Wiena.
- Jacob Zelnitzky.

Herr Buchhändler Krauss 17 Ex.
Herr Professor Jos. Eichler.
- Landesadvocat Dr. Gasp. Glückselig.
- Klepsch.
- Kfm. Lendeke.
- Limbek, k. k. wirkl. Landrathssecretär.
- Fr. Ramisch, k. k. Landesbaudirections-Adjunct.
- Justiziär Rossmeisl in Burglitz.
- Doctor Schaller.
- Grosshändler Jos. Schicht.
- Carl Stollowsky, Fürsl. Fürstenb. Revident.

Herr Buchhändler Casper Widtmann 14 Ex.
Die k. k. Bibliothek in Prag.
Herr Blechinger.
- Franz Maria von du Chet, k. k. Gallizisch. Kreishauptmann.
- Aloys Christen.
- Dobiasch.
- Dr. J. U. Grosse.
- Candidat Hofmeister.

Herr Dr. J. U. Lichtner.
- Porträtmahler Liebich in Töplitz.
- Carl Neumann, Grafl. von Clamm Gallasscher Bevollmächtigter, Ritter des königl. sächs. Verdienstordens.
- Dr. J. U. Pinkas.
- Ringelhan, Grossherzogl. toskanischer Rentmeister.
- Burggraf Spengler in Lankowitz.
- Graf Franz von Thun.

Preetz im Holst.

Herr Diaconus Dorfer 20 Ex.
Herr Geheime Rath von Ahlefeld.
- Arzt Ahrens ebend.
- Becker auf Wahlstorff.
- Becker, Erbherr auf Freudenholm.
- Cammerherr von Buhlow auf Kuhren.
- Candidat Busch.
- Apotheker Höpfner.
- Unterprobst Jessin.
- Klostervoigt Koch.
- Organist Oelers.
- Kfm. Owerdick.

Die Predigerbibliothek.
Herr Graf Rantzkau auf Rastorff.
- Kammerrath Rawist.

Herr Candidat Schmidt.
- Schullehrer Sierck.
- Advocat Steen.
- Pastor Stöhr.
- Advocat Vogel.
- Kfm. Wrindt.

Prentzlau.

Die Ragoczysche Buchhandlung.
Herr Prediger Bollmann in Güstrow.

Priebus in Schles.

Herr Kaufmann Haupt.

Pyrmont.

Herr Buchhändler Uslar 4 Ex.
Herr Amtmann Caspari zu Schieder.
- Reg. Rath Freyherr von Schorlemmer-Heringshausen.

Quedlinburg.

Herr Prediger Dr. Becker.
Herr Buchhändler Ernst 3 Ex.
Die Bibliothek des Gymnasiums.
Herr Domanen-Einnehmer Kallmeier in Blankenburg.
- Oberprediger Strube.

Herr Oberprediger Dr. Fritsch.
- Rendant J. G. Weber.

Ragune.

Herr Joh. Andr. Liebe.

Ratibor.

Herr Buchhändler Juhr.
Herr Joh. Chr. Breyer in Troppau.

Regensburg.

Herr Buchhändler Montag und Weiss 2 Ex.
Herr Graf Jos. Seinsheim, konigl. baiersch. Cämmerer und Reg. Rath.
- M. D. Selling.

Rheineck im Cant. S. G.

Herr Kirchen- u. Erzieh. Rath Pfarrer Steinmüller.

Riga.

Herr Buchhändler Deubner und Treuy 42 Ex.
Herr Berg, Probst auf Hallist.
- von Bergmann, Oberpastor in Dorpat.
- Gottfr. Berens in Riga.
- Dr. Bidder in Mietau.
- Collegienrath und Ritter von Bienenstam ebend.
- Pastor Bruckhusen auf Uxküll.
- von Dorthesen auf Oldenedenburg.
- Dr. Eichler in Kraslow.
- Dr. Joh. Fr. Eisner in Fulda.
- J. F. von Essen in Riga.
- Rath von Gersdorf in Riga.
- von Hagemeister, Ritter und Ordnungsrichter in Wenden.
- von Hagemeister, Collegienassessor auf Alt-Drostenhof.
- C. von Hübenthal, Medicinalinspector in Witepsk.
- Dr. von Kohler in Riga.
- Oberpastor Lenz in Dorpat.
- von Leutzner, Pastor auf Kattlekalln.
- Obristlieutenant von Lilienfeldt auf Ermes.
- Arrendator Linde auf Kolberg.
- Landrath von Rennenkampf auf Meltzen.

Frau Kammerherrin von Reuter auf Loddiger.
Herr Ritter und Landrath von Richter auf Waimel.
- G. H. von Rosenthal in Reval.
- Landrichter von Samson in Dorpat.
- Hauptmann C. A. von Schadenhausen in Kaluga.
- Secr. Franz Schmidt in Mitau.
- Fr. Schulz in Riga.
- Präsident von Stöver, ebend.
- Professor Wehrmann in Reval.
- Oberpastor Wolleydt in Bernau.
- Arzt Zeidler in Witepsk.

Herr Buchhändler Hartmann 22 Ex.
Herr Dr. Lib. von Bergmann, Oberpastor und Senior etc.
- Banquier Fr. Berent in Riga.
- Carl Fr. Bruno ebend.
- Regierungsrath von Dahl ebend.
- Baron von Dallwitz, kais. russ. Ingenieurlieutenant, Ritter etc.
- Hofrath Dr. von Gernet in Raisan.
Die Gesellschaft der Ressource in Riga.
Herr G. E. v. Jarmerstedt, k. russ. Ingen. Capit. u. Ritter etc.
- Joh. von Klassow, - - - - - - -
- Auditeur Carl Kröger in Riga.
- Secretär Kuhne ebend.
- Pastor Kühne auf Eckau.
- Joh. v. Lahsen, k. russ. Ingen. Lieut. u. Ritter etc.
- Landrath R. von Liphart in Dorpat.
- Assessor von Menzenkampf auf Aidenhof bei Riga.
- Prediger C. H. Precht in Riga.
- Generalmajor von Richter, II. Commandeur des Finnländischen Garderegiments.
- C. F. von Seidlitz, k. russ. Ingen. Lieut.
- J. E. v. Seidlitz, k. russ. Ingen. Lieut. Ritter etc.
- J. B. von Trousson, Obrister und Ritter.
- Fr. von Walther auf Marienhof bei Dünaburg.
Herr Buchhändler Lud. Leiste u. Comp. 9 Ex.
- - Meinshausen 11 Ex.
Herr Ahlschwerd in Dorpat.
- F. W. Arnold.
- Kronlandmesser Albr[illegible]
Frau Landräthin von F[illegible]
Herr Stud. E. Hes[illegible]
- Apotheker [illegible]usch in Riga.
- Koeeb[illegible] in Dorpat.
- C. von Liphardt.
- Baron F. von Löwenwalde.
- P. M. Thun.
- C. G. von Wahl.

Rossbach.

Herr Prediger M. Lehmann.
- Oberforstaufseher aus dem Winckel.
Herr Oberforstassessor Balde.

Rostock.

Herr Buchhändler Stiller 36 Ex.
Herr von Behr auf Genzkow.
- Graf v. Bernstorff auf Stinlenburg u. Drei-Lützow.
Bibliothek des patriarchischen Vereins in Meklenburg.
- der meklenb. Ritterlandschaft in Rostock.
- der Domschule in Schwerin.
Herr Boehl, Erbherr auf Cramonshagen u. Cramon bei Schw.
- Hofrath und Bürgermeister Boelkow in Gnogen.
- Justizrath von Both in Schwerin.
- von Brandenstein geh. Rathspräsident und Minister, des russ. kais. St. Annenordens Ritter Excellenz, in Schwerin.
- Pastor Breem in Gaegelow.
- Consul P. Burchard in Rostock.
- Kammerregistrator Degener in Schwerin.
- Deuters auf Klissendorf bei Wismar.
- Rentmeister Flemming in Schwerin.
- Prof. Floerke in Rostock.
- Dr. und Hofmedicus Gressmann in Schwerin.
Ihro konigl. Hoheit der regierende Grossherzog von Meklenburg und Schwerin.
- Advocat Hobeln in Schwerin.
- Dr. Karsten jun. ebend.
- Dr. Krüger jun. ebend.
- geh. Regierungsrath Dr. Krüger ebend.
Magistrat der lobl. Stadt Malchin.
Herr Canzleirath von Maydell in Rostock.
- Reichsgraf von Moltke auf Wolde.
- Kammerherr u. Regierungsrath v. Oertzen in Schwer.
- Revisionssecretär Ringwicht ebend.
- Dr. und Leibmedicus Rossi ebend.
- Justizrath von Schuck jun. ebend.
Herr Graf von Schlitz, Domdechant auf Burg-Schlitz.
- Hof- und Steuerrath Schulze jun. in Gustrow.
- Hofrath und Bürgermeister Trotsche in Gustrow.
Universitätsbibliothek in Rostock.
Herr C. F. Werner, Cand. Theol. in Wahren.

Rudolstadt.

Die Hofbuchhandlung 3 Ex.
Fürstl. Schwarzb. Hofbibliothek.
Herr Canzler von Kettelhodt.
- geh. Assistenzrath Schwarz.

Rudolstadt im schles. Gebirge.

Herr Pfarrer C. A. Langner.

Salzburg.

Die Mayrsche Buchhandlung 2 Ex.
Herr Prof. und Apotheker G. Hinterhuber.
- Hans Graf Khuenburg.

Schartau bei Burg.

Herr Prediger Schnee.

Schleiz.

Die Schulbibliothek.

Schlesswig.

Herr Buchhändler Koch 13 Ex.
Herr Justizrath Ahlmann in Sonderburg.
- Landschaftsschreiber Bahnsen auf Pellwooren.
Se. Durchl. Herzog von Holstein-Beck auf Gottorff.
Herr Pastor Bruhn in Borbye.
- Physicus Dr. Friedlieb in Husum.
- Director Hensen.
- Gerichtshalter Jaspersen auf Oestergaade.
- Müller Lund.
- H. A. Martensen in Copenhagen.
- Oberkriegscommissär von Müller.
- Advocat Petri.

Schönhausen bei Magdeburg.

Herr von Bismark, k. pr. Generallieutenant.

Schwelm.

Herr M. Scherz 7 Ex.
Herr Kaufmann Burdach.
- Consistorialrath Busch zu Dincker.
- Lehrer Dallmeier.
- Stadt- und Landgerichtssecretär Eick.
- P. H. Holthans, II. Lehrer an der Bürgerschule.
- Fr. Mund.

Schwerin.

Herr Collaborator Müller 10 Ex.
Herr Hofrath Ackermann in Bützow.
- Hauptmann von Bülow ebend.
- Sanitätsrath Fabricius ebend.
- Rittmeister von Kohlhanns ebend.
- Papierfabrikant Kramer ebend.
- Advocat Reinnoldt ebend.
- Kaufmann Reinnoldt ebend.
- Oberforstmeister von Schack auf Wolken.
- Drost von Wick in Butzow.

Sondershausen.

Herr Buchhändler Voigt 56 Ex.
Herr Bergrath Albert in Clausthal.
Bibliothek des Pädagogiums in Ilfeld.
Furstl. Regierungsbibliothek in Sondershausen.
Herr Oberstlieutenant von Blumröder ebend.
- Dr. und Rath Kurtze in Harzgerode.
- Kammerpräsident Ebart in Sondershausen.
- Amtmann Eggeling in Heimburg.
- Huttenschreiber Eisfeld, auf der Wieda.
- Amtsverwalter Gebser in Mönchpfäffel.
- Landcommissär Gebser in Winkel.
- Steuereinnehmer Gerber in Kindelbrück.
- Commerzienrath Greiner in Breitenbach.
- Kreisamtmann Haberlin in Hasselrode.
- Hüttencontrolleur Hartmann auf der Zorge.
- Hofrath und Dr. Heineck in Ballenstädt.
- Aug. Herrmann in Ober-Röblingen.

Herr Oeconom Hesse in Oberdorf.
- Amtmann Heumann in Ilfeld.
- Amtsrath Hunke genannt Arends in Frankenhausen.
- Bergcommissär Jasche in Buchenberg.
- Steuercommissär Kaiser in Buttstädt.
- geh. Rath und Canzler von Kaufberg in Arnstadt.
- Kaufmann Kleckamm in Stadt Worbis.
- Gerichtsdirector Knoll in Neunheiligen.
- geh. Kammerrath von Krieger in Penckendorf.
- Land- und Kammerrath Krieger in Arnstadt.
- Baron von Kurowsky in Suhl.
- Oberlandgerichtsrath Lemmer in Halberstadt.
- Oberamtmann Lueder in Reiffenstein.
- Münzdirector Lunde in Clausthal.
- Obereinnehmer Matthäi in Nordhausen.
- Maschinendirector Mühlenpfordt in Clausthal.
- Landrath von Munchhausen in Stransfurt.
- Carl Ramsthal in Nordhausen.
- Amtsverwalter Reischel in Schmatzfeld.
- Stadt- Landgerichtsassessor Ringleb in Stadt Worbis.
- Amtsassessor Rüdiger in Lauterberg.
- Inspector Schmalfus in Grafentanne.
- Kaufmann Schmidt in Stadt Worbis.
- Dr. und Amtmann Schorch in Gr. Sömmerda.
- Bergschreiber Seidensticker in Clausthal.
- Candidat Sieckel in Amt Lohra.
- Oberamtmann Siemens in Hayn.
- von Stangen in Haynrode.
- Pastor Stilke in Kleinwerder.
- Factor Stölting in Elbingrode.
- Hofrath und Oberamtmann Struve in Frankenhausen.
- Cassirer Simon auf dem Magdesprung.
- P. G. Thon, Justizrath u. Amtmann, Stadtrichter etc. in Ilmenau.
- Christoph Wadsack, Pachtinhaber des Schlosses Vogtstedt.
- Oberstallmeister und Hofmarschall v. Weise in Sondershausen.
- Dr. Fr. Wenzel in Ilmenau.
- Rector B. Wilhelm in Suhl.
- Hofapotheker Witthauer in Ostheim.
- Oberforstmeister von Wolffersdorf in Sondershausen.

Sonnenberg bei Coburg.

Herr Postverwalter Mylius.

Sorau.

Herr Postmeister Dr. Nürnberger.

Stralsund.

Herr Regierungssecretär Bohnstädt 5 Ex.
Bibliothek der königl. Regierung.
Herr Apotheker C. W. Hellwig.
- Advocat L. E. Reimer.
- Kfm. D. von Wulf-Crona.
Herr Prediger Mohnicke.
Die königl. Regierungsbuchhandlung 14 Ex.
Herr Assessor Dr. Krüger auf der Insel Rügen.
Ein hochweiser Magistrat in Anclam.
- - - - Demmin.
Herr Landrentmeister Möller.
- Baron von Platen auf Zubzow auf Rügen.
- Freiherr E. J. von Platen, Oberst und Ritter auf Grauskeritz auf Rügen.
Die Rathsbibliothek.
Die königl. Regierung.
Herr Burgermeister und Syndicus M. Röse in Barth.
- Prof. und Ritter Carl Trafenfeld in Stockholm.
- von Usedom auf Partzitz auf der Insel Rügen.

Strasburg.

Herr Buchhändler Levrault.
- - Treuttel und Würz 4 Ex.
Herr Prof. Raffner, Generalsup. u. Oberconsist. Director.
- Professor Hammer.

Straubing.

Herr Buchhändler Schmidt 6 Ex.

Stuttgart.

Herr Prof. Lebret für die königl. öffentl. Bibliothek.
- Buchhändler Löfflund 4 Ex.
Die konigl. Handbibliothek.
- Buchhändler Metzler 24 Ex.
Herr Amtsschreiber Dr. Lang in Leonberg im Königreich Wurtemberg — bestellt durch die Wahlmänner des Oberamts Maulbronn, welche zum Denkmale ihrer Dankbarkeit für dessen Verdienste als ihr gewesener Reprasentant bei der Ständeversammlung, wo Lang unter den 67 Edeln glänzte, welche das gute alte Recht leider ohne Erfolg vertheidigten, den ungefähren Betrag dieses Werks freiwillig zusammenlegten.
- Buchhandler Sattler.
- Staatsrath von Weckherlin.

Trebitz bei Kemberg.

Herr Pfarrer M. Spitzner.

Treptow an d. Tollensee.

Herr Justizcommissarius Liers.

Trier.

Herr Buchhändler Lintz 5 Ex.
Herr Jacob Hermes.
- Regierungssecretär Rossbach.
- Kreissecretär Sonntag in Prum.
- königl. Regierungsregistr. Schlickeisen 9 Ex.
Herr Regierungscalcul. Derscheid.
- - secretär Grack.
- Hauptcassencontroll. Lintz.
- Regierungscalcul. John.
- Steitz in Saarlouis.
- Regierungscalcul. Stringe.
- Steuercontroll. Wettendorf in Saarlouis.
- Baueonduct. Wolf.
- - Zabel.
- Prof. und Biblioth. Wyttenbach.
Die Stadtbibliothek.

Triestewitz bei Torgau.

Herr Hauptmann von Stammer.

Tübingen.

Herr Prof. Conz.
- Buchhändler Laupp 11 Ex.
Herr Mag. Andrassy.
- Mag. Cless.
- Seminarist Christian.
- Mag. Dorner.
- Legationsrath Goess in Stuttgart.
- Substitut Jüdler in Nagold.
- Vicarius M. Kapf.
- Kfm. Korner in Hechingen.
- Seminarist Tafel.
Fräulein von Teissin.
- Buchhändler Osiander 2 Ex.
Die Biblioth. des theol. Seminariums.

Ulm.

Die Jacob Ebnersche Buchhandlung 35 Ex.
Herr Rector Dr. Gräter.
Die Stettinsche Buchhandlung 32 Ex.
Herr Controll. Bauer in Oettingen.
Die Bibliothek des 7. würtemb. Inf. Regim. Hr. Command. von Kellenbach.
Die Bibliothek des 8. - - - Hr. Obristlieut. von Fromm.
Die Bibliothek des k. baiers. Chevauxleg. Regim. No. 4. in Augsburg.
Die Bibliothek des Gymnasiums in Ulm d. Hr. Rect. Goess.
Die Schulbibliothek in Biberach.
Die gräfl. Degenfeld-Schomburgische Biblioth. in Eybach.
Herr Consulent C. Blum in Biberach.
- Rittmeist. Czphely in Schussenried.
- Chr. Gottl. Ebner sen. in Ulm.
- Pfarrer Fener in Goldbach.
- Pfarrvic. M. Gaupp in Eybach.

Ihro Erlaucht Franz Graf v. Königsegg-Aulendorf, k. k. östr. Kammerherr auf Aulendorf.
Herr Dr. Kornacher in Oettingen.
- Oberacciser Luz in Blaubeuren.
- Pfarrer Mäucher in Eberhardzell.
- Joh. R. Meyer in Aarau.
- Joh. Jos von Peisser von und zu Werdenau, Hofrath und Oberjägermeister in Brixen.
- Pfarrer und Schulinsp. Mich. Rehm in Memmingen.
- Schamberger, Freih. von Beckischer Pfleger zu Authenrieth.
- A. von Schermarsche Bibliothek in Ulm.
- Domänenrath F. Sertorius in Oettingen.
- Nachprediger F. J. Siegle in Pfullendorf.
- Freih. v. Speth in Grauheim.
- Bürgerm. Dr. G. L. Stecher in Biberach.
- Stadtpfarrer Ströbele in Buchau.
- Biblioth. Stüber fur die Lesegesellschaft in Ulm.
- Assessor Thomae in Oettingen.
- Rentamtsoberschreiber Westernacher ebend.
- Domänenrath und Rentmeist. Zoeller ebend.
Die Wohlersche Buchhandlung 3 Ex.

Unna.

Herr Buchhändler Hesselmann.
Herr C. H. Neuhof, Schulze zu Delwig.
- Dr. Max Schulz 5 Ex.

Untertürkheim.

Herr Pfarrer Dr. Pfister.

Vayhingen.

Herr Dr. Schnurrer.

Venedig.

Herr Maryni, Chef d. Baudepart. u. wirkl. Mitgl. d. Acad. d. Wissensch.

Veszele bei Tyrnau.

Herr Baron von Mednyansky.

Visselhövede.

Herr Prediger Schlichthorst.

Walheim im Würtemb.

Herr Pfarrer Röder.

Warschau.

Herr Professor Dr. Hoffmann 2 Ex.

Weimar.

Herr Prof. Hassel.
- Fr. W. G. Hertel.
- Buchhändler Hofmann 6 Ex.
- Staatsrath Schweitzer.

Weissenfels.

Herr Direct. Hansi.

Wernigerode.

Herr Regierungsrath Delius 4 Ex.
Herr Hofrath Bode.
Die gräfliche Bibliothek.
- Rath und Oberamtmann Hopstock 6 Ex.
Herr Prediger Jacobi in Ilsenburg.
- Kfm. Jaeckel in Cassel.
- Hofrath Heimbach.
- Prediger Kessler.
- Regierungssecretär Sporleder.

Wesel.

Herr Buchhändler Klönne 16 Ex.
Freifrau von Bodelschwing zu Velmede.
Königl. Regierungsbibliothek in Cleve.
Herr Probst Goossens in Emmerich.
- Graf von Hoensbrock auf dem Schlosse Haag bei Geldern.
- Gutsbes. Kerkhoff auf Tücking.
- Prof. Küp in Emmerich.
- Freih. von Michels zu Toest.
- Baron E. von Nispen jun. in Sevenar.
- - L. C. J. von Nispen ebend.
- Landrath Pilgrimm in Medebach.
- Freih. von Plettenberg zu Steeren.

Herr Prediger Ross in Budberg.
- H. A. W. Vermeer in Seveuar.

Wien.

Herr Buchhändler C. F. Beck 10 Ex.
Die fürstl. Lichtensteinsche Bibliothek.
Herr Georg Fleischhaker.
- Joh. Hein. Ritter von Gaymüller.
- H. Hopf.
- Franz Reyer.
- W. J. von Sallaba.
- Joh. Heinr. Ritter von Smetana.
Die C. Geroldsche Buchhandlung 112 Ex.
Herr Buchhändler C. Haas 7 Ex.
Herr Pfarrer Jos. Hauser.
- Freih. von Krusemark, k. pr. Gesandter in Wien.
- Hauptmann Prof. Ign. Lindner.
- k. k. Oberzeugwart W. Pointner.
- - - von Steinbigl.
- Bfr.
- Buchhändler Heubner und Volcke 10 Ex.
Herr k. k. Hofrath und Hofdollmetscher von Hammer.
- Buchhändler Carl Kupfer 2 Ex.
- Buch- und Kunsthändler Fr. Müller 2 Ex.
- Buchhändler Schalbacher 17 Ex.
Herr geh. Legationsrath von Fabrice.
- von Fischer.
- Wirthschaftsrath von Hampl.
- Grosshändler L. Müller.
Fräulein Maria v. d. Nüll.
Herr Baron Reinhard.
- Buchhändler Schaumburg und Comp. 19 Ex.
Se. kais. Hoheit Erzherzog Anton.
- - - - Ferdinand von Toscana.
Herr Adalb. von Antunowich von Almás.
- Berman-Blumfeld in Brody.
- Ebert.
- Krause.
- Laurin.
- Pabitzky.
- Reinwather in Fridau.
- Fürst Carl Schwarzenberg.
- Steinacker.
- Siegm. von Szögeny, k. k. Hofrath.
- Theoclides, griech. Geistlicher.
- Freih. von Stainlein, königl. baiers. Gesandter in Wien.
- Buchhändler Fr. Wimmer 12 Ex.
Das Erzcapitel zu Gran in Ungarn.
Herr Pfarrer Anton Sztankowits in Ungarn.

Wiesbaden.

Herr Buchhändler Schellenberg 9 Ex.
Die Biblioth. des Pädagog. in Dillenburg.
- - - in Hadamar.
- - - in Idstein.
- - - in Wiesbaden.
- des Gymnasiums zu Weilburg.
- herzogl. öffentl. in Wiesbaden.
Herr Hauptmann von Strobel ebend.

Winterthur.

Die Steinersche Buchhandlung 4 Ex.
Die Stadtbibliothek in Bern.
Herr Amtsschreiber Geilinger in Winterthur.
- Postdirect. Baron von Meyenburg in Schafhausen.
- Oberlieutenant von Rappeler.

Wismar.

Herr W. Erdtmann und Comp. 5 Ex.

Witepsk.

Herr von Wichmann 2 Ex.

Wittenberg.

Herr Conrector Dr. Friedemann.

Wohlau.

Herr Diaconus Ersch.

Würzburg.

Herr Prof. Ch. F. Fischer.
- - Schon 4 Ex.
Die Harmoniebibliothek.
Herr Bauinsp. von Morell.
- Landbaumeister Wolfram.
- Buchhändler Stahel 3 Ex.
Herr Freih. von Staudenberg, königl. Universitätscurator.
- Alb. Graf Pappenheim, Obrist und Adjut. Sr. k. Hoh. des Kronprinzen von Baiern.
Die Königl. Universitatsbibliothek.

Zerbst.

Herr Buchhändler Fuchsel.

Zittau.

Herr Diaconus Dr. Petri.
- Buchhandler Schops 9 Ex.
Herr Canzleidirect. Flohr in Reibersdorf.
- Dr. Jos. Grosse in Friedland.
- Klostersyndicus Just.
- Canonicus Rennel in Leitmeritz.
- R. u. Can. zu L—z.
- M. S. Schönfelder in Otritz.
- Actuar Schroff im Kloster Marienthal.

Züllichau.

Herr Buchhändler Darnmann 16 Ex.
Herr Medicinalassess. Bergmann in Posen.
- Graf von Bronikowsky in Tomischel.
- Konigl. Regierungsbibliothek in Liegnitz.
- Oberförster Hauptmann Fabe zu Crossen.
- Heinrich, Fürst zu Carolath.
- Localcaplan Jacob in Jordan.
- Apothek. Mast in Crossen.
- von Ohlen u. Adlerskron in Salisch.

Herr Major Perle auf Griesen.
- Forstmeister Pfeil in Carolath.
- Furst von Reuss XLIV. zu Trebschen.
- Oberamtmann Rissmann zu Borke.
- Fabrikinsp. Schmidt in Graudenz.
- Georg Sieburg zu Plan.
- von Zychinski auf Treppeln in der Neumark.

Zürch.

Herr Buchhändler Orell, Fuessli und Comp. 8 Ex.
Die Stadt-Bürgerbibliothek.
Herr Joh. Matth. Diethelm.
- Dr. Egg in Ellikon.
- Pfarrer Frey in Schönengrund.
- Robert Glutz-Blotzheim in Solothurn.
- Apotheker Huttenschmidt.
- M. V. D. M. Schmidt von Eglisund.
- Regierungsrath von Meyer von Knonau.
Herr Prof. und Insp. Horner.
- Kfm. Schinz.
- Lehrer Dr. Wirz 6 Ex.
Herr Cantonsrath Joh. Fr. Custer zu Rheineck.
- Kirchenrath und Pfarrer Escher in Pfäffikon.
- Oberamtsschreiber J. H. Kochli.
- H. Steinfels in Zürch.
- Staatsrath Usteri ebend.
- Buchhändler Ziegler und Sohne 10 Ex.
Herr Pfarrer J. K. von Birch in Knonau.
- Chorherr H. Bremi in Zürch.
- Bibliothekar Dr. Engelhard Sohn in Murten.
- Katechet Balth. Heinr. Leminger zu Wätikon.
- Conrad Nuscheler in Zürch.
- Dr. R. Rahn.
- Decan und Chorherr Fr. Jos. Stalder in Eschholzmatt
- Dr. Staub in Hombrechtikon.

Mit dem ersten Theile wurden Charten und Kupfer zu folgenden Artikeln ausgegeben:

ABENDWEITE, ABTRIFT, ANKER, AUFSTEIGUNG	Seewissenschaften.
ABIPONER	Länder- und Völkerkunde.
ABTRITT	Bürgerliche Baukunst.
ACHT (die Zahl)	Mathematische Wissenschaften.
ALPENWIRTHSCHAFT (2 Blatt)	Länder- und Völkerkunde.
AMALGAMIRWERK (zu Freiberg) Tafel 1. 2. 3.	Huttenkunde.
AMERIKA NORD- (Generalcharte)	Neue Geographie.
AMERIKA SÜD- (Generalcharte)	- -
ANKER	Bürgerliche Baukunst.
ASTROGNOSIE Taf. 1. nördliche Halbkugel (nebst der zu dem Artikel ANDROMEDA gehorigen Darstellung.)	Astronomische Wissenschaften.
ASTROGNOSIE Taf. 2. Sudliche Halbkugel.	- -
Für 26 Quartplatten zu rechnen.	

Mit dem zweiten Theile, angeheftet:

AEGYPTEN	Alte Geographie.
ABENDUHR, abweichende Mittags- und Polaruhr, Aequinoctialuhr etc. .	Gnomonik.
AETNA	Länder- und Volkerkunde.
AMERIKA (oder westliche Halbkugel)	Neue Geographie.
ARABIEN	- -
ARCHIMEDISCHE SCHNECKE	Mathematische Wissenschaften.
ASIEN (Generalcharte)	Neue Geographie.
Für 10 Quartplatten zu rechnen.	

Der Verleger sieht sich genöthigt vom 2ten Theile an die Exemplare der allgem. Encyclopädie cartonirt mit angehefteten Kupfern zu geben, zur Vermeidung der bei den Kupfern sehr häufig vorgefallenen Defecte. Jeder Besitzer erlangt dadurch den Vortheil, sein Exemplar sofort gebrauchen zu können und dasselbe erst, nachdem eine Reihe Theile erschienen sind, gleichförmig einbinden zu lassen, die Kupfer nach Gefallen zu den Artikeln oder in einen besondern Atlas. Die resp. Herren und Frauen Subscribenten werden bemerken, dass der Verleger die durch den Einband beträchtlich vermehrten Unkosten nicht gescheut hat. Es fällt dagegen die einzelne Ablieferung der Charten und Kupfer in losen Heften gänzlich weg.

Allgemeine

Encyclopädie der Wissenschaften und Künste.

Zweiter Theil. Äga — Aldus.

Allgemeine Nachweisungen und Erklärung der Abkürzungen.

I. Allgemeine Nachweisungen.

1) Ueber das Verhältniß des Ä zu Aë und Ai ist die Anmerk. zu dem Art. Ä im ersten Bande zu vergleichen.
2) Ai ist da, wo es nicht ausdrücklich als Aï (mit Theilungs-Punkten über dem i) steht, als Doppellaut zu betrachten; griechische mit Ai anfangende Wörter sind unter Ä zu suchen. — Aj ist von Ai gänzlich getrennt.
3) Ak betreffend, sind alle griechische mit diesem Laute beginnende Wörter, mit Ausnahme der naturhistorischen unter Ak, die römischen unter Ac zu finden.
4) Ueber den Art. Al im Arabischen, Italienischen u. s. w. ist die besondere Anmerkung S. 305 zu vergleichen.

II. Erklärung der Abkürzungen.

1) Im Allgemeinen sind zur Erklärung der Abkürzungen, außer dem Artikel Abkürzungen selbst, die Artikel über die einzelnen, als Abkürzungen gebrauchten, Buchstaben nachzusehen, wie gleich zu Anfang *A*.
2) Insonderheit bemerken wir hier noch folgende in mehrern geographischen Artikeln gebrauchten Abkürzungen: A. für Amt; Bez. f. Bezirk; Br. f. Breite; Cant. f. Canton; Df. f. Dorf; Dep. f. Departement; Distr. f. District; Deleg. f. Delegazion; EE. f. Einwohner; Fl. f. Fluß; Flk. f. Flecken; Fstth. f. Fürstenthum; Gesp. f. Gespannschaft; Gouv. f. Gouvernement; Grfsch. f. Grafschaft; Grosshzth. f. Großherzogthum; H. und HH. f. Häuser; Hptort. u. Hptst. f. Hauptort u. Hauptstadt; Hrsch. f. Herrschaft; Hzth. f. Herzogthum; Kchdf. und Kchsp. f. Kirchdorf und Kirchspiel; Kgr. f. Königreich; Kl. f. Kloster; Kr. f. Kreis; L. f. Länge; Landgrfsch. u. Landv. f. Landgrafschaft u. Landvoigtei; M. f. Meilen; Mfl. f. Marktflecken; N. und O. f. Norden und Osten; OA. f. Oberamt; Pfd. und Pfrd. f. Pfarrdorf; Prov. f. Provinz; QM. und □M. f. Quadratmeile; Reg. Bez. f. Regirungsbezirk; S. f. Süden; Sch. f. Schein; St. und Vorst. f. Stadt und Vorstadt; Schl. für Schloß; W. für Westen.

ÄGA, (Αἶγα,) 1) Fluß, s. Ägäische Flur. 2) Stadt, s. Agä. 3) Vorgebirg in Äolis, s. Kane. 4) Phönikische Stadt, Hecataeos bei Steph. Byz. (*Spohn.*)

Ägades, s. Ägates.

ÄGÄ, (Αἰγαί oder Αἰγά,) [1]) Ort in der Peloponnesos, in der Landschaft Achaia, dem Meerbusen von Krisa gegenüber, zwischen Ägeira und Bura am Flusse Krathis [2]). Einst eine der zwölf achaischen Städte [3]), den Poseidon, dessen berühmter Tempel Agä verherrlichte, und den Dionysos [4]) vorzüglich verehrend, sank sie späterhin; ihre Bürger zogen nach Ageira und behielten den Namen Αἰγαῖοι [5]), die Stadt aber verfiel so, daß sie zu Pausanias Zeit schon längst verödet und wüst lag [6]). Deshalb wird sie von vielen spätern Schriftstellern auch gar nicht mehr erwähnt [7]). Jetzt nach Vaudoncourt, Krata. (*Spohn.*)

ÄGÄ, Stadt in Äolis; von Herodot Αἰγαῖαι [1]), Skylax, Galenos, Strabon, Plutarchos, Plinius, Stephan. Byz., Zonar., Suid. Αἰγαί [2]), von christlichen Schriftstellern Αἰγέα, Αἰγάη, Ἀγάη genannt [3]). Sie war eine der eilf alten äolischen Städte [4]), nicht groß [5]), lag über Kyme in der Nähe von Myrina und Magnesia von der Küste landeinwärts [6]). Nach Xenophon war sie und Temnos von der Perserherrschaft frei geblieben, und nach Tacitus wurde sie unter Tiberius von einem Erdbeben sehr zerstört [7]).

Ueber ihre Münzen s. bei Sestini Class. gen. I. p. 39, Räsche Lex. num. T. I. p. 226. 230. 232, Suplem. I. p. 233. Ueber den Namen der Einwohner s. unten. (*Spohn.*)

1) Strabo VIII. p. 386. Eustath. zu Hom. p. 292. Z. 2 p. 917. Z. 41. ed. Rom. 2) Schol. Apoll. Rhod. I. 1165. (Par. et Steph.), Phavorin., Pausan. VII. 25, VIII. 15. Strab. p. 385. Herodot. I. 145. 3) Herod. I. 145. Strab. a. a. O. 4) Hom. Il. VIII. 203. Strab., Tzetz. zu Lykoph. 135. Eustath. 292 u. 917. Z. 41. 5) Strab. 386. 6) Paus. a. a. O. 7) Polyb., Steph. Byz., Itiner. u. a.

1) Herod. I. c. 149. cf. Gronov. Thes. Antiq. Gr. T. VII. p. 502. unt. n. 6. 2) Scylax p. 37. ed. Huds., Galen. περὶ εὐχυμίας p. 358. ed. Basil., Strab. IX. p. 621. Plut. vit. Themistocl. c. 26. Plin. V. 32. Steph. Byz., Zon. s. h. v., Suid. v. Πόλλης. 3) Doch scheinen auch Münzen mit Αιγαεων, Αιγεαιων, Αιγεων, Αιγειαιων noch andre Namen als Agä vorauszusetzen. S. Wesseling. zu Hierocl. p. 660 sq. n. zu dem verschriebenen Αγαη. Für Αἰγιεῖς bei Xenoph. hist. gr. IV. 8. 5, liest Mor. Αἰγαιεῖς, Schneid. Αἰγαῖ. 4) Herodot. a. a. O. 5) Plut. a. a. O., auch geht dies aus der Vergleichung dessen, was Galen. a. a. O. sagt, hervor. 6) Scylax, Plin. a. a. O., bei Myrina Galen. a. a. O., Suidas v. Πόλλης, Steph. Byz.; dasselbe sagt Ptolemäos, wenn anders statt Αἰγάρα bei ihm l. V. p. 296. ed. princ. Αἰγαία zu lesen ist. 7) Xenoph. a. a. O., Tacit. Annal. II. 47.

ÄGÄ, Stadt in Euböa, der Ebne zwischen Larymna und Anthedon (in Böotien) gegenüber, und zwar von Anthedon 120 Stadien entfernt, nahe bei Orobiä an einem hohen Berge, auf welchem ein sehr alter und berühmter Tempel des Poseidon stand. Eustathius und aus ihm Phavorinus erzählen ein Mährchen von wunderbaren Weinstöcken, das auch von dem Achaischen Agä gelten soll. Zu Strabons Zeit war die Stadt nicht mehr. Jetzt liegt in dieser Gegend Akio nach Vaudoncourt, Ἅγιος nach Riga's Atlas; nach Andern Limno.

Vgl. Hom. Il. XIII, 21. Od. V, 381. Strab. VIII. p. 385. sq. IX. p. 405. Eustath. zu Hom. p. 708 Z. 38. u. 56. p. 917. Z. 36. sq. Phavorin. Lex. p. 57. ed. Bas., Steph. Byz., Zon. Lex. (*Spohn.*)

ÄGÄ, eine kleine Insel bei Euböa, welche man auf der Fahrt von Geräston nach Makedonien nicht fern von Karystos erblickte, dem Poseidon heilig, welchem dort, wie dem Apollon, ein Tempel erbaut war; stürmisch und rauh. Die Säge erzählte, daß die dort Angeländeten des Nachts verschwänden, oder nach Andern, daß Niemand dort schlafen könne wegen Erscheinungen die Poseidon verursache. Vergl. Plin. H. N. IV, 18. Schol. Apollon. Rhod. I, 831. Eustath. zu Hom. p. 917. Z. 38. Phavorin. p. 56 sq. Etymol. Magn., Hesych., Schol. Pind. Nem. V, 67. (*Spohn.*)

ÄGÄ, Stadt in Kilikia, von den meisten Schriftstellern Αἰγαί [1]); von andern Αἰγαία, Αἰγαῖαι, Αἰγέαι, Αἴγεια [2]), später in Münzen auch Makrinopolis und Alexandropolis [3]) genannt, führt auf einigen Kaisermünzen das Bild einer Ziege (αἴξ) [4]). Sie lag von Mopsukrene 21, von Kastabala 24 Mill. entfernt an einem Busen des Meeres lang hingebaut, ein ruhiges geräuschloses Städtchen mit einem Landungsplatz, und wie es scheint einigermaßen befestigt [5]). Früher zur Me-

1) Dio Cass. 78. c. 39. Ptolem. V. c. 8. Philostrat. vit. Apollon. Tyan. I. 5. Plin. H. N. V. c. 22. Basil. Seleuciens. Vit. S. Theclae II. p. 130. 204. Auctor. de ventis (Theophr. s. Aristotel.) p. 133. Steph. Byzant., Zonar. Lex. 2) Αἰγαῖαι Strabo XIV. p. 676. Aegeae Tacit. Annal. XIII. c. 8. Pausan. V. 21. 5. Dio Cass. 47. 30. Hierocl. Synecd. p. 705. Wesseling. und dessen Anm. dazu, Holsten. ad Steph. Byzant. p. 13 nebst Salmas. Exercitt. Plin. p. 110. und dem, was unten über den Namen der Einwohner gesagt werden wird. In der Tabula Peuting. T. X. ist Aregea geschrieben. Nach Steph. Byz. erwähnte Philo eine Stadt in Kilikia, Αἴγειρα, wahrscheinlich diese, s. Holst. a. a. O. 3) S. die von Rasche Lex. num. T. I. p. 110. 226. 227. 230. 232 sq. 454 sq. Suppl. I. p. 211 sq. 4) Rasche l. p. 109. 228. 230. 5) Itiner. Anton. p. 145 sq. Strab. a. a. O., und Wessel. zu Hierocl. p. 705. Philostrat. vit. Apoll. I. 7. Dio Cass. 47. 30.

tropolis Tarsos gehörig, hatte sie Autonomie und andere Privilegia von den Römern erhalten, unter spätern Kaisern auch Navarchie und Neokorie [6]). Es war dort ein berühmter Tempel des Asklepios, der sich oft den Menschen offenbarte [7]): vielleicht auch eine warme süße Quelle [8]). Name der Einwohner, s. unten.

Jetzt ist ein kleines befestigtes Dorf Ayas Kalassy an dieser Stelle, und zwar an dem Ende der Nordküste der Ayas-Bay. Beauforts Karamania p. 285. (*Spohn.*)

ÄGÄ, auch ÄGÄA, AGEA, AGE genannt, Stadt in Makedonien, in der Landschaft Emathia; man nimmt an, daß sie in früherer und dann wiederum in späterer Zeit von Augustus an sey Edessa genannt worden; s. Edessa. (*Spohn.*)

ÄGÄ, 1) Ort in Lydia, Steph. Byz. u. Skyl. p. 27, dasselbe mit dem äolischen; 2) in Ätolia, s. Olenos; 3) in Lokris Steph. Byz., s. Augeiä.

ÄGÄA, (*Αἰγαία*), in Mauretania Cäsarea Ptolem. IV, 3. Andre s. unter Ägä und Karystos.

Von dem Namen der Einwohner dieser Orte gilt im Allgemeinen die Regel, daß von *Αἰγὰ* oder *Αἰγαὶ* *Αἰγαῖος*, von *Αἰγαῖαι* *Αἰγαιάτης* gebildet wird, Steph. Byz. coll. Zon. Lex. In besondrer Rücksicht findet man einen Bürger des Makedonischen *Αἰγαῖος* Steph. Byz., Zon., auch *Αἰγαιάτης* Schol. ad Gregor. Steliteut. I. p. 65; und des Achäischen *Αἰγαῖος* Strab. VIII, 386 genannt.

Von dem Kilikischen findet man *αἰγχῖδς*, *αἰγεαῖος*, *αἰγεάτης*, Aegeates, Aegetanus, *αἰγιεύς*, auf Münzen *αιγεαιων*, *αιγαιων*, *αιγαιεων*, *αιγαιαιων*, *αιγιεων*, *αιγεων*, *εγεων*, *αιγειων*, *αιγιεαιων*, *αιγιεων*, *αιγεατων*, *αιγαιατων*, *αιγειατων*. S. Dio Chrysost. Or. Tars. I. p. 409. II. p. 416. Morell., Steph. Byz., Zon. Lex., Philostr. vit. Soph. II. IV. 1., Holst. ad Steph. Byz. p. 12. sq., Wessel. Itin. Ant. p. 146, Salmas. Ex. Plin. p. 110, Rasche Lex. num. I. 110, 111, 211, 227, 231 sq., Suppl. I. p. 211. sq. 218—227.

Zu dem äolischen Orte gehören *Αἰγιεῖς* Xenoph. a. g. O., Suid. *Πόλλης*; *Αἰγαιεύς* Wessel. Itin. p. 146, Polyb. V, 77. 4. XXXIII, 11. 8. Gronov. Thes. Gr. a. g. O.; *Αἰγαῖος* Steph. Byz., Zon. Lex.; Aegeates Wess. ad Hierocl. p. 661. Auf Münzen *αιγαεων* Eckh. Doctr. Num. II. p. 65. *αιγαιων*, *αιγεαιων*, *αιγειατων*, *αιγαιατων*, *αιγεων*, Rasche I. p. 109. 226, 229, 232, Suppl. I. p. 233. (*Spohn.*)

ÄGÄA, (*Αἰγαία*,) ein Beiname der Aphrodite von den Inseln des ägäischen Meeees, auf welchen sie fast überall verehrt ward. Vielleicht heißt sie eben daher Inselbewohnerin ((*ἐνοικετις των νησων*). Vgl. Mansos Vers. üb. Gegenst. d. Myth. S. 183. u. Ägäisches Meer Anm. 32. (*Ricklefs*)

6) Dio Chrysostom. Or. 34. II. p. 37. sq. ed. Reisk., Harduin. Num. illustr. p. 522. Noris Epoch. Syr. Mac. II. p. 396. Vaillant. Num. Gr. p. 240. Plin. V. 22. oppidum Aegae liberum. Rasch. I. p. 111. 228. sqq. Suppl. I. p. 211. sqq. Sestini Class. general. I. p. 48. 7) Philostrat. vit. Soph. II. 4. 1. Turneb. Adversar. XVII. 18. Olear. ad Philostrat. vit. Apoll. IV. 1., daher auch auf Münzen Asklepios oder seine Zeichen Rasche. I. p. 226. 228. sq., auch findet man den tyrischen Herakles, den Apollon, und die Pallas auf Münzen. 8) Nach Athenäus Epit. II. c. 17. doch s. Schweigh. Anm. dazu.

ÄGÄISCHE FLUR, (*Αἰγαῖον πεδίον*), in Phokis am Fluß Äga, der von dem pythischen Berge fließt, zwischen Kirrha, Amphissa und dem Flusse Pleistos. Steph. Byz., Eustath. ad Dionys. Perieg. v. 132. (*Spohn.*)

Ägäischer Meerbusen, Aegaeus sinus, s. Ägäisches Meer Anm. 2. 2) Bucht in Kerkyra s. d. (*Spohn.*)

ÄGÄISCHES MEER, heißt das Meer, welches Griechenland von Kleinasien trennt, den Griechen *Αἰγαῖος πόντος* [1]), *Αἰγαῖον πέλαγος* [2]) oder auch blos *Αἰγαῖον* und *Αἰγαῖος*, daher auch den römischen Schriftstellern zuweilen blos Aegaeum [3]), von *Αἴγειον* aber auch Aegeum genannt [4]). Seltner sind die Benennungen *Αἰγαίων*, Aegaeon, Aegon [5]). In frühern Zeiten hatte es den Namen des Karischen Meeres, nachher den des Hellenischen [6]); sein nördlicher Theil bei Römern den des Macedonicum, der westliche den des Graeciense [7]). Ueber den Ursprung des Namens „ägäisches Meer" herrscht in den Angaben der Schriftsteller große Verschiedenheit, indem Einige meinen, es sey so genannt von den Ziegen [8]); Andre, weil in demselben viele Inseln wären, die von fern wie Ziegen (*αἶγες*) aussähen [9]); Andre, weil es wie Ziegen hüpfe und bewegt werde [10]); Andre von einem Felsen Aex (*Αἴξ*) zwischen Tenos und Chios, welcher sich plötzlich mitten aus dem Meere einer Ziege ähnlich erhebe [11]). Noch Andre sagen, es sey von der Perkanischen Ziege [12]), oder von einer Amazonen-Königin Ägäa [13]), oder von Ägeus, des Theseus Vater, der sich in dieses Meer gestürzt habe [14]), oder von den Wogen, die man *αἶγες* geheißen [15]), so benannt worden. Andern hat die Ableitung von Poseidon, den man als *Αἰγαῖος* oder *Αἰγαίων* [16]) verehrt habe, oder

1) Xenoph. Oec. 20. 27. Steph. Byz. u. A. 2) Scylax p. 23. ed. Huds., Agathem. p. 57 Thucyd. IV, 109. Strab. p. 125. 323. 615. ed. Cas. u. A.; *κόλπος τοῦ Αἰγαίου πελάγους*; Marc. Heracl. p. 9 Aegaeus sinus Solin. c. 11. 3) *τὸ Αἰγαῖον* Herodot. II. 113, VII. 55. Thucyd. I. 98. Strab. p. 124. 129. 323. Agathem. p. 10. 12., Polyb. XVI. 34. 1. Conon. ed. Teuch. p. 46. Herodian. VI. 2, 4. 4, 9. Aegaeum Horat. Od. II. XVI. 2. Pers. Satyr. V. 142. Plin. H. N. IX. 20; *Αἰγαῖος* s. Anm. 37. 4) Etymol. Magn., Hesych., Suid., Zon., Phavor., *αἰγεῖα θάλ.* Man leitet es dann nicht von Aega oder Aegae ab, welches *Αἰγαῖον* gibt. Von jener Form *Αἰγαῖον* bemerken Hesych., Suid., Etym. Magn. sehr richtig, daß *Αἰγαῖον* attischer sey (denn so ist bei Hesych. und Suid. zu schreiben). 5) Hesych., Stat. Theb. V. 288. Turneb. Advers. XIX. 2. Salmas. Exerc. Plin. p. 580. Jacobs zu Anthol. Gr. T. IX. p. 507. und die dort genannten Schriftst. 6) Thucyd. I. 4. u. Schol. 7) Plin. H. N. IV. 18. 8) Varro de R. R. l. II. c. 1. 9) Varro de L. L. l. VI. c. 2. Festus s. v. Aegaeum; so ist auch Schol. Apollon. Rhod. (Steph.) I. 1165. und Phavorin. p. 56. ed. Basil. S. 32. zu verstehn. 10) Tzetz. zu Lykoph. v. 135. 402. 11) Plin. H. N. IV. 18. Mart. Capell. VI. p. 212. Solin. c. 11. Isidor. s. Aex. 12) Con. a. g. O. Schol. Apoll. Rhod. I. 1165. Phavorin. p. 56. unbekannt. 13) Festus. s. h. v. 14) Plut. vit. Thes. init., Munck. zu Hygin. Fab. 43. Nicocrates bei Schol. Apoll. Rhod. a. g. O. Etym. M., Suid., Phavor., doch ist dies schon bei Schol. Apoll. Rh., Phavor. und dem daraus zu verbessernden Etymol. widerlegt. 15) Artemidor. Oneir. II. 12. Hesych. T. I. p. 138. Alb., Suid. T. I. p. 641. II. p. 394. Küst., Phavor. p. 56. 57. Heins. zu Sil. Ital. I. p. 468. 16) Schol. Apoll. Rhod. I. 831. u. Pherekydes s. Sturz Pherecyd. fragm. p. 244 sq. Virgil. Aen. III. 74. Strab IX. p. 405. Philostrat. vit. Apoll. Tyan. III. 6. Phavorin., Hesych., Etym. Magn.

von einem mythischen Wesen Αἰγαίων [17]), oder von der wegen dieses einst Ägäa genannten Stadt in Euböa Karystos [18]) größere Wahrscheinlichkeit. Noch Andern ist es glaublicher, daß von Äga, einem Vorgebirge in Äolis [19]), oder der Insel Agä bei Euböa [20]), oder von Agä einer Stadt in Euböa [21]), dieses Meer seinen Namen erhalten habe. Bochart leitet ihn ebenfalls aus dem Phönikischen [22]).

Eine nicht geringere Verschiedenheit der Angaben herrscht in der Bestimmung der Grenzen und des Umfangs, denn obgleich dieses Meer, da es Griechenland und Kleinasien trennt, gewöhnlich bis an die Küste dieser beiden Länder gerechnet wurde; so verstand man doch zuweilen darunter vorzugsweise den die europäische Küste [23]) oder auch den die Kykladen umgebenden Theil desselben [24]). Wenn einige Geographen die Länge des ganzen Meeres von Süden nach Norden auf ungefähr 4000 Stadien oder 533,000 Schritt, die Breite aber auf 2000 Stadien bestimmen [25]); so sind andre nicht ganz einverstanden, die es als groß und zwar größer als die Mäotis, doch kleiner als den Pontus Eux. beschreiben [26]), aber bald von Patara oder den chelidonischen Inseln und der Grenze Lykia's beginnen lassen [27]), bald von den Kykladen [28]), bald von dem Ikarischen und Karpathischen Meere [29]), bald von Sunion, Attika's Vorgebirge [30]), bald von dem Korinthischen Isthmos [31]), bald von der Insel Kythera [32]), so daß es auch das Myrtoische Meer mit umfaßt [33]). Mehr Einheit herrscht in seiner nördlichen Grenzbestimmung, da es gewöhnlich die Meerbusen Griechenlands bis an Thessalonike und den Strymon oder überhaupt bis an die mittägliche Küste Thrakiens, und den Busen Melas umschließend, bis Tenedos oder den Anfang des Hellespontos gerechnet wird [34]), und nur einige Stellen davon abweichen [35]).

Wegen der Menge der Inseln und Klippen und der deshalb verursachten starken Strömungen [36]), war die Fahrt in diesem Meere sehr gefahrvoll [37]), vorzüglich aber wurde sie es im August durch die unter dem Namen Etesiä bekannten stehenden nördlichen Winde [38]), daher waren die Wogen und Stürme dieses Meeres und die den Schiffenden in demselben drohenden Gefahren so bekannt und gefürchtet, daß sie in dem Munde des Volkes zum Sprichwort wurden [39]).

Jetzt nennen es die Türken Akdengkis (das weiße Meer), die Griechen mit dem alten Namen [40]), oder Dodekanisa (das Zwölfinselmeer) [41]), oder Agiopelago, Archipelago [42]), und daher nennt man es gewöhnlich, obwohl unrichtig, den Archipelagus. (Vgl. diesen.) (*Spohn.*)

Ägäon, s. Briareus, Poseidon.

Ägäos, (Αἰγαῖος), ein Beiname des Poseidon, nicht vom ägäischen Meer, sondern von der Stadt Agä auf Euböa, bei welcher er auf einem Berg einen prachtvollen Tempel hatte. Strab. IX, 2, 13. (*Ricklefs.*)

ÄGAGROPILA, so nannte Welsch zuerst die sogenannten Gemsenkugeln, oder Ballen von verschiedener Größe, bis zum Umfang einer Faust, die im ersten oder zweiten Magen der Gemse gefunden werden. Sie bestehn aus Ueberbleibseln verschiedener Alpenpflanzen, die von dem natürlichen Schleime des Magens zusammen gehalten und eingewickelt, oft auch mit steinigten Concrementen vermischt sind. Sie haben einen schwach gewürzhaften Geruch und Geschmack. Dem letztern ist etwas Zusammenziehendes beigemischt. Man hielt sonst dafür, daß sie die concentrirten Kräfte der Alpenpflanzen enthielten, und, weil die Gemsen auf den schroffesten Felsenspitzen und jähsten Abhängen sicher stehn, so meinte man, daß sie durch diese Ballen vor dem Schwindel bewahrt würden. Daher verordneten Welsch und andere Aerzte

17) Hom. Il. I. 403. Steph. Byz. v. Κάρυστος, Phavor., Eustath. zu Hom. p. 123. Z. 37. Rom. und zu Dionys. Perieg. v. 135. Claudian. III. 345. Stat. Achill. I. 209. II. 12. Servius und Interpp. zu Virgil. Aen. X. 565. vergl. Turneb. Adversar. XIX. 2. Salmas. Exercit. Plin. p. 125. Burmann zu Ovid. Metamorph. II. 10. Perizon. zu Aelian. Var. H. V. c. 3. Staveren und Munck. zu Hygin. Fabul. p. 3. 18) Conon, Schol. Apoll. Rh., Phavor. a. g. O., vergl. Anm. 17. 19) s. Aega n. 3. und Kane. 20) Schol. Apoll. Rh. I. 831. Etym. Magn., Phavor., Plin. H. N. IV. 18. 21) Eustath. zu Hom. p. 708. Z. 39. Z. 55. p. 1544. Z. 33. zu Dionys. Perieg. v. 135. Strab. VIII. p. 386. Plin. H. N. a. g. O., vgl. Thucyd. IV. 109. τὸ πρὸς Εὔβοιαν πέλαγος. 22) Canaan I. c. 13. 23) Pompon. Mel. I. 3. 4, II. 7. 8. Strab. p. 124. dagegen scheint bei Isidor. Orig. XIV. c. 6. und Itiner. Anton. p. 526. Wesseling der an der asiatischen Küste gelegne Theil gemeint; s. Hellespontos. 24) Hesych. v. Αἰγαῖον. vergl. Strab. Excerpt. l. VII. p. 330. Phavorin., Ovid. Trist. I. Eleg. ult. v. 8, so ist auch Thucyd. l. 4. zu verstehn, vergl Anm. 31. 25) Agathem. ed. Huds. p. 60. Strab. p. 124. 26) Burmann. zu Ovid. Epist. 21. 84. Val. Flacc. II. 365. Marcian. Heracl. p. 9. Huds. 27) Dionys. Perieg. v. 135. Agathem. p. 60. 28) Plin. H. N. IV. 23. Isidor. u. Itin. Anton. p. 526. Wessel. ist anders zu verstehn, s. Anm. 23. 29) Agathem. p. 7. Aethic. Ister. Strab. p. 124. 30) Strab. VII p. 323. vergl. II. p. 124. Ptolem. III. 31) Pompon. Mel. II. 3. 7. Solin. c. 13. Ovid. Epist. 4. 105. vergl. Anm. 14. 32) Orosius l. I. c. 2, daher Aegaea Venus bei Stat. Theb. VIII. 478 so zu erklären ist; denn unter den Kykladen sind oft alle Inseln von Rhodos und Kythera bis zu dem Hellespontos zu verstehn; vergl. Kyklades. 33) s. Anm. 31. 32. und Plin. H. N. IV. 18.

34) Herodot. IV. 85. Thucyd. IV. 109. Strab. II. p. 124. Plin. IV. 18. Agathem. p. 6. 57. Dion. Perieg. v. 135. sq. Oros. I. 2. 35) Z. B. Strab. p. 124, wo der Busen Melas und der Hellespontos davon oder dazu gerechnet werden; Ammian. Marcellin. XXII. 8. 2, wo die Linie zwischen dem Athos und Kaphareus die Grenze zwischen dem Ägäischen und Thessalischen Meere bilden, vergl Herodot. VII. 176, dem der Strymonischen Meerbusen das Thrakische Meer ist, während Thucyd. IV. 109 denselben Ägäisches Meer nennt. 36) Dionys. Perieg. 513. sqq. Ammian. Marcell. XXII. 8. 2. 3 Eustath. zu Dionys. Perieg. v. 133. 37) Hom. Odyss. III. 169. sqq. IV. 499. Herodot. II. 113. Eurip. Iphig. Aul. 1601. Artem. Oneir. II. 12. p. 96. u. das. Anm. Anthol. Gr. T. I. p. 4. 107. II. p. 237. ed. Jacobs, Philostr. vit. Apollon. Tyan. I. 24. p. 31. Dionys. Perieg. 131. 326. Constant. Porphyrog. Them. I. 17. Ovid. Metamorph. XI. 663. sq. Ammian. Marcellin. XXII. 8. 2. Valer. Flacc. Argon. I. 630. IV. 714. Horat. Od. I. xiv. extr. II. xvi. 1—4. III. xxix. extr. und das. Mitscherlich; Suid. Hesych., Phavorin. 38) Man hat darunter die Winde von Nordwest bis Nordost zu verstehn; sie fangen den 1sten August nach Colum. XI. c. 2 an, und hören den 30sten auf, nach Plin. H. N. II. 47 fangen sie den 6ten Jul. an, werden aber den 16ten feststehend. Wood Originalgen. Homers p. 55. 39) τὸν Αἰγαῖον πλεῖ, τὸν Αἰγαῖον ἐπὶ ῥιπὸς διαπλεῦσαι θέλει. Erasm. Adag. p. 375. 645. 40) Riga's Atlas. 41) Biörnstähl's Briefe Tom. IV. p. 348. 42) Mentelle Géogr. compar., Vaudoncourt's Mémoire, Clarke's Travel's, s. Archipelagus.

die Gemsenkugeln in verschiedenen Zufällen des Kopfes, besonders gegen Schwindel und Schlagfluß, aber man hat eingesehn, daß diese Meinung Aberglaube ist. Jetzt ist, seit Linné, dieser Name für eine Conferve gebräuchlich, die im Meer und in salzigen Wassern vorkömmt, (Conferva Aegagropila L.) und sich durch die Kugelform des Ganzen auszeichnet. Sie besteht aus höchst feinen, haarförmigen, sehr ästigen, hie und da zusammen geschnürten Fäden. Sie ist von Weber und Mohr in ihrer Reise durch Schweden, S. 71. Taf. 1. Fig. 7. a. b. abgebildet und beschrieben. (*Sprengel.*)

Ägagrus. s. Capra Ägagrus.

ÄGALEOS, ÄGALEON, 1) Berg an der Küste von Attika, Salamis gegenüber; hier soll Xerxes dem für ihn so unglücklichen Seetreffen zugesehen haben. Nach Andern geschah dies anderswo; Plinius, und nach ihm Solinus, nennt ihn Aegialeus. Mehreres darüber s. unter Salamis und Attika. (*Spohn.*)

ÄGATES, (auch ÄGATAE, nicht ÄGADES [1]); gr. Αἰγοῦσσαι)[2]), eine Inseln-Gruppe vor dem Lilybäischen Vorgebirge des alten Siciliens, deren Anzahl gewöhnlich zu drei angenommen wird [3]), nach Ptolem. III, 4. welcher Phorbantia, Aegusa und Hiera neben einander nennt. Denkwürdig sind sie durch das Ende [4]) des ersten punischen Krieges, das hier durch den Sieg der Römer herbeigeführt wurde. (*Friedemann.*)

Jetzt heißen sie die ägatischen Inseln; Phorbantia heißt jetzt Levanzo; Agusa, von welcher wahrscheinlich alle drei benannt worden, Favagnana, Hiera jetzt Maretimo. Einige kleinere dazu gehörige Inseln werden le Formiche (die Ameisen) genannt. (*Röder.*)

Ägatische Inseln, s. den vorhergehenden Artikel.

ÄGE, (Αἰγη), des Olenos Tochter, die mit ihrer Schwester Helike den Zeus erzog, und von ihm als Ziege unter die Sterne versetzt ward, nach Parmeniskos und Didymos eine Tochter des Melisseus von Kreta, oder nach Eratosthenes und andern des Helios, so hellstralend und fürchterlich, daß die Titanen beim Himmelssturm, von ihr geblendet und in die Flucht geschreckt, die Gaia baten, sie zu verfinstern, worauf sie von dieser in einer unterirdischen Höhle verborgen ward, und von der Amaltheia gemolken, mit ihrer milden Milch den Zeus ernährte. Musäos macht sie zu einer Ziege, und läßt mit ihrem Felle sich den Zeus nach den Aussprüchen eines Orakels im Titanenkampfe bekleiden, und dann sie unter die Sterne versetzt werden. Euhemeros macht sie zu einer Gemahlin des Pan, und läßt den Zeus mit ihr den Ägipan erzeugen [1]). Dieser Mythus ist offenbar eine Kreta entstammte physisch-astronomische Andeutung von der Capella im Bilde des Fuhrmanns mit ihren Böcklein, zwei folgenden dunkleren Sternen, Regen und Sturm bringend, und den Schiffern furchtbar [2]); aber bei den Mythographen verfließen die Vorstellungen von einer Nymphe und Ziege so in einander, daß man oft kaum weiß, welche von beiden die vorherrschende ist. (*Ricklefs.*)

Der Name Äge kommt von Αἴξ (Äx) Ziege, und anderwärts führt die Nymphe, welche den Zeus ernährte, diesen Namen (Ant. Lib. 36.) selbst. Ohne Zweifel liegt diesem Mythus eine astronomische Idee zum Grunde; ob sie aber die ursprüngliche war, ist eine andre Frage. Wenn man die Ziege als Sternbild an den Himmel setzen sollte, mußte man vorher eine religiöse Veranlassung dazu gehabt haben. Diese lag vielleicht in dem Kultus des Zeus in Arkadien, wo der Gott entweder mit Ziegenfellen bekleidet war, (woraus sich eben sowohl die ursprüngliche Bedeutung des Ägiochos, Ägishalters, als der Mythus von βαιτη, s. Bätylos, erklären ließe), oder Ziegenopfer erhielt, wo dann gesagt werden konnte, daß Ziegen ihn ernährt hätten. Bei der Umbildung des Zeusdienstes auf Kreta, welche eben den Titanenkampf veranlaßte, bildeten sich auch jene Sagen um, und nun erst konnte die Ziege als Sternbild damit in Verbindung gebracht werden, nicht ohne Einfluß der Titanen, d. i. des Kaukasischen Zabiismus. Der Gott, mit welchem die Ziege in Verbindung gesetzt wird, bleibt bei allen Umänderungen als Naturgottheit (des Fetischismus) erkennbar, selbst in dem Horn des Ueberflusses (der Amalthea), im Ägipan (s. Pan) und im Pan Agokeros, dem Ziegenhorn (s. Zeus). Uebrigens haben mehrere Beinamen von Gottheiten ihren Grund in ihnen dargebrachten Ziegenopfern, s. Ägobolos, Ägophagos. (*Gruber.*)

ÄGE, (Αἰγή), 1) Stadt auf der Ostküste der Halbinsel Pallene bei Aphytis, Neapolis, und Therambus, von wo Xerxes Schiffe und Soldaten mitnahm, Herodot. VII, 123. Steph. Byz. u. Holstein's Anm. dazu. 2) s. Ägä in Makedonien. (*Spohn.*)

Ägea, Ägeä, s. Ägä.

Ägeïs, s. Attika.

ÄGEIRA, ÄGIRA, 1) Αἴγειρα [1]), Name zweier Orte in Achaia, nämlich einer Stadt und eines dazu gehörigen umwohnten Hafens. In alten Zeiten hatte die Stadt Hyperesia geheissen, aber von einer Kriegslist ihrer Bürger während eines Krieges mit Sikyon erhielt sie den Namen Ägeira [2]). Sie lag zwischen Pellene und Ägion, 12 Mill. von Ägion, 25 von Sikyon, 40 Stadien von Phelloë, auf steilen schwerzuersteigenden Anhöhen nach dem Meere und Phokis hingewendet [3]). Sie war eine der zwölf Hauptstädte des Landes, und die Bürger von Ägä waren späterhin hieher gezogen, weshalb Ägä wüst wurde; sie behielten aber den Namen

1) Ueber die Schreibart des Namens s. Tzschucke zu Pomp. Me. 27, 7. p. 501. not. crit. 2) S. Schweighäuser zu Polyb. I, 44. T. V. p. 264. 3) Cluver Sicil. Ant. II, 15 Cellar. N. O. II; 12, 129. Doch sagt Sil. Ital. VI, 684. geminas medio consurgere fluctu Aegates. 4) Corn. Nep. Hamilc. c. 1. Flor. II, 2. und Andere.

1) Hyg. Astr. II, 13. Eratosth. Cat. 13. Lact. Instit. I, 22. 19.

2) Arat. Phaen. 156. ff. Schol. in h. l. Vergl. Pfaff de ortib. et occasib. sid. p. 85. ff. und Creuzers Symbolik Th. IV. S. 458. ff.

1) Αἴγειρα bei Hierocl. p. 646 verschrieben, er meinte vielleicht beide Αἴγειρα, das am Meere Paus. VII. c. 26. §. 1. vergl. §. 7. 2) Paus. VII. c. 26 §. 2. Steph. Byz. 3) Herodot. I. c. 145. Scyl. p. 35. ed. Gronov. Strab. VIII. p. 385, 387. Polyb. IV, 57, 5. Eustath. ad Hom. p. 292. ed. Rom.; Hierocl. p. 646. Tab. Peuting., Paus. a. a. O. §. 4.

von ihrem ehemaligen Wohnorte, die Bürger von Ägeira dagegen hießen Ägeiraten [4]). Zwölf Stadien von der Stadt hinabwärts nach dem Meere lag der Hafen mit einem Oertchen gleichen Namens. Von hier aus am Meere hin ging der Weg 120 Stad. weit nach Aristonautä, dem Hafenorte der Pellener; rechts an demselben nicht weit von Ägeira war ein Tempel der Artemis Agrotera. Auf der andern Seite auf dem Wege nach Bura stand ein Tempel des Herakles 72 Stadien von Äg., 30 Stad. geraden Wegs von Helike. Die Tempel des Zeus, der Urania, der syrischen Göttin und andre denkwürdige Heiligthümer zu Ägeira erwähnt Pausanias VII. c. 26. Jetzt nach Mar. Nig., De l'Isle, Corneille, Riga, Baudoncourt, Xylokastro; nach Andern Botstitza oder Bostitza, oder Krata, unrichtig. 2) Ägeira, s. Lesbos. 3) s. Ägä in Kilikia Anm. 2. (*Spohn.*)

ÄGEIROS, (Αἴγειρος), 1) Ort in Lesbos zwischen Mitylene und Methymne, wo der schmalste, nur 20 Stadien breite, Theil dieser Insel war. Strab. XIII. p. 617. Suid. Αἴγειρος und Αἴγιρος. Jetzt Gernia. (*Spohn.*)

ÄGEIRUSA, (Αἰγείρουσα), Ort in Megaris, Strab. IX. p. 394., Steph. Byz., Theopomp. I. 56. hatte ihn Αἴγειρος genannt. 2) Stadt in Äolis nach Steph. Byz. und Herodot, der sie aber I. 149 Αἰγιρόεσσα nennt, unbekannt. (*Spohn.*)

ÄGER, eine von den ältern nordischen Naturgottheiten, der Gott des Meers. Suhm hält ihn nebst Ugarthiloke, Geruth, Gudmund u. s. w. für eine Gottheit derjenigen Joten, die vor der Ankunft der Gothen unter der Anführung des dritten Odins Dänemark und Norwegen besetzt hatten. (S. dessen Einleitung zu einer Hist. af Danmark). Uebrigens spielt eben dieser Äger in der nordischen Mythologie eine interessante Rolle, und namentlich in zwei mythologischen Liedern der poetischen Edda, Hymisqvida u. Aegisdrekka genannt, die man in „Gräters Nordischen Blumen" unter der Aufschrift: „Hymer oder der Kessel und Aegers Gastmahl," oder „Loke's Lästerung der Götter," von S. 191—133 übersetzt findet. Seine Gemahlin war Ran, die Göttin des Meers, mit welcher er 9 Töchter erzeugte, deren symbolische Namen die Meereswellen bezeichnen. S. „Gräters Briefe über den Geist der Nordischen Dichtkunst und Mythologie," in seinem Magazin Bragur Bd. I, S. 64. 75. 82. 84. und Bd. II. 96. Die Genealogie dieses Gottes aber in dem 8. und 9. Stammbaum, als Beilage zu dem 5. Briefe in Bragur, Bd. VII. S. 41 und 42. (*Gräter.*)

ÄGERI, auch EGERI; doppelte Pfarrgemeinde im Schweiz. Cant. Zug, mit 1 Rathhause, 900 kathol. Einw. in Oberägeri und 650 in Unter- oder Wylägeri, welche Alpenwirthschaft treiben. Sie ist die erste der 3 Gemeinden des äußeren Amtes des C. Zug, wählt den Sechstheil des Cantonsrathes, und liegt in einem stillen fruchtbaren Alpenthale 3 St. von Zug und 3 St. von Schwyz, an der Nordseite des von ihr benannten 1 St. langen und ¼ St. breiten, tiefen und fischreichen Ägerisees, dessen Ausfluß die Lorez oder Lorz ist, und der die besten Rothforellen der Schweiz liefert. Sein südl. Ufer bildet der Kaiserstock, am westlichen ist die Alp Morgarten; (s. den Art. Morgarten, Äufseres Amt, Cant. Zug.) (*Wirz.*)

ÄGERITA. So nennen Persoon und Link einen weißlichen Auswuchs auf faulem Holz, mit körniger Masse angefüllt, worin man keine Samen entdecken kann. Ägerita *candida* kommt nicht selten auf abgestorbenem Holze wie kleine weiße Körner vor. Hofmann hat sie im Taschenbuch für 1795, Taf. 9, Fig. 1 abgebildet. Noch eine andere, Äg. *caesia*, unterscheidet sich durch blauliche Farbe: sie ist inwendig schwärzlich. (*Sprengel.*)

Ägesta, s. Egesta.

Ägestäer, s. Thesprotia.

ÄGEUS, (Αἰγευς), Sohn Pandions II, Königs von Athen, nach einigen ein Sohn des Skyrios und von jenem adoptirt, vertrieb mit seinen Brüdern die Metioniden, die seinen Vater verdrängt hatten, und theilte mit ihnen Attika, doch mit Vorbehalt der Oberherrschaft [1]). Er vermählte sich mit der Opletide Mela und mit der Rhexenoride Chalkiope, erhielt aber von beiden keinen Sohn. Bekümmert darüber, weil er die Söhne seines Bruders Pallas fürchten mußte, (Plut. Thes. 3), wandte er sich deshalb an ein Orakel, und kehrte auf der Rückreise bei Pittheus in Troezene ein, der den Sinn des ihm gegebenen Orakels besser, als er, verstand, und ihm, den er trunken gemacht, seine Tochter Äthra zuführte, die von ihm schwanger wurde und den Theseus gebar. Er kehrte, Zeichen zurücklassend, woran er, wenn es ein Sohn würde, ihn erkennen wollte, nach Athen zurück, wo er den Androgeos, Minos II. Sohn, der an den Panathenäen in allen Kampfarten Sieger blieb, und mit dem sich die von ihm gefürchteten Pallantiden zu enger Freundschaft verbanden, dem Marathonischen Stier vorwerfen ließ. Dies hatte einen Rachekrieg von Minos zur Folge, wodurch er den Ägeus nöthigte, ihm jährlich 7 Jünglinge und 7 Jungfrauen für den Minotaur zu versprechen. Die Pallantiden bemächtigten sich jetzt der Herrschaft und Ägeus kam in die Gewalt der Medeia. Theseus — s. diesen Art. — der nach Athen kam, und von seinem Vater anerkannt ward, machte der Herrschaft der Pallantiden und dem unglücklichen Tribut ein Ende, indem er selbst mit nach Kreta abging, vergaß aber bei der Rückkehr die schwarzen Segel abzunehmen, worüber sich Ägeus, den Tod seines Sohnes vermuthend, ins Meer stürzte, das von ihm den Namen des Ägäischen erhalten haben soll [2]). (*Ricklefs.*)

ÄGIÄ, ein Städtchen in Lakonike rechts von dem Wege von Krokeä nach Gythiou, 30 Stadiru von dem letztern. Dort war ein Tempel und ein See dem Poseidon heilig. Homer hatte es Augeiä genannt. S. Augeiä. Vergl. Pausan. III. c. 21. §. 5. Strabo VIII. p. 364. Steph. Byz. v. Αὐγειαί, Eustath. zu Hom. p. 277. p. 295. ed. Rom. (*Spohn.*)

---

4) Herod., Strab., Paus., s. Ägä in Achaia Anm. 5. 6. Αἰγειράτης Steph. Byz., Polyb.

1) Apollod. III, 15. 5. Paus. I, 5. Strab. IX, 16. vergl. Meursii Regn. Att. II, 15. 2) Apollod. III, 15. 6 ff. Diod. IV. 59—61. Plut. Thes. 12 ff. Paus. I, 22. Hyg. F. 37 u. 41. Sophokles und Euripides haben beide eine verloren gegangene Tragödie Ägeus geschrieben.

die Gemsenkugeln in verschiedenen Zufällen des Kopfes, besonders gegen Schwindel und Schlagfluß, aber man hat eingesehn, daß diese Meinung Aberglaube ist. Jetzt ist, seit Linne, dieser Name für eine Conferve gebräuchlich, die im Meer und in salzigen Wassern vorkömmt, (Conferva Aegagropila L.) und sich durch die Kugelform des Ganzen auszeichnet. Sie besteht aus höchst feinen, haarförmigen, sehr ästigen, hie und da zusammen geschnürten Fäden. Sie ist von Weber und Mohr in ihrer Reise durch Schweden, S. 71. Taf. 1. Fig. 7. a. b. abgebildet und beschrieben. (*Sprengel.*)

Ägagrus, s. Capra Ägagrus.

ÄGALEOS, ÄGALEON, 1) Berg an der Küste von Attika, Salamis gegenüber; hier soll Xerxes dem für ihn so unglücklichen Seetreffen zugesehen haben. Nach Andern geschah dies anderswo; Plinius, und nach ihm Solinus, nennt ihn Aegialeus. Mehreres darüber s. unter Salamis und Attika. (*Spohn.*)

ÄGATES, (auch ÄGATAE, nicht ÄGADES [1]; gr. Αἰγοῦσσαι)[2]), eine Inseln-Gruppe vor dem Lilybäischen Vorgebirge des alten Siciliens, deren Anzahl gewöhnlich zu drei angenommen wird [3]), nach Ptolem. III, 4. welcher Phorbantia, Aegusa und Hiera neben einander nennt. Denkwürdig sind sie durch das Ende [4]) des ersten punischen Krieges, das hier durch den Sieg der Römer herbeigeführt wurde. (*Friedemann.*)

Jetzt heißen sie die ägatischen Inseln; Phorbantia heißt jetzt Levanzo; Ägusa, von welcher wahrscheinlich alle drei benannt worden, Favagnana, Hiera jetzt Maretimo. Einige kleinere dazu gehörige Inseln werden le Formiche (die Ameisen) genannt. (*Röder.*)

Ägatische Inseln, s. den vorhergehenden Artikel.

ÄGE, (Αἴγη), des Olenos Tochter, die mit ihrer Schwester Helike den Zeus erzog, und von ihm als Ziege unter die Sterne versetzt ward, nach Parmeniskos und Didymos eine Tochter des Melisseus von Kreta, oder nach Eratosthenes und andern des Helios, so hellstralend und fürchterlich, daß die Titanen beim Himmelssturm, von ihr geblendet und in die Flucht geschreckt, die Gaia baten, sie zu verfinstern, worauf sie von dieser in einer unterirdischen Höhle verborgen ward, und von der Amaltheia gemolken, mit ihrer milden Milch den Zeus ernährte. Musäos macht sie zu einer Ziege, und läßt mit ihrem Felle sich den Zeus nach den Aussprüchen eines Orakels im Titanenkampfe bekleiden, und dann sie unter die Sterne versetzt werden. Euhemeros macht sie zu einer Gemahlin des Pan, und läßt den Zeus mit ihr den Ägipan erzeugen [1]). Dieser Mythus ist offenbar eine Kreta entstammte physisch-astronomische Andeutung von der Capella im Bilde des Fuhrmanns mit ihren Böcklein, zwei folgenden dunkleren Sternen, Regen und Sturm bringend, und den Schiffern furchtbar [2]); aber bei [illegible] Mythographen verfließen die Vorstellungen von einer [illegible]mphe und Ziege so in einander, daß man oft kaum [illegible]ß, welche von beiden die vorherrschende ist. (*Ricklefs.*)

Der Name Äge ko[illegible] von Αἴξ (Äx) Ziege, und anderwärts führt die [illegible], welche den Zeus ernährte, diesen Namen (An[illegible]b. 36.) selbst. Ohne Zweifel liegt diesem Mythus ei[illegible]stronomische Idee zum Grunde; ob sie aber die ursp[illegible]gliche war, ist eine andre Frage. Wenn man die Z[illegible]e als Sternbild an den Himmel setzen sollte, mußte m[illegible] vorher eine religiöse Veranlassung dazu gehabt haben[illegible] Diese lag vielleicht in dem Kultus des Zeus in Arka[illegible]en, wo der Gott entweder mit Ziegenfellen bekleid[illegible] war, (woraus sich eben sowohl die ursprüngliche Bed[illegible]tung des Ägiochos, Ägishalters, als der Mythus [illegible] βαίτη, s. Bätylos, erklären ließe), oder Ziegtopfer erhielt, wo dann gesagt werden konnte, daß [illegible]gen ihn ernährt hätten. Bei der Umbildung des Ze[illegible]dienstes auf Kreta, welche eben den Titanenkampf vera[illegible]aßte, bildeten sich auch jene Sagen um, und nun erst [illegible]nnte die Ziege als Sternbild damit in Verbindung ge[illegible]acht werden, nicht ohne Einfluß der Titanen, d. i. d[illegible] Kaukasischen Zabiismus. Der Gott, mit welchem die [illegible]iege in Verbindung gesetzt wird, bleibt bei allen Umä[illegible]erungen als Naturgottheit (des Fetischismus) e[illegible]nnbar, selbst in dem Horn des Ueberflusses (der Ama[illegible]ea), im Ägipan (s. Pan) und im Pan Ägokeros, em Ziegenhorn (s. Zeus). Uebrigens haben mehre Beinamen von Gottheiten ihren Grund in ihnen dargebrachten Ziegenopfern, s. Ägobolos, Ägophagos. (*Gruber.*)

ÄGE, (Αἴγη), 1 Stadt auf der Ostküste der Halbinsel Pallene bei Aph[illegible]is, Neapolis, und Therambus, von wo Xerxes Schiff und Soldaten mitnahm, Herodot. VII, 123. Steph. B[illegible] u. Holstein's Anm. dazu. 2) s. Ägä in Makedonie[illegible] (*Spohn.*)

Ägea, Ägeä, s. Ägä.

Ägeis, s. Attik[illegible]

ÄGEIRA, ÄGRA, 1) Αἴγειρα [1]), Name zweier Orte in Achaia, näm[illegible]h einer Stadt und eines dazu gehörigen unmwohnten [illegible]afens. In alten Zeiten hatte die Stadt Hyperesia heißen, aber von einer Kriegslist ihrer Bürger währen[illegible] eines Krieges mit Sikyon erhielt sie den Namen Ägeir[illegible] [2]). Sie lag zwischen Pellene und Ägion, 12 Mill. vo[illegible] Ägion, 25 von Sikyon, 40 Stadien von Phelloe, a[illegible] st[illegible]ilen schwerzuersteigenden Anhöhen nach dem Meer und Phokis hingewendet [3]). Sie war eine der zwölf Hauptstädte des Landes, und die Bürger von Ägä wa[illegible]n späterhin hieher gezogen, weshalb Ägä wüst wur[illegible]; sie behielten aber den Namen

1) Ueber die Schreibart des Namens s. Tzschucke zu Pomp. Me. 27, 7. p. 501. not. crit. 2) S. Schweighäuser zu Polyb. I, 44. T. V. p. 264. 3) Cluver Sicil. Ant. II, 15 Cellar. N. O. II, 12, 129. Doch sagt Sil. Ital. VI, 684. geminas medio consurgere fluctu Aegates. 4) Corn. Nep. Hamilc. c. 1. Flor. II, 2. und Andere.

1) Hyg. Astr. II, 13. Eratosth. Cat. 13; Lact. Instit. I, 22. 19.

2) Arat. Phaen. 15 ff. Schol. in h. l. Vergl. Pfaff de ortib. et occasib. sid. p. 85. ff. und Creuzers Symbolik Th. IV. S. 458. ff.

1) Αἴγειρα bei Hierocl. p. 646. verschrieben, er meinte vielleicht beide Αἴγειρα dasim Meere Paus. VII. c. 26. §. 1. vergl. § 7. 2) Paus. VII. c. 26 § 2. Steph. Byz. 3) Herodot. l. c. 145. Scyl. p. 35 ed. Gronov. Strab. VIII. p. 385, 387. Polyb. IV, 57, 5. Eusth. ad Hom. p. 292 ed. Rom., Hierocl. p. 646. Tab. Peting., Paus. a. g. O. §. 4.

von ihrem ehemaligen Wohn e ie Bürger von Ägeira dagegen hießen Ägeiraten ölf Stadien von der Stadt hinabwärts nach re lag der Hafen mit einem Oertchen gleichen Na n Von hier aus am Meere hin ging der Weg 12 t . weit nach Aristonautá, dem Hafenorte der rechts an demselben nicht weit von Ageira war e. T pel der Artemis Agrotera. Auf der andern Seite n em Wege nach Bura stand ein Tempel des Herakl 7 Stadien von Äg., 30 Stad. greadeu Wegs von H Die Tempel des Zeus, der Urania, der syrischen G n nd andre denkwürdige Heiligthümer zu Ageir er ihut Pausanias VII. c. 26. Jetzt nach Mar. Rig., De Isle, Corneille, Riga, Baudoncourt, Xylokastro h Andern Botstitza oder Bostitza, oder Krato. n htig. 2) Ägeira, s. Lesbos. 3) s. Ägä in Kil k.a A 1. 2. (*Spohn.*)

ÄGEIROS, (Αἴγειρος . 1) rt in Lesbos zwischen Mitylene und Methymne, wo de hmalste, nur 20 Stadien breite, Theil dieser Insel m Strab. XIII. p. 617. Suid. Αἴγειρος und Αἴγιρος Gernia. (*Spohn.*)

ÄGEIRUSA, (Αἰγείρ . Ort in Megaris, Strab. IX. p. 394., Steph. By . Theopomp. I. 56. hatte ihn Αἴγειρος genannt. 2 Stadt in Äolis nach Steph. Byz. und Herodot, der sie der I. 149 Αἰγιρόεσσα nennt, unbekannt. (*Spohn.*)

ÄGER, eine von den alter nordischen Naturgottheiten, der Gott drs Meers. uhm hält ihn nebst Ugarthiloke, Geruth, Gu mund u. s. w. für eine Gottheit derjenigen Joten, e vor der Ankunft der Gothen unter der Anführung d dritten Odins Dänemark und Norwegen besetzt hat t. (S. dessen Einleitung zu einer Hist. af Danm k). Uebrigens spielt eben dieser Äger in der nordisch Mythologie eine interessante Rolle, und namentlich i zwei mythologischen Liedern der poetischen Edda, ymisqvida u. Aegisdrekka genannt, die man in „G ters Nordischen Blumen" unter der Aufschrift: „Hy r oder der Kessel und Aegers Gastmahl," oder „Loke's ästerung der Götter," von S. 191 — 133 übersetzt findet Seine Gemahlin war Ran, die Göttin des Meers, mi welcher er 9 Töchter erzeugte, deren symbolische Name die Meereswellen bezeichnen. S. „Gräters Briefe ü r den Geist der nordischen Dichtkunst und Mytholog " in seinem Magazin Bragur Bd. I, S. 64. 75. 82. 84 und Bd. II. 96. Die Genealogie dieses Gottes aber m m 8. und 9. Stammbaum, als Beilage zu dem 5. Bri e in Bragur, Bd. VII. S. 41 und 42. (*Grater.*)

ÄGERI, auch EGERI: lte Pfarrgemeinde im Schweiz. Cant. Zug, mit 1 Kath h se, 900 kathol. Einw. in Oberägeri und 650 in Unter- od Wylägeri, welche Alpenwirthschaft treiben. Sie rste der 3 Gemeinden des äußeren Amtes des C. Zug, wählt den Sechstheil des Cantonsrathes, und liegt in e em stillen fruchtbaren Alpenthale 3 St. von Zug und 3 St. von Schwyz, an der Nordseite des von ihr benan en 1 St. langen und ¼ St. breiten, tiefen und fischre en Ägerisees, dessen Ausfluß die Loretz oder Lorz , und der die beste Rothforellen der Schweiz liefert. Sein südl. Ufer bildet der Kaiserstock, am westlichen ist die Alp Morgarten; (s. den Art. Morgarten, Äufseres Amt, Cant. Zug.) (*Wirz.*)

ÄGERITA. So nennen Persoon und Link einen weißlichen Auswuchs auf faulem Holz, mit körniger Masse angefüllt, worin man keine Samen entdecken kann. Ägerita *candida* kommt nicht selten auf abgestorbenem Holze wie kleine weiße Körner vor. Hofmann hat sie im Taschenbuch für 1795, Taf. 9, Fig. 1 abgebildet. Noch eine andere, Äg. *caesia*, unterscheidet sich durch blauliche Farbe: sie ist inwendig schwärzlich. (*Sprengel.*)

Ägesta, s. Egesta.

Ägestäer, s. Thesprotia.

ÄGEUS, (Αἰγευς), Sohn Pandions II, Königs von Athen, nach einigen ein Sohn des Skyrios und von jenem adoptirt, vertrieb mit seinen Brüdern die Metioniden, die seinen Vater verdrängt hatten, und theilte mit ihnen Attika, doch mit Vorbehalt der Oberherrschaft[1]). Er vermählte sich mit der Opletide Mela und mit der Rhexenoride Chalkiope, erhielt aber von beiden keinen Sohn. Bekümmert darüber, weil er die Söhne seines Bruders Pallas fürchten mußte, (Plut. Thes. 3), wandte er sich deshalb an ein Orakel, und kehrte auf der Rückreise bei Pittheus in Troezene ein, der den Sinn des ihm gegebenen Orakels besser, als er, verstand, und ihm, den er trunken gemacht, seine Tochter Äthra zuführte, die von ihm schwanger wurde und den Thesens gebar. Er kehrte, Zeichen zurücklassend, woran er, wenn es ein Sohn würde, ihn erkennen wollte, nach Athen zurück, wo er den Androgeos, Minos II. Sohn, der an den Panathenäen in allen Kampfarten Sieger blieb, und mit dem sich die von ihm gefürchteten Pallantiden zu enger Freundschaft verbanden, dem Marathonischen Stier vorwerfen ließ. Dies hatte einen Rachekrieg von Minos zur Folge, wodurch er den Ägeus nöthigte, ihm jährlich 7 Jünglinge und 7 Jungfrauen für den Minotaur zu versprechen. Die Pallantiden bemächtigten sich jetzt der Herrschaft und Ägeus kam in die Gewalt der Medeia. Theseus — s. diesen Art. — der nach Athen kam, und von seinem Vater anerkannt ward, machte der Herrschaft der Pallantiden und dem unglücklichen Tribut ein Ende, indem er selbst mit nach Kreta abging, vergaß aber bei der Rückkehr die schwarzen Segel abzunehmen, worüber sich Ägeus, den Tod seines Sohnes vermuthend, ins Meer stürzte, das von ihm den Namen des Ägäischen erhalten haben soll[2]). (*Ricklefs.*)

ÄGIÄ, ein Städtchen in Lakonike rechts von dem Wege von Krokeä nach Gythion, 30 Stadien von dem letztern. Dort war ein Tempel und ein See dem Poseidon heilig. Homer hatt a Augeiä. Vergl. P II p. 364. Steph 7. p. 29 hn.)

4) Herod., Strab., Paus., s. Ägä Achaia Anm. Αἰγειράτης Steph. Byz., Polyb.

Ägiala, Ägiale, Ägialea, Ägialos, s. Achaia, Amorgos, Argos, Peloponnesos, Sikyon.

Ägiale, s. Charites.

ÄGIALEIA, (Αιγιαλεια), nach Il. V, 412 die Tochter des Adrastos, aber nach Heyne zum Apollod. I, 8. 6. und Verheyk zum Ant. Lib. 36. wahrscheinlicher seine Enkelin von seinem Sohn Aigialeus, vermählt mit Diomedes, dem sie während der Abwesenheit vor Troja untreu ward, die Dichter sagen auf Anstiften der Aphrodite, weil Diomedes sie verwundet hatte [1]; nach Dict. VI, 2 geschah es auf die Vorspiegelung, daß ihr Gemahl von Troja eine Buhlin mitbringe. Sie ergab sich nun mehreren Buhlen, vornehmlich dem Hippolytos, Kometes und Sthenelos, wollte den rückkehrenden Gemahl umbringen lassen, und veranlaßte dadurch, daß er sich nach Italien wandte [2]). Der Mythus stammt unstreitig aus den Νοστοις her, und ist dem von der Klytaimnestra nachgebildet. Ovid gebraucht die Agialeia als Ideal eines bösen Weibes, Ibis 349. *(Ricklefs.)*

ÄGIALEUS, (Αιγιαλευς), 1) Der Sohn des Inachos und der Melissa, von dem Sikyon und Achaja Aigialeia benannt seyn sollen [1]). Die Sikyonier machten ihn jedoch zum Autochthonen und zum Bruder des Phoroneus [2]). 2) Der Sohn des Adrastos, der mit den Epigonen vor Theben zog, und dort von Laodamas des Eteokles Sohn erlegt ward [3]). *(Ricklefs.)*

ÄGIALIA, 1) eine der Echinadischen Inseln, Plin. H. N. IV, 19. 2) s. Ägilia. *(Spohn.)*

ÄGIALIA, Klüftenkäfer, (Panzer), eine Käfergattung aus der Familie der Scarabäen, die Latreille in den Gen. Crustac. et Insectorum T. II. (1807) p. 96 errichtete. Die 3 — 4 bekannten Arten, früher zu Aphodius gerechnet, unterscheiden sich durch neungliedrige Fühler, die länger als der Kopf sind, hornige Kinnbacken und kuglichern Körper. Die bekannteste Art ist Ägialia globosa Latr. l. c. Aphodius globosus. Illiger Verzeichniſs der Käfer Preussens p. 20. n. 6. Scarabaeus globosus Panzer Fauna Germaniae fasc. 37. tab. 2. die in Teutschland, Frankreich, Italien, Schweden u. s. w. vorkommt. *(Germar.)*

ÄGIALITIS nennt R. Brown eine Pflanzengattung aus der natürlichen Familie der Plumbagineen und der 5ten Linné'schen Classe. Der Charakter ist: ein lederartiger, winkliger, fünfzähniger Kelch, eine fünftheilige Corolle, fünf Staubfäden, die auf der Corolle stehn, fünf Pistille mit fünf knopfförmigen Stigmaten, und ein cylindrisches Fruchtbehältniß ohne Klappen. Aegialitis *annulata* ist die einzige bekannte Art, die als ein kleiner Strauch unter den Rhizophoren in Neuholland wächst. Die Äste sind brüchig und wie geringelt, von den Resten der Blattstiele, die die Äste scheidenartig umfassen: die Blätter sind glattrandig, eiförmig, glänzend und lederartig. Die weißen Blüthen stehen in Rispen. *(Sprengel.)*

ÄGIALOS, nach Hekatäos b. Steph. Byz., ein Ort in Thrakien am Strymon, wahrscheinlich aber die Küste, oder der innere Winkel des Strymonischen Meerbusens. S. Argos, Sikyon, Peloponnesos, Amorgos, Achaia. *(Ricklefs.)*

ÄGICERAS, eine Pflanzengattung aus der natürlichen Familie der Caprifolien und der 5ten Linné'schen Classe, die Linné unter seinen Rhizophora aufführte, Gärtner aber zuerst davon unterschied. Sie zeichnet sich durch eine gebogene, einem Horn ähnliche, einklappige, einsamige Kapsel aus: doch enthält der Eyerstock mehrere Samen, die aber alle abortiren. Die Corolle ist präsentirtellerförmig: die Staubfäden unten verwachsen. Aegiceras *fragrans* Konig (ann. of bot. 1. p. 129.) ist die Art, welche Rumphius (amboin. 3. tab. 77.) als Mangium fruticosum aufführte, die Linné Rhizophora corniculata, Gärtner aber Aegiceras maius nannte. Es ist ein Strauch, der am felsigen Ufer der molukkischen Inseln und in Neuholland wächst, und wegen des Wohlgeruchs seiner Blumen beliebt ist. Er zeichnet sich durch eiförmige venöse Blätter und gekrümmte hornförmige Früchte aus. Die zweite Art, Aegiceras *minus* Gärtn. hat dagegen venenleere Blätter und säbelförmige Früchte, die übrigens eben so gekrümmt sind, als die der ersten Art. Es ist auch ein Strauch, der auf der molukkischen Insel Ceram am Ufer wächst, und von Rumph (amboin. 3. t. 82.) als Umbraculum maris aufgeführt wird. *(Sprengel.)*

Ägida, s. Capo d'Istria.

ÄGIDEN, St. Agidien, auch St. Ägidi heißen mehrere Orte sowohl in Oesterreich als Steiermark, welche aber mit Ausnahme des kleinen Markts dieses Namens im Kr. ob dem Wiener Walde des Erzh. Oesterreichs unter der Ens (mit 23 H. und 157 E.), in neuern Zeiten auch in Amtsurkunden und auf den Ortstafeln Egiden geschrieben werden, und daher unter E. vorkommen. *(v. Liechtenstern.)*

Auch führt den Namen St. Ägidien oder Gilgen ein großes Pfrd. von 150 H. in der Schönburgischen Herrsch. Glauchau. Ueber mehrere St. Agidien benannte Klöster, s. Nürnberg u. a. O. *(H.)*

ÄGIDIUS, von Corbeil bei Paris, Leibarzt des Königs Philipp August, und Verfasser eines sogenannten Antidotarii in Versen. Er hieß eigentlich Johann Gilles oder Ägidius, und war von Corbeil an der Seine, 6 Stunden von Paris, gebürtig. Gewiß ist, daß er in Salern und Montpellier die Künste, wozu die Medicin gehörte, erlernt: denn den Matthäus Platearius und Musandinus, die im 12ten Jahrhundert in Salern lehrten, nennt er ausdrücklich seine Lehrer: er widmete seine Verse dem Bischof von Salern, Romuald, der damals päpstlicher Leibarzt war: er nennt den Nicolaus von Salern, dessen Antidotarium mit dem seinigen vollkommen übereinstimmt. Auch nennt er einen Matthäus Salomon als seinen Lehrer in Montpellier. Daß er späterhin in Oxford gelehrt und ein Zeitgenosse Roger Baco's gewesen, wird von Matthäus aus Paris (hist. a. 1253) und Wood (hist. et ant. univ. Oxon. vol. I. p. 64) angegeben; dies ist jedoch eben so irrig, als wenn Trithemius ihn für einen Griechen hält, und ihn ins 8te Jahrhundert setzt (de script. eccles. n. 241). Gewiß gab es mehrere dieses Namens, selbst zu gleicher Zeit,

---

1) Schol. ad Lycoph. 610 nach Mimnermos. 2) Eustath. in Il. V, 412. Schol. in Lycophr. 610.

1) Apollod. II, 1. 1. vgl. Heyne ad h. l. 2) Paus. II, 5 und 15. 3) Apollod. I, 9. 13. und III, 7. 2. vergl. Heyne ad h. l. Hyg. F. 71

wie Aegidius von Paris (Duchesne script. franc. tom. 5. p. 323) dies selbst beweist. Wenn Aegidius von Corbeil Leibarzt des Königs Philipp August war, wenn Romuald Bischof von Salern sein Lehrer gewesen, so kann er höchstens den Anfang des 13ten Jahrhunderts erlebt haben. Roger Baco ward aber 1214 erst geboren, und war 1250 im höchsten Glanze seines Rufs. Daher ist wahrscheinlich der Zeitgenosse des letztern ein anderer Ägidius. Ein Johann von S. Ägidio (Jean de S. Giles) war Lehrrr in Montpellier und dann in Paris. Er gehörte zu dem Orden der Dominicaner (Dacher. spicil. monum. vet. tom. 8. p. 573). Dies ist wahrscheinlich derselbe, dessen Wood (a. O. 85) erwähnt. Sein Hauptwerk hat den Titel: de virtutibus et laudibus medicamentorum compositorum, und ist aus den Handschriften der Wolfenbütteler Bibliothek zuerst von Polyk. Leyser in der hist. poët. mod. aevi p. 502—692 heraus gegeben. Es ist wahrscheinlich dasselbe, welches Vincenz von Beauvais oft unter dem Namen circa instans anführt. Auch wird es unter dem Titel: de antidotis genannt. (Fabric. bibl. lat. p. 873). Diese Schrift ist nichts weiter, als das Antidotarium des Nicolaus von Salern, in Verse gebracht. Es werden die zusammengesetzten Arzneien nach ihren Kräften und Wirkungen aufgezählt, auch hier und da Indicationen angegeben, wobei die Lehrer in Salern als Muster dienen. Lib. III, v. 850).

Regula doctorum quondam decisa Salerni,
quam nostri venerantur adhuc celebrantque moderni.

Außerdem schrieb Ägidius ähnliche Verse de pulsibus, die 1565 zu Lyon vom Camerino herausgegeben sind. Seine Verse de urinis sind noch in der Handschrift auf der Pauliner Bibliothek in Leipzig. (*Sprengel.*)

ÄGIDIUS DE COLUMNA (Colonna), oder ROMANUS, aus dem berühmten Geschlechte der Colonna's, geboren zu Rom, (daher seine Zunamen), studirte, nachdem er als Jüngling in den Orden der Augustiner-Eremiten getreten war, zu Paris Theologie und Philosophie vorzüglich unter dem berühmten Thomas von Aquino und Bonaventura. Seine Geistesgaben und Gelehrsamkeit verschaften ihm bald einen Namen, daß er zum Erzieher des königlichen Prinzen, nachherigen Königs von Frankreich, Philipps des Schönen, ernannt wurde. Dieses Geschäft gab ihm Veranlassung das Werk de regimine principis zu schreiben, (gedruckt zu Rom 1482 und in das Hebräische übersetzt). Nachher wurde er Lehrer der Theologie und Philosophie auf der Universität zu Paris, welche Stelle er mit großem Ruhme bekleidete, und daher den Ehrentitel des gründlichsten Lehrers erhielt. Er folgte im Ganzen dem Lehrbegriffe seines Lehrers, des Thomas, den er auch gegen die Angriffe des Minoriten zu Oxford Wilhelm von Lamare in dessen correctorium Fratris Thomae durch ein correctorium corruptorii vertheidigte. Seine Schriften, welche in Auslegungen der Bibel, der Sentenzen des Lombard, und einzelner Bücher des Aristoteles, in einzelnen Abhandlungen über theologische und metaphysische Gegenstände und in einer Sammlung vermischter Abhandlungen oder Quodlibet bestehen, sind ziemlich zahlreich, und viele sind noch ungedruckt. Die ihm beigelegten commentationes physicae et metaphysicae, welche einen Commentar über Aristotelis Physik und Metaphysik enthalten, sind entweder unächt oder haben durch Spätere Zusätze erhalten, da in denselben Dominicus Soto, Cajetanus und andere spätere Schriftsteller citirt werden. Das Eigenthümliche in seinen philosophischen Gedanken läßt sich auf eine verständliche Weise in kurzem nicht darstellen. Er wurde 1296 Erzbischof von Bourges und starb, nachdem er zum Cardinal gewählt worden, 1316 zu Avignon. Ueber ihn sind nachzulesen: *Cave* histor. liter. script. ecclesiast. p. 753. *Possevini* apparatus sacer. T. I. p. 22. *Aug. Oldoini* Athenaeum Romanum p. 28. Tiedemann Geist der speculat. Philosophie 4. Bd. S. 583. Buhle Lehrb. der Gesch. der Philos. 5 Th. S. 580. Tennemann Gesch. der Phil. 8 Bd. S. 693. (*Tennemann.*)

ÄGIDIUS von Viterbo, General des Augustinerordens, nachher Kardinal, hieß eigentlich Ägidius Antonius Canisius, und war 1470 zu Villa Canapina in der Diöces Viterbo geboren. Er studirte bei den Augustinern zu Viterbo, wurde 1503 General dieses Ordens, bekleidete mehrere Gesandtschaften, zeichnete sich als Redner auf der lateranensischen Synode 1512 und bei mehreren Gelegenheiten aus, erhielt verschiedene Bisthümer, wurde 1523 Protector seines Ordens und Patriarch von Constantinopel, und starb zu Rom den 12. Nov. 1532. Durch seine Rednertalente nicht nur, sondern auch durch seine classische Erudition und Kentniß der orientalischen Sprachen erwarb er sich Achtung, und machte sich auch durch Schriften bekannt, von denen die wichtigsten in Martene's Collect. nov. T. III. abgedruckt sind; die zur orientalischen Literatur befinden sich handschriftlich in der königl. Bibliothek zu Paris. S. Fabric. bibl. med. et inf. aet. T. I. 63. Fortges. Samml. v. alt. u. neuen theol. Schriften 1748. S. 58 ff. (*Baur.*)

Ägikoreos, s. Attika.

ÄGILA, (Αἴγιλα), 1) Ort in Lakonike, mit einem Tempel der Demeter, Pausan. IV, 17. 1., s. Aristomenes; 2) s. Ägilia. (*Spohn.*)

ÄGILIA, (Αἰγιλία), 1) Ort in Attika an der Küste zwischen Athenä und Sunion, von Einigen auch Ägila und Agilos genennt, s. Attika. Einwohner Αἰγιλιεύς. 2) Insel bei Euböa, Kolonie von Styra, Herodot. VI, 107. Plin. IV, 22. (Αἰγίλεια). 3) Ort bei Eretria, Tamynä und Chöreä in Euböa (Αἰγίλια) Herodot. VI, 107. 4) Insel zwischen der Peloponnesos und Kreta, 15 Mill. von Kythera, 25 Mill. von Phalasarne in Kreta, auch Αἴγυλα, Aegila, Αἴγιλος, Ὤγυλος, und, wie es scheint irrig, Αἰγιάλεια genennt; s. Dionys. Perieg. 499. Plutarch. vit. Cleomen. c. 31. 32. Steph. Byz. Plin. H. N. IV, 19. Lycophr. Cass. v. 108. Einwohner Αἰγίλιος Steph. Byz. Jetzt Cerigotto (nach Andern Sinidusa, Augila), Pococke III. p. 354. Geogr. Ephemer. II. p. 55. Riga, Stuart. Unter der Herrschaft der Venetianer, Verbannungsort. (*Spohn.*)

Ägilips, s. Akarnania.

ÄGILOPS, eine Grasgattung, welche Linné zur Polygamie zählte, da männliche mit Zwitterblüthen verbunden sind. Indessen ist, nach dem neuern Vorschlage von Smith (introd. to botany p. 307. 364. ed. 3.), weil die Formen der Blüthen sich gleich sind, dies durchaus nicht als wesentlicher Unterschied anzusehn. Der Charakter der Gattung besteht darin, daß doppelte Blüthenhüllen von knorpliger Beschaffenheit und mit Grannen versehn, vorhanden sind. Die äußern oder die Kelche enthalten mehrentheils drei Blüthen, und bestehn, wie die innern, oder Corollen, aus zwei Bälglein, die oben abgestutzt sind. Eine innerste Blumenhülle (nectarium L. lodicula Palis. Beauv.) entdeckt man nicht, sondern die innere knorplige Blumenhülle umgibt den nackten Samen. Die Arten unterscheiden sich durch die Form der Ähren und die Zahl der Grannen. 1) Äg. *ovata*, mit eiförmigen Ähren und viergrannigen Kelchen, wächst in Istrien, Italien und dem südl. Frankreich, abgebildet in Host gram. vol. 2. t. 5. u. Sibth. fl. graec. t. 93. 2) Äg. *triaristata*, Willd. mit ablangen Ähren und dreigrannigen Kelchen, deren Grannen von gleicher Länge sind. Diese Art ist von Roth Äg. ovata genannt, und als Äg. triuncialis von Host a. O. Taf. 6 abgebildet. Sie wächst ebenfalls in Istrien und dem südl. Europa. 3) Äg. *triuncialis*, mit cylindrischen Ähren, deren untere Kelche zwei, die obern drei Grannen haben, und wo die obern Grannen doppelt so lang als die untern sind. Auch diese Art wächst im südl. Europa, die beste Abbildung steht im Schreber, Gräser Taf. 10. F. 1. 4) Äg. *cylindrica*, mit cylindrischer Ähre, deren Kelche nur eine Granne haben, die Corollen oben ungegrannt sind: die Grannen der obern Kelche sind die längsten. Dies Gras wächst in Ungarn, dem Bannat und auf Kreta. Abgebildet in Host Gram. v. II. t. 7 u. Sibth. Flor. graec. t. 95. 5) Äg. *squarrosa*, mit cylindrischen Ähren, ungegrannten zweizähnigen Kelchen und eingrannigen Corollen. Diese Art wächst im Orient. Abgebildet in Schrebers Gräsern Taf. 27. F. 2. 6) Äg. *comosa*, Sibth. mit cylindrischer dreiblüthiger Ähre, deren untere Blüthen gezähnt und ausgerandet, die obere aber mit vielen Grannen versehn ist. Ist häufig auf den griechischen Inseln. Abgebildet in Sibthorp fl. graec. t. 94. Willdenow hat noch eine Art: Äg. *caudata*, allein nach Smith's Bestimmung Fl. graec. prodr. 1. p. 72. ist dies Äg. cylindrica. (*Sprengel.*)

Ägilops, Ägylops, s. Thränenfistel.

ÄGILOS, Aigilos, griech., lat. Capraria, auch Caprasia, Insel in der Nachbarschaft von Corsica, die aber von Livorno aus gut gesehen werden kann, genannt von Varro L. II. c. 3; von Ptolem. und Mela L. II. c. 7; von Plin. L. III. c. 12; von Solin. c. III; von Rutil. v. 439; von Alberti D. d'It. 22. (*Sickler.*)

ÄGIMIOS, (Αἰγίμιος), König der Dorer, der von den Lapithen bedrängt, den Herakles unter dem Anerbieten eines Theils von seinem Lande zu Hilfe rief, und durch ihn von diesen Feinden befreiet ward. Herakles nahm das Anerbieten nicht an, sondern verpflichtete ihn blos, seiner Kinder Freund zu bleiben [1]). Daher zogen seine Nachkommen mit den Herakliden in den Peloponnes, und rückten in Lakonika ein, wo zwei Stämme von Ägimios Söhnen Pamphylos und Dymas benannt wurden, und Dorische Sitte herrschte [2]). Im Alterthum gab es ein Epos Ägimios, von dem nur einige Verse erhalten sind. Schol. in Eurip. Phoen. 1123, das einige dem Hesiod, andere dem Milesier Kerkops zuschreiben [3]). (*Rickless.*)

1) Apollod. I, 7. 7. Diod. IV, 38. 2) Apollod. II, 8. 3. Pind. Pyth., I, 126; 5. 91 u. 124.

5) Steph. Byz. Ἀβαντίς; Schol. in Apollod. Rh. III, 587. Athen. XI, 109. vergl. Groddeck in der Bibl. d. alt. Lit. St. 2 u. 84 ff.

ÄGINA, (Αἴγινα), hießen nach Steph. Byz. drei Inseln; allein der uns noch übrige Auszug dieses Werkes nennt blos eine, die im folgenden Art. beschriebene. Die zweite ist unstreitig die ebendaselbst Anm. 37 erwähnte; die dritte nach Ortel. Thes. geogr. mit dem Müller Ägin. p. 86 übereinstimmt, eine in Kleinasien um Smyrna gelegene (Plutarch. Hom. 3). Das Itiner. Ant. p. 516. 517. Wessel. erwähnt noch zwei, vielleicht verschriebene Inseln bei Italien. Auch hieß die Stadt auf der berühmten griech. Insel so. (*Spohn.*)

ÄGINA [1]), eine durch ihre Seemacht, die enge Verbindung ihrrr Geschichte mit der eines Theils von Griechenland, namentlich Athen's, ihre Kunst, ihre noch übrigen Denkmale berühmte Insel im saronischen Meerbusen, der Gegend von Epidauros gegenüber, und ungefähr in der Mitte zwischen dieser, der von Attika und Megaris an der Grenze des hermionischen Busens [2]). Da ihre südliche und östliche Küste von dem myrtoischen und kretischen Meere bespült wird, und sie von Pityonnesos, welches 6 Mill. (=48 Stad.) von dem festen Lande entfernt ist, 17 Millien oder 136 Stad., von dem Peiräeus 20 Mill. oder 160 Stad. und also von Athen noch nicht volle 200 Stad. entfernt lag [3]); konnte sie nur in der weniger engen Bedeutung einer der kykladischen oder sporadischen Inseln genannt werden [4]). Ihre Umschiffung betrug 180 Stadien, und da dieß auch den Bestimmungen der neueren Reisenden nahe kommt; so ist die Angabe derer, welche die Vorbeifahrt bei ihr auf 160 Stadien schätzen, hier, wie bei vielen andern Inseln, nicht von dem geraden Durchmesser ihrer Länge, sondern von der oft durch die Richtung des Weges sehr vergrößerten und fast der Umfahrung sich nähernden, einen großen Theil der Insel noch dazu in einiger Entfernung messenden und nicht eben auf das genauste bestimmten Vorbeifahrt zu verstehn [5]). Rings umher sind viele kleine Inselchen,

1) Αἴγινα Hom. Il. II, 562. Pindar. Pyth. VIII, 140. IX, 160. Nem. III, 5. IV, 36. V, 75. Isth. V, 55. VI, 12. Aeschyl. ap. Strab. IX. p. 393. Aristoph. Vesp. 121. Simonid. in Anthol. gr. ed. Jacobs I. p. 73. Epigr. adesp. ib. IV. p. 141. 145. Scym. Chius ed. Huds. v. 555. Dionys. Perieg. v. 511. Priscian. v. 535. Avien. v. 679. Orph. Arg. v. 131. Ovid. Metamorph. VII. v. 474. Virg. Cir. v. 477. Αἰγίνη Hym. Hom. Apoll. v. 31. cf. Böckh. Pindar. I. 2. p. 389. Spitzner de vers. Gr. her. p. 32. Αἰγῖνα s. Jacobs Anthol. Palat. III. p. 959. Bockh. a. g. O. p. 573. Eustath. Il. II. c. 62. p. 288. Rom. 217. Bas.; über Accent und Derlin. Böckh. a. g. O. Heyn. zu Apoll. III, 13 Αἰγιναίη bei Herodot. V, 86 ist die Landschaft, wie ἡ Καναία und andre bei Andern, nicht gleich mit Αἴγινα, wie Wesseling. das. und Grotefend, Encyclop. I. p. 467. glauben. Αἴγινα s. Anm. 31. 2) Pausan. II, 19. 2. Pompon. Mel. II, 7. 10. Strab. VIII. p. 375. Eustath. zu Dion. Per. v. 513. 3) Strab. II. p. 124. VIII. p. 375. Eustath. zu Hom. p. 287. Rom. Dion. Per. a. g. O. Plin. H. N. IV. c. 19. Demetr. de eloc. §. 306. 4) Steph. Byz. s. Aegäisches Meer, und Kykladen. Tzetz. zu Lycophr. v. 176. Schol. Pind. Nem. III, 1. Ludoc. p. 297. s. Sporaden. 5) περίμετρος 160 Stad. Aga-

Felsen und Klippen, welche den Zugang sehr erschweren, und von denen deßhalb die Sage erzählte, daß Aakos sie, um das Anlanden von Feinden und Seeräubern zu verhindern, absichtlich umhergelegt habe [6]).

Der Boden der Insel selbst war höhlenreich, bergig, felsig, ohne Metalle, und obgleich hinlänglich Gerste tragend, doch im Ganzen genommen, da er zwar in der Tiefe erdreich, aber auf der Oberfläche, und vorzüglich in den Ebnen steinig war, nicht fruchtbar; so daß die Einwohner gewissermaßen zur Schifffahrt genöthigt waren [7]).

Zwei Häfen fanden sich an der Küste, von denen jedoch vorzüglich einer besucht wurde [8]). Nahe bei ihm war ein Tempel der Aphrodite [9]). Die Stadt, Ägina, welche auf der südwestlichen Seite der Insel lag [10]), und, wie man aus mehrern Ursachen glauben muß, einen großen Raum einnahm, zerfiel in zwei Theile, wovon die Burg oder die Altstadt den einen bildete [11]). Sie war in ihrer blühendsten Zeit wohlbefestigt, und mit den herrlichsten Schöpfungen der Baukunst und Bildhauerkunst geschmückt [12]).

In dem ausgezeichnetsten Theile derselben war das Aakeion (Äaceum); ein viereckiges Gemäuer von weißem Marmor umschloß an seinem Eingange die Bildsäulen der Gesandten aus den griechischen Städten, (die einst gekommen waren, den Äakos zu bitten, daß er Regen erflehe), Oelbäume und einen niedrigen Altar, des Aakos geheimnißvolles Denkmal. Nicht weit davon war das Grabmal des Phokos, ein runder, eingefaßter Erdhügel, oben darauf der rauhe Wurfstein, der ihn im Spiel erschlagen hatte [13]). In dieser Gegend war auch ein Tempel des Apollon, mit dem nackten Bilde des Gottes von äginetischer Kunst [14]); nahe dabei einer der Artemis, mit bekleidetem Bilde der Göttin, ein dritter des Dionysos (bekleidet und mit Bart). Auf einer andern Seite der Stadt war ein Tempel des Asklepios (sitz. Bild von Marmor) [15]); überdieß waren in der Stadt ein Tempel der Helate (welche von den Ägineten vorzüglich verehrt wurde, mit gemauertem Gehege und einem von Myron gearbeiteten Bilde der Göttin), der Demeter, der Athene, zwei des Herakles und einige andete [16]). Im nördlichen Theile war das Theater, ganz ähnlich dem der Epidaurier; hinter diesem war die Rennbahn (das Stadium), so angebaut, daß die eine Seite beiden gemein war. Nicht weit davon gelangte man zu dem zweiten sogenannten verborgnen Hafen; in ihm befand sich ein Erddamm, welchen Telamon der Sage zufolge aufgeführt hatte, und den Pausanias noch sah [17]). Auf dem nördlichen Ufer der Insel, welches Tripyrgia hieß, befand sich ein Tempel des Herakles, weiterhin waren große Höhlen [18]). An dem, Attika zugekehrten, Vorgebirge, Hellenion [19]) erhob sich der Berg Panhellenion mit dem noch in seinen Ruinen herrlichen Tempel des Zeus Panhellenios, welchen Äakos erbaut haben sollte. Von diesem Berg aus genoß das Auge des Beschauenden die schönste, durch reizende Abwechselung gehobne, Aussicht auf die mit Inseln bedeckte Wasserfläche, auf Attika und die am äußersten Horizonte sichtbaren Bergspitzen von Euböa und andern Inseln des ägäischen Meeres, auf den Peiräeus, auf Salamis, weiter nach der linken Hand auf Megaris, den Isthmos, die Gegend von Korinthos und die benachbarte Küste der Peloponnesos [20]).

Auf dem Wege von hier nach der Stadt lag ein Tempel der Aphäa (s. d.) [21]); mitten in der Insel aber, 20 Stadien von der Stadt entfernt, Öa, durch alten Cul-

them. p. 16. Huds.; praeternavigatio 20 Mill. oder 160 Stad. Plin. IV, 19., dies ist nicht der περίπλους, sondern der παράπλους. Jener beträgt nach Strabo p. 375., Eustath. Dion. Per. a. g. O., Eudoc. Viol. ap. Villois. Anecd. gr. I. p. 297., 180. Stadien Vgl. Spon. II. p. 50. Nürnb. 1690., Wheler. p. 423., (Stuart's) Antiq. of Ath. Vol. III. Taf. 4. W. Gell Itin. of Greece. Pl. 28, La Guilletiere Athen. anc. et mod. p. 119, 5 fr. Li. lang, von Osten nach Westen, 3 breit, 22⅗ engl. M. im Umf. Chandler p. 13. Nach Skyl. p. 56. Huds. kleiner als Lemnos, größer als Imbros. 6) Strab. VIII. p. 375. Paus. II. 29. 5. Chandl. p. 19. v. Kinsberg. Beschr. I. 43, (Stuart's) Athen. antiq. III. p. 9, Spon. II. p. 50 Clarke's Trav. VI. p. 386. Die Namen der gr. u. kl. Insel s. unter saronischer Meerbusen. 7) Theagen. bei Schol. Pind. Nem. III. 21. Tzetz. zu Lycophr. 176, Chil. 7. 133. Strab. p. 375. Eust. Dion. Per. 511, Eudoc. Viol. in Vill. Anec. I. 297, Plin. XXXIV. 2. Chandl. p. 19. 25. Daß Avien. v. 679. Nonn. Dionys. XIII v. 182. sie fruchtbar nennen, darf nicht wundern. Aelian. V. Hist. XII. 10. gehört nicht hieher, wie nach Kühn Einige meinten, s. Perizons Erkl. dazu. Was Wheler p. 423. und Chandler p. 25. sagen, entkräftet nicht. 8) Scyl. p. 20. Huds., Pausan. II. 29. 6; der zweite ist der verborgne, der an der nördlichen Seite nach Salamis zu lag Paus. ib. 7. 9) Paus. ib. 6, Spon. II. p. 51. Chandl. p. 21, Ionian. Antiq. II. Pl. I. 10) Strab. p. 375. Xenoph. Hist. Gr. V. 1. 2. Polyaen. III. 10. 9. Scyl. p. 20. 11) Herodot. VI. 88. vergl. Müller. Aeginetic. p. 146. 12) Pindar. Nem. III. 13, IV. 12, VII. 92. u. A. Vgl. d. Flgde. 13) Paus. II. 29. §. 6. 7. Pind. Nem. V. 53. u. Schol. Chandler p. 22. sq. hat, so wie Clarke VI. p. 385 auf eine andre Art, dieß nicht richtig verstanden. Der letztere verwechselt sogar die beiden Hafen, und das Denkmal des Phokos mit dem Erddamm des Telamon. 14) Vet. Inscript. ap. Müll. Aeg. p. 136. lin. 35, Paus. II. 30. 1, Pind. Nem. III. 67.

15) Pausan. ib. ib. 16) Pausan. ib. 2, Herodot. VI. 90, III. 59, Pind. Nem. VII. 93; wenigstens wahrscheinlich auch, wie Müller a. g. O. p. 147 sehr richtig vermuthet, Tempel des Poseidon und der Hera. 17) Pausan. II. 29. 8. vgl. Anmerk. 8) u. 13). Vielleicht war dieß der 16 Stadien vom Herkulestempel nach der Stadt zu gelegne Ort, wo Athener landeten s. flg. Anm. 18) Xenophon. Hist. Gr. V. 1. 10. sq. 19) Schol. Pind. Nem. V. 17. Plut. Themist. 119. e, jetzt Capo Turlos, Stuart Ant. Ath. III. tab. IV. Chandl. p. 19. 20) Chandl. p. 16. coll. Cicer. Epist. famil. IV. 5. Ueber den Tempel vgl. Pausan. II. 30. 4, Isocrat. Evagor. c. 5, Spon. II. p. 51. Chandl. p. 17. 18. Wagner p. 84. sq. Jon. Antiq. II. Pl. 2—8. Nachgrabungen, welche hier von meinem verehrten Freunde Bröndsted, in Gesellschaft Andrer, im Jahre 1811 in wissenschaftlicher Hinsicht unternommen wurden, belohnte die Auffindung von herrlichen Bildwerken, die sich jetzt noch in Rom befinden, aber ihrer Aufstellung in München entgegensehn. Vgl. J. M. Wagner's Bericht über die äginetischen Bildwerke im Besitz Sr. Kön. Hoh. des Kronprinzen von Baiern, mit kunstgeschichtl. Anm. von (dem Dir.) Fr. W. J. Schelling. Stuttg. u. Tüb. 1817 8, Hirt, über die neu aufgefundnen äginet. Bild. (mit ein. Kupf.) in Wolf's lit. Analekt. H. III. p. 167—201 Müller's Aeginetica p. 108. sq. Mit sehnlichem Verlangen sieht man der Erfüllung des in Wolf's l. A. H. I. p. 255 fg. gegebnen Versprechens entgegen, welches, wie über vieles, so auch über Ägina neues, wenigstens helleres Licht verbreiten wird. Möchten die bei Thorwaldsen in Rom noch niedergelegt ruhenden Papiere doch recht bald in ihrer ganzen Fülle mitgetheilt werden!

Der Berg diente auch als Witterungszeichen Theophr. de sign. pluv. p. 419. ed. Dan. Heins.

21) Pausan. II. 30. 3.

tus, und auch die von Epidauros dahingebrachten Bildsäulen der Damia und Auxesia merkwürdig [22]).

Die Zahl der gesammten Einwohner belief sich in der blühendsten Zeit über 500,000 [23]).

Die Geschichte der Bevölkerung von Ägina und der Schicksale ihrer frühsten Bewohner verliert sich, so wie die von fast allen Gegenden Griechenlands, in dem dunkeln Gewebe der Mythen, welches bei seiner verschiedenartigen Zusammensetzung oft nur kaum eines kleinen Theiles Entwickelung gestattet.

Nach ihm war der älteste Name der Insel Önone oder Önopia gewesen [24]); damals bewohnten sie unstreitig Önonder, Männer Pelasgischen Stammes [25]). Dann wanderte Äakos mit einer Achäerkolonie ein; sie hießen Myrmidonen [26]); weshalb die Insel auch Myrmidonia [27]) genannt wurde.

Die Mythen lassen unter Äakos, der Ägina und des Zeus (oder des Aktor) Sohn, die ersten Bewohner der Insel, die Myrmidonen, aus Ameisen entstehn; die Insel aber von der Ägina, des Asopos, des Phliasischen oder Thebanischen Flußgottes, Tochter, welche Zeus auf diese wüste Insel gebracht, den neuen Namen erhalten [28]). Des Äakos Stamm behielt nicht die Herrschaft von Ägina; Telamon wendete sich nach Salamis, Peleus kehrte zu dem Vaterlande seines Stammes zurück, jeder nicht ohne Begleitung.

Lange nach Äakos Tode zogen unter Triakon, dem Anführer einer Epidaurischen oder Argiver Kolonie, Männer Dorischen Stammes ein [29]), und mit ihnen Dorische Sitten, Einrichtungen. Sprache [30]). In den so vermischten Bewohnern der Insel, die von nun an Ägineten [31]) heißen, näherte sich die Dorische Ruhe, wie bei den Rhodiern und Sicilianern, der Jonischen lebendigen Regsamkeit, zumal da sie in ihrem Wohnorte nicht in gemächlicher Behaglichkeit verweilen konnten, sondern gezwungen waren, auswärts zu suchen, was ihnen nützlich, ja sogar was ihnen nöthig war. Ihre dürftige Insel konnte durch Jagd, Fischfang, Viehzucht, Ackerbau nur einem kleinen Theile der Bewohner nothdürftige Nahrung bieten; deshalb benutzten sie schon einige Jahrhunderte vor der ersten Olympiade diese glückliche Lage zu Handelsverbindungen, aber auch, was sie zu allen Zeiten fortsetzten, zu Seeräubereien [32]). In diesen beiden fanden sich Veranlassungen so wie auch Mittel genug, schon frühzeitig eine bedeutende Seemacht zu erwerben. Die Verheerung der Kynurier [33]), die einige Jahrhunderte vor der Olympiadenrechnung diese Insel traf, vermochte das Aufstreben des regen Völkchens so wenig zu unterdrücken, daß es unter Pheidon, des mächtigen Argiver Königs Herrschaft, der sich Ägina mit dem Mutterstaat Epidauros unterworfen hatte, auf einer solchen Stufe der Ausbildung stand, (ung. z. IX. Olymp.), daß dieser Ägina durch Lage, Gewerbthätigkeit, Handel, Kunstfertigkeit am geeignetsten hielt, eine Münzwerkstatt hier anzulegen [34]). Die Kämpfe mit einer großen Nebenbühlerin in Schifffahrt und Handel, mit Samos, unter dem Herrscher dieser Insel Amphikrates, dienten, wie die wechselseitigen gleichen Befehdungen lehren, wohl nur noch mehr dazu, den Ägineten ihre eigne Stärke zu zeigen [35]). Die anwachsende Macht, das durch sie entstandene Selbstgefühl, veranlaßte die Ägineten, sich von Epidauros endlich loszureißen, und einen selbstständigen, unabhängigen, Staat zu bildeu. Ein Bündniß mit Argos gab diesem noch größere Festigkeit [36]). So wurde

22) Herodot. V, 83, Paus. ib. 5. S. übrig. Auxesia u. Damia. 23) Es waren allein 470,000 Sklaven, Aristot. bei Athen. VI. p. 272. d, Schol. Pind. Olymp. VIII. 30. Vgl. Müller Aeginet. p. 129.

Es scheint auch ein Fluß in der Insel gewesen zu seyn, vgl. Müller a. g. D. p. 6. und unten p. 12. rechts unten. 24) Οἰνώνη Herodot. VIII. 46, Pind. Nem. IV. 46, V. 16, VIII. 7, Isth. IV. 38, Eurip. Iphig. Aul. 699, Scymn. Chi. p. 23. Huds.; Apollodor. III. p. 229, Strab. VIII. 375, Paus. II. 15. 2, Steph. Byz. Αἴγινα, Οἰνώνη, Nonn. Dionys. XIII. 182, Hygin. fb. 52. etc. s. Munck. u. Staver. zu Hyg. p. 116, Larcher Herod. VIII. 384, Raoul-Rochette hist. de l'établ. des col gr. II. 185, Müll. Aeg. p. 7. Οἰνοπία Pind. Isth. VII. 21. Ovid. Metam. VII. 472; über dieses und das Οἰνόη oder Οἰνώνη des Strabo s. Burmann, Staver., a. g. D. Holsten z. Steph. Byz. p. 14, Polit. zu Eustath. t. II. p. 604, Tzschuck. z. Strab. T. III. p. 247, Müll. Aeg. p. 5. 7. 8. 25) Daß vor Äakos Bewohner da gewesen seyen, glaubte Theagenes, der Äginas Geschichte geschrieben hatte, s. Tzetz. z. Lycoph. 176. Schol. Pind. Nem. III. 21.; Pelasger s. Müller Aeg. p. 8—11. 26) S. über diesen Gegenstand, was unter d. Art. Myrmidonen gesagt werden wird. 27) Steph. Byz. h. v., Eustath. ad Il. 2. v. 684. 28) S die Stellen, die Müller Aegin. p. 10. sq not. u. v. w. hat, vgl. unten Anmerk. 40. 29) Herodot. VIII. 46, Eustath. z. Dion. Per. v. 512, Pausan. II. 29. 5, Pind. Ol. VIII. 39, Strab. p. 375, Schol. Pind. Nem. III. 1. Pyth. VII. 29, VIII. 113. Tzetz. z. Lykoph. 176. Chil. VII. 133. Raoul-Rochet. hist. de l'établ. des col. gr. II. p. 218. sieht sich, da er meint, es sey „immédiatement" nach Äakos Tode geschehen, so in Widerspruch mit diesen Nachrichten, welche im Ganzen genommen aussagen, daß Dorier von Argos, dem Mutterstaate von Epidauros, oder von Epidauros selbst eingewandert wären, daß er zu sonderbaren Annahmen schreiten muß. Der Grund liegt darin, daß er die Worte des Tzetz. zu Lykoph. v. 176 καὶ Τριάκων Ἀργεῖος μετὰ τὴν τελευτὴν Αἰακοῦ nicht mit denen des Pausan. a. g. D. χεῖραν ἕτερον verglich. Seine Jonische Kolonie in Ägina p. 220 beruht ganz auf Irrthum. Des Tzetzes Worte μετὰ γὰρ Λακεδαιμονίων ἐλθὼν Αἰακός, welche Meurs. Miscell. Lacon. lib. I. c. 7. verleiteten, sind von Müller p. 43. u. Raoul-Roch. a. g. D. angeführt, doch nicht erklärt; sie sind, so wenig als die sämmtlichen nach τὸ δ' ἀληθὲς οὕτως folgenden, für Worte zu nehmen, die er aus Theagenes entlehnt habe; vielmehr zeigt die ganze Stelle, daß dieß eine, wie öfters, blos dem Kopfe des Tzetzes entsprungne Idee sey. Sie wenigstens dürfen also die Schwierigkeiten dieses Theils der Geschichte nicht vermehren. Ueber Strab. VIII. 375 hat Raoul-Roch. III. p. 24. womit Müll. Aeg. p. 44. übereinstimmt, sich richtig erklärt.

31) Αἰγινήτης Αἰγινῆτις Steph. Byz., Pausan., Herodot. u. a. Aegineta. Αἰγινάτης Steph. Byz. s. v. Βίμβινα, Βλάβινα, Κάπινα. Αἰγεινάτης (u. Αἴγεινα) Αἰγεινίτης, Αἰγινίτης Müller. p. 93. sq. 174. not. i. Ueber das von Steph. Byz. dem Strabo zugeschriebene Αἰγινεὺς s. Zonar. Lex. p. 77, Casaub. z. Strab. p. 375. Berk. zu St. Byz., Müller p. 130. meint es sey durch Mißverständniß statt Αἰγιλιεὺς entstanden. Ueber den Unterschied zwischen Αἰγιναῖος, Αἰγινήτης, Αἰγινητικὸς s. Steph. Byz. s. v. u. Γάζα, vergl. die andern von Berkel dazu angef. Stell. Αἰγιναῖος, Αἰγινητικός, Hesych. cf. Interpp. Aegineticus, auch Aeginensis Valer. Max. IX. c. 2. n. 8. Apulej. Met. I. 25. 32) Müll. Aeg. p. 74. sq. 33) Müll. ib. p. 50. sq 34) Otho Sperling. diss. de numis non cusis p. 190. sq. Tzschucke zu Pompon. Mel. Vol. III. P. II. p. 705, Meier-Marx zu Ephor. Fragm. p. 161. Müll. a. a. D. p. 53—63. p. 88—96. und die da angeführte Schrift. 35) Her. III 59. vgl. Müll. p. 67, und Samos. 36) Herod. V. 83, Per. ad. Ael. V. H. XII. 10. Heyne Nov. Comment. Soc. Gotting. cl. phil. T. II. p. 68. sqq. vgl. Müll. p. 68.

auch diese bisherige Kolonie selbst Mutterstaat eigner neuen Kolonien. Wenn es auch von einigen nähern und entferntern Besitzungen [37]) ungewiß ist, zu welcher Zeit sie anfingen den Ägineten zu gehören; so ist von den meisten doch mehr als wahrscheinlich, daß sie nach der Trennung von Epidauros bis gegen die Zeit des peloponnesischen Krieges gegründet wurden. Hieher gehört zuerst die Kydonische Kolonie in Kreta [38]). Die Samier, welche 6 Jahre früher sich hier niedergelassen, Tempel erbaut, und alles für sich eingerichtet hatten, empfanden (Olymp. LXV. 2.) den lang verhaltnen Groll früher gereizter Nebenbuhler, und wurden, nach unglücklicher Seeschlacht, von den Äginenten in Gefangenschaft abgeführt. Kydonia aber scheint bis zur Zeit des peloponnesischen Krieges von Ägina abhängig gewesen zu seyn [39]). Am Ende der LXVIII. Olymp. wurden die Thebaner, während des Kriegs mit den Athenern, deutlicher durch der Ägineten Macht als durch einen dunkeln Göttersprüch bewogen, sich in ihnen Bundesgenossen zu erwerben [40]). Ihre neuen Freunde hatten nichts eifriger zu thun, als Attikas Fluren und Küstenorte zu plündern und zu verheeren [41]). Als dem Dareios sich viele Inseln unterwarfen, war auch Ägina aus Hoffnung auf den asiatischen Handel, doch mehr wohl noch aus Haß gegen Athen unter ihnen. Die Athener verklagten sie als Verräther Griechenlands in Sparta, wohl einsehend, daß dieser Entschluß der Ägineten vorzüglich mit bezwecke, ihnen in Verein mit den Persern zu schaden. Vergebens wurde von Sparta aus die Auslieferung der Urheber dieses Beschlusses verlangt (Olymp. LXXII, 1.), doch endlich wurden zehn der vornehmsten Ägineten mit Gewalt hinweggeführt, und ihren Todfeinden den Athenern übergeben [42]). Da diese zu der Entlassung der Gefangenen durch nichts bewegt wurden, rächten sich die Ägineten durch neue Beleidigung, indem sie das nach Delos mit den ersten Männern von Athen segelnde Schiff bei dem Vorgebirge Sunion nahmen, und jene Männer in Fesseln legten [43]). Die hierdurch auf das Höchste gereizten Athener ergriffen begierig den Vorschlag des von Ägina vertriebnen Nikodromos, ihnen sein Vaterland zu verrathen. Doch bevor sie, selbst an Schiffen zu schwach, von den Korinthern zwanzig liehen, hatte Nikodromos mit seinen Theilnehmern von Ägina nach Sunion entfliehn müssen. Die dabei entstandnen Unruhen unter der niedern Volksklasse [44]) zeigen, daß die innere Festigkeit zu schwanken und die Blüthe Äginas allmälig zu welken begann; denn so schön sie war, so kurz war ihre Dauer. Die Seemacht, bis zu den persischen Kriegen fast aus lauter funfzigrudrigen Schiffen, welche alle treffliche Segler waren, bestehend, war der Athenischen überlegen [45]). Ihre Arbeiten in Metall, vorzüglich auch in Bildwerken, wodurch das äginetische Erz so berühmt wurde, in irdenen Gefäßen, der Handel mit Salben, Backwerk und ähnlichen Dingen hatte Ägineten überall hin verstreut, und dagegen Ägina wieder zum Sammelplatz von Fremden gemacht [46]). Eine Kolonie in Umbrien scheint durch den westlichen, die kydonische in Kreta durch den südlichen und östlichen [47]), eine Kolonie Äginetes oder Äginetis in Paphlagonien [48]), durch den Handel mit dem Pontos, der ihnen vorzüglich das so nöthige Getreide zuführte [49]), veranlaßt zu seyn.

Die Gymnastik, in der die Ägineten zu jeder Zeit ausgezeichnet waren, so daß schon Peleus der Äginet den Fünfkampf erfunden haben soll, war um die Zeit des Perserkriegs so geübt, daß in jedem olympischen Spiele ein Äginet siegte [50]). Die Kunst war namentlich in Bildwerken von Holz, gebrannter Erde, äginetischem Erz und Marmor durch eine Reihe von Künstlern bis zu einer hohen Vollkommenheit gediehen, ohne das Alterthümliche zu verlieren, welches die äginetische Schule (s. griechische Kunstschulen), aus der wir noch mehrere Denkmäler besitzen, bezeichnet [51]). In der Wissenschaft waren höchstwahrscheinlich durch das von Epidauros angeerbte Asklepicion, dessen Wirkung noch in später Zeit an Paulos dem Ägineten sichtlich ist, mehrere Aerzte von Bedeutung gebildet; von den Dichtern sind nur Timokritos und Euphanes, nach Einigen Aristophanes der Komiker, als berühmte Ägineten bekant; zu ihnen gesellt sich der Schauspieler Polos, der kynische Philosoph Onesikritos, der Lexikograph Kleitarchos [52]).

Die so begonnene und genährte Feindschaft zwischen Ägina und Athen brach in Kampf aus, welcher, zum Wohle Griechenlands, Athen bewog seine Seemacht zu vergrößern. 70 Triremen der Ägineten waren in einer Seeschlacht besiegt, die Argiver vergeblich um Hülfe gebeten, zu Lande unglückliche Treffen geliefert worden; als

---

37) Wie von Dia in Thessalien und einer andern am Skylläon Steph. Byz., Ägina einem Orte in der Gegend von Epidauros, Strab. VIII. 375; einer Kolonie in Umbrien id. p. 376; Mases Schol. Venet. zu Il. II. Catal. v. 69. Ob es gleich wahrscheinlich ist, daß sie an der nahen Küste Besitzungen hatten; so kann man doch nicht geradezu annehmen, daß die von Kleomenes den Ägineten mit Gewalt genommenen Schiffe (Herodot. VI. 92.) aus solchen oder gar aus Argiver Hafen gewesen wären, wie Mull. Aeg. p. 118 meint; sie scheinen vielmehr zu der Zeit, wo Kleomenes heftig erzürnt die erlittene Beschimpfung rächte, und zehn Geißeln hinwegführte (Herod. VI. 73), genommen. 38) Herodot. III. 59, Strab. VIII. 376; die Stelle des Herod. fordert nicht geradezu den Sinn, den ihr Mull. Aeg. p. 113. nach Tzschuckes Vorgange zu Pomp. Mel. a. g. O. beilegt. Die Handelsverhältnisse und andere Umstände machen es zum wenigsten sehr zweifelhaft, ob die Kreter den Ägineten dabei geholfen, oder ob sie mit den Samiern zugleich gefangen abgeführt seyen. Die Ansiedelung von Kretern in Äg. läßt sich auf andern Wegen ganz natürlich erklären. 39) Thucyd. II. 85. 40) Herodot. V. 80, 89. Diod. Sicul. IV. 27. Schol. Pind. Nem. IV. 21, 30, Isthm. VII. 18. 41) Herodot. V. 81. 42) Herod. VI. 49, 50, 73, wobei Ägina auch andere Gewaltthätigkeiten erlitt. 43) Herodot. VI. 85, 86, 87.

44) Herod. VI. 91. 45) Herod. V. 83, 91 VI. 88, VII. 46. Strab. p. 375, Pausan. II. 29, 5, Aelian. V. H. XII. 10. u. das. Perizon., Eustath ad. Il. II. a. g. O., Diod. Sic. XI. 18, 54, 78, Plut. Pericl. 167, Suid. I. p. 642. Kust., Zonar. I. p. 77. Tittm. Pindar. Ol. VIII. 20, Nem. V. 9, Isth. IV. 5. 46) Vgl. die Stellen bei Müll. Aeg. p. 77. sqq., setze hinzu Cratin. f. Athenä p. 267. e. 47) Meurs. Creta. I. 8. p. 365. Spanhem. zu Callimach. hymn. in Dian. v. 197. 48) Vgl. Müller p. 83, 84. not. g. Raoul-Roch. III. p. 158. 49) Herodot. VII. 147, Polyaen. VII. 15. 3. 50) Müll. Aeg. p. 141. sqq. 51) Vergl. die oben erwähnten Schrift. Müller gibt p. 97. sqq. ein Verzeichniß der Künstler, und Hirt p. 178 sqq. der noch übrigen Werke. 52) Vergl. Müll. Aeg. p. 143.

endlich in neuer Seeschlacht die Flotte der Athener besiegt wurde. Die Fortsetzung drs Kampfs wurde durch die Gefahr des ersten Perserkrieges unterbrochen. Bevor man dem drohenden zweiten entgegenzog, wuede die größte Feindseligkeit, die damals unter griechischen Völkerschaften herrschte, die zwischen Ägineten und Athenern, auf gemeinschaftlichen Beschluß der Uebrigen beigelegt [53]). Als durch das Gefecht bei Thermopylä und durch die Seeschlacht bei Artemision den Persern Griechenland geöffnet war, begann der Hauptkampf in der Nähe von Ägina bei Salamis (s. dieß). Bei ihm selbst waren nur 30 Schiffe, und ob auch ungewiß war und bleiben wird, ob ein äginetisches oder ein athenisches Schiff den Kampf begonnen habe; so ist doch das gewiß, daß sich die Ägineten vor allen auszeichneten, und noch am Ende unter den fliehenden persischen Schiffen, (da sie mit den während des Kampfes von Ägina noch nachgekommnen Schiffen den Ausgang der Meerenge besetzt hatten: große Vernichtung anrichteten. Im Herbste des folgenden Jahres kämpften die Ägineten bei Platää und Mykale [54]).

Doch scheint der alte gegenseitige Groll zwischen Athen und Ägina nicht geruht zu haben, da sich Kämpfe zwischen ihnen finden, die, so viel aus den sich widersprechenden Angaben erhellt, mit zweifelhaftem Kriegsglück geführt wurden [55]). Endlich sahen sich die Ägineten, nachdem sie 70 Triremen verloren, 9 Monate hindurch Belagerung erduldet, und von den zu Hülfe gerufnen Peloponnesiern keine Befreiung erhalten hatten, gegen das Ende der LXXX. Olymp. genöthigt mit den Athenern Frieden auf die schimpflichen Bedingungen zu schließen, daß sie die Mauern niederreißen, die Schiffe ausliefern und ihnen zinsbar werden wollten. Von nun an konnte sich Ägina nicht wieder erheben. Gegen das Ende der LXXXVII. Ol. zwangen die Athener auf Anrathen des Perikles sogar die Ägineten, da sie erfahren hatten, daß sich diese bei der Versammlung der Peloponnesier über die ihnen unrechtmäßig entrissene Freiheit beschwert hatten, ihr Vaterland mit Weib und Kind zu verlassen, und führten attische Kolonisten ein. Die vertriebenen Ägineten, welche sich größtentheils in der ihnen von den Lakedämoniern eingeräumten Stadt Thyreá niedergelassen hatten, wurden auch hier (Ol. LXXXVIII. 4.) von den Athenern angegriffen, gefangen oder getödtet, ihre Stadt geplündert und verbrannt. Die attischen Kolonisten waren von den Lakedämoniern schon Ol. 92. 2. zwar sehr bedrängt worden, aber erst Lysander vertrieb sie, und gab Ägina den wenigen zerstreuten und vielfach vermischten Ueberresten der Ägineten wieder. Diese erhielten zwar durch den noch fortdauernden Handel eine gewisse Wohlhabenheit, aber keine Bedeutsamkeit. Ungeachtet einiger Verkehr mit den Athenern Statt fand, so war dieß doch nicht hinreichend, auch jetzt den eingewurzelten Haß zü tilgen. Die Ägineten benutzten im höchsten Grade die von den Spartanern gegebne Erlaubniß Attika zu verheeren. Die darauf folgenden Kämpfe, welche die beiderseitige Schwäche zeigten, endigte Chabrias, der athenische Feldherr, durch eine mit glücklicher List begonnene Landschlacht, worauf endlich Ruhe eintrat. Späterhin war Ägina in Kassandros und Demetrios Händen, in der 126 Ol. aber trat es zu dem achäischen Bunde, doch erhielten es bald darauf die Ätoler von den Römern. Sie kam um 30 Talente in den Besitz des Attalos, und scheint den pergamenischen Königen gehört zu haben, bis sie mit dem Uebrigen in die Hände der Römer gerieth. M. Antonins schenkte sie den Athenern; doch hatte sie späterhin unter den Kaisern fast stets Autonomie [56]).

Sodann gehörte sie zu dem byzantinischen Reiche, und hierauf bis 1718 den Venetianern; seit dieser Zrit ist sie den Türken unterworfen.

Ihre frühere Geschichte hatten Pythänetos und Theagenes geschrieben.

Jetzt heißt diese Insel Egina (Dapper, Baudoncourt, Stuart II. tab. 2. 4. Αἴγινα Riga's Atl., Spon.) oder Eyῖna (d. i. Egῖna mit weichem g) Chandler p. 14. Deshalb nennen sie die Schiffer Engia (Spon, La Guilletiere, Kinsbergen Beschreib. p. 42, Mentelle, Hardouin zu Plin. IV. 19). Sie liegt 37° 41′ 30″ L. Greenwich, 23° 41′ 45″ Br. Die jetzige gleichnamige Stadt liegt ungefähr ¾ Stunden von der Küste durch einen rauhen, engen Weg getrennt, nach dem Panhellenion zu, von dem sie in einer Weite von 4000 Schritt durch ein enges, weit durch die Insel reichendes Thal geschieden wird. Die an einem Abhange liegenden, schlechtgebauten Häuser, belaufen sich etwa auf 400, da von den ehemaligen 800 die meisten in Schutt liegen. Sie hat gute Brunnen, aber ungesunde Luft. Auf einem Berggipfel über der Stadt sind mehrere Windmühlen und Cisternen, und die Trümmer von etwa 60 Häusern und dem Xylokastron, oder der 1654 zerstörten Burg. Der Bischof steht unter der Metropolis Athen; auf der Insel sind 2 Klöster und sehr viele (365) Kapellen, auch wird hier das Haupt des heil. Georg, des Nationalheiligen, vorgezeigt. Der türkische Statthalter hat die jährlichen Einkünfte für 12 Bentel gepachtet, wovon die Hälfte schon durch das-Kopfgeld (Karatsch) einkommt. Der Boden ist, obgleich noch immer steinig und an vielen Stellen kahl, doch nicht ganz unfruchtbar an Korn, Oliven, Trauben, und besonders an Mandeln. Es sind weder Hasen noch Füchse und Wölfe da, aber dafür rothe Rebhühner und anderes Geflügel in unglaublicher Menge. Der Hafen an der Westseite ist für große Schiffe und für Flotten unzureichend. Im Sommer sind alle Flüsse trocken. Der Berg, auf dem die Trümmer des Zeustempels stehn, ist großentheils mit Gebüsch umgeben und bedeckt, und schwierig zu besteigen. Das östliche

53) Herod. VI. 92, 93, VII. 144. 145 54). Herod. IX. 28. 55) Die Angaben von Thukydides, Diod Sic. Steph. Byz u. Aristides streiten, vgl. Müll. p. 175 sq. Die Stelle Diodor. XI. 70. gehört wegen des „Αἰγινήτας ἀποστάντας", der Sache nach zu Olymp. LXXXVII. 3; Diod. hat sie vielleicht, wie mehrere Dinge, mit früheren in Verbindung gesetzt, da sich Olymp. LXXIX. 1, dieß von den Ägineten nicht sagen läßt.

56) Vgl. über diese Erzählung die von Müll. p. 75. sqq. u. Raoul-Rochette IV. 52. sqq. angeführten Stellen. Müll. sucht den Beschluß der Athener, die Verstümmelung der Ägineten durch Abhauen des Daumen an der rechten Hand betreffend, als Erdichtung darzustellen p. 180—182.

Vorgebirg heißt Capo Turlos, das südliche Oros, die nördliche Küste Bala. (Spon, Dapper, Kinsbergen, Chandler, Stuart, Clarke, Hadschi-Chalfa. (*Spohn.*)

ÄGINA, (Αἰγινα), eine Tochter des Flußgottes Asopos, von Zeus als Adler nach der Insel Önone entführt, die nachgehends dem Mythus zufolge von ihr — wahrscheinlich aber, als sie von den Dorern besetzt war — Ägina benannt ward. Zeus erzeugte mit ihr als Feuer den Aiakos — s. diesen — *). Pindar Ol. 9, 140 ff. läßt sie nachher sich mit dem Aktor, Myrmidons Sohne, vermählen, und Mutter des Menoitios werden. (*Ricklefs.*)

Äginops Hesych., lies Ägina.

ÄGINÄA, (Αἰγιναια), ein Beiname, worunter die Artemis zu Sparta verehrt ward *). Vielleicht Gemsenjägerin oder Αἰγχνεια Wurfspießschwingerin. (*Ricklefs.*)

Ägineta, Paul. s. Paul.

ÄGINETES, oder ÄGINETIS, (Αἰγινητε πολιχνιον), Marc. Heracl. p. 72, ein unbedeutender Ort an der Paphlagonischen Küste, westl. von Kinolis. Strph. Byz. nach Artemidor, Anonym. u. Arr. Descr. Pont. 127. Nach Strph. v. Byz. ist Aginetes auch der Name eines Küstenflusses daselbst. Vergl. Ägina. Anmerk. 48. (*Ricklefs.*)

ÄGINETIA, eine Pflanzengattung aus der natürlichen Familie der Pedicularen und der 14ten Linné'schen Classe. Sie grenzt an die Orobanchen, von denen sie durch eine Spalte statt des Kelches, durch glockenförmige, zweilippige Blüthe und durch eine vielfächerige Kapsel unterschieden ist. Es gibt nur eine Art: Äg. *indica* Roxb., die, gleich den Orobanchen, ohne Blätter mit einblüthigem Schaft aus der Erde kommt, und purpurrothe Blüthen aus der häutigen Blumenhülle hervor treibt. Die Pflanze wächst in Malabar auf Hügeln: abgebildet von Roxburgh Coromand. vol. I. t. 91. (*Sprengel.*)

ÄGINION, (Αἰγίνιον, Äginium), ein durch seine Lage sehr fester Ort an der Grenze von Thessalien und Epirus, bald daher zu diesem bald zu jenem gerechnet. Er lag in der Nähe von Phaleria und Gomphi. Livius und Ptolemäos zählen ihn zu Thessalien, Cäsar und Strabo zu Epirus. Stephan. Byz., der ihn einen Illyrischen Ort nennt, und Plinius, der ihn nach Pieria setzt, haben nicht genau genug bestimmt; man braucht nicht deshalb zwei Orte d. N. anzunehmen. Einwohner: Αἰγινιεύς, Äginiensis. Vergl. Liv. XXXII, 15. XXXVI, 13. XLIV, 46. XLV, 27. Strabo VII. p. 327. Caesar. Bell. Civ. III, 79. Steph. Byz., Plin. IV, 17. Ptolem. III. c. 13. Miscellan. Observat. Nov. T. IX. p. 165. (*Spohn.*)

Ägiochos, s. Äge.

ÄGION, (Αἴγιον, Äegium) [1]) eine von den alten zwölf Städten in Achaia [2]), und nach Helike's Untergange (Ol. 101. 4.) die vorzüglichste [3]). Sie war aus 7 oder 8 Flecken entstanden [4]); durch das Herziehn der Bürger von Ägä (s. d.) wurde ihr Umfang und ihre Bevölkerung, und ihr Gebiet, zu dem schon ein Theil des ehemaligen Gebiets von Helike gehörte, durch das von Ägä und späterhin auch das von Rhypes (oder Rhypä) bedeutend vergrößert [5]). Sie lag an der Küste des Korinthischen Meerbusens, 3 Tagereisen von Megalopolis, 40 Stadien von Helike und ungefähr 30 von Rhypes entfernt, an dem Flusse Selinus [6]). Das Gebiet der Stadt durchströmten die Flüsse Phönix und Meganitas. Nahe an der westl. Seite der Stadt war die Halle des Fechters Straton; weiterhin ein alter Tempel der Eileithyia (Bild von Penteles. Marm., bekleidet). Nahe dabei ein dem Asklepios heiliger Platz, mit dem Bilde des Askl. und der Hygea; dann ein Tempel der Athene (mit 2 Bildern aus weißem Marm.) und ein Hain der Hera; an dem Theater ein Tempel des Dionysos (m. unbärt. B.). Auf dem Markt ein dem Zeus dem Erretter geweihter Platz (mit zwei ehernen Bilds. d. Z.). Nicht weit davon eine Kapelle mit den ehern. Bild. des Zeus, Poseidon, Heralles und der Athene, welche die Argiver als Pfand gegeben hatten, aber endlich überlassen mußten. Am Markte war noch ein dem Apollon und der Artemis gemeinschaftlicher Tempel, und auf dem Markt ein andrer der Artemis, so wie das Grabmal des bekannten Heroldes Talthybios, obgleich die Spartaner es auch in ihrer Stadt zeigten. Am Meere stand ein Tempel der Aphrodite, der Persephone, des Poseidon und des Zeus Homagyrios [8]) (des Versammlers). Den Namen der Stadt leitete man von der Ziege (αἴξ), welche den Zeus ernährt hatte [9]).

Da Ägion schon vorher das Haupt der Achäervereinigung gewesen war, so wurde es, als es sich Olymp. 126. 1. nach Vertreibung der Makedonischen Besatzung dem erneuerten Achäischen Bund anschloß, wieder die Hauptstadt desselben, weshalb denn auch hier regelmäßig die Versammlungen dieses Bundes bei dem Tempel des Zeus Homorios gehalten wurden [10]).

Einwohner: (Αἰγιεύς, Ägiensis) [11]). Die Ägiensischen Flötenspielerinnen waren sehr bekannt [12]). Geschichte der Stadt in Bezug auf den Ach. B. s. bei: Achäischer Bund; Münzen bei Rasche Lex. I. p. 233 sq. Suppl. I. p. 234 sqq. Eckh. doctr. num. I. Vol. 2. p. 235. In der Olym. 116, 3. war es von den Truppen des Aristodemos [13]), und von den Türken ist es 1536 verbrannt und geplündert worden [14]). Jetzt: Vostitza [15]). (*Spohn.*)

*) Clem. Hom. 5. 13. Nonn. VI, 212 ff. Schol. in Il. I, 180. VI, 153. nach Pherekydes. Schol. in Pind. Isthm. 5, 44. Pind. Nem. 8, 10. Isthm. 8, 37 ff.

*) Paus. III. 14.

1) Αἴγιον Athenä. XIII, 606 c. Ägion Tab. Peut. cfr. Tzschuck. zu Pomp. M. Vol. II. P. II. p. 252. 2) Herod. I, 145. Strab. VIII. p. 385. Polyb. II, 41.

3) Paus. VII, 7. 1. 4) Strab. p. 337. 5) Paus. VII, 25. 2. Strab. p. 387. 6) Pausan. VII, 24. 3. 23. 5. Ptolem. III, 16. 7) Strab. p. 387. Paus. VII, 24. 3. f. Selinus. 8) Paus. VII. c. 23 u. 24. Strab. p. 387. 9) Strab. a. a. O. Eustath. zu Hom. Il. 2. 574. 10) S. Achäischer Bund Anm. 13. 24—29. Der Versammlungsort war unstreitig bei dem oben erwähnten Tempel; bei Strab. p. 385 heißt er Ἀργνάριον, p. 387. Αἰνάριον. Polyb. V, 93. 10. Ὁμάριον; dies ist unstreitig das Richtige, wie sehr auch Casaub. und Tzschucke schwanken mögen und Schweigh. zu Polyb. Vol. V. p. 546 und Vol. VI. p. 278. Ὁμάριον anrühmen mag. 11) S. Wesseling. zu Diod. Sic. XIX, 66. 12) Antiphanes bei Athenä. I. p. 27. 13) Diod. Sicul. XIX, 66. 14) Chandl. p. 389. 15) Chandler, Vaudoncourt.

Ägipan, s. Pan.

ÄGIPHILA, eine Pflanzengattung aus der natürlichen Familie der Vitices, und der 4ten Linné'schen Classe. Sie zeichnet sich durch einen vierzähnigen Kelch, durch viertheilige Corolle und eine vierlöcherige, viersamige Beere aus. Die Arten derselben wachsen auf den westindischen Inseln in Südamerika und auf den Mascarenhas. Aublets Manabea wird billig auch dazu gezählt. (*Sprengel.*)

Ägira, s. Ägeira.

Ägiroëssa, s. Ägeirusa.

Ägirus, s. Ägeiros.

Ägirusa, s. Ägeirusa.

ÄGIS, (Αἰγίς), von αἴξ (s. Äge) bei Homer eine schirmende Bedeckung, die er nicht blos dem Zeus und der Pallas, sondern auch dem Apollon gibt [1]), nach der alten Sitte sich in Ermangelung der Schilde der Ziegenfelle zu bedienen [2]), und sich zum Schutz den linken Arm zu umwickeln [3]). Erst nach Homer wird die Ägis, die von Dichtern und Künstlern bald zu einem Harnisch, bald zu einem Schild umgebildet wird [4]), ausschließlich dem Zeus und der Pallas beigelegt. Zeus Ägis leiteten die alten Mythographen von der Haut der Äge her, womit er sich im Titanenkampfe bedeckte. Dieser Vorstellung gemäß erscheint Zeus Axur auf einem geschnittenen Stein, die Ägis um den linken Arm gewickelt [5]). Gewöhnlicher aber hängt sie ihm als Mantel auf der linken Schulter [6]). Nach Homerischer Vorstellung schwingt Zeus der Donnerer die Ägis, die der Dichter nicht näher beschreibt, als Schild [7]) — ist sie eine Gewitterwolke? — wenn er zürnt und die Völker schrecken will; denn, wenn er sie schüttelt, rauscht sie wie Sturmwinde, und Schrekken befällt die Völker [8]), aber zugleich erscheint die Ägis auch als ein Symbol der schirmenden Obhut der Götter [9]). Den Ursprung der mit der Ägis bekleideten Pallas erklärt Herodot V, 189 gewiß historisch richtig von der Gewohnheit der Libyschen Frauen, über ihren Kleidern Ziegenfelle mit Trotteln zu tragen. Indeß ist nach der Homerischen Schilderung die menschenverderbende und schreckenvolle Ägis der Pallas mit 100 zierlichen Quasten aus lauterem Golde geflochten [10]): nur die Quasten sind von jener Bekleidung mit Ziegenfellen entlehnt. Nach Diod. III, 69 war der Brustharnisch der Pallas die Haut des erdgebornen, feuerspeienden, wahrscheinlich schuppenartig gedachten Ungeheuers Ägis, das Phrygien, den Kaukasus und Indien, ganz Libyen und Aegypten verheerte, und von ihr auf den Keraunien erlegt ward [11]). Dieser Vorstellung gemäß läßt Virgil Aen. VIII, 135 ff. die Kyklopen die Pallas-Ägide aus Gold und schuppigen Schlangen glätten. Auf Kunstwerken erscheint die Ägis der Pallas als ein schuppenartiges Fell mit Schlangen, gleich Quasten eingefaßt, das ihr vorn die Brust bis an den Gürtel bedeckt, über beide Achseln läuft, und über den Rücken bis auf den Gürtel herabhängt. Mitten auf der Brust sieht man das Medusenhaupt. An der trefflichen, im alten Styl gearbeiteten Statue der kämpfenden Pallas zu Portici ist die Ägis ein längliches schuppigtes Fell, das um den Hals der Göttin befestigt ist, und ihr den vorgestreckten linken Arm, gleich einem Schilde, bedeckt. Hirt Archäol. Bilderbuch, Heft I. S. 49. (*Ricklefs.*)

1) Il. XV, 361. u. XXIV, 18. 2) Paus. IV, 11. 3) Plutarch. Alc. 39. Liv. XXV, 16. Stat. X, 406. 4) Vgl. Winkelmann. Monum. Ined. I. n. 109. Schlichtegroll Auswahl Stosch. Gemmen I, 94. und Bötiger Kunstmythus des Zeus p. 57 ff. 5) Descr. d. pierr. grav. du Cab. de Crozat p. 49 und Mus. Pio-Clem. V. tab. 10. 6) Visconti Oberv. sopra un antico Cammeo repr. Giove Egioco Padova 1793. 7) zu Virg. Georg. III, 261. 8) Il. IV, 167 ff. Eustath. in h. l. Il. XV, 593. 9) Vergl. Krause zu Il. XXIV, 18—21. 10) Il. II, 447 ff. V, 738 ff. Od. XXII, 297. gleichfalls ein Schild, und nach Il. XV, 310 ein Werk des Hephaistos. 11) Vergl. Tzez. in Lycoph. 355 und Apollod. III, 11, 3 mit Heyne.

ÄGISHIALM, d. i. Ägers Helm [1]), war der Name eines schönen Helms, den der Held Fafner besaß, und dessen sich Sigurd, nachdem er ihn getödtet hatte, nebst seinem Schwert, Panzer, auch andern Kostbarkeiten, und so viel Gold als zwei Pferde tragen konnten, bemächtigte. Ob diese Benennung sich auf den Meergott Äger bezieht, ist unentschieden. Vielmehr scheint es hier, da Ägir in der alten Nordischen Sprache auch Schrecken bedeutet, Schreckenshelm, so wie im Sonnenliede [2]) Ägisheimr, Schreckensheim oder Schreckenswelt, übersetzt werden zu müssen. Vgl. Glossar. Eddae Saemundinae. P. I. h. v. (*Gräter.*)

Ägissus, s. Ägysos.

Ägisthena, s. Ägosthena.

ÄGISTHOS, (Αἴγισθος), Thyests Sohn, in Blutschande mit seiner Tochter Pelopia erzeugt, und daher gleich nach seiner Geburt von der Mutter ausgesetzt, aber von einer Ziege aufgesäugt [1]), woher auch der Name [2]). Diesen auf Etymologie gegründeten Mythus kennt Homer nicht; so wie er auch nicht weiß, daß Ägisthos den Atreus mordete, weil er dem Vater geschworen, ihn an jenem und seinen Kindern zu rächen [3]). Bei Homer finden wir ihn in einem Theile von Mykenä ansässig. Es gelingt ihm endlich nach langem Widerstand, Agamemnons Gemahlin Klytaimnestra, während dessen Abwesenheit vor Troja, zu verführen, und den Agamemnon tükkisch zu einem Gastmahl zu locken, wo er ihn mit seinem Gefolg überfällt und mordet, dann sich seines Reichs bemächtigt, und im achten Jahre nachher von dem aus Phokis wiedergekehrten Orestes gemordet wird [4]). Äschylos, wahrscheinlich Νοστοις folgend, läßt im Agamemnon die Klytaimnestra, die den Orestes nach Phokis entfernt hat, aus Groll über die vermeinte Opferung der Iphigeneia, und weil sie in der Kassandra eine Buhlin zu sehen glaubt, den König selbst morden, und in den Choëphoren den wiedergekehrten Orestes des Vaters Tod durch Mord an ihr und dem Ägisthos rächen. Hygin [5]), vermuthlich aus gleichen Quellen schöpfend, läßt beiden, Ägisthos und Klytaimnestra, den Agamemnon bei

1) S. Fafnismál und Sigurdrifa-Mál, bei v. d. Hagen, S 41—45. bei den Grimm Th. I. S. 190. 208. u. Suhms Gesch. der Nord. Fabelzeit von Gräter I. S. 404. 2) Sólaliod, Str. XXX.

1) Hyg. F. 87. Ael. V. H. XII. 42. 2) Etym. M. Αἰγισθ. 3) Hyg. F. 88. 4) Od. IV, 217 ff. Vergl. mit III 248 ff., wie Hermes dem Aegisthos vorhergesagt hatte I. 35 ff. 5) F. 117.

einem Opfer ermorden. Des Sophokles Ägisthos ist nicht auf uns gekommen. *(Ricklefs.)*

ÄGITHARSUS, (Αἰγιθαρσος) *), ein Vorgebirg auf der Westküste des alten Siciliens zwischen Drepanum und Segestanum, jetzt vielleicht Capo de S. Vito. *(Fr.)*

ÄGITHUS nennt Fabricius eine Käfergattung aus der Familie der Erotylenen, deren Arten sich durch stark verdicktes Endglied der Kinnladentaster, und knopfförmiges Ende der Lippentaster auszeichnen sollen. Die fünf von ihm aufgeführten Arten sind sämmtlich in Amerika zu Hause. Fabricius Systema Eleutheratorum Tom. II. p. 9. Latreille nimmt diese Gattung nicht an, sondern verbindet sie mit Erotylus. *(Germar.)*

ÄGITION, (Αἰγίτιον), Stadt in dem östl. Theile Ätoliens an der Grenze von Lokris, nicht weit von Teichion und höchstens 80 Stadien vom Meere. Sie lag auf einem hohen Platze, doch stiegen noch Anhöhen über sie empor. Thucyd. III, 97. Sonst erwähnt sie kein Schriftsteller. Jetzt nach Baudoncourts Charte Abukor. *(Spohn.)*

Ägium, s. Ägion.

ÄGLE, (Αιγλη), 1) eine Tochter des Helios und der Neära, der schönsten der Najaden [1]), mit der nach Antimachos Apollon die Charites erzeugte; nach Pausanias [2]) 2) eine Tochter des Helios und der Klymene, Schwester des Phaëton; nach Hygin [3]) 3) eine der die goldenen Äpfel bewachenden Hesperiden; [4]) 4) eine Tochter des Asklepios; [5]) 5) eine schelmische Najade, die mit den Satyren Chromis und Mnasillus den trunknen Silen bindet und mit Maulbeeren färbt [6]), 6) ein Beiname der Selene, die Glänzende bedeutend. *(Ricklefs.)*

ÄGLE nennt Correa de Serra (Transact. of the Linn. soc. vol. 5. p. 222) eine Pflanzengattung aus der natürlichen Familie der Capparideu und der 13ten Linné'schen Classe. Der Charakter ist ein einblättriger, fünflappiger Kelch, eine fünfblättrige Corolle, ein dickes, kurzes Pistill und eine dickschalige, späterhin holzige Beere, die 2—16 Fächer hat. Die einzige Art Ägle *Marmelos* ist Crataena Marmelos Lin., wächst in Indien, und ist von Roxburgh Corom. vol. 2. t. 143 abgebildet. Es ist ein dorniger Baum, dessen Früchte, wenn sie unter Asche gebraten sind, gegessen werden. Unter dem Namen Bilacus führt ihn Rumph Amboin. vol. I. t. 81. auf. *(Sprengel.)*

ÄGLEIS, (Αιγληις), eine der Töchter des Hyakinthos, von den Athenäern zur Abwendung der Pest und des Hungers am Grabe des Kyklopen Geraistos geopfert. Apollod. III, 14. 18. *(Ricklefs.)*

ÄGLETES, (Αιγλητης), der Glänzende, ein Beiname, worunter Apollon auf der Insel Anaphe verehrt ward. Die Argonauten brachten ihm dort ein Opfer. Apoll. Rh. IV, 1716. *(Ricklefs.)*

*) Ptolem. III, 4. Aber Zonar. T. II. p. 63 nennt es Αἰγίθαλος und Diodor. Sic. XXIV, 1. Αἰγίθαλλος mit der Bemerkung, daß es zu seiner Zeit Ἄκελλος genannt wurde.

1) Virg. Ecl. 6, 21. 2) IX, 35. 3) F. 154 und 156. 4) Apoll. II, 4. 10 5) Schol. in Aristoph. Plut. 701. 6) Virg. Ecl. 6, 13.

AGOBOLOS, (Αιγοβολος), Ziegentödter, ein Beiname, worunter Dionysos von den Potinern in Böotien verehrt ward, die, weil sie einen Priester in der Trunkenheit ermordet hatten, mit einer Pest bestraft wurden, und zur Abwendung derselben dem Gott auf Befehl des delphischen Orakels jährlich einen Knaben opfern mußten, wofür sich aber der Gott nachher mit einer Ziege begnügte. Paus. IX, 8. (S. Äge Anm.) *(Ricklefs.)*

Ägoceros, s. Steinbock und Trigonella foenum graecum.

Ägokeros, s. Äge.

ÄGOLETHRON nennt Plinius eine Pflanze im Pontus, die für das Vieh, besonders für die Ziegen sehr nachtheilig seyn soll. (lib. XXI. s. 44). „Die Blüthen der Pflanze, sagt er, werden, bei nassem Wetter im Frühling, giftig. Der Honig, den die Bienen aus diesen Blüthen bereiten, gerinnt nicht, ist von röthlicher Farbe, riecht auch fremdartig, und macht heftiges Niesen. Wer ihn gegessen, geräth in heftigen Schweiß, wirft sich auf die Erde, und verlangt nur nach Kühlung." Auch Dioskorides (lib. 2. c. 103) spricht von den giftigen Wirkungen des pontischen Honigs auf ähnliche Art, ohne die Pflanze zu nennen, aus deren Blüthen die Bienen diesen giftigen Honig ziehn. Tournefort, der selbst den Pontus durchreiset, hat in einer eigenen Abhandlung (Mém. de l'ac. de Paris, a. 1704. p. 350) diese Stelle im Plinius dadurch befriedigend erklärt, daß er sie auf die Azalea pontica bezieht, die er Chamaerhododendros pontica maxima, mespili folio, flore luteo nennt, und tab. II. sehr gut abbildet. Er hörte von den Eingebornen, daß der Honig, den die Bienen aus diesen Blüthen ziehn, sehr schädlich sey. Gleditsch scheint diese treffliche Abhandlung gar nicht gekannt zu haben, da er (Mém. de l'ac. de Berl. a. 1759. t. 48 sq.) das Ägolethron ganz anders, nämlich durch Erigeron viscosus zu erklären suchte. *(Sprengel.)*

Ägon, s. Ägäisches Meer.

ÄGONE, (Αἰγώνη), nach Rhianos; oder ÄGONEIA, (Αἰγώνεια), nach Hekatäos und Lykophron (v. 903) Ort im Gebiet der Malienser. Steph. Byz., Tzetz. zu Lyk. a. g. O. *(Spohn.)*

ÄGONES, Völkerschaft des Cispadanischen Galliens, zwischen den Boiern und den Senonen wohnend, wenig bekannt, erwähnt v. Polyb. L. II, 17. *(Sickler.)*

ÄGOPHAGOS, (Αιγοφαγος), d. i. Ziegenfresserin, ein Beiname, worunter die Hera zu Sparta verehrt ward, veranlaßt dadurch, daß Herakles nach Besiegung der Söhne des Hippokoon, wobei sie ihm nicht entgegen gewesen war, ihr aus Dankbarkeit nichts, als eine Ziege hatte opfern können. Pausan. III, 15. (S. Äge.) *(Ricklefs.)*

ÄGOPODIUM, eine Pflanzengattung aus der natürlichen Familie der Doldenpflanzen und der 5ten Linné'schen Classe. Linné, der diese Gattung aufstellte, gab ihr folgenden Charakter: eirunde gestreifte Früchte, keine allgemeine und besondere Doldenhülle. Indessen paßt dieser Charakter vollkommen auf Sison, wenn man es mit den Doldenhüllen so genau nicht nimmt. Und das will die Natur: denn oft findet sich bei Ägopodium, wie bei Sison, ein und das andere Blättchen, als Änderung der Doldenhülle. Aber die Feüchte werden genauer so angegeben: Eine solide einförmige Frucht, auf dem Rükken mit drei Rippen versehn, die Zwischenräume der Rippen, oder die Thälerchen nach Cusson, erhaben, die Seiten zusammengezogen und die Commissur ausgehöhlt. Diesen Charakter des Sison hat Ägopodium vollkommen. Daher hat Sprengel (prodr. umbellif. p. 35) die einzige Art: Ägopodium *Podagraria* als Sison aufgeführt. Es ist der gewöhnliche Giersch, der in allen Gärten und an Zäunen wild wächst, und dessen junge Sprossen im Frühling als Gemüse gegessen werden. Die Blätter wurden ehemals zu Umschlägen beim Podagra angewendet. Abgebildet ist die Pflanze von Schkuhr, Handb. Taf. 79, in der flor. dan. 670 und in der engl. bot. t. 340. (*Sprengel.*)

ÄGOPOGON, eine Grasgattung, von Humboldt entdeckt, und von Willdenow zur Polygamie gezählt. Der Charakter besteht in drei allemal zusammenstehenden Blumen, von denen die mittlere eine Zwitterblume, die beiden zur Seite männliche sind. Die Zwitterblume besteht aus einem zweiklappigen einblüthigen Kelch, dessen Bälglein zweitheilig und in der Mitte gegrannt sind, und aus einer zweiklappigen Corolle, deren äußeres Bälglein drei, das innere zwei Grannen hat. Die männlichen Blüthen verhalten sich eben so. Es ist eine einzige Art. Ägopogon *cembroides* bekannt, welche Humboldt in Cumana fand. Sie sieht der Lappago racemosa ähnlich und ist kaum eine Spange lang. (*Sprengel.*)

ÄGOPRICON. So nannte Linné im Suppl. p. 63. eine Pflanzen-Gattung aus Guiana und Cayenne, die er zur 21sten Classe zählte. Wahrscheinlich aber ist jener Name ein Schreibfehler, statt *Aegopicron*: denn das erstere Wort läßt sich gar nicht ableiten. Aublet hat die Gattung unter dem Namen Mapronnea fl. guian. 2. p. 895. aufgestellt, und t. 342. die einzige Art Mapronnea guianensis oder Ägopicron *betulinum* L. abgebildet. Jussieu rechnet sie zu den Euphorbien. Es ist ein kätzchentragender Baum, dessen männliche Kätzchen eirund sind, und auf langen Stielen aus den Blattachseln hervor kommen. Ein viertheiliger Kelch ohne Corolle trägt einen einzigen Staubfaden, an dessen Spitze eine vierlappige Anthere sitzt. Die weiblichen Blüthen sitzen einzeln besonders. Der Kelch ist dreitheilig; und trägt drei an der Basis verwachsene Pistille. Die Kapsel ist dreikörnig. Die Blätter des Baumes sind eiförmig, zugespitzt, glattrandig und venös. (*Sprengel.*)

ÄGOS POTAMOS auch Potami, ein Flüßchen mit einer Rhede südlich von Kallipolis im thracischen Chersones, woran das Städtchen Kressa, wie Scylax es nennet, oder Cissa nach Plin. IV, 17, das auch Aegospotamos benannt ward *), bekannt durch die Niederlage, welche die Athener dort durch ihre Unachtsamkeit erlitten, und wodurch sie unter die Gewalt von Sparta geriethen **). (*Ricklefs.*)

ÄGOSTHENA (τὰ Αἰγόσθενα) nicht Ägisthena oder Ägisthaena, hieß eine Stadt in dem bergigen, an Böotien grenzenden, Theile von Megaris mit einem Tempel

*) Steph. Byz. h. v. Tzez. Chil. II, 894. **) Diod. XIII, 105. Plut. Alc. 37. Nep. Alc. 8.

des Melampus und süßem Weine (Αἰγοσθένιον). Einwohner Αἰγοσθενεύς, Αἰγοσθενίτης, Ägosteniensis. Vergl. Steph. Byz., Pausan. I. 44. 6, 8. Polyb. VI. 2. 4. und Schweigh. dazu, Fragm. Hist. 2, Plin. H. N. IV. 11, Xenoph. H. Gr. V. 4. 18, VI. 4. 26. (*Spohn.*)

ÄGOSTHENEIA (Αἰγοσθένεια) Stadt in Phokis, von Delphi ungefähr in gerader Linie nach Osten etwas weiter als das nördlicher liegende Daulis. Arkadios bei Steph. Byz., Ptolem. III. 15. (*Spohn.*)

ÄGOSTIS (Αἴγωστις) nach Epaphroditos bei Steph. Byz. Stadt oder Ort in Lokris. Einwohner Αἰγωστίτης. (*Spohn.*)

Ägyla s. Ägilia.

AGYPIOS (Αἰγυπιος) des Anthes und der Bulis Sohn, ein Thessalier, dem Neophron, der Sohn der schönen Witwe Timandra, statt dieser die eigne Mutter, Bulis, unterschob. Bulis gerieth darüber in Raserei, und Zeus verwandelte sie aus Erbarmen in einen Taucher, Timandra aber in eine Meise, und den Aigypios und Neophron beide in Hasengeier *). (*Ricklefs.*)

Ägypsos s. Ägysos.

ÄGYPTEN, 1) Geographisch. Eines von den Ländern der Erde, das wir als eine Wiege des Menschengeschlechts betrachten können; ein Land, einzig in der Natur, einzig in den Jahrbüchern der Geschichte, und zu allen Zeiten unsrer Aufmerksamkeit gleich werth! — Nach der heiligen Tradition wandte sich hieher der Noachide Cham, der Mensch von dunkler Farbe, und gab dem Lande den Namen: lange nannten die Eingebornen ihr Vaterland Chemi, Chamia, Cham [1]), und das Delta nach einem der Söhne des Cham Mizr oder Mizraim, ein Name, den die Arabrr nachher für ganz Ägypten beibehalten haben, und den wir auch in dem jetzigen einheimischen Namen Berr oder Beled Massar wiedererkennen. Die Osmanen nennen es el Kaleb, das aufgeschwemmte Land [2]). Den europäischen Namen fährt es von dem Nile. Aigyptos hieß bei den ältesten Griechen jener berühmte Strom, ohne welchen das Land eine Wüste seyn würde [3]), und der in der Folge von Griechen und Römern auf das ganze Land übergetragen ist. — Es gehört unter diejenigen Länder der Erdveste, die ihre Grenzen wenig oder gar nicht verändert haben: es begreift und begriff zu allen Zeiten das Nilthal von dem letztern Katarakte des Stroms bis zu dessen Mündung. Dieß ist Ägypten im engern Sinne. Im weitern rechnet man aber auch die Wüsten dahin, die auf beiden Seiten das bewohnte Thal einschließen, und sich im Osten bis zu der Landenge von Suez, die Afrika an Asien hängt, und an das Gestade des rothen Meeres, im Westen bis an die Gebirge reichen, die die libysche Wüste von Ägypten trennen. Zwar sind die Endpunkte auf beiden Seiten da, wo das rothe Meer und das libysche Gebirg rudigen, nicht genau bestimmt, einige Geographen dehnen sie im Osten bis an die in Asien belegue Seestadt Nessah oder Rafech, im Westen bis nah an das Kap Ramedah hin-

*) Ant. Lib. 5.

1) Plut. in Iside. Hartmanns Ägypten Seite 4. 2) Bruns I. 15. 3) Odys. III. 300. IV. 355. Diodor. Sicul. I. 19.

aus, allein da es hier nicht darauf ankommt, ob eine Handvoll herrenloser Wüstenei zu Ägyptens Umfange hinzugeworfen oder abgenommen werde, so kann der Streit, wo auf dieser oder jener Seite Ägypten anfange oder aufhöre, nur ein untergeordnetes Interesse haben. Wir rechnen daher mit Pococke die Ausdehnung Ägyptens von 42° 30′ bis 52° östlicher Länge, und von 23° 25′ bis 31° 40′ nördlicher Breite, und den Flächeninhalt mit Templeman auf 8,793¾ □Meilen, wovon nach d'Anville auf das eigentliche Thal oder den bewohnten Theil Ägyptens 756, nach de Pauw jedoch mit Einschlusse der beiden Oasen 810 □Meilen kommen. Gräberg nimmt für das Ganze, wohin er aber auch Barka zieht, 12,960 □Meilen an. — Das bewohnte Ägypten ist ein 135 Meilen langer Landstrich auf beiden Seiten des Nils, der von dessen erstem Katarakte bis zu seiner Mündung, aber nur soweit reicht, als er von dem Strome befeuchtet werden kann: wohl der gesegnetste Theil desselben ist das zwischen den Mündungsarmen des Stroms belegne, so berühmte Delta, vielleicht die reichste Marschgegend des ganzen Erdbodens. Was außer dem Bereiche des Nils liegt, ist auf beiden Seiten wüst. Im Nordosten von Kahira ist sie unter dem Namen Dschofar, im Südosten unter dem der thebaischen Wüste bekannt: beide haben am Gestade des rothen Meers höher gelegne Striche, die von dem periodischen Regen getränkt einige Quellen enthalten, und der Aufenthalt wilder roher Völker sind, worunter wir nur der Ababdeh, wahrscheinlich der Troglodyten des Alterthums, und der Beduinen vom Stamme Beni Wasel erwähnen. Die Wüste auf dem Westufer des Nils, welche von dem Dschibbel Silsili bis zu der zweiten Kette an der libyschen Grenze reicht, hat keine besondern Namen, und umfaßt nur zwei bewohnbare Punkte, die Oasen el Wah und el Wah el Purbi, beide von Beduinen bewohnt. Die Ufer des Nils oder das Nilthal sind von parallel laufenden Bergketten eingeengt, die zu dem Bergsysteme der Troglodyten gehören; auf der Ostseite des Nils läuft der Dschibbel Mokkatem oder das arabische Gebirge, rauhe Felsenmassen von Kalk- oder quarzartigem Sandsteine, das zum Theile durch ablaufende Zweige mit dem am rothen Meere hinlaufenden Granitgebirge in Verbindung steht, und im N. O. von Kahira das Nilthal verläßt, um unter dem Namen Dschibbel el Attaka sich auf den Isthmus von Suez hinaufzuschwingen. Das auf der Westseite des Nils sich hinziehende Gebirge heißt Dschibbel Silsili, das libysche Gebirge, welches mit seinen regelmäßigen Horizontallagen von Kalkstein als eine Ruine der Natur dasteht, an dessen allmähliger Auflösung die salzige Luft unaufhörlich arbeitet, und dessen gänzliche Vernichtung nur die koncentrischen Zwischenlagen von unförmlichem Kiesel aufzuhalten scheinen. Auch dieses Gebirg verläßt im N. W. von Kahira das Nilthal, und zieht sich als Dschibbel el Nairon bis an das mittelländische Meer, unter dessen Fluthen es taucht. Zwischen diese Gebirge schneiden tiefe Schluchten ein. Ihr Fuß besteht aus Sand, Kies und fortgerollten Kieseln, aber dicht an demselben fängt der aufgeschwemmte Nilboden an, und erstreckt sich bis zum Strome. Seine Ufer sind höher als das Binnenland, und durchaus mit schwarzem Schlamme bedeckt, der in Bahri auf einer Schicht von Thon, in Vostani und Said auf Kies und Sand steht. Dieser Boden ist an sich fruchtbar, würde aber durch den sengenden Strahl der Sonne längst in Staub verwandelt seyn, wenn die jährlich wiederkehrenden Ueberschwemmungen des Flusses nicht allein seine Konsistenz sicherten, sondern ihm auch jene hohe Fruchtbarkeit mittheilten, die das Land schon in den frühesten Zeiten zu einem Wohnsitze der Kultur gemacht haben. Der Nil ist der einzige Fluß Ägyptens; außer ihm gibt es kein fließendes Wasser, selbst Quellen sind so selten, daß alles Trinkwasser aus ihm geschöpft werden muß. Dieß ist fast immer trübe und röthlich, aber doch wohlschmeckend und gesund. Schon bei dem Anfange der Regenzeit im innern Afrika im April beginnt das Steigen des Nils, womit er im Mai und Juni so unmerklich fortfährt, daß der Meckias (Nilmesser), am Ende des letztern Monats etwa 8 bis 9 Dra oder äg. Ellen zeigt. Nun aber wächst er mit mehrerer Schnelligkeit, bis er Ende Juli seine größte Höhe erreicht hat. Sobald dieß geschehen, werden in Ägypten alle Kanäle geöffnet, und der Strom durch dieselben auf die Felder geleitet, um derselben seinen Schlamm und die Befruchtungsstoffe mitzutheilen; bloß das Delta wird ohne künstliche Kanäle von ihm im eigentlichen Sinne des Worts überschwemmt; auch fand Legh in Said keine Kanäle mehr und den Fluß übergetreten. Die Höhe des Nils ist nach den Jahren sehr verschieden: wenn er 22 bis 23 Dra gestiegen ist, so darf man ein äußerst fruchtbares Jahr erwarten, 18 gibt ein mittelmäßiges, 16 und darunter ein schlechtes, weil dann die wenigsten Felder gewässert werden können, und 24 und darüber ist ebenfalls nachtheilig, weil die Felder dann zu lange unter Wasser stehn. Erst im December kehrt er in seine Gestade zurück. So wie dieß geschehen, nehmen die Äcker die für sie bestimmte Saat auf, und die blühende Vegetation bringt alles in wenigen Monaten zur Reife. Mit dem Ende Aprils ist die ganze Ernte eingescheuert, aber auch die schöne Jahreszeit für Ägypten vorübergeflohen. Kanäle gibt es in Menge; alle dienen, um das Wasser des Nils in ganz Ägypten zu verbreiten; der berühmteste darunter ist der Kalideh Menhi oder der Josephskanal, wahrscheinlich der nämliche, den Strabo unter dem Namen Oxyrinchus kanute [4]), aber der einzige Schifffahrtskanal Ägyptens, der den Nil mit dem rothen Meere verband, und unter Ptolemäus Philadelphus vollendet war, der Kanal von Suez ist längst versandet, und ob in den Zeiten der höchsten Blüthe Ägyptens je ein Verbindungscanal zwischen dem mittelländischen und rothen Meere bestanden habe, bleibt noch immer zweifelhaft [5]). Unter den Seen Ägyptens sind die am Strande des rothen Meeres belegnen Mariut (Mariotis), Brulos, Edko und Menzaleh mit salzigem Wasser angefüllt; dann sind noch merkwürdig die 6 Natronseen im Makariusthale, der Birket Karun (Moeris), der Birket el Hads. Auch findet man unter den wenigen Quellen des Landes Heilquellen; Denon gedenkt der von Ambagi. Das Klima ist außerordentlich heiß; das Land liegt äußerst niedrig, ist von einer Doppelkette von Bergen eingeengt, und von

4) Norden S. 259 5) Seetzen in d. allg. Geog. Eph. XXX. 122.

ungeheuern Sandwüsten umgeben, von welchen der lothrechte Strahl der Sonne mit verstärkter Gewalt zurückprallt. Besonders fühlbar ist indeß die Hitze in der heißen Jahreszeit; diese herrscht von Ende Mai bis in den November. Schon wenn die Ernte im April beendigt ist, nimmt ganz Ägypten eine andre Gestalt an; das schöne Grün der Fluren erstirbt, der Boden erscheint wie versengt und aufgerissen, und alles Lebende flieht vor dem Hauche des erstickenden Khamsin, den gewöhnlich die hier wohl zu Hause gehörende Pest, und die ebenfalls endemische Ophthalmie begleiten. Die sengende Hitze hält in ihrer ganzen Stärke aber nur bis zu Anfange des Augusts an, wo dann die Atmosphäre theils durch die Ausdünstungen des übergeströmten Flusses, theils durch wolthätige Nordwinde einigermaßen abgekühlt wird, und das erstorbne Leben wiederkehrt. Die andre Jahreszeit umfaßt den Zeitraum zwischen November bis April; sie ist weit angenehmer und gleicht ganz einem schönen nordischen Sommer, aber die Nächte sind äußerst kühl, und fallen, da man hier durch nichts dagegen geschützt ist, besonders dem Ausländer ungemein lästig. Regen fallen in dieser Jahrszeit in Bahri ziemlich häufig; seltener schon sind sie in Vostani, außerordentlich in Said, Gewitter aber überall so unbekannt, daß bei dem Krachen eines Donners der Eingeborne glaubt, es öfnen sich die Pforten des Paradieses. Die Luft ist nicht ungesund, und im Ganzen erreichen die Eingebornen ein hohes Alter. Die Producte Ägyptens sind äußerst mannigfaltig; aus dem Pflanzenreich erzeugt es vorzüglich den schönsten Weizen, der in gewöhnlichen Jahren 25 bis 30, in guten Jahren 50fältig wiedergibt, dann Reis, Hirse, Durra, mehrere Arten von Hülsenfrüchten, besonders Linsen, woraus in einigen Gegenden Brod gebacken wird[6]), Bohnen Kameelfutter und Lupinen, schönes Gemüse, besonders Melonen, Gurken, Arbusen, Kalebassen, eine Art Pfeffer (Fulful Beladi), Koloquinten, Kappern, 2 Arten von Lotus, Alhenna (Lawsonia inermis), Saflor, Wau, Indigo, Flachs von außerordentlicher Länge, Hanf, Sumach, Sesam, wovon man Öl preßt, Oliven, Senesblätter (doch die unechten), Süßholz, Jujuben, Gummibäume, Opunzien, Zuckerrohr, Datteln und andre Palmen, Sykomoren, Feigen, die man kaprifizirt, Adamsfeigen, mehrere Arten von Agrumen, Maulbeerbäume, Tamarinden; es fehlt indeß sehr an Brenn- und noch mehr an Bauholze, das beste liefert die Tamariske und die ägyptische Weide, gutes Nutzholz die Lebbek, eine Art Akazie. Von Hausthieren hat man Dromedare, schöne Pferde von arabischer Abkunft, kleine aber muntre Esel, die im Delta fast das einzige Reit- und Lastthier ausmachen, Rindvieh, Büffel, breitschwänzige Schafe, die wie die syrische Ziege zweimal im Jahre werfen; die Wüste hegt eine Menge wilder selbst reißender Thiere; Löwen, Panther, Leoparden, Unzen, Hyänen und Schakale sind sehr gemein, auch findet man Jerboas, Ichneumons, mehrere Antelopen, Stachelschweine und große Fledermäuse; unter dem zahmen Geflügel sind die Hühner, deren Zucht durch das künstliche Ausbrüten der Eier außerordentlich vervielfältigt wird, und die Tauben, die in zahlloser Menge gehalten werden, die nützlichsten; sonst sieht man hier den Aasgeier, den Ibis, den prächtigen Flamingo, den Strauß. Der Nil und die Seen sind reich an Fischen, aber auch an Krokodilen, nur das Flußpferd wagt sich nicht mehr über den ägyptischen Katarakt. Auch Bienen und manches andre Insekt und Amphibien, das schon die Hieroglyphen bezeichnen, sind in Ägypten einheimisch. Aus dem Mineralreiche kennt man bloß Marmor, Alabaster, Granit, Porphyr, Jaspis, Serpentin, Smaragden, Steinöl, Schwefel, schönen Thon, Kochsalz, Natrum, Salpeter und Alaun. — Die Zahl der Einwohner wird von Sonnini auf 4, von Bruns auf 3½, von Malte Brun und Legh auf 2½ Mill. angegeben; letztre Zahl dürfte sich wohl der Wahrheit am meisten nähern, indem doch auf jede □Meile bewohnten Landes deren 3,086 kommen würden. Alle diese Angaben beruhen jedoch auf bloßen Schätzungen. An Wohnplätzen rechnet d'Anville 2,495, Volney 2,300 Städte, Marktflecken und Dörfer, die sämtlich auf Anhöhen und Hügeln gelagert sind, und besonders zur Zeit der Ueberschwemmung mit ihren vielen Minarets und hohen Taubenhäusern einen überraschenden Anblick darbieten, übrigens aber mit den elendesten Hütten angefüllt sind, und Schmutz und Dürftigkeit zur Schau tragen. Die Taube wohnt in Ägypten um vieles besser als der Mensch. Die Volksmasse besteht aus 2 Hauptnationen: Araber, die sich auch hier in Hadhesis, Fellahs nnd Beduinen unterscheiden, und fast 7/8 der Bewohner ausmachen, und in Kopten, den Nachkommen der alten Ägyptier, mithin das Stammvolk, aber jetzt vielleicht nur 1/10 der Nation, nach einigen nur 30,000 Familien. Zu diesen haben sich nach und nach gesellt: Osmanen, die mit den Arnauten nach Vertreibung der Mamelucken die Herren des Landes ausmachen, und durch dasselbe zur Bewachung der Städte und Beitreibung des Miri (Steuer) vertheilt, aber doch wenig zahlreich sind, Armenier, Griechen, Syrer, Mauren, Franken, Agazianen und Juden. Außer diesen gibt es noch Neger, die aus dem innern Afrika als Sklaven hieher geschleppt werden, und unter den Völkern der Wüste die noch räthselhaften Ababdeh. Die Religion ist theils der Islam, wozu sich die Araber, Osmanen, Arnauten, Mauren und Ababdeh bekennen, theils das Christenthum, dem mit Ausnahme der Juden die übrigen Landesbewohner nach verschiedenen Ritus huldigen. Die Kopten sind Eutychianer, deren Patriarch zu Kahira, von allen eutychianischen Christen, auch den Agazianen in Tigre, Amhara &c. als kirchliches Oberhaupt verehrt wird. Der Juden sind wenige. Künste und Wissenschaften kennt das heutige Ägypten, wo sie einst so hoch blüheten, nicht mehr; an jene Zeit, wo die Hellenen die ersten Keime ihrer Cultur in den Tempeln zu Memphis empfingen, erinnern nur zu lebhaft die Riesenwerke der Pyramiden und der Sphinxe; ihr goldnes Zeitalter feierten indeß die Wissenschaften unter der Dynastie der Ptolemäer, wo der Obelisk der Kleopatra der Erde entstieg, selbst noch unter den Fatimiten waren sie auf Ägyptens Boden einheimisch, und nur erst unter dem zerstörenden Hauche des osmanischen Despotismus flohen sie, um niemals wiederzukehren. Wenigstens liegt jetzt alles in der tiefsten Finsterniß begraben. Die Ara-

6) Sonnini II. 390.

ber und Osmanen haben gar keine Unterrichtsanstalten; die Kopten lernen doch noch leseu, schreiben und rechnen, und besitzen auch zu Kahira eine hohe Schule, wo einige ernste Wissenschaften vorgetragen werden. In den Klöstern der Franken bekümmert man sich gar nicht um Unterricht und Gelehrsamkeit. Doch ist das Volk einer bessern Kultur wohl fähig, es fehlt ihm nicht an natürlichen Anlagen, und sie haben mancherlei Kunstfertigkeiten, die einst die Ufer des Nils belebten, zu bewahren gewußt. Der Feldbau wird von den Fellahs erträglich, hie und da einsichtsvoll betrieben; die Leitung und Einschränkung des Nils nach den Bedürfnissen des Laudes geschicht mit Vorsicht und Nachdenken, und die meisten der Kauäle, die in den bessern Zriten Ägyptens ausgeführt wurden, siud noch vorhanden; noch bedient man sich derselben Schöpfmaschinen, die zu den Zeiten der Ptolemäer gebräuchlich waren, um nach dem Zurücktreten des Stroms das Erdreich zu befruchten. In den Städten findet man einige Zweige des Kunstfleißes: so wird in Seide, Kattun, Hanf, Leder, Tapeten, Glas, Salmiak und Thon gearbeitet, zwar nur für das einheimische Bedürfniß, aber doch nicht schlecht. Die Masse der natürlichen Erzeugnisse, die Ägypten zur Ausfuhr bringt, ist beträchlich, uud besteht vorzüglich in Reis, Flachs, Natrum, Baumwolle, Saflor, Wachs, Senna, Häuten und in neusten Zeiten auch in Weizen und Pferden, welche die Briten dort abholen. Zu diesen eignen Erzeugnissen kommen nun noch die mannigfachen Artikel hinzu, die in ruhigen Zeiten aus dem innern Afrika und aus Arabistan nach Kahira gebracht, und von dort nach Europa vertrieben werden. Die aus dem innern Afrika gelangen durch die großen Karavauen von Habesch, Sennaar, Darfur, Fezzan und Sudan, die von Arabistan theils durch Karavanen theils über Kosseir und Surz in die Magazine von Kahira, und gehn dann auf dem Nile entweder nach Skanderik, oder nach Damiat, wo europäische Kauffahrer sie aus den Händen der armenischen, griechischen, jüdischen und auch fränkischen Handelshäuser entgegennehmen. Unter den europäischen Nationen unterhalten die Briten und Franzosen den stärksten Verkehr mit Ägypten, doch nehmen seit den neusten Zeiten auch die Hydrioten einigen Antheil daran. Freilich ist dieser Handel nur noch ein Schatten von dem, was er zu den Zeiten war, wo Skanderik den Welthaudel in Händen hielt und die Schätze Ostindiens in die Hände der Europäer überlieferte; doch bleibt er noch immer äußerst wichtig, und wird es dann noch mehr werden, wenn der jetzt durch Wahabiten und Mameluckcn unterbrochne Karavanenhandel wieder hergestellt werden sollte. Wenigstens scheinen glücklichere Zriten Ägypten bevorzustehn, wenn es seinem jetzigen Beherrscher gelingen sollte, eine feste Herrschaft in seiner Dynastie zu gründen. Ägypten wird zwar als eine osmanische Provinz betrachtet, allein in der That ist es eine Militärdespotie, und ihr jetziges Oberhaupt, der durch seine Arnauten zum Pascha erhobene, und durch einen Firman der Pforte bestätigte Mohammed Ali, ein sehr unternehmender Mann, der nicht allein die Herrschaft der Mameluckcn geendigt, dieselben in das Juurre von Afrika verjagt, und die Anfälle der Wahabiten glücklich zurückgewiesen, sondern auch in dem Lande eine Ruhe und Ordnung eingeführt hat, wie sie seit Jahrhunderten ganz ungewöhnlich war; er hat die Ausschweifungen seiner arnautischen Soltadeska gezügelt, den Scheiks alle Einwirkung in die Geschäfte entrissen, die innere Ruhe befestigt, Handel und Verkehr belebt, und mehrere europäische Einrichtungen getroffen, die für Ägypten, wenn sie von Dauer sind, die wohlthätigsten Folgen haben werden. Er ist als der eigentliche Gebieter von Ägypten anzusehn: seine Gewalt ist indeß durch den Divan, der aus den Offizieren seines Militärs und aus den vornehmsten Staatsbeamten besteht, und durch die Scheiks oder den Adel Ägyptens in etwas beschränkt, auf die Mohammed freilich wenig hört. Der Einfluß der Pforte ist äußerst gering; zwar erkennt Mohammed Ali noch ihre Oberherrlichkeit an, und zahlt ihr jährlich ihre bestimmten Einkünfte aus diesem Lande; da jedoch davon die Verwaltungskosten abgezogen werden, und diese sehr beträchtlich sind, so bleibt wenig genug übrig, und auch dieses Wenige behält jetzt der Pascha für seinen Kriegsaufwand gegen die Wahabiten zurück. Außer den Naturalien, wovon ein Verzeichniß in Campenhausens Rußland S. 192 mitgetheilt ist, sollte der Miri jährlich die Summe von 1,060,410 Rthlr. erhalten; da aber die Verwaltungskosten 906,741 Rthlr. wegnahmen, so blieben nur 153,669 Rthlr. übrig. Die innere Verwaltung Ägyptens hat jetzt eine ganz andre Einrichtung erhalten, die Sandschaksbeys der Mameluckcn existiren nicht mehr, und Mohammed hat nicht für gut gefunden, andre an ihre Stelle zu setzen, sondern die Kaschefs oder die Statthalter der einzelnen Distrikte sind ihm unmittelbar unterworfen, und die Abgaben, welche vor wie nach an den Meistbietenden verpachtet sind, werden an seine Kassen ausbezahlt. Im Ganzen sind die Steuerpflichtigen, die Fellahs sehr gedrückt. Die Beduinen haben ihre alte Verfassung behauptet, mehrere Stämme derselben leben in Said, wie in den Oasen, ganz unabhängig unter eignen Emirn, die von dem Pascha als ihre Oberhäupter anerkannt werden, und nur einen gewissen Lehnszins an ihn abtragen. Die Vornehmsten darunter sind die von Akmim, Abutitsche, Farschut, Bardis, el Bannt, Esne und Nagadsch. Die Justizverfassung gleicht der in allen Ländern, wo der Koran Gesetzbuch ist. Die Militärmacht des Pascha beruht zwar hauptsächlich auf 5,000 Arnauten, die den Kern des Heeres ausmachen [7]), doch hat er sein Heer gegenwärtig durch mehrere Corps von Eingebornen, die von europäischen Offizieren befehligt werden, bis auf 30,000 Mann verstärkt, auch mit großen Kosten eine Flotille auf dem rothen Meere geschaffen, die seine Unternehmungen gegen die Wahabiten vortheilhaft unterstützt hat. — Ägypten zerfällt in 3 Theile 1) Bahri oder Niederägypten, abgetheilt in die Provinzen Bahire, Raschid, Garbich, Menuf, Massurah, Kargyeh und in den Distrikt von Massar oder Kahira; 2) Vostani oder Mittelägypten mit den Provinzen Fajum, Benesuef und Minyet, und 3) Said oder Oberägypten mit den Provinzen Theben, Girjeh und Siuta. (Description de l'Egypte etc. Paris 1809. Cah. 1. 2. Denon Voyage dans l'Egypte. Paris 1802. 4.

7) Ali Bey in d. Uebers. d. neuen Bibl. der Reisen II. 149.

Bruns Afeika Th. 1. F. M. Hartmanns Beschreib. von Ägypten. Hamb. 1799. 8.)

Ägypten (2 Historisch), das alte, wird ins obere Thebaïs, ins mittlere, das alte Reich von Memphis und ins niedere, das Delta, eingetheilt. Die Hauptstadt von Thebaïs war Thebä (griech. Diospolis, die Stadt des Zeus genannt)[1]), die hundertpfortige, mit 4 prächtigen Tempeln und einem Umfange von 140 Stadien, oder beinahe 4 teutschen Meilen[2]). Unermeßlich viele Hieroglyphen auf härtestem Granit und eisenfestem Sandstein tief eingegraben, von der Hand der Zeit unverwischt, riesenhafte Bauwerke, an denen des Menschen zerstörender Arm erlahmen mußte; zierlich eingehauene Bilderreihen an den Grabmälern der Pharaonen; (wie hier die Könige hießen) Trümmern von 70 Schuh hohen Helden- oder Göttergestalten, ungeheuern Sphinxen und Palästen bedecken ringsher die Ruinen im weiten Felsthal. Nicht nur die älteste Geschichte der Ägypter ist in diesen heiligen Bilderschriften enthalten; noch findet man hier in hocherhabener Arbeit die Stiftshütte abgebildet, die Bundeslade, die Cherubim, die Schaubrode und die heiligen Geräthe, wie Moses sie beschrieb. Memphis, um 10 Stadien größer, als Thebä, lag am westlichen Nilufer[3]), berühmt als der Schlüssel des Nils, und nachdem es den Glanz dieser Mutterstadt, wie das phönizische Tyrus den von Sidon verdunkelt hatte, als die Hauptstadt des Reichs. Fünf teutsche Meilen unterhalb Memphis theilte sich der Nil in 2 große Arme, und aus seinem Geschiebe bildete sich allmählig das Delta, der fruchtbarste Theil von Niederägypten, in dreieckigter Gestalt dem vierten griechischen Buchstaben ähnlich und also benannt. Denn nach Herodot war dieser größe Erdstrich, worauf die Städte Bubastis, Mendes, Saïs, Sebennytes und Tanis weitherrschend emporstiegen, unter dem Könige Menes, der 2200 Jahre v. Chr. regirte (überhaupt vor 4000 Jahren), noch ein Morast, vom Meere bespült. Aus dem Kessel, den dasselbe zurückließ, aus den Altwässern des Nils, ehe noch durch den nämlichen Menes sein Lauf abgeändert ward, ließ Möris, sieben Regirungen vor dem Sesostris, den gleichnamigen, großen See anlegen, der 50 Faden Tiefe und 90 teutsche Meilen im Umfange hatte; das Wasserbehältniß für die umliegenden Fluren, durch eine Schleuße, die nach Erfoderniß der Witterung, geöfnet oder geschlossen wurde, den Nil in sich aufnehmend und in Kanälen weithin verbreitend. Eine andere landwärts tiefeindringende Bucht des Mittelmeeres war der sirbonische See, durch eine trügerische Brücke von Sand und Schlamm, das Werk der Windswehen, Thieren und Menschen gefährlich. Jetzt ist von ihm keine Spur mehr übrig. Der Möris selbst hat sich in viele Sümpfe und Untiefen aufgelöst; die Gräben aber, aus denen er in allseitigen Richtungen das Wasser ausspendete, sind noch vorhanden. Die Denkmale des stolzen Babel, die der zerstörende Zeitenstrom verschonte, hat der Euphrat, die Dämme des uralten Kunstfleißes durchbrechend, in seinem Schooß begraben. Anders verhält es sich mit dem Nil, der zwar auch, wie jener aus den armenischen, aus den nubischen Bergen durch periodische Regengüsse anschwellend, über die Ufer tritt, und düngenden Schlamm fürs üppigste Pflanzenleben zurückläßt, aber das urbare Land, statt zu verringern, vielmehr erweitert. Durch die fette Eede, die er aus Äthiopien herabführt, und vor seinen Mündungen niedersetzt, ist nicht nur das Delta entstanden, sondern auch das ganze Ufergebiet, nach Savary's Berechnung, binnen 3000 Jahren um 28 Schuh erhöht worden. Die Fläche des fruchtbaren Bodens hat also von Süden nach Norden zugenommen, ist aber durch die trockenen Fluthen des Sandmeeres, die der glühende Harmattan aus der Wüste Sahara vor sich hintreibt, von Westen nach Osten beträchtlich vermindert worden; die gegen 30 Schuh hohe, aus einem einzigen Felsstück gehauene, Sphinx bei Gizeh, ist bis an den Kopf und äußersten Rücken im Sande begraben; die Schleußen und Kanäle sind verfallen oder verschüttet. In der Vorzeit strömte der Nil am Fuße der Sandgebirge längs der libyschen Grenze fort; aber Menes, der erste Sterbliche, der in Ägypten geherrscht (vor ihm zählten die Tempelarchive eine Myriade von Götterjahren s. Manetho) änderte den Lauf, und gründete im ehemaligen Flußbette die Stadt Memphis mit einem prachtvollen Tempel des Hephästos. Dieser König, erzählt Diodor, ordnete zuerst bei den Ägyptern einen Gottesdienst an, gab ihnen geschriebene Gesetze, schützte, um denselben Gehorsam zu verschaffen, göttliche Offenbarung des Hermes vor, bestimmte, nach den Absichten der Natue, ein Weib für einen Mann, und stellte die eheliche Vereinigung unter die Gewährleistung des Altars[4]). Im dunkeln Zeitraume zwischen ihm und Sesostris setzt man die Regirung von Busiris, Osymandes, Uchoreus, Ägyptus und Möris (s. diese Namen). Von Sesostris, bis zum Zwischenreiche, das vor der Erhebung des Psammitichus auf den Königsthron vorherging, kennen wir den Pheron, der den Sonnentempel zu Heliopolis durch zwei Obelisken, jeden 100 Ellen hoch, und an der Grundfläche 8 Ellen ins Gevierte, errichten ließ, den Ketes oder Proteus; den Rampsinitos, der den Ackerbau beförderte; den Cheops, einen Götterfeind; und den Chephrenes, an Gottlosigkeit und Bedrückung der Unterthanen dem Vorigen gleich. Sie werden als die Erbauer der zwei großen Piramyden bei Memphis, ihrer Begräbnisse, gerühmt; den Mykerinos, der die Tempel wieder öffnete, und nach dem Beispiele des Vaters und Oheims gleichfalls eine Piramyde, die dritte bei Memphis, bauen ließ; den Asychis, durch Errichtung des großen Säulengangs am Hephästostempel merkwürdig; und endlich den Anysis, der vom Äthiopier Sabako vertrieben wurde. Sabako hob die Todesstrafe auf, und gebrauchte die Verbrecher zu öffentlichen Arbeiten, so entstand der herrliche Tempel der Bubastis (griech. Artemis, lat. Diana) in gleichnamiger Stadt. Nun bemächtigte sich des ägyptischen Scepters der Oberpriester Sethon, auf eine wunderbare Art durch die Seuche, die im feindlichen Heere ausbrach, befreit vom Assyrier Sennacharib.

1) Homeri Ilias IX. v. 381. 2) Diod. I, p. 43. 3) Herodot II. 99. Strabo XVII. p. 107.

4) Diodor. *Palaeph. ap. Clem. Alex.* p. 45. *Suidas* voc. Ἥφαιστος.

Hierauf theilten **zwölf Fürsten** der Krieger das Reich (Dodekarchie), und verewigten sich durch den Labyrinth. **Psammitichos** stellte durch karische und hellenische Hilfe die Monarchie auf den Trümmern der Dodekarchie wieder her, und eröfnete die Verbindung mit Griechenland, zu einer Zeit, wo Nebukadnezar in Asien seine Weltmonarchie gründete, die 70 Jahre nachher, der große Kyros an die Perser brachte. Hiemit beginnt die Morgenröthe der wahren Historie, und der trügerische Schimmer der mythischen verschwindet. Was Joseph der Jude [5]), nach Manetho von 259jähriger Herrschaft der Hyksos oder phönizischen Hirtenkönige erzählt, hat vielerlei Deutungen neuerer Gelehrten veranlaßt, worunter ich vorzüglich auf Bryant und Cumberland verweise. So viel ergibt sich als reines Resultat, daß ein so blühendes Land, wie Ägypten, den Einfällen der tapfern Bergbewohner Äthiopiens, so wie den arabischen Horden bloßgestellt war, und daß die Eifersucht zwischen der Priester- und Kriegerkaste innere Unruhen veranlassen mußte. Daher die Auswanderung von 240,000 Kriegern nach der Nilinsel Meroe; daher die Entweichung von 600,000 streitbaren Juden nach Kanaan, unter **Moses** dem Schüler der Priester, dem Eidam des Hohenpriesters [6]) zu On (Heliopolis). Die Priesterkaste, über das ganze Reich verbreitet, hatte in den Hauptstädten ihre Haupttempel, welche verschiedenen Gottheiten, in Memphis dem **Hephästos**, in Thebai dem **Zeus**, in Saïs der **Pallas**, in On der **Sonne** geweiht waren, und unter besonderen Oberpriestern standen; sie war im Besitze der schönsten und einträglichsten Ländereien, als Tempelgüter, und verwaltete nicht nur die gottesdienstlichen Gebräuche, sondern war auch im Besitz der Staatsämter und Gelehrsamkeit. Den nächsten Rang nach ihnen — auch der König mußte Mitglied ihres Ordens seyn — behauptete die Soldatenkaste, zur Vertheidigung des Landes bestimmt, und für den Unterhalt, auf liegende Gründe, die das Drittheil der Landeseinkünfte abwarfen, angewiesen. Dann folgte die gewerbtreibende Kaste der Kaufleute, Künstler und Handwerker; endlich die Kaste der Ackerleute, Schiffer und Hirten, die sich in Rinder- und Schweinehirten absonderten. Unter Psammetich kam noch die Kaste der Dolmetscher hinzu, wegen des Verkehrs mit den Griechen. Auch mit den Phöniziern mögen früher die Ägyptier in Verbindung gestanden haben: nicht nur Diodor schreibt ihnen die Erbauung Thebens zu, sondern Herodot zählt unter die Einwohner von Memphis auch Phönizier. Selbst der Name Barca (die Glänzende) einst die Hauptstadt der noch vor 2000 Jahren blühenden, jetzt wüsten Landschaft Barcan, deutet auf phönizischen Ursprung. Ließ nicht **Necho**, Psammitichs Nachfolger, ganz Afrika durch phönizische Seeleute umschiffen? Unter ihm waren die Assyrier, Sieger bei Circesium, und unter **Apries**, die Kyrenäer dem ägyptischen Reiche verderblich geworden. **Amasis**, durch Weisheit berühmt, des lydischen Krösos Bundesgenosse, zog sich die Feindschaft der Perser zu, und **Psammenit** verlor Thron und Leben gegen sie. Der grausame Kambyses zerstörte Theben, und verpflanzte 6000 Ägyptier nach Susiana. Ungern beugte Ägypten den Nacken unter das persische Joch, das es 190 Jahre trug, und oft mit glücklichem Erfolge abzuwerfen versuchte, bis endlich die macedonische Periode eintrat.

Alexandria ward unter Ptolemäos Soter der Sammelplatz und Mittelpunkt des Handels so wie der Kunst und Literatur. Unter dem zweiten und dritten Ptolemäos, erhob sich Ägypten als Seemacht: die ägyptische Schifffahrt verbreitete sich vom arabischen Meerbusen bis an die Küste Malabar. Von Ptolemäos IV—XI. gingen nicht nur die auswärtigen Provinzen in Vorderasien und die Insel Kypros verloren, sondern das Reich näherte sich durch Sittenlosigkeit, die vom Hof ausging, seinem innern Verfalle. Kleopatra endigte diese Dynastie, nachdem sie 293 Jahre geherrscht hatte, Ägypten wurde Römische Provinz. (S. Alexandria, und die Ptolemäer.) Alexandria in jenem Zeitraum eine der volkreichsten Städte und noch vom I—IV. Jahrhunderte unserer Zeitrechnung der Wissenschaften Sitz, ist jetzt auf eine Volksmenge von kaum 9000 Einwohnern herabgesunken. Bei der Theilung des römischen Kaiserreichs unter Honorius und Arcadius ins abendländische und morgenländische, ward Ägypten eine Provinz von letzterem, im VII. Jahrhundert kam es unter die arabische, und im XVI. unter die türkische Herrschaft.

Es ist schwer zu bestimmen, ob Ägypten von dem Schwert des Krieges oder von der Mißgunst der veraltenden Natur minder Unbilden erduldet habe: denn dem anderwärts zermalmenden Zahne der Zeit trotzte die Masse, woraus ägyptischer Kunstfleiß die Denkmale geformt hatte; aber wie sehr hat sich das Klima geändert. Die Stadt Syene (Assuan) lag grade unter dem Wendekreise des Krebses. Am Tage des Solstitiums stand die Sonne über dem Scheitel der Einwohner, so daß Mittags kein Schatten zu sehen, und ein Brunnen in der Stadt bis auf den Boden erleuchtet war [7]). Durch der Franzosen unter Napoleon vergängliche Eroberung dieses Reiches ist das Andenken seiner uralten Herrlichkeit wieder erneuert, und durch die Gelehrten Denon, Fourrier und Dupuis, die Chronologie Herodots gerechtfertigt worden; denn es ist entschieden, daß die gegenwärtige Abtheilung des Thierkreises bei den Ägyptern ungefähr 15,000 Jahre [8]) vor der christlichen Zeitrechnung geordnet wurde. (?) Der Tempel zu Esne steht, nach einer Inschrift, schon 8000 Jahre. (?) Der zu Dendera entdeckte Thierkreis ist augenscheinlich nichts anders, als der ursprüngliche Ka-

5) Joseph *contra Apion*. L. I. 6) Mos. I, 41. 45.

7) Plin. Hist. Nat. II, 75. 8) Minerva 1802. II. Band S. 296. Die Reihe von 341 Königen, welche der ägyptische Priester dem Herod. mit ihren Bildern, Namen und Jahrbüchern zeigte, soll statt keiner Beweise für die hohe Kultur und frühzeitige politische Staatseinrichtung eines in der Geschichte verlornen Völkerstammes am Nile gelten; Menschen, waren es auch Priester, konnten absichtlich betrügen, oder selbst betrogen, andere täuschen; von den Steinen aber ist dieß nicht zu furchten, und ihre Zeugnisse sollen uns hier leiten. Denon sagt in seinem berühmten Reisewerk, indem er von einer Stube in Medinet-Abon spricht: „Welches Alter muß man nicht bei den Gebäuden voraussetzen, die so verziert waren? Wie viel Jahrhunderte von hoher Kultur mußten vorangehen, um solche Bauwerke hervorzubringen? Wie viel Jahrhunderte standen sie, bis sie einstürzten? Wir viele andere Jahrhunderte, bevor ihre Ruinen zu Grundlagen dienen mußten? Wahrlich! die Jahrbücher dieser Weltgegenden sind dunkel, geheimnißvoll und endlos!“

lender der Ägypter, (?) und in seinen Constellationen sind die dem Klima von Ägypten natürlichen Beziehungen wahrzunehmen. Als jener Zodiacus gefertigt ward, befand sich das Äquinoctium des Frühlings im Zeichen der Wage. Die bei Raschid (Rosette) aufgefundene Inschrift beschäftigt jetzt die Archäologen, und vielleicht liefern sie uns, durch Entzifferung derselben, den längst verlornen Schlüssel zu den Hieroglyphen, welcher gewiß sehr zu wünschen ist, denn viel ist hier noch zu lernen [9]).

Fanden nicht schon die Stammväter des jüdischen Volkes hier den Sitz eines ausgebildeten monarchischen Staates, wo der Hof durch Vorrathskammern besser für Hunger und Noth Vorsorge traf, als selbst in unsern Zeiten geschehen ist? Mumien sprechen, wo die Geschichte schweigt. Die Vergoldungen und Farben, womit ihre Särge geziert, das kostbare Gewebe, worin sie eingewickelt sind, die geschnittenen Steine, die man in ihnen, der Papyrus, den man in verschiedenen Gräbern gefunden hat; die in Grotten und Tempeln noch vorhandenen plastischen Überreste von Vasen, Triumphwagen und Hausgeräthschaften — welch neues Licht verbreiten sie über den verdunkelten Glanz der alten Ägypter, nicht jenen, wie sie zu Herodots, sondern zu Moses Zeit gewesen sind! Obschon ersterer den 300 Jahre vor ihm erbauten Labyrinth als das schönste Prachtwerk der Architectur anpreist, so liefert doch Osymandes Grabmal noch einen auffallendern Beweis ihrer Kunstbildung. Die in Fresco darauf gemalten Harfen wetteifern mit den schönsten griechischen Werken [10]). Osymandes soll auch eine Bibliothek errichtet haben, deren Saal die Überschrift hatte: Werkstätte der Heilkunst für die Sele. In den Tempeln zu Theben, Esne, Dendera u. s. w. sieht man Basreliefs von abgeschnittenen Gliedern, nebst Instrumenten, die den jetzt zur Amputation gebräuchlichen sehr analog sind, und für die Vollkommenheit der Chirurgie in jenen Zeiten zeugen [11]). Auch haben sie die Musik nicht verachtet, wie man häufig aus einer Stelle im I. Buch Diodors geschlossen hat, sondern nur alle Neuerungen in der Kirchenmusik verboten: sie bedienten sich der Trommeln, Pauken und Sistern [12]). Der Anfang ihrer Schiffahrt verliert sich ins mythische Zeitalter. Isis, die Göttin, soll den ersten Versuch zur See gemacht haben. Vom Bergbau findet sich nirgends im Nilthal eine Spur vor; aber die Schneckenmaschine, womit man das Wasser aus den Stollen ausschöpfte, von Bergleuten in Sicilien und Spanien vor Christi Geburt angewendet, hieß die ägyptische [13]). Archimedes lernte dieß hydrostatische Werkzeug in Ägypten kennen. Daß die weisesten Männer unter den Altgriechen, Archytas, Demokritos, der allgepriesene Platon, Herodotos, der Vater der Geschichte, Solon der Gesetzgeber, Thales der Physiker und Astronom, Pythagoras durch Weltweisheit und Staatskunst gleich sehr berühmt, gelehrte Reisen dahin unternommen haben, ist bekannt. Noch jetzt besuchen wißbegierige Reisende aus England, Italien und Frankreich das Wunderthal des Nils, staunen die Prachtdenkmale der Pharaonen an, und bemühen sich, das Archiv der menschlichen Urgeschichte unter den Trümmern zu enträthseln.

Ägypten war nicht nur das Wallfahrtsland für Weise, der Stapelplatz des Handels für drei Welttheile; sondern auch die Kornkammer für Rom und Constantinopel, und zählte in 18,000 Städten 7 Millionen Einwohner [14]). Jetzt beträgt die Bevölkerung kaum die Hälfte; nur das Delta ist hinreichend angebaut; der bewegliche, von Stürmen aus der Wüste entführte Saud vermindert das Ackergebiet, selbst der Nilschlamm bringt nicht mehr so viel fette, schwarze [15]), sondern minder fruchtbare röthliche Erde aus Habesch mit. Indeß übertrifft Ägyptens Fruchtbarkeit doch das besser angebaute Europa. In der neuesten Zeit hat nichts die Aufmerksamkeit so sehr auf dieses Land der uralten Wunder gezogen, als die französische Expedition, von welcher wir gleich hier ausführlich haudeln müssen, da hergegen von dem bisher Angeführten in eignen Artikeln gehandelt wird. (*Deuber.*)

Ägyptische Expedition der Franzosen, — hätte unter den großen Bewegungen zu Ende des 18ten Jahrh. die folgenreichste für die gesammte Menschheit werden können, wenn es dem Unternehmer gelungen wäre, festen Fuß an den Ufern des Nils zu fassen, und europäische Cultur und Sitte in das Land zu verpflanzen, das schon im frühsten Alterthum die herrlichsten Blüthen der Kunst, der Gelehrsamkeit und der Weisheit getragen hatte. Noch weiß man nicht, wie und in wem die Idee, Aegypten für die französische Republik zu erobern, und dadurch den Untergang der Macht und des Handels der Britten in Ostindien vorzubereiten, zuerst sich entwickelte; aber wenn Bonaparte auch nicht der Erfinder derselben ist, so ergriff er sie doch mit Begeisterung, und führte sie mit dem verständigen und kraftvollen Muth aus, der ihm in der schönern Periode seines Lebens die Bewunderung aller seiner Zeitgenossen erwarb. Um die Unternehmung vor dem Publikum zu verschleiern, verkündigte das Directorium so gleich nachdem durch den Vertrag von Campo Formido (17. Oct. 1797) der Friede auf dem Continent hergestellt war, einen Angriff auf England, und ernannte Bonaparte zum Führer desselben. Ein großes Herr versammelte sich an den Küsten des Oceans; in allen Häfen von Antwerpen bis Rochefort sah man die gewaltigsten Rüstungen. Aber auch in dem Hafen von Toulon wurden dieselben Anstalten betrieben; eine Macht von 20,000 Mann, die sich dort zusammen zog, erhielt den Namen des linken Flügels der

9) Die Inschrift von Rosette, bei der französischen Expedition von dem engländischen Heer aus Ägypten mitgebracht, und seit 1803 im britischen Museum aufgestellt, ist in drei Sprachen abgefaßt, in hieroglyphischer, ägyptischer und griechischer. Ameilhon, de Sacy, Akerblad, Heyne (C. S. R. G. XV. 260) u. A. haben sich bereits damit beschäftigt. S. *de Palin Analyse de l'inscription en Hieroglyphes ou Monument trouvé à Rosette.* Dresde 1804. 4. (In München hat man sie im Steindruck vervielfältigt.) *Monnoies de Seleucides* (m. 24. K. v. Bartolozzi) Lond. 1803. gr. 4. *Biblioth. britann.* XXVIII. 344. (*H.*) 10) Reisebeschreibung des Engländers James Bruce. 11) *Relation historique et chirurgicale de l'expedition de l'Armée d'Orient en Egypte et en Syrie, par D. J. Larrey* Chirurgien-en Chef de l'Armée de l'Orient etc. Paris 1803. 12) *Drechsler de cithara davidica.* Lips. 1670.

13) Strabo. III. 14) Diodor. I, p. 27. 15) Strabo XV. Plinius XVIII. Diodor. l. c. p. 30.

Armee von England. Viele Gelehrte, Künstler und Handwerker, die sich auf Befehl der Regirung zur Einschiffung bereiteten, machten die Rüstungen auf dieser Seite zu einem seltsamen Räthsel, welches das Publikum durch die Erklärung löste, dieß alles geschehe, um den Feind irre zu führen, und seine Streitkräfte zu theilen. Aber während aller Blicke auf die Küste des Oceans geheftet waren, erschien Bonaparte zu Toulon, schiffte sich mit den Truppen ein, und ging am 20. Mai 1798, indem der Admiral Brueys, mit 13 Linienschiffen und 8 Fregatten, die Transportflotte begleitete, unter Segel. Unterwegs fließen ansehnliche Verstärkungen aus den italienischen Häfen zu ihm, und seine Armee erwuchs auf eine Macht von 40,000 Mann, größten Theils zusammen gesetzt aus den tapfern und kriegsgeübten Legionen, die in dem letzten Feldzuge so große Thaten in Italien gethan hatten. Die ausgezeichnetesten Feldherrn des Revolutionskriegs Berthier, Desaix, Reynier, Kleber, Dumas, Cafarelli, Murat, Junot, Marmont, Belliard, Davoust, Andreossy, Lannes, Friant, Duroc u. s. w. standen an ihrer Spitze. Unter den Gelehrten und Künstlern fanden sich Monge, Berthollet, Denon, Fourrier, Rouet, Mechain, Peyre, Girard, Geoffroy, Dutertre, Conté, Beauchamp u. s. w. Am 9. Jun. erschien die Flotte im Angesichte von Malta. Da sich der Großmeister weigerte, sie an den verschiedenen Ankerplätzen der Insel Wasser einnehmen zu lassen, eröffnete Bonaparte die Feindseligkeiten. Der Erfolg war bei den Befestigungen, welche die Insel verwahren und den unüberwindlichen Werken, die die Stadt Valetta und ihre Häfen umgeben, zweifelhaft. Aber es geschah durch Ueberraschung, durch die Schwäche einer Regirung, die an sich selbst verzweifelte, und durch Verrätherei, was die Gewalt der Waffen nicht vermochte. Malta ward, samt den dazu gehörigen Inseln, mit allen Souverainetäts- und Eigenthumsrechten an die französische Republik abgetreten. Am 12. Jun. nahm man von der Festung und den unermeßlichen Reichthümern, die sich in derselben vorfanden, Besitz, und 1500 Ordenssoldaten vereinigten sich mit der Armee des Orients. Ein wichtiger Verbindungspunkt mit Aegypten ward durch diese Eroberung gewonnen. Am 17. Jun. ging die Flotte, die nun eine lange Reihe von 350 Schiffen bildete, in der Richtung gegen Candia wieder unter Segel. Erst auf dieser Fahrt offenbarte Bonaparte der Armee ihre Bestimmung, und ermunterte sie zur Tapferkeit und zur Achtung für die Religion und die Gebräuche der Aegypter. Am 1. Jul. mit dem Anbruche des Tages erschien die Flotte im Angesichte von Alexandrien, die Schiffe legten sich ans Ufer, und es ward in der folgenden Nacht, in der Nähe von Marabu, die Landung begonnen, ohne daß die Einwohner sich derselben widersetzten. Am 2. Jul. Vormittags um 11 Uhr betrat Bonaparte den Boden von Afrika. Alexandrien, von Mameluken und Arabern vertheidigt, war das erste Ziel der Abenteurer. Im Sturme angefallen, erlag die Stadt dem französischen Ungestüm. Um einen sehr unbedeutenden Verlust hatten die Franzosen hiedurch festen Fuß in Aegypten gefaßt. Die Transportschiffe wurden nun in dem alten Hafen von Alexandrien in Sicherheit gebracht, und die allgemeine Ausschiffung vorgenommen; die Flotte ging auf der Rhede von Abukir vor Anker. Briefe an den Pascha von Kairo und eine Proklamation an das Volk versicherten, daß Bonaparte komme, um dem Reiche der Mameluken ein Ende zu machen, und daß die Franzosen, die den Papst gestürzt und den Orden von Malta vernichtet, wahre Muselmänner seyen. Indessen lief das Geschrei von der unerwarteten Erscheinung der feindlichen Macht durch ganz Aegypten, die meisten Bey's griffen zu den Waffen. Die mächtigsten unter ihnen, Murad und Ibrahim, die nach langen Zwistigkeiten sich endlich versöhnt und die Herrschaft des Landes an sich gerissen hatten, zogen mit zahlreichen Reiterscharen den Ankömmlingen entgegen. Dies hinderte Bonaparte nicht seinen Marsch in die Hauptstadt des Landes zu beschleunigen. Er brach am 7ten Jul. an der Spitze der Armee auf, welcher zur Seite eine Flottille den Nil herauf segelte. Unaufhörlich sahen sich die Truppen von den Arabern geneckt, die ihre Flanken und ihren Rücken umschwärmten. Um den Marsch des Heers zu hemmen, hatte sich Murad, mit 4000 berittenen Mameluken, bei dem Dorfe Chebreisse am Nil, aufgestellt. Am 13. früh erschienen die Franzosen vor der Fronte des Feindes. Umsonst suchte dieser in das echelonsförmig gestellte Heer einzudringen. Er räumte, nach einem Verluste von 300 Mann, das Feld, und zog sich nach Embabe, Kairo gegen über, zurück, wo 23 Beys ihre Scharen versammelt hatten. Am 21. Jul. kam das französische Heer vor dem verschanzten Lager der Feinde an, in dessen Nähe sich die Piramyden erheben. Entschlossen und trotzig brachen die Mameluken gegen die Fremdlinge los; aber die zahlreichen und trefflich gerüsteten Massen vermochten nicht der Gewalt der europäischen Kriegskunst zu widerstehen. Ihr Lager ward erstürmt, das ganze Heer zerstreut; reiche Beute lohnte die Sieger. Ibrahim rettete sich mit den Seinen nach Syrien; Murad zog gegen die Wasserfälle des Nils zurück; Kairo ergab sich, mit ihrer Bevölkerung von 300,000 Menschen, und mit ihren Reichthümern, am folgenden Tage (22. Jul.) dem unwiderstehlichen Feinde. Die Eroberung von Aegypten schien vollendet, und der Eroberer begann die Verwaltungsformen des Landes zu bilden. Mittlerweile hatte Nelson, nachdem er lange dem großen französischen Seezuge gefolgt war, ohne ihn erreichen zu können, in den ersten Tagen des Augusts, die Flotte des Admiral Brueys auf der Höhe von Abukir vernichtet. (s. Abukir). Dieser Unfall hinderte aber die Franzosen nicht, sich in ihrer Eroberung recht einheimisch anzusiedeln. Zu Kairo ward ein Divan errichtet, um die inneren Angelegenheiten zu besorgen. Aehnliche Divans wurden ihm in den Provinzen untergeordnet, die Städte erhielten ihre Verwaltungen. Ein bewaffnetes Corps wachte für die Vollziehung der Gesetze. Die Erhebung der Einkünfte ward einem Intendanten übertragen. Derselbe bezog nicht nur die directen und indirecten Steuern, sondern auch den Ertrag der Dörfer, die den Mameluken und den ausgewanderten Mukhtesims (eine Art von Lehnsherrn) gehörten. Man verbesserte die Land- und Wassercommunicationen, befestigte mehrere

Plätze nach europäischer Weise, legte auf der Seite gegen Syrien Forts und Redouten an, und verstärkte die Armee mit Pferden, Kamelen und Mannschaft. Die Gelehrten vereinigten sich zu Kairo in ein Institut der Künste und Wissenschaften, errichteten eine Bibliothek und stellten historische, geographische und physikalische Untersuchungen im Land an. Die Aeußerungen des Mißvergnügens unter den Einwohnern wurden mit Strenge niedergehalten, und die da und dort entstehenden Empörungen unterdrückt und bestraft. Desaix sicherte die südl. Grenze. Mit gerechter Entrüstung hatte man indeß in Constantinopel den treulosen Angriff der Franzosen vernommen, und die Anstalten, die sie trafen, um das Land als eine ihrer Provinzen einzurichten, waren nicht dazu greignet, den Zorn der Türken zu versöhnen. Ermuthigt durch Nelsons Sieg, erklärte die Pforte der Republik den Krieg (1. Sept.). Diese Kriegserklärung, die jedem Rechtgläubigen die Pflicht auflegte, die Fremdlinge als Feinde zu betrachten, wurde von den Franzosen sorgfältig vor dem Volke verheimlicht. Aber bald lief sie durch Aller Mund, und immer heftiger gährte das Misvergnügen, dessen Ausbruch der Obergeneral selbst erregte, indem er (21. Oct.) eine neue Steuer foderte, und verlangte, daß jedermann dreifarbige Bänder an den Turbans trage; beide Foderungen wurden mit Ungestüm zurück gewiesen. Der General Sulkowsky, ein Liebling Bonaparte's, fiel durch einen Pistolenschuß an seiner Seite. Der Aufruhr verbreitete sich durch die Stadt. Der General Dupuy, der herbei geeilt war, um seine ersten Regungen zu stillen, wuede mit mehrern seines Gefolges getödtet. Aga Mustapha, der Kiaja des ehemaligen Pascha, stand, die Scheiks und Ulemans um sich her, an der Spitze der Empörten. Die Franzosen rückten muthig vor, unterstützt von den Griechen. Das Volk zog sich in die Moskeen zurück. Die Besatzung in der Citadelle warf Bomben auf die Stadt. Das Blutbad dauerte zwei Tage. Ueber 6000 Türken fanden ihren Tod. Mehrere der französischen Gelehrten und Künstler waren ermordet worden. Die Stadt wurde geplündert. Viele vornehme Einwohner wurden als Anstifter des Aufruhrs hingerichtet. Um das Volk in Zukunft im Zaum zu halten, wurden mehrere neue Festungswerke angelegt. Die Zügel der Regirung wurden straffer, die Unterjochung fühlbarer. Die Bewegung hatte nur dazu gedient, die Gemüter mit größerer Furcht vor den Eroberern zu erfüllen. Indeß konnte Bonaparte leicht berechnen, daß eine combinirte Operation gegen Aegypten, nämlich ein Angriff von Syrien aus, und ein anderer zur See Statt haben würde. Der erstre war um so sicherer zu erwarten, da der Pascha Achmet von Acre (wegen seiner Grausamkeit Dgezar, der Schlächter, genannt) seine feindseligen Gesinnungen nur zu deutlich offenbarte. So faßte Bonaparte den Entschluß, nach Syrien zu marschiren, die Rüstungen dort zu zerstören, und dann, nach Aegypten zurück gekehrt, die zur See combinirte Expedition zu schlagen, die nach den physischen Wahrscheinlichkeiten, vor dem Junius oder Julius nicht ausgeführt werden konnte. Nachdem die nöthigen Vorbereitungen getroffen und Suez durch den General Bon in Besitz genommen war, brach das zu dem Feldzuge bestimmte 12,945 Mann starke Armeecorps auf; am 18. Febr. 1799 vereinigten sich sämtliche Colonnen desselben vor El-Arisch, mitten in der Wüste, wo die Grenzen von Afrika und Asien sich berühren; 3 Fregatten liefen von Alexandrien aus, um vor Jaffa zu kreuzen, und das Belagerungsgeschütz, das durch die Wüste nicht fortgebracht werden konnte, herbei zu führen. Dgezar, unterdessen zum Pascha von Damask und Aegypten ernannt, hatte El-Arisch und das dortige Fort mit 2000 Mann besetzt; aber schon am 20. Febr. ergab sich der Platz mit Capitulation. Am 24. trat die Armee aus der dürren Wüste in die schöne Ebene von Gaza hervor; der Feind wich ohne Widerstand zurück; die Stadt öffnete ihre Thore. Der Zug wälzte sich nun vor Jaffa, das erst heftig beschossen, und dann am 6. März mit Sturm genommen wurde. Unter steten Gefechten mit Abdallah Pascha und den Naplusanern, setzte das Heer seinen Marsch gegen St. Jean d'Acre fort, erschien am 18. März in der Nähe der Stadt, bemächtigte sich in ihrer Umgebung wichtiger Magazine, und eröfnete am 20. März die Laufgräben. Kurz zuvor war der Commodore Sidney Smith, mit dem ausgewanderten Obersten Phelippeaux, daselbst angekommen. Er stärkte den sinkenden Muth des Pascha und seiner Besatzung, lenkte in der schlecht befestigten Stadt mit Kraft und Einsicht die Vertheidigungsanstalten, und entriß dem Feind einen großen Theil seines Belagerungsgeschützes und seiner Ammunition, die zur See herbeigeführt wurden. Mehrere Stürme wurden angelegt und abgeschlagen; unaufhörliche Ausfälle beunruhigten und schwächten das Belagerungsheer. Eine noch größere Gefahr bedrohte das letztre vom Jordan her, indem Mameluken und Janitscharen heran zogen, um vereinigt mit den Arabern und Naplusanern, den Franzosen in den Rücken zu fallen. Der General Kleber rückte diesen Scharen entgegen, deren gesamte Macht sich am Berge Thabor auf der Ebene von Esdrelon zusammen zog; Bonaparte folgte ihm nach. Am 16. April kam es zur Schlacht; der Feind ward über den Jordan zurück geworfen; alle seine Zelte, Vorräthe und Kamele fielen den Siegern in die Hände; wenige Gerettete verkündigten zu Damask, wo sie ausgezogen waren, die erlittene Niederlage. Sogleich nach Bonapartes Zurückkunft in das Lager vor Acre war der Rest des Belagerungsgeschützes daselbst eingetroffen, und die Angriffe wurden mit erneuertem Eifer fortgesetzt; aber alle Anstrengungen scheiterten an der Wachsamkeit und Beharrlichkeit der Belagerten. Dagegen wurde die Verlegenheit der Belagerer täglich größer. Seit der Einnahme von Jaffa hatten sich die Spuren der Pest unter ihnen gezeigt; das Uebel nahm schnell überhand und zu hunderten fielen seine Opfer. Das Heer litt den peinlichsten Mangel an allen Lebensbedürfnissen. Der Muth sank bei den Soldaten; an seine Stelle trat Misvergnügen und Insubordination. Mit Geschützmunition war man nur noch auf wenige Tage versehen. Zugleich nahte die Jahrszeit der Landungen in Aegypten herbei. Diese Umstände zwangen Bonaparte den Entschluß ab, die Belagerung aufzuheben, und auf die Eroberung von Syrien Verzicht zu leisten. Das Heer brach am 20. Mai Abends um 9 Uhr auf. Die Belagerungsartillerie hatte man größten Theils ins Meer geworfen, die Magazine verbrannt, die Ernten zerstört. Ueberall wurden die Festungswerke gesprengt, alle Vorräthe, die dem nachfolgenden Feinde nützen konnten, vernichtet, und das Eigenthum der Einwohner den Soldaten Preis gegeben. Viele Franzosen erlagen den Anstrengungen und Entbehrungen des Marsches; eine große Zahl ihrer Pestkranken ward zu Jaffa auf Befehl des Obergenerals vergiftet; das Material des Heers ging größten Theils verloren. Auf dem Marsche durch die Wüste häuften sich die Mühseligkeiten. El-Arish wurde mit einer Besatzung versehen. Nach einem Zuge von 26 Tagen hatte die Armee Kairo erreicht, nachdem ihre Zahl bis auf 8000 Mann herunter gesunken war. Dieser Verlust war sehr empfindlich, aber nicht umsonst gemacht; denn die syrische Expedition hatte die Rüstungen, die dort gegen die Armee des Orients betrieben worden waren, gestört, und die östl. Grenze von Aegypten gegen die Angriffe des Feindes gesichert. Noch günstigere Resultate hatte mittler Weile der General Desaix erfochten, indem er den von seinen Niederlagen sich wieder erhebenden Murad Bey in mehreren Gefechten schlug, immer weiter zurück trieb, und beinahe ganz Oberägypten unter französische Botmäßigkeit brachte. Unterdessen hatte der Kapudan Pascha ein Heer von 18,000 Mann auf Rhodus zusammen gezogen, um dasselbe an der Nordküste von Aegypten auszusetzen. Er erschien am 11. Jul. auf der Höhe von Alexandrien. Am 15. setzte er die Truppen an das Land, welche sogleich die Redoute und das Fort von Abukir erstürmten, und eine feste Stellung faßten. Bonaparte rückte dem Feind entgegen; am 25. fand er sich vor seiner Fronte. Es entbrannte eine blutige Schlacht, deren siegreicher Erfolg besonders durch die wohl berechneten und raschen Angriffe des Generals Murat bewirkt wurde. Zu Hunderten ertranken die fliehenden Türken im Meer, indem sie sich zu retten suchten. Selbst ihr Befehlshaber, der Pascha von Natolien, fiel in die Hände der Sieger. Das Kastell von Abukir ergab sich, nach heftiger Beschießung, einige Tage später. Die feindliche Macht war vernichtet, und die ganze Unternehmung vereitelt. Mit diesem Siege beschloß aber Bonaparte die Rrihe seiner Thaten im Orient. Am 23. Aug. kehrte er nach Europa zurück, und eine Proclamotion verkündigte mit wenigen Worten der Armee: „er überlasse dem Generale Kleber das Commando.“ Die Behauptung von Aegypten war für den neuen Obergeneral eine sehr schwierige Aufgabe. Die Gesamtzahl des diensttauglichen Heeres belief sich höchstens noch auf 15,000 Mann, und man hatte kein Mittel die fehlenden Kräfte zu ersetzen. Es mangelte an Lebensmitteln, an Geld, an Waffen, und den Soldaten, unaufhörlich von innern Feinden, Krankheiten und Mangel verfolgt, an Vertrauen. Neue Angriffe auf die Grenzen vermehrten die Gefahren der Armee. Zwar wurden 4000 Janitscharen, die (1. Nov.) bei Damiate ans Land gestiegen waren, schnell wieder zurück geworfen; aber mit 60,000 Mann zog der Großvezier durch Syrien heran, und bemächtigte sich am 30. Dec. schon des Forts El-Arish. Kleber, in Erwägung der Schwäche der Mittel, die er dieser Macht entgegen zu setzen hatte, und die Dienste betrachtend, welche die Reste der orientalischen Armee dem Vaterland in der Heimat leisten konnten, hatte früher schon mit Sidney Smith, dem von dem Großvezier Vollmacht ertheilt war, Unterhandlungen eröffnet, durch welche am 24. Jan. 1800 der Traktat von El-Arish zu Stande kam, welcher, unter Festsetzung eines Waffenstillstandes von 3 Monaten, bestimmte, daß sich die Franzosen, in bezeichneten Zeiträumen, mit Waffen und Gepäcke nach Alexandrien, Rosette und Abukir zurück ziehen sollten, um dort nach Frankreich eingeschifft zu werden. Die Franzosen begonnen die von ihnen besetzten Plätze zu räumen, und die Türken nahmen von denselben Besitz. Aber bald erklärte der Befehlshaber der engländischen Seemacht im Mittelmeere, Admiral Keith, „daß die Rückkehr der französischen Armee unter keiner andern Bedingung geschehen könne, als daß sie die Waffen strecke.“ Diese Erklärung ertrug der edle Stolz des Obergenerals nicht. Er theilte sie dem Großvezier mit, und erinnerte ihn sein Vorrücken einzustellen. Als aber dieser fortfuhr sich im Land auszubreiten, rief Kleber seine Truppen wieder zu den Waffen, und erklärte am 19. März aufs Neue den Krieg. Die Armee war in der Gegend von Kubeh zusammen gezogen; die feindliche Macht breitete sich um Matarieh, (dem alten Heliopolis) aus. Am 20. machte Kleber einen allgemeinen Angriff auf die letztre, und es wurde ihm der vollständigste Sieg. Mit ungeheuerem Verluste floh der Großvezier von dem Schlachtfeld in die Wüste; sein mit Reichthümern aller Art angefülltes Lager ward die Beute der Franzosen; alle Plätze, die von den Türken besetzt worden, selbst Kairo, wurden ihnen wieder abgenommen; bald verbreitete sich die französische Herrschaft wieder über ganz Ägypten. Zugleich entledigte man sich eines gefährlichen Feindes, indem man mit Murad Bey Friede schloß, der, gegen Abtretung einiger Provinzen des Südens, sich verbindlich machte, einen jährlichen Tribut zu bezahlen, und den Franzosen in allen Fällen Beistand zu leisten. Alles schickte sich wieder zu einem bessern Gedeihen der öffentlichen Angelegenheiten an. Das Heer sah sich durch seine Siege und durch die Nachricht von der Revolution, die Bonaparte in Frankreich bewirkt hatte, mit neuem Muth und neuen Hoffnungen erfüllt. Alle innere Feinde waren durch die Niederlage des Großveziers verstummt. Der Obergeneral genoß das allgemeine Vertrauen. Die Administration nahm mildere Formen an. Man verstärkte die militärische Macht durch Werbungen im Lande. Zugleich wurden Communicationen mit der türkischen Regirung eingeleitet, um sie zu einem Neutralitätsvertrage bis zum allgemeinen Frieden zu vermögen, wodurch die französische Armee die Gewißheit erhielt, daß sie blos mittelst einer Seeexpedition angegriffen werden konnte, welche aber die Engländer ohne den Beistand der Türken schwerlich unternommen haben würden. Doch alle diese löblichen Bestrebungen endigte plötzlich die Hand eines Meuchelmörders, der, von dem Janitscharen Aga der türkischen Armee gedungen, den Obergeneral am 14. Jun. auf der Terrasse seines Gartens niederstieß. Menou, der älteste unter den Divisionsgeneralen, der zum Mahomedismus übergegangen war und eine reiche Türkin geheirathet hatte, erhielt das Commando; aber weder durch militärische Thaten, noch durch Talente ausgezeichnet, als leidenschaftlich und eigensinnig bekannt, genoß er kein Zutrauen; und sein Grundsatz, daß Aegypten schlechterdings für die Republik erhalten werden müsse, erregte den Geist der Zwietracht in der Armee, die sich in die Colonale oder Anticolonale Partei trennte. Seine Neuerungen in der Verwaltung waren meist nachtheilig für die Truppen und drückend für die Einwohner, welche laut erklärten, „daß der muselmännische General sie nöthige, einen christlichen zurück zu wünschen.“ Die übrigen Befehlshaber, die sich in ihren Ansichten mit Menou immer mehr entzweit sahrn, zogen sich von ihm zurück. Das Misvergnügen ward allgemein. Bei dieser Lage der Dinge bereiteten sich die Engländer und Türken zu einem neuen combinirten Angriff auf die Fronte und die Flanke der französischen Armee. Die erstern hatten ein Corps von 16,000 Manu, unter dem Befehle des Generals Abercromby, eingeschifft, das sich in Rhodus und in dem Meerbusen von Makri zu der bevorstehenden Unternehmung rüstete; der Großvezier aber staud zu Jaffa, und zog dort neue Verstärkungen an sich. Menou, von diesen Anstalten der Feinde unterrichtet, wollte durchaus nicht an eine Gefahr glauben, die von Seiten der Engländer drohte, entblößte mit äusserster Verblendung die Nordküste von Truppen, vernachlässigte die Sorge für die Bedürfnisse der festen Plätze und der Truppen, und stieß die Anerbietungen, die Murad Bey ihm machte, mit kränkendem Hohn zurück. Indessen erschienen die Engländer am 1. März 1801 in der Rhede von Abukir, begannen am 7ten die Landung, warfen die schwachen Kräfte, womit der General Friant, der zu Alexandrien commandirte, ihren Lauf zu hemmen suchte, zurück, und schlossen das Fort Abukir ein. Schon am 4. März war die Gefahr zu Kairo bekannt geworden; aber Menou, stets den Großvezier im Auge, der noch immer keine Bewegung machte, schickte blos die Division des Generals Lanusse den Engländern entgegen. Dieser vereinigte sich auf den Anhöhen von Nikopolis mit Friant; aber die Uebermacht drängte sie zurück; das Fort von Abukir ergab sich am 19ten dem Feinde. Indessen waren größere Streitmassen gegen den letztern heran gezogen, die sich am 20. März zu Alexandrien vereinigten, und ein Heer von 8330 M. Infanterie und 1380 Mann Cavallerie bildeten. Sie griffen am 21. März mit ihrem gewöhnlichen Muthe die Engländer an; aber der Sieg entschied sich für die letztern; doch kostete er sie ihren Obergeneral Abercromby, an dessen Stelle Hutchinson das Commando übernahm. Statt seinen Vortheil mit Energie zu verfolgen, zog sich dieser in seine Verschanzungen zurück; die Franzosen behaupteten ihre Stellung bei Alexandrien. Bald aber erregten die Ereignisse bride Heere zu neuer Thätigkeit. Der Kapudan Pascha setzte am 31. März bei Abukir 6000 Türken ans Land, welche, durch Engländer verstärkt, Rosette und das Fort Julieu wegnahmen. Zugleich trat ber Großvezier mit 25,000 Mann seinen Marsch durch die Wüste an, und bewegte sich gegen Belbeis und Salahieh. Menou vermehrte seine militärischen Misgriffe, indem er, um sich des feindlichen Andrangs zu erwehren, seine ohnehin schwachen Kräfte vertheilte. Er blieb mit 4500 Mann zu Alexandrien stehen; 3900 Mann wurden zu El-Aft, dem engländisch-türkischen Corps zu Rosette gegen über aufgestellt; 2500 Mann sollten Kairo gegen den Großvezier vertheidigen. Am 6. Mai eröfnete Hutchinson seine Operationen gegen das Lager von El-Aft, und zwang, durch geschickte Bewegungen, die dort stehenden Truppen, sich nach Rahmanieh und dann nach Kairo zurück zu ziehen. Nach ihrer Ankunft faßte der General Belliard den heroischen Entschluß, mit ihnen dem Großvezier entgegen zu gehen, und diesen, noch vor dem Eintreffen der Engläuder, in die Wüste zurück zu werfen. Aber er mußte das begonnene Vorhaben wieder aufgeben, und sich darauf beschränken, seine Stellung in der Hauptstadt so viel möglich zu befestigen und zu sichern. Hutchinson kam mit seinem Corps und dem des Kapudan Pascha am 20. Jnn. in der Nähe von Kairo an; ihm folgten 7886 Mann neuer engländischer Truppen, welche über das rothe Meer aus Ostindien herbei geführt worden waren, und am 23. Mai zu Kossir gelandet hatten; das Heer des Großveziers schloß Kairo auf dem rechten Ufer des Nils ein. Mit einer Besatzung von 6000 Mann von einem Heere von 45,000 in einer ungeheuren Stadt belagert, deren Einwohner ihm größten Theils feindselig gesinnt waren, von dem äußersten Mangel an Lebens- und Kriegsbedürfnissen bedroht, um ihn her die schrecklichsten Verwüstungen der Pest, — durfte Bellard das Schicksal der Seinen dem Glücke der Waffen nicht mehr auvertrauen. Aber sein Name und seine feste Haltung imponirten dem Feinde dergestalt, daß er sich auf eine seine Ehre nicht verletzende Art mit ihm vertragen konute. Es kam am 27. Jun. eine Convention zu Stande, vermöge welcher die französischen Truppen Kairo auf ähnliche Bedingungen, wie im Traktat von El-Arish, räumen sollten; auch eingeborne Aegypter konnten die Abziehenden begleiten. Der Vertrag kam ohne Säumniß zur Vollziehung. Die Truppen wurden am 17. Aug. zu Rosette eingeschifft, und langten im folgenden Monat zu Toulon an. Jhre Zahl belief sich, mit Einschluß der Aegypter, auf 13,000 Mann, worunter sich aber kaum 4000 bewaffnete befanden. — Unterdessen hielt sich der General Menou noch immer in Alexandrien und in dem verschanzten Lager auf den Höhen von Nikopolis. Es war in der Convention von Kairo versehen worden, daß es auch ihm gestattet seyn sollte, unter denselben Bedingungen nach Frankreich zurück zu kehren. Aber da er zu dieser Zeit Nachricht von den Friedensunterhandlungen erhielt, welche zwischen dem ersten Consul und England angeknüpft worden, und daß der Admiral Ganteaume unterwegs sey, um ihm Verstärkungen zuzuführen, so erklärte er sich entschlossen, sich bis auf den letzten Mann zu halten. Aber die gehoffte Hilfe blieb aus; es trat der drückendste Mangel an Lebensmitteln und Wasser ein; ansteckende Krankheiten verminderten seine wehrhafte Mannschaft bis auf 3000 Streiter. So sah er sich in der Nothwendigkeit, dem Feind eine Capitulation anzubieten, die am 30. Ang. unterzeichnet wurde. Auch der Garnison von Alexandrien ward gestattet, mit Waffen und Gepäck in ihr Vaterland heim zu kehren. Schiffe, die sich im Hafen befanden, wurden den Belagerern zu Theil. Die alterthümlichen und wissenschaftlichen Sämmlungen, welche die französischen Gelehrten gemacht hatten, blieben größten Theils ihr Eigenthum. Am Ende des Septembers, eben als die Londner Friedenspräliminarien die Zurückgabe Aegyptens an die Türken verfügten, schifften sich die Truppen, die noch 8000 Mann, mit 1300 Matrosen, stark waren, ein, und kamen zu Ende Novembers in Frankreich an. So endigte sich eine Unternehmung, von der die Zeitgenossen die größten Erfolge für die Civilisation der Menschheit, für den Gang des europäischen Handels und für die politischen Verhältnisse der Staaten erwartet hatten, als ein vergebliches Beginnen. Höchstens einzelne Keime der Cultur und Industrie hinterließ die Expedition auf der afrikanischen Küste. Dagegen aber ist den Völkern von Europa und der Nachwelt durch die ägyptische Expedition eine geistige Eroberung zu Theil geworden, die wir sehr hoch anzuschlagen berechtigt sind, indem sie uns das Land, „das wegen seines Alterthums, seiner Künste und politischen Einrichtung, wie ein Räthsel der Urwelt da steht, und immer die Errathungskunst der Forscher reichlich geübt hat,“ in einem neuen, hellen Lichte verklärt, und die herrlichsten Bereicherungen dem forschenden Geiste darbieten, der in den Denkmalen der fernsten Vorzeit den Sinn und Charakter der uralten Völker zu ergründen, oder die itzige Gestalt ihrer verfallenen, trauernden Wohnsitze kennen zu lernen strebt. Es gereicht den damaligen französischen Machthabern zum nicht geringen Ruhme, daß sie, indem sie Herre und Flotten nach den Orient versandten, um dort ihr Gebiet zu erweitern und ihren Feinden zu schaden, zugleich mit großem Aufwand auf diese Eroberung antrugen, und als die politischen Zwecke des Zugs vereitelt waren, wenigstens sie zu erhalten suchten. Nachdem nämlich die Reste der Armee, und die Gelehrten und Künstler, die dieselbe begleitet hatten, mit ihren Schätzen nach Frankreich zurückgekommen waren, wurde aus der Mitte der letztern eine Commission niedergesetzt, welche die wissenschaftliche Ausbeute der Unternehmung in einem großen Werke niederlegen sollte. Die Mitglieder der Commission waren Berthollet, Conté, Costaz, Degeuettes, Fourier, Girard, Laurent und Monge. Conté und Laurent, die während der Arbeit starben, wurden durch Jomard und Jallois ersetzt, welchen nachher noch Delille und Devilliers beitraten. Der Plan der Arbeit wuede dahin bestimmt, „en composant le recueil, de présenter avec ordre les résultats, qui interessent les antiquités, l'état actuel, l'histoire naturelle et la géographie de l'Egypte, c'est à dire de rassembler les élémens fondamentaux de l'étude de ce pays.“ Die zahlreichen Mitarbeiter übergaben ihre Aufsätze der besagten Commission, die sie dann untersuchte, berichtigte und über ihre Aufnahme erkannte. Das Werk ward auf 9 Bände mit 890 Kupferstichen, in dreifachem Folioformat, angelegt. Der Text zerfällt in 3 Haupttheile, 1) die Alterthümer, 2) der gegenwärtige Zustand von Aegypten, und 3) die Naturgeschichte: in Ansehung der Form aber in die Explications des planches, die Descriptions und die Mémoires. Die Kupferstiche wurden so vertheilt, daß zu den Alterthümern 450 in 5 Bänden, zu dem gegenwärtigen Zustande 170 in 2 Bänden und zur Naturgeschichte 250 in 2 Bänden kommen. Der Atlas géographique in 50 Blättern wird dem Ganzen nachfolgen. Nach langen und gründlichen Vorbereitungen erschienen endlich 1809 und 10 die 3 ersten Lieferungen der „Description de l'Egypte ou Recueil des observations et des recherches qui ont été faites en Egypte pendant l'expedition de l'armée française, publié par les ordres de sa Majesté l'Empereur Napoléon le Grand,“ in der kaiserl. Druckerei zu Paris, und „mit einer alle Vorstellungen übersteigenden typographischen Pracht und verschwenderischer Kunst lagen nun die Entdeckungen der französischen Gelehrten und Künstler vor dem Publikum, begleitet mit Kupferstichen, die an Größe des Umfangs und hoher Vollendung alles übertreffen, was die Grabstichel der Briten und Franzosen in dieser Art hervorgebracht haben.“ Bei dieser herrlichen äußern Ausstattung, und bei dieser Wichtigkeit und Fülle des Inhalts, den in seinen höchst interessanten Einzelnheiten zu verfolgen, hier nicht der Ort ist, entstanden wol mit Recht viele ängstliche Besorgnisse, als das Werk, durch die Erschütterungen, von denen Frankreich nach dem russischen Feldzug ergriffen ward, unterbrochen schien; indeß wurden die Besorgten durch die Zusicherung seiner Fortsetzung und Vollendung beruhigt, welche Ludwig XVIII. gegeben hat. Unter den Gelehrten und Künstlern, welche die Expedition begleiteten, haben mehrere sehr schätzbare Beiträge zur Kentniß des alten und neuen Aegyptens in Privatschriften geliefert, unter denen Denons *Voyage en Egypte*, gr. Fol. Paris, 1800. 1807. und die *Mémoires sur l'Egypte* 4 Bde die reichhaltigsten und interessantesten sind. (*Pahl.*)

Ägyptische Alterthümer, Mythologie, Religion und Philosophie. Wer von Aegyptens Alterthum, Kunst und Weisheit sprechen soll, dem ist einige Bangigkeit kaum zu verargen, denn er wagt sich in ein sehr verschlungenes Labyrinth. Indeß ist auch der Reiz zu solchem Wagstück nicht gering, denn wo die Geschichte schweigt oder nur unverständlich redet, da spricht die Natur selbst, und uralte Gräber und Kunstwerke verkündigen, der Aegypter älteste Fabelgeschichte sey doch wol so fabelhaft nicht, als man zu lange geglaubt hat. Besonders seit den Entdeckungen der französischen Expedition ist die Hoffnung, das Räthsel von Jahrtausenden noch gelöst zu sehen, gestiegen, und Vorgänger wie Zoëga, Heeren und Böttiger beleben den Muth.

Nicht mit Unrecht werden wir uns an den Nil halten als an einen Faden, der durch das Labyrinth führt. „Aegypten, sagt Regnier, ist ein langes, von Wüsten umgebenes Thal, in dessen Mitte der Nil strömt. Bis gegen Kahira hält seine größte Breite nicht ganz 4 Lieues; unter Kahira erweitern sich die Berge, und das Terrain wird ausgedehnter. Bei dem ersten Anblicke könnte man glauben, daß in den Zeiten, die über die Geschichte hinausgehn, der Fluß breiter war, und den ganzen Raum bis an die Berge einnahm. Gegen Kahira hätte dann ein Meerbusen gestanden, den aber die Anschwemmungen des Flusses unmerklich ausfüllten. Hinter den Inseln nämlich, dergleichen die Felsen von Abukir sind, setzte der Strom die mitgebrachten Materien ruhig ab, bildete hier erst eine große Bank, dann einen innern See, von welchem noch die Seen Menzaleh, Burtos, Marcotis u. a. Ueberbleibsel sind.“ Mit dieser, aus dem Anblick des Landes geschöpften Vermuthung stimmt die Nachricht Herodots [1]), dem die Priester von Memphis erzählten, Niederägypten bestehe aus angeschwemmter Erde, und sey ein Geschenk des Flusses, und unter Menes, ihrem ersten Könige, sey das Land, mit Ausnahme von Thebaïs, nur ein Sumpf gewesen. Diesen Zeugnissen zufolge, werden wir genöthigt, drei Epochen für Aegyptens Bewohnung und Kultur anzunehmen: 1) von Oberägypten, zu einer Zeit, als Mittelägypten noch ein See und Unterägypten noch gar nicht vorhanden war; 2) von Memphis, welches urbar gemacht wurde, als das Delta nur erst aus dem Wasser hervorzutreten anfing, und 3) von dem Delta selbst. Und eben so sind drei Perioden der Kunst zu unterscheiden: 1) der Felsengräber, Grottensculpturen und Obelisken in Thebais, 2) der Piramyden in Mittelägypten, und 3) der ägyptisch-griechischen Kunst in Unterägypten.

Es springt jetzt in die Angtu, wie die Aegypter den Menschen für ein Sumpfthier erklären konnten. Als die ersten Nomadenstämme nach Oberägypten gedrängt oder verschlagen waren, blieb ihnen keine andere Lebensart übrig, als wie sie Diodor beschrieben hat; sie mußten sich entweder im Marschland ansiedeln, oder in den umgrenzenden Felsenreihen ein troglodytisches Leben führen. In beiden Fällen lebten sie von der Wohlthat des Nils. Bildete sich nun bei diesen Ansiedlern eine Religion; so kounte diese kaum eine andre seyn als der Fetischismus des Nils, — höchst wahrscheinlich die ursprüngliche Osiris-Isis-Religion (Osiris der Fluß, Isis das Land) —, und bei den Troglodyten nebenher der Schlangendienst. Es ist hiebei an die Bergschlange Knuphis, Kneph, nur nicht in der feinern Ausbildung, zu deuken, und man wird an die umwohnenden Psyllen erinnert, welche Schlangen zu zähmen verstanden, eine Kunst, welche den ägyptischen Priestern nie fremd geworden ist, wie aus der mosaischen Geschichte hervorgeht.

In den Nachrichten, die uns über die Knuphschlange gegeben sind, finden wir nun aber einen Punkt, welcher besondre Beachtung verdient: diese Schlangen wurden in dem Tempel des Zeus Amun begraben [2]). Es ist natürlich zu fragen, wer dieser war, und woher er kam.

Amun, als Jupiter Ammon allgemein bekannt, hängt aufs innigste mit der Gründung von Thebai zusammen, denn diese Hauptstadt Oberägyptens hieß No-Ammon, d. i. Diospolis, Stadt des Zeus. Aus Herodot wissen wir, daß er hieher kam aus der Nilinsel Meroë in der jetzigen Provinz Atbar, die einen Theil des Königreichs Sennaar ausmacht. Meroë, ein fruchtbares Land in Sandwüsten, Stapelplatz der Producte des innern Afrika, und stets ein Hauptpunct des Karavanenhandels, war ein früh gebildeter Staat, worin das Priester-Institut den König in steter Abhängigkeit von sich erhielt. Dieses Institut sendete aus seiner Mitte Kolonien aus, die in die Gegenden, wohin sie zogen, ihre Gottheit mitnahmen, und unter priesterlicher Autorität ähnliche Staaten stifteten (Heerens Ideen II, 417). Ein solcher war Thebai (früher wol noch Axum?); nachher errichtete die Priesterkaste aus Thebai, gemeinschaftlich mit der aus Meroe, mit welcher sie stets in der genauesten Verbindung blieb, Ammonium in der Libyschen Wüste, nach Browne's und Hornemanns Untersuchungen die schöne, reich geschmückte Oase von Serwah. Von da gingen wieder neue Kolonien aus, und eine namentlich nach Dodona, wo dieser Priesterstamm, wie überall, wo er hinkam, ein Orakel stiftete. Der Grund zur Stiftung solcher Orakel lag hier ursprünglich, eben so wie die Errichtung der Tempel selbst, in der genauen Verbindung, worin durch den ganzen Orient der Handel mit der Religion stand, welche Verbindung vorzüglich von Heeren befriedigend gezeigt ist. (s. Ideen II, 435 fgg.). Alle diese Orakel und Tempel gehörten dem Amun an, von welchem hier nur gesagt werden soll, daß er verehrt wurde entweder in Widders Gestalt oder als Mann mit einem Widderkopfe. Ueber den Gruud hievon hat man eine doppelte Sage; die eine leitet ihn von Dionysos, die andre von Herakles ab [3]), wobei man, wie an seinem Orte gezeigt werden soll, an Indien und Phönizien deuken muß. Einer Art von astronomischer Religion gehört dieser Amun an, er stellt (s. Amun) die Sonne beim Eintritt in den Widder dar, wenn sie das untere Hemisphär durchlaufen hat, und nun, zum oberen wieder gelangt, Frühlings-Aequinoctium macht.

Ziehen wir aus diesem allem die Resultate, so finden wir: 1) Aegypten wurde zuerst von Aethiopien her bevölkert (Diod. 3, 3); 2) sein Priesterstamm kam zwar eben daher, war aber nicht äthiopischen Ursprungs, sondern ein fremdes, Handel treibendes Volk, welches Künste und Wissenschaften hatte, ehe es nach Aegypten kam und sie dahin brachte; 3) Theben wurde ein Karavanenplatz, wo unter dem Schutz und der Autorität dieses Priesterstammes Handel getrieben wurde.

Der höchsten Wahrscheinlichkeit zufolge, war dieser kultivirte Priesterstamm Indischen Ursprungs [4]). Daß er nicht äthiopischen Ursprungs war, dafür bürgt seine ganz verschiedene körperliche Bildung, die man auch in den Mumien noch erkennt, und die sich in den oberägyptischen Grottengemälden auffallend zeigt; den Indischen Ursprung verbürgen die Aehnlichkeit der ägyptischen Priester mit den Brahmanen, die Indische Kasteneinrichtung, welche wenigstens zum Theil in Meroë schon eingeführt wurde (s. Kasten), Aehnlichkeit in Kultur, Künsten, Wissenschaften und Religionsideen. Was dort der heilige Ganges, das war hier der Nil, der Hauptfetisch des Landes, welcher eine Religion veranlaßte, die mit der des Orakelgottes Amun anfangs nur durch die Priester zu-

1) II, 3. *Diod.* I, 34. *Strab.* I. 53. 61.

2) *Herodot.* 2, 74. vgl. *Aelian. H. An.* 11 17.

3) Hauptstellen b. *Herodot.* 2, 42. *Diod.* 3, 71 — 73. *Serv. ad Aen.* 4, 196.

4) Ueber die mythischen Spuren eines Zusammenhanges zwischen Indien und Aegypten s. Indischter. Vgl. Monthly Magaz. 1797. Sept. S. 187. Uebrigens s. Meiners de yett. Aegypt. origine C. S. R. G. Vol. X, 57. Heeren de Graecorum de India notitia. das. — Desselben de mercaturae indicae ratione et viis das. Ideen II, 568. Asiatic Res. III. 5. 46. Langlès Anm. zu Norden III, 349. Creuzers Symbolik I, 276. — Blumenbach unterschied schon nach den Mumien 3 verschiedene Stämme in Aegypten, mit der Negerphysiognomie, der hindostanischen Bildung sich annähernde, und gemischte. S. Gött. Magaz. I, 111.

sammenhing. Beide verschmolzen nicht in einander, zum Beweise, daß jede einer verschiedenen Bestimmung diente: dagegen tritt in den innigsten Zusammenhang mit Isis eine andre männliche Gottheit, Osiris.

Wir würden sehr irren, wenn wir aus einer naturphilosophischen Idee, welche dem Osiris zum Grunde liegt, alles erklären wollten: vielmehr müssen wir auf die orientalische Sitte zurück gehen, nach welcher der Gott und sein Priester-Institut denselben Namtu führen. Osiris (gleichviel was er sonst bedeute) ist zugleich die von Meroë kommende und Aegypten cultivirende Priesterkaste selbst, wie Zoëga gnüglich dargethan hat. Aus dieser Bedeutung nun läßt sich vollkommen erklären, wie Osiris als Wohlthäter des Laudes dargestellt werden mußte, der das Land urbar gemacht, den Landbau gelehrt, Städte erbaut, Künste, Wissenschaften, Religion und Sitte gebracht habe. (S. Osiris). Er heiligte den Pflugstier in Apis und Mnevis, und gab der Kuh die indische Heiligkeit.

Folgt man dem Laufe des Nils durch Oberägypten, so wird man ins höchste Erstaunen versetzt, wenn man sieht, was dieser Osiris — man sieht leicht, daß viele Jahrhunderte dazu gehörten, — alles hier gewirkt hat. Ueberall stoßen wir auf Ueberreste von Städten, Tempeln, Palästen und eine Menge von Denkmalen. Gleich an der Grenze Aethiopiens sind die Inseln Philä und Elephantine voll davon; hierauf stößt man auf die von Silfilis und Ombos, einige Meilen davon auf Groß-Apollinopolis (Edfu) mit einem so großen als prächtigen Tempel, in gleicher Entfernung auf den schönen Tempel von Latopolis (Esne), und gelangt durch die Trümmern von Hermonthis zu den Wundern von Thebä. „Beide Ufer des Stroms, sagt Heeren, so weit das Thal nur reicht, zwei Meilen von Westen nach Osten, sind mit den Ruinen bedeckt; und wo die Wohnungen der Lebenden enden, beginnen die Wohnungen der Todten, die sich bis tief in die westliche Gebirgskette erstrecken. Tempel, deren ungeheure Massen sich gleich Gebirgen aufthürmen, von Kolossen, Sphinxen und Obelisken umgeben, die groß genug sind, um nicht neben ihnen zu verschwinden, liegen zerstreut in der Ebne. Noch steht er, der große Jupiterstempel von Karnak, noch der Palast Memnons (Memnonion) mit dem berühmten Koloß dieses Namens, einem der Wunder der alten Welt; noch die anderu Tempel und Kolossen, deren Zahl man nicht einmal genau kennt; noch die Gräber der Könige mit ihren Malereien, so frisch und unversehrt, als wären sie gestern verfertigt!" — Etwa 5 Meilen nördlich findet man in Tentyris (Denderah) den Isistempel, der durch seinen Thierkreis so berühmt worden ist.

Die meisten dieser Denkmale werden an ihrem Orte beschrieben werden; wir bemerken hier nur was für die allgemeine Uebersicht wichtig ist: die Grottengräber mit ihren Malereien und Mumien, nebst Tempeln und Obelisken mit Hieroglyphen angefüllt.

Die Felsenketten Aegyptens findet man zu unzähligen größeren und kleineren Grabmalen ausgehöhlt, und diese mit mehr oder weniger Pracht verziert, und alle inneren Vorhöfe mit Hieroglyphen bedeckt, wie in Indien mit Sculpturen. Durch die französische Expedition sind uns die zu Eleithias (Decade égypt. T. 3. Livr. 2. p. 110 fgg.) Silfilis (Denon pl. 78) und Thebä genauer bekannt und vorzüglich durch die Folge von Gemälden merkwürdig geworden, welche das Leben der alten Aegypter, ihre häuslichen Verrichtungen, Gewerbe, Künste, Sitten, Gebräuche fast von der Geburt bis zur Beerdigung, so wie historische Begebenheiten und religiöse Ceremonien, darstellen. Viel sonst Unerklärliches ist dadurch erklärbar worden, und Anderes läßt sich wenigstens mit Sicherheit vermuthen. So geben die Königsgräber vor Thebä mit ihren historischen Darstellungen über manches, worüber die Geschichte schweigt, Aufschluß, auch darüber, daß sich die erste Religions- und Staats-Einrichtung hier doch wol nicht so ruhig gestaltet haben müsse, als man gewöhnlich geglaubt hat. Schon Herren (Ideen II, 551) zog aus der Darstellung der dortigen Triumphzüge die richtige Folgerung von zwei verschiedenen Menschenstämmen, welche hier in Zusammenstoß mit einander gerathen seyn müssen, weil die Sieger oder Herrscher alle von rother, die Besiegten, Gefangenen, Getödteten alle von schwarzer Farbe sind, ein Unterschied, welcher auch durch die Mumien bestätigt wird, deren einige langes, schlichtes Haar, andere kurzes und krauses haben. Offenbar ist also hier der Sieg eines fremden Menschenstammes über die äthiopische Rnce dargestellt. Wenn dies nun gleich eine politische Unterwerfung durch Krieger ist, so geht sie doch eigentlich von der Religion aus, denn Krieger- und Priesterstamm gehören zu einander, sind einerlei Ursprungs, und die Priester die eigentlichen Urheber aller dieser Unternehmungen. Darum entstanden auch förmliche Menschenopfer, deren Darstellungen man zu Philä, Thebä, Tentyris und Eleithias sieht. In einer derselben sieht man einen Opfernden, dessen mit einer Keule bewaffnete Rechte aufgehoben ist, um einen Menschen zu erschlagen, welchen man mit Gewalt vor Osiris und Isis gebeugt hat. „Man erkennet, sagt Costaz, in dem Schlachtopfer die Kleidung und den Bart, welche die in dem Treffen überwundenen Völker unterscheiden. In einem audrrn Gemälde wird einer dieser Menschen vor einer mit einer Mitra gezierten Schlange geopfert." Darf man hiebei an die Knuphschlange denken, die in dem Tempel Amuns begraben wurde; so würde sich hieraus folgern lassen, daß die Unterwerfung Oberägyptens nicht mit einem Male geschah, sondern äthiopische Stämme einzeln unterworfen wurden, daß aber die Priester nach der Unterwerfung ihre Religionsideen doch denen der Unterworfenen bequemten. Das erste Beispiel davon würde hier die Schlange seyn. Auf dieselbe Art entstanden aber mehrere Local-Fetische. Mehrere äthiopische Stämme waren hieher gezogen: und da noch bis auf den heutigen Tag der Thierfetischismus in jenen Gegenden herrscht; so läßt sich erklären, wie Aegypten mit solchen heiligen Thieren gleichsam übersäet werden konnte. Jeder Stamm brachte das Seinige mit, und daher in Aegypten für Districte und einzelne Oerter eben so viele Local-Fetische neben dem priesterlichen National-Fetischismus [5]). Wäre

5) Ueberhaupt muß man sich nicht ganz Aegypten sogleich als Ein Reich vorstellen, vielmehr entstanden mehrere kleine

die Vergötterung der Thiere von der Hieroglyphik der Priester ausgegangen, wie Dornedden will; so würde sich die Befeindung einzelner Districte aus gegenseitiger Verachtung ihrer heiligen Thiere schwerlich erklären lassen. Nicht nur wird aber diese jetzt sehr erklärbar, sondern man findet auch den natürlichen Grund zu der ersten Eintheilung in Districte (Nomos), und erkennt zugleich, daß die Priester-Institute verschiedener Districte nicht in völliger Uebereinstimmung mit einander stehen konnten, wiewol sie alle einen gemeinsamen Zweck verfolgten und, von demselben Ur-Institut ausgehend, verfolgen mußten. Dieser gemeinsame Zweck spricht sich deutlich aus in der Einführung der Kasten, deren Urbild in Indien war, das sich aber hieher nur durch Unterwerfung verpflanzen ließ. Priester und Krieger, aus deren letzteren Mitte nachmals die Könige hervor gingen, bildeten die oberen, die unterworfenen Eingebornen die niederen Kasten. Die Priester mußten wol die erste ausmachen, da sie gleich den Brahmanen in einem, von Geschlecht zu Geschlecht forterbenden, ausschließlichen Besitz aller Kunst und Wissenschaft waren, und somit auf den Staat und das Privatleben den entscheidensten Einfluß hatten. — Indeß fällt in diese Zeit wol nur die Grundlage zu der Kasteneinrichtung.

Alle Kunst und Wissenschaft wurde zum Dienste der Religion verwendet, an welche sich hinwiederum alle Kultur des Landes knüpfte. Mit Recht sagt Heeren (II, 650): „die Summe der ägyptischen Kunstgeschichte läßt sich in die einfachen Sätze zusammendrängen: die bildende Kunst hing in Aegypten an der Hieroglyphe; diese ward dargestellt durch die Sculptur; allein die Sculptur bedürfte wieder der öffentlichen Monumente, um einen schicklichen Platz für ihre Darstellungen zu finden; und diese öffentlichen Monumente waren theils schon an sich, theils durch sie, die Grundpfeiler, auf denen zugleich das Gebäude der Religion und des Staates ruhte." Man muß dabei jedoch noch einen Schritt weiter zurück gehn, und dem Bedürfniß nachforschen, welches zur Erfindung der Hieroglyphe nöthigte.

Da es hier noch der Ort nicht ist, uns über die Hieroglyphik und deren Perioden, so wie über die Perioden der Baukunst, Sculptur und Malerei in Aegypten zu erklären (s. diese Art.); so stehe hier einstweilen als bloße Behauptung, daß die Hieroglyphe ihren Ursprung lediglich der Astronomie verdankt, die im ganzen Orirut ein Hauptgeschäft der Priester-Institute war, mit der Religion im innigsten Zusammenhange stand, und durch diese den Landbau, ihn heiligend, beförderte. Die ersten Hieroglyphen waren Aufzeichnungen astronomischer Beobachtungen und Berechnungen, die hier unumgänglich wurden, weil man dem dringenden Bedürfniß eines Nilkalenders abhelfen mußte. Auf Obelisken, vielleicht den ältesten Nilmessern, mußte man die gemachten Beobachtungen bezeichnen, und in den Tempeln grub man die Resultate derselben ein, wodurch die Astronomie zu einer religiösen Angelegenheit wurde. Die Hieroglyphik, als eine Vermittlerin zwischen Astronomie und Religion, wurde nun immer weiter getrieben, so daß ganze große Gebäude, wie z. B. das Memnonium und der Labyrinth, als Hieroglyphen aufgeführt, und ganze Tempel zu Symbolen des astronomischen Verhältnisses zwischen Himmel und Erde wurden. In dieser Hinsicht hat seit der franz. Expedition besonders der Tempel von Tentyris die Aufmerksamkeit auf sich gezogen." Denon lieferte die Abbildung eines darin befindlichen Thierkreises (Pl. 132), und Fourrier eine Beschreibung. Seine Meinung über das Alter desselben hat die Kritik vielfach beschäftigt. Unter der Voraussetzung, daß die Erbauer des Tempels den damaligen Stand der Gestirne vorstellen wollten, setzt er die Erbauung desselben auf 15,000 Jahre vor Chr. Burckhardt in seinen Erläuterungen über diesen Thierkreis und einen zweiten, der sich an dem Plafond eines Säulenganges zu Esne befindet, zieht daraus den Schluß, der Tempel von Tentyris sey wol schon vor 4000 Jahren erbaut gewesen, der Thierkreis zu Esne aber übersteige ein Alter von 6000 Jahren, weil dieser die Sonnenwende im Zeichen der Jungfrau, jener im Zeichen des Löwen angibt, und zugleich die Annäherung derselben gegen den Krebs andeutet, in welchem das Solstitium jetzt ist [6]). An Visconti, Larcher, Hug, Rhode u. A. fanden diese Meinungen Gegner; besonders aber verdient die scharfsinnige Erklärung Samuel Henley's [7]) Aufmerksamkeit, der zuerst aus Denons Beschreibung dieses Tempels, als „des vollkommensten in der Ausführung, und in der glücklichsten Epoche der Wissenschaften und Künste erbaut," den Beweis nimmt, daß er dann unmöglich in ein so hohes Alterthum hinauf gerückt werden könne, nachher aber durch die Erklärung selbst (als Bezeichnung einer Kalenderreform) wahrscheinlich macht, die Anordnung dieses Thierkreises müsse in das Augusteische Zeitalter fallen.

Noch gibt es einen Umstand, welcher der Meinung einer sehr frühen Entstehung solcher astronomischen Werke in Oberägypten, wo man zwar das älteste zu suchen hat, wo aber nicht alles, was man findet, gleich alt seyn kann, nicht günstig ist. Wiewol nämlich hier das Priesterinstitut sich mit Astronomie beschäftigte, und diese Einfluß auf die Religion erhielt; so blieb doch alles nur in Beziehung auf den Landbau, und man kann die Religion Oberägyptens nicht anders als eine agrarische nennen. Eine solche trägt zwar nothwendig den Keim einer astronomischen schon in sich, da aller Landbau sich auf Beobachtung der Gestirne und Jahreszeiten stützt: um aber eine durchaus astronomische Religion zu werden (Zabiismus), muß eine völlige Umbildung vorhergehn. Diese erfolgte nun allerdings; es tritt aber der merkwürdige Umstand ein, daß wir damit durchaus auf — Memphis hingewiesen werden, welches neue Dynastien zur Hauptstadt Ägyptens machten, und wo wir — ganz neue Götter finden.

Priesterstaaten neben einander, welche man unter den Götterregirungen zu verstehen hat, auf welche die menschlichen Regirungen erst folgten, d. i. Könige, — oder wie sie in Aegypten hießen, Pharaonen — aus der Kriegerkaste. Hiedurch erhalten die von dem ägyptischen Priester Manetho angeführten Dynastien noch mehr Wahrscheinlichkeit. S. Manetho.

6) In einem Brief an Grobert in dessen Descr. des Piramydes de Ghizé etc. An. IX, 4. 7) Magaz. encyclop. 1803. T. VI. p. 433 sqq.

Von dem memphitischen Menes wird gesagt, daß er der Erste gewesen, der die Menschen lehrte, wie sie Götter verehren und opfern sollten; er selbst wollte dies von Thent gelernt haben. Offenbar kann sich dieses nur auf Mittelägypten beziehen. Und wenn wir nun hören, daß man ihm, mit welchem die bewundernswürdigen, nun schon Jahrtausenden trotzenden, Deich- und Kanalbaue beginnen (Strabo 17, p. 1136. Diod. 1, 34. Savary 1, 46.), wodurch allein die Blüthe von Mittel- und Unterägypten möglich wurde, nach seinem Tode fluchte, und den Fluch in die heiligen Bücher des Amunstempels in Thebä aufzeichnen ließ (Herod. II. 99): wer erkennt darin nicht eine Collision zwischen Ober- und Mittelägypten, und eine Unzufriedenheit des Priester-Instituts zu Thebä mit dem zu Memphis, welches nothwendig im Besitz nicht gemeiner Kenntnisse der Mathematik und besonders der Mechanik seyn mußte? Wenn man ferner liest, mit welchem Haß die alten Priester von den Erbauern der Piramyden sprechen, welche ganz allein der mittelägyptischen Dynastie angehören: wird man da nicht gleichsam zu der Vermuthung gezwungen, daß das mittelägyptische Institut von anderer Art war als das oberägyptische, und daß die mittelägyptischen Herrscher anders woher gekommen seyn müssen, als die oberägyptischen? Mit diesee Voraussetzung lese man die Berichte von den Schicksalen des Osiris bei Plutarch (*de Iside*), und es wird sich ungezwungen alles erklären.

Der rothe Typhon (ein phönizisch-arabischer Stamm, aber aus Indien her mit dem alten Priesterstamme verwandt, weshalb er ein Bruder des Osiris genannt wird), versucht Neuerungen, bringt den Osiris in einen Sarg, und der Leichnam wird nach Phönizien gebracht, von woher Isis ihn zurückbringt. Typhon reißt ihn in Stücken, welche Isis bis auf die Geschlechtstheile wieder findet. Da sie das Grabmal des Osiris gern unbekannt, und doch den Gemahl von ganz Ägypten verehrt wissen wollte, ersann sie die List, um jedes seiner Glieder seine Gestalt aus Wachs und Spezerei zu bilden, berief alle Priester-Collegien zu sich, und bewog sie zur Verehrung des Osiris und Bewahrung ihres Geheimnisses dadurch, daß sie ihnen des Landes dritten Theil schenkte. Osiris, inzwischen der Unterwelt entstiegen, unterrichtet seinen Sohn Horos, und erzeugt mit Isis den Harpokrates. Auf Horos Seite schlägt sich jetzt selbst Typhons Beischläferin Thueris; Typhon wird im Kampfe gefangen, und der Isis anvertraut. Weil diese ihn frei ließ, riß ihr Horos die Krone vom Haupt und setzte ihr einen Stierschädel auf. Typhon beschuldigte nun den Horos einer unechten Geburt, ward aber durch Hermes (Theut's) Beistand für echt erklärt, und Typhon nach zwei Schlachten gänzlich besiegt. Er, vor dem die Götter geflohen waren und sich in Gestalten von Thieren verborgen hatten, oder die während seiner Herrschaft die Kronen von den Häuptern genommen, wurde getödtet im Tempel zu Memphis, wo die Könige gekrönt wurden, und begraben im See Serbonis (auf der Grenze zwischen Ägypten, Syrien und Arabien).

Diese hieroglyphische Erzählung lautet nun eigentlich so. Mit der phönizisch-arabischen Dynastie (Typhon) kam ein neuer Cultus (Theuts), welcher einen Religionskrieg mit der oberägyptischen Priesterkaste veranlaßte, die wenigstens zum Theil unterdrückt wurde, und als sie sich wieder erhob, doch eine Reform nicht vermeiden konnte. Es findet sich von dieser Zeit an eine Vermischung mit phönizischen Ideen: Adonis-Osiris (s. beide Art.). Dadurch wird hier eingeführt 1) das Mumisiren, womit die ersten Ideen von einem Todtenreiche zusammenhängen, in welchem Osiris herrscht, 2) der Phallus (Lingam-) Dienst, 3) die förmliche politische Constitution des Priesterordens in Beziehung auf Landeigenthum. Während dieses Kampfes zwischen dem Alten und Neuen in Ober- und Mittelägypten bildet sich aus dem Alten selbst ein Neueres in Unterägypten (Horos, s. Herod. 2, 156.), welches jenes Alte und Neue vermittelt, indem dadurch der oberägyptische Fetischismus in Zabiismus übergeht, wovon in dem Stierschädel der, nun zu einer Mondgöttin umgebildeten, Isis die erste Spur liegt. Die unterägyptische Vermittlung fand Beifall; anfangs schlug sich ein Theil des phönizisch-arabischen Stammes auf die Seite des Priester-Collegiums zu Buto (Horos), und als der andre die Anerkennung desselben verweigerte, erklärte sich das Priester-Collegium zu Memphis selbst (Theut) für dasselbe, und entschied auf diese Weise den lange geführten Streit. Es wurde durch diese Vereinigung möglich, den noch widerstrebenden Überrest zu verdrängen, und nun von Memphis aus ein wirkliches System zu bilden, welches bis dahin nicht bestanden hatte.

Dieses System ist ein rein astronomisches, und ohne Zweifel dasselbe, von welchem Herodot (2, 145.) berichtet. Die Ägypter, sagt er, hatten drei Classen von Göttern, wovon die erste 8, die zweite 12 Götter enthielt, die dritte aber von der Classe der zweiten Götter geboren war [8]). Es ist nicht mehr zweifelhaft, daß die 8 Götter der ersten Classe die 7 Planeten mit Inbegrif des Himmels selbst sind, die 12 Götter der zweiten Classe die 12 Zeichen des Thierkreises, und die Götter der dritten Classe die Götter der 5 Schalttage, seitdem man das Sonnenjahr von 360 auf 365 Tage festgesetzt hatte. Hierüber ist die Sage merkwürdig, daß Thent (das astronomische Priester-Collegium zu Memphis) dem Mond im Bretspiel (Rechentafel) von jedem Lichte den 70sten Theil abgewonnen habe, welche Theile zusammen die 5 Zusatztage ausmachten, und die Geburtstage eben so vieler Götter wurden, namentlich von Osiris, Isis, Arueris, Typhon und Nephthys. — Man darf nur die Namen dieser Götter betrachten, um sogleich einzusehen, daß durch die Aufnahme der alten in das neue System, durch die Nebeneinanderstellung der entgegengesetzten, die Vereinigung der alten und neuen Religion vollendet wurde. Osiris und Isis, die Hauptgötter der alten Religion, und auch jetzt noch der Volksreligion, würden keine so untergeordnete Stellung erhalten haben, wenn sie nicht blos in das astronomische System wären aufgenommen worden, um dasselbe mit der bisherigen oberägyptischen Landesreligion gleichsam zu versöhnen.

---

8) S. Gatterer *de Theogonia Ägyptiorum* 2 Comment. in C. S. R. G. T. VI.

Man könnte vielleicht diese Stellung der beiden Hauptgötter für eine Herabsetzung derselben halten: allein man muß bedenken, daß unter Umständen, wie sie jetzt eintreten mußten, wenig auf diese Stellung ankam. Die astronomische Religion konnte nicht Volksreligion werden, sondern mußte dieser immer wie eine gelehrte Theologie gegenüber stehen. Die Priester-Collegien hatten also ihre Geheimnisse, und wir haben gesehen, daß deren Bewahrung ihnen sogar belohnt wurde. Gehörte nun zu diesen Geheimnissen (ἀπορρητα) auch die Stellung des Osiris und der Isis im astronomischen System; so konnte die Priester-Politik, die doch jetzt ohne Zweifel angenommen werden muß, sie in der Volksreligion immer als Hauptgottheiten stehen lassen, ja die Schicksale, welche beide betroffen hatten, mußten sogar, sobald sie hieroglyphisch verzeichnet waren, (und mit Theut tritt auch eine neue Periode der Hieroglyphik ein, die sich zu historischen Verzeichnungen besser eignete), neue Veranlassungen darbieten, das Ansehen dieser Gottheiten noch fester zu begründen. Der lebende Osiris hatte als Wohlthäter der Nation sich Ansehn und Macht verschafft, der gestorbene, aber im Todtenreich herrschende, und die Todten richtende Osiris, in dessen Gestalt jeder Todte verwandelt werden mußte, erhielt noch weit höheres Ansehn und unumschränktere Macht, denn sie ging über das Leben selbst hinaus.

Die Hieroglyphik erzeugte heilige Sagen; diese veranlaßten im neuen Cultus pantomimisch dramatische Darstellungen, und aus solchen bestanden die Mysterien, die in ihrem Ursprunge nichts anders waren, als solche Darstellungen an Kalenderfesten, wodurch der neue Cultus seine Begründung erhielt. In diesen Mysterien wird Osiris völlig zum phönizischen Adonis, d. h. in den Schicksalen eines sterbenden und wieder auferstehenden Gottes wird das im Herbst ersterbende, und im Frühling neu belebte und belebende Jahr dargestellt. Zu diesem Behufe dienten auch die Phallophoria. (s. Mysterien.)

Daß in diesem neuen Cultus Osiris eine neue Bedeutung erhielt und erhalten mußte, springt in die Augen, und es wird an seinem Orte gezeigt werden, welche. Hier ist es hauptsächlich um den Einfluß zu thun, welchen jene Mysterien in die Volksreligion hatten. Die in ihnen dargestellte Idee hatte so große Verwandtschaft zu dem menschlichen Leben selbst, daß man sie kaum fassen konnte, ohne zugleich auch die Gedanken an Tod und Unsterblichkeit zu fassen. Dies aber war der Punkt, wo die Priester ihre Herrschaft neu gründeten.

Wir stoßen jedoch hier auf Widersprüche in Ansehung des Glaubens an Unsterblichkeit. Nach Herodot (1, 10.) behaupteten die Ägypter, die Sele wandre aus dem verwesenden Körper in ein andres lebendes Wesen, das zu der Zeit geboren werde, und nach einem 3000 Jahre dauernden Kreislauf durch alle Geschöpfe komme sie wieder in einen menschlichen Leib. Dagegen berichtet Plutarch, die Ägypter hätten angenommen, es sey unter der Erde ein Ort, wohin die abgeschiedenen Selen gingen; er hieße Amenthes. Porphyr (*de abstin.* 4. 910.) erzählt, die Ägypter beteten bei Todtenbestattungen: Allherrscherin Sonne, und ihr übrigen Götter alle, die ihr dem Menschen Leben schenkt, nehmt mich auf, und macht mich zum künftigen Genossen der Götter! — Um diese Meinungen zu vereinigen, nahm Zoëga an (*de obelisc.* 294. 310.), die Sele steige mit dem Körper in die Unterwelt, und trete erst nach dessen Verwesung die Wanderung an, wogegen aber Heeren (II. 672.) mit Recht einwendet, man habe ja hier die Körper so einbalsamirt, daß sie gar nicht verweseten, weshalb er die Schwierigkeit dadurch zu heben sucht, daß er Herodots Meinung der gelehrten Priesterreligion, die andre der Volksreligion zuschreibt, den Glauben an die Fortdauer nach dem Tode aber zunächst an die Fortdauer des Körpers geknüpft seyn läßt. Mir scheint nicht alle Schwierigkeit dadurch gehoben; denn muß man nicht fragen: warum die Priester, wenn sie wirklich an Selenwanderung glaubten, die Leichname verewigten? Da die Wanderung nur mit der Verwesung beginnen sollte, so wurde sie ja dadurch unmöglich gemacht, und mit ihr zugleich, was noch weit mehr sagen will, das Gelangen der Sele an ihr letztes Ziel. Ein solches konnte doch nicht die neue Belebung eines menschlichen Körpers seyn, denn wenn die Sele diesen wieder verließ, was wurde dann aus ihr? Noch viele Fragen ließen sich aufwerfen, wenn nicht aus diesen schon hervorginge, daß ein neuer Erklärungsversuch nicht überflüssig ist.

Der einzige Weg zu sichern Resultaten zu gelangen, ist ohne Zweifel auch hier sorgfältige Unterscheidung der verschiedenen Perioden. Wir können aus dem Vorigen deren 4 festsetzen, 1) die alte Osirisperiode in Oberägypten, 2) die memphitische einer fremden, aber verwandten Priesterkaste, 3) die neue Osirisperiode, nach der von Unterägypten aus erfolgten Reform, und 4) die Periode der durch Theut bewirkten Vereinigung, in welcher alles systematisch, und ein neuer Cultus allgemein wird. Auch bei einem nur flüchtigen Blick auf diese Perioden muß es auffallen, daß die Bereitung der Mumien, zugleich mit den Mysterien und dem Phallusdienste, die sich alle auf den begrabenen Osiris beziehen, erst in die dritte Periode fällt, an deren Gestaltung Typhon den wesentlichsten Antheil hat. Nothwendig muß dadurch die Bedenklichkeit entstehen, wie es sich nun vorher verhalten, und ob es bis dahin auch schon Mumien gegeben habe? Ich glaube diese Frage bejahen zu müssen, weil die Natur hier selbst Mumien macht, und es die höchste Wahrscheinlichkeit für sich hat, daß bei der künstlichen Bereitung der von Heeren angegebene roheste Glaube an Fortdauer nach dem Tode zum Grunde lag. Diese Mumien müssen sich aber von den späteren wesentlich unterscheiden, denn in den späteren ist, wie Böttiger [9]) dargethan hat, jeder Leichnam in einen Osiris verwandelt, die Bereitung ist weit künstlicher, und zeigt überall die Spuren der Mysterien. Man fand also jetzt das Mumisiren vor, machte aber damit wesentliche Veränderungen. Da die Ursache dieser Veränderungen in dem

9) Andeutungen zu 24 archäol. Vorles. u. Ideen zur Archäol. der Malerei.

liegt, was die memphitische Priesterkaste einführte; so wird es nothwendig, daß man dieses auszumitteln suche.

Was man aus zerstreuten Nachrichten zusammen bringen kann, besteht in folgendem: 1) die Hauptgottheit dieser Priesterkaste ist Phtha, den die Griechen für Hephästos erklären; nach Manetho regirte in der Memphitischen Dynastie zuerst Hephästos, dann Helios (Feuer- und Sonnendienst): 2) die Kabiren gehörten ebenfalls in diesen Religionskreis, und Herodot (3, 37.) beschreibt sie den Phönizischen Pataiken ähnlich.

So wenig es nun auch ist, was wir hiedurch erfahren, so reicht es doch hin, den Zusammenhang mit Phönizien und den Ursprung aus Indien muthmaßen zu lassen. Jener soll anderwärts gezeigt werden, über den letzten bemerken wir nur, daß sich hier der Schivaismus verräth, der mit Feuerdienst anfing, und in Sonnendienst überging, und dessen eigenthümliches Symbol der Lingam (Phallus) ist. Die astronomische Religion ging aus ihm hervor, wahrscheinlich durch Einwirkung des phönizischen Herkules, aus welchem der Indische erst entstanden ist. Alles dieses finden wir nun bei der memphitischen Priesterkaste wieder. Wollten wir gleichwohl noch zweifeln, daß hier, durch das Mittel von Phönizien (Theut), Indisches entstanden sey; so muß dieser Zweifel fallen, wenn wir 1) die Indische Kosmogonie vom Weltei, 2) die Indische Lehrr von der Selenwanderung, 3) die Indische Moral und Ascetik 4) die Indische Organisation des Landes, der Priester und Priesterinstitute hier ebenfalls wieder finden. So viele Gleichheit in den verschiedensten Punkten kann kein Zufall seyn.

Ist nun aber die memphitische Priesterkaste ein Zweig der Schiwasecte (die Osiriskaste gehört nach aller Wahrscheinlichkeit der Wischnusecte an), so ist es klar, daß die Lehre von der Selenwanderung mit den fremden Priestern erst jetzt hieher verpflanzt ward. Volksglaube kann sie niemals gewesen seyn, denn sonst hätte die Lehre vom Todtenreiche sich nicht so ausbilden können, wie sie sich ausgebildet hat. Vielmehr reformirte man nur das Alte auf eine Weise, wobei die moralischen Zwecke gleich gut erreicht wurden, und die Priester in jeder Hinsicht gewannen. Es wurde darum doch, wie sich gleich zeigen wird, des Indischen noch so viel beibehalten, als für den beabsichtigten Zweck brauchbar war.

Hatte man früher die Fortdauer der Existenz an die Fortdauer des Körpers gebunden, so knüpfte man jetzt die glückliche Fortdauer der Sele an die Verwandlung des Leichnams in Osiris, wodurch das Mumisiren in Zusammenhang mit den Mysterien kam. Dabei blieb es aber nicht, und es scheint, daß die veränderte Localität für eine Umwandlung mitwirkend war. In Ober- und Mittelägypten hatte die Felsenkette ein Local für die Todten angeboten, und statt der Grottengräber der Könige in Thebä erhuben sich zu gleichem Zwecke bei Memphis für die Pharaonen die Piramyden. Die andern Todten wurden von Memphis aus in Kähnen über den See Möris gebracht, und in Unterägypten konnten sie nicht anders in ihre Begräbnisse gebracht werden, als auf diese Weise. An diesen Punkten war es aber vornehmlich, wo sich die Ider von einem eigentlichen Todtenreich ausbildete. Diodor (1, 92.) berichtet uns, daß, wenn ein Leichnam mumisirt war, die Anverwandten des Verstorbenen meldeten, der Verstorbene wolle über den See fahren. Hierauf versammelte sich jenseit des Sees ein Todtengericht aus 40 Personen bestehend, und die Todtenbarke stieß vom jenseitigen Ufer ab. Jetzt konnte jeder auftreten, und den Verstorbenen über sein Leben anklagen, worauf die Richter das Urtheil sprachen, ob er des Begräbnisses werth sey oder nicht. Diese ganze Verhandlung nun, welche nicht Statt finden kann als unter Voraussetzung einer Moral, wurde übergetragen auf das Todtenreich selbst, wovon ja der Ägypter in dem schauerlichen Schweigen der Wüste ein Vorbild vor sich sah. Wölfe bewachen dessen Eingang, Anubis, der Herold des Todtenreiches, leitet dorthin, Osiris richtet, Genien halten die Wage des Gerichts, Isis ist Fürsprecherin.

Will man wissen, wie viel des Indischen hier beibehalten worden, so vergleiche man in des Fra Paolino *Systema Brahmanicum* Taf. 23. und in Niebuhr Bd. 1. Taf. 39. oder bei Denon Taf. 141. und es wird in die Augen springen. Dort sitzt der richtende Yama, hier Osiris auf seinem Throne, dort und hier ist Anubis; dort und hier eine Menge dienstbarer Genien und die Selenwage [10]).

Um wie viel feierlicher ist jetzt alles als vorher! und kann man zweifeln, daß daran die Mysterien Antheil haben? Auch sie bildeten sich um im Verlauf der Zeit, und wurden eine Weihung für die Ewigkeit. Anfangs hatte man in den Mysterien die Sagen von den Göttern, besonders von Isis und Osiris, mimisch-dramatisch dargestellt, und die Hieroglyphe gleichsam ins Leben übergetragen, um die alte Religion der neuen anzubilden; jetzt mußte man den hieroglyphischen Sagen noch einen neuen Sinn unterlegen, und so kam man dahin, in eigenen Weihungen mystisch auf das Leben nach dem Leben vorzubereiten. Die ganze Überlieferung von dem erschlagenen, mumisirten, wieder ins Leben gestiegenen und nun im Todtenreich herrschenden, die Todten richtenden Osiris wurde, wie Böttiger treffend sagt, zu einem Einweihungsritual, Isis, sonst Allmutter des Lebens, nun auch die Todtenschützende Göttin; die Einweihungen aber in die Geheimnisse des Osiris verschafften, nach Aussage der Priester, eine freundliche Aufnahme im Todtenreich [11]).

Sehr wahrscheinlich ists, daß späterhin noch eine Umgestaltung der Mysterien Statt fand, als nämlich unter den Ptolemäern an die Stelle des Osiris der alexandrinische Serapis trat, dessen Bildsäule man aus Asien holte, weil man, wie Zoëga sagt, aus irgend einer politischen Absicht einen neuen Gegenstand religiöser Verehrung einführen wollte, vermuthlich um Alexandria, wie zum Sitze des Reiches, so zum Mittelpunkt der Religion

10) Vergl. von Hammer in den Fundgruben des Orients V. 273 fgg.; die Lehre von der Unterwelt der Ägypter und den Mysterien der Isis, aus Mumiengemälden des k. k. Antikenkabinets. 11) Merkwürdig ist es, daß Moses zwar die Mumien kennt, sich aber bei ihm keine Spur von dem Glauben an Unsterblichkeit findet. Dieß alles scheint sich daher erst in der Periode nach Moses ausgebildet zu haben. Indeß verdient dies wol eine eigne Untersuchung.

zu machen. Wenigstens finden wir aus dieser Zeit in dem Costume der Mumien bedeutende Veränderungen, aus denen sich auf Veränderung in den Mysterien zurückschließen läßt.

Lange zuvor aber, ehe die Ptolemäer von Alexandria aus das Reich regirten, hatte eine Revolution der Geister begonnen, die, wenn auch nicht alles Bisherige schon die Meinung widerlegte, daß die Ägypter hartnäckig und steif stets an dem Alten gehangen, sie vollkommen widerlegen müßte. Mit der Dodekarchie schon war eigentlich alles Alte in politischer Hinsicht zerfallen, und als Psammetich (672 v. Chr.) in seinem Gebiet an der Seeküste eine neue Monarchie schuf, den Seehandel beförderte, den Joniern und Kariern, seiner Stütze, die schönen Gegenden an beiden Ufern des pelusischen Nilarms einräumte, die Residenz von Memphis nach Sais verlegte, die Dolmetscher nothwendig machte, Amasis aber hierauf (570) den Griechen Wohnplätze und Freistätten gab, wo sie ihren Göttern Tempel errichten konnten; da war alles auch zu einer neuen Umgestaltung in der ganzen Denkweise vorbereitet, die unfehlbar ganz im Stillen geschehen seyn würde, wenn der Krieg sie nicht lauter und schneller herbeigeführt hätte. Der persische Eroberer Kambyses (525) sann geradezu auf Vernichtung der alten Priesterinstitute; die Priester wurden schimpflich gegeißelt, Apis erstochen, Tempel, Altäre und Götterbilder zerstört. So mußte sich Geist und Charakter der Nation immer mehr verändern, und es wurde immer unmöglicher, den Einfluß des Fremden abzuhalten. Durch Vergleichungen, die man anzustellen genöthigt war, entwickelte sich der Geist der Philosophie gewiß auch außerhalb der Priester-Institute, und es war nicht blos priesterlicher Stolz, sich von dem Auslande nicht übertroffen sehen zu wollen, wenn man nun das Einheimische dem Fremden bequemte, sondern es war Nothwendigkeit, zu zeigen, das Fremde sey nichts Neues, was man nicht selbst schon lange gekannt und nur unter andern Sinnbildern verhüllt habe. An dem ersten hatten sie auch nicht Unrecht, denn sie kannten den umgebildeten Brahmaismus 1) mit der Emanationstheorie, 2) mit der Lehre von dem Sündenfall, 3) von einem Reiche des Guten und Bösen, 4) der Selenwanderung, wie man wenigstens aus der Lehre des Pythagoras zu schließen veranlaßt wird. Der eindringende Geist des Parsismus aber gab allem diesem neues Leben, und da er sich mit den Umbildungen, die man selbst vorgenommen hatte, besser vertrug, so schmiegte man sich ihm an, bildete aus dem Vorhandenen ein ähnliches System und deutete das Alte danach um. Diese Spuren des Parsismus kann man am besten aus Platon ersehen, schon gegen Herodot aber waren die Priester so offenherzig, zu bekennen, daß sie nicht glaubten, Götter hätten jemals menschliche Gestalten angenommen. Ihre Hieroglyphik kam ihnen sehr zu statten, den einzelnen Göttern nun auch philosophische Ideen unterzulegen, und man irrt nur darin, wenn man den Priestern glaubt, daß diese Ideen wirklich seit uralten Zeiten zum Grunde lagen. Hiebei aber blieb es nicht, denn seitdem in Griechenland der Geist der philosophischen Spekulation erwacht war, konnte man auch hier nicht zurückbleiben, und wir finden nun, daß Eine Gottheit als Demiurg ausgezeichnet wird. Es scheint unmöglich zu errathen, welche? denn man nennt Kneph, Amun, Phtha, Neïth, Isis, Osiris, Eikton, Emeph als oberste, allwirkende Gottheit (s. *Cudworth Syst. int.* c. 4. §. 18.). Nach Plutarch verehrten die Thebaiten keinen sterblichen Gott, sondern Kneph, den Ungebornen und Unsterblichen. Nach Porphyr ging aus dem Munde des Demiurgen Kneph das Weltei, woraus Phtha hervorging. Jamblich (*de myster.* Aeg. 8, 3.) nennt Emeph den sich selbst erkennenden und die Gedanken in sich selbst kehrenden Verstand, vor welchen er noch Eikton setzt, die untheilbare Einheit, in welcher sich Alles findet was erkennt und erkannt wird. Außer diesen, sagt er, wird der werkmeisterische Verstand, der Vorsteher der Wahrheit und Weisheit, der Bewirker der Zeugung, die unsichtbare Kraft verborgener Verhältnisse, in ägyptischer Sprache Amun genannt; wiefern er alles künstlich vollbringt, Phtha; und als Geber alles Guten, Osiris; nach seinen Kräften und seiner Wirksamkeit habe er noch andre Namen.

Es muß auffallen, daß von diesen und ähnlichen Behauptungen, die von dem Besitz einer selbständigen Philosophie zeugen, keine einzige über Plutarch hinausreicht. Man hat daraus erweisen wollen, daß sie sich erst in so später Zeit gebildet haben müsse: allein woher kämen dann wol jene ehrenvollen Zeugnisse, welche Pythagoras und Platon von der ägyptischen Philosophie ablegten? Mag es seyn, daß Thales mehr um der Mathematik willen, die auch jene wol bewundern mochten, Solon um der Staatsklugheit willen, die hier weit gediehen war, nach Ägypten gingen, Pythagoras und Platon haben offenbar mehr von hier mit hinweg genommen, und es finden sich bei ihnen die Spuren jener Ideen. Dies kann auch nichts weniger als befremdend seyn, da sie nichts enthalten, was sich in der indischen Priesterlehre nicht fände. Demnach können diese Ideen nicht neu seyn, neu aber ist ihre Übertragung auf die ägyptischen Hieroglyphen und die Umdeutung dieser nach jenen Ideen. Faßt man diesen Gesichtspunkt; so hebt sich auch die oben angedeutete Schwierigkeit: denn es springt in die Augen, daß die einzelnen Priester-Collegien ihre Gottheiten auf diese Weise generalisirten und erhoben, das zu Theben, Amun und Kneph, das zu Memphis den Phtha, das zu Sais die Neïth, das orthodoxeste Isis und Osiris, bis man endlich Eikton und Emeph aufstellte, wenn der letztere ein anderer ist als Kneph. Nachher, als sich die Philosophie noch mehr verallgemeinert hatte, kam man zu einem Synkretismus, und verschmolz alle Götter in Ein System. Dieser Synkretismus erstreckte sich auch auf griechische Mythen und Philosopheme; doch sind auch hier nicht alle Verschmelzungen neu, denn vieles aus Ägypten und Griechenland hat ja denselben Ursprung.

Wie sehr sich die Gestalt der Dinge zu den Zeiten der Ptolemäer verändert haben müsse, geht aus der denkwürdigen Inschrift von Rosette hervor. Könnte die Freude der Priester darüber, daß Ptolemäus Epiphanes die alten priesterlichen Einrichtungen, die alten gottesdienstlichen Ceremonien wieder angeordnet hatte, so überschwenglich gewesen seyn, daß man ihn selbst öffentlich zum Gott ernannte und ihm göttliche Verehrung decretirte, wenn nicht der alte Cultus unterdrückt gewesen wäre? — Doch es ist Zeit hier abzubrechen. Das Weitere s. unter Alexandriner, Christenthum, Eklektiker, Ptolemäisches Zeitalter. (*Gruber.*)

Ägyptische Sprache und Literatur (insonderheit Bibelübersetzung.) Die alte Sprache Ägyptens hat sich nicht rein auf uns vererbt; doch wird es uns nicht schwer das später hinzugekommene davon zu sondern, und nach dieser Scheidung aus dem Überreste uns eine Vorstellung von ihren Eigenthümlichkeiten zu bilden. Bekanntlich erhielt Ägypten nach dem Tode Alexanders des Großen einen fremden Herrscherstamm: Ptolemäus, des Lagus Sohn, ein Mann von feiner griechischer Bildung, Freund und Kenner der Kunst und Wissenschaft der Griechen, und selbst in ihrer Sprache Schriftsteller, gründete seinen Nachkommen hier ein Königthum. Von nun an war das Griechische die Sprache des Hofes, der öffentlichen Verwaltung und der Befehlshaber bei den Herren, drängte das Ägyptische aus den Kreisen der höhern Gesellschaft unter das Volk zurück, und theilte allmälig der Volkssprache viele Worte und Wendungen mit. Ägypten verlor sogar darüber, wenn auch nicht gleich, doch späterhin seine angestammte Buchstabenschrift [1]), und bediente sich, mit Beibehaltung einiger ältern Schriftzüge für seine eigenthümlichen Laute, des griechischen Alphabetes.

Wenn wir nun die ausländischen Bestandtheile, die leicht zu erkennen sind, scheiden, so ist das Übrige altägyptischer Sprachstoff, welchen nach seinen Eigenheiten in allgemeiner und philosophischer Hinsicht vorstellig zu machen unsere Aufgabe ist.

Die Stammtöne und Wurzeln sind überhaupt genommen Worte der Handlung, wie in allen Sprachen, von denen ich eine Vorstellung habe, oder, wie man sie nennet, Zeitwörter; und zwar meistentheils einsylbige. Vielleicht wenn man einst tiefer in das Wesen dieser Sprache eindringen wird, werden die zweitönigen, abgerechnet die phönizischen, die darin Platz genommen haben, durchaus als zusammengesetzt erscheinen, oder als vermehrt durch einen nachgeschleppten Selbstlaut. Hierin unterscheidet sie sich von den vorderasiatischen und mehrern andern Sprachen.

Es hat sich noch keine mit ihr verwandte Sprache gefunden. Wo also wol die ältesten Sitze der Menschen waren, die ins ägyptische Thal eingewandert sind, kann man aus keiner Sprachähnlichkeit entnehmen. Wenn eine verwandte Mundart irgendwo übrig ist, so dürfte sie am ehesten im innern Afrika einem künftigen Forscher begegnen. Denn von daher sind die Altägypter, nach der Lage des Landes zu urtheilen, gekommen, wenn man sie nicht als Autochthonen denken will. Die erste Besitznahme konnte nur von Oben herab geschehen. Die beweglichen Schaaren von Afrika folgten dem Gange des Niles, den sie nicht verlassen durften, ohne sich dem Wassermangel auszusetzen, und gelangten unter dieser Leitung absichtlos und ohne Ahnung an die Mündung des oberägyptischen Thales.

1) Unter Ptolemäus Epiphanes, gegen zwei Jahrhunderte vor unserer Zeitrechnung, hatten sie ihre eigene Buchstabenschrift noch, wie es die trigraphische Inschrift von Raschid (Rosette) beweist.

Man könnte sie nach einigen Anzeigen für einen Stamm des Negergeschlechtes halten. Die Werke der bildenden Kunst nehmen, so lange sie nicht zur idealen Schönheit fortschreiten, ihre Vorbilder rücksichtlich der menschlichen Gestalt, aus dem Volke des Landes, dessen Bau, Bekleidung und Gesichtszüge sie in der Nachahmung wieder geben. Wenn man nun eines der bekanntesten Werke des ägyptischen Meisels, die Sphinx am Fuße der Piramyden, desfalls zu Rathe zieht, so bieten das hervortretende Kinn, die zurückgeworfene Stirn, von den Lippen nicht zu reden, unverkenntliche Merkmale des Negergeschlechtes an [2]).

Dagegen könnte man bemerken, daß sich an den Mumien keine auffallend ausgesprochene Negereigenheiten offenbaren. Auch das ist wahr; aber es ist ein Mittelweg möglich beide zu vereinigen. Wenn der altägyptische Stamm eine Zumischung von fremden Völkerarten bekommen hätte, so wär es der Ordnung der Dinge gemäß, daß sich die Abzeichen seines Herkommens in der Fortpflanzung milderten und unentschiedener wurden, ohne sich ganz zu verlieren; wie denn eine Annäherung nicht ganz geleugnet werden kann [3]). Es drangen aber in verschiedenen Zeiträumen Libyer, Perser, Griechen ein.

Daß in der Urzeit schon die Zumischung eines phönizischen Völkerstammes Statt gehabt habe, bezeugen mehrere wesentliche Bestandtheile der Sprache. Die persönlichen Fürwörter sind unverkennlich phönizisch; die besitzenden mein, dein rc. werden zwar oft zwischen das Geschlechtszeichen und das Hauptwort eingesetzt, werden infixa; aber auch am Ende angefügt, als affixa, wie in den phönizischen Mundarten, was nicht allein beim Hauptworte, sondern auch beim Neben- und Zeitworte geschieht. Eben so sind sie den phönizischen Affixen dem Laute nach ähnlich. Endlich müssen in Anschlag gebracht werden viele einzelne Worte, die in Bedeutung und Ton mit den phönizischen so übereinstimmen, daß man nur die Schriftzüge wechseln darf, um sie den Phöniziern wieder zu geben [4]).

Sie selbst, die Phönizier waren in Folge einer Überlieferung der Perser vom rothen Meer hergekommen, haben nachher das Land bezogen, welches sie bewohnten, und sich an die Küste des Mittelmeeres hingelegt [5]). Man

2) Volney, Voyage en Syrie et en Egypte. T. I. c. 6. S. 74. 75. Originalausg. 3) Ich führe die Worte eines großen Beobachters an, der mehrere Mumien untersucht hat. Blumenbach, decas quarta collectionis craniorum, in comment. S. R. Sc. Goetting. Vol. XIV. p. 38. quod vero universum vultum adtinet, differt quidem ille satis luculenter a genuino isto Nigritarum, qui Anglis vulgo facies guineensis audit, aethiopici tamen aliquid spirat, ita ut propius absit ab Habessino etc. 4) Barthelemy, Reflexions generales sur les rapports des langues Egyptienne, Phénicienne et Grecque, in den Mémoires de la litterature, tirés des registres de l'acad. des Insc. T. LVII. p. 385. seq. 8vo. Didymi Taurinensis literaturae copticae rudimentum. p. 69. 70. Noch neuerlich sind mehrere Worte nachgewiesen worden, unter denen einige auffallend sind, in des H. H. Bischofes von Seland Odae gnosticae Salomoni tributae, Thebaice et latine. Havniae 1812. Durchaus aber ist diese Übereinstimmung zu vielseitig, als daß man sie dem Zufalle beimessen könnte, wie Mr. Quatremère in den Recherches crit. et histor. sur la langue et la Litterature de l'Egypte p. 16. gethan hat. 5) Herodot. I. 1. vergl. Justin. ex Trogo. L. XVIII. 3. und Schweighaeuser in Herod. l. c.

würde irrig daran seyn, wenn man diese Nachricht nach der spätern Erdbeschreibung beurtheilen, und den Busen zwischen Ägypten und Arabien ausschließlich darunter verstehen wollte. Es wurde auch das Meer vom persischen Busen und weiter, längs der asiatischen Küste bis Judien, rothes Meer genannt [6]), und dieses ist es, welches den Persern zunächst bekannt war, und somit in ihren Überlieferungen gedacht werden muß. Was ihnen nahe und unter ihren Augen geschah, erwarb die Aufmerksamkeit ihrer Geschichte; die Auftritte entfernterer gingen ihnen lange ungesehen und auch ungehört vorüber.

Nachdem die Phönizier an die palästinische Küste vorgedrungen waren, wurden sie Nachbarn Ägyptens. Ihr rascher Umtrieb auf dem Meere mußte sie bald dahin führen. Aber am ägyptischen Gestade gab es wenige gute Landungsplätze außer Pharus, unfern der Grenze gegen Libyen, dessen Buchten sie nunmehr fleißiger besuchten [7]); an dessen fruchtbarem Saume sie Aufnahmsorte errichteten, und wohin sie die überflüssige Volksmenge des westlichen Asiens ergossen. Von Libyen her lamen sie in Berührung mit Ägypten, und entgegneten von unten hinaufgehend, den oben andringenden Stämmen Afrikas, die im Nilthale sich abwärts senkten.

Doch unter was immer für Umständen wir die Berührung der beiden Völkerarten denken: die Thatsache ist in der Sprache gegründet, wenn die vorgetragene Erklärung auch weniger in der Geschichte und Lage der Länder gegründet wäre, als sie es ist.

Die Zumischung des asiatischen Sprachstoffs ist indessen nicht beträchtlicher, vielleicht nicht einmal so groß, als späterhin jene des Griechischen unter den Ptolemäern; aber sie ist zum Theile mehr in den Bau der Sprache und in ihre grammatische Bildung verwachsen. In den Zeiten der Ptolemäer hatte die Sprache ihre hergebrachten Gesetze, unter die sich das Neuhinzugekommene schmiegen mußte; aber die phönizische Einmischung muß in die Tage fallen, wo die Sprache der Ägypter noch keinen ganz entschiedenen Gliederbau hatte, weswegen es ihr allein gelingen konnte, auf die Gestaltung gewisser Sprachglieder selbst einzuwirken, und in der Fügung gesetzgebend zu werden.

Über den Reichthum der Sprache können wir aus ihrem Nachlasse nicht mit dem Vertrauen, wie bei andern absprechen.

Eine günstige Vermuthung von dem Reichthum der Sprache und der Bildsamkeit derselben, gibt die Leichtigkeit der Zusammensetzungen, die darin Statt haben. Es können zwei Zeitwörter in eines verschmolzen werden, um eine Veränderung der Bedeutung, eine vollkommnere Ausdrucksamkeit, oder die größere Kraft zu erzielen. Auch mit zwei Hauptwörtern hat das nämliche Verfahren Statt. Dann sind die Ägypter im Besitz einer Menge von Partikeln oder kleinster Sprachglieder, mit denen Zusammensetzungen des Zeitwortes, Hauptwortes und Beiwortes geschehen. Diese Vorzüge, die unter den alten Sprachen vornehmlich der griechischen nachgerühmt werden, theilt die ägyptische mit ihnen.

Aber eine große Unvollkommenheit, worin die ägyptische allen Sprachen der gebildeten Völker nachstehet, ist der Mangel der leidenden Bedeutung, welche ihr Zeitwort nicht darstellen kann.

Dennoch hat eine Sprache, die so sehr der Zusammensetzungen fähig ist, Beweglichkeit genug, den dichterischen Empfindungen zu folgen, und die Einbildungskraft in der Lebendigkeit der Darstellung nicht zu verlassen. Ob ihre Gesänge Wohlklang und Rhythmus hatten; wer könnte es aus den höchst prosaischen Überresten ihrer Literatur bestimmen wollen? Wer könnte aus der Vulgata, einigen Missalen und Martyrologien auf die horazische Dichtersprache und auf die des Virgil schließen? Plato scheint indessen ihrer ältesten Poesie beide Eigenschaften zuzuerkennen [8]). Übrigens war ihrer Poesie ein bestimmter Kreis angewiesen; sie gehörte den Göttern an, besang ihre Vorzüge und ihre Wohlthaten [9]). Sie konnte daher unmöglich zu ihrer ganzen Ausbildung gelangen, und wie jene der Griechen in allen Dichtungsarten ihre Kraft versuchen, und mannigfaltig auf die Bildung der Sprache zurückwirken. Sie umfaßt nur den Hymnus, und wegen jener Götter, die wie Isis und Osiris unglücklich waren, die Elegie.

Auf der andern Seite war sie die Sprache der Wissenschaften. Wie die Griechen später nach Athen gingen, so wanderten früher alle, die nach Bildung und höhern Kentnissen strebten, nach Ägypten: Thales und Hekatäus der Milesier, Solon, Pythagoras, Herodotus, Demokritus [10]), Platon und Eudoxus. Als Sprache der Wissenschaft mußte sie der strengen Bestimmtheit fähig gewesen seyn. Wo die Sprache der wissenschaftlichen Bezeichnung und Mittheilung Hindernisse in den Weg legt, können Erforschungen im Gebiete der Weltweisheit, in der Mathematik und Astronomie nicht vorkommen.

Was diese Sprache war, sehen wir wol; aber umsonst sehen wir uns nach einem Werk aus jenen Zeiten um: nicht einmal aus den Tagen der Ptolemäer besitzen wir ein ägyptisch geschriebenes Buch; es wäre denn eine Rolle, wie man sie bei ihrer Beisetzung den Todten mitgab. Freilich dürften damals nicht mehr viele Bücher in ägyptischer Sprache abgefaßt worden seyn, wo die griechische Wissenschaft allein in Ehren stand, und wo man mehr darauf bedacht war, das Griechische einheimisch zu machen, als das Einheimische zu begünstigen und zu heben. Unter diesen Verhältnissen verkroch sich die Landessprache immer tiefer unter das Volk; oder suchte ein Asyl in den Tempeln, in denen sie sich, wie es das Ansehen hat, fortwährend erhielt [11]); denn die Götter schienen kein Wohlgefallen an ausländischen Liedern zu haben.

Nach dem Erlöschen des ptolemäischen Herrscherstammes, raffte sie sich noch einmal auf. Man hatte keinen fremden Hof mehr auf dem Nacken, dessen verwöhntes Ohr an diesen barbarischen Tönen ein schlechtes Vergnügen fand. Die Großen unter dieser Herrschaft waren nun

6) Relandi Dissertat. miscell. P. I. Diss. II. de mari rubro.
7) Odyss. ξ. 288—95.

8) De legg. L. II. p. 65. 68. Bip. T. VIII. 9) Plato, L. VII. de legg. p. 342. T. VIII. 10) Demokrit verfaßte sogar ein Werk, περι των εν Μεροη ιερων γραμματων. Diog. Laert. L. IX. Seire 7. 11) Porphyr. apud Euseb. praep. evang. L. III. c. 4. edit. Steph. p. 57. Vigeri p. 94. Clem. Al. Paedag. L. II. c. 2. p. 252. 53. ed. Venet.

eben so Nichts als jeder von dem Volke, und so verhaßt geworden, daß man außer Alexandrien auch ihre Sprache haßte. Den Römern aber war es gleich viel, wie die Ägypter redeten, wenn sie gehorchten, duldeten und gaben.

Das Wiedererwachen dieser Sprache fiel unglücklicher Weise in einen Zeitpunkt, der der Wissenschaft nicht frommte. Man konnte nirgends im Auslande sich zum Schönern und Bessern stärken und erwärmen. Bei den Griechen war wenig mehr zu lernen, und mit dem Tode Augusts war desfalls auch die römische Herrlichkeit dahin.

Bald nach Einführung des Christenthums in Ägypten entstanden die Werke in ägyptischer Sprache, die wir besitzen. Die ältesten sind die Übersetzungen des Alten und Neuen Testaments in die ober- und niederägyptische Mundare, und dann in eine dritte, von der man das Gebiet, wo sie geredet wurde, noch nicht nachgewiesen hat. Es ist sogar noch unentschieden, ob ihr das Ansehen eines Dialektes zukomme.

Die Übersetzung in die niederägyptische Mundart wuede ungefähr in der letzten Hälfte des dritten Jahrhunderts abgefaßt [12]). In Europa befindet sich nur Eine vollständige Abschrift beider Testamente, welche H. Marcell in Ägypten verfertigen ließ. David Wilkins gab das neue Testament zu Oxford heraus 1715. 4.; dann die Bücher Mose zu London 1731. 4.; Raphael Tuki, genannt Bischof zu Arzinoe, die Psalmen zu Rom, 1749. 4. typis congreg. de propaganda fide. Von andern Büchern haben wir nur Bruchstücke; Dan. [13]), 9. Jerem. XIII. 14 — XIV. 19 [14]); Jesaia I. 1—16. und V. 18—25 [15]).

Älter ist die oberägyptische Übersetzung. Sie fällt zum wenigsten in die erste Hälfte des dritten Jahrhundertes [16]). Davon sind gedruckt: Matth. XVIII. 27 — XXI. 15. [17]), Joh. VI. 28. — VII. Dan. VII. 6. — 52. VIII. 12 — 30. [18]). Joh. IX. 17. — XIII. 1. [19]). Von den paulinischen Briefen: I Kor. IX. 1. — 16. XV. 5 — 33. I. 6—23. I Thessal. I. 4. — III. 5. [20]). I Timoth. I. 14. — IV. 16. und VI. 4 bis Ende. II Timoth. I. 1—16. [21]). Hebr. VII. 17 — 21. IX. 2. — 10. IX. 24. — 28. X. 5—10 [22]). Am reichsten beschenkte uns Woide in einem Prachtwerke, in welchem er ansehnliche Stücke aus den Evangelien, die ganze Apostelgeschichte, beträchtliche Theile der katholischen und paulinischen Briefe bekannt gemacht hat [23]). Es mangelt nicht an Manuscripten, welche größere und kleinere Theile des alten Testaments enthalten; aber abgedruckt sind nur wenige Bruchstücke; Jerem. XIII. 14. XIV. 19. [24]). Jes. I. 1—9. V. 18. 25. [25]). Daniel IX. [26]).

Von der dritten Mundart, die man bald die basmurische, bald die amonische genannt hat, wahrscheinlich beides mit Unrecht, gaben zwei treffliche Gelehrte beinahe zu einer Zeit Nachricht, und legten I Kor. IX. 10—16. als Probe vor [27]). Ein angesehener französischer Gelehrter machte Stellen aus dem fünften Klaggesange und den Brief des Jeremia bekannt [28]); endlich ein fleißiger Däne aus den Sammlungen des ehrwürdigen Stephan Borgia zahlreiche Bruchstücke: Iesaja, I. 1—16. V. 8—25. Joh. IV. 28—53. I Kor. VI. 19. — IX. 16. XIV. 33. — XV. 35. Ephes. V. 18—24. Phil. I. 1. — II. 2. I Thessal. I. 1. — III. 5. Hebr. V. 5. — X. 22. [29]).

Die Handschriften, die in verschiedenen Bibliotheken, in der vatikanischen, zu Paris, dann zu Oxford und London aufbewahrt werden, hat Quatremère verzeichnet [30]). Was die schöne Sammlung des Cardinal Borgia, welche nun nach Neapel gewandert ist, enthielt, könnte uns das Werk eines kentnißreichen Mannes lehren, wenn es einmal eine richterliche Entscheidung seiner Bande befreite [31]). Das älteste Manuscript, welches dem berühmten alexandrinischen Codex nach meinem Ermessen nicht nachstehet, ist der zweite Theil von Valentins πιστη σοφια; einst im Besitze des Dr. Askew, nun im britischen Museum. Wegen seines Inhaltes ist es auch vornehmlich würdig, daß es einen Herausgeber finde, der die verschiedenen Kentnisse vereinigt, die zur Bearbeitung dieses Werkes erfoderlich sind. Nach diesem erhalten, rücksichtlich des Alters, den Rang die griechisch-saidischen Bruchstücke aus Johannes in der borgianischen Sammlung, herausgegeben von Georgi, welche zum wenigsten das sechste Jahrhundert ansprechen.

Aus den Übersetzungen der heiligen Schriften sah man erst deutlich, daß sich die Sprache in Mundarten theile, deren die eine im obern Ägypten gebräuchlich von der ehemaligen Hauptstadt des Landes die thebische, und von den Arabern die saidische, d. i. die oberländische; die andere in Niederägypten einheimisch, von der alten Hauptstadt die memphitische, arabisch die bahirische, oder die Mundart der Seegegend, genannt wird. Dieser setzet Athanas, Bischof von Kus, in seiner koptisch-arabischen Sprachlehre die baschmurische Mundart bei, die man in einer Gegend, Namens Baschmur, sprach [32]).

Die oberägyptische überspringt häufig die Selbstlaute, und erhielt daher eine raschere Bewegung; hin-

12) Hug, Einleit. in die Schriften des neuen Testaments, I. Th. VIII. Hptst. § 91. 13) Frid. Munter, Specimen Version. Danielis copticar. Romae. 1786. 8. 14) Mingarelli, aegyptior. codic. reliquiae, Venetiis in biblioth. Nuniana asservatae. Bonon. 1785. 4. Fasc. Fragm. I. 3. 15) Engelbrecht, Fragm. basmurico-coptica vet. et nov. Test. Havniae 1811. 4. Fr. 1. et 2. 16) Hug, Einleit. I. Th. VIII. Hptst. §. 95. 17) Mingarelli, Fasc. I. Fr. 1. 18) Georgi, Fragment. Evangel. S. Johannis graeco-copto-thebaicum. Romae. 1789. 4. 19) Mingarelli, Fasc. I. Fr. 2. 20) Engelbrecht, Fragm. Basmurico-coptica. p. 28 seq. 21) Münter. Commentatio de indole version. N. T. Sahidicae, accedunt Fragm. epistolar. Pauli ad Timoth. Havniae. 1789. 22) Engelbrecht p. 123. 37. sq. 23) appendix ad editionem N. T. graeci e cod. MS. Alexandrino, a Carol. Godofr. Woide descripti, in qua continentur Fragmenta N. T. juxta interpretationem dialecti superioris Ägypti rel. Oxon. 1799. fol.

24) Mingarelli, Fascic. 1. Fr. 3. 25) Engelbrecht, Fr. Basmur. copt. 26) Münter, Specim. Version. Danielis copticar. 27) Aug. Ant. Georgi, Fragm. Ev. S. 70. graeco-copto-thebaic. Praef. p. LV. Fr. Munter, commentatio. rel. §. 12. 28) Quatremère, Recherches crit. et hist. sur la langue et la litterature de l'Egypte. p. 228. — 53. 29) Engelbrecht, Fragmenta Basmurico-Coptica, vet. et nov. Test. 30) Recherches, Sect. 4. p. 110—140. 31) Catalogus codicum copticorum Msptorum, qui in Museo Borgiano Velitris adservantur, auctore Zoega. Romae 1810. Typis S. Congr. de prop. fide fol. 32) Quatremère, Recherches. p. 21. hat die Stelle, auf die man sich von Dr. Picques an öfter bezogen hat, zuerst wörtlich angeführt.

wiederum aber verdoppelt sie dieselben in einzelnen Worten, und verlängert, wie es scheint, gegen Bedürfniß den Ton, wodurch in einem hastig gesprochenen Satz ein augenblickliches Anhalten entstehet. Dagegen hatte die niederägyptische durch den gleichförmigen Wechsel der Selbst- und Mitlaute mehr Volltönigkeit, und in ihren Bewegungen mehr Rhythmus.

In Absicht auf die Consonanten aber war die Mundart des Oberlandes weicher. Sie verschmähet die rauhen gänzlich; es wäre denn in fremden Worten; sie hat das Chei nicht, einen rauhen Gurgelton dem arabischen Cha ähnlich, und auch das Θ, Φ, X, die selbst dem griechischen Ohre nicht wehe thaten, überläßt sie lediglich den Niederägyptern, und gebraucht τ, β und κ dafür; statt des letztern zuweilen auch das Gamma, welches der Ägypter nicht unter seine einheimischen Laute zählt.

Die Verwechslungen der Worte sind eben so häufig, wo nicht zahlreicher, wie vergleichungsweise in der dorischen und attischen Mundart.

Was die Worte betrift, so gibt es zwar welche, die jedem der beiden Dialekte eigenthümlich sind, wie z. B. der Ausdruck, womit der Ober- und Niederägypter die Nacht bezeichnet; aber desto öfter beobachtet man, daß eines und dasselbe Wort in einem Dialekte mehr gebräuchlich ist, im andern weniger; oder daß in der Bedeutung kleine Unterscheidungen Statt haben.

In der Beugung des Zeitwortes gehen sie, zwar nicht oft, doch in einigen Formen von einander ab. Die Abweichungen des Hauptwortes beruhen mehr auf dem Wechsel der Vocale, als in einer verschiedenen Gestaltung. Auch im Gebrauche der kleinern Sprachtheile offenbaren sich mancherlei Verschiedenheiten.

Die dritte Mundart hat das Auszeichnende, daß sie statt des ρ beinahe überall ein λ spricht. Der Fehler der Zunge, den die Griechen an Alcibiades belachten, welcher nicht κορακες, nur κολακες, für ορας θεωρον, nur ολας θεωλον sagen konnte, kam einem ganzen ägyptischen Stamme zu.

Rücksichtlich der Mitlaute, in denen der thebische vom memphitischen Dialekt abgehet, wie in den rauhen und einigen zischenden, stimmt der dritte mit dem thebischen zusammen, und nimmt desfalls ganz das Ansehen an, als wäre er ein Abkömmling desselben.

Er überspringt die Selbstlaute seltener als der thebische. Im Wechsel der Vocale, vorzüglich α und ε, α und ο, η und ι entfernt er sich von beiden.

Aber nirgends hat er eine Sprachform in der Beugung des Zeitwortes, in welcher er sich vom thebischen entfernt. Wenn eigene Sprachformen eine Bedingung sind, den Rang eines Dialektes anzusprechen, so gebührt den Sonderlichkeiten, die wir aufgezählt haben, diese Ehre nicht. Wir bezeichnen sie füglicher mit dem Namen Idiom. Die einzelnen Ausdrücke, die mit Ausschluß der andern Mundarten nur in dieser vorkommen sollen [33]), genügen nicht, sie zum Dialekte zu erheben. Sie sind beinah alle nur durch den Wechsel der Selbst- oder Mitlaute entstellt, und finden sich in dem ägyptischen Sprachvorrathe wieder.

Am wenigsten haben wir in dieser Spielart den baschmurischen Dialekt zu vermuthen. Baschmur war, wie Quatremère unwidersprechlich dargethan hat, in Niederägypten, unfern der Küste, im sogenannten kleinen Delta gelegen [34]). Das fragliche Idiom aber war seiner Beschaffenheit nach ein Sprößling der saidischen Mundart, spielt jedoch hinwiederum so ins Memphitische hinüber, daß es sich in der Mitte zwischen beiden gebildet haben muß. Wir denken uns daher sein Vaterland in Mittelägypten, bis man eine Auswanderung von daher in die Sumpfgegend geschichtlich nachgewiesen haben wird.

Wenn Georgi dieses Mittelidiom in den Oasen, und in Amonien aufsucht [35]), so begünstigt ihn die Stelle Herodots II. 42, auf die er sich beruft, gewiß nicht. Dem Vater der Geschichte sind die Amonier ein gemischtes Geschlecht aus Ägyptern und Äthiopern, und ihre Sprache ein Mittelding aus beiden. Eine zweite Stelle III. 19, aus welcher Georgi diese erläutern will, erweiset geradezu, daß die Ägypter mit den Äthiopern nicht reden konnten; daß man wegen der Sprache die Vermittelung der Ichthyophagen zum Unterhandeln bedurfte. Wo finden sich nun solche fremde und unägyptische Bestandtheile in der dritten Bibelübersetzung, dergleichen der amonische Dialekt hatte?

Späterhin, ungewiß von welcher Zeit die Gewohnheit überhand nahm, nannte man das Ägyptische, die Koptische Sprache. Woher wol diese Benennung? Der Antworten sind mehrere: wir wollen statt aller nur zwei anführen. Der Name, sagt man, ist von Kopt (Coptus) der nachmaligen Hauptstadt des obern Ägyptens. Nachdem nämlich im niedern Ägypten die alte Landessprache sich immer weiter zurückzog aus der Nähe der griechischen Königsstadt, und sich allmälig nur in größerer Entfernung, im obern Ägypten, in Ehren erhielt, nannte man von dessen Hauptstadt die Sprache, die Koptische. Andere halten dafür, es heiße ägyptische Sprache, woraus durch eine Verstümmelung gyptisch und goptisch, und weil das Gamma nicht einheimisch war, koptisch geworden ist. Die Ägypter selbst nannten ihr Land Chemi; die Araber nannten es Meser (مصر), die Hebräer Misraim (מִצְרַיִם), Αιγυπτος die Griechen; doch ist dieser Name nicht ursprünglich griechisch, und woher sie ihn hatten, wird wol so leicht nicht angegeben werden können. Mit der Herrschaft der griechischen Könige scheint der griechische Name im Land allgemein geworden zu seyn, und den Anlaß zur Benennung koptisch gegeben zu haben.

Die Sprache dauerte, wenn sie auch nicht blühte, noch lange nach dem Einfalle der Araber. Gegen die Mitte des 9ten Jahrhunderts wurde das Koptische noch allgemein verstanden, so daß es auch unter den Arabern welche gab, die desselben kundig waren [36]). Im 10ten Jahrhundert verfaßten die koptischen Priester ihre gelehrten Arbeiten arabisch, wie Severus Bischof von Aschmunim, und andere [37]). Im 11ten Jahrhundert verstanden

33) Engelbrecht, Fragm. Basmur.-Copt. Proll. p. IX.

34) Recherches. Sect. V. p. 152—70. 35) Fragm. Ev. Joh. Graeco-Copt. Praef. §. 14. 36) Renaudot, Historia Patriarchar. Alexandrinor. Jacobitarum. in Jusabo Patriarcha 211. p. 290. Quatremère, Recherches. Sect. II. 37) Renaudot, in Ephraemo Patr. LXII. p. 367. in Christodulo Patr. LXVI. p. 418.

sie die heiligen Bücher ihrer Sprache nur mit Beihilfe arabischer Übersetzungen, wie selbst Cyrill ihr Patriarch, von dessen Gelehrsamkeit sie mit Achtung sprechen, dieser Hilfe benöthigt war [38]).

Doch blieb sie fortan die Kirchensprache, und wurde in den Klöstern, so gut man es konnte, gelehrt und gelernt, bis sie in Europa Aufnahme für sich und ihre Denkmale faud. Ohne Zweifel war es ein teutscher Jesuit, P. Kircher im Fuldischen geboren, der zu ihrer Pflege die kräftigste Anregung und die ersten Hilfsmittel gab: er versah zwar manches; doch sind seine Fehler klein gegen seine Verdienste. Von ihm haben wir die erste Sprachlehre [39]); dann förderte er zu Tage die koptisch-arabische Sprachlehre und die beiden Wörterbücher, welche Pietro della Valle aus dem Orient mitgebracht hat [40]). Von nun an mangelte es nicht an Freunden der koptischen Sprache, und vornehmlich erhielt sie im verflossenen Jahrhundert an la Croze, Wilkins, Jablonski verdienstvolle Verehrer, welchen bald mehrere nachfolgten, deren Namen und Schriften wir mit Ruhme gedacht haben. Es bleibt uns noch übrig die neuern Sprachbücher anzuzeigen: die Sprachlehre von Tuki, ein gelehrtes Werk, aber ohne Methode, und durch Druckfehler entstellt [41]); die von Scholtz mit ungemeinem Fleiße bearbeitet, und wohl geordnet [42]); und die des trefflichen Valberga, Abbate di Caluso, der oft mit scharfem Blick in den Bau der Sprache eindrang [43]); endlich la Croze's Wörterbuch, dessen Herausgabe, zwar nur im Auszuge mit nothdürftiger Anzeige der Beweisstellen, aber auch mit vielen Worten vermehrt, wir Woiden verdanken [44]). (*Hug.*)

Ägyptische Tage nannte man in den alten Kalendern je zwei Tage eines Monates, welche denen Unglück brachten, die irgend ein Geschäft an denselben anfingen. Besonders war es nach dem ägyptischen Aberglauben nicht gut, an diesen Tagen zur Ader zu lassen. Aus was für Gründen oder um welcher Constellationen willen die ägyptischen Astrologen jene Tage für schädlich erklärten, ist nicht bekannt, um aber zu wissen, welche Tage Unglückbringend seyen, hat man sie in folgende Verse gebracht:

Augurior decios, audito lumine clangor,
Liquit olens abies, coluit colus, excute gallum.

In diesen Versen entsprechen die zwölf Wörter den zwölf Monaten unsers Kalenders, und die Anfangsbuchstaben der Sylben geben durch ihren Zahlenwerth den ägyptischen Tag des Monates an. Damit man aber den Zahlenwerth der Buchstaben finde, muß man wissen, daß die Buchstaben des Alphabetes der Reihe nach gezählt werden, das H jedoch übergangen wird. Bei dem Anfangsbuchstaben der ersten Sylbe eines Wortes zählt man vom Anfange, bei dem Anfangsbuchstaben der zweiten Sylbe vom Ende des Monats an. So zeigt z. B. das Wort Augurior an, daß der erste Januar ein ägyptischer Tag sey, so wie der siebente Tag vom Ende des Monats, weil das A in der Sylbe Au = 1, das G in der Sylbe gu = 7 ist. Eben so ist der dritte September ein ägyptischer Tag, weil das C in dem Worte colus = 3, u. s. w. — Es scheint jedoch, daß die Bestimmung der ägyptischen Tage durch die Zeit mancherlei Veränderungen erfuhr, wie man aus folgendem Auszug eines alten Kalenders erkennt. Nach diesem sind ägyptische Tage im Januar 2. IV. Non. 6. VIII. Idus. 16. XVII. Kal. Febr. im Februar 7. VII. Idus. 25. V. Kal. Mart. im März 3. V. Non. 24. IX. Kal. Apr. im April 3. III. Non. 21. XI. Kal. Maj. im May 3. V. Non. 21. XII. Kal. Jun im Junius 7. VII. Idus 20. XII. Kal. Jul. im Julius 7. Non. 18. XV. Kal. Aug. im August 6. VIII. Idus 21. XII. Kal. Sept. im September 2. IV. Non. 19. XIII. Kal. Oct. im October 3. V. Non. 20. XIII. Kal. Nov. im November 2. IV. Non. 24. VIII. Kal. Decemb. im December 4. Prid. Non. 14. XIX. Kal. Jan. (*Grotefend.*)

Ägyptische Ziegel sind solche, welche nicht gebrannt, sondern blos getrocknet sind; s. Ziegelbrennerei und Baumaterialien.

ÄGYPTOS, (Αἴγυπτος). 1) des Belos und der Anchinoe Sohn, Danaos Bruder. Von seinem Vater abgeschickt, Arabien zu erobern, nahm er Ägypten — das Land der Melampoden — in Besitz und benannte es nach sich [1]). Gern führten die Alten Ländernamen auf Helden zurück. Im Zwist mit seinem Bruder nöthigte er diesem das Versprechen ab, seine 50 Töchter mit seinen 50 Söhnen zu verheirathen, um ihn durch diese aus dem Wege zu räumen. Da dem Danaos von einem Orakel gesagt war, er werde durch einen seiner Schwiegersöhne ermordet werden, so entfernte er sich mit seinen Töchtern nach Griechenland und ward König von Argos [2]); aber die Söhne des Ägyptos folgten ihm und nöthigten ihn, seine Töchter mit ihnen zu verloben. Da gab Danaos den Töchtern Befehl, ihre Verlobten in der Brautnacht alle zu morden, und sie thaten es bis auf Hypermnestra, die dem Lynkeus das Leben ließ [3]). Das Grabmal der Köpfe der Ägyptiden wies man noch zu Pausanias Zeit [4]). Nach Pausanias VII, 21 kam Ägyptos selbst mit nach Griechenland, flüchtete, geschreckt durch das Schicksal seiner Söhne, nach Aroe, starb dort vor Kummer, und ward zu Paträ im Heiligthum des Serapis begraben. 2) Der Sohn des Ägyptos, Verlobter der Danaide Dioxippe [6]) oder der Polyxena [7]). (*Ricklefs.*)

ÄGYS, (ἡ Αἶγυς), Stadt (in Lakonike) an der arkadischen Grenze, Euphorion bei Steph. Byz., Strab. X. p. 446. Steph. Byz. v. Κάρυστος. Gentilform: Αἰγύτης, Αἰγῦτις, Pausan. III, 2. 5. Polyb. II, 54. 3, und Schweigh. dazu, Steph. Byz. h. v. und v. Αἶπυ, Κῶβρυς, Πύκαμυς. Doch hatte Theopompos Αἰγυεύς und Lykophron Αἴγυος gebraucht, nach Steph. Byz., denn

38) Renaudot. in Cyrillo Patr. LXVII. p. 467. 39) Ath. Kircheri Prodromus Coptus sive Ägyptiacus. Romae 1636. 4. 40) Ath. Kirch. lingua Ägyptiaca restituta, opus tripartitum, una cum supplemento ad Ferdinandum III. Romae. 1644. 4. 41) Raphael Tuki, Episcopi arsenovens. rudimenta linguae Copticae. Romae 1778. 4. 42) Christiani Scholtz, Grammatica Ägyptiaca utriusque Dialecti . . . edidit C. G. Woide. Oxon. 1778. 4. 43) Didymi Taurinensis literaturae copticae rudimentum. Parmae, Bodoni 1783. 8. 44) Lexicon aegyptiaco-latinum, elaboratum a Maturino Veyssiere la Croze, quod in compendium redegit Chr. Scholtz, ed. C. G. Woide. Oxon. 1775.

1) Apollod. II, 1. 4. 2) Apollod. l. c. Hyg. F. 168. 3) Apollod. l. c. 5. Hyg. 170. 4) II, 24. 5) Apollod. II, 1. 5. 6) Hyg. F. 170.

jetzt steht v. 831 'Αργεῖας statt Αἰγύας. Unter Agesilaos war sie von den Lekedämoniern unterjocht worden. (*Spohn.*)

ÄGYSOS, wie das Itin. Ant. sie schreibt; nach Ovid [1]) Ägypsos, eine alte und mächtige Stadt in Niedermösien an den Ufern des Ister, nach dem Itin. Ant. 24 Mill. von Noviodunum entfernt, in den Handschriften vermuthlich richtig Ägissus [2]), Aicissus, und bei Procop. de aedif. IV, 7 Ägistus, welches alles auf Ägissus, als den richtigen Namen hinführt, vermuthlich des Ptolemäus III, 10. Tibisca 45,0:48, 15; scheint nach den geographischen Bestimmungen und der Schilderung des Ovid da gelegen zu haben, wo jetzt das Städtchen Tuliza liegt. (*Rickleſs.*)

ÄHRENMONAT. Abib, heißt bei Moses der erste Monat eines Kirchenjahres, welcher unserm März oder April entspricht; Karl der Große nennt eben so den August (Aranmanoth), welchen man nachher auch Arntemonat benannt hat. (*Grotefend.*)

Ähren-Rolle, A. Sieb, s. Abfledern.

ÄHRENSTEIN, (Straußasbest), ein blumig blättriger Baryt, der in einem aschgrauen thonigen Gestein eingewachsen ist, und ehemals bei Osterode brach. (*Germar.*)

Älana, s. Ailan.

Älen, s. Aigle.

Älfred und Älfric, s. Alfred und Alfrich.

Ähnlichkeit, s. Gleichheit.

Ähre, Korn-Ähre, vgl. folg. Art.

Ähre der Jungfrau, s. Spica.

ÄHRENLESEN. Je leichter die Ähren wegen Ueberreife oder zu großer Dürre abbrechen, je unordentlicher die Ärntegeschäfte verrichtet werden und je höher die Früchte im Preise stehen, desto lohnender ist das Ährenlesen, besonders wo nicht das Nachharken der vom Halme nicht getrennten Ähren Statt findet; und das Zuströmen der Ährenleser ist dann um so stärker, besonders in nahrlosen Zeiten und in der Nähe volkreicher Ortschaften. Manche Landwirthe erlauben das Ährenlesen gar nicht, und lassen das Feld sogleich nach der Abärntung mit dem Vieh übertreiben; andere dulden es nur bedingungsweise, wenn sich die Ährenleser verbindlich machen, ohne weitern Lohn in der Getreideärnte hülfreiche Hand zu leisten, oder eine andere leichte Arbeit, etwa in der Grummetärnte, bei dem Auflesen der Kartoffeln u. s. w. zu übernehmen; meistens wird es aber ohne alle Verbindlichkeit frei gegeben. Man macht dem Ährenlesen zum Vorwurfe, daß es 1) die Felddiebereien begünstige und Entwendungen veranlasse; 2) dem Landwirthe grrade in der nothwendigsten Zeit viele Hände entziehe; und 3) die liegen gebliebenen Äheen außerdem dem Viehe zu Gute kommen wüeden. Die beiden rrsten Beschuldigungen fallen fast ganz weg, wenn das Ährenlesen erst nach der völligen Abärntung eines Feldes und Wegbringung der Garben, und auch dann nur alten, schwächlichen und andern bei dem Ärnten nicht brauchbaren Leuten gestattet wird. Die dritte Beschuldigung zieht der Menschenfreund, da das Ährenlesen oft eine kräftige Unterstützung für Arme ist, nicht in nähere Erwägung. Schon Moses spricht hierüber sehr menschlich (3 B. C. 23, 22). Man hat schon oft gewünscht, daß der Mißbrauch des Ährenlesens eingeschränkt werden möchte, und Sickler theilt aus Calvels Schrift: consid. sur le glanage 1804, im Land- und Hauswirth (Landw. Zeit.) Jahrg. 1813 No. 40 einen Entwurf zu einem Gesetz über das Ährenlesen mit, das in mehreren Polizei-Verordnungen benutzt ist. (*Fr. Teichmann.*)

ÄLIER, das Älische Geschlecht gehörte zu den Plebejischen, schritt aber bald vom Volkstribunat aus durch alle Ehrenstellen hindurch mit so ausgezeichnetem Erfolge, daß zur Zeit des römischen Freistaates viele Älier als Consuln, Censoren und andere Hochmächtige oder durch Wissenschaft und Geschäftskentniß, besonders in der Jurisprudenz gleich dem Mucischen Geschlecht ausgezeichnete Männer genannt werden, und späterhin mehrere die sogenannte Kaiserwürde bekleideten. Der erste, welcher das Consulat erlangte, war P. Älius Pätus im Jahre 418 U. C., sein College C. Sulpicius Longus, welche aber beide ihr Consulat nicht beendigten, da der Senat, unwillig über ihren verzögerten Ausmarsch gegen die Sidiciner, einen Dictator zu ernennen befahl [1]). Unter den Kaisern aus dem Älischen Geschlechte ist der bekannteste der von 870—891 U. C. (117—138 nach Chr. Geb.) regirende P. Älius Adrianus. Die beiden vorzüglichsten Familien [2]) des Älischen Geschlechtes waren folgende: 1) die Älii Päti, nach Plin. H. N. XI, 37. 55 so genannt von den blinzelnden Augen eines Äliers [3]). Der ausgezeichnetste von diesen war Sextus Älius Pätus 554 U. C. Consul, welcher zwar in seiner Provinz Gallia cisalpina bei weitem nicht so viel that und zu thun hatte, als sein College Titus Quintius Flamininus in seiner Provinz Macedonien [4]), aber großen Ruhm durch seine Rechtskentnisse, und deshalb sich und seinen Nachkommen den Beinamen Catus i. e. prudens, sapiens erwarb. Zu derselben Familie gehörte wahrscheinlich auch der Älius Lamia, welchem Horaz zwei Oden [5]) gewidmet hat, in deren letzterer er ihn anredet: Aeli, vetusto nobilis ab Lamo — qui Formiarum moenia dicitur Princeps-tenuisse. 2) Die Älii Tuberones, von denen die bekanntesten folgende sind: Quintus Älius Tubero, ein stoischer Philosoph [6]), von dem Valer. Max. (VII, 5) erzählt, daß er sich bei einem öffentlichen Volksfeste (624 U. C.) durch eine anstößige Kargheit verächtlich gemacht habe. Viel gebildeter, ja durch gelehrte Kentnisse in griechischer und römischer Literatur ausgezeichnet war Lucius Älius Tubero, welchem Cic. (Brut. 56) ein großes Lob ertheilt, obgleich er kein Redner war. Eines Geschichtschreibers Quintus Älius Tubero gedenkt außer Dionysius von Halikarnaß auch Liv. IV, 25 und anderwärts; so wie auch Cicero (Epist. ad Quint. Fratrem I, 1, bei Schütz I. p. 154) die Annalen des Lucius Älius Tubero rühmt, den sein Bruder als Legat in Asien gesehen hatte, und dessen

---

1) Ep. ex P. I, 8. 13 ff. und IV. 1. 21. 2) Vgl. Constant. Porphyr. de Them. II, 1. in der Not. Imp. 28.

1) Liv. VIII, 15. 2) Vergl. Familia. 3) c. Hor. Serm. I, 3. 45. 4) cf Liv. XXXII, 8. coll. 26. 5) I, 26 u. III, 17. 6) cf. Cic. de Offic. III, 15. ibiq. Heusing.

Sohn Quintus Älius Tubero Ankläger des Ligarius war, von Cicero ad Attic. XIII, 20, bei Schütz V. p. 241 φιλαίτιος, i. e. accusandi et querendi cupidus genannt. Zu welcher Familie die Älia Petina gehörte, von der sich der Kaiser Claudius (cf. Sueton. Claud. 26) aus geringfügigen Ursachen scheiden ließ, ist nicht mit Sicherheit auszumitteln. Vgl. mehrere folgende Artikel unter Älia und Älius. *(Günther.)*

Älia hießen nach dem Kaiser Älius Adrianus mehrere Städte des Alterthums; so Älia Adiana, die Stadt Zama im alten Afrika, und Älia Augusta mercurialis die Stadt Thäna eben daselbst, als römische Colonien; Älia Capitolina die römische Colonie, welche Adrian 134 n. Chr. auf den Trümmern des alten Jerusalem errichtete, und dem Jupiter Capitolinus gewidmet ward. Er ließ nach Beilegung des jüdischen Aufstandes unter Barcochba die noch übrigen Trümmern von Thürmen, Mauern und Häusern, unter welchen noch Juden gewohnt hatten, gänzlich abtragen und schleifen, und die neue Stadt darauf erbauen, von deren Mauern aber der Berg Zion ausgeschlossen blieb [1]). Sie hatte unter andern 2 Fora und ein Theater, auf dem Berge Calvaria soll ein marmornes Venus-Bild gestanden haben [2]). Er bevölkerte sie lediglich mit römischen Bürgern und Soldaten, und den Juden ward jeder Zutritt bei Lebensstrafe versagt [3]). Nur in der Nähe der Stadt, am Oelberge, sahe man zur Zeit des Hieronymus einzelne fromme jüdische Patrioten gegen ein den römischen Soldaten bezahltes Geld, den Untergang ihres Heiligthums und Vaterlandes betrauern [4]). Doch wohnten Christen darin. Von dieser Zeit bis auf Constantin war der Name Älia bei den Heiden ausschließlich im Gebrauch. Auf Münzen von Hadrian, Antonin und Marcus Aurelius liest man die Inschriften: Col. Äl. Cap. (Colonia Älia Capitolina) [5]), selbst Eusebius (im Onomasticon urbium et locorum Palaestinae) nennt sie weit häufiger Αἰλία, als Jerusalem, und ihm folgt nach sein Bearbeiter Hieronymus. Eben so heißt sie im Itin. Antonin., bei Ptolemäus; auch zur Zeit der Araber muß der Name nicht außer Gebrauch gewesen seyn, da auch diese den Namen ايليا, Älia kennen [6]). Der Name Jerusalem erhielt sich nur bei Juden und Christen: woraus es zu erklären ist, daß ein Märtyrer zur Zeit des Eusebius, der im Verhör Jerusalem als seine Vaterstadt angab, vom heidnischen Richter zur Antwort erhielt, daß er diese Stadt nicht kenne [7]). Mit der allgemeinen Verbreitung des Christenthums nach Constantin dem Gr. wurde der Name Jerusalem wieder allgemeiner und jener allmählig verdrängt. *(Gesenius.)*

Älia Lex im J. 586 nach Roms Erbauung, von dem Consul Q. Älius erwirkt, hatte zum Zweck, aufrührische Gesetzvorschläge der Volkstribunen zu verhindern. In diesem Gesetze, welches sich lediglich auf die Volksversammlungen bezog, welche zur Anhörung der Gesetzvorschläge und zur Abstimmung über dieselben, geschahen, ward festgesetzt: 1) daß es erlaubt sey, den Himmel zu beobachten, ob es nicht geblitzt, oder gedonnert habe, denn dann durften keine Volksversammlungen gehalten werden; 2) daß es erlaubt sey, die Verlegung derselben auf einen andern Tag zu verlangen; und 3) daß die Magistratspersonen sich eben so gut, wie die Volkstribunen einem Gesetzvorschlage widersetzen könnten. (Vgl. *Cicero* Orat. pro Sexto 15. de Prov. Cons. 19. *Ernesti* Clavis Cic. v. *Aelia Lex.*) *(Spangenberg.)*

Älia Sentia Lex wurde unter der Regirung des Kaisers August, und dem Consulat des Sextus Älius Catus, und C. Sentius Saturnius, im J. 757 nach Roms Erbauung erlassen, und hatte zum Zweck, die häufigen und unbedachtsamen Freilassungen der Sklaven einzuschränken. Sie enthielt folgende Verfügungen: 1) Herren unter zwanzig Jahern durften überall keine Freilassungen vornehmen; so wie auch Sklaven, vor ihrem zurückgelegten dreißigsten Jahre nicht freigelassen werden durften; wenigstens nicht ohne Untersuchung der Gründe, weshalb die Freilassung geschehen sollte. Letztre geschah zu Rom durch die Decemviri litibus judicandis, in den Provinzen durch die XXV. Recuperatores. 2) Banqueroutirer durften ebenfalls nicht freilassen, weil ihre Sklaven ihren Gläubigern zum Unterpfande dienten. 3) Wurde ein Sklav freigelassen, welcher sich schlecht aufgeführt hatte, gebrandmarkt, oder in die Eisen, oder zur Tottur verurtheilt war, so wurde derselbe durch die Freilassung dessen ungeachtet kein römischer Bürger, sondern erhielt nur den Staud eines Dedititius. (S. Dedititius). 4) Der Herr, welcher seinem armen Freigelassenen keine Alimente verabreichte, verlor das Patronatrecht über denselben. 5) Interessirte Freilassungen (gegen Geld), gaben ebenfalls kein Patronatrecht über den Freigelassenen. 6) Undankbare Freigelassene sollten zu lebenswieriger Arbeit in den Steinbrüchen angehalten werden. (Späterhin wurden sie wieder Sklaven). 7) Wer einen Sklaven oder eine Sklavin unter der Bedingung frei ließ, daß sie nicht heirathen sollten, verlor das Patronatrecht. Dieses sind die vorzüglichsten Bestimmungen der Lex Älia Sentia. Einige Nebenbestimmungen, von denen aber einige auf ungewisser Gewährsmänner Aussage beruhen, führt Heineccius an; welcher einen Versuch gemacht hat, diese ganze Lex aus den Angaben der Juristischen und andern Classiker, wieder herzustellen. (Enthalten in dessen Antiquitatum Romanarum jurisprudentiam illustrantium Syntagma L. I. tit. VI. jedoch nur in den neuern Ausgaben seit 1724. Vergl. *Wieling* repetitio Institutt. Adpend. p. 129—134). Vgl. Älius Paetus Catus. *(Spangenberg.)*

Älianum Jus, s. Älius Paetus Catus.

ÄLIA, Glanzwanze, eine von Fabricius in seinem Syst. Rhyngotorum aufgestellte Wanzengattung, mit fünfgliedrigen Fühlern, vorgestrecktem spitzigen und an der Spitze gespaltenen Kopfe, langgezogenem Schildchen und ungerandetem Halsschilde. Man kennt gegen

1) Dio Cassius LXIX. p. 262. Basnage hist. des Iuifs T. II. S. 131 ff. 2) Chron. Alex. p. 597. Paulin. ad Sever. epist. 11. 3) Euseb. hist. eccl. IV, 6. Barhebr. ed. Bruns. S. 57. 4) Hieronym. ad Zephan. 1. 5) Cellarii not. orbis ant. II. S. 547. Ekhel doctr. nummor. . . . . . . 9) Relandi Palaestina S. 853. 7) Euseb. de martyr. Palaest. cap. 40.

8 Arten, von denen nur eine in Teutschland einheimisch ist, und sich häufig auf Wiesen und Feldern findet. Dies ist Alia acuminata, blaßgelb, mit grauen Längsstriemen, die Fühler an der Spitze roth. Sie ist beschrieben bei Fabricius Syst. Rhyng. p. 189. n. 6. — Latreille Genera Crustac. et Insector. Tom. III. p. 115. n. 1 *Pentatoma acuminatum.* — Linnaei Syst. Nat. edit. XII. Tom. I. p. 723. n. 59. Cimex acuminatus. Ejusd. Fauna suecica ed. II. n. 939. Abgebildet findet sie sich bei Panzer Fauna Germ. fasc. 32. tab. 17. Alia acuminata. Wolff Icones Cimicum fasc. 1. p. 19. t. 2. f. 19. Cimex acuminatus. Degeer Insect. T. III. p. 271. n. 16. t. 14. f. 12. 13. Latreille nimmt die Gattung Alia nicht an, sondern ordnet die Arten in seine Gattung Pentatoma mit ein. (*Germar.*)

ÄLIANUS, (Αἰλιανός). Mehrere Gelehrte, Staatsmänner und Krieger dieses Namens kommen zu den Zeiten der römischen Kaiser vor; (s. *Fabricii* Bibl. Gr. T. III. Lib. IV. c. XXI. not. e. *Ed. Harles.* Tom. V. p. 612). Von den resten verdienen folgende hier genannt zu werden:

I. Älianus, der Taktiker, (ihn mit einigen Claudius Älianus zu nennen, gibt es keinen Grund), scheint von Geburt ein Grieche gewesen zu seyn, lebte aber zur Zeit Trajans u. Hadrians (um 98 bis 138 n. Chr. Geb.) zu Rom, und schrieb dem Letztern ein noch jetzt vorhandenes, für die Kentniß der griechischen Kriegskunst wichtiges Buch von der Einrichtung der Schlachten bei den Griechen (περὶ στρατηγικῶν τάξεων ἑλληνικῶν) zu. Auch lieferte er eine Schrift von der Einrichtung der Seeschlachten (περὶ τῶν ἐν ταῖς ναυμαχίαις συντάξεων). Handschriften davon sollen in der königl. Bibliothek zu Paris und in der Palatina zu Rom vorhanden seyn. Von Ausg. bemerken wir die Ed. pr. von Franz Robortell Vened. 1554; die Ausg. von Conr. Gesner in den Opp. Äl., und die von Sixt. Arcerius Lugd. Bat. 1613. 4.[1]). Teutsch ist es übersetzt von A. H. Baumgärtner in der Samml. aller Kriegsschriftst. der Griechen, Manh. 1779. gr. 4., besonders ebend. 1786.

II. Älianus Meccius, (Μέκκιος), der Arzt, in der ersten Hälfte des 2ten Jahrh. Galenus (de usu Theriacae ad Pamphilianum, bald zu Anfange, Ed. lat. Bas. 1561. fol. Class. V. p. 197) erwähnt seiner, als des ältesten unter seinen Lehrrrn, rühmt ihn sowohl wegen seiner Erfahrung in der Heilkunde, als auch wegen seines Charakters, und berichtet von ihm, daß er zur Zeit einer ansteckenden Krankheit in Italien mit dem glücklichsten Erfolge die Theriak gebraucht habe. In des Symphorianus Campegius Comment. in Galeni historias Lib. IV. Hist. 23. Bas. 1532. fol. p. 58 a, wird dieser alte Arzt Hemilianus (sicher steht Αἰμιλίανος in einigen Handschriften des Galenus) genannt. Es mag hier noch bemerkt werden, daß unter den Ruinen der alten Stadt Ulpia Trajana in dem heutigen Siebenbürgen, sich ein Monument gefunden hat, welches, laut der noch erhaltenen Inschrift, ein Axius Älianus der jüngere, wahrscheinlich auch ein Arzt, als Weihgeschenk dem Asklepios und der Hygiea, den Menschen liebenden Gottheiten, gewidmet hat. Das ganze Monument ist abgebildet in des Grafen Aloysius Ferd. von Marsigli Prachtwerke: Danubius Pannonico-Mysicus etc. Amstel. 1726.[2]).

III. Älianus, der Platoniker. Wahrscheinlich im 2ten oder 3ten Jahrh. nach Chr. Nach dem Berichte der Neuplatoniker Porphyrius u. Proklus (Fabr. l. c.) hat er Hypomnemata in Timaeum Platonis geschrieben.

IV. Älianus, der Sophist, (Σοφιστής, als Ehrenbenennung für Lehrer der Beredsamkeit). Von einem Älianus dem Sophisten erzählt der jüngere Philostratus im zweiten Buche der Lebensbeschreibungen der Sophisten, daß er, wiewohl ein Römer, der niemals aus Italien gegangen sey, die griechische Sprache als ein Athener geredet, den Rhetor Pausanias zum Lehrer gehabt, die viel frühern Redner, Dion Chrysostomus und Herodes Atticus sich zu Mustern gewählt, und beinahe Nikostratus gleich gekommen, und daß er im 60sten Lebensjahre unverheirathet und kinderlos gestorben sey; auch eine heftige Anklage gegen einen verstorbenen weichlichen Tyrannen (Κατηγορία τοῦ Γύννιδος), den die Gelehrten für den Elagabal halten, wird von Porphyrius als eine Schrift dieses Älianus genannt, welcher nach jenen Bestimmungen in der ersten Hälfte des 3ten Jahrh. n. Chr. Geb. gelebt haben muß. Suidas (Ed. Genev. 1619. fol. Tom. I. p. 802) erwähnt auch eines Sophisten und Priesters Älianus, mit dem Vornamen Claudius, der aus Präneste (Palestrina) in Latium gebürtig gewesen sey, in den Zeiten nach Hadrian zu Rom die Beredsamkeit gelehrt, und den Beinamen des Süßredenden (μελίγλωσσου, μελίφθογγου) erhalten habe. Daß beide von einem und demselben Manne reden, ist wahrscheinlich, so wie auch, daß dieser die Sammlung mancherlei Geschichten geschrieben hat (m. v. Lib. IX. c. 32 und XII. c. 25, auch wird dieser Sammler in einigen Handschriften ein Pränestiner genannt), wiewohl die Sprache in der Sammlung eben nicht zum Belege der angeführten Lobeserhebungen dienen kann; zweifelhafter ist es, ob die Thiergeschichte von ihm herrührt, da der Verfasser derselben Lib. XI. c. 60 von sich sagt, er habe das, was er dort erzählt, selbst zu Alexandria in Ägypten gesehen; und Is. Vossius mag so Unrecht nicht haben, wenn er in dem Anhange zu den Observat. in *Melam* p. 38 den Verfasser der Thiergeschichte für ein Jahrhundert jünger hält, als den Sammler der mancherlei Geschichten. Daß in der Thiergeschichte manches fast mit denselben Worten vorkommt, als es in den mancherlei Geschichten erzählt wird, streitet dagegen nicht. (Vgl. *Valckenarii* Annot. in Epist. *Phalaridis* von Lenneps Ausg. p. XVIII. etc. und Wyttenbach in der Bibl. crit.

---

1) Die vollständigen Titel dieser Ausgaben finden sich in J. A. G. Weigels appar. lit. N. 5405. 327. 4213.

2) Die Inschrift ist erläutert von Christ. Gottl. Schwarz: Exposit. Veter. Inscription. de Aesculapio et Hygea, Diis φιλανθρώποις. Altorf. 1725. 4. Man vgl. Joh. Heinr. a Seelen Miscellanea etc. Lub. 1734. 8. P. III. p. 232. 233.

Vol. III. P. IV. p. 16). Perizonius hat dagegen besonders zu beweisen gesucht, daß beide Werke von einem und demselben Verfasser herrühren, und fast alle Herausgeber sind ihm hierin gefolgt. Die von spätern in 14 Büchern getheilte mancherlei Geschichte (ποικίλης ἱστορίας βιβλία ιδ) die auch von Stephanus von Byzanz, Johannes Stobäus und Suidas, jedoch meistentheils unter etwas verändertem Titel angeführt wird, in sehr ungleicher Sprache geschrieben und äußerst uncorrect, vielleicht auch nicht einmal ganz auf uns gekommen ist, enthält eine ohne alle Ordnung beim Lesen anderer Schriften, meistentheils ohne Anführung der Quellen, veranstaltete Excerptensammlung, in welcher allerlei Wichtiges und Unwichtiges, Wahres und Falsches aus der Geschichte der Natur, der Völker, der Kunst und Gelehrsamkeit, der Sitten, des Rechts u. s. w. vorkommt; oft ist das Unglaubliche ganz treuherzig, zuweilen auch im zweifelnden Tone vorgetragen; aus der römischen Geschichte ist wenig darin. Weil Manches aus verloren gegangenen Schriften darin erzählt wird, so erhält die sonst unbedeutende Schrift, welche mit der Sammlung des gleichzeitigen Athenäus gar keine Vergleichung leidet, einige Wichtigkeit. Die Commentare der vielen großen Gelehrten, welcher die Sammlung sich zu erfreuen gehabt hat, sind ungleich schätzbarer, als das Werk selbst. Hauptausg. sind: Ed. pr. von Camillus Peruseus Rom. 1545. 4. (s. Weigels App. litt. Nr. 689.) Ausg. v. Conr. Gesner (s. oben bei Äl. d. Taet.) von Joh. Scheffer Argent. 1647. 8. u. 1662. 8. v. Joach. Kühn. Argent. 1685. 8. auch ib. 1713. 8. besorgt von J. H. Lederlin; von C. G. Kühn II. Vol. Lips. 1780. gr. 8. von Jac. Perizonius II. Vol. Lugd. Bat. 1701. 8. von Abr. Gronov II. Vol. L. B. 1731. 8. maj.[3]) von Adam Koray Par. 1805. gr. 8. (J. L. Z. 1807. II. 449. u. s. w.) Teutsch von J. H. F. Meineke Quedl. (1775) 1787. 8. Die siebenzehn Bücher der Thiergeschichte (περὶ ζώων oder περὶ ζώων ἰδιότητος βιβλία ιζ) sind fast in demselbigen Sinne, aber redseliger, zu großem Theil aus Aristoteles, manches auch aus eigener Ansicht zusammengetragen, gleichfalls ohne alle Ordnung und ohne gehörige Sichtung des Wichtigen von dem Unwichtigen, und des Wahren vom Falschen; öfters äußert jedoch der Sammler seinen Zweifel an der Wahrheit der erzählten Geschichten; durch das Ganze geht die moralische Tendenz, den Menschen an dem Beispiele der Thiere ein Muster aufzustellen; ein Prolog eröffnet das Ganze, und ein Epilog, in welchem der Verfasser seinen völligen Mangel an Ordnung zu rechtfertigen sucht, beschließt das Werk. Bei dem Wenigen, was wir über die Naturgeschichte aus dem Alterthume haben, ist auch diese Sammlung, die sonst noch manches, was wir ohne sie nicht kennen würden, enthält, schätzbar; wie denn namentlich auch einige Inschriften auf Delphischen Weihgeschenken (Lib. X. c. 40. XI. c. 60) und manche Fragmente alter Dichter wie unter andern des Aristokles (Lib. XI. c. 4.) des Empedokles und Epimenides (Lib. XII. c. 7), des Autokrates (c. 9), des Kratinus, Epikrates und Philemon (c. 10), und zwei, jedoch wahrscheinlich unechte Stücke des Arian (Lib. XIII. c. 45), darin aufbewahrt sind. Ein byzantinischer Dichter des 14ten Jahrh. n. Chr. Geb., Manuel Philes, hat den Stoff zu seinem jambischen Gedicht über die Thiere größtentheils aus der älianischen Thiergeschichte genommen. Hauptausg. Ed. pr. die von Conr. Gesner (s. oben). Ausg. von Abr. Gronov II. Vol. Lond. 1744 nachgedr. Bas. 1750. 4.[4]). Heilbr. 1765. und Tüb. 1768. 4. (gleich mit der Heilbr.) u. von J. G. Schneider, Leipz. 1784. gr. 8. Ueber den Werth der Compilation: J. G. Schneider in den allerneuesten Mannigfaltigkeiten (Berl.) 1782. S. 392 u. s. w. Außerdem tragen noch 20 Briefe über ländliche Gegenstände (ἀγροικικαὶ ἐπιστολαί) den Namen Älians an der Stirne. Ed. pr. von Ald. Manutius in der Coll. Epist. Graec. Venet. 1499. 4. auch in der Ausg. von Conr. Gesner (s. oben) Suidas citirt unter Älianus Namen in ἀβασάνιστος (Ed. cit. p. 5) ein Werk von der Vorsehung (περὶ προνοίας, auch Eustathius im Comment. zum Dionys. Perieg. führt sie an), und in ἐνστάτης (Ed. c. p. 923), und an andern Stellen eins über die göttlichen Erweisungen (περὶ θείων ἐναργειῶν), welche Werke gegen die Philosophie Epikurs gerichtet waren, und wahrscheinlich eine und dieselbe Schrift ausmachten[5]). Was sich von Fragmenten unter dem Namen Älianus durch Stobäus, Suidas und Eustathius erhalten hat, ist mit andern Fragmenten, als deren Verfasser er nicht geradezu genannt wird, von Joach. Kühn gesammelt und seiner Ausg. der var. hist., so wie von den spätern Herausgebern ihren Ausgaben angehängt.

Von den Staatsmännern und Kriegern, welche den Namen Älianus führten, mögen hier genannt werden:

V. Plautius Älianus, mit seinem vollständigen Namen vielleicht Titus Plautius Silvanus Älianus, welcher unter Vespasians Regirung im J. 71 n. Chr. Geb., als Pontifex das nach dem unter Vitellius ein Jahr vorher erlittenen Brande wieder hergestellte Capitolium einweihen half. M. s. *Tacit.* Hist. Lib. IV. c. 53 mit Ernestis Anmerkung.

VI. Casperius Älianus, Anführer der kaiserlichen Leibwache (praefectus praetorio) unter Nerva, zwischen 96 u. 98 n. Chr. Geb., er stellte sich an die Spitze einer Empörung, und wurde von Nervas Nachfolger, Trajanus, mit dem Tode bestraft[6]).

VII. Lucius Älianus, einer von den vielen Gegenkaisern, den sogenannten dreißig Tyrannen, welche sich gegen Gallienus um 267 n. Chr. Geb. aufwarfen; er trieb sein Wesen in Gallien. Trebellius Pollio

---

3) Die vollständigen Titel s. in dem obgedachten Weigelschen App. Nr. 1906. 7. 8. 692—95.

4) S. diese 2te Ausg. in Weigels App. lit. Nr. 690. 91. und 1453. 5) Nach Wyttenbach (s. oben) ist der Verf. der Bücher von der Vorsehung, von den beiden Verfassern der var. hist. und der hist. anim. zu unterscheiden. Aus den noch übrigen Fragmenten zu schließen, scheint er allerdings ein ganz anderer Mann, als jene beiden Compilatoren gewesen zu seyn. 6) S. *Dion. Cass.* Hist. Rom. Lib. LXVIII. c. 3 und 5. Ed. *H. S. Reimari* Vol. II. p. 1120 und 22.

(Trig. tyr. c. 4) und Eutropius (Hist. Rom. Breviar. Lib. IX. c. 9) nennen ihn Lollianus; der griechische Ueberſ. des Eutropius, Päanias nennt ihn aber Älianus, welches durch noch vorhandene Münzen mit der Umschrift L. Ael. etc., welche dieser Gegenkaiser prägen ließ, bestätigt wird [7]).

VIII. Älianus, ein Feldherr unter Diocletians Regirung um 285 n. Chr. Geb., der zugleich mit einem gewissen Amandus von einer wilden Gallischen Horde, die sich den Namen der Bagauden (Bagaudae) gab, zum Gegenkaiser ausgerufen, von dem Cäsar Maximian aber mit leichter Mühe besiegt wurde. (S. Eutrop. Hist. Rom. Epit. Lib. IX. c. 20). Auch von ihm sollen noch Münzen vorhanden seyn; (Fabr. l. cit. und Allg. Weltgesch. von Guthrie und Gray, B. 4. S. 1148) wenn nicht eine Verwechslung mit dem vorher genannten Statt findet. Fabricius hat die drei zuletzt genannten zum Theil mit einander verwechselt.

IX. Älianus oder Helianus, ein Proconsul von Afrika um 306 n. Chr. Geb., welcher sich besonders thätig bewies, um die von den mit den wilden Horden, der Circumcellionen verbundenen Donatisten angerichteten Unruhen zu dämpfen [8]). (*Mohnicke.*)

Älinos, s. Linos

ÄLIUS GALLUS ein römischer Jurist, welcher gegen das Ende der Republik geblüht zu haben scheint. Von seinen Lebensumständen wissen wir nichts bestimmtes; denn die Behauptung, daß er römischer Ritter gewesen, von August mit einem Heere nach Arabien gesendet, und dann der Provinz Ägypten als Statthalter vorgesetzt worden sey, beruht auf einer Verwechslung gleichnamiger Personen. Als Schriftsteller scheint er sich nur um die grammatische Auslegung und Bestimmung des juristischen Sprachgebrauchs verdient gemacht zu haben; denn unter seinen Werken wird nur eines „über die Bedeutung der juristischen Kunstausdrücke bei den Römern" genannt, und alle Fragmente, die sich von ihm erhalten haben, scheinen aus diesem Werke geschöpft zu seyn. Die Pandekten enthalten nur ein Fragment aus seinen Schriften, mehrere finden sich bei Festus, Gellius und Macrobius. (*Dirksen.*)

ÄLIUS PÄTUS CATUS, Publius und Sextus zwei Brüder, welche in Rom um die Mitte des sechsten Jahrhunderts der Stadt lebten. Beide bekleideten die höchsten obrigkeitlichen Würden, das Consulat und die Censur, und beide werden uns auch als Rechtsgelehrte genannt; doch zeichnete sich der ältere, Publius, mehr als Staatsmann, der jüngere, Sextus, mehr als Jurist aus. Von der juristischen Thätigkeit des Publius hat uns die Geschichte nichts überliefert; den Sextus aber nennt sie als Schriftsteller, dessen Meinungen zu seiner Zeit in großem Ansehn gestanden haben müssen, da derselben noch in der Periode der wissenschaftlichen Ausbildung des römischen Rechts Erwähnung geschieht. Ennius pflanzte seinen Ruhm durch einen Vers in seinen Annalen fort:

Egregie cordatus homo Catus Aeliu' Sextus.

Unter den Werken dieses Juristen, welche, im Geiste seines Jahrhunderts, eine ausschließlich praktische Tendenz hatten, wird uns eine vollständige Sammlung der Klagformulare, unter dem Titel *Jus Aelianum* [1]) genannt, welche ohne Zweifel auch unter dem Titel *Tripertita* [2]) im Umlaufe war, indem der ganz gleichlautende Plan auf vollkommene Identität dieser Werke schließen läßt. Über die Einrichtung dieses Buches wird uns berichtet, daß dasselbe die einzelnen Vorschriften der zwölf Tafeln und zu jedem Satze die Auslegung desselben, nebst dem entsprechenden Klagformular, enthalten habe. Dieser Sextus Älius wurde anderer Werke genannt, indeß be-

keit dieser Angabe, und auf jeden Fall ist es eine unerwiesene Vermuthung, daß die *Commentarii* des Sextus Älius, deren Cicero de Orat. I. 56., gedenkt, ein eigenes, von den Tripertitis verschiedenes, Werk gewesen seyen. Ein Paar Fragmente aus den Schriften dieses Juristen finden sich bei Varro, Gellius, u. a. m. [3]). (*Dirksen.*)

Ältere und Jüngere im Felde (Bergbau) s. Muthung.

Älteste (und Ältesten) s. Presbyter.

Ämil, Ämilia s. Emil, Emilia.

ÄMILIA GENS. Das ämilische Geschlecht, die Ämilier, gehörte zu den allerältesten patricischen Geschlechtern, und machte sich in allen öffentlichen Ämtern berühmt und verdient. Es wurden mehrere öffentliche Werke und Einrichtungen erwähnt, welche nach diesem Geschlechte zubenamt waren, so eine ämilische Brücke [1]), und besonders ein Paar ämilische Landstraßen, welche, obgleich nicht so berühmt, und wichtig als die Appische, doch mit Lob genannt wurde. Die eine ging von Placentia nach Arminium, die andere von Pisa nach Dertona. — Das ämilische Geschlecht hatte folgende berühmte Familien: 1) Ämilii Mamercini von Mamercus, dem Urheber des Geschlechts, welchen Plutarch im Leben des Paullus Ämilianus (c. 2.) zum Sohne des Numa Pompilius macht. Der merkwürdigste dieser Familie ist unstreitig Lucius Ämilius Mamercinus, welcher, nachdem er 387 u. c. Magister equitum des zum vierten Mal erwählten Dictator Furius Camillus gewesen war [2]), zwei Jahre darauf der College des ersten plebejischen Consuls Lucius Sextius wurde [3]). 2) Ämilii Barbulae, von denen die bekanntesten sind Quintus Ämilius Barbulus, welcher, 444 u. c. Consul mit dem Cajus Junius, die Hetrusker besiegte, und Lucius Ämilius Barbula, welcher 474 u. c. als Consul mit dem Quintus Marcius über die Tarentiner triumphirte. 3) Ämilii Paulli, aus deren Familie die drei berühmtesten Männer des ganzen Ge-

7) M. s. d. Noten von Heuman, Havercamp und Verbryt in des letztern Ausg. des Eutropius Lugd. Bat. 1762. p. 435. 8) S. d. Epist. cler. Hippon. ad Januarium. August Epist. LXVIII. und den Cod. Justin. Lib. I. tit. 38.

1) L. 2. §. 7. D. de Orig. jur. 1. 2. und bei Cic. 2) Nach L. 2. §. 38. D. cit. lit. 3) Vgl. Ael. Sent. Lex.

1) Juv. VI, 32. 2) cf. Liv. VI, 38. 3) Liv. VII, 1.

schlechtes erstanden, Vater, Sohn und Enkel: a) Lucius Ämilius Paullus, der die Unbesonnenheit seines Collegen C. Terentius Varro in der Schlacht bei Cannä 538 u. c. mit dem Tode büßte[4]); b) Lucuis Ämilius Paullus, der 586 u. c. den macedonischen König Perses bei Pydna schlug, gefangen nahm, und im folgenden Jahr einen glänzenden dreitägigen Triumphaufzug hielt[5]), und c) des Paulus Macedonicus Sohn, der vom Publ. Cornelius Scipio, dem Sohne des ältern Scipio Africanus und der Aemilia seines Vaters Schwester, adoptirt, nachher unter dem Namen P. Cornelius Scipio Ämilianus Africanus minor so berühmt geworden ist (s. Scipionen.). 4) Ämilii Papi, von denen einer College des Consul C. Fabricius Luscinus 483 u. c. war. 5) Ämilii Lepidi, von welcher der bekannteste der in Vergleich mit seinen Collegen Antonius und Octavianus sehr schwache Triumvir Marcus Aemilius Lepidus war, vgl. Triumvir. — 6) Ämilii Scauri, unter denen sich besonders der curulische Ädil M. Ämilius Scaurus auszeichnete, der dem Volke glänzende Spiele gab, und wegen Bedrückung seiner sardinischen Provinz angeklagt, vom Cicero vertheidigt wurde. (*Günther.*)

Ämilia, röm. Provinz, s. römisches Reich.

ÄMILIA LEX, unter dem Consulat des M. Ämilius Lepidus und Q. Luctatius, im Jahr 675 nach Roms Erbauung, erlassen, hatte zum Zweck, den Luxus und die Verschwendung bei Gastereien einzuschränken, und bestimmte dem gemäß, wie viel dieselben kosten, und was für Speisen gegeben werden sollten. Der nähere Inhalt dieses Gesetzes ist unbekannt, da nur Gellius *) seiner Erwähnung thut. (*Spangenberg.*)

ÄMILIANA, ein Ort des alten Hispaniens im Gebiete der Oretanen, bei Ptol. II. 6. Cellarius (II. 1. 3. N. 81.) supplirt *castra*. (*Friedemann.*)

Ämiliani, Hier. s. Somasker.

ÄMILIANUS, 1) Cajus Julius, ein Maure von gemeiner Herkunft, hatte von Jugend auf in dem römischen Heere gedient, sich zu den ersten Stellen im Staat emporgeschwungen, war Consul gewesen, und wurde 253 nach Chr. G. von den damals allein mächtigen Soldaten zum Kaiser ausgerufen. Beweise von des Senats Genehmigung dieser Wahl sind noch vorhandene Münzen mit seinem Namen und seinem Bildniß mit den Attributen eines Herkules des Siegers und Mars des Rächers. Gleichwol regirte er nur 4 Monate lang, und wurde dann von eben den Soldaten, deren Abgott er kurz zuvor gewesen, zu Spoletum ums Leben gebracht *); 2) bisweilen, jedoch selten bezeichnet der einfache Name Ämilianus den jüngern P. Cornelius Scipio Africanus, den Zerstörer Carthago's, der, ein leiblicher Sohn des Lucius Ämilius Paullus Macedonicus, von dem Sohne des ältern P. Cornelius Scipio Africanus adoptirt war, (vergl. Ämilia gens und Scipio.) (*Günther.*)

ÄMINES, Hafen in der Gallia Narbonensis, westlich von Citharista oder Cassis. (Itin. Anton v. Mannert, Gall. 89.). (*Sickler.*)

ÄMINIUM, (Αἰμίνιον Ptolem. II. 5.) Name eines Flusses und Ortes *) im alten Lusitanien, jetzt Agueda **). (*Friedemann.*)

Ämodae (Insulae) s. Acmodae.

ÄMON (Αιμων), 1) der Sohn des Königs Kreon von Thebä, der das Räthsel der Sphinx nicht errieth, und von ihr gewürgt ward, weshalb Kreon die Jokaste zum Preis für die Lösung aussetzte *) — 2) einer der Söhne des Arkadiers Lykaon, richtiger Haimon **). (*Ricklefs.*)

ÄMONA, bei Ptol. 2, 15. und Plin. IV. 28, in Inschriften — richtiger Emona, eine Stadt in Pannonien an der Grenze von Italien und Noricum, nach einem Mythus von den Argonauten begründet *), seit Herodian VIII, I. von den meisten zu Italien gerechnet. Die Rudera derselben bei Laubach beweisen, daß sie eine bedeutende Stadt war. Valvasors Besch. v. Crain Th. 2. S. 232. ff. (*Ricklefs.*)

Ämona, s. Laybach.

Ämonia, Ämoniae, s. Haemonia, Haemoniae, Thessalia, Citta nuova.

ÄMTER, FREIE, jetzige Bezirke Muri und Bremgarten im Conton Aargau. Sie machten im Mittelalter einen Theil der Grafschaft Store aus. Ihre Bewohner sollen, ehe sie ganz unter die Oberherrschaft der Grafen von Altenburg und deren Nachfolger, der Grafen von Habsburg kamen, vorzügliche Freiheiten genossen haben. 1653 ließen die Einwohner der Länder sich in den sogenannten Bauernkrieg (Aufstand) ein. Nach dem Aarauerfrieden 1712, durch welchen die 5 innern katholischen Cantone ihren Antheil an der Oberherrschaft der Untern fr. Ämter an Zürich und Bern abtraten, wurde das Land in die Ob. und Unt. fr. Ämter getheilt, und bis 1798 von 2 Landvögten verwaltet. (Meyer v. Kn.) — Diese Landschaft enthält mit den beiden Municipalstädten Bremgarten und Mellingen 25,000 Einw., (ohne dieselben 21,000 Einw.) welche auf sehr fruchtbarem Boden fleißig alle Art Landwirthschaft, Baumwollenspinnerei und Strohflechten treiben. Die obern freien Ämter, den 8 alten Orten gehörig, zerfielen in die 4 Ämter: Meyerberg, Hitzkilch, Muri und Bettweil; die untern, dem Canton Zürich, Bern und Glarus gehörig, in die 9 Ämter: Boßweil, Sarmenstorf, Krummenamt, Vilmergen, Wohlen, Niederweil, Dottiken, Häglingen und Büblikon. Dazu kamen die beiden Städte, Bremgarten und Mellingen unter Hoheit von Zürich, Bern und Glarus. (*Wirz.*)

Ämus, s. Haemos.

---

4) Liv. XXII, 35. sq. Hor. I, 12, 38. 5) Liv. XLIX. u. Y. et Plutarch. Paull. Ämilius.

*) Noct. Att. II. 24.

*) Zosim. I, 29. Gibbon's Hist. I. 408. 410.

*) Plin. H. N. IV, 21. **) S. Harduin. zu Plin. a. a. O. Not. et Emend. No. CXIX. und Wesseling zu Antonin. Itiner. p. 421.

*) Apollod. III. 5, 8. **) Apollod. III, 8.

*) Zos. V, 29.

Änamok, s. Abosa (II. 12.)

ÄNARIA, auch Inarime und Pithekusa, Insel des mittelländischen Meres im ehemaligen cumanischen Busen; jetzt Ischia (gespr. Iskia). Eine Seemeile von der alten, zerstörten Arx Cumana am Ufer des festen Landes entfernt, und hinter Prochyta, dem heut. Procida, liegend, berühmt durch die Dichtungen Virgils [1]), Ovid's [2]) des Sil. Ital. [3]), genannt übrigens von Plin. [4]), Appian. [5]), von T. Livius [6]) der unter Pithekusa die Insel Prochyta verstand, von Strabo [7]), Pomp. Mela [8]), Sueton [9]). Gegenwärtig vielbesucht wegen ihrer mineralischen Bäder, ihrer trefflichen Luft, ihrer herrlichen Weine und besonders wegen ihres, an fruchtbaren Naturschönheiten überaus reichen, sehr hohen und ehemals Feuer auswerfenden Epomeo. (*Sickler.*)

Änarion, s. Ägion Anmerk. 10.

Änea, s. Änia.

ÄNEAS, (Αινειας) Sohn des Anchises und der Aphrodite, die Frucht einer heimlichen Liebe, nach Il. II, 819. ff. Schol. ad h. l. u. Hes. Theog. 1008—10. auf des Ida waldigten Höhen, nach Aen. I, 618. am Simois geboren, ein Seitenverwandter der in Troja herrschenden Familie [1]), nach folgender Stammtafel:

Tros
- Ilos
  - Laomedon
    - Tithonos
      - Memnon
    - Priamos
      - Hektor, Paris, Helenos, Deiphobos, Kreusa, Polyxena, Kassandra u. a.
    - Hesione
- Assarakos
  - Kapys
    - Anchises
      - Aineias
- Ganymedes
- Kleomestra
  - Lykersos
    - Antenor

Die göttliche Mutter nannte ihn Aineias d. i. Schmerzenssohn (von αινιαω ich betrübe) darum, weil sie für einen Sterblichen schwach geworden [2]), ließ ihn von den Dryaden erziehn [3]), und brachte ihn erst im fünften Jahre nach Dardanos am Fuße des Ida [4]), welches, wie es scheint, des Anchises Besitz war. Sein Schwager Alkathoos übernahm seine Erziehung [5]). Spätere fabelten auch vom Kentaur Cheiron [6]), den man gern zum Erzieher aller Helden macht. Der Überfall des Achilleus [7]), wobei er nach des Proklos Angabe des Inhalts der Κυπρια, seine Heerden einbüßte, reizte ihn mit den Bewohnern von Dardanos, Bebrykia, Ophrynion und andern kleinen Städten, die sich unter ihm am Ida sammleten, den Troern zu Hilfe zu ziehn [8]), wo er von Priamos kalt behandelt ward [9]), vermuthlich, weil er nach der mütterlichen Zusicherung die Hofnung hegte, einst über die Troer zu herrschen [10]), und auch mit Paris in steter Fehde lag [11]), ungeachtet er mit des Priamos Tochter Kreusa vermählt war, und das kyprische Gedicht ihm Antheil an der Entführung der Helena gibt. Homer läßt es ihm zwar nicht an Tapferkeit fehlen [12]), — Hygin Fab. 115. macht ihn zum tapfersten Helden unter den Troern, und läßt ihn 28 Feinde erlegen; — aber vor Menelaos und Orsilochos weicht er [13]), und in entscheidenden Augenblicken retten ihn schützende Götter [14]). Am tapfersten lassen ihn die Dichter nach Homer bei der Einnahme der Stadt selbst kämpfen [15]), wo er, als alle Hofnung verloren war, einen Theil der Bürger mit Weibern und Kindern auf den Ida rettete, und seinen gelähmten Vater mit den Penaten und Schutzgöttern Ilions [— pius Äneas — von Göttern geschützt und geleitet — Andere wollten, von den Griechen begünstigt, weil er ihnen die Stadt verrathen Dion. H. I, 48 —] auf den Schultern aus der brennenden Stadt und der Feinde Gewühl trug, den Sohn Askanios an der Hand, hin zu jenen, die sich auf dem Ida gesammelt, eilte, oder sich nach andern mit ihnen auf die Landzunge Pallene rettete [16]), seine Gemalin Kreusa aber auf der Flucht verlor und vergebens suchte [17]). Von hier an weichen die Sagen vom Aineias sehr von einander ab. Homer Il. XX, 307. deutet an, daß er in Troas zurück blieb, und über das wieder gesammelte Volk eine neue Herrschaft gründete. Nach Strabo XIII, I, 52. gründete Askanios des Aineias Sohn, mit dem Hektoriden Skamandrios zu Skepsis ein neues Reich. Nach Abas [18]), befestigte Aineias die Herrschaft des Astyanax über Troas gegen Antenor. Andere lassen ihn nach Epiros, andere nach Phthiotis kommen [19]), Angaben, die sich vermuthlich aus Cyklischen Dichtern, die ein weites Feld zur Erdichtung hatten, herschreiben. Dionys v. Halicarnaß I, 49., Lykophron 1226 ff. und die ältern römischen Annalisten, denen Livius I, 1. und Aurelius Victor [20]) folgten, lassen ihn jedoch nach Italien kommen, eine Erzählung, die sich vielleicht mit der Nachricht, daß er in Troas zurück blieb, vereinigen ließe, wenn man was Konon 46. Abas a. a. O. und Diktys (V. am Ende) erzählen, und wonach er sich erst nach Versuchen, eigene oder eines nahen Verwandten Herrschaft zu befestigen, entfernt zu haben scheint, als verbindendes Mittelglied gebraucht. Virgil gründet auf die letztere Sage, ihm ein willkommener Stoff, dem römischen Nationalstolz, und der herrschenden Familie, als von Göttern stammend, zu schmeicheln, seine Äneis. Nach ihm, der

---

1) Aen. IX, 716. 2) Met. XIV, 88. 3) L. VIII, 541. 4) L. III, 6. 5) L. 6) L. VIII, 22. 7) L. V. 8) C. VII. 9) im Aug. 92.

1) Il. XX, 236. ff. Dionys. Hal. I, 60. ff. und Diod. IV, 75. 2) nach Hymn. in Ven. 200. 3) c. i, 258. 4) l. c. 66—77. Il. II, 819. 5) Il. XIII, 465. ff. 6) Xenoph. de Venat. 7) Il. XX, 90—96. und 187. — 94.

8) Il. II, 819. ff. Dionys. Hal. I, 46. 47. nach Hellanikos und Sophokles. 9) Il. XIII. 460. ff. 10) Hom. Hymn. in Ven. 197. Il. XX, 180. u. 302. ff. 11) Dionys. H. I, 48. 12) Il. XII. 99. u. a. O. 13) Il. V, 571. ff. 14) Il. V, 290—449; XX, 302. ff. 15) Quint. Smyrn. XIII, 300. ff.; Aen. II, 314. ff. 16) Dionys. H. I, 47. 48; Aen. II, 721. ff. Dict. IV, 17. 17) Aen. II. 749. ff. 18) Serv. in Aen. IX. 264. 19) Dionys. H. I, 47. nach Hellanikos; Con. 41.; Tzez. in Lycoph. 1263. 20) de Orig. gent. Rom. 11. u. 12.

auch hier zum Theil verloren gegangenen Sagen folgt, segelt Aineias, nachdem er den ersten Winter mit Erbauung einer Flotte von 20 Schiffen[21]) zugebracht, im Frühling des zweiten Jahrs von Antandros nach Thracien, wo er die Stadt Ainos gründet[22]). Andere lassen ihn von Pallene abgehn, und die Stadt Aula daselbst gründen[23]), und von da im Frühling des dritten Jahrs nach Delos kommen[24]), wo er den väterlichen Gastfreund Anios findet, das Orakel über seinen fernern Weg befragt, und falsch es deutend, nach Kreta segelt und Pergama gründet. Er verweilt dort ein ganzes Jahr, wird aber, weil er nach Italien und seine Bestimmung erfüllen soll, von dort durch Pest und Sturm vertrieben. Durch Sturm lassen ihn nun einige nach Kythere[25]), andere an die lakonische Küste[26]), nach Arkadien[27]), nach Zakynthos und Leukade[28]) verschlagen werden; Virgil aber führt ihn zu den Strophaden, und läßt ihn — eigene Erfindung — im fünften Jahre der Reise zu Actium dem Apollo zu Ehren Spiele feiern[29]). Im Anfang des sechsten Jahrs geht er von da nach dem Epeiros, wo er den Helenos und die Andromache findet[30]) — Dionys v. Halikarnaß läßt ihn dort einen Abstecher nach Dodona machen, um das Orakel zu befragen I, 51. — und von da geht er nach Italien, Aen. III. 506, wo er beim salentinischen Vorgebirge landet III. 530 ff., und andere ihn bald dem Odysseus[31]), bald dem Diomedes[32]) begegnen lassen[33]). Von da geht die Fahrt nach Sicilien, wo an der Kyklopenküste gelandet, und Achaemenides eingenommen[34]), dann aus Furcht vor den Kyklopen wieder in See gegangen, und bei Drepanum gelandet wird, wo Anchises stirbt III, 655. ff., und die Troer bei Acestes freundliche Aufnahme finden[35]). Von ihm mit Mundvorrath versehen, will Aineias nach Italien segeln; aber der Dichter läßt einen Seesturm, von der Juno veranlaßt, ihn nach Libyen verschlagen, Aen. I, 34. ff.; 170. ff., und zur Dido führen nach der neuen Carthago I, 418. ff., der Zeitbestimmung entgegen eine alte Sage von der Dido benutzend Just. VIII; 6. Dido nimmt ihn wohlwollend auf; es entspinnt sich zwischen ihm und der Dido ein Liebesverständniß, und behaglich weilet er bei ihr; aber Göttergebote treiben ihn wieder in See, um nach Italien zu steuern; und die verlassene Dido entleibt sich Aen. IV. Ein neuer Sturm wirft ihn wieder nach Sicilien zurück, wo er bei Acestes aufs neue freundliche Aufnahme findet, und seinem Vater Leichenspiele feiert Aen. V, 1—603. Die trojanischen Frauen, der langen Seefahrt müde, verbrennen 4 Schiffe von der Flotte; Aineias gründet Acesta (Segesta) und läßt einen Theil der Troer zurück 604. ff. Mit den übrigen kommt er endlich per tot discrimina rerum glücklich nach Italien, und landet bei Cumä 779. ff. Virgils Dichtung! — Nach andern Sagen beschreibt Dionys die Fahrt I, 52. ff. — Virgil läßt ihn dort mit der Sibylle in die Unterwelt hinabsteigen, und den Vater Anchises über seine Zukunft befragen Aen. VI. Darauf wird bei Cajeta geankert VI, 901. und die Amme des Aineias begraben VII, 1. ff. Dann läuft er in den Tibermündungen ein, und steigt am Ostufer im laurentischen Gebiet ans Land VII, 36. ff. im 7ten, nach Dionys H. I, 63, 64. im 3ten Jahre nach der Eroberung Trojas. Ein früher ihm gewordenes Orakel geht sofort in Erfüllung[36]), und ermuthigt ihn zur Niederlassung. Von jetzt an folgt der Dichter anderen Sagen, als Dionys, oder eigener Dichtung und Anordnung; so wie er die Begebenheiten in 20 Tage zusammendrängt, die nach den Historikern 6 Jahre füllen. Nach Dionys. H. I, 56. ff. erhält Aineias das zweite Vorzeichen, die Erscheinung der weißen Sau mit ihren 30 Ferkeln fast unmittelbar; nachdem sie der Verkündung gemäß ihre Tische verzehrt, und beginnt darauf eine Niederlassung zu gründen, die Latinus erst mit Gewalt verhindern will, aber nach einer nächtlichen Erscheinung zugibt, indem er ein Bündniß mit Aineias gegen die Rutuler abschließt, und ihm seine Tochter zur Bestätigung des Bündnisses gibt. Aineias baut nun die Stadt, und nennt sie nach seiner Verlobten *Lavinium*. Die Rutuler werden besiegt, aber nach einem Jahre geht des Latinus Neffe, Turnus, dem die Lavinia früher versprochen war, von Latinus Gemalin, Amata, aufgeregt, zu den Rutulern über, und nach 3 Jahren bricht ein Krieg aus, worin Turnus und Latinus beide umkommen. Aineias vereinigt nun des Latinus Aborigíner mit den Troern, und nennt beide *Latiner*. Nach 3 Jahren erneuen die Rutuler, unterstützt von Mecentius, den Krieg, und Aineias verschwindet in der Schlacht am Numicius. — Nach Virgil sendet Aineias am *zweiten* Tage nach seiner Landung eine Gesandtschaft an den König Latinus, der schon im Voraus durch Vorzeichen günstig gestimmt ist, nicht blos in sein Gesuch willigt, sondern ihm auch seine Tochter von selbst anträgt[37]). Amata geräth darüber, auf der Juno Anstiften, in Wuth, und am *dritten* Tag beginnen Händel zwischen den Troern und Latinern, wodurch ein Volksaufruhr entsteht, und Latinus wider Willen genöthigt wird, dem Kriege gegen die Troer nachzugeben[38]). Aineias, durch eine nächtliche Erscheinung des Tiberinus und durch die Erblickung der weißen Sau bewegt, geht am *vierten* Tage ab, um die Hilfe Evanders zu suchen[39]). Am *fünften* Tage bringt er die Bewohner von Cäre auf seine Seite 464. ff. während Turnus schon Angriffe auf die Verschanzungen der Troer machte. Am *sechsten* Tage kommt Aineias mit den Hilfstruppen an, und es erfolgt eine Schlacht, worin Aineias siegt IX. und X. Es wird am *siebenten* Tage ein Waffenstillstand auf

21) Aen. I, 381. Vgl. I, 170. mit 113. u. 390. 22) Aen. III, 5—18 — 23) Lycoph. 1236. ff. Con. 46. vergl. mit Dionys. H. I, 47. 49; Liv. I, 1. u. XL. 4 —. 24) III, 69. ff. 25) Dion. Hal. I, 50. 26) Paus. III, 22. 27) VIII, 12; Dion. H. I. 49. 28) Od. I; 50. 29) III, 268. ff. 30) Aen. III. 306. ff. 31) Aur. Vict. de orig. gent. Rom. 12; Lycoph. 1242. ff. 32) Sol. 2. Serv in Aen. III, 407. 33) Heyne Excurs. I. in Aen. III. 34) Aen. III. 569. ff. 35) Aen. I, 195; V, 31 u. 61 ff.

36) Aen. VII, 107. ff. vergl. Lycoph. 1250 u. Dionys. H. I, 55. 56 37) VII, 41—106; 152—285. 38) 286 ff. 39) VIII, 18. ff.

12 Tage geschlossen XI, 100. ff. Der Friede kommt nicht zu Staude. Der Krieg bricht am 20sten Tage wieder aus 444 ff., und Turnus fällt, nachdem die Troer von neuem gesiegt, im Zweikampf durch Aineias XII, 887. ff. — Tantae molis erat Romanam condere gentem! — Damit endet Virgil, der dem Charakter seines Helden keine Haltung gegeben hat, weil er aus Homer, wo er Nebenperson ist, kein bestimmtes Bild von ihm auffaßte. Die ersten Eigenschaften eines Helden, Selbständigkeit und innere Kraft, gehen ihm ab, und in dieser Hinsicht steht er weit hinter Turnus zurück. Nur der *pius Aeneas* und eine gewisse Ruhr und Bedachtsamkeit tritt bei ihm mit Klarheit hervor. — Die Römer verehrten ihn als Indiges [40]). Ovid feiert seine Einführung unter die Götter [41]). — Auf Gemmen findet man Aineias mit einer Löwenhaut bedeckt, den Vater auf den Schultern, und den Askanios mit einem Pallasbild in der Hand. Bisweilen trägt er selbst das Gefäß mit den Penaten. *Mus. Flor.* II. T. 30; *Maffei Gemm.* antiq. IV. T. 4. (*Rickless.*)

ÄNEAS den Dardanier, lernt man gewöhnlich durch die Römer kennen, die ihn als ihren Stifter verehrten, und denkt sich ihn dann so, wie ihn Virgil geschildert hat; die einzige wahre Quelle ist aber Homer, aus welchem alle Spätern, und auch die Römer, geschöpft haben. Aus Homers Schilderung desselben muß man die gewöhnliche Meinung berichtigen, nicht aber, wie meistens geschieht, den Homer nach den Fabeln der spätern Dichter deuten. Je später der Dichter oder Geschichtschreiber lebte, welcher von Äneas sang oder schrieb, je mehr bildete er die Sagen von demselben um. Betrachten wir also die Sage von Äneas in ihrer Reinheit, wie wir bei Homer sie finden. Hier ist Äneas noch kein Stifter eines Reiches außer Ilium, sondern Nachfolger des Priamos daselbst; daher ihn sogar einige als Verräther Trojas an die Griechen dargestellt haben, welcher zum Lohne das griechische Bürgerrecht und die Herrschaft Iliums empfing. Homer und der Verfasser des Hymnus auf Aphrodite sprechen nicht so verächtlich von ihm; sondern nach Il. XX. 300. ist er der einzige Troer, dessen sich, seiner Frömmigkeit wegen, selbst der feindliche Gott Poseidon annimmt, und dessen Stamme er die Herrschaft über die Troer an des verhaßten Priamos Stelle bis in die fernste Zukunft verheißt. Ähnliches läßt der homerische Hymnendichter seine eigene Mutter dem Anchises verkünden [1]), ohne auch nur mit einer einzigen Sylbe auf eine Auswanderung des Äneas in ferne Lande hinzudeuten. Der Venus Sohn als Verräther ihres Lieblingsreiches darzustellen vermochte jedoch nur ein Menekrates von Xanthus; so wie die Erklärung der homerischen Weissagung, welche Virgil uns gibt [2]), nur einen Römer befriedigen konnte. Was auch Heyne in seiner Disquis. de rerum in Aeneide tractatarum inventione §. III. erinnern mag, Äneas erscheint bei Homer nur, wie Strabo richtig sah, als Nachfolger des Priamos in Ilium, und seine Sprößlinge beherrschten dieses Land noch, da Homerus lebte. Insofern ist Äneas eine historische Person, wenn gleich die Sagen von ihm nur des Dichters Erfindung seyn mögen. Darum ist auch wol sein Name nicht aus dem Griechischen zu erklären, wie die Namen eines Hektor u. A., die bloß der Erfindungskraft des Dichters ihr Daseyn verdanken. Am allerwenigsten können wir die Namenserklärung billigen, welche der oben erwähnte Hymnendichter der Aphrodite in den Mund legt. Nach seiner Gewohnheit, von den Vorfahren der noch herrschenden Fürstenhäuser nichts als Gutes zu singen, stellt Homer auch den Äneas als den Hauptelden der Troer dar. Hektor steht als Held noch unter ihm, wie sein Gegner *Ajas* Il. II, 768. der nächste nach Achilleus ist: er spielt nur so lange eine Hauptrolle in der Iliade, als Achilleus zürnt; sobald aber Achilleus auf dem Kampfplatz erscheint, tritt Hektor in den Hintergrund zurück, Il. XX, 79. ff. 373. Hektor erklärte selbst Il. XX. 433. dem Achilleus nachzustehen, welchen Äneas Il. XX, 105. an Geburt noch übertrifft, der, nach Il. XX, 331. ff. des Achilleus Kraft nur weichend, keinen andern Danaer zu fürchten hat. Betrachten wir des Äneas Geburt, so finden wir ihn bei Homer, der alles durch den Gegensatz zu erläutern pflegt, von Seiten der Mutter dem Achilles, von Seiten des Vaters dem Agamemnon gleichgestellt. Wie Achilleus bei den Griechen, so ist Äneas bei den Troern der einzige Göttinsohn, und was Achilleus durch die Meeresgöttin an Kraft gewinnt, hat Äneas vor ihm durch den höhern Rang der Mutter voraus. Philostratus hatte den Dichter begriffen, wenn er die Griechen den Hektor die Hand, den Äneas aber die Sele der Troer nennen ließ, der den Griechen mit seiner Einsicht und Klugheit mehr zu schaffen machte, als Hektor mit seiner martialischen Tapferkeit und Leibesstärke. Von ihm hat Homer uns Il. XX, 215. ff. einen Stammbaum gegeben, so weit kein anderer bei dem Dichter hinaufreicht, selbst nicht der Stammbaum des Agamemnon Il. II, 100 ff. Auch hat Äneas göttliche Rosse, Il. V, 254 ff. so wie Achilleus, und so erscheint er in Allem als des Achilleus-Gegensatz, selbst darin, daß er Il. XIII, 460. dem göttlichen Priamos zürnt,

Weil er ihn nicht ehrte, den tapfern Streiter
des Volkes.

Dieses mag genug seyn, um die gewöhnlichen Vorstellungen von Äneas zu berichtigen. Man sieht aus Allem, daß die Römer keinen bessern Helden Iliums sich zum Stifter ihres Volkes wählen konnten, als ihn, zumal da die Il. XX. 298. gerühmte Pietät desselben zugleich das tugendhafteste Vorbild des Augustus nach römischem Begriff in ihm zu preisen, dem Virgil die schönste Gelegenheit darbot. (*Grotefend.*)

ÄNEAS, der Taktiker, auch wol Poliorketiker genannt (*Αἰνείας, Αἰνέας, Τακτικὸς. Πολιορκητικὸς*), ein Kriegsschriftsteller des griechischen Alterthums. Sein Zeitalter läßt sich aus Mangel an Nachrichten nicht genau bestimmen; doch kommt man

40) Dionys. H. I. 64. Liv. I, 2; Aen. XII, 794; Tib. II, 5, ff. 41) Metam. XIV, 814. ff.

1) v. 197. f. 2) Vergl. Aen. III, 97. sq. u. IX, 448. sq.

der Wahrheit wol sehr nahe, wenn man ihn in die Zeit des Aristoteles (um Olymp. 110; vor Chr. Geb. 340.), oder doch nicht lange nach diesem setzt, da er gerade diejenigen Kriegswerkzeuge, von welchen er selber sagt, daß sie zu Aristoteles Zeit besonders in Gebrauch gekommen seyen, beschreibt, und der später erfundenen gar nicht gedenkt (Casaub.). Wäre, wie Casaubonus vermuthet, mit dem Feldherrn der Arkader Äneas Stymphalios (Αἰνείας Στυμφάλιος), dessen Xenophon (Ἑλληνικ. Lib. VII. c. 3. Ed. *J. G. Schneid.* Lips. 1191. p. 437.) [1]) erwähnt, eine Person, so würde er schon zur Zeit der Schlacht bei Mantinea (Ol. 104. 2. v. Chr. Geb. 361 nach *Saxe* im Onomast. T. 1. p. 73.) gelebt haben [2]). Er entwarf ein vollständiges System der Kriegskunst seiner Zeit (θεωρία τακτική, στρατηγικὰ βιβλία, στρατηγικὰ ὑπομνήματα, περὶ τῶν στρατηγικῶν ὑπομνήματα, de arte, de officio imperatoris) von welchem wir aber nur das eine Buch, welches von dem Verhalten bei Belagerungen (τακτικόν τε καὶ πολιορκητικὸν ὑπόμνημα περὶ τοῦ πῶς χρὴ πολιορκούμενον ἀντέχειν, liber, commentarius obsidionalis) handelt, übrig haben; wahrscheinlich waren die andern kriegswissenschaftlichen Abhandlungen, auf welche er selbst in dem eben genannten Buche sich beruft, wie die Schriften von der Ausrüstung eines Heers (παρασκευαστικὴ βίβλος c. 7. 8. 20.), von dem, was ein Feldherr beim Marsche zu thun hat (πορισтική c. 14.), vom Aufschlagen des Lagers (στρατοπεδικὴ c. 21.), die Schrift, welche er ἀκούσματα (c. 22. 28. 38.) nennt [3]), und die von der Seekriegskunst (περὶ ναυτικῆς τάξεως), welche er am Schlusse des genannten Buchs verspricht, so wie die von den Feuersignalen (περὶ πυρσῶν), aus welcher Polybius [4]) uns eine Stelle aufbewahrt hat, gleichfalls einzelne Abtheilungen des größern Werkes [5]). Schon früher muß dieses Werk sich einen Namen erworben haben, da Kineas (Κινέας), der Freund und Rathgeber des Königs Pyrrhus von Epirus um 280 vor Chr. Geburt [6]), einen Auszug daraus verfertigte [7]); und es ist sehr zu verwundern, daß, außer Polybius, Älianus und Suidas, so viel ich wenigstens weiß, kein Schriftsteller des Alterthums des Äneas gedenkt, obgleich, wie schon andere [8]) bemerkt haben, Polyänus in seinem Buche von den Kriegslisten, und besonders Julius Africanus, der in seinen Cestis [9]) und zwar aus der noch vorhandenen Abhandlung von Belagerungen, ganze Stellen abgeschrieben hat, ihn viel benutzt haben. Für die Kentniß der alten griechischen Kriegskunst, so wie in mancher historischen Hinsicht ist übrigens diese noch vorhandene Abhandlung von großer Wichtigkeit. Sie findet sich handschriftlich in der Bibliothek des Vaticans zu Rom, in der königl. Bibliothek zu Paris, in der laurentinischen Bibliothek zu Florenz [10]), und in der königl. Bayerschen zu München. Aus dem vaticanischen Codex machte zuerst Adrian Turnebus [11]) einige Stücke bekannt; die erste vollständige Ausgabe besorgte aber aus dem Pariser Codex, wahrscheinlich eine Abschrift des Römischen, Isaak Casaubonus, und fügte sie seiner Ausgabe des Polybius Paris. 1609. fol. hinzu [12]); auch bei der Ausgabe dieses Schriftstellers von Jac. Gronov [13]), findet sich diese Abhandlung, so wie von Boivin besorgt in der schon unten genannten Ausgabe der alten Mathematiker Par. 1693. fol [14]). Für die Kritik des Textes sind wichtig: *Jac. Gronovii* Supplementa lacunar. in *Aenea Tactico*, Dione Cassio et Arriano. Lugd. Bat. 1675. 8. (aus dem flor. Codex) und *G. H. C. Koesii* Epist. de tribus *Aen. Tact.* Codicib. Parisiensibus textum commentarii ejus obsidionalis corrigens in *G. G. Bredow* Epistolis Parisiensib. Lips. 1812. p. 110. sqq. Einen Sachcommentar über dieses Buch hat in französischer Sprache Graf von Beausobre Par. 1757. 4. 2. Voll. geschrieben. M. s. außer der Vorrede von Ca-

1) Fr. Passow (Grundzüge der gr. und röm. Literaturgesch. S. 15) setzt ihn schon in Olymp. 100. 3. v. Chr. Geb. 378, wol etwas zu frühe. 2) Eines andern Äneas Stymphalus gedenkt Xenophon in der Ἀνάβασις Κύρου Lib. IV. c. 7. (Ed. Schneid. Lips. 1806. p. 244) der aber ja mit dem oben genannten nicht verwechselt werden muß. 3) Casaubonus, dem Fabricius und Harles folgen, übersetzt ἀκούσματων βίβλος durch exemplorum liber. Sollte aber ἀκούσμα nicht ein terminus technicus in der Kriegskunst der Griechen seyn, vielleicht militärische Musik: oder das was wir Losung (Parole) nennen, bezeichnen? Weder bei Julius Pollux, noch in dem *Etymol. magn.* noch bei Suidas findet es sich indeß in dieser oder einer ähnlichen Bedeutung. 4) Reliq. Libri X. c. 44. Ed. Schweigh. T. III. p. 291—294. 5) Suidas (unter Αἰνείας Ed. *Aem. Porti* Genev. 1619 fol. Vol. I. p. 805.) führt eine Schrift des Äneas unter dem Titel: περὶ στρατηγημάτων auf, vielleicht auch eine einzelne Abtheilung des größern Werks. Da er sich aber wegen der Schrift περὶ πυρσῶν auf Polybius beruft, und dieser an der Stelle, auf welche sich Suidas bezieht der Kriegstheorie des Äneas die Benennung περὶ τῶν στρατηγικῶν ὑπομνήματα gibt, so hat man das Wort στρατηγημάτων bei Suidas in στρατηγικῶν verwandeln wollen. Indeß hat Schweighäuser (Adnotation. ad Polyb. Edit. T. VI. p. 687.) die Lesart στρατηγημάτων aus dem Grund in Schutz genommen, weil der Sinn um nichts verändert wurde, indem auch στρατήγημα alles was zur Pflicht eines Feldherrn gehört, bedeute.

6) M. s. Dionis Fragm. Peiresc. XXXVIII. Ed. Reim. Dion. Cass. T. I. p. 18. mit der Note. 7) Aelian. Tact. c. I. cf. Fabr. Bibl. Gr. ed. Harles. V. 1111. p. 342—343. 8) Casaubonus (Praef. ad. Aen. Tact.) und Gabr. Naudé (Naudaeus) in der Bibliogr. milit. cf. Harl. ad Fabric. Bibl. Gr. 9) Οἱ Κεστοί, eine Sammlung mancherlei Geschichten aus sehr verschiedenartigen Fächern. Die unter dem Namen des Julius Africanus unter den, von Thevenot, J. Boivin und Andern besorgten, alten Mathematikern abgedruckten Κεστοί sind Excerpte aus jener Sammlung mit Zusätzen aus andern, zum Theil viel spätern, Schriftstellern. M. s. die Bibl. Fabr.-Harles. T. IV. p. 240. u. vergl. J. Chstph. Freih. v. Aretin Beitr. zur Gesch. u. Liter. u. s. w. 1804. Th. 4. Den Namen führen sie von dem Κεστός, dem gestickten Gürtel der Aphrodite. Siehe unter Julius Africanus. 10) Auf dem Titel dieser Handschrift wird das Werk fälschlich dem Älianus zugeschrieben; am Ende steht indeß: Αἰνείου ἢ Αἰλιανοῦ. — Der römische und florentinische Codex sind angeführt in der Voraussetzung, daß sie aus Paris wieder zurückgegeben sind. — 11) Adversarior. Libri XXX. Par. 1580 fol. Lib. XXII. 26. u. Lib. XXVII. 7. cit. Fabric. 12) I. A. G. Weigel Apparat. litter. T. I. Nr. 2035. 13) Amstel. 1670. III. T. 8. N. Ausg. v. J. A. Ernesti Lips. et Vindob. 1763—1764. III. Vol. 8. cf. G. Christoph. Harles Brev. notit. litter. Graec. pag. 280. 14) Weig. App. litt. T. I. Nr. 326.

fau bo nus, *Fabric.* Bibliothec. Graeca. Ed. vet. Vol. II. pag. 764—766. Ed. *Harles.* Vol. IV, pag. 334—335. (*Mohnicke.*)

ÄNEAS GAZÄUS, (aus Gaza in Palästina gebürtig) ein platonischer Philosoph, der sich nachher zum Christenthum bekannte, lebte wie aus seinem Dialog §. 209 hervorgeht, ums Jahr 484. Dieser Dialog, nach der Hauptperson, Theophrastus, betitelt, von der Unsterblichkeit und Auferstehung der Todten handelnd, wurde von Ambrosius, Abt von Camaldoli, zuerst, dann von Joh. Wolf von Zürich neu ins Lateinische übersetzt, und von Caspar Barth 1653 herausgegeben. (Nach Fabricius. Man sehe jedoch hauptsächlich über ihn Disputatio de Aenea Gazaeo von Theoph. Wernsdorf, herausg. v. dessen Neffen Gr. Gli. Wernsdorf Naumburg 1817. 4. (v. *Baczko.*)

Äneas Sylvius, s. Pius II.

ÄNEÏOS, (Αινηιος) auch Änesios (Αινησιος) ein Beiname des Zeus von seinem Tempel auf dem Berge Ainos in Kephallenia Schol. in Apollon. Rhod. II, 297. (*Ricklefs.*)

ÄNESIDEMOS. Dieser durch seine Zweifel gegen die Wahrheit der menschlichen Erkenntniß berühmte Denker ist uns nach seinem Leben und Schicksalen fast ganz unbekannt. Nur so viel wissen wir von ihm, daß er auf der Insel Kreta in Gnossus geboren war, sich zu Alexandrien, was seit der Ptolemäer Zeiten ein Hauptsitz der Gelehrsamkeit geworden war, aufhielt, daselbst der Schüler des Skeptikers Heraklides war, und um die Zeit des Cicero, oder wahrscheinlicher etwas später lebte, und dem bisher fast ganz unbeachtet gebliebenen Skepticismus eine größere Aufmerksamkeit erwarb [1]).

Die Bibliothek zu Alexandrien mochte wol die Bekanntschaft mit den Schriften des tiefen und dunklen Heraklits veranlaßt haben; kein System sagte ihm so sehr zu, und er nahm sich vor, durch Skepticismus Heraklits Lehre einzuleiten und zu empfehlen. Heraklit lehrte, alles entstehe durch entgegengesetztes Wirken: — Denn die Welt sey ein ohne Aufhören sich ewig entzündendes und verlöschendes Feuer, und dieser ewige Wechsel von Entzünden und Verlöschen mache das Wesen der Dinge aus, — alles sey daher in einem unaufhörlichen Flusse, und durchlaufe eine Reihe entgegengesetzter Zustände; daher könne man von jedem Dinge sagen: es sey alles und mit demselben Rechte: es sey nichts von allem [2]). Wer sich nun von dieser Wahrheit überzeugen wolle, daß an jedem Dinge Entgegengesetztes wirklich sey (nach Heraklit würde es jedoch heißen müssen: Entgegengesetztes werde), der müsse vorher einsehen, daß an jedem Dinge Entgegengesetztes erscheine oder wahrgenommen werde [3]). Der Honig ist eben sowol angenehm als unangenehm, süß als bitter, gelb als roth; daß dieses Entgegengesetzte an dem Honig ist, davon überzeugen wir uns durch die verschiedenen entgegengesetzten Empfindungen, durch welche uns dieses Entgegengesetzte erscheint. Es betrift diese Lehre das Wesen der Dinge und das Verhältniß der Empfindungen zu demselben. Die Dogmatiker nahmen, trotz des veränderlichen Spiels der Empfindungen, ein unveränderliches Wesen und Seyn an, welches dem Veränderlichen zum Grunde liege; die Skeptiker leugneten die Erkennbarkeit dieses Wesens, weil es durch die veränderlichen Empfindungen ungewiß werde. Nur Änesidem versuchte eine Vereinigung des Dogmatismus und Skepticismus, indem er behauptet, nur dadurch, daß die Dinge in ihrem Wesen Entgegengesetztes vereinigten, erscheinen sie auf entgegengesetzte Weise; und durch die entgegengesetzten Erscheinungen lernen wir das Entgegengesetzte ihres Wesens kennen. Dieses ist ein Dogmatismus, der zwar nicht haltbarer ist als jeder andere, und schon darum verwerflich, weil er auf die Natur der Empfindungen gar keine Rücksicht nimmt, jedoch ist er eine neue und interessante Ansicht, die wir nur nicht genau kennen, da Sextus allein nur beiläufig derselben erwähnt hat, und auch nicht zu vereinigen wissen mit dem Eingange zu diesem dogmatischen System, welches der Skepticismus war, den Änesidem vortrug. So viel ist jedoch klar, daß Änesidem eine eigene Ansicht und Erklärungsart des heraklitischen Systems gewonnen hatte, wovon wir nur bedauern müssen, daß uns Sextus nur einzelne aus dem Zusammenhange gerissene Bruchstücke, z. B. daß das Grundwesen Luft, die Zeit eben dasselbe Wesen, der Verstand eines Menschen außerhalb seines organischen Körpers sey, u. s. w. mitgetheilt hat.

Die andre Seite seines Systems, nämlich den Skepticismus, kennen wir schon etwas besser. Sextus und Photius haben mehrere zusammenhängende Gedankenreihen aus seinen Schriften aufbehalten, daß wir sie schon besser übersehen können. Änesidem hatte die Geschichte des Skepticismus bei den Griechen vor Augen, und er billigt die skeptische Methode der neuen Akademie gar nicht, weil sie nicht die Ungewißheit der menschlichen Erkenntniß überhaupt, und im Allgemeinen, sondern nur die Bestreitung des dogmatischen Systems der Stoiker zum Gegenstande gehabt hatte. Daher nannte er seinen Skepticismus lieber nach dem ersten griechischen Skeptiker Pyrrhonisch, und schrieb mehrere Stücke zur Ausbreitung und Erläuterung eines allgemeinen Zweifels gegen die menschliche Erkenntniß [4]). Es gibt nach Änesidem keinen festen Punkt in der menschlichen Erkenntniß, keine Einheit und Harmonie, sie fällt aus einander in eine Vielheit von widerstreitenden Vorstellungen und Ansichten; ein beständiges Schweben und Wogen ohne einen festen Grund und Boden. Diese Beschaffenheit der Erkenntniß rühret nicht von der Schwäche des menschlichen Verstandes, oder von der Unkunde seines Vermögens, der Bedingungen und Gesetze des Erkennens her, — denn dann wäre sie blos subjectiv und könnte einmal, wenigstens zum Theil, gehoben werden — sondern sie ist in der Natur der

1) Diogenes Laertius IX. §. 116. Eusebius Praeparatio Evangelica XIV. c. 7. 18. Photius, bibliotheca (ed. Rothom. 1653.) p. 546. 2) S. Artikel Herakleitos. 3) Sextus Empiricus Pyrhon. Hypotypos. 1, §. 210.

4) Die alten Schriftsteller erwähnen seiner pyrrhonischen Betrachtungen, welche einem Römer Lucius Nero oder nach einer andern Lesart bei Photius: Tubero zugeeignet waren, und aus acht Büchern bestanden, seines Pyrrhonischen Grundrisses, so wie einer Abhandlung von der Forschung und gegen die Weisheit.

Dinge gegründet, welche selbst nach Heraklits Ansicht nichts festes und beharrliches in sich haben, sondern in einem ewigen Werden und Wechsel des Entgegengesetzten bestehen. Der Skepticismus ist daher eine Anzeige oder Erinnerung an die Verwirrung und Unordnung der Dinge, sowol der angeschaueten als der gedachten, welche aus ihren Erscheinungen in allen Beziehungen hervor gehet, deren Resultat die Gemüthsruhe und Gleichgiltigkeit ist. Denn wer den Widerstreit der Erscheinungen erkennt und sich überzeugt, daß darin auch das Wesen der Dinge bestehet, der wird auch nicht mehr vergeblich nach einer Erkenntniß des unveränderlichen Seyns, der Einheit und Uebereinstimmung in dem Wesen und Verhältnissen der Dinge, was nicht vorhanden ist, streben, und eben dadurch zu einer durch nichts zu störenden Gleichheit und Ruhe gelangen.

Änesidem verbreitete sich in seinen pyrrhonischen Betrachtungen über das menschliche Erkennen in seinem ganzen Umfange. Außer der allgemeinen Inhaltsanzeige, und seiner Erklärung von Skepticismus überhaupt, welche uns Photius gibt, kennen wir daraus nur sein Raisonnement gegen die Empfindungen als Grundlage der Erkenntniß, und gegen die Erkenntniß von dem ursachlichen Verhältnisse.

Die frühern Skeptiker hatten schon auf die Mißhelligkeit der Empfindungen aufmerksam gemacht, und daraus die Ungewißheit der Erkenntniß hergeleitet. Denn da die Erkenntniß auf das unveränderliche Wesen der Dinge gehet, und der Dogmatiker dieses für erkennbar hält, so zeigt der Skeptiker, daß uns dieses unbekannt bleibt, weil die Empfindungen von einem und demselben Dinge zu einer und verschiedenen Zeit bei einem und verschiedenen Menschen durchaus nicht mit einander übereinstimmen. Änesidem mußte auf diesen Punkt noch mehr reflectiren, da er nach dem Obigen behauptete, das Wesen der Dinge sey eine Vereinigung des Entgegengesetzten, welches uns dadurch bekannt werde, daß es uns auf entgegengesetzte Weise erscheine. Wahrscheinlich kam er dadurch auf die berühmten zehen Zweifelsgründe, oder zehen Gesichtspunkte, das Ungewisse und den Streit der Empfindungen unter einander darzustellen. Wenn gleich die Skeptiker vor ihm die Materialien dazu schon vielfältig gesammelt hatten, so scheint doch Änesidem sie zuerst unter diese zehn Classen als eben so viele Quellen des Zweifels gebracht zu haben, und der Urheber derselben, was die Form betrift, gewesen zu seyn. Sie werden nur von Schriftstellern nach Christi Gebnrt erwähnt, behauptet und bestritten, und man kann ihr Vorhandenseyn historisch nicht höher als bis zu Änesidem hinaufführen [5]. Jene Zweifelsgründe waren folgenden Inhalts. Die Thiere sind so verschieden in Ansehung ihres Baues und ihrer Entstehung, daß man daraus mit Recht schließet, daß sie von einem und demselben Gegenstande verschiedene Empfindungen erhalten, daher sie auch nicht einerlei Dinge suchen und lieben, fliehen und hassen. Es läßt sich daher wol sagen, wie ein Gegenstand dem Menschen erscheinet, aber nicht welche von den mannichfaltigen Empfindungen, durch welche er den Menschen und den Thieren erscheinet, mit demselben als Ding an sich übereinstimmen. Zweitens. Die Menschen selbst, abgesehen von den Thieren, sind in Ansehung des Leibes und der Sele sehr von einander abweichend, und können daher von einem und demselben Gegenstande nicht einerlei Vorstellungen empfangen, noch in ihren Gefühlen und Begehrungen übereinstimmen. Welche von den so mannichfaltigen Vorstellungen nun die wahre mit dem Gegenstande völlig übereinstimmende sey, läßt sich gar nicht ausmachen. Drittens. Die Sinne sind selbst unter sich uneinig, und stellen uns die Gegenstände abweichend dar. Das Gesicht stellt uns ein Gemälde mit Erhabenheiten und Vertiefungen dar, das Gefühl aber entdeckt nichts davon. Viertens. Zufällige Zustände und Veränderungen des vorstellenden Subjects, als Krankheit, Gesundheit, Nüchternheit, Trunkenheit, Hunger, Sättigung, Affecten, Leidenschaften, haben Einfluß auf seine Vorstellungen, und machen die Erkenntniß der Objecte ungewiß. Fünftens. Die Raumverhältnisse, in welchen alle Objecte wahrgenommen werden, als Nähe oder Entfernung, diese oder jene Lage, haben eben denselben Einfluß. Ein Schiff erscheint in der Nähe groß und in Bewegung, von weitem klein und unbewegt, ein viereckter Thurm in der Ferne rund. Sechstens. Wir erhalten keine Empfindung rein, allen ist etwas fremdartiges zugemischt, sowol von andrrn Objecten als von dem empfindenden Subjecte. Die Hautfarbe des Menschen stellt sich anders in der warmen als in der kalten Luft dar. Den Gelbsüchtigen erscheint alles gelb gefärbt. Siebentens. Die Empfindungen werden durch die Quantität und Structur der Objecte abgeändert. So erscheinen die abgefeilten Theile des Silbers schwarz, in der Verbindung weiß. Der Wein stärkt und schwächt den Körper, je nachdem er mäßig oder übermäßig getrunken wird. Achtens. Wir stellen uns nichts an sich, sondern nur in Verhältnissen theils zu dem Vorstellenden, theils zu dem Vorgestellten vor, unter besondern Verbindungen, Zusammensetzungen, Vermischungen auf bestimmte Weise, welche von der Individualität des Vorstellenden abhängig ist. Neuntens. Das Seltene und Gemeine hat einen großen Einfluß auf die Bestimmungen unserer Empfindungen und Urtheile. Zehntens. Die Menschen unterscheiden sich auf eine auffallende Weise in Ansehung der Erziehung, Gewohnheiten und Gesetze, und eben so abweichend und widersprechend sind ihre Vorstellungen von dem was Recht und Unrecht, gut und böse ist, von Gott und der Religion, von Wahrheit und Falschheit. — Die Skeptiker blieben sich nicht gleich in der Ordnung dieser Betrachtungen; wahrscheinlich wählte jeder aus der Fülle seiner Erfahrungen andere Belege zur Erläuterung derselben, und leitete auch wol andere Resultate daraus. Was auch in dem Einzelnen mit Recht getadelt werden kann, so war es doch gut, daß sie auf das Subjective in der menschlichen Erkenntniß aufmerksam machten, und den Dünkel, der über das wegsiehet, demüthigten. Freilich bleiben sie immer auch auf ihrer einseitigen Ansicht stehen, und erheben sich nie zu einer unbefangenen und gründlichen allseitigen Er-

5) Sextus Empir. Hypotypos. Pyrrhon. 1. §. 36. advers. Mathemat. VII. §. 345. Aristocles bei Eusebius Praeparat. Evangel. XIV. c. 18.

forschung der Bedingungen und Gesetze menschlicher Erkenntniß. Dieses zeigt sich besonders in dem Raisonnement des Änesidem gegen die ursachliche Verknüpfung.

Es ist ein Verstandesgesetz, welches durch keine Vernünftelei wegdisputirt werden kann, daß wir zu jeder Begebenheit eine Ursache, und die Wirkung als eine nothwendige Folge der Ursache denken müssen. Durch die Sonnenstrahlen wird der Stein erwärmt, das Wachs flüssig; durch den Genuß des Brotes wird der Abgang der Theile in dem menschlichen Körper wieder ersetzt; wenn wir auch nicht begreifen wie das geschiehet, so denken wir uns doch eine nothwendige Verknüpfung zwischen diesen Wahrnehmungen, und würden ohne dieses keine Erfahrungserkenntniß haben. Es ist dieses ein Gesetz des Verstandes für die Verknüpfung der Wahrnehmungen, wodurch Erfahrung entsteht, aber kein Gesetz für die Dinge an sich, die wir nicht erkennen. Änesidem betrachtete aber das ursachliche Verhältniß aus dem letzten Gesichtspunkte, und fodert zu dem Begrif einer Ursache, daß man aus ihr das Entstehen eines andern Dinges begreifen müsse, und weil dieses nicht der Fall ist, so spricht er dem Begriffe alle Bedeutung und Wahrheit ab. Ja, er suchet durch künstliche Beweise aus Schlüssen darzuthun, daß das Ursache von etwas seyn etwas Unmögliches sey. Der Hauptbeweis ist folgender Schluß: Wenn etwas Ursache von etwas Anderm, was noch nicht ist, sondern erst wird, seyn sollte, so müßte entweder ein Körper Ursache von einem andern Körper oder das Unkörperliche von einem andern Unkörperlichen, oder ein Körper Ursache von einem Unkörperlichen oder das Unkörperliche Ursache von einem Körper werden; Nun ist aber weder das Eine noch das Andere, denn in keinem Falle ist in dem Einen der Begrif des Andern, enthalten, und es kann also nicht aus ihm das Entstehen eines Andern begreiflich werden. Also ist das Entstehen undenkbar und es gibt keine Ursache [6]). Dieses ist aber eine Vernünftelei, welche auf der Verwechselung des Begrifs einer Ursache und eines logischen Grundes beruhet, und ob sie gleich dem Änesidem einen großen Spielraum eröffnete, seine dialektische Kunst zu zeigen, doch die vernünftige Ueberzeugung von der Wahrheit des Causalitätgesetzes nicht erschüttern kann.

Einen weit größern Werth haben die kritischen Bemerkungen Änesidems über die Mißgriffe, welche in der Erforschung der Ursachen gethan werden, und sie finden auch jetzt noch ihre Anwendung. Daß man einen einseitig gewählten Erklärungsgrund für Wirkungen aufstellt, bei welchen mehrere Gründe denkbar sind, daß man von Erscheinungen, welche nach einer gewissen Ordnung geschehen, Ursachen angibt, welche nicht im geringsten auf eine Ordnung hinweisen; daß man die Erklärungsversuche der Erscheinungen auf nicht erscheinende Dinge anwendet, bei denen es eben so möglich ist, daß sie auf diese, als daß sie auf eine ganz eigne Weise wirklich werden; daß man bei den Nachforschungen, anstatt von allgemeinen eingestandenen Gründen, von gewissen individuellen Voraussetzungen ausgehet, und dabei nur das aufgreifet, was mit den Hypothesen einstimmig ist, aber was ihnen entgegen ist, übersiehet; daß man unerforschliche Dinge zu erklären sucht, für deren Erklärung die Erscheinungen keine sichere allgemein einverstandene Bestätigung gewähren; daß man Ursachen aufstellt, welche nicht nur mit den zu erklärenden Erscheinungen, sondern auch den eignen Hypothesen streiten; daß der Grund, durch den man eine Erscheinung zu erklären sucht, eben so dunkel und unbegreiflich ist, als das zu erklärende, [7]) — das waren sehr fruchtbare Bemerkungen, welche dem Scharfsinne dieses Denkers Ehre machen.

Eine Reihe von Denkern traten in die Fußtapfen Änesidems, unter welchen mehrere Aerzte waren, und Sextus sich vorzüglich auszeichnete. In den neuesten Zeiten ist der Name Änesidemus durch die scharfsinnige Bestreitung der Theorie des Vorstellungsvermögens, welche unter diesem Namen erschien, merkwürdig geworden.

Ueber diesen Zweifler sind nachzulesen: Stäudlin Geist und Geschichte des Skepticismus, 1. B. S. 299. f. Buhle Grundriß der Geschichte der Philosophie, 3. Band Seite 304. 305. Tennemanns Geschichte der Philosophie, 5. Band Seite 44. ff. (*Tennemann.*)

Änesios, s. Äneios.

ÄNESIPPA, (Αἰνήσιππα bei Ptolem. IV, 5) eine Insel mit einem Hafen an der Nordküste des alten Afrika bei Parätonium *). (*Friedemann.*)

ÄNESISPHYRA, (Αἰνησισφυρα bei Ptolem. IV, 5), ein Hafen an der Nordküste Marmarika's im alten Afrika. (*Friedemann.*)

ÄNGSTLICHKEIT oder Gefühl beschränkter Lebensthätigkeit mit besorglicher Unruhe, stammt 1) aus Gedanken, bei innerem Zwiespalt oder bei Erkentniß vorhandener Gefahr; 2) aus dem Körper, besonders wenn das Sonnengeflecht angegriffen, der Herzschlag unregelmäßig, das Athmen erschwert ist; 3) aus bloßem Vorgefühl eines herannahenden Uebels. Ueber letztere Art s. den Art. Ahnung. Die zweite ist schon Krankheitserscheinung und verlangt ärzliche Beurtheilung und Behandlung, denn sie wird gehoben bald durch den Ausbruch einer bestimmten Krankheit, bald durch dieses, bald durch jenes Heilverfahren. Bei der erstern Art ist es diätetischer Grundsatz: 1) Das Uebel klar anzuschauen, und es sich zu denken nicht als kommend, sondern als daseyend, nicht die gemilderte Form, sondern geradezu den äußersten Fall, denn nur so wird dem Uebel sein Stachel genommen; 2) das Leben vom leidentlichen Gefühl abzuleiten, die Selbstthätigkeit hervor zu rufen, kräftig zu widerstreben und in der Anstrengung des Verstandes, in dem Sinnen auf Mittel

6) Sextus Empiricus adversus Mathematic. IX. §. 218.

7) Sextus Empit. Hypotypos. 1. §. 181. seq.

*) Der Name Αἰνείπαστα bei Strabo L. XVII. T. VI. p. 525 ed. Tzschucke ist wahrscheinlich verdorben, wie die Varianten zeigen.

**) Tzschucke that wohl Unrecht, bei Strabo L. XVII. T. VI. p. 524, der es Vorgebirge nennt; was nicht befremdend ist, seinem Mscript. zu folgen und Νησίσφυρα zu schreiben.

der Rettung das Selbstgefühl zu erhöhen; 3) in das
Unvermeidliche sich zu fügen, das größte Uebel aus einem
höhern Gesichtspunkte zu betrachten. (*Burdach.*)

Ängstlichkeit in ästhetischen Darstellungen darf
man nicht verwechseln mit ästhetischer Darstellung des
Ängstlichen, welche vortrefflich seyn kann; jene ist alle-
zeit ein Fehler, welcher daraus entspringt, weil den
Künstler selbst die Angst in Ansehung seiner Darstellung
ergriffen hat. Das Vorgefühl des Unvermögens, die
Schwierigkeiten der Ausführung zu besiegen oder der
Kritik genug zu thun, hemmt die Freiheit und lähmt
die Kraft. Indem nun der Künstler nicht wagt, sich
frei zu bewegen, verfällt er, durch Beobachtung einer
übertriebenen Genauigkeit, in das Gezwungene und
Steife, und sein Werk, dem man die peinliche Anstrengung des Arbeiters ansieht, gewährt keinen rein ästhetischen Genuß. — Ängstlich in der Malerei ist jede skla-
vische Nachahmung, jede Ausführung, die sich zu sehr
an das Kleinliche hält, und in diesen Fehler verfällt
hauptsächlich jeder Kopist eines Gemäldes, der, ohne
den Geist desselben aufzufassen, mit mühevollem Pinsel
und Lasuren zu seinem Zwecke zu gelangen strebt. Bei
jedem nicht blos nachahmenden Künstler ist das sichrr-
ste Mittel, nicht in ängstliche Darstellung zu verfallen, daß er keinen Stoff wähle, dem er nicht gewachsen ist, denn tritt das Gefühl ein, daß er des Stoffes
nicht Meister sey, so wird er furchtsam, die freie Darstellung geht verloren, und er sucht vergebens mit Mühe
zu erlangen, was freie Geister, die er sich nun zu Vor-
bildern nimmt, mit Leichtigkeit vollendeten. Dasselbe
gilt auch in der Kupferstecherei. (*Weise.*)

ÄNIA, (Αἴνεια,) 1) bei den Römern Änea und
Änia, eine Stadt auf Chalcidien an der Küste des
Thermäischen Busens, eine Ansiedelung von Korinth[1];
doch soll von den Einwohnern der Troer Äneas für den
Stifter gehalten und ihm jährlich geopfert seyn[2]. Die
Stadt war zur Zeit des Perseus noch vorhanden, und so
fest, daß die römische Flotte sie nicht anzugreifen wagte[3]. Bald darauf muß sie verschwunden seyn. Denn
die folgenden Geographen kennen noch wol die Landspitze Änion oder Äonis, den Ort selbst aber nicht
mehr. (*Ricklefs.*)

2) Auch zwei Städte Ätoliens hießen so; sie lagen
beide an dem Acheloos, die ältere, zu Strabons Zeit nicht
mehr bewohnte, etwa 100 Stadien, die jüngere, damals
bewohnte, etwa 70 Stadien von der Mündung dieses
Flusses entfernt. Strab. X. p. 450. (*Spohn.*)

Äni Pons, s. Oeni Pons.

Änia. Änianes, Änios, s. unter Thessalia.

Äunum, s. Philotera.

ÄNONA, ein wahrscheinlich nicht unbedeutender
Ort an der Küste Liburniens[4]; nach Ptol. II, 17—
41, 30:44. 0. der noch in spätern Zeiten die Residenz
eines Kroatischen Fürsten war, jetzt Kona, klein, in
Sümpfen gelegen, mit einem seichten Hafen. (*Ricklefs.*)

1) Scymn. 627. 2) Liv. XL, 4. 3) Liv. XLIV, 10.
4) Plin. III. 25.

ÄNOS, (Αἶνος,) 1) eine alte äolische Stadt mit
einem Hafen in Thracien, nicht weit östlich von der
Ausmündung des Hebrus, nach Ptol. III, 11—53, 10:
41. 30, durch Kyme und Mitylene angelegt[1], vielleicht
schon eine Niederlassung der Äolier auf ihren ersten Wanderungen, noch ehe sie die kl. asiatische Küste erreichten;
denn Homer Il. IV, 520 kennt sie schon, scheint aber
mit Dichterfreiheit ihr Alter zu erhöhen. Indeß machen
die Mythen doch den Ort sehr alt. Nach Strab. VII,
6, 1 soll er früher Pollyobria, und nach Apollod.
Fr. geogr. VII. Poltymbria geheißen haben von
Poltys, einem alten Anführer einer thracischen Völkerschaft, bei dem man schon Herkules auf der Rückkehr von
Troas gastliche Aufnahme finden läßt[2]. Wenn aber
die Römer[3] den Äneas beim Anfange seiner Wanderungen den Ort gründen lassen, so werden sie durch die
Aehnlichkeit des Namens getäuscht. Die Geschichte findet die Stadt im Anfang der Perserkriege unter Persischer
Gewalt[4]. Nach Vertreibung der Perser mußte sie als
freie Stadt jedes Mal der vorherrschenden Seemacht
folgen, kam dann in Philipps Gewalt, und wurde unter
Alexanders Nachfolgern ein beständiger Gegenstand des
Streits, als bedeutende Feste, abwechselnd von den Syrern und Macedoniern[5], am längsten von den Königen
Ägyptens[6] besessen. Die Römer erklärten sie endlich,
so sehr auch die Könige von Pergamum nach ihrem Besitz
strebten, für frei[7], und die Stadt blühete, wie es
scheint, auch von ihnen beherrscht, obwol der Geschichte
unbemerkt noch fort[8]. Hierokles p. 634 kennt sie noch
als die Hauptstadt der kleinen Provinz Rhodope. Jetzt
ist Enos ein unbedeutender Ort mit einem seichten
Hafen. (*Ricklefs.*)

2) Ort der Ozolischen Lokrer; 3) Berg, s. Kepha-
lenia; 4) Fluß und 5) Dorf am Ossa; 6) Stadt in Thessalien: 7) Stadt bei Thapsakos und dem Euphrates; 8)
Insel bei dem glücklichen Arabien; 9) Stadt in Kreta,
zweifelhaft nach Servius zu Virgil. Aen. II. Steph.
Byz., Strabo. (*Spohn.*)

ÄOLIA, (Αἰολία,) Amythaons Tochter, vermählt
mit Kalydon, Mutter der Epikaste und Protogeneia. A-
pollod. I, 7, 7. (*Ricklefs.*)

Äolia, s. Äolien.

Äolides, Conchiliengattung Montforts, s. Nautilus.

ÄOLIEN, (Αἰολίς,) ÄOLIER. Nach einer mythischen Genealogie des Prometheïschen Geschlechts, das
zu der ersten Entwilderung Griechenlands vorzüglich beitrug, und die wilden Horden, die es bewohnten, theils
vertrieb, theils in Hellenen umwandelte, stammte von
Deukalion, des Prometheus Sohne, Hellen. Doros,
Äolos und Xuthos waren dessen Söhne, und die
beiden ersten werden als Stammväter der Dorier und

1) Scyl. 27. Scymn. 695. Steph. Byz. h. v. Suid. Αλω
πεκοννησος. Herod. IV, 90 2) Apollod. II, 5. 9. 3) Virg.
Aen. III, 18 ff. dem Lutatius darin vorging; Mel. II, 4. Plin
IV, 27. vergl. Heyne Exc. I. in Aen. III. 4) Herod. VII, 58
5) Polyb. Exc. de legg. 12. Liv. XXXI, 16. 6) Polyb V.
3?. 7) Polyb. Exc. de leg. 93. Plin. IV, 17. 8) Mel
II, 2.

Äolier genannt. Von Xuthos selbst wird dies nicht gesagt; dagegen aber heißen seine Söhne Jon und Achäos, die Stammväter der Jonier und Achäer. Da diese Stämme sich über ganz Griechenland und die Inseln verbreiteten; so knüpft sich an die Bestimmung ihrer Wohnsitze, ihrer Fortzüge und Wanderungen beinahe die ganze älteste Geschichte Griechenlands, so wie an ihre Verfassungen und Einrichtungen dieses Landes Kulturgeschichte. Die genauere Kentniß davon kann daher nicht als unwichtig betrachtet werden.

Der Sage zufolge mußten Xuthos und Doros sich ihren Aufenthalt selbst suchen, Äolos aber erhielt das Land seines Vaters [1]). Wo dies jedoch gelegen, ist zweifelhaft. Nach der gewöhnlichen Meinung war es entweder ganz Thessalien oder ein Theil davon (Phthiotis, das südliche Thessalien, Strabo 9, 5, 6), welche Meinung aber Clavier durch die Bemerkung zu entkräften sucht, daß man keinen Theil Thessaliens findet, welcher Äolis geheißen habe. Zwar behaupte dies Diodor (14, 67); dagegen aber Thukydides (3, 102), daß Kalydon und Pleuron (in Ätolien) vordem den Namen Äolis geführt, und mit Wahrscheinlichkeit habe man hier des Äolos Reich zu suchen [2]). Wie nun dem sey, die Nachkommen des Äolos, die Äolier (so wie die Achäer) machten nachher Eroberungen in Thessalien, der äolische Stamm zertheilte sich in mehrere Zweige, und diese bildeten eben so viele kleine Staaten. Zu diesen kleinen äolischen Staaten werden Stifter aus der Familie des Äolos genannt, und man kann sie daher nach diesen Stiftern auf einander folgen lassen. Von Söhnen und Töchtern des Äolos sind gestiftet oder benannt: 1) Alos oder Halos (von Athamas), 2) Magnesia (von Magnes), und darin besonders Meliböa, 3) Jolkos (von Kretheus), 4) Pherä (nach des Äolos Tochter Phera benannt). Von Enkeln des Äolos nennt man als gestiftet 5) Thebä Phthiotides und Phylake (von Phylakos), 6) Ormenion oder Orminion (von Ormenos); von Urenkeln 7) Phthia od. Phthiotis (dessen Beherrscher Eurytion oder Eurytos war), und von Ur-Ur-Enkeln 8) Methone und Magnesia, (dessen Beherrscher Philoktetes war) [3]). Auch die Böoter halten Einige für einen äolischen Zweig, der aus Thessalien verpflanzt sey [4]) — Ob hierüber je das völlig Richtige auszumitteln sey, ist zu bezweifeln, da schon die Verwirrung, die in Ansehung Äolos I. und II. herrscht, entgegensteht.

In der folgenden Zeit verbreitete sich der äolische Stamm auch über andre Theile Griechenlands, besonders in Akarnanien, Ätolien, Phokis, Lokris, und über den Isthmus hinaus in die Peleponnesos, so wie auf mehrere der westlichen Inseln. Als Kennzeichen der Verbreitung jener Stämme dient jetzt die Sprache, die in Griechenland in 4 Hauptdialekte zerfiel: den Jonischen, Dorischen, Attischen und Äolischen. Diese 4 bringt aber Strabo (8, 1. 2) mit Recht auf zwei Hauptdialekte zurück: den Jonischen und Dorischen, indem der Jonische kein andrer sey als der uralte Attische, der dorische aber mit dem äolischen völlig einerlei. (vergl. Dialekte). Dies ersehe man auch daraus, weil alle außerhalb des Isthmus wohnenden Völker (mit Ausnahme der Athener, Megarer und Dorier um den Parnaß) Äolier genannt würden. In der That verschmolzen die Äolier meist mit den Doriern, weshalb auch Euripides in seiner Schilderung der griechischen Stämme (Jon 1581 fgg.) der Äolier gar nicht gedeukt. Andere verloren ihre Eigenthümlichkeit, weil sie sich mit andern Völkern vermischten, und nur in der Peloponnesos blieben Äolier und Dorier übrig, von denen jene Äolier ihre alte Sprache behielten, die, wie die Arkadier und Eleer, mit den Doriern in wenig Berührung kamen. (Strabo a. a. O.)

Jene Wanderung der Dorier unter Führung der Herakliden, wodurch zunächst die Eroberung der Peleponnesos beabsichtet war, veränderte die meisten Wohnsitze der Hellenischen Stämme, und war die Hauptveranlassung, daß die Verdrängten auf mehreren Inseln des ägäischen Meeres, auf dem Küstenlande von Kleinasien, in Sicilien u. a. O. Kolonien anlegten. Unter diesen Kolonien blühte in Kleinasien ein neues Äolis auf, vielleicht aber nicht von Stämmen echt äolischer Abkunft angelegt [5]). Nach Strabo [6]) führte zuerst Orestes, König von Sparta, 60 Jahre nach dem troischen Kriege, einen Theil der Achäer nach Arkadien, wo er starb [7]). Ihm folgte sein Sohn Penthilos, (denn was Vell. Paterc. I, 1 berichtet, ist richtiger als des Pausanias Nachricht 2, 18, 5), und da er nach dreijähriger Regirung von den Herakliden verdrängt ward, setzte er die Wanderung fort, und drang bis Thrakien vor, d. i. bis zu einer ehedem von Thrakiern bewohnten Gegend Böoziens [8]). Wahrscheinlich starb er hier, und seine Nachkommen brachten den begonnenen Zug zum Ziele. Archelaos, sein Sohn [9]), führte die Äolier in die Gegend des nachherigen Kyzikos, und dessen jüngster Sohn Gras (oder Graïs) drang bis zum Granikus vor, von wo er mit dem größten Theile seines Volks nach Lesbos über setzte, und diese Insel in Besitz nahm. Um eben diese Zeit hatten aber auch Kleuas und Malaos, beide sonst nicht bekannt, Nachkommen Agamemnons, eine andere Kolonie Äolier nach Asien geführt.

Die kleinasiatische Landschaft Äolis, welche diese Einwanderer anbauten, umfaßt zwischen dem Flusse Kaïkos, welcher Lesbos gegenüber ins ägäische Meer fällt, und dem Hermos einen Bezirk von etwa 7 Meilen in die Länge und eben so viele in die Breite. Auf diesem kleinen Erdstrich aber legten die Äolier an 30 Städte an, unter denen 11 als die herrlichsten genannt werden: Kyme

1) *Strab.* 8, 7, 1. *Apollod.* 1, 7, 3. 4. *Conon* 27. 2) *Clavier* zu *Apollod.* 1, 7, 15. T, 2. p. 93. fgg. 3) Vgl. die Stammtafeln des Aeolos bei Heyne zu Apollodor Taf. VIII. c. fgg. Gatterer Synchron. Univ. Hist. II. 332, Saxe tab. 5—8. ist nicht ganz richtig. 4) Vgl. *Diod.* 4, 67. *Paus.* 10, 8, 3. *Vindingii Hell.* in *Gronov. Thes.* XI. p. 246. Mannert VII, 542.

5) *Clavier hist. d. prem. temps* t. 2. p. 47 fgg. 6) B. 13. vgl. *Larcher Chronol. d'Herod.* c. 14. s. 2. p. 362 fgg. 7) *Pind. Nem.* 11, 44. *Paus.* 8, 5, 3. 3, 3, 6. 8) *Larcher* a. a. O. Morus zu *Isocr. Paneg.* c. 9. Was Manso (Sparta I, 64. not. 1.) dagegen erinnert, ist unzureichend. 9) Strabo a. a. O. bei Paus. 3, 2, 1 heißt er Echelatos.

(Kumá), Temnos, Killa, Pitane, Grynion, Larissa, Neon Teichos, Ägirusa, Ägáa, Notion und Myrináon (s. diese). Jede war eine unabhängige Republik, aber gemeinschaftlich hatten sie alle, nebst Lesbos, in der Nachbarschaft von Kyme einen Tempel errichtet, wo zu bestimmten Zeiten auf gemeinschaftliche Kosten Nationalfeste gefeiert wurden, die, wie St. Croix bewiesen hat [10]), lediglich religiöse Zwecke hatten, und wol nur gelegentlich auch zu politischen benutzt wurden [11]). Diese Städte zusammen machten den Äolischen Bund aus, welcher, wie der Jonische, aus 12 Städten bestand, bis Smyrna, früherhin dazu gehörig, durch Treulosigkeit einiger Jonier davon losgerissen wurde.

Wie die Äolier hier anfänglich, nach alter Weise des Mutterlandes, unter Königen standen, nachher aber republikanische Verfassungen bildeten, jede Stadt für sich, und alle nur durch freien Bund unter sich zusammenhängend, und wie dies alles dauerte, bis des Krösos überwiegende Macht sie unterwarf, und sie darauf unter des Kyros Botmäßigkeit kamen, so wie ihre ferneren Schicksale bei und nach dem Perserkriege mit Griechenland; dies alles wird am füglichsten bei der Geschichte Griechenlands selbst erzählt. Bis unter Alexander blieben alle diese Kolonien den Persern unterworfen, fielen dann unter die Gewalt der Könige Syriens, nachher der Römer (Liv. 35, 16), des Pontischen Königs Mithradates, und wieder der Römer. Dem oströmischen Reiche blieben sie angehörig, bis sie unter die Herrschaft der Türken kamen.

Zu der Zeit ihrer Selbständigkeit wurden sie zwar nie politisch wichtig, und regten sich nicht mit der Kraft der Jonier: daß sie aber ihren gesegneten Landesstrich nicht unbenutzt gelassen und von Industrie und Handel Vortheil zu ziehen verstanden haben, beweist schon die Menge ihrer Städte, in deren mehreren prächtige Tempel waren, die für den Kunstsinn der Äolier zeugen [12]). Von dem Streben nach literarischer Kultur der Äolier zeugen andre Umstände. Kyme ist die Vaterstadt des Dichters Hesiodos und des Geschichtschreibers Ephoros (nach Einigen auch des Herodotos), Pitane des berühmten Akademikers Arkesilaos, Temnos des Rhetorikers Hermagoras: und was auf Lesbos für Poesie, Kunst und Wissenschaft Schöneres erblühte, hat man billig den Äoliern mit zuzurechnen. (S. Lesbos).

Schon im Alterthum aber waren einige der Bundesstädte so verfallen, daß ihrer nicht weiter gedacht wurde, z. B. Notion und Ägirusa. Grynion verfiel nach dem Sturme Parmenio's unter Alexander immer mehr. Gegenwärtig findet sich von allen jenen 11 einst so blühenden Städten keine einzige mehr von nur einiger Bedeutung. *(Gruber.)*

ÄOLION, (Αἰόλιον). Stadt auf der thrakischen Halbinsel (Chersonesus Thracia), erst den Athenern, (bis unter Philipp von Mak.) dann den Chalkidiern unterworfen, nach Theopompos bei Steph. Byz. — Plin. IV, 18 sagt, es sey eine Gegend der Cherson., wo die Stadt Eláus liege. *(Spohn.)*

ÄOLIPILA, Wind- oder Dampfkugel, Selbstgebläse, ein kleines kugel- oder birnförmiges Gefäß, dessen einzige sehr feine Oeffnung sich in einen langen dünnen Schnabel endigt. Sie wird von Glas, oder, dauerhafter, von Kupferblech verfertigt. Füllt man die Kugel etwa bis zur Hälfte mit Wasser oder einer andern Flüssigkeit, und stellt dieselbe auf glühende Kohlen oder über die Flamme einer Lampe, so fährt, indem die innere Flüssigkeit zu kochen beginnt, aus der Oeffnung des Schnabels ein heftiger Dampfstrahl, welcher so lange fortdauert, bis der Inhalt heraus getrieben ist. Diese Erscheinung ist in der Eigenschaft des Wassers begründet, vermöge der sich dasselbe, bei den höhern, den Kochpunkt übersteigenden Wärmegraden in einen feinen luftförmigen, völlig trocknen Dampf von hoher Dehnkraft verwandelt, welcher auch hier das Gefäß sehr bald zersprengen würde, wenn er keinen Ausgang in der Oeffnung des Schnabels fände. Da aber diese Oeffnung sehr klein ist, so wird der Wasserdampf im Innern verdichtet, und er fährt daher mit großer Heftigkeit heraus. Die Äolipile dirut vorzüglich in der Experimentalphysik, um die Elasticität des Wasserdampfs anschaulich darzustellen; sie kann aber auch zum Anfachen des Feuers und als Löthrohr benutzt werden. Füllt man die Kugel mit Weingeist und zündet den herausfahrenden Dampfstrahl an, so bildet er einen feurigen Springbrunnen; ist hingegen die eingebrachte Flüssigkeit ein wohlriechendes Wasser, so erfüllt der Dampf das Zimmer mit Wohlgerüchen. Eine sehr nützliche Anwendung gestattet diese Vorrichtung im bürgerlichen Haushalte, wenn man die Kugel in ein größeres Kochgefäß umwandelt, dessen, vermittelst einer Schraube zu befestigender, Deckel den Schnabel trägt. In dieser Form gibt sie einen höchst nützlichen Kochapparat, welcher bei größerer Wohlfeilheit und Einfachheit alle Vortheile des Papinischen Topfes (s. d. Art.) in sich vereinigt.

Die Erfindung der Äolipile scheint sehr alt zu seyn, wenigstens war sie schon im ersten Jahrhundert bekannt, wie aus einer Beschreibung des Vitruvius lib. I. c. 6. Ricius Commentar zu demselben hervorgeht. Die ältern Naturforscher suchten dadurch die Entstehungsart und Eigenschaften des Windes zu erklären, und benannten sie nach dem Gotte desselben. *(Romershausen.)*

Da durch das Ausstrahlen der Wasserdämpfe aus der Äolipila, oder dem sogenannten Selbstgebläse das Gleichgewicht der in einem Raume eingeschlossenen Luft aufgehoben, und ein stärkerer Zugwind bewirkt wird, oder, indem die Dämpfe tropfbar flüssig werden, für die äußere Luft ein leerer Raum zurück bleibt, so kann mittelst dieser Maschine auch ein nöthiger Luftwechsel in jedem eingeschlossenen Raum hervorgebracht werden, mithin dieselbe als Luftreiniger unter diesen Umständen dienen. *(Thdr. Schreger.)*

Äolipila; Anwendung derselben auf Hüttenwerke und Grubenbau. Sie besteht aus einer hohlen Kugel von Kupferblech, 1 Fuß im Durchmesser und darüber, und hat ein angelöthetes, vorn zugespitztes Rohe zum Ableiten erzeugter Wasserdämpfe. Man hat dieselbe statt

---

10) *De l'état et du sort des Colonies des anc. peuples.* 11) Hegewisch Geogr. und hist. Nachr. die Kolonien v. Gr. betreffend. S. 12. 12) Zur Zeit des Xerxes stellten sie 60 Schiffe. *Herod*, I. 14,9.

der Gebläse bei Schachtöfen versucht, aber wegen der vielen Feuchtigkeit, welche sie in den Ofen bringt, und weil die Kohlen doch erst durch atmosphärische Luft zum Brennen gebracht werden, und dann in der Glühehitze das Wasser zerlegen müssen, als unbrauchbar wieder verworfen.

Eine verbesserte Äolipila ist **Klipsteins Wasserdunstgebläse** von 1786, ein nach Verhältniß mehrere Maß Wasser fassender cylindrischer kupferner Kessel mit sphäroidischem Deckel, aus welchem ein langes, einige Mal gebogenes Dunstrohr mit 2 Kugeln hervorgeht. In einer von diesen Kugeln sammeln sich die ganz tropfbaren Flüssigkeiten, in der andern werden die Wasserdünste mit Feuer, welches durch ein Rohr aus der ersten Kugel immerfort unterhalten wird, nochmals verdünnt, um als trockne und warme Dämpfe in einem sehr feinen Strahl aus der Mündung in die Glühkohlen zu blasen. Durch zwei dergleichen mit einander verbundene Maschinen, von denen eine größer seyn kann, wird das Gebläse vor Schmelzöfen außerordentlich verstärkt. Zu kleinen Schmelzarbeiten reicht man mit einer einzigen aus. Uebrigens ist dies Gebläse nur in holzreichen Gegenden allenfalls mit Vortheil zu gebrauchen. (s. **Cramers** Anfangsgründe der Probirkunst nach der Götting. Ausgabe. Leipz. 1794. VI. Fig. 1. A.)

Die Äolipilen dienen nicht blos zu einem Wasserdunstgebläse vor Gebläsöfen, sondern man hat sie auch zur Herstellung frischer Wetter in Gruben mit mehr oder minder glücklichem Erfolg angewendet. Die Dämpfe dürfen hier zugleich chemisch durch Absorption der irrespirabeln Luftarten wirken, und **Buchholz** hat sie deshalb nach **Alderson** selbst zur Verbesserung der eingeschlossenen Atmosphäre nur zu unbedingt vorgeschlagen. Denn da sie sich durch nähere Verwandtschaft mit der Luft vereinigen, und die schädlichen Theile aus ihr niederschlagen, so kann solche die Luft durch eben diese Operation zum größten Nachtheil auch sehr concentrirt zurück geben. (S. **Buchholz** über verdorbene Luft in Gefängnissen u. s. w. Erf. 1793. 8.) Vgl. übrigens auch **Löth- u. Schmelzmaschine**. (*Lampadius u. Thdr. Schreger.*)

Äolis, s. Äolien.

ÄOLIS, ÄOLIDIA (Zool.), bauchfüßige Mollusken mit vier bis sechs kegelförmigen Tentakeln, von denen zwei zu beiden Seiten des Mundes, vier über demselben stehen. Die blattförmigen Kiemen stehen in queren Reihen auf beiden Seiten des Rückens; der Mantel fehlt. Auf der rechten Seite des Körpers, in geringer Entfernung hinter dem Munde, befindet sich eine, dem Ausführungsgange der Geschlechtstheile und dem After gemeinschaftliche Öffnung. *G. Cuvier* sur la Scyllée, l'Eolide et le Glaucus. Aus den Ann. du muséum in dessen Mém. p. s. à l'hist. et l'anatomie des Mollusques. (Paris 1817.) Mém. VI. (*Meckel.*)

Äolischer Dialect und Vers, Äol. Tonarten, s. Metrik, Griech. Sprache und Tonarten (alte).

Äolische Inseln, s. Äolus und Liparische Inseln. 2) (Αἰόλιδες) der Äolier bei Kleinasien.

Äolium, s. Äolion.

Äolos (Αιολος). Ein Name, worüber große Verwirrung bei den Mythographen herrscht, weil sie mehrere mythische Personen dieses Namens mit einander verwechseln, und was von andern gilt, auf den Beherrscher der Winde übertragen. Nur durch genaue Unterscheidung, wozu Diod. IV, 67 leitet, wird man sich einigermaßen aus dem Sagengewirr herausfinden. — 1) **Aiolos I.** war ein Sohn des Deukaleoniden Hellen und der Nymphe Orseïs, einer der Stammhäupter der Hellenen, von dem die Aiolier benannt werden, und Beherrscher eines kleinen Staates in der thessalischen Landschaft Magnesia [1]). Da man Hellen zum Sohn des Zeus und der Doripppe machte [2]), so nennen die Mythographen daher den Aiolos selbst einen Sohn des Zeus; so wie sie diesen Aiolos durch Verwechselung schon zum Beherrscher oder Schaffner (ταμιας) der Winde machen [3]). Apollodor l. c. gibt ihm die **Enarete** zur Gemahlin, den **Kretheus**, **Sisyphos**, **Athamas**, **Salmoneus**, **Deion**, **Magnes** und **Prieres** zu Söhnen, und die **Kanake**, **Alkyone**, **Peisidike**, **Kalyke** und **Perimede** zu Töchtern. Diodor IV, 67 gibt ihm noch den **Mimas** zum Sohne und den Hippotes zum Enkel, der mit der **Melanippe**, falsch **Menalippe**, nach Eratosth. Cat. 18 und Hyg. Astr. II, 18 einer Tochter des Kentaurn Cheiron, nach Eudox. Cnid. de amb. terr. II. mit der Aktoride Ligya 2) **Aiolos II.** erzeugte, dessen Tochter **Arne** von Poseidon geschwängert, und vom Vater seinem Gastfreunde **Metapontios** (Meeranwohner) übergeben ward, um sie mit nach Metapontum zu nehmen, wo sie den **Boiotos** und 3) **Aiolos III.** gebar, die der kinderlose Metapontios an Kindes Statt annahm. Anders schmückt Hygin. F. 186, wahrscheinlich nach Euripides, die Fabel aus, und gibt ihm die Melanippe zur Mutter, die nach ihm eine Tochter des Desmontes oder Aiolos ist. — Darin stimmen indeß beide zusammen, daß ein Zwist mit der Familie des Metapontios, der aus ihren Ansprüchen auf die Herrschaft hervorging, die Brüder auszuwandern bestimmte. Aiolos III., wegen seiner Abkunft bei den Dichtern **Hippotades** genannt, läßt Diodor IV, 67 und V, 7 nach den unbewohnten aiolischen oder liparischen Inseln auswandern und diese besetzen, vermählt mit der Kyane, des Liparos Tochter, nach Scholiasten mit der Telepora oder Leopatra, einer Laistrygonin. Er macht ihn V, 8 zum Vater von 6 Söhnen, und schildert ihn V, 7 als einen gerechten, menschenfreundlichen und wegen seiner Frömmigkeit von den Göttern geliebten Herrscher [4]), der den Gebrauch der Segel erfunden, und aus Beobachtung des vulkanischen Feuers [5]) vorhergesagt habe, und daher in dem Mythus zum Schaffner der Winde gemacht sey; nach andern wegen seiner Beobachtung der Sterne [6]), oder der Ebbe und Fluth [7]). Diodor V, 7 läßt ihn auf Lipara wohnen. Homer Od. X, 1—75, so wenig als Virgil [8]), geben die Insel bestimmt an, worauf der Winde Beherrscher hau-

1) Apollod. I, 7, 3. 2) Schol. in Apoll. Rh. I, 118. 3) Hyg. F. 125. 4) vergl. Dionys. Per. 462 ff. 5) vergl. Strab. VI, 2, 10; Plin. III, 14 und Tzez. in Lycophr. 738. 6) Palaeph. c. 18; Plin. VII, 56. 7) Strab. I, p. 63 ed. Siebenk. 8) Aen. I, 51 ff.

set; doch scheint dem letzteren vorzüglich Strongyle vorgeschwebt zu haben [9]). Nach Homer, der den Mythus ganz ins Wunderbare hinüberspielt, wohnt er auf einer irrenden oder meerumströmten Insel — Beides kann der Ausdruck πλωτῃ ἐνι νησῳ heißen — die rings von einer ehernen Mauer und mit einem glatten Felsen umgeben ist, mit seinen Kindern, 6 Söhnen und 6 Töchtern — die Scholiasten wissen ihre Namen zu nennen, — die mit einander vermählt sind. — Herakllides von Pontos [10]) faud darin ein Symbol des Jahrlaufs — im ewigen Schmaus und Wohlleben. Er gewährt dem Odysseus eine freundliche Aufnahme, und gibt ihm beim Abschiede die Winde, in einem Schlauche verwahrt, ins Schiff, und läßt nur den Zephyr ihm wehen zu günstiger Fahrt; weigert sich aber, ihn wieder aufzunehmen, als Odysseus Gefährten, Schätze vermuthend, die Winde gelöst, und diese sie wieder zur aiolischen Insel zurückwerfen, weil er ihn nun — gemäß dem Glauben der Vorwelt — für einen Götterfeind hält. Bei Virgil l. c. der die Dichtung vereblet, hält Aiolos in einer Berghöhle die Winde verschlossen, und läßt nach Vorschrift sie los, oder kerkert sie ein. Er selbst hat seinen Sitz auf der Höhe des Berges. Mit Virgil stimmt Quintus von Smyrna [11]), der wahrscheinlich mit ihm aus einer Quelle schöpfte, fast zusammen. Valerius Flaccus [12]) folgt im Ganzen dem Virgil, weicht jedoch im Nebenwerk von ihm ab. Apollonius der Rhodier [13]) berührt den Mythus nur kurz, und setzt keine neuen Züge dem Bilde zu; eben so wenig unter den römischen Epikern Ovid und Statius. Nur Claudian de Rapt. Pros. I, 69 ff. scheint den meisten griechischen Dichtern zu folgen, welche die Winde, vorzüglich den Boreas, in einer siebenfachen thracischen Höhle — daher πνοαι Θρηικιαι und animae Thraciae — hausen lassen, (Spanhem. in Callim. Hymn. in Del. 26 und 95) und dorthin auch den Aiolos versetzen. — Die bildenden Künstler stellen Aiolos bärtig vor, bald in Ruhr auf einem Felsen sitzend, den Scepter in der Hand, bald handelnd, indem er mit dem Scepter in den Felsen stößt, und die Winde in Gestalt geflügelter Genien hervorstürmen. Auch findet man ihn stehend in einer Grotte mit einer Muschel am Munde und einem Blasebalg unter seinen Füßen. (*Ruckless.*)

ÄOLOS, als Walter über die Winde, mag immerhin seinen Naum von Ἄω, wehen, erhalten haben; dennoch ist er bei Homer kein Gott der Winde, wozu ihn spätere Dichter geschaffen haben. Wie kann der ein Gott seyn, dessen Ältern nicht aus dem Geschlechte der Unsterblichen waren? und wie mag er ein Vater der Winde heißen, die nach Hesiod. Theog. 371 Eos dem Asträos gebar? Wir müssen, um uns nicht zu verwirren, die vier Windgötter Homers wohl von den Windhauchen unterscheiden, die jene aus ihren Wohnungen senden. Nirgends hat Homer auch nur mit Einer Sylbe angedeutet, daß die Windgötter Söhne oder Diener des Äolus seyen; vielmehr ist dieser nach Homers Schilderung Od. X, z. A. nur ein Schaffner der Windhauche,

Jeden, nachdem er will, zu besänftigen und zu empören.

Diese Windhauche, nicht aber die Götter, verwahrte Äolus in Schläuchen, wie man den Wein verwahrte, und verschenkte davon nach Belieben. Er selbst ist kein Gott, sondern nur seliger Beherrscher der äolischen Insel, gleich dem Phäaken-Könige Alkinoos; und wie dessen Schiffe Wunderfahrten vollenden, (Od. VII, 320 ff. VIII, 557 ff.,) so schaltet Äolos über die Winde, daß Jedermann leicht zu seiner Insel gelangt, die daher πλωτὴ νῆσος genannt wird, nicht πλαγκτὴ, irrend, wie man gewöhnlich gedankenlos erklärt, da sie eine Felswand umläuft, und die ganz einschließende Mauer, unzerbrechlich, von Erze starrt, gleich dem Gewölbe des Himmels. Äolos ist nur ein Freund der unsterblichen Götter, wie alle frommen Herrscher der äußern Sagenwelt; übrigens ein sterblich geborner Sohn des Hippotes, und der Melanippe, wie Andere hinzusetzen. Wäre er ein göttliches Wesen, so hätte er nicht Odysseus, als er zum zweiten Male zu ihm kam, als einen von den Göttern verfolgten Mann verjagt, um nicht auch der Götter Zorn auf sich zu laden. Seine sechs Söhne und sechs Töchter bezeichnen weder Winde, deren Homer nur vier kennt, noch Monate, wie man träumt; sondern stellen ihn nur als einen beseligten Sterblichen dar, wie die Niobe Il. XXIV, 603. Ganz verschieden von des Äolos Wohnung ist der Palast des sausenden Zephyros Il. XXIII, 200, wohin man von Iliums Ebene über das thrakische Meer gelangt, Il. XXIII, 230. Was Homer für ein Eiland unter der äolischen Insel verstehe, ist nicht ausgemacht. Da aber alles Übrige, wohin Odysseus von da gelangt, aus der Argonautenfahrt entlehnt ist, so scheint es fast, als ob die Insel Prokonnesos, jetzt Marmora genannt, darunter zu verstehen sey. Man darf indessen nicht glauben, daß sich Homer diese Insel auch wirklich in der Gegend gedacht habe, wo Prokonnesos liegt; vielmehr weiset der Zephyroshauch, welchen Äolos dem Odysseus auf den Weg nach seiner Heimath gab, daß sie sich Homer in dem Gebiet des Westwindes dachte. Kein Wunder daher, daß spätere Dichter die äolische Insel unter die liparischen oder vulkanischen Inseln oberhalb Sicilien versetzten, und diese selbst in der Mehrzahl äolische Inseln nannten. Eben diese Dichter schufen aber auch den König Äolos zu einem Gott und Vater der Winde um, der aus dem Anfange von Virgils Äneide bekannt ist. Hauptstellen der Classiker sind noch Ovid. Met. XI. Diod. Sic. V. Strab. I. Plin. III, 9. u. a. Meine Ansichten über die äolische Insel des Homer habe ich in den Allgem. geograph. Ephem. XLVIII. Bd. 3. St. Nov. 1815 und Neue allgem. geogr. Ephem. I. Bd. 3. St. 1817 entwickelt. (*Grotefend.*)

Äolsharfe, s. Harfe.

ÄONEN waren in einigen schwärmerischen Systemen der Morgenländer geistige Wesen, die nicht entstanden und unvergänglich, d. i. ewig sind (von αιων), durch welche das innere Wesen Gottes und sein Verhältniß zur Welt vorgestellt und die übersinnliche Welt dargestellt werden sollte. Es ist Denkart des Orientalen, mittelst der Phantasie sich eines Begriffs zu bemächtigen, das, was der Verstand in einem Begriff und in der Vorstellung eines Objekts als dessen Merkmale und Eigenschaften unterscheidet, zu wirklichen Wesen zu

9) vergl. Heyne Exc. I, in Aen. I. 10) Allegor. Hom. am Ende. 11) XIV, 474 ff. 12) I, 576 ff. 13) IV, 765 ff.

machen, und die Vorstellung des Verhältnisses eines Subjekts und seiner Eigenschaften, eines Grundes und seiner Folge, zu einem realen getrennten Seyn umzuwandeln und es durch Bilder zu versinnlichen. Solche Personificationen der göttlichen Eigenschaften und der Vorbilder der Dinge in Gottes Verstand als Geister durch das Medium der Phantasie vorgestellt, sind die Äonen. Wir denken uns Gott als unbegreiflich, als unendlichen Verstand, dessen Vorstellen die vollkommenste Wahrheit ist. Dem Orientalen hingegen ist dies nicht genug zu denken, er schafft die Unbegreiflichkeit und Unergründlichkeit Gottes in ein reales Wesen, Tiefe und Stille, sein unendliches Vorstellen in Verstand und Wahrheit um. Er läßt diese Äonen, welche männlich und weiblich sind, durch eine ewige und nichtsinnliche Zeugung aus dem tiefen und stillen Vater, als dem Urgrund entstehen, und durch geistige Ehen neue Äonen erzeugen. So bildet sich um Gott eine Art von Hofstaat, durch dessen Veränderungen die sinnliche Welt hervorgeht. Die Äonen, welche nur ein neuer Ausdruck für Geister sind, spielen in mehreren Systemen der Gnostiker und besonders des Valentin (m. sehe diese Artikel), jedoch in jedem eine andere, Rolle. (*Tennemann.*)

Äora, s. Ikarios.

Äopolis (Is), heut zu Tage Hit, s. dieses.

Äpasische Flur (Αἰπάσιον πεδίον), nahe bei Lepreon in Triphylia. Strab. I. 8, p. 348. (*Spohn.*)

Äpeia (Αἴπεια): 1) Ort in Messenien, s. Korone, Methone, Thuria; 2) in Kypros, s. Solö; 3) in Kreta. Einwohner Αἰπεάτης. Steph. Byz. (*Spohn.*)

Äpfel-Mühle, Ä.-Säure u. s. w. s. Apfel.

ÄPINUS, ein seit der Reformation unter den Gelehrten, besonders den Theologen bekannter Name, dem zuerst Johann Äpinus Celebrität gab. Er hieß eigentlich Hoek, Hud, oder Hoch, verwechselte aber seinen teutschen Namen mit dem griechischen Äpin (Αἰπεινός). Sein Vater, Hans Hoch, war zu Ziegesar in der Mark Brandenburg Rathsherr; hier (nicht in Hamburg, wie mehrere Literatoren irrig berichten) wurde Johann 1499 geboren. (*Baur.*)

Er studirte zu Wittenberg unter Luther und Melanchthon und versuchte dann als Schullehrer in seinem Vaterlande die evangelische Lehre auszubreiten, kam aber deshalb ins Gefängniß und scheint sich nach seiner Befreiung nach England gewendet zu haben. Später wurde er Vorsteher einer Privat-Schule zu Stralsund *), 1529 Pastor an der Peterskirche in Hamburg, 1532 Superintendent und erster Lector der Theologie daselbst und im folgenden Jahre bei der ersten Promotion evangelischer Doctoren zu Wittenberg nebst Crucigern und Bugenhagen mit dieser Würde beehrt. Nachdem er 1535 an dem Religions-Convent der Hansestädte zu Hamburg Antheil genommen hatte, war er auch unter den Abgeordneten dieser Stadt an den König Heinrich VIII. von England, der jedoch ihrer Absicht, sie bei der Reformation zu unterstützen, nicht entgegen kam. Desto mehr Einfluß gewann Äpin auf die Angelegenheiten der niedersächsischen Protestanten, für die er 1538 die Schmalkaldischen Artikel unterschrieb und 1539 als Hamburgischer Abgeordneter den Conventen zu Frankfurt und Naumburg beiwohnte. Seiner gründlichen Schrift gegen das Interim „Bekenntnisse und Verklaringe up dat Interim u. s. w. Hamburg 1548, hochteutsch Magdeburg 1549" traten fast alle Prediger der niedersächs. Städte bei. Sie war nur die Vorläuferin mehrerer Schreiben, die er in den interimistischen Streitigkeiten nach andern Städten und nach Dänemark zur Warnung der Prediger vor Abweichung vom Lutherthum ergehen ließ. Beim Anfange der adiaphoristischen Händel 1549 entwarf er das merkwürdige Schreiben der Hamburgischen Geistlichkeit an Melanchthon und die Wittenberger, worin diese getadelt werden, daß sie anstößige katholische Ceremonien unter dem fälschlichen Namen von Adiaphoris der Kirche wieder aufbürden wollten. Allerdings hielt er es dabei als Vorfechter der Niedersachsen mit den thüringischen Zeloten, blieb aber doch sowol hier, als in dem mit seinem Collegen Westphal aufgesetzten Bedenken über Osianders Abweichung von der lutherischen Rechtfertigungslehre (Responsio Ministr. eccles. Chr. quae est Hamb. et Luneb. ad confess. Andr. Osiandri etc. 1552) in den Grenzen der Mäßi-

*) Nach Stralsund kam Äpinus von Greifswald aus, wo er mit Hermann Bonnus, dem nachherigen ersten Superintendenten in Lübeck (der gegen 1528 auch hieher nach Stralsund kam, und hier unterrichtete,) und mit andern Beförderern der Reformation in Pommern eine zeitlang in inniger Freundschaft gelebt hatte. In Stralsund verwaltete Äpinus aber kein Predigtamt, war auch nicht Rector einer öffentlichen Schule, wie oft von ihm behauptet wird; sondern Vorsteher einer Privatunterrichtsanstalt auf dem St. Jehannis-Kloster-Kirchhofe. Sein Gehilfe war Antonius Gerson. An Äpinus Stelle trat etwa um 1528 als Lehrer Hermann Bonnus. Wie viel Vertrauen aber schon damals Äpinus sich hier in der Stadt erworben haben mußte, wiewol er kein öffentliches Amt verwaltete, beweist der Umstand, daß der Rath und die Bürgerschaft ihm die Verfertigung der Kirchenordnung auftrugen. Nach dem Abgange Knipstrom's von Stralsund 1535 wollte der Rath ihn gern bewegen, die Superintendentur zu Hamburg mit der ersten Predigerstelle hieselbst zu vertauschen; er schlug den Ruf aber ab, und empfahl den Johann Fredenus, der auch wirklich angestellt wurde. Aus der vortrefflichen Chronik des Bartholomäus Sastrow, Stralsundischen Bürgermeisters (Bartholomäi Sastrowen herkommen, geburt und lauf seines gantzen Lebens, auch was sich in dem Denkwerdiges zugetragen, so er mehrentheils selbst gesehen und gegenwärtig mit angehöret hat, in vier unterscheitliche Theile von ihm selbst beschrieben), mit deren Herausgabe ich in Verbindung mit einem Collegen und Freunde beschäftiget bin, ist das, was über Äpinus Aufenthalt hier in Stralsund gesagt ist, genommen. Die zu Stralsund am Sonntage nach Allerheiligen 1525 bekannt gemachte, im Rathsarchiv aufbewahrte Kirchen- und Schul-Ordnung des Äpinus habe ich selbst vor mir; sie besteht aus 51 Abschnitten. Ich werde sie einer Geschichte der Einführung der Reformation in Stralsund, aus Urkunden und gleichzeitigen, großentheils noch ungedruckten, Chronikanten geschöpft, beifügen. Ich meines Theils kenne übrigens keine frühere lutherische Kirchen- und Schul-Ordnung, als diese Stralsundische von Äpinus. Auch Johann Bugenhagen hat (1535) einen besondern Visitationsreceß für die Stralsundischen Kirchen verfertiget, der, so viel ich weiß, von allen Biographen des Reformators übersehen worden ist. (*Mohnicke.*)

gung und Wahrheitsliebe. An der Befestigung der Reformation in Hamburg arbeitete er mit Erfolg theils durch Schriften gegen die Katholiken: Pinacidion de Rom. eccl. imposturis etc. 1530; Propositiones contra opin. Papist. de Ylissa 1536; theils durch seine Korte Underweisinge v. d. Sacrament des Lyves u. d. Blodes Chr. in Fr. und Antw. 1530, und seine Kirchenordnung für Hamburg 1551, vorzüglich aber durch eine treue Amtsführung bis an seinen Tod (den 13. Mai 1553). Die letzten Jahre seines Lebens wurden noch durch heftige Angriffe und Verketzerungen getrübt, die sich vier Hamburgische Prediger wegen seiner Meinung von der Höllenfahrt Christi gegen ihn erlaubten. Unter den Commentaren über mehrere Psalmen, die er als Lector in Hamburg vorgetragen und in verschiedenen Jahren (Ps. XV. 1543, XIV. 1544, XIX. 1545 u. 1551 nach seinem Tode gesammelt Enarratio in Psalmos Dav. Frkft. 1555. 56.) herausgegeben hatte, enthielt der über den XVI. Ps. Frkft. 1544. 4to. die nicht neue, aber sehr streitige und weder aus der heil. Schrift, noch aus Luthers Lehre ganz zu erweisende Behauptung, Christi Höllenfahrt, welche die Dogmatiker zum Stande der Erhöhung rechneten, sey die letzte Stufe seiner Erniedrigung gewesen, wobei er die Höllenstrafen für die Menschen gelitten und sie davon befreit habe. Epping und Garz fingen 1548, Hackrot und Högelke später an, auf ihren Kanzeln gegen diese Lehre zu eifern und brachten das Volk in solche Gährung, daß der Magistrat nach vergeblichen Unterhandlungen und Friedensversuchen 1550 ein Gutachten von den Wittenbergischen Theologen einholte, welches von Melanchthon mit der größten Vorsicht und Milde abgefaßt, dem angefochtenen Aepin zwar nicht Recht zusprach, aber die ganze Sache als problematisch darstellte und unentschieden ließ. Äpin beruhigte sich dabei, seine Gegner aber triumphirten und nöthigten durch ihr freches Schmähen den Rath, die drei ersten ihrer Ämter zu entsetzen und aus Hamburg zu verweisen. Damit war der an sich unerhebliche Streit um so leichter beigelegt, da außer Hamburg Niemand sich gegen Äpin geregt hatte. Nur die katholische Partei redete im Reichsabschiede zu Augsburg 1555 ausdrücklich von einer zu Hamburg über die Höllenfahrt Chr. entstandenen neuen Secte, ohne daß protestantischer Seits von diesem Vorgeben Kentniß genommen wurde. Arn. Grevii Memoria Aepini. Hamb. 1736. 4. Nik. Wilke's Hamburgischer Ehrentempel S. 248—280. J. G. Walch's Religions-Streitigkeiten der luth. Kirche IV. S. 365—370. Plank's Gesch. d. protest. Lehrbegr. V. S. 252—284. (*G. E. Petri.*)

Sein Sohn Friedrich war Präsident des Lauenburgischen Kammergerichts; der Enkel Franz wurde anfangs Hofprediger des Herzogs von Lauenburg, nachher Pfarrer zu Barchtelheil im Holsteinischen, und der Urenkel Johann war mecklenburgischer Oberamtmann im Stargardischen Kreise. Dieser hatte einen Sohn, Franz Albert, der am 15. Nov. 1673 zu Wanzke im Mecklenburgischen geb. war, und in Rostock und Jena Theologie studirte. Er erhielt zu Rostock 1712 das Lehramt der Logik, wurde daselbst 1721 Prof. der Theologie, 1723 Generalsuperintendent, 1733 Konsistorialrath, und starb den 14. Febr. 1750. Er erwarb sich in seinen Lehrämtern vielfaches Verdienst, schrieb eine große Zahl gelehrter Dissertationen und Programme, ferner ein öfters aufgelegtes Compendium metaphysicae ad theologiam adplicatae, eine Introductionem in Philosophiam u. a. (Vergl. Götten's gel. Europa Th. 1 und 3. und Schmersahl's zuverläss. Nachr. 2. Th. 136 ff.) Er war Vater zweier gelehrter Söhne, nämlich des Angelus Johann Daniel und des Franz Ulrich Theodos. Der erstere, geb. zu Rostock den 10. Mai 1718, studirte daselbst und auf einigen andern Universitäten, wurde 1744 Professor der Rede- und Dichtkunst in Rostock, 1760 aber Prof. der Philosophie in Bützow, und 1763 wurde er zu einem Mitglied der in Rostock angeordneten herzoglichen Kommission, zu Untersuchung der Streitigkeiten zwischen dem dortigen Rath und der Bürgerschaft ernannt. Seit 1775 war er in Rostock geh. Kanzleirath, und den 28. Febr. 1784 starb er daselbst, hochgeachtet als ein um das gelehrte und gemeine Wesen in diesem Lande sehr verdienter Mann. Er besorgte von 1752 bis 1763 die zu Rostock und dann zu Bützow wöchentlich herausgekommenen gelehrten Nachrichten, schrieb außerdem bis 1763 mehrere Dissertationen und Programme, und hinterließ handschriftlich Materialien zu einem gelehrten Werke über die mecklenburg. Münzen. Sein Bruder, Franz Ulrich Theodos, geb. zu Rostock den 13. Dec. 1724, widmete sich der Arzneiwissenschaft, vertauschte sie aber in der Folge gegen Mathematik und Physik. Einige Abhandlungen aus diesen Wissenschaften, die er in Rostock drucken ließ, verschafften ihm die Aufnahme in die Akademie der Wissenschaften zu Berlin, und 1757 einen Ruf nach St. Petersburg als Professor der Physik bei der kaiserl. Akademie daselbst. Er wurde in diesen Wissenschaften Instructor des nachmaligen Kaisers Paul, und in der Folge Staatsrath, Director des adeligen Kadettencorps, Oberaufseher der russischen Normalschulen und Ritter des St. Annenordens. Die letzten Jahre seines Lebens privatisirte er zu Dorpat und starb daselbst im August 1802. Als Mathematiker und Physiker kennt man ihn theils aus seinen Abhandlungen in den Mém. de l'Acad. des sciences de Berlin und mehreren gelehrten Zeitschriften, theils aus einigen besonders gedruckten Abhandlungen: De similitudine vis electricae atque magneticae. Petrop. 1758. 4. teutsch, Leipzig 1768. 8. Tentamen theoriae electricitatis et magnetismi. Petrop. 1759. 4. Abhandlung von den Lufterscheinungen, ebend. 1763. 4. Description des nouveaux microscopes inventés par Mr. Aepinus. ib. 1786. 4. Sein Plan zu neuen Schulen in Rußland (Schlözers Staatsanz. Heft XI. 260—270. Vergl. Heft XVII. 3—7.) hat den Beifall der Kenner nicht erhalten. Von ihm und seinem Bruder gibt Koppe im gel. Mecklenburg St. I. S. 1—15 Nachricht. (*Baur.*)

ÄPLI (Joh. Melchior), der Arznei- und Wundarznei-Kunde Doctor, Sohn eines in seiner Gegend ebenfalls beliebten praktischen Arztes (Konrad), wurde zu Dießenhofen (1744 d. 4. April) geboren. Zwei ältere Brüder waren schon der Arzneikunde gewidmet; Johann Melchiors Bestimmung war zuerst Theologie, dann die Malerkunst. Das entschiedene Interesse des Knaben für den väterlichen Beruf überwog andere Rücksichten. Er studirte zu Tübingen mit großem Fleiß. Starke Anfälle von Schwindel, welche ihn ein nahes Ziel seines Lebens erwarten ließen, hatten frühzeitig einen gewissen Ernst in seinen Charakter gebracht. Als ausübender Arzt und Geburtshelfer erwarb er sich das Zutrauen eines zahlreichen nähern und entfernten Publikums. Er trug vieles zur Verbesserung des Medicinal-Wesens in seiner Gegend, dem seitherigen Kanton Thurgau und selbst in der übrigen Schweiz, bei. Seiner Thätigkeit suchte er eine gemeinnützige Richtung zu geben. Er ist Verfasser sehr vieler, größtentheils medicinischer Abhandlungen, wovon das Rahnische Magazin, Hufelands Journal und das Museum der Heilkunde viele enthalten. Seine Abhandlung über das bösartige Fieber (Zürich 1775) zog die Aufmerksamkeit auf sich, vorzüglich aber wirkte sein Werkchen über die sichere Zurücklassung der Nachgeburt in bestimmten Fällen. Zürich 1776. Er war auch Hohenzoll. Sigmaringischer Hofrath und wirklicher Leibarzt, und bekleidete eine Zeit lang die Stellen eines Unterstatthalters und Präsidenten des Thurgauischen Bezirkes Gottlieben; starb den 14. Jenner 1813 zu Constanz, wurde aber, seinem Willen gemäß, in vaterländischer Erde zu Tägerweilen begraben. S. auch sein Denkmal oder Lebensgeschichte von seinem Neffen Doctor Alexander Äpli. St. Gallen 1815. 8. (*Meyer v. Knonau.*)

ÄPY (Αἶπυ) zu Homers Zeiten, wo es ἐΰκτιτον heißt, zu Pylos gehörig, später, nach Strabo VIII. p. 549 zu Elis, nach Steph. Byz. zu Messenien; ein hochgelegener, von Natur fester Ort, weshalb es wahrscheinlicher das spätere Mekissia, als Margalä ist. Einwohner Αἰπύτης. Vergl. Strab. a. g. O., Steph. Byz., Stat. Theb. IV. 180, Schol. zu Hom. Il. II. v. 592. (*Spohn.*)

ÄPYTOS (Αἴπυτος): 1) der Sohn des Arkadiers Elatos, Bruder des Ischys und Erzieher der Euadne, König zu Phaisane am Alpheios *). Seines Grabmals am Kyllene gedenkt Homer Il. II, 604. — 2. Der Sohn des Kresphontes und der Merope, des Kypselos von Arkadien Tochter, der dritte König des herakleidischen Stammes in Messenien, bei der messenischen Thronumwälzung durch Polyphontes von der Mutter zum Kypselos gerettet, der ihm, als er erwachsen war, durch Waffengewalt wieder zum väterlichen Throne verhalf, ein so gütiger und rühmlicher Regent, daß seine Nachkommen von ihm Aepytiden benannt werden **). (*Rickless.*)

ÄQUA BONA, Stadt in Lusitanien am Ausflusse des Tagus, muthmaßlich der jetzige Flecken Conna im Angesichte von Lissabon. (*H.*)

Äquana, s. Sorrento.

ÄQUATOR der Erde — ist eine der vorzüglichsten Linien, die man zum Behuf der mathematischen Eintheilung der Erdkugel angenommen hat. Man versteht darunter denjenigen größten Kreis, auf dessen Ebene die Erdachse senkrecht steht. Er liegt daher zwischen den Endpunkten der Erdachse oder den beiden Polen in der Mitte und ist von ihnen überall gleich weit entfernt. Die Erdkugel wird durch ihn in zwei gleiche Theile — die nördliche und südliche Halbkugel — getheilt. Daher heißt er auch der Gleicher oder die Mittellinie, und in der Schiffersprache die Linie schlechtweg. Als ein größter Kreis mißt er den größten Umfang der Erdkugel und dient daher zur Bestimmung der Größe derselben. Er wird aber, wie jeder Kreis in der Geometrie, in 360 Grade eingetheilt; auf jeden Grad desselben rechnet man 15 geographische Meilen; folglich beträgt sein ganzer Umkreis 5400 Meilen. Hieraus ergibt sich der Durchmesser desselben = 1718,87..., wofür man gewöhnlich 1719 setzt, und der Halbmesser = 859,4... oder in einer runden Zahl 860 geograph. Meilen. Eben diese Linien machen auch den Durchmesser und Halbmesser der Erdkugel aus. Die Größe einer geogr. Meile aber kann nur durch wirkliche Gradmessungen herausgebracht werden; und diesen zufolge beträgt sie 3806 Toisen (s. Gradmessung). — Die Lage des Äquators ergibt sich aus der Lage der beiden Pole, und diese wird durch die Umdrehung der Erdkugel um ihre Achse bestimmt, und muß durch sorgfältige astronomische Beobachtungen ausgemittelt werden. Diese müssen uns auch lehren, wie weit wir uns an irgend einem Orte vom Äquator befinden, oder in welcher Entfernung ein Ort vom Äquator liegt, welches seine geographische Breite genannt wird. Durch welche Länder und Meere der Äquator geht, läßt sich am besten auf einer künstlichen Erdkugel oder einer Karte der ganzen Erdfläche übersehen. — Äquator des Himmels — ist in Beziehung auf die scheinbare Himmelskugel eine ähnliche Linie, als der Äquator der Erde in Beziehung auf die wirkliche Erdkugel, nämlich, der größte Kreis, auf dessen Ebene die Weltachse senkrecht steht; der folglich an beiden Weltpolen überall gleich weit absteht, und die Himmelskugel in die nördliche und südliche Halbkugel theilt. Da die Erdkugel in der Mitte der scheinbaren Himmelskugel liegt, und die Weltachse mit der Erdachse zusammenfällt, so fällt auch die Ebene des Himmelsäquators mit der Ebene des Erdäquators zusammen; jene schließt diese in sich und beide Kreise haben einen gemeinschaftlichen Mittelpunkt.

Auch der Äquator des Himmels dient zur mathematischen Eintheilung der Himmelskugel, und zur Bestimmung der Lage der Gestirne an derselben. Der Abstand eines Gestirns vom Aequator heißt die Abweichung oder Declination desselben. — Als ein größter Kreis halbirt der Äquator jeden andern größten Kreis der Himmelskugel und wird von demselben halbirt. Daher liegt die Hälfte desselben über dem wahren Horizont eines jeden Ortes; die Durchschnittspunkte beider Kreise bestimmen den wahren Morgen und Abend, und der Winkel, unter welchem sie einander schneiden, ist der Ergänzungswinkel der Polhöhe (s. Polhöhe). Unter den Polen fallen beide Kreise zusammen. — Die Durchschnittspunkte des Äquators und der Ekliptik machen die Äquinoctialpunkte, und der Neigungswinkel beider Kreise gibt die Schiefe der Ekliptik. — Die Gestirne, durch welche er geht, sind folgende: Wallfisch, Orion, Einhorn, Wasserschlange, Sextant, Jungfrau,

*) Pind. Ol. 6, 54 ff. Schol. ad h. l. nach Paus. VIII, 4. Beherrscher des kyllenischen Gebietes. **) Appollod. II, 8, 1 u. 5; Paus. IV, 3, 8, 5; Hyg. F. 104; Cell. N. A. VII, 3.

Schlangenträger, Antinous, Kopf des Wassermanns, Fische. — Der Äquator wird, wie andere Kreise, in 360 Grade eingetheilt. Man pflegt bei dieser Eintheilung von der Frühlings-Nachtgleiche anzufangen, und nach der Ordnung der Zeichen in der Ekliptik fortzugehen. Von der Größe eines solchen Grades aber, etwa in Meilen ausgedrückt, kann hier nicht die Rede seyn. Denn da der Himmel nur scheinbar eine Kugel bildet, so soll auch der Äquator, so wie andere an dem Himmel angenommene Linien, nur dazu dienen, die scheinbare Lage der Gestirne aus der Himmelskugel, nicht ihre wirkliche Entfernung von einander zu bestimmen. (*Kries.*)

Äquatorial-Instrument, das; — (l'Equatorial) ist ein astronomisches Instrument, das hauptsächlich dazu dient, die Parallelkreise des Äquators am Himmel durchzumustern, und zu dem Ende aus verschiednen Theilen, wenn gleich nicht von jedem Verfertiger auf gleiche Art, zusammengesetzt ist. Es gehört dazu ein Fernrohr, welches sowol eine horizontale als perpendiculare Bewegung hat. Dieses Fernrohr (s. Fig. a) ist an einem Halbkreise bb befestigt, welcher, in seine Grade getheilt, den Deklinationskreis macht. Unter ihm sieht man den Kreis des Äquators cc, welcher in Stunden und Minuten abgetheilt und ein Vernier d hat, das auch kleinere Theile der Minuten, z. E. 10″ angibt. — Darunter ist der Stundenkreis e. Zwei Stützen ff erhalten dem Äquatorkreise wie dem Fernrohre die dem Äquator parallele Richtung am Himmel. Zwei Quadranten gg verbinden sich mit dem Äquatorkreise, durch dessen Axe r, welche durch die Mittelpunkte derselben geht, und eine Alhidade h hat, welche die Höhe des Pols (geographische Breite) anzeigt, da der Quadrant in seine 90 Grade und Minuten getheilt ist. Das Ganze ruht endlich auf einem starken Fußgestell x, auf welchem zunächst ein beweglicher Horizontalkreis mit seiner Eintheilung in Grade i, und darüber eine Platte k befindlich ist, welche das Ganze trägt, dem seine Horizontalstellung nach der Libelle l gegeben, so wie die verschiedene Bewegung seiner einzelnen Theile vermittelst der Schrauben mnop leicht bewirkt werden kann.

Wenn nun das Instrument in seiner horizontalen Stellung ist, so kann man es um die Axe q herumdrehen und die bestimmten Beobachtungen ferner folgendermaßen damit machen. Man bringt vermittelst des Quadranten g den Äquator in seine von der Polhöhe des Beobachtungsorts abhängige Richtung, und stellt das Fernrohr nach dem unter demselben befindlichen Declinationskreise auf den Grad der Abweichung des Sterns, den man sucht, und dreht hierauf die Maschine herum, so daß nun das Fernrohr den Parallelkreis des Äquators verfolgt, auf welchem der Stern steht, bis dieser in das Fernrohr, und an die in seinem Brennpunkte befindlichen Fäden eintritt; alsdann ergibt sich der Stundenwinkel des Sterns, und dessen gerade Aufsteigung, so wie, wenn man so fortfährt, auch von allen den Sternen, welche auf demselben parallel genau, oder doch so ziemlich genau darauf stehen, daß sie im Felde des Fernrohrs erscheinen können.

Daß diese Maschine eine vervollkommnete parallaktische Maschine ist, sieht man leicht. Wer sie aber zuerst erbaut hat, weiß man nicht genau. La Lande (s. dessen Astronomie 2. Th. §. 2409) hält den Prof. Vayring dafür, welcher als Professor der Physik zu Lüneville in der ersten Hälfte des 18ten Jahrhunderts lebte, und vorher Schlosser und Uhrmacher war. Short führte dies Instrument in England ein und beschrieb es in den philosophical Transactions vom Jahre 1749. Nachher haben Nairne und Dollond dergleichen verfertigt, deren Beschreibungen sich in den philosoph. Transact. 1771 und 1779 finden, wo man auch die Beschreibung eines neuen Universaläquatorials, von Ramsden verfertigt, liest. Nach den verschied. Größen dieser Instrumente richten sich ihre Preise; Ramsden hat kleinere, deren Kreise 10 Zoll im Durchmesser haben, für 60 bis 65 Guineen, Troughton aber hat eins von 20 Zoll im Durchmesser nach Portugal für 260 Guineen geliefert. In dem Verzeichnisse der astronom. Instrumente von Utzschneider, Liebherr und Werner in München — s. v. Lindenau und Bohnenberger Zeitschrift für Astronomen; 2. Bd. S. 169 — wird ein großer Äquatorial, dessen Stunden- und Declinationskreis jeder 2 Fuß im Durchm. hat, wovon jener durch 2 Verniers eine Sec. in Zeit, letztrer 2 Sec. im Raum gibt, und dessen achromatisches Fernrohr 2½ Fuß Brennweite, 2 Zoll 4 Lin. Öffnung, 3 astronom. Oculare u. s. w. hat, zu 2000 fl. und ein kleineres tragbares Äquatorial, dessen Stundenkreis 8, und dessen Declinat. Kreis 12 Zoll im Durchmesser hat, welche durch 2 Verniers auf 4 Secunden getheilt werden, mit einem Fernrohre von 20 Zoll Brennweite, zu 715 fl. berechnet.

In La Lande Astronomie, tome second. §. 2409 — 10 wird der Äquatorial überhaupt, §. 2411 der Dollondsche und Ramsdensche Äquatorial, und §. 2413 eine noch bequemere Einrichtung des Äquatorials beschrieben, welche der unglückliche Parlaments-Präsident de Saron durch Herrn Vergnie hat ausführen lassen. Die Verifikation dieses Instruments findet man ebendaselbst §. 2621 bis 2624.

Uebrigens ist dies Instrument für gewisse Zwecke sehr nützlich, und besonders in der Vollkommenheit, welche die Herrn Utzschneider und Consorten ihm zu geben versprechen, auch überall, besonders um schnell gewisse Observationen zu machen, wol brauchbar genug. Die multiplicirenden Kreise und Mittagsfernröhre sind freilich theils von mannigfacherm Gebrauch, theils von größerer Genauigkeit; indessen bewährte der Mailänder Äquatorial bei Verfolgung und Beobachtung der Pallas auch außer dem Meridian (nach Mon. Corresp. 6. Bd. S. 383) seinen großen Nutzen; auch sagt La Lande (a. a. O. S. 630) von diesem Instrumente: on n'en fait pas assez d'usage, pour que j'aye cru devoir en mettre ici la description; — um so mehr muß man sich wundern, im 3ten Bande der geogr. Ephem. S. 609 zu lesen: „daß ein Äquatorial nach La Lande und von Zach mehr ein artiges Spielwerk, als ein brauchbares Werkzeug sey.“ — In den Mailänder Ephem. (Ephemeridi astron. di Milano per l'anno 1809 calc. du Francesco *Carlini*, con appendice. Milano 1808) für 1809 findet man im Anhange s. No. IV Herrn Càsaris Methode, die Stellung dieses Instruments zu berichtigen. Man vergl. Mon. Correspond. 20ster Band, S. 31. 32. (*Fritsch.*)

ÄQUI. Aequicoli. Die Äquer oder Äquiculer sind ein altitalisches Volk von unbekannter Abstammung. Sie wohnten am westlichen Abhange des Apennins, nahe bei dem Scheitel Italiens; um sie her Sabiner, Marser, Herniker, Volsker und Latiner. Die zuerst genannten mögen ihre Stammväter oder Stammverwandte gewesen seyn. Wie diese hatten sie nur wenige Städte, sie waren Ackerbauer. Ankus Marcius holte von ihnen das Fetialrecht; noch lange nachher lebten sie in Frieden mit Rom. Kriegslustig und bergkräftig wurden sie späterhin gefürchtete Feinde Roms und seiner Verbündeten. Als Rom durch Porsenna gedemüthigt worden war, lösten sich die bis dahin bestandenen politischen Verhältnisse Latiums; die Volsker wurden unabhängig von den Römern, deren letzte Könige über sie geherrscht hatten; sie verbanden sich mit den Latinern zum Kriege gegen Rom; dies schlug die letztern am See Regillus; ein Bund mit ihnen war Folge des Sieges. Bald nachher wurde Marc. Coriolanus aus Rom verbannt (264 J. R.). Er begab sich zu den Volskern in Antium, und reizte diese zum Kriege gegen Rom. Mit ihnen verbündet erschienen die Äquer als Feinde Roms, und bekamen einen Theil des den Römern und Latinern abgenommenen Gebietes. Ihre Grenzen rückten dadurch bedeutend vor. Der äußerste Punkt war der Berg Algidus. Corbio und Vitellia, früher latinische Städte, waren nun äquisch. Tusculum besonders litt durch ihre Angriffe. Im J. R. 268 traten die Herniker zum römisch-latinischen Bunde; auch dieser wurde nun von ihnen befeindet. Sie hingegen blieben genau verbündet mit den Volskern, und zogen gewöhnlich mit denen von Ecetea aus zum Krieg und zur Beute. Fast jährlich verwüsteten sie das Gebiet der Latiner und Herniker, und erschienen einige Male vor den Mauern Roms, das wenig über zwri teutsche Meilen vom Algidus entfernt war. Der Auszug geschah um die Erntezeit, die Saaten wurden als Beute fortgeschafft oder angezündet. Das Zusammentreffen mit dem Feinde führte selten zu einem auf längere Zeit entscheidenden Erfolge; als Sieger hatten die Äquer nicht das Talent und die Absicht, ihre Feinde härter zu bedrängen oder sie sich zu unterwerfen; sie ließen günstige Zeiten, wo Roms Existenz durch einen entschlossenen Angriff in Gefahr kommen konnte, ungenutzt; als Besiegte gelobten sie Ruhe, hielten aber selten lange ihr Versprechen. Der merkwürdigste Vorfall aus der Geschichte der mehr als hundert Jahre lang wiederholten Kriegszüge fällt in das J. R. 296, wo die Äquer, angeführt von Gracchus Clölius, fast dem einzigen bekannten Feldherrn ihres Volks, den römischen Consul Minucius, auf dem Algidus einschlossen, der Dictator Qu. Cincinnatus diesen befreite, und die Äquer unter das Joch schickte. Dies brach nicht sogleich ihre Macht; noch lange führten die Römer nur einen Vertheidigungskrieg gegen sie, ohne in ihre Grenzen einzudringen; doch war seitdem die Gefahr für Rom vorüber, die Äquer erscheinen sichtbar matter und weniger verwegen. Nicht lange nachher wurden die Römer der angreifende Theil, drangen ein ins Äquerland und sicherten ihre Eroberungen durch Colonien, z. B. Bola, Vitellia. Camill that den Hauptschlag im Jahre nach Roms Einnahme durch die Gallier (365), doch erst 450 und 454 im samnitischen Kriege wurden sie gänzlich unterworfen. (S. Livius besonders B. 2, 3, 4 und 6. Dionysius von Halikarnaß vom sechsten Buch an.) (*Wachsmuth.*)

Äquilibrium und Äquilibristisch, s. Gleichgewicht und Gymnastik.

Äquimaelium, s. Sp. Maelius.

ÄQUINOCTIUM, (Nachtgleiche) nennt man den Zeitpunkt, in welchem auf der ganzen Erde Tag und Nacht gleich lang ist, und der eine wie die andere zwölf Stunden dauert. Dieser Zeitpunkt tritt des Jahrs zweimal ein, nämlich am 21. März und 23. Sept., an welchen Tagen die Sonne ungefähr eben so lange über, als unter dem Horizonte verweilt. Doch gilt dies nur für die Länder der gemäßigten und kalten Zonen, und in der heißen Zone nur von den Gegenden, welche nicht unter dem Aequator selbst liegen, da diese im ganzen Jahre täglich 12 Stunden Tag, und eben so lange Nacht haben; und eben so wenig ist von einer Nachtgleiche unter den Polen die Rede, welches alles sich aus folgender Erörterung ergeben wird.

Die Ekliptik BE durchschneidet (Fig. X.) auf der scheinbaren Himmelskugel ABCDEF den Äquator AD unter einem Winkel von $23\frac{1}{2}°$ in C, welcher Punkt der Durchschnittspunkt der Ekliptik und einer der Äquinoctialpunkte ist. Indem nun die Sonne scheinbar die Ekliptik BE durchläuft, muß sie, wenn sie von E nach B hinaufsteigt, einmal in den Punkt der Ekliptik kommen, wo diese den Äquator AD in G durchschneidet, und an diesem Tage, wo das geschieht, bei einmaliger Umdrehung der scheinbaren Himmelskugel den Aequator auf dem scheinbaren Wege beschreiben, welchen sie zwischen ihrem Auf- und Untergange am Himmel macht. Und da der Äquator, wie die Ekliptik zu den größten Kreisen gehört, von welchen überall auf der Himmelskugel die Hälfte über und die andre Hälfte unter dem Horizonte liegt, so sieht man leicht, warum die Sonne an dem Tage der Nachtgleiche während eines Umlaufs an der Himmelskugel eben so lange über, als unter dem Horizonte verweilen muß. Steigt nun die Sonne in ihrer Bahn bis in B empor, so hat sie ihren höchsten Stand an der Himmelskugel erreicht, man nennt ihn Solstitialpunkt, (s. Solstitium), und sie kehrt dann auf der andern Seite der Kugel wieder nach E zurück, und kommt zum zweiten Mal auf der entgegengesetzten Seite im Durchschnittspunkte der Ekliptik und des Äquators G an, wo wiederum auf der ganzen Erde Tag und Nacht auf dieselbe Weise gleich gemacht wird. Da man die Ekliptik in 12 Zeichen theilt, wovon das erste der Widder (s. Ekliptik) und das siebente die Wage ist, so fängt man mit dem Durchschnittspunkte des Äquators, mit welchem die Sonne in den Widder (♈) tritt, die Grade des Äquators sowol als auch der Ekliptik zu zählen an, und dieser erste Durchschnittspunkt in G heißt daher der Widderpunkt, und, weil mit ihm in der nördlichen Hälfte der Erdkugel, die wir bewohnen, alsdann der Frühling anhebt, der Frühlingspunkt, im welchem die Sonne in der Ekliptik an 21. März ankommt, welcher denn bei uns der Tag der Frühlingsnachtgleiche (Frühlingsäquinoctium) ist. Und da jedes Zeichen der Ekliptik 30 Grade enthält, mithin GB = 90°, und wiederum BG = 90° = 180° ausmacht, weil jenes 3 und dieses abermal 3 Zeichen begreift, so muß die Sonne im Anfange des 7. Zeichens, nämlich der Wage, wieder im zweiten, oder dem ersten um 180° entgegengesetzten Durchschnittspunkte des Äquators G ankommen. Dieser Punkt heißt der Wagepunkt, und der Herbstpunkt, da mit dem Eintritte der Sonne in denselben uns nördlichen Erdbewohnern der Herbst anfängt; der Tag aber, an welchem dies geschieht, nämlich der 23. Sept., heißt der Tag der Herbstnachtgleiche (Herbstäquinoctium). Weil endlich die Sonne in ihrer scheinbaren Bahn sich ungleich fortbewegt, und sich demnach in den Zeichen ♈ ♉ ♊ ♋ ♌ ♍, oder zwischen dem Frühlings- und Herbstäquinoctium langsamer, in den Zeichen ♎ ♏ ♐ ♑ ♒ ♓, oder zwischen dem Herbst- und Frühlingsäquinoctium aber schneller fortbewegt, so sieht man auch, warum sie in jenem Theile ihrer Bahn länger (186) und in diesem kürzer (179 Tage) zubringen muß.

Bisher war nur von der scheinbaren Bewegung der Sonne die Rede; erwägt man aber die wahre Bewegung der Erde in ihrer Bahn, so ergibt sich leicht das Nämliche. In der Erdbahn ABCD, in deren etwaniger Mitte die Sonne S steht, und welche man mit dem Auge in Fig. Y. in einer Ebene betrachten muß, rückt die Erde von A bis B u. s. w. so fort, daß ihre Axe gegen die Erdbahn um 66½°, also auch ihr Äquator gegen diese um 23½° geneigt ist. Ist die Sonne nach B fortgerückt, so ist sie in dem Punkte, wo die Ebene ihres Äquators ab die Ebene ihrer Bahn ABCD durchschneidet, sie steht mithin gerade über c, und muß bei einmaliger Umdrehung der Erdkugel in B über dem Äquator ab am Himmel hinzukreisen, und den Bewohnern des Äquators im Zenith zu stehen scheinen. Ferner muß die der Sonne zugewandte Halbkugel der Erde adgbef, also von Pol zu Pol (f und g) erleuchtet, und die entgegengesetzte Halbkugel finster seyn, jene Tag, diese Nacht und bei erfolgter Umdrehung der Kugel, umgekehrt, — haben; mithin von Pol zu Pol auf der ganzen Erde Tag und Nacht gleich seyn. Eben das muß in der entgegengesetzten Position der Erde in D Statt finden. Da nun in B die Erde in der Wage, und die Sonne entgegengesetzt im Widder erscheint, in D aber die erstre im Widder, die letztre in der Wage erscheint, so ist die Erde in B im Frühlings- in D aber im Herbstäquinoctium. (S. mit mehrern den Art. Jahrszeiten.)

Wenn übrigens den Bewohnern des Äquators, die den Äquator der Himmelskugel im Zenith, und deren Pole im Horizonte haben, auch alle Kreise der Himmelskugel, die dem Äquator parallel laufen (weshalb sie sphaeram parallelam haben) zur Hälfte über und unter ihrem Horizonte, wie Fig. Za. deutlich macht, liegen müssen, so muß auch die Sonne, welchen von diesen Kreisen sie auch beschreiben möchte, ihn zur Hälfte über und unter dem Horizonte zubringen, folglich ihnen zu jeder Jahrszeit Tag und Nacht gleich machen. — In Fig. Zb hat aber der Nordpol der Erde den Nordpol der Himmelskugel im Zenith, und den Äquator derselben im Horizont, mithin liegen ihm alle dem Äquator parallel laufende und nördlich gelegene Kreise über dem Horizonte, und es müßte mit dem Eintritt der Sonne in den Äquator, also mit dem Frühlingsäquinoctium der beständige, ein halb Jahr dauernde Tag anbrechen, wenn nicht, den Refractionsgesetzen nach, dieser schon wol drei Tage früher eintreten würde. Eben so würde die Sonne zwar im Herbstäquinoctium, wo sie wieder den Äquator erreicht, mithin auch im Horizont der Pole ihren Tagslauf wiederum beschreiben würde, den Horizont des Nordpols verlassen, und über den Horizont des Südpols hinaufrücken müssen, allein jenes geschicht, ebenfalls den Refractionsgesetzen gemäß, 2—3 Tage später, und dieses eben danach um etwa eben so viel früher.

Im Äquator gehn die Himmelskörper, bis auf den kleinen Unterschied, welchen die Refraction macht, genau im Morgen (Osten) auf, und im Abend (oder Westen) unter, d. h. Morgens um 6 Uhr auf, und Abends um 6 Uhr unter; denn der Äquator liegt zur Hälfte über und unter dem Horizonte, folglich muß er auch nach Fig. Zc; den Kreis des Horizonts ABDE in 2 Punkten B und E berühren, welche von dem Nord- und Südpunkte desselben A und D gleich weit entfernt, d. h. der Ost- und Westpunkt des Horizonts sind. Bei der Sonne aber macht auch noch der Umstand, daß sie inzwischen ihre Declination verändert, einigen Unterschied. Erreichte z. B. die Sonne ihr Frühlingsäquinoctium in den Vormittagsstunden, so würde sie etwas früher auf, und noch später als 6 Uhr untergehen; erreichte sie es Mittags, so würde der Auf- und Untergang ziemlich genau um 6 Uhr erfolgen; fiele es in die Abendstunde, so würde der Aufgang später und der Untergang früher als 6 Uhr erfolgen, und bei dem Herbstäquinoctium würde dies umgekehrt seyn. Und in beiden, dem ersten und dritten Falle, würde auch die Sonne nicht genau im Morgen auf und im Abend untergehn, sondern noch eine gewisse Morgen- und Abendweite haben; was bei diesen Artikeln: Morgen- und Abendweite noch genauer erörtert werden muß.

Zur Zeit des Äquinoctiums, und namentlich am Tage desselben würde also die Sonne ziemlich genau in Osten auf, und im Westen untergehn. Um die Äquinoctialpunkte beiläufig am Himmel zu finden, darf man nur ein gewöhnliches Astrolab Mittags 12 Uhr so gegen die Sonne richten, daß die Regel so viele Grade abschneidet, als der Äquator über dem Horizonte des Ortes der Beobachtung erhaben ist, oder so, daß der Faden der Dioptern ziemlich genau die Mitte der Sonne schneide. Geschah dies am Tage des Frühlingsäquinoctiums, so wird man des Nachts um 12 Uhr durch diese Dioptern die Sterne erblicken, die dem Herbstäquinoctialpunkt am nächsten stehn; am Tage des Herbstäquinoctiums wird man auf gleiche Weise den Frühlingsäquinoctialpunkt, und die ihm nahen Sterne sich bezeichnen können. Dem Frühlingsäquinoctialpunkte sind nur kleine Sterne am Bande der Fische in der Nähe, und am nächsten steht ihm ein Stern G, 6· Größe an diesem Bande; aber die Nähe des Herbstnachtgleichepunkts bezeichnet ein Stern η 3. Größe in der Jungfrau, welcher sich sehr kenntlich mache.

Eine höchst merkwürdige Erfahrung und Erscheinung ist indessen die, daß diese Äquinoctial-Punkte nicht denselben Ort unter den Sternen behalten, sondern mit der Ekliptik und allen Breitenkreisen jährlich um 50" 4 von Osten gegen Westen zurückweichen, was man dann das Zurückweichen der Äquinoctialpunkte nennt, und was auch, weil eben dadurch diese Punkte der von Westen nach Osten sich bewegenden Sonne um etwas mehr entgegenkommen, das Vorrücken der Nachtgleiche genannt wird. Diese Erscheinung entdeckte schon Hipparch, etwa 130 Jahre vor Christi Geburt, als er seine Beobachtungen mit den frühern des Timocharis (300 J. v. Chr. G.) verglich; und es folgt aus dieser jährlichen Veränderung, daß nach und nach die Sterne eines Bildes der Ekliptik sich von dem Zeichen desselben, dem sie angehören, entfernen müssen, und daß sie immerfort nicht nur ihre Länge in der Ekliptik, sondern auch ihre gerade Aufsteigung und Abweichung verändern werden. Vor 2000 Jahren befand sich der Frühlingspunkt in dem Sternbilde des Widders, und der Sommer- oder Sonnenwendepunkt in dem Sternbilde des Löwen; jetzt ist jener in dem Sternbilde der Fische, dieser in dem Sternbilde des Krebses befindlich; kurz in 2143 Jahren hat sich die Länge der Fixsterne um 30 Grade oder um ein ganzes Zeichen verändert. Da nun die Ekliptik 12 Zeichen hat, so darf man diese nur mit jener Zahl multipliciren, um zu erfahren, daß 25,716 Jahre dazu gehören, wenn die Fixsterne durch dies Vorrücken der Nachtgleichen ihren scheinbaren Lauf durch die ganze Himmelskugel hin vollendet haben sollen. Man nennt dieses das platonische Jahr, und erklärt sich die Ursache desselben folgendermaßen. Die in die Weltaxe hin sich verlängernde Erdaxe bewegt sich mit ihren Polen nach und nach, und alljährlich weiter um die Pole der Ekliptik, so daß nach einem vollbrachten Umlaufe der Erde um die Sonne die Lage der Axe jener und ihre Richtung gegen die Fixsterne nicht mehr dieselbe ist. Da nun von dieser Richtung der Erdaxe auch die Lage ihres Äquators, und von beiden auch die Lage des Äquators der scheinbaren Himmelskugel abhängig ist, so muß, wenn sich diese verändert, sich auch der Punkt verändern, in welchem er die Ekliptik durchschneidet, mithin wird sich auch außer der Breite, alles hievon wiederum Abhängige, nämlich Länge, gerade Aufsteigung und Abweichung ändern müssen. Hienach wird auch der jetzige Polarstern (α im kleinen Bär) nicht immer derselbe bleiben. Vor 4600 Jahren war α im Drachen der Polarstern; unser jetziger Polarstern wird indessen dem Pole noch immer näher kommen, und im Jahre 2103 sich demselben bis auf 28 Minuten genähert haben. Nachher wird sich dieser Nordpol der Weltaxe von ihm wieder entfernen, und nach 2300 Jahren wird γ im Cepheus der Polarstern seyn. Man darf nur auf einer Sternkarte mit dem Halbmesser von 23½ Grade aus dem Pole der Ekliptik einen Kreis beschreiben, um sich die ihm am nächsten liegenden bedeutendern Sterne bemerklich zu machen, welche dereinst Polarsterne werden heißen können.

Man zieht durch die beiden Äquinoctialpunkte des Widders und der Wage und durch die beiden Pole einen Kreis, welchen man den Colur der Äquinoctien (colurus aequinoctiorum), Äquinoctialcolur, nennt. Er ist auf der kleinen Sternkarte, welche dem 1ten Hefte der zur allgemeinen Encyclopädie gehörenden Kupfer und Kartensammlung beigefügt ist, namentlich angezeigt *). *(Fritsch.)*

Äquinoctial-Regen. So heißen die merkwürdigen, nicht selten von Donnerwettern begleiteten Regen, welche in Südamerika, namentlich in Terra Firma, zwischen dem März- und Septemberäquinoctium eintreten, innerhalb welcher Zeit sich eine so ungeheure Menge Feuchtigkeiten aus den Wolken herabstürzt, daß während jenes Zeitraums fast alle Flüsse austreten, und auf den ungeheuern Ebenen Seen bilden, aus welchen oft nur größere Hügel und die Wipfel der Bäume hervorragen. Mehrentheils fangen sie erst im April oder Mai, bisweilen aber auch früher an, und dauern bis in den October, oder auch November, ja bisweilen bis zum December, wie denn überhaupt die Zeit vom Mai bis zum December der Winter jener Gegenden, welcher bekanntlich in der Nähe des Äquators nur aus einer langen Regenzeit besteht, auszumachen pflegt. In den neuern Zeiten, und namentlich seit 1792 hat man allgemein die Bemerkung gemacht, daß diese ehemals von heftigem Donner begleiteten Regen, jetzt in noch größerer Menge, aber ohne alle Elektricität, Statt finden. Da sie in der Nähe des Septemberäquinoctiums fast ununterbrochen erfolgen, so hat man ihnen wol den Namen Äquinoctialregen ertheilt. (M. s. F. Depons Voyage à la part. orient. de la terre ferme dans l' Amérique meridienue etc. Paris 1806.) *(Fritsch.)*

Äquinoctial-Uhr ist diejenige, deren Tafel der Äquinoctialebne, oder der Äquatorsfläche parallel ist. Die Zeichnung **) ist folgende: man theile den

---

*) Zur Zeit des Äquinoctiums pflegt nicht nur die Witterung einer Veränderung unterworfen zu seyn, sondern auch gewöhnlich dem Steigen und Fallen des Barometers nicht zu entsprechen. Allein beides leidet nicht allein öfters Ausnahmen, sondern ist auch überhaupt dem Grade nach, in welchem es geschieht, so schwankend, daß man um so mehr Verzicht darauf thun muß, hierüber etwas Sicheres zu sagen, da theils die Beobachtungen selbst an verschiedenen Orten nicht mit einander übereinstimmen, theils auch, der Erfahrung gemäß, noch so manche andere unerforschte Ursachen auf das Steigen oder Fallen des Barometers Einfluß haben, so daß auch außer den Zeiten des Äquinoctiums oft die Beschaffenheit der Witterung mit dem Stande der Barometer in Widerspruche steht. Höchst merkwürdig ist es übrigens, daß unter dem Äquator in welchem sich doch die Äquinoctialpunkte befinden, der Barometerstand sich sehr wenig ändert, und nur eine tägliche, regelmäßig wiederkehrende Veränderung erleidet.

**) Die hieher gehörige Zeichnung ist mit den übrigen zur Gnomonik gehörigen auf einer gemeinschaftlichen Tafel bei dem allgemeinen Artikel Gnomonik zu finden.

Rand einer kreisrunden Scheibe, Fig. 2 (Gnom.), in 24 gleiche Theile, und ziehe beliebig die Mittagslinie CA, so wie die andern Radien an die Theilungspunkte. Im Mittelpunkte C lasse man einen Stift senkrecht durch die Tafel gehen. Die Tafel stelle man so, Fig. 3, daß sie mit dem Horizonte AE einen Winkel CAE mache, welcher der Äquatorshöhe des Orts gleich ist, und daß die Linie CA mit der wahren Mittagslinie zusammenfalle; dieß letzte geschieht, wenn man im Augenblicke des wahren Mittags, nach einer genauen die wahre Sonnenzeit zeigenden Uhr, den Schatten des Stifts DC auf CA fallen läßt. A ist Nord, B Süd, F Ost und G West, also liegen die Vormittagsstunden von G nach A. Der Schatten des Stifs zeigt die Stunden auf der obern Seite der Tafel, so lange die Sonne über dem Äquator steht, also von der Frühlingsnachtgleiche bis zur Herbstnachtgleiche, und wenn die Sonne unter dem Äquator ist, auf der untern Seite; daher diese, wie jene einzutheilen ist.

Der Beweis der Richtigkeit der Zeichnung ist folgender. Da die Uhrtafel in der Äquatorsfläche liegt, so ist der darauf senkrechte Zeiger ein Stück der Erdaxe. Da um diese die Sonne ihren scheinbaren Umlauf in 24 gleichen Sonnenstunden vollendet (s. Abenduhr) und der Rand der Uhrtafel ebenfalls 24 gleiche Theile hat: so muß des Zeigers Schatten, welcher der Sonne folgt, wenn er den Mittag richtig angibt, auch jede andre Stunde richtig zeigen, und zwar auf der obern Seite der Tafel, wenn die Sonne über ihr, das ist, über der Äquatorsfläche steht, im entgegengesetzten Falle aber auf der untern Seite.

Anm. Man verfertigt tragbare Äquinoctialuhren, deren Tafel mit dem Zeiger an einem in Grade getheilten Bogen auf und nieder geht, also auf die Äquatorshöhe jedes Orts zu stellen ist, so wie nach den Weltgegenden mittelst einer Boussole.

Statt der Scheibe kann man auch einen metallnen einen Zoll breiten Ring nehmen, die obige Eintheilung auf seiner hohlen Seite machen und den Zeiger in seinem Mittelpunkte befestigen.

Der Stift CD darf nicht kürzer seyn als die Tangente der Schiefe der Ekliptik oder des höchsten Sonnenstandes über dem Äquator ($23\frac{1}{2}°$) für den Radius CA. Damit die Uhrtafel mit der Spitze E des untern Zeigers auf der Horizontebne aufliege, muß dieser Radius CA die Tangente der Polhöhe seyn, wenn man die Länge des Stifts CE zum Radius nimmt. In Fig. 3 ist der Winkel E gleich der Polhöhe. — Der Punkt, durch welchen der Zeiger geht, heißt der Mittelpunkt der Uhr.

Die Äquinoctialuhr, als die einfachste von allen, dient um andere Sonnenuhren leicht zu zeichnen und zu erklären. Zum Verständniß der folgenden Artikel soll es hier an der Horizontaluhr, Mittagsuhr und Mitternachtsuhr so wie an der mechanischen Zeichnung abweichender und geneigter Uhren bewiesen werden.

1. Zeichnung der H. U. Man nehme Fig. 4 (Gnom.) beliebig ZA für die Schattenlinie des Mittags, und ziehe senkrecht darauf FB. Alsdann zeichne man auf die Hypotenuse ZA ein rechtwinkliches Dreieck, dessen Winkel an Z gleich sey der Polhöhe des Orts, und nehme die, diesem Winkel gegenüber liegende Seite zum Radius CA des Kreises, dessen Quadrant AG ist. Diesen theile man in sechs gleiche Theile, ziehe durch jeden Theilungspunkt aus C gerade Linien an FB, und setze an die Berührungspunkte die Nachmittagsstunden von 1 bis 5 Uhr, wenn AF nach Ost geht. Ihre Entfernungen von A trage man von A nach B, so erhält man die Vormittagsstunden. Aus Z ziehe man gerade Linien an jede Stunde. Die mit FB parallele DE ist die Schattenlinie der 6ten Stunde; die rückwärts verlängerte Z7 zeigt 7 Uhr Abends, die verlängerte Z5 zeigt 5 Uhr des Morgens u. s. w.

Der Zeiger ist die verlängerte obere Seite des vorigen Dreiecks auf ZA, welches senkrecht auf ZA gestellt wird. Die Zeichnung wird so gerichtet, daß der Zeiger gegen Nord geneigt ist, und ZA auf die Mittagslinie fällt, welche auf der angewiesenen Ebene durch die bekannte Methode mit concentrischen Kreisen zu ziehen ist.

Beweis. Man denke sich jene richtig gestellte Äquinoctialuhr, wie vorhin, auf einer horizontalen Ebene aufliegend, so wird der Schatten des Zeigers auch auf diese fallen. Zeichnet man also auf diese den Viertelkreis der Äquinoctialuhr mit seiner Eintheilung, so zeigen die Linien von C durch die Theilungspunkte, auf welchen Punkt von FB die Schattenlinie zu jeder Stunde fällt. Die Stundenlinie DE, welche durch den Anfangspunkt Z des Schattens geht, ist mit GC parallel, also auch mit FB, weil die Strahlen CG und EZ als parallel anzunehmen sind. Da die Sonne in derselben Stunde Vormittags und Nachmittags auch in derselben, durch den Zeiger gelegten Ebene steht, so ist auch die Schattenlinie von 7 Uhr Morgens, rückwärts verlängert, die Schattenlinie für 7 Uhr Abends u. s. w.

Anm. Das Zeigerdreieck kann man aus Metall verfertigen, wegen seiner nöthigen Länge s. Analemma. FB heißt die Contingenzlinie, denn sie ist der Durchschnitt der Flächen des Äquators und des Horizonts, und geht also genau von Ost nach West.

Zusatz. Irgend ein Stundenwinkel an C (zwischen einer Schattenlinie und der Mittagslinie) sey x oder n. 15°, der Winkel derselben Stunde an Z sey y: so verhalten sich die Tangenten der beiden Winkel für denselben Radius, da sie eine gemeinschaftliche Tangente haben, wie ZA zu CA. Es ist also $\text{tang}\, y = \frac{CA \,.\, \text{tg.}\, n \,.\, 15°}{ZA}$. Nun aber verhält sich CA : ZA (Fig. 3, CA : AE) wie der Sinus der Polhöhe zum Sinus totus Eins: es ist also $\text{tg.}\, y = \sin P \,.\, \text{tg.}\, n \,.\, 15°$, wenn P die Polhöhe. Hat man hieraus jeden Winkel y bestimmt, so beschreibe man aus Z einen Kreis mit dem beliebigen Radius ZA, welcher in Zahlen auszudrücken ist, nehme den Cosinus jedes Stundenwinkels y auf ZA und ziehe den zugehörigen Sinus: so wird am Umkreise für jede Zeit der Punkt bestimmt, auf welchen die Stundenlinie fällt. Dieses Verfahren ist für große Uhren durchaus nothwendig.

2. Zeichnung der Mittagsuhr. Man trage die Zeichnung der Horizontaluhr an die Mittagsseite einer auf dem Horizonte senkrechten, von Ost nach West laufenden Ebene, so daß ZA auf dem Horizonte senkrecht sey. — Der Zeiger ist die obere Seite eines über ZA

senkrechten Dreiecks, dessen Winkel an Z die Äquatorshöhe des Drecs ist.

Beweis. Man denke sich an dieser Ebene (einer Mauer oder Wand) eine Horizontaluhr mit der Contingenzlinie FB so anliegend, daß ihr Zeiger im Punkte Z an die Ebene stößt, also Fig. 4. senkrecht, und die horizontale Uhrtafel durch FB. Es ist alsdann klar, daß die Schattenlinien an der Wand von Z aus durch alle Stunden auf FB gehen müssen, und da das Zeigerdreieck bei A rechtwinklicht ist, so muß der Zeiger mit der Wand den Winkel der Äquatorshöhe machen, weil er durch die horizontale Uhrtafel unter dem Winkel der Polhöhe geht. — Die Mittagsuhr zeigt die Stunden von 6 Uhr Morgens bis 6 Uhr Abends.

3. Zeichnet man sie auf die Mitternachtsseite der Wand, so hat man eine Mitternachtsuhr. Der Zeiger ist nun unter demselben Winkel; aber nach Oben gerichtet (denn er muß in der Erdaxe liegen), und die Morgenstunden liegen rechter Hand. Diese Uhr zeigt die Stunden vor 6 Uhr Morgens und nach 6 Uhr Abends; sie ist die Ergänzung der vorigen für alle Stunden des Tages.

4. Mechanische Zeichnung anderer Sonnenuhren. Mittelst der Äquinoctialuhr läßt sich auf jede Ebene, deren Abweichung und Neigung bekannt ist (s. Declinatorium) eine Sonnenuhr zeichnen. Man lege auf der Horizontfläche, in welche der Stift einer freistehenden Ä. U. geht, an ihre Zeigerspitze eine kleinere Ebene, und gebe ihr dieselbe Abweichung und Neigung, welche jene Ebene hat, an welche die Uhr gezeichnet werden soll. Bewegt man nachher ein Licht um den Zeiger der Ä. U., so kann man auf der so gestellten Tafel die Schattenlinie jeder Stunde bemerken. Auch sind der Mittelpunkt und die Lage des Zeigers gegeben.

Anm. Die bisher Nr. 1, 2, 3, erklärten Uhren, mit der Abend- und Morgenuhr (s. Himmelsgegend, wohin beide versetzt worden sind) kann man auf fünf Seiten eines Würfels zeichnen. Es werden auch tragbare Horizontal- und Mittagsuhren verfertigt, die man mittelst einer daran angebrachten Boussole stellt. (*Raupach.*)

ÄQUINOCTIUM, eine kleine römische Festung im untern Pannonien, an der Donau, gerade halben Wegs zwischen Vindobona und Carnuntum (dessen Lage von Petronell bis gegen Deutsch-Altenburg zu setzen ist) von jeder Stadt 14 Mill. entfernt. (Peuting. Tafel u. Notit. Imper.). Lag bei dem Städtchen Fischament, und zwar wahrscheinlich auf der Westseite des kleinen Flusses Fischa, der daselbst in die Donau fällt. Eine Stunde östlich von Fischament finden sich noch jetzt deutliche Spuren von einer römischen Schanze, die gegen die Quaden gedient haben mag, denn die Kriege der Römer gegen die Quaden erfoderten häufige Befestigungen, die man auch längs der Donau an mehreren Orten sieht. (*Rumy.*)

ÄQUIPOLLENT, (gleichgeltend), heißen bei den Logikern gemeiniglich Sätze, die einerlei, nur in verschiedenen Worten, aussagen, und von denen dieses ohne weitern Beweis klar ist. Z. B. „das Ganze ist größer als der Theil, und der Theil ist kleiner als das Ganze" sind in jenem Sinne gleichgeltende Urtheile. Diese Äquipollenz ist entweder grammatisch, wenn sie in einzelnen gleichbedeutenden Wörtern liegt; oder logisch im engern Sinne, wenn sie auf dem Zusammenhange der Sätze, der jedem gleich klar ist, beruhet. Ein Beispiel der letzten Art gibt das obige Exempel; „das Ganze ist größer" u. s. w. „der Theil ist kleiner u. s. w.;" ein Beispiel der grammatischen Äquipollenz wäre: „der Ring ist golden" und „der Ring ist von Gold." Von zwei logisch äquipollenten Sätzen sagt genau genommen jeder unmittelbar etwas anderes aus, als der andere; allein seine Aussage schließt die Aussage des andern offenbar ein, oder jeder dieser Sätze folgt aus dem andern. Darum kann man 1) von der Wahrheit des einen auf die Wahrheit des andern schließen, weil dieser andere seine Folge ist; und 2) von der Falschheit des einen auf die Falschheit des andern, da aus dem andern Satze auch der erste folgt. Diese Schlüsse nennen die Logiker Schlüsse von gleichgeltenden Sätzen (ad aequipollentem) und zählen sie oft zu den sogenannten unmittelbaren Folgen oder richtiger unmittelbaren Schlüssen. Krug nennt sie (Denklehre oder Logik §. 95.) sehr passend Gleichheitsschlüsse. Denn die Äquipollenz, in dem bisher erklärten Sinn, ist als eine logische Gleichheit zweier Sätze zu betrachten, vermöge deren jeder Satz dem andern in jeder Hinsicht logisch substituirt werden kann.

Diese letzte Behauptung, daß äquipollente Sätze einander substituirt werden können, gilt indeß nicht so uneingeschränkt, wenn man, wie es von einigen neuern Logikern z. B. Hoffbauer (Analytik der Urtheile und Schlüsse. Halle 1792 und Anfangsgründe der Logik 1794 zweite Aufl. 1810.) und Maaß (Grundriß der Logik. Halle 1793 3te Aufl. 1806.) geschehen ist, den Begriff der Äquipollenz allgemeiner faßt, und Sätze äquipollent nennt, wenn sie gegenseitig auseinander folgen, gesetzt auch daß die gegenseitige Abfolge derselben aus einander nicht unmittelbar für sich klar wäre. Denn in diesem weitern Sinne sind auch Sätze wie: „der Triangel x ist rechtwinklicht" und „der Triangel x hat eine Seite, deren Quadrat den Quadraten seiner beiden andern Seiten zusammen genommen gleich ist" äquipollent. Die Äquipollenz dieser Sätze würde aber nicht jedem klar seyn, der den Sinn derselben völlig gefaßt hätte. Denn um die Äquipollenz jener Sätze zu erkennen, müßte ihm das Theorem des Pythagoras und dessen Umkehrbarkeit aus der Geometrie bekannt seyn.

Gleichgeltende Sätze, deren Äquipollenz nicht unmittelbar von selbst erhellet, können zwar, wie man es ausdrücken kann, objectiv, aber nicht subjectiv einander substituirt werden. D. h. wenn der eine wahr ist, so ist auch der andere wahr; wenn der eine falsch ist, ist es auch der andere; was aus dem einen folgt, folgt auch aus dem andern; wo der eine folgt, da folgt auch der andere: mit Einem Worte jeder von zwei äquipollenten Sätzen in dem angegebenen weitern Sinne kann zwar in Ansehung aller logischen Verhältnisse dem andern substituirt werden; aber nur derjenige wird das erkennen, dem die Äquipollenz solcher Sätze, wenn sie nicht von selbst einleuchtet, anderweitig bekannt ist. Das Beispiel von dem Theorem des Pythagoras und seiner Umkehrbarkeit erläutert dieses.

Hier entsteht nun die Frage: wie kann die Äquipollenz zweier Sätze, wenn sie nicht unmittelbar für sich klar ist, erkannt werden? —

1) Daraus, daß man, wenn man den einen dieser Sätze als wahr voraussetzt, mit Hinzuziehung anderer, ausgemacht wahrer Sätze, den andern richtig erschließt.

2) Erkennt man die Äquipollenz zweier Sätze aus ihrer Äquipollenz mit einem dritten.

Die Lehre von der Äquipollenz der Sätze so zu verallgemeinern, ist nützlich, weil dadurch erst der Begriff der Methode ins Licht gesetzt (s. Methode), und dann auch in die Lehre von derselben mehr Ordnung gebracht werden kann, die ihr, wie sich ans dem Verfolge dieses Artikels bald ergeben wird, noch sehr fehlt. Man theilt nämlich die Äquipollenz der Sätze in materiale und formale. Formal heißt sie, wenn sie schon aus der Form der Sätze erkannt werden kann, ohne ihre Materie weiter in Betrachtung zu ziehen. „Z. B. Einige Menschen sind nicht tugendhaft, und Nicht alle Menschen sind tugendhaft." Wer auch keinen Begriff von dem Menschen und den tugendhaften hätte, kann wissen, daß jene beiden Behauptungen gleichgeltend sind, wenn er nur weiß, daß die Ausdrücke „Mensch" und „tugendhaft" in beiden einerlei Bedeutung haben. Daher lassen sich jene Äquipollenzen durch allgemeine Formeln ausdrücken. Z. B. die angeführte durch: „Etliche A sind nicht B ist gleichgeltend mit: Nicht alle A sind B." Hieraus erhellet schon, daß nicht alle formale Äquipollenzen für sich klar sind, sondern, daß sie zum Theil bewiesen werden müssen, wie dieses auch von den Logikern, welche sich auf sie eingelassen haben, z. B. Reusch (Syst. log. ed. II. §. 493.) wenigstens zum Theil geschehen ist. Die materialen, oder diejenigen Äquipollenzen, die nur mittelst der Materie der Sätze, zwischen welchen sie Statt finden, erkannt werden können, sind noch weniger allgemein für sich klar. Die bei den Logikern in der Lehre von der Äquipollenz der Urtheile herrschende Verwirrung hat wenigstens Reimarus (Vernunftlehre §. 159 im Anfang) angedeutet. Das in den Schriften der ältern Logiker über die Äquipollenz wie Hergebrachte, findet man ziemlich vollständig, unter andern bei Rensch (a. a. O. §. §. 492—93). Hier mögen nur noch einige für die Logik wichtigern Bemerkungen stehen.

1) Die Äquipollenz der Sätze ist in so fern ein Gegenstand der Logik, als zwischen den Sätzen ein logisches Verhältniß ist.

2) Ist die Äquipollenz zweier Urtheile gegeben; so hat die Logik nur die Schlüsse, die auf ihr beruhen, zu bestimmen.

3) Hat die Logik die Erkentnißgründe einer nicht für sich evidenten materialen Äquipollenz zu bestimmen. Dieses gilt sowol in Ansehung der materialen als der formalen Äquipollenz.

4) Die eigenthümlichen Erkentnißgründe einer materialen Äquipollenz von Sätzen gehen die Logik nichts an; so wenig als es ihr Geschäft ist, sie, wie es von Reimarus (a. a. O.) versucht ist, aufzuzählen.

5) Die formalen Äquipollenzen hingegen hat eine vollständigere Logik nicht allein bei den kategorischen Urtheilen, wie es zum Theil geschehen ist, sondern auch bei den übrigen z. B. den Bedingungsurtheilen anzugeben.

An ausführlichsten ist die Lehre von der Äquipollenz der Sätze vielleicht in den Schriften der neuern Logiker behandelt von Hoffbauer (Versuch über die sicherste und leichteste Anwendung der Analysis in den philosophischen Wissenschaften. S. 113 u. f.) (*Hoffbauer.*)

Äquitas, s. Justitia.

ÄQUOREA, (Zool.) nach Cuvier [1]) die Medusen mit einfachem, nicht verlängerten und nicht mit Armen besetzten Munde; nach Péron [2]) sind es besonders die Medusen mit nicht verlängertem und armlosen Munde, deren Schirm ringsum mit Tentakeln besetzt ist. (*Meckel.*)

ÄQUUM, nach einer Inschrift bei Gruter [1]) und Ptol. II, 17 eine römische Kolonie im Innern von Dalmatien, 44, 40:43, 20, nach dem Itin. Ant. 21 Mill., nach der Tab. Peut. unrichtig oder verschrieben 16 Mill. von Salona. Die nicht unbedeutenden Ruinen des Orts faud Fortis [2]) am Ostufer des Cettina, 1 geogr. M. östlich von Siga, und 4 M. von Salona beim Dörfchen Han. (*Ricklefs.*)

ÄRA heißt in der Chronologie der Anfangspunkt einer Zeitrechnung, wozu man gewöhnlich eine besonders merkwürdige Begebenheit wählt, die für ein einzelnes Volk oder auch für mehrere zu einem festen Punkt in der Geschichte dient. Man pflegt alsdann nicht nur denjenigen Zeitpunkt, von welchem man eine Jahreszahl zu rechnen anfängt, sondern auch die Folge der Jahre von diesem Zeitpunkt an mit dem Namen Ära zu bezeichnen. Woher aber diese Bezeichnung entstanden sey, ist den meisten Gelehrten so räthselhaft geblieben, daß Genesius Sepulveda es wagen durfte, sie aus einer falschen Verbindung der in *A. er. A.* abgekürzten Formel Annus erat Augusti abzuleiten, indem er mit Anführung der Worte: „Acta fuerunt Cordubae pridie Cal. Majas A. er. A. centesimus quinquagesimus" behauptete, daß die Spanier, deren noch im Mittelalter übliche Äre sich von dem Zeitpunkte datirte, da Augustus im J. R. 716 den Julianischen Kalender bei ihnen einführte, diesen Ausdruck zuerst gebraucht hätte. So gegründet nun auch diese Behauptung seyn mag, so grundlos scheint die angebliche Entstehung des Wortes, und nicht viel besser, als wenn H. Stephanus das Wort Almanach aus der gewöhnlichen Formel der Geschichtschreiber herleitete: „Als man nach der Geburt Christi zählte." Eher hätte ja er das Wort aus dem baskischen *Era* (Zeit), wie man auch wohl schreibt, herleiten mögen; allein das Wort ist echtlateinisch, und kömmt in der Form, in welcher wir es noch gebrauchen, schon bei den römischen Schriftstellern vor, wenn diese gleich nicht zu den classischen gehören. Es ist eines derjenigen Wörter, welche man, wie das Wort *Opera*, aus dem Plural eines Neutrums der dritten Declination gebildet hat, und wird auch eben so, wie das Wort Oper, in der Tonkunst gebraucht, wenn anders Salmasius Recht hat, das französische *Air* und italienische *Aria* aus dem Worte *Aera* abzuleiten, welches anfangs den Takt (numeri) und die gegebene Melodie, und endlich ein besonderes Lied in einer gewissen

1) Regne animal. T. 4. p. 55. 2) S. Ann. du muséum T. XV.

1) Thes. p. 382, nr. 4. 2) Reise Br. 3.

Sangweise bezeichnet. Der Grammatiker Nonius Marcellus führt das Wort schon an, indem er in 42. §. des 2ten Kapitels bemerkt: „*Aera* muneri nota. Lucil. lib. XXIX. Haec est ratio? perversa *aera*, summa et subducta improbe," und dann im 18. §. des 3ten Kapitels *de indiscretis generibus* es als etwas besonderes anführt, daß Cicero dasselbe Wort als ein Neutrum Plurale gebraucht: „*Aera* neutri, Marc. Tull. Hortensio: Quid tu, inquam, soles, cum rationem a dispensatore accipis, si *aera* singula probasti, summam, quae ex his confecta sit, non probare?" Mnn sieht, daß hier das Wort die einzelnen Posten oder die gegebenen Zahlen einer Rechnung bezeichnet, im Gegensatze von der Summe des Ganzen, und daß es in dieser Bedeutung von *Aes* herstammt, welches in seiner Urbedeutung nicht ein natürliches Erz andeutete, sondern, mit dem Worte *As* verwandt (vergl. Ἄς und Αἶς unter A als Grundlaut), die Benennung für jede Einheit war, mochte man sie als einzelnen Posten einer größern Summe, oder als eine Mischung mehrerer Metalle zur Bronze, oder als Einheit des üblichen Geldgewichts betrachten *). Ob es nothwendig sey, das Wort *Aera* schon bei Lucil als einen Singular anzunehmen, lasse ich dahin gestellt seyn: genug, daß Nonius eine nicht geringe Zahl von Wörtern aufzählt, welche die ältern Schriftsteller Roms nach der ersten Declination flectirten, ungeachtet sie bei andern Classikern wie Neutra behandelt werden, und daß gerade das Wort *Aera* bei den spätern Schriftstellern um so mehr nach der Declination umgebogen werden konnte, da es nach den mehrfachen Bemerkungen der Grammatiker Charisius, Diomedes und Priscianus in der Flexion des Genitivs oder Dativs nur bei den ältesten Schriftstellern im Gebrauche war. S. Putsch p. 21. 72. 97. 315. 744. Als wirklichen Singular hat Saumaise zum Solin. p. 686 das Wort aus den Schriftstellern über die Feldmessung Vitruvius, Rufus und Epaphroditus angeführt, bei welchen es die gegebene Zahl bezeichnet, von welcher die Rechnung ausgeht, z. B. um die Trigonalzahl von 3 = 1 + 2 + 3 zu finden, muß man zum Quadrat von 3 die Aera = 3 hinzufügen, und die Summe halbiren. In einem Bruchstücke des Frontinus ist sogar daraus ein besonderes Meldewort *adaerare* gebildet, welches so viel heißt, als die Aera oder gegebene Zahl zum gewonnenen Produkt addiren. Es kann aber um so weniger bezweifelt werden, ob das Wort *Aera* aus Verwandlung des Plurals von Aes in einen Singular der ersten Declination entstanden sey, da Rufus Festus in Breviar. in princ. es gerade so gebraucht, wie Cicero den Plural: „Morem sequutus calculorum, qui ingentes summas *aeris* brevioribus exprimunt, res gestas signabo, non eloquar." Wer hat nicht auch in unserer Sprache von einer Trümmer (rudern) sprechen hören, da dieses Wort doch eigentlich ein Plural von Trumm (rudus) ist? und welches Volk hat nicht die *Biblia sacra* zu einer Bibel umgeschaffen? Auch Isidor, der erste Schriftsteller, welcher, so viel wir wissen, das Wort *Aera* auch in der Chronologie für das griechische Ἐποχή gebraucht hat, leitet dieses von *Aes*, wenn gleich aus einem andern Grund, ab, wenn er Origg. V, sagt: „*AEra* singulorum annorum constituta est a Caesare Augusto, quando primum censum exegit ac romanum orbem descripsit. Dicta autem *Aera* ex eo, quod omnis orbis aes reddere professus est reipublicae." Isidor spricht hier als Spanier von der *Aera hispanica*, welche wirklich die älteste zu seyn scheint, bei der man jenes Wort gebrauchte; auch scheint er nicht zu irren, wenn er das Jahr, da August den julianischen Kalender in Spanien einführte, als das erste Schatzungsjahr betrachtet, obgleich daraus nicht folgt, daß das Wort *Aera* als Schatzung den Namen zu einer Art von Indiction hergegeben habe. Man setzt den Anfang dieser spanischen *Aera*, welche bis zum J. C. 1351 beibehalten, ja im Königreiche Valencia erst im J. 1358, in Castilien 1383, und in Portugal sogar erst 1415 abgeschaft wurde, gewöhnlich in das Jahr 38 v. C. G. oder 716 n. R. E., obwol Gesner in seinem Thesaurus behauptet, daß sie erst im J. 28 v. C. G. ihren Anfang genommen habe. Man hat das Wort nachher auch auf alle frühere Epochen der Zeitrechnung übertragen, so daß man nicht nur von einer Ära Nabonassar's spricht, sondern die jüdische Ära sogar bis auf die Schöpfung der Welt zurück geht. Diese Ären sind von dreierlei Art, bürgerlich, geschichtlich oder astronomisch. Die bürgerlichen Ären sind durch Religionsstifter, Gesetzgeber oder auch durch Herkommen eingeführt, zum Gebrauch bei Verträgen, Urkunden und Geschäften des bürgerlichen Lebens. Die geschichtlichen und astronomischen Ären wurden aber von Geschichtschreibern und Astronomen willkürlich gewählt, um danach die Folge der beschriebenen Begebenheiten und Beobachtungen zu ordnen. Die letztern Arten von Ären können bei verschiedenen Schriftstellern verschieden seyn, während jene sich nur nach Religion, Staaten und Völkern unterscheiden. Da die Willkür Einzelner kein Gesetz hat, so können uns hier nur diejenigen Ären kümmern, welche der Gebrauch ganzer Völker, Staaten und Religionen geheiligt hat, oder die für eine ganze Classe von Gelehrten von Wichtigkeit sind. Unter allen sind die Ären der verschiedenen Religionen von der größten Wichtigkeit: ich mache daher mit der Aufzählung dieser den Anfang.

Die Juden zählten zuerst, wie alle andre Völker, nach Generationen oder Menschenaltern, so wie im Evangelium Matthäi 1, 17 von Abraham bis auf David, dann von David bis auf die babylonische Gefangenschaft, und wieder von der babylonischen Gefangenschaft bis auf Christus je vierzehn Zeugungen gerechnet werden. Man sieht, daß darin die heilige Zahl Sieben vorwaltet (cf. Gell. N. A. III, 10), wonach auch das erste Buch Mosis 4, 17 ff. sieben Geschlechter der Kananiten; aber im 5ten Kapitel und 11, 10 ff. mit einiger Abänderung derselben Geschlechter von Adam bis Henoch, dann von Henoch bis Eber, und wieder von Eber bis Abraham je sieben Geschlechter zählt.

*) Sollte nicht auch auf diese Weise das lateinische *litera* als Strich oder Schriftzug von *litus* als Landstrich am Meere gebildet seyn (denn daß der Genitiv auf oris nicht hindert, zeigt temperare von tempus), und eben so *ora* als Rand oder Saum von *os* als Mund oder Mündung abgeleitet werden müssen? da ora in Plural häufig und *osculum* fast immer die Lippen als Saum des Mundes bezeichnen."

Wie verschieden man die *Aera Mundi* und die *Aera Patriarcharum* oder die Pilgrimsära vom Auszug Abrahams aus Haran, welche man gewöhnlich ins J. der Welt 2023 setzt, selbst bei den Juden berechnet hat, sieht man daraus, daß die Sündflut nach der Vulgata und dem arabischen Text ins J. 1656, nach den 70 aber ins J. 2262 fällt, und wieder nach der Sündflut bis zum 70sten Jahr des Tharan oder Abrahams Gebürt die LXX. 1172 Jahr, wofür die Vulgata nur 292 angibt. Von Abraham bis zum Ausgang der Kinder Israels aus Ägypten rechnet die Bibel 430 Jahre, von da bis zum salomonischen Tempelbau 480 J. Doch uns kümmern mehr die bürgerlichen Ären der spätern Zeit, deren Epochen man genauer zu bestimmen weiß. Eine derselben ist die Ära der babylonischen Gefangenschaft unter Nebukadnezar ums J. 588 v. C. G. und eine andere die Ära der Chasmonäer, welche den 16. Mai des 3808 J. der Welt mit dem Zeitpunkte beginnt, da Simon Jerusalem von fremder Herrschaft befreite. Diese dauerte jedoch wie die neueste aller Ären, die Jahresrechnung der französischen Repnblik, nur kurze Zeit, und man kehrte bald zu der Ära der Verträge zurück, welche den Juden die syrisch-makedonische Herrschaft der Seleukiden aufdrang, und welche man daher auch Ära der Seleukiden oder der Griechen nennt. Diese beginnt mit dem Einzug des Seleukos in Babylon nach Nikanors Niederlage, mit der Herbstgleiche 312 v. C. G., und wird eben deshalb Ära der Verträge genannt, weil sich die Juden ihrer unter der syrischen Herrschaft in den Verträgen und allen bürgerlichen und gerichtlichen Handlungen bedienen mußten. Sie war bei Heiden, Juden und Christen und Muhammedanern des Morgenlandes gleich üblich, und die Juden hatten sich so sehr an sie gewöhnt, daß sie dieselbe noch über tausend J. n. C. G. behielten, und selbst jetzt noch nicht ganz abgeschaft haben. Die beiden Bücher der Makkabäer nennen sie die Ära des griechischen Königreichs, und gebrauchen sie zur genauen Zeitbezeichnung; doch mit dem Unterschiede, daß sie das erste Buch im Frühlinge, und das andere im Herbste desselben Jahres anfangen läßt. Die letztere ist es, welcher die Juden noch jetzt folgen, und welche auch die Syree und Araber gebrauchten, bei welchen sie *Tarik Dhylrarnaim* oder die Ära des Zweihörnigen, auch wohl *Tarik Rumi* oder die Zeitrechnung des Kaiserthums von Rum, heißt, von welcher noch der Enkel des berühmten Tamerlans und Fürst von Samarkand, Ulug Beg, um das Jahr 1430 in seinem persisch geschriebenen astronomisch-chronologischen Werke redet. (S. Epochae celebriores, Astronomicis, Historicis, Chronologis Chataiorum, Syro-Graecorum, Arabum, Persarum, Chorasmiorum, usitatae et traditione Ulug Beigi cet. publicavit et illustravit I. Gravius. Lond. 1650. c. II. p. 18.) Die chaldäische Ära weicht davon wieder um 6 Monat ab, weil sie erst mit dem folgenden Frühjahr, 12 J. nach Alexanders Tode beginnt, wiewol man die chaldäische Ära, deren Ptolemäus erwähnt, mit dem 26. Sept. 310 v. C. G. anfängt. Als die Juden im Mittelalter aus dem Morgenland in die Abendländer vertrieben wurden, nahmen sie von den christlichen Chronologen die Rechnung nach Jahren der Welt an, rechneten jedoch, wie Scaliger glaubte, 189 J. zu wenig, indem sie das erste Jahr der Schöpfung ins 953ste Jahr der julianischen Periode, um die Herbstgleiche, ansetzten. — Hier ist auch der schicklichste Ort von der Ära Nabonassars zu reden, deren, außer Ptolemäus, Censorinus, Theon und Syncellus in Beziehung auf astronomische und chronologische Gegenstände erwähnen. In dem Werke des Ptolemäus nämlich, welches man im Mittelalter nach arabischer Weise Almagest betitelte, das aber im griechischen Originale *μεγάλης συντάξεως βιβλ. ιγ´.* überschrieben ist, befindet sich eine Regententafel in fünf Abschnitten, deren erster die Namen von 18 babylonischen Königen nebst der Summe ihrer Regirungsjahre enthält. Dieser Jahre sind von Nabonassar bis auf Nabonidns 209, und man hat aus der Angabe dreier Mondfinsternisse und andern astronomischen Beobachtungen berechnet, daß der Regirungsantritt Nabonassars in das J. 747 v. C. G. oder auf den 26. Febr. des 3967sten J. der julianischen Periode fällt. Weil nun der zweite Abschnitt der Regententafel im Almagest die Namen der persischen Könige von Kyros bis Darius Kodomannos enthält, worauf der dritte Alexandern mit seinen beiden nächsten Nachfolgern, der vierte die griechischen Könige Ägyptens von Ptolemäos Lagi bis auf Kleopatra, und der fünfte die römischen Kaiser von Augustus an aufzählt; so ist dadurch das Jahr der Stiftung des persischen Reiches durch Kyros um das J. 536, wie seines Unterganges durch Alexander um 331 v. C. G. gegeben, und hiedurch ist zugleich Jerusalems Eroberung durch Nebukadnezar um 588, wie Ägyptens Unterjochung durch die Perser um 526 v. C. G., so wie vieles Andere in der Geschichte, genau zu bestimmen möglich geworden. Hieraus erhellet nun die Wichtigkeit der Nabonassarischen Ärn, ob sie gleich nie als bürgerliche Zeitrechnung gebraucht zu seyn scheint, sondern vielleicht nur, wie die julianische Ära vom J. 46 v. C. G., eine Kalenderverbesserung bei den Babyloniern bezeichnet. — An sie reihen sich am besten die verschiedenen Ären, welche die Ägyptier hatten: deren sind, so weit sie sich zuverlässig bestimmen lassen, drei: 1) die philippische, auch die Ära Alexanders oder die Ära von Edessa genannt, beginnt mit dem Sterbejahre Alexanders von Makedonien, oder mit dem Antrittsjahre der Regirung seines Nachfolgers Philippos Arrhidäos, den 12. November 324 v. C. G. 2) Die aktische Ära nach der Schlacht bei Aktium benannt, beginnt mit der Eroberung Ägyptens durch August, mit dem resten des Monats Thoth, den 29. August 30 v. C. G. 3) Die diocletianische Ära, welche auch die Abyssinier angenommen haben, und von den Christen wegen der großen Christenverfolgung unter Diocletian die Märtyrer-Ära genannt worden ist, beginnt mit dem ersten Regirungsjahre dieses Keisers, den 29. August 284 (bei den heutigen Kopten 276) n. C. G. — Dieser diocletianischen Aea bedienten sich auch die Römer, welche früher keine andere bürgerliche Zeitrechnung als die Consular-Ära oder die Folge der beiden jedes Jahr regirenden Consuln, seit 509 v. C. G. hatten. So wie in den griechischen Staaten vor Alexander keine gemeinschaftliche bürgerliche Zeitrechnuug eingeführt war, sondrrn in jedem

Staate das Jahr blos mit dem Namen dessen bezeichnet wurde, welcher greade das höchste Staatsamt bekleidete, bei den Athenern des **Archon Eponymos**, bei den Spartanern des ersten der fünf **Ephoren**: so gebrauchten auch die Römer, weder in ihren Gesetzen, noch in ihren Verträgen mit andern Völkern, noch auf öffentlichen Denkmälern, das Jahr einer Verhandlung zu bezeichnen, als die Angabe der beiden jährlichen Consuln, deren Folge man in besondern Fastis oder Kalendern verzeichnete. Bei den Begebenheiten der frühern Zeit gab man nur, wie auch die Griechen und andere Völker, den Namen des regirenden Königs an, dessen Regirungszeit man zum Theil sehr ungeschickt und schwankend nach Menschenaltern bestimmte. Die Consular-Ära wurde selbst noch unter den Kaisern beibehalten, indem Tacitus die Jahre nicht anders als mit den Namen der beiden Consuln bezeichnet: erst, als das Consulat durch eine Verordnung des Kaisers Leo des Philosophen, welcher von 133 — 158 n. C. G. regirte, förmlich abgeschaft wurde, hörte die Jahrrechnung nach den Consuln von selbst auf. Die Jahrrechnung **nach Erbauung der Stadt** ist nur geschichtlich, und nie eine bürgerliche Zeitrechnung bei den Römern gewesen; auch war man über das Alter der Stadt selbst nicht einig, indem Cato die Erbauung Roms in das erste Jahr der 7ten, Varro in das vierte J. der 6. Olympiade setzte. Die Olympiaden der Griechen von je 4 Jahren beginnen aber mit dem 23. Jul. 777 v. C. G., man setzt daher gewöhnlich die Erbauung Roms auf den 21. April 754 v. C. G. Die Olympiadenrechnung selbst soll erst, nach den Zeiten Alexanders, Timäus aus Sicilien in seinen Schriften eingeführt haben; sie hat jedoch ebenfalls nur historischen Werth, weil sie nie als öffentliche, bürgerliche Zeitrechnung angenommen ist. Noch weniger Werth hat die **kekropische Ära** der parischen Marmorchronik 1582 v. C. G., obgleich die Chronologen, ehe man noch die Echtheit dieser Chronik bezweifelte, in ihr den sichersten Leitfaden der griechischen Zeitrechnung gefunden zu haben glaubten. Die Theologen des griechischen Kaiserthums nahmen es im J. 681 n. C. G. auf der sechsten allgemeinen Kirchenversammlung als eine erwiesene Thatsache nn, daß die Welt am 1. Sept. 5508 Jahre, 3 Monate und 25 Tage vor Christi Geburt erschaffen sey, und führten diese Jahrrechnung **nach Erschaffung der Welt** in den Religionsangelegenheiten aller morgenländischen Kirchen ein. Sie wurde endlich auch von den Kaisern zu Constantinopel, nach Abschaffung der römischen Consular-Ära in den Urkunden gebraucht, und in das bürgerliche Leben eingeführt, weshalb sie von den Chronologen auch *Aera Constantinopolitana* oder *Annus Graecorum civilis* genannt worden ist. Von Constantinopel aus wurde sie mit dem Christenthum auch unter den **Russen** eingeführt, bei welchen sie bis auf Peter I. im Gebrauche blieb, der sie im J. 1700 abschaffte, und die im christlichen Europa allgemein üblich gewordene **Jahrrechnung nach Christi Geburt** einführte. Die Griechen aber haben diese **christliche Ära** niemals angenommen, weil sie in der lateinischen oder abendländischen Kirche erfunden und eingeführt war. Weil es nämlich der Abt Dionysius der Kleine im J. C. 527 unschicklich faud, die Jahre nach der Regirung eines Christenverfolgers, wie Diocletian war, zu zählen; so erfand er die noch übliche **Dionysische Ära**, in welcher er die Geburt Christi auf den 25. Dec. des 753sten J. n. R. E. bestimmte, so daß nach unserer heutigen Sitte das erste Jahr der christlichen Ära mit dem ersten Januar des J. 754 begann. Diese Äea, deren Berechnung nach acht verschiedenen Meinungen zwischen den Jahren 748 und 755 n. R. E. schwankt, wirklich aber 4 Jahre zu wenig zählt, kam jedoch erst durch die Empfehlung des Beda Venerabilis im achten Jahrh. in größere Aufnahme, und wurde seit Karl dem Großen im neunten Jahrh. allgemein üblich. Früher bediente man sich des **Indictionscykels**, welcher vom 25. Sept. 312 n. C. G. angerechnet, 15 Jahre umfaßte, und zum Behuf einer Vermögenssteuer seit Diocletian oder Constantin I. eingeführt war. Die **Päpste** nahmen, man weis nicht, aus welchem Grunde? an, daß die Indictionen oder Steuerverordnungen schon drei Jahre v. C. G., 1. Jan. ihren Anfang genommen hätten, und zählten sie also von da an zu je 15 Jahren. Als Karl der Große sich im J. 800 zum römischen Kaiser krönen ließ, nahm er diese Datirungsart in seinen Urkunden auf, und die **teutschen Kaiser** behielten sie bei, so daß noch in einer Verordnung Kaiser Maximilians I. den Notarien vorgeschrieben wird, sich ihrer in den Urkunden zu bedienen, obgleich jene Vermögensteuer, worauf sie sich gründete, schon seit dem Untergange des abendländischen Kaiserthums aufgehört hatte, und ganz in Vergessenheit gerathen war. Die **Kirchenväter** haben von allerlei Ären Gebrauch gemacht: unter diesen ist auch die **antiochische Ära**, welche mit der Freiheit der Stadt Antiochien oder dem ersten Jahre der Dictatur des Julius Cäsar, 48 — 49 J. v. C. G. im Herbste begann, 3 Jahre vor der Einführung des **julianischen Kalenders** und 11 Jahre vor der oben erwähnten **spanischen Ära**. Die **julianische Periode** ist erst nach der Wiederherstellung der Wissenschaften im 15 und 16. Jahrh. von den Chronologen zum geschichtlichen und astronomischen Gebrauch eingeführt: um nämlich eine einförmige, allgemein anwendbare Jahrrechnung zu haben, worauf sich die verschiedenen Jahrrechnungen der verschiedenen Völker des Alterthums zurück führen ließen, erfand sie Joseph Just Scaliger, welcher 1558 starb, und also die Verbesserung des Kalenders durch den Papst Gregorius nicht erlebt hatte. Er nahm aus astronomischen Gründen eine Periode von 7980 Julianischen Jahren an, und bei der Annahme, daß die Welt 3949 J. v. C. G. erschaffen wäre, ließ er sie 764 J. vor der Schöpfung anfangen, so daß Christi Geburt in das J. 4714 der julianischen Periode fällt. Diese julianische Periode hat jedoch ihren Nutzen verloren, seitdem man angefangen hat, nicht mehr nach Jahren der Welt, sondern nach Jahren vor und nach Christi Geburt zu zählen. Die meiste Schwierigkeit, um jedes Jahr einer Ära auf die Jahrrechnung vor oder nach Christi Geburt zurück zu führen, macht der Gebrauch der Mondenjahre mit mancherlei Einschaltungen, wie er auch in der Jahrrechnung der **Muhammedaner** Statt findet. Diese zählen ihre Jahre nach der **Hegira** (Hedschra) oder der Flucht Muhammeds vom 16. Jul. 622 n. C. G., aber nach Mondenjahren, deren 33 nur 32 Sonnenjahre ausmachen. Ueber deren Berechnung und Reduction findet man vortreffliche Abhandlungen von Ravoni und Ideler in den Fundgruben des Orients IV. Bd. 1. Heft, S. 38. 2. Heft, S. 127. 3. Heft, S. 253 und 299. 4. Heft Anh. Vergl. L. Ideler hist. Untersuchungen über die astron. Beobachtungen der Alten. Berl. 1806. Die muhammedanische Ära ist bei den Persern, wie bei den Arabern und Türken, im Gebrauche; verschieden davon ist aber die Ära der Parsi oder Ghebern in Kirmân und Hindostan, die mit der Flucht Jezdedsgerds, ihres letzten von den Muhammedanern vertriebenen Königes, 16. Jun. 632 n. C. G. beginnt. Von andern Ären der Braminen, Chinesen und anderer Völker wäre hier zu weitläuftig zu reden: ich führe also nur noch die armenische Ära an, welche den 9. Jul. 552 n. C. G. beginnt. (*Grotefend.*)

ÄRÄ (Αἰραί): 1) Stadt Makedoniens; Einwohner Αἰραῖος. 2) Stadt Joniens; Einwohner Αἰρεύς. 3) Stadt am Hellespontos; Einw. Αἰράτης. Steph. Byz. (*Spohn.*)

ÄRARIUM, der Ort, wo die Kasse einer Gemeinheit aufbewahrt wird und diese Kasse selbst. Insbesondere heißt so der Theil des Tempels des Saturnus, wo der öffentliche Schatz des römischen Volkes, die Leges. Senatusconsulta und manches andere aufbewahrt wurde; ferner dieser öffentliche Schatz selbst. Dieses Ärarium hatte gegen das Ende der Republik eine dreifache Abtheilung. In das gewöhnliche flossen die regelmäßigen Abgaben und aus ihm wurden die gewöhnlichen Ausgaben bestritten; das Aerarium sanctius war aus der vicesima manumissionum entstanden und für außerordentliche Fälle bestimmt; noch heiliger wie diese zweite Abtheilung war eine dritte; dasjenige Ärarium, das das aurum contra Gallos und einen großen Theil der Beute enthielt. Diese Abtheilungen verschwanden, als während der bürgerlichen Kriege erst das aerarium sanctius geplündert und danu von Cäsar das aurum contra Gallos hinweg genommen wurde; dagegen entstand unter August ein neues Ärarium, das militare, zuerst durch freiwillige Beiträge gebildet, in der Folge auf die vicesima hereditatium, die vicesima rerum venalium und andere Abgaben gegründet. Wesentlich verschieden von beiden Ärarien ist der Fiscus, mit dem von Hegewisch und andern mit Unrecht das aerarium militare verwechselt wird. Unter Fiscus versteht man diejenige öffentliche Kasse, deren Verwaltung nicht dem Senate, wie die des Ärarium, sondern dem princeps zustand. Mit zunehmender Gewalt der Imperatoren wurden die Einkünfte des Ärariums immer unbedeutender, die des Fiscus dagegen stärker, bis unter oder nach Caracalla das ganze Vermögen des Staates von dem Regenten verwaltet wurde, von wo an der Name Ärarium in dem bisher erläuterten engern Sinne ganz verschwindet. *Manutius* ad Cic. epist. ad Atticum 7. 15. *Franckenstein* de aerario populi romani. *Heineccius* ad L. Jul. et Pap. Popp. lib. 3. c. I. *). (*Löhr.*)

*) Vergl. Libitina, Lucina, und Kirchen-Ärarium.

Ärding, s. Erding.

Äreolus, s. Obolus.

Äres, s. Äsculanus.

ÄRGER, Unwille, verbunden mit dem Gefühle, dasjenige, was denselben erregt, weder verhindern, noch gut machen oder das Uebel ausgleichen zu können. Der Zorn ist ein activer Unwille, der Ärger ein passiver, wobei sich das Gemüth bedrückt, beklommen, überwältigt fühlt. Für die Gesundheitskunde sind dabei folgende Vorschriften zu beobachten:

1) Man gebe sich nicht dem leidentlichen Gefühle hin, sondern thue alles, um zu einem kräftigern Selbstgefühle zu gelangen. Fester Wille, seine Selbständigkeit zu behaupten, Muth zur Gegenwirkung, Vertrauen auf die eigne Kraft, Sinnen auf Rath heben den Ärger auf. Bewegung im Freyen, oder eine kräftige Anstrengung unterstützen das Selbstgefühl. 2) Man gebrauche keine kühlenden Mittel, als kaltes Wasser, Salpeter, sogenanntes niederschlagendes Pulver u. s. w., denn sie sind bei solchem krampfhaften Zustande ganz unpassend. 3) Eben so unzweckmäßig ist reichlicher Genuß starker, erhitzender Getränke, denn nach der künstlichen Anspannung, die hiedurch bewirkt wird, erfolgt größere Erschlaffung. 4) Ein geistiges Getränk in verhältnißmäßig kleiner Quantität, oder ein gelind aromatischer Aufguß, z. B. Chamillenthee mit Hoffmannschem Liquor ist das Angemessenste. 5) Man esse nicht zu bald darauf und nehme danu nur wenige und leichte, den Magen nicht belästigende Speisen. 6) Wenn der Ärger eine übermäßige und regelwidrige Gallenabsonderung bewirkt hat, welches sich verräth durch gelbliche oder fahle Gesichtsfarbe, Druck in der Herzgrube, Stiche in der rechten Seite, unreine Zunge, bittern Geschmack, Widerwillen gegen Speisen, so nehme man einige Eßlöffel Essig, oder ein Glas Limonade, oder Wasser mit Weinsteinrahm, wenn man nicht sogleich den Arzt zu Rathe ziehen kann. (*Burdach.*)

ÄRGERLICHKEIT, oder die Gemüthsstimmung, welche geneigt macht, durch Außenverhältnisse in Unwillen versetzt zu werden, entspringt 1) aus Unzufriedenheit mit sich, wenn man das nicht leisten kann, was man wünscht, oder einsieht, daß man anders hätte handeln sollen; 2) aus dem Eindrucke, welchen anderweitige, frühere Ereignisse hinterlassen haben; 3) aus Kraftlosigkeit mit Reizbarkeit verbunden, vornehmlich wenn dieselbe nach Ausschweifung irgend einer Art entstanden, oft auch mit übermäßiger Thätigkeit der Leber, zu starker Ergießung und Anhäufung von Galle, Entmischungen im Darmkanale und andern körperlichen Störungen verbunden ist. Je kleinlicher die Sele ist, desto mehr ist sie zur Ärgerlichkeit geneigt. Man trägt dann das Innere auf das Äußere über; die Stimmung sucht einen äußern Gegenstand, um an diesem sich auszulassen. — Das Wichtigste, was die Diätetik hier räth, besteht darin, daß man sich dieses Zustandes bewußt werde. Die klare Selbstbeschauung gibt Freiheit, die Freiheit aber Ruhe. Man muß zu stolz seyn, um sich von einer Stimmung beherrschen zu lassen; man muß Muth haben, das eigne Gebrechen klar zu erkennen, indem man Kraft fühlt, es zu verbessern; und man muß es unwürdig finden, das äußere Verhältniß als Vorwand des Unmuths zu benutzen. (*Burdach.*)

ÄRNEN, Arnen, kathol. schöner Flecken auf fruchtbarer Anhöhe im unteren Theil des Zehentens Goms im Schweizer Cant. Wallis, an der Rhone, mit einem Rathhause; er ist der Geburtsort Walther's auf der Fluh (s. d. Art.); so wie das Dörfchen Mühlibach in dieser Pfarre, des Cardinals Matth. Schinner's (s. d. Art.). Hier sind treffl. Topfsteinbrüche. (*Wirz.*)

Ärosa, s. Kypros.

ÄROSA, Erosa, ein mildes Bergthal im Schweiz. C. Bünden, im Zehn Gerichts-Bund, Hochger. Davos, das sich ins Schallfick öffnet, und an die Plessur das Aroser-Thalwasser abgibt, mit einem teutsch-reform. Dorfe von 100 Einw. am Fuße des schwarzen Berges und der Spitzen, mit einem kl. fischreichen See und guten Alpen; es hat wegen Abgeschiedenheit ein besonderes Gericht von einem Obmann und 6 Geschwornen. (*Wirz.*)

ÄRUA, eine Pflanzen-Gattung, die Forskål zuerst (flor. arab. p. 170) aufstellte, und die von Jussieu (gen. pl. p. 88) angenommen wird, ungeachtet sie sich von Illecebrum wenig unterscheidet. Sie gehört in die natürliche Familie der Amaranthen und in die 5te Linne'sche Classe. Die Blüthen bestehen in einem fünfblättrigen Kelch, auswendig mit zwei oder drei Schüppchen versehen. Die Corolle fehlt. Die Staubfäden sind unten in einen Krup verwachsen, und bisweilen von den weiblichen Theilen gänzlich getrennt. Es sind ihrer 10, wovon 5 unfruchtbar sind. Ein Pistill hat zwei bis drei Stigmata. Die Kapsel enthält nur einen Samen. Die Illecebra mit wechselsweise stehenden Blättern gehören hieher. Der jüngere Gärtner (suppl. carpol. p. 180) hat den Charakter aus Illecebrum iavanicum Ait. ausführlicher entwickelt. (*Sprengel.*)

Äruscatores, s. Galli.

Ärzberg, Erzberg, s. Eisenärz.

ÄRZEN, eigentlich Ertelsen und Ertzen, eine alte Dynastie, deren Besitzer 1178 ausstarben und ihr Land den Ebersteinern hinterließen, mit deren Ländern es 1413 an das Haus Braunschweig kam, ist jetzt ein hanöverisches Amt in der Prov. Calenberg, am linken Weserufer, ganz mit Bergen und Hügeln bedeckt, und besitzt daher auch nur einen geringen Ackerbau, dafür aber eine ausgebreitete Vieh- und Schafzucht und guten Flachsbau; auch sind die Holzungen wichtig. Das Amt zählt jetzt einen Marktflecken, 14 Dörfer, 9 Weiler, 859 Feuerst. und 5,009 Einw., die sich von der Landwirthschaft, Holzverkaufe, Hüttenbetriebe, Garnspinnerei und Leinweberei nähren; jährlich werden für 60 bis 65,000 Guld. Kaufleinen verhandelt. Der gleichnam. Marktfl. und Amtssitz an der Griese, zählt, außer dem Amthause, 159 H. und 901 Einw., worunter 44 Juden; er hat ein ansehnliches Leinengewerbe und 4 Jahrmärkte. (*Hassel.*)

Äs, Äss in der Sprachkunde, s. A. als Grundlaut.

ÄS (Bronce, χαλκος), Legirung des Kupfers mit Zinn, war schon seit den ältesten Zeiten bekannt, und je nach dem Gebrauch sehr verschieden, auch größtentheils mit andern Metallen, Blei, Silber, Gold, Zink, Arsenik versetzt. Indem man im Alterthume die Bronce bei weitem häufiger anwendete, als jetzt, und man die Gießkunst ganz ungemein vervollkommnet hatte, so wußte man auch die Erze sehr vollkommen mit einander zu verbinden. Wie in der Legirung die Erze gemischt waren, darüber ertheilt Plinius einige Nachricht, bei Erwähnung der temperatura statutaria, formalis und olloria, und die chemische Analyse alter broncener Gefäße dient uns hiezu als weiterer Anhalt. Stets waren Kupfer und Zinn beim Äs die Hauptbestandtheile. Am berühmtesten war das Äs *corinthium*, was aber nicht eigentlich Bronce, sondern, wenigstens in frühern Zeiten, ein mit Silber und Kupfer legirtes Gold war; waltete hiebei das Silber vor, so hieß es Äs *candidum*. Sehr wichtig für die Anwendung der Bronce war, daß man im Alterthume die Kunst verstand, sie zu härten, und dieselbe daher auch da brauchte, wo wir jetzt nur Eisen anwenden, so wie es auch die aztekischen Völker in Amerika verstanden. Obwol vorzüglich französische Gelehrte hierüber viele Versuche angestellt haben, so ist dieser Gegenstand doch noch nicht aufgehellet, und zu wünschen, daß speciellere Versuche unternommen werden möchten; vielleicht lag die Härtung blos in der Art der Legirung mit Zinn. Das Äs diente besonders zu Waffen, Gezäh, chirurg. Instrumenten, zu den mannigfaltigsten Geräthschaften, hauptsächlich zu Dreifüßen, Lampen und deren Gestell, zu Spiegeln und vorzüglich zu Statuen und andern Werken der Kunst, welche man verstand zu einer Größe auszuführen, von der wir kaum eine Idee haben, wie z. B. der Koloß von Rhodus, der etwa 128 Pariser Fuß hoch war, und dessen Daumen wenige Menschen zu umklaftern im Stande waren. Nicht minder zu bewundern ist die Menge der verfertigten Broncen, und deren Vollkommenheit und Kunst; schöne Broncen wurden auch im Alterthum ungemein geschätzt, wie das Äs *deliacum*, weil in Delos besonders schöne Gestelle zu Triklinien — und Äs *aeginetiсum*. weil in Ägina besonders schöne Lampen-Träger verfertiget wurden *). (*Keferstein.*)

ÄSAKOS (Αισακος), nach Apollod. III, 12, 5. ein Sohn des Priamos und der Meropide Arisbe, ver-

*) Die Hauptstelle über das Aes der Alten als Erzt ist bei Plinius H. N. 33, 31. 34, 2 fgg. 20 fgg. (vergl. Riccii dissert. Homer XVI. p. 157 fgg.) Man unterschied naturale (natürliches, Kupfererz) und factitium (künstliches, mit andern Metallen gemischtes; s. Erze) über deren Arten die Archäologen noch nicht einig sind. Man hält aes hepaticon für die eigentliche Bronce, aurichalcum oder orichalcum für Messing oder Tombak, aes flavum für eine nur geringere Sorte davon. Außer nach Mischung und Farbe benannte man aber die Erze auch 1. nach den Orten, wo sie gefunden, oder vorzüglich verarbeitet wurden Aes cyprium, als das älteste genannt, ward von andern bald verdrängt. Aes Corinthium, Deliacum, Aeginéticum, Companum (in der Gegend von Capua), Cordubense; 2) nach den Personen, denen die Fundgruben gehörten: Aes Sallustianum in den Alpen, Livianum in Gallien (jenes nach des Augustus Freunde, dieses nach seiner Gemahlin), Marianum, in Spanien; 3) nach dem Gebrauch: Aes coronarium (Clinquant), weil daraus Kronen für die Schauspieler verfertigt wurden. — Ueber das Aes bei Münzen (aes grave, rude) s. As und Münzen. (*H.*)

mählt mit der Asterope, der Tochter des Flußgottes Kebrenos, ein berühmter Wahrsager, der der Hekabe Traum von der Feuergeburt auf Unglück fürs Vaterland deutete, durch den Schmerz über den Verlust seiner Gattin in einen Vogel verwandelt. Nach Ovid (Metam. XI, 742 ff.) war er ein Sohn des Priamos und der Alexirrhoe, der Tochter des Flußgottes Granikos, der sich, weil die vor ihm fliehende Hesperie, die Tochter des Flußgottes Kebrenos, von einer Schlange verwundet ward und starb, von einem Felsen ins Meer stürzte, und von der Thetis in den Taucher verwandelt ward, sich immer in die Höhe schwingt und wieder ins Meer stürzt, den Tod in den Fluten finden will und ihn nicht findet. (*Ricklefs.*)

Äsalon, s. Falco.

ÄSALUS, Hornkäfer (nach Panzer), Habichtskäfer (nach Duftschmid), eine Käfer-Gattung aus der Familie der Lucaniden, die nur eine einzige Art begreift, welche früher zu der Gattung Lucanus gezählt wurde. Sie zeichnet sich durch kurze, schnurförmige, am Ende mit einer dreiblättrigen Kolbe versehene Fühler, sehr langes Endglied der Kinnladen-Taster, vorgestreckte, spitzige, gekrümmte Kinnbacken, eirundlichen, hochgewölbten Körper und verdecktes Schildchen aus. Die einzige im südlichen Teutschland, doch auch am Harz und in Schweden einheimische Art ist *Aesalus scarabaeoides.* Fabricius Syst. Eleuth. T. II. p. 254. — Latreille Gen. Crustac. et insect. Tom. II. p. 133. — Duftschmid Fauna Austriae T. I. (1805) S. 70. — Panzer Fauna insect. Germaniae fasc. 26. t. 15 et 16. Sie hat 3—4 par. Lin. Länge, dunkelbraune Farbe, und auf den Deckschilden Längsreihen von schwarzen Haarflecken, und findet sich in faulem Eichenholze. (*Germar.*)

ÄSARUS, Fluß und Hafen bei Kroton in Großgriechenland, unbedeutend und im Sommer durchgängig wasserleer; gegenwärtig der *Esaro,* genannt von Strabo, Livius (L. XXIV, 3.) Theocr. (Id. IV, 17.) (*Sickler.*)

Äsche und Äschenholz, s. Fraxinus excelsior und Bau-Materialien; Äsche, Fisch, s. Salmo.

ÄSCHI, reformirte Pfarrgem. im Schweiz. C. Bern, Amtes Frutigen, auf einem fruchtbaren Hügel an der Südseite des Thunersees mit 1292 E., 2 Jahrmärkten und trefflicher Aussicht. — Auch heißen so: ein Dörfchen im Simmenthal, C. Bern; und ein Pfarrdorf mit 338 kath. E., im A. Kriegstätten, C. Solothurn. (*Wirz.*)

ÄSCHINES, der Philosoph, ein Athener, zu Sokrates Freunden gehörig, mehr durch seine Bildung, als durch forschenden Geist ausgezeichnet. Seine Armuth nöthigte ihn, eine Zeitlang sich am Hofe des Dionys zu Syrakus aufzuhalten, für Geld zu unterrichten, auch gerichtliche Reden zu halten. Seine in dem Geiste des Sokrates geschriebenen Dialogen wurden von den Alten sehr geschätzt, sind aber wol nicht mehr vorhanden, denn die drei ihm beigelegten, welche Fischer am sorgfältigsten herausgegeben hat (Leipzig 1755. 66. 86.), werden von einigen Kritikern, besonders Meiners und Böckh in der Vorrede zu Simonis Socratici, ut videtur, dialogi (Heidelb. 1810) für unecht gehalten. — Mit ihm darf nicht der Akademiker Äschines, ein Schüler des Karneades, verwechselt werden (vgl. Akademie). (*Tennemann.*)

ÄSCHINES der Redner, von dunkler Herkunft, und darum nur nach Selbsterworbenem, nicht nach Angestammtem, mit Ehren zubenennen. Sein Vater, Tromes[1]), diente einem Athener, Elpias, der eine Schule hielt. Vielleicht durch seinen Herrn mit in die Verfolgungen der 30 Tyrannen verwickelt (404 vor Chr.), flüchtete auch er zuerst nach Korinth, dann nach Theben, und kehrte unter Thrasybulos im folgenden Jahre mit gewaffneter Hand nach Athen zurück, wo er das ihm wohlbekannte kleine Geschäft des Elpias fortsetzte. Er lebte noch im J. 343, damals 94 Jahr alt[2]). Sein Weib, Glaukis[3]), Tänzerin zur Schellentrommel, anfangs als gemeine Buhldirne lebend, und unter dem Spottnamen Empusa berüchtigt, wurde durch ein stadtkundiges Mißgeschick in die Enge eines kärglichen Ehestandes gedrängt. Aber auch so trieb sie ein verachtetes und verbotenes Gewerbe fort; zu bakchischen Mysterien, die neben den vom Staat anerkannten und geschützten mit manchem Unfug im Stillen fortdauerten, an Neueintretenden abgeschmackte Weihungsgebräuche vollziehend. Diesen Eltern wurde, von dreien Söhnen der mittlere, Äschines, im Jahr 393 in Armuth und Niedrigkeit geboren[4]). Er begann, wie sein Vater, mit Sklavendiensten; wo nicht Kinder lesen lehrend, so doch Tinte reibend, die Schulbänke putzend, und die Schulstube säubernd; dann, weil er bald eine starke und vernehmliche Stimme entwickelte, half er seiner Mutter bei ihren nichtswürdigen Mystificationen. Die Gymnasien, in denen der freigeborne Jüngling die erste Ahnung kräftigen Zusammenlebens mit seinen Altersgenossen empfing, betrat er um Sold, seines starken und festen Körpers wegen gleichsam zum Vorringer gedungen[5]). Was einige alte Zeugen berichten, er habe an den philosophischen Unterhaltungen des Sokrates und Platon, so wie an den Rednerschulen des Alkidamas und Isokrates Theil genommen, verneinen andre ausdrücklich[6]); gegen Sokrates beweist überdieß die Zeitrechnung; gegen die übrigen, bei dieser Leichtigkeit einer Namensverwechslung, sein eignes Schweigen an entscheidenden Stellen, und vor allem der ungezügelte Gang, den seine Beredtsamkeit einschlug. Von seinem frühzeitigen Gelangen zum athenischen Bürgerrecht, das seine Geburt ihm auf immer zu versagen schien, so wie von seiner Aufnahme in den Stamm Kothoke, wissen wir nur, daß beides nicht auf den schönsten und geradesten Wegen erreicht wurde[7]). Er führte nun sein Geschlecht auf die uralten Eteobutaden zurück; seinen Vater nannte er mit freiem Namen Atrometos, und seine Mutter Glaukothea. Daß der viel vermögende Staatsredner Aristophon von Kolyttus ihn gleich danach als Grammateus in seine Dienste nahm, macht es wahrscheinlich, daß dessen Verwendung bedeutend mitwirkte. Aber Äschines ging bald in ein gleiches Verhältniß zu dem nicht minder einflußreichen Demago-

1) Demosth. de cor. p. 270. Reiske. 2) Aeschin. f. leg. p. 256. R. Vatry hat Verwirrung angerichtet. Ueber Tromes Alter das. p. 213. 3) Dem. cor. p. 313. 320. Liban. vit. p. 10. R. Lucian. Somn. 12. 4) Aeschines Geburtsjahr deutet er selbst an, c. Timarch. p. 78. von seinen Brüdern, f. leg. p. 314. 5) Dem. cor. p. 313. Pseudoplut. p. 840. A. 6) Pseudoplut. p. 840. B. Phot. bibl. p. 264. 1464. Apollon. vit. p. 14. R. 7) Dem. cor. p. 314. Apollon. vit. p. 15.

gen Eubulos dem Anaphlystier über, mit dem er hinfort in ungestörter Einigkeit dieselben Grundsätze der Staatsverwaltung verfolgte, jede politische Freundschaft, jede Feindschaft theilend. So wurde diese Verbindung die Grundlage zu dem Bedeutendsten und Größten in des Redners späterm Leben, ja in manchem Betracht zu dem Geschick, das bald über ganz Griechenland hereinbrechen sollte. Doch mochte dies anfängliche, untergeordnete Verhältniß eines Schreibers und Gesetzvorlesers dem unruhigen, über sein Lebensziel noch unentschiedenen Geist nicht auf die Dauer genügen. Er verließ den Eubulos wieder, um die Kraft seiner Stimme als Schauspieler in dritten tragischen Rollen von der kolyttischen Bühne geltend zu machen, aber nur auf kurze Zeit; er fand keinen Beifall, und wurde endlich als Önomaos völlig ausgepfiffen [8]). Nunmehr that er Kriegsdienste, und focht nach mehreren kleineren Unternehmungen bei Mantinea (363) gegen Theben nicht unrühmlich mit [9]). Drei Jahre später trat er, 33 Jahre alt, 6 Jahre früher als Demosthenes, wir wissen nicht auf welchen Anlaß, zum erstrn Mal als Staatsredner auf [10]). Kentniß des athenischen Rechts hatte er sich als Grammateus erworben, eine kunstreich ausgebildete Stimme als Schauspieler, und manches höhere Talent verdankte er einer glücklichen, reichbegabten Natur. Noch war das Interesse der Athener ungetheilt. So sprach denn auch er wie alle mit Eifer und Beifall gegen Philipps von Makedonien in demselben Jahre beginnende Macht [11]). In dem glänzenden Feldzug, den die Athener auf Timotheos Anrathen (358) gegen Euböa unternahmen, befestigte er sein bürgerliches Ansehen; er zeichnete sich in dem entscheidenden Treffen von Tamynä unter Phokions Augen aus, und überbrachte die Siegesbotschaft mit unglaublicher Schnelligkeit nach Athen; dafür wurde ihm vom Rath und Volk ein Kranz zuerkannt [12]).

Inzwischen wuchs die makedonische Macht nach allen Seiten hin: Päoner, Illyrier, Thessaler und Thrakier hatten bereits das Übergewicht von Philipps Staatsklugheit und Feldherrntalent empfunden, während sich die Griechen in dem ersten heiligen Kriege gegen Phokis unter einander erschöpften und aufrieben. Um so weniger scheute sich der König, auch mit Athen verbundne Städte zu befehden; erst der Fall und die Zerstörung des Bundesverwandten Olynthos (348) erregte ernstliche Besorgnisse. Drei feuervolle Reden des Demosthenes waren ohne würdigen Erfolg geblieben. Nun drang Eubulos auf eine Sendung in den Peloponnesos, um alle dortige Staaten mit Athen gegen den König zu verbünden. Äschines empfing den Auftrag; in Megalopolis redete er viel und lange zu den dort versammelten zehntausend Arkadern gegen den von Philipp gesendeten Hieronymos [13]); doch ohne den herrlichen Erfolg, den 3 Jahre später Demosthenes errang. Dem wachsamen König dünkte gleichwol weder diese erste Regung in Athen, noch die völlig gleiche Richtung aller Staatsredner unbedeutend. Gleich mit dem nächsten Jahre (347) trug er unter der Hand auf Frieden mit Athen an; das Bedürfniß fühlten alle; Philokrates der Hagnusier drang auf eine Gesandtschaft an ihn; im März gingen 10 Redner nach Larissa ab, unter diesen Philokrates selbst, Äschines und Demosthenes. Ehrenvoll aufgenommen, wurden sie mit der Zusage entlassen, daß ihnen ungesäumt eine makedonische Gesandtschaft folgen solle. Seinen Hauptzweck hatte der König erreicht. Philokrates und Äschines waren für ihn gewonnen, und die Spaltung der politischen Ansichten, die allein verderblicher wurde, als alle makedonische List und Gewalt, hatte sich damit auf immer entschieden. Ob Äschines, denn für den verruchten Philokrates ist nicht zu stehn, schon jetzt durch niedrige Leidenschaften getrieben wurde, ob er es überall ahnete, daß athenisches und makedonisches Interesse in unauflöslichem Gegensatz stehe, und daß er auf dem Wege zum Vaterlandsverräther sey, ist eine andre Frage; wir glauben sie eher verneinen, als bejahen zu dürfen.

Im März erschienen die makedonischen Unterhändler, Parmenio, Antipater und Eurylochos in Athen. Auf Demosthenes Betrieb eilte das Volk, den Frieden zu beschwören, in den die meisten athenischen Verbündeten mit eingeschlossen waren; nur der gegenseitige Eid des Königs fehlte noch, und auch diesen aufs schleunigste einzuholen, war Demosthenes dringender Rath da Philipp überdieß eine neue Fehde gegen den thrakischen Fürsten Kersobleptes, einen athenischen Bundsgenossen, angefangen hatte. Das Volk säumte nicht, 5 Botschafter zu wählen; Demosthenes war dießmal nicht unter ihnen, aber Eubulos und Äschines [14]), sie gingen im April ab. Anstatt aber den König auf dem kürzesten Wege in seinem Heereslager aufzusuchen, reisten sie langsam über Euböa durch Thessalien nach seiner Hauptstadt Pella; dort seine Rückkehr erwartend. Diese erfolgte erst nach völliger Überwindung des Kersobleptes, und erst nachdem er sich wieder gegen Phokis gerüstet hatte, beschwor er endlich den Frieden, nicht an heiliger Stätte, sondern in einer Herberge, die Phokier wurden namentlich ausgeschlossen. So kamen die Abgeordneten mit einem lügenvollen Entschuldigungsschreiben vom König im Julius nach Athen zurück. Demosthenes und Timarchos erhoben sich sogleich gegen diesen Friedensschluß, und warfen der Gesandtschaft Hochverrath vor. Während sie aber eine förmliche Klage einleiteten, trat Äschines mit einer Vorklage gegen das sittliche Leben des Timarchos hervor, welches ihn des Rechts, zum Volk zu reden, verlustig mache. Hier trug Äschines den vollständigsten Sieg davon [15]). Vor allem war damit Zeit, bei den beweglichen Athenern die Hauptsache, gewonnen. Wegen Phokis ließ sich das Volk, das den Krieg scheute, und auch den schlechtesten Frieden lieber wollte, beschwatzen; Äschines sagte aus, ihm insgeheim habe der König eröffnet, er meine es gut mit Athen, mit Phokis; nur das verhaßte Theben wolle er züchtigen; gegen Demosthenes trat ihm

8) Dem. cor. p. 288. Spald. ad Quinctil. Instit. Rhet. 2, 17, 12. 9) Aesch. f. leg. p. 331. 10) Dies Jahr ergibt sich aus Aesch. epist. 12. p. 694. übrigens das Einzige, so in jenem ganzen Briefe als Thatsache angenommen werden kann. 11 — 13) Dem. f. leg. p. 343. Pseudoplut. p. 840. F.

14) Den auffallenden Widerspruch verschiedner Nachrichten entscheidet das Psephisma beim Dem. cor. p. 235. 15, 16) Aesch. c. Timarch. mit dem Summar. graec.

Philokrates bei, und unter dieser Stimmung des Volkes siegte der höhnende Spott zweier Gegner, die ihrr Existenz auf dem Spiele sahen, leicht über die unerfreuliche Wahrheit [16]). Der Friede wurde anerkannt: eine Auffoderung an den Äschines, nochmals zum Könige zu gehn, um sich von der Erfüllung seines geheimen Versprechens wegen Phokis unmittelbar zu überzeugen, lehnte er unter dem Vorwand einer Krankheit ab [17]). Aber noch in demselben Monat meldete Philipp selbst mit kühuer Frechheit dem athenischen Volke die völlige Unterjochung des unglücklichen Laudes. Freundschaftsversicherungen für Athen waren dabei so wenig gespart, als Drohungen im Kriegesfall; man hatte in Athen schon alle Rüstungen eingestellt; so war es das Bequemste, den Worten des Makedoniers mehr zu glauben, als seinen Thaten; und die ahnungsvollen Warnungen des Demosthenes, dessen nie endrude, zürnende Klagen über feile Verrätherei und erkaufte Söldlinge jetzt beginnen, als finstre Träume eines Kranken zu verlachen.

Kein Wundre denn, daß Äschines im folgenden Frühjahr (346) schon wieder als Pylagoras an der Spitze einer Gesandtschaft an die Amphiktyonen staud. Bei dieser Versammlung wurde Philipp, obgleich Barbar, nicht nur unter die Amphiktyonen aufgenommen, es wurde ihm auch der den Athenern zuvor schimpflich entzogene Vorgang bei Befragung des delphischen Orakels und die Anordnung der pythischen Spiele übertragen. So hatte er fast mehr erlangt, als er für jetzt begehren konnte. Das gab der Stadt Ruhe nach außen, die aber nichts bewirkte, als größere innere Zerspaltung. Die Einen, mit ernstem Blicke vorschauend, wollten Thätigkeit, Rüstung, mancherlei Aufopferung und Entsagung für die Gegenwart, um eine bessere Zukunft zu begründen, vor allem aber Einigung der griechischen Staaten unter sich; die Anderu, die Wünsche des großen Haufens kennend, zeigten, was für den nächsten Tag behaglich und bequem sey, und wie Athen, im Trüben fischend, sich auf Kosten der übrigen Griechen vergrößern könne; das gewann ihnen die Neigung der Meisten und die Gunst des Königs dazu. Demosthenes und Äschines waren jetzt schon als die größten Redner und zugleich als die Häupter beider Parteiungen in ganz Griechenland gekannt. So beobachteten Beide sich mit gegenseitigem Mißtrauen, und mit dem politischen Haß wuchs der persönliche, da jeder den andern durchaus zu vertilgen wünschen mußte, und mit dem System des Gegners dessen ganzes Daseyn fest verknüpft war; selbst Künstlereifersucht, da bride durch sehr verschiedenartige Rednergaben zu wirken suchten, mag ein Reizungsmittel mehe gewesen seyn.

Zum Ausbruche kam diese Feindschaft i. J. 343. Demosthenes machte die auf uns gekommene Staatsschrift über Äschines Verrath bei seiner zweiten makedonischen Gesandtschaft (περὶ παραπρεσβείας) bekannt. Äschines antwortete mit gleicher Kraft und Ausführlichkeit, aber kälter und besonnener, von seinem alten Gönner Eubulos unterstützt [18]). Zu öffentlichen Streitreden kam es wahrscheinlich nicht. Demosthenes hatte nicht genug geschichtliche Beweise in Händen; auch war mancher Bessere zu schonen, der an jener Sendung Theil genommen hatte. So begnügte er sich, in einer Denkschrift den Gegner zu befehden, über dessen Absichten ihm kein Zweifel übrig seyn mochte; und Äschines war gewiß zufrieden, mit einer ähnlichen Rechtfertigungsschrift abzukommen. Erwuchs dem Letztern auch kein unmittelbarer Nachtheil daraus, so war sein Ansehn doch ohne Zweifel wankend geworden, und es bedurfte nur noch eines neuen Ereignisses, um Schlimmeres über sein Haupt zu ziehn. Ein solches blieb nicht lange aus. Antipho, staatsgefährlicher Anschläge wegen verbannt, und nach Makedonien entwichen, war heimlich (wahrscheinlich 342) in die Stadt zurück gekehrt, um die im Piräeus versammelten athenischen Kriegsschiffe anzuzünden [19]). Dort entdeckte ihn Demosthenes, und ließ ihn ohne weiteres einfangen. Äschines zeigte darin dem Volk Beeinträchtigung der Demokratie, und bewirkte so des Verräthers Freilassung. Aber der Areopagus zog ihn wieder ein, und obgleich er ohne Aussage auf der Folter starb, haftete nun doch ein so schwerer Verdacht des Mitwissens auf Äschines, daß ihm das eben ertheilte Amt eines Syndikus bei der delischen Schatzkammer wieder abgenommen, und dem wolgesinnten Hyperides anvertraut wurde [20]). Nicht lange nachher erlitt Philipp vor Perinthus und Byzantium durch die heldenmüthige Vertheidigung beider Städte und durch Phokions, von Demosthenes vorzüglich bewirkten, Entsatz wiederholten und großen Verlust. Äschines Schuld war es, daß auch dieß der Stadt keinen Gewinn brachte. In demselben Jahr (340) wieder als Pylagoras in Delphi anwesend, entzündete er dort, in scheinbar löblicher Aufwallung gegen die Bewohner von Amphissa, von denen geweihter Boden beackert war, den zweiten heiligen Krieg gegen Lokris. Nnn lag das ganze Geschick von Griechenland klar vor Demosthenes großer Seele. „Du ziehst Krieg nach Attika, einen Amphiktyonenkrieg!" war seine erste Antwort, als Äschines die Botschaft brachte. Schlag folgte auf Schlag. Im Februar 339 wählten die Amphiktyonen den König zum Oberfeldherrn, im Sept. zog er mit 30,000 Mann verwüstend über Lokris und setzte sich dort fest; nach einigen Unterhandlungen mit Theben und Athen, brach er dann plötzlich im Jun. 338 nach Elatea bis auf 5 Tagemärsche gegen die Stadt vor. Hier schwieg und zitterte alles, nur Demosthenes stand fest und redete. Seine Worte riefen den alten Geist zum letzten Mal zurück; rasche Rüstungen und, was allen unerreichbar gedünkt hatte, ein glückliches Bündniß mit Theben, waren einzig sein Werk. Am 3ten August fochten Athener und Thebaner mit Einer Begeisterung den Entscheidungskampf bei Chäronea. Alexander brach zuerst den rechten athenischen Flügel; die heilige Schaar von Theben deckte in geschloßnen Gliedern das Schlachtfeld. Über Theben; über Griechenland war nun entschieden, ja über die alte Welt, sie hatte ihrer würdig, groß und herrlich geendet.

Der König benutzte seinen Sieg mit kluger Mäßigung; besonders gegen Athen die zarteste Schonung übend. Während er so viele Gemüther gewann, bestimmte Anti-

17, 18) Demosth. f. leg. summar. p. 337.

19) Dem. Cor. p. 270. Liban. vitup. Aeschin. T. 4. p. 977. Reiske. 20) Dem. cor. p. 270. sq.

pater insgeheim durch verheißene Dotationen in Böotien den Äschines, die Erbitterung der Athener gegen Demosthenes, als den Urheber ihres letzten Unglücks, zu reizen [21]). Auf geradem Wege war hier nichts zu erreichen; das Verdienst des hohen Mannes glänzte in solcher Reinheit, daß mit Uebergehung des Äschines ihm vom gesammten Volk der ehrenvolle Auftrag zuerkannt wurde, den bei Chäronea gefallenen Bürgern die feierliche Dankrede zu halten. Äschines mußte sich für jetzt begnügen, gegen den Ktesipho, der auf eine goldne Krone für Demosthenes, zum Lohn seiner Verdienste um den Staat, allerdings mit Verletzung bestehender Formen, angetragen hatte, eine hemmende Klage einzuleiten, um wenigstens neue Auszeichnungen des noch jetzt furchtbaren Widersachers zu verhüten. Dann ging er, auf wie lange, wissen wir nicht, zum König. — Acht Jahre verflossen. Philipp starb durch Meuchelmord, Alexander begann seine Kometenbahn, Tyrus war schon gefallen, Alexandria gegründet, die Schlacht bei Arbela gewonnen, aber auf der gegen Ktesipho eingeleiteten Klage wegen Gesetzübertretung ruhte völliges Schweigen. Wodurch dieß veranlaßt wurde, ist eben so unbekannt, als was nach 8 Jahren (330) den 63jährigen Äschines bewog, die vergessene Sache ernstlich wieder zur Sprache und zur Entscheidung zu bringen. Aber in der Natur dieses Kampfes liegt es, daß alle hier wirkende Triebfedern geheime waren. Wer sie zuerst in Bewegung setzte, mochte sie auch jetzt wieder aufregen. Äschines Rede gegen den Ktesipho war so angelegt, daß sie, wenn sie siegte, zugleich Demosthenes ganzen Einfluß und alle bisher genossene Anerkennung umstürzen mußte. So stand das öffentliche Leben des größten Mannes dieser Zeit auf dem Spiel, und nichts als eine Geldbuße von 1000 Drachmen war dagegen gesetzt. Aus diesen Bedingungen erwuchs Demosthenes Rede von der Krone, ein Werk, dessen Erhaltung uns für alles Verlorengegangene der alten Welt entschädigt. Noch ehe der Redner geendet hatte, erkannte Äschines selbst sich als besiegt, ja als vernichtet; er verließ den Gerichtsplatz, um zugleich auf immer von seinem Vaterlande zu scheiden, das Zenge seiner Schmach geworden war; auch nicht der fünfte Theil der gesammelten Stimmen fiel zu seinen Gunsten. Nie hatte sich die Kraft der Wahrheit und der guten, gerechten Sache glorreicher offenbart.

Demosthenes fand den überwältigten Gegner im Begriff, ein Schiff nach Klein-Asien zu besteigen; er erleichterte ihm durch ein Geldgeschenk die Reise [22]). Äschines ging nach Jonien über, von da nach Karien, auf Alexanders Rückkehr von Jahr zu Jahr harrend, bis die Nachricht seines Todes von Babylon her alle auf ihn gebauten Hofnungen stürzte [23]) (324). Nun wandte er sich nach Rhodus, wo er eine neue, schnell aufblühende Rednerschule gründete, die die Mitte hielt zwischen attischer gediegener Strenge und weichlicher asiatischer Entartung [24]). Er begann seine erneute Lehrerlaufbahn mit öffentlicher Wiederholung der Rede gegen den Ktesipho. Da seine Zuhörer staunten, und die Möglichkeit eines Ueberbietens nicht fassen konnten, ließ er Demosthenes Gegenrede folgen. Nun war allen das Räthsel gelöst: Äschines Erliegen schien ihuru nothwendig; da, von der Größe seines Gegners ergriffen, rief er aus: „und hättet Ihr nur das Unthier selbst erst reden gehört [25])!" — Von Rhodus begab er sich nachmals nach Samos, und hier endete er (317) 5 Jahre nach Demosthenes, 75 Jahr alt, ein rastloses, bedeutendes, sturmvolles, aber verlorenes Daseyn [26]).

Unbefangener Würdigung seines öffentlichen Charakters als Staatsmann hat von jeher geschadet, daß er überall im Gegensatz mit Demosthenes erscheint; ein Gegensatz, den schon Schriftsteller des Alterthums absichtlich geschärft haben [28]); dann daß die Enthüllung der makedonischen Plane auf Ergebnisse führte, die allen Theilhabern an jenen den verdientesten und tiefsten Unwillen zuzuwenden scheinen. Dabei ist indeß nie zu vergessen, unter welchen Bedingungen Äschines Charakter sich entfaltete. Durch seine Geburt von allen Wohlthaten des Freistaats ausgeschlossen, konnte er nicht heranwachsen in Liebe zum Vaterlande, von dem er die Rechte eines freien Mannes erschleichen und erstehlen mußte. Sein Jugendleben konnte mit absichtlicher Kunst nicht geschickter angelegt werden, um jede freie und edle Gesinnung zu fährden. Wenn sich also ein selbstsüchtiges Streben zeitig in ihm festsetzte, so ist der Anlaß dazu weit mehr in seiner Lage, als in seiner eigenen Sinnesart zu suchen. Und Demosthenes war eine so einzig hohe Natur, daß nur ein sehr bedeutender Geist ihm so lange und so wirksam entgegen arbeiten konnte.

Wie er den makedonischen Versuchungen erlag, ist gänzlich im Dunkeln. Hiebei aber von Anfang an nur feile Bestechlichkeit gelten zu lassen, berechtigt uns nichts. Weil Äschines kein Held war wie Demosthenes, konnte anch nicht die großartige Unerschütterlichkeit politischer Ueberzeugung in ihm wohnen. Er nahm Theil an Staatsgeschäften wie die meisten, weil er sich persönlich dazu geeignet fühlte, weil seine Lehrjahre bei Aristophon und Eubulos ihm Kentniß der athenischen Gesetze und Gerichtsformen gegeben hatten, und weil gerade diese Bahn jedem strebenden, über das Alltägliche hinaus eilenden Griste vorzugsweise znsagen mußte, nicht, weil tiefe Begeisterung ihn trieb, Eine erhabene Idee in Wort und That, in Leben und Tod geltend zu machen. Wie leicht mochte es da der schlauen Beredsamkeit des Königs werden, dem Redner eine Richtung zu geben, wie er es wünschte, die in ihren Anfängen aber das Wohl Athens zu bezwecken, und somit ihm und dem Ganzen zugleich zu nützen schien. Wir freilich glauben klüger zu seyn, weil uns alle Reden des Demosthenes vorliegen, und die

21) Liban. vit. pag. 10. 22) Pseudoplut. pag. 845. D. 23) Plutarch. Demosth. p. 857. B. 24) Pseudoplut. p. 840. D. Cic. Brut. 13. Orat. 8. Spald. ad Quinctil. 12, 10, 18.

25) Cic. de orat. 3, 57. Plin. hist. nat. 7, 30. Plin. epist. 2, 3, 10. Spald. ad Quinctil. 11, 3, 6. 26) Pseudoplut. p. 840. D. Vatry hat auch hier geirrt, und Visconti ist ihm gläubig gefolgt. 27) Aeschin. f. leg. p. 316. 28) besonders Libanius in seiner Vergleichung beider Redner, T. 4. p. 1000. sq. ein eben so elendes sophistisches Machwerk, als sein Vitup. Aeschin. und sein Encom Demosth. wo des Effekts wegen der grellste Gegensatz gesucht ist. Es waren Schulaufgaben, so wie es denn auch nmgekehrt Apologien des Äschines gab, s. Lucian. Paras. 56.

Geschichte uns den Erfolg enthüllt hat. Aber Demosthenes selbst blickte noch nicht so scharf durch jenes künstliche Gewebe, als Äschines zum erstenmal dem König gegenüber stand; und als Mann von großen, umfassenden, vorwärtsschauenden politischen Combinationen hat der stets im Einzelnen und in der Gegenwart lebende Äschines sich nie gezeigt. Darum wollen wir nicht zweifeln, daß er willen- und ahnungslos eine Bahn betrat, auf der ihn nachher die Nothwendigkeit unverbrüchlicher Consequenz von Stufe zu Stufe bis zu Verrath und Frevel vorwärts stieß, weil ihm ursprüngliche Einheit der Gesinnung fehlte. Vorwärts zwingen kounte ihn wol nichts gewaltsamer als Demosthenes selbst, dessen Scharfblick die Gefahr erkannte, die er sofort als böse Absicht nahm und zugleich mit ihren Urhebern verfolgte. Bei der reißenden Kraft dieses Gegners war kein Umkehren mehr möglich, und so führte der erste Irrthum eine nicht unedle oder gemeine Natur bis zum Verbrechen. Aber anch lächelnde Gefahren gab es, die vorwärts lockten; der große Beifall, mit dem das Volk jegliches aufnahm, was seinen Wünschen schmeichelte: und um in Athen die Volksgunst verschmähn zu können, war nicht viel geringeres erfoderlich, als so hoch und fest zu stehn, wie Demosthenes. Bis zu welcher sittlichen Entwürdigung, Zwang und Lockung, feinere und gröbere Selbstsucht den Äschines führten, lassen wir dahin gestellt seyn. Den Aussagen des Demosthenes ist hier so wenig unbedingt zu glauben, als denen des Äschines gegen seinen Widersacher. Die Spannung zwischen beiden hatte den höchsten Grad erreicht, und Ein Redner erlaubte sich gegen den andern, was irgend seinem Zwecke förderlich seyn kounte. Das war aber nicht immer das Geschichtlichwahre oder das zu Beglaubigende. Vielmehr sind die besten Redner am häufigsten Verfälscher der Geschichte. Daß Äschines makedonisches Gold zu eigner Bereicherung empfing, ist schwer zu glauben; kein Zeugniß außer dem des Demosthenes spricht mit einiger Wahrscheinlichkeit dafür, stark dagegen der Umstand, daß er, von Athen entweichend, der Hilfe seines Todfeindes bedurfte, und daß er etwa das Empfangene in wüstem Treiben vergeudet habe, berichtet kein Alter; wäre es geschehn, so hätte Demosthenes davon nicht geschwiegen. Mit deutlichem Bewußtseyn schlecht erscheint Äschines nur gegen Demosthenes. Als er gegen diesen den Verdacht, makedonischer Miethling zu seyn, zu entflammen trachtete; als er den ihm selbst nahe verbundenen, schandbaren Philokrates, sobald er todt war, fallen ließ, um ihn zu Demosthenes Schuldgenossen zu machen, da war es gewiß kein Irrthum, was ihn leitete. Auch die ganze Anlage der Rede gegen den Ktesipho ist von höchst tückischer und boshaft berechneter Künstlichkeit. Aber wo der Kampf auf Leben und Tod geht, wer gedeult da noch in jedem Augenblicke des Würdigen und Rechten! Kein nuderrs war Äschines Verhältniß gegen Demosthenes, er konnte nicht zweifeln, daß hier nur zwischen Vernichten und Vernichtetwerden die Wahl sey. Selbst die furchtbare Gewalt, mit der Demosthenes sich auf diesen Gegner stürzte, so wie sein Edelmuth nach dessen Bewältigung, überzeugt uns, daß er weit entfernt war, ihn zu verachten; der Haß hörte mit dem Widerstand auf. Und dagegen ist Äschines Benehmen, sobald von Kampf nicht mehr die Rede war, Zeugniß für eine Sele, deren angeborner Adel anch unter den verderblichsten Einwirkungen nie ganz ertödtet werden konnte. Hüten wir uns also, zu tasch den Stab zu brechen über einen Mann, den sein Unglück neben einen zu weit überlegenen Gegner stellte, und in eine verwirrungsvolle Zeit warf, gegen deren Stürme sich zu behaupten ihm, wie, außer Demosthenes, allen Mitlebenden, die Kraft gebracht.

Eine bestimmtere Würdigung gestattet sein Werth als Redner. Gesprochen hat er oft, aufgezeichnet nur drei Reden, die wir alle uoch besitzen. Die reste gegen den Timarchos ist eine schaudererregende Urkunde für die sittliche Entartung Athens zu seiner Zeit, mit verwegner Kraft, aber mit unverkennbarer Wahrheit ausgeführt. Timarchos, mit allen Lastern befleckt, hatte sich gleichwol durch Herkunft, Vermögen und Redegabe lange in äußerer Achtung und Volksgunst zu erhalten gewußt; bloß weil niemand Klage gegen ihn erhoben hatte. Destö unvermeidlicher war nun sein Sturz, den er nach einigen Nachrichten nicht überlebte [29]). Sein Name blieb als Sprichwort in entehrendem Gedächtniß. Die zweite, nur in Redeform abgefaßte Schrift ist bestimmt, Demosthenes Anklage gegen seine zweite Srudung an Philipp zu entkräften. Sie enthält manchen, freilich nur nach strenger Prüfung benutzbaren Beitrag zur griechischen Staatsgeschichte, auch vieles über sein eignes Leben. Ueber den Grad seiner Schuldigkeit, ob ihn schon damals bewußte Absicht, ob ihn nur Verblendung zu manchem Tadelhaften verleitet hatte, gibt sie keinen sichern Aufschluß, so verworren sind die Verhältnisse, so vielfältig seine Widersprüche mit seinem Gegner, dem er dießmal an lichter Darstellung der Begebenheiten überlegen ist. Man begreift es darum lricht, daß er auch aus diesem Streit als Sieger hervorging. Die dritte Rede ist die dem Namen nach gegen den Ktesipho, in der That aber gegen Demosthenes gerichtete. Das ganze Alterthum ist einig darüber, daß bride Meister hier die gauze Kraft und Fülle ihrer Beredsamkeit gegen einander aufgeboten haben. niemand erkannte das thätiger an als Cicero, der beide in seine Sprache übertrug [30]). Der Erfolg lag unstreitig eben so tief in Demosthenes sittlicher, als in seiner rednerischen Ueberlegenheit begründet. Eine vierte Rede über die Angelegenheiten von Delos, die sich nicht erhalten hat, war schou im Alterthum als unecht anerkannt, und wahrscheinlich das Werk des an seiner Statt nach Delos gesandten Hyperides oder eines andern Äschines [31]).

Ohne eine regelmäßige Schule, durch das Leben selbst zum Redner gebildet, von der Natur mit äußerlichen Gaben reichlich ausgestattet, nicht minder mit raschem Entschluß, kühler Besonnenheit und zuströmender Redefülle, lag ihm der Vortrag aus dem Stegereif nahe genug. Er übte ihn wahrscheinlich zurrst im Großen, so daß er als der Erfinder davon (des αὐτοσχεδιάζειν) betrachtet wurde [32]). Auch seine auf uns gekommenen Reden mögen zuerst gesprochen, dann erst niedergeschrieben seyn. We-

29) Aesch. c. Timarch. summar. 91. 30) Auf uns gekommen ist nur die Einleitung, das Büchlein de optimo genere oratoris. 31) Pseudoplut. p. 840. E Ruhnken hist. crit. oratt. Graec. p. LXIX 32) Philostr. Sophist. 1, 18, 3.

nigstens in der gegen den Timarchos hatte Demosthenes mehrere heftige Ausfälle gehört, die in unsern Exemplaren nicht mehr gelesen werden. So kam es denn, daß die Form seiner Reden keiner Treflichkeit ermangelt, als jener tiefen Vollendung in Anlage und Ausführung, durch die Demosthenes unerreichbares Vorbild allen Zeiten wurde. Leichtigkeit und Gewandtheit; Gewicht und Erhabenheit, lichtvolle Darstellung und überraschende, schlagende Wendungen, alles was den großen Künstler beurkundet, stand ihm zu Gebot, für alles liefern seine Reden glänzende Beispiele. Die Alten preisen besonders die klare Fülle, die glückliche Entfaltung, den Nachdruck, die Keckheit und den Aufschwung, und bei großer Anmuth den Donner seines Ausdrucks (sonitus)[33]. Sie wissen nichts zu rügen, als daß er aus Mangel an strenger Schule mehr Fleisch als Muskel zeige[34]. Der gänzliche Mangel einer reiflich durchdachten und wol ausgeführten Anlage wäre hinzuzufügen gewesen. An Schönheit und hinreißender Kraft des mündlichen Vortrags scheint Demosthenes selbst sich in Nachtheil gegen ihn gefühlt zu haben. Diese Vereinigung der seltensten, zum Theil fast entgegengesetzten Rednertugenden hätte ihn vielleicht zu gleicher Höhe mit Demosthenes gehoben, wenn dieselbe unerschütterliche Vaterlandsliebe, derselbe, eines tragischen Helden würdige Hochsinn seinen Werken die großartige, sich überall in gleicher Schwebe bewahrende Haltung, diesen sittlichen, das Ganze erst reihenden, Verband gegeben hätte, den wir bei Demosthenes als das Höchste bewundern, und ohne den die Rede sich zu größerer oder feinerer Sophistik entwürdigt. Äschines galt, seit er die rhodische Schule gestiftet hatte, als zweites Haupt der Sophisten nach Gorgias[35]; und er selbst zeigte einen tiefen Blick in die Natur echter Beredsamkeit, als er erklärte, nur Grammatik könne er lehren, nicht Redekunst[36].

Außer den 3 Reden las noch Photius 9 Briefe von ihm, die man, wie jene mit den Grazien, so diese mit den Musen verglich[37]. Auf uns sind 12 Briefe unter seinem Namen gekommen, alle aus seiner Selbstverbannung, theils an Einzelne, theils an Rath und Volk nach Athen geschrieben. Ihre Unechtheit ist von den Engländern Markland, Thomas Clarke und Teylor besonders aus historischen Gründen erwiesen; nur den dritten Brief möchte Markland retten. Vieles ist noch unbemerkt gelassen, z. B. daß Philokrates, an den zwei Schreiben gerichtet sind, (1. und 6.) längst gestorben war, als Äschines auswanderte. Alle sind darauf berechnet, Rührung und Theilnahme für den Flüchtling zu erregen; sie verrathen deutlich eben den sophistischen Ursprung, welchem wir die sogenannten Briefe des Phalaris, Themistokles, Sokrates u. a. zuzuschreiben von Bentley gelernt haben.

Auch als erotischer Dichter hatte Äschines sich versucht; aber, wie er selbst andeutet, keinen Namen erlangt[38]. Nichts davon scheint ihn überlebt zu haben.

Von Äschines Privatleben wissen wir wenig mehr, als daß er i. J. 343 mit der Tochter eines Philodemos verheirathet war, und daß diese ihm bis dahin eine Tochter und zwei Söhne geboren hatte. Er soll ein Freund des Weins, freien, frohen und freudigen Sinnes, auch so also geborner Gegensatz des Demosthenes gewesen seyn. Hier haftet kein Makel, dergleichen die Schlechtigkeit Neuerer ihm hat anspritzen wollen.

Ein schönes marmornes Brustbild[39], in dem Landhause des Cassins gefunden, jetzt eine Zierde des Vatikans, zeigt ihn als einen athletisch kräftigen, sehr fleischigen Mann, steif durch erkünstelten Anstand, offnen, lebenslustigen und genußfähigen Angesichts ohne irgend etwas eigenthümlich hervortretendes, aber bequeme und gefällige Uebereinstimmung aller Züge, in denen die Mühen und Stürme seines Lebens keine Spur hinterlassen haben. Die breite Unterlippe unedel wegwerfend. Nur das Profil von Stirn und Nase würdig und fest, die Wölbung der Augenknochen vorzüglich schön, und im Aufblicke tragische Erhebung.

Literatur. Über Äschines Leben. Pseudoplut. de X. orat. p. 840. Fros. Libanius und im Apollonius bei Reiske. Philostr. Sophist. 1, 18. Suid. h. v. vor allem seine und Demosthenes Reden. Von Neuern: Vatry recherches sur la vie et les oeuvres d'Eschine, in dem Mem. de l'Acad. des Inscr. T. 14. Lit. p. 84. **Beurtheilungen.** Dionys. Halic. de vet. script. censura. 5, 5. p. 434. Reiske. In seiner Schrift de orator. antiq. ist die Hauptstelle über Äschines nicht mehr vorhanden. S. p. 451. 18. und 629. 5. Longin. Fragm. 1. Phot. bibl. cod. 61. u. 264. Cic. Brut. 9. Orat. 9. 18. 31. Quinctil. 12, 10. 23. Gell. 18. 3. Chr. Frid. Mathäi de Aeschine oratore. Lpz. 1770. bei Reiske wieder abgedruckt. **Bearbeitungen:** Ed. princ. der Reden: Aldin. Ven. 1513. mit den übrigen kleinern griechischen Rednern. Dieselbe Samml. fast nur Abdruck der Aldinischen durch Heinr. Stephanus 1575. Mit lat. Uebers. der Text nach zwei Hdschr. verb. mit Dem. von Hieron. Wolf Bas. 1572. u. öfter. Nach langer Vernachlässigung mit Demost. Dinarch und Demades von Jo. Teylor. Cantabr. 1748. 57. 2 Bde. viel für Sacherklärung, mit Beiträgen von Markland, und Benutzung unverglichner Hdschr., unbeendet. Mit Teylors Anm. von Reiske, als dritter und vierter Bd. seiner Oratt. Graec. Leipz. 1771. ff. Er hatte überdieß die sehr wichtige helmstädter Hdschr. und gab zum erstenmal die aus mehrern Codd. zusammengetragenen, aber nicht sehr bedeutenden Scholien. Sein Text correct abgedruckt, Lpz. Tauchnitz 1813. Anger, der im Besitz eines großen Apparats zu den Rednern war, hat vom Äschines nur die franz. Uebersetzung gegeben. Einzeln: in Ktesiph. von Wunderlich. Gött. 1810. mit Demost. de cor. von Imman. Becker. Halle 1815. wichtig durch vermehrte Scholien und die Lesarten der 8 Pariser Codd. zur Rede in Ctes. — Teutsch mit Demosth. von Reiske. Lemgo 1764.

---

33) Cic. de orat. 3. 7. Christodor. Ecphr. 13. Anal. 2 p. 456. 34) Quinctil. 10, 1, 77. 35) Philostr. Sophist. prooem. p. 481. Olear. 36) Liban. vit. p. 11. 37) Phot. bibl. p. 261. sq. 1464. sq. 38) Aesch. c. Timarch. p. 146. 9. 15.

39) Zuerst von E. T. Visconti im Mus. Pio-Clement. T. 6. Tab. 36. bekannt gemacht; wiederholt in seiner Iconogr. Grecque. T. 1. pag. 258. Tab. 29. Das Bildniß bei Ursinus ist unecht.

f. (1772.) 5 Bde. Gegen Ktes. mit Demosth. über die Krone von Friedr. von Raumer. Berl. 1811. — Ed. princ. der Briefe, die aldinische Brieff. Ven. 1499. dann mit den Reden: besonders von Sammet. Leipz. 1771. Fabric. Bibl. Gr. T. 1. p. 677. T. 2. p. 850. Saxe Onom. T. 1. p. 74. *(Passow.)*

Äschna, s. Äshna.

ÄSCHRION, ein empirischer Arzt zu Pergamus im zweiten Jahrhundert, blos aus einer Stelle in Galen (de facult. simpl. lib. 9. p. 147) bekannt, wo ihn Galen seinen Landsmann und Lehrer, und einen sehr erfahrungsreichen Greis nennt. Er führt ein Mittel von ihm an, welches gegen den tollen Hundsbiß empfohlen wurde. Äschrion hatte es immer vorräthig, und bereitete es alle Jahr, wenn die Sonne in das Zeichen des Löwen getreten, am 18ten Tage des Monats. Er röstete nämlich Flußkrebse in einem kupfernen Tiegel, bis sie zu Asche gebrannt waren. Von dieser Asche gab er zwei Löffel voll mit Wasser. *(Sprengel.)*

ÄSCHYLOS wird mit Recht als einer der größten tragischen Dichter des Alterthums gefeiert. Von seinen äußern Verhältnissen ist nur wenig bekannt. Er war Euphorions Sohn, zu Eleusis in Attika geboren, nach der wahrscheinlichsten Meinung, im 4ten Jahr der 63sten Olympiade, ungefähr 525 J. v. C. G., ein Bruder des Ameinias und Kynaegiros, mit denen er selbst in den glorreichen Schlachten bei Marathon, Salamin und Platäa um die Freiheit Griechenlands ruhmvoll kämpfte. War dies der Athener Ameinias, von dem Herodot sagt (VIII, 84) und auch Plutarch (Them. c. 14), daß er die Schlacht bei Salamin mit seinem Schiffe angefangen, so macht es der Bescheidenheit und Großmuth des Dichters Ehre, daß er in seinem Trauerspiele die Perser, wo er den Hergang der Schlacht dichterisch beschreibt, diese für seine Familie so rühmliche Begebenheit verschweigt [1]). Auch von dem andern Bruder, Kynaegiros, erzählt Herodot (VI, c. 9) eine männliche That. Er habe bei Marathon, als die Perser von den Griechen bis ans Meer seyn gejagt worden, das Hintertheil eines persischen Schiffes im Grimme der Verfolgung anzuhalten versucht, und dabei eine Hand verloren. Nach Aelian verlor er beide Hände (Var. hist. l. 5. c. 19). Ja er habe noch, setzt dieser hinzu, nach Verlust derselben, das Schiff in erbitterter Wuth mit den Zähnen angefaßt. Der Dichter selbst erwarb sich in diesen Kämpfen herrlichen Ruhm. Ja wenn die Inschrift, die seinen Namen trägt, (s. Brunck. Anal. II, p. 251) von ihm selber ist, wollte er weniger wegen seines poetischen als kriegerischen Verdienstes bei der Nachwelt geehrt seyn [2]). Indessen, weil dieses nur im Allgemeinen bekannt, und mit dem Verdienste der vielen Tausende, die sich hier eine namenlose Gesammtunsterblichkeit erworben haben, zusammen fließt, sein poetischer Ruhm aber fort und fort jeden Gebildeten aus seinen noch übrigen Werken anspricht, so dankt er den größeren mit Recht bei der Nachwelt der Muse.

Man sieht schon aus dem Gesagten, daß die Periode seiner Blüthe in die interessanteste Zeit Griechenlands fällt, und wenn es wahr ist, wie mehrere behaupten, daß er bis ins 1ste Jahr der 81sten Olympiade gelebt, (andre setzen seinen Tod früher; darüber, daß er in Sicilien gestorben und in Gela begraben worden, wird weniger gestritten), so umfaßt sein Leben einen reichen Kreis von Abwechslungen, die sein in der Geschichte so einzig denkwürdiges Vaterland erfuhr.

Seine dichterische Bildung betreffend, so übergehen wir hier das Geschichtchen, daß er als Knabe schon durch einen Traum, als er die Weinreben seines Vaters gehütet, zum Dienste des Dionysos soll eingeweihet worden seyn, mißkennen aber keineswegs in dieser sinnreichen Bildung das Zartfühlende, womit spätere Dichter wol dem großen Vater der Tragödie huldigten. Nach andern soll er der lyrischen Poesie sich anfänglich gewidmet haben. Auch, erzählen sie, habe er die Schlacht bei Marathon, in der er selber mit Ruhm gefochten, in Elegen besungen; weil Simonides aus Keos aber den Preis gewonnen, habe er sich zur dramatischen Poesie gewendet. Dieses Motiv ist nicht unwahrscheinlich und auch aus der Oeffentlichkeit der Bildung aller Studien erklärbar, aber zu wenig verbürgt.

Daß Äschylos die Tragödie in noch ziemlich roher Gestalt aus den Händen des Phrynichos u. a. die auf Thespis folgten und zum Theil seine Schüler waren, empfangen und so ausgebildet, wie wir sie in seinen Denkmalen finden, ist mit Recht allgemein angenommen. Indessen müssen wir diesen Phrynichos und auch selbst Thespis uns keineswegs als ganz unbedeutende Vorgänger des großen Äschylos, wie sehr er sie auch übertraf, vorstellen, wie man aus einzelnen Stellen alter Literatoren, ja selbst aus den Zeugnissen eines Aristophanes und Horaz anzunehmen geneigt seyn könnte. Dies läßt sich weder aus dem Gange der Natur, wo das Vortreffliche sich nicht so auf einmal ganz ohne Muster erzeugt, noch aus der um diese Zeit schon mit rascher Lebendigkeit sich entwickelnden Kultur des griechischen Volks, unter dem sie auftraten, mit Grund vermuthen. Jene Angaben, wo sie von Rohheit reden, sind nur relativ zu nehmen, und dann als Dichterurtheile für den Zweck und Ort, wo sie stehen, zu würdigen. Ein Schriftsteller, wie Phrynichos, der nach einem unverwerflichen Zeugnisse (s. Herodot VI, 21) mit seinem Trauerspiele: die Eroberung Milets, schon wegen des historischen Themas merkwürdig, so große Sensation erweckte, kann kein gemeiner gewesen seyn. Auch seine Phönissen und seine Alceste und andere Stücke, die von ihm gerühmt werden, dürften, wenn wir sie noch hätten, beweisen, daß, wenn auch die Form darin noch unvollkommen, vorzüglich der lyrische Theil darin, aus welchem, im Vereine mit dem epischen Vortrage bei festlichen Anlässen, ja doch die Tragödie hervorging, von echtem dichtrischen Geiste durchdrungen war. Indeß beschränken wir uns hier auf Äschylos vorzugsweise. Welches sind die Verdienste, die er sich um die Veredlung der tragischen Muse vorzüglich erwarb? Schon in Verbesserung der äußern Einrichtung

1) S. auch Jacobs Anm. zu seiner Uebersetzung der Perser (Wiel. att. Mus. IV. B. 1. H. S. 60.)

2) Aeschylos birgt, Euphorions Sohn, dies Grab, den Athener,
Den Verblichenen deckt Gelas gesegnete Flur.
Marathons Feld wird künden des Manns hochpreislichen Kühnmuth,
Und der Meder, der langlockigte, dieses bewußt.

der Tragödie gestehen ihm die Alten allgemein das Lob großer Vervollkommnung zu. Da in den Schauspielen vor ihm nur Ein Schauspieler außer dem Chor aufzutreten pflegte, der entweder diesem vortrug, was er vorzutragen hatte, oder mit diesem dialogirte, so that er den zweiten hinzu [3]), und begründete so, indem er die Herrschaft des Chors, der bei ihm freilich öfters noch das Uebergewicht hat, beschränkte, in bestimmterer Absonderung den eigentlichen, von seinen Nachfolgern noch weiter entfalteten dramatischen Dialog. Kommen auch mehrere Personen in seinen Stücken vor, so unterreden sich meist immer nur zwei mit einander zu gleicher Zeit. Eine Ausnahme scheinen die Choëphoren und Eumeniden zu machen, woraus man von einem allmähligen Weiterführen des Angefangenen schon bei Äschylos schließen dürfte.

Die wandelnde Bühne des Thespis, der von einer Art Karren herunter (s. Hor. de arte poët. v. 279—80) das Volk unterhielt, und das vielleicht anständigere, aber doch noch nicht genug würdige, Gerüst aus den Zeiten des Phrynichos, verwandelte er in einen angemessenen prachtvolleren Schauplatz, und bekleidete diesen mit einem auch die Sinne mit feierlicher Gewalt ergreifenden scenischen Pomp. Das Interesse des Staats scheint dem des Dichters und der Kunst dabei zu Hilfe gekommen zu seyn. Nach Vitruvius (s. dessen Vorrede zum 8. B.) erbaute zu seiner Zeit Agatharchos das erste öffentliche Theater. Wenn ihm die Zeugnisse mehrerer Alten auch die Erfindung der Masken zuschreiben, so scheint dies vorzüglich von einer Vervollkommnung derselben zu verstehen zu seyn. Eine Art Larven aus Baumrinden war ja selbst bei den ältesten rohern Dorfschauspielen nicht ungewöhnlich. Die Größe des Schauspielhauses, das an den Dionysien, wo alles Volk zuströmte, eine solche Menge zu fassen hatte, scheint ihren Gebrauch, da sie zur Verstärkung der Stimme diente, so wie ihre Form nothwendig gemacht zu haben. Auch die Einführung des Kothurns so wie die einer prachtvollern Bekleidung seiner Heroen und Göttergestalten, die er uns vorführt, wird ihm zugeschrieben. Das Aeußere sollte nicht zurück bleiben hinter dem so groß gefaßten Innern der Schöpfungen seiner kühnen Phantasie; das Uebermenschliche auch für das Auge nach einem höheren Maße in ehrfurchtgebietender Gestalt dargestellt werden. Darauf deutet, was Aristophanes ihn in den Fröschen zu Euripides sagen läßt. Der kühnstolze ruhmfreudige Geist seiner Zeit, die frischen über die Perser erworbenen unsterblichen Siege seines Volks, das neue Leben, die Wohlhabenheit, ja der Reichthum, der sich dadurch über Griechenland verbreitete, der üppige morgenländische Prunk, den man durch die Perser kennen lernte, scheint dieses selbst mit begünstiget zu haben, und nicht ohne Einfluß auf solchen äußern Schmuck gewesen zu seyn.

Nicht zu leugnen ist wohl, daß wenigstens ein Theil dieser im Alterthume vorkommenden Angaben, die Verdienste des Äschylos um das Aeußere des Theaters betreffend, noch einer genaueren kritischen Sichtung bedürfen, als sie zur Zeit geleistet, vielleicht auch je ganz befriedigend durfte können geleistet werden, in welche auch näher einzugehen hier nicht der Ort ist. Wie es sich aber auch damit verhalte, weniger bestreitbar in jedem Fall und weit wesentlicher sind die Verdienste, die er sich um die innere Behandlung der Tragödie erworben.

Daß der Chor durch ihn seiner vorigen Herrschaft, vermöge derselben in den frühern Stücken vor Äschylos die Handlung demselben meist ganz untergeordnet und nur eine Art Zwischenspiel war, entsetzt, und dieser, als der Sele des Ganzen, der Chor als Träger nur, gleich majestätischen Säulen für einen heiligen Tempel, gegeben ward, haben wir oben schon berührt [4]).

Auf diese Weise wurde er der Begründer einer vollkommnern Tragödie als eines Kunstwerks in dem Sinne, wie Platon schon das Wort Kunstwerk in dem Phädros nimmt. Ich sage: der Begründer, weil, wie es bei jedem Vortrefflichen der Fall ist, er seinen Nachfolgern, namentlich dem Sophokles, zur kunstreichern Vollendung noch manches übrig ließ. Er ringt noch mit einer Form, die erst im Werden ist, aber er ringt herkulisch. Nicht genug, daß selbst die Chöre noch oft eine zu übermäßige Länge bei ihm haben und von dem Schein ihrer vorigen Herrschaft über die Handlung noch nicht ganz befreit sind, auch die ganze Oekonomie trägt noch manche Spuren der ersten mangelhaften Bildung. Wir rechnen dahin nicht die große Einfachheit der Handlung. Diese findet sich auch zum Theil noch bei Sophokles, und ist eher ein Verdienst des Alterthums als ein Fehler in den meisten Fällen zu nennen; aber die Art der Durchführung dieser Handlung und die Kargheit der Motive und Mittel, deren er sich dabei bedient. Rasch, aber sicher eilt er überall zum Ziele. — Ohne viele Vorbereitung und Hinhaltung und Verschlingung, worauf sich Sophokles so bald nach ihm mit so viel berechnender Besonnenheit und Gewandtheit verstand, bringt er uns dahin, wohin er uns haben will. Unsere Aufmerksamkeit, unser Interesse weiß er mehr durch die Großheit der Charaktere, die er uns vorführt, und die ihren außerordentlichen Zuständen, worin sie sich befinden, angemessene leidenschaftlichhohe Sprache, worin er Meister ist, als durch allmählige Entfaltung der Zustände sowohl, als der von diesen bestimmten oder doch angeregten Charaktere, zu fesseln. Ueberall ist es ein kühner, wir möchten sagen riesenhafter Gruins, den Wahl der Stoffe sowohl, alle nach kolossalem Maßstab aus der Götter-, Heroen- und Gigantenwelt genommen, als die Behandlung des Ganzen und die darin sich abspiegelnde renste hohe Weltansicht bezeugt. Die Erfolge selbst, nicht eben in sorgfältig künstlicher Verknüpfung, werden neben einander gestellt, fast wie die erhobnen Arbeiten der Sculptur.

Neue Gelehrte haben nach Dionysius von Halicarnaß angefangen, Werke verschiedner Kunst, Dichterwerke z. B. mit Werken der Malerei und Bildhauerkunst zu vergleichen. Die Anwendung scheint besonders auf die Griechen und namentlich den Äschylus gelten zu können.

3) Aristot. Dichtkunst 4. K., und Diog. Laert. Leben des Plato.

4) Auch die Worte des Aristoteles Poët. II. τον λογον πρωταγωνιστην παρεσκευασεν u. s. w. führen dahin.

In Griechenland, wo ohnehin vom öffentlichen Leben alle Kunst ausging, scheint ein gemeinschaftlicher Geist, wie ihn große Ereignisse in dem vielfach empfänglichen Naturell des einzigen Volkes weckten und begünstigten, zu gleicher Zeit auf Verschiedne fast gleichmäßig gewirkt zu haben. Allerdings bildet die Zrit den Dichter, aber er auch wieder die Zeit. Der heroischkriegerische Geist, das kühne Selbstvertrauen, das nach den Thaten bei Marathon, Platää und Salamin des athenischen Volkes sich besonders bemächtigt hatte, prägt sich allerdings hervorragend in Äschylos Werken ab. Mehrere, wie die Sieben vor Thebe, die Perser u. a. scheinen wie vom Mars eingegeben; aber das ist nicht das einzig Charakteristische. Eine strenge Majestät, mehr Hoheit als Lieblichkeit, Größe nicht ohne einige Rauheit der Form zeichnet alle aus. Man kann seinen kolossalen Styl mit dem des Phidias vergleichen, und unter neuern Künstlern mahnt er an Michael Angelo, wie gegen Dichter gehalten, an Shakespear. Schönheit und vollendete Grazie ist mehr Eigenthum des Sophokles, dieses Apelles unter den Dichtern. Ihm gehören nur die furchtbaren Grazien (χαριτες φοβεραι, wie es ein alter Dichter schon treffend bezeichnete). Bei dem Feuer, das ihn erwärmt und trägt, ist doch eine Ruhe und Mäßigung, die eben die wahre sichere Größe, die auf sich ruht, beurkundet. Ja seiner Erhabenheit ist das Zarte, wenn schon nicht eigentlich Grazienvolle, so wenig fremd, wie seiner unbefangenen Treuherzigkeit die kindliche Einfalt, Natürlichkeit und selbst, was weniger noch bemerkt oder doch herausgehoben scheint, ein Anstrich von dem, was Humoristisch genannt wird. Mehrere Züge in verschiedenen seiner Stücke, in dem Agamemnon z. B., in den Choephoren, im Prometheus und den Schutzflehenden u. s. w. möchten dieses beweisen.

Wie er in die Tiefen des Gefühls mit ergreifender Innigkeit eingeht, wie seine kühne Phantasie die kühnsten Gestalten uns zu vergegenwärtigen weiß, so ist auch ein tiefer ernster Verstand überall diesen Tugenden gesellt, und durchdringt seine Hervorbringungen. Ja dieser Verstand darf mit Recht ein philosophischer im ausgezeichneten Sinne genannt werden, der nicht sowohl in vielen Sprüchen, an denen es zu rechter Zeit nicht fehlt, und ausgesponnenen Betrachtungen, als von der Wurzel aus in die ganze Vergliederung seiner Kunsterzeugnisse, von innen heraus mehr als äußerlich sich offenbart. Keiner der Tragiker hat die ideenreiche Mythologie der alterthümlichen Voewele so idealisch aufgefaßt, wie er. In der pythagorischen Schule erzogen, in den Mysterien eingeweiht, welche bride ihm nur über das, was die Natur selber schon Tiefes und Großes in ihn gelegt hatte, besser verständigen konnten, braucht er die schönen bedeutungsvollen Hüllen der alten Sagen, die sich ihm anboten, weniger zum Schmucke der Poesie, als seine ernsten Ansichten des Lebens sinnbildlich darin niederzulegen, und mit seinem Kunstzwecke, der Darstellung großer Lebenserscheinungen, in eine diese nicht beeinträchtigende Vereinigung zu bringen. Ist auch schon das Schicksal bei ihm, wie im Alterthum gewöhnlich, nach den Vorstellungen seiner Zrit und seines Volks, die leitende Idee, die seine Stücke durchdringt, erscheint es bei ihm oft in einer herberen Gestalt, als manchem zarteren sittlichen Gefühl willkommen seyn dürfte, so ist doch zu bemerken: neben dem, daß er für seine tragische Kunst und für Erregung und Erhebung unsrer Leidenschaften den wirksamsten Gebrauch davon zu machen versteht, sühnt er auch; wenn wir mehr auf das Ganze seiner Compositionen, besonders wie sie als Trilogien zuweilen neben einander stehen, unser Augenmerk richten, in moralischer Beziehung mit diesem Schicksale selbst wieder aus. Schon an sich ist es erhebend, den Menschen aufgestellt zu sehen im Kampfe mit demselben, und wo er überwältiget wird von der Naturnothwendigkeit außer sich, seiner Freiheit doch auch selbst in seinem Untergange durch diesen muthigen Kampf gegen sie einen Triumph bereitet zu finden. Dies eben ists, was uns die alte Tragödie so anziehend macht. Bei Äschylos sind es nicht blos Menschen, es sind wie im Prometheus Titanen, Halbgötter, die diesen Kampf mit der höheren Macht bestehen. Je größer schon, als menschliche, ihre Ueberlegenheit seyn muß, um so größer, um so furchtbarer der Kampf. Dieses gigantische Schauspiel ist wol eines der bewunderungswürdigsten des großen Dichters, voll tiefer Bedeutung und naturweisen Sinnes. Hätten wir die ganze Trilogie, zu der dieses Drama als Mittelglied gehört, wie wir die vollständige der Orestias haben, die den Agamemnon, die Choephoren und die Eumeniden enthält, und vorzüglich die Schlußtragödie, den befreiten Prometheus, aus welchem Cicero in einer lateinischen Uebersetzung uns ein Fragment aufbewahrt hat, so würde das starre Fatum, das über dem noch vorhandnen Einzelganzen mit ungeheurer Schwere lastet, sich, freilich in keine ganz reine Vorsehungsidee, was der ganzen Anlage nach nicht der Fall seyn könnte, aber wahrscheinlich in die einer solchen übersinnlichen Ordnung der Dinge auflösen, die uns, wie wir von ästhetischer Seite her wunderbar uns erregt und zur Contemplation aufgefodert finden, im noch erhaltenen Prometheus (dem Gefesselten), durch den ganzen Zusammenhang, die Einleitung, Fortführung, Verschlingung und Auflösung dieser Schicksalsfabel, auch von der religiös-sittlichen aus befriedigter entließe [5]).

Wenigstens ist dieses der Eindruck, den das letzte Stück der oben erwähnten noch ganz erhaltenen Trilogie, den die Eumeniden in uns zurück lassen. Die Milde, der Friede, der am Ende desselben nach vollbrachter Sühnung gleich einer freundlichen Abendsonne nach wilden Gewitterstürmen über das Ganze sich verbreiten, theilen sich wohlthätig befriedigend auch uns mit, erfüllen uns mit derselben, ich möchte sagen, heiligen Heiterkeit beinahe, wie, nur dort in reicherem Maße, in der sophokleischen Tragödie, die man die Verklärung des Oedipus nennen könnte; und wir lernen jetzt auch das Herz des Dichters lieben, dem wir vorher mit Bewunderung und Entsetzen durch den schrecklichen Schicksalslauf hindurch, in welchem er unsre Phantasie und Leidenschaft mit kühner Hand fest zu halten wußte, oft sträubend fortgezogen folgten; denn wenn es auch an zarten Anklängen, beson-

5) Vgl. Blümner über die Idee drs Schicksals in den Tragödien des Äschylos. Leipz. 1814. (H.)

ders in dem lyrischen Theile, ja an solchen, die mitten durch die grausen und stürmischprophetischen Töne der Kassandra z. B. sich hinziehen, nimmer fehlt, die schauerlichfurchtbaren haben, wie die Natur der Ereignisse, die hier geschildert werden, das Uebergewicht. Aber alles dieses wird wieder gemildert durch den religiösen Sinn, der überall die Ider des Schicksals, wie er es behandelt, schon an sich, und die Betrachtungen, womit der Chor häufig dem Gange der Handlung, sie sey nun That, oder Begebenheit, folgt, auf die feierlichste, würdigste Weise begleitet.

Ueberhaupt, wo Äschylos auch den roheren Bildungen der Religion, wie er sie faud, und den Sagen, wie sie das glaubige Volk glaubte, in seinen Chören folgte, scheint er sie nur als Hüllen eines tiefern reinern religiösen Sinns, der ihm selber einwohnte und ihn lebendig durchdrang, gebraucht zu haben. Viele Päane, Hymnen, Flehgebete u. s. w. athmen die reinste Andacht, und sie können in der Art der Empfindung und des Ausdrucks, wenn ja Vergleichung angestellt werden soll, mit den biblischen Gebeten in den Psalmen und den Propheten und den diesen nachgebildeten Hymnen aus den Zeiten der lateinischen Kirche am ehesten verglichen werden. Auch die gediegenen Tugendsprüche, Sitten- und Klugheitslehren, die er in den Chören einfach, aber würdig vorträgt, mahnen häufig nach Form und Gehalt an das morgenländische Alterthum, mögen uns manche jetzt trivial scheinen, wie z. B. im Prometheus die ausgeführte Lehre, daß Mißheirathen selten glücklich, und daher nicht räthlich für wahres Lebensglück seyen, daß wer auf das Feld des Lasters säe, nur Verderben ernte, daß Leiden Lehren seyn u. s. w., sie waren es dem unbefangenen Alterthum nicht; solche immer vom Leben wiederholte und nie genug zu erneuernde Warnungssprüche sind am wenigsten trivial in dem Vortrag und der Einkleidung, die er ihnen gibt, und mahnen oft an morgenländische Form, wie viele seiner Bilder, weil es wahr bleibt, daß Völker, die weiter in keiner nähern Berührung mit einander stehen, wenn sie gerade ungefähr auf gleicher Entwickelungsstufe sich befinden, in denselben Schemen der Einkleidung für ihre Gedanken und Erscheinungen sich begegnen.

Doch wir müssen mehreres, was für den Zweck dieses Aufsatzes zu umständlich werden dürfte, unterdrücken. Wir schließen mit einigen noch nachzuholenden literarischen Bemerkungen.

Äschylos hat eine große Anzahl Trauerspiele geschrieben [6]), von denen nur der wenigste Theil auf uns gekommen ist; doch scheinen die Sieben, die von ihm gerettet wurden, schon im Alterthum unter die geschätztesten gehört zu haben. Sie sind außer den drei angeführten, welche die Trilogie Orestias bilden, die Perser, Prometheus, die Sieben vor Thebä und die Schutzgenossinnen. Von ihrem besondern Werthe hier zu reden, würde zu weit führen [7]).

Er erlebte ein hohes Alter. Man erzählt gewöhnlich: Nachdem er dreizehn Mal den Preis der Tragödie errungen, und schon in einem Alter von 56 Jahren stand, habe der 26jährige Sophokles den Sieg im dionysischen Kampfe über ihn davon getragen. Voll Empfindlichkeit darüber habe er Athen verlassen, und sich zum Könige Hieron nach Syrakusä begeben. Nach Hierons Tode (im 2. J. der 78. Olymp. 468 v. C. G.) kehrte er wieder nach Athen zurück, ging aber aufs neue wieder nach Sicilien und starb dort im 1. J. der 81. Olymp. 456 J. v. C. G. Die fabelhaft-klingenden Erzählungen von der Art seines Todes, wie sie Suidas, Valerius Max. und andre erzählen, übergehen wir. Bei Gela ward er begraben, und die Einwohner der Stadt errichteten ihm ein Denkmal, das Plutarch aufbewahrt hat (de exil.) und oben von uns angeführt worden.

Die älteste Ausgabe von Ald. Manutius, Vened. 1518. gr. 8. ist nicht vollständig. So erschien sie zuerst mit den Scholien Ven. 1552. 8. von Robortell, und Paris 1577. 4. von Heinr. Stephanus mit Anm. Bedeutender sind folgende Ausgaben: Aeschyli Trag. Gr. et Lat. Schol. gr., nova versione et notis Th. Stanleji. Lond. 1664. fol. — Gr. et Lat., notis Stanleji, Canteri et Jo. Corn. Pauw, 2 Bd. Amst. 1744. 4. Vorzügliche Verdienste erwarb sich Schütz. Aeschyli Tragg. quae supersunt et deperditarum fragmenta rec. Chr. God. Schütz. 3 Bde. gr. 8. Halle. Ausg. 1. 1782 — 1797. Ausg. 2. 1799 — 1803. Ausg. 3. 1808. Handausg. mit lat. Uebers. 2 Bde. gr. 8. Halle 1800. Merkwürdig in Hinsicht auf Conjecturalkritik ist Person's Ausgabe: Αἱ τοῦ Αἰσχύλου τραγῳδίαι ἑπτά. Glasg. 1795. Fol. Besser als die Ausg. von *du Theil.* Paris 1795 (bloßer Abdruck des Stanleyschen Textes) ist die Handausg. von T. H. Bothe. Leipz. 1805. gr. 8. Reich an kritischen und metrischen Verbesserungen sind die Ausg. von Gottfr. Hermann. S. auch dessen Observ. crit. in quosd. locos Aesch. et Eurip. Leip. 1798. de Choro Eumenidum Aeschyli. Leipz. 1816. u. f. de Aeschyli Persis. Leipz. 1814.

Die erste vollständige Uebersetzung lieferte J. T. L. Danz. Leipz. 1805. Bd. 2. 1808. Gottfr. Fähse, Penig 1809. Vier Tragödien des Äschylos von Fr. L. Gr. zu Stolberg. Hamb. 1802. (Prometheus; Sieben gegen Theben; die Perser; die Eumeniden). Einzeln übersetzt sind erschienen: 1) Prometheus, von Schlosser, Basel 1784; von Jacobs in Wielands Att. Mus. Bd. 3. 2) Agamemnon v. von Halem, Berl. 1794. Jenisch, Berl. 1786; von

---

6) Einige geben 70, andere 90 an, die Satyrspiele mit eingerechnet, deren er an 15 schrieb. Von den letzten (man kennt ihre Gattung aus dem erhaltenen Kyklops des Euripides) die als Zugabe zu den Trilogieen gewöhnlich von den Dichtern mitgegeben wurden, haben wir von Aeschylos keins übrig. Der Προμηθεὺς πυρφόρος soll eines gewesen seyn, was von andern bezweifelt wird; wenigstens wäre dann, da auch eines Προμηθεὺς λυόμενος erwähnt wird, das Ganze keine reine Trilogie gewesen. Auch die Schutzgenossinnen, welche wir noch besitzen, bildeten wahrscheinlich eine Trilogie mit zwei verlornen Stücken den Aegyptiern und Danaiden. Vgl. Schlegel S. 158.

7) Vergl. Jacobs in den Charakteren der vornehmsten Dichter aller Nationen, Bd. 2. St. 2. S. 391 — 461. Jenisch Vorles. über die Meisterwerke der griech. Poesie Bd. 2. S. 245 — 289. Schelle, wie soll man klass. Autoren lesen? Bd. 2. S. 822 — 840. Gruber ästhet. Wörterb. Art. Aeschylos. Schlegel, Vorles. über dramat. Kunst und Literatur. Bd. 4. S. 134 fgg.

Wilh. v. Humboldt, Berl. 1812. 3) Sieben gegen Theben von Süvern, Halle 1797. 4) Die Perser von Danz, Leipz. 1789; von Jacobs in Wielands Att. Mus. Bd. 4. 5) Die Eumeniden von Conz, Stuttg. 1812. Vergl. Fabric. Bibl. gr. Degens Lit. d. teutsch. Uebers. d. Griechen. Th. 1. (*Conz.*)

ÄSCHYNOMENE, eine Pflanzengattung aus der natürlichen Familie der Leguminosen und der 17ten Linné'schen Classe. Der Charakter besteht in einer Gliederhülse, die etwas zusammen gedrückt ist, und einem zweilippigen Kelch. Die bekannten Arten dieser Gattung wachsen sämtlich in Ost- und Westindien. Merkwürdig von den übrigen ist Äschynomene *sensitiva* Sw., mit linienförmigen stumpfen Blättchen und glatten Gliederhülsen, deren Blätter eine ähnliche Empfindlichkeit zeigen, als die Mimosen. Diese Art wächst auf Jamaica, ist in Plumier (ic. t. 149. f. 2.) abgebildet, und wird in engl. Gärten gezogen. (*Sprengel.*)

ÄSCULANUS, nach Augustin[1]) einer der Münzgötter der Römer, Vater des Argentinus, dem er gern noch den Aurinus — Kupfer, Silber, Gold — zum Enkel geben möchte, auch Äs und Äres genannt. Auf Münzen findet man häufig drei Gottheiten, aber in weiblicher Gestalt neben einander, in der Rechten eine Wage, in der Linken ein Füllhorn haltend, Haufen Geldes zu ihren Füßen [2]). Auf einer Münze des Titus kommt Äres allein vor, gleichfalls in weiblicher Gestalt, in der Rechten eine Wage und in der Linken eine hasta pura. Banier Götterlehre Th. 3. St. 836 ff. und Kenntniß antiker Münzen Th. 1. S. 154. (*Ricklefs.*)

Äsculap, s. Asklepios — Äskulap-Natter und Ä. Schlange, s. Coluber.

ÄSCULUS, eine Pflanzen-Gattung aus der natürlichen Familie der Ahorne und aus der 7ten Linne'schen Classe. Der Charakter ist: ein fünfzähniger, bauchiger Kelch, vier oder fünf ungleiche Kronenblätter auf dem Kelche aufsitzend; sieben ungleiche Staubfäden und eine dreiklappige Kapsel. Alle Arten haben gefingerte Blätter, und sind Bäume. Nue eine Art ist in der alten Welt bekannt: sechs sind bis jetzt in Nordamerika entdeckt. Jene heißt: 1) Äsculus *Hippocastanum*, die gemeine Roßkastanie; diese hat fünf auseinander stehende, offene Kronenblätter, stachlichte Früchte, die Stammblätter stehen zu sieben zusammen. Dieser Baum wächst am schwarzen Meere wild, und ward zuerst in Europa bekannt, da Quakelbeen, der Arzt des Gesandten Busbeque, in einem Briefe an Matthiolus (epist. lib. 3. p. 101) seiner erwähnte. Dies war im Jahr 1557. Samen desselben kamen bald nach Wien, und die daraus 1576 erwachsenen Bäume waren schon 1588 zwei Klafter hoch und die Stämme so dick wie eine Mannslende. So sah und beschrieb sie Clusius (hist. 1. p. 7. 8), wo wir auch die erste Abbildung davon finden. Von Wien aus hat sich dieser Baum seitdem so ausgebreitet, daß er durch ganz Europa als wildwachsend und einheimisch angenommen wird. Daß er das nördliche Klima nicht scheut, geht aus seinem Vorkommen in Schweden hervor, ob gleich nicht bekannt ist, wie hoch er hinauf geht. Man zieht ihn, wegen seiner schönen Blüthen und übrigen schönen Ansehens, zu Baumgängen. Aus den Blüthen sangen die Bienen reichlichen Honig; das Laub wird vom Hornvieh und von den Schafen gern gefressen. Die Rinde wird schon seit neunzig Jahren als Surrogat der Chinarinde oder auch als Zusatz benutzt, der sie gleichwol an balsamischen Theilen nachsteht †). Das Holz läßt sich zu Hausgeräth trefflich benutzen, und wird nie wurmstichig. Aus der Asche des verbrannten Holzes und der Früchte erhält man weit mehr Pottasche, als aus dem Büchenholz. Die grünen Schalen der Früchte dienen zum Färben. Die Früchte sind ein gutes Futter für Schafe und Zirgen; sie geben ein Mehl, dessen man sich zur Verfertigung des Kleisters und zum Seifenpulver bedienen kann. Auch hat man vorgeschlagen, Brennöl daraus zu pressen.

Aus Amerika stammen folgende Arten: 2) Äsculus *Pavia*, mit gefünften glatten Blättern, vier zusammengefalteten Kronenblättern und glatten Früchten. Sie wächst in Virginien, wird nie sehr hoch und stark, und ist wegen der schönen rothen Blüthen zu empfehlen. Abgebildet in Trew und Ehrhart Taf. 15. 3) Äsculus *flava*, mit gefünften, unten haarigen Blättern, vier zusammengefalteten Kronenblättern und glatten Früchten. Aus Virginien: blüht blaßgelb, und wird auch nicht hoch. Abgebildet in Schmidt's Baumzucht, Taf. 40. 4) Äsc. *pallida* Willd., mit gefünften Blättern, vier offenstehenden Kronenblättern und stachligen Früchten. Wächst in Kentucky, und wird hoch. 5) Äsc. *glabra* Willd., mit gefünften ganz glatten Blättern, vier offenstehenden Kronenblättern und dornigen Früchten. Aus Pensylvanien. 6) Äsc. *macrostachya* Mich., mit gefünften, unten etwas filzigen Blättern, vier offenstehenden Kronenblättern und äußerst langen Staubfäden. Dies ist ein kleiner Strauch, der in Georgien wächst, und sich durch seine schönen weißen Blüthentrauben auszeichnet. 7) Äsc. *discolor* Pursh., mit gefünften, unten filzigen Blättern, vier zusammengefalteten Kronenblättern, sehr kurzen Staubfäden und glatten Früchten. Ein Bäumchen, welches in Georgien wächst, und sich durch seine gelb, weiß u. roth gefleckten Blüthen auszeichnet. (*Sprengel.*)

Äsepos, Grenzstrom zwischen Troas und Mysia, s. Troas.

ÄSEPOS (Αἴσηπος): 1) der Flußgott dieses Stromes, Sohn des Okeanos und der Tethys *); 2) der Sohn des Troers Bukolion und der Abarbarea, Bruder des Pedasos, mit diesem von Euryalos erlegt **). (*Ricklefs.*)

ÄSERNIA, jetzt Isernia, kleine Stadt im Samniterlande, nah am linken Ufer des Vulturnus, genannt von T. Liv.[1]), Plinius[2]) und Sil. Ital.[3]). (*Sickler.*)

---

1) de Civ. Dei IV, 21. 2) *Vaillant* Sel. Num. p. 113 ff. *Buonarotti* Med. p. 147. T. 14, 15 u. 18.

†) Man gibt die Rinde selbst zu einem halben Scrupel, am liebsten mit Gewürz oder Opium; auch den Dickauszug (Extractum Hippocastani) zu 5 Gran. Die Früchte (Fructus Hippocastani) hat man gegen asthenische Blutflüsse und Schleimflüsse empfohlen; sie werden geröstet, zerstoßen und mit Wasser gekocht. (*Burdach.*)

*) Hes. Theog. 342. **) Il. VI, 20 ff.

1) L. XXVII, 10. 2) L. III, 12. 3) L. V, 567.

ÄSHNA (richtiger wol Äschna, von αισχυνη, Schamhaftigkeit) Schmaljungfer (Illiger), eine von Fabricius ausgehobene Gattung aus der Familie der Libellulinen oder Wasserjungfern, die auch Schrank und Latreille aufgenommen haben. Ihre Kennzeichen sind: haarförmige Fühler, ein halbkugelförmiger Kopf und eine deutlich dreitheilige Lippe, deren mittelster Theil oder Zahn ziemlich eben so lang ist, als die Seitentheile. Der Leib ist lang, walzenförmig. Die Larven leben im Wasser, und die ganze Verwandlungs-Art hat Rösel dargestellt. Man kennt sechs Aeten, von denen drei in Europa einheimisch sind und an Gewässern umherfliegend vorkommen. In der Ruhe tragen sie die Flügel horizontal ausgebreitet. Am häufigsten ist Äshna forcipata, das Halsschild schwarz und gelb bunt, der Hinterleib gelb oder grün gefleckt; beschrieben bei Fabric. Entomol. Syst. T. II. p. 384. — Linn. Syst. Nat. (edit. XII.) T. I. Sect. II. p. 903 No. 11. (Libellula forcipata) — Geoffroi Insectes. T. II. p. 228. No. 13. Abbildungen finden sich in Rösel monatl. Insectenbelustigungen II. Bd. aquat. II. tab. 4. — Panzer Fauna insect. Germaniae fasc. 88. tab. 21. (*Germar.*)

Äsir, s. Asen (Asa-Lehre).

ÄSIS, Grenzfluß zwischen Umbrien und Picenum; jetzt Esio, mit dem Chiazzo aus gemeinschaftlicher Quelle entspringend, genannt und beschrieben vorzügl. von Sil. Ital. *). (*Sickler.*)

ÄSIS, auch Äsium, jetzt Jesi, kl. Stadt in Umbrien, gen. von Ptol. u. in Gruter. Inscr. Thes. **). (*Sickler.*)

Äsitae, s. Ausitis.

Äsium, s. Äsis.

Äsola, s. Äsula.

ÄSON (Αισων), ein Aiolide, Sohn des Kreteus, und der Tyro, Tochter des Salmoneus [1]), vermählt mit Polymede [2]), die bei Hesiod. [3]) Polymele, und bei Herodot [4]) Polypheme heißt, nach Hygin 13. mit der Alkimede, nach Diod. IV, 50. mit der Amphinome, nach Andern mit der Arne oder Skarphe [5]), Vater des Jason und Promachos. Er wurde von seinem Stiefbruder Pelias, der bei der Theilung des väterlichen Reichs leer ausgegangen war, von der Regirung in Jolkos verdrängt. Da Jason, wie es scheint, des Vaters Recht zurückfodern wollte, so entfernte ihn Pelias, um das goldne Vließ zu holen [6]). Bei der Nachricht von der Rückkehr der Argonauten wollte Pelias den Aison hinrichten. Er aber tödtete sich selbst durch Ochsenblut; die Mutter erhing sich und Promachos ward von Pelias getödtet [7]). Nach Diod. IV, 50. zwang Pelias ihn, Ochsenblut zu trinken, als er die Nachricht empfing, daß die Argonauten im Meere untergegangen, und richtete Mutter und Sohn hin. Ovid [8]) läßt Äson bei der Rückkehr der Argonauten noch leben, und von der Medeia verjüngt werden. (*Rickleſs.*)

*) L. VIII, 441.
**) p. 446. No. 1 u. 2.
1) Apollod. I, 9. 11. 2) das. c. 16. 3) Schol. ad Od. XII, 70. 4) Schol. in Apoll. Rh. I, 45 u. 230. 5) Tzez. in Lycophr. p. 142 ed. Steph. 6) Apollod. I, 9. 16. Diod. IV, 40. 7) Apollod. I, 9. 27. 8) Metam. VII, 262 sq.

Von ihm erhielt eine Stadt in der thessalischen Landschaft Magnesia den Namen Αἴσων, welche Apoll. Rhod. I. 411. und nach dem Schol. dazu, auch Pindaros und Pherekydes Αἰσωνίς, nach Steph. Byz. aber der letztere Αἰσωνία genannt hatte. Gentilform des ersten Αἰσώνιος, des letzten Αἰσωνιεύς. Steph. Byz. Plutarchus (vit. Aemil.) erwähnt auch einen thessal. Fluß Αἴσων. (*Spohn.*)

ÄSOPOS (Αἰσώπος). Mehrere mehr oder minder bekannte Männer des frühern und spätern Alterthums führen diesen Namen. Der berühmteste unter ihnen ist ohne Zweifel

1) Äsopos, der Fabeldichter (Αἰσώπος λογοποιός), von welchem sogar eine eigne Gattung der didaktischen Poesie, die Fabel (λόγος, ἀπολόγος, παροιμία, αἶνος, μῦθος, ἀπόκριμα) schon im Alterthum den Namen erhalten hat (λόγος --- Αἰσωπεῖος), den sie auch noch jetzt führt. Was von ihr und von ihrer Geschichte gesagt werden muß, wird in den Artikeln Apolog und Fabel seine Stelle finden.

So bekannt nun auch der Name Äsopos ist, so wenig Gewisses weiß man jedoch von dem Leben dieses Fabeldichters; denn was sich in mehrern Schriftstellern des Alterthums, wie bei Herodotus, Plato, Plutarchus, Diogenes Laertius, Suidas und Andern, größtentheils sehr zerstreut findet, ist theils sehr wenig, theils stimmt es auch nicht mit einander überein [1]); was aber durch den Maximus Planudes, einen konstantinopolitanischen Mönch des 14. Jahrh., von dem Leben des Äsopos in Umlauf gebracht worden ist, trägt so sehr das Siegel des Mährchenhaften und Unwahren an der Stirn, daß es gar keiner weitern Berücksichtigung werth ist. Daher erwähnen wir hier auch gar nicht der Sage von des Äsopos Mißgestalt [2]). An seiner Existenz überhaupt zu zweifeln und, den Namen Αἰσωπος aus dem Hebräischen herleitend (אסף, carmina Asaphim), diesen blos als Collectivbenennung eines weisen Mannes zu nehmen, wie Einige gethan haben [3]), möchte doch wol die historische Skepsis zu weit getrieben heißen. Was mit Wahrheit von ihm behauptet werden kann, beschränkt sich größtentheils darauf, daß er etwa um die Mitte des 6. Jahrhunderts vor Christus (Olymp. 52) lebte, aus Phrygien stammte — wiewol auch in dieser Angabe große Verschiedenheiten herrschen, indem auch Thracien, Lydien und Samos als seine Geburtsorte angegeben werden [4]), — ein Zeitgenosse und zum Theil Freund der sogenannten sieben Weisen Griechenlands war, seine frühern Jahre als Sklav zubrachte; (als seine Herren werden Demarchus (Zemarchus), der Athener, Xanthus und Jadmon (Idmon), die Samier, genannt) [5]), von seinem letzten Herrn die Freiheit erhielt, und von den Delphiern, welche sich von ihm beleidiget glaubten, getödtet wurde [6]). In Hinsicht dessen, was von seinem Aufent-

1) Man vergl. Fabricii Biblioth. Graec. Ed. Hamb. 1708 etc. Vol. I. Lib. II. c. 9. p. 390 etc. Ed. Harles. Hamb. 1790 etc. Vol. I. p. 618 etc. 2) M. vgl. Meziriac la vie d'Esope §. 11. 3) M. s. die Note k in Harles Ausgabe von Fabricii Biblioth. Graec. p. 620 und 621. 4) Meziriac l. c. § 1 5) Fabric. u. Meziriac ll. cc. 6) Herodot. Lib. II. c. 134 Plutarch. de sera numin. vind. Ed. Wyttenb. p. 49.

halt an den Höfen des Krösus und des Periander gesagt wird, verweisen wir auf Fabricius und Meziriac.

Man hält diesen Äsopos gewöhnlich für den ersten Erfinder der Fabel, aber mit Unrecht: denn, wenn man auch nicht an die viel frühern Fabeln, welche sich in den biblischen Büchern des alten Testaments finden, wie denn die Fabel in manchen Modificationen recht eigentlich bei den Orientalen zu Hause ist, sich auch bei einem jeden Volk auf einer gewissen Bildungsstufe von selbst entwickelt, denken will, so stößt man doch auch selbst in der Geschichte der Literatur bei den Griechen auf Fabeln, welche über das Zeitalter des Äsopos hinaufreichen [7]. Gewiß ist es aber, daß bei den Hellenen Äsopos sich besonders diese bildliche Darstellungsweise wählte, um gewisse moralische Wahrheiten den Gemüthern zu versinnlichen und einzuprägen, weil dieses die allgemeine Sage des griechischen Alterthums ist, und in so fern kann er als Repräsentant dieser Dichtungsart genannt werden. Da ferner die Fabel in ihrem ganzen Wesen den Charakter des Praktischen an sich trägt, so ist es mehr als wahrscheinlich, daß Äsopos sich dieser Darstellungsweise auch besonders bei wirklichen Vorfällen und Veranlassungen bedient habe, und daß seine Fabeln, welche er hersagte, oder, wenn man so sagen darf, vielleicht nach Art der Rhapsoden, sang, metrisch abgefaßt waren, scheint mir ganz in dem Geiste der griechischen Literatur jener Zeit zu liegen, und hiegegen streitet auch nicht, was Sokrates bei Platon im Phädon [8]) sagt: er habe einige äsopische Fabeln versificirt, denn er konnte sie wol nur ihrem Inhalte nach im Gedächtniß haben, auch konnte zu Sokrates Zeit vielleicht schon eine prosaische Sammlung vorhanden seyn [9]). Auch hat man allen Grund, zu zweifeln, daß Äsopos eine seiner Fabeln schriftlich abgefaßt hat; sie gingen wol nur von Mund zu Mund, wogegen keinesweges der Umstand streitet, daß Aristophanes, Platon und Aristoteles äsopische Fabeln anführen. Sammlungen solcher Fabeln wurden aber schon sehr früh verfertiget [10]), und namentlich führt Diogenes Laertius [11]) unter Demetrius des Phalareer's Schriften Sammlungen äsopischer Fabeln (λογων Αἰσωπείων συναγωγαὶ, Αἰσώπεια) auf.

Von den Fabeln des Äsopos, so wie sie aus seinem Munde kamen, oder wie er sie aufschrieb, wenn er sich der schriftlichen Mittheilung, welches sehr zweifelhaft ist, bedient hat, ist keine einzige mehr vorhanden, wiewol die Grundlage derselben sich noch in einigen erhalten hat [12]). Ein gewisser Babrius, dessen Zeitalter nicht bestimmt anzugeben ist (nach Koray lebte er nicht lange nach Bion und Moschus), brachte mehrere der zu seiner Zeit vorhandenen prosaischen äsopischen Fabeln in Choliamben, die wahrscheinlich späterhin unmetrisch überarbeitet wurden, und in dieser Gestalt zu den Tetrastichen des sogenannten (wahrscheinlich aus Babrios verstümmelt) Gabrias (die wahrscheinlich von Ignatius Magister oder Diakonus im 9. Jahrh. herrühren) Veranlassung gegeben haben. Auch von dem antiochenischen Redner und Sophisten Aphthonius im 2ten Jahrh. besitzen wir noch 40 äsopische Fabeln in Prosa, so wie ein Leben des Äsopos, welches von dem Planudischen wohl zu unterscheiden ist. Diejenige Sammlung, aus welcher die gewöhnlichen Ausgaben der äsopischen Fabeln genommen sind, heißt die Planudische, und die darin enthaltenen Fabeln geben durch Inhalt und Sprache auf das deutlichste zu erkennen, daß sie ein neueres Machwerk sind. Durch Nevelet, Hudson, Hauptmann und Heusinger ist aus Handschriften und Scholiasten die ältere Sammlung schon früher sehr vermehrt worden; durch Tyrwhitt, Koray, de Furia und J. G. Schneider hat in den neuern und neuesten Zeiten die Literatur der äsopischen Fabel eine ganz andere Gestalt gewonnen.

Handschr. vorzügl. Art. sind: der Bodlejanische Codex zu Oxford von Tyrwhitt benutzt. Der Florentinische, von Franc. de Furia; der Augsburger, von J. G. Schneider durch den Abdruck bekannt gemacht. — Ausg. vorzügl. Art.: Ed. princ. von *Bonus Accursius* um 1480. 4. — Ausg. von *Rob. Stephanus.* Par. 1546. 4. — Ausg. von If. Nic. Nevelet (Mythologia Aesopica). Francof. 1610. Ed. 2. 1660. 8. — Ausg. von Hudson (ohne Namen des Herausgebers). Oxon. 1718. 8. — Ausg. von Hauptmann. Lips. 1741. 8. maj. — Ausg. von Joh. Mich. Heusinger. Isen. et Lips. 1741. 8. und 1756. 8. — Ausg. von Gf. H. Schäfer. (ohne Namen des Herausgebers). Lips. 1810. 8. — Ausg. von Coray (Παρέργων Ἑλληνικῆς Βιβλιοθήκης τόμος δεύτερος. Μύθων Αἰσωπείων Συναγωγή. Paris. 1810. 8. maj. — Ausg. von Franc. de Furia. II Part. Flor. 1809. 8. und Lips. (cur. Schaefero) 1810. 8. — Ausg. von Joh. Gottl. Schneider. Vratisl. 1812. 8. — Wichtige Uebersetzungen. Luther übersetzte 16 Fabeln, welche 1530 besonders herauskamen. Uebers. von Burkard Waldis. Frkft. a. M. 1548. Neuere Uebersetz. von (J. F. B. Motz). Leipz. 1794. 8. — Von Erläuterungsschriften sind mehrere schon genannt. Das Leben des Äsopos von Planudes in den ältern Ausgaben des Äsopos — das von Aphthonius in den Ausg. des Aphthonius, auch vor einigen Ausgaben des Äsopos — das von Meziriac Burg. 1632. 16. auch vor den Commentaires sur les Epitres d'Ovide T. I. A la Haye 1716. p. 57 etc. — A Dissertation

7) Man s. Fr. Jacobs über die griechischen Fabulisten im fünften Theil der Nachträge zu Sulzer's Theorie der schönen Künste S. 274 u. s. w. und meine Geschichte der Literatur der Griechen und Römer. Greifsw. 1813. Th. 1. S. 290 u. s. w.

8) Ed. Bipont. 1781. Vol. I. p. 136 etc. Auch Plutarch de audiend. poet. c. 6. und Suidas unter Σωκράτης erzählen dieses. Diogenes Laertius II. 42. Ed. Meibom. Amst. 1692. 4. Vol. I. p. 106 führt sogar das Anfangsdistichon einer äsopischen Fabel des Sokrates an.

9) s. Lessing zur Gesch. der äsopischen Fabel, verm. Schrift. Th. 2. Berl. 1784. S. 228.

10) Lessing im a. W. S. 226 schließt dies aus einer Stelle in Aristophanes Vögeln V. 887. Wir möchten dieser Stelle noch die in den Wespen V. 566 hinzufügen.

11) V. 80 u. 81. Ed. cit. Vol. I. p. 309 u. 310.

12) Lessing im a. W. S. 227 und meine Gesch. der Liter. u. s. w. S. 292.

upon the Epistles of Phalaris ---- and the Fables of Aesop by *Rich. Bentley*. Lond. 1697. 1705. 8. — Lennep's Ausg. des Phalaris. Gron. 1774. 4. und Bentleji Op. crit. Lips. 1781. 8. p. 72 etc. — *Th. Tyrwhitt* Dissert. de Babrio fabular. Aesop. scriptore etc. Lond. 1776. 8. maj. Ed. 2. (ed. *Harles*) Erl. 1785. 8. Der Leipz. Ausgabe von de Furia's Äsopus sind auch die Bentleischen und Tyrwhittschen Abhandlungen beigedruckt. — Der Artikel Äsop bei Bayle (hist. krit. Wörterb. deutsche Uebers. B. 2. S. 431 u. s. w.) ist mit vielem Fleiß und Gelehrsamkeit gearbeitet. Was von den Fabein des Aphthonius, Babrius, Gabrias u. s. w. und deren Ausgaben zu sagen ist, wird unter diesen Artikeln gesagt werden müssen. Ueber Einiges, was hier nur angedeutet werden konnte, so wie besonders wegen der vollständigen Titel der Ausgaben, verweise ich auf die schon oben genannte Geschichte der Literatur der Griechen und Römer B. 1. S. 289 bis 297. Daß die beiden Bücher über das, was ihm selber zu Delphi widerfahren ist (τὰ ἐν Δελφοῖς αὐτῷ συμβάντα, ἐν βιβλίοις β'), welche Suidas, selber zweifelhaft, dem Äsopos beilegt, nicht von ihm haben geschrieben seyn können, hat Fabricius (Bibl. Graeca. Ed. nov. Vol. I. p. 622) ausführlich gezeigt; der überhaupt über den Artikel Äsop sorgfältig zu benutzen ist. Lessing hat auch einige Bogen Erklärungen über den Äsop hinterlassen. Man s. die Anmerkung seines Bruders im angef. Buche S. 226.

2) Äsopos, ein Freigelassener des Demosthenes, dessen Macrobius (Saturn. Lib. II. c. 11. Edit. Londin. 1694. 8. maj. p. 165) gedenkt, und von ihm erzählt, daß er durch die härteste Folter nicht dahin habe gebracht werden können, einen von seinem Gebieter begangenen Ehebruch zu verrathen.

3) Äsopos, ein Vorleser (Anagnost ἀναγνώστης) des Königs Mithridates von Pontus. Suidas [13]) erzählt von ihm, daß er ein Werk über die Helena (περὶ Ἑλένης) geschrieben habe, in welchem von einem Fische, Pan genannt, erzählt werde, daß in demselben sich der Sternstein (ἀστερίτης λίθος) finde, der von der Sonne entzündet werde, und zu Liebestränken (πρὸς φίλτρα) zu gebrauchen sey. Hesychius Illustris (unter Αἴσωπος) wiederholt dieses, wahrscheinlich aus Suidas. Nach der zuerst genannten Stelle des Suidas schrieb dieser Äsopos auch eine Lobrede auf den Mithridates (Μιθριδάτου ἐγκώμιον). M. vgl. Bayle im histor. krit. Wörterb. T. Uebers. B. II. S. 435.

4) Äsopus (Claudius oder Clodius), ein berühmter Schauspieler zu Rom zur Zeit des Cicero, der sich besonders in der Darstellung des Tragischen auszeichnete, und sich durch seine Kunst einen solchen Namen erwarb, daß selbst Cicero es nicht verschmähte, sich seines Unterrichts in der Declamation nnd Aetion zu bedienen. Plutarch, welcher im Leben des Cicero (bald zu Anfange) dieses erzählt, setzt hinzu, dieser Äsopus sey ein Mal, wie er den wegen der Bestrafung des Thyestes mit sich ratschlagenden Atreus dargestellt habe, so leidenschaftlich geworden, daß er einen von ungefähr vorbeilaufenden Bedienten mit dem Zepter so geschlagen habe, daß dieser sogleich todt niedergestürzt sey. Von seinem Feuer in der Aetion und seinem lebhaften Gebehrdenspiele spricht Cicero, der seiner öfters gedenkt [14]), selbst de divinat. Lib. I. c. 37 [15]). Horatius [16]), Macrobius [17]), Symmachus [18]), so wie Plutarch [19]) und Cicero, der auch durch Freundschaft mit ihm verbunden war, gedenken seiner zugleich mit dem noch bekanntern Roscius, welcher im komischen Spiel das war, was Äsopus im tragischen. Von einer kostbaren Schüssel mit für einen ungeheuern Preis angekauften Singvögeln angefüllt, welche er aus seltsamer Künstlereitelkeit bei einem Gastmahl auftragen ließ, sprechen der ältere Plinius [20]) und der Kirchenvater Tertullianus [21]). Seinem Sohne hinterließ er ein großes Vermögen [22]). Man vergl. über ihn Bayle im angef. Buche S. 436.

5) Äsopus, des Vorigen Sohn, der den Vater in der Verschwendung und im seltsamen Luxus noch übertraf. Bekannt ist, was Horatius [23]) von einer kostbaren Perle erzählt, die er bei einem Gelag aus dem Ohrgehäng einer gewissen Metella (Bayle unter Metella) riß, in Essig zergehen ließ und so verschluckte [24]). Der ältere Plinius [25]), Valerius Maximus [26]) und Tertullianus [27]) gedenken seiner auch in Hinsicht seiner Verschwendung. M. vgl. Bayle im angef. Buche.

6) Äsopos, ein Diener der Alexandra, der Tochter des Königs Hyrkanus und Gemahlin des Alexander, des Sohnes des Königs Aristobulus. Er entdeckte eine List, welche seine Gebieterin ersonnen hatte, um der vom Könige Herodes ihr bereiteten Gefangenschaft zn entgehen, dem Sabion, einem ihrer Feinde, welcher den Plan dem Herodes verrieth, so daß die Flucht vereitelt wurde [28]).

7) Äsopos. Diesen Namen führt auch der Verfasser einer ursprünglich griechisch geschriebenen sehr fabelhaften Geschichte der Thaten Alexander's des Großen. Von Einigen wird er auch Kallisthenes genannt. Wer er war, und wenn er gelebt hat, weiß man nicht; auch finde ich nirgends, daß das griechische Ori-

---

13) Unter Αἴσωπος und Πᾶν Edit. Col. Allobr. 1630. fol. Vol. I. p. 815 und Vol. II. p. 416.

14) Man s. die in der Ernestischen Clavis Hal. 1777. p. 90 citirten Stellen. 15) Ed. Ernest. Vol. IV. P. I. p. 643. 16) Epist. Lib. II. I. v. 82. 17) Saturn. Lib. II. c. 10. Ed. cit. p. 251. 18) Epist. Lib. X. ep. 2. Ed. ex recens. Parei Neap. Nemet. 1617. p. 386. 19) l. c. 20) Hist. natur. Lib. X. c. 51. Ed. Francof. ex ed. Dalechampii 1608. p. 480. 21) de pallio c. 5. Ed. Seml. Vol. V. p. 217. 22) Macrob. l. c. ed. c. p. 252 und Tertullian. l. c. 23) Serm. Lib. II. 3. v. 239 u. 240 24) M. vergl. Wieland's Note zu dieser Stelle in seiner Uebers. der Horazischen Satyren. Leipz. 1794. S. 127 und L. F. Heindorf in seiner Erklärung der Horazischen Satyren. Breslau 1815. S. 321 und 322. 25) l. c. Lib. IX. c. 35. Ed. cit. p. 428. 26) Lib. IX. c. 1. 2. Ed. Vorstii Berol. 1672. p. 314. 27) l. c. 28) M. s. Josephi Antiq. Judaic. Lib. XV. c. 3. (Ed. Havercamp. 1726. fol. Tom. I. p. 744). Nur Moreri in seinem Diction. historique Ausg. von 1740. Tom. III. Artikel Esope führt diesen Aesopus, den weder Bayle, noch Fabricius, noch Hofmann (im bald anzuführenden Buche) kennen, auf.

ginal gedruckt worden sey. Ein gewisser Julius Valerius übersetzte dieses Machwerk, welches von den Schriftstellern drs Mittelalters fleißig gebraucht worden ist, ins Lateinische, und der Geschmack des 15ten Jahrhunderts fand es sogar werth, es ins Teutsche zu übertragen (Strasb. 1486). Auch Lateinisch ist es herausgegeben [29]). In dem Catalogo scriptorum de rebus Alexandri M., der sich iu *Fabricii* Biblioth. Graeca Ed. pr. T. II. p. 207 etc. findet, wird der lateinische Uebersetzer dieses Romans Äsopus genannt. Was Freinsheim Proleg. ad Curtium uud Casp. Barth (Adversar.) über das Buch sagen, ist abgedruckt bei Bayle (in a. B. S. 436), auf welchen ich dieserhalb verweise.

Noch einige Männer des Alterthums, welche den Namen Asopus führten, von denen man aber nichts als die Namen kennt, ein T. Curtilius Asopus, ein L. Herennius Äsopus, ein Q. Laelius Asopus, findet man auf Inschriften bei Gruter [30]); ein Asopus, des Augustus Haushalter auf den absyrtischen Inseln, jetzt Osero und Cherso (dispensator Absyrtianus), wird bei Reinesius [31]) genannt. M. s. *Fabricii* Bibl. Gr. l. c.

Dreier Männer dieses Namens gedenkt außerdem Johann Jacob Hofmann in dem Lexico univers. etc. Tom. I. Basil. 1677. fol. p. 54; aber ich fürchte aller dreier unrichtigerweise. Nach den sehr unbestimmten Citaten soll Diogenes Laertius im ersten Buche eines Redners dieses Namens Erwähnung thun; ich habe nur bei Diogenes im ersten Buche, und zwae im Leben Chilons [32]), den Fabeldichter, und zwar ausdrücklich als diesen bezeichnet, gefunden. Den Geschichtschreiber, der zu den Zeiten des Anaximenes gelebt haben, und dessen Plutarch im Leben Solon's gedenken soll, habe ich gleichfalls nicht auffinden können; bei dem Dichter der alten Komödie, wegen dessen er sich auf Aristophanes Wespen v. 469 (es muß 566 heißen) beruft, waltet offenbar ein Irrthum ob; denn Aristophanes spricht ohne allen Zweifel von Asopus dem Fabulisten. Auf diesen deutet auch Hesychius der Lexikograph unter Αἴσωπος [33]) mit klaren Worten diesen Vers. Übrigens hätte sich Hofmann wegen dieser letztern Behauptung auf den Scholiasten des Aristophanes berufen können, der, wenn seine Worte: Αἴσώπος τραγωδίας ἐγένετο ὑποκριτὴς γελοιώδης, nicht alles vernünftigen Sinns entbehren sollen, durchaus an einen frühern Äsopus, und nicht an den römischen Schauspieler denken konntr. Αἰσώπου γελοῖα konnte der Komiker eben auch recht gut die Fabeln unsers Fabulisten nennen. Schon Bentley aber hat den Scholiasten berichtiget, indem er die Stelle des Aristophanes auf Äsopos den Fabeldichter deutet. M. vergl. *Fabricii* Bibl. Gr. Ed. *Harl.* L. c. p. 624. (*Mohnicke.*)

Äsping. s. Vipera Aspis und Chersea.

ÄSTHETIK. Sehr verschieden ist der Begriff, welchen man mit diesem Namen verband, als man ihn zur Bezeichnung einer, vorher noch nicht als besondere Wissenschaft betrachteten Untersuchung erfand, von demjenigen, welchen man in unserer Zeit größtentheils damit zu verbinden pflegt. Alexander Gottlieb Baumgarten wollte unter diesem von ihm erfundenen Namen eine Wissenschaft der sinnlichen Erkenntniß (scientia cognitionis sensitivae) verstanden wissen, weil er das Schöne für einen Gegenstand der letztern hielt. Das Schöne ist ihm nämlich nach der Bestimmung seines Lehrers Wolf die sinnlich erkannte Vollkommenheit, oder die vollkommene sinnliche Erkentniß; die Regeln des Schönen, und die Bedingungen, unter welchen uns etwas wohlgefällt, fließen hiernach aus dem Begriffe der Vollkommenheit, und werden auf das sinnliche oder niedere Erkenntnißvermögen angewendet. Hiedurch entsteht die Ästhetik, die von Baumgarten als ein Theil der theoretischen Philosophie der Logik gegenüber gesetzt wurde, als welche es mit Regeln des höhern Erkenntnißvermögens, oder mit der Verstandeserkenntniß zu thun habe. In diesem Sinn also nannte Baumgarten die Wissenschaft des Schönen, und was man dabei immer bezweckte, die Theorie der schönen Künste, Ästhetik, (αισθητικη sc. ἐπιστημη) weil er annahm, daß das Schöne nur sinnlich, d. i. vermittelst der Empfindung (αἴσθησις) wahrgenommen werde, oder in der sinnlichen Erkenntniß bestehe. Dieser Name ist beibehalten worden, und so verschieden auch seitdem die Ansichten von dem Wesen des Schönen und seiner Beziehung auf Natur und Kunst waren, so hat man doch immer, selbst wenn man an Regeln zur Beurtheilung des Schönen zweifelte, eine Wissenschaft oder Philosophie des Schönen darunter verstanden, und dieß war es, was Baumgarten eben sowol, als die neuesten Ästhetiker, wenn auch auf den verschiedensten Wegen, bestrebten.

Die verschiedenen Ansichten der Ästhetik hangen von dem Begriff ab, welchen man von dem Schönen hat; dieser aber wird durch die Fähigkeit das Schöne zu genießen und hervorzubringen in seiner Entwickelung bestimmt. Jener ist der Grundbegriff der Ästhetik, er wird aber nur lebendig durch eine reiche und tiefe Anschauung schöner Gegenstände. Daher finden wir ästhetische Betrachtungen nur da, wo Gegenstände vorhanden sind, auf welche man die Idee der Schönheit beziehen kann, mögen sie der Natur oder der Kunst ihren Ursprung verdanken, und wo durch ihre Anschauung, so wie durch Vergleichung mit andern, dem Geschmacke widersprechenden, die Gründe ihres Wohlgefallens und die Foderungen, welche ein idealer Sinn an die Gegen-

29) Ich meine gleichfalls zu Strasburg 1489. Fol. aus der Erinnerung, denn ich habe vor mehrern Jahren das Buch, welches sich auf der Greifswaldschen Universitätsbiblioth. findet (Historia Alexandri M. Regis Macedoniae de Proeliis), selbst in Händen gehabt und durchgeblättert. In dem Catal. Biblioth. Grypenwald descript. a Joh. Car. Dähnert Tom. II. Grypenw. 1775. p. 820. steht es unter der, wie ich glaube, unrichtigen Jahrszahl 1689 Ein Literator, der es nur aus dem oben genannten Dähnertschen Cataloge kannte, wünschte vor mehrern Jahren Auskunft uber dieses Buch. M. s Meusel's histor. liter. biograph. Magazin St. I. 1788. S. 171. Diese wäre sonach, wenn sie noch gewünscht wird, leicht zu geben. — 30) Inscriptiones antiquae totius orbis Romani. Heidelb. 1601 fol. p. 868. 913 u. 347. 31) Syntagma inscriptionum antiquarum ---- in vasto Gruteri opere omissarum Lips. 1682. IX. 79. 32) Ed. c. Vol. I. p. 45. 33) Hesychii Lexic. Ed. Joh. Alberti T. I. Lugd. Batav. 1746. p. 175.

stände der Erscheinung macht, zur Klarheit erhoben werden. Weniger jedoch ist es die Natur, welche zu solchen Betrachtungen auffodert; in sie verliert sich der Mensch anfänglich nur genießend, und ohne den Gedanken, als könne sie anders eingerichtet seyn. Die menschliche Kunst und ihre Werke sind es, welche den klaren Gedanken des Schönen zuerst aufregen, denn an ihnen nehmen wir die Angemessenheit oder Unangemessenheit an einen Zweck, welcher dem Künstler vorschweben sollte, wahr, und die Mangelhaftigkeit dieser Werke, entgegengesetzt dem Triebe zum Vollkommenen, reizt zu einer gründlichen Betrachtung dessen, was der Mensch überhaupt durch die Kunst erreichen will. Die Betrachtungen über das Schöne folgen dem gemäß der Kunstausübung, und setzen das Schöne als gegeben voraus. Sie treten aber zunächst in der doppelten Gestalt der Mythe und der speziellen Kunstkritik auf; erst später erheben sie sich zu einer Anschauung und Entwicklung dessen, was in der Idee des Schönen der Vernunft gegeben ist. Die systematische Gestalt aber nehmen diese Betrachtungen an, wenn man das Bedürfniß lebhaft empfindet, die vorhandene Mannichfaltigkeit ästhetischer Grundsätze und Kunstregeln auf ein höchstes Prinzip zurückzuführen, und zu leicht, überschaulicher Einheit anzuordnen.

Das hier Bemerkte bewährt sich durch eine Geschichte der Ästhetik, die uns zugleich die verschiedenen Hauptansichten dieser Wissenschaft in ihrem Ursprunge kennen lehrt. Wir theilen hier nur die Umrisse derselben mit. In geheimnißvolles Dunkel verliert sich der Ursprung der Kunst. Ruinen großer und colossaler Werke der Bildnerei und Baukunst in Asien und Afrika, und die feurig erhabene Tempelpoesie der Hebräer zeigen, daß die griechische Kunst nicht die ursprügliche war. Doch zeigt sich vor der Zeit der Griechen keine Spur ästhetischer Betrachtung. Bei diesen aber finden wir 1) in die Form der Mythe gekleidete Ansichten über den Ursprung der Kunst und Poesie. Denn Religion und Kunst waren auch in Griechenland ursprünglich verbunden; daher die Götter selbst Erfinder und Pfleger der Kunst, so wie alle Kunst ihnen geweiht. Wir brauchen nicht zu erinnern an die Sagen von Vulcan, Minerva, Apoll und den Musen, welche die Dichter anriefen, so wie von den Söhnen der Götter, den Gottbegeisterten Sängern. (S. Car. Frid. Bachmann diss. hist. philos. aesthetices apud Graecos vestigia quaerens, Jen. 1811. 8.). 2) Zerstreute Betrachtungen über das Schöne und zwar zunächst über das Schöne einzelner Kunstwerke und Kunstgattungen, früher der bildenden Kunst als der objectivsten, und zur Vergleichung mit der Natur unmittelbar einladenden. Solche Betrachtungen waren mit der materiellen Technik fast unzertrennlich verbunden, und der Kanon des Polyklet deutet auf Kunstregeln dieser Art, so wie überhaupt der Kunst die Theorie immer nachfolgt.

Platon erblickte zuerst das Schöne unter den Ideen. Im Phädros spricht er sich darüber in einem berühmten philosophischen Mythos aus. Im Philebos führt er es mit dem Guten auf Einen Quell zurück; in dem ältern Hippias wird es an sich betrachtet. Im Gastmahl erhebt er die Poesie über alle Künste, und weist auf die ewige, unveränderliche Schönheit hin, welche der Quell alles sichtbaren Schönen ist; in der Republik aber betrachtet er mehr die Poesie, wie sie zu seiner Zeit war, im Verhältniß zum Staate, wie er, nach seiner Ansicht, seyn soll.

Der Vernunftansicht Platons gegenüber spricht Aristoteles die Verstandesansicht über das Schöne aus. Leider sind mehrere seiner Schriften, welche in die Geschichte der Ästhetik gehören würden (z. B. über das Schöne) verloren gegangen, und nur seine Schriften über die Poetik und Rhetorik sind noch vorhanden, von denen die erstere, wie an einem andern Orte gezeigt werden wird, nur unvollkommener Auszug oder roher Entwurf eines größern Werks zu seyn scheint. Indeß kann uns seine ästhetische Ansicht im Wesentlichen nicht dunkel seyn, wenn wir theils das schwankende Prinzip der Nachahmung, welches er aufstellt, festhalten, wodurch das Kunstschöne zur Copie eines Andern wird, theils bemerken, wie Aristoteles überall und seiner Methode gemäß seine Kunstregeln, so wie jenes Prinzip selbst, durch Abstraction von dem Gegebenen erhielt, und das überschaute Gebiet in Fächer und Gattungen anordnet; wobei ihm sehr zu Statten kommt, daß es ihm verstattet war, seine Bemerkungen von Musterwerken der Kunst, die ihn umgaben, abzuziehen.

Die Ansichten dieser beiden großen Denker enthalten gleichsam den Keim der späterhin weiter entwickelten ästhetischen Denkarten, welche man nach ihren verschiedenen Ausgangspunkten den ästhetischen Idealismus und Realismus nennen könnte. Aus dem verschiedenen Verhältniß beider zur Volksbildung erklärt sich, warum die letztere im Allgemeinen immer einen großen Eingang gewonnen hat, und namentlich Aristoteles ästhetische Auctorität oft so geistlos angewendet, und in der That so sehr überschätzt worden ist, daß man seine Poetik zuweilen als einen Codex der Poesie für alle Zeiten angesehen hat. —

Die Alexandriner, welche Gruber treffend eine Art von Encyclopädisten nennt, zeichneten sich vorzüglich als ästhetische Kritiker aus, aber das reine Schönheitsgefühl war in ihnen und in ihren Meistern durch die Last der Gelehrsamkeit erdrückt. Die technische Theorie (z. B. der Musik, Metrik), wird ausgebildet; die ästhetische Betrachtung aber beschränkt sich immer mehr theils auf Rhetorik (so bei Dionysios von Halikarnaß, beim spätern Longin, der über das Erhabene schreibt, und bei mehreren Rhetoren), oder verliert sich in Beschreibungen von Kunstwerken (Pausanias, Philostratos ꝛc.). Bedeutender für die Geschichte der Ästhetik ist Plotin, der Nachfolger Platons, der im 6ten Buch der ersten, und im 8ten Buche der 5ten Enneade die platonische Idee des Schönen entwickelt, welche späterhin auch die christlichen Lehrer Augustinus und Boethius ergriff.

Die Römer geben auch hier nur einen Widerschein der Griechen. Für die an die Ästhetik nur angränzende Rhetorik ist Cicero und Quinctilian bemerkenswerth; Horaz in seinem Brief an die Pisonen (fälschlich ars poetica) gibt nur Aristoteles wieder, und der erfahrne Plinius ergänzt die Geschichte der griechischen Kunst.

Die größten neuern Dichter Italiens übten Theorie und Kritik der Dichtkunst auf unvollkommne Weise, Dante und Petrarcha an ihrer Spitze; Vida und Scaliger lehrten sie in Gedichten. Eine neue Kunst mußte entstehen, ehe die Kunsttheorie sich wieder regen, und in dem wissenschaftlichen Zeitalter sich allgemeine ästhetische Betrachtungen zur wissenschaftlichen Ästhetik erheben konnten. In Italien finden wir seit dem Ende des funfzehnten Jahrhunderts ästhetische Cultur allgemein verbreitet. Die Musterwerke der Poesie und Malerei der Italiener bezeugen sie und trieben sie hervor; ja sie schien einen Theil des Nationalcharakters auszumachen; ihre Fürsten und Großen unterstützten sie, ihre Akademieen und gelehrten Gesellschaften unterhielten sie. Dessen ungeachtet ist die Kritik und Theorie der Kunst bei den Italienern stets hinter der Ausübung der Kunst weit zurück geblieben, und hat auf dieselbe nur einen geringen Einfluß geäußert. Die Hindernisse einer gründlichen Kritik setzt Bouterweck (in s. Gesch. d. ital. Poesie und Beredsamkeit, 1. B. S. 339.) in die Vermischung und Verwechselung grammaticalischer Streitigkeiten mit poetischen und rhetorischen, Unentschiedenheit zwischen dem antiken und romantischen Styl, blinde Verehrung und einseitige Erklärung des Aristoteles, in neuerer Zeit Anschließen an die französische Kritik. Ein Hauptgrund liegt aber wohl darin, daß die Reflexion der Italiener bei weitem nicht der Selbstthätigkeit und Ausbreitung ihrer Einbildungskraft gleichkommt. Die in die Kunsttheorie und Ästhetik einschlagenden Abhandlungen der spätern Muratori, Bettinelli, Algarotti, Cesarotti, Malespina, Cicognora haben doch auf die Ausbildung der Ästhetik geringen Einfluß gehabt.

Weit mehr die Franzosen. Die Hauptrichtung der ästhetischen Cultur derselben ging seit Wiedererweckung des Studiums der alten Literatur dahin, die Regeln des Aristoteles über Poesie dem eleganten Nationalgeschmacke gemäß, der sich in dem Glanze des Hoflebens und in der gesellschaftlichen Sitte entwickelte, zu modernisiren. Die französische Akademie befestigte diese einseitige Richtung, und die in diesem Sinne fortgesetzte Kritik beherrschte die Poesie der Franzosen besonders seit dem Anfange des 17. Jahrhunderts. Aber nirgends ging man in Untersuchungen über Kunst und Schönheit bis zu den Quellen derselben in der menschlichen Natur zurück. Die Kunsttheorie, die sich hier bildete, ist, wie immer, wenn die Kunsttheorie sich unabhängig von Ästhetik entwickeln will, ein einseitiges, von dem Vorhandenen abstrahirtes Raisonnement, mehr auch, als bei andern Nationen, von conventionellem Geschmack befangen und beschränkt. Und hier ist zugleich ein schicklicher Ort, noch einiges über das Verhältniß der Kunsttheorie zur Ästhetik zu berühren. Die Theorie der Künste nimmt gewöhnlich einen historischen Ursprung, d. h. sie ist ein, durch Kritik vorhandener Kunstwerke und Vergleichung derselben, so wie Vergleichung der verschiedenen Künste untereinander gefundener Inbegriff mannichfaltiger Regeln, nach welchen der Künstler in bestimmten Gattungen der Kunst wirken und beurtheilt werden soll, nebst Beobachtungen über die verschiedenen Wirkungen der Kunstwerke, anfangs gewöhnlich mit dem Technischen, oder den materiellen Kunstregeln vermischt, welche sich auf die Bearbeitung der verschiedenen Stoffe oder Darstellungsmittel beziehn, deren sich die Künste bedienen. Allein vorhandene Werke der Kunst, selbst die vortreflichsten, zeigen nur das Erreichte, nie das, was sich in jedem Fall erreichen läßt: und wenn die Idee der Kunst über alle Kunstwerke erhaben ist, so steht die Idee der Schönheit, welche die Ästhetik vor Allem entwickeln muß, über allen Kunsttheorien, und diese haben ohne letztere keinen wahren Grund und Haltungspunkt, geschweige daß sie die Stelle derselben ersetzen könnten. Dessen ungeachtet mag es immer wahr seyn, daß die Kunsttheorien anwendbarer gewesen seyen, und der Kunst größern Vortheil gebracht haben mögen, als manche Systeme der Ästhetik. Jene nämlich weisen unmittelbar auf etwas wirklich Vorhandenes hin, was sich bestimmen, und für jeden, der nur mit einiger Kentniß der Gattungen begabt ist, deutlich nachweisen läßt; diese aber gehört ihrem Gegenstande gemäß der Philosophie an, und hängt somit von der Grundansicht der Philosophie ab, welche freilich dem Wechsel der Systeme unterworfen gewesen ist. Von der andern Seite aber ist das Gebiet unserer philosophischen Erkentniß nicht geschlossen, wenn es nicht auch die Entwickelung der Grundidee des Schönen in sich aufnimmt, und es bleibt stets eine Anfoderung an das gründliche Wissen, die Lehre von der Kunst auf die Idee des Schönen zu beziehen, und diese mit der Höchsten unserer Ideen in Verbindung zu setzen. Wir lehren zurück zu dem, was die Franzosen und Engländer für die Theorie der schönen Künste und in ihren Untersuchungen über dieselben mittelbar für allgemeine Ästhetik geleistet haben. Unter den Franzosen entwickelte sich durch einseitige Kritik, welche, durch nationelle Nachahmung der Alten verblendet, das wahre Verhältniß der antiken zur modernen Kunst unbefangen zu erforschen unvermögend war, eine in ihrer Art consequente Poetik (s. d. Art.). Nur nennen wollen wir die Namen Perrault, Boileau, Rapin, (Commentator des Aristoteles) Le Bossu, Fontenelle, Hondart de la Motte, Rollin, L. Racine, Marmontel, Domairon 2c. Du Bos erweiterte die Kunstkritik durch Vergleichung zwischen Poesie und Malerei. J. P. de Crousaz schrieb über das Schöne (traité du beau 2 Voll. Amst. 1712. N. A. 1724.) eine nicht tief eindringende fragmentarische Abhandlung. Bedeutender war des Paters André Abhandlung (traité du beau, Paris 1741. und in seinen Oeuvres 1766. 5 Voll. 12.) der alle Künste auf das Princip des Schönen oder der Einheit, nur im Geiste des nationellen Geschmacks aufgefaßt, zurückführte. Noch mehr Epoche machte durch seine gewandte Darstellung Charles Batteux (s. d. Art.), dessen Zurückführung der schönen Künste auf den Grundsatz der Nachahmung der schönen Natur vom Geschmack geleitet, nicht ganz mit Recht als die erste Theorie der schönen Künste angesehen wird, wiewol er systematischer als sein Vorgänger das von ihm modificirte Princip des Aristoteles anwendete, den Zusammenhang der einzelnen Künste durch das gemeinsame Princip des Schönen, so wie die Verschiedenheit der Künste nach ihrem eigenthümlichen Darstellungsmittel erkannte, und somit diese Wissenschaft durch seine Behandlung vervollkommnete. Uebrigrus ist dieses Peinrip auch von ihm empirisch aufgefunden, so wie die aus demselben abgeleiteten Kunstregeln immer die Werke verrathen, von welchen sie abstrahirt sind. In das Wesen der Schönheit selbst drang er nicht tiefer ein. Nicht viel weiter brachte es Diderot, der in seinem traité du beau, oder in dem Artikel der französischen Encyclopädie das Schöne in das Zweckmäßige und Natürliche setzt. — Auch sind Montesquieu's, Voltaire's, D'Alamberts und in der neuesten Zeit La Harpe's, Merciers, Millins, Bonstettens und der Frau von Stael Ansichten über das Schöne nicht ohne Einfluß geblieben. An die Franzosen schließen sich die Holländer Hemsterhuis, Camper, und van Beeck Calkoen in ihren einzelnen Schriften über das Schöne an. Die Engländer wirktrn besonders seit Locke durch ihre psychologischen Untersuchungen auf dem empirischen Wege zu einer Ästhetik hin, indem sie von dem ästhetischen Gefühl oder von dem Geschmack ausgingen. Hieher gehören: Shaftesburys Ansichten, der das Schöne mit dem Guten verbindet, Hutchesons Abhandlung über den Ursprung unserer Begriffe von Schönheit und Tugend, Alisons, Hume's, Gerards und Knighets Versuche über den Geschmack und über das Genie, Pope's Lehrgedicht über die Kritik, Home's Grundsätze der Kritik, Burke's philosophische Untersuchungen über den Ursprung unserer Begriffe vom Erhabenen und Schönen, Beattie (über das Lächerliche), ferner die Abhandlungen über die Schönheit von Donaldson, Wilh. Hogarth, (besonders in Beziehung auf Malerei, — Schönheitslinie), Dan. Webb (in Beziehung auf Musik), Hugh Blair (in Beziehung auf Redekunst) ꝛc. Alle diese Untersuchungen haben großen Einfluß auf die psychologische Ästhetik der Teutschen gehabt. Hier kommen wir auf Baumgarten wieder zurück. Unter den gebildeten Nationen war unn im achtzehnten Jahrhundert eine große Mannichfaltigkeit von Kunstregeln und Abhandlungen über ästhetische Gegenstände vorhanden; die Idee einer Ästhetik aber, als einer dieselben umfassenden philosophischen Wissenschaft, welche von einem Vernunftprincip ausgehen sollte, konnte nur unter den Teutschen, unter welchen dieses systematische Streben besonders seit Wolf sehr herrschend war, entworfen und ausgeführt werden. Zu einer solchen Theorie des Schönen, welche zugleich die Gesetze für Darstellung und Ausübung desselben enthalten sollte, machte nun Baumgarten den Entwurf (schon in seiner akademischen Streitschrift de nonnullis ad poema pertinentibus. Halle 1735. 4.), wiewol er dieselbe weder vollständig ausführte, noch überhaupt die gelungene Realisirung dieser Idee damals zu erwarten war. Denn seine Ästhetica (Trai. ad Viad. 1750—58. 2 Thle. 8.), welche durch seinen Tod unvollendet blieb, ist in der Hauptsache doch mehr Theorie der sogenannten redenden Künste. Was aber seine Ansicht selbst anlangt, die man auch aus G. F. Meiers Anfangsgründen, aller schönen Wissenschaften, (welche dieser aus Baumgartens Diktaten ausarbeitete) kennen lernen kann, und welche in den oben angegebenen Hauptbestimmungen im Wesentlichen ausgesprochen ist, so ist sie insofern logisch oder rationell zu nennen, als das Prinzip der sinnlichen Vollkommenheit, wie wir oben sagten, von dem Begriffe der Vollkommenheit überhaupt abhängig ist, oder wie Heydenreich sich darüber ausdrückt: die Regeln der Ästhetik, wenn die Schönheit eine sinnlich erkannte Vollkommenheit ist, aus den Regeln aller Vollkommenheiten fließen. (Vgl. Heydenreichs System der Ästhetik. Lpz. 1790. S. 73 und dessen Abhandlung: Entstehung der Ästhetik, Kritik der Baumgartenschen ꝛc. in dem philosophischen Magazin von Abicht und Born). Nun aber ist ihm Vollkommenheit nach dem Begriffe der wolfischen Schule Uebereinstimmung eines Gegenstandes mit seinem Begriffe, von dem Begriffe wird also die Schönheit abhängig gemacht. Diese aber wird, vermöge seiner Ansicht von dem sinnlichen Erkentnißvermögen, auf welches er das Schöne und damit die Kunst beschränkt, von diesem nur dunkel und verworren erkannt. Sonach wäre das Schöne selbst eine unvollkommene Erscheinung und eine wissenschaftliche Erkentniß des Schönen, (Ästhetik) unmöglich. Näher wurde die wolfisch-baumgartensche Ansicht bestimmt, und durch den Einfluß der psychologischen Untersuchungen der Engländer über das Empfindungsvermögen, so wie durch die Regeln der französischen Kunsttheorie modificirt, von Moses Mendelsohn (hieher gehören seine Briefe über die Empfindungen, und seine Abhandlung über die Hauptgrundsätze der schönen Künste und Wissenschaften, beide in seinen philosophischen Schriften; — er setzt das Wesen der Kunst in die künstliche sinnlich vollkommene Darstellung), J. Georg Sulzer (in seiner allgemeinen Theorie der schönen Künste, in alphabetischer Ordnung — welcher die Ästhetik als Philosophie der schönen Künste betrachtet, und sie aus der Natur des Geschmackes herleitet — s. Sulzer), J. Jac. Engel (hieher gehört z. B. seine Abhandlung über die Schönheit des Einfachen in s. Schriften 4. Thl., und seine Gespräche über den Werth der Kritik, im Philosophen für die Welt). Die letztern Ästhetiker bezogen das Schöne genauer auf die edleren oder deutlichern Sinne, daher die Bestimmung des den deutlichern Sinnen Gefallenden. Hieher gehören ferner die Lehr- und Handbücher von Fr. Joach. Eschenburg (Entwurf einer Theorie und Literatur der schönen Redekunst, 3te Aufl. 1805, worin vorzüglich Poetik und Rhetorik behandelt sind), Eberhard (Theorie der schönen Künste und Wissenschaften (seit 1803, 2te Aufl. 1807 u. ff.), und die größtentheils die Theorie der schönen Künste bearbeitenden Schriften von Büsching, König, Riedel, Schütz, Steinbart, Lindner, (beide Sulzers Nachfolger) Schubart, Meiners, A. H. Schott, Schneider ꝛc. Auch haben Garve, Feder und Platner (s. neue Anthropologie, 1. Thl.) seit dieser Periode als Lehrer und Schriftsteller für die Bildung der Ästhetik mitgewirkt. Endlich dürfen die Beiträge derer nicht übergangen werden, welche durch eigenthümliche Ansicht über verschiedene Gegenstände der Ästhetik sich auszeichneten, — vorzüglich die Abhandlungen des geistvollen Moritz (Grundlinien zu einer vollständigen Theorie der schönen Künste in der Monatsschrift der Akademie der Künste zu Berlin, 3 Thl. 2 St., und Versuch einer Vereinigung aller schönen Künste und Wissenschaften unter dem Begriffe des in sich Vollendeten

Berl. Monatsschr. 1785. Märzheft.). Lichtenberg (über Theorie der Schönheit im Gött. Magaz. 1782, 3. Bdes., 1. St.). Stnrz, (Fragmente über Schönheit in s. Schriften, 1. Thl. Lpz. 1779.). Schlosser, Gerstenberg, Dusch, Herz, Kosegarten (über die wesentliche Schönheit in s. Rhapsodieen, 1ter Theil Leipzig 1790.).

Den größten Einfluß aber auf die Ausbildung der Ästhetik unter den Teutschen äußerten folgende Umstände: die Entstehung einer Kritik, vorzüglich der poetischen und rhetorischen Literatur seit der Errichtung mehrerer belletristischer und anderer Zeitschriften (seit Gottsched, Schwabe ꝛc.,) und die Bearbeitung der teutschen Sprache seit Bodmer; Breitinger ꝛc. Gediegener, kräftiger und selbständiger wurde diese Kritik in Lessings Hand, welcher, obwol Diderots Princip der Natürlichkeit anerkennend, im übrigen der französischen Auctorität rüstig entgegentrat, die verschiedensten Dichterwerke alter und neuer Zeit mit damals einziger Unbefangenheit zu würdigen verstand, die Kunstgattungen genauer schied (vgl. s. Laokoon), eine scharfsinnige dramaturgische Kritik einführte, und den mit Oberflächlichkeit behafteten Namen der schönen Wissenschaften zu Ehren brachte. Für die Sprache wirkte er und Klopstock sowol kritisch als poetisch. Dazu traten auch Göthe, Schiller, Wieland u. a. mit Meisterwerken teutscher Poesie auf, und die ästhetische Bildung erreichte durch diese großen Muster eine höhere Richtung. Ferner war von unendlichem Einfluß die geistvolle Würdigung der Werke der alten bildenden Kunst, besonders durch den enthusiastischen Winkelmann und seine Nachfolger Heinse, Zoega, Böttiger ꝛc. und der neuern Malerei durch Mengs, Forster, Göthe ꝛc. Denn wie diese Würdigung eine größere Schätzung der Kunstwerke einführte, so beförderte sie auch eine umfassendere Philosophie der Kunst, als deren gemeinsames Princip man die Schönheit anerkennen mußte. Endlich wirkte zur Ausbildung der Ästhetik in dem letztern Jahrzehnd des 18ten Jahrhunderts auch das Fortschreiten der philosophischen Ansichten.

Hier macht nun Kants Kritik der Urtheilskraft, (Berlin 1790., 3te Aufl. 1799.,) vorzüglich Epoche, so daß mit ihr eine neue Periode der wissenschaftlichen Ästhetik beginnt. (Vorher hatte dieser große Denker schon Beobachtungen über das Gefühl des Schönen und Eehabenen herausgegeben, Königsberg 1764.). Kant führte seinen formalen Idealismus auch in das Gebiet der Ästhetik ein, und behauptete znfolge desselben, daß wir das Schöne nur durch unser Gefühl auffassen können, daß es eine Beziehung der Gegenstände auf unser Gefühlvermögen enthalte; da aber die Regeln der Beurtheilung des Schönen ihrer Quelle nach bloß empirisch und lediglich subjectiv seyen, und das Urtheil des Geschmacks nicht durch Prinzipien bestimmbar sey, so sey eine Ästhetik, welche die Aufgabe habe, die kritische Beurtheilung des Schönen unter Vernunftprincipien zu bringen, eine vergebliche Bemühung. Schon der um die Ästhetik verdiente Heydenreich aber, der zum Theil durch die frühere Ansicht angeregt in meherrrn Abhandlungen sein eigenthümliches Princip der Kunst — das der Darstellung eines bestimmten Zustandes der Empfindsamkeit — entwickelte, sagt, daß es nicht darauf ankomme, zu zeigen, was man gemeiniglich schön nenne, und was ein jeder für schön halte, sondern daß es eine Ableitung der Geschmacksregeln aus Vernunftprincipien, oder Philosophie des Schönen bedürfe (in s. System der Ästhetik, 4. Betrachtung); oder wie andere bemerkten, daß auch die Geschmacksurtheile oder das äthetische Wohlgefallen überhaupt von gewissen ursprünglichen Bedingungen des Gemüths abhängig seyn müßten, deren wissenschaftliche Darstellung eine Geschmackslehre bilde. Aber Kant selbst nahm seine Meinung dadurch zurück, daß er eben seine Kritik der ästhetischen Urtheilskraft aufstellte, welche psychologisch-philosophische Untersuchungen über die Natur und die ursprünglichen Bedingungen des Geschmacks enthält. — Die Ästhetik Kants und seiner Schule trägt, als Geschmackslehre, den Charakter einer subjectiven Ästhetik, indem sie die Gegenstände in Beziehung auf das Gefühl der Lust oder Unlust oder als Gegenstände eines allgemeinen und nothwendigen Wohlgefallens betrachtet, und untersucht, auf welche Weise der Verstand bei der Beurtheilung des Schönen oder danu verfahrt, wenn er durch das Gefühl der Lust oder Uulust bestimmt wird. Allein die Betrachtung der Wirkung des Schönen auf uns, oder die Untersuchung des Gefühls des Erhabenen und Schönen, welche mit der Untersuchung über die ästhetische Urtheilskraft oder den Geschmack verbunden sind, wie sehr sie auch des Philosophen Scharfsinn verräth, bildet dennoch nur ein Hauptkapitel der allgemeinen Ästhetik, als der Wissenschaft des Schönen. — Bei einer Untersuchung über die Wirkung des Schönen und der Principiru seiner Beurtheilung wird ferner die Idee des Schönen eigentlich schon vorausgesetzt, welche die Grundidee der Ästhetik ist, und daher in der Entwickelung derselben die erste Stelle einnehmen muß. Hier aber wird das Schöne im gemeinen Sprachgebrauch dem Erhabenen entgegengesetzt, und dafür an die Spitze der Ästhetik der allgemeine und gehaltlose Begrif des Ästhetischen gesetzt, als der Begriff dessen, was lediglich durch seine Beziehung auf das Gefühl Gegenstand des Wohlgefallens wird, und welcher das Erhabene und Schöne, als Verschiedenheiten des Ästhetischen, durch das höchst allgemeine Merkmal des Wohlgefallens verbindet. In den meisten Darstellungen aus dieser Schule schwankt übrigens der Begriff des Schönen zwischen diesem allgemeinen Begriffe des ästhetischen und dem gemeinen Sprachgebrauch, und erhält einen hier nicht gehörig begründeten Vorzug vor dem Erhabenen, dessen Erörteruug übrigens als der ausgezeichnetste Theil der kantischen Ästhetik anerkannt wird. War nun die Ästhetik nach baumgarten'scher Ansicht eine Wissenschaft von der sinnlich vollkommenen Erkenntniß, so ist die kantische Kritik des Geschmacks, oder der ästhetischen Urtheilskraft, d. i. Zergliederung (Analyse) des Geschmacksurtheils, oder Wissenschaft der Gräude des ästhetischen Wohlgefallens. Wir können nicht alle die Commentatoren der kantischen Lehre anführen. Die wichtigsten Bearbeiter und Verbesserer der Ästhetik nach kantischen Grundsätzen sind Reinhold, (in mehrern

Abhandlungen) Bendavid, (Versuch einer Geschmackslehre, Berl. 1799.) Krug (Geschmackslehre oder Ästhetik, Königsb. 1810.). Fries (in s. neuen Kritik der Vernunft.) Hiezu kommen die von kantischen Ansichten erregten und ausgehenden Abhandlungen von Maimon, Schiller, (s. prosaische Schriften) Delbrück (das Schöne, Berl. 1800), Fernow und Hirt, W. von Humboldt ꝛc. Wie der trockne Formalismus der kantischen Schule dem lebendigen Natursinn eines Herder (dessen Kalligone, 3 Thle., nebst mehreren ästhetischen Abhandlungen in seiner Adrastea und in den kritischen Wäldern hier vorzüglich hergehören) widerstrebte, und ein umfassender Kunstsinn, durch Kants Ansicht nicht befriedigt, eine für die Kunsttheorie fruchtbarere Theorie des Schönen verlangte, so wirkte die Hervorhebung des Begrifs des Geschmacks oder der ästhetischen Urtheilskraft in der kantischen Ästhetik, zur Hervorhebung des entgegengesetzten Begrifs der darstellenden Kraft der Phantasie und des Genies, welcher Begrif der herrschende in der neueren philosophischen Schule ward. Von dieser wurde die Ästhetik großentheils als Kunstphilosophie, Kunstwissenschaft dargestellt, die freilich noch immer von der bloßen Theorie der Künste verschieden seyn sollte.

Aber hier ist zu bemerken, daß Schelling, der Führer dieser Schule, seiner eignen späteren Erklärung zu Folge, (in der Vorrede zu seinen philosophischen Schriften, Landshut 1809. 1. Thl., und in den daselbst befindlichen Anmerkungen zu seiner vortreflichen Rede über das Verhältniß der Natur zur bildenden Kunst), diese Beschränkung der Ästhetik nicht anerkennt, indem er den ihm untergeschobenen Satz, das Schöne sey nur in der Kunst, durchaus leugnet. Wir können hier Fichte's Schule übergehen, weil die streng ethische Richtung seines spekulativen Idealismus die Wissenschaft des Schönen nicht weiter bringen konnte, und auf die Bildung der Ästhetik in sofern keinen Einfluß geäußert hat, als letzterer keine eigenthümliche Ansicht der Ästhetik hervorgebracht hat.

Schellings Philosophie, welche von der Idee des Absoluten, der Identität des Idealen und Realen beginnend, dieselbe auch in dem Schönen, und in der das Schöne schaffenden Kraft des Genius nachzuweisen, und dadurch das Schöne auf das Höchste zurückzuführen suchte, wies durch diese Ansicht der Ästhetik und der Kunst einen hohen Platz an, und erhob zu einer geistvollen Würdigung des Schönen und der Kunst um so mehr, je mehr bei der bisherigen Ansicht der Begrif der Phantasie, des Genies und der Kunst vernachläßigt waren, und je mehr die schellingische Ansicht (z. B. von der Natur) einer poetischen Weltansicht überhaupt zusagt. Dieß ergibt sich durch geschichtliche Beobachtung des Einflusses seiner Philosophie, möge man im Ganzen oder Einzelnen über dieselbe denken, wie man will. Nach der schellingischen Ansicht wurde die Ästhetik also eine Wissenschaft des Schönen, namentlich seiner Darstellung in der Kunst. Die jenem trocknen Formalismus entgegengesetzte Ausartung seiner Schüler war natürlich ein vages Phantasiren und ein phantastisch-witziges Spiel mit Gegensätzen, welches nur eine andere Art des Formalismus ist, und dem Mysticismus und gestaltlosen Schweben in der Poesie der neuesten Zeit entsprach. —

Mit Schellings philosophischen Untersuchungen zusammentreffend, wirkten die Gebrüder Friedrich und A. Wilh. Schlegel, mit einer damals wol durch den Gegensatz verstärkten, Paradoxie, und streuten den Samen einer bessern und erweiterten Kritik und Kunsttheorie (in mehrern Journalen, Athenäum, späterhin in der Europa und dem deutschen Museum; in Recensionen und eignen Werken: Charakteristiken und Kritiken; Vorlesungen über die dramatische Kunst von A. W. Schlegel; 2te Aufl. 1817. die Griechen und die Römer, von Fr. Schlegel, und dessen Vorlesungen über die ältere und neuere Literatur) aus, indem sie zugleich auf die weniger bekannte altteutsche, spanische und engländische Poesie die Aufmerksamkeit vorzüglich hinlenkten. Mit ihnen verbunden, standen mehrere geistvolle Männer, L. Tiek, Falk, (kleine Abhandlungen über Poesie und Kunst, Berl. 1803.) Adam Müller (Vorlesungen über die Schönheit Berl. 1809, und Vorlesungen über die deutsche Liter., Dresd. 1806, auch in s. verm. Schriften, 2 Thl.), welche auf mannichfaltige Weise zur Ausbildung der durch Schelling erweckten Ansicht beitrugen. Die nach schellingischen Grundsätzen bearbeiteten Compendien und Handbücher der Ästhetik (Schelling selbst hat diese Wissenschaft nicht abgesondert bearbeitet) sind von Ast (System der Kunstlehre oder Lehr- und Handbuch der Ästhetik ꝛc., Lpz. 1805, 2te Aufl.; Grundriß der Ästhetik, Landsh. 1807.; und sein Auszug: Grundlinien der Ästhetik, Landsh. 1813.); Luden, (Grundzüge ästhet. Vorlesungen, Jena 1808), Bachmann, (Kunstwissenschaft 1811.), Wendel ꝛc. Auch gehören hieher des geistreichen Görres Aphorismen über die Kunst (Koblenz 1804.), und die viel Eigenthümliches enthaltenden Schriften Joh. Jac. Wagners, welcher früher Schellings Anhänger, späterhin die Grundlage dieses philosophischen Systems verwarf (Philosophie der Erziehungskunst, Lpz. 1803, mehrere Paragraphen des Werks über die Natur der Dinge ebendas., und Idealphilosophie, besonders der Abschnitt ästhetische Philosophie).

Als Gegner der neuern ästhetischen Ansicht, und Herders Princip der Humanität verfolgend trat auch Bouterweck auf: (Ästhetik, 2 Thle. 1806; sehr verändert in der zweiten Aufl. 1815, und Ideen zu einer Metaphysik des Schönen, Lpz. 1807) dessen angewandte Ästhetik vieles Vortrefliche enthält. Jacobis Ansichten wendet Köppen auf die Ästhetik an, in s. Buche, Darstellung des Wesens der Philosophie, Nürnb. 1810.

Eklektisch sind die Lehrbücher von Zschocke (Ideen zu einer psychol. Ästhetik, Berl. 1793.) Dreves (Resultate der philos. Vernunft über die Natur des Vergnügens ꝛc., Leipz. 1793 ꝛc.,) ferner v. Dalberg (Grundsätze der Ästhetik, Erfurt 1791.) und die spätern von A. Schreiber (Lehrbuch der Ästhetik, Heidelb. 1809; vorzüglich ausgeführt ist die Theorie der Malerei in demselben), Pölitz (Ästhetik für gebildete Leser, 2 Thle. Lpz. 1807) Kaiser (Ideen zu einem System der allgemeinen reinen und angewandten Kalliästhetik ꝛc., Nürnb. 1813) Seckendorf (Kritik der Kunst, Götting. 1812); und

Grubers ästhet. Wörterbuch, Weimar 1810, 1. Thl.) Mehr der schellingischen und herderschen Ansicht zugewandt ist des originellen J. Paul. Fr. Richters Vorschule der Ästhetik, 3 Thle. Hamb. 1804, 2. Aufl. 1813 (von Unterzeichnetem beurtheilt in der Leipziger Literaturzeitung 110—112, Jahrg. 1814.) welche tiefe und geistreiche Blicke auf Witz, Humor, Erhabenes ꝛc. wirft; und Solgers Erwin. Vier Gespräche über das Schöne und die Kunst, 2 Thle. Berl. 1815. 8. Wir übergehen was auf theoretische und kritische Weise in der bei uns herrschenden Zeitungsliteratur für die Ästhetik seit der Bibliothek der schönen Wissensch., den Propyläen ꝛc. gewirkt worden ist und noch beigetragen wird. Der Verf. dieses Artikels hatte dieser Wissenschaft eine eigne Zeitung (Leipziger Kunstblatt seit August 1817.) gewidmet, und mehrere die Ästhetik betreffende Artikel in der allgemeinen Handencyclopädie für gebildete Stäude oder dem neuen Conversationslexicon mit T gezeichnet gearbeitet. Ueber die Literatur der Ästhetik vergleiche außer mehreren angeführten Compendien den Art. Ästhetik in Sulzers Theorie, (Grubers) Revision der Ästhetik in den Ergänzungsblättern zur hall. allgem. Literaturzeitung in den Jahrg. 1805. u. 1806.; in Krugs Versuch einer systematischen Encyclopädie der schönen Künste, Leipz. 1802, und in dem allgemeinen Repertorium der Literatur, (belletristische Literatur 1785—90, 90—95, 95—1800.)

Die, in dem bis hieher angedeuteten Entwicklungsgange der Ästhetik begründete, jetzt herrschende Richtung in derselben geht dahin, die in den bisherigen Ansichten enthaltenen Entwickelungsmomente der Ider dieser Wissenschaft zu bruntzen, und in der Untersuchung organisch zu verbinden, mithin die Betrachtungen der sinnlichen Anschauung, Beurtheilungskraft und Darstellungskraft des Schönen durch eine mit der gesunden Erfahrung und mit einer geistreichen Betrachtung des Schönen in Natur und Kunst übereinstimmenden Untersuchung und Entwicklung der Schönheitsidee zu vereinigen. Was sich hier, als eine in der Zukunft noch befriedigender zu lösende Aufgabe darbietet, ist besonders: lichtvolle Ableitung des Schönen aus der Uridee unsers Geistes, deutlichere Bestimmung ihres Verhältnisses zum Wahren und Guten, gründlichere Nachweisung des Schönen in der Natur, und tiefere Entwickelung der innern Verbindung zwischen Natur und Kunst. Möge die Lösung dieser Aufgabe durch vereinte Kraft der Denker gelingen. — Es bleibt mir noch übrig die Anordnung der Lehren der Ästhetik, wie ich dieselbe dem gegenwärtigen Stand- und Richtungspunkte dieser Wissenschaft für entsprechend halte, anzugeben. Gewöhnlich theilt man die Ästhetik, wie mehrere andrre Wissenschaften, in reine und angewandte Ästhetik. Erstere geht als wahre Philosophie des Schönen, nach unserer Ansicht von der Begründung der Idee der Schönheit, (oder des absoluten Schönen aus, welche das Wesen alles erscheinenden Schönen bezeichnet, und in dem gebildeten Menschengeiste bei der Beurtheilung, so wie bei dem Hervorbringen des Schönen, wenn auch unbewußt, wirksam ist. Sie weist diese Ider in dem Gebiete unseres Geistes, und in ihrem Verhältnisse zu den übrigen Grundideen der Humanität (Wahrheit, Güte) nach, und erörtert somit auch ihren psychologischen Ursprung. Darauf entwickelt sie den Inhalt dieser Idee nach ihren verschiedenen Erscheinungsarten — Natur und Kunst, — und mit Rücksicht auf die verschiedenen Wirkungen und Modifikationen des Schönen, (das Reizende oder Anmuthige — schön im gemeinen Sprachgebrauche, und das Erhabne; — das Ernste und Scherzhafte;) und betrachtet dem gemäß sowol die Beurtheilungskraft (Geschmack) als die Darstellungskraft (Kunstgenius und Talent) des Schönen. Die angewandte oder specielle Ästhetik aber soll die Gesetze und Bedingungen des Schönen auf die verschiedenen Darstellungsmittel anwenden, und von der ästhetischen (d. h. der Ider der Kunst und Schönheit abhängigen) Verschiedenheit der besondern Künste und ihrer Gattungen handeln; eine Lehre, welche die Grundlage jeder speziellen Kunsttheorie wird. Unter dem Titel einer angewandten Ästhetik geben Einige nur eine kurze Uebersicht und Eintheilung der schönen Künste; Andere, welche diese noch in die allgemeine Ästhetik ziehen, verstehen darunter die philosophische Theorie der schönen Künste selbst. Nach unserer Ansicht und Anordnung nun ist die Ästhetik weder bloß eine sogenannte Metaphysik des Schönen; noch bloße Kunstlehre oder Kunstwissenschaft, jene bildet nur ihren ersten und höchsten Theil, durch welche sie sich als philosophische Disciplin an die Transcendentalphilosophie anschließt, diese, durch die Metaphysik des Schönen begründet, macht den Hauptinhalt der Ästhetik aus. Und wir halten diese mit demselben Rechte und in demselben Grade für eine Wissenschaft, wie diejenigen philosophischen Wissenschaften, welchen die Idee des Wahren und Guten (theoretische und praktische Philosophie) entwikkeln, und dadurch ebenfalls einem unendlichen Ziele nachstreben. Sie wird aber um so vollkommener, je vollkommener und feiner die Geschmacksbildung, und je reicher die Anschauung des Schönen selbst wird, so wie sie andrerseits, in ihrem Wesen eben so theoretisch als praktisch, zur tiefen Ausbildung des Geschmacks und einer begründeten Kunstkritik wesentlich nothwendig ist. (*A. Wendt.*)

ÄSTIER, (Ästii, nach Tacitus Ästyi, vielleicht richtiger Ostiaei, Ostmänner, bei Jornandes Get. 20. Ästri) am rechten Ufer des Svevischen Meeres, glichen in Gebräuchen und Tracht den Sveven, in der Sprache den Britanniern, verehrten die Mater Dea (wahrscheinlich Hertha der Teutschen), und Abbildungen wilder Schweine (der Göttin geweihte Thiere) sicherten den, der sie an sich trug, selbst vor den Waffen seiner Feinde. Eiserne Waffen hatten sie nur selten, desto häufiger Keulen. Sie trieben den Ackerbau fleißiger als die Teutschen, durchsuchten zugleich das Meer, und waren die einzigen, welche den, von ihnen Glessum (Glas) genannten, Bernstein sammelten. (Tacit. de mor. Germ.) Im 5ten Jahrh. brachten Gesandte der Ästier dem ostgothischen Könige Theodorich nach Italien ein Geschenk von gelbem Bernstein, welches von ihm gnädig aufgenommen wurde. (Cassiodor.) Im 9ten Jahrh. bewohnten die Ästier noch die östlichen Ufer der Ostsee (Eginhard Vita Carol. M.) und Other, ein Normann, Wolfstan, ein Angelsachsen berichteten im 9ten Jahrh. ihrem Könige Alfred, daß Eastland oder Estum sich bis an die Weichsel (Wisle) erstrecke, und alle ihre Nachrichten passen auf Preußen. (Periplus Otheri et Wulfstani). D'Anville umgearbeitet von Heeren, und auch Mannert nimmt daher an, daß die Wohnsitze der Ästier sich durch Preußen erstreckt haben, und daß in der Benennung von Esthland, welches sie vormals auch bewohnt, noch eine Spur ihres Namens übrig sey. Da aber Tacitus Aestiorum gentes nennt, folglich mehrere Völker unter diesem Namen begreift, so gewinnt hiedurch die Muthmaßung, daß Ästier soviel als die Oestlichen heiße, und die alten Teutschen alle ihre östlich wohnenden Landsleute mit diesem Namen belegt haben. (Strabo I, 4 suchte sie offenbar an der unrechten Stelle). *(v. Baczko.)*

ÄSTIG, nennt man in der mineralogischen Kunstsprache diejenigen verworrenen besonderen äußeren Gestalten, deren einzelne Theile längliche, mehr oder weniger dicke und auf vielartige Weise gebogene Zacken sind; in- und unter einander verschlungen und so ein Ganzes ausmachend, jedoch ohne gemeinschaftlichen Hauptstamm. Die Erscheinung ist nicht häufig. Beispiele sind: Gediegen Eisen (aus Siberien), und Gediegen Kupfer. *(Leonhard.)*

Ästräon s. Astraea.

ÄSYMNETES, (*Αισυμνητης*), d. i. Herrscher oder Vorsteher[1], ein Beiname des Dionysos, der sich von dem Wunderbilde herschreibt, das Hephästos von ihm soll verfertigt, und, in einen Kästen gelegt, dem Dardanos geschenkt haben, der es als ein schützendes Heiligthum verwahrte. Bei der Eroberung Trojas fiel es dem Thessalischen oder Olenischen Eurypylos in die Hände, der beim Anblick des Bildes in Raserei gerieth, und in einer lichten Zwischenstunde das delphische Orakel befragend, wie er von dem Uebel genesen könne? den Befehl erhielt, mit dem Kästchen da zu bleiben, wo er Menschen auf eine barbarische Weise würde opfern sehn. Dies fand er zu Aroe in Achaja, wo jährlich der Artemis Triklaria, zur Sühne der von der Komaitho und dem Menalippos in ihrem Tempel begangenen Unkeuschheit, der schönste Knabe und das schönste Mädchen geopfert ward. Er blieb dort, genas, und zu Aroe endete die barbarische Sitte, einem Orakel zufolge, das geboten hatte, mit der Sühnung nur so lange fortzufahren, bis ein fremder König mit einem fremden Gotte dort ankommen würde. Der Fluß am Tempel der Artemis, vorher Ameilichos, der Unversöhnliche, ward nun Meilichos, der Versöhnliche genannt, und zum Andenken feierte man zu Aroe ein jährliches Fest, bei dem die Kinder der Stadt mit Aehren bekränzt in den Tempel der Artemis gingen, und den Kranz zu ihren Füßen niederlegten; dann im Meilichos sich badeten und in den Tempel des Äsymnetes einzogen[2]). Aus diesem in sich dunklen Mythus geht nichts weiter mit Klarheit hervor, als daß zu Aroe durch Einführung eines fremden Cultus die barbarische Sitte der Menschenopfer, die bei der Artemis sehr gewöhnlich waren, abgeschaft ward. *(Ricklefs.)*

ÄSULA, ÄSOLA, ehemalige kleine Gebirgsstadt in Latium, in dem Aequergebirge, zwischen Tibur und Präneste, dem heutigen Tivoli und Palestrina. Die von den wenigen Trümmern dieser alten Stadt zu der Ebene nach Rom hin sich erstreckenden abhängigen Felder heißen noch jetzt l'Esolano. Vgl. Sickler Campagna di Roma. Genannt wird es besonders von Horaz (L. III. Od. 29). *(Sickler.)*

ÄSUNG, (die), bezeichnet in der Jägersprache die Nahrungsmittel aller derjenigen Wildarten, welche sich von Pflanzen, Insekten und Würmern erhalten. Wenn von einigen ältern Jägern beim Dachse, ingleichen bei denjenigen Federwildarten, welche — wie z. B. das Rebhuhn — sich mit von grünen Kräutern nähren, demselben das Wort Weide untergeschoben wurde, so ist dies eine willkürliche Ausnahme von der Regel. Bei allen Raubthieren und Raubvögeln hingegen, ingleichen bei denjenigen Haar- und Federwildarten, welche sich zum Theil von Pflanzenfrüchten, zum Theil vom Fleische todter Thiere nähren, findet der obige Ausdruck durchaus keine Anwendung, sondern es tritt — der allgemeinen Jägersprache zufolge — das Wort Fraß an dessen Stelle. Eben so verhält es sich mit dem Weidmännischen Sprachgebrauch in Rücksicht der Zeitwörter äsen, weiden, fressen. Zu wünschen wäre jedoch, daß diese Ausdrücke, fester als bisher bestimmt würden. Im vorliegenden Falle kann dies geschehn, wenn die Wildnahrung an Pflanzenfrüchten, Baumrinden, Insekten und Würmern, durch Aesung und äsen; an Kräutern und Baumblättern durch Weide und weiden; an allen Thierbestandtheilen, aus der Classe der Vierfüßler und Vögel aber durch Fraß und fressen — bezeichnet würde. — Auch möchte vorzuschlagen seyn, an die Stelle des Ausdrucks Abrasen, den manche Jäger für die Aesung auf Wiesen brauchen, und wofür man auch Abäsen setzt, den Ausdruck Abweiden zu setzen. *(a. d. Winckell.)*

Ätaei, s. Altene.

ÄTALION. Unter diesem Namen errichtet Latreille in seiner Consid. gén. sur l'ordre naturel des Crustac. des Arachn. et des Insectes. (Paris 1810. p. 263.) eine Gattung aus der Familie der Cicadarien. Die Unterscheidungsmerkmale sind: dreigliedrige Fühler, dicht unter dem Raume, der die Augen trennt, nach der Brust zu eingesetzt, zwei kleine Nebenaugen, das Halsschild in der Mitte des Hinterrandes nach hinten verlängert. Die einzige bis jetzt bekannte in Südamerika einheimische Art ist: Aetalion reticulatum, Latreille in Voyage d'Alex. de Humboldt et Aimé Bonpland. V. P.; Zoologie et Anatom. comparée. VI. livrais. n. 60. tab. XXIII. f. 12. Germar Mag. d. Entomol. I. B. 2. Heft. (1815) 8. p. 129. Lystra reticulata, Fabricius Syst. Rhyngotor. p. 60. Tettigonia minuta, Fabric. Entomol. System. Tom. IV. p. 26. Cicada reticulata, Linnée Syst. Nat. T. 1. Sect. II. ed. XII. p. 707. Stoll Cicad. t. 14. f. 74. Degeer Mém. p. s. à l'hist. des Insect. T. III. p. 227. t. 33.

---

1) Aristot. Pol. III. 10 u. 11; Suid. Τυραννος; Hesych. Ἀντιμνα; Etym. M. Αισυμνηται u. Αισυμνητης. 2) Paus. VII, 19. 20.

f. 15. 16. Graugelb, eine Längelinie des Halsschildes und die Nerven der Deckschilde hellgelb. (*Germar.*)

Ätba, f. Ättwa.

ÄTERNITAS, die **Ewigkeit**, ein Sinnbild auf römischen Münzen, bald stehend, bald sitzend abgebildet, bald auf einem Wagen fahrend von Löwen und Elephanten gezogen. Sie hat bald in der rechten Hand eine Kugel, worauf ein Phönix sitzt, und in der linken eine hasta pura, bald, wie auf den Münzen des Titus, hat sie den Fuß auf eine Kugel gesetzt und ein Füllhorn im Arme, bald hat sie die stralenden Köpfe der Sonne oder des Mondes in den Händen, oder eine Schlange, die sich in den Schwanz beißt; sie selbst ist in einen Kreis geschlossen oder sitzt auf einer mit Sternen besetzten Kugel. Rasche Lex. Num. Vol. I. P. I. p. 167 ff. Vergl. Montfaucon antiq. expl. T. I. P. II. p. 204 und 205. (*Rickleſs.*)

ÄTHANIM, oder vielmehr ירח האיתנים, Monat der fließenden Bäche, heißt im 1 B. der Kön. 8, 2 der späterhin sogenannte Monat Tisri, welcher der erste des bürgerlichen, oder der siebente des Kirchenjahrs der Juden ist, und unserm October entspricht. (*Grotefend.*)

ÄTHALIDES, (Αἰθαλίδης); ein Sohn des Hermes und der Eupolemia, einer Tochter des Myrmidon, mütterlicher Seite ein Aiolide, am Amphrysos geboren [1]), der Herold der Argonauten und von so trefflichem Gedächtniß, daß er nichts vergaß, gleich fähig unter den Todten, wie unter den Lebenden zu weilen, ein früherer Pythagoras [2]), auch ein treflicher Bogenschütze. (*Rickleſs.*)

ÄTHALIUM. So nennt Link (Berl. Magaz. naturf. Freunde, B. 3, S. 24) einen Bauchpilz, den man sonst Fuligo nannte. Er besteht aus einem doppelten Fruchtbehältniß, dem äußern, welches flockig ist und verschwindet, und dem innern zelligen. Die Keime oder Samen sind angehäuft und durch Häute unterschieden. Es kommt dies Wesen auf faulem Holz und Blättern, mit röthlicher, violetter, gelber und weißer Farbe vor: inwendig ist eine beenge Masse, die bald in ein schwarzes Pulver, von Zellen unterschieden, zerfällt. Eine sehr gute Abbildung des Aethalium *violaceum* Link. (Fuligo Pers.) kommt in Persoon. icon. fung. minus cognit. fasc. 1. tab. 1. vor. Das Aethalium *vaporarium*, welches auf Lohbeeten im Herbste vorkommt, ist in der flor. dan. t. 1364 abgebildet, aber das Innere nicht so gut dargestellt. Zweifelhaft ist die Fig. Taf. 1315 der flora danica, doch wahrscheinlich Aethalium *violaceum*. (*Sprengel.*)

Ädelstan, f. Adelstan.

ÄTHER, (Αἰθήρ), (in der Mythologie) nach Hes. Theog. 123 ff., mit dem Tage (Hemera), einem Sohne des Erebos und der Nacht, also die **Morgenluft** [1]), die dem Tage vorauf geht, und beide aus der Dunkelheit hervorbrechend, das **dritte Grundwesen**; denn Chaos erzeugte aus sich den Erebos und die Nacht; nach Hyg. Praef. der einer unbekannten Kosmogonie folgt, ein Sohn des Chaos und der Caligo, der mit dem Tage den Himmel, das Meer und die Erde, und mit dieser eine ganze Reihe von Lastern, Ungemächlichkeiten und Schrecknissen erzeugt; nach Lucret. [2]) der befruchtende Gatte der Erde; nach den Orphikern, welche die Idee von einem höheren Standpunkte fassen, Hymn. 5 (4) das erste Grundwesen des Weltalls, die Weltseele, die, rein und unvermischt, warm und feurig, allem Leben und Wachsthum und Glanz verleiht, oder das Urlicht, von dem drei Stralen Μῆτις, Φῶς und Ζωή ausgehn, die mit ihm wieder in Eins zusammen fallen, der ungesehene Weltgeist, der alles, was da ist, gemacht hat, auch das Menschengeschlecht. Cedren. hist. comp. p. 46. ed. Bas., Malala Chron. IV. p. 29., ed. Venet. Suid. Ὀρφεύς. Vgl. Mythische Kosmogonie. (*Rickleſs.*)

ÄTHER, (in Hinsicht der Geschichte der Philosophie) die reine, heitere, helle Luft, welche die Griechen Aether nennen, ist von den griechischen Philosophen auf mancherlei Weise gebraucht worden, theils um gewisse Erscheinungen der Natur zu erklären, theils um das Wesen und Wirken der übersinnlichen Substanzen der Fassungskraft des Verstandes näher zu bringen. Die Bemerkung von der Verschiedenheit der Luft nach Verschiedenheit der Höhe und der Beschaffenheit der Erdoberfläche, die Bemerkung des wichtigen Einflusses einer dicken, unreinen, und einer reinen, verdünnten Luft auf Pflanzen und Thiere führte sehr frühzeitig auf den Gedanken einer Luft und einer Aether- oder Himmelsregion der Welt. Jene, welche bis an den Mondkreis reichet, ist die Welt der Vergänglichkeit, wegen der dicken, trägen Luft, jene, die Welt, des unvergänglichen Seyns und Lebens. Hier finden sich die Götter, die Gestirne, welche in einem unveränderlichen, immer gleichen Kreise wallen, leben und selig sind.

Aether wurde auch früh schon als die Quelle alles Lebens betrachtet, indem man die Lebenswärme, ohne welche Pflanzen und Thirre kein Leben haben, von der Wärme des physischen Feuers, das nur auflöst und zerstört, aber nicht belebt, unterschied *). Daher nahm man außer den vier Elementen, woraus die Körper überhaupt bestehen, noch ein fünftes, den Aether, als die belebende Kraft an. Bei Platon kommt die Lehre von fünf Elementen noch nicht deutlich vor, das Feuer, woraus die Sterne bestehen, ist jedoch dem Range nach dasselbe, was der Äther in der Epinomis S. 250 ist, der von der Luft unterschieden wird. Aristoteles, ohne den Ausdruck Äther beizubehalten, nimmt ausdrücklich eine fünfte Natur an, daraus die Sterne und der Himmel bestehen, und hält sie für eine Art von Feuer, nicht dem irdischen, sondern dem himmlischen ähnlich; sie durchdringt alles, und ist dasjenige, was dem Samen die belebende Kraft gibt, (de generat. animal. II. c. 3). Dieselbe Lehre fand sich auch schon bei dem Pythagoras, der durch einen Strahl der Sonne den Äther und alles durchdringen und dadurch alles Leben entstehen läßt. Äther ist

1) Apoll. Rh. I, 54 ff.; Hyg. F. 14. 2) Apoll. Rh. I, 641 ff. Vgl. Schol. ad I. 645.

1) Vergl. Kanne Mythol. der Gr. S. 14.

2) I. 251 und II, 991 ff. und Virg. Georg. II, 324 ff. vergl. mit Voß zu dieser Stelle.

*) Xenoph. Memor. Socr. IV. c. 6. Cic. Nat. Deor. II. c. 15.

das stets aus sich in steter Regung sich bewegende Warme, und jede Sele ist ein Theil der alles belebenden Gottheit. Am deutlichsten haben die Stoiker diese Lehren entwickelt, wie man sie in Ciceros Büchern von der Gottheit, besonders in dem zweiten Buche dargestellt findet. Die ganze Welt, sagten sie, ist göttlich, besonders aber sind es die Sterne, weil sie den beweglichsten und reinsten Theil des Athers zum Bestandtheil haben, und durchaus aus Feuer und Licht bestehen, und sich durch Vernunft in der unveränderlichen Ordnung bewegen. In dem stoischen System wird der Ather das Substanzielle und das Substrat des göttlichen Wesens, welches gedacht ward als ein ätherisches, künstlerisches Feuer, das alles nach der vollkommsten Regel hervorbringt und erzeuget, und von welchem alles Seyn, Leben, Denken abstammt. (Cic. N. D. II. c. 22.) Der Äther ist der Ort und zugleich das substanzielle Wesen Gottes; so wie Aristoteles den Himmel als Körper der Gottheit dargestellt hatte. Die Ahnung, daß das Leben nicht aus sinnlichen Stoffen erklärbar sey, war die Veranlassung, den Äther als ein übersinnliches Princip desselben anzunehmen. Uebrigens ist es sehr natürlich, daß das Wort Äther in sehr verschiedenen Bedeutungen gebraucht wurde. Äther bedeutet bald die reinere Himmelsluft, den Himmel selbst, die Dinge, die in dem Himmel sind, Götter, Gestirne, die Lebenswärme und Lebenskraft, die feinere Substanz aller himmlischen Wesen und Kräfte. So werden die Dämonen und die Engel für Luft oder ätherische Wesen gehalten. Und da die Alten unter Äther sich eine feine Materie, die außer dem Kreise der Wahrnehmung liegt, und als eine zur Erklärung gewisser Erscheinungen angenommene Kraft dachten, so wird hieraus begreiflich, wie die Vorstellungen von dem Äther, was er sey, und welche Eigenschaften er habe, sehr verschieden seyn mußten, die Hauptvorstellungen sind jedoch immer die höchste Bewegkraft, physische Wärme, Lebenswärme.

Diese Vorstellungen haben sich in der neuen Welt geändert durch die erweiterte Naturwissenschaft; aber ganz haben sie sich doch nicht verloren. So leiteten einige Aerzte die Empfindungsfähigkeit von einer höchst feinen ätherischen Flüssigkeit ab, welche sich in den Nerven beweget. Ueberhaupt sind die Geister in der Schule der Spiritualisten an die Stelle des Äthers getreten. *(Tennemann.)*

Äther (Himmelsluft, materia subtilis — in Hinsicht auf Physik). Mit diesem Namen bezeichnen die Physiker eine von ihnen angenommene, äußerst feine, elastische, flüssige Materie, welche den ganzen Weltraum und die feinsten Zwischenräume der Körper durchdringen und ausfüllen soll.

Diese Annahme naturwissenschaftlich zu prüfen, ist um so nöthiger, als sie durchaus von keiner unmittelbaren Beobachtung veranlaßt ist und die Naturkunde keinen Theil an ihr hat. Hiezu jedoch ist keine genaue geschichtliche Nachweisung dieser Hypothese erfoderlich, da die Naturwissenschaft es eigentlich nur mit der Entfaltung reiner Begriffe und nicht mit geschichtlicher Darlegung der wundersamen Verwickelung und Durchkreuzung des Wahren und Falschen zu thun hat; es darf nur der Boden, auf welchem diese Annahme hervorgetrieben wurde, untersucht werden, da schon daraus erkennbar seyn möchte, ob sie eine gute, zu pflegende Frucht sey, oder ein wilder, auszujätender Auswuchs.

Die dermalen fast allgemein verbreitete Annahme eines Äthers hat ihre Geburtsstätte in der gewöhnlichen Ansicht von dem Raume, indem man ihn nämlich von der einen Seite als etwas absolut Gegebenes und an sich Daseyendes betrachtet, und deshalb anderer Seits in die reine Begriffslosigkeit zu fallen fürchtet, wenn man dieses Daseyende ohne allen weitern und ihn ausfüllenden Inhalt denken sollte. Nun aber reichen zu dieser Raumerfüllung die sichtbaren Körper nicht nur nicht hin, sondern es sind selbst diese Körper in sich nicht ganz von sich erfüllt. Um also diese doppelte Schwierigkeit zu heben, hat man das Daseyn eines Äthers, der den ganzen Raum und auch die kleinsten, feinsten Zwischenräumchen der Körper erfüllen soll, sich erdacht. Von selbst versteht es sich, daß der Äther, wenn er zu allen diesen ihm angewiesenen Functionen tüchtig seyn soll, nicht nur eine sehr feine, sondern auch eine elastisch flüssige Materie seyn müsse. Deshalb wurde er auch als so beeigenschaftet definirt.

Dies ist der allgemeinste Gebrauch, den man von dieser Hypothese gemacht hat; doch hat man sie auch noch dazu angewandt, um besondern einzelnen Lieblingstheorien eine Stütze zu leihen. So z. B. brauchen sie Mallebranche und Bernoulli, um die Dichtigkeit und den Zusammenhang der Körper erklären zu helfen, weil ihnen der bloße Luftdruck zur Erklärung dieser Erscheinungen nicht hinreichend vorkam. Huygens nennt seine Lichtmaterie selbst Äther und erklärt nun die Lichtsfortpflanzungen durch die Schwingungen und Wirbel dieses Äthers. Eulers großes Rechnungstalent fand in diesem Theorem Huygens weiten Spielraum zu seiner Entfaltung, welcher denn auch reichlich benutzt wurde; denn bekanntlich beruhet Eulers Theorie des Lichts und der Farben blos auf den von ihm mit unermüdlichem Fleiß angestellten Berechnungen der Schwingungen dieses hypothetischen Äthers, so wie er denn auch die elektrischen Erscheinungen daraus zu erklären bemüht war. — Selbst Newton, der gern allen Hypothesen aus dem Wege gehen mochte, welcher auch öfters gegen die Hypothese des Äthers sich erklärte, nimmt ihn endlich doch an, indem er ihn nur noch mehr verdünnt, um ihn dadurch gleichsam noch unwirksamer zu machen, gibt auch endlich zu, daß irgend eine sehr feine Materie (spiritus quidam subtilissimus) die Zwischenräume der dichten Körper (corpora crassa) durchdringt und in ihnen sich aufhält (pervadit et in iisdem latet).

Von allen diesen Annahmen wird weder etwas durch treue Beobachtung und Wahrnehmung bestätiget, noch ist in ihnen irgend eine Spur jener aus dem reinen Gedanken selbst nothwendig sich ergebenden, alle Erfahrung erst begründenden und möglich machenden Gesetze zu entdecken; weshalb es denn auch ganz klar ist, daß sie nur als schwache und elende Werkzeuge einer höchst gebrechlichen Naturphilosophie zu achten seyen. — Der Grundirrthum aber ist dieser: daß die Physiker von jeher zwei verschiedenartige Begriffe: den des mathematischen und den des physischen Raumes, untereinander geworfen haben (s. Raum), und dadurch zu Untersuchungen und Annahmen verleitet worden sind, welche bei einer sorgfältigern Scheidung der Begriffe gar nicht hätten aufgeworfen und angenommen werden können. Indem nämlich durch Anwendung der Mathematik die Physik in die Reihe der Wissenschaften eingeführt werden sollte, brachten die Mathematiker ihren Begriff vom Raum mit in die Physik hinein; nun aber ist der mathematische Raum seinem Begriffe nach, eine absolute Form, welche, scharf gefaßt, einer körperlichen Erfüllung weder fähig noch bedürftig ist; da man aber, sobald man in die Physik eingetreten war, gar wohl fühlen mußte, daß dieser mit einer solchen leeren Form wenig gedient sey, ja daß sie eine solche Form durchaus, ihrer eigenen und entgegengesetzten Natur nach, weder tragen noch ertragen könne; so mußte man sie zu erfüllen bedacht seyn. Das Erfüllende aber konnte innerhalb der Beobachtung und durch dieselbe nicht zureichend gefunden werden, deshalb nahm man zu einem ersonnenen Stoffe seine Zuflucht, welcher dann, eben weil er blos ersonnen war, um so mehr den Zwecken der Ersinnung angeeignet werden konnte, denn ohne Wesen und also auch ohne eigenes Gesetz konnte er der beliebigen Anordnung der Hypothese keinen lästigen Widerstand leisten, sondern er ließ sich gar willig jedem freien Zwecke gemäß anbequemen. Dies Verfahren, welches leider! in unsrer Physik sehr häufige Belege findet, bekundet sich vorzüglich deutlich in Eulers Theorie des Lichtes und der Farben; denn wiewol er sie ganz ausschließlich auf dem Daseyn des Äthers beruhen läßt, so untersucht er doch nicht nur das innere und eigentliche Wesen dieses Stoffes nicht, sondern er ist auch um den Beweis des bloßen Daseyns desselben ganz unbekümmert (wiewol man doch diesen Beweis auch der billigsten Anmuthung nicht hätte vorenthalten sollen) und glaubt allen Anforderungen durch die Berechnung der Schwingungen dieses hypothetischen Äthers Genüge zu thun. Diese an sich gewiß meisterhafte Berechnung aber führte den Glauben an das Daseyn des Berechneten ein, oder vielmehr: es wurde nun nach dem Objecte selbst gar nicht mehr gefragt, sondern es wurde schon vorausgesetzt —: es müßte da seyn, weil es ja die Berechnung erlitten hatte!

Wären die Physiker nur ein wenig besonnener gewesen, so würden sie sofort gefunden haben, daß sie von den Mathematikern, durch Begriffsverwechselung, in ein ihnen ganz fremdes Gebiet gezogen wurden; denn jener Raum, welcher dem Mathematiker, welcher eben in der Anschauung der bloßen Form stehet, oberes Prinzip seiner Construction ist (s. Absolute) — ist dem Physiker ein durchaus Nichtiges, da er, in der Untersuchung des Wesens stehend, von der Kraft, als dem Prinzipe seiner Construction ausgehen muß (s. Absolute). Die allgemeinste Erscheinung aber der Kraft ist eben die Materie, welche den Raum schon wesentlich, und nicht (wie die Verwirrung wähnt) als einen leeren Behälter für einen durch irgend einen Zufall ihm zukommen könnenden Inhalt, mit und bei sich führt (s. Materie). Dies läßt vorläufig schon daraus sich einsehen: Der Physiker hat es überall nur mit der Naturerscheinung in ihrer Wesenheit zu thun; nun kann — wie dies unmittelbar klar ist — innerhalb der wesenhaften Naturerscheinung nic Nichts als wesentliche Naturerscheinung vorko mithin also kann dem Physiker auch kein leerer erscheinen, oder — was dasselbe ist — dem Physiker sind Raum und Materie vollkommen identisch, mithin ist ihm der Ausdruck: leerer Raum, eben so abgeschmackt, als: leere Materie. — Deshalb auch ist Descartes zu loben, welcher, als philosophischer Physiker, von einem leeren Raum keinen Begriff hatte, sondern behauptete: der Raum sey absolut erfüllt (plein absolu); wiewol man ihm darin nicht beistimmen kann, daß er den Raum mit willkürlich ersonnenen Stoffen ausfüllt. Ueberhaupt so vortreflich Descartes meist von seiner polemischen Seite her ist, so phantastisch und willkürlich wird er, sobald er in das Dogmatische hinübertritt. Newton hingegen, welcher gegen die Kartesianische Meinung eines absolut Erfüllten (plein absolu) streitet, bekundet dadurch, daß er sich auch nicht einen Augenblick aus der blos formellen mathematischen Sphäre trennen könne, in welcher allein er auch als ein Stern erster Größe stets glänzen wird, zur Naturwissenschaft jedoch konnte er sich nie aufschwingen; auch sind alle seine noch so sehr gerühmten und theils auch wirklich ruhmwürdigen Bestrebungen der reinen Naturwissenschaft unförderlich gewesen, da er fast sorgfältig den realwissenschaftlichen Boden vermieden hat.

Reines Ergebniß dieser Untersuchung ist: daß der Äther, da er weder

1) durch irgend eine Beobachtung empirische Thatsache werden kann, noch auch
2) durch das Denkgesetz selbst anzunehmen geboten wird, sondern er
3) durch den verwirrenden Einfluß der mathematischen Construction, besonders aber durch Verwechselung des mathematischen und physischen Raums der Physik aufgedrungen worden ist, er
4) von einer reinen Naturwissenschaft wiederum ausgeschieden und in das weite Reich der Nichtigkeit verwiesen werden muß. *(Sachs.)*

Äther (in der Chemie und Heilmittellehre) — (ein liquides chemisches Kunstprodukt), wegen seiner Feinheit nach dem Luftäther (s. weiter unten) so benannt, Naphtha aber von seiner Aehnlichkeit mit dem leichten, farblosen, sehr entzündlichen, feinen, wahrscheinlich durch unterirdische Destillation rectificirten Bergöle (Berg-, Erdnaphtha). Man findet schon Spuren seiner Kentniß beim Basilius Valentinus. Indeß machte Frobenius zuerst dieses Produkt unter dem Namen Spiritus aethereus bekannt. Jeder Kunst-Äther wird durch die Mischung eines möglichst wasserfreien Weinalcohols mit liquiden, oder wenigstens zerfließlichen Säuren: Schwefel-, Salpeter-, Kochsalz-, Essig-, Phosphor-, Arsenik-Säure mit Hilfe der Hitze erzeugt. Die Ätherbildung ähnelt einigermaßen der Gährung, und besteht in einer theilweisen Umwandlung des Weingeistes in Äther oder Naphtha, eine äußerst flüchtige, brennbare Flüssigkeit, welche den ätherischen Oelen nahe kommt. Bei diesem chemischen Processe wirken, jedoch mit mehr oder minder abgeändertem Erfolge:

1) Fourcroy's sogenannte disponirende Verwandtschaft, d. i. die hygroscopisch-chemische und hygroscopisch-zerstörende Anziehung der Säuren zum Wasser aus dem Alcohol, nur muß man sich die übrigen Bestandtheile des Weingeistes gegen die activen, und als solche ohne Zweifel auch elektrisch wirksamen Säuren nicht in Ruhe denken.

2) Der gleichsam pseudo-organische Werth des Weingeists, als einer aus dem Organischen stammenden Materie, dem zu Folge die Oelnatur, als diejenige, welche den lebenden Pflanzen näher liegt, als der Weingeist selbst, durch den zerstörenden Eingriff der Säure, im Weingeiste, worin sie nur der Möglichkeit nach existirte, entwickelt wird, auf ähnliche Weise, wie bei der Infusorien- und Schimmelgährung, vollkommener und selbstständiger organisirte Wesen aus der minder organisirten Masse sich erzeugen, während ein Theil derselben Masse zur mehr unorganischen Beschaffenheit und Gegenwirkung herabgestimmt wird. Dieselben individualisirenden Kräftr, welche das höhere pseudorganische Moment des Äthers (in Vergleichung mit dem Weingeiste) hervorgehen ließen, sind es ohnstreitig auch, welche die abstumpfende, erschöpfende, oder neutralisirende Wirkung des elektrisch-wirksamen Kohlenwasserstoffs im Weingeiste gegen die Säuren veranlassen, und die Art und Weise, nach welcher die Säuren von der Äthergrundlage aufgenommen werden, läßt sich etwa vergleichen mit jener Anziehung, deren Resultat die Umwandlung des minder, oder abweichend organisirten Stoffs des Nahrungsmittels, in die Substanz des sich davon nährenden Individuum ist, nämlich mit der sogenannten Assimilation, welche man aber von jener wirklichen Verähnlichung, oder reinen, nur in selbstständig thätigen, d. i. beseelten Individuen Statt findenden organischen Anziehung wohl unterscheiden muß.

Außer dem Äther werden bei diesem Processe gewöhnlich auch entzündliche Gasarten, z. B. ätherisches Kohlenwasserstoffgas ꝛc, manchmal auch minder flüchtige, mehr ölige Produkte nebst Wasser, und mehr oder weniger Pflanzensäure und Essigsäure, seltner Kleesäure gebildet. — War die mit dem Weingeist gemischte Säure leicht ihres Säurungsstoffs durch brennbare Materien zu berauben, so erfolgt neben und nach der Ätherbildung Ausscheidung eines Theils der Säure im unvollkommenen, sauerstoffarmen Zustande. Hieher gehört die Entwicklung des Salpetergas, oder der unvollkommenen Salpetersäure bei der Erzeugung des Salpeteräthers, und die des schweflichtsauren Gas, oder der unvollkommenen Schwefelsäure nach der Bildung des Schwefeläthers. — Die dadurch ausgeschiedene Säure verbindet sich zum Theil mit dem Äther, aber nicht sehr innig, denn der Salpeteräther entwickelt von Zeit zu Zeit Salpetergas, der schweflicht riechende Äthee tritt seine den schweflichten Geruch bewirkende Säure an verschiedene Salzbasen ab. — Wird hingegen der Grundlage einer Säure, z. B. bei der Siedhitze des Weingeists durch dieselbe kein Theil ihres Säurungsstoffs entzogen, wie z. B. der Essig- und Salzsäure, so verbindet sie sich eines Theils unverändert mit den Bestandtheilen des Äthers, und zwar so innig, daß sie vollkommen entsäuert scheint. Was sie in solchen Fällen so sehr abstumpft, erschöpft, oder indifferenzirt, ist ohne Zweifel der Kohlenwasserstoff des Weingeists, und des im Werden begriffenen Äthers. — Frei von Säure möchten seyn: der vorsichtig bereitete Schwefel-, Arsenik- und Phosphoräther; der Flußäther enthält wahrscheinlich etwas während der Einwirkung der Flußsäure auf den Alcohol aus letzterm durch Oxydation entstandene Essigsäure. (*T. Schreger.*)

Äther, Naphtha (Arzneimittellehre), ist eins der flüchtigsten Reizmittel des Nervensystems und verbreitet seine Wirkungen ungemein schnell über dasselbe. Man gebraucht daher den Äther mit großem Nutzen, wo es darauf ankommt, eine, wenn auch nur vorübergehende Steigerung der Nerventhätigkeit hervorzubringen, bei darnieder liegender Sensibilität, Schlagfluß, Schlafsucht, Ohnmacht, Asphyxie, torpidem Typhus; ferner bei verschiedenen Formen mit Nervenschwäche zusammenhängender Hastigkeit und Regellosigkeit der Lebensthätigkeiten, bei asthenischen Fiebern, Krämpfen und Schmerzen, z. B. Schwindel, Kopfweh, Asthma, Keichhusten, Magenkrampf, Erbrechen, Kolik.

Man gibt ihn in Tropfen auf Zucker, wo man auf das Gehirn und das ganze Nervensystem wirken will, oder mischt ihn mit anderu Flüssigkeiten, Thee oder Wein, wo man die Wirkung mehr auf die Verdauungsorgane richten will.

Man setzt ihn ferner zu anderu Arzneimitteln, um ihre schwächenden Einwirkungen auf Magen und Nervensystem zu vermindern, und ihre Assimilation zu befördern. Auch läßt man ihn auf der Haut verdunsten, um eine künstliche Kälte hervorzubringen und dadurch die Turgescenz der Theile zu vermindern, namentlich bei eingeklemmten Brüchen, nur nicht von Darmkothverhaltung u. s. w. *). (*Burdach.*)

Äther-Arten. Es gibt zwei Classen derselben, von denen jede aus drei Gattungen besteht. Zur ersten Classe gehören jene, welche durch die Wirkung der fixen, kräftigen Säuren entstehen, nämlich: Schwefeläther, Phosphoräther und Arsenikäther. Die zweite Classe enthält jene, die durch Verbindung mit den flüchtigen Säuren gebildet werden,

---

*) Zu gleicher Absicht und um einen Erschütterungsreiz anzubringen, dient das Auftropfen des Schwefeläthers auf äußere Theile, z. B. auf den abgeschornen Kopf, bei Erschütterungen und Entzündungen des Hirns und seiner Häute, in manchen Schlagflüssen, Schlafsuchten, im Schwindel, halbseitigem Kopfweh, in Phrenitis und Manie; 2) auf die Stirn gegen heftiges Nasenbluten ꝛc.; 3) auf die Brust: beim Blutspeien, bei Herzklopfen, in der Hypochondrie ꝛc.; 4) auf den Unterleib im Ileus, in der Windsucht, gegen Meteorismus in faulichten Krankheiten ꝛc.; 5) auf die Magengegend und das Rückgrat im Magenkrampf von erhöhter Empfindlichkeit der Magennerven; 6) auf die Schoosgegend in Mutterblutflüssen; übrigens unmittelbar auf Wasserbrüche, zumal bei Kindern; auf gebrannte, von Frost getroffene, und überhaupt äußerl. entzündete Theile; schmerzhafte Hämorrhoidalknoten, zur Zertheilung mancher sogenannter kalter Geschwülste, der Quetschung ꝛc. und überhaupt da, wo schnelle Einwirkung stärkerer Kälte von außen nach innen angezeigt ist. (*Schreger.*)

nämlich: Salpeteräther, Salzäther und Essigäther.

I. Classe. 1. Gattung: Schwefeläther (Vitriolnaphtha), Äther s. Naphtha sulphurica (A. Vitrioli, Äther *Frobenii*). Gleichviel höchst concentrirte Schwefelsäure und absoluter Weinalcohol werden, nachdem sie gehörig, und wegen starker Erhitzung, mit Vorsicht absatzweise vermischt sind, aus einer geräumigen, langhalsigen Retorte mit angelegtem Tubulatrecipienten der Destillation unterworfen. Den Recipienten legt man in Eiswasser, Schnee ꝛc., und verbindet ihn der Sicherheit wegen durch eine Welter'sche Sicherheitsröhre mit einer Woulfe'schen Flasche, bringt nun die Mischung schnell in leichtes Sieden, erhält sie darin bis zum Erscheinen des gelblichen Weinöls und der schweflichten Säure, und unterbricht dann schnell die Operation. Den gewonnenen noch unreinen Äther zieht man bei gelindem Feuer zuerst über ein Gemenge aus Braunstein und gebrannter Talkerde, oder Kalk, und nachmals über frisch geglühten salzsauren Kalk ab. — Der Rückstand in der Retorte kann durch Vermischung mit frischem Alcohol zur Äthererzielung einige Mal noch benutzt werden. — Reiner Schwefeläther ist farblos, ganz durchsichtig, im hohen Grade leicht flüssig und zwischen 15—16° R., nach Richter, nur von 0,706—10 specif. Gewichte. Er hat einen ganz eignen, durchdringenden, würzigen Geruch, und in wenigen Tropfen einen dergl. durchdringend süßlichen und kühlenden Geschmack, mehr davon wirkt auf der Zunge und im ganzen Munde ein heftiges Brennen. Im hohen Grade flüchtig zeigt er schon bei mittlerer Lufttemperatur und gewöhnl. Luftdrucke das auffallendste Bestreben, elastisch sich zu verflüchtigen, daher er auch an der Luft ungemein leicht und stark verdunstet unter Erregung eines beträchtlichen Kältegrads. Bei 97° F. siedet er an freier Luft, im luftleeren Raume schon bei 20° F., und bringt dabei, selbst in äußerer warmer Sommertemperatur, Wasser bald zum Gefrieren. Die Elasticität seines Dampfs, oder Gases ist nach T. v. Saussure bei 18° R. = 16" 9"' Quecksilberhöhe, mithin vermehrt er bei dieser Temperatur das Volum der Luft um 1,6341 Theile. Der Cubikschuh atmosphärische Luft kann bei 18° R. nahe an 2 Unzen Schwefelätherdampf enthalten. Glühender Platindraht glüht in diesem fort, und es bildet sich zugleich eine bandförmige sehr heiße Flamme, welche aber den übrigen Gasraum nicht entzündet. In einer Kälte von 35° R. gefriert er zu einem nadelförmigen krystallinischen Gefüge. Um vieles entzündlicher, als Alcohol, entzündet er sich schon durch seinen Dunstkreis, der brennenden Kerze auf einige Zoll genähert, und brennt mit einer hellen weißen Flamme ohne allen Rauch bei ungehindertem Luftzutritt und ohne allen Rückstand. Die Produkte seiner Verbrennung sind: ganz reines Wasser nur mit höchst geringem Ammoniumgehalt und Kohlenstoffsäure, hundert Theile Ätherdampf mit Oxygengas in Volta's Eudiometer detonirt, verzehren nach v. Saussure von diesem Gas beim Verbrennen 428,15 Theile, und geben damit Wasser und 230,51 Theile Kohlenstoffsäure. Durch ein glühendes Porcellanrohr geleitet, wird er nach v. Saussure zersetzt: 1) in ein flüchtiges, zu glänzenden Blättchen anschießendes, und nach Benzoë riechendes Oel; 2) in ein braunes, empyreumatisches, eben so riechendes Oel; 3) in äußerst wenig Wasser; 4) in vieles Kohlenwasserstoffgas, und im Rohre bleibt etwas Kohle, die, eingeäschert, äußerst wenig Asche zurückläßt. Durch Schwefelsäure wird er zu einer Art Weinöl. Mit concentrirter rauchender Salpetersäure braust er heftig auf, färbt sich und wird ölartig. Wenn man nach Cruikshank in eine mit Chloringas ganz angefüllte Flasche reinen Schwefeläther gießt und die Oeffnung sogleich mit etwas Papier schließt, so entstehen bald weiße, in der Flasche herumkreisende Dämpfe, worauf in Kurzem Entflammung mit Explosion folgt. An den Flaschenwänden lagert sich viel Kohle ab, und im Gasrückstande ist Kohlenstoffsäure enthalten. Oxydirtes Salpeter- oder Stickstoffgas wird vom Schwefeläther in reichlicher Menge absorbirt. Er ist im Wasser leicht auflöslich, und dieses nimmt nach Lauragais $\frac{1}{10}$ seines Gewichts davon auf. Mit Alcohol ist er in allen Verhältnissen mischbar, und gibt damit (1 mit 3—5 Alcohol) die sogenannte versüßte Schwefelsäure oder Hoffmann's schmerzstillenden Liqnor (Spiritus sulphurico-aethereus, Liq. anod. m. Hoffm.). Er löst den Schwefel und Phosphor auf, die Auflösung des letztern wird durch Alcoholzusatz milchig; auf Metalle, fixe Kalien und Erden wirkt er nicht, stellt aber einige von den erstern aus mehrern ihrer Solutionen wieder her, so z. B. aus der Auflösung des salzsauern Goldes das metallische Gold, aus der des salzsauern Eisens das metallische Eisen ꝛc. Mit Aetzammonium läßt er sich unter allen Umständen mischen. Er löst Cautchouc, Harze, flüchtige und fette Oele, Campher, Wachs, Seife, Gallensteine ꝛc. auf, aber weder Gummi, Kleber, noch Extractivstoff. — Nach v. Saussure besteht er in 100 aus 59,0 Kohlenstoff, 22,0 Wasserstoff, und 19,0 Säuerungsstoff. Sein Gehalt an Salpeter- oder Stickstoff ist, wenn ja dergleichen vorhanden, gegen die übrigen Bestandtheile höchst unbedeutend *).

2. Gattung. Phosphoräther (Aether phosphoricus), nach den früher mißlungenen Versuchen Scheele's, Lavoisier's und Boudet's d. J. von Boullay durch vorsichtige Destillation von gleich viel verglaster, wieder aufgelöster und bis zur Honigdicke abgedampfter Phosphorsäure, und von Alcohol aus einer Tubulatretorte mittelst einer besondern Vorrichtung bereitet (s. Gehlen's Journ. für die Chemie, Physik und Mineralogie. IV. 1. S. 44 ꝛc. Taf. I.), welche die Berührung der Theilchen des obigen Gemisches vervielfältigen und verlängern soll. Die beiden zuerst übergegangenen Flüssigkeiten: ein schwach ätherartiger Alcohol, und eine weit mehr ätherische, ungefärbte, stark

---

*) Dieser Schwefeläther, die gebräuchlichste Art des Äthers, wird bei den verschiedensten Formen nervöser Asthenie zu 10 bis 20 und mehr Tropfen angewendet. Man hat ihn auch bei Gallensteinen empfohlen, indem er diese zum Theil auflöset, zum Theil die krampfhafte Zusammenschnürung der Gallenblase beseitigt und so die Austreibung der Steine erleichtert. (*Burdach*)

riechende, leichte Flüssigkeit, geben, über trocknen salzsauren Kalk rectificirt, einen, dem reinsten Schwefeläther in Geruch und Geschmack höchst ähnlichen **Phosphoräther**. Dieser zeigt bei 10° Temperatur 60° an **Beaume's** Areometer, löst sich in 8—10 kalten Wassers auf, verdunstet schnell an der Luft, kommt bei 30° zum Sieden, löst Harze, Phosphor ꝛc. auf, brennt mit weißer Flamme unter Hinterlassung eines kohligen Rückstands, aber ohne Spur von Säure beim Verbrennen über Wasser, und zeigt überhaupt, sowol in seinen Eigenschaften, als in den Erscheinungen bei seiner Bereitung die größte Aehnlichkeit mit dem Schwefeläther *).

3. **Gattung: Arsenikäther** (Aether arsenicicus). Nach **Boullay** wird derselbe mittelst eines sehr componirten Apparats aus Zink oder Kupfer (s. **Schweigger's** n. Journ. f. d. Ch. u. Physik III. 4. S. 395 ff.), aus gleichen Theilen einer reinen, in erhitztem destill. Wasser aufgelösten, gepülverten Arseniksäure und absolutem Alcohol durch behutsame Destillation gewonnen, und zweimal rectificirt. — Er ist sehr flüchtig, von einem starken Geruch, und erhitzenden, stechenden, dem reinsten Schwefeläther ganz ähnlichen Geschmack, hat ein specifisches Gewicht von 0,·690, röthet das Lackmus nicht, verbrennt mit weißer Flamme, welche etwas Rnß absetzt, läßt nichts von Säure in dem Wasser zurück, auf dessen Oberfläche er verbrannt wird, und charakterisirt sich überhaupt wie der reine Schwefeläther. — Doch geht bei seiner Destillation kein citrongelbes Oel, wie bei der Bereitung des Schwefel- und Phosphoräthers, mit über. Uebrigens dürfte dieser Äther, als Arzneimittel, vielleicht nie anwendbar seyn, denn das geringste Versehen bei seiner Bereitungsart könnte traurige Folgen nach sich ziehen.

II. **Classe**. 1. **Gattung: Salpeteräther** (Aether nitricus). Zur Bereitung desselben bringt man nach **Woulfe** gleich viel absoluten Alcohol und Salpetersäure von 32° B. vermittelst eines langen Glasrohrs durch die Tubulatur eines Destillirkolbens, und verschließt diese mit einem Glasstöpsel. Bei warmen Wetter erhitzt sich die Mischung in einigen Minuten von selbst, und das Destillat geht stromweise in das angelegte Auffangegefäß und aus diesem in ein zweites und drittes über, in welchen beiden letzrern zur Verdichtung der Dämpfe Weingeist vorgeschlagen ist. Oder man bringt das obige Gemisch nach **Thenard** in eine Retorte und verbindet diese mit 5 bis 6 langen aber engen und zur Hälfte mit einer gesättigten Kochsalzauflösung angefüllten Flaschen, die in einem Gemische von Schnee und salzsaurem Kalk stehen, erhitzt hierauf das Ganze bis zum leichten Sieden, entfernt hierauf das Feuer, und mäßigt die zu starke Gasentwicklung durch stetes Besprengen der Gefäße mit kaltem Wasser. Nach beendigter Destillation scheidet man den in den Flaschen enthaltenen Äther mittelst eines Trichters, trennt den aus der ersten Flasche durch Destillation bei sehr gelinder Wärme von dem damit vermischten Alcohol und Wasser, vereinigt ihn nun mit dem aus den übrigen Flaschen, und reinigt ihn von der ihm anklebenden Salpetee- und Essigsäure durch Schütteln mit Kalk unter Eiswasser. Reagirt er danu nicht mehr säuerlich, so decantirt man ihn, nachdem der Kalk sich gesetzt hat. Alle übrige Bereitungsarten: die **Navier'sche**, **Proustische**, **Brugnatellische** u. a. geben keinen wahren Salpeteräther.

Der **echte Salpeteräther** ist unter 16° 8 R. und beim gewöhnlichen Luftdrucke liquid, ganz durchsichtig, schwach gelblich von Farbe, und von etwas geringerem specif. Gewicht als der Alcohol. Er hat einen durchdringenden, dem der Borstorfer Aepfel ähnlichen Geruch, und einen etwas bitterlichen Geschmack, verursacht leicht Schwindel und ein Gefühl von Schwere im Kopf. Um vieles flüchtiger als Schwefeläther erregt er eine weit größere Kälte bei seiner Verflüchtigung. Schon bei 16° 8 R. kommt er ins Sirden. Ausnehmend entzündlich brennt er mit hellerer, weißer Flamme, gibt mehr Rnß, und läßt beim Abbrennen etwas kohligen Rückstand. Durch eine glühende Porzellanröhre getrieben wird er in 5,53 **Wasser**, eine unbestimmbare Menge **Blausäure**, in 0,40 **Ammonium**, 0,80 **empyrevmatisches Oel**, 0,75 **Kohlenstoffsäure**, 2,0831 **oxydirtes Salpeterstoffgas**, 27,8365 eines aus 10,7954 Kohlenstoff, 2,1402 Wasserstoff, 14,7836 Salpeterstoff, und 10,1171 Oxygen bestehenden **inflammabeln Gases**, und in 0,30 **Kohle** zersetzt. Durch Schütteln mit Wasser, zumal mit warmen, auch mit einer sehr verdünnten Kalilauge erleidet er eine partielle Zersetzung; es entbindet sich oxydirtes Salpeterstoffgas, und der Äther enthält nun freie Essig- und Salpetersäure, vermöge welcher er das Lackmus röthet, ohne sauer zu schmecken. Dies erfolgt auch mit der Zeit von selbst, und durch Erhitzung. Uebrigens löst das Wasser weit weniger davon auf, als vom Schwefeläther, 48 Theile von jenem etwa einen Theil Salpeteräthers, und nimmt dadurch einen starken Reinetten-Geruch an. Im Alcohol leicht und in jedem Verhältniß auflöslich, liefert er damit die sogenannte **versüßte** Salpetersäure (Spiritus nitri dulcis, Liquor nitrico-aethereus). Von einer Auflösung des Aetzkali in Alcohol wird er nach einiger Zeit vollständig zersetzt, und in Alcohol, salpetrige Säure und Essigsäure zerlegt, welche bride letztere mit dem Kali zu Salzen sich vereinigen. — Nach **Thenard** ist der Salpeteräther höchst wahrscheinlich eine Verbindung von Alcohol, salpetriger Säure und Essigsäure, oder wenigstens ein aus den Mischungstheilen dieser Substanzen zusammengesetzter Körper. In 100 Theilen enthält er 28,65 **Kohlenstoff**, 14,49 **Salpeterstoff**, 8,54 **Wasserstoff** und 48,32 **Säuerungsstoff**.

2. **Gattung: Kochsalzäther** (Aether muriaticus). Nach **Basse** gewinnt man diese, schon von **Hieron. Ludolph** in der Mitte des 18ten Jahrh. erfundene Naphtha durch Destillation eines Gemisches aus gleich viel absolutem Alcohol, höchst concentrirter Schwefelsäure, und dem Doppelten an Gewichte von geschmolzenem Kochsalz, oder nach **Thenard** durch Destillation gleicher Theile absoluten Alcohols und höchst concentrirter Salzsäure dem Volumen nach, aus einer mit dem

*) Die bloße Auflösung von Phosphor in Schwefeläther kannte man schon früher, als ziemlich das mächtigste Erregungsmittel der Nerventhätigkeit, dessen Anwendung sehr große Vorsicht erfodert (s. Phosphor). (*Burdach*.)

Woulfe'schen Apparate verbundenen Retorte. Die erste Woulfe'sche Flasche füllt man halb mit Wasser, die andere setzt man in Schnee oder Eis. Der Rückstand in der Retorte kann ebenfalls aufs Neue zur Gewinnung von Salzäther benutzt werden (s. ob. Schwefeläther). — Der Salzäther erscheint beim gewöhnl. Luftdruck und bei + 11° C. liquid, vollkommen farblos und durchsichtig. Sein specif. Gewicht beträgt bei + 5° C. 874 gegen 1000 von Wasser. Er hat einen eigenthümlichen durchdringenden Äthergeruch und hervorstechend süßlichen Geschmack. Als die allerflüchtigste Flüssigkeit wird er schon bei + 12° C. gasförmig, ohne es doch bleibend zu seyn, ist völlig farblos, und etwas über zwei Mal so schwer als die atmosphärische Luft. Bei 18° C. u. 0''',75 Barometerstand verhält sich das specif. Gewicht des gasförmigen Salzäthers zu dem der Luft wie 2,219 : 1000. Das Wasser nimmt davon ohngefähr sein Volum auf. Bei + 11° C. wird er wieder vollkommen liquid. In einer Kälte von — 29° C. gefeiert er nicht. Er reagirt weder auf Lackmus noch auf Veilchensaft. Sehr entzündlich brennt er mit einer hellgrünen Flamme und unter Entwickelung von vieler Salzsäure. Durch eine rothglühende Glasröhre streichend, wird er in Salzsäure und ein sehr schweres inflammables, empyreumatisch riechendes Gas zerlegt. Bei höherer Temperatur scheidet sich aber zugleich viel Kohle, und das inflammable Gas fällt jetzt sehr leicht aus. Die Menge der Salzsäure beträgt genau so viel, als von derselben bei Bildung des Äthers verschwunden war. Zu seiner Auflösung sind nach Gehlen 50 Wasser erfoderlich, und diese röthet weder das Lackmus, noch trübt sie die salpetersaure Silbersolution. Mit dem Alcohol leicht mischbar, gibt er damit den wahren sogenannten versüßten Salzgeist (Spiritus salis dulcis, Liquor muriatico-aethereus). Ein solcher von ätherischem Wohlgeruch und bitterlichem Geschmack läßt sich auch aus einer Mischung von Königswasser und Alcohol bereiten, aber kein Salzäther. — Einzig als Gas, durch die bis fast zum Sirden erhitzte Schwefel- und Salpetersäure getrieben, wird der Salzäther zersetzt mit Ausscheidung von vieler Salzsäure; in der Kälte wirken sie nicht auf ihn. Die Chlorinsäure zersetzt ihn augenblicklich, wodurch gleichfalls viele Salzsäure frei wird. Kali, Ammonium, salpeters. Silber und dergl. Quecksilber entziehen ihm erst mit der Zeit die Salzsäure, ohne sogleich auf ihn einzuwirken. — Nach Thenard enthält er in 100 Theilen: 29,45 Salzsäure, 36,61 Kohlenstoff, 10,64 Wasserstoff, und 23,30 Sänrungsstoff.

3. Gattung: Essigäther (Aether aceticus). Dieser, schon bei den ältesten Alchymisten unter dem Namen animirter Weingeist vorkommende Äther läßt sich: 1) durch Destillation von gleich viel aus Grünspan gewonnener concentrirter Essigsäure und absolutem Alcohol, 2) durch Destillation eines Gemisches aus Schwefelsäure, Alcohol und essigsaurem Kali, Natron, Kalk, oder Blei darstellen. — Er ist farblos, vollkommen durchsichtig, und im hohen Grade leicht, nämlich nach Richter bei mittlerer Temperatur von = 0,885, nach Rose bei 16° R. von = 0,878, und nach Thenard bei + 70 C. von = 0,866 specif. Gewicht, oder dies verhält sich bei 14° R. gegen Wasser, wie 8819 gegen 10000. Er hat einen erquickenden und durchdringenden eigenthümlichen essigähnlichen Wohlgeruch und dergl. würzigen Geschmack. Nicht so flüchtig, als die übrigen Äther, siedet er erst bei 56°,8 R., röthet das Lackmus nicht; leicht entzündlich brennt er mit heller, starker, blaugelber Flamme unter Entwickelung von essigsauren Dämpfen. Durch eine glühende Kupferröhre geleitet, wird er in viel Kohlenwasserstoffgas und Kohlenstoffsäure zersetzt; in der Röhre findet sich ein Kohlenbeschlag. Im Wasser um vieles auflöslicher, als die übrigen Ätherarten, bedarf er zu seiner Auflösung bei 14° R. etwas mehr als das Siebenfache seines Gewichts davon. Die Auflösung riecht und schmeckt wie Essigäther, und röthet das Lackmus eben so wenig, wie der reine Äther. Mit Kali versetzt verliert er seinen Äthergeruch und Geschmack sehr bald; es bildet sich ein essigsaures Salz, und die Flüssigkeit gibt durch Destillation Alcohol. Mit Alcohol verbindet er sich in jedem Verhältnisse; 3 Theile von diesem und 1 Essigäther liefern die sogenannte versüßte Essigsäure (Spiritus aceti dulcificatus. Liquor anodynus vegetabilis (*Westendorfii*). Mit Schwefelsäure destillirt gibt er Schwefeläther und Essigsäure, mit Salpetersäure Essigsäure und Salpeteräther. — Das Mischungsverhältniß des Essigäthers ist bis jetzt noch unbekannt *). (*T. Schreger.*)

Der cantharinhaltige Essigäther, zu dessen Bereitung 2 Unzen Essigäther mit 2 Drachm. Canthariденpulver 48 Stunden lang macerirt, und dann bei sehr niedriger Temperatur filtrirt werden, dirut, als ein schnellwirkendes, hautröthendes Mittel, äußerlich in Frictionen zu 2 Drachm. nach Schlagflüssen, in Lähmungen, bei hartnäckigen sogenannten kalten Geschwülsten des Zellstoffs, bei chronischen Rheumatismen ohne Entzündung u. s. w.

Die Eigenthümlichkeit der übrigen sogenannten Ätherarten ist noch problematisch, wenigstens kommen die meisten, wenn nicht alle, mit dem Essigäther überein; so z. B.

a) Der Ameisenäther aus Ameisensäure und Alcohol, nach Bucholz, von feinem, starkem Bittermandel-Geruch, daher wahrscheinlich Blausäure, oder doch deren Substrat enthaltend, und von angenehmen Pfirsichkern-, hinterdrein aber äußerst auffallendem Ameisengeschmack. Sein specif. Gewicht verhält sich bei 14° R. zum Wasser, wie 9157 : 10000. Er brennt mit blauer Flamme, wie Essigäther, und bedarf zu seiner Auflösung 9 Wasser bei 14° R.

Auch b) der Holzäther, c) der Fettäther; und d) der Reisäther werden, wenn man deren Säuren: Holz-, Fett- und Reissäure mit Kali oder Natron sättigt, und aus dem Neutralsalze mittelst Vitriolöls austreibt, in Essigsäure verwandelt.

---

*) In der Arzneimittellehre empfiehlt sich der Essigäther durch hohe Flüchtigkeit und Lieblichkeit des Geruchs und Geschmacks. Er erhitzt noch weniger als der Schwefeläther, schwächt aber eher den Magen. Man gebraucht ihn daher vornämlich bei faulichtem Typhus, wo Säuren angezeigt sind, und bei hysterischen Zufällen, als Erbrechen, Ekel ꝛc. zu 10 bis 20 Tropfen. (*Burdach.*)

e) Scheele's Flußäther, aus Flußsäure und Alkohol mittelst des schwarzen Manganoxyds bereitet, riecht nach Salpeteräther.

f) Westrumb's Weinsteinäther, aus Weinsteinsäure und Alkohol durch dasselbe Zwischenmittel erhalten, ist nichts anders, als Essigäther, denn die Weinsteinsäure wird hier bei dem Destillationsprozesse durch das Oxygen des Manganoxyds zu Essigsäure.

g) Bergmanns und Bauhofs Oxaläther bei der Destillation aus einer Auflösung der Klee- oder Oxalsäure in gleichviel Alkohol gewonnen, ist zwar ätherähnlich, hat aber wenig Geruch; läßt sich nur erwärmt anzünden, und brennt dann mit blauer Flamme.

h) Scheele's Benzoëäther, durch Destillation aus 2 Benzoësäure, 1 gemeiner Salzsäure, und 6 Alcohol erzielt, riecht nach Benzoë, und schwimmt theils auf dem Wasser, theils sinkt er darin zu Boden.

i) Günther's Harnäther, bei der Destillation des eingedickten, bis zur Trockne abgedampften, und dann mit Schwefelsäure aufgelösten Harns, und dem Auffangen der übergehenden Dünste in Alkohol erhalten, soll ein Phosphoräther seyn; vielmehr dürfte er aber, aus der angewandten Schwefelsäure entstanden, nur durch Beimischung fremder Stoffe aus dem Harn eine Veränderung erlitten haben.

Zu den mehr zusammengesetzten Ätherarten gehören endlich: die sogenannten Metalläther, zu deren Bereitung man eine salzsaure Auflösung irgend eines reinen Metalls, des Eisens, Quecksilbers, Kupfers, Zinks u. s. w. zur Trockne abraucht, und, bis Alles ganz zerflossen ist, in feuchte Kälte stellt, hierauf die liquide Flüssigkeit mit doppelt so viel Schwefeläther mischt, der sich dann in der Ruhe, als Metalläther ausscheidet, und von der Flüssigkeit abgenommen werden kann. In diesen Präparaten sind die fixen trägern Metalle durch den flüchtigen Äther gleichsam mehr begeistet, um nun auch auf die feinsten Nerven einwirken zu können. Da hier nämlich der ätherische Antheil der Metallnaphthen die Gesammtkraft des Organismus zur Aufnahme der Wirkungen ihres metallischen Mischungstheils mehr aufregt, so muß auch die Reaction um so energischer seyn, ohne welche die gewöhnlichen Metallpräparate oft ganz unwirksam bleiben. Deshalb dürften dergleichen Äther vorzüglich phlegmatischen, abgestumpften, reizlosen Körpern in den angezeigten Krankheitsformen wohl zu Statten kommen, zu 5—15 Tropfen in allmälig steigender Gabe. (*T. Schreger.*)

Ätherische Oele, s. Oele.

Äthersäure. Neuerlich hat H. Davy bei seinen Versuchen über die Flamme, Verbindungen von Körpern entdeckt, welche unter einer niedrigern Temperatur entstehen, als die zur Entflammung derselben nöthig ist. Im Verfolg dieser seiner Untersuchungen beobachtete er die Bildung eines besonderen sauern Körpers aus dem Schwefeläther. Wenn nämlich feiner Platindraht erhitzt, und über die Oberfläche des Äthers in ein offenes Glas gebracht wird, so spielt eine bleiche Flamme um ihn herum, und sehr scharfe, stechende Dämpfe steigen auf. Die Erzeugung derselben findet Statt bei allen Temperaturen. Sie selbst sind dem Chlorin an Geruch ähnlich, wirken auf die Augen wie Chlorinazot, und röthen befeuchtetes Lackmuspapier. Wenn ein mit Ammonium benetzter Stab darein gehalten wird, so verbinden sie sich mit diesem Kali, und bilden weiße Dämpfe. Schwefeläther gibt sie am reichlichsten. Ihre Auflösung ist klar und farblos, von schwachsäuerlichem Geschmack, und starkreizendem Geruch. Sie röthet ebenfalls das Lackmuspapier, liefert mit Kalien eigene Neutralsalze; erhitzt zerstreut sie sich schnell, und läßt, zur Trockur verdunstet, eine schwache kohlige Spur zurück. Der eigenthümliche Charakter dieser Säure ist ihre prickelnde Einwirkung auf Augen und Nase. Sie ähnelt hierin der Kleesäure, doch ist sie stechender, gleich ihren Neutralsalzen. Ihrer außerordentlichen Flüchtigkeit wegen läßt sie sich kaum rein darstellen. (s. Schweigger's n. J. f. Ch. u. Physik XX, 2. S. 183 ff. Ätherverbrennungsapparate, s. Verbrennungsapparate. (*T. Schreger.*)

Ätherie, s. Äliaden.

ÄTHERIUS, Baumeister und Rath des Kaiser Anastasius Dikorus um das J. 500 n. Ch., baute ein prächtiges Gebäude, das dem großen kaiserl. Palaste zu Constantinopel zum Eingange diente und den Namen Chalke (das eherne) bekam, entweder von der großen ehernen Pforte, womit es verschlossen, oder, wie Andere glauben, von den ehernen, vergoldeten Ziegeln, womit es gedeckt war. In einem Epigramm der griechischen Anthologie *) wird es, etwas orientalisch, mit den größten und prächtigsten Gebäuden der Erde verglichen. Ausführlich handelt davon Du Cange in Constantinopolis Christ. Lib. II, p. 114 sqq. (*I. Horner.*)

ÄTHILLA, (Αἴθιλλα,) nach Schol. in Lycophr. 921 und 1075 Aithylla, eine Tochter des Laomedon, Priamos Schwester, die bei Eroberung Trojas des Protesilaos Sklavin ward, und als dieser bei der Heimkehr auf Skio mit seinen Leuten ausgegangen war, Wasser zu suchen, die andern Weiber beredete, die Flotte in Brand zu stecken, und ihn dadurch nöthigte auf der Insel zu bleiben, und Skione zu bauen. Con. Narr. 13 — aus Νοστοις nacherzählt. (*Ricklefs.*)

ÄTHIONEMA, nennt Rob. Brown (Hort. kew. ed. sec. tom. 4. p. 80) eine Pflanzengattung aus der natürlichen Pflanzenfamilie der Cruciaten und der 15ten Linné'schen Classe. Thlaspi saxatile L. gehört dazu. (*Sprengel.*)

Äthiopais und Äthiopeia, s. Äthiops.

Äthiope, s. Lesbos.

ÄTHIOPES, (Αἰθίοπες.) waren nach der ältesten Vorstellung der Griechen alle Völker, die den südlichen Rand der bekannten Erde bewohnten. Diese theilte man nach den Weltgegenden in vier Theile, und setzte gegen

*) Brunk. Analect. III. p. 135.

Morgen die Inder, gegen Westen die Kelten, gegen Norden die Scythen, und ihnen gegenüber auf die Südseite die Äthiopes. Sie erstreckten sich vom Aufgang der Sonne bis zum Niedergange, und Äthiopia, oder das Land, welches die verschiedenen, mit dem allgemeinen Namen der Äthiopes bezeichneten Völker bewohnten, wurde noch für größer, als Scythin gehalten. Der arabische Meerbusen, als ein von der Natur gezogener Meridian, schied sie in östliche und westliche Äthiopes, und dieser Vorstellung ist nach dem Urtheile Strabos (1. B.) auch Homer gefolgt. Die östlichen Äth. wohnten in Asien, die westlichen in Afrika. Noch bei Herodot sind οἱ ἀπ' Ἡλίου ἀνατολέων Αἰθίοπες, οἱ ἀπ' Ἡλίου Α — und οἱ ἐκ Ἀσίης Α — gleichbedeutend. Die ältern Geographen rechnen übrigens das Flußgebiet des Nils noch zu Asien, wodurch selbst noch ein Theil der in Afrika wohnenden Äthiopes zu Asien gezogen wird. Nach dieser Eintheilung, die Ephorus bei Strabo gibt, würde die nördliche Grenzlinie der Amanus und Taurus, letzterer in seiner Ausdehnung bis Indien, seyn. Doch setzt noch Hieronymus Äthiopes sogar an den Phasis nach Kolchis. (Scylax p. 74. ib. Voss not.)

In der griechischen Mythologie und noch im Homer ist das östliche, oder asiatische Äthiopien vorzugsweise gemeint und bekannt, und hieß nach Stephanus eigentlich Jopia, Ἰοπία, welches, wie er vermuthet, eine Verkürzung aus Äthiopia ist. Dies Land reichte von Sidon zum rothen Meere, und östlich bis Babylonien und Persien. Vorzugsweise und am längsten behauptete der südliche Theil der phönicischen Küste, von Jaffa bis Ägypten den Namen Äthiopia. Dies kam unstreitig daher, weil nach Strabo's Bemerkung, der auch Ptolemäus folgt, die Küste von Ägypten bis Jope gerade gegen Osten läuft, und von letzterer Stadt erst nach Norden sich richtet, wodurch jener Abschnitt die Ansicht eines südwärts ausgedehnten Landes gewann. Die neuern Charten lassen die Küste von Ägypten bis nach Cilicien in fast gleicher Richtung nach Norden fortgehen, welches, wie schon Mannert bemerkt hat, sicherlich falsch ist, da die Küstenfahrt der Alten die Richtung der Ufer genauer kennen lehrte.

Die Hauptstadt dieses Äthiopia's, worin Kepheus, der König der Äthiopes, residirte, war Jope, (nicht Joppe) eine Seestadt, mit einem guten Hafen versehen, daher auch Neptun hier besonders verehrt wurde. Hier rettete Perseus, auf der Insel Siphnus zum geschickten Seemann erzogen, und von seiner Reise nach Ägypten, Ammonium und andern afrikanischen Oertren zurückkehrend, des Kepheus Tochter Andromeda, die dem Seeungeheuer, dem auch der, in Jope eingeschiffte, Jonas geopfert seyn soll, ausgesetzt war. Er brachte sie mit nach Griechenland, wo seitdem Äthiopia bekannt wurde und blieb. Noch Paul Lucas hörte die Sage von einem alten Seeungeheuer in den Uferklippen bei den Einwohnern von Jaffa. Hieher entführte Neptun den Eumolpus, wenn er ihn nach Äthiopien versetzt, hieher geht auch Neptun, wie andere griechische Götter, zum Opferschmause, wenn sie nach Äthiopien ziehen, und bleiben folglich im Bereich der griechischen Götter und Menschen. Diejenigen Äthiopes, welche oberhalb Ägyptens wohnen, kannten nicht einmal den Neptun und verehrten ihn also auch nicht, eben so wenig, als die Ägyptier. Die Äthiopes der griechischen Sage werden, als ein gebildetes, rechtschaffenes und frommes Volk vorgestellt, und wegen der Festhekatomben gerühmt, die sie den Göttern brachten, — Kennzeichen eines Küstenvolks, welches durch Verkehr Credit und Wohlstand gewonnen hat. Welche Cultur und welcher blühende Wohlstand auf dem Küstenlande vor den Eroberungen der Israeliten herrschten, ist aus dem Buche Josua's zu ersehen. Auch Menelaos kam zu diesen Äthiopes in oder bei Jope, welche aber bereits von den Sidoniern unterschieden werden, wie denn auch der Name Phönike schon hervortritt, und den der Äthiopes auf den südlichen Theil des Küstenlandes zurückgedrängt hat. Auch Memnon heißt ein König der Äthiopes, er residirte aber in Susa und starb am Flusse Badas in der syrischen Landschaft Paltos. Ohne hier der übrigen Beispiele noch zu erwähnen, wo die syrisch-phönicische Küste und das dahinter liegende Land mit dem Namen Äthiopien bezeichnet worden, mag hier blos bemerkt werden, daß ein Theil der Einwohner von Kypros nach Herodot eine Kolonie der Äthiopes war. Es konnten dies nur Pflanzvölker von der phönicischen Küste seyn. Vielleicht war von eben diesen Äthiopes in alter Zeit die Insel Lesbos besetzt worden, denn ein Lesbier hieß nach Hesychius in alter Sprache Αἰθίοψ, und die Insel selbst Äthiopia. Nach Eratosthenes und Strato bei Strabo lag das Orakel des Jupiter Ammon vor Zeiten an der See, vielleicht bevor der ausgebreitete Nil in die sieben Mündungen des Delta zurückgezogen war, und die noch nicht vorgerückten Wüsten das Ufer erweitert hatten. Dann hätten nur seefahrende Äthiopes, denn Äthiopes werden als Stifter angegeben, das Orakel anlegen können, zu dem auch die verwandten Phönices eine Priesterin aus Thebe, offenbar zu Schiffe den Nil herab, hinführten.

Diese am mittelländischen Meere wohnenden Äthiopes, die keine schwarzen Neger waren, deren Abschilderung der alte Dichter nicht versäumt haben würde, hatten unstreitig ihren Namen von ihrer Hautfarbe erhalten, die schwarzbrauner, als die der Griechen war. Man setzte daher auch noch später die Leukosyri, die nördlichen, eigentlich weißen Syrer, den südlichen bei Phönike entgegen; αἴθειν und das Adjectiv αἴθων werden gebraucht, um die Farbe der Flamme, des Blitzes, der Löwen und Füchse zu bezeichnen. Eine noch ältere Benennung der Äthiopes war nach Plinius Aetherii, welcher Name aus derselben Wurzel stammt und dieselbe Farbe bezeichnet. Selbst der Name Phönikes, Φοίνικες, der sich endlich über die ganze Küste verbreitete, bedeutet roth, wie Ἐρυθραῖοι, welcher Name den Phöniziern hinsichtlich ihrer Herkunft vom rothen Meere θάλαττα ἐρυθρά häufig zugewiesen wird.

Nach den Zeiten Homers, wo bei zunehmender Schifffahrt die Erdkunde sich erweiterte, verschwinden die Äthiopes, ihrem Namen nach, von der Küste des mittelländischen Meeres, wenn gleich nicht aus den südlichen Ländern Asiens, namentlich nicht aus dem südlichen Arabien und dem südlichen Indien, wo sie noch Herodot findet. Die südwestlichen Völker treten jetzt unter eigenen

Namen Phönikes, Syri, Arabes hervor, und in jedem werden wieder besondere Stämme unterschieden. Äthiopes werden seitdem nach und nach diejenigen Völker, welche südlich dem Wendekreise des Krebses wohnen, vorzugsweise aber diejenigen so genannt, welche oberhalb der südlichen Grenze Ägyptens das Land zwischen dem Nil und dem arabischen Meerbusen bis zur Küste des indischen Merres besitzen, das jetzige Nubien, Abyssinien, Adel, Aian, Megadoxo, Brava, Jubo, Machidas, Melinde und hinab zum Vorgebirge Dulgada, welches Prasum hieß. Die berühmtesten unter ihnen waren diejenigen, welche längs dem Nil hinauf wohnten, die Äthiopes des Staates Meroe; dem nordöstlich die Blemmyes, und westlich die Nubä weideten, hinter Meroë der Staat Tenesis oder der Sembritä, noch weiter südlich am Ocean die Makrobii des Herodot. An der Küste, von der Grenze Ägyptens bis zum Vorgebirge Dire (Bab el Mandeb), wohnten die Troglodytä, vom genannten Vorgebirge fing das Gewürzland an; der erste Theil von Ichthyophagen und Kreophagen besetzt, brachte Myrrhen, Pfirschen und Maulbeeren, der zweite Theil, die Weirauchsküste, von ihrem Erzeugniß so genannt, lief fort bis zum Elephantenberg oder dem Vorgebirge Aromata, (Guardafui) und von da bis zum Südhorn (Vorg. der Untiefen).

Die Äthiopes mit dem Beinamen Makrobii, die langlebenden, werden am südlichsten, an den Ocean, gesetzt, und von Herodot als goldreiche, starke, schöne und langlebende Menschen beschrieben, die von gekochtem Fleische, Obst und Milch leben. Die Naheung der Vornehmen in Megadoxo und angrenzenden Ländern ist jetzt Rind- und Hammelfleisch und Wildpret, und die Gegend ist goldreich, und die Einwohner stark und gut gebaut. Nach Plinius wohnten die Makrobii südwestlich von Meroe, vielleicht in der Gegend von Darfur. Im Diodor werden die entferntesten, 150 Jahr lebenden Menschen, wohin die Äthiopes Menschenopfer senden, auf eine, im Ocean liegende Insel, vier Monat Schifffahrt von der äthiopischen Küste entfernt, gesetzt, wo sie in geschlossenen Gesellschaften, auf Wiesen mit warmen und kalten, die Gesundheit erhaltenden Quellen versehen, leben, die Sonne verehren, und bei abwechselnden Mahlzeiten von Fischen, Geflügel und Landthieren, die sie kochen oder braten, ein angenehmes Leben führen. Sie haben biegsame Knochen und eine erstaunliche Stärke und was dergleichen mehr ist, woraus man sieht, daß das Ganze ein Schiffermährchen ist. Auch dem Alexander wurde von dieser äthiopischen Insel erzählt, deren Einwohner so reich wären, daß sie die Pferde mit Goldtalenten bezahlten. (Plin. 6.) Die Wiese mit gekochtem Fleische, der Sonnentisch, und der die Gesundheit erhaltende veilchenduftende Quell, durch den die Makrobii des Herodot 120 Jahr und älter werden und mehreres, was mit den Insulanern des Jambulus im Diodor übereinstimmt, geben starken Verdacht, daß die an der See lebenden Ichthyophagen, die einzigen Gewährsmänner der Nachricht über die Makrobii im Herodot, ein ähnliches Mährchen von dem äthiopischen Eldorado dem Kambyses erzählt haben dürften.

Die Troglodytä, in verschiedene Stämme getheilt und unter kleinen Fürsten stehend, trieben Viehzucht und Handel, wohnten zur Regenzeit in Felsengrotten, wie die dortigen Einwohner noch jetzt, beschnitten sich, wie die Ägyptier, trugen als Nomaden beständig eine Peitsche in der Hand, hielten sich Köche, hatten mit Ausnahme ihrer Fürsten, gemeinschaftlich Weiber und Kinder, begruben ihre Todten mit Lachen und Fröhlichkeit, und bedienten sich der Pfeile, Bogen, Lanzen und Schwerter, theils in ihren beständigen Raufereien unter sich, theils in Kriegen. Sie gingen nackt oder in Thierfelle gekleidet. Fleisch und Knochen zu einer Masse zerstoßen und in Leder gebraten, war ihre gewöhnliche Speise; Wasser oder Blut mit Milch vermischt, ihr Getränk; ihre Fürsten tranken Honigmeth. Ihr Land hieß vordem Michor oder Midoc. An der ganzen Küste hinauf hatten die ersten Ptolemäer (und selbst frühere Könige) gelegener Seeplätze des Handels wegen und zur Erleichterung der Schifffahrt sich bemächtigt, und selbst weiter ab von der Küste Kastelle und andere Anlagen aufführen lassen, um die Remonte-Elephanten einzufangen und zu zähmen. Der vorzüglichste Handelsplatz der Troglodytä war Adule, den sie jedoch mit andern Äthiopes gemeinschaftlich hatten. Von diesem Platz erhielt Ägypten die meisten Lasten von Elfenbein, Rhinoceroshörnern, Schildkrötenschalen, Sphinxe, eine Art Affen, und viele Sclaven. Zehn Tage Schifffahrt weiter lag der Isishafen, wohin ebenfalls die Troglodytä Myrrhen brachten. An ihrer Küste wohnten bis weit über Dire hinaus, die Ichthyophagi, Kreophagi, Chelonophagi, Fisch- Fleisch- Schildkrötenesser, die ein rohes, elendes Leben führten. Diese erstreckten sich auch fort an der Weihrauchsküste, (Adel) deren erster Theil Myrrhen, der andere Weihrauch lieferte. Letzterer Abschnitt hatte eine Menge Flußgebiete, als das Flußland der Isis, ein anderes Nilus, ein drittes Apollonia genannt, wo Weihrauch, Myrrhen, Zimmt, falsche Kassia erzeugt wurden. Diese Waaren wurden aus dem Hafen Abalites und dem von Mossylon abgeholt. Bis zu letzterm Hafen hatte Sesostris sein Heer geführt und dort Denksäulen mit Inschriften aufgestellt.

Diejenigen Äthiopes, welche von Syene bis Meroe im Nilthale lebten, bewohnten auf der östlichen Seite 43, auf der westlichen 25 Städte, von denen allen aber unter August nur 6, zu Nero's Zeit mit Ausnahme des verwüsteten Städtchens Napata, keine mehr vorhanden waren. In den Wüsten gen Westen befanden sich die Nubä, ein großes Volk, gen Osten die Blemmyes, von Plinius als Menschen ohne Kopf, mit Mund und Augen, die auf der Brust geheftet wären, und in das innere Afrika gesetzt, ein wildes Volk, welches späterhin Ägypten anfiel und vom Kaiser Probns überwunden wurde.

Der Staat von Meroe, dessen Bewohner jene berühmten Äthiopes sind, welche in der hellern Geschichte vorzüglich genannt werden, nach Angabe der Reisenden, die ihn vielleicht nach Strabo größer abschätzten, als er war, 75 Meilen lang, und wo er am breitesten ist, 25 Meilen breit, wird eine schildförmige Insel genannt, weil das Land auf der westlichen Seite vom Nil, auf der östlichen vom Astaboras (Tacazze), der in den Nil einströmt, fast umgeben wird. Das Reich hätte seinen Namen von der Stadt Meroe, welche von Kambyses nach Diodor erbauet, oder vielleicht nur befestigt und mit diesem Namen belegt worden war, wie man nach Josephus vermuthen kann. Jetzt macht das Land die zum Königreich Senaar gehörige Provinz Atbar aus. Es hatte viel Gebirge und Wälder, die von Elephanten, Rhinocerossen, Löwen, Panthern und großen Schlangen wimmelten. Edelsteine, Gold, Kupfer, Eisen und Salz wurde in Gruben gefunden, wie denn noch jetzt das Land feines Gold, Salz und Elfenbein liefert. Die Einwohner waren Jäger, Hirten und Ackerbauer, gingen nackt, oder die Scham mit kurzen Fellen umgürtet, gebrauchten 4 Ellen lange, am Feuer gehärtete, Bogen und waren häufig im Kampf, besonders mit den lybischen Völkern, die sich auf das östliche Ufer niederzulassen suchten und bisweilen wirklich festsetzten. Bei solchen Fehden bewaffneten sich auch die Weiber, die einen kupfernen Ring durch die Oberlippe gezogen, trugen. Sie verehrten ägyptische Götter, Jupiter Ammon, Osiris, Isis, Pan, Herkules, und außer diesen einen einheimischen barbarischen Gott; auch Personen, die sich als Regenten oder durch Verdienste um das Volk ausgezeichnet hatten, wurden zu Göttern erhoben. Selbst ihre Könige verehrten sie wie Götter. Dennoch staud der König unter den Priestern, die ihm bisweilen das Todesurtheil zusandten, und einen andern an seine Stelle wählten, bis der König Ergamenes zur Zeit Ptolemäus Philadelphus in das Heiligthum der goldnen Kapelle mit Bewaffneten eindrang und die ganze Priesterschaft ermordete, wodurch der Kriegerstand die Oberhand gewann.

Der Staat der Sembritä, südlich von Meroe, ungefähr das heutige Königreich Abyssinien, in dem obern Flußgebiet des Nils gelegen, war von der ägyptischen Kriegerkaste gebildet worden, die unter Psammetichus 240,000 Manu stark ihr Vaterland verlassen hatten. Wie es scheint, hatten sie nach ihrer Auswanderung 300 Jahr eine Art Grenzbesatzung um Meroe, an dessen Oberherrn sie sich anschlossen, gebildet. Auf der lybischen Seite bewohnten sie Esar, auf der arabischen Sai, und wahrscheinlich Sembobitis im Süden. Diese wurde aber die Hauptstadt, wahrscheinlich als sich der ganze Stamm in das südliche Laud gezogen hatte, und das Reich erstreckte sich nun nach unmaßgeblicher Schätzung von der heutigen Provinz Gocham bis Tigeé. Ich muß auf beide Staaten zurück kommen.

Von Sembobitis, welches wahrscheinlich am Nil lag, bis Meroe wurde der Weg zu 20 Tagreisen abgeschätzt, und am Nil lagen zwischen beiden 13 Städte. Um und neben diesen Staaten und Nilstädten lebten zahllose Horden armseliger Völker, die zum Theil nach ihrer Nahrungsweise von den Griechen benannt wurden: Elephantophagi, Struthiophagi, Ophiophagi, Agriophagi, Hylophagi, Rhizophagi, Panphagi, Anthrophagi, Elephanten-, Strauß-, Schlangen-, Löwen- und Panther-, Waldobst-, Wurzel-, Alles-, Menschenfresser, welche letztern aber weit südlich gesetzt werden. Sie gingen größtentheils nackend. Die Bildungsstufe dieser Völker konnte nicht höher stehen, als die ungünstige Natue erlaubte. Die Ptoemphani, ein äthiopisches Volk auf der Westseite des Nils, hatten zum König einen Hund, aus dessen Bewegungen sie seinen Willen erriethen, andete hatten, wie Plinius sagt, vor der Zrit des Ptolemäus Lathyrus nicht einmal den Gebrauch des Feuers gekannt. Die Hipporäer, ein schwarzes Volk, bestrichen sich den ganzen Leib mit rother Farbe.

Uebrigens wurde auch in Afrika die alte Eintheilung in östliche und westliche Äthiopes beibehalten. Unter jenen werden alle Völker, die hier berührt worden, und in ihrer Nachbarschaft wohnten, bis hinab zum Vorgebirge Prasum; wohin die Menschenfresser gesetzt werden, begriffen. Die westlichen wohnten südlich vom grünen Vorgebirge, etwa in Sierra Leona, zwischen dem Vorgebirge Hesperion Keras und einem andern Theön ochema, die 4 Tage Schiffahrt von einander lagen. Auch hier werden viele Völkerschaften unterschieden, Perorsi, Daratitä, Gymnetes, Pharusii, Satyri, Aegipanes, Hymantopodes, andere. Zwischen den östlichen und westlichen Äthiopes lebten nördlich die Leukäthiopes, von ihrer weißern Farbe so genaunt, südlich die Nigritä, die vom Flusse Niger den Namen haben, nebst andern, deren Wohnsitze nicht bestimmt werden können. Sie werden alle als rohe, ungebildete Stämme beschrieben. In den Beschreibungen der Alten herrschen keine scharfen ethnographischen Begriffe, weil unläugbar eigentliche Neger und Schwarze und nur Gefärbte, die aber sonst nichts Negerartiges haben, langhaarige und wollhaarige, selbst weiße Stämme mit demselben Namen Äthiopes belegt werden, welcher überhaupt endlich nur Südvölker bezeichnen soll.

In den hebräischen Urkunden werden die Äthiopes Chusch כוש genannt, und von den Chamiten abgeleitet, welche, nach der biblischen Darstellung, südlich vom Amanus und Libanon, Babylonien, Syrien, Palästina und das ganze phönizische Küstenland nebst Arabien besaßen, also alles Land, welches von den Griechen früherhin auch Äthiopia genannt wurde. Die Chamiten bevölkerten aber auch Ägypten, Äthiopien und ganz Afrika. Unter ihnen wurde der Name Chusch vorzüglich berühmt, weil Nimrod, ein Sohn des Chusch, das älteste Rrich in Babylonien stiftete. Durch das weitere Vorrücken des semitischen Stammes wurden aber die Chamiten aus diesen Gegenden verdrängt, oder bis auf wenige unterworfen. Es verschwindet daher der Name Chusch fast ganz aus Asien, weil die Semiten auch einen großen Theil von Arabien besetzten. Der Name Chusch wird seitdem auf das Afrikanische, über Ägypten liegrude Äthiopien und auf das sogenannte glückliche Arabien, welches derselbe Stamm behielt, beschränkt. Der Unterschied der Stammverwandtschaft mußte aber bei späterer Vermischung unsicher werden, da die Chuschiten im glücklichen Arabien von semitischen Stämmen umringt waren, und diese sich sogar auch in Afrika zum Theil niederließen. Vielleicht entschied hier Feindschaft. So heißen Madianiter, welche am elanitischen Meerbusen saßen und mit denen Zerach den König Assa angriff, Chusch. In manchen Fällen entschied aber die Farbe, und danu wird Chusch für Mohren überhaupt gebraucht. Bemerkenswerth ist, daß die spätern Schriftsteller Zonaras, Thedoretus, Stephanus, sehr genau nur die drri, aber freilich zahlreichsten und mächtigsten Völker im glücklichen Arabien äthiopische Völker nennen, nämlich die Homeritä, Sabäi und Saraceni, welche letztere auch von Bochart zu den Chuschiten gerechnet werden. Georg Pachymeres, der nicht mehr diesem genauen Stammunterschied folgt, nennt auch die Arabrr, welche Syrien verwüsteten, Äthiopes.

Nach Eusebius sollen die Äthiopes vom Indus in die Nähe Ägyptens gezogen seyn. Philostratus, der dies bestätigt, gibt sogar die Veranlassung und die nähern Umstände an, welche mit den Traditionen der Puranas, aus denen Milford in den Asiatic Researches (III. 5) manches mittheilt, in einigem Einklang zu stehen scheinen. Es fällt aber der von Eusebius angegebene Zeitpunct sehr spät, auf das Jahr 1615 v. Chr., nnd über die schwankenden Sagen der Juder hat die Kritik noch keine sichere Herrschaft gewonnen, um zu entscheiden, wie viel ihnen von Griechen beigemischt ist, da jährlich ganze Flotten von Ägypten nach Indien fuhren, und auch die griechische Dynastie in Baktrien eine Zeitlang über Nordwest-Indien herrschte. Einige Aufmerksamkeit verdient jene Nachricht blos deswegen, weil Religion, Priesterthum, Kasten, Verfassung, Einrichtung, Bauart, Bildnerei bei Ägyptern und Äthiopes denen der Inder sich annähern. Arrian selbst bemerkt, (Ind. 6) daß die südlichen Inder mit Ausnahme der Affenzüge und der krausen Haare, den Äthiopes, die nördlichen Inder an Leibesgestalt den Ägyptern glichen. Daß eine dunkle Sage von Auswanderungen aus Indien verbreitet gewesen, zeigt Strabo, der die Nachricht anführt, daß die Mauritanier, welche Josephus zu Kolonisten des Chamiten Phut macht, Nachkommen der Inder seyn sollten, wie denn auch der Juder Orontes, der, von Pausanias angeführt, dem gleichnamigen Strom in Syrien den Namen gab, mit den Chamiten zusammenfällt.

Aus dem, was oben angeführt ist, erhellt, daß Äthiopes und Chusch ein Volk sind, und daß letztere, die Madianiten mit gerechnet, die ganze östliche Küste des arabischen Meerbusens besaßen. Derselbe chamitische Stamm bevölkerte nach hebräischen Nachrichten Afrika, namentlich Äthiopien und Ägypten, und daß diese Bevölkerung über den arabischen Meerbusen, der bei Bab el Mandeb nur anderhalb Meilen breit ist, vor sich gegangen, leidet wol keinen Zweifel. Alle anderen Völker, mochten es Inder oder andere Stämme seyn, die aus Asien kamen, mußten denselben Weg nehmen. Jene Einwanderung über Arabien erhält dadurch rinige Bestätigung, daß Juba bei genauer Nachforschung fand, daß alle Völker, welche von Syene bis Meroe wohnten, eigentlich Arabrr waren, welches die Richtung des Völkerstromes wenigstens andeutet. Auch die uralte Stadt Heliopolis war von Arabern gegründet worden. Sonne und Mond, Osiris und Isis, die Hauptgötter in Ägypten, waren auch die im glücklichen Arabien seit den ältesten Zeiten. Die eingewanderten Stämme mußten der natürlichen Beschaffenheit des Landes, wohin sie kamen, unterliegen. In Äthiopien, welches größtentheils unfruchtbar, von reissenden Thieren erfüllt, von den furchtbarsten Regengüssen heimgesucht ist, mußten die rrsten Einwohner sich in barbarische Horden auflösen. Diejenigen, welche das ägyptische Nilthal erreichten, haben sich allen Nachrichten zufolge, in Thebais, durch die Natur des Landes begünstigt, zuerst zu einer ausgezeichneten Bildung erhoben.

Von diesem Land aus haben auch unstreitig die Äthiopes einem Theile nach, denn der größte Theil derselben blieb immer roh, menschlichere Sitten und priesterliche und bürgerliche Einrichtungen und Künste erhalten. Wenn gleich Diodor, den Sagen jedes Volkes ihr Recht gebend, berichtet, daß die Äthiopes Ägypten gestiftet und dieser Kolonie alle ihre so berühmten Einrichtungen und Sitten mitgetheilt hätten, so wird doch diese Nachricht völlig entkräftet, weil seine Gewährsmänner, vorzüglich äthiopische Abgesandten, die sich in Ägypten zu Diodors Zeit aufhielten, und in griechischen Schriften sehr belesen zu seyn scheinen, ihre Behauptung auf philosophische, aus der Physik hergenommene Beweise, auf Verse des Homers, auf Nachrichten, die aus griechischen Schriftstellern entlehnt sind, gründen und folglich gar nichts beweisen. Dagegen ist viel wichtiger daß schon die älteste Mythologie die Culturverbreitung aus Ägypten nach Äthiopien meldet. Die ersten Bildner und Regenten von Oberägypten mußten früh die Nothwendigkeit fühlen, die wilden Völker des angrenzenden Äthiopiens zu unterwerfen und zu cultiviren, um die Grenzen sicher zu stellen, überdies konnten der Nil, dieser natürliche Wegweiser nach Äthiopien, und die von daher etwa bekannt gewordenen Producte, Gold, Salz, Elfenbein, Ebenholz, anlocken. Osiris, im glücklichen Arabien erwachsen, überzog Äthiopien mit einem Heere, führte unter die Einwohner den Ackerbau ein, erbauete ansehnliche Städte, (welches beides wohl nur am Nil und in Meroe geschehen konnte,) legte den Äthiopes Tribut auf und setzte Statthalter, die ihn einsammeln mußten. Rohe Völker schütteln leicht ihr Joch ab und suchen sich zu rächen. Die Äthiopes sollen zur Zeit Moses, wie Josephus meldet, in Ägypten eingefallen seyn und dieser, an die Spitze des ägyptischen Heeres gestellt, sie bis zu ihrer Hauptstadt Saba in Meroe zurück getrieben und diese Stadt erobert haben. Wenn gleich der Hebräer Moses schwerlich das gethan hat, sondern der Irrthum unstreitig auf einer Namensverwechselung beruht und der König Amosis Anführer seyn mußte: so ist doch bei der damaligen Lage Ägyptens der Einfall der Äthiopes wahrscheinlich. Sie strafte dafür Sesostris, welcher nach Strabo und Plinius bis zum mossylischen Hafen und Vorgebirge (unfern Gardafui) mit einem Heere vordrang und Denksäulen mit Inschriften dort errichtete, die noch zu Strabo's Zeit gezeigt wurden. Andere Denksäulen und Monumente, wie Tempel der Isis an der Küste der Troglodyten und dem Vorgebirge Dire beweisen, daß er durch seine starke Flotte die Küsten bis zum genannten Hafen befahren ließ. Er legte den Äthiopes als Tribut auf, Gold, Elephantenzähne, Ebenholz, welche Artikel seitdem und vielleicht schon früher in die Gewalt der Ägypter kamen, von denen sie wahrscheinlich durch die Phönikes, die in Memphis eine ansehnliche Niederlassung hatten und auch früher schon von Theben aus den Verkehr ins Ausland trieben, weiter verbreitet wurden.

In dieser Abhängigkeit, die nicht ohne Wirkung auf die Cultur seyn konnte, und unstreitig die Anlegung religiöser Institute zur Folge hatte, schrinen die Äthiopes geblieben zu seyn, bis in Ägypten wegen des Frohndienstes zum Bau der großen Monumente Unzufriedenheit und Empörungen ausbrachen. Da erscheint Sabakos, ein äthiopischer König genannt, wahrscheinlich Häuptling eines äthiopischen Nomadenvolkes und von der ägyptischen Priesterkaste herbeigerufen. Zwar wird von Diodor schon früher Aktisanes ein Äthiop erwähnt. Dieser scheint aber mit jenem eine Person zu seyn, weil man von ihm zum Theil erzählt, was dem Sabakos beigelegt wird. Diodor, mit dem auch Eusebius in der Personenzahl übereinstimmt, gibt überhaupt nur 4 Äthiopes an, die nicht hinter einander, sondern zu verschiedenen Zeiten, zusammen aber doch nicht einmal volle 36 Jahr in Ägypten regieten, woraus sehr wahrscheinlich wird, daß diese so genannten äthiopischen Könige bloß Häuptlinge von Nomadenvölkern waren, die vorübergehende Einfälle machten, oder von unzufriedenen Parteien hereingezogen und wieder entlassen wurden. Herodot meldet: 18 äthiopische Könige hätten in Ägypten regirt, ohne zu bemerken, wie lange zusammen. Er macht auch nur einen, den Sabakos, namhaft. Dieser zeigt sich aber bloß als Diener der Priester, die unter seinem Schutze die weltliche Gewalt an sich reißen und, nicht lange nach seinem Abzug, in der Person des Priesters Sethos ausüben. Es scheint, daß Herodot die sogenannten phönizischen Hirtenkönige zu den Äthiopen gerechnet habe, welches nach alter Vorstellung geschehen kounte.

Als Psammetichus sich der Regirung bemächtigte, zogen 240,000 mißvergnügte Ägypter von der Kriegerkaste nach Äthiopien. Nächst den Priestern die angesehenste Classe, konnten sie nicht ohne Anhang, der ihnen folgte, und jenen Troß von Handwerkern und Dienern seyn, welcher in morgenländischen Gegenden jedes Heer begleitet. Der äthiopische König, welcher sie aufnahm, erscheint noch sehr ohnmächtig, und lebte im Kampf mit benachbarten Horden, deren Ländereien er durch die ihnen zugewiesenen Ägypter wegnehmen und besetzen ließ. Die unterjochten Äthiopen lernten nun erst ägyptische Sitten, welche sie bis dahin noch nicht gekannt harten, und wurden dadurch nach Herodot menschlicher gemacht. Nach Aristokraon bei Plinius legten die Ägypter 17 Tagereisen von Meroe auf der lybischen Seite die Stadt Esar, auch Sape genannt an, (welches Wort Ankömmlinge bedeutet) auf der Arabischen, Sai und wahrscheinlich gegen Süden, wohin schon Herodot die Ausgewanderten setzt, die Hauptstadt Sembobitis. In der lybischen Stadt blieben sie 300 Jahre. Durch diese Vertheilung bildeten die Ägypter eine Grenzbesatzung um Meroe und verschaften diesem äthiopischen Staate den zu seiner Entwickelung nöthigen Schutz vor den Einfällen der umwohnenden rohen Völker. Denn Strabo bemerkt, daß die Äthiopes feig und unkriegerisch sind, und also selbst nicht füglich sich hätten Ruhe erzwingen können.

Während dieser 300 Jahre ungefähr von 630 bis 330 v. Chr. scheint das Volk von Meror sich zu einem civilisirten, nach dem Muster ägyptischer Verfassung eingerichteten, Staat erhoben, und seine glänzende Periode gehabt zu haben. Psammis, der Enkel des Psammetichus, bekriegte die Äthiopes, wie es scheint, unglücklich. Aber Kambyses drang mit seiner ganzen Heeresmacht in das Äthiopische Inselreich und erbauete, oder befestigte die Hauptstadt und nannte sie Meroe. Nach Josephus hieß die alte Stadt Saba und Kambyses äudette nur ihren Namen nach dem seiner Schwester, oder wie Strabo dazu setzt, seiner Frau um. Diodor, der dasselbe sagt, bemerkt aber ausdrücklich, daß er sie erbauete. So viel ist klar, daß er einen großen Einfluß auf die Stadt ausübte. Wahrscheinlich befestigte er sie, um seine Ermüdeten und Kranken dort zu lassen, so wie er Kambysupolis an der ägyptisch-arabischen Grenze zu gleichem Zweck anlegte, und unstreitig auch Kambusis, oder wie Ptolemäus sie nennt, Kambysu Tomieia (Kambyses-Magazin) zwischen Syene und Meroe aufgebaut hat. Oestlich von Meroe wohnten die Babylonii, die wahrscheinlich auch hier zurückgelassen wurden. Da Kambyses die Stadt und die Tempel Thebens mit Feuer und Schwert zerstörte, und den ägyptischen Cultus verfolgte, auch die Perser im Besitz Ägyptens blieben, wenn sie gleich ihre Eroberungen in Äthiopien wieder verloren, so zogen sich wahrscheinlich viele der Priester aus Theben und andern verwüsteten Städten Ober-Ägyptens nach Äthiopien, wo unter ihren vorigen Königen religiöse Anlagen gemacht seyn mußten, die dann unter der Leitung der ägyptischen Priesterschaft standen. Die Äthiopes hatten auch, wie Herodot bemerkt, von den streitbaren ausgewanderten Ägyptern bereits ägyptische Sitten angenommen, und bei diesen Landsleuten selbst konnten sie sich ehrerbietige Aufnahme und Schutz versprechen. Es scheint daher nicht auffallend, daß, da seit den ältesten Zeiten Ägypten auf Äthiopien einwirkte, und dessen Völker beherrscht, und ihnen seine Sitten mitgetheilt hatte, auch das Priestercollegium, die Religion, die Schrift und viele Einrichtungen gerade so, wie bei den alten Ägyptern gefunden wurden, und sich selbst später erhielten. Die Schrift beschränkte sich auf die Hieroglyphe, die der Aufklärung hinderlich und dem Aberglauben des Volks und der Macht der Priester förderlich war. Die Buchstabenschrift war nicht eingeführt, ein Beweis der Klugheit der Priester und der beschränkten Bildung des Volks. Der König in Meroe, obgleich als Gott verehrt, wurde eingeschlossen gehalten, und stand unter der Tyrannei der Priester, die sich leicht unter wenig gebildeten Völkern zu einer unbeschränkten Macht erheben. Sie konnten ihm den Tod anbefehlen und einen andern an seine Stelle setzen, welche Tyrannei sie bis zur Zeit des Ptolemäus Philadelphus wirklich ausübten. Zu dieser Zeit aber drang der König Ergamenes, der Griechisch erzogen war, wie Diodor ausdrücklich bemerkt, mit Soldaten in das Heiligthum der goldenen Kapelle, ermordete alle Priester und gründete eine unbeschränkte Monarchie. Diese Handlung zeigt ihn als einen Soldatenanführer und vermuthlich gehörte er zur Kriegerkaste. Durch diese politische Umwälzung mußte Form und Geist des Staats sich ändern. Vermuthlich ging er auch unter Ptolemäus Philadelphus oder Evergetes zu Grunde. Denn Plinius führt Timosthenes, den Flottenadmiral des Philadelphus als einen Gewährsmann für die Nachricht an, daß Syene 40 Tagreisen von Meroe entfernt sey. Es scheint aber, ein solcher Mann habe nicht eine bloße Reise, sondern eine Expedition dahin unternommen. Wenigstens eroberte Evergetes ums J. 223 Oberäthiopien, (Habessinien) wie aus dem adulitanischen Denkmal erhellt, in dem alle seine Eroberungen aufgezählt werden, aber Meroe's nicht gedacht wird, ob er gleich durch dieses Land gehen mußte. Entweder war also das Land von seinem Vater, oder durch seine Heerführer bereits unterworfen worden. Denn gegen die streitbaren Ägypter, die in Oberäthiopien damals die Hauptmacht bildeten, ging er in eigener Person zu Felde. Nero's Abgesandten, welche Äthiopien erforschen sollten, fanden bis Meroe fast alles verwüstet, wozu die römischen Waffen unter Augustus beigetragen hatten, in der Stadt Meroe selbst wenig Häuser und nicht mehr in derselben die Residenz.

Daß nun die Äthiopes von Meroe nicht diejenigen Äthiopes seyn können, welche in der griechischen Mythologie vorkommen, die Homer erwähnt oder Menelaus gesehen hat, wird theils aus dem bisher Gesagten erhellen, theils aus Plinius Angabe einleuchtend werden, daß zur Zeit Nero's, dessen Gesandten diese Nachricht aus Äthiopien mitbrachten; 45 Könige daselbst regirt hätten. Denn rechnet man im Durchschnitt 15 Regirungsjahre auf jeden König, welches bei der oben erwähnten Tyrannei der Priester hinreichend ist: so kann der Staat von Meroe nicht viel früher, als zur Zeit der Auswanderung der ägyptischen Krieger entstanden seyn, wenigstens nicht viel früher in policirter Ordnung bestanden haben, welches auch dadurch wahrscheinlich ist, weil die ältern Könige Ägyptens die Äthiopes beherrschten. Weit entfernt also, daß sich dieser Staat an Alterthum mit Ägypten messen könnte, erscheint er vielmehr von sehr neuer Stiftung. Dieselben Abgesandten meldeten, daß Meroe zur Zeit seiner Oberherrschaft gewöhnlicher Weise 250,000 Krieger gestellt, und 400,000 Handwerker ernährt habe. 240,000 ägyptische Krieger waren dahin ausgewandert. Die Berichterstatter haben entweder 10,000, um eine bequeme Zahl zu gewinnen, zugesetzt, oder 10,000 waren aus den Äthiopes dazu gezogen worden. Die 400,000 Handwerker waren nöthig, um die Krieger, die an ägyptische Bequemlichkeiten gewöhnt waren, mit ihren Bedürfnissen zu versehen, und stehen mit ihnen in Verhältniß.

Die Herrschaft war unstreitig schon in die Hände der eingewanderten streitbaren Ägypter gekommen, die um Jahr 330 ihre Wohnsitze veränderten. In dieser Zeit fiel, nach Abzug der Perser, Ägypten unter die Herrschaft der Griechen, welche Begebenheit allerdings eine Bewegung unter benachbarten Völkern hervorbringen konnte. Wenigstens versetzen die spätern Geographen die sämmtlichen Automoli oder Sembritä (die Ankömmlinge) südlich von Meroe an den Nil bis östlich in die Gegend von Adula, und den Hafen Saba, welches Land Strabo Tenesis (Τηνεσίς) nennt. Es liegt zwischen den Flüssen Abawi, Kasa, Tacazze, und Mareb, ungefähr das heutige Habessinien. Auch Bion bei Plinius bezeichnet deutlich diese vier Flußgebiete, die er Inseln nennt. Auf der am Nil liegenden (Gocham) waren die Städte Sembobitis, die Residenz, und Asar, auf der zweiten Insel die Stadt Daron; die dritte hieß Medoe, auf ihr die Stadt Asel, die vierte Garode mit einer Stadt gleichen Namens. Die Sembritä unterlagen den Waffen des Evergetes, der in eigener Person diese Gegenden unterwarf, vielleicht um hier eben so den Tod der Priester zu Meroe zu rächen, als er in Syrien den Tod seiner Schwester gerächt hatte. Wie lange jene Eroberung bestanden habe, ist nicht bekannt. Die schlechten auf Evergetes folgenden Regenten geben aber der Vermuthung Raum, daß sie nicht viel über 100 Jahre gedauert habe. Die kriegerischen Sembritä können den Tribut, den sie entrichten mußten, nicht lange ertragen haben. Schon zu Strabo's Zeit hatten sie eine Königin, unter welcher auch die Äthiopes von Meroe standen, und darauf gründet sich die Vermuthung, daß die Priesterregirung von Sembriten vernichtet wurde, und die Herrschaft an diese gekommen ist. Zwar scheint Strabo an einer auderu Stelle (lib. 16. p. 1115.) das Gegentheil zu sagen, allein der Schreibfehler ist dort offenbar und der Sprachgebrauch erheischt, für τῷ ἐν Μερόῃ, zu lesen: οἱ ἐν Μερόῃ. Der Name der Königinnen war Kandake. Sie führten selbst in Person Kriege, wie man zur Zeit des Augustus eine solche Königin Kandake, die auf einem Auge blind war, mit Hilfe ihres Sohnes gegen den Römer Petronius ihre Heerführer fechten ließ, und wenigstens in der Nähe des Krieges war.

Bei ihrer jetzigen Ausdehnung waren die Sembritä in die Nähe der oben gedachten Handelsstadt Adule vorgerückt. Diese größte Handelsstadt der Äthiopes und der Troglodytä war ebenfalls von ägyptischen Ausgewanderten und zwar von Leibeigenen, die sich ihren Herren durch die Flucht entzogen hatten, angelegt worden, so daß man hier fast ein neues Ägypten erblickte. Das Glück der Landsleute mußte auch die Sembritä näher an das Meer locken. Schon vor Ptolemäus wird, nicht fern von Adule, eine bis dahin nicht gekannte Stadt Axume königliche Residenz und im Periplus Hauptstadt genannt. Sie liegt in der jetzigen Provinz Tigré. Man sieht darans, daß nach dem Verfall der ptolemäischen Dynastie, dieses neue Ägypter-Reich seine Aufmerksamkeit auf den einträglichen Seehandel richtete, und seine Residenz näher an die Küste verlegte. Daß es die Hauptstadt der Sembritä war, die aber fortan nur unter dem Namen Auxumitä in der Geschichte erscheinen, läßt sich nicht bezweifeln, da noch jetzt vorhandene öffentliche Gebäude und 40 Obelisken in den weiten Ruinen von Axum und die in der Nähe befindlichen kolossalen Sphinxe und Hunde, als Nachbildungen ägyptischer Denkmäler, ihren ägyptischen Ursprung beweisen, und kein so mächtiges, gebildetes und kriegerisches Volk in jener Zeit und in jener Gegend, die von Strabo durch Tenesis und von Bion durch Garode genau in der Provinz Tigre' bezeichnet wird, vorhanden war, welches diese Anlagen hätte aufführen und ihnen diese Form geben können. Alvarez fand auf erwähnten Obelisken Inschriften mit unbekannten Buchstaben; Tellez meldet: sie sey griechische und lateinische Schrift. Wiewol nun letztere bezweifelt werden muß, so ist doch die griechische Schrift wahrscheinlich. Denn nicht zu gedenken des nahen adulitanischen Monumentes mit griechischer Schrift, das Bekanntschaft mit griechischer Sprache in hiesiger Gegend voraussetzt, und des Schreckens vor den ptolemäischen Waffen, der sicherlich einige Generationen fortdauerte, ferner, daß Griechen hier herrschten, den Tribut einfoderten, und gewiß auch manche sich hier niederließen und später mit den' Sembritä verschmolzen; so verlangte der Handel, der mit ganzen Flotten hieher getrieben wurde, eine Schriftsprache und machte die Kentniß der griechischen Sprache nothwendig. Auch nur griechische Baumeister waren zu jener Zeit zu haben. Daß auch die Griechen lange nach Auflösung des ptolemäischen Reiches bis zu Muhammeds Zeit Zutritt und Verbindung in diesem Lande hatten, sieht man aus der Bekehrungsgeschichte des Volkes zum Christenthume (s. den Art. äthiopische Kirche), aus den Missionen der constantinopolitanischen Kaiser an die Regenten von Axum und aus Kosmas Indicopleustes. Der ägyptische Cultus mit seiner Herrlichkeit mußte seit 330 mit der Einführung des Christenthums in Axume untergehen. Das Genauere muß man im Artikel Axume nachlesen. In dem Charakter des jetzigen sogenannten habessinischen Volkes verläugnet sich noch nicht der ägyptische Ursprung. Die Männer sind kriegerisch, die Soldaten erhalten Ländereien, beschneiden sich, essen kein Schweinefleisch, ob sie gleich Christen sind, und was dergleichen mehr ist. (Citate fast alle in Heerens Ideen Th. I. und in desselben *Commentatio de militum Aegyptior. in Aegyptum nigratione*, welche Werke auch noch andere Ansichten, als die hier dargelegten, geben*), ferner in Mithridates v. Vater, 3tem Thle. S. 113 und 4tem Thl. S. 429 wo auch Reisebeschreibungen und andere benutzte Quellen reichhaltig angeführt sind. *Bochart. Phaleg.* 4. 2. *Joseph* 1. *) (*Kanngiesser.*)

Äthiopien, 1) Erdbeschreib. In dem geographischen Systeme des Plinius heißt alles Land, was in Afrika in Süden der Garamanten und der Nilkatarakten liegt, Äthiopien; er theilt es in das westliche und östliche; zwischen beiden floß der Nil [1]). Jenes scheint den Römern wenig bekannt gewesen zu seyn, und wahrscheinlich hatte Plinius noch keine bestimmten Begriffe von dem Joliba, indem er denselben offenbar mit einem Nilarme verwechselt; dieses hingegen war schon besser untersucht, und wir haben von ihm bereits eine Beschreibung der äthiopischen Königsstadt Meroe [2]), so wie Strabo uns ganze Unterabtheilungen und Völker von Ostäthiopien kennen lehrt [3]). Wie weit sich übrigens das Äthiopien der Römer erstreckt habe, läßt sich nicht aus ihren Beschreibungen ersehen, da ihre Kentniß von Afrika mit Äthiopien zu Ende war, und mithin alles südliche Land dieses Erdtheils darunter begriffen wurde. Ptolemäus kannte Äthiopien schon besser; er ist der erste, der des Joliba erwähnt, Städte an demselben nennt, und ihn sich in der Richtung von Westen nach Osten im Sande verlieren läßt [4]). Unter den civilisirten Nationen waren indeß die Araber die ersten, welche den Joliba überschritten, und uns weitere Aufklärungen über Äthiopien verschafften, für welches sie den griechischen Namen beibehielten, und es in ihrer Sprache Sudan, das Land der Schwarzen, nannten. Sie waren es auch, die demselben bestimmtere Gränzen gaben, und Nubien, Habesch und Darfur, oder das östliche Äthiopien der Römer, ganz davon trennten. Das arabische Äthiopien oder Sudan erhielt in der Geographie der Europäer den synonymen Namen Nigritien; doch auch der Name Äthiopien wurde beibehalten, und unrichtig auf Habesch übergetragen, so wie denn auch die Bewohner dieses Landstrichs Äthiopier genannt wurden. Die neuere Geographie kennt kein Äthiopien mehr, sondern hat für das Land am Joliba den arabischen Namen Sudan, da wir das Wenige, was uns davon bekannt ist, größtentheils den Arabern zu danken, und für die Länder an den Quellen des Nils die wirklichen Landesnamen adoptirt haben. Auch die Benennung äthiopisches Meer, womit man den Theil des atlantischen Ozeans, der nächst dem westlichen Afrika unter der Linie liegt, belegte, ist jetzt auf den Seecharten nicht mehr im Gebrauche. (*Hassel.*)

2) Geschichte. Aus der einheimischen politischen Geschichte der Äthiopier oder Habessinier, wie sie uns Ludolf (hist. aethiop. lib. 2) und Bruce [1]) (Th. 2) aus einheimischen Chroniken mittheilen, wollen wir nur einige Hauptzüge ausheben. Die jetzigen Könige Habessiniens leiten ihr Geschlecht von der Königin von Saba ab (1 Kön. 10.), die sie Makeda nennen, für eine afrikanische Königin ausgeben, und darüber mit den Arabern streiten, welche dieselbe sich und ihren Erdtheil zueignen, und bei denen sie Balkis heißt. Sie wollen wissen, daß dieselbe mit Salomo einen Sohn gezeugt habe, Menilehek, der der erste König Äthiopiens geworden [2]). Von da bis zur Einführung der

*) Verschiedenheit der Ansichten in mehreren hieher gehörigen Art. war auch in unserer Encyclop. nicht zu vermeiden. Wenn aber auch diese Verschiedenheit der Ansichten hier nur dient, die eine oder die andere durch weitere Prüfung beider mehr, wozu doch gewiß die Anreizung verstärkt ist, zu bewähren, so ist der Gewinn offenbar, und einen größeren Gewinn zu beabsichtigen kann die Encyclop. nicht hoffen. (*H.*)

1) Plinius V. 8.

2) Plinius VI. 29. 3) Strabo XVI. 500. 4) Agathem. Hypot. Geogr. II. 10 Charte des Ptol.

1) Wenn gleich Bruce die vorgefundenen Nachrichten der Annalen leider! oft mit seinem Raisonnement vermischt hat, und deshalb mit Recht getadelt worden ist, so gewinnt doch die Glaubwürdigkeit seiner Nachrichten dadurch außerordentlich, daß dieselben zum Theil von dem arabischen Schriftsteller Macrizi (hist. regum islamiticorum in Abyssinia ed. F. Theod. Rinck. Lugd. 1790. 4) bestätigt werden.

2) Daß diese Bestimmung unhistorisch und Produkt des Nationalstolzes der christlichen Könige ist, bedarf wol weiter keines Beweises. S. Tychsen zu Bruce, Theil 5. Seite 333.

christlichen Religion wissen sie selbst nur einzelne Königsnamen zu nennen, z. B. zur Zeit von Christi Geburt einen König Bazen. Zur Zeit des christlichen Missionär Frumentius (um 330, s. unten) herrschten 2 Brüder, Abreha und Azbeha, die die ersten christlichen Könige wurden. Zur Zeit des griechischen Kaiser Justin (um das J. 522.) nennt auch die griechische Geschichte einen König Elesbaas (wahrsch. El-ezbeha), sonst Caleb genannt, der das Reich der Homeriten in Arabien zerstörte, um die dortigen Christenverfolgungen zu rächen (Niceph. Callist. XVII, 6. Photius No. 3.), daher er auch in die Reihe der Heiligen aufgenommen ist. Um das Jahr 960 ward die bisherige Dynastie durch die Verbrechen eines Weibes, Esat (d. i. Feuer) gestürzt, welche alle Glieder des herrschenden Königsstammes umbringen ließ, um ihrem Sohne den Weg zum Throne zu bahnen. Nur einer von der königlichen Familie blieb übrig; der sich in die Provinz Scheva oder Schua flüchtete, und dort im Verborgenen lebte. Von den Königen dieser neuen, der zagäischen Dynastie, welche an 340 Jahr herrschte, wird besonders Lalibala genannt, welcher eine Menge Kirchen, von denen noch Alvarez welche sahe, in Felsen aushauen ließ. Um das J. 1300 (nach Bruce 1268) kam aber die alte salomonische Dynastie wieder empor, indem Ikon-Amlak, ein Nachkomme jenes nach Schua geflüchteten Prinzen, durch Hilfe des Abbuna Tekla Haimanot (s. unten) wieder auf den Thron kam, auf welchem seine Familie bis auf den heutigen Tag geblieben ist. Er behielt indessen das königliche Hoflager in Scheva, da die Könige bisher in Axum residirt hatten; so daß dieses seitdem verfiel. Die Regirung der nächsten Könige dreht sich nun um unaufhörliche innere Unruhen, and kriegerische Unternehmen gegen Außen und gegen Rebellen. Der erste Gegenstand auswärtiger Kriege waren die muhammedanischen Provinzen am arabischen Meerbusen, besonders Adel, welchem noch 1508 die Türken eine Zeitlang Hilfe leisteten. Seit der letzten Hälfte des 16. Jahrhunderts zeigt sich ein neuer Feind in den Gallas, einem äußerst wilden, tapferen, von den Habessiniern in der Sprache verschiedenen Nomadenvolke, von denen ein Stamm das Reich Adel zu Grunde richtete; wogegen sie selbst aber desto furchtbarer werden. Seit dem Ende des 15. Jahrhunderts, wo die Portugiesen Bekanntschaft in diesem Lande machten, füllt sich die Geschichte obendrein zu Theil mit den Kämpfen der alten alexandrinischen und der römisch-katholischen Form des Christenthums und der Hierarchie. Unter den Königen verdienen folgende Auszeichnung: Zera-Jacob oder Constantin (1434—1468), der eine Gesandtschaft auf die Kirchenversammlung zu Florenz schickte. Clandius oder Aznaf Saged (1540—1559.), unter welchem Christoph de Gama aus Portugal in Äthiopien lebt, und sich mit dem Könige gegen seine Feinde verbindet. Er war in der Glaubenslehre seiner Kirche wol unterrichtet, und schrieb deßhalb ein Glaubensbekentniß, worin er seine Kirche gegen die Jesuiten und den Vorwurf des Judaisirens vertheidigt. Socinios (Susneus) 1605—1632. war der einzige, der sich dem römischen Stuhle hingab, und selbst einen römischen Patriarchen, Mendez, aufnahm, welcher aber von seinem Sohne Facilides (1632—65.) mit all' seinem Anhange von Jesuiten und Jesuiten-Freunden so schnell über die Gränze geschafft ward, daß mit einem Male und für immer der römischen Herrschaft ein Ende wurde. Unter letzterm ward auch Abba Gregorius, der Freund Ludolfs, exilirt, und kam nach Rom, und von da nach Gotha. Unter Joas (1753—69.) hatten die Hauptfeinde der Habessinier, die Gallas als Verwandte der Mutter des Königs, Zutritt am Hofe erhalten, und bald die höchsten Bedienungen des Reichs. Die Gährung der Habessinier dagegen gab einem Statthalter von Tigrr, Susul Michael, Gelegenheit, die erste Stelle des Reichs, unter dem Titel Râs (Haupt) zu erhalten, und bald alle Macht unter sich zu vereinigen. Letzterer ist uns Europäern doppelt merkwürdig, als der Beschützer und Gönner des berühmten Reisenden Bruce, der durch ihn in Habessinien Sicherheit, Gunst des Königs, und selbst eine Hofbedienung und kleine Statthalterschaft über Ras el Fil, erhielt. Der damalige König hieß Tekla-Haimanot II. 1769. ff. — Als der Engländer Salt 1809 und 1810. das Reich besuchte, fand er Aito Egwala Sion als König zu Goudar lebend, aber sehr vernachlässigt, da zwischen ihm und andern Prätendenten ein Bürgerkrieg entstanden war. Der Name des Königs ist Negus (ንጉሥ), vollständig Negusa Nagast za-itjopja, König der Könige Äthiopiens, sofern ihm einige kleinere Könige tributär sind, im Amharischen Hatzege. Der Eigennamen führt er gewöhnlich zwei, einen Taufnamen, z. B. Zara-Jacob, und einen Königsnamen, z. B. Constantin.

Die Einkünfte des Königs bestehen in Naturalien, rohem Golde, Kleidern, Getreide, auch Pferden. Dazu hat er einige Domänen für seine Tafel. Das Hoflager ist sehr selten in der Stadt, gewöhnlich unter Zelten und Kriegern. Dem Könige steht ein Vezier (Râs) zur Seite, der zugleich Oberfeldherr ist. Die Krieger dienen ohne Sold, und leben nur von Beute, sind aber sehr tapfer, und besonders im Angriff furchtbar. (*Gesenius.*)

Äthiopische Sprache, Schrift und Literatur. Die äthiopische Sprache, welche schon seit dem 14ten Jahrhundert als Sprache des gemeinen Lebens ausgestorben, nur noch als Schriftsprache vorhanden ist, gehört zu den semitischen Dialekten, und ist am nächsten mit dem Arabischen verwandt, wovon der Grund in der Abstammung des äthiopischen Völkerstammes von den Arabern liegt. Es wird nöthig seyn: diese historischen Verhältnisse kurz zu erörtern, ehe wir zur Beschaffenheit der Sprache, Schrift und Literatur des Volkes übergehen.

Schon bei den Hebräern kommt Kusch (כוש), welches man gewöhnlich durch Äthiopien übersetzt, als ein gemeinschaftlicher Name südarabischer und afrikanischer im heutigen Habessinien wohnender Völkerstämme vor, und in der berühmten Völkergenealogie 1 Mos. 10, 7.) werden vom Stammvater Kusch Völkerstämme abgeleitet, welche theils im südlichen

Arabien, theils (z. B. Seba) im gegenüberliegenden Afrika zu suchen sind.[1]). Die asiatische Abkunft der Habessinier erhellet außerdem aus dem den Arabern ähnlichen und von den Negern ganz abweichenden Körperbau, den Spuren eines ähnlichen, nämlich zabischen, Cultus, vor allen aber aus der innigen Verwandtschaft der Sprachen[2]). Auf die Annahme einer von Arabien ausgewanderten Kolonie, die aus mehreren Stämmen zusammengelaufen sich jenseit der Meerenge freye Wohnsitze suchte, führen uns aber die Namen, welche das Volk theils bei den Arabern führt, theils sich selbst beilegt. Bei ersteren heißen sie nämlich حَبَشْ Habasch, das Land حَبَشَة Habascha, d. i. ein aus mehreren Stämmen zusammengelaufener Haufe, weshalb sie auch selbst diesen Namen sich nicht gern beilegen, in der Schriftsprache auch nicht gebrauchen, obgleich im gemeinen Leben Habesch (ሐበሽ) vorkommt[3]). Dagegen nennen sie selbst ihr Reich Gees (ግዕዝ:) oder medra-Agasgan (መድረ: አግዓዝያን:) d. i. Auswanderung, Land der Ausgewanderten, oder auch Freiheit, Land der Freien, von dem Stammvater ግዕዝ: (געז) 1) profectus est cum toto exercitu, cum omnibus copiis, 2) libertatem adeptus est, vielleicht einerlei mit dem arabischen جَازَ transiit. Nach der letzteren Bedeutung würde sich Gees, Agasjan, mit Franken und Frankreich vergleichen lassen[4]). Den Namen Habasch erhielt entweder die zum Zweck der Auswanderung zusammengelaufene Schaar, oder es gab schon früher ein so benanntes Gemisch mehrerer Stämme, von welchen ein Theil in Arabien zurückblieb. Für letztere Meinung läßt sich anführen, daß Ἀβασηνοί bei Stephanus von Byzanz als arabischer Völkername, und eben so noch auf Münzen des Kaisers Severus vorkommt[5]). Ueber die Zeit des Ueberganges läßt sich nichts weiter bestimmen, als daß dieselbe noch über die Abfassungszeit des Pentateuchs, also in ein sehr hohes Alterthum, hinaufgesetzt werden müsse, sofern Scaliger's Meinung, der diese Begebenheit erst in die Zeit des Justinian setzen will, gar keine Rücksicht verdient[6]). Weit passender freilich, aber ebenfalls ohne historische Bestätigung, ist die Vermuthung von Eichhorn[7]), daß diese Colonie unter Abd-schams oder Saba, dem Vater des Hamjar, um diesem Tyrannen zu entgehen, und im Besitz ihrer Freiheit zu bleiben, das jenseitige Ufer gesucht habe. Späterhin hat das Volk auch dem griechischen Namen der Äthiopier das Bürgerrecht ertheilt, und nennt sich Itjopjawjan, sein Reich aber Manghesta-Itjopja.

Die äthiopische Sprache, mit welcher wir es nun zunächst zu thun haben, führte bei dem Volke selbst den Namen lesāna Geez (ልሳን: ግዕዝ:) Gees-Sprache, auch nach ihrem Aussterben lesāna mazchaf (ልሳን: መጽሐፍ:) Büchersprache, im Volksdialekt Mezhafeña. Nur aus Unkunde und Unkritik ward sie in Europa zuerst unter dem Namen der chaldäischen, auch der indischen bekannt (s. unten).

Ueber die frühern Schicksale dieses arabischen Dialekts bis zur Einführung des Christenthums in Äthiopien um das Jahr 330 fehlt es uns an Denkmälern, so daß es selbst ungewiß ist, ob er schon früher Schriftsprache war, und ob Äthiopien überhaupt eine Profanliteratur hatte. Doch ist dieses wahrscheinlich, da nach einzelnen historischen Spuren Äthiopien wenigstens in gewissen Zeitpunkten ein reiches, blühendes und mächtiges Reich war. So war zur Zeit des Jesaia in Äthiopien (s. Jes. 37, 9.) Tirhaka (bei Strabo XV. S. 472. Tearko) ein mächtiger Eroberer, der sich mit Assyrien zu messen wagte. Dazu kommt, daß die Schrift, wie wir unten sehen werden, viele Spuren altsemitischen Ursprungs an sich trägt, wodurch die Annahme einer ganz freien, willkürlichen Erfindung, etwa durch die ersten Apostel des Christenthums (wie bei den Gothen, Slaven, Armeniern) ausgeschlossen wird. Nach der Einführung der christlichen Religion sehen wir eine ziemlich ausgebreitete, aber lediglich kirchliche Literatur in der Gees-Sprache entstehen. Dieser allgemeine Gebrauch derselben dauerte aber nur bis ins 14te Jahrhundert fort, so lange die äthiopischen Könige ihren Sitz in Axuma hatten, worauf sie allmählich durch die amharische Sprache verdrängt wurde. Die Einführung der letzteren geschah durch Icon-Amlak; der nach Verdrängung der zagäischen Dynastie ums Jahr 1300 wieder den Thron seiner Voreltern bestieg, seine Residenz aber nach Scheva verlegte, wo er bis dahin im Exil gelebt hatte, wodurch die amharische Sprache Hofsprache wurde, und die Residenz zu Axum, so wie die dort gebräuchliche Gees-Sprache, in Verfall kamen. Letztere wurde allmälich ganz aus dem Munde des Volkes verdrängt, nur der Dialekt des Reiches Tigre hat viel von derselben beibehalten. In allen übrigen Theilen des Reichs ward die amharische an ihrer Statt herrschend, und die äthiopische blieb nur Büchersprache und beim Cultus gebräuchlich. Sie wird heut zu Tage nur von den Gebildetern verstanden, dem Könige, seinen Räthen, den Geistlichen und Mönchen. Selten wird sie gesprochen, dagegen wird fast alles, was überhaupt geschrieben wird, in dieser Sprache abgefaßt, selbst Briefe, welche das Volk von Schreibern, deren es in jeder Stadt oder jedem Flecken gibt (Zahāf Hagge, Stadtschreiber genannt) aufsetzen läßt. Umgekehrt wird die amharische Sprache selten geschrieben[8]), das Verhältniß ist also ungefähr das

1) S. Michaelis Spicilegium Geographiae Hebraeorum exterae T. I. S. 177. ff., wogegen Bochart (Phaleg. IV, 2) und Walton (Prolegomm Cap. XV. no. 1) fälschlich keine afrikanische Kuschiten annehmen wollen. S. dagegen Jes. 18, 1. Jer. 13, 23. 2) Ludolf comment. ad hist. aethiop. S. 57. 3) Ebend. S. 52. 4) Eine ganz falsche, sprachwidrige Etymologie gibt Bruce (Reisen I, S. 433.). 5) Steph Byzant. v. Ἀβασηνοί. Scalig. de emendat. temp. lib. VII. in computo Aethiop. 6) Scaliger a. a. O. S. 680. Dagegen Ludolf comment. ad hist. aethiop. S. 57. 7) De Cuschaeis verosimilia. Arnstad. 1774. 4. Ueber Abd-Schams, den 4ten König von Yemen s. Pococke spec. historiae Arabum ed. White S. 58.

8) Nach Bruce (Reisen I, S. 471.) gab es ein altes Gesetz, vermöge dessen derjenige, welcher die heilige Schrift ins

der hebräischen und aramäischen Sprache bei den Juden nach dem Exil, der hoch- und plattdeutschen Sprache in Teutschland.

Ehe wir zu einer näheren Beschreibung der Beschaffenheit der Sprache übergehen, müssen wir zuvor einen Blick auf die diesem Dialekte eigenthümliche Schrift werfen. Das Alphabet hat 26 Buchstaben, nämlich die 22 altsemitischen des hebräischen, phönizischen und altarabischen Alphabets, aber ein doppeltes ח (ሐ s. v. a. ح, und ኀ s. v. a. خ,) ein doppeltes א (አ und ዐ), und zwei später hinzugekommene, um das Π und Ψ in griechischen Wörtern auszudrükken: ጰ Pait und ፐ Psa). Die Ordnung des Alphabets weicht von der des altsemitischen ab, und geht von einer Aehnlichkeit der Figuren aus, die aber nicht durchgeführt ist. In den Figuren sowol, als den Namen, läßt sich der altsemitische Ursprung oft gar nicht verkennen. Geml (ገ) [9]), Dent (ደ), Lawi (ለ), Nahas (ነ), Ain (ዐ), Kaf (ቀ), Tawi (ተ), gleichen sehr auffallend den phönizischen, zum Theil samaritanischen, Figuren; dazu kommt, daß die Buchstaben, wie in jenen Schriftarten, getrennt, und die Wörter durch Punkte geschieden sind. Aus den Namen (Alf, Beth, Geml, Dent f. Delth, Wawe, Zai, Kaf u. s. w.) ist diese Abhängigkeit noch viel deutlicher, wenn gleich für einige Buchstaben abweichende gewählt worden sind z. B. Nahas (Schlange) f. das Nun (ነ), Saut f. Samech, Tzappa (nach der Analogie Kappa) für das zweite א. Auf ein höheres Alter dieser Schrift führt endlich der Umstand, daß in der gewöhnlichen Aussprache mehrere Laute, für welche man verschiedene Zeichen hat, nicht mehr unterschieden werden, z. B. Hoj, Haut, Harm (ה, ح und خ) alle drei wie h, Alph und Ain, beide ganz übergangen, Saut und Sat (ס und ש) beide wie s. Die Vokale werden durch kleine Häkchen oder Cirkelchen an den Consonanten, auch durch kleine Veränderungen an der Figur derselben angezeigt, so daß die Schrift eine wahre Sylbenschrift ist. Die einfache Figur des Buchstaben schließt den Vocal a oder ä ein (den in den semitischen Sprachen vorherrschenden Vocal), die übrigen sechs Vocale sind: 2) u,. 3) i, 4) â, s. v. a. das arabische ا ـُ 5) ē, 7) ō, und 6) ein Halbvocal, welcher dem Schwa entspricht, und am Ende der Wörter und Sylben gar nicht gelesen wird, sonst aber, ähnlich dem Schwa mobile, als kurzes e tönt. Vom Schwa unterscheidet sich dieser „sechste" Vocal nur dadurch, daß ganze Wörter damit geschrieben werden, z. B. tef-seht (auf hebräische Art תֶּפְשֶׂת geschrieben), so daß es auch das Segol einschließt. Scaliger drückt es durch ein kurzes i aus, Potken (dem Bochart in seinen Schriften folgt) durch .δ, Ludolf in der ersten Ausgabe durch y, späterhin durch ɛ. Außerdem gibt es einige Diphthongen, die aber im Grunde nur darin bestehen, daß man einigen Gaumen- und Kehlbuchstaben ein verstohlnes u anheftet, z. B. guà, guè, gui; kuà, kuè, kui. Ohne Vocale wird nie geschrieben; indessen hat der neueste Reisende Salt auf einigen Ruinen Inschriften mit einem sehr einfachen Alphabet gefunden, an welchem sich keine Vocalbezeichnung wahrnehmen läßt, und welches wahrscheinlich die Mutter des jetzt bekannten ist [10]). Die Verdoppelung wird in der Schrift nicht bezeichnet, findet aber in der Sprache Statt, und muß vom Leser aus seiner Kentniß derselben ergänzt werden. Die Richtung der Schrift ist gegen die Gewohnheit aller übrigen semitischen Schriften von der Linken zur Rechten. — Wegen der oben bemerkten Verwandtschaft mit den semitischen Schriftarten können wir nun nicht zugeben, daß diese Schrift freie Erfindung der Habessinier [11]), aber auch nicht, daß sie griechisch gestempelt sey, und in ihrer jetzigen Gestalt keinen höheren Ursprung habe, als die Einführung des Christenthums in Äthiopien [12]). Die Richtung der Schrift von der Rechten zur Linken, und die 7 Vocale (wie im griechischen) können dieses nicht beweisen. Die 7 Vocale der äthiopischen Schrift sind ja nichts weniger, als die 7 griechischen Vocale, und die Art, sie durch Sylbenschrift auszudrücken, nichts weniger, als abendländisch. Zu letzterer haben wir ein Analogon in einer andern semitischen Schrift, der zabischen. Die Richtung von der Linken zur Rechten findet sich noch in der Keilschrift und der ägyptischen Bilderschrift. Doch könnte dieses allenfalls Nachahmung der griechischen Schrift seyn.

Sowol in Hinsicht des grammatischen Bau's, als der Wurzeln und des Lexicalischen schließt sich die äthiopische Sprache am engsten an die arabische an, von welcher sie im früheren Alterthum ausging, ist aber minder reich und ausgebildet, hat manches ihr Eigenthümliche, manches auch, was sich mehr an die übrigen semitischen Dialekte, als an das Arabische, anschließt. In Ansehung des grammatischen Bau's bemerken wir: Die Gutturalen bewirken weit mehrere Veränderungen, als im Arabischen, indem sie den sechsten Vocal (ĕ), wie im Hebräischen ă, nach sich ziehen. Der Ton kann auch auf die drittletzte Sylbe zurückgehen. Die Conjugationen, deren Ludolf 10 angibt, entsprechen nach Form und Bedeutung am meisten den arabischen, und lauten also: 1) gabera. 2) gabbara. 3) gābera. 4) agbara. 5) agabara. 6) tagabera. 7) tagabbara. 8) tagābera. 9) mit vorgesetztem an; 10) mit vorgesetztem est. Außer dem Futuro gibt es eine besondere Form für den Conjunctivus, welche aber nur als eine Abart des Futuri

Ambarische oder eine andere Sprache übersetzt, am Leben gestraft werden solle. Doch muß darüber nicht gehalten worden seyn, da man allerdings auch amharische Bibelübersetzungen hat.

9) Die Geltung und Aussprache dieser Buchstaben wird man überall am Anfangsbuchstaben des Namen erkennen.

10) Salt's Reisen S. 381.

11) Ludolf comment. ad hist. aethiop. S. 60.

12) Wahls Gesch der morgenländ. Sprachen. S. 632, dem ich selbst (Geschichte der hebräischen Sprache und Schrift S. 138.) gefolgt bin. Bruce's Meinung, daß das äthiopische Alphabet das vormosaische Uralphabet sey (Reisen I. S. 467.), gehört zu den vielen verunglückten Hypothesen dieses Reisenden.

betrachtet werden kann, und eine weitere Ausbildung des Futuri figurati der Araber und Hebräer ist z. B. Fut. Conj. 1. jegaber, Conj. jeghar, oder Fut. jemēher, Conj. jemaher. Fut. enawum (ich werde schlafen) Conj. anum (ich möchte schlafen). Das eigentliche Participium wird immer umschrieben, die Participialformen der übrigen Dialekte sind hier Verbaladjectiven. Für den Dual gibt es weder im Verbo, noch im Nomen, eine besondere Form. Im irregulären Verbo sind die Verba פ״י und ע״ו, ל״ה und ל״י, geschieden, wie im Arabischen. Die Nominalbildung ist der hebräischen sehr analog, die Nomina haben aber oft überhängende Endvocale, z. B. sarräki (שרק) Dieb, maasā (מעש) guter Geruch, achadu (אחד) einer, die sich im Status constructus und Accusativ ändern (sarräke, achada); wie es scheint, ein Analogon der arabischen Nunnation, welche letztere gewiß nicht willkürliche Erfindung der Grammatiler, sondern auf einen in der Sprache vorgefundenen überhängenden Vocallaut gegründet ist. Der Geschlechtsgebrauch ist sehr schwankend und incorrect. Der Plural wird auf doppelte Art, durch angehängte Sylben (ān, āt). und durch innere Umbiegung, (als Pluralis fractus) gebildet. Von den Casus werden Accusativ und Status constructus hinten durch Veränderung des Vocals, die übrigen durch Präpositionen ausgedrückt. Die Zahlwörter haben doppeltes Geschlecht, werden aber nicht grade im umgekehrten Geschlechtsverhältniß gebraucht, wie in den übrigen Dialekten, sondern die weibliche Form ist die herrschende.

Was den lexicalischen Sprachvorrath betrifft, so trifft wol ein Drittheil der Wurzeln geradehin mit den arabischen zusammen, andere erst nach Buchstabenversetzungen und Verwechselungen, andere finden sich im heutigen Arabischen nicht, aber im Aramäischen und Hebräischen, woraus man sieht, daß sie gemeinschaftliches Gut des altsemitischen Stammes waren [13]). Daß auch dieser Dialekt seine Provinzialismen oder ihm ausschließlich eigenen Wurzelwörter hatte, versteht sich von selbst. Falsch aber ist Bruce's Angabe, daß die Gees-Sprache ein platter Dialekt sey, in welcher gehäufte T-Laute eine Art Stottern hören ließen; denn er hat keineswegs diese, dem Aramäischen eigene, Beschaffenheit. Ägyptische Wörter hat die Sprache gar nicht aufgenommen [14]); wol aber viele griechische seit der Einführung des Christenthums, auch hat sie einige ganz fremde, z. B. die Monatsnamen, die wahrscheinlich von den afrikanischen Eingebornen angenommen sind. Die griechischen Eigennamen haben die Äthiopier entweder mit mancher Verdrehung beibehalten, oder übersetzt, z. B. Afa-Wark (goldner Mund) f. den Kirchenvater Chrysostomus, welcher Name den dortigen Jesuiten-Missionarien, die von keinem Kirchenvater Afawarcus gehört hatten, viel zu schaffen machte. — Dialekte gibt es im heutigen Habessinien ziemlich viele. Bruce hat (I, S. 450.) Hohesl. 1, V. 1—9. in 7 verschiedenen Dialekten übersetzt geliefert; andere Sprachprob. s. bei Salt (Reis. S. 462. ff.)

Die Literatur in der Gees-Sprache ist ausschließlich kirchlichen Inhalts. An der Spitze derselben steht eine vollständige Bibelübersetzung A. und N. T.; welche im A. T. aus der alexandrinischen, und zwar der alexandrinischen Recension derselben geflossen ist [15]), im N. T. theils aus derselben, theils (nämlich in den Evangelien) aus einer gemischten Recension. Das A. T. besitzen auch die äthiopischen Juden nur in dieser Uebersetzung, weder im Urtext, noch in ihrer eigenthümlichen Sprache Falascha, wissen auch nichts von Masora, Talmud u. s. w. Da sie unter sich keine eigene Schreiber haben, sondern ihre Abschriften von den Christen erhalten, so unterliegt aber die christliche Abkunft dieser Version nach meinem Urtheil doch keinem Zweifel, und rührt sicher von den ersten christlichen Glaubensboten her. Die Version des N. T. soll nach einheimischen Nachrichten, aus dem Arabischen geflossen seyn; dieses bezieht sich ohne Zweifel nur auf den apocryphischen Theil des N. T., die Synodus (s. unten), und ist höchstens aus Mißverstand auf das ganze übertragen worden. Ihre alexandrinische Abkunft verräth die äthiopische Bibel auch durch das Ansehen, welches die Apocryphen in derselben erhalten haben. Denn nicht blos werden sie den canonischen gleichgeachtet, sondern sie sind selbst in den eigenthümlich geordneten und zum Theil benannten Canon untergesteckt, auf folgende Art: Das A. T. zerfällt in 4 Theile: a) das Gesetz, oder der Octateuch, enthaltend 5 Bb. Mosis, Josua, Richter, Ruth; b) die Könige, enthaltend: 2 Bb. Samuels, 2. Bb. der Könige („Bücher der Hebräer" genannt), 2 Bb. Chron. („minorum s. inferiorum" genannt), 2 Bb. Esra, Tobia, Judith, Esther, Hiob, Psalmen. (Vom B. Henoch s. nachher); c) Salomo, enthaltend: die Sprichwörter, den Prediger (ሰግሰብ: d. i. circulus, coetus), Hoheslied, Weisheit und Jesus Sirach; d) die Propheten: Jesaia, Jeremia mit den Klagliedern, Baruch, Ezechiel, Daniel, 12 kleine Propheten. Außerdem 2 Bb. der Maccabäer [16]). Auch

13) S. den Syllabus vocum harmonicarum hinter Ludolf lex. aethiop. 14) Man wird aus diesem ganzen Artikel und den darin angegebnen historischen und philologischen Thatsachen erkennen, wie wenig ich der im Art. Aethiopes ausgesprochenen Ansicht seyn könne, nach welcher Äthiopiens Völker mit den Ägyptern verwandt seyn sollen. Auch dieser Umstand ist dafür nur zu entscheidend. Der Leser prüfe übrigens und urtheile!

15) S. Ludolf's vortrefliche Deduction im comment. S. 295, wogegen Bruce's Angabe, daß sie aus dem hebräischen Urtext gemacht sey, gar kein Gewicht hat. 16) Die Uebersetzung des A. T. ist in Handschriften vollständig in Europa vorhanden, und Bruce hat eine solche mitgebracht, die im brittischen Museum niedergelegt ist. Ein Verzeichniß der älteren gibt Ludolf l. c. p. 298. Gedruckt sind aber nur einzelne Bücher. Psalterium cum Cant. Canticorum et aliquot hymnis biblicis ed. Joh. Potken. (Ohne Titel, auf der ersten Seite des ersten Blatts Davids Bildniß mit der Harfe in rothem Holzschnitt. Am Ende die Angabe des Herausgebers und Druckorts). Rom. 1513. 4. Eine äußerst seltene Ausgabe. Neue Ausgabe mit Beifügung des hebräischen Textes, und der griechischen und lateinischen Uebersetzung, Cöln 1518. fol. Nach beiden Ausgaben, aber mit einer Handschrift verglichen, sind der Psalter und das Hohelied in der londoner Polyglotte, noch fehlerhafter abgedruckt. Eine verbesserte Ausgabe veranstaltete Ludolf: Psalterium Davidis Aethiopice et Latine, cum duobus impressis et tribus Mstis Codd. diligenter collatum et emendatum, nec non variis lectionibus et notis philologicis illustratum. . . . Accedunt Aethiopice tantum hymni et orationes aliquae Vet. et N. Testamenti,

das N. T. ist eigenthümlich eingetheilt, nämlich in folgende 4 Theile: a) Evangelium, enthaltend die 4 Evangelisten; b) Acta; c) Paulus, enthaltend dessen Briefe, mit Einschluß des Br. a. d. Hebräer; d) Apostolus, enthaltend die katholischen Briefe und die Offenbarung. Letztere wird nach einem lächerlichen Mißverständniß genannt: die Vision des Johannes Abukalamsis (አቡቀለምሲስ፡). Letzteres offenbar aus ἀποκάλυψις verdorbene Wort gilt ihnen ohne Zweifel als ein Patronymicum, zusammengesetzt aus Abu (Vater) und Kalamsis, wie Abu-Cara u. dgl. [17]). Außer unseren sogenannten Apocryphen hat der Kanon der äthiopischen Kirche noch mehrere andere Schriften der ältern Kieche aufgenommen, ohne diese irgend von den übrigen zu unterscheiden. Im Kanon des A. T. fand nämlich Bruce auch noch das Buch Henoch, unmittelbar hinter dem Hiob, wodurch eine schon von früheren Missionarien gegebene Nachricht, die man mit Unrecht bezweifelt hatte, auf eine sehr interessante Art bestätigt worden ist [18]). Bruce hat 3 Exemplare dieses Buches mit nach Europa gebracht, wovon das eine auf der pariser Bibliothek liegt, und von de Sacy genauer untersucht worden ist, wornach sich ergibt, daß es allerdings das im N. T. (Br. Judä V. 14.) und von den Kirchenvätern angeführte seyn möge, sofern der Inhalt und die Anführungen damit übereinstimmen [19]). Es handelt zu einem großen Theile von dem Fall der Engel (nach 1 Mos. 6.), welche mit den Menschentöchtern die gewaltthätigen Riesen zeugten, und welchen der fromme Prophet Henoch, von Gott gesandt, die Ungnade Gottes und Verderben ankündigen mußte.

Zu dem N. T. rechnen sie gewöhnlich noch ein Buch, ben ihnen Senodas (ሲኖዶስ፡ d. i. συνοδος) genannt, welches in 8 Büchern die pseudoclementinischen oder apostolischen Constitutionen und Canones enthält. Sie zählen hiernach 35 Bücher des N. T., und auf dem Titel des äthiopischen N. T. (Rom. 1548) steht ausdrücklich: „ich habe das N. T. abdrucken lassen, aber ohne Synodus.“ Der Canones haben sie 56

item Canticum Canticorum cum variis lectionibus et notis. Francofurti ad M. 1701. 4. Die lateinische Uebersetzung verfertigte J. H. Michaelis, der auch die Handschriften verglichen, und die Varianten aus denselben gesammelt hat. Vorher erschien Specimen Psalterii Aethiopici etc. (cur. J. Ludolf) Frcf. a. M. 1699. 4. Eine bloß äthiopische Ausgabe des Psalters veranstaltete Ludolf zum Gebrauch der Habessinier, welche in Europa selten ist, da er sie nach Habessinien hat bringen lassen. Sonst sind noch folgende einzelne Stücke gedruckt. Cantic. Canticorum Aethiopice e vetusto codice summa cum cura erutum . . . . a Joh. Ge. Nisselio. Lugd. B. 1656. 4. Liber Ruth Aethiopice ed. a I. G. Nisselio. L. B. 1660. 4. Prophetia Sophoniae ed. a I. G. Nisselio. L. B. 1660. 4. Prophetia Jonae ex Aethiopico in Latinum ad verbum versa . . . Cui adjunguntur quatuor Genes. capp. e vetust. manuscr. Aethiop. eruta a M. Theod. Petraeo. L. B. 1660. 4. Wiederholter Abdruck: Jonas vates Aethiopice et Latine, cum glossario aethiopico-harmonico in eundem et IV. Genes. Capp. priora, editus a Bened. Andr. Staudachero. Frcf. a. M. 1706. 4. Quatuor prima capita Geneseos Aethiopice et Latine, in usum studiosorum Aethiopicae linguae edita a M. Georg. Christian. Bürklinio. Frcf. a. M. 1696. 4. Prophetia Joel Aethiopice interpret. Latina ad verbum donata. . . . Labore et studio M. Theod. Petraei. L. B. 1661. 4. Vaticinium Malachiae Aethiopice, latino idiomate ad verbum donatum . . . a M. Th. Petraeo. L. B. 1661. 4. Einzelne Stücke lateinisch übersetzt gab Christ. Aug. Bode heraus: Fragmenta N. T. ex versione Aethiopici interpretis ut et alia quaedam opuscula Aethiopica ex Aethiopica lingua in Latinam transtulit, eaque cum praefatione nunc demum edita ad N. T. Aethiopici Latinam translationem appendicis instar addidit Chr. A. Bode. Helmst. 1755. 4. (*de Wette.*)

17) Die äthiopische Uebersetzung des N. T. erschien zuerst zu Rom: Testamentum Novum cum epistola Pauli ad Hebraeos tantum cum concordantiis Evangelistarnm Eusebii et numeratione omnium verborum, Missale cum benedictione etc. . . . . Quae omnia frater Petrus Aethiops auxilio piorum sedente Paulo III. Pont. Max. et Claudio illius regni imperatore imprimi curavit anno salutis 1548. 4. Die dreizehn paulinischen Briefe kamen im Jahr 1549. hinzu, die Herausgeber waren drei äthiopische Geistliche. Tesfa-Sion, Tensea-Wald und Zaslaski oder wie sie sich lateinisch nannten, Petrus, Paulus und Bernardinus, welche Leo X hatte nach Rom kommen lassen, damit sie aus der äthiopischen Uebersetzung Beiträge zur Verbesserung der Vulgata lieferten. In der Apostelgeschichte hatte ihre Handschrift Lücken, die sie theils aus dem Griechischen, theils aus der Vulgata ergänzten, was sie auch selbst im Epilog zur Apostelgeschichte erklärt haben. Die ganze Ausgabe ist nach Ludolfs Urtheil (Histor. Aethiop. L. III. c. 4. No. 12. 13.) sehr uncorrect. Doch wurde sie, aus Mangel an Handschriften, mit Vermehrung der Fehler und mit einer fehlerhaften lateinischen Uebersetzung, in die londner Polyglotte aufgenommen. Eine richtigere Uebersetzung gab Christ. Aug. Bode heraus: Novum D. N. Jesu Christi Testamentum ex versione Aethiopici interpretis in Bibliis Polyglottis Anglicanis editum, ex Aethiopica lingua in Latinam translatum. Brunsw. 1752 1755. 2 Bde. 4. Eine sehr nützliche Arbeit für den Kritiker lieferte derselbe Gelehrte: Evangelium secundum Matthaeum ex versione Aethiopici interpretis in Bibliis Polyglottis Anglicanis editum, cum Graeco ipsius fonte studiose contulit, atque plurimis tam exegeticis quam philologicis observat. textum partim, partim versionem illustravit Chr. A. Bode Praefatus est Chr. B. Michaelis de versione Aethiopica N. T. generatim. Hal. 1749. 4. Diese Vorrede von Chr. B. Michaelis ist sehr schätzbar. Aehnliche Bemerkungen über andere Bücher des N. T. hat Bode mit dem vorigen zusammen drucken lassen: Novum D. N. Jesu Christi Testamentum ex versione Aethiopici interpretis in Bibliis Polyglottis Anglicanis editum c. graeco ipsius fonte studiose contulit Christ. August. Bode. Brunswic. 1753. 4. Verbessert ist der äthiopische Text in folgenden einzelnen Abdrücken: S. Johannis Apostoli et Evangelistae Epistolae catholicae tres, Arabice et Aethiopice, cura ac industria I. G. Nisselii et Theod. Petraei. Lugd. B. 1654. 4. S. Jacobi Ap. Epistolae catholicae versio Arabica et Aethiopica opera, labore et studio Th. Petraei. L. B. 1654. 4. S. Judae Apostoli Epistolae catholicae versio Arabica et Aethiopica a I. G. Nisselio et Theod. Petraeo. L. B. 1654. 4. (*de Wette.*)

18) Schon Js. Peirescius erhielt die Nachricht von der Existenz dieses Buches bei den äthiopischen Christen von einem dortigen Missionär, dem Kapuziner Gilles de Loche, und wandte alles an, sich dasselbe zu verschaffen. Er erhielt endlich ein Buch unter diesem Namen, welches aber nachher, als es von Ludolf untersucht wurde, als ein ganz anderes (Abba Bahailà-Michael liber mysteriorum coeli et terrae) befunden wurde. Ludolf comment. ad hist. aethiop. S. 347. Da Ludolf obendrein von seinem äthiopischen Freunde Gregorius nichts von einem solchen Buche erfahren konnte (was immer sonderbar bleibt), so hatte man bis auf Bruce das Ganze für eine Fabel gehalten. —

19) Die Fragmente sind gesammelt in Fabricii cod pseudepigraphus V. T. T. 1. S. 160 ff. Eine lateinische Uebersetzung von einem Theil des pariser Msc. gab de Sacy in der Notice du livre d'Enoch, in Millin magazin encyclopedique, Oct. 1800. ins Deutsche übers. von Rink (Königb. 1801. 8.) Die früheren Notizen über dieses Buch von Woide und Bruce, s. in Michaelis Briefwechsel, Th. 3. S. 91. 94. Die Stelle Jud. V. 14. steht dort Cap. 1. S. 17. des franz. Originals. Das zweite Msc. liegt zu Orford, das dritte in der vollständigen von Bruce mitgebrachten Uebersetzung des A. T., im brittischen Museum.

(jetzt in den griechischen Ausgaben 85), von welchen Ludolf 23 hat abdrucken lassen [20]), die aber auch in Ansehung der Ordnung und des Inhalts oft von der griechischen Recension abweichen, woraus man die Willkür erkennt, mit welcher der Text dieser unechten Schriften in der frührrn Kirche behandelt worden ist. Derselbe Fall ist mit den Constitutionen, 81 an der Zahl, welche sie Abtelisat nennen (ኣብጥሊሳት፡), d. i. ohne Zweifel verdorben aus dem arab. التطلبيسات tituli, unter welchem Namen diese Constitutionen bei den koptischen Christen umhergehen. Sie legten diesen Schriften gleiche Auctorität mit den übrigen apostolischen bei, und weigerten sich gegen die Jesuiten standhaft, irgend einen denselben widersprechenden kirchlichen Gebrauch anzunehmen. — Der vaticanische Codex des συνοδος ist vom äthiopischen Kaisrr Zera-Jacob 1440 den Mönchen zu Jerusalem geschenkt und 1646 nach Rom gekommen, und enthält außerdem die Acten der Concilien von Ancyra, Cäsarea, Nicäa, Gangrä, Antiochien, Laodicäa, Scardini. Von der nicänischen Synode haben sie außer den gewöhnl. 20 Canones noch 84 unechte, die auch die koptischen Christen in arabischer Sprache haben (lat. Uebers. von Abraham Ecchellensis. Paris, 1671). — Sie haben außerdem eine Liturgie (Kanon Kedaso, Abendmahlskanon), die mit der römischen Ausgabe des N. T. gedruckt ist (S. 158—164); ein symbolisch-dogmatisches Werk (ሃይማኖተ፡ ኣበው፡ haimanota Abau), Glaube der (Kirchen-) Väter, enthaltend Glaubenssätze aus den Homilien griechischer Väter, als des Athanasius, Basilius des Großen, Chrysostomus, Cyrillus, Ephräm des Syrers, Gregor von Nyssa und von Nazianz (noch ungedruckt); Martyrologien (ስንክሳር፡ Senkesar, d. i. Synaxarium genannt) u. a. m. [21]). Besonders häufig findet sich auf europäischen Biblioth. ein Msc. magischen Inhalts (Zalota Rekt, precatio magica), enthaltend angebliche Reden der heil. Jungfrau an Christum. Es ist voll abenteuerlicher Engelnamen und Namen Gottes, die vielleicht gnostischen Ursprungs sind (wenigstens haben sie Aehnlichkeit mit denen auf den basilidianischen Gemmen), auch die vor und rückwärts gelesenen Zauberworte Sator, Arepo, tenet, opera, rotas, kommen darin vor, und sollen die Namen der 5 Wunden Christi seyn. — Einige ihrer Werke sind in einer rohen Art von Rhythmus abgefaßt. Sie beobachten kein Sylbenmaß, sondern eine gewisse Anzahl (gewöhnlich 5 oder 3) Zeilen, die sich alle reimen, wie im Koran, sind zu einer Strophe verbunden. Der Reim betrifft aber oft blos den letzten Consonanten, so daß z. B. sis, tos, as, gus u. s. w. als Krime gelten. Auch die Wiederkehr einer Phrase als Refrain kommt vor. Ludolf erhielt von Pococke ein Msc., enthaltend einen poëtischen Festkalender (Fasti), worin alle jährliche Feste und Heiligentage in 5zeiligen Versen besungen waren, unter dem Namen: encomium coelestium et terrestrium [22]). — Ihre Profanliteratur oder Schriftstellerei ist von keinem Belange. Sie haben keine geschriebenen Gesetze, sondern erhalten diese durch bloße Ueberlieferung. Von historischen Schriften haben wir leider! keine hinlänglich befriedigende Kunde; obgleich Bruce mehrere derselben anführt, und benutzt haben will. Als das älteste Geschichtsbuch nennt er die Chronik von Axum, welche nächst der Bibel für das wichtigste Buch gehalten werde. Da sie die Geschichte vom Kämmerer der Candace ganz nach der Apostelgeschichte erzählt, und in Berechnung der Jahre der Welt ganz die Rechnung des Julius Africanus hat, wird sie als das Werk eines christlichen Schriftstellers, beträchtlich nach dem 4ten Jahrhundert, angesehen werden müssen [23]). Ferner citirt Bruce Annalen von Habessinien, aus welchen er die Geschichte nach Wiedereinsetzung der salomonischen Dynastie geschöpft zu haben versichert [24]), die ohne Einfluß des Königs geschrieben, und nach dessen Tode vom Senate revidirt worden seyn sollen [25]). Historischen Inhalts sind auch wol die von Ludolf angeführten Schriften: gloria regum, historia judaica, letztere gab vielleicht über die Juden in Äthiopien Aufschluß. An Räthseln und Sprichwörtern finden sie gleich den Hebräern und Arabern und der Königin von Saba, die sie ja die Ahnin ihrer Könige nennen, großes Wohlgefallen. Mehrere Sprichwörter hat Theod. Petraeus bekannt gemacht [26]), mehrere Räthsel Ludolf [27]). Ihre Briefe sind alle mit einem Zeichen versehen, woran sie als der Brief eines Christen erkannt werden, nämlich einem Kreuze, in dessen vier Ecken die vier Buchstaben, die den Namen Jesu enthalten, stehen, auf diese Weise:

ኢ	የ
ሱ	ስ:

Wahrscheinlich hat sich auch hierin, wie in vielem anderen, ein unchristlicher Gebrauch, nämlich der Gebrauch der literae formatae, erhalten. Den Anfang der Briefe nehmen oft Lobpreisungen Gottes, selbst in rhythmischer Form, ein [28]). Von grammatischer Bearbeitung ihrer Sprache wissen sie durchaus nichts, und Ludolf hatte die größte Mühe, seinem sonst gelehrten Freunde Gregor (s. unten) irgend einen Begriff davon beizubringen. Doch haben sie ein Wörterbuch (ሰዋሰው፡ *sausau*, scala), worin indessen nur sehr schwere, besonders fremde Wörter, oft falsch und unwissend genug, erklärt sind, und welches von Ludolf benutzt worden ist. — Äthiopische Handschriften liegen im Vatican zu Rom, zu Paris, Oxford, und zu Ber-

20) Comment. ad hist. aethiop. S. 310 ff. 21) Ludolf hist. III. cap. 4. Comment. S. 251. 299. Dess. catalogus librorum aethiopicorum vor seinem Lex. aethiop. ed. II.

22) Ludolf gramm. aethiop. ed. II. S. 165 ff. Commentar. S. 41 ff. 23) Bruce I, 444. 527. Vergl. mit Tychsens Bemerkung V, S. 341. und Ludolf hist. III, cap. 2. 24) Bruce I, S. 65. und den ganzen zweiten Theil. 25) Bruce II, S. 588; vergl. jedoch II, 232. III, 468. 26) Hinter der Uebers. des Propheten Jonas (s. oben Note 16). 27) Ludolf comment. S. 559. 560. 28) Commentar. S. 35 ff. Grammat. S. 181 ff. H. Salt neue Reise nach Abyssinien, in den Jahren 1809 und 1810. Aus d. Engl. von Friedr. Rühs (Weimar 1815). In Bertuchs neuer Biblioth. der Reisebeschreibungen. B. 4.

lin (s. Jo. Dav. Winkler Κειμηλια bibliothecae regiae Berolinensis aethiopica descripta. Erlangae, 1752). Alle, die sie untersucht haben, klagen aber über die ungeheuere Incorrectheit und Nachlässigkeit, unit welcher sie geschrieben sind; weshalb der Gebrauch derselben viele Uebung und Sprachkentniß voraussetzt.

Die erste Bekanntschaft mit der äthiop. Sprache ward in Europa verbreitet durch Joh. Potken, Propst zu Cöln; der in Rom mit gebornen Äthiopiern umgegangen war, und mit dort gegossenen Lettern einen äthiopischen Psalter (s. Note 16) herausgab. Nach der Erscheinung des N. T. verfaßte Marianus Victorius aus Reate institutiones linguae chaldaeae s. aethiopicae (Rom, Propag. 1548. 1552 und 1630), die aber ganz unbrauchbar waren, und von Jacob Wemmers, einem Carmeliter aus Antwerpen, der 1638 zu Rom eine Grammatik und ein Wörterbuch herausgab, sehr übertroffen wurde. Auch Jos. Scaliger hatte eine Grammatik verfaßt, die aber nicht im Druck erschienen ist. Dieses alles verdient aber kaum genannt zu werden gegen die ganz außerordentlichen und seltenen Verdienste, die sich Hiob Ludolf (eig. Leutholf), herzogl. Gothaischer Geh. Rath, um dieses Fach erwarb; worin er durch wahres philologisches Talent und seltene Thätigkeit es zu einer wahren Meisterschaft brachte, und der Vater dieser Literatur wurde. Nachdem er sich schon früher mit dieser Sprache beschäftigt hatte, machte er in Rom, wo er sich in Geschäften der Königin Christina aufhielt, die Bekanntschaft eines gebornen Habessinier, Abba Gregorius, der dort in großem Rufe der Gelehrsamkeit gestanden hatte, jetzt aber als Freund und Anhänger der Jesuiten von dem damaligen Könige aus seinem Vaterlande verbannt war. Er unterrichtete Hiob Ludolf nach besten Kräften, und folgte nachher selbst einer Einladung des Herzogs Ernst von Gotha, zu ihm nach Teutschland zu kommen, wo er im Jahre 1657 eine Zeitlang zu Friedenstein bei Gotha zubrachte. Er verstand und schrieb das Alt-Äthiopische fertig, war aber nicht daran gewöhnt, es zu reden, zu welcher Fertigkeit es doch selbst Ludolf brachte. Auch wußte er nichts von Grammatik, so daß Ludolf das von ihm Erfragte erst sorgfältig ordnen mußte. Letzterer lieferte nun unit kritischer Benutzung aller nur habhaften handschriftl. und gedruckten Hilfsmittel und der mündlichen Nachrichten seines habessinischen Freundes allmählig seine durchaus klassischen Arbeiten in dieser Literatur: 1) Grammatica aethiopica, ed. Wansleben. Lond. 1661. 4. ed. II. (vom Verf. selbst) Francof. 1702. Fol. 2) Lexicon aethiopicum, ed. Wansleben. 1661. 4. ed. II. Francof. 1699. Fol. (Die zweiten Ausgaben von beiden sind ohne allen Vergleich vollständiger und berichtigter, so daß die ersten dagegen ganz unbrauchbar sind). Bei beiden Werken sind viele Mscte. gebraucht, und sie gehören zu den vorzüglichern philologischen Arbeiten, die der semitische Sprachstamm aufzuweisen hat. 3) Historia aethiopica. Francof. 1681. Fol. und Commentarius ad historiam aethiopicam. Ebend. 1691. Fol. Die äthiopischen Lettern, womit diese Schriften gedruckt sind, waren sein Eigenthum. Ueber das von ihm Geleistete ist bisher niemand hinausgegangen. Der äthiopische Theil von Castelli Lexicon Heptaglotton ist nach der rrsten Ausgabe des Ludolf'schen Wörterbuchs gearbeitet, und nicht ganz zuverlässig; die kleinen Grammatiken von Otho und Hasse (Handbuch der arabischen und äthiopischen Sprache. Jena 1793. 8.) aus ihm geschöpft. Bruce scheint, nach den vielen Ungenauigkeiten in allen seinen Sprachbemerkungen zu urtheilen, wenigstens keine grammatische Kentniß der Gees-Sprache besessen zu haben, wenn er gleich bei seinem zweijährigen Aufenthalt in Äthiopien nicht ohne Kentniß der Landessprache seyn konnte [29].

Zu den neuesten Merkwürdigkeiten, die in Europa in dieser Sprache erschienen sind, gehören einige kleine Religionsschriften, die in der Propaganda zu Rom gedruckt worden sind: Dottrina cristiana composta dal Rob. Bellarmino, tradotta in lingua Ethiopia, Rom. 1786. 4. (von einem jungen Äthiopier, Tob. Ge. Ghbrazger aus Cancam, der 1784 als Bischof von Adula nach Äthiopien zurückkehrte); ferner: Alphabetum Aethiopicum s. Gheez et Amharicum, c. orat. domin. salut. angelica, symbolo fidei, praeceptis decalogi, et initio evangel. Ioannis. Romae 1789. 8. Das Studium dieser Sprache ist in grammatischer und lexicalischer Hinsicht dem semitischen Philologen nunmgänglich nothwendig, zumal sie ein so wichtiges Zeugniß von dem früheren Zustande des arab. Sprachstammes lange vor Muhammed ablegt. (*Gesenius.*)

Äthiopische oder habessinische Kirche. Obgleich die habessinischen Christen nach ihrer zu Axum aufbewahrten Chronik (s. oben) die Verbreitung des Christenthums in ihrem Lande bis auf den Kämmerer der Königin Kandace (Apostelgesch. 8, 27) zurückführen wollen, so ist es doch keinem Zweifel unterworfen, daß dieses erst um das Jahr 330 durch Frumentius und Aedesius bewirkt worden sey. Diese, die Söhne eines tyrischen Kaufmanns, die mit ihrem Vater auf einer Handelsreise dorthin verschlagen worden waren, wußten den König und das königliche Haus so für sich und die christliche Religion einzunehmen, daß ihnen bedeutende Aemter anvertraut wurden, worauf Frumentins nach Alexandrien zu Athanasius reiste, von diesem zum Bischof von Äthiopien ernannt wurde, und nach seiner Rückkehr den christlichen Cultus dort einrichtete. In dieser Nachricht stimmen nicht nur die griechischen Kirchenschriftsteller mit der einheimischen Geschichte (in welcher Frumentius nur Fremonatos, auch Abba Salama አገ: ሰለማ: heißt, und als Wiederhersteller des Christenthums erscheint) überein, sondern dafür spricht auch das enge Anschließen der

29) Reisen Th. 1. S. 470 ff. Vergl. Th. 5. S. 301 ff. Der neueste engl. Reisende Salt, dem wir unter andern interessante Aufschlüsse über Bruce's Aufenthalt in Habessinien verdanken, erfuhr dort von einem Gelehrten, der Bruce'n noch gekannt hatte: „daß Bruce die Tigre-Sprache nicht verstand, und nur wenig vom Amharischen, daß er die Buchstaben in den Büchern des Landes bei seiner ersten Ankunft lesen konnte, aber keine große Kentniß der Gees-Sprache besaß, obwol er sowol darin, als im Amharischen, gute Fortschritte machte (Salt S. 308).

habessinischen Kirche an die alte alexandrinische in Hinsicht auf Glaubenslehren, Gebräuche und Hierarchie, so daß die Lehre und Gebräuche der Habessinier sich oft aus denen der alten Kirche erläutern lassen, oft selbst ein Licht auf dieselbe werfen. Da sie außerdem mehrere Gebräuche haben, die sich auch im Judaismus finden, hat man ihnen theils früherhin einen jüdischen Cultus zuschreiben wollen, theils dieses von judaisirenden Glaubensboten abgeleitet. Allein dieses Zusammentreffen ist wahrscheinlich nur zufällig, und jene Sitten sind in der gemeinschaftlichen Gewohnheit und Denkweise vieler morgenländischer Völker zu suchen. Sie haben zwar die Beschneidung und auch am achten Tage, aber diese wird ohne religiöse Ceremonie und ohne Zeugen gewöhnlich von einem alten Weibe vorgenommen, und von ihnen selbst für eine nicht-religiöse alte Volkssitte gehalten, doch so, daß das Gegentheil ihnen unrein und schimpflich scheint, und sie nicht gern mit Unbeschnittenen umgehen. Dieselbe findet sich ja aber auch bei den Kaffern. Auch werden die Weiber beschnitten, wie bei den Arabern und Ägyptern, wobei an eine jüdische Abkunft der Sitte nicht zu denken ist. Sie essen kein Schweinfleisch, aber nicht, weil es ihnen verboten sey, sondern weil sie eine allgemeine Abneigung dagegen haben, wie wir gegen Pferdefleisch. Sie essen kein Blut und Ersticktes, aber nicht nach jüdischer Sitte, sondern nach Apostelgesch. 15, 29. und der Sitte der ältern griechischen Kirche. Sie feiern den Sabbath neben dem Sonntag, aber nicht mit gänzlicher Unthätigkeit, sondern mit dem Abendmahl und Agapen, was in einigen Gemeinden noch im 4ten und 5ten Jahrh. geschah. Die Pflichtehe, welche ihnen einige zuschreiben, soll nach des Abba Gregorius Aussage dort nicht mehr vorkommen. Sie selbst protestiren auch ausdrücklich gegen die jüdische Abkunft und jede Hinneigung zum Judenthume. In ihrer Glaubenslehre folgen sie dem Monophysitismus der alexandrinischen Kirche. Sie halten die Canones der drei ersten Synoden heilig, verwerfen aber mit polemischem Eifer die chalcedonische, die sie eine Narren- und Ketzerversammlung nennen: doch verdammen sie den Eutyches und meinen, daß Dioscurus, der ihnen als ein Märtyrer gilt, nicht mit ihm übereingestimmt und blos die Annahme zweier Personen in Christo bestritten habe. Sie selbst sind in den Ausdrücken nicht sehr bestimmt, und wissen schwerlich deutlich, was sie wollen. Den heiligen Geist lassen sie in ihren Glaubensbekenntnissen nur vom Vater ausgehen. Ueber Sacramente, und die Gegenwart Christi im Abendmahl haben sie keine ausgebildete Vorstellung; von den Dogmen der lateinischen Kirche, als Fegefeuer, Prädestination wissen sie gar nichts; die Anbetung der Heiligen, besonders der Maria (wahrscheinlich im Gegensatz der Nestorianer), ist äußerst verbreitet. Sie erzählen zahlreiche Wunder berühmter Asceten und Märtyrer, daß sie auf dem Wasser gegangen, daß sie von Thieren der Wüste gespeist worden u. dgl. Die Engel theilen sie in mehrere Classen und Rangordnungen (nach Art des Pseudo-Dionysius) und scheinen viel auf deren Verehrung zu geben, wie denn auch das Buch Henoch vorzüglich in diese Lehre einschlägt.

Ihr ganzes Land ist mit Kiechen wie besäet, die meistens klein, oben kegelförmig mit Rohr und Stroh gedeckt, mit Cederu umpflanzt, einen angenehmen Anblick gewähren sollen. Sie werden gewöhnlich am Wasser angelegt, da man dessen zur Füllung der großen Taufbassins bedarf. Man darf sie nicht beschuht betreten; Vorbeireitende steigen aus Ehrfurcht ab und gehen eine Strecke zu Fuß; Weiber während des Monatsflusses, und Eheleute am Tage nach dem Beischlaf dürfen sie nicht durch ihren Besuch entweihen. In der Kirche muß jeder stehen, oder lehnt sich zur Erholung auf Krücken, mit denen der Boden der Kirche bedeckt ist. Den Chor (ሀይከል heikel, hebr. היכל) dürfen nur die Geistlichen betreten, und reichen von da das Abendmahl an die Laien. Auf einem tischähnlichen Altare stehen die heiligen Geräthe, unter diesen vorzüglich eine viereckige Tafel (ታቦት፡ Tabot Arche), worauf Kelch und Patene stehen, und welche sie für eine Nachahmung der Bundeslade halten, die nach ihren Sagen durch Menilehek aus Jerusalem entwendet in ihr Land gekommen seyn soll.

Sie dulden nur gemalte Bilder, keine Statuen und halberhabene, selbst keine Crucifixe in ihren Kirchen und Häusern; dagegen jeder Geistliche daran zu erkennen ist, daß er ein bloßes Kreuz in der Hand trägt und den Begegnenden zum Kuß darbietet. Auch das Bekreuzen ist herrschende Volkssitte. Die Taufe, besonders erwachsener Heiden (die dort nicht selten ist), hat noch sehr viel vom urchristlichen Ritus. Der Priester beginnt mit Gebeten, Räuchern, der Salbung und dem Auflegen der Hände. Die Täuflinge müssen dann mit nach Westen gekehrtem Antlitz den Satanas abschwören, und, mit dem Antlitz gegen Osten gerichtet, das Glaubensbekenntniß ablegen. Nachdem der Priester heiliges Oel (Meiron) in das große Taufbecken, welches sich vor der Thür der Kiechen findet (weil kein Ungetaufter die Kirche betreten soll), in der Gestalt eines Kreuzes gegossen hat, steigt er in dasselbe und taucht den Täufling, der von den Diaconen herzugeführt wird, gänzlich unter. Beim Heraussteigen werden die männlichen Täuflinge von Männern, die weiblichen von Weibern, die ihnen hilfreiche Hand leisten, aufgenommen. Mit einem weißen Hemde und rothem Kleide angethan genießen sie darauf in der Kirche das Abendmahl, worauf man ihnen beim Weggehen Milch und Honig gibt, und sie mit der Formel entläßt: „geht in Frieden, ihr Söhne der Taufe!" Von den Kindern taufte man ehemals die Knaben nicht vor dem vierzigsten, die Mädchen vor dem achtzigsten Tage, aber späterhin auch früher. Sie werden nicht ganz untergetaucht, sondern nur besprengt; worauf man ihnen einen Tropfen aus dem Abendmahlsbecher, in welchen etwas geweihtes Brot gebrockt ist, einflößt. Am 11. (oder 6. Jan. nach unsrer Zeitrechn.) feiern sie ein der in der griechischen Kirche üblichen Wasserweihe ähnliches Volksfest zum Andenken der Taufe Christi, wobei der König, die Vornehmen, Geistlichen und das Volk sich vor Sonnenaufgang an einem Flusse versammeln, und von den Priestern durch Besprengung geweiht werden, auch geweihtes Wasser trinken, worauf denn die Knaben und Jünglinge ins Wasser springen, es auf die Umstehenden sprengen, und bis zum Nachmittag mancherlei Possen treiben. Fälschlich hat man ihnen dieses als eine jährliche Wiederholung der Taufe ausgelegt. Sie beichten blos im Allgemeinen, und die Absolution geschieht durch einen gelinden Schlag mit einem Oelzweige, bei größern Verbrechern erst nach gewissen körperlichen Bußen, als Geißelung. Bis zum 25. Jahre aber, glauben sie, könne man keine Sünde begehen. Beim Abendmahl haben sie gesäuertes Brot, welches zu der Handlung jedes Mal neu bereitet wird, bestehend in kleinen mit einem Kreuz bezeichneten Broten, Korban genannt. Nur am Charfreitage nehmen sie ungesäuertes. Die Communikanten erhalten nach Verhältniß ihres Standes größere Stücken. Der Wein wird vom Diaconus mit einem Löffel aus dem Becher geschöpft und umhergetheilt. In einigen Gegenden des Landes, wo es an Wein fehlt, bedient man sich dazu des Saftes von im Wasser zerquetschten Rosinen, als eines Surrogates. Der Subdiaconus reicht hinterher noch etwas Wasser, womit der Communicant sich den Mund spült, und es dann schlürft. Sehr strenge wird darauf gehalten, daß der Communicant sich zuvor des Essens und Trinkens enthalte. Zum Tische des Herren bringen Viele Geschenke an Brot, Oel und anderen Naturalien, die nachher an die Armen vertheilt werden, ein Ueberbleibsel der alten Agapen. Bei einigen Festen haben sie eine Musik, die aber aus einem rohen Lermen mit Schellen und Klappern, verbunden mit festlichen Tänzen, besteht. Ihre Fasten sind äußerst strenge, und bestehen in gänzlicher Enthaltung von Speise und Getränk bis zum Sonnenuntergang, um 3 Uhr Nachmittags. Die Fasten vor Ostern dauern 50 Tage, wogegen die Zeit zwischen Ostern und Pfingsten als eine frohe, festliche Zeit hingebracht wird. Außer den gewöhnlichen Festen der älteren Kirche haben sie viele Marienfeste und andere Heiligentage; der Sonntag Cansale ist bei ihnen der Tag, an welchem die Synoden gehalten werden sollen (ረከበ Rakeb genannt); vergl. Canon. apost. 36. Die beweglichen Feste, als Ostern, berechnen sie anders, als wir, und hatten darüber oft Streit mit den Jesuiten. Nur feierlichere Ehen werden vom Priester eingesegnet, wobei denn auch die mosaischen Verwandtschaftsgrade verboten sind, und die Ehescheidung erschwert ist. Gewöhnlicher ist aber die Ehe ein blos bürgerlicher Vertrag, der auch beliebig aufgehoben werden kann. In keinem Falle ändert die Frau ihren Namen. Polygamie ist nach dem bürgerlichen Gesetz erlaubt, nach dem kirchlichen nicht, und schließt eigentlich vom Genuß des Abendmahls aus. Doch wird in Ansehung des Königs eine ausdrückliche Ausnahme von dieser Regel gemacht, und auch mit den Magnaten wird es nicht genau genommen. — Die Trauer über angehörige Todte besteht darin, daß sie sich mit den Nägeln eine Wunde in die Schläfe kratzen. Berührung eines Todten macht bei ihnen unrein und schließt vom Kirchenbesuch aus.

Das Oberhaupt der Kirche ist (ebenfalls nach dem alten Kirchenrecht) der König, der sie unumschränkt beherrscht, die Geistlichen richtet und bestraft, Synoden beruft u. s. w. An der Spitze der Geistlichkeit steht ein Metropolit (ጳጳስ Pappas), gewöhnlich Abbuna (ኣቡነ: unser Vater) genannt, der vom alexandrinischen Patriarchen zu Cairo geschickt wird*), bei dem Verfall der koptischen Kirche gewöhnlich ein durchaus ungebildeter, unwissender Mann ist, und um so weniger gilt und wirkt, als er meistens nicht einmal die Landessprache versteht. Seine vornehmste Beschäftigung besteht in der Ordination, welche durch Anhauchen geschieht und womit viel Mißbrauch getrieben wird. Von den Gebühren für diese Ordination (die in einem großen Stück Steinsalz von jeder Person bestehen) und einigen Ländereien zieht er seinen Unterhalt. Dem römischen Bischof geben sie den ersten Rang unter den 4 ökumenischen Patriarchen. Größere Kirchen haben gewisse Vorsteher, die die weltlichen Angelegenheiten derselben betreiben, die Streitigkeiten der Geistlichen entscheiden u. s. w., Komos, Plur. Komosät (ቆሞሳት:) genannt. Eine Art Chorherrn, die beim Gottesdienst singen, heißen Debter, Debterät (ደብተራት:): außerdem unterscheiden sie Presbyteren, Subpresbyteren, Diaconen und Subdiaconen. Die Ertheilung der letzteren niederen Kirchenämter ist oft eine nichtssagende sehr gemißbrauchte Ceremonie. Der König, die Prinzen und die Magnaten lassen sich alle zu Diaconen weihen, tragen das priesterliche Kreuz, und dürfen dann den Chor der Kirchen betreten; außerdem eine Menge im Volk, ja Bruce sah einst eine ganze Armee auf die obige Art zu Diaconen weihen. Alle Geistliche, aber nicht die Mönche, dürfen verheirathet seyn, doch nur Ein Mal; der verwitwete Priester, der wieder heirathen will, muß seinem Stande entsagen; eine Sitte, in welcher sich ebenfalls die Abneigung der älteren Kirche gegen die zweite Ehe erhalten hat.

Mönchsthum und Ascetik waren in Äthiopien, bald nach Frumentius, von Ägypten aus, dem Vaterland desselben, einheimisch geworden, und die Habessinier erzählen von vielen berühmten und wunderthätigen Heiligen und deren Selbstpeinigungen. Zu den vornehmsten Heiligen gehört Tekla-Haimanot, Abbuna im 13. Jahrh., der seinen Mönchen eine bestimmte Regel gab, und sie einem Ordensgeneral unterwarf (እጨጌ Itschegé), der die vornehmste geistliche Person nach dem Abbuna ist, und eine sorgfältige Aufsicht über seine Untergebenen führt. Ein andrer Ordner des Mönchswesens war Abba Eustathius, dessen Mönche ohne Oberhaupt ein weit minder geregeltes Leben führen. Sie wohnen nicht in Klöstern, sondern in Häusern, die um die Kirche gebaut sind (nach Art der alten Lauren), bauen ihr Feld, treiben oft bürgerliches Gewerbe, und unterscheiden sich von andern Landleuten blos durch das Kreuz, was sie tragen, und eine Art Scapulier (Askema, d. i. σχῆμα), die Verpflichtung gewisse Psalmen und Gebetsformeln herzusagen, und das Leben im Cölibat, ohne daß sie jedoch im Rufe strenger Keuschheit ständen. Mit Predigen und

*) Das Gesetz darüber steht in einem der nur arabisch vorhandenen nicänischen Canones (s. oben). Doch müssen früher davon Ausnahmen gemacht worden seyn, da Tekla Haimanot im 13. Jahrh. (s. unten) ein geborner Habessinier war (Bruce III, 315).

Lehren haben weder die Geistlichen noch die Mönche etwas zu thun, und die Unwissenheit der letztern ist so groß, daß Bruce es nicht für unwahrscheinlich hält, daß die Schreibekunst unter letztern ganz abkommen könne. Nur wenige besitzen eine gewisse Schriftgelehrsamkeit und Kenntniß der oben beschriebenen theologischen Literatur ihrer Kirche.

Seit dem 16ten Jahrh. bemühten sich die Jesuiten, besonders von Portugal aus, die habessinische Kirche für die römische Hierarchie zu gewinnen, wozu ein Krieg der Habessinier mit den Türken und Galla's, in welchem ihnen die Portugiesen eine erfolgreiche Hilfe leisteten, die Veranlassung gab. Nach einigen unbedeutenderen Versuchen gelang es im Anfange des 17. Jahrh. dem Pater Pays, den Kaiser Za Denghel (1593–1604) für seine Sache zu gewinnen, worauf 1624 Alphons Mendez, ein portugiesischer Jesuit, vom Kaiser Socinios oder Susneus als Patriarch anerkannt wurde, und dort römischen Cultus einrichtete, aber sich bald, besonders durch Wiederholung der Taufe und Priesterweihe, die Geistlichen zu unversöhnlichen Feinden machte, allmählig auch durch Eingriffe in die Rechte des Königs bei diesem und dem Hofe in Ungnade fiel, so daß noch Socinios gegen das Ende seiner Regirung die alte alexandrinische Religion wieder einführte unter großem Jubel des Volkes, welches mancherlei Unglücksfälle, die den Staat trafen, dem Zorn der Gottheit über diese Glaubensneuerung zuschrieb. Ein neuer König, Facilidas (Basilides) verjagte aber 1632 den Patriarchen nebst allen Priestern; mehrere derselben kamen um, namentlich ein gewisser Vice-Patriarch Nogeyra, und das Land blieb von nun an lange allen Glaubensboten verschlossen, obgleich die Propaganda öftere Versuche zu Missionen machte. Im Anfange des 18ten Jahrh. wurden noch mehrere katholische Priester, die sich dort von einigen Königen begünstigt eingeschlichen hatten, auf Befehl ihrer Nachfolger hingerichtet. In neuern Zeiten haben Bruce und Salt von dieser Seite dort keinen Anstoß gefunden, und in den letzten Jahren erfährt man, daß die brittische Bibelgesellschaft auch auf Habessinien ihr Augenmerk gerichtet hat (s. Ludolf hist. aethiop. lib. III. de rebus ecclesiasticis; vergl. mit dem dazu gehörigen Theil des Commentar. Bruce B. 5. Kap. 12. Th. 3. S. 311 der teutschen Uebersetz. Salt's Reise S. 351 ff. 359 und öfter). (*Gesenius*)

ÄTHIOPS (Äthiopaïs. Äthiopeia) (Mythol.) (Αἰθίοψ), d. i. der Glühende oder Schwärzliche, ein Beiname, worunter Zeus bei dem Chiern verehrt ward[1]), vermuthlich daher, weil das Symbol des Ammon aus Äthiopien, wo er ursprünglich Sonnengott war, nach Ägypten eingewandert, und von da mit dieser ihm anhängenden Ider nach den kl. asiatischen Inseln verpflanzt ward. Man braucht nicht anzunehmen, daß der Beiname dem Apollon gebühre. Auch führt Bakchos den Beinamen *αἰθιοπαις*, der Glühende[2]) und Artemis, mit Selene verwechselt, der *αἰθιοπεια*. — 2) Ein Sohn des Hephästos, von dem Äthiopien benannt seyn soll[3]). (*Ricklefs.*)

Äthiops (Arzneimittellehre), A. *animalis* nannte man das Pulver von (in verschlossenen Gefäßen) verbrannten Thieren, z. B. vom Maulwürfen, Igeln rc., womit man sonst Krankheiten zu heilen träumte. (*G. H. Ritter.*)

A. *antimonialis*, s. Hydrargyrum stibiato-sulphuratum — A. *auratus*, s. Hydrargyrum sulphurato-stibiatum aurantiacum. — A. *Cupri*, Kupfermohr, eine Verbindung von Kupfer- und Quecksilberkalk, von Pasquallali gegen die Epilepsie empfohlen. — A. *martialis*, s. Ferrum oxydulatum. — A. *mercurialis s. mineralis*, s. Hydrargyrum sulphuratum nigrum. — A. *narcoticus*, eine Verbindung von *Hydrargyrum sulphuratum nigrum* mit etwas Schwefelwasserstoff, wurde von Kriel für ein beruhigendes, Schlaf machendes Mittel gehalten, das dem Opium an die Seite gestellt werden konnte. — A. *vegetabilis*, die Kohle von *Fucus vesiculosus*, die viel Laugensalz enthält und gegen Drüsengeschwülste empfohlen worden ist *). (*Burdach.*)

ÄTHON, (Αἴθων,) der Feurige. 1) Der Vater des Tantalos, der nach andern aber Tmolos oder Zeus war[1]); 2) der angenommene Name, worunter sich Odysseus bei seiner Ankunft auf Ithaka versteckte[2]). (*Ricklefs.*)

ÄTHRA, (Αἴθρα,) Pittheus Tochter, von dem Vater dem Ägeus beigelegt, und durch ihn Mutter des Theseus[1]). Sie gerieth, als Kastor und Polydeukes ihre von Theseus entführte Schwester, die Helena, wieder befreiten, in deren Gefangenschaft[2]), und mußte die Helena mit nach Troja begleiten[3]), wo sie bei der Eroberung der Stadt von ihrem Enkel Demophoon[4]) oder Akamas[5]) aus der Knechtschaft befreit ward[6]). Ihre Geschichte ward ein Stoff der Tragödie, und auf Kunstwerken dargestellt, z. B. auf dem Kasten des Kypselos[7]) und auf Polygnots delphischem Gemälde[8]). (*Ricklefs.*)

Äthria, s. Rhodus.

ÄTHUSA (Αἴθουσα), die Tochter des Poseidon und der Plejade Alkyone, von Apollon Mutter der schönen Eleutheris, und des Hyrieus und Hyperenor *). (*Ricklefs.*)

ÄTHUSA (Αἴθουσα), eine Insel des alten Afrika zwischen Malta und der Küste von Karthago, Plin. H. N.

---

1) Lycophr. 537 u. Tzez. ad h. l. 2) Anacr. Fr. 143.

3) Plin. H. N. VI, 30.

*) Dieser vegetabilische Mohr aus dem in einem bedeckten Tiegel verkohlten und darauf pulverisirten Blasentang (F. vesicul.) ist nach John ein mit Schwefel, kohlensaurem Natron, salzsaurem Natron rc. verbundene Kohle. Vgl. Schweigger's Journ. 1815 B. 13. S. 464. (*Kastner.*)

1) Muncker ad Hyg. F. 82. 2) Od. XIX, 183.

1) Apollod. III, 15. 7. vergl. Ägeus. 2) Apollod. III, 10. 7. 3) Hyg. F. 79. vergl. mit den Auslegern; Schol. in Lycophr. 503. 4) Paus. X, 25. 5) Dict. V, 13. 6) Vergl. Schol. in Il. III, 144. 7) Paus. V, 18. 8) Id X, 25.

*) Apollod. III, 10. 1. Paus. IX, 20.

III, 8. Aethusa, quam alii Aegusam *) scripserunt. Jetzt vielleicht Limosa. (*Friedemann.*)

ÄTHUSA, eine Pflanzengattung aus der natürlichen Familie der Umbellaten, die Sprengel (prodr. umbell. p. 22) folgendermaßen bestimmt: Eine eirunde solide Frucht, mit fünf scharfen angeschwollenen Winkeln, spitzigen Thälerchen und einer flachen gestreiften Commissur versehn. Die Doldenhüllen fehlen oder sie sind halbseitig. Die gemeinste Art dieser Gattung ist Äthusa *Cynapium*, die Hunds-Petersilie, die in Gärten und auf Schutthaufen durch ganz Europa gemein ist, und im August blüht. Das Laub ist doppelt gefiedert und sieht, weil es auch glänzend ist, dem Laube der Petersilie ähnlich; doch riecht es unangenehm, und nicht so kräftig gewürzhaft, als jenes. Nimmt man nicht auf dies Merkmal Rücksicht, so kann man beide verwechseln, was sehr nachtheilig ist, da die Hunds-Petersilie ein ähnliches Gift enthält, als der Wasserschierling. Indessen wird man außer dem Mangel des Geruchs auch darin einen Unterschied von der echten Petersilie finden, daß dies Unkraut, da es ein Sommergewächs ist, sehr schnell in die Höhe schießt, und, wenn es Blüthen ansetzt, einseitige Doldenhüllen hervorbringt. Abgebildet ist dies Gewächs in Schkuhrs Handb. Taf. 72, in Curtis fl. londin. n. 6. und engl. bot. t. 1192. Marschall von Biberstein zähle noch eine verwandte Art aus Kaukasien auf, die er Äthusa *Cynapioides* nennt, und die sich durch kürzere Doldenhüllen, wie durch einen ästigern Bau und höhern Wuchs unterscheiden soll, allein diese Unterschiede bestätigen sich nicht als wesentlich. Wir halten sie für einerlei mit der unsrigen. Sprengel rechnet noch zu dieser Gattung das Sison Ammi L., die Pimpinella leptophylla Pers. und das Ammi divaricatum Pers. Dagegen Äthusa Bunias und Meum L. von ihm zu der Gattung Meum gezogen werden. Äthusa fatua Ait. ist noch zweifelhaft. Vgl. in bot. und pharmacolog. Hinsicht Meum. (*Sprengel.*)

ÄTHYIA, (Αἰθυια,) ein Beiname, worunter die Athene zu Megara verehrt ward [1]), vermuthlich als Lehrerin der Schiffbaukunst, da αἰθυια Taucher und metaphorisch Schiff bedeutet [2]). Ohne Wahrscheinlichkeit leitet man ihn von αἴθειν, leuchten ab. (*Ricklefs.*)

ÄTIA, ein in den ältern Versuchen über die Landbeschreibung des Mittelalters aufgeführter Gau, wovon auch Bessel (im Chron. Gottwicense) noch einen eigenen Artikel hat, worin nur deshalb behauptet wird, der Gau gehöre nicht in die Geographie des Mittelalters, weil er älter als dieses sey. In einer von Gregor von Tours in der fränk. Gesch. (B. 2. K. 9) aufbewahrten Stelle des Sulpicius Alexander wird nämlich von dem fränkischen Häuptling Arbogast gesagt: transgressus Rhenum, Bructeros ripae proximos, pagumque *Aetiam*, quem Chamavi incolunt, depopulatus est. Allein er war nie vorhanden. Wir haben hier nur die falsche Schreibart des bekannten Bindungsworts etiam, aus den frühern Jahrhunderten des Mittelalters, wie man aus dem Abdruck bei Du Chesne schon hätte lernen können. Aber was erst einmal in einem wissenschaftlichen Handbuch steht, kommt so bald nicht aus den nachfolgenden! (*Delius.*)

ÄTIOLOGIE, von αἰτία und λόγος, (Lehre von den Ursachen, Ausdruck in der Philosophie, wo er keiner weitern Erklärung bedarf), bezeichnet in der Arzneiwissenschaft die Lehre von den Ursachen der Krankheiten. Jedem organischen Körper hat die Natur von dem ersten Augenblick seines Daseyns solche Gesetze des Seyns und Wirkens eingepflanzt, daß er eine Reihe regelmäßiger Veränderungen, in welchen das Leben besteht, ungestört durchlaufen kann, und in der Regel durchläuft, bis er das Ende seines Daseyns erreicht, dem er niemals entgeht. Diese Regelmäßigkeit der Entwicklung setzt aber einerseits die Vollkommenheit des Keims, andrer Seits den Einfluß solcher innerer und äußerer Umstände voraus, die auf die ursprünglichen Gesetze der Entwicklung keinen hemmenden Einfluß haben. Fehle das eine oder das andere, so wird der regelmäßige Gang des Lebens unterbrochen, und es entsteht Krankheit. Krankheit ist demnach ein besonderer Zustand organischer Körper, dessen Entstehung besondre Ursachen voraussetzt, deren Untersuchung den Gegenstand der Lehre ausmacht, von welcher hier die Rede ist. Diese Lehre ist von der größten Wichtigkeit in dreifacher Beziehung: 1) sofern die Kentniß der Ursachen der Krankheiten uns die Vermeidung derselben möglich macht; 2) sofern diese Kentniß einen der wichtigsten Beiträge zur Heilung derselben an die Hand gibt, die vor allem die Wegräumung der Ursachen erfodert; 3) sofern die Kentniß der Ursachen uns vornehmlich Aufklärung über die innere Natur der Krankheiten gewährt.

Die Ätiologie kann in einer allgemeinen und in einer besondern Beziehung genommen werden; ersteres, wenn wir überhaupt untersuchen, welche ursachliche Momente die Gesundheit organischer Wesen stören können, letzteres, wenn wir die Wirkungen besonderer Einflüsse auf die Hervorbringung bestimmter Krankheiten betrachten. Es gibt demnach eine Ätiologie der Krankheiten überhaupt, und eine Ätiologie jeder besondern Krankheit.

Ferner kann die Ätiologie in Beziehung auf die Krankheiten organischer Körper überhaupt, oder des Menschen, der Thiere oder der Pflanzen insbesondere bearbeitet werden. In Beziehung auf die Krankheiten des Menschen ist sie am meisten bearbeitet worden, und ist in dieser Beziehung auch am wichtigsten; weniger ausgebildet ist sie in Hinsicht der Thiere; am wenigsten in Hinsicht der Pflanzen, wiewol sie in der letzten Hinsicht einfacher oder weniger schwierig ist.

Die Erfahrung lehrt, daß manche Einflüsse mit einer solchen Gewalt auf die lebenden Körper wirken, daß ein einziger Angriff derselben hinreicht, Krankheit hervorzubringen. Andere finden größeren Widerstand, und nur auf wiederholte Einwirkungen derselben entsteht Krankheit. Sehr oft aber, ja vielleicht in den meisten Fällen,

*) So Steph. Byz. s. v. der ihren phönikischen Namen Κερεῖς anführt, was man verschieden erklärt und geändert hat. S. Tzschucke zu Pomp. Mel. II, 7. 7. p. 656. not. exeg. Doch Ptolem. III, 4. unterscheidet zwischen Αἰγοῦσα und Αἴθουσα IV, 2.

1) Paus. I, 5. 2) Lycophr. 359. Tzez ad. h. l.; Schol. in Arist. de animal. V, 60.

bedarf es eines Zusammenwirkens mehrerer Ursachen, deren vereinigte Wirkung die Gesundheit untergräbt, endlich Krankheit hervorbringt.

Krankheit mag aber auf einmal oder nach und nach, sie mag durch eine oder durch mehrere Ursachen hervorgebracht seyn, so ist sie für sich oder durch sich selbst und unabhängig von den Ursachen, die sie erzeugten. Wie ein Köeper, der einmal in Bewegung gesetzt ist, ganz unabhängig von demjenigen, der ihm den ersten Stoß mittheilte, seine Bewegung fortsetzt, so auch die Krankheit; die Ursachen können fortwirken, sie können gleichsam in jedem Moment von neuem die Krankheit erregen, aber die Krankheit würde jetzt auch ohne sie seyn. Daher stehen, sobald Krankheit einmal entstanden ist, die Ursachen in einer entfernten Beziehung zu ihr, und werden darum auch entfernte Ursachen genannt. Wenn die Krankheit entstanden ist, so trägt sie den Grund ihres Daseyns in sich, der ein innerer ist, oder die nächste Ursache der Krankheit genannt wird. Die entfernten Ursachen sind Gegenstand der Beobachtung, die nächste Ursache kann nur durch Vernunftschlüsse gefunden werden.

Die entfernten Ursachen sind aber selbst von zweierlei Art: sie liegen entweder im Körper, oder sie wirken von außen auf denselben. Erstere heißen **vorbereitende**, **disponirende**, letztere **Gelegenheitsursachen**.

Viele **disponirende** Ursachen sind allen Menschen gemein. Sie sind gegründet in der allgemeinen Hinfälligkeit organischer Wesen, vermöge welcher auch die kräftigste Natur unterliegt, wenn dynamische, chemische oder mechanische Störungen die Gesundheit untergraben. Gifte, Verwundungen, pestartige Ansteckungsstoffe können in jedem Krankheit erzeugen, und erzeugen sie in der Regel. Andere disponirende Ursachen gründen sich auf die besondern Verhältnisse einzelner Menschen, ohne noch regelwidrig zu seyn. Alter, Geschlecht, Temperament, Gewohnheit, Lebensweise, besondere Verrichtungen des Geistes oder des Körpers bestimmen die besondere Natur jedes Menschen, vermöge welcher er auch eine Anlage zu besondern Krankheiten hat. Endlich aber gibt es Zustände des Körpers, bei welchen bereits eine, wenn gleich oft unmerkliche Abweichung von dem gesunden Zustande Statt findet, und die man kränkliche oder widernatürliche Anlagen nennt. Sie können schon vor der Geburt, durch Fehler des ursprünglichen Keims entstehen, oder nachher durch langsam einwirkende Ursachen erworben werden. Sie sind selbst noch nicht Krankheit, aber sie stehen an der Grenze derselben, und gehen nothwendig in sie über, wenn sie in sich ein Gesetz der Zunahme beobachten, und ihnen nicht entgegen gewiekt wird. Wenn die Krankheitsanlage so stark entwickelt ist, daß es nur des leichtesten Anstoßes bedarf, um sie in wirkliche Krankheit zu verwandeln, so entsteht der Zustand, den man mit dem Namen **Opportunität** bezeichnet hat. Es gibt aber keine feste Grenze zwischen ihr und der Krankheit selbst; denn Krankheit ist kein der Gesundheit absolut entgegengesetzter Zustand, sondern beide fließen oft dem Wesen oder der Erscheinung nach ganz unmerklich in einander über.

Das Leben der Thiere und der Pflanzen ist weit naturgemäßer, als das der Menschen, und daher gibt es auch bei ihnen weit wenigere Krankheitsanlagen. Es bedarf bei ihnen in der Regel heftig wirkender äußerer Ursachen, und Krankheiten sind überhaupt selten. Bei Hausthieren und cultivirten Pflanzen finden wir aber hierin bereits eine Annäherung zum Leben der Menschen, und bei ihnen entwickeln sich daher oft kränkliche Anlagen, und Krankheiten sind überhaupt häufiger. Die **Gelegenheitsursachen** der Krankheiten liegen in allen den äußeren Einflüssen, welche auf die lebenden Körper wirken. Wenn sie mit großer Heftigkeit wirken, können sie in Jedem Krankheit hervorbringen, weil es eine allgemeine Anlage gibt. Gewöhnlich aber verbinden sie sich mit den besondern natürlichen und widernatürlichen Anlagen, oder es wirken mehrere zugleich ein, und daher werden meistens nur Einzelne krank, und viele entgehen der Krankheit, die denselben Einflüssen oder einem Theil derselben ausgesetzt waren. Die Gelegenheitsursachen heißen, sofern sie Krankheit hervorbringen, schädliche Potenzen. Jedes Ding, das einen Einfluß auf uns hat, kann, wenn es auch im Allgemeinen heilsam ist, bei besondern Anlagen zur schädlichen Potenz werden.

Unter den äußern Einflüssen hat man von den ältesten Zeiten her den Gestirnen eine große Macht, Krankheiten zu erregen, zugeschrieben. Daß sie durch Gravitation und durch Ausstrahlen des Lichts auf die irdischen Körper einwirken, ist keinem Zweifel unterworfen. Den mächtigsten Einfluß hat hierin die Sonne, einen nicht unbedeutenden der Mond; aber höchst gering ist der Einfluß der im Verhältniß zu ihrer Masse schon sehr entfernten Planeten, und die Wirkungen der Fixsterne können wir bei ihrer außerordentlichen Entfernung nicht mehr in Anschlag bringen. Aber die Gravitation und das Ausströmen des Lichts scheint auf die lebenden Körper keine sehr bedeutende unmittelbare Wirkung hervorzubringen. Die Veränderungen der Gravitation sind bei den entgegengesetztesten Constellationen doch zu unbedeutend, um einen einzelnen Körper mächtig zu afficiren, und die Veränderungen der Lichtstrahlung verschwinden gegen die täglichen regelmäßigen Wechsel. Andere Arten von Einwirkung der Gestirne, als durch Schwere und Licht, gibt es aber nicht, oder sie sind uns wenigstens völlig unbekannt. Und somit beschränken sich wahrscheinlich alle Wirkungen der Gestirne auf die Veränderungen, die sie auf der Eede überhaupt und insbesondere in der Atmosphäre hervorbringen, welche alsdann freilich mittelbar einen sehr bedeutenden Einfluß auf Hervorbringung von Krankheiten haben. Sollte daher irgend die medicinische Astrologie eine wissenschaftliche Begründung erhalten, so müßte vorerst ausgemittelt werden, welchen Einfluß die Gestirne auf die Eede überhaupt und insbesondere auf die Atmosphäre haben, damit diese mittelbaren Wirkungen von den unmittelbaren geschieden werden könnten. Aber zu der Auflösung dieses Problems, das ein meteorologisches ist, sind noch nicht einmal die ersten Schritte gethan worden.

Bei weitem den größten Einfluß auf die Hervorbringung von Krankheiten hat die **Atmosphäre** mit den mannigfaltigen Bestimmungen, welche mit ihr gegeben sind. Licht, Wärme, Elektricität, Erdmagnetismus wirken in beständigem Wechsel durch die Atmosphäre auf uns ein. Sie selbst ist ein Gemisch mehrerer Stoffe, von denen einige, wie das Stickgas und Sauerstoffgas, immer in gleichem Verhältniß, andere, wie die Kohlensäure und das Wasser, zwar immer, aber in veränderlichen Verhältnissen vorhanden sind, noch andre aber, wie die mannigfaltigen Ausdünstungen, die von der Oberfläche der Erde aufsteigen, nur hie und da in ihr sich vorfinden. Die Atmosphäre selbst aber ist im Ganzen beständigen Veränderungen ihrer Schwere, Elektricität und Bewegung unterworfen, wie wir dies aus dem Steigen und Fallen des Barometers und aus den Winden ersehen können. Die Veränderungen in der Spannung der ungewichtigen Stoffe, in der Mischung, dem Druck, der Elektricität und der Bewegung der gewichtigen müssen den größten Einfluß auf den lebenden Körper haben, der in die Atmosphäre eingesenkt ist, und sie beständig in sein Inneres aufnimmt: und daß sie wirklich eine der Hauptursachen der Krankheiten seyen, erhellet daraus, daß bei gewissen Beschaffenheiten der Atmosphäre sich immer gewisse bestimmte Krankheiten entwickeln, und daß sehr oft viele Menschen zu gleicher Zeit von derselben Krankheit befallen werden, ungeachtet sie, die atmosphärische Einwirkung abgerechnet, unter den verschiedenartigsten Umständen leben.

Unter den verschiedenen Einwirkungen, welche mit der Atmosphäre gegeben sind, scheinen die mächtigsten zu seyn, Wärme und Kälte, Licht, Feuchtigkeit, besondere Ausdünstungen, vornehmlich riechender und verweseter thierischer und vegetabilischer Stoffe, Winde und Wechsel der Witterung überhaupt, endlich alles das, was an einzelnen Orten die Grundmischung der Luft verändert, und sie zum Athmen untauglich macht, wie das gedrängte Zusammenseyn vieler Menschen und Thiere, das Verbrennen brennbarer Körper in verschlossenen Räumen, mineralische und andere Ausdünstungen. Von einem geringen Einfluß scheint die elektrische Spannung der Atmosphäre, die nur wenig veränderliche Menge der Kohlensäure, vielleicht selbst der veränderte Druck der Luft. Gar keine Einwirkung konnte man bis jetzt von den Veränderungen des Erdmagnetismus auf Hervorbringung von Krankheiten bemerken, und den Veränderungen des Gehalts von Sauerstoffgas in der offenen Atmosphäre kann man keinen Einfluß zuschreiben, weil die neueren genauern Beobachtungen dem Daseyn dieser Veränderungen widersprechen. In welchem Grad und auf welche Weise jedes dieser Momente krankheiterregend wirken könne und wirklich wirke, zu erörtern, würde zu weit führen, und es wird hievon bei den einzelnen Artikeln die Rede seyn. Nur das muß hier im Allgemeinen noch bemerkt werden, daß die meisten dieser Potenzen für sich Krankheit erregen können, wenn sie in ihren höchsten Graden wirken; daß schnelle Wechsel besonders nachtheilig für die Gesundheit sind; daß in den meisten Fällen mehrere dieser Verhältnisse zusammenwirken, und es dann äußerst schwer ist, aus dieser Vereinigung den Beitrag jedes einzelnen ausfindig zu machen, zumal, da durch die Atmosphäre noch Potenzen auf uns einwirken könnten, die wir noch gar nicht kennen, und noch überdies zu der Hervorbringung der Krankheit die vorhandenen Anlagen mehr oder weniger mitwirken. Aber wegen dieser Vereinigung mehrerer Verhältnisse der Atmosphäre, die nur in ihrer Verbindung mächtig werden, haben die Aerzte mit Recht gewisse Witterungs-Constitutionen angenommen, die zu der Hervorbringung gewisser Krankheiten geeignet sind. Rheumatische, katarrhalische, entzündliche, gastrische, gallichte, nervöse und faulichte Krankheiten werden vorzugsweise durch die Beschaffenheit der Atmosphäre hervorgebracht.

Viele Einwirkungen der Atmosphäre können wir vermeiden, und dies macht einen Theil der Gesundheitspflege aus; die meisten aber stehen nicht in unserer Macht, und daher werden sehr oft Menschen krank, welche die ängstlichste Sorgfalt auf die Erhaltung ihrer Gesundheit verwenden.

Nach den in der Atmosphäre liegenden Einflüssen sind die häufigsten Krankheitsursachen Ansteckungsstoffe. Die Produkte vieler Krankheiten haben die merkwürdige Eigenschaft, daß sie in gesunden Körpern, mit welchen sie in Berührung kommen, die nämliche Krankheit erregen, und durch sie kann also eine Krankheit in kurzer Zeit über sehr viele Menschen verbreitet werden. Einige dieser ansteckenden Krankheiten scheinen nur einmal unter ganz besondern Umständen entstanden zu seyn, und sich seit dieser Zeit in dem Menschengeschlecht fortgepflanzt zu haben, wie die Pocken und die Lustseuche; manche scheinen ausgestorben zu seyn, wie der Aussatz; manche erzeugen sich immer von neuem und sterben nach einiger Zeit wieder aus, wie das gelbe Fieber, der Typhus, die Masern, das Scharlach, um sich nach einiger Zeit von neuem zu erzeugen. Viele Krankheiten, die gewöhnlich nicht ansteckend sind, scheinen es unter besonders günstigen Umständen und in ihren höchsten Graden zu werden, wie die Schwindsucht. Das Vehikel vieler Ansteckungsstoffe ist die Luft, und unsichtbar fallen sie die lebenden Körper an; andere sind an einen palpablen Stoff, an Eiter, Lymphe, Schleim gebunden, und können nur durch unmittelbare Berührung dieser Stoffe mit lebenden Körpern in diesen Krankheit erregen. Auch die Ansteckung setzt eine Anlage voraus, denn nicht alle, welche den Ansteckungsstoff in sich aufnehmen, werden wirklich von der Krankheit befallen.

Gifte, Arzneien und selbst Nahrungsmittel sind ebenfalls häufige Ursachen von Krankheiten. Nur unter einem bestimmten Einflusse der Dinge, die wir als Speise und Trank zu uns nehmen, und die man mit dem allgemeinen Namen der Nahrungsmittel belegen kann, erhält sich die Gesundheit. Der biegsame Organismus gewöhnet sich beinahe an jede Nahrung, an jedes Getränk. Doch gibt es eine Grenze, wo eine von der gewöhnlichen zu sehr abweichende Nahrung störend wirkt. Eben so werden Mangel und Ueberfluß, so bald sie ein gewisses Maß überschreiten, oft Ursachen von Krankheiten. Jeder schnelle Uebergang in der Beschaffenheit und Menge der Nahrung ist um so nachtheiliger, je mehr der Organismus durch lange Gewohnheit die Kraft verloren hat, sich einer Veränderung anzuschmiegen. Können nun schon Nahrungsmittel durch ihre Beschaffenheit und Menge störend auf die Gesundheit wirken, so muß dies noch vielmehr bei Arzneien und Giften der Fall seyn. Denn als Arzneien und Gifte müssen wir alle diejenigen Dinge ansehen, welche eine von der Gesundheit abweichende Veränderung in lebenden Körpern hervorbringen. Denn eben darum wird jede Arznei dem Gesunden schädlich, weil sie eine Veränderung bewirkt, die dem Kranken wohlthätig seyn kann, deren aber der Gesunde nicht bedarf. Dasselbe gilt in höherem Maße von den Giften. Denn mit ihnen bezeichnet der Sprachgebrauch solche Dinge, welche schon in kleiner Menge und bei geringer Einwirkung sehr bedeutende Veränderungen hervorbringen, und die also blos in dem Grad ihrer Wirkung von den Arzneien verschieden sind, und eben deswegen durch keine scharfe Bestimmung von ihnen getrennt werden können. Arzneien und Gifte wirken als solche vornehmlich dynamisch auf den lebenden Körper, d. h. sie verändern das Verhältniß der Kräfte, durch die das Leben besteht. Leben und Gesundheit sind aber auch durch eine bestimmte Form oder Struktur der Organe bestimmt. Alle mechanischen Eingriffe, welche diese der Gesundheit nothwendige Form und Struktur der Organe verändern, sind Ursachen von Krankheiten. Dahin gehören Verwundungen jeder Art, Rupturen der Gefäße und Kanäle, Brüche von Knochen und andern Theilen, Verrenkungen der Knochen und Verschiebung der verschiedenen Organe von ihren Stellen. Nicht nur werden durch diese Ursachen unmittelbare Störungen in den Verrichtungen der Organe bewirkt, sondern die Natur kann die Wiederherstellung selbst, wo sie dieselbe durch eigene Kräfte bewirkt, nur durch einen Krankheitsproceß bewirken.

Zu diesen Gelegenheitsursachen der Krankheiten, die in den äußern Umständen des Lebens ihren Grund haben, kommen noch weiter alle diejenigen, die im Menschen selbst und in den inneren Verhältnissen seines Lebens begründet sind. Sie gehen von seiner Sele aus, und haben damit ihre eigene Causalität, ob sie gleich zum Theil unmittelbar als physische Einflüsse, zum Theil erst durch Vermittelung körperlicher Veränderungen Krankheit erregen. Die unmittelbare Einwirkung psychischer Ursachen auf Hervorbringung von Krankheiten wird dadurch möglich und wirklich, daß unsere Sele nur unter Vermittlung körperlichen Organe thätig seyn kann, und ihre Thätigkeit auf eine hier nicht zu erklärende und überhaupt sehr schwer erklärbare Art auf diese Organe, und namentlich auf das Gehirn und Nervensystem einwirkt. Unter diese Selenthätigkeiten, die unmittelbar Krankheiten erregen können, gehören vornehmlich Affekte und Leidenschaften. Sie haben die allgemeine Wirkung, die Thätigkeit des Gehirn- und Nervensystems zu erhöhen oder zu schwächen, und von diesem System aus weitere Veränderungen in andern Organen zu bewirken. Anhaltende geistige Beschäftigungen, oder ermüdende Geistesthätigkeit von einerlei Art, oder unzusammenhängende Wechsel geistiger Thätigkeiten üben einen ähnlichen schädlichen Einfluß auf Gehirn und Nervensystem aus. Durch Vermittlung körperlicher Thätigkeit aber wirkt die Sele; vornehmlich als Krankheitsursache durch zu vieles und angestrengtes Wachen, durch anhaltenden und übermäßigen Schlaf, durch unregelmäßigen Wechsel beider; durch Uebermaß körperlicher Bewegung überhaupt oder besondre nachtheilige Bewegungen, oder Uebermaß von Ruhe; endlich durch Unterlassung gewisser dem Körper nothwendiger Ausleerungen oder zu häufige Wiederholung anderer, besonders derjenigen, die durch den Geschlechtstrieb veranlaßt werden. Auf der Vermeidung dieser Krankheitsursachen beruht die psychische Gesundheitspflege.

Die Ätiologie beschäftigt sich mit der Erforschung aller Verhältnisse der hier aufgezählten Krankheitsursachen. Wie sie dynamisch, chemisch, mechanisch auf den Körper einwirken, und wie damit Krankheit wirklich entstehe, gehört in die Untersuchung über die Natur der Krankheit, und ihr genetisches Verhältniß muß bei dem Art. Krankheit und Pathogenie nachgesehen werden. Ferner sind die einzelnen Momente, die als Krankheitsursachen angeführt worden sind, in dieser Beziehung besonders nachzusehen. (*Gmelin.*)

ÄTNA, (Αἴτνη.) (in der alten Geogr.) der bekannte feuerspeiende Berg auf der östlichen Seite der Insel Sicilien, in dessen Schilderung die Dichter [1]) des Alterthums wetteifern, und von dem Corn. Severus ein besonderes Gedicht, Aetna überschrieben, hinterlassen hat. Die erste Erwähnung desselben geschiehet bei Hesiod [2]); Homer gedenkt seiner nicht, sey es, daß er bei der großen Dunkelheit des Westens noch keine Kunde von ihm hatte, oder daß er keine Veranlassung fand, ihn zu erwähnen. Die orphische Argonautik, wo des Ätna mehrere Male gedacht wird, verdient nach den ziemlich übereinstimmenden neueren Untersuchungen [3]), für diese frühe Zeit keine Berücksichtigung. Die ausführlichste Beschreibung gibt uns unter den alten Geographen Strabo [4]), der mit den

1) Am vollständigsten zählt sie Cluver in Sicil. Antiq. I, 8. p. 97 sqq. auf. Die vorzüglichsten sind Pindar. Pyth. I, 38 sqq. Virgil. Aen. III, 574 sqq. Sil. Ital. XIV, 58 sqq. Claudian. de rapt. Proserp. I, 164 sqq. Vgl. Tzschucke zu Pomp. Mel. II, 7. 17. not. exeg. p. 862 2) S. Strab. L. I. T. I. p. 62. ed. Sieb. und Voß alte Weltkunde S. 11. 3) Man s. sie bei Ukert in der Geogr. der Gr. und Röm. 1. Th. 2. Abth. S. 320 ff. 4) L. VI. T. II. p. 273. ed Sieb. „Die obere Gegend ist rauh, voll Asche und des Winters mit Schnee bedeckt, die untere aber mit Wäldern und allerlei Pflanzungen besetzt. Der Gipfel des Berges scheint viel Veränderungen zu leiden durch den Ausbruch des Feuers, welches sich bald in eine Oeffnung zusammendrängt, bald theilt, und bald Lavaströme, bald Flammen und Rauch, zuweilen auch glühende Massen ausstößt. Daher verändern sich auch die Höhlungen unter der Erde mit diesen Erscheinungen, und zuweilen sind rings auf der Oberfläche mehrere Mündungen. Reisende, die zuletzt ihn bestiegen hatten, erzählten mir, daß sie oben eine ebene Fläche angetroffen hätten, ungefähr 20 Stadien (so viel gibt genau auch Plin. H. N. III, 8 an) im Umfang, eingeschlossen von einem Schlackenrande in der Höhe einer Mauer, über welchen man hatte steigen müssen, um in die Fläche zu gelangen. In der Mitte sey ein Hügel gewesen, aschfarbig, wie die übrige Fläche; über dem Hügel aber sey eine Wolke in die Höhe gestiegen, ungefähr 200 Fuß, gerade und unbeweglich, denn es sey Windstille gewesen, wie Rauch. Zwei hätten es gewagt, in die Fläche hineinzugehen, als sie aber in immer heisseren und tieferen Sand getreten hätten, wären sie umgekehrt und hätten nichts mehr erzählen können, als was die entfernt Gebliebenen gesehen hatten. Aus einem solchen Anblick, meinten sie, wären viele Fabeln entstanden, und vorzüglich was man vom Empedokles erzähle: er habe in die Oeffnung sich hinabgestürzt, und als Beweis dieses Ereignisses habe einer von den ehernen Schuhen gedient, die er zu tragen pflegte; denn er sey, von der Gewalt des Feuers heraufgeworfen, außerhalb unfern vom Rande der Oeffnung gefunden worden. Allein man konnte diesem Orte weder nahen, noch ihn sehen; ja es sey wahrscheinlich, daß nicht einmal etwas hin-

neueren Reisenden fast überall übereinstimmt, ob er gleich nur fremde Erzählungen benutzte, da er Sicilien nicht selbst besucht hatte. Der Fabel vom Tode des Empedokles, welche auch andere Schriftsteller [5]) erwähnen, verdankt ein Gebäude auf der Höhe des Ätna, torre del filosofo, Philosophenthurm, genannt, seinen Namen, mag man mit d'Orville [6]) die eben so fabelhaften Ueberreste eines alten Vulkantempels [7]), oder mit Bartels [8]) einen Wartthurm der Gothen und Normannen darin zu finden glauben. Wie die alten Philosophen bemühet waren, sich diese wundervolle Naturerscheinung zu erklären, sieht man aus Seneca [9]) und Justinus [10]). Um so eher verzeiht man dem frühesten Alterthume die Mythen vom Enceladus und Typhon [11]), auf welche der zürnende Jupiter den Berg geworfen habe, und von deren zuckenden Bewegungen Erdbeben und Flammenströme fortdauernd ausgingen. — Die frühesten Ausbrüche des Ätna, welche historische Gewißheit haben, erwähnt Thucyd. III, 116 [12]), obgleich nicht alle von gleich sicherer Jahreszahl. Ein späterer merkwürdiger Brand war im J. R. 718. Zur alten Geogr. dieses Berges gehört auch die alte gleichnamige Stadt:

Ätna, (Αἴτνη,) am südl. Theile des Ätna, vom Tyrannen Hiero, der sie mit neuen Einwohnern bevölkerte, so benannt; früher hieß sie Catana. Als die vertriebenen ersten Einwohner nach Hiero's Tode zurückkehrten und die neuen vertrieben, zogen diese an einen andern Ort am Ätna, Innesa (Ἴνησα.) genannt, und gaben diesem Platze den Namen ihres vorigen Wohnortes Ätna *). (*Friedemann.*)

Ätna, (in der neuen Geographie). Dieser feuerspeiende Berg in Sicilien bildet ein ungeheures Kegelgebirge von vielen Bergschluchten durchschnitten, hoch über die ganze Insel erhaben. Nach der jetzigen Eintheilung der Insel liegt er auf deren Ostseite im Valle di Demona; er wird von dem gemeinen Mann in Sicilien Mongibello (Monte Gibello, nach einer von der Zeit der Araber herrührenden Benennung von Gibel, Berg) genannt, und hält in seinem nächsten Umkreise an seinem Fuß 83 italienische (neapolitanische) Miglien, oder gegen 30 teutsche Stunden. Seine Höhe wird berechnet auf 13,000 Fuß, nach Dolomieu. Die Flüsse Symäthus, jetzt Catania oder Giaretta, Achates oder Onobola, jetzt Cantera oder Alcantara, und das Seeufer von Catania bestimmen nach Alberti seine Grenzen. Man pflegt ihn in drei Regionen einzutheilen, in die untere (Getreidefeldregion, Regione colta), in die mittlere (Waldregion, R. nemorosa, oder sylvosa), und in die obere (Schneeregion, auch R. nevosa, auch discoperta genannt). Nur selten ist sein Gipfel, in dem sich der stets geöffnete Feuerschlund von drei bis vier italienischen Miglien im Umkreis befindet, ganz frei von Schnee, besonders auf der Nordseite. Der Aufgang zu ihm bis zu seiner höchsten Spitze ist durchaus sehr beschwerlich, oft gefahrvoll und nur selten ganz belohnend, indem die große Veränderlichkeit der Witterung um diesen Vulkan seinen Gipfel oft in einem Augenblick mit dichten Wolken, mit wildem Schneegestöber, mit einer eisigen alles erstarrenden Kälte und mit schwarzem Schwefeldampf umhüllt, der von der oberen Luft an den äußeren Craterwänden, nicht selten in Begleitung eines äußerst gefährlichen Sturmwindes, herabgedrückt wird. Am gewöhnlichsten pflegt der Berg von Catania aus bestiegen zu werden. Die beste Jahreszeit dafür ist nach Graß, der unter den neueren Reisebeschreibern diesen Berg am längsten beobachtete, der Sommer und Herbst. Die Frühlingsreisen auf ihm sind höchst mißlich. Ist das Wetter schön, so ist die Aussicht von des Berges Gipfel fast unendlich zu nennen. Ganz Sicilien mit dem diese Insel umgebenden Meere und allen Inseln, bis auf zwanzig Seemeilen von den Küsten entfernt, lassen sich von dem bewaffneten Auge entdecken. Die verschiedenen Regionen des Berges, zunächst die schneebedeckte, öde und kahle, darauf die waldige und schluchtenvolle, sodann die mit Weinreben und Getreidefeldern bedeckte, zeigen sich wie abgeschnittene Ringel. Zwischen diesen allen erblickt man auf allen Seiten die dunkeln Lavenströme, die gleich den Krallen eines Ungeheuers aus dem unabsehbaren Feuerschlund in des Berges Mitte sich hervorgestreckt und seine äußere Seite bis in das Meer hinab umfaßt zu haben scheinen, so daß Geologen nach denselben ein weit höheres Weltalter als das gewöhnliche, berechnet haben. Hie und da,

---

ab geworfen werden könne, wegen des widerstrebenden Luftzuges aus der Tiefe, und wegen der Hitze, die natürlich weit früher angetroffen würde, als man an die Mündung des Schlundes gelange; wenn es aber hinab geworfen würde, wäre seine vorige Gestalt früher verändert als es wieder heraus käme. Zwar sey es nicht unwahrscheinlich, daß Luftzug und Flammen zuweilen nachließen, wenn der Brennstoff mangele, aber nur nicht so, daß Jemandem die Annäherung gestattet wäre. — Des Nachts komme ein stralender Glanz aus seinem Gipfel, des Tags aber umhülle ihn Rauch und Nebel." — Und vorher p. 239. „Die Lavaströme (οἱ ῥύακες) ergießen sich bis nahe an Katana, und die Umgegend wird mit ziemlich hoher Asche bedeckt, die zwar Anfangs auf kurze Zeit Schaden stiftet, aber für die Zukunft die Erde sehr fruchtbar macht, für Wein und andere Früchte; auch erhalten die mit Asche bedeckten Gegenden einen üppigen Pflanzenwuchs, und die Schafe sollen dort zum Ersticken fett werden, weshalb man ihnen die Ohren aufschneidet, um Blutverlust hervorzubringen, wie ich von Erytheia (in Spanien) erzählt habe. Wenn aber die Lava dicht wird, überziehet sie die Oberfläche der Erde mit einer steinernen Rinde von ziemlicher Dicke, so daß man, um zur frühern Oberfläche zu gelangen, wirkliche Steinbrüche anlegen muß. Denn wenn in den Feuerschlünden die Felsen geschmolzen und dann herausgeworfen sind, ist die flüssige aus dem Gipfel strömende Masse ein schwarzer Schlamm, der von dem Berge herabfließet; dann verdichtet er sich und wird hart wie Mühlstein, behält aber die vorige Farbe. Von den ausgebrannten Steinen wird Asche, wie von Holz, und wie Raute von Holzasche genährt wird, so hat die Asche des Aetna dieselbe Kraft für den Wein." 5) Z. B. Diog Laert. VIII. 69 sq. Horat. de Art. poët. V, 461. Die spätern, welche einander nacherzählten, s. bei Burmann in Thes. Rer. Sicul. Vol. IX, und bei Sturz zu den Fragm. des Empedokl. S. 123 ff. 6) In Sicul. c. 14. p. 223 sqq. 7) Aelian. de animal XI, 3 erwähnt ihn. 8) Briefe über Calabr. und Sicil. Bd. 2. Br. 21. 9) Epist. 92. 10) Hist. IV, 1. 11) S. Heyne zu Apollodor S. 34. 2te Ausg. und Creuzer zur Hist. Graec. fragm. p. 166 sq. 12) Man s. die Auslegung hiezu und Cluver a. a. O. S. 104 f., nebst Göller in Actis Philolog. Monac. T. II. p. 248 sq.

*) Strab. L. VI. T. II. p. 258 sq. ed. Sieb. Vergl. Wesseling z. Diod. Sicul. XI, 49 und 76, und Göller de sit. et orig. Syracus. p. 20 sq.

besonders an der Grenze der zweiten Region nach der oberen hin, erheben sich rings umher theils ältere, theils neuere ausgebrannte, röthliche und dunklere, geborstene oder noch erhaltene kleinere Craterberge, unter denen der Monte Arso und der Bamboloso die merkwürdigsten sind. Aus den älteren von diesen steigen hie und da kleine Wälder von Fichten und Buchen empor. Tiefer hinab zeigen sich Wälder von Eichen; darauf die Kastanien mit Rebgehängen geschmückt; in der Tiefe Pinien, Cypressen und einzelne Palmen, die sich stolz aus dem prächtigen Oleander und Goldlorbeer erheben. Ueberhaupt scheint sich am Ätna die gesammte Vegetation des ganzen Europa vom äußersten Süden bis zum fernsten Norden, wie auf einen Punkt zusammengedrängt zu haben. Bedeckt waren des Ätna untere Abhänge in der Vorzeit mit trefflichen Städten und ein großes Leben, ausgezeichnet in der Vorwelt durch Politik, Wissenschaft und Kunst, erblühte an seinem Fuß. Gegenwärtig sind an deren Stätte nur ärmliche Städtchen und Flecken oder die armseligsten Meiereien getreten, angefüllt mit unglücklichen, halbverhungerten Bewohnern (ungefähr 90- bis 100,000). Von der ehemaligen Idyllenwelt, die ihn belebte, ist auch nicht eine Spur mehr zurückgeblieben. Ausführlich haben diesen, so hochmerkwürdigen Berg in den neuern Zeiten folgende Schriftsteller beschrieben. Zuerst und am vollständigsten der Abbate **Ferrara** von Catania, Storia del Etna; sodann **Dolomieu** in der Voyage pittoresque von St. Non; **Brydone** und **Bartels**, Graf **Stolberg**, **Seume** und **K. Graß** in ihren bekannten Reisen. Die schönste dichterische Darstellung lieferte **Pindar** in seiner ersten pythischen Siegeshymne, voll Wahrheit und Kraft. Seine Geschichte und Topographie trugen bis zu den Jahren 1537 und 1650 am ausführlichsten vor Ant. Philoth. de **Homotheis** in seiner Topographia Aetnae Montis 1591. 4.; **Cluver** und Ath. **Kircher**. Von den ältern Schriftstellern werden bis zu unserer Zeitrechnung acht bedeutende Ausbrüche erwähnt; — die ganze Summe derselben bis auf unsere Zeit wird sehr verschieden berechnet, (30 bis über 40) je nachdem man mehrere bald auf einander gefolgte als einzelne oder besondere annimmt. Die heftigsten der neuern Zeit waren die von 1536, 1537 und 1669. Dieser letztere (am 9. März) war der furchtbarste, der obere Berg ward in drei Theile gespalten; 49 Städte nebst 700 Kirchen wurden zerstört, und an 94,000 Menschen verloren ihr Leben. M. s. **Bourdelot** Reponse à la lettre de M. Boccone, Paris 1676 nebst den neueren Ausgaben des **Facellus** Desc. Sic. und des **Alberti** D. d. t. Sic. Vergl. die Art. Lava und Vulkane. (*Sickler.*)

Sehr anziehend erzählt seine Ätna-Reise Hr. Dr. **Kephalides** im zweiten Theile seiner Reise durch Italien und Sicilien (1818.), die bei der Abfassung dieses Artikels noch nicht erschienen war. Sie ist mit einer sehr lehrreichen südlichen Ansicht des ganzen Berges, seiner einzelnen Regionen, der bedeutendsten Lavaströme, der besondern Flecken u. s. w., ausgestattet, die von dem Arzte Mario Gemellaro zu Nicolosi herrührt, der unweit des Philosophenthurms zur Bequemlichkeit der Reisenden, ein von den Italienern nach ihm genanntes Haus erbaute, das die Engländer, weil sie dazu beitrugen, das Haus der Engländer nennen. Als die neuesten inländischen Werke erwähnt Hr. K. des gedachten Gemellaro mem. dell' eruzione dell' Etna nel 1809. (Messina 1809.) und Dr. Giuf. Recupero storia generale e naturale dell' Etna (Catania 1805. fol.) (*H.*)

Ätna (Αιτνη), (in der Mythologie), 1) ein Sohn des Uranos und der Gaia, von dem der Ätna benannt seyn soll; nach andern ein Sohn des Briareus, erwählter Schiedsrichter zwischen Demeter und Hephaistos, als sie um das Vorrecht stritten, der Insel Sicilien den Namen zu geben *), 2) eine sicilische Nymphe, eine Tochter des Hephaistos, die nach einigen von Poseidon, nach andern von Zeus geschwängert, und von ihm aus Furcht vor der Hera in die Erde verborgen ward, wo sie die Paliker gebar **). — Damit zusammenhängend ist: Ätnäos, (Αιτναιος) ein Beiname des Hephaistos von einem Tempel auf dem Ätna, oder weil einige seine Werkstatt dorthin versetzten: auch Beiname des Zeus von einem Tempel daselbst, Pind. Ol. 6, 162; Schol. in h. l. (*Ricklefs.*)

Ätola (Αιτωλη), ein Beiname, worunter die Artemis zu Naupaktos einen Tempel hatte, und im Wurf des Speers abgebildet war, Paus. X, 38. (*Ricklefs.*)

ÄTOLIA (Αιτωλία), ÄTOLIER (Αιτωλοί), ÄTOLISCHER BUND. Ätolia bezeichnet gewöhnlich diejenige Landschaft Griechenlands, welche westlich den Acheloos, südlich den korinthischen Meerbusen, östlich (bei Antirrhion, Naupaktos, Eupalion), die ozolischen Lokrer, nördlich Perrhäber, Athamanen, Doloper, und den Theil der Anianen, der am Öta wohnt, zu Grenzen hat, und in der größten Ausdehnung von Süden nach Norden ungefähr 48, von Osten nach Westen ungef. 20 engl. Meilen beträgt. Allein dieser Umfang ist nicht stets derselbe, und nach verschiedenen Zeitpunkten begreift Ätolia bald einen kleinern, bald einen größern Raum [1]). In der vorhomerischen Zeit enthielt es die Gegend von Pleurons Umgebung westlich bis über Kalydon (s. unten); zur hom. Zeit vom Acheloos an, so daß Olenos, Pleuron, Kalydon, Chalkis, Pylene dazu gehörten [2]). Herodotos, der den Acheloos durch Akarnanien fließen läßt [3]), dehnte wol nicht die ganze westliche Grenze Ätoliens bis zu dem Ufer dieses Flusses. Die Gegend um diesen Fluß, Paracheloitis (s. Acheloos), war aber auch fast stets ein Gegenstand des Streites zwischen den Ätoliern und Akarnanen, da der Fluß durch öftere Veränderungen seines Laufes auch die Grenze veränderte [4]). Die Ätolier selbst waren rauh, kriegerisch, wild, und zwar nicht blos in der homerischen, sondern auch in späterer Zeit; namentlich hatten dieß ihre Nachbaren am Acheloos zu erfahren [5]). Daher kommt es, daß

*) Schol. in Theocr. I, 65. **) Macrob. Sat. V, 19; Arist. Mirab. 58. Antig. Caryst 173, 175; Diod. XI. 89; Steph. Byz. Παλικη, vgl Heyne ad Aen. IX, 585.)

1) Daher kommt es z. B. daß Strabon im X. und VIII. B. p. 151. und 388 so wenig übereinstimmt, da er der Zeit nach verschiedenen Angaben folgt. Dicaearch stat. Gr. p. 4 Huds. 2) Il. II. 639. sqq. XIII. 218. 3) II. 10. VII. 126. 4) Strab. X. p. 458. 5) Il. IX. 529. 549. XXIII. 693, Polyb. II. 3, 3.

Stratos, Metropolis, Öniadä u. a. zuweilen den Ätoliern gehörten, dann wieder Akarnanen, welche bis in die Gegend des Evenos die Ätolier zurückgedrängt hatten; daher auch, daß der Acheloos oft zu ihrem Lande gerechnet wird. Großentheils scheinen jedoch die Ätolier mächtiger gewesen zu seyn, denn ihre Besitzungen erstrecken sich östlich bis Potidania in der 88. Olymp. (Thuc. III. 96.), nördlich aber auf das Gebiet der Agräer, Amphilochier, auf Aperantia bis zu den Athamanen zu Philippos des Jüngern und, wenn er nicht von früheren zu verstehn ist, auch Strabons Zeiten [6]). Nach diesem zerfiel Ätolia in das alte (ἀρχαία), vom Acheloos bis Kalydons Küstengegend, eben und fruchtbar; und in das Hinzuerworbne (ἐπίκτητος), von jener Gegend bis Naupaktos und Eupalion, rauher und unfruchtbarer [7]). Die Länge der ätolischen Küste betrug eine Tagfahrt; von Antirrhion, der Ostgrenze bis zu des Evenos Mündung 120 Stadien [8]). Das ganze Land war von hohen Gebirgen eingeschlossen und durchschnitten, von denen Kurion bei Pleuron, der Taphiasos und Chalkis an der Küste zwar ziemlich hoch, doch bei weitem nicht mit dem Arakynthos in der Mitte des Landes und dem Korax an dem Öta zu vergleichen waren [9]) Außer dem Acheloos durchfloß es der Evenos; Trichonis und Lysimachia waren Seen im Lande, mehrere andere lagen von Öniadä ostwärts an der Küste hin. Ueber die Orte Ägä, Agition, Agremones, Agrinion, Akrä, Akragas, Akropolis, Arsinoë, Chalkis Hypochalkis, Ellopion, Ephyra, Hypata, Halikyrna Likyrna Mykarna, Ithoria, Kalydon, Konöpe, Lysimachia, Makynia Makrynia, Matapa, Molykria, Öchalia, Olĕnos, Päanion, Pamphia Pamphion, Pleuron das ältere und neuere, Pylene Proschion, Thermon Therma, den Platz der Thestier, Thorax, Trichonion so wie die unten anzuführenden Stämme der Ätolier vergl. die einzelnen Art. Eben dieses gilt auch von folgenden, zuweilen den Akarnanen zuweilen den Ätoliern gehörenden: Äneia dem alten und neuen, Medeon Medion, Metropolis, Öniadä, Phöteon Phytäon, Stratos, und den zuweilen den ozolischen Lokrern unterworfnen: Apollonia, Erythoä, Eupalion Eupolion, Krokylion, Krykylion, Krokyleia, Naupaktos, Potidania, Tichion. Eine nach den besten Hülfsmitteln der neuern und den Quellen der ältern Zeit gefertigte Darstellung dieses Landes s. a. d. Taf. Graeciae pars septentionalis.

Diokles Rhodios, Derkyllos, Nikandros hatten Αἰτωλικὰ geschrieben.

Das früheste, was wir von der Bevölkerung dieser Gegend erfahren, ist, daß Leleger und Kureten sich hier und in dem angrenzenden Akarnanien niedergelassen hatten; von den letztern hatte sie deshalb Kuretis (Κουρῆτις) geheißen [10]). Nach ihnen werden Hyanten erwähnt, welche von Böotien aus sich hierher gewendet haben, weshalb Ätolien auch Hyantis genannt worden sey (s. Hyanten, Kureten, Leleger) [11]). In Kuretis und Hyantis zerfiel es unstreitig noch als Ätolos (s. d.) aus Elis mit einer Schaar Epeier, äolischen und pelasgischen Stammes, sich hieher wendete, und die Kureten nöthigte sich westlicher, wo eigentlich die Leleger gewohnt hatten, zurückzuziehen. Er nannte von sich die Gegend Αἰτωλία und die ältesten 10 Städte des Landes wurden erbaut, unter ihnen Pleuron und Kalydon, welchen, als Hauptstädten zweier Staaten, die gleichnamigen Söhne des Ätolos vorstanden [12]). Die Verbindung mit Elis dauerte bis auf spätere Zeiten fort [13]); nicht so das Bestehen jener zwei Staaten (s. Diomedes, Kalydon, kalydonische Jagd, Meleager, Oeneus, Thestios), und wenn auch noch einige Zeit die Kureten in der Gegend von Pleuron sich als feindliche Macht den Ätolern gegenüber hielten, so war doch zur Zeit des troischen Kriegs Pleuron und Kalydon dem einzigen Thoas, des Öneus Enkel von mütterlicher Seite unterworfen, und in den homerischen Gedichten werden die Bewohner dieser ganzen Gegend mit dem Gesammtnamen Ätolier bezeichnet [14]). Die Kureten blieben aber ein besonderer Stamm Ätolier, so wie späterhin Bomier, Eurytanen, Agräer, Ophier oder Ophionen, Apodoten, Kallier [15]), Stämme von denen der der Eurytanen der größte und roheste war. Die Gegend um Pleuron behielt den Namen Κουρητική, wie eine nahe gelegne zwischen Olenos, Kalydon und Pleuron Αἰολίς noch später hieß [16]). Während der blühendsten Periode Griechenlands tritt das durch seine ältesten Heroën so gehobne Ätolien sehr in den Hintergrund. Als Feinde aller Ordnung, Ruhe, Sicherheit, abgeneigt den Künsten und Wissenschaften, und zu jedem Frevel geneigt, treubrüchig, lauerten sie nur auf Beute, wo möglich in der Beute beutend [17]), und hatten, von dem größten Theile der Griechen verachtet und gehaßt, keinen Freund, keinen Bundsgenossen, als den die Noth zwang [18]). Erst seit dem peloponnesischen Kriege erhoben sie sich, und wurden im makedonisch-römischen Zeitraume berühmt. (*Spohn.*)

Demosthenes, der Athener Feldherr, ließ sich von den Messeniern bereden, sie anzugreifen, welches eben so zweckmäßig seyn würde, weil man dann die andern Provinzen leicht unterwerfen würde, als leicht. Denn,

---

4, 6. 45, 1. 46, 3. 49, 3, IV. 3. 1, 67. 4. IX. 38. 6, Pausan. IV. 25. 2, Strab. p. 451. Liv. XXVI. 25. XXXI. 28. und öft. s. unt. Zur Zeit der Rückkehr der Herakliden in den Peloponnesos hatten sie die Schleuder erfunden. Eph. b. Strab. VIII. p. 357.

6) Polyb. XVII. 5. 8. XX. 11, 12. XXXII. 8, 3. 5. Liv. XXVI. 24, XXXVI. 33, XXXVIII. 3. XXXI. 41. 42. Polyb. XXII. 14, 4. Liv XXXVIII. 1—3. Strab. X. p. 450. 7) Strab. X. p. 450, 8) Dicaearch. stat. Gr. v. 63. p. 5, Scyl. p. 14. Huds. Strab. X. 460. 9) Strab. X. p. 451. 10) Aristot. b. Strab. VII. p. 322. Cas., Ephor. b. Strab. X. 463. u. b. Scymn. Ch. v. 471, Schol. Pind. Ol. 3, 22, Strab. X. 467. Conon. Narr. 15. 11) Eusth. Il. II. v. 637, Apollodor. b. Strab. X. p. 463. 474, Steph. Byz. v. Αἰτωλία. 12) Ephor. b. Strab. VIII. p. 357. IX. p. 423. X. p. 463, Scym. Ch. v. 473. sqq., Apollod. I. c. 7. §. 6, Pausan. V. c. 1, §. 6, Eustath. ad Dionys. Perieg. v. 431. Schol. Hom. Il. XIII. 218, Schol. Pind. l. l., Palmer. Gr. A. p. 425. sqq. Clavier. ad Apollod. II. 100. Heyne ad Ap. II. 44. sq., Vinding. in Gronov. Thes. X. p. 309. sq. Raoul-Rochette II. p. 36, Meier-Marx Ephor. Fragm. p. 108. 128. 13) Herodot. VIII. 73, Pausan, V. 4. sqq. Eph. b. Strab. Meier-Marx. 14) Strab. p. 451. 465. Hom. Il. IX. 529. sqq. XIII. 218. II. 638, 643, IV. 527, XIII. 218, XV. 282, XXIII. 472, 633. 15) Strab. 338, 448, 449, 451, 465, 471. Thucyd. III, 96. 106, 111, II. 102, IV. 77. Polyb. XVII. 5. 8. Steph. Byz. Liv. l. XXXII. s. darüber unter den einzelnen Artikeln. 16) Strab. X. p. 451. Herod. VI. 127. Hesych. Αἰολικὸν θέαμα s. Anmerk. dazu, Creuzer Fragm. hist. gr. p. 61. n. 47. Thucyd. III. 102. 17) Polyb. XVII. 4. Liv. öft. Max. Tyr. XXIII. 2. 18) Polyb. IV. 79.

zwar wären die Ätolier ein großes und streitbares Volk, die aber in unbefestigten, weit aus einander liegenden, Flecken wohnten, nur leichte Rüstung trügen, und daher, angegriffen bevor sie zur Vertheidigung sich vereinigt hätten, leicht unterjocht seyn würden. Zuerst sollt er die Apodoter angreifen, dann die Ophioneer, und zuletzt die Eurytaner, die den wichtigsten Theil der Ätolier ausmachten, aber eine ganz unverständliche Sprache redeten, und, wie man sage, von rohen Speisen lebten. Habe er diese bewältigt, so werde alles Uebrige leicht seyn. Solchem Vorschlag gemäß rückte Demosthenes mit seinem Heere nach Ätolien vor, und nahm auch gleich im ersten Angriff Potidania, Krokylion und Trichion ein. Die Ätolier aber hatten Kunde von dem Angriff erhalten, und schon Anstalten getroffen, ihre ganze Macht zu vereinigen. Die Messenier drangen darauf, nur schnell die Flekken zu überfallen und die Vereinigung nicht abzuwarten. Da sich auch immer noch kein Feind sehen ließ, nahm wirklich Demosthenes Agition mit stürmender Hand ein, dessen Einwohner sich durch die Flucht auf die Anhöhen bei der Stadt retteten. Inzwischen waren die Ätolier bis zu dieser vorgerückt, und fielen das feindliche Heer von den Höhen herab mit ihren Wurfpfeilen von allen Seiten an. Rückten die schweren feindlichen Truppen gegen sie, so zogen sie sich zurück; kehrten jene um, so fielen sie ihnen in den Rücken. Eben so wichen sie zurück vor den athenischen Bogenschützen. Als aber deren Anführer gefallen, die Bogenschützen hierauf zerstreut und die Athener überhaupt von langer Anstrengung erschöpft waren, drangen die Ätolier mit ihren Wurfspießen an, und die Athener wendeten um zur Flucht in ausganglose Bergschluchten und unbekannte Gegenden. Die Ätolier, leichtgerüstet und schnell, holten sie bald ein und tödteten, wen sie fanden. Einen Wald, in den sich viele geflüchtet hatten, steckten sie in Brand. So schimpflich endete dieser Angriff für Demosthenes, der, den Unwillen Athens scheuend, nicht mit der Flotte zurückzukehren wagte.

Dies ganze Benehmen der Ätolier beweist, daß man mit Recht sie als ein kriegerisches, Freiheit liebendes, aber rohes Volk geschildert hat. Nach Abschaffung der königlichen Regirung hatten sie Demokratie eingeführt, jede ätolische Stadt für sich, ohne allgemeinen Zusammenhang unter einander. Zuweilen befehdeten sie sich wol unter einander, gegen den äußern Feind aber vereinigten sie sich stets, und wurden darum auch nie einem andern Volk unterwürfig [1]). Dabei aber waren sie, besonders für die Akarnaner, sehr lästige Nachbaren, denn sie lebten lieber von fremdem Raub als dem Ertrag ihrer Äcker. Die ungebildetsten unter den hellenischen Stämmen, unruhig, als Jäger umherschweifend, Recht und Gesetz nicht achtend, fielen sie öfters in fremdes Gebiet ein [2]), und plünderten den Freund wie den Feind. Mit den Eigenschaften der Barbaren, Körperkraft, Behendigkeit und Schlauheit, so wie durch ihren festen Zusammenhalt, gelang es ihnen, ungestraft dies alles zu verüben und ihre Freiheit zu behaupten.

Ungeachtet ihres Zusammenhalts aber gegen jeden äußern Feind bestand doch anfangs kein förmlicher Bund unter ihnen. Erst nachdem sich, da Griechenland mit makedonischer Uebermacht bedroht war, der achäische Bund gebildet hatte, wurde der ätolische Bund jenem nachgebildet. Nicht blos die ätolischen Städte, Pleuron, Kalydon, Makynia, Molykria, Chalkis, Naupaktos, Pylene, Halisarna, Therma gehörten dazu, sondern mehrere Völkerschaften im mittlern Griechenland und Thessalien traten ihm, freiwillig oder genöthigt bei. Alljährlich wurde in der Herbstzeit zu Therma oder Thermon die allgemeine Bundesversammlung gehalten, welche Panätolium hieß [3]). Hier wählten die Abgeordneten aus jeder Völkerschaft und Stadt ebenfalls einen Oberbefehlshaber (ϛρατηγος), im Krieg- und Frieden für ein Jahr, welchem ein Hipparchos (Feldherr der Reiterei), ein Kanzler (γραμματευς) und Ephoren zur Seite standen. Oefter versammelte sich ein engerer Ausschluß, dessen Mitglieder Apokletoi hießen. Auf dem Panätolium wurden durch gemeinsamen Beschluß Gesetze gegeben und abgeschafft, Bündnisse geschlossen und aufgehoben, über Krieg und Frieden berathschlagt, den fremden Gesandten Audienz ertheilt, die Gesandten des Bundes ernannt und mit Instructionen versehen. War der Strategos nicht eben im Felde, so berief er die Versammlung, hatte den Vorsitz, den Vortrag, und die Vollziehung der Beschlüsse. Vor die Apokleten wurde gebracht, was schleunige Berathung erfoderte, doch in Sachen von Wichtigkeit der Beschluß erst der ganzen Bundesversammlung vorgelegt.

Beide Bünde waren gegen die Vergrößerungsplane Makedoniens gerichtet, und anfangs vereinigten sie sich glücklich zu diesem Zweck. Auch mehrere mit dem makedonischen Könige verbündete Tyrannen wurden vertrieben, und alles versprach den glücklichsten Erfolg. Was nun aber auch Ursache war, ob Eifersucht gegen die Achäer, welche allerdings des sonst edlen Aratos übertriebener Eifer für seinen Bund erregen konnte, oder ob der den Ätoliern eigene Charakter, genug, sie sannen bald auch jetzt weniger auf die gemeinsame Gefahr Griechenlands als auf ihren Gewinn. Beide Bünde kamen mit einander in Krieg, welcher durch des Aratos Feldherrntalent und Klugheit sich glücklich für die Achäer endete. Als jedoch nach dem Tode des Antigonos Gonnatos, der sich der ätolischen Eifersucht bedient hatte, um den Achäern entgegen zu wirken, sein Sohn Demetrius II. (243—233 v. Chr.) den makedonischen Thron bestieg, bekriegte dieser die Ätolier, und in diesem Kriege vereinigten sich beide Bünde gegen den gemeinschaftlichen Feind. Unter Antigonos Doson aber (233—221.) veränderten sich die Verhältnisse dergestalt, daß nun die Achäer Verbündete der Makedonier wurden. Sparta, wo Kleomenes die lykurgische Verfassung wieder hergestellt hatte, war nämlich damals der einzige Staat in dem Peloponnes, der nicht zum achäischen Bunde gehörte. Zum Beitritt eingeladen, wollte Sparta nur unter der Bedingung beitreten, wenn ihm wie in Tagen der Vorzeit die Hegemonie übertragen würde. Aratos, von dieser Foderung beleidigt, wollte nun Sparta zum Beitritt zwingen, und es begann der kleomenische Krieg.

1) Strabo X. 3, 2. 2) Polyb. 4. 3.

3) Liv. 31, 29. 35, 32. Polyb. 5, 8. 28, 4. Strabo l. c.

Von den Spartanern dreimal geschlagen, weiß Aratos sein Ansehn nur dadurch zu behaupten, daß er Hilfe von dem makedonischen König sich verschafft, und diesem dafür Korinth, den Schlüssel des Poloponnes, überliefert. Kleomenes wurde nun zwar bei Sellasia geschlagen, der achäische Bund aber stand dafür entschieden unter makedonischer Vormundschaft. In solcher Lage der Dinge überkam des Demetrius Sohn **Philipp II.** die Regierung Makedoniens (221—179. v. Chr.). Da man in dem sechszehnjährigen Jüngling die großen Eigenschaften noch nicht kannte, glaubten die Ätolier ihre Verachtung gegen die Achäer, weil sie makedonischen Schutz erbeten, offenbaren zu können, und machten einen Angriff auf achäische Bundesstädte in Messene. Hieraus entspann sich der fünfjährige **ätolische** oder **Bundesgenossenkrieg** (221—217.). Philipp nahm daran Antheil, konnte am Ende die Bedingungen des Friedens vorschreiben, und übte von da an eine Obermacht über ganz Griechenland aus.

Inzwischen hatten die Römer angefangen, ihre Obermacht bis nach Illyrien, in Makedoniens Nähe, auszubreiten, und Philipp mußte auf diese gefährlichen Nachbarn sein Auge richten. Da nun eben damals die Römer mit den Puniern in Krieg verwickelt waren; so versprach Philipp dem Hannibal gern Hilfsleistung zur Vertilgung Roms, und seine Truppen hätten entscheidend wirken können, wenn es ihm nicht an einer Flotte gefehlt hätte, während die römische Flotte die Ausführung seines Plans so lange verhinderte, bis man ihn selbst angreifen konnte. Bei diesem dreijährigen Kriege, den die entscheidende Schlacht bei Kynos Kephalä (197.) endigte, schlossen die Ätolier, von Hasse gegen die Makedonier und Achäer beseelt, mit den Römern ein Bündniß, das jedoch ihren Erwartungen keineswegs entsprach. Die Bedingungen dieses Friedens waren: 1) Alle griechischen Staaten in Europa und Asien sind unabhängig, und Philipp zieht seine Besatzungen daraus zurück; 2) er liefert seine ganze Flotte aus, und darf nicht mehr als 500 Bewaffnete halten; 3) er darf außerhalb Makedoniens keinen Krieg ohne Roms Vorwissen führen; 4) er zahlt in bestimmten Fristen 1000 Talente, und gibt seinen jüngeren Sohn Demetrius als Geisel. — Die Ätolier hatten für ihren Beistand große Belohnungen gehofft: je mehr sie aber ihre Dienste prahlend erhoben hatten, desto weniger waren die Römer geneigt, sie zu vergrößern [4]). Erbittert hierüber schlossen die Ätolier zu eben der Zeit als Rom, zwar auf den isthmischen Spielen durch Flamininus die Freiheit Griechenlands öffentlich erklärt hatte, in der That aber in dessen Angelegenheiten das Schiedsrichteramt ausübte, sich an einen Feind Roms, Antiochos III. von Syrien, an, ja beschlossen selbst in Gegenwart des römischen Gesandten, Antiochos nach Griechenland zu rufen, daß er von der Römer Herrschaft sie befreie. Antiochos aber blieb zu lange unthätig in Chalkis, und wurde nachher entscheidend geschlagen. Vergeblich suchten nun die Ätolier Frieden in Rom; nur nach langem Hinhalten, wodurch man langsam vernichtete, ohne den Schein davon zu haben, ward er unter den harten Bedingungen (189.) zugestanden, daß die Ätolier der Römer Herrschaft anerkennen, 200 euböische Talente sogleich, 300 in sechs Jahren zahlen, und alle Untergebenen den Römern ausliefern sollten. Von dieser Zeit an war die Kraft des ätolischen Bundes gebrochen, und durch inneren Zwiespalt richtete er sich selbst vollends zu Grunde [5]). Gleichwol dachten die Römer auch auf des machtlosen Bundes völlige Vernichtung. Als der letzte der makedonischen Könige **Perseus** (179—168.) noch einmal alle Kraft aufgeboten, der römischen Obermacht abzuwehren, in dem letzten Treffen bei Pydna (168. v. Chr. aber völlig geschlagen war, ergriffen die Römer die Gelegenheit, vollends alles niederzudrücken, was ihren künftigen Entwürfen sich hätte widersetzen können. Unter dem Vorwand, Perseus begünstigt zu haben, wurde eine große Anzahl Ätolier gefangen nach Rom geschickt und 550 der Vornehmsten hingerichtet [6]). Von dieser Zeit an behandelte Rom ganz Griechenland als unterjochte Provinz. Die Achäer zwar, die wenigstens zum Schein auf römischer Seite gestanden hatten, fristeten sich noch eine Zeit lang, und schienen nicht so abhängig als sie waren, bis man auch hier mit Einem Schlag sich aller bedeutenden Gegner entledigte, und endlich mit der Einnahme von Korinth (146. v. Chr.) der letzte Schimmer griechischer Freiheit erlosch. Ätolien machte nun einen Theil der Provinz Achaja aus. (Vgl. mit diesem Artikel den eng damit zusammenhängenden: ächäischer Bund.) (*Gruber.*)

Augustus versetzte einen Theil der so vielfach niedergedrückten Ätolier in seine Nikopolis, ein sehr großer Theil zog zu gleicher Zeit sich nach Amphissa [1]). Das so entvölkerte, schon vorher nicht wol angebaute, Land lag nun größtentheils verödet [2]). So blieb es bis Constantin des Großen Zeit, wo es zu der Provinz Neu-Epirus gehörig dem Präfectus prätorii von Illyrikum untergeben war. Es erhielt späterhin den Namen Lechonia, dann Despotat [3]); von dem sich erhebenden Arta hießen die umwohnenden Völker und mit ihnen auch die ätolischen Artiner [4]). Da unter den griechischen Kaisern Walachen hieher versetzt worden waren, nannte man es noch später (außer Xeromeros) und zum Theil noch jetzt Vlakia [5]), (s. d.). Amurath II. (1432.) eroberte es, und nachdem es in des bekannten Skanderbeg's und der Venetianer Händen gewesen war, gerieth es unter Mahommed II. wieder unter die Herrschaft der Türken, unter welcher es noch jetzt steht. Es gehört in den 6 Distrikten: Ekseremere, Gölhissar, Abukor, Enkili-Kastri, Alto, Abulahor zum Sandgiak Karli-Ili, welcher dem Ali Pascha ebenfalls untergeben ist [6]). Münzen von Ätolien s. b. Eckh. Doctr. num. II. 188. und die bei Rasche Lex. Num. T. 1. p. 180, 246. sq. Suppl. T. I. p. 319. sqq. ang. Schr. Die goldnen sind höchst selten Eckh. Num. vet. ib. 8., unter den ehernen die von Kalydon Sestin. Geog. I. p. 23.

4) Polyb. exc. legat. 17.

5) Liv. 41, 25. 30. 42, 4. fgg. 43, 17. 6) Liv. 45, 28. fgg.

1) Pausan. VII. 18. 6. X. 38. 3. 2) Ebend. Strab. VIII. p. 388. 3) Codin. de Offic. Magn. Eccles. p. 404 ed. Paris. Domin. Nig. p. 372., Gregoras VIII. c. 8. 4) Nicetas b. Palmer. Gr. A. p. 429. 5) Larcher Herodot. T. VIII. p. 211. 6) Vaudoncourt. p. 161. 166. sqq.

Ätolia (Αἰτωλία) hieß auch nach Androtion bei Steph. Byz. eine Stadt in Lakonike. (*Spohn.*)

ÄTOLOS (Αἰτωλος), Sohn des Endymion und der Neis (fälschlich Seis) oder der Iphianassa *), nach Andern der Asterodia, Chromia oder Hyperippe, Bruder des Paion und Epeus, welchen letzteren, den Schol. Ven. ad Il. X, 867. zum Enkel des Endymion macht, er in der Regirung von Elis folgte, die er aber verlassen mußte, weil er den Apis, Phoroneus Sohn — Pausanias l. c. nennt ihn Jasons Sohn, wofür aber wahrscheinlich Jasion stehen sollte — überfahren und getödtet hatte **). Auswandernd kam er in die Gegend am Acheloos, wo er sich, nachdem er den Doros, Laodokos und Polypoites getödtet, des Landes der Kureten bemächtigte, und nach sich Ätolien benannte (s. Ätolia). Er war vermählt mit der Pronoë, der Tochter des Phorbas, mit der er den Pleuron und Kalydon erzeugte, von welchen die gleichnamigen ätolischen Städte benannt seyn sollten Apollod. I, 7.7. vgl. Heyne Observ. Cr. (*Ricklefs.*)

ÄTTINGHAUSEN, auch Attinghausen, ein freiherrliches Geschlecht im Land Uri. Drei aus demselben, Namens Werner, kommen im 13. Jahrh., Johannes zu Anfang des 14., nach Errichtung des Schweizerbundes als Landammänner vor. Diese erste Würde des Landes soll 90 Jahre lang ununterbrochen bei ihrem Stamme geblieben seyn, und die Beibehaltung derselben nach Vertreibung der Vögte beweist, daß auch dieses freiherrliche Haus unzweideutig dem neuen Staats-Systeme beitrat. Sein alter Adel ergibt sich auch daraus, daß Anna zu Anfang des 14. Jahrh. Aebtissin an dem Frauen-Münster zu Zürich war, zu welcher Stelle nur Personen aus altadeligen Häusern gewählt wurden. Bald nachher erlosch dieser Stamm. (*Meyer* v. *Knonau.*)

Ättinghausen, kathol. Pfarrgem. unweit Altorf im Schweizer C. Uri, welche mit dem großen Pfarrdf. Seedorf die 2te Genossame des C. bildet, mit fleißigen Einwohnern und gut angebauten Grundstücken. Hier stand das Stammhaus der Edeln dieses Namens, von denen Walter Fürst, der Schwiegervater Tell's, einer der ersten Beförderer des Eidgenössischen Bundes war (s. d. vorigen Art.). (*Wirz.*)

ÄTUATII, ein Lepontisches Volk, welches Strabo an die Quellen des Rheins setzt. Man glaubt sie in dem Tavetscher-Thal (Aetuatia valle) um Tavetsch und das Kloster Disentis her wieder zu finden. Einige halten sie für das nämliche Volk, welches Cäsar u. a. Antuaten und Nantuaten nennen. (*Meyer* v. *Knonau.*)

ÄTTWA, ÄTBA, ein Berg unweit Bodenmais im Unterdonaukreise des K. Baiern. Er hebt sein majestätisches Haupt über alle übrige Berge empor und ist gleichsam der Mittelpunkt der hohen Gebirgskette, der baierische Wald genannt. Er ist noch überdies merkwürdig durch zwei sehr tiefe Seen, die man auf seiner höchsten Spitze antrifft. (*Hazzi.*)

*) Apollod. 1, 7, 6. **) Apollod. l. c. nach Schol. in Pind. Ol. 3, 22. in den azanischen Kampfspielen; und nach Schol. in Il. V, 218. unfreiwillig, vgl. Paus. l. c.

ÄTZEN (cautériser, corrodere), Zerstöeen der Structur eines Dinges durch (die chemische Anziehungsstärke der) Ätzmittel (Corrosiva): 1) durch chemische Anziehung der Ätzmittel zu schon vorhandenen oder erst zu bildenden Materien in a) thierischen Gebilden, z. B. Ätzen der thierischen Haut durch verschiedene Oxyde, Salze, Säuren (Flußsäure, Schwefelsäure, Salpetersäure, Salzsäure, oxygenirte Salzsäure, Essigsäure — unter gewissen Umständen auch Weinsteinsäure, Kleesäure, Citronensäure Phosphorsäure und Arseniksäure) und durch die sog. scharfen Stoffe verschiedener Pflanzen und Thiere; b) vegetabilischen Gebilden, meistentheils durch hygroskopisch-chemische und hygroskopisch-zerstörende Wirkungen einiger Oxyde, Salze und Säuren; 2) durch chem. Anziehung der Ätzmittel zur ganzen Masse: a) in Metall (Kupfer), Marmor u. a. von Säuren angreifbare Steine durch Säuren (Salpetersäure — Schwefelsäure, Essigsäure rc.); b) in Glas (so wie auch in Porzellan, überglaste Materien, u. m. dergl.) durch Flußsäure, welches schon vor 1670 von einem Nürnberger Künstler, Heinr. Schwankhardt, ausgeübt wurde, und späterhin besonders durch Gr. v. Gesler [1]), Puymarin [2]), Klaproth [3]), Pfingsten [4]), F. Beckmann [5]), Yelin [6]). (*Kastner.*)

Ätzkali, s. Alkali.

ÄTZKUNST ist die Kunst, mittelst Scheidewasser auf einer mit Firniß überzogenen Kupferplatte durch eine mit einer spitzen Nadel darauf verfertigte Zeichnung eine Art Kupferstich hervorzubringen. Der Erfinder dieser Kunst ist Albrecht Dürer, der schon im J. 1510 Versuche damit anstellte. Zwar eignen die Italiener sich das Verdienst dieser Erfindung zu, und nennen den Francesco Mazzuoli il Parmeggianino als Erfinder; allein dieser Maler war erst neun Jahre alt *), als Dürer im J. 1512 einen heiligen Hieronymus ätzte. Callot, Frisins und Abr. Bosse, benutzten noch den harten Ätzgrund, dessen sich Dürer bedient hatte, bis Dietrich Meyer, ein Schweitzer Maler **), einen weichern erfand. Diese Erfindung wurde Merian mitgetheilt, und von dessen Schüler Wenzesl. Hollar in England bekanut gemacht, welcher Meister schon einen hohen Grad der Vollkommenheit im Ätzen erlangt hatte. Nennen wir nun noch G. F. Schmidt, so bleibt nichts zu wünschen übrig, was durch die Radirnadel und das Ätzwasser hervorgebracht werden kann.

Die Behandlungsart des Ätzens ist folgende: Eine glatt polirte und von allen Rissen gereinigte Kupferplatte wird, ehe der Firniß darauf kommt, mit Kreide und Wasser sauber abgeputzt, danu ein Handschraubenstock an die eine Ecke derselben befestigt und so die Platte über ein gelindes Kohlenfeuer gehalten; hat sie die gehörige Hitze erlangt, so daß der Ätzfirniß darauf zerschmilzt, so fährt

1) v Crell's Ann. 1786. II. 494. 2) Rozier's Journ. de Phys. XXXII. 419. 3) Monatsschrift der Berlin. Akad. der Künste. 1788. St. II. 4) Mag. für Mineral. 1789. I. S. 71. 5) v Crell's Ann. 1792. II. 195 ff. 6) Verfahren beim Aetzen der Glasmikrometer, vermittelst der Flußspathsäure; in Joh. Tob. Mayer's gründl. und ausführl. Unterricht zur praktischen Geometrie. Th. II. 2. Aufl. S. 612 ff.

*) s. Fiorillo Gesch. d. K. Th. II. S. 355. **) geb. zu Eglisau, im Canton Zürich im J. 1572; gest. 1658.

man mit demselben auf der ganzen Platte herum: doch darf der Auftrag nicht zu dick seyn, denn hiedurch würde beim Arbeiten die leichte Behandlung der Nadel gehindert und in den doppelten Lagen von Schraffirung Unreinlichkeit entstehen. Um daher den Firniß gleichmäßiger zu vertheilen, bedient man sich einer Bausche, welche aus reinem Taffet, mit Baumwolle ausgefüllt, besteht, und tupft damir so lange herum, bis das Ganze eine gleiche Fläche bildet. Bei diesem Verfahren muß die Platte öfter von der Glut genommen werden, damit der Firniß nicht anbrennt, der sonst beim Arbeiten leicht abspringt. Da man auf diesen Firniß die Zeichnung nicht gut auftragen kann, indem er sehr leicht verletzt wird, so sucht man ihm durch einen Ueberzug mehr Festigkeit zu geben, und zugleich auch dem Auge bei der Arbeit Deutlichkeit zu gewähren. Indem also die Platte noch warm ist, wird sie umgewendet in die Höhe gehalten und mit einem Wachsstocke, der aus 5 bis 6 dünnen Stücken zusammengedreht ist, so lange gefächelt, bis der vorher braune Firniß jetzt ganz schwarz erscheint. Hiebei darf aber die Flamme den Grund nie berühren, weil er sonst durch die Schnuppe des Lichtes verunreinigt wird; auch muß um das Licht eine runde Scheibe von Pappe seyn, damit die Hand gegen die heißen Wachstropfen geschützt ist. Außer dem schwarzen Ueberzug bedient man sich auch eines weißen; hiezu wird feines Weiß, mit etwas Gummi Arabicum versetzt, in einem Gefäß mit etwas Wasser angerieben; da sich aber dieser Ueberzug nicht gut mit dem Ätzgrund verträgt, thut man noch ein wenig Rindsgalle dazu und trägt so diese Farbe mit einem breiten Haarpinsel auf die Platte*). Die gleiche und nicht so dicke Vertheilung auf der Fläche ist nothwendig; ein zu dicker Ueberzug ist auch hier der Freiheit der Nadel schädlich, und indem er leicht abspringt, geht die Deutlichkeit der Zeichnung verloren.

Ehe man mit der Nadel seine Arbeit beginnt, wird die Zeichnung, sey sie auf Oel- oder andern Papier, auf der andern Seite mit geschabtem Bleistift überall geschwärzt, dann die schwarze Seite auf die Platte gelegt, mit Wachs an den beiden obern Euden befestigt, damit sie sich nicht verrückt, und die gezeichneten Umrisse mit einer nicht zu scharfen Nadel übergangen; man darf aber weder zu stark noch zu schwach aufdrücken, weil man dert in den Grund eindringen und hier die Zeichnung undeutlich machen würde. Uebrigens muß die Zeichnung von der entgegengesetzten Seite, also verkehrt, auf die Platte gelegt werden, was bei dem Oelpapier leicht geschehen kann. Durch Hilfe eines der Zeichnung gegen über gestellten Spiegels lassen sich dabei vorkommende Schwierigkeiten beseitigen. — Beim Radiren bedient man sich stumpfer und spitziger Nadeln, je nachdem die Lagen der Striche stärker oder schwächer seyn sollen. Zur Führung der Nadel gehört Sicherheit der Hand; sie zeichnet wie die Feder. Indem aber die Nadel in den Ätzgrund zeichnet, darf sie nicht blos die Oberfläche des Kupfers berühren, sondern dasselbe muß angegriffen werden, denn durch das Einritzen in die Platte werden die Striche beim Ätzen tiefer, im Gegentheil aber fressen sie breiter oder werden Stellenweise gar nicht angegriffen. Ist die Landschaft, Figur oder Umriß, auf diese Art ganz ausgeführt, so ist beim schwarzen Grund weiter nichts nöthig, als daß man sich zum Ätzen bereitet; ist aber ein weißer Ueberzug darüber, so muß man denselben vother mit einem Haarpinsel in reinem Wasser abwaschen, oder man nimmt etwas verdünntes Scheidewasser und gießt dieses über das Weiß auf der Platte, so wird es durch die Schärfe verzehrt und man spült es nur noch mit etwas reinem Wasser ab.

Ist die Platte völlig trocken (was beim schwarzen Anlauf nicht vorauszusetzen ist), so wird ein dünner Rand, ohngefähr eines Fingers hoch, aus einer Vermischung von Wachs und Unschlitt, oder sogenanntes Baumwachs um den äußersten Rand der Platte genau befestigt und angedrückt, weil durch die frinste Oeffnung das Ätzwasser durchdringt; an der einen Ecke des Wachses aber wird eine Rinne gebildet, um, wenn es nöthig ist, den Abguß bequemer ablaufen zu lassen.

Das Ätzwasser besteht aus reiner Salpetersäure, welche, um ihre Kraft zu mildern, oft um die Hälfte mit Regen- oder abgekochtem Wasser verdünnt wird; Brunnenwasser ist wegen seiner Härte und der kalkartigen Theile, die es enthält, nicht gut anwendbar. Am besten ist die Stärke des Ätzwassers zu probiren, wenn auf eine kleine grundirte Platte mehrere Lagen von Strichen gemacht werden und man die Zeit genau merkt, wie lange es gefressen hat. — Beim Ätzen selbst, nachdem das Wasser die ganze Oberfläche der Platte bedeckt hat, muß man die verschiednen Abstufungen genau berücksichtigen. Bei einer Landschaft, wo der Hintergrund mit einer zarten Nadel ausgeführt ist, darf es, je nach seiner Stärke, kanm 10—15 Minuten fressen. Glaubt man nun die Striche tief genug, so wird das Wasser von der Platte in eine mit gläsernem Trichter versehene Flasche gegossen, die Platte mit reinem Wasser abgespült, senkrecht hingestellt, bis alles trocken ist, und danu mit einem Schaber ein wenig von dem Grunde weggenommen, um sich von der guten Wirkung des Ätzens zu überzeugen. — Jede schwache Stelle, die im Druck matt erscheinen soll, wird nun zugedeckt, wozu man sich eines Deckfirnisses bedient, zu dem man entweder Asphalt in Terpentinöl aufgelöst braucht, oder starken Mastixfirniß mit Zinnober vermischt, den man mit einem Haarpinsel nach Gefallen auftragen kann. Ist dieser Deckfirniß ein wenig verdunstet und fester geworden, so wird das Ätzwasser aufs Nene aufgegossen, und je stär-

*) Ätzgrund, zum Radiren auf Kupferplatten, muß mit vieler Vorsicht bereitet werden, denn von seiner Echtheit hängt die Reinheit des Freißens im Ätzen ab. Von den vielen Vorschriften hierüber, die nur in kleinen Abweichungen bestehen, ist folgende von uns selbst erprobt. Die Mischung besteht aus 3 Loth reinem weißen Jungfernwachs, 3 Loth vom besten weißen Mastix, 1 Loth Asphalt, ½ Loth weißen Colophonium, und 3 bis 4 Tropfen venetianischen Terpentins. Die drei harten Species werden so fein als möglich zerstoßen, das Wachs zuerst in einem neuen glasurten Geschirr bei mäßigem Kohlenfeuer zerschmolzen, dann der Asphalt nach und nach und endlich der Mastix und das Colophonium hinzu gethan. Diese Masse muß etwas in einander kochen. und hat man sich versichert, daß alle Theile völlig zerschmolzen sind, so gießt man die 3 bis 4 Tropfen venetianischen Terpentins dazu. Die ganze Masse wird hierauf in ein Gefäß mit reinem Wasser gegossen, mit den Händen fest in einander geknetet und zu einer länglichen Stange geformt. Beim Gebrauch wird das Ende, womit man die Platte grundirt, in einen seidnen Lappen gewickelt, wodurch jede vorhandne Unreinheit zurück bleibt.

ker nun die Abstufungen werden, um so länger muß es auf der Platte stehen. Da der Vorgrund oft die dunkelsten Schatten bildet, müssen auch die breitern Striche um so tiefer fressen; die vielen Luftbläschen, die dadurch entstehen, werden oft mit einer Feder weggestrichen, denn es ist leicht der Fall, daß, wenn das Ätzwasser mehrere Stunden auf einer Platte steht, der Grund sich an manchen Stellen auflöst, welches man schwerlich bemerken würde, wenn man jenes verabsäumte.

Zu erinnern ist noch, daß das Einwirken der Witterung viel zum guten Ätzen beiträgt; trockne und warme Witterung ist ein günstigsten. Wird daher im Winter ein solches Geschäft vorgenommen, so muß es im warmen Zimmer geschehen, und soll das Wasser gleich wirken, sogar die Platte vorher ein wenig an die Wärme gestellt werden. Ist nach Befolgung dieser Angaben alles gut gerathen, so wird der Wachsrand von der Platte abgelöst und dieselbe heiß gemacht, wo dann mit Baumöl und einem Lappen der Firniß abgenommen oder mit Terpentinöl aufgelöst werden kann (s. übrigens Probedruck.) (*Weise.*)

Ätzlauge, s. Kali causticum.

ÄTZMITTEL, Caustica, Cauteria potentialia, Corrodentia, Cathaeretica, Escharotica, Corrosiva, sind Substanzen, welche die Mischung in dem Gebilde des lebenden thierischen Körpers, welche sie berühren, so weit verändern, daß dessen Form dadurch zerstört wird. Alle chemische Wirkung beruht auf dem Daseyn in einem gewissen Gegensatz zu einander begriffener Stoffe, welche sich zu verbinden streben, um dadurch zum Gleichgewichte zu gelangen. Die Größe der Wirkung richtet sich nach dem Grade der Entgegensetzung der Stoffe; einer wird in die Form des andern aufgenommen, oder es tritt eine neue gemeinsame Form hervor, je nachdem einer mächtiger ist, als der andre, oder sie einander an Stärke gleich kommen. Der Organismus eignet sich äußere Stoffe, denen er verwandt, aber überlegen ist, an, überwältigt sie und nimmt sie in die Form seines Bestehens auf, so daß das Leben ungestört dadurch erhalten wird; dies findet namentlich bei der Ernährung Statt. Ist der chemische Gegensatz größer, der verwandte äußere Stoff dem thierischen Körper fremdartiger, ohne ihm ganz überlegen zu seyn, so entsteht ein chemischer Conflict, der sich in Aufregung der lebendigen Thätigkeiten ausspricht: so wirken unter andern die meisten Arzneien. Findet dagegen die größte Gegensetzung und chemische Spannung bei hoher Verwandtschaft Statt, so geht die thierische Materie unter und wird von der Form des äußern Körpers aufgenommen, während dieser ebenfalls mehr oder weniger dabei verändert wird; und dies ist der Fall bei dem Ätzen. Da nun die thierische Materie aus verschiedenen Stoffen besteht, und sie durch Entziehung irgend eines derselben ihre Wesenheit und eigne Gestaltung einbüßt, so ergibt sich daraus, daß ganz verschiedne Körper, je nachdem sie zu einem Bestandtheile der thierischen Materie besondre Wahlverwandtschaft besitzen, ätzende Wirkungen hervorbringen können, und daß es keinesweges ein allgemeines ätzendes Princip gibt, dergleichen Lemery, Meyer und Winterl annahmen. Die Erfahrung lehrt auch, daß die verschiedenartigen Körper, Säuren und Laugensalze, oxydirte Metalle und Pflanzenstoffe, sich als Ätzmittel erweisen.

Der Theil des menschlichen Körpers, der durch das Ätzmittel in seiner Mischung ganz umgeändert und seiner lebendigen Wirksamkeit verlustig geworden ist, wird der Schorf (Eschara) genannt. Er ist das neutrale Erzeugniß der thierischen Materie und des Ätzmittels; in ihm ist sowol Organisation und Lebensthätigkeit, als auch Ätzkraft erloschen. Gewöhnlich erscheint er in trockner Gestalt, theils weil zuweilen mit dem Ätzen eine Zersetzung des Wassers verbunden ist, theils weil die Gefäße absterben und aufhören, Flüssigkeit zuzuführen, während die Saugadern in den angrenzenden lebendigen Theilen zu wirken fortfahren und die thierische Wärme, zumal wenn sie durch Entzündung der benachbarten Gebilde gesteigert ist, die Verdunstung befördert. Die umliegenden Theile nämlich werden in einen entzündlichen Zustand versetzt, da die ätzende Kraft durch die räumliche Entfernung hier beschränkt ist, und deshalb blos als reizende, die Lebensthätigkeit aufregende Kraft sich äußern kann. Auch wirkt hier der organische Antagonismus mit, indem mit dem Absterben des einen Gebildes eine um so lebhaftere Thätigkeit in dem andern hervortritt. — Mit der Zeit trocknet der Schorf allmählig ab, und unterhält als fremder Körper die Entzündung der umliegenden Theile, welche endlich, wenn nicht durch Erschöpfung der Lebenskräfte Brand eintritt, in Eiterung übergeht. Diese zerstört allmählig das Zellgewebe, wodurch der Schorf mit dem übrigen Körper zusammenhängt; er wird dadurch lose, und fällt endlich ab.

Der Schorf entsteht aber nur in lebenden Körpern, wie dies schon Helmont bemerkte („eschara exsurgit ex Archei accensione; commune productum est causticorum et Archei"). Auch greifen die Ätzmittel den todten Körper viel weniger an, bewirken weit langsamer und in geringerem Grade eine chemische Veränderung in den berührten Gebilden. Charmetton und Macquer erklären dies aus dem Mangel an Feuchtigkeit und Wärme; doch kann dies nicht die Ursache seyn: denn wenn ich todte Theile mit einer thierischen Flüssigkeit anfeuchtete und in den natürlichen Wärmegrad des thierischen Körpers brachte, wirkten die Ätzmittel demungeachtet nicht, wie auf lebende Gebilde. Der Erklärungsgrund liegt also vielmehr darin, daß dem Leben ein eignes Mischungsverhältniß und eine eigenthümliche chemische Spannung zukommt.. — Die Ätzmittel zerstören kranke Gebilde und Afterorganisationen schneller, leichter und vollkommner, als gesunde organische Theile, so daß man Kondylome, Polypen, Warzen, wildes Fleisch rc. bis auf die Wurzel ausätzen kann, ohne daß die benachbarten gesunden Theile davon ergriffen werden. Denn die lebendige Thätigkeit, welche der chemischen Zerstörung widerstrebt, ist in allen Aftergebilden schwächer, und wird daher vom Ätzmittel überwältigt, während der gesunde Theil seine Selbständigkeit dagegen behauptet. — Die ätzende Kraft eines Körpers kann auf zweierlei Weise aufgehoben werden: 1) durch Verbindung mit einer andern Substanz, zu welcher jener noch nähere Verwandtschaft hat, als zur thierischen Materie: so hören z. B. zwei Ätzmittel dadurch, daß sie mit einander verbunden werden, auf,

Ätzmittel zu seyn, wie Säure und Laugensalz; 2) durch Veränderung des quantitativen Verhältnisses zwischen organischen Theilen und Ätzmittel. Wenn nämlich entweder eine gleich große Quantität von Letztrem mehr verdünnt, also über eine größere Fläche verbreitet und mit einer größren Summe organischer Theile in Berührung gebracht wird, oder wenn auf eine gleich große Fläche des thierischen Körpers eine geringere Quantität von dem Ätzmittel gebracht wird, so kann das Leben sich eher dagegen behaupten, und die Wirkung beschränkt sich auf Veränderung der Erregung.

Die Ätzmittel werden in der Heilkunst angewendet 1) zur Zerstörung von Afterbildungen, besonders von solchen, die aus irgend einer Ursache durch mechanisches Eingreifen nicht füglich sich entfernen lassen; 2) zur Zerstörung der Hautdecken, und Oeffnung von Höhlen, wo man das Messer nicht gebrauchen will oder kann; 3) um in den tiefer gelegenen Theilen eine Umstimmung des Bildungsprocesses zu veranlassen, um Entzündung, Verwachsung oder Eiterung zu erregen, oder eine bestehende abnorme Richtung der Bildung aufzuheben; 4) um eine Veränderung in der Lebensthätigkeit hervorzubringen, die Erregung in den tiefern Theilen zu beleben, oder von einem andern Gebilde antagonistisch abzuleiten. — Wo die Lebenskraft bedeutend gesunken ist und die bildende Thätigkeit nicht blos örtlich, sondern allgemein von ihrer Normalitdt abweicht, darf man kein Ätzmittel anwenden, denn im erstern Falle bewirkt es leicht Brand, im letztern aber beschleunigt es die Zerstörung und völlige Ausartung.

Die Ätzmittel weichen in Hinsicht auf ihre Mischung zu sehr von einander ab, als daß sie nicht auch in Hinsicht auf ihr Verhältniß zum Organismus oder in ihrer Wirkungsweise wesentlich von einander verschieden seyn sollten. Ist dies der Fall, so müssen auch ihre Heilkräfte verschieden seyn; es müssen z. B. für einzelne Arten von Geschwüren, als für skrophulöse, skorbutische, syphilitische, krebsartige, cariöse ꝛc. oder für verschiedne Arten von Afterbildungen, als für Warzen, Polypen, Balggeschwülste, Kondylome, Skirrhen, Schwämme ꝛc., auch bestimmte Arten von Ätzmitteln angezeigt seyn. Es müssen hier noch mehr Beobachtungen über die Wirkung dieser Mittel auf lebende und todte, gesunde und kranke Körper, auf verschiedne Gebilde und verschiedne Stoffe, in verschiedner Gabe und verschiedner Concentration angestellt werden, wozu ich vordem einen Beitrag geliefert habe (Progr. de natura causticorum. Lips. 1807). Eine Hauptabtheilung springt schon nach unsern bisherigen Beobachtungen in die Augen. Einige Ätzmittel nämlich, wohin das Kali und die meisten scharfen Pflanzenstoffe gehören, bewirken Verflüssigung, Auflockerung und Erweichung der thierischen Materie und verursachen dabei weniger Schmerz.. Sie sind besonders anwendbar, wo Neigung zu Gerinnung und Erstarrung ist. Andre, namentlich die einfachen Säuren und die meisten metallischen Kalke, bewirken mehr ein Zusammenschrumpfen, Sprödewerden und Austrocknen der organischen Theile, und sind für die Fälle passend, wo eine krankhafte Neigung zu Zersetzung und Auflösung Statt findet. (*Burdach.*)

Ätznatrum, s. Natrum.

Ätzstein, s. Kali causticum.

ÄTZSTEINFORMEN. Sie bestehen entweder aus 5—6 senkrecht und in gleicher Entfernung von einander stehenden Walzen aus Holz oder Stahl, auf welche eine Rinne paßt, worein die flüssige Ätzmasse gegossen wird, um die Cylinder damit anzufüllen; oder aus zwei stählernen Halbcylindern, die gut auf einander passen und sich wieder trennen lassen, um die gestandenen Stifte desto bequemer heraus zu nehmen; oder endlich aus einem nicht zu feuchten Stücke Pfeifenthon, worein mit einem fettbestrichenen Stäbchen walzenförmige Höhlen eingedrückt werden, die noch fließende Ätzmasse in diese hineingegossen, und, nachdem sie hier zu Stiften oder Stängelchen gestanden ist, aus dem zerbrochnen Thonklumpen herausgenommen wird. Von den trocknen Stängelchen muß man das Fett abwischen und diese an einem trocknen Orte in sehr gut verstopften Gläsern aufbewahren. (*Schreger.*)

Äugen, Äuglein, s. Auge.

ÄUGST, Pfrdf. im Schweiz. Cant. Zürich, O. A. Knonau von 480 ref. Einw. und 58 Gebäuden, am westlichen Fuße des Albis; nahe dabei bei Mühliberg am Dürlersee Steinkohlengruben und das angenehm liegende Wengibad in der Pfarre Mettmenstetten. — Basel-Äugst eingepfarrt nach Arisdorf, Bez. Liestall, C. Basel, und Aargau-Augst (vormals Kaiser Äugst), kathol. Pfrdf., Bez. Rheinfelden, C. Aargau, stehen zu beiden Seiten der Ergez, auf dem Platze von Augusta Rauracorum (s. d. Art.) (*Wirz.*)

ÄUSSERE (das), ist der Reflexionsbegriff des Verhältnisses, durch welchen hypothetische und disjunctive Urtheile möglich werden. Wenn man urtheilen will, so muß man erst ausmitteln, wie sich gegebene Vorstellungen mit einander zu einem Urtheile (d. i. zur Einheit des Bewußtseyns) verbinden lassen. Der Urtheilskraft ist entweder das Allgemeine (das Prädicat) gegeben, und sie soll nun das Besondere (das Subject) darunter subsumiren. Dieses heißt bestimmen, und bei diesem Geschäft entspringen stets aus der eigenthümlichen Naturanlage des menschlichen Denk- und Urtheilsvermögens dazu, gewisse Begriffe, welche die verschiedenen Arten von Urtheilen möglich machen, und Kategorien genannt werden. Der Urtheilskraft kann aber auch das Besondere gegeben seyn, um dazu das Allgemeine zu suchen. Dieses heißt reflectiren (überlegen), und bei diesem Geschäft entspringen auch aus der Eigenthümlichkeit der menschlichen Urtheilskraft gewisse Begriffe, welche die Beurtheilung möglich machen, zu welcher Art von Urtheil oder Erkentniß ein gegebenes Subject gehört. Diese Begriffe heißen Reflexionsbegriffe, und es gibt deren vier Classen, nämlich die Quantitäts-, Qualitäts-, Relations- oder Verhältniß- und Modalitätsbegriffe der Reflexion. Unter diesen gibt es nun zwei solche Begriffe des Verhältnisses, nämlich das Innere und das Aeußere.

Wenn uns eine Vorstellung: z. B. es wird warm, gegeben ist, und wir sollen den Grund davon aufsuchen, d. i. überlegen, wie das zugeht, so ist damit die Vorstellung von etwas erzeugt, was nicht in dem Warmwerden liegt, also in etwas anderm, z. B. darin, daß die Sonne scheint, wodurch denn das hypothetische Urtheil möglich wird: wenn die Sonne scheint, wird es warm. Es gibt hier also ein äußeres Verhältniß zwischen dem Warmwerden, und dem Sonnenschein, d. h. das Warmwerden hängt nicht ab vom Sonnenschein als einem Merkmale, wie in einem kategorischen Urtheile, es ist kein inneres Verhältniß, sondern es hängt von ihm als seinem Grunde ab, es ist der Sonnenschein für das Warmwerden etwas Äußeres. Das Äußere ist also eine solche Bestimmung, die wir dem Subject unsers Urtheils durch die Beziehung (Relation) auf etwas anderes beilegen; oder auch diejenige Beschaffenheit eines Subjects (Begriffs oder Gegenstandes), die ihm nur durch Vergleichung mit etwas anderm zukömmt, oder erkannt und vorgestellt werden kann. Dieses ist nun das Äußere in Ansehung der logischen Reflexion.

Allein es gibt auch eine transcendentale Reflexion, d. i. eine Ueberlegung, zu welchem Erkentnißvermögen ein Begriff gehört, und wie er dadurch entsteht oder möglich wird. Und da ergibt sich aus der Reflexion über die Beschaffenheit unsers Erkentnißvermögens, daß alles, was wir erkennen, ein Äußeres ist und seyn muß, und daß etwas Inneres (das Realwesen der Dinge) zu erkennen, gar nicht möglich sey. Alle Verhältnisse sind ja etwas Äußeres; denn das Verhältniß des Subjects zu seinen Merkmalen, die das logische Wesen (den Grundbegriff aus allen nothwendigen Merkmalen des Dinges) ausmachen, ist nur ein logisches Inneres. In jedem Verhältnisse sind immer zwei von einander verschiedene Gegenstände, die durch einander bestimmt werden. Und in dieser Bedeutung realer (nicht blos logischer) Verhältnisse ist in der Natur alles äußerlich; denn alles, was wir von den Gegenständen der Sinne erkennen können, sind nichts als Verhältnisse. Nun ist ein Urtheil selbst nichts anderes, als die Vorstellung des Verhältnisses verschiedener Vorstellungen, in so fern sie Einen Begriff ausmachen. Da wir nun blos durch Urtheile erkennen, so folgt, daß es unserm Verstande eigenthümlich ist, nur das Äußere zu erkennen. Das Innere wäre das, was von dem Dinge erkannt würde, ohne daß es in Beziehung mit irgend etwas von ihm Verschiedenen gedacht würde. Alle Naturwissenschaft, ja alle unsre Erkentniß kann daher nur auf das Äußere gehen, d. i. auf das, wie uns alles vermöge der intuitiven Natur unserer Sinnlichkeit, und der discursiven Natur unseres Verstandes erscheint; nicht aber kann sie uns entdecken, wie etwas unabhängig von dieser Beschaffenheit unseres Erkentnißvermögens, oder an und für sich (innerlich) seyn mag.

Unter dem Äußern versteht man aber auch, was außer unserm Gemüth ist, sich nicht blos in unsern Gedanken und Vorstellungen, sondern im Raume befindet. In dieser Bedeutung ist alles, was Körper ist, und der Raum selbst ein Äußeres. Äußere Erfahrungen sind solche, die im Raume gemacht werden. Hienach sagen wir, daß wir einen äußern Sinn haben, durch welchen wir, vermittelst der bekannten fünf Organsinne, alles Körperliche, als etwas außer uns (in einem andern Orte des Raums, als darin wir uns befinden, und nicht blos im Gemüthe befindlich) anschauen. Der innere Sinn ist hingegen derjenige, durch welchen wir blos das anschauen, was in unserm eignen Gemüthe vorgehet, daß wie z. B. und was wir denken, wollen, wünschen, u. s. w. Allein auch im innern Sinne sind nichts als Beziehungen (Relationen), und wir können auch dem, was wir als Gegenstände des innern Sinnes betrachten, keine andete Bestimmung beilegen, als Verhältnisse. Die Gedanken lassen sich nur bestimmen durch andere Gedauken, welche wir jenen beilegen, oder von ihnen verneinen. So ist demnach alles, was in unserm innern Sinne ist, dennoch ein Äußeres in der ersten Bedeutung.

Ein Ding, dessen Inneres erkannt werden sollte, müßte also nicht durch Merkmale (die Prädicate in einem kategorischen Urtheile), also nicht vermittelst eines Urtheils, folglich unmittelbar erkannt werden. Etwas unmittelbar erkennen, heißt aber es anschauen; das können wir aber nur durch die Sinnlichkeit, nicht durch den Verstand, welcher nur durch Begriffe (vermittelst andrer Vorstellungen, discursiv, nicht intuitiv) erkennt. Also gibt es im strengsten Sinne des Worts nur äußere Bestimmungen für uns. Wir können uns daher vom Denken eines Gegenstandes durch das, was ihm ohne Beziehung (nicht äußerlich, sondern innerlich) zukäme, nicht einmal eine Vorstellung machen; denn unser Begriff davon ist blos negativ, er enthält blos die Verneinung der Erkentniß eines Dinges durch Beziehung auf ein von ihm verschiedenes. (*Mellin.*)

Äussere (u. innere) Kreuzen, s. Kreuzen.

Äx (Αἴξ), felsiges wüstes kleines Inselchen zwischen Tenos und Chios von seiner Gestalt so genannt; wer von Achaia nach Andros schifft, sieht es rechter Hand liegen. Plin. H. N. IV. 18. Solin. XI. Martian. Capell. VI. p. 212. vgl. Hard. zu Plin. s. ägäisches Meer. (*Spohn.*)

Äxone, s. Attika.

Äxonia, s. Thessalien.

ÄXTOXICON, eine Pflanzen-Gattung, die Ruiz und Pavon zu der 22sten Linnéschen Classe zählen, und ihr folgenden Charakter geben: bei den männlichen Blüthen ist der Kelch doppelt, der äußere kugelrund, der innere fünfblättrig und hinfällig. Die Corolle fünfblättrig. Das Honigwerkzeug besteht in fünf umgekehrt herzförmigen Schüppchen. Die weiblichen Blüthen sind eben so gebildet, wie die männlichen: daher, nach Smiths sehr richtigen Grundsätzen, die Pflanze keineswegs in die 22ste Classe, sondern in die fünfte Linné'sche gehört. Das Pistill ist gespalten und die Frucht besteht in einer einsamigen Steinfrucht. Der Name der Gattung ist übrigens schlecht und gegen die Regeln der griechischen Grammatik gebildet, es müßte wenigstens Ägotoxicon heißen. Die einzige Art, welche man kennt, wird Äxt. punctatum genannt. Es ist ein hoher Baum in Chile, dessen ablange Blätter unten punktirt und dessen Früchte ein tödtliches Gift für Ziegen sind. (*Sprengel.*)

AFÄ MÄKUONEN, Provinz der großen abyssinischen Landschaft Tigre. (*Hartmann.*)

Afer, Constant., s. Constantinus.

AFER (Domitius), berühmter Redner, auch rhetorischer Schriftsteller während der Regirung der römischen Kaiser Tiberius, Caligula, Claudius und Nero. Er stammte aus Nemausus (dem jetzigen Nimes) in Gallien [1]), und wird zuerst im Jahr 26 nach Chr. Geb. (779 der St. R.) als Prätor [2]) und zugleich als Ankläger der Claudia Pulchra, einer Verwandten von Germanicus Witwe Agrippina, genannt; durch welche Anklage er nicht nur die Verurtheilung der Claudia Pulchra bewirkte, sondern auch bei Tiberius sich so beliebt machte, daß dieser seinem Geiste und seiner Beredsamkeit die größten Lobeserhebungen machte [3]); hiedurch angefeuert, spielte Domitius Afer im folgenden Jahre, und zwar in Verbindung mit Publius Dolabella, dieselbe Rolle des Anklägers gegen Quintilius Varus, den Sohn der Claudia Pulchra [4]). Agrippina, wiewol sehr erbittert über die Verurtheilung ihrer Verwandten, bewies viel Mäßigung gegen den Ankläger [5]); aber ihr Sohn, Caligula, der auf Tiberius in der Regirung folgte, zürnte jener Anklagen wegen auf ihn, und wie Afer demselben, wahrscheinlich um ihn sich geneigter zu machen, im Jahr 39 nach Chr. Geb. eine Bildsäule errichtete, mit der schmeichelhaften Inschrift, daß Caligula schon im 27sten Jahr zum zweiten Male das Consulat verwaltet habe, so sah der Kaiser hierin eine Verspottung seiner Jugend, und trat selbst in einer förmlichen Rede, die er vom Papier herlas, als Ankläger gegen ihn auf, nichts anders erwartend, als daß Afer, welches diesem sicher den Tod zugezogen hätte, in einer Gegenrede sich vertheidigen würde; aber der schlaue Redner stellte sich, als demüthige er sich vor des Kaisers Rednergaben, bat flehentlich um Verzeihung und wußte dadurch nicht nur die Gefahr von sich abzuwenden, sondern sich sogar das Consulat zu erschleichen [6]). Unter Nero's Regirung, im J. d. St. 813, n. Chr. Geb. 60 starb er [7]) und zwar in Folge einer Unmäßigkeit beim Mahle [8]), nachdem er zwei von ihm adoptirte Söhne seines durch ihn in die Liste der Proscribirten gesetzten Bruders in seinem Testamente zu Erben eingesetzt hatte; welches er, wenn er, wiewol, wie es scheint, schon sehr bejahrt, nicht plötzlich gestorben wäre, sicher widerrufen hätte [9]).

Als Mensch betrachtet, gehörte, wie aus dem Gesagten hervorgeht, Domitius Afer zu der in jener ruchlosen Zeit nicht geringen Zahl derer, welche durch falsche Anklagen, durch gemeine Schmeicheleien gegen den Hof und durch andere schlechte Künste sich Namen, Ansehen und Vermögen zu erschleichen wußten, und das Letzte leichtsinnig wieder vergeudeten; daher erwähnt der tugendhafte Tacitus seiner niemals ohne laute Verachtung seines sittlichen Charakters, und einen verächtlichen Seitenblick auf denselben; auch der Verfasser des Gesprächs von den Rednern, möge es nun Tacitus, oder ein anderer seyn [10]), so wie Plinius nn der angeführten Stelle. Aber als Redner zeichnete er sich, nach dem einstimmigen Urtheil aller, die seiner gedenken, aus, und Quintilianus, dessen Jugend in die Zeit des größten Ruhms des Domitius Afer fiel, und der als Schüler sich ihm angeschlossen zu haben scheint [11]), erwähnt seiner niemals, ohne die größte Achtung für sein Talent und seine Ausbildung als Redner zu äußern; nennt ihn einen der größten aller Redner, die er gekannt habe [12]), und setzt ihn sogar den alten Meistern in der Beredsamkeit an die Seite [13]), rühmt seinen feinen und treffenden Witz, seine Gewandtheit in ironischen Antworten und Einfällen, seine Reife in Gedanken und Ausdruck [14]), wie denn auch sowol er [15]) als, aus seinem Munde, auch Plinius [16]), so wie Dio Kassius [17]); manche der witzigen Einfälle des Domitius Afer, von welchen ganze Bücher voll herausgegeben waren [18]), aufbewahrt haben. Auch eine aus zwei Büchern bestehende Schrift von den Zengen (de testibus) hatte er herausgegeben [19]), von welcher, außer einer darin enthaltenen von Quintilianus mitgetheilten, Vorschrift für den Redner, nichts auf uns gekommen ist, so wie auch die Reden von ihm, welche, wie eben dieser Schriftsteller erzählt [20]), herumgetragen wurden, unsere Zeit nicht erreicht haben. Weil Afer, der in frühern Zeiten der erste Redner auf dem Forum gewesen war, auch noch in spätern Zriten nach diesem Ruhme dürstete, so überlebte er sein Ansehen, und sein Auftreten erregte Schadenfreude bei seinen Gegnern und Schamröthe bei seinen Freunden [21]). — Der Artikel Afer ist von Bayle

---

1) Daher Nemausensis in Hieronymi Chronic. Eusebii Lib. poster. Ed. Scalig. Amstel. 1658. Fol. p. 160. 2) Die Worte des Tacitus: „Is recens praetura, modicus dignationis" hat Bayle ganz falsch verstanden, indem er den Afer (bald nach seiner Prätur, da er sich in keiner Würde befand) als Ankläger gegen die Pulchra auftreten läßt. Wahrscheinlich war Afer Ankläger und Richter in einer Person. Kap. 66. nennt Tacitus ihn auch ausdrücklich „condemnator Claudiae Pulchrae." Die Worte des Tacitus Kap. 52: „quoquo facinore properus clarescere" sind übrigens von Strombeck (B. I. S. 355) durch „entschlossen, sich durch irgend eine That berühmt zu machen," lange nicht stark genug wieder gegeben. 3) Tacit. Annal. Lib. IV. c. 52. Ed. Oberl. Lips. 1801. T. 1. p. 431—433. Dio Cass. Lib. LIX. Ed. Reim. Vol. II. (p. 922). 4) Tacit. l. c. c. 66. Ed. Oberl. I. p. 450. 5) Als er ihr einmals begegnete und aus Scham ausbog, rief sie ihn zu sich und sagte, vielleicht mit Beziehung auf Ilias XIII. v. 111 und 112, die griech. Worte: Θάρσει Δομίτιε, οὐ γάρ σύ μοι τούτων αἴτιος εἶ, ἀλλ' Ἀγαμέμνων: Nur muthig, Domitius; nicht du bist mir die Ursache von diesem, sondern Agamemnon, auf den Tiberius deutend (Dio Cass. l. c.). Daß sie keinen Argwohn gegen den Ankläger ihrer Verwandten gehabt habe, wie Bayle sagt, wird durch Dio Kassius Erzählung widerlegt. 6) Dio Cassius l. c. 7) Tacit. Ann. Lib. XIV. c. 19. Ed. Oberl. T. I. p. 850. 8) Hieronym. Chronic. Euseb. l. c.

9) Plin. Epist. Lib. VIII. ep. 18. Ed. Casp. Barth. Lips. 1675. p. 637. 10) De oratorib. dial. c. 13. Ed. Tac. Oberl. T. II. p. 691. 11) Instit. Orator. Lib. V. c. 7. 7. Lib X. c. 1. 24 u. 86 Ed. Spald. Lips. 1798—1816. IV Voll. 8. maj. Vol. II. p. 194 und Vol. IV p. 21 u. 69. 12) Lib. XII c. II. 3. Ed. Spald. Vol. IV. p. 682. 13) Lib. X. c. I. 118. Ed. Spald. Vol. IV. p. 103 u. 104. — In dem Dial. de oratorib. c. 15. wird indeß von Afer gesagt, daß er, wie andere Redner seiner Zeit, von den Alten, namentlich auch von Cicero abgewichen sey. 14) Lib V. c. 10. 79. Lib. VI. c. 3 27, 42. 54 u 68. Lib. XII. c. 10. 11. Ed. Spald. Vol. II. p. 276. 542. 555 564. 578. Vol. IV. p. 612. 15) Lib. VI c. 3. 92—94. Ed. Spald Vol. II. p 604—608 und an mehrern der schon angeführten Stellen. 16) Epist. Lib. II. epist. 14. Ed. Barth. p. 120. 17) Lib. LX. Ed. Reim. Vol. II. (p 972). 18) Quintil. Lib. VI. c. 3 42. 19) Quintil. Lib. V. c. 7. 7. 20) Lib. X. c. 1. 24. Ed. cit. Vol. IV. p. 21. 21) Quintil. Lib. XII. c. 11. 3 Tacit. Ann. Lib. IV. c. 52. — Quintilianus

(teutsche Uebers. Th. 2. S. 87—89) mit vieler Gründlichkeit abgehandelt. (*Mohnicke.*)

Afergur, Festung in den westlichen Marattenlanden zwischen den Flüssen Tapti und Nerbudda. (*H.*)

AFFA, Gau des Herzogth. Alemannien. Die als darin belegnen angeführten Orte Andelfingen (Antolvinga) 854 und Alzheim 961 finden sich am nordwestl. Donauufer in der Gegend der nun wirtembergischen Stadt Riedlingen. Er war also wol im Umfang des Kapituls Riedlingen im Konstanzer Archidiakonat auf der Alp begriffen. Die erste Urkunde nennt den Kreis nur pagellus, aber eben so auch die große Bertholdesbern; auf die Ausdehnung läßt sich aus dem Ausdruck also nicht schließen. Ohne Zweifel gehörte Touwondorf (Taugendorf) 1093 Cod. All. 2. 38, welches in den Gau Uuhnalbun (Auf der Alb) in die Grafschaft Graf Mangolds (von Böringen) gesetzt wird, hieher. (s. Alba. Neugart episc. Constant. I, 20. Vergl. die Karte von Alemannien. (*Delius.*)

AFFAHDEH, ein erst durch Dr. Seetzen bekannt gewordenes, von dem Reiche Bornu abhängiges Negerland im Innern des nordöstlichen Afrika's, östlich und zwar nicht weit entfernt vom eigentlichen Bornu, s. monatliche Corresp. 1810 Febr. und Oct. und das ausführliche Wörterverzeichniß der Affahdeh-Sprache in meinen Proben teutscher Volks-Mundarten, Seetzen's Linguist. Nachlaß u. s. w. S. 334 ff. (*Vater.*)

AFFALTER, Ober- und Nieder-, Dörfer in der gräfl. Schönburgischen Niedergrafschaft Hartenstein im Königr. Sachsen, haben bedeutende Tafelschieferbrüche, Hopfenbau und eine Bleiche. (*Engelhardt.*)

AFFALTERBACH, Pfd. in Wirtemberg und Amt Marbach, mit 900 Einw., hat eine hohe Lage, und auf dem nahen schönen Lemberg wichtige Steinbrüche zu Bausteinen. (*Röder.*)

Affalterbach, Weiler an der Schwarzach im baierschen Landgerichte Gräfenberg, des Ob.-Mainkreises, bekannt durch die Niederlage der Nürnberger durch Prinz Casimir von Brandenburg an der Seite Götzens von Berlichingen, 1502. In der Nähe befinden sich noch die Ruinen einer alten Kapelle, die Affalterbachs-Kapelle genannt. (*Fenkohl.*)

AFFALTERN, auch APFELTRACH, Pfd. und Hauptort eines Steuerdistricts im Landger. Wertingen, im O. Donaukreise des Königr. Baiern, 4 St. von Augsburg, in der ehemal. Markgrafschaft Burgau. Zu dem Steuerdistricte dieses Namens gehören noch die Orte: Heratsried, Naumburg und Salmanshofen. — Das Pfarrdorf Affaltern enthält 1 Pfarrkirche, 48 H. und 243 Einw. Die Dorfflur über 800 Jucherte, darunter 350 Juch. Waldungen. (*Raiser.*)

Affe, s. Simia.

AFFECT (anthropologisch), heißt die Fähigkeit des Gemüths, eine solche Lust oder Unlust zu fühlen, welche das Subject derselben übeteilt, (die Ueberlegung, ob es sich ihm überlassen soll, sehr schwer oder gar unmöglich macht); es heißt aber auch diese Lust oder Unlust selbst ein Affect. In der letztern Bedeutung sollte man dafür das Wort Gemüthsbewegung, so wie im Lateinischen nicht affectus, sondern perturbatio, commotio animi (παθος, ψυχης κινησις) gebrauchen. So ist z. B. die Furcht als Gemüthsfähigkeit ein Affekt, als Produkt der Einwirkung auf diese Gemüthsfähigkeit, eine Gemüthsbewegung, nämlich der Gemüthszustand des sich fürchtenden Menschen. Alle Menschen haben dieselben Affecten, aber nicht alle werden von den nämlichen Affecten öfters bewegt, sind ihnen allen unterworfen, und haben die nämlichen Gemüthsbewegungen. Der Affect ist die Naturanlage, welche die Gemüthsbewegung möglich macht, diese aber erschwert es dem Subject, sich nach Grundsätzen zu bestimmen und nach denselben zu handeln; denn dazu gehört Ueberlegung, und zu dieser ist das Gemüth, wenn es im Affect ist, d. i. die Gemüthsbewegung wirkt, nicht frei genug. Daher sagt man auch, der Mensch handelte im Affect, seine Gemüthsbewegung hatte Einfluß auf seine Handlung.

Der Affect ist von der Leidenschaft wesentlich unterschieden, denn der erstere ist die Fähigkeit zu einem mit Begierde oder Verabscheuung verknüpften Gefühl, oder auch dieses Gefühl selbst, und ist, als Fähigkeit, in allen Menschen, die Leidenschaft aber ist ein herrschender Gemüthszustand, eine fortdauernde sinnliche Begierde; der Affect geht, als Gemüthsbewegung, vor der Ueberlegung her, und macht sie schwer oder gar unmöglich, macht daß das Subject desselben unbesonnen handelt; die Leidenschaft hingegen, wenn sie auch heftig ist, läßt dennoch ruhige Ueberlegung und Besonnenheit zu, nämlich ob und wie sie zu befriedigen sey; der Affect ist plötzlich und hält gemeiniglich nicht an, die Leidenschaft aber entsteht nach und nach, durch öftere Befriedigung der Neigung, so daß diese dadurch bleibend wird, und dann eben herrschende Neigung oder Leidenschaft heißt; der Affect ist stürmisch, oder er überrascht doch, und hebt die Gemüthsfassung wenigstens für einen Augenblick auf, die Leidenschaft läßt das Gemüth in Ruhe; der Affect (sagt Kant, Anthropol. S. 205. 1. Ausg.) wirkt wie ein Wasser, welches den Damm durchbricht, die Leidenschaft wie ein Strom; der sich immer tiefer eingräbt; der Affect wirkt auf die Gesundheit, wie ein Schlagfluß, die Leidenschaft wie die Schwindsucht oder Auszehrung; der Affect ist wie ein Rausch, den man ausschläft, obgleich Kopfweh darauf folgt, die Leidenschaft wie ein anhaltender Wahnsinn, an dem der Arzt lange heilen muß; Affecten sind ehrlich und offen, Leidenschaften hinterlistig und versteckt. Wo viel Affect ist, da ist gemeiniglich wenig Leidenschaft. Der Affect hat übrigens, wie jedes Gefühl, stets einen bestimmten Grad der Stärke, über und unter welchem größere oder kleinere möglich sind. In der Jugend sind die Affecten am stärksten, im Alter werden sie schwächer, weil dann der Eindruck auf die Organe minder lebhaft ist, auch die Reizbarkeit der Nerven und die Beweglichkeit im Organismus abnimmt.

Die Gemüthsbewegung im Affect entsteht so wenig aus einer dunkeln und verworrenen Vorstellung des Ge-

bemerkt, man habe vom Domitius Afer gesagt: er wolle lieber nachstehen als nachlassen (malle eum deficere quam desinere), und Tacitus Worte sind: „aetas extrema multum etiam eloquentiae dempsit, dum fessa mente retinet silentii impatientiam.“

ten und Bösen, des Nützlichen und Schädlichen, als die Begierde; denn derjenige, welcher einem Affect unterworfen ist, kann eine ganz richtige und deutliche Vorstellung des Werths des Gegenstandes haben, der ihn in Affect setzt. Nicht der Verstand, das Princip der Erkentniß, sondern die Ueberlegung, ein Act der Urtheilskraft, ist gehemmt. Den Affecten unterworfen seyn ist eine Krankheit des Gemüths, die aber ein Jeder in seiner Gewalt hat zu heilen, weil es sonst unmöglich seyn müßte sich zu bessern, oder die Herrschaft über den Affect zu erlangen. Der Mensch soll aber in jedem gegebenen Falle seiner Meister seyn, d. h. seine Affecten im Zaum halten. Die Vernunft kann und soll die Affecten nicht ausrotten, aber sie fodert als Pflicht, und wir vermögen es folglich, uns auch im Affect zu fassen, und ihn nicht zum Meister über uns werden zu lassen. Sich den Afferten so überlassen, daß sie uns in vorkommenden Fällen übermannen, ist etwas Böses; der Gemüthszustand selbst aber, in welchem man sich alsdann befindet, ist mehr etwas Schwaches und Kindisches, als etwas Böses, dieser Zustand ist nämlich eine Schwäche im Gebrauch der Vernunft, welche aus Gewohnheit und ohne Ueberlegung der Gemüthsbewegung unterliegt. Man kann daher diesen Gemüthszustand, daß man ein Sklave der Affecten ist, nur eine Untugend, aber nicht eigentlich ein Laster nennen.

Es gibt zweierlei Arten von Affecten, die des Gefühls der Lust, und die des Gefühls der Unlust. Beide Arten kann man wieder eintheilen nach ihrer Einwirkung auf die Lebenskraft, die sie entweder erregen und ausspannen, oder erschöpfen und abspannen. Die erstern sind demnach sthenische, oder Affecten von der wackern Art, die letztern asthenische, oder Affecten von der schmelzenden Art. Der Zorn gehört zu den erstern, die Scham zu den letztern. Die sthenischen Affecten wirken nach außen, und sind stürmend, die asthenischen wirken nach innen, deücken, nagen und verzehren. Die ersten gehen aber eher vorüber.

Es ist eine Aufgabe, die noch nicht gelöset ist, ein Princip aufzufinden, nach welchem alle Affecten vorstehender vier Arten könnten erschöpfend aufgezählt werden. Wir wissen die eigentliche Anzahl der Affecten immer noch nicht Anch gibt es einfache oder Grundaffecten, und zusammengesetzte, oder abgeleitete. Allen Affecten möchten vielleicht vier Hauptaffecten zum Grunde liegen, so daß man alle übrigen nur als so viel Modificationen dieser vier Grundaffecten zu betrachten hat. Diese sind: Freude, Traurigkeit, Furcht und Hoffnung. Sie ergeben sich so: der Affect treibt das Subject an, entweder sich in seinem gegenwärtigen Zustande zu erhalten, oder ihn zu verlassen. Im erstern Falle heißt der Affect Freude, im letztern Traurigkeit; oder er treibt das Subject an, einen zukünftigen Zustand zu fliehen, oder zu suchen, d. i. er ist entweder Furcht oder Hoffnung. Alle Gefühle gehen nämlich auf den Zustand des Subjects. Der vergangene Zustand aber kann das Subject nur durch die Erinnerung in Affect setzen, entweder wenn es sich diesen Zustand als gegenwärtig denkt, dann erfüllt er dasselbe mit Freude oder Traurigkeit; oder wenn es sich denselben denkt, als er ihm noch bevorstand, und dann erweckt er im Subject Furcht oder Hoffnung. Folglich gibt es für das Vergangene keine besondern Affecten.

Die Affecten haben einen großen Einfluß auf den Körper, sie wirken auf die Nerven, und dadurch auf das Herz und den Umlauf des Bluts, so daß sie denselben oft plötzlich hemmen oder schneller machen. Sie treiben oft das Blut ins Gesicht, oder machen daß das Subject erröthet, oder treiben es aus dem Gesicht und machen, daß es erblaßt. Die Organe werden empfindlicher, und das Subject wird entschlossener und thätiger. Zuweilen wirken sie so stark, daß der Mensch plötzlich stirbt, entweder durch Erstickung oder das Zerreißen eines der zum Leben unentbehrlichen innern Gefäße. Wie aber das Gemüth diese Einwirkung auf den Nerven hervorbringt, wird wol immer ein Geheimniß bleiben. Und eben so unbekannt ist es bis jetzt, wie der Nerve das Blut in Bewegung setzen kann. Im Zorn erblaßt oder erröthet man, der Schweiß bricht aus, besonders am Kopfe, die Muskeln schwellen an, das Gesicht und die Geberden ändern sich, jedoch nicht bei allen auf gleiche Weise. Schreck und Freude haben oft genug auf der Stelle getödtet.

Die Affectlosigkeit, ohne daß dadurch die Stärke der Triebfedern zum Haudeln vermindert wird, ist das Phlegma, im guten Sinne des Worts. Sie ist die Eigenschaft, sich durch die Stärke des Affects nicht aus der Ueberlegung bringen zu lassen. Aber den Affect so in seiner Gewalt zu haben, daß man kaltblütig (ruhig) überlegen kann, ob man z. B. zürnen solle oder nicht, scheint ein Widerspruch zu seyn. Die Stoiker hatten dieses Princip der Apathie. Der Weise, meinten sie, sey niemals im Affect. Sie hatten recht, wenn der stoische Weise als Ideal der Moralität betrachtet wird. Da nun aber die Natur die Anlage zu den Gemüthsbewegungen (den Affect) eingepflanzt hat, so bringen wir es nie bis zu dieser erhabenen moralischen Apathie. Die Affectlosigkeit ist demnach eine bloße relative Beschaffenheit, sie kann nämlich nur in Vergleichung mit Andern Statt finden, und darin bestehen, daß ein Mensch weniger den Gemüthsbewegungen unterworfen ist, als viele andere Menschen. Die Affectlosigkeit ist entweder natürlich oder erworben. Im erstern Fall ist es eine Neigung zur Trägheit. Orientalische Völker, z. B. die Chinesen, sind, weil sie von Kindheit an dazu gewöhnt werden, sich zu mäßigen und zu beherrschen, ohne merkliche Gemüthsbewegungen; Zorn, Erbitterung, grimmige Entrüstung ist unter den Chinesen selten, besonders unter dem gemeinen Mann. Heftig ist der Chinese nie, er scheint daher langsam, kalt und phlegmatisch zu seyn, aber es fehlt ihm nicht an Munterkeit und natürlichem Feuer. (*Mellin.*)

Affecte hat die Diätetik zu betrachten, zuvörderst in wiefern man sich vor denselben zu hüten hat. Der Affecte überhaupt sich entäußern zu wollen, wäre ein zum eigenen Verderben gereichendes Streben der Natur, denn durch sie wird ein höheres Aufschlagen der Lebensflamme bewirkt, Stockung und Fäulniß vom Leben abgehalten und demselben Reiz und Kraft ertheilt. Die Diätetik räth nur, 1) sich nicht einem Affect ausschließlich hinzugeben, denn dadurch erst wird jene Störung des

Gleichgewichts, welche sonst augenblicklich uns dadurch eben wohlthätig ist, anhaltend; 2) überhaupt nicht zu viel in Affecten zu leben, sondern der zu großen Neigung zu denselben Grenzen zu setzen; denn unter fortdauernden Affecten wird die Selbständigkeit des Willens vermindert, alles Wirken hastig, unsicher und schwankend, und das Leben aufgerieben. 3) Zuträglicher für den Organismus sind die sogenannten erregenden Affecte, d. h. diejenigen mit kräftigem Selbstgefühl und daraus hervorgehender lebhafter Bestrebung, als die sogenannten niederschlagenden, welche bei beschränktem Selbstgefühle mehr in leidentlichen Empfindungen verharren, als Gegenwirkungen erregen, und die daher am Lebensmarke zehren. So ist Ärger verderblicher als Zorn, Groll verderblicher als Haß u. s. w. 4) Es kommt ferner auf den Gegenstand des Affectes an: je mehr derselbe mit unserer wahren und höhern Natur übereinstimmt, desto mehr befördert der Affect die Einheit mit uns selbst, und desto wohlthätiger ist er in seinen Wirkungen: die Begeisterung für irgend einen höhern Zweck, für irgend eine Idee, ist ein Affect, der allein in den Stand setzt, Großes zu leisten. Affecte, die aus gemeiner Selbstsucht hervorgehn, und blos auf unsre sinnliche Natur sich beziehen, machen den Menschen einseitiger und sklavischer, wirken aber zu gleicher Zeit verderblicher, nagen mehr am Leben und verwüsten mehr das Gemüth. — Das allgemeine Verfahren aber, sich gegen Affecte zu sichern, besteht darin, a) daß man den Geist mehr bildet, Verstand und Vernunft mehr übt, damit die Gegenstände klar angeschaut werden, und nicht allein das Gefühl ergreifen; b) daß die thätige Kraft des Gemüths mehr gestärkt werde, damit der leidentlich empfangene Eindruck nicht übermächtig sey. — Was das Verhalten während des Affectes anlangt, so setzt jede diätetische Vorschrift hier voraus, daß man schon seine Selbständigkeit dagegen zu behaupten strebe. a) Das Wichtigste ist das Bewußtseyn des Affectes, und der feste Wille, in demselben uns treu, mit uns selbst einig zu bleiben, uns dem Affecte nicht unbedingt dahin zu geben, noch an ihn unsre Freiheit zu verlieren; denn solch ein höherer Grad desselben ist ein wirklich krankhafter Zustand. Aber nur ein höherer Gedanke kann des Affectes Meister werden; je mehr daher ein solcher herrschend wird, um so mehr ist die Sele in sich gegründet, um so mehr erhält sie ihren Gleichmuth bei Gegenständen von minderer Wichtigkeit, und um so mehr behauptet sie auch Besonnenheit im Affecte. b) Der plötzliche, unvorbereitete Eintritt eines sehr starken Affectes erschüttert den gesamten Organismus, oft zum Heil, oft zum Verderben. Wenn einem Menschen mit lebhaftem, reitzbarem Gefühl und geringer Kraft und Selbständigkeit ein starker Affect bevorsteht; so bereite man ihn dadurch vor, daß man ihn in die entsprechende gleiche Stimmung versetzt, und ihn das, was ihn erschüttern wird, als möglich sich denken läßt. c) Ist aber der Affect einmal entstanden, so schone man nicht weichlich sein Gefühl durch sogenannte Zerstreuung, sondern man blicke tief in das Ereigniß, welches uns erschüttert hat, man übersehe es in seinem ganzen Umfange; denn diese muthige Selbstverwundung des Gemüthes gibt schon ein erhöhtes Kraftgefühl, der Schmerz wird erschöpft, und der Phantasie bleibt nichts übrig, um ein die Wirklichkeit überfliegendes Schreckbild zu schaffen. d) Der Affect wird durch ein Besondres erregt, daher auch niedergehalten durch das Allgemeine. Wo also eine höhere Ansicht der Dinge in der Sele stehend geworden ist, wird der Affect nie die Selbständigkeit derselben überwältigen. e) Uebrigens ist bei allen Affecten allgemeine körperliche Ruhe zu empfehlen. Die selbstthätigen Affecte werden durch Bewegung noch mehr aufgeregt, und verlieren sich leichter beim Sitzen oder Liegen. Bei niederschlagenden Affecten ist dagegen die Bewegung noch mehr schwächend, zumal die hastige. Speisen oder Getränke während eines Affectes, oder kurz nach demselben genossen, werden nicht gehörig verdaut, und geben zu verschiedenem Uebelbefinden Anlaß. *(Burdach.)*

Affectation, s. Ziererey.

AFFELN, eine Freiheit im Amt Balve, Hzgth. Westphalen, etwa 2 St. von dieser Stadt, mit 321 Einw. in 37 H. (vor dem im J. 1814 erlittenen Brande zählte man 43 H.), mit einem Rittersitze, der ehemals einer Familie von Affeln gehörte, von welcher aber schon 1327 die letzten Spuren vorkommen. Jetzt der Familie von Mengede gehörig. Außer einer schönen Pfarrkirche, ursprünglich Tochter der benachbarten Mutterkirche zu Plettenberg in der Grafschaft Mark, hat der Ort gegenwärtig nichts Merkwürdiges; von dem ausgezeichneten Flor zur Zeit der Hanse, so wie von den damaligen großen Heerstraßen in dieser Gegend, lassen sich nur noch in der Geschichte Spuren finden. *(J. S. Seibertz.)*

Affenbeere, A. Brodbaum und A. Schädel, s. Vaccinium oxycoccus, Adansonia und Antirrhinum orontium; — Affen Nase und A. Natter, s. Coluber simus.

Affenhinter, Affensterz, eine Schnecke, Buccinum L., s. Purpura.

AFFENSPRUNG, eine in der Gymnastik oder Turnkunst beim Schwingen (Voltigiren) übliche Sprungart, die mehr zu den spielenden als echt gymnastischen Aufgaben gehört. Der Schwinger kann sie unter zweierlei Art vollführen: a) er steht auf dem Kreuze des Pferdes, neigt sich nieder, ergreift mit der linken Hand den hintern Sattelbogen (Pausche), mit der rechten den vordern. So fest gestützt auf die Hände, springt er mit den Füßen rechts herum auf den Hals und von da entweder wieder zurück, oder indem er die Rechte jetzt auf die hintere Pausche, die linke auf die vordere stützte, vom Halse rechts herum wieder auf den Rücken des Schwingpferdes, und so fort im Kreise herum, oder b) er berührt das Schwingpferd gar nicht, sondern springt unter gleicher Anwendung der Hände, indem er sich stark zusammen hockt, von einer Sattelpausche zur andern im Kreise herum. *(GutsMuths.)*

Afferis, Affers, s. Avers.

Affettuoso, s. Tonweise.

AFFIDAVIT, heißt im englischen Rechte überhaupt ein gerichtlicher eidlicher Schein oder Beschwörungsschein, insonderheit auch im Seerechte. Das Formular zur Erhärtung des aufgebrachten Eigenthums wurde am Ende des 18ten Jahrhunderts von einer Menge Juristen entworfen, um so alle Reservationes mentales unmöglich zu machen. *(Jacobsen.)*

AFFILE, alte Stadt in Latium nobunt, im Gebiet der Herniker und auf einer Bergspitze liegend, jetzt ein altes Bergschloß gleichen Namens, genannt von Frontinus de Col. Vgl. Sickler Campagna di Roma. (*Sickler.*)

Affiliatio, s. Adoption.

AFFILIIREN, ist ein in der Freimaurerei gebräuchlicher Ausdruck. Ganze einzeln stehende Logen affiliiren sich einem Bunde, nach dessen Ritual sie arbeiten; und ein einzelner Bruder affiliirt sich, nach genommenem Abschiede von der bisherigen, bei einer neuen Loge, dir, besonders wenn er aus fernen Landen oder von einem andern Systeme eintritt, über seine Aufnahme stimmt. (Vgl. Gädickes Freimaurer Lex.) (*H.*)

AFFING, Herrschaftsgericht, besteht nach der Bekanntmachung im 2ten Stück des Regirungs-Amtsblattes für den Oberdonaukreis aus 8 Steuerdistrikten; die von den Dörfern Affing, Hauswies, Stolzart, Petersdorf, Schönleiten, Gundelsdorf, Gebenhofen, und Aulzhausen benannt sind. Die ersten 6 gehörten vorher zum Landgericht Aichach, die 2 letzten zum Landgericht Friedberg. Im Ganzen enthält dieses Herrschaftsgericht 2ter Classe auf 1⅘ QMeilen: 593 Häuser, 638 Familien, und 2945 Einwohner. (*Raiser.*)

Affinitas, s. Verwandtschaft.

Affirmatores, s. Vormundschaft.

AFFIXA, oder SUFFIXA, nennt man in der grammatischen Sprache die abgekürzten Formen des persönlichen Fürworts, welche an die Verba und Nomina (auch Partikeln) gehängt werden, und an letzteren namentlich das Possessiv-Pronomen ausdrücken. Beispiele dieser Art finden sich in den meisten Sprachen; die durchgehendste Analogie hat sich aber in den semitischen Sprachen gebildet, und nächst diesen in der ungarischen. Z. B. im Hebräischen: abi-hu, sein Vater, eigentlich: der Vater des Er, abi-nu unser Vater, eigentlich der Vater unser (vollständig anu wir); im Ungarischen Atyank unser Vater, Atya Vater, und miak (woraus nk abgekürzt) wir. Im Lateinischen findet sich diese Bildung in dem alten eccum f. ecce eum; im Deutschen in d u h a st s oder h a st s, im für i n d e m; im Neugriechischen in πατερμου, πατερσου, πατερτου, wozu schon in dem Altgriechischen πατηρ μου der Anfang gegeben ist. In den letztern Sprachen ist aber der Ausdruck Affixa, eben wegen der Seltenheit der Fälle, nicht gewöhnlich. In der semitischen Grammatik unterscheidet man davon noch die Afformation, d. i. die abgekürzten Formen der Pronomina, welche die verschiedenen Personen des Verbi bilden, als katal-ta du tödtest (ta von atta du). Andere Sprachen, welche Affixa haben, s. in Adelung-Vaters Mithridates I, S. 608. II, 731. 749. III, 89. Einige americanische haben die Eigenheit, daß sie diese Bestimmungen nicht anhängen, sondern zwischen einfügen. (*Gesenius.*)

AFFLENTSCHEN, ABLENTSCHEN. Enges, hohes, im Winter oft ganz verschlossenes Bergthal mit einer ref. Pfarre und einem großen Viehmarkte, im Schweiz. Cant. Bern, Amt Saanen, an der Yone, (Yaun), die sich bei Grüyern mit der Sane vereinigt. (*Wirz.*)

AFFLITTO, AFFLICTO, AFFLICTIS (Matthäus de) ein berühmter Rechtsgelehrter aus Neapel, geb. um 1430, lehrte daselbst die Rechte, dirute in der Folge 5 Königen von Neapel als Rath, und starb 1510. Seine Commentaria de feudis, und noch mehr seine Decisiones sacri regii Concilii Neapolitani, waren ehemals sehr geschätzte, in Italien, Frankreich und Teutschland oft (in fol.) gedruckte, und von verschiedenen Rechtsgelehrten durch Zusätze vermehrte Werke. Nach Pancirollus Urtheil war er jedoch potius laboriosus in scribendo quam acutus. — Unter mehreren andern italienischen Schriftstellern dieses Namens ist G e n n a r o oder J a n u a r i u s M a r i a d e A f f l i c t o, gest. 1673 zu Neapel, durch einige Werke über die Fortifikation bekannt. Mazzuchelli und nach ihm Adelung geben von ihnen Nachricht. (*Baur.*)

Affodil, s. Asphodelus.

AFFOLTERN, reformirte Pfarrd., im Schweiz. C. Zürich, genannt A f f o l t e r n b e i H ö n g g, Amts Regensberg, mit 450 Einw. und 64 Gebäuden; ein anderes, Amts Kuonan, genannt a m A l b i s mit 1260 Einw. und 231 Gebäuden. — G r o ß - A f f o l t e r n, oder A f f o l t e r n bei Aarberg, Amts Aarberg, ist ein reform. Pfd. — M o o s - oder K l e i n - A f f o l t e r n ein Dörfchen des gl. Amts, Pfarre Rapfersweil. — Noch ein anderes A. ist ein Pfarrd. im Emmenthal, bernischen Amts Trachselwald. (*Wirz.*)

AFFRIQUE, St. Br. 43° 50′ L. 20°. 32′, Hauptort eines Bezirks von 32⅗ QMeilen, und 51,981 Einw. im franz. Dep. Aveyron. Sie liegt am Sorgues, hat zwar ziemlich breite Straßen, aber altfränkische, hohe und dunkle Häuser, und kein einziges ausgezeichnete Gebäude, als das geräumige und regelmäßige Hospital. Man findet hier 1 katholische und 1 reformirte Kirche, etwa 800 Häuser und 4,616 Einw., worunter viele Reformirte, deren Kirche die Consistorial-Kirche des Departements ist. Außer 1 Manufaktur von Cadis, die etwa 5,000 Stück liefert, 1 Kattunmanufaktur, einigen Gerbereien und Töpfereien bestehen keine Fabriken, doch treibt die Stadt einen ziemlich lebhaften Handel mit Produkten und Fabrikaten der umliegenden Gegend, besonders mit Käse von Roquefort, und hat ein Handelsgericht, (nach der Descr. top. et stat. de la France. Aveyr. p. 25.). (*Hassel.*)

Affrusch, s. Artemisia Abrotanum.

AFFRY, von. Aus dieser Familie, deren Mitglieder seit mehreren Jahrh. in den ersten Magistraturen des Cant. Freiburg und in höhern Offizier-Stellen des französischen Kriegsdienstes erscheinen*), wurde L u d w i g A u g u st i n A u g u st, dessen Vater F r a n z als Gen. Lieut. in der Schlacht bei Guastalla 1734 das Leben verlor, 1713 zu Versailles geboren, trat in die Schweizer-Garde, und wurde für seine in den niederländischen Feldzügen geleistete Dienste 1748 Maréchal de Camp. 1755 wurde er als französischer außerordentlicher Gesandter an die Generalstaaten abgeordnet, und nachher zum wirklichen Ambassadeur ernannt, welche Stelle er bis 1762 beibehielt, und sehr thätig das System seines Hofes betrieb, Holland von allem abzuhalten, was während des siebenjährigen Krieges den Operationen wider Preußen und England hätte entgegen seyn können, und sogar zu Begünstigungen der französischen Waffen zu ver-

*) Schon um das 1178 J. war einer dieses Geschlechts Miterbauer von Freiburg; Adam und Wilhelm von Affry hatten Theil an dem Siege über Karl den Kühnen bei Murten 1476.

mögen. Nun wurde er als Gen. Lieut. bei der Armee in Hessen angestellt. 1767 erhielt er die Stelle eines wirklichen Obersten der Schweizer-Garde, 1771 wegen der Minderjährigkeit des Grafen von Artois die Administration der General-Obersten-Stelle über die Schweizer Regimenter. 1784 wurde ihm die für Ausländer seltene Auszeichnung des h. Geist-Ordens ertheilt. (Schon 1756 war er in den Grafenstand erhoben worden). Als Befehlshaber der zur Beschützung des königlichen Hauses bestimmten Regimenter leistete er beim Ausbruche der Revolution, insbesondere am 5. und 6. October 1789 wesentliche Dienste. Sein Regiment bewährte seine Treue und Mannszucht unter den stärksten Anreizungen. Als der König nach Varennes entfloh, bot er der National-Versammlung seine Dienste an. Von jetzt an nahm er keinen Antheil mehr an den öffentlichen Ereignissen, wurde jedoch (10. Aug. 1792) verhaftet, entging kaum den Septembermördereien, erhielt aber bald hernach wieder seine Freiheit. Er zog sich auf sein Schloß St. Barthelemy, im Waadtlande zurück, und starb 1793 tief gebeugt durch seine letzten Schicksale. — Sein Sohn Ludwig August Philipp wurde zu Freiburg 1743 geb. Er begleitete seinen Vater, bei dessen Sendung in Holland, trat aber sehr früh in die Schweizergarde ein, und rückte bis zur Stelle eines Gen. Lieut. vor. Nach dem Ausbruche der Revolution war er Befehlshaber der Truppen am Ober-Rhein, bis nach dem 10. August 1792. Nach der Entlassung der Schweizer-Regimenter kehrte er nach Freiburg zurück. Seine und noch einige andere alte Familien hatten, seitdem in neuern Zeiten allmälig ein engeres Patriciat entstanden war, von ihrem frühern Einflusse verloren; als aber die Gefahr sich näherte, wurde er dem Geheimen Rathe beigeordnet, und als 1798 innere Gährung und ein Angriff von Frankreich seinen Canton mit der übrigen Schweiz bedrohten, wurde ihm der Befehl über die bewaffnete Macht derselben übertragen; da aber der weit größere französische Theil des Cantons mit dem Waadtlande gemeinschaftliche Sache machte, und sich gegen die bisherige Verfassung erklärte, ergriff er das System der Behutsamkeit und des allmäligen Einlenkens. Er suchte jeden Gegenstoß der Parteien zu verhüten, und den Widerstand gegen den allerdings weit überlegenen Feind zu vermeiden. Dieß gelang ihm, und nach Besezzung der Stadt Freiburg durch die Franzosen wurde er zum Mitglied der provisorischen Regirung ernannt. Durch eine allgemeine Verfügung der helvetischen Regirung von öffentlichen Stellen ausgeschlossen, bekleidete er auch nachher, unter weniger überspannten Systemen, während der ganzen helvetischen Periode, keine öffentlichen Stellen, doch verhielt er sich gleichgültig, und nahm an keinen Versuchen gegen die damaligen politischen Systeme Theil. Aber als nach der Insurrection 1802 Bonaparte schweizerische Abgeordnete nach Paris berief, war er bereit, diese Sendung zu übernehmen. Die Einheitsfreunde hatten geglaubt, in ihm einen Gehilfen zu finden; allein er schloß sich nun an die Vertheidiger der alten Ordnung und der Bundesverfassung an. Dennoch hatte sein entgegenkommendes Benehmen die Folge, daß jene ihn immer sehr angelegentlich als den Mann schilderten, der am meisten geschickt sey, eine Annäherung zu bewirken. Der Mediator wählte ihn zum Werkzeuge der Einführung derjenigen Verfassung, welche unter dem Namen der Mediation bekannt ist, ernannte ihn am 19. Febr. 1803 zum ersten Landammann der Schweiz für das laufende Jahr, mit außerordentlicher Vollmacht, bis auf den Zeitpunkt, wo die erste Tagsatzung würde zusammen getreten seyn. Die Mediationsakte enthielt die Bestimmung, daß der Landammann der Schweiz immer der im Amte stehende Bürgermeister oder Schultheiß des Directorial-Cantons desselben Jahres seyn sollte, und nun wählte auch der große Rath zu Freiburg Affry zum ersten Schultheißen. Mit viel Klugheit und Geschicklichkeit erfüllte er, in einer schwierigen Lage unter Ueberresten der Parteien, die Stelle des Vollziehers einer durchgreifenden Vermittelung. Sein feiner Takt, seine Leidenschaftlosigkeit und die besondere Gabe etwas zu sagen, ohne sich bestimmt zu äußern, und zu schweigen, ohne sich dem Scheine der Verlegenheit oder der Anmaßung bloß zu stellen, ersetzten bei ihm den Mangel größerer Einsichten und der Erfahrung in Staatsgeschäften. Seine Verschlossenheit wurde durch ein gefälliges äußeres Benehmen, die Wirkung seiner natürlichen Gutmüthigkeit, gemildert. Sein System und seine Denkungsweise drücken folgende Worte seiner Anrede an die eröffnete Tagsatzung ganz aus: „Ich setzte meinen Ruhm darein, von meinen „außerordentlichen Vollmachten keinen Gebrauch zu „machen. Ihr bloßes Daseyn war hinreichend." Von dieser Zeit an bekleidete er bis an seinen Tod die Stelle eines Schultheißen von Freiburg; nach der eingeführten Reihenfolge 1809 zum 2ten Male diejenige eines Landammanns der Schweiz, und gab auch während dieser Amtsführung, ungeachtet in der Zwischenzeit die Ausübung dieses von allen Magistraturen der alten Schweiz durch einen gewissen Außenschein sich sehr unterscheidenden Amtes hin und wieder einen größern Schimmer erhalten hatte, das Beispiel einer Einfachheit, welche man von einem Manne, der im Auslande, am Hofe, und in obern Kriegsbedienungen gelebt hatte, kaum erwarten durfte. 1804 war er an der Spitze der Schweizer Gesandtschaft zur Beglückwünschung Napoleon Bonaparte, bei dessen Kaiser-Krönung. Als 1805 der Krieg wieder ausbrach, wurde Affry, ungeachtet der nachdrücklichen Verwendung des französischen Gesandten, nicht zum Befehlshaber des schweizerischen Neutralitäts-Corps ernannt, sondern die Tagsatzung wählte entschlossen den Landammann von Wattenweil. Affry wurde dagegen an Bonaparte geschickt, um ihm die schweizerische Neutralität zu empfehlen. Dieser verbarg seine Empfindlichkeit nicht, und Affry wandte seinen ganzen Einfluß an, um den Eindruck zu mildern. 1810 verrichtete er die Beglückwünschungen über die Vermählung mit der Prinzessin von Oestreich; zugleich mit dem Auftrage, Bonaparten, dessen umsichgreifendes System die Schweiz immer mehr zu fühlen begann, so viel wie möglich in einer gemäßigten Stimmung zu erhalten. Er erhielt Auszeichnungen und den großen Orden der Ehrenlegion; allein als er kaum in sein Vaterland zurückgekehrt war, und sich eben anschickte, der in Bern versammelten Tagsatzung Bericht von seiner Sendung abzulegen, machte am 26. Juni 1810 ein Schlagfluß seinem Leben schnell ein Ende. Die gleiche Kürze, mit welcher er öffentliche Geschäfte zu führen gewohnt war, und wodurch ihm vielleicht manches besser gelang, als bei einer ängstlichen Umständlichkeit, beraubte hier die damals über Napoleons immer drohendere Politik und ungemessenere Plane nicht beruhigten schweizerischen Vorsteher aller nähern Aufschlüsse über seine geheimen Unterredungen mit Napoleon, weil Affry nichts von solchen Dingen zu Papier zu bringen pflegte. Wenn Affry die Biegsamkeit vieler in öffentlichen Verhältnissen stehenden Menschen, wodurch sie sich jedem Manne, welcher sich auf einen höhern Standpunkt gehoben hat, und mit einem gewissen Nimbus umstrahlt ist, mit Ehrfurcht hingeben, darin theilte, daß er an Napoleons unerschütterliche Herrschaft glaubte, so war sein Herz dennoch immer voll reiner Vaterlandsliebe; und in der schwierigen Sache der Rekruten-Stellung staud er den Foderungen des unersättlichen Eroberers so fest entgegen, als irgend eine andere schweiz. Magistratsperson**). (Meyer v. Knonau.)

AFGHANEN, die freien Einwohner Afghanistans, nennen sich selbst Puschtaneh, in der einfachen Zahl Puschtun und heißen in Indien Patanen. Sie siud in zahlreiche Stämme, Zweige und Aeste vertheilt, und bilden ein Volk durch ihre Geschichte, ihre gemeinsame Ableitung und gemeinsames Geschlecht, durch einen gemeinschaftlichen König, das Stammhaupt der Durahner, durch ihre besondere Stammverfassung, ihre gemeinsame Sprache, Puschtu, und ihre gemeinsamen Gewohnheiten und Sitten, die unter Puschtunwulle zusammen gefaßt werden. Ihr ursprünglicher Sitz sollen die Gebirge Ghor, oder Ghaur am Paropamisus, und ihre alte Religion nach einigen die des Buddha, nach andern die des Zoroaster gewesen seyn. Ihre Fürsten, welche sich von Zohak einem alt-persischen Könige ableiteten, gehörten zu dem Afghanen-Stamm der Surer, von denen nur wenige Familien in Daman übrig sind. Von Ghor scheinen sie sich über das Salomons-Gebirge und zu den nordöstlichen Gebirgen ausgebreitet zu haben. Im 11ten Jahrh. wurden sie von dem Beherrscher Ghasni's überwunden und nahmen den Koran an, empörten sich in der Mitte des 12ten Jahrh., zerstörten Ghasni und brachten Kabul, Balk, Badakschan, einen Theil Indiens und Chorasans in ihre Gewalt. Während aber verschiedene ihrer Dynastirn in Indien herrschten, wurden audere Gebiete der Goriden erst von dem Könige der Chowaresmier, dann von Dschingis-Chan erobert. In den Gebirgen scheinen sich jedoch die Afghanen unabhängig erhalten zu haben. Baber, Timurs Nachkomme, eroberte Kabul, welches die Hauptstadt des Hauses Timur blieb, bis die Residenz nach Delhi in Indien verlegt wurde, worauf die Ebenen Afghanistans zwischen Persien und Hindostan getheilt wurden, die Gebirge aber unabhängig blieben. Anfangs des 18ten Jahrh. stiftete der Afghanenstamm der Ghildscher ein Reich, welches auch das heutige Persien umfaßte. Diese Dynastie ward von Nadir-Schah gestürzt, und der größte Theil mit Persien verbunden. Nach seinem Tode errichtete der Afghanen-Stamm der Durahner die jetzige Monarchie.

Das ganze Volk leitet sich von einem Stammvater Afghan, oder Keise ab, und soll anfänglich vier große Hauptstämme gebildet haben, die aber bloß in Genealogien noch vorkommen. Jetzt ist es in weit mehr Hauptstämme zerspalten, deren jeder in mehrere Zweige, und jeder Zweig in mehrere Aeste zerfällt, von denen jeder, wenige ausgenommen, unvermischt lebt, sein festes Gebiet, sein eigenes Oberhaupt und seine besondere Regirungsverwaltung hat, die im Ganzen patriarchalisch, an andern Orten aristokratisch, an andern demokratisch ist. So sehr aber die einzelnen Abtheilungen ein selbständiges Ansehen haben, so behalten sie doch den gemeinschaftlichen Namen, die Vorstellung der Gleichheit des Blutes und der Interessen, und einen gemeinsamen König. Ihre gemeinsame Sprache, Puschtu genannt, scheint eine Ursprache zu seyn, hat aber aus Samskritt, Zend, Pehlwi und dem Neu-Persischen, und audren Sprachen viele Zusätze erhalten. Ihr Gewohnheitsrecht, welches sich auf herkömmliche Sitten gründet, und wonach Criminalsachen entschieden werden, heißt Puschtunwulle, welches überhaupt den Inbegriff des Stammrechts und des nationalen Verhaltens, so wie der Art und der Formen, wie Beleidigungen gerächt oder versöhnt und die persönliche Ehre behauptet und Handlungen des bürgerlichen Lebens beurtheilt werden, einschließt. Das geschriebene Gesetz ist der Koran, den die Mullahs erklären, welche von der Secte der Sunniten sind, aber nicht überall bedeutenden Einfluß haben, wenigstens nicht die Stammsitten verdrängen können. Wo das königliche Ansehen gilt, entscheidet nach dem Koran der Kadi. Ein Hauptstamm heißt Ulus; ein Ulus theilt sich in mehrere Khails oder Zweige; diese wieder in mehrere Aeste, die Elphinstone Claus nennt, diese wieder in andere Theile und so fort. Ein Ulus hat zum Oberhaupt einen Chan, jeder Khail einen Mallik, jeder Clan einen Maschir und die minderen Zweige ihre Stammältesten. Diese Oberhäupter des ganzen Ulus bis zu den einzelnen Familien herab bilden die Regirung vermittelst der Dschirgas, oder Versammlungen, in welchen Streitigkeiten entschieden, Strafen zuerkannt und auch Gemeinsachen berathschlagt werden. Die Haupt-Dschirga hält der Chan mit den Malliks; jeder Mallik eine Dschirga mit den Maschirs für weniger bedeutende Gegenstände; der Maschir für noch geringere. Letzterer hält ein öffentliches Gemach, Hudschra, worin die Versammlungen gehalten werden, wohin aber auch die Stammgenossen überhaupt zur Unterhaltung zusammen kommen. In manchen Ulussen hat der Chan ein Uebergewicht, in den meisten haben die Malliks und Maschirs das meiste Ansehen. Aber die persönliche Freiheit, der Grundzug des ganzen Afghanen-Volkes, verstattet keinem Stammhaupte mehr Einfluß, als zur Erhaltung der Ordnung nöthig ist. Indeß wird diese vielfach unterbrochen durch Privatrache, Familienfehden und Kriege zwischen den Stämmen, oder ganzen Ulussen. Und da die Oberhäupter, als Stammältesten, nur eine gewiße Würde, aber keine Macht haben; so leidet die vorbeschriebene Regirungsform mancherlei Störungen, oder Abänderungen, und wird von allen Tugenden und Lastern begleitet, die aus jenem Freiheitssinne zu entspringen pflegen. Selbstgefühl, Offenherzigkeit, Muth und Mannkraft, Gastfreundschaft, freie, männliche Sitten, so wie Abscheu gegen politischen Zwang, Rachsucht, Parteima-

**) Vgl. Girard's Oraison fun. Freib. 1810. (teutsch: Zürich 1811.) Lutz Nekrol. denkw. Schweiz. 12—16.

cherei, Reibung einzelner Glieder, einzelner Stämme und das Faustrecht, mit der Raubsucht im Gefolge, sind die Haupteigenschaften der Afghanen.

Die vielen Stämme werden füglich unter 5 Hauptabtheilungen betrachtet. Die nordöstlichen Afghanen unter dem Namen Berdurahner bilden die erste, die östlichen, oder die von Daman, Lohani genannt, die zweite, die Bergbewohner der Salomonskette, unter denen die Schirianer und Visirer die wichtigsten sind, die dritte, die gebildeten, weit ausgebreiteten und jetzt herrschenden Durahner im Westen des Salomonsgebirges die vierte, und die fast an Stärke und Zahl den vorigen gleich kommenden Ghildscher die fünfte Abtheilung. Einige Stämme von ungewissem Ursprung machen den Beschluß.

I. Zwischen dem Hindukusch, dem Indus, der Salzkette und dem Salomonsgebirge wohnen die Berduraner. Unter diesen allgemeinen Namen fallen: 1) die Jusofseis, zu denen Accosei's, Mullesei's, Lawesei's als Ulusse, ferner Mohamedsei's, Gaggianer, Turkolaner, Othmankhails, Nackikhails, Ober- und Nieder-Momands, Khallils und Dawudseis. letztere 3 Stämme auch unter Ghori begriffen, als Nebenstämme, nebst einer Menge innerhalb dieser Stämme befindlichen Demokratien gehören. 2) Kheiberer, welche aus den Stämmen Afrid, Schainwar, Urukfei bestehen, 3) Khattaks, die sich in 4 Zweige theilen, von denen nur die Barik und Saghur genannt werden, 4) Bangasch, an welche sich die Stämme Tur und Dschadsch anschliessen.

Die Jusoffei, vormals Khokkei genannt, wurden aus der Gegend um Garra und Noschky unterhalb Kelati Nasser, an den Gränzen der grossen Salzwüste, zu Anfange des 14ten Jahrh. nach Kabul vertrieben, wo sie Mirza Ulugh Begh unterstützten, aber ihres Uebermuthes wegen von diesem weiter gedrängt, von den mächtigen Dilasaks; die in der Ebene von Peschawer und angränzenden Gebieten wohnten, in Schutz genommen wurden. Als sie aber von den zu ihnen gehörigen Gaggianern, Turcolanern, Mahomedsei's, Othmankhails Unterstützung erhielten, wurden die Dilasaks ausgerottet oder vertrieben, außerdem noch die benachbarten Länder eingenommen, und die Landeseingebornen unter dem Namen Fatie's, die sonst auch Reiots heißen, zu Unterthanen gemacht. Nach der Theilung erhielten die drei jetzt unabhängigen Ulusse der Jusofseis, die Accosei's, Mullesei's, Lawesei's, erstere vorzüglich die Thäler Swat und Pentschkora, die beiden letztern das Thal Buner: Die Khails und Clans derselben nehmen, einige jährlich, andere alle 10, andere alle 20 Jahr eine neue Ackervertheilung, Waisch genannt, vor, um die Vortheile des guten Bodens eben so, wie die Nachtheile des schlechten gemeinsam zu machen. Mehr als 30 unabhängige Republiken sind unter den Jusoffei's entstanden, die sich einander bekriegen. Bloß der Chan der Mallisei's von Dir in Pentschkora hat die innerlichen Fehden ausgerottet, und größere Macht erlangt. Die Jusoffei's, die auf 900,000 Köpfe geschätzt werden, und dem Könige nicht gehorchen, sämmtlich tapfer und stolz, lieben Spiel und Berauschung, vergnügen sich mit Bogen und Flintenschießen, gehen immer bewaffnet, führen als Khawand's d. i. als Herren, die Oberaufsicht der Feldarbeiten, die von Fakirs, welche jenen an Zahl überlegen sind, besorgt werden. Es herrscht unter ihnen die Sitte, daß einzelne Privatpersonen, oder Oberhäupter, auch einzelne Stämme, Gemeinen oder Republiken, zu gegenseitigem Beistand, Gundis, oder enge Verbindungen schließen, welche für heilig geachtet werden. Die Turkolaner, oder Turkaner, 12,000 Familien stark, bewohnen die Ebene Badschaur. Sie leben unter 2 Oberhäuptern, die Ras heißen, und 500 Mann zum königl. Heere stellen. Auf ihren hohen Bergen wohnen Kaffern, auf den niedern Hindus, in der Ebene Mischlinge aus vielen Stämmen, die Rohdbarer heißen. Die Othmankhail, für eine gesetzlose und barbarische Horde gehalten, 10,000 Familien stark, bewohnen das Gebirge, welches Schwat und Badschaur trennt, haben einen mächtigen Chan, aber keine Fakirs unter sich. Die Ober-Momands, aus 10,000 Familien bestehend, besitzen das Gebiege, in welchem der Paß Carrapa liegt, wodurch ein Weg von Peschawer nach Dschellalabad führt. Ihr Chan hat wenig Gewalt, stellt jedoch 500 Mann zum königl. Heere. Die Unter-Momands mit 12,000, die Khallis mit 6000, die Dawudsei's mit 10,000 Familien, zusammen Ghori oder Ghorikhail genannt, lebten vormals als Nomaden, am Flusse Tarnak, entrissen aber unter Kamram, Babee's Sohne, den Dilasaks die Ebene Peschawer, wo sie unter Stammoberhäuptern, die hier Urbabs heißen, noch leben und dem Könige unterworfen sind. Neben ihnen wohnen noch in dieser runden Ebene von Peschawer, die 35 engl. Meilen im Durchmesser hat, die Mohamedseis mit 2000, und die Gaggianer mit 5000 Familien.

Die Kheiberer haben ihren Namen von dem Passe Kheiber, der unstreitig mit dem Felsen Aornos des Arrian (4. 28.) eins ist. Sie sind wilder, schwärzer, räuberischer, als andere, theilen sich in 3 unabhängige Stämme, die Afrider, Schainwarer, Urukfei's, die zusammen 120,000 Köpfe betragen, bewohnen die Berge um Safaid Koh, leben zum Theil in Höhlen, und achten wenig das königliche Ansehen. Die Khattaks bewohnen theils zwischen der Ebene von Peschawer, dem Kabul-Strom und dem Indus, denjenigen Strich, wo Akora der Hauptort ist, theils das ganze Land am Indus bis zur Salzkette in einer Länge von 70 und einer Breite von 35 engl. Meilen. Sie bilden 2 Stämme; der nördliche 10,000 Familien stark, ist dem Könige unterworfen, der südliche von 14,000 Familien, behauptet sich durch die Gebirge unabhängiger. Sie gleichen sehr den Hindus. Unter den südlichen Khattaks sind die Barik und Saghur wegen Räuberei verrufen. Der Bangasch-Stamm bewohnt ein langes Thal, welches die Kheiber-Berge im Norden, die Khattaks in Osten und Südosten, die Visirer im Süden, die Turier im Westen hat, und wird in Nieder- und Ober-Bangasch getheilt. Jenes ist dem Könige folgsam, dieses nicht. Der Stamm ist in Ober-Bangasch von einem Bauer entsprossen. Cohat, eine ehemalige Stadt des Chan, ist jetzt ein großes Dorf. Der Stamm spielte einst eine Rolle in Indien; die Nabob's von Farrakabad sind aus ihm hervorgegangen. Westlich an Bangasch dehnt sich ein Thal bis in den höchsten Rücken der Salomonskette aus, durch welches ein Weg nach Ghasni und Kabul geht. In dem Thale wohnen östlich der Stamm Tur oder Tor, westlich die

Dschadscher, bride vom Könige unabhängig und untereinander in Feindschaft. Sie werden nicht zu den Berduranern gezählt.

II. Die östlichen Stämme werden unter Lohaui begriffen und das Land mit dem allgemeinen Namen Daman benannt, welches eigentlich ein, 120 engl. Meilen langes und etwa 40 breites, nach Süden zu ausgedehntes Land ist, welches östlich Mackelwad und westlich das Salomonsgebirge hat. Die Stämme sind folgende: Esau. Dieser Khail wohnt längs dem Indus 30 Meilen breit, auf einer Breite von 12 Meilen, und wird von den drei Landseiten durch hohe Berge begrenzt, in einem fruchtbaren Weizenlande, und verachtet das königl. Ansehen. Westlich demselben wohnen die Scheotaks, noch weiter westlich folgt die, vom Kurum bewässerte, Ebene Bunnu, mit Dörfern und Kornfeldern, deren Bewohner, Mischlinge aus verschiedenen Stämmen, zwar in Ueberfluß, aber ohne gemeinschaftliche Regirung und in Streit leben. Neben den Bunnuern liegt das lange, schmale, ins Salomonsgebirge, zum Lande der Dschadraner sich erstreckende Thal, Dauer, deren Einwohner volkreiche, ummauerte Dörfer, aber schlechte Sitten haben. Nördlich den Dauerern liegt zwischen diesem und dem Fluß Kurum das kleine Thal-Land Khost. Die Khoster sind zwar dem Könige gehorsam, aber durch innere Unruhen zerrüttet und in 2 Parteien, Tor-Gundi und Spihn-Gundi, d. i. schwarzen und weißen Bund, gespalten. Die Scheotaks, Bunnuer, Dauerer und Khoster, größtentheils noch im Khattaks-Lande lebend, werden nicht eigentlich zu den Stämmen von Daman gerechnet.

Außer dem schon erwähnten Esau-Khail gehören dazu alle Stämme, die zwischen den Wohnsitzen der beschriebenen Stämme, dem Indus, Jampur in Obersind und der Salomonskette wohnen. Dieses Land wird in 3 Theile getheilt. 1) Die Ebene am Indus Mackelwad, 120 Meilen lang und 25—30 breit, wird von Balludschen und Dschaten von schwarzer Farbe und magerer Gestalt bewohnt, die dem Könige gehorchen. 2) Das Land der Marwats, die theils Ackerbauer, theils Nomaden sind, 35 Quadratmeilen groß, liegt zwischen Bunnu und Mackelwad, der Salomonskette und einem Bergrücken, der Lardschi vom Judus trennt. In dem Lande Lardschi, zwischen vorerwähntem Bergrücken und dem Judus, wohnt der kleine Stamm Kheissor. 3) Das eigentliche Daman, 120 Meilen lang und an 40 breit, zwischen Mackelwad und der Salomonskette, wird vorzüglich von den Stämmen Gundehpur, Daulat-Khail, Mihan-Khail, Babur und Sturia bewohnt. Die Gundehpurer, die nicht eigentlich unter Lohani begriffen werden, wohnen südlich unterhalb der Marwats, haben einen Erb-Chan und Erb-Malliks, leben aber in beständigen Familienfehden, und ob sie gleich zum Theil Kaufleute sind, 50 bis 60 jährlich nach Chorasan und 5 mal so viel nach Indien reisen, so sind doch ihre Sitten roh. Ihnen wohnen südlich die Daulats, 8000 Familien stark. Sie werden von Sarwar, der sich der Oberherherrschaft bemächtigt, 500 Soldaten im Sold hat, und von den Reiots, aber nicht von den Daulats Einkünfte erhebt, beherrscht. Durch ihr Land fließt der Gomal; ihre Hauptstadt ist Tack, vor welcher die große Straße nach Kabul durch den Paß Gholarie geht. Westlich neben ihnen wohnen Tattorer, Mianer 3000 Familien stark, Bitner und andere Stämme, die sämmtlich den Daulats unterworfen sind. Ihnen südlich, in einem mehr ebenen Lande, wohnen die Miankhails, welche sich in 4 Stämme theilen, von denen der eine aus Bakhtianern besteht, welche ursprünglich vom Tigris hieher gezogen seyn sollen. Ihr Hauptort ist Derabend. Ihr Chan hat wenig Macht; die öffentlichen Angelegenheiten sind in den Händen der Malliks. Die Einkünfte und Steuern, welche von den Reiots, ihren Unterthanen, gezahlt werden, vertheilt man, nach einem Abzug für den Chan, unter die vier Stämme. Südlich den Miankhails wohnt der verfeinertste, blühendste, reichste und ruhigste Afghanen-Stamm der Babur, 4000 Familien stark. Er ist dem Handel ergeben und hat zur Hauptstadt Tschautwa, auf welche sich von der Salomonskette das Thal Deheneh öffnet, darin ein Fluß, dessen Namen nicht genannt wird, herabströmt. Südlich den Baburn wohnen die 1000 Familien starken Sturianer, die ohnlängst erst aus dem Nomadenleben zum Ackerbau übergetreten sind, Handel treiben und den Transport der Waaren mit Ochsen und Eseln besorgen. Sie leben in aristokratischer Regirungsform unter einem Chan und Maschirs. Ihre Hauptstadt ist Urmack.

Die Stämme von Daman sind groß, männlich, schön, von starkem Knochenbau, mit langem Bart und Haaren, haben mit den Berduranern fast gleiche Häuser, Lebensart und Sitten, sind jedoch weniger unruhig; zum Theil Hirten, zum Theil Kauf- und Fuhrleute. Wegen ihrer Entfernung stehen sie in keinem Zwange der Regirung, die sich nicht in ihre innern Angelegenheiten mischen darf, ob sie gleich übrigens dem Könige ergeben sind. Ihre Obrigkeiten werden von den Malliks und andern Familien-Oberhäuptern, gewöhnlich auf ein Jahr, gewählt. Sie bestehen in 40 Beamten, Tschelwaschter, welches Wort 40 bedeutet, und einem Vorsitzer, Mir, der Streitigkeiten und Unordnungen beilegt und bestraft, und das Ansehen des Chans unterstützt. Ein solcher Mir, wie die Tschelwaschter, sind auch die Anführer im Kriege. Bisweilen werden die Tschelwaschter mit dem Mir nur wegen eines Krieges oder wegen bürgerlicher Unruhen gewählt und hören auf, wenn jene geendet sind.

III. Die Bergstämme, welche den eigentlichen Rükken der Salomonskette bewohnen, sind von Süden gen Norden folgende: Zuerst die Smarrer, deren östliche Nachbarn die erwähnten Sturianer sind. Ihnen nördlich wohnen dann die Schirianer rings um den erhabensten Punkt des ganzen Gebirges, den Takhti-Salomon, oder Salomons-Thron. Sie haben östlich die Babur und Miankhail zu Nachbarn, leben von Viehzucht und wenig einträglichem Ackerbau, sind arm, dürftig, kriegerisch und raubsüchtig. Ihr Oberhaupt wird als eine heilige Person abergläubisch verehrt. Er heißt Nika, d. i. Großvater, führt den Befehl im Kriege und hat Tschelwaschter unter sich, welche nur seinen Willen ausführen. Er ist vermöge seines geistlichen und weltlichen Amtes sehr mächtig. Westlich wohnen als Nachbarn in Gosa die Musakhail Kakers, in einem dürren Bergthale Sehra, die Berg-Babur und in der Ebene Spasta die

Marhails, welche zusammen unter dem Nika der Schirianer stehen, doch ihre besonderen Chans haben. Auch die Harripal- und Kappihp, Zweige der Schirianer, nordwestlich wohnend, stehen unter dem Einflusse des Nika. Nördlich den Schirianern wohnen auf 100 Meilen dem Bergrücken entlang bis zu Safaid Koh die Visirer, welche theils unter Chans, theils in Demokratien leben und wegen ihrer Raubsucht, besonders in der Gegend des Passes Kirkanni, wo sie durchziehende Nomaden auszufallen pflegen, verrufen sind. Sie bearbeiten das Eisenerz ihres Landes. Ihr Anblick soll wild und fürchterlich, ihr Charakter jedoch wahrhaftig, ihr Betragen gegen Gäste gutmüthig seyn. Auf ihrer westlichen Seite wohnen die nicht zahlreichen, aber rohen und ungeschlachteten Dschadraner, die beim Passe Peiwar, in ihrem Lande, die Reisenden plündern, und noch westlicher die Kharoter, mit denen jene Kriege führen. Noch werden auf der Westseite der Salomonskette erwähnt Abtheilungen der Kaker, welche bei der Vereinigung des Gomal und Schobe zu weiden pflegen, auf welche nördlich der kleine Stamm Damtani in der Ebene Wahneh folgt, und noch nördlicher die Fermuller, die das Land Urghun bewohnen. Alle diese Stämme achten wenig oder gar nicht das königliche Ansehen, und plündern häufig die Nachbarn, durchziehende Horden, Karawanen und Reisenden. Sie haben alle mehr oder minder das Ansehen, die Züge und Sitten der Hindus.

IV. Die westlichen Afghanen werden unter Durahner begriffen, welcher Stamm jetzt das ganze afghanische Volk beherrscht. Sie hießen vormals Abdaller, bis Ahmed Schah zu Folge des Traumes eines berühmten Heiligen in Tschamkani, selbst den Titel Schah Duri Durahn annahm und den Namen des Volkes in Durahn verwandelte. Nach einigen Nachrichten sollen die Berge von Toba, aber nach zahlreichern Ueberlieferungen die Gebirge von Ghor, ihr Ursitz gewesen seyn. Jetzt sind sie das Hauptvolk in Chorasan, welches in Norden vom Paropamisus, im Westen von einer Sandwüste, die Afghanistan von Persien scheidet, im Südwesten von Sistan und einer Sandwüste, die es von Balludschistan trennt, im Süden von Schorabak und den Bergen vor Khodscheh Amran, hinter welchen die Teriner und Kaker wohnen, begrenzt wird. Oestlich hat es keine natürliche Geenze, sondern stößt an die Länder der Ghildscher, in welche das Thal Urghistan, ein Theil des Durahnischen Gebietes, sich eine ziemliche Strecke hinein zieht. Die Länge des Landes wird auf 400 und die Durchschnittsbreite, ausgenommen in Nordwesten, 120 bis 140 engl. Meilen geschätzt. Es besteht aus Bergebenen, die sich westlich und südlich absenken, hie und da von Bergen und Flüssen durchschnitten sind, unter denen der Hilmend, Kaschrud, Farrarud, Tarnak, Dohre, Caddanei die merkwürdigsten sind. An ihren Ufern und wo sonst fruchtbare Stellen sind, wird Ackerbau getrieben, und manche Gegenden, besonders um die Städte, als Kandahar, Faera, Girisik sind vollkommen angebaut. Da aber der bei weitem größere Theil nördlich ein harter Boden, südlich und westlich Sandfläche ist, so ist das Hirtenleben bei den Durahnern vorherrschend. Ihr Sommeraufenthalt heißt Ilak, der Winteraufenthalt Kischlak, ihre aus grobem schwarzen Haartuch verfertigten Zelte werden Khiseli genannt.

Der ganze Stamm zerfällt in 2 große Zweige Sirak und Pantschpah, welche Namen jedoch nur, um die Abstammung der verschiedenen Chans zu unterscheiden, gebraucht werden. Sirak ist der geehrteste; er theilt sich in 5 Aeste: die Nursei, Alisei, Isthaksei, Khauganer und Maku. Zu Pantschpah gehören 4 Abtheilungen: die Popalsei, Alleckosei, Bariksei, Atschiksei. 1) Die Popalsei machen den vornehmsten Zweig aus, weil zu ihnen der kleine Clan Saddosei gehört, welcher lange der Chankhail oder das Hauptgeschlecht der Popalsei und aller Durahner gewesen ist und allen Afghanen einen König gibt. Die Saddosei waren vormals heilig; keine Vergeltung oder Strafe kounte irgend einem von ihnen, außer von einem Gliede ihrer Familie, zugefügt werden; selbst das Oberhaupt der Abdaller kounte keinen Saddosei zum Tode verurtheilen; sie stehen wegen ihrer Verbindung mit den Königen noch in hohem Ansehen. Der Hauptaufenthalt der Saddosei ist in der Nähe von Scheher Saffa, im untern Theile des Thales Tarnak. Die übrigen Popalsei wohnen in Kandahar und vorzüglich, nördlich dieser Stadt, in den gebirgigen Gegenden. Eine ihrer Kolonien ist sogar nach Multan gezogen. Die Popalsei werden auf 12,000 Familien geschätzt, sind dem größten Theile nach Ackerbauer, einige Nomaden, und am meisten verfeinert. Eine ihrer Unterabtheilungen sind die Bamisei, aus denen vormals immer der Großwesir genommen werden mußte. 2) Die Pariksei, 30,000 Familien stark, ein kriegerischer und lebhafter Stamm, bewohnen das Land südlich von Kandahar, das Thal des Urghessan, die Ufer des Hilmend und die dürren Ebenen, welche dieser Fluß theilt. An den Flüssen und Bächen, und wo durch Wasserleitungen (Cahriße) auch wüste Stellen fruchtbar gemacht werden, treiben sie Ackerbau, der größere Theil besteht aus Hirten. Sie haben jetzt Futteh Chan zum Oberhaupte, spielen eine glänzende Rolle, und der Großwesir, so wie die meisten hohen Staatsbeamten sind aus ihrem Stamme. 3) Die Atschiksei machten sonst einen Zweig der Bariksei aus, wurden aber durch Ahmed Schah getrennt, um die furchtbare Größe derselben zu vermindern. Sie sind 5000 Familien stark, haben ein besonderes Oberhaupt, Sirdar, stehen mit dem Mutterstamm in keiner Verbindung mehr und bewohnen die Kette Khotscheh Amran vom Flusse Lora zum Caddenei, vorzüglich das wald- und grasreiche, hochliegende Gebiet Toba, welches jedoch im Sommer auch von andern weidenden Durahnern und Terinern besucht wird. Ihre Kameelheerden weiden in der sandigen Gegend nördlich von Schorabak. Sie sind die wildesten unter den Durahnern, aber trefliche Soldateu, und treiben als einzige Beschäftigung Viehzucht und Räuberei, in welcher sie vorzüglich durch ihre zahlreichen Pferde unterstützt werden. 4) Die Nursei, so zahlreich wie die Bariksei, sind an der Grenze im Süden und Westen zerstreuet und in beständigen Streifzügen gegen die Balludschen verwickelt, unternehmend, kriegerisch und blos Hitten. Sie bringen den Winter in grasreichen Gegenden ihres Landes zu, ziehen aber in der Mitte des Frühlings nach Siahband, einer kühlen, grasreichen, den Teimanischen Imaks gehörigen Gebirgsgegend, welche am südwestlichen Paropamisus liegt und südöstlich an das Land Semendauer stößt. 5) Die Alisei, meist Ackerbauer, bewohnen Semendauer, eine fruchtbare Gegend in dem südwestlichen Abhange des Paropamisus, und werden auf 15,000 Familien geschätzt. 6) Die Aleckkosai, 10,000 Familien stark, sind durch den Hilmend von den vorigen getrennt und haben gleiche Lebensart und gleiches Land. 7) Die Isthaksei, aus 10,000 Familien bestehend, wohnen zwischen Semendauer und der Wüste. Ihr Land ist bergig und fruchtbar im Norden, flach und dürr im Süden, daher gleiches Verhältniß zwischen Viehzucht und Ackerbau. 8) Die Maku und 9) die Khauganier, kleine Claus, haben kein bestimmtes Land, leben theils in Kandahar, theils mit den Nursei vermischt und sind in Verfall gerathen.

Die ganze Zahl der Durahner wird auf eine Million geschätzt. Ihre Sitten weichen von den übrigen Afghanen bedeutend ab. Sie leben nicht ganz unvermischt, wie getrennte Stämme, sondern erwerben durch Kauf und Schenkung Güter mitten unter einem andern; daher in Gurmisir und bei Kandahar Familien aus vielen Stämmen wohnen. Ihre innere Regirungsform ist, nach persischem Vorbilde, aus der ursprünglich republikanischen in eine aristokratisch-monarchische übergegangen. Der König ist erbliches Oberhaupt und Kriegsanführer des Stammes; er wird als Eigenthümer der Ländereien angesehen, welche unter der Bedingung des Kriegsdienstes den Stämmen verliehen sind. Jeder große Stamm wird von einem Sirdar, welchen der König aus der vornehmsten Familie wählt, beherrscht. Die Zweige des Stammes stehen unter Chans, welche von dem Sirdar aus den Hauptfamilien gewählt werden. Die Aeste und Unterabtheilungen stehen unter Malliks und Maschirs, die aus den wählfähigsten Familien vom Volk erwählt und vom Sirdar bestätigt, oder von diesem mit Rücksicht auf die Wünsche des Volkes erkoren werden. Der Sirdar, die Chans, die Malliks und Maschirs sind die Anführer im Kriege und die bürgerlichen Obrigkeiten im Frieden. Die öffentliche Ruhe wird wenig durch Fehden und Berathschlagungen gestört und die Geschäfte des Sirdar und der Chans beschränken sich auf Beilegung der Streitigkeiten zwischen Einzelnen, wozu die Malliks und Maschirs vermittelst der Dschirga gezogen werden. Die Selbsthilfe ist nur bei den Hirtenstämmen üblich und wird auch von diesen ohne Schwertstreich verübt, so daß selten Durahnisches Blut vergossen wird. In jedem Dorfe ist eine Moschee und ein öffentliches Gemach, Hutschra, wohin die Einwohner zum Schwatzen zusammen kommen. In der Mitte steht gewöhnlich die Burg eines Chan, neben welcher ein Mehmankaneh, oder Gasthaus gebaut ist, in welchem Reisende verpflegt werden. Die Wohlhabenden lassen ihre Ländereien durch Basgars, durch Tagelöhner oder Sklaven bestellen. Die armen Durahner werden oft Basgars oder Pächter, selten Tagelöhner, welches Geschäft die Tadschiks, deren Muttersprache die persische ist, und die Afghanischen Humsajehs besorgen. Beide letztere Classen sind bei den Durahnern nicht, wie die Fakirs bei den Jusoffei, in Knechtschaft gesetzt, auch nicht zur Zahlung einer Abgabe an den Stamm, wenn gleich an den König, verpflichtet. Beide werden für nicht so edle Classen, als die Durahner sind, angesehen, sind aber übrigens freie Leute. Die nomadischen Stämme ziehen sich vor der Hitze in die Gebirge zurück, die südlich von Kandahar in die Berge von Toba, die jenseit des Hilmend nach Siahband, dem Lande der Teimaner, und Bajaghas in den Paropamisus. Ein großes Lager derselben heißt ein Khail, ein kleines Killi. Das Zelt des Mallik steht in der Mitte. Wenn der Winter nahet, ziehen sie wieder in südliche Gegenden. Die Durahner sind kräftige Leute, haben jedoch hohe Backenknochen, und manche runde, plumpe Gesichter, gehen nie bewaffnet, außer auf Reisen, liefern aber bei Truppenstellung den wirksamsten Theil des regelmäßigen Heeres und haben den Ruf der Tapferkeit. Sie sind friedlich und religiös, die Atschiksei ausgenommen, welche selten beten, keine Gastfreundschaft üben, jedoch unter sich nicht zanksüchtig sind. Die meisten Durahner verstehen Persisch, sind sämmtlich gastfrei und wohlthätig, von ihrer Nationalwürde durchdrungen, frin und edel, und haben eine vorzügliche Ehrfurcht gegen Kandahar, als den Sitz ihrer Vorfahren.

Mit den Durahnern sind durch Abstammung und Freundschaft verbunden der Stamm Baraïtsch und die Teriner. Die Baraitscher bewohnen Schorabak, eine nackte dürre Ebene, zwischen den durahnischen Gebieten in Norden und den Gebirgen, die den brahuischen Baludschen im Süden gehören. Im Osten wird Scharabak durch die Gebirgskette Khodscheh Amran, welche dort Roganih und Spintaiseh heißt, von Pischin, dem Lande der Teriner, getrennt. In Westen ist die Grenze durch die Sandwüste gebildet. Die Baraitscher, an 3000 Familien stark, sind unter vier Zweige und Chans getheilt, welche zusammen dem Könige 400 Reiter stellen. Sie haben viele Kameele, die zum Reiten und vor dem Pfluge gebraucht werden, große, mit Bogen versehene Hütten, Cudduls genannt, gleichen den rohesten Durahnern in Sitten und Nahrung, sind übrigens einfach und friedlich. Die Teriner, welche jenen in Osten wohnen, theilen sich in 2 große Zweige: Tor- und Spihn-Teriner, d. i. schwarze und weiße Teriner. Die schwarzen bewohnen Pischin, welches Land nördlich durch ein Gebirge von den Durahnern, östlich durch ein anderes von den Kakern, südlich durch die Bergkette Takkatn, westlich durch Kodscheh Amran begrenzt wird, und 80 Meilen von Nordosten nach Südosten lang und 40 M. breit ist. Der Lora durchströmt es und fließt nach Schorabak. Die Tor-Teriner treiben Ackerbau, Handel und Waarentransporte und belaufen sich auf 10,000 Familien. Die Spihn-Teriner bewohnen das lange Thal Sawara und die offenen Ebenen Tall und Chutialy, welche sich zum Salomonsgebirge und fast bis Ober-Sind erstrecken. Sie haben die Sitten der Tor-Teriner und stehen auch unter deren Chan.

V. Die Ghildscher bewohnen ein Parallelogramm von 180 Meilen Länge und gegen 85 Breite. Die nordwestliche Grenze wird gebildet durch den Paropamisus die nördliche von den Gebieten der Berdurauer, die östliche von dem Salomonsgebirge, die südliche von Wanneh, dem Ober-Tarnak und den Gebirgen, die es von

Urghessan scheiden. Es ist ein hohes Bergland, welches jedoch nordlich der Parallele des 32 Breitengrades fruchtbare Dereer einschließt: z. B. Hallatag, Ghundan, Pantanei, Kelaje Abdurrihim, letzteres in dem Gebiete Gn arra Margha, welches durch Berge von dem Thal Urghessan getrennt ist. Südlich jener Parallele sind meist hohe nackte Berge und Sandebenen. Das kleine Thal Mammei nahe der Vereinigung des Cundur und Gomal ist jedoch fruchtbar. In frühern Zeiten waren die Ghildscher der berühmteste Afghanenstamm und 3 Könige aus demselben herrschten Anfangs des vorigen Jahrhunderts bis auf Nadir Schah sogar über Persien. Sie theilen sich in 2 Hauptgeschlechter, Torahn und Burahn, die in 8 Stämme zerfallen. Torahn, das ältere, besteht aus den Stämmen der Hotaker und Tokher. Aus dem ersten waren die Könige, aus dem letzten die Wesirs der Ghildscher Dynastie. Zu Burahn gehören die Salomon-Khail, Ali-Khail, Under-Khail, Tarraki-Khail. Der Kharoter Abstammung ist ungewiß; die Schirpahner sind ein Zusammenfluß aus den übrigen.

Die Hotaker, früher zahlreich, jetzt nur 6000 Familien stark, leben vom Ackerbau, Handel und Viehzucht. Südlich der Bergkette von Mukkur, in welcher das Schloß Abdurrihim's, ihres Oberhauptes, liegt, sind sie mit Thokern vermischt. Die Thoker, auf 12,000 Familien geschätzt, haben zum Hauptort Kelant-Ghildschi. Die Residenz ihres Oberhauptes ist Kelat. Außer dem mit den Hotakern getheilten Lande, besitzen sie für sich das Ober-Tarnakthal und auch Bergland am Paropamisus. Die Tarraker, an 12,000 Familien, haben Mukkur und das umliegende Land bis zur südlichen Grenze der Ghildscher, sind meist Hirten und waudeen im Winter zum Theil ins Durahnische Land, zum Theil nach Daman. Die Under, 12,000 Familien enthaltend, wohnen in dem reichen, außerordentlich angebauten, mit vielen Dörfern und Gärten vrangenden Gebiete Schilgar, welches südlich von Ghasui liegt. Die Kharoter, 6000 Familien stark, haben die Berge zwischen dem Gomal (der ihre westliche Gernzr macht und auch ohne das dazwischen liegrude Land, Wahneh, die südliche machen würde), und die Salomonskette besetzt. Sie zählen 4 Dörfer, unter denen Siraffa, das größte, 500 Häuser enthält. Sie haben einen Erb-Chan und leben mit den benachbarten Visirern, Dschadranern und Fermullern oft im Kriege. Viele sind Nomaden. Die Ali-Khails, zu 8000 Familien gerechnet, bewohnen die Ebene Surmul. Der Salomon-Khail, gegen 35,000 Familien, zeefälle in vier Ulusse, wird aber nach der geographischen Lage in den südlichen und nördlichen eingetheilt. Die Keiser, die Sammelsei oder Ismaelsei, südl. und östlich von Ghasni wohnend, theilen Surmul mit den Ali-Khails. Ein Theil zieht im Winter nach Wanneh. Nördlich wohnen die Etanisei oder Sultansei und Ahmedsei, jene als Ackerbauer, nördlich den Wardaks, die Ahmedsei, als Hirten, im Osten von Logar in Altamur und Spiga bis zu den Bergen von Dschellalabad. Sie sind dem Könige gehorsam. Die Sahaks, an 6000 Familien, leben zum Drittel in Karwar, die übrigen in Paghman westlich von Kabul. Die Schirpahner, 6000 Familien stark, mit Tadschiks vermischt, wohnen in Kohdaman, längs dem Kabul-Flusse bis zur östlichen Grenze der Ghildscher.

Die westlichen Ghildscher, Hotaker, Thoker, Tarraker haben durahnische Sitten; die östlichen ihre eigenen. Iher innere Regirung ist verschieden. Die zwingrude Gerichtsbarkeit der Dschirga ist nicht überall entstanden, blos bei den Ahmedsei und den Kharotern üblich. Die Versammlungen der Mullahs treten an ihre Stelle. Bei den westlichen Stämmen haben die Chans und Malliks größeres Ansehen; in dem südlichen Salomon-Khail herrschen Uneinigkeiten und Fehden, weil die Oberhäupter keinen hinreichenden Einfluß haben. Wenn Krieg entsteht, werden Tschelwaschter mit größerer Gewalt ernannt. Die Ghildscher sind im Ganzen unruhiger und weniger verfeinert als die Durahner, aber tapfer und von schöner, großer Gestalt.

Zu den Afghanen werden noch gezählt, obgleich ungewissen Ursprungs, die Wardaks, welche dem Könige von Kabul gehorsam sind. Sie bewohnen eine lange Schlucht, zwischen dem Paropamisus und einer Bergreihe, welche Logar und Kharwar von ihnen trennt. Sie treiben Ackerbau, zahlen Abgaben und stellen eine große Truppenmenge. Die Kaker bewohnen ein Viereck von 100 Meilen, welches nördlich von dem Ghildscher-Gebiet, nordwestlich von Urghessan, Toba und Pischin, westlich vom Balludschen-Lande, südlich von den Spihn-Terinern, östlich von dem Salomonsgebirge begrenzt wird. Der nordwestliche Theil ist gebirgig, hoch und kalt, der südliche ist tiefer und hat mehrere berühmte, gegen Westen geöffnete, Thäler, als: Tor Margha, Barschore, Narihn, Tefger, Hanna. Noch südlicher wird dies Gebirgsland durch das enge Thal Bolahn von dem Tafellande Kelat getrennt. Die Kaker theilen sich mindestens in 10 Stämme, unter denen sich die Sanatiner im Thal Kandschogei und der Stamm Saran in Bori auszeichnen. Sie sind größtentheils Hirten, roh und unwissend, unter einander oft in Streitigkeiten verwickelt, weil ihre Malliks und Maschirs wenig Gewalt haben. Uebrigens sind sie nicht raubsüchtig, vielmehr friedfertig, einfach und harmlos. Noch sind zu erwähnen die Nasser, welche sich von den Hotakern, als ihren Blutsverwandten, ableiten, von diesen aber nicht dafür anerkannt werden, ein von Person kleiner, schwarzer, häßlicher, aber ausgezeichnet ehrlicher und harmloser Nomaden-Stamm, der auf 12,000 Familien geschätzt wird, durchaus kein eigenes Land hat, sondern zu 4 und 5 Zelten im Frühling in den Ländern der Tokher und Hotaker zerstreut, später im Jahre zu 100 und 200 Zelten gesammelt, und im Herbst erst vereinigt ist, um die lange Wanderung nach dem warmen Daman anzutreten. Zu Kansur am Gomal erwählen sie Tschelwaschter mit uneingeschränkter Gewalt, die den Befehl auf dem Marsch über das Salomonsgebirge, durch das Gebiet der Visirer, vorzüglich durch den Paß Kirkanni führen. Sobald sie Daman erreichen, stehen sie wieder unter Malliks, Maschirs und dem Chan, bis sie im Frühjahr unter Tschelwaschtern abermals durch das Salomonsgebirge nach Chorasan ziehen. Ihre Malliks und Maschirs werden aus den Hauptgeschlechtern gewählt und können, wenn sie ihres Amtes unfähig sind, abgesetzt werden. (Vergl. Hanway Beschreibung der neuesten Reichsveränderungen in Persien. Forster's Reisen aus Bengalen nach England. Mountstuart Elphinstone's Geschichte der engl. Gesandtschaft an den Hof von Kabul im J. 1808; übers. von Rühs.) (*P. F Kanngiesser.*)

AFGHANISTAN, d. i. das Land der Afghanen, hat zu Grenzen nördlich das Gebirge Hindu-Kusch, und Paropamisus, östlich den Fluß Indus bis zum 32°, 20 n. B.; von da das, dem Indus parallel, nach Süden ausgestreckte Salomonsgebirge, auf der Linie, wo es sich in die Ebenen verliert, südlich das Thal Bolahn, wodurch Balludschistan abgeschieden wird und die Berge, welche an Siwistan stoßen, westlich die große Wüste. Es ist durchweg gebirgig, jedoch mit weitläufigen Bergebenen versehen und dehnt sich nach allen Seiten, die nordöstliche ausgenommen, zum Theil sehr schroff ab. Drei mächtige Gebirgsketten, von denen viele Bergrücken auslaufen, sind: 1) das nördliche schneebedeckte Grenzgebirge Hindu-Kusch, (eine Fortsetzung des Himala) das sich von Kaschmir südwestlich neigt; eine der Spitzen beträgt 20.493 Fuß. Drei Bergreihen streichen aus ihm rechtwinklig nach Süden, und bilden die Thäler Bunir, Schwat, Pendschkora, die, wie die noch westlicher liegenden Thäler Kunner, Alingar, Alischung und andere in das große, von Westen nach Osten abgesenkte Kabulthal auslaufen, in dessen Vertiefung der Kabul- oder Kamastrom (sonst auch Behat oder Sir Hind und Jellali genannt) dem Indus zufließt; 2) der Paropamisus von Osten nach Westen 350, von Norden nach Süden 200 engl. Meilen ausgedehnt, dacht sich in Norden schroff, nach Westen und Südwesten sanft ab, ist weniger hoch, als Hindu-Kusch, doch kalt und rauh. 3) Das Salomonsgebirge erhebt sich aus der Ebene Badschaur, einem Theile des Kabulthales, sogleich sehr steil mit dem Safaid-Koh, einem schneebedeckten Berge, und streicht südsüdöstlich bis zum 29° n. B. fort. Die höchste Koppe ist Takht Soliman, d. i. Salomon's Thron in dem Gebirgsabschnitte Kussay-Ghur. Dem Salomonsgebirge laufen, auf der östlichen Seite bis 32°, 20′ n. B., zwei niedrigere Gebirgsrücken parallel; drei andere aber schießen von demselben nach Osten aus, und bilden mit den vorigen ein Netz. Der südliche der letztern, 60 Meilen lang, endet in einer 900 Fuß hohen Klippe in der Ebene bei Panialli, daher die Kette von Panialli genannt; die zweite, noch höhere, unter 33° n. B. befindliche Salzkette, so genannt, weil sie aus Steinsalz besteht, schießt von Safaid-Koh südöstlich aus, springt bei Kallabagh über den Indus, und endigt bei Djellapur, am rechten Ufer des Djelam oder Hydaspes. Die dritte, noch höhere und nördlicher gelegene Tirakette springt auch aus Safaid-Koh östlich aus, läuft unter 34° n. B. gerade zum Indus, überspringt ihn, verliert sich aber bald hernach. Zwischen ihr und Hindu-Kusch das Kabulthal; zwischen ihr und der Salzkette sind die Ebenen und Thäler der Khattak und Bangasch; zwischen der Salzkette und der Kette von Panialli die Thäler Daur, Bunnu, Echeotak, Isak-Khail, die wie Terrassen zum Indus absetzen. Die Gebirge, welche westlich vom Salomonsgebirge auslaufen, sollen in vier Hauptketten bestehen; sie sind aber noch nicht von Europäern genau erforscht, daher nur muthmaßlich bestimmt und undeutlich beschrieben.

Der Hauptstrom ist der Indus, welcher von da, wo er Hindu-Kusch durchbricht, bis 32°, 20′ die östliche Grenze macht. In ihn fallen aus Afghanistan 1) der Abassin, der nordöstlichste, welcher in Hindu-Kusch entspringt und nach 30 Meilen den Indus erreicht. 2) Der Kabul- oder Kamastrom, welcher sich aus mehrern Flüssen bildet. Der Kabul entspringt im Paropamisus, am Kohi-Baba, vereinigt sich mit Ghisni und Lagur auf der rechten und mit Pentschir und Ghurband, die bei Dscharikar zusammen fließen, auf der linken Seite, und wird von dem, bei Puschtichar entspringenden mächtigen Kaschgar bei dem Dorfe Kama, wo er von Norden her einfließt, verschlungen. Von jetzt an gewöhnlich Kama genannt, nimmt er, auf der linken Seite, den schon vereinigten Strom des Schwat und Pentschkora auf, und stürzt oberhalb Attok in den Indus. 3) Kurm oder Kurum entspringt ostnordöstlich von Ghasni 12 Meilen südwestlich vom Harcirub, nimmt den Gombil bei Lakki auf, fließt zum Theil durch Kanäle in das Isakhailthal ab, bewässert Bunnu und vereinigt sich mit dem Indus, 3 Meilen ostsüdöstlich vom Kagal-Walla, nach einem Laufe von 115 Meilen. 4) Gomal entspringt zu Dortschelli südlich von Siraffa, im Gebiete der Kharoter, fließt südwestlich nach Domundi, wo er den Mummeifluß und den Kundur aufnimmt, geht dann östlich, verschlingt den Schobe bei Sirmagha, durchdringt dann die Salomonskette, befeuchtet das Land der Daulats und andere Thäler von Daman dergestalt, daß sein Wasser verbraucht wird und er nur zur Regenzeit den Indus erreicht. Südlich und südwestlich fließen aus dem Salomonsgebirge die Flüsse Urghessan, Saleh-Jesun in den Thalgebieten gleichen Namens; Lora, der am Berge Kund bei Tubbei entspringt, durchläuft die Thäler Barschore und Pischin, nimmt hier den Surkab auf, bewässert dann Schorabak, und verliert sich nach 200 Meilen Laufes nahe des Dschogger in Gurmisir. Tarnak, welcher bei Muker entspringt, in den See Dori bei Dehi-Gholaman fließt, in der Regenzeit aber sein überflüssiges Wasser weiter sendet, und bei Doaba in den Urghendab nach 200 Meilen Laufes abströmt. Der Urghendab entspringt 80 Meilen nordöstlich von Kandahar, fließt nördlich und westlich von dieser Stadt vorbei und vereinigt sich nach 150 Meilen Laufes 5 Koß unterhalb Girisik (Grischk) mit dem Hilmend. — Aus dem Paropamisus fließen 1) der Hilmend; er entspringt bei Kohi-Baba westlich von Kabul, läuft 260 Meilen in hohen, beschwerlichen Gebirgen, tritt oberhalb Girisik in ein ebenes Land, nimmt links unterhalb jener Stadt den Urghendab, und rechts weiter hinab den Kaschrud bei Konischin auf, und sinkt nach einem Laufe von 360 Meilen in den See von Sistan. 2) Der Kaschrud entspringt bei Sakkir ungefähr 90 Meilen südöstlich von Herat und strömt nach 150 Meilen in den Hilmend. 3) Farra-rud entspringt bei Parsi, vereinigt sich oberhalb der Stadt Farra und unterhalb Gorani mit dem Tschisia-rud und fließt nach 200 Meilen in den nordwestlichen Winkel des Sees von Sistan. 4) Der Herat oder Pulimalan entsteht bei Oba östlich von Herat im Lande der Jmak, und nimmt 3 oder

4 Ströme auf, ehe er Herat erreicht, wo ein großer Theil seines Wassers verbraucht wird. Wohin er von da fließe, ist nicht mit Zuverlässigkeit ausgemittelt; er vereinigt sich aber nicht mit dem See von Sistan, und soll nördlich fließen.

Das ganze Land zerfällt in Berge und Thäler, welche gewöhnlich von den Stämmen, von denen sie bewohnt werden, benannt sind. Sie sind daher bei Aufzählung der Stämme erwähnt worden. Die Höhen sind kalt und 3 bis 4 Monat mit Schnee bedeckt, die Ebenen warm, und die südlichen Gegenden im Sommer heiß. Die bewässerten Thäler sind fruchtbar und tragen zwei Eenten. Die Bergebenen und Wüsten dienen blos zur Weide. Im Ganzen ist das Klima trocken und gesund. Producte sind: Silber, Blei, Eisen, Spießglas, Schwefel, Steinsalz, Alaun, Lapis Lazuli; europäische Fruchtbäume, Blumen und Gartengewächse, zum Theil wild wachsend, Weizen, Reis, Mais, Gerste, Hülsenfrüchte, Zuckerrohr, Tabak, Baumwolle; wilde Thiere: Tiger, Leoparden, Wölfe, Bären, Hyänen, Antelopen, wilde Schweine, Esel und Hunde, Adler und Falken, die zur Beize abgerichtet werden; zahme Thiere: Pferde, Esel, Dromedare, Kamele, Ochsen, vorzüglich Schafe mit Fettschwänzen, der vorzüglichste Reichthum der Hirten, Ziegtn, Jagd- und Spürhunde und Katzen und andere mehr.

Die Zahl der Einwohner wird auf 14 Millionen geschätzt, von denen 4,300,000 Afghanen, die in dem vorhergehenden Artikel genauer beschrieben sind. Die übrigen sind Tadschiks 1,500,000, Hindus 5,700,000, Tataren 1,200,000, Balludschen 1 Million, und andere Stämme. Die Tadschiks leben in den Ebenen, theils in festen Häusern und treiben Manufacturen und Gewerbe; größtentheils aber als Pächter, Knechte oder Tagelöhner unter Afghanischen Herrn, und besorgen die Landwirthschaft, zu der sie am meisten Neigung haben. Sie sind ein mildes, mäßiges, betriebsames Volk, friedfertig, gehorsam; ihre Murtersprache ist die Persische. Als Humsajah's oder Abhängige der Afghanen wohnen sie in abgesonderten Dörfern, zahlen Abgaben, liefern Truppen zum Kriegsdienst, und sind in mehrern Beziehungen den Afghanen gleich gestellt. Mehrere Stämme leben frei in entlegenen und unzugänglichen Theilen des Landes. Dahin gehören die Einwohner von Kohestan, die Barraker in Logar, die Fermuller in Urghun, die Sirdeher in Sirdeh südöstlich von Ghasni. Man hält sie sämmtlich für Nachkommen der alten Perser, die in den Ebenen von den Arabern unterjocht wurden, während die Afghanen auf den Gebirgen ihre Freiheit behaupteten. Als dirse endlich abermals die Ebenen eroberten, setzten sie die gebliebenen Ureinwohner (die Tadschiks) in jenen Grad von Abhängigkeit, in dem sie sich noch befinden. Die Hindus, deren Sprache der Mundart des Pentschab gleicht, sind über ganz Afghanistan zerstreut, als Mätler, Kaufleute, Bankiers, Kornhändler, Wechsler, Rechenmeister, Goldschmiede, und halten sich besonders zahlreich in Städten auf. Sie sind aus dem Stamm der Chateigas, ohne jedoch jetzt kriegerisch zu seyn. Sie scheinen sonst im nordöstlichen Theile Afghanistans geherrscht zu haben. Als besonderes Volk, Deggans genannt, behaupten sie sich noch unter einem einheimischen Dorfhaupte in Kunner, bezahlen jedoch an den König von Kabul eine Abgabe und stellen 150 Reiter. Ihre besondere Sprache soll aus Samscrit, Neupersisch und aus einer unbekannten Wurzel gemischt seyn. Die übrigen Hindus sind unterjocht und heißen Fakirs. Die Tataren sind Ueberreste der vormaligen Eroberer. Die Balludschen wohnen nur in den südlichen Gegenden.

Städte sind im Verhältniß der Größe des Landes wenige. Kabul ist jetzt die Residenz; der vormalige Sitz der Könige, Ghasni, ist zu einem Dorfe herabgesunken. Furra, Kandahar, Dschellalabad, Peschawer, Badschaur, Kallabagh, Siwa und wenige audere sind außerdem bemerkenswerth. Balk, Herat, Schikarpur und Kaschmir können nur als Grenzstädte angesehen werden, die zwar die Oberherrschaft Kabuls anerkennen, aber von fast selbständigen Herren beherrscht werden.

Afghanistan wird von einem Könige beherrscht, dessen Macht jedoch durch die Großen des Derahnischen Stammes, dessen erbliches Oberhaupt er ist, beschränkt, nächstdem durch die Stammverfassung und durch die Unabhängigkeit vorzüglich der Gebirgsbewohner geschwächt wird. Sein Ansehen ist nur in den ebenen Ländern mächtig, wo er die Oberhäupter (Sirdars) und die Richter (Kadis) einsetzt und die Abgaben erhebt, welche er jedoch bei den Afghanen nicht erhöhen kann. Sein Heer wird durch Contingente gebildet, welche von jedem Stamme geliefert werden. Das ganze Königreich wird in 27 Provinzen eingetheilt. In jeder ist ein Hakim, der die Finanzen und die Polizei verwaltet, ein Sirdar, der die Truppen befehligt, und ein Kadi, welcher die bürgerliche Gerechtigkeit besorgt. Unter dem Hakim und Sirdar, deren Stellen oft in einer Person vereinigt sind, werden Finanzen, Polizei und selbst die Gerichtsbarkeit von den Maliks und Maschirs, den Stammältesten, besorgt. In vielen Gegenden, wo die Macht der Regirung weniger wirksam seyn kann, haben diese alle Gewalt in Händen, oder die königl. Beamten sind verdrängt. Daher werden auch eigentlich nur 9 Provinzen ordentlicher Weise verwaltet; die übrigen sind mehr oder weniger unabhängig. (Vergl. den Art. Afghanen.) (*P. F. Kanngiesser.*)

Afinei, s. Sudak.

AFIUUN, ein ungemein excitirendes Aphrodisiacum, das in Persien von würzigen duftenden Blumen, mit Opium, Ambra, Moschus, feinen Gewürzen und Zuckrr bereitet wird. Es ist dem wollüstigen Perser so unentbehrlich und so reizend, daß er keinen Tag ohne seinen Genuß hinzubringen vermag, und ihn den leckersten Speisen weit vorzieht. Seine Wirkung ist Erregung erotischer, lasciver Wachträume, mächtiger Reiz auf alle Organe, vorzugsweise auf die der Zeugung. Man begreift daher, daß sein Genuß vorzüglich zu den Freuden des Harems gehört. Wenn aber nach einigen Stunden der süße Rausch verflogen, so folgt Traurigkeit, Abgeschlagenheit, Furchtsamkeit; öftere Wiederholung entnervt den Körper und führt unfehlbar zu dem Zustande, den man . macies hippocratica nennt, mit Schwäche der Sinne und Stupidität, der alles, was groß und genial ist, fremd bleibt. Schrecklich ist's daher zu wisstn, daß der Thronerbe bei diesem Mittel, schleichendem Gifte gleich, gewissermaßen groß gezogen wird. *(Ch. H. Ritter.)*

AFLENZ, im Herzgth. Steiermark, zum Brucker Kr. gehörig, ein Marktfl. von 65 H., von 88 Familien bewohnt, die 406 Einw. begreifen. Im 10ten Jahrh. gab es hier Dynasten von Avelanz, deren Gebiet ziemlich ausgedehnt war, später erhielt diese Herrschaft das Benedictinerstift St. Lambrecht, und nach dessen Aufhebung wuede sie eine Staatsherrschaft, zu deren Werbbezirk außer dem Marktfl. 12 Gemeinden gehören. Die Einwohner ernähren sich vom Handels-Fuhrwesen, einigen Gewerben und der Landwirthschaft. Die Herrschaft allein besitzt an eigenen urbaren Gründen 735 Joch 915 Klafter. *(Freih. v. Liechtenstern.)*

Afnu, s. Houssa, (Nigritien).

AFORMASCHA, Gebirg in Abyssinien, von den Bergen von Litchamtara, die hinter ihm eine Kette in einem halben Zirkel bilden, gleichsam eingeschlossen. Vergl. Amid-Amid. *(Hartmann.)*

Afra, St., s. Meissen.

AFRAGOLA, Stadt in der Prov. Neapel, unweit der Hauptstadt und zu deren Gebiet gerechnet, auf den Anhöhen von Capo di Chino, hat 3 Pfarreien und 12650 Einwohner, welche Hüte, doch nur gemeiner Art, liefern. *(Röder.)*

AFRANIA, mit dem Vornamen Gaja oder Caja, (C., daher verfälscht zusammen gezogen Cafrania, wie Agellius u. a.) die Gattin eines römischen Senators Licinius Buccio, ein streitseliges, prozeßsüchtiges Weib, die in ihren Angelegenheiten — in welchen, wird nicht gesagt — sich immer selbst vor dem Prätor vertheidigte, mit solcher Dreistigkeit und solchem Geschrei, daß der Name Afrania zur Bezeichnung unverschämter Weibspersonen sprichwörtlich wurde. Sie erhielt sich in Athen bis zum zweiten Consulat des Jul. Cäsar, J. d. St. 705 „denn mehr, wann ein solches Ungethüm verschieden, als wann es zum Vorschein gekommen, ist der Gedächtnißüberlieferung werth." Valer. Max. VIII, 3, 2. Nach Ulpianus (L. I. §. 5. D. *de postul.*) gab dieses Weib einem Prätor Veranlassung zu der Edictformel, daß keine Frau gerichtlich für Andere auftreten dürfe, (pro aliis postulare), wenn nicht in dieser Ableitung ein Irrthum liegt, denn Afrania trat nur für sich auf. Daß übrigens in der angeführten Stelle nach der *Carfania* des Florentiner Codex wirklich *C. Afrania* gelesen werden müsse, leidet kaum noch einen Zweifel. (Gegen *Cujac.* Obss. XXVI, 38. s. *Andr. Alciati* Parerg. Jur. II, 37. et *Bynkershoek* Obss. J. R. IV, 12. p. 261.) Die Meinung G. A. Jenichen's, (*Dissert. de Afrania ad* L. I. §. 5. *D de postulat.* und *Val. Max.* VIII, 3, 2. vgl. Hamburg. Nachr. von gel. Sachen 1735. S. 325. 340.) daß zwei Franen dieser Art gelebt, die zweite Calphurnia geheissen, welche auch Andere vor Gericht vertreten und den Prätor zu seinem Edirt veranlaßt habe, ist ein ungenügendes Auskunftsmittel. *(F. G. Zimmermann.)*

AFRANIUS, 1) mit dem Vornamen Lucius, ein römischer Komödiendichter, Zeitgenoß und Nachfolger des Terentius und Cäcilius, bl. um das J. d. St. 560. Man kann ihn als den Vater des eigentlichen römischen National-Lustspiels betrachten, der fabula togata, und zwar der besonderen Gattung, in welcher das Leben und die Sitten der niederen Volksstände mit lebendiger Wahrheit geschildert wurden, der fabula tabernaria. (*Diomed.* L. III. p. 483. ed. Putsch.) Seine Zeitgenossen sowol, als die römischen Kunstrichter der späteren Zeit zeichneten ihn durch große Lobsprüche aus. Cicero erzähle, (Brut. c. 45.) daß er sich den römischen Ritter L. Titius zum Muster genommen, der unter die beredtesten Männer seiner Zeit gezählt worden, und es so weit gebracht, als ein lateinischer Redner ohne Kentniß der griechischen Literatur es nur immer habe bringen können. Die Reden dieses Titius seyen so voll echten Witzes und feiner Bildung gewesen, daß man in ihnen den wahren attischen Geschmack erkannt habe. Auch habe er in diesem Charakter der witzigen Rede Tragödien gedichtet, in denen aber die tragische Wirkung verfehlt worden sey. Glücklicher trug diese Art Afranius in die Komödie über, da er eben so sehr durch geistreichen Witz als durch Gewandtheit der Rede sich auszeichnete. Uebrigens haben Wieland und Haberfeld (zu Horat. Epist. II, 1, 57.) aus dieser Stelle des Cicero zu voreilig geschlossen, daß Afranius die Sprache des Menander selbst nicht einmal verstanden habe: im Gegentheil erhellet aus einem anderen Zeugniß desselben Cicero, (de fin. I, 3.) daß Afranius wirklich menandrische Stücke bearbeitete, nur frei und eigenthümlich, so daß er griechische Scene, Personen und Sitten auf römischen Boden und in selbstständig-römische Weise übertrug. In einem Fragmente der *Compitalia* bei *Macrob* Saturn. VI, 1. gestehet er selbst treuherzig, nicht blos aus Menander, sondern aus jedem andern, benutzt zu haben, was ihm bequem geschienen. Horatius noch (a. a. O.) führt es als das Urtheil seiner Zeitgenossen an, daß des Afranius Toga dem Menander völlig passe; (convenisse Menandro) und Vellejus Paterculus stellt ihn zunächst dem Cäcilius und Terentius, nicht allein, in sofern er ihnen in der Zeit der nächste war, sondern weil er gleich ihnen durch Feinheit und Lebendigkeit des Geistes sich auszeichnete. (I, 17. vergl. II, 9.) Auch Quintilian (X, 1, 100.) gedenkt seiner ehrenvoll, nur fügt er bedauernd hinzu, daß er seine Stücke zu oft durch Unsittlichkeit und Wohlbehagen an widernatürlichen Liebesgeschichten (puerorum foedis amoribus) besudelt habe, mores suos confessus. (vergl. *Auson.* Epigr. LXX, 4.) Für solche Derbheit und Ausgelassenheit der Sitten sprechen auch einzelne Verse, die sich von diesem Dichter hie und da noch erhalten haben; doch wird man diese eben so aus dem Charakter ihrer Zeitumgebungen erklären müssen, als die Zotenreissereien des altengländischen Theaters bei Shakespeare, Massinger u. a. Andere Verse desselben enthalten dagegen sehr verständige und weise Lebensregeln und Erfahrungssätze, die den schönsten Weisheitssprüchen des Alterthums beigezählt zu werden verdienen. Bekannt sind die Sprüche bei *Gellius*, N. Att. XIII, 8. XV, 13. vgl. *Muret.* V. Lect. VII, 4. T. II. p. 147. Ruhnk. u. a. Seine Stücke kamen noch zur Zeit der Kaiser auf die Bühne, wie der Brand (incendium) unter Nero. *Suet.* Ner. c. 11. Es ist zugleich ehrend für Afranius, daß er den Terentius äußerst hoch schätzte: Terentio non similem dices quempiam, ließ er in den Compitalibus sagen. (*Donat.* V. Terent. §. 5.) Er ist ein sehr fruchtbarer Dichter gewesen; allein von den Stücken, deren Namen angeführt werden, lassen sich auf acht und vierzig zusammen zählen. Viele seiner in den alten Grammatikern zerstreueten Bruchstücke sind gesammelt in *H. Stephani* Fragment. vet. poet. Latin. Paris. 654. 8., und in *Corpore omnium veterum poet. Latin.* p. 413. sqq., aber dem Sammlerfleiß sowol, als der Kritik ist hier noch vieles aufbehalten. Ein kräftiges Lob ertheilte mit Berufung auf das Zeugniß der Alten diesem Dichter zuerst *Jan. Rutgersius* Var. Lect. IV, 19. p. 438. Vergl. *Crinitus* de poet. Latin. und *L. G. Gyraldi* de poetis hist. Dial. 8. Opp. T. II. p. 305. *I. N. Funccii* de adolesc. L. L. tract. p. 97. Dieser und *Fabric. Bibl. Lat.* P. III. p. 232 liefern die Titel der verschiedenen Stücke des Afr. doch lassen sich diese Verzeichnisse noch vermehren.

In der römischen Geschichte begegnen wir mehreren, bald mehr, bald minder angesehenen Männern dieses Namens. Wir wollen sie nach der Zeitfolge hier aufführen:

2) C. Afranius Stellio ward zum Prätor erwählt A. V. 567 vor Christo 185, und ging 2 Jahre später als triumvir coloniae deducendae nach Saturnia im caletranischen Gebiete. (s. *Cluver.* Ital. Ant. II, 3. p. 515. *Liv.* XXXIX, 23. 55.)

3) C. Afranius ward im Kriege gegen den Perses von Makedonien in der illyrischen Grenzstadt Uscana von dem König plötzlich überfallen und eingeschlossen. Hart bedrängt verlangte er mit den Seinen freien Abzug, der versprochen, aber nicht gewillfahrt wurde, Perses ließ die Römer die Waffen niederlegen und behielt sie selbst als Gefangene zurück. v. Chr. 170. (*Liv.* XLIII, 18.)

4) T. Afranius, (nach anderen T. Lafrenius,) war einer der Heerführer der italischen Völkerschaften im Bundesgenossenkriege. In Verbindung mit Judacilius und Ventidius schlug er den Cn. Pompejus bei dem Flusse Tenna im falerinischen Gebiete, daß sich dieser in die befestigte Stadt Firmum zurück ziehen mußte. Aber S. Sulpitius, welcher dem Pompejus zu Hilfe eilte, erobtree, während Afranius einen Ausfall der Belagerten zurück schlug, das Lager: das Heer wurde theils getödtet, theils zerstreuet, Afranius war unter den Gefallenen. (*Appian. de B. C.* I, 40. 47. ff. *Flor.* III, 18, 6. vgl. *Freinsh. Suppl. Liv.* LXXIII, 19. LXXIV, 5. Ueber die Schreibart des Namens *Schweigh. ad Appian.* (T. III. p. 696.)

Am bekanntesten ist

5) L. Afranius geworden, des Aulus Sohn, einer der getreuesten Anhänger des Pompejus. Schon als dieser seinen Feldzug gegen den Sertorius in Spanien unternahm, begleitete er ihn und befehligte in dem Treffen am Flusse Sukron den linken Flügel, so daß er selbst das feindliche Lager eroberte und plünderte, als er von dem auf diese Seite sich wendenden Sertorius wieder verjagt und sein Heer zerstreuet wurde. *Plutarch.* Sert. c. 19. Pomp. c. 19. Im Mithridatischen Kriege war er des Pompejus Legat, wurde zur Besetzung von Armenien abgeordnet und eroberte nachher die Landschaft Gordyene, in welche Phraates eingefallen war, vertrieb ihn und verfolgte das Herr bis Arbelatis. Als darauf Pompejus den Entschluß gefaßt hatte, auch noch Syrien zu erobern und durch Arabien bis ans rothe Meer vorzudringen, schickte er den Afranius ab, die am Amanus wohnenden Araber zu bezwingen. Auf diesem Zuge gerieth Afranius auf Abwege, Ungewitter und drückender Mangel brachten das Heer schier zur Verzweiflung, und Afranius verdankte seine Rettung nur den Karraern, einer makedonischen Kolonie, die ihn mit den Seinen aufnahm und wieder auf den rechten Weg brachte. *Plut.* Pomp. c. 39. *Dio Cass.* XXXVII, 5. Nach Beendigung dieses Krieges war es des Pompejus angelegentliche Sorge, den Afranius zu belohnen, und dessen Treue gegen ihn selbst immer mehr zu befestigen. Durch Mittel, wodurch Philippus von Makedonien schon jede noch so feste Burg zu erobern sich getrauete, durch Geldsummen, welche er in seinen Gärten unter die Zünfte vertheilen ließ, brachte er es dahin, daß Afranius zugleich mit dem Q. Metellus Celer auf das J. 694 (v. Chr. 60) zum Consul erwählt wurde. (*Plut.* Pomp. c. 44. *Cic.* ad Att. I, 16. *Dio Cass.* XXXVII, 49.) Aber Afranius nahm sich in dieser Würde so unthätig und kraftlos, daß „sein Consulat kein Consulat war, sondern eine häßliche Brausche in dem Gesichte des Pompejus;" — „erfahrner in der Kunst zu tanzen, als Staatsgeschäfte zu verwalten," war er — „so gar nichts, daß er nicht einmal wußte, was er gekauft hatte," und sich von seinen Gegnern mit Schimpf und Verachtung behandeln lassen mußte. *Dio Cass.* l. c. *Cic.* ad Att. I, 16—20. — Nichts desto weniger behielt Afr. ununterbrochen das Vertrauen seines mächtigen Gönners. Er war einer der drei Legaten, welche für den Pompejus die Provinz Spanien verwalteten, während dieser selbst der Erste in Rom war. (*Vell. Pat.* II, 48.) Bei dem Ausbruche des Bürgerkrieges, als Pompejus nach Griechenland entflohen war, stand er mit drei Legionen im tarraconensischen Gebiete, Petrejus mit zwei Legionen in Lusitanien, mit der sechsten Varro in Bätica, die Hilfsvölker des Landes ungerechnet: so wie aber Cäsar den kühnen Entschluß faßte, zuvor Spanien sich zu unterwerfen, vereinigten sich die beiden ersteren, und schlugen bei Ilerda (h. z. T. Lerida) am Flusse Sigoris (Segra) ihr Lager auf, in einer sehr günstigen Stellung, von wo aus sie beide Ufer des Flusses beherrschen konnten. Cäsar sandte den Fabius mit vier Legionen voraus, der sich schnell der Engpässe der Pyrenäen bemächtigte, gegen Afr. vorrückte, und am Flusse Sigoris, über welchen er zwei Brücken baute, sich lagerte. Das Bedürfniß beider Heere, in einer und derselben Gegend sich Lebensmittel zu verschaffen, verursachte kleine Gefechte von weniger Bedeutung. Als aber Cäsar mit seiner Begleitung von 900 Reitern im Lager eingetroffen war, setzte er alsobald über den Fluß und Afr. ließ es geschehen, daß er sich fast unter seinem Gesichte, 400 Schritte von der Anhöhe, die Afr. inne hatte, entfernt, in einem unangreifbaren Lager befestigte. Nicht so glücklich war Cäsar mit dem Versuch, einer in der Ebene zwischen beiden Lagern gelegenen Anhöhe sich zu bemächtigen, und er ging nicht ohne empfindlichen Verlust aus dem Treffen, das 5 Stunden lang mit größter Hitze geführt worden war: er hatte seine Feinde verachtet und versahe von

jetzt an vorsichtiger. Eine darauf eintretende große Ueberschwemmung, welche der Strom verursachte, setzte ihn in noch größere Noth, da er, ganz ohne Vorräthe an Lebensmitteln, von allen Gegenden, die Getreide liefern konnten, abgeschnitten war. Afr. meldete dies nach Rom und schon ging dort das Gerücht, der Krieg werde in Kurzem beendiget seyn. Doch das Glück wandte sich bald zum Vortheil Cäsars. Günstige Nachrichten von Massilia her ermuthigten das Heer Cäsars wieder, mehrere benachbarte Völkerschaften fielen vom Afr. ab und gingen zu ihm über, schickten Getreide, und alle diese Umstände machten auf Afr. solchen Eindruck, daß er länger bei Ilerda zu verweilen nicht für gut hielt. Man faßte daher den Entschluß, sich nach Celtiberien zurück zu ziehen, und suchte zunächst den Ebro zu erreichen, und das an diesem Strome gelegene Octogesa (Mequinenza) zu gewinnen. Dies gab den Vortheil, daß in dem durchschnittenen, höchst beschwerlichen Lande, dessen Einwohner ihnen geneigt waren, Cäsar's überlegene Reiterei ihnen wenig schaden konnte und der Krieg in die Länge gezogen wurde. Von beiden Seiten beruhte der Sieg darauf, daß man zuerst die Gebirge erreichte, welche durch jene Gegenden sich ziehen. Cäsar war in größter Schnelligkeit gefolgt, und zog den Pompejanern theils zur Seite, theils schnitt er ihnen durch seine Reiterei alle Verbindung ab. So wurde von jetzt an der Krieg ein Hin- und Herziehen auf einem kleinen Raume: auf der einen Seite zwischen einem ermüdeten und unentschlossenen Feinde, der nicht durchzubrechen wagte, auf der andern zwischen einem Heere, das unter einem entschlossenen Führer voller Vertrauen, Thätigkeit und Kampflust war. Afr. wurde immer muthloser. Endlich erfleheten die Führer die Gnade Cäsars. Sie erhielten die Erlaubniß, Spanien verlassen zu dürfen, die Legionen wurden entlassen, viele Soldaten kehrten zu ihrem häuslichen Herde zurück, andere folgten den Fahnen Cäsars. (S. *Caes.* de B. C. I, 37. ff. *Appian.* de B. C. II, 12. *Dio Cass.* LI, 30. ff. *Flor.* IV, 2, 26. ff. *Lucan.* IV, 1. ff.) *). Beide, Petrejus sowohl, als Afranius, hatten sich zum Heere des Pompejus begeben. Auch Cäsar setzte jetzt nach Griechenland über, war aber anfangs nichts weniger, als glücklich, und gerieth nach mehreren erlittenen Verlusten, nach mühseligem Herumziehen, in die größte Noth und Bedrängniß. Damals ging des **Afranius** kluger Rath dahin, daß Pompejus mit seiner überlegenen Seemacht den herumirrenden, fast hilflosen Gegner drängen lassen, mit der Landmacht selbst nach dem ganz entblößten Italien übersetzen möchte, um, nachdem er dieses Landes, Galliens und Spaniens sich versichert, vom Sitze der Herrschaft aus mit erneuten Kräften den Cäsar anzugreifen. (*Appian. B. C.* II, 65.) Aber Pompejus gehorchte dem Rathe der Unverständigern. In der Schlacht bei Pharsalus stand Afr. dem Pompejus zur Seite; (*Appian.* B. C. II, 76.) darauf floh er mit den übrigen und schloß sich, nachdem Pompejus getödtet war, an **Cato** und **Scipio** an, die in Afrika eine ansehnliche Verstärkung zusammen gebracht, und an dem Numidier **Juba** einen mächtigen Bundesgenossen erhalten hatten. Leider fehlte es an Einheit und Zusammenhalt der Plane: Cäsar griff bei **Thapsus** an, Afranius und Juba hatten ein jeder sein Lager besonders, eine gänzliche Niederlage des pompejanischen Heeres war die Folge. (*Plut.* Caes. c. 53. *Auct.* de B. Afr. c. 52.) Die Heerführer nahmen sich selbst das Leben, auch Cato in Utika; **Afranius** entfloh mit dem Faustus Sulla von Utika aus durch Mauritanien, stieß aber auf den P. **Sittius**, wurde von ihm gefangen genommen und dem Cäsar überliefert. Dieser, „dem es genug schien, Einmal verziehen zu haben," (*Flor.* IV, 2, 90.) gab heimlichen Befehl zu dessen Hinrichtung. (*Sueton.* Caes. c. 75. *Dio Cass.* XLIII, 12.) Schon mit dem tapfern Sohne des Pompejus war die afrikanische Legion mit hinüber nach Spanien gegangen; (*Hirt.* B. Hisp. c. 7) jetzt folgten auch die Uebrigen, die noch bei Afr. geblieben waren, Verzicht leistend auf Cäsars Begnadigung, eben dahin, und fochten daselbst mit der letzten Anstrengung der Verzweiflung. (*Dio Cass.* XLIII, 30 — 36.) — So unwandelbare Standhaftigkeit und Treue, als Afranius bewiesen, verdient unstreitig Achtung, und ist Beweis nicht alltäglicher Geisteskraft: daher gedachte seiner auch stets mit Ehren der römischgesinnte **Livius**, noch zu Augustus Zeit, wie nicht ohne scharfe Züchtigung der gehemmten Redefreiheit der edle **Cremutius Cordus** zu seiner Vertheidigung anführt bei *Tacit.* Annal. IV, 34.

6) Afranius, mit dem Vornamen Burrus, (wie Burra auch als Frauenname vorkommt; (s. *Probi* Epit. de nomin. rat. in Val. Max. p. 883. ed. Torren.) wurde durch den Einfluß der Agrippina, noch zur Zeit des Claudius, zum Befehlshaber der prätorianischen Cohorten ernannt, die bisher unter den Befehlen Zweier gestanden hatten. Er war ein des Kriegswesens kundiger Mann, auch sonst von strengen Sitten, und leitete in edlem Einverständniß mit Annäus Seneca die Jugend des Nero mit Einsicht und Klugheit, die wilde Gemüthsart des jungen Prinzen wohl erkennend. Als Nero selbst die Regirung handhabte und die Anmaßungen seiner Mutter ihm lästig wurden, betrachtete er den **Burrus**, als an das Interesse der Agrippina gebunden, nicht ohne Argwohn, und suchte ihn zu entfernen. Doch gelang es dem festen Muthe des **Burrus**, vielleicht auch mit Unterstützung des Seneca, daß er in seiner Würde blieb. Zur Ausführung des schrecklichen Vorhabens des Nero, seine Mutter zu tödten, erklärte er muthig, nur dann sich bereit zu finden, wenn Agrippina des Verbrechens überführt sey; und bei der scheußlichen That selbst wies er den Beistand der Prätorianer mit freimüthigen Worten ab. (J. 60. n. Chr.) Er starb im J. d. St. 816 n. Chr. 63, nicht ohne gegründeten Verdacht der Vergiftung. Sein Tod wurde allgemein beklagt, sowohl in Rückerin-

*) Ueber diesen Feldzug des Jul. Cäsar in Spanien hatte der große **Conde** während der Belagerung von Lerida Bemerkungen niedergeschrieben, die aber verloren gegangen sind. Der Marschall **Puysegur** verglich diesen Feldzug mit dem **Turenne's** gegen den Herzog von Lothringen 1672; manche Untersuchungen liefert v. **Turpin** zur Uebersetzung des **Jul. Cäsar** und vorzüglich **Guischard** in seinen militärischen Aufsätzen. Eine sehr glückliche Zusammenstellung der Thatsachen mit erläuternden Bemerkungen und einem Plan s. in **de la Borde's** Reise in Spanien, Voyage pittoresque etc. (In teutscher Uebers. 3s Bdch. Leipz. 1811. 8. S. 222 ff.)

nerung seiner großen Tugenden, als wegen der Untüchtigkeit des einen und der verbrecherischen Ausschweifungen des andern seiner Nachfolger. Mit ihm brach auch Seneka's Einfluß, weil zum Guten die eine Hälfte der Kraft geschwunden war, Nero aber immer nur zum Schlechten sich hinneigte. (S. *Tacit.* Ann. XII, 42. XIII, 2. 20. ff. XIV, 7, 51. *Sueton.* Ner. c. 35. *Xiphil.* LXII, 13.)

Unter desselben Nero Regirung lebte

7) Afranius mit den Beinamen Quintianus, römischer Senator. Seine Ausschweifungen hatten ihm übeln Ruf und Spottgedichte des Nero zugezogen. Deshalb ihn persönlich hassend nahm er Theil an der großen Verschwörung gegen den Kaiser, welche auch dem Seneca, Lucanus u. a. das Leben kostete, im J. d. St. 819. n. Chr. 66. Als er zur Untersuchung gezogen wurde, leugnete er anfangs, gestand aber nachher, aus Hoffnung der Begnadigung. Er starb standhafter, als man nach seiner früheren Lebensart hätte schließen sollen. (*Tacit.* Ann. XV, 49. 56. 70.)

8) P. Afranius Potitus, ein Plebejer, gelobte bei einer Krankheit des Kaisers Caligula und verband sich überflüssig noch durch einen Eidschwur, sein Gelübde zu lösen, daß er die Genesung des Kaisers mit seinem Leben bezahlen wolle. Als Caligula wieder gesund wurde und Afranius, der vielmehr eine Belohnung erwartete, sein Gelübde zu erfüllen zauderte, ließ er ihn, wie ein Opferthier mit Kränzen und Bändern geschmückt, durch die Straßen der Stadt führen bis zum Damm bei dem Collatinischen Thore, dem bekannten Richtplatz, von wo er sich selbst herabstürzen mußte. *Dio Cass.* LIX, 8. *Sueton.* Cal. c. 27. Häufig kommt dieser Name auch auf alten Denkmalen vor, z. B. *Reines.* synt. inscript. XIV, 11. 98. und sonst. (*Zimmermann.*)

AFRICA[1]) (alte Geogr.). Bei Homerus[2]) und Hesiodus[3]), der schon den Fluß Nil kennt, umfaßte der Ausdruck Λιβύη wol das ganze unbekannte Land westlich von Aegypten[4]); aber noch 630 v. Chr. war es kaum dem Namen nach bekannt, wie Herodot's[5]) Erzählung zeigt, wo Battos der Theräer auf den Ausspruch des Orakels, eine Stadt in Libyen zu gründen, weit umher fragen mußte, wo Libyen auf der Erde liege, bis 620 v. Ch. Kyrene gegründet wurde[6]). Aegypten allein war nicht so unbekannt[7]). Die Phönikier ausschließend besuchten Afrika schon früh in ziemlicher Ausdehnung, verheimlichten aber mit kaufmännischem Brodneide jede Entdeckung, und hinderten fremde Völker an weiterem Vordringen[8]). — Von Herodot, der selbst einen Theil der Nordküste sah und über das Innere von Kaufleuten sorgfältige Erkundigung einzog, erhalten wir die ersten bestimmten Nachrichten, und seine Glaubwürdigkeit ist durch die neuern Untersuchungen in Aegypten vollkommen gegen die Beschuldigungen des Alterthums und unsrer Tage gerechtfertigt worden. Nicht weniger Glauben verdient er im Inneren, wie die heutigen, obwol immer noch sehr unvollständigen, Nachrichten beweisen. So stimmen z. B. die von ihm angegebenen Landhandelsstraßen (Karavanen) fast immer mit den Angaben der neuern Reisenden überein[9]). Er theilte[10]) sein Libyen, das bald ganz Afrika[11]), bald Afrika mit Ausschluß Aegyptens[12]) umfaßte, in drei Hauptstriche[13]) nach der physischen Beschaffenheit: 1) den bewohnten an der Nordküste von Aegypten nach Westen (h. Berberei), 2) den thierreichen südlich unter jenem (h. Dattelland, Biledulgerid), 3) den sandigen noch südlicher (h. Sahara), worauf eine ganz wüste und wasserlose Gegend folgt[14]). Der nördliche bewohnte Küstenstrich zerfällt bei ihm in den östlichen von Aegypten bis an den Triton[15]), und in den westlichen vom Triton bis an die Westküste[16]). Im östlichen wohnten Hirtenvölker Adyrmachidä, Giligammä, Kyrenäer (Städte: Kyrene, Tauchira, Hesperides oder Berenice, Barka, Leukon und die fruchtbare Gegend Irasa) mit folgenden dazu gehörigen Stämmen: Asbystä, Auschisä, Kabales, Nasamones (an der großen Syrte) Psylli; dann weiter Garamanten, Makä (mit dem Hügel der Grazien und dem Flusse und der fruchtbaren Gegend Kinyps), landeinwärts Gindanes, an der Küste ferner Lotophagi, Machlyes, Auseis (beide am Flusse und See Triton). Vom Triton an im westlichen Striche wohnten Feldbauende Völker: Auseis, Karthager, Maxyes, Zauekes, Byzantes (oder Gyzantes). Außerhalb der Säulen des Herkules kannte Herodotus nach karthagischen Berichten noch einen ungenannten Ort, wo mit den Eingebornen stummer Handel[17]) getrieben wurde, wie noch jetzt in Guinea, und das Vorgebirge[18]) Soloeis, das an verschiedenen Orten gesucht worden ist. — Der zweite thierreiche Strich war unbewohnt bis auf die südlichen Garamanten[19]). — Der dritte nächste Strich enthielt mehrere Oasen, 10 Tagereisen von einander entlegen: 1) Die Ammonsoase mit dem Sonnenquell[20]); 2) die Oase Augila[21]); 3) die Garamantenoase[22]); 4) die Atarantenoase[23]); 5) die Atlantenoase am Berge Atlas[24]). — Ueber das Innere sind bei Herodot die Nachrichten

1) Die Herleitung des Namens ist sehr verschieden. Einige leiten ihn aus der Mythologie und ältern Geschichte der Ansiedler, andere vom Himmelsstriche, (apricus, ἄνευ φρίκης, ohne Frost), noch andere von der Landschaft Barka her, aus welchem phönizischen Worte die Römer Afrika gebildet hätten. (*H.*) 2) Od. 4, 87 z 295 3) Theog. 739. Vgl. Strab T. I. p. 29. ed. Sieb. 4) S. Voß Alt. Weltk S. 19. 5) IV, 150. 6) Vgl. Ukert's Geogr. d. Gr. u. Röm. I. Th. I. Abth. S. 41. 7) M. s. diesen Art. und Ukert a. a. O. S. 56. 8) S. z. B. Strab L. III. T. I. p. 470. und den Commentar dazu T. VII. p. 735. ed. Tzsch.

9) S. Heeren's Ideen, 2 Th. I. Abth. S. 18. 197. ff. u. a. 10) S. Heeren S. 7. ff. Zeune's Erdansichten S. 23 ff und besonders Rennel Geogr. of Herodot. im Auszuge bei Bredow in Untersuch. über Gegenst. aus d. alten Gesch. Geogr. Chronol. und Gesch. 2 Th. S. 566 ff. Herm. Schlichthorst geogr. Africae Herod. Gött. 1788. 8. Jo. Frid. Hennicke comm. de geogr. Afr. Herodot. Gott. 1788. 4. 11) IV, 42. 12) II, 17. 18. IV, 167. Vgl. Schlichth. S. 15 13) II. 32. IV, 181. Vgl. Heeren S. 7. ff. 14) IV, 185. Vgl. Schlichthorst, S. 10. 15) IV, 191. 186 S. Schlichth. S 118. ff. 16) IV, 187. 191. S. Schlichth. S. 159. ff. Hennicke S. 10. ff. u. Zeune S. 24. 17) IV, 196. Vgl. Hennicke S 166 und Heeren S. 184. und 351. 18) II, 32. IV, 43. vgl Hennicke S. 167 ff. 19) IV, 174. 20) IV, 181. ff. 21) IV, 182. 22) IV, 183. 23) IV, 184. 24) IV, 184. f. S. Zeune S. 26. Heeren S. 239. ff.

natürlich unbefriedigend; doch kennt [25]) er nach einer Erzählung, die wenigstens nichts Unbegreifliches in sich hat, über den thierreichen und wüsten Strich hinaus nach Süd-Westen eine Ebene mit fruchttragenden Bäumen, ein friedliches schwarzes Volk von kleiner Statur in einer Stadt an einem großen Flusse, der von Westen nach Osten strömt, und der Nil seyn soll, weil Krokodile darin wären. Südlich unter Aegypten [26]) wohnen bei ihm über Elephantine hinaus Aethiopen am arabischen Busen [27]) bis in die unbekannten Grenzen am Südmeere (also im heutigen Nubien und Abyssinien und noch südlicher) [28]) an den Quellen des Nil und seinem großen Wasserfall, unter denen sind: Ichthyophagi (Fischesser) in Elephantine [29]), die vielleicht auch nicht zu dem Volke gehörten, sondern nur eine verwandte Sprache hatten; dann Aethiopes Makrobii (Langlebende), durch Körperkraft [30]) ausgezeichnet, am äußersten Erdende, mit einer wunderbaren Quelle und dem noch wunderbarern Sonnentische [31]); ferner Aethiopes Troglodytae (Höhlenbewohner) [32]), schnellfüßig, schlangenessend und mit vogelähnlich zwitschernder Sprache [33]); endlich Automali (Flüchtlinge), ägyptische Kolonisten [34]). Als Hauptstädte der Aethiopen erwähnt er Meroë und Nysa. — Alle Völker Afrikas theilt Herodotus [35]) in Eingeborne, Libyer und Aethiopen (h. Mauren und Berber) und Ansiedler (Phöniker und Griechen). — Meere nennt Herodotus folgende: 1) das Nordmeer [36]) (Mittelmeer), wovon ein Theil das Aegyptische war [37]); 2) das atlantische außerhalb der Säulen des Herkules [38]); 3) das Südmeer oder rothe Meer [39]); 4) den arabischen Busen 40 Tagereisen lang und eine halbe breit [40]).

Noch ist zu bemerken, daß Afrika in der frühesten Doppeltheilung der Erde von einigen [41]) zu Europa, von andern zu Asien [42]) gerechnet wurde. Unter denen aber, die Afrika zu Asien rechneten, war ein wortreicher Streit, ob die Meerenge (von Suez) und der arabische Busen, oder der Nil als Grenze angenommen werden sollte. Herodotus [43]) schon hatte die erstere Meinung, und bekämpft [44]) die Andersdenkenden mit siegreichen Gründen. Auf seine Seite tritt Strabo [45]), der sonst eben keine Vorliebe für den Vater der Geschichte zeigt, und selbst der Fürst der Geographen, Ptolemäus [46]).

Durch die Erbauung Alexandriens und den dort entstandenen Welthandel [47]) wurden auch, bei dem Zufluß von gelehrten Hilfsmitteln, und dem Eifer der früheren Ptolemäer [48]) für Länderkunde, die ferneren Gegenden Afrika's aufgehellet. Namentlich Ptolemäus Philadelphus [49]) drang bis zur Cinnamom- (Zimmt-) Küste und ins Troglodytenland, wo er die Städte Berenike, Arsinoe und Philotera der Elephantenjagd [50]) wegen gründete, die jetzt unter die Kriegsbedürfnisse gehörten, und zu deren weiteren Ausbreitung er eine Expedition unter Satyrus abschickte. Eben so ließ Ptolemäus III. [51], [52]) Entdeckungsreisen im Süden Afrika's machen.

Eratosthenes 200 v. Chr., der Gründer der wissenschaftlichen Erdkunde, beschäftigte sich mehr mit mathematischen Bestimmungen, als mit Länderkunde, so viel wir aus den Bruchstücken seines Werkes ersehen können [53]). Libyen ist ihm ein spitzwinkliches Dreieck, das zur einen Seite die Nordküste, zur andern den arabischen Meerbusen und zur dritten eine Linie von den herkulischen Säulen bis ans Ende des arabischen Meerbusens hat, wo die Zimmtküste das letzte Land begrenzt. Südlich [54]) von Aegypten unter Meroë wohnen zwischen dem Nil und dem rothen Meere Megabari und Blemmyes, den Aethiopen unterthan, und an die Aegypter grenzend, an der Seeküste Troglodyten. Auf dem linken Nilufer waren die Nubier, ein großes Volk, nicht den Aethiopen unterthan, sondern mehreren

25) II, 32. S. Herren S. 17. 205. ff. welcher nicht ohne Wahrscheinlichkeit aus den heutigen Reisebüchern die ganze Aehnlichkeit des Negerlandes herauszufinden sucht, das eben so fruchtbar an sogenannten Butterbäumen und von dem großen Flusse (Joliba) durchströmt ist, und ein kleines schwarzes gutmüthiges Völkchen enthält. d'Anvill. in Mém. de l'acad. de Paris T. XXVI. p 65. Schlichth. S. 171. Rennel bei Bredow S. 573. und Larcher zu Herod. a. a. O. beziehen das Ganze auf Fezzan, den Niger und Tombuctu, was Ukert 1. Th. I. Abth. S. 76 nicht geradezu billige. 26) II, 29. 27) III, 17. 114. 28) III, 20. 114. II, 31. Vgl. Hennicke S. 88 ff. und Schlichth. S. 178. 29) II, 77. III, 19. Vgl. Hennicke S. 88. Heeren S. 359. ff. 30) Vgl Wesseling zu Herod. III, 20. Schlichth. S. 179. u. Herren S 342. Bothe's Aufs. über d. Makrob. in Teutsch. Monatsschr. Jul. 1799. 31) S. Wessel. zu Herod. III, 18. Tzschucke's Progr. de mensa Solis Meiß. 1811. 4. u. Heeren S. 344. 32) S. Comment. zu Strab. T. VII. p. 341. ed. Tzsch. u. Herren S. 325. 335. ff. 33) IV, 183. Vgl. Schlichth. S. 173. 34) II, 30. Vgl. Heeren S. 388. u. in Comm. Soc. Scient. Gott. T. XII. p. 48. sqq. Ueber die verschiedenen Gestalten und Einwohner des alten unbestimmt begrenzten Aethiopiens s. Kanngießers Alterthumswissensch. S. 169. ff. 35) IV, 197. II. 32. vgl. Schlichth. S. 180. f. Heeren S. 317. ff. Sallust. B. Jug. c. 76. nennt Gätuler statt der Aethioper. 36) IV, 42. II, 11. 158. 159. 37) II, 113. 38) I, 102. 39) I, 102. II, 11. 102. 158. 159. IV, 37. 39. 40. 42. 40) II, 11. IV, 41. 42. II, 8. 158. Vgl. Zeune S 21. 41) S. Sall. Jug. c. 18. Aethic. Cosm. init. Agathem. II, 2. Lucan. IX, 411. vgl. Schlichth. S. 13. Schlöz. Allg. Welthist. Th. 31. S. 279. Ukert's Geogr. Th. I. Abth. 2. S. 280. Spohn zu Isocrat. panegyr. c. 48. Wesseling z. Her. II, 16. Kanngießer's Alterthumswiss. S. 191.

42) S. Comment. zu Strab. T. VII. p. 311. ed. Tzsch. und besonders die von Schäfer in Melet. Crit. Sp. I. p. 36. sqq. zu Lamb. Bos. Ellips. p 531. und zu Schol. Apoll. Rhod. T. II. p. 188. und von Tzschucke zu Mela I. 1, 6. angeführten Stellen der Alten. 43) IV, 42. 44) II, 17. Selbst Spätere, wie Plinius H. N. III. init. V, 1 Hirtius B. Afr. c. 14. Sall. B. Jug. c. 18. Pomp. Mel I, 1, 4. gehen noch weiter, und ziehen sogar ganz Aegypten und Katabathmos noch mit zu Asien. S. Hennicke S. 16. Casaub. Comm. ad Strab. T. VII, p. 311 ed. Tzsch. und Tzschucke zu Mel. I, 4, 1. p. 101. not. crit. 45) L. I. T. I. p. 86. 174. ed. Sieb. 46) II, 1. IV, 5. 47) S. Ukert's Geogr. Th. I. Abth. I. S. 123. f. 48) Plin. H. N. VI, 29. Diod. Sic. I, 37. Gemin. Elem. Astr. c. 13. 49) Strab. L. XVII. T. VI. p. 487. 595. Tzsch. 50) Strab. L. XVI. T. VI. p. 398. 51) Diod. Sic. III, 18. 52) Ueber die Fahrt der tyrisch-jüdischen Flotte von Eziongeber nach Ophir und Tharschisch; wie und wann unter den Pharaonen, Ptolemäern rc. Versuche zu Afrikas Umschiffung gemacht worden, vgl. Deubers Geschichte der Schifffahrt im atlant. Ocean S. 10—36. 53) Eratosth. frag. geogr. ed. Seidel Gött. 1789. 8. u. Gosselin. Géogr. des Grecs anal. Par. 1790. S. 7. ff. über das System des Eratosthenes. 54) Bei Strab. L. XVII. T. VI. p. 473. ed. Tzsch. Vgl. Seidel a. a. O. S. 197.

eigenen Herrschern, von Meroe bis zu den Krümmungen des Nils.

Die Kriege der Römer mit Karthago und die Zerstörung dieser Stadt 146 v. Chr. vermehrten die geographischen Kentnisse von Afrika ungemein, und besonders verdanken wir dies dem Polybius, der mit Scipio Aemilianus in Karthago war, Aegypten und einen großen Theil der Nordküsten Afrika's selbst besuchte, und, von ihm auf Entdeckungsreisen [55]) ausgesendet, die Westküsten erforschte. Zu bedauern ist, daß unter seine verlornen Werke auch dieses gehört [56]). Er kam bis zum Flusse Bambotus (h. vielleicht Nun), der voll Krokodile und Nilpferde war. (Eine nähere Schilderung der Westküste im Einzelnen s. man unter Hanno, Skylax und Ptolemäus). Uebrigens [57]) läßt er Asien und Afrika in Aethiopien zusammenhängen (er nahm nämlich den Nil als Gränze); ob aber Land oder Meer dort sey, könne Niemand sagen. Andre einzelne kleinere Notizen über Afrika haben Plinius [58]) und Stephanus Byz. [59]) von ihm aufbewahrt.

Noch größere Ausdehnung erhielt die Erdkunde durch die Kriege mit Jugurtha, besonders durch Sallustius, der selbst Statthalter in Afrika war. Nach seiner Angabe [60]), war Gränze im Osten Katabathmos; dann folgten Kyrenaika, die beiden Syrten (dazwischen Leptis), die Altäre der Philänen (die östliche Gränze des karthagischen Gebiets), andere punische Städte, und Numidier bis Mauretanien; Hispanien gegenüber waren Mauren. Südlich von den Numiden waren Gätuler, noch weiter Aethiopen und tiefer Wüsten. Das karthagische Gebiet hatten die Römer inne; ein großer Theil Gätuliens und Numidiens stand unter Jugurtha bis zum Flusse Mulucha, die Mauren gehorchten dem Bocchus. Metellus [61]) drang 109 v. Chr. in Numidien ein, und später zog Marius an der Römer Spitze noch südlicher bis Capsa, und westlich bis in die Lande des Bocchus.

Unter August beherrschten die Römer die ganze Nordküste, und Aelius Gallus [62]) unternahm 24 v. Chr. eine Entdeckungsreise nach Aethiopien und dem Troglodytenlande, die aber durch Unkunde der Gegenden und Treulosigkeit der Führer nicht ganz der Hoffnung entsprach. Im Jahre darauf [63]) fielen die Aethiopen in Unterägypten ein, wurden aber von den Römern unter Petronius weit zurückgetrieben. Im Jahr 19 v. Chr. unternahm Balbus [64]) einen siegreichen Zug gegen die Garamanten. Diese fragmentarischen Kentnisse würden, wenn auch mit neuen Sagen vermischt, doch eher zu einem vollständigen Ganzen sich zusammenreihen lassen, wenn die Werke der Schriftsteller, die besonders über Afrika schrieben, nicht verloren gegangen wären [65]).

Auch Strabo gesteht, ungeachtet vieler Vorgänger, seine Unkunde [66]). Seine Vorstellungen sind folgende [67]): Obgleich Afrika der dritte Erdtheil genannt werde, käme es doch, mit Europa verbunden, Asien noch nicht an Größe gleich; da es meist unter der heißen Zone liege, sey es größtentheils unbewohnt wegen der Wüsten, und daneben hinderten auch reißende Thiere häufigeren Anbau, ausgenommen die ganze Nordküste und besonders das karthagische Gebiet. Seine Gestalt sey ein rechtwinkliches Dreieck, die Nordküste bilde die Basis, der Nil bis zur Seeküste Aethiopiens den rechten Winkel, die Südwestküste die Hypotenuse [68]). Die Länder in der südlichen Spitze ließen sich bloß nach Hypothesen bestimmen, selbst die Angabe der größten Breite zu 13,000 bis 14,000 Stadien und die größte Länge etwas weniger, als das doppelte, sey Vermuthung. — Im Einzelnen gibt er seine Schilderung in folgender Ordnung: Maurusier [69]), Iberien gegenüber, unter ihnen das Atlasgebirge, von dem eine Spitze nach Norden bis zu dem Herkulssunde läuft, wo die Stadt Tinx (oder Linx) liegt; südlich daran liegt ein Busen mit phönikischen Handelskolonien, der **Handelsbusen** genannt (ἐμπορικός κόλπος). Das Gebirge, wovon die westliche Spitze mitten durch Mauretanien bis zu den Syrten sich hinziehet, und andere, die mit ihm parallel laufen, werden anfangs von Mauren, und tiefer ins Land von dem größten afrikanischen Volke, den Gätulern, bewohnt. Nun erzählt er Sagen von der Westküste mit vielen Entschuldigungen bei den Lesern für solche Träumereien; aber er sey genöthigt, die Leere mit Etwas auszufüllen, wie wenig er auch selbst an die Wahrheit jener Erzählungen glaube [70]). Nun folgt die Beschreibung des fruchtbaren Maureta-

---

55) Plin. H. N. V, 1. wo die entdeckten Flüsse, Berge und Völker angeführt werden. 56) Gossellin hat aus den übrigen Bruchstücken sein geographisches System einigermaßen zu entwickeln gesucht in seinen Recherches sur la géogr. ancienne T. II. p. 1—30. (Im Auszuge bei Bredow Theil 2. Seite 49 ff.) 57) III, 38, 1. 58) H. N. V, 4. 6 VI, 31. VIII, 10 16. 59) s. v. Ἵππων, Τάβρακα, Χαλκεῖα, Βύζαντες. 60) Bell. Jug. c. 19. 20. 61) Sallust. c. 47. 103. 62) Strab. L. XVI. T. 6. p. 443 sqq. Tz. Dio Cass. L. III, 19. Plin H. N. VI, 32. Ukert's Geogr. Th I. Abth 1. S 180 f. 63) Strab. L. XVII. T. VI. p. 615 sqq. Dio Cas. LIV, 6. 64) Flor. IV, 12. Plin. H N. V, 75. wo eine große Reihe bezwungner Städte genannt wird.

65) Hieher gehört Alexander bei Schol. Apoll. Rhod. IV, 1750. Plutarch. T. VIII. p. 683. ed Reiske.; Agroetas bei Schol. Apoll. Rh. II, 500. IV, 1396. Aristokreon bei Plin. H. N. V, 10. VI, 35; Charon von Lampsakus bei Suid. s. v. Eudoc. Viol. p. 435, Duris von Samos bei Suid. s. v. Λάμια und Schol. Aristoph. Vesp. 236. Vgl. Ukert's Geographie, Th. I. Abth. 1. S. 136.; Hiempsal bei Sallust. Jug. c. 17. Vgl. Heeren S. 23.; Marcellus bei Procl. ad Plat. Tim. p. 55. ed. Bas. vgl. Ukert S. 158; Mnaseas bei Hesych. s. v. Βαρκαίοις ὄχοις; Pappus, dessen Werk über Afrika's Flüsse von Suid. s. v. erwähnt wird; Simonides d. j. bei Plinius H. N. VI, 32.; Theochrestus bei Schol. Apollod. Rh. IV, 1750. 66) L. XVII, T. VI, p. 702. 67) a. a. O. S. 636. ff. 68) An einem andern Orte L. II. T. I. p. 347. ed. Sieb. vergleicht er die Gestalt, wol richtiger, einem Trapezium, indem die Küste der Aethiopen anfangs parallel laufe der Nordküste, dann aber im W. zu einer Spitze sich neige; übrigens aber gleiche sie einem Pardelfelle, wegen der bunten Flecke, die durch die Oasen in den Sandwüsten entstehen. S. Commentar. T. VII. p. 569. und 745. und die Zeunischen Taf.-Erdbälle. 69) So heißen sie bei den Griechen, die Römer sagen Mauri. 70) Im Handelshafen sey eine Grotte, die zur Zeit der Fluth 7 Stadien weit das Meer einnehme, und vor ihr ein ebner Platz mit einem Altar des Herkules, der unbedeckt vom Wasser bleibe. Südlicher wären nicht weniger, als 300 tyrische Handelsstädte von den Maurusiern und Nigriten zerstört worden, die 30 Tagereisen von Linx entfernt wären.

niens, über welchem südlich das Land der Hesperischen [71]) (westlichen) Aethiopen ist, voll wunderbarer Fabeln. Von Tinx nach Osten an der Nordküste liegen die Städte Zelis, Tiga, das Siebenbrüderdenkmal und daran der Berg Abyle; weiter hinein sind mehrere Städte und Flüsse bis zum Fluß Molochath, der das Gebiet der Mauren und Masäsylier trennt. Nahe dabei ist ein Ort Metagonium mit einem Vorgebirge, Neukarthago gegenüber, das Ende des Gebiets der Masäsylier macht das Vorgebirge Tretum, worauf die Massylier folgen. Unter den vielen Städten und Flüssen werden erwähnt; Städte: Siga, Jol (Cäsarea genannt), und zwischen ihr und dem Vorgebirge Tretum der Hafen Salda, die Grenze zwischen dem Gebiete Juba's und der Römer. Doch hätten die Grenzen wegen der beständigen Kriege nie genau festgesetzt werden können; auch wären viele Städte zerstört worden, z. B. Tisiavus, Vata, Thala, Kapsa, Zama, Zincha, Ruspinum, Thapso, Thena, Phara, Zella, Acholla, von denen einige ganz verschwunden sind; die inneren Gebirge und Wüsten sind von Gätulern bewohnt bis an die Syrten. Nach Tretum folgt das Gebiet der Massylier und Karthager mit den Städten Cirta landeinwärts, die beiden Hippon (Regius und Diarrhytus), Utika, wobei der Fluß Bagradas; danu Karthago an einem Meerbusen, in dessen Mitte die Insel Korsura liegt, unweit Nepheris und Tynis, danu des Hermes Vorgebirge, Neapolis, Vorgebirge Taphitis (unweit die Insel Kossura) und die Städte Aspis (oder Klupea), Adrumetum (dabei die Inselgruppe Taricheiä), Thapsus (wobei die Insel Lopadusa), das Ammonsvorgebirge, Thäna am Anfange der kleinen Syrte, nebst mehreren Andern unbedeutenden Städten. In der Tiefe der kleinen Syrte liegt eine Handelsstadt an einem sich hineingießenden Flusse; darauf die St. Zuchis nebst See gleiches Namens, Abrotonum und andre; danu Leptis und der Fluß Kinyphus. Südlich unter dem Küstenstriche der Karthager bis zu den Masäsyliern ist die Gegend der Libyphöniker bis an Gätulien. Südlicher läuft mit ihnen parallel das Gebiet der Garamanten. Zwischen Gätulien und der Nordküste sind viele Ebenen, Berge, Seen und Flüsse, von denen einige im Sande sich verlieren. — An der großen Syrte liegt zu Anfange das Vorgebirge Kephalä, dann ein See, ein Ort Aspis, danu der Thurm Euphrantas, die Grenze des vormaligen karthagischen und kyrenäischen Gebietes; dann der Hafenort Charax, die Philänenaltäre, und in der innersten Tiefe Automala. Südlich unter der Syrtengegend in die Länge und Breite sind die Nasamonen. An der Küste weiter sind wenig Häfen, nur einige Plätze zum Wassereinnehmen bis ans Vorgebirge Pseudopenias, wo Berenike am See Tritonis und daneben der Fluß Laton; unter Berenike ist das Vorgebirge, Nordkap genannt, das Ende der Syrten, dem Vorgebirge Kephalä gegenüber; danu folgt Tauchira (oder Arsinoe), Barka (oder Ptolemais), das Vorgebirge Phycus, die St. Apollonias und andre. An Kyrenaika stößt die Sylphiumgegend. Weiter an der Küste, die unzugänglich ist, liegt Zephyrion, des Herkules Heiligthum, der Flecken Paliurus, dann der Menelaushafen und das Vorgebirge Ardanaxes, welches alles Kreta gegenüber liegt, bis Parätonium, wo die Gegend Katabathmos beginnt und bis Alexandria sich hinzieht. Südlich unter dem beschriebenen Küstenstriche sind nach den Nasamonen die Völker Psylli, einige Gätuler, danu Garamanten, und weiter östlich Marmaridä bis Ammonium und die Oasen.

Pomponius Mela [72]) nimmt eben auch für Afrika die Gestalt des Trapeziums an; der bewohnte Theil sey klein, aber fruchtbar; von Osten her werde es vom Nil begrenzet, dann folge Kyrenaika (mit dem Ammonsorakel und dem Sonnenquell, den Vorgebirgen Naustathmus, Parätonium, und den Städten Hesveria, Apollonia, Ptolemais, Arsinoe, Kyrene), dann Afrika propria, Numidia (mit den Städten Kirta, Jol, (Cäsarea) Kartinna, Arsinna, Quiza, dem Busen Laturns und Fluß Sardabale; danu die Städte Ikosium, Ruthisia, die Flüsse Savus und Nabar und andere), Mauretanien (das Vorgebirge Ampelusia und der Fluß Mulusa sind die Grenzen; Städte Tinge mit dem Berg Abyle; übrigens kleine Flüsse, unberühmte Städte, außer Rusgada und Siga), und dieß zöge sich auch noch südlicher an der Westküste herab; tiefer wären Nigritä und Pharusii bis zu den Aethiopen, welche die ganze Südküste bis Asien inne hätten. Ueber dem Nordküstenstriche südlicher wohnten Libyes, Aegyptii, Leukoäthiopes, und das weit ausgebreitete Volk der Gätuler; dann folge eine große Wüste und südlicher darunter im Osten wären Garamanten, danu Augilä, Troglodytä und im Westen Atlantes; ganz im Innern erzähle man von Gamphasanten, Blemmyern und andern wilden Halbmenschen. Uebrigens erzählt er dem Herodotus, Hanno und Eudoxus nach, und verschweigt keine Fabeln.

Eine unter Nero unternommene Entdeckungsreise [73]) brachte keine weitere Aufklärung über die südlichen Gegenden; sie beschäftigte sich mehr mit den Quellen des Nils.

Die Ansichten des Plinius in s. Hist. Nat. lassen sich nicht genau ausmitteln, da er Nachrichten früherer genannter und ungenannter Quellen neben den seinigen zugleich aufstellt, ohne daß man sie genau zu scheiden vermöchte; desto mehr soll in den einzelnen Artikeln auf ihn Rücksicht genommen werden. Folgende Bemerkungen aber können uns einen Begriff von der Kunde seiner Zeit über Afrika geben [74]).

Ptolemäus veränderte die ganze Gestalt Afrika's, indem er das feste Land bis 16° südlich über den Aequator hinausdehnt, die Westküste vom Aequator, statt nach Osten einzuziehen, nach Westen verlängert, und die Ostküste sogar durch unbekanntes Land, das durch den indischen Ocean hinläuft, mit dem äußersten Asien verbindet. So wird der menschliche Geist durch Hypothesensucht in

71) Comment. zu Strab. T. VII. p. 551 u. 677. ed. Tz.

72) I, 4. ff. 73) Plin. H. N. VI, 32. Senec. Qu. Nat. VI. 8. 3. Vgl. Mrhkopf. T. V. p 321. 74) V, 1. „Man wird aufhören über die erdichteten Wundersagen der Griechen sich zu wundern, wenn man bedenkt, daß die Römer vor Kurzem nichts weniger fabelhaftes über eben diese Gegenden erzählten, die Statthalter schämen sich nicht zu lügen, da sie die Wahrheit zu erforschen keine Lust haben."

allen Regionen, die keine mathematische oder empirische Beweisführung gestatten, von einem Extreme zum andern geworfen. Afrika also, das seine Vorgänger oberhalb des Aequators vom Meer umflossen sich dachten, ward auf einmal von ihm ins Unbekannte verlängert, und der indische Ocean, den man unterhalb Afrika mit dem Atlantischen in Verbindung geglaubt hatte, znm großen Binneuser umgeschaffen. — Die Westküste Afrika's hat dieselbe nach Osten eingezogene Gestalt, welche Hanno und Skylax ihr gegeben hatten, ohne[75]) die gehörige Ausdehnung nach Westen erhalten zu haben, und südlicher läuft sie gar ins Unbekannte fort. Folglich scheinen der Handel mehr auf die nördliche und nordwestliche[76]) Küste eingeschränkt, und weitere Entdeckungsreisen ungewöhnlich geworden zu seyn; denn die Züge im Innern, deren einem Julius Maternus beiwohnte, und von Garáma nach Agizymba in 4 Monaten gekommen seyn wollte, den andern Septimius Flaccus selbst veranstaltete, und von den Garamanten zu den Aethiopen in 3 Monaten gelangt zu seyn versicherte, durch welche Marinus, der eine stets südliche Richtung annahm, so getäuscht wurde, daß er Agizymba 24,680 Stadien südlich vom Aequator setzte, hat Ptolemäus[77]) mit hinreichenden Gründen verkürzt. — Die Ostküste, wenn auch vielleicht noch südlicher besuche, als die Westküste, aber doch nicht mehr, als nöthig war, um die Handelsverbindungen zwischen Alexandrien und Indien zu unterhalten, verlor doch wenigstens an Dunkelheit und Fabelsagen. Die einzelnen Länder nach seiner Beschreibung folgen in dieser Ordnung[78]): 1) Mauretania Tingitana (mit den Hauptstädten Tingis, Zilia, Lixa, Volubilis). 2) Mauretania Caesariensis, (mit den Hauptstädten Cartina, Jol Caesarea, Saldae, Oppidum Novum, Zuchabbari, Tubusuptus). 3) Africa propria (mit den Hauptstädten Thabraca, Cutina, Carthago, Adrumetus, Leptis, Cirta Julia, Sicca Veneria, Bulla Regia, Uthina, Thysdrus; Inseln: Meninx, Cossura, Melite[79]). 4) Cyrenaica (mit den Hauptstädten Berenice, Arsinoë, Ptolemais, Apollonia, Cyrene). 5) Marmarica (mit Chersonesus Magna). 6) Libya (mit Paraetonium). 7) Aegyptus (mit den Hauptst. Alexandria, Pelusium, Memphis, Ptolemais Hermii, Diospolis magna, Syene, Ammon, Oasis magna, Mysormus, Berenice). 8) Libya interior (mit den Hauptstädten Autolalae, Jarcitha, Thamudocana, Gira, Garama). 9) Aethiopia unter Aegypten (mit den Hauptstädten Napata, Meroë, Ptolemais ferarum, Adule, Dire, Mosylum, Aromata)[80]).

(Umschiffung). Hierüber sehe man die Artikel: Hanno, Eudoxos, Necho.

(Handel). Ist schon erwähnt unter Herodots[81]) Afrika, und die einzelnen Handelsgegenstände sollen unter den einzelnen Provinzen angegeben werden. Als allgemeiner Handel verdient der Sklavenhandel einer Erwähnung, welcher in Afrika einheimisch ist, so weit unsre Berichte reichen, und den die Karthager hauptsächlich zur Bemannung ihrer Galeeren betrieben[82]). Die Menschenjagden, welche die Garamanten wie Herodotus erzählt, gegen die Troglodytischen Araber mit Viergespann unternahmen, dauern jetzt noch fort[83]).

Aus dem bisher Gesagten erhellet, was Afrika seyn könnte, wenn Kunstliebende und Handeltreibende Völker, wie Aegypter und Karthager, die außerordentliche Fruchtbarkeit des nördlichen Striches erhöhten, oder wenigstens benutzten. Mochten auch beide Länder durch die Eroberungen der Römer zu bloßen zollbaren Geldquellen und Kornkammern herabgewürdigt werden: immer blieben doch in beiden die Spuren glänzender Vergangenheit noch unter dem eisernen Zepter der Statthalter; in Aegypten erhielt der Eroberer heilige Scheu, selbst gegen die Religion des Feindes, die alten Denkmale unangetastet, und die übrigen Provinzen, die früher aus gegenseitigen, durch die Blendwerke der Staatsmänner selbst im Volke angefachten, Nationalhasse mit der größten Grausamkeit entvölkert worden waren, suchte man durch neu angelegte Kolonien, wenn auch nur aus Eigennutz, das traurige Andenken zu verlöschen. So entstand eine Bevölkerung, die unser Staunen erregt, wenn wir sie mit der gegenwärtigen Armseligkeit vergleichen. Welche

75) Vgl. Mannerts Geogr. Th. I. S. 162 und Gosselin bei Bredow Th. II. S. 63 ff. 76) Aristid. Oratt. T. II. p. 355. Jebb. 77) Geogr. I, 8. vgl. Ukerts Geogr. Th. I. Abth. I. S. 227. 78) S. Lib. VIII. 79) Africa propria (oder Minor oder Romana). Die Grenzen waren zu verschiedenen Zeiten verschieden, wie die steten Kriege der Karthager und Römer mit den Eingebornen beweisen. Ptolemäus *) hat folgende: W. Mauretania Cäs. durch den Fl. Ampsagas; N. das afrikanische Meer von der Mündung des Fl. Ampsagas bis in die innerste Bucht der g oß Syrte; O. Kyrenaika, im S. Gätulien und das wüste Libyen. Hier werden Numidien, das karthag. und tripolit. Gebiet mit einbegriffen. Mit ihm stimmt Pomp. Mela **) überein, und auch Plin. ***) scheint nichts anders zu denken. Im engsten Sinne scheint auch unter Africa propria bloß die Provinz Zeugitana verstanden worden zu seyn ****), so wie sie noch jetzt Frigeah oder Frikiah genannt wird. Nach des Ptolem. Eintheil. sind also 4 Abtheil. Numidia, Zeugitana, Byzacium, Syrtica regio, welche besonders behandelt werden sollen. Unter Augustus war sie provincia proconsularis †); und bloß auch Africa nova ††), wegen des alten Besitzes, im Gegensatze von Africa vetus, wie Numidien genannt wurde.

*) IV, 3. **) I, 7, 1. ***) H. N. V, 4. ****) Isidor. Orig. XIV, 5. u. Marcian. Cap. lib. VI. p. 216. Vgl. Cellar. IV, 4, 41. Salmas. ad Solin. p. 225. Tzschucke ad Mel. l. l. O. p. 160. not. crit. †) S. Strab. L. XVII. T. VI. p. 707. Dio Cass. LIII, 12. p. 703. ††) S. Dio Cass. XLIII, 9. u. dazu Reimar. T. I. p. 347.

80) Cellarius hat folgende Ordnung beobachtet: 1) Aegyptus, 2) Marmarica und Cyrenaica, 3) Syrtica regio, 4) Africa propria, 5) Numidia, 6) Mauretania Caesariensis, 7) Mauretania Tingitana, 8) Africa interior, 9) Insulae ad Atlantem, 10) Aethiopia supra Aegyptum. — d'Anville in seinem Handbuche: 1) Aegyptus, 2) Aethiopia, 3) Libya, a) Libycus Nomus, b) Marmarica, c) Cyrenaica, 4) Africa propria oder Romana, 5) Numidia, 6) Mauret. Caesar., 7) Mauret. Tingit., 8) Inseln an der Westküste, 9) Africa interior. 81) Andre ausdrückliche Zeugnisse der Alten für den Karavanenhandel sind: Strab. L. XVII. T. VI. p. 652 sqq. wo erwähnt wird, daß die Pharusier auf ihren Reisen durch die Wüsten den Pferden Wasserschläuche unter dem Bauche tragen ließen. Martianus L. VI. p. 217 und Solin. c. 27. (vgl. Plin. H. N. V, 3.) erzählen, daß vom Innern Afrikas bis zu den Syrten durch Wüsten und Sandhügel eine Straße gehe, wo zwar der Wind jede Spur mit Sand verwehete, aber die Reisenden, wie auf dem Meere, nach den Gestirnen sich richteten. Vgl. Heeren S. 208. 441. der diese Stellen nicht angeführt hat. 82) S. Heeren. S. 260 f. 418. 83) S. Heeren S. 231. der aus Hornemann eine solche Menschenjagd des Sultan von Fezzan im J. 1798 anführt, die 200 Sklaven eintrug.

Menge von Völkern [84]), Städten und Orten gibt uns Ptolemäus zu seiner Zeit! welche Menge von Sekten, Bischöfen und Gemeinden erwähnt die christliche Kirchengeschichte einige Jahrhunderte hindurch! — Eine solche Umwandlung brachten die verheerenden Züge der Vandalen und noch mehr der Fanatismus und Despotismus der Araber und Saracenen hervor. (*Friedemann.*)

Africa. (Neue Geogr.) Nur erst später folgten den Römern in der Erweiterung der Kunde Afrikas die Araber, (Saracenen, Mauren,) durch ihre Eroberungen und durch ihre Geographen Massudi, Edrisi, Ebn al Vardi, Abulfeda und Bakui. (vergl. diese Art.) Als Herren des größten Theils erforschten sie Afrika im Westen und Osten. Im Westen waren ihnen zwar die meisten Negerländer jenseit des Nigers entweder ganz unbekannt oder in Fabeln verhüllt; doch sprechen ihre Geographen von einem äußersten südlichen mit verschiedenen Namen belegten Lande, das östlich an Wankara, (Wangara) westlich an Maczar gränzte, das zu dem Negerstaate Belad al Sudan (auch Belad al Tibr) gehörte, und andern entfernten Ländern. Im Osten lernten sie Afrika vom Norden aus bis zum Cap Corientes im Süden, Nubien, Habesch, Zanguebar und Sofala kennen; (auch scheint Madagaskar frühzeitig arabische Colonisten erhalten zu haben) weiter hin im Süden war ihnen alles dunkel. (Vgl. Sprengels Gesch. der geogr. Entdeck. 2te A. S. 152—57.) — Den Arabern (Mauren) folgten nach Afrika die Portugiesen, um sie dort, nach der Vertreibung aus ihrem Vaterlande, noch ferner zu bekriegen. Ihr Glück vor Centa (1415) wirkte mit der Wißbegierde des Infanten Heinrichs des Seefahrers gemeinschaftlich dahin zusammen, die erneuerte Umschiffung Afrika's und die Entdeckung des Weges um das Vorgebirge der guten Hoffnung nach Ostindien zu veranlassen; auch liegt in den damaligen Kriegen der Portugiesen mit den Mauren in Marokko, in welchem gefangene Feinde sich durch Negersklaven und Goldstaub löseten, und außerdem Neger von den Portugiesen geraubt wurden, der Ursprung des neueren Sklavenhandels. Nachdem bereits 1418 die Insel Porto-Santo und 1420 die Insel Madeira, später aber (1432—50) die Azoren entdeckt waren, kamen die Portugiesen, die bisher im Norden nur Mahommedaner gefunden hatten, im J. 1450 bis zu den heidnischen Negern am Senegal. Einige Jahre darauf (1456) entdeckte Cadamasto die capverdischen Inseln, und 1462 erreichte Cintra die Küste von Guinea bis über Sierra-Leone hin an das Vorgebirge Mesurado. Durch diese Entdeckungen der Portugiesen nach dem Plan des ruhmwürdigen Infanten Heinrichs waren bis zu dessen Tode 1463, die Westküsten, vom 29° N. bis zum 8° S. Br., nebst einigen Inseln, erforscht. — Durch den Tod dieses Forschers wurden die Entdeckungen der Portugiesen nicht unterbrochen, doch erst nach manchen andern südwestlichen Entdeckungen, vorzüglich von Benin und Congo (1484), so wie von Angola und Benguelen, erreichte Barthol. Diaz die südlichste Spitze von Afrika, das Vorgebirge der guten Hoffnung, so daß nun die Umschiffung Afrika's außer Zweifel gesetzt war. Diese Umschiffung selbst unternahm Vasco de Gama (1497), und nun wurde von den Portugiesen die Ostküste Afrika's eben so erforscht, als bisher die Westküste; sie vollendeten die Entdeckung dieser Küsten, besonders unter Albuquerque, von Süden nach Norden bis zum rothen Meere. (Madagaskar wurde von Tristan d' Acunha 1506 genauer untersucht.) (Vgl. Sprengels Gesch. d. g. Entdeck. 2te A. S. 370—91. und die Art. Albuquerque, Diaz u. a.)

Seit diesen Entdeckungen der Portugiesen und nächst den Aufklärungen, die durch die Colonialverhältnisse Europens mit Afrika über diesen Erdtheil veranlaßt wurden, hat zu dessen genauerer Bekanntschaft vorzüglich die 1788 gestiftete afrikanische Gesellschaft zur Beförderung der Kunde des Innern von Afrika, beigetragen; ihre Bemühungen verdienen daher hier näher erwähnt zu werden. Von der aus ungefähr 100 Mitgliedern bestehenden Gesellschaft wurden 5 als Ausschuß gewählt zur Verwaltung ihrer durch Unterzeichnung gesammelten Gelder, zur Besorgung des Briefwechsels und zur Auswahl der auf Entdeckungen auszusendenden Reisenden: Lord Rawdon, Dr. Watson, (Bischof von Landaff) Sir Jos. Banks, (der Weltumsegler) H. Beaufoy, (nach dessen Tode Brian Edwards, St. Domingos Geschichtschreiber) und Stuart. Die ersten Reisenden, welche die Gesellschaft noch im Jahre ihrer Stiftung aussendete, waren Ledyard und Lucas. Ersterer unternahm, seinem eigenen Verlangen gemäß, den Versuch von Osten (Cairo) aus nach Westen in die Gegend zu ziehen, in die man den Niger setzt; sehr bald aber wurde die auf ihn gesetzte Hoffnung durch den Tod vereitelt; der zweite (Lucas) wollte von Tripolis durch die Saharah (Wüste) nach Fezzan u. s. w. gehen, und über Gambia zurück kehren; seine Reise endigte aber schon zu Tripolis am 7ten Febr. 1789; er konnte der Gesellschaft, die ihn ausgesendet hatte, nur das Resultat seiner Besprechungen mit den Personen mittheilen, die ihn nach Fezzan begleiten wollten. Der nach ihnen ausgesendete Major Houghton kam auf der Reise von Gambia nach Bambuck ums Leben (1791). — M. Park's neue Sendung (1795—97) in der Absicht, den Lauf des Nigers (Joliba) wo möglich von dessen Quellen bis zur Mündung zu erforschen, und die vorzüglichsten Städte in der Nähe, namentlich Tombuktu und Hussa zu besuchen, war nicht glücklicher; durch kriegerische Umstände in jenen Ländern aufgehalten, mußte er von Kaarta zurück kehren; doch lernt man aus seinem, durch Rennell reichlich ausgestatteten, Bericht die ungefähre Lage der vorzüglichsten Orte und Völkerschaften längs eines Theils des Nigers und zwischen diesem und dem Senegal und Gambia, so wie den Lauf dieser Ströme kennen. Ganz unglücklich war Parks zweite Reise (1805). Kaum zu weitern Entdeckungen auf dem Niger eingeschifft, wurde er von Negern angegriffen, und fand (allen bisherigen Nachrichten zufolge) seinen Tod in den Wellen, durch die er sein Leben schwimmend zu retten hoffte. — Auch unser Hornemann, von Blumenbach in Göttingen der afrik. Gesellschaft

84) So waren z. B. 70,000 Numidier im Solde der Karthager. S. Heeren S. 42. und Plin. H. N. V, 4. erwähnt in Numidien und Afrika propria 116 Völkerschaften, mit der ausdrücklichen Versicherung, daß nicht bloße Stadtgebiete (civitates) darunter zu verstehen wären. Die MSS. haben gar 516.

empfohlen, und von dieser 1797 ausgesandt, scheint (1800) auf der Reise von Murzuk nach Burnu seinen Tod gefunden zu haben, und eben so soll Röntgen (aus Neuwied) der ihm folgte, auf dem Wege nach Tombuktu unweit Mogadore von Arabern ermordet worden seyn.*) Die Nachrichten von dem Aufenthalte des Matrosen Adams zu Tombuktu, so wie andere Reisen in das Innere von Afrika, z. B. Tuckey's auf dem Congo, müssen an andern Orten näher erwähnt werden.

Nach diesen Entdeckungen in Afrika fehlt allerdings noch sehr viel zur Kunde dieses fast nur den Küsten und im Ganzen kaum dem fünften Theile nach bekannten Erdtheils, vorzüglich des Innern; doch läßt sich im Allgemeinen ein

Geographischer Abriß desselben geben. Mit Recht sagt der um die Erdkunde höchst verdiente Zimmermann in seinem Almanache der Reisen 1. J., die Hauptmerkwürdigkeiten dieses Erdtheils kurz zusammenfassend: „Schon den Alten war dieser Welttheil das Reich des Wunderbaren; und jeder Schritt, den die Neuern darin vorwärts thun, bestätigt jene Behauptung. — Welch ein Land muß Afrika seyn! binnen drittehalb hundert Jahren entziehe man ihm über 40 Mill. gesunder Menschen; dennoch bleibt es unermeßlich bevölkert. In ein paar Jahren werden darin 20,000 Elephanten erlegt; ganze Haufen reissender Thiere verfolgen unzählbare Heerden großer Gazellen, und auf einer gleichen Anzahl von Quadratmeilen ist dieser Welttheil zehnfach so reich an Arten von Quadrupeden als unser Europa. Die unförmlichsten Colossen des Thier- und Pflanzenreichs gedeihen nur hier, und die Heftigkeit des Triebes der Vegetation in Afrika, macht gleichsam das Wachsen sichtbar. Die Waldungen strotzen von unzählbaren Arten der brennendsten Gewürze, der nahrhaftesten Leckereien und der schönsten Farbehölzer, und die Eingeweide seiner Gebirge erzeugen centnerschwere Massen des reinsten Goldes. — Welch ein Land muß Afrika seyn! Die sonderbarsten Menschenracen und Völkerschaften finden sich in ihm vereint. Alle Nuancen der Schwarzen und ihre Ausartung, die Albinos; Neger mit Tygerzähnen; zwergartige Elephantenjäger; Menschen- und Heuschreckenfresser; Heere streitender Weiber; ungeheure Staaten von einem Despoten mit eisernem Scepter regirt neben kleinen Republiken, ja neben patriarchalischen Regirungen; und dennoch ist unter allen der Mensch verkäuflicher Sklav. — Welch ein Land muß endlich Afrika seyn! Es war die Wiege des Handels, der Künste und der Wissenschaften; ja noch jetzt, nach mehreren Jahrtausenden, trotzen in beiden Hemisphären riesenmäßige Monumente seiner Kunst der alles verheerenden Zeit!"

Jetzt noch einige genauere Angaben. Im Osten blos durch die Landenge von Suez mit Asien zusammenhängend, im Westen nur durch eine Meerenge von Europa getrennt, bildet Afrika, zwischen 1 — 69° L. und 34° S. Br. bis 37° 30′ N. B., eine Halbinsel mit einigen Nebeninseln, im O. nächst jener Landenge an das rothe Meer und den indischen Ocean, im S. und W. an das äthiopische und atlantische Meer, in Norden an das mittelländische Meer gränzend, seinem Flächeninhalte nach von 521, 856 bis auf 630,000 □M., mit einer Bevölkerung von 100 bis 110 Mill. geschätzt. — In Hinsicht der Oberfläche enthält Afrika mehr Ebenen und große Sandwüsten, unter andern die vorzugsweise sogenannte Wüste Sahara im Norden; doch findet man auch bedeutende Gebirgszüge. Um die Nilquellen kann man eine Centralkette von Gebirgen annehmen, die südwärts durch die noch nicht gehörig erforschten Mondgebirge herabgehen, westwärts vermittelst der Konggebirge an die Quellen des Gambia und Senegal hin in die nördlichen Wüsten sich abdachen. Im Norden derselben dehnt sich das bekannte, von Europäern selbst in botanischer Hinsicht durchforschte, Atlasgebirge aus; im Süden streicht einzeln das Lupata- oder spina mundi (Weltrücken) Gebirge, das bedeutende Zweige nach dem Vorgebirge der guten Hoffnung ausbreitet, außer welchem noch im Osten vorzüglich das Gardafui Cap bedeutend hervortritt. Im Norden dieser Centralgebirgskette findet man, nächst dem Nil, der im Nordosten seine befruchtenden Gewässer nach Aegypten verbreitet, im Nordwesten, außer dem noch nicht hinlänglich erforschten Niger oder Joliba, die aus den Konggebirgen entspringenden und ins atlantische Meer mündenden Ströme Senegal und Gambia, die einem großen Küstenlande den Namen Senegambia geben; im Süden der Mondgebirge strömt westlich der Zairr, auch Congo genannt, in dasselbe Meer; im Osten ergießt sich der Zambese oder Cuama in den Mosambikcanal des indischen Oceans. Unter den Seen zeichnet sich vor allen der Marawi-See im Norden des Lupata-Gebirges aus. — Die Nordküste ausgenommen, ist das Klima dieses Erdtheils, bei seiner Lage unter und an der heißen Zone, überall sehr heiß, auch in der winterlichen oder Regen-Zeit; nur hier und da wird die Hitze durch See- und Bergluft gemildert; anderwärts werden heiße Winde, der Khamsi und Harmattan, gefährlich. — Nach eben dieser Lage hat Afrika überall tropische Früchte und Thiere. Von Gewächsen gedeihen, außer mehreren eigenen Getreidearten, insonderheit Datteln, (wovon ein ganzes Land den Namen Dattelland führt) Kaffee, Zucker und Baumwolle, Indigo, Pfeffer und Ingwer, mehrere Arzneimittel, Eben- und Sandelholz und andere nützliche Bäume, u. a. der Butterbaum; auch wächst hier der ungeheure Affenbrotbaum (Baobab, Adansonia). Von Thieren finden sich vorzüglich hier Kamele, Elephanten und Rhinoceros, Löwen, Panther, Hyänen und Schakals, Antelopen und Gazellen, Affen; Adler, Strauße, Papageien und Colibris; Krokodille und Schlangen ꝛc. Aermer ist Afrika in Hinsicht auf Mannichfaltigkeit der Erzeugnisse des Mineralreichs, reich aber in Hinsicht des kostbarsten Metalls, des Goldes, selbst in Flüssen und im Sande. Silber findet sich wenig: Kupfer und Eisen hier und da; mit Salz werden die innern Gegenden aus den nördlichen versorgt.

*) S. die Proceedings of the association for promoting the discovery of the interior parts of Africa. London 1790 u. ff. J. 4. übersetzt in mehrern teutschen Sammlungen. Die besonderen Beschreibungen der hier erwähnten Reisen werden bei den Landstrichen, die wir durch sie näher kennen lernten, genauer angegeben werden.

Die Einwohner sind sehr mannigfaltiger Art; sie theilen sich in Ureinwohner und später eingedrungene Fremdlinge. Die zahlreichsten Ureinwohner sind die Negern, vorzüglich im Innern; im Nordosten finden sich Ueberreste der alten Aegypter, Kopten; im Süden, Kaffern und Hottentotten. Unter diese Ureinwohner, die alle auf einer niedern Stufe der Cultur stehen, drängten sich schon früh arabische Hirtenvölker, z. B. die Berbern ein, später die arabischen Eroberer, (die Mauren) und Türken als Herren; auch siedelten sich Europäer an, doch nur an den Küsten wegen des Handels, der im Innern vorzüglich mit Goldstaub, Datteln, Salz und Sklaven durch Karavanen betrieben, in Hinsicht der Ausfuhr, besonders von Getraide, Baumwolle, Gummi, Elfenbein, Gold und Sklaven nach andern Erdtheilen, ganz in den Händen der Europäer ist, die vorzüglich die Negern zum Gegenstande des Handels nach den Colonien machten, während die nordafrikanischen Raubstaaten christliche Gefangene nach ihren Gebieten führten, bis die Engländer jenen Handel überall zu hemmen und diese Seeräuberei zu beschränken suchten. (Vergl. Colonien, Handelsgesellschaften, Negern u. a. Art.) Wie in andern Erdtheilen führt auch in diesem die Mannigfaltigkeit der Bewohner, wozu auch hier Juden in den nordafrik. und andetn Ländern gehören, eine große Verschiedenheit von Sprachen (über 100), herbei; doch kann man sich fast überall durch die arabische verständlich machen. Die arabische Sprache abgerechnet, sind die übrigen dem Culturgrade angemessen. Nächst dem Fetischen-Dienste unter den Negern hat sich vorzüglich durch die Araber der Muhamedismus, zum Theil auch unter den Negern ausgebreitet; doch sind die Habessiuirr und Kopten morgenländische Christen. — In Hinsicht der Staatsverfassungen findet große Mannichfaltigkeit statt; neben den furchtbarsten Despotien bestehen eingeschränkte Monarchien, Oligarchien und Priester-Regirungen.

Mit einiger Rücksicht auf diese Verfassungen und die Hauptbewohner, geben wir hier noch einen Abriß der politischen Eintheilung der Länder und Völker in die sich dieser Erdtheil nach den verschiedenen Himmelsgegenden sondert.

1) In Nord-Afrika findet man Aegypten unter unmittelbarer türkischer Herrschaft; von den die Nordküste Afr. einnehmenden berberischen Staaten stehen Algier, Tunis und Tripolis unter türkischer (doch nur loser) Oberherrschaft, von Deis und Beis regirt; Tripolis theilt sich mit der Pforte in die wüste Landschaft Barca; — Marokko und Fez machen eine unbeschränkte erbliche Monarchie (unter einem Sultan) aus. Beled-ul-Dscherid, das Dattelland, steht, einige freie Gebiete abgerechnet, theilweise unter Marokko, Algier und Tunis; und rechnet man hieher noch Fezzan, auch unter Tripolis; (die mahomed. Mosselemis überdieß unter einem religiösen Oberhaupte). Die Sahara wird von Beduinen und Mauren, so wie von Berbern und ihren Nebenzweigen durchzogen und bewohnt.

2) Zu Mittel-Afrika zwischen dem nördl. Wendekreise und dem Aequator werden gerechnet: a. als Ostküstenländer Nubien, wo außer dem osmanischen Theile der Küste von Habesch (Abex) einige Negerreiche (Sennaar, Fur, Dongala und Dekin) sich finden; Habesch (Habessinien) jetzt in mehrere unabhängige Staaten, (zwei unter Gallas) zerfallen; und die arabischen Landschaften Adel und Ajan; b. als innere mehrere unter Nigritien (arabisch Sudan) begriffene Länder: außer den Ländern der Gallas Nomaden, Burun (Bornu) unter einem muhamedanischen Wahlsultan, mit den mittelbaren Ländern Hussa und Begarmie, nebst den Negerreichen Tombuktu und Bambara. c. als Westküstenländer Senegambien und Ober- (oder Nord-) Guinea in viele Neger-Gebiete unter sehr verschiedenen Erb- und Wahlfürsten zerfallend. (Der Hauptsitz des bisherigen Sklavenhandels nut den an den Küsten angesiedelten und dorthin handelnden Europäern, so daß in Guinea unter den nach den Ausfuhrartikeln benannten Küsten auch eine Sklavenküste genannt wird, mit dem despotischen Reiche Dahomeh, dessen Herrscher ein Weiberheer unterhält.)

3) In Süd-Afrika vom Aequator bis zum Vorgebirge der guten Hoffnung finden sich auf der Westküste Nieder- oder Süd-Guinea, mit den bekannten Negerreichen Loango, Kakongo, Kongo, Angola, Benguela, Malamba; auf der Ostküste Zanguebar, Mosambique, und die Senaländer mit Monomotapa und Sofala, nebst vielen Niederlassungen der Portugiesen, von welchen mehrere inländische Fürsten abhängen; im Innern wohnen Gallas, Schaggas und Kaffern, südlicher noch auf dem Vorgebirge der guten Hoffnung die Hottentotten neben den herrschenden Europäern.

4) Von den um diesen Erdtheil liegenden Inseln rechnet man nach der obigen Eintheilung zu Nordafrika die canarischen Inseln der Spanier; zu Mittelafrika die Capverdischen der Portugiesen; zu Südafrika im indischen Ocean die große Insel Madagascar unter inländischen Häuptlingen; die Comorren, deren Haupinsel Anjuan unter einem arabischen Fürsten steht, die Amiranten Inseln der Portugiesen, die Sechellen der Franzosen, die Mascarenen, wovon die größere Isle de France unter brittische Herrschaft gekommen, die kleinere Bourbon (Mascarenha) bei Frankreich geblieben ist; im atlantischen Ocean die bekannten Inseln St. Helena und Ascension (Himmelfahrtsinsel).

Allgemeinere Beschreibungen Afrika's nach großen ethnographischen und politischen Rücksichten, haben die neuern Zeiten nicht geliefert; die neue systemat. Erdbeschr. Afr. von P. J. Bruns, (Nürnb. 1793—99. 6 B. 8.) beschreibt die Länder einzeln, und J. M. Hartmanns 1r Th. der Erdbeschr. und Gesch. von Afr. (Hamb. 1799) enthält blos eine besondere Beschreibung von Aegypten. Der verstorbene Ehrmann, schon früher um die Kunde Afrika's verdient, lieferte zu einem größern Werke die neueste Kunde von Afrika. (Weimar 1810. 2 Th. gr. 8.) Zimmermanns obgedachtes Taschenbuch der Reisen 1r J., beschäftigt sich nur mit Guinea. — Zur allgemeinen Ansicht wird die gelieferte General-Charte hinreichen; bei den besondern Artikeln sind die Charten von Nord- West- und Südafrika, und die Charten von Aegypten zu vergleichen.

(Deuber u. Ersch.)

Africa, Geschichte, s. die einzelnen Länder und Völker.

Africa heißt auch eine reiche Stadt zwischen Susa und Sfax in dem Staate von Tunis. *(H.)*

Africanische Bauherren, (Aediles Architectes,) nannte sich eine seit 1756 bekannt gewordene geheime Gesellschaft, deren auf Rosenkreuzerei hinausgehendes System um 1765 von Köppen in Berlin ausgebildet wurde, die aber 1786 wieder erlosch. Einiges Nähere darüber enthält Gädickes Freimaurerlex. *(H.)*

AFRICANUS (Julius), ein Römischer gerichtlicher Redner, zur Zeit des Kaisers Nero. Quintilianus erwähnt seiner, als eines der berühmtesten Redner seiner Zeit an verschiedenen Stellen [1]), rühmt seine Frömmigkeit, seine Lebendigkeit und seine Kunst in sorgfältiger Wahl und Zusammenstellung der Worte, in welcher er indeß, wie überhaupt in manchen Stücken, zu weit geht, und stellt ihn in Hinsicht seiner Beredsamkeit gewöhnlich mit dem Domitius Afer, seinem Zeitgenossen, zusammen. Auch der Verfasser des Gesprächs von den Rednern gedenkt seiner zugleich mit dem Domitius Afer [2]). Eines Enkels von ihm, der denselben Namen führte, erwähnt der Jüngere Plinius [3]), des Großvaters zugleich mitgedenkend. Nach Spalding's wahrscheinlicher Vermuthung [4]) war unser Julius Africanus ein Sohn des Julius Africanus, der nach Tacitus Erzählung [5]) aus der gallischen Stadt Santoni (Saintes) stammte, und im J. der Stadt 785 (32 n. Chr. Geb.) unter Tiberius Regirung den Tod fand [6]). *(Mohnicke.)*

AFRICANUS (Sextius), ein Römer von edler Herkunft, gleichfalls unter Nero's Regirung, welchen Agrippina, die Mutter des Nero, im J. d. St. 809. (56 n. Chr. Geb.) von der Ehe mit der Junia Silana, einer edlen Römerin, der durch Messalina's Ränke verstoßenen Gattin des Cajus Silius [1]) abschreckte [2]). Im J. 815. (62 n. Chr. Geb.) ward ihm und zweien andern Römern, dem Quintus Volusius und Trebellius Maximus, aufgetragen, eine Schatzung in Gallien einzutreiben [3]). Burmann hält ihn mit dem oben genannten Julius Africanus für eine Person, wogegen sich schon Spalding [4]) erklärt hat. *(Mohnicke.)*

AFRICANUS (Sextus Caecilius), ein römischer Rechtsgelehrter, dessen Thätigkeit in die Zeit der Antonine fällt. Wir wissen eigentlich nicht viel Bestimmteres von ihm, als daß er neun Bücher über Rechtsfragen (quaestiones juris) geschrieben hat, von denen sich Excerpte in den Pandekten befinden; ferner erhellt aus Fr. 39. D. XXX. de legatis in primo, daß er wenigstens zwanzig Bücher Epistolarum (auf auswärts an ihn gelangte Anfragen über rechtliche Gegenstände) verfaßt hat, von denen aber nichts für die Pandekten excerpirt ist. Die aus dem erstern Werke uns erhaltenen Bruchstücke zeugen von großem Scharfsinn, der oft an Uebertreibung gränzt, weshalb die alten Glossatoren das Axiom aufstellten: Africani lex, ergo difficilis; sie sind in einem eigenen Werke von Cujas (Jac. Cujacii tractatus I—IX. ad Africanum. Colon. Agripp. ap. Gymnic. 1588. 8. und in Opp. T. I. p. 1285—1576. Ed. Fabrot.) vortrefflich, nachher auch von Scipio Gentilis (Scip. Gentilis Dissert. I—IX. ad Africanum. Altorf. 1602—1607.) erläutert. Gewöhnlich rechnet man den Africanus zur Secte der Sabinianer. (Vergl. Ant. Lescurii Africanus. Lugd. 1574. 8. J. Strauch Progr. de Africano, in s. Programmatib. Jen. 1723. 8. p. 35—62.). *(Spangenberg.)*

AFRICANUS (Julius, auch Sextus Julius), ein christlicher Zeitrechner und Geschichtschreiber des 3ten Jahrh., dessen Schriften aber fast gänzlich verloren gegangen sind. Er war aus Syrien, oder nach Suidas aus Libyen, stand als Presbyter zu Nikopolis in Palästina, und starb um 232. Von seiner gerühmten Schriftauslegungskunst haben sich geringere Proben erhalten, als von seiner weitläuftigen Belesenheit. In der von ihm erhaltenen Epistola ad Origenem de Susannae historia (graece et lat. c. not. I. R. Wetstenii, cum Origenis Dialogo contra Marcionitas. Basil. 1674. 4. und sonst) beweiset er die Falschheit dieser Geschichte. Seine Chronik, die von Erschaffung der Welt bis auf das Jahr Chr. 221. reicht, hat Eusebius in seinen chronologischen Werken vielfach benutzt, aber dadurch wahrscheinlich Veranlassung gegeben, daß die vollständigen Werke von Africanus verloren gegangen sind. Die wenigen Fragmente von seiner Chronik stehen in Scaligers Eusebius, in Canisius Lectt. ant. T. II., verbessert in Labbe's Bibl. Msctor. T. I. Unter dem Titel Cesti schrieb er vermischte Auszüge aus allerlei Schriftstellern: was davon noch vorhanden ist, sind nur Auszüge aus des Africanus Buche, mit Zusätzen aus andern neuern Schriftstellern vermischt, und in den vorhandenen Handschriften sehr verdorben. S. Hambergers zuverlässige Nachrichten, 2 Th. S. 525. *(Baur.)*

AFRICANUS, ein Roßarzt aus dem siebenten oder achten Jahrh., dessen Bemerkungen in der Sammlung stehen, welche Constantin VII. veranstalten ließ, und die wir unter dem Namen ἱππιατρικά Basil. 1537. 4. besitzen. *(Sprengel.)*

AFSCHAR, eine turkomannische (truchmenische) Völkerschaft in der persischen Provinz Irak (aus welcher Nadir Schah abstammte), im Sommer der Weide wegen umherziehend, im Winter in Dörfern wohnend, und im Besitze eines fruchtbaren Landstrichs zwischen Hamadan und Kungheber, dessen Oberhaupt als königlicher Oberrichter nicht nur, sondern auch als Geisel für das gute Betragen seiner Untergebenen beständig am Hofe seyn muß. (Nach dem Auszuge aus Macdonald Kinneir's geogr. Memoir of the persian empire — (1813) in der von Rühs und Spiker herausg. Zeitschr. f. d. neueste Gesch. u. s. w. 1. B.). *(H.)*

---

1) Lib. VIII. c. 5. 15. Lib. X. c. 1. 118. Lib. XII. c. 10. 11. [Spaldings Citat. (T. III. p. 290) von Lib. XII. c. 10 §. 10. ist nicht richtig; hier spricht Quintilianus von dem jüngern Scipio Africanus, wie in der zu diesem Paragraphen gehörenden Note auch ganz richtig gesagt wird.] Ed. Spald. Vol. III. p. 290. Vol. IV. p. 103. 104. 612. 2) c. 15. 3) Epistol. Lib. VII ep. 6 4) Note zu Quintil. Lib. VIII. c. 5. 15. 5) Annal. Lib. VI. c. 7. Ed. Oberl. T. I. p. 490. 6) Strombeck B. I. S. 410. u. 411. übersetzt die Worte des Tacitus: tractique sunt in eundem casum Jul. Afric. sqq. nicht richtig durch: „und in dieselbe Satze wurden Jul. Africanus u. s. w. verwickelt."

1) Tacit. Annal. Lib. XI. c. 12. 2) Tacit. l. c. Lib. XIII. c. 19. 3) Tacit. l. c. Lib. XIV. c. 46. 4) Note zu Quintil. Lib. VIII. c. 5. 15.

AFSPRUNG (Joh. Michael); geb. zu Ulm, den 23. October 1748.; ein Autodidakt, der zwar das Gymnasium seiner Vaterstadt, aber niemals eine Universität besuchte, und seit seinem 22sten Jahre in Wien, Dessau, Amsterdam u. a. a. Orten sich hauptsächlich mit Erziehung beschäftigte, 1779 aber in seine Vaterstadt zurückkehrte, und auf der Stadtkanzlei arbeitete. Unzufrieden mit den reichsstädtischen Verhältnissen, gab er 1782 das ulmische Bürgerrecht auf, ging nach Heidelberg, 1791 nach St. Gallen, dann nach Lindau, beschäftigte sich meistens mit Erziehung und Unterricht, war einige Zeit Professor am Seminar zu Reichenau in Graubündten, änderte während der Schweizer-Revolution mehrmals seinen Aufenthalt und Beschäftigung, und war einige Zeit Secretär des Regirungsstatthalters in Zürich, als welcher er auch in Lavaters Briefen über das Deportationswesen vorkommt. Im November 1807 folgte er einem Ruf als Professor der griechischen Sprache in seiner Vaterstadt, und starb das. den 21. März 1808. In alten und neuen Sprachen, Mathematik, Staats- und Finanzwissenschaft, besaß er umfassende Kentnisse, und der Charakter seines mühsam errungenen Wissens war Gründlichkeit. Als Selbstdenker ging er überall seinen eigenen Weg, schien oft parador, und war ein leidenschaftlicher Feind alles Geisteszwanges und politischer Einschränkung, aber voll Wohlwollen, und als Lehrer und Erzieher sehr nützlich. Beweise seines selbstdenkenden Geistes, seiner klassischen Gelehrsamkeit und seines reifen Nachdenkens über Erziehung, Volksglückseligkeit und Politik enthalten viele seiner meist kleinern (zum Theil anonymen) Schriften, seine Uebersetzung einiger Reden des Isocrates, die sich gut lesen läßt, aber genauer und richtiger seyn könnte, seine Reisen durch einige Cantone der Eidgenossenschaft, (Leipz. 1784. 8.) und seine Schrift über Kunstrichter und Kritikanten (Ulm 1789. 8.). In seinen Briefen über die vereinigten Niederlande (eb. 1787. 8.), entwirft er freimüthig und in gedrängter Kürze, nach den besten holländischen Schriftstellern und eigener Beobachtung, ein interessantes Gemählde der Geschichte und Statistik jenes Landes. Seine Reime (St. Gallen 1806. 8.) sind voller Rauheiten und verrathen wenig poetisches Talent, aber einen regen Sinn für das Schöne und Gute. Vergl. Weyermanns Nachrichten von Ulm. Gelehrten S. 14. Gradmanns gel. Schwaben S. 8. (*Baur.*)

Aft, Apté, Haft, Hapté, ἑπτὰ, septem, sieben s. Acht 4.).

AFTAN, ein in den arabischen Meerbusen sich mündender, nicht schiffbarer, häufig sogar vertrocknender Küstenfluß. (*H.*)

AFTER, bedeutet überhaupt im Teutschen, wie im Englischen das Hintere, Folgende, auch das Unächte; häufig findet man daher das Wort in Wissenschaften und Künsten einfach und in Zusammensetzungen. So bezeichnet in der Medicin und Zoologie das einfache Wort den Darmkanal, Mastdarm (s. diese Art.); (auch bei den Conchylien wird es für anus gebraucht); zusammengesetzt kommt es vor in Afterdarm- und Afterdarm-Vorfall (s. Darmkanal), Aftergeburt (s. Nachgeburt). Afterorganisationen (s. Bildung), wie auch in Afterarzt und Afterarzneikunde (s. Quacksalber). In der Naturkunde kommt das Wort mit anderen zusammengesetzt öfters vor, und zwar, in der Mineralogie Afterkrystall (s. Krystall), in der Botanik: Afterchamille (s. Anthemis), Afterdotter (s. Mönchia sativa), Aftermistel (s. Loranthus europ.), Aftermoos (s. Algae), in der Zoologie und Conchologie als: Afterblattlaus (s. Chermes), Afterbockkäfer (s. Leptura), Afterherzmuschel (s. Cardita), A. Jungfer (s. Myrmelion formicarium), Afterkaninchen (s. Cavia), Aftermade (s. Ascaris), Aftermuschel (s. Venus), Afterpolype (s. Vorticella), Afterrüsselkäfer (s. Attelabus), Afterspinne (s. Phalangium), Aftersturmhaube und Aftertonnen (s. Buccinum). — In der Haushaltungskunst bedeutet Afterkorn (Afterig, Aefterig) das beim Wurfeln zurückbleibende, mit Unkraut vermischte Getreide; Aftermehl die schlechteste Sorte des Mehls. — In der Bergbaukunde ist After eins der geringhaltigsten bei der nassen Aufbereitung fallenden Produkte; besonders kommt dergleichen vor 1) in der Sieb- und Setzwäsche: da sondern sich beim Untertauchen des Siebes dreierlei Sorten ab: a. taube Berge oder After, b. Gräupel, c. reines Erz. Wenn die Aftern noch etwas Erz halten, so daß sie die Kosten fernerer Aufbereitung lohnen, kommen sie ins nasse Pochwerk. 2) Bei den Planherden heißt After der fast taube Sand, der, während der gehaltvolle Schlich in den Planen sich ansetzt, in den unterhalb des Planherdes befindlichen Aftergraben, oder die Aftergrube getrieben wird. 3) Bei den Pochwerken und Stoßherden heißt After der geringhaltige Schlamm oder Schlich, welcher, vermöge seines geringern specifischen Gewichts, von dem Wasser in die letzten Abtheilungen der Mehlführung, die sogenannten Aftergefälle (Aftergraben, Aftergerinne, Sümpfe) geführt, und, wenn sich einiger Gehalt darin verspüren läßt, besonders aufbereitet wird. In diesem Sinne führt der After auch die Namen: Schwenzel, Herdfluth, Afterschlamm. S. Aufbereitung. (*Lehmann.*) Afterröste sind die aus verwaschnen Erzaftern bestehenden Röste; andere Zusammensetzungen erklären sich aus dem obigen. — In der Forstwirthschaft ist After-Schlag gleichbedeutend mit Abholz (s. dieses). In der Jägersprache bezeichnet Afterbürde die Nachgeburt (ehedem auch das noch nicht gesetzte oder geborne Kalb), Afterklaue eine überzählige Klaue an den Hinterläufen der Hunde, die dann Afterklauig heißen. Aftergehörn, s. Kümmerer. Aftern, s. Geäster, Oberrücken. — Auch gehört zu den Zusammensetzungen noch das altteutsche Afterding, Aftergericht, s. Nachrecht. (*H.*)

AFVA, Horn A. u. Stor A., zwei große Seen in Piteå-Lappmark, die mit einander und mit dem See Udjour zusammen hängen, und durch den Schelleffteåfluß, den sie bilden, sich in den bothnischen Meerbusen ergießen. (*v. Schubert.*)

AFVASAXA, ein ziemlich hoher Berg in dem an Rußland 1809 abgetretenen Theile von Westerbottn, also am nördlichen Ufer des Torneåflusses, der Kirche Ober-

Torneå gerade gegenüber. Auf dem waldlosen Gipfel des Berges wohnten im Sommer 1736 in einer Hütte die französischen, zur Messung eines Meridianbogens für den Zweck der Bestimmung der Erdfigur abgesandten Astronomen, und stellten von dort aus ihre Beobachtungen zwischen Afvasaxa und Pello an, indem sie die übrigen Stationen von hier aus genau erkennen konnten. Seit dieser Zeit ist der Berg berühmt geworden durch die neue viel genauere Gradmessung der Hrn. Svanberg und Öfverbom, die den maupertuischen Grad um 200 Toisen zu groß fanden (in den J. 1801—1803.) und durch die Fremden, welche am Johannisabend dahinströmen zur Beobachtung der Mitternachtssonne, die bei wolkenlosem Himmel, hier ununterbrochen sichtbar ist (in der Stadt Torneå und auf dem dortigen Kirchthurme, dem frühern Observationspunkte mancher Reisenden, verschwindet sie schon mehrere Minuten). Die Bewohner der Gegend, Finnen; versammeln sich auf der Höhe, um 10 Uhr Abends, mit Tanz bei schönem Wetter, oder, am Feuer gelagert, bei frohen Spielen und Unterhaltungen, die Mitternachtssonne begrüßend; dieß ist ihre Johannisfeier; die Schwedische, der Maystangen, kennen sie nicht. — Der Berg liegt 7¼ Schwed. M. von der Stadt Torneå entfernt; bis zur Kieche Ober-Torneå am südlichen schwed. Ufer führt die große treffliche Landstraße; am russischen Ufer gibt es keine fahrbaren Wege; doch werden sie gewiß nicht mehr lange fehlen, da man schon mit dem Bau von Kirchen für die abgetretenen Dörfer, welche auf das andete Ufer eingepfarrt waren, zwar nur von Holz, aber herrliche Kreuzkirchen, an Größe und Pracht nach dem Muster der Petersburger großen Kirchen, beschäftiget ist. — Von der Höhe ist über die bewaldeten Abhänge hinweg eine reizende weite Aussicht über die mannigfaltigen Krümmungen und schön bebuschten Inseln des Torneå, seine üppigen Wiesenufer und liebliche fruchtbare Seitenthäler, von bald nackten bald bewaldeten Bergketten durchschnitten; den Lauf des Torneåflusses verfolgt das Auge am weitesten abwärts, bis zur Mündung, und selbst die Kirche Nieder-Torneå, über 7 schwed. Meilen entfernt, ist sichtbar; am Flusse dehnen sich nach allen Seiten große Dörfer aus; den schönsten Anblick gewährt die anmuthige Landschaft im Nordwesten, die der See Portimojervi und der von ihm ausfließende Tenjeli bewässern, und deren üppige Vegetation an südliche Zonen erinnert; am See und Fluß liegen die Dörfer Tenjeli und Christineström. (*v. Schubert.*)

AFVASKÄR (sprich Awaschär), eine alte berühmte befestigte Handelsstadt an der Nordwestküste Blekingens, seit dem 16ten Jahrh. zerstört, zum Aufkommen des jetzt auch gesunkenen benachbarten Christianopel; nur von der Kieche erblickt man noch Ruinen (nach Tuneld und Sjöberg, — Blekings Historia och Beskrifning.) — (*v. Schubert.*)

AFVESTAD, in der schwed. Provinz Dalarne, nach der Grenze von Westmanland hin, gleich weit (7 M.) von den Hauptstädten beidee Provinzen und nur 16½ M. von Stockholm entfernt, eine auch nach dem großen Brand im J. 1803 noch sehr große und einträgliche Kupferfabrik; nur Flecken, aber die Anzahl der Fabrikgebäude und Wohnhäuser ist fast eben so groß, als die Häuserzahl der zunächst liegenden Stadt Hedemora; der Ort hat 1 Schule mit 2 Lehrern und ein königl. Postamt, und bildet eine eigne Gemeinde, die ganz vom Fabrikwesen lebt. Das in Fahlun roh bereitete Kupfer wird hier zu allerlei gröberen und feineren Geräthschaften verarbeitet. Früher im Besitz der Krone und von derselben verpachtet, gehört das Werk jetzt der nämlichen Gesellschaft, die auch Fahluns Kupfergruben besitzt; die erste Anlage geschah insbesondre durch den bekannten Holländer Govert Silentz. Der Ort liegt am Dalfluß (Dalelf), der zu den Fabriken mannigfaltig benutzt wird. Bis z. J. 1778 wurde hier auch für Rechnung der Kroue gemünzt. (Nach Tuneld). (*v. Schubert.*)

AFZELIA, eine nach dem schwedischen Botaniker Afzelius benannte Pflanzen-Gattung aus der natürlichen Familie der Leguminosen und der 10ten Linné'schen Klasse. Der Charakter besteht in einem röhrigen vierlappigen hinfälligen Kelch, einer vierblättrigen Blumenkrone, deren oberes Blatt das größte ist, zehn Staubfäden, von denen die zwei obern aber unfruchtbar sind und aus einer holzigen vielfächerigen Hülse. Smith, der diese Gattung aufgestellt hat, beschreibt die einzige Art: Afzelia *africana*, aus Senegambien, einen Baum mit gefiedertem Laube und blutrothen Blumen. — Uebrigens nannnte Ehrhart (getrocknete kryptog. Pflanzen, n. 232. f.) die hedwig'sche Weissia, ein Laubmoos, Afzelia, welcher Name aber längst vergessen ist. (*Sprengel.*)

AGA. Dieser Gau kommt in Urkunden Otto III. und Heinrich II. (1001. Mon. Pad. S. 211 Ausg. 1713 1003 ebend. S. 212) und dem Auszug daraus im Leben Bischof Meinwerks (S. 510 B. 1. der Leibnitzischen Geschichtschr.), so wie in einer andetu Urk. Heinrich II. 1011 in Meinwerk's Leben (S. 524) vor, wonach die Paderbornsche Kirche einen in ihm mit belegenen Komitat, so wie einen zweiten, ebenfalls einen Strich desselben begreifenden, den Graf Hahold besaß, erwarb. Leider sind die Urkunden noch so dunkel, und wahrscheinlich (den Fürstenberg-Schatenschen wirft man große Nachlässigkeit in der Herausgabe vor) nicht richtig abgedruckt, und sind, wenn auch Falke's Beweis der Unechtheit (trad. Corbej. S. 670) nicht vollständig geführt ist, doch, wie sie vorliegen, nicht mit Sicherheit zu benutzen, und wenn gleich Agagau mit Auga nicht ein und derselbe Bezirk seyn kann, wie Junker (194) und Grupen (Origg. Germ. 3. 128) behaupteten, weil der letztere ebenfalls als einen Bezirk zu dem erstern Komitat abgebend in der Urkunde 1001 aufgeführt ist; so läßt sich doch über ihn weiter gar nichts sagen, da keine Orte darin erwähnt werden. Bessel legte ihn in das westliche Engern an bride Seiten der Wärne (Vogarne) im Ravenbergschen, um Herford, aber ohne allen Beweis. Vielleicht verschwindet ein großer Theil der Zweifel durch diplomatisch genaue Herausgabe der Urkunden, wie die Lage des Gau's durch die Mittheilung Paderborn'scher und Herford'scher Urkunden. (*Delius.*)

Aga (im Türk. Herr), s. Agha.

Agaazi, Agazi, Agazianen, s. Habesch.

AGABANA, ein von Ammianus (lib. 27. 12) erwähntes Kastell, scheint in der Nähe von Armenien gelegen zu haben. Man hat es für einerlei mit Agamana gehalten, welches Ptolemäus (5. 17) in das südliche Mesopotamien setzt. (*Pet. F. Kanngiefser.*)

AGABUS, ein Prophet zu Jerusalem zur Zeit der Apostel, welcher nach Apostelgesch. 11, 28. zu Antiochien eine große Hungersnoth voraussagte, die sich auch unter Claudius zutrug (Suet. Claud. 18. Joseph. Archaeol. XX, 2), und nach Apostelgesch. 21, 10. 11. dem Apostel Paulus seine Gefangennehmung weißagte. Bei letzterer Weißagung bediente er sich nach Art der alttestamentlichen Propheten einer symbolischen Handlung, indem er sich selbst mit dem Gürtel Pauli Hände und Füße band, um dessen Schicksal zu versinnlichen (vergl. z. B. Jer. 13, 1 ff. 12 ff. 16, 1 ff. 18, 1 ff. Cap. 28. 32. 35. Ezech. 4, 5). Nach spätern kirchlichen Traditionen gehörte er zu den 70 Jüngern, und erlitt zu Antiochien den Märtyrertod, daher die griech. Kirche ihm am 8. März, die lateinische Kirche seit dem 9ten Jahrhundert am 8ten Febr. einen Gedächtnißtag gewidmet hat. (*Gesenius.*)

AGADES (Agadez, Aghades, auch Andagost, Akades, Ogades genannt), (20° 20′ N. Br.), schon von frühern Reisenden, Edrisi, Leo Africanus und Marmol als Handelsstadt in Kaschna (oder Hussa) in Sudan genannt, bewohnt von arbeitsamen Negern und im Handel thätigen Mauren, die starken Verkehr mit den einheimischen Produkten, Manna und Sennesblättern, so wie mit Salz aus Bornu in Karawanen treiben (vgl. Bruns V. 22). (*H.*)

AGAG, König der Amalekiter (s. d. Art.), welchen Saul besiegte, worauf er von der Hand Samuels den Todesstreich empfing (1 Sam. 15, 8 ff.). Unter demselben Namen kommt der König von Amalek im Liede Bileams vor (4 Mos. 24, 7), welches entweder durch Anspielung auf eben dieselbe Begebenheit (s. de Wette Kritik der israëlit. Geschichte I. S. 364), oder wie man gewöhnlich thut, durch die Annahme zu erklären ist, daß dieses ein gemeinschaftlicher Name der Könige von Amalek gewesen sey, welche freilich durch nichts erwiesen ist. Ganz verunglückt ist J. D. Michaelis Combination des Namens mit Ωγυγης (Spicileg. geogr. II, pag. 16. 17. Supplemm. ad Lex. hebr. p. 13). (*Gesenius.*)

AGAGEER (Agaschier), heißen die Elephanten- und Rhinozeros-Jäger, welche in den Dörfern in der Nachbarschaft von Tscherkin in der abyssinischen Provinz Tzägäda, oder wie Bruce sie nennt, Tzegade wohnen. Der Name ist also nicht der Name einer Nation, sondern ein Gewerbsname (Leute, welche durch das Abschneiden der Flechsen an der Ferse die Elephanten rc. tödten). (*Hartmann.*)

Agali, Agaly, Agalin, s. Bisam.

Agalla, s. Eglaim.

Agallochum, s. Excoecaria.

AGALMATHOLITH (Bildstein, Talc glaphique, chinesischer Speckstein, Pagodit, Gemmahuja), zeigt gewöhnlich grünlichgraue Farbe, die einerseits in Grün, anderer Seits in Roth und Grau übergeht, er kommt nur derb vor, auf dem Bruch ist er matt, theils splittrig oder schiefrig, ist durchscheinend, weich, milde, und fühlt sich etwas fettig an; sein specifisches Gewicht ist 2,8; eine grüne Abänderung enthielt nach Klaproth 54 Kieselerde, 36 Alaunerde, 0,75 Eisenoxyd, 5,50 Wasser. Dieses Fossil steht zwischen dem Speckstein und Beilstein, ist für sich unschmelzbar, aber in heißer Schwefelsäure bis auf den Kieselgehalt auflöslich. Bei seiner Weichheit und seinem Zusammenhalt läßt dieses Fossil sich mit dem Messer und auf der Drehbank gut behandeln, und man verfertiget in China Tassen, Schalen, Becher und besonders Götzenbilder daraus; doch bestehen nicht alle chinesische Pagoden und dergl. aus Agalmatholith, sondern viele auch aus Speckstein. — Vorzüglich findet man denselben in China, wo aber dessen geognostische Verhältnisse unbekannt sind. Neuerlich hat man ihn auch am Ochsenkopf bei Schwarzenberg in Sachsen mit Schmirgel gefunden; auch soll er zu Nagyag in Siebenbürgen vorkommen. (*Keferstein.*)

AGAMA, Agame, der amerikanische Name mehrerer Arten der Linné'schen Gattung Lacerta, besonders der Agama colonorum, des Leguans (Iguana delicatissima) und anderer, welchen aber Daudin zu einem Gattungsnamen erhoben, und unter demselben mehrere Iguanae und Cordyli oder Stelliones Laurenti's und Latreille's begriffen hat. Als Kennzeichen derselben gibt er an: „einen länglichen, mehr oder weniger dicken Körper, welcher mit Inbegriff des walzenförmigen oder etwas zusammengedrückten Schwanzes, mit kleinen, rautenförmigen, fast stets gekielten Schuppen netzförmig bedeckt ist; eine Kehle, welche aufgeblasen werden kann; eine kurze, dicke, kaum eingeschnittene Zunge, einen dicken, wulstigen Kopf, der gewöhnlich am Hinterhaupte stachelig, und mit zahlreichen, kleinen, rautenförmigen Schuppen bedeckt ist, und vier lange dünne Füße, mit fünf freien, mit Krallen versehenen Zehen." Vergleicht man mit diesen Unterscheidungsmerkmalen die der Gattung Stellio eben dieses schätzbaren Naturforschers, so besteht der ganze Unterschied darin, daß die Schuppen, welche den Rumpf bedecken, in regelmäßigen Querreihen stehen sollen (disposés regulièrement en travers), daß den etwas plattgedrückten Schwanz große gekielte Schuppen in Ringen bedecken, und die Füße stark sind. Wenn man aber Daudin's Stellio Cordylus ausnimmt, der sich auch nach Oppel, welcher eben diese Gattungen annahm, sehr wesentlich durch die Bedeckung seines Kopfes unterscheidet, und, wie mich meine Untersuchungen vieler Exemplare lehren, gewiß eine eigentliche Eidechse, Lacerta nach Daudin ist, so stehen bei den übrigen Stellionen die Schuppen des Rumpfes nur selten in Querreihen, auch bilden die des Schwanzes nicht bei allen Ringe, und eben so wenig ist er bei allen plattgedrückt, oder sind ihre Füße stärker, wie bei den Agamen. Die Uebergänge von der Gattung Stellio zu der Agama sind so groß, daß man beide als eine einzige betrachten muß. Auch der stachelige Schwanz, den Dumeril und nach ihm Oppel zur Unterscheidung beider Gattungen angeben, kann sie nicht trennen, da ihn nicht alle Stellionen besitzen, und bei manchen Agamen die Kiele der Schwanzschuppen stark hervorragen. Oppel bildet aus den Daudinschen Agamen sogar zwei Gattungen, von denen er der einen diesen Namen läßt, die andre *Lophyrus* Dumerii. nennt. Dies letztere beruht offenbar auf einem Irrthum, da Dumeril's Lophyrus wol kein andres Reptil, als der plattköpfige Basilisk seyn kann, den Oppel selbst zu den Basilisken zählt, wogegen er als Beispiele von Lophyrus die Agama superciliosa, furcata etc. anführt. Die wesentlichsten Unterschiede beider Gattungen bestehen nach ihm in folgendem: — 1) Bei den Agamen ist der Kopf nicht vierkantig, da er bei den Lophyren vorn pyramidenförmig ist; aber eben dieses erblickt man bei Agama orbiculata, pipiens und andern. 2) Daß die Schläfengegend hinter den Ohren bei den Agamen abgerundet, bei den Lophyren durch einen vorragenden Winkel abgesondert ist. Wohin soll man aber Agama marmorata bringen, die einen pyramidenförmigen, aber hinten in den Hals sich verlierenden, an den Schläfen abgerundeten Kopf hat? Bei Agama Calotes, die nach ihm ein Lophyrus ist, paßt vollends dieses Kennzeichen nicht; ihr Kopf ist der einer Agama, aber ihr Rumpf würde der eines Lophyrus seyn, wenn kein drittes wichtigstes Unterscheidungsmerkmal angenommen werden könnte, wonach die Agamen einen plattgedrückten, die Lophyren einen zusammengedrückten Rumpf haben; diese Formen gehen aber in einander über.

Wenn nun Agama, Lophyrus und Stellio nicht getrennt werden zu dürfen scheinen, so glaube ich dagegen die ihnen allerdings nahe verwandten Leguane und Basilisken, so wie auch die bis jetzt stets zu den Agamen gezählte Lacerta scutata L. (diese unter dem Gattungsnamen Lyriocephalus) von den Agamen absondern zu müssen.

Die allgemeinen Eigenschaften der Agamen bestehen demnach in einem mit kleinen Schildchen oder Schuppen bedeckten Kopfe, einer faltigen Kehle, die etwas sackförmig ausgedehnt werden kann, bei einigen mehr, bei anderu weniger; ziemlich großen, stumpf kegelförmigen Zähnen, blos in den Kinnladen; einer dicken, fast ganz angewachsenen, vorn an der Spitze schwach gekerbten Zunge; offenen, tiefliegenden Ohren und einem mit Schuppen bedeckten Rumpf. Ihre Zehen sind dünn, an den Hinterfüßen die vierte am weitesten von der Fußwurzel entfernt und die längste; die fünfte der Fußwurzel am nächsten. Die Ausführungsgänge an den Schenkeln fehlen, nur die Quezpaleo-Agame (A. cyclura) ist damit versehen, und Ag. marmorata hat sie zu Zeiten. Sie halten sich theils in dürren Sandwüsten, theils an feuchten und dumpfen Oertern auf, besitzen das Vermögen, sich aufzublasen, und, wenigstens viele von ihnen, ihre Farbe in etwas zu verändern, daher sie von den Europäern in Amerika häufig Chamäleone, oder auch wol von ihrem Aufenthalte und Ansehen Salamander genannt werden.

Agama aculeata, dornöhrige Agame. Mit diesem Namen bezeichne ich diejenige Agame, welche Seba Thes. II. tab. 8. fig. 7. abgebildet, und mit welcher fig. 6. derselben Tafel, aller anscheinenden Verschiedenheit ungeachtet, wahrscheinlich gleichartig ist. Mehrere Exemplare vom Vorgebirge der guten Hoffnung, woher auch die Seba'schen waren, in meiner eigenen und anderer Sammlung, machen mir dieses wahrscheinlich, obgleich ich keins gesehen habe, welches so stachelig war, und dessen Kopf vorne so dünu zulief, wie das von Seba fig. 6. abgebildete. Daudin führt diese Abbildung als die der Agama marmorata an, die himmelweit davon verschieden ist; Linné hingegen die fig. 7. als die der Hardun-Agame, Agama Stellio, mit der sie allerdings, besonders nach Linné's Beschreibung, große Aehnlichkeit zu haben scheint; aber sowol nach ihm, als nach Hasselquist hat die Hardun-Agame einen geringelten Schwanz (cauda verticillata), diese Art hingegen einen ziegelartigen (cauda imbricata), auch kann man der dornöhrigen Agame keine gula saccata, sacco longitudinali depresso zuschreiben, welche nach Hasselquist die Lacerta Stellio besitzen soll; und überdem stimmt sie auch zu wenig mit Tournefort's Abbildung überein, als daß man beide für gleichartig halten könnte, wenn gleich die verschiedenen Exemplare der dornöhrigen Agame, welche ich sah, mannigfaltige Verschiedenheiten zeigten.

Das größte der von mir untersuchten Exemplare war 6″ 3‴, 3, bis zum After 2″ 6‴, 5, der Schwanz 3″ 7‴, 6 lang. Der Kopf ist ziemlich groß, plattgedrückt, breit, stumpf, und sein Umfang parabolisch. Das Hinterhaupt ist vom Genicke durch eine glockenförmige Vertiefung abgesondert. Von den Augenbraunen läuft eine scharfe Kente zu den Nasenlöchern, welche in einem kegelförmigen Schildchen liegen. Die Ohröffnung ist mittelmäßig. Den Kopf bedecken unregelmäßige Schildchen, von denen die am Hinterhaupte schuppenförmig und mit der Spitze nach vorn gekehrt sind. Zwischen ihnen liegen einige convexe Schildchen und mitten auf dem Hinterhaupte ein Hügel von vier kleinen Schildern. Das Ohr umgeben spitze, einem zweischneidigen Pfriemen gleichende, Stacheln, und einige Stachelreihen laufen von da nach der Kehle und den Seiten des Halses. Die Unterkinnlade ist sehr flach, und die Kehle bildet zwei Querfalten. Von der Mitte des Kinnes läuft über die erste derselben bis zur zweiten eine etwas erhabenere Längsfalte. Der Rumpf ist plattgedrückt, in der Mitte breiter und bei dem größten Exemplare fast halbkreisförmig an jeder Seite erweitert, bei den kleinern schmäler. Ihn bedecken kleine Schuppen, die auf dem Rücken gekielt sind. Diese Kiele bilden auf dem Nacken, bei einigen Exemplaren auch auf dem Kreuze, kleine hervorragende Zahnreihen, und Häufchen, und eine Reihe von Stacheln findet man auch bei den größern Exemplaren an den Seiten. Die hintern sowol wie die vordern Beine sind ziemlich lang, die Füße aber ziemlich kurz. Der Schwanz ist an der Wurzel dick und plattgedrückt, weiterhin etwas zusammengedrückt und mit ziemlich großen, rautenförmigen, vorn abgestumpften Schuppen bedeckt, deren starker Kiel über das Ende der Schuppe herüberragt, den Schwanz scharfkantig und die Kanten etwas gezähnelt macht. Die Farbe ist oben schwärzlich-graubraun, über den Rücken läuft ein bräunlich- oder gelblich-weißer Streif, und eben diese Farbe haben die untern Theile. Der Schwanz ist bräunlich weiß und schwarzbraun bandirt. Die Zähne sind klein, in der obern Kinnlade steht aber unter jedem Nasenloche ein längerer kegelförmiger Zahn. - Die Zunge ist kaum merklich eingeschnitten.

Die Lebensart dieser Capschen Agame ist unbekannt. Vielleicht ist Daudin's Agama atra nur eine Abart derselben.

Agama aurita. Lacerta aurita oder mystacea, Gecko oder Cordylus auritus. Geöhrte Agame oder Eidechse, Ohreidechse. Sie ist erwachsen fast größer wie der Gecko, zu dessen Gattung sie früher Daudin zählte. Die Mundeswinkel breiten sich auf jeder Seite in einen halbkreisförmigen, am Raude gezähnelten Kamm aus, welcher beim Leben des Thieres von Binte strotzt. Die Ohrengegend ist stachelig; unter der Kehle eine doppelte Querfalte, der Leib dick, plattgedrückt, und wie der Schwanz mit scharfen hervorragenden Punkten bedeckt, die an den Beinen am größten sind und zu jeder Seite des Schwanzes eine Reihe stacheliger Erhöhungen bilden. Die Farbe ist oben grau und weißlich gewölkt, mit vielen braunen Pünktchen, unten schmutzig weiß; ein Strich über das Brustbein und die Schwanzspitze unten schwarz. Sie ist nicht selten auf den Narynschen Sandhügeln und den Sandfeldern der Cumanischen Steppe. Nach Daudin faud van Ernest in den polnischen Bergen an der russischen Grenze eine wahrscheinliche Abart dieser Agame, welche 3″ 5‴ lang war, wovon der Schwanz drei Fünftheile einnimmt, von grauer Farbe mit fünf braunen Querbändern, bräunlichen Punkten, und einem schwärzlichen Schwanz mit drei grauen Bändern an der Wurzel.

Agama azurea, Lacerta azurea, Cordylus azureus, Stellio brevicaudatus. Biberschwänzige Agame, blaue Eidechse. *Seba* Thes. II. tab. 62. fig. 6. Diese Agame gehört zu denen mit stark geringelten Schwänzen, die Daudin Stellions batards nennt. Linne hat sie treflich beschrieben. Von den drei Exemplaren, welche ich zu untersuchen Gelegenheit hatte, ist das längste 4″ 2‴, 2, der Schwanz 1″ 6‴ lang, da er bei dem kleinsten, dessen Länge 3″ 8‴, 8 beträgt, 1″ 6‴, 2 mißt. Ein Beweis, daß man nicht zu ängstlich bei dergleichen Verhältnissen seyn dürfe. Der Kopf ist ziemlich groß, durch eine schwache, glokkenförmige Furche vom Nacken, und durch zwei Falten an der Kehle von der Brust abgesondert. Er hat einen halbelliptischen Umfang und ist plattgedrückt. Die Nasenlöcher liegen hoch an den Seiten des Rüssels; die Angen sind groß. Die Ohren liegen niedrig. Den Kopf bedecken kleine unregelmäßige Schildchen, die sich am Hinterhaupte in kleine dicke, schwachgekielte, rautenförmige Schuppen verlieren; aber mitten auf dem Hinterhaupte liegt ein großes sechsseitiges Schild. Alle diese Schildchen sind wie mit kleinen Wärzchen bestreut. Der Rumpf ist plattgedrückt und etwas hinter der Mitte am dicksten. Den Rücken bedecken kleine, runde, harte Höcker, welche sich gegen den Rücken in ordentliche Querreihen kleiner, breiter, abgerundeter Schuppen verwandeln; die Brust und den Banch bekleiden rautenförmige, abgestumpfte Schuppen in Querreihen. Der Schwanz ist plattgedrückt, doch oben etwas convex, sehr breit, länglich-lanzetförmig, und mit 21 Reihen großer, dicker, länglich-viereckiger Schuppen umgeben, die in ihrer Mitte der Länge nach kielförmig emporsteigen, so daß die Spitze hervorragt. Die Beine, Füße und Zehen, besonders die vorderen, sind sehr lang. Der Kopf oben und der Rücken lasurblau, mit 7 oder 9 schwarzen Bäudern über dem Rücken, der Kopf mit schwarzen Zeichnungen; die untern Theile hellblau. Der Schwanz bei einem Exemplare ockergelb, bei zweien lasurblau. Sie bewohnt Guiana und Surinam, läuft schnell, kriecht auf die Bäume, und ernährt sich von Insekten. Linne führt mit Unrecht die Abbildung der Agama cyclura bei dieser Art an, die daher Gmelin als eine Abart derselben betrachtet.

Agama caerulea, Stellio azureus. Blaue Agame. Diese der vorigen sehr nahe verwandte Agame unterscheidet sich von ihr durch einen spitzern Kopf, gestreckteren Rumpf, einen längern, schmalern, von der Wurzel gegen die Spitze hin allmälig in Breite abnehmenden, mit 35 oder 36 Schuppenringen bedeckten Schwanz, und den Mangel der Flecken. - Sie ist 6″ 8‴, der Schwanz 3″ 3‴ lang und in Surinam zu Hause. Bis jetzt hat sie nur Daudin beschrieben, der sie unrichtig für die echte Linne'sche Lacerta azurea hält.

Agama Calotes, Lacerta oder Iguana Calotes, Kalotes-Agame, Galeote, Fechter, Kampf-Eidechse. Wie Linne diese Agame in den Amoenitatibus academicis beschrieb, führte er als Abbildungen derselben *Seba* Thes. I. tab. 95. fig. 3. 4, und 93. fig. 2. an, welche alle unstreitig die von ihm beschriebene Art, welche ich nach einem Exemplare in der Sammlung des Grafen Borcke zu Hurth zu untersuchen Gelegenheit gehabt habe, darstellen. Hernach aber gesellte er diesen Abbildungen unrichtig andre bei, nämlich *Seba* Thes. I. tab. 86. fig. 6, welche Daudin zu seiner Agama aspera zieht, die aber keine Agame, sondern eine Eidechse, Lacerta rudis, darstellt; tab. 89. fig. 2. eine der Kalotes-Agame verwandte, als solche von Daudin beschriebene Art, welche ich in der Folge als Agama gutturosa aufführen werde; II. tab. 76. fig. 5. Daudin's Agama Umbra, welche ich, weil sie von Linne's Lacerta Umbra unstreitig verschieden ist, Agama chalcidica nenne; endlich *Edw.* Glean. I. t. 245. f. 2, welche wieder keine Agame, sondern ein Anolis, Anolis Edwardsii ist. — Das von mir beobachtete, gewiß sehr junge, Exemplar ist 12″ 7‴ lang, wovon der Kopf 9‴, 8, der Schwanz 9″ 1‴ halten; die von andern beschriebenen hatten fast die doppelte Länge. Der Kopf ist herzförmig, mit parabolischer Spitze, gegen welche er in Höhe sehr abnimmt; dagegen sind die Augenbraungegend und das Hinterhaupt wulstig. Ihn bedecken nach vorn gekehrte Schildchen oder vielmehr größere Schuppen. Die Kehle ist flach; der Hals viel dünner, wie der Kopf, und vom großschuppigen Rumpfe gar nicht unterschieden. Die Schuppen, welche über dem Rückgrate liegen, bilden eine Reihe von Stacheln, welche gegen den Schwanz hin allmälig in Höhe abnehmen. Der Schwanz ist oben ziemlich scharfkantig, und die Zehen der Hinterfüße sind lang. Die Farbe ist hell bläulich-grau, der Schwanz fast weiß. Die Zähne sind stumpf kegelförmig. Die Zunge schien bei meinem Exemplare abgeschnitten zu seyn, und glich vollkommen einem Schweinsrüssel mit den Nasenlöchern. Man soll diese Agame nach Linné in Asien, besonders auf Zeylon, nach Lacepede auch in Afrika und Spanien finden. Diesem letztern widerspricht Daudin. Sie hält sich in den Häusern auf, läuft auf den Dächern umher, und soll Mäuse und kleine Ratzen fangen und sich gegen Schlangen vertheidigen. Ihre Kehle bläst sie nur im höchsten Affecte auf.

Agama colonorum. Lacerta oder Iguana Agama, Iguana cordylina und salamandrina, wahre Agame, Agame, stachelköpfige Eidechse, Caméleon, Salamandre, Cuana. *Seba* Thes. I. t. 107. fig. 1. 2. vielleicht auch 3. Die gewöhnliche Länge der Agame ist 9 bis 10 Zoll, wovon der Schwanz etwa die Hälfte hält, doch muß sie nach Seba's (leicht etwas zu großen) Abbildungen manchmal um ein beträchtliches größer werden. Der Schwanz ist länger wie der übrige Körper. Der Kopf ist eiförmig, oder herzförmig, etwas plattgedrückt, vorn mit kleinen Schildchen bedeckt und hinter den Ohren mit Stacheln, die auch zerstreut am Halse stehen. Unter der Kehle ist ein herabhängender Sack. Den Rücken bedecken rundliche, gekielte, in eine Spitze sich endigende, Schuppen, die auf dem Hinterhalse einen Kamm lanzenförmiger Stacheln bilden, der sich beim Männchen bis mitten auf den Rücken, beim Weibchen aber nicht so weit erstreckt, auch hier niedrig ist, so wie auch bei letzterm die Stacheln am Halse fehlen. Den Schwanz bedecken noch stärker gekielte Schuppen. Beine, Füße, und Zehen, besonders die vierte Zehe beider Füße, sind lang. Ihre Farbe ist grünlich-blau, sie soll aber, wie mehrere Agamen, dieselbe etwas verändern können. Man findet sie in Jamaica, Cuba, Surinam und andern Gegenden von Südamerika.

Agama cyclura, Lacerta oder Stellio Quetzpaleo, Lacerta azurea *β. γ. Gmel.* Cordylus brasiliensis, Eidechse Quetz-Paleo. In Brasilien Quetz-paleo, Quetzpaleo-Agame. *Seba* Thes. I. tab. 97. fig. 4. Linné, welcher diese Agame nicht kannte, hielt ihre Abbildung für die der Agama azurea; Laurenti aber und Lacepede sahen sie mit Recht als eine eigene Art an. Die Länge beträgt 17 Zoll, die des Schwanzes über 8 Zoll. Der Kopf ist oben flach, an den Seiten etwas zusammen gedrückt und mit Schuppen bedeckt; die des Rückens und der Beine sind kleiner wie diese, und machen die Haut chagrinartig: am Bauche sind sie wieder größer und sehr hart. An der Oberseite der Hinterschenkel stehen hohe, harte, sehr spitze Höcker, und ähnliche, nur niedrigere, an den Seiten des Rumpfs und den Vorderbeinen. Der Quetzpaleo ist eine der seltenen Agamen mit ausführenden Wärzchen unter den Schenkeln. Der Schwanz ist rund, und mit sehr spitzen, scharf gekielten, in großen, deutlichen Ringen stehenden Schildern bedecke. Er ist grau, welches bald mehr bald weniger ins Blaue fällt, und hat zu Zeiten auf jeder Schulter einen schwarzen Querfleck. In jeder Kinnlade sind 30 Zähne. Er ist in Brasilien zu Hause.

Agama guttata. Wickelschwänzige Agame. Lacerta guttata, caudivolvula. Scincus oder Stincus guttatus, weißgetüpfelte, getropfte Eidechse. Lepechin Reise 1. Seite 317. tab. 22. fig. 2. 3. Ein von Pallas gesammeltes Exemplar dieses Reptils, welches er Lacerta caudivolvula nannte, verdanke ich der Güte des Herrn Rudolphi in Berlin. Es überzeugt mich dasselbe, daß es eine Agame, keine Stink sey, worunter es Schneider und Meyer nach Lepechin's Beschreibung stellen. — Die Länge meines Exemplars ist 3¾ Zoll, des Schwanzes 2¼ Zoll. Der Kopf ist ziemlich klein, herzförmig, aber die Schnautze abgerundet, plattgedrückt, unten flach, oben hügelig und mit kleinen pyramidenförmigen Schuppen bedeckt, welche ihm fast das Ansehen einer Druse geben. Die Nasenlöcher liegen nahe vor den Augen, und sind mit einer Klappe verschlossen. Die Augenbraunen bilden einen hervorragenden, horizontalen, gezähnelten Rand. Ein Trommelfell ist durchaus nicht sichtbar. Am Nacken ist keine, unter der Kehle aber eine starke, doppelte Querfalte. Der Rumpf ist plattgedrückt, der Bauch ganz flach, der Rücken wenig erhaben, beide trennt eine von den Achseln zu den Hüften laufende Falte. Die Beine und Füße sind mäßig groß, und an allen vieren ist die vierte Zehe die längste. Der Schwanz ist an drr Wurzel ziemlich breit und flachgedrückt, wird danu rund, sehr dünn, und endigt sich in eine feine, scharfe Spitze. Er ist unterwärts gewunden. Den ganzen Körper bedecken kleine Schuppen, die auf dem Rücken kaum merklich, dagegen an Brust, Beinen und Schwanz stärker gekielt, am Banch ganz glatt sind. Die Farbe ist oben bläulich-grau, etwas dunkler gewölkt, unten weißlich. Ueber die Schenkel und Schienbeine, so wie, nur noch stärker, über den Schwanz laufen dunklere Bänder, und die Spitze des letztern ist schwärzlich. Weiße Flecken oben auf dem Körper finde ich gar nicht. In der obern Kinnlade stehen auf jeder Seite 7, in der untern 6 kegelförmige Zähne. Die Zunge ist dick, dreieckig, fest angewachsen und orangegelb. Sie hält sich in den dürren Gegenden der jaikischen Steppe auf, ich glaube aber mit Daudin, daß eine von van Ernest in den Gebirgen von Kalisch in Polen gefundne, oben schieferblaue, unten weiße, hin und wieder röthlich gefleckte Agame, eben diese Art sey.

Agama gutturosa. Kropfige Agame. *Seba* Thes. I. tab. 89. fig. 1. 2. Linné und nach ihm Lacepède und Daudin führen diese Abbildungen als die der Agama Calotes an; ich kann aber mit so viel größerer Zuversicht behaupten, daß sie einer anderu, von keinem Systematiker angeführten, Art gehören, da ich beide von Seba abgebildete Exemplare aus der Sammlung des Grafen von Borcke gehabt und beschrieben habe. Sie unterscheidet sich von der Kalotes-Agame durch ihren stärkeren Kropf, durch den Mangel der Stacheln am Hinterhaupte, durch die mit der Spitze nach hinten gekehrten gekielten Schuppen auf der Platte des Kopfes, und die mit der Spitze alle nach unten und hinten gekehrten Schuppen auf dem Rücken, so wie eben dadurch,

durch die beträchtlichere Größe ihrer Schuppen und die gekielten Bauchschuppen von der wahren Agame (A. colonorum). Eine Kehlenfalte ist gar nicht vorhanden und der Sack, den die Kehle bildet, erstreckt sich bis zur Brust, und ist zusammengedrückt, wie beim Leguan. Daß er in der ersten Sebaischen Figur so dick und convex erscheint, rührt von einer Menge Lappen her, welche hineingestopft waren. Der Rumpf ist dreikantig und der Rücken scharf; über ihn läuft eine Reihe weicher, zahnförmiger Blätter, welche auf dem Halse am längsten sind, bis zur Schwanzwurzel stets in Höhe abnehmen und am Schwanze selbst verschwinden. Die Farbe des einen Exemplars ist hellblau, des andern grau, bei beiden unten weißlich. Weißliche Flecken bilden an beiden Seiten und den Beinen mehr oder weniger deutliche Stücke unregelmäßiger Bänder. Die Länge ist 19 Zoll, wovon der Schwanz 15 Zoll hält. Die Zähne sind mäßig groß, pyramidenförmig, etwas zusammengedrückt, und unterscheiden sich von den Zähnen aller von mir untersuchten Agamen durch ein kleines Zähnchen an jeder Seite nicht weit von der Wurzel. Nach Seba ist sie in Mexico zu Hause.

Agama macrocephala. Großköpfige Agame. *Seba* Thes. I. tab. 93. fig. 3. Diese Agame zählt Daudin zu Agama Calotes, von der sie sich jedoch durch ihren mehr bauchigen Rumpf, zahnlosen Rücken und großen pyramidenförmigen Kopf unterscheidet. — Sie ist an den Küsten des spanischen Amerika einheimisch.

Agama marmorata. Marmorirte Agame. Lacerta oder Iguana marmorata, marmorirte oder bunte Eidechse, bunter Leguan. *Seba* Thes. I. tab. 88. fig. 4. 11. tab. 76. fig. 4. Von 4 Exemplaren, welche ich zu untersuchen Gelegenheit gehabt habe, ist das größeste 17¼ Zoll, der Schwanz 12¾ Zoll lang. Der Kopf ist ziemlich klein, fast vierkantig, plattgedrückt, vorn abgerundet, vom Nacken durch eine glockenförmige Furche, von der Brust durch eine Falte abgesondert, über welche der kammförmige Sack der Länge nach läuft, welcher die weite Haut der Kehle bildet. Die Mundöffnung erstreckt sich nur etwas hinter das Auge. Die Nasenlöcher sind groß, rund, öffnen sich schräg rückwärts und liegen weit zurück. Von den Augenliedern der ziemlich großen Augen ist das oberste merklich größer, da sonst beide von fast gleicher Größe sind. Die Ohröffnung ist klein. Die Platte des Kopfes bedecken ziemlich große unregelmäßige Schildchen. Ein äußerlich wahrzunehmender Hals ist fast gar nicht vorhanden. Der Rumpf ist mäßig gestreckt, dreikantig, der Bauch flach; der ganze Rumpf mit kleinen gekielten Schuppen bedeckt. Dies ist auch der Fall mit dem sehr langen dünnen Schwanze. Die Beine sind mäßig lang und dick; die Füße haben ziemlich lange Zehen, und ihre zusammengedrückte Kralle in der Mitte einen vorspringenden Winkel, bis zu dem sie mit einer Scheide umgeben sind. Bei einem Exemplare fand ich hinten an den Schenkeln eine Reihe durchbohrter Schilder; bei einem andern nur eine schwache, bei den zwei übrigen gar keine Spur davon. Die Farbe ist bei drei Exemplaren gelbbraun, der Rücken mehr braunroth, die Seiten fast umbrabraun, Rücken, Seiten und Schwanz mit zerstreuten schwärzlichen, unregelmäßigen Flecken marmorirt; bei einem Exemplare ungefleckt. Der Kopf ist bläulich-grau; die Beine sind bei zwei Exemplaren lila, und bei dem vierten fällt die ganze Färbung ins lilafarbne, und über den Rücken laufen schwärzlich violette Bänder. Das Vaterland dieser Agame ist Surinam.

Agama muricata. Stachelige Agame. Lacerta muricata, stachelschuppige Eidechse. Sie ist etwa einen Fuß lang, wovon fast 9 Zoll auf den Schwanz kommen. Sie ist mit rautenförmigen, gekielten, spitzen Schuppen bedeckt, durch welche der Länge des Körpers nach scharfe Kanten laufen, und die am Hinterhaupte Stacheln bilden. Diese Stacheln und Kiele sind nicht bei allen Exemplaren gleich stark, welches vielleicht von der Verschiedenheit des Geschlechtes herrührt. Die Farbe ist grau, mit braunen Querstreifen, und ihr Wohnort Neuholland.

Agama ophiomachos. Schlangenbekämpfende Agame. *Seba* I. tab. 93. fig. 4. Wir bezeichnen diese abenteuerliche Abbildung, welche nach Daudin die der Agama Calotes seyn soll, als Darstellung einer eigenen, hier blos zu nennenden brasilischen Art, da die Vergleichung einer großen Menge von Abbildungen des Seba mit ihren Originalen in der trefflichen Amphibiensammlung des Grafen von Borcke uns verbietet, irgend eine solche, als nach der Natur verfertigt angegebene Abbildung für erdichtet zu halten, und da sie, ihrer anscheinenden Roheit ungeachtet, der Natur gewöhnlich mehr entsprechen, als die genauer scheinenden in einer Menge neuerer amphibiologischer Werke.

Agama orbicularis. Runde Agame. Lacerta orbicularis oder hispida, Stellio, Cordylus orbicularis, Cordylus hispidus, Tapaye, Krötensalamander, Kröten-Eidechse, bauchige Eidechse. Mexicanisch: Tapayaxin, in Paraguay bei den Spaniern Caméléon. *Seba* Thes. I. tab. 83. fig. 1. 2. tab. 109. fig. 6. Eine sonderbare Agame, fast so breit wie lang, mit fast kreisförmigem Rumpfe, so daß man sie für eine geschwänzte Kröte, und zwar um so viel eher halten sollte, weil ihr dicker, aufgetriebener Rükken mit höckerigen und stacheligen Schuppen bedeckt ist. Sie ist grau und braunbunt, nur die Fußsohlen sind gelblich. Ihr Kopf ist dick, über den Augen erhaben, und gleichfalls mit kleinen Stacheln bedeckt. Der Schwanz ist etwa so lang wie der Körper. Diese Agame hält sich auf den hohen, kalten Gebirgen von Mexico und eines großen Theiles von Südamerika auf; sie geht sehr langsam und läßt sich daher leicht fangen, und, nach Hernandez, gern anfassen und mit sich spielen. Wenn ihr Kopf und ihre Augen etwas hart gedrückt werden, so spritzt leicht das Blut, oft bis auf drei Schritte weit, heraus. Dieses wird in Mexico am Feuer getrocknet, und soll durch heftige Ausleerungen von oben und unten, und Treiben des Harns venerische Kranke heilen. Die Agama gemmata *Daud.* ist vielleicht nur eine Abart von ihr.

Agama pipiens. Pfeifende Agame. Unter dem Namen Lacerta pipiens erhielt ich diese vom sel. Pallas im südlichen Rußland gefundene Eidechse durch die Güte des Hrn. Prof. Rudolphi in Berlin. Ein kleines Thierchen, nur 2″ 0‴, 4 lang, wovon der Schwanz 11‴, 4 beträgt, mithin kürzer wie der Rumpf ist. Der Kopf ist eiförmig, endigt sich aber hinten beinahe in einer geraden Linie; er ist plattgedrückt und nimmt gegen die spitze Schnauze hin in Höhe ab. Er ist oben mit kleinen flachen, sechsseitigen Schuppen oder Schildchen bedeckt, und die Unterkinnlade gegen die Spitze hin mit großen Randschildern eingefaßt, wie bei Lacerta deserti, mit welcher diese Agame, außer in der Farbenvertheilung, in Größe und Bildung die auffallendste Aehnlichkeit hat. Die Mundöffnung erstreckt sich bis zum hintern Augenwinkel. Nasenlöcher kann ich nicht entdecken; vielleicht sind sie, wie bei Agama guttata durch Klappen verschlossen. Die Augen sind groß und über ihnen ragen die Augenbraunen scharfkantig hervor. Die Gehörgänge sind sehr klein und tief. Der Hals ist nicht viel schmäler wie der Kopf und bildet kaum merkliche, fast keine Falten. Der Rumpf ist plattgedrückt, schmal, und nimmt von den Achseln bis zur Hüfte allmälig in Breite ab. Die Beine und Füße sind klein, und die vierte Zehe der Hinterfüße nicht viel länger, wie die dritte. Der Schwanz ist etwas plattgedrückt, ziemlich dünn, und endigt sich in eine mäßig scharfe Spitze. Den ganzen Körper bedecken kleine Schuppen, die am Kopfe und Nacken körnerförmig, am Unterrücken flach und rundlich, am Bauche und den Gliedern rautenförmig, am Schwanze gekielt sind, hier gleichlaufende Seiten und ein abgerundetes Ende haben und in ordentlichen Querreihen stehen. Die Farbe ist oben aschgrau, unten weißlich.

Agama prehensilis, s. Lyriocephalus prehensilis.

Agama scutata, s. Lyriocephalus margaritaceus.

Agama spinipes. Dornfüßige Agame. Stellio spinipes. Eine der größten Arten. Das Exemplar welches Daudin beschrieb, war 18 Zoll, davon der Schwanz 8½ Zoll lang; doch soll man bis 2 Fuß lange antreffen. Der Kopf ist ziemlich dick, rundlich. Die Schnauze glattgedrückt und etwas spitz, und die Platte und Seiten mit zahlreichen, glatten, fünfseitigen Schildchen bedeckt. Der Hals ist etwas verdünnt, und unten ohne Falte. Den Körper bedecken kleine rundliche, fast sechsseitige Schuppen, und machen die Haut chagrinartig, unten am Körper sind die Schuppen etwas größer und rautenförmig. Außerdem stehen kleine, runde, etwas stachelige Schuppen zerstreut an den Seiten; eine Reihe kleiner Schuppen auf den Schenkeln; andre ziemlich große, runde, in der Mitte stachelige Schuppen zerstreut auf den Gliedmaßen, der Wurzel des Schwanzes und den Füßen. Unter jedem Schenkel ist eine Reihe von 18 Oeffnungen, deren jede mit fünf oder sechs kleinen Schuppen eingefaßt ist. Der Schwanz ist an der Wurzel ziemlich dick, und besteht aus 23 Ringen länglich-viereckiger, etwas erhabener, gegen das hintere Ende stacheliger Schilder. Die Füße sind mäßig stark und ziemlich kurz. Die Farbe ist ein glänzendes Grün, unten blaß, und ohne Flecken. Diese Agame bewohnt Oberägypten und lebt in Löchern unter der Erde. Daudin vermuthet es sey Forskåls Lacerta Hurbai, die sich in den Wüsten um Kairo aufhält, aber schon daß diese eine cauda imbricata hat, widerspricht dieser Meinung; und eben so wenig scheint sie bei Prosper Alpin vorzukommen, und die Eidechse, welche derselbe für den Crocodilus terrestris der Alten hält, Varalus niloticus zu seyn.

Agama Stellio. Hardun-Agame. Lacerta oder Cordylus Stellio, Stellio vulgaris, Crocodile de terre Tournefort; Voyage I. pag. 118. mit einer Abbildung, Dorneidechse, Igeleidechse; Neugriechisch: Κοσλορδιλος, Italienisch: Tarantola, Pistilloni, Ascarpi, Stellione, Arabisch: Hardun. Es sind wenige Gegenstände der Naturhistorie, bei denen es so schwer ist, die Verwirrung, die bei ihnen herrscht, zu heben, als diese Agame. Um also selbst die Verwirrung nicht zu vermehren, sehe ich mich genöthigt, vorläufig zu erklären, daß ich unter Agama Stellio das Reptil verstehe, welches Tournefort allein bis jetzt abgebildet, und Daudin beschrieben hat. Nach Daudin ist dieser Stellio 11″, der Kopf 1½″, der Schwanz 6½″ lang, und der Rumpf 1½″ breit. Der Kopf ist dick (grosse) etwas plattgedrückt, sehr breit, wulstig (calleuse), an den Seiten und am Hinterhaupte rauh, und mit kleinen erhabenen Schuppen bedeckt, die selbst auf den beiden Wülsten des Hinterhauptes etwas spitz sind. Die Mundöffnung erstreckt sich bis zu den Ohren. In der Oberkinnlade sind auf jeder Seite 17 Zähne, nämlich vorn zwei kleine spitze, dann ein längerer Eckzahn, und hierauf 14 sehr kleine Zähne; in der untern auf jeder Seite 22; nämlich 2 Zähne, fast so groß, wie die beiden Eckzähne der obern und 18 sehr kleine (dies macht indeß nur 20 Zähne). Die Zunge ist breit, fleischig, stumpf, an der Spitze schwach gekerbt. Unter dem Kopfe sind kleine rautenförmige Schuppen, und unter dem Halse zwei Falten. Den Körper bedecken oben und an den Seiten sehr kleine, dicht und ziegelförmig in Querlinien stehende Schuppen. Ueber den ganzen Rücken erblickt man eine schwach erhabene, glatte Längsfalte, welche große, glatte, hinten etwas dicke, kleinen platten Nägeln gleichende Schuppen einfassen, die 18 bis 19 etwas von einander entfernte Querreihen bilden, die sich bis zu den Seiten erstrecken. Der Rumpf ist gewöhnlich ziemlich dick, dehnt er sich aber aus, so bilden diese Reihen Querrunzeln. Den Körper und die Beine bedecken unten ziemlich kleine glatte, rautenförmige Schuppen in zahlreichen Querreihen. Die Fußsohle hat erhabene, etwas rauhe, bräunlich-orangegelbe Schuppen. Oben bedecken die Beine ziemlich große, rautenförmige, gekielte, hinten Spitzen bildende Schuppen. Der Schwanz ist fast anderthalbmal so lang als der Leib, cylindrisch, an der Wurzel dick, dann dünn, vorzüglich an der Spitze; er besteht aus 70 Ringen, welche auf der vordern Hälfte breiter sind und doppelt (deux à deux) stehen. Die Zehen der Hinterfüße sind mehr verlängert, nur die kleine Zehe kurz. Die Farbe ist oben, wie an der Kehle und den Seiten schwärzlich, aber die Enden aller Schuppen, so wie die Mitte des Rückens graulich, welche Farbe gegen den Schwanz ins Rostfarbne fällt. Der Bauch ist schmutzig aschfarben, so wie das Untere der Schenkel.

Mit dieser Beschreibung stimmt so ziemlich diejenige überein, welche Hasselquist von der Lacerta Stellio, welche nach ihm Arabisch Hardun heißt, gegeben hat; weicht aber doch auch in manchen Punkten ab. Hasselquist fand diesen Stellio in den Ruinen Natoliens, Syriens und Palästina's: auch sahe er ihn in Aegypten, hier aber war er kleiner und selten. Die Türken tödten ihn, weil er, wie sie sagen, durch sein Nicken mit dem Kopfe, ihnen beim Beten nachäfft. Da Hasselquist Tourneforts Abbildung, als die seines Stellio anführt, so zweifele ich um so viel weniger, daß beide dieselbe Agame vor sich gehabt haben, als Linne im Museum Adolphi Frid. Tom. II. Prodr. pag. 37. Hasselquist's Beschreibung durch mehrere Zusätze ergänzt, die eine größere Aehnlichkeit mit Tourneforts Koslordilos angeben. Auch gehört hieher wol der von Cetti als auf Sardinien einheimisch beschriebene Stellione, so wie der Stellio, den Belon häufig in Syrien und Judäa, und der Hardun, den Russel in Syrien antraf. Daß dieser Stellio indessen derjenige nicht sey, dessen Koth man nach Belon in den ägyptischen Pyramiden und Katakomben einsammelt, um ihn als Arznei, oder, wie es schon bei den Römern geschah, als Schminke unter dem Namen Crocodilea anzuwenden,

. . . . . colorque
Stercore fucatus crocodili . . . . . Horat.

mithin auch nicht der Crocodilus terrestris der Alten, ist mir sehr wahrscheinlich. Zwar übersetzt Ibn Bitar nach Bochart den Namen κροκοδειλος χερσαιος bei Dioskorides durch حردون (Hardun), dies beweiset aber nichts, und kann eine falsche Uebersetzung seyn, überdem aber der Name Hardun mehreren Reptilien gegeben werden. Nach andern von Bochart angeführten arabischen Schriftstellern ist aber Hardun auch ein Name des Dhab, dieser aber wird nach Forskål in Aegypten der Lacerta aegyptia gegeben, und viel wahrscheinlicher ist es mir, daß diese als die Harduu-Agame dieser in den Pyramiden hausende Stellio und Crocodilus terrestris sey, da nach Hasselquist die Hardun-Agame in Aegypten selten ist, und ihre Wohnplätze sich bloß auf Sardinien, das südliche Italien, die Levante, und den griechischen Archipelagus zu beschränken scheinen. Noch mehr hat Linne die Sache dadurch verwirrt, daß er in der zwölften Ausgabe seines Natursystems als Abbildung seiner Lacerta Stellio *Seba* Thes. II. tab. 8. Fig. 7. anführte, welche die dornöhrige Agame darstellt, und wodurch denn der Hardun sogar nach dem Vorgebirge der guten Hoffnung versetzt wurde.

Agama superciliosa. Dornäugige Agame oder Eidechse. Lacerta superciliosa, der Stammrücken, der Kielschwanz. Linue, Daudin und andere führen als Abbildungen derselben *Seba* Thes. 1. tab. 94. fig. 4. und tab. 109. fig. 4. an. Die letztere stimmt vollkommen mit Linne's Beschreibung im Museum Adolphi Friderici überein, wo er sie auch allein anführt; die erstere aber, welche er erst in der zwölften Ausgabe des Systema Naturae hieher zog, gehört offenbar einer andern Art, welche ich Agama cristata nenne. Außerdem aber ist *Seba* Thes. II. tab. 14. fig. 4, wovon sich das Original in der Sammlung des Herrn Grafen von Borcke, nebst noch einem andern Exemplare befindet, eben diese Agame, und darnach von mir beschrieben. Die Länge des ganzen Thieres beträgt $15\frac{1}{3}$ Zoll, bis zum After $4\frac{3}{4}$ Zoll, des Schwanzes $10\frac{1}{2}$ Zoll. Der Kopf ist kurz und stumpf; die Augen liegen mitten in seinen Seiten in einer senkrechten Fläche und hoch, und über sie erheben sich die scharfkantigen Augenbraunen besonders hinten sehr hoch, und bilden eine bis zur Schnautze fortlaufende scharfe Kante, worin die Nasenlöcher liegen. Außer einem unregelmäßigen Schilde auf dem Hinterhaupte ist der Kopf mit Schuppen bedeckt, welche sich in kleine Pyramiden erheben, und, durch ein Vergrößerungsglas betrachtet, ihm das Ansehn einer Krystalldruse geben. Unter der Kehle befindet sich ein breiter, bei dem einen Exemplare fast sackförmig herabhangender Kropf. Den eyförmigen Rumpf bedecken kleine Schuppen, deren Kiel nach hinten in eine Spitze ausläuft, die am zusammengedrückten Schwanze etwas größer sind, und in Ringen stehn. Vom Genicke bis zur Spitze des Schwanzes läuft ein von zusammengedrückten Schildchen gebildeter Kamm von Zähnen, der auf dem Genicke am höchsten ist, dann bis zum Kreuz allmählig niedriger wird, an der Wurzel des Schwanzes wieder steigt, und hierauf wieder in Höhe abnimmt. Die obern Theile des Körpers sind braungrau, oder auch braun, die untern weißlich grau; die Kehle weiß gefleckt. An den Seiten trennt beide Farben ein weißlicher, aus lauter Halbkreisen bestehender Strich. Die Zunge ist etwas ausgeschnitten. Der Wohnort dieser Agame ist Amboina. (*Merrem.*)

AGAMANA, (Agamina), eine von Ptolemäus erwähnte Stadt, am Euphrat, scheint westlich von Anatho gestanden zu haben, am rechten Ufer des Flusses, unfern Erzi. Man sieht daselbst einen Thurm und Ruinen. Jener heißt Kahim oder Gwiam, und ein Theil der Ruinen Manea, der andre Anga, gleich als wenn Agamana aus zwei Namen bestanden hätte, die zwei, an einander stoßenden, Städten gehörten. Es ist dies eine bloße Vermuthung Rennell's in dessen Illustrations of the History of the Expedition of Cyrus. Lond. 1816. p. 104. (Vgl. Agabana). (*Kanngiesser.*)

AGAME, AGAMEIA, (Ἀγάμη. Ἀγάμεια), Vorgebirg und Hafen bei Troja, wahrscheinlich an dem ägäischen Meere, wo die unvermählte (ἄγαμος) Hesione dem Meerthiere zum Raube gestellt wurde, vgl. Hesione, Troja. Anwohner: Ἀγαμεύς, Ἀγαμείτης, Ἀγαμειάτης. Stephan. Byz. h. v. et Ἐρύθεια, vgl. Berkel und die Erklär. zu Hesych. v. Ἀγαμίας. Hellanic. Fragment. ed. Sturz. p. 101. 2) s. Agamos. (*Spohn.*)

Agamé, Agamjà, (eine der 7 Provinzen des Reichs Tigre in Afrika), s. Tigré.

AGAMEDE (Ἀγαμήδη), Ort in Lesbos unweit Pyrrhe; zu Plinius Zeit vernichtet. Steph. Byz. Plin. H. N. V. 39. Nicol. Damascen. Excerpt. p. 494. 2) Name einer unbek. Quelle. Steph. Byz. (*Spohn.*)

AGAMEDE (Ἀγαμήδη), 1) die Tochter des Augeias, Königs der Epeier, mit welcher Poseidon den Diktys erzeugte *), Gemalin des Mulios, kundig der

*) Hyg. F. 157.

Wunderkraft heilsamer Kräuter [1]), 2) die Tochter der Makaria, von welcher Agamede auf Lesbos benannt seyn soll (Steph. Byz. Ἀγαμήδη). (*Ricklefs.*)

AGAMEDES (Ἀγαμήδης). 1) des Stymphalos Sohn, Vater des Kerkyon und Großvater des Hippothoos, nach Agapenor König in Arkadien (Paus. VIII, 5.). (*Ricklefs.*)

2) Agamedes, ein Sohn des Erginos Königs der Orchomenier *), ist nebst seinem Bruder Trophonios als Baumeister berühmt geworden; beide scheinen aber noch einem fabelhaften Zeitalter anzugehören, indem Pausanias (IX. 11.) von ihnen erzählt, daß sie dem Amphitryon ein Schlafgemach gebaut haben. Doch meldet ebenderselbe (IX. 37.), daß sie den vierten Tempel des Apollo zu Delphi errichtet, nachdem schon drei frühere abgebrannt waren. Platon, Cicero und Plutarch **) erzählen, daß sie nach Vollendung des Tempels den Gott um die höchste Belohnung, die dem Menschen zu Theil werden könne, gebeten, und am dritten Tage hernach todt gefunden seyen. Pausanias dagegen meldet, daß sie außer dem steinernen delphischen Tempel noch denjenigen des Poseidon bei Mantinea aus eichenen Balken, und dem Hyrieus in Böotien eine Schatzkammer gebaut haben, bei welcher ein Stein herausgenommen werden konnte. Diese Oeffnung benutzten sie so lange zur Bestehlung des Schatzes, bis Hyrieus Schlingen an die Goldgefäße legte, in deren einer Agamedes gefangen wurde. Um die Entdeckung des Thäters zu verhindern, schnitt Trophonios seinem Bruder den Kopf ab, wurde aber dafür von der Erde verschlungen. Eine ganz ähnliche, noch viel abenteuerlichere Geschichte erzählt Herodot (II. 121.) von dem ägyptischen Könige Rhampsinitus. (*J. Horner.*)

AGAMEMNON, 1) König von Argos, Gemal der Tyndaride Klytaimnestra, nach Homer (Il. II, 103.), der ihn stets den Atriden nennt, ein Sohn [1]), nach Apollodor (III, 2, 2.) wahrscheinlicher ein Enkel des Atreus von seinem Sohne Pleisthenes und der Airope [2]). Nach Homer glich Agamemnon an Mienen und Augen dem Zeus, an breiter Brust und kräftigen Hüften dem Ares und Poseidon [3]), aber an Heldenkraft und Weisheit läßt er ihn vielen nachstehen [4]). Damit hängt es psychologisch wol zusammen, wenn er ihn stolz auf seine Macht, übermüthig, trotzig und herrisch, und oft kleinmüthig und verzagt schildert. Den Vorwurf der Habsucht macht ihm blos Achilleus in seinem Unwillen (Il. I, 122. ff.) ohne daß er weiter Belege dafür gibt. — Er holte, von dem Großvater auf Befehl eines Orakels abgesendet, dessen Bruder Thyestes zur Aussöhnung nach Mykenai zurück, der sich aber nach Ermordung des Atreus durch Aigisthos des Thrones bemächtigte, und den Agamemnon und Menelaos aus dem Reiche vertrieb (Hyg. F. 88.). Nach längerem Umherirren mit des Tyndareus Töchtern vermält (Hyg. F. 78.), vertrieben die verbannten Brüder den Thyestes mit dem Aigisthos als widerrechtlichen Herrscher (Aeschyl. Agam. 1615. ff.) und Agamemnon folgte im großväterlichen Reiche. Erbe des größten Reichs in Griechenland und selbst Eroberer (Pausan. II, 6.) dehnte sich seine Herrschaft über Aigialos — Achaja, Sikyon, Korinth — den größten Theil von Argolis und die Inseln des argolischen und saronischen Meerbusens aus [5]); daher ευρυκρείων Ἀγαμέμνων. Dies gab ihm großen Einfluß auf Griechenland. Als er daher nach Entführung der Helena mit seinem Bruder Griechenland bereisete, um die Fürsten zur Theilnahme am Kriege gegen Troja zu bewegen (Od. XXIV, 115.), begaben sich alle unter seinen Oberbefehl — daher bei Homer ἄναξ ἀνδρῶν und κύδιστος — wofür unstreitig seine Macht entschied, und es nicht, wie Dictys (I, 15. 16.) will, der Stimmenerkaufung bedurfte. Denn sein Contingent, aus 100 Schiffen bestehend (Il. II. 569.), war von allen, die gegen Troja zogen, das größte, und 60 Schiffe ließ er noch den Arkadiern ab (Il. II. 610—14). Da die in Aulis versammelte Flotte durch widrige Winde, die man dem Zorne der Artemis zuschrieb, weil Agamemnon eine ihr heilige Hirschkuh großprahlend erlegt hatte [6]), zurückgehalten ward und Hunger litt, mußte er sich nach dem Ausspruche des Kalchas bequemen, der zürnenden Göttin zur Versöhnung seine Tochter Iphigenia zu opfern, die Odysseus durch List der Mutter ablockte, von der Artemis aber nach Tauris entrückt ward, indem sie statt ihrer eine Hirschkuh unterschob [7]). Schon beim Auszuge waren dem Agamemnon Vorzeichen geworden, daß er Troja erst im zehnten Jahre gewinnen werde [8]). Bei Troja entzweite er sich im zehnten Jahre der Belagerung mit Achilleus, und entfernte ihn dadurch vom Kampfe. Zeus verleitete ihn nun, um den Achilleus zu rächen, durch einen Traum zu einer Schlacht (Il. II, 8. ff.). Um aber die Gesinnung des Heers zu erforschen, gab er zuvor verstellten Befehl zur Heimkehr, und das Volk hätte sofort sich eingeschifft, wär es nicht umgestimmt durch Odysseus. Das Heer ward nun in der Ebene am Skamander in Schlachtordnung gestellt, aber vorläufig kam es nur, einem wegen der Helena mit Priamos geschlossenen Vertrage gemäß, zu einem Zweikampfe zwischen Menelaos und Paris (Il. III, 76. ff. 267. ff.) aus welchem Paris nur mit Noth entkam.

---

1) Il. XI, 763. ff.

*) Vergl. Schol. Aristoph. Nub. 508. Suid. v. Τροφ.

**) Cons. ad Apoll. VII. p. 335. ed. Hutten.

1) Eurip. Hel. 397. Schol. in Eurip. Or. 16. 982. 1010. Schol. in Sophocl. Aj. 1312; Tzez. ad Lycophr. 150. Hyg. F. 97. 2) Schol. in Eurip. Or. 5. macht ihn zum Sohn der Eriphyle, — auch nach Aeschyl. Agam. 1613. ist er ein Pleisthenide; aber beim frühen Ableben des Pleisthenes ward er vom Atreus, als er die Airope zum Weibe nahm, zugleich mit Menelaos und Anaribia adoptirt, und daher für Atreus Sohn gehalten Schol. in Il. II, 249. 3) Il. II, 478. ff. III, 166. ff. 178. ff. 4) Il. IX, 38, 39.

5) Il. II, 108. vgl. mit 559. ff. u. 569—75. Strab. VIII, 6. 10. Thucyd. I, 9. 6) Aeschyl. Ag. 192. ff. läßt den Zorn der Göttin von einem Vorzeichen herrühren, das dem Atriden beim Auszug erschien. 7) Eurip. Iphig. in Aul. u. Prolog. Iphig. in Taur. Hyg. F. 98. Ant. Lib. 27, Dict. I, 19. ff. Metam. XII, 27. Aischylos läßt sie, wie es scheint, wirklich geopfert werden, und daraus den Haß der Klytaimnestra gegen Agamemnon entstehen. 8) Il. II. 209. fg. Aeschyl. Agam. 104. fg.

Die Troer brachen den Vertrag und griffen die Hellenen an. In diesem Gefecht erlegte Agamemnon den Hödios, Deikoon, Elatos und Adrestos [9]). Nach einem kurzen Waffenstillstande (Il. VII, 320. ff.) wurde das Gefecht am dritten Tag erneuert, die Griechen geschlagen (VIII, 53. ff.), und Agamemnon so entmuthet, daß er nun im Ernst den Vorschlag that, Troja zu verlassen, welchem sich Diomedes und die andern Anführer widersetzten (IX, 52 ff.). Der nun gemachte Versuch den Achilleus zu versöhnen, lief fruchtlos ab (s. Achilleus). — In der neuen Schlacht erlegt zwar Agamemnon selbst 8 troische Helden, wird aber nochmals vor dem Ansprengen Hektors so muthlos, daß er wiederum auf Heimkehr denkt, welches ihm von Poseidon in Gestalt eines Greises ausgeredet wird (XIV, 1—152.). Es erfolgte nun die Aussöhnung mit Achilleus. Bei der Einnahme Trojas fiel ihm mit andern Schätzen die prophetische Priamide Kassandra als Beute zu (Dict. V, 12), mit der er zwei Söhne Teledamos und Pelops erzeugte (Paus. II, 16.). Mit dieser läßt ihn Aischylos, der ihm Religiosität und Gefühl seiner Herrscher- und Kriegerwürde zum Charakter gibt, in Argos ankommen, und die Klytaimnestra ihn, angeblich von ihr aus Groll über die Opferung der Iphigenia, im Grunde aber wegen ihrer Buhlschaft mit Aigisthos, und aus Eifersucht über die Kassandra, allein im Bade ermorden, indem sie ein ausgangloses Badgewand über ihn wirft [10]). Kassandra ward bald darauf ermordet, und auf ihrem und Agamemnons Grabe wurden ihre beiden Kinder geschlachtet (Paus. II, 6.). Nach Homer [11]) wollte er bei der Heimkehr zweimal im Peloponnes landen, zu Maleia und an der äußersten Spitze von Argolis, ward aber beide Mal von widrigen Winden zurückgetrieben. Endlich gelang es. Bei seinem Aussteigen bewillkommete ihn Aigisthos, lud ihn zu einem festlichen Schmause, und ließ ihn während der Mahlzeit mit seinen Begleitern überfallen und niederhauen. Den Ort gibt er nicht an. Pindar (Pyth. II, 34.) verlegt ihn, wahrscheinlich nach Angaben von Tragikern, nach Amyklai in Lakonien; doch ist er nach Homer wahrscheinlich in Argolis zu suchen. Seine Kinder sind nach den Tragikern, die seine und seiner Kinder Geschichte auf die Bühne brachten, Orestes, Iphigenia und Elektra. Statt dieser Töchter nennt Homer (Il. IX, 143.) Chrysothemis, die auch Sophokles in der Elektra aufführt, Laodike und Iphianassa. Die lateinischen Dichter geben ihm noch einen Bastard Halesos zum Sohn, und führen auf ihn die Gründung der Stadt Falisci [12]) oder Alesium [13]) zurück. Die Geschichte der Ermordung Agamemnons und der Nachwirkung derselben brachte Aischylos in der einzigen noch übrigen Trilogie des Alterthums — Agamemnon, Choephoren und Eumeniden — Sophokles und Euripides, beide in einer Elektra zum Theil auf die Bühne. — Der Familienscepter der Pelopiden, den Agamemnon führt, ist, wie alles alte Kunstwerk von Hephaistos (Il. II, 101. ff.). Eben so ist auch sein Brustharnisch, ein altes Gastgeschenk von Kinyras, von vorzüglichem Kunstwerth (XI. 19. ff.). Griechenland verehrte den Agamemnon als Heros, und seinem Andenken ward eine Menge von Statuen errichtet.

2) Den Beinamen Agamemnon gab man zu Sparta auch dem Zeus (Lycophr. 335.) der wahrscheinlich nicht in einer Allegorie seinen Grund hat, wie die Ausleger zu dieser Stelle wollen; sondern der Ewige von αγαν und μενων heißt. Auffallend ist indeß die Aehnlichkeit zwischen den Köpfen des Zeus und Agamemnons. *(Ricklefs.)*

AGAMENTICUS, ein einzelner ziemlich hoher Berg in der Landschaft Maine, bei der Stadt York unter 43° 16′ N. Br., etwas über 1½ teutsche Meile vom Paskataquahafen. Er besteht eigentlich aus drei an einander hängenden, mit Gebüsch bewachsenen Bergen, die bis auf ihren Gipfel, von welchem man eine herrliche Aussicht bis Kap Ann genießt, mit Viehtriften bedeckt sind. Seefahrern dient er in eine große Entfernung hin zum Landzeichen. Auch führt diesen Namen ein Fluß jener Gegend. *(F. Herrmann.)*

Agami, und Ag. trompetender, s. Psophia crepitans.

Agamina, s. Agamana.

Agamjà, s. Agamé.

Agamos, (Ἄγαμος, Ἄγαμος,) Agame, (Ἀγάμη) Ort bei Heraklea in Pontos und steiler Berg. Steph. Byz., Hesych., Phavor. Bürger: Ἀγάμιος. *(Spohn.)*

AGANA, auch SAN IGNATIO DE AGANA, befestigter und ziemlich gut gebauter Hauptort der Ladronen Insel Guam, Sitz des Statthalters mit 1 Kirche, 1 Kloster, 800 Einw., mit einen sichern Rhede und einem 4 Meilen südl. gelegenen Hafen; hier wurde der berühmte Seefahrer Magelhaens 1521 ermordet. *(Stein.)*

AGANAGARA, war nach Ptolemäus ein Ort im jens. Indien; etwa Bancosei in Siam. *(Kanngießer.)*

AGANGINAE, (Ἀγαγγῖναι,) ein äthiopischer Volksstamm im Innern des alten Afrika, bei Ptolem. IV, 6. *(Fr.)*

AGANIDES, eine von Denys-Montfort (Conchyliologie) aufgestellte fossile Conchyliengattung, welche zwischen den Ammonshörnern und Nautilen (s. Ammonites und Nautilus) mitten inne steht. Die sehr platte, scheibenförmige, rundliche Schale, hat nämlich die gezackten Scheidewände von jenem, aber die einfache Röhre, welche die Scheidewände durchbohrt, ist in der Mitte, und die letzte Windung umgibt und verdeckt alle übrigen wie bei Nautilen. Montfort hat die von ihm bei Namur gefundene Art, welche 2 Zoll im Durchmesser betrug, aber nicht vollständig war, schon in seiner Hist. nat. d. mollusques (Tom. IV. tab. VIII. fig. 1. p. 253) unter dem Titel Nautilite encapuchoné abgebildet und beschrieben. *(Nitzsch.)*

Aganike, s. Aglaonike.

AGANIPPE, 1) die Tochter des Flußgottes Termessos am Helikon, die in eine Quelle verwandelt wurde,

9) Il. IV. 223. ff.; V. 38, 533—40; VI, 33, 63. 10) Nach Tzez. in Lycophr. 1099. vollzog Aigisthos unter ihrer Mitwirkung den Mord. 11) Od. IV, 512. ff.; XI, 384 ff und XXIV, 20 ff. 12) Ovid. Fast. IV, 73 ff. Am. III, 13 u. 31 vgl. Serv. ad Aen. VII, 695. 13) Sil. It. VIII, 476.

deren Wasser, wie alle lautere Quellen, die Dichter begristern sollte [1]); daher auch von ihnen gefeiert wird. Die Musen heißen daher Aganippides, (s. Helikon u. Musen.) 2) Die Gemalin des Akrisios, die Mutter der Danae [2]), von andern Eurydike genannt [3]). (*Ricklefs.*)

Agantir, s. Kuban.

Agaos, s. Agawi.

AGAPANTHUS, eine Pflanzengattung aus der natürlichen Familie der Liliaceen und der sechsten Linnéschen Classe, welche Aiton (hort. Kew. ed. 1. tom. 3. p. 509) aufstellte, nachdem sie Thunberg und Vahl schon Maublia genannt hatten. Der Charakter besteht in einer unter dem Fruchtknoten stehenden, trichterförmigen, regelmäßigen, sechstheiligen Corolle. In Gärten wird eine schöne Art: Agapanthus *umbellatus Ait.* gezogen, die schmale Blätter und schöne blaue Blumen hat. Abgebildet ist sie am besten in Redouté Liliac. t. 6. Sie stammt vom Kap: so wie eine zweite Art: Ag. *ensifolius* Willd. mit lanzetförmigen Blättern. (*Sprengel.*)

Agape, s. Priscillianisten.

AGAPEN, (Αγαπαι.) Liebesmahle, hießen in der älteren christlichen Kirche die [1]) schon zu den Zeiten der Apostel eingeführten gemeinschaftlichen Mahlzeiten, bei denen Menschen von allen Ständen zum Zeichen der christlichen Bruderliebe von ihren Opfergaben (Oblationen), ohne Rücksicht auf den verschiedenen Betrag derselben, gleichmäßig Speise und Trank genossen und die Armen auf Kosten der Reichen erquickt wurden — eine Erinnerung an die in der ersten Gemeine zu Jerusalem üblich gewesene Güter-Gemeinschaft [2]). Die Agapen begonnen und endigten mit Gebet, religiöse Gespräche und Hymnen machten die Unterhaltung aus, Sittsamkeit und Mäßigkeit regirten die Tischgenossen [3]); die Feier des heil. Abendmahles folg im ersten Jahrh. stets unmittelbar darauf [4]). Seit aber während der Verfolgungen diese Feier in die Frühe des Morgens verlegt worden war, ging sie meist voran [5]), doch war die Einrichtung nicht allenthalben einerlei: in Afrika wurde noch im 5ten Jahrh. am grünen Donnerstage das Abendmahl nach dem Liebesmahle gehalten [6]). Diese den Geist der Gemeinschaft unter den Christen schön bezeichnende Sitte mußte indeß beim Anwachse der Gemeinen beschwerlich und, wegen der dabei allmälig einreissenden Ausschweifungen der Ueppigkeit und Völlerei, welche Augustinus [7]) selbst nicht abläugnen konnte, seit dem 4ten Jahrh. durch Synodalbeschlüsse [8]) aus den Kirchen, wo die Agapen sonst stets an Sonntagen und Gedenktagen der Apostel und Märtyrer [9]) gehalten worden waren, verwiesen werden. Doch waren diese Verbote im 7ten Jahrh. noch nicht allgemein befolgt, und erst der veränderte Zeitgeist brachte diesen Mißbrauch der Kirchen mit den, durch ihre Trennung von der Abendmahlsfeier der heiligen Weihe beraubten Agapen selbst ab [10]). Die evangelische Brüdergemeine hat die Liebesmahle wieder erneuert, und hält sie bei feierlichen Gelegenheiten, besonders zu den Zeiten der hohen Feste unter Gesang und Gebet mit mäßigem Genuß von Thee und Backwerk in ihren Versammlungssälen. Vgl. Brüdergemeine. (*G. E. Petri.*)

1) Paus. IX, 29. Plin. H. N. IV, 7. 2) Hyg. F. 63. 3) Muncker ad h. l.

1) Nach 1 Cor. 11, 20—22. und Jud. 12. 2) Hieron. Comment. in 1 Cor. XI. Theophylactus zu derselben Stelle. Chrysost. Homil. 22 und 27. p. 280. 289 T. V. opp. ed. Frft. 3) Tertull. apologet. c. 39. 4) Cave Prim. Christ. P. I. c. 2 p. 344. Dallaeus de object. cult. rel. l. II. c. 19. p. 292. 5) Plin. L. IX. epist. 97. 6) Concil. Carth. III. can. 39. 7) Contra Faustum L. XX. c. 20. Opp. ed. Basil. 1569 T. VI. p. 324. 8) Zu Laodicaea an. 364. can. 28. Carth. III. can. 30. Aurel. II. an. 538. can. 12. Trull. an. 692. can. 74. 9) Chrysost. Hom. 47. T. I. opp. ed. Frft. p. 541.

AGAPENOR, (Αγαπηνωρ.) der Sohn des arkadischen Königs Ankaios, einer der gewesenen Freier der Helena [1]), der auf 60 von Agamemnon geliehenen Schiffen die Arkadier gegen Troja führte [2]). Bei der Heimkehr soll er durch Sturm nach Kypros verschlagen, Paphos und den Tempel der Aphrodite daselbst erbaut haben, und dort gestorben seyn [3]). Er hatte eine Tochter Laodike, die der Aphrodite von Paphos in Arkadien einen Tempel erbaute [4]). (*Ricklefs.*)

Agapetae, Freundinnen und Hausgenossinnen ehheloser Geistlichen, s. Cölibat.

AGAPETUS, Diakonus zu Constantinopel um das Jahr Christi 527, zu den Zeiten des Kaisers Justinian, dessen Instructor er gewesen seyn soll. Für diesen Fürsten schrieb er in griechischer Sprache einige Regeln von den Pflichten eines christlichen Regenten, die gewöhnlich Scheda regia genannt werden, und sich in vielen Ausgaben und Uebersetzungen erhalten haben: Agapeti Diac. schedam regiam praeceptorum de officio boni principis ad imperatorem Justinianum rec. not. Jac. et Jac. Pancrat. Brunonum, et suis instrux. J. A. Goebelius. Lips. 1733. 8. Franz. von Picot 1563. 8. Spanisch 1596 4. Griech., Lat. und Teutsch 1648. 8. Die Lehren und Ermahnungen, welche Agapetus ertheilte, sind mehr theologisch und moralisch, als politisch, meistens alltägliche Reflexionen, und sehr unbefriedigend zur Bildung eines guten Regenten. Auch schrieb er eine in griech. und latein. Sprache vorhandene expositio capitum paraenet. s. *Fabricii* Bibl. gr. Hambergers zuverl. Nachr. 3. Th. 333. (*Baur.*)

AGAPETUS I—II., Päpste. Ag. I., ein geborner Römer, zum Papst erwählt im J. 535. Um diese Zeit geschah, daß Kaiser Justinian, durch Belisars Kriegsglück gegen die Vandalen in Afrika erhoben, auch Hoffnung faßte, bei den Unruhen der Ostgothen sich Italiens wieder zu bemächtigen. Belisar stürmte auch über Italien her, als Theodot über die Ostgothen König war. Dieser, zu muthlos dem griechischen Feldherrn ein kräftiges Schwert zu bieten, wendete sich an den Papst um Friedensvermittlung, jedoch mit der trotzigen Drohung, Rom in Brand zu stecken und alle Bewohner zu ermorden, wofern er die Unterhandlung für ihn nicht glücklich führe. Schon hoch im Alter trat der Papst die Reise nach Constantinopel selbst an im J. 536, nachdem er zur Bestrei-

10) Bona rer. liturg. L. I. c. 1. n. 4. Suiceri Thesaurus (v. ἀγάπη) Moerlin de agapis diss. Lips. 1730.

1) Apollod. II, 9. 8. 2) Il. II, 603 ff. Hyg. F. 97. 5) Paus. VIII, 5 — aus Νοστοις entlehnt, Tzez. ad Lycophr. 478 ff. 4) Paus. l. c.

tung der Reisekosten die heil. Kirchengefäße hatte verpfänden müssen, die Theodot aus Scham ihm jedoch wieder zurück gab. Des letztern augenblickliches Kriegsglück hatte indeß seinen Wunsch des Friedens umgewandelt, und Agapets Sendung war in dieser Hinsicht ohne Erfolg. Dagegen gerieth der Papst mit dem Kaiser selbst in einen gefährlichen Zwist über den Patriarchen von Constantinopel Anthimus, welcher der Irrlehre des Eutyches beschuldigt gegen die Kirchenordnung von Trapezunt nach Constantinopel versetzt, und vom Papst als Ketzer angesehen und nach Ueberweisung seines unreinen Glaubens des Amts entsetzt wurde: ein wichtiger Schritt des abendländischen Kirchenhauptes, auf spätere Ereignisse von mannigfaltigem Einfluß. Bald darauf starb der Papst in Constantinopel nicht ohne den Ruhm eines eifrigen Bestreiters der Arianischen und Eutychianischen Irrlehren *). — Agap. II., ebenfalls ein geborner Römer, zum Papst erwählt im J. 946, zu einer für Italien sehr unruhigen Zeit, als Hugo von Provence und Alberich, Herr von Rom, im heftigsten Kampfe wider einander standen, und durch die kurz vorhergehende Weiberherrschaft der Marozia alle Verhältnisse noch sehr zerrüttet waren. Der Papst war bemüht, die Zwistigkeiten der Fürsten auszugleichen. Allein das durchgreifende Verfahren des Königs Berengar von Italien nöthigte ihn endlich, den Kaiser Otto den Großen nach Italien herbei zu rufen [1]). Mehr noch beschäftigte den Papst ein langer kirchlicher Zwist in Frankreich über die Besetzung des Erzbisthums von Rheims, um welches schon vor Agapets Zeit Hugo, der Sohn des Grafen Herbert von Vermandois und der Mönch Artold gestritten und im Besitz gewechselt hatten. Mehrere Synoden hatten die Sache noch nicht entscheiden können. Agapet veranstaltete eine Kirchenversammlung nach Ingelheim, durch Otto des Gr. und des Königs Ludwigs von Frankreich Gegenwart verherrlicht; sie entschied für Artold und legte auf Hugo den Bann. — Einen Streit in Teutschland zwischen den Erzbischöffen von Salzburg und Lorsch über ihre Metropolitanrechte in Pannonien schlichtete Agapet dadurch, daß er den westlichen Theil jener Provinz dem erzbischöfl. Stuhl von Salzburg, den östlichen dagegen nebst dem Lande der Avaren, Mähren und Slaven dem Erzbischof von Lorsch untergab. Bald nach diesem starb der Papst im J. 956 [2]). (*Voigt.*)

Agapius s. Manichäer.

AGAR, eine Stadt des alten Afrika, in der Prov. Byzacium bei *Hirt.* B. Afr. c. 67. 76, nicht allzuweit von Thapsus [1]). Shaw hält es für das heutige Boo-Hadjar, wo man Ruinen einer zerstörten Stadt findet [2]). (*Fr.*)

Agar, s. Abgar und Agaroa.

Agara, bei Ptolem., s. Agra.

*) *Baron.* Annal. Eccles. an. 536.

1) *Baron.* Annal. Eccles. an 950. 2) *Flodoard.* Chron. an. 946-949. Eiusd. Histor. Eccles. Rhem. L. IV. c. 20-37.

1) S. Cellar. IV, 4, 27. Wahrscheinlich dieselbe Stadt mit Aggar auf der Tab. Peuting. 2) S. Bruns Afr. Th. 6, S. 321.

AGARAK, Fluß in der tobolskischen Statthalterschaft in Sibirien, in den Tap fallend, der sich mit dem Tobol vereinigt. Nahe an diesem Flusse liegt die Agarakfche Slobode, ein kleiner Flecken. (*J. C. Petri.*)

AGARD, (Arthur,) ein ausgezeichneter Alterthumsforscher Großbritanniens, geb. zu Toston in Derbyshire 1540, gest. (und in der Westminsterabtei begraben) 1615. Von 1570 an 45 Jahre hindurch bei der Schatzkammer als Kämmerer angestellt, fand er Muße zu antiquarischen Forschungen, besonders beschäftigte er sich mit Erläuterungen des Doomsday Buchs, und lieferte ein Verzeichniß der Urkunden der königl. Schatzkammer, nebst einer Uebersicht aller Bündnisse und Friedensschlüsse und ehelichen Verbindungen des königl. Hauses mit auswärtigen Regenten. Diese und andere Werke sind aber theils in der königl. Schatzkammer, theils in Rob. Cotrons Bibliothek handschriftlich geblieben. Dagegen hat Hearne in seiner Coll. of curious discourses by eminent antiq. mehrere Abhandl. von ihm über die verschiedenen Namen der Inseln, das Alterthum der Shiren, die Landvermessungen in England, die engländischen Herolde, das Alterthum und die Vorrechte der verschiedenen Gerichtshöfe bekannt gemacht, die er in einer von 1572 bis 1604 bestandenen Gesellschaft von Alterthumsforschern vorlas. (*H.*)

Agaricia, Agaricina, eine Corallengattung, s. Madrepora.

AGARICUS oder Blätterschwamm, ist eine gemeine und sehr zahlreiche Art Pilze, die sich durch den blattreichen Bau des Keimhäutchens (hymenium) unterscheiden. Zwar hat Amanita denselben Bau des Hymeniums, doch kommt der Strunk aus einer Volva hervor, welche den eigentlichen Agaricis fehlt. Wenn die Blätter sich spalten und am Rande zurück geschlagen sind, so ist es die Gattung Rhizophyllus Fries. Wenn die Blätter mehr an den Hut angedrückt sind und den Venen ähnlich werden, auch größere Zwischenräume lassen, so ist es die Gattung Merulius. Wenn die Blätter hier und da zusammen fließen und dergestalt unregelmäßige Lücken und Löcher bilden, so entsteht die Gattung Daedalea.

Unter den mehr als 600 Arten, die bis jetzt bekannt sind, hat man den meisten Beifall den Abtheilungen gegeben, die Persoon, die Abweichungen des Baues als ein leitendes Princip annehmend, aufgestellt hat. Auch diese Abtheilungen gehen in einander über, und es ist daher oft sehr schwer, sogleich den Platz zu bestimmen, den ein vorkommendes Individuum einnehmen soll. Albertini und Schweinitz schlugen daher schon 1805 vor, die Farbe des Keimpulvers oder den sogenannten Samen zum Unterscheidungs-Merkmal der Familien anzuwenden. Diese Farbe kann man sicher erkennen, wenn man den Pilz einige Tage, oder nur 24 Stunden auf Schreibpapier liegen läßt: dann zeigt sich entweder eine weisse, oder schwarze, oder rothe, oder braune Farbe. Obgleich auch diese Farben in einander übergehn und allein zur Unterscheidung nicht hinreichen, so ist doch zu wünschen, daß man sie überall benutze, um die Bestimmung der Arten zu erleichtern. Link unterscheidet zwei Persoon'sche Familien des Agaricus, Russula u. Coprinus als eigene Gattungen. Jene hat gleiche Blätter im Hymenium und ein blasiges Gewebe, da Agaricus ungleiche Blätter und ein flockiges Gewebe besitzt. Bei Coprinus stehn die Keimkörner oder die Samen je zu vieren beisammen. Die Persoon'schen allgemein angenommenen Abtheilungen oder Familien sind folgende: 1) *Lepiota*, mit trockenen Blättern und einem Ring um den Strunk. Da der letztere bisweilen verschwindet, so ist es, wenn man den Pilz nicht von Anfang an erkannt hat, nicht leicht, immer diese Familie bestimmt anzugeben. Dazu komme, daß, da Amanita gleichfalls mit einem Ring versehn ist, man jederzeit die volva zu Hilfe nehmen muß, um die letztere Gattung von dieser Familie zu unterscheiden. Agaricus procerus fl. dan. 772. und squarrosus fl. dan. 1191. sind gewöhnliche Arten aus dieser Abtheilung. 2) *Cortinaria*, mit mehrentheils einfarbigen Blättern, die zuletzt zimtfarbig werden, und einem fadenartigen Gewebe um den Strunk her, welcher letztere mehrentheils unten knollig ist. Das fadenartige Gewebe pflegt meistens nur in der Jugend vorhanden zu seyn: der Pilz geht also, wenn er älter geworden, in die folgende Familie über. A. vaccinus Pers. ic. et descr. fung. fasc. 1. t. 2. Ag. croceus fl. dan. 1015. f. 2. und Ag. scabra. *Sowerb.* fung. t. 207. geben eine Idee von dieser Familie. 3) *Gymnopus*, mit einfarbigen trocknen Lamellen und nacktem Strunk. Diese Abtheilung ist die zahlreichste, und, wegen negativer Merkmale, am wenigsten zu unterscheiden. S. Ag. pratensis fl. dan. 715. Ag. albus Batsch. fung. t. 3. f. 12. Ag. purus Batsch. t. 6. f. 20. und Ag. conicus Batsch. t. 7. f. 28. 29. 4) *Mycena*, dies sind zarte kleine Pilze, mit häutigem durchsichtigen gestreiften Hut, trocknen Blättern und röhrigem nackten Strunk. Ag. alliaceus fl. dan. 1251. leptocephalus Pers. ic. t. 12. f. 4. und Citrinellus Batsch. fung. t. 18. f. 88. geben eine Idee davon. Fries schlägt vor, auch diese Familie wieder in die geruchlosen und die nach Knoblauch riechenden zu theilen. 5) *Coprinus*, eine sehr ausgezeichnete Familie, die nach Link eine eigene Gattung bildet. Der Hut ist vergänglich, und die Blätter schmelzen in Tropfen hin: der Strunk ist entweder mit einem Ringe versehn oder nackt. Die Abbildung von Ag. comatus fl. dan. 834. gibt die deutlichste Idee von der Familie, so wie auch der innere Bau mikroskopisch dargestellt ist. 6) *Pratella*, mit stehenbleibendem Hut, neblichten einfarbigen Blättern; der Strunk entweder nackt, oder mit einem Ringe versehn. Man vergleiche Ag. campestris fl. dan. 714. Ag. pascuus Bolt. t. 13. und Ag. cernuus fl. dan. 1003. 7) *Lactifluus*, eine sehr natürliche Abtheilung, mit milchgebenden Blättern: der Saft ist weiß, gelb oder roth. Vgl. Ag. piperatus fl. dan. 1132. und deliciosus das. t. 1131. 8) *Russula*, mit gleichen Blättern und zelligem oder blasigem Gewebe: der Strunk mehrentheils weiß und nackt. Ag. sanguinarius fl. dan. 1009. gehört dahin. Man vergleiche die Darstellung des innern Baues von Link im Berl. Magaz. 1809. Taf. 2. F. 55. 9) *Omphalia*, mit vertieften, trichter- oder nabelförmigem Hut und mehrentheils herablaufenden Blättern, die nicht Milch geben. Ag. gilvus fl. dan. 1011. und A. epiphyllus Batsch. fung. t. 17. f. 83. 84. geben eine Idee davon. 10) *Pleuropus*, mit schiefem Hut, der oft nur halbseitig ist, und dem Strunk auf der Seite. Ag. stypticus fl. dan. 1292 und Ag. epigaeus Batsch. fung. t. 24. f. 122. 123. sind Beispiele. Bei einigen, z. B. bei Ag. flabelliformis Bolt. fung. t. 157. fehlt der Strunk bisweilen ganz. Vergl. *Boletus laricis* und Fliegenschwamm. *(Sprengel.)*

Agaricus mineralis ist die von T. Cavallo in seinen Tabellen (mineralogical tables. Lond. 1786. fol.) gewählte latein. Bezeichnung für Bergmehl. *(Germar.)*

AGAROA, eine ehmals sehr große und reiche Handelsstadt Indiens, welche 125,000 Häuser gezählt haben soll, ist, der Sage nach, von einem Kaufmann Agar gestiftet, dessen Nachkommen Agarvalen eine eigene Secte ausmachen. Jetzt ist die Stadt im Verfall. *(Kanngiesser.)*

Agaron, so nennt Adanson (Hist. nat. de Senegal) eine Schnecke Oliva Ispidula Lam., s. Oliva.

AGARUM, AGARUS. Agarum ist eine Landspitze an der N. W. Küste des Palus Mäotis (des asowschen Meeres) wahrscheinlich Kossa Fedutowa, von welcher nach Herodot etwas westlich die Stadt Kremni lag. Ein Grad nördlicher als dieß Vorgebirge ist der Fluß Ajarus, der in den Palus Mäotis fällt. *(R. u. W.)*

Agasias, s. Borghesischer Fechter.

AGASSA, eine Stadt im südlichen Macedonien, 2 Tagemärsche nördlich von Dium*) wahrscheinlich Ptolemäus (III. 13.) Aegäa (48, 40. 39, 40.). *(Ricklefs.)*

AGASTACHYS, eine Pflanzen-Gattung aus der natürlichen Familie der Proteaceen und der 4 Linne'schen Classe, von R. Brown in den Linn. transact. vol. 10. p. 158. und prodr. nov. holland. 1. p. 371. aufgestellt. Der Charakter besteht in einer einfachen, vierblättrigen, regelmäßigen Blumenhülle, welche in der Mitte die Staubfäden trägt. Das Pistill ist einfach und die Narbe sitzt auf der Seite. Der Fruchtknoten ist einsamig und dreikantig; es stehn keine Drüsen an seiner Seite. Eine Art, Agastachys *odorata* ist bekannt, ein Strauch, den Nelson und Calen auf van Diemens-Land fanden, und der sich durch schöne Blüthenähren mit mönchskappenförmigen Deckblättern auszeichnet. *(Sprengel.)*

AGASYLLIS, nennt Dioskorides (3, 98.) die Doldenflanze in Libyen bei Kyrene, welche das Ammoniak gebe. Dies wäre, wenn Jackson (account on Marocco t. 7.) Recht hat, Ferula orientalis. — Agasyllis nannte Sprengel (prodr. umbell. p. 22.) eine Pflanzen-Gattung aus der natürlichen Familie der Umbellaten, die aber, nach neuern Untersuchungen, mit Siler Gaertn. zusammen fällt. *(Sprengel.)*

Agat, s. Achat.

AGATA, AGATHA, die heilige, aus einer der edelsten Familie stammend, wuede zu Palermo oder Catania (bride Orte streiten um sie) geboren, und schon von ihrer zartesten Kindheit an Christin. Der Consular Quintianus Statthalter von Sicilien, der die Schönheit und die Reichthümer der Jungfrau kennen lernte, schmeichelte sich, mittelst der Befehle des Kaisers Decius gegen die Christen seine Leidenschaft und

---

*) Liv. XLIV, 7. XLV, 27. vgl. Drakenborg's Anm.

seinen Geiz befriedigen zu können. Er ließ sie vor Gericht stellen; hier ihren Verfolgern preisgegeben betete sie: „Jesus Christus, du siehst mein Herz, kennst mein Verlangen, sey du der einzige Besitzer alles dessen was ich bin.“ Erbittert hierüber, ließ Quintian sie des Gesichts berauben, und ins Gefängniß bringen, und unterwarf sie am folgenden Tage der grausamsten Folter; und als er auch hierdurch ihre heldenmüthige Standhaftigkeit nicht besiegte, ließ er ihr die Brust abreißen und sie ganz nackt auf glühenden Kohlen umdrehen. Agata, von dieser schrecklichen Marter ins Gefängniß zurückgebracht, starb im J. 251. Man hat zwei Lobschriften auf sie, aus dem 7ten Jahrh. von dem heil. Aldhelm, und aus dem 9ten Jahrh. von dem heil. Methodius, Patriarchen von Constantinopel. In einem schönen Gemälde hat Seb. del Piombo das Märtyrerthum Agathens dargestellt. *(H.)*

AGATA (Sanct-). 1) Stadt im Piemont s. Sauia; 2) Flk. in der päpstl. Provinz Bologna, mit einem eisenhaltigen Sauerbrunnen. 3) St. A. de' Goti, so genannt von den Gothen und für die alte Stadt Saticula gehalten, jetzt Stdtch. in der neapol. Provinz Princip. ulter. am Iselero mit 2600 E. 1 Kathedralk. und 3 Pfrk. 4) St. A. di Reggio, Stdtch. am Meer unweit Reggio in Calabria ult. mit 1100 Einw. die zum Theil Seidenweberei treiben. *(Röder.)*

Agatha, jetzt Agde, s. Agde.

Agatha, Fürst von St A., s. Diesbach.

AGATHALYOS (Αγαθαλυος, von αγαθα und λυειν das Gute auflösen) der Freudentödter, ein Beiname des Hades. *(Ricklefs.)*

AGATHANGELUS, ein armenischer Geschichtschreiber, aus dem 4ten Jahrh. n. Chr. Geb., Secretär des Königs Tiridates, dessen Werk über die Geschichte seiner Zeit durch spätere Zusätze verunstaltet ist. Vgl. Cirbied und Martin: recherches cur. sur l'histoire anc. d'Asie. (Paris 1806.) *(Rommel.)*

AGATHARCHIDES, von der Insel Knidos gebürtig, ungefähr 120 J. v. Chr., ist der Verfasser mehrerer geographischer Werke, von denen nur noch Bruchstücke über Aegypten und die südlicher, am rothen Meere gelegenen, Länder vorhanden sind. Er war selbst der Sprache der Aethiopen kundig. (Suid. — Phot. *Bibl. cod.* 213. 250. Dodwell *diss. de Agath.* Fabric. *Bibl. Gr.* l. 3. c. 8. Ukert Geogr. der Gr. und Römer, Th. 1. Abth. 1. S. 154.). *(H.)*

AGATHARCHOS. Dieser Künstler, der ungefähr um die 70ste Olympiade lebte, soll nach dem Berichte des Vitruvius (praefat. Libri VII.) die Decorationen zu den Trauerspielen des Aischylos eingerichtet, und eine Schrift darüber hinterlassen haben, die nachher von Demokritos und Anaxagoras bei Ausarbeitung ihrer Schriften über die Theaterperspective benutzt worden sey. Derjenige Agatharchos, den Alkibiades drei Monate lang in seinem Hause einsperrte, um dasselbe auszumahlen (Andocydes Orat. IV.), und der sich gegen Zeuxis mit seiner Behendigkeit im Malen brüstete (Plutarchus in Pericle) war vermuthlich ein Sohn des Obigen. *(J. Horner.)*

AGATHEIA (Ἀγάθεια), Stadt in Phokis; Bürger Ἀγαθεύς. Steph. Byz. aus Hellanic. *(Spohn.)*

AGATHEMER, AGATHEMEROS, wird von den meisten Literatoren in die Zeiten des Septimins Severus um 193. n. Chr. Geb., von Andern in den Anfang des dritten Jahrh. gesetzt. Er schrieb ein kleines Werk über Geographie, *ὑποτυπωσεις της Γεωγραφιας ἐν ἐπιτομη*, in 2 Büchern, welche kurze Nachrichten enthalten über die Gestalt der Erde nach der Meinung Aelterer und Neuerer, sodann von den Winden, der Länge und Kürze der Tage handeln, und endlich die wichtigsten Entfernungen auf der Erde nach Stadien angeben. Meist folgt er dem Ptolemäos, woraus Dodwell folgerte, daß er nicht lange nach diesem gelebt habe. Indeß hat er doch auch Andere benutzt, und liefert hie und da sonst nicht bekannte Nachrichten. So stellt er auch die Ansichten des Eratosthenes auf, und folgt in Angabe der Entfernungen, dem Artemidor, weshalb man Ptolemäos und Plinius durch eine Vergleichung häufig aus ihm berichtigen kann. S. Dodwells Abhandlung *de Agathemero* in Hudsons Ausg. *geographiae veteris scriptor. graec. minor.* Bd. 2. Fabric. *Bibl. gr.* Vol. III. l. 4. Ukert Geogr. der Griech. und Römer, Th. I. S. 236. Th. II. S. 280. — Edit. princ. gr. et lat ed. Samuel Tennulius Amst. 1671. 8., verbessert und mit einigen Anmerkungen versehen von Jacob Gronov. Lugd. Bat. 1700. 4. (in den Geograph. antiquis), und zuletzt von Hudson mit noch mehr berichtigtem Text, Auswahl der Anmerkungen seiner Vorgänger und eigenen. *(Gruber.)*

AGATHENBURG, ein königl. hannöv. Amt im Herzogth. Bremen (mit 141 H. und 890 E.), richtiger, aber ungewöhnlicher, das Klosteramt Stade genannt. Das Amthaus daselbst war ursprünglich ein Schloß, von dem Grafen von Königsmark in der Nähe des 1 St. von Stade gelegenen damals Lieth, jetzt aber auch Agathenburg genannten Dorfes erbauet, von ihm nach seiner Gemalin Maria Agatha genannt, und im J. 1650 mit adliger Freiheit begnadigt. Als Stade im J. 1712. von den Dänen belagert und nachmals auch erobert wurde, so hatten diese hier ihr Hauptquartier. Im J. 1744. kaufte die Landesherrschaft das Dorf (von 35 H. und 270 Einw.) an sich, und vereinigte es mit dem Klosteramte Stade, welches die Güter der ehemals in dieser Stadt befindlich gewesenen Klöster St. Jürgen und St. Marien zu verwalten hat. *(Schlichthorst.)*

AGATHIAS, auch AGATHIOS, ein Advokat (Scholasticus) aus Myrina in Aiolien gebürtig, ums J. Chr. 594, vermuthlich ein Christ, und einer der besten Köpfe seiner Zeit, der mit wissenschaftlichen Kentnissen auch einen gebildeten Geschmack verband. Sein Vater Memnonius war Lehrer der Beredsamkeit zu Myrina, er selbst widmete sich zu Alexandrien dem Studium des bürgerl. Rechts, und advocirte darauf vermuthlich zu Constantinopel. Man hat von ihm in griech. Sprache eine Geschichte des Kaisers Justinian vom J. 553 bis 559, als eine Fortsetzung des Prokopius, die er aber erst 594 bekannt machte. Er schrieb mit Geschmack, und theilet manche Bemerkungen und Nachrichten mit, die man bei keinem andern Schriftsteller findet. Die beste Ausgabe ist: Agathiae Scholastici de imperio et rebus gest. Justiniani Imp. lib. V. Ex bibl. et interpret. Bonav. Vulcanii, cum not. ejusdem Lugd. B. 1594. 4.; Paris. 1660. fol. macht auch einen Theil der Scriptt. Hist. Byzant. aus, und wurde zu Venedig 1729 fol. nachgedr.; ins Franz. übers. von Ludw. Cousin. Paris und Amst. 1685. 12. vgl. Hanke de byzant. rer. scriptt. — Auch besorgte A. eine neue Sammlung kleiner griechischer Gedichte (Anthologie) nach Inhaltsrubriken, die aber verloren gegangen, oder vielmehr von den späteren Sammlungen verschlungen worden ist. Von seinen eigenen Epigrammen haben sich 95 erhalten, die der erwähnten Ausgabe des Vulcanius beigefügt sind, und in der Anthologia gr. T. IV. p. 3—39. ed. Jacobs stehen. Man vgl. Jacobs proleg. p. 50—60 T. VI. jener Anthologie und *Fabric.* bibl. gr. ed. Harles T. IV. p. 424. (*Baur.*)

AGATHIDIUM (von αγαθις Knaul), Knaulkäfer, eine von Illiger zuerst aufgestellte Käfergattung aus der Familie der Erotylenen. Die hieher gehörigen Arten wurden von Fabricius und Paykull mit der Gattung Anisotoma, welche der Gattung Volvoxis Kugelan's entspricht, vereinigt. Früher waren sie zu Sphaeridium gezählt. Ihre Merkmale sind: vier fadenförmige Taster, die vordern kürzer, die Fühler mit dreigliedriger Keule, die Vorderfüße (tarsi antici) fünf-, die hintern viergliedrig, das vorletzte Glied nicht gespalten. Die Deckschilde halbkuglich. Die Arten, deren man gegen 16, die fast alle in Teutschland einheimisch sind, bis jetzt kennt, leben in Schwämmen und unter der Rinde alter Bäume, sind außerordentlich klein (von ¾—1½ Lin.) und vermögen Kopf und Halsschild so unter dem Körper einzuschlagen, daß sie einer Kugel gleichen. Von den bei Fabricius in seinem Systema Eleutheratorum Tom. I. (1801) aufgezählten Arten gehören in diese Gattung Sphaeridium ruficolle, Anisotoma seminulum und Anisotoma nigripenne. Die meisten Arten finden sich beschrieben in Kugelan's Verzeichniß der Käfer Preußens (von Illiger 1798. S. 81.) — Sturm, Teutschlands Fauna. V. Abth. Insekten. 2tes Bändch. (1807. S. 56.). (*Germar.*)

AGATHINOS aus Sparta, ein dogmatischer Arzt am Ende des ersten Jahrh., von dem wir bloß das wissen, was Galen an Bruchstücken von ihm aufbewahrt hat. Er war ein Schüler des Athenäos aus Cilicien, der die pneumatische Schule gründete. Allein Agathinos blieb nicht bei den strengen Grundsätzen seines Lehrers, sondern nahm vieles aus der empirischen Schule auf, und wurde deßwegen Eklektiker, Episynthetiker oder Hektiker genannt. (*Sprengel.*)

AGATHIS Salisb., eine Pflanzengattung aus der natürlichen Familie der Zapfenbäume und der 21sten Linne'schen Classe. Sie stellt Bäume mit entgegengesetzten oder zerstreuten Aeßen dar, deren Blätter entgegen stehen, ablang, stumpf, glattrandig und nervig sind. Die Antheren der männlichen Kätzchen sind vielfächerig. Die Schuppen des weiblichen Zapfens enthalten nur einen Fruchtknoten, der in eine Flügelfrucht übergeht. Der Kotyledonar-Körper des Embryo spaltet sich nur einmal. Die einzige bekannte Art ist Agathis *loranthifolia*, ein schöner hoher Baum auf Amboina, den Rumph als Dammara alba (Herb. amboin. 2. t. 57.) und Lambert als Pinus Dammara (Pin. t. 38.) aufführt. (*Sprengel.*)

AGATHIS (Latreille), eine Gattung unter den uneigentlichen Ichneumonen, die sich bekanntlich von den eigentlichen Ichneumonen durch die Zahl der Palpenglieder und durch ein unvollkommneres Geäder des Vorderflügels auszeichnen. Besonders sind aber die Arten der Gattung: Agathis durch den gleich einem Rüssel vorgestreckten Mund, durch einen kurzen abgestutzten Hinterleib, ziemlich starke Beine und durch die äußerst kleine, dreieckige zweite Kubitalzelle des Vorderflügels leicht zu unterscheiden. Der Legestachel ist bei ihnen von sehr verschiedener Länge. Die Theile des innern Mundes sind auf folgende Weise gestaltet: Kinnladen und Lippe sind in Gestalt eines Rüssels vereinigt, erstere länglich lanzettförmig, stumpfspitzig sich endigend, letztere an der Spitze hautähnlich, etwas erweitert und ausgerandet. Die Kinnladentaster sind fünfgliedrig und fadenförmig, die Lippentaster kürzer und viergliedrig.

Die hieher gehörenden Arten kommen in Linne's Schriften in der Gattung: Ichneumon, in Fabricius Piezatensystem unter Bracon vor. Eine sehr gute Monographie der Gattung lieferte Doctor Nees von Esenbeck im Magazin der Gesellschaft naturforschender Freunde zu Berlin (Bd. VI. S. 190 u. f.).

Arten sind: 1) *Agathis* desertor: lutea, oculis, antennis, pedumque posticorum genubus, tibiis apice tarsisque nigris; alis fuscis, basi fasciisque hyalinis. ♀ ♂ Ichneumon desertor, Linn. Syst. Nat. I, 2, p. 934. n. 28. Fn. Suec. p. 402. n. 1605. Schrank enum. ins. p. 366. n. 73. Agathis purgator Nees v. Esenb. Mag. d. Berl. Gesellsch. naturf. Fr. VI. p. 200. n. 10. Diese Art ist besonders dem nördlichen Teutschland eigen und dort im hohen Sommer auf den Bluthen, namentlich einiger Arten Solidago, nicht selten zu treffen. Von der folgenden Art unterscheidet sich die gegenwärtige beim ersten Anblick durch die bunten und hellern Flügel, und das halb gelbe Randmal der vorderen, dann durch einen kürzeren Legestachel und einen schwächer gestreiften Hinterrücken. Auch ist der Hinterleib nicht selten an der Spitze schwärzlich. Fabricius Bracon desertor entfernt sich von dem Linne'schen durch die in dem Syst. piezat. (p. 104) angedeuteten schwarzen Striche des thorax in Verbindung mit der dort citirten Schäfferschen Figur. Aber auch sein Bracon purgator (Syst. piez. p. 104. n. 10) kann nach Coquebert's Abbildung (illustr. iconogr. Tab. IV. fig. 3) der I. desertor nicht seyn. — 2) *Agathis* deflagrator: lutea, oculis, antennis, pedumque posticorum genubus, tibiis apice tarsisque nigris, alis fuscis, anticis fascia hyalina. ♀ ♂ Bracon deflagrator Spinola

Ins. Lig. II. p. 101. n. 3. Agathis deflagrator Nees v. Esenb. im Mag. d. Ges. naturf. Fr. VI. p. 199. n. 9. **Wohnort:** Ueberall in Teutschland (auf blühenden Umbellen, besonders der Petersilie: Nees v. Esenb. a. a. O.). — 3) *Agathis* Syngenesiae: nigra, thoracis antico, abdomine pedibusque rufis, alis fuscis, cellula cubitali secunda triangulari petiolata. ♀ Agathis Syngenesiae Nees v. Esenb. im Mag. d. Ges. naturf. Fr. VI. p. 194. n. 5. Tab. IV. fig. 5. **Wohnort:** Im südlichen Teutschland. — 4) *Agathis* umbellatarum: nigra, thoracis antico, abdomine (rarius toto) pedibusque rufis, alis cellula cubitali secunda subquadrata sessili. ♀♂ Agathis umbellatarum Nees v. Esenb. im Mag. d. Gesellsch. naturf. Fr. VI. p. 195. n. 6. Tab. IV. fig. 3. a. b. **Wohnort:** Im südlichen Teutschland. — 5) *Agathis* malvacearum: nigra nitida abdominis cingulo pedibusque rufis. ♀♂ Agathis malvacearum Latr. Hist. natur. des Crust. et des Ins. XIII. p. 175. Gen. Crust. et Ins. IV. p. 9. I. tab. XII. fig. II. (♀) Nees v. Esenb. im Mag. d. Ges. naturf. Fr. VI. p. 198. n. 7. Ichneumon Panzeri, Jurine nouv. méthode etc. p. 113. Pl. 8. **Wohnort:** das südliche Teutschland. Der zweite, dritte, zuweilen auch der vierte Abschnitt des Hinterleibes sind roth gefärbt, die übrigen schwarz. An den Beinen die Hüftglieder, die Spitzen der Schienen und die Fußglieder schwarz: Der Legestachel ist bei den Weibchen dieser Art sogar länger als der Körper. (*Klug.*)

AGATHO, zuvor Mönch, zum Papst erwählt im Jahr 678. Nach langem Streite der morgenländischen Kirche über den doppelten Willen in Christo (Monotheleten-Streit) wandte sich der griechische Kaiser Constantin II. (Pogonatus) an den Papst, mit der Bitte, den Zwist zu berudigen. Er ließ in der abendländischen Kirche Synodalbeschlüsse über die Monotheleten-Lehre abfassen, sie nach Rom einreichen, hielt darüber in Rom selbst eine wichtige Kirchenversammlung 679, bestätigte die Lehre von dem doppelten Willen, verdammte die der Monotheleten, sandte dann die Beschlüsse nach Constantinopel, die in dieser Stadt veranstaltete Kirchenversammlung nahm sie an und gebot sie als allgemeine Glaubenslehre in der morgenländischen Kirche. Der Papst Agatho gründete darauf die Behauptung von der einzig erhaltenen Glaubensreinheit der röm. Kirche, und auf seine Fürbitte erließ der Kaiser ihm und allen seinen Nachfolgern die Entrichtung der Geldsumme von 3000 Solidi, die bisher für die Bestätigung jeder Papst an jenen hatte entrichten müssen *). Indessen behielt der Kaiser die Bestätigung des jedesmal erwählten Papstes sich noch vor. Dieses geschah im J. 681 und im Anfang des folgenden starb Agatho schon. Er ward unter die Heiligen versetzt **). (*Voigt.*)

Agathodaemon (Mythol.), s. Kneph und Ophiolatrie.

Agathodaemon (Geograph.), s. Ptolemäus.

AGATHOKLES. Vergleicht man den Charakter und das Leben der Männer, die in den kleinen griechischen Staaten und in den großen Reichen der jetzigen Zeit bei Staatsumwälzungen sich auf den Thron schwangen, so erstaunt man, daß Charakter, Betragen und die Katastrophe dieser Männer so ähnlich ist. Nur ein Ehrgeiziger, von unerschütterlichem Muthe, von festem, harten Charakter, nicht achtend den eignen Untergang, viel weniger fremden, immer ohne zu wanken auf das einzige Ziel, die gränzenlose Macht, mit schlauer List oder unmenschlicher Gewalt zuschreitend, darf es wagen nach der Krone zu greifen. Denn das erste Zagen, das einer beachtet, die erste Reue über das Begangene, das erste Mitleiden mit einem Unschuldigen, der im Wege steht, stürzt ihn ins Grab. So war der Tyrann von Syrakus **Agathokles**, so war **Gelon**, der in der zweiten Hälfte seiner gewaltsamen Regirung mit Wohlthaten, wie August, Heroenehre verdiente; so war **Dionysios**, der — eine Seltenheit — als Tyrann ein ruhiges Grab fand.

Agathokles erlebte noch in seiner Jugend das goldne Zeitalter, das der edle **Timoleon** Sizilien gab; aber der Thron, von dem er die glücklichen Völker unterjochen konnte, schien ihm glänzender als Timoleons Grabmal, an dem ein glückliches freies Volk seinen Wohlthäter beweinte.

Agathokles wurde 359 vor Ch. geboren. Sein Vater, **Karkinos**, aus Rhegium verbannt, in Therma wohnhaft, setzte, beunruhigt von Träumen und einem Orakel: daß sein Sohn Sizilien unglücklich machen würde, das Kind aus. Die Mutter aber nahm den Knaben heimlich auf und erzog ihn. Vielleicht ein Mährchen, das man erst später erfand. Ist aber wahr, daß der Knabe in einem Götterhain eine Bildsäule errichtete, ein Bienenschwarm sich an die Bildsäule setzte, und Zeichendeuter dies auslegten, als sey der Knabe zu höhern Dingen bestimmt; so war dieser Bienenschwarm vielleicht ihm, was dem Macbeth die Erscheinung der Hexen war, das Aufschlagen der Flamme des Ehrgeitzes.

In seinem siebenten Jahr erkannte ihn sein Vater, bewunderte seine Schönheit, seine Stärke, nahm ihn zu sich und zog mit ihm nach Syrakus, wo er sich, nach Timoleons Gesetz, in die Bürgerrolle mit seinem Sohn eintragen ließ. Nun stand der ehrgeitzige Jüngling, **Agathokles**, auf dem rechten Schauplatz, als Bürger in der größten und reichsten Stadt, die nach Timoleons Tode von Demagogen und den Anführern fremder Söldner bewegt, jedem entschlossenen Ehrgeitzigen den Weg zur Herrschaft öffnete.

Agathokles trat aus der Werkstätte eines Thonarbeiters in das Heer, und zog durch seinen Muth, seine Stärke und Schönheit die Achtung und die wollüstigen Begierden des Feldherrn **Damas** auf sich. Er stieg im Heer bis zum Obersten über tausend (χιλιάρχης), war in der Schlacht eben so muthig als in der Volksversammlung populär unruhig. Er heirathete die Witwe seines Gönners Damas, und mit ihr erhielt er sein großes Vermögen und Einfluß auf den Staat.

*) *Anastas.* in vita Agathon. **Bower** Gesch. der Päpste 1r Th. S. 191 meint, die Summe sey nur gemildert worden.

) **Rehr's Gesch. des Papstth. 1r Th. S. 182.

Im Bruttischen Kriege wurde er von deren Feldherrn Sosistratus beleidigt. Er klagte ihn beim Volke an, als wollte Sosistratus die Freiheit unterdrücken. Er hatte Recht, aber Sosistratus Partei siegte und Agathokles irrte, die Hoffnung nie aufgebend, in Italien umher, sammelte die Mißvergnügten, wurde aus Krotona und Tarent, die er mit Aufruhr anfüllte, vertrieben, bis Sosistratus und seine Partei, 600 der Edelsten, welche Syrakus beherrschten, gestürzt und vertrieben wuede. Triumphirend kehete Agathokles zurück an der Spitze seines kleinen abgehärteten Heeres, das seinem tapfern, freigebigen, populären Anführer über Alles anhing. Aber Syrakus faud bald, daß es in dem Rächer seiner Freiheit einen härtern Tyrannen hatte. Seine Feinde waren geschickt genug ihm das Oberkommando durch einen Feldherrn, den das verehrte Korinth sendete, zu nehmen. Man kounte ihn nicht verurtheilen, denn der Pöbel hing ihm an. Man wollte ihn ermorden; Agathokles entkam. Sosistratus mit dem emigrirten Adel wurde zurückgerufen. Da zeigte Agathokles seinen Mitbürgern, wie viel mächtiger der Flüchtling war, als sie. Seine alten Soldaten sammelten sich um ihn. Wer keine Vettern hatte, wer arm war, hoffte von ihm Rrichthümer und Glück. Agathokles, den man für ermorder hielt, erschien vor den Mauern seiner Vaterstade, und der Rath der 600 fing an mit ihm zu unterhandeln. Er sollte im Tempel der heiligsten Göttin, der Ceres, schwören, nichts gegen die Freiheit des Volks zu unternehmen. Er schwor unter den ehrwürdigsten Feierlichkeiten diesen Eid — Thoren! wird der den Eid achten, der die Menschen nicht achtet?

Jetzt fing er seine demagogischen Künste wieder an, und trotz der Gegenarbeiten seiner Feinde erklärte ihn der gedankenlose Pöbel zum Feldherrn und Erhalter des Friedens und der Freiheit. Er stand nun hoch, aber unsicher, und er beschloß, ruhig seine Macht fest zu stellen. Unter dem Vorwand, einen Aufruhr von Erbita zu stillen, rief er die treue Bande seiner alten Soldaten in die Stadt. 3000 entschlossene Männer, die mit ihm gegen die Karthager gefochten hatten, zogen in Syrakus ein. Seine Anhänger unter den armen Bürgern erwarteten seinen Wink. Die Stadt ahnete nichts. Er bestellte die Truppen zur Musterung und zum Abmarsch an das Grabmal des Timoleon. Der Frevler! Wollte er die Heiligkeit dieses Grabmals verhöhnen, daß er den Aufang des abscheulichsten Verbrechens dahin verlegte? 40 der edelsten Männer von den Sechshunderten erschienen, um seine Befehle zu hören. Er ließ sie verhaften, und trat dann in den Kreis seines Heeres, klagte mit Thränen, daß die 600 seinen Tod wollten, um dem Volke den Beschützer der Freiheit zu rauben. Die wilden Soldaten schrien nach Rache, Mordlust kochte in ihrer Brust, in ihren Händen blitzte das Eisen. Agathokles ließ Lärm blasen. Die 40 wurden ermordet, und er gab den Befehl, die 600 hinzurichten und ihre Häuser zu plündern. Schreckliches Schauspiel! Nach 24 Stunden lagen 4000 Leichen der edelsten Bürger auf den Gaßen der Stadt, selbst in den Tempeln. Die Nacht verbarg die grausame üppige Lust der Mörder und die Schande der edelsten Jungfrauen. 6000 Bürger retteten sich nach Agrigent. Agathokles war ruhig; denn seine Heerschaft stand nun fest. Er rief das Volk zusammen und erklärte, daß er die Stadt von den Feinden einer allgemeinen Freiheit und Gleichheit — epurirt — habe, ein Wort, das unsre Zeiten auch kennen.

Er stand jetzt sicher. Den Harnisch als Feldherr ablegend, erschien er im Mantel, als Bürger, in der Volksversammlung, wo ihn das Volk feierlich zum immerwährenden, alleinigen Feldherrn des Staats erklärte. Das Königsdiadem hing noch fern, er wollte es aber verdienen. Von neuem schuf er das Heer, ließ Flotten bauen und gab dem Volke, das er beherrschte, die Achtung und Furcht der Nachbarn. Alle Bürger waren gleich vor dem Gesetz, und alle Sklaven vor ihm. Er vertheilte die Güter der Emigranten unter die Armen, gab gute Gesetze, brachte Ordnung in die Finanzen — und dennoch zitterte er; denn das Volk sah in ihm immer den Emporkömmling, den Lehrling des Thonarbeiters. Nur Kriege und Triumphe konnten der Bürger Blicke von ihm abwenden, und in wenigen Jahren waren die Bürger von Syrakus die Beherrscher von fast ganz Sizilien. Die Emigranten gaben die Hoffnung der Rückkehr auf; die Staaten, mit Gewalt oder Betrug besiegt, unterwarfen sich dem harten Joche des großen Feldherrn. Eine Koalizion (woran selbst die Spartaner und Italische Völker Theil nahmen) nach der andern stand gegen ihn auf, gab ihm neue Siege und neue Sklaven, die seine Heere vermehrten, und, unter ihm dienend, durch den Glanz seiner Siege gewannen. Von einer Stadt zur andern wurden die Emigranten verjagt, bis endlich die handelnden Karthager, für ihre Sizilischen Besitzungen fürchtend, eine Armee unter Hamilkar nach Sizilien sandten, mit der sich die Emigranten vereinigten. Schnell erhob sich die Fahne der Empörung in den unterjochten Städten. Agathokles gab an Gela ein Beispiel, wie hart er die Empörer strafen wollte. Er nahm durch Betrug das unglückliche Gela, ließ 4000 der vornehmsten Bürger zum Tode verurtheilen und hinrichten. Die Stadt mußte ihm alles gemünzte und ungemünzte Gold und Silber, alle Waffen bei Todesstrafe ausliefern, und nun ging er den Kathagern bis an den Fluß Himera entgegen. Er griff mit seiner alles überwältigenden Kriegskunst den übermächtigen Feind unvermuthet in seinem festen Lager an, eroberte das Lager und hatte den Sieg in Händen, als eine neue Armee der Karthager erschien. Agathokles verlor den Sieg und den größten Theil seines Heeres — aber nicht sich selbst. Jauchzend stand ganz Sizilien auf gegen den Tyrannen. Aus jeder Stadt zog die bekehrte Jngrud und vereinigte sich mit Hamilkar. Agathokles floh nach Syrakns. Jede Stunde brachte eine neue Botschaft von dem Anmarsch neuer Feinde. Sizilien war verloren. Die Bürger von Syrakus, die seine Feinde waren, hoben muthiger und erwartend die Häupter empor. Seine Freunde zitterten, Agathokles allein war ruhig. Da erschien die Karthagische Flotte und Hamilkars Heer vor Syrakus und schlossen die Stadt von allen Seiten ein. Keinen Augenblick uneins über das, was zu thun wäre — ein

Beweis der Stärke seines Charakters — gab Agathokles ruhig seine Befehle. Seinen Bruder ernannte er zum Gouverneur der Stadt, welcher er eine hinlängliche Brsatzung gab. Den Entschlossensten seiner Soldaten befahl er, sich mit jedem Augenblick zum Abmarsch fertig zu halten. Die Reiterei sollte nur Sättel, Zäume und Waffen mitnehmen. Aus jedem Hause der reichern Bürger ließ er einen männlichen Verwandten zum Soldaten ausheben. Sie waren die Bürgen der Treue der Zurückgelassenen. Er ließ sich das ganze Vermögen aller Unmündigen als Anleihe ausliefern, beraubte die Tempel und Frauen ihres Schmuckes und zwang die Reichern zu Geldvorschüssen. Alles starrte ihn an, denn Niemand kannte seine Absicht. Seine Armee schiffte sich auf einer Flotte von 60 Schiffen, welche vor Anker lagen, ein. Die Stade hielt den Tyrannen für wahnwitzig, denn des Feindes große Flotte blockirte den Hafen. Da erschienen im Angesichte des Hafens einige große Schiffe mit Getreide für Syrakus beladen. Der feindliche Admiral gab das Zeichen, diese Schiffe zu nehmen — und Agathokles lichtete die Anker. Er segelte aus dem Hafen. Die Feinde machten sich fertig zum Treffen; aber Agathokles, mit aller Kraft der Ruder und Segel, flog vorüber, das hohe Meer gewinnend. Der Feind staunte. Glücklich liefen die Getreideschiffe im Hafen ein und Agathokles Segel verschwanden.

Noch immer vermochte der Feind Agathokles Absicht nicht zu enträthseln; aber er folgte ihm, der gerade auf Afrikas Küste, gegen Karthago lossteuerte. Die Karthager waren bessere Segler, aber die Nacht, und am Tage darauf eine Sonnenfinsterniß, verhüllte den muthigen Tyrannen. Erst am 7ten Tage erreichte ihn die Karthagische Flotte. Aber Agathokles hatte Zeit, seine Armee auszuschiffen, die Schiffe ans Land zu ziehen und das Schifflager zu befestigen. Auch der Feind legte sich vor Anker. Agathokles ließ einen Kreis schließen und entflammte den Muth seiner Truppen. Die großen Göttinnen, sagte er, hätten ihm den Sieg und die Eroberuug Karthagos verheißen und sie hätten ihm mit ihrer Fackel den Weg gezeigt. Er habe der Schutzgöttin Siziliens das Gelübde gethan, ihr alle seine Schiffe zu heiligen und Fackeln der Ceres zu verehren. — Bekränzt opferte er den Göttinnen. Dann brachten Sklaven brennende Fackeln. Die Trompeter bliesen Lärm, die Armee jauchzte, und unter Gebeten an die Göttinnen zündeten die Anführer mit wahnsinnigem Kriegsgeschrei die Flotte an. Die Feinde, die hohen Flammen erblickend, jauchzten auf, den Frind in ihrer Gewalt glaubend.

Agathokles zog sogleich mit dem Heere durch die reichen Gefilde voll prächtiger Landhäuser, reicher Dörfer, durch Heerden von Rindern, Schafen und schönen numidischen Stuten. Das Heer frohlockte dem reichen Preis des Siegs entgegen. Flüchtige brachten die Schreckensnachricht nach dem sichern Karthago: Agathokles sey gelandet, Megalopolis und Tunis mit Sturm genommen und zerstört! Schrecken erfüllte die Stadt, bis die Boten ihres Admirals die Furcht milderten. Eine Armee von 40000 M. zog unter des tapfern Hannos und seines Feindes Bomilkars Befehlen gegen Agathokles und seine 14000 Mann. Agathokles ließ heimlich gesammelte Eulen unter seiner Armee auffliegen. Der Pallas heiliger Vogel! Sieg! riefen die Soldaten, und stürzten muthig dem Feind entgegen. Hanno fiel, mit ihm die heilige Schaar. Bomilkar zog sich zurück. Die Lybier flohen. Mit 200 Todten war der Sieg erfochten. Die Flüchtigen kamen nach Karthago, und die Barbaren, in grausamer Furcht, opferten den erzürnten Göttern 200 unschuldige Kiudee aus den edelsten Familien. Eine Nachricht von Agathokles Siege kam noch früh genug nach Syrakus, um seinen feigherzigen Bruder Antander abzuhalten, die Stadt dem Hamilkar zu übergeben.

Mit Blitzesschnelle eroberte nun Agathokles die festen Städte um Karthago, bald mit List, bald mit Gewalt, und empörte die Lybier gegen Karthago mit dem Aufruf zur allgemeinen Freiheit. Er war überall, und überall Sieger. Herr von 200 Städten, faßte er nun, im unbändigen Uebermuth des Glücks, den Plan, Afrika zu erobern. Er verachtete es, daß in Sizilien alle Völker gegen ihn aufgestanden waren, daß Syrakus kaum noch sich hielt. Er war Herr von Afrika. Ein Zufall stürzte ihn. Vom Wein erhitzt machte Lykiskos, einer der angesehensten Anführer des Heers, dem Agathokles Vorwürfe. Der Tyrann nahm sie als Scherz; aber sein Sohn Archagathos wurde erbittert, und da auf dem Heimwege vom Gastmahle Lykiskos dem Archagathos vorwarf, daß er das Bett seines Vaters entehrte: so riß der junge Fürst in der Hitze des Zorns einem Trabanten den Speer aus der Hand und durchstach den General. Das Heer lief zusammen; des Tyrannen Feinde erhitzten die Soldaten, die um den blutigen Leichnam herstanden. Man griff zu den Waffen. Man foderte den Tod des Sohnes von dem Tyrannen und den rückständigen Sold, und umgab zuletzt Vater und Sohn mit Wache. Seine Feinde im Heer unterhandelten schou mit den Karthagern, die ihnen gegenüber standen, über den Preis, wenn sie das ganze Heer zu ihnen überführten. Die Karthager boten erhöhten Sold und reiche Geschenke. Sie wurden Eins. Da trat auf einmal der Tyrann, der den Menschen kannte und immer mit sich Eins war, in der Kleidung eines gemeinen Soldaten, ohne Purpur und Schmuck unter seine Truppen. Alles schwieg bei diesem Anblick und schmolz schon in Mitleiden. Er nannte ihnen die Siege, die er mit ihnen erfochten, seine Wohlthaten, seine Liebe für sie. Ihr wollt meinen Tod, ich will sterben! aber in der Mitte meiner Kameraden, mit denen ich lebte und siegte, nicht von der Hand der feigen Barbaren soll Euer Feldherr sterben! Er zog das Schwert. Ein Geschrei der Angst erhob sich. Sie entrissen ihm das Eisen. Sie sprachen ihn frei von allen Beschuldigungen und befahlen ihm mit der Dreustigkeit des Soldaten, seinen Feldherrnschmuck wieder anzulegen. Er erschien im Purpur, dankte mit Thränen seinem treuen Heer und rief dann: Auf, gegen den Feind! der Euch als Verräther Eures Feldherrn erwartet; er soll auf dem Schlachtfelde lernen, daß Agathokles Soldaten nicht treulos sind! Das Heer marschirte gegen den Frind, der es als Ferunde erwartete. Auf einmal bliesen die Trompeter, das Kriegsgeschrei stieg empor, und die Karthager flohen, nach großem Verlust, in ihr Lager. Seine Feinde (200) gingen zum

Feinde über. Er durfte nicht ruhen. Ein zweites Heer der Karthager lag gegen die empörten Numidier zu Felde. Er flog seinen Bundesgenossen zu Hilfe und fand ihr Heer mit den Karthagern vereinigt auf unangreifbaren Höhen vor sich. Er griff an. Alles stürzte er vor sich nieder. Die Barbaren flohen in ihr festes Lnger, aber auch dieses wurde erstürmt und der Feind zerstreut. Jetzt wendete er sich zurück gegen die zahlreichen Schwärme der Numidier, welche während dem seine Bagage plünderten, und zum dritten Mal an einem Tage krönte ihn der Sieg. Tausend gefangene Griechen und Syrakuser ließ er niedermetzeln.

Er sahe nun, er bedürfte, um ganz Afrika zu erobern, einer sichrern Hilfe als der Numidier, die fast eben so treulos waren als er selbst. Er wendete sich an Ophellas, des Ptolemäos Statthalter in Kyrene, der mit Alexander Persien erobert hatte. Er versprach ihm Afrika. Ophellas kam mit einem großen Heer durch die Wüsten. Agathokles empfing ihn mit Freundschaft; die Eide der Treue wurden geschworen und ein Paar Tage darauf, als Ophellas Soldaten Lebensmittel zusammenbrachten, ließ er Ophellas, um allein zu herrschen, ermorden, und zwang sein Heer, das nun ohne Anführer war, durch Versprechungen und Drohungen sich mit ihm zu vereinigen.

Hier wand er endlich das königliche Diadem um seine Stirn, und seine erste königliche That war: er ließ die gefangenen Karthager an seine Maschinen binden, womit er das abgefallene Utika belagerte. Bürger mußten ihre Mitbürger, Verwandte ihre Verwandten tödten, und dennoch eroberte der König die Stadt, deren Einwohner sämmtlich ermordet wurden. Er war Herr von Afrika, das einzige Karthago ausgenommen. Jetzt wendete er seine Blicke wieder auf Sizilien, wo alle Städte gegen Syrakus im Bunde waren. Er übergab seinem Sohne Archagathos das Heer und segelte mit 2000 Mann nach Sizilien ab. Das Schrecken seiner unvermutheten Ankunft fiel auf seine Feinde. Er eroberte sogleich einige Städte und zog mit seinem kleinen Haufen fliehend und dennoch siegend vor dem großen Heere des Dinokrates, dem Feldherrn der Syrakusischen Emigranten, her, bis er Syrakus erreichte. Er brütete über einem entscheidenden Plane. Er rüstete sich. Aber da kamen Boten aus Afrika, und Agathokles hatte den schmerzlichen Triumph, zu sehen, wie viel er war, wie wenig seine Feldherrn. Sein Sohn Archagathos war drei Mal total von den Karthagern geschlagen und hatte den schönsten Theil seines Heeres, alle Bundesgenossen, alle Städte bis auf Tunis verloren, wo er von zwei großen Armeen eingeschlossen war. Agathokles selbst war in Syrakus von einer Karthagischen Flotte eingeschlossen. Jetzt stand er zum dritten Mal auf dem Punkte vernichtet zu werden; aber er stand wie ein Mann seinem bösen Geschick. Durch eine sicher berechnete Kriegslist schlug er die Karthagische Flotte, wodurch er sich das Meer und den Weg nach Afrika öffnete; brach aus Syrakus hervor und schlug die Armee der Emigranten zu Lande. Nun opferte er den Göttern, gab den Syrakusanern ein großes Gastmahl und ließ 100 derselben, denen er nicht traute, ermorden. Siegestrunken segelt er nach Afrika ab, wo er Hungersnoth in Tunis und Muthlosigkeit findet. An der Spitze des kleinen Heers, das sein Anblick mit Muth erfüllt, greift er des Feindes befestigtes Lager an. Er kämpft um Krone, Freiheit und Leben. Aber die Menge überwältigt ihn, er ist geschlagen. Ein leeres Schrecken überfällt sein Heer, es flieht und zerstreut sich. Agathokles läßt ein Schiff bereiten, um mit dem geliebtern jüngsten Sohne, Heraklides, zu fliehen; seinen ältesten Sohn Archagathos haßt der Vater. Archagathos aber vermuthet des Vaters Plan, entdeckt ihn einigen Befehlshabern, und da der Vater ans Ufer geht, wird er verhaftet. Das Heer wüthet; der König wird in Fesseln gelegt und bewacht. Das Heer, ohne Feldherrn, ist voll Unruhe und Furcht. Ein Lärmen in der Nacht erregt das Gerücht vom Nahen der Feinde. Alles flieht. Die Wache reißt den gefesselten König mit sich fort. Die Soldaten, den gefesselten großen Feldherrn erblickend, lösen voll Mitleid seine Fesseln; und Agathokles Dank ist, daß er sich heimlich ans Gestade schleicht, in ein kleines Fahrzeug springt, die Besatzung beredet, abzusegeln, und Söhne und Heer dem härtesten Schicksal überläßt. Seine Flucht wird bekannt; die erbitterten Soldaten ermorden seine Söhne, und schließen mit den Karthagern einen Vertrag, daß sie nach Sizilien gebracht werden sollen. — Man sagt, daß an eben dem Tage, da Agathokles vor einem Jahre den Ophellas hatte hinrichten lassen, er, sein Heer und seine Söhne das Leben verloren. Wäre das auch nur erfunden, so ist es ein Beweis, daß die Menschen, die es für wahr hielten, an die Gottheit und rächende Nemesis glaubten. Nur der ruchlose Tyraun glaubte an keine Nemesis; denn kaum hatte er den Fuß auf seines Vaterlands Boden gesetzt, so rückte er vor das schuldlose, getreue Ägesta, foderte der Bürger Vermögen, und machte, da sie sich weigerten, aus Ägesta eine große Richtstätte von Martern, die Phalaris Marter übertrafen. An einem Tage verlor diese Stadt alle Männer und Weiber durch den Tod; alle Kinder und Jungfrauen durch Verkaufung in die Sklaverei. Selbst seinen Namen verlor Ägesta, der Frevler nannte es Dikäopolis und gab die leeren Häuser und Aecker den Ueberläufern. Den Tod seiner Söhne in Afrika rächte er durch die Hinrichtung aller Verwandten jener Soldaten in Syrakus und Ströme Blut färbten das Meer.

Diese ungeheuern Grausamkeiten vermehrten die Zahl seiner Feinde. Dinokrates, der Feldherr der Emigranten, ging mit einer Armee von 25000 Mann auf den Tyrannen los. Da fing Agathokles an mit ihm zu unterhandeln, und bot ihm die Herrschaft über Syrakus, während er sich nur zwei Städte zu seinem Aufenthalte vorbehielt. — Diodor meint, der Tyraun sey muthlos gewesen; ich bin aber überzeugt: es waren nichts als die alten Künste des Tyrannen, der Zeit gewinnen wollte. Er wußte, Dinokrates würde die Bedingungen ausschlagen. Nun klagte er den Dinokrates an, als stehe er dem Frieden und der Freiheit von Syrakus allein im Wege. Auf einmal brach Agathokles gegen ihn mit 1000 M. auf und griff ihn an. 2000 gingen während der Schlacht zu Agathokles über, welcher die Emigranten total schlug. Er unterhandelte mit den Uebriggebliebenen und beschwor ihnen die Rückkehr nach Syrakus. Sobald sie aber, nach dem Vertrage, ohne Waffen in sein Lager kamen, ließ er sie (gegen 4000) von seinen Soldaten niedermetzeln und versöhnte sich mit dem Dinokrates. Agathokles war nun wieder Herr über Sizilien; alle seine Feinde bedeckte das Grab. Aber er verlor Afrika nicht aus den Augen und warf den herrschsüchtigen Blick nach Italien und sagar nach Griechenland. Seine Macht wuchs. Seine Flotten bedeckten die Meere. Er plünderte die Liparischen Inseln, verbrannte die Flotte Kassanders von Makedonien, die Corcyra belagerte, und nahm Corcyra in Besitz. Er schloß mit Pyrrhus, König von Epirus, ein Bündniß und vermählte ihm seine Tochter Lanassa. Schon bereitete er einen neuen Zug nach Afrika, als ihn endlich die Rache der Nemesis ereilte und die Hand seines eignen Enkels gegen den blutigen Tyrannen bewaffnete.

Archagathos, der Sohn des Archagathos, der, nach Agathokles Flucht, in Afrika von dem Heer ermordet wurde, war ein tapferer Mann, aber, seines Vaters willen, vom Großvater ungeliebt. Agathokles wollte seine Kroue dem letzten und geliebten Sohne, der seinen Namen Agathokles führte, hinterlassen. Er stellte ihn daher den Truppen in Syrakus als seinen Nachfolger vor und sendete ihn danu zu der Armee, welche unter seinem Eukel vor Atna stand, mit dem Befehle: Archagathos solle seinem Oheim Flotte und Heer übergeben. Archagathos lud seinen Oheim, dem die Krone bestimmt war, zu einem Gastmal ein, und ließ ihn (das hatte ja sein Großvater ihn gelehrt) in der Nacht ermorden und ins Meer werfen. Die Wellen trugen den Leichnam ans Land und man brachte ihn dem Vater nach Syrakus. Er trug den Schmerz; denn der Mörder war sein einziger Enkel. Aber Archagathos, den Tyrannen fürchtend, schrieb an Mänon, — den Einzigen, den Agathokles, da er Ägesta's Bürger alle ermordete, als einen schönen Jüngling zu wilder Lust verschonte und als Sklaven bei sich behielt — entflammte Mänon's Rache um sein untergegangenes Vaterland und seine eigne Entehrung, und trieb ihn an, den Tyrannen zu ermorden. Mänon gab dem Tyrannen das heftigste, aber langsames Gift in einer Feile, womit Agathokles die Zähne reinigte, und entfloh zu Archagathos. Des Tyrannen Zahnfleisch wurde von einer unheilbaren Fäulniß ergriffen. Er klagte seinen Enkel als Mörder vor dem Volke an. Seine Schmerzen und seine Schwäche nahmen zu und man trug den Tyrannen, der nicht mehr reden kounte, noch lebend, noch athmend auf deu Scheiterhaufen und verbrannte ihn. Die Bürger nahmen ihre Freiheit wieder, zogen des Tyrannen Vermögen ein und stürzten alle Denkmäler von ihm nieder, so wie der eitle Tyrann des edlen Gelons Grabmal zerstören ließ. Mänon brachte auch den Enkel des Tyrannen seinem zerstörten Vaterlande zum Opfer. Er ermordete Archagathos und mit diesem ging des Tyrannen Geschlecht unter. — Agathokles regirte 28 Jahre und wuede 72 Jahre alt. Sein Bruder Antander schrieb sein Leben. — Diodor erhielt uns die Geschichte seines Lebens, dessen Gegenstück in den Begebenheiten unsrer Zeit leicht und sehr ähnlich wieder zu finden ist. (*A. Lafontaine.*)

AGATHOKLES und AGOTHOKLEA. Agathokles, Sohn der Oenanthe, welche ihn (ambitiosae pulchritudinis scortum) und ihre Tochter Agathoklea dem Ptolemäos 4., Philopator, durch schändliche Liebe nothwendig zu machen wußte [1]). Durch dieses Mittel wurden sie die angesehensten am Hofe; selbst die, welche sie verabscheuten, mußten ihre Gunst suchen, ihrer Sicherheit oder ihrer Beförderung wegen. Man nennt unter ihren Schmeichlern Aristomenes, der später eine würdigere Rolle spielte, und Philo, verächtlich, wie sie [2]). Als Antiochus der Große den Aegyptiern ihre Besitzungen in Asien zu entreißen suchte, erwarb sich Agathokles einigen Schein von Verdienst. Er und Sosibius, der eine Zeitlang mit ihm an der Spitze staud, hielten Antiochus durch Unterhandlungen hin, um indeß Miethtruppen zu werben, für Lebensmittel und Waffen zu sorgen, und die Mannschaft zu üben. Dann mußte ein viermonatlicher Waffenstillstand den Feind noch sicherer machen, denn leicht vergaß er die Rüstungen in Aegypten, da er in solchen Anträgen Feigheit sah. An dem allen hatte aber Sosibius den größern Antheil. Indeß wurden diese klugen Vorkehrungen durch den Sieg des Ptolemäos bei Raphia gekrönt [3]). Agathokles selbst war weder in der Kriegskunst erfahren noch tapfer; höhere Staatsweisheit war ihm fremd; er besaß nicht einmal Klugheit genug, um sich durch Ränke zu behaupten [4]). So lange Philopator lebte, und er den Regenten durch Sinnenrausch betäuben konnte, blieb er in Ansehen; er und seine Schwester Agathoklea, des Königs Buhlerin, wirkten nach einem Ziele. Solche Mittel konnten danu aber bei dem fünfjährigen Ptolemäos 5. Epiphanes, nicht angewendet werden. Allein die Vormundschaft gab einen guten Vorwand, unter welchem er und Agathoklea sich die Herrschaft sichern, und den König gewöhnen konnten, die ihrige zu ertragen. Sie verheimlichten Philopators Tod eine lange Zeit, plünderten indeß den Schatz, und trafen die Anstalten, welche bei ihren Absichten nöthig schienen [5]). Die Ersten der Stadt wurden aus dem Wege geräumt; die Menge suchte man durch Geldvertheilung zu beschwichtigen; der Niedrigste im Volk sah sich zu den höchsten Stellen erhoben, wenn er schlecht genug war, um treu zu seyn. Weitere Vorsicht schien nun überflüssig. Die Verwaltung ruhte, so weit der Hof ihrer entbehren konnte; Trinkgelage und freche Unzucht wurden hier das tägliche Schauspiel, und die ehrbarsten Jungfrauen das Opfer schamloser Begierden. Vergebens suchte das Volk den Mann, der seine Klagen auszusprechen und seine Kräfte zu leiten wagte. Alle sahen auf Tlepolemus, und Agathokles wilde Verblendung beschleunigte, wozu dieser ohnedieß entschlossen war. Er ließ Tlepolemus Schwiegermutter, Danaë, aus dem Tempel der Ceres unverschleiert mitten durch die Stadt ins Gefängniß führen. Jetzt kounte sich die Volkswuth nicht länger verbergen; Agathokles sah die Gährung und zitterte. Er entwarf ein Verzeichniß derer,

1) Justin. 30. 2. 2) Athen. Deipn. 6. 13. 3) Polyb. 5. 63. ff. 4) Id. 15. 34. 5) Justin. 30. 2.

welche fallen sollten. Ein Trabant, Moeragenes, hinterbrachte es Tlepolemus, wofür man ihm die Folter zuerkannte; allein schon entkleidet entkam er, weil die zunehmende Bewegung seine Peiniger schreckte. Sein Anblick und eine kräftige Zusprache brachte auch die Krieger, die Macedonier, zu den Waffen, deren Lager er aufgesucht hatte. Wie ein Brand griff der Aufruhr um sich, denn jeder wußte, wem es galt. So war in 4 Stunden ganz Alexandrien im Aufstande. Agathokles ging stumpfsinnig zur gewöhnlichen Stunde zum Mahl, und Oenanthe stürzte in wilden Ausbrüchen der Verzweiflung zum Thesmophorium, wo sie statt Hilfe zu erflehen, sich in Flüchen erschöpfte, den Alexandrinerinnen, welche es sahrn, ein Unterpfand, daß dieß Geschlecht nicht mehr zu fürchten sey. Indeß hatte sich der freie Platz vor der königlichen Burg, das Theater, das Stadium und die Gegend umher mit Menschen angefüllt. Schon besetzen die Macedonier einen Theil der Burg, und das Volk fodert den König. Agathokles erbot sich, ihn auszuliefern und auf alle Stellen Verzicht zu thun, wenn man sein Leben schonen wolle. Aristomenes unterstützte den Antrag; aber man will den König und keinen Vergleich. Ptolemäos wird den Macedoniern übergeben, die ihn unter allgemeinem Freudengeschrei in das Stadium führen. Agathokles und seine Schwester trennen sich, um sich zu verbergen; aber schon schicken sich Krieger an, sie aufzusuchen, als Philo dem freudetrunkenen Volke sagt: wenn Agathokles erschiene, würde es seine That bereuen. Dieß war die Losung zum Blutvergießen. Agathokles wird in Ketten in das Stadium geführt und sogleich beim Eintritt niedergestoßen; dann Agathoklea, nackt, mit ihren Schwestern, zuletzt Oenanthe, die man aus dem Thesmophorium herbeigeholt hat. Sie alle wurden vom Volke angefallen, der Augen beraubt, durchbohrt und zerrissen [6]). *(Drumann)*

AGATHON, ein Tragödiendichter zu Athen in der Periode des Perikles. Daß von ihm sich gar kein Stück erhalten hat, ist um so mehr zu bedauern, da Platon im Gastmahl und Aristoteles in der Poetik seiner öfters mit Ruhme gedenken. In dem einen, die Blume betitelt, brach er eine neue Bahn, indem er nicht, wie alle seine Zeitgenossen, den Stoff aus den alten Heldensagen nahm, sondern Handlung und Person erdichtete [*]). Anderwärts rühmt Aristoteles seine Art zu charakterisiren (15.); bloß weil er einmal den Stoff von zu weitem Umfang genommen, sey selbst er einmal durchgefallen. Bei Gelegenheit des Chors, wo Aristoteles die mit dem der Tragödie nicht zusammenhängende Chorgesänge tadelt, bemerkt er, Agathon habe zuerst diese Sitte eingeführt. *(H.)*

Agathon in Benin, s. Agaton.

AGATHOPHYLLUM, eine Pflanzen-Gattung aus der 11ten Linne'schen Classe, die Jussieu zuerst aufstellte und die seitdem allgemein angenommen ist. Der Charakter besteht in einem ganz kleinen einblättrigen abgestutzten Kelch ohne Einschnitte, worauf sechs Kronenblätter stehen, in einer kugelichten Steinfrucht mit sechsfächeriger Nuß, die einen fünflappigen Kern enthält. Wir kennen eine Art Agathophyllum *aromaticum*, die Sonnerat zuerst voy. aux Indes, vol. 2. t. 127. bekanut machte, und sie Ravensara aromatica nannte. Gärtner zergliederte (de fruct. vol. 2. t. 103.) die Frucht unter dem Namen Evodia. Es ist ein großer Baum, mit dicker, röthlicher aromatischer Rinde und stumpfen lederartigen Blättern. Der Geschmack der Blätter und Feüchte ist den Gewürznelken ähnlich: daher der Name. *(Sprengel.)*

AGATHOS DÄMON nennt Ptolemäus den westlichen der drei Arme, in welche frühere Geographen den Nil bei der Stadt Kerkasorum theilen; aus diesem Arme leitet nun eben derselbe den phermuthischen oder thermutischen ab. *(Hartmann.)*

Agathussa, s. Telos.

AGATHYRNA [1]) oder AGATHYRNUM [2]), ein Ort des alten Siciliens auf der Nordküste, von einem alten Könige Agathyrnos erbauet [3]). Man sucht ihn jetzt bald bei Sanct Mareo [4]), bald bei Capo d'Orlando [5]). *(Friedemann.)*

AGATHYRNOS, der Sohn des liparischen Äolos, angeblich Erbauer von Agathyrnum auf Sicilien. Diod. V, 8. *(Ricklefs.)*

Agathyrses, s. Siliquaria.

AGATHYRSOS, AGATHYRSI. Agathyrsos einer der Söhne des Herakles und der Echidna, der so wenig, wie sein Bruder Gelonos, die vom Vater vorgeschriebene Probe mit seinem Bogen und Gurt bestehen kounte, und daher mit diesem auswandern mußte. Herod. IV, 9, 10. Stammvater der Agathyrsen. *(Ricklefs.)*. — Agathyrsi, ein Grenzvolk der Scythen, am Maris, jetzt Marosch, also in einem Theil von Siebenbürgen und dem Temeswarer Bannat; welches seine eigene Könige hatte (s. Ariapithes). Sie hatten nach Herodot (IV. 48. 100. 104.) Geräthschaften aus Gold, wahrscheinlich aus dem karpathischen Gebirge; waren übrigens ohne Neid und Geiz. Ptolemäos begreift sie unter den Alauni (Alanen, Albanier). Nach mehreren Schriftstellern des Alterthums mahlten sie sich hellblau. Servius und Plinins (4. 12.) scheinen dies von der natürlichen Farbe der Haare zu verstehen. Nach Solin (Cap. 10.) aber war ihr Haar gefärbt, welches den Alten so vorkommen mochte. Daher heißen sie picti Agathyrsi (Virgil. IV. Aen.). Andere erklären dies von Kleidern, oder vom Tatuiren nach Art der Britanen (Mela). Bochart leitet ihren Namen von Tiras, Thrax, also von den Thraziern ab. Vgl. Salmasii Plin. Exerc. 133. 169. *(Rommel.)*

AGATILLIS. Dies ist nach allen Handschriften bei Plinius der Name eines Vogels, welchen Aristoteles Acanthyllis nennt, und in den neuern Ausgaben

---

6) Polyb 25, 25—33.

*) Aristot. Poet. 9.

1) So Steph. Byz. s. v. Ἀγάθυρνα. Sil. Ital. XIV, 259. Liv. XXVI, 40. 2) Diese Form ist bei den Griechen gewöhnlicher: s. *Holsten* ad Steph. Byz. p. 4. Diod. Sic. V, 8 und Strab. L. VI. T. II. p. 252, wo Siebenk. nach Casaub. und Cellar. II, 12, 62 geändert hat statt Ἀγάθυρνον; doch auch Plin. H. N. III, 8. und Anton. Itin. p. 92. ed. Wess., wo verdorben Agatinno stehrt, haben sie gebraucht. 3) Diod. Sic. a. a. O. 4) *Claver* Sic. Ant. II, 5. p. 295. 5) Fazell. decad. I. 5.

des erstern hat man daher nach dem letztern die Lesart verändert, da man wahrscheinlich richtiger die Lesart bei Aristoteles geändert hätte, indem der Name Acanthyllis bei Plutarch, Aelian u. a. einen ganz andern Vogel als bei Aristoteles zu bezeichnen scheint, bei dem er ungezweifelt entweder den Remiz (Parus pendulinus) oder die sogenannte Bartmeise (Parus biarmicus) ist. S. Parus. (*Merrem.*)

AGATON, AGATTON (auch Agathon genannt), St. im afrik. Negerreiche Benin am Formoso, nahe am Meere in einer gesunden Lage, sonst der vornehmste Handelsplatz jener Gegend und, wiewol durch Kriege verwüstet, noch in späterer Zeit von den Europären, besonders den Engländern als Sklavenmarkt besucht, (nach Durand's Reise nach dem Senegal). (*H.*)

AGATTU zugleich mit Attu die westlichste von den Aleutischen oder Fuchsinseln; hat eine Länge von 40 engl. Meilen; die Zahl ihrer Bewohner ist gering. Oestlich von ihr liegen eine Menge Klippen. (*F. Hermann.*)

Agaunum, *s.* St. Mauritzen (St. Maurice.)

Agau's, *s.* Agawi.

AGAVE (Αγαυη), 1) eine der Nereiden [1]). — 2) eine der Danaiden, die Verlobte des Lykos [2]). — 3) des Kadmos und der Harmonia Tochter, vermält mit dem Sparten Echion, Mutter des Pentheus, der dem Großvater in der Regirung von Thebä folgte. Sie frevelte mit ihren Schwestern an Bakchos Gottheit, indem sie den Sohn ihrer Schwester Semele für einen dem Zeus aufgebürdeten Bastard erklärten, und widersetzte sich mit ihnen und dem Pentheus der Einführung seiner Verehrung. Der neue Gott versetzte, sich rächend, die thebäischen Weiber in bakchische Wuth, daß sie wild den Kythäron umtaumelten. In dieser Raserei zerriß sie selbst den Pentheus, der dem Unwesen Einhalt thun wollte, ihn für einen Eber ansehend [3]). Hygin (F. 240.) läßt sie nach der That nach Illyrien flüchten, wo sie die Gemalin des Lykotherses ward, den sie aber mordet, um ihrem Vater Kadmos dort den Thron zu verschaffen. (*Rickless.*)

AGAVE, eine Pflanzen-Gattung aus der natürlichen Familie der Liliaceen, deren Charakter in einer aufrecht und über dem Fruchtknoten stehenden, röhrigen, sechstheiligen Blumenhülle besteht, welche auswendig den Ueberzug vom Kelch und inwendig einen corollinischen hat. Die Staubfäden sind viel länger als diese Blumenhülle. Die Kapsel ist dreikantig, und enthält vielen Samen.

Die merkwürdigste Art dieser Gattung ist Agave *americana*, mit dornigen Blättern. Diese Pflanze ist jetzt in allen Gärten Europens unter dem Namen der Aloë bekannt; doch unterscheidet sich die Gattung Aloë wesentlich durch den Staud der Blumenhülle unter dem Fruchtknoten. Es wächst diese Art durch das ganze mittlere Amerika wild, wo sie zu den wichtigsten und einträglichsten Erzeugnissen des Bodens gehört. Sie hat sich aber durch das südliche Europa und das nördliche Afrika so sehr ausgebreitet, daß man sie in dem südlichen Spanien und Sicilien für einheimisch halten kann. In Mexico heißt die Pflanze Maguey oder Mekl. Wenn die Pflanze den Blüthenschaft hervor treiben will, so enthält sie eine Menge Zuckersaft; diesen sammlet man, indem man das Herz, oder die hellgrünen, aufrecht stehenden und mehrentheils zusammen gewickelten Blätter abschneidet, woraus dann zwei bis drei Monate lang täglich 200 bis 300 Kubikzoll Saft ausfließen, die am Werth 5 bis 6 ggl. gleichen. Natürlich verdorrt die Mutterpflanze, nachdem man ihr das Herz ausgeschnitten, aber die junge Brut, welche aus den Wurzeln hervorschießt, wird in etlichen Jahren, bei gehöriger Wartung, auch auf dem dürresten Boden wieder im Staude seyn, die gleiche Menge zu geben. Der säuerlich süße Saft heißt in Mexico Pulgue; er wird der Gährung unterworfen, die nach wenigen Tagen in eine Art von Fäulniß übergeht. Trotz dieses faulen Geruchs wird dieser Saft allgemein als ein höchst erquickendes, nährendes und magenstärkendes Mittel getrunken. Der reine Gewinn, den die Regirung von Mexico aus den Einfuhrzöllen von diesem Pulgue erhebt, beläuft sich, nach Humboldt, auf 200,000 Thlr. Aus dem Pulgue destillirt man einen Branntwein, den man Mexical nennt, und dessen Gebrauch die Regirung eine Zeit lang einzuschränken suchte, weil er dem Vertriebe des spanischen Branntweins hinderlich war. Den rohen Saft, der, ehe die Pflanze in die Blüthe schießt, in derselben enthalten ist, benutzt man wegen seiner scharfen Säure, als Reinigungsmittel der Wunden. Die Blätter der Pflanze sind ferner voll von Schraubengängen, die wegen ihrer großen Widerstandskraft zum Spinnen und Weben benutzt werden. Man nennt sie in Spanien filos de pite, und verfertigt daraus in Sicilien und auf der Insel Elba unter dem Namen zapparas, Strümpfe, Handschuhe und Tücher. Es werden nämlich die feinsten Fäden aus den Blättern herausgezogen, in einen Topf gelegt, und der Schaum von gekochtem, ungesalzenem Fleisch darüber geschüttet: nach drei oder vier Stunden werden sie herausgenommen und das daran hangende fettige Wesen mit den Fingern abgestrichen, dann weicht man sie in Wasser, oder, um sie noch geschmeidiger zu machen, in Oel ein. Clusius sah zu seiner Zeit schon Hemden, die daraus verfertigt waren. Papier verfertigten die ältern Bewohner von Mexico ebenfalls aus diesen Fäden, worauf ihre Handschriften in Hieroglyphen geschrieben sind *).

Unter den übrigen Arten der Agave nennen wir noch Ag. *virginica*, eine krautartige Pflanze, mit knorplig-gesägten Blättern und einfachem Schaft. Sie wächst an Flüssen in Virginien, trägt gelb grünliche Blüthen, die sehr wohlriechend sind, und ist abgebildet in Jacquin ic. rar. t. 378. Ag. *cubensis* können wir bloß durch Jacquin americ. t. 175. f. 28. Sie hat sechsblättrige Blumenhüllen und dornige Wimper an den Blättern. Ag. *vivipara* sieht der Ag. *americana* ähnlich; doch

1) Apollod. 2, 7. 2) Id. II, I. 5. 3) Apollod. III, 4. 2. und 6, 2; Metam. III, 701. ff. Vgl. Eurip. Bacchae.

*) Auch sollen die Blätter gegen Skropheln, Anschwellung der Drüsen und Eingeweide, vorzüglich aber gegen Lustseuche und bösartige Geschwüre Heilkräfte besitzen. (*Burdach.*)

sind die Blätter nur gezähnt, nicht dornig, und die Staubfäden nur so lang als die Blumenhülle. Abgebildet in Commelin. praelud. t. 15. Endlich Ag. *lurida*; diese ist ebenfalls der Ag. *americana* sehr ähnlich, aber sie treibt einen holzigen Stengel, da jene bloß einen Blüthenschaft hat. Abgebildet in Jacquin collect. vol. 4. t. 1. . . Ag. *foetida* und *tuberosa* werden jetzt zu der Gattung Fourcroea gezählt. (*Sprengel.*)

AGAWAM, ein Strom in Massachusets, der durch die Vereinigung des nördlichen und westlichen Arms des Westfieldflusses entsteht, und aus dem nordwestlichen Hochlande dieses Staats in den großen Konnektikut herabströmt. (*F. Herrmann.*)

AGAWANG, der Steuerdistrikt im Landgericht Zusmarshausen im 3. Donaukreise des Königr. Baiern, befaßt außer dem gleichnamigen Pfrd. die beiden Weiler O. und U. Refzried und das Pfrd. Rommeltsried, die in neuern Zeiten großentheils dem Domkapitel in Augsburg gehörten. Von 1202 bis 1389 oder 1416 schrieb sich von dem Orte ein Rittergeschlecht, das einen Theil desselben wahrscheinlich erbaute, einen andern von dem Bisthum zu Lehn trug. Sie erschienen als Söldlinge der Bischöfe von Augsburg und anderer Regenten, besaßen aber auch noch andere Güter und Gefälle in der Nachbarschaft. (*Dr. Raiser.*)

AGAWE, AGAWI, auch Agaos, Agaus, Agows — Völkerschaften in Habesch, welche dem Wohnort und selbst der Sprache nach von einander verschieden sind (Bruce III. 450.).

a) Die Tcheraz Agaus, von Tchera, ihrem Hauptsitze so benannt, wohnen um den Ursprung des Tacazze, in den rauhen unzugänglichen Gebirgen der bagemderschen Statthalterschaft, welche Lasta heißen. Bruce schildert sie als große starke Leute, und setzt hinzu (III. 251.): sie werden für die besten Soldaten in ganz Habesch gehalten, aber auch für die grausamsten, ungesittetsten und unruhigsten Landesbewohner, daher man sie auch insgemein, im Reden und Schreiben, die Bauern und Barbaren von Lasta nennt. Ihr felsiges Land ist nicht groß, aber volkreich und reichlich mit Lebensmitteln versehen. Sie werden in 5 Stämme getheilt (in die Waag, Tettera, Dahaanah, Goulion und Lonta), jeder unter einem unabhängigen Oberhaupte; doch scheinen nach einer andern Stelle diese Oberhäupter wieder unter einem gemeinschaftlichen Oberhaupte, oder Erbfürsten zu stehen. Sie zahlen einen jährlichen Tribut von 1000 Unzen Goldes, können aber dazu — im etwanigen Weigerungsfalle — selten gezwungen werden *).

b) Die Agaus von Damot wohnen um die Quellen und an den beiden Ufern des Nils. Zu ihrem Lande, das nirgends über 60 engländische Meilen lang und nicht halb so breit ist, gehörte einst auch das Maitscha (platte Land), südöstlich vom See Dembra, welches aber schon lange friedlichen Galla's eingeräumt worden. Trotz der Einfälle der Gallaer und Schangallaer, ihrer Nachbarn, und trotz der Verheerungen der Abyssinier (wegen Unruhen und Empörungen der Agaus) ist ihr Land immer noch das fruchtbarste und reichste von Habesch. Die Hauptstadt Gondar und das ganze umliegende Land hängt in Ansehung der wichtigsten Bedürfnisse, Rindvieh, Honig, Butter, Weizen, Häute etc. von den Agaus ab, die unaufhörlich und in ganzen Zügen, 1000 bis 1500 auf einmal, damit beladen, nach der Residenz kommen. Kluge Regenten haben daher, statt von ihnen Soldaten und sonstige Kriegsbeiträge zu verlangen, einen gewissen Tribut von Victualien gefodert. In dem Fall ist ihre Abgabe an den König (was sie an den Statthalter von Damot abgeben müssen, ist nicht darunter begriffen): 1000 Dabra Honig (ein irdenes Gefäß etwa 60 Pfund haltend), 1500 Ochsen und 1000 Unzen Gold. Diese Reichthümer verdanken sie theils der Lage ihres Landes, das mit herrlichen Ebenen und schönen Flüssen versehen ist, theils dem Handel. Außerdem daß sie die Hauptstadt versorgen, verkaufen sie nämlich auch an die Schangallaer ihre Produkte, Kupfer, Eisen etc. und erhalten dagegen Elephantenzähne, Rhinozeroshörner, Gold in kleinen Blättchen, und eine Menge der feinsten Baumwolle. Um sicher handeln zu können, werden entweder gewisse Plätze dazu bestimmt, oder auch gegenseitig Kinder zu Geiseln gegeben. Der Handel würde noch lebhafter seyn, wenn nicht die Sucht, Sklaven zu machen, das gute Vernehmen oft unterbräche. Uebrigens werden die Agaus ihrer Reichthümer selten froh; ja häufig leben sie in Armuth, weil sie durch Abgaben und Erpressungen ausgesogen werden. — Ungeachtet ihr Land hoch liegt (und daher Agau Midre heißt), gemäßigt und gesund ist, sollen sie doch kein hohes Alter erreichen. Männer und Weiber sind unter der mittlern Größe; die Weiber durchgehends mager, früh, schon im 9ten Jahre mannbar, oft schon im 11ten Frauen und Mütter, im 30sten aber schon Matronen und unfähig mehr Kinder zu bekommen. Die Kinder gehen meist nackend; die verheiratheten Weiber tragen eine Art Hemde, das bis auf die Füße geht, um den Leib gegürtet und so eingerichtet ist, daß sie ihre Kinder auf dem Rücken mit sich umher tragen können. In dem ziemlich anhaltenden Winter (Regenzeit), kleiden sich alle Agaus in Häute, die sie auf eine eigene Art zuzubereiten verstehen. Frühere Schriftsteller theilen sie hinsichtlich der Religion in christliche und heidnische Agaus. Die Jesuiten haben wirklich während ihres Aufenthaltes in Habesch sich die Gunst der Agaus zu erwerben gewußt und viele getauft. Allein schon P. Lobo macht auch die Bemerkung, daß sich die christlichen Agaus mit den heidnischen durch Heirathen vermischen und ihre Gebräuche annehmen. Bruce (III. 631) sagt — ohne weitere Bemerkung — die Agaus von Damot erweisen dem Nil göttliche Ehre, und Tausende von Vieh sind der Gottheit, die man in seiner Quelle glaubt, geopfert, und werden noch geopfert. Sie nennen sie den Gott des Friedens. Vgl. Bruce III. 727. ff. — Von den Stämmen, in welche sich diese Damot Agau's theilen, findet man die Namen Dengui, Sakala, Dengla und Geesch (sämmtlich Ankascha genannt), sodann Quaquera, Azena, Banja, Metekal und Zeegam. Von ihrer Tapferkeit zeugt wol, daß der einzige Stamm der Zergam mit den Königen von Socinios bis

*) Von ihrer Sprache hat Salt im Anhange zu seiner Reise nach Abyssinien Proben gegeben.

auf Jason den Großen einen Krieg aushielt, und der Stamm Dengui gegen drei thätige Regenten, Fazilides, Hannes I. und Jasus II. sich glücklich stemmte. Jeder Stamm, sagt Bruce, hat einen Berg, wohin sich beim Einbruch eines feindlichen Heers die Heerden rc. flüchten. (*Hartmann.*)

Agazi (Agaazi), Agazjan, s. Habesch.

Agbar, s. Abgar.

Agbatana, s. Ekbatana.

Agchiale, s. Achioli.

AGDE (Br. 45° 18′ 43″ L. 27° 7′ 55″), im Alterthum Agatha, Agathae oppidum — Kolonie der Massilier Plin. III. 4. Stadt der tectosagischen Volsker in der Gallia Narbonensis *); eine Stadt im franz. Dep. Herault Bez. Beziers. Sie hat ein hohes Alterthum, indem schon 403 und 506 hier Synoden gehalten wurden, und war nachher der Sitz eines Bisthums, das erst nach der Revolution durch Napoleon aufgehoben ist. Die Stadt liegt am Herault, etwa ¼ Meile von seiner Mündung in den Gean d'Agde, wo sie einen kleinen Hafen besitzt, ist ummauert, hat 4 Thore, 1 Kathedralk., 3 andre Kirchen, vor dem Thore 1 Wallfahrtskapelle, 1 alten bischöflichen Palast, 1 Börse, 1 Handelsgericht, 1065 H. und 6744 Einw., die meistens Krämer oder Schiffer sind, doch auch eine Grünspanfabrik, Branntweinbrennereien und Wollenzeugweberei. Da der Kanal von Languedoc nahe bei der Stadt sich mit dem Herault vereinigt, so entsteht dadurch für deren Einwohner ein sehr lebhafter Handelsverkehr (Nemnich I. S. 213.). (*Hassel.*)

Von den hier gehaltenen Synoden ist nur die letzte im Jahr 506 bekannter. Sie wurde, auf Erlaubniß des arianisch-gesinnten Königs der Westgothen, Alarich, von Katholiken gehalten. Sie machte 48 Canones (s. Mansi Conc. VIII. 319. sq.) und verbreitete sich vorzüglich über die Ehen der Geistlichen. Presbytern oder Diakonen, welche vor ihrer Weihe zwei Frauen gehabt hätten, oder in die zweite Ehe getreten wären, sollten zwar ihre Würde behalten, aber zu keiner amtlichen Verrichtung zugelassen werden (Can. I.). Verheirathete Presbytern oder Diakonen, welche mit ihren Frauen ehelichen Umgang pflegen würden, sollten ihre geistliche Würde und Amt verlieren (Can. IX.). Laien hingegen, welche eigenmächtig sich von ihren Ehegatten trennen, sollten excommunicirt werden (Can. XXV.). In Absicht des Abendmahls verordnete die Synode, daß, wer nicht wenigstens an Ostern, Pfingsten und Weihnachten zum Abendmahl gehen würde, nicht für einen katholischen Christen gehalten werden sollte. Die Bischöffe aber sollten nicht, mit Verletzung der dem Priester ziemenden Mäßigung, Jemand unverdienter Weise oder wegen Kleinigkeiten excommuniciren, oder solchen, die zur Gnade umkehren, die Wiederaufnahme in den Schooß der Kirche versagen. (*Gukenberger.*)

Agdenäs, s. Drontheim.

AGDISTIS oder Agdestis, nach einer alten phrygischen Nationalsage voller Symbole[1]) ein Mannweib, entstanden durch einen unehrbaren Traum des Zeus von der Kybele, dem die Götter, dies Wesen verabscheuend, das Männliche wegschnitten. Aus dem Abgeschnittenen wuchs ein Mandelbaum. Eine Frucht von diesem Baume steckte die Tochter des Flußgottes Sangarios, Nana, in ihren Busen, und gebar davon einen Knaben, Attes, Attis oder Atys, der ausgesetzt, aber von einer Ziege aufgenährt, und so schön ward, daß sich alle Frauen in ihn verliebten, selbst die Agdistis, die ihn, als er sich mit der Tochter des Königs von Pessinus vermälen wollte, aus Eifersucht entmannte, oder in solche Raserei versetzte, daß er es selbst that. Als sie nachher die That bereuete, gewährte ihr Zeus, daß nie ein Glied des Attes verwesen sollte. Nach Hesychius (v. Ἀγδιστις), und Strabo (X, 3, 12) hieß die Kybele selbst Agdistis, und nach Arnobius[2]) befand sich an der phrygischen Grenze ein Felsen, Agdos, von welchem Deukalion und Pyrrha die Steine nahmen, aus welchen die neuen Menschen werden sollten. Aus diesen entstand auch die Kybele, die Zeus, da sie auf diesem Felsen ruhete, überfiel und zu bewältigen suchte. Das gelang aber nicht, und er schwängerte statt ihrer den Felsen, welcher nach 10 Monaten Agdistis gebar, ein wildes unbändiges Wesen, Zwittergeschlechts, voll wüthender Begierden, weder Götter noch Menschen scheuend. Um das wilde Wesen zu schwächen, ward es von Dionysos entmannt. Aus dem dabei vergossenen Blute wuchs ein Granatapfelbaum, dessen Frucht die Nana in den Schooß nahm, davon den Attes gebärend. Um den Besitz des Schönen stritten sich Agdistis und Kybele, wie Aphrodite und Persephone um den Adonis, wobei der Jüngling, damit keine seiner genieße, entmannt ward; oder, einer andern Sage nach, entmannte ihn Kybele unter der immer grünen Fichte, als er sich mit der Tochter des Königs von Pessinus vermälen wollte; die sich aus Verzweiflung das Leben nahm, und führte ihn seitdem mit sich auf ihrem Wagen umher[3]). Nach Hermesianax bei Pausanias l. c. war Attes der Sohn des phrygischen Königs Kalaos, und ward von Geburt an ein Hämmling, Priester der Kybele, und so sehr ihr Liebling, daß Zeus ihn aus Eifersucht von einem ungeheuern Eber tödten ließ. Catull (Carm. 62.) macht ihn zu einem phrygischen Jüngling, der sich mit seiner Gespielin in einen der Kybele heiligen Hain verirrt, dort in Raserei sich entmannt, und, als er den Hain wieder verlassen will, von einem Löwen, den die Göttin sendet, gezwungen wird, darin zu verbleiben. Nach Julian in der fünften Rede ward er als Kind an den Ufern des Gallos ausgesetzt, und daselbst erzogen und gewann die Liebe der Göttermutter, die ihm einen mit Sternen besäeten Hut schenkte; aber dafür ausschließliche Gegenliebe sich ausbedung; — treulos aber ließ er sich von der Nymphe Sangaritis fesseln, und stieg in ihre Höhle nieder. Das verrieth ein Korybant der Göttin durch einen Löwen, und nun setzte sie ihn in Wahnsinn, worin er sich selbst entmannte[4]). Nach einem gewiß alten Mythus[5]) war Attes ein junger schöner Priester der Kybele,

*) Genannt von Dio Cassius (XXXI p. 165., Pomp. Mela II, 5. vgl. Mannert. II. 1. 61.) (*Sickler.*)

1) Paus. VII, 17.

2) Adv. Gent. p. 93. ff. ed. Hamburg. 3) Minuc. Fel. c. 21. 4) Ovid. Fast. IV, 223. ff. 5) Serv. ad Aen. IX, 116.

in den sich der König des Landes verliebte. Um seinen Verfolgungen sich zu entziehen, floh er in den Hain der Göttin, wohin jener ihm gleichfalls nacheilte. Dort schnitt Attes seinem Verfolger das Männliche ab, und der Sterbende that ihm wieder also; halb schon todt fanden die übrigen Priester der Kybele den Attes unter einer Fichte. Vergebens bemühte man sich, ihn zu retten; er starb. Zu seinem Andenken ward ihm jährlich ein Todtenfest mit großer Wehklage unter einer Fichte gefeiert, und es ward Gebrauch, daß die Priester der Kybele Verschnittene seyn mußten. Nach Diodor (IV, 58. ff.), der seiner Gewohnheit nach auch diese Mythe zur Geschichte macht, war Attes in seiner Jugend ausgesetzt und von Hirten erzogen; eben das war auch mit der Kybele, der Tochter des phrygischen Königs Mäonis, geschehen. Beide verliebten sich in einander und Kybele ward Attes Weib. Wie dies ihr Vater erfuhr, ließ er den Attes tödten. Kybele irrte nun, eine Rasende, im Land umher — (Isis, die den Osiris sucht) — und Unfruchtbarkeit und schwere Krankheiten befallen das Land. Das Orakel befahl, der Kybele göttliche Ehre zu erweisen, und den Attes zu begraben, von dem man aber nichts mehr fand. Da machten die Phrygier von ihm ein ähnliches Bild und verehrten ihn unter demselben. Man nannte ihn den Gott von Pessinus[6]).

Bei allen verschiedenen Wendungen, die man diesem Mythus, welchem der Adonis-Mythus analog ist, auch gegeben hat, treten doch gewisse Grundideen, das Doppelgeschlecht der Agdistis, die Entmannung des Attes, seine Untreue, die Unverweslichkeit seiner Glieder, der Verlust und das Wiederauffinden des Geliebten, um welche sich das ganze Fest der Kybele drehte[7]), die säugende Ziege, der Mandelbaum, die Fichte, die Löwen u. s. w., mehr oder minder aus demselben hervor. Vergessen wir nicht: daß nach Hesychius und Strabo Agdistis die Kybele selbst, und nach Macrob. (Sat. I, 21.) Attes ein und dasselbe Symbol mit Osiris, Adonis und Apollon ist; so wird es so schwer nicht seyn, den Mythus, und seine zum Theil localisirten astronomisch physischen Symbole zu entziffern.

Agdistis-Kybele ist die alles zeugende und gebärende Naturkraft, daher Mannweib, die Feuerkraft, die, in Phthas und Schiwen, die Natur durchdringt in wildem Ungestüm, der weder Götter, noch Menschen scheut. Aber die Ordnung liebenden Götter scheiden das Männliche und Weibliche, wie Phthas und Schiwen in zwei Naturen zerfallen. Das empfangende und befruchtende Wesen erscheint getrennt. Das Männliche wird von den Göttern an den Milchstrom Gallos versetzt, und wächst dort zum Mandelbaum, oder zum Granatapfelbaum, oder zur zapfentragenden Fichte auf — alles Symbole des Phallos, — und der Baum befruchtet die Nymphe des Himmelsflusses — Nana des Sangarios Tochter — und sie gebiert den Atys — die Sonne — der von der am Himmelsstrom weidenden Ziege — der Capella an der Milchstraße in der Nähe des Sonnenstiers, des Frühlingsgestirns der Alten — milde genährt wird, und zum herrlichen Jüngling heranwächst. Nach ihm schmachtet tief unten, in Liebe entbrannt und nach Befruchtung sich sehnend, die nun weibliche Agdistis, der Urschlamm, oder die Muttererde, und beschenkt ihn zum Liebespfande mit dem Sternenhut, dem sternumfunkelten Himmelsgewölbe, das, wie ein Hut, des Sonnengottes Scheitel bedeckt. Ihn ruft sie beim Eintritte des Frühlings — der Kybele Fest fiel in das Ende des Märzes — nachdem der erste Tag des Festes in Trauer hingebracht, die Attes Fichte gefället und in den Tempel der Göttin versetzt war[8]), am zweiten Tage unaufhörlich mit dumpftönendem Horn, und empfängt den Gatten — die Sommersonne — am dritten Tage mit Cymbeln und Handpauken, mit Hörnern und Flöten unter wilden Fackeltänzen ihrer Geweihten, und schmückt sich ihm bräutlich mit Blumen und grünen Zweigen. Er umfängt sie in Liebe; aber in tiefer Höhle, der südlichen Hemisphäre, wohnt eine Nymphe; zu dieser neigt sich der Treulose immer mehr, und geht zuletzt in ihre Kammer ein. Der Löwe, das Gestirn, wobei das Herabsinken der Sonne beginnt, verräth es der trauernden Gattin, daß der Geliebte einging in die Kammer der Jungfrau, das Gestirn am Eingang der winterlichen Hemisphäre. Da zürnet die Verlassene, und, wie sie selbst des Schmucks der Blumen und Blätter beraubt wird; so beraubt sie den Ungetreuen des männlichen Vermögens — der Wintersonne fehlt die Zeugungskraft — und sie durchtobt im Gefühl ihres Schmerzes, in Stürmen und Ungewittern, die Erde. Aber es reuet sie die That, und auf ihr Bitten wird von den Göttern dem Gemordeten Unverweslichkeit, das Vermögen der Befruchtung bleibt ihm, und mit jedem Frühlinge umfängt er liebend wieder die Gattin, und mit jedem Herbst verläßt er sie treulos wieder, unfähig, sie zu begatten, und stürzt sie in Trauer (vgl. Richters Phantasien des Alterthums, Th. 3 S. 334. ff.). *(Ricklefs.)*

Agdos. s. den vorhergeh. Art.

AGDOTSCH, ein truchmenischer Bezirk nordwestlich von Schirwan, welcher mit Arasch, Schaki (Schiki) und Kaballah fast immer einen Chan (Beherrscher) gehabt hat. S. Truchmenen. *(Rommel.)*

AGEDINCUM, Agedicum, Agendicum, auch Agredicum, jetzt Sens, Hauptstadt der Senonen in der Gallia Celtica oder Lugdunensis, genannt von Jul. Cäsar (L. VI, c. 44) von Strabo, Ptolem. und ausdrücklich von Sil. Ital. (L. VIII, 454); vom Eutropius schon genannt nach dem Namen des Volks Senoni. (Vergl. Mannert Gall. S. 151.) *(Sickler.)*

AGEEG, AGIG, (nach Bruce II, 8), Name einer der verschiedenen Nationen, welche längs der Küste des (s. g.) rothen und indischen Meeres wohnen, und in feststehenden Hütten oder Häusern leben. Er kommt von einer kleinen Insel an der Küste den Bergen der Hababs gegenüber. Verschiedene Stämme von ihnen, Tora, Faltal, Shiho, Azimo und Azabo, (ein sehr

6) Tertull. Apol. 15. 7) Vgl. Creuzer's Symbolik II. 32. ff. 8) Plin. H. N. XVI, 15; Arnob. adv. gent. p. 99.

wildes Volk, in Azab, einem niedrigen, öden Laude unterhalb Enderta,) wohnen, wo sich das rothe Meer ostwärts gegen die Meerenge dreht, und haben insgesamt wollige Haare. Was Bruce nach seiner Lieblingsidee von den Hirten und von Saba noch weiter anführt, wird der, der sie auch zu der seinigen machen kann, a. a. O. selbst nachlesen. (*Hartmann.*)

AGELADAS oder AGELADES, aus Argos, lebte (nach Plinius) um die 87ste Olymp., und verfertigte gemeinschaftlich mit Kanachos und Aristokles die drei Musen, auf welche Antipater von Sidon ein Epigramm gedichtet hat. (*Brunk.* anal. II. p. 25.) Ferner werden ihm ein Wagen des Kleosthenes, eines Siegers in den olympischen Spielen, eine Statue des Jupiter in dem Tempel auf dem Berge Ithoma in Thessalien, die Bilder des Jupiter und Herkules im Knabenalter zu Äge, eherne Pferde und gefangene Weiber zu Tarent zugeschriebrn. Er war der Lehrer des berühmten Phidias. Werke in dem Style des Agelades mögen seyn: die capitolinische Ara mit den Arbeiten des Herkules, die Muse im Palast Barberini, der Sturz einer Muse in der Villa Medicis. (*I. Horner.*)

AGELAOS, 1) der Sohn des Herakles und der Omphale, vom dem der lydische König Krösos stammen wollte [1]), bei anderu Lamos und Laomedes genaunt [2]). 2) Der Sohn des Öneus und der Althäa, der in dem Kampfe umkam, welcher zwischen den Kalydoniern und Kureten ausbrach, weil Meleager die Söhne des Thestios, die ihm die Hane und den Kopf des kalydonischen Ebers streitig machten, getödtet hatte [3]). 3) Der Sklave des Priamos, der auf seinen Befehl den Alexandros aussetzte und, als er ihn nach 5 Tagen von einer Bärin gesäugt antraf, ihn unter dem Namen Paris aufzog [4]). 4) Der Sohn des Herakliden Temenos, der mit seinen Brüdern Eurypbylos und Kallias den Vater tödten ließ, weil er seiner Tochter Hyrnetho und ihrem Gemal Deiphontes die Thronfolge zuwenden wollte [5]). (*Ricklefs.*)

AGELASTOS, d. i. der Nielachende, ein passender Beiname des Pluto, der finster ist wie das Rrich, das er beherrscht. (*Ricklefs*)

Agelastos, (Ἀγέλαστος,) Fels in Attika, vergl. Attika.

Agele, s. Angele, Attika.

AGELEIA, (Αγελειη,) und AGELEIS, (Αγεληις.) Beiname der Pallas, der erste Beutegewinnerin, bei Homer, der zweite Volksführerin. (*Ricklefs.*)

AGELENA, eine von Valkenaer (tableau des Arachnides) errichtete Gattung der Spinnen, die Latreille mit seiner Gattung Aranea verbindet. Die Kennzeichen sind: acht ziemlich gleich große Augen am Vordertheile des Halsschildes stehend, eine quer liegende Ellipse bildend. Die Beine mäßig lang, das virrte Paar am längsten, das dritte am kürzesten, das erste etwas länger, als das zweite. Die Thiere sitzen in ihrem horizontalen Gewebe, das sie von Pflanzen und Sträuchen verfertigen und lauern in einer gewebten Höhle auf ihren Fang. Die in Europa häufig vorkommende Art ist *Agelena labyrinthica* Valkenaer tabl. p. 51. n. 1. *Aranea labyr.* Fabr. Ent. syst. 2. p. 418. n. 41. Linn. Syst. Nat. 2. p. 1031. n. 12. Abgebildet bei Schäffer Icon. tab. 19. fig. 8. — Albin. tab. 17. f. 83. — Clerk Aran. suec. p. 79. 2. fig. 8. (*Germar.*)

1) Apollod. II, 7, 8. 2) Heyne ad Apollod. l. c. 3) Ant. Lib. 2. 4) Apollod. III, 12, 5. unrichtig Archelaos genannt Heyne not. cr. ad l. c. 5) Apollod. II, 8, 5. vgl. Paus. II, 19 und 28, der in den Namen der Temeniden abweicht. Des Euripides Temeniden, die uns wahrscheinlich mehr belehrt hätten, sind nicht erhalten.

AGELET, (Joseph le Comte d') Mitglied der Akad. der Wissensch. zu Paris, geb. zu Thone la Long den 25. Nov. 1751. Unter Lalande studirte er die Astronomie, in welcher Wissenschaft er sich rühmlich auszeichnete. Im J. 1773 begleitete er als Astronom die Expedition unter Kerguelen, im J. 1785 die unter Perouse, auf welcher er auch seinen Tod fand. — Als Früchte seiner ersten Reise legte er der Akademie 1780 seine Tagebücher vor, welche über 1600 Beobachtungen über die Planeten und weit mehrere noch über die Fixsterne enthielten. (Nach Biot in der Biogr. univ.) (*H.*)

AGELMUND, (Agilmund, d. i. Freimund,) erster König der Langobarden, (aus dem hochgeachteten Geschlecht der Guningi, d. i. Wohlwollenden, Gönnenden,) welchen sie sich statt der bisherigen Heerführer erwählten, als sie gegen das Ende des 5ten Jahrh. n. Chr. ihre große Wanderschaft aus Nordteutschlaud nach der Donau und dann weiter nach Italien angetreten hatten. In der untern Donaugegend wurden sie unvermuthet von den Bulgaren überfallen und eine Strecke zurück geschlagen. Bei diesem Unglück verlor Agelmund das Leben. (Vgl. Paul. Diac. und Gatterer.) (*Chr. Niemeyer.*)

Agelnoth, s. Canut.

AGEN, (Br. 44° 12′ 22″ L. 18° 16′ 20″) im Alterthum Aginnum, in der Gallia Aquitanica *), Hauptstadt des franz. Depart. Lot-Garonne und eines Bezirks von 19 QM. und 79,312 Einw. Sie liegt an der Garonne, über welchen Fluß sich der Hügel l'Hermitage erhebt, und umgeben von dem Moraste Braix, dessen Ausdünstungen die Luft ungesund machen, ist schlecht gebaut, hat unregelmäßige Plätze, krumme schlecht gepflasterte Straßen, 1 Kathedrale, mehrere andere Kirchen, eine in einen Felsen gehauene Kapelle, neben welcher man noch einige Mönchszellen sieht, 862 Häuser und 10,746 Einw. Sie ist der Sitz der Departementsautoritäten, eines Bischofs, eines königl. Gerichtshofs und eines Handelsgerichts: man findet hier eine Societé des sciences, belles lettres et arts, ein Gymnasium oder städtisches Collegium und eine Bibliothek von 9,000 Bänden. Die Manufakturen bestehen in Indienneweberei, die vormals wol 10,000 Stück lieferte, aber in der Folge verloren hat, in 1 farbigen Papiermanufaktur, 1 Schnupftabakfabrik, die 2,000 Centn. liefert, 1 große Segeltuchmanufaktur für die Marine mit 200 Stühlen, die mit den Spinnern wol 5,000 Arbeiter beschäftigt, 1 Molton- und Baumwollendeckenmanufaktur, die aber

*) Genannt im Itin. Ant., in der Tab. Peuting. und von Ausonius (Ep. 24.) so wie von Hieronymus Eccl. in Phöb. Vgl. Mannert's Gallia S. 115. (*Sickler.*)

ganz im Verfalle ist und 1800 nur noch 20 Centn. Baumwolle verbrauchte, einer unbedeutenden Serge- und Etaminweberei, Gerbereien, Handschuhmacherei, die nur 12,000 Paar liefert, Stärkefabriken, Branntweinbrennereien, und Lichterfabriken. — Mit diesen Fabrikaten und denen der umliegenden Gegend treibt sie einen bedeutenden Handel, und ist die Hauptniederlage der Waaren zwischen Bordeaux und Toulouse, hat auch eine Börse. Die Promenaden um die Stadt, besonders der Coties an der Garonne, gehören unter die reizendsten, die Frankreich hat. Die Stadt hat ein hohes Alter: man stößt auf römische Alterthümer. Unter den Gelehrten, die hier geboren sind, zeichnen sich aus: der noch lebende Naturforscher Lacepède, der Epistolograph J. D. Boilean, † 1735, und der Literator Jos. Just. Scaliger, † 1609 zu Leyden. (Descr. top. et stat. de la France. Lot et Garonne p. 27.) (*Hassel.*)

Agende, s. Kirchenagende.

Agendicum, s. Agedincum.

AGENEIOSUS, Gattung von Fischen, von Lacepède aufgestellt, um diejenigen Arten der Gattung Silurus (Wels) von den übrigen zu trennen, welche hinter der großen Rückenflosse noch eine Fettflosse und am Munde keine Bartfäden haben. Vorläufig werden von ihm nur Silurus militaris Linn. und S. inermis, beide aus südamerikanischen Flüssen, zu dieser neuen Gattung gezählt. Man kann aber dieser Trennung füglich entbehren, da die Welse ohnehin schon in drei Gattungen zerfallen, und dann gehören diese zu Pimelodes. (*Lichtenstein*)

AGENOR, (Ἀγήνωρ.) 1) der Sohn des Poseidon und der Libya, oder nach Hygin (F. 157) der Eurynome, König von Phönikien, vermält mit der Telephassa[1]), Vater des Kadmos, Phoinix, Kilix und der Europa, der, als letztere von Zeus entführt war, seine Söhne ausschickte, sie aufzusuchen, mit dem Befehl, ohne sie nicht zurück zu kehren, worüber keiner zurück kehrte, weil keiner sie fand[2]). Ueber sein Geschlecht herrscht in den Angaben der Alten eine große Verschiedenheit. Statt der Telephassa geben ihm einige eine Tochter des Neilos Agriope oder Argiope[3]), zur Gemalin, mit der er den Kadmos, so wie mit einer früheren Gemalin Damno, einer Tochter des Belos, den Phoinix, die Isaia und Melia erzeugt haben soll[4]). Der Scholiast des Apollonius Rh. II, 178 gibt ihm nach Hellanikos noch den Phineus zum Sohne; *Schol. in Eurip. Phoen.* 5 nennt diesen statt des Phoinix, welcher *Schol. in Aeschyl. Sept. adv. Theb.* 492 ganz ausgelassen wird. Pausanias (V, 25) nennt noch den Thasos als seinen Sohn, der *Con.* 37 ein Bruder des Kadmos heißt. *Dict.* (I, 9) gibt ihm noch die Taygete zur Tochter, und Homer (*Il* XIV, 321) macht die Europa zu einer Tochter des Phoinix; wol möglich, da Enkel noch lebenden Großältern oft als Kinder beigelegt werden. — 2) Einer der Söhne des Aigyptos, verlobt mit der Danaide Kleopatra[5]). Hygin (F. 170) nennt sie Enippe. — 3) Der Sohn und Nachfolger des Königs Triopas in Argos, ein grausamer Wüterich, Vater des Krotopos[6]), der von Hygin (F. 124) Pelasgos genannt wird. — 4) Der Sohn des Amphion und der Niobe, von Apollon erschossen[7]). — 5) Der Sohn des Jasos, Vater des vieläugigen Argos[8]), bei *Eudoc.* p. 79 als Sohn des Phoroneus angeführt, der nach Hellanikos[9]) den Jason (Jasos) und Pelasgos zu Brüdern gehabt haben soll. — 6) Der Sohn des Pleuron und der Doride Xanthippe, vermählt mit Epikaste, der Tochter des Kalydon, Vater des Porthnon und der Demonike[10]). Einige nannten auch den Phineus seinen Sohn[11]). — 7) Der tapfere Sohn des Antenor, der beim Sturm auf das griechische Lager mit Paris und Alkathoos die zweite Colonne anführte[12]), den letztern, als er fiel, vertheidigte (XIII, 490), den verwundeten Helenos verband (l. c. 598 ff.), dem Ajas gegen Hektor zu Hilfe eilte (XIV, 425), den Klonios erlegte (XV, 340) und von Apollon ermuthigt, es zuletzt mit dem Hektor selbst aufnahm, und, als dieser ihm zu mächtig ward, durch den Gott, der statt seiner ein ähnliches Luftbild schuf, das Hektor verfolgte, gerettet ward (XXI, 408 ff.). Er fiel durch Achillens Sohn Pyrrhos[13]). — 8) Ein Sohn des Phegeus, Königs in Psophis, Bruder des Pronoos und der Arsinoe, der mit seinem Bruder die wegen der Kallirrhoe von ihrem Gemal Alkmaion verstoßene Schwester an diesem rächte, dafür aber mit dem Bruder von den Söhne der Kallirrhoe wieder erschlagen ward[14]). Pausan. (VIII, 24), nennt die Brüder Tamenos und Axion, die Schwester Alphesiboia. (*Ricklefs.*)

AGENORA, AGENORIA, 1) römische Göttin, entweder der Thätigkeit selbst, oder die Erweckerin derselben, ab agendo dicta, quae ad agendum excitaret. August. *d. C. D.* 4, 16. — 2) Verwechselt mit Angeronia. S. diese und Angeronalia. (*Ricklefs.*)

Agens, Reagens, s. Kraft.

Agent, s. Bevollmächtigter u. Gesandter.

AGER. I., Ager effatus, s. Effata.

II. Ager quaestorius. Bisweilen pflegte bei den Römern beschlossen zu werden, daß ein Theil der dem Staat gehörigen (eroberten) Ländereien auf dem Wege des Verkaufs in Privateigenthum verwandelt werden sollte, um dadurch der Staatskasse aufzuhelfen. Zu dem Ende wurde eine Limitation veranstaltet, und alsdann den Quästoren die Versteigerung überlassen. Davon hieß alsdenn das auf diese Weise veräußerte Land ager quaestorius. Vgl. Siculus Flaccus und Hyginus (bei *Goes. auct. rei agrar.* p. 2. 14. 205.).

III. Ager vectigalis. (I). Ager vectigalis populi romani, ist das dem römischen Volke zinsbare Land, also genannt von der Abgabe, welche die Nutzungsberechtigten für die ihnen zustehende Benutzung dem römischen Staate zu entrichten hatten, und welche vectigal hieß. Dieses vectigal scheint in Früchten bestimmt gewesen zu

1) Bei Steph. Byz. [illegible] Telephae, und [illegible] Telephe. 2) Apollod. III, 1, 4 und III, 1, 1. 3) Beim Schol. ad Eurip. Phoen. 5. fälsch Antiope. 4) Schol. zu Apoll. Rh. III. 1185. nach Pherekydes vergl. Hyg. F. 178. und Eudoc. p. 23.

5) Apollod. II, 1. 5. 6) Paus. II, 16. 7) Apollod. III, 5, 6. 8) Apollod. II, 12. 9) Schol. in Il. III, 75. 10) Apollod. I, 7, 7. 11) Id. I, 91. 21. 12) Il. XII, 93 ff. 13) Paus. X, 27. Hyg. F. 113. 14) Apollod. III, 7, 6.

seyn, deren Erhebung (das ius vectigalis) alsdann (in späterer Zeit wenigstens) an Staatspächter gegen eine in barem Gelde an die Staatskasse zu zahlende Summe überlassen war. (Hyginus in Goesii auct. rei agr. p. 205). Daher kommt der Ausdruck ager vectigalis, und auf die Verpachtung der Abgabenerhebung sind die Ausdrücke: „agrum fruendum locare seu conducere," „jus vectigalis emere vel vendere," oder auch wol blos: „agrum publicum locare," zu beziehen. Daß ein Grund und Boden die Eigenschaft eines ager vectigalis annahm, geschah aber, theils 1) indem man den alten Eigenthümern, denen er durch Eroberung entrissen worden war, erlaubte, ihn gegen Entrichtung des vectigal fortzu besitzen (ager reddebatur), wie es späterhin immer in den Provinzen geschah, indem man dort die agri privati durch Auflegung eines Grundzinses (tributum, vectigal) in agri vectigales verwandelte, (Vgl. Aggenus p. 47 und Goes.), jedoch mit Ausnahme derjenigen Territorien, welche jus italicum hatten, (vgl. diese Rubrik), theils 2) indem man den bisherigen Eigenthümer vertrieb, und das Land an neue Besitzer verlieh, denen man die Besitzergreifung erlaubte (ager occupabatur). Diese Verleihungen geschahen nicht auf eine gewisse Zeit, wie bei gemeinen Verpachtungen, sondern für immer; jedoch so, daß dem Staat das Recht dergleichen Besitzungen einzuziehen und auf andere Weise darüber zu verfügen, unbenommen blieb: obgleich die Ausübung dieses Rechts immer etwas Gehässiges und Unbilliges hatte. (Vgl. den Art. Agrar. Gesetze). Die wichtigsten Bedingungen aber, unter welchen die Staatsländereien in der Eigenschaft von agri vectigales verliehen wurden, scheinen folgende gewesen zu seyn: 1) Nur größere Feldmarken (latifundia) wurden verliehen, daher uns die Possessiones geradezu als agri late patentes von Festus (v. possessiones) beschrieben werden, vermuthlich weil durch zu große Zersplitterung die Erhebung des vectigal zu sehr erschwert worden wäre. Natürlich aber war dieser Bedingung wegen der ärmere Theil der römischen Bürger von der Benutzung des ager vectigalis ausgeschlossen. 2) In der ältern Zeit machten die Patricier ausschließenden Anspruch auf das Recht den ager vectigalis zu besitzen, (und wußten es dann auch wohl so einzurichten, daß sie kein vectigal davon bezahlten). Dafür aber scheinen sie auf der andern Seite keinen Theil gehabt zu haben an demjenigen, was von Zeit zu Zeit von dem ager publicus in Privateigenthum verwandelt, und mit Freiheit von aller Grundabgabe in kleinen Portionen (gewöhnlich von fünf Jugern) an die Plebejer überlassen wurde, (vgl. den Art. ager viritanus), so daß man sich das Verhältniß ungefähr so zu denken hätte, wie wenn die Edelleute keine Bauergüter und umgekehrt die Bauern keine Rittergüter erwerben können. Das von den Patriciern angemaßte oder vielleicht auch wohlbegründete Vorzugsrecht in Ansehung des ager publicus wurde ihnen jedoch durch das agrarische Gesetz des Licinius (S. Agrarische Gesetzgebung) entrissen, wodurch auch den Plebejern (freilich nur den reichen) der Genuß der Latifundien eröfnet wurde. 3) Seit dem licinischen Gesetze finden wir dann auch ein höchstes Maß (500 Jugern) festgesetzt, welches bei der occupatio kein Familienvater zu überschreiten befugt seyn sollte. Merkwürdig ist es, daß wir in der Kaiserzeit, nachdem unter Octavianus Augustus die Provinzen zwischen dem Kaiser und dem Senat, besonders in Ansehung der Einkünfte, getheilt worden waren, mit Beziehung auf diese Theilung verschiedene Benennungen für die zinsbaren Ländereien finden. Die zinsbaren Ländereien in den sogenannten provinciae populi romani hießen praedia stipendiaria, die in den kaiserl. Provinzen aber praedia tributaria. Dieses bestätigen ausdrücklich die von Göschen herauszugebenden Institutionen des Gajus (p. 59. Cod. lin. 2—6). Ob es aber gegründet ist, was Theophilus (Paraphr. Institt. II, 1. §. 40) sagt, daß die praedia tributaria schwerer belastet gewesen seyen, als die praedia stipendiaria, weil der Kaiser zum Sold seiner Heere großer Einkünfte bedurfte, mag dahin gestellt seyn; allerdings ist es glaublich, daß die kaiserl. Provinzen willkürlichen Abgabenerhöhungen noch mehr ausgesetzt waren, als die andern. Was die Rechte betrift, welche an den agri vectigales den Besitzern zustanden, so begriffen sie allerdings den vollen Nutzungsbesitz (usus; denn usus ist im ältesten Sprachgebrauche so viel als Besitz, wie der Ausdruck usucapere beweist): aber ein Eigenthum hatten die Besitzer nicht, wie schon der für dergleichen Ländereien vorkommende Ausdruck possessiones beweist. Der vorhin angeführte Gajus (p. 55. lin. 15) sagt daher auch ausdrücklich: in den Provinzen gehöre das Grundeigenthum dem römischen Volk oder dem Kaiser, der Privatinhaber aber habe blos den Besitz oder die Nutznießung. Eine rei vindicatio fand daher auch bei den agri vectigales nicht Statt. Dagegen ist es wahrscheinlich, daß die Interdicta possessoria ursprünglich auf die agri vectigales sich bezogen haben, obgleich späterhin sie auch auf den ager privatus angewendet werden. Die in späterer Zeit bei der durch die Abschaffung der legis actiones eingetretenen Umänderung des römischen Gerichtswesens entstandenen dinglichen Klagen sind wir allerdings auch bei diesen agri vectigales anzunehmen berechtigt, da bei den agri vectigales civitatum wenigstens sowol eine actio in rem (civilis?) (Dig. VI, 3. fr. 1. §. 1) als auch die actio (in rem) Publiciana (Dig. VI, 2. fr. 12. §. 2) bestimmt erwähnt wird. (Vgl. überh. Niebuhr Röm. Gesch. Th. 2. S. 349 und folgg.)

(II). Agri vectigales civitatum. Es ist an sich wahrscheinlich, daß die von Rom abhängigen oder ihm einverleibten Städte in Benutzung ihres Gemeinlandes ein ähnliches Verfahren beobachtet haben werden, wie Rom selbst. Nach Paulus (Dig. VI, 3. fr. 1) geschah die Benutzung für die Gemeindekasse zum Theil durch gewöhnliche Zeitpacht, zum Theil durch Ueberlassung gegen ein vectigal: was einen Unterschied zwischen agri non vectigales und agri vectigales begründete. So gab es also auch agri vectigales civitatum, an deren Nutzung man, so lange das vectigal bezahlt wurde, gegen die civitas selbst sich behaupten konnte. (Dig. VI. 3. fr. 1. §. 1. fr. 2).

IV. Ager viritanus. Wenn in Rom von dem, was (durch Eroberung besonders) Grundeigenthum des römischen Staats geworden war, eine Landaustheilung beschlossen war, in der Art, daß Mann für Mann eine gleiche Anzahl von Jugern bekommen sollte, so hieß das in Folge eines solchen Beschlusses durch förmliche Limitatio abgesteckte und assignirte Land ager viritanus. Vgl. Festus v. viritanus. So sollte nach einem Senatsbeschluß von dem eroberten vejentinischen Gebiet jeder Plebejer sieben Jugern (wie es scheint, das gewöhnliche Maß) erhalten (Liv. V, 30): es kommen nämlich solche Landaustheilungen immer blos in Beziehung auf die Plebejer vor, während die Patricier (späterhin freilich die Reichen und Vornehmen überhaupt) den Genuß der agri vectigales haben. — Uebrigens sollten bei der oben erwähnten Austheilung nicht blos die Hausoberhäupter Antheile bekommen, sondern auch die noch in der väterlichen Gewalt befindlichen Kinder, was aber als Ausnahme erscheint. (*Unterholzner.*)

AGER, (Agira, Eger.) Fluß, welcher aus dem Attersee kommt und unterhalb Lambach in die Traun fällt. Vom 12. Sept. 1810 bis 22. April 1816 machte er bis Schwannenstadt die Grenze zwischen Oesterreich und Baiern. Die dürre Ager entspringt hinter St. Georgen, fließt zuerst in die Vöckla und dann in die Ager. (*Winkelhofer.*)

AGER, Flecken in der span. Prov. Catalonien am Segre, mit einem Kastell. (*Stein.*)

AGERATUM, eine Pflanzengattung aus der natürlichen Familie der Corymbiferae, und aus der ersten Ordnung der 19ten Classe. Der Charakter besteht in einem gemeinschaftlichen Kelch, dessen Schuppen in zwei Reihen stehn, in einem nackten Fruchtboden, vier- und fünftheiligen Blüthchen, ohne Strahl, und einer Samenkrone, die fünf Spreublätter enthält. Es sind zwei Arten bekannt: Ag. *conyzoides*, mit fast herz- und eiförmigen Blättern und gezähnten gegrannten Spreublättern. Diese Art wächst auf Jamaica, und wird als Sommergewächs häufig in botanischen Gärten gebaut, wo man sie oft unter fremden Namen hat. Sie trägt bläuliche, auch weiße Blumen. Abgebildet ist sie in Heemann paradis. t. 161. Die zweite Art Ag. *latifolium* Cav., ist wenig davon verschieden: nur sind die Blätter an der Basis keilförmig, die Spreublättchen nicht gegrannt, sondern lanzetförmig. Abgebildet ist diese Art in Cav. ic. vol. 4. t. 357. Vgl. Achillea I. ageratum. (*Sprengel.*)

AGERKUF, عقرقوف, eine aus ungebrannten Steinen 70 Fuß hohe Anlage, 2½ Stunde westlich von Bagdad und dem Tigris gelegen. Ueber jeder 6ten Lage von Steinen liegt eine Lage Schilfrohr, und die nördliche Seite ist fast senkrecht. Von einigen Reisenden ist diese künstliche Erhöhung für den babylonischen Thurm gehalten worden. (S. auch Makdon. Kinneir's statist. Gemälde von Persien in Rühs und Spikers Zeitschr. f. d. neueste Gesch. u. s. w. 1814. Bd. 2. S. 231.) Niebuhr dagegen, welcher ihn in seinen Reisen (Th. 2. S. 305) genau aus eigener Ansicht beschreibt, vermuthet, daß diese Anlage gedient habe, ein Landhaus der Khalifen zu tragen. In der Nähe sind Spuren von Landhäusern, oder einer kleinen Sende. Der eigentliche babylonische Thurm lag am Euphrat. S. Helle. (*P. F. Kanngießer.*)

AGEROLA, St. in der Neapol. Prov. Princip. cit. mit 2200 Einw., Sitz eines Bisthums. (*Röder.*)

Agesander, s. Laokoon.

AGESANDROS, d. i. Männerentführer, ein Beiname des Pluto. (Hesych.) (*Ricklefs.*)

AGESILAOS, d. i. Völkerentführer, ein Beiname des Pluto. (*Callim. Hymn. in Pallad.* 130. *Spanh.* ad h. l.) (*Ricklefs.*)

AGESILAOS, ward zum König von Sparta durch Lysanders Beistand (399 v. Chr.) erhoben, nachdem er seinen Neffen Leotychides, den man für Alkibiades Sohn hielt, als illegitim hatte erklären und das bestehende Orakel zu seiner Gunst auslegen lassen. Nachdem das rivalisirende Athen im Gefolge der Niederlage am Ägos Potamos (Ziegenflusse), wo seine Flotte verloren ging, die Mauern hatte niederreissen müssen, beherrschten die Spartaner fast ganz Griechenland, und standen im Zenithe politischer Stöße; denn auch ein Theil Kleinasiens war ihrer Macht unterworfen, weswegen sie in stetem Kriege mit der Perser Könige lebten, der ihnen auch im Griechenland Feinde zu wecken wußte. Agesilaos, entschlossen ihn mit bisher ungewöhnlichem Eifer zu bekriegen, wußte es mit Lysanders Rath dahin zu bringen, daß Asiens Städte ihn auffoderten, woranf er mit 8000 Mann von Aulis nach Asien überschiffte (395 v. C.) Was Lysander auch im Anfang that, um Agesilaos herabzuwürdigen, so fühlte er doch zu bald, daß er seinem kräftigern Genius weichen müsse, und ging als Gesandter zu den Bundsgenossen. Sobald er seine Streiter mit denen der Städte Asiens vereinigt hatte, bemeisterte er sich in Kurzem des größten Theils Kleinasiens. Mit höchstem Verdrusse gehorchte er nach zwei Jahren dem Gesetze der Nothwendigkeit, seine Eroberungen zu verlassen und nach Griechenland zurückzukehren, wohin ihn die durch persisches Gold angeknüpfte feindliche Verbindung einiger Staaten rief. Beim Zuge durch Thessalien schlug er eine zahlreiche Reiterei, die sich ihm entgegensetzte, und nach Böotien gekommen, das vereinte Heer der Böotier, Argiver und Athener bei Korenäa, wobei er schwer verwundet wurde. Später führte er das Heer zum korinthischen Kriege in den Peloponnes, wo er mehrere Vortheile errang und die isthmischen Spiele feierte. Um diese Zeit mußten die Hilfstruppen von Amyklä nach Hause zur Feier der Hyazinthen, Apollo's Feste, ziehen; aber Iphikrates, der Athener, überfiel sie auf dem Marsche und vernichtete diese bedeutende Abtheilung des Heeres. Die Akarnanier, die Ätolier drängend, zwang er zum Frieden. Im J. 387 vermittelte Antalkidas den Frieden zwischen Persien und Griechenland, den aber Phöbidas der Spartaner brach, indem er vertragswidrig sich der Citadelle von Theben bemächtigte und despotisch herrschte. Die Mißbilligung der Lacedämonier und ihr Rückruf des Schuldigen zum Gerichte waren fruchtlos; denn Agesilaos stand als sein Beschützer auf und Kadmäa blieb in Sparta's Händen. Eben so entzog er den Sphodrias der Verurtheilung, nachdem er im tiefsten Frieden den Versuch gemacht hatte, den athenischen Piräus durch Verrath zu überrumpeln, indem er ihn als einen treflichen Krieger lobte, dessen die Republik nicht entrathen könne, ob er gleich diese That mißbillige. Nach der Schlacht bei Leuktrá (371), in der er nicht gefochten hatte, rettete er durch seine Weisheit das verzweifelnde Vaterland. Viele Spartaner waren geflohen und dadurch in die Strafe der Ehrlosigkeit verfallen. Ihre zu große Menge würde die Gefahren durch Anwendung der Strenge noch erhöhet haben. Man übertrug daher dem Agesilaos die Gesetzgebung, der die Kraft der Gesetze einen Tag lang aufhob, während welchen die Geflohenen in alle Rechte wieder eingesetzt wurden. Kleine Vortheile, die er alsbald durch Einfälle in Arkadien errang, gingen durch den siegreichen Epaminandos, der Lakonien verheerte und Sparta bedrohte, eben so schnell wieder verloren, und nur durch Klugheit und weises Zaudern rettete er die Stadt dieses Mal, so gut als ein zweites Mal, nachdem er verweigert hatte mit Theben Frieden zu schließen. Nach der Schlacht von Mantinea, die er gegen Epaminondas verlor, hielt er Sparta ab, dem allgemeinen Frieden beizutreten, und beobachtete blos einen Waffenstillstand, während dessen er nach Aegypten ging, zuerst das Heer des gegen Persien aufgestandenen Tachos, danu das des Nektanebos zu zwei großen Siegen, einzig von seinem Genie ausgehend, anführte, darauf, nach dessen befestigtem Throne, nach Hanse eilte. Ein Sturm nöthigte ihn, in Menelaos Hafen auf Afrikas Küste anzulegen, wo er 84 Jahr alt starb. Eigenschaften, die sich entgegen zu stehen scheinen, zeichneten den Charakter dieses großen Mannes aus; ehrgeizig und kühn, sanft und liebenswürdig, stolz, und doch freiheitliebend, eigensinnig und gütig, uneigennützig in hohem Grade, ein zärtlicher Vater (man erzählt eine Anekdote von ihm mit seinen Kindern, ganz der von Heinrich IV. ähnlich) verschmolz er doch alle diese Eigenschaften in ein edles Ganzes, welches der Liebe zum Vaterlande jede andre Rücksicht unterordnete. Und dessen ungeachtet führte seine unbiegsame Hartnäckigkeit dieses geliebte Vaterland zwei Mal an den Rand des Verderbens. Glücklich für ihn, daß Xenophon sein Freund und Geschichtschreiber war, und vielleicht geschieht diesem kein Unrecht, wenn man ihn beschuldigt, daß die Freundschaft für Agesilaos ihn zur Ungerechtigkeit gegen Epaminondas verleitet habe. Seine Geschichtschreiber, zu denen auch Plutarch, Corn. Nepos, Diodorus S. gehören, haben manche seiner edeln Aeußerungen aufgezeichnet: die Errichtung von Trophäen und Denkmälern zu seinem Ruhme hindernd, sprach er: „Meine Handlungen müssen meine Ehrensäulen werden.“ Dem Fragenden „ob Tapferkeit, oder Gerechtigkeit den Vorzug verdiene?“ erwiederte er: „wäre Jedermann gerecht; so würde die Tapferkeit unnütz werden.“ (*G. H. Ritter.*)

AGESINA. Stadt in der Gallia Aquitanica, genannt von Plin. (IV, 19 wo die Bewohner Agesinates heißen). (*Sickler.*)

AGESSOS, (Ἀγησσός,) Stadt in Thracien; Einw. Ἀγήσσιος oder Ἀγησσίτης. Steph. Byz. Münzen, s. d. Eckh. Doctr. II. 23. Num. vet. ib. 3. n. 25. p. 43. vgl. Rasche Lex. num. Tom. I. p. 191, Suppl. I. p. 345. (*Spohn.*)

AGETOREION, (Ἀγητορειον sc. ἱερον), ein Fest bei den Griechen (*Hesych.* h. v.), von welchem zweifelhaft ist, ob es der Aphrodite, deren Priester auf Kypros ἀγητωρ (Führer, Herrscher) hieß, oder dem Zeus (*Stob. serm.* 42) oder dem Apollon (*Paus.* 8, 31), welche jenen Namen als Beinamen führten, gefeiert wurde.

Agetoria, s. Karneia.

Ageustia, Agheustia, Geschmacksverlust, s. Geschmack.

AGGER, ein nicht unbedeutender Fluß, der im Herzogth. Westphalen entspringt, ins Neustadt-Gimbornsche tritt, auf einer ansehnlichen Strecke die Grenze zwischen diesem und der Grafschaft Homburg macht, dann ins Bergische fließt, und sich unweit Siegburg mit der Sieg vereinigt. Mehrentheils durch tiefe Gebirgsthäler strömend ist sein Lauf reissend, oft verheerend, doch hat ihn Fleiß und Kunst gezwungen, eine Menge von Eisenhämmern u. s. w. zu treiben. Sein Gelände ist fruchtbar, und vorzüglich seines würzhaften Graswuchses wegen bekannt. (*Aschenberg.*)

Aggerhuus, s. Christiania.

Aggerout, s. Adscherud.

Agglutinantia, s. Gluten.

AGGREGAT (nach Campe Gehäuf, aggregatio, die Handlung des Häufens, Anhäufung, wovon Aggregat das Bewirkte ist), nennt man 1) im Allgemeinen jede Masse, die aus einer zufälligen Verbindung ihrer Theile entstanden ist. Daß diese Theile, wie Campe will, gleichartige seyn sollen, scheint nicht wesentlich erfoderlich. 2) Ein Aggregat von Naturdingen steht daher entgegen der stetigen Größe; dies Aggregat ist ein bloßes Contiguum und kein Continuum. 3) In intellectueller Hinsicht bezeichnet man damit eine Masse zufällig zusammengebrachter Kentnisse, denen also der wissenschaftliche Zusammenhang fehlt. Man kann ein solches Aggregat als einen Haufen vorräthiger Materialien betrachten, welche zu einem künftigen Bau erst benutzt werden sollen. Da solch ein Bau nur bewirkt werden kann durch Selbstthätigkeit des Geistes, so muß jetzt eine methodische Sichtung vorgenommen werden, bei welcher das Wissen nicht mehr dem Zufall überlassen bleibt, sondern mit Absicht gesucht wird, so daß es nicht länger mehr aus bloßen Bruchstücken besteht, sondern in sich zusammen hängt. Auf solche Weise nur wird der geistige Bau zusammen gebracht; mit andern Worten: das Wissen wird systematisch. Aggregat steht also hier entgegen dem System, und das Mittel, aus jenem dieses zu Stande zu bringen, ist Methode, welcher entgegengesetzt ist die Rhapsodie oder das tumultuarische Verfahren. (*Gruber.*)

AGGSBACH im Erzhzgth. Oesterreich unter der Ens, ein zum Kr. ob dem Wienerwald gehöriges Pfarrd. mit einem Schlosse an der Donau. Wahrscheinlich hat der Ort seinen Namen von der Aa oder dem Achtbache der sich in der Nähe desselben in die Donau verliert, und der im 11ten Jahrh. erbaute Ort gab dem Adelsgeschlechte von Acchisbach seinen Namen, welches sich hier niederließ, und nach dessen Erlöschen die Herren von Meissau in Besitz eintraten, aus welchen der berühmte Haderich Landesmarschall von Niederösterreich um das J. 1386 dieses Gut zur Stiftung eines Klosters für Karthäuser verwendete, die Aggsbach bis unter Joseph II. besaßen, wo ihr Stift aufgehoben wurde. Jetzt ist Aggsbach der Verwaltungssitz einer eigenen Herrschaft, zu welcher mehrere in der Nähe befindliche Ortschaften gehören. — Der am linken Donau-Ufer gegen über liegende Markt Aggsbach schon 830 unter dem Namen Accusbach bekannt, aus 62 H. mit 459 Einw. bestehend, gehört jetzt zur k. k. Familienherrschaft Leiben. (*Th. Freih. v. Liechtenstern.*)

AGGSTEIN in Oesterreich, im Kr. ob dem Wienerwald, ein Felsenschloß, kleines Dorf von 18 H. und ein Lehengut (Mauth Aggstein) unweit Aggsbach und am nämlichen Donau-Ufer, jetzt ein Bestandtheil der Herrschaft Schönbühel. Vormals war es ein eignes Dominium, das die Herren von Agstein vom 12—13ten Jahrh. besaßen; dann wurde es ein Eigenthum des berüchtigten Räubers mit dem Beinamen Schreckenwald, der es sich durch seine Kühnheit erwarb, darin seinen zahlreichen Gegnern Trotz bot, und die gefangenen Adeligen, welche sich nicht mit großen Summen auslösten, von dem Felsen hinabstürzen oder im Verließ verhungern ließ, bis er endlich bezwungen wurde, und seinen verdienten Lohn erhielt. Auch im 15ten Jahrh. benutzte der Baron Schrck, Eigenthümer dieses Schlosses, die bequeme Lage desselben zu Räubereien, bis er 1467 durch die von Grafeneg vertrieben wurde und endlich im Elend starb. (*Th. Freih. v. Liechtenstern.*)

AGHA آغا, rinos der drei Wörter, welche bei den Türken für Herr gebraucht werden. Die beiden andern sind Efendi und Sultan, und man hört häufig in der bittenden Rede alle drei nebeneinander gestellt: Agham, Efendim, Sultanûm, d. i. mein Herr, mein Gebieter und Herrscher. Der Unterschied dieser drei Wörter liegt außer der schon durch die Uebersetzung bezeichneten Schattirung noch in der Abstammung und dem Gebrauche derselben. Das erste ist rein tatarischen (von Aka آقا), das zweite griechischen (von αφεντης), das dritte arabischen (von سلطا, er hat geherrschet) Ursprunges. Im gewöhnlichen Sprachgebrauche bedient man sich des Wortes Sultan nicht nur als Anrede an den Kaiser, sondern auch als Nachsatz des Agha oder Efendi in allen mündlichen oder schriftlichen Bitten; der Gebrauch dieser beiden aber ist dahin bestimmt, daß man mit dem ersten die militärischen, mit dem zweiten die politischen Beamten und Würdenträger anredet. Alle Mitglieder der Rechnungskammer, die Präsidenten, Schreiber, die Richter und alle Ulemas sind Efendi, die Generale der Truppen und die Offiziere derselben, die Großbeamten des Hofes und andere denselben untergeordnete nicht militärische Aemter führen den Titel Agha. Die vornehmsten dieser Agha's sind: der Agha der Janitscharen (Jenitscheri aghassi), der Agha der Sipahis (Sipahilar aghassi), der Agha der Silihdare (Silihdar aghassi), d. i. die Generale des Fußvolkes und der Reiterei; der General der Artillerie (Topdschilar aghassi) u. s. w. Dann am Hofe der Obersthofmeister oder das Haupt der weißen Verschnitreuen (Kapu aghassi) und das Oberhaupt der schwarzen Verschnittenen (Kislar aghassi), d. i. wörtlich der Here der Mädchen, der auch Aghai babi scadet, d. i. der Herr des Thores der Glückseligkeit genannt wird. In den untergeordneten Stufen wird jeder Verschnittene, jeder Kammerdiener, Thürhüter und wachhabende Offizier mit dem Titel Agham, d. i. mein Heer! angeredet. (*v. Hammer.*)

AGHALZICHE (auch Akalzigke, Akalzike), d. i. Neu-Schloß, auf Georgisch, von den Türken Akiska (Akhisha) genannt, auch unter andetu Abänderungen als Agheszike, Akelska vorkommend, unter 61° der L. und 41° 55′ der Br., Hauptstadt der georgischen, unter türkischer Herrschaft stehenden, Provinz Satabago, die auch wol Aghalziche genannt, und von andern für armenisch ausgegeben wird. Der ganze District, der nördlichste des osmanischen Reichs im kaukasischen Isthmus, südlich an Kars und Arzerum, westlich an Guria und das schwarze Meer, nördlich an Imereti, östlich an das eigentliche Georgien (Karduel) gränzend, gewinnt sehr durch den Kur, der die Gegend bewässert, und ist an Wein, Honig und Viehzucht reich. Auch die Einwohner der Stadt haben Garten-, Acker- und Seidenbau genug und besonders Oelbäume und Bienenzucht. Aghalziche soll 12—15000 Georgier, Armenier, Türken und Griechen enthalten; sie hat eine Citadelle, statt der sonstigen Befestigung, in der gewöhnlich ein Pascha befehligt. Hieher brachten von jeher die räuberischen Lesgher vom östlichen Kaukasus Menschen und andere Raubwaare, die sie glücklich durch den Alasan und durch die Gränzen der Georgier gebracht hatten, und fanden einen bedeutenden Absatz. Jedoch wird diesem unmenschlichen Handel Rußland, dessen Gränze jetzt bis vor die Mauern der Stadt geht, höchst wahrscheinlich Abbruch thun. Zum Kur, an dessen linker Seite die Stadt liegt, führt eine steinerne Brücke. 13 Werste davon fließt der Bach Atsar in den Kur, in einer Gegend, wo die alte Festung Atsar stand, bei der noch 1770 die Türken vom Zaar Heraclius geschlagen wurden. Weder Güldenstädt noch Klaproth sind in dieser Gegend gewesen. Neben Aghalziche im Westen beginnen die Montes Moschici der Alten. (*Rommel.*)

Aghalkalaki, s. Akalkalaki.

AGHLASIN, eine Gerichtsbarkeit im Sandschak Hamid, dessen gleichnamiger Ort südlich von Isparta an dem Saum eines Berges auf einem Hügel liegt, mit einer Moschee, Färberei, Bade, und Markte (Dschihannüma S. 641). (*v. Hammer.*)

AGHRIM, ehem. Mktfl., jetzt Dorf in der irländ. Grafschaft Gallway, bekannt durch den Sieg, den in dieser Gegend 1691 die Truppen Wilhelms III. über die Truppen Jakobs II. erfochten, wobei die letztern 7000, die erstern nur 600 Mann verloren haben sollen. (*H.*)

Aghtamar, s. Wan.

AGIANI, d. i. der Ort des heil. Johannes, besteht aus einigen Hütten, auf der Stelle des alten Heroea Arkadiens, wovon noch einige Säulen übrig sind (S. Gell's Itinerary S. 113). (*v. Hammer.*)

Agiatis, s. Agis.

Agidos, s. Nagidos.

AGIL, Agila (so viel als Ageld, d. i. ein Freier, der keine Steuer zahlt; alemannisch „Eigil“ „Hegilo“), ist der wilde Nachfolger des wüsten Westgothenkönigs Theudisel in Spanien (549 n. Chr.). Wie wenig er das, was bei seinem Volke für heilig galt, achtete, ersieht man unter andern daraus, daß er Aeser von Thieren auf die Grabstelle des hochverehrten Märtyrers Aciscl werfen ließ. Dafür aber fielen die Cordovenser ihn so grimmig an, daß er sich mit Verlust seines Sohnes und seiner Schätze nach Merida flüchten mußte. Nun sammelte sich unter **Atanagild** eine starke Gegenpartei in Catalonien, welche auch byzantinische Hilfsvölker aus Sicilien herbei rief. Agil meinte sie durch einen schnellen Anfall zu zerstreuen, wurde aber zum zweiten Mal nach Merida zurück getrieben. Jetzt kamen die, welche noch bisher es mit ihm gehalten hatten, zum Nachdenken und erwogen, daß der ränkevolle, byzantinische Kaiser Justinian diese Zertheilung der Westgothen benutzen könnte, um unter dem Scheine des Bundesgenossen einer Partei, zuletzt alle beide zu unterjochen, wie schon früher die Ostgothen im nahen Italien und die Vandalen in Afrika. Dieses Unglück zu verhüten, erschlugen Agils eigene Krieger diesen wilden Mann, versöhnten sich schnell mit der Gegenpartei, erkannten Atanagild für den allgemeinen König, und suchten dann sobald als möglich der falschen Byzantiner wieder los zu werden (554) (Isidor., Procop., Gregor. Tur.). *(Chr. Niemeyer.)*

AGILIA (Zool.), **Schwippe** Säugthiere. Illig. Die zweite Familie der Nagethiere, welche die Gattungen Myoxus, Tamias, Sciurus, Pteromys begreift. In beiden Kiefern zwei Schneidezähne, unten vier, oben vier bis fünf Backzähne. Schwanz lang, oft zweizeilig. Vorderfüße vierzehig mit einem Daumenrudiment. Hinterfüße fünfzehig. Nägel sichelförmig. Gehfüße. Vorder- und Hinterfüße bei Pteromys durch eine ansehnliche Flügelhaut verbunden. *(Meckel.)*

AGILOLFINGER, das erste **baierische** Regentengeschlecht, das wahrscheinlich von **Agilolf**, einem fränkischen Heerführer und Verwandten des Königs Clodwig abstammte. Als im J. 553 nach Chr. das **ostgothische** Reich zertrümmert wurde, machte sich das **baierische** Volk, glaublich mit Beihilfe der Franken, frei, und die Agilolfinger regirten dasselbe, bis Karl der Große sich Baierns bemächtigte im Jahre 788. Die Reihenfolge der Agilolfinger war:

Garibald I. von 554 bis 590. Thassilo I. v. 590 bis 609. Garibald II. v. 609 bis 640. Theodo I. v. 640 bis 680. Theodo II. † 718 mit seinen Söhnen: Theodobert † 723. Grimoald 724. Theodoald 713 †. Hugibert von 725 bis 736. Odilo v. 736 bis 748. Thassilo II. v. 748 bis 788.

Es ist eine, nicht ganz unwahrscheinliche, Hypothese einiger baierischen Geschichtforscher, daß das gegenwärtig regirende Haus Wittelsbach von den Agilolfingern abstamme; auch will das alte Geschlecht der Welfen in den neuesten Zeiten davon abgeleitet werden. Das übrige s. unter dem Artikel: Baiern, Geschichte. *(Fessmaier.)*

AGILULF (abgekürzt „**Ago**;" alemannisch „**Egilolf**," d. h. ein freier Herrscher). Nach König **Autharis** kinderlosem Absterben (590 nach Chr.) wollte im italischen Langobardenreiche Zwist um die Krone entstehen. Glücklicherweise besannen sich die Volkshäupter zu rechter Zeit, daß gefährliche Nachbarn innern Streit zum Verderben des noch nicht hinlänglich befestigten Reiches benutzen würden. Sie erklärten deßhalb der frommen und holdseligen Theudelinde, Autharis Witwe, daß derjenige Langobarde, welchen sie ihrer Hand werth halten würde, auch der Krone sollte für würdig gehalten werden. Nach Berathung mit den Weisesten erwählte sie den **Agilulf**, Herzog in Turin, welcher sich bereits durch manche edle That ausgezeichnet und sich auch die Freundschaft der furchtbaren, fränkischen Nachbarn, von welchen er für eigenes Geld die langobardischen Kriegsgefangenen loskaufte, und der römisch-katholischen Geistlichkeit erworben hatte. Sie ließ darauf den wackern und stattlichen Mann zu sich laden, reiste ihm bis Lamello entgegen, und als er ihr, da sie ihm aus ihrem Becher zutrank, ehrerbietig die Hand küßte, sagte sie erröthend: „der, welcher meinen Mund küssen darf, soll die Hand nicht küssen!" reichte ihm die Lippen und hielt dann in Freuden mit ihm Hochzeit. Im darauf folgenden Mai (591) aber versammelten sich nach Landessitte alle Langobarden bei Mailand, erkannten feierlich den neuen König an, und er war der Erste, welcher mit der sogenannten „eisernen" Krone geziert wurde. Bei dieser Feierlichkeit trat er von der arianischen zur katholischen Partei über, und versicherte sich dadurch nicht nur der Freundschaft seiner Gemahlin, sondern auch der mächtigen ital. Geistlichkeit. Dadurch, daß die meisten Langobarden seinem Beispiel folgten, wurde Einigkeit und Festigkeit des Reiches merklich erhöhet. Als dessen ungeachtet im dritten Jahre seiner Regirung 6 mächtige, übermüthige, am Vaterlande verrätherische Herzöge die Willkür der gesetzlichen Ordnung, und die Zertheilung des Reichs der Erhaltung der Gesammtmacht vorzogen, und in ein schändliches Einverständniß mit dem byzantinischen Statthalter (Exarch) in Ravenna traten, ließ ihnen der wachsame König nicht Zeit, das Bubenstück auszuführen, sondern fiel siegend mit einem starken Heer die Einzelnen an. Aber unterdessen waren auch die lauernden Byzantiner aus Ravenna hervorgebrochen und hatten manche Stadt weggenommen. Als jedoch der siegreiche König gegen sie anrückte, versteckten sie sich eiligst hinter die Mauern von Ravenna (592). Wahrscheinlich würde Agilulf in seinem Siegeslauf auch Rom selbst, welches damals unter seinem hochansehnlichen Bischof eine Art von Freistaat bildete, genommen haben, wenn ihm seine Gemahlin nicht vorgestellt hätte, daß die Freundschaft des Bischofes und der Geistlichkeit dem Besitze der Stadt bei weitem vorzuziehen sey. Nachdem sich also der König durch die Gunst des römischen Bischofs im Süden des Reichs gesichert hatte, schloß er, um auch im Westen Frieden zu haben, ein Bündniß mit den Franken. Diese weise Vorsicht brachte ihm reichen Gewinn; denn kaum hatte er mit Rom und den Franken Frieden gemacht, so brachen abermals im Osten drei mit den Byzantinern einverstandene, widerspenstige, mächtige Reichsvasallen gegen ihn los, und während er gegen diese zu Felde zog, überfiel der byzantin. Statthalter Kallinikos selbst Parma, raubte einen großen Schatz, und schleppte des Königs Tochter Gilda, sammt Godschalk, ihrem Gemahl, in die Gefangenschaft nach Ravenna (601). Der König aber behielt seine Macht bei einander, schlug zuerst die 3 Empörer und ließ sie andern zur Warnung hinrichten, dann aber richtete er alle seine Kräfte gegen die Byzantiner. Um sie desto sicherer zu überwinden, machte er einen Bund mit dem Könige der **Avaren** (ursprünglich Lesgier) und sandte ihm Schiffbauer, die eine Flotte zurichteten, wodurch der Avarenfürst seinen Einfall in das byzant. Reich desto nachdrücklicher ausführen konnte. Agilulf selbst aber, auch in Italien durch avarische Hilfsvölker verstärkt, trieb, während der Avarenfürst bis vor Byzanz rückte, den Statthalter von Ravenna aus dem Felde, und eroberte die verlorenen Städte wieder. Ob nun gleich eine Pest die Avaren vor Byzanz zum Rückzuge bewog, so hatte dieser Angriff doch die Folge, daß Kaiser Moritz, der seine gefangenen Krieger lieber von den Avaren tödten lassen, als loskaufen wollte, von Phokas ermordet wurde, und dieser Kronenräuber nun, um sich auf dem Throne zu befestigen, mit den Langobarden Friede machte, und den Schatz und die gefangenen Kinder an Agilulf herausgeben ließ (603). Eine noch größere Freude aber wurde dem Könige dadurch zu Theil, daß ihm seine Gemahlin jetzt auch einen Sohn, Adelwald, gebar, welchen er sogleich zum Mitkönig annahm. — Zu dieser Zeit blühte die Kunst im langobardischen Reiche. Es wurden viele Kirchen und andere schöne Gebäude errichtet, besonders aber ein Palast zu Monza, in welchem Theudelinde die grossen Thaten der Langobarden abschildern ließ. Der König selbst befestigte zum Schutz des Po das bisherige Dörflein Ferrara auf's sorgfältigste. Aber von einer andern Seite brach ein Gewitter herein und verfinsterte ihm den Lebensabend. Während er an einer damals herrschenden Seuche hart danieder lag, fiel ihm der neue, junge, raublustige Avarenfürst in Friaul ein, schlug den dortigen Herzog, und eroberte durch Verrätherei der Gattin desselben, welche von einer schändlichen Brunst gegen den schönen Avaren entflammt war, die Hauptstadt der Provinz. Der Avar hielt der Schändlichen sein Wort, buhlte mit ihr aber nur eine Nacht, und ließ sie dann als eine Verrätherin, der Niemand trauen dürfe, schmachvoll spießen. Agilulf konnte den Avaren ihren Anfall nicht vergelten, denn die Seuche machte seinem Leben ein Ende (615). (Paul Diac. — Sigon. — Spondan. — Zonaras. Murator.) *(Chr. Niemeyer.)*

Agimere, s. Adschmyr.

AGIMOETHA (Ἀγιμοίϑα), nach Ptolemäus (7. 2) eine Stadt im jenseitigen Indien, lag am Fluß Serus, dem heutigen Menam in Siam, welches letztere vorzüglich die Alten unter Aurea Chersonesus begriffen. Mannert setzt Agimötha in die Gegend des heutigen Louvo. *(P. Fr. Kanngiesser.)*

AGIMONT, Herrschaft auf beiden Maas-Ufern und am nördlichen Abhang der Ardennen. Ursprünglich wurde sie von eigenen Dynasten beherrscht und nachher wahrscheinlich wieder käuflich vom burgundischen Hause auf die alten Grafen von Rochefort (Starkenfels) an der Lomme gebracht, dann, mit Lüttischem Lehnen sehr vermehrt, durch deren Erbtochter Agnes an den niederländischen Ast der Grafen von der Mark, das neuere Geschlecht von Rochefort, vererbt, und nach Graf Ludwig III. Tode (1544) an die Grafen zu Stolberg (die Enkel von seines Vaters Schwester). Graf Ludwig, der erste Inhaber aus diesem Stamm, verkaufte sie jedoch mit 28 Dörfern (unter ihnen namentlich die beiden Givets) und die Herrlichkeit Vireux le Walleran am 6. April 1555 dem Kaiser Karl V. für 145,000 Pfund (Gulden). Da sie zu dem Stolberg'schen Fideikommiß gehörte, so widersprachen die andern Glieder des Hauses, und noch führt dasselbe Namen und Wappen von Agimont (fünf rothe und gelbe wagrechte Balken) nach Karls V. Wappenbrief (1548) fort. — Karl V. legte diese Herrschaft zu Namur, als dessen Bestandtheil sie nachher angesehen wurde, und erbaute Charlemont (1555). In Gemäßheit des Nimweger Friedens (1679) wurde Charlemont, die in den Kriegen befestigten Givets und andere Agimontsche Stücke an Frankreich abgetreten; ein Theil der alten Herrschaft war in Lüttichschen Händen. *(Delius.)*

AGINA, soll nach Dufresne und Adelung von ältern Schreibern lateinischer Urkunden für Uxor (Ehefrau) gebraucht worden seyn, und die Benedictiner wollen darin das griechische γυναι finden. Andere fallen auf das angelsächsische Agen, Agensina, propria, familiaris, „quia nihil magis proprium quam uxor putatur." Auf beiderlei Herleitungen kommt es aber nicht an, da Agina offenbar nicht ein appellativum nomen und Synonym von uxor, sondern ein weiblicher Eigenname ist. Um sich davon zu überzeugen, darf nur die einzige Beweisstelle aus dem tabular. S. Cyrici Nivern., auf welche Dufresne und seine Nachbeter sich stützen, mit einiger Aufmerksamkeit angesehen werden. Der Eingang der Urk. lautet bei Dufresne: „Ermendricus et uxor sua Oolgardis et Aalgardus et dilectae illius *Aginae*" (durch einen Schreib- oder Druckfehler wahrscheinlich, statt: Aalgard*o* mit Weglassung des vorgesetzten et, oder dilect*a*-Agin*a*) „communiter vendimus etc.; der Schluß der Urkunde: „S. (Signum) Stephani et uxoris suae Guthurgis E. et conjuge (is) ejus O. et Aalgardi et amabile (ae) ejus *Agine* (ae)" etc. Wenn in lateinischen Urkunden Männer mit ihren Frauen genannt werden, so bezeichnet der Schreiber die letzten sehr häufig mit dem ihrem Namen vorgesetzten dilecta, carissima, ohne uxor oder conjux beizufügen. So wird dann auch hier der Abwechslung wegen, Agine als Frau des Aalgards von dem Schreiber mit dilecta, amabila (f. amabilis) bezeichnet. Dilecta oder carissima uxor wird sich schwerlich irgendwo finden. In obiger Urk. ist auch dieses zärtliche Beiwort dem uxor und conjux nicht vorgesetzt. Warum sollte es beidesmal bei Agina geschehen seyn, wenn dieses Wort für Frau überhaupt gebräuchlich gewesen wäre? Und warum sollte der Schreiber gerade zweimal den Eigennamen der Frau des Aalgards weggelassen haben, da doch das Ehepaar, wie der Schluß der Urkunde zeigt, bei der Handlung und Ausfertigung gegenwärtig war, und die andern Frauen mit ihren Eigennamen von ihm aufgeführt werden. In Dufresne, Carpentier's und Adelung's Glossarien möchte also füglich wol die erste angebliche Bedeutung des Worts auszustreichen seyn. Die zweite schon bei Festus vorkommende gehört nicht hieher und ist in gewöhnlichen Wörterbüchern zu finden. *(v. Arnoldi.)*

Agincourt, s. Azincourt.

AGINIS, war ein Flecken in Susiana, wahrscheinlich derselbe, welchen Plinius (B. 27.) Aphle nennt, 600 Stadien von der Mündung des Tigris aufwärts an seinem linken Ufer gelegen (Schmieder ad Arrian. Indic. 42. — Mannert's Geographie der Griechen und Römer Th. 5. p. 485.), welcher unter dem genannten Tigris den Pasitigris versteht und diesen, nach Angaben der

Alten, nicht in den Tigris, sondern in den persischen Meerbusen fallen läßt, setzt Aginis in die Nähe der heutigen Stadt Dorak am Tosterflusse. Der Mangel neuerer Aufklärungen über jene Gegend erlaubt nicht, darüber zu entscheiden. (*P. Fr. Kanngießer.*)

Aginuum, s. Agen.

Agio, s. Agiotage und Aufgeld.

Agiomama, s. Ajomama.

AGIOS GEORGIOS, das Schloß des heiligen Georg in Morea auf dem Wege von Isari nach Leondari am Berge Tetrazi. Denselben Namen führt auch ein großes Dorf in der Nähe von Argos, wo guter rother Wein wächst (Gell's Itinerary, Seite 93, 171.). (*v. Hammer.*)

AGIOTAGE (von Agio, Aufgeld, s. dieses.) Es gibt kein teutsches Wort für die Sache, welche sich überall findet, wo das Geldwesen in Unordnung ist; Wechselwucher, Wucherhandel entsprechen ihr nicht. Das Dictionnaire de l'Academie versteht unter Agiotage die Schacherei (trafic) mit Staatspapieren, ihr Kaufen und Verkaufen nach der Meinung, die man hat, daß sie im Werth steigen oder fallen werden. Agiotage wird hienach von dem Handel mit den Staatspapieren in demselben Sinne gebraucht, worin man von dem Getreidehandel als von Kornwucher spricht. Der Handel mit den Ersteren ist indeß eben so erlaubt und nützlich, als mit dem letzteren; und bei beiden nur dann, wenn Vergehen damit verknüpft sind, zufällig Wucherei vorhanden. Dieses geschah ganz neuerlich in England, vom Admiral Lord Cochrane, der, weil er als Agioteur ein falsches Gerücht in Umlauf gebracht hatte, zu einer beschimpfenden Strafe verurtheilt wurde. Wenn die Staatspapiere im Verkehr ihren vollen Nennwerth haben, so kann der Handel damit keinen bedeutenden Gewinn geben: wenn sie aber im Preise bald steigen und bald fallen, und also nicht mehr ein so sicheres Eigenthum gewähren, als gemeine Schuldverschreibungen; so werden sie Gegenstand eines lebhaften Verkehrs, und je lebhafter dieser Verkehr ohne Einwirkung geheimer Kunstgriffe ist, je mehr Käufer sich zu den verkäuflichen Staatsschuldscheinen drängen, desto eher stellt sich der Preis der Staatsschuldscheine wieder fest, und erreicht oder übersteigt sogar ihren Nennwerth, wie dieses mit den preuß. Tresorscheinen 1816 der Fall gewesen. Ein solcher Handel mit Staatsschuldscheinen hat also nicht das mindeste Verwerfliche. Wenn aber auch durch den Verkehr mit ihnen das fernere Schwanken ihres Preises nicht verhindert wird, so ist daran dieser Verkehr nicht Schuld; denn er entsteht erst aus dem Schwanken des Preises, dessen letzter Grund nur darin liegen kann, daß man mehr Staatsschuldscheine und weniger baares Geld hat, als man braucht. Nach dem Verhältniß zwischen beiden bestimmt sich der Preis des Ersteren, und wer demjenigen, der Geld braucht, dieses gegen Scheine gibt, ist ihm noch immer nützlich, weil er ihm gibt, was ihm nöthig und auf die Bedingungen anständig ist. Es mag ein Nothstand seyn, aber diesen hat nicht der Handel, sondern entweder fehlerhafte Staatswirthschaft, oder öffentliches Unglück veranlaßt. Das eine wie das andre wird nicht durch Beschränkung des Verkehrs, sondern durch Herstellung guter Ordnung im Haushalt weggeräumt. So lange diese fehlt, ist jeder Staat, selbst England, zu schwach, die Preise seiner Schuldscheine der Bestimmung der europäischen Handelsmärkte zu entziehen; auf diesen wird in baarem Geldeswerth des Kaufmanns entschieden, was jeder Staat und seine Schuld ihm gelte. Indessen gibt es zu viele verderbliche Agiotage; seuchenartig wüthet sie durch ganz Europa. Seine ungeheure Schuldenlast und eine ungezügelte Bereicherungssucht haben den Handel mit Staatspapieren zu einem Glücksspiel gemacht, worin das Vermögen auf irgend ein Staatsereigniß gesetzt und auf die davon so oder anders erhaltene Nachricht verdoppelt wird. Diesem Glücksspiel läßt sich nicht steuern; die Verführung ist zu groß, und ganz Europa der Spieltisch. Ferner, wenn ein Staat über sein Schuldenwesen eine neue Verordnung erläßt, so enthält sie zugleich die Preisfrage: wie sie sich vortheilhaft benutzen lasse? und wie durch geheime Verabredung wird sie blitzschnell benutzt. Auch dagegen ist keine Hilfe. So lange die Staaten nicht jede Schuldfoderung, die gekündigt wird, zahlen können, müssen sie wol zugeben, daß ihre Gläubiger sich so viel zahlen lassen, als sie erhalten können. In diesem Nothstand ist es unerlaßlich, daß die Staatsgewalt dem offenen und redlichen Handel treue Gewähr leiste, aber den Verrath amtlicher Nachrichten, den Betrug in Kauf und Verkauf, die geheimen Umtriebe, Winkelmäkelei und alle Gesetzverletzungen mit Falkenaugen bewachen und mit Strenge ahnden lasse. — Aus dieser Untersuchung wird sich folgende Begriffsbestimmung ergeben: der offene redliche Handel mit Staatspapieren ist ein eben so erlaubter als nützlicher Verkehr, und auf keine Weise wucherliche Agiotage, diese ist staatswirthschaftlich ein bloßer unfruchtbarer Umtrieb von Staatspapieren, wie im Glücksspiel, ohne daß dadurch ein neuer Werth bei dem Käufer oder Verkäufer veranlaßt wird (Storch cours d'économie polit. 3. 237.); und rechtlich ist auch dieses noch nicht Wucherei, sondern nur dann, wenn dieser Umtrieb gesetzwidrig geschieht. (*v. Bosse.*)

AGIR, kleiner südabassischer Fluß neben dem Stamme der Aibger über Isguriah, vgl. Abasa. (*Rommel.*)

Agira, s. Agurium.

AGIRIA, 1) ein Ort im alten Spanien bei Cäsaraugusta. S. Anton. Itin. p. 447. ed. Wess. 2) S. Agra. (*Fr.*)

AGIRMISCH DAG, Berg auf der taurischen Halbinsel neben Alt-Krimm (Eski-Krimm, Staroi-Krimm), westlich von Kaffa. (*Rommel.*)

Agirud, Agirude, Agirut, s. Adscherud.

Agia, s. Adschia.

AGIS. Die griechische Geschichte nennt 4 Könige von Sparta dieses Namens: Agis I., Eurysthenes Sohn, lebte um das J. 980. v. Chr. Geb. Von seinen Großthaten ist nichts bekannt; denn die Behauptung, daß er zuerst die Bewohner von Helos überwunden habe, ist nicht geschichtlich erwiesen. Die von ihm entspringende Geschlechtsfolge nahm die Benennung „Agiaden" an. Echestratos, sein Sohn, folgte ihm.

Agis II., Sohn des Archidamos, erlangte die Königswürde um das J. 427. v. Chr. Geb., im welchem der peloponnesische Krieg schon 4 J. gedauert hatte. Er führte verschiedentlich den Oberbefehl über das spartanische Heer gegen die Athener und Argier; mit diesen schloß er einen übereilten Frieden, wurde deswegen angeklagt, ohne doch verurtheilt zu werden; bald nachher, als sie den Frieden brachen, schlug er sie bei Mantinea; danu befestigte er Dekelea, welches er den Athenern abgenommen, und beunruhigte diese von hier aus empfindlich. Auch die Eleer zwang er noch kurz vor seinem Tode (399. v. Chr.) mit Gewalt zum Frieden. Von ihm erzählt man die Anekdote, daß er nach einer, von einem Gesandten gehaltenen, langen Rede, diesem geantwortet habe: „melde denen, die Dich sandten, Du habest viele „Mühe gehabt, zum Ende zu kommen, und ich eben so „viele, Dich anzuhören." Sein Sohn Leotychides folgte ihm nicht. Agis II. war von der 2. Linie der spartanischen Könige.

Agis III. Regirung war kurz, aber thatenreich. Er stammte von der 2. Linie der Herakliden und war der Sohn des Archidamos; im. J. 346 folgte er seinem Bruder, nachdem er schon 338 den Thron der Parther bestiegen hatte. Die Herrschsucht der Macedonier verabscheuend, warb er mit Subsidiengeldern, von Darius empfangen, 8000 griechische Miethsoldaten, die der Schlacht am Issus beigewohnt hatten, schiffte sie ein und unterwarf sich einen Theil der Insel Kreta. Gegen Alexander hetzte er mehrere griechische Staaten, um sich seiner Despotie zu entziehen, brachte ein Heer von mehr als 20,000 Mann zusammen, mit dem er den fast doppelt so starken Antipater angriff, sich lange mit seltnem Muthe, auch verwundet noch und auf die Kniee gestemmt schlug, bis zuletzt ein Pfeil ihm die Heldenseele entführte.

Agis IV. gelangte zu einer Zeit (243. v. Chr.) zur Königswürde, als das spartanische Gemeinwesen in großem Verfalle lag; 600 Bürger waren ohne Grundeigenthum, welches ganz in den Besitz von den übrigen Hundert übergegangen war; vorzüglich in den der Weiber, welche fast alle Ländereien zu erben gewußt hatten. Obgleich im väterlichen Hause vom Luxus umgeben, entzog er sich ihm doch schon im 20. J. und ergriff die rauhe Lebensart seiner Vorfahren. Dirse mißfiel seinem von der Ueppigkeit asiatischer Höfe umstrickten Amtsgenossen Leonidas, und machte diesen mit seinem ansehnlichen Anhange zu seinem Gegner. Mit Lysanders des Ephoren Unterstützung brachte Agis ein Gesetz in Vorschlag, nach welchem alle Schulden vernichtet, alle Ländereien neu vertheilt, 4500 Loose für Sparta's, und 15,000 für Lakonika's Bewohner bestimmt werden sollten; zum Ersatze des Bürgermangels sollten guterzogene waffenfähige Fremde aufgenommen werden können. Auf Agesilaos Rath, der große Summen schuldete und beträchtliche Ackergüter besaß, nahm er die letzte Hälfte des Gesetzvorschlags zurück und setzte nur die erste durch. Während Agis den Athenern zu Hilfe zog, eine große Schlacht gewann und sich mit Ruhm bedeckte, wiegelten seine Feinde das Volk, ungeduldig über die Zögerung der Ackervertheilung, gegen ihn auf, welches den verhaßten Agesilaos, der an der Spitze von Agis Partei stand, verjagte, und den zurückgekommenen Agis nöthigte, zu Minervens Tempel zu fliehen. Listig entlockte ihn Leonidas der Freistätte und ließ ihn zum Gefängnisse führen, wo neugewählter Ephoren Verdammungsgericht seiner wartete. Edler, freimüthiger Vertheidigung ungeachtet ward er zum Strange verurtheilt. Demochares, einst sein Freund, nun sein Ankläger, schleppte ihn mit eigner Hand zur Richtstelle, nachdem Nachrichter und fremde Soldaten verweigert hatten, ihn umzubringen. Den hier weinenden Henker tröstete er mit philosophischer Ruhe und bot den Hals dem Stricke dar. Amphares, Präsident der Hinrichtung, der Mutter und Großmutter Agis's bei'm Eingange zum Gefängnisse begegnend, sendete Beide, sie über des Sohnes Schicksal hinterlistig beruhigend, dem Nachrichter zu, und ließ sie Eine nach der Andern ebenfalls erdrosseln (235 J. v. Chr.). Archidamas, Bruder des Gemordeten, rettete sich durch die Flucht. Agis war ein Mann von der edelsten, schönsten Gestalt, deren Adel das einfachste Gewand erhöhte. Sein bedauernswerthes Schicksal hat mehrern Tragikern zum Gegenstande gedirut. An ihrer Spitze steht vielleicht Alfieris Kunstwerk „Agis." (*G. H. Ritter.*)

Agis, aus Argos, ein Zeitgenosse Alexanders des Großen und Begleiter desselben auf seinen Zügen, wahrscheinlich um zugleich Zeuge und, als epischer Dichter, Herold der Thaten dieses Königs zu seyn. Aber nicht Geist und Kunst, in welcher er selbst dem Choirilos nachstand [1]), hat seinen Namen auf die Nachwelt gebracht, sondern das immer bereitwillige Streben dem Könige zu schmeicheln; eine Kunst, in welcher er keinem andern den Vorrang ließ [2]). Daß es ihm in dieser verächtlichen Kunst nicht an Talent gefehlt, zeigt ein Beispiel, welches Plutarch [3]) erzählt. Die Alten erwähnen noch eines Agis, welcher über die Kochkunst, wahrscheinlich aber in Prosa geschrieben [4]). Ein unbedeutendes, vierzeiliges Epigramm eines Agis hat sich in der griechischen Anthologie [5]) erhalten. (*F. Jacobs.*)

Agisus, s. Adelgis.

AGITAKEL, in der Pharmacie, sind hölzerne, oder stählerne, keulenförmige Rührstäbe mit einem kleinen und einem größern Kopfe an beiden Euden, womit trockne Pulver mit dicklichen Säften vorzüglich zu Pillen, Pflasteru und andern Massen zusammengerieben und innigst vermengt werden. — Zum Umrühren der verschiedenen Solutionen dienen reine thönerne Pfeifenstiele, oder besser Glasstäbchen, zugeschmolzene Glasröhren. (*Schreger.*)

AGITATO, (unruhig, heftiger bewegt), wird von den Tonkünstlern als Ueberschrift gesetzt, nicht um den Grad der Geschwindigkeit des Zeitmaßes, sondern um den Charakter des Stücks näher zu bezeichnen, weshalb es eben sowol bei allegro als andante gebraucht wird. Es kommt dabei mehr auf die Unterbrechungen und steigende Stärke, wodurch die Gemüthsstimmung ausgedrückt wird, als auf Schnelligkeit an, und darf also mit accelerando nicht verwechselt werden. (*H.*)

Agitators, s. Cromwell.

AGIZYMBA, (Ἀγιζύμβα.) bei Ptolem. IV, 9. die südlichste Gegend des alten Afrika unter dem Aequator. S. den Art. Africa. (*Fr.*)

---

1) Curtius Rufus L. VIII. 5. 6. 2) Arrian. Exped. Alex. M. IV. 9. 14. 3) Opp. T. II. p. 60 B. 4) Athen. L. XII. p. 516. C. 5) Analect. I. p. 185. Anth. Palat. Cap. VI. nr. 152. Tom. I. p. 233.

Agla, im Judenthum, s. Davids Schild.

ACLA, AGUILA, Stadt am Gijarga, (Guarga) in Fez, deren Einwohner mit Vieh, Honig und Wachs handeln. (*H.*)

Aglabiten, s. Arabien und Mohammedanische Münzen.

AGLAIA. 1) s. Charites. 2) Eine Tochter des Thespios, von Herakles Mutter des Antiades und Onesippos *). 3) Die Gemalin des Charops, Mutter des Nireus (Diod. V, 53.). (*Ricklefs.*)

AGLAIA Lour., eine Pflanzen-Gattung aus der natürlichen Familie der Agrumen (Aurantia Juss.) und der 16ten Linne'schen Classe. Charakter: kleiner fünfkerbiger stehen bleibender Kelch. Fünf fleischige Corollenblätter kuglich zusammengefaltet. Eine fünfwinklige Röhre trägt fünf Antheren. Kein Pistill. Zwei Stigmen. Einsamige Beere. Die einzige bekannte Art, Aglaia *odorata*, ist ein Baum in Cochinchina, der in den Gärten wegen seines schönen Ansehns und des Wohlgeruchs seiner Blätter gezogen wird. Rumph hat ihn unter dem Namen Camunium sinense (Herb. amb. 5. tab. 18. fig. 1.) abgebildet. (*Sprengel.*)

AGLAKAMBOS, das alte Cenchreä in der Provinz Argolis auf dem Wege von Tripolitza gelegen (Vaudoncourt; Memoirs, 1816. S. 198.). (*v. Hammer.*)

Aglaope (Mythol.), s. Sirenen.

AGLAOPE (Insektenkunde), (von Αγλαωψ oder Αγλαωπις, mit glänzendem Auge), eine von Latreille, (Genera crust. et insect. T. 4. p. 214.) aus der Familie der vormaligen unechten Schwärmer, Sphinx adscita Lin., Zygaena Fabr. Ent. syst. gesonderte Gattung. Sie ist bei Ochsenheimer (Schmetterl. von Europa 3ter und 4ter Bd.) mit Atychia, und in Fabricii systema glossat. mit der Gattung Glaucopis vereinigt. Latreille gibt als Gattungsmerkmale an: Mangel eines Saugers; sehr kleine Taster mit schlankerer, weniger beschuppter Spitze; die Hinterfüße nur mit zwei sehr kleinen kaum bemerkbaren Dornen. Man bemerkt aber außerdem noch: sehr ausgezeichnete Nebenaugen; die Flügel, besonders die hintern breiter, in der Ruhe flacher ablaufend als bei Atychia; das Weib mit einem Legestachel versehen. Die einzige von Latreille in dieser Gattung aufgestellte Art ist eine Europäerin, die Aglaope *infausta* Latr. Glaucopis *infausta* Fab. syst. Gl. Atychia *infausta* Ochs. Sphinx *infausta* Lin. Wien. Verz. Esp. Borkh. Hübn. Zygaena *infausta* Fabr. entom. syst. Hübn. Samml. europ. Schmett. Sphinxe. Tab. 1. Fig. 5. Der Mann. Desselb. Gesch. eur. Schm. Sphing. I. Tab. A. a. b. Fig. 4. a. Die Raupe. Hieher gehört auch eine ausländ. Art, die Aglaope *pectinicornis*, Sphinx *pectinicornis* Lin., Zygaena *pectinicornis*, Fab. Cramer Uitlandsche Kapell. Tom. I. Tab. 32. Fig. C. D. Phalaena Tiberina. Diese hat zwar einen Sauger, aber sonst alle Merkmale und den Habitus mit infausta gemein. Ob das Weib eine Legeröhre habe, können wir nicht behaupten, da wir nur den Mann kennen. (*Zinken*, gen. *Sommer.*)

*) Apollod. II, 7, 8.

AGLAOPHON, lebte um die XC. Olympiade zu Thasos und war der Vater des berühmten Malers Polygnotos, so wie des Aristophon. Er malte nur mit einer Farbe, und Quintilian zählt ihn unter diejenigen, deren Arbeiten nicht bloß des Alterthums wegen merkwürdig seyen. Er zeichnete sich auch wirklich als denkender Künstler aus. Dem Bilde des Sieges gab er zuerst Flügel; den Alkibiades als Sieger in den olympischen Spielen stellte er auf einem Gemälde vor, bekränzt von der Olympias und Pythias gleichsam den Schutzgottheiten der olympischen und pythischen Spiele, und in einem andern Gemälde saß Alkibiades der Nemea, der Schutzgöttin der nemeischen Spiele, im Schooße. Noch wird von Aglaophon eine schön gemalte Stute gerühmt. (*J. Horner.*)

Aglaophona, eine durch Lamouroux von der Gattung Sertularia getrennte Gattung, s. Sertularia. (*Meckel.*)

Aglaphonos, s. Sirenen.

Aglar, s. Aquileja.

Aglaster, s. Corvus pica.

Aglaura hemistoma, eine neue, als eigene Gattung von Péron und Lesueur (in Annal. du Museum T. XIV.) aufgestellte Art der Medusen, s. Medusa. (*N.*)

AGLAUROS, 1) eine Tochter des Erechtheus, die er mit seiner eignen Tochter Prokris erzeugt hatte *). 2) s. Agraulos. (*Ricklefs.*)

AGLIA (von Αγλιη, eine weiße Narbe im Auge). Diese von Ochsenheimer im 3. B. seiner Schmetterlinge von Europa, aus der Linne'schen Familie Phalaena Attacus genommene Gattung, wurde zu gleicher Zeit von Germar (Dissert. sist. Bombicum species secundum oris partium diversit. in nova genera distrib. Hal. 1810.) unter dem Namen Tachyptena aufgestellt. Hübner in seinem auf einem einzelnen Blatte abgedruckten Tent. determinat. digest. atq. denominat. singul. stirpium Lepidopterorum etc. nennt sie Echidnae; im systemat. Verzeichn. der Schmetterlinge der Wiener Gegend ist sie in der Familie A der Spinner, und bei Schrank in dessen so nahe verwandter Gattung Saturnia begriffen. Die Gattungsmerkmale, welche sie von dieser unterscheiden, bestehen nach Ochsenheimer besonders in der Verschiedenheit des Flügelschnittes und der Verwandlungsgeschichte. Die Flügel bei Aglia sind nämlich mehr gespitzt und in der Ruhe aufgerichtet, fast wie bei den Tagfaltern. Die Raupe ist nackt, ohne Knöpfe, und ihre Verwandlung geschieht in der Oberfläche der Erde in einem leichten Gespinste. Man hat in diese Gattung nur eine europäische Art aufgenommen, nämlich Aglia *Tau* Ochs. Tachyptena *Tau* Germar. Saturnia *Tau* Schrank. Bombyx *Tau* Fab. Wien. Verz. Hübn. Phalaena Attacus *Tau* Lin. Esp. Hübners Samml. europ. Schmett. Spinner. Tab. 13. Fig. 51. Der Mann, Fig. 52. das Weib. Desselben Gesch. eur. Schmett. Bomb. I. Tab. G. a. Fig. 1. a—d. Raupe und Puppe. Unter mehrern Ausländern gehört auch hieher: Aglia Armida. Bombyx Armida Cram.

*) Hyg. F. 253, vgl. Munker ad h. l.

der Mann, Cassandra Cram. das Weib. Erythrinae Fab. Merian Metamorph. Surinamens. T. 11. Raupe und Vogel. (*Zinken*, gen. *Sommer*.)

AGLIATA, hießen mehrere sicilische Dichter, die man aus Mongitore's Bibl. sicula kennen lernt, und deren Poesien man in den Rime degli Accademici Accesi di Palermo findet. Unter ihnen zeichnet sich aus Franc. A., Sohn des Prinzen von Villa Franca, Protonotar von Sicilien, zur Zeit des Königs Alfons und Johanna's II. Er hinterließ seine Schriften unter dem Titel: Allegazioni. (*H.*)

AGLIBOLOS, bei den Palmyrenern ein Beiname des Sonnengottes, der als Jüngling mit aufgeschürztem Rock, in der Hand eine Rolle oder einen Stab haltend, vorgestellt wird *), nach Spon Misc. erud. antiq. p. 2 aus Αιγλητης dem Beinamen Apollons und βηλος entstanden, wofern es nicht von αιγλη Glanz, Strahl und βαλλειν werfen abzuleiten ist und Strahlensender bedeutet. (*Rückleſs.*)

AGLIE, AJLLE', kleine Stadt in Piemont in der Provinz Ivrea, theils auf, theils an einem Hügel gelegen, war ehemals eine starke Festung, hat 3000 Einw., ein Schloß und eine Collegiatkirche. Sie machte ehemals ein Marquisat aus, von welchem eine alte Familie den Namen führte. (*Röder.*)

AGLIO, ALLIO (Joh. Franz Corradinus d'), Abbé aus Venedig, wo er d. 16. Sept. 1708 geboren war. In dem Seminar zu Pavia, welches er seit seinem 12. J. besuchte, machte er in der griechischen und römischen Literatur große Fortschritte, und studirte dann auf der Universität daselbst Theologie. In der Folge hielt er sich in Bologna, Florenz, Siena, Rom und Neapel auf, und starb in seiner Vaterstadt den 19. März 1743. Als Philolog und Kritiker zeigte er Gelehrsamkeit und Scharfsinn, aber durch seinen Stolz und die grobe Verunglimpfung verdienter Gelehrten zog er sich gerechte Verachtung zu. Saxe nennt ihn audacissimum scriptorum veterum Aristarchum. Sein Catull, den er 1738 zu Venedig in Fol. herausgab, machte viel Aufsehen, weil er darin von allen bisherigen Ausgaben und Lesearten abging. Durch einen möglichst gereinigten Text und genaue Erläuterung, die jedoch nicht von einigen Ungereimtheiten frei ist, empfiehlt sich seine Ausgabe von Cicero's Academica. Venet. 1744. 8. Die Titel seiner Ausgabe von Frontin de aquaeductibus urbis Romae. (Vened. 1742. 4.), und seines Lex. lat. criticum. ib. 1742. 4. (nur 102 Seiten) versprechen weit mehr als geleistet worden ist, und seine Satirae et Epigrammata. ib. 1741. 4. und einige andre sind vergessen. S. Harles vitae Philol. T. II. 107. (aus Mazzuchelli excerpirt). (*Baur.*)

AGLOORE, ein in Samogitien entspringender Fluß, der bei Präkuls in preußisch Lithauen in die Memel fällt. (*v. Baczko.*)

AGLOSSA (von ἀγλοσσος, ohne Zunge), ist der Name einer von Latreille in seinen Gen. Crustaceor. et insector. T. 4. p. 229. gebildeten, aus der Familie Phalaena Pyralis des Linné genommenen Gattung. Sie ist einerlei mit der Gattung Pyralis Schrank (Fauna Boica 2. Bd. 2. Abth. S. 161.) und in Fabricii Supplement. Entomol. System. mit unter den mannigfaltigen Arten der Gattung Crambus begriffen. Als Gattungsmerkmale sind angegeben: vier Taster. Die Fühler borstenförmig, am Manne gekämmt. Die Zunge unsichtbar. (Nebenaugen fehlen). Latreille führt nur zwei Arten von Aglossa an. Aglossa *pinguinalis* Latr. Pyralis *pinguinalis*, Schr. Wien. Verz. Hübn. Phalaena *pinguinalis* Fab. Ent. syst. Crambus *pinguis* Fabr. Suppl. Phalaena Pyral. *pinguinalis* Lin. Hübn. Sammlung europ. Schmett. Zünsler. Tab. 4. Fig. 24. Die zweite ihm unbekannte Art ist wahrscheinlich Pyralis Caprealis Hübn. Zünsl. T. 23. f. 153. (*Zinken*, gen. *Sommer*.)

*) Montfauc. Antiq. expl. II, 2. p. 389.

Agma, s. Fulgurita.

Agmondesham, s. Amersham.

Agna (Ἄγνα), ein Fluß des alten Afrika in Mauretan. Tingit. nach Ptolem. IV, 1. (*Friedemann.*)

AGNADELLO, Flecken im Herzogth. Mailand an einem Kanal zwischen der Adda und dem Serio, bekannt durch den Sieg K. Ludwigs XII. in Frankreich 1509. über die Venedischen und päpstlichen Truppen und durch das Treffen, das der Prinz Eugen dem Herzoge von Vendome 1705 lieferte. (*Röder.*)

Aguan, s. Aiguan.

AGNANA, Flecken in der spanischen Provinz Alava, mit Salzquellen, die jährlich 60,000 Fannegas liefern. (*Stein.*)

AGNANO, merkwürdiger See, westlich von der Stadt Neapel, hat eine italienische Meile im Umfang, 60 Fuß Tiefe, weder sichtbaren Zufluß noch Ablauf des Wassers, und doch ist dieses in beständiger Bewegung. Es hat nichts mineralisches, obgleich ungemein viele Mineralquellen in der Nähe sind. Seine Ausdünstungen sind schädlich. Zu seinen merkwürdigen Umgebungen gehören: 1) die alten 1198 erloschenen Vulkane Astroni, die jetzt, statt Feuers, häufig mineralisches Wasser geben; 2) die Solfatara, die heiße Bäder, Schwitzbäder, Schwefel, Alaun, Vitriol, Salmiak, von sich gibt; 3) stand hier die zerstörte Stadt Agnano, wovon der Name herkommt; 4) sind hier die Hügel Pausilippo; die hiesigen Dampfbäder haben eine Hitze von 39—40 Grad Reaumur, und waren schon den alten Römern bekannt, von deren Bädern man noch Ruinen findet. Die bekannte Hundsgrotte ist eine Höhle mit giftigen Dünsten, die Menschen und Thiere ersticken. 1807 ist hier eine neue Grotte entdeckt worden, die 250 Fuß lang, 40 bis 50 breit und 10 Fuß hoch ist. Sie enthält Stickluft. Am Ausgange der Grotte ist eine heiße Quelle, in welcher Eier in einer Minute kochen. (*Röder.*)

AGNANT, ST., Städtchen im franz. Dep. Cher, Bez. S. Amand mit nur 243 Einw., 1 Flintensteinfabrik und 1 Gerberei. (*Hassel.*)

AGNAR. Die beiden dieses Namens, welche in der ältesten Mythengeschichte des Nordens hervortreten, Oheim und Neffe, werden in dem Prolog zu dem eddischen Lirde Grimnismál*) aufgeführt. Ein gewisser König, Hrödung mit Namen, hatte 2 Söhne, Agnar (oder mit dem nordischen Masculin-Zeichen Agnarr) der Eine, der andere Geirravtor (Geirröd, Gerröth, beim Saxo Geruthus). Als der erste 10., der zweitr 8 Winter alt war, stießen bride mit einem Booe in die See, um Fische zu angeln. Allein ein Ungewitter ergriff sie, und trieb sie in das Meer hinaus. In dem Dunkel der Nacht litten sie Schiffbruch an einem unbekannten Land. Ein Kot-Bondi (Hütten-Bauer) nahm nebst seiner Frau sie auf, und pflegte ihrer den Winter über. Die Frau nahm Agnar, und der Mann Geirröd in ihren Schutz. Allein das waren offenbar nur vermeintliche Landleute. Die Gestalt des Bauren hatte Odin, die der Bäuerin aber die Götterkönigin Frigga angenommen. Beide liebten ihre Pfleglinge, und jedes gönnte dem seinigen den Vorzug. Dem Vorrechte des Alters nach sollte Agnar, als der ältere Königssohn, der Thronerbe werden. Allein Odin gab schon den Winter über seinem Pfleglinge Geirröd mancherlei geheime Rathschläge, und als im Frühling die beiden Pflegesöhne nun ans Ufer begleitet wurden von Pflegevater und Pflegemutter, um zu ihrem wahren Vater, König Hrödung wieder zurückzufahren, sagre Odin seinem Liebling Geirröd noch etwas ins Ohr. Was dieß gewesen, ergibt sich aus dem Erfolg. Als die beiden Königssöhne an der Küste ihres Reichs ankamen, sprang Geirröd, der auf dem Vordertheil des Schiffes stand, ans Land, und stieß das Schiff in die See zurück mit den Worten: „Nun fahre dahin, wo dich die bösen Geister (Smyl) fassen!“ so fuhr das Schiff in die hohe See mit Agnar hinweg. Geirröd aber ging an den Königshof. König Hrödung war todt, und der verloren geglaubte Königssohn wurde also mit Freuden empfangen, und an seines Vaters Stelle zum König erwählt.

Lange Zeit hernach (nicht inter haec, wie der Commentator der Edda sagt) bestiegen Odin und Frigga im hohen Himmel den bebenden Thron Hlidskialf, von dem aus man alle Welten übersehn konnte. „Siehst du nicht, sprach Odin zu der Götterkönigin, wie dein Pflegling Agnar mit einer Riesin in jener Höhle Kinder zengt, während mein Pflegling Geirröd König ist, und nun ruhig in seinem Reiche sitzt?“ (Nun merkte Frigga die Ueberlistung, und beschloß eine Gegenlist). „Aber dein Geirröd, sprach Frigga, ist so schmuzig karg, daß er seine Gäste peinigt, wenn ihm zu viele zu kommen scheinen. Das sey eine große Unwahrheit, antwortete Odin, und beide Gottheiten gingen nun darüber eine Wette ein. Da Odin beschloß, selbst auf die Erde herabzugehen, und sich bei Geirröd in der Gestalt eines Wanderers durch den Augenschein zu überzeugen, so sandte Frigga ihre Kammerzofe Fylla heimlich zu Geirröd ab, und ließ ihn warnen, er möchte sich vor einem gewissen Zauberer in Acht nehmen, der zu ihm kommen würde; das gewisse Zeichen sey dieses, daß kein Hund, wenn auch noch so wüthend, es wagen würde, ihn anzupacken. Geirröd also, so gastfreundlich er sonst auch war, ließ den verkappten Gott, da ihn seine Hunde nicht packen wollten, sogleich ergreifen, und ihn zwischen zwei Feuer setzen. So saß er acht Nächte, und Niemand gab ihm weder Speise noch Trank, bis sich endlich der 10jährige Sohn des Königs (auch Agnar nach seinem Oheim genannt) über ihn erbarmte, und das Trinkhorn reichte. In diesem Augenblick aber ergriff das Feuer Odins, der sich den Namen Grimner gegeben hatte, blauen Mantel, und nun fing er auf einmal an zu reden, und sang das berühmte Lied, welches uns in der Edda noch unter dem Namen Grimnismál**) erhalten ist. Als nun hieraus Geirröd den Gott erkannte, stand er auf, und wollte ihn aus dem Feuer befreien; allein er glitt (vermuthlich durch Verhängniß des Gottes) auf dem Boden aus, fiel in sein Schwert und kam um. Da verschwand Odin, und der mildthätige Agnar kam auf den Thron.

Es gibt in der nordischen Geschichte noch mehrere Agnar, die man unter Ingel, Roe, Ubbe und Regnar finden wird. *(Gräler.)*

Agnaten, s. Verwandtschaft.

AGNATHA (vom α privat. und γναθος Kinnlade), nennt Dumeril (Zoologie analyt. Nr. CLI.) eine Familie der Neuropteren, mit sehr kleinem, bloß durch die Freßspitzen merklichen Munde, welche die Gattungen Ephemera und Phryganea Lin. umfaßt. *(Germar.)*

Agnazzo, s. Egnatia.

AGNEL, AGNELET, AIGNEL, Denier d'or à l'Aignel, ist eine ältere französische Goldmünze von verschiedenen Königen. Das Gepräg' ist auf dem Avers ein Gotteslamm mit fliegender Siegesfahne. Unter ihm der Name des Königs. Umschrift: Agnus Dei, qui tollis peccata mundi, miserere nobis. Die Rückseite führt ein Blumenkreuz in einer Bogenverzierung mit der Umschrift: XPs (Christus) vincit, XPs regnat, XPs imperat. Ludwig der Heilige, oder vielmehr die Regentin Mutter, Blanca von Kastilien, ließ im J. 1226 die ersten Goldstücke dieser Art aus feinem Golde, $\frac{2}{3}$ Dukaten schwer, ausprägen. Nach ihm gaben auch Philipp der Kühne (1272.), Philipp der Schöne (1310.), Karl der Schöne (1320.) und Karl VII. (1423.) Goldmünzen von eben demselben Gepräg aus, welche größer und schwerer, aber nicht so fein waren, weshalb man sie moutons d'or nannte. Auch unterschied man, nachdem dieser witzige Ausdruck Mode geworden war, die des 14ten Jahrh. von denen des 15ten, indem man jene moutons d'or à la petite laine, letztere: moutons d'or à la grande laine nannte. Vgl. Le Blanc traité histor. de monn. de France, IV. 168. Diese jetzt sehr seltnen Agnels waren zu ihrer Zeit die beliebtesten Goldmünzen und fanden auch in andern Staaten Nachahmung, wie denn die Goude Lammen, die 1320 Graf Wilhelm V. in Burgund ausgab, doppelte Dukaten von eben demsel-

*) Dieses eddische Lied, zum ersten Male ins Teutsche übersetzt von F. D. G. s. in Idunna und Hermode, 1814.

**) Die Uebersetzung davon sehe man in Idunna und Hermode für 1814.

den Gepräge siud; nur daß unter dem Lamm ein IR (Jesus Rex) steht und die Umschrift lautet: Agnus dei, qui tollit poenam mundi sereno. Vgl. Köhlers Dukatenkabinet No. 2. Eine andre Nachahmung der Agnels sind die Lämmleins-Dukaten der Stadt Nürnberg, welche das Gotteslamm auf der Weltkugel stehend vorstellen und von denen man vierfache, dreifache, doppelte, einfache halbe und Viertel-Dukaten hat. Vergl. Im Hof nürnbergische Münzsammlung No. 37—41. *(Schmieder.)*

Agnello von Pisa, s. Pisa.

AGNES, die Heilige, aus einer der ersten römischen Familien entsprossen von seltner Schönheit, war erst 13 J. alt, als der Kaiser Diocletian die bekannte Christenverfolgung gebot. Auch Agnes, als Christin angeklagt, mußte grausame Martern erdulden; ja ihre Keuschheit sollte in einem öffentlichen Hause preisgegeben werden. Den meisten gebot jedoch ihre Tugend Ehrfurcht, und gegen des Simphronius Angriff soll ein Wunder sie gerettet haben. Er wurde des Gesichts beraubt, das sie ihm aber auf Vorbitten seiner Ferunde wiedergab: ein Wunder, das Tintoret in einem treflichen Gemälde dargestellt hat. Nichts desto weniger wurde sie zum Tode verurtheilt, zu welchem sie, wie der heil. Ambrosius sagt, mit größerer Freude ging, als andere zur Hochzeit. Ihre Hinrichtung nahm Dominichino zum Gegenstande eines seiner vorzüglichsten Gemälde. Zu den Zriten Constantin's wurde ihr als einer Heiligen eine Kirche auf ihrem Grabe erbaut; eine andere ließ Innocenz X. errichten. Die lateinische Kirche feiert den Tag dieser Heiligen am 29. Januar. *(H.)*

AGNES, ST. brittische Insel unter 49° 53′ 30″ N. Br. und 11° 20′ L. zu der Gruppe der Scillys gehörig, enthält nur eine Oberfläche von 300 Acres, zählt etwa 200 Einwohner, die von der Fischerei, dem Kelpbrennen und dem Strandsegen sich nähren, auch einen geringen Ackerbau und Viehzucht unterhalten, und zeichnet sich durch einen hohen Leuchtthurm aus. *(Hassel.)*

Agnes, Fürstinnen, s. Albrecht, Alexis, Andreas u. a. Art.

AGNES SOREL oder SOREAU, war die Tochter des Herrn von St. Geraud eines Edelmannes, zum Hanse des Grafen von Clermont gehörig. Sie wurde im Anfange des 15. Jahrh. auf einem Dorfe der Touraine geboren und kam mit 15 Jahren an den Hof der Isabelle von Lothringen, Herzogin von Anjou, einer der angesehensten und ausgezeichnetsten Franen ihrer Zeit. Diese nahm sie mit an den französischen Hof, als sie 1431 dorthin ging, um die Befreiung ihres gefangenen Gemals zu betreiben. Agnes von ausgezeichneter Schönheit und in vollester Blüthe des Körpers und des Geistes stehend, überstrahlte alle Frauen ihrer Zeit, so daß diese Demoiselle de Fromenteau (Name ihres Geburtsdorfes) für ein Wunder galt, das die Herzen aller Männer an sich zog. Der Eindruck, den sie auf den jungen König Karl VII. machte, war unwiderstehlich, und die Einrichtung bald getroffen, daß sie, als Hofdame der Königin, stets in seiner Nähe lebte. Nach lebhaftem Widerstand ergab sie sich; das liebende Paar suchte zwar sich mit dem dichten Schleier des Geheimnisses zu umgeben, den indessen die vielen königlichen Gunstbezeugungen, die über ihre Familie strömten, und ihr eigner, zu ihrem Vermögen im Mißverhältnisse stehender, Aufwand bald zerrissen. Dieser war so groß, daß er das Murren des Volks erregte, als sie (1437) mit dem (damals ärmsten) Hofe nach Paris kam. Während der ersten Zeit ihrer Gunst waren die Engländer im Besitz eines großen Theils von Frankreich und Karl vom Mißgeschicke niedergebeugt. Von des Hofes Ergötzlichkeiten befangen und der Liebe Netz bestrickt, vergaß er den Feind aus seinem Lande zu treiben. Nachdem die Königin vergebens versucht hatte, den sonst so tapfern Gemal dem Ruhme wiederzugeben, gelang es der Geliebten durch beißenden Spott, den der Zufall gebar. Ist die folgende Anekdote wahr, so gibt sie einen neuen Beweis, wie oft das Schicksal der Völker und Länder an das unbedeutendste Ereigniß geknüpft ist, und Agnes steht als eine bedeutende Person in der französischen Geschichte da; denn welch' Ende drohte einst dem Reiche, wenn dem britischen Eroberer nicht Grenzen gesetzt würden! Ein Astrolog, vor dem versammelten Hofe die Constellationen deutend, ward vom König auch über Agnesens Geschick befragt; der Wahrsager, behend die Gelegenheit der Schmeichelei erfassend, verkündigte: „sie werde lange das Herz eines großen Königs fesseln.“ Schnell gegen den König tief sich neigend bat Agnes ihn um Erlaubniß, an den Hof des Königs von England zu eilen, um dort ihres Schicksals zu harren, „denn“ sprach sie „nur auf ihn kann des Sterndeuters Andeutung gehen, denn Sie, Sire, werden bald die Krone verlieren, die Heinrich mit der Seinen einigen wird.“ Der König tief im Innersten ergriffen, ließ öffentlich seinen Thränen freien Lauf, ermannte sich und zog zu Felde; der für ihn glückliche Erfolg kettete ihn fester noch an die Geliebte, die ihm drei Töchter gebar, welche im Verfolg als Filles de France anerkannt und auf Kosten der Krone ausgestattet wurden. Ihre Büste in Marmor befindet sich noch im Muséum des Augustins. Den Dauphin, nachherigen Ludwig II. klagt die Geschichte als den Urheber ihres Todes an, der im Febr. 1450 zu Jumiége nach sechsstündiger Krankheit (angeblich Ruhr) erfolgte, als sie auf einer Reise zum Könige begriffen war. Dieser Prinz hatte sich, wie französische Geschichtschreiber sich ausdrücken, zu einigen Lebhaftigkeiten gegen die Geliebte des Vaters hinreißen lassen, die aber im Grunde darin bestanden, daß er ihr öffentlich einen Backenstreich gab. Dies ist wol der Grund, warum er beschuldigt wird, ihre Vergiftung veranlaßt zu haben, die man übrigens auch Jacques Coeur, dem Schatzmeister des Königs, vorgeworfen hat. Wenn gleich ein Theil ihrer Landsleute ihr Verschwendung der Finanzen vorwarf, so schätzte sie doch ein größerer ihres edeln, hochherzigen Charakters wegen; am lautesten aber für ihren Werth spricht die ehrende Freundschaft, deren sie die Königin bis an den Tod würdigte. Ein redender Beweis für ihren Werth liegt auch in einem

Gedichte, das Franz I., also lange nach ihrem Tode, verfertigte:

Gentille Agnés, plus d'honneur tu merites,
La cause étant de France récouvrer,
Que ce que peut dedans un cloitre ouvrer
Clause nonain ou bien devot hermite.

Die erhaltenen königl. Dotationen bestanden in der Grafschaft Penthièvre, Roche-Servière, Issodün und dem Schlosse Beauté, welches ihr auch den schmeichelnden Spitznamen „Dame de Beauté“ eintrug. *(Ritter.)*

AGNESEN-ROLLEN, Agnes. Nach einer französischen sprichwörtlichen Bedeutung ein einfältiges Mädchen, mit Anspielung auf Agnus oder Schaf, wie man im Teutschen dafür ein Gänschen zu sagen pflegt. In Roux dictionnaire satirique, critique, burlesque libre et proverbial, wird dieser Ausdruck am vollständigsten erklärt durch: „une fille ou femme idiote, innocente, simple et stupide, facile à persuader, niaise, novice et qui n'a point vu le monde.“ Er rührt von dem ehemaligen sogenannten theatre italien in Paris her, wo die Rolle eines solchen Charakters mit diesem Namen bezeichnet ward, daher in der französischen Theatersprache seitdem die ganze Gattung solcher Rollen: Agnesenrollen (ungefähr, wie im Teutschen die der naiven Mädchen, nach Kotzebue, Gurli's) genannt wird. Hierauf bezieht sich auch der Titel eines der vorzüglichsten Lustspiele von Destouches: la fausse Agnès, (von Gotter unter dem Titel: der poetische Dorfjunker, für die teutsche Bühne bearbeitet) worin ein sehr geistreiches Mädchen sich albern stellt, um der Heirath mit einem abgeschmackten schöngeisterischen Liebhaber zu entgehen, wodurch der Dichter eine Reihe sehr komischer Situationen herbeigeführt hat. *(Schütz.)*

AGNESI (Maria Gaetana de), eine berühmte Kennerin der Mathematik aus Mailand, geb. daselbst den 16ten Mai 1718, eine Tochter des königlichen Lehensvasallen von Monteveglia Dom Petro de Agnesi. Von außerordentlichen Talenten und großer Lernbegierde unterstützt, machte sie noch als Kind seltene Fortschritte in der lateinischen, griechischen, französischen und teutschen Sprache, und verfertigte im 9ten Jahre eine Rede, die unter dem Titel: Oratio qua ostenditur, artium liberalium studia a foemineo sexu neutiquam abhorrere. Mediol. 1727. 4. gedruckt wurde. Im 11ten J. übersetzte sie sogleich jedes griechische Buch ins Lateinische, und sprach selbst mit vieler Fertigkeit Griechisch. Nunmehr studirte sie Philosophie, Mathematik und Physik mit seltener Penetration, disputirte seit ihrem 14ten J. über schwierige Punkte aus diesen Wissenschaften mit den gelehrtesten Männern, und ließ über ihr philosophisches System verschiedene Theses drucken, unter dem Titel: Propositiones philosophicae, quas, crebris disputationibus domi habitis, coram clarissimis viris explicabat Mar. Cajetana de Agnesi. Mediol. 1738. 4. Ihr Ruhm drang auch über die Grenzen ihres Vaterlandes, als sie ihre Istituzione analitiche, ad uso della gioventu italiana. Bologn. 1748. Vol. II. 4. drucken ließ, ein Werk, dem die pariser Akademie das Lob ertheilte: „daß Ordnung, Deutlichkeit und Kürze in allen Theilen desselben herrschen, und daß noch in keiner Sprache eine Anleitung zur Analysis erschienen sey, die so geschwind und so tief in das Innere dieser Wissenschaft führe, und daß die Akademie diese Schrift der Agnesi für die vollkommenste und beste in ihrer Art ansehe.“ Das Institut zu Bologna nahm sie unter seine Mitglieder auf, und Papst Benedict XIV. übertrug ihr 1750 an der Universität zu Bologna das öffentliche Lehramt der Mathematik; allein nach dem Tode ihres Vaters 1751 entsagte sie allen wissenschaftlichen Beschäftigungen und vergrub sich in einem Kloster zu Mailand. Hier sah sie der Graf Franz Kinsky (siehe dessen gesammelte Schriften 6r Thl.) noch im Jahr 1784. im trivulcischen Stifte mit der Krankenpflege so ganz beschäftiget, als wenn sie nie in ihrem Leben etwas anderes gekonnt hätte; und diese Lebensart hatte sie nicht etwa aus Noth, sondern bei völligem Wohlstand an Körper, Geist und Vermögen erwählt. Mit ihrer Gelehrsamkeit verband sie Bescheidenheit und Dankbarkeit gegen ihre Lehrer. S. Mazzuchelli Scrittori und Journal encyclop. Fevr. 1789. p. 175. *(Baur.)*

Agnesthal, s. Zuzenhausen.

AGNETENDORF, schlesisches Gebirgsdorf 2 M. von Hirschberg, mit 108 H. und 516 Einw., hat der dritten Schneegrube daselbst den Namen gegeben. Auch gelangt man von hier aus auf einem Fußsteige nach der großen Schneegrube, und ein andrer führt nach der Sturmkoppe und dem großen Rade, zweien der beträchtlichsten Glieder des Riesengebirges. *(F. E. Fischer.)*

AGNETHELN (hier und da auch Agnetien genannt, ung. Szent Agotha, wall. Agnetha), im Großf. Siebenbürgen, Großschenker Stuhl; ein ansehnlicher sächsischer Mktfl. zwischen Gebirgen am Bartbachflusse mit einer protestantischen und einer griechisch nicht unirten Pfarre. Die Einwohner derselben sind beinahe durchgehends Handwerker, besonders Faßbinder, Schuster und Kürschner. Sie ernähren sich meistens von dem Verkauf ihrer Produkte auf den verschiedenen Jahrmärkten des Landes, deren im Orte selbst jährlich drei gehalten werden. *(v. Benigni.)*

AGNETHLER (Michael Gottlieb v.), Dr. der Medizin, geb. zu Hermannstadt in Siebenbürgen am 19. Jul. 1719, studirte 1742. u. f. J. auf der Universität zu Halle, anfangs Theologie und Philosophie, dann Medizin, ward 1750. Dr. der Philosophie, 1751. Dr. der Medizin, wobei er eine Diss. de lauro herausgab, wurde im J. 1751. zu Helmstädt Professor der Beredsamkeit, Poesie und Antiquitäten, starb aber schon am 15. Jaunar 1752. Er gab Martin Schmeizel's Erläuterungen der Gold- und Silbermünzen von Siebenbürgen, Halle 1748. 4. mit Kupfertafeln heraus, und lieferte selbst mehrere eigne Schriften zur Münzkunde, wie die syrakusanischen Könige und Tyrannen aus griechischen Münzen. Halle 1748. 4. (In Baumgarten's Zusätzen zur allgemeinen Welthistorie III. Thl. n. 3.). Numophylacium Schulzianum perpetuo comment. illustratum. Pars I. Halae 1746. 4. mit Kpfrn. wozu noch zwei kurze Nachrichten von dieser Münzsammlung (1653.) und ein comment. de rarioribus thes. Schulz. numism. (1751.) kamen. Außerdem lieferte er einen Comment. ad Arabicam Inscriptionem pallio imperiali, pluviale dicto, ante 618 annos filis aureis intextam, 1751.

fol. m. Kpfrn. und einen Index Bibliothecae Schmeizelianae res Hungariae, Transilvaniae vicinarumque provinciarum illustrantis, ab Agnethlero 200 Imperialibus emtae, auctae, metropolitanae urbis Cibiniensis Senatui venditae, et novissime in Transilvaniam deportatae (1751. 4.) Auch gab er Linne's Pflanzensystem (1747. 8.), Jo. Fried Boeckelmanni Medicus Romanus servus, sexaginta solidis aestimatus [Lugd. Bat. 1671] (1746. 8.) und St. Blancardi Lex. med. mit Vorrede von Büchner 1748., sämmtlich in Halle, heraus. (*Rumy.*)

Agnetien, s. Agnethelen.

AGNI, der indische Feuergott, einer der Schutzgötter der acht Weltgegenden, dessen Namen man mit Ignis verwandt glaubt. Er führt den Beinamen **Aşrayascha** (Zuflucht). (*Majer.*)

Agniers, ein Stamm der Irokesen, s. Irokesen.

Agnios, Hagnios, s. Typhis.

Agnosciren, beim Wechselhandel, s. Wechsel.

AGNO, l', auch Clanio, Fluß in Neapel, in Terra di Lavoro, entsteht unweit Nola, fließt in zwei Ausflüssen ins Meer; einer bildet den See Patria, wo das alte Linternum stand. In der Gegend von Acerra sind mehrere Kanäle gezogen, um Ueberschwemmungen desselben zu verhindern. (*Röder.*)

AGNO-THAL, val d'Agno, auch Isone-Thal; tiefes, waldiges Alpenthal im S. des Schweizer Kantons Tessin vom Gamoghe bis an den Luganersee; sein **Fluß**, **Fiume d'Agno**, oder **Isonebach**, ergießt sich in den nordwestl. Busen des Luganersees, der daher auch **Lago d'Agno** heißt, bei dem ansehnlichen Flecken **Agno**, im Distrikt Lugano, dem Hauptort eines Kreises von 10 Gemeinden mit 2313 kathol. Einw.; hier sind Kohlenbrennereien und ein Chorherrenstift. (*Wirz.*)

Agnoëten, s. Monophysiten.

Agnomen, Cognomen, Nomen. s. Name.

Agnu Keras, s. Perseus.

Agnos, s. Attika u. den folg. Art.

AGNUS (Agnus Dei u. a.), ist von ganz verschiedener Bedeutung, je nachdem man es als ein griechisches, oder als ein lateinisches Wort betrachtet, obgleich eines mit dem andern auf eine lächerliche Weise verwechselt worden ist. In der griechischen Sprache bezeichnet Ἄγνος so viel als das Lateinische Vitex, ein weidenartiges Gewächs, wie Λύγος oder Ῥάμνος (in Etym. M.), dessen Genuß durch Essen oder Trinken oder auch bloße Unterlegung die Keuschheit bewahren soll, und daher Agnus castus, Keuschlamm, Schafmilben oder Mönchspfeffer, Klosterbaum genannt wird, statt Agnus casta oder Keuschbaum, indem man den weiblichen Strauchnamen der griechischen Sprache mit der männlichen Benennung eines Lammes in der latein. Sprache verwechselt hat. Eine Beschreibung des Keuschbaumes sammt allen Wirkungen, welche sich die Alten von seinem zauberischen oder ärztlichen Gebrauche versprachen, findet man bei Plin. XXIV, 9. (al. 38.) Ael. N. Anim. IX, 26. Dioscor. I, 36. Man leitet daher den Namen eines attischen Demos **Agnos**, mit dessen Bewohnern sich keine Pallener verheiratheten, weil ein Agnusier Leos bei einer wichtigen Gelegenheit dem Theseus ihre Absichten verrathen hatte. In der lateinischen Sprache bezeichnet Agnus so viel als das griechische Ἀμνός, ein Lamm, besonders des Schafgeschlechtes, dessen Namen die Religion auch dem Aberglauben wichtig gemacht hat. Es ist wol nicht leicht ein Volk, welches nicht die Lämmer zu gewissen Opfern und Sühnungen gebraucht hätte; es würde daher zu weitläuftig seyn, alle die Fälle aufzuzählen, in welchen man Lämmer zu opfern pflegte. Es mag genug seyn, nur das **Osterlamm**, Agnus paschalis, zu nennen, dessen Einführung Moses Exod. 12. sq. beschreibt, und dessen Feier Jesum zur Einsetzung des heil. Abendmahles veranlaßt hat. Jesus selbst wurde von Johannes dem Täufer in Bezug auf Jes. 53 das Lamm Gottes genannt, welches der Welt Sünde trage; und seitdem ist der Ausdruck Agnus Dei oder Gotteslamm auch bei den Christen ein religiöser Ausdruck geworden, welchen man sogar auch naturhistorisch auf die Coccinellen oder Sonnenkäfer übertragen hat. In der griechischen Kirche heißt Agnus oder Lamm das Tuch, das bei dem Abendmahl über den Kelch gedeckt wird, und sonst auch Poteriokalymma oder Kelchdecke genannt wird. Man leitet diesen Namen von der Abbildung eines Lammes her, welches auf Christum anspielt, weil man das Tuch auch als ein Sinnbild des Schweißtuches Christi betrachtet. In der lateinischen Kirche wird das Wort Agnus Dei auf verschiedene Weise gebraucht. Eines Theils wird ein Gebet in der Messe so genannt, welches der Papst Sergius im 7ten Jahrh. eingeführt haben soll, und in dreimaliger Wiederholung der Worte besteht: O du Lamm Gottes, das der Welt Sünden trägt, erbarme dich unser! Dieses Gebet verrichtet der Priester, die Messe auf Chorsamstag ausgenommen, kurz vor der Communion, indem er bei der dreimaligen Wiederholung desselben jedesmal an die Brust schlägt, und statt der Worte „erbarme dich unser" zum dritten Male „gib uns Frieden" betet. In den Messen für die Abgestorbenen aber klopft er nicht auf die Brust, und sagt statt der Worte „erbarme dich unser" zum ersten und zweiten Male „gib ihnen Ruhe," und zum dritten Male „gib ihnen die ewige Ruhe." Agnus Dei heißt aber auch ein Medaillenähnlicher, länglichrunder, Wachsabdruck mit dem Bild eines Lammes, welches das Kreuz trägt. In den ersten Zeiten der Kirche gab man denen, welche sich taufen ließen, eine kleine wächserne Figur, die ein Kreuztragendes Lamm darstellte, und zur Erinnerung an den gekreuzigten Christus als Amulet am Halse getragen wurde. Auch noch jetzt hat man dergleichen vom Papste geweihte, und am ersten Sonntage nach dem Osterfeste unter das Volk vertheilte, Gotteslämmchen, auf Wachs, wie auf Münzen, abgedruckt, welchen der Aberglaube allerlei Wunderkräfte gegen Bezauberung, Wetterschaden u. dergl. zuschreibt. Es gibt auch silberne und goldene, nicht vom Papst eingeweihte Gotteslämmer, welche an den Rosenkranz gehängt werden. Man nennt Agnus oder Agnus Dei auch gewiße kleine mit Stickerei gezierte Bilder, die besonders für Kinder gemacht, aber auch wol von alten Leuten aus Andacht angehängt werden; im Mittelalter nannte man so die **Mutones** oder **Multones** (Moutons), gewisse Goldmünzen der Könige von Frankreich, auf denen ein Agnus Dei geprägt war, daher auch Denarii oder Floreni ad agnum (Deniers oder Florins à l'aignel) in den Schriften des 14ten Jahrh. Die eigentlichen Gotteslämmer aber, welche der Papst im ersten Jahre seiner Regirung und hernach in jedem siebenten Jahr einsegnet, werden von dem Wachse, welches von den geweihten Osterkerzen übrig bleibt, bereitet, wie folgt. Am Osterdienstage weihet der Papst nach verrichtetem Hochamt, in weißem Ornate von Leinwand, Seide und Silber, und mit einer von Silber und Perlen strahlenden Bischofsmütze auf dem Haupte, ein großes silbernes Becken voll Wasser, indem er unter andern Gebeten auch eines spricht, welches sonst niemand sprechen darf. Nachdem er nun über dieses Weihwasser kreuzweise, unter besonders dazu vorgeschriebenen Gebeten, etwas heiliges Oel gegossen hat, reicht man ihm zwölf mit Gotteslämmern angefüllte goldene Becken, welche er ebenfalls unter verschiedenen Gebeten einsegnet. Hierauf setzt sich der Papst auf einen Armstuhl nieder, und taucht die ihm von seinem Kammerdiener gereichten Gotteslämmer in das geweihte Wasser, welche gewisse Cardinäle, mit feinen Chorhemdern angethan, mit ihren vorgebundenen Tüchern trocknen, und von aufwartenden Prälaten nach einander auf große mit feinen Tüchtrn bedeckte Tafeln legen lassen. Dann steht der Papst wieder auf, und entfernt sich nach gesprochenem Gebete; die Gotteslämmer aber werden in die Becken gelegt und wol verwahret. Gelegentlich beschenkt hernach der Papst damit vornehme Standespersonen, Gesandte, Pilger und dergl., welche sie nicht verkaufen oder mit Farben bemalen dürfen, ohne in die Strafe des Bannes zu verfallen. Urban V, von welchem man jenen Gebrauch herleitet, schickte im 14ten Jahrh. ein solches Gotteslamm an den griechischen Kaiser Johannes Paläologus mit folgenden schlechtgemessenen lateinischen Knittelversen:

Balsamus ac munda cera cum chrismatis unda
Conficiunt Agnum, quem do tibi munere, magnum.
Fove velut natum per mystica sanctificatum.
Fulgur desursum depellit et omne malignum
Praegnans servatur, sine vi partus liberatur:
Portatur munde, servat de fluctibus undae:
Peccatum frangit, ut Christi sanguis, et angit:
Dona profert dignis, virtutem destruit ignis:
Morte repentina salvat Satanaeque ruina:
Si quis adorat eum, retinebit ab hoste triumphum.
Agne Dei, miserere mei! cet. (*Grotefend.*)

Agnus Scythicus, oder vegetabilis, auch Barometz oder Fruchtthier genannt. Von dieser unweit Samara am Wolgaflusse wachsenden Pflanze fabelt man, sie sey wie ein Lamm gebildet, und durch einen Stiel von drei Fuß Höhe, der ihm statt des Nabels diene, an die Erde festgewachsen. So wie es größer werde, soll es seinen Platz verändern, so weit es der Stiel zuläßt, und durch seinen Schatten oder auch zu seiner Naheung alles Gras unter sich verzehren; sobald es aber zu seiner Reife gelangt ist, soll der Stiel verdorren, die Frucht selbst hingegen mit krauser Wolle überzogen werden, so daß sie einem neugebornen Lamm gleiche, und die Haut wie ein Schaafpelz zubereitet werden könne. (*Grotefend.*)

Agnus castus, s. Vitex.

Agoa, del, s. Lagoa.

AGOAS, ist der Name dreier Flecken mit verschiedenen Beinamen, in der portug. Prov. Estremadura, von welchen der eine, *Agoas bellas* nordöstlich von Thomar, der zweite, *A. de Moura* nordöstlich von Setuval, der dritte *A. Oventas* nordöstlich von Abrantes liegt. (*Stein.*)

AGOBARDUS, Erzbischof von Lyon, geb. 779, vermuthlich in Spanien, kam von da nach Frankreich, wo ihn der Erzbischof Leidrada zu Lyon 813 zu seinem Coadjutor annahm, dem er auch 816, mit Bewilligung Kaiser Ludwigs des Frommen, nachfolgte. Er war einer der gelehrtesten Männer seiner Zeit, in kirchlichen und Staatsgeschäften ungemein thätig, und über viele Vorurtheile und abergläubische Meinungen seiner Zeitgenossen erhaben. Der Heldenmuth, womit er dieselben bekämpfte, hätte verdient, daß er in einem glücklichern Jahrhundert gelebt, und daß er seinen Namen nicht durch Vertheidigung der Empörung Lothars gegen seinen Vater befleckt hätte. Er war wirklich das vornehmste Werkzeug der Absetzung Ludwigs des Frommen, rechtfertigte diese abscheuliche Handlung in Schriften, und bewies den Vorzug der geistlichen Gewalt vor der königlichen. (*Liber apologeticus pro filiis Ludovici Imp. adversus patrem. Liber de comparatione utriusque regiminis. De privilegio et jure sacerdotii etc.*) Das Concilium zu Thionville erklärte ihn deswegen 835 seiner Würde verlustig, der Schluß wurde aber nicht vollzogen, und durch Vermittlung der Söhne Ludwigs behielt er sein Bisthum bis an seinen Tod, der den 6ten Jun. 840 zu Saintonge erfolgte. Seine Schriften hat zuerst Papyrius Masson sehr fehlerhaft (Paris 1605, 2 Bde. 8.) herausgegeben, indem er den einzigen vorhandenen Codex dem Messer eines Buchbinders zu Lyon entriß; besser (mit gelehrten Anmerkungen) Steph. Baluze, Paris 1666, 2 Bde. 8., auch in der Bibl. Patr. max. Lugd. T. XIV. p. 243. In dieser reichhaltigen Sammlung befindet sich eine Schrift wider den Bischof Felix zu Urgel, 4 Schriften wider die Juden, eine wider die sogenannten Gottesurtheile oder Ordalien und wider den Aberglauben, daß Hagel, Donnerwetter und andere Unglücksfälle durch Zauberei erregt werden, Aufsätze über die Verwaltung der Kirchengüter, über die Wahrheit des Kirchenglaubens, viele Briefe, Gedichte und eine weitläuftige Abhandlung wider die gottesdienstliche Verehrung der Bilder. Er wollte schlechterdings von keiner Art der Bilderverehrung, auch nicht von dem feinen neuerfundenen Unterschiede zwischen Anbetung und Begrüßung, wissen. Ja, er rieth sogar, nur betrieb er nicht selbst, die Vernichtung der Bilder, oder doch ihre Verweisung aus den Kirchen zu den Mauern derselben. Man sieht auch aus einem Briefe seines Nachfolgers, des Amolo an den Theobaldus, Bischof von Langres, daß er ein glücklicheres Mittel, als die Beschwörungen sind, zu Austreibung der Teufel aus vorgeblichen Besessenen gebraucht habe, indem er sagt: Mulierculas, quae coram Agobardo simularint se daemoniacas, plurimis verberibus tandem eo adactas, ut fraudem faterentur, qua ob paupertatem usae fuerint. S. Acta Sanct. T. I. Jun. p. 748. Hist. lit. de la France. T. IV. p. 567. Fabric. Bibl. lat. m. et inf. T. I. 31. (*B*

AGOEN, kleine Insel in Helsingland in Schweden mit einem guten Hafen. (*H.*)

Agogna, s. Gogna.

AGOLINITZA in Morea, in der alten Provinz Elis an dem Ufer des Alpheus (jetzt Rufia), hieß vor Alters Hypana. (Vaudoncourt Memoirs, London 1816. S. 190). (*v. Hammer.*)

Agomphiasis, s. Zähne.

Agon, Agones, s. Kampfspiele.

AGON, Dorf oder Mktfl. nah am Meer im franz. Depart. Manche Bz. Coutances mit 1,556 Einw., bekannt wegen der großen und schmackhaften Karpfen, die man in einem Süßwasserteiche fängt. (*Hassel.*)

AGONALIA, auch AGONIA, (sc. solemnia,) römisches Fest, nach Makrobius (*Sat.* 1, 4.) von Numa Pompilius angeordnet, am 9. Januar, 21. Mai und 11. Dec. gefeiert. Daß die Römer selbst weder den Ursprung des Namens noch die Veranlassung des Festes genau kannten, erhellt deutlich aus Ovid (*Fast.* 1, 317). Diesem Dichter zufolge war es ein Sühnfest für Janus, nach Festus ward es einem Gott Agonius zu Ehren gefeiert. Der Tag der Feier hieß *dies agonalis,* der Widder, den der Opferkönig an diesem Tage opferte, *agonia.* Der Circus Agonalis (Agonis, Navonius) hat davon den Namen, weil er vom Cäsar Alexander an der Stelle erbaut ward, wo man vor Alters die Agonalien feierte. (*Gruber.*)

Agonarchae, s. Agonotheten.

AGONATA. Unter dieser Benennung begriff Fabricius in seinen frühern Schriften (Entomol. systemat. T. II. p. 438) die ganze Classe der Crustaceen, die er als Ordnung der Insekten aufstellte, in dem Suppl. Entom. hob er diese Benennung auf, und vertheilte die Gattungen der Krebse unter die Ordnungen Polygonata, Kleistagnatha und Exochnata. S. Crustacea. (*Germar.*)

AGONE und ACONE, bei Salvian eine kleine Art von Heringen, welche die mehrsten Schriftsteller auf Clupea Alosa L. als Varietät beziehn. (*Lichtenstein.*)

Agonia, s. Agonalia.

Agonie, s. Tod.

Agonistiker, s. Donatisten.

Agonna, s. Agoona.

Agonodikae, s. den folgenden Art.

AGONOTHETEN, (ἀγωνοθέται,) sind die Richter, welche in den griechischen Wettkämpfen die Siegerpreise zu erkennen und auszutheilen hatten. Natürlichster Kampfrichter ist immer der Heer des Hauses, der Fest und Kampf veranstaltet und die Preise aussetzt; so Achilleus in den Spielen bei Patroklos Leichenfeier. Homer. Il. XXIII, 258. Aus dieser Ansicht sind die mannigfachen Fehden zu erklären, die selbst in der historischen Zeit, als die Königsfeste zu Volksfesten geworden waren, um die Ehre der Agonothesie sich erhoben. Als der Tyrann Phidon von Argos sich den Vorsitz in den olympischen Spielen erzwang, da war diese Anmaßung ein Symbol der argivischen Oberherrlichkeit vor allen Völkern, die an dem Feste Theil hatten; Phidon wollte gleichsam als Wirth und somit als Heer von Elis gelten. Und des makedonischen Philippos Ansehen ward in Griechenland dadurch sehr befestigt, daß die Athener ihm den Vorsitz in den pythischen Spielen nicht mehr bestritten. In der Blüthezeit Griechenlands findet man für die vier heiligen Feste folgende Staaten als rechtmäßige Agonotheten anerkannt: 1) in den Olympischen Spielen, die Eleer; 2) in den Pythischen, die Amphiktyonen; 3) in den Nemeischen, gemeinschaftlich Korinthier, Argiver und Kleonäer; 4) in den Isthmischen, die Korinthier. — Gleichbedeutend sind die Worte: ἀγωνάρχαι, ἀγωνοδίκαι, βραβεῖς, βραβευταί. Vgl. Hellanodiken. (*Döderlein.*)

AGONUM, (von α priv. und γωνια angulus, wegen des meist ungewinkelten Halsschildes) nennt Bonelli in den Mém. de l'Acad. imp. des sc. et cet. de Turin 1809 eine Käfergattung aus der Familie der Carabici, wohin die Fabriciusschen Arten Carabus sexpunctatus, austriacus, marginatus, parum punctatus u. a. gehören. Panzer im Index entomol. Faunae. Pars II. (Norimb. 1813. p. 52) legt ihr den teutschen Namen Taubkäfer bei. (*Germar.*)

AGONUS, Fischgattung, welche am mehrsten mit *Cottus* überein kommt, aber darin unterschieden ist, daß der Körper nach seiner ganzen Länge mit Schildplatten gepanzert und vielseitig ist. Einige haben zwei, andre nur eine Rückenflosse; aus jenen bildet Lacepède die Gattung Aspidophorus, diese nennt er Aspidophoroides; eine unnöthige Spaltung. Pallas hat sie (in der Zoographia rossica S. 110) unter dem Namen Phalangistes zusammengefaßt. Gute Gründe stimmen für die Beibehaltung des obigen Gattungsnamens, unter welchem sie zuerst in Blochs System. Ichth. vorkommen; folgendes sind die wichtigsten Arten; 1). *Agonus cataphractus* Bl. Cottus cataphr. Linn. Aspidophorus armatus Lacep. Ist in allen europäischen Meeren. 2) *Ag. japonicus* Bl. Cottus japon. Pall. Spicil. Aspidophor. Lisiza Lacep. Bei Japan und den Kurilen. 3) *Ag. acipenserinus* nob. Phal. acip. Pall. Zoogr. Bei Unalaschka. 4) *Ag. loricatus* nob. Phal. lor. Pall. Zoogr. Bei Kamtschatka. Vielleicht ist dies *Ag. decagonus* Blochs, der sonst sehr räthselhaft bleibt. 5) *Ag. monopterygius* Bl. Cott. monopt. Linn. Aspidophoroides Tranquebar Lacep. Im indischen Ocean.

Welch eine Art die französischen Ichthyologen unter *Aspidophorus truncatus* verstehn, welche Bloch aus Ostindien erhalten haben soll, ist mir nicht klar. In seiner Sammlung ist davon nichts, und in seinen Schriften habe ich lange, ebenfalls vergeblich, danach gesucht. (*Lichtenstein.*)

Agonykliten, s. Kniebeugen.

AGOONA, AGONNA, eines der Länder an der Goldküste Afrika's (5° bis 5° 30′ n. Br.) am Meer im N. und O. von andern Negerstaaten begränzt, unter verhältnißmäßig mildem Klima, großentheils eben, zum Theil waldig, an den Küsten unfruchtbar, doch mit Städten und Dörfern versehen; (unter diesen ist Wimba oder Simba durch ein engl. Fort und Sklavenhandel ausgezeichnet) im Innern reich an Zucker und Baumwolle, wie auch an Gold. Die Neger (10,000 ungefähr) die das Land bewohnen, sind ein fleissiges Volk, das aber wenig gebildet noch dem Fetischdienst anhängt und in einer Art aristokratischer Verfassung lebt. Die Weiber sind die

Sklaven der Männer. (s. geogr. Eph. B. 39. S. 386 ff.) Frühern Nachrichten von Bosman zufolge herrschte jedoch zu seiner Zeit eine talentvolle Königin, die ihren Thron nicht mit einem Manne theilen wollte, doch aber nicht ohne Liebhaber war.. (*H.*)

AGORA (Seyl. p. 28), bei Herodot (VII, 58) Agore, eine alte Stadt in Thrakien, etwas über der schmalsten Stelle der Landenge, nordöstlich von Kandia, mit der Nordspitze des Meerbusens von Saros in gleicher Linie, da, wo später Aphrodisias stand. Ihr jetziger Name soll Melngea oder Malagra seyn. (*Ricklefs.*)

AGORÄOS, (Αγοραιος,) und AGORÄA, (von αγορα, Versammlungs-, Marktplatz,) Beiname mehrerer Götter und Göttinnen, den sie von Tempeln auf Märkten führten. Hermes hatte ihn vorzugsweise als Vorsteher des Marktes und Handels. (*Ricklefs.*)

AGORAKRITOS. Ein Schüler des Phidias, lebte um die 84ste Olympiade. Im Wettstreite mit seinem Mitschüler Alkameues hatte er die Venus in den Gärten verfertigt, als Göttin der Fruchtbarkeit mit einem Apfelbaumzweige. Beleidigt durch das Urtheil der Athener, die sich für ihren Mitbürger Alkamenes entschieden, gab er seine Venus den Rhamnusiern, als eine Nemesis, (Göttin des Unwillens,) nachdem er jenen Apfelzweig in einen Eschenzweig verwandelt hatte. Im Alterthum glaubte man, Phidias selbst habe an dem Bilde mitgearbeitet, und von Mehreren wurde es sogar für ein Werk des Phidias gehalten. Antike Copien davon kennt man bis jetzt nicht; doch war sie allerdings ein hochgeschätztes Werk, zehn Cubitus hoch, mit einer Krone auf dem Haupte, mit Hirschen und kleinen Victorien geziert; in der Rechten hielt sie jenen Eschenzweig, in der Linken ein Gefäß, worauf Äthiopen, d. h. Araber, gebildet waren, um den Inhalt des Gefäßes, arabischen Balsam, anzudeuten. Das Fußgestell war mit Basreliefen geschmückt. (*J. Horner.*)

AGORANIS, ('Αγόρανις,) ist bei den Alten ein Fluß, (Arrian. Ind. 4.) der von der linken Seite in den Ganges fällt, und nach Rennell der heutige Gagra, nach Mannert der Gawrah ist. S. Ganges. (*P. Fr. Kanngiesser.*)

AGORANOMEN, (ἀγορανόμοι,) Marktvorsteher oder Marktrichter, eine Polizei- und Justizbehörde in Athen. Es wurden deren zehn, aus jedem Stamme einer, durchs Loos bestimmt, fünf für die Hauptstadt und fünf für die Hafenstadt Piräos. Ihre Geschäfte waren zu Gunsten des Handelverkehrs: 1) Sorge für die Marktordnung, um kleinere Streitigkeiten zwischen Käufer und Verkäufer auf der Stelle zu schlichten. 2) Aufsicht über den Marktpreis und die Güte der Waaren (mit Ausnahme des Getreides vgl. Sitophylaken); zugleich um spekulirende Kaufmannslügen zu hintertreiben, gegen welche ein eignes Gesetz (ἀψευδεῖν κατὰ τὴν ἀγοράν, man soll nicht lügen auf dem Markt) gerichtet war. — Ihnen ähnlich waren in Sparta die Empeloren, in Rom die Ädilen. Harpocrat. s. v. ἀγορανόμοι. Schol. Arist. Acharn. 723. Petit. Legg. Att. V, 3. p. 401. (*Doderlein.*)

AGORDO. Flck. in der venet. Delegaz. Belluno, in deren Nähe sich Kupfer, Blei, Vitriol und Schwefel findet. Es gehört dazu ein Kupferhammer. (*Röder.*)

Agoreros, s. Mohanes.

AGORITAE, ein sarmatisch-kaukasisches Völkchen über dem Berge Korax (dem schwarzem Gebirge) unter dem Kuban. (S. Mannerts Charte zu Th. 4.). (*Rommel.*)

AGORITSCHACH, Pfrdf. im Hrz. Kärnthen im Villacher Kreise, unweit Arnoldstein, über dem Gailthal, hat ein luther. Bethaus und einen Floßofen. (*Röder.*)

AGOSTA, ehemals Augusta, Stadt auf einer Erdzunge im Meere, am Vorgebirge Santa Croce in Sicilien, in der Provinz Val di Noto, hat einen großen und bequemen Seehafen, dessen Eingang durch ein Kastell vertheidigt wird, 10,000 Einw., guten Feldbau und Handel zur See, besonders mit Salz. (Im Jahr 1693 wurde die Stadt größtentheils durch ein Erdbeben zerstört, seitdem aber wieder aufgebaut.) Im J. 1676 wurde hier die spanische und holländische Flotte unter dem Prinzen von Montesarchio und Admiral Ruyter von dem franz. Admiral Duquesne geschlagen, wobei der Adm. Ruyter das Leben verlor. (*Röder u. H.*)

AGOSTINI, (Niccolo degli,) italienischer Dichter im 16ten Jahrh., der jedoch keineswegs zu den ausgezeichneten gehört. Von seinen Successi bellici (über die italienischen Kriege von 1509 — 1521) urtheilt Tiraboschi (Tom. VII. P. III. L. III. XXXIV.), daß sie außer dem Metrum nichts poetisches enthalten. Außerdem schrieb er Lo innamoramento di Lancelotto e di Geuevra in 3 Gesängen, eine Fortsetzung von Bojardo's Orlando innamorato und eine Uebersetzung von Ovid's Metamorphosen. (*H.*)

AGOSTINI, (Lionardo). Dieser berühmte Alterthumsforscher aus Siena, welcher um die Mitte des 17. Jahrh. blühte, und vom Papst Alexander VII. zum Oberaufseher aller Antiken in Italien ernannt wurde, hat sich durch zwei eben so geachtete als seltne Werke Ruhm erworben: 1) La Sicilia di Filippo Paruta descritta con Medaglie, con la Giunta di L. Ag. Rom. 1649 Fol., eine neue Ausgabe des Werkes von Paruta, (Palermo 1612. Fol.) mit ungefähr 400 Münzen vermehrt. Die beste Ausgabe, mit dort fehlenden Erläuterungen, ist die lateinische von Haverkamp, (Leiden 1723. 3 Bde. Fol.) welche zugleich den 6—8 Band des Gräve-Burmannischen Thesaurus ausmacht. 2) Le Gemme antiche figurate di Lion. Ag., con le Annotazioni del Sig. Gio. Pietro Bellori, (Bd. 1. Rom 1636. 1657 in 4. Bd. 2. 1670, von beiden N. A. 1686. 2 Bde. 4.), wovon nachher durch de Rossi (Rom 1702. 2 Bde. 4.) eine vermehrte Ausgabe, noch später von Maffei mit vielen Zusätzen vermehrt, (Rom 1707. 4 Bde. gr. 4.) erschien. Gleichwohl behält Agostini's Ausgabe (von Jak. Gronov ins Lateinische übersetzt, Amst. 1685. 4. Franeker 1694), wegen der schönen Zeichnungen, den Vorzug. — Der Consiglier di pace, welchen Jöcher unserm Agostini zuschrieb, ist ein Werk des Lionardo Agosti. (*H.*)

AGOSTINO, (Paolo,) geb. ungefähr 1580. Dieses wenig bekannten, höchst tiefsinnigen und gelehrten Tonkünstlers muß man in einer allgemeinen Uebersicht der Geschichte der Musik schon darum gedenken, weil man an ihm vielleicht mehr, als an irgend einem andern abnehmen kann, wie weit es die Italiener vormals in den gelehrtern Künstern der Harmonie und der Anwendung derselben auf die schwierigsten Gattungen der Composition gebracht hatten. In sofern ist Ag. der Sebastian Bach der Italiener, dem er übrigens in Reichthum der Erfindungen, in Originalität und Menge gelehrter Combinationen und in Gewandtheit beim Gebrauch der schwierigsten Formen, allerdings weit nachsteht. Seine nicht zahlreichen Werke sind jetzt sehr selten, und selbst die große musikalische Bibliothek des ehemaligen kaiserl. Conservatoriums in Paris besitzt wenig von ihm. — Uebrigens war Ag. erst Organist, danu Kapellmeister zu St. Peter in Rom. (*Rochlitz.*)

AGOUT, zwei Flüsse in Frankreich, 1) im Depart. Herault, welcher bei S. Sulpice der Tarn zufällt, und 2) im Depart. Tarn, welcher auf den Sevennen entspringt, und sich ebenfalls bei S. Sulpice in die Tarn mündet. (*Hassel.*)

Agows, s. Agawi.

Agra, Agrä, s. Attika.

AGRA, (von *αγρευω*, fangen, jagen,) nennt Fabricius (Systema Eleutherat. T. I. p. 224) eine Käfergattung aus der Familie der Carabici, die sich durch einen nach hinten stark verlängerten und verschmälerten Kopf, kegelförmiges Halsschild und hinten abgestutzte Deckschilde, auszeichnet. Latreille nimmt diese Gattung ebenfalls an. Vorher wurden die wenigen, meist in Amerika einheimischen Arten, theils unter Cicindela, theils unter Attelabus herumgeworfen, wie Agra pensylvanica Latreille, wozu Attelabus pensylvanicus Linn. und Fabricius, Agra surinamensis Latr. Fabr., wozu Attelab. surinamensis Linn. gehören. Illiger nennt die Gattung Agra, im teutschen Langhalskäfer. (Mag. d. Insektenk. 3. Bd. S. 14.) (*Germar.*)

AGRA, eine ehemalige Subah oder Provinz des mogolischen Kaiserthums in Indien, die nach Tiefenthalers Beschreibung von Indostan nördlich von Dehli, westlich von Zepor, südlich von Malwa, östlich von dem Gebiet Laker begrenzt und 27,762,179 Bhigen, oder Morgen, jede zu 60 Q. Ellen gerechnet, enthielt. Sie wird vom Ganges, dem Jumna (Jomanes) und den Nebenflüssen Keari, Kuna, Kalini, Sind, Para, Chambul und andern bewässert, hat weite Ebenen, darin Seen und Sümpfe, die aber in der wärmern Jahrszeit austrocknen und besäet reichliche Kornärnten geben, ist fruchtbar an Getreide aller Art, besonders an Weizen, Reis, Hirse, Hülsenfrüchten, Gemüse, an Baumwolle, Indigo, Wildpret und Fischen, desgleichen an Metallen und edlen Steinen, Salpeter, und brachte sonst 16,009,771 Rupien jährlicher Einkünfte. Die angenehmste und heiterste Witterung dauert hier vom November bis Mai, vom Junius zum October tritt Regen ein. Das Land ist, obgleich viele ehemals große und blühende Städte, wie Agra, Fatepor, Antri, Daulpor, Sicandarabad, Koandsch wüste liegen, oder in Verfall gerathen sind, noch sehr bevölkert und hat eine Menge ansehnlicher Städte, die von Tiefenthaler verzeichnet sind, unter ihnen 26 Festungen. Sie sind größtentheils von den alten Indischen Fürsten, mehrere von den mogolischen Kaisern und den Afghanen erbaut, viele aber auch von den Maratten zerstört worden. Das Land ward früh ein Raub der Afghanen, die jedoch von den mogolischen Kaisern vertrieben wurden. Unter diesen blühete Agra besonders auf, bis die Dschaten einen großen Theil Delhis und Agra's einnahmen und sich eine Zeitlang behaupteten. Als das Reich der Mogolen zerstört ward, fiel auch Agra in die Hände der Maratten. Gegenwärtig wird es von dem Rajah von Ugain und den von ihm abhängigen Fürsten beherrscht. Die Einwohner sind Nachkommen der alten Hindus, Mogolen und Afghanen. Die erstern hängen noch an der Brama-Religion, die letztern am Muhamedismus und haben viele Tempel und Moscheen. (*P. Fr. Kanngießer.*)

AGRA, (bei Ptolemäus Agara,) auch Akbarabad, Stadt in der indischen Provinz gleichen Namens, am Jumna, nach ihrer alten Ausdehnung 7 Meilen lang und 3 breit, ist mit prächtigen Palästen und 2 Kastellen versehen. Sie soll erst ein Dorf gewesen seyn, bis sie von einen afghanischen Fürsten Sikander Lodi, der dort seinen Sitz nahm, und noch mehr von dem mogolischen Kaiser Akbar, welcher sich dort aufzuhalten pflegte, ihre Größe erhielt. Mandelsloh (Reisebeschr. S. 61) nennt sie noch im J. 1631 die allerfürtrefflichste Residenz und Königin im ganzen Orient und bemerkt, daß man sie nicht in einem Tage umreiten und im Nothfall 200,000 bewehrte Männer in derselben aufbringen köune. Tavernier faud noch 800 öffentliche Bäder, 80 Caravensarais, 45 große Marktplätze und andere merkwürdige Anlagen. Gegenwärtig ist sie so verfallen und entvölkert, daß innerhalb der alten Mauern neue aufgeführt worden sind. (Der Raum zwischen ihnen und den alten Vorstädten liegt wüste.) Nach Walter Hamilton's East-India Gazetter (London 1815) haben die dasigen Häuser mehrere Stockwerke wie in Benares, die Straßen aber sind so schmal, daß kaum Palankine hindurch können. In einiger Entfernung ist Akbar's und ein vom Kaiser Dschehan für die berühmte Nuhr Dschehan Begum erbaute Mausoleum zu sehen. — Nach Legoux le Flaix soll die Stadt noch 800,000 Einw. und noch viel Industrie und Handel haben. (*P. Fr. Kanngießer.*)

AGRA nennt Plinius einen Hauptort nicht weit von dem elanitischen Meerbusen, den Ptolemäus Adru nennt. Auch Steph. Byzant. setzt sein Egra nicht weit vom elanitischen Meerbusen, daher man sich durch seine Bestimmung von der Nähe Jathrippas (Medina's) nicht irren muß. (S. Plin. VI, 28 und Steph, s. v. Εγρα, wo nur von einem Egra die Rede ist; vgl. Ιαθριππα). Es ist nämlich dies der durch alle syrische Karavanen berühmte Ort Hedscher (الحجر Al Hheg'r) nach d'Anville unter 27° der Br. nordöstlich von Madian oder Midian. Strabo setzt die Agnei, welche Midianiter waren, weiter nordöstlich ins wüste Arabien. Andere nennen sie Agareni, um sie von der Hagar bequemer ableiten zu können. S. Cellarius Charte Tom. II. S. 670. und Mannert geogr. der Gr. und Röm. 6. Th. 1. Heft S. 53. 116 und 182. Ueber die Aguete, einen arab. Stamm, s. daselbst S. 192. Vgl. Argei. (*Rommel.*)

AGRACHAN, ein ins kaspische Meer fallender Fluß in dem kaukasischen Gouvernement in Rußland, dessen bride Mündungen eine Art Jusel bilden, die man auch Agrachan nennt. An dem Flusse liegt die tatarischkalmukische Stadt Kostikowa. Peter I. legte 1722 auf seinem Zuge nach Persien nicht weit von dessen Mündung zur Sicherheit seines Proviantmagazins eine kleine Festung, das Agrachansche Retranchement genannt, an, die aber 1735 bei der Rückkehr der Truppen zerstört wurde, so daß jetzt nur noch Erd- und Steinhügel davon zu sehen sind. Der Mündung dieses Flusses gegen über, an der Westseite des kaspischen Meeres ist die Agrachanskische Bucht; sie wird gegen Norden von der terschkischen Landzunge, gegen Süden von dem utschinskischen Walle, und von der Seeseite durch die Insel Tschetschen gedeckt. Ihre Länge beträgt 30, die Breite 15, die Tiefe 2½ Klafter. (*Petri u. Rommel*)

AGRADATOS, (Ἀγραδάτος,) hieß vormals nach Strabo (15. S. 729) derjenige Fluß in der Prov. Persis, der späterhin vom König Kyros den Namen Kyros (Cyrus) erhielt. Er strömte bei Pasargadä vorbei, und wird von einigen für den Darabyn gehalten, von andern für den Bahman-Su. (Wahl Alt u. Neu, Vord. und Mittel Asien S. 742). Della Valle behauptet jedoch, (Reisebeschr. Th. 3. S. 127) daß der Fluß Bendemyr zu seiner Zeit Kur hieß, und jener Name (Bendemyr) nur die Brücke bezeichne, welche der Emir Hamza über den Kur gebaut hat. Ist Passa oder Fassa wirklich das alte Pasargadä: so muß der Kyros derjenige Fluß seyn, der auf den neuern Charten (Persien von Reichard 1804) Schah Bahman-su heißt. Vgl. Szabò descriptio imperii Persici p. 137. (*Kanngiesser.*)

AGRÄA, AGRÄI, (Ἀγραία, Ἀγραῖοι,)[1]) eine Gegend am Acheloos[2]), welche nördlich an Olpä und die Doloper[3]), südwestlich an Limnäa, nordwestlich und nordöstlich an das Gebiet der Amphilochischen Argeier, von dem sie der Berg Thyemos trennte[4]), angrenzte, und die Bewohner derselben. Diese wurden von Philippos dem Jüng. (197 v. Chr.) zu Völkern Nichtgriechischen Stammes gezählt[5]), dagegen gewöhnlich für einen ätolischen Stamm erklärt[6]). In der 88. Olymp. hieß ein König derselben Salynthios[7]); unter den Orten der Gegend wird blos ein Dorf Ephyra (Ἔφυρα), dessen Einwohner Ἔφυροι hießen, erwähnt[8]). (*Spohn.*)

AGRÄOS, d. i. der Jäger, ein Beiname Apollons, worunter Alkathoos ihm mit der Artemis Agrotera zu Megara einen Tempel weihte, als er den Löwen des Kythäron erlegt hatte. (*Paus.* I, 41.). (*Ricklefs.*)

AGRAM, die Agramer Gespannschaft, ungarisch (Zagrab Varmegye, lat. Comitatus Zagrabiensis,) liegt in dem mit dem K. Ungarn vereinigten K. Kroatien, welches außer dieser Gespannschaft noch zwei, die Varasdiner und Kreutzer enthält, und hat ihren Namen von der Hauptstadt Agram, die zugleich die Hauptstadt des Königreichs Kroatien ist. Unter Joseph II. mit dem Szeveriner Comitate vereinigt, enthielt sie vor dem Wiener Frieden 1809 nach Lipsky's Atlasse, samt dem Seebezirke 114⅓ QM. und 182,146 unadelige Einw., überdies 203 Gerichtsspiele, 18,185 H., 66 Porten. Durch gedachten Frieden verlor diese Gespannschaft an Flächeninhalt 83¼ QM., 118,952 Menschen, 128 Gerichtsspiele, 12,769 H., 39 Porten. — Nachdem der Theil von Prov. Kroatien, welcher in Folge des Wiener Friedens an die franz. Regirung abgetreten wurde, nach der Rückeroberung der illyrischen Provinzen im J. 1813 dem K. Kroatien nicht wieder einverleibt, sondern dem inzwischen gestifteten K. Illyrien zugetheilt worden ist; so hat der Agramer Comitat auch gegenwärtig noch die Gestalt, welche der Wiener Friede ihm gab. Er grenzt hienach im Norden an die beiden Kroatischen Gespannschaften von Varasdin und Krentz, im Osten gleichfalls an die letztern, und an die Varasdiner Militärgrenze, im Westen zum Theil an die Varasdiner Gespannschaft, und an die Steyermark, im Süden aber an das Königreich Illyrien, (an einen Theil von Krain und den Karlstädter Kreis des Küstenlandes) von welchem ihn der Thalweg der Szave trennt. — In dieser Begrenzung umfaßt die Gespannschaft nunmehr 31¼ QM. Die Volksmenge ist bei weitem größer als man sie nach den obigen Angaben folgern würde, denn sie belief sich nach der Dical-Conscription von 1816 und 17 ohne Adel und Geistlichkeit auf 71357 Einw., die in 1. Stadt, 1. Marktflecken, 279 Dörfern, und in 7675 H. wohnten, und größtentheils zur katholischen Religion sich bekannten. — Von Westen nach Nordosten durchzieht eine waldige Bergkette, zu dem Krainer Aste gehörig, das Gebiet dieser Gespannschaft, und verbreitet zahlreiche Hügel um sich her, denen längs der Szave besonders ausgedehnte Ebenen zur Seite liegen. — Außer dem eben erwähnten Strome besitzt die Gespannschaft nur unbedeutende Bäche und einen Fluß, die unschiffbare aber fischreiche Krapina, die sich 1½ St. von Agram in die Szave mündet. — Der Boden nur in den Ebenen fruchtbar, ist größtentheils von mittelmäßiger Beschaffenheit, und besteht meistens aus weichem Lehm, in dem sich hier und da auch Sand findet. — Das Klima ist in der Regel mild und gesund, und selten dauert der Winter über 2½ Monat, doch sind hier auch rauhere Jahreszeiten nicht unbekannt, und heißen Sommern folgen zuweilen hartnäckige Wechselfieber. — Die heilsamern warmen Quellen zu Stubitza hat der jetzige hochverdiente Bischof von Agram von Verhovach mit großem Aufwande zu Bädern einrichten lassen; nach der Dical-Conscription vom J. 1816 und 17 besitzen die Bauern 22932 Joche Äcker, 12828 Joche Wiesen, bei 27693 Weingärten, die zum Theil trefflichen Wein liefern, 3235 Pferde, 4729 Ochsen, 5859 Kühe, 1326 Kälber, 9465 Schweine. Getreide, Holz, Tabak sind die vorzüglichsten Gegenstände des nicht bedeutenden Activhandels. Die Hauptstadt der Gespannschaft abgerechnet, ist die Gewerbs-Industrie auf ihrer niedrigsten Stufe. — In Hinsicht auf Verwaltung ist die Gesp. in 3 Processe (den Agramer,

1) Strab. VIII. p. 338. Cas. Steph. Byz. Ἀγραῖς Thucyd. III. c. 111. Ἀγραῖοι; Agraei. Ἀγραίους var. lect. Thucyd. IV, 77. Ἀγραιῶν Thucyd. II, 102. Polyb. XVII, 5. 8. das. Schweigh., Tzschuck. zu Strab. T. IV. p. 44. Ἀγραιεῖς hatte Eratosthenes bei Steph. Byz. wol die Arabischen, nicht aber die Aetolischen genannt. 2) S. d. Art und Thucyd. II, 102. Strab. X, 449. extr. 3) Thucyd. III. 111. vgl. II, 102. 4) Thuc. III. c. 106. 5) Polyb. XVII, 5. 8. Liv. XXXII. c. 34. 6) Thuc. III. c. 106. Strab. X. p. 449. 451. 465. Steph. Byz. 7) Thuc. III. c. 111. 8) Strab. VIII, p. 338. Cas. Steph. Byz. v. Ἔφυρα

St. Ivaner und Szavaner) dann in 75 Gerichtsspiele (Judicatus) getheilt; an der Spitze der Geschäfte steht der Obergespann, (Comes supremus) dem zwei Vice-Gespannen und einige audree adelige Beamte beigegeben sind. Gleich allen ungrischen Gespannschaften steht auch diese unter dem K. Statthaltereirathe. *(K. v. Hietzinger.)*

Agram, (ungar. Zagrab, kroat. Zagrab, lat. Zagrabia, auch Mons Graecensis,) 46° 6′ N. Br., die Hauptstadt der gleichnamigen Gespannschaft nicht nur, sondern des ganzen Königreiches Kroatien, eine Viertelstunde von dem Szavestrom entfernt, über dem hier eine große Brücke nach Illyrien führt. Sie theile sich in zwei Hälften, wovon die eine auf einem Berge gelegen, die Privilegien einer königl. Freistadt genießt, die audre, die Capitelstadt, unter der Gerichtsbarkeit des Agramer Bischofs und seines aus 28 Domherren bestehenden Capitels steht, und auf Hügeln und Ebenen von dem Bache Medvenicza bewässert, um die Bergstadt sich lagert. — In der Freistadt ist der Sitz des Bans (Vicekönigs) von Kroatien und Slavonien, der Comitatsbehörde und des Stadt-Magistrats; ferner der beiden General-Commanden der Karlstädter-Varasdiner Militärgrenze, danu des Provinzial-Gebiets von Kroatien, der Banal-Militärgrenze. — Außerdem sind hier eine Oberschulen-Direction, ein Oberdreißigstamt, eine Cammeral-Administration, eine Akademie mit philosophischer und juristischer Facultät, ein Gymnasium mit 6 lateinischen Schulen, eine Normal-, eine Musik- und eine Zeichnungsschule, 3 kathol. und eine griech. Pfarrkirche, ein griechisch-katholisches, und Seminarinm für den jüngern römisch-katholischen Klerus, ein Hospital der barmherzigen Brüder und manche andere nützliche Anstalten vorhanden. — Die Umgebungen der Stadt sind reitzend und gewähren, so wenig auch hier die Kunst der Natur zu Hilfe kam, höchst angenehme Spatziergänge. Das Theater, in dem in teutscher Sprache gespielt wird, ist nur mittelmäßig. Der zahlreiche begüterte Adel wohnt fast durchaus in der Freistadt, so wie die höhern Staatsbeamten und die Honoratioren. Unter den öffentlichen Gebäuden zeichnet sich vor allem die bischöfl. Residenz aus, die, ein befestigtes Schloß des grauen Mittelalters, in ihrem innern Raume die Domkirche enthält. 219 Fuß lang, 98 breit, 72 hoch, flößt dieses schöne Werk, des ungarischen Königs Ladislaus des Heil. Ehrfurcht ein. Im J. 1804 hatte die obere Stadt 2973 conscribirte Einw., die 510 Häuser bewohnten und 764 Familien bildeten, sie theilten sich in 94 Beamte und Honoratioren, 258 Bürger und Professionisten, 2 Diener des Adels, 655 Söldner und Innleute, 426 Hauswirthschaftssöhne. — Die Zahl der Weiber belief sich auf 1538. Der Religion nach theilten sich die Männer in 1332 Katholiken, 3 Protestanten, 70 Griechische, nicht-Unirte, und 30 Juden. Gegenwärtig schätzt man die Menge der Einwohner beider Städee (wahrscheinlich ohne den Adel) auf 8851. Sie dürften nicht im Ganzen 10 — 12000 betragen. — Die Stadt zählt viele Kaufleute und Handwerker, mehrere Tabaksfabriken, eine Seidenfabrik mit 6 Stühlen, und der Wohlstand nimmt zu. *(von Hietzinger.)*

AGRAMONT, kleine Stadt (Villa) in der span. Prov. Catalonien am Sio, 5 M. von Lerida, mit 3000 Einw. Sitz einer Gerichtsbarkeit über diese und 3 benachbarte Flecken. *(Stein.)*

AGRANUM, nach Plin. (VI, 26) eine der größten Städtr in Babylonien, an einem der südlichen Kanäle des Euphrats gelegen, von den Persern (Parthern) zerstört. *(Ricklefs.)*

AGRARIAE LEGES, Ackergesetze, sind als Kunstausdruck des alt-ökonomischen Staatsrechts die Volksbeschlüsse gegen die Verleihung der Staatsländerei im Großen zur Sklavenbewirthung, und für ihre Verleihung im Kleinen an freie Bauern. Die Verwilligung von Landspenden (largitiones agrariae) darf damit nicht vor Sulla's Zeit verwechselt werden. Rom war auf fremder Grundherrschaft, wie sein Geschichtschreiber Livius 4, 48 erzählt, erbauet, besaß wenige Länderei anders, als durch Eroberungsrecht, und sein Bürgerstand, in der frühern Zeit, überhaupt kein anderes Grundeigenthum, als durch Verkauf und Spende von Staatsländereien. (Vgl. den Art. Ager quaestorius und Ager viritanus.) Die Verwaltung des dem Staate gebliebenen Eroberungsgutes gehörte, zu allen Zeiten der Freiheit, dem Senat, und die Benutzung dieser Länderei gegen Zins, Zehnten oder Pachtgeld war größtentheils in den Händen der herrschenden Geschlechter. (Vgl. den Art. Ager vectigalis.) Darüber beschwerten sich die Gemeinevorstände (Tribunen) häufig. (Liv. 2, 41. 3, 2.) Der Consul Cassius unterstützte sie im J. der St. 268, brachte es auch zu dem ersten Ackergesetz oder zur Beschränkung jener Benutzung zum Vortheil der ärmern Bürger, ward aber darauf, entweder von der Gemeine, oder von seinem eigenen Vater, zum Tode verurtheilt und hingerichtet. Sein Hausplatz lag noch zu Livius Zeit wüste, der nicht besser als durch diese Anführung das Gehässige des Versuchs schildern konnte: das Besitzthum des Landes, welches bereits in Erbgang gekommen, zu ändern. Cicero (2 Buch der Pflichten 22) fragt in ähnlichem Gefühl: Ist es billig, daß derjenige, welcher nie einen Morgen Land besessen hat, das vieljährige, ja mehr als hundertjährige Besitzthum eines andern erhalte? Indeß foderten nach jenem ersten Versuch die Gemeinevorstände immer von neuem, daß Ländereien, die mit Aller Blut erworben, nicht zum Sondergut einzelner Geschlechter gemacht würden. Der Senat half sich aus solchen Verlegenheiten durch die Gewinnung eines der Gemeinevorstände, durch Vertheilung neuerworbener, noch nicht ausgethaner Ländereien, und nicht selten durch den Anfang von Kriegen. Doch brach der eiserne Wille, die gewandte Geschicklichkeit und die mächtige Verschwägerung des Gemeinevorstandes Licinius den Widerstand, und um dieselbe Zeit (388) ward sowohl den Geschlechtern die ausschließliche Wahlfähigkeit zur Consularwürde entzogen, als auch verordnet, daß an Niemanden mehr als 500 Jugern (etwa eben so viel Morgen zu 120 Ruthen) verliehen, und dazu von Niemandem mehr als 100 Stück Großvieh auf der Weide gelassen werden sollten; andere Bestimmungen zur Begünstigung der kleinern Höfe, welche mit 7 Morgen ausgestattet wurden, und zur Beschränkung des Sklavenstandes (Livius 6, 35. Appian vom bürgerlichen Kriege) nicht zu erwähnen. Es ist Verschwendung des Scharfsinns, wenn man beweisen will, daß dieses Gesetz das Stamm- und Grundeigenthum nicht betraf, da Plutarch (den der franz. Uebersetzer Amyot schon 1559 so richtig verstand) im Leben vom Tiberius Gracchus ausdrücklich die Staatsländerei als seinen Gegenstand bezeichnet, und vom Eigenthum dabei gar nicht die Rede ist, sondern nur vom Besitz gegen Entgelt. Es folgt hieraus gleichfalls, daß sich das Gesetz nur auf die Staatsländerei bezog, welche wirklich als solche ausgethan wurde, und nicht auf die, welche in bürgerliches Eigenthum verwandelt war. Dieses geschah häufig: so lange die römischen Geschlechter auch auf eigene Hand Krieg führten, konnten sie leicht erobertes Land zu ihren Stammgütern ziehen; aber selbst bloße Reichsangehörige wagten noch unter den Kaisern Staatsländereien an sich zu reissen (Tacit. Jahrbücher 14. 18) und für wohlerworbenes Eigenthum auszugeben. Nach der Zeit jenes licinischen Gesetzes erwarb Rom die Hoheit über Italien, führte seine punischen Kriege und eroberte endlich Karthago. Zehn Jahre darauf etwa, nachdem dieses geschehen, und, wie Horaz sagt, (A. P. 205) die siegreiche Stadt ihre Mauern erweitertr, und sich statt der Landwirthschaft der Arbeitsmuße und dem Kunstgenuß hingab; als während der Kriege die römischen Beamtengeschlechter und Lieferanten fürstenmäßige Güter erworben, die freien Bauern aber vom platten Lande großentheils verschwunden waren, reiste der Tochtersohn von Hannibals Besieger, Scipio dem Aeltern, ein zwanzigjähriger Jäugling, Tiberius Sempronius Gracchus durch das Toscanische, faud es theils wüste, theils von ausländischen Sklaven bewirthschaftet, und dachte auf die Mittel, um den freien Bauernstand in Italien wieder empor zu bringen. Er besprach diesen Plan mit den mächtigen Freunden seines Hauses und mit griechischen Ausgewanderten, welche darin eine Freistätte gefunden. Als Gemeinevorstand trug er nun darauf an, daß die Landleihen, welche auf verstellte Namen und durch Pachtsteigerung über das Maß des licinischen Gesetzes an Einzelne gekommen, gegen Entschädigung zurück genommen, bei den fernern Landleihen aber die Vorschriften des Gesetzes streng beobachtet würden. Es fand Widerspruch, weil die Zurückgabe der Güter, die in den Erbgang gebracht waren, zu großen Weiterungen unter den Erbnehmern führen würde. Nun hielt er vor der Volksgemeine jene stürmische Rede, wovon noch ein Bruchstück übrig. „Unser Wild hat seine eigene Lagerstätte; der Mann aber, welcher für sein Vaterland streitet und blutet, hat sie nicht, hat nichts als Luft und Licht;" sagte er, und schlug der erhitzten Menge vor: alle gesetzwidrigen Landleihen ohne Entschädigung zu vernichten. Ein anderer Gemeinevorstand widersetzte sich, und beide Theile erschöpften sich in Umtrieben; endlich ging das Gesetz (lex Sempronia) durch, daß in Italien die größte Landleihe in 500 Morgen bestehen, für den Sohn aber noch die Hälfte nachgesehen werden sollte; und daß Dreimänner (worunter Tiberius selbst war) mit der Vollziehung des Gesetzes zu beauftragen seyen. Dieser Erfolg des Jünglings gegen den Senat ermuthigte ihn zu Aenderungen in Kriegs- und Gerichtsverfassung, und in der Verwaltung der Staatsgüter, die er vom Senat an die Gemeine bringen wollte. Je mehr er sich der Staatsgeschäfte bemächtigte, desto mehr erbitterte er alle Großen, und fiel endlich unter ihren Knitteln, ohne daß sein eigener Schwager, der jüngere Scipio, diesen schmachvollen Tod mißbilligte. Sein Bruder Cajus aber trat mit noch größerer Kühnheit auf, als er 631 zum Gemeinevorstand erwählt worden. Er wachte nicht blos über die Ausführung des Sempronischen Gesetzes, sondern verschafte der Landwirthschaft in Italien die wichtigsten Hilfsmittel durch die Anlage von Kunststraßen, durch den Aufbau verfallener Städte, und durch die Begünstigung der alten Bundesverwandten Roms. Zugleich suchte er dem Senat nicht blos immer mehr Gewalt zu entziehen, sondern ihn auch verächtlich zu machen. Diesem Unternehmen war die Macht seines Hauses und seines Anhanges nicht gewachsen; der Consul Opimius setzte einen Preis auf seinen Kopf, und erhielt ihn dafür aus dem Furienhain. (Alles dieses nach Plutarch.) Seitdem ward in Rom Sitte, heimliche Dolche zu tragen, und die Bestechlichkeit zum Gewerbe zu machen. Der Fluch, der auf Eroberungen ruht, ging in Erfüllung; kaum war ein Menschenalter nach der Gracchen Untergang verflossen, so foderte ein Feldherr, nicht für fleißige Hausväter wenige Morgen unvergebener Staatsländer, sondern für seine Soldaten die Stammgüter aller Großen, die ihm mißfielen: Sulla, Urheber des Cornelischen Gesetzes. Der folgende Gewalthaber, Pompeius, gedachte mittelst der Staatsländereien die Anzahl der freien Höfe zu vermehren, und ließ dazu 693 den Antrag machen: aber nicht hiezu, noch weniger zu Rullus Vorschlage, eine Staatsbehörde von Zehnmännern zur Verwaltung des Staatseinkommens niederzusetzen, war es Zeit, sondern dazu, daß durch das Schwert dem Reich Ein Herr gegeben wurde. Cäsar ward dieser Herr und gab das Julische Gesetz, wodurch die Staatsländereien, die in Italien noch zur Verfügung des Staates übrig waren (Sueton im Leben Cäsars 20) vertheilt wurden. So wie das Cornelische enthält dieses Gesetz keine fortwirkende Bestimmung über die Art und Weise der Landleihe, sondern nur die Bedingungen einer Schenkungshandlung. Es ist also nicht sowol ein Ackergesetz als eine Urkunde über Landaustheilung, (largitio agraria), worauf unter den folgenden Kaisern Geldaustheilungen mit ihren bekannten Wirkungen folgten. Die römischen Ackergesetze und Eroberungen von Feinden und Freunden stehen hienach in genauer Verbindung, und die ersteren begreifen keineswegs die gesammte landwirthschaftliche Gesetzgebung; auch ist es nur ein Beleg zu den spätern Sprachverwirrungen, wenn die folgenden Kaiser ihre einzelnen Verordnungen über Erbzinsverträge, Feldfrevel u. s. w. Ackergesetze nannten. Vgl. *Goesius* rei agrariae auctores. *Heyne* Comm. leges agrariae pestiferae et execrabiles. (Opusc. acad. Vol. IV. p. 350. fgg.) Bosse's Grundzüge des Finanzwesens. Niebuhr's Römische Geschichte Th. 2. S. 349. fgg. Heeren's Geschichte der Gracchen im Bd. 2. seiner kl. histor. Schriften. Hagen über das Agrargesetz. (*v. Bosse.*)

Agras, s. Agros.

AGRAULE, (Αγραυλη,) ein Beiname der Athene, entweder von dem Stamm Agraule in Athen, oder von der Agraulos, die sie ins Verderben stürzte. *Suid.* h. v. (*Ricklefs.*)

AGRAULOS, nicht so richtig Aglauros, 1) die Tochter der Aktäos, Gemalin des Kekrops, Mutter der Agraulos, Herse und Pandrosos [1]. 2) Die Tochter der vorigen, die dem Ares die Alkippe gebar [2]. Sie verführte ihre Schwestern, das ihnen von der Pallas mit dem Befehl, es nicht zu öffnen, anvertraute Kästchen, worin Erichthonios lag, dennoch zu öffnen, und stürzte sich mit ihnen, als die Koronis sie verrieth, oder, von der Göttin wahnsinnig gemacht, ins Meer [3]. Nach Ovid [4] verwandelte sie Hermes in Stein, weil sie von der Pallas neidisch gemacht, ihm den Zugang zu ihrer Schwester Herse verwehrte. Gleichwol hatte sie zu Athen ein Heiligthum, worin die Jünglinge dem Vaterlande huldigten [5], und ein Demos ward von ihr Agraule benannt [6]. Zu dieser Ehre gelangte sie, weil sie zur Beendigung eines langen Krieges, einem Orakel zufolge, sich freiwillig dem Tode fürs Vaterland weihte [7]. Nach Porphyr [8] sollen ihr auf Kypros Menschen geopfert seyn. (*Ricklefs.*)

AGREDA 1) ummauerte Villa in der span. Prov. Soria, 15° 54′ L. 41° 53′ Br., unweit der Laguna de Añavieja, am Fuße des Moncago, mit 3200 Einw., 6 Pfarek., 4 Klöstern. Unter den Gewerben zeichnen sich 11 Gerbereien und 26 Töpfereien aus. 2) Kleine Stadt in Neugranada in Südamerika, in der Provinz Popayan. (*Stein.*)

Von ersterer Stadt hat den Namen Agreda (Maria von) aus der Familie Cotonel, deren Mutter und Schwester dort ein Kloster gestiftet hatten. Sie wurde 1602 geboren und starb 1665. Seit ihrer Einkleidung im J. 1620 glaubte sie häufig Visionen zu haben, in welchen ihr Gott und die heilige Jungfrau wiederholt befohlen, das Leben der heil. Jungfrau zu schreiben. Ihr Werk erschien unter dem Titel: Mistica ciudad de Dios, milagro di su omnipotentia, y abysso de la gratia. Madrid 1655. französ. von P. *Thom. Crozet* (Mars. 1696 und wiederholt gedruckt). Dieser bizarre aber gut geschriebene geistliche Roman gab in der Sorbonne Anlaß zu heftigen Streitigkeiten, worüber das Journal des Savans 1696 und Bayle weitläuftig handeln. Von Rom aus wurde das Werk verboten, in Spanien aber, wo es genehmigt war, hielt man das Verbot auf, ja die Congregation des Index erlaubte das Lesen derselben 1729 ausdrücklich. (*H.*)

AGREST, bedeutet genau, was die Franzosen durch verjus bezeichnen, eigentlich einen jeden sauern Saft unreifer Früchte, wozu man aber am gewöhnlichsten unzeitige Weinbeeren nimmt. So gibt es eine Gattung Trauben, die im nördlichen Frankreich nie reif wird, ausschließlich diesen Namen „Verjus" trägt, und nur als Würze der Speisen in der Küche verwendet wird. Um ihn das ganze Jahr vorräthig zu haben, wird er ausgepreßt, durch einen wollenen Spitzbeutel geseiht, in Flaschen gegeben und mit ein wenig Oel, um dem Verderben zu begegnen, übergossen: so ersetzt er den Essig, dem er in der französischen Küche vorgezogen wird. — Die unreifen Weinbeeren macht man auch selbst, genau wie Gurken, mit Essig und Gewürzen ein, und nennt sie ebenfalls Agrest; — auch werden sie in Zucker einzeln kandirt; sie erfodern aber eben so viel Zucker, als sie schwer sind. Endlich bereitet man auch einen Syrup aus dem Safte der Verjus, der in den Krankheiten, wo der Leidende große Neigung zu Säuren verräth, ein vortreffliches Mittel ist: eben so gibt er ein angenehmes, kühlendes Getränk, wenn er zum Wasser gemischt wird. (*G. H. Ritter.*)

AGRESTI, (Livio,) geb. zu Forli in der Romagna, gest. zu Rom 1580, gehörte zu den bemerkenswürdigen Schülern des Pierino del Vaga (Piedro Buonaccorsi), denn die Gemälde aus der Genesis im Rathhause seiner Vaterstadt haben viel von der Manier Rafaels. In Gesellschaft des Kardinals von Oesterreich ging er nach Teutschland, und Wien hat mehrere Gemälde von ihm. Nach seiner Rückkehr verfertigte er für Gregor XIII. mehrere Gemälde im Vatikan. Nach Scanelli (Microcosmo della Pittura, Cesena 1657. 4. S. 84) war er Erfinder des Malens auf Silberstoffe. (*H.*)

AGRESTINUS, ein Benedictiner-Mönch aus dem Kloster Luxeuil in Burgund, vorher Notarius des Königs Theoderich II. von Burgund, schlug sich nach einem fruchtlosen Missionsversuch unter den Baiern um 617 in Aquileja zu der wegen des Streites über die drei Kapitel von der römischen Kirche getrennten Partei, für die er auch einige italienische und gallische Bischöfe gewann. Bei seiner Rückkehr nach Luxeuil lehnte er sich gegen den dasigen Abt Eustasius und die damals neue Regel des heil. Columbans auf, weil sie zu oft wiederholte Kreuzbezeichnung und Benediction, Vervielfältigung der Collecten in der Messe und die in den Südländern ganz ungewöhnliche schottische Tonsur (d. H. Paulus) geböte. Seinem auf der Synode zu Maron 623 geleisteten Widerruf entgegen, wiegelte er mehrere burgundische Klöster gegen diese Regel auf, soll aber 628 von seinem eignen Diener, wegen Ehebruch mit dessen Frau, ermordet worden seyn. Baron. und Pagi Crit. ad an. 617. Jonas vita Eustasii bei Mabillon Act. SS. Ord. Bened. II. p. 116. sqq. (*G. E. Petri.*)

AGREUS, d. i. der Jäger, ein Beiname 1) des Pan bei den Athenäern [1]. 2. Des Aristäos [2]. (*Ricklefs.*)

Agri, Fluß, s. Acri.

AGRI, ein sarmatisch-mäotisches Völkchen, nach Strabo und Plinius nicht weit von dem nordwestlichen Arm des Kuban. (S. Mannert 4, 365.) (*Rommel.*)

1) Apollod. III, 13, 2. Paus. I, 2. 2) Apollod. III. 14, 2. 3) Hyg. F. 166. Metam. II, 531 ff. nach Paus. I, 18 von der Akropolis herab. 4) Metam. II, 708—832. 5) Herod. VIII, 53. Paus. I, 18. Hesych. Αγλαυρ. Philostr. Vit. Apoll. IV, 21. Poll. VIII, 9, 105. 6) Suid. h. v. 7) Fragm. Philochori ed. Siebelis p. 18. 8) de abstin. ab anim. I, 2.

1) Hesych. h. v. nach Apollodor. 2) Diod. IV, 53. Salmas. ad Solin. p. 81.

AGRIANES, später Erigon, Ergina, Erginus und Raginia[*]), h. z. T. Erzeneh oder Erganeh, ein Fluß in Theacien, den man schon bei Bergule kennt[**]). Er muß demnach nördlich von Perinthus entspringen. Er nimmt den durch den Teatus verstärkten Contadesdus auf, und fällt einige Meilen südlich von Adrianopel in den Hebrus (Herodot. IV, 90.). (*Ricklefs.*)

AGRIANES, auch Agriani, eine rohe, zu den Päoniern gehörige Völkerschaft in Macedonien, die am Abhange des Scomius an den Quellen des Strymon saß, und im Gebirge westlich an die Dardanier, früher an die Triballer grenzte[*]). Von ihren westlichen Brüdern in Pannonien waren sie durch die illyrischen Autariaten getrennt. Sie waren vortreffliche leichte Truppen, besonders gute Bogenschützen, die in Berggegenden sehr nützlich waren. Zu Alexanders Zeit hatten sie noch einen eigenen Fürsten, der mehr als Freund, denn als Unterworfener desselben erscheint[**]). In den Kriegen des jüngern Philipp findet man sie noch (Liv. XLII, 51. XXXIII. 18.). (*Ricklefs.*)

AGRICOLA (Julius, geb. im J. 40., gest. im J. 93. n. Chr.), gründete, als Statthalter in Britannien unter dem Kaiser Domitianus, die römische Herrschaft auf dieser Insel, die auch er zuerst umschiffen ließ, fester, als alle seine Vorgänger, und erweiterte ihr Gebiet bis an die schottischen Gebirge. Er stand im Begriffe, auch das Hochland zu durchziehen und zu bezwingen, als er von seinem Herrn, dessen Argwohn sein Kriegsruhm erregt und sein äußerst unterwürfiges und behutsames Betragen nicht beschwichtigt hatte, abgerufen ward. Weit ruhmwerther noch als sein Leben ist die Beschreibung desselben von seinem Schwiegersohne, dem Geschichtschreiber Tacitus. Man hat von diesem Werke, das Laharpe die Verzweiflung der Biographen nennt, und dem in der That keine andere Lebensbeschreibung gleich kommt, mehrere gute Uebersetzungen, z. B. von Drück (in dessen kleinen Schriften, Th. 3. Tübingen 1810.) und von L. Döderlein, 1817. (*J. Roth*)

AGRICOLA (Rudolf), war geb. zu Baffel (Baflo), einem Dorfe nicht weit von Gröningen in Friesland, im Aug. des Jahres 1443. (s. Clement Bibl. cur. 1, 80.). Eigentlich hieß er Rolef Huysman; zuweilen nennt er sich selbst Rudolf von Ziloha, nach dem damaligen Augustinerkloster Silo, wo er sich einige Zeit aufgehalten hatte. Auch findet man den Namen Rudolphus a Groeningen. Schon frühe muß sich sein vorzügliches Talent geäußert haben. Zwar lernte er nach der Lehrmethode jener Zeiten, zuerst wahrscheinlich unter Thomas a Kempis in Zwoll, dann in Löwen, die scholastische Philosophie, und übte sich in der Dialektik; allein dieses genügte seinem Geiste nicht, der sich vielmehr zu den alten classischen Schriftstellern hingezogen fühlte. Wir finden, daß ihn hauptsächlich Cicero und Quintilian beschäftigten. Nachdem er in Löwen auch die franz. Sprache erlernt hatte, begab er sich zur Erweiterung seiner Kentnisse zuerst nach Paris. Als er aber den großen Umschwung sah, welchen Geschmack und Wissenschaften in Italien durch das Studium der griechischen Sprache und Literatur nahmen, faßte er den Entschluß, diese großen Männer selbst zu hören. Insbesondre verweilte er in den J. 1476 und 77 zu Ferrara, wo ein Theodor Gaza, ein Guarino, die beiden Strozzi u. a. lebten. Hier nun ward ihm der Triumph zu Theil, daß selbst die Italiener, die stolz über die Ausländer sich erhoben, bei seinen Reden und Vorlesungen die Aussprache eben so wol als seine angenehme Manier und seine Gelehrsamkeit bewunderten. Auch trugen wahrscheinlich seine Kentnisse in der Malerei und Tonkunst, indem er selbst Lieder componirte und in Gesellschaften mit Instrumental-Begleitung absang, nicht wenig dazu bei, ihn den Italienern zu empfehlen. Nach seiner Zurückkunft soll er Syndicus in Gröningen gewesen seyn, welches jedoch einige bezweifeln. Zuverlässiger aber ist, daß er in Angelegenheiten dieser Stadt, 6 Monate lang an K. Maximilians I. Hofe sich aufgehalten, und nach geendigtem Auftrag von seinen Landsleuten Undank geerntet hat. An diesem Hofe sollen ihm Vorschläge gemacht worden seyn, in kaiserl. Dienste zu treten, die er, so wie mehrere andre Anträge zu bestimmten Aemtern, abgelehnt hat, um sich in völliger Unabhängigkeit den Wissenschaften zu widmen. Im J. 1482 ließ er sich jedoch durch die Einladungen des kurpfälzischen Canzlers und Bischofs zu Worms, Johann von Dalberg, mit dem er schon in Ferrara einen Freundschaftsbund geschlossen hatte, bewegen, nach Heidelberg zu gehen, um in Gesellschaft Dalbergs bald zu Heidelberg, bald zu Worms zu leben. Ein bestimmtes Lehramt scheint er nicht gehabt zu haben, sondern mehr Hof- und Weltmann gewesen zu seyn. Indeß hielt er an beiden Orten öffentliche Vorlesungen, um das Studium der humanistischen Wissenschaften in Teutschland zu befördern, die bisherige scholastische Philosophie und Dialektik zu stürzen, und an ihre Stelle die reinere aristotelische Philosophie nach dem Sinn ihres Stifters selbst zu setzen, indem er ihr zugleich durch Verbannung der damaligen barbarischen Terminologie, ein besseres anlockenderes Gewand umlegte. So wirkte er durch Reden und Disputirübungen, durch Rath, den er auch in andern Wissenschaften, in der Theologie und Jurisprudenz ertheilte; besonders aber durch seinen Einfluß und sein persönliches Ansehen bei dem Kurfürsten Philipp dem Aufrichtigen und dessen Räthen. Er bewog den Kanzler Dalberg, zur Ausbreitung der Literatur eine Büchersammlung in Ladenburg anzulegen, mit welcher die des Klosters Lorsch und Agricola's eigener literarischer Vorrath vereinigt wurden. Beide Sammlungen wurden nachher der Bibliothek zu Heidelberg einverleibt[1]), welches doch in Hinsicht der dalbergischen Bibliothek Zapf[2]) zu widerlegen sucht. Der Kurfürst selbst zog Agricola mehrmals zu Rath, und ließ sich von ihm einen kurzen Begriff der Geschichte aufsetzen, welcher nach den 4 Monarchieen abgetheilt ward. In seinen spätern Jahren hatte sich A.

---

*) Strabo. VII, Exc. 23. **) Anon. de Leone Arm. p. 434. bei Wesseling.

*) Strab. VII, 5, 12. Exc. 18. Thucyd. II, 96. **) Arr. Exp. Al. I, 5.

1) *I. H. Andreae Lupodunum palatinum*, § 23. *Ejusd. Riesmannus redivivus*, p. 100. 2) Joh. v. Dalberg, Bischof von Worms, §. 27. 28. und im Nachtrag, S. 26. ꝛc.

noch in die theologischen Studien geworfen, und zu diesem Behuf die hebräische Sprache von einem Juden, den der Kanzler Dalberg dafür in seinem Hause hielt, zu erlernen gesucht, allein, wie es scheint, mit weniger Glück als die übrigen Sprachen. Von der ihm gebliebenen Sehnsucht nach Italien heilte ihn zuletzt eine zweite Reise dahin, die er im J. 1484 in Begleitung des an den Papst Innocenz VIII. gesandten Dalbergs machte, weil er dort Vieles zerstört faud, was die Freude seiner jüngern Jahre war. Nicht lange nach seiner Zurückkunft überraschte ihn der Tod, am 28sten (nicht 25sten) October 1485. Teutschlaud verlor in ihm einen der ersten Beförderer der classischen Literatur und den Wiederhersteller einer bessern Schreibart über philosophische Gegenstände. Seine Gemüthsart war sanft und verträglich, seine Sitten waren rein. Blos für die Studien lebend, war ihm eine gewisse Ruhr und Gemächlichkeit zum Bedürfniß geworden, weil jenen ohne diese Abbruch geschieht. Darin lag auch, seinem eigenen Geständnisse nach, der Grund, warum er unverheirathet blieb und kein bestimmtes Amt übernahm. Eiue seiner Hauptschriften, die oft aufgelegt und begierig gelesen wurde, ist *de inventione dialectica*, eine Kunst zu deuken und zu schließen nach den Mustern der Alten, der jedoch die letzte Feile fehlt. Außerdem übersetzte er mehrere Stücke aus der griechischen in die lateinische Sprache: Platons Axiochos, des Isokrates paraenesis ad Demonicum, einige Schriften Lucians, Aphthonii progymnasmata. Bri dee Uebersetzung des Dionysius Areopagita übereilte ihn der Tod. Er commentirte des Boëthius Werk de consolatione philosophiae, so wie einige Declamationen Seneca's, und bearbeitrte Priscians praexercitamenta. Der übrige Theil seiner Schriften besteht aus Reden, Briefen und Gedichten. Die meisten derselben sind in der durch Alardus von Amsterdam, 1539 in 2 Theilen zu Cöln unter dem Titel: *R. Agricolae lucubrationes aliquot — nusquam prius editae caeteraque ejusd. viri omnia*, herausgegebenen Sammlung zu finden [3]).

Dieser Agricola ist nicht zu verwechseln mit einem andetu **Rudolf Agricola** aus Graubünden, der sich deßwegen **den jüngern** nannte, und dessen kurze Biographie und Schriftenverzeichnisse in Adelungs Ergänz. zu Jöchers G. L., noch vollständiger aber in den Janocianis, Vol. I. S. 6—14. zu leseu sind. (*F. Molter.*)

AGRICOLA (Johann, mit dem Beinamen **Ammonius**), ein teutscher Arzt im 15—16. Jahrh., Professor der Arzneik. und griechischen Sprache zu Ingolstadt, zu seiner Zeit einer der besten Commentatoren der alten Aerzte Hippokrates und Galeu, Verf. einer medicinischen Botanik vor und nach Galen, eines Judex über Dioscorides u. a. Vgl. Jöcher und Adelung, wo auch noch audere Agricolas mit demselben Vornamen aufgeführt sind. (*H.*)

AGRICOLA (Georg, eigentlich Bauer), der erste Mineralog seit der Wiederherstellung der Wissenschaften, der für diesen Zweig der Naturkunde eben das leistete, was die Zoologie durch Conr. Geßner gewann. Geb. zu Glaucha (24. März) 1490 (nicht 1492 oder 94), studirte er anfangs, nachdem er bereits 1518—22 Rector zu Zwickau gewesen war, zu Leipzig, danu in Italien die Arzneikunde. Nach seiner Rückkehr ließ er sich zu Joachimsthal in Böhmen als praktischer Arzt nieder (1527), bald aber gewann seine Liebe zur Bergbaukunde die Oberhand. Er ging nach Chemnitz (1531), besuchte das Erzgebirge, unterrichtete sich durch Gespräche mit den Bergleuten, und kam bald zu der Ueberzeugung, daß der unterirdische Theil Sachsens einträglicher sey als der überirdische; vergebens aber suchte er davon die Herren des Landes zu überzeugen; doch gewährte ihm Kurfürst Moriz eine jährliche Pension und freie Wohnung zu Chemnitz; und er wurde dort Stadtphysikus und Bürgermeister. Von jetzt an beschäftigte er sich mit den Schriften, durch die er den Fossilien und der Bergbaukunde so nützlich geworden ist, und starb zu Chemnitz am 21. Nov. 1555. Sonderbar genug ist es, daß dieser Mann, der sich mit der unterirdischen Welt so genau bekannt gemacht hatte, noch an Berggeister (Gnomen) glaubte, welche die Bergleute durch Grubenwetter quälen, und bemerkenswerth daß er, weil die prächtigen Kirchenceremonien ihn der katholischen Kirche treu erhielten, in Chemnitz 5 Tage unbegraben blieb und dann nach Zeitz abgeführt wuede. Seine größtentheils die Mineralogie und den Bergbau betreffenden Schriften hat Adelung zum Jöcher verzeichnet; Herr Bergass. Lehmann hat sie teutsch übersetzt geliefert (Freiberg, 1806—13) in 4 Thlen. Sein Werk *de mensuris et ponderibus Romanorum atq. Graecorum* L. V. (Basel 1532. 4. Paris 1533. 8.) erschien, nach mehrern Streitigkeiten darüber mit Alciat, vermehrt, Basel 1550 fol. Venedig 1635. 8. Wittenb. 1714. 8. — Vgl. Adelung der noch einige andere Agricolas mit demselben Vornamen aufführt. (*H.*)

AGRICOLA (Stephan), eigentlich **Kastenbauer**, ein verdienter Beförderer der Reformation, aus Baiern gebürtig. Er studirte die Theologie zu Wien, wo er Baccalaureus, und zu Bologna, wo er Doctor wurde, und erhielt darauf die Beichtvaterstelle bei der Gemalin Kaiser Ferdinands I. und dann bei

---

3) S. *Ph. Melanthonis praef. in R. Agricolae libros de dialectica*, und desselben *oratio de vita R. Agr.*, beide in seinen orat. Arg. 1539. To. 2. pag. 201. et 444. sqq. und in seinen declamat. ed. Joh. Richardio. Arg. 1570. pag. 247. et p. 594 sqq. Die oratio ist auch abgedruckt in *Vita N. Frischlini, cui adhaerescunt vitae R. Agricolae, J. Capnionis et Erasmi Rot. Recensente Geo. Pflügero*. Arg. 1605. *Melch. Adami vitae germanor. philosophicis et humanior. literis clarorum*. Ffurti. 1615. p. 13—21. **Bruckers Ehrentempel der teutschen Gelehrsamkeit**, S. 1. ic. J. *A Fabricii bibl. lat. med. et inf. aet. ed. Mansi*. T. VI. p. 127. J. *H. Andreae monumenta Heidelbergensia illustrata* et p. 4. 5. 6. et *ejusd. commentatio hist. lit. de quibusdam eruditor. luminibus et Palatinatum et Belgium quondam docendo illustrantibus*; sect. 1. §. VI. D. L. **Wundts Magazin für dte Kirchen- uud Gelehrten-Geschichte der Pfalz**; Bd 2. S. 173. **Zapf**, l. c. §. 20. und 26; Nachtrag, S. 20. **Meiners Lebensbeschreibungen berühmter Männer**, Bd. 2. **Heerens Gesch. des Studiums der class. Lit.** Bd. 2. S. 147. 152. bis 157. und 277. **Buhle's Gesch. der neuern Philosophie**, Bd. 2. S. 81, 82. Noch mehr Nachweisungen findet man in *Andreas comment. cit.*, in **Jöchers und Adelungs Gel. Lex.** und in *Fabricius* l. c. In beiden letztern sind auch die einzelnen Ausgaben der Schriften Agricola's aufgezählt.

dem Kardinal und Erzbischof zu Salzburg Matthäus Lang. Durch das Lesen der Schriften Luthers über die Mißbräuche der römischen Kirche aufgeklärt, fing er an dieselben öffentlich zu bekämpfen, allein die Verfolgungssucht brachte ihn zu Müldorf in ein hartes Gefängniß, aus dem er erst nach 3 Jahren entkam. Er wurde nun 1524 Prediger in Augsburg, wohnte 1529 dem Kolloqium zu Marburg bei, und kam 1532 als Prediger nach Hof im Voigtlande, wo er 1537 die schmalkaldischen Artikel unterzeichnete. Nachdem er mit einigen Andern das evangelische Kirchenwesen im Gebiete des Pfalzgrafen Otto Heinrich eingerichtet hatte, kam er als Prediger nach Eisleben, und starb daselbst in hohem Alter in den Ostertagen 1547. Seine Schriften handeln *de potestate Satanae, de Angelis*, von der Aufrichtung des wahren Gottesdienstes ꝛc., auch übersetzte er Luthers Commentare über den Obadiah, Nahum und Zephaniah ins Teutsche. S. Salig's Hist. d. augsb. Konfess. 3 Thl. 148. Schelhorn's Nachr. v. d. evang. Ref. in d. Salzb. Landen 79–91. — Sein Sohn, ebenfalls Stephan, von Melanchthon erzogen, war Prediger im Mansfeldischen und in Merseburg, kehrte um 1560 zur römischen Kirche zurück, ging nach Rom und starb in einem Kloster. In einigen Schriften vertheidigte er die majoristische Lehre, übersetzte verschiedene Schriften von Luther, Brentz und Cruciger ins Teutsche, und ließ auch nach seinem Abfalle Verschiedenes drucken. S. Trinius Gesch. ber. Gottesgel. 3 Bd. 451. *Veith Bibl. August.* Alphab. IV. 197. Vgl. auch über beide Jöcher und Adelung. (*Baur.*)

AGRICOLA (Martin, geb. um 1485, gest. 1556). Dieser, zur Zeit der Reformation, und zunächst durch sie, zu bewundernswürdigem Fleiß und vielseitiger Wirksamkeit in den verschiedensten Wissenschaften und Künsten entflammte Mann, verdient, wenigstens als Tonkünstler, wo er in gewisser Hinsicht Epoche machte und der gesammten Nachwelt entschieden nützlich ward, auch hier ein erneuertes Denkmal. Er war ein tüchtiger Grieche und Lateiner, auch kein unebner Theolog: doch war Musik von früher Jugend an sein Lieblingsstudium, und er bewies das Eine wie das Andere durch zahlreiche Schriften, durch eine Menge Schüler, die er in Magdeburg heranzog, wo er als der erste Cantor und Musikdirector an der Schule angestellt war, und durch nicht wenige, mit größtem Fleiß ausgeführte, theoretische und praktische Musikwerke. Er gehörte zu Martin Luthers großer Cantorei, wie sich dieser im Scherz ausdrückte, um seine musikalischen Freunde in der Ferne, welche den Kapellmeister seines Kurfürsten, Walther in Dresden, an der Spitze hatten, zu bezeichnen, und sie von seiner kleinen Cantorei, den Sängern und Musikfreunden, die sich nach erschöpfender Tageslast in seinem Hanse zu versammlen pflegten, zu unterscheiden. — Von den Werken Agricola's über Musik dürfte seine *Musica instrumentalis*, teutsch, (Wittenb. b. Rhaw, 1529, u. in verbess. Ausg. 1545) für uns noch das lehrreichste und nützlichste seyn. Er beschreibt darin alle damals irgend üblichen Instrumente, und gibt kurze Anleitung zu ihrer Behandlung. In dieser Hinsicht, so wie in seinen musikalischen Schriften überhaupt, gehet er vornehmlich darauf aus, — und dies ist eben sein eigenthümliches, auf alle Zeit fortwirkendes Verdienst, — die bis dahin noch immer fast allgemein gebrauchte, so überaus weitläufige, schwierige, und doch unsichere Tabulatur abzuschaffen, und die Notenschrift, wie wir sie jetzt haben, nicht nur, wie früher allerdings hin und wieder schon geschehen, beim Gesange, sondern auch bei allem Instrumentenspiel einzuführen. Da er mit öffentlichen und besondern Lehrstunden täglich von früh bis Abend überhäuft war, so studirte und schrieb er fast nur zur Nacht, und leistete dies alles für eine Belohnung, die ihn mehrmals nicht in den Stand setzte, sich nur zu sättigen, so daß er in einem gedruckten Brief an seine lieben Magdeburger sich genöthigt fühlt, nur um den Lohn eines Taglöhners zu bitten. Doch thut er alles, wie er schreibt, fröhlichen Muths, für seinen Gott, die liebe Jugend, und „die edle Fraw Musica." Nimmt man nun dazu, daß er zu Gegenständen seiner Untersuchungen meistens solche wählte, die eine weitschichtige Belesenheit und viele Hilfsmittel nöthig machten; daß er in deren Behandlung gar keine, oder höchst unbedeutende Vorgänger hatte, und auch nie eigentlichen Unterricht genossen, sondern alles aus sich selbst gezogen, oder durch eignen Fleiß sich zu eigen gemacht hatte (weshalb er sich auch einen „selbwachsen Musicum" nennt), so würde man dies kaum erklären können, wüßte man nicht, was in großer, durch hohe Ideen begeisterter Zeit auch der Einzelne, Tiefuntergeordnete, allen Hindernissen und Schwierigkeiten zum Trotz, vermag. (*Rochlitz.*)

AGRICOLA (Johann), mit seinem eigentlichen (Familien-) Namen Schneider, Sneider, Schnitter, welches nur verschiedene Formen eines und desselben Wortes sind [1]), Mitreformator zu Wittenberg, Frankfurt a. M., Eisleben, und besonders seit 1539 in der Mark Brandenburg, Urheber theologischer Streitigkeiten, Mitverfasser des Augsburger Interims, geistlicher Liederdichter, Sprüchwörtersammler und überhaupt ziemlich fruchtbarer Schriftsteller in mancherlei Fächern, vorzüglich aber im theologischen, wie namentlich im exegetischen, dogmatischen, homiletischen und katechetischen Fache. Er stammte aus Eisleben, weshalb er auch, zum Unterschiede von mehrern Namensgenossen (Homonymen) seiner Zeit, mit welchen er, wie es in Hinsicht einiger

---

1) Dieses hat Kordes, wiewohl er S. 16 darauf hindeutet, nicht genug berücksichtiget. Die Zeitgenossen nennen unsern Agricola bald Schneider, bald Schnitter; daß er wahrscheinlich sich selbst in der Dedication vor einer von ihm herausgegebenen lutherschen Schrift Johann Sneider nennt, wird unten in dem Schriftenverzeichnisse Abschn. 2 Nr. 1. (42) bemerkt werden. Einige haben irrig dafür gehalten, sein eigentlicher Name sey Bauer, andere, er sey Ackermann gewesen. Aeckerling oder Eckerling hat er sich sonst höchst wahrscheinlich vor zweien seiner Schriften gegen Witzel (*Wicelius*) genannt. S. das Schriftenverzeichniß Abschn. 2 Nr. 3 (44) und 4 (45).

wol geschehen ist, nicht verwechselt werden muß [2]), gewöhnlich Johann Agricola aus Eisleben, auch wol bloß Eisleben, Ißleren, Magister Eisleben, *Eislebius*, *Islebius*, der Eislebner, genannt wird, und war also Luther's Landsmann; der 20ste April des Jahrs 1492, nicht 1490, wie Einige annehmen (man sehe Kordes im unten angef. Buche §. 1.), war sein Geburtstag. Es ist wahrscheinlich, daß er seine erste Bildung, von welcher keine Nachrichten auf uns gekommen sind, in der Schule seiner Vaterstadt genossen hat; gewiß ist es aber, daß er nach vollendetem Schulunterrichte, (in welchem Jahre können wir nicht sagen, vermuthen aber nicht lange nach 1512), die Universität zu Wittenberg bezog, Luther's Vorlesungen fleißig beiwohnte, sich auch an diesen, so wie an den im Jahr 1518 nach Wittenberg gekommenen Philipp Melanchthon enge anschloß; auch ist es mehr als wahrscheinlich, daß er schon zu der Zrit, wie Luther mit seinen Thesen gegen Tetzel auftrat, Vorlesungen zu Wittenberg hielt. Sein rascher gewandter Geist, sein Eifer für das theologische Studium und seine vielseitige Gelehrsamkeit gewannen um diese Zeit ihm Luther's und bald nachher auch Melanchthon's, so wie Bugenhagen's, Spalatin's und anderer Reformatoren Liebe in einem hohen Grade; auch war er sicher einer der ersten von den Wittenberger Universitätsmitgliedern, die sich laut für die neue Lehre erklärten. Auf das Religionsgespräch nach Leipzig im Jahr 1519 nahmen Luther und Melanchthon ihn mit, um das Protocoll bei demselben zu führen (Kordes §. 8. S. 57); und einige Monate nachher nahm er (am 19. September d. J. 1519) zugleich mit Melanchthon die Würde eines Baccalaureus der Theologie an; (Magister der Philosophie war er, was keinem Zweifel unterworfen ist, schon mehrere Jahre vorher geworden). Ob er jemals Doctor der Theologie geworden ist, ist noch manchem Zweifel unterworfen [3]). Im Jahr 1520 verheirathete er sich zu Wittenberg mit einer Schwester des dortigen Stadtsecretärs (Drachstedt), welche Elisabeth (Ilse, Elsa) hieß, und trat auch im folgendem Jahre 1521 zugleich mit Andreas Carlstade und Philipp Melanchthon als Fürsprecher für den wegen seiner Verheirathung gefangen gesetzten Priester Jacob Seydler bei dem Bischofe zu Meißen Johann Schleinitz auf [4]). Während Luther's Anwesenheit, auf dem Reichstage zu Worms 1521, und während der Zeit des Aufenthalts desselben auf der Wartburg lehrte Agricola zu Wittenberg, scheint auch schon in dieser Zeit als Schriftsteller [5]) nicht ganz unthätig gewesen zu seyn, wiewol er unter dem vollständigen Namen *Johannes Agricola Islebius* erst im Jahr 1524 als Schriftsteller auftrat. Sein diesmaliger Aufenthalt zu Wittenberg währte aber bis zum Jahre 1525, und wurde durch keine Streitigkeiten und Mißhelligkeiten mit Luther und Melanchthon getrübt, die, wie aus den Briefen beider Männer hervorgeht, mit ihm in den innigsten Freundschaftsverhältnissen lebten; Melanchthon dedicirte ihm 1521 sogar seine *Institutiones rhetoricas*, so wie auch Bugenhagen 1526 ihm und dem Spalatin die Oratio de Eucharistia widmete, er Agricola aber schon von Wittenberg aus im Jahr 1524 dem Spalatin seine Annotationes in Evangelium Lucae zuschrieb. Im Jahr 1525 wuede er von Luther, an den die Mitglieder des Raths zu Frankfurt am Mayn sich mit der Bitte gewandt hatten, ihnen zur Einrichtung des evangelischen Gottesdienstes in ihrer Stadt einen tüchtigen Mann zu senden, dorthin geschickt, und half daselbst, aber wol nicht viel länger als einen Monat, den dortigen Predigern Dionysius Melander von Ulm und Johann Bernhard Algersheimer von Alzheim den Gottesdienst nach der evangelischen Lehre einrichten und feststellen [6]). Nach seiner Rückkehr von Frankfurt treffen wir ihn in der zweiten Hälfte des Jahrs 1525 schon zu Eisleben, wo er Pfarrer an der dortigen St. Nicolai-Kirche geworden war, und zugleich die Verpflichtung auf sich genommen hatte, in dem von Luther selbst eingerichteten Gymnasium daselbst zu unterrichten, während seine Frau sich die Bildung der weiblichen Jugend daselbst angelegen seyn ließ [7]). Zu Eisleben blieb er bis zum Jahre 1536, und ließ während dieser Zeit mehrere Predigten, Katechismen und andere Schriften, auch nichttheologischen Inhalts, drucken; von welchen seine 1528 oder, was uns wahrscheinlicher ist [8]), 1529 zuerst erschienene Sprüchwörtersammlung, durch welche er sich um die Sitten- und Culturgeschichte der Teutschen so wie um die Geschichte der teutschen Sprache ein grosses Verdienst erworben hat, die berühmteste geworden ist. In diese Zrit fällt auch der erste Beginn des von ihm angefangenen, und mehrere Jahre nachher mit größerer Lebhaftigkeit erneuerten antinomistischen Streits, indem er im Jahr 1527 gegen Melanchthon's Instruction oder Unterricht

2) M. s. den Artikel Johann Agricola aus Spremberg. Auch mit Stephan Agricola, seinem Zeitgenossen, ist er wol verwechselt. M. s. Kordes S. 100. 3) Wenn er es je geworden ist, so ist er es wahrscheinlich zu Frankfurt a. d. O. geworden. Vgl. über diese Frage Kordes S. 59, 98, 229 und 369. Wir bezweifeln die Sache und glauben, die Meinung, daß Agricola Doctor gewesen sey, ist bloß aus einem Mißverstande des D. (dominus) vor seinem Namen in teutschen so wie in lateinischen Schriften entstanden. In dem Bericht von Luther's Tode von Justus Jonas, Michael Cellus u. s. w. (Ausg. Wittenb. bei Georg Rhaw 1546 D. ii) steht auch ein D vor dem Namen Melanchthon's, der doch, wie bekannt, niemals Doctor geworden ist. 4) S. das Schriftenverzeichniß Abschn. 1. Nr. 1.

5) Wenn er der Johann Sneider, der Luther's Erklärung des Vater Unsers 1518 zuerst herausgegeben hat, und der Verfasser der kurzen Anrede (I. A.) ist. M. s. das Schriftenverzeichniß Abschn. 2 Nr. 1 und 2 (42 und 43). 6) Außer Kordes S. 81 vgl. man auch E. S. Cypriani Hilaria evangelica Gotha 1719 Fol. S. 609. 7) M. s. über Agricola's Aufenthalt zu Eisleben Johann Georg Christian Höpfner über das Gymnasium zu Eisleben in Christian Ernst Weiße's Museum für die Sächs. Gesch. Litter. und Staatskunde Leipz 1794—1796 3 Bde. benutzt von Kordes S. 83 u. s. w. 8) Das Daseyn der plattteutschen und hochteutschen Ausgabe des ersten Theils der Sprichworter Agricola's (Magdeb 1528) scheint uns nämlich noch nicht außer allem Zweifel zu seyn.

der Visitatoren an die Pfarrer der kursächsischen Kirchen eine, entweder gar nicht, oder doch nur in äußerst wenigen Exemplaren abgedruckte Censur [9]) ausstreuete, in welcher er die Behauptung Melanchthon's, daß das Gesetz für die rohe Menge die wirksamste Predigt zur Buße sey, anfocht, indem die wahre Buße nur aus dem Evangelium komme und nur durch dasselbe bewirkt werde, welche Ansicht er auch in demselbigen Jahre in seinen Fragstücken für die jungen Kinder u. s. w. vortrug. Durch Luthers Dazwischenkunft ward indeß, weil der Handel bald eine sehr bedenkliche Gestalt gewann, eine Zusammenkunft zwischen Melanchthon und Agricola noch im December 1527 zu Torgau veranstaltet, in welcher Agricola seine Meinung zurücknahm, so daß das alte freundschaftliche Verhältniß wieder hergestellt wurde, wiewol es dem Agricola mit seinem Widerrufe kein rechter Ernst gewesen zu seyn scheint, und er im J. 1528 doch wieder einige Luthern mißfällige Ansichten in dem Artikel vom Glauben und guten Werken geäußert haben muß, worüber es indeß zu keinem offenen Streite kam (Kordes §. 15. S. 151). Einige Jahre später 1533 trat er auch gegen seinen Collegen zu Eisleben, den nachherigen Apostaten Georg Wicel oder Witzel (*Vicelius, Wicelius*) in der Lehre von der Rechtfertigung und den guten Werken auf [10]). Hier waren Melanchthon und die andern wittenberger Theologen auf seiner Seite. Von dem Grafen Albrecht von Mansfeld, der viel von ihm gehalten haben muß, wurde er während dieses seines Aufenthalt zu Eisleben, auch mit auf den Reichstag zu Speier 1526, und 1530 auf den Reichstag nach Augsburg genommen; dem Convente zu Marburg 1529, wie einige behauptet haben, wohnte er jedoch nicht bei (Kordes §. 13. S. 154.) wol aber war er 1536 mit unter denjenigen Theologen, welche die von Luther verfertigten sogenannten schmalkaldischen Artikel zu Wittenberg prüften und unterschrieben [11]). Nicht lange nach dieser letzten Berathung, wenn nicht unmittelbar nach derselben, gewiß aber schon in den ersten Monaten des Jahrs 1537, verabschiedete Agricola sich von Eisleben, und wählte Wittenberg wieder zu seinem Aufenthaltsorte, welcher es aber auch nur bis zum Jahr 1538 blieb. Hier, bald nach seiner Ankunft, gab er wiederum durch gewisse Sätze, wider die Nothwendigkeit des Gesetzes zur Buße, welche nur aus dem Evangelio von Christo komme und durch dasselbe bewirkt werden müsse, Veranlassung zu dem lauten Ausbruche des Streits, welcher unter dem Namen des antinomistischen bekannt ist, so wie er seinem Urheber den Namen des Antinomen oder Gesetzstürmers [12]) zugezogen hat, Veranlassung. Luther selbst ließ bereits 1537 diese von Agricola nun in Vorlesungen, Predigten und handschriftlich ausgestreuten Sätze, doch ohne ihren Urheber zu nennen, drucken, trat in diesem und den drei folgenden Jahren öffentlich vom Katheder aus gegen ihn in sechs noch vorhandenen Disputationen auf, ließ ihm alle Vorlesungen und die Führung akademischer Aemter untersagen; ja die Sache nahm die Gestalt eines förmlichen Processes an, und Agricola mußte sich auf Befehl des Kurfürsten Johann Friedrich, an den er späterhin eine eigene Klagschrift gegen Luther richtete [13]), verbindlich machen, vor Beendigung des Processes Wittenberg nicht zu verlassen. Indessen hielt er dieses Versprechen nicht, sondern begab sich, einem Rufe des Kurfürsten Joachim II. von Brandenburg folgend, wahrscheinlich im Monat August 1539, heimlich von Witteuberg weg nnd in die Mark; widerrief aber schon am 9ten Dec. 1540 in einer eigenen Schrift seine antinomischen Grundsätze [14]), welches er auch schon im vorhergegangenen Jahre, jedoch nicht zu Luther's völliger Zufriedenheit, gethan hatte (Kordes §. 24. S. 266.). Der Schauplatz des Streits war aber nicht bloß Wittenberg geblieben, sondern hatte sich auch auf andere Städte und Länder erstreckt, und nicht bloß Luther's und Agricola's, sondern vieler andern Theologen Federn, wurden gegen und für die Sache in Bewegung gesetzt. Luther, der, so lange Agricola noch in Wittenberg geblieben war, mit ihm den Umgang nicht ganz abgebrochen hatte (Kordes §. 23. S. 247.), scheint besonders seit Agricola's Entfernung von dort einen unversöhnlichen Haß auf ihn geworfen zu haben, der sich auch nach dem Widerrufe Agricola's nicht besänftigte, sondern sich in mehrern spätern Briefen aufs deutlichste ausspricht. Seit dem J. 1537 benennen Luther und seine Freunde den Agricola gewöhnlich mit dem Spottnamen Mag. Grickel oder Grieckel, welcher, wie man sieht, eine verkürzende Entstellung von Agricola ist, und, wie uns wahrscheinlich ist, einen wankelmüthigen, unzuverlässigen Menschen bedeuten soll, so wie der Name Jeckel, mit welchem Agricolas Freund Doctor Jacob Schenk zu Freiberg belegt wurde, gleichfalls die verächtliche Nebenbedeutung eines albernen Schwätzers hat [15]). Dieser Schenk schlug sich; nebst

9) S. das Schriftenverzeichniß Abschn. 1. Nr. 15. 10) Die Acten dieses Streites führt Rotermund (erneuertes Andenken der Männer, die für und wider die Reformation Luthers gearbeitet haben, Bremen 1818) S. 17 und 18 als eine Schrift von Agricola auf, sich auf Schelhorn's Ergötzlichkeiten B. 1. S. 84 berufend, welcher diese Sammlung aber ausdrücklich dem Wicel beilegt. M. v. Kordes S. 221. So führt auch Rotermund unter Nr. 15 eine Schrift von Luther in seinem Verzeichnisse der Schriften Agricola's auf. Ueber die gleichfalls dem Joh. Agricola aus Eisleben beigelegten Schriften eines andern Agricola aus Spremberg (siehe diesen) vergleiche man den Artikel Johann Agricola aus Spremberg. 11) Man vgl. Marheineke's Ausgabe von Luthers Urschrift der schmalkaldischen Artikel (Articuli, qui dicuntur Smalcaldici. E Palatino Codice MSC. accurate edidit et annotationibus criticis illustravit Phil. Marheineke Berol. MDCCCXVII. 4. S. 16 u. s. w.

12) Die genaue Entwickelung der streitigen Lehrsätze, so wie die eigentliche Geschichte des Streits sehe man in dem Artikel: Antinomer, antinomistische Streitigkeiten. 13) Sie ist nicht gedruckt, so wenig als die erste Widerrufungsformel vom Jahr 1527. M. s. Kordes S. 266. und 267 und vgl. Seckendorf hist. Luther. lat. Ausg. Lib. III. p. 308. 14) Dies ist die in dem Schriftenverzeichniß unter Nr. 27 aufgeführte Confession und Bekenntniß Johannes Agricola. 15) Gickel — Gökel — Gackel. Jäkel ein schlechtes Pferd, davon Jackeln, hin und und her fahren, mit

dem Magister Heinrich Ham, Prediger bei dem Markgrafen Johann V. von Brandenburg, und Johann Haner aus Nürnberg zu Agricola's Partei; gegen ihn waren aber besonders Caspar Güttel, Superintendent zu Eisleben, Michael Celins, Hofprediger zu Mansfeld, und Wendelin Faber zu Seeburg, zweier anderer viel berühmter Gegner hier noch nicht zu gedenken. Daß es übrigens Agricola'n mit seinem Widerrufe rechter Ernst gewesen seyn, und daß er, während seines Aufenthalts in Berlin, aufgehört haben sollte seine Meinungen zu verbreiten, bezweifeln wir, auf mehrere Aeußerungen Luthers in seinen Briefen und auch spätree Schriften Agricola's selber uns stützend. In der Mark half nun Agricola, in Verbindung mit Jacob Stratner und Georg Buchholzer aufs eifrigste an der Verbreitung der evangelischen Lehre arbeiten; hatte, wenn auch nicht an der ersten, doch sichte an dre zweiten Ausgabe der brandenburgschen Kirchenordnung Antheil [16]), visitirte die Stifter, trug zur Verbesserung der Universität zu Frankfurt an der Oder das Seinige bei, zerstörte manche abergläubische Wallfahrten und Reliquien, und half das kurfürstliche Consistorium oder den Kirchenrath einrichten, dessen erster Director er wurde [17]). Bei seinem Herrn stand er in großen Gnaden, und wurde von diesem, der ihn zugleich bei seiner Ankunft in Berlin zu seinem Hofprediger ernannt hatte, nach Stratner's Tode zum Generalsuperintendenten des Landes befördert; auch den Namen eines Probstes zu Cöln an der Spree führt er bei Einigen. Auch als Schriftsteller ruhte er nicht, und gab außer mehrern kleinen theologischen Schriften, auch eine Uebersetzung der Andria des Terenz (1544) und Sebastian Brant's Narrenschiff (1545) das Letztere sehr verändert, heraus. Epoche in seiner theologischen Wirksamkeit macht aber das Jahr 1548, welches durch den berühmten von Kaiser Carl V. zu Augsburg gehaltenen Reichstag und durch die auf demselben den protestantischen Ständen vorgelegte Einigungsformel, welche unter dem Namen des Augsburger Interims am bekanntesten ist, und so viel Streit und Widerstreben erregt hat, in der Reformationsgeschichte so bekannt ist. Auf des Kurfürsten Joachim Vorschlag ohne Zweifel wuede er nämlich von dem Kaiser und dessen Bruder Ferdinand dazu ausersehen, in Verbindung mit zweien katholischen Gottesgelehrten, dem Bischofe Julius Pflug zu Naumburg, und dem Weihbischofe von Maynz, Michael Helding, bekannter unter dem Namen Michael Sidonius, so genannt, weil er Titularbischof von Sidon war, diese Einigungsformel, welche bis zur völligen Vereinigung der getrennten Parteien von den Evangelischen als Norm angenommen werden sollte, und deshalb das Interim, und zum Unterschiede von dem früher im Jahr 1541 auf dem Reichstage zu Regensburg vorgelegten Einigungsplane, und von dem in Folge dieser interimistischen Händel etwas später entworfenen gleichfalls wichtigen Leipziger Einigungsformulare [18]) dieser Art, das Augsburger Interim genannt wird, zu verfertigen. Dieses so berüchtigte Interim, welches nicht bloß in Teutschland, sondern auch in andern Ländern unter den Protestanten die größte Sensation erregt und eine Menge aus ihm hervorgegangener Streitigkeiten zur Folge gehabt hat, erregte seinen Verfassern überall, selbst unter Katholiken, wie denn der Papst sich förmlich dagegen erklärte, Feinde, und Agricola, von dem es hieß, daß er seine Theilnahme an der Verfertigung desselben sich mit einer bedeutenden Summe Geldes habe bezahlen lassen [19]), wurde überall als der Verräther der evangelischen Kirche verschrieen, und konnte, (bei aller Unterstützung, welche er an dem Kurfürsten Joachim II. fand, mit dem er einige Monate später auch im December des Jahres 1548 dem Convente zu Jüterbock beiwohnte, auf welchem in Sachen des Interims gewisse Artikel aufgesetzt wurden (Kordes S. 354), durch welche Sachsen und Brandenburg sich erklärten, in Mitteldingen dem Kaiser nachzugeben, unbeschadet der Gewissensfreiheit ihrer evangelischen Unterthanen,) es nicht dahin bringen, daß es in der Mark eingeführt wurde; ein Geistlicher, Nicolaus Leuthinger, warf es sogar in Agricola's eigener Gegenwart ins Feuer [20]). Unter den berühmtern Theologen seiner Zeit, die gegen ihn auftraten, waren besonders Mathias Flacius, Casper Aquila und Erasmus Alberus, welche es an bittern Schrif-

einem verächtlichen Nebenbegriff. Grickeln ist in einigen plattteutschen Dialekten so viel als hin und her ziehen — zerren. Es will uns scheinen, daß Luther in das Wort Grickel, dessen er sich vielleicht auch schon vor 1557 im Scherze zur Bezeichnung Agricola's bedient haben mag, etwas Verächtliches hat legen wollen. Seckendorf und nach ihm Rotermund beziehen dieses auf Agricola's kleine Körpergestalt. Auch *Graeculus* nannte Luther ihn (Seckendorf); dieses Wort bezieht sich wol ohne Zweifel auf die Ostentation, welche Agricola mit seiner Kentniß des Griechischen trieb, wie aus einem Briefe Luther's an ihn (Walch's Ausg. der luthr. Schriften B. 21. S. 1121. Kordes S. 151) hervorgeht.

16) Daß der stets geschäftige Agricola, der sich so gern in alles mischte, an Verhandlungen über eine Kirchenordnung in dem Lande, in welchem er sich aufhielt und sogleich nicht wenig galt, nicht sollte Theil genommen haben, können wir keinen Augenblick bezweifeln. Der märkische Geschichtschreiber Leuthinger (Merchia p. 161) macht ihn ausdrücklich zum Mitverfasser. 17) M. vgl. über das Gesagte Samuel Buchholz, freilich nicht mit der gehörigen Kritik geschriebene Geschichte, der Kurmark Brandenburg Th. 3. Berl. 1767. 4. S. 412, 431, 438 und an andern Stellen.

18) M. s. Beuck's dreifaches Interim, immer noch das Hauptbuch. Es ist bekannt, daß in der Kirchengeschichte von einem sogenannten kleinen und großen Leipziger Interim die Rede ist. Die von Plank (Gesch. der Entst. der Veränder. und Bild. des protest. Lehrbegriffs B. 3 Th. 2 S. 425) aufgestellte Ansicht, das Augsburger Interim habe nach der Absicht des Kaisers die Ausübung einer Feindseligkeit gegen den Papst, und durchaus nicht gegen die Protestanten seyn sollen, können wir nicht zu der unsrigen machen. Das Weitere sehe man in Zukunft in dem Artikel: Interim. 19) Siebenhundert Kronen soll er, nach Sleidan, dafür erhalten haben. Deshalb sagt auch Erasmus Alberus in der Vorrede zu seiner Schrift: wider die Lehre der Carlstädter: S. Talerus und sein Bruder Goldnerus hätten den Agricola bewogen, das Interim mit schmieden zu helfen. 20) Buchholtz im angef. B. S. 382. Der Geistliche Nikolaus Leuthinger war der Vater des oben genannten Geschichtschreibers.

ten gegen Agricola nicht fehlen ließen[21]) Dieser hätte sich indeß durch sein Ansehen bei dem Kurfürsten und durch diesen bei dem Kaiser und dem römischen Könige Ferdinand beinahe das im Jahr 1549 erledigt gewordene Bisthum zu Camin in Pommern verdient, welches ihm jedoch nicht zu Theil wurde[22]). In den letzten Jahren seines Lebens nahm der nicht zur Ruhe geneigte Mann, nachdem durch die Bemühung des Kurfürsten einem mit Bucholzer im Jahr 1556 von ihm begonnenen Streit ein Ende gemacht worden war, an den Zwistigkeiten Antheil, welche Andreas Musculus zu Frankfurt a. d. O. mit Abdias Prätorius, Professor der hebräischen Sprache ebendaselbst, über die Nothwendigkeit der guten Werke anfing. Musculus, dem Agricola beistimmte, leugnete sie. Der Gegenstand dieses Streites, welcher schon vor mehrern Jahren zu den Mißhelligkeiten mit Wicel Veranlassung gegeben hatte, hängt ganz genau mit den antinomistischen Grundsätzen Agricola's zusammen, und es war wol natürlich, daß er nicht theilnehmungslos bei denselben blieb[23]). Am 22sten September des Jahrs 1566 starb er endlich im fünf und siebenzigsten Jahr seines Alters an einer sehr schmerzhaften Krankheit, an welcher er schon seit sechs Jahren gelitten hatte, und welche seine Gegner als eine Strafe Gottes für seine vermeinten Ketzereien betrachtet und dargestellt haben[24]).

Faßt man das Urtheil über den merkwürdigen Mann zusammen, so ist nicht zu leugnen, daß er viele ruhmwerthe Eigenschaften hatte, und es wol verdient hätte, mit einem bessern Gerücht, als ihm geworden ist, auf die Nachwelt zu kommen. Seine Gelehrsamkeit und seinen Eifer für die Sache der Protestanten haben selbst bis vor seiner Theilnahme am Interim seine erbittertsten Feinde nicht verkannt; unter den teutschen Prosaisten seiner Zeit nimmt er einen sehr bedeutenden Platz ein, und ist vielleicht in dieser Hinsicht unter seinen Zeitgenossen zunächst an Luther zu stellen. Auch mit den Alten beschäftigte er sich, wie es seine Uebersetzung der Andria des Terentius beweist. Seine Ansichten über die mindere Nothwendigkeit des Gesetzes zur Buße und zu einem christlichen Leben scheinen es nicht zu verdienen, ihm so bitter zum Vorwurf angerechnet zu werden, als es besonders von Luther geschah; theils waren sie keineswegs neu, sondern schon in frühern Jahrhunderten geäußert worden[25]); theils entsprangen sie, wiewol sie eine Verkennung der speculativen und religiösen Bedeutsamkeit des großen Gegensatzes von Gesetz und Evangelium zu erkennen geben, eigentlich aus der Lehre vom Glauben, welche den evangelischen Theologen im Gegensatze gegen die katholische Lehre von der Werkheiligkeit so wichtig war: und verfolgt man den eigentlichen Gegenstand des Streits etwas weiter, so möchte sich finden, daß beide Theile nicht so weit aus einander waren, als sie selber sich es vorstellten. Schwer war es überhaupt in jener Zeit, wo man mit fast scholastischer Genauigkeit und Spitzfindigkeit frühe wieder darauf ausging, die Grenzen dessen zu bestimmen, was in Religionssachen jeder anzunehmen habe, wie es die Geschichte der Bildung des christlich-protestantischen Lehrbegriffs beweist, sich so zu hüten, daß keinem ein Anstoß gegeben wurde. Der Nachtheil, den Luther aus der Lehre des Agricola für die Zucht und Sitte unter dem großen Haufen und überhaupt für den sittlichen Wandel befürchtete, trug wol das Meiste zu seinem Eifer gegen Agricola, der allerdings in seinem Benehmen einen großen, dem festen und männlichen Luther bis in den Tod verhaßten Wankelmuth und gar wenige Zuverlässigkeit an den Tag legte, bei. Es scheint indeß auch nicht zu verkennen zu seyn, daß die Achtung, welche Agricola gegen den großen, früher mit ihm so innig verbundenen Mann stets bewahrte, ihn mehrmals zum Nachgeben, nur daß er demselben nicht getreu blieb, bewogen hat. Es mögen indeß Eitelkeit, Ehrgeiz und Sucht, sich geltend zu machen, so wie eine große Unruhe oft seine Schritte geleitet haben. Aus diesen Gründen, verbunden mit einer gewissen Unbesonnenheit und Selbsttäuschung, die ihn glauben ließ, dieß sey das Mittel der evangelischen Lehre den Weg zu Kaiser und Papst zu bahnen, wie aus der bekannten Aeußerung von ihm: er habe dem Evangelio ein groß, breit Fenster aufgethan, den Papst reformirt, den Kaiser bekehrt und lutherisch gemacht, läßt es sich vielleicht auch erklären, daß er, einer der ersten und thätigsten Anhänger der Lutherischen, mit an einer Einigungsformel arbeitete und für deren Bestehen und Einführung so thätig war, durch welche die evangelische Kirche der römisch-katholischen, von der sie sich unter großen und mehrjährigen Kämpfen getrennt hatte, wiederum so nahe gebracht wurde. Daß er sich geirrt hatte, scheint er späterhin auch eingesehen zu haben, wenigstens ist, wie es aus seinen spätern Werken hervorgeht, durchaus nicht anzuneh-

21) Flacius unter dem Namen Christianus Lauterwar; die Namen der einzelnen Schriften aller drei Männer sehe man unter den sie betreffenden Artikeln. M. v. Kordes S. 356 u. s. w. auch den Art. Adiaphoristen. 22) Nach Bartholomäus Sastrowen Herkommen, Geburt und Lauf seines ganzen Lebens auch was sich in dem Denkwürdiges zugetragen, so er mehrentheils selbst gesehen und gegenwärtig mit angehöret hat, in vier unterschiedliche Theile (drei sind nur vorhanden) von ihm selbst beschrieben. Th. 2 B. 9. Cap. 1 (Mscr.) "da es nun mit dem Stifft in den Stand gebracht, lies es sich ansehen, dieweil des Kurfürsten Hofprediger Johannes Agricola, (den man sonst Eisleben nennet) ein Confabricator des Interims, also in großen Gnaden der Kais. Mit. und aller Reichs katholischen Kurfürsten, Fürsten und Ständen; der Kurfürst von Brandenburg in Fortsetzung des Interims sich so fleißig und willfehrig erzeigt, daß es seiner kurfürstlichen Gnaden bei der Kais. Mit. auch dem Papst leicht zu erhalten, daß Eisleben zum Bischof zu Camin verordnet und die Stift Stände an den verweisen, also alle drei Interimsschmieder Bischöfe wurden, Julius Pflug zu Naumburg, Suffraganeus Maguntinensis zu Merseburg und Eisleben zu Camin. Ich meine, daß wäre ein schönes Trinm, so sich gepasset hätte eben als drei Blessen (am Kopf weiß gezeichnete Pferde) in einen Koppeln." 23) M. s. Kordes S. 382 u. s. w. 24) M. s. Georg Buchholzer Brief an Phil. Melanchthon in der fortges. Samml. u. s. w. v. Jahr 1724 S. 181 und 182.

25) M. s. J. G. Walch's hist. und theol. Einleitung in die Religionsstreitigkeiten der evangelisch lutherischen Kirche B. 1. S. 110.

men, daß er die Absicht gehabt habe, die evangelische Kieche zur katholischen wieder zurückzuführen. Aber er griff fehl in dem gewählten Mittel, und kanute auch sein Zeit nicht. Dem Urtheile, das der ehrwürdige Plank in seiner Geschichte die Bildung des protestantischen Lehrbegriffs an mehrern Stellen, besonders B. II. S. 399—400 und B. 3 Thl. 2. S. 131 über Agricola ausgesprochen bat, möchten wir nicht eben in allen Stücken ganz beipflichten. Agricola's viele Schriften, von denen die Sammlung von Sprüchwörtern die bekannteste ist, denn die theologischen haben im Lanfe der Zeit größtentheils ihre Wichtigkeit verloren, sind sämmtlich sehr selten, und wir halten es nicht für überflüsäg, nach des gelehrten und kritischen Kordes Vorgange und Leitung, eine kurze Nomenclatur derselben hier beizufügen. Ueber Agricola's Lrben und Schriften sehe man, außer was in den lexicalischen Werken von Moreri, Bayle, dem Zedlerschen Universal-Lexico, dem (Buddeischen) allgem. hist. Lex., bei Jöcher und seinem Ergänzer Adelung unter dem Artikel Joh. Agricola von ihm vorkommt, besonders: Melch. Adami Vit. Theol. (Vit. Erudit. Ed. 3. Francof. ad Moen. 1706. fol. p. 195 etc.). Joh. Godofr. Ungeri dissert. de Joh. Agricola antesignano Antinomorum Lips. 1732. 4. benutzt in der fortges. Sammlung u. s. w. von 1734. S. 16 u. s. w.; Georg Gottfr. Küster's Leben Agricola's in Mart. Friedr. Seidel's Bildersammlung S. 63. Zus. 202. u. das Küstersche Verzeichniß seiner Schriften im alten und neuen Berlin Th. I. S. 94. am Ende in Joh. Georg Schelhorn's Ergötzlichkeiten aus der Kirchenhistorie und Literatur B. 2.; und vor allen (Berend Kordes): M. Johann Agricola's aus Eisleben Schriften möglichst vollständig verzeichnet u. s. w. Altona 1817, wodurch alles Frühere, was über Agricola's Lrben und Schriften vorhanden ist, entbehrlich gemacht worden ist. Die vollständigere Literatur der Quellen und Hilfsmittel über Agricola lehret Kordes in dem Vorberichte zu seiner Schrift. G. W. Rötermund ha bei dem Artikel Agricola in dem erneuerten Andenken der Männer, die für und gegen die Reformation Luthers gearbeitet haben, (Bremen 1818) S. 12 bis 19 die meisterhafte litterarhistorische und bibliographische Arbeit von Kordes noch nicht benutzen können, sonst würde dieser Artikel, besonders aber das ihm angehängte Schriftenverzeichniß, vollständiger und richtiger geworden seyn. Ueber das Historische der entinomistischen und interimistischen Streitigkeiten, und über Agricola's Theilnahme daran vergleiche man V. L. a Seckendorf Comment. hist. et apolog. de Lutheranismo Ed. II. Lips, 1694 fol. Lib. III. p. 306 etc. teutsche Uebers. Leipz. 1714 4. S. 1923 u. s. w. — Bird's Historie des dreifachen Interims; — Joh. Groeg Walch's Einleit. in die Religionsstreitigk. der evangel. luther. Kirchen B. I. Jena 1730 S. 110 u. s. w. — G. J. Plank's Gesch. der Entst. u. s. w. des protest. Lehrbegr. B. II. und B. III. Th. 2; und Joh. Matth. Schröckh's christl. Kirchengesch. seit d. Reform. Th. I. Leipz. 1804.

Verzeichniß der sämmtlichen Schriften Johann Agricolas aus Eisleben, in chronologischer Ordnung. 1. Unter dem Namen Agricola. 1) Der Theologorum zu Wittenberg Intercession bei dem Bischof von Meissen (Johann VII. aus dem Geschlechte der von Schleinitz) für einen gefangenen Priester (Jacob Seideler). Unterschrieben von Andreas Carlstadt, Johann Agricola und Philipp Melanchthon. Lateinisch 1521. Aus dem Mscr. abgedruckt in der fortgesetzten Samml. von alten und neuen theolog. Sachen, Jahrg. 1723. S. 194. u. s. w. M. v. Kapp's Nachlese 2, 464—466, wo ein anderer Abdruck gefunden wird. Eine teutsche Uebersetzung dieser Intercession ist in den ältern Samml. der Schriften Luther's, die neueste von Joh. Frick nach dem Original bei Kapp ist in der Walchschen Ausg. der Lutherschen Schriften Th. 15. Sp. 2830—2833. (Kordes Agricola S. 66. u. s. w.) Daß Agricola der Concipient dieser Intercession ist, bezweifeln wir. (Kordes S. 66. u. s. w.). 2. De capitibus ecclesiasticae doctrinae Joannis Agricolae Islebii ad amicum quendam epistola. Wittenbergae MDXXIIII. 8. Zwei verschiedene Ausgaben. (Kordes S. 77 u. 78). 3. In Evangelium Lucae Annotationes Joannis Agricolae Islebii summa scripturarum fide tractatae. Aug. Vindel. per Sympertum Kuff. MDXXV. 8. Dedicirt an Georg Spalatin. Spätere Ausg. Norimb. ap. Joa. Petreium MDXXV. Hagan. per Joa. Seceriun MDXXVI u. MDXXIX. 8. (Kordes S. 90. u. s. w.). 4. Kurze Verfassung des Spruchs Matth. 16. Wittenb. 1525. . . . (Wahrscheinlich eine Predigt über Matth. 16. v. 13—20. Kordes S. 94). 5. Auslegung des XIX. Psalm Coeli enarrant, durch Thomas Müntzer an seynen besten Jünger einen, auff new prophetisch, nicht nach der ainfeltigkeit des wort Gottes, sondern auß der lebendigen stymme vom Hymel. Außlegung desselben Psalm, wie in Sant Panl außlegt nach der ainfeltigkeit der Apostel vnd nach der mainung Davids Johann Agricola Eyßleben. Wittenb. 1525. 4. (Kordes S. 95. u. s. w.). 6. Gegründeter und gewisser beschlus etlicher Prediger zu Schwaben vber die wort des Abendmals Christi Jesu (das ist mein Leib) an Johannem Ecolampadion geschriben, von newen durch Johannem Agricolam verdeutscht. Aigentlicher bericht D. Martini Luthers, den yrthumb des Sacraments betreffend. Hagenaw durch Joh. Secerium. Anno (MD)XXVI. 4. Ist eine Uebersetzung des bekannten von Joh. Brentius aufgesetzten Schwäbischen Syngramms. (Kordes S. 107. u. s. w.). 7. Der Neunzigeste Psalmus, Wie keyn trost, hülff oder sterk sey, dem teufel und aller fär, geystlich und leyplich, zu widderstehen, denn alleyn bey Gott, vnd seinem heylichen wort Joa. Agricola Isleben 1526. Gedr. zu Wittenberg durch Jorg Rhaw Im 1526. Jar. 4. (Kordes S. 112). 8. Wie man die heilig geschrifft lesen, vnd was man in der Lesung der Evangel. Historie acht haben, was man darinn ersuchen vnd forschen soll. Ain kurtze vnd schöne bericht Johann Agricolä Eyßleben zu Wittenb. Johannis am 5. Suchet in der schrift, denn Jr mainet jr habt das Leben darin, vnd Sy ists, die von mir zeuget. MDXXVI. Gedruckt zu Augspurg durch Syk van Otmar. 4. (Kordes S. 113. Wir möchten mit diesem Schriftsteller aus dem Zusatze, zu Wittenb. schließen, daß dies nur eine spätere Ausgabe einer frühern Schrift Agricolas ist). 9. Johann Agricola Eyßlebens predigt auff das Evangelion vom Phariseer und Zolner, Luce XVIII. zu Speyer auf dem Reychstag gepredigt Anno MDXXVI. 4. Zwey Ausgaben von demselben Jahre. (Kordes S. 117—119). 10. Zwei Briefe Agricolas vom Jahre 1526 an D. Joh. Faber und Casper Churrerius. Im Auszuge mitgetheilt von Kapp in der Nachlese Th. 2. S. 691. u. s. w. (Kordes S. 119.). 11. Die Epistel an die Colosser S. Pauli zu Speyer gepredigt auf'm Reichstag, von Johann Agricola Eisleben, durch D. Martin Luther übersehen. An Herrn Philippen, Landgraven zu Hessen. Wittenb. 1527. 8. (Kordes S. 125). 12. Joh. Agricola Predigt von der Messe und ihrem Canone. 1527. 4. Vielleicht eine aus der oben genannten Samml. einzeln abgedruckte Predigt. Um 1548 gab ein Anonym diese Predigt mit widerlegenden Randglossen wieder heraus, und Flacius unter dem versteckten Namen Christianus Lauterwar nahm in einer eigenen Schrift: Wider das Interim, Papistische Meß, Canon und Meister Eißlauben u. s. w. gleichfalls auf sie Rücksicht. (Kordes S. 125. u. s. w.). 13. Elementa pietatis congesta a Joh. Agricola Isleb. Impr. Wittemb. per Josephum Clug anno MDXXVII. 8. In zwei Ausgaben von demselben Jahr. 14. Eine christliche Kinderzucht in Gottes Wort und Lehre, aus der Schule zu Eisleben. Joh. Agricola. An Herrn Ernsten, Herzogen zu Braunschweig, und Casparum, Grafen zu Mansfeld. 1527. 8. Ist eine teutsche Uebers. der Element. piet. Auch von dieser Uebersetzung gibt es zwei Ausg. desselben Jahrs. (Kordes S. 133). 15. Censur über Melanthons Unterricht der Visitatoren, an die Pfarrer der Chursächsischen Kirchen. (1527). Ob dies der richtige Titel sei, ist ungewiß, so wie es sich überhaupt noch frägt, ob diese Schrift gegen Melanchthon gar gedruckt worden ist. (Kordes S. 137. u. s. w.). 16. Hundert und dreißig gemeiner Fragestücke, für die jungen Kinder yn der deudschen Megdlinschule zu Eysleben, vom Wort Gottes, Glauben, Gebete, heiligen Geiste, Creutze und Liebe, auch ein Unterricht von der Tauffe, und Leib und Blute Christi. Joh. Agricola affini suo (Barthol. Dragstat). Altenb., Gebr. Knnz. 1527. Zwei Nürnb. Ausg. von 1528. 8. Eine plattteutsche Wittenberger von 1528; eine hochteutsche von 156 Fragst. Strasb. 1528. 8.: eine Nürnberger von eben so vielen. 1529. 8. (Kordes S. 145. u. s. w.). 17. Auslegung der Episteln S. Pauls, eine an die Römer und zwo an die Corinther, Phil. Melanchthons gedeutscht. Wittenb. 1528. Aus der Vorrede an Wilh. Rink geht hervor, daß Agricola der Uebersetzer ist. (Kordes S. 134—135). 18. Dreihundert gemeine Sprüchwörter der wir Deutschen vns gebrauchen, und doch nicht wissen, woher sie kommen, durch D. Joh. Agricolam von Ißleben. An den durchlauchtigen, hochgeboren Fürsten und Herrn, Herrn Joh. Friedrich, Herzogen zu Sachsen rc. geschrieben, erklärt und eygentlich außgelegt. Hagenaw durch Joh. Secerium ym 1529 Jare. Der ander teyl gemeyner deutscher Sprüchwörter mit jhrer Außlegung hat funfftehalbhundert ueber Wortter. Joh. Agricola, Eißleben. Hagenaw durch Joh. Secerium 1529. Vom ersten Theil soll auch eine plattteutsche Ausgabe und zwar schon vom Jahr 1528 (Magdeburg) vorhanden seyn, welches dann die Originalausgabe wäre; indeß ist diese Sache noch keineswegeс aufs Reine gebracht. Auffallend ists wenigstens, daß derjenige Schriftsteller, der den Titel dieser plattteutschen Ausgabe am vollständigsten anführt (Mieg) über das Studium der Sprache, bes. der Muttersprache. Frankf. am M. 1782. S. 167. u. s. w.) die von ihm aus der Vorrede zu dieser Ausgabe mitgetheilte Stelle in hochteutscher Sprache mittheilt. Kordes hält die oben angegebene Hagenauer Ausgabe von den hochteutschen für die erste. Ueber die Literatur der Sprüchwörtersammlung Agricola's ist besonders am Ende in Schelhorn's Ergötzlichkeiten u. s. w. Bd. 2. und Kordes S. 155. u. s. w. nachzusehen. 19. History und wahrhäftige Geschicht, wie das heil. Evang. mit J. Hussen im concilio zu Costnitz — verdampt ist 1414 — gedruckt 1529. 8. Von Agricola ist nur die mit seinem Namen unterschriebene Dedication an Johann Secerius, Buchdrucker zu Hagenau. Das Original ist ursprünglich lateinisch, und zwar, wie Agricola in der Dedication selbst vermuthet, von Petrus von Mladonowitz, Secretair des Johannes van Chlum, geschrieben, und steht abgedruckt hinter den Epistolis quibusdam piissimis et eruditissimis Johannis Hus, quae solae satis declarant Papistarum pietates esse Satanae furias. Addita est D. Martini Lutheri Praefatio. Vitemb. ex officina Joannis Lufft. Anno MDXXXVII. 8. V. 7. 339 S. welche wir vor uns haben. Der teutsche Uebersetzer ist nach Agricolas eigener Angabe Nicolaus Krambach (Krumbach). Neue Ausg. (wahrsch. Erfurt bei Michael Sachs) MDXLVIII; noch neuere vielleicht Frankf. u. Leipz. 1686. 8. (Riederer's Nachrichten u. s. w. B. 3. S. 466. u. s. w. Kordes S. 193. u. s. w.). 20. Zwei Briefe Agricolas an Luther in Angelegenheiten des Augsburger Reichstages von 1530 in Kapp's Nachlese 3, 362 u. s. w., und 358 u. s. w. (Kordes S. 203. u. s. w.). 21. Joannis Agricolae in Epistolam Pauli ad Titum scholia. Viteb. per Georg Rhau MDXXX. 8. Eine frühere Ausg. erschien vielleicht bei Joh. Secerius zu Hagenau, der schon im Jahr 1530 auch eine zweite Ausg. von Epistola S. Pauli ad Titum jam recens per Joannem Agricolam Scholiis novis illustrata, ac multis in locis locupletata, zugleich mit einer Dispositio orationis in Epistolam Pauli ad Romanos u. s. w., und einer anonymen Enarratio in Psalmum LXXXII. besorgte. Kordes hält den anonymen Verf. der letzten Schrift, in dem einige den Agricola selbst haben finden wollen, für Luther, so daß sie nur eine lat. Uebersetzung der Lutherschen Ausleg. des LXXXII. Psalms. Wittenb. 1540. 4. sey, oder gar für Justus Jonas, der im Jahr 1531 die Lutherische Auslegung auch ins Latein. übersetzt hat. (Kordes S. 212. u. s. w.). 22. Drei Sermonen und Predigten. Eine von Abraham und dem Heydnischen Weiblein, am Sonntage Reminiscere in der Fasten. Die andere am Ostertag von der Auferstehung des Herrn Christi. Die dritte am Oster-Montage, von Brennen des Herzen der zweier Jünger die gen Emaus gingen. Joh. Agricola Eisleben, an Herrn Gregorium Brück, der Rechten Doctoe und Cantzler. Wittenb. durch Hans Lufft. 1537. 4. (Kordes S. 230—231). 23. Disputatio Joannis Hus, quam absolvit, dum ageret Constantiae, priusquam in carcerem conjiceretur. Condemnatio utriusque speciei in Eucharistia a concilio Constantiensi. Et protestatio quam in Epistolis conservatam cupit. Viteb. excudebat Nicolaus Schirlenz. 1537. 8. Von Agricola selbst ist nur die Vorrede und Nachschrift. (Fortgef. Samml. 1743. S. 801. u. s. w. und Kordes S. 199). 24. Positiones antinomicae incerto auctore inter fratres sparsae. Wittenb. 1537. Dies sind die antinomistischen Sätze Agricola's, welche er selber höchst wahrscheinlich nur handschriftlich ausstreuete, Luther aber, damit sie im Stillen nicht schadeten, jedoch ohne ihren Verf. zu nennen, drucken ließ, und öffentlich in 6 Disputationen angriff. Dieser Abdruck ist so selten, daß er vielleicht gar nicht mehr vorhanden ist. (Kordes S. 236. u. s. w. und S. 257. u. s. w.). 25. Der Hiob ausgelegt in Latein, durch Joh. Brentzen, nachmals verteutscht und jetzt anderweit gedruckt, mit Fleiß verlesen und verbessert. Interprete Simon Hafernitz (Haferitz) zu Closter Mansfeld. Cum praef. Johannis Agricolae Eisleb. Hagenau 1538. 8. (Kordes S. 278. u. s. w.). 26. De duplici legis discrimine M. Joannis Agricolae Isleben sententia, ad Vuendelinum Fabrum et quosdam alios in Comitatu Mansfeldensi. Anno 1539. 8. Abgedruckt bei Kordes S. 269—275. 27. Confession und Bekenntniß Johannes Agricola Eislebens vom Gesetze Gottes. (Berlin) 1540. (Kordes S. 276). Dieses ist die Revocation. 28. Eine Predigt auf den XII. Sonntag nach Trinitatis, geschehen zu Dessau für den Fuesten von Anhalt, durch Johann Agricola Eisleben. Berlin 1541. 4. (Kordes S. 557). 29. CCCXXI. Formulae et interrogatiunculae pueriles Joannis Agricolae Islebii. Berlin 1541. 8. (Kordes S. 149.) 30. Die vier Sonntage im Advent, gepredigt in der Jagt. Berlin 1542. 8. (Kordes S. 338). 31. Die Historia des Leidens und Sterbens unsers lieben Herrn und Heylandes Jesu Christi, nach den vier Evangelisten durch Joh. Agricolam Eisleb. An Herr Joachim, Marggraven zu Brandenburg, Churfürsten. Beelin 1543. Fol. (Kordes S. 338). 32. Terentii Andria, Germanice reddita et Scholiis illustrata, Joann. Agric. Isleb. Autore. Impr. Berlin 1544. 8. Die Uebersetzung ist in Prosa. (Kordes S. 339. u. s. w.). 33. Der Narrenspiegel. Das groß Narrenschiff, durch besunderen Fleiß, ernst und Arbeyt itzt von newen mit viel schönen sprüchen, exempeln, und zugesetzten historien ergänzet. Durch Sebastian Brandt, Doctoren in den beiden rechten, der Narrechten welt zu Nutz fleißig beschrieben. Gedruckt zu Straßburg bei M. Jacob Cammerlander. 1545. 4. mit Figuren. In der zweiten Vorrede und am Schluß nennt Agricola sich als den Herausgeber dieser verkürzten Ausgabe des bekannten Brandtschen Narrenschiffs. Neue Ausgabe. Strasburg 1549. (Kordes S. 345. u. s. w.). 34. Ein Brief Agricola's an Hieronymus Baumgärtner, in des letztern lateinisch geschriebenen Nachricht vom Interim, mitgetheilt von Strobel in Riederer's Abhandl. in der Kirchen- u. Büchergesch. S. 99. u. s. w. Kordes hat ihn übersehen; Plank (Gesch. des protest. Lehrbegr. B. 3. Th. 2. S. 435.) citiet die Baumgärtnersche Nachricht, doch nicht den Brief Agricola's. 35. Schreiben des Herrn Superintendenten Joh. Agricolä Eisleben an den Prediger zu Wilsnagk (Joachim Elleveld) 1551. Wieder abgedruckt bei Kordes S. 369—370. 36. Joh. Agricolä Leichpredigt über der Sepultur und Begräbniß der Durchl. Fürstin und Frauen Elisabeth, geb. aus K. Stamm zu Dennem. Marggrefinnen zu Brandenb. Churfürstin. Berl. 1555. 4. (Kordes S. 372). 37. Ordinationszeugniß von Martin Dibbus, mitgetheilt in den fortges. Samml. vom Jahr 1731. S. 539. u. s. w. (Kordes S. 379. u. s. w.). 38. Tractätlein von der heiligen Büsserin Marien Magdalenen, mit einer geistreichen Vorrede. Frankf. am M. 1562. 4. (Kordes S. 398). 39. De festo laudis et gratiarum actionis collecta. (Dankfest zur Feier der Reformation in der Mark am 5ten Oct. 1563). Abgedr. im freiwilligen Hebopfer. (Kordes S. 399—400). 40. Die drei geistl. Lieder: Fröhlich wollen wir Hallelujah singen u. s. w. Gottes Recht und Wunderthaten u. s. w., und Herr, sey gelobt aus Herzens Grund u. s. w., sind von Agricola; vielleicht noch mehrere, welche wir aber nicht angeben können, wiewol wir mehrere alte Liedersammlungen aus dem 16. Jahrh. vor uns haben. (Kordes S. 189. u. s. w., und J. Casp. Wetzel's Analecta hymnica B. 1. S. 12.) Zu welchen Zeiten Agricola seine geistl. Lieder verfertigt hat, läßt sich nicht bestimmen. 41. Auslegung des heiligen seligmachenden Evangelii am Tage aller Heiligen gethan. Matth. V. Berlin 1586. 4. Erschien erst nach Agricola's Tode im Druck. (Kordes S. 405. u. s. w.).

2. Schriften, die wahrscheinlich von Agricola verfertigt, aber nicht unter seinem Namen heraus gekommen sind. 1. (42). Auslegung vnd Deutung des heyligen vater vnsers durch den Erwyrdigen vnd hochgelerten Herrn Martin Luther, der heiligen schrift Doctoren, einsidler reformirter Augustiner Ordens, in sachssen Vicarius, zu Wittembergk. Im MD vnd XVII. Jar gepredegeth, in der fasten, vnd seyner schulen eynen, czusammen geseczt. Gedruckt tzu Leiptzick durch Valten Schumann als man tzalt nach Christi geburt Tausenth fünffhundert vnd achttzehen Jar. 4. Der auf dem Titel erwähnte Schüler nennt sich vor der Zueignungsschrift an einen gewissen Christoph Plank Johann Sneider; wir halten ihn für unsern Agricola. (Kordes S. 47. u. s. w.). 2. (43). Ain Kurtzi anred zu allen myßgünstigen Doctor Luthers von der Christlichen freyheit. J. A. hat es gemacht da er frölich was. MDXXI. 4. (Kordes S. 68). Wir sind geneigt, den J. A. für Agricola zu halten. 3 (44). Hans Eckerlings von Pretelitz Brief an Jörge Witzel, daß man beten und fasten soll. 1535. 8. 4. (45). Daß Witzel der Mann sey, nicht Luther, der der Christenheit helffen soll, ein Brief Hans Eckerlings zu Pretelitz ohne Jahr und Druckort. 4. Beide Schriften legt auch Kordes (S. 222.) dem Johann Agricola bey. 5. (46).

Tragoedia Joannis Hufs, welche auf dem unchristlichen Concilio zu Costnitz gehalten, allen Christen nützlich und tröstlich zu lesen. Wittenbar (Gr. Rhau) 1538. 8. (Kordes S. 200). Wegen der Enarratio quaedam in psalmum LXXXII. etc. sehe man oben bei Abschn. 1. Nr. 21.

3. Schriften Agricola's, welche von seinen Zeitgenossen genannt, von Bibliographen aber nicht aufgeführt worden sind. 1. (48). Agricola's Postille — Citirt mit Anführung von Stellen daraus in Luthers Bericht von Eislebens falscher Lehr 1539. (Walch's Ausg. der Werke Luther's B. 20. S. 2063. u. s. w. Kordes S. 410 — 411). 2. (49). Die Epistel im ganzen Jahr — 1541. Ist in der königl. Bibliothek zu Berl. (Kordes S. 411.) 3. (50). Eislebens Buch contra Osiandrum, daß gute Werke allenthalben folgen müssen. Von Bucholzer citirt in dem mit dem Churfürsten 1562 gehaltenen Gespräche (Freiwill. Hebopfer 3, 703. Kordes S. 412).

4. Handschriftlich von ihm hinterlassene Werke. 1. (51). Monotessaron, oder Predigten über die vier Evangelisten in 2 Foliob., ist nach Zeidler (Auserl. zu Halle erschienene Anmerk. 2, 263.) in der Marienbibliothek zu Halle. (Kordes S. 408). 2. (52). Hypomnemata in Psalterium Davidicum. (Kordes S. 409). 3. (53). Confessio ultima, seu Testamentum. (Kordes ebendas.). 4. (54). Revocations-Schrift. (Kordes ebendas.). 5. (55). Paradoxa. (Kordes ebendas.). 6. (56). Cogitationes Satanae. (Kordes ebendas.). 7. (57). Psalterium Monotessaron. (Kordes ebendas.). 8. (58). Concionis evangelicae anniversariae. (Kordes ebendas.). 9. (59). Paraphrasis über das Vater Unser. (Kordes ebendas.). 10. (60). Ungedruckte Briefe Agricola's besaß abschriftlich der Hamburgische Pastor Joh. Christoph Wolf. M. s. dessen Conspect. supell. epistolicae et litterariae etc. Hamb. 1736. 8. p. 208. (Kordes ebendas.). *(Mohnike.)*

AGRICOLA, (Johann,) aus Spremberg in der Nieder-Lausitz, woher er auch den Namen der Spremberger führt, ein theologischer Schriftsteller und Dichter des 16ten Jahrh. und Zeitgenosse des ungleich berühmtern Johannes Agricola aus Eisleben. Es möchte dieser Agricola aus Spremberg vielleicht nicht einmal einen Platz in dieser Encyclopädie verdienen, wenn einige seiner Schriften selbst von den berühmten Literatoren Adelung [1]) und Rotermund [2]) nicht unter den Werken Agricola's aus Eisleben mit aufgeführt wären; Kordes [3]) hat sie ihrem wahren Verfasser wieder vindicirt. Von seinem Leben weiß man nichts, weder wenn er geboren ist, noch wo er gelebt hat; das Einzige ist unbestreitbar gewiß, daß er in der ersten und dem Anfange der zweiten Hälfte des 16ten Jahrh. gelebt hat. Die von ihm bekannten Schriften sind: 1) Kurze Regeln, wie man sich in seinem ganzen Leben halten soll, für die jungen Knaben und Mägdlein in Reimchen gebracht, durch Joh. Agr. Spremb. hinter der teutschen Uebersetzung von Joh. Mathesii Oeconomia, oder Bericht vom christlichen Hauswesen, von Nicol. Herrmann 1601. (eine neuere Ausgabe, frühere sind vorhanden von 1564 und 1599. M. s. Gräter's Bragnr B. 6. S. 190 — 191). 2) Ankunft und Leben der Apostel und Heiligen in Reimen — 1548; auch in einigen Ausgaben unter dem Titel: die zwölf Artikel des christl. Glaubens, sammt der Apostel Ankunft und Leben, nebst eines jeden Bildniß in teutsche Rrime verfaßt. Wittenb. 1561. 3) Bildnisse etlicher Fürsten und Herren zu der Zeit der Reformation. Wittenb. 1562. Auch unter dem Titel: Abconterfactur und wahrhafte Bildniß aller Großherzogen, Chur- und Fürsten, welche vom Jahr 842 — 1563 das Land Sachsen löblich und christlich regiert haben, sammt kurzer Lebensbeschreibung in teutschen Reimen mit Gabriel Schnellbolzens Vorrede. Wittenb. 1563. 4., auch latein. ebendas. 1563, und noch öfters nachher. 4) Wahrhafte Bildniß etlicher gelarten Männer, durch welche Gott die reinen Lehren des heiligen Evangelii wiederumb erwecket, und in der Christenheit gepflanzt hat. Gedruckt zu Wittenb. 1562. Die erste dieser Schriften legt nach Kordes S. 30, Lunze im Int. Bl. der Leipz. Literaturz. 1807. Sp. 435. (vergl. Sp. 703 u. s. w.) Mathes. bey; die zweite führen Adelung und Rotermund unter den angegebenen beiden Titeln als zwei verschiedene Werke unter Agricola's von Eisleben Schriften auf; so auch die dritte unter dem Titel: Abconterfactur u. s. w.; und die vierte legt Royko in der Geschichte der Kirchenvers. zu Costnitz (2. 298. nach Kordes Citata) dem Eislebenschen Agricola bei. Da auch eine Predigt wider das Interim unter dem Namen eines Johann Agricola vorhanden ist, welcher, wie sich von selbst versteht, ein anderer als der aus Eisleben seyn muß, so vermuthet Kordes S. 365, daß der Verfasser derselben vielleicht auch unser Johann Agricola aus Spremberg seyn möge. Wir haben übrigens keine der genannten Schriften dieses Spremberger Agricola vor uns, und verdanken den Inhalt dieses Artikels dem gelehrten Bibliographen Kordes. Man sehe seinen Joh. Agricola aus Eisleben S. 25 bis 36. und S. 364 bis 366. *(Mohnike.)*

Noch gehört hieher aus der Zeit der Reformation:

AGRICOLA, (Michael,) ein geborner Finländer, der in Wittenberg Medicin und Theologie studirte, und von Luther an Gustav I. empfohlen, zuerst Missionar bei den Lappländern war, und dann (1554) Bischof von Abo wurde, wo er, nach seiner Rückkehr von dem Religionsgespräche in Rußland, 1557 starb. Als Bischof soll er die Gebräuche der römischen Kirche beibehalten haben, was einigermaßen mit seinem in finnischer Sprache geschriebenen gereinigten Ritual unverträglich scheint. Sein Hauptverdienst besteht in einer Uebersetzung des neuen Test. in die finnische Sprache. (Stockh. 1548. 4.). Vgl. Adelung zum Jöcher.

AGRICOLA, (Christoph Ludwig,) Maler, wurde 1667 zu Regensburg geb., wo er wahrscheinlich auch den

1) In den Zusätzen und Ergänzungen zum Jöcher. 2) In dem erneuerten Andenken der Männer, die für und gegen die Reformation Lutheri gearbeitet haben (1818) bei Johann Agricola aus Eisleben. 3) In M. Joh. Agricola's Schriften u. s. w. Hamb. 1817.

ersten Unterricht in der Kunst erhielt. Da er die Landschaftsmalerei vorzugsweise liebte, so kounte er seine Neigung zum Reisen um so leichter damit verbinden. Auf diesen Reisen benutzte er die Gelegenheit, die mannigfaltigen Schönheiten der Natur zu studiren, und einen Vorrath Zeichnungen von Aussichten zu Wasser und zu Land zu sammeln, welche er danu zu seinen Ausführungen benutzte. Zwar besuchte er einen großen Theil von Europa, Neapel und Augsburg aber waren seine liebsten Ruhepunkte. Bei einem Besuch in seiner Vaterstadt starb er daselbst im Jahr 1729. — Die Malereien dieses Meisters sind mehrentheils Kabinetsstücke, und es ist wol kein Gegenstand in der Natur, welchen er nicht meisterhaft darstellte. „Er wußte, sagt v. Heinecken, die Kräfte der Elemente deutlich und natürlich zu malen. Man sieht in seinen Landschaften regnen, schneien, stürmen und donnern. Eine schwüle Mittagshitze, ein kühler Abend; die Wirkungen der auf- und niedergehenden Sonne, eine dunkle Nacht, und viele andere Veränderungen der Natur, finden sich in seinen Land- und Wasserstücken, wobei er Figuren und Gebäude wohl anzubringen wußte [1]). Die Dresdner Galerie besitzt ein Gemälde von ihm. Auch sind zwei radirte Landschaften von ihm bekannt [2]). (*Weisse.*)

AGRICOLA, (Georg Andr.), Arzt zu Regensburg zu Anfange des 18ten Jahrh. machte sich durch Anpreisung seiner Künste, die Pflanzen schnell und außerordentlich zu vermehren, bekannt. Das Geheimniß bestand darin, die Zweige und Theile des Stamms zum Wurzeln zu bringen. Diese gewöhnliche Methode des Ablegens teug' er aber mit wirklicher Charlatanerie vor, indem er eine Mischung aus Kopal als das beste Baumwachs empfahl, wodurch die Bildung des Wulstes, ohne welchen keine Vermehrung erfolgt, befördert werde. Mit einem großen Aufwand von Worten lehrte er, wie man Wurzeln in Aeste und Aeste in Wurzeln verwandeln und sie in einander pfropfen könne, und wie das Oculiren vorzunehmen sey. Jenes Baumwachs aus Kopal nannte er, nach Art der Paracelsisten, Mumie. Beurtheilungen der Künste des Agricola findet man in J. B. v. Rohr's Gesch. der wildwachsenden Bäume, S. 67, in Bresl. Samml. 1718. S. 1546. 1547. J. 1719. S. 364 f. Unter seinen zahlreichen Schriften führen wir nur an: Kurzer Bericht vom Ursprung der Universal-Vermehrung aller Bäume und Sträucher. Leipz. 1716. 8. Nachricht von seiner Universal-Vermehrung. Leipz. 1716. 4. Eröfnetes Geheimniß von der Universal-Vermehrung. Regensb. 1716. 4. Neu erfundene Kunst von der Universal-Vermehrung. Th. 1—3. Regensb. 1716. 4., wieder abgedruckt in Grundig's neuem Vers. nützl. Samml. Uebers. ins Franz. unter dem Titel: L'agriculture parfaite. Amst. 1720. ins Engl. von Bradley: New method of improving estates and gardeus. Lond. 1721. 8. (*Sprengel.*)

AGRICOLA, (Johann Friedrich,) geb. 1720, gest. 1774. war einer der spätern Zöglinge Joh. Sebastian Bachs in Leipzig, und erwarb sich in dieser vortreflichen Schule gründliche Kentniß der Theorie der Tonkunst, ausgezeichnete Fertigkeit in der Handhabung ihrer verschiedenen, auch der schwierigern Formen, und einen auf das Eenste und Würdige gerichteten Geschmack. Da aber seine Phantasie nicht eben fruchtbar und lebendig war, und ihm der Quell eigener Erfindung nicht vorzüglich reich floß: so fanden seine nicht eben zahlreichen Compositionen, für die Kirche, für die Oper und die Kammer, zwar Achtung und Theilnahme, doch machten sie kein großes Aufsehn, und erreichten keinen sichtbaren Einfluß in die Fortbildung dieser Kunst selbst. Und so würde denn dieser, wie so mancher ihm ähnliche, wackere Mann jener Zeit, zwar in einer besondern Geschichte der Tonkunst mit Achtung zu nennen seyn, nicht aber in einer allgemeinen: wenn nicht zwei Momente sein Leben und seine Wirksamkeit besonders bezeichneten. — Die Kunst des Gesanges war bis auf seine Zeit unter den Teutschen zwar hoch, und in gewisser Hinsicht zum Bewundern hoch gestiegen: aber die Anweisung in derselben fast blos willkürlich bei den Leheeru, und noch viel willkürlicher bei den Sängern, indem sie hier nur auf den besondern Anlagen, Meinungen und Erfahrungen der Individuen, dort fast blos auf einem, weder umfassenden, noch geordneten Gemisch allgemeiner oder theilweiser Sätze beruhete, die von Einem auf den Andern fortgepflanzt, als Autoritäten golten, und weit mehr zu einem leichten, als zu einer sichren Methode führen mußten. Agricola nun war der erste, der den Teutschen ein wahrhaft gründliches und ziemlich umfassendes Werk über die Gesangkunst schenkte; ein Werk, das nicht nur das vorzüglichste, was andere Nationen, vornämlich die Italiener, in dieser Hinsicht geleistet hatten, in sich enthielt, sondern auch mit vielen eigenen, treflichen Bemerkungen, Urtheilen, Erläuterungen und Nachweisungen von dem teutschen Meister bereichert war, und so sich als das beste unter allen damals vorhandenen bewährte; ja auch jetzt noch mannichfaltigen Nutzen schaffen kann. Nach der bescheidenen Weise jener Zeit führt dieß Werk den Titel: Tosi Anleitung zur Singkunst, aus dem Italienischen übersetzt, mit Anmerkungen. Berlin 1757. 4. — Das zweite, was seine Wirksamkeit besonders auszeichnet, hat mehr historisches, als künstlerisches Interesse. Agricola war nämlich, nach Grauns Tode und vor Reichardts Anstellung, Kapellmeister des Königs Friedrichs des Zweiten von Preußen, und genoß geraume Zeit des, zwar auszeichnenden, aber, bei dem Sinn und der Weise dieses Herrschers, auch überaus schwierigen und fast gefährlichen Vorzugs, nicht nur die Privatconcerte desselben, worin er selbst als Flötist auftrat, zu dirigiren, sondern auch seine eigenen Compositionen schriftlich auszuführen und ins Reine zu bringen. Der König schrieb bei diesen nur, so gut es eben gehen wollte, seine obligate Flötenstimme in Noten auf, das Uebrige machte er mit wörtlichen Weisungen ab; als z. B., hirr will ich Geigen und Bässe in Achteln, hier sollen die Bässe still seyn! und dergl. an; und gleichwol mußte dieß alles hernach ganz nach seinen Ideen heraus kommen, sonst war keine gute Zrit. Agricola half sich im Nothfalle, wie vor ihm Quanz, dadurch, daß er die Flöte allein recht hervor stechen ließ, und den andern Instru-

---

2) Nachrichten von Künstlern und Kunstsachen. 4, 15. 2) Bibl. d. sch. Wissensch. 24, 98.

menten so wenig als möglich und auch so leichtes auszuführen gab, daß man dem Könige in seiner willkührlichen Behandlung des Tactes und des Vortrags überhaupt, nicht nur ganz nachgeben konnte, sondern auch so, daß er nicht bemerkte oder doch nicht zu bemerken scheinen konnte, man thue es; und so wars denn gut. *(Rochlitz.)*

Agricultur, s. Ackerbau, Landleben und Landwirthschaft.

AGRICULTURCHEMIE nennt man die Zusammenstellung aller der aus der Chemie entlehnten Lehrsätze und Erfahrungen, welche auf den Ackerbau im weitesten Sinne des Wortes Einfluß haben. Sie beschäftigt sich daher nicht nur mit der Untersuchung und Zerlegung der Objecte, welche bei dem Ackerbaue vorkommen, hinsichtlich des quantitativen und qualitativen Verhältnisses ihrer Bestandtheile, im engern Sinne des Wortes Agriculturchemie, wie Home, Wallerius, Rückert u. a. sie lehrten, sondern sie beschäftigt sich auch mit der Erzeugung neuer Objecte aus den gewonnenen Produkten, wie z. B. mit Bierbrauerei, Branteweinbrennerei, Essigbrauerei u. s. w. (Vgl. die einzelnen Art.) *(Körte.)*

AGRIDAG, armenisches Gebirge, auch Macis bei den Alten genannt, ist der Ararat selbst (Agri-dag statt Ara-dag, der Berg Ara). *(Rommel.)*

AGRIDEMMATES, der von den Chatten im ersten Jahrh. verlassene Strich Landes zwischen der Lahn, dem Main und Rhein, von den Römern durch Landwehren befestigt, und Galliern, wahrscheinlich gegen Ableistung eines Zehnten, zur Bebauung überlassen *). Sie kamen in der Folge in den Besitz der Alemannen. Wenigstens nennt schon Ptol. II, 11 in diesem Bezirk Völker, die zu den Alemannen gehörten. *(Rickless.)*

Agrifolium, s. Ilex.

Agrigan, s. Ladronen-Inseln.

Agrigansklsche Slobode, s. Astrachan.

AGRIGENTUM, bei den Griechen Akragas [1]), eine der mächtigsten herrlichsten griechischen Pflanzstädte in Sicilien. Ganz für den Handel, vorzüglich nach der damals noch unangebauten Nordküste Libyens, geeignet, lag sie auf der Insel südlicher Küste auf vier Hügeln, welche gegen O. und W. von zwei kleinen Flüssen, dem Hypsas (h. Naro) [2]) und Akragas (h. Drago oder Fiume di Girgenti), gegen N. von einem tiefen Thale, das sich von einem Flusse zum andern zieht, und gegen S. von einer Ebene [3]) begränzt werden, welche zwischen beiden Flüssen wol eine halbe Meile lang landeinwärts sich ausdehnend, die Stadt vom lybischen Meere trennt. Am Ausflusse des westlichen Flusses, des Akragas, lag das Emporium, der Hafen der Stadt, von dem indeß heut durchaus keine Ruinen mehr vorhanden sind; auch hat die See jegliche Krümmung des Ufers abgeschliffen. Außer diesem Hafen bestand Agrigent aus folgenden Theilen:

I. Die Stadt Kamikos, nach dem Hügel, der sie trug, benannt, an dem linken Ufer des Akragas, der westlichste und älteste Theil der Stadt. Hier sollen Kokalos, der Mörder des Minos, und Dädalos den ersten Grund zur Stadt, durch Erbauung eines Kastells, gelegt haben. Nach und nach deckte sich der Hügel mit Gebäuden bis gegen den Akragas hinunter und bildete so

II. Agrigent am Kamikos. Der Kamikos blieb, wegen seiner natürlich festen Lage, immer Kastell und Hauptschutzwehr der Stadt, denn nördlich ist er von tiefen Schlünden umgeben, und westlich, gegen den Fluß zu, durch Natur und Kunst befestigt. Deshalb griffen ihn, als den Schlüssel der Stadt, besonders die Römer und wahrscheinlich auch die Karthager bei Belagerung der Stadt im J. 404 vor Chr. an; auch nahm, von ihm ausziehend, Hanno den, jenseit des Akragasflusses auf der Straße nach Heraklea liegenden Hügel Toros (heut. Chinea oder Monserrato). Auf dem Kamikos hatte Zeus Polieus einen Tempel, dessen Ruinen man jetzt in einer girgentischen Kirche entdecken will.

III. Der Hügel der Athene, collis minervalis, λόφος Ἀθηναῖος (h. le Forche), eigentlich eine Fortsetzung des Kamikos in östlicher Richtung, nach einem Tempel der Minerva benannt. Außer diesem, dem Tempel des Zeus Atabyrios, einem Tempel der Demeter und Persephone und einem Kastell, mag dieser schmale und nach allen Seiten steile Hügel nur wenig von der Stadt auf seinem Rücken getragen haben. — Am südlichen Abhange des Minervenhügels lagen die Latomien oder sogenannten Gefängnisse, offenbar Steinbrüche, die man vielleicht zu diesem Zwecke verwendete.

IV. Die große Stadt am Akragas; das eigentliche Agrigent oder Akragas, südlich vom Minervenhügel in einer sehr festen Lage auf dem Akragashügel. Gegen N. schützt es der hohe Minervenhügel, gegen S. der jähe Abhang des Akragas, auf dessen Rücken die

---

*) Tac. Germ. 29. Mannert Th. 3. S. 134 ff. und 283 ff.

1) Akragas. Die Grammatiker unterscheiden ὁ den Fluß von ἡ Ἀκράγας die Stadt (Phavor. s. v. Vergl. Virg. Aen. III, 703. Plin. H. N. 3, 8). Die Ableitung ist verschieden. Bochart, von כרך, d. h. ἄκρα, Höhe; andere vom Namen des Flusses (Aelian. V. H. II, 33. Thucyd. VI, 4), noch andere von Akragas, einem Sohne des Zeus und der Okeanide Asterope, welcher als Erbauer der Stadt genannt wird (Steph. Byz. s. v.). *(Fr.)*

2) Polybius (Lib. IX) läßt den Hypsas westl. von der Stadt fließen. Ueberhaupt läßt sich aus dem, was dieser Schriftsteller (Lib. I u. XIII), Diodor (Lib XI u. XIII.) Strabo (p. 421 ed. Alm.) u. Andere, z. E. Polyän u. Plutarch noch abgerissener uns mittheilen, eben so wenig ein richtiges Bild des alten Agrigents zusammenstellen, als aus den elenden Trümmern der heutigen Stadt; obgleich Casaubonus (Strabo l. c.) und Andere, z. E. Ernesti, aus den magern Notizen des Polybius eine „genaue und sorgfältige" Beschreibung der Stadt herauszulesen verstanden. Das Neueste und Trefflichste über die Lage und Topographie und die noch erhaltenen Denkmäler der Größe Agrigents, liefert Herr Prof. Kephalides in seiner Reise durch Italien und Sicilien (I. Th. S. 268 ff.) und wir glauben daher kein Bedenken tragen zu dürfen, ihm hier zu folgen.

3) In dieser Ebene, welche heut den Namen il Campo Romano trägt, fiel 404 v. Chr. die große Schlacht zwischen den Römern und den Karthagern unter Hannibal und Hanno vor, in deren Folge die letztern Agrigent verließen, die Römer aber es einnahmen und plünderten.

große Stadtmauer [4]), geheiligt durch die Tempel der Juno Lucina [5]) und Concordia [6]), des Herkules [7]) und Jupiter [8]), in östlicher Richtung hin lief; gegen O. der Fl. San Biagio und gegen W. der Akragasfluß, welcher Hügel der Stadt den Namen gab. Dieses große Viereck, einst der blühendste Theil der Stadt, ist selbst von mehrern Hügeln und Thälern durchschnitten, in deren eines die, unter Phäax Leitung, von am Himera gefangenen Karthagern erbauten **Phäakischen Kloaken** [9]) das Wasser aus der Stadt leiteten. — Auf der von den Flüssen Akragas und S. Biagio eingeschlossenen Ebene, welche sich nördlich an die große Stadtmauer anlehnt, lagen die Grabmäler der Agrigentiner, unter denen das bei den Alten berühmte **Grabmal des Theron** [10]), welches während der Belagerung der Stadt durch die Karthager (404 vor Chr.) vom Blitze zerrissen ward, und 8 Stadien von Agrigent am rechten Ufer des S. Biagio der Tempel Äskulaps, wo die römischen Konsuln vor der Schlacht am Kamikos einen Theil ihres Heeres im festern Lager aufstellten.

V. Durch das von N. nach S. ausgestreckte Thal, welches der Fluß San Biagio durchströmt, wird die **Neapolis** (Neustadt) von den übrigen Theilen der Stadt getrennt. Der Hügel, der sie trug, wird gegen S. von der großen Ebene begränzt, gegen O. vom Hypsas bespült und gegen N. durch ein Thal von einem Hügel getrennt, der ohne Zweifel nie bebaut war, und heut der **Hügel der Karthager** genannt wird, da die Girgentiner fälschlich das Lager der Karthager im J. 404 v. Chr. hieher verlegen. Bis auf einige unbedeutende Ruinen, die man für Grabmäler ausgibt, ist von diesem Theile der Stadt nichts mehr über der Erde.

Fast in alle Katastrophen Siciliens verwickelt, stieg Agrigent aus den schrecklichsten Verheerungen mehrmals blühend wieder empor; denn nicht die blutigsten Niederlagen vermochten den festen Charakter ihrer Bewohner zu lähmen, und jeden Verlust ersetzte reichlich und schnell der blühende Handel. Unglaublich würden uns die Erzählungen der Alten von dem Reichthum, Luxus und der Größe der Stadt erscheinen, wenn nicht die ungeheure Kolossalität der wenigen Trümmer, die sich gegen die gewaltsamsten Zerstörungen seit 2200 Jahren behaupteten, und die außerordentliche Ergiebigkeit und Milde der Na-

---

4) Diese Mauer, von welcher Polybius sagt, sie sey auf einem rauhen und steilen Fels erbaut und sowol durch die Natur des Orts als auch durch die Kunst der Menschen befestigt, war theils aus Werkstücken aufgeführt, theils in natürlichen Felsen gehauen. In derselben waren Begräbnisse angebracht, ganz nach der Form der Columbarien, aber so groß, daß sie den ganzen Körper aufnehmen konnten. Sie hatten die Gestalt eines länglichen Vierecks und zwei Oeffnungen, welche unter der großen zirkelförmigen Wölbung neben einander liegen. Außer diesen sieht man in der Stadtmauer noch Ueberreste einer alten, wahrscheinlich Soldaten-Wohnung, und nicht weit davon einen antiken halb verschütteten Brunnen, welcher die Gestalt einer bauchigen in einen engen Hals zusammenlaufenden Flasche hat; auf dem Minervenhügel ist ein gleicher zu sehen. 5) Dieser 52 Schritt lange und 23 breite Tempel, eines der herrlichsten Denkmäler des Alterthums, steht auf einer aus ungeheuern Quadern, ohne Mörtel, terrassenförmig erbauten Substruction. Er hat, wie die meisten griechischen Tempel, 6 Säulen in die Breite und 13, die Ecksäulen doppelt gezählt, in die Länge. Der Eingang in denselben führt über sehr hohe Stufen. Am Eingang in die Halle liegen gleichfalls Treppen, die auf den Dachboden des Gebäudes führen. Den ganzen Tempel nämlich, sammt dem ihn umgebenden Säulencorridor deckte ein plattes Dach, über welchem ein zweites, etwas spitz zulaufendes, doch aber wieder plattes Dach gedeckt war; in demselben waren Oeffnungen angebracht, die theils Licht in den Dachboden brachten, theils zum Hineinsteigen in diesen Zwischenraum dienten. Im Hintergrunde ist die Cella durch eine Mauer quer durchschnitten, und der abgeschnittene kleine Theil (wahrscheinlich das Adyton oder Allerheiligste), zu dem ein besondrer Eingang von der entgegengesetzten Seite der Cella geführt haben muß, stand mit dieser durchaus in keiner Verbindung. Uebrigens war der Tempel, ringsum im Viereck, von einer Mauer umgeben, und vor dem Haupteingange desselben sieht man große Substructionen, wie Sitzreihen, zu welchen auch von der Seite besondre Aufgänge führen. Vermuthlich dienten diese Sitze für das zahlreichere Volk bei besondern Feierlichkeiten. Die 13 Säulen der Nordseite stehen unversehrt. 6) Der Concordientempel, welcher in geringer Entfernung westlich neben dem vorigen liegt, ist früher zu einer Kirche des heil. Gregors gemacht und daher fast ganz erhalten worden; nur sind die Mauern der Cella modern nebst einigen Theilen des Daches, und jene sind bogenförmig durchbrochen, wie sie die Alten nie hatten. Sonst ist an Bauart und Größe dieser Tempel ganz genau dem vorigen gleich. 7) Die Reste des dem vorigen zunächst liegenden kleinern Herkulestempels bilden einen wüsten Haufen kolossaler Ruinen von wild verwachsnem Gesträuch umgeben. 8) Der Jupitertempel, nach Diodor der größte des Alterthums, hatte eine Länge von 340 und eine Breite von über 120 F (die Breitenangabe des Diodor von 60 F. kann sich blos auf den innern Raum der Cella beziehen). Seine durch Zwischenmauern verbundenen an 120 F. hohen Säulen standen nach außen zu im Halbzirkel von 20 F. Umkreis aus der Mauer heraus, und in ihren Riefen konnte wirklich ein menschlicher Körper stehen. Inwendig im Tempel (wo sicher drei Schiffe, jedes 20 Schritt Breite hatte), traten die Säulen viereckig, wie Pilaster, von 12 F. im Durchmesser, heraus. Auf den Säulen standen Giganten als Karyatiden, und da man noch heut die Reste derselben findet, so nennt das Volk diesen Tempel „**Gigantentempel**.“ Es ist indeß zweifelhaft, ob diese Gigantentrümmer nicht vielmehr Ueberreste der an der nördlichen Seite des Tempels einst im Bassorilievo dargestellten Gigantomachie sind. Die Trümmer des Tempels, der bekanntlich niemals vollendet, sondern gerade als das Dach aufgesetzt werden sollte, von den Karthagern zerstört ward, erstrecken sich noch an 50 Schritt weit über seine westliche Gränze hinaus, ungeachtet ein großer Theil der Steinblöcke weggeschleppt worden ist, z. E. zum Bau des Molo im Girgentiner Hafen. — In einiger Entfernung von diesem Tempel, an der Westseite des Akragashügels liegen die Trümmer eines Tempels, den man gewöhnlich dem Vulkan weiht. Da indeß der Vulkanhügel jenseits des Akragas (Drago) wahrscheinlich den Tempel seines Gottes selbst trug; so ist zu vermuthen, daß diese Ruinen dem Tempel eines andern Gottes, vielleicht der Dioskuren, die in dieser Gegend ein Heiligthum hatten, gehören. Uebrigens steht vom ganzen Tempel nichts, als zwei sehr zerfressene Säulen, und die Stelle der Cella hat ein herrlicher Blumengarten eingenommen.

9) Eine Leitung der Phäakischen Kloaken will man in einem Stollen entdecken, der durch den Bruch des Akragashügels in lebendigen Felsen getrieben, und dessen Mündung etwa zwei Mann hoch und nicht breiter als ein menschlicher Körper ist. Unstreitig wurde dieser Stollen aber erst im Mittelalter von den Sarazenen angelegt, da Diodor ausdrücklich sagt, daß man die Ph. Kanäle aus gehauenen Steinen gebaut hätte. Er leitet das Wasser in ein sehr jähes Thal hinab, das, wie mehrere andere, die alte Stadt Akragas durchschneidet, die überhaupt eine sehr unebene, für Wagen fast unzugängliche Lage gehabt haben muß.

10) Das kleine Gemäuer, welches man für die Ruinen dieses, nach Diodor außerordentlich großen Monuments ausgibt, kann nur ein kleiner Rest desselben seyn. Einige halten es für das Denkmal eines Siegerrosses.

tur uns die Wahrheit ihrer Berichte verbürgten. In ihrer glänzendsten Periode (etwa 400 J. v. Chr.), soll die Stadt über 20,000 stimmfähige Bürger, an 200,000 fremde Schutzverwandte, im Ganzen aber, Sklaven, Einsassen, Weiber und Kinder mit eingerechnet, an 800,000 Einwohner gehabt haben [11]). Und diese große und herrliche Stadt, die es zuerst wagte, sich der Tyrannei der mächtigen Punier entgegen zu dämmen, diese reiche Handelsstadt, in der einst alle Schätze des Orients feil lagen, wie sehr ist sie gesunken! Kaum noch verrathen Ruinen die alte Begränzung der Stadt, und, ein elendes Denkmal der Größe des alten Agrigents, bedeckt jetzt Girgenti nur noch den Hügel Kamikos.

Diese Stadt im Val di Mazzara, welche zufolge der Konstitution des Königreichs Sizilien v. J. 1812 einen Repräsentanten in die Kammer der Gemeinen des Parlaments sendet, enthält 14882 Einwohner, welche, den in dem ziemlich gut gebauten Dominikanerkonvent residirenden Bischof, einen der reichsten Pairs der Insel, ausgenommen, alle ziemlich arm und zigeunermäßig sind, und in den höckrigen unfahrbaren Straßen etwa 2850 elende Häuser. Der Dom, in welchem noch ein Echo, wie ein Ohr des Dionys bei Syrakus, den Fremden gewöhnlich als Merkwürdigkeit gepriesen wird, enthält das bekannte mit bewunderungswürdiger Kraft ausgearbeitete Bassorilievo, welches die Geschichte des Hippolytos und der Phädra darstellt. Außerdem besitzt Girgenti zur Unterstützung des dasigen Lyceum eine öffentliche Bibliothek und bei derselben eine kleine Münzsammlung, so wie der Ciantro (eine geistliche Würde) eine ganz außerordentlich schöne Vasensammlung, und Don Rafaelle Politi ein kleines aber ausgesuchtes Kabinet von Vasen, Naturalien und Gemälden. Der jetzige Hafen der Stadt, welche nur noch Getreidehandel treibt, liegt einige Millien westlich vom alten Emporium und ist klein und elend.

Zu den Naturmerkwürdigkeiten der durch die üppigste Vegetation ausgezeichneten Gegend von Girgenti gehört die schon von Plinius [12]) und Solin erwähnte Oelquelle und ein Schlammvulkan, die Maccalubba genannt.

Auf dem rechten Ufer des Akragas im Thale, unterhalb des sogenannten Vulkanhügels, entspringen zwei Quellen und bilden zwei kleine Wasserbecken von 15 und 20 Schritt im Umfang; beide fließen in den Akragas ab, und sind eben die Teiche, auf denen nach der Aussage jener alten Schriftsteller Oel schwamm. Noch jetzt soll bei hellem Sonnenschein das Oel von dem Wasser der kleinen Teiche zu unterscheiden seyn, und ein starker Oelgeruch überzeugt noch mehr von dem Daseyn öliger Theile. In der Hoffnung, eine völlige Oelmine zu finden, ließen die Sarazenen, in deren Gewalt sich die Stadt bis 1086 befand, wo sie ihnen Roger abnahm, einen Stollen in den Fels hineintreiben.

Die sieben Millien von Girgenti entfernte Maccalubba ist ein Hügel von 2 bis 800 F. Höhe, mit einer ganz rund abgeplatteten Oberfläche von etwa 350 Schritten im Durchmesser. Er ist, ohne alle Vegetation, ganz mit kegelförmigen aus Schlamm bestehenden Haufen bedeckt, auf deren Spitzen die kleinen Krater mit schlammigem Wasser angefüllt sind, das, obschon es ganz kalt ist, beständig Blasen wirft. Der beträchtlichste dieser kleinen Vulkane hat etwa 15 Schritt im Umkreis und sein mit Wasser erfüllter Krater scheint ziemlich tief und mit kleinen Höhlen, vielleicht erstorbene Vulkane, unterminirt zu seyn. Als 1811 der letzte Ausbruch erfolgte, spieen diese kleinen Vulkane alle, und die Schlammsäulen stiegen etwa 10 F. hoch, während der ganze Hügel und die zunächst umliegende Gegend von heftigem Erdbeben erschüttert wurde. Schwefel-Geruch oder Geschmack verspürt man nicht, blos eine Menge Kalkspath liegt zu Tage. (*H.*)

[11]) Nach Diodor hatte sie im höchsten Glanze nur 200000 Einwohner; vermuthlich ohne Sklaven und Fremde. [12]) H. N. XXXV. 15. Nach dieser Stelle bediente man sich des Oels dieser Quelle in den Lampen.

AGRILIO, in der Nähe von Korinth an der Seeseite, steht auf der Stelle des alten Oneum (Vaudoncourt Memoirs. S. 184). (*v. Hammer.*)

AGRILIUM, Stadt in Bithynien, westlich von Nicäa gelegen (Ptol. V, 1). Die *Tab. Peut.* nennt den Ort Agrillum. (*Ricklefs.*)

AGRIMENSORES (Feldmesser). Im römischen Staat hatten besonders die vielen Ländervermessungen bei Austheilung eroberter Provinzen die Feldmeßkunst zu einem wichtigen Gegenstande gemacht; die Agrimensoren bildeten daher einen eignen Stand, der eben so angesehen als reichlich belohnt war, und dessen Ursprung sie (freilich mit Unrecht) in die Zeiten Cäsars und Augustus setzten. Es entstanden Schulen für sie, worin, nach einem Edict Theodosius des Jüngern (b. Goësius S. 343) die Lehrer den Titel spectabiles, die Studirenden clarissimi führten. Geschäft und Lehre der Agrimensoren waren von doppelter Art, ein mathematisches (Grenzscheidekunst) und ein juridisches (Grenzrecht). Ueber beide Fächer des Agrimensors gab es eine Menge Schriften, von denen, wie es scheint um die Zeit der Theodosianischen Gesetzgebung, eine eigne Sammlung gemacht wurde (Pandekten der Agrimensoren, die man von den Lehrstühlen erklärte), welche natürlich ebenfalls theils mathematischen, theils juridischen Inhalts war. Jene Sammlung hat sich nicht erhalten, sondern nur ein Auszug daraus, dessen Entstehung völlig unbekannt ist. Man findet darin mathematische Aufsätze von Siculus Flaccus, Jul. Frontinus, Aggenus Urbicus, Simplicius, Hyginus (Hygenus), Innocentius, Marcus Varo, Vitalis, Arcadius, Kajus, Theodosius, Latinus, Mysrontius, Mago, Vegoja *), Faustus, Valerius, Dolabella, Isidorus und einigen Ungenannten; den kleineren Theil macht eine diesen Gegenstand betreffende Gesetzsammlung aus. Wie sehr sich auch die rohe Unwissenheit der Zeit in jedem Theile dieses Auszuges zeigt, so bleibt er doch immer höchst merkwürdig, und verdient, daß die Aufmerksamkeit mehr auf ihn gerichtet werde. „Wir verlieren uns, sagt Niebuhr, in einem Bilde von Roms Schicksalen und der Umgestaltung

*) Bei weitem das Ehrwürdigste ist das Excerpt aus Vegoja. Es ist gewiß aus einer Uebersetzung einer echt etruskischen Schrift; die Erwähnung des achten Säculums, welches beinahe das letzte sey (ob avaritiam prope novissimi octavi saeculi), beweist die Echtheit nach der etruskischen Lehre von den Weltaltern. (*Niebuhr.*)

Italiens, wenn wir in diesen sonderbaren Fragmenten ein Bruchstück der Schrift eines etruskischen Aruspex aus dem fünften Jahrhundert der Stadt finden, anderswo einen Ingenieur reden hören, welcher Trajan bei der Eroberung Daciens diente, und die Höhe der Siebenbürger Alpen maß, und endlich, in der jüngsten der verschiedenen Sammlungen, Auszüge aus einem Buch des weisen, sein Zeitalter unterrichtenden Papstes Gerbert, vom Schluß des 10. Jahrh. unsree Zeitrechnung antreffen. Alle Zeiten des römischen Namens stehen hier neben einander: die alte Aruspicie und Religion und das Christenthum: Plebiscite und Titel aus dem Theodosianischen Gesetzbuch und den Pandekten: uraltes Latein und das beginnende Italienische des siebenten Jahrhunderts." Je vernachlässigter bisher diese Sammlung gewesen ist (so daß die Literatoren sie unter die Rubrik der Schriftsteller über Agricultur setzten), um so mehr ist allerdings zu wünschen, daß die davon gemachten Handschriften bekannter werden möchten. Was Niebuhr dafür bereits geleistet hat, verdient den größten Dank. — Nachdem einzelne Stücken aus jener Sammlung von Sichardus und Alciatus bekannt gemacht worden, erschien 1554 die erste Ausgabe von P. Gallandius und A. Turnebus; mit Benutzung anderer Handschriften gab sie dann Nic. Rigaltius heraus 1614, und zuletzt erschien: Rei agrariae auctores legesque variae, quaedam nunc primum, caetera emendatiora, cura Wilh. Goesii, una cum Nic. Rigaltii notis et observationibus, nec non Glossario ejusdem. Amst. 1674. 4. Die Ausgabe des Turnebus hat Goesius ganz versäumt, aus der des Rigaltius vieles vernachlässigt. Niebuhr, welcher mit Sorgfalt nachweiset, was hier alles noch geschehen müsse, urtheilt: „Rigaltius Verdienst um diese Schriften ist groß; Goesius mühsame Arbeit fast ohne Werth." (*Fabr.* Bibl. Lat. l. IV. c. 7. Niebuhr Römische Geschichte Th. 2. S. 532—562; das Wichtigste, was es hierüber gibt. *Bredow* epist. Parisienses.) (*Gruber.*)

AGRIMONIA, eine Pflanzen-Gattung aus der natürlichen Familie der Rosaceen und der eilften Linné'schen Classe. Der Charakter besteht in einem fünftheiligen Kelch, der unten mit zwei kleinen Deckblättchen versehen und rings um mit Hakenborsten besetzt ist. Auf diesem stehen fünf Kronenblätter, worin 12—20 Staubfäden und zwei Pistille sind. Die Frucht besteht in einer zweifächerigen zweisamigen Kapsel, die vom borstigen Kelch umgeben ist.

Die gewöhnlichste Art dieser Gattung ist 1) Agrimonia *Eupatoria*, der gemeine Odermennig, mit unterbrochen gefiederten Blättern, deren äußerstes gestielt ist, die Blättchen umgekehrt eiförmig, tief eingeschnitten und glatt, die Blüthenähren ruthenförmig, die einzelnen Blüthen ungestielt, die Kronenblätter noch einmal so lang als der Kelch. Diese Art wächst durch ganz Europa und Nordamerika auf sonnigen Plätzen. Abgebildet in fl. dan. 588. Curt. fl. lond. n. 53. Engl. bot. 1335. und Schkuhr's Handb. T. 123 *). 2) Agr. *parviflora* Ait. unterscheidet sich durch die sehr schmalen, fast linienförmigen Blättchen und die sehr kleinen Blüthen. Sie wächst in Pensylvanien. 3) Agr. *odorata* Ait. unterscheidet sich durch die gestielten Blüthen und die rauhen Haare der ganzen Oberfläche. Sie wächst in Italien. 4) Agr. *repens*, unterscheidet sich besser als die vorige Art von der gemeinen durch die weichen filzigen Haare, die den Ueberzug machen, durch die großen Blätter und Nebenblätter, durch die Blüthentrauben (nicht Aehren), welche ungestielt dicht auf den Blättern sitzen, deren einzelne Blüthen aber lang gestielt sind, und endlich durch die sehr großen und breiten Kronenblätter. 5) Agr. *suaveolens* Pursh., ist ganz mit klebrigen und steifen Haaren dicht besetzt; die Pflanze wird bis fünf Fuß hoch; die Blätter sind im Ganzen wie bei der gemeinen Art; nur ist das äußerste ungestielt; die Blüthen sind sehr wohlriechend und blaßgelb. Diese Pflanze wächst in Virginien. 6) Agr. *Agrimonioides*. Diese Art unterscheidet sich sowol durch ihren Bau, als durch wesentliche Merkmale von der ganzen Gattung. Die Pflanze ist kaum eine Spanne lang, ganz mit Haaren besetzt; die Blätter stehen zu dreien, und außerdem sind kleine eiförmige, eingeschnittene Blattansätze da. Am Ende der Triebe sitzen drei bis vier Blumen in einer Doldentraube, der Kelch ist vieltheilig, die Blumen haben nur 7 bis 8 Antheren, ein Pistill, und die Kapsel ist einsamig und platt. — Dies alles berechtigt uns, diese Art als eigene Gattung zu betrachten. Sie wächst in Krain und Italien, und ist von Fab. Columna ecphr. T. I. t. 144. abgebildet. (*Sprengel.*)

Agrimonte, s. Agromento.

AGRINION, (Ἀγρίνιον,) ein von Natur und Kunst befestigter Ort unfern des Acheloos in der Gegend der Thestier, der in der 116ten Olympiade zu dem Gebiete der Akarnanen gehörte. So viel lassen wohl die sehr dürftigen Nachrichten schließen, deren Erläuterung Palmer. Gr. A. p. 463. sq. aufgab. Aus dem Wege des Philippos bei Polyb. V, 7. sieht man nach Vergleichung der übrigen Umstände, daß Agrinion von Stratos aus höher am Acheloos lag als Konope. Nach Diodor. Sicul. XIX. c. 67. rieth Kassandros den Akarnanen sich in einige feste Plätze zu begeben; da zogen sich die meisten nach Stratos, dem größten und befestigten Platze, die Öniaden nach Ithoria (ich lese statt ἐπὶ Σαυρίαν so: ἐπ' Ἰθωρίαν), das von Natur und Kunst fest war, die Thestier und Andre (Θεστιεῖς ist doch wol statt Δεριεῖς zu lesen) nach Agrinion. Man sieht hieraus, daß es ebenfalls ein fester Platz seyn mußte, und des Hesychios Abkürzer hat uns noch die Nachricht gelassen, daß es ein Berg sey. Die Thestier wohnten also nicht weit von Agrin. und vielleicht gehört, da sie nördlich am Acheloos wohnten, der Umstand hieher, daß dieser Fluß sonst auch Thestios geheißen habe, s. Acheloos. Baudoncourt sagt S. 166 es sey das heutige Abulahor, an dem östl. Ufer des Acheloos. Wodurch er seinen kleinen Fluß Thestios und die gleichnamige Stadt an dessen Mündung beweisen könne, ist nicht einzusehn; auch läge es so zu nördlich, es müßte

*) Die Blätter (Herba Agrimoniae) sind bitter, zusammenziehend und aromatisch, und wurden vormals bei Schwäche des Magens und der Brust, bei chronischen Rheumatismen, langwierigen Hautausschlägen, auch äußerlich bei Wunden, Geschwüren und Blutungen angewendet. (*Burdach.*)

denn, wie mehreres, auf seiner Charte unrichtig angegeben seyn. (*Spohn.*)

AGRION, (von αγριος, wild, wegen des wilden Fluges,) Flußjungfer nach Illiger. Eine von Fabricius aus der Familie der Libellulinen ausgehobene Gattung der Neuropteren, (Fabricii Entomol. systematica Tom. II. Hafniae 1793. p. 386.) die auch Schrank (Fauna boica. 2. B. 2. Abth. Ingolst. 1802. S. 204.) und Latreille (Hist. nat. des Crust. et des Inf. Paris 1807. Tom. II. p. 182.) aufgenommen haben. Früher wurden die Arten zu Libellula gerechnet. Die Kennzeichen sind: haarförmige Fühler, breiter Kopf mit entferne stehenden Augen und eine deutlich dreitheilige Lippe, jeder Theil wieder gespalten. In der Ruhe tragen sie die Flügel senkrecht. Die Arten fliegen bei uns häufig im Sommer an Gewässern herum, und ihre Larven, die im Wasser leben, finden sich bei Rössel monatl. Insektenbel. 2. Th. aquat. tab. 9 und 10 abgebildet. Es gibt in Europa zwei Arten, die in der Farbe mannigfaltig abändern, die eine Agrion virgo Fabric. Latr. Schrank, Libellula virgo Linné, mit blau oder braun gefärbten Flügeln, und Agrion puella Fabr. Latr. Schr. Libell. puella Linné mit ungefärbten Flügeln. (*Germar.*)

AGRIONIA, ein nächtliches Fest in Böotien mit Orgien, von Frauen dem Bakchos Agrinios gefeiert, der diesen Beinamen von ἀγριοτης, Wildheit, haben soll. (Plut. Symp. VIII, 1.) (*H.*)

AGRIOPE, 1) eine Nymphe, die von Philammon den Thamyris geboren haben soll [*]). 2) Agenors Gemalin, die Mutter des Kadmes, von andern Argiope genannt; vergl. Agenor. 3) Die Gemalin des Orpheus, gewöhnlich Eurydike genannt. *Athen.* XIII. c. 71 nach Hermesianax. (*Ricklefs.*)

AGRIOS, d. i. Feldmann, 1) ein Beiname des Pan, als Beschützers der Felder. 2) Der Name eines der Kentauren, die den Herakles bei dem Kentauren Pholos überfielen [1]). 3) Einer der Giganten, der in dem Kriege gegen die Götter nebst Thoon von den Moiren mit ehernen Keulen erschlagen ward [2]). 4) Der Sohn Porthaons oder Portheus, Oineus Bruder. Seine Söhne Thersites (Thersippos), Onchestos, Prothoos, Kelentor, Menalippos und Lykopeus verdrängten den Oineus vom Thron und erhoben den Agrios auf denselben; aber Diomedes tödtete bei seiner Rückkehr den Lykopeus, und erhob den Oineus wieder auf den Thron, worüber sich Agrios erhenkte [3]). 5) Ein Sohn des Odysseus und der Kirke, der mit seinem Bruder Latinus in den äußersten Inseln Italiens über die Tyrrhener herrschte [4]). (*Ricklefs.*)

Agrippa Menenius, s. Fabel.

AGRIPPA, (Marcus Vipsanius,) (geb. im J. 64, gest. im J. 13 v. Chr.), von unansehnlicher Herkunft, war im Gefolge des jungen Octavius, als dieser die Kunde von der Ermordung seines Oheims Julius Cäsar erhielt. Agrippa eröfnete ihm die Bahn des Glückes, indem er ihn bestimmte, sich an die Soldaten Cäsar's zu halten. Von nun an war er die Seele der Unternehmungen, wodurch Octavius allmälig Heer der römischen Welt wurde. In den großen und entscheidenden Seeschlachten, gegen Sextus Pompejus in den sicilischen Gewässern im J. 37, und gegen Antonius und Cleopatra bei Actium im J. 31 v. Chr., führte er den Oberbefehl. Mit demselben Glücke stand er nachher den Herren in Hispanien, Gallien, Dalmatien, Pannonien und am schwarzen Meere vor. In Gallien wurden von ihm die Ubier, ein teutsches Volk, da wo jetzt Cöln ist, angesiedelt. Augustus erhob ihn zu den höchsten Ehren, gab ihm, nach dem Tode seiner ersten Gattin, die ihm nur eine Tochter geboren hatte, seine Nichte Marcella zur Ehe, und verlobte jene Tochter Vipsania, seinem Stiefsohne Tiberius. Doch behielt August's Neffe und Schwiegersohn Marcellus den Rang vor Agrippa, und machte ihn auf eine, dem Selbstgefühle seines Schwagers so lästige Weise, geltend, daß dieser unzufrieden sich nach Mitylene zurück zog. Als aber Marcellus bald darauf starb, wurde Agrippa zurück gerufen, seine Ehe mit Marcella getrennt, und Julia, des Kaisers einziges Kind, nun Witwe des Marcellus, ihm vermählt. Sie gab ihm drei Söhne und zwei Töchter, — welche alle unglücklich geendet haben, verkümmerte ihm aber das Erben durch ihre Ausschweifungen, die ihr Vater später erst entdeckte und bestrafte. Agrippa, durch diese Heirath und die ihm ertheilte tribunitische Gewalt, vermuthlicher Nachfolger August's, starb lange vor diesem, wahrscheinlich an den Wirkungen einer ihm angebornen Krankheit der Füße, die in den letzten Jahren ihm so furchtbare Schmerzen verursachte, daß er dagegen ein sehr gewaltsames, das Gefühl in den Füßen abstumpfendes Mittel, Bäder von heißem Essig nahm. Er war unstreitig ein Mann von altrömischem Ernste; aber den Sinn für öffentliche Freiheit, den ihm der Geschichtschreiber Dio beilegt, indem er ihn die Wiederherstellung der alten Verfassung anrathen läßt, bethätigte sein Leben keineswegs. Von seinem unermeßlichen Vermögen, einer Beute aus den Bürgerkriegen, machte er den schönsten Gebrauch; er vergrößerte und vervollkommnete die Wasserleitungen der Stadt Rom, und zierte diese mit herrlichen Gebäuden, wovon noch jetzt das Pantheon steht. Auch sein Vorschlag, die Menge treflicher Gemälde, die in Privathäusern zerstreut waren, in einem öffentlichen Sale aufzustellen, gereicht, ob wol nicht ausgeführt, ihm zur Ehre. Seine von Plinius sehr hochgeschätzte Erdbeschreibung, und die von ihm selbst verfaßten Denkwürdigkeiten seines Lebens, sind nicht auf uns ge-

*) Apollod. I, 3, 3. Paus. IV, 33.

1) Apollod. 2, 5. s. 4, 4. 2) Apollod. I, 6. 2. 3) Apollod. I, 8, 6. Hyg. F. 175. vgl. Paus. II, 25. Schol. ad Il. XIV, 119. Aristoph. Acharn. 417. Ant. Lib. 37. die in Ansehung der Söhne von einander abweichen. Letzterer läßt den Agrios zugleich mit seinen Söhnen von dem rückkehrenden Diomedes erschlagen werden, vermuthlich nach Euripides in dem verloren gegangenen Trauerspiele Oineus.

4) Hes. Theog. 1111—15. Heyne in Commentt. Goett. I, p. 153. not. a. möchte ihn lieber Adrios nennen. Vgl. Wolf in Theog. Hes. p. 141.

kommen. Eine gute Zusammenstellung aller Nachrichten über Agrippa findet man in einer Abhandlung G. C. Gebauer's (Exercitat. academ. 1777. P. 2. p. 803.) (*F. Roth.*)

AGRIPPA, ein Skeptiker, dessen Diogenes und Sextus erwähnen, von dessen Leben nichts bekannt ist. Er war ein Nachfolger Aenesidems, und bemühete sich die weitläufigen Raisonnements Aenesidems und anderer gegen die Gewißheit der menschlichen Erkentniß auf fünf Hauptpunkte zurück zu führen, durch welche die Gewißheit der unmittelbaren Erkentniß sowol als der mittelbaren durch Beweise umgestoßen wurde. (*Tennemann.*)

AGRIPPA, aus Bithynien, lebte unter Domitian, machte astronomische Beobachtungen, von welchen Ptolemäus (VII, 3.) eine Bedeckung der Plejaden vom Monde und Proklus (Hypot. astron. c. III. p. 355.) Beobachtungen der Längen von den Fixsternen anführt. Von seinen Schriften hat sich nichts erhalten. (*Schaubach.*)

Agrippa Herodes, s. Herodes.

AGRIPPA (Heinr. Cornel.), von Nettesheim, ein berühmter Schriftsteller, Arzt, Philosoph und s. g. Schwarzkünstler des 16ten Jahrh., in dem sich, wie in Paracelsus, der Geist seines Zeitalters am sprechendsten darstellt. Seine Lebensgeschichte ist ein Gewebe von Abenteuern, wie sie im Leben vieler damaliger Gelehrten vorkommen, die, des Zwanges scholastischer Methode überdrüßig, sich auch in die Fesseln des bürgerlichen Lebens nicht schmiegen wollten. Zu Cöln am Rhein 1486 geb., erhielt er nach mancherlei Umhertreibungen 1509 zu Dole in Burgund eine öffentliche Lehrstelle der Theologie, wo er durch unentgeldliche, Vorlesungen über das von Reuchlin eben erschienene zur Lobpreisung der Kabbala geschriebene Buch *de verbo mirifico*, großes Aufsehen machte, aber auch durch derbe Satyre den Haß der Mönche so reizte, daß er der Ketzerei beschuldiget, Dole zu verlassen, und gegen Jean Catilinet, das Haupt der Gegner, eine Apologie im folgenden Jahre zu Loudou zu schreiben sich genöthiget sah. Er kam darauf nach Cöln zurück, und lehrte die Theologie, wurde wieder zur Alchimie hingezogen, machte eine Reise nach Italien, that Kriegsdienste unter Maximilian, wuede vom Papst Leo X. wegen seiner Anhänglichkeit gelobt, hielt zu Pavia Vorlesungen über Hermes Trismegistus, mußte aber auch von hier bald wieder mit Schulden belastet fort, hielt sich darauf zu Casale auf, erhielt durch sein Buch *de triplici ratione cognoscendi Deum*, einige Unterstützung vom Markgrafen Montferrat, auch von einem Kardinal einen Jahrgehalt. Endlich schien er durch das übernommene Amt eines Syndicus zu Metz einen festen Punkt errungen zu haben; allein schon 1520 war er wieder zu Cöln, weil die mit großer Freimüthigkeit geführte glückliche Vertheidigung einer angeklagten Hexe die Inquisitoren und Mönche gegen ihn gereizt hatte, deren Verfolgungen er jedoch in seiner Vaterstadt um so weniger entgehen kounte, da sie jetzt der Hauptsitz des Mönchsthums in Teutschland war. Er ging hierauf nach Freiburg in der Schweiz, wo er die Arzneikunst ausübte. In seinem 38sten Jahre wählte er Lyon zu seinem Aufenthalt, wo der Ruf seiner praktischen Kentnisse bald so groß ward, daß Louise von Savoyen, die Mutter Königs Franz I. ihn zu ihrem Leibarzt wählte. Aber sie verlangte nach der Sitte der damaligen Zeit, daß er zugleich ihr Astrolog seyn und die Zukunft voraus sagen sollte. Als nämlich der Connetable Karl von Bourbon in kaiserliche Dienste getreten war, schien diesem das Glück der Waffen zu folgen; die Kaiserlichen hatten schon Marseille, wiewol fruchtlos belagert, und die Franzosen aus Italien vertrieben. Jetzt unternahm (1525) Franz einen Heereszug nach Italien, wider den Rath vieler verständiger Männer; die Königin Mutter wollte von ihrem Leibarzte wissen, was er in den Gestirnen über den Ausgang dieses Feldzuges lese. Er verweigerte ihr, sich darüber zu erklären; dagegen prophezeihete er dem Connetable von Bourbon die glänzendsten Erfolge. Natürlich wurde er des Dienstes entlassen, und mußte Frankreich meiden, worauf er nach Mecheln ging, um seine berühmten Werke von der Eitelkeit menschlicher Wissenschaften und von der geheimen Philosophie zu schreiben. Er ward wegen der Beschuldigungen gegen die Wissenschaften und wegen kabbalistischer Grundsätze bei Karl V. angeklagt, und, wie man sagt, in Brüssel verhaftet; aber die Fürsprache der Kardinäle Campegins und a Mark befreite ihn wieder. Er kehrte nach Lyon zurück, indem er glaubte, daß die Erbitterung des Hofes gegen ihn vorüber sey. Aber er ward von neuem eingekerkert, und nur mit Mühe gelang es seinen Freunden, seine Befreiung zu bewirken, worauf er nach Grenoble ging, wo er in einem Alter von 49 Jahren 1535 in einem Hospital starb.

Sein Werk *de vanitate scientiarum* hat ihm im gelehrten Staude unzählige Widersacher zugezogen, da er nicht allein die Unzuverlässigkeit, sondern auch die Schädlichkeit aller menschlichen Wissenschaften, selbst der Kabbala, der Astrologie, und Alchimie, darzuthun suchte. Damit steht nun sein Buch *de philosophia occulta* in geradem Widerspruch, denn dies enthält das folgerechteste System der durch Reuchlin zuerst bekanut gewordenen Kabbala. Agrippa war ein in vielen Rücksichten merkwürdiger Gelehrter zur Zeit der Reformation, theils durch eigene Schicksale, theils durch seinen Einfluß auf sein Zeitalter. Die Natur hatte ihn mit vielen trefflichen Talenten, mit einer lebhaften Einbildungskraft, treffendem Witze, leicht fassendem Verstande und reifer Urtheilskraft ausgerüstet; mannichfaltige und ausgebreitete Kentnisse in der Theologie, der Jurisprudenz, der Medicin und Philosophie hatte er sich auf den Universitäten zu Cöln und Paris durch Bücher und Reisen erworben, und die lateinische Sprache so weit in seine Gewalt bekommen, daß er seinem Ausdruck Reinheit, Leichtigkeit und selbst Annehmlichkeit und Kraft geben konnte. Hätte er in sich selbst mehr Selbstständigkeit des Geistes gehabt, und sich zu einem festen Charakter gebildet, so würde er sich über den Zeitgeist erhoben haben, und ein großer Mann geworden seyn, anstatt daß er sein ganzes Leben hindurch in der Welt befangen, doch mit ihr in beständigem Streite lebte, und alle seine Hoffnungen vereitelt sehen mußte, ohne nur im geringsten Dank für seine Bemühungen zu erhalten. Die Ursache von allen abenteuerlichen Unternehmungen, Widerwärtigkeiten, seinem Mißmuth und Unstätigkeit war sein leidenschaftlicher Charakter und seine Sucht nach Glanz, Ruhm und Reichthum. Aus diesem Grunde studirte er vorzüglich neben den eigentlichen Wissenschaften die Magie d. i. diejenige verborgengehaltene Wissenschaft, durch welche man die verborgenen Eigenschaften der Dinge zu erkennen, und außerordentliche Wirkungen hervorzubringen glaubte, wohin besonders die Goldmacherkunst und die Wahrsagung gehörte. Darum trat er mit andern Jünglingen, in welchen sich derselbe Trieb regte, in geheime Verbindungen. Die Geheimnißkrämerei und Großsprecherei, welche bei solchen, die sich geheimer Künste und Wissenschaften rühmen, sich zu vereinigen pflegt. machte ihn bald berühmt und gesucht, zog ihm aber auch viele Verdrüßlichkeiten zu. Dazu kam noch ein ritterlicher Geist, der ihn Abenteuer aufzusuchen drang, und in Gefahren stürzte.

Er war ein heller Kopf, der den äußern Ritus der damaligen Kirche und den durch ihn begünstigten Aberglauben richtig gewürdiget, und den Verfall und die Zweckwidrigkeit des Mönchsthums, so wie mehrere Krebsschäden der Kirche erkannt, und dagegen in bitterer Satyre sich geäußert, auch aus eben den Gründen Luthers Reformation gerne gesehen, ohne darum aus dem Schooß seiner Kirche herauszutreten. Seine Polemik gegen die Mängel der Kirchenlehre und Kirchendisciplin war mehr subiectiver Art, aus persönlichen Triebfedern entsprungen. Jedoch kann ihm das Verdienst, manches Vorurtheil seiner Zeit bestritten und zum Theil geschwächt zu haben, nicht streitig gemacht werden. Ueberhaupt stellte er in seiner Schrift: de vanitate scientiarum (Antwerpen 1530 4.), ein zum Theil treffendes, wiewol nicht schmeichelndes Gemälde seines Zeitgeistes in den mancherlei Ständen der Menschen in den Künsten und Wissenschaften auf, wo er nur zuweilen die Farben zu stark auftrug, um das Nichtige, Leere und Eitele desselben in seiner verwerflichen Gestalt darzustellen, dagegen wies er auf die Bibel, die Offenbarung des Ewigen als auf die einzige Quelle wahrer Beruhigung und Aufklärung hin. Diese religiöse Resignation war das Resultat seines eignen eitlen Strebens nach Hoheit und Reichthum durch Wissenschaften gewesen. Die Bestreitung des Hexenglaubens worin Agrippa den Ton angab, und einer seiner Frrunde und Schüler, Johann Wier thätig fortfuhr, gehört zu seinen wohlthätigsten Wirkungen, wiewol er sonst Schwärmerei und Aberglauben nicht wenig begünstiget, und selbst in seiner occulta philosophia Cöln 1533 alle zerstreueten geheimen Kentnisse in ein System zu bringen gesucht hatte. Seine sämmtlichen Schriften sind zuerst zu Lyon 1550 in zwei Octav-Bänden zusammengedruckt worden. Eine interessante Lebensbeschreibung hat Meiners von diesem merkwürdigen Manne gegeben in seinen Lebensbeschreibungen berühmter Männer aus der Zeit der Wiederherstellung der Wissenschaften*). (*Sprengel* und *Tennemann.*)

Agripparum partus, s. Fufsgeburt.

AGRIPPIAS. Diesen Namen legte Herodes der Große zu Ehren des Agrippa, der Stadt Anthedon, am mittelländischen Meere zwischen Raphia und Gaza, bei (Joseph Archäol. XIII, 21). (*Gesenius.*)

AGRIPPINA, die ältere und jüngere. Die ältere, (gest. im J. 33 nach Chr.) Tochter des M. Vipsan. Agrippa, August's Enkelin, vermält mit Cäsar Germanicus, war eine Frau von hohem und edlem Sinne. Nach dem frühen Tode ihres Gatten, dem sie sechs Kinder geboren hatte, ward sie dem Kaiser Tiberius durch ihr selbständiges Betragen so verdächtig und verhaßt, daß er sie endlich in harte Gefangenschaft legte, in welcher sie gezwungen oder freiwillig des Hungertodes starb. Dasselbe Eude hatten bereits ihre zwei älteren Söhne genommen. — Die jüngere Agrippina (gest. im J. 59 nach Chr.) Tochter des Cäsar Germanicus und der älteren Agrippina, war eines der gräuelhaftesten Weiber, deren die Weltgeschichte gedenkt. Um ihren Sohn erster Ehe auf den Thron zu heben, drang sie sich, zum andern Male Witwe, dem Kaiser Claudius, ihrem Oheim, zur Gemalin, und seiner, bereits mit einem Anderen verlobten Tochter, ihren Sohn zum Gatten auf; stürzte nach und nach eine große Zahl vornehmer und reicher Leute, als vermuthliche Gegner ihres Planes, oder um durch derselben einzuziehendes Vermögen ihre Mittel zu vermehren, ins Verderben, und räumte ihren Gemal, da er endlich auf ihre Gräuel aufmerksam zu werden anfing, mit Gift aus dem Wege. Mit ihrem Sohne Nero gedachte sie nun die Herrschaft zu theilen, welche sie ihm mit Verdrängung des Britannicus, eigenen Sohnes des K. Claudius, errungen hatte. Allein Nero ertrug diese Anmaßung nicht lange, und da sie ihm seine Undankbarkeit mit Trotz vorwarf, beschloß er ihren Tod. Zuerst ward ein Versuch gemacht, auf einem Schiffe, worauf sie von einem Besuche bei Nero heimkehrte, durch den Sturz der Decke sie zu tödten, damit es ein Zufall schiene. Da sie aber, nur leicht verwundet, auf ihr nahes Landhaus entkommen war, so wurden in derselben Nacht Kriegsknechte dahin gesandt; von diesen ward sie auf ihrem Bette hingerichtet. — Sie gab der Stadt Cöln den Namen: Colonia Agrippina. (*F. Roth.*)

Agrippinianer, s. Wiedertäufer.

AGRIS, AGRISA, Seestadt in Caramanien, zwischen der Mündung des Saros und der Meerenge des persischen Meerbusens, nach Ptol. 96° 30′ L. und 23° Br. (*H.*)

Agroile, s. Attika.

AGROMENTO (Agrimonte), ehemals Grumentum, kleine Stadt auf einem Hügel in der neapolitanischen Prov. Basilicata, war ehedem der Sitz eines

---

*) Die von ihm zu Paris gestiftete, und durch Teutschland, England, Frankreich und Italien verbreitete Gesellschaft zur Uebung geheimer Künste, die vielen andern Muster wurde, verschaffte ihm eine Stelle in Gädicke's Freymaurer-Lex. (*H.*)

Bisthums, das nachher mit dem an Massiko vereinigt wurde. (*Röder.*)

AGROMYZA. Unter diesem Gattungsnamen begreift Fallén mehrere kleine Fliegenarten, die mit Fabr. Oscinis nahe verwandt sind; als Gattungskennzeichen gibt er an: Clipeus corneus, impressus, descesdens: seta mystacina. Antennae subrotundae: seta nuda, Corpus oblongum, depressum: nervulo transverso in medio alae fere sito. Der Scheitel ist mit Borsten besetzt, die Augen sind rund; der Kopf ist schmäler als bei Oscinis und die Augen sind verhältnißmäßig kleiner; die Beine nackt. Sie finden sich auf abgemäheten Aeckern. Keine der bisher bekannten Fliegen gehört hieher. S. Car. Fred. Fallén: spec. entom. novam Diptera disponendi methodum exh. (Lundae 1810) p. 21. (*Wiedemann.*)

AGRON (Αγρων), der Sohn des Eumelos, der mit seinen Schwestern Byssa und Meropis keine Götter außer der Erde, die ihnen Früchte in Fülle gab, verehren wollte, und durch Spott gegen Pallas, Artemis und Hermes frevelte. Die Götter erschienen selbst in menschlicher Gestalt, sie zu ihren Opferfesten zu laden, und hörten die Schmähungen wiederholt. Da verwandelten sie zur Strafe die Geschwister in Vögel Ant. Lib. 15. (*Ricklefs.*)

Agronomie, s. Boden.

AGROPOLI, kleine Stadt oder Flecken in der neapolit. Prov. Principato Citeriore, durch Griechen gegründet, wurde 879 von den Sarazenen erobert, und hat jetzt ungeachtet der fruchtbaren Gegend nur 630 Einw. Der südliche Theil des Meerbusens von Salern wird von dem Ort benannt. (*Röder.*)

AGROS, sonst Agras, in dem Sandschak von Hamid, ein zwischen zwei Thälern gelegener von Kauf- und Gewerbsleuten bewohnter Ort (Dschihannüma S. 640). (*v. Hammer.*)

AGROSTEMMA, eine Pflanzen-Gattung aus der natürlichen Familie der Caryophylleen und der 10ten Linne'schen Classe. Der Charakter besteht in einem einblättrigen, lederartigen Kelch, einer fünfblättrigen Blumenkrone, deren Blätter ungetheilt sind, fünf Pistillen und einer einfächerigen Kapsel. Agrostemma Coeli rosa hat eine fünffächerige Kapsel, daher sie Decandolle (catal. plant. hort. monspel. n. 126.) mit Recht zur Lychnis zählt. Die übrigen Arten sind: 1. Agr. *Gittago*, der gemeine Radel, franz. Nielle, engl. Corn-cockle mit rauhen Haaren besetzt, und die Kelche so lang als die Corolle. Die Pflanze wächst allgemein unter dem Getreide, und ist von Schkuhr Handb. T. 124., von Sturm Flora Teutschl. Heft 5., von Curtis flor. londin. 4. 35. und in der fl. dan. t. 576. abgebildet. Die schwarzen nierenförmigen Samen geben dem Mehl des Getreides eine dunkle Farbe und einen bitterlichen scharfen Geschmack. Doch hat man nicht eigentlich schädliche Folgen von dem Genuß solches Mehls bemerkt 2. Agr. *Coronaria*, ganz weiß, filzig, mit gesägten Kronenblättern, wächst in Italien und der Schweiz wild, und wird in Gärten unter dem Namen der Vexir-Nelke franz. Coquelourde, engl. Rose-Campion gezogen. Abgebildet ist sie in Gerard. emac. p. 467. — 3. Agr. *flos Iovis*, ganz filzig, mit ausgerandeten Kronenblättern, und Blüthen, die in Doldentrauben stehen, in der Schweiz und der Pfalz wild. Abgebildet ist sie unter dem Namen Lychnis umbellifera helvetica von Zanoni stirp. hist. t. 110. (*Sprengel.*)

AGROSTIS, Windhalm, engl. Bentgrass, eine Grasgattung, deren Charakter Linne bloß in den zweiklappigen Kelch setzte, der etwas kleiner als die zweispelzige Corolle sey. Da indessen dieser Charakter nicht zureichte, so fügte Smith (engl. bot. l. 1107.) noch hinzu, daß die Corolle hinfällig sey, um die Gattung Milium mit stehenbleibender Corolle zu unterscheiden. R. Brown gibt folgenden Charakter an: ein einblüthiger, zweispelziger, ungegrannter Kelch, mit einer zweispelzigen Corolle, deren äußere Spelze entweder gegrannt oder ungegrannt ist: die Blüthen stehen in einer Rispe. Vergleicht man diesen Charakter mit dem Linne'schen, so ist er offenbar derselbe, und es ist nicht möglich, die Gattung Milium davon zu unterscheiden. Michaux unterschied zuerst die Gattung Trichodium von Agrostis, durch die einspelzige Corolle, welche jenes hat, und Schrader und Willdenow nahmen diesen Unterschied an. Indessen ist er nicht wesentlich: denn bei Trichodium alpinum Schrad. fehlt freilich mehrentheils die zweite Spelze, aber bisweilen ist sie als äußerst schmal vorhanden. Bei Trichodium rupestre verhält es sich eben so: oft vertritt hier ein Büschel sehr kurzer Haare die Stelle der innern Spelze: bisweilen ist eine sehr kleine ausgerandete wirklich vorhanden. Bei Trichodium caninum var. γ. und ε. Schrad. (Agrostis hybrida Gaudin.) ist wirklich eine sehr schmale innere Spelze da, die aber mehrentheils in eine kleine Schuppe ausartet, welche an der Basis des Samens steht. Aus diesen Gründen halten wir den Unterschied von Trichodium und Agrostis für unnatürlich. Neuerlich hat Palisot-Beauvois den Gattungs-Charakter von Agrostis noch mehr eingeschränkt. Wenn die Granne der Corolle aus der Grundfläche hervor kommt, die untere Blüthenspelze geschlitzt und die obere mit drei bis vier Zähnen versehen ist, so nennt er dies eigentlich Agrostis: Achnaterum aber, wenn eine gedrehte Granne auf der ausgerandeten untern Blüthenspelze steht. Zu der letztern gehört Agrostis Calamagrostis und miliacea L., zu der erstern Agrostis alba L. (wenn sie Grannen hat), rupestris und filiformis. Da die Natur aber bei Ag. vulgaris, canina und alba lehrt, daß das Daseyn der Grannen nicht ganz wesentlich ist; so möchte sich dieser Gattungs-Unterschied eben so wenig bewähren, als der zwischen Vilfa und Agrostis. Mit jenem von Adanson zuerst gebrauchten Namen belegt Palisot-Beauvois die Agrostiden, welche eine Borste, aber keine Granne haben. Jene nämlich entsteht aus einer Rippe oder aus einem Nerven: die Granne aber hat nicht einen solchen Ursprung. Wenn gar keine Grannen zugegen sind, so nennt R. Brown solche Agrostiden Sporobolus, wozu vorzüglich Agr. diandra gehört. Wenn eine einspelzige Corolle (Trichodium Mich.) gegrannt ist, so nennt Palisot-Beauvois das Gras Agraulos, wozu Agrostis canina und alpina gehören. Sind hingegen Borsten, statt der Grannen, so heißt es Apera. Man sieht aus allem diesen, daß die neuern Bemühungen der Agrostographen mehr auf Bildung künstlicher als natürlicher Arten gerichtet sind, und daß man zwar den Scharfsinn und die feine Beobachtungsgabe bewundern, aber auf keine Weise diese Unterschiede benutzen oder anwenden kann.

Wir lassen es bei dem von Smith verbesserten Linne'schen Charakter bewenden, und nennen alle die Gräser Agrostis, die in einer Rispe blühen, ungegrannte einblüthige zweispelzige Kelche, und mehrentheils zweispelzige Corollen, mit oder ohne Grannen haben. Die wichtigsten Arten sind folgende:

a. mit ungegrannter Corolle. 1. Agr. *vulgaris*. Wither. Smith. in platter Rispe, die flattrige Aeste hat, mit einem kurzen abgestutzten Blatthäutchen. Dies ist Agr. capillaris der teutschen Floristen: auch gehören Agr. stolonifera Leers. Ehrh., Agr. pumila Roth. Ehrh., Agr. tenella Hofm., Agr. sylvatica Roth. Pollich. dazu. Dies Gras ist sehr gemein auf Triften und Rainen. Es ist abgebildet in Leers fl. herborn. t. 4. f. 6. f. 3. 2. Agr. *Alba*, mit rauher Rispe und ablangem Blatthäutchen. Hicher gehört auch Agr. gigantea Roth. Man findet dies Gras auf feuchten Wiesen und in Waldungen. Abgebildet in engl. bot. t. 1189.

b. mit gegrannter Corolle: α. deren eine Spelze unmerklich ist: 3. Agr. *canina* mit rauher Rispe, deren Aeste gebogen sind und einer Granne, die tief unten aus dem Rücken der Spelze kommt. Abgebildet in fl. dan. t. 1443. Eines der gemeinsten Gräser. 4. Agr. *alpina* mit wenigblüthiger, mehr zusammengezogener Rispe, deren Aeste glatt sind, und deren lange Rückengranne tief unten aus dem Rücken der Spelze hervor kommt. Abgebildet in Schraders fl. germ. t. 3. f. 4. Wächst auf Alpenhügeln. 5. Agr. *rupestris* mit rauhen Rispen und zwei kurzen Grannen auf der Spitze der Corolle, die Rückengranne lang. Ebenfalls auf den Alpen. Abgebildet von Schrader a. O. f. 5. Diese Art geht in die vorige über. Agraulos montanus Hopp. gehört dahin.

β. mit zweispelziger Corolle. 6. Agrostis *spica-venti*, ausgezeichnet durch die zerstreute Rispe und die langen gebogenen Grannen. Abgebildet in flor. dan. t. 853. engl. bot. t. 951. Ein gemeines Unkraut unter dem Getreide.

Zu den wichtigsten ausländischen gehören: 7. Agr. *stolonifera L.* (Vilfa Pal. Beauv.) mit gedrängter Rispe, behaarten Kelchspelzen und kriechendem Halm. Diese Art wächst in England und Italien und ist abgebildet in Mart. fl. rustic. t. 120. In Teutschland wird Agrostis decumbens Gaudin., welches eine Abart von Agr. alba ist, dafür genommen, aber der Unterschied liegt in den behaarten Spelzen. Die Engländer schätzen dies Gras, als das beste Futtergras, unter dem Namen *fiorin*, worüber die Versuche in Davy's elem. of agricult. chemistry app. p. LI. nachgelesen zu werden verdienen.

8. Agrostis *mexicana* (Vilfa Palis. Beauv.) mit gedrängter Rispe, scharfen Spelzen, mehrentheils nur einer Anthere und ästigem Halm. Dies Gras wächst in Nordamerika. (*Sprengel.*)

AGROTERA (von Agrotera, einem Beinamen der Diana als Göttin der Jagd), eine von Schrank Fauna Boica 2. Bd. 2. Abthl. aus den Zünslern, Phalaena Pyralis Linn. et Wien. Verz., gehobene Gattung; in Fabricii supplem. Ent. Syst. früher mit der Gattung Crambus vereinigt. Schrank gibt folgende Gattungsmerkmale an: die Fühler borstenförmig; zwei dreigliedrige Taster, zusammengedrückt, das zweite Glied beilförmig, gebartet, das dritte dreieckicht; der Sauger eingerollt; der Körper schmächtig. Wir setzen noch hinzu: Der Sauger an der Wurzel beschuppt; die mehr fadenförmigen Fühler deutlich gegliedert; kleine Nebenaugen. Die einzige hieher gerechnete Art ist Agrotera *nemoralis* Schrank. Pyral. *nemoralis* Wien. Verz. Hübner. Phalaena *nemoralis* Scop. *erosalis* Fabr. Hübn. Samml. europ. Schm. Zünsler Tab. 15. Fig. 100. Doch möchten wol noch mehrere in- und ausländische Arten hinzukommen, wenn man sich nicht so streng an die in den mehrsten Fällen nur den Charakter der Arten bestimmende Form der Taster binden will. (*Zinken*, gen. *Sommer.*)

AGROTINGEN (Eggergau nach Möser*), Gau Westfalens im alten Nordlande, wie es scheint, das Flußgebiet der Bäche: die Ratten, von der Höhe des Humelingswaldes, wo diese südwestlich, andre Bäche aber nördlich ablaufen bis zur Hase und Ems. Meppen gehört in diesen Kreis (Vita S. Ludgeri b. Leibnitz 1. 98. c. 23. u. Urk. Ludwig 1. 834.). Also im Münsterlande, oder dem jetzigen hannöv. Kreis Meppen.

*) Möser (hannöv. Anz. 1753 S. 73 und Osnabr. Gesch. 1. 309. N. g.) und Genpen (Observ. Germ. 548. und Origg. Germ. 3. 104.) verwechseln ihn doch wol mit dem Grainga, auf welchen sich der Agareinga oder Agántinga der Urkunde von 948 ungezwungner denten läßt. Aus den Erwerbern mag man auf die Lage der Güter überhaupt und hier keine Vermuthung mit Sicherheit ableiten, weil die letztern in zu vielen Kreisen zerstreuet liegen. Erst wenn die Herford-Engerschen Urkunden an den Tag kommen, oder genaue Bearbeiter finden, wird man mit größerer Bestimmtheit den Orten der Urkunde von 948 ihren Platz anweisen, und diese Gaue besser auseinander scheiden können. S. die Karten von Westfalen. (*Delius.*)

Agrotiri, s. Kypros.

AGROTIS (von Αγρὸς, das Feld; so viel als Feldbewohner), Name einer von Ochsenheimer (Schmetterlinge von Europa 4. Bd. Leipz. 1816) aus den vormaligen Eulen, Phalaena Noctua Linn. gesonderten Gattung. Sie enthält einen Theil der von Jac. Hübner vorgeschlagenen Gattungen *Agrotes* und *Graphiphorae*. Vgl. dessen Tentamen determinat. digest. atq. denominat singularium stirpium Lepidopterorum etc. (1 Bl. in 4.). Gattungsmerkmale sind bis jetzt nicht angegeben. Der zu Agrotis a. a. O. Seit. 66—68 gezählten Arten sind 43 Europäer. Es sind aber auch einige hieher gehörige Ausländer, obgleich nur sehr wenige bekannt, da vermuthlich ihre versteckte Lebensart und der geringe Reiß der Farben diese in ihrem Vaterlande weniger entdeckt und ungeachteter gelassen hat. Zu den bekanntesten europäischen Arten gehören Agrotis *Exclamationis* Ochsenh. Noctua *Exclamat.* Lin. Fab. Esp. Borkh. Hubn. Hübn. Samml. europ. Schmett. Eulen. Tab. 31. Fig. 149. Der Mann: Agrot. *valligera* Ochs. Noct. *vallig.* Wien. Verz. Fab. Hübn. Bombyx *Clavis* et *trigonalis* Esp. *vestigialis* Hufnag. Naturforsch. Hübn. Samml. europ. Schm. Eulen Tab. 32. Fig. 150. der Mann und Tab. 101. Fig. 478. das Weib. Agrotis *Lidia*. Noctua *Lidia* Cram. Uitlandsche Kapell. Tom. IV. Tab. 396 Fig. D. Das Vaterland ist nach Cramer Berbice; sie kömmt aber auch in der Gegend von Hamburg vor, und steckt in den dortigen Sammlungen unter den Namen Noctua lugens. (*Zinken*, gen. *Sommer.*)

AGRUMEN, ist der Name für Orangen, Limonen &c. und andere Früchte vom Citrus-Geschlecht, die aus den Häfen Italiens nach Triest und dem Norden gebracht werden. (*H.*)

AGRYLE ('Αγρυλή), eine Stadt im alten Sardinien und Colonie der Athener *), nach dem attischen Demos gleiches Namens benannt **). (*Fr.*)

Agrypni, s. Akoëmeten.

Agrypnie, s. Schlaflosigkeit.

AGTELEK, zwar nur ein Dorf, (nicht, wie Windisch, Korabinsky und Vályi sagen, ein Marktfl.) in der Gömörer Gesp. in Oberungarn, in Putnoker Bezirk, mit 72 H. und 543 Einw. ist aber berühmt durch seine Stalaktiten-Höhle Baradla, die von vielen Reisenden aus der Ferne besucht wird und den Einwohnern, welche die Fremden herumführen, vielen Gewinn abwirft. Die Gegend von Agtelek und die Höhle Baradla, von dem Ingenieur Raiß gezeichnet, hat Hr. von Görög im J. 1802 in Wien in Kupfer stechen lassen. Diese Zeichnungen findet man auch in Bredetzky's neuen Beiträgen zur Topographie von Ungarn (Wien 1807). Die Gegend um die Höhle Baradla besteht aus Hügeln und Thälern, die von Norden nach Süden gehen, und durch ein Thal, welches von Osten nach Westen sich ausdehnt, so abgeschnitten werden, daß der Theil am Ende höher, der gegen das durchschneidende Thal gerichtete aber niedriger und gesenkt ist, woher es kommt, daß das sich ansammelnde Regenwasser kleine Seen bildet, die, wenn sie bis zu einer gewissen Höhe angeschwollen sind, das überflüssige Wasser durch unterirdische Gänge in die Höhle Baradla ergießen. Der an der Gränze des Terrains gegen Westen gelegene Wald *Czelén* (Tschele'n) dient den Dorfbewohnern zur Eichelmast und zur Kohlenbrennerei. Ehemals war die Ortschaft größer und volkreicher. (*Rumy.*)

*) S. Steph. Byz. s. v. 'Αγραυλή. **) Kuhn hat nicht mit Unrecht bei Pausan. X, 17. 4. vermuthet, daß auch hier 'Αγρυλὴ statt 'Ογρύλλη gelesen werden müsse, da derselbe Ursprung des Namens angeführt wird und kein andrer attischer Demos bekannt ist.

Agtkäfer, s. Tentyria.

Agtstein. s. Bernstein.

AGUA, AGUAS (Wasser, Gewässer). Mit diesem Worte werden vermittelst verschiedener Endungen und besonderer Beinamen auf der pyrenäischen Halbinsel und in den amerikanischen Colonien Spaniens und Portugals wie auch anderwärts: 1) theils Flüsse und andere Gewässer, 2) theils Land- und Ortschaften bezeichnet. — 1) Flüsse und audert Gewässer: Agua, (Rio del) ist ein Fluß, der an der Küste von Popayan in die Bonaventurabay der Südsee fällt; Aguada, a) ein Fluß in der span. Provinz Salamanca, der in der Sierra de Xalamo entspringt, und bei S. Martin in den Duero geht; b) ein Fluß, der beim Cap Roque, an der Küste Brasiliens in die Smiendabay fällt; Aguada de Saldana heißt ein Meerbusen an der Küste von Südafrika, s. Saldanhabay; Aguadore ein Fluß an der Südseite von Cuba. Aguaray heißt ein Strom in der südamerikanischen Prov. la Plata, der dem Jesui zufließt und 23° 28′ S. B. einen prächtigen Fall von 384 Fuß bildet. — 2) Orte u. Landsch.: Agua de Pao, ist eine Stadt auf der azorischen Insel St. Miguel, mit 334 H. und 1194 Einw., deren Gebiet ergiebig an Getreide und Baumfrüchten ist; Agua de Peixes, ein dem Herzog von Cadaval gehöriger Flecken in der Prov. Alemtejo, Distr. Beja; A. de Reves (Revez) Flck. in der port. Prov. Tras os montes in der Correiçao de Torre de Moncorro — Aguas oder des Hamagazites ist eine an Peru, Popayan und den Amazonenfluß gränzende fruchtbare Provinz in span. Südamerika, unter deren Einw. die Aguas von den Spaniern unabhängig sind. — Aguas bellas ist ein Flck. in der portugiesischen Prov. Estremadura in der Corr. de Thomas mit einem Freymarkte im August — A. calientes ist ein durch zwei warme Quellen bekannter Ort in der Intendantschaft Guadalaxara in Neuspanien, mit etwa 500 Familien und 3 Klöstern. (*Stein u. H.*)

Agua in der Naturgesch., s. Bufo brasiliensis.

Aguaray und Aguas, s. Agua.

AGUBENI, nach Ptolemäus ein Völkchen im wüsten Arabien, auf dem Wege von Aegypten nach Irak oder Babylonien, so wie von hier nach Mecca, s. Cellarius Charte zu T. II. S. 670. (*Rommel.*)

AGUE, ein jetzt unbekannter Ort, soll vor Zeiten die Hauptstadt in Adzerbidjan gewesen seyn. s. Otter's Reise Th. 1. S. 215. (*Kanngießer.*)

Agueda, s. Agua.

Aguer, Aguadir, s. Santa Cruz.

AGUERO (Benite Manuel de), Maler zu Madrid geb. 1626 gest. 1670, war ein treuer Nachahmer seines Lehrers J. B. del Maze. Seine vorzüglichste Stärke bestand in Landschaften; in der heiligen Geschichte versuchte er sich mit weniger Glück. Seine schönsten Werke sieht man in den Palästen zu Buen Retiro und Aranjuez. S. Velasco Nr. 134 und Fiorillo Gesch. d. K. 4. Th. S. 292. (*Weise.*)

AGUESSEAU (Heinrich Franz d'), Kanzler von Frankreich und Commandeur der königl. Orden, einer der größten Männer, die Frankreich im 18ten Jahrh. hatte, geb. d. 27. Nov. 1668 zu Limoges, wo sein Vater, Heinrich, königl. Staats- und Finanzrath, als Intendant lebte, und 1716 starb. Er stammte aus einer alten Familie in Saintonge, die in Civilbedienungen sich um das Vaterland verdient gemacht hatte. Seine treflichen Anlagen entwickelten sich unter der verständigen Pflege seines Vaters sehr früh, und schon im 20sten Jahre galt er in Paris für einen der geschicktesten Advokaten und einen so vortrefflichen Redner, daß einst ein Präsident sagte, er wünsche so aufzuhören wie dieser Jüngling anfange. Daher wurde er schon jung unter die königl. Advokaten im Chatelet, und 1691 unter die königl. Generaladvokaten aufgenommen, 1700 aber zum Generalprokurator zu Paris ernannt. Dieses Amt gab ihm Gelegenheit, in verschiedenen Zweigen der Administration und der Rechtspflege wichtige Reformen zu bewirken, für die Versorgung der Armen (besonders in dem harten Winter 1709) zweckmäßige Anstalten zu treffen, und die Freiheiten der gallikanischen Kirche zu vertheidigen. Einzig der Pflicht gehorchend, widerstand er, in Hinsicht der Einführung der Bulle Unigenitus, selbst dem Könige mit Ehrfurcht und Nachdruck, und zeigte schon damals den festen Muth für Gerechtigkeit und Vaterland, den er auch nicht verleugnete, als er am ersten Februar 1717 mit der Würde eines Kanzlers von Frankreich die höchste Civilbedienung im Königreiche erlangte. Da er aber in die Plane des Herzogs von Orleans, damaligen Regenten, zu Gunsten der berüchtigten Lawschen Finanzspekulation nicht einging, so wurde er schon am 28sten Januar 1718 auf sein Landgut Fresnes verwiesen, im Jun. 1720 aber zurückberufen, um den sinkenden Credit zu heben, und der immer größer werdenden Finanzverwirrung zu steuern. Als der berüchtigte Dubois Kardinal und erster Minister wurde, und d'Aguesseau die Prärogative seiner Stelle gegen den Günstling nachdrücklich behauptete, wurde er 1722 zum zweitenmal verwiesen, und erst 1727 auf Verwendung des Kardinals Fleury zurückberufen, und von neuem in seine meisten Aemter eingesetzt, allein das große Siegel erhielt er erst 1737 wieder. Seitdem behauptete er sich in seiner Würde, bis ihn die Abnahme der Kräfte 1750 nöthigte, den Geschäften zu entsagen; nicht lange nachher starb er den 9ten Febr. 1751 in einem Alter von 83 Jahren. D'Aguesseau hat sich sowol durch seinen edlen, großen Charakter, und durch die gewissenhafteste Verwaltung seiner Aemter, als auch durch seine gründliche Rechtskenntnisse und Stärke in der politischen Beredsamkeit, in seinem Vaterlande und im Auslande unvergeßlich gemacht. Mit einer lebhaften und fruchtbaren Einbildungskraft verband er die reifsten und gründlichsten Einsichten; einen sehr hellen und behenden Verstand, innige Wärme für Recht und Tugend, und die Gabe der einnehmendsten und eindrucksvollesten Beredsamkeit. Er war, nach Voltaires Zeugniß, die gelehrteste Magistratsperson, die Frankreich jemals gehabt hat, verstand die Hälfte der neuern europäischen Sprachen, und außer dem Lateinischen auch Griechisch und Hebräisch, und hatte Geschichte und Jurisprudenz in allen ihren Zweigen gründlich studirt, ohne die ästhetische und humane Ausbildung zu vernachlässigen. Der große Plan, den er auf seiner politischen Laufbahn verfolgte, war eine Reform der Gesetze, ohne ihre Basis zu erschüttern; er brachte verschiedene Rechtspunkte in bessere Ordnung, z. B. von den Schenkungen, den Testamenten, den Substitutionen, den Evocationen rc. und bewirkte überhaupt so viel Gutes, als ihm an dem damaligen verdorbenen französischen Hofe möglich war. Er gab mit das letzte Beispiel, wie eine obrigkeitliche Person in der französischen Monarchie leben soll, indem er so vielen treflichen Vorgängern auf dieser Laufbahn nachzueifern strebte. Für sich selbst suchte er nichts und benutzte die vielen Gelegenheiten sich zu bereichern so wenig, daß er den Seinigen nichts als seine Bibliothek hinterließ. Was Duclos an ihm tadelt ist: zu viel Begünstigung der Advokaten, die ihn hinderte die Prozesse abzukürzen, und zu viel Liebe zu wissenschaftlichen Beschäftigungen und Unentschlossenheit, beides zum Nachtheil des schnellen Geschäftsganges. Im Umgange war er höchst gefällig, unterhaltend, ohne allen Stolz, für jedermann zugänglich, besonders für Gelehrte, die er schätzte und unterstützte. Als warmer Verehrer der Religion las er von frühen Jahren an täglich in der Bibel, war tolerant und stritt niemals über Gegenstände des Glaubens. Seine Schriften *Oeuvres de Mr. le Chancelier d'Aguesseau.* Paris Vol. XIII. 1759—1790. 4. Yverdon Vol. XXIV. 1763—1771. 12. teutsch: Reden und andere Werke. Leipz. 1762 2 Th. 8.) enthalten (außer verschiedenen rechtlichen, historischen und andern Abhandlungen), größtentheils Reden und sogenannte Plaidoyers oder rechtliche Sprüche über allerhand Fragen, zuweilen ohne Anführung der Gründe und Gegengründe, öfters aber mit einer ungemein klaren Entwickelung der verworrensten Fragen. Alles, was man von ihm liest, ist schön geschrieben, und bis in seine kleinsten Glieder ausgemalt; nur ist eine gewisse Manier darin, die man gar bald fühlt: unzählige Antithesen, und eine gewisse fast immer ähnliche Abrundung der Perioden bildet diese Manier. Von den Reden, die er als Generalprokurator hielt, sind einige wahre Muster in ihrer Art, und es gibt in ihnen Stellen von der einfachsten, unverkennbarsten Stärke und Erhabenheit. Thomas lieferte 1760 eine von der französischen Akademie gekrönte Lobrede auf ihn, die auch ins Teutsche übersetzt worden ist; vergl. auch sein Leben vor den Oeuvres. *(Baur.)*

AGUIAR, zwei portug. Flecken in der Provinz Beira, und Alemtejo; Aguiar de Sousa Gerichtsamt in der portug. Prov. Entre Douro e Minho, in der Correiçaõ do Porto, zwischen dem Fluß Sousa und dem Gebirg Cadella. *(Stein.)*

Aguigan, Aguiguan, s. Ladronen.

Aguila, s. Agla.

AGUILAR, (Juan de Jauregni y), Maler im Dienste der Donna Isabella de Bourbon, Gemalin

Philipps IV. und Ritter des Calatravaordens. Er studirte die Malerei zu Rom, und ging dann nach Spanien zurück, wo er sich durch eine bedeutende Anzahl Malereien einen Namen machte. Außer diesen Gemälden, die in der Sammlung des Herzogs Medina de las Torres aufbewahrt werden, hat man von ihm Zeichnungen zu den Kupfern in einem Werke über die Offenbarung Johannis, und ein Bildniß des M. de Cervantes. Auch schrieb er über die Malerei, und übersetzte Tasso's Aminta, (s. Fiorillo Geschichte d. Künste. IV. 182). (*Weise.*)

AGUILAR, heißen mit verschiedenen Beinamen mehrere kleine Städte in Spanien. A. de Campos ist eine kleine Stadt in der span. Prov. Leon, am Rio Secco. A. del Campo ein anderes Städtchen in der Prov. Palencia, an der Pisuerga, mit dem Titel eines Marquisats, hat 2 Pfarrk. 2 Klöster und 1600 Einw., die Vieh- besonders Schafzucht treiben. A. d'Inestrillas Städtchen in Leon, führt den Titel einer Grafschaft. (*Stein.*)

AGUILAS, Villa in der span. Provinz Murcia mit einen Hafen. (*Stein.*)

AGUILLON (Franz von). Dieser Jesuit von Brüssel, welcher 1617 50 Jahre alt starb, war der erste, welcher unter seinen Ordensbrüdern in den Niederlanden das Studiren der Mathematik einführte. Er schrieb Opticorum libr. 6. Antw. 1613. fol.; in welchem Werk zum Erstenmale die stereographische Projection vorkommt, die zwar seit Hipparchos bekannt war, aber nicht diesen Namen führte. Ueber der Ausarbeitung der Dioptrik und Katoptrik starb er. (*H.*)

Aguilot, s. Pitilayas.

Aguirre (Lopez de), s. Pizarro.

AGUIRRE (Joseph Saenz de), Cardinal, geb. in der spanischen Stadt Logrogno den 24. März 1630, trat in den Benedictinerorden, lehrte die Theologie zu Salamanca, und wuede darauf Censor und Secretär der Inquisition und Abt des Collegiums zu St. Vincenz. Da er in den Streitigkeiten der französischen Geistlichkeit mit dem Papste als rüstiger Beschützer der Hoheit des römischen Stuhls auftrat, besonders in seiner *Defensio cathedrae S. Petri adversus declarationem cleri Gallicani.* Salam. 1683 fol., so belohnte Innocenz XI. seine Verdienste 1686 mit dem Cardinalshute. Er starb den 19. Aug. 1699 in Rom, und wird von der römischen Kirche unter ihre gelehrtesten Theologen im 17ten Jahrh. gezählt. Als Schriftsteller bearbeitete er Dogmatik, Philosophie und Moral (nach Aristoteles); am meisten aber wurde er bekannt und machte sich verdient, durch seine für die spanische Geschichte des Mittelalters wichtige *Collectio maxima concil. omnium Hispaniae et novi orbis, cum not. et dissertatt.* (bis aufs Jahr 1604). Romae 1693 Vol. IV. Fol. neue Ausg. ib. 1753 Vol. VI. Fol. Doch zieht man die ältere Ausgabe vor, vermißt aber in dem ganzen Werke die nöthige Kritik. Auf Aguirre's Kosten wuede auch seines Freundes Antonio spanische Schriftsteller-Bibliothek gedruckt. S. *Du Pin Biblioth.* T. XVIII. 248. Nicerons Nachr. 4 Th. 23. (*Baur.*)

AGUITEQUES (nach Azara), ein Indianerstamm von nur 50 Kriegern, die Landbau treiben, im Vicekönigreich la Plata, 18—19° südlicher Breite, nahe am Paraguay. (*Stein.*)

Agul, s. Alhagi.

AGULICHAN, eine von den russischen Niederlassungen an der nordwestlichen Küste Amerikas, nur aus Hütten und Schuppen für die Fartoten des Pelzhandels bestehend. (*GuthsMuths.*)

AGUNTUM oder AGUNTUS, eine Feste auf den norischen Alpen, 18 Mill. von Loncium am Dravus, (*Paul. Diac. de gest. Longob.* II. 13. *Fortun. vit. S. Martini* IV, 646.) merkwürdig durch die Niederlage, welche die Slaven dort im J. 600 vom Langobarden König, Garibald, erlitten. Ptolem. (II, 14.) setzt es mit 36, 30: 46, 20 viel zu weit nordöstlich, wenn es anders derselbe Ort seyn soll. (*Rickless.*)

AGUR (אָגוּר), Sohn des Jake, Name eines unbekannten Weisen, welchem das 30ste Kapitel der salomonischen Denksprüche zugeschrieben wird, wie das 31ste dem Lemuel. Da auch der Inhalt und Styl dieser Kapitel etwas Eigenthümliches und von dem sonstigen Geiste der Proverbien Abweichendes haben, so wird man annehmen müssen, daß die Sammler dieser Gnomen hier 2 kleine Nachträge von Geistesverwandten des Salomo liefern wollten. Ganz eitel ist wenigstens das Vorgeben der jüdischen Ausleger und vieler Kirchenväter, daß Agur und Lemuel blos verkappte Namen des Salomo wären, wie Kohelet. Wozu hier der verhüllte Name, da Salomo sonst in diesem Buche seinen eigenen führt? woher ferner die Angabe des Vaters („Sohn des Jake"), da doch Kohelet deutlich genug durch Sohn Davids bezeichnet ist? Noch weniger können alle etymologische Auflösungen zum Zwecke führen. (*Gesenius.*)

Agurande, s. Aigurandes.

Agurium, s. Agyrium.

AGURTSCHINSKISCHE INSELN, auf der Südostseite des kaspischen Meeres, 35 Werste (5 Meilen) lang, und 12 Werste (beinahe 2 Meilen) breit. Ihnen nördl. liegt die Naphtainsel. Es wohnen auf derselben Truchmenen, die, ungeachtet sie 1743 Rußland den Eid der Treue leisteten, doch für frei gelten. (*J. Ch. Petri.*)

AGUSTIN (Don Antonio; Ant. Augustinus), 1517 zu Saragossa in Arragon, wo sein Vater Vicekanzler dieses Königreichs war, geboren, studirte anfangs zu Alcala und Salamanca die schönen Wissenschaften, und die Rechte, begab sich aber 1535 nach Bologna, wo er sie auch später bei Alciat hörte, und bei Joh. Fasoli die griechische Sprache erlernte. Von Bologna aus begab er sich 1537 auf acht Monate nach Padua, so wie er auch 1539 eine Reise nach Venedig zu dem spanischen Gesandten Mendoza, dem selbst der Sultan Handschriften geschenkt hatte, und 1542 eine ähnliche mit Joh. Metel aus der Franche

Comte'[1]) nach Florenz[2]) machte, uni die dort befindliche berühmte Pandektenhandschrift zu beuntzen. Im Jahre 1544 begab er sich nach Rom, ward Auditor der Rota, und von nun an zu vielen Geschäften gebraucht, Bischof erst von Aliffa in Neapel, danu von Lerida in Spanien, in welcher Eigenschaft er auch dem Trienter Concilio beiwohnte; endlich Erzbischof zu Tarragona, wo er am 21. Mai 1586 im 70sten Jahre seines Alters verstarb. — Agustin war einer der größten und gelehrtesten Männer, welche Spanien je hervor gebracht hat; in allen Fächern, in welchen er gearbeitet hat, zeichnete er sich durch historische Kentnisse, Belesenheit, und ausnehmende Urtheilskraft aus; seine Werke sind bis auf den heutigen Tag als klassisch erkannt; vorzüglich in sofern sie das römische und canonische Recht behandeln. Das römische Recht betreffen: Emendationum et Opinionum Lib. IV, ein Jugendwerk, und eine Frucht seiner Reise nach Florenz, wo er Haloanders Pandektenausgabe, mit Polizian's Vergleichung der florentinischen Handschrift, zusammen hielt (1543). — Juliani Antecessoris epitome Novellarum, von ihm 1567, nebst griechischen Verordnungen, welche in dem Justinianeischen Codex fehlen, herausgegeben. — De nominibus propriis Pandectarum 1579, der Vorläufer eines, freilich nicht erschienenen, vollständigen Index verborum. — De legibus et Senatusconsultis Romanorum; cum notis Fulv. Ursini. 1584. Das canonische dagegen: die Ausgabe der drei ältern Decretalensammlungen. 1576. — der Synodalschlüsse von Tarragona. 1580. — der Canonum poenitentialium. 1581. — die Epitome juris pontificii veteris. 1586, von der, den zweiten und dritten Theil, sein Neffe gleiches Namens 1611 und 1614 heraus gab, — endlich sein unsterbliches und verdienstlichstes Werk Dialogorum de emendatione Gratiani Lib. II. 1586. — Außerdem hat er Anmerkungen zu Varro de lingua Latina 1557, zu Verrius und Festus 1560, herausgegeben, und die Fragmenta veterum historicorum gesammelt, welche durch Ursinus 1595 an das Licht gestellt sind, — sodann ein Werk: de triginta Romanorum gentibus et familiis. 1577; und Dialogos de las Medallas, Inscripciones y otras Antiquedades. 1587, welche von Spanheim sehr gelobt werden, und zwei Mal in das Italienische übersetzt worden sind. Seine Werke sind gesammelt in acht Folianten, zu Lucca 1765 bis 1777 erschienen, und außerdem erschien noch 1804: *Ant. Augustini* epistolae latinae et italicae, nunc primum editae a *Io. Andresio.* Parmae, 8. — Man hat noch den Catalog seiner Bibliothek, welchen Gebauer hinter seiner Narratio de Henr. Brencmanno hat abdrucken lassen[3]). (S. Majans Lebensbeschr. des Agustin vor s. Opp. T. II. — teutsch von L. J. Wagenseil. Gotha 1779. 8.) (*Spangenberg.*)

Agustit, s. Apatit.

Aguti, s. Dasiprocta.

AGYAGOS, (l. Adjagosch) slaw. Hhlina (chlina,) ein rußniakisches Pfrd. in der Zempliner Gesp. in Ob. Ungern, an der Scharoscher Grenze, mit einem fruchtbaren Gebiete und einem Eisenhammer, der von der Töpl getrieben wird. (*Rumy.*)

AGYIEUS, auch Agyiates, (Αγυιατης.) ein Beiname, worunter Apollon als Vorsteher der Gassen zu Tegea, Argos und Athen verehrt ward[1]). Ihm waren als solchem, Altäre in Gestalt von Säulen in den Gassen geweiht[2]). (*Ricklefs.*)

AGYLAEUS, (Heinrich,) geb. 1533 zu Herzogenbusch, ein gelehrter Philolog und Jurist. Wo er studirt hat, und wessen Schüler er gewesen, ist unbekannt. Im J. 1579 bewirkte er vorzüglich den bekannten Uetrechter Verein, auf welchem die Verfassung der ehemaligen vereinigten Niederlande beruht, nachmals ward er Gesandter des Staats von Uetrecht bei den Generalstaaten, und 1586 Rath und Fiscal bei dem höchsten Gerichte, in welcher Eigenschaft er 1595 starb. Seine schriftstellerische Thätigkeit bezog sich nur auf die Novellen des Kaisers Justinian und einiger späteren Kaiser; diese aber hat er durch folgende musterhafte Schriften erläutert: 1) Ad ea, quae in Novellis Justiniani constitutionibus jus civile attingunt, liber singularis. Colon. Agripp. 1558. 8.[1]). Dieses Buch enthält eine Art von Compendium der Novellen, mit Anmerkungen, beschränkt sich aber nur auf diejenigen, welche das bürgerliche Recht angehen, — über die, welche das geistliche Recht betreffen, hat er ein ähnliches versprochen, aber nicht geliefert. — Der Inhalt der einzelnen Novellen ist in die Form eines Edicts, Senatusconsults, Bruchstücks eines alten Juristen, aus dem die Pandekten zusammen getragen worden u. s. w. eingekleidet; allerdings eine sonderbare Methode. 2) Novellarum Justiniani constitutionum supplementum. Colon. 1560. 8., eine Verbesserung der Haloandrinischen Uebersetzung nach dem von Scrimger 1558 vollständiger herausgegebenen griechischen Original, so wie eine Uebersetzung der dort neu erschienenen, Haloandern unbekannt gebliebenen Novellen. 3) Imp. Leonis Novellae. Ap. Henr. Steph. 1560. 8., gleichfalls eine Uebersetzung des von Scrimger herausgegebenen griechischen Texts der Novellen des Kaisers Leo. 4) De dierum annotatione in Novellarum subscriptionibus[2]). 5) Photii Nomocanon, cum annotationibus Theodor. Balsamonis. Nunc primum Henr. Agylaei auspiciis in Latium deductus. Basil. ap. Oporin. 1561. Fol. — Mit Un-

1) Er blieb Agustin's treuer Gefährte bis 1555; dann lebte er aber in Cöln, wo er Schriften von seinem und Agustin's Universitätsfreunde Osorius heraus gab und geographische Bücher schrieb. Er starb 1600. 2) Hier lernte Agustin den Lelio Torelli, den nachmaligen Herausgeber der florentiner Pandekten, kennen. 3) Auch bezeichnet man gewöhnlich eine durch Ludwig le Mire (Lud. Miraeus) zu Paris 1548 — 1550 besorgte Ausgabe des Corpus juris, mit dem Namen Corpus Augustini, jedoch mit Unrecht, da nur Agustin's Bemerkungen in s. Emendationibus et Opinionibus dabei benutzt sind, und er nicht den mindesten directen Antheil an derselben hat.

1) Paus. I, 32. Macrob. Sat. I, 9. 2) Hesych. h. v. vgl. Valcken. in Eurip. Phoen. 634.

1) Auch hinter: Dispositiones in libros Pand. e Praelectt. *Joach. Hopperi* observat. Col. 1564. und in *Zepernick* delectus scriptorum Novellas Justiniani. illustrantium. (Hal. 1783. 8.) no. 1. 2) in *Zepernick* delectus. p. 280. sq.

recht wird ihm aber eine griechische Ausgabe der Novellen Basil. ap. Hervag. 1561. 8. beigelegt. Vgl. *Zepernick* Praef. ad delectum scriptor. Nov. Just. ill. §. 5. 11.). (*Spangenberg.*)

AGYLLAE, Urstadt am Tyrrhener Meere in Hetrurien, 3½ St. von dem rechten Ufer des Tiber entfernt. Nach den Fragmenten des Cato und nach Dionys. Hal. ursprünglich von Pelasgern gegründet und bewohnt, nah an dem kleinen Flusse Cäre, späterhin genannt Cäre, von wichtiger Bedeutung in der ältesten Geschichte Roms, besonders in Hinsicht auf Göttercultus und Bildung, als eine griechisch redende Stadt. Sie enthält noch jetzt ehrwürdige Ruinen. Genannt wird sie von Dion. Hal. L. I, 20 und L. III. c. 58, von Strabo L. V; von Plin. L. XXXV. c. 16; von Liv. L. I. c. 2 und L. VII. c. 19 und 20. Virgil. Aen. L. VII, 652 und VIII, 478. und X, 183. Rutilius V. 225. Gruter. Inscr. p. 214. und p. 485. n. 5. Vgl. *Sickler* Camp. d. Roma. Jetzt heißt sie *Cervetri*, woher ein röm Herzog seinen Namen hat. (*Sickler.*)

AGYNEIA, eine Pflanzengattung aus der natürlichen Familir der Euphorbien und der 21sten Linné'schen Classe. Der Charakter besteht darin, daß die männlichen Blüthen einen fünf- oder sechstheiligen Kelch, keine Corolle und ein Säulchen in der Mitte haben, welches an den Seiten drei Antheren trägt. Die weiblichen Blüthen bestehn aus einem ähnlichen Kelch, und bringen eine dreikörnige Kapsel, ohne Pistill und Narben hervor. Der Mangel dieser Theile hat dem Namen den Ursprung gegeben: daher es ein Versehn ist, wenn Willdenow von drei zurückgeschlagnen Pistillen spricht. Die Arten dieser Gattung wachsen in China und Ostindien. 1) Ag. *impubes* ist krautartig, hat platte, elliptische, glattrandige Blätter: abgebildet in Ventenat jard. de Cels, t. 23. 2) Ag. *obliqua* Willd., mit ablaugen, an der Basis ungleichen, zugespitzten Blättern, die unten blaugrünlich sind. 3) Ag. *multilocularis* Roxb., mit ablaugen, stumpfen Blättern, die ebenfalls unten blaugrünlich sind. 4) Ag. *pubera*, mit ablaugen, stumpfen, glattrandigen, unten filzigen Blättern. (*Sprengel.*)

Agymer, s. Cölibat und Manichäer.

AGYRIUM [1]), (Ἀγύριον,) eine St. des alten Sicilien, nördl. von Enna, gehörte noch zu Cicero's Zeit [2]) zu den angesehensten Städten der Insel, und war Geburtsort des bekannten Geschichtschreibers Diodorus Siculus [3]). Vielleicht ist es das heutige S. Filippo d'Argirone [4]). (*Friedemann.*)

1) Die Schreibart des Namens kann nicht streitig seyn, wenn auch Ptolem. Ἀγύριον und Anton. Itin. p. 93. ed. Wess. Agurium haben. S. Wessel zu Diod. Sic. L. I. c. 4. Burmann zu *D'Orville's* Sicula II p. 385. sq. Auf den Münzen ist Ἀγύριον und Ἀγυριναίων S. *Rasche's* Lex. Num. Vet. T. I. p. 220. Havercamp in *Parut.* Numism. in Thes. Sicil. T. VI. p. 633. Marx zu Ephor. fragm. p. 153. Steph. Byzant. hat Ἀγύριννα s. h. v. Eine weitere Aufstellung der hieher gehörigen Notizen s. bei Cluver Sic. Antiq. II, 6. 2) Cicer. in Verr. V, 8 und 28. 3) Diod. Sic. a. a. O. wo falsch Ἀγύριον stehet. 4) Holsten zu Steph. Byz. S. 7. a. hat sich dadurch verleiten lassen, das falsche Ἀγύριον für wahr zu halten.

AGYRTES, (Plur. Agyrtä, der Etymologie nach einer, der Volk um sich versammelt, dann einer, der das Volk mit seinen Künsten betrügt, ein Marktschreier. (So schilt Herkules den Äskulap *Luc.* D.D. 13.) Sie waren bei den Griechen zugleich eine Art von Wahrsager. An volkreichen Plätzen stellten sie sich mit einer Tafel voll weissagender Verse aus. Wer sich wahrsagen lassen wollte, würfelte oder zog ein Loos, und der Würfel oder das Loos bestimmte für ihn den weissagenden Vers. — Metragyrtä (von μητηρ, die große Göttermutter) waren Bettelpriester der Kybele, welche Göttin in Rom allein das Recht behielt, daß ihre Priester, jedoch nur an gewissen wenigen Tagen, Almosen einsammeln durften. (*Cic.* de leg. 2, 16. vgl. *Dionys. H.* 2, 68. *Ovid.* Fast. 4, 351. *Gell.* N. A. 14, 1.) (*Gruber.*)

AGYRTES, eine zuerst von Frölich (im Naturforscher St. 28. S. 18 errichtete und später von Latreille Genera Crust. et Ins. T. II.) angenommene Käfergattung aus der Familir der Nekrophagen, die sich durch verdicktes Endglied der vorragenden Kinnladentaster, schnurförmige Fühler, deren vier vorletzte Glieder eine verlängerte blättrige Kolbe bilden, und die Länge des Halsschildes haben, so wie durch eirunden schwach gewölbten Körperbau auszeichnet. Die in Teutschland, Frankreich, Schweden einheimische Art ist Agyrtes castaneus Frölich, Latreille, Gyllenhul, Mycetophagus castaneus Fabric., Paykull, Mycetophagus spinipes Panzer Fauna, die gegen 2½ par. Lin. Länge hat. Die Schienen sind dicht gefranzt. (*Germar.*)

Aha, s. Aa.

AHAB, (אַחְאָב, d. i. Vatersbruder,) König des Reiches Israël, von 918 bis 897 v. Chr., Sohn des Omri. Er verband sich mit einer Tochter des Ethbaal, Königs von Sidon, der gottlosen Isebel (אִיזֶבֶל, Isabella,) welche Tempel und Altäre ihres Nationalgottes Baal in Samaria errichtete, die Priester und Propheten Jehova's, an derrn Spitze Elia stand, blutig verfolgte, ihren Gemal zur Abgötterei und zu empörenden Ungerechtigkeiten und Grausamkeiten verleitete, (s. die Geschichte Naboth's 1 Kön. 21), endlich aber den verdienten Lohn ihrer Schändlichkeiten empfing (2 Kön. 9, 30 ff.). Er führte zuerst 2 glückliche Feldzüge gegen Ben-Hadad, König von Syrien, in deren ersterem Samaria belagert worden war; in einem dritten Offensivkriege aber, den er gemeinschaftlich mit Josaphat, König von Juda, unternahm, ward er geschlagen, und starb an einer im Treffen erhaltenen Wunde. Die Geschichte desselben ist in den Büchern der Könige (1 Kön. 16, 29. 22, 40) in enge Verbindung gesetzt mit der Geschichte des gleichzeitigen Propheten Elia, der oft seine Abgötterei und Ungerechtigkeit mit ernster Strafrede rügte; besonders merkwürdig ist aber die Geschichte des letzten Krieges, welche 1 Kön. 22, 1—40 und 2 Chron. 18 bis auf weniges übereinstimmend erzählt wird, und besonders für das Verhältniß der Propheten von Wichtigkeit ist. Als beide Könige sich zum Kriege gegen Syrien rüsten, beruft Ahab zuvor die Propheten seines Reichs, 400 an der Zahl, um ihre Orakel zu vernehmen. Alle verkünden Glück, nur Ein Prophet fehlt, Micha, der Sohn Jemla's, welchen Ahab, als einen steten Unglückspropheten, nicht hatte rufen lassen. Auf Josaphat's Antrag wird er gerufen, und verkündet ebenfalls Glück. Als ihn aber der König dringend um Wahrheit bittet, verkündet er Zerstreuung des Heeres und Tod des Königs (v. 17). Ueber diesen Widerspruch gibt er nun selbst folgenden Aufschluß: Er habe im Geist Jehova gesehen, umgeben von den himmlischen Heerschaaren, und den Wunsch aussprechend, daß jemand den Ahab berede, in den Kampf zu ziehen, damit er dort falle. Da sey der Geist herzugetreten, (d. i. eines der himmlischen Wesen, welchem die Begeisterung der Propheten oblag, oder die personificirte prophetische Begeisterung,) habe sich erboten, die Propheten falsch zu begeistern, und Jehova habe ihm dazu Auftrag und Vollmacht gegeben." Der Erfolg bestätigte nun auch die Rede dieses Propheten, und ob sich gleich Ahab (wohl wissend, daß man ihm besonders nachtrachte,) im Kampfe verkleidet, wird er doch von einem Bogenschützen getroffen, und stirbt an der Wunde. — Die so erzählte Begebenheit gibt zu mancher Betrachtung Veranlassung. Nicht undeutlich sieht der Unbefangene hier die eigene Combination der Propheten als Quelle ihrer Orakel durchblicken, die daher Verschiedenheit der Ansicht bei streitigen und schwierigen Fällen hervorbringen mußte, und woran auch Nachgiebigkeit gewisser Propheten gegen das, was ihren Gebietern schmeichelte, Antheil haben mochte. Man sieht aber ferner auch einen gewissen Kastengeist der Propheten, welcher selbst bei einer ganz abweichenden und widersprechenden Ueberzeugung die Standes- und Ordensgenossen nicht der Lüge und des Betrugs zeihet, sondern den Grund der Differenz in einer höhern Causalität sucht. Merkwürdig ist endlich die Personification des Geistes (רוח, Ruach) an dieser Stelle, aus welcher man sieht, wie in der jüdischen Theologie um die Zeit des Exils allmählich göttliche Eigenschaften und Wirkungsarten personificirt, und dann als eigene neben und außer der Gottheit bestehende Intelligenzen gedacht worden sind, (vgl. Sprüchw. 8, 22 ff.), welches viel Licht wirft auf die Entstehung der Dogmen vom πνευμα und λογος. — Denselben Namen führte ein falscher Prophet zur Zeit des Jeremia (Jer. 29, 21. 22). (*Gesenius.*)

Ahadid, s. Muhammed.

Ahaetulla-Schlange u. Ah. Natter, s. Coluber.

Ahagewe, Ahegewe, s. Auga.

AHALA, (richtiger Ohola) und AHALIBA, (richtiger Oholiba,) die Namen zweier unzüchtigen Weiber, unter deren Namen der Prophet Ezechiel (Cap. 23) die abgöttischen Städte Samaria und Jerusalem symbolisch verflecht, nach der herrschenden Gewohnheit der hebräischen Dichter Städte als Weiber zu personificiren, (vgl. Klagel. 1), und Abgötterei unter dem Bilde der Buhlschaft darzustellen. Die Namen haben zugleich ihre Bedeutung: Ohola אָהֳלָה (für אָהֳלָהּ) ihr (eigenes) Zelt, und אָהֳלִיבָה (für אָהֳלִי־בָהּ), mein Zelt in ihr; ersteres für Samaria, welches seinen eigenen Tempel hatte, letzteres für Jerusalem, in welchem der Tempel Jehova's war *). Solche symbolische, oft sehr dunkle Namen sind in den Propheten häufig, z. B. Ariel Js. 29, 1 für Jerusalem. (*Gesenius.*)

AHALIBAMA, (richtiger Oholibama, אָהֳלִיבָמָה, d. i. Zelt der Höhe,) eine Stadt im Lande Edom, (1 Mos. 36, 41. 1 Chron. 1, 52); wahrscheinlich so benannt von ihrer hohen Lage, sofern fast alle Städte in diesem felsigen Lande auf Berggipfeln erbaut waren. Nach 1 Mos. 36, 2 hieß so das Weib Esau's, des Stammvaters der Edomiter, wofür aber 1 Mos. 26, 34 Judith steht. Wahrscheinlich ist in der ersten Stelle mit diesem Namen, wie mit mehrern andern des Capitels, der Fall, daß Städte- und Völkernamen Edoms hier als Personen aus der Familie Edoms aufgeführt werden. Schon der Name führt weit mehr auf eine Stadt, als auf den Namen eines Weibes. In der andern Stelle zeigt sich obendrein noch die deutliche Spur einer andern Relation. Ganz unkritisch würde es seyn, mit den ältern Auslegern, Ahalibama und Judith für Eine Person zu erklären. (*Gesenius.*)

AHANAS, nach Edrisi eine Stadt in dem heutigen Caschefik Fium, zwei Stationen von Bahnesa, am Josefs Kanal, entfernt. (*Hartmann.*)

Ahanta, Hanta, Ante, s. Anta.

AHARUN, AHRUN, ein nestorianischer Geistlicher und Arzt in Alexandrien im 6ten und 7ten Jahrh. Er schrieb medicinische Pandekten in 30 Büchern, wozu Serpius aus Ras-ain noch einige hinzu that. Aus dem Griechischen übersetzte sie ein gewisser Josius ins Syrische; auch ein Jude Maserdschawaih aus Bassora ins Arabische. Bruchstücke aus diesem Werk, welches wir nicht mehr besitzen, hat Rhazes aufbewahrt. Wir lernen aus ihnen, daß Aharun zuerst die Pocken beobachtete. (*Sprengel.*)

AHAS, (אָחָז, Ἀχάζ,) König von Juda, Sohn des Jotham und Enkel des Usia, ein junger, unthätiger Fürst, unter dessen 16jähriger Regierung (775 bis 759 v. Chr.) der Staat manches Ungemach erfuhr. Ueber sein Alter beim Regirungsantritt enthält der biblische Text eine nicht unbedeutende Schwierigkeit. Nach 2 Kön. 16, 2 war er damals 22 Jahr alt und herrschte 16 Jahr, (starb also 36 Jahr alt), nach 2 Kön. 18, 1 aber folgte sein Sohn Hiskia, 25 Jahr alt. Hiernach müßte Ahas als ein 10- oder (wenn man jene Jahre als nicht voll rechnen will) 12jähriger Knabe seinen ältesten Sohn gezeugt haben. Dieses ist nun auch wirklich von einigen Auslegern, namentlich Hieronymus (epist. ad Vitalem) und Bochart (epist. ad Carbonellum super 2 Reg. 20, 16, hinter dessen Geogr. sacra S. 920) angenommen worden, indem sie sich auf Beispiele so frühzeitiger Pubertät im Morgenlande berufen; allein wahrscheinlicher wird ein Schreibfehler in der Zahl anzunehmen seyn, (wirklich haben die LXX. die syr. und arab. Uebers. 2 Chron. 28, 1 25 Jahre statt 20, und der ehemalige Gebrauch der Buchstaben als Ziffern machte solche Versehen sehr leicht); oder man müßte (wie nach Hieronymus schon alte hebräische Ausleger thaten) ein Interregnum zwischen Ahas Tode und Hiskia's Regirungsantritt annehmen. Ueber seine Regirungsgeschichte liefern 2 Kön. 16, Jes. 7 und 2 Chron. 28 mehrere Nachrichten, die aber mit sorgfältiger Kritik und mit Kenntniß des ge-

*) Das Mappik fehlt in solchen Fällen nicht ganz selten, s. mein Lehrgebäude der hebr. Sprache S. 209. 212.

genseitigen Verhältnisses jener Relationen benutzt seyn wollen: zumal sie von den meisten Bearbeitern der jüdischen Geschichte auf das Willkürlichste zu Einer Erzählung zusammen geflickt worden sind (s. Bauer's Gesch. der hebr. Nation II. S. 331). Am meisten und sehr wohl stimmen 2 Kön. 16 und Jes. 7 zusammen, so daß Jes. 7 nur als weitere Ausführung von 2 Kön. 16, 5 angesehen werden kann, welcher Vers auch fast wörtlich mit Jes. 7, 1 übereinstimmt [1]). Nach diesem (offenbar zuverlässigsten Berichte) war er ein abgöttischer Regent, der nach Art der Könige von Israel phönizischen Götzendienst einführte, und seinen eigenen Sohn opferte, ohne auf die Ermahnung seines Zeitgenossen, des Propheten Jesaia, zu hören. Gleich in den ersten Jahren seiner Herrschaft (nicht später als im dritten, 2 Kön. 15, 27, wahrscheinlicher gleich im ersten,) zogen die wahrscheinlich schon früher gegen ihn verbündeten Könige (2 Kön. 15, 37), Rezin von Syrien, und Pekah von Israel, mit einem Heere gegen ihn, um Jerusalem einzunehmen. Ihres Sieges schon gewiß, wollten sie einen gewissen Sohn Tabeel's darin zu ihrem Vasallenkönige erheben. Die Nachricht von den anrückenden Feinden verbreitete Furcht und Schrecken bei dem Könige und Volke. Der König sann auf Vertheidigung (Jes. 7, 3.), aber zugleich auf ein Bündniß mit dem König von Assyrien (2 Kön. 16, 7.). Um ihm vor letzterem zu warnen, trat der Prophet Jesaia zu ihm, hieß ihn ohne Furcht seyn vor diesen beiden Fürsten, deren eigener Untergang nahe sey, und gab dem seine Rede mit Spott erwiedernden Könige ein Wahrzeichen des Inhalts: wenn die jetzt schwangere Prophetin gebäre, werde Gott schon mit dem Volke seyn; ehe aber der zu gebärende Knabe wissen werde, Gutes und Böses zu unterscheiden, d. i. etwa in 4 bis 5 Jahren werde das Reich der Feinde verödet seyn (Jes. 7, 14—16. vgl. Immanuel) [2]). Letzteres ward auch bald durch Tiglat-pileser erfüllt, indem der König von Assyrien, von Ahas gerufen, Damascus eroberte, Rezin tödtete (2 Kön. 16, 7 ff.), und zugleich einen großen Theil der Einwohner von Israel ins Exil führte (2 Kön. 15, 29). Ahas zog dem mächtigen Sieger bis Damascus entgegen, und brachte von dort ein neues Modell zu einem Altar mit nach Jerusalem, über welche Entweihung sich der priesterliche Geschichtschreiber sehr ereifert (2 Kön. 16, 10—18) [3]). Ein wesentlicher Nachtheil, welchen die verbündeten Feinde ihm schon früher zugefügt hatten, war die Hinwegnahme der Häfen am arabischen Busen, welche die Judäer seit Salomo besessen hatten, und welche jetzt wieder an die Idumäer kamen (2 Kön. 16, 6). — So weit die ältere Relation. Um ein bedeutendes abweichend lautet aber die der Chronik (2 B. Cap. 28), in welcher man den paränetischen Charakter des späteren Annalisten nicht verkennen kann: sofern er das Unglück, welches Ahas über Israel brachte, ins Unglaubliche übertreibt, weil ihm die göttliche Strafe für diesen abgöttischen Regenten gar nicht groß seyn konnte. Statt daß nach dem Obigen Ahas mit der Furcht davon kam, litt er nach der Chronik eine große Niederlage, 120,000 in Juda kamen um, und 200,000 Weiber und Kinder wurden weggeführt, aber auf Ermahnung des Propheten Oded mit Wohlthaten überhäuft und losgelassen. Auch von den Philistern und Edomitern ward er bedrängt, so wie vom Könige von Assyrien, der ihn drückte und ihm nicht beistand. Nach der gewöhnlichen unrichtigen Ansicht von dem Verhältniß der Bb. der Könige und der Chronik hat man den hier erwähnten Krieg für einen von dem obigen ganz verschiedenen erklärt, und nur darüber gestritten, welcher der frühere gewesen sey. (s. Grotius, Vitringa, Rosenmüller zu Jes. 7, 1. vergl. Eichhorns bibl. Propheten I. S. 167, Bauer a. a. O., welcher letztere ohne diese Untersuchung beide Erzählungen durch einander wirft). Richtig hat schon Lightfoot (Opp. T. I; p. 101.) den Bezug beider Erzählungen auf Eine Begebenheit eingesehen. Keiner von beiden Schriftstellern sagt ein Wort von einem zweiten Einfalle, (denn 2 Kön. 15, 37 spricht höchstens von Anstalten der verbündeten Könige gegen Juda); was aber in der Chronik mehr vorkommt, ist auf Rechnung einer späteren sagenartigen Relation und paränetischen Bearbeitung der Geschichte zu schreiben, wie schon die ungeheuern Zahlen zeigen. Trotz seiner sonstigen parteiischen Vorliebe für Juden, läßt der Chronist abgöttische Könige selbst durch Israel strafen, (2 Chron. 25, 20, vgl. 2 Kön. 14, 11), auch das Einführen ermahnender Reden von Propheten, gehört zu seiner historischen Manier. (vergl. 2 Chron. 13. 19, 2 ff. 25, 7). (*Gesenius.*)

AHASJA (hebr. אחזיהו, אחזיה, griech. Ὀχοζίας), Name zweier israelitischer Könige; 1) eines Königs von Samaria, Sohns des Ahab. Er folgte den abgöttischen Grundsätzen seiner Aeltern und starb nach zweijähriger Regirung (897 bis 895 vor Chr.) an den Folgen eines Falles von dem Obergemach seines Palastes (1 Kön. 22, 52—54. 2 Kön. 1). Nach 1 Kön. 22, 50 trug er dem gleichzeitigen Könige, Josaphat, an, in Gemeinschaft mit ihm die Schifffahrt von Ezion-geber im arabischen Meerbusen aus zu erneuern, erhielt aber abschlägliche Antwort: Nach 2 Chron. 20, 25—27 nahm Josaphat diesen Antrag an, das Unternehmen mißlang aber, und die Schiffe scheiterten ob seiner Verbindung mit einem abgöttischen Könige. Ob sich gleich durch Aenderung der Lesart in 1 Kön. 22, 50 allenfalls eine Vereinigung dieser Differenzen denken ließe *), so ist doch nach dem sonstigen Charakter der Chronik wahrscheinlicher, daß diese Relation vermöge ihrer beständigen Abneigung

1) Das Verhältniß zwischen diesen Relationen wird man sich ähnlich zu denken haben, wie das von Jes. 36—39 zu 2 Kön. 18, 13—20, woraus aber auch folgt, daß Jes. 7 eher eine Erzählung de Jesaia, als eine eigene Aufzeichnung desselben sey. 2) Hiermit steht in Widerspruch v. 8, nach welcher Stelle Jesaia geweissagt hätte, daß Ephraim erst im 65sten Jahre zerstört werden werde, was denn sehr gegen die Geschichte verstoßen würde. Diese Stelle ist aber ziemlich sicher Glosse eines späteren Besitzers, der nach falscher Berechnung der Zeit diese Bestimmung in den Text brachte. 3) Ein solches neues Kunstwerk, welches Ahas bei den Assyrern kennen lernte, war auch vielleicht der Sonnenzeiger zu Jerusalem, der noch nach seinem Tode von ihm benannt wurde. (2 Kön. 10, 11).

*) Statt לֹא אָבָה er (Josaphat) wollte nicht, schlägt Dathe vor, zu lesen לוֹ אָבָה annuit illi, er gab ihm darin Gehör. Allein dagegen ist die ungewöhnliche Wortstellung (es sollte אָבָה לוֹ heißen).

gegen das Haus Israël, den abgöttischen König nur deswegen einmenge, um auf ihn die Schuld der mißlungenen See-Expedition schieben zu können.

Ein anderer Ahasja war 2) König von Juda, Sohn des Joram und der Athalja. Während seiner kurzen, nur einjährigen, Regirung folgte der junge, erst 22jährige, König der Leitung seiner abgöttischen Mutter und anderer vom Hause Ahab, mit welchem er verschwägert war. Er unternahm gemeinschaftlich mit Joram, König von Israël, einen Feldzug gegen Hasaël, König von Syrien, wobei Joram verwundet ward, und fand seinen Tod, als er den kranken Joram in Jesreel besuchte, in der Verschwörung des Jehu, welcher das ganze Haus Ahab vertilgte. Auf der Flucht schwer verwundet, starb er zu Megiddo, und ward darauf zu Jerusalem begraben (1 Kön. 8, 25—29. 9, 27—29). In der Relation der Chronik (2 Chron. 22, 1—9) finden sich manche Abweichungen, die zum Theil in Schreibfehlern ihren Grund haben mögen. Solche sind es ohne Zweifel, wenn er V. 2. 42 Jahr alt genannt wird*), und wenn V. 6. statt Ahasja steht Asarja (עֲזַרְיָה), wo nicht daran zu denken, daß er diesen Namen auch geführt habe**). Dagegen ist es wahre Differenz der Nachrichten selbst, wenn er nach V. 9. zu Samarien, wo er versteckt war, getödtet und dort begraben seyn soll. Vielleicht drückte sich der Chronist über eine im Reiche Israel vorgegangene Begebenheit nur kurz und allgemein aus, und wurde dadurch ungenau. *(Gesenius.)*

AHASVERUS oder Achaschwerosch (אֲחַשְׁוֵרוֹשׁ), der alttestamentliche Name oder vielmehr Titel und Beiname †) mehrerer offenbar verschiedenen Könige von Persien und Medien, deren in der spätern jüdischen Geschichte erwähnt wird. Der Ahasverus, unter welchem nach Esra 4, 6 der Tempelbau unterbrochen wurde, kann der Chronologie nach kein anderer seyn, als Cambyses (wie Artahsasta V. 7 Pseudo-Smerdes). Der Ahasverus, Vater Darius des Meders (Dan. 9, 1) d. i. Cyaxares des II. (s. Darius), bezeichnet sich selbst als Astyages. Am meisten hat man von jeher darüber gestritten, wer der Ahasverus gewesen, der im B. Esther eine so große und so seltsame Rolle spielt. Da man auf jeden medischen oder persischen König rathen zu können glaubte, und sich gewöhnlich an kleine Umstände des Buches hing, die man mit der Profangeschichte combinirte, so ist fast kein König von Cyaxares I. bis auf Artaxerxes Longimanus herunter, den nicht jemand für diesen Ahasverus erklärt hätte, nämlich Cyaxares I. (Jakson's chronol. Alterth. II, S. 306. 307. des Vignoles Chronologie de l'histoire sainte); Astyages (nach Prideaux Connexion des A. und N. T. I, S. 96), Cyaxares II. (Marsham Can. chron. sec. 18. s. t. Asverus), Cambyses (Kohlreif chronol. s. P. II. cap. 15), Darius Hystaspis (s. Usher Annal. N. T. beim J. 4193. Calmet's bibl. Wörterb. I, S. 143), Artaxerxes Longimanus (Joseph. Archäologie XI, 6. Michaelis in den Anmerk. zum B. Esther). Seit Scaliger (de emendat. temp. lib. VI) haben sich indessen die Ausleger fast einstimmig für Xerxes erklärt (s. Pfeiffer dub. vexata S. 483. L. J. C. Justi über den König Ahasverus im B. Esther, in Eichhorn's Repert. Th. 15, und in dessen neuen Abhandlungen über wichtige Gegenstände der theolog. Gelehrsamkeit I, S. 38 ff. Eichhorn's Einleit. in das A. T. Jahn's Einleit. in das A. T. II, S. 298), und allerdings möchte der dem Gemahl der Esther beigelegte Charakter, eine seltsame Mischung von Thorheit und Grausamkeit, sich am leichtesten in dem des Xerxes wieder finden lassen. Faßt man dieses Buch überhaupt als historisch auf, so wird man bei letzterer Meinung stehen bleiben können. Erkennt man aber, daß man sich bei diesem Buche überhaupt nicht auf historischem Boden, sondern auf dem Boden der Legende befinde, so wird man sich dieses ganzen Streites überheben können, und höchstens annehmen, daß der Charakter eines schwachen und grausamen Thoren, wie Xerxes, die nächste Veranlassung zu einer Schilderung, wie die des Ahasverus ist, gegeben habe. *(Gesenius.)*

---

*) 42 Jahre konnte Ahasja nicht alt seyn, weil sein Vater Joram schon im 40sten Jahre seines Alters gestorben war (2 Chron. 21, 20). Der Schreibfehler erklärt sich am leichtesten, wenn man annehmen darf, daß damals die Zahlen noch mit Buchstaben als Ziffern geschrieben worden sind, sofern כב 22 leicht in מב 42 verschrieben werden konnte. S. meine Gesch. der hebr. Sprache und Schrift S. 174.

**) Die richtige Lesart haben schon 12 Mss. LXX. Syr. Vulg. Arab. — 2 Chron. 21, 17 kommt er auch unter dem Namen Joachas (יְהוֹאָחָז) vor, welches eher richtig seyn könnte, sofern die Bedeutung und Etymologie beider Namen dieselbe ist. Doch haben auch hier LXX. Syr. Chald. Arab. und cod. Kennicott. 332 die Lesart אֲחַזְיָהוּ.

†) Die etymologische Erläuterung des Wortes, die unstreitig im Altpersischen zu suchen ist, unterliegt um so mehr einigen Zweifeln, da unsere Bekanntschaft mit den altpersischen Dialekten so beschränkt ist, und das Neupersische hier nicht sicher genug aushilft. Vollkommen sicher ist die erste Hälfte des Wortes Ahas (אֲחַשׁ, آخش) d. i. Würde, Vortrefflichkeit, Vorzug, vergl. Ahasdarpan, Großsatrap, Ahastéran, edles Maulthier); aber zweifelhaft die zweite. Zu den beifallswertheren Erklärungen gehören die von Simonis (Onomast. V. T. S. 580) nach dem Persischen بروشان baruschan, Edler, Vorsteher, Fürst, und von Jahn (Archäol. II. §. 171) nach Zwaresch, im Pelvi Held. Andere sind von der kürzern Form אחשרש, welche Esth. 10, 1 im Chethib vorkommt, ausgegangen, und haben hiernach die Etymologie gesucht. Ilgen (zum Tobias S. 130) liest dieses אחשרש, und erklärt es aus den persischen احش und آرستن ärasten, schmücken. Daher der Ruhmgeschmückte (wornach auch Cyaxares zu erklären sey, mit Vorsetzung der Sylbe كى altus, excelsus, dominus, wie Cai Cosru, Cai Cobad). Wahr ist es, daß auch in der syrischen und arab. Form (ܐܚܫܝܪܫ, أحشيرش) das Jod fehlt. Mir ist am wahrscheinlichsten, daß die letzten Sylben blose Bildungssylben eines Adjectivs aus Ahasch sind, nämlich: أخشور achasch-war glorreich, majestätisch, mit der angehängten Sylbe ش, die in den persischen Wörtern der Bibel häufiger ist; vgl. Darab, Darabesch, דָּרְיָוֶשׁ Darius, Khor, Khoresch, כּוֹרֶשׁ, Cyrus. [illegible]

AHATEBAUM, ein nicht botanisch bestimmter Baum in Indien und auf den philippinischen Inseln. Seine Blätter geben gerieben ein geruchloses Oel; die Früchte, von der Größe kleiner Aepfel, grün gestreift, empfehlen sich durch starken Gocnch und saftiges wohlschmeckendes Fleisch. (*Ritter.*)

Ahaus. s. Aahaus.

AHAUSEN, Kirchdorf und Sitz einer über das Kirchspiel sich erstreckenden Amtsvoigtei im Amte Rotenburg, Herzogth. Verden. Das Kirchspiel, wovon die 3 entferntesten Moordörfer unter dem benachbarten herzogl. Bremischen Hofgerichte Achim stehen, zählte 1816 überhaupt 241 Feuerstellen, mit 1639 E. (Vergl. Pratje, Altes und Neues VI. 194 ff.) (*Schlichthorst.*)

Gleichen Namen führt ein Rittersitz an der Lippe im A. Attendorn, Herzogth. Westphalen, etwa eine Stunde von dieser Stadt, von welcher die längst erloschene Familie Ahaus den Namen führte, die jedoch außer dem Namen mit der Münsterschen Familie schwerlich etwas gemein hat. (*Seibertz.*)

AHDI. Es gibt einen türkischen Dichter dieses Namens, sonst Jildirim Scheichi aus Adrianopel, und einen persischen, der nach der Türkei reiste, und Biographien türkischer Dichter sammelte, dann wieder in sein Vaterland zurückkehrte (s. Kaffade). (*v. Hammer.*)

AHDÜM WAR. So heißt eine in dem See von Wan gelegene Insel, die sich von Osten gegen Westen in die Längr dehnt, etwa 7 türkische Meilen im Umfange, mit einem hohen Berge, und berühmten türkischen Kloster auf dessen Spitze. Die Mönche bewahrten eine Urkunde vom Chalifen Osman. Wahrscheinlich war sie eben so wenig echt, als die Sicherheitsurkunde des Propheten, welche in den Klöstern des Berges Sinai und des Natronsee's in Aegypten aufbewahrt wird; als jedoch im J. d. H. 955 (1548) S. Suleiman sich als Sieger der Gegend nahte, kamen ihm die Mönche des Klosters mit dieser in einer mit Juwelen besetzten Schachtel verwahrten Urkunde entgegen, die der Sultan küßte, an Stirn und Brust drückte, und erhielten von ihm einen Freiheitsbrief, worauf er mit eigener Hand die Worte schrieb: bunlarin destinde ahd aman ressullallah war imisch, d. h. sie hatten in ihrer Hand des Gottgesandten Sicherheit. Seitdem blieb dem Kloster der abgekürzte Name Ahdüm war, der vielleicht nur eine Verstümmelung des gewöhnlichen türkischen Achtmar ist, oder umgekehrt. Ewlia besuchte dieses Kloster, als er den Statthalter von Wan, Melek Ahmed Pascha, auf seiner Reise hieher begleitete. (Ewlia IV.) (*v. Hammer.*)

AHE (die), Flüßchen bei der Stadt Brilon im Hzgth. Westphalen. Nachdem sie in einem Thale von kaum ½ Stunde 5 Mahlmühlen, eine Loh- und eine Oelmühle getrieben, geht sie wieder unter und wird für die eigentliche Quelle der etwa eine Stunde weiter entspringenden Alme gehalten, weil sie mit derselben gemein hat, daß ihr Wasser nie friert. (*Seibertz.*)

Ahe im Brandenburgischen, s. Aa.

AHEVA (אהוא). Name eines nur Esra 8, 15. 21. 31. vorkommenden Flusses, wo sich Esra auf der Rückkehr aus dem Exil nach Jerusalem eine Zeitlang aufhielt, um dort so viel Juden als möglich für seine neue Colonie zu sammeln. An der ersten Stelle heißt es: „das Wasser, das gen Aheva kömmt," woraus man eher auf einen Länder- oder Städtenamen rathen möchte; allein aus den beiden übrigen ist es deutlich, daß es Name eines Flusses ist, daher besser: „das in den Aheva fließt." Man vergleicht den Fluß Diava oder Adiava in Adiabene (Ammian. Marcell. XXIII, 6), welches aber für die Reise des Esra zu nördlich liegt. (*Gesenius.*)

AHHSA oder Al-Ahhsa, gemeiniglich Lachsa genannt (الاحسا arenae) ist eine unter 72° bis 73° der Länge 24° der Br. und 2 Tagereisen von Katif gelegene Stadt, der Abulfeda eine andere noch weniger bekannt gewordene 4 Tagereisen von Jmama an die Seite setzt. Von ihr hat auch die am persischen Meer gelegene Provinz Hadschiar (Bahhrein) ihren Namen (vergl. Niebuhr's Beschreib. v. Arabien S. 339, und Rommel Abulf. Arabia S. 91; ferner die Art. Bahhrein, Hadschar und Lachsa). (*Rommel.*)

AHI, einer der größten Dichter der Osmanen, aus dem Dorfe Tirstenik bei Nikopolis gebürtig, Sohn eines Kaufmanns Sidi Chodscha. Sein eigener Name war Hassanbegli. Nach dem Tode seines Vaters übernahm er die Handlung, verließ dieselbe aber, zürnend über die neue Ehe seiner Mutter, und ging nach Konstantinopel, wo er sich ganz der Dichtkunst widmete. S. Selim II., der seine Gedichte kennen lernte, verlieh ihm eine Moderrisstelle zu Brussa, und als er diese ausschlug, einige Zeit hernach eine gleiche Stelle zu Karakarije in Rumili, wo er sich verehelichte und starb. Die 2 großen Dichterwerke, welche seinen Ruhm begründen, sind: das romantische Gedicht Chosru und Schirin, dem persischen Gedichte dieses Namens von Nisami, und der allegorische Roman Husn u dil (Schönheit und Herz), dem persischen gleichnamigen Romane von Fettahi aus Nischabuhr nachgeahmt (s. Latifi und Kaffade). (*v. Hammer.*)

AHIA (אחיה), Name eines israelitischen Propheten, der sich bei der Theilung des israelitischen Reiches unter Jerobeam große Verdienste um die Erhaltung der Ruhe in beiden Staaten erwarb (s. den Art. Ierobeam). Denselben führen noch andere, aber unwichtigere, im A. T. vorkommende Personen. (*Gesenius.*)

Ahimelech, jüdischer Hoherpriester unter David, s. David.

Ahitophel, s. Absalom und David.

Ah kaf, al, s. Ad (Aad), Aditen.

AHLBECKSCHER SEE, in der preuß. Provinz Pommern, Reg. Bez. Stettin, Kreis Anklam, der sonst 10,120 Morgen enthirlt, und dem Amte Ukermünde einen jährlichen Pacht von 40 thlr. einbrachte, jetzt aber größtentheils abgelassen ist. (*Stein.*)

AHLDEN, hanöv. Amt in der Prov. Lüneburg. Es enthält 50,437 Kalenb. Morgen, liegt auf beiden Seiten der Aller, die in seinem Umfange die Leine und Böhme aufnimmt, ist zwar im Ganzen sandig und mit Halben bedeckt, hat aber doch an der Aller gute Marschen, und im Innern einige Eichenwälder. Vieh- und Bienenzucht sind Hauptgewerbe. Viele Einwohner wandern nach Holland, oder nähren sich von Garnspinner-, Leinweber-, Holzarbeit und Schiffsvorspanne. Das Amt zählt, mit Einschluß des Gerichts Hudemühlen, in 2 Marktflecken, 17 Dörfern und 5 Weilern, 663 Feuerst. und 5378 luth. Einw. Der gleichnamige Marktflecken ohnweit der Aller hat ein königl. Schloß, das einst als Festung diente und durch den Aufenthalt von König Georg I. Gemahlin (von 1694 bis 1726) bekannt ist, ein Amthaus, 93 H. und 686 E., die 4 Märkte halten und sich außer ihrem Feldbau von der Leinweberei, Gänse- u. Holzverkauf nähren. *(Hassel.)*

AHLE, Ohrt, Pfriemen, heißen die dünnen, geraden, aber etwas gebogenen, runden, dreieckigen oder viereckigen spitzigen stählernen Werkzeuge, mit welchen die Lederarbeiter das Leder durchstechen, um einen Riemen oder sonst etwas hindurchzuziehen. Die größern haben vorn ein längliches Loch, durch welches Bindfaden gezogen wird, um damit zu nähen; diese Ahle heißen auch vorzugsweise Packnadeln (auch Sattler-Eisen und Sattler-Ohrte); bei den Buchbindern Heftnadeln. Auch die Setzer in den Druckereien brauchen Ahle beim Corrigiren zum Ausheben fehlerhafter, durch andere zu ersetzenden Buchstaben. Alle diese Ahle sind einspitzig; die stärksten, die nicht über 4 Linien betragen, werden aus Eisen verfertigt und mit einer stählernen Spitze versehen. Alle werden auf Schleifmühlen geschleift, geschärft und polirt. Zweispitzige Ahle werden nur in Frankreich verfertigt und nach Spanien, Portugal und Italien ausgeführt. Vorzüglich ausgezeichnete Ahlenfabriken sind die zu Badonviller im Meurthedepart. und zu Metz, und in Teutschland die zu Nürnberg, Schmalkalden und Steiermark (vergl. Schleifmühlen). *(Poppe u. H.)*

AHLEFELDT (von), eine adelige Familie, die wenigstens seit dem Anfange des 14ten Jahrh. in den Herzogth. Schleswig und Holstein in verschiedenen Linien noch fortblüht. Frühere Genealogisten haben ihre Abstammung von den Grafen von Balzhusen und Schwabek herleiten wollen, die nachmals von dem Städtchen Ahlefeld im Hildesheimischen den Namen angenommen hätten. Es ist eine Menge angesehener Staats- und Militärpersonen aus diesem Geschlechte hervorgegangen. 1665 wurde Friedrich von Ahlefeldt von dem Kaiser Leopold in den teutschen und 1672 von dem Könige Christian V. in den dänischen Grafenstand erhoben. Vergl. Ol. Heinr. Moller's hist. geneal. dipl. Nachr. von dem Geschlecht derer v. Ahlefeldt. Flensb. 1771. Fol. *(Dörfer.)*

AHLEN, Städtchen an der Werse, 7 St. von Münster; es gehörte in alten Zeiten entweder zu dem Pagus Dreni, oder zum Südergau, welcher den ganzen südlichen Theil des Bisthums Münster umfaßte; jetzt gehört es zum Kr. Beckum des Reg. Bez. von Münster, hat 1800 E., die Leinweberei treiben, und 370 H., 2 kathol. Kirchen und 1 Kl. Vergl. Nünning's Monum. Monast. Dec. I. p. 64; Hobbeling's Beschreib. des Hochst. Münster; Niesert's Abhandl. über die Gauen des alten Westphalens u. a. *(Grote.)*

Ahlfeld, s. Alfelt.

Ahlkirsche, s. Lonicera Xylosteum.

AHLSDORF, Pfrdf. im Mannsfelder Seekreise des Reg. Bez. von Merseburg, mit 83 H., 436 E., einer Potaschbrennerei und einer Salpetersiederei. *(Stein.)*

AHLWARDT (Peter), Professor der Logik und Metaphysik zu Greifswald, der Sohn eines nicht bemittelten Schusters daselbst, geb. den 14. Februar 1710. Nachdem er die große Schule und die akademischen Vorlesungen seiner Vaterstadt bis 1730 besucht hatte, setzte er seine theologischen und philosophischen Studien in Jena fort, kehrte 1732 nach Greifswald zurück, hielt seitdem daselbst meistens philosophische Vorlesungen, wurde 1743 Adjunct der philosoph. Fakultät, 1752 Profess. der Logik und Metaphysik, und starb den 1. März 1791. Ohne ausgezeichnete Talente ward er ein verdienter Lehrer durch Wort und That, ein Beförderer liberaler Ansichten in Philosophie und Theologie, und ein nützlicher Schriftsteller. Seine Betrachtungen über die augsburgische Confession (Greifsw. 7 Th. oder 2 Bde. 1742—1750. 4.) sind eine Fortsetzung der Reinbeckischen Betrachtungen über denselben Gegenstand, aber weniger gehaltreich. Seine Brontotheologie oder Betrachtungen über Blitz und Donner (eb. 1745. 1747. 8.) wurden ins Holländ. übersetzt, und seine Gedanken von der natürlichen Freiheit (Leipz. 1740. 8. — unter dem Namen Alethinus Libertus —) und die Schrift: Libertas vindicata. Gryphisw. 1741. 4., worin er sich selbst widerlegte, erregten Aufsehen. Er läugnete nämlich die Freiheit Gottes, und lehrte, daß Gott in allen seinen Handlungen nothwendig sey, so wie er den Ursprung des Bösen blos im Verstande fand. Seine Lehrbücher über Philosophie, Logik, Dogmatik und natürliche Theologie blieben nicht ohne Beifall. Seine ansehnliche Bibliothek vermachte er der Universität (s. Schlichtegroll's Nekrolog. auf das J. 1791. Bd. 1. S. 367—75). *(Baur.)*

AHM (holl. Aam), ist der Name eines Flüssigkeits-Maßes, gewöhnlicher Ohm genannt (s. Mingel u. Ohm). Auch heißt so (nach Röding's Marine-Lex.) das in Fuß eingetheilte Maß an der Seite des Vor- und Hinter-Steven, an welchem man sieht, wie tief ein Schiff im Wasser geht (s. Steven). *(H.)*

Ahmadad und Amadnagur, s. Ahmedabad und Ahmednagur.

AHMED I. der 14te Sultan der Osmanen ward zu Magnesia im Jahr d. H. 998 (1589) geboren, bestieg den Thron im J. d. H. 1012 (1603) im 14ten Jahre seines Alters, und blieb 14 Jahre lang im Besitze desselben. Sobald er zur Regirung gelangt, sandte er Heere nach Ungarn und Persien; das erste von Ali Pascha, das zweite von Cigala's Sohn, dem vormaligen Kapudanpascha, befehligt. Der Erfolg war glücklich in Ungarn, in Persien aber unglücklich. Dort eroberte der Großwesir Lala Mohammed Pascha (im J. d. H. 1014, Chr. 1605) die Festung Gran sammt Hatwan Waizen, Wizegrad und Wesprim, hier wurde, nachdem Eriwan an die Perser verloren gegangen, und Wan von denselben belagert worden, das türkische Heer geschlagen. Da zugleich in mehreren Landschaften der asiatischen Türkei Rebellen ihr Haupt erhoben, ward für räthlich erachtet, zu Komorn den ungarischen Frieden zu unterhandeln, der im folgenden Jahre zu Situarok (im J. d. H. 1015, Chr. 1606) zu Stande kam, und ein Jahrhundert lang allen folgenden bis auf den zu Karlowiz (1699) zur Grundlage diente. Nachdem hiedurch der äußere Ruhestand an der westlichen Grenze des Reichs dauerhaft gesichert worden, war es um so nothwendiger, den Aufruhr in den asiatischen Provinzen zu stillen. Von einem Dutzend großer Aufrührer, welche unter den schwachen Regirungen des dritten Murad's und Mohammed's Kleinasien verwüsteten, waren nur noch drei von beträchtlichem Namen und ansehnlicher Macht übrig, nämlich: Tawil Ahmed, d. i. der lange Ahmed, Kalender Oghli, d. i. der Sohn Kalender's, und Dschanbuladsade, d. i. der Sohn Dschanbulad's, eines Kurden aus dem Stamme dieses Namens, den die europäischen Geschichtschreiber in Giovan Polac verstümmelt haben. Tawil unterwarf sich, und ward mit einer Statthalterschaft beruhigt; nicht so die beiden andern. Kalender Oghli belagerte Angora, Moßli Tschausch, ein Anhänger Dschanbulad's bemächtigte sich Selefke's, und der Sohn Tawil's empörte sich von neuem. Sie erlagen endlich alle drei den siegreichen Herren des Sultan's. Dschanbuladsade wurde zu Merdschdawik, der durch die Niederlage des letzten Sultans der Mamluken berühmten Ebene bei Haleb, Kalender Oghli das folgende Jahr (1017, Chr. 1608) zu Kökus, und Tawil zu Toprak kalaa von Murad Pascha gänzlich geschlagen. Dreißigtausend Rebellen, aus denen das Heer Dschanbulad's und Kalender Oghli's bestand, wurden theils niedergemacht, theils bis an die persische Grenze verjagt. In Rumili wuede der Aufrührer Dschemschid, und ein anderer Verwandter des berüchtigten Karajasidschi hingerichtet, und in Aegypten stellte der kraftvolle Statthalter Mohammed Pascha die durch die Erpressungen seiner Vorgänger gestörte Ruhe wieder her. So hatte S. Ahmed das Verdienst, binnen den ersten 7 Jahren seiner Regirung dem Reiche die so lang verlorene innere Ruhe und Sicherheit wieder gegeben zu haben (im J. d. H. 1018, Chr. 1609). Moßli Tschausch und Jussuf Pascha, die zwei letzten Empörer, wovon jener in der Landschaft Jtschil, und dieser in Saruchan und Aidin einige Schlösser inne hatte, gingen in die ihnen gelegte Falle schmeichelhafter Versprechungen; ihre Köpfe fielen dem Schwert, ihre Schätze dem Fiskus anheim. Von nun an stand des Sultans Sinn nur auf Unterhandlungen, statt auf Kriegszüge, und eh' er noch den Ehrentitel eines Siegers (Gasi) oder Eroberers (Fatih) verdient hatte, legte er im siebenten Jahre seiner Regirung den Grund zur prächtigen Moschee seines Namens zu Constantinopel, die nach 7 Jahren, im letzten seiner Regirung, vollendet ward. Außerdem baute er eine Moschee im Dorfe Jstavros auf der asiatischen Seite des Bosphor's, und eine andere im Serai zu Adrianopel, wohin er ein Paar Jagdzüge unternahm. Am glänzendsten bewährte sich seine Frömmigkeit und Freigebigkeit gegen Mekka. Er ließ den vor und nach ihm zu Kairo verfertigten Ueberzug der Kaaba zu Constantinopel aus 48,700 Drachmen Seide weben, und ersetzte die goldene Dachrinne des heiligen Hauses mit einer neuen, worin 227 Edelsteine einen einzigen ungemein großen Diamant umfaßten, der allein mit 50,000 Dukaten bezahlt worden war. Indessen dauerten die Unterhandlungen mit Persien und den europäischen Höfen fort. Mit Sigismund, dem König von Polen, wurden die von Mohammed III. unterzeichneten Capitulationen im Jahr d. H. 1016 (1607), und mit Frankreich die vormals zwischen Heinrich II. und Suleiman abgeschlossenen erneuert. Zwei Tractate wurden im J. d. H. 1023 (1614) mit Betleu Gabor abgeschlossen, um ihm wie vormals dem Botskai die Krone Siebenbürgens zu versichern, und in Folge des Friedenstractates von Situatorok schlossen die zwei Bevollmächtigten des Sultans (Ahmed Kiaja und Gaspar Graziano) mit 7 Bevollmächtigten des Kaisers einen neuen Tractat zu Wien ab im J. d. H. 1024 (1615). Am wichtigsten aber für das osmanische Reich war der im J. d. H. 1022 (1613) mit Persien zu Stande gekommene Friede, wodurch die alte Grenze der beiden Reiche so, wie sie unter Sultan Suleiman und Schah Tahmas berichtiget worden, hergestellt, und die Seidenausfuhr wieder bewilliget ward. Die äußere Ruhe erleichterte die Handhabung der innern, welche durch einen Aufruhr der Milizen in Kaito, durch einen Streifzug der Kosaken nach Sinope, durch die Seeräubereien der Korsaren von Maina, durch den Ungehorsam der Weiwoden der Moldau und Walachei, durch den Aufstand der Kurden, und die volle Empörung der Drusen nur unbedeutend gefährdet wuede; am meisten doch durch die letzten, deren Fürst Moin Oghli (in Europa unter dem Namen Fachreddin berühmt) nur nach hartnäckigen Schlachten auf dem Libanon gefangen ward. Ahmed starb im J. d. H. 1026 (1616) und hinterließ 5 Söhne, von denen 3 (Osman, Murad und Mohammed) zur Regirung gelangten, 2 aber (Suleiman und Bajasid) auf Befehl ihres Bruders Murad's IV. im J. d. H. 1045 (1635) hingerichtet wurden (Hadschi Chalfa im Feslike und Takwim, Naima, Betschewi). *(v. Hammer.)*

Ahmed II., der Sohn Sultan Ibrahim's, geb. im J. d. H. 1052 (1642), bestieg den Thron schon 50 Jahre alt im J. d. H. 1102 (1690) nach seines Bruders Suleimans II kurzer Regirung, dieselbe selbst nicht länger als 3 Jahre 9 Monate verwaltend, während deren er die damalige Kriegsresidenz der Sultane, Adrianopel, gar nicht verließ. Gleich nach Besteigung des Throns verlor er den Sohn des großen Köprili (Mustafa Pascha) in der unglücklichen Schlacht von Slankament, und die Flamme des Krieges loderte während seiner ganzen Regirung ununterbrochen fort. Sulfakar Efendi und der Grieche Maurocordato, welche 3 Jahre lang im Schlosse Pottendorf an der österreichischen Grenze gegen Ungarn als Unterhändler des Friedens waren zurückbehalten worden, kehrten unverrichteter Dinge zurück, und der Krieg ging so wider den Kaiser als wider Venedig unter den wechselnden Großwesiren unglücklich fort. Nach dem Verluste von Warasdin und Lippa wurden Anstalten zur bessern Vertheidigung und Befestigung von Belgrad und Temeswar getroffen, auch Palanken an der Donau errichtet, um den häufigen Streifereien der ungarischen Räuber (Haidud) zu wehren. Das Schloß Carabossa, gegenüber von Kaudien, war zwar durch Verrätherei den Venedigern verloren gegangen, diese aber eroberten dafür die Insel Chios (im J. d. H. 1006, Chr. 1694) unmittelbar vor dem Tode des Sultans. — Im Innern des

Reiches herrschten mannigfaltige Aufstände und Unruhen, welche durch die zahlreichen Hinrichtungen und Confiscationen reicher Paschas und Defterdare nicht gedämpft wurden. — Zu Adrianopel erschienen zwei Religionsschwärmer mit bedeutendem Gefolge; der eine, der berühmte Scheich Mißri an der Spitze eines Heeres von Derwischen, die sich aber nach seiner Verbannung nach Brussa wieder zerstreuten, und ein ungenannter Schwärmer, der sich für den Mehdi, d. i. den Vorläufer des Propheten, ausgab, und nach Tenedos verwiesen ward (Raschid I. B. 172—205). (*v. Hammer.*)

Ahmed III., geb. im J. d. H. 1084 (1673) zu Hadschi Oghli Basari, bestieg den Thron i. J. d. H. 1115 (1703) nach der Absetzung Sultan Mustafa's II., und verlor denselben nach 28jähriger Regirung auf dieselbe Art, wie er ihn erlangt hatte, nemlich durch Aufruhr. Die Scharen der Empörer waren von Constantinopel nach Adrianopel gekommen, um den neuen Sultan zu holen, der sogleich die Reise nach der Hauptstadt antrat, um durch seine Gegenwart eine der vorzüglichsten Beschwerden der Einwohner zu heben. In voller Reife des männlichen Alters faßte er die Zügel der Regirung, ungeachtet seines weichlichen wollüstigen Charakters, mit voller Besonnenheit, und richtete sein Hauptaugenmerk auf die Vernichtung des aufrührerischen Geistes der Milizen durch die Hinwegräumung ihrer Rädelsführer. (Karakasch der General der Dschebedschi d. i. der Zeugschmiede, welcher der erste in seinem Corps die Fahne der Empörung aufgesteckt, Tschalik, der sich von einem gemeinen Janitscharen zu der obersten Würde derselben durch Volksaufstand emporgeschwungen, und Toridschanli Ahmed, welcher während des Aufruhrs die Verwaltung des höchsten Staatsamtes an sich gerissen, wurden mit ihren Anhängern abgesetzt, verbannt und hingerichtet.) Die auf diese Art wiederhergestellte innere Ruhe wurde durch andere weise Maßregeln, wie die Regulirung der ganz verfallenen Münze, und durch strenge Befehle an alle Statthalter des Reichs, welchen die Handhabung der Gerechtigkeit auf das nachdrücklichste eingeschärft ward, noch mehr befestigt. Der Sultan baute das Serai von Galata, die Sultanin Mutter (Walide) eine Moschee zu Skutari, und der Wesir eine andere zu Constantinopel. Diesen Ruhestand unterbrach auf einmal die Ankunft Karls XII., der nach der unglücklichen Schlacht von Pultawa sich nach Bender flüchtete, wo er von dem Befehlshaber Jussuf Pascha, mit dem er schon früher in freundschaftlichem Verkehr gestanden, auf das Beste empfangen, auf Befehl der Pforte auf das gastfreundlichste behandelt, und mit einem Geschenke von 16,000 Dukaten bedacht ward. Karl XII., Czar Peter, und König August von Sachsen, welche in den türkischen Geschichten unter den Namen von Demirbasch, d. i. Eisenkopf, Akbiik, d. i. Weißschnurbart, und Nalkiran, d. i. Hufeisenbrecher vorkommen, beschäftigten nun die ganze Politik der Pforte, welche für Karl XII. Partei nahm, und durch die unermüdeten Bearbeitungen seines Unterhändlers Poniatowski im Ministerium und im Harem (durch die Walide) begann der Krieg, welcher durch den vom Peter I. erkauften schändlichen Frieden am Pruth beendiget ward. Der Sultan genehmigte denselben zwar, aber der Großwesir, und die Unterhändler, nemlich die Secretäre des Großwesirs und des Tschauschbaschi verloren ihre Köpfe. Karl XII. ward mit Gewalt gezwungen von Dimitoka, wohin er von Bender geschickt worden war, die Rückreise in sein Königreich anzutreten. Die Ruhe war nun von Außen im Norden hergestellt, und von Innen im Süden durch empörte Beye, Paschen und Scheiche nur unbedeutend unterbrochen. Kaitas Beg, welcher lange Zeit der Obermacht der Pforte in Aegypten Trotz geboten, Nassuh Pascha, welcher in Syrien offnen Aufruhr entflammte, und die Schriche der empörten arabischen und kurdischen Stämme in Irak, die Beni Lam und die Satschli Jesidi wurden zu Paaren getrieben, und der persische Prinz Abbas, welcher die ihm in Kleinasien gestattete Zuflucht undankbar zur Empörung des Landes benutzte, eben so hingerichtet, als ein anderer Abenteuerer, der schon früher als ein angeblicher osmanischer Prinz, unter der Begleitung eines marokkanischen Gesandten, bis nach Chios gekommen war. Da sann der neue Großwesir Kumürdschi Ali, der Günstling und Schwager des Sultans, auf weit aussehende Unternehmungen von Außen und Innen, um das Reich durch neuen Waffenruhm und heilsame Einrichtungen wieder in Flor zu bringen. Alle Macht ward aufgeboten zur Eroberung Morea's von Venedig, und so der Koran als der Diwan von Hafiz, in welchen der Sultan und der Wesir berathend Wahrsagung suchten, kündigten den günstigsten Erfolg an. Im J. Chr. 1715 liefen 100 Kriegsschiffe und 60 Galeren in den Archipel aus, und 3 Armeen 200,000 Mann stark, sammelten sich auf 3 Vereinigungspunkten, um die Grenze gegen Ungarn zu decken, zu Adrianopel, und an der Grenze Morea's. Unter der Anführung des Großwesirs wurden Korinth, Modon und Coron erobert, während die Flotte des Kapudan Pascha sich Napoli di Romania's, der Inseln Aegina und Tine, wovon die letzte gegen 4 Jahrh. im ununterbrochenen Besitze der Venediger gewesen, bemächtigte. Auch Cerigo und Cerigotto die beiden Inseln, Sudan und Isperlunga, die beiden festen Plätze, welche die Venediger noch auf Kandia besaßen, unterwarfen sich dem Sieger. Zu Ende dieses glorreichen Feldzuges wurden die Eroberungen desselben durch Eroberungsbriefe (Fethname) in allen Provinzen des Reichs verkündet, durch öffentliche Feste (Schehrajin) gefeiert, und die Feldherren sammt dem Heere durch kaiserliche Geschenke (Teschrifat) und Handschreiben (Chatt scherif) belohnt und aufgemuntert. Durch diese Siege und durch den kriegerischen Geist des Großwesirs verblendet, hoffte Ahmed, wie Morea, auch Ungarn wieder zu erobern, und stellte sich unerschrocken der Macht des Kaisers, welcher als Verbündeter zu Hilfe eilte, entgegen. Der Sieg verließ aber die Fahnen Ahmed's III. sobald Oestreich zur Vertheidigung der verbündeten Republik Venedig auftrat. Fruchtlos blieben die Schreiben des Großwesirs an den Prinzen Eugen, der den Krieg mit Oestreich, wie Oestreich den mit Venedig zu vermitteln suchte. Der kaiserliche Resident Fleischmann ward, noch im Augenblicke der vom Großwesir selbst verfaßten Kriegserklärung, nicht nach der Gewohnheit des osmanischen Kriegsrechtes in die sieben Thürme geworfen, sondern frei zurückgeschickt, und wiewol später zu Semendria festgehalten, dennoch wieder auf freien Fuß gesetzt, und mit dem Schreiben des Großwesirs, der nun schon mit dem Heer an die Grenze gerückt war, über dieselbe gesendet. Das kaiserliche Heer ging über die Donau, und das osmanische über die Sau. Das erste Gefecht hatte bei Karlowitz Statt, wo der letzte Friede geschlossen, und der Feldzug eröffnet ward. Der Graf Johann Palfi entfloh mit Mühe den Sipahis, und der Graf Brenner wurde von ihnen gefangen. Die unüberlegte Vermessenheit des Großwesirs griff die überlegene Kriegskunst des Prinzen Eugen in den verschanzten Linien von Peterwardein an, und er bezahlte den kühnen Versuch mit dem Verlust der Schlacht und des Lebens, nachdem er zuvor den jungen Graf Brenner grausam hatte niederhauen lassen. Die Schuld der verlornen Schlacht büßten alle Umgebungen des Großwesirs Ali Kümürdschi mit ihrer Freiheit oder ihrem Erben unter seinem Nachfolger Arnaud Chalil. Dieser rüstete das Reich zur Fortsetzung des doppelten Feldzuges an den venedischen und östreichischen Grenzen. Corfu ward von den Türken, und Temeswar von den Oestreichern belagert; die osmanische Flotte schlug einen Theil der venedigschen an der Mündung des Hellesponts, aber Temeswar ging verloren. Der Sultan traute sich nicht nach Constantinopel zurückzukehren, und blieb zu Adrianopel. Der Großwesir bot alle Mittel auf, um die Lücken des Schatzes und des Heeres zu füllen. Große in Aegypten vorgenommene Confiscationen kamen den erschöpften Finanzen zu statten, und der Verlust der regelmäßigen Truppen wurde durch die Werbung von unregelmäßigen (Segban Lewend, Beschli) ersetzt. Sogar einem in Zurückgezogenheit lebenden vorigen Defterdar wurde aufgetragen, auf seine Kosten ein paar tausend Mann zu stellen, um durch das Opfer seines Vermögens wenigstens sein Leben zu retten. Aber Arnaud Chalil war gegen Eugen nicht glücklicher als sein Vorfahr. Er verlor die große wichtige Schlacht bei Belgrad, das mit dem ganzen Lager der Osmanen in die Hände der Sieger fiel. Der neue Großwesir und Schwager des Sultans, Ibrahim, ergriff alle Mittel des Krieges, indem er zugleich durch engländische und holländische Vermittelung Friedensgedanken Platz gab. Er schickte den Pascha Redscheb mit einem fliegenden Corps nach Siebenbürgen, erkannte die Ansprüche des aus Frankreich gekommenen Rakoczy auf die ungarische und siebenbürgische Krone an, und nahm den Renegaten Bonneval mit offenen Armen auf. Die Friedensunterhandlungen wurden darauf i. J. Chr. 1718 zu Passarowiz eröffnet und geschlossen; die Pforte trat an Oestreich nebst Belgrad und Orsowa ein gutes Stück Serviens und der Walachei ab, blieb aber dafür im Besitze Morea's, das von nun an für Venedig unwiederbringlich verloren ging. Zugleich wurde ein Handlungsvertrag mit Oestreich abgeschlossen, der den östreichischen Handlungsverhältnissen mit der Pforte noch heute zur Grundlage dient. Die Großbotschaften, welche Venedig und der Kaiser an die Pforte, und diese an den letzten sandte, zeichneten sich durch Pracht des Gefolgs und der Geschenke vor allen vorhergehenden und nachfolgenden aus. Zu gleicher Zeit kam auch eine russische Botschaft, welche die Bestätigung des russischen Friedens unterhandelte. Die Pforte ihrerseits sandte, außer dem Großbotschafter nach Wien, noch einen Gesandten nach Persien in Folge des, in Betreff des teutschen Handels mit Persien abgeschlossenen, Artikels des passarowizer Handlungstractats, und nach Frankreich einen der Bevollmächtigten des passarowizer Friedens, Mohammed Efendi, um von dem Könige von Frankreich, was nicht in seinen Kräften lag, nemlich die Einstellung der Malteser-Züge, zu verlangen. Dieser, und sein Sohn Said brachten aus Frankreich Zeichnungen der königlichen Schlösser, und Charaktere von Druckschriften mit, welche an Ahmed's III. Hof mehr als eine merkwürdige Veränderung bewirkten. Nach dem Muster der Schlösser von Marly und Versailles wurden die Lustpaläste von Kara agadsch und Kiagiadchane (gewöhnlich die süßen Wasser genannt) angelegt, und der Renegat Ibrahim errichtete, unter des Großwesirs Ibrahim's Schutz und mit dem Fetwa des Mufti, die erste Druckerei zu Constantinopel, welche den Druck von Wörterbüchern und Geschichten, namentlich den der Jahrbücher des Reiches, begann. Schon früher, gleich nach geschlossenem Frieden, hatte der Sultan im Serai eine Bibliothek gebaut, und bei derselben einen Lehrer gemeiner Schule (Dersi aamm) angestellt, um die Knaben der Diener des Serai's in den Anfangsgründen des Lesens, Schreibens und des Korans zu unterweisen. Zu gleicher Zeit traf der Großwesir Ibrahim die nöthigen Anstalten zur Erhaltung der Ruhe im Innern. Die während des Krieges geworbenen Landwehren und Jäger (Lewend und Segban) wurden abgedankt, ein Paar aus dem Rückhalt von Sold an der Grenze entstandene Empörungen gedämpft, und die Finanzen durch Einziehung erledigter Löhnungen, durch genauere Besteuerung einzelner Provinzen, wie z. B. Chios und Morea, durch die Regulirung der Pachtungen und der Münze in besseren Zustand gesetzt.

Ibrahim, der von nun an durch die übrige Zeit der Regirung Ahmed's III. Großwesir blieb, und die an der persischen Grenze drohende Gefahr einer Staatsumwälzung im persischen Reiche nicht ahnte, war nur bedacht, durch Feste den Sultan zu unterhalten, und durch Pracht den Glanz seines Hofes zu erhöhen. Unter die glänzendsten Feste, deren die Jahrbücher des Reiches erwähnen, gehört das Beschneidungsfest von vier Prinzen Ahmed's und die Hochzeit von zwei Sultaninnen Töchtern Mustafa des zweiten; die Beschreibung dieser Feste füllt in den Jahrbüchern des Reichs nicht weniger als 15 Folioblätter. Eine andere, wenn gleich nicht so glänzende, Festlichkeit war der Tag, wo den Prinzen, in Gegenwart des ganzen Hofs und aller Ulemas d. i. Gesetzgelehrten, die ersten Buchstaben des A, B, C, und die ersten Worte des Korans gelehret wurden. Außer den nie abgebrachten Feierlichkeiten des Geburtsfestes des Propheten (am 12. Rebiul-ewwel) und der Anrührung seines im Schatze des Serai's aufbewahrten Mantels (am 15ten Ramasan) wurde auch der seit einiger Zeit in Verfall gerathene feierliche Aufzug des ganzen Hofstaates und aller Großbeamten des Reichs am dritten Tage des Bairamfestes in vollem Glanze wieder hergestellt. Dazu kamen noch die Feste, welche der Großwesir den Großbotschaftern (namentlich dem persischen und östreichischen), oder dem Sultan selbst gab. Die Botschafter, welche nach Wien, Paris und Ißfahan gingen, statteten über die ihnen neuen Erscheinungen europäischer Höfe umständliche Gesandtschaftsberichte ab, von denen die Mohammed Efendi's (welcher den sonderbaren Beinamen der Achtundzwanziger führte) und Durri Efendi's den Reichsgeschichten einverleibt, und seitdem ins Französische übersetzt werden sind. Zwei Künste, in denen die Türken unter Ahmed's III. Regirung mit den Persern wetteiferten, waren die Musik und Schönschreibekunst, worin sie dieselben übertreffen wollten. Zu den Recredentialien des persischen Botschafters Murtesa Chan wurden drei der berühmtesten Schönschreiber gebraucht, wovon Einer das Türkische in der Diplomenschrift (Dschelli), der Andere das Persische in der persischen Bücherschrift (Taalik), und der Deitte das Arabische in der großen arabischen Schrift (Rikaa) schrieb. Auch die Baukunst wuede durch den Bau von Moscheen und Schulen zu Constantinopel im Gang erhalten. Zu Jerusalem wurde zu gleicher Zeit die Kirche des heiligen Grabs (Kamama) und die auf dem Grunde des Tempels Salomons gebaute Moschee (Mesdschidol-akssa) wieder hergestellet; zu Mekka und Medina wurden Kanzeln, Altäre, Mauern und Wasserleitungen ausgebessert; zu Constantinopel in den Thälern hinter Belgrad große Wasserbehältnisse (Bend) angelegt, und die durch Erdbeben und durch den Lauf der Zeit halb verfallene Stadtmauer wieder aufgebauet. Während dieser Beschäftigungen des Friedens zog sich in Osten das Ungewitter der persischen Staatsumwälzung zusammen. Schah Hossëin, der schwache Herrscher aus der Familie Sefi, wurde von Mir Owëis, dem Gewalthaber der Afghanen, vom Throne gestürzt, und der Sohn Hossëin's Tahmas vertheidigte umsonst gegen Mahmud den Sohn des Mir Owëis die letzten Trümmer des Throns. Die beiden westlichen Grenzstaaten Persiens, Rußland und Türkei, sahen in dirsem revolutionären Greuel den günstigen Augenblick der Vergrößerung ihrer Herrschaft. Zuerst kam es zwischen Beiden wegen der Besitznahme von Schirwan, dessen sunnitische Einwohner aus Religionsparteilichkeit den Türken zugefallen waren, zu diplomatischen Streitigkeiten und Verhandlungen; diese aber wurden, durch den Einfluß Frankreichs, zu einem gemeinschaftlichen Theilungstractat an dem Raube vermittelt. Dieser Tractat zwischen Ahmed III. und Peter I. wurde zu Constantinopel i. J. d. H. 1136 (1723) abgeschlossen, und der Krieg wider Persien durch mehrere Fetwas begründet, welche als Denkmale des gröbsten Fanatismus und beleidigten Völkerrechts zur ewigen Schande der türkischen Politik in den Geschichten des Reichs aufbewahrt sind. Die glänzendsten Eroberungen folgten schnell aufeinander. Die Städte und Festungen Germanschahan, Erdilan, Eriwan, Nahdschiwan und Hamadan fielen den Siegern nach kurzem Widerstand in die Hände. Die Kurden der Districte Selmas und Karabagh, die Armenier von Somachit, unterwarfen sich freiwillig, und die Bewohner der Küste des schwarzen Meeres, die Abasen, das Beispiel der Küstenbewohner des kaspischen Meers befolgend, unterwarfen sich erst jetzt vollends durch die Annahme des Islam. Während die Heere zu Lande siegten, wurde anch daran gearbeitet, die Flotte in achtungswerthem Zustande zu erhalten, und Kriegsschiffe wurden nicht nur zu Constantinopel, sondern auch zu Sues vom Stapel gelassen.

Unter die neuen Einrichtungen Ahmed's III., welcher das 18te Jahrh. als Neuerer begann, wie Selim III. dasselbe als Neuerer beschloß, gehört auch die Errichtung eines Corps von Feuerspritzwachen (Tulumbdschian), welches von einem französischen Renegaten (David) wie später das Corps der Bombardiere (Chumbaradschian) von Bonneval organisirt ward. Auch ernannte unter seiner Regirung die Pforte, welche bisher nur Botschafter und Gesandte mit zeitlichen Aufträgen an die europäischen Höfe gesendet hatte, den ersten Schahbender oder beständigen Consul in der Person Omer Aga's, welcher zu Wien residirte (i. J. d. H. 1138 Chr. 1725). Diese Ernennung war eine Folge des passarowizer Friedens, so wie die in demselben Jahre unter Vermittelung der Pforte zwischen Oestreich und den Raubstaaten (Tunis und Tripolis, und später mit Algier) abgeschlossenen Sicherheitsverträge. Zu gleicher Zeit gingen die persischen Eroberungen ihren Gang fort. Die Städte Nehawend, Ulukerd, Tassudsch, Lori, Gendsche, Erdebil, Karatagk, Urmia und Tebris, die Hauptstadt Aserbëidschan's, fielen in die Hände der Osmanen. Zu Tebris wurde sogleich eine neue Münze errichtet, während die zu Constantinopel durch wiederholte Verordnungen in besseren Zustand gesetzt ward. Ueberhaupt weiset die Geschichte der Regirung Ahmed's III. weit mehrere innere Einrichtungen und politische Gesetze auf, als die seiner Vorgänger in den vor ihm verflossenen zwei Jahrhunderten. Unter seine Verbote gehören das des Luxus der Kleidungen und des Aeußeren der Häuser, besonders der Rajas, welche dieselben weder mit lebhaften Farben anstreichen, noch durch Lugorte (Belvederes) erhöhen durften. Der Gebrauch des Opiums wurde eben so scharf untersagt, als sonst der des Weins, und in früheren Zeiten sogar der des Tabaks und Kaffee. Eines vorzüglichen Schutzes erfreueten sich die Studien und Gelehrten, die Schulen und Bibliotheken. Unter Ahmed's III. Regirung lebten und starben die verdienten Gelehrten Osman Efendi und sein Sohn Osmansade Ahmed, der letzte der Verfasser der Biographien der osmanischen Sultane und Wesire, Ssifaji der Verfasser der Biographien der Dichter, die Philologen Tussiali Mustafa, Kami und Wehbi Efendi, endlich die Historiographen des Reichs Raschid und Karatschelebi, welche die Geschichte der Regirung Ahmed's III. in drei (zu Constantinopel gedruckten) Foliobänden weitläufig beschrieben. Dreißig gelehrte Professoren und Richter erhielten den Auftrag, die in einer Moschee aufgefundene arabische Universalgeschichte Aini's, und die persische Chondemir's, des Neffen (nicht des Sohns) Mirchond's in's Türkische zu übersetzen. Außer den Belohnungen dafür erhielten sie noch andere bei Gelegenheit der Vorlesungen über die Commentare des Korans im Monate Ramasan. Nebst der gewöhnlichen Geburtsfeier des Propheten (Mewlud) in der Moschee Sultan Ahmed's I. wurde eine zweite in der Kammer der Baltadschis gestiftet, und nebst der oben erwähnten Bibliothek im Serai noch eine andere in der sogenannten neuen Moschee (Jenidschami) angelegt. Auch in die Provinzen erstreckte sich die Sorgfalt für Aufnahme der Cultur durch Bauten und Stiftungen. Im Sandschak Nikdr wuede der Ort Meschara unter dem Namen Newschehr d. i. Neustadt ganz neu erbaut, und mit Collegien und Moscheen ausgestattet; im Sandschak Tschormen der Chan Hadschi Hamsa's wieder zum Gebrauche der Reisenden eingerichtet; in der Hauptstadt selbst wurde im Arsenal ein kaiserliches Lusthaus (von seinen Spiegeln Ainali kawak d. i. Spiegelahorn genannt, und in der Folge durch die darin abgeschlossene Abtretung der Krim berühmt), und im Serai eine neue Kammer der Baltadschis und eine neue Münze erbaut; in Bosnien wurden die Festungswerke von Novi ausgebessert, und an der Küste Kleinasiens das Vorgebirge Bababurni mit den Baumaterialien, welche die Ruinen von Alexandria Troas lieferten, befestigt. Um den Verfall alter Ordnung herzustellen, wurden durch besondere Befehle die Ausrottung der räuberisch herumstreifenden Landwehren (Lewend) anbefohlen, die Mißbräuche in dem Corps der Janitscharen bei Aufnahme der sogenannten Jamak oder Handlanger abgestellt; und die Beförderungsliste der Scheiche, Prediger und der Richter von Neuem regulirt.

Während dieser friedlichen Einrichtungen sammelte sich aber auch an der persischen Grenze der Sturm, welcher Ahmed III. den Thron und seinen Ministern das Leben kostete. Den mit Eschref Chan i. J. d. H. 1140 (1727) geschlossenen Frieden wollte Kulichan (hernach berühmt unter dem Namen Nadirschah) nicht anerkennen, und nahm die an das osmanische Reich abgetretenen persischen Orte einen nach dem andern zurück. Die dadurch entstandene Unzufriedenheit wurde durch neue Auflagen auf die Waaren gesteigert, der Sultan und der Wesir, statt das unzufriedene Heer gegen den Feind zu führen, schwelgten in ihren Spiegelpalästen und Tulpengärten. Als nun auch Tebris in die Hände der Perser fiel, brach das schon lange glimmende Feuer des Aufruhres in volle Flammen aus. Parrona, Mußlu, und Ali, drei gemeine Janitscharen, leiteten das empörte Volk, und begehrten die Köpfe des Großwesirs, des Mufti, des Kaimakam und Kiaja. Iher Leichname stillten den Aufruhr nicht, den unter der Hand Isperisade, ein mißvergnügter Gesetzgelehrter, aus Rache, auf die Enthronung des Sultans hin richtete. Ahmed vertauschte denselben i. J. d. H. 1143 (1730) mit dem Gefängnisse, wo er 6 Jahre darauf i. J. d. H. 1149 (1736) starb. (Raschid der ganze zweite und dritte Band, und die Fortsetzung desselben von Karatschelebi). *(v. Hammer.)*

AHMED BEN FARÈS, mit dem Beinamen El Razi, ein Zeitgenosse des berühmten Djewhary, hat sich selbst Ruhm erworben durch mehrere juristische Werke und ein arabisches Wörterbuch unter dem Titel: Moudjmil-Alloghát, welches handschriftlich auf der Bibliothek zu Leiden und der Bodlejanischen zu Oxford befindlich ist. Golius hat sich desselben bei seinem arabischen Werke bedient. Wir wissen übrigens von Ahmed nur, daß er sich lange Zeit zu Hamadan aufhielt und dort im J. d. H. 390 (999 n. Chr.) starb. *(H.)*

Ahmed Ben Ismail, s. Samaniden.

AHMED BEN MUHAMMED (Abu Amru), aus Djaen gebürtig, war der erste arabische Spanier, welcher kleine epischer Gedichte im Geschmack der Orientalen verfertigte. Die in der arabisch-spanischen Bibliothek von Dobi aufbewahrten Bruchstücke derselben beweisen, daß er sich in der erhabenen Gattung auszeichnete. Außerdem hat man von ihm Jahrbücher Spaniens und der Unternehmungen der Ommiaden in 4 Bänden. Bei Mostanser Billah, der damals in Spanien regirte, stand er in großer Gunst. Er starb im J. d. H. 360 (970 n. Chr.), s. Casiri Bibl. ar. hisp. V. II. p. 135. *(H.)*

Ahmed Ben Tulun, s. Tuluniden.

Ahmed Chah Abdaly, s. Kandahar.

AHMED EFENDI, gewöhnlich Adschem Efendi d. i. der Persische genannt, weil er sich in Persien auf Reisen gebildet hatte. Der Großwesir Köprilisade Mustafa Pascha berief ihn von Brussa, wo er Muderris d. i. Director eines Collegiums an der Moschee Murads II. war, um ihn auf dem Feldzuge nach Ungarn bei sich zu haben. Nach dem Tode seines Gönners kehete er nach Brussa zurück, wo er die übrigen Tage seines Lebens ganz den Wissenschaften weihte, und schöne Früchte seiner Bemühungen hinterließ. Er schrieb ein philologisches Werk Akfiol-ereb in 120 Heften, danu einen Commentar des Schemail eines berühmten Werkes über den Propheten vom Imam Termedi in 50 Heften. Die Legende des Propheten brachte er unter dem Titel Wahdetname d. i. Buch der Einheit, in Reime, und verfaßte einen geschätzten Tractat Sandukatol-maarif d. i. Kiste der Erkentnisse genannt. (Sifati). *(v. Hammer.)*

AHMED EFENDI (Seïd), der Lehrer des Großwesirs Köprili Numan Pascha, zu Kaißarije geboren, gelangte durch seinen Schüler den genannten Großwesir und den Mufti Seïd Feïsollah Efendi zu großem Einfluß und Ansehen in der Laufbahn der Professoren und Richter, und zu einem großen Ruhm als Wort- und Sachgelehrter. Er war, wie der Reichsgeschichtschreiber Tschelebisade von ihm sagt, in der Lexikographik ein Dschewheri, in den philosophischen Wissenschaften ein Rasi, und in den theologischen ein Schirasi. Er starb zu Mekka auf seiner Pilgerschaft dahin im J. d. H. 1138 (1725). (Tschelebisade). *(v. Hammer.)*

AHMED EFENDI (El-hadsch Kasabadi), geboren zu Kasabad in Anatoli, zeichnete sich in früher Jugend durch Neigung zu Studien aus, und kam im J. d. H. 1110 (1698) nach Constantinopel, wo er am Collegium Suleimans als Professor angestellt ward. Er durchlief die gewöhnliche Stufenfolge der Professoren, ward Präfect der kaiserlichen Bibliothek, im J. d. H. 1153 (1741) Richter zu Mekka, und 5 Jahre darauf zu Medina. Er war ein großer Gelehrter, der sowol in den positiven als speculativen Wissenschaften mehrere geschätzte Werke hinterließ; einen Commentar der Ethik Bergewi's, Randglossen zu den vier Mokaddemet oder Prolegomenen (Sanhadschi's, Samahschari's, Escheri's und Ibn Malek's), vier syntaktischen Abhandlungen von vier der berühmtesten Grammatiker. Außerdem war er in die Tiefen der Ascetik und Mystik eingedrungen. Er starb zu Constantinopel im J. d. H. 1163 (1749), und ward in dem Kloster Scheich Elwandede's begraben. (Isi, Bl. 224 und 225). *(v. Hammer.)*

AHMED KEMAL PASCHA SADE. Einer der größten Gelehrten, Dichter und Geschichtschreiber der Osmanen unter Bajasid II., welcher ihm auftrug, die Geschichte der Osmanen von Molla Edris aus dem Persischen ins Türkische zu übersetzen. Er hinterließ nicht weniger als 300 wissenschaftliche Arbeiten. Sein berühmtestes Dichterwerk ist das romantische Gedicht Jussuf und Suleicha. Das Nigaristan d. i. Bildergallerie ist ein ethisches Werk halb in Prosa halb in Versen als Nachahmung des Gülistan und Bostan von Saadi und des Beharistan von Dschami (Proben davon hat Graf Karl Harrach im II. B. der Fundgruben des Orients gegeben). Als er Selim I. auf dem Zuge nach Kairo begleitete, übersetzte er auf seinen Befehl die Werke Dschemaled-din Tagriberdi's die funkelnden Sterne (Nudschum sahire), die Rückkehr des Greises zum Jüngling in den Geheimnissen des Beischlafes, und eine Geschichte von Träumen. Kemal Pascha Sade kann als der erste Historiograph des osmanischen Reichs betrachtet werden, weil er die Geschichte desselben auf Befehl des Sultans bis auf die erste Eroberung von Ofen fortführte. Er gelangte zur Würde eines Heeresrichters (Kadiasker), starb im J. d. H. 941 (1533), und wurde zu Constantinopel im Kloster Mahmud Tschelebis vor dem Thore Adrianopels begraben. (Sübde, Latifi, Aaschik tschelebi). (*v. Hammer.*)

Ahmed Khan, s. Mogolen.

AHMED MOALLIMSADE (Mola), leitet sein Geschlecht vom berühmten Scheich Ibrahim Ibn Edhem ab, und machte sein Glück auf der Laufbahn der Richter durch den Einfluß seines Schwiegervaters Atallah, durch den er bis zur Würde eines Kadiasker's stieg, die er aber nach dem Tode desselben sogleich verlor. Er starb um das Jahr d. H. 980 (1572), und ward zu Brussa im Umfange seiner eigenen Moschee begraben. Er hinterließ drei, als Muster türkischer Beredsamkeit sehr geschätzte Abhandlungen: Kalemije, d. i. über die Feder, Seifije, d. i. über das Schwert, und Schemije, d. i. über die Kerze, samt mehreren arabischen Kaßides. (Aali.) (*v. Hammer.*)

AHMED PASCHA, der Sohn Velieddin's, gest. i. J. d. H. 902 (1426), einer der sieben großen Dichter, welche das Siebengestirn der türkischen Dichtkunst bilden. Er ahmte häufig die persischen Dichter nach, wodurch er seiner eigenen Originalität schadete. Der Knabenliebe ergeben, verfertigte er auf einen der Lieblinge Mohammed's II. 4 Verse, wofür ihn der Sultan in die sieben Thürme sperren ließ. Er befreite sich daraus durch seine schöne Kaßide, die Huld genannt, und erhielt das Amt eines Aufsehers der frommen Stiftungen Sultan Orchan's zu Brussa, und später das Sandschak von Sultan Oegi. Unter Bajasid II. wurde er zum Sandschak von Brussa befördert, wo er sein Leben meist auf dem Lande in Schwelgerei und einem wohlgewählten Zirkel zubrachte. Auf Befehl Bajasid's schrieb er 33 Gasele als Gegenstücke zu eben so vielen des berühmten tschagataischen Dichters Nevaji's d. i. Mir Alischir's, und mit Nedschati verglichen sprach er sich selbst den Vorzug zu. Er hinterließ eine Tochter von Tutukadin d. i. Papageifräulein, einer Sklavin des kaiserlichen Harems, welche ihm Mohammed II. geschenkt hatte. (Sübde, Latifi, Aaschik tschelebi, Aali). (*v. Hammer.*)

AHMED PASCHA, Großwesire. Es sind deren Zwölfe. Die beiden ersten sind Gedek A. P. und Herseb Oghli A. P. unter den Sultanen Muhammed II., Bajasid II., und Selim I. Zum Unterschiede derselben wurde der dritte unter Suleiman II. Kara A. P. genannt; ein gerechter und tapferer Mann, der aber als Opfer der Weiber fiel (1554). Der vierte, der diese Würde unter Murad III. nur 6 Monate bekleidete, starb 1580. Der fünfte, mit dem Beinamen Hafis, war unter Murad IV. zweimal Großwesir, aber jedesmal nicht länger als 110 Tage; eine Empörung der Truppen raubte ihm Würde und Leben (1632). Der sechste, mit dem Beinamen Hesarpara, letzter Großwesir Ibrahims, kam mit diesem Sultan in einem Aufruhre um (1649). Der siebente A. P., beigenannt Melek, unter Murad IV., behauptete seine Würde kaum ein Jahr lang; seine Demuth brachte das Hofceremoniel ab, vermöge dessen die Großwesire am Audienztage in des Sultans Gegenwart auf einem Polster sitzend ausruhen durften. Der achte A. P. Tarchundschi unter Muhammed IV., vorher Statthalter in Aegypten, ein frommer, aber stolzer und strenger Mann, verfeindete sich bald mit den Mächtigen des Reichs und insbesondere mit dem Großadmiral so, daß diese den Sultan dahin brachten, ihn hinrichten zu lassen, nachdem er sein Amt nur zehnthalb Monate verwaltet hatte. Der neunte ist A. P. Köprilisade s. Köprili. Der zehnte A. P. Kovanos, auch Nischandschi genannt, ein geborner Russe und Sklave des Großwesirs Hossein Pascha, durch diesen allmählich gehoben, behielt diese Würde nur 3 Monate; er starb als Befehlshaber zu Lepanto, 59 Jahre alt. A. P. Kalaili unter Ahmed II. verlor seine Würde schon wieder nach 110 Tagen, weil er sich durch übertriebene Prahlereien und zu großen Luxus die Ungnade seines Herrn zugezogen hatte, verwaltete aber nachher noch verschiedene Statthalterschaften; zuletzt von neuem die zu Lepanto, wo er über 70 Jahre alt starb. Der zwölfte A. P. bekleidete diese Würde 1740—42 und wurde dann Statthalter zu Rakka, um die Turkomanen und Kurten in Ordnung zu halten. Ueber mehrere sind die Artikel der Sultane zu vergleichen, denen sie dienten. (*v. Hammer.*)

AHMED PASCHA. Die Statthalter von Aegypten dieses Namens sind: Chain Ahmed Pascha, der im J. d. H. 930 (1523) bald nach der Eroberung Aegyptens hingerichtet ward, weil er sich des Majestätsrechtes des öffentlichen Gebetes auf seinen Namen statt auf den des Sultans angemaßt. Hafis Ahmed Pascha, der im J. d. H. 1003 (1594) nach vierjähriger Verwaltung, und ein anderer Ahmed Pascha, der im J. d. H. 1027 (1617) nach verflossenen drei Jahren abgesetzt ward. Tarchundschi Ahmed Pascha, der nachmalige Großwesir, war zehn Jahre lang Statthalter von Aegypten, und der ehemalige Defterdar Ahmed Pascha verlor seine Stelle schon nach fünf Monaten durch Empörung des Landes im J. d. H. 1087 (1676). (*Takwim* und *Raschid* I. B. 83). (*v. Hammer.*)

AHMED RESMI EFENDI, in Europa bekannt durch seine beiden Gesandtschaften nach Wien und Berlin, erhielt die erste als er die Präsidentenstelle des kleinen Rechnungsbüreau der frommen Stiftungen (Kutschuk Ewkaf Muhaßbessi Kalemi) mit dem Range eines zweiten Defterdars bekleidete um die Thronbesteigung Mustafa's III. dem österreichischen Hofe anzukündigen, im J. d. H. 1171 (1757). Sechs Jahre später wurde er als Gesandter nach Berlin geschickt, um die zwischen Preußen und der Pforte angeknüpften freundschaftlichen Verhältnisse zu befestigen. Seine beiden in der Reichsgeschichte Wassif's gedruckten Gesandtschaftsberichte hat Hammer ins Teutsche übersetzt, und Nicolai mit Anmerkungen heraus gegeben. (Des türkischen Gesandten Resmi Ahmed Efendi gesandtschaftliche Berichte von seinen Gesandtschaften in Wien im Jahre 1757 und in Berlin im Jahre 1763. Aus dem türkischen Original übersetzt mit Anmerkungen. Berlin und Stettin 1809). Nach seiner Rückkehr von Berlin ward er Tschauschbaschi (Reichsmarschall), Mutbah Emini (Intendant der kaiserlichen Küche), Terssane Emini (Intendant des Arsenals), und zog im J. d. H. 1183 (1769) als Kiajabeg (Minister des Innern), ins Feld wider die Russen. Dieses Amtes entsetzt, bekleidete er das des Defter Emini (Intendant der Kammer), des Basch Mohassebedschi (Präsident des zweiten Rechnungsbüreau); dann ward er wieder zum Kiajabeg, und Bevollmächtigten zur Friedensunterhandlung mit Rußland ernannt, in welcher Eigenschaft er den Frieden von Kainardschi im J. d. H. 1188 (1774) unterzeichnete. Bei seiner Rückkehr nach Constantinopel fiel er in Ungnade, weil der von ihm geschlossene Friede gemißbilliget ward, bekleidete noch die geringeren Aemter eines Defter- und Mutbah-Emini, verlor dann sein Gesicht, und starb blind kurze Zeit vor Ausbruch der französischen Revolution. Ueber die Begebenheiten des russischen Kriegs von 1768 hinterließ er eine Denkschrift unter dem Titel: Chulassatol-itibar, welche Herr von Diez unter dem Titel: Wesentliche Betrachtungen, oder Geschichte des Krieges zwischen den Osmanen und Russen in den Jahren 1768 bis 1774, (Halle und Berlin 1813) ins Teutsche übersetzt, mit Anmerkungen begleitet hat. (*Wassif* I. S. 120 und 239). (*v. Hammer.*)

AHMED TSCHELEBI PARAPARASADE, aus Brussa gebürtig, schrieb als Richter von Siliwri, wo er sich durch seine Gerechtigkeitsliebe, Bescheidenheit, Unparteilichkeit und Prunklosigkeit als ein Muster der Richter auszeichnete, eine Geschichte des osmanischen Reichs in Versen im Sylbenmaße des Schahname, welche er dem Sultan Suleiman, als er in den teutschen Krieg zog, darbrachte, und sich über diese Darbringung mit dem berühmten Dichter Lamii durch poetische Episteln berieth, gest. im J. d. H. 968 (1560). (*Kafsade*) (*v. Hammer.*)

Ahmedabad, Ahmadabad, s. Guzurate.

AHMEDI, ein Bruder Hamsewi's, beide zwei cyklische Dichter der Osmanen, wovon jener die Thaten des größten Eroberers der Vorzeit (Alexanders), dieser die Thaten des größten Helden des Islams (Hamsa's) besang; jedes dieser beiden Heldenbücher hat 24 Bände. Timur schätzte in ihm das Talent des Lobredners des Helden, und belohnte sogar die bekannte kühne Antwort Ahmedi's, welcher, als ihn Timur im Bade gefragt, wie viel er werth sey? „Achtzig Aspern," antwortete, und als Timur entgegnete „so viel sey seine Badschürze allein werth," weiter sagte: „das ist's eben, denn du selbst bist keinen Heller werth." (*Latifi, Kafsade, Ali.*) (*v. Hammer.*)

AHMEDNAGUR (Amadnagur), Stadt in der ostind. Prov. Aurungabat, (19° 1′ N. Br. 92° 43′ L.) im Gebiet des Peischwa gelegen, von dem Afghanen Ahmad erbaut, 2½ Meile Umfangs, ist von Btegen, Wäldern und Gärten anmuthig umgeben, mit reichlichem Gebirgswasser versehen und durch ein starkes Kastell geschützt. Die Stadt enthält schöne Gebäude; die Einw. sind geschickte Künstler und besonders Weber. Jetzt gehört sie den westlichen Maratten. (*Kanngießer.*)

Ahnden, Ahndung, s. Ahnen.

AHNE, kurhess. Amt in N. Hessen, das sich am linken Ufer der Fulda neben der Hauptstadt ausbreitet, und seinen Namen von dem kleinen Flusse führt, der es bewässert. Es besteht aus 4 ganzen Schöppenstühlen (Heckershausen, Ihringshausen, Obervellmar und Harleshausen) und einem halben (Dörnberg), hat seinen Sitz zu Cassel, und zählt in 12 Dörfern 677 H. und 4306 Einw., worunter nur 57 Lutheraner und 24 Katholiken, die übrigen aber Reformirte sind. Ackerbau, Gartenbau, Tagelohn und einige ländliche Handwerksgewerbe machen die vorzüglichsten Nahrungszweige aus; und bei der Nähe von Cassel gehörte dies Amt bisher zu den wohlhabendsten von Hessen. (*Hassel.*)

Ahne, Flüßchen in N. Hessen, s. den vorherg. Art.

AHNE, ehedem einer von den kleinen Flüssen, aus welchen nach und nach der Meerbusen Jahde entstanden ist, (seit 1511) ein Theil dieses Busens, welcher das feste Butjadingerland von den im Busen liegenden Oberahner Feldern (Inseln) trennt, auf welchen die Franzosen im Jahre 1811 eine große Batterie anlegten, um durch diese und zwei andere auf der Ecke von Butjadingen und Jeverland die Einfahrt der Feinde zu hindern. (*Hollmann.*)

AHNEN (AHNDEN) AHNUNG *). Daß wir das Zukünftige voraussehen können, ist ganz begreiflich, da es aus dem Gegenwärtigen oder Vergangenen, entweder nothwendiger Weise oder nach dem gewöhnlichen Laufe der Dinge, erfolgt. Wir können daher aus dem Gegenwärtigen oder Vergangenen schließen, daß künftig ein gewisses Ereigniß eintreten werde. In diesem Falle erwarten wir es. Zu diesen Erwartungen gehören die Ahnungen, deren bestimmter Begriff sich erst nach

---

*) Ob Ahnung oder Ahndung zu schreiben sey, darüber ist viel gestritten worden. Das Wort stammt allerdings von ahnden. Die doppelte Bedeutung, welche dieses Zeitwort hat, 1) eine dunkle Vorempfindung haben, und 2) strafen, läßt sich durch die Construction deutlich unterscheiden, denn im ersten Falle sagt man: Mir ahndet das; im zweiten: Ich ahnde das. Da aber dieser Unterschied bei dem Substantivum wegfällt, so scheint das einmal eingeführte Wort Ahnung erhalten werden zu müssen. (*H.*)

einigen voraus zu schickenden Bemerkungen geben läßt. 1) Alle unsere Erwartungen gründen wir, wie aus dem Gesagten erhellet, auf Schlüsse, wenn wir auch dieser uns nicht bewußt seyn sollten. Wer z. B., wie man es von den Wilden in Amerika erzählt, aus der Richtung, in welcher ein Pfeil in die Höhe steigt, den Ort bestimmt, wo er niederfallen wird, thut dieses durch Schlüsse, von welchen er sich nicht Rechenschaft geben kann. Er glaubt daher das Künftige im eigentlichen Sinne zu sehen, obgleich dasjenige, was jetzt noch nicht da ist, nicht schon jetzt gesehen werden kann. 2) Eben so, wie wir uns bei unsern Erwartungen nicht immer der Gründe, auf welche wir sie stützen, bewußt sind, sind wir uns auch nicht immer mit Bestimmtheit bewußt, daß wir gerade dieses oder jenes erwarten, sondern es schwebt uns blos im Allgemeinen, z. B. als ein Unfall oder als ein angenehmes Ereigniß, vor. 3) Unser Erwartungsvermögen wird sich am meisten mit den Dingen beschäftigen, die uns näher angehen. In diesem Falle werden sich in unsere Erwartungen nach Verschiedenheit derselben Freude oder Traurigkeit, Angst und ähnliche Affekte mischen, welche uns den Gegenstand, der sie erregt, aus dem Gesichte rücken, oder die Vorstellung desselben verdunkeln. Noch leichter werden sie die Schlüsse, auf welche wir die Erwartung eines solchen Ereignisses gründen, unserm Bewußtseyn entziehen; hieraus sind die **Ahnungen** begreiflich: denn diese sind nichts anders, als Erwartungen künftiger Ereignisse, bei welchen wir uns mehr der Gefühle, von welchen sie begleitet werden, als der Schlüsse, auf welche wir sie gründen, bewußt sind. Wir nennen sie Ahnungen in dem **engern Sinne**, wenn wir bei ihnen der Gründe unserer Erwartung uns gar nicht bewußt sind, und daher in ihnen das Künftige vorher zu empfinden scheinen. Dieses geschieht durch eine Verwechselung der Ursachen mit der Wirkung, so daß wir z. B. das Gefühl der Furcht und Angst, welches eine unangenehme Ahnung begleitet, als die Ursache unserer Erwartung betrachten, von der es erst ausgeht. Eben deshalb glauben wir auch leicht das Künftige schon in der Ahnung zu empfinden; und eben daher hat sie ihren Namen, da „**ahnden**" auch so viel als empfinden heißt (s. Adelung's Wörterbuch). — Man kann drei Arten von Ahnungen unterscheiden: 1) die **bestimmten**, bei welchen man sich dessen, was einem ahnet, nicht blos im Allgemeinen bewußt ist (z. B. man hat die Ahnung von einem Todesfalle, wenn man sich dabei bewußt ist, daß man diesen erwartet). 2) Die **unbestimmten**, bei welchen man zwar einem angenehmen oder unangenehmen Ereigniß entgegen sieht, aber dieses nicht bestimmt sich anzugeben weiß. Man sagt zuweilen, uns ahne ein Unglück, kann aber dieses nicht näher bestimmen. Diese beiden Arten von Ahnungen kommen darin überein, daß man sich dabei einer Erwartung bewußt ist, und unterscheiden sich hierin 3) von den **bloßen Vorgefühlen**. Denn bei diesen sind wir uns nur eines oft sehr starken, meistens ängstigenden, Gefühls bewußt, von dem wir uns keinen Grund anzugeben wissen, bis ein angenehmes oder unangenehmes Ereigniß eintritt, dessen Ahnung wir uns nunmehr leicht überreden, in jenem Gefühle gehabt zu haben. Wir sagen in einem solchen Falle, es sey, als ob uns der Vorfall geahnet habe. Hier kann es nun sehr leicht seyn, daß jenes Gefühl mit dem Ereigniß, als dessen Ahnung wir es betrachten, außer aller Verbindung steht; es ist aber nicht unmöglich, daß es eben so damit in Verbindung steht, wie die bestimmten oder unbestimmten Ahnungen mit dem geahneten Vorfalle. Mit diesem hängen jene nicht als die Ursache mit der Wirkung, oder umgekehrt als die Wirkung mit der Ursache zusammen; wol aber sind beide Wirkungen einer gemeinschaftlichen Ursache. In der Vergangenheit hat nämlich das geahnete Ereigniß seinen Grund; und auch unsere Erwartung desselben in der Ahnung. — Deshalb nennt man die Ahnungen wol schicklicher **Erwartungen**, als **Vorhersehungen**. Was wir erwartet haben, kann möglicherweise ausbleiben; es ist aber nicht möglich, daß wir das, was nicht eingetroffen ist, sollten vorhergesehen haben. Nur weil man in Ahnungen die Zukunft zu empfinden wähnt, betrachtet man sie als Vorhersehungen. Die Ahnungen sind übrigens mit den sinnlichen oder blos **körperlichen** sogenannten **Vorgefühlen** zu verwandt, als daß nicht hier ein Paar Worte von ihnen gesagt werden sollten, besonders da sie auf die Ahnungen ein neues Licht werfen. Menschen sagen oft aus gewissen Empfindungen in ihrem Körper Veränderungen in der Witterung voraus, und selbst auf die Thiere wirken ähnliche Gefühle instinktartig. Allein auch in diesen Gefühlen wird nicht das Zukünftige empfunden, wol aber etwas Gegenwärtiges, in welchem das Zukünftige gegründet ist. Diese Gefühle unterscheiden sich, bei ihrer übrigen Verwandtschaft mit den Ahnungen, von diesen doch darin wesentlich, daß bei ihnen die Erwartung des Zukünftigen in einem Gefühle, bei der Ahnung hingegen das Gefühl in der Erwartung eines Ereignisses seinen Grund hat.

Ueber die Ahnungen sehe man vor andern: J. **Kant** Träume eines Geistersehers, erläutert durch Träume der Metaphysik. 1766. und Just. Christ. **Hennings** von den Ahndungen und Visionen. 1777. Mehrere Neuere, wie **Dedekind**, scheinen in Hinsicht dieses Gegenstandes der Phantasie zu viel Recht einzuräumen. Die Beobachtungen, die man in dieser Hinsicht an magnetisch-Hellsehenden gemacht hat, verdienen eine um so strengere Prüfung, je wichtiger die daraus hervorgehenden Resultate sich ankündigen. *(Hoffbauer.)*

AHNEN; Voreltern überhaupt und insonderheit adelige, kommen hier blos in rechtlicher, in Hinsicht des **Ahnen-Rechts**, in Betracht. Zur Erläuterung dienen folgende zwei Artikel. I. **Ahnen-Probe** ist der Beweis, daß eine Person von einem adeligen Geschlechte durch eine gewisse Reihe von Ahnen rein und rechtmäßig abstamme; sie ist 1) nur nothwendig, wenn jemand Vorrechte erwerben will, deren Genuß als Bedingung eine solche altadelige reine Abstammung, und Reihe von Ahnen erfodert, sie geht 2) also weiter als die Adelsprobe 3) fodert sie eine von der beweisenden Person aufwärts gehende Darstellung der väterlichen und mütterlichen Linie, so weit die Ahnenzahl nach besonderen Umständen nachzuweisen ist. 4) Sie umfaßt den Beweis der **Filia-**

tion, wie man es nennt, als a) die Nachweisung der kirchlichen und bürgerlichen Rechtmäßigkeit der Ehen aller Personen, welche als verheirathet in der Ahnentafel angegeben sind, b) und den Beweis der wirklich rechtmäßigen ehelichen Abstammung der genannten Person von den als Vater oder Mutter in der Ahnentafel angegebenen Personen." 5) Sie muß aber auch den Beweis enthalten, daß jede in der Ahnentafel vorkommende Person auch geborner Edelmann war (probatio quoad lustrum genannt). Gefodert wird die Ahnenprobe als Bedingung 1) zur Aufnahme in adelige Ritterorden, 2) in Domstifter, 3) in Damenstifter, 4) zur Erwerbung von Kämmerherrnstellen (s. eine recht deutliche Anleitung zur Führung dieser Ahnenprobe in einem bair. Gesetze vom 8ten October 1772 in Maiers Generaliensammlung I. Bd. S. 70). 5) Einst war sie noch nothwendig zur Aufnahme in die landsässige Ritterschaft, in gewisse landesfürstl. Gerichtshöfe rc. (Runde teutsches Privatrecht §. 378). Die Zahl der zu beweisenden Ahnen ist verschieden, nach den Statuten der Corporation, in welche der Candidat aufgenommen werden will; oft werden nur 4 oder 8, zuweilen 16 Ahnen gefodert. Zur Beweisführung gehört als Grundlage eine Ahnen-Tafel. Die Beweismittel sind 1) gewöhnliche Urkunden und Denkmäler und zwar bei dem Beweise der Filiation Tran- und Taufscheine, und Auszüge aus Kirchenbüchern; bei dem Beweise des Adels (probatio quoad lustrum) sind Verleihungsurkunden des Adels, Auszüge aus Adelsmatrikeln, Denkmäler, deren Gebrauch den Adeligen allein eigen ist, z. B. gewisse Wappen, nothwendig. Beweismittel sind 2) eidliche Zeugnisse von zwei ritterbürtigen und stiftsmäßigen adeligen Personen (Estor Anleitung zur Ahnenprobe S. 412). 3) Auch der Eid als ergänzendes Beweismittel wird zugelassen (Preuß. Landrecht II. Th. Tit. IX. §. 30). Gestört wird die Ahnenprobe, wenn einer von den Ahnen, auf die der Beweisführer sich berufen will, nur durch Adoption, Legitimation, oder durch besondere Verleihung erst den Adel erhalten hat. Die zuerst geadelten Personen werden bei der Ahnenzahl eben so wenig eingerechnet, als Ahnen, welche erst im Ahnenbriefe jemanden ertheilt worden sind. —

II. Ahnen-Tafel ist eine Geschlechtstafel mit einer Darstellung einer bestimmten Anzahl von ununterbrochen rechtmäßig auf einander folgenden Ahnen, von welchen eine Person auf väterl. und mütterlicher Seite abstammt; sie ist nothwendig zur Führung der Ahnenprobe, unterscheidet sich aber von einem Stammbaume, welcher nur die Art der Abstammung einer Person von einem gewissen Stammvater, oder das Verhältniß der Verwandtschaft mehrerer Personen darstellt; während die Ahnentafel eine vollständige, durch keine Lücken unterbrochene Abstammung der adeligen Ahnen enthält, so viele davon nach den Foderungen der Ahnenprobe anzuführen sind, mit Namen, Titel und Wappen jeder einzeln darin aufgeführten Person. Eine Anleitung zur Verfertigung solcher Tafeln liefert Estor in der prakt. Anleitung zur Ahnenprobe. Marburg 1750. S. 11. (*Mittermaier.*)

AHO-ELF, Fl. in Luleå Lappmark. (*v. Sch.*)

AHOGIDAS ist eine Brustkrankheit, die in Peru sowol in dessen bergigen Gegenden, als auch in den Ebenen häufig vorkommt, ganz asthmatischer Art; sie droht den Kranken zu ersticken, welcher indessen meist noch lange lebt. Von diesen Erstickungszufällen hat sie den Namen. Zu ihrer Heilung hält man den Wechsel des Wohnorts für vorzüglich wirksam. Die in den Thälern Erkrankten müssen deshalb auf die Berge, die Bergbewohner in die Ebenen ziehen (vergl. Don Antonio de Ulloa Noticias americ. T. I.). (*G. H. Ritter.*)

AHORN (Acer), 1) in naturgeschichtl. Hinsicht, s. Acer. 2) in forstwirthschaftl. Hinsicht. Zu diesem Baumgeschlechte gehören drei im nördlichen Europa einheimische Arten. Außerdem kommen noch mehrere, theils nordamerikanische, theils in andern Ländern im südlichen Europa wachsende Arten vor. Die vorzüglichsten überhaupt sind folgende:

1) Der weiße Ahorn (Acer Pseudoplatanus). Unter den teutschen Laubbäumen ist dieser seines ansehnlichen Wuchses, seines vorzüglichen Holzes und seiner Dauer wegen, selbst in hohen Gebirgsgegenden, wo er ein Alter von 200 Jahren erreichen kann, einer der geschätztesten. Er wurde bisher nicht so häufig in Waldungen angezogen, als er es verdient; man findet ihn nur einzeln unter andern Holzarten vermischt und erst zu der Zeit, als die Benutzung seines Saftes zu Zucker nothwendig wurde, ist sein Anbau mehr ins Große betrieben worden. Ein fruchtbarer, frischer, tiefer Boden ist zu seinem Gedeihen erfoderlich, in einem solchen kann er in 25 Jahren eine Stärke von 1 Fuß und eine Höhe von 30—40 Fuß erreichen; in 80 Jahren erlangt er eine Höhe von 60 und einen Durchmesser von 2 Fuß, und nimmt bis 200 Jahre an Höhe und Stärke zu. Er wächst in Ebenen und auf hohen, selbst den höchsten Gebirgen, wo Eichen und Buchen nicht mehr fortkommen, gleich gut und schnell, denn die Kälte schadet ihm nichts. Er verlangt jedoch eine nördliche oder östliche schattige Lage. Wenn der Baum auf seinem angemessenen Standort steht, so ist seine natürliche Fortpflanzung durch den Samen nicht schwer; wenn der Boden nur einigen Schatten hat, so gehen die von den Mutterbäumen in Menge ausgestreuten Samen sehr gut auf. Zur künstlichen Saat wird der Same im October eingesammelt, nach und nach abgetrocknet und in Fässer gepackt, oder mit trocknem Sande vermischt bis zum Frühjahr aufbewahrt. Im April wird die Aussaat auf einen wund gemachten Boden vorgenommen und der Same mit ½—1 Zoll Erde bedeckt. Sie im Herbst vorzunehmen, ist wegen des frühen Aufgehens des Samens, wodurch die Pflanzen dem Frost zu sehr ausgesetzt werden, nicht rathsam. Wo keine natürliche Beschattung für die jungen Pflanzen vorhanden ist, da muß durch Mitsaat von Hafer solche, wenigstens für den ersten Sommer, gegeben werden. Die Pflanzen erscheinen nach 6—8 Wochen mit zwei langen, spitzigen, dunkelgrünen Samenlappen. Durch die Pflanzung mit in Baumschulen erzogenen 6—12jährigen Pflanzen läßt sich dieser Ahorn überhaupt auch sehr gut und insbesondere da fortpflanzen, wo die Lage für die jungen Samenpflanzen nicht ganz zuträglich ist. Zu den Unfällen, welchen diese Holzart mehr als jede andere ausgesetzt ist, gehört das Abbeißen der jungen Pflanzen von Vieh, Wildpret und Waldmäusen. — Die forstwirthschaftliche Behandlung dieses Baums als Hoch-

einigen voraus zu schickenden Bemerkungen geben läßt. 1) Alle unsere Erwartungen gründen wir, wie aus dem Gesagten erhellet, auf Schlüsse, wenn wir auch dieser uns nicht bewußt seyn sollten. Wer z. B., wie man es von den Wilden in Amerika erzählt, aus der Richtung, in welcher ein Pfeil in die Höhe steigt, den Ort bestimmt, wo er niederfallen wird, thut dieses durch Schlüsse, von welchen er sich nicht Rechenschaft geben kann. Er glaubt daher das Künftige im eigentlichen Sinne zu sehen, obgleich dasjenige, was jetzt noch nicht da ist, nicht schon jetzt gesehen werden kann. 2) Eben so, wie wir uns bei unsern Erwartungen nicht immer der Gründe, auf welche wir sie stützen, bewußt sind, sind wir uns auch nicht immer mit Bestimmtheit bewußt, daß wir gerade dieses oder jenes erwarten, sondern es schwebt uns blos im Allgemeinen, z. B. als ein Unfall oder als ein angenehmes Ereigniß, vor. 3) Unser Erwartungsvermögen wird sich am meisten mit den Dingtu beschäftigen, die uns näher angehen. In diesem Falle werden sich in unsere Erwartungen nach Verschiedenheit derselben Freude oder Traurigkeit, Angst und ähnliche Affekte mischen, welche uns den Gegenstand, der sie erregt, aus dem Gesichte rücken, oder die Vorstellung desselben verdunkeln. Noch leichter werden sie die Schlüsse, auf welche wir die Erwartung eines solchen Ereignisses gründen, unserm Bewußtseyn entziehen; hieraus sind die Ahnungen begreiflich: denn diese sind nichts anders, als Erwartungen künftiger Ereignisse, bei welchen wir uns mehr der Gefühle, von welchen sie begleitet werden, als der Schlüsse, auf welche wir sie gründen, bewußt sind. Wir nennen sie Ahnungen in dem engern Sinne, wenn wir bei ihnen der Gründe unserer Erwartung uns gar nicht bewußt sind, und daher in ihnen das Künftige vorher zu empfinden scheinen. Dieses geschieht durch eine Verwechselung der Ursachen mit der Wirkung, so daß wir z. B. das Gefühl der Furcht und Angst, welches eine unangenehme Ahnung begleitet, als die Ursache unserer Erwartung betrachten, von der es erst ausgeht. Eben deshalb glauben wir auch leicht das Künftige schon in der Ahuung zu empfinden; und eben daher hat sie ihren Namen, da „ahnden" auch so viel als empfinden heißt (s. Adelung's Wörterbuch). — Man kann drei Arten von Ahnungen unterscheiden: 1) die bestimmten, bei welchen man sich dessen, was einem ahnet, nicht blos im Allgemeinen bewußt ist (z. B. man hat die Ahnung von einem Todesfalle, wenn man sich dabei bewußt ist, daß man diesen erwartet). 2) Die unbestimmten, bei welchen man zwar einem angenehmen oder unangenehmen Ereigniß entgegen sieht, aber dieses nicht bestimmt sich anzugeben weiß. Man sagt zuweilen, uns ahne ein Unglück, kann aber dieses nicht näher bestimmen. Diese beiden Arten von Ahnungen kommen darin überein, daß man sich dabei einer Erwartung bewußt ist, und unterscheiden sich hierin 3) von den bloßen Vorgefühlen. Denn bei diesen sind wir uns nur eines oft sehr starken, meistens ängstigenden, Gefühls bewußt, von dem wir uns keinen Grund anzugeben wissen, bis ein angenehmes oder unangenehmes Ereigniß eintritt, dessen Ahnung wir uns nunmehr leicht [illegible]erreden, in jenem Gefühle gehabt zu haben. Wir so[illegible]n in einem solchen Falle, es sey, als ob uns der Be[illegible]al geahnet habe. Hier kann es nun sei[illegible] leicht seyn[illegible] daß jenes Gefühl mit dem Ereigniß, als[illegible] dessen Ahn[illegible]g wir es betrachten, außer aller Verbindung steht; [illegible] ist aber nicht unmöglich, daß es eben so damit in Ve[illegible]indung steht, wie die bestimmten oder unbestimmten [illegible]nungen mit dem geahneten Vorfalle. Mit diesem hä[illegible]gen jene nicht als die Ursache mit der Wirkung, oder [illegible]mgekehrt als die Wirkung mit der Ursache zusammen[illegible] wol aber sind beide Wirkungen einer gemeinschaftlich[illegible] Ursache. In der Vergangenheit hat nämlich das g[illegible]nete Ereigniß seinen Grund; und auch unsere Erwartu[illegible]g desselben in der Ahuung. — Deshalb nennt man die [illegible]nungen wol schicklicher Erwartungen, als Vorhe[illegible]hungen. Was wir erwartet haben, kann möglicher[illegible]eise ausbleiben; es ist aber nicht möglich, daß wir [illegible]as, was nicht eingetroffen ist, sollten vorhergesehen [illegible]ben. Nur weil man in Ahnungen die Zukunft zu er[illegible]finden wähnt, betrachtet man sie als Vorhersehunge[illegible] Die Ahnungen sind übrigens mit den sinnlichen oder [illegible]los körperlichen sogenannten Vorgefühlen zu [illegible]erwandt, als daß nicht hier ein Paar Worte von i[illegible]en gesagt werden sollten, besonders da sie auf die Ah[illegible]ungen ein neues Licht werfen. [illegible] Menschen sagen oft aus [illegible]ewissen Empfindungen in ihrem Körper Veränderunge[illegible] in der Witterung voraus, und selbst auf die Thiere wir[illegible]n ähnliche Gefühle instinktartig. Allein auch in diesen [illegible]efühlen wird nicht das Zukünftige empfunden, wol [illegible]er etwas Gegenwärtiges, in welchem das Zukünftige ge[illegible]ündet ist. Diese Gefühle unterscheiden sich, bei ihrer [illegible]brigen Verwandtschaft mit den Ahnungen, von dies[illegible] doch darin wesentlich, daß bei ihnen die Erwartung d[illegible] Zukünftigen in einem Gefühle, bei der Ahnung hing[illegible]en das Gefühl in der Erwartung eines Ereignisses se[illegible]en Grund hat.

Ueber die [illegible]hnungen sehe man vor andern: J. Kant Träume eines [illegible]eistersehers, erläutert durch Träume der Metaphysik. 166. und Just. Christ. Hennings von den Ahdunge[illegible] und Visionen. 1777. Mehrere Neuere, wie Dedekin, scheinen in Hinsicht dieses Gegenstandes der Phantasie [illegible] viel Recht einzuräumen. Die Beobachtungen, die [illegible]n in dieser Hinsicht an magnetisch-Hellsehenden gem[illegible]t hat, verdienen eine um so strengere Prüfung, je wic[illegible]ger die daraus hervorgehenden Resultate sich ankündig[illegible]. *(Hoffbauer.)*

AHNE[illegible], Voreltern überhaupt und insonderheit adelige, kom[illegible]n hier blos in rechtlicher, in Hinsicht des Ahnen-Re[illegible]ts, in Betracht. Zur Erläuterung dienen folgende zwei [illegible]rtikel. I. Ahnen-Probe ist der Beweis, daß [illegible]e Person von einem adeligen Geschlechte durch eine ge[illegible]isse Reihe von Ahnen rein und rechtmäßig abstamme; si[illegible]st 1) nur nothwendig, wenn jemand Vorrechte erwer[illegible] will, deren Genuß als Bedingung eine solche altadel[illegible]e reine Abstammung, und Reihe von Ahnen erfodert[illegible] sie geht 2) also weiter als die Adelsprobe 3) fodert sie [illegible]ne von der beweisenden Person aufwärts gehende Dar[illegible]llung der väterlichen und mütterlichen Linie, so weit [illegible]ie Ahnenzahl nach besonderen Umständen nachzuweisen [illegible]. 4) Sie umfaßt den Beweis der Filia-

tion, wie man es nennt, als a) ... chweisung der
kirchlichen und bürgerlichen Rechtm ... der Ehen aller
Personen, welche als verheirathet ... Ahnentafel angegeben sind, b) und den Beweis ... flich rechtmäßigen ehelichen Abstammung der gen... Person von den
als Vater oder Mutter in der Ahnen... el angegebenen
Personen. 5) Sie muß aber auch ... weis enthalten,
daß jede in der Ahnentafel ... e Person auch
geborner Edelmann war (probatio qu... l lustrum genannt). Gefodert wird die ... als Bedingung
1) zur Aufnahme in adelige Ritter...) in Domstifter,
3) in Damenstifter, 4) zur Erwer... Kammerherrn-
stellen (s. eine recht deutliche Anleit... r Führung dieser Ahnenprobe in einem bair. ... n 8ten October
1772 in Maiers Generaliensamml... Bd. S. 70).
5) Einst war sie noch nothwendig zur ... ufnahme in die
landsässige Ritterschaft, in gewisse ... ñestl. Gerichtshöfe rc. (Runde teutsches Privatrecht ... 78). Die Zahl
der zu beweisenden Ahnen ist verschiede... nach den Statuten der Corporation, in welche der C... idat aufgenommen werden will; oft werden nur 4 od... 8, zuweilen 16
Ahnen gefodert. Zur Beweisführun... hört als Grundlage eine Ahnen-Tafel. Die Beweismitt... sind 1) gewöhnliche Urkunden und Denkmäler und zwa... bei dem Beweise
der Filiation Trau- und Taufscheine, ... d Auszüge aus
Kirchenbüchern; bei dem Beweise des ... dels (probatio
quoad lustrum) sind Verleihungsurk... den des Adels,
Auszüge aus Adelsmatrikeln, Denkmäle... deren Gebrauch
den Adeligen allein eigen ist, z. B. ... Wappen, nothwendig. Beweismittel sind 2) eidl... gnisse von zwei
ritterbürtigen und stiftsmäßigen adelige... Personen (Estor
Anleitung zur Ahnenprobe S. 412). 3) ... ch der Eid als
ergänzendes Beweismittel wird zugelas... (Preuß. Landrecht II. Th. Tit. IX. §. 30). Gestör... wird die Ahnenprobe, wenn einer von den Ahnen, a... die der Beweisführer sich berufen will, nur durch A... ation, Legitimation, oder durch besondere Verleihung ... ist den Adel erhalten hat. Die zuerst geadelten Person... werden bei der
Ahnenzahl eben so wenig eingerechnet, ... 3 Ahnen, welche
erst im Ahnenbriefe jemanden ertheilt w... den sind. —

II. Ahnen-Tafel ist eine Geschle... tstafel mit einer
Darstellung einer bestimmten Anzahl v... ununterbrochen
rechtmäßig auf einander folgenden Ah... n, von welchen
eine Person auf väterl. und mütterliche ... Seite abstammt;
sie ist nothwendig zur Führung der Ab... nprobe, unterscheidet sich aber von einem Stammba... ne, welcher nur
die Art der Abstammung einer Person v... einem gewissen
Stammvater, oder das Verhältniß de... Verwandtschaft
mehrerer Personen darstellt; während d... Ahnentafel eine
vollständige, durch keine Lücken unterbro... ene Abstammung
der adeligen Ahnen enthält, so viele d... on nach den Forderungen der Ahnenprobe anzuführen ... d, mit Namen,
Titel und Wappen jeder einzeln darin ... geführten Person. Eine Anleitung zur Verfertigung ... cher Tafeln liefert Estor in der prakt. Anleitung zur A... enprobe. Marburg 1750. S. 11. ... *(Mittermaier.)*

AHO-ELF, Fl. in Luleå Lapp... rk. *(v. Sch.)*

AHOGIDAS ist eine Brustkran... it, die in Per...
sowol in dessen bergigen Gegenden, a... uch in den ...

nen häufig vorkommt, ganz asthmatischer Art; sie droht den Kranken zu ersticken, welcher indessen meist noch lange lebt. Von diesen Erstickungszufällen hat sie den Namen. Zu ihrer Heilung hält man den Wechsel des Wohnorts für vorzüglich wirksam. Die in den Thälern Erkrankten müssen deshalb auf die Berge, die Bergbewohner in die Ebenen ziehen (vergl. Don Antonio de Ulloa Noticias americ. T. I.). *(G. H. Ritter.)*

AHORN (Acer), 1) in naturgeschichtl. Hinsicht, s. Acer. 2) in forstwirthschaftl. Hinsicht. Zu diesem Baumgeschlechte gehören drei im nördlichen Europa einheimische Arten. Außerdem kommen noch mehrere, theils nordamerikanische, theils in andern Ländern im südlichen Europa wachsende Arten vor. Die vorzüglichsten überhaupt sind folgende:

1) Der weiße Ahorn (Acer Pseudoplatanus). Unter den teutschen Laubbäumen ist dieser seines ansehnlichen Wuchses, seines vorzüglichen Holzes und seiner Dauer wegen, selbst in hohen Gebirgsgegenden, wo er ein Alter von 200 Jahren erreichen kann, einer der geschätztesten. Er wurde bisher nicht so häufig in Waldungen angezogen, als er es verdient; man findet ihn nur einzeln unter andern Holzarten vermischt und erst zu der Zeit, als die Benutzung seines Saftes zu Zucker nothwendig wurde, ist sein Anbau mehr ins Große betrieben worden. Ein fruchtbarer, frischer, tiefer Boden ist zu seinem Gedeihen erfoderlich, in einem solchen kann er in 25 Jahren eine Stärke von 1 Fuß und eine Höhe von 30—40 Fuß erreichen; in 80 Jahren erlangt er eine Höhe von 60 und einen Durchmesser von 2 Fuß, und nimmt bis 200 Jahre an Höhe und Stärke zu. Er wächst in Ebenen und auf hohen, selbst den höchsten Gebirgen, wo Eichen und Buchen nicht mehr fortkommen, gleich gut und schnell, denn die Kälte schadet ihm nichts. Er verlangt jedoch eine nördliche oder östliche schattige Lage. Wenn der Baum auf seinem angemessenen Standort steht, so ist seine natürliche Fortpflanzung durch den Samen nicht schwer; wenn der Boden nur einigen Schatten hat, so gehen die von den Mutterbäumen in Menge ausgestreuten Samen sehr gut auf. Zur künstlichen Saat wird der Same im October eingesammelt, nach und nach abgetrocknet und in Fässer gepackt, oder mit trocknem Sande vermischt bis zum Frühjahr aufbewahrt. Im April ... ie Aussaat auf einen wund gemachten Boden vo... und der Same mit ½—1 Zoll ... eder... Herbst vorzunehmen, ist weg... is ... s des Samens, wodurch die Pf... ausgesetzt ... nicht rathsam ... Beschattu... jungen Pfl... muß ... von Hafer ... den ... gegeben ... ersch... Woche... en, ... lapp... gen... he... ist ... eiß ... dim... es ...

wald ist ihm wegen der Nutzbarkeit seines Holzes ganz angemessen und derselbe schon im 80sten Jahre haubar; noch mehr aber eignet er sich zum Niederwald-Betrieb, indem Stöcke und Wurzeln sehr häufig ausschlagen, dieses lange und bis 200 Jahre anhält, bei jedem Hiebe stärkere und häufigere Lohden erfolgen und man davon in 25—30 Jahren die stärksten Stangen erhält. — Das Holz vom weißen Ahorn ist wegen seiner vorzüglichen Güte von unschätzbarem Werthe. Da es außerordentlich hart und rein ist, sich sehr glatt bearbeiten läßt, sich nicht leicht wirft und selten vom Wurme angefressen wird, so lieben es die Schreiner, Wagner und Drechsler sehr. Auch wird das Holz vom Instrumentenmacher benutzt und in verschiedenen Gegenden Teutschlands werden die schönsten Löffel, Teller rc. daraus geschnitzt, welches für manche Ortschaften im Nassau-Siegenschen ein Hauptnahrungszweig ist und große Summen einbringt. Als Brenn- und Kohlholz benutzt hat es ebenfalls einen vorzüglichen Werth und übertrifft das von der Rothbuche an Hitzkraft, denn es verhält sich zu diesem als Brennholz wie 1040:1000. — Eine Nebennutzung dieses Baumes, die in den letztern Jahren sehr gesucht wurde, ist der zukkerreiche Saft desselben, der vermittelst des Anbohrens der Bäume im Frühjahr gewonnen wird. Diese Operation ist freilich nicht ganz ohne Nachtheil für das Holz, allein es muß der Nutzen, der daraus auf der andern Seite gezogen werden kann, jedesmal berücksichtiget und darnach bestimmt werden, in wie fern diese Benutzung Statt finden darf. Als weitere Nebennutzung von diesem Baume kommt das Laub desselben vor, welches wegen des vielen süßen Saftes, den es bei sich führt, getrocknet ein gutes Schaffutter gibt. Als Allee-Baum nimmt sich dieser Ahorn sehr gut aus.

2) Der Spitzahorn (Acer platanoides) dauert nicht so lange, als der vorhergehende, und wird auch nicht so hoch und stark, ob er gleich in der Jugend schnellwüchsiger ist und einen geradern, schlankern Stamm macht. Er dauert höchstens 150 Jahre aus. Er hat eine größere Unempfindlichkeit gegen nördliches Klima und rauhe Berghöhe, und wächst daher noch weit nördlicher in Europa als der weiße Ahorn. Er liebt zwar im Allgemeinen einerlei Boden mit diesem, doch ist er auch mit einem schlechtern aus Sand und Dammerde gemischten Boden zufrieden und wächst hierin hoch und stark. Eine schattige Lage ist indessen zu seinem Gedeihen erfoderlich, und eine freie trockne, südliche Berglage ist daher seinem Wachsthum nicht zuträglich. In der natürlichen und künstlichen Anzucht stimmt dieser Baum mit dem weißen Ahorn überein. Da er aber sehr früh ausschlägt, so müssen die Pflanzungen im Herbst geschehen. Beim Ausheben der Pflanzstämme muß man mit Vorsicht zu Werke gehen, weil die Wurzeln wie Glas vom Stocke abspringen. Er läßt sich auch durch Stecklinge fortpflanzen. Die Samen gehen mit hellgrünen länglichen Samenlappen auf. Dieser Ahorn ist denselben Unfällen als der weiße Ahorn ausgesetzt. In der forstwirthschaftl. Behandlung stimmen auch beide Ahorn-Arten mit einander überein. Das Holz vom Spitzahorn ist weißer, dichter, härter, zäher, aber nicht so fein als das von jenem; es wird daher auch mehr zu gröbern Wagnerarbeiten, wozu ein festes und zähes Holz verlangt wird, als zu ganz feiner Schreiner- und Drechsler-Arbeit genommen. Als Brennholz hat es dieselbe Güte als das vom weißen Ahorn; der Saft fließt auch reichlicher, ist aber nicht so süß als der von jenem. Zu Allee-Bäumen ist er zu empfehlen.

3) Der kleine teutsche Ahorn, Feldahorn, Maßholder (Acer campestre). Diese Holzart wächst als Baum zu 30—40 Fuß Höhe und 1 Fuß im Durchmesser stark, meistens wird der Schaft aber nicht höher als 10—15 Fuß hinauf rein und alsdann beginnt eine große breitästige Krone. Sehr oft kommt er auch als Strauch vor. Er wächst langsam und dauert auf angemessenem Boden 200 Jahre, sein Hauptwuchs endet jedoch schon im hundertsten Jahre und früher. Diese Holzart wächst in ganz Europa. In Teutschland trifft man sie vorzüglich in ebenen und gebirgigen Laubwaldungen und in Hecken an; in sehr hohen rauhen Gebirgen kommt sie seltener fort. Sie liebt einen frischen fruchtbaren Boden und eine schattige Lage; im Sandboden bleibt sie verkrüppelt. Die Anzucht geschieht wie beim weißen Ahorn, der Same liegt aber länger und meistens über ein Jahr in der Erde, die jungen Pflanzen erscheinen mit 2 schmalen, spitzigen, bläulich grünen Samenlappen. Die Feinde dieser Holzart sind: die Maikäfer, welche die Bäume und Sträucher entblättern, und die Blattläuse, welche warzige Auswüchse der Blätter verursachen. Am Stamm zeigen sich viele und starke maserige Auswüchse. Die forstwirthschaftliche Behandlung dieser Holzart kommt nicht sehr in Betracht; sie findet sich meistens nur in Niederwaldungen vor und wird mit dem übrigen Holze weggehauen, wenn nicht einzelne baumartige Stämme zu Nutzholz stehen gelassen werden. In den Niederwaldungen ist sie in so fern zweckmäßig, als sie gut und lange vom Stocke ausschlägt. Zu lebendigen Hecken wird sie auch deshalb und weil sie den Schnitt verträgt, gebraucht. Die zu Bäumen erwachsenen Maßholder, deren Holz, besonders die Auswüchse sehr maserig, braun geflammt, sehr hart, schwer und fest ist, werden zu Schreiner-, Drechsler- und Schnitzarbeiten verwendet. Die 15—20jährigen geraden zähen Stangen werden zu hölzernen Peitschenstielen gebraucht, welche in Thüringen und Franken durch besondere Handwerker verfertiget werden und dort einen Hauptnahrungszweig mancher Dörfer ausmachen. Die jungen Schößlinge geben Tabaksröhre und Ladestöcke. Als Brenn- und Kohlholz hat es einigen Werth, steht aber doch darin den andern Ahornarten nach. Die Stämme enthalten auch einen süßen zuckerhaltigen Saft.

Von den nordamerikanischen Ahornarten, welche im teutschen Klima ausdauern und ihrer Nutzbarkeit wegen angebauet zu werden verdienen, sind folgende die vorzüglichsten:

4) Der eschenblättrige Ahorn, Negundo-Ahorn (Acer Negundo). Das nördliche Amerika von Pensylvanien bis Carolina ist der Wohnort dieses Baums. Er verträgt unser Klima so gut wie sein heimisches, und seine Samen reifen, wenigstens im südlichen Teutschland, vollkommen, seltner im nördlichen. Er wird bis zu 50 Fuß hoch und 2 Fuß im Durchmesser und steht am besten in einem feuchten, fetten Boden, kommt an den Rändern der Wiesen, Flüsse und Bäche, selbst in überschwemmten

Standorten fort. In trocknen Gegenden gedeihet er nicht. Sein Wachsthum ist so schnell, daß er oft 7—8 Fuß lange Triebe macht, jedoch bildet er keinen sehr greaden und hohen Stamm und seine Aeste sind sehr brüchig, daher er im dichern Staude erzogen werden muß. Die Fortpflanzung geschieht wie beim weißen Ahorn durch den Samen, auch läße er sich durch Ableger und Stecklinge vermehren. Der Same krime wie der Maßholder. Die forstwirthschaftliche Behandlung dieses Baums beschränkt sich auf Niederwald und Kopfholz, indem er einen außerordentlich starken und schnellen Lohdenwuchs, so wie der Acacienbaum, hat, daher er in holzarmen Gegenden als 16— bis 20jähriges Schlagholz und als 4—6jähriges Kopfholz sehr zu empfehlen ist. Das Holz dieses Baumes hat als Nutzholz wenig Werth, es ist zwar fein und dicht, leidet aber von der Witterung. Als Brenn- und Kochholz kommt es dem rothbuchenen nahe. Obgleich sein Saft zuckerhaltig ist, so wird er in seiner Heimath doch nicht zum Zucker-Gewinn benutzt.

5) Der Zuckerahorn (Acer saccharinum). Dieser Baum bewohnt die kalten, rauhen und hoch gelegenen Gegenden von Nordamerika, vom 43—46sten Grade. Er ist einer der nutzbarsten seines Vaterlandes und kann es auch in Teutschland werden, da er unser Klima sehr gut verträgt und schnell wächst. In einem ihm angemessenen Boden erlangt er gewöhnlich 50-60 Fuß Höhe und 2 Fuß Durchmesser. Auf hohen Ebenen, an Bergwänden und in Gebirgsthälern, die einen frischen, lehmigen, mittelmäßigen Boden haben, wächst er am besten, auch kommt er am Ufer von Gewässern fort. Gegen den weißen Ahorn bleibt er im Wuchse etwas zurück; im geschlossenen Stande treibt er einen schlanken glatten Schaft. Die Fortpflanzung geschieht wie beim weißen Ahorn. Die forstwirthschaftliche Behandlung dieses Baums geschieht als Hoch- und Niederwald; als letzterer gibt er in 15—20 Jahren ein starkes Stangenholz und schlägt sehr gut und stark vom Stocke aus. Sein Holz ist fein, dicht, ziemlich schwer, stark, aber nicht sehr dauerhaft. Uebrigens gibt es ein gutes Nutzholz, worin es vor dem weißen und Spitzahorn große Vorzüge haben soll, auch soll es gut ausgetrecknet zu Bauholz brauchbar seyn. Als Brennholz wird es ganz vorzüglich geschätzt. Einen Hauptnuzzen dieses Baums gewährt der Saft zur Gewinnung des Zuckers, wozu er in Nordamerika auch vorzüglich benutzt wird. Der Saft fließt nicht nur sehr reichlich, sondern er soll auch so reichhaltig an Zucker seyn, daß man aus 20 Pfd. Saft 1 Pfd. guten Zucker erhält. (*Laurop.*)

Ahorn, 3) in ökonom.-technolog. Hinsicht. Mehrere Ahornarten sind bekanntlich wegen ihres vortrefflichen Nutzholzes von großem Werthe. Dieses ist von schöner weißer Farbe und zum Baue musikalischer Instrumente und zu feinen Tischlerarbeiten gleich schätzbar und unentbehrlich; man zieht zu diesem Gebrauche den gemeinen Ahorn (Maßholder, A. campestre) vor; die Instrumentenmacher wegen der feinern Oscillation, deren sein Holz bei seiner Härte und feinen Textur fähig ist, weshalb es besser resonirt *); die Tischler wegen des flammigen und maserigen Gewebes, wodurch es bei gehöriger Politur ein atlasartiges Ansehen bekommt. Obgleich es verschiedener schöner und dauerhafter Beizen fähig ist, so lassen es die Tischler doch auch gern weiß, weil es weniger leicht durch die Zeit gelb wird, oder bearbeiten es mit einem heißen Eisen, welches sie in verschiedenen Formen darüber hin führen, so, daß es das Ansehen von eingelegter Arbeit (marqueterie) bekommt, indem sie durch das längere oder kürzere Verweilen des heißen Eisens die tiefern oder helleren Schatten zu geben wissen. — Röntgen in Neuwied, einst der berühmteste Ebenist in Europa, ließ es in die Erde, greade unter den großen Schleifstein, begraben und Jahre lang liegen; dadurch — nämlich durch das stete Benetzen mit dem Abgange des Schleifsteins — nahm das Ahornholz die Farbe und das Ansehen grauen und grünlichen Marmors und zwar so täuschend an, daß man bei seiner unendlich feinen Kopalpolitur sich nicht anders als durch das Gefühl überzeugen und durch die wärmere Empfindung bestimmen konnte: es sey Holz, und nicht Stein. — Manche der übrigen Ahornhölzer dienen zu einer Menge nützlicher Hausgeräthschaften, zu allerlei Gefäßen, Schüsseln, Tellern, Löffeln rc., auch zur niedern Skulptur, zu Spielwerken für Kinder, die vorzüglich von Nürnberg aus bis Amerika geschickt werden und gar keinen unbedeutenden Handelsartikel ausmachen. — Auch zu Flintenschäften taugt es vorzüglich.

Sonst glaubte man: nur aus dem Acer saccharinum, dem Zuckerahornbaume, lasse sich Zucker und Essig bereiten. Man weiß nun aber, daß mehrere Gattungen dazu dienen, und in Canada selbst bedient man sich des Zuckerahornbaums nicht ausschließlich. In diesem Lande werden die dazu bestimmten Bäume in geringer Entfernung von der Erde angebohrt, oder angehauen, der ausfließende Saft in Gefäßen aufgefangen und dann bis zur Consistenz des Syrups verdampft. Dieser erstarrt später von selbst, nachdem man ihn in Formen von Birkenrinden rc. ausgesetzt hat. Der Saft verliert gewöhnlich 92-93 Prozent, indem er zu Zucker erhärtet. Das Anzapfen geschieht nach gewissen aus der Erfahrung gezogenen Regeln; vorzüglich kommt hinsichtlich des Anfangs, der Pause und des Endes des Auslaufens mehreres in Anschlag, was sich auf das dortige Klima im Allgemeinen, auf die eben wehenden Winde, auf die Weltgegend, an welcher der Baum angeschlagen wird rc. bezieht. Freunde des Verfassers, welche lange in diesem Lande lebten, versicherten, daß der Ahornzucker die Stelle des Rohrzuckers allgemein vertrete, daß er bei einiger Gewohnheit gar nicht unangenehm sey, wenn er nur nicht über dem Feuer verwahrlost, oder zu lange darüber geblieben sey; dadurch bekomme er sonst einen krassen Syrupgeschmack. Wenn er gut seyn soll, muß er recht hart und nicht allzu

*) Eine Eigenheit des Ahornholzes, hinsichtlich der Akustik, verdient hier noch einer besondern Erwähnung: man behauptet nämlich, daß daraus verfertigte Geigen, die zerbrochen und wieder geleimt werden, gewöhnlich einen weit bessern Ton erhielten, als sie vorher hatten, und man erzählt als unbezweifelte Thatsachen, daß berühmte Geigenmacher — namentlich einer der Matadore „Stainer" — neu verfertigte Geigen, mit deren Ton sie unzufrieden gewesen, gegen den Boden geworfen, dann die unregelmäßigen Stücken und Splitter sorgfältig zusammen geleimt, und dadurch solche vollkommen und kräftig resonirende Instrumente hervorgebracht hätten.

braunroth seyn; dann kanu er selbst zu Confituren angewendet werden *). Der Verfasser sah Ahornzucker in Teutschland vor langen Jahren bereiten, es war aber nur ein Acer saccharinum, doch von ansehnlicher Größe, da. Dieser wurde auf der Südseite im März angebohrt und man erhielt gegen 11 Pfund Saft in Zeit von 3 Tagen, welche behutsam abgedampft gegen ¾ Pfd. eines recht angenehmen Syrups gaben; doch gesteht er, der Wahrheit zur Steuer, daß er Rohrzucker immer dem Ahornzucker vorziehe. Man hat versucht, Bier mit Ahornsaft zu brauen, und gefunden, daß man nur ¼ des Malzes bedürfe, um ein gutes, geistiges Getränk zu erhalten. Ueberläßt man den Saft in passender Temperatur sich selbst, so tritt bald die Gährung ein, und es entsteht eine weinige Flüssigkeit, die aber sehr bald dem Sauerwerden unterliegt; weshalb man den Saft auch oft zur Essigbereitung anwendet. Um Versuche im Größern damit anzustellen, müssen alle die Cautelen beobachtet werden, welche unter dem Artikel „Essigbereitung" angegeben werden sollen. — Uebrigens empfiehlt sich der frische Saft als ein treffliches Mittel im Scharbock. (*G. H. Ritter.*)

AHORN, ein im Fürstenth. Coburg gelegenes adeliges Gerichtsdorf von 46 H. und 247 Einw., gehört mit der Patrimonial-Gerichtsbarkeit und dem Patronatrechte über die dasige Kirche, dem Hrn. Geh. Rath v. Hendrich zu Meiningen und steht unter S. Coburgischer Lehen- und Landeshoheit. In ältesten Zriten war es eine Besitzung der polnischen Königin Richza, und kam nebst ihren andern coburgischen Gütern durch Schenkung (1063) an den Erzbischof Anno zu Cöln, der sie 1074 zur Stiftung der Abtei Saalfeld verwendete (s. Coburg). Letztere verlieh es in der Folge einer adeligen Familie, die von dem Dorfe Ahorn den Namen führte und frühzeitig ausstarb. Im J. 1453 hatten es die Herrn von Lichtenstein nebst dem Schlosse und dem Kirchensatz als ein Saalfeldisches Stifts-Lehn im Besitz, verkauften es aber 1501 an die Herren von Rosenau. Nach der Säcularisirung dieser Abtri kam die Lehnsherrlichkeit an das Ernestinische Haus Sachsen, von welchem es die nachherigen Besitzer zu Lehn getragen haben (vgl. Gruner's statist. Beschreibung des Fürstenth. Coburg S. 159. v. Schultes Cob. L. Geschichte des Mittelalt. S. 116.) (*v. Schultes.*)

Ahovai, s. Cerbera.

AHR, Fluß auf der Eifel entspringend, und bei Sinzig in den Rhein windend, bekannt durch die an demselben wachsenden Ahrweine, vgl. Ahrweiler. (*H.*)

AHR oder AAR, die altteutsche Benennung der ganzen Gattung der Raubvögel, welche Linné und fast alle neuere Naturforscher mit Ausnahme der eigentlichen oder sogenannten edlen Falken, unter dem Namen *Falco* begreifen. Gegenwärtig wird das Wort nur noch in der Zusammensetzung gebraucht, z. B. in den Worten Bußahr, Fischahr, Hühnerahr u. s. w. Neuere Dichter gebrauchen dieß Wort oft, aber insofern unrichtig für Adler, als es weit umfassender ist, und selbst dieser letztere Name aus Adel-Aar, Edler Aar entstanden zu seyn scheint. Ob die Schreibart Ahr oder Aar die richtigere sey, ist schwer zu entscheiden, da sich für beide gleichviele Belege auffinden lassen; auch findet man in ältern Schriften dafür nicht selten Arn oder Ar. (*Merrem.*)

AHRBERG, ein vormaliges bischöflich eichstädtisches Ober- und Pflegamt, zum Oberlande gehörig, begriff die Vogteien Königshofen, Eybburg und Kronheim, danu das Kasten- und Stadtvogteiamt Ohrnbau unter einem adligen Pfleger, auf dem Schlosse zu Ahrberg, mit einem Gerichtsschreiber, einem Kastner oder Rentbeamten in Ohrnbau, und einem Amtsvoigt in Kronheim. Gewöhnlich begriff man Ahrberg unter dem Kasten-Amte Ohrnbau, und rechnete dazu die Stadtvogtei Ohrnbau, und die Vogtei Königshofen, woraus die zusammengezogene Amtsbenennung Ahrberg-Ohrnbau entstand. — Dieser im Altmühlgrunde gelegene, von dem Fürstenth. Anspach umgebene Bezirk wurde zu 1 □Meile mit 2644 Einw. und 37 Ortsch. angenommen. Innerhalb seines Territorialbezirks lagen: das Municipalstädtchen Ohrnbau, der Markt Ahrberg, die 2 Pfarrdörfer Groß-Lellenfeld und Mörsach, und 11 Weiler, Mühlen und Einöden. Durch das Amt fließt die Altmühl und die Wieseth; auch waren 20 Weiher angelegt, welche 49 Jucherte enthielten. Die Forstei enthielt 2799 Morgen Waldungen, die hohe Jagd war Anspachisch, die niedere Bischöflich. — An Gärten, vorzüglichen Wiesen und Weiden waren 1625¾ Juch. vorhanden, der zum Feldbau cultivirte Boden betrug 2143 Juch. Bei der Säcularisation des Bisth. Eichstädt (1803) begriff die Viehzucht fast 200 Pferde, 1100 St. Rind- 765 St. Jungvieh, mit guter Schafzucht. Alle Getreidegattungen wurden gebaut, wegen des vielen Krautbaues um Ohrnbau- und des Rübenbaues um Lellenfeld hießen diese Bezirke das Kraut- und Rübenland. Es war auch Kalkmergel vorhanden. — Das Städtchen Ohrnbau, und der Markt Ahrberg hatten Municipalverfassung, eigene Kämmereien und Ortssiegel. — Die Gebäude dieses Oberamtsbezirks waren in der Brandassecuranz um 366,350 Fl. versichert. Ahrberg war das Stammgut der Schenken von Ahrberg; sie hatten bei dem Bisth. Eichstädt das Erbschenkenamt inne, und genossen unter der Verbindlichkeit der Burghut, und des Schirmes der dortigen Bisthumsbesitzungen, die Burg Ahrberg mit Zubehörde als Soldlehen; nach dem in ihrem Wappen geführten springenden Hirsche sind sie mit den Schenken von Hirschlach, und Lentershausen eines Ursprungs. In Falkensteins Cod. dipl. Antiquit. Nordgaviens. sind deren mehrere aus dem 13ten Jahrh. beurkundet — 1319 kaufte der Bischoff Philipp zu Eichstädt das Recht der Burghut zu Ahrberg mit Gefällen dem Rudel v. Dietenhofen, Conr. v. Schenk, und Conrad dem Hirschlacher um 200 Pf. Heller ab. 1392 legirte Fritz Thanner zu Ahrberg zum Bisthume Eichstädt seine Besitzungen. Andere Antheile wurden von 1454 bis 1512 zusammengekauft. In dem topogr. Lexicon von Franken sind unter dem Artikel Ahrberg, Thl. 1. S. 31. mehrere zu Ahrberg geborene berühmte Männer verzeichnet. — Die neuere Geschichte dieses Amts ist dieselbe, wie bei Abenberg. Nach der im J.

*) Vergl. Canada, nach Hugh Gray und John Lambert in Rühs und Spiker's Zeitschr. III. 466.

1808 erfolgten Landgerichtseintheilung der Provinz Anspach ist jetzt dieses Amt ein Bestandtheil des zum Rezatkreise gehörigen königl. baier. Landgerichts Herrirden. (*Raiser.*)

Ahrdt, s. Aar.

AHRENFELS, ein Schloß am rechten Rheinufer unweit Höningen in dem preuß. Reg. Bez. von Coblenz auf einem mit Weinreben bepflanzten Hügel, mit einer herrlichen Ansicht für die Rheinfahrer und angenehmen Aussicht auf die umliegende Gegend, im 13ten Jahrh. gebaut und der Sitz eines Stammastes des Isenburgischen Dynasten-Geschlechts, das im J. 1644 ausstarb (s. Isenburg), worauf dann die Lehnhöfe die einzelnen Lehenstücke an sich zogen. Der damalige Kurfürst von Trier, aus dem Geschlechte von der Leyen, schenkte das Schloß nebst Zubehör seiner Familie, die es noch gegenwärtig besitzt. (*W. Günther.*)

AHRENSBOEK, Amt im Herzgth. Holstein, ehemals zum Fürstenth. Ploen gehörig. 2$\frac{1}{16}$ □Meile groß, enthält die Kirchspiele Ahrensboek, Curán, Gleschendorf, Gnissau, Ratekau und Süsel. 1803 betrug die Volksmenge 4720. Der gleichnamige Flecken zwischen Ploen und Lübek, von beiden 2 M. entfernt, mit etwa 500 Einw., enthielt ehemals ein Karthäusermönchskloster, welches zwischen 1540 und 60 reformirt wurde, worauf die klösterlichen Besitzungen dem Herzog Johann d. j. von Holstein zufielen, der sie in ein Amt verwandelte und hier ein Schloß bauen ließ, welches um die Mitte des vorigen Jahrh. abgebrochen wurde. (*Dorfer.*)

AHRENSBURG, ein adliges Gut in Holstein, Fideicommis der gräflich Schimmelmannischen Familie, Poststation, 3 Meilen von Hamburg und Oldesloh. Der Kirchort heißt eigentlich Woldenhorn. (*Dorfer.*)

Ahrensdorf, s. Arnsdorf.

AHRIMAN, in Pehlvi: ahreman in Zend: peetiare, d. i. böse, oder Quell der Uebel, daher gewöhnlich Peetiare Ahriman genannt, ist nach den Zendschriften das Oberhaupt der bösen Geister und Urheber aller sittlichen und physischen Uebel. Ihm ist entgegengesetzt Ormuzd, das Oberhaupt der guten Geisterwelt, der Urheber alles sittlichen und physischen Guten. Sie werden als die beiden großen Weltschöpfer dargestellt, von denen alle gute und böse Elemente, Kräfte, Geister, Menschen, Thiere und Pflanzen hervorgebracht wurden. Diese Schöpfungen im Widerstreit erzeugt, fortgepflanzt und erhalten, stehen daher überall im Gegensatz und in unversöhnlicher Feindschaft und bilden durch alle Zweige der geistigen und physischen Natur eine durchlaufende Kette von guten und bösen Wesen.

Jene beiden höchsten und obersten Wesen, Ahriman und Ormuzd, von denen jener unsittliche, unreine, schädliche, zerstörende, dieser heilige, reine, nützliche, lebenerhaltende Schöpfungen erzeugte, sind jedoch nicht ursprünglich, oder von Ewigkeit her gewesen, sondern haben einen Anfang gehabt und sind geschaffen, sollen aber ewig fortdauern. Sie wurden beide von dem in Herrlichkeit verschlungenen Wesen, der Zeit ohne Grenzen, Zervane Akerene geschaffen. (Vendid. Farg. 9. Bun-Dehesch. 1.).

Dieses ewige, anbeginnlose, letzte Urwesen wird jedoch in den Zendschriften wenig weiter erwähnt und an dasselbe nur im Vorbeigehen das Gebet gerichtet, wie in Jescht Sades 5 und 7 und Si-Ruze 24, unstreitig, weil es den Stiftern der Alt-Persischen Religion, als Urgrund zweier entgegengesetzten Bestrebungen, indifferent erschien. In einer Lobpreisung (Jescht-Ormuzd 80. verglichen Bun-Dehesch 13) wird zwar der Grund und Mittelpunkt aller Wesen und die allvermögende, höchste Kraft verherrlicht, allein dies geschieht im Namen und in der Person Ormuzd, auf welchen die Eigenschaften des letzten und anbeginnlosen Grundwesens übertragen sind. Daher erscheint hier Ormuzd in allerhöchster Majestät und nennt sich selbst das All und den Träger des Alls, gleich als sey die Offenbarung des Ewigen nicht anders, als in der Persönlichkeit Ormuzd's zweiter Instanz möglich gewesen.

Ahriman und Ormuzd, als die geschaffenen Urwesen, gleichsam Brüder eines Vaters, waren bei ihrem Uranbeginn gleich mächtig, selbständig, frei, vielwissend, ausgedehnt, gleich stark im Willen und productiv in ihrem Wirken, doch von ganz entgegengesetzter Natur, Neigung und Bestrebung, Ormuzd ganz Licht, ganz gut, ganz geschieden vom Bösen, Ahriman ganz Nacht, ganz böse, ganz geschieden vom Guten. Sie füllten, als zwei geistige, elementarische Welten, neben einander das All aus. Ormuzd lebte ganz allein in der Mitte des Urlichts mit höchster Reinheit und Weisheit, welche objectiv sein Gesetz sind; daher dieses Ormuzd Geschöpf heißt und als ausgedrücktes Wort, welches späterhin Hom und Zoroastern offenbart wurde, Avesta genannt wird. Ahriman dagegen lebte in der Mitte der Urfinsterniß ganz allein, von jeher böse, grundarg mit seinem schlechten Gesetze, das ist seinem Willen, welches auch den von Ahriman hervorgebrachten Geschöpfen mitgetheilt wurde.

Diese Vorstellung: daß Ahriman von Anfang an böse war und es nicht erst durch Abfall wurde, wird im Bun-Dehesch 1 gegeben und ihr folgen noch die heutigen Parsen. In den Zendschriften (Izeschne Ha 43.) wird zwar gesagt, daß Ahriman im Urbeginn das Gute kannte, hernach aber Darvand (böse) wurde. Daher auch Rhode's Behauptung: Ormuzd und Ahriman hätten sich Anfangs in einem unbegrenzten Lichtreiche befunden (über Alter und Werth einig. morgenl. Urkunden Bresl. 1817 S. 82). Allein gleich darauf sagt Ormuzd (Izeschne Ha 44.): „beim Beginnen der Himmelswelt sprach Ahriman zu mir: „du bist Vortrefflich, ich bin Laster." Hiebei nicht zu gedenken, daß jene religiösen Anrufungen mancherlei Einschiebsel haben, so scheint der eigentliche Sinn der Worte nur dieser zu seyn: daß Ahriman vorher, als er bloß sich und seine Umhüllung, nicht schon Ormuzd und dessen Umhüllung kannte, gar keinen Begriff vom Guten und Vortrefflichen gehabt habe, und nur erst zum Bewußtseyn und zur Kentniß seiner eigenen Natur durch die endlich erfolgte Bekanntschaft und Vergleichung mit Ormuzd gekommen sey. Denn beide Urwesen, in den Abgründen des Urlichts und der Urfinsterniß, im Guten und Bösen verschlungen, waren Anfangs gleichsam für einander nicht da. Die Grenzen ihrer Reiche, obgleich an einander stoßend, blieben doch scharf geschieden; und jeder nach seiner Umhülle beschränkt, lebte einsam und ruhig, ohne etwas zu schaffen, weil dazu noch keine Veranlassung war. Nur durch Annäherung und Vermischung beider Wesen wurden ihre entgegengesetzten Thätigkeiten und ungetheilten Kräfte erkannt und im ganzen Umfang entwickelt. Im Bun-Dehesch 1. wird dies ausgedrückt: „beide Wesen wurden sichtbar durch Vermischung;" d. i. die eigentliche Schöpfung sichtbarer Dinge wurde dadurch vollendet (vgl. B. D. 3. 6. 7. 8. 9. 10.). Ehe jedoch letzteres geschah, wurde die gute und böse Geisterwelt geschaffen, welche lange vor der Schöpfung der sichtbaren Dinge als zwei feindliche Staaten neben einander bestanden und ihre entgegengesetzten Eigenschaften und Bestrebungen in die endlich gebildete Körperwelt übertrugen.

Da beide geschaffene Urwesen gleich groß, stark und selbständig waren, so gab es bei ihrem Annähern gegen einander zwei mögliche Fälle. Entweder sie leisteten einander, als zwei unvereinbare Elemente, bestimmten Widerstand, und dann würde bei gleicher Stärke ewiger Gegendruck beider Theile und ewige Ruhe des Ganzen eingetreten, folglich keine Vermischung erfolgt seyn; oder, da sie gleich mächtig waren, hätten sie sich durchdringen und in ein einziges Wesen, zu einer ruhigen Indifferenz verschlingen müssen, wodurch ebenfalls kein Widerstreit hätte Statt finden können. Der Religionsstifter hat dieser Schwierigkeit abzuhelfen gewußt, indem er annimmt, daß durch Anwendung eines Mittels, welches Ormuzd benützte, nicht blos die Selbständigkeit und vollkommene Entwickelung, sondern auch das siegende Uebergewicht des guten Princips entschieden sey und entschieden werde. Dieß war das große, ewige, reine, für sich bestehende, von Zervane Akerene geschaffene Urwort, Honover, der Inbegriff aller Weisheit, Wissenschaft und Heiligkeit, der Quell und das Muster aller Vollkommenheiten der Wesen, durch welches Ormuzd eine höhere Einsicht erlangte und seine Kraft, wenn nicht vermehrte, doch erhöhte nud zugleich sein Wesen lauter und rein selbst in der Vermischung erhielt. Die allmächtige Ehrfurcht, welche vor diesem wunderbaren Urworte dem Ahriman selbst eingeflößt wurde, erwarb dem Ormuzd, als er es aussprach, über seinen Gegner auf der Stelle den Sieg. (s. Honover).

Während der Zeit nemlich, als beide geschaffene Urwesen noch scharf geschieden waren, begriff Ormuzd mittels dieser höhern Wissenschaft und Weisheit, gleichsam wie durch das heiligste Urorakel, sowol sein eigenes Wesen und seine Bestimmung, als auch, daß Ahriman seine Zeugungen mit den Wirkungen Ormuzd's 9000 Jahre vermischen, dann aber Ahriman's Wirksamkeit enden und derselbe böse zu seyn aufhören werde. Der ganze Zeitraum des Widerstreites auf 12,000 Jahre bestimmt, war in 4 Weltalter getheilt. In den ersten 3000 Jahren sollte Ormuzd allein regiren, in den zweiten 3000 Jahren Ahriman seine Wirkungen in die guten einmischen, in den dritten 3000 Jahren Ahriman vorherrschend regiren, nach Ablauf der vierten 3000 Jahre Ahriman's böse Wirkungen völlig entkräftet werden, alles Geschaffene und selbst Ahriman, der Vater des Bösen, gut seyn und somit die Körperwelt in ihrem dermaligen Zustande, als Zusammensetzung von Guten und Bösen und als Kampfplatz dieser beiden widerstreitenden Elemente selbst aufhören und eine neue bessere daraus hervorgehen, in welcher alles rein veredelt und selig seyn (Bun-Dehesch 1.) oder alles in den höhern, göttlichen harmonischen Geisterstand zurückkehren werde.

Da Ormuzd diese künftigen Ereignisse voraussah und die blos auf Böses sinnende Natur Ahrimans erkannte; so kam er seinem Gegner in der Schöpfung zuvor und brachte den Himmel, d. i. das Abbild desselben, und die Feruers, d. i. ersten, reinsten, lebendigen Geister oder Grundkräfte aller künftigen Geschöpfe, oder die durch den Schöpfergedanken geborne Ideen, als für sich bestehende Wesen, die sich einst mit dem Geschöpfe verbinden sollten, zu welchem sie gedacht sind, kurz die Ideenwelt, hervor, ohne daß Ahriman wußte, oder sich darum kümmerte, was vorging. Endlich erhob sich derselbe, näherte sich dem Lichte Ormuzd's und wollte es verschlingen. Allein durch den erhabenen Glanz desselben geblendet, stürzte er von selbst in seine vorige dicke Finsterniß zurück, und erhielt dadurch das erste Gefühl von dem Gegensatz und der Uebermacht des Guten über das Böse.

Nach Bun-Dehesch, holte Ahriman jetzt nach, was er versäumt hatte, und schuf ein Heer von Mord- und Plagegeistern, Dews und Darudjs d. i. eine Menge Feruers unreiner Natur, oder eine böse Ideenwelt. Als Ormuzd, der alles wußte, dieses schreckliche Volk erblickte, bot er Ahriman Frieden an: „Ahriman, hilf der Welt die ich geschaffen habe, ehre sie; und dein Geschaffenes soll unsterblich seyn, nicht altern, sich nicht zerrütten, nicht Mangel haben." — Aber Ahriman verwarf den Freundschaftsbund, kündigte ihm und seinen Werken den Krieg an, und wiewol er von Ormuzd hörte, daß er nach 9000 Jahren Kampfs unterliegen müße; so erklärte er doch, „daß er bis zum letzten Tage die gute Welt bestürmen wolle." Da sprach Ormuzd das heilige Wort Honover aus, und Ahriman vor Schrecken schaudernd sank zurück und lag in der Tiefe wie in Fesseln und wie todt 3000 Jahre.

Während Ahriman von dem heiligen Worte niedergeworfen, 3000 Jahre in der Tiefe lag, schuf Ormuzd die sechs Amschaspands, zuerst Bahman, den Herzog der Lichtwelt, dann Ardibehescht, Schahriver, Sapandomad, Khorbad, Amerdad, welche die nächsten Oberhäupter der Geisterwelt und Gehülfen Ormuzds sind und jeder eine bestimmte Verwaltung haben (s. Amschaspands). Ormuzd ist höchster der Amschaspands, aber ihr Oberhaupt und König der Sechse. Dagegen zog Ahriman auch aus der Tiefe sechs Oberhäupter der bösen Geister, Darudj oder Erzdews, hervor: Akuman, Ander, Savel, Tarmad, Tacik, Zaretsch, (vgl. Darudj), welche mit Ahriman ein gleiches Obercollegium von sieben hohen, aber bösen Dämonen bilden (Bun-Dehesch 1.). Im Vendidad (Farg 4.) werden zwar neun Darudjoberhäupter genannt, und Eschem und Aschmogh wegen ihrer Grausamkeit und Schädlichkeit noch dazu gezählt, allein uneigentlich, etwa wie Mithra und Taschter unter den Izeds (Geister des zweiten Ranges) mit eben so großer Ehrerbietung, als die Amschaspands oft erwähnt werden, oder wie im Izeschne (Ha 1) mit den sieben Amschaspands noch Goschornn der Schützer der Heerden und das Feuer Ormuzd's, als lebendigstwirksamster der Amschaspands genannt sind. Nach den Amschaspands muß Ormuzd die Izeds, oder die guten Geister zweiter Ordnung geschaffen und auch Ahriman die ihnen entgegengesetzten bösen Dews hervorgebracht haben. Sie werden wie die guten Geister der Zahl nach über zehntausendmal tausend angegeben.

Jetzt wurde endlich die reine, sichtbare Schöpfung durch sechs große Arbeiten vollendet, deren Andenken durch sechs jährliche Feste (Gahanbars) gefeiert wurde, welche nach der Parsen-Sage von Djemschid angeordnet sind. Die deutlichste Erzählung ist davon in Jeschts Sades 28. Erstes Schöpfungswerk: in 45 Tagen bin ich Ormuzd mit Amschaspands sehr wirksam gewesen, habe den Himmel geschaffen und darauf Gahanbar gefeiert und ihn Gah Mediozerem genannt. — (Der Sammler setzt hinzu: Mediozerem ist die Zeit, in der Demuzd den Himmel hervorgehen ließ und darauf mit Amschaspands Miezd brachte). Auch die Menschen müssen dieses Fest feiern. (Miezd ist ein Speisopfer aus Fleisch, Brot und andern Dingen, welches die Priester und gemeinen Parsen vor, während, oder nach dem heiligen Dienste essen). — Zweites Schöpfungswerk: „60 Tage bin ich Ormuzd mit Amschaspands sehr wirksam im Schaffen gewesen: Wasser ist worden: darauf Feier Gahanbars, den nannt' ich Medioschem." (Sammler: in dieser Zeit ließ Ormuzd das Wasser werden durch Tir und feierten Miezd mit Amschaspands: die Menschen müssen gleiches thun). — Drittes Schöpfungswerk: „65 Tage bin ich Ormuzd mit Amschaspands u. s. w. Erde ist worden: darauf des Gahanbars Feier, den ich Peteschem nannte." (Sammker: In dieser Zeit wurde durch Ormuzd die Erde sichtbar über dem Wasser. Darauf heiligten Ormuzd und Amschaspand's Miezd.. Die Menschen u. s. w.). — Viertes Schöpfungswerk: im Lauf der 30 Tage bin ich Ormuzd u. s. w. Bäume wurden, darauf des Gahanbars Feier, den ich Fiathrem nannte." (Sammler: in der Fiathrem-Zeit ließ Ormuzd mit Amschaspands alle Pflanzen zur Speise und alle Baumarten werden und heiligte darauf Miezd; die Menschen u. s. w.) — Fünftes Schöpfungswerk: „in 24 Tagen bin ich Ormuzd mit A. u. s. w.; Thiergeschöpfe sind worden. Darauf feierte ich Gahanbar und nannte ihn Mediarem." — (Sammler: Mediarem, Zeit, wo Ormuzd 5 Arten Thiergeschöpfe werden ließ und darauf Miezd heiligte. Die Menschen u. s. w.). — Sechstes Schöpfungswerk. „In 65 Tagen bin ich Ormuzd u. s. Der Mensch ist geschaffen; darauf war heiliger Gahanbar, den ich Gah Hamespethmedem (himmlisch, herlich) nannte." (Sammler: Hamespethmedem, Zeit, wo Ormuzd den Menschen gemacht und alles, was ist, vollendet hat; darauf heiligte er Miezd mit Amschaspands. Die Menschen u. s. w.") — Nach Bun-Dehesch 2 führte die allwissende und vortrefflichste Weisheit den Menschen Feruers zu und sprach: „welcher Gewinst für euch, Körper in der Welt zu beleben! Steht daher im Kampf mit Darudjs, macht sie schwinden; am Ende sollt ihr in den ersten Zustand zurückkehren; Seligkeit soll euch werden, Unsterblichkeit ohne Veraltung, ohne Uebel; mein Fittig soll euch gegen Feinde decken." Darauf kam des Menschen Feruer durch des Allwissenden Geist gegen Ahrimans Darudjs geschützt, in die Welt und ward sichtbar. Am Zeituntergange (d. i. nach 12,000 Jahren) wird er vom Feinde Peetiare errettet, des ersten Glücks genießen, wenn die Todten neu leben, durch alle Ewigkeiten der Wesendauer.

Ohne hier an die Aehnlichkeit der mosaischen Schöpfungsurkunde und die darin gebrauchte Pluralform Elohim (1 Mos. 1.) welche der Parse auf Amschaspands deuten würde, und an den Umstand zu erinnern, daß in der zweiten Urkunde (1 Mos. 2.) Jehovah Elohim (יְהוָה אֱלֹהִים) genannt wird, welches von den Parsen auf das Haupt der Amschaspand's Ormuzd bezogen werden könnte, so erlaube ich mir nur zwei Bemerkungen. Die erste ist, daß der Himmel mit den Sternen und die Erde mit Thieren und Menschen in der Absicht geschaffen wurden, um gegen Ahriman zu streiten und das Böse überwinden zu helfen. Namentlich sind die Gestirne angewiesen, immerfort, wie ein großes Heer gegen Ahriman und seine Heere Wache zu halten, und die Menschen selbst haben dieselbe Bestimmung, als rüstige Krieger gegen das Böse zu kämpfen und Ahriman's Geschöpfe zu vertilgen. Ja, die ganze Schöpfung Ormuzd's war im Grunde nichts, als eine vollkommene Entfaltung dieses guten Princips, welche blos durch die Bedrohung des Bösen veranlaßt wurde, doch nicht eher erfolgte, als bis derselbe (Ormuzd) sich überzeugt hatte, daß das Böse unvereinbar mit dem Guten sey, auch dasselbe nicht für sich getrennt bleiben, sondern durchaus das Gute in sich verschlingen wollte. Demnach war die, von Ormuzd vollendete, Schöpfung eigentlich Mittel der Selbsterhaltung des Guten und hatte keinen andern Zweck, als die ausgedehntesten Streitkräfte gegen das Böse, oder Ahriman, zu entwickeln, danu den Kampf gegen diesen zu bestehen, denselben zu überwinden und ihn und seine Productionen endlich selbst gut zu machen. Dieß Letztere blieb nur übrig, da das Böse weder für sich bestehen konnte, noch mit dem Guten vereinbar war. Sobald jene Absicht erreicht war, hatte auch die Schöpfung keinen Zweck mehr und mußte vergehen.

Die zweite Bemerkung ist, daß Ormuzd als erster Priester der Welt handelt und nach Vollendung jedes einzelnen Schöpfungswerkes mit den Amschaspands Opfer und religiöse Feierlichkeit anstellt. Wiewol nichts Näheres darüber gesagt wird, so fällt doch in die Augen, daß er und die Amschaspands nach Vollendung der 6 Arbeiten, als Diener des ewigen Urwesens sich beweisen und auch diesem in jenen Festen ihre Ehrfurcht bezrugen. Sie sind auch unstreitig bei Vollendung ihrer Arbeiten vom Kosti, dem Parsen-Gürtel, umschlungen und sprechen als erste Priester das Wort; wenigstens machte es Ormuzd dem Ahriman zum

Vorwurf, daß er in den 3 ersten Zeiten, in welchen die drei ersten sichtbaren Hauptschöpfungen vollendet wurden, nicht vom Kosti umgeben war, nicht das Wort gesprochen habe und Miezd und Hom (Lebenswasser) nicht von Ormuzd habe annehmen wollen. (Vend. Farg. 18.).

Was Ahrimans Schöpfungen betrifft, so sind diese viel unbestimmter erwähnt. Nach 3000 Jahren, als Ormuzd's reine Welt bereits vollendet war, erhob sich der Böse, musterte seine Heere, schuf eine schöne Menschengestalt, und stellte sich in Begleitung aller Dews zum Kampfe gegen die reine Lichtwelt, um in alle Theile derselben einzudringen und Zerstörung zu verbreiten. Die Dews stritten gegen die Standsterne, Ahriman drang in den Himmel und sprang in Schlangengestalt auf die Erde. Schwarze Wolken verfinsterten nun die Erde, Hitze und andere Plagen verunreinigten, plagten und verwüsteten das Land. Ahriman drang darauf ins reine Feuer, ließ schwarzen Rauchdampf daraus empor steigen, mischte sich mit den Dews in die Planeten; drang durch alle Sterne und alles, was geschaffen war. 90 Tage und 90 Nächte standen des Himmels Izeds im Kampf mit Ahriman und allen Dews der Welt, bis sie ihn endlich in den Duzakh (Abgrund der Finsterniß) stürzten. Aber er stieg auch daraus wieder empor, durchbrach die Erde und mischte sich in die Elemente, theilte dem Wasser unreine, oder salzige Bestandtheile und Keime der Fäulniß mit, wodurch es seine jetzige Natur erhielt, bewirkte durch das Durchdringen der Erde, daß die Berge sich erhoben und entwickelten. Eben so veränderte er die Natur der Bäume, z. B. daß sie Dornen und Rinde, und viele Gewächse giftige Eigenschaften erhielten; überhaupt, daß sie sich im Widerstreit zwischen Guten und Bösen vervielfältigten. Er setzte auch den guten Erzeugnissen, Geschöpfen und Gewächsen überall böse entgegen, schuf z. B. die Kometen, welche gegen die Planeten gerichtet sind, ferner Tiger, Löwen, Wölfe, überhaupt alles Wild, welches keine Eselsfüße hat und den nützlichen, vorzüglich zahmen Thieren verderblich wird, insbesondere zahllose Kharvesters d. i. Scorpionen, Schlangen, Eidexen, Kröten, Ameisen, Heuschrecken, und das ganze Insecten- und Würmergeschmeiß, welches sich in Luft, Erde und Wasser, in Ritzen und Höhlen befindet, oder den guten Thieren, Gewächsen und Menschen auf irgend eine Weise schadet. (Bun-Dehesch 18. ff.). Ueberhaupt ließ er durch Beimischung die guten Schöpfungen in schlechte ausarten, tödtete den Urstier und Urmenschen, wodurch aus ihnen neue Geschlechter und Productionen hervor gingen, ließ durch Verheirathung der Dews mit reinen Menschen neue Racen, Sünder, Gottlose erzeugen, und verderbte die Guten durch Verführung und Einpflanzung sündlicher Keime, so daß sie sich dem Guten entfremdeten; veränderte die Jahreszeiten, führte Winter, Sturmwinde, Kälte, Glut, Nacht, Landplagen, Seuchen, die monatliche Reinigung der Weiber und Krankheiten in die Welt, kurz machte das Böse über das Gute 3000 Jahre vorherrschen, (Bun-Dehesch 3. 30.) und Ormuzd sah sich zu dieser Zeit gleichsam verdunkelt.

Darum redet Ormuzd zu Zoroaster: „Nachdem ich diesen reinen Ort geschaffen hatte, wandelte ich in meiner Größe. Da sah mich die Schlange, dieser todtschwangere Ahriman und schuf aus seiner reichen Quelle des Bösen neun, neunmal, neunhundert, neuntausend, neunzigtausend böse Lüste gegen mich: Du aber sollst durch Verkündigung des Worts mir meinen ersten Stand wieder geben, der ganz Glanz war. (Vendid. Farg. 22.). Zoroasters Feruer war aber schon seit der ersten Schöpfung her zu diesem Geschäft bestimmt. Denn als des ersten gestorbenen Stieres Seele, Goschorun vor Ormuzd über Ahrimans Zerstörung klagte, gab er die Verheißung, daß der Mensch für eine Erde und Zeit aufgehoben werde, wo Ahriman keine Gewalt mehr üben könne, zeigte ihm den Feruer Zoroasters und versprach, daß er diesen der Welt schenken und durch ihn Reinbewahrung vom Bösen lehren wolle. (Bun-Dehesch 4.). Dieses Zoroasters Feruer lebte im lebendigen Worte, und war bestimmt, dasselbe in der Welt zu verbreiten, um die Läuterung der Schöpfung einzuleiten, ihre Zerrüttung, Unreinigkeit und Unvollkommenheit physisch und geistig durch eben jenes Wort zu heben und Ahrimans Gewalt immer ohnmächtiger zu machen. Diese Sendung Zoroasters, dem Ormuzd seinen ganzen Willen und alle Geheimnisse in Avesta offenbarte, ist also gegen Ahriman gerichtet, um dessen Wirkungen und Einfluß zu vermindern, sein Reich zu schwächen und dagegen Ormuzd's Glanz und Macht wieder herzustellen, (Vend. F. 20 u. 22 u. 11.). Der Einfluß Ahrimans muß daher physisch und geistig immer geringer werden, und die Natur sich selbst wieder ändern. Nach Bun-Dehesch wird nach und nach in den letzten Zeiten der 12,000 Jahre die Kraft der Natur abnehmen, die Menschen nicht mehr Fleisch essen, auf Baumfrüchte und Milch sich beschränken; endlich auch diese nicht mehr genießen, sondern blos von geringern Gewächsen und Wasser leben, bis sie im letzten Jahre der Weltdauer ohne alle Nahrung seyn werden. Dann erscheint der Prophet Sosiosch und belebt die Todten. Jede Seele wird mit den lebendig gewordenen Leichnamen, so getrennt und zerstreut auch ihr Staub seyn mag, wieder vereint; ein Bekannter erkennt den andern nach der Todtenbelebung wieder, und aller Welt Wesen erscheinen mit den Menschen auf Erden versammelt. (Bun-Dehesch Vendid. Farg 9 Jeschts 23 Card. 28 und 31.). Jeder sieht sein Gutes und Böses, was er gethan hat, und der Sünder sagt zum Gerechten, dessen Freund er hier war: „ach, warum hast Du mich auf Erden nicht gelehrt, mit Reinigkeit zu handeln? Darum bin ich nicht jetzt unter den Seligen.“ Darauf werden die Gerechten von den Darvands (Bösen) geschieden und gehen in Gorotman die himmlische Wohnung Ormuzds, der Amschaspands, Izeds und aller Reinen ein, die Darvands aber werden von neuen in den Duzakh (Abgrund) gestürzt, wo sie drei Tage und drei Nächte büßen, während die Reinen in der Himmelswohnung mit Leib und Seele Seligkeit genießen. Der Komet Gurzscher, welchen bis dahin der Mond (Mah) bewacht hatte, reißt sich endlich von der Macht desselben los, stürzt auf die Erde, setzt sie in Brand; große und kleine Berge mit Metallen zerfließen, bilden einen Strom, durch welchen alles, was Mensch heißt, hindurch muß. Die Reinen gehen hindurch, wie durch warmen Milchfluß, die Darwands aber mit Zwang, und werden hiermit rein werden und Gutes thun. Alle Menschen vereinigen sich dann zu einem Werke. Selbst Ahtiman wird im Fluß geschmolzener Erze ausbrennen und selbst das Faule und Unreine des Abgrundes (Duzakh) aufgelöset und geläutert werden. Ormuzd und Ahriman, Bahman und Akuman, Ardibehescht und Ander, Schariver und Savel, Sapandomad und Tarmad, Khordad und Tarik, Amerdad und Zaretsch, Serosch und Eschem, also (vormals) böse und gute Oberhäupter der Geister, werden vereinigt, Izeschne d. i. Hochpreisung anstimmen. Die Erde wird von allen Unreinigkeiten geläutert, ohne Schädliches, eben und gleich werden, das Gebirge erniedrigt und nicht mehr seyn, und die Welt zur Auferstehung ewige Dauer bekommen (Bun-Dehesch. 31.). Ja der stockfinstere König, welcher nur Böses faßt, wird am Ende zur Auferstehung Avesta sprechen, Ormuzd Gesetz ausüben und es selbst in die Wohnungen der Darvands einführen (Izesch. H. 31.).

Avesta (Vend. Farg 18) läßt übrigens Ormuzd seinen Gegner Ahriman so schildern: Gutes thun will er nicht, auch wenn ihm der Breite nach die Haut abgeschunden und beim Gürtel begonnen würde. Dieser einzig Arge, Unreine und Verwünschte hat lange Schenkel, eine lange Zunge, ist ein Nichts des Guten und lebt aus sich selbst d. i. unabhängig. Ich habe ihm wolzubereiteten Hom und Miezd dargeboten; dennoch will er nicht Gutes thun. Wenn meine Diener Stärke hätten, wie 1000 Pferde, so würde er sie doch schlagen, ihnen die Heerden oder die Männlein und die schwangern Weiblein von der Heerde rauben. *(P. Fr. Kanngießer.)*

Ahr-Tojon, s. Jakuten.

Ahrun, s. Aharun.

AHRWEILER, (Aarweiler,) im Großherz. Niederrhein, Reg. Bez. Coblenz, Stadt, in dem untern Landgerichtsthale gelegen, zählt 367 H. und 2079 Einw., die ganze Gemeinde, wozu Bachem, Marienthal und Walporzheim, einige Höfe und Mühlen gehören, 475 H. und 2625 Einw. (im J. 1812. 2366). Mit Ausnahme einiger Gerbereien, deren Sohlleder gesucht ist, hat die Stadt wenig Merkwürdiges aufzuweisen, dafür erzeugt aber ihre Markung (Ackerland 246, Wiesen 57, Weinberge 360, Wald und Hecken 6156 Morgen) einen rothen Wein, besonders um Walporzheim, der die erste Stelle unter den Ahrweinen einnimmt. Der Thurm vor Ahrweiler war ein gräflicher Sitz, welcher seinem Eigenthümer, dem Herzoge von Aremberg, Sitz und Stimme auf der Cölnischen Grafenbank gab. Außerdem waren hier die Abteien Klosterrode, Marienthal, Peüm, Steinfeld, Marienforst und Schweinheim; das Domkapitel, das St. Servatiusstift zu Mastricht, das Jesuiter-Collegium zu Düren, die Grafen von der Ley und von Manderscheid ꝛc. begütert. Das Franziskanerkloster wurde im J. 1806 für 5925 Franken verkauft.

Die Bürgermeisterei Ahrweiler enthält 16 Ortschaften, 5 Gemeinden, (Ahrweiler, Gimmingen, Heimerzheim an der Ahr, Kirchdaun und Wadenheim), 940 H., 4913 Einw. (4610 im J. 1812) 2915 M. Ackerland, 198 M. Wiesen, 849 M. Weinberge, 9679 M. Wald und Hecken. Im J. 1813 wurden 33 Pferde, 294 Ochsen, 871 Kühe, 293 Schweine, 106 Bienenstöcke gezählt. Die Nahrung der ausnehmend fleißigen Einwohner beruhet einzig auf dem Weinbau.

Ahrweiler, der landräthliche Kreis, grenzt östlich mit dem Kreise Linz, oder dem Rheine, südlich mit Mayen und Adenau, westlich und nördlich mit dem Regirungsbezirke von Cöln. Er begreift 7 Bürgermeistereien, Ahrweiler, Altenahr, Gelsdorf, Königsfeld, Niederbreysich, Remagen und Sinzig, 142 Ortschaften und 24745 Einw. *(v. Stramberg.)*

AHSE, Flüßchen, aus dem Herzogth. Westphalen hervorkommend, auf einer bedeutenden Strecke die Nordgrenze der Grafschaft Mark gegen das Münstersche bildend, fließt durch die reichen Auen der Soester Börde und des Hammschen Kreises, fällt bei Hamm in die Lippe, und ist vorzüglich wegen der Fettweiden seiner Ufer berühmt. *(Aschenberg.)*

Ahtschise, s. Aschipse.

Ahugo, s. Auga.

AHUN, (Br. 49° 5′ L. 19° 38′) St. im franz. Dep. Creuse bei Gueret auf einer Anhöhe, unter welcher die Creuse durchfließt, hat ein Schloß, 281 H., 1,564 Einw. und unterhält Leinweberei. Man hält sie für das alte Acitodunum. *(Hassel.)*

ÅHUS, (sprich Ohus,) ein Dorf im Kirchspiel gleiches Namens, 2 Meilen von Christiansstad in Schonen, $\frac{7}{8}$ Meile vom Auslauf des Helgeflusses ins Meer, ehemals eine bedeutende Handelsstadt mit Kirchen, Klöstern und Hospitälern, jetzt ein großes Dorf mit Markt und Straßen und Hafen und Ladeplatz für Christianstad, mit Zollkammern und Packhäusern. Zur möglichsten Abführung des Flugsandes, der aber dennoch die Schiffe hindert sich dem Lande ganz zu nähern, sind große Anpflanzungen von Nackt- und Laubholz und Sandhafer gemacht worden. Die Kirche ist sehr alt, und soll von den Lübeckern, die hieher viel Handel trieben, angelegt seyn; das Hospital ist nach Christianstad verlegt worden. Åhus hatte in alten Zeiten auch ein Schloß, welches unter den dänischen Königen im 12ten Jahrh. das Erzbisthum Lund besaß, nebst der Stadt, dem Kreise (Härad) Ljunils und der Insel Bornholm, zur Sühne für ein dem Erzbischof Eskil zugefügtes Unrecht; als späterhin die Krone das Schloß wieder einzog, eroberte es das Volk im J. 1262 für das Erzbisthum wieder. Seit Christianstad im J. 1614 erbaut wurde, verlor Åhus seine Stadtgerechtigkeit. Im J. 1027 kämpfte bei Åhus in einer Schlacht der dänische König Knut der Große unglücklich gegen die verbundenen Könige von Schweden und Norwegen Anund Jakob und Olof Haraldson. — Die Stadt Christianstad übt seit dem J. 1632 die Jurisdiction über einen Theil des Orts; der andere ist den Landgerichten beigelegt. Die Fahrzeuge ankern auf der offenen Rhede, $\frac{1}{8}$ Meile von den Packhäusern, wohin die Waaren auf Prahmen geführt werden. Åhus bauet auch vorzüglichen Tabak, der weit und breit sehr geschätzt und theuer verkauft wird. Außer einem Armen- und einem Schulfonds, besitzt Ahus einen im J. 1748 vom Zollverwalter Gram unter dem Namen einer Privatkasse des Kirchspiels gestifteten Fonds von 237 Rthlr. 16 ßl. Banco, für dessen Zinsen die Aufsicht über die Thurmuhr geführt wird. Nach Tunelb und nach Schaar Beschreibung des Kirchspiels Ahus, in den Acten der Landhaushaltungs-Gesellschaft in der Landshauptmannschaft Christianstad. Heft 3. Christianstad 1817. S. 81 106. *(v. Schubert.)*

AHWAS, (Ahwaz, Hhawiza,) in Chusistan am Flusse Hawiza (Hhawise, Pasitigris) nach Tavernier 70°, 15' d. L. 31° 15' d. Br. gelegen, ist eine kleine halb verwüstete Stadt, welche aber einer großen und fruchtbaren ebenen Landschaft den Namen gibt, der zuweilen für die ganze Provinz Chusistan gebraucht werden soll. — Nach Macdonald Kinneir's neuer Reise ist Chusistan, diese ehemalige Winter-Residenz des letzten parthischen Königs Artabanes, von der man noch jetzt Ruinen einer Brücke und eines Palastes sieht, die Hauptstadt im Gebiete des Scheik Dschab in Chusistan. *(P. F. Kanngießer u. H.)*

Ahyto, s. Hatto.

Ai, Faulthier, s. Bradypus.

AI, (hebr. עַי und mit den Art. הָעַי LXX. Γαὶ Ἀγαί, Ἀγγαί, Vulg. Hai,) auch Aja, Ajath, (s. unten), Stadt in Palästina, die schon unter den Canaanitern als eine Königsstadt vorkommt, östlich von Bethel im nachmaligen Stamme Benjamin. Schon Abraham schlug hier sein Zelt auf, so daß er Bethel gegen Abend und Ai gegen Morgen hatte (1 Mos. 12, 8. 13, 3), weshalb die Angabe des Eusebius und Hieronymus ganz irrig ist, nach welcher es westlich von Bethel gelegen gewesen seyn soll. Josua eroberte es als die zweite canaanitische Königsstadt durch eine Kriegslist, und zerstörte es (Jos. 8, 1—30), wobei ausdrücklich angeführt wird, daß die Trümmern noch zur Zeit der Abfassung des Buches Josua oder seiner Quellen zu sehen gewesen, (v. 29) doch muß sie wieder aufgebaut worden seyn, oder die Zerstörung überhaupt nicht total gedacht werden. Denn zur Zeit des Jesaia erscheint sie unter dem Namen Ajath (עַיָּת) Jes. 10, 28, neben Bethel, so daß an der Einerleiheit der Namen kein Zweifel ist; unter Esra wird erwähnt, daß sich neue Kolonisten in ihr niedergelassen (Esra 2, 24, Neh. 8, 32), wobei sie einmal auch Aja (עַיָּא) genannt wird (Nehem. 11, 31.). Zur Zeit des Eusebius und Hieronymus zeigte man nur einige Ruinen derselben. Josephus nennt sie Ἀι, (vergl. 1 Mos 12, 8 samar. Uebers. [illegible]), wonach Stephanus von Byzanz durch Irrthum eine Stadt Ἀννα unweit Jericho ...führt. Eine gleichnamige Stadt kommt im Ammonit... ...vor (Jer. 49, 3). *(Geseni..s.)*

AI, ...stgebornen oder von den Göttern (Asen) z... ...ten Zwerge, den die nordische Prophetin ... ...spaa unter den andern namentlich anfüh... ...o.' (s. Woluspa Resenii, Hafniae ... ...andvigs Forsög til en Over... ...mundos Edda. Förste Hefte. Kiö... ...) Im jetzigen Isländischen heißt Ai ein Urgroßvater, ...ßvater Afi. (s. Haldorsonii Lexic. Island. Kop... 1814. 4.) *(Gräter.)*

Aias, s. Aiax.

AIBASCHEV..., Flecken in der russischen Statthalterschaft Ufa, 2 M... ...n der Stadt Birsk an der Bergseite der Belaja; in ...ess...n Nähe man in dem über 50 Klaftern hohen Ufer ...er Belaja das sogenannte Gipsum striatum findet. *(J. Ch. Petri.)*

Ai-Beck, Ibe... s. Mameluken.

AIBGA, ein ...ischer Stamm nordwestlich von den Suanen, nördl... uber der mingrelischen Provinz Odischy, an den F...ssen Kedon und Dat. S. Abasu. *(Rommel.)*

AIBLING, ...rktfl. von 924 Einw. Landger. Rosenheim im Isarkrei... des Königr. Baiern. Das Flüßchen Glon ergießt si... da in die Mangfall. An der Anhöhe thront das alte ...chloß. Dieser Ort war vor Alters wegen der da gehal...nen Landtage und Hofgerichte berühmt, jetzt ist er a... und gewerblos. *(v. Hazzi.)*

Aice, s. Kibb...

Aich, Fluß, s. Aach.

AICH. Dies... Namen haben sehr viele Orte in Oesterreich, besond...s im Erzherz. Oesterreich, wo allein im Lande ob der En... 15 Dörfer dieses Namens sich befinden. In Steie...ark sind 5 Aich, worunter das Kirchdorf dieses N...ens an der Ens im Judenburger Kreise der beträchtl...ste Ort ist, indem hier in 60 H. 328 Einw. gezählt wer...n, welche sich außer der Landwirthschaft mit Kohlenbr...nen, Kohlenholz fahren und anderm Fuhrwesen ernähre... Auch heißt so ein Dorf mit Schloß in Kärnthen im Kla...furter Kr. und ein Pfarrd. im Würtembergischen O. A. ...ördlingen mit 700 Einw., und ein wegen seines Gesun...eitsbades bekannter Weiler unweit Kempten. *(... v. Liechtenstern, Röder u. H.)*

AICHA, (b...misch) auch EICHE, (Czekeg Dub oder Dubi..., Duba), eine Municipalstadt in Böhmen, Jungbun...auer Kr., 1 St. von Liebenau, mit einer Pfarre, dem ...hlosse Raben und Baumwollen-Manufakturen. *(André.)*

AICHACH. Zu welcher Zeit und auf welche Veranlassung diese im ...aierischen Isarkreise und Bisthum Augsburg an dem ...äischen Paar gelegene Stadt entstanden sey, ist nicht verlässig bekanut. Die Zerstörung des Schlosses Wi...elsbach*) durch den Herzog Ludwig I. von Baiern ...rschafte den Einwohnern Steine zur Aufführung der S...dtmauern. Im J. 1272 war die Stadt schon der S... eines fürstlichen Gerichts. Auch war hier eine sehr ...lte Teutschordenskommende, welche 1304 einging. I... J. 1347 ertheilte ihr Ludwig der Baier gleiches Sta...recht mit der Stadt München. Sie ist mit einer Maue... einem Walle, und einem doppelten Wassergraben umg...en. Die Häuser sind von Stein erbaut, und mit Zieg...n gedeckt. Zwei Straßen, die durch

---

*) Das Schloß ...nterwittelsbach steht nicht weit von der Stadt. Von dem ...zerstörten Stammschlosse Wittelsbach, welches eine Stunde von der Stadt entfernt war, sieht man kaum noch einige Sp...en.

die Stadt ziehen, von Douau:)r nach München, und von Schrobenhausen nach Augs u , veranlassen hier einen Postenwechsel. Den nugefä)0 Einwohnern verschaffen bürgerliche Gewerbe n Handel mit Getreide, Holz, Flachs und Vieh vielen B lstand. Zu den vermöglichsten gehören die Bierb . Mehrere Lodenweber haben Absatz in Augsburg. ie Zahl der Uhrmacher ist allmälig sehr herabgesunken. L hach ist der Sitz eines Landgerichts, dessen Bezirk i h im J. 1808 10¾ Q. Meilen mit 18,541 Selen um jetzt aber nach Abzug der im J. 1817 zum Herrschafts richte, Affing und zum Landgericht Rain geschlagnen cuerdistrikte nur noch 6⅕ QM. mit 14,320 Einw. in teuerdistrikten enthält. (Vgl. Reg. Bl. 1808. S. 1 l. 145 u. 1807. S. 48—51). Neben dem Landgerichte bestehen dessen Bezirke mehrere Patrimonialgerichte (s. ebendas. 17. Nr. 7, 11). Zur Pfarrei der Stadt gehören mit Einschluß umliegender Ortschaften 2684 Selen. Hier n im 15ten Jahrh. Johann Angelus, in der Folge Pro sor der Astronomie zu Wien, geboren. (v. H z , *Milbiller, Raiser.*)

AICHBERG, Kirchdorf in Erzherz. Oesterreich ob der Ens im Hausruckviertel, mit chloß und Herrschaftssitz in dem Werbbezirks-Com ariate Engelhardszell, das mit den zerstreut herum geleg en Bauerhöfen 59 H. und 375 Einw. enthält. Das S loß wurde wahrscheinlich von den Herren von Aichber erbauet, die schon im 12ten Jahrh. vorkommen; späte kam es an die jetzigen Besitzer Grafen von Sellabur (chemal. Salburger). Auch führt den Namen Aichbe g, (Achberg, Eichberg) eine Ortschaft im Gratzer K des Herz. Steiermark, mit 54 H. und 278 Einw., die ein Herrschaft den Namen gibt. (*B. v. Liechtenstein* *v. Koch-Sternfeld.*)

AICHE, ist 1) ein Flüss eitsmaß (Aichmaß, Aichkanne, Aicheimer u. s v.), von gesetzlich bestimmtem Inhalte. Verschieden n dem sogenannten Visirmaße (z. B. Visirreimer), dien ein solches Gefäß mit seinen bemerkten Untereintheilun n zur Bestimmung der Quantität einer Flüssigkeit, wo : jenes Gefäß ein oder mehrmals, ganz oder zum , angefüllt wird, oder auch zur Bestimmung des Inhalt eines andern Gefäßes (z. B. eines neu gefertigten Fass und dergl.). — 2) Ist die Aiche auch an mehrern Orten n Brennholzmaß, und führt dann den Namen Holzai e, z. B. einer Klafter Brennholzes. — Unter Aicher versteht man eigentlich das Messen einer kleineren oder rößeren Quantität von Flüssigkeit mit Hilfe der Aiche. Abaichen (oft gleichbedeutend mit Aiche'n) heißt, e entlich bestimmen, wie viel Flüssigkeit (wie viele M ße, Eimer, ꝛc.) ein gegebenes Gefäß halte. Diejen en, welche mit diesem Geschäfte eigends beauftragt si , heißen da, wo jene Ausdrücke üblich sind, Aicher. (*Schon.*)

In der Schiffahrtsku de heißt Aichen den körperlichen Inhalt des Raume ines Schiffes, wo die Ladung liegt, ausmessen, und Lästigkeit desselben in Tonnen oder Lasten angeben. (Grösse eines Schiffes.) (*Braubach.*)

AICHELBERG, ein run r freistehender Berg in Würtemberg, im OA. Kirchheim at die Figur einer abgekürzten Pyramide. An der M te des Bergs ist ein Dörfchen um den Berg herum gebaut. Oben stand das Stammhaus der alten Grafen von Aichelberg, das längst zerstört ist, und nur noch wenige Ruinen zeigt. Die Grafen von Aichelberg waren eines alten und reichen Geschlechts, dessen Ursprung man nicht kennt. Der älteste, den die Geschichte nennt, war Bruno, der 1100 lebte. Nach dem J. 1392 findet man keine Grafen von Aichelberg mehr in der Geschichte. Sie verkauften noch vor ihrem Absterben ihre Grafschaft an die Grafen von Kirchberg, und von diesen kam sie an Würtemberg. (*Röder.*)

AICHELBURG, zerstörtes Bergschloß in Kärnthen, — im Villacher Kr. über dem untern Gailthal und an dem Flusse Gail, — aus welchem die adelige Familie dieses Namens herstammt. (*Röder.*)

AICHEN, an der Zusam, in der Lehnsherrschaft Seifriedberg, der Hauptort eines baierischen Landgerichts im Urspergerschen Steuerdistricte. Gleichnamige Orte finden sich in Würtemberg und Baden. (*Raiser u. a.*)

Aichen, Abaichen, s. Aiche.

AICHER, (Otto,) Benedictiner aus dem Kloster St. Veit bei Neumarkt in Niederbaiern, lehrte seit 1657 zu Salzburg die Grammatik, Poetik, Rhetorik, Moral und Geschichte, und starb daselbst den 17. Jan. 1705. Eines rühmlichen Andenkens werth sind seine Bemühungen zur Beförderung des Studiums der alten Sprachen und der Geschichte, zu welchem Zwecke er mehrere Schriften von Cicero, Livius und Tacitus edirte und epitomirte, verschiedene Lehrbücher, historische Uebersichten und antiquarische Abhandlungen, alles in lateinischer Sprache, schrieb, die für ihr Zeitalter nützlich waren, als: Theatrum funebre exhibens Epitaphia nova, antiqua, seria et iocosa. Part. IV. Salisb. 1673; auct. 1675. 4. unter dem anagrammatischen Namen Dido Richea. — Brevis institutio de Comitiis veterum Romanor. ib. 1678. 12. auch in Poleni Thes. Antiq. T. I. 273. Epitome chronologica historiae sacr. et prof. Colon. 1706. 4. etc. S. Hist. Univ. Salisburg. 398. Kobolt's bairisches Gel. Lex. 16. (*Baur.*)

AICHINGER, (Karl Friedrich) Inspektor der Kirchen und Schulen zu Sulzbach, geb. zu Vohenstrauß im Sulzbachischen den 31. März 1717, erhielt die Stadtprediger- und 1777 die Inspektorstelle in Sulzbach, wurde Mitglied der teutschen Gesellschaften in Mannheim, Jena und Altdorf, und starb den 13. März 1782. Als selbstdenkender teutscher Sprachforscher ist er nicht unrühmlich bekannt durch seinen Versuch einer teutschen Sprachlehre. Frkf. und Lpz. 1753; Wien 1754. 8., und durch seine unvorgreiflichen Vorschläge, die teutsche Bibel nach der Uebersetzung des sel. D. Luthers betreffend, nebst einer Vorrede von den Verdiensten D. Luthers um die teutsche Sprache. Regensb. 1774. 8. Die Vorschläge betreffen Verbesserungen, vornehmlich in Rücksicht auf Sprache, veraltete Wörter, fehlerhafte Beugungen und Verbindungen. S. Jördens Lex. teutscher Dichter und Prosaisten. 6. Bd. S. 540. (*Baur.*)

AICHSPALT (Peter), Achtspalt oder Aspelt, nach einigen auch (aber irrig) Aichspalt genannt, ist besonders durch seine seltenen, nur, leider! noch nicht genug aufgeklärten Lebensumstände, in der Geschichte vorzüglichen Tabak, der weit und breit sehr geschätzt und theuer verkauft wird. Außer einem Armen- und einem Schulfonds, besitzt Åhus einen im J. 1748 vom Zollverwalter Gram unter dem Namen einer Privatkasse des Kirchspiels gestifteten Fonds von 237 Rthlr. 16 ßl. Banco, für dessen Zinsen die Aufsicht über die Thurmuhr geführt wird. Nach Tuneld und nach Schaar Beschreibung des Kirchspiels Åhus, in den Acten der Landhaushaltungs-Gesellschaft in der Landshauptmannschaft Christianstad. Heft 3. Christianstad 1817. S. 81—106. *(v. Schubert.)*

AHWAS, (Ahwaz, Hhawisa,) in Chusistan am Flusse Hawiza (Hhawise, Pasitigris) nach Tavernier 70°, 15′ d. L. 31° 15′ d. Br. gelegen, ist eine kleine halb verwüstete Stadt, welche aber einer großen und fruchtbaren ebenen Landschaft den Namen gibt, der zuweilen für die ganze Provinz Chusistan gebraucht werden soll. — Nach Macdonald Kinneir's neuer Reise ist Chusistan, diese ehemalige Winter-Residenz des letzten parthischen Königs Artabanes, von der man noch jetzt Ruinen einer Brücke und eines Palastes sieht, die Hauptstadt im Gebiete des Scheik Dschab in Chusistan. *(P. F. Kanngießer u. H.)*

Ahyto, s. Hatto.

Ai, Faulthier, s. Bradypus.

AI, (hebr. עַי und mit den Art. הָעַי LXX. Γαὶ Ἀγαὶ, Ἀγγαὶ, Vulg. Hai,) auch Aja, Ajath, (s. unten), Stadt in Palästina, die schon unter den Canaanitern als eine Königsstadt vorkommt, östlich von Bethel im nachmaligen Stamme Benjamin. Schon Abraham schlug hier sein Zelt auf, so daß er Bethel gegen Abend und Ai gegen Morgen hatte (1 Mos. 12, 8. 13, 3), weshalb die Angabe des Eusebius und Hieronymus ganz irrig ist, nach welcher es westlich von Bethel gelegen gewesen seyn soll. Josua eroberte es als die zweite canaanitische Königsstadt durch eine Kriegslist, und zerstörte es (Jos. 8, 1—30), wobei ausdrücklich angeführt wird, daß die Trümmern noch zur Zeit der Abfassung des Buches Josua oder seiner Quellen zu sehen gewesen, (v. 29) doch muß sie wieder aufgebaut worden seyn, oder die Zerstörung überhaupt nicht total gedacht werden. Denn zur Zeit des Jesaia erscheint sie unter dem Namen Ajath (עַיָּת) Jes. 10, 28, neben Bethel, so daß an der Einerleiheit der Namen kein Zweifel ist; unter Esra wird erwähnt, daß sich neue Kolonisten in ihr niedergelassen (Esra 2, 24, Neh. 8, 32), wobei sie einmal auch Aja (עַיָּא) genannt wird (Nehem. 11, 31.). Zur Zeit des Eusebius und Hieronymus zeigte man nur einige Ruinen derselben. Josephus nennt sie Aï, (vergl. 1 Mos. 12, 8 samar. Uebers. עירם), wonach Stephanus von Byzanz durch Irrthum eine Stadt Ἄννα unweit Jericho aufführt. Eine gleichnamige Stadt kommt im Ammoniterlande vor (Jer. 49, 3). *(Gesenius.)*

AI, einer der erstgebornen oder von den Göttern (Asen) zuerst geschaffnen Zwerge, den die nordische Prophetin in der Wöluspaa unter den andern namentlich anführt in Str. 10. (s. Woluspa Resenii, Hafniae 1665. 4. und Sandvig's Forsög til en Oversättelse af Sämunds Edda. Föeste Hefte. Kiöbenhavn 1783. S. 42.) Im jetzigen Isländischen heißt Ai ein Urgroßvater, der Großvater Afi. (s. Haldorsonii Lexic. Island. Kopenh. 1814. 4.) *(Gräter.)*

Aias, s. Aiax.

AIBASCHEWO, Flecken in der russischen Statthalterschaft Ufa, 2 M. von der Stadt Birsk an der Bergseite der Belaja; in dessen Nähe man in dem über 50 Klaftern hohen Ufer der Belaja das sogenannte Gipsum striatum findet. *(J. Ch. Petri.)*

Ai-Beck, Ibeg, s. Mameluken.

AIBGA, ein abassischer Stamm nordwestlich von den Suanen, nördlich über der mingrelischen Provinz Odischy, an den Flüssen Kedon und Dat. S. Abasa. *(Rommel.)*

AIBLING, Marktfl. von 924 Einw. Landger. Rosenheim im Isarkreise des Königr. Baiern. Das Flüßchen Glon ergießt sich da in die Mangfall. An der Anhöhe thront das alte Schloß. Dieser Ort war vor Alters wegen der da gehaltenen Landtage und Hofgerichte berühmt, jetzt ist er arm und gewerblos. *(v. Hazzi.)*

Aice, s. Kibbee.

Aich, Fluß, s. Aach.

AICH. Diesen Namen haben sehr viele Orte in Oesterreich, besonders im Erzherz. Oesterreich, wo allein im Lande ob der Ems 15 Dörfer dieses Namens sich befinden. In Steiermark sind 5 Aich, worunter das Kirchdorf dieses Namens an der Ens im Judenburger Kreise der beträchtlichste Ort ist, indem hier in 60 H. 328 Einw. gezählt werden, welche sich außer der Landwirthschaft mit Kohlenbrennen, Kohlenholz fahren und anderm Fuhrwesen ernähren. Auch heißt so ein Dorf mit Schloß in Kärnthen im Klagenfurter Kr. und ein Pfarrd. im Würtembergischen O. A. Nördlingen mit 700 Einw., und ein wegen seines Gesundheitsbades bekannter Weiler unweit Kempten. *(B. v. Liechtenstern, Röder u. H.)*

AICHA, (böhmisch) auch EICHE, (Czeský Dub oder Dubina, Duba), eine Municipalstadt in Böhmen, Jungbunzlauer Kr., 1 St. von Liebenau, mit einer Pfarre, dem Schlosse Raben und Baumwollen-Manufakturen. *(André.)*

AICHACH. Zu welcher Zeit und auf welche Veranlassung diese im baierischen Isarkreise und Bisthum Augsburg an dem Flüßchen Paar gelegene Stadt entstanden sey, ist nicht zuverlässig bekannt. Die Zerstörung des Schlosses Wittelsbach*) durch den Herzog Ludwig I. von Baiern verschafte den Einwohnern Steine zur Aufführung der Stadtmauern. Im J. 1272 war die Stadt schon der Sitz eines fürstlichen Gerichts. Auch war hier eine sehr alte Teutschordenskommende, welche 1304 einging. Im J. 1347 ertheilte ihr Ludwig der Baier gleiches Stadtrecht mit der Stadt München. Sie ist mit einer Mauer, einem Walle, und einem doppelten Wassergraben umgeben. Die Häuser sind von Stein erbaut, und mit Ziegeln gedeckt. Zwei Straßen, die durch

*) Das Schloß Unterwittelsbach steht nicht weit von der Stadt. Von dem zerstörten Stammschlosse Wittelsbach, welches eine Stunde von der Stadt entfernt war, sieht man kaum noch einige Spuren.

die Stadt ziehen, von Donauwörth nach München, und von Schrobenhausen nach Augsburg, veranlassen hier einen Postenwechsel. Den ungefähr 1500 Einwohnern verschaffen bürgerliche Gewerbe und Handel mit Getreide, Holz, Flachs und Vieh vielen Wohlstand. Zu den vermöglichsten gehören die Bierbrauer. Mehrere Lodenweber haben Absatz in Augsburg. Die Zahl der Uhrmacher ist allmälig sehr herabgesunken. Aichach ist der Sitz eines Landgerichts, dessen Bezirk noch im J. 1808 $10\frac{3}{4}$ Q. Meilen mit 18,541 Selen umfaßte, jetzt aber nach Abzug der im J. 1817 zum Herrschaftsgerichte Affing und zum Landgericht Rain geschlagnen 9 Steuerdistrikte nur noch $6\frac{1}{2}$ QM. mit 14,320 Einw. in 32 Steuerdistrikten enthält. (Vgl. Reg. Bl. 1808. S. 14. 145, u. 1807. S. 48—51). Neben dem Landgerichte bestehen in dessen Bezirke mehrere Patrimonialgerichte (s. ebendas. 1817. Nr. 7, 11). Zur Pfarrei der Stadt gehören mit Einschluß umliegender Ortschaften 2684 Selen. Hier war im 15ten Jahrh. Johann Angelus, in der Folge Professor der Astronomie zu Wien, geboren. *(v. Hazzi, Milbiller, Raiser.)*

AICHBERG, Kirchdorf im Erzherz. Oesterreich ob der Ens im Hausruckviertel, mit Schloß und Herrschaftssitz in dem Werbbezirks-Commissariate Engelhardszell, das mit den zerstreut herum gelegenen Bauernhöfen 59 H. und 375 Eiuw. enthält. Das Schloß wurde wahrscheinlich von den Herren von Aichberg erbauet, die schon im 12ten Jahrh. vorkommen; später kam es an die jetzigen Besitzer Gtafen von Sellaburg, (ehemal. Salburger). Auch führt den Namen Aichberg, (Achberg, Eichberg) eine Ortschaft im Gratzer Kr. des Herz. Steiermark, mit 54 H. und 278 Eiuw., die einer Herrschaft den Namen gibt. *(B. v. Liechtenstern u. v. Koch-Sternfeld.)*

AICHE, ist 1) ein Flüssigkeitsmaß (Aichmaß, Aichkanne, Aicheimer u. s. w.), von gesetzlich bestimmtem Inhalte. Verschieden von dem sogenannten Visirmaße (z. B. Visireimer), dient ein solches Gefäß mit seinen bemerkten Untereintheilungen zur Bestimmung der Quantität einer Flüssigkeit, womit jenes Gefäß ein oder mehrmals, ganz oder zum Theile, angefüllt wird, oder auch zur Bestimmung des Inhaltes eines anderu Gefäßes (z. B. eines neu gefertigten Fasses und dergl.). — 2) Ist die Aiche auch an mehrern Orten ein Brennholzmaß, und führt danu den Namen Holzaiche, z. B. einer Klafter Brennholzes. — Unter Aichen versteht man eigentlich das Messen einer kleineren oder größeren Quantität von Flüssigkeit mit Hilfe der Aiche. Abaichen (oft gleichbedeutend mit Aichen) heißt eigentlich bestimmen, wie viel Flüssigkeit (wie viele Maße, Eimer, ꝛc.) ein gegebenes Gefäß halte. Diejenigen, welche mit diesem Geschäfte eigends beauftragt sind, heißen da, wo jene Ausdrücke üblich sind, Aicher. *(Schon.)*

In der Schiffahrtskunde heißt Aichen den körperlichen Inhalt des Raums eines Schiffes, wo die Ladung liegt, ausmessen, und die Lästigkeit desselben in Tonnen oder Lasten angeben. (s. Grösse eines Schiffes.) *(Braubach.)*

AICHELBERG, ein runder freistehender Berg in Würtemberg, im OA. Kirchheim, hat die Figur einer abgekürzten Pyramide. An der Mitte des Bergs ist ein Dörfchen um den Berg herum gebaut. Oben stand das Stammhaus der alten Grafen von Aichelberg, das längst zerstört ist, und nur noch wenige Ruinen zeigt. Die Grafen von Aichelberg waren eines alten und reichen Geschlechts, dessen Ursprung man nicht kennt. Der älteste, den die Geschichte nennt, war Bruno, der 1100 lebte. Nach dem J. 1392 findet man keine Grafen von Aichelberg mehr in der Geschichte. Sie verkauften noch vor ihrem Absterben ihre Grafschaft an die Grafen von Kirchberg, und von diesen kam sie an Würtemberg. *(Röder.)*

AICHELBURG, zerstörtes Bergschloß in Kärnthen, — im Villacher Kr. über dem untern Gailthal und an dem Flusse Gail, — aus welchem die adelige Familie dieses Namens herstammt. *(Röder.)*

AICHEN, an der Zusam, in der Lehnsherrschaft Seifriedberg, der Hauptort eines baierischen Landgerichts im Urspergerschen Steuerdistricte. Gleichnamige Orte finden sich in Würtemberg und Badeu. *(Raiser u. a.)*

Aichen, Abaichen, s. Aiche.

AICHER, (Otto,) Benedictiner aus dem Kloster St. Veit bei Neumarkt in Niederbaiern, lehrte seit 1657 zu Salzburg die Grammatik, Poetik, Rhetorik, Moral und Geschichte, und starb daselbst den 17. Jan. 1705. Eines rühmlichen Andenkens werth sind seine Bemühungen zur Beförderung des Studiums der alten Sprachen und der Geschichte, zu welchem Zwecke er mehrere Schriften von Cicero, Livius und Tacitus ediete und epitomirte, verschiedene Lehrbücher, historische Uebersichten und antiquarische Abhandlungen, alles in lateinischer Sprache, schrieb, die für ihr Zeitalter nützlich waren, als: Theatrum funebre exhibens Epitaphia nova, antiqua, seria et iocosa. Part. IV. Salisb. 1673; auct. 1675. 4. unter dem anagrammatischen Namen Dido Richea. — Brevis institutio de Comitiis veterum Romanor. ib. 1678. 12. auch in Poleni Thes. Antiq. T. I. 273. Epitome chronologica historiae sacr. et prof. Colon. 1706. 4. etc. S. Hist. Univ. Salisburg. 398. Kobolt's bairisches Gel. Lex. 16. *(Baur.)*

AICHINGER, (Karl Friedrich) Inspektor der Kirchen und Schulen zu Sulzbach, geb. zu Vohenstrauß im Sulzbachischen den 31. März 1717, erhielt die Stadtprediger- und 1777 die Inspektorstelle in Sulzbach, wurde Mitglied der teutschen Gesellschaften in Mannheim, Jena und Altdorf, und starb den 13. März 1782. Als selbstdenkender teutscher Sprachforscher ist er nicht unrühmlich bekannt durch seinen Versuch einer teutschen Sprachlehre. Frkf. und Lpz. 1753; Wien 1754. 8., und durch seine unvorgreiflichen Vorschläge, die teutsche Bibel nach der Uebersetzung des sel. D. Luthers betreffend, nebst einer Vorrede von den Verdiensten D. Luthers um die teutsche Sprache. Regensb. 1774. 8. Die Vorschläge betreffen Verbesserungen, vornehmlich in Rücksicht auf Sprache, veraltete Wörter, fehlerhafte Beugungen und Verbindungen. S. Jördens Lex. teutscher Dichter und Prosaisten. 6. Bd. S. 540. *(Baur.)*

AICHSPALT (Peter), Achtzspalt oder Aßpelt, nach einigen auch (aber irrig) Raichspalt genannt, ist besonders durch seine seltenen, nur, leider! noch nicht genug aufgeklärten Lebensumstände, in der Geschichte merkwürdig geworden. Er war um die Mitte des 13. Jahrh. zu Aßpelt, einem Dorfe im nachherigen Herzogthume Luxemburg, in der Nähe von Trier, von dürftigen Eltern geboren. Ungeachtet dieser Armuth widmete er sich doch den Wissenschaften, und bildete schon frühzeitig seine vortrefflichen Geistesanlagen so gut aus, als es in jenem finstern Zeitalter möglich war. Nachdem er in Trier eine Zeitlang die Schule besucht hatte, sah er sich aus Mangel an Unterstützung genöthigt, nach damaliger Gewohnheit, in der Fremde sich durch Singen vor den Thüren zu ernähren, bis er es daneben in den damals gangbaren Kentnissen so weit gebracht hatte, daß er sich durch Kinderunterricht etwas besser forthelfen kounte. Als er hierauf zu dem Studium der höheren Wissenschaften schritt, wählte er zu seiner Hauptwissenschaft die Heilkunde, auf welcher Universität ist unbekannt. Hierauf kehrte er in sein Vaterland zurück, und übte seine erlangten Kentnisse als Arzt mit virlem Glück aus. Von seiner Geschicklichkeit findet man bei den Schriftstellern verschiedene Proben angeführt; unter andern, daß er den Zustand und die Gefahr seiner Kranken schon aus dem bloßen Husten derselben habe beurtheilen köuneu. Doch wird von ihm auch gerühmt, daß er nicht blos ein geschickter Arzt, sondern zugleich auch in geistlichen Dingen wohl erfahren, und besonders in der Bibel gut bewandert gewesen sey. Hierüber darf man sich um so weniger wundern, da in jenen Zeiten, und noch lange nachher, sehr viele Aerzte geistlichen Standes waren, so wie überhaupt bei dem damaligen Umfange der Wissenschaften die Beispiele von Gelehrten, die in mehreren Fächern zugleich berühmt waren, häufiger seyn konnten, als bei uns. — Sein Ruf verbreitete sich in kurzem so, daß der damalige Graf Heinrich von Luxemburg ihn zu seinem Leibarzte berief, und sich auch oft in häuslichen und politischen Angelegenheiten seines Rathes und Beistandes bediente. Dasselbe Amt soll er auch bei Kaiser Rudolph I. verwaltet haben. Aus dieser Stelle gelangte er aber durch eine plötzliche, seltsame Veränderung zu einer der höchsten geistlichen Würden; doch sind die Angaben der Geschichtschreiber, auf welche Art dieses geschehen seyn soll, so abweichend, daß sie sich nur mit Mühe vereinigen lassen. — Den wahrscheinlichsten Nachrichten zufolge wurde er in einer wichtigen Angelegenheit, entweder vom Kaiser Rudolph, oder vom Grafen Heinrich, an den Papst Nikolaus IV. oder Bonifacius VIII. abgeschickt, und hatte hier Gelegenheit, dem Papste, außer seinen andern vortheilhaften Eigenschaften, auch als ein geschickter Arzt bekannt zu werden, indem er ihn von einer gefährlichen Krankheit, die den übrigen Aerzten des Papstes unheilbar geblieben war (das Chronicon Magdeburgense sagt: a fluxu rheumatum et sanguinis, worunter wahrscheinlich die Ruhr zu verstehen ist), glücklich befreite. Der Papst gab ihm dafür seine Dankbarkeit dadurch zu erkennen, daß er erklärte: ein so glücklicher Arzt des Leibes verdiene auch ein Arzt vieler Seelen zu werden, und ihn deshalb zum Dompropst zu Trier ernannte. Hier kam er nun zwar nicht zum Besitz, weil diese Ernennung gegen den Willen des Kapitels geschehen war, das ihn besonders wegen seiner bürgerlichen Abkunft zurückwies; allein er erhielt doch, entweder durch die Verwendung seiner oben genannten Gönner, oder durch unmittelbare päpstliche Provisionen, andere ansehnliche geistliche Stellen, indem er Dompropst zu Prag, Propst zu Bingen und Wischerad bei Prag, Scholaster zu St. Simeon in Trier, und Pfarrer zu Birthingen und Riol im Erzstift Trier gewesen seyn soll (nach Schunk, Beitr. zur Mainzer Geschichte, 2. B. S. 139); ja er wurde im J. 1296 nach dem Tode Peters von Raichenstein, zum Bischof von Basel erwählt, und heißt daher in der Reihe der Basel'schen Bischöfe Peter II. Die Regirung dieses Hochstiftes, ein für die damaligen Zeiten eben so schwieriges, als ihm, nach seinen vorhergegangenen Beschäftigungen, ziemlich fremdes Geschäft, führte er überaus gut, und vergrößerte sein Gebiet durch den Ankauf des Schlosses Homburg und der Stadt Liechstal; da aber der Kaiser Albrecht I. diese für sich zu erwerben gesucht hatte, so zerfiel er darüber mit ihm und hatte viele Verfolgungen von Seiten des Kaisers auszustehen. Indessen mag diese Feindschaft wol nicht von Dauer gewesen seyn; denn schon im J. 1300 reiste Peter in wichtigen Aufträgen des Kaisers an Papst Bonifacius VIII. Als nun am 15ten Februar 1305 der Erzbischof Gerhard II. von Mainz plötzlich gestorben war, fiel die Wahl des Domkapitels zwar auf den Grafen Balduin von Luxemburg, Heinrichs Bruder; weil aber dieser erst 18 Jahr alt war, so verweigerte ihm der Papst Clemens V. die Bestätigung; und da sich das Kapitel über keine neue Wahl vereinigen konnte, so wurde Peter von dem Papste zum Erzbischof von Mainz ernannt, und von dem Kapitel, wahrscheinlich auf Verwendung des Kaisers, angenommen. Das Bisthum Basel muß er damals resignirt haben; denn hier kommt von derselben Zeit an Otto von Gransee als Bischof vor *).

*) Ganz abweichend ist die Erzählung, welche mehrere andere Schriftsteller, unter diesen auch Trithemius, von der Art, wie Peter zum Erzstift Mainz gelangt sey, mittheilen. Heinrich von Luxemburg soll ihn nämlich, als seinen Leibarzt, im J. 1305 an den Papst Clemens V. abgeschickt haben, um sich für die Wahl Balduin's zum Erzbischof von Mainz zu verwenden; mit abschläglicher Antwort habe er zwar abreisen müssen, sey aber bald zurückgerufen worden, um in einer gefährlichen Krankheit, die den Papst plötzlich überfallen, seinen Rath zu ertheilen; und da durch denselben der Papst schon am dritten Tage von aller Gefahr befreit worden, so habe er zum Danke das Erzstift Mainz erhalten. Diese Erzählung verträgt sich gar nicht mit den oben angegebenen Umständen; denn unmöglich würde Peter, als Bischof von Basel, noch bei dem Grafen von Luxemburg die Stelle eines Leibarztes versehen, und demselben in Gesandtschaften gedient haben. Da nun Trithemius von Peters früheren geistlichen Würden gar nichts gedenkt, so war ich geneigt, die Angabe, als sey derselbe Bischof von Basel gewesen, als irrig zu verwerfen, und für eine bloße Verwechselung zweier gleichnamiger und gleichzeitiger Personen zu halten; ich habe auch diese Ansicht in einem von mir herrührenden Aufsatze (in der Vorzeit, 1. Bd. 3. St. S. 297), wo ich ganz dem Trithemius folgte, ausgesprochen; da ich aber nachher bei andern, nicht weniger zuverlässigen Schriftstellern, als Urstisius, Browerus, Hontheim, dem schon angeführten Schunk u. a. die oben ausführlich mitgetheilten Umstände gefunden, so mußte ich jene Meinung aufgeben. Die beiderseitigen, sonst ganz widersprechenden, Angaben lassen sich nur dadurch vereinigen, daß man annimmt, nicht Clemens V., sondern Nikolaus IV. oder Bonifaz VIII. sey von Peter glücklich geheilt worden, und

Als Erzbischof spielte Peter zu seiner Zeit eine sehr bedeutende Rolle; denn er hielt nicht nur mehrere Diöcesan- und Provincial-Synoden, auf welchen viele Verordnungen gemacht wurden, sondern nahm auch an den Angelegenheiten des teutschen Reichs nicht geringen Antheil. Gegen das Luxemburgische Haus, in dessen Diensten er ehedem gestanden, zeigte er beständig eine große Ergebenheit; im Jahr 1307 verhalf er dem oben gedachten Balduin auf den erzbischöflichen Stuhl zu Trier, und als 1308, nach dem Tode Kaiser Albrechts, die Stimmen der Kurfürsten bei der neuen Kaiserwahl anfangs sehr getheilt waren, endlich aber sich alle dahin vereinigten, den als König zu ernennen, den der Kurfürst von Mainz dazu vorschlagen würde, so lenkte er die Wahl auf Heinrich von Luxemburg, der auch hierauf den teutschen Thron bestieg, und so der Stammvater des Luxemburgischen Kaiserhauses wurde. Zwei Jahre hernach trug er vieles dazu bei, daß der älteste Sohn des Kaisers, Johann, in das Königreich Böhmen eingesetzt wurde; er begleitete ihn selbst dahin, krönte ihn am 7. Febr. 1311 zu Prag, und hielt sich nachher noch beinahe ein Jahr lang bei ihm auf, um an den Regirungsgeschäften Theil zu nehmen, weil der Kaiser selbst sich damals in Italien aufhielt. Wegen dieser Böhmischen Angelegenheiten schlug er auch die Einladung auf das Concilium zu Vienne im J. 1311 aus, und war der einzige von den teutschen Prälaten, dessen Entschuldigung der Päpst als giltig anerkannte. Diese Anhänglichkeit an das kaiserliche Haus veranlaßte den Markgrafen Friedrich von Meißen, welcher sich mit dem aus Böhmen vertriebenen Herzog Heinrich von Kärnthen verbunden hatte, zu einem Einfall in die Kurmainzischen Besitzungen, so daß K. Heinrich selbst gestand, Peter habe seinetwegen viele Mühe und Schaden gehabt. Nach seiner Rückkehr schenkte ihm der Kaiser unter andern einen goldenen, mit Edelsteinen besetzten Stuhl, der noch lange hernach in Mainz aufbewahrt worden seyn soll. Heinrich's plötzlicher Tod, der schon 1313 in Italien erfolgte, versetzte den Erzbischof in solche Betrübniß, daß er sagte: seit fünfhundert Jahren war kein Fürst gestorben, dessen Tod so viel Unglück nach sich gezogen hätte, als auf Kaiser Heinrichs Tod erfolgen würde. Die Zerrüttungen, die Teutschland hernach erfuhr, haben diese Worte ziemlich gerechtfertigt. Peter selbst stand an der Spitze derer, welche den Herzog Ludwig von Baiern zum Kaiser wählten; da aber diese Wahl großen Zwiespalt und langwierige innerliche Kriege verursachte, so sagte man, er habe sein ärztliches Amt ganz vergessen und das teutsche Reich durch seine Kaiserwahl mehr krank als gesund gemacht.

Uebrigens erhielt sich Peter durch gute Regirung, Frömmigkeit und musterhaften Lebenswandel bis an sein Ende die Liebe seiner Unterthanen und die Achtung der teutschen Fürsten, so wie der Geistlichkeit, ungeachtet er sich gegen die letztern ziemlich strenge bezeigte. Seine Sparsamkeit war musterhaft; denn ungeachtet er in sehr stürmischen Zeiten lebte, hatte er doch während seiner Regirung 16278 Pfund Heller (eine damals bedeutende Summe) erspart, und zum Besten des Erzstifts, theils durch Ankauf neuer Güter, theils durch Bezahlung von Schulden, verwendet (s. Schunk, Beiträge zur Mainzer Geschichte, 3. Bd., S. 266). Auch bei den Kaiserwahlen, an welchen er Antheil nahm, sorgte er sehr gut für den Vortheil seines Erzstiftes. In der Capitulation mit Heinrich von Luxemburg mußte dieser versprechen, alle Freiheiten und Rechte der Mainzer Kirche zu bestätigen, dem Erzbischof gegen alle seine Feinde auch, wenn es nöthig sey, persönlich beizustehen, nicht zu gestatten, daß geistliche Sachen oder Personen vor einen andern als den geistlichen Richter gebracht würden, den Zoll zu Lahnstein und den Besitz von Seligenstadt und dem Bachgau dem Mainzer Erzstift zu bestätigen, den Erzbischof in seinen Erzkanzlerrechten zu schützen, alle Unkosten, die derselbe bei der Wahl und Krönung haben würde, zu vergüten, für die Summe, welche K. Albrecht I. dem Erzbischof schuldig geblieben, ihm den Zoll zu Ehrenfels zu überlassen, ferner dem Papste 3000 Mark Silbers zu bezahlen, die Peter noch für das Pallium schuldig war u. a. m. Von K. Ludwig bedingte er sich, außer der Bestätigung dessen, was aus der vorigen Capitulation noch auf diese Zeit paßte, den ferneren Besitz des Zolles zu Ehrenfels, als Entschädigung für die Summe, die er für K. Heinrich aufgewendet, dann verschiedene Reichslehen, besonders aber die Stadt Gotha nebst andern Besitzungen in Thüringen, wenn Ludwig Thüringen erobern würde, was jedoch niemals zur Ausführung gekommen ist; überdies machte sich Ludwig verbindlich, die ihm zustehenden Preces primarias in allen Kirchen des Erzstifts Mainz dem Erzbischof zu überlassen, ihm für die Wahl- und Krönungsunkosten 10000 Mark Silbers zu bezahlen, und bis die Zahlung geschehen, gewisse Güter einzuräumen. — Peter starb endlich, nachdem er beinahe 15 Jahre die erzbischöfliche Würde bekleidet hatte, am Bonifaciustage (5. Juni) 1320.

Die Nachrichten von diesem Erzbischof, besonders was seine Lebensumstände vor seiner Gelangung zu dieser Würde betrifft, sind aus mehrern Schriftstellern ziemlich einzeln zusammen getragen. Aus seiner Regirungsgeschichte theile Schunk (im angef. Werke) verschiedene vorher unbekannte Urkunden mit. (*H. A. Erhard.*)

Aicissus, s. Ägysos.

AIDAB (oder Aidzab; minder richtig: Adab oder Adhab), ein Flecken oder eine Stadt am arabischen Meerbusen, am äußersten Ende der nach ihrem Namen genannten Wüste, in welcher die Reisenden gezwungen sind, den Himmel zu ihrer Reisecharte zu machen. Abulfeda nennt den Ort einen Hafen, und Ibn Said sagt, daß sie mehr einem Flecken als einer Stadt gleiche. Nach Edrisi müssen hier die Mohammedaner aus Magreb (Nordafrika), welche nach Mekka pilgern, für den Herrn von Mekka jeder 8 Goldgulden Zoll bezahlen, und den Mautschein, den sie hier bekommen, bei Vermeidung der Gefängnißstrafe in Dschidda abgeben. Die Einwohner dieser Stadt durchziehen (nach ebendemselben) den nubischen District Bodscha, um dort ihre Waaren gegen Butter, Milch und Ho-

seine Belohnung nicht gleich das Erzstift Mainz, sondern nur die Dompropstei zu Trier gewesen, worauf er dann stufenweise die höheren Würden erstiegen.

merkwürdig geworden. Er war um die Mitte des 13. Jahrh. zu Aßpelt, einem Dorfe im nachherigen Herzogthume Luxemburg, in der Nähe von Trier, von dürftigen Eltern geboren. Ungeachtet dieser Armuth widmete er sich doch den Wissenschaften, und bildete schon frühzeitig seine vortrefflichen Geistesanlagen so gut aus, als es in jenem finstern Zeitalter möglich war. Nachdem er in Trier eine Zeitlang die Schule besucht hatte, sah er sich aus Mangel an Unterstützung genöthigt, nach damaliger Gewohnheit, in der Fremde sich durch Singen vor den Thüren zu ernähren, bis er es daneben in den damals gangbaren Kentnissen so weit gebracht hatte, daß er sich durch Kinderunterricht etwas besser forthelfen konnte. Als er hierauf zu dem Studium der höheren Wissenschaften schritt, wählte er zu seiner Hauptwissenschaft die Heilkunde, auf welcher Universität ist unbekannt. Hierauf kehrte er in sein Vaterland zurück, und übte seine erlangten Kentnisse als Arzt mit vielem Glück aus. Von seiner Geschicklichkeit findet man bei den Schriftstellern verschiedene Proben angeführt; unter andern, daß er den Zustand und die Gefahr seiner Kranken schon aus dem bloßen Husten derselben habe beurtheilen können. Doch wird von ihm auch gerühmt, daß er nicht blos ein geschickter Arzt, sondern zugleich auch in geistlichen Dingen wohl erfahren, und besonders in der Bibel gut bewandert gewesen sey. Hierüber darf man sich um so weniger wundern, da in jenen Zeiten, und noch lange nachher, sehr viele Aerzte geistlichen Standes waren, so wie überhaupt bei dem damaligen Umfange der Wissenschaften die Beispiele von Gelehrten, die in mehreren Fächern zugleich berühmt waren, häufiger seyn konnten, als bei uns. — Sein Ruf verbreitete sich in kurzem so, daß der damalige Graf Heinrich von Luxemburg ihn zu seinem Leibarzte berief, und sich auch oft in häuslichen und politischen Angelegenheiten seines Rathes und Beistandes bediente. Dasselbe Amt soll er auch bei Kaiser Rudolph I. verwaltet haben. Aus dieser Stelle gelangte er aber durch eine plötzliche, seltsame Veränderung zu einer der höchsten geistlichen Würden; doch sind die Angaben der Geschichtschreiber, auf welche Art dieses geschehen seyn soll, so abweichend, daß sie sich nur mit Mühe vereinigen lassen. — Den wahrscheinlichsten Nachrichten zufolge wurde er in einer wichtigen Angelegenheit, entweder vom Kaiser Rudolph, oder vom Grafen Heinrich, an den Papst Nikolaus IV. oder Bonifacius VIII. abgeschickt, und hatte hier Gelegenheit, dem Papste, außer seinen andern vortheilhaften Eigenschaften, auch als ein geschickter Arzt bekannt zu werden, indem er ihn von einer gefährlichen Krankheit, die den übrigen Aerzten des Papstes unheilbar geblieben war (das Chronicon Magdeburgense sagt: a fluxu rheumatum et sanguinis, worunter wahrscheinlich die Ruhr zu verstehen ist), glücklich befreite. Der Papst gab ihm dafür seine Dankbarkeit dadurch zu erkennen, daß er erklärte: ein so glücklicher Arzt des Leibes verdiene auch ein Arzt vieler Seelen zu werden, und ihn deshalb zum Dompropst zu Trier ernannte. Hier kam er nun zwar nicht zum Besitz, weil diese Ernennung gegen den Willen des Kapitels geschehen war, das ihn besonders wegen seiner bürgerlichen Abkunft zurückwies, gl-

lein er erhielt doch entweder durch die Verwendung seiner oben genannt Gönner, oder durch unmittelbare päpstliche Provision, andere ansehnliche geistliche Stellen, indem er Dom pst zu Prag, Propst zu Bingen und Wischerad bei Prag Scholaster zu St. Simeon in Trier, und Pfarrer zu B hingen und Riol im Erzstift Trier gewesen seyn soll (ach Schunk, Beitr. zur Mainzer Geschichte, 2. B. S 139); ja er wurde im J. 1296 nach dem Tode Peter von Raichenstein, zum Bischof von Basel erwählt, nd heißt daher in der Reihe der Basel'schen Bischöfe P er II. Die Regirung dieses Hochstiftes, ein für die amaligen Zeiten eben so schwieriges, als ihm, nach seine vorhergegangenen Beschäftigungen, ziemlich fremdes Ge chäft, führte er überaus gut, und vergrößerte sein G iet durch den Ankauf des Schlosses Homburg und der tadt Liechstal; da aber der Kaiser Albrecht I. diese ir sich zu erwerben gesucht hatte, so zerfiel er darüber it ihm und hatte viele Verfolgungen von Seiten des Kai es auszustehen. Indessen mag diese Feindschaft wol nic von Dauer gewesen seyn; denn schon im J. 1300 reiste P ter in wichtigen Aufträgen des Kaisers an Papst Bo ifacius VIII. Als nun am 15ten Februar 1305 der rzbischof Gerhard II. von Mainz plötzlich gestorben ar, fiel die Wahl des Domkapitels zwar auf den Graf Balduin von Luxemburg, Heinrichs Bruder; w aber dieser erst 18 Jahr alt war, so verweigerte ihm der Papst Clemens V. die Bestätigung; und da sich das K tel über keine neue Wahl vereinigen konnte, so wurde eter von dem Papste zum Erzbischof von Mainz ernan, und von dem Kapitel, wahrscheinlich auf Verwendung d Kaisers, angenommen. Das Bisthum Basel muß damals resignirt haben; denn hier kommt von derselb Zeit an Otto von Gransee als Bischof vor *).

*) Ganz abweic d ist die Erzählung, welche mehrere andere Schriftsteller, ter diesen auch Trithemius, von der Art, wie Peter z n Erzstift Mainz gelangt sey, mittheilen. Heinrich von Luxe burg soll ihn nämlich, als seinen Leibarzt, im J. 1305 an den apst Clemens V. abgeschickt haben, um sich für die Wahl B lduin's zum Erzbischof von Mainz zu verwenden; mit ab läglicher Antwort habe er zwar abreisen müssen, sey aber ba zurückgerufen worden, um in einer gefährlichen Krankheit, di den Papst plötzlich überfallen, seinen Rath zu ertheilen; und d durch denselben der Papst schon am dritten Tage von aller Ge r befreit worden, so habe er zum Danke das Erzstift Mainz halten. Diese Erzählung verträgt sich gar nicht mit den oben gegebenen Umständen; denn unmöglich würde Peter, als B hof von Basel, noch bei dem Grafen von Luxemburg die Stel eines Leibarztes versehen, und demselben in Gesandtschaften g ient haben. Da nun Trithemius von Peters früheren g lichen Würden gar nichts gedenkt, so war ich geneigt, die An e, als sey derselbe Bischof von Basel gewesen, als irrig zu rwerfen, und für eine bloße Verwechselung zweier gleichnamige und gleichzeitiger Personen zu halten; ich habe auch diese Ans t in einem von mir herrührenden Aufsatze (in der Vorzeit, 1. d. 3. St. S. 297), wo ich ganz dem Trithemius folgte, a gesprochen; da ich aber nachher bei andern, nicht weniger zuverl igen Schriftstellern, als Urstisius, Browerus, Honthei, dem schon angeführten Schunk u. a. die oben ausführlich mi etheilten Umstände gefunden, so mußte jene Meinung aufg n. Die beiderseitigen, sonst ganz w sprechenden, Angal lassen sich nur dadurch vereiniger man annimmt, nicht Clemens V., sondern Nikolau Bonifaz VIII. f von Peter glücklich geheilt r

Als Erzbischof spielte Pet... [zu] seiner Zeit eine sehr bedeutende Rolle; denn er hielt n[ich]t nur mehrere Diöce-san- und Provincial-Synoden, a[uf] welchen viele Verord-nungen gemacht wurden, sonde[rn] [n]ahm auch an den Re-gelegenheiten des teutschen Reichs [n]icht geringen Antheil. Gegen das Luxemburgische Haus in dessen Diensten er ehedem gestanden, zeigte er bestän[di]g eine große Ergeben-heit; im Jahr 1307 verhalf er de[m] oben gedachten Bal-duin auf den erzbischöflichen S[tu]hl zu Trier, und als 1308, nach dem Tode Kaiser All[bre]chts, die Stimmen der Kurfürsten bei der neuen Kais[er]wahl anfangs sehr ge-theilt waren, endlich aber sich all[e d]ahin vereinigten, den als König zu ernennen, den der K[ur]fürst von Mainz dazu vorschlagen würde, so lenkte er d[ie] Wahl auf Heinrich von Luxemburg, der auch hierauf [de]n teutschen Thron be-stieg, und so der Stammvater d[es] Luxemburgischen Kai-serhauses wurde. Zwei Jahre h[ern]ach trug er vieles da-zu bei, daß der älteste Sohn des [K]aisers, Johann, in das Königreich Böhmen eingese[tzt] wurde; er begleitete ihn selbst dahin, krönte ihn am . Febr. 1311 zu Prag, und hielt sich nachher noch beinah ein Jahr lang bei ihm auf, um an den Regirungsgesch[äf]ten Theil zu nehmen, weil der Kaiser selbst sich dam[al]s in Italien aufhielt. Wegen dieser Böhmischen Angele[ge]nheiten schlug er auch die Einladung auf das Concilium zu Vienne im J. 1311 aus, und war der einzige von [de]n teutschen Prälaten, dessen Entschuldigung der Papst als giltig anerkannte. Diese Anhänglichkeit an das kais[er]liche Haus veranlaßte den Markgrafen Friedrich vo[n] Meißen, welcher sich mit dem aus Böhmen vertriebenen Herzog Heinrich von Kärnthen verbunden hatte, zu ei[ne]m Einfall in die Kur-mainzischen Besitzungen, so daß . Heinrich selbst ge-stand, Peter habe seinetwegen v[iel]e Mühe und Schaden gehabt. Nach seiner Rückkehr [sc]henkte ihm der Kaiser unter andern einen goldenen, m[it] Edelsteinen besetzten Stuhl, der noch lange hernach in [M]ainz aufbewahrt wor-den seyn soll. Heinrich's plö[tzl]icher Tod, der schon 1313 in Italien erfolgte, versetzte [d]en Erzbischof in solche Betrübniß, daß er sagte: seit [se]chshundert Jahren war kein Fürst gestorben, dessen Tod viel Unglück nach sich gezogen hätte, als auf Kaiser [He]inrichs Tod erfolgen würde. Die Zerrüttungen, die [Te]utschland hernach er-fuhr, haben diese Worte ziemli[ch] gerechtfertigt. Pe-ter selbst stand an der Spitze der, welche den Herzog Ludwig von Baiern zum Ka[ise]r wählten; da aber diese Wahl großen Zwiespalt un[d] langwierige innerliche Kriege verursachte, so sagte man [e]r habe sein ärztliches Amt ganz vergessen und das te[uts]che Reich durch seine Kaiserwahl mehr krank als ges[und] gemacht.

Uebrigens erhielt sich Pet[er] durch gute Regirung, Frömmigkeit und musterhaft[en] [Le]bwandel bis an sein Ende die Liebe seiner Untert[hanen] und die Achtung der teutschen Fürsten, so wie [der Ge]istlichkeit, ungeachtet er sich gegen die letztern ziem[lich] strenge bezeigte. Sei-ne Sparsamkeit war musterhaft, denn ungeachtet er [in] sehr stürmischen Zeiten lebte, ... er doch währe

seine Belohnung nicht gleich das Erz[stift] Mainz, sondern Dompropstei zu Trier gewesen, wo[rauf] er dann stufe[nweise zu] höheren Würden erstiegen.

bezahlen, die Peter ...
u. a. m. ...
Bestätigung ...
noch auf diese ...
les zu Ehrenfels ...
die er für K. Hein[rich] ...
dene Reichslehen ...
andern Besitzungen ...
ringen erobern ...
rung gekommen ...
bindlich, die ihm ...
len Kirchen des Erzstifts ...
lassen, ihm für die ...
Mark Silbers zu ...
schehen, gewisse Güter ...
endlich, nachdem er ...
Würde bekleidet ...
1320.

Die Nachrichten ...
was seine Lebensumstände ...
Würde betrifft, sind aus ...
einzeln zusammen getragen ...
schichte theilt Schunk ...
vorher unbekannte Urkunden ...

Aicissus, s. Ägysos.

AIDAB (oder Aidzab ...) ein Flecken oder eine St[adt] ...
busen, am äußersten Ende der ...
ten Wüste, in welcher die Reisenden ...
Himmel zu ihrer Reisecharte zu ...
den Ort einen Hafen, und ...

merkwürdig geworden. Er war um die Mitte des 13. Jahrh. zu Aßpelt, einem Dorfe im nachherigen Herzogthume Luxemburg, in der Nähe von Trier, von dürftigen Eltern geboren. Ungeachtet dieser Armuth widmete er sich doch den Wissenschaften, und bildete schon frühzeitig seine vortrefflichen Geistesanlagen so gut aus, als es in jenem finstern Zeitalter möglich war. Nachdem er in Trier eine Zeitlang die Schule besucht hatte, sah er sich aus Mangel an Unterstützung genöthigt, nach damaliger Gewohnheit, in der Fremde sich durch Singen vor den Thüren zu ernähren, bis er es daneben in den damals gangbaren Kentnissen so weit gebracht hatte, daß er sich durch Kinderunterricht etwas besser forthelfen konnte. Als er hierauf zu dem Studium der höheren Wissenschaften schritt, wählte er zu seiner Hauptwissenschaft die Heilkunde, auf welcher Universität ist unbekannt. Hierauf kehrte er in sein Vaterland zurück, und übte seine erlangten Kentnisse als Arzt mit vielem Glück aus. Von seiner Geschicklichkeit findet man bei den Schriftstellern verschiedene Proben angeführt; unter andern, daß er den Zustand und die Gefahr seiner Kranken schon aus dem bloßen Husten derselben habe beurtheilen können. Doch wird von ihm auch gerühmt, daß er nicht blos ein geschickter Arzt, sondern zugleich auch in geistlichen Dingen wohl erfahren, und besonders in der Bibel gut bewandert gewesen sey. Hierüber darf man sich um so weniger wundern, da in jenen Zeiten, und noch lange nachher, sehr viele Aerzte geistlichen Standes waren, so wie überhaupt bei dem damaligen Umfange der Wissenschaften die Beispiele von Gelehrten, die in mehreren Fächern zugleich berühmt waren, häufiger seyn konnten, als bei uns. — Sein Ruf verbreitete sich in kurzem so, daß der damalige Graf Heinrich von Luxemburg ihn zu seinem Leibarzte berief, und sich auch oft in häuslichen und politischen Angelegenheiten seines Rathes und Beistandes bediente. Dasselbe Amt soll er auch bei Kaiser Rudolph I. verwaltet haben. Aus dieser Stelle gelangte er aber durch eine plötzliche, seltsame Veränderung zu einer der höchsten geistlichen Würden; doch sind die Angaben der Geschichtschreiber, auf welche Art dieses geschehen seyn soll, so abweichend, daß sie sich nur mit Mühe vereinigen lassen. — Den wahrscheinlichsten Nachrichten zufolge wurde er in einer wichtigen Angelegenheit, entweder vom Kaiser Rudolph, oder vom Grafen Heinrich, an den Papst Nikolaus IV. oder Bonifacius VIII. abgeschickt, und hatte hier Gelegenheit, dem Papste, außer seinen andern vortheilhaften Eigenschaften, auch als ein geschickter Arzt bekannt zu werden, indem er ihn von einer gefährlichen Krankheit, die den übrigen Aerzten des Papstes unheilbar geblieben war (das Chronicon Magdeburgense sagt: a fluxu rheumatum et sanguinis, worunter wahrscheinlich die Ruhr zu verstehen ist), glücklich befreite. Der Papst gab ihm dafür seine Dankbarkeit dadurch zu erkennen, daß er erklärte: ein so glücklicher Arzt des Leibes verdiene auch ein Arzt vieler Seelen zu werden, und ihn deshalb zum Dompropst zu Trier ernannte. Hier kam er nun zwar nicht zum Besitz, weil diese Ernennung gegen den Willen des Kapitels geschehen war, das ihn besonders wegen seiner bürgerlichen Abkunft zurückwies; gl-
lein er erhielt doch entweder durch die Verwendung
seiner oben genann r Gönner, oder durch unmittelbare
päpstliche Provision , andere ansehnliche geistliche Stellen, indem er Dom: opst zu Prag, Propst zu Bingen und
Wischerad bei Prag Scholaster zu St. Simeon in Trier,
und Pfarrer zu B hingen und Riol im Erzstift Trier
gewesen seyn soll (ach Schunk, Beitr. zur Mainzer
Geschichte, 2. B. S 139); ja er wurde im J. 1296 nach
dem Tode Peter von Raichenstein, zum Bischof
von Basel erwählt, und heißt daher in der Reihe der Basel'schen Bischöfe P er II. Die Regirung dieses Hochstiftes, ein für die amaligen Zeiten eben so schwieriges,
als ihm, nach sein vorhergegangenen Beschäftigungen,
ziemlich fremdes G chäft, führte er überaus gut, und
vergrößerte sein G iet durch den Ankauf des Schlosses
Homburg und der Stadt Liechstal; da aber der Kaiser
Albrecht I. diese ür sich zu erwerben gesucht hatte, so
zerfiel er darüber t ihm und hatte viele Verfolgungen
von Seiten des Ka rs auszustehen. Indessen mag diese
Feindschaft wol nie von Dauer gewesen seyn; denn schon
im J. 1300 reiste P ter in wichtigen Aufträgen des Kaisers an Papst Bo ifacius VIII. Als nun am 15ten
Februar 1305 der Erzbischof Gerhard II. von Mainz
plötzlich gestorben ar, fiel die Wahl des Domkapitels
zwar auf den Graf Balduin von Luxemburg, Heinrichs Bruder; w aber dieser erst 18 Jahr alt war, so
verweigerte ihm de Papst Clemens V. die Bestätigung;
und da sich das K itel über keine neue Wahl vereinigen
konnte, so wurde eter von dem Papste zum Erzbischof
von Mainz ernan , und von dem Kapitrl, wahrscheinlich
auf Verwendung d s Kaisers, angenommen. Das Bisthum Basel muß damals resignirt haben; denn hier
kommt von derselb Zeit an Otto von Gransee als
Bischof vor *).

---

*) Ganz abweic d ist die Erzählung, welche mehrere an-
dere Schriftsteller, iter diesen auch Trithemius, von d
Art, wie Peter zu Erzstift Mainz gelangt sey, mitthe
Heinrich von Luxe burg soll ihn nämlich, als seinen
im J. 1305 an den apst Clemens V. abgeschickt ha
sich für die Wahl Balduin's zum Erzbischof von
verwenden; mit ab läglicher Antwort habe er
müssen, sey aber da zurückgerufen worden, u
lichen Krankheit, di den Papst plötzlich uber
zu ertheilen; und d durch denselben der P
Tage von aller Ge r befreit worden,
das Erzstift Mainz halten Diese Er
nicht mit den oben gegebenen Umständ
de Peter, als B hof von Basel,
Luxemburg die Stell eines Leibarztes
in Gesandtschaften gient haben. D
Peters früheren gstlichen Würden
ich geneigt, die An be, als sey ders
wesen, als irrig zu rwerfen, und f
zweier gleichnamige und gleichzeiti
habe auch diese Ans t in einem v
(in der Vorzeit, 1. d. 3. St. S
themius folgte, a gesprochen:
nicht weniger zuverlässigen Schr
werus, Hontheí, dem
oben ausführlich mitetheilt
jene Meinung aufgen.
sprechenden, Angab la
man annimmt, nicht Cle
Bonifaz VIII. se vor

Als Erzbischof spielte P… e… u seiner Zeit eine sehr
bedeutende Rolle; denn er hi… n …t nur mehrere Diöcer-
san- und Provincial-Synoden, a… welchen viele Verordnungen gemacht wurden, sond… n …ahm auch an den Angelegenheiten des teutschen R… h… icht geringen Antheil.
Gegen das Luxemburgische … s in dessen Diensten er
ehedem gestanden, zeigte er bestan… eine große Ergeben-
heit; im Jahr 1307 verhalf er de… oben gedachten Balduin auf den erzbischöflichen S… hl zu Trier, und als
1308, nach dem Tode Kaiser Al… echts, die Stimmen
der Kurfürsten bei der neuen Kais… vahl anfangs sehr getheilt waren, endlich aber sich all… ahin vereinigten, den
als König zu ernennen, den der K… fürst von Mainz dazu
vorschlagen würde, so lenkte er d… Wahl auf Heinrich
von Luxemburg, der auch hierau f… n teutschen Thron bestieg, und so der Stammvater d… Luxemburgischen Kai-
serhauses wurde. Zwei Jahre h… …ach trug er vieles dazu bei, daß der älteste Sohn des …aisers, Johann, in
das Königreich Böhmen eingese… wurde; er begleitete
ihn selbst dahin, krönte ihn am … Febr. 1311 zu Prag,
und hielt sich nachher noch beinah …in Jahr lang bei ihm
auf, um an den Regirungsgesch… ten Theil zu nehmen,
weil der Kaiser selbst sich dam… in Italien aufhielt.
Wegen dieser Böhmischen Angele…nheiten schlug er auch
die Einladung auf das Concilium zu Vienne im J. 1311
aus, und war der einzige von …n teutschen Prälaten,
dessen Entschuldigung der Papst …als giltig anerkannte.
Diese Anhänglichkeit an das kais…che Haus veranlaßte
den Markgrafen Friedrich vo… Meißen, welcher sich
mit dem aus Böhmen vertriebenen Herzog Heinrich von
Kärnthen verbunden hatte, zu ei…m Einfall in die Kur-
mainzischen Besitzungen, so daß … Heinrich selbst gestand, Peter habe seinetwegen v… Mühe und Schaden
gehabt. Nach seiner Rückkehr …enkte ihm der Kaiser
unter andern einen goldenen, m… Edelsteinen besetzten
Stuhl, der noch lange hernach in …ainz aufbewahrt worden seyn soll. Heinrich's pl…icher Tod, der schon
1313 in Italien erfolgte, versetzte …en Erzbischof in solche
Betrübniß, daß er sagte: seit …fhundert Jahren war
kein Fürst gestorben, dessen Tod … viel Unglück nach sich
gezogen hätte, als auf Kaiser …inrichs Tod erfolgen
würde. Die Zerrüttungen, die …utschland hernach erfuhr, haben diese Worte … gerechtfertigt. Peter selbst stand an der Spitze …r, welche den Herzog
Ludwig von Baiern zum K… wählten; da aber
diese Wahl großen Zwiespalt … langwierige innerliche
Kriege verursachte, so sagte … er habe sein ärztliches
Amt ganz vergessen und bei … …che K…
Kaiserwahl mehr krank als ge…
Uebrigens erhielt sich Pe…
Frömmigkeit und musterhafte …
Ende die Liebe seiner Unter…
teutschen Fürsten, so wi…
er sich gegen die letztern …
ne Sparsamkeit war …
sehr stürmischen …

seiner Regirung 16278 Pfund Heller (eine damals bedeutende Summe) erspart, und zum Besten des Erzstifts, theils durch Ankauf neuer Güter, theils durch
Bezahlung von Schulden, verwendet (s. Schunk, Beiträge zur Mainzer Geschichte, 3. Bd. S. 266). Auch
bei den Kaiserwahlen, an welchen er Antheil nahm,
sorgte er sehr gut für den Vortheil seines Erzstiftes.
In der Capitulation mit Heinrich von Luxemburg
mußte dieser versprechen, alle Freiheiten und Rechte
der Mainzer Kirche zu bestätigen, dem Erzbischof gegen
alle seine Feinde auch, wenn es nöthig sey, persönlich
beizustehen, nicht zu gestatten, daß geistliche Sachen
oder Personen vor einen andern als den geistlichen
Richter gebracht würden, den Zoll zu Lahnstein und den
Besitz von Seligenstadt und dem Bachgau dem Mainzer Erzstift zu bestätigen, den Erzbischof in seinen Erzkanzlerrechten zu schützen, alle Unkosten, die derselbe bei
der Wahl und Krönung haben würde, zu vergüten,
für die Summe, welche K. Albrecht I. dem Erzbischof schuldig geblieben, ihm den Zoll zu Ehrenfels zu
überlassen, ferner dem Papste 3000 Mark Silbers zu
bezahlen, die Peter noch für das Pallium schuldig war
u. a. m. Von K. Ludwig bedingte er sich, außer der
Bestätigung dessen, was aus der vorigen Capitulation
noch auf diese Zeit paßte, den ferneren Besitz des Zolles zu Ehrenfels, als Entschädigung für die Summe
die er für K. Heinrich aufgewendet, dann versch…
dene Reichslehen, besonders aber die Stadt Gotha …
andern Besitzungen in Thüringen, wenn Ludwig …
ringen erobern würde, was jedoch niemals zur …
rung gekommen ist; überdies machte sich Lud… … das
bindlich, die ihm zustehenden Preces prim… … u allen Kirchen des Erzstifts Mainz dem Erzb… … Entar-
lassen, ihm für die Wahl- und Krönun… … in wei-
Mark Silbers zu bezahlen, und … …ast gestal-
schehen, gewisse Güter einzuräu… …e, mit dem
endlich, nachdem er beinahe … …en, von ih-
Würde bekleidet hatte, … mit ihm nach
1320. … die Wahl ge-

Die Nachrich… … ohne ein Wort
was seine Leben… … Schleier ver-
Würde betri… …, der größeren Liebe
einzeln zu… …i Augen verbergend,
schichte … …er, das entweder im
vorher … …, oder sich schon ver-
… sie noch auf Münzen,
… man sie oft fälschlich für
… Winkelmann [3]) erscheint sie
… …lick eines Phallos entsetzend.
… zu Athen [4]) und zu Sparta [5])
… …, deren eine bei der Standes-
… …n Matronen, die durch die Miß-
… …ausbrach), durch letztere geweiht
… …terscheidung der Pudicitia Patri-
… …ielleicht auch eine Zeitlang Wetteifer
… …laßte. (Rickless.)

seine Belohnung …
Domprobstei …
höheren Würde…

…194 ff. 2) Paus. III, 20. 3) Monum.
…s. I, 17. 5) III, 20. 6) Liv. X …

nig umzutauschen. Auch macht die Fischerei einen großen Nahrungszweig derselben aus, da die Fische einen auserlesenen Geschmack haben. Die zwei Statthalter, die sich hier aufhalten, sind, der eine von Seiten Aegyptens, der andere von Seiten Bodscha's (der jedoch selten in die Stadt kommt, sondern sich mehr in der Wüste aufzuhalten pflegt); sie theilen die hiesigen Einkünfte unter sich, versehen aber auch die Stadt mit Getreide und andern Lebensmitteln, welche der eine aus Aegypten, der andere aus Abyssinien besorgt. — Nach Quatremère's neuesten Nachrichten ist die Stadt, deren Einwohner zu den Bedschah's gehören, dem Pascha von Aegypten unterworfen. (*Hartmann u. H.*)

AIDAN oder Aidam, der erste Bischof von Lindisfarne (der heil. Insel) in Nordhumberland, hatte im 7ten Jahrh. ausgezeichneten Antheil nn der Verberitung und Befestigung des Christenthums in England. Als ein schottischer Priester auf Oswald's, Königs von Nordhumberland, Verlangen zur Heidenbekehrung in dessen Reich gesandt worden, aber wegen seiner Strenge und Unfähigkeit, sich herabzulassen, unverrichteter Sache zurückgekehrt war, rieth Aidan, damals noch ein schottischer Mönch nach Columban's Regel, in der Versammlung des über dieses Unternehmen berathschlagenden schottischen Klerus, nach dem Beispiele des Apostels (1 Cor. 3, 2. Ebr. 5, 13. 14) bei der Bekehrung der Heiden von leichten Anfangsgründen allmählig zu schwereren Lehren überzugehen. Dadurch erwarb sich Aidan solches Vertrauen, daß er sogleich (634) zum Bischof geweiht und an Oswald gesendet würde, welcher für ihn das Bisthum auf der Halbinsel Lindisfarne stiftete und ihn in seinem apostolischen Werke thätig unterstützte. Oswald soll ihm selbst bisweilen als Dolmetscher gedient haben, weil den Schotten das Angelsächsische noch nicht geläufig war *). Aidans mildes und kluges Verfahren, seine Sitteneinfalt und Demuth, der Eifer, mit dem er das Land zu Fuß durchwanderte und belehrend, taufend, helfend und wohlthuend sein Amt verwaltete, verschaffte dem Christenthume in jenen Gegenden eine Menge neuer Anhänger und den Predigern, die er sich aus schottischen Klöstern nachkommen ließ, erfolgreichen Eingang. Auch Gefangene, die er loskaufte, wurden seine Schüler. Mit dem Nachfolger Oswalds, Oswin, lebte Aidan ebenfalls im freundlichsten Verkehr und starb bald nach dessen Tode (den 31. Aug. 651). Von der in Schottland üblichen Beobachtung der alten jüdischen Osterzeit war er als Bischof in England nicht abgewichen, wurde aber dennoch, weil er das Fest Sonntags zu feiern begann, von der römischen Kirche nicht als Schismatiker betrachtet, und um der Wunderwerke willen, die Beda von ihm erzählt, als Heiliger verthet. (Unter den von ihm erzählten Wundern findet sich eines, nach welchem man damals schon die Kraft des Oels zur Beruhigung der Wellen kannte). Auch das Lesen scheint er in England befördert zu haben. Er hinterließ selbst Commentarios in script. sacram und Homilias s. conciones *). (*G. E. Petri.*)

AIDAR, auch Alt-Aidar, ein Flecken in dem Bachmuntschen Kreise der Statthalterschaft Jekatherinoslaw in Rußland an dem Ausflusse der in den Donez fallenden Aidara. Nicht weit davon liegt Neu-Aidar. (*I. Ch. Petri.*)

Aide de camp, Aide-Major, s. Adjutant.

AIDEEN, Insel im arabischen Meerbusen, nach Bruce's Beobachtung (S. 377 und 382) 9 Meilen von der Insel Foosht, Nord gen Osten, und 7 Meilen von der Insel Zimmer, Ost. (*Hartmann.*)

Aiderbeitzan, s. Adserbidschan.

AIDEPSOS (Αἴδηψος, Αἰδηψός, Ptolem. III. c. 15 Αἴδιψος), Stadt an der westlichen Küste von Euböa, der Flur zwischen Opus und Kynos im Gebiete der Opuntischen Lokrer gegenüber, und 160 Stadien davon entfernt. Es wären hier berühmte warme Quellen, die man, wie fast alle dieser Art, Bäder des Herakles nannte. Eine Zeit hindurch floß auch am Ufer des Meeres ein kaltes Wasser mit Heilkräften, das getrunken wurde, wie Athenäus Deipnos. III. p. 73 erzählt. S. Strab. IX. p. 425. I. p. 60. Steph. Byz. Plut. vit. Sull. c. 26. Conviv. Quaest. IV. 4. Plin. H. N. IV. c. 21. Ueber die verschiedenen Irrungen im Namen s. Tzschucke zu Strab. Bd. III. p. 546, IV. 11. Friedemann Bd. VII. p. 424. Ein Einwohner hieß Αἰδήψιος. Steph. Byz. — Jetzt Dipso, *Vaudoncourt* Ion. Isl. (*Spohn.*)

AIDES. Ursprünglich nannte man Aides die Hilfsgelder, welche die Lehnsleute dem Lehnsherrn zum Lösegeld beim Ritterschlag seines Sohnes, zur Aussteuer der Tochter gaben. Es sind die Verordnungen aufbewahrt, welche Philipp der Schöne 1308 und 1313 in den beiden letzten Fällen zur Erhebung der üblichen Aides erließ. Auch ward die Abfindung in Gelde für den Kriegsdienst des Lehnmannes also genannt; und die Englische Magna Charta hat das Wort gleichfalls in diesem Sinn Art. 14. In Frankreich begriff das Wort noch unter Karl V. das ganze Steuerwesen, und die Cour des aides entschied über alle Steuersachen; auch ließ jener König 1358, als Dauphin, den Ständen zu Compiegne die Verwendung des gesamten Ertrags der Aides für den Krieg anordnen, mit Vorbehalt der Erlaubniß über ein Zehntel frei zu verfügen; das Letztere ist eine Spur des Gedankens zur Stiftung der Civilliste (s. *Arnould* hist. gén. des finances de la France). Als die Abgaben ständig wurden, nannte man die Tranksteuern Aides, die Salzsteuer Gabelle. Der Ertrag jener war zu Necker's Zeiten (de l'administration des finances I. 120) etwa 60 Millionen Livres, und ihre Erhebung, entweder in einzelnen Steuersätzen oder in Abfindungsbeträgen geschah von der General-Regie. Der Wein gewährte die stärkste Einnahme, und deswegen hatten gute oder schlechte Weinjahre den größten Einfluß auf die Ergiebigkeit der Tranksteuern, die übrigens auch auf allem Branntwein, Cider und Baumöl

*) *Beda* hist. eccles. gent. Angl. L. III. c. 3. 5. *Collier* hist. eccl. of Great Brit. I, p. 37. ed. 1708.

*) *Beda* hist. eccl. L. III. c. 3. 5. 14. 17. *Baron.* annal. ad a. 634. *Pagi* crit. ad a. 634. *Chaufepié* Diction.

ruhten, und womit die Steuern von andetu Verbrauchswaaren: Fleisch u. s. w. unter dem Namen droits reservés oder d'inspecteurs aux boucheries verbunden waren. Die Erhebungsweise belästigte dadurch sehr, daß sie z. B. den Wein bis zur Kelter verfolgte, Buchführung über dessen Bestand und öftere Haussuchungen nöthig machte; und ihre strengere oder mildere Handhabung offenbarte sich sogleich bei dem Steuer-Ertrage. Die allgemeine Hebe-Ordnung ward unter Colbert's Verwaltung 1680 erlassen. Die Gehalte der Steuerbedienten und örtlichen Kosten schätzte Necker zu 7,100000 Livres. Das Einkommen der Regisseure ward nach dem Fünfundzwanzigsten berechnet, und theils durch einen ständigen Gewinnsatz, theils durch einen im fortschreitenden Verhältniß steigenden Antheil an der vermehrten Steuer-Einnahme gebildet. Jeder Fünfundzwanzigste bezeichnete ein Darlehn von 1,100000 Liv., wovon 900000 mit 5 p.C. und 200000 mit 7 p.C. verzinset wurden. Der letztere Darlehnsstuhl kounte nach dem Gefallen des Königs getilgt werden. Der Gewinn der Regisseure bestand wenigstens aus 1½ Million jährlich; und so kostete die Erhebung $16\frac{7}{10}$ vom Hundert der Steuer-Einnahme. In der Revolution verschwand diese Genossenschaft, so wie die Trankſteuer selbst, welche indeß unter dem Namen der droits réunis durch das Gesetz vom 5. Ventose 12 wieder erschien, und 1811 überhaupt 122 Mill. Franken einbringen sollte: vom Wein, Cider, Bier, Branntwein, Tabak, Spielkarten, Miethwagen, mit Inbegriff des Einkommens von 5 p.C. der städtischen Gefälle und des Schiff- und Fährgeldes. Vom Anfang an klagte man, daß die Erhebungsweise für die Brauereien und Branntweinbrennereien nachtheilig und für die Weinbauer lästig sey, und die Steuerverwaltung gerieth während des Krieges ins Stecken, doch konnte nachmals weder diese Steuer-Einnahme entbehrt, noch ihre Erhebungsweise unter großen Geldverlegenheiten wesentlich verbessert und gemildert werden. (*v. Bosse.*)

Aïdes, s. Hades.

Aidhab, s. Aidab.

AIDIA, Pflanzengattung aus der 5ten Linne'schen Classe, welche Loureiro in der flora cochinchin. p. 177 aufgestellt hat, und die seitdem von Jussieu angenommen worden ist (*Mirbel* genres des plantes, tom. 4. p. 407). Man kann sie zur natürlichen Familir der Caprifolien rechnen. Der Charakter besteht in einem röhrigen Kelch mit fünf Zähnen, in einer präsentirtellerförmigen, am Schlunde wolligen Corolle, in sehr schmalen Antheren, welche auf den Einschnitten der Corolle sitzen, und in einer einsamigen Beere. Die einzige Art, welche man krunt, ist ein hoher Baum mit weißem, schwerem Holz, welches außerordentlich dauerhaft ist; daher der Name (ἀΐδιος, sempiternus). Der Baum hat lanzetförmige, glattrandige, gegenüber stehende Blätter, und trägt die Blüthen in Trauben von weißer Farbe. Er wächst in Cochinchina. (*Sprengel.*)

AIDIN, ein Sandschak der Statthalterschaft Anatolien von 19 Siamet (großen Lehen) und 572 Timaren (kleinern Lehen), grenzt nördlich an Magnesia, westlich an Sighla, südlich an Menteſcha, östlich an Kutahja. Die Gerichtsbarkeiten desselben sind: Alaschehr, Amassa, Ortakdshi, Ainegöl, Bostoghan, Baliabenuli, Bajenderbergi, Tire, Sort, Sultan hissari, Karadscha kojunli, Kastel, Nasli, Kilis, Güselhissar, Köschk, Jenischehr, Goinek, Keler, Kestre, Bairamli. Der Hauptort ist Tire (Dschihannüma S. 636). (*v. Hammer.*)

AIDINDSCHIK, d. i. Kleinaidin, ist der Name des Districtes der asiatischen Dardanellen im Sandschak Karassi. Der Name scheint von dem alten Abydos herzurühren, das zusammengezogen heute noch Aidos oder Aidus ausgesprochen wird. Die Ruinen des Ortes Aidindschik (auf Cyzicus), in denen die türkische Sage einen Thron Salomons sieht, sind in der Geschichte der Osmanen als der Ort merkwürdig, wo Suleiman Pascha, der Sohn Orchan's, bei Nachtzeit den großen Entschluß faßte, den Hellespont zu überschiffen, und so die Eroberungen der Osmanen von Asien nach Europa auszudehnen (Seadeddin). (*v. Hammer.*)

AÏDONEUS (Αἰδωνευς), 1) der Name des Pluto Αιδης, d. i. der Unsichtbare gedehnt; 2) ein alter König der Molosser in Epeiros*), auf welchen die Neueren alles als historisch übertragen, was die ältere Mythe von Pluto und Persephone erzählt. Plutarch, der ihm die Kora zur Tochter von der Persephone gibt, läßt ihn den Peïrithoos durch seinen Hund Kerberos aus dem Wege räumen, und den Theseus einkerkern (Thes. 31). (*Ricklefs.*)

AIDOS (Αιδως), bei den Römern Pudicitia, das Symbol der Schamhaftigkeit und der Scheu alles Unsittlichen. Hesiod[1]) läßt sie bei der Entartung des Menschengeschlechts mit der Nemesis in weißen Gewändern die Erde verlassen. Die Kunst gestaltete sie — auf Anlaß der Sage[2]), daß Penelope, mit dem Odysseus auf der Reise nach Ithaka begriffen, von ihrem Vater, Ikarios, dringend gebeten, mit ihm nach Sparta zurückzukehten, als ihr Odysseus die Wahl gelassen, ihm oder dem Vater zu folgen, ohne ein Wort zu reden, ihr Gesicht mit dem Schleier verhüllt habe, — die innere Neigung der größeren Liebe zum Gatten, als zum Vater, den Augen verbergend, als ein jugendliches Frauenzimmer, das entweder im Begriff ist, sich zu verschleiern, oder sich schon verschleiert hat. So finden wir sie noch auf Münzen, Gemmen und in Statüen, wo man sie oft fälschlich für eine Vestalin nimmt. Bei Winkelmann[3]) erscheint sie beflügelt, sich vor dem Anblick eines Phallos entsetzend. Sie hatte einen Tempel zu Athen[4]) und zu Sparta[5]) und 2 Kapellen zu Rom, deren eine bei der Standeseifersucht der patricischen Matronen, die durch die Mißheirath der Virginia ausbrach, durch letztere geweiht ward[6]), und die Unterscheidung der Pudicitia Patricia und Plebeja, vielleicht auch eine Zeitlang Wetteifer in Sittsamkeit veranlaßte. (*Ricklefs.*)

*) Euseb. Chr. p. 27.

1) Op. et D. 194 ff. 2) Paus. III, 20. 3) Monum. ined. 26. 4) Paus. I, 17. 5) III, 20. 6) Liv. X, 23.

AIDOS (Idos), 1) ein beträchtlicher Ort in dem Sandschak Silistra auf dem Wege von Constantinopel nach dieser Stadt. Ueber den nahe gelegenen warmen Quell hat Sultan Suleiman eine große Kuppel gebauet. Im Herbste versammeln sich hier viele Menschen wegen eines großen Marktes. Namhafte Ruinen zeigen, daß dieser Ort vormals eine ansehnliche Stadt gewesen seyn müsse. Die nächsten Gerichtsbarkeiten sind: Ahjoli, Karinabad, Varna (Hadschi Chalfa's Rumili S. 26). Das Schloß, auf einem Hügel gelegen, hat die Gestalt eines Fünfecks, und ein einziges Thor. Die am Fuße desselben gelegene Stadt zählt ungefähr 1000 H. (meistens von Bulgaren bewohnt), und 5 Moscheen in eben so vielen Stadttheilen. Ueber den durchfließenden Waldstrom Dschenger ist eine Brücke in einem einzigen Bogen gespannt. Das Wasser ist schlecht und die Luft schwer. Die Obrigkeiten sind ein Janitscharen-Offizier und ein Polizeivoigt (Ewlia II). Diese Stadt war eine der frühesten Eroberungen der Osmanen unter Sultan Orchan im J. d. H. 728 (1327). Sie ging verloren, und wurde von S. Murad I. 40 Jahre später im J. d. H. 768 (1366) zum zweiten Male erobert (Hadschi Chalfa's chronolog. Tafeln). Zum dritten Male endlich wurde sie zur Zeit des Zwischenreiches nach Bajasid I. unter seinem Sohne Mussa durch Mohammedbeg im J. d. H. 814 (1411) erobert, und blieb seitdem im Besitz der Osmanen (Ewlia II). — 2) Aidos ist auch der Name eines Berges gegenüber von Constantinopel, in Asien, 4 St. von Skutari, auf dessen Gipfel man eine liebliche Quelle und die Ruinen eines byzantinischen Schlosses findet (Dschihannüma S. 663). — 3) Aidos, Dorf in Natolien, welches von dem alten Abydos den Namen haben soll (s. unter Abydos u. Aidindschick). (v. *Hammer.*)

AIGEN heißen im Erzhzgth. Oesterreich an 50 Ortschaften; darunter sind ein Markt im Mühl-Kreis, nahe am Böhmer-Walde, mit einer Glashütte, die Vorstadt von Wels und ein Dorf im Hausruck-Kr.; ferner ein Kirchdorf im Salzburg'schen mit Schloß und schönem Parke, nebst einem Gesundbrunnen. — Auch in Steiermark heißen viele Ortschaften so, u. a. ein Dorf in der Herrsch. Wolkenstein mit 1 Schlosse, 2 Brauhäusten, 2 Mahlmühlen und einem fischreichen See. (v. *Liechtenstern* u. *Winkelhofer.*)

AIGLE (Aelen), Städtchen im Schweiz. Canton Waadt, mit 339 H. und 1650 E., 2 St. vom Genfersee, ¼ St. von der Rhone, an dem Waldstrome la grande Eau, Hauptort des gleichnamigen Districtes und Kreises, welcher letztere 2865 ref. Einw. hat, mit Gradirwerken (s. Bex) und einem alten, in ein Krankenhaus verwandelten, Schlosse, mit treffl. Aussicht. Dieses war vor 1798 der Sitz des Gubernators über das Bernersche Gouvernement Aigle, das mit seinen 4 Mandements: Aigle, Ollon, Bex und Ormonds, zu den teutschen Landen des Cantons gerechnet, doch 1798 zum C. Waadt geschlagen ward. Aigle ist jetzt der 2te Distr. des C., mit 12824 Einw., welche Getreide, Wein und Obst bauen und Alpenwirthschaft treiben; er hat 5 Kreise: Ormonds, Bex, Ollon, Aigle, Villeneuve, sehr milde Luft, viele seltene Pflanzen, Insecten und Mineralien, schöne Marmorbrüche und die einzigen Salzwerke der Schweiz (s. Bex). (*Wirz.*)

AIGLE (l'Aigle), ummauerte Stadt im französ. Dep. Orne, Bez. Mortagne, an der Rille, auf 2 Hügeln, hat 6 Thore, ein schönes Schloß, 3 Pfarr- und 2 Klosterkirchen, ein Hospital, ein Seminar, 844 H. und 5947 E. Diese Stadt ist in ganz Frankreich wegen ihrer Stecknadeln berühmt, die hier und in der Nachbarschaft verfertigt werden und gegen 3000 Menschen beschäftigen; 1789 verbrauchten die hiesigen Nadelfabrikanten 35000 Bündel oder 9800 Ctn. Messingdraht und verfertigten 3360 Mill. Nadeln, an Werthe 1,890000 Fr.; seitdem hat sich jedoch der Absatz vermindert, und 1800 wurden nicht mehr als 18000 Bündel oder 5040 Ctn. Messingdraht verarbeitet. Ferner fabrizirt man Messing-, Stahl-, Eisen- und Kratzendraht, wovon die einzige Mouchel'sche Fabrik 1807 gegen 1000 Ctn. verfertigte, Schuhpinnen, die pointes de Paris heißen, Schnürsenkel in 4 Fabriken, Leinwand, die unter dem Namen Boulevardées bekannt sind, bunte Papiere, Zwirnband, Litzen, Leder zum Einbinden, Baumwollengarn und Quincaillerie, und treibt einen lebhaften Handel mit diesen Waaren, hat auch ein Handelsgericht (Descr. top. et stat. de la France. Orne p. 28. 41. Nemnich S. 142). ½ Meile von der Stadt liegt die Heilquelle S. Santin. (*Hassel.*)

AIGLERUS oder AYGLERIUS (Bernhard), anfangs Benedictinermönch im Kloster Savignac, in der Diöcese Lyon, und Capellan Innozenz IV, als dieser Papst sich in Frankreich befand, 1256 Abt von St. Honore auf der Insel Lerins, 1263 auf Befehl Urbans IV. zum Abt von Monte Cassino erwählt und von Clemens IV. 1266 zur Cardinalswürde erhoben, ist durch die ihm vom Papste übertragenen wichtigen Sendungen merkwürdig geworden. Noch als französischer Abt genoß er die Gunst Karls von Anjou und begleitete diesen Fürsten nach Italien, da er das Königreich beider Sicilien in Besitz nahm. Clemens IV. brauchte ihn als Legaten in Frankreich, um seine Maßregeln gegen die Reste der Albigenser ins Werk zu setzen, Gregor X. als Beobachter und Unterhändler am Hofe Karls zu Neapel und besonders 1274 zur Vermittelung eines Waffenstillstandes zwischen diesem Könige und dem Schwiegervater desselben, Philipp, damaligem lateinischen Titularkaiser von Constantinopel an einem, und dem griechischen Kaiser Michael Paläologus am andern Theile [vergl. die Briefe Gregors X., die theils diesen Aiglerus betreffen, theils an ihn gerichtet sind *)]. Zufolge dieser Briefe hat er letzteres Geschäft glücklich vollbracht und Gregors Vertrauen in hohem Grade genossen. Sein durch Karls Willkür und Habsucht bedrohetes Kloster Monte Cassino schützte er bei seinen Rechten und handhabte eine gute Klosterzucht. Er starb daselbst den 5. April 1282. Vorhanden sind von ihm Regesta duo in regulam S. Benedicti (unum collationum, beneficiorum et officiorum, alterum inquisitionum, jurium et bonorum monasterii casi-

*) In *Martene* et *Durand.* vet. script. et monum. collect. T. VII. p. 241-244 und *Raynald.* annal. ad a. 1274. n. 20.

nensis) und Speculum Monachorum; dieser erschien 1530 zu Venedig und Cöln gedruckt *). (*G. E. Petri.*)

AIGNANT, Stadt im franz. Dep. Cher, Bezirk Blois, am Cher, hat 339 H. und 2494 Einw., liefert Tuch (jährlich 500 bis 550 Stück) und hat Gerbereien. (*Hassel.*)

AIGNAN oder AGNAN (Anianus), Bischof von Orleans von 390, wo sein Vorfahr ihn ernannte, bis 453, erhielt bei dem Antritte seines Amtes von dem damaligen Statthalter Agrippinus zu Orleans die Befreiung aller Gefangenen in dieser Stadt, welche ihn dann bei seinem feierlichen Einzuge umgaben. Daher haben die Bischöfe von Orleans auch unter den Königen von Frankreich den Vorzug genossen, daß die weltliche Behörde auf ihre Fürbitte am Tage ihres Einzuges die Gefangenen in der Stadt losgab. Merkwürdiger, als durch den Ursprung dieser Sitte, ist Aignan wegen seines Benehmens bei dem Einfalle Attila's in Frankreich. Da die Hunnen 451 sich seiner Stadt näherten, ging er selbst nach Arles, um den Feldherrn Aetius zu Hilfe zu rufen, und wußte dann durch Gebete und Vertröstungen den Muth der Bewohner von Orleans aufrecht zu erhalten, bis die Hilfe kam. Aetius erschien eben in der größten Bedrängniß der Belagerten (nach Sidonius Apollin. l. VIII. ep. 15., da die Hunnen schon eingebrochen waren, worauf er sie sogleich durch die Stadt wieder hinaustrieb) noch zu rechter Zeit. Diese Rettung wird von den alten Chronikschreibern der Frömmigkeit Aignans beigemessen, welcher auch, nachdem er den 17ten Novbr. 453 gestorben war, als ein Schutzheiliger von Orleans verehrt wurde. Bis in die neueren Zeit gab es daselbst ein Collegiatstift des h. Aignan. Gregor. Turon. l. II. c. 7. Baron. ad a. 451. Acta Sanct. mens. Novbr. (*G. E. Petri.*)

AIGNAY LE DUC, Mktfl. im franz. Dep. Côte d'or, Bez. Chatilly, auf einem Hügel, den die Aignay bespült, mit 130 H. und 766 Einw., die 1 Eisenhammer und Leinweberei unterhalten. Die Umgegend liefert vieles Holz. (*Hassel.*)

AIGRE, Mktfl. im franz. Dep. Charente Bez. Ruffec, von 330 H. mit 1428 Einw. die Wein bauen; der weiße wird zu Branntwein verbraucht, der rothe versendet. (*H.*)

AIGREFEUILLE, Mktfl. im franz. Dep. Niederloire Bez. Nantes mit 224 H. und 742 Einw., die vielen Zwillich weben. (*Hassel.*)

Aigrette, s. Ardea Aigretta.

AIGUE, EGUE, pl. Aigues (im Altfranzösischen und Patois: Wasser), gibt mehrern Flüßchen in der franz. Schweiz ihre Namen, wie Aigue noire, Noirègue, Albègue (*Wirz*) — und anderwärts mehrern Ortschaften, vgl. die folg. Art.

AIGUEBELLE, größer Flecken in Savoyen, am Fl. Arc, in einem offenen Thale, mit einem alten Kastell, Charboniero genannt, und einer Collegiatkirche. Die mit Kröpfen geplagten Einwohner treiben Seidenbau und bereiten Käse. (*Röder.*)

AIGUEPERSE, (Br. 45° 50′ L. 20° 46′) Stadt am Buron, im franz. Dep. Puy de Dôme, Bez. Riom. Sie besteht nur aus einer einzigen langen Straße und zählt 2 Kirchen, 447 H. und 2536 Einw. Hier ist der berühmte Kanzler Hopital geboren. — Ein gleichnamiger Marktfl. im franz. Dep. Rhone bei Villefrance, zählt 873 Einw. (*Hassel.*)

AIGUES-CAUDES, Dorf im franz. Dep. Niederpyrenäen, Bez. Oleron, mit 470 Einw., bekannt durch seine Mineralquelle. (*Hassel.*)

AIGUES-MORTES, (Br. 42° 33′ 58″ L. 21° 51′ 13″) Stadt im franz. Dep. Gard, Bez. Nismes, nur 1⅓ Meile vom Meere entfernt, an einem Kanale, der sie mit demselben in Verbindung setzt, und mitten in Morästen, die die Luft äußerst ungesund machen. In ältern Zeiten lag sie dicht am Meere und hatte einen Hafen, aus welchem der heilige Ludwig seinen Kreuzzug antrat, seitdem ist das Meer so weit zurückgetreten, und die Stadt ist so verödet, daß sie in 800 H. nur 2800 Einw. zählt, die sich von ihren weitläuftigen Salzschlämmereien und dem Salzhandel nähren. Das merkwürdigste dieser todten Stadt sind ihre hohen Mauern und ihre 16 Thürme, wovon der eine einen Leuchtthurm trägt. (*Hassel.*)

AIGUILLON, (Br. 44° 25′ L. 18° 8′) Stadt am Zusammenflusse des Lot und der Garonne in Dep. Lot-Garonne, Bez. Agen. Sie hat eine angenehme Lage in einem fruchtbaren Thale, hat 1 Schloß, 250 H. und 2380 Einw. und unterhält 1 Tabaksfabrik, Serge-Droguet- und Strumpfweberei, und einen lebhaften Handel mit Korn, Wein, Hanf, Tabak und Branntwein. Vormals war sie der Hauptort eines Herzogthums und Pairie. — Ein gleichnamiges Dorf im Dep. Vendee, Bez. Fontenai mit ungefähr 1000 Einw., hat eine gute Rhede, welche die Pointe d'Aiguillon bildet. (*Hassel.*)

Aiguillon, Marie Magdal. v. Vignerod, Herzogin, Nichte des Card. Richelieu, und beide Armand Vignerod Duplessis Richelieu, Herzoge von Aiguillon, s. Richelieu.

AIGULF, schon als Benedictinermönch in der Abtei Fleury (St. Benedict an der Loire) dadurch ausgezeichnet, daß er 653 die Gebeine des h. Benedict von Nursia aus Monte Cassino nach Fleury gebracht hatte (vgl. *Mabillon* Analecta nov. ed. p. 212), ward ein Märtyrer der Regel Benedicts. Sein Eifer, die Mönche des damals sehr verwilderten Klosters St. Honore auf Lerins in der Provence, dem er seit 661 als Abt vorstand, zur Eintracht und genauen Beobachtung dieser Regel zu nöthigen, reizte zwei Unzufriedene, Arcadius und Columbus, zur Empörung, und da diese unterdrückt wurde, zu Anschlägen wider sein Leben. Mit Hilfe eines benachbarten Edelmanns bemächtigten sie sich 673 Aigulfs und seiner Anhänger; Columbus ließ die Gefangenen an Zungen und Augen verstümmeln, nach der Insel Capraria schaffen, und nach zweijährigem Aufenthalte bei den dasigen Benedictinern

*) Vergl. *Placidus* in suppl. ad Petrum Diac. de viris illustr. casin. sub art. Bernardus in *Fabricii* Bibl. eccles. b. p. 192.

auf eine Insel unweit Corsica 675 umbringen. Dieses Schicksal Aigulfs, welches ihm einen Platz unter den Heiligen seines Ordens verschaffte, hinderte die Wirksamkeit der von ihm zu Lerins getroffenen Verbesserungen nicht, vielmehr kam dieses Kloster seit der Zeit seines Märtyrerthums in den Ruf besonderer Heiligkeit. Mabillon acta Sanct. ord. Bened. u. Helyot hist. des ordres relig. P. IV. c. 12. Teutsche Ausg. 5r Bd. S. 139 fg. (*G. E. Petri.*)

AIGURANDE (Agurande), (Br. 46° 25′ L. 19° 35′,) Stadt im franz. Dep. Indre, Bez. Chatre, an der Creuse, hat 270 H. und 1578 Einw. und treibt Viehhandel. Merkwürdig ist hier eine alte achteckige Balustrade mit einem hohen Dome. (*Hassel.*)

AII (Αἶοι). eine indische Völkerschaft, bewohnten die Küste des heutigen Cochin und Travankor. Ihre Hauptstadt war Cottiara, welche mit Pfeffer handelte. Mannert (V.) hält sie für das jetzige Kotschin. Ptolem. 7. 1. Peripl. E. M. (*P. Fr. Kanngießer.*)

Aikens oder M'kees-Fall, s. Susquehannah.

AIKMAN (William), von den Engländern unter ihre vorzüglichsten Maler gerechnet, zu Cairney in Schottland geboren den 24. Oct. 1682, ging, nach Vollendung seiner Studien in England, 1707 nach Italien, blieb drei Jahre zu Rom, reisete dann nach Constantinopel und Smyrna, kehrte 1712 über Rom in sein Vaterland zurück, und nahm seit 1723 seinen Aufenthalt in London. Er liebte in seinen Darstellungen die einfache Anmuth, seine Lichter sind sanft, seine Schatten wol verschmolzen, sein Colorit harmonisch. Wie sein Gemüth ruhig und heiter war: so strebte er auch in der Malerei mehr nach stillem Eindruck als glänzendem Effect. Er starb zu London den 4. Jun. 1731. Seine vertrauten Freunde, Somerville, Mallet, Ramsay und Thompson beklagten seinen Verlust in elegischen Gedichten. (*H.*)

Ailan, Älana, Elana bei Griechen und Römern, in der Bibel Eloth, s. Eloth.

AILANTHUS, eine Pflanzen-Gattung aus der natürlichen Familie der Terebinthinaceen, und der 23. Linne'schen Classe. Der Charakter besteht in einem fünftheiligen Kelch, in einer fünfblättrigen Corolle, zehn Staubfäden, drei bis fünf Fruchtknoten, welche schon die Gestalt der künftigen Frucht haben, und zur Seite die Pistille hervor treiben. Die Frucht ist eine einsamige Flügelfrucht. Da das Geschlecht der Blüthen verschieden ist, so hat man sich berechtigt geglaubt, die Gattung zur 23sten Classe zu zählen. Indessen ist kein Unterschied der Blüthen zu erkennen, daher wir mit Smith die Pflanze in die zehnte Classe setzen. Es gibt zwei Arten: 1. Ail. *glandulosa*, mit ungepaart gefiederten Blättern, die manchmal bis 6 Fuß lang sind. Die Blättchen sind an der Basis mit wenigen Zähnen versehn, welche auf der Unterfläche eine platte Drüse haben. Dieser Baum soll in China wachsen. Er ist zuerst von Ellis unter dem Namen Rhus sinense in den Philos. transact. vol. 49. t. 25. abgebildet; dann von Ehrhart Rhus cacodendron genannt. Seinen jetzigen Namen gab ihm Desfontaines (mém. de l'acad. Paris, a. 1786 t. 8.). Auch ist er in l'Heritier stirp. t. 84. abgebildet. Er kann zwar im Freien gezogen werden, aber in kalten Wintern friert er jedesmal bis an die Wurzel ab. 2. Ail. *excelsa* Roxb. mit abgerissen gefiederten Blättern, und gesägten Blättchen. Abgebildet in Roxb. Coromand. 1. t. 23. Diese Art wächst auf den Gebirgen Ostindiens. (*Sprengel.*)

Ailesbury, s. Aylesbury.

AILHAUD (Joseph), ein Wundarzt in der Provence, der sich in der Mitte des 18ten Jahrh. durch seine Purgirmittel einen gewissen Ruf erwarb. Man sagt: er habe die erste Anleitung zu dieser Mischung von der Tochter eines Regiments-Wundarztes erlernt, er verwandte den Gewinn von seinen ersten Versuchen dazu, sich den Doctor-Titel in Aix zu erkaufen. Aber, ein unwürdiges Mitglied der Facultät, betrug er sich fortan als Charlatan, indem er sich ein ausschließliches Privilegium für den Verkauf seines Geheimmittels zu verschaffen wußte, und in den Hauptstädten Frankreichs eigene Verkaufbuden errichtete. Er gab 1738 einen Traité de l'origine des maladies et des effets de la poudre purgative heraus, welcher 1742 neu aufgelegt wurde. Darin behauptete er, ganz nach Art grober Charlatans, daß alle Krankheiten von Einer Ursache herrühren, und alle ohne Ausnahme durch sein Mittel kurirt werden. Am Ende der Schrift ließ er eine Menge Briefe von Patienten, die durch dies Mittel genesen seyn sollten, abdrucken. Den Zweck seines Lebens erreichte er: er erwarb sich große Reichthümer, mit denen er eine Menge Landgüter ankaufte. Darüber darf man sich nicht wundern, wenn man weiß, daß er ein Päckchen dieser Pulver, das ihm wenige Pfennige kostete, für einen Louisd'or verkaufte. Unbezweifelt ist, daß dies Mittel aus drastischen Purganzen zusammengesetzt war: er scheint aber die Mischung öfter verändert zu haben, damit man die Ingredienzen nicht errathen und es nachmachen möge. Mönch meinte, es bestehe aus Scammonium, Tiglikörnern und Asphalt. Wallerius machte eine ähnliche Mischung aus Jalappe, Ipecacuanha, Diagrydium, Natrum und Zucker. Wie großer Nachtheil aus dem unvorsichtigen Gebrauch dieses Mittels entstanden seyn müsse, fällt von selbst in die Augen. Ailhaud starb 1756, 82 Jahre alt. Sein Sohn, Joh. Kasp. Ailhaud-Castelles, Baron de la Pellet, suchte durch mehrere Schriften seines Vaters Geheimmittel aufrecht zu erhalten; aber der Credit desselben sank immer mehr, bis es endlich der verdienten Verachtung und Vergessenheit übergeben wurde. (*Sprengel.*)

AILLY, Stadt im franz. Dep. Somme Bez. Montdidier, an der Noye, mit einer Papiermühle und 828 Einw. (*Hassel.*)

AILLY, de Alliaco (Peter von), ein berühmter Cardinal und verdienstvoller Gelehrter, geboren zu Compiegne an der Oise 1350. Seine wissenschaftliche Bildung erhielt er im navarrischen Kollegium zu Paris, das in der Folge in ihm seinen zweiten Gründer fand. Bald trat er als Prediger und Docent (über Lombards Sentenzen) mit Beifall auf, er wurde 1380 Doctor der Sorbonne, wo er als geistreicher Lehrer sich so auszeichnete, daß er 1389 zum Kanzler der Universität und nach einiger Zeit zum königl. Beichtvater, 1398 aber zum Bischoff von Cambray erhoben wurde, worauf er die Kanzlerwürde zu Gunsten des berühmten Gerson, seines Schülers, niederlegte. Der König und die Universität bedienten sich seiner als ihres Gesandten bei den Unterhandlungen wegen Beilegung des großen kirchlichen Schisma und der sogenannten Reformation an Haupt und Gliedern. Er spielte in diesen Unterhandlungen eine wichtige Rolle, reiste öfters nach Rom und Avignon, kam aber in den Verdacht einer Neigung zu dem schlauen Papst Benedict XIII.; doch gab er auf der Kirchenversammlung zu Pisa seine Einwilligung zur Entsetzung desselben. Papst Johann XXIII. verlieh ihm 1411 die Cardinalswürde, und gebrauchte ihn als seinen Legaten in Teutschland. In dieser Eigenschaft erschien er auf der Kirchenversammlung zu Costanz, und trug sehr viel zu dem harten Urtheile dieser Versammlung gegen Huß bei; denn er war ein Nominalist, Huß aber ein Realist, daher er den Unglücklichen durch Sophistereien in die Enge zu treiben suchte. Rühmlicher ist sein bei dieser Veranlassung bewiesener Eifer für Wiederherstellung des Kirchenfriedens und für die Reformation der Kirche, so wie seine freimüthige Vertheidigung des Ansehens der Kirchenversammlungen gegen die Päpste. Von Costanz ging er als Legat Papst Martins V. nach Avignon, und starb das. den 8. Aug. 1419, nach andern 1425. D'Ailly war einer der berühmtesten Männer seines Zeitalters, der angesehenste Theolog zu Paris, ein vielwissender und beredter Mann, der sich durch seinen Scharfsinn zu einer Höhe der Spekulation hinaufschwang, worin ihm nur Wenige folgen können. Der Nominalismus erhielt durch ihn neue Kräfte, und er zeigte ein rühmliches Streben, die Theologie von der Philosophie schärfer zu scheiden. Er lebte in den Zeiten, wo die scholastische Philosophie sich überlebt hatte; daher richtete er mit andern den Scharfsinn, durch welchen früher das Gebäude des philosophisch-dogmatischen Kirchensystems nach dem Vorbilde des Lombardus aufgeführt worden, gegen dasselbe und bezweifelte die Wahrheit der philosophischen Beweise für das Daseyn und die Einheit Gottes. Verschiedene seiner Schriften verrathen ein ziemlich unbefangenes Urtheil über hierarchische Mißbräuche; aber über den astrologischen Aberglauben seines Zeitalters konnte er sich nicht erheben, indem er z. B. wähnte, man habe durch Astrologie die Sündfluth, die Geburt Jesu und andere Ereignisse errathen können. Indessen that er Vorschläge zur Kalenderverbesserung, welche bei der costnizer Kirchenversammlung Beifall fanden; auch wird seinem großen Ansehen die allgemeine Einführung des Trinitatisfestes (im Jahr 1405) zugeschrieben, welches vorher blos hier und da gebräuchlich war. Unter seinen zahlreichen Schriften sind diejenigen die wichtigsten, wozu ihm die kirchlichen Streitigkeiten seiner Zeit Veranlassung gaben; viele derselben stehen in *Hardii* concil. Const. T. I. P. 17. p. 245. P. VIII. p. 399. 436. T. II. p. 867. und in Gerson's Opp. app. p. 489. sq. vgl. (Wellers) Altes aus allen Theilen d. Gesch. Bd. I. S. 43. Verschiedene seiner Schriften erschienen 1490 zu Straßburg, in Fol., und einige wurden gegen das Ende des 15. Jahrh. zu Paris besonders gedruckt, als Concordia Astronomiae cum Theologia. 1490 4. De anima, 1492 4. De vita Christi. 1483. 4. Seine Schrift: De correctione Calendarii, erschien, nebst seinen übrigen mathematischen Schriften, s. l. et a. fol. S. *Launoii* Hist. gymn. Navarr. P. II. 467—480. *Hardii* Act. Concil. Const. T. I. P. VII. 450. *Brukker* hist. crit. Philos. T. III. 857. *Bayle* et *Chaufepié* Dict. (*Baur.*)

Ailred, s. Ethelred.

AILSA, Felseneiland an der westlichen Küste von Schottland zur County Ayr gehörig, unter 55° 18′ N. Br., das sich 940 Fuß hoch erhebt, etwa ⅓ Meile im Umfange hat, und von einer ungeheuren Menge von Seevögeln bewohnt wird. Auf demselben sieht man die Ruinen eines Castells. (*Hassel.*)

Ainaklar, Stämme, Namen der Horden der krimmischen Tataren, s. Tataren.

Aimar, s. Rivault.

Aimar Vernay, s. Wünschelruthe.

AIMARA, eine, unfern der West-Küste von Südamerika um den 20° S. L. im Osten des dort schmalen Küsten-Landes Peru östlich bis gegen Potosi nördlich bis gegen Cuzco hin verbreitete Nation und Sprache, unter deren Stämmen und Mundarten die der Pacasa und der Lupaça die vornehmsten sind. Besonders die letzteren haben volkreiche Ortschaften, und ihre Mundart ist vornehmlich in der ausführlichen Grammatik dieser Sprache von Lud. Bertonio (Rom 1603) und in den in von Murr's Journal für Kunst und Literatur Th. I. II. III. gedruckten Predigten von Wolfg. Bayer dargestellt. Daß diese Sprache an Ausbildung ihren Schwestern nicht nachstehe, läßt sich schon daraus ersehen, daß sie mancherlei charakteristische Ableitungsformen der Substantive, z. B. für den Urheber, den Ort der Handlung, das Werkzeug, der Adjective, die Möglichkeit bedeuten, besonders aber der Verben hat, je nachdem Handlung oder Zustand wirklich eingetreten ist, oder erst angefangen werden soll, anfängt oder in der Vollendung ist. Formen für die Verhältnisse der Casus fehlen nicht bei den Substantiven, für die Personen, Zeiten und Modi nicht bei den Verben. Die dritte Person des Präsens ist gewöhnlich die Wurzel, (und kann ja auch ohne Personal-Zusatz seyn, da das Subject besonders dabei zu stehen pflegt), und die übrigen Personen sind durch ihre hinzukommenden Endungen ausgezeichnet. (*Vater.*)

AIMARGUES, Stadt im franz. Dep. Gard, Bez. Nismes nahe am Rhosny mit 400 H. und 1800 Einw. die 2 Branntweinbrennereien unterhalten. — Sie führte ehemals den Titel einer Baronie. (*Hassel.*)

Aime, s. Aixme.

Aimeer, Ajmeer, s. Adschmyr.

Aimery de Peguilain, s. Troubadours.

AIMO (v. Montfaucon), seit 1491 Bischoff von Lausanne, der erste, welcher den Titel eines teutschen Reichsfürsten führte, starb 1517. 1507 und 1509 wohnte er der Untersuchung der ketzerischen Wundergeschichten oder Betrügereien zu Bern bei, und bekleidete theils für

Savoyen, theils für Frankreich, dessen thätiges Werkzeug er wurde, öftere Gesandtschaften an die Eidgenossen, und an einzelne Stände. Er war es, der von Abgeordneten von Freiburg und Solothurn begleitet, die Berner, welche sich ermannet und eidlich erboten hatten, Geld von fremden Herren anzunehmen, vermochte, durch eine geringe Mehrheit diese Verordnung zurückzunehmen. (Gar viel nit aufhubent (die Hand) schreibt Anshelm). Kniend wurde der große Rath von Aimo seiner eingegangenen Verpflichtung entbunden. Vgl. Glutz Gesch. d. Eidsg. (Zürich 1816) S. 199. (Meyer v. Knonau.)

AIMOIN (oder Haimo, lat. Aimoinus, öfters auch irrig Ainonius oder Annonius), Benedictiner zu Fleury, zu Villefranche in Perigord aus einer edlen Familie geboren, trat im Kloster zu Fleury, dessen nachmaliger Abt Abbo sein Lehrer und Freund wurde, um das Jahr 979 in den Orden, und starb um 1008. Außer dem Leben seines Lehrers und einigen Schriften über die Wunder und Reliquien des h. Benedicts (gedruckt in Mabillon actis SS. ord. Bened.) schrieb er eine unvollendete Geschichte der fränkischen Nation (de gestis Francorum) in 4 Büchern, welche in ihrer ursprünglichen Gestalt nur bis zum 16. Jahrh. der Regirung Clovis II. geht, aber von einem Ungenannten, der zugleich auch die frühern Bücher stark interpolirte, bis zum Jahre 1165 fortgesetzt wurde. Sie ist weder erschöpfend noch genau, sondern blos eine kurze, bisweilen verworrene und unkritische, Erzählung der hauptsächlichsten Vorfälle, der es an mancherlei Unrichtigkeiten nicht fehlt (von denen Pasquier in seinen Recherches B. 5. K. 27. fg. und Joh. le Cointe Annal. a 654 n. 25—27. viele aufgedeckt haben). Die erste (sehr fehlerhafte) Ausgabe, Paris 1514 F. und die von Jacq. du Breul ebendas. 1602 F. besorgte, enthalten beide das Werk nach der spätern Interpolation und Fortsetzung. Die beste kritische Bearbeitung des Urtextes, mit Weglassung der spätern Zusätze, in Boucquet scriptorr. Tom. III. p. 21 ss. — vgl. Histoire litéraire de France T. VII. p. 216 ss. Hambergers zuverlässige Nachrichten 3 Thl. 710. Meusel Bibl. hist. Vol. VII. I. 275. (*Baur und Ebert*)

AIMOUTIERS, Stadt im franz. Dep. Obervienne, Bez. Limoges, mit 1530 Einw., die Baumwollenspinnerei und Gerbereien unterhalten, und Handel mit Lumpen und Wachs treiben. Auch findet sich hier schwarzer Talkstein. (*Hassel.*)

AIN (hebr. עין Auge und Quelle), 1) der Name eines Buchstaben im hebräischen Alphabet, welcher seinen Namen, wie alle Buchstaben, von der Gestalt desselben im ersten Uralphabet hatte, nemlich von der Gestalt des Auges. Dieselbe findet sich noch im phönizischen und in der jüdischen Münzschrift (nemlich O ○), woraus denn in den spätern semitischen Schriftarten die Figuren wie ע, im Samarit. ∇, im Äthiopischen Ս geworden sind. Bei der Uebertragung des phönizischen Alphabetes auf die griechische Sprache wurden die Gutturalen zur Bezeichnung der Vocale angewandt, und die Figur des Ain zum O-Tone gebraucht, wie Chet in Ἦτα, He in Epsilon überging. In der andern Bedeutung ist es 2) Name einer Stadt im Stamme Simeon (1 Jos. 15, 32. Chron. 4. 32). Mehrere mit diesem Worte zusammengesetzte s. unter En. (*Gesenius.*)

AIN, Fluß im südöstlichen Frankreich, der im Dep. Jura unweit Planches entspringt und bei Montlucl in die Rhone geht, aber nicht schiffbar ist, sondern blos zum Holzflößen dient, gibt einem franz. Departement den Namen, welches zwischen 22° 25′ bis 23° 54′ östl. Länge und 45° 35′ bis 46° 30′ nördl. Breite liegt, und von den Dep. Jura, Saone-Loire, Rhone, Isere, von Savoyen und Helvetien umgeben ist. Es machte in frühern Zeiten einen Theil des Königreichs Burgund, und begriff die Länder Bresse, Bugey, Valromey, Dombes und Gex, welches letztere jedoch zu Savoyen gerechnet wurde. Alle diese Länder hatten im Mittelalter ihre eigne Herren; Bresse besaßen größtentheils die Herren von Beauge, von diesen kam es in der Folge an Savoyen 1272 und durch den Frieden zu Lyon 1601 an Frankreich. Im Bugey waren die mächtigsten Territorialbesitzer die Herren von Villars und Thoire, von welchen es an Savoyen kam und ebenfalls 1601 an Frankreich überlassen werden mußte. Das Valromey hatte gleiches Schicksal. Das Fürstenthum Dombes behielt seine eigne Fürsten bis 1681, wo Anne Marie Louise von Orleans es zu Gunsten der Krone abtrat, welche damals den Herzog von Maine damit aussteuerte. Alle diese Länder wurden zu der Generalität von Bourgogne geschlagen, bei der Departemental-Eintheilung Frankreichs 1789 aber in ein eignes Departement vereinigt, das seinen Namen von dem Flusse Ain erhielt. Gex war damals davon getrennt und mit dem Dep. Leman verbunden. Da dieses aber 1814 größtentheils an Sardinien und Genf zurückgegeben werden mußte, so schlug man das, was Frankreich von der Landschaft Gex verblieb, zu dem Departement Ain, und bildete daraus einen Bezirk desselben. — Das Land in seiner jetzigen Gestalt ähnelt einem Delta, das von den beiden Flüssen Rhone und Saone gebildet wird; sein Flächeninhalt beträgt gegenwärtig 103^{37} QMeilen oder ohne Gex 1,074,600 Arpens; wovon 481,868 auf das Ackerland, 37,620 auf die Weinberge, 126,274 auf die Wiesen, 134,490 auf die Waldung, 52,608 auf die Gewässer und 10,664 auf die Moräste kommen. Im Osten hat es hohe Gebirge; die Westseite ist wellenförmig eben, und jenseits des Jura breitet sich das höchst reizende Thal von Gex aus. Das Bergland ist kalkig, die Ebene sandig, thonig und voller Moräste, worunter die von Echets und Laicheres die größten sind. Die Vorberge des Jura, die die ganze östliche Seite bedecken, gehören nur zu den Bergen dritter Ordnung; sie geben einer Menge kleiner Flüsse und Bäche das Daseyn, worunter der Ain, die Reyssouze, Veyle, Chalaronne und Suran die bedeutendsten sind; der Canal Pont de Vaux dient blos zur Trockenlegung. Das Klima ist gemäßigt, aber verschieden und höchst veränderlich: wo Moräste sich häufen, herrscht ungesunde Luft. Die Provinz ist meistens producirend: Ackerbau und Viehzucht sind Hauptgewerbe. Jener lieferte 1806 ohne Gex an Roggen 1,094,361, an Mengkorn 320,875, an Weizen 891,874, an Gerste 317,024, an Hafer 245,906, an Buchweizen 268,306 Zentner, an Kartoffeln 134,154, an Rüben 134,134, und an Oelsamen 28,080 Hektoliter, an Hanf 57,500 und an Heu und Futterkräutern 3,578,480 Zntr.

An Vieh wurden 1806 ohne Gex 8186 Pferde, 2768 Maulesel und Esel, 119,950 St. Hornvieh, 164,806 Schafe, 9698 Ziegen, 41,381 Schweine, 717,000 Stück Geflügel, 2334 Bienenkörbe gezählt, an Fischen waren 24,270 Zntr. gefangen. Unbedeutend ist der Obstbau; die Rebe wird strichweise besser gepflegt, und man schätzt die Weinerzeugung auf 177,611 Oxhofte, doch gehört der Wein nicht zu den bessern Gewächsen. An Holz schlägt man im Durchschnitte 177,611 Stéres und 10,181,541 Fagots Reißholz. Der Bergbau geht blos auf Eisen, wovon doch nur 3000 Zntr ausgebracht werden, auch schöpft man gegen 600 Zntr. Erdpech. Der Kunstfleiß bedeutet wenig: das Vornehmste ist die Hanfleinweberei, die 1806 auf 3000 Stühlen 4,876,591 Ellen meistens für das Haus lieferte, außerdem hat man 9 Bleichen, 66 Gerbereien, 1 Glashütte, 12 Papiermühlen, die 5500 Zntr. producirten, und überhaupt 9007 patentirte Gewerbtreibende; im Gexthale waren viele Uhrmacher vorhanden. Die Ausfuhr, meistens Korn, Wein, Vieh, Wolle, Häute, Leinwand und Papier, wurde 1806 an Werth auf 4,101,224, die Einfuhr auf 4,069,328 Fl. geschätzt. Die Volksmenge beträgt nach dem Alm. Roy. von 1818 322,066, mithin auf der □Meile im Durchschnitte 3116 Individuen. 1806 wurde ohne Gex 304,234, worunter 151,030 männlichen und 153,204 weiblichen Geschlechts, und an Wohnplätzen 22 Städte, 8 Marktflecken, 395 Dörfer, 1467 Weiler, 6779 einzelne Wohnungen und 55,924 Feuerstellen gezählt. Der katholische Cultus ist der herrschende; im Bezirk Gex gibt es 1 Reformirte Consistorialkirche mit 3000 Communikanten. Im Bez. Freguier hat sich eine Sekte, jedoch meistens nur in Hinsicht des Ceremoniels, von der katholischen Kirche getrennt — die Farcinisten im Kanton S. Trivier. Der Unterricht ist gänzlich vernachlässigt: Bossi schätzt die Zahl derjenigen, die in der Provinz lesen und schreiben können, und zwar blos von dem männlichen Geschlechte, höchstens auf $\frac{1}{18}$. — Die Provinz, welche 3 Deputirte zur Kammer schickt, gehört zur 6ten Militärdivision, zur 17ten Forstconservation, zur Diözese und unter den königl. Gerichtshof zu Lyon. Sie wird in 5 Bezirke, Bourg mit 111,972, Belley mit 175,031, Gex mit 18,531, Nantua mit 50,350 und Trevoux mit 66,181, in 35 Cantone und 448 Gemeinde abgetheilt. Die Hauptstadt ist Bourg. (Stat. gén. de la France. Dép. de l'Ain par Bossi. Par. 1808. 4. Descr. top. et stat. de la France. Ain). (*Hassel.*)

Ainabachti, s. Lepanto.

Ainaczkö, s. Hazas-Bast.

AINAD, Stadt in Hadramaut im südlichen Arabien 13 Tagreisen von Keschin, 7 von Schähr, mit einem ansehnlichen Gebiet. S. Niebuhrs Beschr. von Arabien S. 28. (*Rommel.*)

AINADA, das alte Thynias, ein Vorgebirge und eine Stadt gleiches Namens an der westlichen Küste des schwarzen Meeres. (*v. Hammer.*)

AINADSCHIK, im Sandschak Gallipoli auf dem Wege von Constantinopel nach Salonik, eine Tagreise von Rodosto, hat eine Moschee und ein von Piri Pascha gestiftetes Speisehaus Imaret. Die herumliegenden Gerichtsbarkeiten sind: Rodosto, Migalgara, Hirepoli. (Hadschi Chalfa's Rumili Seite 64). (*v. Hammer.*)

AINAL, kleines Dorf im Gebiete des Baharnagasch, wo Don Christoph de Gama, welcher die von Johann Bermudes (Patriarch von der See) für den König von Abyssinien von Portugal erbetene Hilfsarmee von etwa 450 Mann kommandirte, den Türken und Mohren von Zeyla des erste Treffen lieferte, welches Bruce (II, 181) beschreibt. (*Hartmann.*)

AINAY LE CHATEAU, Stadt im franz. Dep. Allier, Bez. Montluçon, am Sologne mit einem Schlosse und 932 Einw., die Gerbereien und Droguetweberei unterhalten. (*Hassel.*)

Aincarga, s. Ainzerbe.

AINDLING, AINLING, Markt und Pfarre im Ruralkapitel Friedberg, Hauptort eines Steuerdistricts, wozu noch drei Dörfer gehören, seit 1817 von dem Landgerichtsbez. Aichach getrennt, und dem Landgerichte Rain, im O. Donaukreis zugetheilt, mit 106 H. und an 1600 Einw. (*Raiser.*)

Aine, s. Aisne.

AINEGÖL (Spiegelsee), der Name mehrerer Seen und daran gelegener Städte in Kleinasien, entweder blos nach dem See benannt, oder auch manchmal blos verstümmelt aus dem griechischen Αγιος Νικολας. So die Stadt Ainegöl in dem Sandschak von Aidin. (Dschihannüma S. 637). (*v. Hammer.*)

Ain hamma, giftige Quelle zwischen Erserum und Achlath, s. Achlath.

AINIMLI, ein an der russischen kaukas. Grenzlinie im Westen von Somchiti gelegener armenisch-türkischer District an der Quelle des Arpatschai am Fuß des Araratschen Vorgebirges (zum Paschalik Racs zu rechnen). (*Rommel.*)

Ainling, s. Aindling.

AINOS, auch AINU (d. h. Menschen), die ursprünglichen, von den Japanern zurückgedrängten Bewohner der südlichen Kurilen, Jesso's, und der Halbinsel am Ausflusse des Amur oder schwarzen Flusses, gewöhnlicher Sachalin genannt, werden von Krusenstern und Langsdorf als Menschen von mittlerm Wuchse, fast schwarzer Gesichtsfarbe, mit starkem Barte und schwarzen, struppigen Haaren, doch mit ziemlich regelmäßigen Gesichtszügen und dabei als sehr gutmüthig geschildert. Von ihrer Sprache sind reiche Wörtersammlungen in Krusenstern's Wörtersammlungen aus dem östlichen Asien und nordw. Amerika, (Petersb. 1813) und Langsdorf's Reise Th. I. S. 308 zu finden. (*Vater u. H.*)

AINSA, (16° 53′ L. 42° 16′ B.), Villa im Königr. Aragon, in Correg. Barbastro, am Einfluß des Ara in den Cinca, mit 500 Einw. Sie war ehedem der Hauptort des kleinen Fürstenthums Sobrarve, und Residenz der Könige von Aragon, wie noch an Ueberresten eines Schlosses zu sehen ist. (*Stein.*)

Ain Schemes, s. Heliopolis.

AINSWORTH (Heinrich und Robert), zwei gelehrte Engländer des 17. und 18. Jahrh. Der erste, als biblischer Philolog rühmlich bekannt, war ein eifriger Anhänger Robert Browne's, des Oberhauptes der sogenannten Brownisten oder Independenten, einer abgesonderten Familie von Presbyterianern. Da sie in ihrem Vaterlande gedrückt wurden, ging Ainsworth mit vielen von ihnen nach Holland, ward in Amsterdam Lehrer einer neugestifteten Gemeinde, und starb auch daselbst um die Mitte des 17ten Jahrh. Die von ihm und Franz Johnson gestiftete Gemeinde dauerte über 100 J. Unter seinen Schriften sind die wichtigsten und von anerkanntem Werth, die: Annotations upon the five books of Moses, the book of the Psalmes and the song of songs or canticles. Lond. 1627; 1639 fol. vorher einzeln. Durch Stolz und Zanksucht schwächte er die Achtung, die seiner Gelehrsamkeit und seinem Scharfsinn gebührte. — Robert, geb. zu Woodgale bei Manchester 1660, legte zu Bolton und später in London eine Schule an, ward daselbst Oberlehrer einer großen Pensionsanstalt, und starb den 4. April 1743. Als lateinischer Grammatiker, Archäolog und Lexikograph ist er durch einige darauf sich beziehende Abhandlungen rühmlich bekannt, am meisten durch sein in England sehr geschätztes, oft gedrucktes und von mehreen Gelehrten verbessertes Lexikon: Thesaurus linguae lat. compendiarius, or a compendious Dictionary of the latin tongue. Lond. 2 Vol. 1736 4. neuere Aufl. in 4. und Fol. und 1785 in 8. Auch hat man von ihm einige lateinische und englische Gedichte. Vgl. über den ersten Neal's Hist. of the Puritans V. 1. p. 386, 437. über den zweiten Bambergers Anekd. von großbrit. Gel. 1 Thl. 149, und über beide die Biogr. Britt. (*Baur.*)

AINTAB, Hauptort eines Sandschak in der Statthalterschaft Meräsch von 9 Siamet und 119 Timaren; mit einem in den Felsen gehauenen Schlosse, hat Ueberfluß an Wasser und Gärten, liegt 3 Tagreisen nördlich von Haleb, vor Alters Antiochia ad Taurum, in der Landschaft Comagene an der Straße, die nach Erserum führt, in einem Thale, durch welches der Fluß Sedschur läuft. Die Häuser sind stufenförmig übereinander gebaut, und mit Terrassen bedeckt. Die Aepfel und Aprikosen, welche über zwei Pfund wiegen, sind weit berühmt, auch der eingesottene Most, der zur Latwerge verdichtet, mit Messern geschnitten wird. Rauwolf und Schillinger, welche diese Stadt besuchten, loben, der erste ihre Baumzucht, der zweite ihren Honigbau. In der Nähe von Aintab ist das verwüstete Schloß Duluk, vor Alters Doliche, Dulichium, Dulichia, zu dessen Gebiet Aintab gehöret. Nördlich von Aintab wohnen die kurdischen Stämme Kure schekli, Atmali, Haidli, Sübanli, Kalidscheli, Dschakli und die turkomanischen Stämme Dschadscheli, Kisak, Dade Kirkan, Mussa beïtli und Ditumli, (Niebuhr, Otter, Büsching und Dschihannüma S. 599.) (*v. Hammer.*)

Ainu, Kurilen, s. Ainos.

AINZERBE, AINZARBA (das Ἀναζαρβος der Byzantiner und Cäsarea des Plinius), St. im Sandschak Sis, 2 Stationen von Antiochia, in der Mitte zwischen Sis und Telhamdun am Flusse Seihan mit einem Bergschlosse (Dschihannüma S. 602). Diese Stadt wuede in den Kriegen der Griechen und Araber zu wiederholten Malen erobert. Im J. d. H. 241 (855) nahmen die Griechen die Stadt ein, und führten die Einwohner gefangen weg (Elmacin S. 189, wo die Stadt Ainearja geschrieben wird). Im J. d. H. 351 (962) nahm der Domesticus die Stadt ein, und ließ die in die Kirchen geflüchteten Einwohner ungeachtet der ertheilten Amnestie erwürgen (Abulfaradsch S. 206), und zwei Jahre darauf eroberte Nicephorus II. abermal die Stadt (Cedrenus). (*v. Hammer.*)

AIR. Mit diesem französischen Worte *) bezeichnet man in der Umgangssprache die schöne Harmonie in der Bewegung des Körpers und aller Glieder, die Zierlichkeit ohne Ziererei, selbst die ruhig und freundlich angenehmen Gesichtszüge. Man sagt von einem Tänzer, daß er ein edles Air besitzt, wenn er in seinen Bewegungen die körperliche Ausbildung zeigt, wie man sie von einer sorgfältigen Erziehung gebildeter Stände fodern kann, und an ihm während des Tanzens und des gesellschaftlichen Umgangs nichts zu sehen ist, was den Blick des gebildeten Beobachters zu Anmerkungen über sein Aeußerliches veranlassen könnte. (*Roller.*)

AIR. Eine von Wilh. Piso (in Medic. brasil. L. I. c. 10) beschriebene und mit den Barbiers und Berry berry (s. diese) zu vergleichende Krankheit in Brasilien; ein heftiger Rheumatismus, wobei die Kranken unbeschreibliche Schmerzen in den Gliedern gleichsam in dem Mark der Knochen erleiden. Diese Schmerzen vermehren sich periodisch gegen Abend und zur Zeit der Fluth. Die Krankheit entsteht allmälig, selten kommt ein Fieber dazu, und ihre Dauer beträgt oft ein Jahr. Bei der anatomischen Untersuchung fand Piso das Neurilem mit einem zähen Schleim überzogen. (*Schnurrer.*)

Air und Airdrie in England und Schottland, s. Ayr.

AIRA, eine Grasgattung, deren Charakter seit Linne's Zeiten ziemlich unverändert geblieben ist. Er besteht in einem zweispelzigen, zweiblüthigen Kelch, dessen Blüthen Zwitter und zweispelzig, ohne Ansatz der dritten Blüthe sind. Ganz willkürlich und keines Beifalls würdig ist Palisot-Beauvois Bestimmung, nach welcher Aira blos diejenigen Arten umfaßt, deren untere Blüthenspelzen mit einer Granne versehen sind: dagegen die übrigen, ohne auf die Zahl der Blüthen zu achten, zur Poa gerechnet werden. Aira canescens nennt dieser Schriftsteller, wegen der keulenförmigen Grannen, Corynephorus: Deschampsia aber die Airearten mit zwei- auch dreiblüthigen Kelchen, wo die untere Blüthenspelze gezähnt, mit einer Granne aus der Grundfläche versehn und die innersten Saftblättchen rund und haarig sind. Aira aquatica nennt P. B. Catabrosa, und unterscheidet durch die untere abgestutzte, die obere fast dreitheilige Spelze. Noch hat er eine Gattung Airopsis gemacht, welches Aira involucrata Cav. ist.

Abgesehn von diesen ganz unnöthigen Neuerungen, theilen wir die Arten in solche ein, die gegrannte und die ungegrannte Blüthen haben. Zu den letztern gehört: 1) Aira *aquatica*, die gemeine Wasserschmiele, mit flattriger Rispe und stumpfen Kelchspelzen, die kürzer als die Blüthen sind. Diese Art ist allgemein an Flüssen und

---

*) Moritz hielt dieses Wort für unentbehrlich, was ihm Campe bestreitet. Vgl. Geberden.

feuchten Orten. Abgebildet in *Host.* gram. austr. Vol. 2. t. 41. 2) Aira *minuta.* Unter diesem Namen kennen wir zwei verschiedene Gräser. Die Linne'sche Art trägt in einer offen stehenden Rispe mit haarförmigen Aesten zugespitzten Kelch, die eben so lang, oder fast kürzer sind als die Blüthen: die letztern sind an der Spitze stumpf und eingekerbt. Diese Art wächst in Spanien und dem alten Thracien. Sie ist abgebildet in Buxbaum cent. 5. t. 67, besser von Schreber, Gräser T. 21. F. 2. Aira *humilis* Marsch. Bieb. unterscheidet sich blos durch die noch etwas längern Blüthen, und ist vielleicht nur eine Abart der vorigen. Aber Aira *minuta* Lois., die Decandolle irrig Poa agrostoidea nennt, unterscheidet sich als besondere Art. Die Rispe ist mehr zusammen gezogen: die Kelchspelzen sind breit, oval, ganz offen stehend, breit gesäumt und länger als die kleinen in jeder Spelze verborgenen Blüthen. Diese Art wächst in Bretagne bei Nantes. 3) Aira *involucrata* Cav., eine ausgezeichnete Art, besonders durch die langen haarförmigen Borsten, von schwach violeter Farbe, die in einem Büschel an der Basis der Rispe stehn. Die Blättchen sind so lang, wie der Kelch, die untern ungegrannt, die obersten in der Rispe haben aber Grannen, zum Beweise, daß das Daseyn der letztern wenigstens keinen Unterschied der Gattungen macht. Die Halmblätter sind zusammengerollt. Diese Art wächst in Spanien auf dürren Hügeln, und ist von Cavanilles icon. t. 44 abgebildet. 4) Aira *arundinacea*, mit offenstehender Rispe, deren Blüthen länger als der Kelch und mit drei Nerven versehen sind. Die Halmblätter sind breit, steif und blaulich grün. Diese Art wächst auf dürren Steppen in Kaukasien. Mit Grannen versehn sind 5) Aira *caespitosa*, mit flattriger Rispe, Blüthen, die so lang als der Kelch sind, und sehr kurzen Graunen. Diese Art wächst oft drei Fuß hoch im Gebüschen: abgebildet in Host. gram. austr. vol. 2. t. 42. 6) Aira *flexuosa*, mit offen stehender Rispe, Blüthen die fast so lang sind als der Kelch, sehr langen Grannen und borstenförmigen Blättern. Diese Art ist gemein auf Hügeln durch ganz Europa: abgebildet in *Host.* gram. austr. vol. 2. t. 43. Hievon unterscheidet man jetzt noch Aira *media* Gouan., durch die an der Basis behaarten Blüthen, deren Granne nicht aus der Basis, sondern aus der Mitte der Spelze kommt. Allein die Haare finden sich auch bei Aira flexuosa, und die Entstehung der Granne ändert oft ab. 7) Aira *montana* L., ist eine zweifelhafte Pflanze. Die meisten Schriftsteller verstehn darunter eine Abänderung der vorigen: sogar Aira montana fl. Dan. t. 1322 ist nichts anders; oder, wenn der Ursprung der Granne etwas gelten soll, Aira media Gouan. Kürzlich hat nun Wahlenberg (fl. lappon. p. 36. t. 4.) eine andere Art aufgestellt, die er mit der Linne'schen für einerlei hält und Aira *bottnica* neunt: sie unterscheidet sich durch die langgestreckte, schmale Rispe, durch die gestielten, von einander abstehenden Blüthen, die weit länger und länger behaart sind, als bei Aira flexuosa. 8) Aira *alpina* L., mit pfriemenförmigen Blättern, einer dichtrn aufrechtstehenden Rispe, zugespitzten Kelchen, die so lang als die Blüthen sind, oben eingeschnittenen Blüthen mit einer sehr kurzen, fast eingeschlossenen Granne. Diese Art wächst in Lappland, und ist von Wahlenberg fl. lappon. t. 3 abgebildet. 9) Aira *caryophyllea*, mit pfriemenförmigen Blättern, offen stehender Rispe, glatten Kelchen, die länger als die Blüthen sind. Die Granne steht lang hervor. Wächst überall auf dürren Plätzen; abgebildet in *Host.* gram. austr. vol. 2. t. 44. 10) Aira *praecox*, mit pfriemenförmigen Blättern, einer gedrängten, kurzen Rispe, die fast eine Ähre bildet, mit Kelchen, die so lang als die Blüthen sind, und einer geknieten Graune, welche lang hervor steht. Des letztern Umstandes wegen macht Palisot-Beauvois eine Avena daraus. Dirse Art wächst ebenfalls überall auf dürren Plätzen: abgebildet in Engl. bot. t. 1296. 11) Aira *canescens*, mit gedrängter Rispe, Blüthen, die kleiner als der Kelch sind und einer keulenförmigen Granne. Auch diese Art steht auf trocknen Plätzen: abgebildet in Engl. bot. t. 1190. 12) Aira *pulchella* Willd. enum. (Aira filiformis Host., capillaris Jac.) steht der A. caryophyllea sehr ähnlich, ist aber durch die gekniete Granne unterschieden. Sie wächst in Calabrien, Spanien und Ungern. 13) Aira *subspicata*, mit ährenförmiger Rispe, mehrentheils braungelben Blüthen und einer zurück gebognen langen Granne. Abgebildet in Host. vol. 2. t. 45. Diese Art wächst auf den östreichschen Alpen. Persoon und Palisot-Beauvois nennen diese Art Trisetum, weil die eine Blüthenspelze neben der Granne noch in zwei Borsten ausläuft. 14) Aira *articulata* Desfont., mit aufrecht stehender Rispe, glatten Kelchen, die länger als die Blüthen und zugespitzt sind, mit Grannen, die keulenförmig und in der Mitte mit einem Gelenk versehen sind, mit zusammen gerollten Blättern und sehr langem Blatthäutchen. Diese Art wächst in der Barbarei und in Calabrien: sie ist abgebildet in *Desfontaines* flor. atl. t. 13. *(Sprengel.)*

AIRANER, ist ein Schreibfehler der aus dem Nicephorus in den Katalog des Prateolus und aus diesem in andere Schriften (z. B. in die Frankfurter Encyclopädie) überging. Es hat nie Ketzer dieses Namens gegeben. Obige Werke beziehen sich auf das zweite Constantinopol. Concil., wo die Airaner mit den Eudoxianern, welche bekanntlich Arianer waren, als Gegner der Kirchenlehre vom heil. Geist verdammt worden seyn sollten. Wie ich aus der richtigen Lesart in *Mansi* Collect. Concil. T. III. p. 572 auf der königl. Bibl. zu Dresden selbst ersehen habe, waren es Arianer. *(G. C. Petri.)*

Aire, Laire, verwandt mit Aar, 2 Flüßchen im C. Genf. *(W.)*

AIRE, zwei Städte in Frankreich. 1) Aire (Br. 43° 41′ 52″ L. 17° 24′ 9″) im ehemaligen Gasrogue, jetzt im Dep. Landes, Bez. S. Sever, am Adour und Abhange eines Bergs, ist sehr alt, wurde von den Römern unter Julius Cäsar eingenommen; ihr alter Name war Vicus Julii. Später war sie die Residenz des westgothischen Königs Alarich, in den Bürgerkriegen aber kam sie so herab, daß sie mehr einem Dorfe als einer Stadt gleicht. Bis zur Revolution war sie der Sitz eines Bischofs. Sie hat jetzt mit dem nahegelegenen Mas d'Aire 680 Häuser, 2,999 Einw., und unterhält 2 Gerbereien und 1 Hutfabrik. — 2) Aire, (Br. 50° 38′ 18″ L. 20° 3′ 38″) eine feste Stadt im ehemaligen Artois, jetzt Dep.

Pas de Calais, Bez. S. Omer, am Zusammenflusse der Lys und Lanquette mitten zwischen Morästen, daher ein Angriff auf dieselbe sehr beschwerlich ist, hat 1 Citadelle, 3 Land- und 2 Wasserthore, 1 Stiftskirche, 7 andre Kirchen, 2 Hospitäler, 1 Beguinenhaus, 1 schönes Rathhaus, gute Kasernen, 966 H. und 8,627 Einw., die Baumwollenweberei, Wollenzeug-Parchentweberei, Fajancefabriken, Seifensiedereien und Oelmühlen unterhalten. Unweit davon ist das starke Fort François. — Hier ist der gelehrte Jesuit Mallebranche geboren. (*Hassel.*)

AIROLA, St. in der Neapolitanischen Prov. Principato ult. mit 4400 Einw., hat ein altes Bergschloß und 7 Pfarrkirchen. (*Roder.*)

AIROLO, Eriels, das erste Dorf mit 8—900 Einw. an der Südseite des Gotthardpasses, 3534 F. über dem Meere, am Tessin, dessen Quellen sich hier vereinigen, im Schweiz. C. Tessin, Bez. Livinerthal; Hauptort des Kreises Airolo, der in 2 Gem. 1961 Einw. enthält, mit 1 Hospital für Reisende, und Resten eines longobardischen Schlosses; torre del Rè Desiderio genannt. Die Einw. treiben das Führergeschäft und Handel mit den vielartigen Mineralien der Gegend. „Wer Geographie und Mineralogie studirt, muß hier einige Wochen verweilen," sagt Ebel. Das Gotthardhospice (2—3 St. durchs Val Tremola), gehört in diese Gemeinde. (*Wirz.*)

AIRVAULT, St. im französ. Dep. beider Sèvres, Bez. Partenay, am Thoue, enthält 1 schöne Kirche, bei welcher eine Quelle entspringt, die schon 300 Toisen von ihrem Ursprunge eine Mühle treibt, 437 H. u. 2,068 Einw., die Sergeweberei, Uhrmacherei und Weinbau, auch Krämerei unterhalten. Man sieht hier noch die Ueberreste des vom Admiral Coligny zerstörten festen Schlosses. (*Hassel.*)

AISCH, die, Fluß im Rezat Kr. Baierns, entspringt zwischen Burgbernheim, Schwabheim und Illesheim auf einer Wiese, nahe an der Ansbacher Landstraße, treibt nach einigen 100 Schritten schon die sogenannte Aischmühle, nimmt viele kleine Bäche auf, läuft bei Windsheim, Birkenfeld, Neustadt, Dachsbach, Höchstedt, Adelsdorf, Willersdorf und Schlammersdorf vorbei, und fällt, nachdem sie mehr als 100 Mühlen getrieben hat, bei Brandenloh in die Regnitz. Sie nährt viele Fische, besonders Karpfen, und verursacht öfters große Ueberschwemmungen. (*Jaeck.*)

AISCHA, Tochter Abu Bekrs (der deßhalb Vater der Jungfrau genannt wurde) und erste jungfräuliche Gemalin Mohammeds, (der gewöhnlich Witwen heirathete). Sie bekam wegen der Auskunft, die sie nach dem Tode ihres Gemals über dessen Traditionen gab, den Ehrennamen Prophetin (Nabiah) und erhielt, nachdem sie noch an der Spitze von 30,000 Mann einen unglücklichen Krieg gegen Ali, der sich endlich nach Othmans Tod zum Chalifen erhob, geführt und nach der Gefangenschaft, zu Medina (wohin man sie ehrenvoll entlassen hatte) im J. 58 der H. gestorben war, neben Mohammed ein prächtiges Grab. (*Rommel.*)

AISLINGEN, ehemals bischöfl. Augsburgischer, jetzt Baierscher Markt auf dem rechten Donauufer, im königl. bair. O. Donaukreise, 2 St. von Dillingen, zum Landgericht Dillingen gehörig, mit 172 H. u. 918 Einw., der Hauptort eines Steuerdistricts, wozu noch 1 Dorf und 2 Weiler gehören. (*Raiser.*)

AISNE, ein Fluß im nordöstlichen Frankreich, der im Dep. Maaß aus 2 Bächen bei Beaulieu und Clermont entspringt, bei Chatean Porcien schiffbar wird, und in der Nähe von Compiegne in die Oise geht, gibt einem Departement den Namen. Dies Departement zwischen 20° 54′ bis 21° 55′ östlicher Länge und 48° 51′ bis 50° 51′ nördl. Breite, umgeben von den Dep. Norden, Somme, Oise, Marne, Ardennen und den Niederlanden, ist 1789 aus Stücken der südlichen Picardie, nämlich Thierache, Vermandois, Laonnais, Tardenois und Soissonnois, einem Stücke von Valois, und Stücken der Brie champenoise gebildet. Zu Cäsars Zeiten wohnten hier die Suessonen und Veromanduer; die Römer schlugen es zu der Provinz Belgien, und unter den Merovingern wurde es zu Austrasien gerechnet. Im Mittelalter war es unter mehrrre kleine Herrschaften getheilt, worunter die der Grafen von Vermandois die bedeutendste war. Diese wurde am Ende des 12ten Jahrh. mit Frankreich vereinigt, und um diese Zeit oder schon früher schienen auch die übrigen Ländchen mit der Krone vereinigt zu seyen, die den größern Theil davon in der Folge zur Generalität Picardie schlug. — Das Land hat einen Flächeninhalt von $133,^{56}$ QM., oder 1,484,500 Arpens, wovon 973,928 auf das Acker- und Gartenland, 18,924 auf das Weinland, 80,076 auf die Wiesen, 18,840 auf die Moräste und unbenutzte Haiden, und 211,504 auf die Waldungen kommen. Die Oberfläche ist wellenförmig; aber der Boden meistens sehr fruchtbar; keiner der Hügel dieser Landschaft erhebt sich bis 1,200 Fuß über dem Meere, die von Laon, Mauregny und Cessières sind darunter die bedeutendsten. Unter den Flüssen sind die Marne, Oise, Aisne und kleine Morin die größten, die Schelde, Sambre und Sonnne nehmen hier ihren Ursprung; die Kanäle von Crozat, welcher die Somme mit der Oise, von St. Quentin, welcher die Schelde mit der Somme verbindet, und von Ourcq, welcher Paris mit Wasser versieht, sind dem Lande äußerst vortheilhaft, die Kanäle der obern Somme und von Fere aber noch nicht vollendet, und der von Bohain ein bloßer Abzugsgraben. Es gibt 94 Teiche. Das Klima ist das des nördl. Frankreichs; gemäßigt, aber in den waldigen und höhergelegenen Gegenden kalt und naß mit plötzlicher Abwechselung. Die Provinz gehört zu denjenigen, wo ein sehr blühender Ackerbau Statt findet: man erntete 1806 an Weizen 2,792,055, an Roggen 500,180, an Gerste 250,080, an Hafer 1,015,900, an Hülsenfrüchten 1,953,750, und an Buchweizen 150,048 Centn. Der Weinbau ist unbedeutend, besser der Obstbau, der so viel gibt, daß man Cider machen kann; von Handelspflanzen werden besonders Flachs und verschiedene Oelpflanzen stark gebaut. An Wiesen ist Mangel und Futterkräuterbau wenig eingeführt, daher auch die Viehzucht nicht beträchtlich seyn kann: man zählte 1806 nur 55,057 Pferde, 1,900 Maulthiere, 13,500 Esel, 70,603 Stück Rindvieh, gegen 375,000 Schafe mit grober Wolle, wenige Ziegen, aber sehr viele Schweine. Die Holzungen sind schlecht bestanden. Die vorzüglichsten Manufakturen bestehen in Mulquinerie, die jedoch sehr herab gekommen ist, und in Baumwollspinnerei und Weberei; man hat 1 Spiegel- und 10 Glashütten, 1 Fayancefabrik, 60 Ziegelhütten und Kalköfen, 2 Eisenhämmer, 2 Vitriolhütten, 7 Papiermühlen und im Bezirk Vervins auch starke Brauerei. Die Ausfuhr beruht sowol auf den eben genannten Fabrikaten als auf Produkten, worunter das Korn den vornehmsten Artikel ausmacht: jährlich können zwischen 6 bis 700,000 Centn. ausgeführt werden. Nach dem Alm. Roy. von 1818 beträgt die Volksmenge 445,650, mithin auf der □Meile im Durchschnitt 3,337 Individuen. Die katholische Religion ist die der Mehrheit, sie besitzt 37 Pfarr- und 805 Succursalkirchen, aber unter denselben leben auch viele Reformirte, die 1 Konsistorialkirche zu Moineaux und 6 andre Kirchen besitzen. Die Provinz, welche 4 Deputirte zur Kammer seuder und zur 1sten Militärdivision, zur 24sten Forstconservation und unter die Diözesen von Soissons und den königl. Gerichtshof zu Amiens gehört, zerfällt in 5 Bezirke, Laon mit 141,636, Chateau Thierry mit 57,013, S. Quentin mit 89,726, Soissons mit 61,754 und Vervins mit 95,521 Einw., in 37 Cantons und 833 Gemeinden. Hauptstadt ist Laon. (Descr. top. et stat. de la France. Aisne. Essai de statistique du dep. de l'Aisne par Dauchy). (*Hassel.*)

AÏSSÉ. Dies schöne Mädchen, muthmaßlich die entführte Tochter eines Fürsten aus Circassien, ist durch große Unglücksfälle und einen Verein fast romanhafter Umstände berühmt geworden. In ihrem vierten Jahre ihren Eltern geraubt, wurde sie an den Grafen von Ferriol, französischen Gesandten zu Constantinopel, für 1500 L. verkauft. Der Graf brachte sie mit nach Frankreich, nnd vertraute sie seiner Schwägerin, Frau von Ferriol. Man verwendete alle Sorgfalt auf ihre Erziehung, gedachte aber der sittlichen Ausbildung so wenig, daß die junge schöne Circassierin, von Natur zur Tugend geneigt, erst nach vielen Irrwegen zu ihr gelangte. Der Graf, ein Mann von verdorbenen Sitten, mißbrauchte das Ansehen, das ihm seine Wohlthaten bei ihr gaben, zu ihrer Verführung; jedoch vermochten sie weder Beispiel, noch die Maximen einer gefährlichen Gesellschaft, den glänzenden Anerbietungen des Regenten, Herzogs von Orleans, Gehör zu geben, und die Verfolgungen der Frau von Ferriol, welche die Plane des Prinzen unterstützte, machten sie nicht wankend. Frau von Ferriol gab ihr bald noch einen anderu Beweis ihrer niedrigen Gesinnung. Der Gesandte hatte der Fräulein Aissé, die ihn in seiner letzten Krankheit als Tochter gepflegt, 4000 L. jährlicher Einkünfte und eine gleiche, ihr unmittelbar nach seinem Tode auszuzahlende, Summe vermacht; Frau von Ferriol warf ihr dies bitter vor. Fräulein A., von Natur edel und zartfühlend, entsagte dem Vermächtnisse; und die geizige Frau war unwürdig genug dies anzunehmen. Viele junge Männer zeigten Liebe gegen Fräulein A.; vor allen zeichnete sie blos den Ritter d'Aidy aus, und die für ihn gefaßte Leidenschaft entschied das Schicksal ihres Lebens. D'Aidy war Malteser Ritter und wollte aus dem Orden treten, um sich mit seiner Geliebten zu vermählen; sie selbst aber widersetzte sich diesem Entschluß. In England kam sie von einer Tochter nieder, welche Lady Bolingbroke, Nichte der Frau von Maintenon, unter dem Namen Miß Black in ein Kloster brachte. In dieser Periode begann die Umwandlung dieser zwar schwachen aber großer Opfer fähigen Frau. Eine Krankheit wendete sie gänzlich der Religion zu; sie machte sich ihre Liebe zum Vorwurfe, drang in den Ritter, ihr zu entsagen, und sie blos als eine Freundin zu betrachten. Ihr selbst kostete dies nicht weniger harten Kampf als dem Ritter, der sie über alles liebte; und dieser innere Kampf verkürzte ohne Zweifel ihr Leben. Sie starb 1733 in ihrem 38sten Jahre. Man hat von ihr eine Sammlung von Briefen an Frau von Calandrini, Gemalin des Genfer Residenten zu Paris, die nicht blos durch ihre Darstellung anziehend, sondern auch durch eine Menge interessanter Anekdoten über den Hof und mehrere berühmte Zeitgenossen merkwürdig sind. Diese Briefe erschienen zuerst einzeln mit einigen Anmerkungen von Voltaire, Paris 1787, nachher gemeinschaftlich mit den Briefsammlungen der Frauen v. Villars, la Fayette und Teurin. Paris 1806. 3 Bde. 12. (*H.*)

AISSUARIES, wenig zahlreicher indischer Volksstamm am Marañon in der Provinz Mainas, des Vicekönigr. Neugranada. (*Stein.*)

AISTERSHEIM in Oesterreich ob der Ens, in dem Theil des Hausruckviertels, welcher von 1809 bis 1813 an Baiern abgetreten war, und noch unter besonderer Verwaltung steht, eine Hofmark von 40 H. und 226 Einw. mit Schloß und Pfarrd., wozu im J. 1812 594 Selen gehörten, im Landgerichte Stahrenberg; jedoch ein selbständiges Dominium mit weitläufigen landwirthschaftl. Realitäten. Das Schloß war das Stammhaus der Herren von Aistersham. (*v. Liechtenstern u. Winkelhofer.*

AISTULPH, ASTOLF, König der Longobarden, der Nachfolger seines Bruders Ratchis im J. Chr. 749. Ehrgeiziger und unternehmender als dieser, richtete er alle seine Gedanken auf die Eroberung Italiens, bemächtigte sich der Stadt Ravenna, wie des ganzen Exarchates, und bedrohte Rom und alles übrige, was die griechischen Kaiser bisher in Italien dem Namen nach, oder wirklich noch besaßen. Der geängstete Papst Stephan II. [1]) suchte Hülfe in Constantinopel, allein statt derselben kamen waffenlose Unterhändler, um die sich Aistulph nicht bekümmerte. Stephan wandte sich deswegen an den fränkischen König Pipin, und reiste selbst nach Frankreich, um ihn desto eher zum Beistande zu bewegen. Bei der ersten Zusammenkunft mit dem Könige, warf sich der Papst vor demselben nieder, flehte um Hülfe für St. Peters Heiligthum, und erhob sich erst danu wieder, als ihm Pipin dieselbe mit Hand und Mund zugesagt hatte. Zur Dankbarkeit salbte der Papst den König, was schon vorher der heil. Bonifacius gethan hatte, zum zweiten Mal, und erklärte ihn und seine Söhne für römische Patricier, ein Titel, mit welchem die höchste Gewalt verbunden war. Aistulph bemühte sich zwae auch, die Franken auf seine Seite zu bringen, und schickte daher Pipins eigenen Bruder, Karlmann, der bisher als Mönch auf

1) Von manchen auch Stephan III. genannt, weil sie den vor ihm erwählten, aber 3 Tage nach der Wahl gestorbenen, Stephan mitzählten.

dem Berge Cassino gelebt hatte, nach Frankreich, um Friedt zu stiften; allein seine Bemühungen blieben ohne Wirkung. Pipin zog im Frühling des Jahres 754 nach Italien, belagerte den Aistulph in Pavia, und da er versprach, der römischen Kirche Genugthuung zu leisten, kehrte der Sieger nach Frankreich zurück. Da aber Aistulph sein Wort brach, und Rom belagerte, unternahm Pipin 755 einen neuen Feldzug, und zwang den longobardischen Eroberer alles wieder heraus zu geben, was er den Römern entrissen hatte. Die den Longobarden abgenommenen Länder schenkte Pipin, mit Vorbehalt der Oberherrlichkeit, dem römischen Stuhl[2]). Während Aistulph mit der Rückgabe einiger Plätze zögerte, und sich zu einem neuen Kriege rüstete, verlor er 756 auf der Jagd durch einen Sturz seines Pferdes das Lrben, ohne männliche Erben zu hinterlassen. Unter seiner Regirung kamen zu den longobardischen Gesetzen mehrere neue hinzu. S. *Anastas.* vita Steph. in s. Vit. Pontif. u. Mar. *Lupi* de obsid. urbis Romae ab Aistulfo etc. in Cod. diplom. Berg p. 457 sq. *Muratori* rer. ital. scriptt. I. 2. Heinrichs d. Reichsg. 1. Th. 350 ff. (*Baur.*)

AITA oder ANTA, das alte Denus, jetzt der Hauptort einer Gerichtsbarkeit an dem rechten Ufer des Flusses Phidari in Morea nicht weit von Lepanto. (Vaudoncourt's Mem. S. 168.) (*v. Hammer.*)

AITINGER (Sebastian), ist im J. 1508 zu Ulm geb. und den 12. Nov. 1547 in einem Edelhofe unweit dieser Stadt gestorben. Er war anfänglich Notarius und Secretär des Stadtraths zu Ulm, verließ aber diesen Dienst wegen eines Zwistes, worin er mit dem Stadtrathe verwickelt wurde, uud trat im J. 1540 bei dem Landgrafen von Hessen, Philipp dem Großmüthigen, als Secretär in Dienste. Auch nachdem er sich mit dem Rathe seiner Vaterstadt verglichen hatte, zog er doch den Dienst bei diesem in der Geschichte der Reformation berühmten Fürsten, dessen ganzes Vertrauen er gewonnen hatte, vor. Kaum war aber der Landgraf in dem um der Reformation willen ausgebrochenen Kriege, als einer der eifrigsten Vertheidiger und Beförderer derselben, in die kaiserliche Gefangenschaft gerathen, als auch dem Secretär desselben, von dem man wußte, daß er in die Geheimnisse des Schmalkalder Bundes tief eingeweihet war, allenthalben nachgestellt wurde. Er flüchtete in seine Vaterstadt, fand eine gute Aufnahme, entfernte sich aber, weil er sich nicht sicher glaubte, bald wieder, und scheucte, aus Besorgniß, zur Offenbarung der Plane jenes Bundes gezwungen zu werden, kein Mittel, sich den Nachstellungen der Feinde der Protestanten zu entziehen. Eben hielt er sich in dem Dorfe Burloffingen in der Gegend von Ulm auf, und befand sich in einem fieberkranken Zustande, als er am Abende des 8ten Novembers 1547 die Nachricht erhielt, daß 20 kaiserliche Reiter sich dem Dorfe näherten. Ueberzeugt, daß es auf ihn abgesehn sey, entfloh er durch die Hinterthüre seines Wohnhauses, schwamm durch die Donau, rettete so zwar seine Freiheit, verschlimmerte dadurch aber auch seine Krankheit in dem Grade, daß er wenig Tage darauf verschied. Wie viel der Landgraf auf ihn gehalten, das erhellt aus den Worten desselben, als ihm lange nach Aitingers Tod einer von dessen Söhnen vorgestellt wurde: „Dieser sein Vater, sprach der Fürst, hat Leib und Leben für mich gelassen; wollte Gott! wir hätten der Diener viele." — Als ein Märtyrer für die gute Sache der Protestanten, der lieber Gesundheit und Lrben Preis geben, als sich der Gefahr aussetzen wollte, znm Verräther ihm anvertrauter Geheimnisse, deren Bekanntwerdung für seinen Herrn und für alle Protestanten die schlimmsten Folgen hätte nach sich ziehen können, zu werden, ist ihm die Nachwelt ein ehrenvolles Andenken schuldig. (S. Strieders Hessische Gelehrten- und Schriftstellergeschichte B. 1. S. 17 ff.) (*v. Gehren.*)

AITJUKEN, eine kleine tatarische auf dem kaukasischen Gebirge herum ziehende Völkerschaft, die ihre eigene Sitten, aber eine den andern tatarischen Speachrn ähnliche Mundart hat. (*J. Ch. Petri.*)

AITON (Wilhelm), ein jedem Botaniker ehrwürdiger Mann, war 30 Jahrr Aufseher des königlichen Gartens in Kew, der durch seinen regen Eifer, durch seine seltenen Kentnisse uud durch die unermüdliche Sorgfalt, womit er die Pflanzen aus allen Welttheilen pflegte, bald der reichste und berühmteste Garten in der Welt wurde. Er war bei Hamilton in Schottland 1731 geboren, ward von Philipp Miller, dem berühmten Aufseher des Chelsea-Gartens, erzogen, danu der damaligen Prinzessin von Wales empfohlen, und fand bei seinen Vorschlägen zur Vervollkommnung der ihm anvertrauten Anstalt so williges Gehör bei Hofe, daß hievon großentheils der glückliche Erfolg seiner Bemühungen abzuleiten ist. Er starb an Verhärtung der Leber im Jahr 1793. Sein Hauptverdienst besteht in der Herausgabe des Hortus Kewensis. Vol. 1—3. Lond. 1789. 8., eines Werkes, woran freilich Dryander und Banks bedeutenden Antheil haben, das aber doch aus seinen Entdeckungen hervorgegangen ist. Aiton hatte nämlich die beste Gelegenheit, durch den ausgebreiteten Seehandel der Britten und bei der Liebe der Königin zur Pflanzen-Welt, viel bis dahin unbekaunte Pflanzen zu sammeln, zu bauen und zu beschreiben. Diese Gelegenheit benutzte er zur Ausbreitung der Wissenschaft. Unter den 6000 Pflanzen, die er in dem angeführten Werke beschreibt, sind zwar nur 14 neue Gattungen, aber fast 500 neue Arten, und diese sind mit einer Präcision und Sicherheit charakterisirt, daß man diese Bestimmungen als Muster gelten lassen muß. Auch wird die strengste Kritik nicht leicht einen Fehler, der auf Nachlässigkeit schließen ließe, entdecken. Freilich wünscht man oft etwas weniger Kürze, und besonders gute Beschreibungen, die selten vorkommen; daher z. B. Ligusticum candicans, Aethusa fatua und so manche andre Pflanzen des Hort. Kew. noch immer unbekannt sind. Verdienstlich ist ferner die Genauigkeit, womit das Jahr der Einführung einer Pflanze und die Person genannt wird, der man die Einführung verdankt. Hiedurch wird die Geschichte der Pflanzen ungemein aufgeklärt. Wir lernen z. B., daß Joh. Gerard schon 1597 Cachrys Libanotis und Amaryllis aurea gezogen, daß die ersten Narcissen 1570

2) Die Schenkung überhaupt ist keinem Zweifel unterworfen; sehr verschieden aber sind die Meinungen über die Grenzen der geschenkten Länder, die sich nicht genau bestimmen lassen, weil es an eigentlichen Urkunden gänzlich fehlt.

bei Lobelius vorkommen. Einige merkwürdige Pflänzen sind auch durch treffliche Abbildungen erläutert, z. B. Strelitzia Reginae, Massonia latifolia und angustifolia, Limodorum Tancarvilleae, Smithia sensitiva u. s. w. Der Sohn des trefflichen Mannes, Wilhelm Townsend Aiton, ist sein Nachfolger geworden, und hat 1810 eine neue Ausgabe des Hortus Kewensis geliefert, die zwar treffliche Beiträge von R. Brown, unter andern die neue Bestimmung der Siliquosen, enthält, aber doch sehr arm an neuen Arten ist, und in dieser Rücksicht keine Vergleichung mit der ersten Ausgabe erlaubt. — Von ihm nannte Thunberg die

AITONIA, eine Pflanzengattung vom Vorgebirge der guten Hoffnung, die zur natürlichen Familie der Malvatern gehört und in der 16ten Linné'schen Classe aufgeführt wird. Der Charakter besteht in einem viertheiligen Kelch, einer vierblättrigen Corolle und einer trockenen vierkantigen, einfächerigen, vielsamigen, aufgeblasenen Beere. So gibt Thunberg (diss. nov. gen. plant. 1. p. 52) den Charakter an. Burmann hingegen (rar. pl. Afric. p. 53) sagt ausdrücklich: die Beere sey fünffächerig und fünfkantig. Die einzige Art, welche bekanut ist, *Aitonia capensis*, ist ein Strauch, mit lanzetförmigen, stumpfen, glattrandigen Blättern und fleischfarbenen Blumen, der von Burmann (l. c. t. 21. f. 2.) und Thunberg (physiogr. sällsk. handl. I. p. 166), auch von Cavanilles (monadelph. Diss. 5. t. 159) abgebildet ist. Man zieht ihn in botanischen Gärten. (*Sprengel.*)

AITONA, Städtchen der span. Prov. Catalonien, am Fluß Segre, mit dem Titel rines Marquisats, gehört dem Hanse Moncada. (*Stein.*)

AITRACH (Aitterach), fischreiches Flüßchen im U. Donau-Kr. des Königr. Baiern; an demselben liegt ein Pfarrd. gleiches Namens, zur Zeil-Wurzachschen Herrschaft Marstetten gehörig, das in neuern Zeiten zuerst unter baiersche, von dieser aber wiederum nnter würtembergische Hoheit kam und unter dem O. A. Leutkirch steht. (*v. Hazzi* u. *Raiser.*)

AITRANG. Das vorher dem Kloster St. Mang in Fueßen gehörige, jetzt fürstl. Oettingen-Wallersteinische Patrimonial-Gericht Aitrang im königl. baier. zum O. Donau-Kreise gehörigen Landgerichte Obergünzburg, begreift den jetzigen Steuerdistrict Aitrang, nämlich das zum bischöflich augsburg. Ruralkapitel Oberdorf gehörige Pfrdf. Aitrang am Aschbache, mit 91 H. und 416 E. nebst 4 Weilern und einer Einöde. — Die fürstlich Oettingen-Wallersteinische Patrimonial-Gerichtsverwaltung über dieses entfernt gelegene Gericht ist in Fueßen. Vgl. v. Renz Nachrichten über die Bestandtheile des Landgerichts Obergünzburg im Intell. Bl. des vorigen General-Commissariats des Illerkr. 1817. S. 38. (*Raiser.*)

Aitterach, s. Aitrach.

AITZEMA (Leo ab, holländisch Lieuwe van), ein friesländischer Edelmann, geb. zu Doccum 1600. Sein Vater war Secretär der Admiralität von Friesland; er selbst widmete sich ebenfalls den Staatsgeschäften, bekleidete 40 Jahre lang die Stelle eines Raths der hanseatischen Städte und Residenten im Hang, und starb das. den 23. Febr. 1669, auch wegen seines biedern Charakters geachtet und geehrt. Als ein Mann vou Talent, Kentnissen und Forschungsgeist benutzte er seine günstigen Verhältnisse zur diplomatisch-genauen Erzählung der niederländischen Geschichte von 1621 bis 1669, in einigen zusammenhängenden reichhaltigen, ganz auf Urkunden gegründeten, und in denselben im Original und in einer holländischen Uebersetzung abgedruckten, Werken, die zwar für den Dilettanten, nach ihrer eigentlichen Bestimmung und in Hinsicht auf den Mangel einer angenehmen Darstellung, kein Interesse haben, aber für den Geschichtsforscher und Publicisten als vollständige und beglaubigte Repertorien über eine wichtige Zeitperiode einen bleibenden Werth haben: Verhael van de Nederlandsche Vrede-Handeling. Gravenhaage 1650; verm. 1655. Vol. II. 4. Lateinisch, Lugd. Bat. 1654. 4. Herstelde Leeuw, of the discours over het gepasseerde in de vereenigde Nederlanden in 't Jaer 1650-1651, door L. v. A. Gravenhaage 1652. 4. Saken van Staat en Oorlogh, in ende omtrent de vereenigde Nederlanden van 1621 tot 1669 (in 48 Büchern) 16 Deele. Leyden 1669. 4. Auch neu aufgelegt mit vielen Zusätzen vom Verfasser selbst: Gravenhaage 1669—1672. 6 Bände in Fol. und Generalregister dazu; auch sind im letzten Bande dieser Folioausgabe die beiden zuerst genannten Werke wieder abgedruckt worden *). Es gibt auch verschiedene Fortsetzungen dieser Geschichte von 1669 an, zuerst: Historien onses Tydts, door den Heer L. Sylvius. 2 Deele. Amst. 1685. fol. dann: Vervolg van Saken cet. ib. 1688. fol. nnd mehrere audere, weniger sorgfältig bearbeitet. S. *Bayle* Dict. *Clement* Bibl. cur. T. I. 104. *Saxii* Onomast. P. IV. 265. Wachler's Gesch. d. histor. Forsch. 1. Bd. 2. Abth. 771. (*Baur.*)

AIX, in der ehemaligen Provence, das alte Aquae Sextiae, (Br. 43° 31′ 38″ L. 23° 6′ 32″) Hauptstadt eines franz. Bezirks von 40½ Q. M. und 92,400 Einw. im Depart. Rhonemündung. Sie liegt nahe am Arc, am Fuße mehrerer Hügel in einer fruchtbaren Ebene, ist ummauert, ziemlich gut gebauet, und enthält 1 Kathedrale S. Sauveur, 22 andere Kirchen, 1 Hospital, gegen 5000 H. und 21000 Einw. Sie ist der Sitz eines Erzbischofs, welcher die Bischöfe von Ajaccio, Avignon und Digne zu Suffraganen hat, eines königl. Gerichtshofes, eines Handelsgerichts und der 16. Forstconservation: man findet hier 1 Akademie mit 2 Facultäten der Theologie und Jurisprudenz, 1 Collegium, 1 gelehrte Societät, 1 Bibliothek von 72000 Bänden und ein Museum, dessen sehenswerthestes, obwol nach Millin verstümmeltes, Stück wol das Denkmal ist, welches Friedrich II. dem hier gebornen Marquis d'Argens setzen lassen. Die Stadt ist in

*) Das Werk ist ganz im Geiste der antioranischen Partei, welche in Aitzema's letzten Jahren regirte, und durchaus nicht günstig für die Geistlichkeit der herrschenden Kirche; doch machen es die vielen authentischen Akten und Berichte, wobei er die Mittheilungen einiger Mitglieder der General-Staaten und Gesandten fremder Hofe benutzt haben soll, zu einem sehr schätzbaren Repertorium nicht nur für die Niederländische, sondern überhaupt fur die Geschichte des 17. Jahrhunderts, vorzüglich des westphal. Friedens, dem er eine eigne Abhandlung, unter dem Titel: Vredehandel, widmet. (*v. Kampen.*)

neuern Zeiten sehr in Abnahme gekommen; sie unterhält zwar noch (Nemnich S. 319) Manufakturen in ordinären Tüchern, Kalmuck, Molton und einigen andern wollenen Zeugen, in rothen tuneser Kappen, in Sammet, in gedruckten Tüchern, die unter dem Namen Mouchoirs de Cambresine bekannt sind, und in Indiennen, aber alle haben, bis auf die Baumwollenweberei, in neuern Zeiten verloren, und der Oelbau, der sonst das feinste Provencer-Oel lieferte, ist fast ganz vernichtet. Doch werden noch 4 große Kram- und Viehmärkte gehalten. Die warmen Schwefelbäder, die schon den Römern bekannt waren, und noch nach Römer Art gebauet sind, haben mehr Ruf, als innern Gehalt, und müssen mit äußerster Vorsicht angewendet werden (Herbin III. p. 266) *). Sehenswerth ist hier noch der prächtige Spaziergang l'Orbitelle. — Aix ist eine sehr alte Stadt, die der Römer C. Sextius Calvinus 120 Jahre vor unsrer Zeitrechnung anbauete, und nach den hier gefundenen warmen Bädern Aquae Sextiae nannte. Sie erlitt unter den Römern und den Longobarden mancherlei Schicksale, und wurde unter den Grafen von Provence die Hauptstadt des Landes, erhielt sich auch immer in Flor bis auf die Zeiten der Revolution, wo sie das Parlament und ihre Manufakturen verlor und die harten Winter von 1788 und 1809 den Oelbau, noch immer ihren vornehmsten Erwerbzweig, verdarben. Die Stadt hat jetzt wenige Mittel, sich wieder zu heben, aber jeder Kunst und jedem Wissen günstig, hat sie zu allen Zeiten große Männer hervorgebracht: die Botaniker Mich. Adanson und Pitton de Tournefort, den Canonist Gibert, den Maler Vanloo, den Redner Thomassin, den lateinischen Dichter Perrier, den liebenswürdigen d'Argens und viele andere (Descr. stat. et top. de la France. Bouches du Rhone p. 20.)

Noch gibt es eine Insel und einige Marktflecken dieses Namens in Frankreich. 1) Aix, ein geringes Eiland an der franz. Küste vor der Mündung der Charente und zum Dep. Charente, Bez. Rochefort, gehörig. Es hat nur 213 Einw. in einem Dorfe, deren Hauptnahrung auf der Fischerei beruhet. — 2) Aix d'Angillon (les) ist ein Marktfl. im Dep. Cher, Bez. Bourges, mit einem großen Schlosse und 1096 Einw. — 3) Aix en Othe, Marktfl. im Dep. Aube, Bez. Troyes, mit 290 H. und 1448 Einw., die eine Papiermühle, Baumwollenspinnerei und Mützenweberei unterhalten. *(Hassel.)*

AIX, in Savoyen, im Alterthume Aquae Allobrogum, auch Gratianae und Sabaudicae genannt, hat 3 warme Bäder, vom Kaiser Gratianus angelegt, das königliche Bad, das Schwefelbad †) und das Alaunbad, schon seit den Zeiten der Römer, aus welchen sich noch Alterthümer finden. Der Kaiser Gratian machte die erste Anlage dazu im J. 367. *(Röder.)*

Aix la Chapelle, s. Aachen.

AIXE, eine Stadt am Zusammenflusse der Aixette und Vienne im franz. Dep. Obervienne, Bez. Limoges, mit 2343 Einw., deren Nußöl und gutes Brod bekannt sind. In der Vienne ist hier ein gefährlicher Strudel. *(Hassel.)*

AIXME (Aime, Ayme), alte Stadt in Savoyen in der Provinz Tarantaise, in der Nähe des kleinen St. Bernhard, an der Isere, mit einem alten Schloß der Centronen am gedachten Flusse und einer antiken Kirche. *(Röder.)*

AIZENAY, Marktfl. im franz. Depart. Vendée, Bez. Bourbon-Vendée am Roche sur Yon, welcher mit dem Kirchspiele 3500 Einw. zählt, an sich aber ganz unbedeutend ist. *(Hassel.)*

Aizōn, der Gothe, s. Abdorrhaman II.

AIZOON, eine Pflanzengattung aus der natürl. Familie der Ficoideen und der 12ten Linné'schen Classe. Der Charakter beruht auf dem fünftheiligen Kelch, vielen bündelweise stehenden Staubfäden, keiner Corolle, fünf Pistillen und einer fünffächerigen Kapsel. In Gärten zieht man vorzüglich zwei Arten, als Sommergewächse: 1) A. *hispanicum*, mit lanzetförmigen Blättern und ungestielten Blumen, wächst in Spanien, abgebildet in *Dillen.* h. eltham. t. 117. 2) A. *canariense*, mit umgekehrt eiförmigen Blättern und gleichfalls ungestielten Blumen, wächst auf den kanarischen Inseln; abgebildet in *Volkamer* fl. norib. p. 236. *(Sprengel.)*

Aja, Ajath, in Palästina, s. Ai.

AJABIRE (Ayahire), kleine Stadt in Peru, in der Audienzia de Lima, zwischen der Stadt Cuseo und dem See Titicacà. *(Stein.)*

AJA BURUNI, das heilige Vorgebirge (von Aja, neugriechisch und Burun türkisch oder tatarisch), das südlichste der Krimm oder taurischen Halbinsel, hoch, schroff und marmorartig; nach Einigen (wie Mannert) der Alten Κριου Μετωπον, oder Widders Stirne, welche den ganzen Pontus Euxinus in 2 Hälften, die westliche und östliche, theilte; Andere (wie Büsching und Pallas) suchen dieses Vorgebirge der Alten mehr östlich (s. Kirkinos Burnni, und Alupka). Vgl. Pallas Reise in die südl. Prov. des russ. Reichs 2ter Th. an versch. Ort. Mannert Geogr. der Gr. u. R. Th. IV. und Büsching 1r Th. 8te Aufl. S. 1221. *(Rommel.)*

AJACCIO (Br. 41° 55′ 1″ L. 26° 33′ 49″), Hauptstadt einer Insel und des franz. Dep. Corsica und eines Bezirks von 34⁴⁶ Q. M. und 36,981 Einw. Sie liegt an einem Meerbusen, der von ihr den Namen führt, ist gut und besser wie alle übrigen corsischen Städte gebaut, enthält mehrere gute Gebände und Kirchen, hat 6570 Einw. und einen sichern und bequemen Hafen, aus welchem vorzüglich Korallenfischerei, die hier ziemlich einträglich ist, getrieben wird. Schifffahrt unterhalten die Einwohner nicht, obgleich der Hafen äußerst gut dazu gelegen ist, und nur einen geringen Handel mit Wein, edlen Früchten, Pomeranzenschalen, Essenzen, weißen u. schwarzen Korallen und Holz, eben so wenig Fabriken, doch werden viele Schusterwaaren verfertigt. A. liegt auf seiner jetzigen Stelle erst seit 1435, wo die Einwohner die alte, etwa ⅔ Meilen davon entfernte Stadt wegen der ungesunden Luft verließen und sich hier anbaueten; ihren Flor und ihre Verschönerungen verdankt sie den Franzosen. Sie ist jetzt wieder der Sitz der Departements-Autoritäten,

*) Die Bäder wurden bisher besonders gegen Schleimflüsse und Amenorrhöe empfohlen. *(Burdach.)*

†) Die warmen Schwefelquellen insonderheit werden als wirksam gegen Gicht, chronische Rheumatismen und Hautkrankheiten gerühmt. *(Burdach.)*

die nach der Rückkehr der Bourbone anfangs nach Bastia gehen mußten (Alm. Roy. 1818. p. 335), so wie des königl. Gerichtshofs, eines Handelsgerichts und eines Bischofs. Vorzüglich merkwürdig ist diese Stadt dadurch geworden, daß daselbst einer der außerordentlichsten Männer, Napoleon Buonaparte, 1768 geboren wurde, und hier seine Jugend verlebte, bis ihn das feindselige Geschick von Europa nach Frankreich führte. Auch seine 4 Brüder, Joseph, Lucian, Ludwig und Hieronymus, sind hier geboren. *(Hassel.)*

AJA-DAGI (Aju-Dagh bei Pallas, auch theilweise Sinab-Dagi genannt), ein hohes Gebirge der Krimm, welches seinen Hauptzug durch die südliche Mitte derselben Halbinsel von der Gegend von Bachtschisarai bis Balaklawa nimmt, und sich mit seiner Spitze in das Meer senkt, wodurch die südlichste Landspitze Aja Buruni entsteht. Auf dem Rücken dieses Gebirges saßen noch im 4. Jahrh. nach Chr. Geb. Alanen, As genannt. Vgl. Pallas Reise in die südl. Prov. des russ. Reichs 2r Th. S. 152. *(Rommel.)*

Ajag, s. Aleutische Inseln.

Ajaja, s. Platulea Ajaja.

AJAKALAH, eine kleine armenisch türkische Festung, nicht weit von Anikí (Abnicum), einige Meilen östlich von Kars, am Arpatschai, einem Nebenfluß des Araxes an der osmanischen Grenze von Kars. *(Rommel.)*

Ajak Diwan und Ajak Naibi, s. Diwan u. Naibi.

Ajala, s. Sankara.

AJALEN, russ. Ajali, soll nach der Erzählung mancher Reisenden und Lexicographen ein tatarisches in verschiedenen Gegenden Sibiriens herumziehendes Volk seyn, welches der Schamanischen Sekte zugethan ist, und hauptsächlich an der Mündung des Flusses Tara wohnt. *(J. Ch. Petri.)*

AJALON (אַיָּלוֹן, d. i. Hirschstadt, gleichsam sächs. Hirschau, griech. Αἰλών), Stadt in Palästina, im Stamme Dan, aber den Leviten zugehörig (Jos. 19, 24. 21, 24), berühmt durch Josua's Wunder des Sonnen-Stillstandes (s. Josua), welches er in dem Thale bei dieser Stadt verrichtet haben soll (Jos. 10, 12). Nach Benjamin von Tudela (Itin. p. 48. ed. Barat.) nannten die Christen seiner Zeit das Thal val de Luna. Sie ward späterhin von Rehabeam befestigt (2 Chron. 11, 10), und noch nach dem Exil von Benjaminiten bewohnt (1 Chron. 8, 13. vgl. V. 1). Doch irrt Eusebius, wenn er deshalb noch eine andere Stadt desselben Namens im Stamme Benjamin annimmt (s. Bachiene II. §. 469). Verschieden ist dagegen Ajalon im Stamme Sebulon (Richt. 12, 12), welches einerlei seyn mag mit אילון, welches nach Gem. Hieros. Megill. fol. 70 col. 1. im Stamme Naphthali lag; denn diese Stämme grenzen aneinander, und vielleicht lag es auf der Grenze. *(Gesenius.)*

AJAN, AJANA (Ajam), ein östliches Küstenland in Afrika vom Cap Gardafui bis zum Fuße Magadoko (3 bis 9° N. Br.), höchst unvollkommen nur aus Nachrichten älterer Reisenden bekannt, nach welchen es unwirthbar ist und von Arabern (Mauren) und Negern bewohnt wird. Vergl. Bruns Erdbeschr. von Afr. III. 15. *(H.)*

AJAR nennt Adanson eine Muschel, welche die Chama antiquata L. (eine Cardita nach Bruguière), keineswegs eine Venus ist, wie J. de Blainville meint. Auch ist die von letzterm (im Diction. des scienc. natur. Vol. II. addit.) dafür ausgegebene Venus Ajær L. nicht im Linne'schen Natursysteme zu finden. *(Nitzsch.)*

Ajâr Danesch, s. Bidpai.

Ajas, Aias, s. Äas, Ajax, Aous.

Ajasaluk, s. Ephesus.

AJAS PASCHA, der Großwesir, ein geborner Albaneser, welcher den Namen Ajas d. i. Ajax führte aus Vorliebe fur den alten Helden dieses Namens, so wie mehrere seiner Landsleute den Namen Firus d. i. Pyrrhus führen. Er war zweiter Wesir zur Zeit Ibrahim Pascha's des ersten Großwesirs S. Suleiman's I., und erhielt nach der Hinrichtung desselben die höchste Würde des Nrichs im J. d. H. 942 (1535). Einer der wenigen Wesire, welche natürlicher Tod in der Verwaltung ihrer Würde früh genug überraschte, ehe sie dieselbe gewaltsamer Weise und noch oft oben darein das Leben verloren. Milder Natur und Sitte machte er hierin eine Ausnahme von dem gewöhnlich zänkischen und streitsüchtigen Charakter seiner Landsleute, war aber unmäßig den Weibern ergeben, deren eines Tages in seinem Harem nicht weniger als 45 im Kindbette lagen, so daß er mehr als 80 Kinder hinterließ (Aali). *(v. Hammer.)*

AJAS, AJASCH, ein wohl bebauter Ort westlich von Angora auf der Hauptstraße gelegen, östlich von Begbasari, nördlich von Jerköi, südlich von Kuril, welche Ortschaften zur Gerichtsbarkeit von Ajasch gehören. Zwischen hier und Begbasari ist ein warmer Quell sowol zum Trinken als zum Baden heilsam (Dschihannüma S. 644). Da dieser Ort zu den Einkünften Mekka's und Medina's gehört, steht er unter dem Kislar Aga. Es sind hier 1000 Häuser und 10 Moscheen. — Die Einwohner unterhalten viele Ziegen von der Angora-Race. Die Luft ist etwas schwer, weil der Ort von Hügeln und Anhöhen umringt ist. In der Nähe ist das Grabmal von Emirdede und Scheich Nedschari (Ewlia II.) *(v. Hammer.)* — Ein anderes Ajas, auch Ajazzo, das ehemalige Issus, in Cilicien, wo Alexander der Große den Darius znm zweiten Male schlug und seine Familie gefangen nahm, gehört jetzt zum Paschalik Merasch. *(H.)*

Ajath, s. Ai.

AJAX (Αἴας), 1) Der Sohn des Oileus und der Eriopis (Eropis?) [1]), zum Unterschiede von dem Telamonier Ajas auch der Kleine (μείων) [2]) und der Lokrer [3]) genannt, ein schneller Läufer und geübt mit der Lanze, aber roh und Verächter der Götter, führte als ehemaliger Mitbewerber um die Helena [4]) die opuntischen Lokrer in 40 — nach Hyg. F. 97 nur in 20 — Schiffen gegen Troja [5]). Er war ein Held von hohem Muthe, der sich, wie der andere Ajas selbst zum Kampfe mit Hektor erbot [6]), und, von Poseidon mit neuer Kraft ausgerüstet [7]) mit großer Tapferkeit

1) Il. XIII. 694. Schol. ad h. l., nach Hygin P. 97. der Nymphe Rhene, die Homer Il. II, 730 zur Mutter seines Halbbruders Medon macht. 2) Il. II, 526 ff. 3) Hyg. F. 113. 4) Apollod. III, 9, 1. 5) Il. II, 526 ff. 6) Il. VII, 164. 7) XIII, 38 ff.

focht, dem Imbrios den Kopf abschnitt, und ihn dem Hektor, als er den Amphimachos getödtet, vor die Füße rollte [8]), und durch seine Schnelligkeit unter allen Helden die meisten Troer auf der Flucht tödtete [9]). Den Kleobulos fing er lebendig und schlug ihm den Kopf ab [10]). Er half mit dem Telamonier den Leichnam des Patroklos und die Rosse des Achilleus retten und schützte den Menelaos und Meriones [11]). Bei den Leichenspielen des Patroklos überwarf er sich mit Idomeneus, lief mit Odysseus und Antilochos um die Wette, erhielt aber nur, indem er stürzte, weil er die Götter anzurufen versäumt, den zweiten Preis [12]). Bei der Einnahme Trojas riß er die Kassandra, von Liebe wüthend, bei den Haaren von der Bildsäule der Pallas, rückte selbst das Götterbild von der Stelle [13]), ja schändete sie sogar in dem Tempel selbst [14]). Dieser Frevel zog ihm den Zorn der Pallas zu, und entschied nicht blos sein Schicksal, sondern stürzte auch viele Griechen mit ins Verderben [15]). Bei der Heimkehr stürmte ihn Poseidon auf Bitten der Pallas gegen den gyräischen Felsen unterhalb Euböa; aber er entging dennoch dem Scheitern. Da lästerte er die Götter, und zürnend spaltete Poseidon den Felsen, daß ein Stück davon ins Meer stürzte und Ajas versank [16]). Die Lokrer ehrten ihn als Heros hoch. Nicht blos die opuntischen Lokrer führten ihn in nackter Figur mit Helm, Schild und Schwert auf ihren Münzen [17]), sondern auch die von diesen angesiedelten epizephirischen Lokrer bezeugten ihm ihre Verehrung [18]), und ließen stets in ihren Schlachtordnungen einen Platz für ihn leer, und er ahndete es schwer durch ein Gespenst, als einst Autoleon der Anführer der Krotoniaten in diese Lücke eindringen wollte [19]). Des Aischylos und Sophokles Tragödien von diesem Ajas sind verloren. Fabric. Bibl. Gr. II, 16, 17.

2) Der Sohn des Telamon aus Salamis (Telamonius Ajas) des Aakos Enkel, Achillens Vetter [20]) zum Unterschiede von dem Oiliden der Große genannt [21]). Zur Mutter gibt man ihm bald des Alkathoos Tochter Periböa, Pelops Enkelin [22]), bald Porthaons Tochter Eriböa [23]). Nach Pindar [24]) wurde er dem kinderlosen Telamon auf Fürbitten des Herakles und unverwundbar, wie die Haut des nemeischen Löwen, womit der fürbittende Held bekleidet war, geboren [25]). Diese Fürbitte war bei den Alten berühmt. Doch lassen die meisten sie nur auf die Unverwundbarkeit des Knaben, nicht auf seine Geburt, gehn [26]). Die Sage entstand indeß erst später, und rührte daher, weil er im trojanischen Kriege nicht war verwundet worden. Homer weiß von dieser Unverwundbarkeit nichts. Vielmehr deutet er Il. XXIII, 822. das Gegentheil an. Früher ebenfalls ein Freier der Helena [27]) ging er nebst seinem Bruder Teukros von Salamis mit 12 Schiffen gegen Troja [28]). Homer verherrlicht diesen Helden sehr. Er steht ihm an Schönheit und Größe zunächst nach dem Peliden [29]), ragt an Haupt und breiten Schultern über alle hervor, so wie er jenem nur an Muth und Tapferkeit weicht [30]). Sein Loos erflcht das Volk zum Zweikampf mit Hektor (VII, 179.), denn er gleicht, wenn er in den Kampf geht, dem Kriegsgott (207) und dem Hektor selbst klopft, wie er ihm entgegen tritt, das Herz (216). Wenn Ovid ihn [31]) als minder tapfer und einen dummstolzen Prahler schildert; so ist dies nach der Absicht des Odysseus zu nehmen, der ihn herabwürdigen will. Homer schildert ihn vielmehr als einen verständigen und gefühlvollen Helden, den selbst die Feinde als solchen achten (Il. VII, 288.), und wenn ihn Hektor einmal (XIII, 824.) einen Prahler (βεγχιον) nennt, so ist dies aus dem Unwillen zu erklären, wozu er durch Drohungen von ihm gereizt ist. Vor dem Zeitpunkte, womit sich die Ilias eröfnete, lassen ihn die späteren Mythographen einen Einfall in den thrakischen Chersones thun, und den Polymestor zur Auslieferung des Priamiden Polydoros, und zur Auszahlung einer großen Geldsumme, und Verproviantirung des griechischen Heeres auf ein ganzes Jahr zwingen, und den phrygischen König Teuthras oder Teleutas erlegen, seine Residenz erobern, und seine Tochter Tekmessa mit großer Beute hinwegführen [32]). Er erlegte in der Schlacht mit den Troern den Simoeisios (Il. IV, 473 ff.) und Amphios (V, 610.) kämpfte nach der Entscheidung des Looses, freudig, daß ihm es gefallen, im Zweikampf mit Hektor, streifte ihm den Nacken, und warf ihn zur Erde. Doch ward dem Kampfe von den beiderseitigen Herolden ein Ende gemacht. Beide Helden trennten sich mit gegenseitiger Anerkennung ihres Werthes nach wechselseitiger Beschenkung mit Waffen (206—305) und Ajas ward von den Seinen triumphirend zum Schmause geführt in Agamemnons Gezelt. Er ward mit als Friedensvermittler an Achilleus gesendet (IX, 169.), redete zwar nur wenige, aber kräftige Worte (624—42), leistete dem verwundeten Odysseus kräftigen Beistand (XI, 485 ff.), kam bei dem Sturm der Troer auf die griechischen Verschanzungen mit Teukros dem Mnestheus zu Hilfe, und warf mit einem Steine den Epikles vom Wall (XII, 365. fg.), durchbohrte Sarpedons Schild,

8) XIII, 126 ff. 201 ff. 9) XIV, 520 ff. 10) XVII, 330 ff. 11) XVII, 256 ff. 330 ff. 717 ff. 12) XXIII, 450 — 754. 13) Von Künstlern dargestellt Paus. X, 26 Tab. Iliaca Nro 60, zum Theil sinnvoll vgl. Böttiger Raub der Kassandra auf einem alten Gefäße, Weimar 1794. 14) Aen. II, 403 ff. vgl. I, 41 Lycophr. 348, 358; Eurip. Troad. 69 ff. 15) Od. I, 327; III, 131—36. 16) Od. IV, 499 ff. Quint. Smyrn. XIV, 547 ff. Hygin. F. 116 läßt ihn am kaphareischen Felsen Schiffbruch leiden, und von der Pallas mit dem Blitz erschlagen werden. Der Sage folgt, wie es scheint, auch Virgil Aen. I, 41 ff.; malt es aber noch gräßlicher aus. Auch seinen Tod stellten die Künstler dar Plin. H. N. XXXV, 9, 36. 17) Begeri Thes. Brandenb. I, p. 476 vgl. Rasche Lex. Num. T. III. P. II. p. 150. 18) Eckhel. Doctr. Num. II. p. 252. 19) Con. 18. vgl. Kanne ad Con. 75 und 99; Paus. III, 19; Heyne Op. Acad. II. p. 56 ff. u. 184. 20) Apollod. III, 9, 8. 21) Il. IX, 169. 22) Apollod. III. 12. 4. 23) Pind. Isthm. 6, 65; Diod. IV, 72; Tzez. in Lycophr. 452. 24) Isthm. 6, 60. ff.

25) Vgl. Tzez. ad Lycophr. 452. 26) Schol. ad Arg. Aj. Sophocl. und 844, Schol. ad Il. XXIII, 821. und Schol. ad Lycophr. 455. 27) Apollod. III. 10, 8; Hyg. F. 81. 28) Il. II, 557; Hyg. F. 97. 29) Od. XI, 549; XXIV, 17. 30) Il. II, 768 u. XVII, 279. 31) Metam. XIII, 206. ff. 32) Dict. V, 15; Hor. Carm. II, 4, 5. ff. Sophocl. Aj. 331, 487, 501.

und hinderte, von Poseidon gestärkt, nicht nur den Hektor, dem Amphimachos die Waffen zu rauben, sondern nahm sie auch mit dem Oiliden dem Imbrios [33]). Im Gefecht bei den Schiffen traf er den Hektor so mit einem Steine, daß er bewußtlos hinsank [34]), tödtete den Archilochos und Hyrtios, und bestand einen neuen Kampf mit dem Hektor auf den Schiffen, wobei er den Kaletor und andere der Feueranleger tödtete [35]) Um Patroklos Leichnam kämpfte er wieder, obwol ohne Entscheidung, bis andre zu Hilfe kamen, gegen Hektor, der jenen der Waffen berauben wollte, wobei er Hippothoos und Phorkys erlegte, und jagte Hektor, Aineias u. a. von Automedon und Achilleus Rossen zurück, ließ die Leiche des Patroklos dann wegtragen, und deckte sie selbst mit dem Oiliden [36]), rang aber bei den Leichenspielen des Patroklos mit Odysseus [37]), und kämpfte mit Diomedes um Sarpedons Waffen und Asteropaios Schwert, beidemal ohne Entscheidung. Daß man die Waffen des Achilleus, auf die er als naher Verwandter und vermöge seiner Thaten gerechte Ansprüche machte, nicht ihm, sondern dem Odysseus zusprach, versetzte ihn in Raserei, worin er sich selbst in sein Schwert stürzte [38]). Diktys (V, 15.) läßt ihn von Odysseus, Agamemnon und Menelaos heimlich aus dem Wege geräumt werden. Homer läßt, ohne besondere Umstände des Streits anzuführen, den Ajas noch deshalb dem Odysseus in der Unterwelt zürnen [39]). Ovid läßt eine Purpurlilie mit den Anfangsbuchstaben seines Namens (AI) aus seinem Blute aufblühen [40]). Nach Antiklides [41]) soll Paris ihn umgebracht haben. Auch Teukros ward dieses Mordes von Telamon beschuldigt, aber freigesprochen [42]). Nach Diktys (V, 15.) setzte sein Halbbruder Teukros seine Asche in einer goldenen Urne auf dem Vorgebirge Rhoeteion bei, und die Griechen legten Locken ihres Hauptes zum Todtenopfer auf sein Grab (V, 16.). Nach einer Sage der Äolier (Paus. I, 35) trieben die Waffen des Achilleus, die Odysseus im Schiffbruch verloren hatte, an dasselbe an — Anerkennung des ihm geschehenen Unrechts! Salamis erbauete ihm als Heros einen Tempel, und feierte zu seinem Andenken jährlich ein Fest Αιαντεια [43]). Die Athenäer benannten ihm zur Ehre einen Stamm Aiantis und schmückten ihm ein Paradebett in voller Rüstung [44]). Mit seiner rechtmäßigen Gemalin Glanka erzeugte er den Aiantis; mit der Tekmessa den Eurysakes [45]) von welchen Alkibiades stammen wollte [46]). *(Ricklefs.)*

33) Il. XIII, 44 ff.; 188—202. 34) XIII, 312 ff.; XIV. 409 ff. 35) XV, 415 ff. 36) XVII, 128. bis Ende. 37) XXIII. 708 ff. 38) Pind. Nem. 7, 37; 8, 39. Quint. Smyrn. V, 151 ff. Metam. XIII, 1 ff. Dieser Streit war auch von Arktinos in der Aethiopis und Lesches in der Ιλιας μικρα behandelt, und von Aischylos in der nicht erhaltenen Ὁπλων Κρισις auf die Bühne gebracht. Auch die angesehensten Künstler stellten diesen Streit dar Ael. V. H. IX. 11. Plin. H. N. XXXV, 10. In seiner Raserei brachte ihn Sophokles in seinem Αιας μαστιγοφορος auf die Bühne. 39) Od. XI, 541. ff. 40) Metam. XIII, 394 ff. vgl. X, 215. 41) Tzez. ad Lycophr 82. 42) Paus. I, 28. 43) Paus. I, 35; Hesych. Αιαντ. 44) Schol. in Pind. Nem. 2. 19; Plut. Symp. I, 10. 45) Dict. II, 13; V, 16. 46) Plut, Alc. Schol. in Pind. Nem. 2, 19.

Ajax nennt Rumpf eine Schnecke, Murex Rubeta. *(N.)*

Ajazzo, s. Ajas, Ajasch.

AJELLO, Städtchen mit Schloß auf einem Hügel in der neapol. Prov. Abruzzo ult. II., ehemaliges Herzogth. des Hauses Cibò Malespina, 1741 durch Heirath an Modena gekommen. — Ein gleichnamiges Städtchen in der neapol. Prov. Calabria citra, liegt südlich von Cosenza. — Ein Dorf dieses Namens mit 1000 Einwohnern findet sich im Görzer Kreis Illyriens. *(Röder.)*

AJINGA, Stadt im hindustanischen Reiche Travancore mit einem brittischen Comptoir. *(H.)*

Ajoer, s. Ayoer.

AJOMAMA, AGIOMAMA, geringer Ort in Makedonien an dem Meerbusen gleiches Namens. Einst stand in der Nähe die wichtige Stadt Olynthos. *(Stein.)*

Ajos Oros und Ajos Stephanos, s. Athos und Meteora.

AJOU, eine Gruppe von 16 Inseln im östlichen Meere Asiens nördlich von Waigiou, (0° 24′ N. Br.) von Papuern bewohnt. Außer andern Früchten liefern sie Sago; die größte ist Ajou Baba. *(H.)*

AJOVEA, eine Pflanzen-Gattung, dem Lorbeer verwandt, die Aublet aufstellte, und Jussieu annahm. Schreber nannte sie Douglassia: aber Swartz zog sie mit Recht zur Laurus, von welcher Gattung sie sich wirklich nicht wesentlich unterscheidet. Die Ajovea guianensis Aubl. ist jetzt allgemein als Laurus hexandra Swarz angenommen. Es ist ein Baum, der in Guiana wächst, und sich blos durch sechs Antheren auszeichnet. *(Sprengel.)*

Ajubiten, Ejubiten, s. Arabien und Mohammedanische Münzen.

AJUGA, eine Pflanzen-Gattung aus der natürlichen Familie der Labiaten, und der ersten Ordnung der 14ten Classe des Linne'schen Systems. Der Charakter ist jetzt, nach den Verbesserungen, die Robert Brown (prodr. fl. nov. Holl. 1. p. 503.) aufgestellt hat, folgendermaßen angegeben: ein glockenförmiger fünftheiliger Kelch; die Oberlippe der Corolle äußerst kurz und ausgerandet; die Staubfäden lang aufsteigend; die Antheren gleichförmig; mit netzförmiger Hülle umgebene Samen. Die europäischen Arten sind: 1. Ajuga *pyramidalis*, mit sehr großen ablangen, ungleich gezähnten Wurzelblättern und dunkelblauen Blumen, die in einer vierkantigen Aehre, aus dichten Wirbeln bestehend, vorkommen. Diese Pflanze wächst an den Rändern teutscher Waldungen. Abgebildet in Suensk. bot. t. 225. Engl. bot. 1270. Fl. dan. 185 *). 2. A. *genevensis*, mit Wurzelblättern, die schmaler als die Stengelblätter, übrigens von derselben Gestalt, wie die vorigen, sind. Die Blumen sind blau, fleisch-

*) Die zusammenziehend schmeckenden Blätter wurden vormals bei Wunden, Lungengeschwüren und in der Bräune angewendet. *(Burdach.)*

farben, bisweilen weiß. Sie wächst in teutschen Holzungen. Abgebildet in Joh. Bauhin hist. 3. p. 432. und Rivin. monop. irreg. 3. A. *reptans*, mit rankenden Wurzeln, und fast unbehaarten Stengeln und Blättern. Die Blumen sind blau, mit weißem Rachen. Diese Art wächst sehr häufig an feuchten, buschigen Plätzen. Abgebildet in fl. dan. 925. Curtis fl. lond. n. 14. und Engl. bot. 489. 4. A. *orientalis*, mit eirunden Blättern, behaarten und umgekehrten Corollen. Diese Art wächst am Hämus in Thracien; abgebildet in *Dill.* hort. eltham. t. 53. Noch unterscheiden einige A. *alpina*, welche aber mit A. *genevensis* wahrscheinlich einerlei ist. 5. Aus Calabrien kommt eine Art, die man A. *humilis* nennen könnte, weil sie kaum zwei Zoll lang, ganz glatt ist und gekerbte, nicht gezähnte Blätter hat. 6. A. *Chamaepitys*, mit ästigem Stengel, dreispaltigen, linienförmigen, glattrandigen Blättern und einzeln in den Blattachseln stehenden gelben Blumen. Diese Art wächst in unsern Weinbergen häufig: abgebildet in Engl. bot. 77. 7. A. *Iva*, mit linienförmigen, zottigen, gezähnten oder glattrandigen Blättern und einzeln in den Blattachseln stehenden Blumen. Diese Art wächst im südlichen Frankreich, Italien und Griechenland. Abgebildet in fl. graec. t. 525. 8. A. *chia*, der A. *Chamaepitys* ganz ähnlich: nur sind die gleichfalls gelben Blumen größer als die Blätter. Abgebildet in fl. graec. t. 524. Diese Art wächst auf den griechischen Inseln. (*Sprengel.*)

Ajuinschil, der holländische Name gewisser Schnekken aus der Gattung Ampullaria Lam. — s. Helix ampullacea Linn.

AJURINDI, ein großer Mktfl. westlich von Balikesri mit zwei Chanen und Moscheen. Das hier vorbeigehende Flüßchen macht die Grenze zwischen Karassi und Saruchan (Dschihannüma S. 661). (*v. Hammer.*)

Ajuru, der allgemeine Name der größern Papagayen in Brasilien, daher auch die Zusammensetzungen: Ajuru apara — catinga u. a. s. Psittacus.

AJUS LOCUTIUS, der vermeinte Götterruf, der vor der gallischen Eroberung aus einem Haine ertönte, und die Stadtmauern von Rom auszubessern ermahnte, aber unbeachtet blieb. Camill weihte ihm nachher, als einem Gotte, unter diesem Namen einen Altar dem Hain vorüber*), damit die vielwirkende Idee des besonderen Götterschutzes bei seinem Volke festgehalten würde. (*Rickless.*)

Akaba, s. Eloth.

AKABE (ἡ Ἀκάβη πηγή) bei Ptolem. (L. IV. p. 241. ed. Erasm.) eine Flußquelle im alten Africa propria, östlich vom Flusse Cinyps nach Cellar, auch nach demselben Geographen ein Gebirge im Norden von Berenike, am arab. Meerbusen. (*Frdm. u. Hrtm.*)

Akabene, s. Mesopotamien.

AKADEMIE, AKADEMIKER. Akademie, ein Platz außerhalb Athens, an der Straße nach Theia, welchen ein Bürger Akademus oder Hecademus dem Staate in der Absicht geschenkt hatte, daß daselbst ein Gymnasium zu den Leibesübungen errichtet würde. Den sumpfigen und ungesunden Ort hatte Cimon durch Wasserleitungen ausgetrocknet, durch Schattengänge von Platanen und andern Anlagen verschönert. Der ganze weitläuftige Lusthain und das Gymnasium in demselben wurden die Akademie genannt. Plato, der nicht weit davon eine Villa mit Garten besaß, fand sich täglich in dem Gymnasium ein, und lehrte da seine Philosophie. Alle seine Nachfolger lehrten nach seinem Beispiele eben daselbst. Daher heißt die ganze Reihe der platonischen Philosophen, und überhaupt derjenigen, welche in der Akademie lehrten, die Akademie. Da in der Folge das Philosophiren derselben einen andern Charakter erhielt und Einige mehr mit Zweifeln gegen philosophische Behauptungen, als mit Darstellung eigener Behauptungen, sich beschäftigten, so nannte man diese skeptischen Philosophen die **neue**, und jene dem Plato mehr nachfolgenden, die **alte** Akademie. Mit dem Arkesilas fängt die neue Akademie an, welche von einigen noch mehrere Unterabtheilungen erhalten hat, z. B. die **mittlere**, welche mit Arkesilas, die **neue**, welche mit Lakydes und Karneades, die **vierte**, welche mit Philo von Larissa, und die **fünfte**, welche mit Antiochus anfängt und schließt. Richtiger, in dem Sinne des Cicero und der Sache gemäß, begreift man alle diese Abtheilungen von der mittlern an unter dem Namen der neuen Akademie zusammen, welche sich durch Antiochus wieder dem Geiste der alten näherte. S. Antiochus. Vgl. *Meursii* Ceramicus geminus. I. A. *Schmidii* Dissertat. de gymnasiis literariis Atheniensium und I. P. *de Ludewig* Prima academia, villa Platonis cum nova Halensium collata. Halae 1693. 4. Der Ort, wo Plato gelehrt hatte, blieb noch lange in geheiligtem Andenken. Aber der Name Akademie war veraltet, bis in neuern Zeiten, als unter den Mediceern in Florenz das Interesse für die platonische Philosophie erwachte, auch jener Name wieder hervorgesucht wurde. s. Siveking Geschichte der platonischen Akademie zu Florenz, Gött. 1812 8. Diese platonische Akademie hatte nicht lange Bestand, aber dafür entstanden andere gelehrte Vereine, welche zum Theil auch die Benennung Akademie führten. (*Tennemann.*)

Akademien. Ein zwiefacher Sprachgebrauch ist hiervon abzuleiten, indem sowohl **gelehrte Gesellschaften**, als **hohe Schulen** oder **Universitäten** mit diesem Namen bezeichnet werden; das letztere mit minderem Rechte und jetzt seltener (s. Universität); das erstere einstimmiger und fortdauernd. Solche Akademien oder gelehrte Gesellschaften sind als Eigenthümlichkeit der neueren Zeit zu betrachten. Das **Museum** in **Alexandria** und die **Hofschule** (Schola Palatina) **Karl's** des Großen können nur in beschränkterem Sinne so benannt werden; jenes war zugleich Versorgungs-Anstalt für Gelehrte von ausgezeichnetem wissenschaftlichen Verdienste; diese hatte mehr die Absicht, die Familie und den Hof **Karl's** mit den zur Bildung des Volkes für nöthig erachteten Anfangsgründen gelehrter Kentnisse bekannter zu ma-

*) Cic. de Div. II, 32; Liv. V, 10; Gell. XVI, 17; Dion. Hal. V, 16.

chen. Akademien oder gelehrte Gesellschaften im eigentlichen Sinne entstanden im Zeitalter der Wiedergeburt des wissenschaftlichen Geistes; ihr Vaterland ist Italien. Nicht ganz sichere und deutliche Spuren solcher, wie es scheint, geheim gehaltener Verbindungen wißbegieriger Geistlichen oder Mönche in Florenz und Pisa zur Beförderung physikalischer Kentnisse zeigen sich in der zweiten Hälfte des 14ten Jahrh.; sie verdienen weiter verfolgt zu werden. Zu einer Art von öffentlicher Geltung und Wirksamkeit gelangten dergleichen Vereine, meist unter Schutz und Theilnahme der Großen, seit der Mitte des 15ten Jahrh. Es fanden sich ähnlich gestimmte, durch gleiches Bedürfniß und Streben geistig verwandte Männer zusammen, ohne daß eine eigentliche Absicht bestimmt ausgesprochen und auf regelmäßige Arbeit zurückgeführt worden wäre; ihre Vereine hattrn weder Stiftungs-Urkunden (daher die Zrit der Entstehung sich nicht mit chronologischer Schärfe genau ausmitteln läßt) noch Statuten; sie gingen aus dem durch glückliche und für höhere Bildung empfängliche Machthaber festgehaltenen un- geleiteten Geiste der Zeit hervor. — Die drei ältesten Vereine der Art, Muster-Anstalten für das folgende Zeitalter, finden sich in Neapel, Florenz und Rom. In Neapel begann eine blühende Litteraturzeit während der Regirung des aragonischen Alphons V. 1435 bis 1458, dessen Hof und Hauptstadt Sammelplatz treflicher Köpfe, ausgezeichneter Humanisten und lateinischer und italienischer Dichter und Stylisten war. Dieses Monarchen Liebling Antonio Beccadelli Panormita [st. 1471] begründete eine berühmte und für Verbreitung des guten Geschmacks ungemein wirksame Akademie, deren Mitglieder, Adelige und Gelehrte, welche nach Quartieren eingetheilt waren, sich in einem, Porticus benannten, Gebäude versammelten; unter den ältesten Theilnehmern zeichnen sich Lorenzo Valla [st. 1457] und Bartolommeo Fazio [st. 1457] nebst vielen anderen durch schriftstellerischen Ruhm aus. Die Gesellschaft nahm unter ihrem zweiten Vorsteher Giovanni oder Jovianus Pontano [st. 1503] an Ausbreitung und Glanz zu; Jac. Sannazaro, Alexander ab Alexandro und virle andere namhafte Gelehrte und schöne Geister gehörten ihr an; sie hatte Theilnehmer in den Provinzen und auch in anderen italienischen Staaten auswärtige Ehrenmitglieder. Ihr Zweck scheint sich auf vertraulichen Umgang und freiere litterarische Unterhaltung, und im Aeußeren auf Anregung wissenschaftlicher Neigung und Thätigkeit beschränkt zu haben. — In Florenz gestaltete sich um dieselbe Zeit die platonische Akademie (vgl. C. Sieveking Gesch. der pl. A. zu Florenz. Göttingen 1812. 8.), wozu des Georg Gemistos Plethon, — während der von Bessarion und Cardinal Julianus 1439 betriebenen Vereinigung der griechischen und lateinischen Kirche — erschienene Schrift „über Verschiedenheit der platonischen und aristotelischen Philosophie" eine entfernte Veranlassung gegeben haben mag, indem sie den im Wesentlichen zwischen Scholastik und Mystik schon bestehenden Kampf belebte und in der bildungsfähigern Laien-Welt verallgemeinerte. Wahrscheinlich wurde in Cosmo Medici, dem Haupte des florentinischen Freistaates [1434 bis 1464], einem eifrigen Frrunde und Beschützer der ihm nur in ihren großartigen Erfolgen bekannten und theuer gewordenen Wissenschaften und Künsten, hiedurch der Gedanke zur Errichtung einer solchen Gesellschaft erzeugt. Cosmo wählte den 18jährigen Marsiglio Ficini, den Sohn seines Arztes, den hochverdienten Wiederhersteller der platonischen Denkart, zu seinem Hausgenossen und Erzieher seiner Söhne, philosophirte mit demselben und freute sich des schönen Kreises platonisch-gesinnter Männer, welcher sich um ihn bildete und dessen Mittelpunct er war. In diesem Kreise nehmen Cristoforo Landini, Naldo Naldi, besonders Leo Battista Alberti, Donato Neri Accijavalo und Giovanni Cavalcanti die rrsten Stellen ein. Wenige Jahre nach Cosmo's Tode, trat [um 146?] Ficini als öffentlicher Lehrer auf, und faud im In- und Auslande zahlreiche und viele geistvolle Anhänger. Unter der für Literatur und Kunst so üppig gedeihlichen Regirung Lorenzo des Prächtigen stieg die religiöse Verehrung Platon's (es wird einer feierlich-glänzenden Versammlung der Akademiker am Todestage dieses Denkers den 7. November ausdrücklich erwähnt) und das Ansehen der platonischen Akademie; sie gewann eine neue Stätze an Giovanni Pico de Mirandola [st. 1494], welcher ihr 1490 beitrat. Auch nach Lorenzo's Tod (1492] dauerte sie fort; aber mit Ficini's Tode [1499] scheint ihr äußeres Daseyn erloschen zu seyn, wenn gleich ihr an Früchten reicher Geist nicht erlosch. — In Rom wurde [1468] die Alterthumsgesellschaft, welche Auffindung und Erklärung antiquarischer Ueberreste und überhaupt alterthümliche Unterhaltung und Thätigkeit, auch Mittheilung an Auswärtige (wovon der lebhafte Verkehr mit dem Hanse Medici zeuget) beabsichtigte, von dem ausgezeichneten Archäologen und Stylisten Julius Pomponius Lätus [st. 1498] gestiftet; unter den vielen begeisterten Alterthumsfreunden, welche daran Theil nahmen, befanden sich Bartol. Platina und Fil. Buonaccorsi, bekannter unter seinem akademischen Namen Kallimachus Experiens. Ueber diesen Verein ließ Papst Paul II., Ketzerei und Paganismus witternd, eine blutige harte Verfolgung ergehen. Gewissermaßen wurde sie späterhin im Hause des vielseitig gebildeten Paolo Cortese fortgesetzt und scheint eigentlich erst um die Mitte des 16ten Jahrh. [1553] ganz eingegangen zu seyn. Eine Erneuerung dieser Akademie faud 1742 unter P. Benedict XIV. Statt. — Auch gehöret hieher die von Aldus Pius Manuzzi [st. 1515] zu Venedig 1495 eröfnete Akademie, welche sich über abzudruckende Klassiker und Verbesserung des Textes ihrer Werke in griechischer Sprache berathschlagte. Die Gesetze dieser Gesellschaft vom J. 1502 sind abgedruckt in *A. P. Manutii* Scripta tria longe rarissima a *Jac. Morellio* denuo edita et illustrata. Bassano 1806. 8. Eine ähnliche, aber doch sehr bedeutend ermäßigte Absicht hatten die *Academia Veneta* (s. I. G. Lunze Ac. V. Lpz. 1801 8.)

gest. 1593 und die von Geron. Albrizzi in Venedig 1696 gestiftete Gesellschaft zur Beförderung des Druckes guter Bücher.

Die von Italien ausgegangene Liebe für die humanistische Literatur, deren Ausbreitung durch kleinere freundschaftliche Verbindungen und deren Wirksamkeit vielfach befördert wurde, faud besonders in Teutschlaud dankbare Aufnahme, und begeisterte trefliche Köpfe zu fruchtbaren Anstrengungen. Conrad Celtes [st. 1508] begründete auf seinen Reisen im südöstlichen Teutschlande mehrere humanistische Vereine; der bekannteste und erfolgreichste darunter war die Donaugesellschaft, welche vor 1490 zu Ofen entstand, 1493 nach Wien verlegt, und 1497 bestimmter eingerichtet wurde. Auf seine Veranlassung brachte der Wormser Bischof Johann Clemens von Dalberg eine ähnliche Verbindung (Sodalitas Celtica s. Rhenana) um dieselbe Zeit zu Staude s. G. N. Wiener Analecta hist. crit. de societate litt. Rhen. Worms 1766 4. — So bildeten sich auch gegen Eude des 15ten Jahrh. in Straßburg unter Jac. Wimpfeling's [st. 1528] Leitung eine gelehrte Gesellschaft, welche bis 1538 fortgedauert zu haben scheint, und theils mehr wissenschaftliche Einheit unter äußerlich getrennten Disciplinen zu erwirken suchte, theils Unterrichtsanstalt für Erwachsene, namentlich in Beziehung auf griechische Literatur, war, theils mit Prüfung und Beförderung des Drucks gelehrter Arbeiten sich befaßte; berühmte Mitglieder waren 1514 unter andern Seb. Brant, Jac. Sturm, Matth. Schurer, Otmar Nachtigall. Gleiche Richtung hatte die Gesellschaft zu Schlettstadt, gestiftet von Wimpfeling, der sich in höherem Alter dahin zurückzog; Paul Volz, Beatus Rhenanus, Martin Bucer u. m. a. nahmen daran Theil. Vgl. Koch in Mém. de l'Institut nat. Sc. pol. et mor. T. 4. p. 356. su. Von eben dieser Beschaffenheit mögen die unter Erasmus v. Rotterdam Leitung bestehende Gesellschaft zu Basel, die in Augsburg 1510 errichtete baiersche Literaturgesellschaft u. m. a. gewesen seyn. Ueberhaupt traten in jruem Zeitalter viele solche Vereine zusammen, ohne historisch bedeutend zu werden.

Ganz herrschend wurde der Gebrauch der Akademien unter den Italiänern im 16ten Jahrhunderte; die meisten zweckten auf Bearbeitung der Muttersprache und Dichterübung ab, selbst die, welche ursprünglich eine andere Bestimmung hatten. Ihre Zahl ist überaus groß; ihre Wirksamkeit blieb, mit wenigen Ausnahmen, äußerst beschränkt, oft zweideutig. Fast jede größere Stadt hatte derselben mehrere; sie legten sich einen, meist Eifer und Begeisterung bezeichnenden, allegorischen Namen bei, und dauerten in einiger, auch nur örtlich bedingter, Gültigkeit selten ein Menschenalter aus. So z. B. Accesi in Bologna 1500, Siena 1525, Venedig 1533, Reggio 1540 u. s. w.; andere hießen Sitienti, Ardenti, Infiamati, Gelati n. s. w. Erwähnenswerth sind zwei für Vervollkommnung der Muttersprache gedeihlich wirksame Akademien in Florenz: die Humoristen gest. 1540 im Hause J. Mazzuoli's und vom Herzog bestätigt 1541; noch fortdauernd als Florentinische Akademie (s. *Salvino Salvini* Fasti consolari dell' Acc. Fior. Fl. 1717. 4.); und die um den italiänischen Sprachschatz hochverdiente Ac. della Crusca, gest. 1582 von Ant. Franc. Grazzini, welche ebenfalls noch besteht. — Auch in anderu Ländern traten Gelehrte in Gesellschaften zusammen, um die Vervollkommnung der Muttersprache zu befördern. Für Frankreich versuchte dieses, mit beschränktem Erfolge, die 1570 von J. A. Baif und J. Thibault de Corville eingerichtete Akademie, welche zugleich Nachbildung griechischer und römischer Sylbenmaße beabsichtigte; sie ging 1591 ein. Mehrere kleine Privatgesellschaften waren von noch geringerer Dauer und Wirksamkeit. Desto mächtigeren nud glänzenderen Einfluß behauptete dagegen die noch fortbestehrude französische Akademie; sie entstand als Privatgesellschaft 1625 in Val. Conrart's Hanse, wurde 1635 durch Card. Richelieu unter Königl. Schutz gestrllt, mit großen Gerechtsamen und bestimmten Einkünften ausgestattet, und hielt den 10. Jul. 1637 im Louvre ihre erste öffentliche Sitzung. — Für die teutsche Sprache traten seit dem 17ten Jahrh. viele Gesellschaften in Thätigkeit und sie vermehrten sich bis auf die neuesten Zeiten, obgleich nur wenigen bedeutendes Verdienst zugestanden werden kanu, und, was der Vielseitigkeit und Freiheit in Angelegenheiten der teutschen Sprache und Nationalliteratur entschiedenen Vortheil gewährte, keine zu allgemeinem Ansehen und herrschendem Einfluß gelangte. Die älteste, die Fruchtbringende Gesellschaft, oder der gekrönte Palmenorden, gestiftet zu Weimar 1617 von Casp. v. Teutleben, und eingegangen 1680, war fast blos Prunkspiel; mehr geleistet hat die von Phil. v. Zesen 1643 zu Hamburg gestiftete Teutschgesinnte Genossenschaft, ungeachtet sie sich in oft drolligen Uebertreibungen und unhaltbaren Neuerungen gefiel; der gekrönte Blumenorden der Hirten an der Pegnitz, gest. von G. Ph. v. Harsdörfer und J. Clajus zu Nürnberg 1644, und der Schwanenorden an der Elbe, gest. in Hamburg 1660 von J. Rist, haben wenigstens in ihrer näheren Umgebung lebendige Thätigkeit angeregt. Unter den neueren zeichnet sich die zu Leipzig, gest. 1697, umgebildet von J. Ch. Gottsched 1727, durch ausgebreitete, vermittelst polemischer Reibungen gehobene Thätigkeit und Bekanntmachung älterer Sprach- und Literaturdenkmäler am vortheilhaftesten aus. — Aehnliche linguistische Akademien finden sich in Spanien, Portugal, Holland, Dänemark, Schweden u. s. w., worüber die Artikel nachzusehen sind, welche über die Statistik und über die Nationalliteratur dieser Staaten Auskunft geben.

Am gewichtvollsten und nachhaltig tief eingreifend in die Geschichte der Gelehrsamkeit erscheinen die Akademien, welche auf Erweiterung, Begründung und Bereicherung wissenschaftlicher Einsichten und Erfahrungen berechnet sind; wir verdanken ihnen bedeutende Fortschritte und erfolgreichen wissenschaftlichen Gewinn. Nicht zu gedenken des durch sie erleichterten Ideen-Austausches, welcher weniger in gesellschaftlichen Zusammenkünften, da diese oft langweilig und auf Vorlesungen beschränkt sind, als durch Oeffentlichkeit der Gesellschaftsschriften erreicht wird; so bleibt besonders dreierlei zu beachten, was fast nur auf diesem Wege erlangt werden kann. Einmal, daß

Gelehrte ganz ausschließlich ihrer Wissenschaft leben und auf Vervollkommaung derselben bedacht seyn können; wie das bei gut eingerichteten Akademien der Fall seyn sollte, wenn gleich fast alle, wie sie dermalen beschaffen sind, in dieser Hinsicht viel zu wünschen übrig lassen. Zweitens kommen einer solchen gelehrten Gesellschaft wissenschaftliche Anstalten, Einrichtungen und Hilfsmittel zu statten, für welche von Staates wegen gesorgt wird, und die nur auf öffentliche Kosten in verhältnißmäßiger Vollständigkeit und Vollkommenheit unterhalten werden können; dahin gehören Sternwarten, Naturalien- Kunst- und Bücherschätze, die zur Anstellung von Versuchen erfoderlichen Werkzeuge und der, wie bei chemischen und physikalischen Arbeiten, oft sehr beträchtliche Kostenaufwand. Drittens wird durch Preisaufgaben manches Dunkel aufgehellt, manche Schwierigkeit beseitigt, manche Vorarbeit zu weiteren Untersuchungen veranlaßt, und nicht selten wenigstens das vorhandene Bessere in lichtvolle Uebersicht gebracht und mit neuen Winken und Ansichten bereichert. Bestehet die Akademie, der Mehrheit nach, aus tüchtigen Gelehrten; so wird sie in der Regel Aufgaben bekannt machen, durch deren Beantwortung einem Theile der Wissenschaft Gewinn zuwächst, selbst wenn der oft gehörte Vorwurf Grund hat, daß sie von Anderen erfahren wollen, was sie selbst nicht wissen, und durch Andere thun lassen wollen, was selbst zu thun ihnen beschwerlich fällt. Das große Feld der Mathematik und der Naturkunde ist auf solche Weise in den beiden letzten Jahrhunderten viel urbarer geworden, und zum Theil weit fruchtbarer angebaut worden, als vorher; es hat im Einzelnen eine ganz audree Gestalt gewonnen. Kunst und Gewerbe haben entschiedene Vortheile davon gezogen. Geschichte, Alterthums-, Erd- und Menschenkunde sind vielfach bereichert worden. Das Ideal einer Akademie ist zwar überall unterricht geblieben und selbst Annäherung an dasselbe mag äußerst wenigen gelehrten Gesellschaften, und auch diesen nur in engerer Beschränkung auf das Streben Einzelner und für kürzere Zeit oder in minder beachteten Wünschen und Andeutungen, nachgerühmt werden; das, was sie, nach großer Denker, von Bacon von Verulam an bis auf Schelling, Bestimmung seyn sollen und können, sind sie nirgends gewesen; und die wissenschaftliche Oberaufsicht, welche ihnen alsdann gebühren würde, haben sie in keinem Staate geltend gemacht und geübt; aber dennoch wird kein Unbefangener sich durch diese Wahrnehmung für berechtiget halten, diese wissenschaftlichen Vereine gering zu schätzen und das vielfache Trefliche, was aus ihnen hervorgegangen ist, zu verkennen. Als unentbehrliches Hülfsmittel zur Kentniß und Benutzung der Arbeiten gelehrter Gesellschaften verdient empfohlen zu werden: *I. D. Reuss* allgemeines Real-Repertorium über die Abhandlungen, Acten, Commentationen und Memoiren der Europäischen Akademien und Gesellschaften. Göttingen 1802 ff., bis jetzt 12 Bände 4., nach wissenschaftlicher Eintheilung, daher die einzelnen Abtheilungen auch besonders zu haben sind. Eine wissenschaftlich-historische Darstellung dessen, was von Akademien überhaupt und von einzelnen insbesondere geleistet worden ist, wäre wünschenswerth; was Th. Thomson für die Geschichte der Londner Societät gethan hat, müßte dabei zum Vorbilde dienen.

Italien gab auch für wissenschaftliche Akademien den Ton an. Die älteste ist die fortdauernd bestehende Akademir del Cimento, gest. 1657 zu Florenz von Leopold Medici; sie hat, wie die ebendaselbst von G. G. Pozzi 1735 eingerichtete Societas Columbaria, für Naturkunde viel geleistet. Das größte Verdienst um diese Wissenschaft, Mathematik und Astronomie, erwarb sich das Institutum Scientiarum et Artium zu Bologna, welches Eust. Manfredi 1690 stiftete und Graf L. F. Marsigli 1705 erweiterte; seine öffentlichen Sitzungen begannen 1714; auch ist eine Maler-Akademie, Clementina benannt, damit verbunden. Wichtig ist die zu Cortona 1727 errichtete Academia Etrusca durch alterthümliche Untersuchungen. Unter den übrigen wissenschaftlichen Akademien Italiens zeichnet sich die zu Tnein, gest. 1757 und als Königliche anerkannt 1760, besonders aus. — Von klassischer Wichtigkeit ist die K. Societät der Wissenschaften zu London; sie entstand als Privatgesellschaft zu Oxford 1645 auf J. Wilkins Veranlassung, wurde 1658 nach London verlegt und hielt im Grasham-College ihre Zusammenkünfte; K. Karl II. erhob sie 1660 zu einer öffentlichen Anstalt des Staats, und die erste Sitzung fand den 22. April 1663 statt. Von ihr sind herrliche Bereicherungen aller Naturwissenschaften, der Mathematik in ihrem ganzen Umfange, und der Astronomie ausgegangen. Ihre Schriften erschienen seit 1666 unter dem Titel: Philosophical Transactions und werden jetzt jährlich fortgesetzt. Auch hat diese Gesellschaft einen ihrer würdigen gelehrten Geschichtschreiber in Th. Thomson (History of the R. Society from its institution to the end of the XVIII. Century. Lond. 1812. 4.) gefunden, wie keiner anderen zu Theil geworden ist. Neben ihr bestehen in London viele gelehrte Gesellschaften, unter welchen die schon 1572 gestiftete, aber 1604 erloschene, 1717 erneuerte und 1751 vom König bestätigte Alterthumsgesellschaft (ihre Schriften erschienen seit 1770 unter dem Titel Archaeologia in 4.), die erwähnenswertheste seyn dürfte. Außerdem finden sich in englischen Städten zahlreiche, namentlich landwirthschaftliche und technologische Vereine. Edinburg hat seine Akademie seit 1732, Dublin seit 1739; und brider Thätigkeit hat in neuern Zriten beträchtlich zngenommen. — Gleichen Ruhm mit der Londner behauptete die Akademie der Wissenschaften zu Paris; sie wurde 1666 durch den Minister Colbert gestiftet und 1699 neu eingerichtet; 1796 erhielt sie den Namen National-Institut, trat aber 1803 größeren Theiles und 1814 völlig in ihre alte Verfassung zurück; ihre Schriften sind seit 1699 in Druck erschienen. Früher als sie entstand die von demselben Colbert 1663 angelegte Akademie der Inschriften und schönen Wissenschaften, welche der Alterthumskunde und der Geschichte unvergeßliche Dienste geleistet hat; ihre reichhaltigen Schriften sind 1717 ff. in 50 Bänden 4. erschienen, und werden jetzt, nachdem seit 1814 die alte Einrichtung wieder eingetreten ist, fortgesetzt. Außerdem hat Paris für einzelne Zweige der Gelehrsamkeit und Kunst, und Frankreich überhaupt eine große Menge gelehrter Gesellschaften. — In Teutschland wurde die für Natur- und Heilkunde mit Nutzen geschäftige K. Akademie der Naturforscher (Acad. Leopoldina naturae curiosorum) 1670 zu Schweinfurt von J. L. Bausch gestiftet und erhielt 1677 ein kaiserl. Privilegium; die Bestimmung ihres Sitzes hängt von dem Aufenthaltsorte des jederzeitigen Vorstehers ab; jetzt ist er aus Erlangen nach Bonn verlegt. Ihre schätzbaren Schriften sind unter mehren Titeln gedruckt: Miscellanea curiosa etc. 1670—1705 drei Decurien, mit Einschluß der Register, 32 B. 4.; Ephemerides etc. 1712—22, 10 Th. 4.; dazu Register 1739. 4.; Acta etc. 1727—54. 10 B. 4.; Nova Acta 1757—91. 8 B. 4. — Nach einem großartigen Entwurfe des großen Leibnitz wurde 1700 eine Ak. der Wissensch. in Berlin angelegt und den 19. Jan. 1711 eröfnet; ihre Schriften sind seit 1710 gedruckt worden und erscheinen auch jetzt noch. Die Göttinger Societät der Wissensch., gest. 1750, ist auf wissenschaftliche Ergänzung dessen, was die Universität durch ihre Lehrer leistet, berechnet, und hat, neben Mathematik und Naturkunde, besonders auch Philologie, Alterthumskunde und Geschichte mit schätzbaren Beiträgen bereichert; ihre Schriften sind seit 1752 in vier Folgen erschienen und werden fortgesetzt; vgl. *I. D. Reuſs* Conspectus Societatis R. scient. Gott. Gött. 1808. 4. Die 1759 zu München gest. Ak. der Wissensch. war vorzüglich für vaterländische Geschichte thätig, wie die Monumenta Boica 1760 ff. 22 B. 4. allein schon bezeugen; bei ihrer Umstaltung 1807 erhielt sie einen weiteren wissenschaftlichen Wirkungskreis; die Schriften erscheinen seit 1810. Vgl. L. Westenrieder Gesch. der Baierschen Ak. der Wissensch. München 1804—1807. 2 B. 8. Die Mannheimer Akademie 1763—1800, und die F. Jablonowskische zu Leipzig seit 1771 sind für Geschichtsforschung bemerkenswerth. — Von den Akademien in den übrigen europäischen Staaten müssen hier angeführt werden: die zu Upsala, gest. 1710, privil. 1728, und zu Stockholm, gest. 1739, privil. 1741, beide für Naturforschung sehr ergiebig; die zu St. Petersburg gest. 1724, besonders reich an vortreflichen mathematischen Ergebnissen; und die zu Calcutta, gest. 1784, eine wahre Fundgrube für Literatur- und Sprachkunde Asiens, namentlich Persiens und Indiens. Auch mehre holländische gelehrte Gesellschaften, z. B. die Harlemer seit 1752, die Felix Meritis seit 1777 zu Amsterdam u. s. w. haben sich nicht geringe Verdienste erworben. — Ueber diese und andere, hier nicht erwähnte Akademien, sind die Artikel zu befragen, welche einzelne Länder statistisch schildern oder die Geschichte einzelner Wissenschaften und Künste darstellen, deren Vervollkommnung durch sie gefördert worden ist *). (*L. Wachler.*)

Akademische Würden, s. Universitäten.

Akadine im alten Sicilien, s. Palice.

AKÄNE, (Ἄκαινα,) war bei den Griechen die Meßruthe; sie war entweder die größere, *δωδεκαποδής* (zwölf geometrische Fuß lange), oder die kleinere, *δεκαποδής* (zehnschuhige). Die größere Akäne war = 10⅔ mittlere griech. Fuß (*πυγμη* = 18 *Δακτ. μικρ.*), = 144 Zolle (pollex, *Δακτυλος μεγας*), und = 192 Fingerbreiten (*Δακτ. μικροις*). Die kleinere, oder gemeine Akäne war daher nur = 160 *Δακτ. μικρ.* Wenn man nun, wie gewöhnlich, den mittlern griech. Fuß zu 138,6072, demnach den *Δακτ. μικρος* zu 7,7004 par. Linien annimmt: so hatte die größere Meßruthe der Griechen 10,2672, die kleinere Akäne nur 8,556 par. Fuß. (Uebereinstimmend mit den Angaben des *Romé de l'Isle* in dessen Métrologie. Paris 1789). (*Schoen.*)

AKAKALLIS, bei den Kretern die Narcisse [1]), 1) eine Tochter Minos II. von Kreta [2]), bei Apollodor Akalle, †) die von Apollon den Miletos gebar, den, von der Mutter aus Furcht vor dem Vater ausgesetzt, der Gott durch Wölfe bewachen ließ, bis ihn Hirten fanden, die ihn aufzogen [3]). Auch den Amphithemis und Garamas soll sie vom Apollon [4]), den Cydon aber vom Merenr geboren haben [5]). — 2) Eine Nymphe, mit der Apollon den Phylacis und Philauder in der phocischen Stadt Tarrha erzeugte [6]). (*Ricklefs.*)

Akakesion, s. Arkadia u. Hermes.

AKAKESIOS, (*Ακακησιος,*) Beiname des Hermes von der arkadischen Stadt Akakesion, wo er von dem Gründer dieser Stadt, dem König Akakos, Lykaons Sohn, erzogen seyn soll; wo er auch verehrt ward, und eine marmorne Bildsäule vor der Stadt hatte *). Allein der Beiname scheint völlig gleichbedeutend mit Akaketes zu seyn, s. Spanhem. in Callim. Hymn. in Dianam S. 143. (*Ricklefs.*)

AKAKETES, (*Ακακητης,*) Beiname des Hermes **), den er unstreitig führt als der Erfinder heilsamer Kräutersäfte, den die Aegypter in ihm verehrten, eine Idee, die auch auf die Griechen überging. Vgl. Hermes. (*Ricklefs.*)

AKAKIA, (Martin,) geb. zu Chalons in Champagne, hieß eigentlich *Sans-malice*. änderte aber, nach der Sitte seiner Zeit, diesen Namen in den gleichbedeutenden griechischen um. Nachdem er 1526 die medicinische Doctorwürde erhalten, wurde er 1530 Professor an der Universität zu Paris. Er stand als Arzt in großem Ansehen, war Leibarzt Franz I. und Deputirter der Universität bei dem Tridentiner Concilium. Er starb 1551. Er ist bekannt als Uebersetzer und Erklärer Galens. Uebersetzt hat er de ratione curandi und ars medica quae est ars parva. In einen Auszug brachte er aus den ersten 5 Büchern Galens alles was die Eigenschaft der Heilpflanzen betrift. (s. Adelung zu Jöcher). Zwei Bücher über Weiber-Krankheiten in lateinischer Sprache werden von einigen ihm, von andern seinem gleichnamigen Sohne zugeschrieben, der in einem Alter von 49 Jahren 1588, als Professor der Chirurgie

---

*) Eben dies gilt für die unter dem Namen von Akademien bestehenden Lehranstalten für einzelne Wiss., Künste und Gewerbe, wie Bau- und Berg-Akademien, med. chirurg. Akademien u. a.

1) Athen. Schweigh. XV. p. 485. Hesych. h. v. 2) Paus. VIII, 53. †) III. 1. f. 2. 3) Ant. Lib. 20. 4) Apoll. Rh IV, 1494. 5) Paus. l. c. 6) Paus. X, 16.

*) Paus. VIII. 3 und 36.

**) Il. XVI, 185.

am königl. Collegium zu Paris und zweiter Arzt Heinrichs III. starb. — Lange Zeit hat sich diese Familie in der Heilkunde ausgezeichnet, mehrere Akakias waren Leibärzte der Könige Karls IX., Heinrich III. und Ludwig XIII.; doch waren sie für die Literatur nicht wichtig *). *(H.)*

AKAKIOS, gewöhnlich Acacius, ist der Name mehrerer Bischöfe der oriental. Kirche und eines Patriarchen von Constantinopel. 1) A. mit dem Beinamen Monophthalmos, (der Einäugige,) ein Schüler des Eusebius, war ein Mann von Scharfsinn und eben so ausgezeichnet durch Wissenschaft und Beredsamkeit, als durch kühnen Unternehmungsgeist. Weder von der Biographie seines Lehrers noch von seinen andern Werken (*Hieron.* de viris ill. c. 98. *Sozom.* hist. eccl. IV, 23) ist etwas auf uns gekommen, nur ein Bruchstück aus seiner Schrift gegen Marcellus von Ancyra hat sich durch Epiphanius erhalten. (Haeret. 72. 8. 5 ff.) Im J. 340 folgte er seinem Lehrer als Bischof von Cäsarea, in welcher Würde er 365 starb. Von ihm ist die Secte der Acacianer benannt, die nur ein Zweig der Anomöischen ist. Zufolge der Lehrsätze des Arius hatte nämlich Aetius gelehrt, der Sohn Gottes sey seinem Vater unähnlich (ανομοιος) und habe nicht dieselbe Gottheit mit ihm. Acacius, um sich sowohl von den Katholischen als Arianern zu unterscheiden, trug freilich einen andern, aber ziemlich unbestimmten Satz von der Aehnlichkeit des Vaters und des Sohnes vor, (*Socr.* hist. eccl. 42) so daß er die anomöische Lehre mehr beförderte als untergrub, und selbst für das Haupt dieser Secte gehalten wurde. Vgl. Arianer. — 2) A. Bischof von Beroë in Syrien, geb. gegen 322, ein Freund des Epiphanius Flavianus und Feind des Johann Chrysostomus, dessen Absetzung als Bischof von Constantinopel er bewirkte. Ehe er selbst Bischof zu Beroë wurde im J. 378, war er mit verschiedenen wichtigen Sendungen beauftragt, und trat zu Rom, wo er vor Papst Damasius die Lehre von den beiden Naturen in Christus vertheidigte, mit Auszeichnung auf. Im J. 381 war er auf dem Concilium zu Constantinopel, und im hohen Alter auf dem zu Ephesus (431), wo Nestorius und Cyrillus ihren Streit mit leidenschaftlichem Ungestüm führten (s. Nestorianer), und bestimmte Theodosius den Jüngeren, die Sentenzen gegen Nestorius und dann auch gegen Cyrillus zu bestätigen. Er starb in einem Alter von 110 Jahren. Man sehe seine Briefe in der Samml. des P. Lupus und bei Baluze. *(H.)* 3) A. Bischof von Amida in Mesopotamien, der als Bischof Abila's, nach der Märtyrerkrone lüstern, einen Feuertempel zu Susa zerstörte. Die Magier rächten sich durch Verfolgung der Christen, und dies wurde im J. 422 Veranlassung eines Krieges der Perser mit Theodosius d. j. Da verkaufte Acacius mit der Erklärung, daß ein Gott, der nicht ißt und trinkt, auch kein Gold und Silber bedürfe, das Kirchengeräth, zahlte hiedurch das Lösegeld für 7000 gefangene Perser, versorgte sie mit dem Unentbehrlichsten, und sandte sie an ihren König Varanes zurück, um diesen mit dem Geiste der Religion, die er verfolgte, bekannt zu machen. Dieser wurde hiedurch bestimmt, die persönliche Bekanntschaft des Bischofs zu wünschen. (Nach Socrates und Theodoret.) *(v. Baczko.)* — 4) A. der Patriarch von Constantinopel seit 471, welcher in den Eutychianischen Streitigkeiten Partei nahm. Eutyches hatte behauptet, in Christus sey nur Eine Natur, weshalb er als Urheber der Monophysiten gelten kann. (S. Eutyches und Monophysiten). Nach langem Streit sollten die Beschlüsse der Versammlung zu Chalcedon (451) entscheiden, veranlaßten aber nur eine neue Spaltung. Ak. wollte dieser ein Ende machen, indem er den Kaiser Zeno (482) zu dem berühmten Henotikon, einer Eintrachtsformel, veranlaßte, die jedoch ihren Zweck noch weit weniger erreichte. Denn da der Bischof Felix III. von Rom ihr widersprach, so zerfiel darüber am Ende die morgenländische mit der römischen Kirche. Ak. starb im J. 489. Wir besitzen von ihm noch zwei Briefe, einen griechischen an Peter, genannt der Gärber (Th. 4 der Concilien) und einen lateinischen an Papst Simplicius (b. Cave). Die Briefe von Felix an Ak. s. b. Harduin II. 831. Mansi VII. 1053. — Es gibt übrigens noch 5) einen Bischof Ak. zu Antiochia seit 458, gest. 459. — 6) Einen Bischof zu Militene im 5ten Jahrh. — 7) Einen namhaften Rhetor unter der Regirung des Kaisers Julian. *(H.)*

Akakus, s. Akesios.

AKALANDROS, ein Fluß, der unweit von Metapontum in den Meerbusen von Tarent fällt, jetzt Fiume di Rosetto. S. *Strabo* p. 429. *Plin.* H. N. III, 10. *(H.)*

Akalanthis, s. Pierides.

Akalephe, s. Acalypha.

AKALKALAKI, (Aghalkolaki,) eine ehemals türkische Stadt im Gurielschen District Dscha wageti, meistens abhängig von Aghalziche, dem Sitz eines Pascha's, jetzt an der südlichsten Grenze des russischen Kaukasus. *(Rommel.)*

Akalle, s. Akakallis.

Akalzike, s. Aghalzike.

AKAMANTHIS. AKAMAS. Den letztern Namen führt ein Vorgebirge auf der nordwestlichen Spitze von Kyprus mit zuckerhutförmigen, waldbedeckten Gipfeln, von Selinus an der cilicischen Küste, 1000 Stadien entfernt [1]). Schiffer benannten bisweilen die ganze Insel davon Akamanthis [2]). *(Ricklefs.)*

AKAMAS. 1) Der zweite Sohn des Theseus, der mit Diomed abgeschickt ward die Helena zurück zu fodern, und bei dieser Gelegenheit die Liebe der Laodice, Priams Tochter gewann, die von ihm den Munitus gebar [1]). Er war mit im hölzernen Pferde. Die Akamantische Tribus in Athen war von ihm benannt [2]). Andere nennen ihn Athamas und Sohn des Demophoon. — 2) Ein tapferer Sohn des Antenor, mit seinem Bruder Archelochus und Aeneas Anführer der Dardaner [3]). Er

*) Unter dem angenommenen Namen des Doktors Akakia schrieb Voltaire im J 1752 seine beißende Kritik auf Maupertuis, welche der Bedeutung des Namens nicht zum besten entspricht. S. Voltaire.

1) Strab. XIV. 5. 2. 2) Plin. V, 35.

1) Parthen. Er. 16. 2) Vergl. die Ausleger zu Hygin. F. 108. und Heins. in Aen. II, 262. 3) Il. II, 819—23.

lehrter Gesellschaften. — In Teutschland wurde die für Natur- und Heilkunde mit Nutzen geschäftige K. Akademie der Naturforscher (Acad. Leopoldina naturae curiosorum) 1670 zu Schweinfurt von J. L. Bausch gestiftet und erhielt 1677 ein kaiserl. Privilegium; die Bestimmung ihres Sitzes hängt von dem Aufenthaltsorte des jederzeitigen Vorstehers ab; jetzt ist er aus Erlangen nach Bonn verlegt. Ihre schätzbaren Schriften sind unter mehren Titeln gedruckt: Miscellanea curiosa etc. 1670—1705 drei Decurien, mit Einschluß der Register, 32 B. 4.; Ephemerides etc. 1712—22, 10 Th. 4.; dazu Register 1739. 4.; Acta etc. 1727—54. 10 B. 4.; Nova Acta 1757—91. 8 B. 4. — Nach einem großartigen Entwurfe des großen Leibnitz wurde 1700 eine Ak. der Wissensch. in Berlin angelegt und den 19. Jan. 1711 eröfnet; ihre Schriften sind seit 1710 gedruckt worden und erscheinen auch jetzt noch. Die Göttinger Societät der Wissensch., gest. 1750, ist auf wissenschaftliche Ergänzung dessen, was die Universität durch ihre Lehrer leistet, berechnet, und hat, neben Mathematik und Naturkunde, besonders auch Philologie, Alterthumskunde und Geschichte mit schätzbaren Beiträgen bereichert; ihre Schriften sind seit 1752 in vier Folgen erschienen und werden fortgesetzt; vgl. *I. D. Reuss* Conspectus Societatis R. scient. Gott. Gött. 1808. 4. Die 1759 zu München gest. Ak. der Wissensch. war vorzüglich für vaterländische Geschichte thätig, wie die Monumenta Boica 1760 ff. 22 B. 4. allein schon bezeugen; bei ihrer Umstaltung 1807 erhielt sie einen weiteren wissenschaftlichen Wirkungskreis; die Schriften erscheinen seit 1810. Vgl. L. Westenrieder Gesch. der Baierschen Ak. der Wissensch. München 1804—1807. 2 B. 8. Die Mannheimer Akademie 1763—1800, und die F. Jablonowskische zu Leipzig seit 1771 sind für Geschichtsforschung bemerkenswerth. — Von den Akademien in den übrigen europäischen Staaten müssen hier angeführt werden: die zu Upsala, gest. 1710, privil. 1728, und zu Stockholm, gest. 1739, privil. 1741, beide für Naturforschung sehr ergiebig; die zu St. Petersburg gest. 1724, besonders reich an vortreflichen mathematischen Ergebnissen; und die zu Calcutta, gest. 1784, eine wahre Fundgrube für Literatur- und Sprachkunde Asiens, namentlich Persiens und Indiens. Auch mehre holländische gelehrte Gesellschaften, z. B. die Harlemer seit 1752, die Felix Meritis seit 1777 zu Amsterdam u. s. w. haben sich nicht geringe Verdienste erworben. — Ueber diese und andere, hier nicht erwähnte Akademien, sind die Artikel zu befragen, welche einzelne Länder statistisch schildern oder die Geschichte einzelner Wissenschaften und Künste darstellen, deren Vervollkommnung durch sie gefördert worden ist *). (*L. Wachler.*)

Akademische Würden, s. Universitäten.

Akadine im alten Sicilien, s. Palice.

AKÄNE, (Ἄκαινα,) war bei den Griechen die Meßruthe; sie war entweder die größere, δωδεκαποδης (zwölf geometrische Fuß lange), oder die kleinere, δεκαποδης (zehnfüßige). Die größere Akäne war = $10\frac{2}{3}$ mittlere griech. Fuß (πυγμη = 18 Δακτ. μικρ.), = 144 Zolle (pollices, Δακτυλος μεγας), und = 192 Fingerbreiten (Δακτ. μικροις). Die kleinere, oder gemeine Akäne war daher nur = 160 Δακτ. μικρ. Wenn man nun, wie gewöhnlich, den mittlern griech. Fuß zu 138,6072, demnach den Δακτ. μικρος zu 7,7004 par. Linien annimmt: so hatte die größere Meßruthe der Griechen 10,2672, die kleinere Akäne nur 8,556 par. Fuß. (Uebereinstimmen mit den Angaben des *Romé de l'Isle* in dessen Métrologie. Paris 1789). (*Schoen.*)

AKAKALIS, bei den Kretern die Narcisse [1]), 1) eine Tochter des Minos II. von Kreta [2]), bei Apollodor Akalle, †) die von Apollon den Miletos gebar, den, von der Mutter aus Furcht vor dem Vater ausgesetzt, der Gott durch Wölfe bewachen ließ, bis ihn Hirten fanden, die ihn aufzogen [3]). Auch den Amphithemis und Garamas soll sie vom Apollon [4]), den Cydon aber vom Mercur geboren haben [5]). — 2) Eine Nymphe, mit der Apollon den Phylacis und Philander in der phocischen Stadt Tarrha erzeugte [6]). (*Ricklefs.*)

Akakesion. S. Arkadia u. Hermes.

AKAKESIOS, (Ακακησιος,) Beiname des Hermes von der arkadischen Stadt Akakesion, wo er von dem Gründer dieser Stadt, dem König Akakos, Lykaons Sohn, erzogen sein soll, wo er auch verehrt ward, und eine marmorne Bildsäule vor der Stadt hatte *). Allein der Beiname scheint völlig gleichbedeutend mit Akaketes zu seyn, s. Spanheim. in Callim. Hymn. in Dianam S. 143. (*Ricklefs.*)

AKAKETES, (Ακακητης,) Beiname des Hermes **), den er unstreitig führt als der Erfinder heilsamer Kräutersäfte, den die Aegypter in ihm verehrten, eine Idee, die auch auf die Griechen überging. Vgl. Hermes. (*Ricklefs.*)

AKAKIA, Martin,) geb. zu Chalons in Champagne, hieß eigentlich *Sans-malice*, änderte aber, nach der Sitte seiner Zeit, diesen Namen in den gleichbedeutenden griechischen um. Nachdem er 1526 die medicinische Dort würde erhalten, wurde er 1530 Professor an der Universität zu Paris. Er stand als Arzt in großem Ansehen, war Leibarzt Franz I. und Deputirter der Universität bei dem Tridentiner Concilium. Er starb 1551. Er ist bekannt als Uebersetzer und Erklärer Galens. Uebersetzt hat er de ratione curandi und ars medica quae est ars parva. In einen Auszug brachte er aus den ersten 5 Büchern Galens alles was die Eigenschaft der Heilpflanzen betrift. (s. Adelung zu Jöcher). Zwei Bücher über Weiber-Krankheiten in lateinischer Sprache werden von einigen ihm, von andern seinem gleichnamigen Sohne zugeschrieben, der in einem Alter von 49 Jahren 1588, als Professor der Chirurgie

*) Eben dies gilt für die unter dem Namen von Akademien bestehenden Lehranstalten für einzelne Wiss., Künste und Gewerbe, wie Bau- und Berg-Akademien, med. chirurg. Akademien u. a.

1) Athen. Schweigh. XV. p. 485. Hesych. h. v. Paus. VIII, 53. † III. 1. f. 2. 2) Ant. Lib. Apoll. Rh. IV, 1494. 5) Paus. l. c. 6) P:

*) Paus. VIII. 3 und 36.

**) Il. XVI, 185.

am königl. Collegium zu Paris und [illegible] weiter Arzt Heinrichs III. starb. — Lange Zeit hat [illegible] diese Familie in der Heilkunde ausgezeichnet, mehrere [illegible]akias waren Leibärzte der Könige Karls IX., Heinri[illegible] III. und Ludwig XIII.; doch waren sie für die Li[illegible]atur nicht wichtig *). (*H.*)

AKAKIOS, gewöhnlich Acac[illegible]s, ist der Name mehrerer Bischöfe der oriental. Kirch[illegible] und eines Patriarchen von Constantinopel. 1) A. [illegible]it dem Beinamen Monophthalmos, (der Einäugige,) e[illegible] Schüler des Eusebius, war ein Mann von Scharfsin[illegible] und eben so ausgezeichnet durch Wissenschaft und Ber[illegible]samkeit, als durch kühnen Unternehmungsgeist. Weder [illegible]on der Biographie seines Lehrers noch von seinen ander[illegible] Werken (*Hieron. de viris ill.* c. 98. *Sozom.* hist. [illegible]ccl. IV, 23) ist etwas auf uns gekommen, nur ein B[illegible]chstück aus seiner Schrift gegen Marcellus von Ancyra [illegible]t sich durch Epiphanius erhalten. (Haeret. 72. 8. [illegible]ff.) Im J. 340 folgte er seinem Lehrer als Bischof v[illegible] Cäsarea, in welcher Würde er 365 starb. Von ih[illegible] ist die Secte der Acacianer benannt, die nur ein Zwe[illegible] der Anomöischen ist. Zufolge der Lehrsätze des Arius [illegible]atte nämlich Aetius gelehrt, der Sohn Gottes sey se[illegible]em Vater unähnlich (ἀνόμοιος) und habe nicht dieselbe Gottheit mit ihm. Acacius, um sich sowohl von den Ka[illegible]olischen als Arianern zu unterscheiden, trug freilich [illegible]en andern, aber ziemlich unbestimmten Satz von der [illegible]hnlichkeit des Vaters und des Sohnes vor, (*Socr.* hist. [illegible]ccl. 42) so daß er die anomöische Lehre mehr beförderte [illegible] untergrub, und selbst für das Haupt dieser Secte ge[illegible]ten wurde. Vgl. Arianer. — 2) A. Bischof von Ber[illegible] Syrien, geb. gegen 322, ein Freund des Epiphanius [illegible]ianus und Feind des Johann Chrysostomus, dessen [illegible]tzung als Bischof von Constantinopel er bewirkte. Ehe er [illegible]bst Bischof zu Beroë wurde im J. 378, war er mit ver[illegible]iedenen wichtigen Sendungen beauftragt, und trat zu [illegible]om, wo er vor Papst Damasius die Lehre von den [illegible]iden Naturen in Christus vertheidigte, mit Auszeich[illegible]ng auf. Im J. 381 war er auf dem Concilium zu [illegible]nstantinopel, und im hohen Alter auf dem zu Ephesu[illegible] 431), wo Nestorius und Cyrillus ihren Streit mit le[illegible]nschaftlichem Ungestüm führten (s. Nestorianer), u[illegible] bestimmte Theodosius den Jüngeren, die Sentenz[illegible] gegen Nestorius und dann auch gegen Cyrillus zu be[illegible]tigen. Er starb in einem Alter von 110 Jahren. [illegible] sehe seine Briefe in der Samml. des P. Lupus un[illegible] [illegible]aluze. (*H.*)

3) A. Bischof von Amida in Meso[illegible], der als Bischof Abila's, nach der Märtyrerkrone [illegible] einen Feuertempel zu Susa zerstörte. Die Magier [illegible]chten sich durch Verfolgung der Christen, und dies [illegible]urde im J. 422 Veranlassung eines Krieges der Pe[illegible] mit Theodosius d. j. Da verkaufte Acacius mit der [illegible]klärung, daß Gott, der nicht ißt und trinkt, auch [illegible] der bedürfe, das Kirchengeräth, zahlt[illegible] [illegible]segeld für 7000 gefangene Perser, [illegible]

Unentbehrlichsten, und [illegible] nes zurück, um diesen [illegible] er verfolgte, bekannt zu machen. [illegible] stimmt, die persönliche Bekanntschaft [illegible] schen. (Nach Socrates und Theodoret.) [illegible]

4) A. der Patriarch von Constantinopel [illegible] den Eutychianischen Streitigkeiten [illegible] ches hatte behauptet, in Christus [illegible] weshalb er als Urheber der Monophysiten [illegible] (S. Eutyches und Monophysiten.) [illegible] Streit sollten die Beschlüsse der Versammlung [illegible] don (451) entscheiden, veranlaßten aber [illegible] Spaltung. Ak. wollte dieser ein Ende machen, [illegible] den Kaiser Zeno (482) zu dem berühmten [illegible] einer Eintrachtsformel, veranlaßte, die [illegible] Zweck noch weit weniger erreichte. Denn da [illegible] Felix III. von Rom ihr widersprach, so zerfiel [illegible] Ende die morgenländische mit der römischen [illegible] starb im J. 489. Wir besitzen von ihm noch [illegible] einen griechischen an Peter, genannt der [illegible] der Concilien) und einen lateinischen an [illegible] cius (b. Cave). Die Briefe von Felix an Ak. [illegible] duin II. 831. Mansi VII. 1053. — Es [illegible] noch 5) einen Bischof Ak. zu Antiochia [illegible] 459. — 6) Einen Bischof zu Militene [illegible] 7) Einen namhaften Rhetor unter der Regierung [illegible] sers Julian.

Akakus, s. Akesios.

AKALANDROS, ein Fluß, der [illegible] taypontum in den Meerbusen von Tarent fällt, [illegible] me di Rosetto. S. *Strabo* p. 429. *Plin.* II. [illegible] 10.

Akalanthis, s. Pierides.

Akalephe, s. Acalypha.

AKALKALAKI, (Aghalkolaki,) eine [illegible] türkische Stadt im Gurielschen Distrikt Dsch[illegible] meistens abhängig von Aghalziche, dem Si[illegible] scha's, jetzt an der südlichsten Grenze des [illegible] Kaukasus. [illegible]

Akalle, s. Akakallis.

Akalzike, s. Aghalzike.

AKAMANTHIS, AKAMAS, Den[illegible] führt ein Vorgebirge auf der nordwestlichen [illegible] Kyprus mit zuckerhutförmigen, waldbedeckten [illegible] von Selinus an der cilicischen Küste, 1000 [illegible] fernt [1]). Schiffer benannten bisweilen [illegible] davon Akamanthis [2]).

AKAMAS. 1) Der zweite Sohn des [illegible] mit Diomed abgeschickt ward die Helena [illegible] und [illegible] Gelegenheit die Liebe der [illegible]

---

*) Unter dem angenommenen Nam[illegible] kia schrieb Voltaire im J. 1752 [illegible] Maupertuis, welche der Bedeutun[illegible] besten entspricht. S. Voltaire.

führte mit diesen die 4te Colonne beim Sturm auf die Verschanzungen der Griechen an [4]), und tödtete, als Ajax seinen Bruder getödtet, den Promachos [5]). Er selbst fiel durch Meriones [6]), wenn nicht hier ein Anderer gemeint wird. — 3) Ein Sohn des Eussorus, Anführer der Thracier gegen Troja [7]), der Tapferste seines Volkes und ein treflicher Läufer [8]), von Ajax, Telamons Sohn, erlegt [9]). (*Ricklefs.*)

AKAMBA, District im südlichen Theile der abyssinischen Provinz Amhara mit gleichnamigem Hauptorte. (*Hartmann.*)

AKAMPSIS, der größte Küstenfluß im Pontus Cappadocius, nach *Arr.* Descr. Pont. p. 19, wo aber richtiger πεντεκοντα (50) gelesen wird, statt πεντεκαιδεκα (15) Stadien vom Apsarus entfernt, von der Heftigkeit, womit er aus den Gebirgen hervor ins Meer stürzt und das Vorübersegeln der Schiffe erschwert [1]), mit seinem griechischen Namen benannt, und Morgens stets von heftigen Landwinden begleitet [2]). Nach Procop (l. c.) entspringt er aus den Tzanischen Gebirgen zwischen dem Gobiet von Trapezus und Armenien, und erreicht endlich nach langer Windung zwischen den Felsklüften um die Peragegend herum an den Grenzen von Lazica den Pontus Euxinus. Im Innern des Landes hieß er wahrscheinlich Boas, welches bei den Griechen in Phasis überging, unter welchem Namen ihn auch Strabo (XI, 2. 17) zu kennen scheint. Die Römer verwechselten ihn landeinwärts mit dem Küstenfluß Apsarus [3]), so wie auch Ptolemäus, der ihn unter dem Namen Apsorrus (V. 9) beschreibt, und ihn aus dem Zusammenfluß des Lycus und Glaucus entstehen läßt. (*Ricklefs.*)

Akanni s. Atschin.

AKANSAS oder ARKANSAS, ein nordamerikanischer, vormals berühmter, gegenwärtig mit den mächtigen Krihks verbundener und von ihnen abhängiger Völkerstamm, an dem in den Missisipi sich ergießenden beträchtlichen Flusse gleiches Namens. Die ersten Franzosen, welche mit ihnen bekannt wurden, beschrieben sie als die größesten und ansehnlichsten Menschen jener Gegenden, bewunderten ihre übrigens daselbst ganz ungewöhnlichen großen blauen Augen und blonden Haare, versicherten, daß sie insgemein die schönen Menschen genannt würden, und hielten sie für Verwandte der weiter aufwärts gegen den Missury hin wohnenden Canses oder Kanzec. Hent zu Tage leben die noch auf 20000 Krieger geschätzten Ueberreste der Akansas in den drei Dörfern: Ocapa, Oufotu und Tawanima, am Einfluß des Akansas in den Missisipi, wo sie außer der Jagd auch Hornviehzucht und Ackerbau treiben. Aehnlichkeit in Sprache, Denkart, Sitten und Gebräuchen sollen es wahrscheinlich machen, daß diese Akansas nicht nur mit den räuberischen Kanzes zwischen dem obern Akansas und Missury, sondern auch mit den Puants oder Winnebayern, den Nachbarn der Nadowessier, mit den wenigen Ueberresten der einst zahlreichen Missuris, mit den Ottoes, Mahas und Osages ursprünglich eine Völkerschaft ausgemacht haben. Vergl. *Charlevoix* hist. de la nouv. France; *de la Sale* dernières Découvertes dans l'Amérique septentrionale; *Lewis's* und *Clark's* travels to the pacific Ocean. (*Majer.*)

AKANSCHID (Jakanschid, Jakatschi), ein östlich von Goslewe oder Koslow in der Krimm gelegener Ort, da, wo Ptolemäus östlich von Eupatoria (an der Westküste) sein Portakra hinsetzt (s. Mannert IV). (*Rommel.*)

AKANTHABOLUS ist ein chirurgisches, zangenartiges Instrument mit gebogenen, rauhen Enden, auch Volsella genannt, dessen man sich bedient, um spitze Körper, welche in irgend einen Theil des Organismus, auch in Höhlen, z. B. in den Schlund, eingedrungen und stecken geblieben sind, auszuziehen. (*G. H. Ritter.*)

AKANTHIS, Tochter des Autonous und der Hippodamia, die, als ihr Bruder Akanthus von den verhungerten Pferden des Vaters gefressen war, sich darüber zu Tode grämte, und aus Mitleid von den Göttern zugleich mit jenem in einen Distelfink verwandelt ward (Ant. Lib. c. 7.). (*Ricklefs.*)

Akanthon, Btrg, s. Ätolia.

AKANTHOS. 1) Eine Seestadt auf dem schmalsten Punkt der östlichsten Spitze der makedonischen Halbinsel Chalcidien (nach Ptol. III, 13, 50, 40: 40, 50), von Andriern angelegt, die im peloponnesischen Kriege gleiches Schicksal mit ihren Nachbarstädten theilten [1]). Hier, wo sie nur 7 Stadien = ⅙ geograph. Meile breit war [2]), ließ Xerxes die Landenge durchstechen [3]), damit seine Flotte nicht gleiches Schicksal hätte, wie die frühere unter Mardonius bei Umsegelung des Athos erlitten hatte [4]). Weil die Landenge hier so schmal war, daß die Stadt wahrscheinlich an beide Meerbusen reichte, oder wenigstens ihr Hafen am Strymonischen Meerbusen lag, so läßt es sich leicht erklären, wie Herodot l. c., Scylax S. 27 und Scymnus l. c. sie an die Strymonischen, Strabo dagegen VII. Exc. 16, Plinius IV, 16 und Ptolemäus l. c. sie an den Singitischen Busen setzen. — 2) Eine Stadt am Bubessischen Meerbusen in Carien, früher Dulopolis genannt, zu Plinius Zeit nicht mehr vorhanden. Plin. V, 29. Mel. I, 16. (*Ricklefs.*)

AKANTHUS (bei Ptolemäus Kanthon), eine Stadt Aegyptens, zum memphitischen Nomos gehörig, lag auf der Westseite des Nils, jedoch in einiger Entfernung von demselben; nach Diodor 120 Stadien oberhalb, nach Ptolemäus 10000 Schritte von Memphis. Hier hatte, nach Strabo's Bericht, Osiris einen Tempel, und die thebaïsche Akanthe einen Hain, in welchem Gummi gesammelt wurde. Savary und Sonnini vergleichen mit ihr die heutige Stadt Dachour (Dadschur) mit mehreen Moscheen u. Pyramiden in der Nachbarschaft. (*Hartmann.*)

Akanticon, s. Pistacit.

AKAR, AKARA, District und Festung im türkischen Kurdistan, zur erblichen Statthalterschaft Amadia gehörig. Die Stadt hat ungefähr 1200 H. (Dschihannuma

---

4) Il. XII, 98. ff. 5) Il. XIV. 458—78. 6) Il. XVI, 342—44. 7) Il. II, 844. 8) Il. V, 462. 9) Il. VI, 5—11.

1) Procop. Goth. IV, 2. 2) Arr. p. 7. 3) Plin. VI, 9. vgl. App. Mithr. c. 101.

1) Thucyd. IV, 84 ff. 2) Scymn. 648; Herod. VII, 22. 3) Herod. VII, 116 und 122. 4) Id. VI, 44.

S. 467). Die Fürsten dieses Ortes, die sich vor der mohammedanischen Eroberung Hamidije nannten, leiten ihren Ursprung bis zu Nuschirwan hinauf, und den Segen, dessen ihr Land genießt, von dem Segen Ali's ab. Die Festung liegt auf der südwestlichen Seite des metallreichen Berges Akara und 4 Tagereisen nördlich von dem Districte der Kurden Hakari; 2 Tagereisen südlich von Akara sind die Ruinen von Ninive. Der Beg von Akara erhält seine Belehnung mit Trommel und Fahne von dem erblichen Statthalter von Amadia, und ist mit demselben dem von Bagdad untergeordnet. Es gibt hier keine Timar und Siamet (Lehne), sondern der ganze Grund ist unmittelbar dem Beg untergeordnet, welcher eine Leibwache von 3000 Kurden aus dem Stamme Hamidi hat, und in seinem Gebiete 20000 waffenfähige Männer zählt. Das Gebiet des Stammes Hamidi grenzt nördlich an das der Hakari, südlich an das von Schehrsol, und westlich an das von Amadia. Das Schloß ist ein Fünfeck auf einem hohen Berge, und trotzt Belagerungen. Außer dem Stamme Hamidi wohnen hier auch Kurden aus den Stämmen Musuri und Pessan, denen aber aus dem Stamme Suran ist der Eintritt des Schlosses verwehrt. Die verschiedenen Namen dieser Stadt sind außer Akara noch: Tell Akara, Tell Kerdüm, Tell Musuri; auf griechisch Petriborgas und auf Kurdisch Kuhpule, lauter Benennungen, welche die Felsenlage des Schlosses bezeichnen (Ewlia IV). *(v. Hammer.)*

AKARNAN, Sohn des Alkmäon und der Kallirrhoe, Bruder des Amphoterus. Beide Brüder rächten, auf das Gebet ihrer Mutter plötzlich zu Männern gereift, den Tod ihres Vaters an den Söhnen des Phegeus, Pronous und Agenor, im Hause des Agapenor, überfielen dann Psophis, die Residenz des Phegeus, und mordeten ihn nebst seiner Gemalin. Von den Einwohnern verfolgt, fanden sie Schutz bei den Tegeaten, und gingen in der Folge nach Epirus, wo die Landschaft Akarnanien von dem älteren Bruder den Namen erhielt *). *(Ricklefs.)*

AKARNANIEN ('Ακαρνανία), AKARNANEN ('Ακαρνᾶνες). Vergl. Acheloos und Ätolia. Jenseit des Acheloos bis zu dem Jonischen und Ambrakischen Meerbusen dehnt sich ein Strich Landes, Akarnanien genannt, dessen Grenzen eben so schwankend, wie die Artoliens, waren. In den frühesten Zeiten waren Taphirr und Teleboër in diesen Gegenden eingewandert; wegen der nachfolgenden Leleger und Hyanten zogen sie sich weiter nach Westen und besetzten die äußerste Küste, so wie nächste Inseln. Die Leleger ihrerseits wurden durch die aus Ätolien herübergezogenen Kureten jenen Stämmen nachgedrängt, und so kam es, daß zunächst an Ätolien Kureten, westlicher Leleger, zu äußerst aber Teleboër wohnten [1]). Von den erstern, als den mächtigern, soll dieser Strich lange Zeit Kuretis [2]) geheißen haben. Nach dieser Periode gelangte Alkmäon, des Amphiaraos Sohn, was sich, trotz der wenigen Uebereinstimmung der Erzählung doch durchaus nicht bezweifeln läßt, zu einer sich nach und nach immer weiter und fester begründenden Herrschaft, sey es nun, daß er sich als Flüchtling auf dem frischangesetzten Boden (s. Acheloos) bei Oniadä niedergelassen habe, oder gleich als mächtiger Eroberer und Städtegründer aufgetreten sey [3]). Seinen, an unglückliche Erinnerungen mahnenden, Namen wollte er nicht vererben lassen, doch zeugen für seine Herrschaft auch die den Städten Phöteiä und Argos Amphilochikon gegebenen Namen, so wie, daß von jener Zeit an ebenfalls nach einem seiner Söhne das ganze Land Akarnania genannt zu werden anfing [4]). Da nur nach und nach so verschiedene Bestandtheile verschmelzen konnten, sie aber überdies barbarischen Ursprungs waren, wie ja selbst die Bewohner des in jener Zeit entstandnen Argos Amphilochikon erst spät von den Ambrakioten die gebräuchliche griechische Sprache annahmen [die andern Bewohner dieser Gegend kennt noch Thukydides als Barbaren [5])]; so ist klar, daß und aus welchen Gründen an dem Zuge der Griechen gegen Troja Akarnanen, wozu übrigens noch dieser Gemeinname gefehlt hätte, keinen Antheil nehmen konnten, und daß mit großem Unrechte dies späterhin den Römern als Folge von Alkmäons Weisheit vorgerühmt wurde [6]).

Nach dem Zeitalter des Troj. Kr. also erhielt dieses Land den gemeinschaftlichen Namen Akarnania. Der Umfang des so benannten Landes ist theils wegen des veränderlichen Grenzstromes Acheloos (s. d.) theils des wechselnden Siegens und Besiegtwerdens der sich fast stets befehdenden Ätolier und Akarnanen nach dem Zeitverhältniß sehr verschieden. Als einmal Akarnaniens Herrschaft bis an das Ufer des Evenos reichte, betrug die Ausdehnung der Küste mit Einschluß des 300 Stadien langen Ambrakischen Meerbusens, der Akaen. nördlich begrenzt, gegen 970 Stad. Gewöhnlich aber rechnete man auf die Umfahrung der ganzen, übrigens mit gutem Hafen versehenen, Küste 2 Tagfahrten [7]), oder 100 Stad. weniger. An der Mündung des Ambrak. Meerb. (Euripos) liegt (Akte) Aktion, berühmt durch die Seeschlacht, Vorgebirg, Tempel des Apollon, Hafen außerhalb des Busens, und Stadt. 240 Stadien von da ist Leukas, Halbinsel und Insel, je nachdem man den Zeitpunkt annimmt, s. d., der Platz zwischen ihr und dem Continent, Dioryctos; der angrenzende Theil des Jonischen Meeres hieß das Myrtuntische Meer. Dann folgen Paläros (Pharä d.

---

*) Apollod. III, 7 f 5 u. 6. Ovid. Metam, IX, 413. Vergl. Thucyd. II, 102. Strab. VII, 7, 7.

1) Aristoteles b. Strab. VII. p. 321, u. Strab. X. p. 361, Schol. Apollon. Rhod. I. 747. 2) Pausan. VIII. 24. 4. Steph. Byz. v. Κούρης, 'Ακαρνανία. Plin. H. N. IV. 2.

3) Jenes nach Plutarch. Tom. II. p. 602. Thucyd. II. c. 102. Apollodor. III. 7. 5. u. a. St.; dieses vorzüglich nach Ephoros bei Strab. VII. p. 325 sq. X. p. 462 Thucyd. II. 68 ib. interpp. Uebrigens über d. Myth., das Gedicht Alkmäonis u. a. s. Heyne z. Apollod. II. 254 sqq. u. Clavier II. 408. 4) Raoul-Rochette II. p. 240 sqq. Eine andere Ableitung des Namens von dem Nichtabscheeren des Haupthaars haben Strabo X. 465 Steph. Byz. u. a. erwähnt. 5) I. 68. 6) Alle die Stellen und Beweise für das Gegentheil lehren nichts, als daß der dem Kephalleuischen Reiche gehörende Theil von Küstenplätzen Antheil am Troj Kr. genommen habe. Hom. Il. II. 635. Od. XXIV. 377 m. d. Ettl. Heyn. Il. Tom. IV. p. 347. Polit. 1. Eustath. T. II. p. 651. Strab. X. p. 460 sq. 7) Vergl. Strab. VIII. 363 (s. Acheloos und Atolia). Polyb. IV. 63. 3. Strab. X. 459. Scylax p. 13. Huds. coll. Strab. p. 459 336.

Skylax, Paliros Thuk.), Alyzia (Älyzia, Alyttia, Alyzein, Alyzea), 15 Stad. vom Meere entfernt mit einem Hafen, Tempel und Hain des Herakles, in der Nähe die Insel Karnos; darauf Krithote, Vorgebirg, Ostakos, Stadt, die Echinades, Inseln, die Mündung des Acheloos, und der feste Platz Öniadä. An dem Ambrakischen Meerb. lagen Anaktorion (später Hafen von Nikopolis), Echinos, Heraklea, Lymnäa, Argos Amphilochikon mit den beiden Hügeln Idomene (ä); letztere oft nicht zu Akarnanien gerechnet. Andre fingen auch das eigentliche Griechenland schon mit Ambrakien an; andre dagegen erst mit Akarnanien[8]). 25 Stad. von Argos war Olpe (ä), ein fester, vom Meere nicht sehr entfernter, Ort, dann Krenä, Medeon (Medione), Thurion Thyreon (Thyrion, Thyräon), Metropolis, Phytia Phöteiä, der Berg Thyamos, Stratos, die größte und festeste Stadt am Acheloos, über 200 Stadien vom Meere, Ancia, das alte 100, das neue 70 St. vom Meere auch am Achel., der Fluß Anapos, Petitaros, der Berg Krania, die Orte Sollion, Koronta, Nasos (Nesos, Naxos) gehören noch zu Ak. Daß Stratos, Konope, Päonion, Öniadä, die beiden Ancia, der Berg Arakynthos u. a. bald zu Aetol., bald zu Ak. gehörten, befremdet nach dem schon erwähnten nicht mehr.

Die Akarnanen lebten noch zu Thukydides Zeit nach der altgriechischen Weise[9]), und obgleich in Hinsicht auf ihre Sittsamkeit manches getadelt wurde, so hatten sie doch den Ruhm, sich stets als edle, Freiheit, Ehre und Treue liebende Männer und tapfre Krieger, da sie vorzüglich trefliche Schleuderer waren, bewiesen zu haben[10]). Ihr Land, vorzüglich um Stratos und an dem Acheloos sehr fruchtbar, zog auch sehr bekannte, treffliche Rosse. Von der 87sten bis 140sten Olymp. und später, waren sie fast stets in Kriege verwickelt, und ob sie gleich mit Philippos dem Jüngern verbunden, Aetolien schwer gedrückt, selbst Attika geplündert hatten, wurden sie doch entkräftet, ihr Land aber entvölkert. Augustus, der es wie Aetolien, leer und unbebaut, fand, nöthigte die übrigen Bewohner das immer mehr zunehmende Nikopolis zu vermehren. Daher fand es schon Strabo als fast ganz zu Nikopolis gehörig und unbewohnt; und späterhin wurde die ganze Gegend Ambrakia oder Nikopolis genannt. Ptolemäus rechnet sie unter diesen Umständen (s. Ätolia) mit zu Epirus. Später hießen die Bewohner der Gegend Artiner, das Land Despotato, Carnia, Xeromeros. (*Spohn.*)

AKARON, oder EKRON (hebr. עֶקְרוֹן, LXX. Ακκαρων), eine Stadt im Gebiete der Philistäer, die nördlichste ihrer 5 Hauptstädte, unweit der Küste des mittelländischen Meeres. Die Einwohner verehrten als Nationalgott den Baal-Sebub, d. h. **Fliegengott** (s. Baal), mit einem Orakel, welches auch von den Israeliten beschickt wurde (1 Kön. 1, 2 ff.). Nach Jos. 15, 45 sollte sie zum Stamme Juda, nach 19, 43 zum Stamme Dan gehören, von denen aber keiner sie besessen zu haben scheint, da sie beständig in den Händen der Philister blieb. Hieronymus sagt, daß sie einige für das spätere Caesarea oder turris Stratonis hielten. (*Gesenius.*)

8) Scylax p. 12. Huds., Dicaearch. p. 2. Ephoros b. Strab. VIII. p. 334. 9) Thucyd. I. 5. 10) Lucian. Dial. Meretr. T. III. p. 298. Polyb. IV. 29. XXX. 4. 5. Thucyd. II. 81.

AKASTE, Tochter des Okeanos und der Tethys (Hes. Theog. 356).

AKASTOS, Sohn des Pelias und der Anaxibia, oder, wie einige melden, der Philomele[1]), nahm Theil an der Kalydonischen Jagd[2]) und am Argonautenzuge[3]). Da seine Schwestern auf Bereden der Medea ihren Vater Pelias tödteten[4]), so verbannte er aus Jolkos den Jason und die Medea, nach Pausan. VII, 11 auch seine Schwestern, und stiftete zu Ehren seines Vaters die berühmten Leichenspiele[5]), wobei sich seine Gemalin **Astydamia**, nach Pindar **Hippolyte**, in den Peleus verliebte, den er vom Morde des Eurytion gereinigt hatte, und, da sie ihn nicht gewinnen konnte, ihn bei ihrem Gemal beschuldigte, als habe er ihr Ungebührliches zugemuthet[6]). Akast wollte nun zwar das Gastrecht nicht verletzen, nahm ihn aber mit sich auf die Jagd, und ließ ihn, als er ermattet eingeschlafen war, hilflos zurück[7]). Aus Lebensgefahr vom Centaur Chiron, oder nach andern vom Merkur gerettet[8]), vereinte sich Peleus mit Castor, Pollux und Jason, überfiel Jolkos und ließ die Astydamia in Stücken zerhauen. Acast rettete sich durch die Flucht. Seitdem soll Peleus in Jolkos geherrscht haben[9]). (*Ricklefs.*)

Akatalektischer Vers, s. Metrik.

AKATALEPSIE (Ἀκαταληψια) ist die Ansicht von dem Mangel eines sichern Kennzeichens der wahren und falschen Vorstellung in Beziehung auf die durch sie vorgestellten Objecte, und also so viel als Erklärung, daß es kein objectives Wissen, d. i. keine Erkentniß von der Beziehung unserer Erkentniß auf wirkliche Objecte und ihrer Uebereinstimmung gebe. Diese Akatalepsie setzte Arkesilaos den Stoikern entgegen, welche begreifliche oder objectiv wahre Vorstellungen (φαντασια καταληπτικη) und die Möglichkeit, diese von andern, die es nicht sind, oder ein Kriterium ihres Unterschiedes derselben behaupteten (s. Arkesilaos u. Stoiker). (*Tennemann.*)

AKATHOLIKEN, im Allgemeinen die Benennung derer, die nicht zur kathol. Kirche gehören, ist in **Oesterreich** und insonderheit in **Ungern** die canzleimäßige Benennung der Protestanten, vorzüglich unter **Joseph** II. Regirung. Mit dem Religionsgesetze vom J. 1791 kam sie außer Gebrauch, und es wurde dafür die Benennung der Protestanten nach ihrer Confession aufgenommen. Sie heißen nun **augspurgische** oder **helvetische Confessionsverwandte** (Augustanae oder Helveticae Confessioni addicti). Mitunter entschlüpft aber wol noch einer Canzleifeder die alte Benennung. (*Gamauf.*)

Akba, s. Akbeh.

AKBABA, die Begräbnißstätte des türkischen Heiligen gleichen Namens, und ein schöner Spaziergang auf

1) Apoll. I, 9 f. 10. 2) Metam. VIII, 306. 3) Apoll. Rh. I, 224 ff. Apollod. I, 9 f. 16. 4) Metam. VII, 297 ff. 5) Apollod. I, 9 f. 28. Paus. V, 17. Hygin. F. 273. vgl. mit den Auslegern. 6) Apollod. l. c. Pind. Nem. 4, 92. 5, 49. Schol. in Aristophan. Nub. 1059. 7) Apollod. l. c. 8) Schol. in Apoll. Rh. I. 224. 9) Apollod. III, 13 f. 7. Schol. in Apoll. Rh. l. c. Pind. Nem. 4, 88 ff. 3, 58. 59; Schneider in Pind. Fr. VIII.

der asiatischen Seite des Bosphoros, 2 Stunden innerhalb Landes von Begkos, wo sich besonders zur Zeit der Kirschen und Kastanien die Einwohner Constantinopels erlustigen (Dschihannüma S. 665). (*v. Hammer.*)

AKBAR, d. i. der sehr Große, eigentlich Dschelal ed Dien Mahmed. Akbar, mogolischer Kaiser von Hindustan, geb. zu Amarkat im J. d. H. 949 (n. Chr. Geb. 1542), folgte seinem Vater Homajun im J. 1556, nachdem er trotz seiner zarten Jugend zu der Niederlage der Patanen bei Sirhind das Wesentlichste beigetragen hatte. Während seiner Minderjährigkeit wußte er schon die unmäßig ehrgeizigen Entwürfe seines Vormunds Beiram Khan zu zügeln. Gleich groß durch seine kriegerischen Talente und durch die Weisheit seiner Verwaltungs-Entwürfe, sicherte er zuerst das verwirrte Reich, für dessen eigentlichen Gründer er anzusehen ist, und breitete es aus vom Indus bis zum Ganges, vom Himmaleja-Gebirge bis in Deccan. Er verlieh den Hindus uneingeschränkte Duldung, hielt streng auf Gleichheit vor dem Recht, und ließ seine Oberaufsicht nie ermatten, wobei er jedoch unbegrenzte Gnade und Edelmuth übte. Die Stadt Agra, deren Festung er neu und prächtig erbauen ließ, wählte er zur Residenz, weshalb sie auch den Namen Akbarabad erhielt. Hier starb er im J. d. H. 1014 (n. Chr. Geb. 1605). Seine Gebeine ruhen in einem prachtvollen Prunkgebäude nahe bei Secondra. Seine 50jährige Regirung, welche die glänzendste und glücklichste der Mohammedaner in Indien ist, belebte Handel und Ackerbau, beförderte alle Künste des Friedens wie die Wissenschaften, und seine Unterthanen genossen ungestört die so lange ersehnte Ruhe und Wohlhabenheit. — Sein Wesir, Abul Fasil, welcher im J. 1602 meuchlings ermordet ward, hat uns im Akbar Nameh die Geschichte der ersten 46 Regirungsjahre seines Gebieters hinterlassen, und im dritten Theile desselben Buchs (dem Ajihn Akbari) eine so gründliche als reichhaltige Uebersicht der Anordnungen Akbars, welche die meisten neueren statistischen Werke beschämt. (Ayeen Akbery transl. by Gladwin. Dow's Gesch. von Hindostan 2r Th.). (*Albers.*)

Akbarabád; s. Agra.

AKBARPOR, kleine Stadt am südlichen Ufer des Flusses Thons in der indischen Prov. Aud, mit einem starken Kastell versehen. (*P. Fr. Kanngießer.*)

AKBEH-BEN-HEDSCHADI *), des Khalifen Hachem Statthalter in Spanien um das Jahr 735. Durch strenge Gerechtigkeit stellte er die unter der schlechten Verwaltung seines Vorgängers Abdul-Melik (Abdal-Malek) zerrüttete, öffentliche Ordnung wieder her; darauf zog er über die Pyrenäen, bemächtigte sich Avignons, und verschaffte sich durch geschickte Unterhandlung Anhänger in Lyon, der Provence und Languedoc. Doch Karl Martell schlug ihn, so daß er (im J. 738) über die Pyrenäen zurückging. Hier empörten sich seine maurischen Truppen; Abdul-Melik entkam aus dem Gefängnisse, und nahm mit Gewalt die Statthalterschaft wieder in Besitz (im J. 740). Akbeh soll im Kampfe gegen die Aufrührer umgekommen, nach Andern in der Verbannung gestorben seyn. S. Cardonne's Hist. de l'Afrique et de l'Espagne sous la dominat. des Arab. I, 132 ff. (*Hasse.*)

AKBEH-BEN-NAFY *), der Khalifen Mowaiyah und Jezid Statthalter in Afrika, legte den Grund zur Unterjochung der Berbern, und zur Eroberung Nord-Afrika's und Spaniens. Einige in Afrika umherziehende Stämme baten ihn, sie von der unerträglichen Verwaltung des oströmischen Kaisers Constans zu befreien. So begann die dritte Unternehmung der Araber gegen Afrika im J. 670 (Hegira 50). Akbeh, von den Berbern, die sich bereits zum Islam bekannten, verstärkt, schlug die Griechen und die Berbern, welche sich mit jenen verbunden hatten, eroberte mehrere griechische Städte, und legte, um das Land gegen die Berbern zu behaupten, im J. 671, fern von den Ueberresten der alten Cyrene, der Vaterstadt so vieler Dichter und Weisen, doch im Gebiete derselben, das feste Kairwan an, 8 St. von Susa, südwestlich in Tunis, wo jetzt die heiligste Moskee der Mauren auf 800 Granitsäulen ruht. Zwar nahm ihm der Oberstatthalter von Aegypten den Heerbefehl; und die Griechen sammelten neue Kräfte; allein Jezid, Mowaiyah's Nachfolger, setzte ihn 681 in seine Statthalterschaft wieder ein. Darauf griff er die Griechen aufs neue an und eroberte ihre Stadt Tahert in der volkreichen Provinz Zab (wo das Lambesa der Alten lag), mit Sturm. Jene vereinigten sich nun mit einem Heere Berbern, aber Akbeh überfiel sie, nahm Tanger, schlug die Berbern vor Susa (Sus), ihrem Waffenplatze, und drang mit ihnen zugleich in die Stadt ein. Nun rückte er unaufhaltsam vor bis an die Küste des Weltmeers. Entflammt von der Macht des Propheten, trieb er sein Roß in die Fluth, schwang den Säbel und rief: „Großer Gott, hielte mich das Meer nicht auf, ich würde bis in die unbekannten Reiche des Abendlandes vordringen; ich würde überall die Einheit deines heiligen Namens verkündigen, und die Völker ausrotten, welche einen andern Gott anbeten, als dich." — Sinnlichkeit und Einbildung erklärten sich für den Glauben, den er an der Spitze seiner Schaaren lehrte. So unterwarf er in wenig Jahren (Constans hatte das Land bereits im Frieden 678 an den Khalifen abgetreten), Nordafrika, das, als Karthago frei war, den Römern drei punische Kriege gekostet. Indeß legte Akbeh seine Truppen zu weit auseinander. Da griffen die Griechen im J. 682 zu den Waffen; und verbanden sich mit Kussilah, einem Berberfürsten, der Akbeh persönlich haßte. Auch eine Königin Damia trat als eine neue Dido an die Spitze ihres Volks, und eroberte Karthago **). Akbeh wurde überfallen und sein kleines Heer zerstreut. Er selbst focht mit Verzweiflung, und ward mit allen, die um ihn waren, von Kussilah niedergehauen. Dies geschah im J.

*) Masdeu (Hist. crit. de España XV. p. 42) nennt ihn Akba.

*) Bei einigen Geschichtschreibern heißt dieser Feldherr Okbah; in den Mem. de l'Acad. des Inscript. T. XXI, p. 111 ff. die bei diesem Artikel zu vergl. sind, Ukabe und Oukaba. Cardonne (Hist. de l'Afr. et de l'Espagne sous la dominat. des Arabes. I, 30 ff.) nennt ihn Akbeh.

**) S. Joh. v. Müller: Allgem. Gesch. II, S. 64.

682 (Hegira 63). Darauf fiel Kairwan. Doch Hassan und Musa stellten vom J. 693 bis 707, nach gänzlicher Bezwingung der Berbern, die Herrschaft der Araber in Afrika wieder her. (*Hasse.*)

AKBÜK, ein zwei Tagereisen von Brussa westlich von Biledschik gelegener Ort, wo Osman, der Sohn Ertoghrul's, zur Zeit der Gründung der osmanischen Monarchie eine Moschee, ein Bad, und Gebäude für die Truppen erbaute. Den Namen hat dieser Ort vermuthlich vom heiligen Akbük, einem Jünger Hadschi Beram's, der zu Brussa lebte, und dort begraben liegt (Dschihannüma S. 659, Aali). (*v. Hammer.*)

Akdengkis, s. Ägäisches Meer.

AKE (Ἄκη), Ort in Arkadien links an der Straße von Megalopolis nach Messenien, von Megal. etwa 7 Stad. entfernt, mit mehrern Tempeln. Dort soll Orestes vom Wahnsinne geheilt worden seyn. Paus. VIII. 34. (*Spohn.*)

Akeesia Tussac, s. Blighia Konig.

AKEKULA (Akekala), armenischer Ort am nördlichsten Arm des Euphrat, da, wo dieser sich mit seinem von Arzerum herfließenden Neben-Arm vereint, über Arsendschan, im Paschalik Arzerum. (*Rommel.*)

Akela, s. Akelos.

Akeldama, s. Hakeldama.

Akelei, s. Aquilegia.

AKELOS, Sohn des Herakles und der Malis, einer Dienerin der Omphale, von der die Stadt Akela in Lycien benannt seyn soll (Steph. Byzant. nach Hellanikos). (*Ricklefs.*)

Aken, s. Acken.

Akena Decand., s. Achenium Rich.

AKENIPPO (Ἀκενιππῶ), bei Ptolem. II, 4. ein Ort im alten Hisp. Baet., bei Plin. H. N. III, 1. *Acinippo.* (*Friedemann.*)

AKENSIDE (Mark) wurde den 9. Nov. 1721 zu Newcastle upon Tyne geboren, wo sein Vater ein bemittelter Fleischhändler war. Im 18ten Jahre ging er nach Edinburg, um sich dem geistlichen Stande zu widmen; seine Neigung aber bestimmte ihn für die Arzneiwissenschaft. Diese fortzusetzen, ging er 1741 nach Leyden, und nach 3 Jahrrn erhielt er zu Cambridge den Doctorgrad. Er lieferte mehrere medicinische Abhandlungen in den Philosoph. und Medical Transactions; und am geschätztesten ist seine Abhandlung über die Dysenterie, welche 1764 herauskam *). Berühmter noch ist er als Dichter; schon in der Jugend zeichnete er sich als solcher aus. Die erste Sammlung seiner Odrn (33) lieferte er bereits 1745. In den meisten herrscht eben so, wie in seinen größern Gedichten, eine große Liebe zur Freiheit; geringer aber ist ihr poetisches Verdienst, wenn gleich D. Johnson's Urtheil zu streng ist, da er den Empfindungen meistens Stärke, Natur und Neuheit abspricht, den Ausdruck und die ganze Einkleidung ungefällig, die Rrime unrein und gesucht findet, und ihnen daher fast alles Verdienst benimmt. Mehr Gerechtigkeit läßt er seinem poetischen Briefe an Curio widerfahren, unter welchem römischen Namen Lord Pulteney gemeint wurde, der die Sache der Freiheit verlassen hatte. Der Inhalt dieser Epistel ist durchgehends ernste Bestrafung, und sie ist von weit größerem Werthe, als die Ode, in welche er hernach, vielleicht aus zu großer Vorliebe für die lyrische Poesie, ihren Inhalt einkleidete. Am bekanntesten ist sein beschreibendes Lehrgedicht: The Pleasures of Imagination, in seinem 23sten Jahre geschrieben. Die Urtheile darüber weichen von einander ab und sind wol auf beiden Seiten nicht ohne Parteilichkeit und Uebertreibung *). Am heftigsten wurde sie nach Shaftesbury's Grundsatz: das Lächerliche sey der beste Prüfstein der Wahrheit, von Warburton angegriffen und in der Umarbeitung jenes Gedichts die Stelle weggelassen, welche jenen Angriff veranlaßte. Ganz kann man nicht umhin, dem Urtheile D. Johnson's beizupflichten, daß die Bilder mit zu vieler Ueppigkeit des Ausdruckes dargestellt, die Worte oft bis zur Dunkelheit gehäuft, und bei aller Anordnung des Plans die Gegenstände nicht gehörig verbunden sind. Dem Versbau ertheilt dieser Kunstrichter ein desto größeres Lob, und hält die reimfreien zehnsylbigen Jamben für die glücklichsten in der engl. Sprache. Mehr blendend als wahr ist das Urtheil, der Ausdruck dieses Gedichts sey in sofern poetisch, als er nicht prosaisch, und in sofern schätzbar, als er nicht gemein ist. Akenside selbst war von manchen Mängeln dieses Werks überzeugt, und unternahm daher eine völlige Umarbeitung desselben, deren Plan er auf mehrere Bücher anlegte. Sein früher Tod verhinderte die völlige Ausführung, und er vollendete nur von dieser Umarbeitung die beiden ersten Bücher, einen beträchtlichen Theil des dritten und die Einleitung des vierten Buchs. Seine Absicht war, in den folgenden Büchern nicht für das menschliche Geschlecht überhaupt, sondern nur für Männer von Genie die Freuden der Einbildungskraft zu beschreiben. Diese neue Umarbeitung erhielt jedoch nicht den Beifall des frühern Gedichts. Er scheint zwar in jener die Weitschweifigkeit einiger Stellen vermieden, vielen aber doch durch Auslassung oder Abänderungen ihre dichterischen Schönheiten genommen zu haben. Man hat daher in den neuern Ausgaben sowol die ältere als spätere Bearbeitung beibehalten. Unter diesen Ausgaben ward die ansehnlichste bald nach des Dichters Tode in Quart 1772 von Dyson besorgt. Akenside starb am Faulfieber den 23. Junius 1770 im 49sten J. Schon 1756 kam zu Greifswalde eine teutsche prosaische, aber schlechte und fehlerhafte Uebersetzung von diesem Gedichte heraus, und sie gab Gelegenheit zu einer Beurtheilung, im zweiten Bande der älteren Bibliothek der schönen Wissenschaften, die den Inhalt darlegt und das englische Gedicht mit dem teutschen von Withof über die sinnlichen Ergötzun-

*) Sie ist auch abgedruckt in Schlegel's Thesaur. pathol. therap.; die entzündliche Ruhr ist darin treflich beschrieben. (*Spr.*)

*) Lord Chesterfield pflegte von diesem Gedichte zu sagen: es sey das schönste unter allen Geisteswerken, das er nicht verstehe. (*Spr.*)

gen vergleicht. Eine bessere Uebersetzung in teutsche Verse, worin die ältere Form zum Grunde liegt, lieferte Herr von Rode zu Berlin 1804 in gr. 8., und von der Umarbeitung versuchte im Sept. und Novbr. der teutschen Monatsschrift von 1797 Unterzeichneter eine Uebersetzung der beiden ersten Bücher gleichfalls in reimlosen Jamben. (*Eschenburg.*)

AKEPHALI (Ἀκέφαλοι), d. i. Leute ohne Kopf, bei Herodot. IV, 191: ein fabelhaftes Volk im innern Afrika. Plin. H. N. V, 8. erzählt dasselbe von den Blemmyern (s. die Ausleger zu Strabo L. I. T. VII. p. 347. Lips.), wie Pomp. Mela I, 8, 10, wo man vgl. Tschucke Vol. III. P. I. p. 238 f. (*Friedemann.*) — Die *Akephali Hyperboraeorum* der alten Geschichtschreiber bezeichnen Nomaden-Stämme, die kein Oberhaupt anerkannten. (*R.*)

AKEPHALI (Ἀκέφαλοι), Hauptlose, nannte man einen Haufen ägyptischer Mönche und Priester, die sich von der Gerichtsbarkeit und Kirchengemeinschaft des Patriarchen von Alexandrien, Petrus Mongus, lossagten und abgesonderten Gottesdienst hielten, als dieser 483 das Henotikon des Kaisers Zeno angenommen hatte, ohne die Beschlüsse des Conciliums zu Chalcedon ausdrücklich zu verdammen. Sie waren die strengsten Gegner derselben und folglich auch des vermittelnden Henotikons, in Rücksicht auf ihren Patriarchen allerdings blos Schismatiker, weil sie als Monophysiten eigentlich mit ihm übereinstimmten und nur seine kirchliche Obergewalt aus dem angegebenen Grunde nicht anerkannten, in den Augen der römischen Kirche aber, obgleich abgesagte Feinde des Henotikons, wie diese, schon als Monophysiten arge Ketzer. Die Kaiser Zeno und Anastasius erließen Edikte gegen sie, ohne sie zu dämpfen. Im Jahre 489 erhielten sie einen eignen Bischof, Jesaias aus Palästina, wurden aber darüber unter sich selbst uneinig, da die Anhänger eines andern Bischofs, Barsanuphius, die besondere Partei der Barsanuphiten bildeten, welche die kirchliche Gemeinschaft der Jesaianer oder Jesaianisten mieden. Als eine dritte Partei der Akephaler bezeichnet *Timotheus* de recept. haeret. in *Cotelier* Monim. eccl. graec. T. III. p. 396 seq. die Anthropomorphiten. Mit gleichem Rechte könnten noch mehrere kleine Parteien der Monophysiten zu den Akephalern gerechnet werden, da man bald nicht blos jene Schismatiker in Beziehung auf das Alexandrinische Patriarchat, in dem sie auch Peters Nachfolger, Athanasius, nicht anerkannten, sondern alle Eutychianer oder Monophysiten, welche zugleich Gegner des Henotikons und des Conciliums von Chalcedon waren, mit diesem Namen bezeichnete. *Jac. Basnage* Thesaur. monim. eccles. Praefat. p. 29. 30. T. I. p. 613. not. Mit dieser Annahme lassen sich die alten Nachrichten von den Akephalern am leichtesten vereinigen. *Evagrii* Scholast. hist. eccl. l. III. c. 16. 22. Liberat. Brev. c. 18. *Leontius Byz.* de Sectis act. V. in Bibl. M. Pat. T. IX. p. 667 sq. Walch's Hist. der Ketzereien Th. 6. S. 839 ff. Th. 8. S. 544 ff. Vergl. d. Art. Monophysiten. — Die Geißelbrüder oder Kreuzbrüder, welche im 14ten Jahrh. Teutschland durchzogen, wurden auch Acephali genannt, weil sie als Secte kein Oberhaupt hatten. S. den Art. Geisselbrüder. (*G. E. Petri.*)

AKER, kleine Stadt in Kurdistan, an 8 Meilen östlich von Mosul gelegen, schon unter den Khalifen berühmt, ist jetzt vornehmlich deswegen bekannt, weil von ihr die benachbarten Städte mit Reis versorgt werden. Sie steht unter dem Pascha von Amadiah (s. Niebuhrs R. 2. Th. 332.). (*P. Fr. Kanngießer.*)

AKER (sprich Oker), ein Kirchspiel in der schwedischen Prov. Südermannland 1 M. von der Stadt Mariafred mit einer Stückgießerei gleiches Namens (8 M. von Stockholm) die jährlich 16—1700 Schiffspfund gießen kann, und mit einer Pulver- und Papiermühle (nach Tuneld). (*v. Schubert.*)

Akerkuf, s. Agerkuf.

Akerman, s. Akkierman.

AKERÖ, (sprich Okerö), Insel im See Yngarn, 3 M. von Nyköping, von 1 M. in Umkreise, durch Lage und Fruchtbarkeit eine der schönsten Gegenden Schwedens, mit einem geschmackvollen, von dem bekannten Reichsrath Grafen Tessin angelegten Edelsitze, auf welchem dieser um Wissenschaft und Kunst in Schweden höchst verdiente Staatsmann die letzten Jahre seines Lebens zubrachte und 1770 starb. Auch hat die Insel eine ansehnliche Ziegelei (nach Tuneld). (*v. Schubert.*)

AKERSTRÖM, ¼ M. südlich von Trolhätta in Westgothland, wo der Götha-Fluß kleine Wasserfälle bildet und sich eine der zu dem großen Trolhätta-Kanal gehörigen Schleusen befindet, die über einen Fall von 3½ Fuß führt. Im J. 1648 am 7ten Oct. ereignete sich hier ein merkwürdiger Erdfall. Ein Erdstück von 100 Faden Länge und 27 Faden Tiefe stürzte in den Göthastrom, füllte einen in diesen fallenden Fluß aus, und der Götha-Elf nahm einen neuen Lauf (zum Theil nach Tuneld). (*v. Schubert.*)

AKES (Ἄκης), ein indischer Fluß bei Herodot (3. 117) wird für den Behat, den Hydaspes der übrigen Griechen, gehalten, welcher aus Kaschmir fließt (Elphinstone's R nach Kabul 2. Th.). (*P. Fr. Kanngießer.*)

Akesamenos, s. Periböa.

AKESAS oder AKESEUS, ein berühmter Weber oder vielmehr Buntwirker aus Salamis, der mit seinem Sohne Helikon zuerst das große Festgewand (Peplos) der Minerva Polias (s. Phidias) verfertigt haben soll. Auf diesem, d. h. auf der breiten Einfassung dieses weißen Gewandes war die Gigantomachie in Gold eingewirkt. Als ein besonderes Schaustück wurde es in den Panathenäen während eines Theils der Ceremonien als Segel an ein über den trockenen Boden bewegtes Schiff befestigt. Sobald der Zug beim Tempel des pythischen Apollo angekommen war, lösete man den Peplus vom Schiffe ab, und nun trugen ihn die ersten Matronen der Stadt in den Tempel der Athene auf die Akropolis. Zu Delphi befand sich ebenfalls ein Werk von diesem Künstler, mit einer Inschrift, in welcher sie als Männer gepriesen werden, deren Händen Pallas bewunderungswürdige Geschicklichkeit verliehen habe. Wahrscheinlich lebte dieser Künstler zur Zeit des Phidias oder nicht lange nach ihm; denn in

Platons Eutyphron kommt ein solcher Peplus als schon vorhanden vor. (*J. Horner.*)

Akesia, Gegend in Lemnos, s. Lemnos.

AKESINES (Ἀκεσίνης), der heutige Tschinab, der größte der Nebenflüsse des Indus und sehr reißend, wird an Stöße mit der Donau und dem Nil verglichen. Er wird verstärkt auf der rechten Seite von dem Hydaspes (Behat), und auf der linken von dem Hydraotes (Rawi), und fließt unterhalb der jetzigen Stadt Multan, vormals bei den Malli, in den Indus. Seine Quellen in Tibet sind noch nicht genau bekannt (Arrian. 6. 8.). *P. Fr. Kanngiesser.*) — Einen gleichnamigen Fluß im alten Sicilien nennt Thucyd. (IV. 25.). Cluver (Ant. Sic. p. 92.) hält aber den Namen für einen Schreibfehler statt Asines. (*Friedemann.*)

AKESINOS (Acesinus), 1) ein Fluß in Tauro-Scythien nicht weit vom Borysthenes oder Dneper, und Pantikapes (den man für den Samara hält), östlich vom letzteren (Plin. IV. 26.). Ihn soll Phrixos auf seiner Reise berührt haben (Val. Fl. VI. 692.). Er soll sich über Olbia in den Borysthenes ergießen, das aber, sagt Plinius, ist der Hypanis (Bog); vielleicht der Axiaces, denn beide Namen stammen von Aksai (Strom) ab. — 2) ein Fluß in der Krimm nach der Angabe der Alten neben Panticapäum an der Ostküste, auf dem europäischen Antheil des Bosporus. (*Rommel.*)

AKESIOS, der Schmerzstillende, Heilende, ein Beiname des Apollo, unter dem er zu Elis Bildsäule und Tempel hatte (Paus. VI, 24.). (*Ricklefs.*)

Akesios, Bischof von Constantinopel, s. Novatianer.

AKESTES, bei den Griechen meist Ägestus, ein Troer, der mit dem Elymus vor der Zerstörung ihrer Vaterstadt nach Italien entfloh, sich am Crimisus unter den Sicanern niederließ[1]), und der Gründer der Stadt Segesta ward[2]). Da man Unbekannte gern zu Söhnen der Flüsse machte, an welchen sie sich niederließen, so entspann sich allmählig die Sage, Egesta eine Troerin, sey von ihrem Vater, um sie vor dem Meerungeheuer zu retten, womit Poseidon den Laomedon strafte, auf ein Schiff gethan, und nach Sicilien gekommen, wo der Flußgott Crimisus mit ihr den Acestes erzeugt, dem zu Ehren die Stadt Egesta oder Segesta benannt sey[3]). Dionys von Halicarnaß scheint die wahre Geschichte mit der späteren Sage vereinigen zu wollen. Münzen der Stadt, die sich auf die fabelhafte Geschichte des Acestes beziehen, haben Paruta und d'Orville. Virgil läßt seinen Aeneas bei ihm eine gastliche Aufnahme finden (bonus Acestes), bleibt sich aber in der Darstellung der Sagen von ihm nicht gleich, vgl. Heyne Exc. I. ad Aen. V. (*Ricklefs.*)

AKESTORIDEN (Ἀκεστορίδαι), ein edles Geschlecht in Argos, aus welchem die jungfräulichen Priesterinnen der Pallas genommen wurden. Sie besaßen also ein erbliches Priesterthum, wie die Butaden in Athen (*Callim.* H. in Pall. 34.). — Andere Akestoriden: 1) der Archon in Athen im J. 499 und 469 v. Chr. — 2) ein Korinthier, unter dessen Befehle die Syrakuser 312 vor Chr. den Agathokles verjagten. (*Döderlein.*)

1) Dionys. Hal I, 32 2) Strab. IV. I, 3. 3) Serv. ad Aen. I, 546 und V, 30 vgl. Cluver. Ital. ant. II, 2.

AKHISSAR, d. i. Weißschloß, sonst Kroja genannt, im Sandschak Ochri, vgl. Rumili, zwischen Ischim, Lesch, Mat und Elbessan am Wege von Mat nach Skutari rechts gelegen, ward im J. d. H. 871 (1466) vom Sultan Mohammed II. als eine Grenzfestung erbaut (Hadschi Chalfa's Rumili S. 141, und Vaudoncourt S. 138), und war einst die Residenz Skanderbeg's. Es zählt an 6000 Einw. — Ein anderes Akh. (sonst Thyatira) Paschalik Anadoli, Sandschak Saron khan, mit 7000 Einw. hat Baumwollen- und Seidenbau. Ein drittes Akhissar (sonst Vakup) festes Schloß, liegt in Bosnien im Sandschak Klis (Hadschi Chalfa's Rumili S. 166.). (*v. Hammer.*)

AKIA, ehemals Piera, ein Ort in Thessalien im heutigen Sandschak Trikala (Vaudoncourt's Memoirs S. 150.). (*v. Hammer.*)

AKIBA (עֲקִיבָה), Ben Joseph (beim Epiphanius und Hieronymus: Barakiba), lebte im ersten und noch am Anfange des zweiten Jahrh. n. Chr. Geb., war Präsident der Akademie zu Lydda und Jabne, Schüler und Nachfolger des Rabbi Gamaliel, und einer der berühmtesten Lehrer der Mischna. Den Juden gilt er seiner großen Gelehrsamkeit und seines ungemein ausgebreiteten Rufs wegen, für das erste Orakel seiner Zeit, und für die erste und Hauptstütze der Tradition oder des mündlichen Gesetzes*). Ihm wurden aber auch, hinsichtlich des Letztern, Sachen geoffenbaret, welche selbst dem Moses verborgen geblieben!! Jachia behauptet, daß der größte Theil der Mischna durch seinen schriftlichen und mündlichen Unterricht auf die Nachwelt gekommen, Zakut geht noch weiter und will, daß man ihm das Ganze zu verdanken habe! Die ältesten Schriften, die BB. Sifri, Sifra, Thosafta sind — nach einer alten Behauptung, welcher auch noch spätere hebräische Schriftsteller beipflichten — zwar von seinen Schülern verfaßt, enthalten aber nichts, als was er gelehrt hat. Er soll 120 Jahre gelebt, und davon 40 Jahre dem Handel, 40 der Erlernung, die letzten 40 dem Vortrage des Gesetzes gewidmet haben. (Bekanntlich spielen mit der Zahl 40 schon die Schriftsteller des A. T.). Die Anzahl seiner Schüler setzt man auf 24,000. Mit Uebergehung noch anderer fabelhaften Nachrichten, welche von ihm im Umlauf sind, mag hier nur noch die Nachricht über das Ende seines Lebens stehen. Er machte mit dem Pseudo Messias Bar Cocheba (Coziba) gemeinschaftliche Sache, und wurde dessen Waf-

*) Wie sehr es sich aber auch unser R. Akiba angelegen seyn ließ, solche Geheimnisse des Gesetzes zu erfahren, mag folgender Schwenk lehren, den wir aus guten Gründen mit den eigenen Worten der lateinischen Uebersetzung von Massech. et Berach. fol. 62 (vergl. Lent de Pseudo-Messiis Jud. S. 10) anführen: Dixit R. Akiba: ingressus sum aliquando post Rabbi Josuam in sedis secretae locum, et tria ab eo didici. Didici 1) quod non versus orientem et occidentem; sed versus septentrionem et austrum, convertere nos debeamus. Didici 2) quod non in pedes erectum, sed iam considentem se retegere liceat. Didici 3) quod podex non dextra sed sinistra manu abstergendus sit. Ad haec dixit illi Ben Hasai: usque adeo perfricuisti frontem erga magistrum tuum, ut cacantem observares? Respondit ille: Legis haec arcana sunt, ad quae discenda id necessario mihi agendum fuit. [illegible] (G.)

fentrager und Vorläufer. In dem schrecklichen Tumult, den sein Anhang veranlaßte, warf er sich mit seinen Theilnehmern in die Stadt Bitter. Kaiser Hadrian eroberte diese Stadt, verhängte ein schreckliches Blutbad über die Juden und über R. Akiba den martervollsten Tod, indem er ihm mit eisernen Kämmen die Haut abziehen ließ. Sein Leichnam wurde, der Sage nach, nach Tiberias gebracht und dort beigesetzt. Seine Verehrer machten alljährlich zwischen Ostern und Pfingsten eine Wallfahrt zu seinem Grabe. (*Hartmann.*)

Am wichtigsten ist uns Akiba als der erste, welcher die bisher nur zerstreuten und traditionell fortgepflanzten kabbalistischen Lehren in Form gebracht, und aufgezeichnet hat. Nach Angabe der meisten und vernünftigsten seiner Landsleute rührt nemlich von ihm der älteste und Haupt-Codex der Kabbala, das Buch Jezirah (יצירה) her, welches, die crasse Superstition und Unkritik anderer auf den Erzvater Abraham zurückzuführen, nicht erröthet. Es enthält die gewöhnlichen Emanationslehren, obgleich nicht im zusammenhängenden und vollständigen System, mit vielen Buchstaben- und Zahlendeutungen pythagorischer Art, und hat in seiner jetzigen Gestalt gewiß spätere Zusätze. Sonst wird es schon im Talmud angeführt. Was einige Rabbinen von zwei verschiedenen Büchern dieses Namens anführen, ist ein Irrthum, der seinen Grund in der Absicht hat, die verschiedenen Angaben des Verfassers (Abraham und Akiba) zu vereinigen. Seiner Dunkelheit wegen haben es schon ältere Rabbinen um die Wette commentirt, als Abraham Ben David, Mose Botril, Moses Nachmanides, Saadia Gaon. Mit diesen Commentarien zugleich ist es zuerst gedruckt, Mantua 1562 4. Schon früher erschien eine lateinische Uebersetzung von Postellus. Paris 1552. 8. Die jetzt habhafteste und neurste Ausgabe ist von Rittangel, Amsterd. 1642 4., mit latein. Uebers. und Anm. Vgl. über dieses Buch Jo. Morini exercitatt. bibl. S. 372 (der es erst in das Zeitalter der Masorethen setzt). *Wolf* bibl. hebr. I, S. 23—29. *Bruckeri* hist. crit. philos. T. II. p. 834 ff. *Fabricii* cod. pseudepigr. V. T. T. I. S. 381 ff. Ueber Akiba, *Bayle* dict. u. d. W. *Basnage.* hist. des Juifs II. S. 126. 127. *Wolf* bibl. hebr. I, S. 955. (wo auch noch unbedeutendere Schriften, die diesem R. zugeschrieben werden, angeführt sind). *Ottonis* hist. doctorum misnicorum S. 132 ff. (*Gesenius.*)

AKICKFJAELL, hohes Gebirge in Asele Lappmark, 6 M. von den großen Welgsjö. (*v. Schubert.*)

AKIDALIA, ein Beiname der Aphrodite von dem akidalischen Quell bei Orchomenos in Böotien, worin sie sich mit den Charitinnen bader (Serv. in Aeneid. I, 720. (*Ricklefs.*)

Akidalios, s. Orchomenos.

AKIDAS oder Akidon (Ἀκίδας, Ἀκίδων), Flüßchen in Elis bei dem Grabmal des Jardanos und der Stadt Chea, fällt in den Anigros, s. d. Vergl. Pausan. V. 5. Strab. VIII. p. 347. Von einigen für den Jardanos gehalten. (*Spohn.*)

AKIK, ALAKIK ألعقيق, nennt man die höheren und niedern oder obern und untern Thäler neben Medina in der Provinz Hedschas, welche nach Harrah und Baki, dem Begräbnißort der Medinenser, sich erstrecken (Abulfeda). (*Rommel.*)

AKILISENE, ein an Sophene stoßender, mit derselben Provinz meistens vereinter, vom Antitaurns berührter großarmenischer District, den der Euphrat zweimal bespült, sowol wenn er nach Westen zieht, als wenn er nach Süden sich wendet. Nach Strabo (XI. Buch) liegt derselbe zwischen dem Taurus und Euphrat, ehe dieser nach Süden sich wendet, und begreift also mehr von dem Paschalik Arzerum als Diarbekr. In den ältesten Zeiten sollen die Kataonier (an der cappadocischen Grenze) diese Gegend inne gehabt haben, denen sie entrissen wurde, als Armenus, der Begleiter Jason's, der Sage nach, seinen Sitz in Akilisene nahm. Als Artaxias I. Großarmenien stiftete, vereinte er Sophene, Akilisene und Odomantidis. (S. *Salmas.* Plinian. Exercitat. I. 438. etc.). (*Rommel.*)

AKINASIS, Fluß der Lazier im Süden des alten Colchis oder in Guriel nach des Arrians Periplus des Pontus Euxinus, zwischen dem 90 Stadien davon nördlich entfernten Isis (Kendrischi) und dem darunter gelegenen ebenfalls ins schwarze Meer sich ergießenden Bathys (Akampsis, Apsarus), wahrscheinlich der jetzige Sekutil. S. Guriel. (*Rommel.*)

Akindynos, s. Hesychiasten.

AKINETOS (Ακινητος), Sohn des Herakles und der Megara, den der Vater selbst in seiner Raserei tödtete, Schol. in Pind. Isthm. 4. 104. nach Batos. (*Ricklefs.*)

Akio, s. Ägä (in Euböa).

AKIS, nach Ovid. Metam. (XIII, 750. ff.) des Faunus und der Symaethis Sohn, den der Cyclope Polyphem aus Eifersucht, weil die von ihm geliebte Nymphe Galatea jenem geneigt war, mit einem Felsstück zerschmetterte, und dessen unter dem Felsen hervorquellendes Blut die Nymphe in den gleichnamigen Strom am Fuße des Ätna verwandelte. Die Mythe findet sich sonst nirgends; wahrscheinlich gab eine Vorstellung des Flußgottes, wie er aus einer Felsenspalte seine Urne ergießt, dem Dichter Anlaß, ihn mit der Geschichte des Cyclopen in Verbindung zu bringen. (*Ricklefs.*). — Der eben genannte Fluß im alten Sicilien vom Ätna ins Meer fließend, war nach der Beschreibung der Alten kühl und mit fruchtbaren Ufern *). Nach Schol. Theocr. und Eustath. **) hat er seinen Namen von ἀκις, Pfeil, wegen des schnellen Laufes. Servius ad Virg. Eclog. IX, 39. Acis — in fontem mutatus est, qui hodieque latine Acilius dicitur ab illius nominis derivatione. Cluver hält ihn für den heutigen Aci, Jaci, Chiaci; sonst fälschlich il Fredo. (*Friedemann*)

AKIS (auch ACIS), Spitzkäfer, Illiger. Eine Käfergattung aus der Familie der Pimeliarien, die zuerst von Herbst errichtet, und von den spätern Schriftstellern angenommen wurde; früher vereinigte man die hieher gehörigen Arten mit Pimelia oder Tenebrio. Die Kennzeichen sind: eilfgliedrige Fühler, das zweite Glied sehr klein, das dritte sehr lang, walzenförmig, das vierte bis achte walzenförmig, die drei letzten corallenförmig, die Taster fadenförmig, die Lippe breit, ziemlich herzför-

*) Theocrit. I. 69. Sil. Ital. XIV. 221. Ovid. Fast. IV. 468.
**) ad Hom. Iliad. π. p. 1053.

mig, die Wurzel der Kinnladen bedeckend. Das Halsschild ist in dieser Gattung eben so lang oder länger als breit, hinten verschmälert, der Hinterkörper eiförmig, die Deckschilde zusammen gewachsen, oben flach, die Flügel fehlen. Man trifft die Arten, die meist im südlichen Europa, in Asien nud in Afrika einheimisch sind, gemeiniglich unter Steinen und Schutt an; ihre Verwandlungsart ist nicht näher bekannt. Die am häufigsten vorkommende Art ist: *A. reflexa* Latr. Herbst. *Pimelia reflexa* Oliv. schwarz, glänzend, die Deckschilde in der Mitte glatt, am Seiten- und Untenrande der Länge nach mit Höckern versehen. — Im südl. Europa und nördl. Afrika. — Von ihr muß (*Akis reflexa* Fabr. (*Akis hispida* Herbst) wol unterschieden werden. (*Germar.*)

Akiska, s. Aghalzike.

Akistata, s. Achistata.

AKJASI, ein Ort auf dem Wege von Nikomedien und Sawandscha nach Boli mit Moscheen und Chanen. (Dschihannüma S. 659.). Ein zweites Akjasi ist die Begräbnißstätte des berühmten Heiligen Akjasli Sultan, der mit Hadschi Begtasch von Chorassan nach Rumili kam, und in der dobruzischen Tatarei am Ufer des schwarzen Meeres begraben liegt. Nächst seinem Grabe, dessen Capelle mit Leuchtern und Rauchgefäßen, mit Fahnen und Roßschweifen ausgestattet ist, steht ein ungeheurer Kastanienbaum, der aus dem Bratspieße des Heiligen entstanden seyn soll, als er ihn in die Erde steckte. Das dazu gehörige mit einem großen Thurme versehene Derwischenkloster zwischen Warna und Baldschik, hat eine vollkommene Einrichtung (Ewlia III.). (*v. Hammer.*)

AKKABIKON TEICHOS (Accabicus Murus), ein Ort im alten Afrika bei den Sänlen des Herkules von den Karthagern erbauet. Steph. Byz. s. v. (*Friedem.*)

Akkalan, s. Achil-Kelek.

Akkaophoren, s. Hydroparastaten.

Akkaron, s. Ekron.

AKKIERMAN, (Akerman), Aspro Castro, Alba Julia, auch Belgorodok genannt, von den Genuesern erbaut; Festung auf dem rechten Ufer des Dnestr-Limans (der ovidiiskische See genannt), im russischen Beßarabien, der Festung Ovidiopol gegenüber, 15 Werste vom schwarzen Meere, unter 46° 12′ 0″ w. Br. 48° 23′ 25″ ö. L. (Conn. des tems). Die Festung, aus behauenen Steinen erbaut, hat ein stark befestigtes Profil und einen tiefen Wallgraben, von der Flußseite aber, durch die große Breite des Fahrwassers (3 W.) keinen natürlichen Schutz. Die Vorstadt ist stark verwüstet und hat nur noch einige ansehnliche Häuser und Buden. (General Harting soll sie nach einem regelmäßigen Plan ausbauen). Die Einwohner des Orts (vor dem letzten Feldzuge 20,000, jetzt nach einigen Nachrichten sehr vermindert), sind Griechen, Armenier, Bulgaren, Moldauer, Kleinrussen und Juden. Sie handeln mit Salz und Wein. Das erstere wird aus den 35 W. von der Stadt entfernten Seen Adschibraim, Tambunar und Adshimer (zusammen der große akkiermansche See genannt) gewonnen und nach Polen ausgeführt. Den Wein ziehen die Einwohner aus mehr denn 800 Weingärten, welche sich mit andern Fruchtgärten von der Stadt bis zum Liman ausdehnen, und ihr ein freundliches Ansehen geben. Die entferntere Umgebung der Stadt ist öde Steppe und bis auf 75 W. im Umfange von Wohnungen entblößt. Der ovidiiskische See hat nicht die nöthige Tiefe für große Kauffahrer, sie müssen daher an der Dnestrmündung oder in offner See ankern und lichten. (Kleemann, Campenh., *Swin* Otetschestwa 1815 Nr. 18. 1816 Nr. 38.). (*v. Wichmann.*)

AKKIM, ein von drei Fürsten beherrschtes, von Assianthe abhängiges Land auf der südlichen Westküste von Afrika in Guinea, welches von der Nähe der dänischen Besitzungen bis ziemlich tief ins Innere reicht. Ihre Sprache ist mit der der Amina verwandt. (*Vater.*)

Akko, s. Ako.

Akkojunli, Aksche, s. Achlath (I. 310.).

Akkum und Akkummer Ee, s. Westerakkum.

AKLANSK auch OKLANSK, kleine Kreisstadt an der Aklana in der Stadthalterschaft Irkutzk in Sibirien, 63° der Breite, 1000 Werste oder 144 Meilen von Ochotsk. Sie war früher von so geringer Bedeutung, daß sie 1788 von den Einwohnern verlassen wurde; allein nach der Eröffnung der irkutzkischen Statthalterschaft ward sie wieder mit Menschen besetzt. Der davon benannte Kreis Aklansk erstreckt sich bis an die Behringsstraße und das tschuktschische Vorgebirge. Ueberall herrscht rauhe Wildniß, beinahe ohne Spur von Cultur; nur Bären, Wölfe, Eisfüchse und Rennthiere werden hier gefunden. Die dürftigen Einwohner sind die armseligen Tschuktschen und Koräken. (*J. Ch. Petri.*)

Aklat, s. Achlat.

Aklides (Oklides), ist der Name, den die Araber dem griechischen Mathematiker Euklides geben. (*R.*)

Akliman, s. Sinope.

Akmetsched, s. Achtmetsched.

Akmin, Aknin, Achmin, s. Chommis.

AKMON, 1) einer der idäischen Dactyle Schol. in Apoll. Rh. I, 1129. nach Phoronis, 2) ein Sohn des Maurus, wenn nicht nach Schol. in Apoll. Rh. II, 303. Alemon zu lesen ist, der mehrere Städte in Phrygien und Cappadocien begründet haben soll. Steph. Byz. Ακμονια nach Pherekydes. (*Ricklefs.*)

Akni, s. Algarak.

AKO, Acco (hebr. und syr. עכו, ܥܟܘ), See-Stadt im alten Galiläa mit einem Hafen, den eine Bucht des mittelländischen Meeres zwischen dieser Stadt und dem Berge Carmel bildet. Sie war eine alte Niederlassung der Phönizier, und die Hebräer ließen diese im Besitz der Stadt, ob sie gleich in ihrem Gebiete lag, und wohnten unter ihnen (Richt. 1, 31.). Als Judäa späterhin den Ptolemäern gehorchte, erhielt sie (ungewiß, von welchem Ptolemäer) den Namen Ptolemais, den sie in den Apokryphen u. N. T. (1 Macc. 5, 15. 21. Apostelgesch. 21, 7.), bei Josephus (der de bello jud. II, 9. ihre Lage genau beschreibt), den meisten griechischen Schriftstellern, nud in den Concilienacten führt, wo sie in den ersten Jahrh. als Bischofssitz genannt wird. Auf röm. Münzen Colonia Ptolemais. Neben demselben blieb aber auch der alte morgenländische Name in Gebrauch (Lightfoot Opp. T. II. S. 218), von den Griechen Ἄκη geschrieben (Corn. Nep. Datam. 3. Steph. Byz. s. v. Ἄκη), und zur Zeit der Kreuzzüge, wo sie der gewöhnliche Sammelplatz der fränkischen Flotten war, war dieser der gewöhnliche. Sie heißt bei den Arabern Acca (عَكّا, عَكّة), bei den Abendländern Acre, oder S. Jean d'Acre, von einer Kirche des heiligen Johannes, von der man noch heut zu Tage Trümmern findet. Sie ward 1104 von den Franken erobert, 1187 von Saladin wiedergenommen, 1191 von Richard Löwenherz abermals erobert (Barhebr. Chron. ed. Kirsch et Bruns. S. 415 ff.), worauf sie der Sitz der Johanniterritter wurde, darauf 1290 von dem ägyptischen Sultan Almalich Alaschraph (Abulfedae Annales T. V. S. 95.), der sie sehr verwüstete, und 1517 von den Osmanen, eingenommen. In den neuesten Zeiten wurde sie von Bonaparte vergebens belagert; duch Sir Sidney Smiths Vertheidigung wurde er zum Rückzug genöthigt. Sie zeigt heutiges Tages viele prächtige Ruinen, ist in Vergleichung mit andern Städten dieser Erdgegend gut gebaut, und hat eine Militärbesatzung. Der Hafen ist größtentheils durch Sand verstopft, und daher zum Landen unbequem, doch ankern noch Schiffe darin, und er gilt noch für einen der besten Häfen Syriens und Palästinas. Vgl. über die ältere Periode Relandi Palaestina S. 534—542, über die mittlere außer den angeführten Schriftstellern Gol. ad Alfraganum S. 131. Schulteus index geogr. ad vit. Salad. u. d. W. Acca, und über die neuere die Geschichte der Kreuzzüge und der ägyptischen Expedition, wie auch die andrrn Reisen nach Palästina. (*Gesenius.*)

AKÖMETEN (*ἀκοίμητοι*, *ἀγρυπνίοι*), die Schlaflosen, Unermüdeten, hieß eine Gattung Mönche, welche das Beten und Psalmensingen Tag und Nacht ununterbrochen fortsetzte. Diese Einrichtung machte zuerst Alexander, ein Grieche, der vorher am kaiserlichen Hofe zu Constantinopel angestellt gewesen war, danu die Wahl des Porphyrius zum Bischof von Antiochien 404 vergeblich widerstrebt[1]), und bald darauf am Euphrat ein Kloster gestiftet hatte, worin er außer inländischen Syrern eine große Anzahl von Mönchen aus andern Nationen aufnahm. Er theilte sie in drei Chöre, die einander im ununterbrochenen Psalmensingen ablösen mußte, so daß in der Kirche seines Klosters das Lob Gottrs zu allen Stunden des Tages und der Nacht ertönte. Mönche, die er als Missionare aussendete, mögen diese Einrichtung in andern Klöstern empfohlen haben. Wenigstens fand Alexander ähnliche Uebungen in einem Kloster bei Antiochien, als er 425 in diese Stadt und, weil der dasige Bischof ihn nicht duldete, nach Constantinopel zurückkehete. Auch hier stiftete er ein Akömetenkloster und theilte seine Mönche in 6 Classen. Weil sie weder arbeiteten, noch etwas Eignes hatten, wurden die Akömeten häufig mit den Messalianern verwechselt und wie diese verfolgt. Alexander mußte daher bald wieder mit ihnen aus Constantinopel weichen, und stiftete ein Kloster am nächsten Hafen des schwarzen Meeres, worin er 430 starb. Nicht lange nachher hatten die Akömeten wieder ein Kloster zu Gomon, einem Flecken bei Constantinopel, welches sie wegen seiner friedlichen Lage Irenarion nannten. Es wurde das Hauptkloster dieser Mönchsgattung; der heil. Marcellus († 485) war an 40 Jahre der Abt desselben. Auch zu Constantinopel entstanden während dieser Zeit mehrere Akömetenklöster, unter denen besonders das von Studius, einem vornehmen Römer, dotirte und nach ihm Studium genannte zu großem Ansehu gelangte. Die Mönche desselben hießen Studiten und gehörten zu den Akömeten[1]). Der Ruf ihrer Gottseligkeit und der Zusammenhang ihrer Klöster gab ihnen eine Bedeutung, die sie zuerst 484 durch Klagen über den Eutychianismus des Bischofs Acacius von Constantinopel bei dem römischen Bischofe geltend machten[2]). Ihre Rechtgläubigkeit, die sie durch Vertheidigung des Chalcedonischen Conciliums zu erhärten suchten, wuede jedoch sehr verdächtig, da das Henotikon die Verhältnisse der Meinungen verwirrte. Weil sie läugneten, daß einer aus der Dreieinigkeit im Fleisch grlitten habe und daß Maria die Mutter Gottes sey, ächtete sie als Nestorianisch Gesinnte[3]) nicht nur ein kaiserl. Edict[4]), sondern auch nach dreijährigen Unterhandlungen[5]) 536 der Bann des römischen Bischofs[6]). So mußten die Akömeten ihre Einmischung in die monophysitischen Händel durch Verfolgungen büßen, denen es zuzuschreiben ist, daß ihr damals ansehnlicher, in vielen Gegenden des Orients und auch in Rom schon angesiedelter Orden sobald wieder aus der Geschichte verschwindet[7]). In Constantinopel gab es auch weibliche Akömetenklöster; ob es aber ein solches gewesen sey, das noch die Türken bei ihrem Einbruche in diese Stadt fanden, und ob sich die Abbildungen der alten Akömeten bei Schoonebeck, der sie in grüner Kleidung mit doppelten rothen Kreuzen darstellt, oder andre Nachrichten von ihrer Tracht auf glaubwürdige Zeugnisse gründen, ist sehr ungewiß[8]). Ihre ununterbrochene Andachtsübungen sind bald von andern Mönchsgesellschaften nachgeahmt worden[9]). (*G. E. Petri.*)

AKÖTES, (Ακοιτης.) 1) der Sohn tines mäonischen Fischers, der auf einem tyrrhenischen Raubschiffe als Steuermann diente, und sich, den auf Naxos als schlafendes Kind geraubten Dionysos, den Göttersohn in ihm erkennend, mitzunehmen sich weigerte, aber von dem Schiffsvolk gezwungen ward in See zu gehn, und den Gott, als das Schiff plötzlich im Meere still stand, Dionysos in seiner Göttlichkeit sich zeigte und die Schiffer in Delphine verwandelte, nach Naxos zurück führte, wo er in die Mysterien desselben eingeweiht ward, und mit Bacchischer Feier die Welt durchzog. Zu Theben ließ ihn Pentheus, der sich dem Bacchusdienst widersetzte, als er

1) Hist. patriarch. Antioch. in Le Quien Oriens christ. T. II. p. 719 sq.

1) Niceph. hist. eccl. l. XV. c. 23. Baron. ad a. 459. n. 163. Bulteau hist. monast. de l'orient. p. 508 525. 2) Evagrii Scholast. hist. eccl. l. III. c. 18. 19. 21. 3) Basnage Thes. monim. eccl. T. II. p. 76. 4) Baron. ad. a. 533. 5) Die Urkunden hierüber, meist Briefe des Kaisers und des Bischofs von Rom, befinden sich in Mansi collect. ampl. concil. T. VIII. p. 765—846. 6) Vgl. Liberat. Breviar. c. XX. bei Mansi l. c. T. IX. p. 693. wo sie Acumici genannt werden. 7) Christ. Amos Bürger hist. Akömet. in Biedermann. Select. scholast. vol. I. p. 196—216. C. W. F. Walchs Historie der Ketzereien Th. 7. S. 314—328. 8) Helyot hist. des ordres relig. P. I. c. 29. 9) Gregor. Turon. hist. Franc. l. III. c. 5.

gefangen vor ihn geführt, das Wunder erzählte, ins Gefängniß werfen; aber der Gott befreite seinen Verehrer [1]). 2) Der Vater des Lycaon [2]). *(Rickless.)*

AKOLOGIE. Mit diesem Wort hat **Küstner** zuerst in einer unten angeführten Schrift (wahrscheinlich durch die Vorlesungen Reil's über die Akologie veranlaßt) die chirurgische Heilmittellehre, oder Wundarzneimittellehre im engern Sinn bezeichnet; in solchem begreift sie nur diejenigen Mittel, welche **zuerst** und **zunächst** vermöge einer bestimmten äußern Form und gewisser allgemeinen Eigenschaften materieller Körper, die man der Kürze wegen, **physische Kräfte** nennen kann, auf den Organismus einwirken; worauf dann erst **entfernt** und **indirekt** die Wirkungen folgen, welche in den Lebensäußerungen hervortreten. Es schließt daher dieser Begriff der Wundarzneimittellehre alle diejenigen Mittel aus, die zunächst und direkt vermöge ihrer eigenthümlichen Mischung, nicht durch jene äußern sinnlichen Eigenschaften wirken, wenn sie gleich auch von dem Wundarzte gebraucht werden, als die Salben, Pflaster, der Aetzstein, und nimmt alles dasjenige in sich auf, was man gewöhnlich in der **chirurgischen Instrumenten-Maschinen- und Verband-Lehre** beschreibt *). — Die Instrumente, Maschinen und Verbandstücke, welche in der Akologie beschrieben werden, sind: 1) **allgemeine chirurgische Heilmittel**, solche, die an mehrern Orten angewendet werden können; hieher gehört jede einfache und allgemein anwendbare Hilfsleistung, welche der Chirurg mit seiner Hand verrichtet, die Instrumente des gewöhnlichen chirurgischen Bestecks, Messerchen von verschiedener Form, Zangen, Pincetten, Nadeln, Troikars, Tourniquets, Spritzen, Brenneisen, Sonden, Bougies, die Binden, welche allgemeiner anwendbar sind. — 2) Die **speciellen chirurgischen Heilmittel**, diejenigen, welche nur an einzelnen Theilen des Körpers, oder bei eigenthümlichen Krankheiten angewendet werden können, z. B. die Instrumente zur Trepanation, zum Reinigen und Ausziehen der Zähne, die besondern Kopfbinden, die Monroische Binde beim Bauchstich. (s. die Namen der einzelnen Krankheiten, Instrumente, Maschinen und Verbandarten.) Diese Heilmittel werden aus sehr mannichfachen Materialien gefertigt und bei der Beschreibung derselben wird angegeben: der Name, die äußere Beschaffenheit desselben, die verschiedenen Verbesserungen, welche man in Vorschlag gebracht hat, von wem das Heilmittel zuerst empfohlen oder verbessert worden ist; die verschiedenen zu derselben Hilfsleistung bestimmten Werkzeuge werden geprüft, das zweckmäßigste mit den Bestimmungsgründen, vorzüglich empfohlen, die Wirkung und Anwendung derselben wird beschrieben und so viel nur möglich erklärt, die Anzeigen und Gegenanzeigen, die Vorsichtsmaßregeln, welche bei dem Gebrauch derselben zu beobachten sind, die geschickteste Bereitungsart und die Kennzeichen der vollkommensten, so wie der fehlerhaften werden genau bekannt gemacht. S. *Küstner* introductio in akologiam. Hallae 1795, übers. Einleitung in die Akologie von **Küstner**. Leipzig 1801. *(Seiler.)*

1) Metam. III, 574 ff. vgl. Hyg. F. 134. 2) Hyg. F. 135 nach Munker ad h. l. **Antenor**.

*) **Küstner** leitet das Wort **Akologie** von ἄκος her, was nach seiner Angabe ein Heilmittel bezeichnet, bei dessen Anwendung vorzüglich auf seine **physischen Eigenschaften** gesehen wird. Allein die griechischen Schriftsteller haben dieses Wort ohne besondere Rücksicht für Heilmittel (remedium) überhaupt, gebraucht und von diesem Sprachgebrauche her würde sich also jene besondere Beziehung auf eine beschränkte Heilmittellehre nicht rechtfertigen lassen; Akologie würde Heilmittellehre überhaupt bezeichnen. Indessen könnte man, ohne diese Beachtung, durch eine entferntere Ableitung des Wortes ἄκος, die Bedeutung, welche Küstner der Akologie gibt, vielleicht vertheidigen. Es kommt jenes Wort her von ἀκέομαι, ausbessern, heilen, nach **Schneider** in der ersten Bedeutung, mit der Nadel flicken, und dieses von ἀκή, die Spitze (mucro, cuspis); welches also eine physische Eigenschaft eines Körpers in jenem Sinn bezeichnet.

AKOLUTHI, (von ἀκολουθέω, ich folge nach,) auch AKOLYTHI, waren Kirchendiener, in der latein. Kirche schon im 3ten Jahrh. [1]), bei den Griechen jedoch nicht vor dem 5ten Jahrh., zum Lichtanzünden [2]), Vortragen der Kerzen und Kreuze bei Prozessionen, Darreichen des Weins und Wassers zum Abendmahl, überhaupt zur Ceremonienbedienung der Bischöfe und Priester bei gottesdienstlichen Handlungen, besonders bei der Messe, bestellt. Sie gehörten zum niedern Klerus und hatten den Rang gleich nach den Subdiaconen. Jetzt ist in der römischen Kirche noch die Weihe eines Akoluthus, wobei dem Ordinanden Leuchter und Weinkännchen als Zeichen seiner alten Bestimmung übergeben werden, unter den vier kleineren Weihen die höchste [3]), das in der alten Kirche dadurch übertragene geistliche Amt aber abgeschaft, da die kirchlichen Dienste der alten Akoluthen von Knaben und Aufwärtern aus dem Laienstande verrichtet werden, die keine Ordination erhalten und in den liturgischen Büchern der röm. Kirche nur uneigentlich Akoluthen heißen [4]). Die griechische Kirche weiht auch keine Akoluthen mehr, und läßt ihre Dienste durch Laien verrichten. *(G. E. Petri.)*

AKOMABAUM. Seine botanische Bestimmung ist noch unbekannt, ob er gleich einer der größten Waldbäume in Nordamerika und sein anfänglich gelbes, dann weißes Holz eines der härtesten und dauerhaftesten, dabei aber von so bedeutender spezifischen Schwere ist, daß es im Wasser sinkt; es ist ungemein dauerhaft, sicher vor Wurmfraß, und eignet sich deshalb besonders gut zu Bauholz. Wird die Rinde verletzt, so entquillt ihr ein milchicher Saft, den man in Amerika, einem Abzugsmittel von Kanthariden gleich, auf den processus mastoideus bei rheumatischem Zahnschmerze auflegt; an der Luft erhärtet er und stellt eine Gummisubstanz dar. Der Baum trägt pflaumenartige Früchte von hochgelber Farbe, die wildem Geflügel zur Nahrung dienen, obgleich sie bedeutend bitter sind. *(Ch. H. Ritter.)*

Akonai, Akonitum heteron, s. Aconitum.

Akontia, s. Akutia.

Akontias, s. Kometen.

1) Vergl. den Brief des röm. Bischofs Cornelius in Eusebii Hist. eccl. l. VI. c. 43. 2) Daher sie auch Accensores heißen. 3) S. den Art. Ordination. 4) Bona rer. liturg. L. I. c. XXV. not. 18.

AKONTION. Diesen Namen führte nach Stephanus von Byzanz (de urbib. unter ἀκόντιον) eine alte Stadt in Arkadien, und zwar von Akontios, einem Sohne des arkadischen Königs Lykaon. Auch hieß so eine Stadt in Euböa, nach der Berufung eben dieses Schriftstellers auf Xenagoras und Androtion, so wie ein Berg in Böotien (Ἀκόντιον ὄρος, Acontius mons,) dessen Plinius (Hist. Natur. Lib. IV. c. 7) und Strabo (Lib. IX. §. 42. Ed. *Siebenk.* et *Tzschucke.* T. III. p. 481) gedenken. (*Mohnike.*)

AKONTIOS. Acontius. 1) ein Sohn Lykaons, s. Akontion. — 2) Ein junger Mann von der Insel Kea, einer der Kykladen im ägeischen Meer, war, so erzählt die Sage, nach Delos gegangen, um sich eines Gelübdes gegen die Artemis zu entledigen. Hier sah er die schöne Kydippe und verliebte sich in dieselbe. Um nun zu ihrem Besitze zu gelangen, ersann er eine List, und schrieb auf einen schönen Apfel, welchen er von dem Bildnisse der Artemis der Jungfrau in den Schooß warf, einen Schwur, als werde sie sich mit keinem andern als mit ihm vermälen. Kydippe, die Zeilen lesend, hielt sich durch dieselben gebunden, und, da ihre Aeltern, unbekannt mit dem Vorfalle, sie späterhin für einen andern Gatten bestimmten, so verfiel sie in eine verzehrende Krankheit, welche nicht eher nachließ, als bis sie des Akontios Gattin wurde. Mehrere Dichter des Alterthums haben diesen Stoff benutzt: Kallimachos schrieb ein eigenes Gedicht darüber, aus welchem sich noch einige Fragmente in den Schriften der Grammatiker erhalten haben, (m. s. die Fragmente in den Ausg. des Kallimachos von Ezech. Spanheim mit Rich. Bentley's Anmerk. S. 347. (Fragm. CI.) und bei Ernesti Th. 1. p. 466—467. vorzügl. *Callim.* Elegiarum Fragmenta coll. et illustr. a *L. C. Valckenaer*; ed. *Joh. Luzac.* Leid. 1799. 8.); Ovidius (Heroid. Epist. XX und XXI.; in den ältern Ausgaben XIX. und XX. cf. Rem. Amor. v. 382 und Trist. Lib. III. El. X. v. 73) dichtete einen Brief des Akontios an seine Geliebte und ein Antwortschreiben derselben; und Aristänet, oder, wer sonst der Verfasser des unter seinem Namen vorhandenen Werkes ist, läßt in seinen Liebesbriefen (Epist. X.) das Geschichtchen weitläuftig erzählen. Antoninus Liberalis (Metamorph. I.) hat aus dem Nikander uns fast dieselbe Geschichte von einem Athener Hermochares, der sich in eine Keerin mit Namen Ktesylla, verliebt hatte, aufbewahrt, des Akontios und der Kydippe gleichfalls erwähnend. Die bei J. J. Hofmann (Lexic. univers. histor. geogr. etc. Bas. 1677. fol.) und bei Moreri (Art. Aconce) aus Ovidius angeführten, und auch wirklich in einigen alten Ausgaben mit in den Text der beiden genannten und äußerst verdorben auf uns gekommenen Heroiden aufgenommenen Verse, sind das Werk späterer Glossatoren (*Ovidii Nas.* Opp. omn. Ed. *P. Burmanni.* Amstel. 1727. 4. Vol. I. p. 290—291. ad v. 11 u. 18 u. p. 312. ad v. 107.). (*Mohnicke.*)

AKONTISMA, (im Itiner. Hieros. p. 603 verdorben Herkontroma), ein Flecken zwischen Neapolis und Philippi an der makedonischen Grenze nach Thrakien am Gebirg Pangäos, welches hier der Insel Thasos gegen über endigt, wichtig als Paß (*Amm. Marc.* 27, 4), dessen rauhe Felsen das Eindringen von Makedonien nach Thrakien erschweren. Früher hieß dieser Paß der Sapäische (Sapaeorum pylae), späterhin Akontisma. Seine natürliche Festigkeit wurde durch Kunst noch verstärkt. Schon Herodot kannte hier doppelte Mauern (8, 112). Die Befestigungswerke, welche man noch dort sieht, sind muthmaßlich die von Brutus und Cassius angelegten. In einem Thale dieses Passes, Arethusa, soll des Euripides Grabmal seyn. (*H.*)

AKOSCHER RUD, ist ein im Bun-Dehesch (20) erwähnter Fluß, der in Komesch fließt. Komesch ist aber das Gebirge, welches auch den Namen Mad no friad, d. i. Ort der Wehklage, führt, Bun-Dehesch (12) dasselbe, welches bei den Griechen Musdoranus heißt. Es kann daher kein anderer, als der Steppenfluß von Betham und Damegan gemeint seyn, der Abi Atreck genannt wird, von Norden nach Süden fließt und sich in der Wüste Miana verliert. (Vgl. Abi Atreck). (*P. Fr. Kanngießer.*)

Akpa, Akpabiarsuk, Akparnak, Akparngak, Akparsak, Akpartluk, s. Alca Torda.

AKRA, Acre *) 1. in Palästina, s. Ako. — 2. Burg in Jerusalem, s. Jerusalem. — 3. Stadt an der Nordwestküste des Asówschen Meeres, nach Ptolemäus östlich von Perekop. s. Mannert 4. B. S. 250 alte Ausgabe). (*Rommel.*) — 4 Ein Ort des alten Afrika am atlant. Meere bei Hanno im Peripl. nördlich vom Fl. Lixus. S. Bredow's Unters. über alt. Geogr. und Gesch. Th. 2. S. 94 f. (*Fr.*) — 5. Ein ehemals nicht unbedeutendes Negerreich unter republikanischer Verfassung auf der Westküste von Afrika, in der Nähe von Christianburg, zwischen dem 5 und 6° N. Br., mit einer ihm eigenthümlichen Sprache, die darin, daß viele Begriffe durch fast einerlei einfachen Laut mit einiger Veränderung der Aussprache und besonders der Betonung bezeichnet, und auch die Zeiten der Verben fast blos durch letztere unterschieden werden, den Charakter des Alters und der Ursprünglichkeit an sich trägt. Uebrigens mangeln ihr Biegungen und Gesetze der Stellung der Wörter nicht ganz. S. über dieselbe Adelung's und Vater's Mithridates Th. III. Abth. I. S. 196 ff. (*Vater.*) — 6. Akra, mit dem Beinamen Meläna, das schwarze Vorgebirge in Bithynien, 150 Stadien vom Rhebas, mit einem kleinen Hafen, der von einem Inselchen gedeckt wird. S. Arr. Peripl. p. 13. Mari. Peripl. p. 69. Vgl. *Schönemann* de Geogr. Argon. p. 9. (*Ricklefs.*)

AKRABATENE, (Ἀκραβατηνή,) Name zweier Landschaften in Palästina. Die eine lag in dem südlichen Theile von Judäa, welche späterhin auch Idumäa hieß, und wird 1 Macc. 5, 3 angeführt, wo Judas Maccab. die Esaviten daselbst bekriegt, (vgl. Jos. Archäol. XII, 11. jüd. Kr. V. S. 7.) Sie hat wahrscheinlich ihren Namen

*) Von ἄκρος, (αι, ον) d. i. hoch; diesen Namen haben viele griechische Oerter wegen ihrer Lage erhalten; andere sind damit zusammengesetzt, wie Akropolis.

von der Höhe Akrabbim (d. i. עַקְרַבִּים Scorpionen), welche 4 Mos. 34, 4. Jos. 15, 10 auf der Südgrenze von Juda genannt wird. Richtig ist dieses so auf den Charten von Harenberg und d'Anville angegeben, wogegen es auf der neuesten von Klöden fehlt. — Die andre lag im südl. Theile von Samarien, da wo dieses an Judäa stieß (Joseph. jüd. Kr. II, 11. §. 25), weshalb es auch anderswo ausdrücklich zu den eilf Toparchien von Judäa gerechnet wird (ebend. III, 22). Eusebius und Hieronymus (u. d. W. Ἀκραββιν) setzen es zwischen Sichem und Jericho, so daß die Stadt Silo in dieser Landschaft lag (Eusebius u. d. W. Silo). Sie hatte ihren Namen nach Eus. a. a. O. ebenfalls von einem Orte Akrabbin, 9 röm. Meilen östlich von Neapolis oder Sichem. S. *Relandi* Palaestina S. 192. (*Gesenius.*)

AKRÄ, (Ἄκραι,) Stadt in Ätolien von Thermos nach dem Acheloos zu zwischen Metape und Konope. Polyb. V, 3. 8. Steph. Byz. Ἀκράγης. (*Spohn.*)

AKRÄ, (Ἄκραι,) eine Stadt im alten Sicilien nördlich vom Pachynum auf einem Berge, woher der Name, d. h. die Höhen (*Sil. Ital.* XIV. 206) von den Syrakusern 70 Jahre nach Syrakus erbauet. *Steph. Byz.* s. v. *Thucyd.* VI, 5. *Liv.* XXIV, 36. Itiner. Anton. p. 89. Wess. — *Cluver.* Sic. Ant. II, p. 352 sucht es beim heutigen St. Maria d'Arcia. (*Fr.*)

AKRÄA, 1. die Tochter des Flußgottes Asterion, Schwester der Euböa und Prosymna, eine der Ammen der Hern. *Paus.* II, 17. — 2. Ein Beiname verschiedener Göttinnen, so wie Akräos der Beiname verschiedener Götter, die auf Höhen und Burgen Tempel hatten. (*Ricklefs.*)

AKRÄ-KOMION, (Ἄκραι Κωμιον, im Periplus Pont. Eux. Anonym.), eine Landspitze der taurischen Halbinsel, und zwar die östliche beim südwestl. Eingang zum Bosphorus Cimmericus, oder zur Straße vom Kaffa, unter Panticapäum, wozu sie gehörte. Hier war die Meerenge nur 70 Stadien breit (Strabo XI, 494). Da diese Landspitze von Nymphäum um 25 Stadien oder 15 Werste entfernt war, so paßt dieser Abstand nach Pallas (südl. Reise 2ter Th. S. 300) gerade auf das Vorgebirge Takil (Burun). (*Rommel.*)

Akräos, s. Akräa.

AKRÄPHEUS, (Ἀκραιφευς,) angeblich Sohn Apollon's, Gründer der Stadt Akräphia in Böotien, (Steph. Byz. Ἀκραιφια). Apollon hatte von dieser Stadt, wo er verehrt ward, einen Beinamen. Dies gab wahrscheinlich zur Sage Anlaß. (*Ricklefs.*)

AKRÄPHIA, Akräphiä, Akräphnion, Akräphnia, Akräphion, (Ἀκραιφία, -φίαι, -αίφιον -αίφνιον, -αίφνια,) Städtchen Böotiens, ehedem zu Thebais gehörig an einer Ebne, nördlich vom Kopäischen See am Gebirg Ptoon auf einer Höhe desselben, mit einem Tempel des Dionysos, und einem 15 Stad. rechts davon liegenden des ptoischen Apollon, von Larymna durch einen Theil des Berges getrennt*). Davon Ἀκραιφιαῖος, Ἀκραίφιος, Ἀκραίφνιος, Ἀκραιφνεώτης, Ἀκραιφνιεύς. (*Spohn.*)

Akragas, s. Agrigent.

AKRATOPHOROS, ein Beiname, worunter Bacchus als Geber lauteren Weines zu Phygalia in Arkadien verehrt ward (*Paus.* VIII, 38). (*Ricklefs.*)

AKRATOPOTES, (Ἀκρατοποτης,) ein tapferer Zecher, der zu Munychia als Heros verehrt ward. (Athen. II, 9 nach Polemon). Nach Paus. (I, 2) der ihn Akratos nennt, war er ein Gefährte des Dionysos und wurde als Genius verehrt. (*Ricklefs.*)

Akratos, s. Akratopotes.

AKRIAE, (Ἀκριαί Paus., Polyb. Ἀκραῖαι Strab., s. Tzschuck. T. III. p. 67 u. 182), Stadt der Eleutherolakonen, an der östlichen Küste des Sinus Laconicus, 30 Stadien von Helos, 140 von Gytheion, 120 von Geronthrä, 60 vom Städtchen Asopos, merkwürdig wegen einer Bildsäule der Mutter der Götter, welche die älteste der Götter im ganzen Peloponnes seyn sollte. Bürger: Ἀκριάτης *). (*Spohn.*)

Akridophagi, Heuschreckenfresser, s. Heuschrekken.

AKRILLA, (ae) bei Steph. Byz. s. v.; Ἄκριλλαι bei Plut. Vit. Marc. c. 18 und Liv. 24, 35, eine Stadt im alten Sicilien zwischen Akrä und Agrigentum, nicht allzufern von Syrakus. (*Fr.*)

Akrisioneis, Akrisioniades, s. Akrisios.

AKRISIOS, König in Argos, Sohn des Abas, Enkel des Linkeus, Bruder des Prötos, Gemal der Euridike, (nach andern der Aganippe), (s. Munker zu Hygin F. 63), Vater der Danaë, welche nach ihm Akrisioneis, so wie ihr Sohn Perseus Akrisioniades genannt wird. s. Danaë und Prötos. (*H.*)

AKRITAS, 1) bei Ptolemäus (V, 1) und Artemidor (Steph. Byz.) Χαλκιτης, die Landspitze westlich von Libyssa in Bithynien, welche den astacenischen Meerbusen umschließt, bei Plin. (V, 43) Leucotas, 37½ Mill. von Nicomedien entfernt, noch h. z. T. Akrita. (*Ricklefs.*) 2) (Ἀκρίτας ἄκρα, ὁ Ἀκρίτας,) Vorgebirg Messeniens am Anf. des Meff. Bus., 40 Stad. von Asine, 80 von Kolonides. Davor die Insel Theganussa, westlicher der Hafen Phönikus und die J. Onussä. *Paus.* IV, 34. *Strab.* VIII, 359. *Ptol.* III, 16. *Agathemer.* I, 5. *Plin.* IV, 5. Jetzt Capo Venetico und C. Gallo. Vgl. Pococke, Vaudoncourt. (*Spohn.*)

AKROAMA, vom griech. ἀκροάομαι (ich höre) heißt, besonders bei den Griechen, eine jede Ergötzung der Ohren, daher besonders eine angenehme Musik oder Vorlesung. Bei den Römern wurden darunter sehr oft, jedoch nicht, wie Ernesti im Excurs. ad Sueton. August. 74 will, immer auch die Personen selbst verstanden, welche bei festlichen und fröhlichen Gelegenheiten, vorzüglich während des Mahles, durch Gesang, Spiel, Vorlesen oder gemeinere Belustigungen die Heiterkeit und

*) Herod. VIII, 135. Strab. IX. p. 410. 413. Liv. 33, 29. Paus. IX, 23. Steph. Byz. und Ptol.

*) Paus. III. c. XXII. §. 4. 5. 7. c. XXI. §. 6. Polyb. V, 19. 8. Strab. VIII, 343. 363. Hierocl. Synecd. p. 647.

den Frohsinn der Speisenden befördern sollten. Vgl. die Ausleger zu Cornel. Nep. Attic. 14. (*Gunther.*)

AKROAMATISCH, AKROAMATIKER. Der erste Ausdruck wird gebraucht 1. von der *Lehrart* oder *didaktischen Methode*. Wenn nämlich der Lehrer einen im Zusammenhange fortlaufenden Vortrag hält, so daß der Schüler blos aufmerksam zuzuhören und das Gehörte in sich aufzunehmen hat, so nennt man diese Lehrart *akroamatisch*. Ihr steht die *erotematische* entgegen, bei welcher sich der Lehrer mit Fragen an den Schüler wendet, die dieser zu beantworten hat. Folglich setzt man der *akroamatischen* Lehrart auch die *katechetische* oder *sokratische* entgegen, bei welcher die Fragen von dem Lehrer so eingerichtet werden, daß die Denkkraft des Schülers zur eignen Erzeugung gewisser Vorstellungen und Erkentnisse angeregt wird. Indessen soll sich auch bei einem akroamatischen Vortrage der Zuhörer nicht blos leidend verhalten. Vielmehr ist die Entwickelung und Ausbildung des geistigen Vermögens des Zuhörers durch Anregung von Seiten des Lehrers der eigentliche Zweck jedes Lehrvortrags, mithin auch des akroamatischen, nur daß bei diesem der Lehrer sich nicht unmittelbar durch Fragen an den Schüler wendet, um ihn zur Beantwortung derselben durch eigenes Nachdenken aufzufodern, sondern es dem Schüler überläßt, wiefern er sich durch das, was er hört, zur eigenen Geistesthätigkeit anreizen lassen will.

2. Braucht man jenen Ausdruck von den *Lehren* selbst, die vorgetragen werden. Diese heißen dann *akroamatische Lehren*, wenn sie blos mündlich den Schülern als eine Art von Geheimniß anvertraut, nicht aber auch schriftlich für jedermann bekannt gemacht werden. Solche Lehren heißen auch *esoterische* im Gegensatze der *exoterischen*, an welchen jeder nach Belieben Theil nehmen kann. Dieser Unterschied gründet sich auf die Gewohnheit der alten Philosophen, gewisse Lehren blos mündlich innerhalb der Schule als Geheimnisse fortzupflanzen, um durch öffentliche Mittheilung oder Gemeinmachung derselben keinen Anstoß beim großen Haufen zu erregen, der sie theils wegen Mangels der nöthigen Vorkentnisse nicht fassen konnte, theils wegen des davon abweichenden Volksglaubens für irreligiös gehalten haben würde. Darum hat man nun

3. jenen Ausdruck auch auf die *Schüler* übergetragen. *Akroamatische Schüler* oder schlechtweg *Akroamatiker* heißen daher die vertrauteren Schüler eines Lehrers (discipuli interioris admissionis), welchen selbst jene geheimern Lehren durch mündlichen Vortrag mitgetheilt werden. *Akroamatiker* sind also dann eben dieselben, welche sonst *Esoteriker* genannt und den *Exoterikern* entgegengesetzt werden. Doch ist der Sprachgebrauch in der letzten Hinsicht schwankend; denn zuweilen heißen auch die Exoteriker Akroamatiker, weil sie den Lehrer blos hören, aber nicht befragen, nicht mit ihm in ein wissenschaftliches Gespräch, in einen gelehrten Streit sich einlassen durften, welches nur den in die höhern und geheimern Lehren eingeweihten Schülern erlaubt war. Daher heißen *Akroamatiker* auch zuweilen so viel als *angehende Schüler*, *Neulinge* (tirones). Endlich

4. hat man den Ausdruck *akroamatisch* auch auf solche *Schriften* übergetragen, die entweder nach der akroamatischen Lehrart (Nr. 1) geschrieben sind oder akroamatische (esoterische) Lehren (Nr. 2) enthalten, und daher für Akroamatiker in der (Nr. 3) zuerst angeführten Bedeutung, also für Esoteriker, bestimmt sind. *Akroamatische Schriften* sind dann so viel als *esoterische*, und ihr Gegensatz sind wieder die *exoterischen Schriften*. Man muß daher diese verschiednen Bedeutungen und Beziehungen der Ausdrücke *akroamatisch* und *Akroamatiker* wohl unterscheiden, wenn man sie nicht falsch verstehen und anwenden will. (*Krug.*)

Akroamatisch, Popular. Der Vortrag von Wahrheiten, die in das Gebiet einer Wissenschaft fallen, kann einmal auf denjenigen berechnet seyn, der in jene Wissenschaft bereits eingeweihet ist, und dann auch einem Leser und Hörer verständlich seyn sollen, bei dem dieses nicht voraus zu setzen ist. In dem letzten Falle nennt man ihn *popular*; im ersten kann er füglich, aus einem bald anzugebenden Grunde, *akroamatisch* genannt werden. Wenn der populare Vortrag gleich allgemeiner faßlich als der akroamatische ist; so läßt sich doch keineswegs behaupten, daß er diesen an sich an Faßlichkeit übertreffe. Die Sache verhält sich vielmehr da, wo vernünftiger Weise zwischen dem einen und dem andern Vortrage unterschieden werden kann, auf die entgegengesetzte Art. Denn der Gegenstand einer Wissenschaft bietet demjenigen, der sich mit ihr bereits bekannt gemacht hat, Vortheile für die Erweiterung seiner Erkentniß, ihre Deutlichkeit und die darauf gegründete Gewißheit dar, deren ein Anderer entbehren muß. Dergleichen Vortheile sind die Terminologie der Wissenschaft, die Art Beweise darzustellen u. s. w. Von diesem Vortheile kann derjenige, der seinen Vortrag nur an denjenigen richtet, der mit der Wissenschaft vertraut ist, der sein Gegenstand angehört, Gebrauch machen, um vielleicht in wenig Worten dasjenige zur größten Deutlichkeit und Gewißheit zu erheben, was er, wenn er auch jedem Andern verständlich seyn wollte, nur mit einer Weitläuftigkeit sagen könnte, die eben deshalb, weil sie eine Mehrheit von Ausdrücken einzeln aufzufassen und dann zu verbinden gibt, der Deutlichkeit hinderlich ist. Drückt man z. B. den, auch dem Anfänger in der Geometrie in den Worten: „*das Quadrat der Hypotenuse ist gleich den Quadraten der Katheten*,“ faßlichen Satz so aus: „*in einem rechtwinklichten Triangel ist das Quadrat der Seite, die dem rechten Winkel gegenüber steht, gleich den Quadraten der Seiten die den rechten Winkel einschliessen*;“ so faßte man ihn allerdings in Worten, deren jedes jedermann verständlich ist; aber für denjenigen, der die Bedeutung der Ausdrücke: *Kathete* und *Hypotenuse* sich einmal geläufig gemacht hat, gewiß nicht auf eine so geschwindfaßliche Art, als wenn man ihn auf die erste Art ausdrückt. Schlüsse und Definitionen werden von demjenigen, der sich die Terminologie einer Wissenschaft geläufig gemacht hat, bestimmter und schneller verstanden werden, als von einem Andern, wenn man sie diesem ohne alle Terminologie vorträgt. Die Rede ist hier natürlich nur von dem Falle, wo die Terminologie einer Wissenschaft — uneigentlich Kunstsprache genannt — von der Sprache des gemeinen Lebens verschieden ist, und verschieden seyn muß, weil diese nicht das Bedürfniß hat, gewisse Dinge so genau bestimmt und kurz zu bezeichnen, als es für den Vortrag einer Wissenschaft unumgänglich nothwendig ist. Aus dem bisherigen erhellet, daß der akroamatische und populare Vortrag sich nicht durch die Faßlichkeit und Deutlichkeit an sich, sondern nur durch die Art, wie sie hierzu zu gelangen suchen, unterscheiden, ja, daß der akroamatische Vortrag, da wo er angebracht ist, jene Eigenschaften in einem höhern Grade als der populare hat, und wenigstens mehr Bestimmtheit in Ansehung der Klarheit, und Schärfe in Ansehung der Gewißheit gewährt. Akroamatisch da reden zu wollen, wo der populare Vortrag in jeder Hinsicht zureicht, würde eben so pedantisch seyn, als es in den meisten Fällen vermessen seyn würde, da, wo es auf die größte Deutlichkeit und Gewißheit wissenschaftlicher Erkentnisse ankommt, auf die Vortheile der akroamatischen Darstellung Verzicht leisten zu wollen. So etwas kann nur ein Meister in einer Wissenschaft wagen, der ihrer und aller Darstellungsformen mächtig ist, ein Mann, wie **Euler**, von welchem **Kästner** sagt, daß er sich mit gleicher Geschicklichkeit zu dem Anfänger herabzulassen, als den größten Meister zu lehren wisse.

Die Regeln für den akroamatischen Vortrag gibt die logische Methodenlehre angewandt auf den Gegenstand der Wissenschaft, von deren Vortrage die Rede ist. Die Hauptverschiedenheit des akroamatischen von dem popularen Vortrage besteht darin, daß er das Allgemeine in seiner bestimmten Allgemeinheit aufstellt, der populare Vortrag hingegen das Allgemeine mehr in Concreto als in seiner nackten Allgemeinheit, d. h. in einzelnen unter ihm enthaltenen Fällen darstellt. Der letzte Vortrag läßt seinen Leser oder Hörer den allgemeinen Satz, auf den es ankommt, abstrahiren, der erste stellt ihn hingegen in seiner dürren Allgemeinheit auf. Jeder Vortrag sorgt so auf die beste Art für seinen Leser, indem er sich ganz nach ihm richtet. Was bis jetzt von der Darstellung einzelner Punkte der Wissenschaft gesagt ist, gilt eben so wol von der Zusammenstellung des Ganzen. Der akroamatische Vortrag gewinnt z. B. bei seinem Leser oder Hörer an Faßlichkeit durch Verweisungen auf das Vorhergehende, welche einen Andern nur verwirren würden.

Man unterscheidet noch den popularen von einem andern Vortrage, wo nicht die Rede von einem Gegenstande ist, in sofern er in das Gebiet einer Wissenschaft fällt; bei Predigten, Geschichtserzählungen, Beschreibungen, Anweisungen zu gewissen Verrichtungen u. s. w. Hier kann der Vortrag, der auf allgemeine Faßlichkeit Anspruch macht, allerdings popular genannt werden; allein man kann diesem popularen Vortrage nicht den akroamatischen entgegen setzen. Man kann popular oder für den Gebildetern, aber wohl nicht akroamatisch predigen; ingleichen popularer oder für den Gebildetern erzählen, allein eine Erzählung, die auf die Fassung des Gebildetern, und dabei so angelegt wäre, daß sie sein feineres Gefühl nicht verletzte, würde schwerlich akroamatisch genannt werden können. Der Gegensatz zwischen dem Akroamatischen und Popularen scheint also lediglich bei dem Vortrage von Kentnissen, die in das Gebiet einer Wissenschaft fallen, Statt zu finden. Zu diesen Benennungen scheinen wenigstens schon des Aristoteles Schriften Veranlassung gegeben zu haben. Denn die jedem seiner Leser oder Hörer bestimmten Vorträge, belegte er mit dem Namen der **exoterischen**, gemeinverständlichen (λογων εν κοινῳ) und andern ähnlichen. Diese Schriften waren nach der Sprache der Neuern, z. B. Grotins (d. I. Bell. et Pac. I.) popular zu nennen. Die andern Schriften des **Aristoteles**, die er selbst als wissenschaftlicher abgefaßt beschreibt, nannte man wenigstens späterhin **akroamatisch**, wenn dieser Name auch von ihm nicht selbst gebraucht seyn sollte. (S. unter andern **Buhle** Lehrbuch der Geschichte der Philosophie Th. 2. S. 342—352). (*Hoffbauer.*)

Akroasis, s. Akroamatisch.

Akroathon, s. Athos.

AKROCHIRISMOS hieß bei den Griechen ein lustiger Tanz, der aus bloßen Figuren durch Händebewegung bestand, und wobei sich die Tanzenden (Akrochiristen) blos mit Händen und Fingern berührten. Diese Tanzart ist später häufig bei den komischen Ballets zu Karikaturen und lächerlichen Auftritten benutzt worden. (*Roller.*)

Akrokeraunia, s. Ceraunii montes.

Akrokorinthos, s. Korinthos.

AKROLITHEN (Ἀκρολιθοι) nennt man die alten Statuen, an welchen nur die äußersten Theile von Stein waren (Vitruv. 2, 8). Die älteren Statuen vor Phidias hatten nur Kopf, Hände und Füße von weißem Marmor, der Rumpf war von vergoldetem Holz oder Bronze, und man bekleidete sie mit gestickten Gewändern aus der Tempelgarderobe, wie in dem Christenthum die Heiligenbilder. (*H.*)

AKROLISSOS, ein unersteigliches Bergschloß in Dalmatien, nahe bei Lissus (*Polyb.* VIII, 10. *Liv.* XLIII, 20). (*Rickless.*)

Akron in Philistäa, s. Ekron.

AKRON, ein Arzt aus Akragant in Sicilien, der im fünften Jahrh. vor unsrer Zeitrechnung lebte, und von den Empirikern für den Stifter ihrer Secte ausgegeben wird. Er soll die Pest in Athen durch angezündete Scheiterhaufen gestillt haben, wofür indeß nur sehr späte Zeugnisse sprechen. Er hinterließ mehrere medicinische und diätetische Schriften im dorischen Dialekt. (*Sprengel.*)

AKRONYCHII, von ἀκρονυχος, vespertinus, heißen bei einigen alten Schriftstellern die beiden untern Planeten Merkur und Venus, weil sie sich in der Abendzeit am Himmel zeigen, und nie um Mitternacht sichtbar sind. (Fälschlich schreiben einige **Achronichii**, nach der Ableitung von χρονος, Zeit und dem α privativum, da das Wort doch von ἀκρα της νυκτος abstammt, welches die beiden äußersten Enden der Nacht bezeichnet; denn die Griechen gebrauchen es eben sowol von Sternen, die nur am Abend, als von solchen, die nur am Morgen sichtbar sind). (*Fritsch.*)

AKROPOLIS kommt vor in einer dreifachen Bedeutung: 1) als eine hoch gelegene Stadt; 2) als die obere Stadt, und eben darum 3) als Burg, Veste, Schloß. Die ältesten Anbauer in Griechenland gehören der drangvollen Zeit eines Faustrechts an, welches vielleicht an

Barbarei das im Mittelalter noch übertrifft. Unaufhörlich umherziehende Horden, bald verdrängend und bald verdrängt, machten den Aufenthalt höchst unsicher, und nur auf verschanzten Bergen konnte man größere Sicherheit hoffen. Man fing darum an eine Art von Burgen zu erbauen. So errichtete Kadmos in Theben die Burg Kadmea; Korinth begann mit Akrokorinthos, und der Anfang zu Athen war die Burg Kekropia, von Kekrops also benannt. Als man nachher auch ringsum und unten anbaute, entstand dadurch der Unterschied zwischen der obern und untern Stadt, besonders aber erhielt nun in Athen die alte Kekropia den Namen der Akropolis (s. Athen). (*H.*)

AKROPOLIS. So nennt Dio Cassius (XXXVII. 1) eine Stadt in Iberien, welche mit ihrem eigentlichen Namen Harmozika (Armactika) hieß, etwas nordwestlich von Tiflis, und am Cyrus gelegen. Da das Wort Harmozika so viel ist als Hörum-Ziche oder Rum-Ziche, Schloß der Griechen, so erklärt sich die Benennung Akropolis von selbst. Vergl. Harmozika. (*Rommel.*)

AKROPOLITA (Georgius) ging mit seinem Vater, um sich der Herrschaft der Lateiner zu entziehen, aus Constantinopel nach Nicäa, erhielt eine wissenschaftliche Erziehung, wurde zu Gesandtschaften gebraucht, gerieth in die Gefangenschaft des Despoten Michael, schwang sich zur Würde des Großkanzlers oder Groß-Logotheten empor, die er unter Michael dem Paläologen und dem ältern Andronikus bekleidete, wirkte der Vereinigung der griechischen und lateinischen Kirche entgegen, und lebte noch 1294. Er schrieb Lobreden auf die heilige Theodosia, auf den heil. Neophytus, Theodorus Cero und auf Johannes Damascenus. Seine Commentarien aber wurden durch Theodor Muzalo verbrannt (nach Hancke und Oudin). (*v. Baczko.*)

AKROPOLITA (Georgius), ein byzantinischer Geschichtschreiber, geb. zu Constantinopel 1220, aus einer mit dem kaiserl. Hause verwandten Familie. Der Kaiser Joh. Ducas ließ ihn zu Nicäa, wo er damals residirte, in der Philosophie und Mathematik unterrichten, zog ihn dann an seinen Hof, bediente sich seiner, als eines talentvollen Mannes, bei verschiedenen Gesandtschaften, und übertrug ihm die Würde eines Großlogotheten. Als Feldherr war er nicht glücklich. Der Kaiser Michael Paläologus sandte ihn 1274 auf das Concilium nach Lyon, wo er im Namen desselben die Spaltung zwischen beiden Kirchen abschwor, und die Lehren der römischen Kirche für richtig erkannte. Er staeb 1282, von seinen unwissenden Zeitgenossen als ein zweiter Aristoteles und Plato verehrt. Er hinterließ eine griechische Kaiserhistorie von 1203 bis 1261, die allen Glauben verdient, aber in Ansehung der Diction und Klarheit der Darstellung viel zu wünschen übrig läßt. Lange Zeit war das Werk nur in dem Auszuge eines Ungenannten bekannt, bis es 1651 zu Paris Fol. von Leo Allatius mit Anmerk. und einer Uebersetzung herausgegeben wurde; neuer Abdruck Vened. 1729. Fol. Von seinem Sohne Constantinus, der ebenfalls zu Constantinopel Großlogothet war, hat man Biographien einiger Heiligen und andere unbedeutende Abhandlungen. S. Chaufepié Dict. Hambergers zuverlässige Nachr. 4. Th. 835. (*Baur.*)

AKROREIA, Akroreioi (Ἀκρώρεια, Ἀκρώρειοι), Stadt, Gegend und Bewohner derselben in Triphylia, nicht fern von dem Alpheios *). Es gehörten mehrere Städtchen dazu. (*Spohn.*)

AKRORITA (Ακροριτης), d.i. Bewohner der Bergspitze, unter welchem Namen Apollo nach Steph. Byz. h. v. in Sicyon verehrt ward. (*Ricklefs.*)

AKROSTICHON (von ἄκρον, das Hohe, die Spitze, das äußerste Ende, und στιχος, Reihe, Vers), ist eine Art von Spielwerk in der Poesie, bei welchem die Anfangs- oder End-Buchstaben jedes Verses zusammen genommen einen eignen Sinn enthalten, einen Namen, eine Sentenz oder dergl. Nach Cicero fand sich dergleichen Spielwerk schon bei den Sibyllinischen Orakeln (s. ABC. I. S. 54). Bei den Kirchenschriftstellern ist darunter das Vers-Ende der Psalmen zu verstehen, welches die Gemeine im Chor sang, gleichsam als Antwort auf den Anfang des Vorsängers. In diesem Sinn ist es eine Art altkirchlicher Psalmodie. (*H.*)

AKROTATOS (Ἀκρότατος), der älteste Sohn des Spartanischen Königs Kleomenes II. aus der Familie der Eurystheniten, widersetzte sich dem Beschlusse der Spartaner, daß denen, welche in der Schlacht bei Megalopolis (330 v. Chr.) vor Antipater die Flucht ergriffen hatten, die Strafe der Ehrlosigkeit erlassen seyn sollte. Dies erbitterte diejenigen, welche, dem Gesetze gemäß, der Ehrlosigkeit hätten unterliegen müssen, so sehr, daß sie ihn mit Schlägen mißhandelten und auf alle Weise verfolgten bis zum Jahre 314, wo er mit wenigen Schiffen sein Vaterland verließ, um den Agrigentinern beizustehen, welche ihm den Oberbefehl des Krieges gegen Agathokles den Tyrannen von Syrakus übertrugen. Durch Stürme ward er nach Apollonia am Adriatischen Meere verschlagen, welche Stadt er von Glaukias, dem Könige der Illyrier, belagert fand. Er vermittelte die Aufhebung der Belagerung und den Frieden zwischen Glaukias und den Apolloniaten, segelte nach Tarent, bewog diese Stadt, an dem Befreiungskriege Theil zu nehmen, und kam endlich in Agrigent an, wo er anfänglich als Oberbefehlshaber große Hoffnungen erregte. Allein bald überließ er sich einer Persischen Schwelgerei, verschwendete und beraubte das Staatsvermögen, und ermordete den ausgewanderten Syrakusaner Sosistratus, der als Anführer in großem Ansehen stand und ihm einigermaßen das Gegengewicht hielt. Diese Mordthat erregte eine allgemeine Empörung gegen ihn; man nahm ihm den Oberbefehl und suchte ihn zu steinigen. Er entkam jedoch der Wuth des Agrigentinischen Volks unter dem Schutze der Nacht und segelte nach Lakonika zurück, starb bald nachher noch vor dem Tode seines Vaters Kleomenes II. und hinterließ einen Sohn Areus I., welcher 310 n. Chr. König in Sparta wurde (Diodor. XIX. 70 sq. Sparta v. Manso 3. Bd. 2. Abtheil. S. 248). (*Kanngiesser.*)

AKROTATOS, des Spartanischen Königs Areus I. Sohn, also ein Enkel des obigen Akrotatos, liebte als

*) Xenoph. Hist. Gr. III. 2. 21. IV. 2. 9. VII. 4. 14. Diodor. Sic. XIV. 17. Steph. Byz.

Jüngling Chelidonis, die junge Gemalin des Kleonymus, welcher der Bruder seines Großvaters Akrotatos und von der Regirung ausgeschlossen war. Letzterer, durch diese doppelte Kränkung erbittert, bewog den König von Epirus, Pyrrhus, welcher eben Macedonien erobert hatte, ihm mit einem starken Heere beizustehen, um sich der königlichen Herrschaft in Sparta zu bemächtigen. Bei diesem Angriff des Pyrrhus auf Sparta (272 v. Chr.) welche Stadt wegen der Abwesenheit des Königs Areus I. und der Kriegsmannschaft, fast ohne Vertheidiger war, zitterte am meisten Chelidonis, die sich mit einem Strick um den Hals zeigte, um sich zu henken, wenn die Stadt genommen werden sollte. Akrotatos aber, ihr Geliebter, trug durch einen kühnen Angriff, den er mit 300 Mann auf den Rücken der Feinde machte, zur Rettung der Stadt wesentlich bei, und ward, als er mit Blut bedeckt und siegreich zurückkehrte, von den Weibern mit Jubel empfangen, und seine Liebe zu Chelidonis sogar von den Männern gebilligt, die ihm zuriefen: er solle Chelidonis umarmen und nur wackere Söhne für Sparta erzeugen. Die Stadt ward endlich wirklich entsetzt, da der abwesende König Areus I., des Akrotatos Vater, mit 2000 Schwerbewaffneten aus Kreta anlangte. Nach 6 Jahren (266 v. Chr.) wurde Areus I. bei Korinth ermordet und Akrotatos König in Sparta. Er verlor aber noch in demselben Jahre sein Leben in einem Treffen gegen Aristodemus den Tyrannen von Megalopolis (Plutarch. vit. Pyrrhi. 26 sq. Agid. 3. Sparta v. Manso. 3. Bd. 1. Abtheil. S. 255). (*Kanngiesser.*)

AKROTERIA heißen die Bilderstühle, die auf der Spitze und den Ecken des Giebels griechischer Gebäude angebracht wurden, um Statuen, Vasen oder sonstige Verzierungen darauf zu stellen. Ueber die Verhältnisse derselben zu dem Giebel s. Vitruv. 3, 3. Daß jedoch dieses Maas keineswegs allgemein angenommen worden, beweist der dorische Portikus zu Athen (Antiqu. of Athens. Vol. I. Pl. 3). (*H.*)

AKROTHOON oder Akrothoos, ein Städtchen auf der Höhe des Athos auf der östlichsten Landspitze der Halbinsel Chalkidice *). Später trat an die Stelle dieses Orts das von Cassanders Bruder Alexander angelegte Uranopolis **). (*Rickless.*)

Akrûd, s. Adscherud.

AKSAI (Jachsai), heißt nicht allein ein kaukasischer Fluß nebst einem District bei Kislar am Kaspischen Meer, sondern auch ein donischer Kosakenfluß nebst einem Dorfe gleiches Namens. 1) Der auf dem Kaukasus entspringende Aksai oder Jaksai (unter 43° N. Br. 64 O. L.) auf russisch Suchoi, der trockene genannt, fällt in den See Tschuwal und aus diesem einige Werste über Kislar in die Kargina, einen Nebenfluß des Terek. Von ihm hat unstreitig das Gebiet an beiden Seiten des Flusses seinen Namen, dessen tatarische Bewohner rechtgläubige Muhammedaner oder Sunniten sind, und sich außer der Viehzucht und dem Ackerbau durch Baumwolle-Handel nähren. 2) Aksai ist aber auch ein Nebenarm des Don, welcher 30 Werste unterhalb der Mündung des Donez, aus der rechten Seite des Don abgeht, und von da nach einem Laufe von 50 Wersten nicht weit von der Hauptstadt der donischen Kosaken, Tscherkask und von der Festung des heiligen Dimitri, abermals in den Don fließt. Nicht weit hievon liegt auch das Dorf Aksai an der Westseite der Mündung, bewohnt von einigen Hundert Klein-Russen, welche Kopfgeld geben und von der Fischerei leben. (*Rommel.*)

AKSAKAL-BARBÜ, auch Aksakul-Barbi, ein in der Prov. Orenburg im Lande der Kirgis-Kaisaken, ein großer, salziger und fischreicher See, in welchen 66 Steppenflüsse fallen. Ihm beinahe südlich liegt der große Aralsee. Das um ihn liegende Gehölze besteht meistentheils nur aus niedrigem Buschwerk. (*J. Ch. Petri.*)

AKSCHEHR (Akscheher), das ehemalige Tyriäum, ist der Sitz eines Sandschaks von 6 Siamet und 122 Timaren in der Statthalterschaft Karaman, in einer Breite mit Akserai, drei Tagereisen von Konia und die Begräbnißstätte mehrerer berühmter Männer. Die dazu gehörigen Gerichtsbarkeiten sind: Ilghun, Ischakli, Toghan hissar. Der nach dieser Stadt genannte See liegt eine Tagereise von derselben nahe bei Ilghun, ist nicht immer mit Wasser gefüllt; und ergießt, wenn er dessen zu viel hat, seinen Ueberfluß in einen andern westlich gelegenen See Namens Wadi (Dschihannüma S. 619). Der Name dieser Stadt wird von den Turkomanen auch Akschar, Anschar und Achischar ausgesprochen. S. Bajasid I. entriß sie der Familie Karaman im J. d. H. 793 (1390), und starb daselbst im J. d. H. 805 (1402). (Hadschi Chalfa). Eine Gattung von Aepfeln dieser Stadt, Tebkani elmassi genannt, sind ihrer hohen Purpurfarbe wegen berühmt. Die Obrigkeiten der Stadt sind: der Mufti, Nakib, die Offiziere der Janitscharen und Sipahis, der Aufseher (Naib), der Voigt (Muhtessib) und der Polizeicommissar (Subaschi) der Stadt (Ewlia III). In der Nähe der Stadt ist ein unvergleichlicher Spaziergang Namens Baschtekie, mit einigen Wasserbehältern, aus denen das Wasser in Kanälen abläuft (Dschihanm. S. 619). (*v. Hammer.*)

Nach anderweitigen Nachrichten hat der Ort Tapetenmanufaktur und Handel mit Wolle, Gummitragant und Galläpfeln. (*H.*)

AKSCHEMSEDDIN (Scheich). Einer der größten und berühmtesten Scheiche, Rechtsgelehrten und Aerzte des osmanischen Reichs, dessen früheste Geschichte besonders die der Eroberung Constantinopels mit der seinigen innigst verwebt ist. Seinen Stamm leitet er durch den Scheich Sehrwerdi von Abubekr und durch diesen vom Propheten selbst ab. Im J. d. H. 792 (1389) zu Damaskus geboren, kam er im Alter von sieben Jahren mit seinem Vater dem Scheich Hamsa nach Kawak im Sandschak Amasia, wo die Grabstätte seines Vaters noch heute ein Wallfahrtsort ist. Als Jüngling widmete er sich dem Dienste Hadschi Beiram's des großen Scheichs und Heiligen, begab sich aber, als er an der Armuthslehre seines Meisters nicht großen Gefallen fand,

*) Strab. VII. Exc. 16. Herod. VII. 22. Thucyd. IV. 109, bei Skylax p. 27. Akrothoon. **) Athen. III. 20. Mel. II. 2. Plin. IV. 16.

zum Scheich Hafi nach Damaskus, von wo durch einen Traum ermahnt, er wieder unter die Schüler Hadschi Beiram's zurückkehrte, von ihm die Weihe erhielt, und dann an dem Collegium zu Osmandschik als Professor angestellt ward. Mit dem Scheiche Akbiik und anderen begleitete er S. Mohammed II. zur Belagerung Constantinopels, sagte genau die Stunde der Eroberung voraus, und fand das Grab des alten islamitischen Helden und Heiligen Ejub auf, dessen Andenken die Belagerer zum entscheidenden Sturme siegreich begeisterte. Nach der Eroberung zog er sich in das Dorf Goinik zurück, wo er in einem hohen Alter starb, und wo seine Grabstätte von Wallfahrern häufig besucht wird. Sea'deddin, der Geschichtschreiber, sah hier einen von seiner Hand geschriebenen Commentar, den er seinen Nachkömmlingen als Stiftung (Wakf) hinterlassen, vom J. d. H. 858 (1453). Seine Werke sind theils medicinischen, theils ascetischen Inhalts. Er schrieb 100 Abhandlungen über die Ascetik (Ilm tassawuf), ein medicinisches Werk Tibb-el-ebdan, d. i. die Arznei der Körper; eine mystische Abhandlung unter dem Titel: Rissaletunnur, d. i. die Abhandlung vom Lichte. Sein Leben beschrieb sein Enkel unter dem Titel: Menakib Akschemseddin. Er hinterließ 6 Söhne, alle als Gelehrte berühmt. Sie sind 1) Scheich Saadollah, der älteste, folgte seinem Vater als Scheich nach, und schrieb Randglossen zum Commentar des Mewakif, gestorben im J. d. H. 897 (1491). 2) Scheich Faslollah stand seiner Frömmigkeit wegen im wunderthätigen Rufe, und starb im J. d. H. 906 (1500). 3) Scheich Nurollah, legte sich auf die äußeren Wissenschaften, nahm, ungeachtet des Verbotes seines Vaters, ein richterliches Amt an, und soll dafür durch das Podagra, woran er litt, gestraft worden seyn. 4) Scheich Nassrollah ging, um sich in den Wissenschaften auszubilden, nach Persien, wo er starb. 5) Scheich Mohammed Nurol-huda, d. i. das Licht der Leitung, ein Name, der schon hinlänglich den Ruf der besonderen Heiligkeit, worin er staud, bezeichnet. 6) Schrich Mohammed Hamdeddin, berühmt unter dem Namen Hamdi tschelebi, einer der größten Dichter der Osmanen; siehe: Hamdi tschelebi. Scheich Abdol-kadir, der Sohn Saadollah's, der Enkel Akschemseddin's, macht die Pleias dieser Gelehrten- und Heiligenfamilie vollständig (Aali, Seádeddin, Menakib Akschemseddin). (*v. Hammer.*)

AKSCHID, eigentlich Abu Bekr Muhammed, ein geborner Türke, der im Jahr 935 n. Chr. unter dem Rhadi Billah als unabhängiger Statthalter von Aegypten und Syrien und als Stifter einer eigenen Dynastie der Akschiditen auftrat, die aber schon 969 unterging. Er hielt zuerst eine Leibwache, die er Mamluken (Sclaven, Beherrschte) nannte. Ein Sclave Kafor (Kaffer, Ungläubiger), den er für 18 Thaler kaufte, ward nicht allein nach dem Tode Akschid's (945) Vormund seiner Kinder, sondern auch unter dem angenommenen Namen Akschid wirklicher Regent, und nach dem Zeugniß Al-Makin's ein Mann von wahrhaft königlichen Eigenschaften. Als er starb (969 n. Chr.), ging bei der Unmündigkeit Ali's, eines Enkels Akschid's I., des einzigen übriggebliebenen Sprößlings dieses Hauses, Aegypten an die Fatimiten über [Marigny's Geschichte der Araber. Th. III. *)]. (*Rommel.*)

AKSCHINSK, kleine Festung in der Statthalterschaft Irkutzk in Sibirien am rechten Ufer des Flusses Onon. Der Bau derselben wurde 1756 unter der Kaiserin Elisabeth unternommen, in der Absicht, nach den Grenzen von China zu, einen haltbaren Ort zu haben. Sie ist in der Form einer Sternschanze angelegt und hat eine Kirche, eine Kanzlei, 8 Kasernen, einige Häuser für die Offiziere und Magazingebäude. Die Häuser für sonstige Einwohner, welche, in der Nähe herum, hier und da zerstreut liegen, sind meistens an einem kleinen länglichen See gebaut und sollen mit der Zeit in eine Vorstadt vereinigt werden. (*J. Ch. Petri.*)

AKSERAI, d. i. der weiße Palast, der Sitz eines Sandschaks von vier Siamet und 258 Timaret in der Statthalterschaft Karaman, an dem Berge Hassan, am Flusse Ulu Irmak gelegen. Konia liegt von hier drei Tagereisen westlich, und Kaißarie eben so viele östlich. Das Schloß ward im Jahre der H. 599 (1202) von Afeddin Kilidsch Arslan Ben Messud dem Seldschugiden erbaut. Die dazu gehörigen Gerichtsbarkeiten sind: Ejub Ili und Kotschhissar (Dschihannüma S. 619 und 620). Die Einwohner dulden keinen Ungläubigen unter sich, und die Stadt hat daher auch den Beinamen Dares-sulcha, d. i. das Haus der Frommen, und erhielt ihren Namen von einem herrlichen Palaste, den Kilidsch Arslan erbaute. Der byzantinischen Herrschaft wurde diese Stadt durch Jakub beg Karaman Oghli entrissen, und der Familie Karaman durch Bajasid I. Diesem zum Trotz verheerte Timur die Stadt. Sie hat 5 Thore und 32 Viertel. Die beste und älteste Moschee ist die von Karaman Oghli Ibrahim beg erbaute, im alten Style, einfach aber ganz von Stein. Sie hat mehrere Collegien, woraus berühmte Korans-Leser hervorgegangen sind, wiewol keine besondere Korans-Leseschule vorhanden ist. Begräbnißstätten: Die Sage verlegt hieher die Grabstätte von mehreren tausenden in dem Kampfe wider die Ungläubigen gefallenen Märtirer, auch sind hier mehrere Scheiche, wie Hamidweli, Külchanidede, Hamaslidede, und der Erbauer der Stadt der Sultan Kilidsch Arslan begraben (Ewlia III). (*v. Hammer.*)

Aksor, s. Luxor.

AKSU, d. i. der weiße Fluß, eine in der Türkei sehr gewöhnliche Benennung von Flüssen; 1) des Flusses, der ehemals Teleboas hieß, von Xenophon Kentrites und von Plutarch Arsinios genannt wird. Er entspringt westlich von dem See von Wan, und fließt dann von Süden gegen Norden in den Murad oder östlichen Euphrat (*Rennel*: Illustrations of the history of the expedition of Cyrus S. 207 u. 212). (*v. Hammer.*) 2) Fluß in Schirwan, der in die Linke des Kur fällt, und für die Provinz Schamachie, die er von Norden nach Süden durchströmt, von Wichtigkeit ist. Daß er zuweilen mit dem Belaja im Osten desselben (wahrscheinlich dem Fluß Albanus des Ptolemäus) verwechselt wird, sieht

*) Ueber die Akschiditen- oder Ikschiditen-Münzen s. mohammed. Münzen.

man daraus, daß die beiden ehemaligen Hauptstädte des Landes Alt- und Neu-Schamachie, nun Ruinen, von Einigen an die Linke des Aksu, von andern (auf Charten) an den Belagafluß gesetzt werden (s. Schirwan). 3) Name des Mascheivere, eines Nebenflusses des im südlichen Vorgebirge des Kaukasus entspringenden und in die Rechte des Kur's fließenden Ksia oder Nachätir (s. Mascheivere). (*Rommel.*) — 4) Aksu heißt auch ein District hinter Brussa, auf dem Wege nach Kutahja mit dem denselben durchströmenden Flüßchen (Dschihannüma S. 658), und so heißt 5) auch der Eurotas der Griechen mit dem umliegenden Bezirke in Morea (*Vaudoncourt* Memoirs S. 204). (*v. Hammer.*)

Aksum, s. Axum.

AKTÄA (Ἀκταίη). 1) eine der Nereiden *), 2) eine der Danaiden, Verlobte des Periphas **), ein Beiname der in Attika verehrten Artemis. (*Ricklefs.*)

Aktäa, Akte, s. Attika.

AKTÄON (Ἀκταίων), der Sohn des Aristäus und der Autonöe, Kadmos Enkel, bei Chiron erzogen und ein großer Verehrer der Jagd. Artemis, die er im Gargaphischen Thal im Bade belauschte — die spätere Nachwelt zeigte den Stein noch, auf dem er gestanden hatte [1]) — oder gar bewältigen wollte [2]), besprengte ihn, jungfräulich zürnend, mit Wasser, und verwandelte ihn in einen Hirsch, auf den sein eignes Jagdgefolge die in Wuth versetzten Hunde hetzte, die ihn auf dem Kythäron zerrissen. Lange suchten die wüthenden Hunde ihren Herrn, bis sie zur Höhle des Chiron kamen, der ihrer Wuth dadurch ein Ende machte, daß er ihnen das Bild des Aktäon zeigte [3]). Nach Stesichoros [4]) warf ihm Artemis eine Hirschhaut um, und hetzte die Hunde, ihn zu zerreißen, damit er nicht die Semele heirathen möchte. (*Ricklefs.*)

AKTÄOS, 1) der Sohn Erisichthons, der älteste König in Attika, Vater der Agraulos, Herse und Pandrosos †). Nach Pherekydes ††), wo jedoch vielleicht Aktor zu lesen ist, der Vater des Telamon, den die meisten zum Sohn des Aakos machen. (*Ricklefs.*)

AKTAR, ein kleiner Fluß im Norden des Kubans mit einer Rhede gleiches Namens, der dem Liman Aktar Bactar, welcher nordwestlich an die Insel Atschuk grenzet, seinen Namen ertheilt. Die in dem Liman liegende kleine Insel nennen Einige Sanet. In denselben Liman ergießt sich auch der Bach Kunir. (*Rommel.*)

AKTASCH, auch Kambulat, ein Kumükischer Fluß unter Kislar, der ins Caspische Meer fließt und vor seiner Mündung sich mit dem Koise vereint. An seiner Rechten liegt Euderu, ein ursprünglich tatarisch-kumükischer Ort. (*Rommel.*)

AKTAU, d. h. der weiße Berg im Lande der Kirgis-Kaisaken, nicht weit von dem Berge Ulutau. Auf diesem Berge entspringt der Fluß Sarassa, welcher die Grenze zwischen den Kirgisen und Songeren macht. (*J. Ch. Petri.*)

AKTE (ἡ ἀκτή). 1) Gegend der östlichen Küste des Peloponnes, wo die Trözenier und Epidaurier wohnten. Polyb. V. 91. 8. Steph. Byz., Diodor. Sic. XII. 43. XV. 31. XVIII. 11. Scymn. Chius V. 522. Hesychius. 2) Akarnaniens, s. Actium. 3) Magnesia's mit Tempel des Apollon. Steph. Byz. (*Spohn.*)

AK-TENGIS, heißt auf Tatarisch das weiße Meer, oder der temrukische Liman, ein Wasserbusen oder Einbruch der Insel Taman, der aber als ein eingeschlossener Landsee nur durch einen schmalen Landstrich vom Asowschen Meere und durch einen etwas breiteren vom tamanischen Busen getrennt ist, einige kleine Ausflüsse, die sonst schiffbar gewesen seyn sollen, aus dem Kuban empfängt, und gegen den temrukischen Busen des Asowschen Meeres seinen Ausfluß, und süßes Wasser hat (s. Pallas Reise in die südl. Prov. R. 2. Th.) (*Rommel.*)

Aktisteten, s. Monophysiten.

AKTOR (Ἄκτωρ), 1) der Sohn des Myrmidon und der Pisidike, Tochterenkel des Äakos [1]). — 2) Der Sohn des Dejon und der Diomede, Tochter des Xuthos, durch Ägina Vater des Menötios, und Großvater des Patroklos [2]). — 3) Der Sohn des Lapithen Phorbas und der Hyrmine, Tochterenkel des Epeus, und durch die Molione Vater des Kleatos und Eurytos [3]). — 4) Ein König in Phthia, der Vater des Eurytion [4]). — 5) Der Sohn des Axeus und Vater der Astyoche, mit welcher angeblich Ares den Askalaphos und Jalmenos zeugte [5]). — 6) Des Hippasos Sohn, einer der Argonauten [6]). — 7) Der Sohn des Poseidon von der Molione [7]). — 8) Der Sohn des Akastos [8]). — 9) Ein Auruncer, dessen Speer Turnus erbeutete, viel damit sich brüstend [9]), daher bei Juvenal 2,100 *Actoris spolium* eine schlechte Beute. (*Ricklefs.*)

AKTSCHAI, Fluß in der Statthalterschaft Karaman, wo im J. d. H. 793 (1390) eine der entscheidendsten Schlachten für die Herrschaft der Osmanen vorfiel, indem die Familie Karaman, nachdem dieselbe sich Angora's bemächtiget, und den Feldherrn Timurtasch gefangen genommen hatte, hier den siegreichen Waffen Bajasid's I. unterlag (Hadschi Chalfa). (*v. Hammer.*)

AKTSCHE (آقچه), die kleinste türkische Münze, so viel als Asper. 3 machen einen Para. Die Türken brauchen das Wort oft für Geld überhaupt. (*Tychsen.*)

AKTUBOJA-GORA, ein Berg in der Provinz Orenburg in Rußland, nicht weit von der gleichnamigen Hauptstadt; in der Nähe sucht man noch die Ruinen der vormals hier gestandenen Stadt Aktuba. (*J. Ch. Petri.*)

Akuminkon, s. Acimincum.

Akun, eine der Fuchsinseln, s. Aleutische Inseln.

AKUSCHA, ein ziemlich großer lesghischer Gebirgs-District, der sich im Westen bis an den Koissu erstreckt, im Süden an die Provinz der Kasi-Kumücken grenzt, und dessen eigene Mundart auch in den benach-

*) Apollod. I. 3. 7. Hyg. Praef. **) Apollod. II. 1. 5.

1) Pausan. I. 2. 2) Hyg. F. 180. 3) Apollod. III. 4. 4. Metam. III. 155 ff. Callim. in Lav. Pall. 113. vergl. Spanhem. ad h. l. 4) Pausan. IX. 2.

†) Pausan. I. 2. ††) Apollod. III. 12. 6.

1) Apollod. I. 7. 2. 2) Apollod. I. 8. 4. Schol. in Il. XVIII. 10. 3) Paus. V. 1. 8 u. 2. 1 ff. 4) Apollod. III. 13. 1. 5) Paus. IX. 37. 6) Hyg. F. 14. 7) Schol. in Il. XI. 749. Hyg. F. 157. 8) Schol. in Lycophr. 175. 9) Aen. XII. 94.

barten Districten von Zudakara und Kubetscha gesprochen wird *). Merkwürdig ist, daß dieser republikanische Gebirgsstamm, der nach Klaproth über 28000 Familien in 28 Dörfern enthält, aus einer Conföderation von mehreren Unterstämmen (Butta's genannt) besteht, deren rathgebende Vorsteher, ohne Geburtsunterschied gewählt, einzeln mit den Geschäftsträgern anderer lesghisch-kaukasischer Fürsten oder Stämme verhandeln dürfen. Die Akuschaer streiten, den Schamchal von Tarchu ausgenommen, gegen jeden, der sie bezahlt. Dafür aber, daß sie dem Schamchal von Tarchu, ihrem mächtigen Nachbar und Lehnsherrn oder Vormund, treu sind, dürfen sie auch, so lange ihre höheren Gebirge mit Schnee bedeckt sind, unentgeltlich in dessen fetten Triften ihre Heerden weiden (s. Lesgher). (*Rommel.*)

Akuschi (Zool.), s. Dasyprocta und Psittacus militaris.

AKUSTICI oder AKUSMATIKER hießen eine Classe von Schülern des Pythagoras, die durch Anhören auf die Bekanntmachung der Lehre des Pythagoras vorbereitet wurden und noch sonst manchen Prüfungen sich unterwerfen mußten, ehe sie in die geheime Lehre ringeweihet wurden (s. Pythagoras). (*Tennemann.*)

Akustik, s. Schall.

Akutan, eine der Fuchsinseln, s. Aleutische Inseln.

Aku-Thor, s. Thor.

AKUTIA (Ἀκούτεια), eine Stadt im alten Hispanien am Fl. Durias bei *Steph. Byz.* s. v. und *Strab.* L. III. (T. I. p. 407. *Siebenk.*), wo sie aber Ἀκουτία heißt und den Vakkären zugeschrieben wird. Einige Handschriften haben Κουτία. Nichts läßt sich hier mit Sicherheit bestimmen. (*Friedemann.*)

AKYPHAS (Ἀκύφας), eine von den alten Dorischen Vierstädten nach Theopompos bei *Steph. Byz.* Pindos ward für einerlei damit gehalten. *Strab.* IX. 427. s. dieß und Doris. (*Spohn.*)

AL. Der arabische Artikel, der, die, das. Bei der Aufsuchung der einzelnen Artikel über Arabien und aus der arabischen Sprache entlehnten Namen in dieser Encyel. schneide man in Gedanken jedes Mal die Sylbe Al ab, um das rechte Wort zu finden, z. B. Al-Hazeni, s. Hazeni; Al-Koran, s. Koran; Al-Makrizi, s. Makrizi. Eben dies gilt auch von den Artikeln des Dativs im Französ. u. Italien. wie al Fresco u. s. w. beides mit einzelnen Ausnahmen. (*H.*)

ALA, (Flügel,) wird, zumal bei manchen Flügelschnecken (Strombus), die äußere Lippe der Mündung genannt, wenn dieselbe wirklich flügelartig ausgebreitet ist, was aber nur bei ausgewachsenen Exemplaren stattfindet. (*Nitzsch.*)

Ala lata, eine von Klein gebrauchte Benennung der breitflügeligen Flügelschnecken, s. Strombus.

*) Die Mundart von Akuscha kommt unter den Kaukasischen und zwar den Lesghischen Sprachen der der Kasi-Cumuk noch am nächsten, ist aber doch eine eigenthümliche und sowol in überwiegend vielen Stammwörtern, als den wenigen, nicht regelmäßig genug gebrauchten grammatischen Formen unterschieden (s. J. v. Klaproth's Reisen in den Kaukasus Bd III. Anhang S. 58 ff.) (*Vater.*)

ALABA, kleine Stadt in der Prov. Tarraconensis in Spanien, genannt von Ptolem. neben Larta und Libona; auch gedenkt Plinius (H. n. III, 3) der Alabonenser. (*Sickler.*) — Andere Ortschaften dieses Namens, die frühere Reise-Nachrichten nach dem innern Afrika versetzen, sind, wegen der Unsicherheit derselben, aus den neuern Erdbeschreibungen verwiesen. (*H.*)

ALABAMA, ALEBAMA, ALIBAMA, ein großer Strom, der in Georgien in der Nähe des Hiwassi, eines Armes des Tenessiflusses entspringt, und sich nach Südwest wendet. Er nimmt eine Menge anderer Flüsse und reißender Waldströme, unter andern den Talapuse und Kusau, auf. Da, wo diese beiden Flüsse sich vereinigen, erhält der Strom den Namen Alabama. Man kann diesen letztern in gewisser Rücksicht selbst für einen Arm des großen Mobileflusses ansehen; denn nach einem Laufe von 400 engl. Meilen vereinigt er sich mit dem eben so großen Tombigbi, und ihr vereinigter Strom nimmt den Namen Mobile an. Nach einem Laufe von 3 Meilen trennt sich jedoch diese Wassermasse wieder, und der östliche Arm erhält auf's neue den Namen Alabama, bis er nach der Aufnahme mehrerer Flüsse in Westflorida den Namen Tensaw bekommt, und unter diesem in den mexicanischen Meerbusen geht. In diesen letztern strömt 12 engl. Meilen davon auch der westliche Arm, welcher den Namen Mobile bis an seine Mündung fortführt. Beide Arme sind schiffbar. An den Ufern des Alibama liegen überaus fruchtbare Savannen, in denen die Siminolen ihre Pferde weiden. Auch findet man an denselben mehrere Wohnstätten dieses Volks, so wie der Tschikasahs, Tschaktahs und anderer Indianer, unter denen Alabama am Zusammenflusse des Talapuse und Kusau die wichtigste ist. Die Franzosen hatten in dieser Gegend vormals eine kleine Festung, von welcher Bartram 1773 noch Ueberreste sah; in unsern Tagen wurde die Gegend von neuem dadurch merkwürdig, daß nach Napoleons zweitem Sturze viele aus ihrem Vaterlande ausgewanderte Anhänger desselben hier von den vereinigten Staaten Nordamerikas zur Anlegung einer Colonie Ländereien erwarben, die sie aber bald wieder verließen, um sich in der Prov. Texas eine Niederlassung zu gründen, die sehr bald durch die spanischen Truppen Mexico's vernichtet wurde. (*F. Herrmann* u. *H.*)

ALABANDA, früher Antiochia, eine sehr wohlhabende Stadt im Innern von Karien am Mäander[1]), benannt nach Alabandos, Sohn des Karis und der Kallirrhoe, im römischen Zeitalter Sitz eines Conventus iuridicus[2]), berühmt wegen der dortigen Kunstarbeiten[3]), 160 Stadien südlich von Tralles[4]). Ihre prächtigen Ruinen sahen noch Pococke[5]), und Chandler[6]) im Bezirk des Fleckens Karpuseli ungefähr 5 geogr. Meilen südöstlich von Magnesia. Ihre noch übrigen Münzen sind fast alle der Familie des August geweiht. *Rasche* Lex. Num. Vol. I. P. I. p. 266. (*Ricklefs.*)

ALABARCH, (ἀλαβάρχης und ἀλάβαρχος, alabarcha), eigentlich ein Zollschreiber, Zolleinnehmer bei den

1) Steph. Byz., Strab. XIV, 2 26. 2) Plin. V, 29. 3) Plin. XXXVI et XXXVII. an vielen Stellen. 4) Strab. l. c. 29. vergl. Liv. XXXVIII, 13. 5) Reise Th. 3. B. 2. K. 5. 6) K. 59.

Römern, nach der allein richtigen Ableitung von Cujacius, (observatt. VIII. 37) und Wesseling (de Judaeorum archontibus c. 8. S. 63 ff.) von ἄλαβα nach Hesychius bei den Cypriern Tinte, entsprechend dem lateinischen magister in scriptura, ursprünglich von demjenigen gebraucht, der die Pacht von den Triften einnimmt. Weil sich nun in alten Zeiten, wo die einzige Staatseinnahme der Römer in den Abgaben von den Triften bestanden, die Pachter einschreiben lassen mußten, so heißt die Abgabe dafür scriptura, welcher Name hernach auch den neuhinzugekommenen Abgaben blieb. Daher nennt Cicero den Pompejus alabarches (ad Att. II, 17), weil er die Zölle so sehr vermehrt haben wollte. Vorzugsweise kommt dieser Name in Aegypten von den dortigen Zollbeamten vor (Juvenal. Sat. I, 129, wo die Lesarten arabarches und alabandes gleich verwerflich sind, und in Gratian. leg. 9. de vectigal et commiss.), und bei Josephus (Archäol. 18, 8. §. 1) von Alexander dem Bruder des Philo, welcher bei Philo selbst (in Flacc. 975) γεναρχης genannt wird. Ganz falsch ist Fullers (Miscell. VIII, 16) Ableitung von dem hebräischen und syrischen חֲלִיף und ܚܠܦ anstatt, und αρχων s. v. a. Vice-Regent. *(Gesenius.)*

ALABASTER, ein Ausdruck, der mehr in technischer als mineralogischer Hinsicht gebraucht wird, und einen Gyps, der zur Sculptur und überhaupt in den Künsten Anwendung findet, und mineralogisch ein dichter oder ein feinkörnig-blättriger, oder auch ein Anhydrit ist. Die italienischen Künstler geben zwar den Namen Alabaster im Ganzen dem wirklichen Alabaster, der Gyps ist, jedoch rechnen sie zu demselben auch manche kalkige Gesteine, und besonders Kalksinter und einige Arten von Travertino; anderer Seits ist Manches, was sie Marmor nennen, ein Gyps, wie z. B. der Marmo Bardiglio di Bergamo ein quarziger Anhydrit ist. Außer dem eigentlichen reinen weißen Alabaster unterscheiden sie noch den tartarucato, oder pietra parachina, der braun und oft von schönen Farbenzeichnungen ist, — den fiorito, der braun und weiß, ein abwechselnder — den agatino, der weiß stark durchscheinend, mit abwechselnd milchfarbenen Streifen — den contagnio, der gelb ist, und einer gekochten Quitte gleicht. Unter dem Namen orientalischer Alabaster begreift man zwar meist einen ausgezeichnet schönen Stein, aber im Orient kommen auch wirklich ganz ungemein schöne Alabaster vor, die sich auch durch eine bedeutende Härte auszeichnen. Im Alterthume brauchte man den Alabaster sehr häufig; völlig ganze Figuren scheinen aber nicht daraus verfertiget zu seyn, so weit wir aus denen, die uns übrig geblieben sind, urtheilen können, sondern die äußern Theile, Kopf, Hände und Füße, wurden gewöhnlich aus einem andern Material hinzugesetzt. Mehrere ganze Statüen haben sich erhalten, wo nur das Gewand von Alabaster ist, und zwar von der Art, die man agatino nennt, welche wunderschön gearbeitet sind. Büsten, Hermen und Gefäße von Alabaster sind viel auf uns gekommen. Den stark durchscheinenden Alabaster scheint man auch zuweilen statt des Fensterglases gebraucht zu haben, um eine halbdunkle magische Beleuchtung hervorzubringen. — Der Alabaster muß wegen seines Gebrauches reine Farben, oder schöne Zeichnungen haben, und sich gut bearbeiten lassen, er ist zwar weicher als Marmor, springt aber weit leichter aus, und die Statüen und Gruppen werden meist stückweis gearbeitet und mittelst eisernen Haspen zusammengefügt. Man fertiget aus dem Alabaster noch jetzt Büsten und Statüen; viel häufiger drehet man aber Dosen, Leuchter u. dergl. daraus, oder schnitzt davon andere kleine Verzierungen. Die Politur des Alabasters ist schwieriger als die des Marmors, und man nimmt meist fettige Stoffe zu Hilfe, um wenigstens einen der Politur ähnlichen Glanz hervor zu bringen. Man reibt hierbei die Oberfläche mit einem Muß von Seife, Kreide und Milch, und reibt die Stücke zuletzt mit heißgemachtem Flanell ab, dessen ausschwitzende Fetttheile Wachsglanz hervorbringen, wodurch das Fleisch täuschender nachgeahmt wird; doch wird deshalb der weißeste Alabaster bald gelb. Da der Gyps leicht verwittert, so kann man ihn nicht wol zu Säulen u. dergl. anwenden, wenn sie im Freien stehen sollen. Vgl. übrigens Baumaterialien *). *(Keferstein.)*

ALABASTERTUTE, ist der Name einer Kegelschnecke (Conus Virgo L.), wenn sie künstlich abgeschliffen ist und weiß erscheint. *(Nitzsch.)*

ALABASTRITES, (λιϑος αλαβαστριτες,) auch öfters Onyx genannt, war unser Alabaster. Man zog ihn besonders aus Aegypten, Akarnanien, Syrien, Cappadocien, und den schönsten selbst aus Indien, nicht sowol, weil man im Alterthum dichten Gyps nicht hätte näher haben können, sondern weil man nur die ausgezeichnetsten und schönsten Arten verarbeitete. Man benutzte den Alabastrites zu Werken der Kunst und schönen Geräthen, besonders drehete man Salbenbüchsen daraus, machte Füße an Betten, Stühlen u. dergl. davon, aber auch Säulen, Statüen u. a. m. Auch diente er gebrannt in der Medicin zu Pflastern. Sehr wahrscheinlich gehörte der Marmor synnadicus, und der so stark durchscheinende Phengites auch zum Alabastrites. Die auf uns gekommenen Kunstwerke von Alabaster sind, auch in Hinsicht ihres Materials, von ganz ungemeiner Schönheit. *(Keferstein.)*

ALABASTRUM nannten die Römer unser Spiesglaserz, s. Stibium. *(Keferstein.)*

ALABASTRUM, ALABASTRONPOLIS, eine ägyptische Stadt, sehr östlich gegen den arabischen Meerbusen hin gelegen, wird von einigen, nach Ptolemäus, zu Mittel-, von andern, nach Plinius, zu Thebais oder Oberägypten gerechnet. Unstreitig hat sie von dem Berg Alabastrites oder Alabastrenus ihren Namen erhalten. Irwin in seiner Reise durch die thebaische Wüste kam an Berge, welche aus Alabaster, Porphyr und Granit bestehen; Nachrichten von Spuren einer ehemaligen Stadt aber habe ich bei keinem neuern Reisenden gefunden. *(Hartmann.)*

ALABES nannte Cuvier neuerlich eine Fischgattung, die mit der bekannteren Synbranchus Bl. sehr nahe verwandt ist, (nämlich auch nur eine Oeffnung für die Kiemen an der Kehle hat,) aber dabei durch deutliche Brustflossen, zwischen welchen eine etwas vertiefte Scheibe befindlich ist, von derselben abweicht. Es ist

*) In der Arzneimittellehre wurde der Alabaster ehedem als man noch in Menge erdige Mittel darin aufführte, gegen Durchfälle und Mundfäule empfohlen. *(Burdach.)*

ein kleiner Fisch aus dem indischen Meer, der diese Gattung bildet, der Name übrigens ohne viel Bedacht aus dem Athenäus entlehnt, bei welchem er eine große Art von Welsen bedeutet, (nach Geoffroy den Silurus anguillaris L., der im Nil zu Hanse ist). (*Lichtenstein.*)

Alablak, s. Ablak.

ALABON, Alabis, Alabus, Fluß zwischen Myla und Megara in Sicilien (jetzt lo Cantaro), genannt besonders von *Diod. Sic.* (L. IV. c. 80), von *Plutarch.* im Timol., von *Ptolem.* und *Sil. Ital.* (L. XIV, 228). Steph. Byz. führt auch eine Stadt dieses Namens an diesem Flusse an *). (*Sickler.*)

Alabona, s. Alauona.

ALABUTA, der harte Same einer Gänsefußart, womit die eingeweichten weißgaren Häute auf der äußern Seite bestreut werden, um daraus Chagrin zu machen. (*Thd. Schreger.*)

Alacananda Ganga, der südliche Anfang des Ganges, s. Ganges.

ALACH, ehedem auch Alich oder Alch, Amt im Fürstenth. Erfurt, in der Gegend, die man auf den Bergen nennt, gegen W. u. S. an das Gothaische grenzend, auf den andern Seiten von dem Erfurtischen eingeschlossen, enthält in 13 Dörfern 3700 Einw., 2561 Gebäude, worunter ungefähr 980 Wohnh., zusammen 229,530 Th. Werth, 29,233 Acker Artland, zusammen 673,298 Th. Werth, 407 Acker Wiesen zu 20,212 Th., 79 A. Weinberg zu 3224 Th., 212 Morgen Holzung zu 7751 Th., 873 A. Gärten zu 16,217 Th., 317 Pferde, 186 Ochsen, 1204 Kühe, 1560 Schweine, 3700 Schafe. Vgl. J. J. Dominicus Erfurt und das Erfurt. Gebiet 1793 2 Th. S. 124 u. f. — Das Amt hat seinen Namen von dem evang. Kirchdf. Alach, in der Mitte des Amts mit 400 Ew. Das Dorf ist wahrscheinlich durch Industrie der Benedictinermönche des 1803 aufgehobenen Petersklosters entstanden; sie hatten hier und im ganzen Amte reiche Besitzungen und Einkünfte; viele Bauern hießen Peterlinge, also Kolonisten des Klosters. Seit 1565 gehörte es dem Rathe in Erfurt, doch blieb das hergebrachte Patronatrecht und das Freigut dem Kloster. Bei der Belagerung der Stadt 1813 war das Hauptquartier des General-Gr. von Kleist Nollendorf einige Zeit in diesem Dorfe. (*Dominicus.*)

ALACOQUE, (Margarethe, oder wie sie sich zu Ehren der heil. Jungfrau nach einer Krankheit nannte, Maria), deren Andenken wol hauptsächlich durch Gressets Ververt erhalten wird, wurde geb. 1647 zu Lauthecour in der Diöces von Autun. Ihre Anlage zur Schwärmerei zeigte sich schon in der Kindheit; denn im 4ten Jahre unterhielt sie sich schon mit Gott. 1671 ging sie in ein Kloster, wo sie unaufhörlich Visionen, Entzückungen und Offenbarungen hatte. Auch werden von ihr allerlei Wunder erzählt. Man hat von ihr ein mystisches Werkchen: la dévotion au coeur de Jesus. Sie starb 1690, und J. Jos. Languet gab 1729 ihr Leben heraus, bei welchem sich mehrere Briefe und Werkchen von ihr finden. (*H.*)

ALACRANES, ALCRANES, 5 kleine Inseln in dem Vice-Königreich Neuspanien, bei der Halbinsel Yucatan, (Westspitze 287° 52′ 20″ L. 22° 27′ 50″ B.). Sie sind mit vielen Klippen umgeben, und werden von den Spaniern der Seehunde wegen besucht. (*Stein.*)

Aladag, s. Alatagh.

Aladin, s. Alaeddin.

ALADSCHAHISSAR, der Sitz eines gleichnamigen Sandschacks der Statthalterschaft Rumili am Ufer der Morava, die alte Hauptstadt der Lasen, von Sinan Pascha, dem Beglerbeg Rumili's zur Zeit Murad's II. im J. d. H. 830 (1426) erobert, nachdem schon früher Bajasid I. im J. d. H. 797 (1394) hier eine große Schlacht gewonnen hatte. (Hadschi Chalfa's Rumili S. 146.) (*v. Hammer.*)

ALADSCHAM, ein District am Ufer des schwarzen Meeres, im Sandschak Samßun, östlich von Bafra. Hieher werden die meisten Mastbäume von den benachbarten Bergen herunter, und als Flöße nach Constantinopel geschaft. (*v. Hammer.*)

Aladuli, Aladulia, Aladulat Ili, s. Marasch.

Alä Äxonides und Alä Araphenides, zwei Orte in Attika, s. d.

ALA EDDIN, (Eddyn,) ist der Name mehrerer berühmten Orientalen, die wir hier der Zeitfolge nach aufführen. 1. Alaëddin (Ali Ebn Abi'l Haram Alkarschi), ein arabischer Arzt des 10ten Jahrhunderts, von welchem Commentarien über Hippokrates Aphorismen und andere medicinische Werke handschriftlich aufbewahrt werden. (*Casiri* bibl. Escurial Vol. I. p. 235. *Uri* bibl. Bodl. p. 139. 146). (*Sprengel.*) — 2. A. der Seldschuk, s. Seldschuken. — 3. A., Aloadin, der s. g. Alte vom Berge, (in den Kreuzzügen), s. Ismaeliten. — 4. A. Pascha, der Bruder des Sultan's Orchan's, und der 1ste Großwesir des osmanischen Reichs, welcher die Grundgesetze seiner Verfassung und Verwaltung entwarf. s. Orchan. — 5. A. Eswed, d. i. der schwarze A., sonst auch Kara Chodscha genannt, ein türkischer Philosoph, und einer der frühesten Gelehrten des osmanischen Reichs, Professor an dem unter S. Orchan von ihm zu Brussa gestifteten Collegium. Er schrieb zwei sehr geschätzte Commentare zum Moghni Chabbasi's und zum Wikajet, zwei Grundwerken der Rechtsgelehrsamkeit. Der große Gelehrte Schemseddin Fanari war sein Schüler, und er starb im J. d. H. 800 (1397). (s. Aali). — 6. A. Chalweti, ein Jünger Seid Jahja Chalweti's, und selbst ein berühmter Scheich des Derwischen-Ordens Chalweti, Lehrer des großen Gelehrten Alaeddin Arabi. Als er von Brussa nach Constantinopel kam, war der Zulauf des Volkes so groß, daß S. Mohammed II. es für räthlich fand, ihn nach Karaman zu entfernen, wo er in der Stadt Larenda starb. Noch zwei andere gleichnamige berühmte Scheiche sind A. Abdal und A. Chalife, beide aus dem Orden Chalweti, beide aus der Zeit S. Bajasid's II. (s. Seádeddin). — 7. A. Arabi, war ein großer Gelehrter, unter der Regirung Mohammed's und Bajasid's II., der unter dem letzten zur Würde eines Mufti gelangte, und als solcher im J. d. H. 901 (1495) starb. Er hatte sich in seiner Jugend dem Dienste des Scheich Alaeddin Chalweti geweiht, lebte danu mit dem Prinzen Mustafa, dem Sohne S. Mohammed's II. zu Magnesia, und kam darauf unter Bajasid II. nach Constantinopel. Er hinterließ zahlreiche Kinder des Leibes und des Geistes; von den

*) Vgl. *Hess* obs. in Plut. Timol. (818) S. 125.

resten zählte er nicht weniger als 99, deren ihn 15 überlebten; von den zweiten überlebten ihn seine vier Commentare über die vier Mokaddemat oder Prolegomena, d. i. die vier syntaktischen Werke Sanhadschi's, Samahschari's, Ibn Malek's, und Esheri's, (s. Aali, Seáded-din). — 8. A. Fanari, (mit vollständigem Namen: Mewlana Alaeddin Ali Ben Jussuf Ibn Schemseddin Al-Fanari), wurde nach der Rückkunft von einer Reise nach Persien, Samarkand und Bochara, unter der Regirung S. Mohammed's II. zu verschiedenen Professorstellen und endlich zum Kasiasker befördert, verwaltete dieses Amt 10 Jahre lang, zog sich dann nach Brussa zurück, war unter S. Bajasid's II. Regirung abermal 8 Jahre lang als Kasiasker angestellt, und beschloß dann den Rest seines Lebens zu Brussa, wo er drei Viertheile des Jahres auf seinem Landhause lebte, und die drei Wintermonate in der Stadt am Dienstage und Freitage Collegien las. Er hinterließ außer mehreren ascetischen Werken einen Commentar über das Kafije und einen Traktat über die Arithmetik. (s. Seáde:ldin). — 9. A. Tussi, so genannt nach seinem Geburtsort Tus, ein persischer Gelehrter, der unter der Regirung S. Murad's II. als Professor zu Brussa, und danu nach der Eroberung Constantinopel's dort von Mohammed II. angestellt ward. Er war einer der Gelehrten, welche vom Sultan den Auftrag erhielten, über das große philosophische Werk Tehafet des Imam Gasali einen Commentar zu schreiben; er betitelte den seinigen Sachar, d. i. das wogende Meer; außerdem hinterließ er Randglossen zu den Commentaren des Mewakif, des Kuschaf, des Matali und des Telwih. (s. Ali). (*v. Hammer.*)

ALÄSA, auch Alesa und Halesa am Flusse Aläsus. Bedeutende Stadt unweit des heutigen Cefalu in Sicilien, in einer lieblichen Gegend, mit einer Wunderquelle. S. *Solin.* ad Virg. c. V. *Cicero* Frument. c. 73. *Sil. Ital.* XIV, 219. *Diod. Sic.*, *Strabo* und *Ptolem.* Nach Cluver ist sie das jetzige Tosa. (*Sickler.*)

ALÄSUS, auch Haläsus, einer der lieblichsten Flüsse in Sicilien (jetzt Pittineo) zwischen den Städten Kephalödion und Kalakta, berühmt in der Vorwelt durch das mit Wiesen, Gebüsch und Blumen reich bedeckte Gefilde, das er von seiner Quelle aus durchströmte. Ein Lieblingsaufenthalt der Hirten und Heerden und oft genannt in der Idyllenwelt der Alten, besonders von Cicero (in Verr. L. II. c. 7 und 52) von Strabo und Ptolem.; von *Columella* (L. X, 268) von *Diod. Sic.* (L. XIV, 17), *Sil. Ital.* (L. XIV, 219), *Priscianus* (Perieg. V, 500). Vgl. den vorstehenden Art. (*Sickler.*)

ALAFOËS oder LAFOËS ein Concelho in der portugiesischen Provinz Beira in der Correcão de Viseu, mit 30 Parochien und 4910 Feuerstellen, mit dem Titel eines Herzogthums, den Don Michaels (legitimirten Sohnes des Königs Peter III.) eheliger Sohn Peter vom König Johann V. 1718 erhielt. (*Stein.*)

ALAGNA, Flecken an der Sesia, im Hzgth. Mailand sardinischen Antheils, mit 1600 E., und reichen Kupferbergwerken, in welchen etwas Gold gewonnen wird. Auch sind hier Eisen- und Kupferschmelzen. (*Röder.*)

ALAGOA, Marktfl. auf der azorischen Insel S. Miguel, mit 606 H. 2314 E., einem Hafen, Wein- und Getreidebau. (*Stein.*)

ALAGON, 1) Fluß in dem span. Estremadura, entspringt in der Provinz Salamanca, und fließt nach einem 99 Meilen langen Laufe bei Soria vorbei unweit San-Lazaro in den Tajo. Er wird auch Allagon und Alajon genannt. — 2) Flecken im span. Königr. Aragon, nicht weit von Saragossa, am Xiloca, der unterhalb desselben in den Ebro fällt. Vgl. Alauona. (*Stein.*)

ALAGONIA, falsch Alalgenia, Tochter des Zeus und der Europa, nach welcher die Stadt Alagonia in Lakonika genannt seyn soll. *Paus.* III, 26. (*Ricklefs.*)

Alagonia, (Ἀλαγονία), Städtchen der Eleutherolakonen, mit Tempeln des Dionysos und der Artemis, 30 Stadien von Eherenia landeinwärts. *Paus.* III, 21. 6, 26. 8. (*Spohn.*)

ALAI (آلاى) ein türkisches Wort, das für jeden öffentlichen Aufzug gebraucht wird, daher die Aufzüge zur Säbelumgürtung bey der Throbesteigung, die des Sultans an den beiden Bairamsfesten, der Auszug der Pilgercaravane, und endlich der Einzug fremder Gesandten zur Audienz, alle Alai genannt werden. — Eine Art von berittenen Hoffouriren, welche diese Aufzüge ordnen, und für die bei denselben übliche Etikette sorgen, heißen Alai tschausch آلاي جاوش, u. Alai Köschk آلاي كوشكى heißt ein an der äußeren Mauer des Serais gegen die Stadt angebrachter Köschk oder Pavillon, worin der Großherr, ungesehen, die dort vorüberziehenden Aufzüge anschaut. Die bei solchen öffentlichen Aufzügen beobachtete Ordnung sowohl, als die Zahl der dabey erscheinenden Staats- und Hofämter ist nicht immer dieselbe; einen minderen Alai hat ein Gesandter als ein Großbotschafter, und der Großherr hat einen größern an den beiden Festen des Bairam's, wenn er von dem Serai nach S. Sofia zieht, als an jedem Freitage, wo er sich im Alai nach einer beliebigen Moschee begibt, um dort dem Gebete beizuwohnen. Eine getreue Beschreibung und Abbildung des Alai an den beiden Bairams findet sich in *Tancoigne* voyage à Smyrne, suivi d'une description de la marche du Sultan. Paris 1817. 2 Bändchen 12. (*v. Hammer.*)

ALAIN, s. Alanus u. Chartier.

ALAINOS, (Ἀλαινος,) unrichtiger Althainos, der Stiefbruder des Diomedes, der zum Schiedsrichter zwischen seinem Bruder und Daunus erwählt, parteiisch zu großem Nachtheil seines Bruders entschied, da ihn Aphrodite aus Rache für ihre Verwundung durch Diomedes in Daunus Tochter Euippe verliebt gemacht hatte. Schol. in Lycophr. 619. (*Ricklefs.*)

ALAIS, Stadt und Bezirkshauptort im fran. Departement Gard. Sie liegt unter 44° 7′ 22″ Br. und 21° 15′ 50″ L. am Gardon und am Fuß der Sevennen, hat 1 Fort, um welches sich die städtische Promenade ausbreitet, 1 Kathedrale, mehrere andere Kirchen, 1796 H. und 8944 Einw. und ist der Sitz eines Handelsgerichts. Ein gewerbsamer Ort, der Manufakturen in seidenen Strümpfen, wovon jährlich 3600 Dutzend verfertigt werden, in Seidenband, Sergen, Ratinen, 1 Glashütte, 1 schwarze Steingutfabrik und 1 Vitriolsiederei, welche 80 Ctr. liefert, unterhält, es aber noch mehr seyn würde, wenn die Dragonaden, Verweisungen rc. unter Ludwig XIV. ihn nicht entvölkert u. verwüstet hätten. Alais war bei der Zurücknahme des Edikts von Nantes protestantisch; es verweigerte den Uebertritt zur herrschenden Kirche, darum setzte Ludwig XIV. einen Bischof hierher, dessen apostolisches Amt die Dragoner einweiheten; darum wurde die Citadelle gebauet u. s. w. Doch leben noch immer viele Reformirte in der Stadt und der umliegenden Gegend. Man schreibt der Stadt ein hohes Alterthum zu. Schon unter Cäsar soll sie als Alesia geblühet haben. Nahe bei der Stadt liegen die beiden unter dem Namen Sources de Daniel bekannten Mineralbäder la Comtesa u. la Marquise, beides stahlhaltige Wasser. Der Bezirk Alais enthält 22$\frac{4}{7}$ □M. u. 68,223 Einw. (*Hassel.*)

ALAIA, der Name eines Sandschaks und des Hauptortes desselben zu der Statthalterschaft Cypern gehörig, aber nicht auf der Insel, sondern auf dem festen Lande gegenüber. Die am Abhange eines Berges und an einem Meerbusen zwei Tagereisen südlich von Antalia liegende Stadt wurde von Alaeddin Keikobad dem Fürsten der Seldschukiden erbaut. Die Festung mit dreifacher Mauer umgeben, wird mit Cisternenwasser versehen. (Dschihannüma S. 611.) (*v. Hammer.*)

Alajon, s. Alagon.

Alajor, s. Alayor.

ALAKENISCHE, im Sandschak Nikopolis auf der nördlichen Seite des Balkan oder Hämus, ein District begrenzt von den Gerichtsbarkeiten Schumna, Hesargrad und Eski Dschhuma. (Hadschi Chalfa's Rumili.) S. 26.) (*v. Hammer.*)

Alakoreisch, Gebirgs-Abassen, nach dem türkischen Reisebeschreiber Ewlia, welche 500 Mann stellen. S. Abasa (B. I. S. 36.) (*Rommel.*)

Alaktaga, s. Dipus Jaculus.

ALALÄI, kleine sandige Eilande im arabischen Meerbusen, Adulis gegenüber, sind wohl Plinius: insulae quae Alioeu vocantur. (*Hartmann.*)

Alalahun, s. Lahun.

Alalgenia, s. Alagonia.

Alalia, s. Aleria.

Alalit, s. Diopsid.

ALALKOMENAE, Stadt der Deuriopier in der Macedonischen Provinz Lynkestis*). (*Ricklefs.*)

ALALKOMENEIS, (Αλαλκομενηις,) Beiname der Pallas**), den man durch muthige Helferin oder starke Streiterin (αλαλκουσα μετα μενους) erklärt, welches schon Aristarch verwirft, der ihn von dem Böotischen Heros Alalkomenos ableitet, der ihr zu Alalkomenion in Böotien einen Tempel erbaut hatte†). (*Ricklefs.*)

ALALKOMENIA, Tochter des Ogyges, von der einige den Namen Alalkomenion in Böotien ableiten††). (*Ricklefs.*)

ALALKOMENÄ, Alalkomenion, (Ἀλαλκομεναί, Ἀλαλκομένιον,) alte Stadt in Böotien, 60 Stadien von Haliartos, 30 von Okalea, unfern des Kopaischen Sees am Fuße eines nicht zu hohen Berges. Obgleich nicht fest, war sie doch aus Achtung für den sehr alten, von der Stadt etwas abwärts in der Ebene liegenden, Tempel der Athene Alalkomenia, Alalkomenion genannt, nie verwüstet worden. Doch gerieth die Stadt nach und nach in Verfall, so daß zu Pausanias Zeit nur ein nicht eben großes Dorf sich dort fand; eben so der Tempel, nachdem Sulla die alte elfenbeinerne Bildsäule der Göttin geraubt, und dazu noch ein Epheustamm die Mauern auseinander getrieben hatte. *Paus.* IX. 33, *Strab.* IX. p. 410, 413. Etymol. M.; *Plutarch.* quaest. gr. p. 301, *Steph. Byz.* Ἀλαλκομένιος, Ἀλαλκομενιεύς. Jetzt Hymenae nach *Riga*, Kalamata nach *Vaudoncourt.* (*Spohn.*)

ALAMA, Alhama, 1) Fluß in der span. Prov. Soria, der sich bei Alfaro mit dem Ebro vereinigt. — 2) Ciudade in dem span. Königr. Granada, (14° 20′ L. 36° 42′ B.) auf einem Hügel, an welchem der Alhama fließt, mit 4500 E. 1 Pfk. 3 Klöstern, 2 Gerbereien und warmen Bädern. — 3) de los Panos, Villa im span. Königr., Aragon. im Correg. de Calatayud, am Xalon, mit warmen Bädern. — 4) Villa im spanischen Königreiche Murcia, im Partido de Murcia, (16° 23′ 29″ L. 37° 51′ 52″ Br.) mit 3500 E., 1 Kirche, 2 Hospitäl. u. warmen Bädern; dem Marquis von Villafranca gehörig. (*Stein.*)

ALAMAK, Stern zweiter Größe in der Andromeda, der 3ten Classe Herschelscher Doppelsterne zugehörig, sonst mit γ bezeichnet. (Ger. Aufst. 28° 12′, nördl. Decl. 41° 26′.) Der Stern steht am südlichen Fuße der Andromeda, und hat seinen Namen von el anak, womit die Morgenländer ein zum Katzengeschlecht gehöriges Thier, (wahrscheinl. *Felis Caracal* L.) bezeichneten, von dem sie sagten, daß es der Vorbote des Löwen sey, und diesem seinen Raub aufspüre. Vielleicht hat man daher auch diesem Sterne, der vom Perseus her gleichsam den Vorboten der Andromeda macht, denselben Namen gegeben. (*Fritsch.*)

Alamonga, s. Almunga.

Alamanni u. Alamannorum pagus. s. Alemanni.

ALAMANNI, (Luigi), geb. zu Florenz aus einem sehr angesehenen Geschlechte 1495. Ein trefliches Hilfsmittel zu ihrer Bildung fanden die florentinischen Jäuglinge in den Zusammenkünften im Garten der Rucellai. Dort erwarb sich Luigi durch den Umgang mit ausgezeichneten Männern Weltton, politische und literarische Kentnisse und Herrschaft über die Sprache, welche er hernach als Meister behandelte; dort hörte er den Trissino seine neuen Kunstansichten darlegen; dort schloß er die vertrauteste Freundschaft mit Machiavelli, und schöpfte mit ihm aus steter Erinnerung an die Zeiten der Republik, verbunden mit lebhafter Bewunderung des Alterthums, jene Freiheitsliebe, welche ihn, der aus einem den Medici ergebenen Hause stammte, wegen eines geringfügigen Vorfalls zu ihrem erklärten Gegner machte. Mit andern raschen Jünglingen ließ er sich (1521) in eine Verschwörung gegen den Cardinal Giulio, der damals Leo's X. Statthalter war, ein, weil ihn dieser wegen des Tragens verbotener Waffen zu einer Geldstrafe verurtheilt hatte. Indeß gelang es ihm nach der Entdeckung seines Plans im Hause Capello zu Venedig, eine Freistätte zu finden; aber auch dort hielt er sich nicht mehr für sicher, als Giulio unter dem Namen Clemens VII. (1523) Papst wurde. Schon war er in Brescia verhaftet, als es noch seinem Venezianischen Gastfreunde gelang ihn zu befreien. Abwechselnd fand er in Frankreich bei Franz I., in Genua bei Andreas

*) Strabo VII. 7, 9. **) Il. IV, 8. V. 908. †) Paus. IX, 33. ††) Paus. IX, 33.

Doria, geneigte Aufnahme. Kaum hatte sich Florenz 1527 für frei erklärt, so eilte er mit großen Hoffnungen hin, welche indeß schwanden, als er die Umtriebe und die Verkehrtheiten, welche sich die Volksführer zu Schulden kommen ließen, näher kennen lernte. Er rieth, sich an Karln V. anzuschließen, um wenigstens eine Art von innerer Freiheit zu bewahren; allein durch diese Lauheit machte er sich bei den eifrigen Demokraten verhaßt. Um allen Unannehmlichkeiten zu entgehn, begab er sich nach Genua, wo er nicht aufhörte zum Besten der schwankenden Republik alles zu thun, was in seinen Kräften stand. 1530 verwies ihn der Herzog Alessandro de' Medici nach der Provence. Er aber eilte zu Franz I., und widmete ihm nun alle seine Talente. Den Orden des H. Michael, die Intendantenstelle bei Catharina de Medici, die Gesandtschaften an Karln V. vergalt er seinem Beschützer durch zahllose Schmeicheleien. Doch redete er stets die Sprache inniger Dankbarkeit, und bat oft, wenn auch jedesmal vergeblich, um die Befreiung von Florenz. Ein unwiderstehliches Heimweh zog ihn mehreremale nach Italien hin, wo ihn die Würde eines königlichen Gesandten sicherte. Heinrich II. blieb ihm nicht minder günstig als sein Vater, munterte ihn zu verschiedenen Arbeiten auf, und gebrauchte ihn auch als Unterhändler zu Genua. 1556 starb er zu Amboise.

Eben für den ritterlichen Heinrich trug er einen französischen Roman Giron le courtois, in ottava rima über (Girone il Cortese. Parigi 1548. 4. Bergamo 1757. 2 Vol.) den nur Vorchi dem Orlando furioso vorzog; für Margaretha von Frankreich Herzogin von Berry dichtete er die Avarcliide (Firenze 1570. 4 Bergamo 1761. 2 Vol. 12.) eine sclavische Nachahmung der Ilias über die von ihm fingirte Belagerung Avaricum's (Bourges), zur Verherrlichung des französischen Königshauses. Wegen des Mangels an innerm poetischen Werthe, werden jetzt beide von den Italiänern nur als Sprachtexte benutzt; auch seine lyrischen Gedichte (Opere toscane. Venezia 1542. 2 Vol. 8.) sind so ziemlich vergessen. Unsterblich ist er seinen Landsleuten nur durch die Coltivazione. (Parigi, Rob. Stefano 1546. 4. Padova, Comino 1718. 4. Prachtausgabe.) Dieses Gedicht über den Landbau in 6 Gesängen in versi sciolti verdient unbedingte Empfehlung wegen der Reinheit der Sprache, und der Vollendung des Styles. Stets hält er sich fern von prosaischer Nüchternheit, was Rucellai und Trissino nicht verstanden, ist lebhaft, bestimmt, anschaulich, oft lachend wie die geschilderte Natur, ein sprechendes Bild der Grazie, welche in des Dichters Gemüth wohnte. Einzeln genommen sind seine Verse wohllautend, nur fallen sie im Zusammenhange mit andern nicht selten in einen sehr einförmigen Rhythmus, wie wenn z. B. in 14 Versen nach einander der Accent auf die 6te Sylbe fällt, welche eilfmal ein Wort endigt (Lib. I, v. 1024. Lib. III. Anfang.) Innere Vorzüge möchten mehr in einzelnen Stellen, als im Ganzen zu finden seyn. Oft hat er einen Anhauch der lieblichen Schwermuth, welche sonst mehr den Dichtern des Nordens eigen ist; sie äußert sich in den Klagen über Italiens Zerrüttung (Lib. IV, 400.) in der Sehnsucht nach dem Vaterlande, (Lib. I, 1435.) Mit großer Zartheit legt er den Pflanzen menschliche Gefühle bei (Lib. I, 300. 548. 621. Lib. V. von den Blumen.) Eigenthümlich suchte Alamanni dadurch zu wirken, daß er allen poetischen Schmuck aus seinem Gegenstande selbst herleitete, alle Episoden vermied, so methodisch als möglich verfuhr, weshalb sein Lehrgedicht dem Liebhaber einen unterhaltenden, ja brauchbaren Inbegriff der Toscanischen Landwirthschaft darbietet; aber, wenn er hierin sich zu seinem eignen Nachtheile von seinem großen Muster entfernte, so ist er im Einzelnen mehr Uebersetzer Virgils, Hesiods, Lucretius, Columella's, Palladius, Crescentius, als freier Nachahmer, und jenes zwar bis zu einem Grade, der bei einem jetzigen Dichter schwerlich dem Tadel entgehen würde. Wenige Dichter von Bedeutung nahmen so ganz die Mythologie des Alterthums an; es ist, als wüßte er nicht, daß der Götter Altäre zertrümmert wären, als er seine Hymnen an Venus, an die Nymphen, Bacchus und Priapus anstimmte. Allerdings vertrug es sich weder mit des Dichters antikem eigenen Sinne, noch mit dem damaligen Zeitgeiste, die Christliche Mythologie in diese Art niederer Poesie aufzunehmen; allein bedauern muß man es, daß er nicht das Interesse des Ganzen, z. B. durch Idyllenscenen aus dem Landleben oder durch die Schilderung italienischer Feste und Volkssitten die Coltivazione zu einem Nationalgedichte machte, wie es die Georgica auch dem Inhalte nach für die Römer waren. — Uebrigens wurde Alamanni Muster in einer Gattung worin die Italiener fleißiger arbeiteten, als andre Nationen, besonders auch aus dem Grunde, weil der angeborne Dichtungstrieb keinen den Clerus und die Herrscher minder ärgernden Ausweg fand, als wenn er sich vom Innern des Menschen entfernend, an die Darstellung lebloser Natur ging*). (*J. Casp. v. Orelli.*)

Alamat, s. Rosette.

Alambic, Alembic, s. Blasenhut, Helm, unter Destillirgeräthe.

Alan, Fl. in Cornwall s. Camel.

ALAN, auch **ALANUS, ALLEN, ALLYN**, genannt, (William) Cardinal, als eifriger Katholik und Feind der protestantischen Regirung seines Vaterlandes unter der Königin Elisabeth ausgezeichnet, wurde 1532 zu Rossal in Lancashire geboren, studirte zu Oxford, verwaltete dort mehrere Aemter der Universität, und wurde 1556 Canonicus von York. Da er aber durch die Thronbesteigung der Königin Elisabeth aller seiner Hoffnungen zur weitern Beförderung in den Würden der

---

*) Für die besten dieser Landgedichte gelten folgende: 1) *Gio. Rucellai* le Cyri, gleichzeitig mit Alamanni, und meist mit der Coltivazione gedruckt; in Styl und Versbau weit prosaischer. 2) *Luigi Tansillo*, il Podere (in terza rima) Torino 1769. 8. 3) Della coltivazione de' monti. Canti IV. (in ottava rima) dell' abate *Bartolommeo Lorenzi.* Verona 1778. 8. 4) La Coltivazione degli olivi di *Cesare Arici.* Brescia 1809. 8. 5) Della Sereide di *Alessandro Tessauro* Libri II. Torino 1585. 4. 6) Il baco da Seta di *Zaccaria Betti:* Verona 1760. 4. 7) Das treflichste und in jeder Hinsicht weit Alamanni's Coltivazione vorzuziehende Lehrgedicht dieser Art ist Gio. Battista Spolverini (Verona 1695. gest. 1763.) La Coltivazione del riso — Verona 1758. 4. — Edizione ottava con l'Elogio dell' autore scritto da *Ippolito Pindemonte*, e con illustrazioni dell' editore (*Ilario Casarotti*) ad uso delle scuole, Padova 1810. 8. Eine artige Sammlung ist: Raccolta di Poemi georgici, Lucca 1785. 2 Vol. 12. Die Literatur gibt: Della Poesia didascalica georgica degli Italiani, Saggio del Cav. Prof. *Re.* Bologna 1809. 8.

katholischen Kirche beraubt wurde, ging er 1560 nach Löwen, um sich mit dem dasigen englischen Collegium zu verbinden, wo er 1565 eine Vertheidigung der katholischen Lehre vom Fegefeuer und der Fürbitte für die Todten schrieb, die zu Antwerpen gedruckt wurde. Sich kränklich fühlend, ging er nach seinem Vaterland zurück, wo er seine Gesundheit wieder herzustellen hofte; da er aber bald als zu eifriger Katholik und Proselytenmacher sich auszeichnete, mußte er sich in der Gegend von Oxford verbergen, und nachdem er aus diesem Zufluchtsorte eine neue Vertheidigung des katholischen Glaubens erlassen hatte, 1568 nach den Niederlanden zurückkehren. Jetzt hielt er theologische Vorlesungen zu Mecheln, wurde Dr. der Theologie zu Douay und Canonicus zu Cambrai, später zu Rheims. Hierher verlegte er auch sein früher zu Douay angelegtes Seminar für englische Studirende, wie er denn auch die Anlrgung anderer zu Rom und in Spanien veranlaßte, und schrieb, wie früher, Schriften für den katholischen Glauben, die in Großbritannien so streng verboten waren, daß der Jesuit Th. Alfield wegen Verbreitung dieser Schriften 1585 hingerichtet wurde. Unter andern behauptete er in einer Schrift, daß nicht nur Eltern, die Ketzer wären, der Herrschaft über ihre Kinder verlustig würden, sondern daß dieß Schicksal auck die Regenten in Hinsicht ihrer Unterthanen treffen müßte. Nicht zufrieden jedoch, durch seine Schriften zu wirken, trug er mit dem Jesuit Parsons und einigen englischen Flüchtlingen dazu bei, Philipp II. von Spanien zu einem Einfall in England zu bewegen, und vertheidigte schriftlich die Uebergabe von Deventer an die Spanier. Zur Belohnung dafür erhielt er die Cardinalswürde und eine reiche Abtri in Neapel. Dadurch aufgemuntert, lieferte er, wahrscheinlich mit dem vorgedachten Jesuiten Parsons, eine in vielen tausend Exemplaren verbreitete Schrift, worin er die Königin Elisabeth als Ketzerin des Throns für verlustig erklärte. Wie wegen einer frühern Schrift fand auch wegen dieser ein Anhänger von ihm in Großbritannien seinen Tod, ein Graf Arundel; Alan aber wurde Erzbischof von Mecheln, blieb jedoch zu Rom, wo er sich seit einiger Zeit niedergelassen hatte. Hier starb er auch 1594 nicht ohne Verdacht der Vergiftung, weil er am Ende seines Lebens seine Feindschaft gegen sein Vaterland bereuet haben soll. Außer den obigen lieferte er noch mehrere audere Schriften, welche zu ihrer Zeit zu den besten gehörten, die zur Vertheidigung des katholischen Glaubensbekenntnisses erschienen. (*H.*)

Aland (und Alandblecke,) s. Cyprinus.

ALAND, ein ziemlich fischreicher Fluß in der preußischen Provinz Sachsen im Kr. Osterburg des Magdeburger Reg. Bez. der in dem Dorfe Röbel auf einem Bauerhofe entspringt, unter dem Namen des tauben Aland bei Werben vorbei nach Seehausen läuft, auf dem dortigen Stadtfelde die Biese aufnimmt, und bei Schnakenburg im Lüneburgischen in die Elbe fällt. Er ist zwar von Seehausen an schiffbar, hat aber nach der Elbe hin wenig Gefälle; doch hat das Aufstauen des Elbwassers es nothwendig gemacht, ihn einige Meilen weit mit Deichen einzufassen. Die seit 1782 unternommenen Versuche ihn schiffbar zu machen, haben durch Einschränkung seines Laufes und seiner Ufer über 25000 Morgen Landes urbar gemacht oder verbessert, und den Viehstand ansehnlich vermehrt. (*Stein.*)

ÅLAND (spr. Oland). So heißt die Inselgruppe zwischen Schweden (Upland) und Finnland, zu Finnland unter dem Namen einer Grafschaft, und zwar zur Statthalterschaft Åbo gehörig, und mit Finnland seit 1809 russisch; Finnisch Ahwenanmaa (59°. 47′ bis 60° 32′ der Br. und 36° 57′ — 39° 47′ der Länge von Ferro). Sie liegt zwischen der Ostsee und dem bothnischen Meerbusen mitten inne; das Wasser dazwischen und umher, das an der Süd- und Nordseite ausgenommen, heißt Ålandshaf (Olands-Meer) und ist etwa 7½ Meilen breit. Die Gruppe besteht aus einer großen Insel, das feste oder eigentliche Aland genannt (hier wird jetzt von den Russen eine Stadt angelegt), und einer Menge kleinerer Inseln, von denen viele unbewohnbare Klippen sind; überhaupt sind fast alle Inseln sehr bergig; mehr denn 80 sind bewohnt. Die Gruppe wird durch ein im Norden schmales, im Süden bis über 3 Meilen breites Gewässer, Vattnskiftet (Wasserscheide) genannt, von den finnischen Inselkirchspielen, den zum eigentlichen Finnland gehörigen Inseln, getrennt; zwei andere Wasserzüge durchschneiden, die Inselgruppe zu vereinigen, den bothnischen Meerbusen und die Ostsee; Delet, der eine zwischen der großen Insel Aland und den Inseln Wårdö, Sottunga und Rumlinge, der breitere, und Lappwäsi, der audere und schmälere, zwischen Rumlinge und Brandö. Landseen gibt es auf den Inseln viele, aber sie sind alle unbedeutend; Flüsse gibts gar nicht; einige Bäche treiben Sägemühlen. — Aland, die größte Insel, ist fast rund von Gestalt, etwa 3 M. lang, 3 M. breit und 10 M. im Umfange, und faßt etwa ⅔ der im J. 1805 aus 13,340 Seelen bestehenden Gesammtbevölkerung der åländischen Inseln (im J. 1800 betrug sie 12,354, 1790 11,434, 1749 8,983). Nächst Aland sind die größeren Inseln: Lemland, Ekerö, Rumlinge, Lumparland, Wårdö, Hummersön, Degerön, Enklinge, Helsön und Sattunga. Die bedeutendsten Bergketten sind die Getaberge im Pastorat Finström und der Asgårdaberge im Kirchspiel Saltvik. Die Bergart besteht aus rothem grobwürflichem Granit, der ebene Boden aus Stauberde und Staubsand; und hier und da auch zum Theil aus Lehm. Bergwerke gibts nicht. Ein Kalkbruch ist auf Rumlinge. Bergkrystalle gibts in den Kirchspielen Sund und Saltvik, meist dunkel und selten von bedeutender Größe. Der Acker ist sehr steinigt, die Erdoberfläche oft nur sehr dünne, so daß in trockenen Sommern an einigen Orten das Korn leicht verdorrt. Der bebaute Acker wird zu 7500 Tonnen berechnet. Die Wälder bestehen aus Gran (pinus abies), Tall (pinus sylvestris), Birken und etwas Erlen (betula alnus); hinreichend Wald haben aber nur die Pastorate Sund, Finström und Hammarland; Haselbüsche wachsen an mehrern Orten in Menge. An Pflanzen haben die åländschen Inseln etwa 680 Arten; an Vögeln über 100 Arten, worunter 34 Arten Seevögel; Wölfe, Füchse und Hasen gibt es, aber keine Bären, keine Elennthiere und keine Eichhörner; an Amphibien gibts 2 Arten von Eidechsen, 2 Arten von Fröschen und 3 Arten von Schlangen. An Fischen 37 Arten, Lachs und Aal selten, aber der Fang der Strömlinge (Clupea Harengus minor) bildet einen wichtigen

Nahrungszweig; an Insekten gibts 7 bis 800 Arten, von denen an einigen Orten Cerambyx rusticus und Tenebrio Caraboides an den Holzhäusern viel Schaden thun, indem sie die Wände durchbohren. — Hauptnahrungszweige sind Ackerbau, Viehzucht und Fischerei, Seefahrt und Verführung von Brennholz nach Stockholm, vor der Abtretung jährlich 12000 Faden (von Fest-Åland, Ekerö und Lemland); auch noch jetzt dauert letzterer Erwerbszweig fort. Drei Viertheile des Ackers werden mit Winterrocken besäet; das übrige meist mit Gerste und Erbsen und ein wenig Hafer und Mengkorn. Der Ertrag ist im Durchschnitt das 7te Korn und reicht kaum für den Bedarf hin; urbar zu machen ist wenig Land übrig. Auf die Q. M. kamen im J. 1805 1191 Menschen. Die Wiesen sind ziemlich fruchtbar, doch ist ihre Cultur nicht vorzüglich; das Heu wird selten in Heubuden auf den Wiesen, wie es in Schweden, besonders Nordschweden, üblich ist, sondern auf den Höfen selbst in Futterbuden eingebracht; die Waldweide ist die gewöhnlichste, aber schlecht; besser ist die Satzweide. Niederbrennen von Wald zur Gewinnung von Kornfeld (svedja) ist wenig üblich. Viehzucht wird mit Vortheil getrieben; die Kühe sind meistentheils klein und haben zuweilen keine Hörner. Die Pferde sind von mittelmäßigem Schlage. Schafzucht ist ziemlich bedeutend; doch wird die Wolle zum eigenen Bedarf, auch zu Segeln, verbraucht. Ziegen werden von den Strandbewohnern gehalten, besonders auf Rumlinge. Hopfen, Kohl, Wurzeln, Kartoffeln und Flachs werden gebaut; Fruchtbäume sind selten. Fische werden in bedeutender Menge nach Stockholm verführt, durch Fischhändler, die an Ort und Stelle ihren Einkauf machen; von Strömlingen werden in guten Jahren bis 6000 Tonnen gefangen. An den Küsten der Hauptinsel werden auch jährlich 800 bis 1000 Seehunde erlegt, wovon indeß nicht Thran bereitet, sondern der Speck roh verkauft wird. Sägewerke und Ziegeleien finden sich hie und da. Die Schifffahrt verschafft den Einwohnern einen sehr bedeutenden Gewinn, namentlich die Frachtfahrt; der größere Theil der Schuten, meist mit Brennholz und Bretern befrachtet, ist vom Kirchspiel Lemland und Jomala, einige auch von Sund und Hammarland; diese Schuten, etwa 60 an Zahl, halten 30-40 Last. Der größeren Böte oder Jagden, die nach Stockholm fahren, gibts ungefähr 50. — In guten Jahren übersteigt die Ausfuhr die Einfuhr bedeutend; außer Holz, Strömlingen, frischen und getrockneten Fischen und Vieh wird nach Stockholm verfahren: gesalzen Fleisch, Butter, Käse (der berühmte Ålandskäse wird eigentlich in einigen Dörfern des Kirchspiels Foglö bereitet, wo auch nur der Käsehandel bedeutend ist), Talg, Wolle, Heu, Nüsse, Robbenspeck, Robbenfelle, Seevögel, Hühner ꝛc. Nach Stockholm ist der Haupthandel, doch wird auch der Markt von Åbo besucht. — Unter der schwedischen Regirung waren die åländischen Inseln für die Marine angeschlagen und stellten ordentlich 296 Bootsleute. Lootsplätze sind 21; auch Feuerbaken sind errichtet. Der gewöhnliche Weg von Schweden nach Finnland geht über diese Inseln; doch ist er im Winter oft nicht zu passiren, wo dann Posten und Reisende den großen Umweg über Torneå nehmen müssen. Ueber Åland beträgt der Weg zwischen Stockholm und Åbo fast 40 Meilen, wovon 15 Meilen Seeweg; das letzte Landpostcomtoir auf der schwedischen Seite ist Grislehamm in Roslagen, und auf der finnischen Seite Helsinge, $7\frac{1}{2}$ Meilen von Åbo. Die Einwohner sprechen Schwedisch; im Ganzen sind sie wohlhabend und geschickte und muthige Seeleute; ihre Kleidung ist reinlich; ihre Wohnungen sind hell und geräumig. Die Weiber treiben mit goldenen Ringen großen Aufwand. Die Hochzeiten pflegen im Sommer gefeiert zu werden, und zwar im Hanse des Bräutigams; drei Tage vor der Hochzeit wird der feierliche Brautzug gehalten, d. h. die Braut wird auf einem großen Erntewagen mit ihrer gesammten Ausstattung (Brudbod) von ihrem Bruder oder einem andern nahen Anverwandten zum Wohnhause des Bräutigams gefahren; die Pferde, die schönsten, welche zu finden sind, und der Wagen sind mit Laub und Maienbüschen verziert; Musikanten reiten voran. Am nächsten Sonntage geschieht die Trauung in der Kirche (die Trauung im Hause ist eine Strafe, die mit dem Verlust der jungfräulichen Krone verbunden ist) nach dem Gottesdienst; zur Kirche und aus der Kirche zieht man im feierlichen großen Zuge fahrend und reitend; nach der Rückkehr ins Bräutigamshaus wird ein Gebet gehalten, und ein geistlicher Gesang gesungen, worauf das Hochzeitsmahl, und nach demselben die Brautgaben der Verwandten und Gäste und endlich der Tanz, den der Prediger mit der Braut eröffnet, folgen. — Die Inseln enthalten 8 Pastorate, welche aus 15 Kirchspielen bestehen; in diesen gibt es nur 5 Edelhöfe. Die große Insel enthält die 6 Mutterkirchen Hammarland (Annex Ekerö), Jomala, Finström (Annex Getha), Saltvik, Sund (Annex Wårdö) und Lemland (Annex Lumperland); die Annexe Ekerö, Wårdö und Lumperland sind aber durch kleine Sunde von der Hauptinsel getrennt. Foglö mit den Annexen Tattunga und Kökar und Kumlinge mit Annex Brändö bilden besondere Inseln. Die Insel Ekerö an der schwedischen Seite hat ein Postamt und nebst der vorliegenden Klippe Signilsskär einen Telegraphen; im Norden und Süden von Ekerö auf Klippen liegen die Feuerbaken Högsten und Marsund. Im Kirchspiel Sund auf Fest-Åland ist der Kronhof und das Postkomtoir Castelholm, ehemals ein befestigtes Schloß. Auf Utö im Kirchspiel Kökar ist eine Feuerbake. An guten Häfen haben die Inseln keinen Mangel. (Nach *Djurberg* kort beskrifning om Åland. Stokh. 1809 und andern Nachrichten). (*v. Schubert.*)

ALANDROAL (Alhandroal oder Landroal), Flecken in der portug. Prov. Alemtejo, in der Correiçao de Aviz, nicht weit von der Guadiana, durch ein großes Kastell in dem obern Theil, a Mata, und die Vorstadt, Arabalde, getrennt, und von Weinbergen, Oelbaum- und Obstgärten umgeben, mit 280 Feuerstellen. (*Stein.*)

ALANDSGRABEN, kleiner fischreicher See in der preuß. Prov. Brandenburg, bei der Stadt Oderberg, in dem oberbarnimschen Kreise des Regir. Bez. zu Potsdam. (*Stein.*)

ALANEN, ALANI (Alauni). Ein weit verbreitetes sarmatisches und scythisches Volk der alten Erdkunde, ursprünglich kaukasisch, unter dem Namen Albani [1]), das heißt, Bergbewohner [2]), denn zu den

1) s. Strabo lib. XI. 2) s. Ammian. Marcell. XXXII. 2.

Zeiten des Ptolemäus, nicht allein westlich vom asowischen Meer, neben den Rhoxolanen, die aus einer Vermischung der Alanen und Rossen (Russen, bei den Byzantinern Ρῶς) entstanden zu seyn scheinen, sondern auch im nördlichen Rußland, wo die Alani montes des Ptolemäus am 60ten Grad der Breite auf die werchoturischen Berge hinweisen, und nach dem Imaus hin zu den Zeiten Ammianus Marcell. (XXXII. 2), d. h. im dritten Jahrh., fast bis zum Ganges gezogen (s. weiter unten). Kurz nach Chr. Geb. hatten sie einen Theil der Krimm inne, wo nach ihrer Sprache die Stadt Feodosia (Kaffa) Ardauda, d. i. 7 Götter, genannt wurde, ein Wort, das man nur aus der Sprache der kaukasischen Karabulaken im Bezirk der Kisten erklären kann. Hier in der Krimm blieben Spuren von ihnen auf dem südlichen Gebirge Aja Dagi (s. Aja Dagi), unter dem Namen As, bis zum 4. Jahrh., ob sie gleich schon im 2. Jahrh. ihre Hauptbesitzungen an die Gothen abgetreten hatten[3]). Die Alauen waren furchtbare Reiter, und die Kosaken der alten Welt, und Arrian, ein Statthalter von Kappadocien, schrieb sogar eine Abhandlung von der Taktik gegen die Alanen[4]). Den Römern wurden sie zuerst unter Vespasianus Regierung bekannt, als sie aus der asowischen Gegend und aus dem Kaukasus, ihrem alten Wohnsitz, nach Medien und Armenien fielen, und den parthischen Monarchen Vologeses nöthigten, römische Hilfe zu suchen, wozu Domitianus bestimmt wurde[5]). Bald aber begnügten sie sich nicht einmal mit den Steppen am Borysthenes oder Dnepr, wo sie schon Plinius kennt[6]), sondern sandten ihre schnelle Reiterei bis zur Donau, daher Clandian von ihnen zu singen hat[7]). Nnn erscheinen die bisherigen asiatischen Alani als Europäische. Sie durchziehen, wahrscheinlich von den Hunnen gedrängt, die sie wenigstens zur Zeit Areila's am Don zu einer gewaltsamen Vereinigung nöthigen, schon 406 die Gegend von der Donau bis zum Rhein, um vereint mit den Vandalen sich Galliens zu bemächtigen, von da 409 unter dem Fürsten Utaces (dem Nachfolger eines Respendial's) nach Spanien (Carthagena), Lusitanien. Als sie hier Wallia, der Westgothen König, besiegt (418), sollen sie sich dem römischen Kaiser Honorius unterworfen haben. Dann erscheinen sie als Bundsgenossen Attila's (451), weit entfernt aber, sich nach dessen Tode gänzlich zu zerstreuen, kommen noch 464 Alani in Italien vor, welche Ricimer bei Bergamo bekämpft[8]). — Die byzantinischen Schriftsteller sowol als die orientalischen eröffnen uns im Mittelalter von Neuem das Land der Alani, auf den kaukasischen Gebirgen am kaspischen Meer, in Lesghistan, Daghestan, Schirwan[9]), ein Beweis, daß sie ihre alten Wohnsitze nicht ganz verlassen hatten; und statt des alten Albaniens, welches Strabo beschreibt (s. Albania), tritt nun das Laud Allan auf. Von Zeit zu Zeit werden sie aber auch weiße Hunnen genannt, welches einer falschen Uebersetzung (von Albanus) zuzuschreiben ist, und durch die Vermischung der Hunnen mit Alauen gerechtfertigt schien. In den letzten Jahrhunderten geben nur einzelne Reisebeschreiber, unter denen selbst Reineggs, Alanen im Norden des Kaukasus, meistens neben den Suanen an; es ist aber wahrscheinlich, daß dieses Wort in Daghestan (Bergland) so wie die von den Rnssen aufgenommene Benennung Tawlinzi (Bergbewohner), so unbestimmt auch die letztere ist, übergegangen, und daß sich unter einzelnen kaukasischen Völkern nur Reste der Alanen finden. Dahin gehören die kistischen Karabulaken, deren Sprache nach Pallas Bemerkungen sie verräth, und die mit den Kisten verwandten Tuschi[10]), welche nach Alanischer Art noch zwei Zipfel Haare über die Ohren des beschorenen Kopfes wachsen lassen. Es fragt sich nun noch, wohin die zu Ammianus Marcellinus Zeifen nach Indien gezogenen Alanen gekommen sind. Plinius (VI. 20) kennt im Norden des Indus eine schon durch ihren Namen merkwürdige Gegend Indoscythia; in derselben Gegend findet Cosmas[11]) weiße Hunnen, die zur Zeit Cosmas immer mehr um sich griffen und schon früher unter einem König Gollas 2000 Elephanten und viel Reiterei zur Unterjochung benachbarter Gegenden gebraucht hatten. Nimmt man hinzu, daß die aus diesen Gegenden an der Grenze von Persien und Indien aufgetretenen Afghanen, deren Ursprung bisher nicht hinreichend erklärt war, eigentlich bei orientalischen Schriftstellern Aghwanen (nach armenischer Aussprache), bei den Indiern Ahwanen heißen, daß die von Dow[12]) angeführten indischen Stämme ganz unbekannt sind und keinen Aufschluß geben, daß einer kaukasischen Tradition zufolge[13]) die Afghanen aus der Gegend zwischen Baku und Derbend hervorgingen, und daß selbst die dasige alte Vermischung mit Juden, Resten der unter Salmanassar ins nördliche Medien verpflanzten Israeliten, Jones Ableitung der Afghanen von den Juden aufklärt[14]), so gibt dies neuen Stoff zu nützlichen historischen Prüfungen. (*Rommel*).

(Zu solchen Untersuchungen leitet auch Suhm ein, weshalb wir folgenden Artikel hier noch beifügen).

Die Alanen findet man bei den Griechen und Römern, von dem Borysthenes und der Krimm an bis zum Thermodoon in Asien und bis zum Ganges sogar. Wenn gleich nicht alle Völkerschaften, die in den alten Schriftstellern diesen Namen führten, wirkliche Alanen waren, so scheinen doch folgende, in die sie getheilt waren, nach Suhms Untersuchung *) zu ihnen zu gehören:

---

3) Vergl. Büsching 1r Th. 8te Ausgabe unter Krimm. 4) Photius Cod. 58. 5) Joseph. Bell. Ind. VII. 27. Domitianus Sueton. Cap. 2. 6) IV. 12. vergl. Dionys. Perieg. p. 305. 308. 7) Claud. de bello getico V. 581. Consul. Hon. IV. 481. Vergl. über das Folgende Ammian. 33. 3. Salvian. de providentia. s. Marius Victor ad Salmonem de pervers. morib. saeculi. Orosius, Prosper, Cassiodor u. s. w. 8) Vgl. Bayle im Artikel Alains. 9) Procop. de bello goth. lib. IV. Herbelot s. v. Arminiah et s. v. Jagrouge et Magiouge. Ferner Alanica ex Byzant Hist. script. apud Stritterum Tom. IV. und Zenaras ausdrückliches Zeugniß T. II. p. 100.

10) S. meine Völker des Kaukasus. S. 90 und 91. — 11) Indicopl. XI. p. 33. 12) History of Hindostan. Vergl. Tychsen de Afghanorum origine. 13) Müller's Samml. russ. Gesch. T. IV. u. daselbst Gärber's Nachrichten. 14) Vergl. Mannert V. 292. und meine Anhänge zu den Völkern des Kaukasus 5 und 6.

*) S. Peter Friedr. v. Suhm's Geschichte der Dänen, von F. D. Gräter. Leipz. 1804. 1. Th. 1. Abtheilung. Einleit. S. 11.

1) Asen oder Aspurgitaner, am Ausflusse des Mäotis, welches die nämlichen zu seyn scheinen, deren Name in der Geschichte der nordischen Fabelzeit so bekannt ist (s. den Art. Asen). — 2) Abcassen, Abasgen oder Abassen, ein Zweig der Asen, die im Innern des Landes am Phasis wohnten, und bereits unter Adrian vorkommen. — 3) Apsilier, auch am Phasis, nördlich an die Lazier, südlich an die Abcassen grenzend. — 4) Misimianer, ein Abstamm der Apsilier, nordöstlich mit ihnen grenzend — 5) Aorsen, an der östlichen Seite des Tanais, und endlich — 6) Udinen, in welchen vielleicht die Budini stecken, an den Portä Caspiä.

Wer sich kritisch und vergleichend über alle Nachrichten der alten Schriftsteller von den Alanen einstudiren will, findet hiezu die vollständigsten Nachweisungen in dem Register zu den ersten fünf Bänden von Suhms krit. Vorarbeiten zur dänischen Geschichte, und Nachträge hiezu in dem Register des 10. Bandes. (*Graeter.*)

ALANGIUM, eine Pflanzengattung aus der 13ten Linne'schen Classe, die Lamark (encycl. bot. I. p. 174) zuerst aufstellte, und sie zur natürlichen Familie der Myrten zählte. Der Name ist malabarisch, und heißt eigentlich Angolam; Ray nannte zuerst die Pflanze Alangi. Der Gattungs-Charakter besteht in einem 6—10zähnigen Kelch, 6—10 schmalen Kronenblättern, einer einfächerigen, runden, fleischigen Beere, die mit den Kelchzähnen gekrönt ist, und einen bis drei Samen in einem Brey eingebettet enthält. Lamark führt drei Arten dieser Gattung auf, welche Bäume sind. 1) A. *decapetalum*, mit zehn Kronenblättern, eben so vielen Antheren, und dornigen Aesten. Es ist ein prächtiger Baum, der bei zwölf Fuß im Umfange des Stammes hundert Fuß Höhe hat, mit drei Zoll langen, länglichen, glattrandigen Blättern geziert ist, und dessen Blüthen auswendig behaart und von weißer Farbe sind. Er wächst auf den malabarischen Bergen, und wird von den Eingebornen wegen seines prächtigen Ansehens für ein Symbol der königlichen Würde gehalten. Seine Beeren werden gegessen. Diese Art ist von Rheede hort. malab. vol. 4. t. 17 abgebildet. 2) Alangium *hexapetalum*, mit sechs Kronenblättern und unbewehrten Aesten. Dieser Baum wächst ebenfalls auf malabarischen Gebirgen, ist aber niedriger als der vorige. Abgebildet in Rheede's hort. malab. vol. 4. t. 26. 3) Alangium *tomentosum*, mit filzigen Blättern, von Sonnerat in Judieu gefunden. (*Sprengel.*)

ALANGUER, Alenquer, Villa und Hauptort der Correiçao gleiches Namens in der portug. Prov. Estremadura, an der Mündung des gleichnamigen Flusses in den Tejo, zwischen Lissabon und Leiria, mit einem weitläuftigen, der Königin zuständigen, Gebiete. Er hat 300 H., 1600 E., 5 Kirchen, 3 Klöster, ein Hospital, ein Armenhaus, Wein-, Citronen- und Kirschenbau und eine Handelsmesse, und ist einer der Hauptvertheidigungspunkte von Lissabon. Der Correiçaô de Alenquer in N. O. von Lissabon hat 8 Villas, 55 Kirchspiele, 9817 Feuerstellen und 49,200 Einw. Nach einigen Nachrichten wurde der Ort von den obgedachten Alanen gebaut und Alenker Kana (Alanentempel) genannt. (*Stein.*)

Alani und Alani montes, s. Alanen.

ALANJE, Alhange, Flecken im span. Estremadura, am Fluß Matachel, der sich nahe dabei mit der Guadiana vereinigt, mit einem alten Bergschloß, dem Ritterorden von San Jago gehörig. (*Stein.*)

ALANSON (Eduard), Wundarzt zu Liverpool, machte sich durch seine Methode, Glieder abzusetzen, in neuern Zeiten bekannt. Um die Hervorragung des Knochens zu verhüten, durchschnitt er die fleischigen Theile nicht senkrecht, sondern schief von unten nach oben, damit der Knochen einige Zoll höher entblößt werde, als bei einem senkrechten Schnitt geschehen kann. Er suchte die Wunde hohl und kegelförmig zu machen, indem er die Schneide des Messers schief auf- und einwärts richtete, es in dieser Richtung um das Glied herum zog, und dergestalt mit einem Zuge die fleischigen Theile bis auf die Knochen durchschnitt. Zugleich suchte er dadurch viel Haut zu ersparen, daß er die letztere kreisförmig durchschnitt, dieselbe von den unterliegenden Theilen rings ums Glied absonderte und zurück schlug, und dann am Rande der zurückgeschlagenen Haut den Schnitt durch das Fleisch führte. Mynors und Andere haben dieser Methode mit Recht vorgeworfen, daß sie zu schwierig und schmerzhaft sey. Alanson beschrieb dieselbe in seinen practical observations upon amputation. Lond. 1779. 8. Uebers. Gotha 1785. (*Sprengel.*)

Alant, s. Inula Helenium.

ALANTIN (Alantstoff, Inulin, Henelin), ein schon von Casp. Neumann entdeckter, eigenthümlicher, zwischen Zucker und Stärkenmehl mitten inne stehender Stoff aus der Wurzel des Alants von röthlich weißer Farbe, und fadsüßlichem Geschmack. Nach Rose und Gaultier de Cloubry ist er in heißem Wasser zu einer stärkeähnlichen Substanz auflöslich, weniger vollkommen in Kali und Alcohol. Die Eisenauflösung fället sie daraus als einen graulichweißen Niederschlag. Die Auflösung des Inulins zur Syrupsdicke abgedampft, erstarrt wieder zu einer weißen, pulverigen Masse. Salpetersäure bildet damit Aepfel-, Klee- und Essigsäure. Mit Schwefelsäure und Wasser gekocht bildet sich daraus Zucker. Vom Gallusaufguß wird das Inulin, als eine leimartige, elastische Substanz gefället. Concentrirte Schwefelsäure verkohlt es. Auf Glühkohlen brennt es mit blauer Flamme und dem Geruch von versengtem Haar. (*Th. Schreger.*)

ALANTWEIN, im Elsasse Rebswijn genannt, wird von Alantwurzel, Zucker und einigen andern beliebigen Gewürzen, im Herbst auf guten weißen Landwein gegossen, verfertigt. Dies alles bringt man in ein Fäßchen, auf dessen Boden eine Menge reifer Trauben gelegt werden; zwischen Neujahr und Ostern pflegt man dann die Flüssigkeit abzuziehen und die Trauben zum Nachtische zugleich mit dem Weine aufzusetzen. In diätetischer und technischer Hinsicht gewinnt der Wein durch die Alantwurzel, welche ein gutes magenstärkendes Mittel ist, und so mag jeder mit ihr bereitete gute Wein, selten, in geringer Menge und bei leerem Magen genommen, diesem zur Stärkung dienen, wenn er, im Schwächezustande, derselben bedarf. (*G. H. Ritter.*) — Er gehört unter die stark schleimauflösenden, den stockenden Monatsblutfluß, so wie den Schleimauswurf aus den Lungen befördernden und unter die hitzigen schweiß- und harntreibenden Arzneimittel, die als Hausmittel oft gemißbraucht werden. (*Th. Schreger.*)

ALANUS. 1) Alanus ab Insulis, auch Magnus und Altissiodorensis genannt, war um das Jahr 1114 zu Ryssel (Lille, Insulae) in den Niederlanden geboren. Er trat 1128 zu Clairvaux in den Cistercienser-Orden, kam aber hernach nach Paris, wo er die Doktorwürde erhielt, und auch zum Rektor der Universität erwählt wurde. Wegen seiner ausgebreiteten Gelehrsamkeit, worin er für ein Wunder seiner Zeit galt, erhielt er den Beinamen Doctor universalis. Seine Zeitgenossen verehrten ihn so, daß man zu sagen pflegte: Sufficiat vobis vidisse *Alanum*. Im J. 1140 wurde er Abt zu la Rivour, des Cistercienser-Ordens, und 1151 Bischof zu Auxerre (Altissiodora), legte aber diese Würde 1167 freiwillig nieder, und ging in das Kloster nach Clairvaux zurück, wo er 1202 oder 1203 in einem hohen Alter starb. Es ist daher ungegründet, wenn nach einigen Alanus ein mehr als hundertjähriges Alter erreicht haben, und noch 1215 auf dem Lateranischen Concilium gegenwärtig gewesen seyn soll, und ungereimt, wenn man ihn mit einem jüngern, sonst unbekannten Cistercienser Alanus verwechselt, der nach einem Grabmale (dessen Echtheit selbst verdächtig gemacht wird) 1294 gestorben seyn soll *). Seine Schriften sind sehr zahlreich, theils in Prosa, theils in Versen, größtentheils theologischen, moralischen, ascetischen und mystischen Inhalts, alle aber in einem höchst barbarischen, damals gewöhnlichen, Latein geschrieben. Zum Theil liegen sie noch ungedruckt in den Bibliotheken verborgen; auch die gedruckten, obwol sie zum Theil noch in spätern Zeiten wiederholte Auflagen erlebten, sind fast alle ungemein selten, haben jedoch fast nur literar-historischen Werth. Hier wollen wir nur die vorzüglichsten anführen:

1) Commentarius in Cantica Canticorum, ad laudem Virginis Deiparae. Paris. 1541. 8. 2) Liber dictorum memorabilium s. sententiarum. Paris. 1507. 8. 3) Opus quadripartitum de fide catholica contra Waldenses, Albigenses, Judaeos et Paganos seu Mahometanos. — Die zwei ersten Bücher hat *Io. Masson* (Paris. 1612. 8.), die beiden letzten *Carol. de Visch* in der Biblioth. Cisterciens. (Colon. 1656. 4.) herausgegeben **). 4) De planctu naturae liber. Lips. per Arnoldum Coloniensem. 1494. 4. Neun Abschnitte in Versen, und eben so viel, mit den erstern abwechselnd, in Prosa; gegen das Laster der Unzucht, besonders der Knabenschändung. Der berühmte Leo Allatius wollte, nach seiner eigenen Aeußerung (Apes urbanae, p. 179) einen Commentar über dieses Werk liefern, der aber nicht erschienen ist. 5) Anti-Claudianus, sive de officio viri in omnibus virtutibus perfecti carmen hexametrum libris IX. Basil. 1536. 8. und mehrm. wieder aufgelegt. — Venet. 1582. 12. — Antverp. 1611. 8. — Paris. 1612. 8. — Antverp. 1621. 8. — Dieses ist das bedeutendste und gelungenste unter seinen Werken. Es ist eine Encyklopädie nach dem Geschmacke seiner Zeit in Versen. Der Titel: Anti-Claudian, der sich aus dem Inhalte schwer erklären läßt, rührt, nach Caspar Barths Erklärung (ad Statii Thebaid. II. 714), daher, daß Alanus in dem Gedichte die göttliche Vorsehung vertheidigt, die Claudian im Eingange der Bücher in Rufinum in Zweifel zu ziehen scheint. Auch ist dieses Werk unter allen am meisten gelesen worden, und daher ist er selbst unter dem Namen Anti-Claudianus nicht unbekannt. — 6) Doctrinale minus s. liber parabolarum metrice descriptus. Daventr. 1492. 4. — Colon. 1497. — Lips. 1499. fol. — Colon. 1500. 4. — Lugd. 1501. 4. — Colon. 1502. 8. 1507. 8. — Lips. 1516. 4. — Colon. 1520. 4. — cum commentario *Matth. Bonihominis* (inter auctores octo morales), Paris. 1536. 8. — Lugd. 1538. 8. — c. not. *And. Senftlebii*, Vratisl. 1663. 8. — auch französisch, Paris. 1492. fol. 1536. 12. — Das Werk ist auch unter dem Namen Doctrinale altum, Opus parabolarum oder Compilatio proverbiorum bekannt; und enthält moralische Vorschriften in sechs Abschnitten. 7) Vita S. Bernardi; in huj. Opp. T. II. Paris. 1719. fol. 8) Commentaria in divinationes propheticas Merlini Caledonii; cum huj. vaticiniis, Francof. 1603. et al. *). 9) Dicta de lapide philosophico; in Theatr. chemico Tom. III. Argent. 1659. 8. — auch einige Mal einzeln; und teutsch, in P. B. Trevisani chymischen Schriften, Nürnb. 1717. 10) Liber de naturis quorundam animalium; ist das zweite Buch zu Hugonis de S. Victore bestiarium; in Hug. Opp. T. II. Rothom. 1648. fol. Man darf übrigens hier an keine Naturgeschichte der Thiere denken; es sind größtentheils Fabeln und mystische Gleichnisse. — Die sechs ersten dieser Werke, nebst der Summa de arte praedicandi, dem Poenitentiale, Predigten und einigen andern, hat Carl de Visch zusammen herausgegeben, unter dem Titel: *Alani Magni de Insulis* opera moralia, paraenetica et polemica, quae reperiri potuerunt. Antverp. 1654. fol. — Von seinen Gedichten handelt Leyser, in der Historia poët. medii aevi, ausführlich, und theilt darin auch das Doctrinale ganz, und von den übrigen größere Stellen mit. Außerdem gedenken des Alanus vorzüglich: *Alberici Chron. Trithemius*, de script. eccl. cap. 527. *de Visch*, Biblioth. Cisterc. p. 23. *Oudin*, Comment. de script. eccles. ant. T. II. pag. 1405. *Fabricii* Biblioth. lat. med. et inf. aetatis, T. I.

*) Vielleicht ist es auch eine Verwechslung, wenn hier und da ein Jurist aus Bologna im 13. Jahrh. als Doctor univers. aufgeführt wird. (*H.*)

**) Auch findet sich von ihm in Pez. thes. Anecdot. ein System der natürl. und positiven Theologie: de arte s. articulis cathol. fidei l. V., worin er sich nur auf die Hauptlehren einschränkte, für diese aber nicht ohne Originalität eine streng mathematische Demonstration versuchte. (*Tennemann.*)

*) Er verfertigte dies Werk um 1171, da gerade jene Prophezeihung viel Aufsehen erregte; es ist voll Stellen aus engländischen, normannischen und französischen Geschichtsschreibern, wie auch aus latein. Dichtern. (*H.*)

p. 89. *Moreri*, Diction. histor. T. I. (Amst. 1740) p. 203. Adelung, Fortsetz. d. Jöcher'schen Gel. Lex. 1. B. S. 380. Hamberger, zuverläss. Nachrichten rc. 4. Th. S. 310. *(H. A. Erhard.)*

2) Alanus, Wilh., s. Allen. — 3) A. Johann, geb. 1563 zu Alen bei Laholm, und gest. 1630 zu Kopenhagen, als Professor der griechischen Sprache. Unter seinen Schriften verdient, außer seiner Apologie des Saxo Grammaticus und seiner Abhandlung über die griechische Aussprache noch Bemerkung: de gentium quarundam ortu, primatu, praecipue de Cimbrorum ortu et migrationibus, donec in hisce oris perseverarent (Kopenh. 1628). Vergl. Alan. *(H.)*

ALAPAJEW, eine neue Kreisstadt in der Jekatherinenburgischen Provinz der Statthalterschaft Perm im asiatischen Rußland, in der Gegend des an Kupfererzen reichen Gebirges Alapaicha und an dem gleichnamigen Flusse, welcher unterhalb der Stadt in die Neiva, so wie diese unter dem Namen Niza in den Tura fällt. Der Ort war vordem eine Slobode, in deren Nähe sich mehrere Eisen- und Kupferhütten befanden, welche jetzt sehr erweitert worden sind. Die Zahl der Häuser ist etwa 260, und die der Einw. 1100. Im ganzen Kreise leben 28,700 Menschen in 170 Flecken und Dörfern; unter den 12 Eisen- und Kupferhütten heißen die zwei wichtigsten, welche gegen 700 Arbeiter beschäftigen, Alapajewsk. Jede hat einen Hohofen, 2 Kupferöfen, einen Garherd, 2 Hütten mit 3 gehenden und 2 Sparhämmern mit 6 Herden, 4 Schmieden mit 14 Essen, 1 Formhaus und 1 Sägemühle mit 2 Rammen. Vgl. Pallas, Lepechins, Rütschkows Reisen, Storch Gemälde des russ. Reichs u. a. m. *(J. Ch. Petri.)*

Alapi, s. Myiotheres.

Alapi, ungr. Feldherrn, s. Zriny.

ALARCON, Städtchen in der span. Prov. Cuenca, am Fluß Xucar; historisch merkwürdig aus den Kriegen der Mauren. Alphons VIII. wurde hier 1195 den 19ten Jul. von den Mauren geschlagen; vorher schon zerstört, wurde das Städtchen von Alphons IX. gegen Ende des 12ten Jahrh. wieder aufgebaut. *(H.)*

ALARD, Alardus, (Franz,) geb. zu Brüssel im Anfange des 16ten Jahrh. aus einer edlen Familie, die von einem ihr zuständigen Gute den Beinamen Cantier hatte. Er, der Jüngste von 20 Brüdern, entschloß sich aus Liebe zu seinem Vater in ein Kloster zu Antwerpen zu gehen, welches er nachher, durch einen Hamburger Kaufmann mit Luthers Schriften bekannt gemacht, verließ. Nachdem er auf Kosten dieses Kaufmanns einige Jahre zu Jena und Wittenberg studirt hatte, wurde er nach dessen Absterben durch Geldmangel veranlaßt, sich seinen Eltern wieder in die Arme zu werfen, die ihn aber, weil er Luthers Lehre nicht verlassen wollte, von der Klosterstrafe nicht retten konnten, die durch Gift, und als dieses nicht wirkte, durch Feuer, an ihm vollzogen werden sollte. Durch einen Traum aufgefodert, entkam er der Haft mit großer Gefahr, er ging nach Oldenburg, wo er Hofprediger wurde. Während der Zeit erhielten die Lutheraner zu Antwerpen freie Religionsübung und beriefen ihn zu ihrem Prediger. Hier widersetzte er sich seinem Kollegen Cyr. Spangenberg und andern Flacianern, mußte sein Amt verlassen, ging zuerst nach Norden in Ostfriesland, darauf nach Kellinghusen in Holstein. An beiden Orten war er Prediger, wurde 1567 nach Antwerpen zurück berufen, aber bald wieder durch den span. Tyrannen Herzog von Alba vertrieben. Jetzt fand er zu Wilster in Holstein eine Zuflucht, wo er 1578 als Pastor starb. Von ihm stammen mehrere als Prediger und Schriftsteller bekannte Männer ab, unter denen die merkwürdigsten sind: Wilhelm Alardus, Pastor zu Crempe († 1645), Lampert, Pastor zu Brunsbüttel in Holstein († 1672), Nicolaus, General-Superintendent in Oldenburg (1686—1699), Nicolaus, Pastor am Dom zu Hamburg († 1756), und Mathias Andreas, Geheimer Legationsrath und Bischöfl. Lüb. Kabinetssecretär († 176..), bekannt durch eine Sammlung von Gedichten (Hamb. 1754. 8.) *). *(Dörfer.)*

ALARIA. Unter diesem Namen erhob Schrank[1]) die Planaria alata Goezii, welche Abilgaard, Zeder und Rudolphi nachher Distoma alatum nannten, zu einer eigenen Gattung nach übrigens unrichtig aufgefaßten Merkmalen. Ich habe schon anderswo [2]) gezeigt, daß dieser Thierwurm ganz und gar kein Distomum ist, sondern nebst dem Dist. excavatum Rudolph. und den meisten Amphistomen eine Gattung bildet, die ich Holostomum nenne. S. Amphistomum und Holostomum. *(Nitzsch.)*

ALARICH I., aus dem bei den Gothen hochgeachteten Geschlechte der Balten, wurde bei dem Aufstande seines Volks, wozu dieses entweder der Präfect Rufinus, oder eigene Raubgier und Eroberungssucht aufreizte, im J. 395 dem Orient gefährlich, plünderte und verheerte die von der Donau südlich liegenden Gegenden; Constantinopel selbst wurde nur durch seine starken Befestigungen gegen die in der Belagerungskunst unerfahrnen Gothen geschützt. Er wandte sich hierauf nach Griechenland, welches, da die vortheilhaftesten Stellungen und Pässe verlassen wurden, ihm wahrscheinlich durch Rufinus preis gegeben war. Athen erkaufte sich Schonung; durch ganz Griechenland aber verbreitete Alarich im J. 396 Plünderung und Verheerung. Da landete Stilico mit den Truppen des Abendlandes, und schloß in der Provinz Elis am Flusse Peneus, den er, um hiedurch Wassermangel zu erregen, ableitete, die Gothen durch Linien ein, die aber bei Nachlässigkeit der Feinde Alarich durchbrach, so daß er mit Beute und Gefangenen nach Epirus entkam, worauf er von den Günstlingen des Arcadius im J. 397 für dessen Bundesgenossen und zum

---

*) Vgl. *J. Molleri* Cimbr. litt. I. p. 4. II. p. 28. *Nic. Alardi* Decas Alardorum script. clar. (Hamb. 1721. 8.) Dän. Bibl. VI. S. 301. (Dörfer) — Das Andenken des obgedachten N. Al. erhält sich durch ein Handbuch für die Prediger und durch den Oldenburg. Katechismus, welcher sich meist ein Jahrhundert in den dortigen Schulen erhalten hat. Mit dem Prediger Marcus Steffens zu Oldenburg zerfiel er über diesen Katechismus. In mehreren Streitschriften beschuldigte Alardus ihn des Calvinismus, und wirklich bekannte sich Steffens auch bald öffentlich zu dieser Lehre. v. Halem Oldenburg. Gesch. III. S. 153. *(v. Halem.)*

1) S. dessen Verzeichn. der Eingeweidenwürm. München 1788. 2) Nähere Nachricht an die Mitarbeiter der neuen Encycl. aller Wissensch. Halle. 1816.

Feldherrn des östlichen Illyriens erklärt wurde, weil sie auf Stilico eifersüchtig waren, der nun, gemäß ihrer Auffoderung, Griechenland verließ. Alarich gebot nun, als kaiserlicher Feldherr, den Gewehrfabriken, mit Waffen seine Gothen zu versorgen, die ihm zum Könige der Westgothen ausriefen. Aus den verheerten Provinzen des Orients wandte er sich jetzt nach Italien, wo Entfernung der Kriegsvölker und die bei einer großen Dürre ausgetrockneten Flüsse seine Fortschritte erleichterten. Der aus Mailand im J. 403 flüchtig gewordene Kaiser Honorius warf sich, von den Gothen verfolgt, in die Festung Asta und die Gothen hofften bereits die Eroberung, als Stilico mit den zusammen gebrachten Truppen erschien und sich mit der Reiterei nach Asta durchschlug. Die Gothen, in Gefahr, durch Linien eingeschlossen zu werden, hoben die Belagerung auf, und wollten sich auf Florenz werfen, wurden aber bei Pollentia überfallen und geschlagen. Doch scheute Stilico die Gegenwehr der Verzweifelten, und erkaufte daher ihren Rückzug. Alarichs Plan, sich Verona's und der Päße in den rhätischen Alpen zu bemächtigen, und durch germanische Völker verstärkt, von Teutschland aus Gallien anzugreifen, wurde verrathen; doch zog er sich aus den vorher besetzten Päßen, von allen Seiten angegriffen, ungehindert aus Italien zurück. Stilico unterhandelte mit ihm, ernannte ihn zum Feldherrn von ganz Illyrien, und suchte ihn zum Angriffe des Orients zu bestimmen, den jedoch Alarich, da alle Unterstützung des Occidents hiezu ausblieb, aufgab. Er machte nun große Foderungen, wofür ihm 4000 Pfund Gold bewilligt wurden. Nach dem Sturze Stilico's im J. 408 unterblieb die Auszahlung. Dies und die Einladung der Mißvergnügten bestimmten ihn, in das unvertheidigte Italien zu dringen, welches verheert wurde; das eingeschlossene Rom mußte durch Hungersnoth im J. 409 den Abzug der Gothen erkaufen. Da Honorius im unüberwindlichen Ravenna alle billige Friedensvorschläge ausschlug, bemächtigte sich Alarich des Hafens von Ostia. Rom, hiedurch der Zufuhr beraubt, ergab sich, der Stadtpräfect Attalus wurde zum Kaiser ernannt, aber im J. 410 von Alarich wieder abgesetzt. Da aber auch jetzt Honorius die Friedensanträge verwarf, nahm Alarich Rom am 24sten August 410 durch Ueberfall ein, plünderte es, verließ es jedoch nach sechs Tagen wieder, und zog in den untern Theil von Italien, um auch hier zu plündern und zu verheeren. Seine Absicht, nach Sicilien überzugehen, hinderte ein Sturm und sein bald darauf (410) erfolgter Tod. Die Gothen zwangen nun die Gefangenen, den Cosenza vorbei fließenden Busento abzuleiten, und nachdem Alarich im trocknen Flußbette begraben war, wurde der Fluß wieder zurück geleitet. Damit das Grab unentdeckt bleiben sollte, ermordete man die bei dieser Arbeit gebrauchten Gefangenen. (Nach Claudian, Sokrates, Sozomenus, Orosius, Zosimus, Marcellinus Comes und Jornandes). (*v. Baczko.*)

Alarich II., König der Westgothen, folgte seinem Vater Eurich, dem Eroberer Spaniens, im J. 484 und beherrschte nicht nur die pyrenäische Halbinsel, sondern auch Aquitanien von den Pyrenäen bis zum Rhone. Friedfertig wie er war; beobachtete er treulich den Vertrag mit den benachbarten Franken; ja er ging gegen den damaligen Herrscher desselben, Clodwig, in seiner Nachgiebigkeit so weit, daß er ihm den an seinen Hof geflüchteten römischen Feldherrn Synagrius auslieferte. Clodwig aber, der seine frühern Eroberungen noch durch die der westgothischen Länder in Frankreich zu vergrößern wünschte, wußte bald einen Vorwand zu einem Kriege gegen ihn zu finden. Angeblich in der Absicht, das Licht des Glaubens unter den dem Arianismus zugethanen Westgothen zu verbreiten oder die gottlose Nation auszurotten, zog er gegen Alarich an der Spitze eines starken Heeres aus, schlug dessen Truppen in den Ebenen von Vouillé (3 Lieuen von Poitiers) und tödtete ihn selbst. Der Sieg war fürs erste entscheidend; bald aber hemmte der ostgothische König Theodorich, Alarichs Verwandter, Clodwigs Fortschritte bei Arles; die Westgothen behielten noch Septimanien und die Provence, und Theodorich übernahm die Vormundschaft über Alarichs Sohn und Nachfolger Amalrich. — Zwei Ereignisse zeichneten seine Regierung aus, die ihn als einen aufgeklärten Mann darstellen; die Synoden, die er den Katholischen Geistlichen zu Agde im J. 506 zu halten erlaubte (s. Agde) und der in demselben Jahre durch einen seiner Beamten gefertigte Auszug aus dem Codex Theodosianus für seine Westgothen, der noch lange in den südlichen Provinzen Frankreichs im Gebrauch blieb. Vgl. darüber **Hufelands** vorläuf. Nachr. von den jurist. Schätzen der Würzburger Univ. Bibl., besonders dem Rechtsbuche Alarichs und erste Ausbeute aus dem letzten. Bamb. und Würzb. 1801. 8. (*H.*)

ALARINGEN, Name eines Gau, der aber nur in einer höchst unsichern Abschrift einer Urkunde König Arnulfs für einen Graf Echbrecht von 892 (*Eccard* hist. princ. Sax. super. S. 295) vorkommt, und aller Wahrscheinlichkeit nach falsch geschrieben ist. Wie leicht wäre die Verbesserung aus dem Hildesheimischen Archiv! Eckhart legte, wahrscheinlich des Aufbewahrungsorts der Urkunde wegen, das damit bezeichnete Land ins Hildesheimische, wo kein Platz dafür sich findet. Vergl. Algida. (*Delius.*)

ALARO, 1) Fluß in der neapol. Prov. Calabria oltra, entspringt am Monte Tejo in den Apenninen, fließt unweit Castel vetere ins Meer. (*Röder.*) — 2) Flecken auf der Insel Majorca, mit dem Bergschloß Castillo de Alaro. (*Stein.*)

ALARODII auch ALLARODII, ein rohes Bergvolk am **Pontus Euxinus.** (*Herod.* VII, 78, vgl. III, 94). (*Ricklefs.*)

ALASAN, bei Strabo Alazon, bei Plinius Alazonius, wahrscheinlich einerlei mit Abas bei **Dio Cassius** und **Plutarch**, ein kaukasisch-georgischer Fluß, der aus dem Gebiete der Duschen im Norden Georgiens, nach Güldenstäd aus dem südlich kaukasischen Schiefergebirge, durch Kacheti bis zum Jor, und mit diesem noch über dem Araxes in die Linke des Kur fließt. Er trägt viel zur Fruchtbarkeit Kacheti's bei, weil er aber hin und wieder nur 100 Schritte breit, und 3 Fuß tief ist, auch keinen reissenden Strom hat, so wie denn seine Ufer gemeiniglich nur etliche Fuß hoch sind; so dient er den räuberischen Lesghern, die an der Ostseite desselben wohnen, zum Durchzug in die Gefilde Grusiens oder Georgiens.

p. 89. *Moreri*, Diction. histor. T. I. (Amst. 1740) p. 203. Adelung, Fortsetz. d. Jöcher'schen Gel. Lex. 1. B. S. 380. Hamberger, zuverläss. Nachrichten rc. 4. Th. S. 310. (*H. A. Erhard.*)

2) Alanus, Wilh., s. Allen. — 3) A. Johann, geb. 1563 zu Alen bei Laholm, und gest. 1630 zu Kopenhagen, als Professor der griechischen Sprache. Unter seinen Schriften verdient, außer seiner Apologie des Saxo Grammaticus und seiner Abhandlung über die griechische Aussprache noch Bemerkung: de gentium quarundam ortu, primatu, praecipue de Cimbrorum ortu et migrationibus, donec in hisce oris perseverarent (Kopenh. 1628). Vergl. Alan. (*H.*)

ALAPAJEW, eine neue Kreisstadt in der Jekatherinenburgischen Provinz der Statthalterschaft Perm im asiatischen Rußland, in der Gegend des an Kupfererzen reichen Gebirges Alapaicha und an dem gleichnamigen Flusse, welcher unterhalb der Stadt in die Neiva, so wie diese unter dem Namen Niza in den Tura fällt. Der Ort war vordem eine Slobode, in deren Nähe sich mehrere Eisen- und Kupferhütten befanden, welche jetzt sehr erweitert worden sind. Die Zahl der Häuser ist etwa 260, und die der Einw. 1100. Im ganzen Kreise leben 28,700 Menschen in 170 Flecken und Dörfern; unter den 12 Eisen- und Kupferhütten heißen die zwei wichtigsten, welche gegen 700 Arbeiter beschäftigen, Alapajewsk. Jede hat einen Hohofen, 2 Kupferöfen, einen Garherd, 2 Hütten mit 3 gehenden und 2 Sparhämmern mit 6 Herden, 4 Schmieden mit 14 Essen, 1 Formhaus und 1 Sägemühle mit 2 Rammen. Vgl. Pallas, Lepechins, Rütschkows Reisen, Storch Gemälde des russ. Reichs u. a. m. (*J. Ch. Petri.*)

Alapi, s. Myiotheres.

Alapi, ungr. Feldherrn, s. Zriny.

ALARCON, Städtchen in der span. Prov. Cuenca, am Fluß Xucar; historisch merkwürdig aus den Kriegen der Mauren. Alphons VIII. wurde hier 1195 den 19ten Jul. von den Mauren geschlagen; vorher schon zerstört, wurde das Städtchen von Alphons IX. gegen Ende des 12ten Jahrh. wieder aufgebaut. (*H.*)

ALARD, Alardus, (Franz,) geb. zu Brüssel im Anfange des 16ten Jahrh. aus einer edlen Familie, die von einem ihr zuständigen Gute den Beinamen Cantier hatte. Er, der Jüngste von 20 Brüdern, entschloß sich aus Liebe zu seinem Vater in ein Kloster zu Antwerpen zu gehen, welches er nachher, durch einen Hamburger Kaufmann mit Luthers Schriften bekannt gemacht, verließ. Nachdem er auf Kosten dieses Kaufmanns einige Jahre zu Jena und Wittenberg studirt hatte, wurde er nach dessen Absterben durch Geldmangel veranlaßt, sich seinen Eltern wieder in die Arme zu werfen, die ihn aber, weil er Luthers Lehre nicht verlassen wollte, von der Klosterstrafe nicht retten konnten, die durch Gift, und als dieses nicht wirkte, durch Feuer, an ihm vollzogen werden sollte. Durch einen Traum aufgefodert, entkam er der Haft mit großer Gefahr, er ging nach Oldenburg, wo er Hofprediger wurde. Während der Zeit erhielten die Lutheraner zu Antwerpen freie Religionsübung und beriefen ihn zu ihrem Prediger. Hier widersetzte er sich seinem Kollegen Cyr. Spangenberg und andern Flacianern, mußte sein Amt [...]lassen, ging zuerst nach Norden in Ostfriesland, dar[...] nach Kellinghusen in Holstein. An beiden Orten war [...] Prediger, wurde 1567 nach Antwerpen zurück berufe[n,] aber bald wieder durch den span. Tyrannen Herzog vo[n] Alba vertrieben. Jetzt fand er zu Wilster in Holstein ei[ne] Zuflucht, wo er 1578 als Pastor starb. Von ihm st[am]men mehrere als Prediger und Schriftsteller bekannte [M]änner ab, unter denen die merkwürdigsten sind: Wi[lh]elm Alardus, Pastor zu Crempe († 1645), Lampe[r]t, Pastor zu Brunsbüttel in Holstein († 1672), Ni[co]laus, General-Superintendent in Oldenburg (1686 1699), Nicolaus, Pastor am Dom zu Hamburg († [1]756), und Mathias Andreas, Geheimer Legationsr[at]h und Bischöfl. Lüb. Kabinetssecretär († 176..), bek[an]nt durch eine Sammlung von Gedichten (Hamb. 1754 [...].) *). (*Dörfer.*)

ALARIA. Un[ter] diesem Namen erhob Schrank[1]) die Planaria alata [G]oezii, welche Abilgaard, Zeder und Rudolph [n]achher Distoma alatum nannten, zu einer eigenen Gatt[un]g nach übrigens unrichtig aufgefaßten Merkmalen. [I]ch habe schon anderswo[2]) gezeigt, daß dieser Thierwur[m] ganz und gar kein Distomum ist, sondern nebst dem D[is]t. excavatum Rudolph. und den meisten Amphistomen [e]ine Gattung bildet, die ich Holostomum nenne. [S.] Amphistomum und Holostomum. (*Nitzsch.*)

ALARICH I. aus dem bei den Gothen hochgeachteten Geschlechte [de]r Balten, wurde bei dem Aufstande seines Volks, we[il] dieses entweder der Präfect Rufinus, oder eigene [R]aubgier und Eroberungssucht aufreizte, im J. 395 de[m] Orient gefährlich, plünderte und verheerte die von der [D]onau südlich liegenden Gegenden; Constantinopel selbst [w]urde nur durch seine starken Befestigungen gegen die i[n] der Belagerungskunst unerfahrnen Gothen geschützt. E[r] wandte sich hierauf nach Griechenland, welches, da [di]e vortheilhaftesten Stellungen und Pässe verlassen wur[de]n, ihm wahrscheinlich durch Rufinus preis gegeben w[a]r. Athen erkaufte sich Schonung; durch ganz Griechen[la]nd aber verbreitete Alarich im J. 396 Plünderung un[d] Verheerung. Da landete Stilico mit den Truppen d[es] Abendlandes, und schloß in der Provinz Elis am F[lu]ße Peneus, den er, um hiedurch Wassermangel zu err[eg]en, ableitete, die Gothen durch Linien ein, die aber [di]e Nachlässigkeit der Feinde Alarich durchbrach, so daß [er] mit Beute und Gefangenen nach Epirus entkam, wo[ra]uf er von den Günstlingen des Arcadius im J. 397 [zu] dessen Bundesgenossen und zum

*) Vgl. *J. Molle* Cimbr. litt. I. p. 4. II. p. 28. *Nic. Alardi* Decas Alardor[um] script. clar. (Hamb. 1721. 8.) Dän. Bibl. VI. S. 301. (Dö[rf]er) — Das Andenken des obgedachten N. Al. erhält sich durch [se]in Handbuch für die Prediger und [...] den Oldenburg. Katechismus, welcher sich meist ein [...] in den dortigen Schulen erhalten hat. Mit [...] cus Steffens zu Oldenburg zerfiel er über [...] In mehreren Streitschriften beschuldigte [...] vinismus, und wirklich [b]ekannte sich St[...] lich zu dieser Lehre. Halem Ol[...] 153.

1) S. dessen Verz[ei]chn. der Ein[...] 1788. 2) Nähere N[ac]hricht an die Encycl. aller Wissensch. [...]alle 1816.

Feldherrn des östlichen Illyrie
auf Stilico eifersüchtig waren,
Auffoderung, Griechenland verli
als kaiserlicher Feldherr, den G w
seine Gothen zu versorgen, die ihm
gothen ausriefen. Aus den ve
Orients wandte er sich jetzt nach
der Kriegsvölker und die bei eine
trockneten Flüsse seine Fortschritte
Mailand im J. 403 flüchtig gew
warf sich, von den Gothen verfol
und die Gothen hofften bereits d
lico mit den zusammen gebrachte
sich mit der Reiterei nach Asta dur
in Gefahr, durch Linien eingeschl
die Belagerung auf, und wollten
wurden aber bei Pollentia übe
Doch scheute Stilico die Gegent
und erkaufte daher ihren Rückzu
Verona's und der Pässe in den
mächtigen, und durch germanisch
Teutschland aus Gallien anzugre
doch zog er sich aus den vorhe
allen Seiten angegriffen, ungehin
Stilico unterhandelte mit ihm,
herrn von ganz Illyrien, und
des Orients zu bestimmen, den
Unterstützung des Occidents hirz
machte nun große Foderungen,
Gold bewilligt wurden. Nach d
J. 408 unterblieb die Auszahlun
ladung der Mißvergnügten bestin
theidigte Italien zu dringen, r
das eingeschlossene Rom mußte d
409 den Abzug der Gothen erka
unüberwindlichen Ravenna alle
ge ausschlug, bemächtigte
Ostia. Rom, hiedurch der
der Stadtpräfect Attalus wurd
aber im J. 410 von Alarich wi
auch jetzt Honorius die Friedens
Alarich Rom am 24sten August
plünderte es, verließ es jedoch n
und zog in den untern Theil vo
zu plündern und zu verheeren.
cilien überzugehen, hin
darauf (410) erfolgter Tod.
Gefangenen, den Cosenza
leiten, und nachdem Alarich
ben war, wurde der Fluß wiede
das Grab unentdeckt bleiben sollt
dieser Arbeit gebrauchten Gefan
Sokrates, Sozomenus,
Comes und Jornandes).

Alarich II., Kö
Vater Eurich, dem
beherrschte nicht nu
auch Aquitanien v
Friedfertig wie er w
trag mit den benach

klärt wurde, weil sie
nun, gemäß ihrer
Alarich gebot nun,
fabriken, mit Waffen
um Könige der West-
erten Provinzen des
lien, wo Entfernung
großen Dürre ausge-
leichterten. Der aus
ene Kaiser Honorius
, in die Festung Asta
Eroberung, als Sti-
Truppen erschien und
schlug. Die Gothen,
en zu werden, hoben
h auf Florenz werfen,
llen und geschlagen.
hr der Verzweifelten,
Alarichs Plan, sich
ätischen Alpen zu be-
Völker verstärkt, von
n, wurde verrathen;
besetzten Pässen, von
rt aus Italien zurück.
nannte ihn zum Feld-
hte ihn zum Angriffe
doch Alarich, da alle
usblieb, aufgab. Er
efür ihm 4000 Pfund
n Sturze Stilico's im
Dies und die Ein-
ten ihn, in das unver-
ches verheert wurde;
ch Hungersnoth im J.
en. Da Honorius im
lige Friedensvorschlä-
rich des Hafens von
beraubt, ergab sich,
zum Kaiser ernannt,
r abgesetzt. Da aber
träge verwarf, nahm
0 durch Ueberfall ein,
h sechs Tagen wieder,
Italien, um auch hier
eine Absicht, nach Si-
Sturm und sein bald
then zwangen nun die
ßenden Busento abzu-
ernen Flußbette begra-
urück geleitet. Damit
ermordete man
ten.

den damaligen Herrscher desselben, Clodwig, in seiner Nachgiebigkeit so weit, daß er ihm den an seinen Hof geflüchteten römischen Feldherrn Synagrius auslieferte. Clodwig aber, der seine frühern Eroberungen noch durch die der westgothischen Länder in Frankreich zu vergrößern wünschte, wußte bald einen Vorwand zu einem Kriege gegen ihn zu finden. Angeblich in der Absicht, das Licht des Glaubens unter den dem Arianismus zugethanen Westgothen zu verbreiten oder die gottlose Nation auszurotten, zog er gegen Alarich an der Spitze eines starken Heeres aus, schlug dessen Truppen in den Ebenen von Vouillé (3 Lieuen von Poitiers) und tödtete ihn selbst. Der Sieg war fürs erste entscheidend; bald aber hemmte der ostgothische König Theodorich, Alarichs Verwandter, Clodwigs Fortschritte bei Arles; die Westgothen behielten noch Septimanien und die Provence, und Theodorich übernahm die Vormundschaft über Alarichs Sohn und Nachfolger Amalrich. — Zwei Ereignisse zeichneten seine Regierung aus, die ihn als einen aufgeklärten Mann darstellen; die Synoden, die er den Katholischen Geistlichen zu Agde im J. 506 zu halten erlaubte (s. Agde) und der in demselben Jahre durch einen seiner Beamten gefertigte Auszug aus dem Codex Theodosianus für seine Westgothen, der noch lange in den südlichen Provinzen Frankreichs im Gebrauch blieb. Vgl. darüber Hufelands vorläuf. Nachr. von den jurist. Schätzen der Würzburger Univ. Bibl., besonders dem Rechtsbuche Alarichs und erste Ausbeute aus dem letzten. Bamb. und Würzb. 1801. 8. *(H.)*

ALARINGEN, Name eines Gau, der aber nur in einer höchst unsichern Abschrift einer Urkunde König Arnulfs für einen Graf Echbrecht von 892 (*Eccard* hist. princ. Sax. super. S. 295) vorkommt, und aller Wahrscheinlichkeit nach falsch geschrieben ist. Wie leicht wäre die Verbesserung aus dem Hildesheimischen Archiv! Eckhart legte, wahrscheinlich des Aufbewahrungsorts der Urkunde wegen, das damit bezeichnete Land ins Hildesheimische, wo kein Platz dafür sich findet. Vergl. Algida. *(Delius.)*

ALARO, 1) Fluß in der neapol. Prov. Calabria oltra, entspringt am Monte Tejo in den Apenninen, fließt unweit Castel vetere ins Meer. *(Röder.)* — 2) Flecken auf der Insel Majorca, mit dem Bergschloß Castillo de Alaro. *(Stein.)*

ALARODII auch ALLARODII, ein rohes Bergvolk am Pontus Euxinus. (*Herod.* VII, 78. vgl. III, 94). *(Ricklefs.)*

ALASAN, bei Strabo Alazon, bei Plinius Alazonius, wahrscheinlich einerlei mit Abas bei Dio Cassius und Plutarch, ein kaukasisch-georgischer Fluß
Gebiete der Duschen im Norden Georgiens
dem südlich kaukasischen

Er hat 8 Zuflüsse oder Bäche von einiger Bedeutung, die in seine Linke fließen. In gerader Linie von Derbent bis zu diesem Fluß erstreckte sich eine alte Mauer, die den ganzen kaukasischen Isthmus durchschnitten haben soll, und von der noch Ruinen sichtbar sind. (*Rommel.*)

ALASCHEHR, das alte Philadelphia, eine große Stadt in dem Sandschak Aidin, welche in der Geschichte der Kreuzzüge und der byzantinischen Kriege eine große Rolle spielt. Hier wurde Keichosrew der Sultan von Ikonium im J. d. H. 608 (1211) von Theodor Lascaris geschlagen. (Dschihannüma S. 637). Im J. Chr. 1306 wurde diese Stadt von Alischir belagert, von Roger entsetzt, (Pachymeres V, 21, 23), und im J. d. H. 792 (1389) von Bajasid I. eingenommen. (Hadschi Chalfa). (*v. Hammer.*)

ALASCHKA oder Alaska, eine große Halbinsel an der Nordwestküste von Amerika, die sich erst in südwestlicher, dann in südlicher, zuletzt in westlicher Richtung vom Gestade aus in das Meer streckt, und sich überhaupt von 55 bis zu 63° N. Br. dehnt. Ihre ziemlich zahlreichen Bewohner nennen sich selbst Kagataya Koung'as, d. i. Männer aus Osten. Von ihren Sitten so wie von der Beschaffenheit des Landes wird in dem Artikel: Nordwestküste von Amerika ausführlicher die Rede seyn. (*F. Herrmann.*)

ALASEJA, Fluß im Jakutzkischen Kreise, welcher zwischen der Indigirka und Koluma ins Eismeer fällt. An seinen Ufern leben Jakuten und Tungusen von der Jagd und Fischerei. Bisweilen kommen in diese Gegend Kosaken, um den Tribut in Empfang zu nehmen. (*J. Ch. Petri.*)

ALASKAVERING-BERGE heißt eine hohe Gebirgreihe, welche den Staat Newyork in der Richtung von SW. nach NO. durchstreift, und eine Fortsetzung des blauen Gebirgs ist. Sie werden auch die Shavungunk-Berge genannt. Vor ihnen liegen die Bradcords Hills. (*F. Herrmann.*)

Alasko, s. a Lasko.

ALASONA, kleine Stadt an der südlichen Seite des Berges Kralichiovo, ehemals Mons Cittius, an der Stelle des alten Olossum oder Ilesium in Thessalien, mit ungefähr 4500 Einw. (*Vaudoncourt*. Memoirs S. 152 und 291). (*v. Hammer.*)

Alasparus, s. Alorus.

ALASSAC, Stadt im franz. Depart. Corrèze, Bez. Brives an der Vezère, welche mit ihrem Kirchspiele 3159 Einw. zählt und guten Wein bauet. (*Hassel.*)

ALASSONA, Marktfl. mit großen Märkten in dem Sandschak Tirhala in Rumelien, auf dem Wege von Jenischehr nach Salonik, mit 3000 Einw. (Hadschi Chalfa's. Rumili S. 104). (*v. Hammer.*)

ALASTOR, (Ἀλάστωρ.) 1) nach Hesych. und dem Etym. M. ein Beiname des Zeus, als Rächers des Bösen. — 2) Bei den griechischen Tragikern bald das böse Schicksal selbst, bald ein Rachegeist, der begangenes Unrecht der Väter noch an den Kindern straft[1]. Vergl. Daemones, — 3) Des Neleus und der Chloris Sohn[2], dem seine Braut Harpalyke, als er sie heimführen wollte, von ihrem eignen Vater, dem Klymenos, entführt ward[3]. (*Ricklefs.*)

ALATA, Ort im Innern von Dalmatien, nach dem Itin. Ant. 18 Mill., nach der Tab. Peut. 17 Mill. von Salluntum entfernt, und Salatä geschrieben, im Gebirge zwischen den Montenegrinern und Chementinern. Ptolemäus Aleta II, 17, das er von 44, 0:43, 10 ansetzt, stimmt mit der obigen Angabe doch fast zusammen; so daß es wahrscheinlich derselbe Ort seyn soll. (*Ricklefs.*)

ALATA und ALYTA heißen mehrere Städte in Arabien, nach den Angaben des Ptolemäus, welche nach ihrem Namen (von Allah) zu urtheilen, Sitze eines alten Götzendienstes waren. Zwei kleinere lagen im wüsten Arabien und eine größere in der nordöstlichen Seite vom glücklichen Arabien im Lande der Läkeni nicht weit vom persischen Meerbusen. Die Einwohner heißen Alateni. S. die Charte zu Mannert Th. VI, 1. (*Rommel.*)

ALATA, in Aegypten auf der Ostseite des Nils, ein Dorf, von dem ein Nilfall benannt wird, den Bruce (III, 424) mit wahrer Begeisterung schildert. (*Hartmann.*)

ALATAGH, d. i. der bunte Berg, ist ein gemeinschaftlicher Name mehrerer Berge in der Türkei, vermuthlich von der Ansicht ihres vielfarbigen Gesteins hergenommen. So heißt das Gebirge in Kurdistan mit vielen Alpenweiden, wo der Euphrat (Murad) aus 4 oder 5 Quellen entspringt, und wo Arghunchan einen Palast erbaute (Dschihannüma S 426); ferner ein südöstlich von Konia laufendes Gebirge; endlich das große Gebirge im Sandschak Amaßra am Ufer des schwarzen Meeres (Dschihannüma S. 616 und 654). Alatagh ist auch der Name der in diesen Gebirgen gelegenen Gerichtsbarkeiten, nämlich: des Districtes bei Konia mit fruchtbaren Rebenhügeln, und des 20 Dörfer in sich begreifenden Districtes im Sandschak von Amaßra, wo der heil. Emir Sinan begraben liegt (Dschihannüma S. 619 u. 654). (*v. Hammer.*)

ALATAMAHA, ein großer, schöner und majestätischer Strom in Georgien, dessen Quellen in dem Theile der Alleganygebirge, welcher den Namen der Tschirokiberge führt, und zwar nicht weit von dem großen westlichen Arme des Savannahflusses sind. Er hat zwei Hauptarme, den Oakmulge und den Okone. Jener der größere windet sich 250 Engl. Meilen weit durch das Gebirge, in welchem er bereits durch eine Menge herbeieilender Flüsse vergrößert wird, und 150 Meilen weit durch die Ebene, ehe er den Okone, der seinen Ursprung in der niedrigen Gebirgsreihe hat, von Osten her aufnimmt. Hierauf setzen diese beiden vereinigten Flüsse unter dem Namen Alatamaha ihren Lauf noch 100 Engl. Meilen durch schöne und dichte Wälder sich schlängelnd, bis zum atlantischen Ocean fort. Der Ausfluß des Alatamaha ist 60 Meilen südwestlich von dem des Savannah, und findet mittelst einer doppelten Mündung Statt, zwischen Sapello und den Wolfsinseln, südlich zwischen dem südlichen Ende der Simons- und dem nördlichen der Je-

---

1) Aeschyl. Ag. 1479—91; 1508—15. Pers. 343. Eurip. Phoen. 1559 ff. Hec. 685, 949. Or. 337. 2) Apollod. I, 9. 9. 3) Parthen. 13.

kylinsel in den Oeran. Die ganze Länge seines Laufs, wird auf 500 Engl. Meilen geschätzt. Das Land an den Ufern desselben ist sehr fruchtbar, aber größtentheils noch unbebaut. Ungefähr 80 Engl. Meilen oberhalb des Zusammenflusses des Oakmulge mit dem Okone geht der Handelsweg von Augusta zu der Krihknation über diese beiden schönen Flüsse, die daselbst gegen 40 Meilen von einander entfernt sind. Am östlichen Ufer des Oakmulge fand Bartram noch viele Spuren einer alten indianischen Stadt, Vierecke, konische, von Menschenhänden gemachte Erhöhungen, wie sie oft im nördlichen Amerika gefunden werden, u. dergl. Auch zeigt man noch die Felder, welche von den Bewohnern derselben einst bepflanzt wurden, und sich weit längs des Ufers hinziehen. *(F. Herrmann.)*

Alatau, Alatof, auch Ulutau, s. Uralgebirge.

Alatiten werden zuweilen wohl fossile Flügelschnekken genannt, s. Strombus.

Alatri, s. den folg. Art.

ALATRIUM, eine der vorzüglichsten Städte der Herniker, uralt, auf einem konischen Hügel, in der Nähe des Liris, jetzt Gariglianо, 18 St. von Rom entfernt; noch mit ziemlich gut erhaltenen, uralten Befestigungsmauern ohne Mörtel, aus ungeheuer großen, polygonartig gehauenen Steinblöcken versehen, die in der neuern Zeit Cyklopenmauern genannt worden sind *). Gegenwärtig ist A. der Sitz eines Bischofs mit 2 Kirchen und 4 Klöstern. *(Sickler.)*

ALATUR, auch ALATOR, Kreisstadt in der russischen Statthalterschaft Simbirsk, (unter 54 Gr. 39 Min. der Br.) an dem Einflusse des Alatur in die Sura, 156 Werste (23 teutsche Meilen von Simbirsk), mit 700 H. und fast 2500 Einw., welche theils Land- theils Stadtgewerbe treiben. In dem Kreise dieser Stadt befinden sich 44 Kirchdörfer, 67 andere Dörfer, in welchen zusammen über 30,000 Menschen leben, und 58 Kirchen, von welchen 9 von Stein sind. Auch hat der Kreis 2 ansehnliche Branntweinbrennereien und eine Potaschsiederei. S. Pallas Reisen. *(J. Ch. Petri.)*

ALAUDA, Lerche. Unter dem altgallischen Namen Alauda (denn der altrömische ist Gallerita, der griechische Κορυδος, Κορυδων, Κορυδαλος, Κορυδαλις.) vereinigten die mehresten spätern Naturforscher, und mit ihnen auch Linne, zwei Gattungen von Vögeln, welche der scharfsichtige Naumann zuerst wieder trennte, und mit ihm die meisten und besten Ornithologen, welche der einen dieser Gattungen den Namen *Alauda* ließen, der andern den: *Anthus* ertheilten. Die zur Gattung der eigentlichen Lerchen, Alauda, gehörigen Vögel, (welche wir auch nur unter diesem Namen hier aufführen, so wie die andern unter der Benennung Anthus) haben einen länglich messerförmigen, sich oft dem pfriemenförmigen nähernden Schnabel. Die Nasenlöcher liegen in seiner Wurzel, von einer flachen Haut zum Theil verschlossen. Sie haben 18 Schwungfedern, von denen die dritte die längste ist, und die drei letzten sehr breit und keilförmig sind. An der Hinterzehe haben sie eine lange Kralle. Sie bewohnen die ganze alte Welt, in Südamerika sind bis jetzt keine entdeckt. In den wärmeren Gegenden der Erde, in Italien, am kaspischen See u. s. w. sind sie Standvögel, in den kältern aber größtentheils Zugvögel, die indeß früh zurück kehren. Sie halten sich mehrentheils an der Erde auf, wo sie schnell laufen, und setzen sich selten auf Bäume. Singend erheben sich die Männchen in Kreisen hoch in die Luft, theils sich Weibchen zu suchen, theils diese zu ergötzen. Sie ernähren sich von Sämereien und Insekten, und nisten an der Erde in einer mit Gras gefütterten Vertiefung. Sie legen 3 bis 5 graue, dunkler gefleckte Eier, und füttern ihre Jungen blos mit Insekten; diese bleiben indeß nicht lange im Neste, sondern gehen bald selbst ihrer Nahrung nach.

Al. africana. Sirli Lerche. Afrikanische Lerche. Diese Lerche, welche am Vorgebirge der guten Hofnung Sirli heißt, unterscheidet sich von den übrigen auffallend durch ihren längern, dünnen, gebogenen Schnabel. Sie ist acht Zoll lang, ohne Holle, und ihr Gefieder oben braun mit weißlicher Einfassung, unten weiß mit bräunlich-schwarzen Flecken. Sie bewohnt wahrscheinlich ganz Afrika, und ist besonders am Cap sehr häufig, wo sie sich vorzüglich auf den Sandhügeln aufhält.

Al. alpestris, Al. flava. Gelbkehlige Lerche, Berglerche, Alpenlerche, Schneelerche. Sie ist von der Größe der gemeinen Lerche, $6\frac{1}{4}$ bis $6\frac{3}{4}$ Zoll lang. Ihr Schnabel ist pfriemenförmig, bläulich oder schwarz. Ihr Kopf ist glatt, dagegen kann sie die Federn der Backen etwas sträuben; ihre Flügel bedekken zwei Drittheile des etwas gespaltenen Schwanzes. Die Stirn und Augengegend sind gelb, der Scheitel schwarz, der Leib oben röthlichgrau, die Kehle hellgelb, durch ein schwarzes Halsband von der Gurgel abgesondert, welche, wie der Anfang der Brust, weißlichrostgelb und oft dunkler gefleckt ist; übrigens ist sie unten weiß. Die Schwungfedern und Ruderfedern sind schwärzlich, die mittelsten von diesen haben aber einen braungrauen Saum, und die äußersten eine weiße schmale Fahne, bei dem Weibchen haben die Ruderfedern eine weiße Spitze, und ihr Scheitel ist schwarz und braun gefleckt. Sie bewohnt den ganzen Norden von Europa, Asien und Amerika, und ist ein Zugvogel, der im Winter bis Teutschland, Polen, zum kaspischen See und Virginien hinabsteigt, aber früh zur Nachbarschaft des Nordpols zurück kehrt, um dort zu brüten. Sie wird sehr fett und wohlschmeckend.

Al. arborea. Stumpfhollige Lerche, Haidelerche, Baumlerche, Holzlerche, Waldlerche, Kobellerche, Rothlerche u. s. w. In der Geschichte dieser Lerche herrscht viele Verwirrung, indem Linne der Beschreibung des wenzelartigen Hüsters (Anthus arboreus) in der Fauna suecica, welchen er in der sechsten Ausgabe seines Natursystems Alauda arborea nannte, in der zwölften Ausgabe seines Natursystems unter den Synonymen der gegenwärtigen Art anführte, und Brisson unter eben diesem Namen den grünlichen Hüster (Anthus pratensis) beschrieb und ab-

*) Cicero p. Cluentio c. 16. Strabo L. V. Plinius L. III. c. 5. Alberti Descritt. d. t. l'Ital. p. 146. Dionigi Città Saturnine, Rom. 1810.

bildete, und Linné diese Abbildung und Beschreibung in den Synonymen seiner Al. arborea aufnahm. Diese Verwirrung wurde dadurch noch größer, daß Brisson Frisch's Abbildung der Haidelerche bei der Haubenlerche (Al. cristata) anführte, und nun ward von Montbeillard vollends alles durch einander geworfen, und **Gmelin** und **Latham** machten sogar zwei Arten aus ihr; Al. arborea und nemorosa oder cristatella. Die Haidelerche ist 5½ Zoll lang, und unterscheidet sich vorzüglich durch ihren dünnen, pfriemenförmigen Schnabel, ihre stumpfe, runde Holle, ihre mehr gekrümmte Hinterkralle und verhältnißmäßig kürzeren Schwanz. Ihre Federn sind in der Mitte dunkelbraun, am Rande weißlichbraun, die Augenbraunen, welche sich in einen Strich um das Hinterhaupt verlängern, die Kehle, ein unvollständiges Halsband, und die Afterfedern weißlich; unten ist sie bräunlichweiß, an der Brust aber jede Feder am Schafte schwarzbraun. Die Ruderfedern sind schwarzbraun, die vier äußern Paare mit einem keilförmigen weißen Flecken. Sie bewohnt die in Schwarzwäldern liegenden Haiden Europens und Sibiriens, bald als Zugvogel, bald als Standvogel. Bei uns ziehn sie im September und October weg, und fallen häufig auf Wiesen und Stoppelfeldern, lassen sich leicht mit Schlagnetzen fangen, und sind sehr wohlschmeckend. Von den Wipfeln der Fichten, oder aufsteigend, läßt sie ihren angenehmen Gesang hören. Sie nistet zweimal, seltner dreimal im Jahre, zwischen Haide und Gestrippe, und baut ein ziemlich regelmäßiges Nest, aus Gras, Haaren, Wolle und Moos. Ihre Eier sind röthlichgrau, braunroth gefleckt. Die Jungen bilden in der Folge in dem Jahre mit den Eltern eine Familiengesellschaft.

Al. arvensis, Linné, Al. vulgaris. Die **Feldlerche, gemeine Lerche, Korn-, Ackerlerche**, Alouette, Sky-Lark. Die gemeinste von allen, zeigt bei ihrer großen Menge, wie leicht zu erwarten ist, viele Verschiedenheiten in der Größe, von 6½ bis 7½ Zoll. Besonders zeichnen sich die sogenannten **Leipziger Lerchen** oder **Knoblauchlerchen** durch ihre Größe aus. Doch sind gewöhnlich die in ebnen Gegenden größer, wie die in Gebirgen. Mit ausgebreiteten Flügeln mißt sie etwa 13 Zoll. Ihr Schnabel ist länglich kegelförmig und fast pfriemenförmig, stärker wie bei der Baumlerche (Al. arborea), schwächer wie bei der Haubenlerche (Al. cristata); ihr Körper ist gestreckter, ihr Schwanz länger, und die Kralle der Hinterzehe gerader, wie bei jenen beiden. Der Schnabel ist weißlichgelb, doch die Rücken und Spizzen brider Kinnladen schwarzbraun; die Regenbogenhaut braun. Ihren Kopf bedecken ziemlich lange spitze Federn, welche sie wie eine kleine Holle erhebt. Fast alle ihre Federn sind spitz, und die oben auf dem Körper in der Mitte schwarzbraun, und nach außen braungelb, welches sich gegen den Rand hin ins Weißliche verläuft. Am Unterrücken und an den Flügeln fällt das Braungelbe mehr ins Graue, und die Spitzen der Deckfedern erster und zweiter, und der Schwungfedern zweiter Ordnung sind weiß. Auch die Augengegend und ein Strich über dem Auge sind weiß, die Ohrengegend aber braun. Unten ist der Körper weißlich, welches ins Röthlichgraue fällt, die Gurgel und der Anfang der Brust aber mehr gelblich, mit schwarzbraunen Flecken. Die Flügel bedecken etwa zwei Drittheile des drittehalb Zoll langen, etwas herzförmigen, gespaltenen Schwanzes von braunschwarzer Farbe, doch haben die beiden mittelsten Ruderfedern eine ähnliche Einfassung wie die Federn des Rückens, und von den beiden äußersten jeder Seite ist die schmale Fahne, und überdem von der ersten auch die Breite schief abgeschnitten, weiß. Die Füße sind bräunlich, und von den Zehen die hinterste länger wie die mittelste und mit einer langen geraden Kralle versehen. Das Weibchen ist etwas kleiner und auf dem Rücken und der Gurgel stärker gefleckt, wie das Männchen.

Die gemeine Lerche bietet in Rücksicht der Farben eine Menge Abarten dar. Die weißen sind nicht selten, auch werden sie oft in der Gefangenschaft schwärzlich, doch sind auch schwarze gefangen. Es gibt isabellfarbne, aschgraue und rostrothbraune. Latham erwähnt einer langfüßigen Abart von den Grenzen der Mongoley, und Bechstein beschreibt eine Feldlerche mit rothbraunem Kopfe, welche größer wie die gemeine und ohne Holle ist, in manchem Jahre häufig gefangen wird, und von welcher man zu zweifeln Ursache hat, ob sie nicht eine eigene Art sey. Ueber **Jagd** und **Fang** u. s. w. derselben, s. Lerche.

Al. brachydactyla. **Kurzzehige Lerche.** Eine von Leislern zuerst beschriebene Art, welche sich durch die langen Ellenbogenfedern den Hüstern (Anthus) anschließt. Ihr Schnabel nähert sich dem kegelförmigen, und hat einen etwas gebogenen, weit in die Stirn vortretenden Rücken. Sie ist 5 Zoll 6 bis 9 Linien lang. Ihre Flügel reichen bis zur Hälfte des Schwanzes. Oben ist sie röthlich-isabellfarben, mit braunen Federschäften; die Kehle und ein Strich über den Augen sind weiß, die Brust und Seiten hellfuchsroth, die mittleren Ruderfedern sind schwarz mit fuchsrothem Raude, die zweiten haben eine rothgelblich-weiße äußere Fahue, und die äußersten sind fast ganz von dieser Farbe. Sie bewohnt das südliche Europa und zieht gegen den Winter nach dem nördlichen Afrika. In ihrer Lebensart kommt sie sehr mit der gemeinen Lerche überein.

Al. Calandra, **Kalanderlerche, Kalander**, vielleicht der Καλανδρος in dem, Oppian zugeschriebenen, Werke über den Vogelfang. Sie ist die größeste aller Lerchen und 7¾ Zoll lang. Ihr Schnabel ist stark und fast kegelförmig, auch ihre Flügel sind sehr lang und erreichen fast das Eude des wenig gespaltenen Schwanzes. Ihr Kopf ist glatt, und ihr Gefieder schwarzbraun mit graulich-rostfarbner Einfassung. Vom Schnabel durch das Auge zieht sich ein schwarzer Strich; die Kehle ist weißlich, und durch ein schwarzes Band von der Brust abgesondert; übrigens ist sie unten weiß. Man findet die Kalander im südlichen Europa, der Tatarei, Ostindien, Persien, China, und vielleicht in Nordamerika. Sie ist in manchen Gegenden sehr zahlreich, fliegt aber nicht in Scharen. Sonst stimmt sie sehr in ihrer Lebensart mit der gemeinen Lerche überein, selbst im Wohlgeschmack ihres Fleisches, sie übertrift sie aber weit in der Annehmlichkeit ihres Gesanges.

Al. capensis, **Rufende oder capsche Lerche**, am Vorgebirge der guten Hofnung; Colkoentje. Eine der größesten Arten, 7½ und darüber lang. Der Schnabel ist fast pfriemenförmig und graubraun, die Flügel reichen bis zur Mitte des etwas gespaltenen Schwanzes. Die Füße haben mit dem Schnabel einerlei Farbe, und die Kralle der Hinterzehe ist ziemlich gebogen. Ihre Federu sind braun mit grauer Einfassung. Die Kehle und Augenbraunen aber orange, und eben so die Ränder der Deckfedern der Flügel; die untern Theile sind rostfarben, nur der Anfang der Brust braun, gelb und graubunt und durch ein schwarzes Band von der Kehle abgesondert. Die Schwungfedern sind braun, so auch die Ruderfedern, doch die Spitzen der vier äußersten Paare weiß. Das Weibchen ist kleiner und ihre Kehle rostfarben. Sie hält sich an der Südspitze Afrika's bis zum Lande der Caffern auf, und wird gegessen. Ihre Stimme klingt wie: qui vire). Sie setzt sich oft auf Bäume, und nistet an Büschen. Sie legt 3 bis 4 bläuliche, braunroth gefleckte Eyer.

Al. crepitans, klappernde Lerche, l'Alouette bateleuse Levaill. Sie ist vielleicht eher wie ein Hüster (Anthus) zu betrachten, worunter wir sie stellen würden, wenn sie nicht nach Levaillant, welcher sie entdeckte, von allen Lerchen am Vorgebirge der guten Hofnung in ihren Sitten der gemeinen europäischen am nächsten käme. Sie setzt sich nie auf Bäume, sondern lebt stets an der Erde in den trocknen, sandigen Gegendeu der Südspitze Afrika's. Von da erhebt sie sich 15 bis 20 Fuß hoch, bringt mit ihren Flügeln einen klappernden Schall hervor, und läßt in der größten Höhe ein Geschrei hören, welches wie Pi-uit lautet. Das Weibchen legt in einer Grube an der Eede 4 bis 6 grünlich graue Eyer. Sie hat eine kleine Holle, ihr Gefieder oben ist schwarz und braungelb mit weißen Rändern; Kehle und Gurgel sind weiß, die letztere braun gefleckt, der übrige Unterleib weißlich-orangefarben; der Schnabel bräunlich, die Füße bräunlichgelb.

Al. cristata, provincialis, undata, gekuppte Lerche, Haubenlerche, Kobel-, Schopf-, Wege-, Kothlerche u. s. w., Provenzalische, gewellte Lerche. Sie ist von den einheimischen Arten wenn man nicht die Al. Calandra dazu zählen will, die größeste. Sie hat eine spitzere Holle, einen stärkeren Schnabel, längere Ellenbogenfedern und eine kürzere Hinterzehe und Sporn, und kürzeren Schwanz, wie die beiden anderu. Sie ist 6¾ Zoll lang, der Schnabel ist braun, die Flägel bedecken nur ein Drittheil des fast geraden Schwanzes; die Füße sind bräunlich fleischfarben und der Sporn fast geeade. Sie ist oben dunkelbraun mit breiter graulich rostfarbener Einfassung der Federn, unten von dieser letztern Farbe. Die äußersten Ruderfedern und der Rand der zweiten sind weiß. Sie findet sich in mehreren europäischen Ländern als Staud- oder Strichvogel, in hohen Gegenden, die nicht viel Gebüsch und Bäume haben, oder in den Vorhölzern, und besucht gegen den Winter die Scheunen, Miststäten und Heerstraßen. Sie liebt Gärten und Aecker, die ihr Sämereien und Insecten darbieten. Sie läuft schnell mit aufgerichtetem Kopfe und Holle, fliegt aber nicht weit, und setzt sich auch nicht selten auf Zäune oder Dächer, von denen oder aufsteigend das Männchen, doch minder angenehm, wie die gemeine Lerche, singt. Sie nistet an der Erde zwischen dem Getreide, unter Büschen, in Gärten 2c. und legt 4-6 bräunlich graue, dunkelbraun gefleckte Eier, welche in 14 Tagen bride Eltern ausbrüten.

Al. gingica, schwarzbauchige oder Gingische Lerche. Vielleicht die kleinste von allen, nur 4½ Zoll lang. Der dicke Schnabel und die Füße sind rostfarbig, oben ist sie dunkelbraun, unten schwarz, und ein schwarzer Strich zieht sich vom Schnabel durch das Auge. Sie ist in Gingi zu Hause.

Al. mosellana, s. Motacilla rufescens.

Al. mutabilis, A. persica, A. tatarica, A. nigra; Tanagra siberica, veränderliche, schwarze, tatarische Lerche. Durch die Bildung des dicken, kegelförmigen Schnabels, dessen Oberkinnlade in einen Bogen gekrümmt ist, kann man leicht veranlaßt werden, diese große, über 7 Zoll lange Lerche für einen Kernbeißer oder Tangara zu halten. Die Flügel reichen bis auf zwei Drittheile des schwach gespaltenen Schwanzes, und die hintere Kralle ist lang und gerade. Die Farbe des ganzen Körpers ist beim Männchen schwarz, und gewöhnlich sind die Federn oben am Rumpfe weißlich grau, an den Flügeln bräunlich gerändet. Die Weibchen unterscheiden sich nach Gmelin blos durch ihre graue Stirn; nach Pallas aber gleichen sie den Jungen in der Farbe, deren Federn auf dem Rücken braun mit weißlich grauen Rändern, unten am Körper weißlich, in der Mitte schwarz sind. Die Schwungfedern und beiden äußersten Ruderfedern sind weiß, die übrigen Ruderfedern grau gesäumt. Die Füße sind braun. Sie hält sich in den dürren Sandwüsten und Salzsteppen zwischen der Wolga und dem Jaik, bald einzeln, bald paarweise auf, und zieht gegen den Winter heerdenweise nach dem Caspischen See. Diejenige Lerche, welche Forster jenseits der Wolga am See Yelton antraf, uud Al. yeltoniensis nannte, scheint nichts anders als das Junge dieser Art zu seyn. Sie hatte die Größe eines Staars, einen walzenförmigen, geraden, spitzen, an der Wurzel schwarzen, an der Spitze hellen Schnabel, ein schwarzes Gefieder, am Kopfe, Rücken und auf den Schultern mit fuchsroth vermischt. Die sechste Schwungfeder hat einen weißen Raud; die beiden mittelsten Ruderfedern sind fuchsroth, die übrigen wie der Rest des Gefieders.

Al. Novae Seelandiae, greise oder Neuseeländische Lerche. Sie ist etwa 7 Zoll lang, der Schnabel hell aschfarben, der Rücken desselben schwarz, das Gefieder schwärzlich, aschgrau gesäumt; über dem Auge ein weißer, durch dasselbe ein schwarzgewölkter Strich, Brust und Banch weiß; die Afterfedern hellgrau, die Füße röthlich aschfarben, und die Kralle der Hinterzehe lang und greade. Sie ist in Neu-Seeland einheimisch. Diejenige eben daselbst befindliche Lerche, welche Portlock unter dem Namen Cinereous Lark beschrieben, u. Latham Dixon's Lark genannt hat, halten wir, wie Latham, höchstens für eine Abart der greisen Lerche.

Al. sibirica, gelbköpfige, weißflügelige Sibirische Lerche. Diese von Pallas auf den bildete, und Linné diese Abbildung und Beschreibung in den Synonymen seiner Al. arborea aufnahm. Diese Verwirrung wurde dadurch noch größer, daß Brisson Frisch's Abbildung der Haidelerche bei der Haubenlerche (Al. cristata) anführte, und nun ward von Montbeillard vollends alles durch einander geworfen, und Gmelin und Latham machten sogar zwei Arten aus ihr; Al. arborea und nemorosa oder cristatella. Die Haidelerche ist 5½ Zoll lang, und unterscheidet sich vorzüglich durch ihren dünnen, pfriemenförmigen Schnabel, ihre stumpfe, runde Holle, ihre mehr gekrümmte Hinterkralle und verhältnißmäßig kürzeren Schwanz. Ihre Federn sind in der Mitte dunkelbraun, am Rande weißlichbraun, die Augenbraunen, welche sich in einen Strich um das Hinterhaupt verlängern, die Kehle, ein unvollständiges Halsband, und die Afterfedern weißlich; unten ist sie bräunlichweiß, an der Brust aber jede Feder am Schafte schwarzbraun. Die Ruderfedern sind schwarzbraun, die vier äußern Paare mit einem keilförmigen weißen Flecken. Sie bewohnt die in Schwarzwäldern liegenden Haiden Europens und Sibiriens, bald als Zugvogel, bald als Standvogel. Bei uns ziehn sie im September und October weg, und fallen häufig auf Wiesen und Stoppelfeldern, lassen sich leicht mit Schlagnetzen fangen, und sind sehr wohlschmeckend. Von den Wipfeln der Fichten, oder aufsteigend, läßt sie ihren angenehmen Gesang hören. Sie nistet zweimal, seltner dreimal im Jahre, zwischen Haide und Gestrippe, und baut ein ziemlich regelmäßiges Nest, aus Gras, Haaren, Wolle und Moos. Ihre Eier sind röthlichgrau, braunroth gefleckt. Die Jungen bilden in der Folge in dem Jahre mit den Eltern eine Familiengesellschaft.

Al. arvensis, Linné, Al. vulgaris. **Die Feldlerche, gemeine Lerche, Korn-, Ackerlerche**, Alouette, Sky-Lark. Die gemeinste von allen, zeigt bei ihrer großen Menge, wie leicht zu erwarten ist, viele Verschiedenheiten in der Größe, von 6½ bis 7½ Zoll. Besonders zeichnen sich die sogenannten **Leipziger Lerchen** oder **Knoblauchlerchen** durch ihre Größe aus. Doch sind gewöhnlich die in ebnen Gegenden größer, wie die in Gebirgen. Mit ausgebreiteten Flügeln mißt sie etwa 13 Zoll. Ihr Schnabel ist länglich kegelförmig und fast pfriemenförmig, stärker wie bei der Baumlerche (Al. arborea), schwächer wie bei der Haubenlerche (Al. cristata); ihr Körper ist gestreckter, ihr Schwanz länger, und die Kralle der Hinterzehe gerader, wie bei jenen beiden. Der Schnabel ist weißlichgelb, doch die Rücken und Spitzen beider Kinnladen schwarzbraun; die Regenbogenhaut braun. Ihren Kopf bedecken ziemlich lange spitze Federn, welche sie wie eine kleine Holle erhebt. Fast alle ihre Federn sind spitz, und die oben auf dem Körper in der Mitte schwarzbraun, und nach außen braungelb, welches sich gegen den Rand hin ins Weißliche verläuft. Am Unterrücken und an den Flügeln fällt das Braungelbe mehr ins Graue, und die Spitzen der Deckfedern erster und zweiter, und der Schwungfedern zweiter Ordnung sind weiß. Auch die Augengegend und ein Strich über dem Auge sind weiß, die Ohrengegend aber braun. Unten ist der Körper weißlich, welches ins Röthlichgraue fällt, die Gurgel und der Anfang der Brust aber mehr gelblich, mit schwarzbraunen Flecke[n]. Die Flügel bedecken etwa zwei Drittheile des drittehal[b] Zoll langen, etwas herzförmigen, gespaltenen Schwanze[s] von braunschwarzer Farbe, doch haben die beiden mi[tte]lsten Ruderfedern eine ähnliche Einfassung wie die F[ed]ern des Rückens, und von den beiden äußersten jeder [S]eite ist die schmale Fahne, und überdem von der ersten [au]ch die Breite schief abgeschnitten, weiß. Die Füße sind [b]räunlich, und von den Zehen die hinterste länger wie di[e m]ittelste und mit einer langen geraden Kralle versehen. Das Weibchen ist etwas kleiner und auf dem Rücken u[nd] der Gurgel stärker gefleckt, wie das Männchen.

Die gemeine Ler[che] bietet in Rücksicht der Farben eine Menge Abarten [dar]. Die weißen sind nicht selten, auch werden sie oft i[n] der Gefangenschaft schwärzlich, doch sind auch schwarz[e] gefangen. Es gibt isabellfarbne, aschgraue und rostro[th]braune. Latham erwähnt einer langfüßigen Abart vo[n d]en Grenzen der Mongoley, und Bechstein beschreibt ei[ne] Feldlerche mit rothbraunem Kopfe, welche größer wi[e d]ie gemeine und ohne Holle ist, in manchem Jahre häufi[g] gefangen wird, und von welcher man zu zweifeln Ursac[he] hat, ob sie nicht eine eigene Art sey. Ueber **Jagd** u[n]d **Fang** u. s. w. derselben, s. Lerche.

Al. brachydact[yl]a. **Kurzzehige Lerche.** Eine von Leislern zuerst bes[ch]riebene Art, welche sich durch die langen Ellenbogenfede[rn] den Hüstern (Anthus) anschließt. Ihr Schnabel nähert sich dem kegelförmigen, und hat einen etwas gebogene[n], weit in die Stirn vortretenden Rücken. Sie ist 5 Z[oll] 6 bis 9 Linien lang. Ihre Flügel reichen bis zur H[äl]fte des Schwanzes. Oben ist sie röthlich-isabellfarben, mit braunen Federschäften; die Kehle und ein Stric[h] über den Augen sind weiß, die Brust und Seiten he[ll] [f]uchsroth, die mittleren Ruderfedern sind schwarz mi[t] fuchsrothem Rande, die zweiten haben eine rothgelbl[ich]-weiße äußere Fahne, und die äußersten sind fast ga[nz] von dieser Farbe. Sie bewohnt das südliche Europa u[n]d zieht gegen den Winter nach dem nördlichen Afrika. I[n] ihrer Lebensart kommt sie sehr mit der gemeinen Lerche ü[ber]ein.

Al. Calandra, **Kalanderlerche, Kalander**, vielleicht der Καλανδρ[ος] in dem, Oppian zugeschriebenen, Werke über den Vog[el]fang. Sie ist die größeste aller Lerchen und 7½ Zoll [la]ng. Ihr Schnabel ist stark und fast kegelförmig, auch [ih]re Flügel sind sehr lang und erreichen fast das Ende [d]es wenig gespaltenen Schwanzes. Ihr Kopf ist glatt, [un]d ihr Gefieder schwarzbraun mit graulich-rostfarbner [Ei]nfassung. Vom Schnabel durch das Auge zieht sich [ei]n schwarzer Strich; die Kehle ist weißlich, und durch [ei]n schwarzes Band von der Brust abgesondert; übrigen[s] ist sie unten weiß. Man findet die Kalander im südli[che]n Europa, der Tatarei, Ostindien, Persien, China, und [v]ielleicht in Nordamerika. Sie ist in manchen Gegenden [se]hr zahlreich, fliegt aber nicht in Scharen. Sonst sti[mm]t sie sehr in ihrer Lebensart mi[t] der gemeinen Lerche ü[be]rein, selbst im Wohlg[eschmack ihres] Fleisches, sie übertri[fft s]ie aber weit in der [Stärke] ihres Gesanges.

Al. capensis, [L]aufende od[er] ... am Vorgebirge der g[ute]n Hofnun[g]

der größesten Arten, 7½ und da ü e lang. Der Schnabel ist fast pfriemenförmig und umbraun, die Flügel
reichen bis zur Mitte des etwas paltenen Schwanzes.
Die Füße haben mit dem Sch a einerlei Farbe, und
die Kralle der Hinterzehe ist ziem gebogen. Ihre Federn sind braun mit grauer Einfa ng. Die Kehle und
Augenbraunen aber orange, und, n so die Ränder der
Deckfedern der Flügel; die untern heile sind rostfarben,
nur der Anfang der Brust braun, lb und graubunt und
durch ein schwarzes Band von r Kehle abgesondert.
Die Schwungfedern sind braun, s uch die Ruderfedern,
doch die Spitzen der vier äußers : Paare weiß. Das
Weibchen ist kleiner und ihre Kehl ostfarben. Sie hält
sich an der Südspitze Afrika's bis im Lande der Caffern
auf, und wird gegessen. Ihre S mme klingt wie: qui
vive). Sie setzt sich oft auf Bä e, und nistet an Büschen. Sie legt 3 bis 4 bläulich braunroth gefleckte
Eyer.

Al. crepitans, klappernd Lerche, l'Alouette
bateleuse Levaill. Sie i lleicht eher wie ein
Hüster (Anthus) zu betrachten, erunter wir sie stellen
würden, wenn sie nicht nach Levaill t, welcher sie entdeckte, von allen Lerchen am Vorgebirg der guten Hofnung in
ihren Sitten der gemeinen europ i en am nächsten käme.
Sie setzt sich nie auf Bäume, so ern lebt stets an der
Erde in den trocknen, sandigen geuden der Südspitze
Afrika's. Von da erhebt sie sich 5 bis 20 Fuß hoch,
bringt mit ihren Flügeln einen kla ernden Schall hervor,
und läßt in der größten Höhe ein eschrei hören, welches
wie Pi-uit lautet. Das Weibe n legt in einer Grube
an der Erde 4 bis 6 grünlich gra Eyer. Sie hat eine
kleine Holle, ihr Gefieder oben is chwarz und braungelb
mit weißen Rändern; Kehle und urgel sind weiß, die
letztere braun gefleckt, der übr Unterleib weißlich-
orangefarben; der Schnabel bräu ich, die Füße bräunlichgelb.

Al. cristata, provincialis undata, gekuppte
Lerche, Haubenlerche, Kol l-, Schopf-, We-
ge-, Kothlerche u. s. w., P ovenzalische, gewellte Lerche. Sie ist von einheimischen Arten
wenn man nicht die Al. Caland dazu zählen will, die
größeste. Sie hat eine spitzere olle, einen stärkeren
Schnabel, längere Ellenbogenf rn und eine kürzere
Hinterzehe und Sporn, und kur en Schwanz, wie die
beiden andern. Sie ist 6¾ Zoll ng, der Schnabel ist
braun, die Flügel bedecken nur Drittheil des fast geraden Schwanzes; die Füße sin bräunlich fleischfarben
und der Sporn fast gerade. S ist oben dunkelbraun
mit breiter graulich rostfarbene infassung der Federn,
unten von dieser letztern Farbe. Die äußersten Ruderfedern und der Rand der zweiten nd weiß. Sie findet
sich in mehreren europäischen dern als Stand- oder
Strichvogel, in hohen Gegenden die nicht viel G
und Bäume haben, oder in den rhölzern,
gegen den Winter die Scheuner Mistst
straßen. Sie liebt Gärten und er
und Insecten darbieten. Sie
tetem Kopfe und Holle, flieg
sich auch nicht selten auf Z
oder aufsteigend das Män

wie die gemeine Lerche, singt. Sie nistet an der Erde zwischen dem Getreide, unter Büschen, in Gärten 2c. und legt 4-6 bräunlich graue, dunkelbraun gefleckte Eier, welche in 14 Tagen beide Eltern ausbrüten.

Al. gingica, schwarzbauchige oder Gingische Lerche. Vielleicht die kleinste von allen, nur 4½ Zoll lang. Der dicke Schnabel und die Füße sind rostfarbig, oben ist sie dunkelbraun, unten schwarz, und ein schwarzer Strich zieht sich vom Schnabel durch das Auge. Sie ist in Gingi zu Hause.

Al. mosellana, s. Motacilla rufescens.

Al. mutabilis, A. persica, A. tatarica, A. nigra; Tanagra siberica, veränderliche, schwarze, tatarische Lerche. Durch die Bildung des dicken, kegelförmigen Schnabels, dessen Oberkinnlade in einen Bogen gekrümmt ist, kann man leicht veranlaßt werden, diese große, über 7 Zoll lange Lerche für einen Kernbeißer oder Tangara zu halten. Die Flügel reichen bis auf zwei Drittheile des schwach gespaltenen Schwanzes, und die hintere Kralle ist lang und gerade. Die Farbe des ganzen Körpers ist beim Männchen schwarz, und gewöhnlich sind die Federn oben am Rumpfe weißlich grau, an den Flügeln bräunlich geräudet. Die Weibchen unterscheiden sich nach Gmelin blos durch ihre graue Stirn; nach Pallas aber gleichen sie den Jungen in der Farbe, deren Federn auf dem Rücken braun mit weißlich grauen Rändern, unten am Körper weißlich, in der Mitte schwarz sind. Die Schwungfedern und beiden äußersten Ruderfedern sind weiß, die übrigen Ruderfedern grau gesäumt. Die Füße sind braun. Sie hält sich in den dürren Sandwüsten und Salzsteppen zwischen der Wolga und dem Jaik, bald einzeln, bald paarweise auf, und zieht gegen den Winter heerdenweise nach dem Caspischen See. Diejenige Lerche, welche Forster jenseits der Wolga am See Yelton antraf, und Al. yeltoniensis nannte, scheint nichts anders als das Junge dieser Art zu seyn. Sie hatte die Größe eines Staars, einen walzenförmigen, geraden, spitzen, an der Wurzel schwarzen, an der Spitze hellen Schnabel, ein schwarzes Gefieder, am Kopfe, Rücken und auf den Schultern mit fuchsroth vermischt. Die sechste Schwungfeder hat einen weißen Rand; die beiden mittelsten Ruderfedern sind fuchsroth, die übrigen wie der Rest des Gefieders.

Al. Novae Seelandiae, greise oder Neuseeländische Lerche. Sie ist etwa 7 Zoll lang, der Schnabel hell aschfarben, der Rücken desselben schwarz, das Gefieder schwärzlich, aschgrau gesäumt; über dem Auge ein weißer, durch dasselbe ein schwarzgewölkter Strich, Brust und Bauch weiß; die Afterfedern hellgrau, die Füße röthlich aschfarben, und die Kralle
he lang und gerade. Sie ist in Neu-See-
h. Diejenige leben daselbst befindliche
tlock unter dem Namen Cinereous
atham Dixon's Lark genannt
atham, höchstens für eine Ab-
ügelige
auf den

Steppen am Irtisch entdeckte, von ihm nur beobachtete Lerche ist der Kalander (Alauda Calandra) so ähnlich, daß Pallas, bis er diese durch eigene Anschauung kennen lernte, sie dafür hielt und in seiner Reise so benannte. Sie ist groß, ihr Schnabel bleifarben (rostrum lividum) mit brauner Spitze; der Körper oben rostgelb, die Kehle rostbunt, die übrigen untern Theile schmutzig weiß. Die Schwungfedern zweiter Ordnung, der Rand der ersten, der der zweiten Ruderfeder und die ganze erste Ruderfeder sind weiß; die Füße grau. Sie hält sich gern an den Wegen auf, fliegt einzeln und nicht hoch, ernährt sich von Heuschrecken und kleinen Insekten, singt nicht so angenehm wie die gemeine, und nistet, wie diese, im Grase.

Al. turdina, **doppelte Lerche**, Alouette à gros bec, **Levaill.** Der Schnabel ist sehr dick, und wie die Füße schwärzlich. Sie ist oben schwarzbraun, mit viel helleren Säumen der Federn, unten schmutzig weiß, an der Gurgel, Vorderbrust und den Seiten schwarzbraun gefleckt. Das Weibchen unterscheidet sich blos durch seine geringere Größe. Sie ist im südlichen Africa sehr gemein und sehr weit verbreitet. Sie besucht die Kornfelder, soll aber nicht singen, noch sich in die Luft erheben. Sie brütet in einer mit Gras und Haaren gefütterten Grube an der Erde 4 bis 6 grünlichgraue roth punctirte Eier aus.

ALAUN, (alumen, alun, alume, [1]) ein theils von der Natur, theils durch die chemische Kunst in mancherlei Krystallformen und Gruppirungen aus säuerlich-schwefelsaurer Alaun-(Thon-) Erde gebildetes und mit wenigem Kali oder Ammonium, oder mit beiden zugleich, oder statt deren mit Talkerde[2]) verbundenes Salz, welches

I. als **natürlicher Alaun**, (alun vierge, oder natif, alumen nativum,) an mehrern Orten sich findet. *(Th. Schreger.)*

Mineralogisch unterscheidet man mehrere Arten desselben: a) **haarförmigen** (Halotrichum), in zarten haarförmigen Krystallen; b) **faserigen**, von krumm und gleichlaufend faseriger Textur, seidenartig glänzend, der auch unter dem Namen **Haarsalz**, **Federsalz**, **Federweiß** oder **Federalaun** bekannt ist, s. Federalaun; c) **muschligen**, von stalactitischer Form, unvollkommen muschligem Bruche, glasartig, wenig glänzend; d) **mehligen**, der erdig, zerreiblich und matt ist, und weiß als Beschlag oder Efflorescenz sich zeigt; e) **Bergbutter**, in knolligen Stücken von gelber Farbe, unregelmäßig faserigem Bruche, großer Weichheit, Milde und Leichtigkeit. Von allen diesen ist f) der **Tschermiger natürliche Alaun**, s. unten Note 2., der zur Zeit noch nirgends beschrieben ist, oryktognostisch und chemisch wesentlich verschieden. Er kommt a. a. O. in einem Braunkohlenlager in derber Masse, und in Trümmern von mehreren Zollen Stärke vor, enthält nach **Ficinus** kein Kali, sondern ist ein durch Kalkerde gesättigtes schwefelsaures Thonsalz. Die übrigen natürlichen Alaunarten a. b. c. d. e. finden sich am häufigsten in Italien an mehreren, zumal vulkanischen Orten, namentlich bei Capo di Miseno ohnweit Neapel, bei Solfatara, auf Vulcano und Stromboli u. a. a. O., theils in künstlichen Gruben, theils in natürlichen großen Höhlen, die sehr heiß sind. Hier erzeugt er sich, als Kruste an den Wänden, theils in Fasern und Haaren, theils in Krystallen, und ist ausnehmend rein; sobald man die Kruste wegnimmt, bildet sich bald wieder eine neue. Das Gestein ist übrigens porös und ganz thonig, wahrscheinlich ein Alaunstein, der durch unterirdische Feuer gebrannt wird. Dieser Alaun wurde in der Vorzeit, und wird noch jetzt eben so angewandt, wie der künstliche. *(Keferstein.)*

Natürlichen Alaun enthalten auch gewisse Quellen in Ungarn, deren einige von solcher Stärke sind, daß der Rand ihrer Abflüsse ganz damit beschlagen ist, so wie gewisse Mineralquellen u. Seen in Spanien u. Toscana, desgleichen nach **Richter** eine Alaunquelle bei Halle. Weniger häufig findet er sich auf wahrscheinlich Schwefelkies enthaltendem Thonschiefer und Schieferthon bei Siftitz in Kärnthen, bei Krems und Gotterich in Oesterreich ꝛc., ferner als Auswitterung auf Alaunschiefer zu Freienwalde, hier aber nach **Klaproth** in 100 Theilen mit 7,5 Eisen verunreinigt, auf Steinkohlen in Böhmen, Sachsen, namentlich zu Potschappel bei Dresden und anderwärts. Auch soll er nach **Steffens** mit Fraueneis in den Braunkohlenlagern bei Halle und a. a. O. vorkommen.

II. Der **künstliche Alaun** läßt sich 1) als **roher Alaun**, alumen crudum, darstellen, entweder a) durch möglichst lange Verwitterung oder durch Röstung der **Alaunerze**, s. Alaunerze, z. B. des Alaunschiefers ꝛc. s. Alaun-Schiefer, nachheriges Auslaugen, längeres Sieden, und Vermischen mit dem ammoniumhaltigen gefaulten Harn, oder mit Glasgalle, schwefelsaurem Kali, Aschenlauge, dem Rückstande der Seifensiederlauge, und fällt in feinen Krystallen, als **Alaunmehl**, s. Alaun-Mehl, zu Boden, oder b) durch Röstung und Auslaugen des Alaunsteins, s. Alaun-Stein, und durch Auslaugen der Alaunerde, s. Alaun-Erde. Durch Abspühlen des Alaunmehls mit kaltem, und Auflösen desselben in heißem Wasser, läßt sich aus dieser Lauge, so wie aus der Lauge von b), welche beide Laugen, um einen möglichst eisenfreien Alaun zu erhalten, lange genug stehen bleiben müssen, durch Abrauchen und Krystallisiren 2) der **krystallisirte Alaun** darstellen, nachdem das wenige Eisenoxyd (nie leicht über $\frac{1}{1000}$) sowohl durch wiederholte Krystallisation, als durch Glühen daraus abgeschieden ist, s. ferner Alaun-Fabrikation. Am vollkommensten bilden sich die Alaunkrystalle an frei in der Lauge hinabhängenden Fäden zu großen, schönen, klaren, durchsichtigen, und leicht zersprenglichen Octaëdern von glasigem Bruche, und 1,7109 spec. Gewicht, die nach **Vauquelin** aus 7 Procent schwefelsaurem Kali, 49 schwefelsaurer Alaunerde, und 44 Wasser, nach **Dalton** aber aus 1 Mischungsgewichte schwefelsauren Kalis, 4 schwefelsaurer Alaunerde und 30 Wassers bestehen, süßlich herb schmekken, schwach an der Luft beschlagen, bei 50° Fahrenh. erst

---

1) Das Alumen der alten Römer bei Plinius, und die Στυπτηρία der Griechen bei Dioscorides, hält **Bergmann** für einen vitriol- und alaunhaltigen Tropfstein. 2) Wie nach **Ficinus** der 1817 bei Tschermig zwischen Saatz und Kaaden in Böhmen entdeckte natürliche Alaun, s. sogleich Text f).

in 18,363 kalten, aber schon in 1,6 siedenden Wassers sich auflösen, in der Hitze schmelzen, sich stark aufblähen, und, nach völligem Verluste ihres Krystallwassers, zu einer weißen, undurchsichtigen, leichten, porösen, spröden, zerreiblichen, viel schärfer und heiber schmeckenden Masse, zu gebranntem Alaun, alumen ustum, sich umwandeln, ja durch noch stärkere Erhitzung, ihre Säure wenn auch nicht ganz, doch zum Theil verlieren.

Es kommen folgende Alaunsorten im Handel vor:

1) römischer oder rother Alaun, (alumen romanum,) die reinste und schönste Alaunsorte, wird in dem Alaunwerke della Tolfa bei Civita vecchia im Kirchenstaate, aus dem dort in einem Steingebirge brechenden Alaunstein verfertiget, der nach Vauquelin in 100 aus 43,92 Alaunerde, 24,00 Kieselerde, 25 Schwefelsäure, 3,80 schwefelsauren Kali's, und 4,00 Wassers besteht. Echt kommt der römische Alaun in kleinen, unregelmäßig krystallisirten, ganz reinen, metallfreien, von einer anhängenden Farbenerde blaß und rein rubinrothen Stücken vor, die fast durchsichtig sind, und auch an der Luft, in der Sonnen- und in der Stubenwärme lange so bleiben, kaum merklich herb von Geschmack, und im Wasser ganz auflöslich sind, ohne erdigen Rückstand. Die Auflösung in warmen Wasser sieht schön roth aus, läßt beim Erkalten einen Theil des Alauns in seiner ursprünglichen Krystallenform wieder anschießen, und gibt mit zerflossenem Weinsteinsalz &c. einen Niederschlag unter Ausstoßen flüchtiger Salmiakdämpfe. Im Schmelztiegel nach und nach erhitzt, zerfließt er später, als der weiße Alaun, bläht sich auf, wird weiß und undurchsichtig, dann bläulich unter dem Aufsteigen eines Dampfs, hierauf wieder weiß, nachher schön grün, und geräth endlich bey verstärkter Hitze in den Schmelzfluß, auch der so geflossene läßt sich von neuem wieder im Wasser auflösen, und bekommt seine Röthe wieder. — Die Verfälschung desselben mit einem röthlich gefärbten weißen Alaun läßt sich schon mit bloßen Augen auf dem weißen Bruche wahrnehmen, auch wird sich der rothe Thonanstrich in kaltem Wasser bald losweichen, und den weißen Alaun allein zurücklassen.

Dem römischen an Güte gleich ist der Neapolitanische, alumen Solfatarae, welchen man bei Puzzuolo aus einer thonigten Alaunminer bereitet, einem vulkanischen Produkt aus Schwefelsäure und thonigter Lava.

2) der gemeine, weiße Alaun, (Alumen album, glaciale, rochae oder rochum), von der Syrischen Stadt Rorra oder Roccho (jetzt Edessa), wo die Europäer den Alaun und seine Verfertigung zuerst kennen lernten, wird aus der Alaunerde, dem Alaunschiefer &c. fabricirt, s. Alaun-Fabrikation und Alaun-Hütten.

Der gute weiße Alaun besteht aus großen achtseitigen, weißen, fast durchsichtigen, in der freien Luft auf der Oberfläche endlich mehligen und mattweißen, sehr salzig herbschmeckenden Krystallen, von süßlich scharfem, styptischem Nachgeschmack, die den Speichel weiß färben, in 50 Theilen Wasser sich ganz wasserhell und farblos auflösen, mit zerflossenem Weinsteinsalz unter Verflüchtigung ammonialischer Dämpfe (doch nicht bei allen weißen Alaunarten) einen Niederschlag geben, die blauen Pflanzensäfte röthen, in einem Schmelztiegel erhitzt anfangs ganz in einen wäßrigen Fluß kommen, dann zu sieden anfangen, wäßrige Dünste ausstoßen, sich dabei aufblähen, und zu einem schwammigen feuerbeständigen Körper werden. — Der reinste weiße Alaun besteht aus 15 Alaunerde, 24 Schwefelsäure, 4 Kali oder Ammonium, und 54 Krystallisationseis. Der unreine, eisenhaltige sieht gelblich aus, und dessen mit Wasser gemachte Auflösung gibt mit Gallussäure auf der Stelle einen schwarzen, mit Blut- oder Berlinerblaulauge aber einen dunkelblauen Niederschlag. Der seltener vorkommende kupferhaltige Alaun sticht etwas ins Grünlichbläuliche, und seine mit wäßriger Ammoniumauflösung übersättigte Solution wird hellblau gefärbt, oder blausaures Kali schlägt das Kupfer daraus rothbraun, oft kupferfarben nieder.

3) Der Braunschweiger Alaun, ein Fabrikat der Gebrüder Gravenhorst zu Braunschweig, und angebliches Surrogat des römischen, sieht zwar durch und durch blaßröthlich aus, ist aber anders krystallisirt, schmeckt nicht zusammenziehend, ist im Wasser überaus schwer lösbar, und dürfte eine Verbindung aus Alaun, Ammonium und Kobaltoxyd seyn, welches aus dessen wäßriger Auflösung von Hahnemann's Probeliquor, oder vom Kupferammonium, oder vom schwefelsauren Kupfer gefället wird, und auf Glühkohlen einen wie Knoblauch riechenden weißen Dampf von sich gibt.

Alaun, (chemisches Reagens), ein Theil davon in 4 Theilen Wasser aufgelöst, wenn die überschüssige Schwefelsäure des Alauns mit einer Kaliauflösung gesättigt ist, — wiewohl nicht ganz zuverlässig, — zur Entdeckung der Kalien und meisten Erden, sicherer bei Untersuchung von Pflanzenkörpern, um ihren gefärbten Extractivstoff auszumitteln, indem sich hier die Alaunerde, wenn man den Alaun mit dem Pflanzenextract gelinde kochen läßt, mit dessen Pigment verbindet, und die Verbindung als eine flockige unauflösliche Substanz ausgeschieden wird.

Alaun (zum arzneilichen Gebrauch). Vermöge seiner Schwefelsäure ist der metallfreie rohe Alaun ein gelind positiv reizendes Arzneimittel, ohne so leicht die Nachtheile zu erregen, die oft mit dem Gebrauch der Schwefelsäure an sich verbunden sind. Seine eigenthümliche Form u. Verbindung allein machen in seiner Anwendungsart einige Verschiedenheiten. Man empfiehlt ihn daher: innerlich bei niedrigen Graden asthenischen Allgemeinleidens, in gelinden Fiebern von Schwäche, z. B. Katarrhalfiebern, einfachen Wechselfiebern mit China- oder Weidenrinde &c. denen auch flüchtigere Reizmittel zugesetzt werden können; im Skorbut, im faulichten Typhus bei schon vorhandenen Colliquationen; bei faulichten zusammenfließenden Menschenpocken kann er allenfalls der etwa angezeigten reinen Schwefelsäure, wenn diese der Kranke nicht verträgt, substituirt werden, allein in stärkern Gaben, oder zu lange fortgebraucht laxirt er, und man muß dann jene beschränken, oder ihn mit Chinaextract, Zimmtwasser geben, oder ganz aussetzen; gegen Schwäche des Darmkanals, und der davon abhängenden sogenannten Schleimkolik, der krampfigen Blähungskolik vorzüglich mit Nelken- oder Kalmuswurzel, Opium &c., aber in der Bleikolik, selbst in gelindern Fällen, dürfte er wenig, oder nichts leisten. Zu unbedingt hat man ihn in Diarrhöen, Dysenterien, und im Diabetes angerathen, gegen örtliche

Schwäche der Geschlechts- und Harnorgane, gegen den weißen Fluß chlorotischer Frauen, gegen Pollutionen von Schwäche, unwillkürlichen Harnabgang ꝛc. in Verbindung kräftigerer Reizmittel, und äußerer stärkender Arzneien; bei innern Blutungen, die auf Erschlaffung beruhen, thut er gute Dienste. Angezeigt ist er äußerlich: bei örtlicher Schwäche und damit verbundener Erschlaffung häutiger Gebilde, so mit Eichenrinde- oder Chinadecoct zum Verband alter, schlaffer Geschwüre, zu Einspritzungen beim Nachtripper und weißen Flusse, bei Mutter-, Mutterscheiden- und Aftervorfällen, Mutterblutflüssen, Nasenbluten ꝛc., auf Umschlägen über kalte schlaffe Geschwülste, abwechselnd mit warmen, geistigen aromatischen Kataplasmen und Fomentationen; ferner mit einer wäßrigen Alaunauflösung kleine Nasenpolypen, die mehr Prolapsus als Excrescenzen sind, zu befeuchten, oder wunde Hautstellen auszutrocknen; als Augenwasser (5 — 10 Gr. in Salbeiwasser aufgelöst) bei chronischen feuchten Ophthalmien; als Mundwasser bei Blutungen des Zahnfleisches, Zäpfchens ꝛc., bei Speichelfluß; auch als Gurgelwasser bei asthenischer Mandelbräune, faulichter, brandiger Halsentzündung, chronischem Halsweh, gegen niedergesunkenes Zäpfchen, ohne oder mit Chinadecoct, Myrrhe ꝛc. Man gibt ihn als Pulver innerlich zu 3 — 5 Gran in steigenden Dosen mit Wasser, Wein, Schleim, Molke, s. Alaun-Molke. Kalische, Quecksilber- und Bleipräparate zersetzen ihn. Der gebrannte Alaun dient blos äußerlich als schwaches Aetzmittel, namentlich: bei unreinen, schwammigen Geschwüren zum Zerstören des wilden Fleisches.

Alaun, roher (zu technischen Zwecken). Wegen seiner überschüssigen Säure wirkt er fäulnißwidrig auch auf unorganische Stoffe. Holz, damit gebeizt, brennt nicht so leicht an, deshalb ist das Alaunwasser ein kräftiges Feuerlöschungsmittel. In seiner Säure liegt auch der Grund, warum man ihn, eisen- und kupferfrei, bei der Bereitung des feinen weißgahren Handschuhleders, des weißen Chagrins, des Schreibepapiers ꝛc. gebraucht. Vermöge seiner reinen Erde und Säure ist er in den Färbereien und Kattundruckereien, wo man statt seiner auch eine Auflösung der Alaunerde in Scheidewasser oder Salzgeist benutzt, zur Vorbeize der Zeuge und Garne, die man deshalb alaunt, d. i. durch wäßrige Alaunauflösung (Alaunwasser) zieht, um viele Farben darauf zu befestigen und zu erhöhen, sehr nützlich, und zwar bei der roth zu färbenden Baumwolle ꝛc. vorzugsweise der weiße Alaun, zu glänzenden Farben der römische; ferner und hauptsächlich durch seine Erde bei der Verfertigung des Berlinerblaus, s. Berlinerblau, und blos durch seine Erde bei Bereitung der Lackfarben, (s. Lackfarben,) die davon mehr Corpus oder Masse bekommen. Zugleich dient er für Maler zum Malen auf Metall oder Glas mit Schmelzfarbe, für Illuminirer ꝛc. Desgleichen läßt er sich vermöge seiner Säure, wenigstens da, wo er wohlfeil und leicht rein zu haben ist, vortheilhaft zur Bereitung des Glaubersalzes anwenden, (s. Glaubersalz,) wenn man damit die Bereitung des Salmiaks oder anderer Fabrikate verbindet. Endlich gibt er, mit Kohlenstaub oder Mehl lange genug im Feuer calcinirt, Homberg's künstlichen Phosphorus, einen Selbst- oder Luftzünder (Pyrophorus). — Der Alaunschlamm, d. i. der sich bei dem Versieden der Alaunlauge gewöhnlich absetzende Eisenocher, kanu durch Auswaschen, Brennen, Schlemmen und Trocknen zu rother Farbe gebraucht werden, s. Alaun-Roth.

Mit dem gebrannten Alaunpulver reibt man die Leinwand und Kattundruckerformen, damit sie die Farben leichter annehmen. (*Th. Schreger.*)

Alaunen, Alauniren, s. Alaun.

Alaun-Erde, (terra aluminosa,) ist mineralogisch betrachtet nur als eine Art der Braunkohlen anzusehen, und durch blos äußere Kennzeichen oft wohl kaum von andern Braunkohlen zu unterscheiden; sie hat eine dunkle meist schwärzlich braune Farbe, im Großen einen unvollkommen schiefrigen, im Kleinen einen erdigen Bruch, wird im Strich glänzend, ist sehr weich, milde und leicht zerspringbar; ihr spec. Gewicht 1,7. Nach Klaproth sind die Hauptbestandtheile der Freienwalder Alaunerde Schwefel, Kohle, Thon, Kiesel, Wasser, schwefelsaures Kali, und es fehlt derselben hiernach das vegetabilsche Oel, welches sonst die Braunkohle enthält. Die Alaunerde kommt in mächtigen Straten vor, welche man gewöhnlich als aufgeschwemmtes Gebirge bezeichnet, welche aber wol zum regelmäßigen Flötzgebirge gehören; die Begleiter sind meistens Sand- und Gypsstraten, öfter auch Braunkohlen, und sie scheint sich zu letztern eben so zu verhalten, als der Alaunschiefer zum Thonschiefer. Wenn die Alaunerde eine Zeit lang der Atmosphäre ausgesetzt wird, so erzeugt sich in ihr schwefelsaure Thonerde mit etwas Kali, u. der Techniker sagt hier: die Erze reifen, welches sich auch durch das Blühen des Salzes charakterisirt, die gereiften Erze werden ausgelaugt, und gewöhnlich nochmals der Atmosphäre Preis gegeben, und zum 2ten Mal ausgelaugt, die Rohlauge eingesotten, aus welcher sich, nach einem Zusatz von Kali, oder Seifensiederflöß das Alaunmehl niederschlägt, welches zur weitern Reinigung wieder aufgelöst, und zu Wachs- d. i. reinem Alaun versotten wird. Gewöhnlich nimmt man an, daß der Alaun durch Zersetzung von Schwefelkiesen gebildet werde, jedoch scheint es fast wahrscheinlicher, daß der Alauu, ähnlich wie im Alaunstein, schon in der Alaunerde gebildet ist. Die Alaunerde ist ein Fossil, was sich sehr häufig findet, und besonders zu Freienwalde, zu Schwemsal, bei Muskau in der Lausitz, bei Eger, bei Bonn, und an sehr vielen andern Orten benutzt wird. Nicht selten wechseln Straten von Alaunerde mit Braunkohlen in der Art ab, daß man aus der nämlichen Grube die Alaunerze fördert, aus welcher man das Material zu deren Siedung gewinnt; meistens kommen taube Bänke mit vor, die nus Thon oder Gyps bestehen; die Förderung der Erze geschicht meist über Tage, und die Länge der Zeit, welche zum Rösten erforderlich, ist verschieden, und gewöhnlich 1 — 1½ Jahr. (*Keferstein.*)

Alaun-Erde, (chemisch-reine). Marggraf bewies 1754 zuerst ihre Eigenthümlichkeit. Schon Baron, Le Febure, Scopoli u. A. hielten sie für metallisch, und neuerlich bekamen H. Davy, Seebeck u. A. mit Quecksilber daraus Amalgame, aus welchen Ersterer wirkliche Spuren von Alaun-Metalloid darstellte, s. Alumium. Am reinsten ist die Alaunerde nebst Schwefelsäure und Wasser enthalten: theils im **Aluminit**, einem Fossil zu Glaucha und zu Morl bei Halle, zu Newhaven in Sussex in England ꝛc. s. Aluminit, theils in einigen Mineralwassern, den sogenannten seifenartigen, namentlich dem Schlangenbade in Katzenellenbogen, dem Mochinger Gesundbrunnen in Oberbayern, s. Mineralwasser. Ganz rein läßt sich auch die Alaunerde aus dem reinsten Alaun gewinnen, wenn man 1 Pfund davon in genug heißem Wasser auflöst, die Auflösung klar seihet, durch kohlensaures Kali die Erde daraus niederschlägt, sie oft mit siedendem Wasser auswäscht, dann in reiner Salpetersäure von mittlerer Stärke wieder auflöst, diese Lösung klar durchseihet, die Erde abermals durch kohlensaures Natron fället, sie wiederholt mit reinem Wasser auskocht, und trocknet. Sie fällt dann sehr zart aus, setzt sich schwer im Wasser zu Boden, und zieht sich, wenn dieses abgeseihet ist, als eine schlüpfrige Gallerte sehr stark zu einem steifen, zähen, knetbaren Teig zusammen. Dieser Teig wird am Feurr rissig, aber durch allmähliges Erwärmen vollkommen ausgetrocknet, in der Glühhitze endlich so hart und fest, daß er am Stahle Funken gibt. Aetzkalien lösen die Alaunerde auf beiden Wegen auf, und bilden damit eigene Gemische, aus denen sie sich durch Säuren wieder abscheiden läßt.

Die ganz reine Alaunerde kann in **arzneilicher Hinsicht**, als ein die freie Säure im Magen einschluckendes, und chemisch neutralisirendes Mittel, der Magnesia an die Seite gesetzt werden, u. **Percival** hat sie daher bei krankhaft überwiegender Magensäure von Schwäche der Verdauungsorgane empfohlen, neben gewürzhaften bittern Magenmitteln. Die **unreinen** noch hier und da officinellen **Alaunerden**, wohin die **Lemnische Erde**, der **weiße, rothe, armenische Bolus** ꝛc. gehören, waren sonst mehr, als jetzt in arzneilichem Gebrauche, s. Bolusarten. (*Th. Schreger.*)

Alaun-Erdemetalloid, s. Alumium.

Alaun-Erze, nennt der Hüttenmann alle diejenigen Fossilien, welche er auf Alaun bearbeitet. Ich theile sie ein: 1) in solche, die natürlichen Alaun enthalten, wie jene von Miseno; 2) in Schwefelthonhaltige mit oder ohne Kohlenstoff, wie z. B. der Alaunstein von Tolfa, die Alaunschiefer und Alaunerden. Die aus ihnen bereiteten Laugen bedürfen eines Zusatzes von Kali oder Ammonium, um krystallisirbaren Alaun zu geben; 3) schwefelsaure Thonerze, welche sogleich ohne geröstet zu werden, auszulaugen sind. Auch sie bedürfen einen kalischen Zuschlag; 4) geschwefelte Thonerze mit Kali. Auch die Aschen aus Steinkohlen, Braunkohlen und Torf enthalten zuweilen schwefelsauren Thon. Der Gehalt der Alaunerze weicht von 1—30 Pfd. im Centu. ab. Am gewöhnlichsten kommen sie von 2—4 Pfd. Gehalt p. Cent. vor. (*Lampadius.*)

Alaun-Fabrication. Der Alaun wird auf mancherlei Arten theils aus Erzen gezogen, theils aus seinen Bestandtheilen künstlich zusammengesetzt. Wenn die Alaunerze blos Schwefelthon enthalten, dann ist deren Bearbeitung am schwierigsten und folgende Arbeiten kommen dann der Reihe nach auf Alaunwerken vor: 1) das Rösten der Erze. Es muß behutsam und möglichst oxydirend betrieben werden; 2) das Verwittern, mit so viel Luftzuführung als möglich; 3) das Bereiten der Rohlauge in Kästen oder auf Hallen; 4) die Sammlung und Klärung der Rohlauge in großen Reservoirs; 5) das Rohsieden dieser Lauge in bleiernen Pfannen; 6) das Abklären des Rohsudes in hölzernen Kästen; 7) das Gutsieden der geklärten Rohsudlauge bis zum Krystallisationspunkte. Da aber die saure schwefelsaure Thonerde nicht für sich krystallisirt, so folgt nach abermaligem Abklären des Gutsudes 8) das Mehlmachen oder der Zuschlag von kalischen Mitteln, als Aschenlauge, Urin, u. s. w.; 9) das Verwaschen des Alaunmehles auf dem Waschherde, und 10) das des Alaunmehls in 3 Theilen kochenden Wasser in der Bleipfanne, worauf der Alaun in den Waschfässern in großen Krystallen anschießt. — Enthalten die Erze schon gebildeten Alaun, so unternimmt man blos Auslaugen und Wachsmachen. Führen sie einen Theil Alaun nebst saurer schwefelsaurer Thonerde, so erfolgt 1) Auslaugen, 2) Krystallisiren, 3) die Mutterlauge wird zu Mehl gefällt, und 4) aus dem Mehl Alaunwachs gemacht. Enthalten die Erze saure schwefelsaure Thonerde ohne Kali, so erfolgt: 1) das Auslaugen, 2) die Versiedung, 3) das Mehlmachen, 4) der Wachssud. Führen die Erze in ihrer Mischung Schwefelthon und Kali und sind dabei verwitterbar, so läßt man sie verwittern, laugt das verwitterte Erz aus, und versiedet die Lauge zum Krystallisiren. Erze von ähnlicher Mischung wie die letztern nur unverwitterbar und sehr bituminös müssen geröstet, übrigens eben so behandelt werden.

Zu diesen allgemeinen Angaben ist noch folgendes Besondere nachzutragen. Wenn die Alaunerze verwitterbar sind, bedürfen sie keiner Röstung. Das Rösten erfolgt in freien Haufen. Das Auslaugen erfolgt in hölzernen Kästen oder Fässern. Arme Laugen werden durch Aufgießen auf neueres Erz concentrirt. Die Lauge wird in großen Sümpfen geklärt. Nun erfolgt das Versieden in bleiernen Siedepfannen, welche unter diesem Artikel beschrieben und abgebildet werden sollen. Trübt sich die Lauge nach dem ersten Aufsieden, so wird sie, ehe man sie weiter siedet, geklärt. Sie wird in 3 bis 6 Tagen gutgesotten. Nach dem Abkühlen und Klären versetzt man sie in hölzernen Kästen mit so viel gefaultem Urin, oder Seifensiederflußlauge oder Pottaschenlauge bis kein Alaun in kleinen Krystallen (Alaunmehl) mehr niederfällt. Das erhaltene Alaunmehl wird auf einem schief liegenden Herde mit kaltem Wasser gewaschen, um es von anhängendem Vitriol zu befreien. Das gewonnene Alaunmehl wird in einer Bleipfanne in 3 Theilen siedenden Wassers aufgelöst. Diese Solution läßt man durch ein Gerinne in dicke hölzerne Fässer, die Wachsfässer, ablaufen. In diesen findet sich nach 2 bis 3 Wochen der Alaun in großen Krystallen angeschossen. Man läßt die Wachslauge ab, schlägt den Alaun aus und trocknet ihn ab. So wird er in Fässer gepackt versendet. Schwache Alaunlaugen könnte man über Dornenwände gradiren.

Durch mehrmaliges Auflösen und Mehlmachen ohne kalischen Zusatz wird der Alaun gereinigt.

Vgl. Lampadius Hüttenkunde Th. 2. B. 3. Rieß praktische Abhandlung von der Zubereitung des Alauns. Gießen 1788. *(Lampadius.)*

Alaun-Hütten. Alaunwerke, d. i. die Werkstätten, in welchen Alaun bereitet wird, nebst allen hierzu gehörigen Vorrichtungen. Es sind folgende: 1) Plätze zum Aufstürzen des verwitterten oder gerösteten Erzes; 2) Laugenkästen und Laugensümpfe; 3) Teiche oder sonstige Vorrichtungen zum Herbeischaffen des Laugenwassers; 4) Rohlaugensümpfe; 5) das Siedehaus mit mehrern Bleipfannen; 6) die Kühlkästen; 7) die Mehlkästen; 8) Mutter- und Waschlaugensümpfe; 9) die Mehlwaschbank; 10) die Wachspfanne; 11) das Krystallisirgewölbe nebst den Wachsfässern; 12) Trockenbühnen; 13) das Magazin und mehrere Vorrathskammern. Schwemsal im Herzogthume Sachsen, Freienwalde in Preußen und Commotau in Böhmen sind sehenswerthe Alaunwerke. Bei Civita vecchia in Italien wird aus Tolfaer Alaunerz der reinste Alaun bereitet. Die Beschreibung mehreree Alaunwerke s. in Lampadius Hüttenkunde, Th. 2. B. 3. *(Lampadius.)*

Alaun-Leder, s. Leder.

Alaun-Mehl, besteht aus kleinen unförmlichen Alaunkrystallen, welche beinahe in Pulvergestalt bei der Kalisirung der gutgesottenen Alaunlauge sich niederschlagen. Dieser Niederschlag heißt rohes Alaunmehl. Ist es auf der Waschbank verwaschen, so nennt man es Waschmehl. Geläutertes Alaunmehl oder Alaunläuter wird auf einigen Alaunwerken durch eine nochmalige Auflösung des Waschmehles und Unterbrechung der Krystallisation durch stetes Rühren erhalten. Es fällt doch in etwas größern Krystallen nieder. *(Lampadius.)*

Alaun-Molke, (Serum lactis aluminosum), eine mildsäuerliche, milchweiße, opalisirende Flüssigkeit, die aus frisch abgerahmter siedender Thiermilch (3 Pfd.) mittelst eines Zusatzes von rohem Alaun (1 Unze), der den Käse- und Ziegertheil der Milch gerinnen macht, und ausscheidet, kunstmäßig bereitet, warm durchgeseihet und mit Eiweiß geklärt wird. Sie besteht aus einer Auflösung der schleimigen Milchsubstanz, des Milchzuckers, der sälz- und schwefelsauren Milchsalze, und der schwefelsauren Erde des Alauns in vielem Wasser, und hat blos eine arzneiliche Bestimmung als ein schickliches Getränk zu 1—2 Unzen in jenen Krankheitsformen, wo roher Alaun angezeigt ist, s. Alaun. *(Th. Schreger.)*

Alaun-Mutterlauge, s. Mutterlauge.

Alaun-Niederschlag, ist das Kali- oder Ammoniumhaltige Fällungsmittel, dessen man sich zum Mehlmachen auf den Alaunwerken bedient, als Pottasche, Holzasche, Seifensiederfloß, faulender Harn. Das Natron oder die Soda ist nicht fähig die saure schwefelsaure Thonerde zum Krystallisiren zu bringen. Hingegen verbinden sich vom Kali oder Ammonium 5-8 Procent mit der sauren schwefelsauren Thonerde der eingesottenen Alaunlauge, und bilden den feinkörnigen krystallinischen Niederschlag, welchen man Alaunmehl nennt. *(Lampad.)*

Alaun-Probe, eine genaue hat ihre Schwierigkeit, wenn das Erz nicht schon gebildeten Alaun oder schwefelsaure Thonerde enthält. Im entgegengesetzten Falle erfodert sie einige Monate Zeit; denn man muß das äußerst gelind geröstete Erz so lange verwittern lassen. Nun erfolgt die Auslaugung des Erzes und Abdampfung der Lauge, worauf man so lange Kaliauflösung hinzusetzt, als noch Alaunmehl zu Boden fällt. Das Mehl wird aufgelöst und krystallisirt. Vielleicht wäre es gut, ein Alaunerz der zweiten Art mit 8 Proc. Salpeter gelind zu rösten, so würde man durch diesen Zuschlag Sauerstoff und Kali zugleich dem Erze mittheilen. *(Lampadius.)*

Alaun-Rohlauge, die durch das erste Auslaugen der Alaunerze erhaltene Lauge, enthält entweder schon gebildeten Alaun oder nur saure schwefelsaure Thonerde mit verschiedenen Nebenbestandtheilen als: Eisenvitriol, Gyps und Bittersalze. Nach ihrer Bereitung, welche so erfolgt, daß man das verwitterte Alaunerz in Kästen oder auf Halden auslaugt, wird sie in großen mit Holz ausgesetzten Reservoiren in der Erde (Rohlaugensümpfen) aufbewahrt. Man muß sie so concentrirt wie möglich machen, damit sie nicht zu lange gesotten werden darf. *(Lampadius.)*

Alaun-Rohsud, Alaun-Gutsud, s. Vitriolroh- und Gutsud.

Alaun-Roth, ein feurigrothes Pigment, das theils dem echten englischen Braunroth, theils dem Zinnober ähnelt, und aus dem mitten in einem Ziegelofen gehörig gebrannten, und noch heiß an die freie Luft gebrachten, vorher angefeuchteten, und in Klumpen geformten Alaunschlamme (Eisenocher) gewonnen wird. Es ist eine wohlfeile, im nassen Kalk-Öl und Wasser beständige Malerfarbe. *(Th. Schreger.)*

Alaun-Schiefer (Alumen schistus aluminaris Wall. — Aluminite pyrito-bitumineux Delameth. —) ist eine dem Thonschiefer nahe verwandte Gattung des Thongeschlechts. Werner hat ihn in zwei, nach den äußern Kennzeichen wesentlich verschiedene Arten, den gemeinen und glänzenden, eingetheilt. — Der gemeine Alaunschiefer ist von graulich, grünlich und blaulich-schwarzer Farbe, und findet sich theils derb, theils in mehr und weniger vollkommenen Kugeln, die im Derben inne liegen. Innerlich ist er nur schimmernd, der kugliche fast matt. Der derbe ist ziemlich vollkommen gerad-, selten etwas krummschiefrig; der kugliche von ebenem Bruche. Jener hat scheibenförmige Bruchstücke, behält im Strich seine Farbe, wird aber dadurch etwas glänzend; er hält das Mittel zwischen weich und halb hart, ist nicht sonderlich spröde, leicht zerspringbar und nicht sonderlich schwer (nach Karsten 2,017). — Der glänzende Alaunschiefer ist von einer Mittelfarbe zwischen bläulich- und eisen-schwarz, und zuweilen auf den Klüften stahlfarbig und pfauenschweifig bunt angelaufen. Er kommt nur derb vor, ist im Hauptbruch glänzend, oder wenig glänzend, von halbmetallischem Glanze; im Querbruche blos schimmernd. Der Hauptbruch ist theils gerad-, theils krumm- und wellenförmig-schiefrig; der Querbruch dicht und erdig. Er gibt scheibenförmige Bruchstücke, die bisweilen keilförmig zulaufen: In allen übrigen Kennzeichen stimmt er mit der vorigen Art überein. Nur ist er nach Karsten schwerer, nämlich: 2,588. — Beide Arten des Alaunschiefers verwittern an der Luft, und beschlagen mit Alaun, der wahrscheinlich durch die bei der Verwitterung vor sich gehende Zersetzung des beigemengten Schwefelkieses erzengt wird. Vor dem Löthrohre wird er vom Borax und Phosphorsalze mit Aufbrausen aufgelöst, von Natron aber nur schwach angegriffen. Seine Bestandtheile sind zur Zeit noch nicht genau brkannt. Denn Hisinger und Berzelius haben zwar den, dem spathigen Stinksteine von Garphyttan in Nerike mechanisch beigemengten Alaunschiefer untersucht und darin 44,70 Kieselerde, 10,30 Thonerde, 26,77 Bitumen und 18,23 Schwefelkies aufgefunden (s. Afhaudlingar i Fysik, Kemi och Mineralogi. Th. III. S. 382); es möchte jedoch diese Untersuchung wohl kaum für eine vollständige Analyse des Alaunschiefers gehalten werden können.

Das geognostische Vorkommen beider Arten des Alaunschiefers ist ein und dasselbe, auch brechen sie oft mit einander. Der Alaunschiefer ist stets dem Thonschiefer untergeordnet, und findet sich sowol im Ur- als im Uebergangsgebirge. Nach Esmarks und Esterers Beobachtungen soll er zu Felsöbanya und zu Szlovinka auch auf Gängen vorkommen. Der glänzende Alaunschiefer verdankt vielleicht seinen Glanz einem zarten Ueberzuge von Glanzkohle. — Er findet sich in Sachsen (bei Augustnsburg, Reichenbach, Ronneburg, Reußisch Ebersdorf, Saalfeld), Böhmen (im Inschkenberge), Schlesien, Krain, und vorzüglich häufig im schwedischen Uebergangs-Gebirge bei Andrarum, Carphyttan u. a. — und wird an vielen Orten zur Alaunbereitung benutzt. (*Blöde.*)

Alaun-Stein — (Alumen calcareus aluminaris albus. Waller. — Lave alterée aluminifère. H.), ein zum Thongeschlechte gehöriges Mineral. — Er ist von graulich- gelblich- und röthlich-weißer, lichte fleischrother, seltener von perl- und blaulich grauer Farbe, welche Farben oft gefleckte, gestreifte und geaderte Zeichnungen bilden. Er findet sich derb, in beträchtlichen Massen, zuweilen auch porös und mit Drüsenhohlungen, welche kleine, wahrscheinlich rhomboëdrische Kristalle enthalten. Er ist matt, im Bruche uneben, theils dem Erdigen, theils dem Splittrigen, theils dem Flachmuschligen sich nähernd. Die Bruchstücke sind unbestimmt eckig und ziemlich scharfkantig; an den Kanten wenig durchscheinend; halbhart, spröde, leicht zerspringbar, nicht sonderlich schwer (=2,587—2,633).

Vor dem Löthrohre wird er (nach Link) weißer von Farbe, schmilzt aber nicht. In der Rothglühhitze kalzinirt entwickelt er (nach Gay-Lussac) Dämpfe von Wasser und schweflichter Säure, verliert viel am Gewicht, wird weicher und gibt beim Auslaugen ein wenig Alaun. Weit mehr Alaun entwickelt sich aus ihm, wenn er nach dem Rösten eine Zeit lang der Luft ausgesetzt und fleißig mit Wasser besprengt wird. Gay-Lussac nimmt daher an, daß der Alaunstein den Alaun zwar schon völlig gebildet, jedoch an Kieselerde gebunden enthalte. Nach Klaproths Analysen sind die Bestandtheile des Alaunsteins

von Tolfa	aus Ungarn	
56,5	62,25	Kieselerde,
19,0	17,50	Thonerde,
3,0	5,00	Wasser,
16,5	12,50	Schwefelsäure,
4,0	1,00	Kali.

Er kommt in ganzen Lagern vor, die wahrscheinlich dem Flötzgebirge angehören. Seine bis jetzt bekannten Fundorte sind Tolfa, im Kirchenstaate, wo der im Handel beliebte römische Alaun aus ihm bereitet wird; ingleichen Bèregszaz und Nagy-Bégány in dem Beregher Comitate von Oberungarn, wo er vordem zu Mühlsteinen verarbeitet worden seyn soll. (*Blöde.*)

Alaun-Wachs bezeichnet den durch Auflösung des Alaunmehles und Abkühlung der Solution in großen, gewöhnlich octaëdrischen Kristallen gewachsenen entstandenen Alaun. Es ist das gewöhnliche Kaufmannsgut. (*Lampadius.*)

Alaun-Werk, s. Alaun-Hütte.

Alaun-Zucker, ein angebliches Verschönerungsmittel der Hant, aus Alaun mit Eiweiß und Rosenwasser zu einem dünnen Sälbchen gemacht. (*Th. Schreger.*)

ALAUNUM, ein sarmatisches Gebirg, nach Ptolemäus unter Moskwa südöstlich. Südlich darunter wohnten die Alauni, die man zuweilen für Alauen ausgegeben hat. Vergl. Alauen und Wolchonskischer Wald (s. Mannert's Charte zu Tom. IV). (*Rommel.*)

ALAUNUS, Fl. in Britannien, wahrscheinlich die Alne in Northumberland. (*H.*)

ALAUONA (Alabona), der südlichste Ort in Hispania Tarraconensi, muthmaßlich Alagon über Saragossa. s. Ant. Itin. p. 444. (*Fr.*)

ALAVA, die nordöstliche Provinz von Spanien (14° 33′—15° 38′ O. L., 42° 35′—42° 59′ N. Br.), grenzt im N. an Vizcaya und Guipuscoa, im O. an Navarra, im S. u. W. an Burgos, und enthält 53¾ Q. M. Die Oberfläche ist bergig, der Boden steinig an den Bergen, in den weiten Thälern aber fett und ergiebig. Das Land wird von der Sierra de Tolaño und dem Monte de Guibijo durchzogen, und von dem Ebro und Zadorra durchströmt. Das Klima ist heiter und gesund. Die Produkte sind: Weizen, Mais, Gerste, Wein, Obst, Kastanien, Hanf, Flachs, Holz, — Rindvieh, Schafe, Ziegen, Schweine, Fische, — Eisen, Kupfer, Salz in der Saline bei Agnano, jährlich 60,000 Ctnr. Die Hauptgewerbe sind Ackerbau und Viehzucht; ausgeführt werden Korn, Wein, Kastanien, Klingen und Leinwand. Die Zahl der Einwohner beträgt an 72,000. Die Provinz steht unter dem Generalcapitän von San Sebastian, hat eigene Statuten und Gesetze, und als höchstes Gericht eine Provinzialversammlung, die zweimal im Jahee zu Vitoria zusammentritt. Das Land wird in 6 Quadrillos getheilt: Vitoria, Mendoza, Salvatierra, Guardia, Zuga, Ayala, die 56 Hermandades bilden. Die Hauptstadt ist Vitoria. (*Stein.*)

ALAWERDI, nach Klaproth's Reise eine Festung in Grusien mit einem Kloster, dem Sitze des Bischofs von Kacheti. (*H.*)

ALAYMO (Marc Anton), ein medicinischer Schriftsteller des 17. Jahrh., geb. 1590 zu Ragalbuto in Sicilien, war Aezt in Palermo und starb 1662. Mongitore führt mehrere Schriften von ihm an, die wenig bekannt sind: 1) Discorso intorno alla preservazione del male contagioso. Palerm. 1625. 4. 2) Consultatio pro ulceris syriaci (die brandige Bräune) cum unguentis curatione. ib. 1625. 3) De succedaneis medicamentis opusculum. ib. 1637. 4) Consigli medico-politici del senato Palermitano pell' occorrente necessità della peste. ib. 1652. 4. (*Sprengel.*)

ALAYOR LEOR, Flecken und Hauptort eines Bezirks von ungefähr 4000 Einw. auf der span. Insel Minorca, mit Kasernen, einer Pfarrkirche und einem Kloster. (*Stein.*)

Alazon, Alazonius, s. Alasan.

ALAZONEN, ein Zweig der an beiden Seiten des Dnepr wohnenden, von Herodot (L. IV.) beschriebenen, Scythen, dessen schon feste Wohnsitze neben den Kallipiden, einem scythisch-griechischen Volke, zwischen dem Dnepr und Bog, da, wo diese sich am meisten nähern, zu suchen sind. (*Rommel.*)

ALB (Alp, Alf, Elbe) ist sowol der Name mehrerer Flüsse und Bäche in der Schweiz und im südwestlichen Teutschland, als auch der schwäbischen Alpen, von welchen mehrere Gaue den Namen haben (s. nachher). Als Fluß kommt 1) in der Schweiz Alb vor, vom Mythen in die Sihl gehend (verwandt ist damit Albula, ein von Albula in den Rhein gehender Fluß); (*Wirz*) 2) heißt so ein Flüßchen oder ein Bach, der am Fuße des Schwarzwaldes zwischen dem wirtembergischen Städtchen Herrnalb und dem badischen Städtchen Gernsbach entspringt und nach einem 8—9stündigen Laufe im badischen Landamte Karlsruhe in den Rhein fällt und zur Holzflöße gebraucht wird. Ein gleichnamiges Flüßchen (Alb oder Alp) auf einem der höchsten Berge des badischen Schwarzwaldes entspringend, durchströmt den St. Blasischen Bann und einen Theil der Grafsch. Hauenstein, und fällt ebenfalls in den Rhein, nachdem er noch die Wasserwerke der Eisenfabrik Albbrugg in Bewegung gesetzt hat. (*J. F. Molter.*)

ALB, auch Alp (die), eine Gebirgskette in Schwaben, die von dem Schwarzwalde, der eine Fortsetzung des Jura ist, hervorspringend, in der Richtung von Südwest gegen Nordost, auf dem linken Ufer der Donau hinstreicht, und in einer Länge von 15 Meilen den südlichen Theil des Königreichs Wirtemberg durchschneidet. Sie nimmt ihren Anfang bei dem Schlosse Albeck, bei Sulz, wo nur das enge Neckarthal sie von dem Schwarzwalde trennt; von hier zieht sie sich, auf der rechten Seite des Neckars, durch das Fürstenthum Hohenzollern, und dann südlich von Urach, Kirchheim und Göppingen hin. Von da nimmt sie ihre Richtung wieder mehr nördlich, erreicht aber, indem sie südlich bis gegen die Donau sich erstreckt, in dieser Gegend ihre größte Breite. Die Thäler des Kochers und der Brenz bezeichnen hier ihre Grenze. Auf ihrer südöstlichen Ecke, in der Nähe von Ulm, liegt ein altes Bergschloß, welches, wie das an ihrem Anfange, gleichfalls Albeck heißt. Dies Gebirge gewährt, besonders auf seiner nördlichen Seite, wo es meistens kühn und steil empor steigt, während es im Süden sich allmählig gegen das niedrige Land verflächt, durch seine Höhe, seine trotzigen Felsenwände, seine mannigfaltigen Richtungen, so wie durch die einzelnen pyramidalischen Vorberge, die vor demselben sich erheben, einen imposanten Anblick; die vielen Thäler aber, die in dasselbe hinein ragen, bieten, bei einer oft üppigen Fruchtbarkeit und reichen Production an Obst und Wein, dem Auge die schönsten Ansichten dar, in welchen alles vor ihm erscheint, was die bildende Natur im Erhabenen und Milden, im Ernsten und im Gefälligen hervorzubringen vermag; auch sind die Gipfel und Felsen, die diese Thäler umgeben, häufig mit Schlössern und mit den Trümmern zerstörter Burgen gekrönt, die zum Theil, wie der hohe Staufen, der Rosenstein, die Teck, die Achalm, Hohen-Urach, Hohenzollern &c. in dem kundigen Anschauer die interessantesten Erinnerungen aus dem Alterthum erwecken. Zwischen der Donau und dem Neckar gelagert, bildet die Alb die Abmarkung zwischen dem Gebiete des erstern Stroms und dem des Rheins; am schärfsten ist aber diese Grenze in dem Dorfe Sirchingen bezeichnet, wo die Dachtraufe eines Hauses auf der einen Seite ihr Wasser durch den Neckar in den Rhein und auf der andern in die Donau sendet. Indessen ist sie nicht das höchste Gebirg in Schwaben. Ihre Höhe kommt mit der der Allgauischen Urgebirge, an der Grenze von Tyrol, schon gar nicht in Vergleichung. Auch ist der Schwarzwald ein Beträchtliches höher, indem der Feldberg 4582, der Bälcher 4370 und der Kandelberg 3909 Fuß über das Meer emporsteigen. Der höchste Punkt der Alb aber erreicht nicht eine Höhe von 3000 Fuß; namentlich mißt der Punct Bartholomäi auf dem Aalbuche 2200, Reuffen 2263, die Teck 2327, Hohenzollern 2621 Fuß über dem Meere. Dessen ungeachtet beherrscht das Auge an dem Rande des Gebirgs und auf den Vorbergen, die es umgeben, eine unermeßliche Aussicht; wie man denn auf der Südseite eine lange, sich wie ein Gewölk darstellende, Reihe der Tyroler- und Schweizeralpen, nördlich den Strohmberg und westlich sogar einige Puncte des Vogesus erblickt. Die Alb ist durchaus ein aus regelmäßigen Flözen bestehendes Kalkgebirge. Der Kalkstein ist meist von graulich weißer Farbe, und besonders auf den höchsten Gipfeln von sehr feinem Korn. Ueberall findet sich eine Menge Versteinerungen, besonders Ammonshörner, zum Theil von ungeheuerer Größe, und man trifft sie selbst auf den Spitzen der höchsten Berge an, wodurch es unverkennbar wird, daß das ganze Gebirg ein mächtiger Niederschlag aus dem Meer ist, welches einst diese Gegenden bedeckte. Eine besondere Merkwürdigkeit dieser Bergkette sind mehrere in dieselbe sich eröffnende Höhlen, unter denen sich besonders das Sybillenloch auf dem Teckberge, die Grabenstätter Höhle, die einen goldglänzenden Sand führt, das Erdloch bei Sontheim, das Falkensteinerloch, aus dem ein Bach hervor strömt, und das Nebelloch, unweit Pfullingen, auszeichnen. Die letztere ist 488 Fuß lang, enthält eine Menge aus Tropfstein gebildeter Säulen, welche die seltsamsten Figuren darstellen, und hat viele Aehnlichkeit mit der berühmten Baumannshöhle. An metallhaltigen Mineralien ist die Alb sehr arm, und nirgends beschäftigt sie den Bergbau; dagegen ergießen sich an ihrem Fuße unzählige Bäche und Flüsse, die zum Theil so mächtig aus der Erde hervordringen, daß sie sogleich an ihrem Ursprunge große und tiefe Becken bilden, wie die Blau und die Brenz, und Mühlen und andere Wasserwerke treiben. Das Land am Fuße des Gebirges, besonders auf der Nordseite, und die vielen in dasselbe hinein streichenden Thäler sind größten Theils sehr fruchtbar. Die tiefsten Niederungen der letztern enthalten meist treffliche Wiesen, welche die Haltung eines zahlreichen und kräftigen Viehstandes nöthig machen, und Gärten, in denen eine Menge fruchtbarer Bäume einen großen Segen an Obst darbieten. Am Abhange der Berge wird der Getreidebau mit dem besten Erfolge betrieben; in den gelindern Gegenden finden sich viele Weingärten, die in guten Jahren ihr Gewächs, zwar nicht von bester Qualität, aber reichlich geben. Die höhere Region der Berge ist überall mit Wald bewachsen; es producirt aber hier die Kalkerde lauter Laubholz, während der Sandboden des Schwarzwaldes beinahe nur Nadelholz hervorbringt. Ganz anders erscheint jedoch die erzeugende Natur auf der obern Fläche der Alb, die größten Theils eine weite, nur durch seichte Vertiefungen und niedrige Hügel unterbrochene Ebene bildet. Die kalte Luft, die heftigen Winde, die späten und frühen Fröste, der lange sich erhaltende Schnee, der Mangel an lebendigem Wasser, die vielen unbebauten Haiden, und der steinigte, karge Boden deuten hier überall ein rauhes, undankbares Land an, das den Menschen weder durch natürliche Reize ergötzt, noch durch reichliche Gaben beglückt. Von Getreide gedeihet hier nur der Roggen und der Hafer; dagegen sucht man Obst und alle edlern Gartengewächse vergebens. Einen Ersatz für diese Kargheit des Bodens liefern jedoch die Kartoffeln; auch geräth in manchen Gegenden der Flachs reichlich, welches Produkt eine Menge Hände mit Spinnen und Weben beschäftigt. Der Ertrag der Wiesen ist sehr unbedeutend, und man ersetzt den Mangel derselben durch den Anbau von Futterkräutern, der jedoch meist nur sehr dürftig gelingt. Deshalb ist auch das Rindvieh klein und unansehnlich; dagegen findet sich die Zucht der Schafe, denen das großen Theils ungebaute Land ausgebreitete und gesunde Weiden darbietet, im besten Zustande. Mit dem Anbau der Felder wird abgewechselt; ganze Strecken bleiben Jahre lang brach liegen; die Stelle des Düngers vertritt häufig der Mergel, der in großen Stücken auf die Aecker geführt, und nachdem er verwittert ist, mit der Erde vermischt wird. Diese Unfreundlichkeit des Klima's und diese Kargheit der Produktion erscheint am auffallendsten in den Alborten der Oberämter Münsingen (wo die Gegend die rauhe Alb genannt wird), Urach, Blaubeuern und Geißlingen. Die Bevölkerung ist deshalb hier vergleichungsweise sehr gering. Die Häuser in den Dörfern sind meistens einstöckig und mit Stroh gedeckt. Die Einwohner bilden einen kräftigen Schlag Menschen, von alter, einfacher Sitte, an sparsame Kost gewöhnt, und voll Liebe zu ihrer Heimath. Ihre Sprache hat einige Aehnlichkeit mit der Schweizerischen, welche Erscheinung durch das Zeugniß der Geschichte erklärt wird, daß die Alb, nach den Verheerungen des dreißigjährigen Krieges, meist durch helvetische Einwanderer wieder bevölkert worden. S. Jer. Höslin's Beschreibung der Wirtemberger Alp, mit landwirthschaftlichen Bemerkungen. 8. Tüb. 798. — Phantasieen und Bemerkungen auf einer Fußreise durch einen Theil der Schwäbischen Alp. 8. Oehring. 798. (*Pahl.*)

Alb ist auch der von diesem Gebirge herstammende Name einer Wirtembergischen Landvogtei von 30 Q. M. mit 109,000 E., die Oberämter Kirchheim, Nürtingen, Reutlingen, Urach und Münsingen begreifend, deren Hauptort Urach ist. (*R.*)

ALBA, ALBE, das Chorhemd von weißer (alba) Leinwand, welches die christlichen Kleriker bei kirchlichen Handlungen unmittelbar über ihrer gewöhnlichen schwarzen Amtskleidung tragen, ist als Zeichen der pflichtmäßigen Reinheit dieses Standes und der Freude am Gottesdienste, nicht ohne Bezug auf das weiße Feierkleid der jüdischen Priester, schon seit dem 4ten Jahrh. im Gebrauch gewesen und in der lateinischen Kirchensprache [1]) mit diesem Namen bezeichnet worden. Man hat dieses Chorhemd in der katholischen Kirche durchgängig, in der anglikanischen zu jedem Kirchendienste außer der Predigt, bei den Evangelisch-Lutherischen in Teutschland, denen es durch das Interim wieder aufgenöthiget wurde, nur noch an einigen Orten, wo die Abschaffung bedenklich schien, bei den Reformirten nirgend beibehalten. Bei den Geistlichen der griechischen Kirche vertritt das Sticharion, das meist seiden und farbig ist, die Stelle des Chorhemdes. Die Albe, die zum Krönungsornate der teutschen Kaiser gehörte, war von weißem Taffet und mit spitzigen, gestickten Eemeln versehen. — Albati hießen im Kirchenlatein wegen dieses Kleidungsstückes nicht nur die Kleriker, sondern auch die Getauften in den ersten acht Tagen nach ihrer Taufe, weil, so lange bei denselben noch in allen Christengemeinen das Untertauchen des ganzen Körpers Statt fand, den Täuflingen gleich nach dieser Handlung ein weißes Kleid (Alba) zum Zeichen ihrer Reinigung und des Anziehens eines neuen Menschen mit der priesterlichen Ermahnung, es unbefleckt zu bewahren bis vor den Richterstuhl Christi [2]), angelegt und von ihnen bis zum achten Tage nach dieser Handlung getragen, dann aber an heiliger Stätte aufbewahrt wurde [3]). Daher erhielt der Sonntag nach Ostern, weil man an diesem Feste die meisten Catechumenen taufte, schon im 4ten Jahrh. den Namen Dominica in albis [4]). (*G. E. Petri.*)

ALBA (in der alten Geogr.), Name mehrerer Flüsse und Städte. — Als Fluß findet man Alba 1) in Gallien, jetzt Aube; 2) in Hispanien, muthmaßlich der jetzige Fluvia oder Llobregat. — Als Stadt findet man A. ohne Beinamen 1) in Lusitanien, jetzt Elvas; 2) in Hispania tarrag., muthmaßlich jetzt Estella in Navarra;

---

1) Concil. Carth. IV. 398 can. 41. 2) Martène de antiq. eccl. rit. I. p. 181. 3) Linkner. dissert. de alba veste baptiz. Königsberg. 1734. 4) Augustin. serm. de temp. XIX. ed. Sirmond. Augusti Feste der alten Christen. 2r Bd. 1818. S. 18.

ALAYMO (Marc Anton), ein medicinischer Schriftsteller des 17. Jahrh., geb. 1590 zu Ragalbuto in Sicilien, war Arzt in Palermo und starb 1662. Mongitore führt mehrere Schriften von ihm an, die wenig bekannt sind: 1) Discorso intorno alla preservazione del male contagioso. Palerm. 1625. 4. 2) Consultatio pro ulceris syriaci (die brandige Bräune) cum unguentis curatione. ib. 1625. 3) De succedaneis medicamentis opusculum. ib. 1637. 4) Consigli medico-politici del senato Palermitano pell' occorrente necessità della peste. ib. 1652. 4. (*Sprengel.*)

ALAYOR LEOR, Flecken und Hauptort eines Bezirks von ungefähr 4000 Einw. auf der span. Insel Minorca, mit Kasernen, einer Pfarrkirche und einem Kloster. (*Stein.*)

Alazon, Alazonius, s. Alasan.

ALAZONEN, ein Zweig der an beiden Seiten des Dnepr wohnenden, von Herodot (L. IV.) beschriebenen, Scythen, dessen schon feste Wohnsitze neben den Kallipiden, einem scythisch-griechischen Volke, zwischen dem Dnepr und Bog, da, wo diese sich am meisten nähern, zu suchen sind. (*Rommel.*)

ALB (Alp, Alf, Elbe) ist sowol der Name mehrerer Flüsse und Bäche in der Schweiz und im südwestlichen Teutschland, als auch der schwäbischen Alpen, von welchen mehrere Gaue den Namen haben (s. nachher). Als Fluß kommt 1) in der Schweiz Alb vor, vom Mythen in die Sihl gehend (verwandt ist damit Albula, ein von Albula in den Rhein gehender Fluß); (*Wirz*) 2) heißt so ein Flüßchen oder ein Bach, der am Fuße des Schwarzwaldes zwischen dem wirtembergischen Städtchen Herrnalb und dem badischen Städtchen Gernsbach entspringt und nach einem 8—9stündigen Laufe im badischen Landamte Karlsruhe in den Rhein fällt und zur Holzflöße gebraucht wird. Ein gleichnamiges Flüßchen (Alb oder Alp) auf einem der höchsten Berge des badischen Schwarzwaldes entspringend, durchströmt den St. Blasischen Bann und einen Theil der Grafsch. Hauenstein, und fällt ebenfalls in den Rhein, nachdem er noch die Wasserwerke der Eisenfabrik Albbrugg in Bewegung gesetzt hat. (*J. F. Molter.*)

ALB, auch Alp (die), eine Gebirgskette in Schwaben, die von dem Schwarzwalde, der eine Fortsetzung des Jura ist, hervorspringend, in der Richtung von Südwest gegen Nordost, auf dem linken Ufer der Donau hinstreicht, und in einer Länge von 15 Meilen den südlichen Theil des Königreichs Wirtemberg durchschneidet. Sie nimmt ihren Anfang bei dem Schlosse Albeck, bei Sulz, wo nur das enge Neckarthal sie von dem Schwarzwalde trennt; von hier zieht sie sich, auf der rechten Seite des Neckars, durch das Fürstenthum Hohenzollern, und dann südlich von Urach, Kirchheim und Göppingen hin. Von da nimmt sie ihre Richtung wieder mehr nördlich, erreicht aber, indem sie südlich bis gegen die Donau sich erstreckt, in dieser Gegend ihre größte Breite. Die Thäler des Kochers und der Brenz bezeichnen hier ihre Grenze. Auf ihrer südöstlichen Ecke, in der Nähe von Ulm, liegt ein altes Bergschloß, welches, wie das an ihrem Anfange, gleichfalls Albeck heißt. Dies Geb ge gewährt, besonders auf seiner nördlichen Seite, wo s meistens kühn und steil empor steigt, während es im üden sich allmählig gegen das niedrige Land verflächt, rch seine Höhe, seine trotzigen Felsenwände, seine m aigfaltigen Richtungen, so wie durch die einzelnen pyr idalischen Vorberge, die vor demselben sich erheben, ein imposanten Anblick; die vielen Thäler aber, die in das be hinein ragen, bieten, bei einer oft üppigen Fruchtb keit und reichen Production an Obst und Wein, dem Aug ie schönsten Ansichten dar, in welchen alles vor ihm er eint, was die bildende Natur im Erhabenen und Mi en, im Ernsten und im Gefälligen hervorzubringen ve ag; auch sind die Gipfel und Felsen, die diese Thäler geben, häufig mit Schlössern und mit den Trümmern z störter Burgen gekrönt, die zum Theil, wie der hohe Staufen, der Rosenstein, die Teck, die Achalm, ohen-Urach, Hohenzollern etc. in dem kundigen nschauer die interessantesten Erinnerungen aus dem Alt thum erwecken. Zwischen der Donau und dem Necka gelagert, bildet die Alb die Abmarkung zwischen dem G irte des erstern Stroms und dem des Rheins; am chärfsten ist aber diese Grenze in dem Dorfe Sirchinen bezeichnet, wo die Dachtraufe eines Hauses auf der nen Seite ihr Wasser durch den Neckar in den Rhein u auf der andern in die Donau sendet. Indessen ist sie cht das höchste Gebirg in Schwaben. Ihre Höhe komr mit der der Allgauischen Urgebirge, an der Gre e von Tyrol, schon gar nicht in Vergleichung. Auc ist der Schwarzwald ein Beträchtliches höher, indem d Feldberg 4582, der Bälcher 4370 und der Kandeberg 3909 Fuß über das Meer emporsteigen. Der h hste Punkt der Alb aber erreicht nicht eine Höhe von 300 Fuß; namentlich mißt der Punct Bartholomä auf dem Aalbuche 2200, Neuffen 2263, die Tec 327, Hohenzollern 2621 Fuß über dem Meere. D sen ungeachtet beherrscht das Auge an dem Rande des ebirgs und auf den Vorbergen, die es umgeben, eine ermeßliche Aussicht; wie man denn auf der Südseite ei lange, sich wie ein Gewölk darstellende, Reihe der Tyrler- und Schweizeralpen, nördlich den Strehmbrg und westlich sogar einige Puncte des Vogesus erbl t. Die Alb ist durchaus ein aus regelmäßigen Flözen bestehendes Kalkgebirge. Der Kalkstein ist meist von g ulich weißer Farbe, und besonders auf den höchsten G feln von sehr feinem Korn. Ueberall findet sich eine Menge Versteinerungen, besonders Ammonshörner, zm Theil von ungeheuerer Größe, und man trifft sie sbst auf den Spitzen der höchsten Berge an, wodurch e unverkennbar wird, daß das ganze Gebirg ein mächti r Niederschlag aus dem Meer ist, welches einst diese legenden bedeckte. Eine besondere Merkwürdigkeit dies Bergkette sind mehrere in dieselbe sich eröffnende Höh n, unter denen sich besonders das Sybillenloch a dem Teckberge, die Grabenstätter Höhle, die eim goldglänzenden Sand führt, das Erdloch bei Sonheim, das Falkensteinerloch, aus dem ein Bach hrvor strömt, und das Nebelloch, unweit Pfullinen, auszeichnen. Die letztere ist 488 Fuß lang, ent lt eine Menge aus Tropfstein gebildeter Säulen, welch die seltsamsten Figuren darstellen, ur hat viele Aehnlichkeit mit der berühm[…]aumannshöhle. An metallhaltigen Mineralien ist die [Alb] sehr arm, und nirgends beschäftigt sie den Bergbau; [da]gegen ergießen sich an ihrem Fuße unzählige Bäche u[nd F]lüsse, die zum Theil so mächtig aus der Erde hervor[drin]gen, daß sie sogleich an ihrem Ursprunge große u[nd t]iefe Becken bilden, wie die Blau und die Bren[z, un]d Mühlen und andere Wasserwerke treiben. Das […] am Fuße des Gebirges, besonders auf der Nords[eite, un]d die vielen in dasselbe hinein streichenden Thäler sind g[rößten]theils sehr fruchtbar. Die tiefsten Niederungen d[er] letztern enthalten meist treffliche Wiesen, welche die H[altung eines] zahlreichen und kräftigen Viehstandes nöth[ig] machen, und Gärten, in denen eine Menge fruchtb[are]r Bäume einen großen Segen an Obst darbieten. Am [Ab]hange der Berge wird der Getreidebau mit dem besten [Er]folge betrieben; in den gelindern Gegenden finden sich [vie]le Weingärten, die in guten Jahren ihr Gewächs, zwa[r] nicht von bester Qualität, aber reichlich geben. Die h[öh]ere Region der Berge ist überall mit Wald bewachsen; […] producirt aber hier die Kalkerde lauter Laubholz, wäh[ren]d der Sandboden des Schwarzwaldes beinahe nur [Na]delholz hervorbringt. Ganz anders erscheint jedoch [die] Natur auf der obern Fläche der Alb, die g[rößten]theils eine weite, nur durch seichte Vertiefungen u[nd] niedrige Hügel unterbrochene Ebene bildet. Die kalte[n …] […]ft, die heftigen Winde, die späten und frühen Fröste, [d]er lange sich erhaltende Schnee, der Mangel an lebend[ig]em Wasser, die vielen unbebauten Haiden, und der st[e]igte, karge Boden deuten hier überall ein rauhes, und [un]fbares Land an, das den Menschen weder durch natürl[iche] Reize ergötzt, noch durch reichliche Gaben beglückt. [Von G]etreide gedeihet hier nur der Roggen und der Haf[er]; dagegen sucht man Obst und alle edlern Gartenge[wä]chse vergebens. Einen Ersatz für diese Kargheit des Bo[dens] liefern jedoch die Kartoffeln; auch geräth in mand[en] Gegenden der Flachs reichlich, welches Produkt […]enge Hände mit Spinnen und Weben beschäftigt. [Der] Ertrag der Wiesen ist sehr unbedeutend, und man [sucht] den Mangel derselben durch den Anbau von Futterkr[äu]tern, der jedoch meist nur sehr dürftig gelingt. [Auf der A]lb ist auch das Rindvieh klein und unansehnlich; dage[ge]n findet sich die Zucht der Schafe, denen das großen[t]heils ungebaute Land ausgebreitete und gesunde Weiden [d]arbietet, im besten Zustande. Mit dem Anbau der [Fe]lder wird abgewechselt; ganze Strecken bleiben Jahre [la]ng brach liegen; die Stelle des Düngers vertritt häufi[g d]er Mergel, der in großen Stücken auf die Aecker ge[führ]t, und nachdem er verwittert ist, mit der Erde vermisch[t w]ird. Diese Unfreundlichkeit des Klima's und diese [Ka]rgheit der Production erscheint am auffallendsten in [d]en Alborten der Oberämter Münsingen (wo die E[b]end die rauhe Alb genannt wird), Urach, Blaube[u]ern und Geislingen. Die Bevölkerung ist deshalb [hie]r vergleichungsweise sehr gering. Die Häuser in den Dörfern sind meistens einstöckig und mit Stroh gedeckt. Die Ein[…] bilden einen kräftigen Schlag Mensch[en], von […] facher Sitte, an sparsame Kost gewöh[nt], un[d] […] zu ihrer Heimath. Ihre Sprache hat nie[…] mit der Schweizerischen, welche Erst[…]

Zeugniß der Geschichte erklärt wird, daß die Alb nach den Verheerungen des dreißigjährigen Krieges meist durch helvetische Einwanderer wieder bevölkert wurde. S. Jer. Höslin's Beschreibung der Wirtembergischen Alp, mit landwirthschaftlichen Bemerkungen. 8. Ulm. 798. — Phantasieen und Bemerkungen auf einer Fußreise durch einen Theil der Schwäbischen Alp. 8. Oehring. 798. [illegible]

Alb ist auch der von diesem Gebirge herstammende Name einer Wirtembergischen Landvogtei von 30 □ M. mit 109,000 E., die Oberämter Kirchheim, Nürtingen, Reutlingen, Urach und Münsingen begreifend, deren Hauptort Urach ist. (R.)

ALBA, ALBE, das Chorhemd von weißer (alba) Leinwand, welches die christlichen Kleriker bei kirchlichen Handlungen unmittelbar über ihrer gewöhnlichen schwarzen Amtskleidung tragen, ist als Zeichen der pflichtmäßigen Reinheit dieses Standes und der Freude am Gottesdienste, nicht ohne Bezug auf das weiße Feierkleid der jüdischen Priester, schon seit dem 4ten Jahrh. im Gebrauch gewesen und in der lateinischen Kirchensprache [1], mit diesem Namen bezeichnet worden. Man hat dieses Chorhemd in der katholischen Kirche durchgängig, in der anglikanischen zu jedem Kirchendienste außer der Predigt, bei den Evangelisch-Lutherischen in Teutschland, denen es durch das Interim wieder aufgenöthiget wurde, nur noch an einigen Orten, wo die Abschaffung bedenklich schien, bei den Reformirten nirgend beibehalten. Bei den Geistlichen der griechischen Kirche vertritt das Sticharion, das meist seiden und farbig ist, die Stelle des Chorhemdes. Die Albe, die zum Krönungsornate der teutschen Kaiser gehörte, war von weißem Taffet und mit spitzigen, gestickten Ermeln versehen. — Albati hießen im Kirchenlatein wegen dieses Kleidungsstückes nicht nur die Kleriker, sondern auch die Getauften in den ersten acht Tagen nach ihrer Taufe, weil, so lange bei denselben noch in allen Christengemeinen das Untertauchen des ganzen Körpers Statt fand, den Täuflingen gleich nach dieser Handlung ein weißes Kleid (Alba) zum Zeichen ihrer Reinigung und des Anziehens eines neuen Menschen mit der priesterlichen Ermahnung, es unbefleckt zu bewahren bis vor den Richterstuhl Christi [2]), angelegt und von ihnen bis zum achten Tage nach dieser Handlung getragen, dann aber an heiliger Stätte aufbewahrt wurde [3]). Daher erhielt der Sonntag nach Ostern, weil man an diesem Feste die meisten Catechumenen taufte, schon im 4ten Jahrh. den Namen Dominica in albis [4]). (*G. E. Petri.*)

ALBA (in der alten Geogr.), Name mehrerer Flüsse und Städte. — Als Fluß findet man Alba 1) in Gallien, jetzt Aube; 2) in Hispanien, muthmaßlich der jetzige Fluvia oder Llobregat. — Als Stadt findet man A. ohne Beinamen 1) in Lusitanien, jetzt Elvas; 2) in […]rag., muthmaßlich jetzt Estella […]

3) in Dacien, muthmaßlich da, wo jetzt Bielgorod in Bessarabien liegt. — Mit Beinamen führen wir folgende alphabetisch auf: A. Augusta (s. nachher Alba Helviorum). — A. Docilia, Flk. an der ligurischen Küste, jetzt Albisola. — A. Fucentis, oder Marsorum, eine alte Stadt der Marser, 17 St. von Rom entfernt, auf der nördlichen Seite des am Fuße des Mons Belinus hin in den Apenninen sich erstreckenden Bergsees Fucinus, jetzt Celano genannt; ehemals eine der bedeutendsten römischen Festungen und Staatsgefängnisse, in welche Perseus von Macedonien nebst seinem Sohn Alexander, und Bituntus, König der Arverner, abgeführt worden waren; gegenwärtig gänzlich zerstört und nur noch erkennbar aus einigen Ruinen. Sie gehörte mit zu den 12 Colonien, die den Römern den Beistand gegen Hannibal versagten. Die Bewohner wurden Albenser oder Albenter genannt, zum Unterschied von den Albanern oder den Albanensern im alten Latium [1]). — A. Helviorum, auch Helvia Augusta, röm. Stadt im narbonesischen Gallien, wo Cäsar die Helvier fand [2]), gegenwärtig Viviers. — A. Julia (Carolina), das jetzige Karlsburg (Weißenburg) in Siebenbürgen. — A. Longa, Colonie von Lavinium im alten Latium, gegründet von Askanius, des Aeneas Sohn, und Roms Mutterstadt; folglich eine von Latiums ältesten Städten. Ihren Namen bekam sie (nach *Livius* I. 33) von ihrer Lage auf einem schmalen, langgedehnten Hügelrücken auf der Südostseite des Kraterrandes, der den tiefen albanischen See in dem Gebirge gleichen Namens umschließt; gegenwärtig ein Theil des Waldes: la Fajola genannt; gegen 1940 Par. Fuß über das nur 3½ St. entfernte Tyrrhener Meer erhoben, mit dem Albanersee zunächst vor sich und mit dem höchsten Gipfel des Gebirges, ehedem Mons Albanus, jetzt Monte Cavo; im Rücken beherrschte sie, in einer von Natur schon festen Lage, die ganze Gegend rings umher. Sie ward die Mutter von vielen Colonien, theils am Gebirge, theils in den Ebenen, so wie überhaupt ihr Einfluß auf die Cultur der ganzen Gegend umher, in politischer wie in religiöser Hinsicht, sehr bedeutend gewesen zu seyn scheint. Zerstört ward sie durch die Römer, unter deren König Tullus Hostilius, und abgeführt ward ihre ganze Bevölkerung nach Rom. Keine Spur von ihrem ehemaligen Daseyn erhielt sich bis auf unsere Zeiten [3]). — A. Marsorum, s. vorher A. Fucentis. — A. Piceni, wahrscheinlich ein anderer Name des obigen A. Fucentis. — A. Pompeii, in Ligurien, Vaterstadt des Kaisers Pertinax, eine von Scipio Africanus I. gegründete und von Pompejus d. Gr. von neuem abgeführte Colonie [4]). — A. Urgaon, eine Stadt nahe bei Corduba in Spanien, in der ehemal. Prov. Bätica [5]). (*Sickler u. A.*)

ALBA (in der mittlern Geogr.) (Gaue), Alpgau (an der Brenz) u. a. Bei den mehrern beinah gleichlautenden Gauen Alemanniens und Rheinfrankens 1) Alba (an der Brenz); 2) Albegau, Alpagau (am westlichen Abhange des Schwarzwaldes); 3) Albigau, Algäu (an der Ober-Iller), verbunden mit der großen landschaftlichen Ausdehnung, welche die Bezeichnungen des Albagaus und des Algäus erhalten haben; 4) Albegau (in Rheinfranken an der Alb bei Karlsruhe), wozu noch 5) Albinse oder Albechowa am westlichen Abhang der Vogesen kommt, ist besonders in Alemannien eine große Verwirrung der verschiedenen Gaue und der wahren Angehörungen mehrerer Orte entstanden.

Wie die (rauhe) Alp das norddonauische Schwaben beinahe seiner ganzen Länge nach durchzieht, so war dies Gebirge ganz vorzüglich geeignet, die allgemeine Bezeichnung eines großen Landstrichs in dem landschaftlichen Sprachgebrauch abzugeben, der sehr leicht mit den politischen Anordnungen vermischt werden konnte und mußte, und welcher auch von der kirchlichen Geographie beachtet wurde. Das Archidiakonat des Constanzer Bisthums auf der Alp begreift ein volles Viertel dieses Sprengels im Nordosten des Rheins, und senkt sich im Süden der Donau tief zum Bodensee herab. Diese landschaftliche Benennung hatten die frühern Geschichtschreiber im Auge, als sie dem Alpgau eine so große Ausdehnung auf beiden Seiten der Donau (*Crusius* paralip. p. 2) und sogar in beiden Constanzer und Augsburger Sprengeln gaben. Aber sie schieden die politischen weit engern Kreisgrenzen nicht gehörig, und da, wo sie ihren Alpgau hinlegen, finden sich Filogau, Burichinga, Affa, Snerza, Scheergau, und für jenen ist nirgends Platz, eben weil er blos im Volksgebrauch vorhanden war. In dieser allgemeinen Bedeutung ist in den Gau Uuhnalbun (auf der Alb) 1093 in einer Urk. Heinrich IV. (Cod. All. 2. 38. und *Neugart* Episc. Const. I. LXXXVIII) Touwondorf (Taugendorf bei Riedlingen am nordwestl. Donauufer) gesetzt, welcher in den Affa gehört.

1) Der eigentliche Albgau, als Reichskreis, ist bis jetzt nur am nordöstlichen Abhang der Alp im Augsburgischen Sprengel an der Brenz bekannt, wo das Kloster Hanhisin (Anhusen) 1125 in den Gau Alba gesetzt wird (*Besold.* mon. red. p. 197. neue Ausg.), eine Gegrud, die man seit Crusius als Albuch von Alpgau abscheidet. Pallhausen (Nachtrag zur Urgesch. S. 115) in seiner Streitlust wollte ihn gar Albekgau nennen, da doch die einzige Urkunde von 1125 ausdrücklich Alba sagt, und aus zwei Orten, wovon der eine überdies zum Algäu gehört, kühn ihm seine Lage zwischen Blau und Egge anweisen; ein weiter Strich! S. die Charte Alemanniens.

2) Albagau, Alpagau, Alpegau, Alpigau. Alemannischer Gau auf dem Schwarzwalde,

---

1) Vergl. Livius X, im Anf. und XXVII u. LXI. Varro L. L. VII, 18. Plinius III. Vellei. Paterc. I, 14. Gruter Insc. p. 404. Alberti Descr. d. t. l'Ital. p. 151. — L. Vitellius, Bruder des gleichnamigen Kaisers, hatte in der Nähe dieser Stadt eine Villa, welche durch die Mannichfaltigkeit und Vortrefflichkeit der Fruchtbäume denkwürdig ist; die er aus Syrien hieher brachte; seine Gärten waren die Pflanzschule, wo das köstlichste, jetzt in Europa allgemeine, Steinobst zuerst gebaut und vervielfältigt wurde (Swinburne's Trav. IV 367). 2) J. Caesar B. G. VII, 8. Itin. III, 4. 3) S. Livius I, 3 und 33. Strabo V. p. 160. Corradini et Volpi V. Lat. Ant. Eschinardi Descr. dell' Agro Rom., Riccy Memorie stor. dell' antichissima Città di Alba Longa e dell' Albano Moderno. Roma, 1787.

4) S. Plinius III, 4 und 5. Ptolem., Tab. Peutinger., Spon. Miscell. Antiq. p. 160. 5) Itin. Anton. und Gruter Inscr. p. 231. N. 6. u. 219. N. 3.

und an dessen südlichem Abhange, zwischen dem Feldberg, der dort entspringenden Alp, von der er den Namen erhalten hat, der Wutach und dem Rhein, oder die Kapitel Waldshut — S. Blasien und Stühlingen des Constanzer Archidiakonats Kleggau *). In ihm lag S. Blasien, so thätig für die Landeskunde drs Mittelalters! Wenu Lutinga im Alpegau der Lorscher Urkunde von 792 (Cod. Laurisham. 3. S. 168. N. 3627) wirklich Lutingen bei Laufenberg und nicht etwa gar ein jetzt unbekannter Ort des Lorsch unfern des rheinfränk. Albegau's ist, so würde, statt einer Mischung angrenzender Ganen, vielleicht richtiger zu schließen seyn, daß nicht die Alp selbst, sondern, wie anderwärts häufig, das Flußgebiet derselben die Grenze des Gau's gebildet, und dieser sich also noch in eine Gegend erstreckt habe, welche kirchlicher und politischer Angehörung nach völlig im Dunkel liegt. (Neugart Episc. Const. I. XXV.) Vgl. Charte von Alemannien. (*Delius.*)

Der Sitz oder mallus publicus dieses Gau's war Gurtweil. Von dem Grafen desselben werden in den Urkunden-Sammlungen vom 8ten Jahrh. an mehrere namentlich erwähnt. Im Jahr 874 nennen einige (z. B. Kolb) auch den Kaiser Karl den Dicken, als er noch Prinz war, unter ihnen, und stützen sich wahrscheinlich auf die Urkunde bei Goldast in Script. rer. Alam. no. 93 und Neugart Cod. Al. A. Burg. no. 480, welche mit den Worten schließt: qui (annus) est XXXV. Hludovici regis, patris Karlomanni, Heudorici et Karoli *principis nostri.* Nun ist wol aus *Bouquet* T. VII. S. 44. (Fragm. hist. mon. S. Wandregis) bekannt, daß im Jahr 865 Karln das Herzogthum Alemannien überlassen wurde, aber hieraus läßt sich nicht bestimmt schließen, daß er den Albgau unmittelbar regirt habe, sondern er konnte immer noch comites pagorum unter sich haben, und doch princeps populi Alpegoviae genannt werden. Da auch in dem vorhergehenden Jahre 873 und in dem folgenden 875 ein Adelbert als Graf vorkommt, welche beide wol identisch seyn dürften, so läßt sich vermuthen, daß dieser Adelbert auch im Jahr 874 so wie noch lange nachher die Grafschaft verwaltet habe. (*J. F. Molter.*)

3) Albigau, Alpekgau, Algau, Algäu. Alle diese Benennungen bezeichnen einen und denselben Gau, keinen der ausgedehnten Alemanniens, und weit von einem Umfange entfernt, wie ihn Bessel aus Vermischung mit dem Landschaftlichen Ausdruck Algäu, steckte; welcher Orte des Argengau, Nibelgau und des schwarzwaldischen Albegaues dazuzog, wie Neugart. Episcop. Constant. I. XXIII. gezeigt, (der übrigens der alten Ansicht folgt) und auch Lang (Verein. 76.) behauptet hat, der ihn dagegen bei Kempten auf die linke Illerseite bis nach Ravensberg und durch das ganze Kapitel Isni ausdehnte. Dieß verhindert der Nibelgau, der urkundlich den größten Theil dieses Kapitels begriff, und der Schussengau. Pallhausen (Nachtrag zur Urgesch. der Bairrn S. 63.) thut aus dem Geist des Widerspruchs, der die ganze Arbeit verdorben hat, einen Schritt wieder zurück, und will den Volksausdruck als Geographie behaupten und einen großen Gau annehmen, der die andern als kleine in sich begriffen, und an beiden Ufern der Iller bis zur Donau gereicht habe. Diese Lehre ist ganz falsch, es gab keine großen und kleinen Gaue in dem Sinn; landschaftlich ist dem Algäu eine große Ausdehnung gegeben, das zeigt das so benannte Archidiakonat der Konstanzer Kirche, oder die Gegend zwischen Iller, Rheinthal, Bodensee, eine Linie, von dem nördlichen Ende bis Pfullendorf und von da wieder östlich auf Königseck (Illergauisch), Baindt, Waldburg, Wolfeck, Wurzach (beide Illergauisch) Aitrach zur Iller. Wenn also die kirchliche Geographie der politischen Hilfe gewährt, so weist sie hier dem Algau die südlichsten Gegenden jenes Kreises an, alle andern sind schon ausgefüllt. Die mehrsten Bezeichnungen der Oerter, welche in den Albigau gesetzt werden (Fischen, [hohen] Staufen, Martinszell) weisen auf das westliche Illerufer vom Ursprung bis Kempten hin. Hier gibt es überdieß dies- und jenseit der Iller Sundhofen's, die auch wohl eingegangene Nordhofen nachweisen würden, ohne daß wir nöthig haben mit dem Lexicon von Schwaben bis nach Burgau deshalb zu laufen. Hier liegt überdieß der Alpsee. Also im Kapitel Stiefenhofen jenes Archidiaconats. Es ist von Pallhausen durchaus kein Beweis geführt, daß ein Albegau auch im Augsburgischen Sprengel gelegen habe. Die Anführung in der Vita S. Udalrici (11. Jahrh.) Velser Opp. 534. steht allein, und bedarf noch der Untersuchung, würde auch in keinem Fall jene Größe des Albgaues beweisen können. Die Urkunde von 1059 (Lori Lechrein N. III. S. 3.) auf die sich Pallhausen vorzüglich stützt, beweiset gar nichts, da der Allgau in ihr nicht einmal erwähnt wird (wie wir sie denn auch nur in einer spätern Uebersetzung kennen), sondern blos in der Ueberschrift, die Lori oder sonst Jemand nach seiner Kenntniß hinzuthat. (Braun Geschichte der Bisch. v. Augsburg I. 376. der das Orig. kanute, sagt nichts von solcher Bestimmung). So unkritisch ist für eine ungebührliche Ausdehnung des Albegaues gestritten! (S. die Charte v. Alemannien.) *) (*Delius.*)

4) Albegau, Albegowe, (Rheinfränkischer). Ein sehr kleiner Gau am nördlichen Ufer der bei Knielingen in den Rhein einmündenden Alb, die ihm den Na-

---

*) Er umschloß also diejenigen Landesdistricte, worin heutigen Tages die Badischen Aemter Bondorf, Stühlingen und Waldshut, auch ein Theil der Aemter Bettmaringen und Thiengen liegen. (*J. F. Molter.*)

*) Der Alpgau, von welchem sich das Algäu ableitet, ist ausführlich und urkundlich abgehandelt in den Intelligenzblättern des K. Baiersch. General-Commissariats des vorigen Illerkreises; (1815. St. 36. S. 728.) dazu eine lithographische Charte über die Gaue des Mittelalters in dem damaligen Illerkreise 1815. Es wird in dieser Abhandlung von Hrn. v. Stichaner die in neuerer Zeit überhand genommene Lehre widerlegt, daß der Alpgau ein großer Gau gewesen sey; und gezeigt, daß er oberhalb dem Illergau gelegen gewesen wäre, östlich an dem Gau Keltenstein, westlich an den Arzengau gegrenzt, und vorzüglich die heutigen Königl. Baierschen Landgerichte Immenstadt u. Sonthofen, welche auch jetzt noch als der Kern des Algäues angesehen würden, in sich begriffen habe. (*Raiser.*)

men gegeben hat. Deshalb vielleicht nur eine spätere Benennung des rheinfränkischen Pfunzingau im Dekanat ;Durlach des Speierschen Archidiakonats s. Germanus. Aber mit Kremer (rhein. Franzien 81.) anzunehmen, der Albegau sei ein Theil des Pfunzingau gewesen, würde etwas eben so unbegründetes als unwahrscheinliches seyn, weil der Letztere ohnehin ein so kleiner Gau ist, daß er nicht noch einmal getheilt gewesen seyn kaun; oder Gau müßte alsdann uneigentlich für einen Dörferbezirk (Mark) gebraucht worden seyn, in welchem Falle der Albegau ebenfalls keine Stelle unter den Staatskreisen verlangen darf. Ist jene Vermuthung aber auch nicht richtig, so bleibt immer für diesen Kreis ein Raum übrig, auf welchem wir keinen Ort des Pfunzingau treffen, der mehr nordöstlich an der Pfinz erwähnt wird. Im Albegowa wird ausdrücklich nur das Kloster Gottesau bei Karlsruhe, und in der Grafschaft Vorchheim (am Rhein südlich der Alb, nicht Pforzheim) und in den Wald Lushard (Hard) gesetzt, in der Urkunde Heinrich V. über die von Graf Berthold von Henneberg bewirkte Stiftung desselben 1110. (Wenk Hess. Gesch. Th. I. Urk. S. 283. der Abdruck bei *Schöpflin* Hist. Zar. Bad. V. 38. ist der unvollst. Anfang) und die des Klosters Grenze bildenden Orte gehörten ohne Zweifel ebenfalls zu ihm, aber meist sind sie unbekannt geworden *). Jene Grafschaft Vorchheim lag an beiden Ufern der Alb, und ging auch über Theile des Uffgaues, (1102. A. A. Theod. Pal. 3. 260.) weil Gau und Grafschaft weder gleichbedeutend noch in ihren Grenzen zusammenfallend waren, also letztere sich über mehrere der ersten, oder Theile derselben verbreiten konnten, und deshalb kann der Albgau immer selbstständig bestanden haben. S. die Charte des rhein. Franziens in Kremers Werk und die unsrige von dieser Provinz. (*Delius.*)

Die Mahlstatt hatte dieser kleine Gau im J. 1110 mit dem Uffgau gemein, nämlich in Forchheim. Wichtig für die Bad. Gesch. ist die Bemerkung, daß in dem Anfang des 12ten Jahrh. der Uffgau und der Albgau, welche einen beträchtlichen Theil der Badischen Stammlande ausmachen, eine Mahlstatt, folglich auch einen Grafen hatten, und daß um diese Zeit ein Graf Herrmann in dem Uffgau vorkommt. Auf dieses hat Hofrath Lemey in Manheim schon vor 50 Jahren aufmerksam gemacht (ohne daß sein Wink bishee besonders benutzt worden ist) aber nicht auf jenes. (*J. F. Molter.*)

5. Albechowa, Albinse, Gau am westlichen Abhang der Vogesen in Lothringen, zwischen der Vesouze (welche vielleicht die Weiß od. Wiß hieß) und Meurthe, und in der Nähe des Weißen-Berges (Blamont) wohin ihn schon der alte Samson (Mappa agri et dioec. Tullensis) setzte, nicht aber zwischen Seille, (Saale) Nide und Saar, wohin Bessel ihn setzt, da dort doch der Ober-Saargau seine Stelle hat, oder an der Ardennischen Albe, wie Valesius meinte. Also im Dechanat Blamont des Archidiakonats S. Nicolas Touler Bisthums, auf der Charte im Calmet hist. de Lorr. I., und im jetzigen Departement der Meurthe. In diesem Gau wird Bodonmoutier 816 gesetzt, und er unter denen genannt, welche Ludwig der Deutsche 870 aus der Lothringischen Beute davon trug. (*Schöpflin* Alsat. illustr. I. 671. *Crollius* in Act. A. Theod. Pal. V. 198. n. a. Auf der Charte von Metz in *Calmet* a. a. O. ist er irrig in den Metzer Sprengel und dessen Archidiakonat Saarburg gelegt. S. die Charte von Lothringen. (*Delius.*)

*) Ein Theil der jetzigen Badischen Aemter Ettlingen und Karlsruhe liegen im Bezirk des Albgaues. (*J. F. Molter.*)

ALBA, in der neuern Geogr. 1) Alba, Provinz in Piemont an dem Fl. Tanaro und Belbo, mit fruchtbaren Hügeln, die Getreide, Wein, Obst und Maulbeerbäume für den Seidenbau liefern; sie enthält 4 Städte, 75 Flk. und Dörfer, und 95,000 Einw. Der gleichnamige Hauptort am Tanaro, der hier die Curasca aufnimmt, hat ein Bißthum mit 1 Kathedr. und 3 Pfarrkirchen, 7000 E. u. 2 Jahrmärkte; sie ist eine der ältesten italienischen Städte, die Alba Pompeja hieß; man findet noch viel alte Inschriften, deren man 1779 im Tanaro gefunden hat. — 2) Alba, ehemals Alba Fucentis (s. oben) Städtchen in der Neapelschen Provinz Abruzzo ulter., in der Nähe des See's Celano, ehemals Fucino. — 3) Alba, Albenser Gespannschaften in Siebenbürgen, s. Weissenburg. (*Röder.*)

ALBA, (Ferdinand Alvarez von Toledo, Herzog von) geboren 1508, gestorben 1582, einer der größten Feldherren seiner Zeit, doch merkwürdiger noch durch die Abscheulichkeit seines Charakters, als durch seiner Siege Glanz. Entsprossen aus einem der edelsten Häuser Spaniens *), und sorgfältig zu den Künsten sowohl der Politik als des Krieges erzogen **), auch frühe mit hohen Stellen im Heer und am Hofe bekleidet, erweckte er doch, — wie mehrere Schriftsteller bemerken, — als Jüngling die Erwartung so großer Dinge nicht, wie er als gereifter Mann vollbrachte. Selbst Kaiser Karl V. mißtrauete anfangs seinem Talent; welches er jedoch später vollkommen erkannte, und treflich benutzte.

Den ersten Feldzug that Ferdinand als 16 jähriger Jüngling unter dem Connetable von Castilien gegen

*) Die Geschichtschreiber führen eine lange Reihe von Ahnen unsers Herzogs auf, deren viele durch persönliche Verdienste nicht minder als durch hohe Würde des Staats und der Kirche und durch glänzende Verbindungen sich auszeichnen. Wir wollen hier bloß Ferdinands Alvarez, Großalkaden von Toledo, am Anfang des 14. Jahrhund., als des nähern Stammvaters der beiden Hauptlinien dieses Hauses, die von Oropesa und von Valdecorneja, später von Alba sich nannten, gedenken. Aus der letzten stammte Garcias von Toledo, Ferdinands Vater, vermählt mit Beatrix von Pimentel, der Tochter des Grafen von Benevent. Er war Oberbefehlshaber der Spanischen Flotten in den Afrikanischen Gewässern, und verlor 1510 sein Leben in einem Treffen wider die Mauren.

**) Diese Erziehung geschah durch seinen Großvater, Friedrich von Toledo, einen der vorzüglichsten Heerführer Ferdinands des Katholischen, dem er bei der Eroberung Grenada's, dann in den wiederholten Kriegen gegen die Franzosen in Roussillon und in Navarra die wichtigsten Dienste leistete. Auch für Karln V. hat er mit Ruhm gestritten. Er starb 1527.

die Franzosen, und nahm dabei ehrenvollen Antheil an der Eroberung von Fontarabia. Drei Jahre darauf verlor er seinen Großvater Friedrich, der ihm von seinem 2ten Lebensjahre an den früh verstorbenen Vater ersetzt hatte. Von da an wird bei den wichtigsten Unternehmungen und Schlachten Karls V. Alba's Name genannt, mit immer steigendem Ruhm. Schon bei Pavia 1525 hatte er mit Auszeichnung gestritten; nachmals begleitete er Karln V. nach Ungarn in den Krieg wider Sultan Soliman, und später wider Hairaddin Barbarossa, Herrn von Algier und Tunis; wo er durch Rath und That nicht wenig zum glänzenden Erfolg dieses Zuges beitrug, nicht minder in die Provence, wider Marseille, dessen vergebliche Belagerung Ihm, der das Unglück geweissagt hatte, zu so gerechtem Ruhm, als ein Sieg gereichte. Jetzt erst, im 30sten Altersjahr erhielt er die wirkliche Feldherrn-Gewalt, und behauptete fortan sowohl im Kriegs- als im Staatsrath des Kaisers eine sehr mächtige, ja meist die entscheidende Stimme. Mehr und mehr entfaltete sich sein großes Talent, aber zugleich auch die unbeugsame Hartnäckigkeit seines Sinnes, der Stolz und die Grausamkeit seiner Seele. Doch nicht nur diese Laster, wodurch nicht selten die überlegene Kraft sich schändet, sondern auch jene, welche natürlicher den Schwachen angehören, Aberglauben, Eitelkeit, Hinterlist und Tücke lagen in Alba's Charakter, und sein gewöhnlich finsteres, nur mitunter durch heuchlerisches Lächeln erheitertes Antlitz, der harte Ton seiner Stimme und seine trotzige Haltung kündeten den Tyrannen an, oder das treflichste Werkzeug der Tyrannei.

Eine vollständige Geschichte von Alba's Thaten würde zugleich die Geschichte Karls V. und Philipps II. seyn. Wir wollen nur die Hauptmomente berühren, (und verweisen im übrigen auf die genannten Artikel). — In dem neu ausgebrochenen Kriege gegen Frankreich vertheidigte der Herzog die schlecht verwahrte Feste Perpignan wider die überlegenste Feindesmacht sechs Monate lang mit dem glänzendsten Erfolg (1542). — Als Karl V. darauf nach Teutschland ging, so übertrug er Alba'n die Vertheidigung des Spanischen Reichs, zugleich über den jungen Kaisers-Sohn Philipp, der zum Regenten ernannt war, eine Art von vormundschaftlicher Gewalt. Nicht lange nachher berief Karl, bei dem steigenden Drang der teutschen Geschäfte, den Herzog zu sich, und bekleidete ihn mit der Würde des obersten Heerführers der Kaiserlichen Truppen. Die Schmalkaldischen Bundesgenossen, wiewohl mit überlegenen Streitkräften dem Kaiser gegenüber stehend, wurden jetzt, durch dessen größere Kriegskunst, und noch gefährlichere Politik, meist vereinzelt überwunden, und viele Länder, wie zumal Würtemberg, empfanden Alba's schwere Hand. Auch an der großen Entscheidungsschlacht bei Mühlberg an der Elbe, welche Karl wider den Churfürsten Johann Friedrich von Sachsen gewann, (1547) hatte Alba wichtigen Antheil. Er saß dem Kriegsgericht vor, welches über den gefangenen Fürsten das Todesurtheil aussprach, und war der Vollstrecker des Kaiserlichen Verhaftbefehls wider den verrathenen Landgrafen Philipp von Hessen. — Indessen verursachte die Abtrünnigkeit des Prinzen Moriz von Sachsen, welchem der Kaiser gegen Alba's Warnung das Kurfürstenthum Sachsen verliehen, einen völligen Umschwung der Dinge. Der Herzog befand sich damals entfernt, in Spanien, von wo er den Kaiserssohn Philipp nach Italien und Teutschland, und dann wieder zurück nach Spanien hatte begleiten müssen. Vergebens rief ihn jetzt der Kaiser zurück an seine Seite. Schon hatte er den Passauer-Vergleich (7. Aug. 1552) eingehen müssen, wodurch die Lutherische Kirche den anerkannten Rechtszustand erhielt, als die Früchte des Mühlberger Sieges vereitelt wurden. Das Bündniß der Protestantischen Stäude mit K. Heinrich II. von Frankreich hatte Karln zu solchem Vergleich genöthigt. Denn Er bedurfte seiner ganzen Kraft wider den französischen König, welcher Metz, Toul und Verdun erobert hatte; und nach weitern Eroberungen lüstern schien. Auch in diesem Krieg sah Karl sich vom Glück verlassen. Metz, das er mit äußerster Anstrengung belagerte, trotzte seiner und Alba's Kraft; und auch nirgends sonst krönte der Erfolg seine Mühe. Der Herzog Alba kehrte wieder zum Prinzen Philipp zurück, seine Sorgen zwischen Kriegs- und Hof-Geschäfte theilend, bis er, nachdem die Abdankung Karls V. den Sohn zum Selbstherrscher gemacht hatte, in dem erneuerten französischen Krieg auch einen neuen Schauplatz glänzender Thaten faud (1556). In Italien war es, wo er mit geringen Streitkräften wider die vereinten Päpstlichen und Französischen Heere, und wider den großen Guise, bald vertheidigend bald angreifend, und im Ganzen siegreich kämpfte. Aber wiewol die Zurückberufung des Französischen Heeres, welches zur Vertheidigung der Heimath gegen die Sieger von St. Quentin (1557 10ten Aug.) eilte, dem Herzog den Päpstlichen Staat vollends Preis gab, so schloß er doch auf Philipps Geheiß Frieden mit dem Papst, und stellte ihm alles Eroberte zurück. Ja, er selbst verband sich, nach Rom zu gehen, und dem heiligen Vater wegen der begangenen Feindseligkeiten Abbitte zu thun. Die Geschichtschreiber versichern, Alba, wie er vor dem Papst erschien, sey dermaßen von dem Schauer der Ehrfurcht ergriffen worden, daß er, nach seinem eigenen Geständniß, fast die Stimme und die Besinnung verloren. Nicht lange darauf ward auch mit Frankreich Friede geschlossen (zu Chateau Cambresis 1559 3ten April). Die Vermählung Philipps mit Elisabeth von Frankreich befestigte denselben. Der Herzog von Alba, der auch noch an der Flandrischen Grenze siegreich wider die Franzosen gestritten, ward jetzt nach Paris gesandt, im Namen seines Gebieters die Vermählung mit der Königstochter zu feiern. Der ganze Hof, und Heinrich II. selbst, huldigten dem weitgefürchteten Feldherrn.

Aber der vorzüglichste Schauplatz von Alba's Thaten waren die Niederlande. In diesen volkerfüllten, durch Handel und früher genossene Freiheit reichen, lebenskräftigen Provinzen hatte die tyrannische Regierung K. Philipps II. einen weitverbreiteten Aufstand veranlaßt. Willkürliche Eingriffe in verfassungsmäßige Rechte, die Anmaßung verhaßter Gewaltsträger, die lästige Anwesenheit Spanischer Kriegsvölker, vor allem aber die Erdrückung der Gewissensfreiheit durch strenges Machtgebot und geschärfte Inquisitionen hatten allmälig einen Brand entzündet, welchen die — ob auch wohlgesinnte und nicht unkluge, doch übelberathene, und auch nicht selbstständige Regentin, Margaretha (des Königs Halbschwester) so wenig durch Güte als durch Strenge zu ersticken vermochte. (S. die Artikel: Philipp II., Oranien, Margaretha, Granvella, Geusen, Vereinte Niederlande und andere.)

Der König, seit 1559 von den Niederlanden entfernt, und von Madrid aus seine fanatischen Befehle erlassend, wurde vielfältig aufgefordert, durch persönliche Erscheinung den Sturm zu beschwören. Auch schien er geneigt es zu thun, besonders nachdem ein von dem aufgeregten Pöbel zur Kirchen-Plünderung und Bilderzerstörung erhobener, über die meisten Provinzen verbreiteter Tumult durch Margarethens dießmals kräftige und glückliche Maßregeln unterdrückt, an den Theilnehmern gerächt, und auch der mächtige Bund des Adels (der Geusen) durch innere Entzweiung nicht minder als durch die Waffengewalt der Regentin zur Auflösung gebracht worden war (1567). Die völlige Beruhigung der Provinzen, ob durch Güte, ob durch Schrecken, schien jetzt ein leicht zu vollbringendes Werk. Der König, nach feierlicher Berathung mit seinen Großen entschied für die Strenge; und vorzüglich war es der Herzog von Alba, welcher durch das Gewicht seiner Stimme solche Entscheidung bewirkte, die Rathschläge der Milde, welche mit Mehrern der Fürst von Eboli vorteng, durch täuschende Rede entkräftend. Es wurde ein kleines aber auserlesenes Heer zusammengezogen, angeblich um dem König voranzugehen; und dessen würdigen Empfang zu sichern, in der That aber um die Niederländer zu züchtigen. Alba bekam über dasselbe den Oberbefehl. Von Genna aus, wo der Sammelplatz war, zog der Herzog mit 9000 Mann Fußvolk und 1200 Reutern über die Savoyschen Alpen, durch Hochburgund und Lothringen an die Luxemburgische Grenze. Das Schrecken seines Namens eilte ihm voran, und durchschauerte sämmtliche Provinzen. Ueber hunderttausend Menschen verließen das Land, dem hereinbrechenden Verderben zu entrinnen. Auch die Prinzen von Nassau-Oranien, Wilhelm und Ludwig, mit ihnen viele Große entwichen, die Unmöglichkeit erkennend dem Stürme zu stehen. Margaretha, für das Land wie für Sich selbst die Ankunft des trotzigen Heeres und seines stolzen Führers scheuend, hatte vergebens sich bemüht, den König zu einem andern Entschluß zu bringen. Jetzt hielt Alba seinen Einzug in Brüssel, und legte der Regentin die königliche Vollmacht vor, wornach er mit fast unumschränkter Gewalt in Kriegs- und in den wichtigsten Regirungssachen handeln, zumal aber zu Gericht sitzen sollte über die Theilnehmer der frühern Unruhen. Margaretha, den Ruhm ansprechend, durch eigene Klugheit diese Unruhen gestillt zu haben, und eifersüchtig auf ihre langgetragene Gewalt, fühlte sich so gekränkt durch Alba's Vollmacht, bald auch durch sein selbstherrscherisches Benehmen, daß sie die Regentschaft niederlegte; worauf der Herzog als alleiniger Gewaltsträger ernannt ward.

Und jetzt ging in furchtbare Erfüllung, was die düsterste Ahuung geweissaget. Ganz Belgien ward ein Schauplatz des Jammers und des Todes. Ganze Schaaren von Schlachtopfern, ohne Unterschied des Alters, Geschlechts und Standes wurden in die Gefängnisse, und von da zur Richtstätte geschleppt. Hängen, Köpfen, Viertheilen, Verbrennen war das Schauspiel jedes Tages und jeder Stadt. Der Herzog errichtete einen „Rath der Unruhen," den man mit schrecklicher Wahrheit auch den „Blutrath" nannte, bestehend aus 12 Gliedern, großen Theils Auswürflingen der Menschheit, ohne Gefühl für Recht und Ehre, raubgierig und erbarmungslos. Er Selbst jedoch blieb der oberste, ja der alleinige Richter, da das Tribunal nur gemäß seiner Autorität, oder abhängig von seiner Genehmigung, also nur rathgebend, Er allein entscheidend erkannte. Anfangs führte er auch persönlich den Vorsitz, später in seinem Namen der abscheuliche Vargas, ein Spanischer Licentiat, der Ruchloseste der Menschen. Der Letzte, mit einem Paar ähnlicher Bösewichter, — die übrigen Mitglieder, aus Entsetzen vor den gehäuften Freveln, zogen sich allmählig zurück — fällte endlich allein die Urtheile, welche fast alle auf Tod lauteten, und von welchen keine Berufung galt.

Unter den Schlachtopfern erregten keine Anderen so allgemeine Theilnahme als die Grafen von Egmont nnd von Hoorne, welche der Herzog bald nach seinem Einzug in Brüssel — verrätherisch, weil herbeigelockt durch verstellte Freundlichkeit — gefangen nehmen, und nach dem Spruch des Blutraths öffentlich enthaupten ließ, (s. diese Art.) — Fünf und zwanzig edle Niederländer, unter ihnen der treue Geheimschreiber Egmonts, Joh. v. Beckerzeel, gingen ihnen im Tode voran. Der Hinrichtung der Grafen sah Alba aus einem Fenster zu, heuchlerisch sich die Augen wischend. Mehrere Schriftsteller versichern, seine Eifersucht auf Egmonts Kriegsruhm sey der geheime Grund des strrugen Urtheils gewesen.

Nachdem die Lieblinge der Nation, — die durch Verdienst nicht minder als durch Geburt und Würde Ausgezeichneten — gefallen, welche Hofnung blieb den Geringern übrig, wenn des Herzogs zürnender Blick sie traf? — Alle hatte er in seiner Gewalt durch seine unbeschränkte Vollmacht. Alle mochte er schuldig finden gemäß der schrecklichen Ausdehnung, welche sein Blutrath, und demselben beipflichtend, das Inquisitionstribunal in Spanien, und der König selbst dem Worte „schuldig" gaben. Denn nicht nur wer die Waffen wider die Regirung ergriffen, oder Theil an den Tumulten genommen hatte, auch wer Bittschriften gegen die Inquisition oder gegen die harten königlichen Befehle verfaßt oder unterzeichnet, wer „Geusen-Lieder" gesungen, oder Freude darüber brzengt, wer unkatholische Priester beherbergt, den Beerdigungen von Calvinisten beigewohnt, von ihren heimlichen Zusammenkünften gewußt, dem öffentlichen Predigen sich nicht widersetzt hatte, wer irgend ein freies Wort gesprochen, durch irgend eine Handlung oder Unterlassung abgeneigt wider den König oder dessen Gewaltsträger sich bezeigt hatte — der war der Ketzerei oder Abtrünnigkeit oder des Aufruhrs und der beleidigten Majestät schuldig.

Also ward über die ganze Nation drohend das Strafschwert geschwungen. Die Auswahl der Schlachtopfer hing von dem Gefallen des Statthalters ab. Daher die leidende Unterwürfigkeit Aller, welche im Lande geblieben. Durch stille Zurückgezogenheit mochte man dem Blick des Herzogs sich entziehen. Auf wen immer dieser Blick fiel, der war gerichtet. Nicht minder trug zum Gehorsam die Religionsspaltung bei. Die Meisten, welche der Blutrath verfolgte, waren Ketzer, oder schienen Freunde der Ketzerei. Ihres Verderbens mochten die eifrigsten Katholiken sich erfreuen, oder doch im Triumpf ihres Glaubens einigen Trost über den bürgerlichen Jammer finden. Ohne diese Verhältnisse wäre dem Wüthrich Alba unmöglich gewesen, so entsetzliche Frevel — in der Mitte einer zahlreichen, muthigen, Freiheit liebenden, und der Freiheit gewöhnten Nation — zu üben. Seine Kriegsmacht — obgleich furchtbar durch Gewandtheit, Disciplin und Waffen, und zumal durch ihres Führers Geist — wäre den Streichen des empörten Volkes erlegen; Vargas hätte nicht sich vermessen, dem König einen jährlichen Ertrag von 8 Millionen Dukaten aus der Güter-Einziehung der Gerichteten zu verheißen.

Indessen hatten die Prinzen von Oranien, mit einigem Kriegsvolk, welches sie theils in Teutschland geworben, theils aus geflüchteten Niederländern gesammelt, einen Einfall in die Provinzen gethan, um sie von Alba's Tyrannei zu erretten. Dieser erklärte die edlen beiden Brüder mit ihren Freunden in die Acht, und eilte ihnen wohlgerüstet entgegen. Ludwig von Oranien, welcher in Friesland und Gröningen eingefallen war, auch den Grafen von Aremberg bei Heiligerlee geschlagen hatte, wurde jetzt von dem Herzog bei Jemmingen überwunden; Wilhelm aber, wiewol mit ansehnlicher Macht in Brabant gedrungen, sah sich, ohne Schlacht, durch Alba's Meisterhand zum Rückzug genöthigt. Aufgeblasen durch solchen Erfolg hielt der Herzog einen triumphirenden Einzug in Brüssel (22. Dec. 1568.) Noch mehr wurde sein Stolz durch den Papst Pius V. welcher ihm, als dem Vertheidiger des katholischen Glaubens, einen geweihten Hut und Degen schickte, erhöht. — Also ließ er voll Uebermuthes sich eine eherne Bildsäule gießen, welche ihn vorstellte, zwei Menschenfiguren, — Sinnbilder, wie man glaubte, des Niederländischen Adels und des Niederländischen Volkes — mit dem Fuße niedertretend, und mit der Inschrift: „Ferdinando Alvarez a Toledo Albae Duci, Philippi II Hispaniarum regis apud Belgas praefecto: Quod extincta Seditione, Rebellibus pulsis, Religione procurata, Justitia culta, Provinciis pacem firmaverit: Regis optimi Ministro fidelissimo positum.“ Diese Statue ließ er in Antwerpen aufrichten, in der Citadelle, welche er eben erbaut, und deren 4 Hauptbastionen er seine eigenen Namen Ferdinand, Herzog, Toledo und Alba gegeben hatte.

Mit nimmer gesättigter Wuth fuhr Alba fort, die Niederländer zu mißhandeln. Allgemeine Erpressungen gesellten sich jetzt zu den Schrecken der Gerichte, und es wanderten abermals große Schaaren von Flüchtlingen über die Grenzen. Aber die Allgemeinheit des Angriffs bewirkte bald auch allgemeinen Widerstand. Hier war kein getheiltes Interesse, kein Unterschied der Parteien mehr. Als der Herzog den hundertsten Pfennig von dem gesammten Vermögen der Einwohner für einmal, den zwanzigsten Pfennig aber von den unbeweglichen und den zehnten Pfennig von den beweglichen Gütern, so oft sie veräußert würden, begehrte; so verweigerten die Stände kühn die Bezahlung, und einzelne Städte, wie Utrecht, ja selbst Brüssel widerstanden mit Gewalt. Dieser zehnte Pfennig hat Holland frei gemacht. Er ermuthigte die Meer-Geusen (also nannte man die flüchtigen Niederländer, welche auf dem Wasser ihre letzte Hofnung gefunden) zu kühnem Angriff, er überlieferte ihnen Briel, Vliessingen und Tervere, (1572) und öffnete dem Prinzen von Oranien die Thore der meisten Städte in den nördlichen Provinzen.

Vergebens war jetzt, daß der Herzog von Alba gegen eine mäßige Loskaufungssumme vom 10ten Pfennig abzustehen sich erbot. Der Abfall schritt zusehends weiter, und in der Versammlung zu Dordrecht (15. Juli 1572) zeigten sich die ersten Lebensfunken eines werdenden Staates der vereinigten Niederlande. Man erkohr dort den Prinzen von Oranien zum Statthalter über Holland, Seeland und Utrecht, und bewilligte ihm die nöthigen Gelder zur Führung des Kriegs. Jetzt drang er in Brabant ein mit Heeresmacht, eroberte viele Städte, und näherte sich Bergen in Hennegau, welches sein Bruder Ludwig früher eingenommen hatte, und welches jetzt der Herzog von Alba mit seinen Kriegsvölkern drängte.

Und abermals ward Oranien zum Rückzug gezwungen, ohne Schlacht, durch Alba's Besonnenheit und Kunst, worauf Bergen sich an diesen ergab, auch Brabant wieder gewonnen, und hart gezüchtiget ward. Noch Schlimmeres erging über die nordlichen, zumal holländschen Städte, welche in die Gewalt der Spanier fielen. Die Verbrennung von Zütphen und die Niedermetzelung seiner Einwohner, war das Vorspiel von mehreren ähnlichen Schreckensscenen. — Auch Naarden ward verbrannt, die Einwohner kapitulationswidrig ermordet, Frauen und Jungfrauen entehrt. Als Harlem, nach glorwürdiger Gegenwehr, an Don Friedrich, Alba's würdigen (und einzigen) Sohn*) sich ergab, so wurde der Stadtoberste Ripperda mit andern Häuptern und mehrern hundert ge-

*) von Maria Henriquez, der Tochter des Grafen d' Alvan d' Aliste, welcher der Herzog schon 1528 sich vermählt hatte.

meinen Bürgern u. Streitern geschlachtet. Aber die Holländer verloren den Muth nicht. Die Grausamkeit des Feindes erhöhete nur ihren Zorn. Alba erlitt zu Wasser und zu Land bedeutende Unfälle; steigender Geldmangel lähmte seine Unternehmungen; seine Hofnung sank. Voll Unmuths begehrte er vom König seine Entlassung und erhielt sie. Am 29. Nov. 1573 übergab er die Verwaltung seinem Nachfolger, dem weisen und edlen Don Louis de Re'quesens y Zumiga, und verließ am 18. Dec. das Land, worin er sechs Jahre gewüthet, achtzehntausend Menschen — wie Er selbst sich rühmte — allein durch Henkershand getödtet, unzählbare Andere dem Kriegsgott geopfert, in Noth und Verzweiflung gestürzt, zur Auswanderung gezwungen, wo er ungeheure Geldsummen erpreßt und verschwendet, Trümmer auf Trümmer gehäuft, und durch alles dieß blos die Zerrüttung größer, das Uebel unheilbarer gemacht hatte.

Ueber alles dieß ward jedoch der König ihm nicht ungnädig. In Philipps eigenem Sinn hatte Alba gehandelt. Als aber des Letztern Sohn, Don Friedrich, auf des Vaters Rath, das Eheversprechen brach, welches er einer Hoffräulein der Königin gegeben, ja, um das Andringen des Königs zu vereiteln, sich einer andern Dame (Maria von Toledo, seiner Anverwandtin) heimlich vermählte, so ward der greise Herzog nach Uzeda verwiesen. Er blieb daselbst bis Philipp abermals seines Armes zu ungerechter Eroberung bedurfte. Portugal war es, wornach ihm gelüstete, und worauf er nach K. Heinrichs Tod (1580) von mütterlicher Seite herrührende; Erb-Ansprüche ;erhob, welche die Nation verwarf. Alba führte das Spanische Heer wider die Portugalesen, welche Don Anton, K. Johanns III. (natürlichen oder tächten) Enkel zum König wollten, und wider die Hilfstruppen, welche England und Frankreich ihnen gesandt hatten. Der Prinz Anton wurde geschlagen, Lissabon erobert, unsägliche Bente gemacht. Aber laute Klagen ertönten über die Gewaltthätigkeit der Spanischen Krieger und über die Raubsucht ihres Feldherrn. Der König ordnete Commissarien ab zur Untersuchung der Sache. Alba, zur Rechenschaft aufgefordert, erklärte trotzig: „Er habe Königreiche in die Rechnung zu setzen, die er seinem Herrn erobert oder erhalten, glänzende Siege, schwere Belagerungen und sechzigjährige Dienste, — die Gegenrechnung möge man machen!“ — Philipp verfolgte die Untersuchung nicht, und bald darauf starb Alba im vier und siebenzigsten Jahr seines Alters (1582.)

Ueber den Charakter und die Thaten dieses merkwürdigen Mannes finden wir die Nachrichten zerstreut in den vielen Geschichtschreibern von Karls V. und Philipps II. Zeit; vorzüglich in den Geschichtschreibern der Niederlande und ihres Abfalls von Spanien, (s. diese Art.) als Meteeren, Grotius, Strada u. a. zuletzt Schiller. Ganz insbesondere aber gehört hieher I. Meursii F. Albanus s. de rebus ejus in Belgio gestis. Amst. 1618. Die Histoire du Duc d' Albe. Paris 1698. und mehrere neuere Werke, unter andern: „Alba's Verwaltung der Niederlande“ im n. teutschen Merkur 1795. St. 6 und 8. sind als Hilfsmittel bemerkenswerth. *(v. Rotteck.)*

ALBACETE, (15° 10′ L. 39° 0′ 25″ B.) Villa im span. Königr. Murcia, in dem Partido de Chinchilla, mit 800 H., 5200 Einw., 4 öffentl. Plätzen, 30 Haupt- und 32 Nebenstraßen, 1 Pfarrk., 5 Klöstern, 1 Hospital, Tuchweberei, 28 Messerschmieden, einer berühmten Messe im September und gutem Weinban. *(Stein.)*

ALBAIDA, Villa in der span. Prov. Valencia von 3200 Einw., mit Esparto- und Leinwandmanuf., Seifensiedereien und einer Wachsbleiche. Sie führt den Titel eines Marquisats. *(Stein.)*

Albam, s. Albasch.

ALBAN, Stadt im franz. Depart. Lozère, Bezirk Marvejols, mit 2,200 Einw., die Manufakt. in Draps à Poil unterhalten. Gleichen Namen führt ein Dorf im franz. Dep. Loire, Bez. Roanne, mit 930 Einw., merkwürdig durch seine Mineralquellen und Bleiminen. *(Hassel.)*

ALBAN, der Heilige, der erste Märtyrer Britanniens, zu Verulam in Herfordsh. geboren, wurde, nachdem er früher 7 Jahre in Diocletians Armee gedient hatte, während der Christenverfolgung unter diesem Kaiser im J. 303 hingerichtet. Die Geschichten der Märtyrer erzählen von ihm viele Wunder, über die Milton in seiner englischen Geschichte bemerkt, daß er durch diese lächerlichen Fabeln ein grausameres Märtyrerthum erleide, als er durch seine Enthauptung erlitt. *(H.)*

Albana, Stadt, s. Albanus,-Fluß.

Albanenses, s. Katharer.

Albani, (Αλβανοι, Αλβανῆτες, auch Αρβ.) s. Albanier.

ALBANI, Cardinäle, stammen aus einer sehr angesehenen italienischen Familie ab, die in ältern Zeiten in der griechischen Landschaft Albanien blühte, sich aber vor der griechischen Despotie nach Italien flüchtete. Eine Linie dieses Geschlechts ließ sich zu Urbino, die andere zu Bergamo nieder; aus der letztern stammte der berühmte Cardinal Johann Hieronymus Albani, ein Sohn des Grafen Franz Albani, geb. zu Bergamo 1504. Er studirte die Rechte, erhielt zu Padua die Doctorwürde, und stand in seiner Vaterstadt als gelehrter Kenner des bürgerlichen und canonischen Rechts in vorzüglicher Achtung. Den Venetianern diente er einige Zeit im Kriege, ward um 1555 Collaterale Generale, und erhielt zur Belohnung seiner Dienste die höchste obrigkeitliche Würde zu Bergamo, wo er auch in den Ehestand trat. Da er mit großem Eifer das Interesse des römischen Hofes beförderte, so berief ihn Pius V. 1566 nach Rom, und ertheilte ihm 1570 die Cardinalswürde, da seine Gattin inzwischen gestorben war. Er stand in so hohem Ansehen, daß man ihn nach dem Tode Gregors XIII. 1585 auf den päpstlichen Stuhl erheben wollte; allein weil er Kinder hatte, unterblieb es, und er starb den 25. April 1591, nachdem er De donatione Constantini facta ecclesiae. Colon. 1535; De Cardinalatu. Rom. 1541. 4. De potestate Papae et Concilii. Venet. 1544. 4. De immunitate Ecclesiarum et de personis confugientibus ad eas. Rom. 1553. fol. u. a. (alle auch an andern Orten gedruckt, und in mehreren Auflagen vorhanden), geschrieben hatte. — Seine Söhne Johann Baptika, Johann Franz und Johann Dominicus wurden 1571 unter den römischen Adel aufgenommen. Einer dieser Brüder war der Vater des Grafen Franz Albani, dessen beide Söhne, Theodor und Johannes, wegen ihrer Gelehrsamkeit im 17ten Jahrh. zu Bergamo einer vorzüglichen Achtung genossen; sie waren Vorsteher der Akademie der Eccitati. — Von der Urbinischen Linie wurde einer unter Papst Urban VIII. römischer Senator. Einer seiner Söhne war Bibliothekar im Vatikan, und der andere, Karl Albani, war des Cardinals Karl Barberini Kammermeister und starb 1684. Von seinen beiden Söhnen bestieg Johann Franz 1700 unter dem Namen Clemens XI. den päpstlichen Stuhl, (s. Cl.) der andere, Horatius, (Patricier zu Urbino, gest. 1712), war Vater der beiden Cardinäle Hannibal und Alexander Albani, die im Laufe des 18. Jahrh. ihre merkwürdigen Rollen spielten. Hannibal, geb. zu Urbino den 15. Aug. 1682, studirte im Collegio romano zu Rom, und wurde als Neffe Papst Clemens XI. zu den wichtigsten Geschäften gezogen, und mit Ehre und Reichthümern überhäuft. Er ging 1709 als außerordentlicher Nuntius an den kaiserlichen Hof nach Wien, wo er unter andern einen Vergleich zwischen dem Kaiser und der Republik Venedig vermittelte, und bewirkte, daß der alte Herzog Anton Ulrich von Braunschweig zur römischen Kirche überging. Der Kaiser Joseph I., den er mit dem Papst völlig aussöhnte, erhob ihn mit seinem Hause in des römischen Reiches Fürstenstand. Nach dem frühen Tode des Kaisers reiste er im Jul. 1711 zur neuen Kaiserwahl nach Frankfurt am Main, um das Interesse des apostolischen Stuhles und der römischen Kirche zu befördern, erreichte aber seine Absicht nicht, und begab sich deswegen wieder nach Rom, wo er gegen das Ende des Jahres die Cardinalswürde erhielt. Von dieser Zeit an nahm er als päpstlicher Nepote an den wichtigsten und geheimsten Staats- und Kirchensachen Theil, führte einige Mal während der Abwesenheit des Papstes die Regirung, und erhielt 1719 die wichtige Bedienung eines Kämmerlings der römischen Kirche. Er legte dieselbe erst 1747 nieder, und starb den 21. Sept. 1751. Sein Ansehen und sein Einfluß am römischen Hofe war unter mehreren Päpsten, auf deren Wahl er vielen Einfluß hatte, groß und öfters entscheidend; man beschuldigte ihn aber des Geldgeizes, Eigennutzes und der Rachsucht. Den Gelehrten war er ein wohlwollender Mäcen, und er selbst war in verschiedenen Zweigen der Gelehrsamkeit einsichtsvoller Kenner, wovon seine Schriften rühmlich zeugen: Memorie concernenti la Città di Urbino. Rom. 1724. Fol. mit 146 Kupf. (dem größten Theil nach die Arbeit Papst Clemens XI.), Menologium Graecorum jussu Basilii Imperatoris graece olim editum. Urbini 1727. Vol. III. fol. (mit Figuren auf allen Seiten). Constitutiones Synodales Sabinae dioecesis. ib. 1737. Fol. u. a. Die Arbeiten verschiedener Gelehrten beförderte er zum Druck, und von den Werken seines Oheims Clemens XI. (Orationes Consistoriales; Homiliae in Evangelia; Bullarium; Epistolae ac Brevia selectiora) besorgte er 1722—24 eine Prachtausgabe in Fol. mit einer Menge Kupfer, von der 1729 zu Frankfurt a. M. ein Nachdruck erschien. Neben einer großen Bibliothek besaß er eine kostbare Sammlung von Antiquitäten, Kunstsachen und alten Münzen. — Sein Bruder Alexander Albani, ebenfalls Cardinal, wurde als Kenner der Kunst, als unermüdeter Sammler von Antiquitäten, und als ein eifriger Beförderer und warmer Freund fähiger Köpfe rühmlich bekannt. Er war den 19. Oct. 1692 zu Urbino geb., und kam im 8ten J. mit seinen Eltern, als seines Vaters Bruder unter dem Namen Clemens XI. Papst geworden war, nach Rom. Nur gezwungen bestimmte er sich für den geistlichen Stand; denn er liebte die Freuden der großen Welt, schwelgte in sinnlichem Genüsse, und seine Ungebundenheit, vornämlich aber seine geheimen Liebesverständnisse zogen ihm öfters den Unwillen des heil. Vaters zu, der ihn indessen frühzeitig mit mancherlei Präbenden versah, und zu Staatsgeschäften gebrauchte. Er ging 1720 als außerordentlicher Nuntius nach Wien, und Innocenz XIII. ertheilte ihm 1721 die Cardinalswürde. Im Besitze reicher Einkünfte spielte er eine glänzende Rolle in den Zirkeln der Großen, und nahm nie ein Kirchenamt an, empfing auch niemals die Priesterweihe. Die Kaiserin Maria Theresia ertheilte ihm unter Benedict XIV. die Stelle ihres Ministers am päpstlichen Hofe und Comprotectors ihrer Reiche und Staaten, und er bewies in diesem, wie in jedem andern Verhältnisse, viel Klugheit; daher ihn auch der Kaiser Joseph II. als er 1769 nach Rom kam, mit auszeichnender Gnade behandelte. Viele Thätigkeit zeigte er als Bibliothekar des päpstlichen Bücherschatzes, welches wichtige Amt er im August 1761 erhielt. Seine Anhänglichkeit an die Jesuiten entzweite ihn mit Clemens XIV, und er stellte sich an die Spitze der mißvergnügten Cardinäle, welche sich über Hintansetzung des Cardinalcollegiums beklagten. In den letzten Jahren war er beinahe ganz blind, und den 19. Dec. 1779 starb er, nachdem er bis an seinen Tod der römischen Kirche Bibliothekar, Mitglied der Congregation über die Wasser, Protector von Teutschland und Comprotector der österreichischen Staaten, Protector von Sardinien und des Prämonstratenser Ordens gewesen war. So wenig er sich in Staats- und kirchlichen Geschäften durch besondere Einsichten auszeichnete, so groß war sein Ruhm in Hinsicht auf die Schätze der Kunst, die er in der von ihm angelegten Villa Albani in der östlichen Gegend Roms mit unermeßlichen Kosten aufhäufte, und die alles übertraf, was man sich Schönes und Geschmackvolles in einem mit Antiken angefüllten Sommerpalaste vorstellen konnte. Winkelmann, der ihm viel zu danken hatte, hat viele Seltenheiten der Villa Albani in seiner Geschichte der Kunst angeführt und beschrieben *). Der Cardinal besaß auch eine kostbare Münzsammlung, mit welcher das Museum Vaticanum bereichert wurde, und die in einem Prachtwerke beschrie-

*) Die schönsten Zierden wurden von den Franzosen nach Paris entführt. Unter den zurück gebliebenen Schätzen der Sammlung sind, nach dem Tageb. der Fr. v. d. Recke (II. 131) eine Statue der Juno (nach Zoëga der Siegsgöttin), die vier Kanephoren, zwei junge Faunen, eine sitzende Agrippa, eine Büste des Aesop, eine große Vase mit den zwölf Arbeiten des Herkules. Außerdem finden sich in dem ehemals reizenden, jetzt seiner Laubengänge beraubten Garten die vortreflichen colossalen Köpfe des Titus und Trajanus. (*H.*)

ben ist: Antiqua numismata maximi moduli aurea, argentea, aerea, ex Museo Alex. Albani in Vatic. Bibl. a Clem. XII. P. O. M. translata et a Rud. Venuti notis illustr. Vol. II. 1739—44. Fol. mit 120 Kupferplatten und vielen großen Vignetten, welche Landschaften, römische Gebäude und Ruinen darstellen. — Der dritte Bruder der beiden Cardinäle, Karl Albani, geb. den 24. Febr. 1687, wurde nicht allein zum Herzog von Soriano, welches Fürstenthum er 1715 durch Kauf an sich gebracht hatte, sondern auch zum Fürsten des röm. Reichs erhoben, und von Innocenz XIII. 1721 zum Principe al Soglio erklärt. Er starb den 2. Jun. 1724. Von seinen Söhnen wurde Johann Franz Albani, geb. in Rom den 26. Febr. 1727, im J. 1747 ebenfalls zum Cardinal erhoben, dahingegen der älteste Bruder, Horatius Franz, als Herzog von Soriano im weltlichen Staude blieb, sich 1748 vermählte uud das Geschlecht fortpflanzte. Der Cardinal erhielt 1751 statt seines verstorbenen Oheims Hannibal, am päpstlichen Hofe die Protection von Polen und der Republik Ragusa, übte in geistlichen Dingen viele Gewalt, spielte eine Hauptrolle in dem Conclave, in welchem Clemens XIV. gewählt wurde, und hatte auch noch auf die Wahl Pius VII. zu Venedig vielen Einfluß. Er war, wie seine beiden Oheime, eine Stütze der Jesuiten, wußte sich aber durch seine Humanität, Gerechtigkeitsliebe und Kentnisse auch bei denen Achtung zu erwerben, die mit ihm in Grundsätzen nicht übereinstimmten. Als Gegner der Franzosen erfuhr er virle widrige Schicksale, verließ beim Einmarsche derselben Rom, kehrte endlich dahin zurück, und beschloß daselbst sein Leben im Sept. 1803. S. Mazzuch. Scrit., Schlözers Briefwechs. (St. XII. 336. St. XXXIX, 145). Winkelmanns Werke an verschiedenen Orten, und (Ranfts) Lrben der Cardinäle, das Register beim 4ten Bde. *(Baur.)*

ALBANI, (Francesco,) geb. zu Bologna im J. 1578 den 17. März. Schon von seinem zwölften Jahre an legte er sich mit allem Eifer auf die Kunst, nud kam durch Hilfe seines Jugendgefährten Gnido Reni, der bei Calvart schon bedeutende Fortschritte gemacht hatte, zu demselben Meister. Das Streben Albani's, seinem Mitschüler gleich zu kommen, und die Besorgnisse des Andern, sich von diesem erreicht zu sehen, störte zwar nicht ihr äußeres Benehmen gegen einander, wol aber hatte es Einfluß auf ihre innern Gesinnungen. Das immer größere Ansehen, welches die Schule der Carracci gewann, bestimmte Gnido'n zu derselben über zu gehen; auch dahin folgte ihm Albani bald nach. — Von jetzt an suchten bride Jünglinge sich in öffentlichen Arbeiten zu übertreffen; wo Guido ein öffentliches Werk ausführte, suchte sein Mitschüler an demselben Orte, oder in dessen Nähe, sich nicht minder verdienstlich zu zeigen, und es gelang ihm, sich durch seine Auferstehung Christi, ein Gemälde, das im Bethause des heil. Columbanus aufbewahrt wird, aber vorzüglich durch seine treflich ausgeführte Geburt der Maria, in der Kirche St. Maria del Piompo sogar seinen Gegner zu übertreffen, und nach Passeri ist, nebst fleißiger Ausführung, hier nicht allein die Zeichnung richtiger, sondern auch das Colorit mehr naturgemäß. — Während sich durch schöne Werke sein Ruhm verbreitete, war Annibal Carracci nach Rom berufen, um die Farnesische Gallerie zu malen. Angefeuert von dem Verlangen Rom zu sehen, und in Annibals Nähe zu seyn, beredete Albani Guido'n, mit dahin zu reisen, und beide langten ums J. 1612 daselbst an. Den Vorzug, welchen Guido hier anfangs genoß, und den er vielleicht seinen Gefährten zu sehr empfinden ließ, erbitterte Albani so sehr, daß sie sich auf immer trennten. Durch mehrere Arbeiten, die er nach Annibals Cartons in der Kirche des heil. Jacob der Spanier ausführte, und die Passeri ausführlich beschreibt, ferner die schöne Arbeit in der Gallerie Verospi, vermehrten sein Ansehen so sehr, daß er vollauf beschäftigt wurde. — Wenn es gleich im Charakter dieses Künstlers lag, heitere Gegenstände darzustellen, so verfertigte er doch mehr als 50 Altargemälde, die Figuren in Lebensgröße; aber da, wo er dem Schwung seiner Phantasie völlig folgen kounte, erscheint er ganz als Dichter: bald erblickt man die Venus mit Liebesgöttern, bald die Grazien oder Galathea, oder die Diana mit ihrem Gefolge, überall ist Anmuth. Unter seine vortreflichsten Gemälde in dieser Art rechnet man die vier Elemente, welche er vier Mal copiren mußte, aber jedes Mal mit neuen dichterischen Reizen ausschmückte. Seine Gattin zweiter Ehe, die er zärtlich liebte, diente ihm oft als Modell, so wie auch seine Kinder als Liebesgötter. Rein wie der Wandel des Mannes, sind auch seine Darstellungen, und wenn sie gleich die Sinne in Anspruch nehmen, so wird doch das sittliche Gefühl nicht verletzt. Streng gegen sich selbst, beleidigte er niemand, und war seinen Schülern ein väterlicher Freund. Was seinen Stil betrift, so ist die Zeichnung in seinen Werken ohne Fehler und vollkommen; das Colorit ist anmuthig, lebendig und weich. In der Erfindung ist er mehr Dichter als Maler, und die Fülle von Ideen sicherte ihn vor Wiederholungen. In seinen Werken herrscht die schönste Harmonie; er bediente sich keiner dunkeln Hintergründe, um die Figuren hervor zu heben, sondern alles ist klar, heiter und durchsichtig. So reitzend seine Compositionen sind, nicht minder angenehm führte er auch seine Landschaften aus, die er immer geschickt mit dem Charakter der Handlung zu vereinigen wußte. Er starb in einem hohen Alter im J. 1660 (4. Oct.). Unter seine vorzüglichsten Schüler gehören Giovanni Baptista und Pietro Francesco Mola; Andrea Sacchi und Carlo Cignani. S. Passeri vite de' pittori etc. *(Weise.)*

ALBANIA in Armenien, soll alten Kirchenschriftstellern zu Folge (s. Bellermann Handb. der bibl. Lit. III, 325) der Sterb- und Begräbnißort des Apostels Bartholomäus seyn. Außer dem Ort gleiches Namens in Schirwan am kaspischen Meer lag eine Stadt Albania in Assyrien, (s. Mannert V, 464). *(Rommel.)* — Nach der Peutingerschen Tafel (Seg. 7) scheint sie als disseits des Gebirges Zagros gelegen, in die Landschaft Chalconitis zu fallen, wo die jetzige Stadt Holwan liegt, die Otter (Th. I. S. 151, u. Th. II. 151. 161) für jene alte Stadt hält, wie auch d'Anville annimmt. *(Kanngiesser.)*

Albaniana, s. Albiniana.

ALBANIEN, das alte, ist die im Mittelalter bei den Orientalen unter dem Titel Allan vorkommende, jetzt zu Lesghistan, Daghestan und Schirwan gehörige südöstliche Gegend des kaukasischen Isthmus, welcher sich bis an den Cyrus (jetzt Kur) erstreckte, und durch den Alazon (oder Alasan) von Iberien und zum Theil auch von Armenien geschieden wurde. Einen Theil von Albanien bewässerte dieser Cyrus, von dessen verschlemmter in 12 Oefnungen sich ausbreitender Mündung Strabo (im XI. Buche) bei dieser Gelegenheit handelt, obgleich in neuern Zeiten man nur 5 Oefnungen bemerkt hat. Albanien war nach eben demselben so fruchtbar, und die Einwohner so cyclopisch-träge (B. XIII.), daß der einmal besäete Acker 3mal Frucht brachte, und zwar zum ersten Mal 50fältig, da man doch sich nicht einmal eines eisernen, sondern hölzernen Pfluges bediente. Auch von der sonderbaren vernachläßigten Cultur der Weintrauben, die hier so kräftig hervorschießen, ist Strabo genau unterrichtet, als wäre er heut zu Tage in Schirwan gewesen. Das Daseyn von gefährlichen Skorpionen und Taranteln hat unter andern Bieberstein (Beschreibung der Länder zwischen den Flüssen Terek und Kur am schwarzen Meer 1800) bestätigt.

Die Albanen, von denen man die Alanen, mit geringerer Wahrscheinlichkeit auch die Aghwanen oder Afghanen ableiten kann, waren meistens Nomaden, von großer Statur, frei und ohne Handelslist, so daß sie nicht mehr als 100 zählen konnten, und nur Waarentausch kannten. Sie hatten weder Gewicht noch Maaß. Ihre Kriegshaltung zu Pferd und zu Fuß war Armenisch, und gegen Pompejus stellten sie nach Strabo 60000 Fußgänger und 22000 Reiter, auf (vergl. Plutarch im Leben des Pompejus); sie bedienten sich der Pfeile und Wurfspieße, auch hatten sie Panzer, Schilder und Helme von Thierfellen, wie die Iberer. Sehr ausgezeichnet waren sie und ihre Hunde auf der Jagd, wie man aus Oppian sehen kann. Mit den Verstorbenen, deren Namen zu nennen Entweihung war, wurden ihre Schätze vergraben (eine fast samojedische Sitte). Sechs und zwanzig Dialecte unterschied man zur Zeit des Strabo. Einer oder mehrere Monarchen. Die Sonne, Jupiter und der Mond wurden verehrt. Das Menschenopfer, welches zugleich zum Augurium und zur Expiation diente, geschah nach Strabo mit großer Feierlichkeit. — Plinius setzt die Stadt Cabalaca, Ptolemäus mehrere andere nach Albanien; worüber man Mannert im 4ten Band der Geogr. der Griech. und Römer (erste Ausgabe) vergleichen kann, wie auch Rommel Caucas. Strabon. descriptio S. 56 u. s. w. — Hieher gehören auch die albanischen Pässe (pylae Albaniae, sive Caspiae) nach Ptolemäus bei den Quellen des Casius (Samura) in der Gegend von Derbend, wo noch von der kaspischen Seite der einzige Eingang und Durchgang nach Schirwan sich befindet. Hier zeigen sich auch Spuren einer westwärts bis zum Alason ehemals vorhandenen Mauer. Ein anderer Paß war der nordwestlich davon im Norden von Grusien am Aragni gelegene iberische oder sarmatische Paß. (Vergl. *St. de la Croix* sur les pyles Caucasiennes et Caspiennes in den Mémoires histor. et géogr. sur les pays situés entre la mer noire et la mer Caspienne. Paris 1798). *(Rommel.)*

ALBANIEN, das neue, (türkisch Arnaut), albanisch Skiperi, (das alte Epirus und griechisch Illyrien), die große Küstenlandschaft in Arnaut-Wilajeti in der europäischen Türkei, welche gegen Osten von Makedonien und Thessalien, gegen Süden von dem Meerbusen von Arta und Livadien, gegen Westen vom jonischen und adriatischen Meer und dem Fluß Zem (welcher Albanien von Dalmatien trennt), gegen Norden von dem weißen Drinafluß (welcher dasselbe von Bosnien und Servien trennt), begrenzt wird. Es liegt zwischen dem 39—40° L. und 36° 35'—39° 30' Br., und hat eine Länge von beinahe 60, eine Breite von 15—25 Meilen. Das Klima ist im Sommer zum Theil sehr heiß, übrigens größtentheils mild (die gewöhnliche Frühlingstemperatur 55—56°) und nur in den Gebirgen rauh. Die Hauptgebirge sind der Montenegro (Czerna Gora) Argentaro, Tomerit, Suli und die Monti della Chimera (Acroceraunii montes). Die bedeutendern Flüsse sind der schwarze Drino, welcher bei Alessia in das adriatische Meer fällt, der Somini (Panyasus) und Semno, der, wie jener, bei Canovia, und La Pollonia (Laous, Aeas, Aous) der bei Perga in das adriatische Meer sich ergießt, und der Chrevasta oder Stomity (Apsus). Die größern Landseen sind der Lago di Sentari, in den verschiedne Flüsse z. B. die fischreiche Moraka sich ergießen. Mit ihm steht der Lago di Hotli und durch den Fluß Zem der Lago di Plave in Bosnien in Verbindung; auch strömt aus ihm der Fluß Bojano in das adriatische Meer; der Lago di Zento hat seinen Ausfluß in den Meerbusen des Drino. Die Produkte des sehr fruchtbaren Landes bestehen in Getreide, gutem Wein, Oel, Tabak, Baumwolle, Bauholz, Steinsalz u. s. w.

Die Volksmenge Albaniens läßt sich nicht mit Gewißheit angeben, doch scheint sie nicht über 300,000 Seelen zu betragen. Die Einwohner theilen sich in drei Hauptklassen: Türken, in geringer Anzahl; Griechen, zahlreich in den Städten und Dörfern des südlichen Albaniens, Juden und eingeborne Albanier. Hauptsprachen sind die türkische, neugriechische, albanische und jüdische; Hauptreligionen die muhammedanische, christliche und jüdische, beide letztere jedoch ohne bürgerliche Rechte. Für die höhere wissenschaftliche Bildung sorgen zwei Akademien in Janina. Der früher sehr bedeutende Transitohandel nach Italien, Teutschland und Rußland, begünstigt durch die vortheilhafte Lage des Landes und zum Theil sehr gute Seehäfen, ist ganz in den Händen der Griechen, welche auch ganz Albanien und die benachbarten Districte mit Handelsbedürfnissen versorgen. Die Juden stehen als Kleinhändler aus, oder treiben Handwerke: einige von ihnen sind auch im Serail des Pascha als Agenten angestellt. Der Ausfuhrhandel Albaniens besteht in Korn, Oel, Wolle, Tabak, Bauholz u. s. w. Zu Beförderung des Verkehrs im Lande wird jeden Herbst eine Art Messe in der Nähe der Stadt Janina, dem Haupthandelsplatz, gehalten.

Die Landschaft Albanien zerfällt in die Paschaliks Ilbessan, Janina und Skutari und die Sandschakschaften Awlona und Delvino, von denen Janina, Awlona und Delvino zu dem Gebiete des berühmten Ali Pascha gehören, Skutari und Ilbessan aber von besondern Paschen regirt werden. Die vorzüglichsten Städte Albaniens sind Janina, Delvino, Awlona, Skutari, Durazzo, Arta, Berat, Argyro-Castro u. a. (s. Travels in the Ionian Isles, Albania, Thessaly, Macedonia etc. during the years 1812 and 1813. By *Henry Hollànd*. London 1815. Vgl. Miscellen aus der neuesten ausländ. Lit. VII. Bd. S. 1 f.). (*H.*)

ALBANIER, türkisch Arnauten, albanisch Skipetar, die Eingebornen der türkischen Landschaft Albanien, nach Adelung (Mithridates. Th. 2. S. 438 f.) Abkömmlinge der Albanier, die in Asien zwischen dem Kaukasus und kaspischen Meere wohnten und die er für ein Volk mit den Alanen hält; nach Thunmann (Untersuchungen über die Geschichte der östlichen europäischen Völker. 1774. Th. 1. S. 171 f.) Nachkommen der alten Illyrier. Der Name Albani (Ἀλβάνοι) kommt zuerst bei Ptolemäus vor, zu dessen Zeit sie, als ein beträchtlicher Stamm, die Stadt Albanopolis des makedonischen Illyrien bewohnt zu haben scheinen. Tausend Jahre lang blieben sie nun vergessen, bis im 11ten Jahrh. in den Kriegen des griechischen Reichs unter Nicephorus Basilaces ihrer unter den Namen 'Albanoi, 'Albanytes oder 'Arbanytes und ihrer Stadt Albanon, Arbanon, Elbanon, Erwähnung geschieht. Im 13ten Jahrh., wo, nach der Eroberung Constantinopels durch die Franken, in diesem Theile Griechenlands unter der Benennung Acarnanien oder Ätolien eine abgesonderte Herrschaft begründet wurde (1204—1431), machten sie sich durch räuberische Fehden bemerkbar, und, ungeachtet des von Andronicus II. in der Mitte des 15ten Jahrh. wider sie unternommenen Heerzugs, breiteten sie sich von Zeit zu Zeit über ganz Epirus, Thessalien und andre nahgelegene Länder aus. In dem Laufe des 14ten Jahrh. zeichneten sich besonders zwei albanische Anführer Balza im Norden und Spata im Süden gegen die bis nach Griechenland vorgedrungnen Türken aus. Der Sohn des ersten blieb 1383 in der Schlacht bei Berat, welche gegen Murad I. verloren ward. — Kraftvoll traten die Albanier von neuem unter dem berühmten Georg Castrioti (Scanderbeg) gegen die Türken auf, und wie sie ihren Namen in der Geschichte unsterblich machten, so hinderten sie auch die Türken, je ihr Ansehen dauernd in diesem Lande aufrecht zu erhalten, welches durch den venetianischen Traktat von 1478 ganz unter türkische Botmäßigkeit kam.

Schon die Gesichtszüge des Albaners verrathen einen kühnen, nicht durch Sklaverei gezähmten Mann. Sein Gang und seine Manieren haben etwas Stattliches und selbst die Kleidung trägt dazu bei, seiner ganzen Gestalt etwas Auffallendes und Malerisches zu verleihen. Diese Kleidung besteht in einem über die Schultern geworfnen Mantel von braunem, am Raude mit rother Stickerei verzierten Wollenzeuge; einer offnen bis an die Hüfte gehenden Oberweste, meist von grünem oder purpurfarbigem Sammet; einer mit Schnüren zugemachten Unterweste; einer breiten Schärpe um die Hüften, woran ein oder zwei schön gearbeitete Schießgewehre und ein breites Messer befestigt sind; einem kattunenen, vom Gürtel bis an die Knie herabhängenden Hemde, worunter weite kattunene Beinkleider getragen werden, und in einer Beinrüstung von geschlagenem Metall. Hiezu kommen vielfarbige Strümpfe und Sandalen und ein kleines rothes, blos den Scheitel bedeckendes Käppchen, anstatt dessen auch die kraftvollen Bewohner der nördlichen Districte an Makedoniens Grenze rothe Schawls um Kopf und Nacken schlingen. – Gegen rauhe Witterung schützt den Albanier ein weiter Ueberwurf oder Mantel von grobem, langharigen, wollenen, grauen oder weißen Zeuge, mit aufgeschlitzten Aermeln und hinten mit einer viereckigen Klappe, welche zur Kopfbedeckung dienen kann.

Der albanische Landmann, kühn und mannhaft in seinen Gewohnheiten und mit dem Gebrauche seines Feuergewehrs und Säbels vertraut, ist, so wie er sein Dorf verläßt, ein tüchtiger Soldat. Muthig stürzt er sich, im ungeordneten Haufen, unter lautem Zuruf, auf den Feind, und Mann gegen Mann kämpfend, siegt er gewöhnlich durch seine Kraft und angeborne Tapferkeit. Deshalb und wegen ihrer Treue, stehen die Albanier im ganzen türkischen Reiche im größten militärischen Rufe, und in Morea, Aegypten, Syrien und andern Provinzen bilden sie gewöhnlich die Leibwache der Pascha's und den Kern ihrer Truppen. Da sie sich aber nicht auf die Vortheile fester Stellungen verstehen, keine Schlachtlinie zu bilden vermögen und die Kriegskunst gar nicht kennen; so ist ihre Niederlage um desto größer, wenn sie gegen regelmäßige Armeen geführt, einmal in Verwirrung kommen.

Ohne eigentliche wissenschaftliche Bildung zu haben, verstehen die Albanier die Höhen der Berge und die Entfernung der Oerter genau zu bestimmen; sie werden als gute Wasserbaumeister gerühmt, und sind im türkischen Reiche weit und breit als Schlächter bekannt. Sie bekennen sich zur griechischen, auch zur muhammedanischen Religion, doch binden sie sich nicht genau an die Vorschriften derselben, und leben theils als nomadisirende Hirten auf den Gebirgen, die sie nur während des Winters mit ihren Heerden verlassen, theils nähren sie sich von Land- und Weinbau, Jagd und Fischerei.

Die Sprache der Albanier verräth einen sehr gemischten Ursprung, und hat vielleicht Theile von den Sprachen der 13 oder 14 barbarischen Völker aufgenommen, welche in diesen Gegenden zu verschiednen Zeiten lebten. Entkleidet man sie aber von dem ihr beigemischten Teutschen, Slavischen, Römischen, Griechischen und Türkischen, so bleibt ein beträchtlicher Grundstoff zurück, der mit keiner bekannten Sprache verwandt, einer Ursprache angehört, welche nach dem Major Leake (Verfasser einer Grammatik und eines Wörterbuchs der albanischen Sprache) die Alt-Illyrische ist, die schon in sehr frühen Zeiten von der Griechischen abwich [1]).

1) Die Sprache der Albanier ist grammatisch von de Lecce, lexikalisch von Blanchi bearbeitet; aber, wenig geschrieben, weichen ihre Mundarten sowol im Mutterlande selbst und dessen Umgebungen, als besonders auch in Calabrien und Sicilien, wohin seit dem Vordringen der Türken Colonien der Albaneser gekommen sind, sehr von einander ab. Sie bedarf einiger Zeichen, besonders für Vocallaute mehr, als die Italienische. Nach jenen Hilfsmitteln aufgefaßt, hat sie zwar Manches von den benachbarten Sprachen in sich aufgenommen, aber demnächst eine beträchtlich abweichende, eigenthümliche Grundlage von Stammwörtern; und neben einer angemessenen Bezeichnung des Geschlechts, der Zahl und des Casus sowol bei den Sub-

Schon vor dem Einfalle der Türken waren die Albanier in mehrere Stämme getheilt, die sich durch Aussprache, Localgewohnheiten u. s. w. streng von einander unterschieden. Dies findet noch jetzt Statt, und die vorzüglichsten Stämme, welche Albanien bewohnen, sind: 1) die Genge (Γκέγκιδες), bewohnen die nördlichen Districte um den Fluß, der vor Alters Genusus hieß. Ihre Hauptstädte sind Dulcigno, Skutari, Alessio, Durazzo, Tirane und Dibre. 2) Die Toske (Τόσκιδες) bewohnen die Ebenen von Mizakie und Malakastra, welche sich von den Hügeln von Durazzo bis nach Berat und Awlona erstrecken. Ihre Hauptplätze sind Berat und Ilbessan, das letzte vermuthlich auf der Stelle des alten Albanopolis. 3) Die Liape (Λιάπιδες) die sich durch ihre Armuth und Unreinlichkeit auszeichnen, bewohnen die wilden Gebirge zwischen dem Districte der Toske und der See, bis an die Ebene von Delvino südlich. 4) Die Tzami wohnen südlich vom Flusse Kalama (Thyamis), ihr District geht fast so weit als Janina. Die vorzüglichsten Orte sind: Suli, Paramithia, Livarati, Margariti, Parga und Aghia [2]). (Nach Holland, Hobhouse und Leake). *(v. Hammer u. Stein.)*

ALBANITIKO. Wie die liebliche Romaika, so verdankt auch dieser beliebte aber weniger reizende albanische Nationaltanz seinen Ursprung dem Alterthume. Mit wildfliegendem Haar, geschlossenen Augen, zeigt sich der Tänzer zehn Minuten lang in einer Reihe von unnatürlichen, höchst gezwungenen Stellungen, indem er bald seinen Körper auf einer Seite krampfhaft zusammenzieht, dann auf die Knie fällt, bald mit äußerster Schnelligkeit sich im Kreise herumdreht und die Arme mit Heftigkeit über den Kopf wirft. Wenn die Kräfte des Tänzers nachzulassen beginnen, ermuntert ihn der verstärkte Ton der Flöte und des Tambourins zu neuen Kunstäußerungen, bis endlich seine Kräfte ganz erschöpft scheinen. — Sehr natürlich war es, daß man in dem Albanitiko die Pyrrhischen Tänze des Alterthums wieder zu finden geglaubt hat, deren Charakter mit demselben allerdings Aehnlichkeit gehabt zu haben scheint. (Nach D. Henry Holland. Vergl. Miscell. aus d. neuesten ausländ. Liter. VII. Bd. S. 20). *(H.)*

ALBANO. 1) Stadt in dem Lombardisch-Venezianischen Königr., 5 Miglien von Padua entfernt, mit 5000 E., berühmt durch seine Bäder, die gegen Hautkrankheiten, Obstruktionen- und Schwächen sehr wirksam seyn sollen. Das Wasser des kalten Bades, Acqua della Vergine, welches mit dem zu den heißesten Mineralquellen gehörenden warmen Bade einerlei Bestandtheile hat, wird besonders Brustkranken empfohlen und in den Sommermonaten zahlreich besucht (vergl. E. v. d. Recke Tageb. einer Reise durch einen Theil Teutschl. und durch Italien. I. Bd. S. 156). — 2) Stadt in der Campagna di Roma; s. Albanum. *(H.)*

ALBANOPOLI, eine meistens wüste liegende Stadt, ehemals Hauptstadt in Albanien, am Fluß Drino (vergl. Albanien). *(Stein.)*

ALBANS, St., Stadt in der engl. Shire Hartford (17° 18′ L. und 51° 16′ Br.), an der Nordseite des Ver. Sie enthält 3 Straßen, 3 Kirchen mit mehrern sehenswerthen Denkmälern, 527 H. und 3,653 E., die sich von Fabrikarbeiten und vom Handel nähren. Hier stand in der Vorzeit das alte Verulamium, wo Bako geboren war; die heutige Stadt hat ihren Namen von einem sonst in ihren Mauern befindlichen Kloster, und ist durch 2 Treffen bekannt, die sich hier 1451 und 1461 die Anhänger der weißen und rothen Rose lieferten. *(Hassel.)*

ALBANSGULDEN, Goldgulden, welche das vormalige Ritterstift Sanct Alban zu Mainz vermöge eines ihm von K. Maximilian I. am 3. Juni 1518 zu Fässen verwilligten Privilegiums, prägen ließ. Der kaiserlichen Vorschrift gemäß befindet sich auf der Vorderseite das Bildniß des heil. Albans in einem Meßgewande mit dem Kopf in den Händen, an dessen Stelle ein Heiligenschein zu sehen, mit der Umschrift: S. Albanus Martyr. Die Kehrseite hat einen Schild mit einem aus dem Propsteiwappen genommenen Esel, dessen beide rechte Füße aufgehoben sind, und die Umschrift: Reg. D. Maximiliano Caesare P. F. Aug. Auf der Hauptseite ist meistens die Jahrzahl, und auf den neueren auch das Wort Mog. (Moguntia) beigefügt. Nach dem Münzprivilegium sollten die Albansgulden von ungrischem Korn und Gewicht seyn. Sie sind aber doch nur, wie die gewöhnlichen teutschen Goldgulden, zu 18 Karat 6 Gran auf die rauhe Mark Cölnisch, oder zu $\frac{2}{3}$ Carolin, ausgeprägt worden. — Das Stift hat dieses Münzrecht vom J. 1518 an bis auf die neueren Zeiten ausgeübt, doch nicht jährlich, sondern mit oft langen Unterbrechungen, auch nur mit der im Privilegium enthaltenen Beschränkung, daß nämlich nur im Stifte nach Gefallen die geprägten Gulden am St. Albansfeste ausgetheilt wurden. Diese Austheilung geschah während des Hochamtes und zwar so, daß jeder Capitular zwei Stücke, der Prediger eins erhielt. Die Albansgulden sind also nie eigentlich in Umlauf gekommen, sondern als Denkmünzen anzusehen. Auch sollen zuweilen doppelte geprägt worden seyn. — J. Ch. Reuter hat zu Mainz im J. 1790 eine Schrift

---

stantiven, als auch zum Theil bei den Adjectiven, einer charakteristischen Endung der von letzteren abgeleiteten Adverbien, und einer ersteren nachgesetzten Artikelform eine sehr zusammengesetzte Conjugation der, demnach in viele Klassen zerfallenden Verben — wol eben Folge davon, daß die Sprache nicht durch schriftliche Bearbeitung zusammen gehalten und in Mundarten zerspalten war — und in den Formen der Personen wenig Aehnlichkeit mit den jetzigen europäischen Sprachen. *(Vater)*

2) Außer diesen Stämmen und den von ihnen bewohnten Districten bemerken wir noch folgende, welche von denselben entweder in früherer Zeit getrennt worden, oder nie dazu gehörten: 1) Parakalamo, die Seeküste gegenüber von Korfu, 2) Delvino, 3) Deropul, 4) Zagoria, 5) die Lintzi (Λιούντζιδες [?]) nördlich von den Gebirgen von Zagora, auf der Ostseite des Flusses von Deropul, 6) Reze die Gebirge auf dem entgegengesetzten Ufer desselben Flusses. 7) Chimara, ein District auf der Westseite der akroceraunischen Gebirge. 8) Die Karamurata bewohnen einige Dörfer am Fuße des großen Berges Nemertzka, und grenzen nördlich an den District von 9) Premedi, dessen Einwohner Dangli heißen. 10) Kolonia ein Theil des Pindus. Die östliche Grenze von Albanien ist zweifelhaft, und selbst die Sprache hier kein richtiges Merkmal der vielen Auswanderungen wegen. Die Districte von Janina, Paleo-Pogoniana und Koritza sind als albanische Eroberungen zu betrachten. Koritza ist der Hauptort einer langen Ebene, die gegen Ochri ausläuft. Oestlich von Koritza ist Devol, das Deabolis der Byzantiner. *(v. Hammer.)*

lichsten Städte Albaniens sind Janina, Delvino, Awlona, Skutari, Durazzo, Arta, Berat, Argyro-Castro u. a. (s. Travels in the Ionian Isles, Albania, Thessaly, Macedonia etc. during the years 1812 and 1813. By *Henry Holland*. London 1815. Vgl. Miscellen aus der neuesten ausländ. Lit. VII. Bd. S. 1 f.). (*H.*)

ALBANIER, türkisch Arnauten, albanisch Ekipetar, die Eingebornen der türkischen Landschaft Albanien, nach Adelung (Mithridates Th. 2. S. 438 f.) Abkömmlinge der Albanier, die in Asien zwischen dem Kaukasus und kaspischen Meere wohnten und die er für ein Volk mit den Alanen hält; nach Thunmann (Untersuchungen über die Geschichte der östlichen europäischen Völker. 1774. Th. 1. S. 171 f.) Nachkommen der alten Illyrier. Der Name Albani (Ἀλβάνοι) kommt zuerst bei Ptolemäus vor, zu dessen Zeit sie, als ein beträchtlicher Stamm, die Stadt Albanopolis des makedonischen Illyrien bewohnt zu haben scheinen. Tausend Jahre lang blieben sie nun vergessen, bis im 11ten Jahrh. in den Kriegen des griechischen Reichs unter Nicephorus Basilaces ihrer unter den Namen 'Albanoi, 'Albanytes oder 'Arbanytes und ihrer Stadt Albanon, Arbanon, Elbanon, Erwähnung geschieht. Im 13ten Jahrh., wo, nach der Eroberung Constantinopels durch die Franken, in diesem Theile Griechenlands unter der Benennung Acarnanien oder Ätolien eine abgesonderte Herrschaft begründet wuede (1204—1431), machten sie sich durch räuberische Fehden bemerkbar, und, ungeachtet des von Andronicus II. in der Mitte des 15ten Jahrh. wider sie unternommenen Heerzugs, breiteten sie sich von Zeit zu Zeit über ganz Epirus, Thessalien und andre nahgelegene Länder aus. In dem Laufe des 14ten Jahrh. zeichneten sich besonders zwei albanische Anführer Balza im Norden und Spata im Süden gegen die bis nach Griechenland vorgedrungnen Türken aus. Der Sohn des ersten blieb 1383 in der Schlacht bei Berat, welche gegen Murad I. verloren ward. — Kraftvoll traten die Albanier von neuem unter dem berühmten Georg Castrioti (Scanderbeg) gegen die Türken auf, und wie sie ihren Namen in der Geschichte unsterblich machten, so hinderten sie auch die Türken, je ihr Ansehen dauernd in diesem Lande aufrecht zu erhalten, welches durch den venetianischen Traktat von 1478 ganz unter türkische Botmäßigkeit kam.

Schon die Gesichtszüge des Albaners verrathen einen kühnen, nicht durch Sklaverei gezähmten Mann. Sein Gang und seine Manieren haben etwas Stattliches und selbst die Kleidung trägt dazu bei, seiner ganzen Gestalt etwas Auffallendes und Malerisches zu verleihen. Diese Kleidung besteht in einem über die Schultern geworfnen Mantel von braunem, am Rande mit rother Stickerei verzierten Wollenzeuge; einer offnen bis an die Hüfte gehenden Oberweste, meist von grünem oder purpurfarbigem Sammet; einer mit Schnüren zugemachten Unterweste; einer breiten Schärpe um die Hüften, woran ein oder zwei schön gearbeitete Schießgewehre und ein breites Messer befestigt sind; einem kattunenen, vom Gürtel bis an die Knie herabhängenden Hemde, worunter weite kattunene Beinkleider getragen werden, und in einer Beinrüstung [illegible] geschlagenem Metall. Hiezu kommen vielfarbige St[illegible]mpfe und Sandalen und ein kleines rothes, blos den [illegible]eitel bedeckendes Käppchen, anstatt dessen auch die kra[illegible]ollen Bewohner der nördlichen Districte an Makedon[illegible] Grenze rothe Schawls um Kopf und Nacken schling[illegible]. Gegen rauhe Witterung schützt den Albanier ein w[illegible]er Ueberwurf oder Mantel von grobem, langharigen, [illegible]ollenen, grauen oder weißen Zenge mit aufgeschlitzten [illegible]rmeln und hinten mit einer viereckigen Klappe, welche [illegible]r Kopfbedeckung dienen kann.

Der albanisch[illegible] Landmann, kühn und mannhaft in seinen Gewohnheite[illegible] und mit dem Gebrauche seines Feuergewehrs und Säb[illegible]s vertrant, ist, so wie er sein Dorf verläßt, ein tüchti[illegible] Soldat. Muthig stürzt er sich, im ungeordneten Hauf[illegible], unter lautem Zuruf, auf den Feind, und Mann gegen [illegible]ann kämpfend, siegt er gewöhnlich durch seine Kraft [illegible]d angeborne Tapferkeit. Deshalb und wegen ihrer [illegible]eue, stehen die Albanier im ganzen türkischen Rriche i[illegible] größten militärischen Rufe, und in Morea, Aegypten, [illegible]yrien und andern Provinzen bilden sie gewöhnlich die [illegible]bwache der Pascha's und den Kern ihrer Truppen. [illegible] sie sich aber nicht auf die Vortheile fester Stellungen [illegible]stehen, keine Schlachtlinie zu bilden vermögen und die [illegible]riegskunst gar nicht keunen; so ist ihre Niederlage u[illegible] desto größer, wenn sie gegen regelmäßige Armeen ge[illegible]hrt, einmal in Verwirrung kommen.

Ohne eigentli[illegible]e wissenschaftliche Bildung zu haben, verstehen die Alba[illegible]r die Höhen der Berge und die Entfernung der Oerte genau zu bestimmen; sie werden als gute Wasserbaume[illegible]r gerühmt, und sind im türkischen Reiche weit und b[illegible]it als Schlächter bekannt. Sie bekennen sich zur gri[illegible]ischen, auch zur muhammedanischen Religion, doch b[illegible]en sie sich nicht genau an die V[illegible] schriften derselben, [illegible] leben theils als nomadisirende[illegible] ten auf den Gebir[illegible], die sie nur während des [illegible] mit ihren Heerde[illegible]erlassen, theils nähren sie [illegible] Land und [illegible] Jagd und Fischerei.

Die S[illegible]r Albanier verrät[illegible] gemischten [illegible] und hat vielleicht [illegible] Sprachen [illegible] 14 barbarischen [illegible] men, [illegible]n Gegenden zu lebten[illegible]man sie aber vo[illegible] ten[illegible]ischen, Röm[illegible] Tü[illegible] ein betrü[illegible] der [illegible] bekannten S[illegible] spr[illegible]hört, welche [illegible] f[illegible] Grammatik [illegible] [illegible]rache) [illegible] Al[illegible] [illegible]en Zeiten von [illegible]

[illegible] Sprac[illegible] [illegible]rikalisch[illegible] [illegible]elchen i[illegible] [illegible]mgebu[illegible] [illegible] sel[illegible] [illegible]mmen[illegible]

vo[illegible] nä[illegible] vo[illegible] be[illegible]

gegossenem Metall. Ihre Fuß- und Sandalen und ein kleines rothes Käppchen, ... Bewohner der nördlichen ... rothe Schawls um Kopf ... rauhe Witterung schütz... warf oder Mantel von grauem oder weißem Zeuge ... Kapuzen mit einer viereckigen ... bedeckung dienen kann.

..., tüchtig und mannhaft in dem Gebrauche seines Feuergewehrs, ..., so wie er sein Dorf ... Angriff stürzt er sich, im wildem Zuruf, auf den Feind, ... , liegt er gewöhnlich ... Deshalb ... die Albanier im ganzen ... türkischen Reiche, und in ... andern Provinzen bilden ... der Pascha's und den Kern ... aber nicht auf die Vortheile ... Schlachtlinie zu bilden ... gar nicht kennen; so ... wenn sie gegen regelmäßige ... in Verwirrung kommen. ... Bildung zu haben, ... der Berge und die Entbehrungen ... sie werden als ... und sind im türkischen ... bekannt. Sie be... zu ... Sie ... die ... Zeiten ... das ... Winters ... nähern sie sich ... und Schäfern.

... Albanier verräth einen sehr ... Theile von den ... Völker aufgenommen ... zu verschiedenen Zeiten ... von dem ihr beigemischt ... Armeniern, Griechischen und ... Grundstoff zurück, ... Sprache vermuthlich einen ... Reste (Ma... illyrische ... schon in ...

Schon vor dem Einfalle der ... banier in mehrere Stämme geth... sprache, Localgewohnheiten u. s. w. unterschieden. Dies findet ... vorzüglichsten Stämme, welche ... 1) die Genge (Γκέγκιδες), bewohn... stricte um den Fluß, der vor Alters ... Hauptstädte sind Dulcigno, Skutari, Tirane und Dibre. 2) Die Tosk... nen die Ebenen von Mizakie und ... von den Hügeln von Durazzo bis ... na erstrecken. Ihre Hauptplätze ... bessan, das letzte vermuthlich auf ... Albanopolis. 3) Die Liape ... ihre Armuth und Unreinlichkeit a... die wilden Gebirge zwischen d... der See, bis an die Ebene von ... Tzami wohnen südlich vom ... ihr District geht fast so weit ... lichsten Orte sind: Suli, ... riti, Parga und Azhia ... und Leake.

...ken waren die Al... die sich durch Aus... eeng von einander ... Statt, und die ... en bewohnen, sind: ... die nördlichen Di... enusus hieß. Ihre ... Alessio, Durazzo, ... (Τόσκιδες) bewoh... akastra, welche sich ... Berat und Avlo... Betat und Il... er Stelle des alten ... (Λιάπιδες) die sich durch ... ichnen, bewohnen ... cte der Toske und ... so südlich. 4) Die ... lama (Thyamis), ... tina. Die vorzüg... Livarati, Marga... Holland, Hobhouse ... ammer u. Stein.)

ALBANITIKO. ... verdankt auch dieser beliebte ... Nationaltanz seinen Ursprung ... che Romaika, so ... reizende albanische ... rthume. Mit wild... fliegendem Haar, ... ger zehn Minuten lang ... höchst gezwungenen Stellungen, ... per auf einer Seite ... die Knie fällt, bald ... Kreise herumdreht und die Arme ... Kopf wirft. Wenn die Kräfte ... beginnen, ermuntert ihn der ... des Tambourins zu neuen ... fehlt Kräfte ganz erschöpft ... ... über

Tänze des Alterthums wieder zu finden geglaubt hat, deren Charakter mit demselben allerdings Aehnlichkeit gehabt zu haben scheint. (Nach D. Henry Holland Vergl. Miscell. aus d. neuesten ausländ. Liter. VII S. 26).

ALBANO. 1) Stadt in dem Lombardisch-... schen Königr., 5 Miglien von Padua entfernt ..., berühmt durch seine Bäder, die gegen ... ten, Obstruktionen und Schwächen sehr ... len. Das Wasser des kalten Bades, ... gine, welches mit dem zu den hei... gehörenden warmen Bade einerl... besonders Brustkranken empfe... monaten zahlreich besucht ... e n r Reise durch einen T... ... Bd. (S. 156). — 2) ... s. Albanum.

ALBANOP... Stadt, ehemal... Drino (ver... ... (17...

...n, ...ossa ...and... Auch ...le, die (Stein.)

... russische ... n Ufer des ... ündung der ... nd des obern ... ührt, wählten ... ibasa zu ihrem ... ung daraus und Veranlassung zu ... iege zwischen Ruß... ... Zobelfanges und ... trat Rußland diesen ... n an China ab, worauf ... de, und noch bis letzt... bar ist, nicht wieder be... Streifparteien sich dann ... Auf den chinesischen Länd... e von Albasin, Jalisä. ... China; Lesseps' Reisen, (I. Ch. Petri.)

... Mohammed Ben Geber Al... Mesopotamien, welchen Lalande ... n Astronomen zählt, und Halley ... dernswürdigem Genie nennt, lebte ... des 9ten Jahrh. Er war Statthal... Syrien, und stellte seine astronomi... theils zu Antiochien, theils zu Aracta, ... sopotamien, an, woher er auch den ... des Aractensis hat. Er hat durch die ... (877 n. Chr.) bis zu seinem Todesjahre ... n. Chr.) fortgesetzten Beobachtungen die ... der That bedeutend weiter gebracht. Beim ... Nachtgleichen setzte er 70 Jahre für einen ... untersuchte die Eccentricität der Sonnenbahn ... setzte die Länge des Jahres auf 365 Tage, 5 ... 46 Min., 24 Sec., und bemerkte zuerst die Be... es Sonnenapogeums. Die letzte Entdeckung ... on auf die Vermuthung, daß auch bei den andern ... n ähnliche Ungleichheiten Statt finden könnten, ... ranlaßte Verbesserungen der Theorie des Ptole... wodurch neue Tafeln entstanden. Endlich ver... noch bemerkt zu werden, daß er bei diesen geome... schen Untersuchungen zuerst auf den Gedanken kam, statt ... r Sehnen, wie Ptolemäus, die Sinus zu gebrauchen; ... enigstens findet sich von dieser Veränderung keine ältere unter dem Titel: Albansgulden, mit Kupfern, oder vielmehr als Vignetten in Kupfer gestochenen Münzen und Siegeln, auch einer Urkundensammlung, herausgegeben, welche, neben historischen Nachrichten von St. Alban, auch andre antiquarische, numismatische und sphragistische Untersuchungen enthält. (*v. Arnoldi.*)

ALBANUM PRÄDIUM und MUNICIPIUM, römische Municipalstadt, entstanden aus den herrlichen Villen des Pompejus d. G., des Tiberius, Caligula und Domitianus, so wie auch aus vielen andern Landsitzen vornehmer Römer; tiefer am Berge von Albano am westlichen Abhange des äußeren Craterrandes seines Sees, war von großer Wichtigkeit für die Sicherheit Roms in militärischer Hinsicht durch ein Castrum Praetor. nah an der Via Appia, von dem noch eines der Hauptthore, einige Gefängnisse und große Ueberreste der Umgebungsmauern vorhanden sind *). Gegenwärtig Albano, Sitz eines Erzbischofs mit 2400 E., und sehr besucht in der heißen Jahreszeit wegen der großen Gesundheit seiner Luft, seiner reizenden Enge **) und der Menge der Alterthümer in ihr und um sie herum, unter denen sich die Ueberreste der Villa Pompejus des G., des Domitian, das Amphitheater, die Rotonda und das fälschlich so genannte Grabmal der Horazier auszeichnen (s. Sickler's große Charte und Beschreibung der Campagna von Rom, mit vier Ansichten. Rom, 1811). Hicher gehört auch der Albanus lacus und A. mons der Alten. Jener war ein rings umher mit 300 bis 400′ hohen Craterufern umschlossener Bergsee im Albanergebirge, berühmt durch sein Emissarium oder den über eine teutsche halbe Stunde langen unterirdischen Ableitungskanal, der in den frühesten Zeiten der römischen Republik hier, während der Belagerung von Veji, angelegt ward und noch in vollkommen gutem Zustand erhalten ist. — Albanus mons wird vorzugsweise nur der westliche höchste Gipfel des Albaner-Gebirges, jetzt Monte Cavo genannt; ehemals mit einem Tempel des Jupiter Latiaris auf der höchsten Spitze, wo das Hauptopfer in den Feriis Latinis verrichtet ward, an dessen Stelle jetzt ein Passionisten-Kloster steht (s. über beide Sickler's große Charte u. s. w.). (*Sickler.*)

ALBANUS, ein Hauptfluß des alten Albanien (Schirwans und Daghestans), nach Ptolemäus unter $45\frac{1}{2}$ der Breite, 2 Grade unter dem Fluß Alonta (Terek). Mannert versteht darunter den auf russischen Charten angegebenen Fluß Bilbana nördlich über der Mündung des Kur's (anderwärts durchfließt hier der Belaja, das heißt der weiße Fluß, den District Schamachie, dessen Name eine falsche Uebersetzung des Wortes Albanus zu seyn scheint). (Mannert Th. IV). — Die Stadt Albana unter gleicher Breite lag nach Ptolemäus einen Grad und mehrere Minuten westlicher als der Fluß ($81\frac{2}{3}$ der Länge), jedoch nicht ganz gleich mit Baku. Vergl. Alamus. (*Rommel.*)

ALBANUS MONS, bei Ptolemäus Αλβανον ορος, die östlichere Fortsetzung der Alpen durch Dalmatien, die es von Croatien und Bosnien scheidet, bis zur Quelle des Verbas, der Ober- und Nieder-Pannonien trennt. Strabo (VII, 5. 2) kennt dies Gebirge unter dem Namen Αλβια ορη. Noch jetzt heißt es Alben. (*Ricklefs.*)

ALBANY, Fluß in den Hudsonsbailändern, der den Gebirgen zwischen diesem großen Meerbusen und dem Obersee entquillt, und sich in die Jamesbai mündet. An seiner Mündung liegt das Fort Albany.

ALBANY, eine der nördlichsten Grafschaften des Staates Newyork, zwischen dem Mohawk- und Hudsonflusse, dem Gebirge Kaders Kill und dem See Utsagantho, die in ihrer gegenwärtigen Größe, da von Zeit zu Zeit beträchtliche Stücke davon abgerissen, und zu besondern Grafschaften erhoben, oder zu andern Grafschaften geschlagen worden sind, noch gegen 50 engl. Q. M. enthält, auf denen 1812. 34,661 Menschen lebten (1756 hatte sie bei einem viermal so großen Flächenraume nur 14,148 Bewohner.) Sie hat guten Wiesewachs und trefflichen Weizenboden, aber das Klima ist kalt, und selbst die durch beständige Südwinde herbeigeführte Hitze des Sommers wechselt mit sehr kalten Nächten; die Winter sind heftig und von langer Dauer. Dennoch ist sie fruchtbar an Weizen, Mais, Hülsenfrüchten und Obst; auch hat sie gute Waldungen und bedeutende Viehzucht, und der Hudson verschafft ihr für den Ueberfluß ihrer Produkte einen leichten und bequemen Abzug. Die Einwohner sind größtentheils Holländischer und Teutscher Abkunft. Weizenmehl, zum Theil von vorzüglicher Feinheit, Stabholz, Breter, die auf ihren zahlreichen Sägemühlen verfertigt werden, Pott- und Perlasche, Pökelfleisch, Käse und Pelzwerk sind die vornehmsten Gegenstände des Handels.

Die gleichnamige Hauptstadt, nach Newyork der wichtigste Platz im Staate von Newyork, liegt am westlichen Ufer des schiffbaren Hudson, 85 geogr. M. von Quebeck und 35 von Newyork. Der eine Theil derselben liegt auf einer Anhöhe, der andere am Fuße derselben. Die meisten Straßen sind krumm, ohne Pflaster und daher unreinlich; die Häuser, vor denen Bäume stehen, sind in den ältern Theilen der Stadt in altem holländischen Geschmack und mit ihren treppenförmigen Giebeldächern nichts weniger als schön; dagegen empfehlen sich die neuern Anbaue durch ein sehr gefälliges Ansehen, und ihrer sind bei der erstaunlich gestiegenen Bevölkerung so viele, daß jene ältern Wohnungen kaum noch bemerkbar werden. Außer dem Stadthause und dem, nur von Holz erbauten, großen Hospital findet man hier 2 presbyterianische, 4 holländisch-reformirte und noch 4 andere Kirchen für Katholiken, Episkopalen, Methodisten und Quäker. Die Stadt, welche ehemals sehr ungesundes Wasser hatte, jetzt aber durch einen 5 engl. Meilen langen Aquädukt mit gutem Trinkwasser versehen wird, wurde 1623 von Holländern angelegt und Fort Orange *), 1664 aber von den Engländern, denen es sich ergab, zu Ehren des Herzogs von York und Albany mit ihrem gegenwär-

*) Cicero p. Milone C. 20. Tacitus Agr. C. 45. Plinius Ep. L. IV. Ep. II. Procopius L. II. Goth. C. 4. Riccy Mem. st. dell. ant. Città di Alb. Long. e. d. Albano Moderno. — **) Die Weinberge liefern einen als feurig gepriesenen weißen und rothen Wein.

*) Das Fort selbst wurde eine Zeitlang von den Engländern als ein Bollwerk gegen die Indianer unterhalten, ist aber jetzt verfallen.

tigen Namen belegt. Die meisten Einwohner sind daher von holländischer Abkunft, so wie sie auch der Familie van Rensselaer einen hohen Grundzins für ihre Wohnungen entrichten sollen, der aber seit langer Zeit nicht mehr gefodert wird; nach ihnen sind die Teutschen die zahlreichsten; auch haben sich viele Familien aus Neu-England hierher gewendet. Ihr Charakter war in den Freistaaten selbst verschrien; man warf ihnen Habsucht, betrüglichen Sinn (den ihr lange ununterbrochener Handel mit den ehrlichen und arglosen Indianern veranlaßt haben soll)*), Eigennutz, Knickerei, Lieblosigkeit gegen Fremde, und Mangel an Bildung vor. Die Stadt hatte 1712 nur gegen 4000, 1810 aber 9356 Einwohner, und die Zahl ihrer Häuser stieg schon 1797 auf 863, hat aber seit dieser Zeit sehr zugenommen. Ihr Gebiet beträgt ½ geogr. Q. M.; zur Legislatur sendet sie 2 Abgeordnete. — Der Fabrikfleiß ist, wie in den meisten Städten der Freistaaten, noch schwach, doch waren 1794 gute Bierbrauereien, Senf- und Rappee-Mühlen, eine Chocoladenmühle, Tabaksspinnereien, eine Papiertapeten-, eine Nägelfabrik und eine Glashütte im Gange, auch wurden gute Hüte, Gewehre und Schwerter verfertiget. Die hiesigen Druckereien lieferten blos einige Zeitungen. — Die in kurzem so vermehrte Bevölkerung in den westlichen Grafschaften hatte auch dem Handel von Albany neues Leben gegeben, und es befanden sich mehrere Kaufleute daselbst, die ihre Spekulationen so weit ausdehnten, daß sie ihre Waaren nicht mehr von Newyork bezogen, wiewol dieses noch immer die meisten lieferte, sondern, um sie aus der ersten Hand zu haben, unmittelbar Schiffe nach Westindien, England und Holland schickten. Eine hier befindliche, unter einem Präsidenten und 12 Direktoren bestehende, Bank mit einem Capitalvermögen von 260,000 Dollars, discontirt zu 6 Proc. jährlich Assignationen und Wechsel, die in 45 Tagen fällig sind. Für die Schiffe sind am Flusse Anländen und Schiffslager eingerichtet. Der Hudson ist von hier aus für Sloops von 30 Tonnen schiffbar. Doch sind 8 oder 9 engl. Meilen von Albany hinabwärts die sogenannten Overslaughs eine für die Schifffahrt beschwerliche Stelle. Eine Menge Inseln und Sandbänke machen daselbst den Strom sehr seicht, so daß schwer beladene Fahrzeuge nur bei der Fluth durchkommen können. Das Fahrwasser ist an der Westseite. Nach dem Champlain und nach den westlichen Seen hin sind in neuerer Zeit Kanäle gegraben worden, und nach Schenektady führt eine sehr gute, durch den Wald angelegte Landstraße, die über 3½ geogr. M. lang ist.

Albany ist auch der Name einer Ortschaft in der Grafschaft Berks in Pennsylvanien, östlich vom Shuylkill. (*F. Herrmann.*)

ALBARRACIN (16° 20′ L. 40° 32′ B.), Ciudade in dem span. Königr. Aragon, Sitz des davon benannten Corregimiento, am linken Ufer des Turia, mit 3 Pfarrkirchen, 2 Klöstern, einem Hospital, 4 Armenhäusern, 1800 Einw., einem unter dem Erzbischof zu Sarragossa stehenden Bisthum, Manufakturen von braunem Landtuche und wichtigen Eisenwerken in der Nähe. — Auch treibt die Stadt Handel mit einer guten Sorte Wolle, die von ihr den Namen führt. (*Stein.*)

ALBASIN (Albazin), eine ehemalige russische Stadt und Grenzfestung gegen China, am linken Ufer des Amur, ungefähr 200 Werste unterhalb der Mündung der Arguna. Als die Kosaken 1651 die Gegend des obern Amur einnahmen, der hier Perlen mit sich führt, wählten sie das Städtchen des kleinen Fürsten Albasa zu ihrem Hauptquartiere, machten eine kleine Festung daraus und nannten sie Albasin. Weil dieses Veranlassung zu Streitigkeiten und sogar zu einem Kriege zwischen Rußland und China gab (wegen des dasigen Zobelfanges und der Perlenfischerei in dem Amur), trat Rußland diesen Ort 1689 nach geschlossenem Frieden an China ab, worauf er von den Russen verlassen wurde, und noch bis jetzt, ungeachtet die Gegend sehr fruchtbar ist, nicht wieder bewohnt wird, außer daß einzelne Streifparteien sich dann und wann darin niederlassen. Auf den chinesischen Landcharten steht an der Stelle von Albasin, Jalisa. S. Lange, Reise nach China; Lesseps' Reisen, u. a. m. (*I. Ch. Petri.*)

ALBATEGNIUS (Mohammed Ben Geber Albatani), von Batani in Mesopotamien, welchen Lalande unter die 20 berühmtesten Astronomen zählt, und Halley einen Mann von bewundernswürdigem Genie nennt, lebte in der zweiten Hälfte des 9ten Jahrh. Er war Statthalter der Khalifen in Syrien, und stellte seine astronomischen Beobachtungen theils zu Antiochien, theils zu Aracta, einer Stadt in Mesopotamien, an, woher er auch den Namen Muhamedes Aractensis hat. Er hat durch die vom J. d. H. 264 (877 n. Chr.) bis zu seinem Todesjahre 317 d. H. (929 n. Chr.) fortgesetzten Beobachtungen die Wissenschaft in der That bedeutend weiter gebracht. Beim Vorrücken der Nachtgleichen setzte er 70 Jahre für einen Grad an, untersuchte die Eccentricität der Sonnenbahn aufs neue, setzte die Länge des Jahres auf 365 Tage, 5 Stunden, 46 Min., 24 Sec., und bemerkte zuerst die Bewegung des Sonnenapogeums. Die letzte Entdeckung brachte ihn auf die Vermuthung, daß auch bei den andern Planeten ähnliche Ungleichheiten Statt finden könnten, und veranlaßte Verbesserungen der Theorie des Ptolemäus, wodurch neue Tafeln entstanden. Endlich verdient noch bemerkt zu werden, daß er bei diesen geometrischen Untersuchungen zuerst auf den Gedanken kam, statt der Sehnen, wie Ptolemäus, die Sinus zu gebrauchen; wenigstens findet sich von dieser Veränderung keine ältere

*) Vormals war die Stadt der Hauptsitz des Pelzhandels, durch welchen sie ungeheure Summen an sich zog, da sie das feinste Pelzwerk für Kleinigkeiten, z. B. grobes Tuch, Korallen, kupfernes Geräth, Pulver und Blei, Rum u. dergl. von den benachbarten indianischen Stämmen einkaufte, und zu hohen Preisen an die Europäer losschlug. Allein dieser Handel, der seiner Natur nach alljährlich mühsamer werden und sich vermindern muß, war seit dem amerikanischen Freiheitskriege bis auf wenige Ueberreste in die Hände der Engländer übergegangen, die ihm bekanntlich in Kanada und in den Hudsonsbailändern einen sehr großen Umfang zu geben gewußt haben. Doch hoffte man, daß sich nach der vor einigen Jahren erfolgten Rückgabe der von den Engländern seit dem Pariser Frieden widerrechtlich zurückgehaltenen Forts an den Seen, durch welche das Verkehr der Indianer mit den Bewohnern der Freistaaten lange gehemmt worden war, wenigstens ein Theil des Pelzhandels wieder nach Albany ziehen würde.

Nachricht. Seine Untersuchungen sind herausgekommen unter dem Titel: De scientia stellarum, lateinisch von Plato Tiburtinus und mit Zusätzen von Regiomontanus, zugleich mit Alfraganus. Nürnb. 1537. 4. Auch Albategnius allein: Mahometis Albatenii de scientia stellarum liber, c. aliquot additionibus *I. Regiomontani*. Bonon. 1545. 4. (*Schaubach.*)

ALBATERA (15° 56′ L. 38° 22′ B.), Stadt im span. Königr. Valencia, mit 2400 E., einer prächtigen Kirche und Seidenbau. (*Stein.*)

Albati, von Alba. Chorhemde, s. Alba.

ALBATI, Albi, Dealbatores, der lateinische Name religiöser Gesellschaften von Büßern aus allen Ständen, die 1399 und 1400 zahlreiche Wallfahrten in Italien anstellten und wegen ihrer weißen Bußkleider Weiße genannt wurden. Ihre Geschichte findet man unter dem Art. ihres Nationalnamens Bianchi. (*G. E. Petri.*)

Albatros, Kriegsschiffsvogel, s. Diomedea.

ALBAXEN, Pfarrd. an der Emme, in dem preuß. Reg. Bez. Minden, Kreis Höxter, mit 136 H. und 1000 kathol. Einw., worunter viele Juden. Die Leinweberei beschäftigt hier an 90 Stühle. (*v. Hassel.*)

ALBAYDA (16° 14′ L. 38° 58′ Br.), Villa im span. Königr. Valencia, im Govierno de San Felipe, mit dem Titel eines Marquisats, mit 3200 Einwohnern, Esparto- und Leinwandfabriken, Wachsbleiche, Seifensiederei. (*Stein.*)

Albazin, s. Albasin.

ALBECK, ALPECK, 2 alte Schlösser an den Enden der schwäbischen Alb (Alpen); das eine zerfallen bei Sulz auf dem rechten Neckarufer, das zweite 2 St. von Ulm an der Landstraße nach Haidenheim, noch in seinem einstigen Umfange, die Beamtenwohnung eines wirtembergischen Oberamtmanns. An dem Bergabhange liegt das Städtchen Alpeck, mit 59 H., 332 E., nebst einer Bannflur von 839 Jaucherten. Auch unter der königl. baierschen Regirung war Alpeck der Sitz eines königl. Landgerichts, zu welchem nebst dem Städtchen Alpeck, der Markt Altheim, 14 Pfarrdörfer, 5 andere Dörfer, 12 Weiler und 7 Einöden, mit 6717 E. gehörten. Nebst diesen Orten begreift das jetzige zum Donaukreis gehörige königl. wirtembergische Oberamt Alpeck noch die im J. 1810 und 1812 von Baiern an Wirtemberg abgetretenen Orte von dem vormaligen Landgerichte Elchingen, nämlich 2 Märkte, 7 Pfarrd., 3 andere Dörfer und 2 Weiler mit 13,767 E. Alpeck ist der Stammort einer vormals reich begüterten Familie, die mehrere Klöster stiftete. (*Raiser.*)

ALBEMARLE, Grafschaft mit 18000 Einw. im nordamerik. Staate Virginien. Von ihr hat den Namen der Albemarle-Sund; ein Meerbusen in Nord-Carolina, 60 engl. M. nordwärts vom Pamlikosund. Seine Breite ist 8 bis 12 engl. M. Er geht ziemlich tief in das Land hinein, und die Flüsse Roanok und Chowan ergießen sich in ihn. (*F. Herrmann.*)

Albemarle, Graf und Herzog, s. Keppel u. Monk.

ALBEN heißt 1) in Krain ein quecksilberhaltiges Gebirge (auch Monte de Casso genannt), wie auch ein auf demselben entspringender Fluß, der ins adriatische Meer mündet, und ein an demselben gelegener Flecken. 2) Im Salzburgischen ein aus den Winkeln des Hinter-Sees zusammenlaufender und bei Hallein in die Salzach fallender Bach, auch Albenbach genannt, und ein Fluß, welcher in der Gegend des Obersees entspringt, alle Bäche von Berchtesgaden aufnimmt, und nachdem er beim hangenden Stein einen Theil für den in die Stadt Salzburg führenden Canal abgegeben hat, bei Nieder-Alben in die Salzach geht. — Auch heißt so ein Dorf unweit Salfelden, mit einer schon seit 1555 bestandenen Vicariats-Kirche, zu welcher über 1000 Seelen gehören, von welchem früher eine adelige Familie sich benannte. (*Röder* u. *Winkelhofer.*)

ALBENDORF. Ein Dorf im wünschelburger Distrikt der Grafschaft Glatz, von etwa 600 Einwohnern, dem Grafen Magnis gehörig. Wegen eines sogenannten wunderthätigen Marienbildes wird dieser Ort jährlich von vielen tausend Wallfahrern, meist aus dem benachbarten Böhmen, besucht. Die Kirche, in welcher das Bild steht, ist ein schönes, nicht blos als Dorfkirche ausgezeichnetes, Gebäude, das mit Votivstücken zum Andenken der durch hier verrichtetes Gebet erwirkten wunderbaren Heilungen angefüllt ist. Auf einem benachbarten Hügel, Zion genannt, sind 60 kleine Kapellen zum Andenken der Lebens- und Leidensgeschichte Jesu und verschiedener Heiligen errichtet, meist nach Verhältnissen und Maßstäben, die man sich aus Jerusalem oder andern Orten des heiligen Landes zu verschaffen gewußt hat. Alles trägt hier den Stempel des Aberglaubens, der jedoch auf den Charakter der Einwohner nicht so nachtheilig, als manche Schilderungen erwarten lassen, eingewirkt hat. Sie bestehen aus heitern und freundlichen Menschen, welche die täglich mit einem weinerlichen Gesang heranziehenden Schwärme fremder Andächtiger an und in der Kirche ihr Wesen treiben lassen, ohne selbst von Bigotterie und Ketzerhaß befangen zu seyn. Die Stiftung dieses Wallfahrtsortes, die einige in sehr frühe Zeiten versetzen, datirt sich nach der gewissern Angabe von d. J. 1702, wo das wunderthätige Bild von einem blinden Bettler in einem Baume, worin es seit Jahrhunderten verborgen gewesen war, dadurch entdeckt ward, daß er plötzlich die Sehkraft wieder erhielt. Man legte es in jener Zeit von Seiten des österreichisch-Leopoldinischen Hofs darauf an, das noch vor kurzem ganz protestantische Land zu katholisiren, und begünstigte daher dergleichen Hilfsmittel der frommen Absicht nach bestem Vermögen. Uebrigens ist die erste wunderbare Erscheinung des Bildes damals nach allen gerichtlichen Formen untersucht und erwiesen worden, und für die Heilungen, welche, wiewol in abnehmender Zahl, noch fortdauernd bewirkt werden, wird eine Menge Augenzeugen angeführt. (*Menzel.*)

Albenespara, s. Albunespara.

Albenga, s. Albium Ingaunum.

ALBENREUT, (Neu-), ein zur Herrschaft Eger gehöriges, freisössiges großes Dorf in Böhmen, Ellbogner Kreises, 3 Stunden von Eger, mit einer Pfarre und Eisenhammer, (der sogenannte Säuerling-Hammer) wo militärische, und mit Ausnahme von Sensen und Sicheln, ökonomische Werkzeuge von Eisen verfertigt werden. Das Eisen bezieht er aus der nahen Oberpfalz; die Waaren finden vorzüglich Absatz in Regensburg und Eger. In der Nähe ist Alt-Albenreut, wo sonst Bergbau betrieben wurde. (*André.*)

Albenser Gespannschaften, s. Weißenburger Gespannschaften.

ALBER, Alberus, (Erasmus), ein durch Schicksale und Schriften, vorzüglich aber durch seine Widersetzlichkeit gegen das Interim bekannter Theolog aus den Zeiten der Reformation. Wann und wo er, ob in einem Wetterauischen Orte oder zu Sprendlingen im Darmstädtischen, geboren wurde, ist noch streitig; gewisser, daß sein Vater zuerst Schulmeister, dann Prediger auf dem Riedeselschen Gute Engelroth war. Er studirte ungefähr 1520—21 die Theologie zu Wittenberg unter Luther, welcher ihm auch später (1543) die theologische Doctorwürde ertheilte, und ihm immer als einen seinem eifrigsten Anhänger viel Freundschaft erwies, — war gegen 1525 an der Schule zu Ursel, 1527 zu Heldenberg bei einem Ritter von Hakstein, führte dann in dem Dreieichischen Gebiete die Reformation ein und war daselbst Prediger zu Götzenhain und Sprendlingen. Später ward er auf kurze Zeit Hofprediger bei Joachim II. von Brandenburg, bald aber wegen seines Eifers gegen die den Geistlichen auferlegten Abgaben wieder entlassen. Eben so verließ er eine im J. 1541 zu Neubrandenburg angetretene Predigerstelle wieder im folgenden Jahre, wurde darauf Prediger zu Baden in der Wetterau, ging von da 1545 als Prediger nach Babenhausen im Hanau-Lichtenbergischen, wo er Kiechen und Schulen reformiete, erhielt aber auch dort noch in demselben Jahre seine Entlassung, wurde einige Zeit darauf (1548 oder 1549) Prediger zu Magdeburg, mußte aber auch diese Stelle bald wieder aufgeben, wegen seiner Widersetzlichkeit gegen das Interim, wurde jedoch endlich — nachdem er 1552 in Hamburg privatisirt hatte — 1553 General-Superintendent zu Neubrandenburg, starb aber hier bald, noch in demselben J. 1553 den 5ten Mai. Allem Anscheine nach war dieß wechselvolle Schicksal die Folge seines allzugroßen Eifers im Allgemeinen, und zuletzt insonderheit, wie auch ausdrücklich angegeben wird, seiner Widersetzlichkeit gegen das Interim, das er mündlich und schriftlich bestritt. Auch schrieb er sehr satirisch gegen die Katholiken und verteutschte, doch ohne Namen, des Minoriten Barthol. Albizzi berüchtigtes Buch Conformit. S. Francisci ad vitam Jesu Christi mit Anmerkungen unter dem Titel: „Der Barfüßer Mönche Eulenspiegel und Alcoran, mit einer Vorrede Mt. Lutheri" das anfangs ohne Jahr und Druckort, dann zu Wittenberg 1542. 4. u. zu Frankfurt 1542. 8. herauskam und von Konr. Badius, der das Ganze Luthern zuschrieb, ins Lateinische und Französische übersetzt und sehr vermehrt wurde, (zuerst Genf 1560, dann öfterer.) Außer mehrern andern theologischen und insonderheit polemischen Schriften gegen die Katholiken und Luthers Feinde, schrieb er auch geistliche Lieder und Fabeln für die Jugend in (teutschen) Reimen. Vgl. außer Adelung und Jöcher auch Strieders Hessische Gelehrtengeschichte 1r Th. (*H.*)

ALBERCHE, kleiner Fluß in der Span. Prov. Toledo, der bei Navacabeza entspringt, und nach einem Laufe von $24\frac{1}{2}$ Meilen bei Moncarragon in den Tajo fällt. (*Stein.*)

Albergaria, s. Atzungsrecht.

ALBERGOTTI, 1) Franz, aus Arezzo, einer der gelehrtesten Männer seiner Zeit, der nicht bloß unter Baldus die Rechte, sondern auch mit gleichem Eifer Philosophie, Geschichte und schöne Literatur studirte. Seine Zeitgenossen gaben ihm den Titel: solidae veritatis doctor. Im J. 1349 begab er sich nach Florenz, und die Republik vertrauete ihm Geschäfte von der größten Wichtigkeit an, die er so glücklich ausführte, daß er in den Adelstand erhoben wurde. Er starb zu Florenz 1376. Von seinen Schriften verdienen Bemerkung: Commentarius in libros digestorum Lyon 1538. fol. Seine Commentare über einige Bücher des Codex sind wahrscheinlich noch nicht gedruckt. Seine Consilia, denen Bartolo großes Lob ertheilte, erschienen zuerst Ven. 1541. fol. — 2) Sein Sohn Ludwig wird ebenfalls unter die gelehrtesten Juristen gezählt. — 3) Marcellin, Bischof von Arezzo, leistete dem Papste Innocenz IV. gegen den Kaiser Friedrich II. große Dienste, so wie 4) Johann A., ebenfalls Bischof von Arezzo, dem Papst Gregor XI. in dessen Händeln mit Galeazzo Visconti, Hzg. zu Mailand. (*H.*)

ALBERICH, Alberico, ein Lombardischer von Adel, wurde, nachdem er von der Partei Guido's zu der Berengar's I. übergegangen, von Letzterm zu Ende des 9ten Jahrh. zum Marquis von Camerino ernannt. Durch seine Vermählung mit Marozia, Tochter Throdora's, (s. diese) erhielt er die Herrschaft von Rom, und vereinigte nachher noch mit den Besitzungen seiner Gemahlin das Herzogth. Spoleto. Im J. 916 zog er mit dem Papste Johann X. gegen die Saracenen, die sich am Garigliano gesetzt hatten und ihre Verwüstungen bis an die Thore von Rom ausdehnten. Ungeachtet er sie zurück geschlagen, wurde er doch nachher aus Rom verwiesen, und man beschuldigte ihn, daß er aus Rache gegen Johann X. die Ungern nach Italien gerufen. Nach dem Rückzuge derselben warf sich Alberich in die Stadt Orta, wo er gegen das J. 925 von den Römern ermordet wurde. Sein und der Marozia Sohn ist Alberich II., dessen Mutter sich nach Alberichs I. Tode noch zweimal vermählte, zuerst mit Guido, Markis von Toscana, aus welcher Ehe der nachmalige Papst Johann XI. entsproß, und dann mit Hugo von Provence, König von Italien. Alberich, der sich als Markis von Camerino am Hofe Hugo's befand, fühlte bald dessen Härte. Als er ihn aber einst, weil er ihm Wasser zum Waschen schlecht aufgegossen, gar ins Gesicht schlug, da fühlten die Römer, die schon vorher die Rohheit der provenzalischen Umgebungen des Königs übel empfunden hatten, diese, dem ersten Baron des Reichs wiederfahrne Beleidigung so tief, daß sie in Wuth zu den Waffen griffen, und Hugo nöthigten, sich in die Engelsburg zu retten, aus welcher er nachher mittelst einer Strickleiter entfloh. — Marozia ward ins Gefängniß gesetzt, und selbst Johann XI. unter strenger Aufsicht gehalten; Alberich aber als Heer von Rom mit dem Titel eines Großconsuls ernannt. Als Hugo, um die Herrschaft Roms wieder zu erlangen und sich und seine Flucht zu rächen, Rom belagerte, leistete Alberich tapfern Widerstand. Ein Scheinfriede ward geschlossen; Hugo vermählte seine Tochter Alta an Alberich, um durch List zu gewinnen was er mit Gewalt nicht erreichen konnte; nie aber erlaubte Alberich seinem Schwiegervater nach Rom zu kommen. 23 Jahre lang regirte Alberich die alte Hauptstadt der Welt zu einer Zeit, wo das occidentalische Reich ohne Haupt, und das orientalische ohne Macht war. Er allein richtete die Blicke von ganz Italien auf sich, die Päpste waren ohne Ansehen; Alberichs Charakter aber war geachtet und sein Geist verbürgte die Unabhängigkeit seines Vaterlandes. Er starb 954. Sein Sohn Octavian, der die weltliche Macht Roms ererbte, vereinte damit zwei Jahre später die geistliche, indem er als Johann XII. den päpstl. Thron bestieg. (*H.*)

ALBERICH, Albericus, von Rheims, ein Schüler des Anselmus von Laon, Zeitgenosse und Gegner des Abälards, ein spitzfindiger Denker, der erfinderisch war in Aufsuchung neuer Fragen und Schwierigkeiten, mit eigner doch unbekannter Ansicht von den allgemeinen Begriffen, denen er Realität beilegte. Er gehörte zu den sogenaunten Realisten, und seine Anhänger hießen Albericaner. (*Tennemann.*)

ALBERICH, Albericus, ein Geschichtschreiber, um die Mitte des 13ten Jahrh. wird gewöhnlich für einen Cistercienſermönch in der Abtei des trois fontaines in Champagne gehalten, und daher auch Monachus trium fontium genannt; wahrscheinlicher aber war er ein regulirter Chorherr des h. Augustinus zu Neumünster oder Neuf-Moutier bei Huy im Lüttichschen. Man hat von ihm eine Chronik von Erschaffung der Welt bis 1241, eine der ausführlichsten Arbeiten des ganzen Mittelalters, größtentheils aus zum Theil verloren gegangenen Schriftstellern geschöpft. Sie ist reich an Mährchen, Erscheinungen und andern unbedeutenden Dingen; und in der Chronologie verworren und unzuverlässig, aber mit vielen Geschlechtsregistern durchflochten, welche die Geschichte der teutschen und französischen Familien erläutern. Auch gibt der Verfasser manche brauchbare Notiz von Schriftstellern und ihren Schriften. Leibnitz hat diese Chronik zuerst aus einer Wolfenbüttelschen Handschrift in den Accession. histor. (Hannov. 1698. 4.) T. II. pag. 1—592. abdrucken lassen; vergl. damit die Lectiones emendatiores et auctiores Chronici Alberici ab a. 960 ad 1241. in *I. B. Menkenii* Scriptt. rer. Germ. T. I. 37—90. S. Hambergers zuv. Nachr. 4 Th. 381. Adelungs Directorium 121. (*Baur.*)

Alberich, Alberic d' Aix, s. Albert.

ALBERICH, Alberico de Rosate, (Roxiati), aus Bergamo gebürtig, einer der berühmtesten Rechtsgelehrten des 13. Jahrh. lieferte einen oft gedruckten Commentar über das 6. Buch der Decretalen, ein Dict. jur. civ., einen Commentar über d. Pandekten u. a. — Gravina erwähnt auch von ihm einer Erklärung der göttlichen Comödie von Dante, wovon sich die Handschrift zu Paris befinde. (*H.*)

ALBERN, ALBERNHEIT. Es kann hier zweierlei in Frage kommen: die Sache und das Wort; denn es ist nicht ausgemacht, zu welchem Geschlechte das Wort Albern gehöre. Am wahrscheinlichsten leitet es Frisch von den Elfen her, deren König (Oberon) durch einen unsterblichen Dichter unsterblich geworden, und deren Name mit dem Namen des Alp, der noch jetzt seine Gläubigen hat, und sie dafür des Nachts zuweilen drückt, ursprünglich einerlei, nur durch eine andete Aussprache abgeändert, und von Alp in der Bedeutung einer Bergspitze hergenommen ist, weil man die Elfen vorzüglich auf hohen Bergen hausen ließ. Es waren aber die Elfen zwar muntere, geschäftige und geschwätzige Wesen, aber Stifter von niedrigem Range, an Verstandeskräften unter den Menschen, und mußten gewöhnlich den mächtigern Feen dienstbar seyn. Man gab ihnen Schuld, daß sie den Menschen Kinder raubten, und dafür ihre mißgestalteten und geistesschwachen Kinder unterschöben. Daher kam es, daß man danu alle geistesschwachen Menschen nach den Elfen- oder Alpen-Kindern albern, oder wie man im Niederteutschen, im Halberstädtischen z. B. sagt, elbisch nannte. In der Folge, als man die verschiedenen Arten von Geistesschwäche bestimmter unterschied, wurde auch der Ausdruck Albern blos auf eine bestimmte Art davon eingeschränkt. Aber auf welche? Das führt auf Betrachtung der Sache.

Unsere Urtheile sind entweder durch objective Gründe nothwendig bestimmt, oder sie sind dies nicht, dergestalt, daß es der Urtheilskraft frei bleibt, so oder anders zu urtheilen. Im letztern Falle können sie freie Urtheile genannt werden. Das Vermögen zu solchen freien Urtheilen, und besonders ein ausgezeichneter Grad desselben, ist die Beurtheilungskraft. Diese kann also ihre Urtheile nicht geradezu von den Gegenständen her nehmen, indem diese keine nothwendig bestimmenden Gründe dazu enthalten; sondern sie muß sie mehr durch sich selbst erzeugen, und zu den Gegenständen hinbringen. Dieses ist das, was die Sprache durch das Be im Beurtheilen andeutet; so wie sie auf ähnliche Art, in Besehen, Besuchen, Begießen, u. s. f. durch das Be die Richtung der Handlung auf den Gegenstand ausdrückt. Wenn das Gesetz auf ein gewisses Verbrechen bestimmt 4 Wochen Gefängnißstrafe setzt, und ein Angeklagter dieses Verbrechens überwiesen ist; so braucht der Richter gar keine Beurtheilungskraft dazu, um zu dem Ausspruche zu kommen, daß dieser Angeklagte 4 Wochen Gefängniß erleiden müsse. Wenn aber das Gesetz dem Ermessen des Richters überläßt, nach Bewandtniß der Umstände 4 bis 8 Wochen Gefängniß zu verhängen, so hat derselbe Beurtheilungskraft nöthig, um den rechten Ausspruch zu thun; denn hier kommt es auf ein freies Urtheil an. — Durch Beurtheilungskraft nun äußert sich vorzugsweise der sogenannte Mutterwitz (Secunda Petri), und, im Gegentheile, ein auffallender Mangel derselben macht die Albernheit aus. Jeder, dem es an Beurtheilungskraft sehr merklich fehlt, so wie Alles, worin dieser Mangel sich offenbart, wird albern genannt. Wer offenbar unschuldige Scherze übel nimmt, und sich darüber kindisch geberdet, oder wer, umgekehrt, grobe Schmeicheleien und augenscheinlich verstelltes Lob für Ernst hält und mit Selbstgefälligkeit aufnimmt, oder wer in Gesellschaft auf harmlose Neckereien, die sich leicht abwehren ließen, Nichts zu erwiedern weiß, sondern verlegen, und ungewiß, ob sie für Ernst oder für Scherz zu nehmen seyeu, mit einem einfältigen, grinsenden Lächeln dasitzt, der zeigt sich albern; eben so wie ein vereiteltes Mädchen, das ehrenwerthe Freier schnöde behandelt und sich von Gecken huldigen läßt, ein albernes Ding heißt, und wie es eine alberne Antwort jener Frau war, die ihrem Manne auf seinen Rath, daß sie nach seinem Tode ihren Nachbar heirathen möchte, erwiederte: daß sie das auch schon gedacht habe. In allen solchen Fällen nämlich offenbart sich Mangel an Beurtheilungskraft.

Mit dem Mangel an Beurtheilungskraft kann übrigens eine gewisse Lebhaftigkeit bestehen, welche den Menschen munter, geschäftig und geschwätzig macht. Insbesondere ist damit eine lebendige Einbildungskraft verträglich, indem dieses Vermögen von der Urtheilskraft gänzlich verschieden, und von ihr zunächst nicht abhängig ist; und diejenige Lebhaftigkeit, die der Mensch hat, muß sogar durch Mangel an Beurtheilungskraft noch befördert werden, indem er alsdann allen Aeußerungen derselben ohne Unterschied freien Lauf läßt, von welchen er, bei mehr Beurtheilungskraft, viele zurück halten würde; so wie er z. B. in Gesellschaft Alles, was ihm auf die Zunge kommt, heraus schwatzt, auch wenn es läppisch und lächerlich ist. Wer nun an Beurtheilungskraft merklich Mangel leidet und dabei durch eine gewisse Lebendigkeit des Geistes geschäftig und geschwätzig ist, so daß er eben darum sehr oft in läppische und lächerliche Reden oder Handlungen verfällt, der ist albern in dem engern Sinne. Auch dieser engere Begrif des jetzigen Sprachgebrauches scheint mit dem oben erwähnten, ersten Ursprunge des Wortes Albern genau zusammen zu hängen. Denn die Alpen oder Elfen waren zwar schwach von Verstande, aber doch munter, geschäftig und geschwätzig.

Diesen engern Begriff hat auch Kant vor Augen, wenn er sagt: „Albern ist derjenige, der beständig faselt." Inzwischen wird doch hiedurch nur ein äußeres Kennzeichen der Albernheit, nicht das innere Wesen derselben angegeben; nur bestimmt, wodurch sie sich offenbare, nicht, worin sie bestehe.

Aus ihrem Wesen folgt noch:

1) Jeder Alberne handelt und redet thöricht oder gar närrisch, d. i. der Weisheit oder Klugheit zuwider, sobald diese eine gewisse Beurtheilungskraft voraus setzen. Aber nicht umgekehrt. Nicht jeder Thor, nicht einmal jeder Narr ist albern. Auch durch Leidenschaft, u. s. f. kann der Mensch zu Thorheiten und Narrheiten verleitet werden, wenn es ihm auch gar nicht an Beurtheilungskraft fehlt. Es kann daher geistreiche Thoren, sogar geistreiche Narren geben, wie es denn dergleichen Hofnarren wirklich gegeben hat; aber ein geistreicher Alberner ist nicht deulbar. Denn ohne Beurtheilungskraft kann Niemand geistreich seyn.

2) Die Sippschaft, zu welcher die Albernen zunächst gehören, begreift auch die Einfältigen, die Dummen und die Blödsinnigen unter sich. Die Denkkraft des Einfältigen kann immer nur auf Eine Sache gerichtet seyn; es mangelt ihr das Vermögen, Vieles zu vergleichen und zusammen zu fassen. Bei dem Dummen gebricht es der Denkkraft an dem Vermögen, in Etwas einzudringen, sie ist stumpf, wie schon der Ausdruck dumm, ehedem Dumb und Tumb, woraus wir auch unser stumpf gemacht haben, hierauf hinweiset. Der Denkkraft des Blödsinnigen mangelt sogar das Vermögen, Gegebenes aufzufassen. Denn blöde im eigentlichen Sinne ist derjenige, dessen Gesichte das Vermögen, gegebene Eindrücke aufzunehmen, merklich mangelt. Die Blödsinnigen nun, die Dummen und die Einfältigen müssen sich oft auch albern zeigen; zwar nicht immer im engern, aber doch allemal im weitern Sinne. Denn unmöglich kann die Denkkraft gehörig beurtheilen, was sie nicht gehörig aufzufassen, oder zu durchdringen, oder mit Andern zu vergleichen vermag. Aber nicht umgekehrt. Ein Alberner ist nicht immer einfältig, oder dumm, oder gar blödsinnig. Denn ihm fehlt, als solchem, blos das Vermögen der freien Urtheile. Zu den Urtheilen der andern Art kann er geschickt seyn, und die dazu erfoderliche Kraft, aufzufassen, einzudringen und zu vergleichen besitzen. Er kann daher sogar in solchen Kentnissen, wo es auf freie Urtheile nicht ankommt, sich auszeichnen, und z. B. ein guter Meßkünstler werden, indem ein solcher nicht mit freien, sondern mit objectiv nothwendig bestimmten Urtheilen zu thun hat. Das bestätigt die Erfahrung. Es hat Meßkünstler gegeben, die übrigens alberne Menschen waren, und besonders in Angelegenheiten des gemeinen Lebens sich albern betrugen.

3) Albernheit gehört zu denjenigen geistigen Gebrechen, die am allerschwersten zu heben sind, da sie schlechterdings alle Besserung durch Belehrung verschmähet. Es ist an sich unmöglich, freie Urtheilskraft — deren Mangel Albernheit ist — durch Belehrung hervor zu bringen, oder auch nur zu vermehren. Denn sofern der Mensch nach irgend einer empfangenen Belehrung urtheilt, ist das eben darum kein freies Urtheil. Es bleibt daher kein anderes Mittel gegen die Albernheit übrig, als fleißige Uebung im freien Urtheilen. Wie diese am zweckmäßigsten eingerichtet werden, und besonders nach dem Gesetze der Stetigkeit, vom Leichtern zum Schwerern allmählig fortschreiten solle, muß man aus den Grundsätzen der Seelenlehre entnehmen. Ist es Albernheit im engern Sinne, so müssen mit jener Uebung auch noch alle die Mittel verbunden werden, wodurch der Mensch daran gewöhnt wird, sich vor Uebereilung zu hüten. Denn auch die schwächste Beurtheilungskraft wird um so weniger Mißgriffe thun, und überhaupt ihre Schwäche um so weniger verrathen, je mehr sie das vorschnelle Urtheilen vermeidet. Auch diese letztern Mittel muß die Seelenlehre an die Hand geben. *(J. G. E. Maaß.)*

ALBERNAU, amtsässiges Freigut an der Mulde und am Tiefenbache im Erzgebirgischen Kreisamte Schwarzenberg im Königr. Sachsen, nur mit 40 kleinen Häusern, aber eigner Gerichtsbarkeit, und mit einem unweit dovon am Fuße des Steinbergs gelegenen Blaufarbenwerke, das 1575 von Hans Zernitzsch und Jonas Harrer gegründet, 1649 aber von Erasmus Schindler, einem reichen Bürger zu Schneeberg, gekauft und so vergrößert wurde, daß es jetzt das Schindlerische Blaufarbenwerk genannt wird. Das zum bessern Betriebe des Werkes 1788–90 mit einem Aufwande von 7000 Thlr. diagonal gegen den Strom gebaute steinerne Muldenwehr dient zugleich der königl. Wilzsch- und Muldenflöße als Rechen und wird von Wasserbauverständigen sehr geachtet. Vgl. A. Beyers Beitr. zu Bergbauk. Dresden 1794. S. 296. f. und Blaufarbenwerke. *(Engelhardt.)*

ALBERONI, Julius. Cardinal und erster Minister Philipps V. von Spanien, — einer der außerordentlichsten und thätigsten Männer seiner Zeit, der vor hundert Jahren durch seine revolutionäre Staatskunst halb Europa gegen sich bewaffnete, um die innere Verwaltung aber sich viele Verdienste erwarb, — war der Sohn eines armen Weingärtners im Parmesanischen, geb. d. 31. Mai 1664. wahrscheinlich in dem Dorfe Fiorenzuola. Als Kapellknabe bei einer Kirche in Piacenza, lernte er von seinem Pfarrer Lesen und Schreiben, dann in der Klosterschule der Barnabiten etwas Latein. Die Mönche liebten den muntern Knaben, der sich einzuschmeicheln wußte, und verschafften ihm die Stelle eines Glöckners bei der Domkirche. Auf die Empfehlung der Domherren erhielt er die Priesterweihe, und trat darauf als Gesellschafter in die Dienste des Vice-Legaten Barni von Romagna zu Ravenna. Dieser wurde Bischof von Piacenza, und übertrug dem gewandten Alberoni die Aufsicht über sein Hauswesen. Allein er vernachlässigte dieses Geschäft; sein Gönner nahm es ihm daher ab, und verhalf ihm zu einer Präbende; zugleich ernannte er ihn zum Erzieher seines Neffen. Dadurch lernte der Abbé Alberoni selbst Philosophie, Geschichte, Rechtswissenschaft und Französisch. Dann führte er seinen Zögling nach Rom, und bildete sich hier für den Umgang mit der vornehmen Welt. Hierauf kehrte er nach Piacenza zurück, wo er sich durch sein gefälliges Betragen die Gunst des Grafen Roncaveri, Bischofs von St. Donnino, erwarb. Es war die Zeit des spanischen Erbfolgekriegs. Der Herzog von Vendome hatte den Oberbefehl über das französische Heer in Italien, und der Herzog von Parma sollte sich für oder gegen Frankreich erklären. Er schickte deshalb im J. 1703 den Bischof von St. Donnino, einen gebildeten Staatsmann, in das französische Hauptquartier. Dieser nahm den Abbé Alberoni als Caplan oder Almosenier mit sich, weil er gut französisch sprach, und im Umgange jene Leichtigkeit und den lebhaften heitern Sinn besaß, die den Franzosen gefallen. Zugleich war Alberoni der Geheimschreiber des Bischofs, der ihn zu mehrern Sendungen brauchte. Der muntrr Abbé, im Hauptquartier nur der Plaisantin genannt, erlangte bald die Gunst des Herzogs. Er wußte ihn nicht allein ergötzlich zu unterhalten, sondern auch seinen Gaumen durch feine Ragouts zu kitzeln. Vendome ernannte daher seinen lieben Abbé zu seinem Caplan, und schenkte ihm volles Vertrauen. Nun wandte sich, wer nur bei dem Herzog etwas suchte, an Alberoni, und der Bischof von St. Donnino, dem der Cynismus des französischen Feldherrn mißfiel, rieth selbst dem Herzog von Parma, den Abbé zu seinem Geschäftsführer bei Vendome zu ernennen. Dieß geschah im Jahr 1705. Als der französische Feldherr im J. 1706 zurückberufen wurde, folgte Alberoni, dem seine Landsleute nicht sehr wohlwollten, seinem neuen Gönner nach Paris. Hierauf nahm ihn der Herzog als Secretär mit sich in die Niederlande. Bei seiner Rückkehr nach Paris empfahl er ihn Ludwig XIV. als einen brauchbaren Diplomatiker, und Alberoni erhielt ein königliches Jahrgeld. Im Jahr 1711 ging er mit Vendome nach Spanien, wo ihm der Herzog auftrug, im Lande herum zu reisen, um das Volk und die Großen des Reichs für die Sache des Königs Philipp zu gewinnen. Dieß that Alberoni so geschickt, daß Vendome selbst gestand, er verdanke es seinem Abbé, daß Arragonien und Valencia Philipp V. erhalten worden wären. Je größer das Ansehn war, in welchem Vendome zu Madrid als der Wiederhersteller des Thrones Philipps V. stand, desto mehr galt auch Alberoni, der überdies durch den Ton seiner schönen Stimme, die er geschickt nach den Verhältnissen der Person und Sache erhob oder milderte, jedermann für sich einzunehmen wußte. Der Herzog brauchte ihn daher als Beobachter bei Hofe, besonders gegen die Prinzessin von Ursini, welche beim König und der Königin alles galt. Indeß sah Alberoni bald, daß Vendome die Prinzessin nicht stürzen könne; er suchte daher ihre Achtung zu gewinnen, um durch sie in Spanien sein Glück zu machen. Es gelang ihm. Philipp V. gab ihm ein Jahrgeld, und die Prinzessin bediente sich seiner Vermittelung, um sich mit dem Herzog von Vendome auszusöhnen. So wurde Alberoni der Vertraute aller Parteien. Auch die geheimen Nachrichten, welche die zu Utrecht eingeleiteten Friedensunterhandlungen betrafen, theilte ihm Vendome mit. Um diese Zeit hatte Oestreich die Republiken Venedig, Genna und Lucca, nebst dem Herzoge von Parma, gezwungen, den Erzherz. Karl als König von Spanien anzuerkennen; Philipp V. hob deswegen allen Verkehr zwischen Spanien und jenen Staaten auf, so daß auch ihre Gesandten das Rrich verlassen mußten. Nur in Ansehung Parma's machte er, auf Alberoni's Vorstellung, daß sein Landesherr der Gewalt habe nachgeben müssen, eine Ausnahme. Der vielvermögende Abbé faud jetzt Gelegenheit, noch tiefer in die Geheimnisse der Cabinetspolitik von Europa und Spanien eingeweiht zu werden. Vendome wurde nämlich Mitglied des spanischen Staatsraths, der die Rechte Philipps auf die Erbfolge in Frankreich und die Utrechter Friedensvorschläge untersuchen sollte; allein unter dem Namen des Feldherrn arbeitete sein Vertrauter, der thätige Alberoni. Er begleitete hierauf den Herzog nach Valencia. Hier starb Vendome (11. Jun. 1712) zu Vinaras, in Alberoni's Armen. Im Besitze der geheimsten Papiere und mit den letzten Aufträgen seines Beschützers eilte der Abbé sofort nach Versailles zu Ludwig XIV., dem er über den Zustand Spaniens Bericht erstattete, und zu der verwittweten Herzogin, welcher er den letzten Willen ihres Gemahls überbrachte. Sein Glück in Frankreich schien gewiß zu seyn; ein größeres rief ihn nach Spanien zurück. Der Herzog von Parma schickte ihn 1713 als seinen Residenten an den Hof zu Madrid, und erhob ihn in den Grafenstand. Alberoni wußte abermals sich in dem Vertrauen der Prinzessin Ursini zu befestigen. Bald darauf (15. Febr. 1714.) starb Philipps Gemahlin, Marie Luise von Savoyen. Nun herrschte die Prinzessin am Hofe und im Staatsrathe. Sie war gegen eine zweite Vermählung des Königs; Andere schlugen eine österreichische Prinzessin vor. Allein Alberoni, der Oesterreich haßte, und eben dadurch bei den spanischen Großen und bei Philipp V. Vertrauen fand, arbeitete im Stillen an einem Plane, den er auf Philipps Empfindlichkeit über den Verlust der italienischen Provinzen (im Utrechter Frieden) berechnete. Ohne Vorwissen der Prinzessin von Ursini, entdeckte er sein Vorhaben dem Herzoge von Parma, dessen Nichte, Elisabeth Farnese von Parma, in jeder Hinsicht eines Thrones würdig, und überdieß die Erbin der Staaten des kinderlosen Herzogs war. Der Herzog erhielt leicht durch den Cardinal Aquaviva, dem Alberoni den geheimen Plan mitgetheilt hatte, die Zustimmung des Papstes Clemens XI., welcher die Lehnshoheit des römischen Stuhls über Parma, gegen Oesterreich am besten durch jene Verbindung des Hauses Farnese mit Spanien geltend zu machen glaubte. Darauf billigte auch Ludwig XIV. die Verbindung. Alberoni hatte nämlich gewußt, sich unter die geheimen diplomatischen Agenten aufnehmen zu lassen, welche Ludwig an dem spanischen Hofe unterhielt, um von Allem in Kenntniß gesetzt zu werden. Nun schlug der päpstliche Nuntius dem König Philipp die schöne Elisabeth zur Gemalin vor, und die Prinzessin Ursini erfuhr die Sache nicht eher, als da sie schon entschieden war. Die Vermählung erfolgte in Parma den 17. Sept. 1714 [1]). Die junge Königin war klug. Sie kannte und fürchtete die Ursini. Auf ihrer Reise nach Spanien schrieb sie, wahrscheinlich auf Alberoni's Rath, an den König ihren Gemahl, und bat ihn eben so zärtlich als bestimmt, die Ursini, welche sich bereits zu ihrer Oberhofmeisterin hatte ernennen lassen, zu entfernen. Philipp mochte seiner Gemalin, die er mit Sehnsucht erwartete, die erste Bitte nicht abschlagen. Schon längst hatte er selbst die Herrschaft der Ursini etwas lästig gefunden, und sie bereits früher einmal fortgeschickt. Sie war überdieß den spanischen Großen verhaßt. Auch der Nuntius und der Gesandte Ludwigs XIV. arbeiteten ihr entgegen. Es wurde daher Alberoni'n, den der König um Rath fragte, leicht, denselben zu bewegen, seiner Gemahlin die Art und Weise der Entfernung der Ursini zu überlassen. Alberoni ging der Königin bis Pampluna entgegen, und die Oberhofmeisterin ward zu ihrem Empfange bis an die Grenze von Castilien vorausgeschickt. Der Oberste der Leibwache aber, welcher die Königin geleitete, erhielt den geheimen Befehl, alles zu thun, was die Königin verlangen würde. Diese, durch Alberoni von allem unterrichtet, empfing hierauf die Prinzessin Ursini mit einer solchen Kälte, daß die stolze und tiefgekränkte Frau, welche sich nach Alberoni's Schilderung unter der Elisabeth eine unerfahrne, nachgebende junge Fürstin dachte, die schuldige Achtung gegen sie vergaß, worauf die Königin sofort ihr befahl, sich zu entfernen, und dem Obersten der Garde einen vom König unterzeichneten Befehl zustellte, nach welchem er die Prinzessin Ursini über die französische Grenze bringen sollte, mit dem Verbote, je wieder nach Spanien zurück zu kehren. Dieß geschah auf eine ziemlich despotische Art, und Alberoni hatte gesiegt [2]). Doch sorgte er dafür, daß der Verbannten ihr Vermögen nachgeschickt wurde. Auch übermachte er ihr ein Handschreiben des Königs, das ihr ein ansehnliches Jahrgeld zusicherte. Die Königin war dankbar. Sie folgte ganz der Leitung des erfahrnen Alberoni, und gewann das volle Vertrauen ihres Gemals. Das bisherige Ursini'sche Ministerium wurde nach und nach verändert, und Alberoni, der sich dem trübsinnigen Philipp als erheiternder Gesellschafter unentbehrlich gemacht, trat in das Cabinet ein. Bald regirten die Königin und Er die ganze Monarchie. Noch hatte die ehemalige Amme der Königin, die Donna Laura Piscatori, großen Einfluß auf ihre Gebieterin. Der erste Minister aber, der alte Cardinal del Giudice, that nichts, als was Alberoni im Namen des Königs mit Genehmigung des königl. Beichtvaters, vorschlug. Während dieser thätige und scharfsichtige Italiener das Vertrauen der italienischen Partei am Hofe besaß, und durch kluge Verstellung die französische, wie die spanische Partei nach seinen Absichten zu lenken oder zu entfernen wußte, umfaßte er zugleich die innern und äußern Angelegenheiten der Monarchie mit voller Lebendigkeit. Auf seinen Rath erließ der König d. 10. Febr. 1715 ein Dekret, welches Jedermann erlaubte, die vorhandenen Unordnungen in der Verwaltung bei dem Staatsrath anzuzeigen. Sein Plan war, Spanien vom Auslande unabhängig zu machen, und die Nation an

1) Nach des Duc de St. Simon Mém. II. 175. war die Prinzessin Ursini die Stifterin dieser Heirath, ohne Vorwissen Ludwigs XIV. Auch Duclos nimmt dies an (a. a. O. I. 53.) Allein die Biographen Alberoni's und der Verf. des Art. Alberoni in der Biogr. univ. Par. 1811 sagen einstimmig, daß Alberoni den Plan jener Verbindung ohne Wissen der Ursini gemacht und ausgeführt habe. Ueberdieß widersprechen sich St. Simon und Duclos in einzelnen Umständen, und erzählen das Benehmen der Prinzessin Ursini auf eine Art, welche sich mit den Absichten, dem Charakter, der Klugheit und den Verhältnissen dieser Frau nicht gut vereinigen läßt. Dahin gehört, was Duclos erzählt: die Ursini habe ohne daß Philipp darum gewußt, einen Courier nach Parma geschickt, mit dem Befehle, die Vermählung, welche den Tag nach der Ankunft des Eilboten vor sich gehen sollte, aufzuschieben. Der Herzog und Alberoni (letzterer befand sich aber in Madrid) hätten den Courier mit dem Tode bedroht, wenn er eher, als 24 Stunden später, nachdem die Vermählung schon geschehen, bei Hofe sich zeigte u. s. w.

2) Dieß ist der wahrscheinlichste Zusammenhang der Sache. Was die Histoire publ. et secr. de la cour de Madrid S. 226. anführt, daß der König gar nichts davon gewußt, und daß die Ursini im Gouvernanten-Tone die Königin angeredet, worauf diese in der Aufwallung des Zornes den Befehl sie fortzuschaffen gegeben habe, widerspricht allen Verhältnissen des Hofes und dem Charakter der handelnden Personen. St. Simon begnügt sich, Ludwig XIV. und Philipp V. als die einzigen Urheber des Falles der Ursini anzusehen. Man habe der Königin die Art der Vollziehung überlassen; Alberoni habe nichts davon gewußt, sondern, wie er selbst erzählt, erst von der Königin auf der Reise erfahren, was sie in Ansehung der verhaßten Camarera major beschlossen. (St. Simon a. a. O. II. 188. flg. u. Duclos I. 53.) Allein Alberoni erzählte dieß, als er aus Spanien verbannt, nach Italien reiste, wo die Ursini in Rom lebte. Er fürchtete den Haß dieser Frau, und stellte daher die Sache so vor, als ob er an der Verweisung der Ursini ganz unschuldig sey, und deshalb sogar der Königin Gegenvorstellungen gemacht habe. Alberoni war klug genug, um in dem, was er unternahm und durch Andre thun ließ, den Schein seiner Mitwirkung zu vermeiden.

Arbeit zu gewöhnen. Es gelang ihm, die Seemacht wieder herzustellen und die Wollmanufaktur durch niederländische Arbeiter in Spanien einzuführen. So entstanden durch Alberoni, der sich dazu des Barons von Ripperda bediente, die noch blühenden Tuchmanufakturen zu Guadalaxara und Segovia. Um die Gunst des römischen Stuhls zu gewinnen, suchte er die Streitigkeiten des spanischen Hofes mit dem Papste über die geistliche Gerichtsbarkeit auf eine dem Papste ziemlich vortheilhafte Weise beizulegen. Auch versprach er Clemens XI. den kräftigen Beistand Spaniens gegen die Türken, welche damals Italien bedrohten. Nun ward, auf der Königin und Alberoni's Betrieb, der Cardinal del Giudice nach Rom zurück berufen, damit der auf das wiederholte Verlangen des spanischen Hofes von Clemens XI. nur ungern und ohne Ertheilung des Huts (d. 12. Jul. 1717) zum Cardinal ernannte Abbé Alberoni erster Minister werden konnte. Der König hatte ihn bereits zum Grand von Spanien der ersten Classe erhoben; jetzt ertheilte er ihm noch das reiche Bisthum Malaga. Als aber der Cardinal späterhin sich auch das Erzbisthum von Sevilla geben ließ, verweigerte der von ihm hintergangene Papst die Bestätigung. Alberoni hob daher am Ende des J. 1717 alle diplomatische Verbindung zwischen Spanien und dem römischen Stuhl auf. — Seine Verwaltung des Innern war durchgreifend. Sie erhob das königliche Ansehn und die Kraft der Nation, ohne despotisch zu seyn, außer wo es galt, Unordnungen abzustellen, den Stolz der Großen zu demüthigen, und auswärtige Unternehmungen auszuführen. Schon vor Alberoni's Eintritt in das Ministerium waren die Rechte der Stände in Arragonien, Catalonien und Valencia, die man als eroberte Provinzen behandelte, vernichtet worden. Jetzt verwandelte der kühne Minister auch die Regierungsform in ein eigentliches Cabinetsregiment, dessen Seele sein Kopf, dessen Spannfeder seine Thätigkeit, und dessen Wille in Hinsicht der auswärtigen Verhältnisse großentheils die Königin war. Der Staatsrath und die hohen Collegien wurden von dem Principalminister völlig abhängig. Das Finanzwesen erhielt durch kluge Ersparnisse, vorzüglich im Hofstaate, und durch Vereinfachung der Geschäfte, Ordnung und Festigkeit, ohne daß dem Volke neue Steuerlasten aufgebürdet wurden. Alberoni zog reichbesoldete müßige Aemter ein, und besetzte die wichtigsten Stellen mit tüchtigen Männern. Er erhöhte die Staatseinkünfte durch die Verbesserung des Zolltarifs und durch das noch bestehende Tabaksmonopol, worüber jedoch in der Havannah ein Auflauf entstand. Am meisten gewann der Handel durch die Verlegung des Verkehrs mit den Colonien von Sevilla nach Cadiz. Cadiz verdankt dem Cardinal Alberoni die großen Anlagen für das Seewesen. Er errichtete daselbst eine nautische Schule für 400 Seecadetten, aus welcher sehr unterrichtete Officiere hervorgegangen sind. So lernten hier durch ihn die Spanier wieder Schiffe bauen. Er fand nichts eingerichtet, und doch entstand in Kurzem durch seine Thätigkeit eine neue Flotte. Zugleich legte er die erste regelmäßige Postschiffahrt nach Amerika an. Eben so wirksam sorgte er für die Herstellung des Kriegswesens und der Kriegszucht; die Mannschaft wurde ordentlich bezahlt und gekleidet; vier Stückgießereien wurden angelegt, und die eingegangenen Gewehrfabriken wieder hergestellt und vermehrt; endlich wurden auch die Festungen in bessern Stand gesetzt, und mehrere Einrichtungen zum Besten des Landes vorbereitet. Alles dieß geschah ohne außerordentliche Besteurung des Volks! Aber mitten unter so wohlthätigen Entwürfen umspannte der Ehrgeiz des mächtigen Ministers ganz Europa. Seit seiner Erhebung zum Cardinal war Alberoni eben so heftig, stolz und fest, als er vorher geschmeidig, nachgebend und gefällig geschienen. Sein Glück berauschte ihn; sein Stolz riß ihn hin, das Höchste zu wagen. Er haßte Oesterreich mit doppelter Leidenschaft, als Italiener und als Spanier. Noch schmerzte Philipp der Verlust Mailands, Neapels, Siciliens und Sardiniens. Die eben so stolze als ehrsüchtige Königin fand es unerträglich, daß ihre beiden Söhne Unterthanen der Söhne Philipps von seiner ersten Gemahlin seyn sollten. Unruhige Geschäftigkeit und der Gedanke sich unentbehrlich zu machen, trieben daher Alberoni an, auf die Wünsche der zu Allem entschlossenen Königin[3]) einzugehn, wodurch er sich und den Staat in Entwürfe verwickelte, die dem Nationalstolze eben so sehr schmeichelten, als sie den geheimen Neigungen des unentschlossenen Königs entsprachen. Die Lage Europas schien dem unternehmenden Manne, dem bisher alles gelungen war, und der jetzt über die Kräfte einer großen Monarchie gebieten konnte, zur Ausführung seiner Plane günstig zu seyn. Er sah in Oestreich und Frankreich keinen Fürsten auf dem Throne, dessen Geist und Charakter ihm hätte Achtung abnöthigen können. Diese Staaten waren erschöpft und schlecht verwaltet. In England gab es eine starke Partei gegen Georg I., der sich noch nicht auf dem Throne befestigt zu haben schien. Ludwig XIV. war gestorben. Sein Nachfolger, ein schwächliches Kind, stand unter der Regentschaft eines trägen, den Großen des Reichs verhaßten Wollüstlings, des Herzogs von Orleans. Diesem die Regentschaft zu entreißen, war Alberoni's geheimer Plan, um dadurch Philipp V. die Nachfolge in Frankreich zu sichern. Der Regent seiner Seits umgab den spanischen Hof mit Kundschaftern, und gegenseitiges Mißtrauen erzeugte gegenseitige Falschheit. Darum bot der Regent von Frankreich zu einer Verbindung mit England die Hand, was man am Madrider Hofe für unmöglich hielt. Auch konnte es nur einem Manne wie Dubois gelingen, eine solche Annäherung zwischen Frankreich und Großbritannien zu bewirken. Mit Oestreich war Spanien noch nicht ausgesöhnt. Nichts schien daher Alberoni leichter; recht-

3) Er äußerte sich selbst über die Königin gegen den Chevalier Marcieu so: Si la Reine, qui a le diable au corps, trouve un bon Général, elle troublera l'Europe: il lui est facile de gouverner son mari qui dès qu' il a dit à voix basse, je veux être le maître moi, finit par obéir, et à qui il ne faut qu' un prie-dieu et les cuisses d'une femme. Il ajoutoit que lui, Alberoni, loin d'avoir excité la guerre, s'y étoit toujours opposé. S. Duclos a. a. O. II. 45. u. die Schilderung Philipps V. II, 290.

mäßiger und vortheilhafter, als den Utrechter Frieden umzustoßen, wenn Spanien das erschöpfte Oestreich angriffe, welches eben in einen Krieg mit der Pforte verwickelt war. Da auch Venedig von den Türken bedrängt wurde, so bedeckte Alberoni, unter dem Vorwande, Italien, vom Papste hierzu aufgefordert, gegen den Erbfeind der Christenheit Beistand zu leisten, seine Plane und die Rüstungen Spaniens mit dem Schleier des Geheimnisses. Getäuscht durch das Versprechen, daß Spanien gegen die Pforte sich bewaffne, berechtigte Clemens XI. den König durch eine Bulle zur Erhebung einer großen Beisteuer von der Geistlichkeit. Damit rüstete Alberoni die Flotte und ein Heer aus, welches auf französischen Fuß gesetzt wurde. Spanien entwickelte jetzt eine Kraft, wie man sie seit Philipp II. nicht gesehen. Als Alberoni zum Cardinal ernannt war, ließ er die Maske fallen [4]). Unerwartet griff die spanische Flotte, nachdem Spanien d. 8. Aug. 1717 an den Erzherzog von Oesterreich den Krieg erklärt, Sardinien an, und bemächtigte sich der Insel d. 22. Aug. 1717. Alberoni wußte seinen Monarchen zu diesem entscheidenden Schritte zu bewegen, weil Oesterreich den spanischen Großinquisitor Molinez, der ohne östreichische Pässe von Rom durch das Mailändische nach Spanien reisen wollte, hatte verhaften lassen [5]). Vergebens machten Frankreich und England, die sich jetzt nebst der niederländischen Republik durch die am 4. Jan. 1717 geschlossene Triple-Allianz (S. d. Art.) zur Aufrechthaltung des Utrechter Friedens verbunden hatten, Vorstellungen gegen diesen Friedensbruch. Vergebens beschwerte sich der Papst in einem Schreiben an Philipp V., daß Spanien sein Wort nicht gehalten, und die Beisteuer der Kirche vielmehr zur Unterstützung der Pforte als zu ihrer Bekämpfung verwandt habe. Alberoni setzte seinen Angriff fort, und trat sogar mit Ragozzi, der als Rebell in Ungarn geächtet und von der Pforte beschützt war, im Febr. 1718 zu Adrianopel in Verbindung, um durch denselben die Pforte von einem Frieden mit Oestreich abzuhalten; hierauf landete ein spanisches Heer in Sicilien, damals dem Herzog von Savoyen gehörig, und eroberte Palermo d. 13. Juli 1718. Zu gleicher Zeit ließ Alberoni durch den spanischen Gesandten in Paris, den Prinzen von Cellamare, dem Regenten ein vortheilhaftes Bündniß mit Spanien antragen, wenn derselbe mit dem Londner Hofe brechen wollte: allein dieser schloß durch den Abbe' Dúbois die Quadruple-Allianz (s. Triple- und Quadruple-Allianz) mit Großbritannien und Oestreich den 2. Aug. 1718 ab, zu der, ungeachtet Alberoni es zu verhindern hoffte, auch die Niederlande traten, (den 16. Febr. 1719). Die Verbündeten gestanden den Söhnen der Königin von Spanien das Erbfolgerecht in Parma und Toscana zu, dagegen sollte Spanien an Savoyen die Insel Sardinien abtreten, Sicilien aber an Oestreich kommen. Dieser Vertrag beleidigte den Stolz der Königin und Alberoni's. Beide wollten Gesetze geben, nicht empfangen. Philipp V. verweigerte daher seinen Beitritt, und trotzig foderte sein Minister Europa gegen sich zum Kampfe heraus. Er wollte Bund gegen Bund stellen: die Pforte auf Oestreich werfen, Rußland mit Schweden aussöhnen, und beide gegen Großbritannien bewaffnen; hier den König, in Frankreich den Regenten absetzen. Allein Oestreich hatte mit der Pforte den Frieden von Passarowitz geschlossen, und Schweden unterlag der Macht Rußlands. Vergebens suchte Alberoni den Czar gegen Oestreich aufzureizen. So stand Spanien, ohne Bundsgenossen, allein. Da bot Alberoni die höllische Macht der revolutionären Diplomatik auf. In England hofte er, zu Gunsten des Hauses Stuart einen Bürgerkrieg zu erregen, in Neapel das Volk zum Abfall zu verleiten, und in Frankreich den Regenten durch die Unzufriedenheit der Großen und der Nation zu stürzen. Dasselbe versuchte der Regent in Spanien. Der französische Gesandte in Madrit sollte das Vertrauen des Jesuiten d'Aubenton, des Beichtvaters Philipps V. gewinnen, ihn mit Alberoni entzweien, und unter den unzufriedenen Spaniern eine Partei gegen den Minister bilden, auch durch Bestechung des Geheimschreibers die Geheimnisse des Cardinals erkundschaften. Weit kühner war Alberoni's Anschlag gegen den Prinzen Regenten. Dieser sollte verhaftet und als Staatsgefangener in das Schloß von Segovia gebracht, an seine Stelle aber Philipp V. Regent von Frankreich werden. Der spanische Gesandte in Paris, der Prinz von Cellamare, faud schon unter den Feinden des Regenten eine mächtige Partei. Die Sele derselben war die Herzogin von Maine; zu ihr gehörten der Cardinal Polignac, mehrere Bischöfe, angesehene Staatsbeamte, und viele Officiere [6]). Dreihundert als Gardes dû Corps verkleidete Männer sollten sich der Person des Regenten in der Messe um Mitternacht vor dem Weihnachtstage bemächtigen, und ihn nach Spanien entführen. Allein Cellamare besaß nicht die Eigenschaften, um einen solchen Plan sicher zu leiten. Einer von den Abschreibern, deren er sich zu seinen geheimen Schriften bediente, Namens Bûvat, gab davon dem Abbe' Dúbois Nachricht, welcher ihn nun als Kundschafter brauchte, um das Nähere zu erfahren [7]). Als hierauf Bûvat den ganzen Plan, funfzig verschiedene Schriften, abzuschreiben bekommen hatte, zeigte er dem Minister Dúbois den Hauptinhalt dieser Papiere an, welche der Abbe' Porto Carrero nach Madrid überbringen sollte. Dúbois ließ den Abbe' zu Poitiers

4) Ueber Alberoni's Entwürfe s. Dúclos Mém. I. 239 u. 257.

5) Alberoni selbst sagt in seiner Vertheidigungsschrift: daß der König (eigentlich die Königin) den Angriff auf Sardinien wider seinen des Cardinals Rath beschlossen, und beruft sich deshalb auf das Zeugniß des Beichtvaters des Königs, d'Aubenton, ohne dessen Zustimmung der König nichts gethan. Er selbst habe nur aus Gehorsam gegen den königlichen Willen nachgegeben; jener Angriff aber habe nothwendig alle spätern Ereignisse zur Folge gehabt.

6) Flassan Hist. de la diplom. franç. 2 Ed. IV. S. 473. sagt zwar, daß das Militär sich neutral verhalten habe; allein in den von Dúbois aufgefangenen Papieren des Prinzen Cellamare befand sich ein Verzeichniß von vielen franz. Officieren, die sämmtlich in spanische Dienste übertreten wollten.

7) Nach den Mem. des Duc de St. Simon (Supplem. I. Londres 1789. p. 290) entdeckte die Verschwörung ein öffentliches Mädchen, La Fillon, und zeigte sie dem Abbé Dúbois an. Dasselbe sagt Dúclos a. a. O. S. 290. flg. Der Verf. dieses Art. ist Flassan gefolgt. S. dessen Hist. de la diplom. franç. 2. Ed. IV. 470. flg.

den 2. Dec. 1718 verhaften, wo man alle Schriften, die sich auf die Verschwörung bezogen, bei ihm fand. Als Cellamare dies erfuhr, foderte er vom Kriegsminister Leblanc die Papiere zurück; allein dieser erklärte ihm im Namen des Regenten, daß er Befehl habe, seine Wohnung in Gegenwart des Abbé Dübois zu durchsuchen. Der Gesandte wollte das Völkerrecht geltend machen; allein er hatte selbst seiner Würde alle Achtung vergeben. Sein Palast war bereits besetzt. Man eröffnete seinen Schreibetisch und versiegelte seine Papiere. Er wurde bewacht und den 23. Jan. 1719 nach Blois geführt, wo er, bis zur Rückkehr des französischen Gesandten am Madrider Hofe, unter Aufsicht blieb. Noch ehe dies in Paris geschah, hatte England, um nach dem Inhalt der Quadruple-Allianz die Neutralität Italiens zu behaupten, eine Flotte unter dem Admiral Bing in das mittelländische Meer geschickt. Da alle Vorstellungen gegen den von Spanien auf Sicilien unternommenen Angriff nichts fruchteten, so kam es den 10. Aug. 1718 beim Cap Passaro zu einer Schlacht, in welcher die knnm erschaffene Seemacht Spaniens fast gänzlich vernichtet wurde. Zwar erklärte Alberoni diesen Angriff für einen schändlichen Friedensbruch, und ließ das Eigenthum der englischen Kaufleute in Spanien wegnehmen; allein dadurch reitzte er — ganz gegen seine Erwartung — auch die brittische Nation gegen sich auf, bei welcher nun um so weniger seine Ränke zu Gunsten des vertriebenen Hauses Stuart Eingang fanden. Vielmehr kündigte England den 27. Dec. 1718 Spanien den Krieg an. Um diese Zeit war der schon längst für sein Volk unsichtbare König Philipp V. so krank, daß man für sein Leben fürchtete. Der Marquis de Villena, Herzog von Escalone, wollte jetzt sein Amt als Majordom in dem Zimmer des Königs verwalten, ward aber zurück gewiesen. Als er dessen ungeachtet eindrang, führte ihn Alberoni hinaus. Da geschah es, daß der darüber entrüstete Marquis mit seinem Stocke dem Cardinal einige Schläge gab, was die Verbannung des Marquis zur Folge hatte. Alberoni ließ hierauf den kranken König ein Testament unterzeichnen, in welchem die Königin zur Regentin ernannt, und der Cardinal als erster Minister bestätigt wurde. Der französische Gesandte, der Duc de St. Aignan, welcher vergebens den Beitritt Spaniens zur Quadruple-Allianz verlangt hatte, und auf den Fall, daß er nichts ausrichten könnte, zurück berufen worden war, äußerte sich über die Gültigkeit des Testamentes auf eine Art, daß der Cardinal, der von der Verhaftung Cellamare's in Paris noch nichts wußte, ihm andeuten ließ, Madrid binnen 24 Stunden zu verlassen. Die Königin und der übermüthige Minister boten vereinigt allen Hindernissen Trötz, dem Hasse der spanischen Granden, wie der Unzufriedenheit des Volks, dem der Krieg in Italien als zwecklos erschien. Auf keine Vorstellung wurde geachtet. Man hoffte durch den großen Schlag in Paris alles zu gewinnen. Da kam die Nachricht von der Entdeckung der Verschwörung. Indessen war der Duc de St. Aignau schon abgereist. Alberoni ließ ihm sogleich nachsezzen; allein der Duc entfloh mit seiner Gemalin auf Maulthieren nach St. Jean Pied de Port, während sein Kammerdiener und die Kammerfrau im Wagen blieben, die sich für ihre Gebieter ausgeben sollten. Man holte den Wagen ein, und führte den vermeintlichen Gesandten nach Madrid zurück. Zu dieser doppelten Kränkung kam nun noch die Kriegserklärung von Seiten Frankreichs den 8. Jan. 1719, in welcher dem spanischen Minister, unter mehrern Beweisen seines Planes, auch folgende Stelle aus seinem Briefe vom 14. Dec. 1718, an den Prinzen Cellamare, zur Last gelegt wurde: „Auf den Fall, daß Ew. Excellenz gezwungen werden sollten, von Paris abzureisen, lassen Sie vorhrr alle Minen springen." — Allein nichts konnte den Starrsinn der Königin und des Cardinals brechen. In den öffentlichen Erklärungen und andern Schriften, die das spanische Kabinet verbreiten ließ, herrschte eine leidenschaftliche Sprache, welche die Nationen gegen die Regierungen, die an Spanien den Krieg erklärt, aufwiegeln, und selbst die Truppen zum Abfall reitzen sollte. Philipp V. trat jetzt öffentlich als der Beschützer des Prätendenten auf. Man rief den Ritter St. Georg nach Spanien; allein die für ihn ausgerüstete Flotte, welche bereits mit Landungstruppen unter dem Herzog von Ormond nach Schottlands Küste (im März 1718) abgesegelt war, wurde vom Sturm zerstreut, so daß nur zwei Fregatten mit etwa 400 Mann Truppen landeten. Der von ihnen erregte Aufstand aber ward in seinem Ursprunge erstickt. Darauf landete eine englische Flotte in Galicien, bemächtigte sich einiger festen Plätze, und kehrte nach einigen Monaten mit großer Beute ungehindert nach England zurück. Zu gleicher Zeit drang ein französisches Heer unter dem Herzog von Berwik in Spanien ein, und der Regent von Frankreich erklärte, er werde nicht eher die Waffen niederlegen, als bis der Cardinal aus Spanien verbannt sey. Dieser bewog dagegen Philipp V. selbst zu Felde zu gehn. Der Enkel Ludwigs XIV., glaubte Alberoni, würde durch seine bloße Gegenwart die französischen Officiere entwaffnen. Auch die Königin setzte sich zu Pferde. Der Cardinal aber begab sich in das Lager in einem sechsspännigen Wagen, von 400 Edelleuten begleitet. Sein Feldgepäck trugen 200 Maulthiere. Doch kein Officier trat auf Philipps Seite, und die Franzosen bemächtigten sich eines festen Platzes nach dem andern. Auch in Sicilien machten die Oestreicher Fortschritte. Die letzte Hoffnung des Cardinals auf auswärtigen Beistand vereitelte am Ende des Jahres 1718 der Tod Karls XII. von Schweden. Dennoch gab Alberoni nicht nach. Vielmehr reitzte er durch seinen Uebermuth selbst Portugal zur Theilnahme an dem Bunde gegen Spanien. Allein jetzt verlor er auch bei seinem Anhange die Achtung und das Vertrauen, in welchen er bisher noch gestanden. Der König und die Königin, die sich fortwährend in seinen zuversichtlichen Hoffnungen und Berechnungen getäuscht sahen, machten ihm Vorwürfe. Doch der Cardinal setzte allen, die ihm widersprachen, selbst der Königin, eine rauhe Festigkeit entgegen. Da er sämmtliche Geschäfte allein besorgte, damit der König nichts von dem Zustande des erschöpften Reichs erführe, so blieb vieles liegen, und mit den Unordnungen mehrten sich die Klagen. Schon wollte er den Beichtvater des Königs, den Pater d'Aubenton, stürzen, und die Donna Laura [8]), welche das Vertrauen der Königin besaß, nach Italien zurückschicken; da ward diese habsüchtige Frau vom Cardinal Dubois gewonnen, und der Herzog Regent bewog den Herzog von Parma, durch einen außerordentlichen Gesandten dem König und der Königin eine Vorstellung überreichen zu lassen, in welcher man den Minister Alberoni als das einzige Hinderniß eines friedlichen Vereins anklagte, und die Entfernung desselben zur ersten Bedingung des Friedens machte. Der parmesanische Gesandte, Marchese Scoti, verlangte eine geheime Audienz, die Alberoni nicht verhindern konnte. Hier übergab er, in Gegenwart des Beichtvaters, jene Schrift, nebst dem Schreiben seines Herzogs, und machte so dringende Vorstellungen, daß es dem Beichtvater gelang, die Königin und den König zu Alberoni's Entlassung zu bestimmen. Philipp ging hierauf mit seiner Gemalin (den 5. Dec. 1719) auf das Jagdschloß Prado, und sofort machte der Staatssecretär, Marquis de Tolcsa, dem Cardinal einen vom König unterzeichneten Befehl bekannt, durch welchen er seiner Aemter entsetzt und bedeutet wurde, binnen 8 Tagen Madrid und binnen 3 Wochen das Königreich zu verlassen. Vergebens bat Alberoni den König und die Königin um eine Unterredung; auf sein Schreiben erhielt er den mündlichen Befehl, ohne Verzug zu gehorchen. Er reiste ab. Weil er aber mehrere wichtige Staatsschriften, und darunter — wie gesagt wird — das Testament Karls II, worin Philipp zum Nachfolger eingesetzt war, mitgenommen hatte, ward er auf der Grenze angehalten, und mußte unter vielen Beschimpfungen alle seine Papiere herausgeben. Ganz Madrid feirte seine Abreise als einen Festtag; und in der Provinz schützte ihn nur mit Mühe seine bewaffnete Begleitung vor den Mißhandlungen des Volks. Einen Angriff von 200 Miquelets, die ihn berauben wollten, schlug er selbst an der Spitze seiner 50 Mann Garde und seiner Dienerschaft mit muthiger Entschlossenheit zurück. Durch Frankreich ward er von einem Officier bis an die Grenzen Italiens geführt [9]). Sein Schreiben an den Regenten, worin er um eine geheime Unterredung bat, ward nicht beantwortet. Kaum war er im Genuesischen angelangt, als ihn Clemens XI. vor Gericht zog. Auch ließ ihn die Republik auf des Papstes Ansuchen verhaften, gab ihn jedoch bald wieder frei, weil man dies als eine Verletzung des Völkerrechts ansah. Nun wurde er nach Rom öffentlich vorgeladen; doch Niemand wußte, wo er sich verborgen hielt. Man glaubt, daß er damals in der italienischen Schweiz einen Zufluchtsort gefunden habe. Indessen hatte der schlaue und reiche Alberoni auch unter den Cardinälen, die seine Richter waren, viele Freunde, die seinen Proceß in die Länge zogen. Endlich befreite ihn der Tod des Papstes (13. März 1721) von allen Demüthigungen. Auf die Einladung der Cardinäle, begab er sich zu dem Conclave nach Rom, und hielt daselbst den 7. April 1721 seinen feierlichen Einzug. Nach geendigter Papstwahl wurde sein Proceß fortgesetzt. Cardinäle haben schon als solche in den Augen der Kirche eine gewisse Unverletzlichkeit. Alberoni hatte überdieß gegen die Kirche selbst, wie er in seiner Vertheidigungsschrift ausführte, nichts verschuldet. Mächtige Freunde sprachen für ihn. Der Papst Innocenz XIII. war ihm gewogen, und die Königin Elisabeth würdigte ihn wieder ihres besondern Schutzes, ungeachtet der Beichtvater des Königs d'Aubenton bis an seinen Tod (7. Aug. 1724), zu Alberoni's thätigsten Feinden gehörte. Philipp V. und selbst der Herzog Regent von Frankreich erließen im Sept. 1723 Schreiben an den Papst zu Gunsten des Cardinals. Auch die Cardinäle Aquaviva und Ottoboni, von denen jener die spanischen Angelegenheiten in Rom besorgte, dieser aber Protector von Frankreich war, behandelten ihn mit Achtung. So erfolgte endlich den 20. Dec. 1723 die ehrenvolle Lossprechung des Cardinals, und den 12 Jan. 1724 ward ihm, der seit 1717 vorenthaltene, rothe Cardinalshut feierlich aufgesetzt. Sein Ansehen stieg von neuem. Nach Innocenz XIII. Tode (7. März 1724) erhielt er zehn Stimmen im Conclave; doch sagte darüber der römische Pasquino: Il cielo vuol *Orsini*; il Populo *Corsini*; le Donne *Ottoboni*; il Diavolo *Alberoni*. Indeß benahm sich Alberoni sehr bescheiden und trug zur Ernennung des Cardinals Orsini bei, der unter dem Namen Benedicts XIII. den römischen Stuhl bestieg. Seitdem verstärkte er die spanische Partei in Rom, arbeitete fortwährend für die Sache des Prätendenten, und blieb ein Feind des Hauses Oestreich. Doch fiel er bei Benedict XIII. in Ungnade, als er eine Perücke zu tragen fortfuhr, was dieser Papst allen Geistlichen untersagt hatte. Alberoni ging daher mit seiner Perücke auf seine Herrschaft Castel Romano, und kehrte erst nach dem Tode des Papstes (den 21. Febr. 1730) nach Rom zurück. Der neue Papst Clemens XII. brauchte ihn viel in Staatssachen und ernannte ihn 1734 zum Legaten von Ravenna. Hier hielt Alberoni streng auf Recht und Ordnung; er nahm den Mördern die Freistatt in den Kirchen, und verfuhr, wie er selbst sagte, nach dem Grundsatze: meno Sbirri, più forche; „weniger Häscher, mehr Galgen." Auch machte er sich um Ravenna durch einen Canalbau, zum Theil auf eigene Kosten, der die Ueberschwemmungen verhütete, sehr verdient. Die Provinz ehrte ihn als ihren Wohlthäter, weßhalb der Papst sein Legatenamt auf drei Jahr verlängerte. Zugleich war er mit thätig bei der Gelangung des Infanten Don Carlos 1735, zum Besitz beider Sicilien; auch nahm er 1739, in Auftrag des Papstes, Besitz von der kleinen Republik S. Marino, wo eine Partei sich für den Papst erklärt hatte. Der Cardinal-Legat verfuhr aber hierbei zu rasch, und seine Truppen begingen viele Unordnungen. Da nun der bessere Theil der Bürger standhaft die Sache der Republik in Rom vertheidigte, so stellte der Papst kurz vor seinem Tode (den 5. Febr. 1740) die Freiheit von S. Marino wieder her. Der 76jährige Alberoni wohnte jetzt dem 4ten Conclave bei. Darauf ernannte ihn der neue Papst Benedict XIV. zum Legaten von Bologna. Nach dreijähriger Verwaltung dieser Stelle, die im Laufe des östreichischen Erbfolgekriegs sehr schwierig war, zog er sich von allen Geschäften zurück, und lebte seitdem zu Piacenza. Hier hatte er bereits vor 10 Jahren auf seinem Landgute S. Lazaro aus eignen Mitteln ein großes Se-

8) Vgl. St. Simon Mém. III. 187 fgg. und Duclos a. a. O. II. 42 fgg. 9) S. Duclos a. a. O. II. S. 45.

minarium zur Eeziehung und wissenschaftlichen Bildung einer bestimmten Zahl junget Parmesaner gebaut, und mit hinlänglichen Einkünften ausgestattet, ihm auch seine Herrschaft Castel Romano geschenkt. Jetzt baute er das von den östreichischen Truppen gänzlich zerstörte Haus mit einem Aufwande von 90,000 Scudi von Grund aus neu. Im J. 1748 erfolgte endlich, was er einst mit so großer Anstrengung erzielt hatte: der zweite Sohn der Königin Elisabeth, Don Philipp, nahm vermöge des Aachner Friedens von Parma und Piacenza Besitz, und ward von dem 85jährigen Cardinal Alberoni als Regent bewillkommt. Das Hauptgeschäft des muntern Greises blieb die Vollendung des Seminariums. Er vermachte demselben durch seinen letzten Willen seine Güter in der Lombardei, die man auf 600,000 Dukaten schätzte; das übrige Vermögen aber, welches aus liegenden Gründen in der Romagna bestand, und auf mehr als eine Mill. Dukaten geschätzt wurde, seinem Vetter Cäsar Alberoni, und wenn dieser ohne Erben stürbe, dem Seminar. Bald darauf starb A. den 26. Juni 1752, nach einer Krankheit von wenigen Stunden, in einem Alter von 88 Jahren.

Dieser außerordentliche Mann war klein von Gestalt und dick; sein Gesicht groß und breit; die Nase kurz und stumpf; die geschlossenen Lippen und das Kinn zeigten feste Willenskraft; die Augen Größe und Erhabenheit; der Blick den Herrscher, doch durch Freundlichkeit gemildert. Im Umgang war der Ton seiner angenehmen Stimme sehr einnehmend. Dabei besaß Alberoni eine dauerhafte Gesundheit, die selbst das Alter nicht schwächte. Nichts unterbrach die Thätigkeit seines Kopfs; kein Genuß von irgend einer Wollust. Er lebte mäßig, aß zu Abend gewöhnlich nicht, und arbeitete unermüdet, als Minister oft 18 Stuuden täglich. Er hatte keine Leidenschaft als die Ehrsucht, und seine Kraft artete wohl in Härte, Trotz und Uebermuth aus; aber, obwol er nicht vergab, nie in grausame Willkür und Rachsucht. Den Stolz eines spanischen Grauden wußte er durch jene Geschmeidigkeit, die dem Italiener eigen ist, zu mildern. In alle Verhältnisse drang er leicht und mit ungewöhnlichem Scharfsinn ein; doch täuschten ihn seine Berechnungen und das Glück. Er kanute die Menschen: nur den brittischen Staat, das brittische Volk und die Klugheit Georgs I. begriff und kanute er nicht. Darum schriterte hiedurch am meisten sein Entwurf, Spanien groß zu machen. Auch trafen ihn Zufälle, die nicht in seinen Berechnungen lagen. Denn was von ihm abhing, leistete er ganz, mit Vorsicht, Verschwiegenheit und Beharrlichkeit. In der Kunst der Verstellung war er ein Meister, selten sagte er, was er dachte, noch that er, was er sagte; dabei schien der schlau beredte Mann dennoch offen im Gespräch. Im Drange der Geschäfte war er heftig; als Minister fest und kräftig. Dem Stolze der Nation setzte er einen noch größern entgegen, den der Kirche und des Geistes. Aber in Rom ward er wieder, was er vor seiner Erhebung gewesen, der höflichste, bescheidenste und dabei der großmüthigste Prälat. Haß und Neid haben ihn verleumdet; der Spott hat sein Emporkommen aus dem Staube blos und allein in niedrigen Mitteln gesucht, oder sein Leben durch eine Menge Zerrbilder dem Gelächter Preis gegeben: aber kein Verbrechen, als daß der Folgen seiner Ehrsucht und des Geistes der damals herrschenden Cabinetspolitik, wie sie Ludwigs XIV. Zeitalter ausgebildet, haftet auf seinem Andenken in der Geschichte. — Man vgl. Histoire du Cardinal Alberoni et de son Ministère jusqu' à la fin de 1719. Par Mr. J. R. (Rousset) 2. Edit. à la Haye 1720. 2 vol. 8. — Die Geschichte des weltbekannten Cardinal Jul. Alberoni, bis auf dessen Absterben; von H. mit seinem Bilde. Halle 1753. 400 S. 8. (Beide Schriften sind verworren und weitschweifig; doch enthält die letztere einzelne gute Belege). Das sogenannte Testament politique du Cardinal Jules Alberoni, recueilli de divers Mémoires, Lettres et Entretiens de S. Em. par Mons. A. M. trad. de l'Ital. par le C. de R. B. M. Lausanne 1753. 460 S. 8 ist entstanden aus Notizen, welche Dürcrey's Papiere enthielten; aus denselben zog Bean das Test. polit. heraus, und der Abbé (Joh. Heinr.) Maubert, gewöhnlich als Verfasser genannt, war dabei nichts als der Copist, oder der Zusammenträger. S. (Adelung's) Gesch. der menschl. Narrheit. 2 Th. S. 403. Biörnstähls Reisen. 3. Th. S. 87. *(Hasse.)*

ALBERSCHWENDE, Voralbergisches Gericht, nach dem königl. baier. Regirungsblatt vom 3. Dec. 1806 dem Landgerichte Bregenz zugetheilt, enthält 5,587,204 Q. Klafter, 1 Pfarr- und 8 andre Dörfer, 20 Einöden, 253 Häuser, 1368 Einw. Nach der voralbergischen Bevölkerungsliste vom J. 1802 befaßte dasselbe mit 1 Pfarre, 45 Dörfern, Weilern und Einöden 239 H. und 1446 Einw. Nach dem statistischen Ortsverzeichnisse von Voralberg enthielt dieses Gericht außer dem Pfarrdorfe A. noch 2 kleinere Dörfer, 29 Weiler und 13 Einöden. *(Raiser.)*

Albert, Stadt in Frankreich, s. Ancre.

ALBERT oder ALBRECHT, (zusammen gezogen aus Adal [Adel] bert, und der Herleitung nach begütert oder edel geboren), ist der Name vieler Regenten und Gelehrten. Im Allgemeinen war früher die erste, später die zweite Form die gewöhnlichere, doch werden beide Namen auch jetzt noch vermischt gebraucht; daher sind mit den hier vorkommenden Art. über Albert, außer Adelbert, die über Albrecht zu vergleichen. *(H.)*

Albert, — gewöhnlich Adalbert oder Adelbert genannt: — war der erste, vom Kaiser Otto dem Großen im J. 968 angesetzte, Erzbischof von Magdeburg. Früher war er Mönch im Kloster Maximin bei Trier. Dann ward er zum Missionär für die Russen bestimmt, — zum Bischof geweiht, — kam aber bald nach vielen Mühseligkeiten und Lebensgefahren zurück, ohne etwas ausgerichtet zu haben, und ward nun Abt im Kloster Weissenburg bei Speyer. Darauf wählte ihn Otto zum Erzbischof des neu errichteten Erzstifts Magdeburg. Er ward am 18. Oct. 968 zu Rom vom Papst Johann XIII. zum Erzbischof ordinirt, und erhielt jetzt das erzbischöfliche Pallium, die Würde eines Primas von Teutschland, wie auch gleichen Rang mit den Erzbischöfen von Mainz, Trier und Cöln, den Vorrang über die Erzbischöfe zu Salzburg und Bremen. Die damals neu errichteten Bisthümer Brandenburg, Havelberg, Merseburg, Zeitz und Meißen, ja selbst Posen, wurden ihm untergeordnet, und das ganze Land der Wenden am östlichen oder rechten

Ufer der Elbe, bis nach Polen hinein, seiner geistlichen Aufsicht unterworfen. Schon am 21. Dec. 968 ward er von 2 päpstlichen Legaten und dem Bischof von Halberstadt sehr feierlich eingeführt. Er ordinirte an Weihnachten die testen Bischöfe zu Merseburg, Meißen und Zeitz, und führte den rrsten Dompropst in Magdeburg ein. Otto schenkte ihm nicht nur den kaiserl. Palast in Magdeburg zu seiner Residenz, sondern vermehrte auch die vielen und reichen Schenkungen für sein Erzstift bis zu seinem Tode im J. 973, nachdem er ihm noch kurz vorher alle Schenkungen feierlich und kräftig bestätigt hatte. — Diese bestätigte ihm auch der Kaiser Otto II. im Jun. 973, besonders die der Stadt Magdeburg, des kaiserlichen Hofes darin, vieler Dörfer in der Börde, und im südlichen Theil des Saalkreises, — und that noch neue hinzu. Auch verlieh er auf sein Bitten dem Domkapitel die freie Wahl künftiger Erzbischöfe. Adelbert verwaltete seinen wichtigen Posten rühmlich bis ins 13te Jahr. Auf einer Visitationsreise im Stift Merseburg ward er unterweges plötzlich krank, konnte sich nicht länger auf seinem Pferde halten, ward auf freiem Felde auf eine Decke hingelegt, und verschied am 21. Mai 981.

Für jene Zeiten war er ein sehr geschickter und gelehrter Mann, besonders ein guter Bibelerklärer, und zugleich thätig und treu in seinem Amte. Er unterrichtete die Wenden rechts der Elbe fleissig im Christenthum, und bekehrte auch viele dazu. Er visitirte seinen Kirchsprengel, besonders die Klöster sorgfältig. Oft kam er in der Stille der Nacht, nur von 2 Personen begleitet, bald ins Moritzkloster zu Magdeburg, bald ins benachbarte Kloster Bergen, um zu sehen, ob man auch die Frühmetten ordentlich abwartete. Er hielt besonders auf Ordnung, auf guten Unterricht und Erziehung in den Klosterschulen, als die einzigen Lehr- und Erziehungsanstalten für die Jugend in der damaligen Zeit. Daher wurden unter ihm sowol im Moritzkloster durch dessen damaligen berühmten Rector Othrikus, als im Kloster Bergen, eine Menge berühmter und für jene Zeiten gelehrter Männer gezogen, welche in der Folge die wichtigsten Bisthümer und andere geistliche Aemter mit Ruhm verwalteten *). — Wir lassen hier sogleich die übrigen Magdeburgischen Erzbischöfe dieses Namens folgen.

Albert II., der 18te Erzbischof zu Magdeburg vom J. 1205—1233, verdient als Erbauer des prächtigen Doms in Magdeburg, als Gründer und Erbauer des nördlichen Drittheils Magdeburgs und der Neustadt, als thätiger Theilnehmer an den großen Begebenheiten seiner Zeit, besonders in Teutschland, und als vielvermögender Günstling einiger Kaiser, das Andenken der Nachwelt. Er war ein geborner Graf von Kefernburg in Thüringen, oder nach andern, ein Graf von Hallermund, oder von Kirchberg. Zum geistlichen Stande bestimmt, erhielt er durch Fürsprache mächtiger Verwandten bald eine Domherrenstelle in Magdeburg. Als Domherr ging er noch, Studirens halber, auf die damals berühmte hohe Schule zu Paris. Von da berief man ihn nach Mainz zum Propste des Stifts unserer lieben Frauen. Er brachte es aber bald darauf zu Rom dahin, daß der berühmte Papst Innocenz III. ihn durch einen Machtspruch, ohne Wahl des Kapitels, seiner Gelehrsamkeit wegen, zum Dompropste von Magdeburg ernannte. Als solcher bezog er noch Studirens halber, die hohe Schule zu Bologna, und war noch daselbst, als man ihn im J. 1205 zum Erzbischof von Magdeburg wählte. Der damalige Kaiser Philipp von Schwaben belieh ihn sogleich mit den weltlichen Besitzungen des Erzstifts, ließ durch ihn das seinem Gegenkaiser, Otto von Braunschweig, entrissene feste Schloß Lichtenberg am Harze, entsetzen und verproviantiren, und brauchte ihn dann zu den Reichstagsgeschäften in Augsburg. Noch im Jahre 1206 am 24. Dec. weihte ihn Papst Innocenz III. zum Erzbischof, und ernannte ihn zum Cardinal, um ihn von der Partei des ihm verhaßten Kaisers Philipp abzuziehen. Albert blieb aber ein eifriger Anhänger des Hohenstaufischen Kaiserhauses bis an sein Ende. Seine Versuche, den Kaiser mit dem Papst auszusöhnen, blieben fruchtlos. Im J. 1207 am Sonntage Palmarum, hielt er einen prächtigen Einzug in Magdeburg. Ein Paar Tage nachher, gerade am Charfreitage, den 20. April, entstand eine heftige Feuersbrunst, durch die auch der Dom mit allen seinen Nebengebäuden und dem alten Moritzkloster, gänzlich niederbrannte.

Im folgenden J. (1208) legte Albert, durch reichliche Collecten unterstützt, den Grund zu der noch jetzt stehenden prächtigen Domkirche zu Magdeburg, in Gegenwart zweier päpstlichen Legaten und vieler andern großen Herren, an der Stelle des Moritzklosters, nach einem so großen, kostbaren Plane, daß die Kosten bald die erzbischöflichen Schätze und Einkünfte überstiegen, und daß der Bau desselben, zumal bei den bald folgenden Kriegsunruhen, nur sehr langsam von Statten ging. Erst nach 156 Jahren, im J. 1364, ward der neue Dom so weit fertig, daß er eingeweihet werden konnte, aber noch bis diese Stunde ist er nach dem ersten Plane noch nicht ganz ausgebauet.

Nach der Ermordung des Kaisers Philipp im J. 1208, trat endlich Albert, nach dem sehnlichen Wunsche des Papst Innocenz III. auf die Seite des Kaisers Otto IV. aus Braunschweig. Dieser mußte aber dem Erzbischof dafür Neuhaldensleben, die Sommerschenburg und andere Lehngüter, abtreten, dem Erzstifte alle Privilegien bestätigen, und ansehnliche Summen Geldes an den Erzbischof zahlen, ihn auch überall zu Rathe zu ziehen versprechen. Albert bewirkte durch sein Ansehen eine neue Wahl Ottos, brachte bald fast ganz Teutschland auf Otto's Seite, begleitete ihn zum Reichstage nach Altenburg 1209, und von da zum Pfingstfeste nach Braunschweig. Hier bewog Albert den Kaiser, auf die bisher der kaiserlichen Kammer zugefallene Mobiliarverlassenschaft verstorbener Erzbischöfe und auf die Einkünfte ihrer Stellen, während der Vacanz, wiederholt Verzicht zu leisten, und sie den Kirchen oder Stiftern zu überlassen, desgleichen von Magdeburg und andern Städten des Erzstiftes, wo etwa ein Reichstag gehalten würde, nicht mehr so, wie bisher, die Münz- und Zolleinkünfte,

*) S. Dittmar. ap. Leibn. p. 335—344. Chron. Magd. ap. Meib. Tom. II. p. 273—277. Sagitt. hist. Magd. in Boysen hist. Magazin S. 90—180. Annalista Saxo ap. Eccard. p. 302—329.

während des Reichstags zu verlangen, auch keinen neuen Zoll oder Münze, ohne Einwilligung des Erzbischofs, im Erzstifte anzulegen, ferner nie wider des Erzbischofs Willen Lieferungen für sich und sein Gefolge zu verlangen, ja nicht einmal seinen Aufenthalt oder sein Hoflager in Magdeburg zu nehmen, und sich nicht mehr, wie bisher, daselbst bewirthen zu lassen. Im Sommer 1209 begleitete Albert den Kaiser nach Italien. Der den Kaiser Otto bisher so sehr begünstigende Papst ward aber bald sehr unzufrieden mit ihm, als er seine kaiserliche Würde und Gerechtsame geltend machen wollte, und that ihn sogar im J. 1210 in den Bann. Albert zerfiel auch schon in Italien mit dem Kaiser, verließ ihn, und eilte noch im J. 1209 nach Teutschland zurück. Der Papst dachte nun vornehmlich durch die Macht und das Ansehen des Erzbischofs dem Kaiser zu schaden, und seine Bannflüche gegen ihn geltend zu machen. Er erhob den Erzbischof zum päpstlichen Legaten von Teutschland, und trug ihm die Bekanntmachung des Bannes auf, wozu sich aber Albert erst im J. 1211, nachdem ihm der Papst es zum dritten Mal, und zuletzt bei Verlust seiner Aemter und Würden befohlen hatte, entschloß, zog aber sich und seinem Lande dadurch einen schweren verwüstenden 7jährigen Krieg zu. Otto ließ sogleich durch seinen Bruder, den Pfalzgrafen Heinrich, auf dem Reichstage zu Halberstadt, den Ezbischof ungehört in die Reichsacht erklären. Deswegen verweigerten ihm nun der Adel oder die Ritter und Vasallen ihren Beistand, und zum Theil sogar ihren Gehorsam. Aber die Bürgerschaft von Magdeburg leistete ihm desto treuere und thätigere Hülfe. — Durch Verbindung mit Otto's mächtigen Gegnern wußte sich Albert gegen den Kaiser zu stärken, und durch seine Klugheit und Thätigkeit die Wahl Friedrichs II. von Hohenstaufen zum Gegenkaiser im J. 1212 zu Staude zu bringen.

Otto, der von nun an in Teutschland fast nichts mehr als seine Erblaude behaupten konnte, beschloß nun, den Haupturheber seines Unglücks, den Erzbischof Albert, seine ganze Rache fühlen zu lassen. Er rückte zwei Mal mit ansehnlichen Heeren bis an die Thore von Magdeburg, und verwüstete die ganze umliegende reiche Gegend durch Raub und Brand, schlug auf einer verstellten Flucht das ihm unvorsichtig nacheilende Heer des Erzstiftes am 11. Jun. 1213 bei Renkersleben völlig, nahm 300 Mann Magdeburgische Truppen, und darunter 56 Ritter, gefangen; auch wurde der Erzbischof selbst noch durch einen kaiserl. Officier, beim Uebergange über die Elbe angehalten, und auf das ehemalige Schloß Grüneberg, nicht weit von Zipkeleben, gebracht. Allein die Bürger von Magdeburg bestürmten Grüneberg sechs Tage hindurch, bis man ihnen den Erzbischof heraus gab. Voll Verdrusses darüber, rückte Otto zum zweiten Mal bis an die Thore von Magdeburg, und verheerte alles weit und breit, bis an die Mauren und Thore der Stadt [1]).

Da Otto im J. 1214 als Bundesgenoß Englands, von den Franzosen bei Bovines eine große Niederlage erlitt; so bekam Albert einige Ruhe. Aber, im Herbste 1215 fiel Otto wieder ins Magdeburgische ein, lagerte sich vor Kalbe; und verheerte die ganze umliegende Gegend, ging auch über die Elbe und verwüstete den ganzen Jerichowschen Kreis. Mit Hilfe des Kaisers Friedrich aber nöthigte er Otto zum Rückzuge, beide fielen ins Braunschweigische ein, und verheerten es eben so, wie es Otto im Magdeburgischen gemacht hatte. Nur erst durch den Tod des Kaisers Otto (1218) ward dieser verheerende unglückliche Krieg geendigt. Alle Anhänger Otto's huldigten nun dem Kaiser Friedrich, und es ward in Teutschland Friede und Ruhe.

Friedrich bestätigte nun aus Dankbarkeit dem Erzbischof und der Stadt Magdeburg alle ihm von Otto schon verliehenen Freiheiten und Privilegien, ernannte ihn im J. 1223 bei dessen abermaligem Aufenthalte an seinem Hofe, in seiner Abwesenheit zum Reichsverweser in den sächsischen Landen, und übertrug ihm die völlige Ausübung der kaiserl. Gewalt — Da späterhin die jungen Markgrafen von Brandenburg, Johann und Otto, das Erzstift mit einem wohlgerüsteten Heere bedrohten, so rückte ihnen der Erzbischof entgegen, griff einen Theil des feindlichen Heeres an, schlug ihn, und nun ergriff auch der andere Theil die Flucht. — Im J. 1232 bewirkte er sich vom Papste die Macht, alle die sogleich in den Bann zu thun, welche sich an seines Erzstifts Gütern vergreifen würden.

Er starb im J. 1233, oder gleich zu Anfange des J. 1234, nach einer 28jährigen sehr thatenvollen Regierung [2]).

Er war einer der größten, klügsten, thätigsten, verdienstreichsten und merkwürdigsten Erzbischöfe, welche Magdeburg gehabt hat. Seinem thätigen, vielumfassenden Geiste war der Geschäftskreis seines Erzstiftes viel zu enge, — daher er auch an allen wichtigen Reichsgeschäften und Begebenheiten Teutschlands zu seiner Zeit den kräftigsten und wirksamsten Antheil nahm. Sein Ansehen und sein Beitritt gaben der Partei, welche er nahm, bald ein entscheidendes Uebergewicht. — Auch wußte Albert sich bei der damals immer reicher und mächtiger werdenden Bürgerschaft in Magdeburg eine so dauerhafte Ehrfurcht und Liebe zu erwerben, daß man

---

1) Diese Verwüstung der Vorstädte Magdeburgs und einiger nahen Dörfer, ward nun die nächste Veranlassung zur Erweiterung und Vergroßerung der Stade durch die neu angelegten Kirchspiele St. Katharinen, Petri und Jacob, worin sich nun die unglücklichen Einwohner der abgebrannten Vorstädte und Dörfer wieder anbauten. Albert ließ diese Kirchspiele, so wie die Neustadt, mit Mauern umgeben, ließ 2 neue Thore, das Krökenthor und die hohe Pforte, anlegen, und gab der Stadt Magdeburg die Große, welche sie noch jetzt hat.

2) Unter seiner Regierung im J. 1224 kamen die Dominicaner-Mönche nach Magdeburg, bauten sich das Pauliner-Kloster, wo jetzt die teutsch-reformirte Kirche steht, und blieben da bis zur Reformation. Auch die Franciscaner- oder Barfüßer-Mönche kamen 1225 nach Magdeburg, und baueten sich da ihr Kloster, wo jetzt die Altstädter Stadtschule ist. Die Cistercienser-Nonnen im Gertrudenkloster an der Elbe bei Buckau versetzte er 1228 in das damals neu erbaute Agneten-Kloster in der Neustadt. Auch stiftere er im J. 1230 in der alten Burggrafen Burg das Marien-Magdalenen-Kloster bei der Peterskirche. Er verband mit dem Stifte Petri und Pauli verschiedene andere kleine Stiftungen, und wies denselben die von ihm erbaute und dem heiligen Nicolaus geweihete Pfarrkirche zum Gottesdienste an.

unter ihm bei derselben keine Spur von Widersetzlichkeit und Ungehorsam findet, die bald nachher zu Magdeburg und in anderen großen Städtrn, besonders geistlicher Fürsten, so häufig und gewöhnlich wurden. Im Glück und Unglück hing Magdeburg fest und treu an ihm. Unter allen Erzbischöfen hat aber auch keiner so viel für Magdeburg gethan und gewirkt, als er, und er steht darin ruhmvoll dem Kaiser Otto dem Großen zur Seite. — Das von ihm neu angelegte Drittheil der Stadt Magdeburg, die Neustadt, und das ehrwürdige prachtvolle Domgebäude, zu welchem er, nach den in Italien gesehenen Mustern, den Grund legte, sind seit einem halben Jahrtausend Zeugen davon. Bei diesen Verdiensten war er auch ein sehr gütiger, menschenfreundlicher Fürst, der nicht leicht eine Bitte abschlagen konnte, der es mit jedem gut meinte, und dies auch gern thätig an den Tag legte *).

Albert III., der 33ste Erzbischof von Magdeburg, — ein Graf von Sternberg aus Böhmen, Bischof von Leutomischel und Rath Kaiser Karls IV., — ward durch einen von diesem Kaiser bewirkten Machtspruch des Papstes Erzbischof. Er zeichnete sich in seiner kurzen Regirung des Erzstifts vom J. 1368—1371 nur dadurch aus, daß er aus Habsucht bedeutende Schlösser und Güter des Erzstifts verpfändete, verkaufte, und zuletzt gar die Lehnsherrlichkeit des Erzstifts über die Niederlausitz für Geld dem Kaiser überließ. Da er aber endlich davon die übelsten Folgen befürchten mußte, so gab er das Erzstift auf und kehrte als Bischof nach Leutomischel zurück **).

Albert IV., der 36ste Erzbischof zu Magdeburg, vom J. 1383—1403, aus der in Magdeburg schon lange sehr angesehenen und beliebten Familie der Herren von Querfurt, regirte 20 Jahre unter lauter Unruhen. Seine Regirung zeichnet sich aus durch Zerstörung mehrerer Raubschlösser, durch unaufhörliche kleine Kriege mit den Raubrittern in seinem Lande und in der Nachbarschaft, besonders in der damals fast ganz herrenlosen Mark Brandenburg. Vergebens suchte der Erzbischof den zu seiner Zeit oft geschlossenen, aber auch eben so oft wieder gebrochenen, Landfrieden zu erhalten; selbst als Kanzler des damaligen schwachen Kaisers Wenzel in Böhmen konnte er es nicht bewirken. Auch die fürchterliche Hinrichtung eines Grafen von Wernigerode durch die Vehmgerichte schreckte die Raubritter nicht. — Durch seine herrschende Neigung, Schätze zu sammeln, ließ sich der Erzbischof verleiten, schlechte Münze schlagen zu lassen, wodurch der damals blühende Handel in Magdeburg sehr litt, und endlich am 15. Sept. 1402 eine öffentliche Empörung der mehresten Handwerks-Innungen erregt wurde, wobei zwar kein Blut vergossen, aber destö mehr geraubt und geplündert wurde, besonders bei den geistlichen Herren in der Stadt. Nur mit Anwendung aller geistlichen und weltlichen Mittel, besonders des Bannes, konnte man endlich diesen Aufstand dämpfen *). Bald nach Endigung dieses Aufstandes starb der Erzbischof am 12. Juni 1403 **).

Albert V., der 42ste Erzbischof zu Magdeburg, vom J. 1513—1545, auch Erzbischof zu Mainz, Bischof zu Halberstadt und Cardinal des Römischen Stuhls, ist nicht nur durch die zu seiner Zeit eingetretene Reformation, sondern auch durch eigne große Vorzüge und Verdienste, in der Geschichte merkwürdig geworden. Er war der jüngste Sohn des im J. 1499 verstorbenen Kurfürsten Johannes Cicero von Brandenburg, und ein Bruder des damals regirenden Kurfürsten Joachim I. Wiewol erst 24 Jahre alt, ward er am 30. August 1513 feierlich und einmüthig vom Domkapitel zum Erzbischof von Magdeburg gewählt; vorher schon war er Domherr zu Magdeburg, so wie zu Mainz und Trier. Am 9ten Sept. postulirte ihn auch das Domkapitel zu Halberstadt zum Administrator des Stifts. Eine glänzende Gesandtschaft beider Stifter nach Rom bewirkte für ihn, jedoch mit großen Kosten, die päpstliche Confirmation und das erzbischöfliche Pallium. Am 9. März 1514 ward er auch zum Erzbischof und Kurfürsten von Mainz erwählt, und erhielt durch die Fürsprache seines Bruders, des Kurfürsten Joachim, und des Kaisers Maximilian, ohne Mühe die päpstliche Bestätigung. Da er aber zu Mainz unter der Bedingung gewählt worden war, daß er wegen der Erschöpfung und der Schulden des Erzstifts das Pallium und andere Bestätigungskosten mehrentheils aus eignen Mitteln mit etwa 30,000 Goldgülden bezahlen solle; so mußte er die Summe von dem reichen Jacob Fugger zu Augsburg borgen, und erbot sich und erhielt — zur Bezahlung dieser und anderer Schulden seiner Erzstifter, besonders des Erzstifts Mainz, — zu Rom die Erlaubniß, als päpstlicher Commissarius, auf 3 Jahre in seinen Landen und in der Mark Ablaß predigen und Ablaßbriefe austheilen zu lassen, jedoch mit der Bedingung, daß er nur die eine Hälfte der Einnahme davon für sich behalten, und die andere Hälfte zum Bau der Peterskirche in Rom abliefern lassen solle. Da aber der Papst die Ablaßbulle ihm durch den Kaiser Maximilian einhändigen zu lassen für gut befand, so mußte Albert dem Kaiser, der die Sache unterstützt hatte, auch noch bei ihrer Aushändigung ein Darlehn von 3,000 Gulden versprechen und bezahlen. — Albert wählte, zum Predigen und Anpreisen des Ablasses, den schon als eifrigen Ablaßprediger bekannten Dominicaner, Johann Tetzel. Dieser stellte unter Alberts Namen und Siegel eine Anweisung an die Prediger aus zur Anpreisung des Ablasses, zog überall im Lande mit großem Geräusch und Aufsehen umher, kam auch nach Magdeburg, ging nach Kloster Bergen und betrieb da seinen Ablaß-

---

*) Chron. Montis sereni in Menken. script. rer. Germ. Tom. II. pag. 220-301. ad a. 1204-1225. Chron. Magd. ap. Meibom. Tom. II. p. 329. 330. Magd. Schöppen-Chronik, ad a. 1205-1230 — Pomar. Sächsische Chronik. S. 297-319. — Pauli Langii Chron. Citic. ap. Pistor. Tom. I. pag. 797. — Sagitt. hist. duc. Magd. in Boysen histor. Magazin 2ten St. S. 107-136. Arnold. Lubec. chron. Slav. ap. Leibn. Tom. II. lib. 6. 7. p 712-743.

**) Magd. Schöppen-Chronik ad a. 1368-1371. — Chron. Magd. ap. Meib. p. 346. 347. Alb. Kranz. Metropolis, lib. 10. c. 1-6.

*) In ganz Magdeburg und in den Vorstädten ward wegen des Bannes fast ein halbes Jahr hindurch keine Kirche, kein Gottesdienst, kein Abendmahl gehalten.

**) Magdeb. Schöppen-Chronik ad a. 1383-1403. Chron. Magdeb. ap. Meib. p. 350. 351. Alb. Kranz Saxonia. lib. 10. c. 6. 7. 13. 14. 16.

während des Reichstags zu verlangen, auch keinen neuen Zoll oder Münze, ohne Einwilligung des Erzbischofs, im Erzstifte anzulegen, ferner nie wider des Erzbischofs Willen Lieferungen für sich und sein Gefolge zu verlangen, ja nicht einmal seinen Aufenthalt oder sein Hoflager in Magdeburg zu nehmen, und sich nicht mehr, wie bisher, daselbst bewirthen zu lassen. Im Sommer 1209 begleitete Albert den Kaiser nach Italien. Der den Kaiser Otto bisher so sehr begünstigende Papst ward aber bald sehr unzufrieden mit ihm, als er seine kaiserliche Würde und Gerechtsame geltend machen wollte, und that ihn sogar im J. 1210 in den Baun. Albert zerfiel auch schon in Italien mit dem Kaiser, verließ ihn, und eilte noch im J. 1209 nach Teutschland zurück. Der Papst dachte nun vornehmlich durch die Macht und das Ansehen des Erzbischofs dem Kaiser zu schaden, und seine Bannflüche gegen ihn geltend zu machen. Er erhob den Erzbischof zum päpstlichen Legaten von Teutschland, und trug ihm die Bekanntmachung des Bannes auf, wozu sich aber Albert erst im J. 1211, nachdem ihm der Papst es zum dritten Mal, und zuletzt bei Verlust seiner Aemter und Würden befohlen hatte, entschloß, zog aber sich und seinem Lande dadurch einen schweren verwüstenden 7jährigen Krieg zu. Otto ließ sogleich durch seinen Bruder, den Pfalzgrafen Heinrich, auf dem Reichstage zu Halberstadt, den Erzbischof ungehört in die Reichsacht erklären. Deswegen verweigerten ihm nun der Adel oder die Ritter und Vasallen ihren Beistand, und zum Theil sogar ihren Gehorsam. Aber die Bürgerschaft von Magdeburg leistete ihm desto treuere und thätigere Hülfe. — Durch Verbindung mit Otto's mächtigen Gegnern wußte sich Albert gegen den Kaiser zu stärken, und durch seine Klugheit und Thätigkeit die Wahl Friedrichs II. von Hohenstaufen zum Gegenkaiser im J. 1212 zu Stande zu bringen.

Otto, der von nun an in Teutschland fast nichts mehr als seine Erblande behaupten kounte, beschloß nun, den Haupturheber seines Unglücks, den Erzbischof Albert, seine ganze Rache fühlen zu lassen. Er rückte zwei Mal mit ansehnlichen Heeren bis an die Thore von Magdeburg, und verwüstete die ganze umliegende reiche Gegend durch Raub und Braud, schlug auf einer verstellten Flucht das ihm unvorsichtig nacheilende Heer des Erzstiftes am 11. Jun. 1213 bei Renkersleben völlig, nahm 300 Mann Magdeburgische Truppen, und darunter 56 Ritter, gefangen; auch wurde der Erzbischof selbst noch durch einen kaiserl. Officier, beim Uebergange über die Elbe angehalten, und auf das ehemalige Schloß Grüneberg, nicht weit von Zipkeleben, gebracht. Allein die Bürger von Magdeburg bestürmten Grüneberg sechs Tage hindurch, bis man ihnen den Erzbischof heraus gab. Voll Verdrusses darüber, rückte Otto zum zweiten Mal bis an die Thore von Magdeburg, und verheerte alles weit und breit, bis an die Manren und Thore der Stadt [1]).

Da Otto im J. 214 als Bundesgenoß Englands, von den Franzosen b Bovines eine große Niederlage erlitt; so belam Alb t einige Ruhe. Aber im Herbste 1215 fiel Otto wieder s Magdeburgische ein, lagerte sich vor Kalbe; und verh rte die ganze umliegende Gegend, ging auch über die (e und verwüstete den ganzen Jerichowschen Kreis. it Hilfe des Kaisers Friedrich aber nöthigte er Otto zum Rückzuge, beide fielen ins Braunschweigische ein, und rheerten es eben so, wie es Otto im Magdeburgischen macht hatte. Nur erst durch den Tod des Kaisers Ot (1218) ward dieser verheerende unglückliche Krieg ge digt. Alle Anhänger Otto's huldigten nun dem Kaise Friedrich, und es ward in Teutschlaud Friede und Ruh

Friedrich bestätig nun aus Dankbarkeit dem Erzbischof und der Stadt agdeburg alle ihm von Otto schon verliehenen Freiheite und Privilegien, ernannte ihn im J. 1223 bei dessen ermaligem Aufenthalte an seinem Hofe, in seiner Abw enheit zum Reichsverweser in den sächsischen Landen, d übertrug ihm die völlige Ausübung der kaiserl. G valt — Da späterhin die jungen Markgrafen von Br denburg, Johann und Otto, das Erzstift mit einem hlgerüsteten Heere bedrohten, so rückte ihnen der Er schof entgegen, griff einen Theil des feindlichen Heer an, schlug ihn, und nun ergriff auch der audere Th die Flucht. — Im J. 1232 bewirkte er sich vom P ste die Macht, alle die sogleich in den Bann zu thun, lche sich an seines Erzstifts Gütern vergreifen würden.

Er starb im J 1233, oder gleich zu Anfange des J. 1234, nach einer 8jährigen sehr thatenvollen Regirung [2]).

Er war einer de größten, klügsten, thätigsten, verdienstreichsten und rkwürdigsten Erzbischöfe, welche Magdeburg gehabt h . Seinem thätigen, vielumfassenden Griste war der eschäftskreis seines Erzstiftes viel zu enge, — daher er uch an allen wichtigen Reichsgeschäften und Begebe eiten Teutschlands zu seiner Zeit den kräftigsten und wirksamsten Antheil nahm. Sein Ansehen und sein B ritt gaben der Partei, welche er nahm, bald ein en heidendes Uebergewicht. — Auch wußte Albert sich bei er damals immer reicher und mächtiger werdenden B gerschaft in Magdeburg eine so dauerhafte Ehrfurcht und Liebe zu erwerben, daß man

---

1) Dirse Verwüstung der Vorstädte Magdeburgs und einiger nahen Dörfet, ward nun die nächste Veranlassung zur Erweiterung und Vergrößerung der Stadt durch die neu angelegten Kirchspiele St. Katharinen, Petri und Jacob, worin sich nun die unglücklichen Einwohner der abgebrannten Vorstädte und Dörfer wieder anb ten. Albert ließ diese Kirchspiele, so wie die Neustadt, mit auern umgeben, ließ 2 neue Thore, das Krökenthor und d hohe Pforte, anlegen, und gab der Stadt Magdeburg die öße, welche sie noch jetzt hat.

2) Unter seiner Re rung im J. 1224 kamen die Dominicaner-Mönche nach M eburg, bauten sich das Pauliner-Kloster, wo jetzt die teutsch eformirte Kirche steht, und blieben da bis zur Reformation. uch die Franciscaner- oder Barfüßer-Mönche kamen 1225 na Magdeburg, und baueten sich da ihr Kloster, wo jetzt die A derer Stadtschule ist. Die Cistercienser-Nonnen im Gertr ukloster an der Elbe bei Buckau versetzte er 1228 in das mals neu erbaute Agneten-Kloster in der Neustadt. Auch sti te er im J. 1230 in der alten Burggrafen Burg das Mari -Magdalenen-Kloster bei der Peterskirche. Er verband mit m Stifte Petri und Pauli verschiedene andere kleine Stiftunge und wies demselben die von ihm erbaute und dem heiligen icolaus geweihete Pfarrkirche zum Gottesdienste an.

unter ihm bei derselben keine [illegible] von Widersetzlichkeit und Ungehorsam findet, die b[illegible] chher zu Magdeburg und in anderen großen Städt[illegible] besonders geistlicher Fürsten, so häufig und gewöh[illegible] wurden. Im Glück und Unglück hing Magdeburg [illegible] treu an ihm. Unter allen Erzbischöfen hat aber [illegible] keiner so viel für Magdeburg gethan und gewirkt, [illegible] er, und er steht darin ruhmvoll dem Kaiser Otto [illegible] Großen zur Seite. — Das von ihm neu angelegte [illegible] eil der Stadt Magdeburg, die Neustadt, und das [illegible] würdige prachtvolle Domgebäude, zu welchem er, na[illegible] n in Italien gesehenen Mustern, den Grund legte, [illegible] seit einem halben Jahrtausend Zeugen davon. [illegible] sen Verdiensten war er auch ein sehr gütiger, menschenf[illegible] ndlicher Fürst, der nicht leicht eine Bitte abschlagen ko[illegible] te, der es mit jedem gut meinte, und dies auch gern that an den Tag legte *).

Albert III., der 33ste Erzbi[illegible] von Magdeburg, — ein Graf von Sternberg aus [illegible] hmen, Bischof von Leutomischel und Rath Kaiser Karls V., — ward durch einen von diesem Kaiser bewirkten [illegible] achtspruch des Papstes Erzbischof. Er zeichnete [illegible] seiner kurzen Regirung des Erzstifts vom J. 1368–1[illegible] nur dadurch aus, daß er aus Habsucht bedeutende [illegible] chlösser und Güter des Erzstifts verpfändete, ve[illegible] e, und zuletzt gar die Lehnsherrlichkeit des Erzstifts [illegible] ber die Niederlausitz für Geld dem Kaiser überließ. [illegible] er aber endlich davon die übelsten Folgen befürchte[illegible] ußte, so gab er das Erzstift auf und kehrte als Bischof [illegible] ch Leutomischel zurück **).

Albert IV., der 36ste Erzb[illegible] zu Magdeburg, vom J. 1383—1403, aus der in M[illegible] deburg schon lange sehr angesehenen und beliebten Fa[illegible] ie der Herren von Querfurt, regirte 20 Jahre unter [illegible] ter Unruhen. Seine Regirung zeichnet sich aus durc[illegible] Zerstörung mehrerer Raubschlösser, durch unaufhörliche [illegible] eine Kriege mit den Raubrittern in seinem Lande und [illegible] der Nachbarschaft, besonders in der damals fast ganz he[illegible] enlosen Mark Brandenburg. Vergebens suchte der Er[illegible] ischof den zu seiner Zeit oft geschlossenen, aber auch ebe[illegible] o oft wieder gebrochenen, Landfrieden zu erhalten: [illegible] st als Kanzler des damaligen schwachen Kaisers W[illegible]nz in Böhmen konnte er es nicht bewirken. Auch die für[illegible] erliche Hinrichtung eines Grafen von Wernigerode du[illegible] die Vehmgerichte schreckte die Raubritter nicht. — D[illegible] ch seine herrschende Neigung, Schätze zu sammeln, lie[illegible] sich der Erzbischof verleiten, schlechte Münze schlagen [illegible] lassen, wodurch der damals blühende Handel in M[illegible] urg sehr litt, und endlich am 15. Sept. 1402 eine öffe[illegible] liche Empörung [illegible] mehresten Handwerks-Innungen [illegible] egt wurde, [illegible] zwar kein Blut vergossen, aber desto mehr geraubt und geplündert wurde, besonders bei den geistlichen Herren in der Stadt. Nur mit Anwendung aller geistlichen und weltlichen Mittel, besonders des Bannes, konnte man endlich diesen Aufstand dämpfen *). Bald nach Endigung dieses Aufstandes starb der Erzbischof am 12. Juni 1403 **).

Albert V., der 42ste Erzbischof zu Magdeburg, vom J. 1513—1545, auch Erzbischof zu Mainz, Bischof zu Halberstadt und Cardinal des Römischen Stuhls, ist nicht nur durch die zu seiner Zeit eingetretene Reformation, sondern auch durch eigne große Vorzüge und Verdienste, in der Geschichte merkwürdig geworden. Er war der jüngste Sohn des im J. 1499 verstorbenen Kurfürsten Johannes Cicero von Brandenburg, und ein Bruder des damals regirenden Kurfürsten Joachim I. Wiewol erst 24 Jaher alt, ward er am 30. August 1513 feierlich und einmüthig vom Domkapitel zum Erzbischof von Magdeburg gewählt; vorher schon war er Domherr zu Magdeburg, so wie zu Mainz und Trier. Am 9ten Sept. postulirte ihn auch das Domkapitel zu Halberstadt zum Administrator des Stifts. Eine glänzende Gesandtschaft beider Stifter nach Rom bewirkte für ihn, jedoch mit großen Kosten, die päpstliche Confirmation und das erzbischöfliche Pallium. Am 9. März 1514 ward er auch zum Erzbischof und Kurfürsten von Mainz erwählt, und erhielt durch die Fürsprache seines Bruders, des Kurfürsten Joachim, und des Kaisers Maximilian, ohne Mühe die päpstliche Bestätigung. Da er aber zu Mainz unter der Bedingung gewählt worden war, daß er wegen der Erschöpfung und der Schulden des Erzstifts das Pallium und andere Bestätigungskosten mehrentheils aus eignen Mitteln mit etwa 30,000 Goldgulden bezahlen solle; so mußte er die Summe von dem reichen Jacob Fugger zu Augsburg borgen, und erbot sich und erhielt — zur Bezahlung dieser und anderer Schulden seiner Erzstifter, besonders des Erzstifts Mainz, — zu Rom die Erlaubniß, als päpstlicher Commissarius, auf 3 Jahre in seinen Landen und in der Mark Ablaß predigen und Ablaßbriefe austheilen zu lassen, jedoch mit der Bedingung: daß er nur die eine Hälfte der Einnahme davon für sich behalten, und die andere Hälfte zum Bau der Peterskirche in Rom abliefern lassen solle. Da aber der Papst die Ablaßbulle ihm durch den Kaiser Maximilian einhändigen zu lassen für gut befand, so mußte Albert dem Kaiser, der die Sache unterstützt hatte, auch noch bei ihrer Aushändigung ein Darlehn von 3,000 Gulden versprechen und bezahlen. — Albert [illegible] lte, zum Pre[illegible]en und Anpreisen des Ablasses, den [illegible] als ei[illegible] ßprediger bekannten Dominicaner, [illegible] stellte unter Alberts Namen und [illegible] ng an die Prediger aus zur Anprei[illegible] zog überall im Lande mit großem Ge[illegible] sehen umher, kam [illegible] nach Magdeburg, [illegible] Kloster [illegible] da seinen Ablaß-

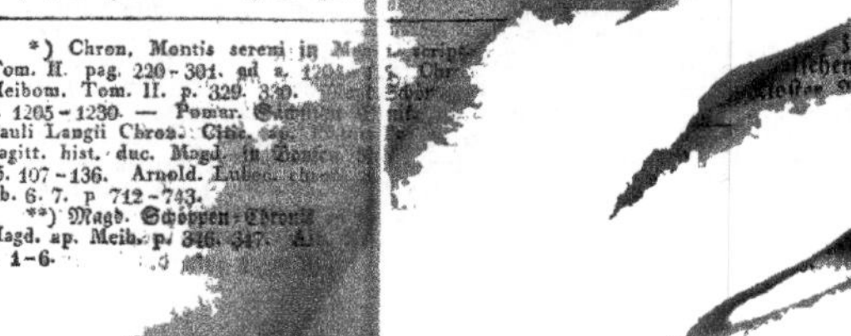

*) Chron. Montis sereni in M[illegible] script[illegible] Tom. II. pag. 220–301. ad a. 12[illegible] Chr[illegible] Meibom. Tom. II. p. 329. 330. [illegible] a. 1205–1230. — Pomar. [illegible] Pauli Langii Chron. Citic. [illegible] Sagitt. hist. duc. Magd. in [illegible] S. 107–136. Arnold. Lubec. chron. [illegible] lib. 6. 7. p. 712–743.

**) Magd. Schöppen-Chron. [illegible] Magd. ap. Meib. p. 346. 347. [illegible] a. 1–6. [illegible]

[illegible] Vorstädten ward wegen [illegible] dadurch keine Kirche, kein [illegible] ern. [illegible] mil [illegible] Chron. [illegible] lib. 10.

kram mit Glück. Er ging von da weiter nach Halle und Jüterbogk. Da er hier in der Nähe von Wittenberg auch aus dieser Stadt viel Zulauf bekam, und dabei die unsinnigsten Dinge lehrte, so schlug Luther, voll lebhaften Unwilleus und Eifers über dies Unwesen, am 31. October 1517 seint bekannten 95 Sätze dagegen an, und foderte jeden zur Widerlegung auf, der dazu im Stande wäre *). Luther, ohne noch recht zu wissen, daß Albert diesen Ablaßkram veranstaltet habe und begünstige, schickte seine Sätze auch an ihn mit der demüthigen Bitte: als einer der obersten Geistlichen diesem Unwesen zu steuern, und dem Volke richtigere Begriffe darüber beibringen zu lassen. Albert, äußerst betroffen über diese unerwartete Störung seines Plans, Geld aufzubringen, hielt es fürs Beste, gar nicht darauf zu antworten; verlangte aber von der Universität zu Mainz ihr Gutachten über die Sache. Diese entschuldigte sich damit, daß sie über des Papsts Gewalt nicht urtheilen und disputiren dürfe. — Die Universität rieth aber, Luthers Theses unmittelbar an den Römischen Stuhl gelangen zu lassen, welches Albert auch that, und dadurch zu Rom großes Aufsehen erregte. Luther schrieb unter dem 4. Febr. 1520 abermals an Albert. Nun antwortete dieser sehr milde und schonend. Der Papst aber, um ihn ganz für sich und seine Sache zu gewinnen, hatte ihn auf Betrieb seines Bruders und des Kaisers Maximilian, auf dem Reichstage zu Augsburg im J. 1518 zum Cardinal erhoben. — Albert faud aber selbst in Mainz genug zu thun, um das päpstliche Ansehen zu erhalten, und den auch da fast überhand nehmenden Beifall für Luthers Lehre und Reformation durch Ansezzung von Ketzermeistern und Bücherverbote zu beschränken; zumal nachdem er auf Andringen des Papstes und der Geistlichkeit den berühmten Ulrich von Hutten von seinem Hofe entfernt hatte.

Während indessen, trotz der Bannbulle des Papstes und der Reichsacht unter dem neuen Kaiser Karl V. gegen Luther, der jetzt auf der Wartburg in Sicherheit war, die von ihm begonnene Reformation immer weitere Fortschritte machte, war Albert darauf bedacht, durch zweckmäßigere Mittel, als durch Bannflüche und Verfolgungen, ihnen Grenzen zu setzen. Er wollte in Halle an die Stelle des Dominicanerklosters ein reiches, mit geschickten und gelehrten Canonicis besetztes Stift anlegen und dieses mit der Zeit in eine katholische Universität mit tüchtigen Lehrern verwandeln, welche kräftige Stützen des wankenden Katholicismus werden sollten. Er vermehrte mit großen Kosten die für das Stift schon gesammelten Reliquien und kostbaren Kirchengeräthe, versah dasselbe aus den Gütern einiger aufgehobener Klöster reichlich mit Einkünften, ließ auch den Bau der neuen prächtigen Stiftskirche (der jetzigen Dom- oder reformirten Kirche in Halle) mit dem größten Eifer betreiben. Allein die von ihm angestellten Stiftsherren wurden, statt der Reformation entgegen zu arbeiten, einer nach dem andern lutherisch, und verließen das Stift. Daher ging es 20 Jahre nach seiner Errichtung schon wieder ein. Albert nahm endlich gar aus Verdruß den ganzen Kirchenschatz des neuen Stifts weg, und brachte ihn in die Domkirche nach Mainz.

Als Albert im J. 1521, da Luther auf der Wartburg war, in Halle von neuem Ablaß predigen ließ, einen verheiratheten Prediger durch Gefängniß und harte Behandlung zur Scheidung von seiner Frau zwang, auch den verdienten Domprediger Kauxdorf in Magdeburg, der neuen Lehre wegen, absetzte, so schrieb Luther hierüber am 25. Nov. 1521 sehr hart und bitter an den Cardinal, drohte, im Falle der Cardinal Verfolgungen und Ablaßpredigen fortsetzte, mit öffentlicher Bekanntmachung seiner Scheinheiligkeit und seiner unkeuschen Ausschweifungen, und verlangte binnen 14 Tagen bestimmte Antwort. Albert antwortete am 21. Dec. 1521 durch seinen aufgeklärten Hofprediger Capito äußerst milde und gnädig: daß das, worüber Luther so hart sich beschwere, abgestellt sey, daß er sich künftig, wie es einem frommen, geistlichen und christlichen Fürsten gezieme, betragen wolle, aber wol wisse, daß er als Mensch nicht fehlerfrei sey u. s. w. Capito schrieb für sich an Luthern: der Cardinal habe darum so glimpflich geantwortet, damit Luther nicht gegen ihn schriebe. Luther antwortete darauf: Du hast an Luthern einen freimüthigen Verächter, wenn du und dein Cardinal fortfahren, mit Gottes Wort einen Spott zu treiben. Wir wollen die göttliche Lehre verfechten mit allen Kräften, es mag der Himmel oder die Hölle zürnen. Luther versprach aber doch, jetzt nicht wider den Cardinal zu schreiben. Capito scheint übrigens den Cardinal für die Reformation geneigter gemacht zu haben. Allein vom völligen Beitritt zur Reformation hielt ihn wol damals schon am meisten die Besorgniß ab, seine hohen geistlichen Würden, und die reichen, ihm so nöthigen, Einkünfte seiner Bisthümer zu verlieren. Sein Hofprediger Capito aber ward bald nachher lutherisch, und verließ den Cardinal und seinen Hof.

Bald aber erregte der im J. 1524 auch in Thüringen, wie an andern Orten, ausgebrochene Bauern-Aufstand beim Cardinal Furcht und Schrecken, so wie die Besorgniß, seine Länder, als geistliche Besitzungen, zu verlieren. Diese Besorgniß bewog ihn, sich eine Zeitlang auf den ihm von den Vasallen und Ständen, besonders von der Ritterschaft des Erzstifts Magdeburg und von einigen Räthen seines Hofes, gethanen Vorschlag einzulassen: daß er nach dem Beispiel seines Vetters, des lutherisch gewordenen Hochmeisters Albert von Preußen, den geistlichen Stand verlassen, lutherisch werden, sich verheirathen, und seine geistlichen Länder, wenigstens das Erzstift Magdeburg, säcularisiren, es als ein weltliches Fürstenthum besitzen, und es auf seine Nachkommen vererben sollte. — Diese Sache betrieb besonders sein Geheimer Rath Rühel, Luthers Verwandter, der Luthern auch bewog, deswegen an den Cardinal (den 2. Juni 1525) zu schreiben, ihm dringend dazu zu rathen, und ihm die großen und wohlthätigen Folgen dieses Schrittes kräftig vorzustellen. Luther selbst ging ihm durch seine eigne

*) Albert erhielt den ersten Bericht davon durch den Augustiner-Prior zu Erfurt, dem Luther als Mönch untergeordnet war. — Albert antwortete: Man muß den unruhigen Mönch ins Kloster berufen, das Lehramt desselben suspendiren, ihn unter strenger Aufsicht und Verwahrung halten, die Theses selbst aber und ihre Vertheidigung sogleich einschicken. Ohne Zweifel wagte man es vor dem Luthern schützenden Kurfürsten von Sachsen nicht, diese Befehle zu vollziehen.

Heirath mit gutem Beispiel vor. Der Cardinal aber ließ Luthers Brief unbeantwortet, und blieb, was er war; als ein kluger Fürst sah er wol ein, wie schwierig und wie wenig ausführbar die Sache in Teutschland, bei der Macht des Kaisers, und so vieler eifrig katholischen Fürsten, seyn würde, anderer Gründe zu geschweigen.

Albert war schon im vorigen Jahre auf Bitten seiner Unterthanen von Mainz nach Halle gekommen, und kam nun auf einige Zeit von Halle nach Magdeburg, um die ihm vom Erzstifte versprochene Beihilfe an Geld zu erhalten, wozu die Stadt Magdeburg anfänglich nichts hergeben wollte, aber doch endlich nach einem, 1525 den 15. Aug. abgeschlossenen, vortheilhaften Vergleich über ihre Privilegien und Gerechtsame, ihm ein Geschenk von 10,000 Gulden machte. — Der in der Stadt vorgefallenen Religionsveränderung ward in dem Vergleiche gar nicht gedacht. Auch traute er sich nicht, etwas in der Altstadt durchzuführen; in der Sudenburg aber, wo er mehr Gewalt hatte, setzte er einen lutherisch gesinnten Kaplan ab, und einen eifrigen Katholiken an dessen Stelle.

Der Cardinal und einige andere katholische Fürsten hatten, durch ihre Klagen über den schnellen Fortgang der Reformation beim Kaiser, bald heftige Schreiben desselben und bedenkliche Schritte veranlaßt, ja ihn endlich sogar zu einer Achtserklärung gegen Magdeburg vom 30. Sept. 1527 bewogen, welche aber der Cardinal jetzt noch zurückhielt. Er fing aber jetzt an, in Halle strenger als bisher gegen die Reformation zu verfahren. Besonders erregte die Sache des, wegen seiner lutherischen Predigten und Austheilung des Abendmahls unter beiderlei Gestalt, nach Aschaffenburg geforderten, und auf der Rückreise im Walde, 2 Meilen von Aschaffenburg durch Meuchelmörder umgekommenen, Hallischen Hofpredigers, Georg Winkler, großes Aufsehen und starken Verdacht gegen den Cardinal. Der Cardinal ließ an Luthern schreiben: daß er keinen Verdacht gegen ihn haben, und seiner schonen möchte. Luther schonte seiner Person; schrieb aber desto wärmer und kräftiger gegen die Sache. — Auch an einem vorgegebenen Bündnisse einiger kathol. Fürsten gegen die Protestanten sollte der Cardinal Antheil haben. Er läugnete es aber, so wie das ganze, wahrscheinlich erdichtete, Bündniß; zahlte jedoch dem Landgrafen von Hessen zur Entschädigung wegen seiner deswegen gemachten Kriegsrüstungen, Friedens halber, 40,000 Gulden.

Nach der Uebergabe der Augsburg'schen Confession am 25. Juni 1530, rieth und betrieb der Cardinal aus allen Kräften gütliche Friedensunterhandlungen zwischen den Katholiken und Protestanten. Luther hatte ihn in einem Schreiben vom 6. Juli d. J. selbst gebeten, Friedensvermittler zu seyn. Da die Protestanten nicht überall nachgeben konnten und wollten, so kam es zu einem harten Reichsabschiede gegen sie, welcher den Schmalkaldischen Bund der Protestanten veranlaßte. Der Beitritt Magdeburgs zu diesem Bunde brachte den Cardinal so auf, daß er die Stadt beim Kaiser hart verklagte und einen harten kaiserlichen Strafbefehl gegen die Stadt auswirkte. Allein aus Furcht vor der Macht des Schmalkaldischen Bundes wagte ers auch jetzt nicht, ihn zu vollziehen; fuhr vielmehr nach seiner friedliebenden gutmüthigen Denkart fort, zwischen den Katholiken und Protestanten Frieden zu vermitteln, brachte es auch zu Nürnberg am 23. Juli 1532 glücklich zu einem Vergleiche, oder vielmehr zum ersten Religionsfrieden, welchen der Cardinal durch die Deputirten Magdeburgs mit unterschreiben ließ. Er brachte auch den wichtigen Vergleich des Kurfürsten von Sachsen mit dem römischen König Ferdinand zu Cadan am 29. Juni 1534 zu Stande.

Als er aber noch im Jahre 1534 zu Halle 16 neugewählte Rathspersonen aus der Stadt verweisen ließ, weil sie das Abendmahl nicht nach katholischer Weise nehmen wollten, so gerieth er dadurch mit dem Kurfürsten von Sachsen über dessen Rechte als Burggraf zu Halle und Magdeburg, und über die Gerichtsbarkeit des Schöppenstuhls zu Halle in große, weit aussehende Streitigkeiten. Auch vermehrte bald ein anderer Umstand seinen Unmuth gegen die Reformation und Luther. Albert hatte am 21. Juni 1535 seinen bisherigen Günstling, Kammerdiener, Rechnungsführer und Oberbaumeister, Hans von Schenitz, zu Giebichenstein aufhängen lassen, weil er ihn betrogen, allerlei Unterschleif begangen und Schulden im Namen seines Herrn gemacht haben sollte. Dieser schrie aber bis zum letzren Augenblick über Gewalt und Unrecht, und daß man ihn nicht gehört habe. Die offenbare Ungerechtigkeit dieser Hinrichtung behauptete nicht nur des Hingerichteten Bruder, welcher zu dessen Rechtfertigung wichtige, dem Cardinal gar nicht zur Ehee gereichende, Briefe und Actenstücke heraus gab, sondern Luther nahm sich auch der Sache an, gab im J. 1539 eine sehr harte und heftige Schrift gegen den Cardinal heraus, tadelte dariu bitter, daß er in dieser Sache Kläger und Richter zugleich gewesen sey, und dem Hingerichteten zu viel gethan habe, und hielt ihm seine Verschwendung, seine Unredlichkeit und seine Unkeuschheit ohne Schonung und so hart vor, daß der Kurfürst von Sachsen und andere Fürsten sehr unzufrieden damit waren.

Indessen erschienen auch jetzt einige lichtere Zeitpuncte für den Cardinal. Im J. 1536, — in welchem er seinen eifrig kathol. Vetter, Johann Albert, gebornen Markgrafen von Anspach, einen Bruder des Herzogs Albert von Preußen, zu seinem Coadjutor und Nachfolger im Erzstifte Magdeburg und im Stifte Halberstadt erwählen ließ und ihn bald nachher zum Statthalter daselbst bestellte — schloß er auch ein Vertheidigungsbündniß mit der Stadt Magdeburg, wornach diese ihm mit 600 Mann und 12 Kanonen zu Hilfe zu kommen versprach, wenn er des Erzstiftes und Burggrafthums wegen angegriffen würde. Gleiche Hilfe versprach der Erzbischof der Stadt, wenn sie in weltlichen Angelegenheiten angegriffen werden sollte. Auch schloß er im J. 1538, auf Betrieb des kaiserlichen Vicekanzlers Held, mit einigen andern katholischen Fürsten die sogenannte heilige Liga auf 11 Jahre gegen den mächtigen Schmalkaldischen Bund. Endlich gelang ihm auch ein Vergleich mit Magdeburg wegen der freien Religionsübung seiner protestantischen Unterthanen. Er gab ihrem dringenden Verlangen nach derselben endlich unter der Bedingung nach, daß sie sich einige neue Auflagen gefallen lassen, und nebst dem Stift Halberstadt, seine auf 500,000 Gulden sich belaufenden Schulden übernehmen und bezahlen sollten, welches auch endlich nach langem

Zögern und Weigern des Cardinals und seiner Räthe, im J. 1541 auf dem Landtage zu Kalbe zu Staude kam, wozu die Stadt Magdeburg allein 44,000 Gulden zahlen mußte.

Da übrigens Albert zu Halle weder die Reformation hatte verhindern, noch sein neues katholisches Domstift zu Staude bringen können, so verließ er Halle mit bitterm Unmuth. — Von nun an zeigte sich seine Abneigung gegen die Reformation immer mehr. Er war nun und bewies sich weit weniger als sonst geneigt zum Frieden, mißbilligte auch die Versuche des Kaisers, durch Religionsgespräche und Disputiren die Katholiken und Protestanten einander mehr zu nähern, und rieth jetzt mehr zur Gewalt und zum Kriege, als zum Frieden. Er bewies sich dagegen als einen Freund und Beschützer der, damals erst 1540 gestifteten, Jesuiten, und er war der Erste in Teutschland, der sie (zu Mainz) aufnahm und unterstützte. Albert erschien noch auf dem Reichstage zu Speyer im J. 1544, wo man die Protestanten noch äußerlich mit guten freundlichen Worten hinhielt, aber heimlich schon Anstalten und Verabredungen zum Kriege machte, der auch bald nachher ausbrach.

Albert starb aber, da sich alles schon zum Schmalkaldischen Kriege neigte, am 24. Sept. 1545 im 56sten Lebens- und 32sten Regirungsjahre zu Aschaffenburg, wo er die 4 letzten Jahre seines Lebens mehrentheils zugebracht und schon 1540 sein Testament gemacht hatte. Er ward im Dom zu Mainz begraben.

Albert wird von katholischen Schriftstellern als einer der besten und vorzüglichsten Geistlichen seiner Zeit, als ein guter Katholik, als ein Verehrer und Beförderer der Religion beschrieben. Bei seiner Prachtliebe hielt er sehr auf Schönheit der Kirchen und auf kostbaren Kirchenschmuck. Er versah die erzbischöflichen Verrichtungen beim Gottesdienst oft in eigner Person, theilte selbst das Abendmahl aus, hielt oft selbst Messe, weihte Kirchen, ordinirte und führte Prälaten ein. Er war den Geistlichen sehr gewogen, und ließ es an milden Stiftungen und Vermächtnissen für sie nicht fehlen. Protestantische Schriftsteller aber äußern mehr bittern Tadel als Lob über ihn. Luther selbst tadelt nicht nur seine Heuchelei, Scheinheiligkeit, Unkeuschheit, Furchtsamkeit und Grausamkeit, sondern wirft ihm sogar — aber wol zu bitter und unbewiesen — vor, daß er, als ein echter römischer Priester, gar keine Religion habe, und keinen Gott glaube.

An den Staats- und Regirungsgeschäften Teutschlands nahm er, besonders als Kurfürst von Mainz und Erzkanzler des Reichs, einen sehr thätigen und wirksamen Antheil. Fast auf allen in dieser Zeit gehaltenen Reichstagen war er gegenwärtig. Seine Stimme galt auf denselben viel bei dem Kaiser und den Reichsständen, und er wußte sie auch durch seine Mäßigung, Klugheit und Beredsamkeit geltend zu machen. Zur Milde und zum Frieden geneigt, erwarb er sich das große Verdienst, durch sein unablässiges Bemühen und seine Klugheit, nebst dem Kurfürsten Ludwig von der Pfalz, den äußern Frieden zwischen den Katholiken und Protestanten, viele Jahre hindurch bis an seinen Tod zu erhalten. Nur in den letzten 10 Jahren seines Lebens verwandelte sich aus schon angeführten Gründen seine bisherige Toleranz, Nachsicht und Milde gegen die Protestanten in bitteren Haß und Feindseligkeit gegen sie, und sein Hof zu Mainz war zuletzt der Sammelplatz ihrer bittersten Gegner.

Die Regirung seiner Länder überließ er, wegen seiner öftern Abwesenheit, mehrentheils seinen Räthen und es ging darin oft sehr unordentlich her. Vor allem aber brachten seine Prachtliebe, sein ungeheurer Aufwand und seine Verschwendung die Finanzen in die größte Unordnung. Sein Hof war der glänzendste und prachtvollste in ganz Teutschland. Auf den Bau der Moritzburg, und der für jene Zeiten schönen und prächtigen Stiftskirche in Halle, und auf die Anschaffung unzähliger Reliquien und Kostbarkeiten für das neue Stift verwandte er unermeßliche Summen. Mit freigebiger Hand verschenkte er so lange er etwas hatte. Daher auch die ansehnlichen Einkünfte zweier reicher Erzstifte und eines reichen Stifts nie zu seinem großen Aufwande und Verschwendung zureichen wollten. Daher nahm er gleich im Anfange seiner Regirung seine Zuflucht zu dem schändlichen Ablaßkram, und nachher zum Schuldenmachen und zu drückenden Auflagen auf seine Unterthanen. Luther warf ihm im J. 1539 vor: daß er das Erzstift Magdeburg und das Stift Halberstadt schon 24 Mal außerordentlich besteuert habe, und doch mußten im Jahre 1541 seine Unterthanen noch 500,000 Gulden Schulden für ihn bezahlen. Sein unmäßiger Aufwand verleitete ihn zu den entehrenden Unredlichkeiten, welche ihm Luther, besonders in seinem Verfahren gegen den Hans von Schenitz, vorwirft.

Uebrigens waren doch Gutmüthigkeit und Milde, mit vielem Verstande und großer Klugheit verbunden, die Hauptzüge in seinem persönlichen Charakter. Diese waren es, welche ihm fast alle, die um ihn waren und ihm dienten, äußerst zugethan und ergeben machten. Dabei besaß er viele Beredsamkeit, und eine, für seine Zeit und für seinen Stand nicht geringe, Gelehrsamkeit. Er war ein großer Freund und Beförderer der Wissenschaften, stiftete schon in seiner Jugend mit seinem Bruder im Jahre 1506 die Universität zu Frankfurt an der Oder, hätte auch, wie oben bemerkt ist, gern zu Halle eine katholische Universität gestiftet. Er achtete und liebte die Gelehrten, hatte sie gern um sich und an seinem Hofe, unterhielt Briefwechsel mit ihnen, und unterstützte sie mit großer Freigebigkeit, wie 2 vorzügliche Männer seiner Zeit, Ulrich von Hutten und Erasmus von Rotterdam, von ihm rühmen *). (*Rathmann.*)

---

*) Seckendorf Comment. de Luther. lib. I—III. Sleidani de statu rel. et reip. lib. 1-16. Chytraei Saxon. lib. 7-16. Dreyhaupt's Beschreib. des Saalkreises. Th. I. S. 183-210. 847—850. Langhans Gesch. des J. 1524 (Mscr.). Butz Magdeb. Chronik. S. 280—298 (Mscr.). Fortsetz. der Schöppen-Chronik. S. 509—541 (Mscr.). Luther's Schriften. Altenb. Ausg. Th. 7. S. 382—397. Sagitt. histor. Magdeb. lib. 7. Winnigstedt's Halberst. Chronik bei Abel. S. 370—400. Walth. Decenn. I, p. 8—34. Bodmann's diplomatischer Beitrag zur Geschichte des päpstlichen Jubelablasses bei der Reformation Luthers. In den Niederrhein. Blättern 1ster Band. 2tes Quartal. S. 286—339.

Albert oder Alberic von Aix in der Provence, wo er nachher Canonicus wuede und um das J. 1120 in dem Alter von 60 Jahren starb, ist der Verfasser einer Geschichte drs ersten Kreuzzugs, die aus ziemlich guten Quellen geschöpft ist. Seine Erzählung wird durch viele Einzelnheiten anziehend; nur liebt er die Wunder zu sehr und entstellt oft Orts- und Personen-Namen. Reineccius gab diese Geschichte zuerst (Helmstädt 1584. 2 V. 4.) heraus, unter dem Titel: Chronicon hierosolymitanum, mit einem Commentar, welchem er noch Bemerkungen von Dresser beifügte. Bongars hat sie in die Gesta dei per Fraucos V. I. aufgenommen. (*H.*)

Albert von Stade, Abt des Benedictiner-Klosters B. Mariä in der Vorstadt von Stade 1232 bis 1240; die Widerspenstigkeit seiner Mönche veranlaßte ihn, in den Oeden der Franciscaner überzutreten; er starb nach 1260. Er hat ein Chronikon, welches bis zum J. 1256 reicht, gesammelt aus Drosins, der historia miscella, Eginhard, Adam v. Bremen, Helmold, Herman Contractus, Courad v. Lichtenau u. a, oft verstoßend gegen Zeitrechnung, ohne prüfenden Geist und mit unverkennbarer Vorliebe für das Wunderbare; aber es ist wichtig wegen der darin aufbewahrten Nachrichten von einzelnen Familien und ihrer Abstammung. Herausgegeben wurde diese Chronik von Rein. Reineccius. Helmst. 1587; Wittenb. 1608. 4.; in *Kulpis-Schilter* Scr. r. germ. T. 2. p. 123 seq. — Die Fortsetzung eines Ungenanuten 1264 bis 1324 gab heraus A. Hojer. Kopenh. 1720. 4.; vergl. *F. D. Haeberlin* Analecta med. aevi. Nürnb. 1764. p. 609 seq. S. *Tob. Eckhard* vita A. Goslar 1726. 4. *) (*Wachler.*)

Albert der Grosse, s. Albertus Magnus.

Albert (Heinrich), geb. 1604, gest. 1668, war zu seiner Zeit einer der beliebtesten Liederdichter, und unter allen Liedercomponisten der verdienstlichste und beliebteste. Als Dichter scheint er sich den Dichter Simon Dach zunächst zum Vorbilde genommen zu haben; als Musiker schöpfte er aus sich selbst. Wie sehr er vornehmlich in letzter Hinsicht geachtet, aber auch, wie eifrig damals der Liedergesang in Teutschland geübt wurde, läßt sich schon daraus abnehmen, daß seine zahlreichen Sammlungen noch bei seinen Lebzeiten, die Nachdrücke ungerechnet, fünf bis sechs mal neu aufgelegt, viele seiner Lieder, recht eigentliche Volksgesänge, und verschiedene religiöse, auch bis auf unsre Zeiten in die Kirchengesangbücher aufgenommen wurden. Vou den letztern führen wir nur an: „Gott des Himmels und der Erden;" und „Einen guten Kampf hab' ich auf der Welt gekämpfet." Beide hat er zugleich gedichtet und in Musik gesetzt, und es läßt sich aus ihnen schon gewissermaßen sein Verdienst in beiderlei Hinsicht beurtheilen. Uebrigens war er aus dem sächsischen Voigtlande gebürtig, und lebte als Organist zu Königsberg in Preußen. (*Rochlitz.*)

ALBERTI ein slowakischer Mktfl. in der Pesther Gesp. in N. Ungern, mit katholischen und evangelischen Einw., deren Betriebsamkeit eine von dem Grundherrn Freiherrn v. Szeletzky angelegte Colonie sehr empor gebracht hat. Unter den Handwerkern gibt es mehrere Lederarbeiter. Auch wird guter Wein gebaut. Die Grundherrschaft hat vor vielen Jahren hier ein Versorgungs-Institut für 12 alte Männer errichtet, die abwechselnd Tag und Nacht Betstunde halten müssen. (*Rumy.*)

Alberti (Benedict), s. Florenz.

Alberti (Leon Battista), großer Baumeister aus Florenz, geboren in dieser Hauptstadt der wiedererwachenden Kunst Italiens im J. 1398 (zufolge der Novelle Lett. di Firenze 1745, col. 452), oder nach Bocchi (Elog. cart. 50) im J. 1400; aus einer vornehmen und angesehenen Familie, die schon einen Cardinal unter ihren Gliedern zählte. Künstler und Schriftsteller über die Kunst war er aus Neigung; sein eigentliches Amt war das eines Geistlichen. In der Decke der Gallerie Medicis in Florenz sieht man ihn im geistlichen Ornat mit der Tonsur, und in den Archiven der Hauptkirche von Florenz oder von S. Maria de' Fiori findet man, daß er im J. 1447 als Canonicus an derselben angestellt war. Aehnliche Männer und Vorgänger, d. i. Architekten, die zugleich auch Geistliche waren, bietet bekanntlich auch unser Teutschland, Frankreich, England ꝛc. dar. Er starb in einem hohen Alter (1483 oder 1484; nirgends ist sein Todesjahr angegeben). Begraben liegt er in der Kirche S. Croce zu Florenz. Unstreitig gehört er zu den ausgezeichnetsten Geistern seines Jahrhunderts, und mit Recht ward er immer von den Italienern als einer der Hauptlehrer der Geometrie, der Perspektive und der Architektur betrachtet. Berühmter und ungleich nützlicher ward er durch seine Schriften, als durch seine Kunstwerke, obgleich auch die letzteren zum Muster dienen konnten. Nach seinen Rissen und Modellen wurden erbaut die zu der damaligen Zeit hochberühmte Kirche des S. Franciskus zu Riunini, mit vielen Kapellen und Grabmälern darin; ferner, die Hauptseite der Kirche S. Novella zu Florenz; der Palast Rucellai ebendaselbst; die Kapelle Rucellai in der Kirche S. Pancrazio ebendaselbst; die Kirche S. Andreas zu Mantua u. s. w. Unter seinen Schriften wird als sein Hauptwerk angesehen sein in lateinischer Sprache geschriebenes Werk: de Re aedificatoria L. X. Flor. 1481; zum resten Mal in italienischer Uebersetzung von Piet. Lauro Modanese herausgegeben zu Venedig 1546 und hernach öfters wieder aufgelegt. Eben so schätzbar für die damaligen Zriten war sein Werk: de Pictura et Statuis L. III., ebenfalls von ihm in lateinischer Sprache geschrieben und bekannt gemacht zu Basel 1540 und 1649 von Elzevir in Holland. Davon ist die neueste in Neapel 1735 mit der Schrift des Leonardo da Vinci über die Malerei besorgte Ausgabe zur Zeit wol noch die beste. Eine frühere Ausgabe beider Schriften, von du Fresne besorgt, erschien zu Paris 1651. Eine italienische Uebersetzung derselben war früher schon veranstaltet worden von Lodov. Domenichi zu

*) Was insonderheit seine Brauchbarkeit für die Geschichte von Bremen betrifft, so ist er von da an, wo Adam v. Bremen, den er fast wörtlich abgeschrieben hat, aufhört, für die Geschichte seiner Zeit schätzbar, er allein hat die Genealogie der Stadischen Grafen aufbewahrt. Er ist aber parteiisch für die Päpste und wider die sächsischen Herzoge, und steht im Verdachte, viele Urkunden erdichtet zu haben. Sein Fortsetzer hat für die Brem. Geschichte wenig Merkwürdiges geliefert. Vergl noch außer Eckhard v. Seelen und Lappenberg Pratje's Herzgth. Bremen und Verden. (*Schlichthorst.*)

Venedig 1547. In dieser Schrift zeigt sich Alberti als großer Optiker und würdiger Vorgänger und Lehrer des Leonardo da Vinci. Von seinen optischen Versuchen zum Behuf der Malerei erzählen alte Berichte viel Auffallendes. Auch soll er unsern sogenannten Storchschnabel, oder die Reduktions- und Vergrößerungsmaschine, schon erfunden und in einer eigenen Schrift beschrieben haben, wie der Röm. Herausgeber des Vasari bemerkt. Auch beschäftigte er sich mit der Malerei, und ob er gleich darin nichts Ausgezeichnetes für seine Zeit geleistet, so war es doch bemerkenswerth. Uebrigens hinterließ er noch mehrere andere, eine lange Zeit hindurch in Italien sehr geschätzte, Werke verschiedenen Inhalts. Als Belletrist, das Lustspiel: Philodoxeos fabulam, in seinem zwanzigsten Jahre, das Aldus Manutius der jüng. unter dem Namen Lepidus comicus vetus herausgab. — Vergl. *Cinelli* Bibl. volante, Cart. 56. Als Theolog, die Deiphira oder la fuga del mal principiato amore. — Vergl. *Lipen.* Bibl. philosoph. Als Philolog, die Schriften: de Commodis litterarum atque incommodis; ferner: de Familia; ferner: Momus und die Tischgespräche: Vidua, Defunctus u. s. w. Als Jurist, de Principe, und Trivia senatoria, so wie mehrere andere Werke, die entweder nicht ganz mehr erhalten worden, oder unter fremden Namen in Umlauf gekommen sind. Man behauptet übrigens, daß er seiner eigenen Muttersprache nicht so mächtig gewesen sey, als der lateinischen, weil er in seiner Jugend mit seinem vertriebenen Vater sich größtentheils in Frankreich, oder überhaupt im Auslande aufgehalten habe. Merkwürdig ist in dieser Hinsicht sein Versuch, den lateinischen Hexameter und Pentameter, oder überhaupt die latein. Versmaße in die italienische Poesie einführen zu wollen *). (*Sickler.*)

Alberti (Aristot.), s. Fioraventi.

ALBERTI (Leander), geb. zu Bologna 1479, gest. 1552, Provincial der Dominicaner, Verfasser mehrerer Lebensbeschreibungen der Heiligen und anderer Erbauungsbücher, lieferte auch mehrere historische Werke; außer verschiedenen Beiträgen zur Geschichte von Bologna (in ital.) und der Republik Venedig (in latein. Sprache) hat man von ihm eine noch jetzt häufig gebrauchte Descrizione d'Italia (zuerst gedruckt 1550. Fol. und nachher öfter aufgelegt), die, wiewol es ihr an Kritik fehlt, doch viel Interessantes enthält. (*H.*)

ALBERTI (Salomo), ein berühmter Anatom des 16. Jahrh.; er war 1540 zu Naumburg geboren, ward Prof. in Wittenberg, dann kurfürstl. sächsischer Leibarzt, und starb 1600. Sein berühmtestes Werk ist die historia plerarumque partium humani corporis. Viteberg. (1583. 1602. 1630.) 8. Es enthält mehrere Entdeckungen, unter andern die erste Beschreibung der sogenannten Worm'schen Knöchelchen des Schädels; eine der ersten Nachrichten von den Klappen in den Venen der äußern Gliedmaßen und von der Klappe, die den dicken vom dünnen Darm scheidet, und die unter dem Namen der Bauhin'schen bekannt ist. Auch die Absonderungswerkzeuge der Thränen und die Samenbläschen kannte er genauer als seine Vorgänger. Eine Schrift über den Scharbock (Schorbuti historia. Viteb. 1594. 8.) zeugt, daß er den Vorurtheilen seiner Zeit huldigte; denn er beschreibt darin scorbutische Epidemieen, die man damals faulichte Epidemieen zu nennen pflegte. Auch sind von ihm Reden und Poesieen (Orationes. Norinb. 1585. Viteb. 1590. 8.) bekannt. Vgl. Jöcher u. Adelung. (*Sprengel.*)

ALBERTI (Valentin), geb. zu Lahn in Schlesien den 13. Dec. 1635, gest. als Prof. der Philosophie und Theologie zu Leipzig d. 19. Dec. 1697. Eines Predigers Sohn, der früh verwaiset, in Lauban und Leipzig so thätig die Wissenschaften trieb, daß er sich nach und nach die höchsten theologischen Aemter erwarb und sechsmal das Rectorat genannter Universität verwaltete. Polemik war damals ein Hauptstudium der Gelehrten; Alberti that sich darin besonders hervor und verfertigte mehr als 200 Streitschriften, worunter sich blos 33 gegen den Jesuiten Joh. Detz über die augsburgische Confession befinden. Auch ist von ihm noch ein dem Pufendorfschen entgegengesetztes, oft gedrucktes Handbuch des Naturrechts vorhanden. Von seinen Gedichten sind mehrere in Hofmannswaldaus und andern Sammlungen aufgenommen. Von einer auf ihn geschlagenen Medaille findet man in Kundmanns berühmten Schlesiern in Münzen einen Kupferstich. Vergl. *Pippins* Mem. Theol. Dec. V. pag. 669 und Adelung zu Jöcher. (*Baur* u. *F. E. Fischer.*)

ALBERTI (Michael), ein berühmter Lehrer der Hallischen Universität, geb. zu Nürnberg am 17. Nov. 1682, ward 1710 Professor in Halle, und starb den 17. Nov. 1757. Er ist zuvörderst bekanut wegen seiner Anhänglichkeit an das Stahl'sche System, welches er sehr geistlos zu vertheidigen suchte. Dahin gehören vorzüglich seine medicinischen und philosoph. Schriften. Halle, 1721. 8., sein Werk de haemorrhoïdibus. Hal. 1719. 4., und weit über 300 Dissertationen, die, unter seinem Vorsitz vertheidigt, ihn zum Verf. haben. Dann ist sein Systema iurisprudentiae medicae. Hal. Tom. 1—3. 1736. 4. noch immer brauchbar, wegen der Gutachten der Hallischen Facultät über medicinische Rechtsfälle. Auch schrieb er eine Commentatio medica in constitutionem criminalem Carolinam. Hal. 1739. 4., die jedoch keinen besondern Werth hat. In den Acten des botanischen Gartens erscheint Alberti in einem sehr nachtheiligen Lichte. Er hatte fast 20 Jahre lang (1729—1749) die Aufsicht über dieses damals noch sehr vernachlässigte Institut, dessen Fonds größtentheils in einer Abgabe der zu promovirenden Candidaten (2 thlr. von einem Jeden) bestanden. Ohne diese Einnahme in Rechnung zu bringen, fodette er Ersatz seiner Auslagen von der Universität, und rühmte sich, viele Gewächse vom Felde (Thlaspi Bursa, Verbascum Thapsus), auch botanische Dornen und Disteln, hinein gepflanzt zu haben. Von einem Studenten, der den Freitisch genoß, ließ er für sich botanische Vorlesungen halten, bis endlich der berühmte Joh. Heinr. Schulze, auf Fr. Hoffmann's Anrathen, späterhin Strumpf, diese Vorlesungen nützlicher zu machen suchten. — Ein ausführl. Verzeichniß seiner größern

*) Vergl. die Vita Leon. Bapt. de Albertis ex Codice I. Cl. XXI. MSS. Biblioth. Magliabechianae Florentiae. Vossius de scient. Math. p. 299. 463. Jovius Elog. n. 31. Vasari Vite etc. Vol. V. p. 55—69. ed. di Milano 1809.

und der kleinern akadem. Schriften liefert Adelung zum Jöcher und Meusel's Lex. d. v. J. 1750—1800 verstorbenen teutschen Schriftst. (*Sprengel.*)

ALBERTI (Georg Wilh.), gestorben als Perdiger zu Tündern im Hannöverischen am 3. Sept. 1758, in dem Alter von 75 Jahren, hielt sich, nachdem er in Göttingen die philosophische Doctorwürde erlangt hatte, mehrere Jahre in England auf, und machte sich mit der Sprache und der wissenschaftlichen Cultur dieses Reichs so wohl bekannt, daß er nicht nur in London selbst unter dem Namen eines Aletophilus Gotting. gegen Hume's Natur-Religion in englischer Sprache (1747) schrieb, sondern auch nach der Rückkehr zu Hannover eine „Nachricht von der Religion etc. der Quaker (1750)," und „Briefe betreffend den allerneuesten Zustand der Religion und der Wissenschaften in Großbritannien, 1752—54. 4 Bde. 8." herausgab, die allgemeinen Beifall fanden. (*H.*)

ALBERTI (Joh.), Professor der Theologie in Leiden, geb. in dem Flecken Assen in der Landschaft Drenthe den 6. März 1698. Er trieb die akademischen Studien vornämlich zu Franecker, benutzte daneben auch den schriftlichen und mündlichen Unterricht anderer berühmter Theologen und Philologen seines Vaterlandes, wurde zuerst Prediger zu Hochwoude in Westfriesland, nach einigen Jahren zu Crommen, und dann zu Harlem. Die Curatoren der Universität Leiden übertrugen ihm 1740 ein theologisches Lehramt, welches er bis an seinen Tod, der den 13. Aug. 1762 erfolgte, bekleidete. Er war ein gründlich gelehrter, einsichtsvoller und gemäßigter Theolog, und in der alten Literatur und Kritik behauptete er eine ehrenvolle Stelle neben andern verdienstvollen Gelehrten seines Vaterlandes. Sein literarischer Ruhm gründet sich hauptsächlich auf eine (von Ruhnken vollendete) reichlich ausgestattete, splendide und kostbare, aber schon ziemlich seltene Ausgabe von Hesychius Lexikon, die (mit Nic. Schow's Supplementen. Leipz. 1792. 8.) alle vorherigen Ausgaben völlig entbehrlich macht, unter dem Titel: Hesychii Lexicon cum notis doctorum virorum integris, vel editis antehac, nunc auctis et emendatis etc. Ex autographis partim rec., partim nunc primum ed. suasque animadv. perp. adj. Io. Alberti. T. II. Lugd. B. 1746 und 1766. fol. (vergl. Ernesti's theolog. Bibl. 7. Bd. 127—144). Zu verschiedenen Ausgaben griech. Schriftsteller theilte er andern Gelehrten Beiträge mit. Als moderater Theolog trat er in die Fußstapfen seines Lehrers Vitringa, und schrieb: Observatt. sacr. in nov. Test. Lugd. B. 1725. 8. Glossar. graec. in sacros novi foed. libros, ex Msc. primus edid. notisque illustr. I. A. ib. 1735. 8. Viele Abhandlungen von ihm stehen in den Miscellan. observ. crit. unter dem Namen Gratianus de S. Barone. S. Strodtmann's neues gel. Europa. 14. Th. 281. 18. Th. 479. Saxii Onomast. Vol. VI. 387. (*Baur.*)

ALBERTI (Jul. Gustav), Prediger an der St. Katharinenhauptkirche in Hamburg, geb. zu Hannover den 16. August 1723. Er studirte in Göttingen, wurde 1753 Prediger zu Großenschneen und 1755 zu Hamburg, wo er den 30. März 1772 starb. Er war ein tiefdenkender, gründlicher und beredter Prediger, der rühmlich und mit Erfolg zum bessern Unterricht und der Reinigung des Christenthums mitwirkte, wahrheitsliebend, wohlwollend und rechtschaffen. Unverkennbar ist in der Sammlung seiner Predigten (Hamb. 1762 u. fortgesetzte Sammlung ebend. 1775. 8.) die treuherzige Beredsamkeit, mit welcher er seinem gründlichen Vortrage ein gefälliges Ansehen und seinen tiefsinnigen Gedanken Licht zu verschaffen wußte, so wie eine große Kentniß des menschlichen Herzens. Seine Anleitung zum Gespräch über die Religion, in kurzen Sätzen (Hamb. 1772. 8.) war zur Zeit ihrer Erscheinung eines der besten katechetischen Lehrbücher. Die harte und unbillige Beurtheilung dieses Buchs von seinem Collegen Joh. Melch. Götze und dessen Schriften darüber, sind mit Recht vergessen. — S. Nölting's Leichenpr. auf ihn und Thieß Hamburg Gel. Lex. 1. Th. 8. (*Baur.*)

ALBERTI di VILLANOVA (Franz), bekannt als Verfasser eines der besten oft aufgelegten italienisch-franz. Wörterbücher und eines Diz. univ. crit. encicl. sulla lingua ital. (Lucca 1797), war zu Nizza 1737 geboren und starb, mit einer neuen Ausgabe des letztern Werkes beschäftigt, zu Lucca 1800. (*H.*)

ALBERTI (Joh. Christoph Ludw.), General in königl. holländ. Diensten und Ritter des kön. Ordens der Union, geb. zu Corbach im Waldeckischen den 20. Oct. 1768, kam in seinem 16ten Jahre als Unterlieutenant zu dem fünften Bataillon Waldeck in holländ. Dienste. Als Hauptmann der Jäger-Compagnie dieses Bataillons folgte er 1802 dem General Janssens nach dem Vorgebirge der guten Hoffnung, wo ihm im April des folgenden Jahres der Oberbefehl über eine Truppenabtheilung anvertraut wurde, die vom Kap aus nach der Bay Algea gesendet, durch Besetzung des Forts Friedrich die rebellischen Kaffern und Hottentotten zu schrekken bestimmt war. Bald darauf ernannte ihn der Gouvernent Janssens zum Landdrost des Districts Uitenhage, wobei ihm zugleich die Besorgung der kafferschen und hottentottischen Angelegenheiten übertragen ward, bei welcher Gelegenheit er mehrere Reisen in das Innere des Landes machte und sich bleibende Verdienste um den Anbau desselben, z. B. mit Brodkorn, Kartoffeln und Hülsenfrüchten erwarb. Er kam im Winter 1806/7 nach Holland zurück, wohnte 1809 im spanischen Kriege mehreren hitzigen Gefechten bei, ging 1810 nach Java, wurde dort im August 1811, bei Eroberung der Insel durch die Engländer, als ernannter General schwer verwundet, und starb den 12ten Juni 1812 in englischer Gefangenschaft auf Java. Auf Verlangen des Königs von Holland hatte er seine Beobachtungen über die Kaffern, in's Französische übersetzt, drucken lassen (Description physique et hist. des Cafres. Amst. 1811. 8.), das teutsche Original aber, ein interessanter Beitrag zur Länder- und Sittenkunde, erschien erst nach seinem Tode: Die Kaffern auf der Südküste von Afrika, nach ihren Sitten und Gebräuchen aus eigener Ansicht beschrieben. Gotha, 1815. 8. Ein gerader und rechtlicher Sinn und ein gesundes Urtheil spricht sich im ganzen Buche aus. Vgl. Allgem. Anzeiger der Teutschen. 1815. No. 118. (*Baur.*)

Albertiner, s. Albertusthaler.

Alberts, s. Albrechts.

Albertus Aquensis u. Stadensis, s. Albert.

ALBERTUS MAGNUS, (Albert der Grosse), aus dem edeln Geschlechte der von Bollstädt, geb. zu Lauingen an der Donau in Schwaben, im J. 1193, oder wie Andere wollen, 1205. Den Beinamen des Großen, da nicht erwiesen ist, daß seine Familie denselben geführt, erwarb ihm höchst wahrscheinlich wissenschaftlicher Ruhm bei Zeitgenossen und der Nachwelt. Er studirte zu Padua, wo sein Wohnzimmer noch gegenwärtig Reisenden gezeigt wird. Eine fabelhafte Mönchssage läßt ihn als Jüngling anfangs stumpfsinnig seyn, bis einst, in der Verzweiflung an Fähigkeit zur Wissenschaft, die h. Jungfrau Maria ihm in Gesellschaft dreier schöner Frauen erschien, und ihn, von der Geistesschwäche befreiend, zur Fortsetzung seiner Studien mit der Verheißung ermunterte: er werde die Kirche erleuchten, und dennoch so rechtgläubig sterben, wie er damals zu seyn wähnte. Eben die Legende fügt, sich treubleibend, hinzu: er habe wirklich durch Vermittelung der Maria fünf Jahre vor seinem Tode alle Philosophie vergessen, und sey in der Rechtgläubigkeit seiner Jugend verschieden. Hiervon das Sprichwort: *Albertus* repente ex asino factus philosophus, et ex philosopho asinus. Ohne Rücksicht auf die Legende ist nicht zu leugnen, daß Albert sich mehr durch eine jeden dargebotenen Gegenstand der Kentniß eifrig ergreifende und auffassende Wißbegier, verbunden mit rastlosem eisernen Fleiße, als durch eigene erfinderische Denkkraft auszeichnete. Weil gleichwol jener Sinn und Charakter ihn zu einer mannichfaltigen, in ihrem Umfange außerordentlichen, Gelehrsamkeit führte, die man vom stumpfsinnig scheinenden Jünglinge nicht erwartet hatte; so gab die Bewunderung der Zeitgenössen Anlaß zum Glauben an eine dabei vorgegangene übernatürliche Einwirkung; welcher Glaube, vielleicht durch einen Traum bestärkt, den Albert selbst gehabt und Freunden erzählt haben mag, zur obigen Sage ward. Was Alberten über sein Zeitalter erhob, war, daß sein Studienfleiß sich nicht, wie bei Geistlichen damals gewöhnlich, blos auf Philosophie und Theologie bezog, sondern auch auf physikalische und naturhistorische Disciplinen ausdehnte, welche man im abendländischen Europa nach dem Beispiele der Araber erst zu bearbeiten anfing und der Reiz der Neuheit im höchsten Grade empfahl. Es hatte dieses aber einzig Grund in der Lebhaftigkeit seiner Wißbegier und der dadurch gespannten Thätigkeit; keineswegs in einer höheren Genialität.

Nach beendigten akademischen Studien zu Padua trat Albert im J. 1223 in den Orden der Predigermönche; war Lehrer der Philosophie und Theologie in den Klosterschulen des Ordens zu Hildesheim, Regensburg, Cöln u. a. Orten Teutschlands, begab sich jedoch bald nach Paris, wo er auch öffentlich lehrte, die akademische Würde erlangte, und durch Schriften allgemeinen literarischen Ruf zu gewinnen begann. Auf der letzteren Hochschule hielt er unter andern dem Verbote der Kirche zuwider, Vorlesungen über die Aristotelischen Bücher; vermuthlich weil das Verbot schon von Vorgängern nicht befolgt worden, oder man die Aristotelische Physik und Metaphysik nicht mehr für den Kirchenglauben so gefährlich ansah, wie ehedem. Im J. 1249 ward er der Schule zu Cöln vorgesetzt, und 1254. zum Provincialen seines Ordens in Teutschland ernannt, welches Amt er bis zum J. 1259 verwaltete. Hier war Thomas von Aquino sein Schüler, an philosophischen und theologischen Schriften nicht minder fruchtbar als er.

Was man von einem Gastmahle durch Zauberei erzählt, welches Albert in Cöln dem römischen Könige Wilhelm, Grafen von Holland, der ihn mit einem Besuche beehrte, gegeben haben soll, ist von einigen Neuern schlechthin als Erdichtung verworfen worden. Die Erzählung ist unstreitig ins Wunderbare übertrieben; doch darf sie deshalb nicht durchaus für ein Mährchen gelten. Albert bewirthete jener Erzählung nach den hohen Gast während eines heftigen Winterfrostes im Garten seines Klosters. So lange die Tafel dauerte, blühte dieser als ob Frühling sey; nach aufgehobener Tafel verschwand der Frühling und der Winter kehrte in den Garten zurück. Die Thatsache, worauf sich diese Ueberlieferung stützt, ist wahrscheinlich, daß das Gastmahl in einem großen Treibhause des Klostergartens veranstaltet worden, wo Albert durch künstliche Wärme Bäume, Gewächse und Blumen den Winter hindurch unterhalten ließ. Je neuer damals dieser Theil der Kunstgärtnerei war, desto mehr mußte die Wirkung überraschen; und Albert mochte Einrichtungen getroffen haben, um die Täuschung noch mehr zu befördern. Der Besuch des römischen Königs Wilhelm bei ihm wird nicht bezweifelt. Schwerlich hatte doch derselbe eine andere Absicht, als den größten Naturkundigen des Jahrhunderts und dessen Entdekkungen näher kennen zu lernen. Zu diesen gehörte aber vermuthlich die Anlage des Treibhauses im Klostergarten, wo Albert den König bewirthete. Eine jetzt allgemein bekannte Erscheinung der Kunstgärtnerei ward von dem unwissenden Volke für Zauberwerk angesehen, und von den spätern Urhebern der Mönchslegenden durch hinzugedichtete Umstände als solches dargestellt. Auf ähnliche Weise verhielt es sich auch wohl mit der von Albert angeblich erfundenen Sprachmaschine, einer menschlichen Figur von Metall, an deren Zusammensetzung er viele Jahre gearbeitet habe, welche einige Wörter oder artikulirte Töne hervorbringen konnte, so daß Thomas von Aquino, als er sie zum erstenmale unverhofft erblickte und sprechen hörte, davor erschrocken sey, und mit dem Stocke nach ihr geschlagen habe. Die Maschine war das Product einer mechanischen Combination, welche damals in ihrer Art unerhört, über die Fassungskraft abergläubischer unwissender Anschauenden, von denen selbst Thomas von Aquino noch keine Ausnahme machte, hinausgehend, diese in dem Erfinder leicht einen Schwarzkünstler argwohnen ließ.

Im J. 1260 ward Alberten vom Papst Alexander IV. das Bisthum zu Regensburg übertragen; allein er gab nach zwei Jahren dem Papste Urban den Bischofsstab zurück, ging wieder nach Cöln in seine Klosterzelle, und lebte blos den Wissenschaften. Er starb daselbst im J. 1280, nachdem er schon einige Jahre vorher die Geisteskräfte verloren hatte.

Die Schriften Alberts welche gedruckt worden, — denn mehrere derselben, oder der ihm beigelegten sind nur handschriftlich vorhanden — haben gegenwärtig für uns weniger durch ihren Inhalt, als in historischer Hinsicht Interesse; sofern sie einen ziemlich genauen Maßstab der gesammten Literatur des abendländischen christlichen Europa in seinem Zeitalter gewähren. Sie betreffen alle Theile der Philosophie nach dem aristotelischen Begriffe, die Auslegung der meisten biblischen Bücher sowohl des alten, als des neuen Testaments, die Theologie und kirchliche Dogmatik, die Naturgeschichte und mit dieser verwandte Gegenstände; folglich ohngefähr die ganze Encyclopädie damaligen gelehrten Wissens der lateinischen Christenheit.

Inzwischen ist es größtentheils blos Sammlerarbeitsamkeit, die man an Albert zu rühmen hat. Ein eigenes philosophisches oder theologisches System hatte er nicht. Bei Vorstellungsarten, welche man ursprünglich ihm selbst zuschreiben zu dürfen wähnen könnte, ist doch ungewiß, ob sie von ihm herrühren; nicht vielmehr aus irgend einem ältern Commentare zu einem aristotelischen Werke, wohl gar von einem neuern Vorgänger, entlehnt sind. Auch eine originale Behandlung und Ausführung philosophischer Disciplinen sowohl als einzelner Materien wird in Alberts Werken vermißt. Er ist entweder nur Commentator eines aristotelischen Buches nach einer barbarisch lateinischen aus der arabischen Uebersetzung gemachten Version; oder Compilator von Meinungen und Behauptungen Anderer, wobei seine eigenen eingestreuten Bemerkungen sparsam und unbedeutend sind. Die griechische Sprache verstand er nicht. Zwar fügt er den lateinischen Kunstausdrücken in der Uebersetzung der aristotelischen Schriften sehr oft die griechischen Wörter bei; doch erhellt offenbar aus der fehlerhaften Schreibart, und zuweilen aus der Erklärung, daß er ihre wahre Bedeutung nicht kannte. Von ins Lateinische übersetzten griechischen Schriftstellern hat er außer dem Aristoteles nur den Pseudo-Dionysius Areopagita, und den Pseudo-Hermes Trismegistus benutzt, und benutzen können; da noch sonst keine lateinisch übersetzt waren. Die griechischen Ausleger des Aristoteles, welche er anführt, den Themistius, Proklus u. a. citirte er den arabischen Commentatoren nach. Den stärksten Beweisgrund, daß er in der griechischen Literatur Fremdling war, ist seine auffallende Unkunde der Geschichte der ältern griechischen Philosophie, die ein paar Proben darlegen mögen *). — Von ältern römischen und lateinischen Schriftstellern hatte er die Werke mehrerer Kirchenväter, namentlich des Augustinus, des Boethius, und auch einige Schriften des Cicero und des Apulejus studirt. Am belesensten war er in den Werken der Araber und der Rabbinen, so viele davon ins Lateinische übersetzt waren; denn von der arabischen und hebräischen Sprache selbst scheint er ebenfalls gar keine Kenntniß gehabt zu haben; wiewol er auch oft arabische Wörter anmerkt, doch wiederum fehlerhaft geschrieben und erklärt. Er beruft sich auf den Averrhoes, Avicenna, Alfarabi, Algazel, Avempace, Abubekr, Avicebron, den Rabbi Moses Ben Maimon, R. David, R. Isaak u. a. Daß er dem Studium der ältern Scholastiker ebenfalls vorzügliche Aufmerksamkeit und Sorgfalt gewidmet habe, bedarf kaum der Erinnerung, weil das Lehramt in seinem Zeitalter dies nothwendig machte. Sowohl aus den Werken dieser, als denen der erwähnten Araber, bringt er weitläuftige Auszüge bei, setzt ihre Streitigkeiten, z. B. der Nominalisten und Realisten über die Universalien, mit Gründen und Gegengründen auseinander; erklärt sich selbst für eine der Parteien, oder sucht sie nach seiner Ansicht schiedsrichterlich mit einander auszugleichen. In der kirchlichen Dogmatik war Petrus aus der Lombardei sein Führer und Muster; zu dessen im Mittelalter so berühmten Lehrbuche: Magister sententiarum auch ein stattlicher Commentar unter seinen Werken sich befindet. In der rationalen Kosmologie und Theologie hingegen verwebte er mit aristotelischen Begriffen, nicht selten auf wunderliche Weise, vornehmlich die mystisch schwärmerische Vorstellungsart des Dionysius des Areopagiten nach dem Vorgange des Johann Scotus Erigena u. a. älterer Scholastiker.

Ungeachtet des verhältnißmäßig sehr geringen Anspruchs, welchen sowol die kirchliche Dogmatik, als insbesondre die Philosophie Alberts auf Originalität hat, indem die letztere in der Hauptsache nichts weiter, als ein aus den Schriften arabischer Ausleger gezogener Commentar zur aristotelischen ist, und diese so darstellt, wie es sich von der Beschaffenheit jener Quellen erwarten läßt; so galten beide doch seinen Zeitgenossen und den nächstfolgenden Scholastikern für classisch, und wurden zu herrschenden Systemen der positiven Theologie und Philosophie unter ihnen. Es ward dieß dadurch bewirkt, daß die Lehrvorträge und Schriften Alberts alle Gegenstände theologischer Studien, der biblischen Exegese wie der kirchlichen Dogmatik, in derjenigen Vollständigkeit, von welcher das Zeitalter nur eine Idee haben mochte, und zugleich die aristotelische Philosophie in ihren Hauptbestandtheilen, welche vor Alberts Epoche im abendländischen Europa, (wo das frühere Mittelalter hindurch sich nur eine lateinische Uebersetzung des Organon in den Klöstern erhalten hatte), wenig oder gar nicht gekannt waren, und welche jener selbst erst aus lateinischen Uebersetzungen von Schriften der Araber kennen lernte, abhandelten. Hierzu kam noch der wissenschaftliche Eifer, womit von ihm für die Bekanntwerdung auch der naturhistorischen Schriften des Aristoteles, und der latinisirten arabischen Commentare darüber, in seinem Kreise gesorgt wurde, was seine Werke um so schätzbarer und gesuchter machte. Eben weil er sich angelegentlich mit Naturkunde beschäftigte, und durch die Einsichten, welche er sich dar-

*) „Die Epikureer," sagt er, „haben daher ihren Namen, weil sie auf der faulen Haut (supra cutem) lagen; oder sich um unnütze Dinge bekummerten (supercurantes). So beurtheilte nämlich der große Haufen bei den Griechen die Philosophen, und gab ihnen deshalb jene Benennung. In der Folge verstand man unter Epikureern oberflächliche Köpfe, die nicht tief eindrangen. — Die Stoiker waren nach Albert Leute, welche Lieder machten (facientes cantilenas), und in den Säulengängen Athens sich umher trieben. Die ersten Philosophen kleideten ihre Gedanken in Verse ein, und sangen diese in den Hallen ab; daher wurden sie Hallensteher (Stoiker) genannt.

in aus den Schriften des Aristoteles erwarb, so wie durch praktische von ihm selbst zur Anwendung und Erweiterung jener angestellten Versuche, eine seltnere und den unaufgeklärten Zeitgenossen unbegreiflich scheinende Ueberlegenheit des Wissens errang, ward er der schwarzen Kunst beschuldigt; so ungegründet die Beschuldigung auch war; obgleich er von einem neugierigen Hange, Geheimnisse der Zauberei zu erfahren; falls es deren in der That gäbe, nicht frei gewesen seyn mag. Späterhin veranlaßte der auf Albert geworfene Verdacht der Magie, daß man ihm mehr Bücher, welche Zauberkünste, Nekromantie, den Stein der Weisen und Wunderarznei zum Inhalte u. Zwecke haben, beilegte, wodurch wiederum die allgemeinere Verbreitung jenes Verdachts bei der nächsten Nachwelt befördert, und diese noch mehr darin bestärkt wurde. Für uns hat der naturhistorische Theil der Schriften Alberts den besondern Nutzen, daß sie mittelbar zur Kritik des Grundtextes der dieselben Gegenstände angehenden Aristotelischen Bücher, zur Berichtigung verderbter Stellen und Ergänzung von Lücken darin dienen mögen.

Genauere Verzeichnisse sämmtlicher gedruckter und ungedruckter Schriften Alberts haben J. Quetif und J. Echard (SS. ord. Praedicat. recens. T. I. p. 162. sq.); auch Fabricius (Bibl. Lat. med. et inf. aet. v. *Albertus Magnus* T. I. p. 44.) geliefert. Die gedruckten sind: 1) Commentare zu den logischen, physikalischen, metaphysischen, ethischen und politischen Werken des Aristoteles; nebst neunzehn Büchern dieses von den Thieren, wozu noch sieben von Albert hinzugekommen sind; 2) Werke physikalischen und naturhistorischen Inhalts, z. B. libri V de mineralibus, de vegetabilibus et plantis; Speculum astronomiae, in quo de libris licitis et illicitis u. a.; 3) Commmentare zu biblischen Büchern, den Psalmen, dem Jeremias, dem Buche Baruch, dem Daniel, den zwölf kleinen Propheten, den vier Evangelisten, und der Offenbarung Johannis; 4) Theologische Werke: Sermones de Tempore, Sanctis, et Sacramento eucharistiae; Commentarii in *Dionysium Areopagitam*; Comm. in libb. IV. *Magistri Sententiarum*; Summa theologiae; Summa de creaturis; *Mariale s.* super evangelium *Missus est* Quaestiones CCXXX. De laudibus *B. Virginis* libb. XII. Dem Albert untergeschobene Schriften sind: Compendium theologicae veritatis; Tractatus de conditione creaturae rationalis; Biblia Mariana; De apprehensione et apprehensionis modis; De alchymia libellus cum scripto super arbore Aristotelis (Theatr. chem. T. II. p. 423. Argentor. 1659.); De Secretis mulierum u. a. Mehrere dieser Werke sind im 15ten und 16ten Jahrhundert öfter einzeln herausgegeben, und einige Ausgaben gehören zu den Incunabeln der Buchdruckerei. Die vollständigste Ausgabe ist: *B. Alberti Magni*, Ratisbonensis Episcopi, Ord. Praedicat., *Opera omnia*, edita studio et labore *Petri Jammy*, ejusd. Ord. T. I—XXI. fol. Lugd. Claud. Prost. 1651. Von Alberts Tractatus de falconibus, asturibus et accipitribus cum *Friderici II. Imp.* de arte venandi cum avibus libro hat neuerlich Joh. Gottlob Schneider eine besondere schätzbare Ausgabe besorgt.

Ueber das Leben, den schriftstellerischen Charakter, und die Verdienste Alberts um die Wissenschaften s. *Rudolphi, Noviomag.* de vita *Alberti M.* libb. III. Colon. 1490. — *Bullarti* Acad. Scient. T. II. pag. 145. sq. — *Bayle* Dict. hist. et crit. v. *Albert le Grand.* — *Bruckeri* Hist. crit. philos. T. III. pag. 788. sq. — Joh. Andr. Cramers Fortsetzungen von Bossuets Weltgeschichte (Leipzig 1759—86.) B. VII. — Tiedemanns Geist der specul. Philosophie B. IV. — Comment. de fontibus, vnde *Albertus M.* libris suis XXVI. *de animalibus* materiem petierit, in den Commentatt. Soc. sc. Gotting. T. XII. p. 96. (*Buhle.*)

ALBERTUSGÜLDEN, (Aureus Albertinus), war vordem die Benennung mehrerer Goldmünzen, als: 1) einer Mainzischen des Erzbischofs Albert von 1525, welche zu den rheinischen Goldgülden gehört; 2) einer Brandenburgischen des Markgr. Albert von 1544—1557, welche die Mutter Gottes mit der Umschrift: Albertus D. G. Morchio (Marchio) Brande. und auf der Rückseite ein Lilienkreuz mit der Umschrift: Honor magistri justitiam diligit führt, dem Werthe nach ein einfacher oder doppelter Dukaten ist: 3) einer Burgundischen des Erzherz. Albert von 1620 mit dessen Bild und Namen auf der einen, dem burgundischen Wappen auf der andern Seite, welche dem Albertusthaler gleich galt, späterhin aber auf 1 Thlr. 10 Gr. stieg, mithin ein halber (oder der doppelte ein ganzer) Dukaten war. (*Schmieder.*)

ALBERTUSTHALER, Albertiner, Kreuzthaler, Burgunderthaler, nennt man diejenigen Thalerstücke, welche nach dem verbesserten Burgundischen Münzfuße von 1598 geprägt worden sind. Nachdem Philipp II. von Spanien dem österreichischen Erzherzog Albert VII. mit seiner Tochter Isabelle (Elisabeth) die noch unterworfnen südlichen Niederlande übergeben hatte, kamen die bis dahin in den gesammten Niederlanden gangbaren Philippsthaler ab. Die vereinigten Niederlande prägten seitdem Löwenthaler nach dem Fuße der Philippsthaler. In Burgund wurden zwar auch Dukatons nach dem Fuße der Philippsthaler ausgeprägt; da aber dieser Fuß zu dem damaligen Reichsfuße (von 1559) nicht paßte und daraus viele Unannehmlichkeiten im Handel entstanden; so gab man 1599 zum deutschen Handel neben den Dukatons auch andere Thaler aus, deren Münzfuß dem Reichsfuße angepaßt wurde. Diese sind die eigentlichen Albertiner oder Burgunderthaler. Ihr Gehalt war 13 Loth 8 Grän und es gingen $8\frac{2}{3}$ Stück auf die rauhe, $9\frac{1}{4}$ auf die feine cöln. Mark. Da sie etwas geringer als die Philippsthaler waren, galten sie anfänglich nur 47 Stüver, stiegen aber nachher auf 48 Stüver (5 Schilling flämisch) und werden mit 1 Thlr. $7\frac{1}{2}$ Gr. Conv. verglichen. Von ebendemselben Schrot und Korn hatte man auch halbe, Viertel und Achtel. Alle führten auf einer Seite das gekrönte Wappen mit dem Vließorden. Umschrift: Albertus et Elisabeth D. G. Archiduces Austr. Duces Burg. Bra. Z. Auf der Rückseite steht das Burgundische große Andreaskreuz (davon die Benennung: Kreuzthaler) mit der Umschrift: Pace et justitia. Einige Gepräge führen die verzögenen Namen A und E in den Winkeln des Kreuzes. Diese Burgundischen Albertusthaler wurden nachher durch den Handel in mehrern andern Ländern gangbar, besonders in Kurland und Liefland, wo sie auch Albertusgeld hießen, in Polen und der Türkei. Zu Gunsten des Handels wurden sie deshalb mehrmals nachgeahmt. Daher hat man auch braunschweigische, ungarische, preußische, kurländische und holsteinische Albertusthaler. In Braunschweig ließ Herzog Karl 1747 Speciesthaler nach dem Fuß der Albertiner schlagen, um die Zahlungen an niederländische Kaufleute auf der Braunschweiger Messe zu erleichtern. Diese Species führen auf einer Seite das Herzogliche Wappen, über welchem ein großes Burgundisches Kreuz liegt, mit Herzogl. Namensumschrift; auf der Rückseite das Wappen der Stadt Braunschweig. Umschrift: Nach dem Fuſs der Albertusthaler. Jahrz. 1747. Für Ungarn ließ die Kaiserin Maria Theresia 1752 in Kremnitz Speciesthaler nach dem Albertusfuße ausprägen, die zum polnischen und türkischen Handel bestimmt wurden: weil man in Erfahrung gebracht hatte, daß beide Nachbarn die kaiserlichen Doppelgulden nicht höher als Albertiner annahmen, wobei man am Stück 2 Kreuzer verlor. Diese Species führen ein Andreaskreuz unter dem Ungarischen Wappen. Die Holsteinischen ließ der russische Großfürst Peter 1753 als Herzog von Holstein schlagen, um die Handelsverbindungen des Herzogthums mit Kurland und Liefland zu befördern. Diese führen kein Krenz, sondern auf der Rückseite um den russischen Adler die Umschrift: Nach dem Fuſs der Albertiner. Die Preußischen sind von zweierlei Schlägen. Zuerst ließ Friedrich II. 1767 dergleichen zur Bequemlichkeit des Ostseehandels nach Kur- und Liefland schlagen, welche auf der Rückseite das preußische Wappen mit einem darauf liegenden Burgundischen Kreuze führen. Umschrift: Nach dem Fuſs der Albertusthaler. Von diesen gehen 8¼ Stck. auf die rauhe und 9½ auf die feine cölnische Mark. Späterhin ließ Friedrich Wilhelm II. 1797 noch einmal Species von demselben Gehalte schlagen, deren Rückseite um den wilden Wappenhalter die Umschrift: Ad normam Thalerorum Alberti führt. Beiderlei Sorten sind in Preußen selbst sehr selten, da ihre Bestimmung sie bald zerstreute. Für die russischen Herzogthümer Kurland und Liefland sind endlich ebenfalls in verschiedenen Jahren eigne Albertusthaler ausgeprägt worden, auf deren Revers die Wappenschilder von Kurland und Liefland über dem Andreaskreuze liegen. Umschrift: Mon. nov. arg. Duc. Curl. ad normam Thal. Alb. Jahrzahl: 1752—1780. Man rechnet den Albertusthaler in Riga zu 90 Albertusgroschen und 30 solcher Groschen nennt man einen Albertusgulden. Polnische Albertusthaler gibt es eigentlich nicht; aber die polnischen Speciesthaler gelten in Polen mit den Albertusthalern gleich, wiewol sie freilich nur 1 Thaler 6 Groschen innern Werth haben. (*Schmieder.*)

Alberus, ſ. Alber.

ALBI. Außer zwei Städtchen in Italien, wovon das eine in der savoyischen Prov. Genevois liegt, das andere in Abruzzo den Titel einer Grafsch. führt, heißt auch so oder Alby der Hauptort der ehemaligen Grafschaft Albigeois, von welcher die Albigenser den Namen führen, ſ. Albigenser und Alby.

Albi, Dealbatores, ſ. Albati.

ALBIA, Αλβια ορη und Αλβιος bei Strabo[1]), bei Ptol.[2]) Αλβανον ορος, noch h. z. T. Alben, ist nach Ptolemäus die östlichere Fortsetzung des Okragebirges, oder der Julischen Alpen, welche Bergkette sich bis zur Quelle des Verbas, durch Dalmatien erstreckt, und sich nach Strabo[3]) beträchtlich höher als jenes Gebirge erhebt. Die Fortsetzung dieser Alpenkette vom Verbas bis zu den Quellen des Drino nennt er das Bebische Gebirge. Den südöstl. durch Höhe und Rauheit ausgezeichneten Theil um die Quellen des Naro bis südlich gegen den Busen von Cattaro hinab, der Dalmatien in das Innere und das Küstenland scheidet, h. z. Tage Monte Negro, nennt Strabo[4]) von den Ardiäern das Ardische Gebirge (Αρδιον ορος), läßt aber einen Arm Skardus sich weiter südlich erstrecken, die bei Ptol.[5]) das Skardische Gebirge heißt, bei den Römern Scodrus, die äußerste sehr hohe Bergkette, die es von Dardanien u. Mösien scheidet[6]). (*Ricklefs.*)

Albicius, ſ. Albizzi.

Albienser, ſ. Albigenser.

Albiga, ſ. Alby.

Albigaunum, ſ. Albium Ingaunum.

ALBIGENSER, ALBIENSER, ein Ketzername, der keineswegs eine bestimmte Secte, sondern mehrere in der Opposition gegen das römische Kirchenthum und die gesammte Hierarchie, wie im Bestreben, die ursprüngliche Einfalt des biblischen und apostolischen Christenthums wieder herzustellen übereinstimmende, von ihren Gegnern als Manichäer gebrandmarkte Ketzerhaufen, hauptsächlich Katharer und Waldenser, (ſ. diese Art., wo die Lehre und innere Verfassung der sogenannten Albigenser am schicklichsten darzustellen ist) bezeichnet, die in Languedoc und der Provence, besonders in den Gegenden der Städte Alby, Beziers, Carcassonne, Avignon, Narbonne, Tarascon, Montauban, Beaucaire, Toulouse u. ſ. w. sich gegen Ende des 12. Jahrh. sehr vermehrt und die Grafen Raymund VI. von Toulouse, Raymund von Foix, Roger von Beziers, Gaston von Bearn und andete provencalische Barone, in deren Ländern sie lebten, zu Beschützern, auch viel vom niedern Adel (bons hommes) zu Freunden hatten. Nach der Landschaft Albigeois (Gebiet von Albi, jetzt Alby), wo sie am zahlreichsten waren, wurden sie von dem Kreuzheere, das der päpstliche Legat Milo 1209 gegen sie anführte, Albigenser genannt *). Ein Edelmann, der es mit ihnen hielt, hatte den früher mit ihrer Bekehrung und Bestrafung beschäftigt gewesenen Inquisitor und Legaten Peter von Castelnau (Chateau neuf) 1208 im Gebiet des Grafen von Toulouse ermordet. Davon nahm der Papst Innorenz III. Veranlassung zu diesem Kriege, dem ersten,

1) VII, 5. 2) II, 15. 3) VII, 5, 2. 4) VII, 5, 6. 5) II, 17. 6) *Liv.* XLIV, 31.

*) *Peter de Vaux Cernay* Hist. Albigens. bei Duchesne script. Franc. T. V. p. 555.

den die römische Kirche gegen Ketzerei in ihrem Schoose führen ließ. Er war vornehmlich gegen Raymund VI. von Toulouse, den mächtigsten jener Gönner der Ketzer gerichtet, dessen Kühnheit und Toleranz gegen diese Separatisten die Rache der Priester längst verwirkt hatten. Eine schimpfliche Buße, die er am Grabe des ermordeten Legaten von dessen Nachfolger Milo erlitt, die Uebergabe von 7 Schlössern in Venaissin, eine Reise nach Rom, wodurch er sich zugleich von der ihm aufgebürdeten Anführung des Kreuzheeres gegen seine Unterthanen losmachte und päpstliche Absolution verschaffte, nichts konnte den einmal empörten Priesterhaß versöhnen. Die Kirche wollte das Blut der Kezzer, Geld, Land und Leute ihrer Beschützer. Die Verheißung großer Ablässe für 40tägigen Dienst im Kreuzheere hatte bei 50,000 aus allen Provinzen Frankreichs unter ihre Fahnen gebracht. Im Sommer 1209 begann der Krieg mit der Belagerung von Beziers. Es wurde mit Sturm genommen, geschleift, und was darin lebte (an 60,000 Einwohner) ohne Unterschied des Glaubens umgebracht. Selbst die den Siegern im priesterlichen Schmuck mit hellen Lobgesängen pomphaft entgegen ziehende katholische Klerisei hieben sie schonungslos nieder, da der Cistercienserabt Arnold, der als erster Legat den Oberbefehl führte, gesagt hatte: Schlagt immer todt, der Herr kennt die Seinen [1])! Einem ähnlichen Schicksal entflohen die Einwohner von Carcassonne durch einen unterirdischen Gang; der Graf Roger aber, hinterlistig ins Lager gelockt, starb im Gefängniß, wahrscheinlich vergiftet. Mit gleicher Grausamkeit, doch abwechselndem Glück, weil die Kreuzfahrer selten über 40 Tage aushielten, wurde nun dieser Krieg gegen die Grafen von Toulouse und Foix fortgesetzt. Ihr Bundesgenosse König Peter I. von Aragonien fiel 1213 in einem Gefecht bei Muret. Eine Synode zu Montpellier sprach 1215 dem Feldherrn des Kreuzheeres **Simon von Montfort**, Grafen von Leicester, der den Blutdurst und Ehrgeiz der Legaten theilte, die in Languedoc eroberten Herrschaften zu, welchen Beschluß Innocenz III. bestätigte. Gleichwol kam Monfort nie in den ruhigen Besitz dieser Länder, da die Unterthanen immer wieder für ihre alten Herren aufstanden, und 1218 fiel er selbst bei der Belagerung von Toulouse. Der Papst wußte indeß wieder neue Kreuzfahrer aufzubringen; wo seine Heere nicht wütheten, brannten die Scheiterhaufen seiner Inquisitoren; der Haß gegen Raymund VI., der 1222, obwol im Bann der Kirche, doch mit dem Ruhme eines aufgeklärten Christen und treuen Vaters seiner Unterthanen starb, erbte auf seinen als Regent und Feldherr größeren Sohn, Raymund VII. fort. Aus Eroberungslust nicht weniger als aus Frömmigkeit traten die Könige von Frankreich Ludwig VIII. und IX., dessen Mutter 1226 dem Kreuzheere neue Verstärkungen zuschickte, der Sache des Papstes bei; und nachdem in der 20 jährigen Dauer dieses blutigen Krieges die schönsten Provinzen des südlichen Frankreichs verwüstet, die volkreichsten Städte niedergebrannt und verödet worden, und Hunderttausende von beiden Seiten gefallen waren, erhielt endlich Raymund VII. 1229 einen Frieden, indem er der Krone Frankreich Narbonne mit mehrern Grafschaften überlassen, seine übrigen Erbländer für den Fall seines Todes seinem Eidam, einem Bruder des Königs, zusagen und seine Absolution vom Kirchenbanne mit einer für jene Zeit ungeheuern Geldbuße erkaufen mußte [2]). Für die Ketzer, die sich bisher unter ihren Regenten nicht selten mit Glück vertheidigt hatten, war dieser Friede das Signal zum völligen Untergange. Schon ihre Herren mußten bei den oftmaligen Unterhandlungen während des Krieges und noch nach dem Frieden von dem Grundsatze der Klerisei, daß Ketzern keine Treue zu halten sey, empörende Erfahrungen machen. Nun aber, da Raymund und seine Bundesgenossen selbst durch den Frieden zur Verfolgung ihrer irrgläubigen Unterthanen verpflichtet worden waren, in einen ganz wehrlosen Zustand versetzt, sahen sich die sogenannten Albigenser dem Bekehrungseifer des Dominicanerordens und den Blutgerichten der Inquisition ohne Rettung Preis gegeben. Denn diese beiden neuen Stützen der Hierarchie waren im Laufe des Krieges entstanden (vergl. d. Art. Dominicus Gusman und Inquisition). Beide wendeten die größte Strenge an, die Reste dieser Ketzer wie in Frankreich und Spanien, so auch in Italien und Teutschland [3]) auf ihre Scheiterhaufen zu bringen und auch denjenigen, die sich bekehren ließen, durch schwere Geld- und Leibesstrafen den unversöhnlichen Grimm der Kirche fühlbar zu machen. Doch verschwand seit der Mitte des 13. Jahrh. nur der ohnehin blos provinzielle Name der Albigenser, der Geist des Widerspruchs gegen das römische Kirchenthum lebte aber in den neuen Secten und Verbrüderungen, welche aus der Asche des Katharismus hervorgingen, und durch die nie ganz vertilgten Waldenser fort, um unter den Hussitischen Unruhen und im Jahrhunderte der Reformation wieder in helle Flammen auszubrechen. *(G. E. Petri.)*

Albigi, s. Albizzi.

ALBIN. Von dieser durch Werner erst kurz vor seinem Tode ausgehobenen, in die Sippschaft des Zeoliths gehörigen Fossiliengattung, liefert Breithaupt (in Werners letztem Mineralsystem S. 37.) folgende Beschreibung: Farbe schnee- und gelblichweiß — nur krystallisirt in spitzen rechtwinklich vierseitigen Doppelpyramiden, die Seitenflächen der einen auf die der andern aufgesetzt, die Grundecken stets stark abgestumpft, zu-

1) *Caesarii v. Heisterbach* Dialogg. de Miraculis L. V. c. 21.

2) Ueber die Geschichte der Albigenser und dieses Krieges vergl. außer des gegen sie sehr parteilschen Mönchs *Peter de Vaux Cernay* Hist. Albigens. bei Duchesne l. c. noch *Guill. de Puilaurence*, Caplans des Grafen von Toulouse, billigeres chronicon super hist. negot. Franc. adv. Albig. ab a. 1199–1271 in Histoires des Comtes de Tolose p. *Guill. Catel*, Tolos. 1623. auch bei *Duchesne* T. V. *Tissiers* Biblioth. Cisterc. T. VII. vorzüglich Histoire générale de Languedoc, Paris 1740–45 T. III. und die *Perrins* hist. de Vaudois folgende beredte Erzählung in **Cramers** Briefen über die Inquisition 1784 1r Bd. S. 31–103 berichtiget durch **Schröckh** christl. Kirchengeschichte Th. XXIX. S. 567–72. u. 618–636. 3) **Trittenheim** ad a. 1215 in s. Chron. Hirsaugiense St. Gallen 1690 T. I. pag. 525., wo sie Manichäer genannt werden.

weilen so stark, daß die Krystalle ein dodekaëdrisches Ansehen gewinnen, die Endspitze mehr oder weniger abgestumpft. — Glänzend und wenigglänzend von Perlmutterglanz. — Bruch blättrig, ein ziemlich vollkommner und deutlicher Durchgang geht der Pyramiden Grundfläche parallel. — An den Kanten durchscheinend nach den vollkommenen Endspitzen hin bis durchscheinend. — Halbhart. — Nicht sonderlich spröde — sehr leicht zerspringbar — nicht sonderlich schwer, ans Leichte grenzend. — Auf Natrolith aufgewachsen findet er sich in den Blasenräumen eines Klingsteins am Mariaberge bei Ausig in Böhmen. Auch unter den Zeolithen von Ferro kommt er vor, und der Ichthyophthalm von Oravitza im Bannat, auf Granat und Kalkspath aufsitzend, ist ebenfalls hieher zu rechnen.

Er soll nach Breithaupt einerlei mit Hany's Mesotype epointée seyn, den Fuchs und Gehlen für Abänderung des Ichthyophthalms (Schweiggers neues Journ. für Chem. und Phys. XVIII. 1.) erklären. — Die in den drusigen Räumen des faserigen Prehnits im Fassathale vorkommenden tafelartigen Krystalle des Ichthyophthalms scheinen ebenfalls diesem Fossile anzugehören, dessen systematisches Verhältniß zum Ichthyophthalm noch einer genauern Untersuchung bedarf. *(Germar.)*

ALBIN, eine Stadt im franz. Dep. Aveiron, Bez. Villefranche, zwischen den beiden Bächen Elle und Raol. Sie hat mit dem Kirchspiele 3150 Einw. In der Nähe liegt die Alaunhütte Fontanes, welche jährlich 300 Ctr. Alaun liefert. *(Hassel.)*

Albinagii ius, (droit d' Aubaine) s. Fremdlings-Recht.

Albinespara, s. Albunespara.

Albingaunum, s. Albium Ingaunum.

ALBINIANA (Castra), Ort in Belgien in der Nähe von Leyden, östlich am Rhein, wo jetzt das Dorf Alphen oder Alben liegt. Bei Ptolemäus, in dem *Itiner. Anton.* und der *Tab. Peuting.* herrscht Verschiedenheit der Lesart: Albaniana, Albiniana, Albimana, Albamana. Ist die Vermuthung richtig, daß hier Clodins Albinus ein Lager hatte; so ist die Lesart Albiniana vorzuziehen. Vgl. *Cellar.* I. 281. ff. *(H.)*

ALBINO, Flecken am Ausflusse eines Canals des Serio, unweit Bergamo, in der Prov. (Delegaz.) Bergamo des Lombardisch-Venetianischen Reichs, durch bedeutenden Seidenbau und Seidenhandel ausgezeichnet. *(Röder.)*

ALBINOS, (Blafards, Dondos, Kakerlaken, Leucaethiopes), nennt man Individuen mit milchweißer Haut und Haaren, und rothen Augen, deren Stern sich oscillirend zusammenzieht und erweitert. Es ist dieß die gewöhnliche Folge des ursprünglich mangelnden oder in andern Verbindungen ausgesonderten Kohlenstoffs, wodurch der Haut und den Haaren der färbtude Stoff abgeht, und die Augen wegen des fehlenden schwarzen Pigments, von den in ihren Häuten sich ausbreitenden, jetzt mehr sichtbaren Blutgefäßen roth erscheinen. Der zu heftige Reiz des Lichts, das theils durch kein schwarzes Pigment verschluckt wird, theils wegen der Durchsichtigkeit der Regenbogenhaut und des Strahlenkörpers in größerer Menge in das Innere des Auges dringt, veranlaßt die krampfhaften Oscillationen der gefärbten Haut des Auges (Iris), wodurch solche Individuen nicht sowol, wie anfänglich behauptet wurde, tagblind werden, sondern eher einen gesteigerten Sinn für Lichtgrade und das polarische Verhältniß der Farben bekommen. (*G. T. L. Sachs*, Histor. natur. duorum Leucaethiopum auctoris ipsius et sororis ejus. Salisb. 1812 p. 57.) — Da der angegebene Zustand bei farbigen Menschen viel auffallender ist als bei Europäern, so wurde er auch früher bei Negern und den Urbewohnern von Amerika bemerkt, bis man durch aufmerksamere Beobachtungen eines Blumenbach, Storr, Michaelis und Rhode fand, daß er auch bei uns nicht unter die größten Seltenheiten gehört und auch bei vierfüßigen Thieren, Vögeln, — vielleicht auch bei Fischen vorkomme. — Spätere Reisende fanden auch unter den Papus und auf den Südsee-Inseln Individuen von der nämlichen Beschaffenheit. Auf Amboina, wo man bemerkte, daß solche Menschen durch ihre Ausdünstung einen Geruch verbreiten, der dem einer dort häufigen Schabe ähnlich ist, nennen die Holländer dieselben Kakerlaken. Am häufigsten trifft man Albinos unter den Amerikanern auf dem Isthmus von Panama, (*Lionel Wafer* new voyage and description of the Isthmus of America, Lond. 1699.) und unter den Negern in Loanda und Biafara an. (*La Croix* relation universelle de l'Afrique ancienne et moderne, Lyon 1688 Tom. III. pag. 382.) Beide Gegenden sind zugleich wegen ihrer Ungesundheit bekannt.

Man würde sich irren, wenn man deswegen, weil der Zustand eines Albinos meist angeboren und für das ganze Leben bleibend ist, denselben für einen besondern, streng abgeschlossenen ansehen wollte. Es haben zwar Mehrere die Albinos für eine Spielart erklärt und es nicht für eine Krankheit gelten lassen; aber wirklich ist dieser Zustand durch mannichfache pathologische Uebergänge vermittelt. Schon die meisten sehr blonden Menschen, die ohnedieß mit den Albinos unbemerkbar verfließen, haben eine größere Geneigtheit zu Hautaffectionen, und manche Albinos, besonders die auf der Insel Nyas bei Sumatra, sind entschieden für behaftet mit einer leprosen Hautaffection zu halten. (Vgl. Marsden's Beschr. v. Sumatra S. 201.) Endlich fehlt es auch außer dem von Blumenbach angegebenen Fall nicht an weitern Beispielen, daß im Verlauf des Lebens manche Neger, und nach Sonnini ein Aegyptier auf ihrer Haut stellenweis zu Albinos wurden; doch weiß man bis jetzt keine Fälle, daß die den Albinos eigenthümliche Beschaffenheit der Augen sich erst nach und nach ausgebildet hätte. Albinos zeugen auch selten ihnen ähnliche Kinder, und die bekannten Albinos hatten keine Albinos zu Eltern, dagegen hat Sachs es von sich selbst und seiner Schwester sehr wahrscheinlich gemacht und auch noch andere Fälle angeführt, wo ein Versehen der Mutter, während ihrer Schwangerschaft, die Ursache dieser abnormen Beschaffenheit des nachher gebornen Kindes war. *(Schnurrer.)*

ALBINOVANUS, (Pedo), römischer Dichter. Wenn er gelebt, läßt sich nach einzelnen Angaben ungefähr also bestimmen. An ihn nämlich richtete Ovidius, als an einen seiner treuesten Freunde, einen Brief in der Sammlung der Briefe aus dem Pontus (IV, 10.), im 6ten Jahre seiner Verbannung, also vielleicht 766 oder 767 n. E. R. (13 od. 14 n. Ch.) Als Seneca der jüngere den 122. Brief an Lucilius schrieb, und darin eine von Albinovanus erzählte Anekdote erwähnte, war dieser schon gestorben. So mag er als ein Dichter zur Zeit des Augustus und Tiberius genannt werden. Quintilianus (X, 1.) führt ihn mit Rabirius als achtungswerthen epischen Dichter auf. Wenn daher Ovidius a. a. O. erwähnt, es habe Alb. den Theseus besungen, so mag dieß mit Recht auf eine Theseide gedeutet werden. Mit geringerer Sicherheit schließt Turnebus aus dem von Ovidius (ex Pouto IV, 17, 6.) gewählten Beiworte sidereus, daß er ein Gedicht über die Astrologie geschrieben habe, da dieß Wort nur im Allgemeinen die Treflichkeit, nicht einmal, wie Gyraldus, Beck und Wernsdorf wollten, den hohen Schwung des Ausdrucks bezeichnet. Martialis nennt ihn II, 77. als Verfasser von Epigrammen größeren Umfangs, daher er ihn auch V, 5. mit Catullus und Marsus zusammenstellt. Aus seinen Gedichten hat uns Seneca der ältere oder Rhetor, Suasor. I. ein Fragment als Muster lebendiger Darstellung aufbehalten, welches eine malerische Schilderung der Schiffahrt des Drusus Germanicus auf dem nördlichen Ocean (aus dem Jahre 769 n. E. R.) enthält. Ob es aus einem heroischen Gedicht von den Thaten des Germanicus entnommen sey, läßt sich vermuthen, nicht behaupten, so wie des Dichters Werth daraus nicht vollständig abgenommen werden kann. Als elegischen Dichter kennt ihn kein alter Schriftsteller; dennoch nehmen Pithoeus und Joseph Scaliger an, daß sowohl die unter den Werken des Ovidius aufgenommene Consolatio ad Liviam Augustam de morte Drusi Neronis, als auch die Elegie auf den Tod des Mäcenas, welche sich in einigen Handschriften der Catalecta des Virgilius findet, von Pedo Albinovanus herrühre. Die Gründe dieser Behauptung lagen nur in der Willkür der Annahme selbst, welche um so unstatthafter erscheint, da diese beiden Gedichte nicht von einem Verfasser herrühren können. Daß das Trostgedicht an Livia von Ovidius verfaßt seyn dürfte, bleibt, beim Mangel äußerer Gründe, nur Vermuthung. Die Elegie auf den Tod des Mäcenas fertigte ein schlechter Dichter der spätesten Zeit, wie die Kritiker einsahen, welche Burmann zur Anthol. Lat. T. I. p. 251. anführt. Gegen Wernsdorfs Meinung, als sey dies Gedicht kurz nach Mäcenas Tode geschrieben, spricht dessen ganze Erfindung und der eine spätere Zeit verrathende Styl. Außer den Ausgaben des Seneca ist das Fragment abgedruckt und behandelt worden in *H. Stephani* fragment. poet. pag. 416.; in *Pithoei* Epigramm. et poem. vet. p. 239.; in *Ios. Scaligeri* Catalect. p. 115.; in *Burmanni* Anthologia Lat. II, 121.; in Wernsdorfs Sammlung der kl. lat. Dichter, Bd. 4. *Ioannes Clericus* (Jean le Clerc) gab unter dem Namen Theod. Govallus als besondere Sammlung C. P. Alb. elegiae III. et fragmenta mit Anmerk. Amsterd. 1703 u. wiederholt 1715 heraus, wovon ein Abdruck ohne Noten Nürnb. 1771 8. erschien. (*Hand.*)

Albinse, Albechowa, s. Albgau.

Albintemelium, Albintimilium, s. Albium Intemelium.

ALBINUS, ein Platonischer Philosoph, unter Antoninus Pius und den folgenden Kaisern, von dem man eine Einleitung in die Dialogen des Plato hat. Sie ist in Fabricii griechischer Bibliothek 2n B. und in Fischers dritten Ausgabe der vier ersten Dialogen des Plato abgedruckt. (*Tennemann.*)

Albinus, röm. Feldherr, s. Severus, Kaiser.

Albinus. Alcuin, s. Alcuin.

ALBINUS, (Peter), geb. zu Schneeberg, aus der Familie der Weise, Professor der Dichtkunst zu Wittenberg und sächs. Historiograph, vom Kaiser Max geadelt, gest. 1598, war ein fleißiger Bearbeiter der sächsischen und vorzüglich meißnischen Geschichte. Seine Schriften hat Adelung zum Jöcher sorgfältig verzeichnet; seinem Urtheile zufolge fallen deren Fehler mehr dem Geschmacke der Zeit und dem Mangel an Hilfsmitteln, als ihm selbst zur Last. (*H.*)

ALBINUS, (Bernhard), zu Dessau 1653 geboren, seit 1680 Professor der Medicin in Frankfurt an d. Oder, nachher Leibarzt und Geheimerrath des großen Kurfürsten Friedrich Wilhelm, und Friedrich III., schlug 1694 eine Professur in Göttingen aus; doch auf ernstliches Anliegen des Grafen von Wassenaer, Curator an der Leidner Universität; erlaubte sein Landesherr und Gönner, damals schon König von Preußen, dem Albinus die Reise nach Leyden, wo er den 19. Oct. 1702 die ordentliche Professur der Heilkunde mit einer Rede: de ortu et progressu Medicinae antrat. Er starb 1719 und hinterließ einen Sohn, der ihn weit übertraf. Dieser war

ALBINUS, (Bernhard Siegfried), der größte Anatomiker seiner Zeit, vorzüglich groß in der Osteologie. Er ward 1697 in Frankfurt an der Oder geboren, und kam mit seinem Vater nach Leyden. In seinem 22. Jahre beförderten ihn seine seltenen Talente zum Lector, und 2 Jahre nachher (1721) an die Stelle des verst. Ran, zum Professor der Anatomie und Chirurgie auf der Leydner Universität. Seine Antrittsrede 1719 umfaßte das nachher so viel bearbeitete Fach: de Anatomia comparata. Im J. 1743 berief man ihn vergebens nach Halle; 1746 wurde ihm auch die medicinische Professur aufgetragen, die er mit einer Rede: de natura humana antrat. Sein Hauptwerk sind die Tabulae Sceleti et Musculorum corporis humani, L. B. 1747. gr. Fol. Schon 1744 hatte Albinus die anatomischen Tafeln des Eustachius, die 1714 erst zu Rom der Vergessenheit entrückt waren, zum Behufe seiner Zuhörer neu herausgegeben; doch der Maßstab dieser Kupfer war ihm zu klein, und die Kupferstiche weder schön noch genau genug. Mit unsäglicher Mühe verschaffte sich Albinus ein Skelett in der gehörigen Stellung, um es aus dem zu seinem Zweck dienlichen Gesichtspunkte betrachten zu können; mehrere Jahre arbeitete er nun an der Darstellung dieses Skeletts von vorn, von hinten und von der Seite, wobei er für die Zeichnung und den Kupferstich das seltene Glück hatte, einen Künstler (Wandelaar) zu finden, der in seinem Fache dem Anatomiker gleich kam. Dieser verwarf alle Kupfer, woran der geringste Fehler sich fand, und da kein Buchhändler sich den Kosten der Herausgabe unterziehen wollte, übernahm er sie für seine Rechnung; sie kostete ihm über 30,000 Gulden. So kam also ein Werk zu Staude, welches durchaus einzig ist, und sich der Vollkommenheit nähert, so viel menschliche Arbeit dieß vermag. Wenn Haller dieses Werk citirte, sagte er Albinus seu Natura. Im J. 1748 gab er Sieben Kupfer mit der Abbildung einer in Kindsnöthen gestorbenen Frau, 1751 eines Fötus, 1753 die Kupfer der einzelnen Knochen, nach einem noch größern Maßstabe (Tabulae Ossium humanorum L. B.) heraus. Früher hatte er das anatomische Cabinet seines würdigen Lehrers Rau, welches dieser der Universität vermacht hatte, nebst dessen früher unbekannten Methode des Steinschneidens, beschrieben (L. B. 1725. 4.) und eine Abhandlung über die Knochen herausgegeben (1726). Sein Fleiß im Seciren war so groß, daß er den Anfang der Ossification in einem zollgroßen Fötus gezeigt hat. Seine übrigen Werke sind: Historia Musculorum corporis humani L. B. 1734. 4to *). Dissertatio de Arteriis et Venis Intestinorum hominis, 4to. Dissert. secunda de sede et causa coloris Aethiopum et caeterorum hominum, L. B. 1737. 4to. Icones ossium foetus humani, accedit Osteogeniae brevis historia. ibid. Annotationum Academicarum Libri VIII. L. B. 1754. 68. 69. 4to, (worin er, ungefähr gleichzeitig, einige der berühmten Halleyschen Entdeckungen niederlegt **), Tabula vasis chyliferi cum vena azyga, arteriis intercostalibus, aliisque vicinis partibus L. B. 1757 fol. maj. De Sceleto humano Liber. L. B. 1762 4to. Albinus citirte wenig außer sich selbst, weil er meistens blos seine eigenen Entdeckungen oder Beobachtungen beschrieb. Nach seinem Tode kaufte die Universität seinen Nachlaß anatomischer Präparate; dieser, mit der Rau'schen und nachher van Doeverschen Sammlung macht den Hauptschatz des Leydner anatomischen Theaters aus, welches 1793 von Prof. Sandifort beschrieben ist, der auch einige Berichte wegen Albinus und dessen Präparaten hinzugefügt hat. Albinus starb 1770 und seine Stelle nahm sein Bruder Friedrich Bernhard ein, der bei vieler Geschicklichkeit doch ihn nicht erreichte. Die Abbildung Bernhard Siegfrieds findet sich vor der zweiten Ausgabe (1761 Fol.) seiner Explicatio Tabularum Anatomicarum b. *Eustachii.* (*v. Kampen.*)

Albion, in der Mythol. s. Alebion.

Albion, in der Geographie, s. Britannien u. Neu-Albion.

ALBION, der berühmte Heerführer der Sachsen, in den Kriegen mit Karl dem Gr., Zeitgenosse und Freund Wittekinds, mit dem er nach Nordalbingien flüchtete, wohin ihnen Karls Anerbietungen folgten, denen sie endlich Gehör gaben. Sie unterwarfen sich 785, gingen nach Frankreich, wurden dort gut behandelt, und ließen sich zu Attigny taufen. Von ihm leiten alle Genealogen von Anhalt dieses Fürstl. Haus ab. Alle Anhält. Chronikenschreiber behaupten: er und Graf Aribo (Aribert) IV. Beringer seyen Eine Person. Albion wohnte allerdings disseits der Elbe, und war nicht Graf von Nordalbingien (Holstein), und möglich ist's, daß er im heutigen Anhalt Güter hatte; aber die Fränkischen Annalisten sagen davon nichts. Er soll Wittekinds Tochter oder Schwester, Hasala oder Gisela zur Frau gehabt, und Karl der Gr. ihm auf Vorbitte eines Grafen Heinrich von Henneberg seine alten Stammgüter am Harz und an der Weser wieder gegeben haben. Seine zweite Gemalin sey eine Gräfin Bertha von Henneberg gewesen; seine Kinder von der ersten Irmengard, vermählt an einen Grafen Gerold den Alten v. Nassau, und Aribo Behringer V. Eben so unbewiesen und unwahrscheinlich als dieses, ist, daß Aribo IV. an den Kreuzbergen bei Dessau 785 eine Schlacht gegen die Franken verloren habe. Eccard will den sonst vorkommenden Grafen Unwau zu Albions Sohne machen, und gibt diesem Gisela, Tochter des auch in der Geschichte wirklich vorkommenden Grafen und Herzogs der Ostfalen, Hessi oder Esiko, zur Gemalin. So auch Falke, nur nennt er Albions Sohn, von dem die Anhält. Fürsten abstammen, Oddo oder Odo I., welcher Güter, die er von seinem Großvater Hessi geerbt, im Derlingau, Nortthüringau und Hartingau besessen. Vergleiche die Art. Anhalt, Aribert, Karl d. Gr., Sachsen, Wittekind. (*de Marées.*)

ALBIREO, ein Stern dritter Größe am Schnabel des Schwans, bei Flamstead β. (ger. Aufst. 290° 50′ nörd. Decl. 27° 35′). Der Ursprung seines Namens ist ungewiß, und scheint sich von einem Uebersetzerfehler herzuschreiben. (*Fritsch.*)

Albis, Dom. in, s. Alba.

ALBIS, bei Dio Kassius falsch Αλβιος, die Elbe, der östlichste Fluß, den die Römer auf ihren Zügen in Teutschland, jedoch nur in seinem nördlichen Laufe kennen lernten. Drusus, Tiber und Germanikus kamen nicht weiter; nur Domitius Ahenobarbus drang über denselben ins Innere von Teutschland vor *). Ptolemäus und Diokassius (LV, 1.) kennen beide die wahre Quelle der Elbe, Tacitus aber (Germ. 41) verwechselt entweder die Quelle der Eger, die vielleicht auch Elbe hieß — Alf, Elf ist in der altgermanischen Sprache Fluß — mit der der Elbe, oder die Hermundurer zogen erst später aus Böhmen nach Ostfranken. Vergl. Elbe. (*Ricklefs.*)

ALBIS. Im weiteren Sinne eine von N. nach SO. längs der Westseite des Zürichsees streichende, 6 St. lange Bergkette im Schweizer C. Zürich. Sie besteht aus

---

*) Bei aller Vollkommenheit der Zeichnungen in diesem Werke ist es doch zu bedauern, daß die Muskeln alle nach einem Maßstabe gezeichnet sind, so daß die kleinsten nicht deutlich genug erscheinen. (*Spr.*) **) Sie enthalten die treflichsten Darstellungen von der Lage des Kindes im Mutterleibe, der allmähligen Ausbildung der Knochen und der Gefäße der Därme. — Auch war er Herausg. der Werke des Vesalius, Fabriz von Aquapendente und Eustachius. (*Spr.*)

*) Tac. Ann. IV, 44.

Sandstein- und Mergelschichten und ist bis ganz hinauf theils bewaldet, theils angebaut; ihre höchsten Gipfel sind: 1) der Ütliberg (Hütliberg, Uto), eine St. von Zürich, eine Nagelfluhkuppe, 2802 F. über dem Meer, mit reicher Aussicht, wo die dem Freih. von Regensburg gehörige, 1268 von den Zürchern unter Rud. von Habsburg zerstörte Burg stand (s. Keller's Panor. vom Ütliberg); — 2) Das Albis im engeren Sinne, Weiler u. Wirthhaus 3 St. von Zürich, Pfarre Langnau, an der Straße nach Luzern, 2630 F. üb. d. Meer; hier lagerte Massena im Sommer 1799, indessen Russen Zürich besetzten; — 3) Schnabelberg, 2834 F. üb. d. M., eine halbe St. von Albis, wo eine in der Blutrache um Kaiser Albrecht I. 1309 zerstörte Eschenbachische Burg stand, und eine der ausgebreitetesten und schönsten Aussichten der Schweiz ist, vom Säntis bis zur Jungfrau, vom Jura bis Hohentwiel, deren Beschreib. und Zeichnung sich in Ebel's Anleit. die Schweiz zu bereisen 1. Th. befindet. Zwischen Ütliberg und Albis ist Baldern, ein Weiler, wo eine Burg war, die öftere Wohnung Ludwigs des Teutschen, welcher 863 den Albis, forestrum nostrum, A. nomine, dem von ihm für seine Töchter Hildegard und Bertha gestifteten Frauenmünster in Zürich vergabte; nachher Besitzthum der Regensbergischen Freiherrn, durch Rud. von Habsburg 1268 zerstört. Am östl. Fuße des Albis fließt die Sihl nach N. und liegen: die Gartenanlage Höckler mit der Ruine Manneck, im 14. Jahrh. das Schloß des Zürcherischen Bürgermeisters und Minnesängers Rüdg. von Mannes; die Dörfer Adlischweil und Langnau; der Sihlwald, der St. Zürich gehörig; Sal. Geßner's und seines Sohnes Conrad Geßner mehrjähriger Sommeraufenthalt; auf der westlichen Seite fließt die Reppisch aus dem Dürlersee nach der Limmat; bei Käpfnach (östl.) und Ägst (westl.) wird Steinkohle gegraben. (*Wirz.*)

ALBISOLA, Flecken am Meer, im Genuesischen, mit vielen Landhäusern und einer Fayencefabrik. Es ist das alte Alba Docilia. (*Röder.*)

ALBISSON, französischer Staatsrath zu Paris und Ritter der Ehrenlegion, geb. zu Montpellier 1732, bekannt als ein einsichtsvoller Rechtsgelehrter durch sein reichhaltiges Werk: Loix municipales de Languedoc. Paris. Vol. IV. 1784—87. 8., und durch seinen Antheil an dem unter Napoleon erschienenen Criminal-Codex und andern neuen französischen Gesetzbüchern. Er starb den 21. Januar 1810. (*Baur.*)

ALBIUM INGAUNUM, auch Albingaunum und Albigaunum genannt, eine sehr alte Stadt an der Ligurischen Küste, zwischen Genua und Nizza, am alten Fluß Merula. Sie wird genannt von T. Livius, B. 28 und 30, wo von der Verbindung des Mago, Hamilkars Sohn, mit den Ingaunischen Liguriern gegen die Römer und von dem Friedensschlusse zwischen Letzteren und dem röm. Consul Publ. Älius die Rede ist, und andern alten Schriftstellern*). Gegenwärtig heißt der Ort Albenga, u. ist der Sitz eines Bischofs mit 4000 E. Die Gegend ist reich an Oel und Hanf, aber ungesund. Vergl. *Alberti* D. d'Ital. p. 11. (*Sickler.*)

ALBIUM INTEMELIUM, auch Albintemelium, Albintimilium und Albiniminium, eine alte Stadt an der ligurischen Küste, zwischen dem heutigen Monaco, oder dem alten Portus Herculis Monoeci und dem heutigen Albengana, dem alten Albinganum, am Flusse Rotta, ehemals Rutuba genannt; erwähnt von mehrern alten Schriftstellern*). Die Peutingersche Tafel gibt dafür Albentimillo an. Jetzt heißt die mit einem festen Schlosse versehene Stadt Vintimiglia, und hat ungefähr 5000 E., die vorzüglich Fischerei treiben. Ehedem war sie der Sitz eines Bischofs. Vergl. *Alberti* D. d'Ital. p. 11. (*Sickler.*)

ALBIZZI (degli Albizzi, auch Albigi genannt), eine ausgezeichnete Familie in Florenz, spielte in der Geschichte der florentinischen Republik, im Kampfe mit der Familie Medicis, eine so wichtige Rolle, daß mehre derselben längere Zeit die Staatsverwaltung großentheils oder allein führten. Ihre Geschichte ist daher auch in die der florentiner Republik und der Medicis so genau verflochten, daß wir sie in diesen Artikel verweisen. Hier heben wir nur einige Schriftsteller dieses Namens aus. — Albizi, Albicius, de Albizis oder de Albitiis (Bartholom.), Minorit zu Pisa, daher er auch öfters unter dem Namen Bartholomaeus de Pisis vorkommt. Er war in der ersten Hälfte des 14ten Jahrh. zu Rivano im Toskanischen geboren, trat vor 1343 in den Minoritenorden, und starb zu Pisa d. 10. Dec. 1401. Sein Name lebt in dem berüchtigten, mit unglaublichen Kinderpossen angefüllten Buche von den Aehnlichkeiten des heil. Franciskus mit Jesu Christo (liber conformitatum vitae S. Francisci ad v. Jesu Christi), welches er 1385 herausgab, und das auf einem Generalkapitel zu Assisi 1389 die Genehmhaltung des ganzen Ordens erlangte, und in dessen Convente von jeher eine klassische Leserei abgab. Auszüge aus diesem oft gedruckten Buche hat Erasm. Alber gemacht (s. oben), welche späterhin öfters lateinisch, französisch, teutsch, und zu Amsterdam 1732 in 2 Octavbänden franz. und lat. mit sehr schönen Kupferstichen herausgekommen sind. Am gründlichsten handelt von diesem berüchtigten Buche, seinem Verfasser, Inhalt und verschiedenen Ausgaben Baumgarten in den Nachr. von einer Hall. Bibliothek 1. Bd. 286—359. Vergl. Semlers hist. theol. Samml. 1. Bd. S. 57. Teutsches Museum 1781. 2. Bd. 393**). Von Albizi hat man auch Sermones de contemtu mundi. Milan. 1488. 4. De vita et laudibus b. Mariae virginis lib. VI. Ven. 1596. 4. u. a. zum Theil ungedruckt. — Anton Albizzi oder Albici aus Florenz, geb. den 25. Nov. 1547, der seit 1601 größtentheils in Teutschland lebte, zur evangelischen Kirche überging, und den 17. Juli 1626 in Kempten starb, schrieb (außer einigen andern) mit vielem Beifall eine ziemlich genaue Genealogie meist teutscher Fürstenhäuser: Princi-

---

*) Strabo L. IV, p. 139. Tacitus Hist. L. II, c. 15. Mela L. II, c. 4. Plinius und Ptolemaeus.

*) Plinius Lib. III, c. 5. Strabo L. IV, p. 139. Tacitus Hist. L. II, c. 13. Lucanus Phars. L. II, v. 422; in einer Inscript. Spon. Miscell. p. 155.

**) Ein ähnliches Werk lieferte später (1681) der spanische Franziskaner Alva y Astorga s. unten.

pum christianorum stemmata. Kempten, 1600. ed. V. 1617. fol. teutsch, Strasburg, 1612. 1627. Fol. S. *F. D. Haeberlin* Diss. de A. Albizio. Gotting. 1740. 4. (*Baur.*)

ALBLASSERWAARD, ein Werder oder District in der niederländ. Provinz Holland südlichen Theils, Bez. Gorkum. Er liegt zwischen den Flüssen Merwe und Leck, wird von dem Alblaß durchströmt und enthält 16 Dörfer und die Baronie Liesveld. Auf demselben wird der beste holländische Hanf gebaut. (*Hassel.*)

Albo, Abt zu Fleury, s. Abbo.

ALBO (Joseph), aus Soria, in Altcastilien, ein sehr gelehrter Rabbine, welchen seine Glaubensgenossen nicht ohne Beweise der größten Achtung anführen. Bei den Christen steht er, als Gegner der christlichen Religion, in keinem so guten Ruf, und manche, nicht zufrieden, ihn widerlegt zu haben, glaubten auch noch die Rechtlichkeit seines Charakters in Anspruch nehmen zu dürfen. Er war einer von jenen Rabbinen, welche im J. 1412 der berühmten Unterredung beiwohnten, welche in Gegenwart des Gegenpapstes, Benedikt XIII. Hieronymus a St. Fide mit ihnen gehalten. Weil damals die Juden für überwunden erklärt wurden, so machte Albo, um seine Ehre und die Ehre seiner Glaubensgenossen zu retten, zugleich aber auch die über diese Niederlage Betrübten zu trösten, fünf Jahre vor seinem, im J. Chr. 1430 erfolgten, Tode, eine Schrift bekannt, welche er ס׳ עקרים (Liber fundamentorum) betitelte; ein wirklich sehr interessantes Werk, in welchem er nicht nur die Grundsätze der jüdischen Religion zu stützen und zu erläutern, sondern auch mehrere Sätze der christlichen anzugreifen und zu widerlegen versucht. Der erste Theil, gleichsam die Einleitung zum Ganzen, handelt von dem Fundamente der verschiedenen Religionen und Secten. Hier führt er alles, nicht, wie Maimonides, auf dreizehn, sondern nur auf drei Haupt- und Grundgesetze zurück, nämlich auf die Lehren vom Daseyn Gottes, von der Göttlichkeit der Gesetze und von Belohnungen und Strafen. Der zweite Theil entwickelt die Beweise für das erste Grundgesetz und handelt von dem Daseyn Gottes; der dritte beschäftigt sich mit dem zweiten Grundgesetz und sucht die Göttlichkeit des mosaischen Gesetzes darzuthun (hier ist hauptsächlich das 25ste Kapitel dieses Theils ganz den Christen entgegen gesetzt); der vierte endlich hat das dritte Fundament zum Gegenstand, und handelt von den Belohnungen und Strafen der Menschen in dem zukünftigen Leben. — Die erste u. überaus seltene Ausgabe erschien Soncino 246 (Chr. 1486), und ist von de Rossi (Annal. hebr. typ. Sec. XV. p. 44) weitläuftig beschrieben. Wiederholte Auflagen sind Vened. 378 (Chr. 1618) und 384 (Chr. 1624) Lublin 357 (Chr. 1597) und mit dem Commentar des R. Gedalja ben Salome עץ שתול betitelt Vened. 378 (Chr. 1618). (*Hartmann.*)

ALBOCELLA (Ἀλβόκελλα), eine Stadt des alten Hispanien im Gebiete der Vakkäer *), dieselbe, welche Polybius **) Ἀρβουκάλη nennt, wie schon *Ortel.* in Thes. Geogr. vermuthet. Sie gehörte zu den vorzüglicheren Städten, leistete dem Hannibal tapfern und langen *) Widerstand, und wurde von ihm wahrscheinlich zerstört. (*Friedemann.*)

Albo Haerad, 1) Kreis in der schwed. Provinz Schonen, merkwürdig durch die dort befindliche berühmte Opferkirche St. Olof s. St. Olof. — 2) Kreis in der schwed. Prov. Småland, Wexiö Län, einer der Kreise, die unter Värend begriffen sind s. Värend. (*H.*)

ALBOIN, König der Longobarden, und Stifter ihres Reichs in Italien. Der Stifter einer großen und dauernden Herrschaft, ist immer eine imponirende Erscheinung, und man ist geneigt, nicht nur Kühnheit und Glück, sondern auch Weisheit und moralische Kraft dem Urheber eines Werks zuzuschreiben, welches dem Schicksalsstrom ganzer Völker für viele Menschenalter seine Richtung gibt, und in der allgemeinen Weltgeschichte einen selbständigen Platz behauptet. Die Zeiten jedoch und die Umstände, worin Alboin auftrat — der aufgelöste Zustand eines fallenden Weltreichs, der Mangel festbestehender politischer Mächte und ein chaotisches Gewire entfesselter physischer Kräfte und wilder Bestrebungen — mochten auch der bloßen Kühnheit und dem blinden Glück erlauben, eine Ländermasse unter der Herrschaft eines Räubers zu vereinigen, und es mochte (ohne Verdienst oder Schuld des Stifters) die Laune des Schicksals dem Werke Bestand oder früh Untergang bereiten. — Also ist auch Alboin wohl über Verdienst gepriesen worden von seinen barbarischen Zeitgenossen, die als solche nur der wilden Kraft ihren Beifall zollten, und von vielen nachfolgenden Geschlechtern ähnlicher Barbaren, welche das Lob des unverzagten, glücklichen, freigebigen, ruhmgekrönten longobardischen Helden, den alten Barden mit theilnehmendem Gemüthe nachsangen[1]).

Die Longobarden hausten damals in Pannonien, welches Kaiser Justinian (um 527 oder 548) ihnen, unter ihrem König Audoin, verliehen hatte, damit sie die Grenzen gegen die nordlichen Barbaren schirmten. Ihre Nachbaren in Osten waren die Gepiden, ein gothischer Stamm, und jenseits derselben weideten die Avaren. Der Sohn Audoins war Alboin. Schon als Jüngling that derselbe durch kühne Thaten sich hervor, und erlegte in einer glücklichen Schlacht den Gepidischen Königssohn. Als die longobardischen Häupter ihren König ersuchten, den tapfern Prinzen am Siegesfest Theil nehmen zu lassen, erinnerte Audoin sie an die ererbte Sitte, wonach das Recht, an des königlichen Vaters Tafel zu sitzen, nur Jener erlangte, der von einer fremden königlichen Hand seine Rüstung empfangen. Sofort zog Alboin mit 40 muthigen Gefährten an den Hof des Gepiden-König, des ehrwürdigen Greises, Turisund, der ihn gastfreundlich aufnahm, und, ungeachtet der schmerzlichen Erinnerung an seinen gefallenen Sohn, und ungeachtet des Zorns seines zweiten Sohnes Kunimunds, nach den Gesetzen barbarischer Großmuth, seinen verhaßten Gast mit den Waffen des Erschlagenen beschenkte. Uneingedenk so edler Behandlung,

*) Ptolem. I, 6. Anton. Itin. p. 434. **) III, 14, 1. woher Steph. Byz. T. V. seine Notiz entlehnte.

*) Bei Liv. XXI, 5., der dies auch erzählt, heißt sie Arbocala.

1) Paul Warnefried I, 27.

hatte Alboin kaum den Thron seines Vaters bestiegen (J. Chr. 567), als er wider die Gepiden einen Krieg erhob, und um sie gewisser zu verderben, mit den Avaren ein enges und theuer bezahltes Bündniß wider sie schloß. Kunimund, jetzt König der Gepiden, rückte mit der ganzen Macht seines Volkes zuerst den Longobarden, die er als die gefährlichsten erkannte, entgegen, wurde aber nach einem verzweiflungsvollen Kampf von dem glücklichen Alboin überwunden und getödtet. Freudig betrachtete dieser das abgeschlagene Haupt seines Feindes und, nach echter Barbaren Sitte, ließ er den Schädel zu einem Becher formen, aus welchem, bei feierlichen Trinkgelagen, der Ehrenwein sollte getrunken werden.

Das Reich der Gepiden hörte mit diesem Unfall auf. Ihr Land, nach dem Inhalte des Bündnisses, ward den Avaren überlassen; den Longobarden blieb die Hälfte der reichen Beute und der Gefangenen, unter diesen die schöne Rosamunde, Kunimunds Tochter, welche dem Mörder ihres Vaters und ihres Oheims durch Annahme seiner Hand zu verzeihen schien. Schon früher hatte Er — nach Theophylaktus Simokattas etwas verdächtigem Bericht — Rosamunda geliebt, und — ungeachtet schon verlobt mit Clotsuinda, des fränkischen Königs Chlotharius Tochter — ihre Entführung, jedoch vergebens, versucht. Jetzt war Clotsuinda, die er dann geehlicht hatte, todt, und er freute sich der — durch das Verhängniß für ihn verderblichen — Erfüllung seiner Wünsche.

Bald reitzte ein Unternehmen von größerer Wichtigkeit Alboins Thatlust. Nach Italien, bis an dessen Pforten er herrschte, nach dem schönen reichen Italien, dem Garten der Welt, richtete sich sein Blick. — Vielen seiner Unterthanen, die vor 15 Jahren im Heer des Narses wider die Ostgothen gekriegt hatten, war die Herrlichkeit des Landes schon bekannt; Andere wurden durch Darreichung köstlicher Südfrüchte beim königlichen Mahle lüstern gemacht. Narses, der ruhmgekrönte Eunuche, rachedürstend ob der, von der Kaiserin Sophia, empfangenen Schmach, hatte die Früchte gesandt, wie Paul Warnefried erzählt, um die Barbaren zum Einfall zu bewegen. Sofort steckte Alboin sein glorreiches Panier auf, und von allen Seiten strömten die Tapfern ihm zu. Bulgaren, Sarmaten, zerstreute Gepiden, die verwilderten Provinzialen Pannoniens und Norikums, und vor allen die kriegerischen Stämme der Baiern und Sachsen (20,000 der letztern kamen mit Weibern und Kindern) eilten herbei, die Ehre und den Preis so großer Unternehmung zu theilen.

Voll Zuversicht des Sieges überließ Alboin sein Erbland den Avaren — doch gegen die feierliche Zusage der Rückstellung im Fall des Mißlingens — und stieg die Julischen Alpen herab, um — fast ohne Kampf — Besitz von dem neuen Reiche zu nehmen. Denn Narses, der seinen Verrath noch bereut zu haben scheint, war gestorben, und Longinus, der neue Exarch, durch Abneigung des Volkes und Heeres zur Vertheidigung unfähig. Nur einige Festen und Seeplätze wagten zu widerstehen. Die zagenden Einwohner huldigten, oder verbargen sich in Wäldern, Sümpfen und Klüften, die fruchtbaren Gefilde wurden verwüstet, Dörfer und Städte zerstört oder geplündert. Aquileja, Verona, Mailand, alle Städte des Binnenlandes, das ganze weite Gebiet von den Alpen bis in die Nähe Ravenna's und Rom's, unterwarfen sich, mit einziger Ausnahme Pavia's, das eine dreijährige Belagerung aushielt. Ergrimmt über so hartnäckigen Widerstand, schwur Alboin, alle Einwohner ohne Unterschied des Geschlechts und Alters zu tödten: nur abergläubischer Schrecken über den Sturz seines Pferdes im Augenblick des Einzugs in die eroberte Stadt, hielt ihn von der Vollziehung des barbarischen Vorhabens ab. Pavia ward nun zum Königssitz gewählt, und blieb es bis zum Untergang der longobardischen Herrschaft.

Nur drei Jahre und sechs Monate beherrschte Alboin sein neues Reich [2]); da wurde er getödtet durch Meuchelmörder, welche sein Weib gedungen. — Denn, als einst bei einem feierlichen Trinkgelage im Palast zu Verona, der König, vom Wein erhitzt, seinen Ehrenpokal, den Schädel Kunimunds, herbeibringen, ihn herumgehen, zuletzt aber der Königin darreichen ließ, mit der grausamen Auffoderung, ihn auszutrinken zum Gedächtniß des Vaters: da schwur die im Innersten Empörte den Tod des unmenschlichen Gatten, und erfüllte den geheimen Schwur durch den Arm ihrer Buhlen. — Helmichis, des Königs Waffenträger, schon länger der Gegenstand ihrer ehebrecherischen Liebe, und Peredens, den sie durch schamlose List in ihr Netz gezogen, wurden von ihr in das Gemach des schlafenden Gatten geführt. Sie selbst hatte zuvor sein Schwert in der Scheide befestigt. Als er erwachend aufsprang zur Vertheidigung, vermochte er solches nicht zu entblößen, und fiel, nach kümmerlicher Gegenwehr mit einem Stuhl, unter den Stößen der Mörder (J. Chr. 574). Er ward mit großem Wehklagen der Longobarden unter dem Treppenhause des Palastes begraben; seine Mörderin aber, die zu dem Exarchen Longinus floh, starb am Gift, welches sie Helmichis reichte, aber selbst auszutrinken von dem den Verrath erkennenden Buhlen gezwungen ward. (Paullus Diaconus de gestis Longobard. l. VI. übrigens s. Meusels Bibl. hist. Vol. V. P. II. p. 181 fgg.). *(v. Rotteck.)*

ALBON, (Jacob von) Marquis von Fronsac, Marschall von St. André, unter welchem letzten Namen er am bekanntesten ist, stammte aus einer ansehnlichen französischen Familie in der Gegend von Lyon. Sehr jung kam er an den Hof Franz I., und gewann durch sein liebenswürdiges Betragen, seinen Charakter und seine Tapferkeit die Gunst des Dauphins, Heinrich II. der ihn 1547 zum Marschall und ersten Kammerjunker machte, nachdem er bei der Belagerung von Boulogne und in dem Treffen bei Cerisoles 1544 ausgezeichneten Muth bewiesen hatte. Er begleitete 1552 den König nach Lothringen, commandirte die Armee in Champagne, hatte großen Antheil an der Einnahme von Marienburg, verwüstete Chateau-Cambresis, und errang auf dem Rück-

---

2) Nach germanischer Sitte hatte er das Eroberte in kleinere Durate oder Herzogthümer getheilt, die er den Tapfersten zu Lehn gab, und dies ist der Ursprung der vielen kleinen Herzogthümer in Italien.

zuge von Quesnoy unsterblichen Ruhm. Die Schlacht bei Renti gab ihm neue Gelegenheit sich auszuzeichnen, aber in dem Treffen von St. Quentin 1557 gerieth er in Gefangenschaft. Zu dem Frieden von Chateau-Cambresis, der 1559 mit Spanien geschlossen wurde, trug er viel bei. Nach dem Tode Heinrichs II. nahm er die Partei der Guisen, war sehr thätig bei den innerlichen Unruhen jener Zeit, und wurde eine furchtbare Geisel der Hugenotten, bis er 1562 in dem Treffen bei Dreux erschossen wurde. Seine Zeitgenossen erblickten in ihm den liebenswürdigsten Cavaliee, geschmückt mit griechischer und römischer Urbanität. Er war furchtbar am Tage der Schlacht, aber außerdem ein Freund des Spiels, der Weiber, der Tafel, des Luxus und jeder Art sinnlichen Genusses, wodurch er sich in Schulden stürzte, die ihn zu Schritten verleiteten, welche seinen Charakter beflekken. — Der Erzbischof von Lyon, Anton von Albon, geb. 1507, war sein Verwandter, und zeichnete sich ebenfalls durch seinen Eifer gegen die Hugenotten aus. Er hat die Gedichte des Ausonius viel vollständiger, als man sie vorher hatte, bekannt gemacht, und auf seine Kosten des Rufinus Auslegung der Psalmen (Lyon 1570 Fol.) aus einem sehr alten Manuscript zum resten Mal drucken lassen. Sein Tod erfolgte den 14. Sept. 1574. — Ein Abkömmling dieser Familie ist Claud. Camillus Franz, Graf von Albon, Fürst von Yvetot, einem Flecken in der Normandie, geb. zu Lyon 1753. Ohne die Ansprüche zu gebrauchen, die ihm sein Familienname gab, lebte er in stiller Abgezogenheit den Wissenschaften, ward Mitglied mehrerer gelehrten Gesellschaften, und starb im Oct. 1789 auf seinem Landhause zu Francoville. Seine Schriften, seine Anhänglichkeit an Quesnay, den Urheber des physiokratischen Systems, und das ehrenvolle Begräbniß, das er dem gelehrten Court de Gebelin auf seinem Gute Francoville veranstaltete, erwarben ihm eine Achtung, die er aber wieder durch seine zum Theil sehr sonderbaren Ideen, einen etwas bizarren Charakter und seine Misanthropie, schwächte. Den meisten Werth unter seinen schriftstellerischen Erzeugnissen haben die Discours sur l'histoire, le gouvernement, les usages, la litterature et les arts de plusieurs nations de l'Europe. Amst. 1782. Vol. IV. 12. Holländ. ebend. 1785—88. 8.; auch verdienen bemerkt zu werden: Eloge de Mr. Chamousset. 1776. 8. Eloge de Mr. Court de Gebelin. 1785. 8. *(Baur.)*

ALBONA, St. am Meer, in der österreichischen Prov. Istrien, auf einem Hügel am Meerbusen Quarnaro, hat ein Kastell auf einer Erdzunge, die den gedachten Golfo und den Canal Arsa macht, mit einer Collegiatkirche, 233 H., 950 Einw. *(Röder.)*

Albona, Gebirg, s. Abnoba.

ALBOR, ALVOR, bemauerte Villa am gleichnamigen Flusse, mit dem Titel einer Grafschaft in dem portug. Königr. Algarve, im Correiçaô de Faro, auf einer Anhöhe, nahe bei der Stadt Lagos, mit einem verfallenen Kastell, 162 Feuerstellen, einem ziemlich guten Hafen, der aber eine schwere Einfahrt hat, einer Rhede, Weinbau, Fischerei, Salzbereitung, Mineralquellen. — Den Namen Albor führt auch eine Bahamainsel. *(Stein.)*

Alborak, s. Muhammed.

ALBORAN, (14° 39'.5" O. L., 35° 57' N. B.) Insel im mittelländ. Meere zum span. Königr. Granada gehörig, und blos von Fischern bewohnt. *(Stein.)*

ALBORDJ, (Bordj,) ein Zendwort, mit Vorsetzung des arabischen Artikels al, bedeutet einen hohen Berg. In der persischen Kosmologie ist Albordj der erste, älteste, höchste von allen Bergen. Er wuchs, als die Erde geschaffen war, auf Ormuzd Willen aus dem Mittelpunct der Erde in 200 Jahren bis zum Sternhimmel, in andern 200 Jahren zum Mondhimmel, in den dritten 200 Jahren zur Sonnensphäre, in dem vierten 200 Jahren bis zum Urlichte, so daß er 800 Jahre zu seiner Vollendung brauchte [1]). Dies Himmelsgebirge erhebt sich in Khunnerets, oder in dem siebenten Erdtheile, um welche die sechs übrigen Erdtheile, Keschvars genannt, herum liegen. Jeder der sieben Theile ist von den übrigen getrennt durch das Wasser, welches in der frühern Schöpfungszeit der Stern Taschter über die Erde goß [2]). Khunnerets war unter allen Erdtheilen das erste, höchste, vortreflichste Urlaud, welches Ormuzd mit allem was rein ist, versehen und dazu bestimmt hatte, daß in demselben das persische Gesetz, d. i. Avesta, offenbart und von da zu den übrigen Keschvars gebracht werden sollte. In diesem Lande, welches höher lag, als alle andere Länder, empfing auch Zoroaster das Gesetz [3]). Hier mußte sich auch jenes kegelförmige Riesengebirg erheben, welches über Sonne, Mond und Sterne hinausragend, zum reinsten, obersten Urlicht sich erhob, und von Ormuzd zu seiner Residenz erschaffen war. Es heißt daher Lichtberg, Erdnabel, erhabenster Quellpunct, der reine, große Bordj, Ormuzd-Geschöpf, der Seligkeiten Sitz.

Albordj setzt demnach die höchste oberste Ur-Lichtwelt mit der niedern Erde in wechselseitige Verbindung. Denn von ihm verbreiten sich Segen, Fruchtbarkeit und die himmlischen Geister auf die Erde. Unter oder von dem Throne Ormuzd's, welcher auf Albordj sich befindet, fließt die Quelle der heiligen reinen Arduisur, die auch unter dem Bilde eines muthigen Heldenrosses versinnlicht wird [4]). Tausend Rinnen und 1000 überfließende Aerme ergießen sich von ihr durch Albordj, welcher durch 99,990,000 Seitenöfnungen das vom Winde getriebene Wasser den 7 Keschvars der Erde mittheilt, diese bewässert und allen Quellen in derselben Ursprung und Nahrung gibt [5]).

Dieser Erdnabel, wegen seiner segensreichen Bewässerung, Quell der Schöpfungen und vieler Güter genannt, der auf seinen obersten Höhen die Himmelsburg bildet, wird von Sonne, Mond und Sternen umgeben. Diese fahren mit Majestät von den furchtbaren Höhen Albordj aus, und erleuchten die Welt; auch die regenbringenden Sterne ziehen von hier aus und kehren dahin zurück. Eben deswegen heißt er der große Bordj der Zeiten, Tage, Monden, Jahre, weil um ihn die Sterne ihre Bahnen nehmen, und wird endlich auf die Zeichen

1) Bun-Dehesch 12. 2) Bun-Dehesch 11. 3) Bun-Dehesch 11. Vend. F. 5 und 21. 4) Jescht Avan 84, 1. 5) Izesch. Ha. 1, 68. 84. Jeschts 84. Card. 23, 87. Card. 2, 4. Bun-Deh. 18. Visp. 2 und 8.

des Thierkreises selbst gedeutet [6]). Auf dem Gipfel des Albordj ist nicht Nacht, Frostwind, Hitze, Fäulniß, Todesfurcht, Uebel, Devs Geschöpf, kein trotziger Feind, es ist der hohe, durch der Lebendigen Versammlung glanzlichte Berg; auf ihm wohnen die Heere berühmter Feruers, über welche Mithra, als Haupt- und Schutzwächter gesetzt ist [7]); hier auch die vier Himmelsvögel, welche als streitfertige Wächter nach den vier Himmelsgegenden ausgestellt sind: nämlich 1) Corosch der Himmelsrabe, welcher mit starker Stimme zum Schrecken des Darvand Verin des Himmels reines Wort redet. 2) Hufraschmodad auch Perodorosch, in Menschensprache Kehrkas genannt (der starke Himmelshahn), welcher den süßen Schlaf der himmlischen Welt löset [8]) und den Norden (die Wohnung Ahrimans und der Devs) schlägt [9]). 3) Coroschasp (Adler, wahrscheinlich Simorgh) welcher 6 Augen, einen langen Dolch und große Stärke und Gewalt hat [10]). 4) Aschtrengad, dessen Worte Pfeile sind, vier Himmelsvögel, lichtweißer Farbe, mit goldenen Füßen, die mit Reinigkeit reden und wohl unterrichtet sind, über welche jedoch Mithra, der Schutzherr aller Feruers der Welt und Beschützer der Todten und Lebendigen des Ormuzdvolkes gesetzt ist, wie denn dieser mächtigste Jzed zum Fürsten und Mittler von Albordj [11]) wie Serosch, der nur Lebenswort im Munde führt, der Weg zum Guten ist, und Wasser und Heerden segnet zum König von Albordj bestellt wurde (s. Amschaspand). Auf diesem Sitz erhabener Seligkeiten, befinden sich auch Gerotmom, das himmlische Paradies, welches dem Duzakh, der Hölle, entgegen gesetzt ist. Eine Brücke: Tschinerad führt nämlich von dem Gipfel des Berges vollends hinüber zu dem Ort höchster Seligkeit. Ueber die Brücke ist aber der Duzakh, in dessen tiefen Abgrund alle Selen der Verstorbenen, welche in diesen Leben nicht tugendhaft gewesen sind, unaufhaltbar hinabstürzen.

Albordj ist übrigens zufolge des Persischen Systems, welches alle homogenen Schöpfungen aus einem ersten Keim entstehen läßt, gleichsam Vater aller übrigen Gebirge. Aus demselben wuchsen binnen 200 Jahren 244 audree Berge der Erde hervor [12]).

Bordj ist nun dieser Beschreibung zufolge allerdings ein Berg der Einbildung, wenigstens in sofern er bis über die Gestirne erhaben gedacht wird. Er muß jedoch auch Wirklichkeit haben, da die treflichen Weiden und Heerden desselben gerühmt werden [13]), und Zoroaster auf demselben sein Gesetz bekommen haben soll [14]). Mit vieler Wahrscheinlichkeit setzt Rhode [15]) den ersten und ursprünglichen Albordj nach Tibet, als den Ursitz der Arier (s. Arii). Allein es ist unleugbar, daß der Name Bordj später bei Ausbreitung des Volkes auch mehrern hohen Bergen beigelegt worden ist [16]). Vorzugsweise werden das Gebirge Kaukasus zwischen den kaspischen und schwarzen Meere, und besonders die erhabenste Spitze desselben und eine andere bei Derbend Elburs genannt. Neben demselben findet sich auch der Name des Landes Iranvedj wieder. Das persische Wort Burs: Berg, ist aus Bordj gebildet. Nächstdem wird (mit dem Beisatz Zireh in Pehlvi unter oder nieder) unter Tireh Albordj das Gebirge Taurus verstanden [17]), weil es als ein Theil des Albordj niedriger als dieser ist, ob es gleich auch Huguer, d. i. hohes Gebirge genannt wird. Außerdem heißt in einem Theile der Djebalgebirge, dem Erwend oder Elwend, eine Spitze unweit Hamadon wieder vorzugsweise Elburs (verunstaltet Abrus) [18]), auf welchem Djemschid Feuertempel errichtet haben soll [19]). Endlich ist auch der Albors berühmt in dem Gebirge Aprasin, unweit der Stadt Jezd, wo bis zum 17ten Jahrh. seit 3500 das Feuer in dem dort stehenden Tempel unausgelöscht gebrannt haben soll [20]). (*P. Fr. Kanngießer.*)

ALBORNOZ, (Aegidius Alvarez Carillo,) Cardinal, aus Cuenza in Neucastilien, entsprossen aus dem alten und edlen Geschlechte von Aragona, studirte zu Toulouse das kanonische Recht, wurde bei König Alfons XI. von Castilien Almosenier, Archidiaconus von Calatrava, zuletzt Erzbischof von Toledo, leistete dem Könige im Kriege gegen die Mauren wichtige Dienste, und rettete ihm in der Schlacht von Tarifa das Leben. Bei seinem Nachfolger, Peter dem Grausamen, fiel er in Ungnade, weil er ihn von einem schändlichen Beischlafe abzuleiten suchte. Er nahm seine Zuflucht nach Avignon, wo er von Clemens VI. 1360 zum Cardinal erhoben, und von dessen Nachfolger Innocenz VI. nach Italien geschickt wurde, um das zerstückelte Eigenthum der Kirche wieder herzustellen, was ihm denn auch so gelang, daß Urban V. wiederum seinen Sitz in Rom nehmen konnte. Damals hielt er sich lange in Bologna auf, welches noch jetzt die Vortheile genießt, die ihm die Regirung dieses einsichtsvollen und wohlwollenden Prälaten verschafte. Unter anderu Anstalten für das gemeine Beste, die sich größtentheils bis auf unsere Zeiten erhalten haben, begründete und begüterte er von seinem eigenen Vermögen das Collegium St. Clemens sehr ansehnlich, in welchem 24 Spanier anständig unterhalten und sorgfältig unterrichtet werden. Seine letzten Jahre brachte er zu Viterbo zu, und starb daselbst den 24. Aug. 1377. Er schrieb eine Historia de bello administrato in Italia per annos XV. Ejusdem statuta collegii Scholasticorum Hispanorum quod ipse Bonnoniae erigi et dotari curavit, nec non Albornotii testamentum. Bonon. 1550; ex ed. I. G. Sepulvedae. ib. 1628. fol. *). S. Sepulvedae de vita Alb. libri III. in Sepulv. Opp. Col. Agr. 1602. 4. p. 1. Vie du Card. Alb. par de Lescale. Par. 1629. 8. Vgl. Adelung zum Jöcher. (*Baur.*)

ALBOURN, Stadt in England, in Wiltsh., von 1,269 Einw. mit Tuchmanufakturen. (*Hassel.*)

---

6) Vendid. Sade 1. Not. ff Vend. F. 21. Jeschts 92. C. 92 sq. Bun-Deh. 12. 7) Jeschts 89. C. 7, 12. 92. 2 sq. 8) Jeschts H. 54, 56. 9) Jeschts 83 und 84 und 89. Card 24. 10) ib. C. 26. 11) Jeschts 89. C. 23. 12) Bun-Deh. 12. 13) Jeschts 89. C. 4. 14) Vendid. Farg. 21—22. vgl. Leb. Zorouster in Deutsch Zend Av. III. p. 16. 15) Ueber Alter und Werth einiger morgenländischen Urkunden S. 26. 16) Zend Av. 1. 9.

17) Wahl S. 804. 18) Wahl S. 823. 19) Bun-D. 17. 20) Anhang zum Zend Avest. 2. Th. S. 95.

*) In seinem Testamente verordnete er, daß ihm von den Mönchen 60,000 Selenmessen gelesen werden sollten.

Albrac, s. Aubrac.

ALBRECHT, (St., oder TENKITTEN,) ein Dorf in Ostpreußen unweit dem frischen Haff, in der Nähe von Fischhausen, wo angeblich der heil. Adalbert am 24. April 997 von den heidnischen Preußen ermordet wurde. Die Kirche, vormals ein berühmter Wallfahrtsort, im J. 1537 abgebrannt und 1575 wieder erbaut, verfiel nachher und wurde nicht wieder errichtet. (*v. Baczko.*) — St. Albrecht heißt auch ein Flecken längs der Radaune 1 Meile von Danzig, mit 93 H. und 660 Einw. mit 1 kathol. Kirche, bedeutenden Branntweinbrennereien und Bierbrauereien. (*Blech.*)

Albrecht im Allgemeinen, s. Albert.

Albrecht von Anhalt, s. Anhalt *) und Albrecht, Markgraf von Brandenburg.

ALBRECHT IV. oder der Weise, Herzog in Bairrn von der Linie München-Straubing, ein in der Geschichte dieses Landes merkwürdiger Fürst. Er war der Sohn des Herzogs Albrecht III. oder des Frommen, und dessen Gemalin Anna von Braunschweig; geboren am 15. Dec. 1447. Schon frühzeitig begab sich der talentvolle Prinz nach Rom, wo er sich, begeistert von edler Wißbegierde, unter der Anleitung berühmter Lehrer den Studien mit dem glücklichsten Fortgange widmete. In der Kentniß der lateinischen und italienischen Sprache, so wie anderer seinem Stande angemessener Wissenschaften, that es ihm in der Folge keiner von den Fürsten seiner Zeit zuvor. Seine Gelehrsamkeit war damals noch eine so seltene Erscheinung unter den Großen, daß die unwissenden, nur mit dem Handwerke des Krieges bekannten, Ritter ihn nur den Schreiber nannten. Schnelle und richtige Urtheilskraft, Einsichten, Klugheit und Gewandtheit machten ihn unter seinen Zeitgenossen zum Gegenstande der allgemeinen Hochachtung; in allen fürstlichen Zirkeln war er die Zierde des Fürstenstandes; in seinem Lande durch Milde und sanftes, einnehmendes Betragen die Freude des Volkes.

Er war noch minderjährig, als sein Vater am 28. Febr. 1460 starb. Die gemeinschaftliche Regirung übernahmen die zwei ältern Söhne desselben, Johann III. und Siegmund; allein ersterer starb unvermählt schon am 18. Nov. 1463, und Albrecht IV., dem Herzoge Siegmund unter seinen Brüdern der nächste an Jahren, ward im J. 1465 in einer Versammlung der Landstände, als volljährig, zum Mitregenten erklärt. Doch nicht volle zwei Jahre dauerte die gemeinschaftliche Regirung. Siegmund, ein Freund des Vergnügens, und nicht stark genug, schlauer Beredsamkeit zu widerstehen, zog sich in die Einsamkeit zurück, und überließ die Regirung seinem Bruder Albrecht allein, nur mit Vorbehalt gemeinsamer Landeshoheit in den Gerichtsbezirken Dachau und Starenberg, und in dem Schlosse zu Grünwald. Alleinregirung war immer das Ziel, nach welchem Albrecht strebte; vielleicht weil das Bewußtseyn von seinen vortreflichen Geistesgaben ihm sagte, daß er vor andern würdig sey zu herrschen. Wol mochte auch die Vorstellung jener Uebel, welche die Zwietracht bei Ländertheilungen, oder bei gemeinschaftlichen Regirungen gewöhnlich erzeugt, seinem Gemüthe diese Richtung gegeben haben. Mit dieser Verfügung waren aber seine beiden jüngern Brüder nicht zufrieden; sie verlangten Mitregentschaft für sich. Besonders traf Christoph, ein feuriger, kühner Prinz, bereits Anstalt, seinen Zweck durch die Gewalt der Waffen zu erreichen. Ein Bund der im baierischen Walde angesessenen Ritter bildete sich für ihn; denn den rauhen Rittern, die nur für Turnier oder Krieg Sinn hatten, war Albrechts Ueberlegenheit an Geist und Einsicht, und dessen friedliche und edlere Lebensweise Grund zur Abneigung gegen ihn. Albrecht berief sich auf einen Schiedspruch ihres gemeinschaftlichen Vetters, des Herzoges Ludwig von Baiern-Landshut, und der Spruch fiel zu seinem Vortheile aus. Die Versuche der unruhigen Ritter wurden durch List und Gewalt vereitelt; seine Brüder, Christoph und Wolfgang, wußte der Herzog durch eine Reise nach Italien zu unterhalten; denn eingeweiht in den Künsten der feinen Politik, trug er kein Bedenken, sich derselben zu bedienen, wenn die Noth oder des Landes Vortheil es zu erfodern schienen. Da aber in der Folge die Begierde zu regiren in dem Prinzen Christoph neuerdings erwachte, ließ Albrecht ihn unvermuthet im Bade überfallen und gefangen nehmen. Vergebens schickte der Kaiser auf die Klage, welche der Herzog Wolfgang erhob, zweimal Commissare an Albrecht ab, um ihn zur Loslassung des Gefangenen zu bewegen; vergebens pflog hierauf der Kaiser selbst in dieser Absicht zu Regensburg eine Unterredung mit ihm; Albrechts unwiderstehliche Ueberredungskunst, vereint mit einem offenen, geraden Benehmen, das keinem Verdachte eines ungezügelten Ehrgeizes oder einer feindseligen Gesinnung gegen seinen Bruder Raum gab, entwaffnete die Commissare, und zuletzt den Kaiser selbst. Der Herzog setzte seinen Bruder auf die allgemeine Bitte aller Verwandten nicht eher in Freiheit, als bis, nach ungefähr 18 Monaten der Gefangenschaft desselben, 36 Ritter ein ruhiges Betragen Christophs für die Zukunft verbürgt hatten.

Im ungestörten Besitz der Alleinherrschaft fuhr nun Albrecht fort, durch Belebung der Künste den Wohlstand seiner Unterthanen zu vergrößern, den Bedrückungen des gemeinen Mannes von Seiten seiner Beamten durch scharfe Verbote Einhalt zu thun, seine Einkünfte auf eine nicht drückende Art zu vermehren, Stücke Landes, die ehedem von Baiern abgekommen waren, wieder herbei zu schaffen, und neue zu erkaufen. Welcher kluge Staatswirth er war, beweiset der Umstand, daß er von dem Papste die Erlaubniß bewirkte, einen oder zwei der geschicktesten Domherren von jedem Domstifte als Räthe an seinen Hof zu ziehen, und um dem Staate eine bedeutende Ausgabe zu ersparen, ihnen den Genuß ihrer Präbenden zu München anstatt eines Gehalts anzuweisen. Als die Domherren zu Regensburg ihrem Collegen, dem Doctor der Rechte, Johann Neuenhäuser, den Albrecht als seinen Rath nach München gezogen hatte, seine Präbende vorenthalten wollten, so legte er Beschlag auf alle diejenigen Renten, welche das Capitel aus Baiern zu be-

*) Eben so sind die übrigen Regenten und Prinzen dieses Namens, die hier nicht besonders aufgeführt sind, unter den Ländern, denen sie angehören, oder in andern schicklichen Artikeln über merkwürdige Verwandte und denkwürdige Begebenheiten, in welchen sie eine Rolle spielten, zu suchen. (*H.*)

ziehen hatte, und zwang sie dadurch, sich seinem Willen zu fügen. Ein wichtiger Gegenstand seiner Aufmerksamkeit waren die Klöster, worin er Sittlichkeit und Ordnung — eine zu seiner Zeit in denselben unbekannte Sache — durch strenge Reformen wieder herstellte. Daß er mit großer Strenge gegen sie verfuhr, benahm ihm nichts von der Zuneigung des Volkes; denn allgemein war man von seinem aufrichtigen Eifer für Sittlichkeit und Religion nicht weniger überzeugt, als von dem ärgerlichen Lebenswandel der Mönche und Nonnen. Ein kühner Schritt für seine Zeit war es allerdings, daß er von den reichen Klöstern gezwungene Anleihen erhob; aber es geschah zum Besten des Landes. Für die Summen, die sie ihm auszahlen mußten, lösete er nebst andern Gütern im J. 1481 die Stadt am Hof, welche seit einiger Zeit an die Reichsstadt Regensburg verpfändet war, an Baiern wieder ein. Ein fein angelegter Plan hätte beinahe bei dieser Gelegenheit auch die Reichsstadt Regensburg für immer dem Hause Baiern unterworfen. Die Bürger von Regensburg, auf einer Seite durch die absichtlich äußerst milde Behandlung der Einwohner zu Stadt am Hof, die vor ihren Augen in Wohlstand und Zufriedenheit lebten, in Enthusiasmus für die baiersche Regirung versetzt; auf der andern mit Wehmuth fühlend, wie sie durch die mächtige Nachbarschaft immer mehr in der Ausübung ihrer Freiheiten und in ihren Gewerben beschränkt würden; und überdieß bearbeitet durch den von dem Herzoge gewonnenen Stadtkämmerer Schuchsteiner, und einen zahlreichen Anhang desselben, leisteten ihm bereits im August 1486 die Huldigung. Nur das Machtwort des erzürnten Kaisers, welches sogar durch den Aufbruch eines Reichsheeres unterstützt werden mußte, vereitelte den Bestand dieser Veränderung. Der Herzog mußte Regensburg dem Reiche zurück geben. Um sich durch eine andere Erwerbung zu vergrößern, erkaufte er im J. 1493 von dem Kaiser Maximilian die beträchtliche Reichsherrschaft Abensberg mit allen dazu gehörigen Schlössern und Gerechtsamen für 32,000 ungerische und 20,000 rheinische Gulden. Auch durch Erbschaft aus der Verlassenschaft seines Verwandten, des Herzogs Georg des Reichen von Baiern-Landshut, vermehrte er seine Lande, doch erst nach einem blutigen und verheerenden Kriege mit dem pfälzischen Hause. Durch einen Ausspruch des Kaisers zu Costniz im J. 1507 erhielt der Herzog Albrecht Landshut und Burghausen mit 14 andern Städten, und 33 Marktflecken und Gerichtsbezirken.

Zu dieser Zeit zählte der Herzog Albrecht, der sich erst im J. 1487, im 40sten seines Alters, mit Kunigunde, Tochter des Kaisers Friedrich III. vermählt hatte, bereits drei Prinzen, Wilhelm, Ludwig und Ernst: Grund genug für ihn, durch eine kräftige Anstalt einer verderblichen Theilung seiner Länder, oder einer nicht weniger bedenklichen gemeinschaftlichen Regirung vorzubeugen. Er konnte zwar selbst der Nothwendigkeit nicht widerstehen, nach dem Tode Siegmunds im J. 1501 (Christoph war demselben schon im J. 1493 voran gegangen) seinem noch unvermählten Bruder Wolfgang die Mitregirung zu überlassen. Doch sollte dieses Beispiel das letzte dieser Art in Baiern seyn. Mit Genehmigung desselben, und mit freudiger Einwilligung der Landstände errichtete er im J. 1506 ein für ewige Zeiten verbindliches Hausgrundgesetz, nach welchem künftig in Baiern jederzeit der älteste Prinz allein im Besitze des ganzen Landes und in der Regirung desselben nach dem Rechte der Erstgeburt folgen, den übrigen Prinzen aber, als Grafen, jährlich eine bestimmte Summe zu ihrem Unterhalt ausgezahlt werden sollte. Hätte Albrecht IV. außerdem während seines ganzen Regentenlebens nichts von Wichtigkeit unternommen: durch die Errichtung dieser pragmatischen Sanction allein würde er den Beinamen des Weisen, den die Nachwelt ihm ertheilte, verdient haben. Durch sie wurden innere Zerrüttung und Entkräftung des Landes für immer vermieden; ihr hat der baierische Staat seine Festigkeit und Dauer zu verdanken. Albrecht starb bald hierauf, am 10. März 1508, als Vater dreier Prinzen, und drei noch lebender Prinzessinnen. (Quellen und Hilfsmittel für die Geschichte des Herzog Albrechts IV. sind: *Viti Arnpeck* Chron. Boicor. ap. Pez Thesaur. Anecdot. T. III. L. III. Aventins Chronica. *Ladisl. Sunthemii* Familia Ducum Bavariae etc. ap. *Oefele* Script. rer. boic. T. II. und *Adlzreiter* Annal. boicae gent. P. II. L. IX.) (*Milbiller.*)

ALBRECHT, oder Adelbert, in der Reihe der Grafen von Ballenstädt der 7te dieses Namens, aber der erste als Markgraf von Brandenburg; mit den Beinamen der Bär und der Schöne[1]). Er war ein Sohn Otto's des Reichen, Grafen von Ballenstädt und Aschersleben und Eilika's, ältester Tochter Magnus, Herzogs von Sachsen, des letzten aus dem Billungschen Stamm, der 1106 starb, in demselben Jahre, wo Albrecht zu Ballenstädt geboren wurde. Wahrscheinlich erhielt er von seiner Mutter, einer durch Geist und Herz ausgezeichneten Frau, eine gute Erziehung. Im J. 1123 folgte er seinem Vater in der Regirung als einziger Sohn und Erbe des Landes, und nannte sich nun Graf von Aschersleben. Gleich beim Antritt seiner Regirung hatte Kaiser Heinrich V. die Markgrafschaft Meissen an Wiprecht (Wickbert) Grafen von Groizsch, und dessen Markgrafschaft Lausitz an Herrmann von Winzenburg verliehen, ohne Lothar, den Herzog von Sachsen, zu fragen. Das verdroß diesen, und er setzte 1124 seinen Freund und Verwandten Albrecht mit Gewalt in dieselbe ein, der sich von nun an Markgraf nannte. Nach Heinrichs V. Tode ward Lothar auf dem Wahltage zu Mainz 1125 zum Kaiser gewählt, wo Albrecht auch war, ob unter den 10 Wählern ist ungewiß. Da empfing er die Lausitz als Reichslehn. Im Kriege Lothar's gegen Sobieslav, Herzog von Böhmen, focht er tapfer bei Chlumecz 1126, ward gefangen, erhielt jedoch im Frieden bald seine Freiheit wieder. Von nun an war Albrecht fast beständig bei Lothar, und nahm vermuthlich auch Theil an seinem Streite mit den Herzogen von Franken und Schwaben. Dennoch übertrug der König 1127 das Herzogthum Sachsen, worauf Albrecht, als Sohn der ältesten Tochter des letzten Herzogs Magnus, Ansprüche machte, die auch

1) Letztern — auch den des Großen — von seiner Gestalt; erstern nach alter nordischer Sitte, oder auch im Gegensatze zu Heinrich dem Löwen. Der Beiname Bär findet sich in keiner alten Urkunde.

schon vom Kaiser Heinrich V. seinem Vater Otto 1108 bestätigt waren, dem Sohne der jüngern Tochter, Wulfhild, dem Herzog Heinrich dem Stolzen von Baiern, der eben Lothar's einzige Tochter Gertrud geheirathet hatte. Bald darauf 1129 und 30 ward Albrecht in mehrere Fehden verwickelt, wobei Udo von Frankleben, Markgraf der nördl. Mark, erschlagen wurde, und an welchen auch Graf Heinrich zu Groizsch, Burggraf zu Magdeburg, Sohn Wiprechts, Theil nahm. Die nördl. Markgrafschaft erhielt Graf Konrad von Plötzkau; Graf Heinrich von Groizsch klagte gegen Albrecht wegen der Lausitz auf dem Reichstage zu Lüttich 1131, und die Fürsten sprachen ihm die Markgrafschaft zu [2]). Albrecht scheint diesen Verlust leicht verschmerzt zu haben, und auch deßhalb nicht mit Lothar zerfallen zu seyn, wie viele erzählen, denn er stand um diese Zeit dem Bischof Otto von Bamberg in der Bekehrung der Wenden bei, und begleitete 1132 Lothar auf seinem Römerzuge, um den er sich hier mehrere Verdienste erwarb, so daß er ihn 1133, als Graf Konrad von Plötzkau vor Monza im Mailändischen geblieben war, zum Markgrafen der nördlichen Mark oder von Soltwedel (Salzwedel) ernannte. Albrecht erhielt aber erst nach der Rückkehr aus Italien 1134 das Land, wo er von seiner Mutter Eilika her schon viele Güter besaß, obwol der größte Theil der Erbschaft der jüngern Schwester Wulfhild zugefallen war. Bei Besitznahme dieser Länder gerieth er mit Pribislav, König der Wenden, in Streit, der 1136 in Sachsen einfiel, aber bald zurückgeschlagen wurde. Albrecht verwüstete nun dessen Länder, und machte schon jetzt ansehnliche Eroberungen jenseits der Elbe, im Havellande und der Priegnitz. Darauf begleitete er den Kaiser, in dessen Urkunden er oft vorkommt, zum zweiten Male nach Italien und war bei der Belagerung Salerno's [3]). Auf der Rückreise starb Lothar 1137. Albrecht verwüstete noch in demselben Winter die wendischen Länder und machte neue Eroberungen in der Mittelmark. Sehr wirksam zeigte er sich gegen Lothars Schwiegersohn, Herzog Heinrich den Stolzen von Baiern und Sachsen, der die Reichskleinodien in Verwahrung genommen hatte und Kaiser zu werden hofte. Die meisten Teutschen, besonders die sächsischen Fürsten, fanden ihn zu mächtig; Albrecht aber war mit ihm uneins wegen der Theilung der Billungschen Güter und wegen der Beleihung mit Sachsen, und verhinderte daher die von der verwitweten Kaiserin Richenza 1138 ausgeschriebene Versammlung in Quedlinburg mit Gewalt. Bekanntlich ward Konrad zum teutschen König erwählt 1138, für den sich auch Albrecht erklärte, weßhalb er von Heinrichs Freunden Konead Markgraf zu Meissen, dem Pfalzgrafen Friedrich und dem Markgrafen Rudolf zu Stade angegriffen wuede, die er aber bei Mimirberg schlug. Nach manchen Streitigkeiten ward endlich Heinrich ganz ungerechter Weise in die Acht erklärt, ihm das Herzogthum Sachsen genommen, und an Albrecht gegeben 1138, der auch Lüneburg, Bardewyk und Bremen eroberte und den Grafen Adolf von Holstein verjagte, und sich nun Herzog von Sachsen nannte. Allein Heinrich, von den eben erwähnten Fürsten und dem Erzbischof Konrad von Magdeburg unterstützt, schlug Albrecht bald aus Sachsen heraus, fiel selbst in Anhalt ein, verbrannte 1138 Bernburg, 1139 Plötzkau. Zwar zog ihm König Konrad zu Hülfe, fand es aber gerathener, mit Heinrich einen Stillstand zu schließen, wodurch dieser Sachsen behielt; aber bald nachher starb dieser zu Quedlinburg, ehe der Vergleich zu Staude kam. Nnn glaubte Albrecht seinen Zweck leichter erreichen zu können, da Heinrich nur einen 10jährigen Sohn und Nachfolger hinterlassen hatte, — Heinrich den Löwen —; er zog nach Bremen, um hier das Lotding oder Landgericht zu halten, kounte sich aber kaum mit der Flucht daraus retten; die sächsischen Fürsten nahmen sich des jungen Heinrichs an, verwüsteten selbst Albrechts Erbländer 1140, verbrannten Gröningen und Schloß Anhalt, und verjagten Albrecht ans allen seinen Besitzungen, so daß er zum König Konrad flüchten mußte [4]). Später finden wir Albrecht auf den Rrichstagen zu Worms und Frankfurt, wo endlich 1142 die sächsischen Händel bei der Vermählung Gertrud's, der Mutter Heinrichs des Löwen, mit dem Markgrafen Heinrich Jochsamer von Oesterreich völlig beigelegt wurden. Heinrich der Löwe behielt das Herzogthum Sachsen, Albrecht mußte sich mit seiner alten Markgrafschaft Nordsachsen begnügen, zur Entschädigung gab ihm jedoch Konrad das Schwäbische Erzkämmereramt, und erhob die Markgrafschaft also zu einem unmittelbaren Erzfürstenthum, das nicht mehr unter dem Herzogthum Sachsen stand. Albrecht kehrte nach einer 5jährigen Abwesenheit in seine Länder zurück, und verband nun mit denselben seine Eroberungen von den Wenden, die er um diese Zeit noch vergrößerte [5]), ließ sich damit als mit einem erblichen Lrhen vom Reiche belehnen, ward so der Stifter eines neuen Staates, Brandenburg, wozu damals besonders die Priegnitz und Mittelmark gehörten, der rrste der Brandenburgischen Markgrafen, aber noch nicht eigentlich Kurfürst. Albrecht war nun häufig am Hofe Konrads, 1144 zu Kochem und Hirschfeld, in welchem Jahre er auch einen Streit Heinrichs des Löwen mit dem Propst Hartwig von Bremen, Grafen von Stade, wegen dieser Grafschaft beizulegen suchte; 1145 in Magdeburg und Corvey, in welchem Jahre er auch in einige Schenkungen Graf Bernhard's von Plötzkau an das Kloster Hecklingen

2) Vgl. Worbs neues Archiv für die Lausitz I, 295. 303

3) Andre behaupten, er sey in seinen Länderu zurück geblieben, und Lothar habe ihn sogar beim Kriege gegen die Wenden unterstützt; der bei Salernos Belagerung erwähnte Markgraf Albert müsse ein andrer seyn. Gundling S. 21.

4) In demselben Jahte starb sein Vetter, der Pfalzgraf Wilhelm, (Sohn seines Vatersbruders, des Pfalzgrafen Siegfried, s. Bertram's Geschichte von Anhalt Th. I. S. 306), bei dessen Tode er wahrscheinlich gegenwärtig war, von dessen Gütern am Rhein er zwar nichts erbte, vermuthlich aber doch, wenn er sie auch jetzt noch nicht im Besitz nahm, die Orlamündischen Güter, auf die er wegen seiner Großmutter Adelheid, Tochter des Grafen Otto von Orlamünde, Gemalin Albrechts VI. Grafen von Ballenstädt, seines Großvaters, Ansprüche hatte.

5) Die Erzählung, als habe ihm Pribislav, König der Wenden, 1142 nach seiner Bekehrung seine Länder vermacht, ist wahrscheinlich falsch, da Albrecht sich schon 1144 Markgraf von Brandenburg nennt, und Pribislav erst 1147 stath; auch erzählt Helmold L. I. c. 88. p. 612, daß er diese Länder erobert habe.

willigte. Als im J. 1147 auf Zureden des heil. Bernhard's König Konrad und viele teutsche Fürsten zu einem Kreuzzuge nach Palästina sich entschlossen, wählten die sächsischen Fürsten lieber einen Zug gegen die Wenden [6]), dem auch Albrecht beiwohnte, jedoch ohne Erfolg. Darauf suchte er mit dem Erzbischof von Magdeburg und mehrern sächsischen Fürsten Unruhen in Polen beizulegen, bei welcher Gelegenheit die Tochter des polnischen Herzogs Boleslav, Judith, mit seinem Sohne Otto verlobt wurde. Der alte Zwist mit Heinrich dem Löwen brach 1150 von neuem in einen Krieg aus, als Heinrich Baiern wieder zu erobern suchte. Albrecht und andre Fürsten belagerten Braunschweig, König Konrad kam ihnen zu Hilfe; als aber Heinrich sich in die Stadt geschlichen hatte, zogen der König und die verbündeten Fürsten ab, und der Krieg scheint ein Ende genommen zu haben. Albrecht war auf den Reichstagen, wo ein Römerzug beschlossen wurde, aber Konrad starb vorher 1151. Nach Konrad's Wunsch ward sein Bruderssohn Friedrich I. einmüthig zu Frankfurt am Main erwählt, wo auch Albrecht zugegen war, der als Freund der Hohenstaufen zu dieser Wahl mitwirkte. Graf Bernhard von Plötzkau war auf Konrads Kreuzzuge in Asien 1147 gestorben, und Herrmann, Graf von Winzenburg 1152 ermordet worden; auf Beider Besitzungen machten Heinrich und Albrecht Ansprüche. Friedrich I. suchte vergeblich den Streit auf dem Reichstage zu Merseburg zu entscheiden, auf dem Reichstage zu Würzburg verglichen sich jedoch beide, Albrecht bekam die Plötzkauischen, Heinrich die Winzenburgischen Güter. Dem Römerzuge Friedrichs I. 1154 wohnte Albrecht nicht bei, man weiß nicht warum; er stiftete in diesem Jahre das Kloster Lietzkau, das der Erzbischof Wichmann in seiner, seiner Gemalin und seiner 6 Söhne Gegenwart 1155 einweihte. Um diese Zeit ward er noch einmal in einen schweren Krieg mit den Wenden verwickelt, da Jazko oder Jasso, ein Neffe König Pribislav's, sich der Länder desselben wieder bemächtigen wollte, was ihm auch zum Theil, mit Hilfe der pommerschen Herzoge, gelang. Indessen eroberte Albrecht bald Alles und 1157 auch Brandenburg wieder, was er von nun an behauptete; er wußte sich aber nicht anders Ruhr zu verschaffen, als durch eine fast völlige Ausrottung der Wenden, die er nach dem Beispiel aller teutschen Fürsten, mit der äußersten Härte behandelte. Weil aber dadurch das Land fast ganz entvölkert ward, so suchte er neue Bewohner in dasselbe zu ziehen, und lud daher die Anwohner des Rheins, die damals durch große Ueberschwemmungen außerordentlich gelitten hatten, mit Zusicherung ihrer alten Rechte, Gewohnheiten und Freiheiten dahin ein. Holländer, Seeländer, Brabanter, Flandrer und Rheinländer kamen, hier mit dem gemeinschaftlichen Namen Flamänder oder Fläminger genannt, in Scharen hieher; ließen sich an den Ufern der Elbe, Havel und Spree nieder, und erbauten viele Städte, die sie zum Theil mit vaterländischen Namen benannten: Aken, Berlin, Köln an der Spree, Brück, Kemberg, vermuthlich auch Spandau, Bernau; Brandenburg und Stendal wurden erweitert. Während dieser Anstalten unternahm er mit seiner Gemalin, dem Bischofe Ulrich von Halberstadt und mehrern Edelleuten eine Wallfahrt nach Palästina, von welcher er schon 1159 wieder zurück gekehrt war; also auch auf dem zweiten italienischen Zuge begleitete er Kaiser Friedrich nicht. In Palästina hatte er die Johanniter Ritter kennen lernen, von denen er einige bewog, ihn in sein Land zu begleiten; er schenkte ihnen die von ihm 1160 gestiftete Kirche zu Werben, 6 Hufen Landes und ein Hospital, damit sie das Land gegen die Wenden schützen möchten. Eben deßhalb nahm er auch Tempelherren auf, die Templin erbauten (s. die Art. Johanniter, Sonnenburg, Tempelherren). 1164 hatte zwar Albrecht Heinrich dem Löwen gegen die Obotriten beigestanden, indessen dauerte die Einigkeit nicht lange; fast alle teutschen Fürsten beneideten Heinrich um den Besitz der beiden Herzogthümer Sachsen und Baiern, und waren mit Friedrichs I. Entscheidung gar nicht zufrieden. Die Erzbischöfe von Magdeburg und Bremen, die Bischöfe von Hildesheim und Lübeck, Albrecht, der Landgraf von Thüringen, Ludwig II. u. A., verbanden sich daher insgeheim zu Merseburg 1166 gegen ihn, und waren anfangs im Kriege glücklich. Aber im neuen Feldzuge schlug Heinrich fast alle seine Feinde, verheerte auch Albrechts Harzländer; bis endlich Kaiser Friedrich nach seiner Rückkehr aus Italien 1168 auf dem Reichstage zu Bamberg die Streitigkeiten endigte, ohne doch eine aufrichtige Aussöhnung zu bewirken. Albrecht war noch auf dem Reichstage zu Bamberg 1169, wo Heinrich zum römischen Könige gewählt wurde. In den letzten Jahren hatte er sich vorzüglich noch die Unterdrückung der wendischen Sprache, die Einführung des Christenthums und der teutschen Gesetze unter den Wenden angelegen seyn lassen. Aber nun von den vielen Beschwerden seines Lebens ermüdet, überließ er 1169 seinem Sohne Otto die meisten Regierungsgeschäfte, theilte vermuthlich seine Länder unter seine Söhne und starb 1170 den 18. oder 17. Nov. zu Ballenstädt, wo er auch begraben ward.

Er war einer der ausgezeichnetsten Fürsten seiner Zeit, durch Tapferkeit, Feldherrnklugheit, Herrscherweisheit, Frömmigkeit und nicht übertriebne Mildthätigkeit gegen Kirchen und Geistlichkeit; merkwürdig durch seine Thaten und Begebenheiten und als Stifter eines neuen zu hoher Macht empor gestiegnen Staats, wie als Ahnherr eines noch blühenden altfürstlichen Hauses.

Seine Gemalin war Sophia, nach der gewöhnlichen Angabe eine Gräfin von Reineck, wahrscheinlicher eine

---

6) Heinrich der Löwe zog mit 40,000 Mann gegen die Obotriten, Albrecht mit 20,000 Mann, durch Konrad, Markgraf von Meißen, durch die Pfalzgrafen Friedrich und Herrmann, durch den Erzbischof Friedrich von Magdeburg, die Bischöfe Rudolf von Halberstadt, Werner von Münster, Reinhard von Merseburg, Wicker von Brandenburg, Anselm von Havelberg, Heinrich von Olmütz, und den Abt Wibald von Corvey bis zu 60,000 Mann verstärkt, gegen die Pommern. Auch eine dänische Flotte mit 100,000 Mann und 20,000 Polen kamen zu Hülfe, aber vermuthlich sind alle Zahlen zu hoch angegeben. Die Polen und Dänen verwusteten das Land furchtbar, was den Sachsen nicht gefiel, die es schon als das ihrige betrachteten; die Belagerung von Demmin mißglückte, und die großen Anstrengungen brachten gar nichts zu Stande; vorzüglich wegen der klugen Maßregeln des Fürsten der Obotriten, Niklot; die verbündeten Fürsten waren uneinig, wie es scheint, und zogen wieder ab, nachdem sie einen Vergleich mit den Wenden geschlossen, den diese jedoch nicht hielten.

Schwester König Konrad's III., die vermuthlich 1160 starb. Sie gebar ihm 6 Söhne. Otto, der älteste, ward Markgraf von Brandenburg; Herrmann erhielt die Orlamündischen Güter *), und ward der Stammvater der Grafen von Orlamünde, die nach 1476 ausstarben. Siegfried trat in den geistlichen Stand, ward Kanonikus zu Magdeburg, Bischof zu Brandenburg und 1179 nach langem Streite Erzbischof von Bremen. Er verschafte seinem Bruder das Hadeler Land und seinem Erzstifte die Grafschaft Stade; stand bei dem Kaiser sehr in Gnaden, der ihn 1182 als Gesandten nach Dänemark schickte, um die Prinzessin Christina, Konrad's Braut, abzuholen; die Domherren von Bremen verklagten ihn vergeblich beim Papst; er war auch Staatsmann und Krieger, und starb 1184. Heinrich wählte ebenfalls den geistlichen Staud, war Domherr zu Magdeburg und starb vermuthlich früh. Albrecht kommt seit 1147 in Urkunden vor, zuletzt 1170 als Geaf von Ballenstädt, starb vermuthlich zu gleicher Zeit mit seinem Vater, und hinterließ nur eine Tochter. Bernhard der jüngste erhielt Anhalt (s. d. eignen Art.). Dietrich oder Theodorich nennt sich gewöhnlich Geaf von Werben, vermuthlich Burg Werben bei Naumburg; er erhielt also wohl die Güter seiner Großmutter Eilika, der dieses gehörte. Von 2 Töchtern vermählte sich die eine an den Herzog Theobald von Böhmen, deren Tochter den Grafen Friedrich von Brene heirathete; die zweite, Hedwig, war Gemalin des Markgrafen Otto des Reichen zu Meißen, und ward die Stammmutter des Sächs. Hauses.

*. Vgl. die Teutschen, Brandenburg. und Anhalt. Geschichtschr.; die Art. Anhalt, Brandenburg und Heinrich der Löwe; und J. P. von Gundling Leben Albrecht's des ersten Markgrafen von Brandenburg. Berl. 1730. Fol. (*de Marées.*)

Albrecht II., Markgraf von Brandenburg von 1205 bis 1220. Er war der jüngste Sohn des Markgrafen Otto I., hielt sich bei Lebzeiten seines ältesten Bruders Otto II. gewöhnlich zu Arneburg in der Altmark auf, und ward deswegen Graf zu Arneburg genannt. Nach dem Tode seines Bruders Otto, der Kinderlos 1205 starb, folgte er ihm in der Regirung, und zeichnete sich durch Festigkeit des Charakters, Ehrlichkeit und Treue vorzüglich aus. Wie sein Bruder Otto hielt er es mit dem Kaiser Philipp von Schwaben, und nur nach dessen Ermordung durch Otto von Wittelsbach im J. 1208 trat er auf die Seite Otto IV. Auch ihm blieb er unwandelbar treu, da bei seinen Bemühungen, die zum teutschen Reich gehörigen italienischen Städte und Schlösser, wovon der Papst mehrere besetzt hatte, wieder an Teutschland zu bringen, auf päpstliches Anstiften fast alle teutschen Fürsten Friedrich II. von Hohenstaufen, Heinrichs VI. Sohn, zum Gegenkaiser gewählt hatten. Er vertheidigte Otto's Gerechtsame, und züchtigte den magdeburgischen Erzbischof, der den päpstlichen Bannfluch gegen ihn selbst bekannt gemacht hatte. Als aber Friedrich II. von neuem 1215 zu Aachen gekrönt ward, und Otto selbst zu Braunschweig, dem Hauptorte seiner Erbgüter, als Privatmann in der Stille zu leben anfing, und längere Anhänglichkeit an Otto ihm unvermeidliches Verderben bereitet hätte, da unterwarf er sich dem Kaiser Friedrich, der seinen Charakter ehrend, ihm die Lehnsherrschaft auf Pommern erneuerte, welche ihm König Knud IV. von Dänemark streitig machte. Vorzüglich ist unter ihm der Anfang jener Streitigkeiten mit dem Erzbisthum Magdeburg merkwürdig, durch welche im 13ten und 14ten Jahrh. die Mark Brandenburg sehr verwüstet wuede. Sein Bruder Otto II. hatte, aus übertriebener Frömmigkeit im J. 1196 mit Einwilligung seines Bruders Albrecht und mit kaiserlicher Bestätigung den ansehnlichsten Theil seiner Länder, und zwar beinahe die ganze Altmark, besonders das Land über der Elbe; von der Mittelmark Neubrandenburg und die Zanche, das Land Scholenz (unter Rathenau oder das nachmalige Stiftische) und die Pfalzgrafschaft Sommerscheburg (welche in den Gütern der ehemaligen Grafen von Falkenstein und Groizsch bestand) dem heiligen Moriz und der Kirche zu Magdeburg zum Eigenthum geschenkt, und nachdem der Erzbischof Ludolf den damaligen Gesetzen zufolge diese Güter ein Jahr und sechs Wochen hindurch verwaltet hatte, sie vom Erzbischof wieder als Lehn genommen. Während Otto's Abwesenheit beunruhigte Albrecht, der bald mit dieser Schenkuug höchst unzufrieden wurde, die Besitzungen seines Bruders, und nach Otto's Tode brach der Magdeburgische Krieg aus. Albrecht baute bald darauf das Schloß zu Wolmirstädt an der Ohre, um die Altmark gegen die Anfälle des Erzbischofs von dieser Seite zu beschützen, und brachte auch das Schloß Osterburg vom Grafen Siegfried von Altenhausen wieder an sich. Allein dieses Schloß ward im Mai 1208, wahrscheinlich vom Erzbischof zerstört, der überhaupt die Rechte der ihm aufgetragenen Landesherrlichkeit so weit als möglich ausdehnte, den Bischöfen in der Mark besondre den Landesherrn beleidigende Vorrechte gab, und den Adel und die Unterthanen von den Pflichten gegen ihren Landesherrn lossprach, der als Anhänger Otto's IV. in Bann war. Albrecht zog daher in demselben Jahre mit Kaiser Otto gegen ihn zu Felde, und verwüstete vorzüglich die erzbischöfliche Stadt Burg.

Albrecht starb 1220, und wurde in dem von seinem Vater gestifteten Cistercienserkloster Lehnin begraben. In der Regirung folgten seine Söhne Johann I. und Otto III. (*Stein.*)

Albrecht, mit dem Beinamen Achilles und Ulysses, Markgraf von Brandenburg von 1470 bis 1486. Er war der dritte Sohn Friedrichs I., des ersten Kurfürsten von Brandenburg aus dem Hohenzollerschen Hause, und zu Tangermünde den 24. Nov. 1414 geboren. Seine körperliche Größe und Schönheit gaben ihm ein majestätisches Ansehen. Er war von Jugend auf in den Waffen erzogen, und sein liebster Zeitvertreib waren Turniere, in denen er stets siegte. Selbst unbewaffnet, nur mit Schild und Helm geschützt, warf er 17 geharnischte Ritter vom Pferde. Er war der berühmteste Held des 15. Jahrh. Fast sein ganzes Leben war nur ein Krieg. Ungern und Böhmen, Schlesien und Polen, und alle Theile Teutschlands wurden Zeuge seiner Siege. Daher nannte ihn auch Papst Pius II. den teutschen Achilles. Mit dieser Tapferkeit verband er eine zu seiner Zeit seltene Klugheit,

*) Vergl. oben Note 4. S. 379 und Orlamunde.

und nicht wenige nannten ihn daher auch den teutschen Ulysses oder Teutschlands Fuchs. Alle Fürsten Europens hegten für ihn die größte Hochachtung, und Kaiser Friedrich III., der ihn auch nachher zu seinem Hofmeister machte, regirte, nach der damaligen öffentlichen Stimme, durch ihn und durch dessen Rath Peter Knorre das ganze Reich. Auch zeichnete er sich dadurch aus, daß seine Religiosität ohne Aberglauben war. Als er 1481 mit dem Bisthum Bamberg wegen der Zehnten und andrer Gefälle in Irrungen gerieth, und selbst der Papst seine mächtigen Bannstrahlen auf ihn schleuderte, verachtete er dieses [1]).

Albrecht brachte die ersten Jugendjahre zum Theil in Baiern zu, wo er mit seinem Vetter, dem Prinzen Ludwig, zugleich erzogen wurde. Er ging dann im J. 1430 an Kaiser Siegmunds Hof, und genoß den Unterricht des durch die Beschreibung seiner Reisen und durch seinen Aufenthalt zu Costnitz berühmten Johann von Wallenrod. Nach Siegmunds Tode trat er in Kaiser Albrechts Kriegsdienste gegen Böhmen und Polen, und wurde Statthalter in Schlesien. Nach seines Vaters Tode im J. 1440 erhielt er, vermöge des Testaments, die fränkischen Länder unterhalb des Gebirgs, und fand hier bald Gelegenheit, seinen kriegerischen Ruhm zu bewähren. Die stolzen Patricier zu Nürnberg machten ihm verschiedene burggräfliche Rechte streitig. Durch Schiedsrichter in Bamberg konnte die Sache nicht ausgemacht werden, und die Stadt wollte sich auf Albrechts Foderungen durchaus nicht einlassen. Nun kündigte er ihr 1449 den Krieg an, und schloß mit 17 weltlichen Fürsten, 15 Bischöfen, 40 Grafen und fast der sämmtlichen fränkischen Ritterschaft ein Bündniß gegen die Stadt, welche sich ihrerseits durch eine Vereinigung mit Augsburg, Ulm, Nördlingen, Memmingen und den Schweizern verstärkt hatte. In acht Schlachten siegte der Markgraf, und obgleich die neunte bei Pillnreuth verloren ging, so wünschte die Reichsstadt doch jetzt den Frieden ernstlicher als vorher nach ihren Niederlagen [2]).

So kam es 1450 durch Vermittelung kaiserl. Commissarien zum Frieden, und bald darauf hielt Albrecht zu Nürnberg eines der ansehnlichsten Turniere. Durch den 1464 erfolgten Tod seines Bruders Johann erhielt Albrecht das Land oberhalb des Gebirgs, und 1470 durch die Abtretung seines Bruders Friedrich II. das Kurfürstenthum Brandenburg, mit welchem er nun seine fränkischen Länder vereinigte. Allein mehrere Umstände hielten ihn ab, sogleich in die Mark zu reisen, und er übertrug daher seinem 16jährigen Prinzen Johann, der an des Kurfürsten Friedrich Hofe von seinem zweiten Jahre an erzogen worden war, und das Land, die Einwohner und die Regirungsgrundsätze des Fürsten von Jugend auf kennen gelernt hatte, die Regirung. Beim Kaiser Friedrich III. suchte Albrecht die Belehnung mit Brandenburg und Pommern nach und erhielt sie, den pommerschen Herzogen wurden ernstliche Befehle zur Räumung des streitigen Landes geschickt, so wie offene Patente an die pommerschen Landstände, in welchen sie dem Kurfürsten zu Brandenburg und seinen Erben die gewöhnliche Huldigung zu leisten angewiesen wurden. Die Herzoge suchten nun zwar auf dem Regensburger Reichstage im J. 1471 eine Abänderung der kurfürstlichen Belehnung mit Pommern zu erhalten. Auch untersuchte der Kaiser ihr Begehren auf öffentlichem Reichstage. Aber alles sprach für den Kurfürsten, die Landstände wurden nochmals an ihn gewiesen, und den benachbarten Reichsfürsten anbefohlen, im nöthigen Fall dem Kurfürsten Albrecht zum Besitz der pommerschen Länder zu verhelfen. Der Kurfürst hatte indessen die Huldigung in der Mark angenommen, und wollte sich nun mit Gewalt Pommern verschaffen. Aber durch Vermittelung des Herzogs Heinrich des Fetten von Mecklenburg, welcher Albrechts Schwester Dorothea zur Gemalin hatte, wurde im Juni 1472 zu Prenzlau ein für den Kurfürsten vortheilhafter Friede geschlossen, indem er die von seinem Bruder Friedrich II. eroberten pommerschen Länder behielt, und mit den übrigen die Herzoge Erich II. und Wratislav X. belehnte. Einige Wochen nach Ostern 1473 bekräftigte der Kaiser den Vergleich, und bedrohte diejenigen, welche Albrecht an seinen Rechten kränken würden, mit einer Strafe von 1000 Pfund löthigen Goldes, wovon die Hälfte an ihn, und die andre an jenen bezahlt werden sollte.

Nun erst konnte er seine Zeit und Kräfte der Mark schenken, in welcher, so wie in allen Provinzen Teutschlands, die Räubereien des Adels und der Landstreicher die öffentliche Sicherheit störten. Bereits im J. 1472 erließ der Kurfürst Albrecht eine scharfe Verordnung ge-

---

1) Er schrieb an seinen Hauptmann auf dem Gebirge, der ihm gemeldet hatte, die Pfaffen wollten niemanden begraben, noch Beichte hören: „Man muß sich des Teufels wehren mit dem heiligen Kreuz. Wir wollen nicht lange jemand unbegraben liegen lassen. Man findet wol Leute, die sie begraben; ist es doch der neun fremden Sünden eine, der es nicht thut und vermags! Wie that Sebastian von Seckendorf, da er im Sterb war zu Kulmbach, und der Bischof Interdict darlegte? Er ließ die Todten dem Pfarrer ins Haus tragen, wollte der den Gestank nicht leiden, und die nachfolgende Besorgniß haben, er müßte sie wol begraben lassen. So muß man am letzten Ende jedem Beichte hören. Sie hätten gern das weltlich Schwert zu dem geistlichen. Hätte Gott ein Schwert wollen haben, er hätte es als wol können erdenken als zwei. Er war gar ein weiser Mann. Wenn wir den Bann so hochachten sollten, als sie gern sähen, uns damit von unserm ritterlichen Erbe zu bringen, wie lange meinst Du, daß die Bannbriefe außen blieben der Zehnten halber? Denn sie meinen, sie seyen alle ihnen und vielleicht die neun Theile dazu, und so viel sie daran bekräftigen mögen."

2) Auch persönliche Tapferkeit bewies Albrecht in diesem Kriege. Als er einst an der Spitze seiner 600 Reiter die feindliche 800 Mann starke Reiterei erblickte, so jagte er mit zwei tapfern Rittern auf die Feinde los, und bahnte sich, da er nicht wußte, daß seine Gefährten schon getödtet waren, das Schwert in der Hand, einen Weg durch den feindlichen Haufen. Er ergriff eine Nürnberger Fahne, und rief muthig: „Nirgends kann ich rühmlicher sterben, als hier." Voll Muth folgten ihm seine Truppen, und erfochten, durch sein Beispiel ermuntert, den herrlichsten Sieg. Auch bei der Belagerung der Stadt Gräfenberg nahm er da, wo der Stadtgraben am breitesten und tiefsten, und die Mauer am höchsten war, seinen Stand. Ueber 500 Soldaten und die ganze Bürgerschaft vertheidigten den Ort. Unter allen Soldaten war Albrecht der zweite auf der Mauer, und der erste, der in die Stadt hinein sprang. Von Feinden umringt rettete er sich an einen in der Nähe stehenden Baum, und kämpfte so lange, bis seine Soldaten ihm zu Hülfe eilten, und mit ihm die Stadt eroberten.

gen die Straßenräuber. Er verbot einem jeden ohne Unterschied des Standes dergleichen Unfug und das Verhehlen desselben, und befahl jeden Räuber zu verfolgen und sogleich zu bestrafen, und besonders auf die einrößig Trabenden Acht zu geben, d. i. diejenigen, welche allein ohne Gesellschaft im Lande nach geendigtem Kriege herumritten, woraus in der Folge der Titel der Gardereiter Trabanten entstand. Im J. 1482 und 1484 wurden die Verordnungen und Befehle in der Priegnitz und Altmark wiederholt und geschärft. Mit allen benachbarten Fürsten schloß die Regirung Vergleiche und Bündnisse, um die Straßenräuber gegenseitig zu bestrafen, und die öffentliche Sicherheit der Reisenden gegen ein zu erlegendes Wegegeld zu erhalten. Kräftiger handelte nachher noch der Kurprinz Johann. Er machte durch den kriegerischen Bischof von Havelberg, Wedigo Hans von Putlitz, und den Landeshauptmann der Altmark, Wilhelm von Pappenheim 1482 eine allgemeine Jagd auf die Räuber in der Priegnitz, wo sie sich am häufigsten aufhielten. Viele von ihnen wurden hingerichtet und funfzehn ihrer Raubschlösser zerstört. Allein auch dies erhielt die Ruhe nicht auf immer.

Albrecht befestigte 1473 die Erbeinigung mit Sachsen und Hessen, stiftete eine neue zwischen Brandenburg und Böhmen, und entwarf am 24. Febr. desselben Jahres die so merkwürdige Hausverordnung, vorzüglich die abgetheilte Erbfolge in der Mark und in Franken betreffend (s. Ansbach u. Baireuth), die bis auf die neuesten Zeiten ein Grundgesetz des Brandenburgischen Hauses blieb. Albrecht übertrug dann dem Kurprinzen Johann die Statthalterschaft, und eilte ins Reich zurück, wo er alle in diesen Zeiten gehaltenen Reichstage besuchte. Aber bald riefen ihn die nach Erichs Tode in Pommern ausgebrochenen Unruhen in die Mark zurück, und nur mit Mühe wurden diese beigelegt[3]).

3) Erichs Sohn Bogislav X. wollte, von seinem Oheim Wratislav X. aufgemuntert, nicht den Lehnseid ablegen. Albrecht ergriff die Waffen, fiel in Pommern ein, und belagerte den Herzog Bogislav in Pyritz. Dieser entfloh durch Hilfe eines Bauers, der ihn mit Lebensgefahr durch einen Sumpf führte. Da um diese Zeit Albrecht den Oberbefehl über das Reichsheer gegen den Herzog Karl von Burgund erhielt, so hob er die Belagerung auf, und übergab seinem Sohn Johann, dem Statthalter der Mark, den pommerschen Krieg. Streifzüge waren die einzigen Thaten des Feldzuges. Die mecklenburgischen Herzoge Magnus und Balthasar vermittelten bald einen Waffenstillstand, der bis zur Zurückkunft des Kurfürsten Albrecht dauern, und dann eine neue Friedensunterhandlung zur Folge haben sollte. Der Waffenstillstand dauerte bis 1476, wo Albrecht in die Mark zurückkam, und sich nebst Bogislav und den Herzogen von Mecklenburg zu Prenzlow wegen Beilegung der Streitigkeiten einfand. Man kam überein, daß Bogislav des Kurfürsten Friedrich II. verwitwete Tochter Margaretha heirathen, seine Länder durch einen Handschlag von Albrecht zur Lehn nehmen und ihm von den Ständen die Huldigung leisten lassen sollte. Der Kurfürst bot dem Herzog die Friedenshand und sagte: „Lieber Oheim, hiermit verleihe ich Euch Land und Leute." Aber Bogislav warf ungestüm seine Hand weg, und ritt mit seinem gewöhnlichen pöbelhaften Fluch: „da sollen eher drei sieben Teufel durchfahren; es ist nicht so gemeint," fort zu seinem Oheim nach Pasewalk, der seine jugendliche Hitze noch mehr anfachte. Aber die Herzoge von Mecklenburg reisten ihm nach, und brachten ihn durch vernünftige Vorstellungen so weit, daß er nach Prenzlau zurückkam, und durch Brief und Siegel den Vergleich bekräftigte. Die Ehe ward bald darauf vollzogen.

Auch die Rechte in Besetzung der Bischofsstühle vertheidigte Albrecht standhaft. Nach des Bischofs Dietrich von Brandenburg Tode hatte das Domkapitel Arnold von Burgsdorf zum neuen Bischof gewählt, ohne dem Kurfürsten davon Nachricht zu geben, der doch als Landesherr das Ernennungsrecht hatte. Der neuerwählte Bischof mußte dem vermeintlichen Wahlrecht des Domkapitels entsagen, sich von dem Kurfürsten von neuem ernennen und nach der Wahl des Kapitels bestätigen lassen.

Alter und Schwäche bestimmten den Kurfürsten im J. 1476 sich in seine fränkischen Länder zurück zu ziehen, die immerwährende Statthalterschaft der Mark aber, die er durch Cottbus vergrößert hatte, seinem Sohne Johann aufzutragen, der sich bereits durch seine Regirungstalente berühmt, und durch seine Beredsamkeit den Namen Cicero erworben hatte. Allein vieles traf zusammen, ihm die Last unerträglich zu machen. Nach dem Tode Herzog Heinrichs XI. von Glogau, der seiner Gemalin Barbara, einer kurfürstlichen Prinzessin, seine Länder Glogau, Krossen u. s. w. vermacht hatte, nahm diese, außer andern Competenten, auch Herzog Johann II. von Sagan und Priebus, Heinrich XI. Vatersbruder, (der aber durch väterliche Theilung von der Erbschaft ausgeschlossen war, zum Schaden seiner Familie 1473 das Herzogthum Sagan an den Kurfürsten Ernst von Sachsen für 50,000 Dukaten verkauft hatte und nun als Abentheurer herumirrte), in Anspruch, und suchte sich durch Unterstützung des Königs Mathias von Ungarn in Besitz derselben zu setzen, woraus der verheerende Glogauisch-Krossensche Krieg entstand. Unvermögend sich allein gegen den Herzog von Sagan und auch gegen die Herzoge von Pommern zu vertheidigen, welche bei dieser Gelegenheit dem Kurfürsten seine gegründeten Rechte wieder abdringen wollten, besonders da er wenig Unterstützung bei den Brandenburgern fand, weil Albrecht sie wegen Mangel an Bildung von den wichtigsten Aemtern ausschloß, und diese mit Franken besetzte, auch zur Bezahlung der Landesschulden ungewöhnliche Abgaben und unter andern einen neuen Zoll einführte, drang Johann Cicero auf die Rückkehr des Vaters. Auch kam dieser selbst 1478 aus den fränkischen Ländern in die Mark, machte die besten Vorkehrungen an der schlesischen Grenze, und ging den Pommern entgegen. Unterdessen verheerte Herzog Johann fortdauernd die Mark, aber Markgraf Johann überfiel ihn in dem Lager bei Freistadt, tödtete seine Reiterei, nahm das meiste Fußvolk gefangen, und brachte es nebst dem erbeuteten Gepäck nach Frankfurt. Der Herzog Johann wäre nun völlig verloren gewesen, wenn sich nicht der ungarische König Matthias seiner mit Nachdruck angenommen, und durch 1800 Husaren das Glogauische und die angrenzende Mark schrecklich hätte verwüsten lassen. — Endlich kam jedoch im J. 1482 durch den Gesandten des Königs Matthias, Georg von Stein, vorläufig zu Heineberg in Ungarn, und dann völlig zu Kamenz der Friede zu Stande. Der Herzog Johann erhielt das Herzogthum Glogau auf seine Lebenszeit; nach seinem Tode sollte es nicht an seine Töchter (Söhne hatte er nicht), sondern an des Königs Matthias Sohn Johann Corvin fallen. Der Kurfürst von Brandenburg erhielt Krossen, Züllichau, Sommerfeld und Bobersfeld zum Pfande der 50,000 Dukaten, deren Bezahlung die Wiedergabe nach sich ziehen sollte. Erst 1538 erhielt Kurfürst Joachim II. jene Länder erb- und eigenthümlich, wiewol als böhmisches Lehn; doch wurde auch das letztere 1742 aufgehoben [4]).

Kurz zuvor war auch der pommersche Krieg geendig, worden. Herzog Wratislav hatte nämlich 1477 während des krossenschen Erbfolgekrieges sich von den kurfürstlichen Rechten auf Pommern zu befreien gesucht, und ertlärt, daß er an nichts gebunden sey, weil er in den letzten Vergleich nicht mit eingeschlossen wäre. Auch Bogislav läugnete, daß er sich der brandenburgischen Lehnsherrschaft unterworfen habe, und als ihm dieses durch die von ihm ausgestellten Briefe und Siegel bewiesen wurde, so behauptete er, man müsse ihm einen Betrug gespielt und etwas zur Unterschrift vorgelegt haben, wovon man in den mündlichen Unterhandlungen nichts gesagt habe. Wratislav bemächtigte sich durch List des von Markgraf Johann noch mehr befestigten Schlosses Garz. Auch Vierraden und Lökenitz geriethen in die Gewalt der Herzoge.

Albrecht kam im J. 1478 nach der Mark, ermahnte die Herzoge, ihrem in Prenzlau geleisteten Lehnseide nachzukommen, und drang, als dieses nichts fruchtete, selbst in Pommern ein, belagerte zwar Garz vergebens, nahm aber doch Vierraden, Lökenitz, Bahnen, Satzig und Bernstein ein. Im J. 1479 starb der Friedensstörer Wratislav ohne Erben, und die Ruhe wurde den 25. März, vorzüglich durch den zu Garz gefangenen Commandanten Werner von Schulenburg wieder hergestellt. Man legte den Prenzläuer Frieden zum Grunde; Pommern behielt Garz und Satzig, und überließ dem Markgrafen Lökenitz, Vierraden, Bernstein, Torgelow und einige andre Oerter. Den Vermittler Werner von Schulenburg belehnte der Kurfürst mit der erblichen Hauptmannschaft von Lökenitz, und der Herzog gab ihm die Stadt Penkun und die Befehlshaberstelle von Stettin. Seit dieser Zeit führten beide Regentenhäuser nie wieder Krieg mit einander, und legten die entstehenden Streitigkeiten durch gütliche Unterhandlungen bei.

Der Kurfürst Albrecht reiste hierauf wieder in das Reich; und ging 1486 mit dem Kaiser Friedrich III. auf den Reichstag nach Frankfurt am Main. Sein letztes Geschäft war hier die Miterwählung Maximilians zum römischen König. Denn nicht lange nach seiner Ankunft starb er den 11. März im Dominikanerkloster, wohin er sich hatte tragen lassen, an einem Schlagflusse, während des Bades, in seinem 72. Jahre. Als sein Körper nachher von da nach Heilbrunn abgeführt wurde, so begleiteten ihn der Kaiser und alle anwesende Reichsstände bis an die Ufer des Mains.

Albrecht war zweimal vermält; zuerst seit 1446 mit der Prinzessin Margaretha, Tochter des Markgrafen Jakob von Baden, und als diese 1457 starb, mit der Prinzessin Anna, Tochter des Kurfürsten Friedrich II. von Sachsen. Außer 11 Töchtern erhielt er von beiden 8 Söhne, von denen bei seinem Tode noch 3 am Leben waren; aus der ersten Ehe Johann, der ihm als Kurfürst von Brandenburg folgte, und aus der zweiten Friedrich, der das Fürstenthum Ansbach, und Siegmund, der das Fürstenthum Baireuth erbte. (*Stein.*)

Albrecht, Markgraf von Brandenburg, erster Herzog von Preußen, Enkel des Albrecht Achilles, Sohn des Markgrafen Friedrich von Ansbach, und Schwestersohn des Königs Sigismund von Polen, geb. den 17ten Mai 1490, war vom Erzbischof Herrmann von Köln erzogen, hatte dort eine Domherrstelle, befand sich aber, ungeachtet seines geistlichen Standes, bei dem Heere des Kaisers, als er, vorzüglich auf Empfehlung des Kurfürsten Joachim von Brandenburg, am 5ten Jan. 1511 zum Hochmeister des teutschen Ordens erwählt wurde, der, wenn er einen teutschen Fürsten an seiner Spitze hätte, sich der ihm so lästigen Lehnsabhängigkeit von Polen mit Hilfe des teutschen Reichs zu entwinden hoffte. Albrecht suchte davon nach seiner Ankunft in Preußen 1512 durch Abgeordnete vergeblich die Entlassung, und schwächte die Macht des Ordens, als er im J. 1513 dem Landmeister in Liefland gegen eine Tonne Goldes die bisherige Abgabe und Abhängigkeit vom Hochmeister erließ. Um Brandenburg zu gewinnen und auch einiges Geld zu dem bevorstehenden Kriege zu erhalten, begab er sich 1517 des Einlösungsrechts der Neumark, und rüstete sich zum Kriege; den Polen, in mancherlei Händel verwickelt, scheute. Er begann daher erst 1518, und das Kriegsglück war bis zum vierjährigen Waffenstillstande 1521 größtentheils auf Seiten der Polen. Albrecht reiste nach Teutschland, sah ein, daß sein Orden von dort keine Hilfe zu hoffen habe, und lernte Osiander und Luther kennen, der ihm Preußen in ein weltliches Herzogthum zu verwandeln rieth. Luthers Grundsätze hatten dort, wo George von Polenz, Bischof von Samland, der erste Bischof war, der sich für Luthern erklärte, untern allen Ständen, selbst den Rittern des teutschen Ordens schnell Eingang gefunden, und wurden, nachdem Albrecht durch den Frieden zu Krakau am 8. April 1525 Preußen als ein weltliches Herzogthum von Polen zur Lehn erhielt, durch ihn allgemein herrschend gemacht. Dem durch die vorhergegangenen Leiden tiefgebeugten Lande war der Friede unter jeder Bedingung willkommen, nur bei den mit den neuen Auflagen unzufriedenen und auf Befehl des Herzogs entwaffneten Bauern, entsprang durch mißverstandene Predigten über evangelische Freiheit im J. 1525 ein Aufstand, der von Albrecht gestillt, und mit Strenge bestraft wurde. Die geheimen Pläne des teutschen Ordens, sich wieder in Preußen festzusetzen, schei-

4) Johann von Sagan wurde in der Folge seiner Grausamkeit wegen von seinen Unterthanen vertrieben, irrte lange umher, und fand endlich in Frankfurt an der Oder Schutz und Unterhalt.

terten durch ihre Entdeckung, und die Reichsacht, welche der Orden am 18ten Jan. 1531 gegen Albrecht auswirkte, hatte bei der Lage, worin sich damals Teutschland befand, keinen Nachtheil zur Folge. Ein Versuch, den Herzog Erich von Braunschweig mit zusammengeworbenen Söldnern 1563 gegen Ostpreußen wagte, mißlang, weil diesem Heer alles fehlte, die Weichsel gegen ihn gedeckt wurde, und Erich, dessen unbezahlte Söldner nachher auseinander liefen, sich durch 12000 Thaler, die ihm Danzig, und ein Jahrgeld von 2000 Thaler, welches ihm Polens König gab, abfinden ließ. Der letzte Versuch des Teutschmeisters, der im J. 1563 sich vom Czar Iwan, Liefland, wenn es von ihnen gemeinschaftlich erobert wäre, zum Lehn zu nehmen erbot, und der von dort aus Preußen zu bekriegen beabsichtigte, blieb völlig unwirksam. — Ungestört konnte daher Albrecht seiner Neigung gemäß die Wissenschaften in Preußen befördern und Luthers Grundsätze befestigen. Die Ankunft der Wiedertäufer, mit welchen 1531 ein Religionsgespräch zu Rastenburg gehalten wuede, und die der Böhmischen Brüder seit 1548, hatte auf die herrschende Religionspartei keinen Einfluß. Albrecht aber legte seit 1539 Stadtschulen an, worin die lateinische Sprache gelehrt wurde, stiftete 1540 ein Gymnasium zu Königsberg, dessen vorzüglichste Schüler auf auswärtige Universitäten geschickt wurden, errichtete 1543 die Universität zu Königsberg, die, als der Papst und Kaiser mit der bei ihnen gesuchten Bestätigung zauderten, von Polens Könige Sigismund am 28. März 1560 bestätigt wurde und alle Vorrechte der Akademie zu Krakau erhielt. Diese Bestätigung wurde am 28. Septbr. 1561 feierlich bekannt gemacht. Albrecht erwarb sich ferner ein großes Verdienst um die eingebornen Preußen, da er 1548 das erste Lehrbuch für den Religionsunterricht in der altpreußischen Sprache drucken ließ, und um ihnen Lehrer zu schaffen, ertheilte er den Leibeignen, welche sich den Wissenschaften weiheten, Freiheit der Person und Güter. Allein zwischen der Universität und der preußischen Geistlichkeit entsprangen bald mannigfache Zänkereien, besonders mit Osiander, der 1549 nach Preußen kam, wo er am 17. Oct. 1552 starb. Er und sein Schwiegersohn Funk, Beichtvater Albrechts, besaßen dessen Gnade und Zutrauen, wurden aber von einem großen Theile der Geistlichkeit, besonders von Mörlin und Hegemon, verfolgt und verketzert. Die Synoden 1554 und 1556, die Kirchenordnung 1558, so wie Preußens von Mörlin 1566 abgefaßtes symbolisches Buch Repetitio corporis doctrinae Prutenicae machten nicht allem Gezänk ein Ende, weil sich hinter den theologischen Parteien politische versteckten. Albrecht nämlich betrachtete sich nur als einen von Polen abhängigen Fürsten, hielt die Foderungen der Stäude für Eingriffe, und die Mitglieder des Adels und des Ordens, die zur Reformation mitgewirkt hatten, durch die ihnen ertheilten Lehngüter und Aemter, das Gnadenprivilegium von 1540, das kleinere Gnadenprivilegium von 1542 und die Regimentsnotel 1542 hinreichend belohnt. Die Stände hingegen waren eifersüchtig auf ihre dem Orden zum Theil abgedrungenen Vorrechte, und der Adel wollte Preußens Herzog nur in dem Verhältniß gegen sich betrachten, worin der Hochmeister vormals gegen den Orden gestanden hatte. Albrecht, ohnehin zum Mißtrauen geneigt, nach seiner Ansicht durch Undankbarkeit gekränkt, überließ sich Ausländern, die ihm zum Theil sein Schwiegersohn, der Herzog von Mecklenburg, empfahl; und da Mißmuth und Unzufriedenheit ihn zu den Tröstungen der Religion leitete, so wußte ein schlauer Betrüger, Paulus Scalichius, der sich für seinen Verwandten von Mutterseite ausgab, und 1561 aus Tübingen nach Preußen gekommen war, sich dessen Zutrauen und ansehnliche Geschenke zu erwerben, und suchte, wahrscheinlich durch Mystik und Magie, ihn wieder znm Katholicismus zu leiten. Albrecht aber wollte auf dem Landtage 1566 einen entscheidenden Schritt wagen, und ließ insgeheim durch einen Wobeser in Teutschland Söldner werben. Allein auch die Stände verschafften sich Anhang in Polen, welches immer größern Einfluß in Preußen suchte, und eine ihnen ergebene, höchst parteiische polnische Commission behandelte den Herzog höchst unwürdig, dessen Räthe Funk, Schnell und Horst nach einem ungerechten Urtheil am 28. Oct. 1566 enthauptet wurden. Steinbach, ein vierter Rath, wurde Landes verwiesen, der schlaue Scalichius, der sich entfernt hatte, vogelfrei erklärt. Von den ihm nun durch die polnische Commission und seine Stände aufgebürdeten Räthen abhängig, waren Albrechts letzte Tage höchst kummervoll. — Er hatte sich im J. 1527 mit Dorothea, Tochter des Königs Friedrich I. von Dänemark, vermählt; sie starb 1547; und die mit ihr erzeugte Tochter Anna Sophia wurde Gemalin des Herzogs von Meklenburg. Zum zweiten Mal vermählte sich Albrecht 1550 mit Anna Maria, Tochter Erichs des ältern von Braunschweig, und ein Sohn aus dieser Ehe, **Albrecht Friedrich**, wurde der **zweite** Herzog Preußens *).

*) Dieser **Albrecht Friedrich**, Neffe des vorigen, geb. am 29ten April 1553, wurde, weil Preußens Oberräthe durch Polens Einfluß beinahe uneingeschränkt waren, von ihnen, welche das väterliche Testament zu Vormündern ernannte, im 15ten Jahre für mündig erklärt, am 19ten July 1569 mit Preußen belehnt, wobei George Friedrich von Ansbach und der Kurfürst Joachim II. die Mitbelehnung erhielten, und wurde, da ihm Kaiser Maximilian die Mitbelehnung auf Brandenburg gab, hierdurch stillschweigend von der Reichsacht entbunden. Er verrieth Verstand und Neigung selbst zu regiten, aber häufige Kränkungen durch die Oberräthe, die Stände und die zanksüchtige Geistlichkeit, auch wol unzweckmäßige Arzneimittel hatten Schwermuth, zuletzt Blödsinn bei ihm zur Folge. Daher erhielt Markgraf Georg Friedrich 1577 die Curatel; nach dessen Tod am 26. April 1603 aber Kurfürst Joachim Friedrich von Brandenburg, der mit Eleonora, der vierten Tochter Albrecht Friedrichs vermählt war, am 11. März 1605. Maria Eleonora von Cleve, die Gemalin Albrecht Friedrichs, durch welche Brandenburg Ansprüche auf Cleve erhielt, starb 1608. Von ihren 4 Töchtern war Anna die älteste an den Kurfürsten von Brandenburg Johann Sigismund vermählt, der nach dem Tode seines Vaters die Curatel im J. 1609 über Albrecht Friedrich erhielt, der ungeachtet seiner traurigen Gemüthsstimmung bis zum 8ten Aug. 1618 lebte. Nach seinem Tode kam Perußen, dem er keinen männlichen Erben hinterließ, an das Kurhaus Brandenburg. (Nach **Hartknoch** Altes und Neues Preußen, dessen Kirchengesch., Acta Borussa. u. Dogiel Codex Dipl.) (*v. Baczko.*)

Schon 1529 hatte in Preußen die englische Schweißkrankheit, woran die Erkrankten innerhalb 24 Stunden starben, 30,000 Menschen getödtet. Im J. 1568 wüthete abermals eine Seuche, woran Albrecht am 20. März 1568 zu Tapiau, und seine Gemalin Anna Maria um 16 Stunden später zu Neuhausen starb. (Nach Hartknoch altes und neues Preußen und dessen Kirchengeschichte, — Bock Leben des Markgrafen Albrecht.) (*v. Baczko.*)

Albrecht Alcibiades, ein Urenkel des Kurfürsten Albrecht Achilles, Sohn des Markgrafen Casimir von Brandenburg, geb. 28. März 1522 zu Ansbach, erhielt bei der Verloosung der fränkischen Fürstenthümer 1541 zu seinem Antheil das Baireuther Land. Er war ein äußerst verwahrloster, dem Trunk und der Ausschweifung ergebener, unwissender und grausamer Fürst, der sich, um seine Bedürfnisse herbei zu schaffen, ohne Unterschied als Kämpfer für jede Sache feil bot. Anfangs verkaufte er sich dem Herzog Alba gegen die Protestanten, wurde aber 2. März 1547 zu Rochlitz vom Kurfürsten von Sachsen gefangen, und erst durch die Schlacht bei Mühlberg wieder befreit. Hierauf ließ er sich neuerdings vom kaiserl. Ministerium gebrauchen, den besiegten protestantischen Bundesständen, besonders aber seinem eigenen Land das Interim aufzubringen, und 1551 unter Kurfürst Moriz die Belagerung von Magdeburg zu übernehmen. 1552 schließt er zu Chambord, nun auf einmal für die Protestanten, ein Bündniß mit Frankreich, überzieht als ein französischer Parteigänger die schwäbischen und fränkischen Kreisstädte, insonderheit aber zwingt er Würzburg, Bamberg und Nürnberg zu ansehnlichen Länderabtretungen an ihn, und verkauft sodann als ein Ueberläufer seine Dienste abermals an den Kaiser mit dem Beding, daß ihm dieser seine landfriedbrüchigen Eroberungen bestätigen solle. Der kaiserliche Hof fand keinen Anstand dieses zu thun, die verzweifelten Stände Würzburg, Bamberg und Nürnberg setzten sich jedoch 1553 mit Gewalt wieder in den Besitz ihrer Lande, schlugen durch ihr mit Sachsen, Braunschweig u. s. w. verbündetes Heer den Markgrafen Albrecht (9. April) bei Sievershausen im Hannöverischen, bis wohin sie ihn verfolgt hatten, aufs Haupt, wobei jedoch Kurfürst Moritz auf der Wahlstatt blieb, besetzten darauf das Baireuther Land selbst, und eroberten und demolirten (22. Jun. 1554.) die Veste Plassenburg. Markgraf Albrecht zog einige Zeit lang als ein geächteter Flüchtling bei einigen südteutschen Höfen herum, und starb endlich an der Schwindsucht bei seinem Schwager dem Markgrafen von Baden in Pforzheim am 8ten Jan. 1555 ohne männliche Erben. Den Namen Alcibiades haben die spätern Haus- und Hofpanegyristen vermuthlich wegen seiner jugendlichen Flüchtigkeit und Verbannung ihm beigelegt. Seine Lebens-Hof- und Regierungsgeschichte ist umständlich beschrieben in Langs neuer Geschichte des Fürstenthums Baireuth II. Theil, Göttingen 1801 S. 151—290. (*v. Lang.*)

ALBRECHT der Grosse, Herzog zu Braunschweig und Lüneburg (geb. 1236, gest. d. 15. Aug. 1279), setzte sich als 16jähriger Jüngling für sich und in Vormundschaft seiner Brüder (1252, also unter ihnen damals der Große) auf den Fürstenstuhl seines Vaters (Otto des Kindes) über die Erblande, welche nach ihrer Uebertragung seit dem 21. August 1235 als Herzogthum von Kaiser und Reich zu Lehen gingen. Der erste Streit des jungen Herzogs, die Befestigung von Harburg und Ottersberg gegen den Vertrag mit dem Bischof von Bremen betreffend, wurde bald ausgeglichen; die Städte, Braunschweig, Bremen und Hamburg, scheinen dazu mitgewirkt zu haben, wenigstens sind Urkunden von 1254 und 1256 vorhanden, worin den Braunschweigischen Marktleuten Vermögensschutz in Bremen und Hamburg, auch während der Fehden zwischen den Fürsten zugesichert wird. Herzog Albrecht sorgte im Welfischen Geist für Stadt- und Landgemeinen, hielt nach altem Gebrauch öffentliches Gericht mit Ernst und Strenge, desgleichen gemeine Tagsatzung mit dem Adel geistlichen und weltlichen Standes und mit den Aeltermännern (meliores et majores) nach der Verordnung Königs Heinrich VII. von 1231, gab den Marktleuten gutes Geleit, und half den Klagen ab, daß Wege und Stege im schlechten Stande und die Straßen unsicher seyen. Als er in England war, erwirkte er für die Hansestädte neue Handelsbegünstigungen, und das Gilderecht zu London. Seinen landsässigen Klöstern ließ er die Schirmvoigtei abkaufen, und ihre Voigte als Klosterbeamte wählen. Hieraus erklärt sich auch wol, warum die Städte Eimbeck und Hameln ihn zum Schutzherren und die reichsfreie Abtei Corvey zum Schirmvoigt wählten.

So stattlich, kraftvoll und tapfer der Herzog war, so kann er doch im 16ten Jahre unmöglich den böhmischen Rittern eine Schlacht abgewonnen und sich dabei die Rittersporen verdient haben (Script. rerum Br. 3. 356); er ward vielmehr nicht auf dem Schlachtfelde, sondern auf dem Turnier zu Braunschweig bei seiner Vermählung mit Elisabeth von Brabant zum Ritter geschlagen, und versuchte sein neues Schwert wider die stolzen Waffengenossen des Kaisers Otto IV., wider dessen Truchseß Gunzel zu Peina, und wider Busso, den Herrn des Felsenschlosses Asseburg. Als er diese Feste belagerte, erhoben sich mehrere Herren zu ihrem Entsatz (die Hohenstaufen hatten Reichsfreiheit wider die Fürstengewalt begünstigt) an ihrer Spitze Gerhard, Erzbischof von Mainz, geb. Wildgraf von Eppstein, und zogen plündernd in das Göttingsche herab. Der dortige Großvoigt Wilke von Bodenhausen ließ die Sturmglocke läuten, und von der ungeübteren Landwehr das Eichsfeld verheeren, indeß er mit dem Kern der Mannschaft plötzlich auf die feindliche Heerschaar fiel. Er machte den Erzbischof und den Grafen von Eberstein zu Gefangenen, und sandte sie ins herzogliche Lager vor der Asseburg. Der Erzbischof ward nach Braunschweig in Haft geschickt, und erkaufte seine Freiheit mit dem Gelde, wofür er seine Kurstimme an Richard von Cornwallis verkaufte, und mit Giselwerder; der Graf von Eberstein aber ward des Treubruchs an seinem Lehnsherrn angeklagt und vor der Asseburg bei den Füßen aufgehangen (der Unglückliche soll fünf Tage in qualvollem Todeskampf zugebracht haben). Der Besatzung auf der Asseburg entfiel dadurch der Muth nicht, und sie erhielt, wo nicht noch günstigere Bedingungen, wenigstens freien Abzug (1258). Wolfenbüttel war früher erobert, die von Plesse übergaben das Mainzische Schloß Steina, und durch die Wahl von Albrecht's Bruder, Otto, zum Bischof von Hildesheim ward der Streit über des Truchseß Gunzel Verkauf von Peina an das Stift beigelegt.

Indessen hatte der Herzog (1258) für seinen künftigen Schwager, Heinrich von Hessen, um Thüringen, wider den Markgrafen Heinrich von Meißen die Waffen glücklich geführt, und begab sich nun auf einen Ritterzug, bei welchem es den Schutz und wol selbst die Hand einer Königin galt. Die Grafen von Holstein und Schleswig hielten die Königin Margarethe von Dänemark zu Hamburg und ihren minderjährigen Sohn, König Erik, zu Norburg in harter Gefangenschaft, konnten sich aber darin gegen Albrecht nicht behaupten, der durch die Kriegskunst der Lübecker und durch die Unterhandlungskunst der päpstlichen Gesandten unterstützt, und von der befreieten Königin zum Reichs-Statthalter ernannt ward. Doch nun sah die Königin, wie bei Schwachsinn und Reizbarkeit zu geschehen pflegt, in ihrem eigenen Reich mit Rache auf das Vergangene, statt mit Fürsorge auf das Kommende; und gleich unglücklich dienten ihrer Rache der päpstliche Sendbote zu Rath und die teutschen Reisigen zu That. Es folgten Verschwörung und Volksaufstand (Gebhardi's Gesch. von Dän. I. 553). Der Herzog ging zurück, hielt zu Lüneburg (1263) ein glänzendes Turnier, und entbot die Fürsten und Ritter mit ihm nach Thüringen aufzubrechen. Dort war der Widerstand gering, in Meißen aber that Rudolf Schenk von Vargila, wie der Großvoigt Bodenhausen bei Göttingen gethan, brach plötzlich mit dem Aufgebot aus dem Gebirge auf die Lagerstätte des Herzogs und nahm ihn verwundet gefangen. Albrecht erhielt seine Freiheit erst durch den Vergleich über Thüringen und Hessen (1265) mittelst eines Lösegeldes von 8000 Mark Silber, und der Abtretung von der Grafschaft Werra, welche an Hessen gegeben wurde und ihm verblieb.

Kaum in Freiheit, ging er nach England und vermählte sich mit Adelheit von Montferrat; sein Bruder Johann vermählte sich um dieselbe Zeit. Beide hatten seit 1258 gemeinschaftlich regirt, und vereinigten sich nun am 31ten März 1267 zu Braunschweig über die Erbtheilung der Lande. Als die Theilung beredet war, geschah, daß wegen der Verwirrung im kaiserlosen Reich die sächsischen Fürsten sich zu Quedlinburg versammelten (1269), um nach alter Sitte „bei dem hohen Baume" (Leuckfeld antiq. pr. 49) Tagsatzung zu halten. Hier trugen auch die beiden Herzoge ihre Erbtheilung vor, wodurch Albrecht das Braunschweigsche, Göttingsche, Grubenhagensche und einen Theil von Calenberg, Johann dagegen das Lüneburgsche, das Land zwischen dem Deister und der Leine, mit Hannover, auch in des Bruders Land den Lichtenberg und Trieflingen erhielt; die Rechte aber über die Stadt Braunschweig, über die Grundherrschaften (Standesherrschaften), und die Ritterlehne mit verschiedenen andern Gerechtsamen gemeinschaftlich blieben.

Seitdem suchte Albrecht sein Land durch Befehdungen der Nachbarn, und seine Gewalt durch Einziehung oder Ankauf der Grundherrschaften zu vermehren. Das Ende der Fehden mit dem Erzstift Magdeburg und dem Stift Hildesheim erlebte er nicht; und ob er von den Grafen zu Schwerin und Wernigerode irgend etwas bleibend erwarb, ist sehr ungewiß, wie denn überhaupt die Fehden den Besitzstand im Ganzen wenig verändert haben. Indeß brachte er an sein Haus das Schloß Grubenhagen als verwirktes Lehn, den Zoll und das Geleit auf der Weser, so weit es die Grafen von Dassel besessen, als Kaufgut, und die Grafschaft Billingenstadt als Reichslehen (außer dem, was oben genannt). Er würde auch von des Kaisers Rudolf I. Verfahren, welches den Gegensatz des Hohenstaufischen bildete, und die Landesherrlichkeit gegen die Grundherrlichkeit (oder das Mediatisiren) begünstigte, größere Vortheile gehabt haben, wenn er nicht erst (1277) zwei Jahr vor seinem Tode den kaiserlichen Auftrag erhalten hätte: in Niedersachsen über die Reichsgüter die Aufsicht zu haben (als Reichsstädte werden nur Lübeck und Goslar genannt), an des Kaisers Statt über unmittelbare und mittelbare Reichsangehörige zu richten, auf gute Ordnung zu halten, und alles, was vom Reiche gekommen, wieder an dasselbe zu bringen. (Einen ähnlichen Auftrag bekam in Obersachsen der kaiserliche Schwiegersohn Albrecht II., wovon sich Herzog Rudolf I. Pfalzgraf nannte). Gleichzeitig mit diesem Auftrage ward Albrecht Vormund über Otto, seines Bruders Sohn, und war nun der mächtigste Herr in Niedersachsen, worin er, wie überhaupt damals in Teutschland von den Erbfürsten und allmählig, als nach Erbrecht geschah, die bischöflichen Stühle zu Hildesheim und Verden für seine Brüder erlangt hatte (1269 ward bedungen, daß Konrad nur so lange jährlich 500 Mark aus den Landeseinkünften beziehen solle, bis er 600 Mark geistlicher Einkünfte habe). Doch dieses Auskunftsmittel änderte die feindliche Stellung unter den geistlichen und weltlichen Fürsten nicht, und hob noch weniger den Widerspruch, worin die teutsche Kirche als gefürstet und bewaffnet mit sich selbst stand. Albrecht führte sogar mit seinem Bruder Otto Krieg, und beide starben in demselben Jahr. Die Erbitterung des Herzogs Albrecht gegen die geistlichen Fürsten, und seine Nichtachtung ihrer Bannflüche, die Einheit und Ordnung ferner, welche in seiner Landesverwaltung aufblicken, und das Genossenschaftliche, welches er unter den Gemeinen einer und derselben Ortschaft, und unter den Gewerbleuten beförderte, scheinen auf eine Umgebung mit Räthen zu deuten, welche unter den Hohenstaufen oder von den Tempelherren gebildet waren. Die letzteren konnten von Albrecht's Hoflager nicht ausgeschlossen seyn, weil sie in seinem Lande reich begütert waren, und sie müssen bei seinen Söhnen Einfluß gehabt haben, weil einer von diesen Tempelherr und Komthur zu Süplingenburg war. Vgl. Rechtmeier's Braunschw. Chronik. 491 fg. Venturini's Handb. der vaterl. Gesch. 201 ff. (*v. Bosse.*)

ALBRECHT I. oder der II., Herzog zu Mecklenburg, ein durch Talent ausgezeichneter und durch Glück begünstigter Fürst, Ahnherr des gegenwärtig regirenden großherzoglichen Hauses. Bei seines Vaters, des Fürsten Heinrichs III. Ableben (1329), war er minderjährig, übernahm 1335 die bis dahin von Vormündern geführte Regirung, und zeichnete sie durch glückliche Ueberwindung der, zu einem hohen Grade gestiegenen innern Befehdungen vortheilhaft aus. Auch an den Angelegenheiten des teutschen Reichs nahm er thätigen Antheil und veranlaßte dadurch den Kaiser Karl IV., das bisherige Land Mecklenburg zum Herzogthum und den Fürsten Albrecht nebst seinem Bruder Johann am 8. Juli 1348 zu Fürsten des Reichs und zu Herzogen von Mecklenburg zu erheben. Diesemnach ist er als Herzog der erste, als Fürst der zweite seines Namens. Er vereinigte 1359 nach dem Aussterben der Grafen von Schwerin die Grafschaft Schwerin mit seinem Lande, erlebte die Erhebung seines, mit seiner ersten Gemalin, der Prinzessin Eufemie von Schweden, erzeugten, zweiten Sohnes Albrecht auf den schwedischen Königs-Thron und starb am 19ten Febr. 1379. *(v. Kamptz.)*

ALBRECHT, Prinz von Mecklenburg, wurde von den schwedischen Reichsständen, nachdem der König Magnus Erikson, zugleich mit seinem Sohne Håkan, für unfähig zur Regirung erklärt worden war, am 30sten Novbr. 1363 zum Könige von Schweden erwählt. Den Anfang seiner Regirung beunruhigten die abgesetzten Könige, indem sie sich das Reich durch Gewalt der Waffen wieder unterwerfen wollten; aber nach einer blutigen Schlacht gerieth Magnus in schwedische Gefangenschaft, und Håkan, der verwundet wurde, rettete sich durch die Flucht nach Norwegen. Die wiederholten Versuche des Letzten, von Norwegen aus und unterstützt von dem Könige Waldemar von Dänemark, seinen Vater Magnus zu befreien und Albrecht vom schwedischen Throne zu verdrängen, verleiteten diesen zu einem für das Reich sehr nachtheiligen Vergleich mit Waldemar, nach welchem Schweden einige seiner besten Provinzen theils an Dänemark, theils an Albrechts Vater, den Herzog von Mecklenburg, der seinen Sohn in der Regirung über Schweden bisher unterstützt hatte, überließ. Ein neuer Einfall der Normänner in Schweden im J. 1371, der von solchem Erfolge war, daß Håkan selbst bis vor Stockholm drang und Albrechts Residenz belagerte, lockte diesem, um nur das große Mißvergnügen des schwedischen Reichsrathes mit seiner Regirung zu heben, Versprechungen an ihn ab, wodurch er sich fast aller königlichen Rechte begab, und gewissermaßen zu einem bloßen Vasallen der Geistlichkeit und des Adels herabwürdigte. Indessen hatte dieses für Håkan die Folge, daß er bei seiner Unternehmung gegen Schweden kräftigern Widerstand, als bisher, fand, und sich noch in demselben Jahre zu einem Frieden mit Albrecht genöthigt sah, in welchem er mit seinem Vater allen fernern Ansprüchen auf die schwedische Krone entsagte, wogegen Magnus in Freiheit gesetzt wurde und zu seinem Unterhalte das Stift Skara erhielt. — Die norwegischen Unruhen waren aber nicht sobald gestillt, als Albrecht die Unzufriedenheit des Reichsrathes und der ganzen Nation dadurch aufs neue reizte, daß er keine seiner vorhin gegebenen Versprechungen hielt, vielmehr den Adel und die Geistlichkeit drückte, die Güter derselben an sich zog, das Volk mit immer neuen Auflagen plagte, eine Menge Ausländer, ohne Rücksicht auf ihre guten oder schlechten Eigenschaften, ins Land zog, und überdies durch übertriebene Pracht bei seiner zweiten Vermählung, durch große Geschenke an Fremdlinge, durch Verschwendungen von aller Art — die Staatskassen gänzlich erschöpfte, die er dann durch allerlei Gelderpressungen wieder anzufüllen suchte. Zu allem dem kam ein Krieg, den er im J. 1382 ganz gegen den Willen des schwedischen Reichsrathes, nachdem Håkan gestorben war, in der Absicht mit Norwegen anfing, um die Provinzen Schonen, Halland und Blekingen, diesen beständigen Zankapfel zwischen Schweden, Norwegen und Dänemark, wieder dem schwedischen Throne zu unterwerfen. In den ersten Jahren wurde dieser Krieg mit abwechselndem Glücke geführt und er schien keine für Albrecht ungünstige Wendung nehmen zu wollen. Als aber nach des Königs von Norwegen Oluf im J. 1387 erfolgtem Tode die Königin Margaretha von Dänemark den thätigsten Antheil an dem Kriege nahm, Schonen, Halland und Blekingen besetzte, sich auch daselbst sogleich hulden ließ, und ihre Absichten auf die Regirung von Norwegen und selbst Schweden deutlich zu erkennen gab; so sah sich Albrecht in die Nothwendigkeit gesetzt, eine ansehnliche Kriegsmacht in Teutschland zu werben, und mit deren Hilfe die Gefahr, wo möglich, abzuwenden. Jetzt machte er die bittere Erfahrung, wie mißlich die Lage eines Regenten in der Noth sey, dem es an der Achtung und Liebe seiner eignen Unterthanen fehlt. Nicht Dänen nur und Normänner, sondern selbst die große Zahl der mit seiner Regirung mißvergnügten Schweden, stellten sich gegen ihn unter die Waffen. Von einem so ungleichen Kampf, geführt von seiner Seite mit einer fast nur aus Fremden bestehenden Armee, ließ sich kein glücklicher Ausgang versprechen. Eine einzige Niederlage, welche er am 21sten Septbr. 1388 bei Falköpping erlitt, brachte ihn um seine Freiheit, um seine Ansprüche auf Schonen, Halland, Blekingen, um die ganze Regirung über Schweden! Als Gefangener der Königin Margaretha, die er durch Spott gegen sich erbittert hatte, brachte er nun sein Leben zu Lindholm in Schonen zu, bis durch die Vermittelung des Herzogs Johann von Mecklenburg im J. 1395 zwischen ihm und der Königin ein Vergleich zu Stande kam, nach welchem er gegen Erlegung von 60,000 Mk. löthigen Silbers, oder in Ermangelung des Geldes (wie zu erwarten war), gegen Verzichtleistung auf Stockholm und ganz Schweden, die Freiheit erhalten sollte. Neun Hansestädte übernahmen für ihn die Bürgschaft und besetzten durch ihre Truppen inzwischen Stockholm. Als aber nach Verlauf von 3 Jahren, binnen welchen jene Summe bezahlt werden sollte, Albrecht sich hierzu außer Stand sah; so willigte er selbst in die Abtretung von Stockholm ein, welches nun Namens der Königin Margaretha in Besitz genommen wurde. Doch erfolgte erst im J. 1405 seine förmliche Entsagung aller Ansprüche auf die Regirung im Norden, worauf Albrecht sich in das Kloster Dobberan im Mecklenburgschen begab, und hier, nachdem er noch im J. 1416 einen letzten vergeblichen Versuch gemacht hatte, sich an Dänemark während des Krieges, den es mit Holstein führte, zu rächen, sein Leben beschloß *). *(v. Gehren.)*

*) S. Ol. Dalins Geschichte des Reiches Schweden, nach Dähnerts teutscher Uebersetzung. Th. 2. S. 414—486. Vgl. m. Holbergs Dän. Reichshist. Th. 1. S. 490 ff.

1 Albrecht von Meissen, s. nachher A. v. Sachsen.

ALBRECHT I. von Habsburg, (Herzog von Oestreich ꝛc. nachher teutscher König), König Rudolphs ältester Sohn, geb. 1248, ward 1281 Statthalter, und am 27. Dec. 1282 erblicher Lehensherzog der durch seinen Vater dem teutschen Reiche aus des Böhmen Königs, Ottokar Przemisl's Gewalt (1276) zurückeroberten Provinzen Oestreich, Steiermark, Krain und der windischen Mark; Kärnten und die Herzogswürde erhielt (1286) Albrechts Schwiegervater, der um Teutschland und seinen König verdiente Graf Mainhard von Tirol. — Albrecht, umgeben von länder- und habsüchtigen Nachbarn, Ungarn, Böhmen, Baiern, und bald auch Salzburg', seinen Unterthanen fremd durch Geburt und Mundart, düster, keinen Zwang duldend, doch redlich und gerecht auch gegen Feinde, suchte den Adel in seinen Ländern, besonders jenen in Steiermark, sich tiefer zu unterwerfen, da dieser durch landesfürstliche und kaiserliche Privilegien, durch mehrmalige Ausübung aller Regirungsgewalt nach der Babenberger Aussterben (1246) und durch viermalige Verfügung über das Recht der Landesbeherrschung, nach Kaiser Friedrichs II. Tode (1250) zu Gunsten Baierns, Ungarns, Böhmeus und Habsburgs, zu mächtig geworden war. Gewarnt vor demselben, vertraute er die Staatsgeschäfte allmählig den ihm bekanntern Schwaben, und schon anfangs seines Vaters Günstlinge, dem steiermärkischen Landschreiber, Heinrich Abt von Admont, einem vielgestaltigen Manne, der viele, in den kriegerischen Zeiten entzogene Güter zur herzoglichen Kammer wieder brachte, des Herzogs Urbar mehrte, und in den vernachlässigten Zeiringer Silbergruben reiche Quellen für den prachtliebenden und aus Vergrößerungssucht kriegerischen Albrecht öffnete. Diesen dem Herzoge aus Eigennutz und Ehrsucht ergebenen Diener, der nach Cholo's von Seldenhoven Tode auch noch Landeshauptmann geworden war, reizte Rudolph, Erzbischof von Salzburg, unklug durch ungewöhnliche und große Zölle und Steuern, die dieser von den admontischen Unterthanen in seinem Gebiete, so wie von den Salzburgern, forderte. Der vom Erzbischofe absichtlich vielfach gekränkte Abt, der jenem aber auch reichlich vergalt, fand bald Schutz bei König Rudolph und noch mehr bei Herzog Albrecht, den der Erzbischof durch die Verweigerung der Belehnung mit Weißeneck, das doch die vorigen Herzoge besessen hatten; durch die Ummauerung Radstadt's, gegenüber der steiermärkischen Grenze, auf einem vormals admontischen Landstriche, worüber der Herzog, als Vogtherr des Klosters Admont, sein Recht noch immer nicht aufgegeben hatte, und durch den, nur zu des Abts Heinrich Unterdrückung, von den Bischöfen durch Eile erlisteten salzburger Concilienschluß (1288), wodurch er diesen wichtigen Diener Albrechts vom Hofe ins Kloster treiben wollte, aufgebracht hätte. Albrecht, der, Radstadt gegenüber, zur Hemmung der Salzburger Streifereien ins Ensthal das Bergschloß Ensburg erbaut hatte, aus welchem öfter Raubzüge ins Salzburgische geschahen, zog nun die salzburgischen Güter in Steiermark und Oestreich ein; und nahm einige Vasallen des Erzbischofes auf; da überfiel dieser Ensburg, zerstörte es, und zog verheerend durchs Ensthal bis Irdning herab. Albrecht, dem die Steiermärker mitten im Winter gegen den Pirn (Berg) zu Hilfe eilten, brannte Freisach nieder, und warf Vanstorfs Feste in Schutt (1289). Diesen Feldzug unterbrach die Fastenzeit, und ein Zug gegen Iban von Günß, welchen Albrecht für die Verwüstungen und für den wiederholten Raub an Menschen und Gütern aus den östreichischen Ländern, und für die große Niederlage Landenbergs, der sich von den erfahrnern steiermärkischen Grenzbewohnern über die Art mit den berittenen flüchtigen Ungarn zu kämpfen, nicht belehren ließ, durch die Abnahme von 15 festen Plätzen strafte, worunter Altenburg und Günß, Stadt und Schloß, waren. — Nach Beendigung dieses Feldzuges ward der zwischen dem Herzoge und Erzbischofe fortdauernde Streit, den beide nach dem Ausspruche der Schiedsrichter beizulegen, im Voraus beschworen hatten, nur noch heftiger, da diese zu Linz ganz zu des Erzbischofes Gunsten, auf Beibehaltung Weißenecks und auf des Abts Verweisung in sein Kloster gesprochen hatten. Der Abt, obgleich, nach den Bitten des Landes, von Albrecht seiner Aemter entlassen, ward, auf des Königs Befehl, in dieselben, nebst einem strengen Verweise an Albrecht, wieder eingesetzt; er war nun wieder auf seine Art beim Herzoge thätig, und bewog diesen, die Vergleichsurkunde zu verwerfen. Die Feindseligkeiten begaunen wieder. Des an Waffengewalt schwächern Erzbischofes Bann und Interdict gegen Albrecht und seine Länder, mehrte (bei dem Widerspruche des Sekauer und Passauer Bischofes und der übrigen Geistlichkeit, die Dominikaner ausgenommen,) die gegenseitige Erbitterung. Zwar kam der kriegssatte Erzbischof, von der Herzogin und von des Herzogs Räthen heimlich geladen, nach Wien, doch er fand des Herzogs Foderungen durch die Einwirkung des vorzüglich den eigenen Vortheil berechnenden Abtes nur immer höher gesteigert, und jener, der ohne sicheres Geleit gekommen war, mußte Freiheit und sicheres Geleit nach Salzburg durch Vernichtung des Linzer Vergleiches und des Salzburger Concilienschlusses erkaufen. Seine Klage beim Könige über des Herzogs Verfahren hob sein plötzlicher Tod auf (1290). — Albrechts Ansprüche auf Ungarns Krone nach des elenden Ladislaus des Kumaners Tode (1290) und des neuen Königs Andreas, des Venetianers, wiederholten, und mit Raub, Mord und Brand zwischen der Leitha, Wien und Neustadt unterstützten Forderungen und Zurückgabe des dem Iban von Günß im Vertheidigungskriege abgenommenen Landstriches, schlossen sich mit Zurückgabe der gefoderten Landstrecke an Ungarn, und mit einem Freundschaftsbündnisse mit Andreas, der einst, als Prätendent von Ungarns Krone, Albrechten vom Grafen Arnold von Trigau verrätherisch überliefert, dem Herzoge die Rettung seines Lebens und fürstliche Behandlung, damals undankbar für beides, jetzt herzlich dankte. — Nach dem Abzuge der Ungarn verlangten Steiermarks Stände, wie schon öfter, vom Herzoge anfangs sehr bescheiden, dann drohend die Bestätigung der erst noch vom Könige Rudolph (1277) feierlich anerkannten Freiheiten des Landes. Nach des Abtes und Landenbergs Rath, gegen Wallsee's Gutachten, weigerte er sich auch jetzt. Das Mißlingen des Versuches der Wiener, Albrechten die Bestätigung ihrer Freiheiten abzutrotzen, die durch seine Verfügungen voni Kahlenberge aus, dem Sitze Albrechts während des Aufstandes, durch Hunger bald gezwungen waren, die Verzeihung des Herzogs mit Aufopferung ihrer schönsten Freiheiten zu erkaufen (1288), — dies lehrte die mißvergnügten Adeligen Steiermarks, sich mit dem, durch Abt Heinrichs Ränke gegen den Herzog gereizten neuen Erzbischof von Salzburg, Konrad, und mit dem Herzoge Otto von Baiern zu verbinden, welchem man einige Städte, so wie dem Sohne des ebenfalls verbündeten Grafen Ulrich von Heunburg, Eidams der unglücklichen Herzogin Gertraud von Mödling, das Land Steiermark zu übergeben versprach. Die Verbündeten nahmen Rottenmann, Admont, und Leoben, und drangen siegend bis Bruck vor, das Herrmann von Landenberg durch schlaue Unterhandlungen mit den Belagerern bis zur rettenden Ankunft Albrechts behauptete, der gegen die Empörer und den Salzburger nur deßhalb so lange nicht auszog, um durch den letztern nicht die geistlichen Kurfürsten bei der bevorstehenden Königswahl gegen sich zu stimmen. Vor Albrecht flohen Salzburger und Baiern in ihre Heimath; nur wenige der Steiermärker widersetzten sich, unter diesen Friedrich von Stubenberg, ein Häuptling derselben; er fiel im Kampfe in Landenbergs Hand. Keinen strafte Albrecht am Leben; er gab ihnen Frieden, und jetzt, ungebeten, die Bestätigung ihrer Freiheiten (1292). Allein, während Albrecht die ihm zugesicherte, durch des Mainzer Erzbischofs Gerhard Ränke aber Adolphen von Nassau zugewendete teutsche Krone, vergeblich zu empfangen eilte, und hierauf den Costnitzer Bischof, den Grafen von Nellenburg und die Zürcher für den dem Salzburger Erzbischofe Rudolph gegen ihn geleisteten Beistand züchtigte, hatte der Graf v. Heunburg den Krieg gegen Albrechts Schwiegervater, Mainhard, in Kärnthen fortgesetzt, den Sohn dieses letztern, Ludwig, durch Verrätherei zu St. Veit in seine, und dann in des Salzburger Erzbischofes Hände gebracht. Albrechts Gemalin Elisabeth erflehte endlich Frieden zwischen Oestreich und Salzburg, und dadurch Freiheit ihrem Bruder Ludwig und den übrigen Kriegsgefangenen (1293). Doch schon nach 3 Jahren klagte Konrad, als Albrecht, auf Abt Heinrichs Rath zu Gosach an jenem Berge Salzpfannen anlegte, den der Erzbischof auf salzburgischer Seite bearbeiten ließ, bei dem gegen Albrecht parteiischen König Adolph, zerstörte, als er Albrechten durch das ihm gereichte Gift, (1295) das ihm ein Auge raubte, verloren glaubte, die Salinen und Traunau, und schleuderte, da der wiedergenesene Herzog das erlittene Unrecht mit Waffen rächte, wider ihn den Bann; doch, ohne Hilfe vom ohnmächtigen Könige, und dem Untergange nahe, fand er so wie der aufrührerische österreichische Adel, der, in der Hofnung auswärtiger Unterstützung, von Albrechten die Bestätigung seiner Freiheiten und die Fortschaffung der Schwaben zu ertrotzen suchte, nur durch die gewöhnliche Friedensstifterin Elisabeth Versöhnung und dauernden Frieden (1297). Nun endlich, die eigenen Länder beruhigt, in enger Freundschaft mit Salzburg, mit seinen Schwägern, dem Könige in Böhmen und den Herzogen von Sachsen, Baiern und Kärnthen, Schwiegervater des Königs von Ungarn und des jungen Markgrafen von Brandenburg, den vielvermögenden Erzbischof Gerhard von Mainz durch große Summen erhandelt, in ganz Teutschland durch Reichthum und durch die zu Prag, Wien und Grätz gezeigte königliche Pracht berühmt, siegreich gegen seine Feinde; so stand Albrecht dem ärmlichen Adolph gegenüber, der durch englische Subsidien zum französischen Kriege, nach den damaligen Begriffen sich, den ersten König der Christenheit, vor ganz Europa, zum Söldner herabgewürdigt hatte, und der durch Kauf und Waffen einen elenden Vater, Albrecht den Unartigen, seine Söhne um ihr Erbe, Thüringen, bringen half, verachtet, und aus Habsucht verfolgt, vorzüglich von demjenigen, der ihn auf den Thron hob, verlor er an Albrecht im Kampfe zwischen Gelheim und Rosenthal Krone und Leben (1298). Als König belehnte Albrecht seine Söhne mit den österreichischen Ländern, und übergab die Regirung, doch immer unter seiner Einwirkung, dem ältesten, Rudolph. Des Hildebrandischen Papstes Bonifaz VIII. Weigerung, Albrechts Königswahl als gültig anzuerkennen, brachte diesen zu einem engen Bündnisse mit des Papstes furchtbarem Feinde, Philipp dem Schönen von Frankreich, welches durch Blanka's des Königs Schwester Vermählung mit Albrechts Sohne Rudolph, sich noch enger schloß, beides wider der Kurfürsten Willen, die sich aber durch Albrechts Bemühen, das Königreich Arelat seinem Sohne Rudolph zu verschaffen, dann ihn zum römischen Könige wählen zu lassen, widersetzten. Allein Albrecht hatte nun auch über die wiederholten Klagen der Handelsstädte, von dem Kurfürsten die Abtretung der widerrechtlich angemaßten, und willkürlich zum tiefen Verfalle des Handels erhöheten Rheinzölle gefordert, gleich unerschüttert gegen die drohenden Schritte des Papstes und der Kurfürsten, die seine Wahl für ungültig zu erklären suchten. Seinem Rufe sandten freudig die durch die Rheinzölle gedrückten Städte und Ritter, seiner Söhne Länder und Salzburg mächtige Scharen, mit welchen er ungesäumt den Pfalzgrafen Rudolph, den hochfahrenden Erzbischof Gerhard, und später jene von Trier und Köln demüthigte, die Rheinschiffahrt frei machte, und dadurch mannigfaltige Vortheile begünstigten Handels schuf (1301 und 1302). Albrechts festbegründete Macht in Teutschland durch die tiefe Demüthigung der Kurfürsten, sein Bündniß mit den Königen von Frankreich und Böhmen, den mächtigsten Gegnern des Papstes, dieses Letztern tiefgesunkenes Ansehen bei den Ungarn, denen er Karl Robert, Albrechts Schwestersohn, zum Könige aufzunöthigen suchte, waren Gründe für den Papst, den gefürchteten Albrecht, durch feierliche Bestätigung desselben als teutschen Königs, zu seinem Freunde und zum Gegner der bisherigen Bundesgenossen desselben umzuschaffen. Albrecht selbst durfte zur Sicherung der österreichischen Hausländer, das schon durch Polens Besitz mächtige Böhmen nicht noch durch Ungarns Erwerbung für den Kronprinzen Wenzel zu einem übermächtigen Nachbar empor wachsen lassen. Albrechts Forderung an den Böhmenkönig Wenzel, auf die Kronen von Ungarn und des demselben von ihm selbst im J. 1300 feierlich zugesicherten Polens Verzicht zu thun, Meißen um die Satzsumme heraus zu geben, und ihm die neueröffneten reichen Kuttenberger Silbergruben auf 6 Jahre zu überlassen, oder sie zu verzehnten, zerrissen, da des friedliebenden Wenzels angebotene Opfer abgelehnt wurden, das Bündniß mit Böhmen. Albrecht zog mit der Reichsarmee vor Budweis, und vereint mit den Oestreichern, und mit Karl Roberts Ungarn und schrecklichen Kumanen vor Kuttenberg; doch der heldenmüthige Widerstand der Kuttenberger, Mangel an Lebensmitteln, Kälte, Krankheiten, und das anrückende Böhmenheer, nöthigten Albrechten zum Rückzuge nach Oesterreich (1304). Wenzels Tod (1305) brachte Frieden. Ungarn blieb von Böhmen getrennt, Meißen und Eger kam ans Reich zurück. — Den Bund mit Frankreich brach, nebst des Papstes Aufforderung an Albrecht, (wie einige wollen) des letztern Verdacht, daß König Philipp am meuchlerischen Plane auf Albrechts Leben bei der Zusammenkunft mit Johann von Avesnes, der nach Johanns von Holland Tod (1299) vermöge Erbrecht Albrechten Holland, Seeland und Friesland abstritt, Theil genommen habe. — Nach des jungen kinderlosen Wenzels Ermordung (1306) zog Albrecht Böhmen als erledigtes Reichslehen für seinen verwitweten Sohn Rudolph ein, der des ältern Wenzel Witwe Elisabeth ehelichte, und, von seiner und seines Vaters Armee unterstützt, durch die Wahl der angesehenen Böhmen den Thron vor Herzog Heinrich von Kärnthen, Gemal Annens, der ältern Schwester des letzten Königs, errang, den aber Heinrich nach Rudolphs Tode (1307) doch bestieg, ungeachtet der Erbverbrüderung zwischen Böhmen und Oesterreich, und ungeachtet alles Widerstandes von Albrecht, der, wie vormals, durch Mangel, Kälte und Sterblichkeit genöthigt, von Kuttenberg und aus Böhmen abziehen mußte (1307). Das Bemühen Albrechts, sich Thüringens zu bemächtigen, was an Rudolphen so schwer geahndet worden war, wurde durch des jungen Markgrafen Friedrichs Sieg bei Lucca vereitelt (1307). So scheiterte auch der Plan, das habsburgische Oberschwaben oder Helvetien sammt den dazwischen liegenden reichsfreien Gebieten für einen seiner Söhne zum Herzogthum zu erheben, (s. die Geschichte des schweizerischen Bundes). Als er aus Thüringen zur Unterdrückung des schweizerischen Bundes herbei eilte, ward er von seines Bruders Rudolphs Sohne, dem vielfach aufgereizten Johann, (dem er die oft gebetene Herausgabe seiner Erbgüter verweigerte) und von den Mitverschworenn desselben, Rudolph von Wart, Walther von Eschenbach und Ulrich von Palm, in der Nähe von Habsburg ermordet (1308). Grausam war der sonst sanften Königin Elisabeth und ihrer Tochter Agnes, Witwe Königs Andreas von Ungarn, Rache, selbst an den schuldlosen Angehörigen der Mörder. Johann soll in einem Kloster zu Pisa gestorben seyn. Vergl. Horneck, Petz. tom. III. Kurz, Oestreich unter Ottokar und Albrecht I., ein vortrefliches Werk. Heinrichs Teutsche Reichsgeschichte 6te Abtheilung, 2c. (*Wartinger.*)

ALBRECHT II., der Lahme, Königs Albrecht I. vierter Sohn, geb. 1298, übernahm nach seines Bruders Leopolds Tode (1326), die Verwaltung der Vorlande, und nach Friedrich des Schönen Tod (1330), bald darauf gelähmt durch Vergiftung (1330), an welcher seines einzigen jüngorn Bruders Otto erste Gemalin Elisabeth starb, die Regirung aller habsburgisch-östreichischen Länder, die er noch vermehrte mit seiner Gemalin Johanna Erbgut, der Grafschaft Pfirt, mit dem Gebiete Triberg, und durch Königs Johann von Böhmen Vermittlung zu Hagenau mit Rheinfelden und Schafhausen und, statt Zürich und St. Gallen, mit Breisach und dem vergeblich widerstrebenden Neuburg als Reichspfandschaften von Kaiser Ludwig für die Kosten jenes Krieges, welchen Albrechts Bruder Otto aus altem Haß gegen den Baier Ludwig seit der Doppelwahl für die teutsche Krone (s. Friedrich der Schöne), und jetzt vom Papst Johann XXII. durch das Versprechen von 50,000 Goldgulden aufgeregt, und durch neue Verbündete unterstützt, gegen den bannbeladenen, zu schwachen Kaiser, mit der Belagerung von Colmar begann. Der Friede mit dem Kaiser führte die Oestreicher zum Bündniß mit desselben Söhnen, Ludwig von Brandenburg und Stephan von Baiern, mit desselben Brudersöhnen, Rudolph und Ruprecht, Pfalzgrafen, und mit desselben Eidam Friedrich von Meißen. Gestärkt überdieß durch Bündnisse mit Polen und Ungern, drangen die Oestreicher den Böhmen, nach gegenseitigen Verheerungen der Grenzländer, die von Oestreich abgetrennten Städte, Laa, Weitra, Eggenburg, und andere Orte ab (1302). — Nach des sohnlosen Heinrich, Herzogs von Kärnthen, Tode (1335), zog Albrecht das pfandweise versetzte Krain ein, und besetzte, als des verstorbenen Heinrich Schwestersohn, Kärnthen, vom Kaiser damit als erledigtem Reichslehen belehnt, obgleich König Johann von Böhmen seinem zweiten Sohne Johann Heinrich, durch desselben Vermählung mit Margaretha Maultasche, der ältern Tochter des Herzogs Heinrich, durch dieses letztern Verfügung (1327), und durch des Kaisers Anerkennung der weiblichen Erbfolge in Kärnthen und Tyrol (1330), diese Länder versichert zu haben glaubte. Der zwischen Oestreich und Böhmen darüber entstandene verheerende Krieg endigte sich durch der Herzogin Johanna Vermittlung; Oestreich behielt Kärnthen, gab Znaim, das Heirathsgut Annens, der zweiten Gemalin Otto's, an Böhmen, Tyrol blieb Margarethen (1336). Die Foderungen des Nürnberger Schloßpräfecten Johann, eines Urenkels Herzogs Meinhard von Kärnthen (1337), und die feindlichen Angriffe Graf Johann Heinrichs von Tyrol (1338), wies Albrecht kräftig zurück. Mit König Karl von Ungarn, dem Bundesgenossen Böhmens im kärnthnerischen Erbfolgekriege, wurde wegen der Verwüstungen in Oestreich erst 1341 völliger Friede geschlossen. Da der Brandenburger Ludwig die von Johann Heinrich geschiedene Maultasche geehelicht und sich nun Herzog von Kärnthen schrieb, auch sich von seinem Vater, dem unstäten Kaiser Ludwig, mit Kärnthen belehnen ließ; so nahm Albrecht, um allen Ansprüchen und Unruhen vorzubeugen, die ceremonienreiche Huldigung von Kärnthen (1342); er endigte schnell den, wegen Ankauf der Graf Schellingischen Güter mit Graf Eberhard von Wirtemberg entstandenen, Krieg (1342), dann den, einen schweren Krieg von Böhmen drohenden Streit zwischen den Wallseern und Rosenbergern, durch Eine Unterredung (1343) mit Karl von Mähren, nachmaligem Kaiser, und glich durch eben dieses Karls Vermittlung (1351 und 1356) mit desselben Bruder, Nikolaus, Patriarchen von Aquileja, den alten Streit wegen einiger aquilejischer Lehen in Krain aus. Albrechten foderte (1335) Papst Benedict XII. als Vermittler auf zur Aussöhnung Kaiser Ludwigs mit der Kirche; bei Albrecht suchte (1337) König Philipp von Frankreich Beistand gegen den Kaiser Ludwig und desselben Verbündeten, König Eduard von England; Albrecht schützte (1338) den passauer Bischof gegen die aufrührerischen Bürger von Passau, und demüthigte sie; er glich König Ludwigs von Ungarn alten Streit mit der ältern Margaretha von Tyrol über ihr Heirathsgut aus (1356). Seine Treue gegen den verfolgten Kaiser, obgleich von diesem wegen Kärnthen schwer beleidigt, (1342) erschütterten weder des heftigen Papstes Clemens VI. drohende Foderungen, noch des feinen Gegenkönigs Karl IV. Schmeicheleien, der auch seinen Eidam, Ludwig von Ungarn, deshalb nach Wien beschied; aber seine Treue ward nach des Kaisers Tod (1348) eben so fest für diesen Karl, da man Teutschlands Krone Eduarden von England und dann Friedrichen von Meissen antrug; dafür unterwarf Karl Albrechten wider das aufrührisch gewordene Breisach, erklärte alle den Oestreichern nachtheiligen Verfügungen Kaiser Ludwigs für ungiltig, und nahm sich eifrig, obgleich nicht uneigennützig, der schweren Händel Albrechts mit den Schweizern an (1351–1358). (S. die Gesch. des Schweiz. Bundes). Zur Sicherung des äußern Friedens und der innern Ordnung schloß er mit Karl von Mähren (1341), und mit Ludwig von Ungarn (1345) Bündnisse, daß sie die flüchtigen Verbrecher aus den österreichischen Ländern nicht aufnähmen. Nach einem spätern Vertrage mit Ungarn (1356) sollte das Vertheidigungsbündniß mit demselben auch noch nach Albrechts Tode zehn Jahre fortdauern; für die ewige Eintracht seiner Söhne (denn sein Bruder Otto war schon 1339, und desselben Söhne, Friedrich und Leopold, 1344 gestorben,) verpflichtete er die Landstände zu Gewährleistern. Von ihm haben die Steiermärker das noch jetzt wichtige Bergbüchel, und die Verteutschung (1339) der Rudolphinischen Landhandfeste von 1277, die Kärnthner aber ihre Landhandfeste und Rechte, den steiermärkischen nachgebildet, erhalten. Seine österreichischen Länder wurden unter seiner Regirung durch verheerende Ueberschwemmungen, Erdbeben, Mißwachs, Heuschrecken und Pest heimgesucht; sein Schutz für die allgemein gehaßten und blutig verfolgten Juden, und daß er das gegen ihn feindlich gesinnte, durch Erdbeben zerstörte Basel (1356) aufbauen half, zeugt von seiner Denkart. Er starb 1358 *). (*Wartinger.*)

Albrecht III., Herzog von Oesterreich, den Beinamen **mit dem Zopfe** **) führend, ein Sohn des Herzogs **Albrechts** II. des **Lahmen** oder **Krummen**, von dessen Gemalin **Johanne**, des Grafen **Ulrichs** von **Pfirt** Erbtochter, wurde 1348 geboren, und folgte seinem Vater Albrecht II. in der Regirung 1358, nebst seinen Brüdern Rudolph IV., Friedrich III. und Leopold III. Friedrich III., oder der **Prächtige**, wurde von Ehrenlieb von Gottendorp auf der Jagd den 9. Dec. 1362 erschossen; und da er keine Leibeserben hinterließ, so fiel dessen Erbtheil an die drei übrigen Brüder. Diese erhielten auch 1363 von der **Margarethe Maultasch** nach deren Sohnes **Mainhard** Tode, welchen sie mit Ludwig dem Aeltern von Baiern erzeugt hatte, die Uebergabe von **Tyrol**, wodurch die österreichischen Länder ansehnlich vergrößert wurden. Als nun Rudolph IV. den 24. Jul. 1365 ohne Leibeserben starb, so theilten sich Albrecht III. und Leopold III. öfter in das Ganze, von welchem jener endlich bei der Theilung vom J. 1379 das eigentliche **Oesterreich**, dieser aber **Steiermark**, **Kärnthen**, **Tyrol** und die Besitzungen in Schwaben bekam.

Als Regent machte sich **Albrecht** besonders durch die Pflege der Künste und Wissenschaften um sein Land verdient. Unter den Künsten schätzte er vor allen andern die Baukunst, und zeigte seinen Geschmack durch die Anlage des Schlosses **Laxenburg**. Die Wissenschaften aber verdanken ihm besonders die Erweiterung der Universität Wien, welche schon 1365 war gestiftet worden, aber durch das Privilegium des Papstes Urban V. nur die juristische, medicinische und philosophische Facultät erhalten hatte. Durch Albrechts Bemühungen bewilligte Papst Urban VI. auch die theol. Facultät und bestätigte sie 1388. Da Albrecht besonders die allgemeinen Wissenschaften, als die Grundlage aller übrigen schätzte, namentlich die Mathematik, die er selbst eifrig studirte, so sorgte er vornehmlich für die Besetzung der philosophischen Facultät mit tüchtigen Männern, und ward darin ein nachahmungswürdiges Vorbild für spätere Regenten.

Er vermählte sich zwei Mal. Zuerst mit der **Elisabeth**, Kaiser **Karls** IV. Tochter, welche den 19ten Sept. 1373 starb, und dann mit der **Beatrix** Friedrichs IV. Burggraf von Nürnberg Tochter, welche ihn überlebte. Er starb den 29. Aug. 1395 zu Laxenburg. (*H.*)

Albrecht IV., genannt der **Geduldige**, oder auch mirabilia mundi *), der einzige Sohn des vorigen, wurde geboren 1377, und folgte seinem Vater Albrecht III. in der Regirung 1395. Da er mit der Theilung der österreichischen Länder, welche dieser mit seinem Bruder **Leopold** III. 1379 gemacht hatte, (s. Albrecht III.) nicht zufrieden war, so wurde ihm, nach vorhergegangenen Unterhandlungen mit den Söhnen seines verstorbenen Oheims **Leopolds** III., das Fürstenthum **Krain** wieder abgetreten, und zu dem eigentlichen Oesterreich hinzugefügt. Bei seinem Hange zur Schwärmerei und zum Aberglauben ist es leicht zu erklären, daß er, trotz der Abmahnungen seiner Mutter und vieler Großen, eine Wallfahrt nach Palästina unternahm, alle so genannte heilige Oerter besuchte und sich 1398 in Jerusalem zum Ritter schlagen ließ. An den Streitigkeiten, welche der König **Sigismund** von Ungern mit seinem Bruder dem Könige **Wenzel**, von Böhmen, führte, nahm er in sofern Antheil, daß er den letzten, der auf **Sigismunds** Veranstaltung war gefangen genommen worden, in Verwahrung nahm, aber doch freundlich behandelte, und zu seiner Befreiung beitrug. Den König

*) Größtentheils nach **Steyerer** bearbeitet.

) Diesen Beinamen bekam er von dem langen Doppelzopfe, den er trug, und der, nach einigen Schriftstellern, aus dem Haar bestand, welches sich seine Gemalin abgeschnitten, und ihn damit beschenkt hatte. S. **Fugger und von **Birken** Spiegel und Ehren des Erzhauses Oesterreich S. 389.

*) Diesen Beinamen erhielt er von seiner gefährlichen, aber glücklich zurück gelegten Wallfahrt nach Palästina.

Sigismund unterstützte er öfter in dessen Kriegen; als er aber mit ihm gegen den Markgrafen von Mähren Procopius zog, und die Stadt Znaim belagerte, so ließ ihm dieser Gift beibringen, woran er sogleich erkrankte, und sich in einer Sänfte nach Neuburg tragen ließ, wo er den 25. Aug. 1404 starb. *(H.)*

Albrecht V. von Oesterreich, in der Reihe der teutschen Kaiser Albrecht II. der 31ste ungrische König, geb. im J. 1397, erbte nach dem Tode seines Vaters Albrecht's IV. im J. 1404 Oesterreich, wegen seiner Minderjährigkeit wurde es aber von verwandten Vormündern regiert. In seinem 14ten Jahre brachte ihn einer seiner Vormünder nach Ofen und verlobte ihm Elisabeth, die Tochter des Königs Sigmund, mit welcher er sich nachher im J. 1422 vermählte, und nicht nur Mähren als Mitgift, sondern auch Ansprüche auf Ungern und Böhmen erhielt. Nach Verlauf eines Jahres übergab Sigmund seinem Schwiegersohne Albrecht Mähren. Um dies Land in Besitz zu nehmen und die Hussiten zu vertreiben, begab sich Albrecht 1424 mit einem in Oesterreich zusammen gebrachten Heere dahin.. Sigmund schickte ihm ungrische Truppen zu Hilfe. Der berühmte Anführer der Hussiten Ziska (Sischka) ging ihm aus Böhmen selbst entgegen, starb aber plötzlich bei dem Schlosse Przibislaw. Auch 1431 war Albrecht gegen die Hussiten glücklich, namentlich erschlug er bei dem Schlosse Maidhof 4000 derselben, und nahm 600 gefangen, die er nach Wien führte. Eben so glücklich gegen sie war er im folgenden Jahre in der Nähe von Znaim; doch trafen ihn auch manche Unfälle. Im J. 1435 führte er die Heere Sigmunds gegen die Türken an, und zwar mit solchem Glück, daß er 18000 derselben tödtete und die übrigen aus Ungern vertrieb. Als Sigmund sich seinem Tode näherte, empfahl er in der Stadt Znaim seinen Eidam Albrecht den Ungern zum Könige. Die Ungern befolgten Sigmunds Rath sogleich, und krönten ihn schon 13 Tage nach der Wahl zu Stuhlweissenburg unter der Bedingung, daß, wenn er zum Kaiser erwählt würde, er diese Würde nicht annehmen sollte, weil das Königreich durch Sigmunds Abwesenheit viel gelitten hatte. Indessen da Albrecht dennoch zum Kaiser gewählt wurde, gaben die Ungern auf Bitten des österreichischen Herzogs, auch wohl bewogen durch die Hoffnung dadurch mehr Wichtigkeit zu erlangen, jene Foderung auf, und Albrecht wurde am 31. Mai zu Achen als Kaiser gekrönt. Seitdem blieb die Kaiserkrone bei seiner Familie *). Auch den Böhmen hatte Sigmund seinen Eidam zum Könige empfohlen; allein eine Partei wählte Casimir, den Bruder des polnischen Königs, und dieser ließ gegen Albrecht einige tausend Polen nach Böhmen einrücken. Albrecht blieb Sieger und wurde am 20. Jun. (1438) zu Prag gekrönt. So errang Albrecht in einem Jahre drei Kronen. Indessen dauerte der Zwist mit Polen fort und endigte sich auch nicht bei seinen Lebzeiten. Als er aus Böhmen 1439 nach Ofen zurück kehrte, schrieb er einen Reichstag aus, auf welchem zum Theil neue Gesetze gegeben, zum Theil die alten verbessert wurden. Unterdessen fielen die Türken in Servien ein und nahmen das Schloß Szendrö ein. Albrecht schloß mit dem serbischen Despoten Georg Brankowich auf dessen Bitte ein Bündniß gegen die Türken, und zog mit seinem Heere gegen Servien; aber als er daselbst anlangte, zog der türkische Kaiser Amurat von da ab und wandte sich mit seinem verwüstenden Heer gegen Griechenland. Da Albrecht im heißen Sommer, in welchem im südlichen Ungern und in Servien oft kalte Nächte eintreten, lagerte, wurde ein großer Theil seines Heers von der Ruhr befallen, und viele Ungern eilten daher nach Hause. Auch Albrecht wurde von der Ruhr befallen, und zwar, wie Bonfin erzählt, vom unmäßigen Genuß der Melonen *). Da er diese Krankheit für tödlich hielt, eilte er nach Wien, ungeachtet ihm die ungerischen Aerzte die Reise widerrathen und Ruhe nebst dem Gebrauche von Arznei empfohlen hatten. Der Tod ereilte ihn auf dem Wege, er starb zu Neszme'ly in der Komorner Gespanschaft am 27. Oct. 1439, und wurde zu Stuhlweißenburg in der königl. Gruft beerdigt. Er hinterließ zwei Töchter, Anna, die den sächsischen Herzog Wilhelm, und Elisabeth, die Casimir heirathete, mit welchem ihr Vater Albrecht wegen der böhmischen Krone gekriegt hatte. Auch blieb seine Gemalin Elisabeth schwanger, und gebar nach seinem Tode einen Sohn, der in der Folge unter dem Namen Ladislaus V. oder Ladislaus Posthumus auf den österreichischen, böhmischen und ungrischen Thron gelangte. *(Rumy.)*

Albrecht VI., der Verschwender, ein Sohn des Herzogs Ernst des Eisernen, von der Steyermärkischen Linie, und Bruder Friedrichs des Fünften (als Kaiser: Friedrichs III.) wurde 1418 geboren. Da er beim Tode seines Vaters 1424 noch minderjährig war, so führte sein Bruder Friedrich für ihn die Regirung bis zum J. 1438. Bei der Theilung in die väterlichen Länder erhielt Friedrich V. Steyermark, Kärnthen und Krain, Albrecht VI. aber die vorderösterreichischen Länder, um deren geistige Cultur er sich durch die Stiftung der Universität Freyburg 1452 sehr verdient machte. Als Ladislaus, der Nachgeborne, König von Ungern und Böhmen und Herzog von Oesterreich, ein Sohn Albrechts V. ohne Leibeserben starb 1457, so fiel das Herzogthum Oesterreich an die

*) Albrecht gehörte als Erzherzog von Oestreich und als teutscher Kaiser zu den ausgezeichneten Regenten. Zur Regirung von Oestreich gelangt, wußte er sehr bald durch Strenge die bisher gänzlich vernachlässigte Sicherheit des Landes herzustellen. Als Kaiser gab er auf den Reichstagen zu Nürnberg und Mainz eine Menge Gesetze zur Erhaltung der öffentlichen und Privatruhe, verbesserte die Gerechtigkeitspflege, und suchte die Vehmgerichte wenigstens einzuschränken. Auch die päpstlichen Anmaßungen bekämpfte er möglichst, und viel hätte sich noch von ihm erwarten lassen, hätte ihn nicht der Tod zu früh hingerafft. Nur einen Fehler muß man als Flecken in seinem Character betrachten, die in Grausamkeit ausartende Intoleranz gegen die Hussiten und Juden; sie läßt sich aber aus der Denkungsart seiner Zeit eben so leicht erklären als entschuldigen. Vergl. bei Pez T. II. s. 675. Anon. hist. de morte et event. Alb. II. und J. A. W. Wenk hist. Alb. II. (Lips. 1770. 4.) wie auch außer den bekannten östr. Geschichtschr. Pölitz Gesch. des östr. Kaiserth. (Leipzig 1817) S. 72—74. *(H.)*

*) Nach andern starb er an Gift, welches ihm seine Schwiegermutter Barbara, oder die Venezianer reichen ließen.

drei Prinzen von der Steyermärkischen Linie: Sigismund von Tyrol, Friedrich V. (als Kaiser: Friedrich III.) und Albrecht VI., zu dessen Besten Sigismund auf die Erbschaft Verzicht leistete, wofür er einen Theil von Kärnthen, Friedrich V. aber, auf den Antrag der Landstände 1458 Niederösterreich, und Albrecht VI. Oberösterreich erhielt. Die Hauptstadt Wien blieb den beiden Brüdern und ihrem Vetter Sigismund gemeinschaftlich, so daß sie allen dreien schwören mußte, und jeder von ihnen seine besondere Wohnung in der Burg bekam. Das gute Vernehmen zwischen den beiden Brüdern dauerte indessen nicht lange, da Albrechts Ehrgeiz und Verschwendung ihn antrieben, seinem Bruder, dem Kaiser, Niederösterreich zu entreissen. Er unterstützte daher dessen aufrührerische Stände 1461 unter dem Vorwande, daß er bei der Landestheilung von 1458 versprochen habe, die Landstände bei ihren Freiheiten zu schützen, wobei er sich auf seine Bundesgenossen, den König Georg von Böhmen und den Herzog Ludwig von Baiern-Landshut verließ. Es wurde zwar durch den ersten ein Stillstand vermittelt am 6. Sept. 1461, welcher bis zu Johannis des folgenden Jahres dauern, und unterdessen ein Friede abgeschlossen werden sollte; aber Streitigkeiten zwischen den Bürgern von Wien und dem Kaiser um eine Beisteuer der ersten zur Abbezahlung von des letzten Söldnern gaben Gelegenheit zu neuen kriegerischen Auftritten. Der Kaiser wurde von den Bürgern zu Wien, nachdem sie ihm als Erzherzoge von Oesterreich den Gehorsam aufgekündigt hatten, in seiner Burg zu Wien belagert, und Albrecht zu Hülfe gerufen, welcher seinem Bruder hart zusetzte. Als indessen Friedrich im Nov. 1462 die zu Regensburg versammelten Reichsstände von seiner bedrängten Lage benachrichtigte, so beschloß man ihm Hülfe zu schicken. Ehe diese aber vom Reiche geleistet wurde, rückte der König Georg von Böhmen zum Entsatze herbei und zwang Albrecht VI. die Belagerung aufzuheben, und zu Korn-Neuburg am 2. Dec. 1462 einen Vertrag zu unterschreiben, in welchem er versprach, alle Städte und Schlösser, welche dem Kaiser gehörten, zurück zu geben. Da er aber denselben nicht erfüllte und sich sogar allein zu Wien huldigen ließ, so wurde er auf Friedrichs Antrag von den Reichsständen im April 1463 in die Acht erklärt. Zwar appellirte er deswegen an den Papst Pius II.; dieser aber wies ihn ab, und that ihn sogar in den Bann. Albrecht ließ sich dadurch nicht schrecken, und verwarf alle Vorschläge zur gütlichen Beilegung der Sache. Endlich durchstrich seine Plane der Tod, der ihn am 2. Dec. 1463 überraschte, und wahrscheinlich eine Folge von beigebrachtem Gifte war. Da er keine rechtmäßigen Erben hinterließ, so fielen dessen Länder an seinen Bruder den Kaiser Friedrich III. *(H.)*

ALBRECHT, von spätern Schriftstellern der Stolze genannt, aus dem Hause Wettin, Markgraf von Meißen (1190 bis 1195), Sohn und Nachfolger Otto des Reichen, mit welchem er, nachdem er ihn, um sein Erbrecht gegen seinen vom Vater begünstigten jüngern Bruder, Dietrich den Bedrängten, zu behaupten, gefangen genommen, auf Befehl des Kaisers aber wieder in Freiheit gesetzt, einen heftigen Krieg hatte führen müssen. — Er nahm von dem Altar der Jungfrau Maria im Kloster Alten-Zelle eine bedeutende Summe (von 2000 Pf. Silber nach Glafey, nach dem Chron. Montis Ser. 300,000 Mark, nach Ritter 30,000 Mark), die sein Vater daselbst niedergelegt hatte. Sein Bruder Dietrich, dem sein Vater die Grafschaft Weißenfels hinterlassen, machte wahrscheinlich auch darauf Anspruch, und hielt es mit Albrechts Feinden, den Geistlichen. Albrecht drängte ihn daher so, daß Dietrich, um den Beistand des Landgrafen Hermann von Thüringen zu erhalten, sich mit dessen Tochter Jutta, „die gar häßlich war" (1193), verlobte. Beide schlugen Albrechts Angriffe zurück im Jan. 1195. Hierauf ging Albrecht nach Italien, um den ihm abgeneigten Kaiser Heinrich VI. für sich zu gewinnen, und wider Hermann einzunehmen. Allein dies gelang ihm nicht; denn der Kaiser, welcher den Bergbau in ganz Teutschland als ein Regale in Anspruch nahm, trachtete nach dem Besitze des erzreichen Meißner Landes. Vor dessen heimlichen Nachstellungen gewarnt, kehrte Albrecht schnell nach Meißen zurück, und traf Vertheidigungsanstalten; starb aber noch vor dem Einrücken der kaiserl. Truppen, den 21. Jun. 1195 ohne männliche Erben zu hinterlassen, an Gift. Man hatte deßhalb Verdacht gegen den Kaiser und gegen die Mönche von Alten-Zelle. Bald darauf ward die Markgrafschaft Meißen von den Truppen des Kaisers besetzt. Albrecht und seine Gemalin, Sophia von Böhmen, die 30 Tage nach Albrecht ebenfalls an Gift starb, wurden in Alten-Zelle beigesetzt. Zwei Blechmünzen von Albrecht in Holz geschnitten, s. in Schlegel: de Cella vet., so wie die Abbildung seines Grabsteins, auf welchem man eine der ältesten Spuren des meißnischen Wappens entdeckt. *(Hasse.)*

Albrecht, der Unartige, Ausgeartete, (degener), geb. 1240, aus dem Hause Wettin, Landgraf in Thüringen seit 1262, Markgraf zu Meißen von 1288 bis 1293, starb 1314. Als der ältere Sohn des Markgrafen von Meißen, Heinrich des Erlauchten, bekam er in der von seinem Vater 1262 gemachten Ländertheilung, Thüringen und die sächsische Pfalz; sein Bruder Dietrich die Mark Landsberg und das Osterland. Albrecht's Leben ist ein Irrsal blutigen Familien-Haders, der großes Unglück über das Land brachte. In jener rohen Zeit entzweiten sich die kleinen teutschen Fürsten oft über den Besitz des Familienlandes, das viele wie ein Privat-Erbgut betrachteten. Es war der gesetzlose Kampf der Lehnsfolge-Ordnung und des Familien-Eigenthums, aus welchem sich allmählig die Vorstellung von Staat und Primogenitur entwickelte. — Albrecht war sorgfältig erzogen. Um das J. 1254 vermählte er sich mit Margaretha, des Kaisers Friedrich II. aus dem Hause Hohenstaufen Tochter. Für die Mitgift derselben (10,000 Mark) ward dem Hause Wettin das Pleißnerland verpfändet. Landgraf Albrecht zeichnete sich als tapferer Krieger in dem thüringischen Erbfolgekriege, den sein Vater führte, und um das J. 1268 auf einem Zuge wider die Ungläubigen in Preußen aus. Seine Regirung war löblich, bis ihn die Leidenschaft für Kunigunde von Eisenberg so tief erniedrigte, daß er seine edle Gemalin, die ihm 3 Söhne, Heinrich, Friedrich (den Gebissenen) und Dietrich den Jüngeren (Diezmann) und eine Tochter

Agnes geboren, auf Antrieb jener Buhlerin, mit welcher er den Bastard Apitz erzeugt, auf der Wartburg ermorden lassen wollte. Allein der von ihm gedungene Mörder bekannte der Fürstin das Vorhaben. Sie entfloh noch in derselben Nacht (24. Jun. 1270) nach Frankfurt, wo sie bald darauf (8. Aug. 1270) in einem Kloster starb. Ihre Söhne nahm der Markgraf Dietrich zu sich. Mit ihm und selbst mit seinem Vater lebte der streitsüchtige Albrecht in Mißhelligkeit. Dem Vater mußte er sogar (2. Mai 1270) eidlich versprechen, ihm nicht nachzustellen, noch sein Land anzufallen, noch seine Räthe aufzufangen u. s. w. [1]). Albrecht vermählte sich jetzt mit Kunigunde 1272, und gedachte seinem, nicht sowol als Mantelkind, sondern durch ein kaiserl. Rescript legitimirten Sohn Apitz die Erbfolge in Thüringen zuzuwenden; nachdem er seinem ältesten Sohn Heinrich das Pleißnerland, und dem zweiten, Friedrich dem Gebissenen, die Pfalz Sachsen hatte abtreten müssen. Wahrscheinlich gerieth er deßhalb mit seinem Bruder in neue Mißhelligkeiten, die 1275 einen Krieg zur Folge hatten, in welchem Albrecht die Oberhand behielt. Darauf nahmen beide Brüder als Bundesgenossen Ottokars von Böhmen, an dessen Kriege mit dem Kaiser Rudolf I. bis zum Frieden 1277 Antheil [2]). Wichtiger war des Landgrafen Krieg mit seinen Söhnen, die ihr Recht auf Thüringen gegen den Halbbruder behaupten wollten. Im Lauf desselben verjagte Albrecht seinen Sohn Heinrich schon im J. 1281 aus dem Besitze des Pleißnerlandes; doch kommt nach Heinrichs Tode, Diezmann seit 1283 als Herr dieser Provinz vor. Friedrich der Gebissene aber ward gefangen, und von seinem Vater auf der Wartburg 1283 äußerst hart behandelt. Dies hielt ihn ab, sein mütterliches Recht auf die Besitzungen des 1269 erloschenen hohenstaufischen Hauses in Italien geltend zu machen. Nach einjähriger Gefangenschaft entfloh Friedrich, und setzte mit Diezmann den Krieg noch einige Jahre gegen den Vater fort. Um diese Zeit starb ihr Oheim Dietrich, dem sein Sohn Friedrich Tutta (der Stammler) 1284 folgte. Auch Heinrich der Erlauchte starb 1288, worauf Albrecht der Unartige und Friedrich Tutta von Meißen Besitz nahmen, mit Ausnahme der Stadt Dresden und ihres Umkreises, die Heinrich der Erlauchte seinem Sohne dritter Ehe mit einer Ministerialin, Friedrich dem Kleinen, überlassen hatte [3]). Aus jener Besitznahme entstand ein neuer Familienkrieg. Diezmann entriß seinem Vetter Friedrich dem Stammler, aus dem großväterlichen Nachlasse, die Niederlausitz 1288, und Friedrich der Gebissene nahm seinen Vater, der an Apitzen einige Bezirke in Thüringen abgetreten hatte, und überhaupt sehr verschwenderisch wirthschaftete, im offenen Kriege gefangen. Als Albrecht hierauf seine Freiheit durch den Vertrag zu Rochlitz (1. Jan. 1289), welchen die thüringischen Großen vermittelten und verbürgten, mittelst Abtretung wichtiger Landstriche im Meißnischen an Friedrich den Gebissenen wieder erlangt, verkaufte er aus Erbitterung, was ihm in Meißen noch übrig war, an seinen Neffen Friedrich Tutta. Auch veräußerte er mehrere Schlösser in Thüringen, wodurch vorzüglich die Stadt Erfurt ihr Gebiet vergrößerte. Dies bewog Friedrich den Geb., seinem Vater zu Eisenach (5. Aug. 1290) das Versprechen abzunöthigen, ohne des Sohnes Zustimmung weder Land noch Leute, Schlösser, Städte, noch weniger sein Fürstenthum zu verkaufen oder zu verpfänden. Dieser Vergleich wurde von den großen Vasallen bestätigt und unterzeichnet. Um dieselbe Zeit (1290) traf Kaiser Rudolf I. zu Erfurt kräftige Anstalten zur Wiederherstellung des Landfriedens in Thüringen. Als hierauf, nachdem Friedrich Tutta (den 15. Aug. 1291) ohne männliche Erben gestorben war, Friedrich und Diezmann dessen Länder, ohne Zuziehung ihres Vaters, in Besitz genommen, verkaufte dieser voll Haß gegen seine Söhne, nicht nur 1291 die Mark Landsberg an Brandenburg [4]), sondern auch 1293 die Landgrafschaft Thüringen und seine Ansprüche an Meißen, für 12,000 Mark Silber an den römischen König Adolf von Nassau. Da sich Friedrich und Diezmann mit ihren Vasallen dieser Abtretung widersetzten, so drang Adolf 1294 mit Gewalt in Thüringen und Meißen ein [5]). Nach einem eben so verheerenden, als hartnäckigen Kampfe, der nach Adolfs Tode 1298 mit dem Nachfolger desselben, dem teutschen König Albrecht I. bis 1307 fortgesetzt wurde, behauptete sich Friedrich der Geb. in dem Besitze der von seinem Vater an Adolf verkauften Länder. Sein Bruder Diezmann war im Dec. 1307 zu Leipzig gestorben, oder durch Meuchelmord umgekommen [6]). Auch Apitz war schon (zwischen 1298 u. 1306) gestorben. Der Landgraf Albrecht aber hatte sich 1290 zum dritten Male mit Elisabeth, verwittweten Gräfin von Arnshaug, vermählt. Diese Fürstin wurde 1299 die Schwiegermutter ihres Stiefsohns Friedrichs des Geb., und bewirkte eine Art Aussöhnung zwischen dem Vater und Sohne; wenigstens begünstigte Landgraf Albrecht nicht den König Albrecht I. in dem Kampfe um Meißen. Zuletzt trat er gegen ein Jahrgeld Thüringen mit der Wartburg an seinen Sohn Friedrich ab, und zog nach Erfurt, wo er 1314 starb. Vgl. den Art. Friedrich den Gebissenen.

(*Hasse.*)

Albrecht **der Beherzte**, Animosus, Herzog zu **Sachsen**, geb. 17. Jul. 1443, der jüngere Sohn des Kurfürsten zu Sachsen, Friedrich des Sanftmüthigen, ward nebst seinem ältern Bruder **Ernst** im J. 1455 von Kunz von Kaufungen entführt, von dem Köhler Schmidt aber in der Nähe von Grünhayn im Erzgebirge, befreit. Einen Theil seiner Jugend brachte er am kaiserl. Hofe bei seiner Mutter Bruder, dem Kaiser Friedrich III. zu, wo man ihn für das Interesse des Hauses Oestreich gewann, so daß er nachher einen großen Theil seines Lebens dem Dienste dieses Hauses widmete. Er vermählte sich 1464 mit **Zedena** (Sidonia, Stammmutter des jetzt regierenden königl. Hauses Sachsen), König Georgs von Podie-

1) Ueber diesen merkwürdigen Vergleich s. **Weiße's** Geschichte der chursächs. Staaten II. S. 6. 2) S. Adelung's Director. S. 132. 3) S. **Weiße** a. a. O. S. 20 flg.

4) S. **Weiße** a. a. O. S. 27. 5) S. **Weiße** a. a. O. S. 30. 6) Spätere Schriftsteller behaupten das letztere, was nach **Adelung's** Director. S. 146 sich nicht erweisen läßt. Doch führt **Weiße** a. a. O. S. 35 eine Stelle aus den fast gleichzeitigen Annal. Vet. Cell. an, die den Mord ausdrücklich erwähnt.

brad von Böhmen Tochter, die 1510 1. Febr. auf ihrem Wittwensitze Tharant, nach dem Bericht des Pirnaischen Mönchs, in hitziger Andacht starb. Nach des Vaters Tode 1464, regirten **Ernst** und **Albrecht** gemeinschaftlich in den ererbten meißnischen und thüringischen Stammländern bis 1485. (Als Kurfürst regirte Ernst allein im Herzogthum Sachsen, oder im Kurkreise, dem Wittenberger Lande). In Thüringen regirte ihr Oheim Wilhelm III., hierauf nach dessen Tode 1482 Ernst und Albrecht, seine Neffen und Erben, bis sie durch verschiedene Mißhelligkeiten dazu veranlaßt, den 26. Aug. 1485 zu Leipzig die **Theilung** der gesammten meißnischen und thüringischen Länder nach Sachsenrecht vollzogen. Der ältere Bruder theilte, der jüngere wählte, und zwar wider Erwarten des ältern, Meißen, welches besser angebaut war, als Thüringen. Doch liefen die verschiedenen Landestheile sehr durch einander, denn es wurden thüringische Aemter zum meißnischen Theil geschlagen, und die Bergwerke blieben ungetheilt. Man hofte nämlich, daß bei entstandenen Familienzwisten, keiner des andern Land verwüsten könnte, ohne zugleich seinem eigenen daran stoßenden Gebiet zu schaden [1]).

So ward **Albert Herzog zu Sachsen in Meißen**, der Stifter der jüngern, oder albertinischen (gegenwärtig **königlich-sächsischen**) Linie; Kurfürst **Ernst** aber, **Herzog zu Sachsen in Thüringen**, der Stifter der älteren, oder ernestinischen (gegenwärtig **herzoglich-sächsischen**) Linie des Hauses **Wettin**, das Meißen, Thüringen und Sachsen besaß. Während ihrer gemeinschaftlichen Regirung eroberten sie 1466 die Stadt Planen, als sie Heinrich 2te Reuß von Plauen mit Gewalt zu Recht und Ordnung verweisen mußten; auch erkauften sie mehrere Herrschaften, (z. B. das schlesische Herzogthum Sagan 1472, für 50,000 ungar. Goldgld.), indem die Schneeberger Bergwerke (wo man schon 1316 auf dem Fürstenberge baute), seit 1471 sehr ergiebig wurden. In der Folge (1492) gab auch der Schreckenberg viel Ausbeute, weßhalb man hier die Stadt Annaberg erbaute. Ernst und Albrecht ließen daher Schrekkenberger- oder Engelgroschen mit Bildnissen prägen, welche zuerst 1492 auf den Zwickauer Zinsgroschen erschienen. Doch ist es nach Adelung's Director. S. 220 ein Mährchen, daß Herzog Albrecht in dem St. Georgen Schachte an einer aus Einer Silberstufe ausgehauenen Tafel gespeiset habe. Indeß war er allerdings sehr reich, und liebte glänzende Aufzüge. So ritt er zu seiner Trauung nach Eger mit einem Gefolge von 3000 meist adeligen Herren zu Pferde ein. Im April 1471 zog der unternehmende und kriegerische Albrecht mit 5000 Reitern nach Prag, um nach dem Tode seines Schwiegervaters, des Königs Georg Podiebrad, die böhmische Krone zu erhalten, welche ihm ein Theil der Stände angetragen hatte; allein er kehrte schon im August zurück, als die Mehrheit der Nation den polnischen Prinzen Wladislaus wählte. Hierauf führte er als Bundesgenosse des Kaisers Friedrich III. 1475 ein sächsisches Heer mit Ruhm gegen den Herzog Karl den Kühnen von Burgund. Im J. 1476 machte er eine Reise nach Rom und Palästina [2]). Nach seiner Rückkehr unterstützte er (im J. 1480 flg.) den Kaiser mit Truppen gegen Matthias Corvinus, König von Ungern. In jenem Kriege übertrug ihm der Kaiser in Abwesenheit seines Bruders, des Erzmarschalls, die Führung des Reichshauptpaniers. Er ward deswegen des Kaisers gewaltiger Marschall und Bannermeister genannt. Auch ward ihm im J. 1487, auf dem Reichstage zu Nürnberg, der Oberbefehl über die Reichstruppen gegen Matthias von Ungern übertragen. Er that den Eroberungen dieses Fürsten Einhalt, so daß Matthias sagte: er fürchte sich vor dem Herzog Albrecht mehr, als vor der ganzen östreichischen Macht. Allein der Kaiser unterstützte den Herzog weder mit Geld noch mit Truppen hinlänglich. Er mußte daher einen Waffenstillstand mit dem König Matthias schließen, welchen auch der Kaiser genehmigte. Seine Auslagen in beiden Kriegen wurden ihm nicht ersetzt. Doch hatte ihm der Kaiser schon den 26. Juli 1483 die Eventualbelehnung von Jülich und Berg ertheilt. Albrecht machte sich darauf im J. 1488 um den römischen König Maximilian sehr verdient, indem er als Heerführer der Reichstruppen zur Dämpfung des Aufruhrs in den Niederlanden viel beitrug. Seine Soldaten (gedungene Lanzenknechte und Reiter) nannten ihn wegen seiner Tapferkeit den deutschen Roland. Kaiser Friedrich III. machte ihn daher zum Statthalter in den Niederlanden, und der Kaiser Maximilian gab ihm (20. Juli 1498) die mehr lästige als vortheilbringende Würde eines **Erbstatthalters von Friesland**, welche jedoch des Kaisers Sohn, der Erzherzog Philipp der Schöne, als Erbe von Burgund wieder einlösen konnte. Allein in Albrechts Abwesenheit empörten sich die Friesen gegen seinen als Vicestatthalter eingesetzten zweiten Sohn Heinrich, und belagerten denselben in Franeker. Albrecht befreite ihn zwar, und erbeutete die (jetzt in der königl. Bibliothek zu Dresden aufbewahrte) Kette, an welcher sie Heinrich aufzuhängen gedroht hatten, allein Gröningen ward von ihm vergeblich belagert. Bald darauf starb Herzog Albrecht aus Verdruß und Kummer wegen Geldmangel [3]) zu Emden den 12. Sept. 1500, und ward zu Meißen in der Fürstenkapelle begraben.

Bis zum J. 1480 hatten beide Brüder in Dresden gewohnt; allein damals wählte Albrecht Tharant zu seiner Hofhaltung. Das wichtigste Gesetz, welches beide Brüder, auf Veranlassung der Stände erließen, war eine Polizeiordnung von 1482 um der damals überhandnehmenden Ueppigkeit und Kleiderpracht zu steuern. Auch schlossen sie wegen der Schutzhoheit der sächsischen Fürsten über Erfurt, am 3. Febr. 1483 einen wichtigen Vertrag ab [4]). Nach der Theilung 1485 wurde Dresden, das damals 4—5000 Einwohner zählte, die Residenz des albertinischen Hauses [5]). Albrechts öftere Abwesenheit, weßhalb ihm auch die Stände Vorstellungen machten,

1) S. diese Theilung in **Weiße's** Gesch. der chursächs. Staaten II. S. 356 flgg., und den vom Kaiser Friedrich III. (24. Febr. 1486) bestätigten Receß selbst in Lünig's Reichsarch. P. spec. II. S. 237 flgg.

2) S. hierüber die Schriften in **Adelung's** Director. S. 217. 3) S. **Adelung** a. a. O. S. 232. 4) Vergl. **Weiße** a. a. O. II. 353 flgg. 5) S. **Hasche's** diplomat. Gesch. Dresdens. 2. Th. S. 75 flgg. und über Dresdens damalige Größe und Bauart S. 83 und 130.

war dem Lande nachtheilig. Daher übertrug er 1488 die Regirung des Herzogthums seinem ältesten Sohn Georg, den er sorgfältig hatte unterrichten lassen. Er selbst war nach einem großen Brande 1491 äußerst thätig für die Wiederherstellung Dresdens, und gab eine Bauordnung, nach welcher jeder eines Gemachs hoch steinern bauen und mit Ziegeln decken sollte. Auch legte er den großen Teich bei Torgau an. Insbesondre wurde während seiner Regirung das doppelte Hofgericht zu Dresden und Eckartsberga in Ein für beide Linien bestehendes Oberhofgericht zu Leipzig seit 1488 verwandelt, und in Dresden eine Landesregirung, unter einem Kanzler, seit 1486 errichtet. Noch ist Albrechts Testament merkwürdig [6]); eigentlich ein mit Zustimmung seiner Söhne Georg (des Bärtigen) und Heinrich (des Frommen) und mit Zuratheziehung eines landschaftlichen Ausschusses, zu Mastricht gemachter und (12. Dec. 1500) vom Kaiser bestätigter Erbvertrag vom 18. Febr. 1499, durch welchen Georg in den meißnisch-thüringischen Erblanden, welche künftig ungetheilt bleiben sollten, Heinrich aber in Friesland des Vaters Nachfolger wurde. Auf den Fall, daß Einer sein Land verlöre, sollte der Andre ihm ein Stück von dem seinigen „mit aller Obrigkeit“ einräumen. Wenn aber die Länder des einen Bruders an den andern käme, sollte der älteste Sohn allein succediren, und dieser seine Brüder blos mit einem Theile der Landeseinkünfte abfinden. Dadurch ward zunächst ein Seniorat beabsichtigt, die Primogenitur-Erbfolge aber in Sachsen wenigstens vorbereitet [7]). Albrechts dritter Sohn Friedrich (geb. 1474, starb zu Rochlitz 1510) war 1498 Hochmeister des teutschen Ordens in Preußen geworden. Seine Tochter Katharina vermählte sich mit dem Erzherzog Sigismund von Oestreich, und zum zweiten Male mit Erich dem Aeltern von Braunschweig [8]). Von seiner treuen Anhänglichkeit an Kaiser und Reich [9]) gab er viele Beweise. So hatte er blos auf den niederländischen Krieg aus eignen Mitteln und außerordentlichen Steuer der Stände 300,000 Gülden verwandt. Als ihm sein Rentmeister Statthalter wegen der erschöpften Casse Vorstellungen machte, äußerte er, daß er sich aus Liebe für den Kaiser hängen lassen wollte, wenn er ihn dadurch retten könnte. „Ich wollte, sagte Herzog Albrecht, daß alle mein Land und Gut, so ich auf Erden habe, zu Gelde gemacht wären, ich wollte meinem Herrn Kaiser Maximilian solche Dienste thun, daß man davon ein tausend Jahre sollte zu sagen und zu schreiben haben.“ Er setzte noch hinzu: „Es ist besser, daß alle Fürsten zu Sachsen nach Brod gehn, denn ein römischer Kaiser.“ Ein andres Mal erklärte er: „Ich meine ja das Reich mit den Treuen, da ich wüßte, daß ihm mit meinem Tode möchte geholfen werden, so wäre ich ganz unbeschwert, mich zu Förderung des Reiches Wohlfahrt henken zu lassen.“ — Diese Anhänglichkeit an das Haus Oestreich wurde politisches System des albertinischen Hauses, und erklärt zum Theil das Betragen des Herzogs Moritz, des Enkels Albrechts, in der Zeit des Schmalkaldischen Bundes. (Vgl. den Art. Ernst, Kurfürst von Sachsen, und Georg der Bärtige, Herzog zu Sachsen). (*Hasse.*)

ALBRECHT, (Joh. Wilhelm), Doktor der Medicin, erster ordentlicher Professor der Anatomie, Chirurgie und Botanik auf der Universität Göttingen ꝛc. war zu Erfurt am 11. Aug. 1703 geboren, wo sein Vater, Joh. Andreas Albrecht, Mitglied des Stadtrathes war. Nachdem er in den dasigen Schulen den Grund seiner Studien gelegt hatte, besuchte er noch eine Zeit lang das Gothaische Gymnasium, unter Vockerodt, studirte dann von 1272 an die Heilkunde zu Jena und Wittenberg, und suchte sich dann noch eine Zeit lang in Straßburg und Paris in der Anatomie und Chirurgie zu vervollkommnen. Nach der Rückkehr in seine Vaterstadt, erhielt er 1727 nach Vertheidigung einer Inaugural-Dissertation de morbis epidemicis, die Doktorwürde. Bald durch seine ungemeinen Fähigkeiten und Kenntnisse ausgezeichnet, erhielt er schon im J. 1728 das Landphysikat, und 1729 eine außerordentliche Professur der Medicin, worauf er sich 1730 mit einer Tochter des Seniors D. Pfeiffer verheirathete. Von dieser Zeit an hielt er unausgesetzt Vorlesungen über verschiedene Theile der Medicin, gab auch mehrere anatomische Demonstrationen, zu denen er jedesmal durch eigens angeschlagene Programme einlud. Auch seine Schriften zeugten von seinen reifen Kenntnissen, seiner scharfen Beobachtungskunst, und originellen Ansichten; er wurde dadurch im Auslande vortheilhaft bekannt, und erhielt 1734 einen ehrenvollen Ruf als ordentlicher Professor der Anatomie, Chirurgie und Botanik auf der neu errichteten Universität Göttingen, welchen er annahm. Als der erste dort ankommende Professor der Medicin übernahm er auch zugleich das Dekanat der medicinischen Facultät, und hielt in dieser Eigenschaft im Decbr. 1735 die erste medicinische Doktorpromotion. Er las fleißig, nicht nur in fast allen Theilen der Medicin, sondern auch in der Mathematik; aber eben durch diesen gar zu großen Fleiß schadete er seiner ohnedieß schwächlichen Gesundheit; noch mehr wurde diese aber durch die anatomischen Demonstrationen zerrüttet, die er bei ungünstiger Witterung, in einem äußerst schlechten Lokale halten mußte, und die ihm noch überdieß den gröbsten Beschimpfungen und Verfolgungen des damals noch sehr ungebildeten Göttinger Pöbels aussetzten. Der Verdruß über die letzteren war wenigstens höchst wahrscheinlich die Hauptursache zur Verschlimmerung einer Krankheit, die schon den 7. Jan. 1736 sein Leben endigte. Bei der Oeffnung seiner Leiche zeigten sich verschiedene organische Fehler, worunter besonders bemer-

6) In Lünig's Reichsarchiv, P. spec. S. IV. p. 24 sqq.
7) Vgl. Weiße a. a. O. III. S. 215, und Heinrich's Handb. der sächs. Gesch. fortges. von Pölitz. 2 Th. S. 299. Unter andern heißt es in diesem Erbvertrage: „wo der Aelteste, nach Achtung Ihrer Lande und Leute, zu regiren nicht tüglich sey, der nechste des Alters darnach die Regirung der Lande haben soll.“
8) S. *Ge. Spalatini* vita Alberti, ducis Saxoniae, bei Menk T. II. p. 2124 flgg. und *Mich Bojemi* vita Alberti animosi. Lips. 1586. 4. mit Anmerk. von Schurzfleisch. Wittenb. N. A. 1698. 4. Ferner Weiße Gesch der churf. Staaten II. und UL und Heinrich's Handbuch der sächs. Gesch. fortges von Pölitz Th. II. S. 291 flgg.
9) *Zach. Hartmann* Diss. Albertus animosus, dux Saxoniae, fidelitatis in domum augustam et imperium exemplar. Kilon. 1726. 4.

kenswerth scheint, daß man in verschiedenen Blutgefäßen, besonders im Kopfe, ziemlich bedeutende Luftblasen fand; auffallend deshalb, weil Albrecht in seinen Vorlesungen immer behauptet hatte, es müsse sich Luft im Blute befinden, was doch nach den Gesetzen des gesunden Organismus nicht der Fall seyn kann. — Seine Schriften sind, außer den Programmen, die er in Erfurt zur Ankündigung seiner Vorlesungen zwar in ziemlicher Anzahl, doch nur auf halbe Bogen, in Form öffentlicher Anschläge, drucken ließ, folgende: Observ. anatom. circa duo cadavera masculina. Erf. 1730. 4. Tract. phys. de tempestate, cui subiungitur observatio circa vasa lymphatica ventriculi. ib. 1731. 8. Tract. phys. de effectibus musices in corpus animatum. Lips. 1734. 8. Progr. de vitandis erroribus in doctrina medica. Goetting. 1734. 4. Progr. de vitandis erroribus in med. mechanica ib. 4. Diss. inaug. de spiritu vini, eiusque usu et abusu resp. *C. H. Papen.* ib. Progr. de loco quodam Hippocr. de natura, quae nulla praecedente disciplina, quae opus sunt in homine, perficit, male explicato. — Paraenesis ad artis med. cultores, dum duorum cadaverum masculinorum sectionem primum obiret. — Alle Goett. 1735. 4. — Im Commercio litterario Nor. a. 1735. befindet sich von ihm: S. 153. Observatio de camphorae usu in purpura et inflammationibus internis. S. 321. De vulnere capitis cum laeso cerebro, trepanatione sanato. A. 1736. S. 91. De vi corticis peruviani in sistendis gangraena et sphacelo a causa interna natis.

Sein Leben beschreibt Motschmann, gel. Erfurt, 3. Fortsetz. S. 361. und 4. Fortsetz. S. 563. *Gesner* Biogr. acad. Gott. Vol. I. p. 147. et seq. Ich habe aber außerdem noch andere, theils schriftl. theils mündl. Nachrichten benutzen können. (*H. A. Erhard.*)

ALBRECHTS, ALBERTS, in der Volkssprache Malmers, Pfarrdorf in der preuß. Prov. Sachsen, im hennebergischen Kr. des Bez. der Reg. zu Erfurt, im Amte Suhl, am Fuß des Dornenberges mit 133 H. und 740 Einw. unter denen sich 52 Barchentweber, 41 Nagelschmiede und viele andere Professionisten befinden. In der Nähe liegt die Eisensteingrube, der Glücksstern, die Brauneisenocher und Braunstein liefert, der in Blauöfen, um weißes Roheisen zu gewinnen, mit verschmolzen, und auch zu Schmiedeeisen, Gewehr- und Schwarzblech, besonders in den Suhler Fabriken, verarbeitet wird. Die hiesige Pfarrkirche, sonst eine Kapelle, zu welcher die Dörfer Mebendorf und Diezhausen als Filiale gehören, eine der ältesten in der Grafsch. Henneberg, wurden schon 1116 von Gebhard von Nordeck zu Ehren des heiligen Niklas erbaut*). (*Stein.*)

ALBRECHTSBERG, heißen 4 Orte in Oesterreich; wovon 2 unwichtige Dörfer zu dem. Lande ob der Enns gehören. — Im Lande Unter der Enns ist Alb. an der Krems im Kreis über den Mannhartsberg eine alte Bergveste, Herrschaft und aus 53 H. bestehendes Pfarrdorf mit 374 E. — und Alb. an der Bielach unterhalb Melk im Kr. ob dem Wienerwald, ein geräumiges Schloß, welches der Verwaltungssitz einer eigenen Herrschaft ist, mit einem aus 32 H. bestehenden und von 256 M. bewohnten schon aus dem 15. Jahrh. herstammenden Dorfe. (*Th. v. Liechtenstern.*)

ALBRECHTSBERGER, (Joh. Georg, geb. 1736, gest. 1809.) Dieser um die Tonkunst vielverdiente, würdige Mann war bei Wien geboren, und brachte sein ganzes Leben in dieser Stadt zu, wo er zuletzt als Kapellmeister zu St. Stephan angestellt war. Er war als treflicher Orgelspieler berühmt, und auch seine ziemlich zahlreichen Compositionen, die größtentheils diesem seinem Instrumente gewidmet waren, werden mit Recht geschätzt, obgleich sie sich weit mehr durch gründliche strenge Ausarbeitung, als durch Erfindung, Eigenthümlichkeit und Ausdruck auszeichnen. Sein größtes Verdienst aber, weshalb wir seiner auch hier mit Ehren gedenken, war das eines überaus gründlichen, fleißigen, treuen Lehrers in der Composition. Als solcher hat er viele trefliche Schüler gezogen; ja fast alle Meister dieser Kaiserstadt genossen entweder eine Zeit lang seinen Unterricht, oder bedienten sich bei ihren vorzüglichern Arbeiten seines Raths und Urtheils. Dabei blieb er ein fast bis zur Aengstlichkeit bescheidener, zurückgezogener Mann, der es der Welt gar nicht glauben konnte, wenn sie seine Vorzüge rühmte. Aus seinen Unterrichtsstunden in frühern Jahren bildete er später sein Werk: Gründliche Anweisung zur Composition, (Leipzig 1790 4.) welches — wenn auch nicht vollständig, noch weniger in streng systematischer Ordnung — das enthält, was es verspricht, und vielleicht in den zahlreichen, sorgsam ausgearbeiteten Beispielen seinen größten Vorzug hat. (*Rochlitz.*)

ALBRECHTSDORF, Kirchdorf der Herrschaft Sorau in der N. Lausitz an der oberhalb dem Dorfe entspringenden Lubus (Lubst) hat, außer starkem Obstbau, bedeutende Lager von Rasenеisenstein. (*Engelhardt.*)

Albrechtsthal, s. Weilerthal.

ALBREDA, ein großes Negerdorf am Gambia in dem Negerreiche Barra auf der Küste von Senegambien, das gegen 7000 Einw. zählt. Die Franzosen besitzen daselbst ein von dem Fort zu Gorée abhängiges Comptoir. (*Hassel.*)

ALBRET oder LEBRET, eines der ältesten Häuser in Frankreich, das seinen Namen von der Landsch. Albret in Gascogne ableitet, welche Heinrich II. 1556 zu einem Herzogth. erhob, zu Gunsten Antons von Bourbon, des Vaters Heinrichs IV., und der Johanna von Albret, seiner Gemalin, das aber 1642 gegen die Herrschaft Sedan an das Haus Bouillon vertauscht wurde. Das Haus Albret war sehr fruchtbar an berühmten Männern und Frauen, von denen wir folgende bemerken: 1) Karl von Albret, Connetable von Frankreich, Graf von Dreux, Vicomte von Tartas. Er begleitete 1390 Ludwig II. Herzog von Bourbon auf den Zug nach Afrika, wurde 1402 Connetable, verlor diese Stelle, weil es ihm noch an der erforderlichen Erfahrung und Fähigkeit

*) S. Spangenbergs Henneberg. Chr. S. 145. und v. Schultes Beschr. der Grfsch. Henneberg. S. 171.

fehlte, 1411, erhielt sie jedoch 1414 wieder, worauf er d. 25. Oct. 1415 in der Schlacht bei Azincourt gegen die Engländer seinen Tod fand. 2) Ludwig von Albret, geb. 1422, wurde Bischof zu Cahors, 1461 Cardinal, und starb 1465 in Rom, wegen seiner Bescheidenheit und Kentnisse allgemein geehrt und geliebt. 3) Johann von Albret, König von Navarra, aus Ober- oder dem sogenannten spanischen Navarra vertrieben von König Ferdinand von Arragonien (dem Katholischen) 1512, gest. 1516. Er war zum Besitz dieses kleinen Königreichs durch seine Vermählung mit Katharina von Foix, Königin von Navarra, gelangt. 4) Charlotte von Albret, des vorigen Schwester, vermählt mit Cäsar Borgia, einem Sohn Papst Alexanders VI., die tugendhafte Gattin eines berüchtigten Bösewichts, starb d. 11. Mai 1514. 5) Johanna von Albret, die Mutter König Heinrich IV., Tochter und Erbin Heinrichs II. Königs von Navarra, geb. 1531. Sie heirathete 1548 Anton von Bourbon, Herzog von Vendome, einen indolenten Prinzen, der stets zwischen den Parteien schwankte, die damals Frankreich zerrütteten. Johanna war von ganz entgegengesetztem Charakter: voll Muth und Entschlossenheit, gefürchtet vom französischen Hofe, geliebt von den Protestanten, geehrt von beiden Parteien. Mit den Frauen hatte sie nichts als das Geschlecht gemein; ihr Herz war männlich, ihr Geist fähig, die schwersten Geschäfte zu behandeln, und keine Gefahr konnte ihren Muth beugen. Sie war eine trefliche Regentin, die sorgfältigste und weiseste Erzieherin ihres Sohnes, und in ihrem durch Lectüre und Erfahrung gebildeten Geist fand sie in jeder Verlegenheit Hilfe. Merkwürdig ist es, daß sie zu eben der Zeit die reformirte Religion annahm, als ihr Gemal katholisch wurde, und daß sie im Bekenntniß der neuen Religion eben so standhaft, als ihr Gemal wankend war. Sie gab den verfolgten Protestanten Muth, versetzte in England ihre Juwelen, um die Partei ihres Sohnes mit Geld zu unterstützen, und kehrte sich nicht an die Drohungen Franz II. und Karls IX. Zu früh für die gute Sache der Protestanten starb sie plötzlich d. 9. Jan. 1572, zwei Monate vor der Pariser Bluthochzeit. Das Gerücht, daß durch vergiftete Handschuhe ihr Tod befördert worden sey, verdient keinen Glauben. In ihrem Testamente hatte sie ihren einzigen Sohn ermahnt, der reformirten Lehre standhaft ergeben zu bleiben. Er folgte ihr in dem kleinen Königreiche Navarra, welches er 1589 mit der franz. Krone vereinigte. 6) Cäsar Phöbus von Albret, Marschall von Frankreich, Graf von Miossans. Er lernte den Krieg in Holland, und diente lange daselbst an der Spitze eines Infanterieregiments. Nach der Rückkehr nach Frankreich wurde er 1646 Marechal de Camp und wohnte bald darauf den Belagerungen von Mardyk und Dünkirchen bei. Sein Eifer für die Königin Mutter, Anna von Oesterreich und für den Kardinal Mazarin während der Unruhen der Fronde, und die Tapferkeit, die er in Gefahren bewies, verschafften ihm 1654 den Marschallsstab. Er wurde 1670 Gouverneur von Guienne, und starb 1676 in seinem 62. Jahre zu Bordeaux. St. Evremont und Scarron haben ihn unter dem Namen Miossans, den er damals führte, gepriesen; andere haben ihm manche Vorwürfe gemacht und seine hohen Würden mehr seinen Hoftalenten, als seiner Tapferkeit zugeschrieben. S. *Anselme* hist. généal. T. VI. Nouv. Dict. hist. u. Biogr. univ. (*Baur.*)

ALBRICH, (Johann,) Doctor der Medicin zu Kronstadt in Siebenbürgen, gest. 1750., durch die Beschreibung der von ihm als Sanitätsdirector beobachteten Kronstädter Pest 1718–19 bekannt und wegen der damaligen Verdienste in den Kronstädter Senat aufgenommen, ist auch Vf. zweier numismatischer Briefe an Schultz im Numophylacio Schulziano von Agnethler (Halle 1746). Auch sammelte er historische Manuscripte und hinterließ einen Folioband von Annalen, deren Inhalt Horányi in seiner Nova Memoria Hungarorum et Provincialium scriptis editis notorum, Pest 1792 S. 69. anzeigt. (*Rumy.*)

ALB-SEE, See unweit Hohenschwarzau im Landger. Schongau des Kgr. Baiern. (*v. Hazzi.*)

ALBUCA, eine Pflanzengattung aus der natürlichen Familie der Asphodelen von der sechsten Linnéschen Klasse. Der Gattungs-Charakter besteht in einer sechstheiligen Blumenhülle, deren drei äußere Einschnitte offen stehn, die drei innern zusammen klappen und mit verdickter Spitze versehen sind. Unter den 6 Staubfäden sind bei 6 unter 14 bekannten Arten nur drei fruchtbar. Das Pistill ist umgekehrt pyramidalisch, die Narbe mit dreifachem Stachel umgeben. Die sämmtlichen Arten wachsen am Vorgebirge der guten Hofnung. In Gärten werden gezogen: 1) A. *altissima* Jacqu., mit blaugrünen langen linienförmigen, mit einer Rinne versehenen flatterigen Blättern. Die 4 Fuß hohen Blüthenstengel tragen weißgrüne Blumen auf langen Stielen. Abgebildet in Jaqu. ic. rar. 1. t. 63. 2) A. *major*, mit lanzetlinienförmigen platten Blättern, die zurück geschlagen sind, sonst der vorigen Art gleich. Abgebildet in Jacqu. ic. rar. 2. t. 443. 3) A. *flaccida* Jacq., mit lanzetlinienförmigen Blättern, die schief gewendet sind. Abgebildet ebendaselbst t. 444. 4) A. *minor*, mit linienförmigen pfriemenförmig zugespitzten Blättern. Abgebildet in *Redouté* liliac. t. 21. 5) A. *viridiflora* Jacqu., mit linsen-pfriemenförmigen, auswendig scharf behaarten, mit einer Rinne versehenen Blättern. Abgebildet in Jacqu. ic. rar. 2. t. 446. 6) A. *coarctata* Dryandr., mit linienförmigen platten Blättern, und einer gedrängten Blüthentraube, wo die Bracteen so lang als die einzelnen Blüthenstiele sind. Diese Arten haben alle den gemeinschaftlichen Charakter, daß nur drei Staubfäden fruchtbar, die Blumen gelbgrünlich, und die Spitzen der innern Kronenblätter drüsig und verdickt sind. Bei den folgenden sind alle Staubfäden fruchtbar. 7) A. *fastigiata* Thunb., mit linienförmigen Blättern, die weit länger als der niedrige Blüthenschaft sind. 8) A. *caudata*, mit linienlanzetförmigen Blättern, die kürzer als der Blüthenschaft sind und horizontal stehenden, nicht nickenden Blumen. Abgebildet in Jacqu. ic. rar. 2. t. 442. 9). A. *setosa*, mit borstigen Schuppen der Knoten und aufrecht stehenden Blumen, sonst der A. fastigiata gleich. Abgebildet in Jacqu. ic. rar. 2. t. 440. 10)

A. *abyssinica* Jacqu., mit linien-lanzetförmigen, steifen, mit einer Rinne versehenen Blättern und schmalen Bracteen, die länger als die Blüthen sind. Abgebildet in Jacqu. ic. rar. 1. t. 64. 11) A. *fragrans*, der vorigen Art gleich, nur daß die Bracteen sehr kurz sind. Abgebildet in Jacqu. hort. Schönbrunn. 1. t. 84. 12) A. *viscosa*, mit klebrig haarigen Blättern. Abgebildet in Jacqu. ic. rar. 2. t. 445. 13) A. *spiralis*, mit scharfhaarigen, an der Spitze schraubenförmig gedrehten Blättern. Abgebildet in Jacqu. ic. rar. 2. t. 448. (*Sprengel.*)

Albucasis, s. Abul Kasem.

ALBUERA, Dorf im spanischen Estremadura, südlich von Badajoz, an einem gleichnamigen Flusse, wo am 16. Mai 1811 die vereinigten Corps der Briten (8000) Spanier (11,000) und Portugiesen (7000) unter dem Marschall Beresford (und den Generalen Blake und Castannos) einem 20–24,000 Mann starken Corps der französischen Armee unter Soult, ein Treffen lieferten, (in welchem diese an 9000 Mann, jene nicht viel weniger verloren) und dasselbe zum Rückzuge nach Sevilla nöthigten. (*H.*)

ALBUFEIRA, (9° 31′ L. 37° 7′ Br.) Villa in dem portug. Königreich Algarve, in der Correição de Lagos, an einer Bai mit einem Hafen, der die größten Schiffe aufnehmen kann, und durch ein Kastell und Strandbatterien geschützt wird, sie hat 962 H. 3181 E. 1 Kirche, 1 Hospital, 1 Armenhaus. (*Stein.*)

ALBUFERA, ein mephitischer See in dem span. Königreiche Valencia, 3 span. M. lang, und 1 Meile breit, von dem Meer durch eine schmale sandige Landzunge getrennt, und durch einen Kanal, der sich leicht verschließen läßt, mit dem Meer verbunden; auch kann er durch Kanäle mit der Rhede von Cullera und der Stadt Valencia vereinigt werden. Er ward von den Mauren gegraben, bewässert die schöne Ebene von Valencia, und ist sehr fischreich, besonders an Aalen, so daß der Ertrag der Fischerei jährlich 15,000 Thlr. beträgt. Die vielen Wasservögel, Kaninchen und Rephühner veranlassen häufige Jagden und Hetzen. Um denselben ist eine schöne Domäne von 100,000 Thlr. Einkünften. Von ihr führt der französische Marschall Suchet, der durch die Capitulation vom 9. Jan. 1812 Valencia eroberte, den Titel eines Herzogs von Albufera. (*Stein.*)

Albuginea und Albugo, s. Auge und Hode.

ALBULA, ist bei den ältern Ichthyologen gewissermaßen ein Gattungsname, unter welchem sie mehrere Fische aus den heutigen Gattungen *Salmo* und *Cyprinus* begriffen. Folgendes ist ein Versuch, die in ihren Schriften genannten Arten zu deuten. A. *nobilis*, *S. major*, *S. lautus* von Geßner, Jonston und Schoneveld ist die Maräne oder Adelfisch, *Salmo maraena* Lin. A. *coerulea*, von Geßner und Willughby ist das Blaufelchen, *Salmo Wartmanni* Bloch A. *parva*, von Geßner und Aldrovand scheint derselbe Fisch im frühern Leben. A. *minor*, von Schoneveld und Jonston ist der Alburnus der mehrsten andern gleichzeitigen Ichthyologen; *Cyprinus Alburnus* Lin., Uekelei. A. *minima* sämmtlicher genannter Schriftsteller ist *Salmo Albula* Lin. *S. Maraenula* Bl., die kleine Maräne. Mit Ausnahme des Alburnus gehören diese bei Artedi sämmtlich zur ersten und zweiten Art seiner Gattung *Coregonus*. Mit demselben Namen hat nun aber auch später Gronov (Zooph. 102. n. 327.) einen Fisch belegt, der zwischen den Gattungen Salmo und Amia mitten inne steht und welchen Bloch deshalb zu einer eignen Gattung erhoben und *Albula gonorynchus* genannt hat. Hätte er eine Fettflosse auf dem Rücken, so würde er zu Salmo zu zählen seyn, und vom Amia ist er nur durch die geringere Derbheit des Kopfknochen-Gefüges unterschieden. Auch Plumier, Renard und Andere scheinen diesen Fisch gekannt zu haben, daher Bloch auf der Abbildung ihn Albula Plumieri benennt, und ihn so, im Widerspruch mit sich selbst, unter doppeltem Namen aufführt. (*Lichtenstein.*)

ALBULA, Elbula, Berg nordöstl. vom Julier, in der Hauptkette des C. Bündten im Gotthausbunde, mit einem wegsamen, doch im Frühjahr wegen Lauinen gefährlichen Passe von Chur ins Engadin; seine beiden Gipfel, der südl. Granit, der nördl. Kalkstein, sind mit beständigem Schnee bedeckt; auf demselben entspringt bei dem einzelnen Wirthshause Weißenstein der Fluß Albula oder Elbelen, der von Eilisur das Davoster-Tauwasser, und von Tiefenkasten den Oberhalbsteiner-Rhein dem Hinter-Rheine zuführt. (*Wirz.*)

Albula, der ältere Name der Tiber, s. Tiberis.

ALBULAE AQUAE, Albūna, Albunea, jetzt acque zolfe oder die Zolfatara von Tivoli genannt, ein kleiner äußerst stark geschwefelter Bach, welcher in der Ebene von Tivoli (Tibur) dem Lago della Zolfatara entquillt, und sich in den Anio ergießt, weshalb diesen selbst Silius[1]) schweflich nennt. An den Quellen dieses Schwefelbachs soll die Nymphe oder Sibylle Albunea, von welcher die größte Quelle den Namen führt, nach Virgil[2]) Horaz[3]) Lactanz[4]) und Tibull[5]) einen Tempel, domus, gehabt haben, der von dem Plätschern der Quelle wiederhallte, und in dem dabei befindlichen Hain, lucus, das Orakel des weissagenden Faunus gewesen seyn. Allein weder von diesem Hain, noch von dem Tempel der Albunea sind nach Kephalides[6]) Spuren vorhanden. Das Erdreich ist so mit Tuff überzogen, daß es aller Vegetation völlig unfähig ist, und es ist zweifelhaft, ob hier jemals ein Hain existiren konnte, da man nicht einsieht, warum der Tuff sich erst später über das Erdreich gezogen haben sollte, indem der See und die daraus fließenden Quellen unverändert sind und auch ganz Tivoli noch völlig seine üppige frische Vegetation hat. Eigentlich liegt aber der Lago della Zolfatara nebst seinen Nachbarn Lago delle Colonelle und San Giovanni gar nicht in den frischen Gebirgen von Sabium, sondern in der öden Steppe, die sich vom

1) Sil. Ital. XII, 538. 2) Aen. VII, 81–84. 3) Od. I, 7. 12. 4) I, 1. 5) II, 5, 69. 6) Reise durch Italien und Sizilien I. Th. S. 137–140.

Fuß derselben bis Rom hinstreckt. Gesetzt aber auch, es wäre hier ein Hain vorhanden gewesen, wie konnte Virgil [7]) sagen, daß er „sub alta Albunea“ gelegen hätte? Diese Quelle mußte vielmehr unter jenem Hain liegen, da sich der Lago della Zolfatara in der völligsten Ebene befindet. Es scheint daher Servius [8]) Bemerkung nicht so abgeschmackt zu seyn, wie Cluver meint, daß nämlich die Albunea deswegen alta heiße, weil sie sich auf dem hohen Berge, auf welchem Tivoli liegt, befunden habe; dagegen hätte zu unserer Zeit Heyne Cluvern nicht ohne Weiteres nachschreiben sollen, daß die Quelle wegen der unergründlichen Tiefe des Sees, die aber (nach Cabral und Fausto del Re', Beschreibung von Tivoli) nicht mehr als etwa 120 Fuß beträgt, alta genannt worden sey. Endlich aber konnte Virgil auch nicht sagen: „Albunea sacro fonte sonat,“ noch auch Horaz den etwa hier liegenden Tempel der Albunea „domus Albuneae resonantis“ nennen, da der Bach ganz still aus dem See fließt, und eine tönende Quelle gar nicht sichtbar, sondern eine stille blos auf dem Boden des Meers zu vermuthen ist. Stritte folglich nicht der Schwefelgestank für die Zolfatara, so würde man kein Bedenken tragen dürfen, die Quelle der Albunea in die waldigsten Höhen von Tivoli zu versetzen, wo sich Haine, und zwar unter der Albunea, von tönenden Quellen durchrauscht, in großer Anzahl befinden konnten. Nimmt man indessen auch an, daß der Lago della Zolfatara die Quelle der Albunea sey, so folgt daraus noch keineswegs, daß hier auch ihr von Horaz [9]) erwähntes tönendes Haus gestanden habe. Zwar finden sich hier auch Säulentrümmer und dergleichen vor, allein theils liegen diese Reste mehr am Lago delle Colonnelle, theils mögen sie wol eher von den Bädern des Agrippa, deren sich August bediente, als von dem einfachen Tempel einer Nymphe herrühren. Hätte auch überdies Albunea hier an ihrer Quelle, was leicht seyn kann, obschon Virgil nichts davon erwähnt, eine Grotte oder Tempel gehabt, warum sollte sie nicht an einem andern Orte noch ein Heiligthum gehabt haben? Und wem konnten die Tiburtiner jene Halle, über welche der Anio (s. diesen) stürzte, mit größerm Rechte weihen, als einer Nymphe, und namentlich ihrer eingebornen Göttin Albunea? Horaz aber steigt in seiner ganzen Beschreibung von den Reizen Tivolis niemals in die öden Steppen der Campagna herab, in welcher weder der Hain des Tibur, noch die wasserreichen Obstgärten zu suchen waren; auch hätte der flache Lago della Zolfatara, selbst vom schönsten Hain umschattet, nie die Auszeichnung verdienen können, unter die vorzüglichsten Schönheiten Tivolis gerechnet zu werden. Da nun endlich Horaz den Fall des Anio so eng mit dem hallenden Hause der Albunea verbindet, so kann man wol annehmen, daß er jene Grotte wirklich meinte [10]). (*H.*)

ALBUM, (λευκωμα bei den Griechen), hieß bei den Römern überhaupt jede weiße Tafel, theils zum Zwecke öffentlicher Bekanntmachungen, theils zur Verzeichnung von Staatsangelegenheiten. Beinamen erhielten sie von verschiedenen Magistratspersonen. Das album Praetoris diente zur Bekanntmachung von Edicten, das album Pontificum zur Aufzeichnung von Staats-Merkwürdigkeiten. Erst in Municipien, und seit Augustus auch in Rom, hatte man alba zu mehrerlei öffentlich bekannt zu machenden Registern: album Decurionum, album Senatorum u. a. Der Gebrauch der neuern Zeit, die Matrikeln und schwarzen Brete auf Universitäten, so wie Stammbücher rc. durch album zu übersetzen, erklärt sich aus dem Obigen von selbst. (*H.*)

Album graecum und album nigrum s. Mucerda wurden vom Aberglauben im Mittelalter angewendet. Das Erstere dieser unfläthigen Mittel, der Hundekoth, wurde bei Wechselfiebern, Kolik, Ruhr innerlich, bei verschiedenen Geschwülsten und Geschwüren äußerlich gebraucht; das Letztere, oder der Mäusekoth, galt für ein gutes Purgirmittel. Paulinus gab Nachrichten über diese und ähnliche Mittel (Dreckapotheke, Nürnberg 1694.) (*Burdach.*)

ALBUNEA, eine Gattung von Krebsen, die zuerst von Dalldorf aufgestellt und nachmals von Fabricius und Latreille in unterschiedener Bedeutung angenommen wurde. Nach Letzterm bestehn die Kennzeichen in folgendem: die innern Fühler um vieles länger als die äußern, das vordere Fußpaar statt der Scheeren nur mit einem beweglich eingelenkten Haken versehen; das letzte Fußpaar sehr klein. — Man stellt diese Gattung in den Systemen zu den langschwänzigen Krebsen, doch macht sie nebst einigen verwandten Formen zu denselben eigentlich nur den Uebergang, indem nicht sowol der Schwanz, als vielmehr nur die letzten Anhänge desselben lang sind, ohne jedoch sich fächerförmig zu gestalten, wie bei den gemeinen Krebsen. Man kennt nur eine Art: A. *Symnista* Latr., Cancer Symnista Lin., Cancer dorsipes Herbst. A. Symn. Fabr. findet sich im indischen Ocean. A. *scabra* Fabr. ist Ranina serrata Latr. A. *dentata* Fabr. ist *Corystes dentatus* Latr. A. *dorsipes* Fabr. ist Ranina dorsipes Latr. (*Lichtenstein.*)

Albunea, Nymphe, s. Albulae aquae.

ALBUNESPARA, auch Albenespara, alemannischer Gau an den Bächen, welche die Donauquellen und die der Wutach bilden. Rothenbach [1]) wird 846 dahin gesetzt [2]), wie noch in einer spätern Urkund. von 1123 [3]) Friedeweiler, Hausen, jenes Löffingen und Döggingen. Also im Dekanat Villingen des Konstanzer Archidiakonats vor dem Wald [4]). — Ein anderer alemannischer Gau, Albunespara, Albinespara, am südöstlichen Donauufer, wo Kirchbielingen und Bettighofen (?) darin genannt werden, also im Kapitel Laupheim des Archidiakonats Illergau; mit dem vorhergehenden kann er also der Lage nach nicht verwechselt werden. Daß er von einem Alboin und ausdrücklich einem in 9 Jahrh. lebenden Grafen Alemaniens benannt sey; ist die Vermuthung Neugarts [5]). Siehe die Charte von Alemanien. (*Delius.*)

7) Aen. VII, 82. 8) ad Aen. l. c. 9) Od. I, 7, 12. 10) Vgl. Bonstetten Reise in die classischen Gegenden Roms, übersetzt von Schelle, Bd. I. S. 315–331.

1) in der Pfarrei Löffingen. 2) Cod. All. I. S. 255. 3) Gerbert Hist. Silv. Nig. T. 3. p. 51. 4) Neugart. Episc. Const. I. XXII. 5) Ep. Const. I. XXIII.

ALBUQUERQUE, 1) feste, aber verfallene Villa auf einem Hügel im span. Estremadura, an der portugies. Grenze, zwischen den Städten Elvas und Alcantara (11° 40′ L. 38° 52′ Br.) mit 2000 E., 2 Pfarrkirchen, 2 Klöstern, Wollhandel. Die Stadt hat den Titel eines Herzogthums, und gehört den Grafen von Ledesma aus dem Hause Cueva. — 2) Stadt in Neuspanien, in der Intendantschaft Neumexico, mit 6000 E. (*Stein.*)

ALBUQUERQUE, (Alfonso d'), mit dem Beinamen des Großen, zweiter Sohn Gonzalo's d'Albuquerque, geboren 1463, kräftig, muthvoll, ruhmbegierig, aufgewachsen im Glanz und Schall der großen Unternehmungen, welche Diaz (1486), Vasco de Gama (1497) vollführten, und in der Begeisterung, wozu kühne Seefahrten, große Entdeckungen, Ausbreitung des Christenthums in entfernten Welttheilen, Erwerbung von Schätzen für die Erde und den Himmel den seltenen Hof der portugiesischen Könige Johann und Emanuel und alle empfänglichen Herzen auf das Höchste entflammten. Portugal brannte damals vor Begierde, es den beneideten Spaniern, die im Westen, in Amerika, goldne Reiche entdeckten und eroberten, im Osten zuvor- oder doch gleich zu thun. Am Hofe Johannes, des Beginners der africanischen Küstenfahrten, verlebte Albuquerque, als Jüngling, seine Uebungsjahre im Seedienst. Emanuel, der Große, Johanns Nachfolger, erkannte in Albuquerque bald den Mann, geschaffen, durch Kühnheit und Kraft zu erobern, durch Weisheit und Milde Erobertes zu sichern und wohl zu verwalten. Solch ein Mann kam eben jetzt ihm höchst gelegen. Denn nachdem Cabral, Gama's Nachfolger, nun auch (1500) das reiche Brasilien entdeckt, und dann auf der ghatischen Halbinsel unter den Malabaren die 2 ersten portugiesischen Handelsniederlassungen, zu Kodschin und Kananur, angelegt, und darnach Gama auf seiner zweiten Fahrt auch auf der africanischen Insel Mosambique eine Niederlassung gestiftet, und zu Kodschin und Kananur die Angelegenheiten gefördert hatte; da geriethen Sarazenen und Venetianer in ungeheures Schrecken, daß die unermeßlichen Vortheile, welche ihnen der alte Handelsweg über Aegypten bisher eingebracht hatte, auf der neuen, portugiesischen Meerstraße um das Vorgebirge der guten Hoffnung hinweg mit einem Male sollten entführt werden. Kaum war es nöthig, daß die Venetianer die Sarazenen und besonders den malabarischen Oberfürsten in Kalikut in die Waffen riefen; von selbst schon brachen diese gegen die neuen, unwillkommenen, kühnen Gäste los. Jetzt galt es für die Portugiesen Behauptung durch Kampf. Stark durch Kriegskunst zu Wasser und zu Lande, durch Muth und ausgezeichnete Anführer, scheuten sie den Kampf nicht. Sie suchten ihn, um eben durch Waffen noch größern Ruhm und noch reichere Schätze zu gewinnen. Ihre Helden, Pacheco, Soarez, Almeida, Acunha, (da Cunha) Castro und vor allen Albuquerque, schlugen fast wunderbar mit geringen Geschwadern und Mannschaften ungeheure Flotten und Heere. Albuquerque insbesondere begann seine erste ostindische Seefahrt 1505, half die Niederlassung zu Kodschin, welche Pacheco so eben mit Hunderten gegen Tausende der Kalikutschen Macht siegreich vertheidigt hatte, befestigen, stiftete eine zweite zu Kulan, ließ den kalikutschen Zamorin so scharfe Waffen fühlen, daß er schon jetzt um Frieden bat, und kehrte mit ostindischen Schätzen, mit Ruhm und frohen Nachrichten zu seinem Könige zurück. — Den wieder auflodernden Krieg führte indessen Pacheco, und nach ihm Almeida, Vater und Sohn, unverzagt fort. — Damit aber die Sarazenen von der Theilnahme an dieser Fehde abgehalten und zugleich die alten Handelswege immer nachdrücklicher gesperrt würden, sandte Emanuel seinen Liebling Albuquerque zum zweiten Male (1507) gemeinschaftlich mit Acunha (da Cunha) nach Ostindien ab.

Zuerst wurde die Insel Sokotora im Eingange des arabischen Meerbusens erobert und hierdurch der Hauptzweig der alten Handelsstraße gesperrt. Dann segelte A. für sich allein mit einer Abtheilung der Flotte nach dem persischen Meerbusen, unterwarf durch Güte oder Gewalt die Küstenplätze Kalajate, Kuriate und Maskate, und wagte dann auf eigne Hand eine Unternehmung gegen den Schlüssel des persischen Meerbusens und den Sammelplatz aller Kauffahrer, die feste Insel Ormus. Nur 7 Schiffe und 500 Mann stark griff der kühne Held sie, da die Güte zurück gewiesen wurde, mit Gewalt an. Die 400 großen und kleinen Schiffe und die 30,000 von Kriegern, welche den Hafen und die Küsten erfüllten, schreckten ihn nicht. Mitten in den ungeheuern Schwall brach er ein, zerschoß, enterte, verbrannte, versenkte Schiffe, steckte die Stadt selbst in Flammen und schreckte den jungen Fürsten Sayf-addin dergestalt, daß er sich unterwarf, die portugiesische Flagge von seinem Schloß wehen ließ, Zins bezahlte und den Bau einer Feste auf seiner Insel gestattete. Aber als A. hiermit so rastlos beschäftigt war, daß er überall selbst Hand anlegte, hinderte ihn eine schändliche Meuterei an der Vollendung. Saure Arbeit ohne augenblicklichen Lohn, Begierde nach immer neuen Abenteuern und täglicher Beute, auch heimliche Bestechungen der Feinde bewogen 3 Schiffshauptleute, daß sie unter dem Vorwande, sie seyen nur zum Kreuzen, nicht aber zum Ländererobern und Festungsbau ausgesandt, plötzlich davon segelten, als ihr Befehlshaber eben das Leben daran setzte, einen Aufstand der Insel gegen ihn zu dämpfen. Um nicht Alles zu verlieren, besonders, da der Vicekönig Almeida ihm allen Beistand versagte, mußte er für jetzt nun wol einiges fahren lassen, eilte mit dem Häuflein der Getreuen nach der hart bedrohten Insel Sokotora zurück, und entsetzte die belagerte Burg. Nachdem er noch einige Zeit vor dem alten Handelswege ab- und aufgekreuzt war und reiche Beute gemacht hatte, begab er sich (1508) nach Kananur an der malabarischen Küste, um Emanuels indessen angelangtem Befehle gemäß, den alten Almeida (Herzog von Abrantes) in der Statthalterschaft abzulösen. Dieser aber brannte jetzt eben vor Begierde, den Tod seines in einer unglücklichen Seeschlacht gegen die Sarazenen bei Dschaul gefallenen Sohnes Lorenzo zu rächen, und durch eigene Kraft die empfangene Scharte auszuwetzen. Nicht eher, erklärte er, würde er sein Amt einem andern abtreten. Ohne Albuq. Hilfe anzunehmen segelte er also gegen die siegprangenden Feinde, zerstörte Dabul, unterwarf Dschaul, zertrümmerte die ganze sarazenische Flotte (1509) und verbreitete ein solches Schrecken, daß schon mehrere mächtige Fürsten der ghatischen Halbinsel um die Freundschaft der

Portugiesen nachzusuchen anfingen. Nun aber langte ein neues Verstärkungsgeschwader aus Portugal an und forderte den greisen Almeida auf, ohne weitere Verzögerung zurück zu kehren. Er gehorchte, verlor aber unterwegs in einem unvorhergesehenen Streit mit den Kaffern elendiglich sein ruhmvolles Leben. Albuquerque, jetzt mit dem Oberbefehl bekleidet, machte unterdessen, auf Emanuels Befehl, einen Zug gegen Kalikut, um diesen Hauptsammelplatz der Feinde zu zerstören (1510). Trotz des heftigsten Widerstandes der Nairen (Klasse der Krieger) landeten 2600 Portugiesen in 2 Haufen unter Albuquerque und Cotinho an zwei verschiedenen Stellen, und schon war Albuq. mit der ersten siegreich in die Stadt eingedrungen, als Cotinho, ergrimmt, daß ihm jener zuvorgekommen, blind in das fürstliche Schloß stürmte, ohne die Annäherung der Genossen unter Albuq. abzuwarten. Während sich Cotinho der Ruhe und seine Schaar dem Plündern überließ, kamen aber die Nairen zu Tausenden zurück, fielen über die Unverwahrten und Beutebeladenen her, tödteten Cotinho und viele der Seinen, und trieben den flüchtigen Ueberrest so gewaltig gegen Albuquerquen hin, der eben zur Hilfe herbeieilte, daß auch er mit in den Strudel hinein gerieth und von schweren Wunden niedergeworfen, halbtodt kaum noch in die Schiffe zurück gerettet werden konnte. — Aber nicht sobald hatte er zu Kodschin sich wieder hergestellt, als er auch schon auf's neue mit 21 Schiffen und 1700 Mann zu einem noch wichtigern Unternehmen in See stach. Goa, gelegen auf dem Eilande Tikuari, am Ausfluß des Gasim, hatte er sich vorgenommen zu erobern; denn kein Platz schickte sich wie dieser, zu einem Mittelpunkt und einer Stütze des portug. Handels in Ostindien. Mit Beihilfe eines kühnen und mächtigen Korsaren dieser Lande, des Timoja, überraschte Albuq. Goa, überrumpelte die beiden Schlösser des Hafeneingangs, warf die Sarazenen aus der Stadt, und wurde von den Eingebornen mit Freuden empfangen (16. Febr. 1510). Er machte ihre Erwartungen nicht zu Schanden, ließ sie bei ihren alten Sitten und Rechten, und behandelte sie als portugiesische Bürger, so übel dieses auch seinen beutegierigen Kriegern gefiel. Aber plötzlich sah er die Stadt neuerdings von einer ungeheuern feindlichen Uebermacht bedroht, seine Portugiesen unlustig zur mühseligen Vertheidigung, und die Gefahr nahe, von den Schiffen abgeschnitten zu werden. Er wich für den Augenblick, aber nur, um sich in Kananur zu verstärken, schnell wieder zu kommen, durch einen plötzlichen Sturm den unachtsamen Feind zum zweiten Mal aus der Stadt zu werfen und von diesem Tage an sie auf immer zu behaupten und zu seinem Lieblingsaufenthalt zu machen. Jetzt aber verweilte er nur so lange, als nöthig war, die Vertheidigungswerke zu vollenden; dann flog er gen Süden nach Malacca, um von dort aus den portug. Handel auch bis zu den Gewürzinseln, Japan und China auszubreiten. Ein verrätherischer Ueberfall, welchen kurz zuvor portug. Friedensboten von den Malayen erlitten hatten, und wofür diese keine hinreichende Genugthuung geben wollten, berechtigte Albuquerque'n, den Malayen Fehde anzusagen. Er griff (24. Jul. 1511) die Stadt mit seiner gewöhnlichen Raschheit an, landete, ließ die Kriegselephanten zwischen seinen Schaaren hindurch, brachte sie dann durch Schüsse von allen Seiten in die Flucht, und richtete durch sie eine große Verwirrung unter den Feinden selbst an, behauptete dann im zweiten Sturm die Brücke über den Fluß, drang durch Kugeln, Pfeile und Wurfspieße in die Stadt, jagte den Feind nach der Insel Bintang, eroberte 3000 Geschütze und befestigte sich in der Geschwindigkeit so gut, daß den Feinden alle nachmaligen Versuche einer Wiedereroberung fehlschlugen. Die Könige von Pegu und Siam staunten den Helden an und suchten seine Freundschaft. Er schickte ein Geschwader nach den Molucken, machte die Küsten von Ceylon zinsbar, und hob den portug. Namen zu einer solchen Höhe, daß selbst der Kalikutische Zamorin ihn bei seiner Rückkunft einlud, eine befestigte Faktorei in Kalikut selbst anzulegen; denn es war schon dahin gekommen, daß wer nicht mit den Portugiesen Handel trieb, alles Handels beraubt war. — Kaum hatte der unermüdliche Held die neuen Eroberungen im Süden gesichert, als er schon wieder im Norden, in der Mündung des arabischen Meerbusens, erschien, um den Arabern den festen Küstenplatz Aden durch einen Geschwindgriff zu entreißen, und von hier aus das rothe Meer zu beherrschen; aber die Unternehmung scheiterte an den hohen und starken Mauern dieser Stadt, und er mußte sich begnügen, die Hafenbollwerke gesprengt, die Flotte zerstört, und das Schrecken der portugies. Waffen bis in das Innerste des Meerbusens getragen zu haben. — Besser glückte ihm seine zweite Unternehmung auf Ormus, wozu er in aller Stille zu Goa sich rüstete, dann einen abermaligen Zug gegen Aden vorspiegelte, aber auf einmal (26. März 1514) vor Ormus erschien und die Insel so drohend auffoderte, daß der Fürst sogleich sich unterwarf. Nun wurde die Festung fertig gebaut, alles Geschütz der Insel hinein geführt, und so die Eroberung gesichert. Von hier aus verbreitete sich ein solcher Schall des portug. Namens nach Persien hinein, daß der berühmte Schah Ismael Gesandte mit reichen Geschenken schickte, und den Portugiesen ein Freundschaftsbündniß anbieten ließ. Ja, als Albuquerque, endlich erschöpft und kränkelnd, sich auf den Rückweg nach Goa machte, ließ ihm Ismael melden, es sey aus Portugal ein neuer Statthalter angelangt; wenn aber Albuq. das Heft in Händen behalten und sich unabhängig machen wolle, sey er bereit, ihn mit aller Macht zu unterstützen. Ob es nun gleich den Greis schmerzte, sich zurück gesetzt sehen zu müssen, wollte er dennoch lieber Undank leiden, als den Vorwurf der Treulosigkeit, wies Ismaels Anträge von sich, langte schon sterbend vor Goa an, empfahl noch seinen einzigen Sohn Blas Albuquerque (nachmals gleichfalls Alfons genannt) dem Könige und seine Sele Gott, und verschied 16. Sept. 1515 auf dem Meere, welches er mit seinem Ruhme erfüllt hatte. Noch lange Jahre nachher sind die Indier zu seiner Grabstätte in Goa gewallfahrtet, und haben zu ihm, als ihrem Schutzgeist, geflehet, sie vor der Barbarei der nachfolgenden Statthalter, und besonders der blutdürstigen Ketzerrichter zu schirmen. (Vergleiche Commentarios do grande A. d'Alboquerque. — Osorio. — Maffei. — Barros. — Castanheda. — Raynal. — Lafitau.)

Ein früherer Albuquerque, (D. Juan Alfons) war Minister des Königs Peter des Grausamen von Castilien, und später Rebell gegen seinen Herrn s. Peter. — Ein späterer, Mathias, Graf von Alegretta, hatte bedeutenden Antheil an der Revolution, durch die das Haus Braganza den Thron Portugals erhielt, s. Braganza. In den Feldzügen, welche er leitete, zeichnete sich noch ein anderer A. (Andreas) aus, der in der Schlacht von Elvas 1659 blieb. Ein Eduard A., Mq. von Basto, Graf von Pernambuco, der sich in dem brasilischen Kriege gegen die Holländer auszeichnete, blieb, als Brasilien an Portugal kam, auf spanischer Seite, zog sich nach Madrid zurück und schrieb ein Tagebuch dieses Kriegs (Madrid 1654). Er starb zu Madrid 1658.

Noch einmal stralte der Name Alfons Albuquerque in alter Glorie auf im J. 1810. Denn als Buonapartens Marschälle Soult, Victor und Mortier in das südliche Spanien einbrachen, schon Cordova, Sevilla, Granada, Mallaga erobert hatten, und den spanischen Krieg für geendigt hielten, machte ihnen Alfons d'Albuquerque alle Hoffnung zunichte. Er hatte in Eil 4000 M. zusammen gerafft, den gegen Cadix hinab eilenden Franzosen einen Vorsprung abgewonnen, und sich (4. Febr) in dieses unbezwingliche Seebollwerk geworfen. Auf Soults Auffoderung zur Uebergabe antwortete er: „Wir werden die Waffen nicht eher niederlegen, als bis wir unsere Rechte wieder erkämpft haben, und verlachen in dieser Inselstadt alle eure Angriffe." — Diese Weissagung wurde erfüllt. Jahrelang rieben die Franzosen vor Cadix ihre besten Kräfte vergebens auf, schwächten dadurch ihre Macht in andern Theilen Spaniens, und verloren darüber, daß sie gewinnen wollten, was sie nicht hatten, zuletzt auch was sie hatten. *(Chr. Niemeyer.)*

ALBURGH, Mktfl. in der Grafsch. Grandisle im Staate Vermont in Nordamerika von 1100 Einw., mit dem einzigen Hafen der Provinz. *(H.)*

ALBURNUS, Mons. Hohes Gebirge von Lucanien im untern Theile von Italien, im Rücken von Posidonia oder Pästum, mit großen travertinartigen Steinbrüchen, aus denen die kolossalen Säulen der uralten Riesentempel dieser ehemaligen Stadt genommen sind (vgl. Pästum), hat gegenwärtig seine aus Stecheichen oder Licinen (wie Virgil es schon angab) und Kastanien bestehende Waldungen nur auf der Nord- und Ostseite. Genannt besonders von Virgil. Georg. L. III, v. 146 und von Servius über diese Stelle. Jetzt heißt der Berg Monte Capaccio, oder auch Monte di Postiglione. Vergl. Kephalide's Reise. II. 144.

Alburnus, portus, Hafen nahe bei Pästum. *(Sickler.)*

ALBUS, Weißpfennig, ist eine silberne Scheidemünze im westlichen Teutschland, deren Benennung unter Kaiser Karl IV. um 1360 üblich wurde. Um diese Zeit fing man nämlich an, die Pfennige, die bis dahin gute Silbermünze gewesen waren, in mehrern Gegenden von viel geringerm Gehalte auszuprägen, so daß endlich, da man die Verkupferung immer weiter trieb, nur ein Kupferstück übrig blieb. Nur die rheinischen Münzstände wichen wenig von dem gewohnten Fuße ab, weshalb man ihre Pfennige, zum Unterschiede von jenen verderbten (schwarzen) Wittpenninge (denarios albos) nannte. Um diesen Vorzug desto sicherer zu behaupten, verbanden sich im J. 1409 die Kurfürsten von Mainz, Trier und Cöln zu gemeinschaftlicher Ausprägung guter Weißpfennige von gleichem Gehalte. Diesem Münzvereine traten späterhin die Pfalzgrafen am Rhein, die Landgrafen von Hessen, die Herzoge von Jülich, die Grafen von Hanau und andre Fürsten bei, weil er für den Verkehr dieser Nachbarstaaten sehr vortheilhaft war. Die gemeinschaftlich ausgeprägten Albusstücke führten auf einer Seite Wappen und Namen desjenigen Fürsten, der sie ausgab, auf der andern die im Driepaß oder Vierpaß zusammengestellten Schilder der verbundnen Fürsten. Außer diesen einfachen und ähnlichen halben gaben die rheinischen Kurfürsten auch größere Albusstücke aus, auf deren Vorderseite über dem Schilde des Münzherrn Sankt Peters Brustbild stand. Die Schilder der Rückseite standen in den Winkeln eines Kreuzes, das ein Kreis umschloß. Zirkel und Kreuz bildeten zusammen die Figur eines Rades, wovon man diese Stücke Radder- (Räder) albus nannte. Sie galten $3\frac{1}{2}$ Albus und waren bequem zur Scheidung als Achtel des rheinischen Guldens (Goldguldens), der damals 28 Albus galt. Die einfachen Albus waren nämlich zwölflöthige Silberstücke von $\frac{1}{2}$ Quentchen Gewicht (genau $7\frac{7}{8}$ auf ein Loth), folglich über zwei unsrer Groschen werth. Man schätzte diese Albus damals acht andern Pfennigen und, da die Hallischen Pfennige noch schlechter als die übrigen waren, zwölf Hellern gleich, welches Verhältniß sich bis auf den heutigen Tag erhalten hat, wiewol in der Folge der Werth der Albusstücke, besonders seit 1511, immer tiefer herabsank. Die Radderalbus wurden endlich den Kaisergroschen (3 Kreuzern) gleich. Der Cölnische und Triersche Albus sank ebenmäßig unter den Werth eines Kreuzers herab, wiewol er den Nennwerth von 12 Hellern behielt. In Cöln hatte man sogar neuerlich außer diesen sogenannten guten Albus noch geringere leichte Albus von $9\frac{3}{4}$ Hellern. Besser hielt sich der Albus in der Pfalz, in Mainz, Frankfurt und Hanau, wo man ihn dem Reichsgelde anpaßte und Reichsalbus nannte. Dieser wurde seit 1761 auf den Werth von 2 Kreuzern festgesetzt und deshalb hört man heutiges Tages in jenen Gegenden weniger von Reichsalbus, als von halben Batzen sprechen. Der Hessische Albus erlitt die geringste Abnahme und beurkundet darum schon durch die Aufschrift: Hessen-albus, daß er mit seinen entarteten Brüdern nichts mehr gemein habe. Seinen Werth bestimmte Landgraf Moritz 1622 zu $\frac{1}{32}$ des Reichsthalers, welches man auf den Albusstücken von 1623—1680 bemerkt findet. Dabei ist es bis jetzt geblieben, so daß der Hessenalbus neun guten Pfennigen oder drei Dreiern gleich steht, mithin beinah den Radderalbus erreicht. Die jetzt umlaufenden einfachen und doppelten Albusstücke sind alle unter der Regirung Landgrafen Friedrichs II. von 1770—1782 geprägt und mit dessen Namenszuge F. L. bezeichnet. *(Schmieder.)*

ALBUTIUS (Titus) studirte zu Athen die griechische Sprache und die Philosophie des Epikurs, und war auf seine griechische Bildung stolzer als auf seine römische

Sprache, worüber er manchen Spott sich zuzog [1]). Als Proprätor ging er nach Sardinien und besiegte daselbst eine Räuberhorde. Seinen Sieg feierte er mit Gepränge in Sardinien, konnte aber vom Senate nicht die Erlaubniß zu einem Triumph in Rom erhalten [2]). Als er nachher wegen veruntreuter Staatsgelder angeklagt und von Rom verwiesen worden war, zog er nach Athen [3]). Er ist nicht mit andern Albutius zu verwechseln, deren einer (Caius) Albutius-Silus unter Augustus in Rom einige Zeit Prozesse führte, und nach einer Stelle Quintilians eine Rhetorik geschrieben zu haben scheint. Vergl. Bayle. (*Tennemann.*)

ALBUZINZKA, russisches Fort am Amur an der finesischen Grenze, in der Prov. Nertschinsk des Gouv. Irkuzk. (*P.*)

ALBY, das alte Albiga, Hauptstadt des franz. Depart. Tarn und eines Bezirks, der 26, 46 Q. M. mit 70,054 Einw. enthält. Sie liegt unter 43° 55′ 36″ Br. und 19° 48′ 18″ L. am Tarn, ist theils mit Mauern umgeben, theils von dem schönen Boulevard Lice eingefaßt, hat 4 Thore, eine Kathedrale, mehrere andre Kirchen, einen schönen Palast, den vormals ein Erzbischof bewohnte, 1936 H. und 9806 Einw., und ist der Sitz der Departementalautoritäten und eines Handelsgerichts. Die Einwohner sind betriebsam, verfertigen blaue und weiße baumwollene Zeuge, Tricots, wollene Decken, Häte, Wachskerzen und Leinwand, Manufakturen, die 1600 Arbeiter beschäftigen, und handeln mit Leinwand und Drillich, wovon jährlich 17,000 Stück, an Werthe 292,000 Guld., abgesetzt werden. In der Nachbarschaft der Stadt werden viele Faßdauben gemacht, auch findet man 3 Papiermühlen, einen Kupferhammer und eine Fajancefabrik. Diese alte Stadt, die schon im 8ten Jahrh. den Arabern widerstand und sich 765 Pipin freiwillig unterwarf, war der Hauptort der Grafschaft Alby (Albigeois), welche im 13ten Jahrhunderte an die Grafschaft Toulouse fiel. Von derselben hat die Sekte der Albigenser den Namen (s. oben). (*Hassel.*)

ALCA, Alk, Papagentaucher. Unter diesem Namen vereinigten Linné, seine Schüler und Nachfolger mehrere Gattungen von Tauchvögeln (s. Urinatrices) — und gaben als Kennzeichen derselben einen ungezähnelten, kurzen, zusammengedrückten, converen, oft schräggefurchten Schnabel, mit einer vor der Wurzel höckerigen Unterkinnlade, Nasenlöcher, welche hinter dem Schnabel liegen, und gewöhnlich dreizehige Füße an. Aber diese Kennzeichen sind ohne Werth, denn 1) sind die Zehen bei allen dreizehig, und insofern also das Kennzeichen falsch. Dreizehige Füße haben aber viele Schwimmvögel anderer Gattungen auch. 2) Daß die Nasenlöcher hinter der Schnabelwurzel (pone rostrum) liegen, ist bei keiner einzigen Art der Fall, im Gegentheil liegen sie bei allen von der Stirn entfernt, vor derselben. 3) Das vom Schnabel entlehnte Kennzeichen ist zum Theil unbestimmt, und das übrige kommt vielen Schwimmvögeln zu. —

1) Cic. de Fin. 1, 3. Brutus c. 26. 35. de Oratore III. c. 43. 2) Cic. de provinc. consul. 7. in Pison. 38. 3) Cic. Brut. c. 26. 35. in Verrem c. 19. Tusc. Qu. V. 37.

Möhring, Brisson und der größte Theil der neuern Ornithologen haben mit Recht mehrere Gattungen aus dieser einzigen gebildet, welche wir nicht blos anzunehmen, sondern auch mit einer bis jetzt, so viel wir wissen, nicht angenommenen zu vermehren genöthigt sind, und welche mit ihren wichtigsten Unterscheidungsmerkmalen wir hier angeben, ohne gleichwol die Arten der Linné'schen Gattung zu trennen, weil so häufig diese nach des großen Mannes fehlerhafter Annahme (quandoque bonus dormitat Homerus) und zwar bis jetzt am häufigsten in ornithologischen Schriften aufgeführt werden; wir werden aber bei jeder Art die Gattung anzeigen, zu welcher sie nach unserer Ueberzeugung gehört.

1) Alca. Alk. Fettgans. Pingouins der Franzosen. Sie haben einen an der Wurzel mit einer befiederten Wachshaut bedeckten, an der Spitze etwas herabgebognen Schnabel, der bei den jungen Vögeln glatt, bei den alten aber mit schräglaufenden Furchen versehen ist, deren Zahl mit dem Alter zunimmt. Ihre Mundöfnung erstreckt sich bis unter den vordern Augenwinkel. Die Nasenlöcher liegen am vordern Ende der Wachshaut, am Rande der Oberkinnlade, und sind linienförmig; ihre Flügel sind sehr kurz, bei einer Art so kurz, daß sie gar nicht fliegen kann; ihre Schenkel fast ganz befiedert, und ihre Füße, welche nur drei Zehen haben, so gestellt, daß sie fast auf die Fußwurzel auftreten müssen. Die Zehen sind ganz verbunden. Ihr kurzer Schwanz besteht aus 12 bis 16 Ruderfedern. Sie halten sich nur in den Meeren der kalten Zonen auf, und kommen selten bis an die nördlichen Grenzen von Teutschland und Holland. Immer weilen sie in der hohen See, und kommen nur zur Brutzeit an das Land; sie nisten gesellig auf den nackten steilen Felsen, und legen ein, seltner zwei große Eier.

2) Puffin. Mormon *Illig.* Spheniscus *Möhr.* Fratercula *Briss.* Sie sind den vorigen nahe verwandt, unterscheiden sich aber durch ihren höheren eiförmigen Schnabel, die fast nackte Wachshaut desselben, und ihre kleine, nicht weiter wie bis zur Stirn reichende Mundöfnung. Auch bei ihnen ist, wenn sie erwachsen sind, der Schnabel gefurcht. Die Nasenlöcher liegen vor der Wachshaut. Ihre Flügel haben 10 Schwungfedern der ersten, 15 bis 16 der zweiten Ordnung, und die erste ist die längste. Ihre Schenkel sind ganz befiedert, und ihre Füße wie bei den Alken beschaffen. Ihr Schwanz besteht aus 16 Ruderfedern. Wie die Alken bewohnen sie die nordischen Meere, kommen aber öfterer an das Land wie diese, nisten aber nicht auf Felsen, sondern in Höhlen, welche sie selbst in den Boden graben, oder aus denen sie Kaninchen vertreiben. Sie legen nur ein einziges sehr großes Ei zur Zeit, dem, seines Wohlgeschmackes wegen, ungemein nachgestellt wird, welches aber die Mutter mit so scharfen Bissen vertheidigt, daß sie dem unvorsichtigen Jäger oft ein Stück Fleisch aus dem Arme reißt. Ihre Federn werden sehr geschätzt, und nicht blos ihre Felle zur Kleidung, sondern auch ihre Schnäbel als Schmuck und Amulet getragen.

3) Starike. Simorhynchus. Die Stariken, denen wir im Teutschen ihren russischen Namen ließen, gesellte Pallas, durch den allein wir die erste genauere Kentniß derselben haben, den Alken bei, obgleich er bei

einer Art selbst die Unähnlichkeit anerkannte, und sie sich auch von den beiden vorhergehenden Gattungen auffallend unterscheiden. Ihr Schnabel steigt nämlich vorn aufwärts, so daß seine Spitze höher liegt, wie der Mundwinkel, er ist jederzeit glatt und ohne Wachshaut. Ihre Mundöfnung ist klein. Ihre Nasenlöcher liegen von der Stirn entfernt, von einer Erhöhung der Haut eingefaßt, welche gewissermaßen Nasenlöcherflügel bildet. Ihre Flügel bestehen aus 10 Schwungfedern der ersten und 16 der zweiten Ordnung. Die zweite ist die längste. Ihre Füße sind wie bei den vorigen, und ihr kurzer Schwanz besteht aus 14 Ruderfedern. Man findet sie allein im Meere zwischen Asien und Amerika, und sie legen ein einziges Ei auf die kahlen Felsen.

4) Rottchen. Arctica *Möhr.* Daß die Rottchen eine eigene Gattung ausmachen müssen, erhellet wol hinlänglich daraus, daß sie Linne unter die Alken, Brisson, Büffon, Temmink u. a. unter die Lommen (Uria) stellen. Ihr Schnabel ist weit kürzer und niedriger wie der Kopf, glatt, messerförmig, schwach gebogen, und die untere Kinnlade an ihrer Wurzel winkelig. Die Nasenlöcher sind rundlich, und liegen in der Schnabelwurzel von den Zügelfedern zum Theil bedeckt. Die erste Schwungfeder ist die längste. Die Füße stehen mehr im Gleichgewichte wie bei den andern Gattungen, sie gehen daher bequemer, haben aber gleichfalls nur drei Zehen. Der kurze Schwanz besteht aus 14 Ruderfedern. Auch das Rottchen bewohnt die nordischen Meere, fliegt schnell, ernährt sich auch von Fischen und Crustaceen, und nistet gleichfalls in den Höhlen der Klippen. Es legt 2 Eier.

Alca Alle. Arctica Alle. Uria minor. Rottge, schreiendes Rottchen, grönländische Seetaube, kleiner Alk oder Papageitaucher. Die einzige Art aus der Gattung der Rottchen, $8\frac{1}{2}$ bis 9″ lang. Der Schnabel und das ganze obere Gefieder, im Sommer auch der ganze Kopf und die Kehle sind schwarz, nur die Spitzen der Schwungfedern zweiter Ordnung und die untern Theile sind weiß. Die Füße sind schwärzlichbraunroth, die Schwimmhaut und Krallen aber schwarz. Die Flügel reichen fast bis zur Spitze des Schwanzes. Zu Zeiten findet man einige, welche weiße Längsstriche auf dem Vorderrücken haben, ganz weiße, und solche mit rother Brust. Das Rottchen bewohnt das Eismeer zwischen Grönland und Spitzbergen, Island, die norwegischen und schottischen Küsten, seltner die englischen, und noch seltner kommt es an die nördlichen Gestade von Teutschland, Holland und Frankreich. Es fliegt niedrig, aber schnell und macht viel Geschrei, welches wie Rottet, tet, tet, tet, tet, lautet. Es ist nicht scheu, und daher können es die Grönländer leicht mit ihren Wurfspießen erlegen. Es soll ziemlich schmackhaft und sehr fett seyn. Es ernährt sich von kleinen Fischen und Crustaceen, und nistet auf Bergen und in den Schluchten derselben.

Alca arctica, oder Papageitaucher. Alca canogularis, Anas arctica, Mormon Fratercula, Seepapagei, Lund, arktischer oder graukehliger Alk, Puffin, glattköpfiger Puffin u. s. w. Er ist ungefähr so groß wie eine Kriekente und einen Fuß lang; sein Schnabel halbkreisförmig, an der Wurzel mit einer schmalen mit vielen kleinen Löchern durchbohrten Wachshaut, übrigens mit einer hornartigen Haut bedeckt, welche anfangs glatt und schwarz, dann mit drei bis vier Furchen versehen und scharlachroth ist. Diese Furchen fehlen dem jungen Vogel und in diesem Zustande ist er Brünniche's Alca deleta. Die Nasenlöcher liegen in dem hintern schwärzlichen Theile. Am obern Augenliede ist ein dreieckiger, am untern ein länglicher hornartiger Auswuchs. Der Kopf ist glatt. Die Flügel reichen ungefähr bis zu einem Drittheil des fast geraden Schwanzes. Die Füße sind etwas zusammengedrückt, orangefarben oder roth. Das Gefieder ist an den oberen Theilen schwarz, und diese Farbe umgibt auch den Hals in Form eines Halsbandes; unten ist er weißlich, nur sind die Seiten und die untern Deckfedern der Flügel, so wie die Schwungfedern der ersten Ordnung und die Ruderfedern, schwärzlich.

Dieser Puffin ist an allen nördlichen Küsten von Europa, Asien und Amerika häufig, hält sich aber gewöhnlich auf der hohen See auf und kommt seltner an das feste Land als auf entlegene Inseln. So schwer er zum Fliegen zu bringen ist, so fliegt er doch schnell, und schwimmt und taucht leicht, geht aber sehr unbequem. Er ernährt sich von kleinen Fischen, Schnecken, Crustaceen und Seetang. Seine Stimme soll nach Cajus wie Pupin lauten, nach Pennant ein unangenehmes Geschrei seyn. Im Mai vertreibt er Kaninchen aus ihren Höhlen, oder gräbt sich selbst eine, um in sie ein 2 Zoll langes weißes Ei zu legen, welches beide Eltern gemeinschaftlich ausbrüten, so wie sie auch ihre Jungen mit großem Muthe vertheidigen. Das Fleisch ist ranzig, wird aber doch von den mehresten nordischen Völkern gern gegessen, und der Wohlgeschmack ihrer Eier, so wie die Güte ihrer Federn allgemein gerühmt. Man raubt ihnen daher die letztern, doch nicht immer ungestraft mit der Hand, oder fängt sie selbst mit Fretten, Hunden oder, wenn sie von der See nach Hause fliegen, mit Netzen.

Alca cristatella, Simorhynchus cristatus, schwarzer oder gehaubter Starike, Seekakatu, gehaubter Papageitaucher, buschiger Alk. Dieser Starike ist nicht größer wie eine Misteldrossel, und $9\frac{1}{2}$ Zoll lang. Der Schnabel nähert sich dem Kegelförmigen, hat einen ziemlich starken Haken, am Mundwinkel der obern Kinnlade eine rothe unten flache Schwiele, und die untere Kinnlade eben daselbst eine Furche, welche den Körper derselben von den Schenkeln absondert. Der Schnabel ist zinnoberroth mit weißer Spitze. Die Stirn steigt schräg in die Höhe und ist mit kleinen vorwärts gekrümmten Federn bedeckt, aus denen in der Mitte sich sechs Federn senkrecht erheben, welche einen überhangenden Federbusch bilden. Hinter den Augen ist ein weißer Strich, aus welchem an den Seiten des Halses einige borstenartige Federn entspringen. Die Flügel reichen nicht viel weiter, wie bis zum Anfang des Schwanzes. Die Füße sind bleifarben. Kopf und Hinterhals sind schwarz; der Rücken und die Schultern gleichfalls, aber braun gefleckt, der Steiß grau, die Flügel schwarzbraun, die Ruderfedern schwarz, nur fällt die vorletzte an der Spitze ins Rostfarbne. Unten ist der Leib bräunlichgrau. Er bewohnt die kurilischen Inseln und kriecht in Gruben an den Küsten umher, in welchen er auch ohne Mühe mit den Händen gefangen wird.

Alca impennis oder maior, großer oder kurzflügeliger Alk, nordischer Penguin, Goifugel, Garfühl, Esarokitsok, See-Emmer. Dieser große Alk, denn er ist so groß wie eine Gans und $2\frac{3}{4}$ Fuß lang, ist, wenn gleich mit vollkommen gebildeten Flügeln versehen, doch wegen der Kleinheit derselben, da sie vom Handgelenke bis zur Spitze nur $4\frac{1}{2}$ Zoll messen, eben so wenig zum Fliegen fähig als die Penguine (Aptenodytae), in den Meeren am Nordpol ihr Stellvertreter, und, wie sie am Südpole, außer zur Brützeit fast nur auf der See, denn auch sein Gang ist fast eben so unbequem, wie der ihre. Der Schnabel hat einen länglichen Umriß, ist bei jungen Vögeln glatt, bei alten mit Querfurchen versehen, deren Zahl oft 8 bis 10 beträgt. Er ist schwarz, und an der Wurzel mit einer befiederten Wachshaut bedeckt, unter welcher die schmalen Nasenlöcher fast versteckt am Rande der obern Kinnlade liegen. Der Schwanz ist 3 Zoll lang, keilförmig und besteht aus 16 Ruderfedern. Die Füße sind braunschwarz. Die kleinen sammetartigen Federn haben am Kopfe, dem Anfange des Halses und den obern Theilen des Körpers eine schwarze Farbe, unten sind sie, so wie ein großer eiförmiger Fleck vor dem Auge, weiß. Er legt wahrscheinlich nur ein einziges, $5\frac{1}{2}$ Zoll langes, weißes, mit purpurfarbenen Strichen, aber schwärzlichen und rostfarbenen Flecken gezeichnetes Ei an den Küsten. Er ernährt sich vorzüglich von Fischen.

Alca Pica, minor, unisulcata, Alk, dünnschnabeliger Alk, grönländisch Akpa. Brisson, welcher diesen Vogel nach der Natur beschrieb, hielt ihn für Belon's Mergus marinus, welcher höchstwahrscheinlich die weißbauchige Lomme (Uria Troil) ist, und dadurch verleitet, bildeten Linné und Büffon aus beiden Beschreibungen einen nirgends vorhandenen Vogel, welchen jener Alca Pica, die teutschen Naturforscher Elsteralk, Heisteralk, Schwarzschnabel, schwarzschnäbeliger Papageitaucher nannten, und den vollends Latham und Pennant mit dem Weibchen oder Jungen des Tord-Alkes (Alca Torda) verwechselten, und so die Verwirrung auf das Höchste trieben. Daß aber der dünnschnabelige Alk eine eigene Art sey, wird uns aus folgenden Gründen wahrscheinlich: 1) Er ist größer als der Tord-Alk, kann mithin kein Weibchen, welches bei den Tauchvögeln immer kleiner wie das Männchen ist, und das Junge nicht seyn. 2) Der Schnabel des dünnschnabeligen Alkes ist viel niedriger, 3) der Schwanz verhältnißmäßig so wie 4) die Füße kürzer wie beim Tord, und 5) haben beide in Grönland und Norwegen, ihren Geburtsörtern, verschiedene Namen und werden als verschiedenartig betrachtet. Der dünnschnabelige Alk ist so groß wie eine Krähe, 15 Zoll lang, 23″ breit, sein Schnabel ist nicht so tief gefurcht, wie bei den andern Alken, und hat höchstens zwei Furchen. Er ist schwarz. Die fedrige Wachshaut versteckt fast die Nasenlöcher. Die Füße sind vorn schwärzlich, hinten grau. Die Flügel reichen beinahe bis zur Mitte des $2\frac{1}{3}$ Zoll langen, keilförmigen, aus 12 Ruderfedern bestehenden, Schwanzes. Der Körper ist oben schwarz, unten im Winter ganz weiß, im Sommer hingegen der ganze Kopf und die Kehle schwarz. Dieser Vogel kommt im Eismeere an den norwegischen Küsten, um Island und in ungeheurer Menge bei Grönland vor, so daß die See oft durch ihn wie mit einem schwarzen Tuche bedeckt erscheint. Er ernährt sich vorzüglich von Crustaceen und kleinen Fischen und wird erstaunlich fett; er macht eine Hauptnahrung der Grönländer aus, und soll ziemlich schmackhaft seyn. Seine Felle dienen zu Unterkleidern. Er nistet an steilen Küsten und Felsen, legt zwei Eier zur Zeit, fliegt niedrig, aber schnell, und geht sehr schnell auf dem Lande.

Alca psittacula, Simorhynchus Psittacula, Starike, hochstirniger Starike, Seeparkit, Meerpapagei, Parkit-Papageitaucher oder Alk, Papagei-Alk. Dieser Starike ist etwas größer und dicker wie das Rottchen (Alca Alle), und unterscheidet sich von den andern Arten dieser Gattung durch eine fast senkrechte hohe Stirn und einen höheren, mehr elliptischen Schnabel von hochrother Farbe; die Federn des Gesichtes verlängern sich über denselben. Vom untern Augenliede entspringt ein weißer Strich, welcher durch eine einen Zoll lange Locke borstenartiger Federn, die bis zur Hälfte des Halses herabhängen, verlängert wird. Die Flügel reichen bis zu Ende des fast geraden Schwanzes. Die Füße und Zehen sind schmutzig gelb, die Schwimmhaut aber braun. Der Körper ist oben schwarz, die Kehle grau, welches sich allmählig in die weiße Farbe des Unterleibes verliert. Dieser Starike lebt im Meere zwischen Kamtschatka und Amerika, bis gegen Japan hin, ist am Tage auf der See, übernachtet aber am Lande, und wird dadurch gefangen, daß man sich an das Gestade in einem kamtschadalischen Kuklanke oder Mantelrocke setzt, worunter sich diese Vögel ruhig verkriechen und den Hals umdrehen lassen. Nicht selten fliegen sie auch auf die Schiffe, und sind ein Warnungszeichen naher Inseln oder Klippen. Anfangs Junius legen sie auf die nackten Klippen ein $2\frac{1}{3}$ Zoll langes, also sehr großes, schmackhaftes Ei, welches bald weiß, bald röthlich, und braun, ziegelroth oder grau punktirt ist. Das Fleisch des Vogels ist äußerst hart und schwarz.

Alca Torda, Alca Hoieri, Alk, Scheermesserschnäbler, scheermesserschnabeliger Papageitaucher, Klubalk, Tord-Alk. Pingoin oder Pingouin der Franzosen. Er ist 14 Zoll lang. Sein Schnabel ist bis zur Hälfte von der Schnippe bedeckt, der Rücken der Oberkinnlade an der Wurzel stark eingedrückt, an der Spitze convex; die Bedeckung hornartig, schwarz, und an der obern Kinnlade mit vier, an der untern mit zwei Furchen versehen, von denen die dritte der Oberkinnlade ganz, die zweite zum Theil weiß ist. Die Flügel bedecken zwei Drittheile des aus 12 Ruderfedern bestehenden keilförmigen Schwanzes. Die Füße sind braunschwarz; das Gefieder oben pechschwarz, nur die Spitze der Schwungfedern zweiter Ordnung, und die untern Theile im Winter ganz weiß, im Sommerkleide aber Kinn und Kehle schwarzbraun. Von der Wurzel des Schnabels läuft beim Männchen ein weißer Strich, der den Weibchen fehlen soll, weshalb Brünniche aus dieser eine eigene Art bildete, die er Alca balthica nannte, und welche Pennant für Linné's Alca Pica hielt. Wir erblicken doch bei einem solchen Weibchen die Spur eines solchen Striches. Der Tord hält sich im ganzen nördlichen Weltmeere von Grönland bis zur labradorischen Küste, selbst an den englischen Küsten, und in der Ostsee auf, steigt im Winter bis an die teutschen, holländischen und französischen Küsten hinab, und soll nach la Peirouse an der Südküste Frankreichs angetroffen werden. Er schwimmt äußerst schnell, schläft selbst nicht selten schwimmend, und taucht oft und tief unter, kleine Fische zu fangen, welche er im Schnabel mit dem Kopfe hält, so daß sie mit den Schwänzen zu beiden Seiten heraushangen, bis er nicht mehr fassen kann, da er sich dann zu einem Felsen begibt, sie dort ruhig zu verzehren. Er nistet gesellig auf dem bloßen Felsen, wo sein Ei durch den Vogelmist, der die Klippen bedeckt, und eine schleimige Materie anklebt. Es ist sehr groß, 2¾ bis 3½ Zoll lang, grün oder weiß mit braunen oder rostfarbnen Strichen und Flecken. Man findet frische Eier, deren sie eins oder zwei legen, vom Anfang des Mai bis zu Ende des Junius. Männchen und Weibchen brüten sie gemeinschaftlich in 14 Tagen aus, und in gleicher Zeit sind die Jungen im Stande, den Eltern zu folgen. — Ihnen selbst und ihren Eiern wird häufig nachgestellt, und die Färöer allein sollen jährlich 10,000 Stück dieser Vögel fangen. (*Merrem.*)

ALCAÇAR, Alcacer (eigentlich Alkazar), der maurische Name für Höhen und Schlösser (Paläste), bezeichnet einzeln das mittelste der 3 Vorgebirge in Afrika an der Meerenge von Gibraltar, zwischen Ceuta und Tanger. In der Mitte zwischen diesen beiden Städten liegt die kleine Stadt Alcaçar Ceguer, oder das kleine Schloß, so genannt zum Unterschiede des A. Quivir, des großen Schlosses, ebenfalls im Kgr. Fez am Lucco. Außerdem finden sich einige Städtchen dieses Namens in Spanien und Portugal mit Beinamen: Alcaçar de St. Juan, Villa in der span. Prov. Toledo, an einem kleinen Landsee, mit einer Pulver- und Salpeterfabrik, und Alcaçar do Sal, im portugies. Estremadura am Sado, in der Correiçaô de Setuval (9° 41′ L. 38° 18′ Br.), mit 650 H. und 2200 E., einem festen Schlosse auf einem steilen Berge, 2 Pfk., 1 Kl., Salzbereitung in ungefähr 900 Gruben, handelt mit Salz, Fischen und Korn, wie auch mit Matten, die aus einer besondern Art von Binsen aus dieser Gegend verfertigt werden. (*Stein.*)

Alcaide, s. Alcalde.

ALCALA ist der Name mehrerer Städte in Spanien, die durch besondre Beinamen unterschieden werden. Sie sind folgende: 1) A. de Chisbert oder Xibert (16° 50′ L. 40° 2′ Br.), St. in der Prov. Valencia, mit 3600 Einw. und einer Comturei des Ritterordens von Montesa. — 2) A. de los Gazules, unbedeutender Flecken in Andalusien, 1558 zum Herzogthum erhoben von dem Hause Enriquez de Rivera, durch Heirath an das Haus Medina Celi gelangt (vergl. Rivera). — 3) A. Guadaira, Villa in dem Königr. Sevilla, am Guadaira, mit 1500 Einw., einem festen Schlosse, 4 Pfk., 3 Klöst., starkem Oelbau und großen Bäckereien, in denen täglich 1200 Centner Mehl verbacken werden. — 4) A. de Henares (14° 16′ 23″ L. 40° 28′ 40″ Br.), Ciudade in der Prov. Toledo, im Partido de Alcala, am Henares. Sie ist mit Mauern umgeben, und hat 8 Thore, mehrere Vorstädte, 2 öffentliche Plätze, 4 Brükken, 3 Pfarrk., 27 Kl., einen Palast des Erzbischofs von Toledo, 4 Hospitäler, 1600 H. und 4760 (im 16. Jahrhunderte 60,000) Einw. Die einst berühmte hiesige Universität ward vom Cardinal Ximenes, Erzbischof von Toledo (der auch in der Universitätskirche begraben liegt) gestiftet, aber 1807 aufgehoben. Auch legte dieser um Alcala und ganz Spanien hochverdiente Mann hier eine kostbare Buchdruckerei an, in welcher die Biblia Complutensia (von dem alten Namen der Stadt, Complutum, so genannt) von 1512—1517 gedruckt wurden, deren Original man in der Universitätsbibliothek aufbewahrte. Die Stadt hat Gerbereien und eine Pulvermühle. In der Gegend wachsen viele Kermes- oder Scharlachbeeren. Höchst wahrscheinlich ist Alcala der Geburtsort des Cervantes *). — 5) A. la Real (12° 26′ L. 37° 39′ Br.), Ciudade im Königr. Jaen, auf einem Hügel in einer weinreichen Gegend, an Granadas Grenzen, am Xenil, mit 2 Pfk., 6 Kl., einem Hospital, 8032 Einw. Sie gehört der dasigen Abtei, der vornehmsten in Spanien, die mit beträchtlichen Einkünften auch den Vorzug hat, daß ihr Abt unmittelbar unter dem König und Papst stehet. — 6) A. del Rio, lebhafter Flecken in Andalusien, nicht weit von Sevilla, an der Heerstraße von Madrid nach Cadiz, am Guadalquivir. (*Stein.*)

ALCALDE, Alcaide, ein aus der maurischen Herrschaft in Spanien stammender und noch jetzt daselbst für jedes Befehlshaber- und Richteramt üblicher Titel, dessen Werth vom Zusatze bestimmt wird; so heißt der bescheidene Dorfrichter „Alcalde de Aldéa,“ — der vornehme Hofrichter „A. de Corte.“ Selbst Kerkermeister führen diesen Titel. (*G. H. Ritter.*)

ALCAMO, (38° 2′ Br. 30° 42′ L.), Stadt in Sicilien, in Val di Mazzara, 2 St. vom Meere, mit ungefähr 1000 Einw., weniger an sich ausgezeichnet als durch die in der Nähe befindlichen Ruinen des Tempels von Segesta. (*Röder.*)

ALCANEDE od. ALCANHEDE, Flecken in dem portug. Estremadura, in der Correiçaõ de Santarem, dem Ritterorden von Avis gehörig, mit einem Castell auf einem Felsen, 500 H., 2000 E., 1 Pfarrk. und 2 Kl. (*Stein.*)

ALCANIZ, (16° 45′ L. 41° 8′ Br.), Villa im span. Königr. Aragon, am Guadalope, in einer wilden, aber an Oliven, Maulbeerbäumen, Honig und Alaun reichen Gegend. Sie ist der Sitz eines Corregimiento und der Großcommenthurei des Ritterordens von Calatrava; sie ist ummauert, hat 4 Thore, einen öffentlichen Platz, 1 Collegiat- und 3 andre Kirchen, 6 Klöster, 1 Hospital, und 4200 Einw. (*Stein.*)

Alcanna, s. Anchusa und Lawsonia.

ALCANTARA, 1) bemauerte Villa und Grenzfestung im span. Estremadura, im Partido de Alcantara,

---

*) Alcala y Henares heißt ein spanischer Dichter des 17ten Jahrhunderts, der zu Lissabon lebte und außer einem Viridarium anagrammaticum 5 Novellen schrieb, die dadurch berühmt wurden, daß er in jeder einen Vocal zu vermeiden suchte, so daß man also in der ersten kein a, in der zweiten kein e fand ic. (*U*)

(10° 55′ L. 39° 44′ B.) auf einem Felsen, am Tajo, über den eine schöne 670 Fuß lange Brücke führt, die zu den stärksten und kühnsten Gebäuden der Römer gehört, und in deren Mitte sich ein 40 Fuß hoher, zu Trajans Ehren errichteter Triumphbogen erhebt. Die Stadt ist von den Mauren angelegt, nach alter Art mit starken Thürmen und Mauern befestigt, und hat 2 Pfarrk., 5 Kl., 3000 Einw. und Wollfabriken. Von ihr hat den Namen der Ritterorden von Alcantara, dessen Hauptort sie ist. 2) Flecken bei Lissabon. s. Lissabon. (*Stein.*)

Alcantara-Orden, einer der drei alten spanischen geistlichen Kriegsritterorden, dessen Ursprung nicht genau bekannt ist. Gewöhnlich wird behauptet: daß ihn im J. 1156 zwei Brüder, Suarez und Gomez, gestiftet hätten, welche wider die Mauren eine Festung an der Grenze von Castilien erbauet, die sie St. Julian del Peregro (vom Birnbaum) genannt. Daß es im J. 1176 Brüder von St. Julian vom Birnbaume gegeben, ist gewiß, so wie daß auf den Antrag des Gomez der den Titel eines Priors führte, Papst Alexander III. seine Stiftung als einen Ritterorden bestätigte, welches auch Papst Lucian III. im J. 1183 that, wo Gomez sich Großmeister nannte. Er und seine Ritter trugen, als Abzeichen, einen rothen Gürtel um den Leib. Um das J. 1217 wurde ihm von dem gleichzeitig entstandenen spanischen Orden von Calatrava, die Stadt Alcantara in Estremadura eingeräumt, wohin sie nun ihren Convent verlegten, und sich nach diesem Orte Ritter von Alcantara nannten. Ueber hundert Jahre lang stritten sie tapfer gegen die Mauren, nahmen diesen viel feste Plätze ab, und gewannen immer mehr an Ruhm und Macht. Späterhin sanken sie aber darin herab, da durch ihr Einmischen in die Angelegenheiten der spanischen Fürsten, Mißhelligkeiten und Spaltungen unter ihnen entstanden. 1479 wurde Don Juan von Zuniga ruhiger Besitzer des Großmeisterthums, welches er 1494 dem Könige Ferdinand dem Katholischen als Administrator übergab. Nachher wurde solches durch den Papst Adrian VI. ganz mit der spanischen Krone vereinigt, und die Ritter, welche der Regel des heiligen Benedicts folgten, erhielten 1540 die Erlaubniß zu heirathen. Noch jetzt ist der Orden sehr begütert, und besitzt über 50 Oerter. Sein Zeichen ist ein goldenes grünes Lilienkreuz, das an einem grünen Bande um den Hals, und in Seide gestickt auf dem Rocke und auf dem Ceremonienkleide — einem weißen Mantel — getragen wird. Ihr Wappen ist ein Birnbaum mit zwei Balken. Außer dem Gelübde der Armuth, des Gehorsams und der ehelichen Keuschheit, müssen sie sich anheischig machen, die unbefleckte Empfängniß der heil. Jungfrau zu vertheidigen. (*F. Gottschalk.*)

ALCARAZ. 1) Ciudade in der span. Prov. Mancha, im Partido de Alcaraz, in dem fruchtbaren Felde von Montiel, nahe am Ursprung der Guadarmena, (15° 50′ L. 38° 38′ B.), mit einem Castell auf einem hohen Berge und einer Wasserleitung, 5 Pfarrk., 6 Klöster, 3300 Einw., Tuchweberei, Galmeigruben und Kupferbergwerken. In der Nähe an den Grenzen von Mancha und Murcia, zwischen dem Ursprunge der Flüsse Guadiana und Guadarmena liegt das gut bewaldete Gebirge Sierra de Alcaraz. — 2) Flecken in dem span. Fürstenthum Catalonien. Vgl. Alce. (*Stein.*)

ALCARRAZAS, in Spanien und Portugal, in Aegypten, Persien, Syrien und China, zur Abkühlung des Wassers gebräuchliche Gefäße, (Vasen, Krüge, Becher, Teller u. s. w., welche nach ihrer verschiedenen Größe Zarras, Botisas und Cantaros genannt werden), von schwach gebrannter, unglasurter und so fein poröser Thonmasse, daß das in ihnen enthaltene Wasser nur langsam durchschwitzen, dadurch die Außen-Oberfläche derselben feucht, und durch die Verdünstung dieser Feuchtigkeit, der im Gefäße hinterbliebene Wasserantheil, kühl erhalten werden kann. Dieselbe (an den Ufern des Baches Tanusoro bei der Stadt Anduxar in Andalusien vorkommende, ungefähr aus gleichen Theilen Kalk, Thon- und Kieselerde bestehende) Mergelerde, aus welcher in Spanien durch starkes Brennen gemeine Töpferwaare verfertigt wird, liefert unter Beimischung von Seesalz (für die Zarras ungefähr $\frac{1}{20}$, für kleinere Gefäß $\frac{1}{40}$ desselben), bei schwächerm Brennen die Masse der Alcarrazas. S. Lasteyrie in Scherer's Journ. der Chem. I, 3. S. 251. Fabroni im Journ. de Phys. VI, 228, übers. in Gilbert's Ann. III, 230. und Percy im Mag. encycl. 1812. I. S. 25—55. (*Kastner.*)

ALCARRIA, ALGARRIA, sonst der Name des nördlichen Theils von Neucastilien, der jetzt die Provinz Guadalaxara bildet. (*Stein.*)

Alcatraz, s. Pelecanus.

ALCAUDETTE, Villa mit dem Titel einer Grafschaft in dem span. Königr. Jaen, am Abhange der Sierra de Aillo, deren Häuser von schwarzem Marmor gebaut sind. Sie hat ein altes Castell, 2 Pfk., 4 Kl., 4000 Einw. und Oelbau. (*Stein.*)

ALCAVALA, spanische Verbrauchsteuer, ward auf dem castilianischen Reichstage zu Alcala de Henares dem Könige Alfons II. bewilligt, unter dessen langer, siegreicher und geordneter Herrschaft von 1312 bis 1350 das Reich und besonders das Städtewesen aufblühte. Die Alcavala war nur zu der Eroberung der Stadt Algeziras, und dann überhaupt zu dem Kriege mit den Mauren bewilligt, ward indeß eine ständige Abgabe, mit Zehn vom Hundert des Werthes jedes Waarenumsatzes erhoben, und von dem Verkäufer entrichtet. Sie traf also hauptsächlich den Marktverkehr, und die Landbesitzer eben so gut als die Kaufleute, konnte auch ihren Ursprung aus dem Steuerwesen der Städte, welchen der König öffentliches Recht und inneren Wohlstand gewährte, nicht verleugnen. Die Steuer setzte Treu und Glauben zwischen Geber und Nehmer voraus, und mußte, wenn diese fehlte, durch Unterschleife von der einen, durch Erpressungen von der andern Seite verwildern. Das geschah unter den folgenden Königen und bürgerlichen Unruhen; der Steuerertrag verlor sich in den Händen der Pächter, oder kam auch nicht dahin. So war es, als die Königin Isabella einen Mann von außerordentlicher Geistes- und Willenskraft an die Spitze der Staatsverwaltung stellte. Ximenes ließ unter seinen Augen den Steuerhaushalt untersuchen, strafte die untreuen Rechnungsführer, neben den Nachzahlungen, mit Gefängniß, und schreckte sie durch Todesangst. Dann verbesserte er die Erhebungsweise der Alcavala, und schlug die zahllosen gerichtlichen Klagen über den Werth der Waaren dadurch nieder, daß er den Eid der Steuerpflichtigen als hinlänglichen Beweis über Betrag, Bestand und Preis der Waaren anzunehmen befahl. Er wollte sie ganz abschaffen, und in Abfindungsbeträge (Accise) für die Gemeinden verwandeln; diese Beträge aber, deren Erhebung wenige Kosten machen würde, um die Hälfte herabsetzen. Sein Plan fand im Staatsrath großen Widerstand, besonders weil dadurch eine Menge einträglicher Stellen eingezogen wurden, und er kam nur in sofern zur Vollziehung, daß eine freiwillige Ablösung der Steuer gestattet, ihre Erhebung gemildert und von öffentlichen Beamten besorgt wurde. So dauerte sie, mit einigen Erhöhungen, besonders um die Mitte des 17ten Jahrhunderts, bis zu dem neuesten spanischen Kriege fort, in welchem sie dem französischen Abgabenwesen weichen mußte, bis die alte Verfassung durch die Verordnung vom 30. Mai 1814 wieder zurück gerufen wurde. Doch war mit dem Wort die Sache noch nicht sogleich hergestellt, wie die Verlegenheit des Schatzes und ein Ausfall von 35 Millionen in der Staatsrechnung von 1816 bewies. Schon früher hatte man den verderblichen Einfluß der eidlichen Erklärungen bei der Alcavala auf die Sittlichkeit beklagt. Marsollier (histoire du Cardinal Ximenez) schrieb 1693: „die Unzuverlässigkeit ging vom Handel auf das ganze bürgerliche Leben über, und der Meineid wurde eine gewöhnliche Sache." Er übertrieb ohne Zweifel; doch ist auch nichts so bekannt als die Schädlichkeit des häufigen Gebrauchs der Eide in Steuersachen. (*v. Bosse.*)

ALCE, ein Ort des alten Hispaniens im Gebiete der Celtiberer, den Gracchus eroberte. (*Liv.* XI, 48. wahrscheinlich einerlei mit Alces bei Anton. Itin. p. 445). Jetzt Alcaraz. S. Mentelle's vergl. Erdbeschr. Th. 6. S. 336. (*Friedemann.*)

ALCEA, eine Pflanzengattung, die Tournefort und Linné aufstellten, und der letzterer den Charakter gab, daß der äußere Kelch sechstheilig sey. Sie gehört in die natürliche Familie der Malvaceen und in die 16te Linné'sche Classe. Seitdem Cavanilles diese Familie genauer untersuchte, erkannte man die Unterschiede zwischen dieser Gattung und Althäa als nichtig, indem der 9theilige Kelch der letztern sich oft auch bei Alcea findet: daher man weit besser der Althäa den Charakter eines sechs bis neuntheiligen Kelches gibt, und die Alcea dazu rechnet. Vergl. Adamboe, Althaea und Malva. (*Sprengel.*)

Alceat, s. Inula.

ALCEDO Linn., Ispida, Königsfischer, Eisvogel, eine Gattung von Vögeln, welche nach mir zu der Ordnung der Hüpfvögel (Aves aëreae) und der Unterordnung der Königsvögel (Brevilingues), nach dem Linné'ischen Systeme zu der Ordnung Picae gehöret. Linné vereinigte sie mit den Jakamaren (Galbula), die sich aber von ihnen wesentlich unterscheiden. Den übrigen Königsvögeln sind sie entgegengesetzt durch ihren geraden, pyramidenförmigen Schnabel und kurze Füße, welche zwei oder drei, gewöhnlich, doch nicht immer verwachsene Zehen vorn und eine einzige hinten haben. Ihre Nasenlöcher liegen sehr hoch, nahe an der Stirn, und sind oben mit einer lederartigen Haut verschlossen, und von den Halfterfedern zum Theil bedeckt. Ihr Kopf ist groß, und ihre ganze Gestalt gedrungen, plump und unansehnlich, dagegen prangt ihr Gefieder gewöhnlich mit glänzenden Farben, vorzüglich mit grün oder blau. Sie haben 10, 12 oder 14 Ruderfedern, eine äußerst kurze, dreieckige Zunge, einen so dünnhäutigen Magen, wie die Raubvögel, und keine Blinddärme. Sie bewohnen den heißen und die gemäßigten Erdgürtel, und halten sich entweder ausschließlich am Wasser auf, oder lieben doch die Nachbarschaft desselben, da es ihnen ihre liebste und gewöhnlichste Nahrung, kleine Fische, darbietet, welche sie über den Wasser schwebend, oder auf einem Aste lauernd, wenn sie in die Höhe kommen, fangen und auf einen Baum tragen, hier wenden sie den Fraß, oder werfen ihn so geschickt in die Höhe, daß er stets mit dem Kopfe voran ihnen in den Rachen fliegt, da sie ihn dann verschlingen, und hernach Gräten und Schuppen in einem Gewölle auswerfen. Außer den Fischen nehmen sie aber auch Reptilien, Insekten, Crustaceen, Mollusken, Egel u. s. w., ja selbst zu Zeiten weiche Pflanzentheile zu sich. Ihre Stimme ist ein bloßes Geschrei. Sie leben paarweise und nisten in selbstgegrabenen oder gefundnen Löchern der hohen Ufer, und legen fünf bis acht weiße Eier. — Nach Blumenbach, Bechstein u. a. gehören sie zu den spechtartigen Vögeln, Pici; nach Illiger bilden sie mit den Bienenfressern eine Familie (Angulirostres) seiner zweiten Ordnung Ambulatores, nach Temmink in eben dieser Verbindung eine eigene Ordnung: Alcyones, und nach Koch für sich allein, die der Eisvögelartigen Vögel; Bildung der Zunge, des Magens und andrer Theile, Lebensart u. s. w. widersprechen aber jenen Vereinigungen, und machen es nothwendig sie unter die Königsvögel, Brevilingues, zu stellen.

Ob die Benennung Alcedo dieser Gattung zukomme, welche einige Römer für die griechische Ἀλκυων anwendeten, ist schwer zu bestimmen, da dieser Name selbst ungewiß ist, wie wir unter dem Artikel Halkyon zeigen werden. Linné wandte ihn zuerst für die Gattung an, obgleich er früher selbst nach Geßners Beispiele sich des Namens Ispida bediente, welcher wenigstens unstreitig unserer europäischen Art zukommt, und nicht vieldeutig ist, sollte er auch wie der trefliche Geßner sagt, eine vox barbara seyn. Für die unserer teutschen Art eigenthümliche, als Gattungsnamen gewöhnlichste Benennung Eisvogel habe ich die längst bekannte und häufig vorkommende Königsfischer gewählt, weil ich Namen, die sich mit dem Namen der Classe endigen, nur zur Bezeichnung von Ordnungen und Unterordnungen anwende.

Alcedo Alcyon Linn., Haubeneisvogel, gehäubter Eisvogel, Büffon's Jaguacati. Er ist 11¼ Zoll lang, sein Schnabel gerade, spitz und schwarz oder schwarzbraun, doch häufig die Unterkinnlade an der Wurzel röthlich; am Hinterhaupte ein Federbusch; die Füße sind bald braun, bald roth, und die Flügel bedecken die Hälfte des 3½ Zoll langen Schwanzes, welcher aus 12 Federn besteht. Der obere Theil des Kopfes ist stahlgrau, der übrige Körper oben bläulich-grau, mit weißen Spitzen, zu Zeiten auch mit weißen Flecken der Deckfedern und kleineren Schwungfedern der Flügel, die größern Schwungfedern sind schwarz mit weißen Spitzen und Querflecken. Vor jedem

Auge steht ein weißer Fleck, und unter dem Auge noch ein kleiner. Die untern Theile des Körpers sind weiß, welches bald mehr bald weniger in das Rostfarbene fällt, welches vorzüglich die Seiten einnimmt, und manchmal vorn an der Brust zusammen läuft. Darüber umgibt die Gurgel ein breites grau-blaues Band, dessen Federn manchmal rostfarben gerändert sind. Das Weiße der untern Theile bildet bei den Männchen ein breiteres, bei den Weibchen ein schmäleres, doch nicht immer hinten geschlossenes Halsband. Diese Art lebt in ganz Nordamerika von Hudsonsbai bis Mexico, und erscheint in diesen Grenzen als Zugvogel. Auch auf Jamaica und Domingo findet man ihn. Fische, Eidechsen und Krabben sind seine gewöhnliche Speise. Sein Geschrei ist laut.

Alcedo amazona, schillernder Königsfischer, Amazonen-Eisvogel. Nach Latham ist er so groß, wenn nicht größer, wie die vorhergehende Art, und einen Fuß lang, der fast 3 Zoll lange Schnabel schwarz, doch die Unterkinnlade an der Wurzel gelb; sein Gefieder ist dunkelgrün, Kinn, Kehle und Bauch sind aber weiß, welches einen Ring bis zum Genicke bildet; die Seiten sind grün gesprenkelt, und die Brust grün gefleckt. Die Ruderfedern sind grün, und außer den beiden mittelsten weiß gefleckt; die Füße schwarz. Er bewohnt Cayenne.

Alcedo americana, getüpfelter Königsfischer. Er ist nicht völlig acht Zoll lang, der Schwanz besteht nur aus zehn Federn; Schnabel und Füße sind schwarz; die obern Theile des Körpers dunkelgrün mit seltenen kleinen weißen Puncten auf den Deckfedern, und Reihen weißer Flecken auf den Schwungfedern und Schwanzfedern, und einem weißen Bande auf den drei äußersten, ein kaum bemerkbarer weißlicher Strich zieht sich von den Nasenlöchern zu den Augen; die Kehle ist weiß, und bildet ein Band, welches den Nacken umgibt; der Vorderhals ist lebhaft roth, übrigens ist er unten weiß, nur sind die Seiten und Schenkel grün marmorirt, und die Afterfedern haben in der Mitte einen schwarzen Fleck. Bei den Jungen ist das Braunrothe am Vorderhalse manchmal mit Weiß vermischt; bei einigen ist der Vorderhals schmuzig weiß. Die Größenverschiedenheit abgerechnet stimmt er sehr mit dem vorigen überein, und wird in Cayenne, Paraguay und am Plataflusse gefunden.

Alcedo capensis, großschnabeliger Königsfischer oder Eisvogel, capscher Eisvogel. Dieser Königsfischer ist beim ersten Anblick an seinem ungeheuren Schnabel kenntlich, welcher, obgleich die Länge des Vogels nur $14\frac{1}{2}$ Zoll beträgt, doch fast $3\frac{1}{2}$ Zoll lang, und an der Wurzel fast einen Zoll dick. Dieser ist gerade und, wie die Füße, roth. Die Flügel bedecken nur ein Drittheil des aus zwölf Ruderfedern bestehenden $3\frac{3}{4}$ Zoll langen Schwanzes; der Obertheil des Kopfes ist röthlich-aschfarben, der Oberrücken und die Deckfedern der Flügel sind dunkel-blaugrün, der Unterrücken und Steiß aquamarinblau, die untern Theile des Körpers ockergelb, die Schwungfedern und Ruderfedern sind, so weit sie unbedeckt sind, blaugrün. Latham sahe einen Vogel dieser Art, welcher einen braunen Streifen hinter dem Auge, einen braunen Scheitel und an den größern Schwungfedern schwarze Enden hatte. Er bewohnt das Vorgebirge der guten Hofnung, und nach Latham wahrscheinlich auch Ostindien und China.

Alcedo cristata, Wintsi-Königsfischer, ostindischer, buschiger Hauben-Eisvogel. Dieser nur 5 Zoll lange Königsfischer hat gleichwol einen fast $1\frac{1}{3}$ Zoll langen bald rothen, bald schwarzen Schnabel, und zeichnet sich durch eine beträchtliche Holle schmaler Federn aus, welche die ganze Haube bedeckt. Die Flügel reichen bis zu drei Viertheilen des einen Zoll langen, aus zwölf Ruderfedern bestehenden Schwanzes. Die Füße sind roth. Das Gefieder ist oben glänzend-blau, welches mehr oder weniger ins Violette, am Kopfe, wo es schwarz gestreift ist, ins Grüne fällt. Von dem vordern Augenwinkel läuft ein glänzend veilchenblauer Streif längs den Seiten des Halses hinab, der jedoch auch zuweilen zu fehlen scheint. Uebrigens sind die Seiten des Halses und die untern Theile fuchsroth, doch die Kehle weiß, die obern Deckfedern der Flügel sind bei einigen von der Farbe des Rückens, bei andern bräunlich-violet; die größern Schwungfedern sind braun, die kleinern und die Ruderfedern ebenfalls, so weit sie bedeckt sind; der unbedeckte Theil aber ist violett. Er ist weit verbreitet, und an den guineischen Flüssen, am Vorgebirge der guten Hoffnung, auf Amboina und den philippinischen Inseln einheimisch. Sander und Götz sahen auf eine sonderbare Weise den gemeinen Eisvogel für diese Art an.

Alcedo Dea, kahlschwänziger Königsfischer oder Eisvogel, Eisvogel von Ternate. Er unterscheidet sich durch die Bildung seines Schnabels und Schwanzes so sehr von den andern Königsfischern, daß Möhring dadurch bewogen wurde, eine eigene Gattung aus ihm zu bilden, welche er Pyrrhocorax nannte, und daß ihn Klein unter dem Namen Pica ternatana, Ternatheher den Hehern zugesellte. Der Schnabel ist nämlich länger wie der Kopf, kegelförmig, gerade, oben scharfkantig, unten convex und orangenröth. Die Nasenlöcher liegen vor den Halfterfedern und sind rundlich. Der Vogel ist nicht größer wie ein Staar, gleichwol $13\frac{3}{4}$ Zoll lang, denn der Schwanz nimmt davon $7\frac{3}{4}$ Zoll ein, indem die beiden mittleren Ruderfedern um $5\frac{1}{2}$ Zoll länger als die übrigen sind, welche stufenweise in Länge abnehmen. Ueberdem sind diese beiden mittelsten der zehn nur vorhandenen Ruderfedern, so weit sie hervorragen, fast ohne Fahne, an der Spitze aber wieder mit Fahnen versehen, welche eine länglich-elliptische Fläche bilden. Die Füße sind roth, Kopf und Oberhals glänzend-blau, Oberrücken und Schulterfedern sammtartig schwarzbraun mit dunkelblauer Einfassung der Federn; die untern Theile und die Ruderfedern weiß, doch der schmale Theil der beiden mittelsten Ruderfedern, wie die äußere Seite der Schwungfedern dunkelblau. Er hält sich in Ternate auf.

Alcedo fusca oder gigantea, lachender Königsfischer, brauner, Riesen-Eisvogel. Weicht sehr ab in Schnabelbildung und Lebensart, wird aber dennoch für einen Königsfischer gehalten. Ist 16, fast 17 Zoll lang, von der Größe einer Dohle. Der Schnabel ist länger wie der Kopf, sehr stark, gerade, aber die Oberkinnlade an der Spitze über die untere herüber geschlagen, und an jeder Seite mit einem starken Zahn versehen; sie ist schwarz, die untere aber, außer an der Wurzel, gelblich oder weißlich. Die Federn der Haube verlängern sich so sehr, daß sie eine kleine Holle bilden, sind schmal und dunkelbraun mit Hellbraun gestreift, die Seiten des Kopfes und der Hals sind bräunlich-greis mit schwarzbraunen Querstrichen, unter und hinter dem Auge ist aber ein großer dunkelbrauner Fleck. Der Oberrücken und die Flügel sind schwärzlich-olivenbraun, der Unterrücken und die Steißfedern braun oder blaugrün. Eben diese Farbe erblickt man mitten auf den Flügeln schimmernd; die Schwungfedern sind an der innern Seite und Spitze schwarz, ihr äußerer Rand blau, bei einigen an der Wurzel weiß. Die untern Theile sind schmuzig weiß mit schwarzbraunen Querlinien. Der Schwanz ist 5 Zoll 1½ Lin. lang, besteht aus zwölf spitzen Ruderfedern, welche rostfarben, glänzend-schwarz bandirt und am Ende weiß sind, und wird kaum ein Drittheil von den Flügeln bedeckt. Die Füße sind grau, gelb oder braun. Bei einem Exemplare, welches Latham für ein Weibchen hielt, fehlte die Holle, die Haube war dunkelbraun, und der Unterleib, so wie ein Band um den Hals weiß. Er findet sich in Neuguinea und Neuholland, frißt Insecten, Würmer und zu Zeiten Samen, fliegt niedrig und kurz und hat einen lachenden Ton.

Alcedo Galbula, gigantea, grandis, javanica, s. oben A. fusca und Galbula viridis und grandis.

Alcedo Ispida, Ispida, Eisvogel, Königsfischer, Eisvogel, gemeiner, Europäischer, lasurblauer Eisvogel. Die einzige europäische Art dieser sonst zahlreichen Gattung, zeichnet sich vor allen ihren Landsleuten durch ihr glänzendes Gefieder aus. Der Eisvogel ist etwas über 7 Zoll lang, wovon der Schnabel 1 Zoll 4 Lin., der Schwanz etwas über 1½ Zoll lang ist, und aus zwölf Ruderfedern besteht. Der Schnabel ist gerade, nicht sehr dick, schwarz, doch bei den erwachsenen Männchen der Mundwinkel, beim Weibchen ein großer Theil der Unterkinnlade orangefarben, und bei beiden das Innere des Mundes eben so gefärbt. Der Kopf ist vorzüglich durch die großen Federn, welche ihn bedecken, und die er vielleicht etwas aufrichten kann, sehr groß, und veranlaßten Sander und Götz den Wintsi (Alcedo cristata) nach Teutschland zu versetzen. Die Federn der Haube sind bräunlich-grün mit einem glänzend bergblauen, beim Weibchen seegrünen Bande. Die Flügel sind zimmetbraun. Ein Strich fuchsrother Federn läuft von dem Mundwinkel unter dem Auge hin bis zum Ohr, vom Ohr bis zu den Schultern ein schneeweißer Strich. Die Kehle ist weißlich; Brust, Bauch und die übrigen untern Theile sind zimmtbraun; der Nacken, der Oberrücken zunächst am Halse und die langen Schulterfedern glänzend bräunlich-grün, beim Männchen heller wie beim Weibchen. Der Unterrücken ist beim Männchen himmelblau, beim Weibchen bergblau, bei beiden mit Silberglanz; die Steißfedern sind dunkler, und beim Weibchen lasurblau. Die Flügel bedecken etwa ein Drittheil des Schwanzes, und ihre Schwingfedern sind schwärzlich, beim Männchen mit grünlich-blauem, beim Weibchen mit schwärzlich-grünem oder blauem Rande; die Deckfedern beim Männchen tiefgrasgrün, beim Weibchen schwärzlich-grün, bei beiden mit aquamarinblauen glänzenden Tüpfelchen. Der Schwanz ist rund, und die Ruderfedern so weit sie bedeckt sind und unten braun, so weit sie unbedeckt sind himmelblau. Der unbedeckte Theil der Schenkel und die Füße sind bei erwachsenen Vögeln roth, bei jungen schwärzlich.

Ein junger Vogel dieser Art scheint der von Brisson angeführte senegalische Königsfischer, den Büffon Baboucard nennt, zu seyn, der nur 6¾ Zoll lang, und oben aquamarinblau mit etwas braun vermischt ist; auch zweifle ich keinen Augenblick, daß der Vogel, welchen Hasselquist unter dem Namen Corvus aegyptius beschrieb, und den Linné Gracula Atthis nannte, der gemeine Eisvogel sey. *(Merrem.)*

Dieser bekannteste unter den Königsfischern wird in Europa, (doch über Dänemark nicht weiter nach Norden) auch in Asien und Afrika, angetroffen. Er ist einsam und ungesellig. Seine Hauptnahrung sind kleine Fische, die er an den Flüssen und Bächen auf Pfählen, Stöcken, Weidenästen oder Wurzeln sitzend belauert, dann, über dem Wasser flatternd, pfeilschnell auf sie herab stürzet, mit seinem starken Schnabel ergreift und auf dem nächsten Sitze verzehret. In strengen Wintern kommen deren viele vor Hunger um. Sie nisten in Löchern der Ufer, unter den Wurzeln am Wasser stehender Bäume, auch in Felsenritzen und Höhlen in der Nähe fließender Gewässer. Das Nest hat wenigstens zuweilen eine fast handhohe Unterlage von Fischgräthen. Das Weibchen leget sehr frühe (zuweilen schon im Februar), 6 bis 8 glänzend weiße, sehr dünnschalige, fast runde Eier, und brütet in 14 Tagen sie aus, wobei es vom Männchen mit Fischen gefüttert wird. Wo ein Pärchen hauset, leidet es kein anderes. Die Jungen sehen vor der Entwickelung ihrer ersten, besonders langen Kiele gleichsam stachlig aus, werden jedoch sogleich nach dem ersten Mausern fast so schön als ihre Eltern. Die Stimme, welche diese Vögel gewöhnlich im Fluge nur hören lassen, bestehet in einem sehr unmelodischen Giek! Giek! Wieseln und Wasserratten zerstören oft ihre Brut. Sie sind schwer zu schießen, weil sie sehr scheu sind, doch kann man in kleinen Fallen und Bügeln, die am Wasser aufgestellt oder aufgehangen werden, sie fangen. Die Jungen sind leicht aufzuziehen. Man füttert sie mit kleinen Fischen, auch in deren Ermangelung mit schmalen Streifen rohes Fleisches, welche sie bald aus flachen mit Wasser angefüllten Gefäßen selbst heraus holen lernen.

Vor Alters schrieb man diesen Vögeln mancherlei Wunderkräfte zu, die, wie gewöhnlich auf fabelhaften Sagen nur beruhten. Daß indessen deren Haut oder getrockneter Körper von zerstörenden Insekten nicht leicht angegriffen werde, ja gewissermaßen unverweslich sey, ist nicht ungegründet und durch Sprengers und Bock's Beobachtungen bestätiget worden. Daher pflegte man sie auch von jeher, als Abweiser der Motten zu wollenen Zeugen zu legen oder in den Tuchläden aufzuhängen, und in Frankreich Drapiers oder Garde-boutiques zu nennen. *(v. Wildungen.)*

Alcedo macroura Merrem. Alc. smyrnensis Var. β Linn. langschwänziger Königsfischer. Linné hielt ihn nach Brisson's Vorgange für gleichartig mit dem rostigen Königsfischer, mit dem er zwar, wie auch Edwards bemerkt, in Rücksicht der Farben sehr übereinstimmt, von dem er sich aber durch den verhältnißmäßig längern Schwanz und die verwachsenen Zehen wesentlich unterscheidet. Er ist etwa $10\frac{1}{2}$ Zoll lang, wovon der rothe Schnabel $1\frac{3}{4}$ Zoll, der Schwanz $4\frac{1}{4}$ Zoll mißt. Das Gefieder ist fuchsroth, oben dunkler, unten heller. Die Deckfedern der Flügel sind röthlich-violett, die Schwungfedern blau, aber die vordersten schwarz; der Rand der Flügel ist blau, ganz zu äußerst weiß eingefaßt; der Steiß, der Unterrücken und die Ellenbogenfedern sind grünlich-blau, die Rückenfedern blau ins Grüne schillernd. Er lebt am Gambia.

Alcedo maxima, *gestirnter Königsfischer, großer, großer afrikanischer Eisvogel.* Dieser Königsfischer hat viele Aehnlichkeit mit dem hartschnabeligen (A. torquata), und ist merkwürdig durch seine beträchtliche Größe, indem er einer Krähe gleich kommt. Seine Länge ist 16 Zoll. Der Schnabel ist schwarz; die Federn des Wirbels, und insbesondere die des Hinterhauptes sind lang, schmal und bilden eine Art von Holle. Die Flügel reichen etwas über die Mitte des mittelmäßigen Schwanzes hinaus, der aus zwölf gleichlangen Federn besteht. Der Körper ist oben grauschwarz, weiß punctirt. Von den Wangen steigt an den Seiten des Halses bis zum Nacken ein mit mehrerem Weiß vermischter Streif hinab. Die Kehle ist ganz weiß, die Gurgel und alle übrigen untern Theile beim Männchen roth, beim Weibchen hingegen die Gurgel ziegelroth, die übrigen untern Theile weiß, schwarz bandirt. Die Schwingfedern und Ruderfedern sind schwarz mit weißer Spitze und weißen Flecken. Er bewohnt Afrika von der guineischen Goldküste bis zum Vorgebirge der guten Hoffnung.

Alcedo rudis, *bunter Königsfischer oder Eisvogel, schäckiger Eisvogel.* Auf eine merkwürdige Weise weichet diese Art von den übrigen Königsfischern in ihrer Farbe ab. Sie ist ungefähr so groß wie eine Amsel und $10\frac{3}{4}$ Zoll lang. Der Schnabel mißt $1\frac{3}{4}$ Zoll, ist gerade, spitz und schwarz. Der langgestreckte Kopf ist oben mit schmalen Federn bedeckt, welche zu Zeiten eine schwache Holle am Hinterhaupte bilden. Die Flügel bedecken zwei Drittheile des 2 Zoll 10 Lin. langen, geraden, nur aus zehn Ruderfedern bestehenden Schwanzes. Die Federn oben auf dem Körper sind schwarz, auf dem Kopfe am Schafte weiß, auf dem Rücken und den Flügeln grau oder weiß gerändert. Ueber die Augen läuft von der Schnabelwurzel ein breiter weißer Streif. Die untern Theile sind weiß, nur umgibt die Brust eine mehr oder minder vollständige schwarze Binde, und die Seiten sind oft schwarz gefleckt. Der Schwanz ist weiß mit schwarzen Bändern und Flecken. Er bewohnt ganz Afrika, Persien und Ostindien. *Sonnini* vermuthet, daß er der Trochilus der Alten sey, welcher dem Krokodil den Liebesdienst erzeigen soll, seinen Rachen von Blutigeln zu säubern.

Alcedo sacra, *heiliger Königsfischer oder Eisvogel.* Auf Otaheiti und den freundschaftlichen Inseln: Koato-o-u; auf Neuseeland Pupu, Waururoa (Whouroò-roa) Gotarre. Dieser, so wie manche andre Arten der Königsfischer zeigt eine große Verschiedenheit im Farbenkleide, so daß *Latham*, welcher ihn zuerst beschrieb, nach eigener Ansicht fünf, hernach noch durch andre vermehrte Abarten beschrieb, und ihm ohne Bedenken Sonnerats *Königsfischer mit weißem Halsbande* (Alcedo collaris Lath. *weißbauchiger Eisvogel* Bechst.) beizählte, obgleich er diesen hernach als eigene Art betrachtete. Wir glauben indeß, wie es hier geschieht, nicht allein beide vereinigt lassen, sondern überdem den *blauen* und den *grünköpfigen Königsfischer* (Alcedo caerulea und chlorocephala) als bloße Verschiedenheiten dieser Art betrachten zu müssen. Alle sind etwa so groß wie eine Amsel und ungefähr 9 Zoll lang, wovon der gerade spitze, wenigstens beim ächten heiligen Königsfischer etwas platt gedruckte Schnabel $1\frac{2}{3}$ Zoll mißt. Die Flügel, so wie der fast gerade Schwanz sind kurz. Der Kopf ist bald glatt, bald hat er eine ziemlich große Holle, was bei mehrern Arten dieser Gattung bemerkt wird. Der Schnabel ist bleifarben, die Unterkinnlade aber an der Wurzel und unten weiß; die obern Theile des Körpers sind hellblaugrün, doch hat bei einigen Exemplaren hin und wieder das Grüne die Oberhand, bei andern sind diese Theile grünlich-schwarz, bis auf den Unterrücken, welcher stets aquamarinfarben ist. Von den Nasenlöchern läuft über die Augen ein am Hinterhaupte zusammenstoßender, bald rostfarbner, bald weißer Streif; die Kehle ist weiß. Den Nacken umgibt ein bald isabellfarbenes, bald weißes Halsband, und eben so verhält es sich mit den übrigen untern Theilen. Die Füße sind bald braun, bald schwarz. Der von *Sonnerat* beschriebene Vogel (A. collaris) scheint sich blos durch den Mangel des hellen Striches über den Augen zu unterscheiden. Die obern Theile sind grünlich-blau, außer dem Nacken, welcher wie die untern Theile weiß ist. Sollten wir uns in der Annahme der Abarten nicht irren, so trift man diesen Königsfischer auf allen Inseln der Südsee von den moluckischen bis zu den gesellschaftlichen Inseln an, bei deren Bewohner er in großem Ansehn steht, und, wenigstens von vielen mit andern dort einheimischen Arten, und dem Reiher für heilig und für einen Eatua (Schutzgeist) gehalten wird, weswegen man jede Verletzung desselben nicht gestattet.

Alcedo smyrnensis, *rostiger Königsfischer, smyrnaischer weißkehliger Eisvogel.* Dieser Königsfischer, als dessen Abart man wol mit Unrecht den langschwänzigen Königsfischer (A. macroura) betrachtete, zeigt manche Verschiedenheiten in Größe und Farbe. Er ist $8\frac{1}{4}$ bis $10\frac{1}{2}$ Zoll lang, sein Schnabel noch einmal so lang wie der Kopf, dick und roth; der Schwanz hält $\frac{2}{3}$ von der Länge des übrigen Körpers, und die Flügel bedecken ihn zur Hälfte. Die Füße sind schmutzig roth, und nach *Hermann* die Zehen frei. Die allgemeinste Farbe seines Gefieders ist kastanienbraun, und die Kehle ist weiß, und Rücken und Steiß aquamarinblau, von eben der Farbe sind die Schwungfedern und Ruderfedern, so weit sie unbedeckt sind, die bedeckten Theile aber, so wie die Spitze der erstern schwärzlich; die Deckfedern der Flügel sind schwärzlich-violett, doch der äußerste Rand der Flügel aquamarinblau. Bei manchen ist der ganze Vorderhals, bei andern auch der Anfang der Brust weiß, bei noch andern verwandelt sich das Blaue des Rückens und Schwanzes in dunkelgrün, und sie haben ein helleres

Braun; und ein weißes Band über der Brust. Diese weit verbreitete Art findet man von Madagaskar bis Bengalen.

3. Alcedo superciliosa, *stolzer Königsfischer*. Eine der kleinsten Arten, höchstens 5 Zoll lang. Der Schnabel länger wie der Kopf, gerade, spitz und schwarz, aber die Wurzel der Unterkinnlade röthlich. Der rundliche Schwanz hält etwa ein Drittheil der Länge des übrigen Körpers, und auch etwa ein Drittheil von ihm wird von den Flügeln bedeckt. Die Füße sind röthlich. Die Hauptfarbe des Gefieders ist tiefgrün, mit hellgrünen oder blaßrostfarbnen Puncten auf den Deckfedern der Flügel, und ähnlichen oder auch weißen Puncten auf den Schwungfedern und Ruderfedern. Von der Wurzel der Unterkinnlade läuft ein weißlicher oder fuchsrother Streif schräg über den Hals zum Nacken, der aber, so wie ein ähnlicher Strich über die Augen manchen Exemplaren fehlt. Kehle, Bauch und Aftergegend sind bei den von mir gesehenen Exemplaren weiß, nach den Planches enluminées aber wie die Brust jener Exemplare braunroth; außerdem läuft über den Anfang der Brust eine schwärzliche oder dunkelgrüne Binde. Der Aufenthaltsort ist Cayenne.

Alcedo todina Merrem. A. ultramarina Var. I. Daudin. A. pusilla Shaw. Todus caeruleus Gmel. Lath., *plattschnabeliger Königsfischer, blauer Plattschnabel*. Dieser kleine Königsfischer wurde zuerst von Büffon unter dem Namen Todier de Juida beschrieben, und daher unter die Gattung der Plattschnabel aufgenommen, Shaw und Daudin erklärten ihn aber nachher nach eigener Ansicht für einen Königsfischer, unter denen ohnehin mehrere plattgedruckte Schnäbel besitzen. Daudin sahe ihn sogar als eine Abart des blauköpfigen Königsfischers (A. caeruleocephala) an, und Shaw trat in der Folge dieser Meinung bei. Er ist nur $3\frac{1}{2}$ Zoll lang, wovon der Schnabel etwa 10 Linien, der Schwanz 8 Lin. einnimmt. Der Schnabel ist etwas plattgedrückt, gekielt und, wie die Füße, röthlich. Die Flügel bedecken den rundlichen Schwanz etwa zur Hälfte. Die obern Theile sind dunkelblau, die untern aber, mit den Seiten des Kopfes und Halses orangeroth, die Kehle weiß. Am hintern Augenwinkel befindet sich ein Büschel purpurfarbner Federn, der sich in Daudins Exemplare in einen längs den Seiten des Halses hinlaufenden Streifen verlängerte. Er ist wahrscheinlich aus Afrika.

Alcedo tridactyla Pallas. Alcedo leucorhyncha Gmel. A. albirostris Shaw, *dreizehiger Königsfischer*. Diese Art hat nur drei Zehen, zwei vorn, eine hinten. Er ist etwa $4\frac{1}{2}$ Zoll lang, der Schnabel gerade, vierkantig und gelblichweiß wie die Füße. Der Schwanz kurz. In der Farbe zeigt sich eine große Verschiedenheit. Bei demjenigen, welchen man für das Männchen hält, sind die Haube, der Oberhals, der Unterrücken, Steiß und Schwanz rostfarben; an jeder Seite der Stirn ein weißlich-gelber Fleck; die Kehle ganz weiß; die Wangen und übrigen untern Theile weißlich-safrangelb. An den Seiten des Halses unter den Ohren ist ein Büschel lazurblauer Federn, und darunter ein etwas größerer von weißen. Die Flügel sind nach Vosmaer mausefahl, nach Pallas rostfarbig-schwarz. Bei demjenigen, von welchem man vermuthet, daß er das Weibchen sey, sind alle Theile, die bei jenem blau sind, rostroth. Er ist nach Vosmaer in Ostindien, nach Pallas in Surinam zu Hause. — Der rothköpfige Eisvogel (Alcedo Erithaca) ist dieser Art so ungemein ähnlich, daß man auf die Vermuthung kommt, es sey bei der Beschreibung derselben der Mangel der dritten Vorderzehe übersehen worden, und nur Alcedo tridactyla darunter zu verstehen. — Eine obgleich verwandte, ebenfalls nur dreizehige, aber doch wahrscheinlich von A. tridactyla verschiedene Art ist A. tribrachys, Shaw. (*Merrem.*)

Alces, s. Cervus Alces.

Alces, im alten Hispanien, s. Alce.

ALCESTER, Stadt am Zusammenflusse des Aln und Arrow in der engl. Shire Warwick mit 1860 Einw. und Nähnadelfabriken. (*Hassel.*)

ALCHABUR, Chabur, Stadt in der Provinz Diarbekir, in der asiatischen Türkei, am Einfluß des Chabur in den Euphrat, ein Erholungsort für die Caravanen aus Bassora. — Auch führt diesen Namen ein Fluß in derselben Provinz. (*Stein.*)

Alchata, s. Pterocles setarius.

ALCHEMIE, oder die angebliche Kunst, unedle oder rohe, unreife, unausgebildete Metalle zu reinigen, in reife und edlere, namentlich in Gold und Silber, umzuschaffen, und nebenbei noch eine Universal-Medicin nicht nur gegen alle Krankheiten, sondern selbst gegen den Tod zu bereiten, auch der *Stein der Weisen* (Lapis Philosophorum) genannt, kann hier nur historisch dargestellt werden. — I. *Im Allgemeinen*. Die Geschichte derselben ist um so dunkler, je mehr sich die Alchemisten von jeher der kritischen Untersuchung zu entziehen wußten, und je mehr noch in neuern Zeiten Mitglieder geheimer Gesellschaften diese Geschichte selbst in öffentlichen Lehrbüchern der Chemie zu entstellen suchen. Der Verf. dieses Aufsatzes sieht es voraus, daß in manchen geweihten Kreisen seine Darstellung als profan verworfen, und ihm, weil er nie Theil hatte an Geheimnissen, auch die Gültigkeit seines Urtheils abgesprochen werden wird. Er muß dies geschehen lassen, überzeugt, daß Licht und Wahrheit nicht unter dem Siegel des Geheimnisses verborgen, nicht mehr an den Eid der Verschwiegenheit gebunden sind, sondern daß sie nur durch freie, historische Kritik aufgefunden werden. — Mit Recht wird die Alchemie aus Aegypten hergeleitet. Aber unrecht thut man, wenn man die Priester des ältesten Aegyptens in ihrem Besitze glaubt, wenn man sie von diesen zu dem König Hiram von Tyrus und zu dem pythagorischen Bunde übergehn läßt. Der Ursprung dieser *Matäotechnie* ist viel neuer. Den Gang, den die Bearbeitung der Wissenschaften in Alexandrien nahm, die immer stärker werdende Neigung der Gelehrten, durch träges Grübeln und müßiges Brüten über Worten sich den Anstrich großer Kentnisse zu geben; der durch Ausbreitung der gnostischen und neuplatonischen Secte ungemein begünstigte Wahn, nur durch beschauliches Leben und durch geheime Kentnisse könne man in das unbekannte Land übermenschlicher Weisheit gelangen, von der die Kunst, Metalle zu verwandeln, nur ein geringer Theil sey: dieser Wahn verblendete die Gemüther desto mehr, je schwerer der Druck des Despotismus war, je weniger man durch wahre Vorzüge des Geistes sich im Staat empor zu schwingen hoffen durfte, je gefälliger man sich dagegen dem Tyrannen durch übermenschliche Weisheit, durch Umgang mit Geistern, durch theurgische Künste und durch Hervorbringung edler Metalle, dieser sichern Hebel alles Irdischen, machen konnte. In das dritte Jahrhundert unserer Zeitrechnung müssen wir die Entstehung der Alchemie, als eines Zweiges der Theurgie, die in Alexandrien damals unter Ammonius Saccas, Plotinus und Porphyrius im höchsten Flor war, setzen. Aus diesem Zeitalter sind die Schriften des Zosimus von Panopolis, des Olympiodor von Theben und Anderer, die zum Theil noch in Bibliotheken als Handschriften verborgen liegen. Zu Diokletians Zeiten waren diese Schriften schon so zahlreich, und der Tyrann glaubte so fest an die Wahrheit der Kunst, die sie lehrten, daß er den zu großen Reichthum der Aegypter und endlich, durch Hilfe des Goldes, allgemeinen Aufstand derselben fürchtete. Daher gab er (296) eine Verordnung, daß alle alchemistische Schriften verbrannt werden sollten. Diese Verordnung finden wir angeführt von Joseph von Antiochien in Constantin Porphyrogenn. Collect. p. 834 (ed. Vales.) u. im Suidas Lex. Vol. 1. p. 595. *Διοκλητ.* und Vol. 3. p. 669 *χημεια* (ed. Küster). Der Name **Chemie** und **Alchemie** ward damals schon gebraucht, wie wir aus Jul. Firmicus Maternus (astronom. lib. 3. c. 15.) sehen. Hier heißt es: Wenn Saturn herrsche, so erlange man leichter scientiam alchemiae. Das Wort kommt entweder von *χέω*, *χεύω*, ich **gieße, schmelze**, her, oder es ist ägyptischen Ursprungs. Die ältesten Schriftsteller leiten es von **Chimes**, einem vorgeblichen Propheten, her (*Reines.* var. lect. lib. 2. p. 158). — Man nannte aber vorzugsweise diese Kunst *ποίησις*, **Poësie**, und die Künstler **Poëten**, weil man etwas früher nicht vorhandenes hervorzubringen wähnte. Den Proceß der Verwandlung nannte man auch **Praxis**. Die Schriftsteller, welche sich als Lehrer dieser Poësie aufwarfen, schrieben selten unter ihrem eigenen Namen. Durch Alter und Ruhm ehrwürdige Namen erborgten sie: **Hermes, Demokritus, Osthanes** (ein vorgeblicher persischer Magier) wurden als Verfasser dieser Schriften genannt, die doch die Spuren des Zeitalters in Sprache und Denkart nur zu deutlich zeigten. Man hat unter andern eine Schrift, unter dem Titel: Kiranidum Kirani, oder *κυρχυίδες*, dem Hermes zugeschrieben, die, 1638 herausgegeben, nichts als abgeschmackte Grillen enthält. Gebete an die Gottheit, an die Tetraktys der Pythagoräer, wie an den Gott der Zebaoth; beschauliches Leben; Ertödtung aller Sinnenlust; Umgang mit den Dämonen, mit den Aeonen des Basilides und der Gnostiker, mit den Engeln Egrepori vor der Sündflut; sind die Mittel, um sich zur dämonischen Natur zu erheben und die Kunst der Verwandlung der Metalle zu lernen. Die Harmonie aller Dinge in der Welt führte auf den mystischen Zusammenhang der Aeonen, als höherer Ausflüsse der Gottheit mit den Planeten, und dieser mit den Metallen; daher von dieser Zeit an die Zeichen und Namen der Planeten den Metallen gegeben wurden. Räthselhafte Worte, barbarische Ausdrücke mußten das große Geheimniß verbergen. Die Poeten gaben vor, dasselbe aus den Pyramiden von Syene und den entlegensten Orten Libyens erhalten zu haben. Einem von ihnen, Heliodor, offenbarte die Ἔννοια (der heilige Geist der Gnostiker) die Tinctur. — So angenehm dem Despotismus auf der einen Seite diese Kunst auch war, so mußte doch auf der andern das Mißtrauen der Tyrannei gegen eine Secte wachsen, die alles möglich machen zu können vorgab. Wie Diokletian, so verfolgten im 4ten Jahrhundert auch Valens und Valentinian die alexandrinischen Theosophen und alle übrige Zauberkünstler, welche durch den Ruhm der Märtyrer nur noch mehr gewannen und nur desto versteckter ihre Künste trieben (*Zosim.* hist. lib. 4. p. 216. 217. ed. Smith.). Valens, der der Arianischen Secte anhing, ließ das Einsiedlerleben vieler Aegyptier, die in die Wüsten zogen, um von heiligen Mönchen überirdische Künste zu lernen, eben so wenig ungestraft (Cod. Theodos. lib. 12. tit. 1. l. 63). Was Tacitus schon von den Zauberern sagt: Genus potentibus infidum, sperantibus fallax, quod in civitate nostra et vetabitur semper et retinebitur, das gilt für jedes Zeitalter. Die Menschen hängen zu sehr am Wundervollen, als daß sie, besonders in einem finstern Zeitalter nicht, allen Verboten zum Trotz, sich mit großem Eifer solchen Künsten ergeben sollten, die sie lehren, in träger Ruhe und bequemen Müßiggang zu unendlichen Reichthümern zu gelangen. — Im morgenländischen Reiche gewann die Alchemie desto mehr Beifall, je üppiger der Hof und je versunkener die Nation war. Am Hofe Zeno's des Isauriers (474) fand ein Goldkünstler außerordentlichen Beifall, und betrog unzählige Menschen (*Cedren.* hist. p. 38). Unter der Regirung des Anastasius (500) kam ein gewisser Johann aus Antiochien, ein Chemiker (*ἀνὴρ χυμευτὴς*) nach Constantinopel, und bot den Silber-Arbeitern goldene Bildsäulen an, die er selbst gemacht. Dem Kaiser verehrte er einen goldenen Zügel. Aber dieser verwies ihn nach Pera, wo er auch starb (*Theophan.* chronogr. p. 128). Die Goldkünstler erregen allemal den Verdacht der Fürsten: jene möchten die Leichtigkeit Reichthümer zu erwerben, zum Sturze ihrer Macht mißbrauchen. — Von den Alexandrinern und morgenländischen Christen ging die Alchemie zu den Arabern über. Im achten Jahrhundert lebte ein Sabäer, Abu Mussar Dschafar al Sofi, aus Harran gebürtig, gewöhnlich **Geber** genannt, dem man nicht allein die Ausbreitung der Goldmacherkunst unter den Arabern, sondern auch manche nützliche chemische Erfindung zuschreibt. Allein seine ursprünglichen Werke liegen in Handschriften (*Casiri* bibl. escurial. 1. p. 445): und, was man unter seinem Namen kennt (Alchemia Gebri. Bern. 1545), ist höchst wahrscheinlich unecht. Die Araber, obgleich durch Abu Naßr Alfarabi († 1010) mit der neuplatonischen Philosophie bekannt, sind niemals eifrige Beförderer dieser Künste gewesen, weil die letztern durch den Islam strenge verboten sind. In Spanien indeß, wo überhaupt mehr

Duldung herrschte, scheint von den Arabern oder Mauren diese Kunst fleißig geübt zu seyn; denn Raimund Lull, der im 13. Jahrhundert die arabischen Schulen besucht hatte, ward als Alchemist ungemein berühmt. Man sagt: er soll 50,000 Pfund Quecksilber in Gold verwandelt haben; aus dieser Masse habe Eduard I. die ersten Guineen oder Rosenobles schlagen lassen (*Borrich* de ortu et progr. chem. p. 129). Lull soll schon als Bestandtheile der Metalle, den Mercur, oder das Princip der Schwere, und den Schwefel, oder den verbrennlichen Stoff angegeben haben. Man hielt das Auflösungsmittel des Goldes für das allgemeine Menstruum aller unedlen Metalle; aufgelöstes Gold (Aurum potabile) galt für eine Panacee, und für ein sichres Mittel zur Verlängerung des Lebens (*Marsil. Ficin.* de vita, lib. 2. c. 10).

Die Zahl der Alchemisten vermehrte sich im 14ten und 15ten Jahrhundert dergestalt, daß die Obrigkeiten sich genöthigt sahen, Verbote gegen diese Kunst ergehen zu lassen. Dies geschah unter andern 1488 von der Republik Venedig, worauf dann die Goldköche im Venetianischen ihr Gewerbe unter dem Namen Voarchadunica geheim trieben. (**Semlers** Samml. zur Hist. der Rosenkreuzer. Th. 3. S. 24). — Unterdessen wurden schon im 14ten Jahrh. einige Versuche gemacht, die wenigstens auf allgemeinere Ansicht von den Bestandtheilen der Metalle führen konnten. Isaak **Holland** machte die Bemerkung, daß reine Thonerde mit Kohle behandelt, wie die Metalloxyde, einen Knoblauch-Geruch verbreite; daß man durch Sublimation der Metalle ihren Mercurial-Inhalt erforschen und ein fettes Oel erhalten könne; neben welchen beiden Bestandtheilen noch ein eigenes Salz, als drittes Element, und eine Erde, als vierter Grundstoff, in jedem Metall vorhanden sey. Diesen erdigen Stoff, der in den unedlern Metallen vorherrsche, müsse man vermindern, den Schwefel-Gehalt aber concentriren, wenn man Metalle veredeln wolle. — Unter dem Namen des Basilius Valentinus besitzen wir mehrere Schriften, die zu Hamburg 1740 zusammen gedruckt erschienen. Jener Name aber ist wahrscheinlich untergeschoben, und mehrere Alchemisten des 14 — 16ten Jahrh. bedienten sich dieses prächtig klingenden Namens, um ihren Schriften mehr Ansehen zu verschaffen. Schon Guanierius in Pavia (†.1440) erwähnt eines Basilius Valentinus, von dem er sagt, daß er sich, nachdem es ihm mit der Alchemie nicht glücken wollen, auf die Medicin gelegt, und mehrere gute Medicamente erfunden habe (Opus praecl. ad praxin, tr. 9. c. 7). Hiernach hätte der angebliche Basilius wenigstens zu Anfang des 15. Jahrhunderts, wo nicht früher, gelebt. Dagegen kommt im Triumphwagen des Basilius eine Stelle von der französischen Krankheit vor, und **Sennert** (de consensu et dissensu Chemic. cum Galenic. c. 11.) bezeugt ausdrücklich: Basilius habe zu Ende des 15ten Jahrhunderts geschrieben. In diesen Schriften des vorgeblichen Basilius nun kommen viele Erfindungen nützlicher Arzneimittel, aber auch theosophische Ideen über den Elementargeist der Metalle, über die Art, ihn auszuziehen und die Metalle zu verwandeln, vor. — Diese theosophische Ideen erhielten bedeutenden Eingang durch die Ausbreitung der Kabbala, oder des morgenländischen Emanations-Systems, durch gelehrte Juden noch spitzfindiger vorgetragen und mit verwandten Träumereien der neuern Platoniker verwebt. Wie zu Alexandrien im 3ten Jahrhundert, so wurden jetzt wieder unter allerlei ehrwürdigen Namen, des Hermes, Demokritus, Zoroaster, Aristoteles, die Ausgeburten des verirrten menschlichen Geistes verkauft. So sahe Paracelsus zu Braunau ein Buch, „größer, denn sechs Mannes Spannen lang und dreier „Spannen breit, und anderthalb oder schier zweier Spannen dick, da die rechten ungefälschten commentaria „Galeni und Avicennae rechtschaffen innen geschrieben „sind.“ In Hamburg, sagt derselbe, verwahre ein alter Bücher Galeni und Avicennae eigene Handschriften, auf birkene Rinden und wächsene Tafeln geschrieben. (*Paracels.* de pestilit. tr. 1. p. 338). Betrüger fanden Leichtgläubige genug, die nun den Träumen der Alchemisten dadurch mehr Ansehen zu geben suchten, daß sie die Alten zu Lehrern dieser Kunst machten.

Zur Ausbreitung der Alchemie im 16. Jahrhundert trug auch die Neigung der Fürsten für diese Kunst bei. Bei dem Mangel an festen und geregelten Staats-Einkünften, bei der Erschöpfung durch verderbliche Kriege, mußten sie oft in Verlegenheiten gerathen, aus welchen die Goldköche sie zu ziehen versprachen. Daher hielt sich fast jeder teutsche Fürst seinen Alchemisten (**Möhsens** Gesch. der Wissenschaften in der Mark, S. 522). König Heinrich VI. von England gab drei Fabrikanten, Fauceby, Kirkebez und Ragny, das Privilegium, Gold zu machen und das Lebens-Elixir zu bereiten. Kaiser Rudolph II. brachte einen großen Theil seiner Zeit im Laboratorium zu; man will nach seinem Ableben siebzehn Tonnen Goldes in seinem chemischen Kabinet gefunden haben (*Böcler* memorab. sec. 16. p. 694). Unter den alchemischen Schriftstellern dieses Jahrhunderts werden außer Paracelsus besonders hier **Barnaud** aus der Dauphiné, der zu Genf und in Holland lebte (Quadriga aurifera Lugd. B. 1599. 4.); Tob. von **Hoghéland** (*Libav.* Append. Syntagm. arcan. p. 268); Joh. Aurel. **Augurelli** aus Rimini; Mich. **Sendivogius**, ein Pole; Leon. **Turneyssen zum Thurn**, Leibarzt am Brandenburgischen Hofe; Ger. **Dorn**, Arzt zu Frankfurt am Main; Aegid. **Gutmann** aus Schwaben; Jul. **Sperber**, Anhaltscher Leibarzt; Henr. **Kunrath**, Arzt in Dresden; Joseph du **Chesne** oder **Quercetanus**, französischer Leibarzt u. a. m.

Am meisten ward die Alchemie, wie jeder Zweig der Theosophie, durch die Gesellschaft der Rosenkreuzer begünstigt, die um das Jahr 1610 zuerst zusammen trat, und alle Grundsätze der alten Kabbala in Lehre und Leben vortrug und ausführte. Obgleich dieser theosophischen Secte, wie jedem Fanatismus, der trefliche Andr. **Libavius** sich kräftig entgegen setzte, so vertheidigte er doch die Verwandlung der Metalle und die **vernünftige** Alchemie, die er von der Paracelsischen, auf Theosophie gestützten, zu unterscheiden suchte (Syntagm. arcan. chym. lib. 1. c. 1. lib. 2. c. 19). Diesen Weg der vorurtheilsfreien gründlichen Prüfung alchemistischer

Lehrsätze betraten in der Folge mehrere trefliche Chemiker, besonders Rob. Boyle, welchem die Chemie vorzüglich, außer vielen Entdeckungen, die festen Grundsätze verdankt, durch deren Befolgung ihre Ausbildung am meisten befördert worden. Indessen dauerte der Hang zur Alchemie im siebzehnten Jahrhunderte immer noch fort. Die Namen: Friedr. Helvetius, Joh. Ludwig Hannemann, Franz Kiëser, Joh. Schuberdt, Joh. Chr. Orschall, sind freilich verschollen, aber zu ihrer Zeit glänzten sie, wenigstens in den geweihten Kreisen der Adepten *).

Die neuere Zeit hat durch die außerordentlichen Fortschritte, welche die Chemie gemacht, die Meinung von der Alchemie immer mehr herab gesetzt. Meyers und Wieglebs Schriften trugen vorzüglich dazu bei. Aber die Möglichkeit, Metalle zu verwandeln, schien noch mehr Glauben zu gewinnen durch Wenzels u. a. Versuche, die Bestandtheile der Metalle darzustellen. Nur gelang andern Chemikern die Wiederholung dieser Versuche nicht. (*Sprengel.*)

II. Alchemie im Orient. Die Araber verbinden mit dem Namen dieser Wissenschaft ausschließlich den Begriff der Verwandlung der Metalle und zunächst der Goldmacherkunst, welche nach ihrer Sage schon Karun (in dessen Person sie den Charon der Griechen, und den Korah der Hebräer vermischen) besessen haben soll. Sie stritten selbst viel dafür und dawider. Die größten Naturforscher und Philosophen, wie Ibn Sina, Al-kendi und Ben Jetim, fochten dieselbe als nichtig an; wider diese Schriftsteller und zu Gunsten der Kunst schrieben Mohammed Er-rasi, welcher den Al-kendi, und Ebid-dürr, welcher den Ben Jetim widerlegte. Als Wiederhersteller der Kunst des Steins der Weisen im Islam gilt Dschaber, welcher dieselbe vom Imam Dschaafer überkommen haben soll. Die ältesten Werke, welche die Araber hierüber von den Indern, Aegyptern, Persern und Griechen erhalten zu haben behaupten, sind die alchemischen Bücher der Brahmanen Bojunol-brehmen, d. i. Beweise der Brahmanen; die Abhandlung (Rissale) Dschamasp's des Wesirs Erdeschir's, des Sohns Behmen's, das Buch des Hermes Trismegistos an seinen Sohn Tot, die Bücher des Aristoteles, Agathodaimon, Heraklius, und die der Nabathäer übersetzt von Ibn Wahschije. — Die größten Alchemiker im Islam waren Dschaber Ben Hajan Es-sofi, der Schüler Dschaafer's, und der Lehrer Chaled's Ben Jesid Ben Moawije Ebi Sofian, welcher zuerst die Theorie zusammentrug, Medschriti Toghraji, derselbe, der durch die von Pococke übersetzte Elegie so bekannt geworden, und Dschildegi, der letzte große Alchemiker. — Ausführlichere Kunde von den großen Werken der drei zuletzt genannten großen Alchemiker, Al-Medschriti, Al-Toghraji und Al-Dschildegi, gibt Waischi Chalfa. Der letztere, Al-Dschildegi, zog aus fünf frühern Werken ein einziges zusammen, unter dem Titel: Al-missbah fi ilmil-mistah, d. i.: die Laterne zur Wissenschaft des Schlüssels, d. h. der Alchemie. Er sagt in der Vorrede, daß jene fünf Werke den Geist der 3000 Bücher Dschaber's enthalten, und dieses den Geist der fünf Werke. Außerdem lieferte er aber noch sehr viele dergleichen Arbeiten; unter andern die Geschichte der Alchemisten des achten Jahrhunderts der Hedschira in dem Werke: Mataliol-budur fi scherhi sadi esschusur, d. i. Aufgangsorte der Monde im Vorsitze der Goldtheilchen. — Die Namen dieser Wissenschaft bei den Arabern, wie sie in den Titeln vieler ihrer Werke zu wiederholten Malen vorkommen, sind außer der gewöhnlichen Benennung Al-Kimia, noch die folgenden: Ilmol-misan, d. i. die Wissenschaft der Waage; Ilmol-mistah, d. i. die Wissenschaft des Schlüssels; Ilmol-hadschr, d. i. die Wissenschaft des Steines (der Weisen); Ilmol-ikssir, d. i. die Wissenschaft des Elixir's; Ilmol-kiaf, d. i. die Wissenschaft des K (der Anfangsbuchstabe von Kimia); und Ilmol-mim, d. i. die Wissenschaft des M (der Anfangsbuchstabe von Misan und Mistah). — Viele Werke darüber führen den Titel: Buch (Kitabol) mit besondern Beinamen, als Buch der Quelle, der Ueberflüsse, der Verbrennung; andere den Titel: Abhandlung (Risalet, Risalet ol), wie himmlische Abhandlung, Abh. des Elixir's u. s. w. (*Hammer.*)

ALCHEMILLA, eine Pflanzengattung aus der vierten Linne'schen Classe, die Jussieu zu seinen Rosaceen zählt. Der Charakter besteht in einem achttheiligen Kelch, mit abwechselnd kleinern Einschnitten, keiner Blumenkrone, vier ganz kleinen Staubfäden und einem einzigen Samen, den der Kelch einschließt. Das Pistill kommt zur Seite des Fruchtknotens hervor. Wir zählen folgende Arten: 1) Alch. *vulgaris*, mit neunlappigen, nierenförmigen, glatten, gezähnten Blättern, und tief eingeschnittenen Blattansätzen, wächst auf feuchten, waldigen Wiesen. Abgebildet in fl. dan. 693 und Schkuhrs Handb. T. 24. Diese Art ist unter dem Namen Sinau, Marienmantel u. Frauen-Löwenfuß bekannt*). 2) Alch. *montana*, Willd. enum., mit neunlappigen nierenförmigen, behaarten, gezähnten Blättern und gesägten Blattansätzen. Diese Art wächst auf höhern Stellen. Die vorige scheint in diese überzugehen, wenn sie etwas mehr Haare bekommt. 3) Alch. *pubescens*, Marsch. Bieb., mit siebenlappigen unten seidenhaarigen Blättern. Diese Art wächst am Kaukasus. Abgebildet in *Willd.* hort. berol. t. 79. 4) Ach. *alpina*, mit fingerförmig getheilten, unten seidenhaarigen, an der Spitze gezähnten Blättern. Wächst auf den europäischen Alpen. Abgebildet in fl. dan. t. 49. 5) Alch. *pentaphylla*, mit gefünften, vieltheiligen, glatten Blättern; wächst auf den Alpen. Abgebildet in Bocc. mus. t. 1. 6) Alch. *Aphanes*, mit dreitheiligen, behaarten Blättern, deren Lappen wieder drei Einschnitte haben, und einer Anthere. Diese Art wächst auf Aeckern, und ist von Schkuhr T. 26. und in flor. dan. 973 abgebildet. (*Sprengel.*)

*) In Beziehung auf die Freimaurerei, wo man die Alchemie ebenfalls suchte, wiewol sie dort nicht gelehrt wurde, ist Gädicke's Fr. M. Lex. zu vergleichen. (*H.*)

*) In der Arzneimittellehre wurden Blätter und Wurzel (herba et radix Alchemillae) als ein gelind zusammenziehendes Mittel bei Blutungen, Schleimflüssen und Geschwüren angewendet. (*Burdach.*)

Alchemisten, f. Alchemie.

Alchindus, f. Alkendi.

ALCHORNEA, eine Pflanzen-Gattung aus der natürlichen Familie der Tricoccae oder Euphorbien, die Swartz zu der 16ten, Schreber und Willdenow zu der 22sten Linne'schen Classe zählen. Der Name ward der Pflanze von Solander zum Andenken eines Londoner Münzwardeins, Stanesby Alchorne, der blos eine mineralogische Abhandlung über die Erze im Museum W. Hunters geschrieben, beigelegt. Der Charakter besteht in dem drei- bis fünfblättrigen Kelch, der männlichen Blüthe, die bei der weiblichen blos fünfzähnig ist, keiner Corolle, und einer zweisamigen Kapsel, die doch bisweilen drei Körner hat. Die einzige bekannte Art: Alchornea *latifolia*, ward von Swartz auf den hohen Gebirgen von Jamaica entdeckt. Es ist ein 20 Fuß hoher Baum, mit eirunden, glatten, glänzenden, am Rande gezähnten Blättern und Blüthentrauben in den Blattachseln, deren Kelche gelbgrünlich gefärbt sind, und wovon die männlichen acht an der Basis zusammengewachsene Staubfäden enthalten. (*Sprengel.*)

Alchymie, f. Alchemie.

ALCIAT (Andreas), war den 1. Mai 1492 zu Alzate, einem Dorfe bei Como, von welchem seine Familie den Namen getragen haben soll, geboren. Sein Vater, Ambrosio Alciat, war zu Mailand Mitglied des Raths, und vormals Gesandter bei der Republik Venedig. — A. erlernte in Mailand, unter Parrhasius Anleitung, Griechisch, und trieb schöne Wissenschaften, begab sich darauf nach Pavia, wo er die Rechte bei dem berühmten Jason Mainus, und nach Bologna, wo er Karl Ruini hörte. Im J. 1514 erhielt er die juristische Doctorwürde, und beschäftigte sich hierauf in Mailand, wohin er zurückging, etwa drei Jahre lang, mit der Advocatur. Hier zeichnete er sich schon durch ein Gutachten über einen Hexenproceß aus, indem er kühn genug behauptete, man müsse keine Hexe durch die Tortur zwingen, Mitschuldige zu bekennen, indem die Aussagen solcher Personen nur leere Träume wären; so wie durch sein Buch, Praetermissa juris civilis, in welchem er einige Stellen des Justinianeischen Rechtsbuchs erläuterte und verbesserte (1518). Einige Monate darauf erhielt er eine juristische Professur in Avignon, welche er aber, da ihm seine Besoldung von 500 Scudi entweder sehr unregelmäßig, oder gar nicht, ausgezahlt wurde, um 1521 verließ, und in Mailand practicirte. Im J. 1523 bewarb er sich wieder, aber vergeblich, um die aufgegebene Professur in Avignon, erhielt aber 1529 einen Ruf nach Bourges, mit einer Besoldung von 600 Kronenthalern, zu welcher er 1530 eine Zulage von 300 Thalern erpreßte. Auch in Bourges gefiel es ihm nicht lange; 1532 ging er nach Pavia. Durch den Krieg gedrängt, verließ er Pavia 1537, um in Bologna zu lehren, wurde aber durch Kaiser Karl V., in dessen Hände Mailand nach dem Tode des letzten Herzogs gefallen war, gezwungen, sein Lehramt zu Pavia 1541 wieder anzutreten (mit 1200 italien. Ducaten Gehalt). Von da verjagte ihn der Krieg abermals. Um demselben auszuweichen, suchte er sich einen Ruf nach Ferrara zu verschaffen, wohin er sich auch 1543 mit 1350 Ducaten Gehalt begab. Doch auch in Ferrara blieb er nicht lange; er kehrte 1547 zum dritten Male nach Pavia zurück, und starb daselbst am 12. Jan. 1550, im 58sten J. seines Alters. Alciat war, nebst Zase in Teutschland, der erste, welcher das römische Recht, mittelst Zuratheziehung der Geschichte, der schönen Wissenschaften und der Kritik erläuterte, und als entschiedener Gegner der Methode der Glossatoren auftrat. Was er auf diese Art geleistet hat, werden auch die spätesten Nachkommen, und so lange das römische Recht bearbeitet wird, nicht verkennen; nur Schade, daß der Ruhm seiner außerordentlichen Gelehrsamkeit durch zwei Fehler verdunkelt wird, die ihn in allen Lagen seines Lebens, wie aus seinen noch vorhandnen Briefen erhellet, stets beherrscht haben — durch den Geiz, und eine, mit der niedrigsten Großpralerei verbundene, Ruhmsucht. Wanderte er auch nicht immer freiwillig von einer Universität zur andern, so ergibt sich dennoch aus jenen Briefen, daß er gleichsam ein Gewerbe daraus machte, sich einheimische und auswärtige Rufe zu erschleichen, und daß er bei dieser Gelegenheit mit seiner Person feilschte, und den niedrigsten Eigennutz blicken ließ. Seine Großpralerei leuchtet fast aus jeder seiner Schriften hervor. Bald rühmt er den großen Beifall, den seine Vorlesungen gefunden, bald, daß nur seines Namens wegen, Zuhörer der edelsten Geschlechter, und der entferntesten Länder nach den Universitäten, an welchen er lehre, hinströmten; bald, daß er mit diesem und jenem großen Manne im Briefwechsel stehe; bald, daß, und welche Ehrenbezeugungen er von diesem oder jenem Fürsten genossen habe; ja, er geht so weit, daß er sein beständiges Wandern durch die Worte rechtfertigt: er ahme der Sonne nach, welche den Erdkreis durchlaufe, um alles zu erwärmen und zu erleuchten.

Seine Schriften sind theils juristischen, theils historischen, theils philologischen, theils vermischten Inhalts. — Seine juristischen sind folgende: Praetermissorum libri II. 1518. Dispunctionum juris libri IV. 1519. De singulari certamine, über das Duell, 1529, auch in das Italienische und Französische übersetzt. Paradoxorum Libri VI. 1529. De praesumtionibus, 1537. De verborum significationibus, 1530. Parergorum juris Libri XII. 1538 und 1543. Commentaria in Digesta, und über einzelne Titel derselben. Commentaria in Codicis Justinianei et Decretalium Gregorii IX. titulos aliquot — Responsa. — Seine historischen: Encomium historiae, 1530. Historiae Mediolanensis Libri IV. usque ad Valentinian. Imp. als Opus postumum 1625, und nachher in dem Gräve'schen Thesaur. Ant. et Hist. Ital. T. II. abgedruckt. De formula Imperii Romani. Handschriftlich findet sich noch hie und da ein Werk in einigen Bibliotheken, über die Inschriften in Mailand. — Seine philologischen: De ponderibus et mensuris, 1530. Annotationes in Tacitum etc. Lexicon Plautinum. Epigrammata selecta ex Anthologia latine versa, 1529. — Endlich, seine vermischten: Emblemata, 1522. Contra vitam monasticam ad Collegam olim suum, qui transierat ad Franciscanos, Bern. Mattium, epistola. — Untergeschoben ist ihm ein Compendium processus judiciarii, atque adeo juris utriusque Praxis.

Alciat wollte selbst „ad celebritatem nominis mei" von allen seinen Werken 1547 in Basel eine Ausgabe veranstalten, die aber erst 1558 in vier Folianten herauskam, und 1560 zu Lyon, 1571 zu Basel, 1582 ebendas., endlich 1617 zu Frankfurt nachgedruckt worden ist. (S. vorzügl. J. F. Jugler's Beitr. zur juristischen Biographie. III. S. 14—43) *). (*Spangenberg.*)

ALCIATI (Joh. Paul), ein Mailändischer Edelmann aus dem 16ten Jahrh., trat zur protestantischen Kirche über, weil er hier seine Meinungen freier äußern zu dürfen hoffte, und begab sich mit dem Arzte Blandrata, dem Advocaten Grivaud und Gentilis nach Genf. Da er aber die Dreieinigkeit läugnete und die Präexistenz Christi vor seiner Geburt von Maria; so fand er auch bald hier Verfolgungen. Er und seine Gefährten suchten daher einen Zufluchtsort in Polen, wo sie ihre Meinungen ungestörter ausbreiteten. Die Sage, daß er zur Religion Mohammeds sich bekannt habe, hat schon Bayle widerlegt. Wahrscheinlich nur um größerer Sicherheit willen hatte sich Alc. einige Zeit in die Türkei begeben. Gegen das Ende seines Lebens hatte er sich nach Danzig zurückgezogen. Calvin und Beza blieben seine bittersten Feinde, und erklärten ihn für einen Rasenden, den man binden müsse. In 2 Briefen an Greg. Pauli (1564—65) hat er seine Meinungen auseinandergesetzt. (*H.*)

ALCIMUS (Ἄλκιμος), ein jüdischer Hoherpriester in der maccabäischen Zeit, der zur Partei der Abtrünnigen gehörte, und den syrischen Königen ergeben war. Er hatte sich, da er von hohenpriesterlichem Geschlecht war, gleich bei der ersten Verfolgung zum Götzenopfer gebrauchen lassen, gelangte deshalb zur hohenpriesterlichen Würde, herrschte eine Zeitlang unter syrischem Schutze mit vieler Gewaltthätigkeit, und unter stetem Verrath seiner Landsleute und besonders des Judas Maccabi und seiner Anhänger, konnte aber erst nach Juda Maccabi's Tode in den Besitz der hohenpriesterlichen Würde gelangen, in welchem er wirklich aber nur 3 bis 4 Jahre blieb, wo ihn bei der Entweihung des Tempels eine plötzliche Lähmung überfiel, und für ihn tödtlich wurde (1 Macc. 7, 9. 2 Macc. 14). (*Gesenius.*)

ALCIMUS, oder vielmehr Latinus Alcimus Alethius, Geschichtschreiber, Redner und Dichter des 4. Jahrh., war aus Agen gebürtig, und Lehrer zu Bordeaux. Aus einer Stelle des Ausonius weiß man, daß er in seinen Schriften vom Kaiser Julian und vom Präfect der Provinz Gallien, Sallustius, sehr rühmlich gesprochen habe. Sie sind aber so ganz verloren gegangen, daß man nicht einmal weiß, wovon sie handelten. Daß sie eine Geschichte seiner Zeit gewesen seyen, ist eine bloße Vermuthung Scaligers (Hist. litéraire de France. T. 1. P. II. p. 137 seq.). — Von einem andern Alcimus, aus Sicilien, dessen Lebensumstände völlig unbekannt sind, bemerken Athenäus und Pompejus Festus, daß er Italica und Siculas res in griechischer Sprache geschrieben (*Mazzuchelli* scrittori). (*Ebert.*)

Alcimus Avitus, s. Avitus.

Alcina Cav., s. Wedelia.

Alcino, s. Montalcino.

Alcionio, s. Alcyonius.

ALCIRA (16° 22′ L. 39° 13′ Br.), befestigte Villa im span. Königr. Valencia, Sitz des Govierno de Alcira, auf einer Insel im Xucar, ist mit Mauern und Thürmen umgeben, hat 2 Pfk., 6 Klöst., ein Hospital, 4 Armenhäuser, 9000 Einw., viele Maulbeerbäume, starken Seidenhandel, und ist der Geburtsort des Dichters Vinz. Gasp. de Siuran. (*Stein.*)

ALCIS. So nennt Tacitus *) zwei Brüder als Bundesgottheit bei den Naharvaten, einem Zweige des Ligischen Vereins, der wieder zum großen Suevenbunde gehörte. Diese Götter befanden sich in einem alten heiligen Haine, und ein Priester in weiblicher Tracht besorgte ihren Dienst. Sie waren, sagt Tacitus, ungefähr das, was bei uns Castor und Pollux sind, und werden als Zwillinge unter dem Namen Alcis verehrt. Der Singular dieses Wortes bedeutet collective vermuthlich einen Zwilling. Andre (wie Ritter und Reitemeyer in der Allgem. Gesch.) leiten es von Alsen oder Erlen her, und glauben luci ausgelassen. Der Name des Hains ist Alsen **). Auf dem Tundern'schen Horne sind zwei Brüder mit Schild und Schwert abgebildet, in welchen Prof. P. E. Müller in Kopenhagen eine Abbildung dieser beiden Kriegsgötter erkennen will, und von denen er behauptet, daß ihr Dienst auch bei den Celten, folglich auch bei den Celtiberern in Spanien bekannt gewesen sey. Doch warum sollte nicht wirklich die Sage von Castor und Pollux, von den urverwandten Griechen auch auf die nächsten Germanen übergegangen seyn können? Was übrigens die Abbildung auf dem goldnen Horne betrifft, und die Müllersche Erklärung derselben, so sehe man den Artikel Wunderhörner. (*Braun.*)

ALCOA, kleiner Fluß im portugiesischen Estremadura, der in das atlantische Meer fällt. (*Stein.*)

ALCOBAÇA, Villa und Hauptstadt der gleichnamigen Correiçaõ im portug. Estremadura, am Zusammenfluß des Chaqueda und Baça, mit 295 Häus. 1500 E. und Fabriken von Batist, feiner Leinwand und Baumwollenwaaren. Hier ist die reichste Abtei im Königreich (nach Murphy mit Berhardiner-, nach Link mit Benedictinermönchen), die jährlich 180,000 Crusaden Einkünfte, und 130 Adlige zu Mönchen hat. Das Kloster, ein prächtiges, im normännisch-gothischen Geschmack aufgeführtes Gebäude, enthält die Begräbnißgruft mehrerer Könige von Portugal. Die Correiçaõ de Alcobaça enthält 8 Villas, 22 Kirchspiele, 5648 H. und 28,200 E. (*Stein.*)

ALCOCK, (John), geb. zu Beverley in York gegen die Mitte des 15. Jahrh., gestorben im letzten Jahre desselben (1500, 1. Oct.) zeichnete sich nicht nur

---

*) Sein Neffe und Erbe (Franc. A.), ebenfalls ein ausgezeichneter Jurist, den Papst Pius IV. in die apostolische Datarie versetzte und dann zum Cardinal erhob, ist es, welchen Muretus in einer seiner Reden die Zierde seines Jahrhunderts und die Stütze der Gelehrten nennt; er starb 1580, 58 Jahre alt. Ueber Terentius A. s. Pallavicino und Sarpi. (*H.*)

*) Germ. 43. **) Oder sollte es mit dem griech. ἀλκή, ἀλκάς, Kraft, Stärke, selbst verwandt seyn?

als Bischof, sondern auch in Staatsgeschäften aus. Nachdem er in Cambridge studirt und dort die juristische Doctorwürde angenommen hatte, wurde er nach und nach Bischof von Rochester, Worcester und Ely. 1462 Master of Rolls, 1470 Geheimer Rath und Gesandter in Castilien, 1471 Bevollmächtigter bei Unterhandlungen mit dem Könige von Schottland, 1472 Großkanzler; auch war er, wegen seiner architectonischen Kentnisse Oberaufseher der Königl. Gebäude, von welchen er mehrere verschönern ließ. (Sich selbst bauete er eine prächtige Capelle zu Wisbeach, in welcher er begraben liegt). Außer einer Schule in seinem Geburtsorte stiftete er zu Cambridge das Jesus Collegium, wie auch ein Nonnenkloster, das durch das freie Betragen seiner Nonnen in so übeln Ruf kam, daß man es spiritualium meretricum coenobium nannte. Auch als Schriftsteller suchte er durch Erbauungsschriften zu wirken, die aber jetzt vergessen sind, u. a. die Vermählung einer Jungfrau mit Jesus Christus (1486 4.) (*H.*)

Alcoitim, s. Alcoutim.

ALCOR, das **Reiterchen**, ein nahe über Mizar, im Schwanze des großen Bärs stehender heller Stern, 4r bis 5r Größe, (ger. Aufst. 199° 37′, nördl. Decl. 55° 57′) welches dem bloßen Auge mit Mizar fast einen Doppelstern zu machen scheint. Der Name Alcor (el-chor oder el-dschaun) ist wol durch eine Verwechslung entstanden, und heißt eigentl. das schwarze Pferd, oder der Rappe. (*Fritsch.*)

ALCORA, (16° 39′ L. 40° 2′ Br.) Villa in dem span. Königr. Valencia, im Govierno de Peñiscola, nicht weit von der See und dem Fluß Mijares, mit 2400 E., Fayence- und Porzelanfabriken. (*Stein.*)

ALCORNOQUE, heißt eigentlich die Korkeiche auf spanisch. Aber jetzt ist eine Rinde aus Südamerica eingeführt, die unter diesem Namen geht, und sehr zusammenziehend ist. Gebraucht ist sie noch nicht. (*Sprengel.*)

ALCOSSUA, Gebirg in der span. Prov. Alava, das einen Theil des alten Gebirgs **Idubeda** ausmacht. (*Stein.*)

ALCOUTIM od. ALCOITIM, bemauerte Villa in der portug. Landsch. Alemtejo, Correiçaõ de Beja, dem spanischen Flecken S. Lucar de Guadiana gegenüber, an einem Berge, der sich nach der Guadiana hinabsenkt. Sie hat ein verfallenes Kastell; 126 H. 1000 E., die in Kirchensachen unter dem Bischof von Faro stehen, einen Waffenplatz und Grenzzoll. Der König Emanuel gab ihr den Titel einer Grafschaft; jetzt gehört sie dem Infanten von Portugal. (*Stein.*)

ALCOY, (16° 17′ L. 38° 31′ Br.) Villa im span. Königr. Valencia, Sitz des Govierno de Alcoy, am Ursprung des Flusses gleiches Namens, mit 1 Pfk., 3 Kl, 1 Latein. und 2 Trivialschulen, 14,600 E., die Fabriken von feinen Tüchern, Seife und Papier (in 48 Mühlen) unterhalten. (*Stein.*)

ALCUDIA, 1) verfallene Villa oder Ciudade an der Ostseite der spanischen Insel Majorca mit 2 guten Häfen an dem geräumigen Golfo de Alcudia, 800 E., Korallenfischerei und Flachsbau. — 2) Flecken im span. Königr. Valencia, im Govierno de Alcira, mit 2000 Einw. Von ihm hat der bekannte Günstling des Königs Karl IV. von Spanien, Don Manuel Godoy Alvarez de Faria, Friedensfürst, den Titel Herzog von Alcudia. (*Stein.*)

ALCUIN, Alcwin, Albinus, Alcuinus, um das J. 732 in der britischen Grafschaft York geboren, aus angelsächsischem Geschlecht, hatte das Glück, in der damals besten Schule Englands, der zu York, von Jugend auf Erziehung und Unterricht zu finden. Väterliche, weise und kentnißreiche Lehrer, die beiden nach einander folgenden Bischöfe, **Egbert** (Bruder des Königs Edbert) und **Aelbert**, gaben dem Feuer und der umfassenden Kraft seines Geistes eine so gute Richtung und eine so angemessene Nahrung, daß Alcuin in der Folge in den Wissenschaften, wie in den Künsten, in Schriften, wie im thätigen Leben, am Hofe, wie in der Zelle, durch sein Wissen, wie durch seine Sitten vor den meisten seiner Zeitgenossen hervorglänzt. Man erzählt von dem Jänglinge, daß, ob er gleich seine Mitschüler durch die mannigfaltigsten Kentnisse (auch im Griech. und Hebräischen) übertroffen habe, dennoch ihm an Bescheidenheit und Folgsamkeit keiner derselben den Vorrang streitig gemacht. Seiner heftigen Leidenschaften sey er Herr geworden durch unablässiges Beten, vieles Wachen, Fasten und Kasteien. Egbert, der ihn wie einen Sohn liebte, setzte ihn nachmals über die Büchersammlung der Stiftsschule, für deren Vermehrung der ehrwürdige Bischof keine Kosten sparte. — Egberts Nachfolger **Aelbert** († 780) erhob ihn zum Vorsteher der ganzen Schulanstalt. Als solcher zog er, außer andern berühmten Schülern, den Apostel der Sachsen, St. **Lütger**, nachmals Bischof zu Münster. Aber die Vorsehung hatte ihn zu etwas Höherem bestimmt, zum Lehrer der Franken. Deshalb mußte es sich fügen, daß Alcuin von **Eanbald**, der zu Aelberts Nachfolger bestimmt war; nach dessen Absterben nach Rom gesandt wurde, um vom Papst das Pallium zu holen, und daß er auf der Rückreise durch die Lombardei dem großen Kaiser **Karl** bekannt wurde. Dieser, ein glücklicher Kenner und begeisterter Liebhaber aller Vortreflichkeit, ließ es sogleich seine heiligste Sorge seyn, dieses helle Licht für sein finsteres Frankenreich zu gewinnen. Es gelang ihm. Alcuin versprach, zu dem Kaiser zurück zu kehren, sobald er das Geschäft seiner Gesandtschaft würde vollendet haben. Er hielt Wort und wurde sogleich über die neuerrichteten **Pfalz (Hof-) Schulen** gesetzt. Und nun sammelte sich am fränkischen Hoflager jener unvergeßliche Verein stiller, sanfter Freunde der Musen, jene früheste, fränkische Akademie, in welcher sich die Namen **Eginhard**, **Paul** (Warnefrieds Sohn), **Angilbert**, **Theodulf**, **Riculf**, **Adelhard** u. a. m. verewigt haben, wo Kaiser Karl **David** hieß, Alcuin **Flaccus** u. s. w. — Hier lernte Karl selbst vom Alcuin die Bibel gründlicher kennen, daneben die Dialektik und Rhetorik; hier ertheilte er den Prinzessinnen, den Grossen des Hofs und deren Söhnen Unterricht. Helingaud, der Oberhofmeister, und Erkanbald, der Kanzler, machten in der Mathematik und namentlich der Sternkunde so große Fortschritte, daß sie durch bedeutende astronomische Beobachtungen unter ihren Zeitgenossen berühmt geworden. — Aber Alcuin, der die ersten 50 Jahre seines Lebens in klösterlicher Stille, in Andachtsübungen und wissenschaftlichen Arbeiten ungestört verlebt hatte, fühlte sich am kriegerischen Hofe bald so unheimisch, daß er sich nach York zurück zu sehnen anfing. Sobald indessen Kaiser Karl dieses merkte, übertrug er ihm, obgleich er ihn ungern am Hofe mißte, die Aufsicht über zwei nahe Klöster, um ihn wenigstens nicht aus dem Frankenreich überhaupt zu verlieren. Diesen Auftrag ergriff Alcuin anfangs mit Freuden; doch scheint es, als habe die Roheit der fränkischen Klosterbrüder und der für Wissenschaft und Kunst noch unbebauete Boden des Frankenlandes ihm bald neue Sehnsucht nach seinem geliebten England erweckt. Karl sah sich 790 gedrungen, ihm eine Reise nach York zu erlauben. 2 Jahre war er schon abwesend, als eine heilige Gewissenssache ihn bewog, dem dringenden Rückrufe Karls unverweilt Folge zu leisten. Es war nämlich schon seit 783 ein alter, ehedem vom Nestorius erweckter Streit, über die Frage: „ob Jesus, auch seiner menschlichen Natur nach, Gott müsse genannt werden?" durch 2 Bischöfe, Felix in Frankreich, und Elipand in Spanien, welche die Frage verneinten, von neuem aufgeregt worden, und brach, obschon 788 die Kirchenversammlung zu Narbonne die Behauptung derselben als ketzerisch verworfen hatte, während der Abwesenheit Alcuins in England, in neuen Flammen aus. Da nun Karl wünschte, daß die Sache auch auf deutschen Kirchenversammlungen verhandelt würde, er aber keinen feurigern und geübtern Kämpfer für die Rechtgläubigkeit kannte, als den schriftgelehrten Alcuin, so forderte er ihn auf, eilends zurückzukommen und der guten Sache einen entscheidenden und glänzenden Sieg zu erkämpfen. Diesen Ruf aber betrachtete Alcuin als einen göttlichen. „Ein heiliger Mann," schreibt er in einem seiner Briefe, „der einen prophetischen Geist gehabt, habe ihm diese Reise vorhergesagt; auch habe ihm sein alter Lehrer Aelbert ehedem befohlen, daß wenn er irgendwo die echten Lehren der Apostel bestreiten höre, er sich sogleich zum Kampf gegen die Irrlehrer aufmachen solle." Er eilte deshalb schleunig nach dem festen Lande zurück, hatte aber die Freude, daß Felix auf den Versammlungen zu Regensburg (792) und besonders zu Frankfurt (794), wo Alcuin in Person mit siegreichen Waffen auftrat, überwunden wurde, weshalb Karl und das Concil den Sieger mit den größten Lobsprüchen überhäuften. Elipand, dem man im damals maurischen Spanien nicht beikommen konnte, suchte seinen niedergestreckten Genossen durch Verläumdungen zu rächen, indem er Alcuin Schuld gab, er verführe den Kaiser Karl zu fremdartigen Beschäftigungen mit Theologie und Dialektik, und erfülle ihn mit Irrthümern; aber Alcuin entgegnete in einer öffentlichen Schrift: Im Gegentheil sey er durch göttliche Fügung aus England in das Frankenreich zurückgekehrt, um den frommen Kaiser vor den Irrthümern der Ketzer zu bewahren und in der richtigen Lehre zu befestigen. Und was die Dialektik betreffe, so sey gerade diese, nach St. Augustins Behauptung, unumgänglich nothwendig, um zu bestimmten Begriffen in göttlichen Dingen zu gelangen; außerdem sey klar, daß eine Wissenschaft, welche anleite, richtig zu urtheilen und zu schließen, Kaisern und Königen am meisten fromme, indem sie die Sele vor vielen Irrthümern bewahre, welche unvermeidlich wären, wofern nicht die Kunst der natürlichen Kraft zu Hülfe käme durch Regeln, deren Untrüglichkeit bewiesen werden könne." — Und hiedurch wurde denn Elipand und mancher andere beschämt und abgewiesen. Auch dadurch erwarb er sich bei vielen schlechten fränkischen Geistlichen geringen Dank, daß er den Kaiser bewog, streng zu halten auf Fleiß und reine Sitten, in allen Stiftern, Klöstern und deren Schulen. Und seinen Volksgenossen, den unterjochten deutschen Sachsen, erzeigte er den großen Liebesdienst, daß er mit kühner Offenheit den Kaiser auf das greuliche Unwesen aufmerksam machte, welches geizige, unwürdige Afterapostel im Sachsenlande trieben, indem sie die Leute durch drückende Abgaben und durch harte Geldstrafen für die geringsten Versehen plackten und ihnen dadurch nicht nur das fränkische Zepter, sondern auch das Christenthum verhaßt machten und immer neue Empörungen veranlaßten. „Möchten endlich," schreibt er an Karl, „jene Bekehrer den apostolischen Mustern folgen und **Lehrer** seyn, nicht **Verheerer** (doctores, non praedatores)." — Alcuin zog sich nach seiner Rückkunft in das Kloster zu Tours zurück; aber es wurde ihm nochmals, wie früherhin, der Aufenthalt unter den fränkischen Mönchen dadurch verleidet, daß sie, samt ihrem Abt Hither, der zu gleicher Zeit Erzkanzler des Palasts war, sich um St. Benedicts strenge Regeln wenig kümmerten. Deshalb bat er den Kaiser, sich in die von seinem Landsmann Bonifaz gegründete musterhafte Abtei Fulda zurück ziehen zu dürfen. Aber Karl konnte sich nicht entschließen, den geliebten Lehrer, welchen er Vater nannte, so weit von sich zu lassen. Der Tod schlichtete den Handel. Hither starb (796) und Alcuin wurde dessen Nachfolger. Nun stand ihm frei aus seinem **Tours** ein Fulda und York zu schaffen; und er that es. Die Schule von Tours überstralte bald die von Fulda. Fromme Erziehung wurde mit einem reichen, gründlichen, anmuthigen Unterricht in Sprachen, Wissenschaften und Künsten verbunden. Alcuin selbst unterrichtete in der heiligen Schrift und den Grundsprachen, in der Grammatik, Rhetorik, Dialektik und Astronomie; „denn ich wünsche" schreibt er an Karln „sowohl der Kirche, als deinem Kaiserreich zu nützen." — Von allen Seiten strömten Schüler zu. Die berühmtesten derselben sind: Raban, nachmals Erzbischof von Mainz, Haymo, nachmals Bischof von Halberstadt, und Richbod, Erzbischof von Trier. Durch seine Schüler, durch seine Gunst bei dem Kaiser, durch seine Verbindung mit allen Wissenschaftsfreunden des Reiches und durch seine mannigfaltigen Schriften wurde sein segensreicher Wirkungskreis ungemein erweitert. Was die Stiftsschulen von Fulda und Halberstadt durch Alcuins Schüler geleistet haben, darf als bekannt vorausgesetzt werden. Die Abtei St. Amand und deren Schule zeichnete sich in einer langen Reihe von Jahren durch geistliche Dichter und Componisten aus. Haimin, Alcuins Schüler zog hier den Milo und Huchbald zu: denn auch ein warmer Freund der Dichtkunst und der Musik war Alcuin. Er hat 272 größere und kleinere Gedichte verfertigt, worin sich die reiche Blüthe seines Geistes zeigt, Anmuth aber und Correctheit vermißt werden. Uebrigens rieth er, bei Lesung der weltlichen Dichter mit jungen Leuten große Vorsicht zu gebrauchen. Selbst den frommen Aeneas wollte er nicht anempfehlen; „denn die Höhle der Dido, die Menschenopfer, die unerhörte Grausamkeit gegen Turnus möchten den Aeneas nimmer als ein Muster darstellen können, wodurch die Sitten gebessert, die Tugend gelehrt, die Frömmigkeit eingeflößt werde." — Er leitete (wie nachmals Raban zu Fulda) seine Mönche und Schüler an, gute Schriftsteller durch richtige Abschriften zu vervielfältigen; mit seiner eigenen Hand aber vollführte er, um einen schönen Wunsch Kaiser Karls zu erfüllen, ein eben so mühsames, als verdienstliches Werk, — er lieferte eine nach den ältesten und besten Quellen berichtigte und von zahllosen Fehlern der gewöhnlichen Exemplare, gereinigte Abschrift der lateinischen, kirchlichen Uebersetzung der Bibel, und schmückte sie mit poetischen Uebersichten des Inhalts der verschiedenen Bücher. Der Kaiser, dem sie gewidmet war, befahl durch öffentliche Capitularia seinen Kammerboten (Missis) an, „daß nun überall im Reiche für richtige Abschriften der Bibel Sorge getragen werden müsse." — Aber nicht blos um die Abschriften der Bibel, sondern um die Schreibekunst im Allgemeinen erwarb sich Alcuin dadurch ein großes Verdienst, daß er den Kaiser bewog, größere Sorgfalt und Genauigkeit, besonders auch in der Interpunction anzubefehlen. Schade, daß sein Werk über die Rechtschreibung (so wie das über die Musik) verloren gegangen ist! — Nächstdem erhielt er es auch vom Kaiser, daß Boten nach England geschickt wurden, um fehlende Bücher von dort herüber zu holen. — Seine öfteren, durch Karls Einladungen veranlaßten Besuche am Kaiserhofe, in Begleitung auserlesener Schüler, benutzte er vorzüglich dazu, daß er Anlegung neuer Klöster und Stifter und damit verbundener Schulen durch seine Bitten und Rathschläge bewirkte. — Nachdem er auf diese Weise noch im J. 802 den Grundstein zu der im folgenden Jahrh. so berühmten Hochschule von Paris legen helfen, starb er 804 am 19. Mai achtzig und einige Jahre alt.

Alcuins Schriften, herausgegeben von Duchesne (Paris 1617), enthalten erbauliche Arbeiten und Commentare über die Bibel; theologische und moralische Aufsätze für Jung und Alt, manche derselben in Brief- und Gesprächsform; Streitschriften gegen Ketzereien; Homilien; Abhandlungen über die 7 freien Künste, wovon aber nur zwei, über Grammatik und Rhetorik, auf uns gekommen sind; Lebensbeschreibungen; Briefe; Gedichte. — Basnage, Baluzius, Pez u. a. m. haben hin und wieder eine Nachlese gehalten. Manches liegt noch ungedruckt.

Alcuins Lebensbeschreibung findet man vor den Ausgaben seiner Schriften von Duchesne und Froben; in *Mabillon* act. SS. Bened.; in *Cave* hist. lit.; in den Actis Sanct. von Henschen; in *Fabricii* Bibl. lat. med.; in *Ziegelbauers* hist. rei liter. Ord. St. Bened. und an vielen and. Ort. (*Chr. Niemeyer.*)

Alcyon, s. Alcedo, Halcyon.

Alcyone, s. Plejaden und Siebengestirn.

ALCYONIUM, (Zool.) Seehand. Zoophyten, mit Polypenorganen. Die härtere Rinde umgibt blos eine gallertartige Substanz, ohne knöchernen oder hornartigen Centraltheil, in welcher eine ansehnliche Menge von Kanälen verlaufen. Sie sind immer an ihrer Grundfläche befestigt. Die Polypen, welche acht gezähnte Arme haben, befinden sich in Zellen der Rinde; die Polypengehäuse sind in verhältnißmäßig kurze Aeste gespalten. (*Meckel.*)

ALCYONIUS, (Peter), ein Humanist, vermuthlich zu Venedig um 1490 geb., bildete sich daselbst unter Marcus Musurus, war aus Armuth lange Zeit Corrector in der Druckerey des Aldus Manutius zu Venedig, und hatte Theil an dem Lob, das den Ausgaben dieses gelehrten Buchdruckers gebühret. In Florenz erhielt er 1522 das Lehramt der griechischen Sprache, ging bald darauf nach Rom, erfuhr bei den damaligen kirchlichen und politischen Unruhen viele widrige Schicksale, und starb 1527 gegen 40 Jahre alt. Einstimmig tadeln die Zeitgenossen seinen Stolz, Undank, seine Unmäßigkeit und rohen Sitten, und selbst seine literarischen Verdienste sind angefochten worden. Er schrieb nämlich in elegantem Latein de exilio lib. II. Ven. 1522 4. Basil. 1546 8. auch in *J. B. Menken* Annal. de calamit. literator. Lips. 1707. 12.; allein viele Schriftsteller beschuldigten ihn, er habe das einzige noch übrige Exemplar einer Schrift des Cicero de gloria aus einer Klosterbibliothek, welches A. Manutius drucken lassen wollte, verbrannt, weil er viele Stellen daraus in seine Abhandlung de exilio wörtlich aufgenommen habe. Menke, Mazzuchelli u. a. erklären zwar diese Vorwürfe für ungerecht, allein ein neuerer Schriftsteller (*Coupé* in den Soirées litéraires, Paris. an VII.) findet in den 2 Büchern de exilio in Hinsicht auf den Styl, die Manier den Eingang zu behandeln, die Art zur Hauptsache überzugehen, Citationen, Urtheile, Wendungen und Rundung der Perioden sehr Vieles, was dem Cicero eigen war. Nach seiner Meinung ist der Hauptstoff dieses Werks Cicero's Eigenthum, und Alcyonius hat nur, als ein geschickter Plagiarius, seinen Raub so gut als möglich zu verbergen gesucht. Die Uebersetzung einiger Schriften des Aristoteles, die Alcyonius 1521 zu Vened. in Fol. drucken ließ, fand an Sepulveda einen strengen Censor. Er hinterließ handschriftlich noch mehrere Uebersetzungen aus dem Griechischen, Reden, Gedichte etc. S. *Bayle* Dict., Mém. de Niceron T. VI. p. 150. J. B. Scheibens freim. Gedanken aus der Hist. Crit. u. Lit. 1r Th. 134–142. (*Baur.*)

ALDAN, ein ziemlich ansehnl. Fluß im Jakutzkischen Kreise der Irkutzkischen Statthalterschaft in Sibirien, welcher aus dem Gebirge Stanowoi kommt, von seiner Quelle an durch öde und waldige Gegenden fließt, und sich in die Lena ergießt, nachdem er mehrere andere Flüsse, vorzüglich die Maja und Utschur aufgenommen hat. An demselben liegt Aldansk, eine seit 1775 neu angelegte Slobode oder Flecken. *(J. Ch. Petri.)*

ALDBOROUGH, Seestadt in der Englischen Shire Suffolk mit 1066 Einw., die bedeutende Fischerei treiben, und einem guten Hafen für Fischerboote. Sie sendet 2 Mitglieder zum Parliamente. — Gleichen Namen führt eine Stadt an der Ouse in Westriding der Engl. Shire York, ein armer unbedeutender Ort, der nur 464 Einw. zählt, und doch 2 Deputirte zum Parliamente wählt. Es ist das alte Isurium Brigantum, wahrscheinl. der Hauptort der Brigantes. *(Hassel.)*

ALDEA (Aldeja d. i. Dorf) *) GALLEJA, ein wolhabender portug. Mfl. (Villa) und Hafen am l. U. des Tejo, in der Prov. Alemtejo **), hat eine mit Gold, Silber und Marmor geschmacklos überladene Pfk. 1 Kl. 1 Schauplatz für Stiergefechte, einen großen aber schlechten Gasthof, einen Kai zum Anlegen der Schiffe, übrigens nur Kothdämme, um das Wasser abzuhalten, welches in die sumpfigen Buchten des dürren Sandufers eindringt. Hier wohnen in Binsenhütten Fischer mit Weib und Kind; halb nackt, von wildem Ansehn, aber fröhliche Menschen. A. G. hat 450 H. mit 1800 E. unter einem Juiz de Fora, Gewerbe und viel Handel. An der Landstraße von Madrid über Badajoz ist A. Gall. der Ueberfahrtsort. Täglich segeln von der Ribeira nova in Lissabon Postschiffe nach A. Gall., wo Reisende nach Madrid Maulthiere und Wagen finden, oder sich dieselben von Madrid dahin kommen lassen. Die Ueberfahrt von 3 Legoas dauert, von Wind und Fluth begünstigt, kaum 2 Stunden. Prachtvoller Anblick Lissabons und seiner Umgebung! Eine Legoa vor A. Gall. liegt auf einer Erhöhung die Kirche de Nossa Senhora de Alataya (U. L. F. zur Warte), wohin die Neger aus Lissabon jährlich einmal wallfahrten; ein schwarzer Zug, dem es nicht an Zuschauern fehlt. *(Hasse.)*

ALDEÄA, eine Pflanzengattung aus der natürlichen Familie der Asperifolien von der ersten Ordnung der fünften Klasse des Linné'schen Systems, welche Ruiz und Pavon in der Flora peruv. vol. 2. p. 8. t. 14. zuerst aufstellten. Früher hatte man die Pflanze zum Hydrophyllum gezogen; aber neuere Untersuchungen haben gelehrt, daß sie mit Phacelia sehr wohl vereinigt werden kann. *(Sprengel.)*

ALDEBARAN, der Name des ersten Sterns der Hyaden im Stier. S. Hyaden. — Er ist ein Stern erster Größe, der in einem rothen Lichte funkelt, steht auf dem rechten Auge des Stiers, ist ein Doppelstern der 6. Herschelschen Classe und mit α bezeichnet. (Ger. Aufst. 66° 21′ nördl. Decl. 16° 8′). Sein arabischer Name weist auf seine Stellung in den Hyaden hin. *(Fritsch.)*

Aldebert, s. Adelbert und Albert; Aldebertiner, s. Adalbert, (Ketzer).

ALDEGO, Fluß, der bei Montebello im Vicentinischen entspringt, und bei Zevio in die Etsch geht. *(Röder.)*

ALDEGONDE — Philipp von Marnix, Herr von Mont Sainte Aldegonde, — ein Zeitgenosse Wilhelms von Oranien, des Befreiers der Niederlande, und mit demselben eifriger Freund und Vertheidiger der politischen und Gewissensfreiheit seines Vaterlandes. — Sein eigentlicher Familienname ist Marnix; doch war er seinen Zeitgenossen bekannter unter dem Namen St. Aldegonde, vielleicht um ihn von seinem Bruder, Jacob v. Marnix Herrn v. Tholouse, zu unterscheiden. Auch ist er nicht mit Philipp v. Sainte Aldegonde Herrn zu Noircarmes zu verwechseln, welcher meistens unter dem Namen Noircarmes vorkommt. Beide waren auch von ganz verschiedener Abstammung. Der letzte gehört zu einem alten mächtigen Geschlecht in der Grafschaft Artois. Jener hingegen stammte nicht aus Burgund, wie von einigen [1]) behauptet worden, sondern, nach A's. eigener Angabe in einer Vertheidigungsschrift, aus Savoyen. Von daher war sein Großvater nach Brabant gekommen, und Philipp ward 1538 zu Brüssel geboren. Vielleicht gab diese Herstammung Anlaß, daß er seine wissenschaftliche Ausbildung in Genf erhielt, wo er auch in Ansehung der Religion in Calvins Lehre eingeweihet ward. Nach seiner Zurückkunft ins Vaterland mag der mit mancherlei Kentnissen gut ausgerüstete junge Mann zur Verbreitung dieser Lehre kräftig mitgewirkt haben, und sein Eifer um so stärker geworden seyn, je größer schon die Zahl der Mißvergnügten in allen Ständen war, welchen — wenn sie auch noch der herrschenden Kirche zugethan blieben — doch die Fesseln unerträglich schienen, die ihr hartherziger, Menschenrechte verachtender, König durch Vermehrung der Bischöfe, durch Einführung der Inquisition, ihrem Gewissen und der Denkfreiheit anzulegen sich bereitete. — Einem solchen Gericht standen überdem die alten Freiheiten und Rechte der Niederländer ganz entgegen, welche, durch die Willkür des Königs, auch in weltlichen Dingen auf mancherlei Weise verletzt wurden. Eine natürliche Folge davon war, daß ein Druck, welcher auf allen haftete, selbst Männer von verschiedenen Religionsbekentnissen in nähere Verbindung brachte. Es entstand daraus ein förmlicher Bund, unter dem Namen des Compromisses bekannt. Aldegonde entwarf solchen unter Leitung des Gr. Ludwig von Nassau, Wilhelms von Oranien Bruder, unterzeichnete auch mit demselben und Heinrich v. Brederode zuerst, im Anfang Dec. 1565, die ausgefertigte Acte, was denn auch von einer kleinen Anzahl eben in Brüssel versammelter Edelleute geschah. Die erklärte Absicht der Verbündeten, deren Zahl schnell auf mehrere Hundert stieg und sich täglich mehrte, ging einzig dahin, die Einführung der Inquisition zu hindern, und sich mit Leib und Vermögen unter einander

*) Auch mehrere andere Orte in Spanien und Portugal führen den Namen Aldea, und werden durch Beinamen unterschieden, wie Aldea del Rio, am Quadalquivir in Cordova u. a. m. *(H.)* **) Manche teutsche Geographen zählen Aldea Gall. zur Prov. Estremad.; allein die Descripçao de Port. (Lisb. 1788 zählt es zu Alemtejo, und sagt, der Tejo scheide beide Provinzen durchaus.

1) Unter andern von Melch. *Adami* in Vit. ICtor.

beizustehen, wenn einer von ihnen deshalb angefochten werden sollte. Daß es aber auch im Geheim auf die Erhaltung bürgerlicher Rechte und Freiheiten abgesehen war, ist kaum zu bezweifeln, obwol an einen Abfall von Spanien noch nicht gedacht ward. Als aber die der Statthalterin Margarethe im Apr. 1566 von den in Brüssel zahlreich versammelten Verbündeten, unter ihnen auch Aldegonde, als des Bundes Schatzmeister, überreichten Bittschriften ohne Erfolg blieben, das Misvergnügen immer mehr stieg und sich auch unter dem Volke verbreitete, durch Bilderstürmerei und andere gewaltsame Auftritte, Unruhen ausbrachen, der unbiegsame Philipp deswegen zur Absendung einer gewaffneten Macht nach den Niederlanden sich rüstete, mag Aldegonde, in gleichem Alter mit dem Gr. Ludwig und dessen Vertrauter von Genf her, der Meinung desselben wol beigestimmt haben, welche auf Vertheidigungsmaßregeln und Bewaffnung gerichtet war. Durch Wilhelms Bedachtsamkeit, durch die Uneinigkeit, welche unter den Bundesgliedern selbst, ihrer verschiedenen Religionsbekenntnisse wegen, selbst unter den beiden Kirchen der Protestanten entstand, kam des rascheren Ludwigs[2]) Plan nicht zur Ausführung, wodurch vielleicht die Vergießung so vielen Bluts durch Henkers Hände hätte abgewendet werden können. Aldegonde's übertriebener Eifer für Calvins Lehren mag hierbei, auch durch Schriften, die er zu deren Vertheidigung verbreitete, der guten Sache geschadet haben. — Der grausame Alba landete, ohne Widerstand zu finden. Tausende entflohen, um seiner Mordlust zu entgehen. Auch Wilhelm von Oranien und sein Bruder entfernten sich nach Teutschland und mit ihnen wahrscheinlich Aldegonde[3]). Letzterer trat jetzt als geistlicher Rath in die Dienste des Kurfürsten Friedrich III. von der Pfalz[4]). Von dieser Stelle riefen Wilhelm und Ludwig ihren Vertrauten wieder zu sich nach den Niederlanden, als durch ihren Muth und ihre Tapferkeit eine Republik sich zu gründen begann, die bald eine bedeutende Stelle unter den unabhängigen Mächten Europas einnahm. — Er leistete nun wieder seinem Vaterlande und Oranien als Staatsmann und im Felde nützliche Dienste, war Befehlshaber zu Rotterdam, Schiedam und Delft, hatte aber (1573) das Unglück, als die Spanier zur Belagerung von Leiden Anstalt machten, und er eben mit Befestigung des Haags beschäftigt war, bei der Einnahme der Schanze Maaslandssluys, in welche er sich bei Annäherung der Spanier geworfen hatte, in feindliche Hände zu fallen, und ward in das Schloß Vredenburg zu Utrecht gebracht. Jetzt wäre sein Leben in großer Gefahr gewesen, hätte nicht kurz zuvor die nassauische Flotte auf der Südersee die spanische in einem glücklichen Treffen besiegt, und mit andern das Admiralsschiff selbst, auf welchem sich der oberste Befehlshaber Graf Bossu befand, ergeben müssen. Dieser ward von dem Prinzen mit dem nämlichen Schicksale bedrohet, welches Aldegonde treffen würde. A., hiervon nicht unterrichtet, bereitete sich drei Monate lang zum Tode, wie er selbst erzählt, weil Alba ihn im Gefängniß hinzurichten den Befehl gegeben hatte. Alba's Zurückberufung rettete ihn. Doch verschaffte ihm erst im folgenden Jahre die Einnahme Middelburgs seine Freiheit wieder, indem der Spanier Mondragon bei Uebergabe der Stadt sich verpflichten mußte, selbst dem Prinzen als Gefangener sich zu stellen, wenn Alba's Nachfolger, Requesens, in Aldegonde's Entlassung nicht willigen würde. — Diese Befreiung erfolgte bald nach dem Entsatze der Stadt Leiden, welche während der zweiten Belagerung durch die Spanier an fünf Monate lang unsäglich gelitten hatte. Unter mehreren ihr von dem Prinzen und den Ständen angebotenen Vortheilen zum Lohn ihrer Standhaftigkeit wählte die Stadt die Gründung einer höheren Lehranstalt. A. ward im folgenden Frühjahre nach Heidelberg gesandt, und warb dort und anderwärts in Teutschland mehrere berühmte Gelehrte jener Zeit als Professoren für die neue Universität, welche sehr schnell großen Ruf in ganz Europa erlangte. Ueberhaupt hatte, wie auch Grotius versichert, diese Lehranstalt den Bemühungen und gelehrten Arbeiten Aldegonde's, unter welchen ihn der Tod übereilte, einen großen Theil ihres Glanzes zu verdanken. — Einen anderen Zweck hatte noch seine Sendung an den pfälzischen Hof zu Heidelberg. Er mußte für den Prinzen um Charlotte von Bourbon, Tochter des Herzogs v. Montpensier, werben, welche sich an diesen Hof geflüchtet hatte und zur protestantischen Kirche übergetreten war. A. führte auch die Braut über Emden unter Bedeckung einiger Kriegsschiffe dem Prinzen glücklich nach dem Briel zu. Ueberhaupt war diese Vermählung ein Werk Aldegondes, welcher diese geistreiche und schöne Prinzessin, während seiner Anstellung bei Kurf. Friedrich, kennen gelernt hatte. — Auch zu den Friedensunterhandlungen mit Spanien, und als diese sich zerschlugen, zu Hilfsverbindungen mit Frankreich und England ward A. gebraucht. Er stand an der Spitze der holländischen Bevollmächtigten zum Abschluß des bekannten Genter Vertrags (1576) zwischen Holland und Seeland einer und mehrerer der übrigen belgischen Provinzen andrer Seits. — Ueberall war A. des Prinzen rechte Hand, und zeichnete sich freilich im Cabinet mehr, als im Felde, aus. Besonders wird auch noch seiner außerordentlichen Fertigkeit im Dechiffriren gedacht. — Ob er Antheil an der Verhaftung des zum Statthalter von Flandern ernannten Herzogs v. Arschot gehabt, bleibt zweifelhaft. Ungegründet ists dagegen, daß der Prinz durch ihn den Oberstatthalter Don Juan habe aufheben und nach Seeland bringen lassen wollen. Der parteiische Strada führt es selbst nur als eine Sage an, obwol er A. eines solchen

2) Doch nichtsweniger, als ein Abenteuerer, wie ihn Schiller sehr unrichtig nennt. 3) Die Erzählung, auch er sey mit so vielen Schlachtopfern in Alba's Hände gefallen, der einige Mal schon seine Hinrichtung befohlen, vermischt ganz verschiedene Zeiten und eine spätere Gefangenschaft. Einen der ersten Urheber oder Theilnehmer des Geusenbundes, dessen Unterschrift schon für Hochverrath galt, hätte Alba seinen Klauen schwerlich entgehen lassen. 4) Nicht des hundert Jahre später lebenden Kurf. Karl Ludwig, Sohns des unglücklichen Friedrich des V. wie Moreri und das Nouv. dict. hist. art. Marnix erzählen. — Während seines Exils schrieb er den Byenkorf der h. romische Kerke, eine bittere Satyre auf die damalige kathol. Geistlichkeit. Auch wurde er für den Verfasser des bekannten Volksliedes: Wilhelmus van Nassouwe (einer rührenden Klage des Prinzen über sein Exil) gehalten, das damals fast eben so wirksam war, als zu Anfange der französischen Revolution der Marseiller Marsch, und dessen Melodie noch im Jahre 1813 begeisterte. (*v. Kampen.*)

Vergehens wol fähig hält, weil Calvin sein Jugendlehrer gewesen, und er selbst nun im Alter dessen Lehren verbreite. — Daß er durch mündliche Vorträge und ausgestreute Druckschriften den Niederländern die Ernennung Wilhelms zum Oberstatthalter annehmlich zu machen gesucht, kann ihm, als erklärtem Feinde der Spanier und Freunde des Prinzen, um so weniger verdacht werden, da ihn hierbei die Ueberzeugung von den vorzüglichen, selbst vom Feinde anerkannten, Eigenschaften des Prinzen leitete, diese Stelle zum Wohl des Vaterlandes und zur Beruhigung aller Parteien zu bekleiden. — In jedem Falle wäre der Prinz hierzu geschickter gewesen, als der statt dessen eingeladene, mit den Verhältnissen ganz unbekannte junge Erzh. Matthias von Oesterreich, der sich dann doch auch Wilhelms Rathschlägen meistens fügen mußte. Daneben ward bei dieser Wahl von dem Beistand des Kaisers und der Teutschen Stände zur Beilegung der Irrungen mit Spanien viel erwartet, Aldegonde deswegen auch (1578) an den Reichsdeputat. Tag [5]) zu Worms abgesendet, wo er in einer kräftigen Rede das grausame Verfahren Spaniens gegen die Niederlande schilderte [6]). Der Beschluß des Reichs ging aber nur auf eine Fortsezzung der Friedenshandlungen, die auch im folgenden Jahre zu Cöln Statt fanden, wegen Hartnäckigkeit der Spanier doch wieder ohne Erfolg blieben, was Strada auch gern dem ihm verhaßten Aldegonde Schuld geben möchte, wie denn auch Alexander Farnese seine Gesandten vor A. als einem gefährlichen Gegner besonders gewarnt hatte. — Außerdem, daß A. vielfältig zu dem Verkehr mit dem von den Niederländern zum Beschützer ihrer Freiheit eingeladenen Herzog von Anjou gebraucht ward, auch mit demselben wegen seiner vorhabenden Vermählung mit der Königin Elisabeth nach England ging, kommt Aldegonde's Name in der Niederländischen Geschichte bis zum J. 1584 nicht häufig mehr vor. Doch behielt er das Vertrauen Wilhelms fortwährend, ward mit dem Titel des ersten Bürgermeisters, da er den eines Markgrafen verschmähete, zum Oberbefehlshaber der Stadt Antwerpen bestellt, und noch kurz vor dem unglücklichen Tode des Prinzen zu demselben berufen. Dieser hatte in Erfahrung gebracht, daß Alexander v. Parma sich zur Belagerung Antwerpens vorbereite. Mit A. wurden die besten Vertheidigungsmittel verabredet. An ihnen scheiterte wahrscheinlich die Kunst des großen Feldherrn und die Anstrengung und Beharrlichkeit der Spanier, hätte A. mit ihrer Anwendung durchdringen können. Eine Ueberschwemmung hätte der Stadt die Verbindung mit Seeland offen erhalten. Lebensmittel und Kriegsbedürfnisse konnten immer ungehindert zugeführt werden. Selbstsüchtiger Eigennutz eines Theils der Bürgerschaft erlaubten dem muthvollen Vertheidiger der Stadt die Ausführung nicht. Auch während der Belagerung fand Aldegonde bei den trefflichsten Planen häufigen Widerstand. Andere gelangen nur halb, weil sie nicht vollständig und vorschriftsmäßig ausgeführt wurden. Dennoch fiel die Stadt erst nach dreizehnmonatlicher Vertheidigung, und Aldegonde mußte die Schuld tragen, obwol er die Uebergabe nach dem Willen der an ihrer Rettung verzweifelnden, durch Mangel schon hart gedrückten Bürgerschaft, bei Farnese noch auf leidlichere Bedingungen, als kaum zu erwarten war, behandelt hatte. — Wäre ihm Kleinmuth, oder gar Verrath seiner Partei zur Last gefallen, der ihm aufsätzige Strada, welcher davon unterrichtet hätte seyn können, würde solches gewiß zur öffentlichen Kunde gebracht haben. Auch würde das Haus Oranien eines Mannes, der gegründeten Verdacht auf sich geladen, wol schwerlich sich wieder bedient haben, wie doch später (1593) bei der Vermählung einer Tochter Wilhelms, Louise Juliane, mit Kurf. Friedrich IV. von der Pfalz, und kurz vor seinem Tode noch durch eine Sendung an den französischen Hof von Seiten des Prinzen Moritz, geschah. — Aber freilich war der Verlust einer so wichtigen Stadt für die vereinigten Provinzen zu empfindlich, als daß nicht, da der Schlag eben geschehen war, Unwille gegen den Mann, der an der Spitze stand, sich sollte verbreitet haben, der dann durch die zur Auswanderung gezwungenen Protestanten unterhalten worden seyn mag, wenn gleich der Eiferer Aldegonde vor allem seinen Glaubensgenossen in Antwerpen fernere freie Uebung ihres Gottesdienstes von dem Ueberwinder zu bedingen, sich möglichst, doch vergebens, gestrebt hatte. — Aldegonde selbst ließ eine Vertheidigung drucken, die nicht widerlegt worden, und zog sich aus dem öffentlichen Leben auf das Land zurück, wie er früher schon mehrmals seiner Neigung gemäß gethan hatte, wenn er konnte, lebte dann auch mehrere Jahre auf seinem Schlosse in Seeland, dem er seinen Namen beigelegt hatte, den Wissenschaften. — Doch wollten ihn die Staaten der vereinigten Provinzen bei der durch England eingeleiteten neuen Friedenshandlung mit Spanien gebrauchen (1587), beschlossen aber nachher sich mit Spanien vorerst noch gar nicht einzulassen. — Nach dem Wunsch eben dieser Staaten kehrte er 1593, nachdem er der oben gedachten Vermählung der Prinzessin Louise Juliane in Dillenburg beigewohnt und sie in die Pfalz begleitet hatte, nach Leiden zurück, beschäftigte sich dort vornehmlich mit der Theologie, und fing eine Uebersetzung des alten Testaments aus dem Hebräischen an, welche aber durch seinen 1598 erfolgten Tod unvollendet blieb. — Verdient dieser gelehrte und ausgezeichnete Mann irgend einen Tadel, so ists wol der, daß er ein zu heftiger Gegner aller derer war, die in Religionssachen anders, als er, dachten, und sie wol, wenn ihm freie Hände gelassen worden, verfolgt hätte. Seine Schriften sind in *Meursii* Athen. Bat., in *Verheiden* Elog. Theologor. und in dem oben angeführten Werke von *Adami*, doch wol nicht vollständig, verzeichnet. (*v. Arnoldi.*)

ALDEGREVER, (Albrecht), nach Sandrart Albert Altegraf, auch Albert von Westphalen genannt, ward 1502 zu Soest in Westphalen geb. Von seinen frühern Verhältnissen kennen wir nichts weiter, als daß er sich nach Dürers Kupferstichen zu bilden suchte, und später selbst nach Nürnberg reiste, um von jenem Meister die Malerei zu lernen. Unstreitig wurde Alde-

5) Nicht Reichstag, wie in der Wagenaarschen Gesch. selbst von dem teutschen Uebers. gesagt wird. 6) Diese Rede erschien alsbald auch im Druck, unter dem Titel: Oraison des Ambass. du — Pr. Matthias et des Est. generaux recitée en la Diète — à Worms — l'an. 1578. 7. Mai. Anvers 1578. 4.

greber einer der vorzüglichsten Schüler Dürers, sowol in der Malerei als auch in der Stecherkunst, welcher letztern er sich in der Folge einzig widmete. Nachdem er sich in der Kunst selbständig genug fühlte, begab er sich wieder in seine Vaterstadt, woselbst er ums J. 1562 starb. Die Flügelthüren eines Dürerschen Altargemäldes zu Nürnberg sind von seiner Hand; das Colorit in dieser Malerei ist vortreflich. Auch findet man in den Kirchen seines Vaterlandes noch Malereien von ihm. Eben so sieht man in den Gallerien zu Wien und München mehrere fleissig ausgeführte Werke seines Pinsels. — Außer seinen Malereien hat man von ihm gegen 350 Blätter (Kupferstiche), wovon Bartsch 289 beschreibt, welche in geistlichen und weltlichen Vorstellungen, Sinnbildern, Laubwerk, Verzierungen, Bildnissen, wie auch einigen leichtfertigen Stücken bestehen. Sein eignes Bildniß stach er in verschiedenem Alter mehrere Mal. Unter seine seltensten Stücke rechnet man die Bildnisse des Johann von Leyden, Bernhard Knipperdolling und Titus Manlius, der seinen Sohn enthaupten läßt. Der Grabstichel dieses Meisters ist frei, doch nicht ohne Trockenheit in der Behandlung. Wie bei allen seinen Zeitgenossen, ist auch sein Styl hart; die Gewänder sind scharf eckigt, papierartig gebrochen, und von übler Wirkung. Aber er ist strenger und sogar kühner in der Zeichnung, als Albrecht Dürer; denn wo er Gelegenheit hatte, suchte er das Nackte auf, und seine Verkürzungen sind oft recht gut gerathen. Dies bemerkt man in den Arbeiten des Herkules. Merkwürdig ist, daß er sich von dem damaligen Zeitgeist mehr entfernte, indem er Gegenstände aus der griechischen Mythe und ähnliche Vorstellungen bearbeitete, die alle voll Leben sind, und den größten Meisterwerken damaliger Zeit an die Seite gesetzt werden können. Unter den kleinen Meistern behauptet Aldegrever mit den ersten Rang. Seine Zeichnung, vorzüglich in dem männlich Nakten, ist größtentheils richtig, und er würde noch mehr geleistet haben, wenn er sich nicht bloß auf die Werke seines Lehrers, und der damaligen Künstler hätte beschränken müssen. Seine Zeichnungen sind fleissig mit der Feder ausgearbeitet, und er bediente sich folgendes Monogram: AG. auch H. A. G.*) (*Weise.*)

Aldenaar, Aldenahr, s. Altenahr.

ALDENBURG, vormals ein adeliges Jungfrauenkloster Prämonstratenser-Ordens, auf einem Berge an der Lahn, ½ Meile von Wetzlar, 1 Meile von Braunfels, 2 M. von Herborn. Gegen 1180 wurde es, wie man erzählt, von einem Eremiten Johannes Clamator gestiftet, und erlangte bald ein solches Ansehen, daß die Kaiser selbst sich als Schirmvögte desselben bekannten. Diese Vogtei gelangte später an die Landgrafen von Hessen, und von diesen an die Grafen von Solms. Das Kloster wurde 1803 aufgehoben, und den fürstl. und gräfl. Solmsischen Häusern übergeben. Nach einigen Nachrichten sollen die Grafen der Wetterau, Hermann und Udo, im 10ten Jahrh., aus der conradinischen Kaiserfamilie, hier eine Burg gehabt haben. Gegenwärtig gehört Aldenburg den Fürsten von Solms-Braunfels, welcher hier seinen Sommeraufenthalt hat. In der Kirche ist das Grabmal der heil. Gertrud, Tochter der heil. Elisabeth, zu sehen. (*Wagner.*)

ALDENBURG. Zwei berühmte Männer in der Geschichte des teutschen Ordens in Preußen. Der erste Hermann, 1238 Landmeister oder vielmehr Stellvertreter des Landmeisters Hermann Balte, veranlaßte durch seine Verfolgung der heidnischen Preußen einen Aufstand, der 1239 seine Abberufung bewirkte. Dietrich Ald., Burggraf, wurde 1335 im 80sten Jahre, aber noch ein kräftiger Mann, Hochmeister des teutschen Ordens, richtete zuerst die Gilden und Zünfte in Preußen ein, setzte den Krieg gegen Lithauen, worin der Orden 1338 drei Steinstücke mit sich führte, sich folglich schon des Schießpulvers bediente, muthig fort, trotzte dem Bannfluche, womit ihn, der Pommerellen, Michelau und Dobrin den Polen nicht wieder abtreten wollte, ein päpstlicher Legat 1339 belegte, ward auf dem Sterbebette von dem Bischofe von Cujavien losgesprochen, starb am 12ten Juni 1341, und wurde in der von ihm zu Marienburg erbauten St. Annengruft begraben. (Nach Schütz Beschreib. der Lande Preußen, und Luc. David). (*v. Baczko.*)

Aldenburg, Grafen von, und Aldenburgischer Tractat, s. Bentink, Kniphausen u. Oldenburg.

ALDENHOVEN, Flecken im Reg. Bez. Aachen, Kr. Jülich, 2 St. S. W. von Jülich mit 1079 Einw., bekannt durch den Sieg der österr. Armee unter Coburg über die Franzosen den 1. März 1793, der diesen den Verlust der Niederderlande zuzog. (*Heyse.*)

ALDERAMIN, (ger. Aufst. 318° 43′ nördl. Abw. 61° 49′), ein Stern 3ter Größe im Cepheus gewöhnlich mit α bezeichnet. Sein Name bedeutet seinen Ort, nämlich den rechten Arm (des Cepheus) an welchem er steht. (*Fritsch.*)

ALDERETE, (Diego Gracian d'), geb. zu Ende des 15ten Jahrh. und gest. in einem Alter von 90 Jahren unter der Regirung Königs Philipps II. von Spanien. Sein Vater hatte ihn noch sehr jung nach Löwen zu L. Vives geschickt, unter welchem er sowol in der Philosophie als in der griechischen und römischen Literatur die bedeutendsten Fortschritte machte. Er wurde nachher Privat-Secretair Karls V. und Philipps II.; und da er am Hofe in großem Ansehen stand, so hatte sein Eifer viel Einfluß auf die Fortschritte der spanischen Literatur. Man hat von ihm spanische Uebersetzungen des Xenophon und Thucydides, und mehrerer Werke des Isokrates, Plutarch, Dio Chrysostomus und Agapetus. Auch hat man von ihm eine Geschichte der Eroberung der Stadt Tunis in Afrika; mehrere Uebersetzungen militärischer Werke aus ältern und neuern Sprachen und der Arrêts de la cour d' amour hinterließ er handschriftlich. — Ein anderer Alderete, (Bernhard) aus Malaga, nach der Mitte des 16ten Jahrh., ist als einer der geachtetsten Alterthumsforscher Spaniens zu bemerken. Man hat von ihm 1) origen de la lengua castell. Rom. 1606. 4. 1682 fol., in welchem Werke er die Unterstützung seines Bruders Joseph (geb. 1560) rühmt, der ihm in Gestalt und Ansehn bis zum Ununterscheidbaren ähnlich war.

*) S. Sandrart's teutsche Akad. II Th. 3. Buch 6. Cap. S. 244. Huber's und Rost's Handb. für Kunstliebh. 1. Th. S. 176. Fiorillo's Gesch. der zeichn. Künste II. Th. S. 404. Bartsch Peintre graveur T. 8. S. 362—449.

2) Varias antiguedades de España, Africa y otras provincias. Antw. 1614. Der Verlust seiner Baetica illustrata wird von Kennern sehr bedauert. Er ist nicht zu verwechseln mit einem andern **Bernhard Alderete** (geb. zu Zamora unter Philipp II.); dieser war ein zu seiner Zeit als theologischer Schriftsteller bekannter Jesuit, zu Salamanca als erster Professor der Theologie angestellt und starb daselbst 1657. *(H.)*

ALDERMAN, ist ein angelsächsisches Wort, das den zweiten Grad des **Adels** *) wie auch Magistratspersonen und Oberrichter bezeichnete. Später gab man in Britannien diesen Namen den Municipalpersonen eines Stadtviertels, deren Vereinigung den eigentlichen Stadtrath bildet. An dessen Spitze steht der Mayor, dem in London der Ehrentitel Lord vorgesetzt wird; ihn wählen die Aldermen aus ihrer Mitte auf ein Jahr, nach dessen Verlauf er als Alderman wieder zurück tritt, wenn er nicht etwa auf's neue gewählt wird. Die Wahlberechtigten (Wards) wählen den Alderman; stirbt Einer, so wird durch den Wardmote der Viertelscorporation ein Vorschlag von zweien Kandidaten gemacht, von welchen der Mayor und die Aldermen Einen zum Ersatze wählen. — Jeder Alderman, der bereits die Würde des Mayor's bekleidete und die drei Aeltesten, die es noch nie waren, sind, zufolge eines eignen Gesetzes, auch Friedensrichter (Justice of peace); die Uebrigen handhaben blos die Polizei in ihrem Viertel. *(Ch. H. Ritter.)*

ALDERNEY, franz. Aurigny, Insel im Canal im W. des Caps Hogue unter 15° 30′ O. L. und 49° 43′ N. Br., und durch die Raçe von Alderney genannte Straße von der Normandie getrennt. Es ist mit Felsen bedeckt, und enthält nur eine **gleichnamige Stadt**, die von 1,300 Einw. französischer Abstammung, bewohnt wird: sie nähren sich vom Ackerbau, Viehzucht, Fischerei und Strumpfstrickerei. Die Insel steht unter dem Gouverneur von Guernsey; ihr alter Name ist **Arica**, späterhin **Riduna**, und ist seit den Zeiten der normannischen Dynastie bei der engl. Krone. Sie wird noch jetzt nach normannischem Gewohnheitsrechte verwaltet. Etwa 1¼ Meile entfernt siehet man die gefährlichen Klippen the caskets, mit 3 Leuchtthürmen. *(Hassel.)*

ALDERSBACH, ALLERSBACH, Dorf, und ehedem eine reiche Cistercienserabtei im Vilsthale, Landgerichts Vilshofen, im Unter-Donaukreise des Königr. Baiern. Es nennt die Gebrüder Rudbert und Caloh, Grafen von Aldersbach im J. 1050 als seine Stifter, und zwar für die regulirten Chorherren. Der heil. Otto, Bischof von Bamberg vermehrte die Stiftung beträchtlich, indem er Zehnten und einen Wald dazu gab, auch 1146 Cistercienser von Erbach dahin verpflanzte, wogegen die regulirten Chorherren nach Suben wandern mußten. Als diese Abtei mit den übrigen vor einigen Jahren aufgehoben wurde, fand sichs, daß dieses von 40 Mönchen bewohnte Kloster das Glück genoß, an seinen Aebten (über 40) meistens gute und strengwirthschaftliche Hausväter gehabt zu haben, denn es war im Wohlstande und eine von den reichsten Abteien. Dreißig Seminaristen wurden unentgeldlich unterhalten, und zu Studien — freilich nach Klostersitte — gebildet. *(v. Hazzi.)*

ALDELMUS, ADELMUS, ADELHELM, ADELIN, ein englischer Bischof aus königlichem Geschlechte. Nachdem er in Frankreich und Italien verschiedene Akademien besucht und den Benedictinerorden angenommen hatte, wurde er 666 Abt zu Malmesbury und 705 Bischof der Westsachsen zu Sherburn in Schottland, wo er den 25. Mai 709 starb. Seine Frömmigkeit nicht nur, sondern auch seine Gelehrsamkeit verbunden mit Demuth und Bescheidenheit, verschaften ihm großes Ansehen, und er wurde von den Gelehrten seiner Zeit in den wichtigsten Angelegenheiten zu Rathe gezogen. Er stiftete die Klöster zu Malmesbury, Frome und Bedford, und ward für den ersten Engländer gehalten, der lateinische Bücher schrieb und seine Nation den Gebrauch der lateinischen Sprache und die Regeln der Dichtkunst lehrte. Seine Gedichte über Gegenstände, die das Leben der Christen betreffen, sind nicht sehr erheblich; abgedruckt in der Bibl. Patr. max. Lugd. T. XIII. p. 1. und Aldhelmi opusc. poetica, ed. c. not. Mart. del Rio. Mogunt. 1601. 12.; verschiedenes handschriftlich in Bibliotheken. Er soll auch über Arithmetik und Astrologie geschrieben haben. S. Acta Sanct. T. VI. Mai. p. 79. *(Baur)*

ALDIER, ALDIONEN. Diese vormalige Benennung einer gewissen Menschenklasse kommt am häufigsten in Italien, seltener in Teutschland vor, wo sie gewöhnlich fiscalini, lidi oder liti. **Leute** genannt wurden. Der Ursprung des Worts ist so unbekannt, als die eigentliche Bedeutung dunkel ist. Aus der Vergleichung mehrerer Stellen in alten Gesetzen und Urkunden geht jedoch so viel hervor, daß die **Aldionen**, wie die **Fiscaliner** und **Leute**, denen sie, in den Gesetzen Karl des Großen für die Lombardei, gleich gehalten werden, eine Mittelgattung zwischen Freien und Leibeignen oder Knechten, bestimmter noch, zwischen eigentlichen Freigelassenen und Knechten waren, Leibeigene, denen zwar ihr Herr nicht mit den bei der wirklichen Freilassung üblichen Gebräuchen die völlige Freiheit gegeben, deren Knechtschaft er aber doch einigermaßen erleichtert hatte. Dies geschah gemeiniglich durch Befreiungsbriefe, in welchen dann auch die Bedingungen ausgedruckt waren. Dergleichen sind aber keine mehr vorhanden oder bekannt gemacht worden. Es lassen sich daher auch die wol nur geringen Vorzüge, die sie durch die beschränkte Befreiung erhielten, nicht bestimmt angeben. Nur kommt vor, daß ihr Herr eigentlich, wie bei Freigelassenen, ihr Patron hieß, daß sie selbst Leibeigene unter sich, auch nur gewisse Abgaben und Dienste dem Patron zu leisten hatten. Dagegen ist so viel gewiß, daß sie durch die Heirath mit einer Leibeignen die erlangten Vorrechte wieder verloren, von ihrem Herrn, wenn sie sich ohne dessen Einwilligung vom Gut entfernten, immer wieder, gleich Leibeigenen, zurück gefodert werden konnten, nie als freie Staatsbürger angesehen wurden, sondern nach wie vor von ihren Herren vertreten werden mußten. Heirathete eine Weibsperson aus dieser Classe (**Aldia**) einen Aldionen eines andern Herrn, so fielen — wie bei Leibeigenen, die Kinder aus dieser Ehe, doch in der Eigenschaft der der Aldionen, dem Herrn der Frau zu. Daß die **Aldionarien** von ihnen

*) **Etheling** war der erste, **Thane** der dritte.

verschieden gewesen, möchte wol um deswillen allein noch nicht mit Zuverlässigkeit anzunehmen seyn, weil sie in einer von du Fresne angezogenen Urkunde Karl des Großen bei dessen übrigen Officialen auch aufgeführt werden, denn sie waren vielleicht königliche Aldier, welche nun zu den geringern Hofdiensten (als Officianten) gebraucht wurden. — Daß der oberteutsche Idiotismus: Ehehalten, Echalten, für Dienstboten, Gesinde, hierhin gehöre, und von dem Wort Aldionen, oder umgekehrt wol, dieses von jenem entnommen sey, ist um so mehr zu bezweifeln, weil unter Ehehalten keine Leibeigenen, sondern Leute, die um Lohn sich in eines andern Dienst begeben, verstanden werden. — Auch die in Sachsen vorkommenden Smurdi, sind des in Urkunden vorkommenden Ausdrucks: „Aldiones *vel* Smurdi," ungeachtet für keine Aldioner zu halten. Vgl. unten: Smurdi. — Die Meinung, daß unter Aldionen — wie Dreyer behauptet — alte abgelebte Köther oder Kasaten, welche auf dem Hofe noch Wohnung und Kost hatten, und wol schlechthin Alte genannt wurden, zu verstehen seyen, auch die Benennung Aldio aus Alter gebildet worden, möchte sich wol aus dem oben angeführten von selbst widerlegen. (*v. Arnoldi.*)

ALDINI, (Tobias,) aus Cesena gebürtig, Leibarzt des Kardinal Odoardo Farnese und Aufseher des botanischen Gartens, den dieser Prälat anlegte. Mit Hilfe des Prof. Castelli in Rom gab Aldini eine Descriptio rariorum plantarum, quae in horto Farnesino coluntur. Rom. 1625. fol. heraus. Dies Werk enthält gute Abbildungen von seltenen Pflanzen, z. B. von Helleborus trifolius und lividus, von Acacia Farnesiana, von Iatropha Manihot und Hyperanthera Moringa. (*Sprengel*)

Aldionarii, s. Aldier.

ALDOBRANDINI, eine adelige Familie aus Florenz, aus der zuerst Sylvester, als einer der größten Rechtsgelehrten seiner Zeit, bemerkt zu werden verdient. Geboren zu Florenz den 23. Nov. 1499, widmete er sich, wie sein Vater Thomas, dem Rechtsstudium, und erhielt zu Pisa das Lehramt der Institutionen. Bald trat er als einer der heftigsten Gegner der Medici zu Florenz auf, wurde deshalb 1530 mit Einziehung seiner Güter verbannt, wußte sich aber an mehreren italienischen Höfen geltend zu machen, und fand zuletzt an Papst Paul III. einen wohlwollenden Beförderer, der ihm wichtige Geschäfte anvertraute, und ihn zum Advokaten des Fiskus und der apostolischen Kammer ernannte. Er starb zu Rom den 6. Jun. 1558, und hinterließ mehrere juristische Werke (Commentar. in lib. I. Institutt. Justiniani; Institutt. jur. civ.; Consilia; De usuris etc.), die zum Theil öfters aufgelegt wurden. Von seinen Söhnen wurde Hypolit 1592 unter dem Namen Clemens VIII, (gest. 1605) Papst, und Johannes (geb. zu Fano um 1535, gest. in Rom 1573) Cardinal. Auch er steht unter den juristischen Schriftstellern, so wie ein dritter Bruder, Peter, der seinem Vater, in der Würde eines Advokaten der apostolischen Kammer folgte. Er hatte einen Sohn, ebenfalls Peter, geb. zu Rom den 31. März 1571, der schon in seinem 22sten Jahre, unter dem Pontificat seines Oheims, Cardinal, und als solcher zu verschiedenen Staatsgeschäften gebraucht wurde. Unter Paul V. begab er sich in sein Erzbisthum nach Ravenna, und starb in Rom den 10. Febr. 1621. Er war ein thätiger Beförderer der Gelehrsamkeit, und schrieb selbst Apophthegmata de perfecto principe. Pav. 1600. 4. Frf. 1603. 8. Ein vierter Bruder der obigen war Thomas, welcher als päpstlicher Secretair in jüngern Jahren starb, sich aber denkwürdig machte durch eine mit Anmerkungen versehene Uebersetzung des Diogenes Laertius, die der eben genannte Cardinal mit dem griechischen Originaltext (Rom 1594 Fol.) heraus gab. — Als die Familie Aldobrandini, die außer den genannten, noch mehrere Cardinäle und andere Männer in hohen Würden zählt, 1681 mit Octavia, einer Tochter Johann Georg Aldobrandini's Fürsten von Rossano, erloschen war, kamen die Güter derselben an die Borghesische und Pamfilische Familie. S. *Gamurini* delle fam. Toscane T. V. *Mazzuch.* Scritt. d'Ital. (*Baur.*)

Aldobrandinische Hochzeit. Eines der treflichsten antiken Wandgemälde, die in Rom selbst ausgegraben worden sind. Nach *Zuccar.* Idea de' Pittori Lib. II. p. 37, den auch Winkelmann anführt, ward es unweit der Kirche S. Maria Maggiore auf dem esquilinischen Hügel nahe dem Bogen des Gallienus, in der Gegend gefunden, wo ehemals die berühmten Gärten des Mäcenas waren. Seinen Namen erhielt es von dem Palast, oder vielmehr von dem Casino Aldobrandini, in der auf dem Quirinal gelegenen Villa desselben Namens, die früher in dem Besitze des Cardinal d'Este gewesen, und dann nach und nach in die Familien Vitelli, Aldobrandini, Pamfili, Borghese und Torlonia-Bracciano übergegangen ist. In einem der Zimmer dieses, von dem Architekten Lombardo unter den Aldobrandini größtentheils neuerbauten Casino, auch das Caffehaus genannt, befand sich noch vor zehn bis zwölf Jahren dieses merkwürdige Gemälde. Nachdem der Prinz Borghese Aldobrandini Villa und Casino während der französischen Herrschaft zu Rom an den Banquier Torlonia-Bracciano verkauft, kam das Gemälde käuflich an den berühmten Maler, Ritter Camuccini zu Rom; aus dessen Händen es gegenwärtig in das, für die Meisterwerke der Malerei von dem gegenwärtigen Papst Pius VII. errichtete Museum übergegangen ist. Den Namen Hochzeit bekam es von einigen darin dargestellten hochzeitlichen Gebräuchen der Alten. Die Figuren darauf sind gegen anderthalb Fuß hoch. Composition, Zeichnung, Färbung ist, nach der von uns gekannten Art der alten Wandmalerei zu urtheilen, gleich vortreflich. Der liebliche Gegenstand ist besonders äußerst geistvoll behandelt. Winkelmann Gesch. d. K. Th. I. S. 561 u. A. und vorzüglich Monum. ant. ined. P. I. c. 19. p. 60 und 152 wollte in diesem Gemälde die Vermälung des Peleus mit der Thetis dargestellt finden. Ihm widersprachen aber mit Recht Zoëga, Bassi ril. distrib. IX. p. 250; die weimar. Herausgeber der Winkelmannischen Kunstgesch. B. V. S. 463 und früher schon Böttiger in seiner Abhandlung: die Aldobrandinische Hochzeit, (Dresden, Walther) 1810. Nach der, während der Zeit, wo das Gemälde im Besitze des Ritters Camuccini war, gemachten Entdeckung, daß manche nicht unbedeutende Theile darin von späterer restaurirender, oder vielmehr gänzlich übermalender Hand herrühren, werden nunmehr, zufolge neueren Darstellungen desselben, manche Dinge auch anders gefaßt werden müssen. Eine berühmte Copie des alten Gemäldes in Oel lieferte Nicolaus Poussin; gegenwärtig in der Gallerie Doria Pamfili zu Rom befindlich. Uebertroffen aber ward diese in jeder Hinsicht von der nunmehr ebenfalls unter uns berühmt gewordenen Copie des bekannten Künstlers und Kunstgelehrten, Hofr. Heinr. Meyer in Weimar. (*Sickler.*)

ALDRED, ein englischer Prälat des 11ten Jahrh. der frühzeitig zum Bischof von Worcester befördert, der erste englische Bischof war, der eine Reise nach Jerusalem unternahm. Nach seiner Rückkehr von dort übernahm er eine wichtige Gesandtschaft seines Königs Eduards des Bekenners an Kaiser Heinrich II. Bei dieser Gelegenheit machte er sich mit der Kirchendisciplin Teutschlands bekannt, die er in seinem Lande einführte. Ehrgeizig und habsüchtig wußte er sich die Verwaltung mehrerer Bisthümer und dann des Erzbisthums York zu verschaffen. Wankelmüthig in seinen Grundsätzen unterstützte er nach dem Tode Eduards die Ansprüche Haralds auf die Krone; da jedoch dieser von Wilhelm dem Normann besiegt wurde, trat er letzterm bei und krönte den Sieger, was der Erzbischof von Canterbury verweigert hatte. Da aber nun die Einwohner von York und die nördlichen Grafschaften sich, von einem Corps Dänen unterstützt, für Edgar Atheling erklärten, wurde er aus Verdruß oder Furcht krank und starb 1069. — Eine oft wiederholte Anekdote von lauten Vorwürfen, die er Wilhelm dem Eroberer gemacht haben soll, wird nur von einem Lobredner des Erzbischofs erzählt, und widerspricht dem Charakter Wilhelms. (*H.*)

ALDRICH, (der Heilige,) Sohn eines sächsischen Adeligen und Gerilda's von Baiern, gegen das J. 800 geboren, brachte seine frühern Jahre am Hofe Karls des Großen zu; trat aber, mit Zurückweisung aller ihm von Ludwig dem Frommen angebotenen Würden in den geistlichen Stand, wurde jedoch nachher dessen Beichtvater, und erhielt 832 das Bisthum Mans. Dieses nahm ihm Lothar, Karl II. aber gab es ihm, nach Lothars Niederlage im J. 841, zurück. Er verwaltete sein Amt musterhaft und verfertigte eine Sammlung von Regeln aus den Concilien und Dekretalen, die unter den Namen Capitularien Aldrich's bekannt waren, seitdem aber verloren sind. Er starb am 7. Jan. 856. Sein Leben findet sich in den Actis Sett. (*H.*)

ALDRICH, (Heinrich,) ein englândischer Theolog und Philolog, geb. zu Westminster 1647, studirte zu Oxford, erhielt daselbst die theologische Doctorwürde, wurde 1689 Decan der dasigen Christkirche, war zugleich Pfarrer zu Wein in Shropshire, und starb den 14. Dec. 1710. Seine Controversen gegen die Katholiken erwarben ihm unter Jakob II. großes Ansehn; in bleibendem Andenken sind seine Verdienste um Ausbreitung der alten, vornehmlich griechischen Literatur, deren gelehrter Kenner er war. Jedes Jahr ließ er einen griechischen Autor (Xenophontis memorabilia; ej. Sermo de Agesilao; ej. de re equestri; Aristeae historia LXXII. Interpretum; Epictetus et Theophrastus u. a.) drucken, und beschenkte die Studenten seines Collegiums damit. Die Ausgabe des griech. Testaments von Gregory (Oxford 1703 Fol.) hat er vollendet, zu Haverkamps Ausgabe des Josephus hat er einige Anmerkungen geliefert, und in Baxters Horaz wurde zuerst die dritte Satyre des zweiten Buchs nach der natürlichen Ordnung abgedruckt, in die sie Aldrich restituirte. In latein. Sprache schrieb er Lehrbücher der Logik und Geometrie. S. Biogr. Britann. (*Baur.*)

Aldringer, s. Altringer.

ALDROVANDA, eine (nach dem folgenden Naturforscher benannte) Pflanzengattung aus der fünften Ordnung der fünften Linne'schen Classe, der Jussieu im natürlichen System keinen schicklichen Platz anzuweisen wußte, die aber an die Gattungen Drosera und Roridula grenzt. Sie hat einen fünftheiligen Kelch, fünf Kronenblätter, fünf Staubfäden, fünf Pistillen, eine fünfkantige, fünfklappige, einfächerige Kapsel. Die einzige Art, welche uns bekannt ist, A. *vesiculosa*, wächst in den Sümpfen Ostindiens, von wo sie, wahrscheinlich mit dem Reiß, nach Italien gekommen. Ihre Blätter, den Meerlinsen ähnlich, sind unten mit zwei Fäden, wahrscheinlich Würzelchen, versehen. Auch trägt sie, wie Utricularia, Blasen voll Luft, die sie über dem Wasser erhalten. Abgebildet ist sie zuerst von Plukenet t. 41., dann von Monti in den Comment. bonon. Vol. 2. t. 12. (*Sprengel.*)

ALDROVANDI, (Ulysses,) geb. zu Bologna den 11. Sept. 1522 aus einer angesehenen Familie. Nach mancherlei Lebensplanen entschied er sich für das Studium der Rechte, welchem er sich auf der Universität seiner Vaterstadt widmete. Von da begab er sich nach Padua, wo er philosophische, mathematische und medicinische Vorlesungen besuchte. Nach Bologna zurück gekehrt, gerieth er unerwartet in Verdacht der Ketzerei, und wurde 1549 nebst andern Bolognesern in das Gefängniß der Inquisition nach Rom gebracht, aber bei der Thronbesteigung Papst Julius II. wieder frei gegeben. Die Bekanntschaft mit dem berühmten Ichthyologen Wilhelm Rondelet, welche er hier machte, entschied endlich für seine Neigung zur Naturgeschichte, der er sich nach seiner Rückkehr nach Bologna völlig hingab. Nachdem er hier 1553 Doctor der Medicin geworden war, erhielt er in demselben Jahre eine außerordentliche Lehrstelle der Medicin und eine ordentliche der Logik. Unermüdet thätig für die Akademie, veranlaßte er die Anlegung eines botanischen Gartens, dessen Aufseher er ward, und nahm im Medicinalwesen von Bologna bedeutende Reformen vor, welche ihn jedoch in so heftige Streitigkeiten mit seiner Facultät verwickelten, daß er sie nur erst mit Hilfe einer päpstlichen Entscheidung durchzuführen vermochte. Den größten Theil seiner Zeit und Kräfte widmete er indessen seinen naturhistorischen Studien. Nichts geringeres, als eine allgemeine Naturbeschreibung beabsichtigend, sammelte er nicht nur mit eisernem Fleiße alle schon vorhandene Nachrichten und Beobachtungen, sondern machte auch zu diesem Zweck öftere Reisen durch verschiedene Theile Italiens, legte eine der vollständigsten und auserlesensten Naturaliensammlungen seiner Zeit an, und besoldete sowol aus seinen eignen Mitteln — daher die völlig ungegründete Sage, als sey er in tiefer Armuth gestorben — als auch durch die Freigebigkeit mehrerer Päpste, Fürsten und begüterter Privatpersonen unterstützt, eine Menge Maler, Kupferstecher und Copisten zum Behuf seiner naturhistorischen Werke. Ihrer Revision und Vorbereitung zum Druck widmete er, als er bereits im J. 1600 aus Altersschwäche seine Lehrstelle niedergelegt hatte, die letzten Jahre seines Lebens, starb aber vor Vollendung der Arbeit am 10. Mai 1605. Ein vollständiges Exemplar seiner naturhistorischen Werke, welche sich mehr durch einen fast übertriebnen Sammlerfleiß und treue Abbildungen, als durch Schärfe der Untersuchung und Ordnung im Vortrage empfehlen, besteht aus folgenden 13 zu Bologna erschienenen Foliobänden: Ornithologia, 1599 — 1603. 3 Bde. De insectis, 1602. De reliquis animalibus exsanguibus, 1606. (von diesen 3 Werken ist A. selbst der Verf., die folgenden sind nach seinem Tode von andern nach seinen hinterlaßnen Sammlungen und Zeichnungen ausgearbeitet). De piscibus et de cetis, 1613. De quadrupedibus solidipedibus, 1616. Quadrupedum omnium bisulcorum historia, 1621. De quadrupedibus digitatis viviparis et oviparis, 1637. Serpentum et Draconum historia, 1640. Monstrorum historia cum paralipomenis hist. omnium animalium, 1642. Museum metallicum, 1648. Dendrologia naturalis, 1668. Die meisten dieser Werke sind zu Bologna öfter aufgelegt und zu Frankfurt am Main in den Jahren 1610 — 1648 nachgedruckt worden. Seine sämmtlichen handschriftlichen Sammlungen, von denen ein großer Theil noch unedirt ist, werden auf der Bibliothek zu Bologna aufbewahrt; die dazu gehörigen Originalzeichnungen aber sind während der Revolution in das Museum der Naturgeschichte zu Paris gebracht worden. Vgl. *Giov. Fantuzzi* memoria della vita di Ul. Aldrovandi. Bologna 1774. gr. 8. und dessen notizie degli scrittori Bolognesi. T. I. p. 165 sq. (*Ebert.*)

ALDROVANDI, (Pompejus,) Cardinal, geb. zu Bologna den 13. Sept. 1668 aus einem der edelsten und angesehensten Geschlechter dieser Stadt. Sein Vater, Graf Herkules Aldrovandi, gest. 1719, ist als Dichter bekannt. Sein Sohn studirte in Rom, Siena und Bologna, und erhielt seit 1696 am römischen Hofe verschiedene Würden. Clemens XI. sandte ihn 1714 als Nuncius an den spanischen Hof, um das gute Vernehmen mit dieser Krone wieder herzustellen. Gemeinschäftlich mit Alberoni, dem Aldrovandi die Cardinalswürde verschafte, hatte er vielen Antheil an den Intriguen, die damals im spanischen Cabinette gespielt wurden, allein der Papst war mit dem Erfolg seiner Sendung so wenig zufrieden, daß er nach seiner Rückkunft 4 Jahre zu Bologna leben mußte. Erst 1722 ließ ihn Innocenz XIII. wieder nach Rom kommen, und gebrauchte ihn in Geschäften, in welchen er überhaupt viele Klugheit und Gewändtheit, aber auch nicht wenig Stolz und Anmaßlichkeit zeigte. Als Gouverneur von Rom, das er 1733 wurde, fand er vielen Widerstand bei Organisirung einer strengen Polizei, gab aber diese Stelle auf, als er im folgenden Jahre Cardinal wurde. Er hielt sich nun meistens in seinem Bisthum Montefiascone auf, allein unter Benedict XIV., der ihm sein ganzes Vertrauen schenkte, hatte er (seit 1740) großen Einfluß auf die Entschließungen des päpstlichen Hofes, und beförderte unter andern die völlige Beilegung der mit dem neapolitanischen Hofe entstandenen Irrungen. Seine Strenge und Heftigkeit war aber Ursache, daß er 1743 von Rom entfernt, und als Legat nach Ravenna gesandt wurde. Seit 1746 lebte er wieder zu Montefiascone und starb daselbst den 6. Jan. 1752 im 83sten Lebensjahre. In seinem Testamente vermachte er 400,000 röm. Scudi zu Erbauung der prächtigen Façade an der St. Petroniikirche zu Bologna, auch bestimmte er einen Fond zur Errichtung dreier Akademien in dieser Stadt für Malerei, Bildhauerkunst und Verfertigung von Brüsseler Tapeten, mit der Bestimmung, daß diese drei Akademien verbunden seyn sollten, alljährlich dem Hause Aldrovandi ein Gemälde, eine Bildsäule und ein Stück Tapeten zu überreichen. S. Rankts Leben der Cardinäle 3. Bd. 62 — 74. (*Baur.*)

Al Dschesira, s. Mesopotamien.

ALDSTONE MOOR, Stadt an einem Hügel, an dem der Tyne fließt, in der engl. Shire Cumberland mit 5,080 Einw., Bergbau auf Blei, der gegen 1,100 Arbeiter beschäftigt. (*Hassel.*)

Alduabis, s. Doubs.

ALDUIDES, ein Theil der Pyrenäen im Norden von St. Jean de Pie de Port, im span. Königr. Navarra. (*Stein.*)

Alduin, s. Audoin.

Aldus, s. Manutius.

Ende des zweiten Theils.

Lightning Source UK Ltd.
Milton Keynes UK
UKHW021253210119
335934UK00012B/674/P